美 国

本书作者

本尼迪克特·沃克　凯特·阿姆斯特朗　布雷特·阿特金森　卡洛琳·贝恩　艾米·C.波福尔
罗伯特·巴尔科维奇　雷·巴特利特　洛伦·贝尔　格雷格·本奇维奇　安德鲁·本德　萨拉·本森
艾莉森·宾　凯瑟琳·博瑞　克里斯蒂安·博内托　杰德·布雷姆纳　内特·卡瓦列里
格雷戈尔·克拉克　迈克尔·格罗斯伯格　阿什利·哈勒尔　亚历山大·霍华德
马克·约翰逊　亚当·卡林　布莱恩·克吕普费尔　斯蒂芬·利奥伊　卡罗琳·麦卡锡
克雷格·麦克拉克伦　休·麦克诺丹　贝基·奥尔森　克里斯托弗·皮茨　莉莎·普拉多
约瑟芬·金特罗　凯文·拉博　西蒙·里士满　布兰达·桑百利　安德里·舒尔特－皮弗
亚当·斯考尼克　海伦娜·史密斯　雷蒂斯·圣·路易斯　赖安·冯·博克摩斯
约翰·A.沃尔海德　玛拉·佛西斯　克利夫顿·威尔金森　露西·山本　卡拉·兹默尔曼

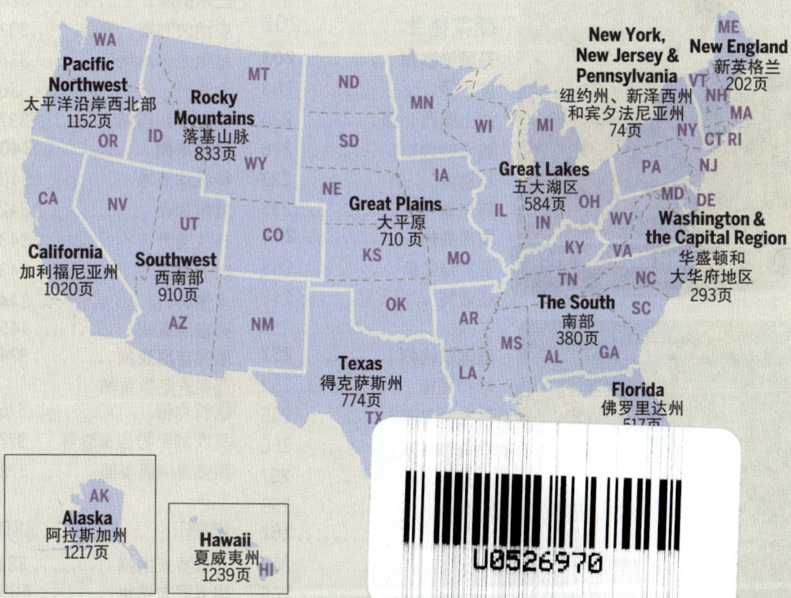

Pacific Northwest 太平洋沿岸西北部	1152页
Rocky Mountains 落基山脉	833页
California 加利福尼亚州	1020页
Southwest 西南部	910页
Great Plains 大平原	710页
Texas 得克萨斯州	774页
Great Lakes 五大湖区	584页
New York, New Jersey & Pennsylvania 纽约州、新泽西州和宾夕法尼亚州	74页
New England 新英格兰	202页
Washington & the Capital Region 华盛顿和大华府地区	293页
The South 南部	380页
Florida 佛罗里达州	517页
Alaska 阿拉斯加州	1217页
Hawaii 夏威夷州	1239页

中国地图出版社

计划你的行程

欢迎来美国	6
美国亮点	8
美国Top25	10
行前参考	22
初次到访	24
新线报	26
如果你喜欢	27
每月热门	31
旅行线路	35
公路旅行和景观公路自驾	40
美国户外运动	47
和当地人吃喝	55
带孩子旅行	66
地区速览	69

布莱斯峡谷国家公园, 990页

海狮, 阿纳卡帕, 1078页

在路上

纽约州、新泽西州和宾夕法尼亚州 **74**
纽约市 75
纽约州 **151**
长岛 152
哈得孙河谷 157
卡次启尔山脉 162
五指湖区 165
阿迪朗达克山脉 167
千岛群岛 171
纽约州西部 172
新泽西州 **176**
霍博肯 177
普林斯顿 177
泽西海岸 178
宾夕法尼亚州 **184**
费城 184

新英格兰 **202**
马萨诸塞州 **203**
波士顿 203
波士顿西北部 225
波士顿周边 226
科德角 227
楠塔基特岛 235
罗得岛州 **244**
普罗维登斯 245
纽波特 248
东湾 252
康涅狄格州 **252**
哈特福德 253
列支费尔德山 255
康涅狄格海岸 256
下康涅狄格河谷 257
纽黑文 259
佛蒙特州 **262**
佛蒙特州南部 263
佛蒙特州中部 266
佛蒙特州北部 269
新罕布什尔州 **273**

朴次茅斯 274
湖区 275
怀特山 276
汉诺威 280
缅因州 **281**
缅因州南部海岸 283
波特兰 285
缅因州中部海岸 287
阿卡迪亚国家公园 289
缅因州东部 290
巴港 290
缅因州内陆 291

华盛顿和大华府地区 **293**
华盛顿 **296**
马里兰州 **325**
巴尔的摩 326
安纳波利斯 332
马里兰东岸地区 334
大洋城 336
马里兰州西部 337
特拉华州 **340**
特拉华海滩 340
威尔明顿 342
布兰迪万河谷 343
纽卡斯尔 343
多佛 344
弗吉尼亚州 **345**
西弗吉尼亚州 **374**
西弗吉尼亚东部狭长地带 375
莫农加希拉国家森林 377
西弗吉尼亚南部 378

南部 **380**
北卡罗来纳州 **381**
南卡罗来纳州 **405**
田纳西州 **417**
孟菲斯 418

目录

纳什维尔 427
因纳西州东部 436
肯塔基州 **440**
路易斯维尔 440
蓝草乡村 443
肯塔基州中部 446
佐治亚州 **448**
亚特兰大 449
亚拉巴马州 **470**
伯明翰 471
蒙哥马利 474
塞尔玛 475
莫拜尔 476
密西西比州 **477**
阿肯色州 **484**
小石城 484
温泉镇 486
三峰地区 487
欧扎克山脉 489
路易斯安那州 **492**
新奥尔良 493

佛罗里达州 ....**.517**
佛罗里达州南部 **520**
迈阿密 520
劳德代尔堡 537
棕榈海滩地区 541
大沼泽地 544
佛罗里达礁岛群 549
大西洋海岸 **555**
航天海岸 556
代托纳海滩 557
圣奥古斯丁 559
杰克逊维尔 561
阿米莉亚岛 563
佛罗里达州西南部 **564**
坦帕 565
圣彼得堡 567
萨拉索塔 568
萨尼贝尔岛和
卡普提瓦岛 570

那不勒斯 571
佛罗里达州中部 **572**
奥兰多 573
华特·迪士尼世界
度假村 576
奥兰多环球影城 578
佛罗里达狭长地带 **579**
塔拉哈西 579
彭萨科拉 580

五大湖区 ....**.584**
伊利诺伊州 **585**
芝加哥 588
印第安纳州 **620**
印第安纳波利斯 621
俄亥俄州 **631**
克利夫兰 631
伊利湖岸风景区和岛屿 ..635
俄亥俄州阿米什社区 ...637
哥伦布 638
耶洛斯普林斯 640
代顿 640
辛辛那提 641
密歇根州 **646**
底特律 647
密歇根州中部 657
黄金海岸 659
麦基诺水道 663
密歇根上半岛 665
威斯康星州 **668**
密尔沃基 669
威斯康星州中南部 673
麦迪逊 673
威斯康星州西南部 677
威斯康星州东部 678
威斯康星州北部 679
明尼苏达州 **681**
明尼阿波利斯 681
圣保罗 688
明尼苏达州南部 704

明尼苏达州北部 705

大平原 **710**
密苏里州 **714**
圣路易斯 714
圣查尔斯 722
汉尼拔 723
欧扎克地区 724
堪萨斯城 725
独立镇 730
圣约瑟夫 731
艾奥瓦州 **732**
北达科他州 **738**
南达科他州 **740**
苏福尔斯 740
查伯兰 741
皮尔 741
华尔 742
恶地国家公园 743
松树岭印第安保留地 ...744
布莱克山 744
内布拉斯加州 **752**
奥马哈 752
林肯 755
格兰德岛 756
北普拉特 756
瓦伦丁 757
内布拉斯加州
狭长地带 758
堪萨斯州 **759**
威奇托 759
劳伦斯 761
托皮卡 762
阿比林 763
蔡斯郡 764
俄克拉何马州 **765**
俄克拉何马城 765
俄克拉何马州西部 768
塔尔萨 768
格斯里 771

在路上

阿纳达科...............772	大蒂顿国家公园.......889	**加利福尼亚州....1020**
克莱尔莫尔...............772	**蒙大拿州...............893**	洛杉矶..............**1021**
马斯科基...............772	**爱达荷州...............903**	南加利福尼亚州海岸..**1052**
塔列瓜...............773	博伊西...............903	迪士尼乐园和
	凯恰姆和太阳谷......906	阿纳海姆............1052
得克萨斯州.......774	史丹利...............908	奥兰治县海岸........1055
得克萨斯州中部.......775	爱达荷州狭长地带.....908	圣迭戈...............1056
奥斯汀...............775		**棕榈泉和周边沙漠....1069**
奥斯汀周边...........785	**西南部...........910**	棕榈泉...............1069
圣安东尼奥和	**内华达州...........914**	约书亚树国家公园....1072
得克萨斯州丘陵地区...787	拉斯维加斯..........915	安扎-博雷戈
得克萨斯州东部.......795	拉斯维加斯周边......927	沙漠州立公园........1074
休斯敦...............795	内华达州西部........928	莫哈韦国家保护区....1075
克利尔湖.............803	大盆地...............932	死亡谷国家公园......1076
美国墨西哥湾沿岸地区和	**亚利桑那州...........933**	**中海岸地区..........1077**
得克萨斯州南部.......803	菲尼克斯............934	圣巴巴拉...............1077
加尔维斯顿...........803	亚利桑那州中部......943	圣巴巴拉至
科珀斯克里斯蒂.......806	大峡谷国家公园......951	圣路易斯奥比斯波.....1080
帕德雷岛国家	大峡谷周边..........958	圣路易斯奥比斯波....1081
海岸风景区...........808	亚利桑那州北部和	莫洛湾至赫斯特城堡..1083
南帕诸岛.............808	东部..................959	大苏尔...............1084
达拉斯-沃思堡	亚利桑那州西部......962	卡梅尔...............1086
都市带...........810	亚利桑那州南部......962	蒙特利...............1087
达拉斯...............810	图森周边............967	圣克鲁斯.............1089
沃思堡...............818	**犹他州...............971**	**圣弗朗西斯科(旧金山)和**
得克萨斯州西部.......821	盐湖城..............971	**湾区...........1091**
大弯国家公园.........821	帕克市和瓦萨奇山脉...976	圣弗朗西斯科
大弯牧场州立公园.....823	犹他州东北部........981	(旧金山)..........1091
得克萨斯州中西部.....823	摩崖和犹他州东南部...983	马林县..............1119
埃尔帕索.............828	锡安和犹他州西南部...988	伯克利..............1120
瓜达卢佩山国家公园...831	**新墨西哥州...........993**	**北加利福尼亚........1122**
	阿尔伯克基..........994	葡萄酒乡............1122
落基山脉.......833	40号州际公路沿线....998	北部海岸............1128
科罗拉多州...........837	圣菲...............999	萨克拉门托..........1134
丹佛...............837	圣菲周边............1006	黄金之乡............1136
博尔德.............847	新墨西哥州西北部....1012	加利福尼亚州
北部山脉...........851	新墨西哥州东北部....1013	北部山区............1138
科罗拉多州中部......856	新墨西哥州西南部....1013	**内华达山脉..........1141**
科罗拉多州南部......866	新墨西哥州东南部....1016	约塞米蒂国家公园....1141
怀俄明州...........875		红杉国家公园和
黄石国家公园........884		国王峡谷国家公园....1144

内华达山脉东部......1147	夏威夷州........1239	**了解美国**
太浩湖............1149	瓦胡岛..........1241	
	火奴鲁鲁（檀香山）...1241	今日美国........1264
太平洋沿岸	怀基基...........1244	历史............1267
西北部........**1152**	珍珠港...........1247	生活方式........1279
历史............1153	戴蒙德角.........1248	美洲原住民......1284
华盛顿州........**1157**	哈诺玛湾.........1248	艺术与建筑......1286
西雅图..........1157	凯卢阿和迎风海岸...1249	音乐............1296
奥林匹亚........1172	**夏威夷岛（大岛）**...**1249**	土地和野生动植物...1300
奥林匹克半岛....1173	凯卢阿-科纳......1249	
华盛顿州西北部..1177	南科纳海岸.......1251	**生存指南**
圣胡安群岛......1178	北科纳海岸.......1251	
北喀斯喀特山脉..1180	南科哈拉海岸.....1252	出行指南........1306
华盛顿州东北部..1183	莫纳克亚.........1253	交通指南........1320
南喀斯喀特山脉..1184	哈玛库阿海岸.....1253	在美国自驾......1327
华盛顿州中部和	希洛.............1254	幕后............1331
东南部..........1185	夏威夷火山国家公园..1255	索引............1333
俄勒冈州........**1187**	**毛伊岛**..........**1256**	地图图例........1343
波特兰..........1187	拉海纳...........1256	我们的作者......1344
威拉梅特谷......1199	基黑.............1258	
哥伦比亚河峡谷..1201	**考艾岛**..........**1259**	
喀斯喀特山脉	利胡埃...........1259	
俄勒冈段........1203	怀卢阿...........1259	
俄勒冈州海岸....1207	哈纳雷...........1260	
俄勒冈州南部....1212	波伊普和南岸地区..1261	
俄勒冈州东部....1215		
阿拉斯加州......**1217**		
安克雷奇........**1219**		
阿拉斯加州东南部..**1223**		
兰格尔..........1224	**特别呈现**	
锡特卡..........1225	公路旅行和	国家广场..........86
朱诺............1227	景观公路自驾......40	阿尔卡特拉斯岛
海恩斯..........1230	美国户外运动......47	（恶魔岛）........88
斯卡圭..........1231	和当地人吃喝......55	美国的国家公园...689
冰川湾国家公园和	中央公园..........84	
保护区..........1233		
凯奇坎..........1234		
费尔班克斯......**1235**		

欢迎来美国

美好的美国旅行体验包含了很多：蓝草音乐、海滩、雪峰、红杉林、美食之城和辽阔的天空。

灯红酒绿的大都市

洛杉矶、拉斯维加斯、芝加哥、迈阿密、波士顿、纽约，这些繁华大都会都诞生于美国。其中，随便一座城市的名字都伴随着一百万种不同的文化。近观细考，美国展现出令人惊讶的多样性：奥斯汀的电子乐盛况、萨凡纳宁静随和的战前风貌、充满自由精神的波特兰生态意识、旧金山壮观的海滨，还有那迷人的热爱爵士乐的新奥尔良。每一个城市都将其独特的风格融入美国这一大拼图之中。

再次上路

这是一个拥有开阔天空的国度，适合自驾，400万英里长的高速公路可以带你去红岩沙漠，企及高耸山峰，穿越肥沃麦田，一直开往天际线。大平原上身披阳光的山坡、太平洋沿岸西北部茂密的森林、南部酷热的沼泽、新英格兰的乡间小道，都是不错的自驾起点。在州际公路上穿梭，经常会发现具有田园风光的"蓝色公路"。

热爱美食的民族

在美国，晚上可以去得克萨斯州的路边餐馆吃热腾腾的大块排骨烧烤，也可以去西海岸的获奖餐厅品尝大厨烹制的亚洲风味有机料理。当曼哈顿上西区人常去的老牌熟食店里还在卖百吉饼和熏鲑鱼时，除几个州之外，20世纪50年代风格的餐食中就已经见不到薄煎饼和煎鸡蛋的身影了。缅因州码头上有清蒸龙虾，加利福尼亚的葡萄酒酒吧里提供牡蛎配香槟，波特兰的快餐车上卖着韩式煎玉米卷，而这些都只是美国美食的一小部分。

文化巨头

美国人在艺术领域做出了卓越的贡献。乔治亚·欧姬芙（Georgia O'Keeffe）描绘的野外景色、罗伯特·劳森伯格（Robert Rauschenberg）的超现实拼贴画、亚历山大·考尔德（Alexander Calder）优雅的动态雕塑和杰克逊·波洛克（Jackson Pollock）的滴画，都是20世纪美国艺术的代表。芝加哥和纽约可以说是名副其实的现代建筑试验场。同时，美国也为现代音乐舞台贡献了丰富的声音，从密西西比三角洲的灵魂蓝调到阿巴拉契亚的蓝草音乐，再到底特律的"摩城之音"，还有爵士、放克、说唱、乡村音乐和摇滚。

我为什么喜欢美国

本书作者 马克·约翰逊(Mark Johanson)

从芝加哥高耸的摩天大楼到新墨西哥州的土坯房,以及卡罗来纳的战前种植园,我的故乡很难用语言描述。罕有国家能像美国这样,既拥有标志性的城市(如纽约和旧金山),也拥有巨大的自然保护区——雨林、沙漠、火山和间歇泉,无所不包。你可以徒步攀登落基山脉高耸的山峰,也可以深入大峡谷巨大的深渊,划船穿过佛罗里达州的大沼泽。或者你可以在开阔的道路上流浪——这是任何一个美国人的行路仪式,也是我本人最喜欢的冥想方式。

更多作者信息,见1344页。

上图:犹他州的锡安国家公园(Zion National Park,见992页)。

美国亮点

美国
Top 25

1

纽约

1 纽约（见75页）容纳了来自全球每个角落的艺术家、对冲基金巨头和移民，并在不断地重塑自己。它依然是世界时尚、戏剧、饮食、音乐、出版、广告和金融的中心之一。海量的博物馆、公园和不同民族的街区散落在五个行政区中。在纽约就要像纽约人那样：走上街头。每一个街区都展示着它的特点和历史，短短几步就会让你生出横跨大陆的感觉。

黄石国家公园

2 世界上第一个国家公园（见884页）为何能够长久以来屹立不倒？答案当然是那里的地质奇观——从间歇泉和荧光温泉，到喷气孔和汩汩的泥浆池。除此之外，还有野生动物：灰熊、黑熊、狼、麋鹿、野牛和驼鹿，它们在占地约3500平方英里的荒野中漫步。你可以在黄石国家公园里的大峡谷中搭一顶帐篷，欣赏上瀑布和下瀑布（Upper and Lower Falls），等待老忠实泉（Old Faithful）奔涌而下，然后徒步穿越原始的、烟雾缭绕的风景，感受真正的狂野西部的氛围。图为大棱镜温泉（Grand Prismatic Spring；见884页）。

MATT MUNRO/LONELY PLANET ©

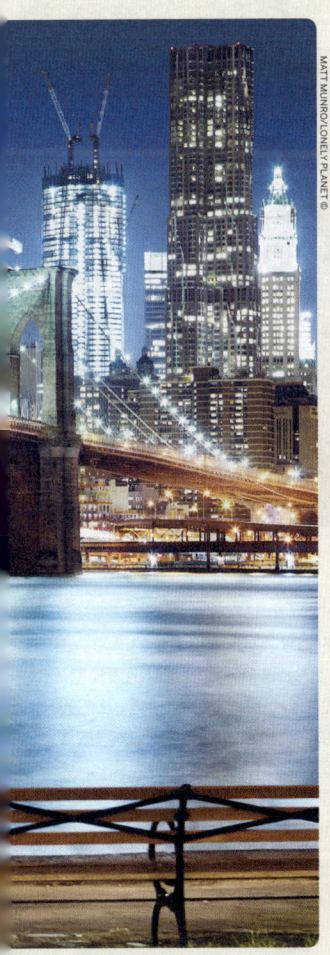

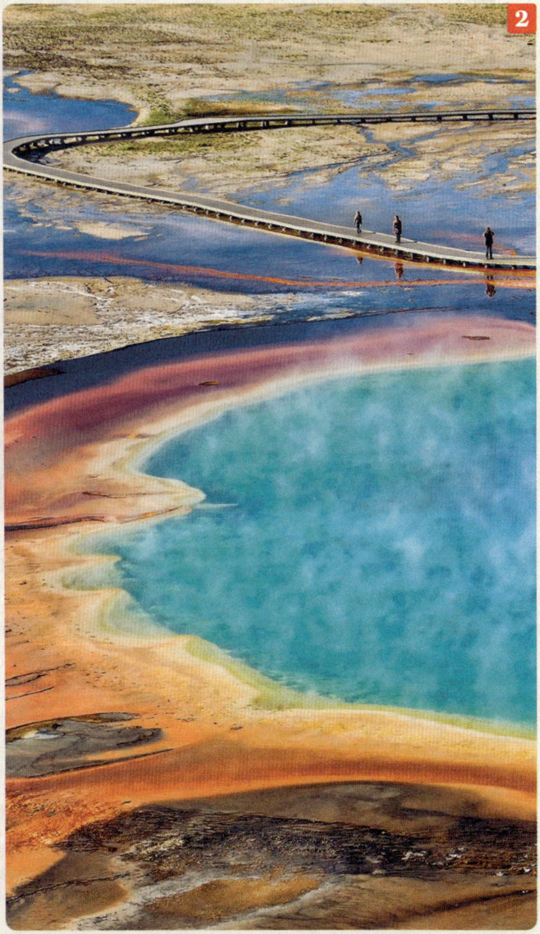

2

NOPPAWAT TOM CHAROENSINPHON/GETTY IMAGES ©

旧金山

3 这个"大起大落"的城市(见1091页)正在发生着变化,目前正处于高度的繁荣时期。浓雾中传来老式有轨电车的咔嗒声,旧金山形形色色非凡的独立商店、世界一流的餐厅和放荡不羁的夜生活,吸引着人们来到这里度过悠长假期。亮点包括探索阿尔卡特拉斯岛,漫步金门大桥,到附近的红杉林、太平洋海岸和葡萄酒乡一日游,而且至少要乘坐一次缆车。旧金山到底有多炫酷?相信我们,在你越过山坡,第一眼看到令人惊叹的海滨景色时,你就会被其深深吸引。

大峡谷

4 大峡谷(见951页)是一个会让你一见钟情的地方。它历经20亿年的沧海桑田,以绝对权威的姿态展示着地球的地质秘密。不过,这里是大自然鬼斧神工的成果,从阳光斑驳的山脊和深红色的山丘,到郁郁葱葱的绿洲和缎带般的河流,都会让你沉醉其中,流连忘返。如果想要探索峡谷,你可以选择探险:徒步、骑自行车、漂流或骑骡。或者,只是在峡谷边缘步道旁找一个座位,亲眼看大地在你眼前变幻色彩。

国家广场

5 国家广场(见296页)近两英里长,两旁都是标志性的纪念碑和神圣的大理石建筑,这里是华盛顿政治和文化生活的中心。夏季,许多音乐节和美食节都在这里举办,一年到头都有游客漫步于芳草如茵、绿树婆娑的美国顶级博物馆殿堂。不论是亲手抚摸越南战争纪念碑还是登上林肯纪念堂的台阶——马丁·路德·金曾在这里发表了他著名的演讲《我有一个梦想》。若要探索美国历史,没有比这里更好的地方了。图为马丁·路德·金纪念碑。

约塞米蒂国家公园

6 在河流和冰川交错的蜿蜒曲折的山谷中穿行,是一项艰难而漫长的任务,但会欣赏到无比壮观的风景。在约塞米蒂(见1141页),震耳欲聋的瀑布在陡峭的悬崖上翻滚而下,攀爬者们在埃尔卡皮坦和半圆丘巨大的花岗岩穹顶的映衬下好似蚂蚁般大小,许多徒步者在古老的巨杉树丛(地球上最大的树木)中走过。就连图奥勒米的亚高山草甸都无比辽阔。想要领略最美的风景,可以在一个满月之夜登上冰川点,或者在夏季驾车驶过山区令人眩晕的泰奥加公路。

太平洋海岸公路

7 沿着美国令人惊叹的西部海岸线驾车驰骋，是最棒的驾车旅行体验。在加利福尼亚，太平洋海岸公路（见42页；也被称为Hwy 1）、Hwy 101和I-5经过令人眼花缭乱的海崖、独特的海滩城镇和一些主要城市：悠闲的圣地亚哥、摇滚的洛杉矶和奇装异服、言行怪异的旧金山。在红树林的北面，Hwy 101猛然转入俄勒冈州，那里有海风习习的海岬、岩石密布的潮汐池。穿过哥伦比亚河进入华盛顿州，就可以到达潮湿而原始的奥林匹克国家公园。图为杰迪戴亚·史密斯红杉州立公园（Jedediah Smith Redwoods State Park；见1133页）。

新奥尔良

8 在2005年毁灭性的卡特里娜飓风过后，新奥尔良（见493页）如凤凰涅槃般重生。在这个"快活之都"，加勒比殖民地建筑、克里奥尔美食和狂欢气氛看起来很是诱人。夜晚投身于迪克西兰爵士乐、蓝调和摇滚音乐节的现场。新奥尔良一年一度的节日（Mardi Gras，爵士音乐节）也是世界闻名的。诺拉（Nola）也是一个热爱美食的小镇，会举办不胜数的美食庆祝活动。在前往Frenchmen St的酒吧之前，品尝一下令人垂涎的什锦烩饭、软壳蟹和路易斯安那州的手撕猪肉。图为什锦烩饭。

秋天的新英格兰

9 在新英格兰（见202页），看树叶变幻色彩是一件大事，具有史诗般的意义。你可以在任何地方欣赏，需要的只是一棵美丽的树。但你可能和大多数人一样，更期待层林尽染。从马萨诸塞州的伯克希尔地区和康涅狄格州的列支费尔德山（Litchfield Hills），到佛蒙特州的绿山，成片的山坡上都闪耀着深红、橙黄、金黄的颜色，光彩夺目。廊桥、白色尖顶教堂与数不清的枫树将佛蒙特州和新罕布什尔州打造成了秋叶的天堂。图为佛蒙特州（见262页）。

圣菲和陶斯

10 圣菲（见999页）是一座古老的城市，有着年轻的灵魂。在周五晚上，艺术爱好者们会涌向峡谷路（Canyon Rd），与艺术家们一起啜饮葡萄酒，探索80多家画廊。城市众多的博物馆中，艺术和历史相得益彰，食物和购物也堪称一流。在蓝绿色天空的映衬下，你将拥有无与伦比的体验。艺术家们也会聚在满是土坯房的陶斯镇（Taos;见1008页），不过，那里的氛围比较古怪，有许多滑雪迷、用环保材料建起的小屋（不接入电网）和一些不走寻常路的名人。图为陶斯普韦布洛（见1010页）。

音乐根源

11 密西西比三角洲是蓝调音乐的摇篮，而新奥尔良则为爵士乐打开了大门。埃尔维斯·普雷斯利（Elvis Presley）在孟菲斯的太阳工作室带来了摇滚乐。而该地区则收纳了从阿巴拉契亚山脉的小提琴和班卓琴村庄到纳什维尔乡村大剧院的各种音乐。密西西比河使得这些音乐向北部的芝加哥和底特律传播，并分别把电子蓝调和摩城之音带到了这两个城市。无论你在美国的哪个地方，都可以领略规模宏大的现场音乐表演（见1296页）。图为芝加哥金斯敦矿山（Kingston Mines；见612页）的音乐家。

美国原住民历史和文化

12 西南部有一些美国原住民遗址。想要了解美国最早的居民，可以在科罗拉多的弗德台地国家公园，爬上梯子，前往悬崖边上古老的古普韦布洛人住宅。想要体验其生活文化，可以参观新墨西哥州的陶斯普韦布洛和亚利桑那州东北部的霍皮部落（Hopi），或者探索四角地区的纳瓦霍（Navajo）部落：蜿蜒穿越纪念碑谷超凡脱俗的山丘和塔楼，或者顺着梯子爬下，跟随纳瓦霍人讲解员，进入谢伊峡谷（Canyon de Chelly；见960页）。图为弗德台地（见871页）。

波特兰

13 波特兰还处于20世纪90年代吗？获奖的独立电影《波特兰迪亚》（Portlandia）中的人物肯定是这样认为的，他们的讽刺短剧清楚地表明这座城市（见1187页）是一个古怪而可爱的地方。这里就像大城镇一样友好，有学生、艺术家、骑自行车的人、潮人、年轻的家庭、老嬉皮士、生态怪人等。这里还有丰富的食物、音乐和文化，只要你想要，什么都有。来吧，但要小心。就像其他人一样，你可能到了这里就不想离开！

南方腹地

14 从查尔斯顿（见406页）苔藓横生的槲树林和开满杜鹃花的花园，到潮湿的用煤渣空心砖砌成的密西西比三角洲廉价小酒馆，再到路易斯安那河口旁孤立的法语区，有着悠久历史和复杂地区自豪感的南方腹地是美国最令人陶醉的地方。南部诸州以慢节奏著称，人们都很享受生活中的小乐趣：在亚拉巴马海鲜小屋生吞新鲜的墨西哥湾牡蛎，到萨凡纳（Savannah）的战前小巷里漫步，或与新结识的朋友在游廊啜饮甜茶。图为萨凡纳（见464页）。

华特·迪士尼世界度假村

15 想让自己变得快乐一些吗？去"地球上最快乐的地方"——华特·迪士尼世界度假村（见576页）吧，然后竭力释放兴奋的感觉，因为你是这出戏里最重要的角色。尽管疯狂的游乐设施应有尽有，到处弥漫着娱乐和怀旧的情绪，但最不可思议的，要数孩子们与各种卡通、电影人物的精彩互动。图为魔法王国（见576页）。

计划你的行程 美国 Top 25

夏威夷火山国家公园

16 从地球上最年轻和最活跃的盾形火山基拉韦厄（Kilauea）火山，到巨大的莫纳罗亚（Mauna Loa）火山，再到哈雷茂茂（Halema'uma'u）火山炽热的熔岩坑，在美国，没有任何地方能与夏威夷火山国家公园（见1255页）令人惊心动魄的景观相媲美。在夏威夷的大岛上，白天，你可以在苍翠茂密的森林里漫步，在火山口周围攀爬；晚上，则可以在夜晚降临太平洋时，见证熔岩灌入大海时所发出的神奇光芒和嘶嘶声响。

芝加哥

17 风之城（见588页）的摩天大楼、湖畔沙滩和世界级的博物馆会使你印象深刻，但它真正的魅力是其高雅文化与朴实乐趣的结合。还有哪个大都市能用毕加索的雕像来装饰当地运动队的队服吗？还有哪里的居民会把排队等热狗的乐趣等同于在一些北美顶级餐馆用餐？这里的冬天严寒难耐，但当你在夏天过来时，芝加哥会利用湖滨的美食节和音乐节来庆祝温暖的日子。

拉斯维加斯

18 就在你认为你已经获得了西部体验（宏伟、超群、抚慰心灵）时，拉斯维加斯大道（见915页）就像是一个摇首弄姿的歌舞女郎一样，想找点麻烦出来。在这一带霓虹灯的映衬下，她上演了一场令人眼花缭乱的表演：舞蹈喷泉、火山喷发、埃菲尔铁塔。但赌场才是她最危险的魅力——诱人的场所、新鲜的空气和明亮的颜色共同拥有一个目标：把你口袋里的钱掏光。如果你是来寻找高档餐厅、太阳马戏团、Slotzilla空中索道和暴乱博物馆（Mob Museum）的，最好远离赌场。

66号公路

19 这条混凝土公路于1926年开通，被称为"母亲之路"（见40页），它连接芝加哥和洛杉矶，开启了美国的公路之旅，至今仍能带你穿越时空，回到那个经典的时代。沿途2000多英里，能找到历史悠久的古迹，还可以与小镇的就餐者一起品尝厚厚的馅饼，在路边的景点拍照，如Snow Cap Drive-In、Wigwam Motel、Tucumcari的霓虹灯标志牌，以及亚利桑那州的奥特曼（Oatman）那头乞讨的驴子和吉米尼巨人（Gemini Giant，一个极高的玻璃太空人）。

阿卡迪亚国家公园

20 阿卡迪亚国家公园（见289页）是群山与大海交会的地方。岩石密布的海岸线绵延数英里，还有更多徒步小路和自行车道，无疑使这个仙境成为缅因州最受欢迎的目的地。这里的最高点是凯迪拉克山（Cadillac Mountain），其1530英尺的山峰可以通过步行、自行车或车辆到达。早起的人可以在这个著名的山峰欣赏到这一地区最早的日出。稍晚一些游览小路和海滩之后，可以在Jordan Pond尽情享用茶和松饼。图为小狐狸。

冰川国家公园

21 是的，传言是真的。冰川国家公园（见900页）的同名景点正在融化。1850年，该地区有150座冰川，而现在仅剩26座。不过，即使没有这些巨大的冰块，蒙大拿州广阔的国家公园也值得深入参观。公路勇士可以沿着50英里长的、激动人心的"追日公路"（Going-to-the-Sun）行驶；观赏野生动物的人们可以观察麋鹿、狼和灰熊（但最好不要离得太近）；徒步者可以探索700英里的小径、树木和植物群（包括苔藓、蘑菇和野花）。

大沼泽地

22 大沼泽地（见544页）令人紧张。它们既不高耸入云，也不像冰川雕刻的山谷那样美丽。它们柔软、平坦、湿润。青草盈盈的河流旁边到处都是吊床、柏树的圆顶和红树林。你不能在那里真正徒步行进。如果想要正确地探索大沼泽地，并与它的史前居民（如暴齿鳄鱼）会面，你必须离开安全的陆地。把独木舟从泥泞的河岸上推下来，并抑制你的恐惧，探索大沼泽里的水道，绝对令人难忘。

洛杉矶

23 不断涌入的梦想家、有志者和奸狡之人给这个沿海城市（见1021页）带来了活力和喧嚣。在工作室之旅中，你可以学习电影制作的技巧。在华特·迪士尼音乐厅里，你可以享受美妙的交响乐。在山顶的盖蒂博物馆（Getty Museum），你可以漫步于花园和画廊之中。想看星星吗？在经过改造的格里菲斯天文台，你可以纵览群星；或者在树丛中寻找明亮的、在地球上移动的"星星"。亲爱的，你准备好拍照了吗？在海滩上待一个小时，感受洛杉矶阳光的亲吻吧。图为威尼斯海滩（Venice Beach；见1025页）。

圣安东尼奥

24 圣安东尼奥（见787页）以其优美的河滨步道和丰富的历史吸引着游客的到来。从小镇中心战痕累累的阿拉莫（Alamo，得克萨斯州最著名的古迹）出发，步行或骑上一辆共享单车，沿着圣安东尼奥河，经过博物馆、餐馆和商店，前往这座城市建于18世纪的西班牙传教区。除了这些显而易见的景点外，当地人还在宣传这座城市的多样性，这在其热闹的节日中得到了充分展现——4月，为期10天的圣安东尼奥节热闹非凡。图为河滨步行街（见788页）。

落基山脉的冬季运动

25 在这里，你可以在最柔软的雪地上滑雪，还有令人难以想象的风景和各种各样的地形：西部的度假村堪称世界一流。阿斯彭（见860页）、韦尔（见858页）、杰克逊霍尔（见879页），听起来都像是富人和名人的游乐场，但其实是特技冲浪运动员和滑雪迷的旅游胜地。在学习滑雪板的过程中，你可以飞檐走壁、穿越树林，在一个地形公园反复练习、不断摔跤：有一件事是肯定的，你会以白雪映衬下的微笑结束美好的一天。图为单板滑雪，阿斯彭（见860页）。

行前参考

更多信息，请见"生存指南"（见1305页）。

货币
美元($)

语言
英语

签证
持中国大陆护照的旅行者需申请旅游签证，详见1306页出行指南。

现金
自动柜员机很普及。大部分酒店、餐厅和商店都能使用信用卡。部分银行（比如大通银行、花旗银行）的自动柜员机支持银联卡取现。

手机
3频或4频手机可在美国使用。或者到当地买个便宜的手机（卡），使用当地的套餐。中国三大移动运营商的用户开通国际漫游业务后均可在当地漫游通话，费率请咨询你的运营商。

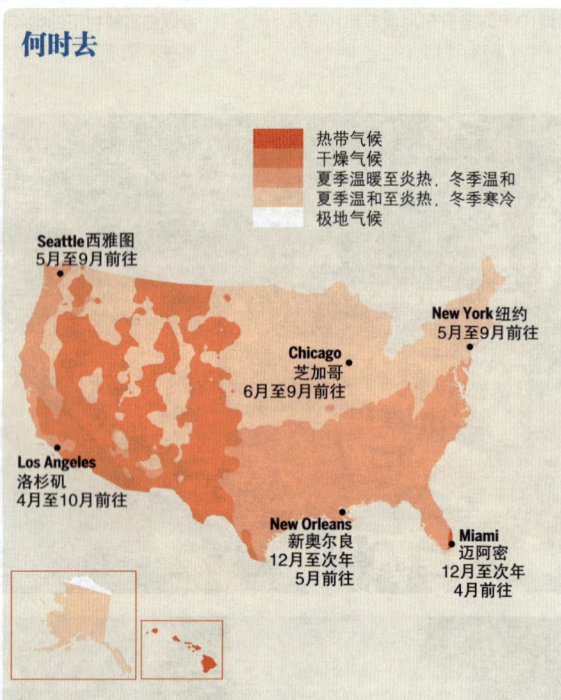

何时去

- 热带气候
- 干燥气候
- 夏季温暖至炎热，冬季温和
- 夏季温和至炎热，冬季寒冷
- 极地气候

Seattle 西雅图
5月至9月前往

New York 纽约
5月至9月前往

Chicago 芝加哥
6月至9月前往

Los Angeles 洛杉矶
4月至10月前往

New Orleans 新奥尔良
12月至次年5月前往

Miami 迈阿密
12月至次年4月前往

旺季（6月至8月）
➡ 全国都很暖和，常有高温。
➡ 旺季人多，价格较高。
➡ 滑雪度假区的旺季是1月至3月。

平季（4月至5月和9月至10月）
➡ 气温适宜，人相对较少。
➡ 许多地方春暖花开（4月），秋色似火（10月）。

淡季（11月至次年3月）
➡ 冬天，北方下雪，有些地区有大雨。
➡ 住宿价格最低（滑雪度假区和温暖的度假区除外）。

网络资源

孤独星球（Lonely Planet；www.lonelyplanet.com/usa）目的地信息、酒店预订、旅行者论坛等。

国家公园管理处（National Park Service, NPS；www.nps.gov）介绍美国自然珍宝——国家公园的门户网站。

Eater（www.eater.com）吃货对美国数十座城市的美食洞见。

Punch（www.punchdrink.com）古怪幽默的指南，教你如何在美国城市中喝得好。

纽约时报旅行（New York Times Travel；www.nytimes.com/travel）旅行新闻、实用建议和有趣的专题。

Roadside America（www.roadsideamerica.com）展现那些稀奇古怪的事。

猫途鹰：https://www.tripadvisor.cn/。可在查找框中输入目的地城市名称，查看旅行者对当地酒店、餐馆、旅游景点的评分和点评。或直接输入酒店或餐馆名称查看。

搜索机票：www.kayak.com。优点在于强大的价格比较功能。

订酒店网站：www.hotels.com、www.expedia.com和www.orbitz.com。

优惠券网站：www.fatwallet.com。可去旅游版搜罗各种优惠券。

重要号码

紧急求助	911
美国国家代码	1
查号台	411
国际查号台	00
美国国际接入号	011

汇率

人民币	CNY1	USD0.14
港币	HKD1	USD0.13
澳门元	MOP1	USD0.12
新台币	TWD1	USD0.03
新加坡元	SGD1	USD0.73
马来西亚林吉特	RM1	USD0.24

欲查询最新汇率，请登录www.xe.com。

每日预算

经济：低于$150

➡ 铺位：$25~40；经济型汽车旅馆双人间：$45~80

➡ 咖啡馆或快餐店午餐：$6~12

➡ 当地公共汽车、地铁或火车票价：$2~4

中档：$150~250

➡ 中档酒店双人间：$100~250

➡ 热门餐厅用餐，两人$30~60

➡ 租车：每天$30起

高档：高于$250

➡ 度假村或高档酒店双人间：$200起

➡ 在顶级餐厅用餐：$60~100

➡ 音乐会或剧院门票：$60~200

营业时间

通常来说，正常营业时间如下：

银行 周一至周四 8:30~16:30；周五 至17:30（周六 可能9:00至正午）

酒吧 周日至周四 17:00至午夜，周五和周六 至次日2:00

夜店 周四至周六 22:00至次日4:00

邮局 周一至周五 9:00~17:00

商场 9:00~21:00

商店 周一至周六 9:00~18:00，周日 正午至17:00

超市 8:00~20:00，部分24小时营业

抵达美国

纽约肯尼迪国际机场 乘AirTrain和长岛铁路列车到宾夕法尼亚车站，途经牙买加车站（$15，35分钟）；或乘AirTrain后转地铁（$7.75，50~75分钟）。乘出租车到曼哈顿需花费$52，过路费和小费另计（45分钟至1.5小时）。

洛杉矶国际机场 乘LAX Flyaway Bus到联合车站：$9.75（30~50分钟）。上门接送的Prime Time和Super Shuttle：$17~30（35分钟至1.5小时）。乘出租车到市中心：$51（25~50分钟）。

迈阿密国际机场 乘超级穿梭巴士到南部海滩：$20~24（50分钟至1.5小时）。乘出租车到迈阿密海滩：$35（40分钟至1小时），或乘地铁到市区：$2.25（15分钟）。

美国时区

东部时间（GMT/UTC -5小时）：纽约、波士顿、华盛顿、亚特兰大

中部时间（GMT/UTC -6小时）：芝加哥、新奥尔良、休斯敦

山地时间（GMT/UTC -7小时）：丹佛、圣菲、菲尼克斯

太平洋时间（GMT/UTC -8小时）：西雅图、旧金山、拉斯维加斯

阿拉斯加州大部分地区比太平洋时区晚一个小时（GMT/UTC -9小时），夏威夷则比太平洋时区晚两个小时（GMT/UTC -10小时）。

更多**当地交通**信息，请参见1320页。

初次到访

更多信息，请参阅"生存指南"（见1305页）。

检查清单

➡ 确认美国签证事宜。

➡ 事先确认你的手机是否可以在美国境内使用，并且了解漫游等相关资费信息。

➡ 至少提前订好头几天行程的住宿。

➡ 买好旅行保险。

➡ 将旅行安排告知借记卡或信用卡公司。

带什么

➡ 护照和驾照

➡ 手机和充电器

➡ 便于步行的鞋

➡ 泳衣

➡ 雨衣或雨伞

➡ 电源适配器（如果需要的话）

➡ 带松紧腰带的裤子（美国餐馆的分量都很实在，得做好准备）

重要提示

➡ 尝试与当地人交流，美国人通常都很友好，而且愿意分享他们对于周围社区和城市的看法。

➡ 如果自驾，放弃那些州际公路，走走乡村公路，有时最好的景致就在蜿蜒的乡间道路旁。

➡ 仔细计划一下，躲开人群最密集的地方，选择工作日前往度假胜地、热门餐厅或重要景点。

➡ 去酒吧时带上护照，许多地方卖酒时都要检查证件，即便你已经超过21岁。

➡ 入境接受检查的时候，美国移民官看起来很吓人。为了让整个过程更顺利，记得完整、礼貌、平静地回答所有问题。

➡ 不同州的法律相当不同，在科罗拉多州和华盛顿州合法的事情，比如说吸大麻，在得克萨斯州和南卡罗来纳州就是违法的。

➡ 自驾时如果与警察交涉，双手需放置在方向盘上，下车前记得熄火拔钥匙，否则可能被误会有闯关或持枪嫌疑而引来麻烦。

穿什么

在美国，几乎穿什么都行，你很少会因为穿着问题而感到不适。但还是应该带一些讲究的衣服（精致休闲装），以便前往高级餐厅、酒吧或者俱乐部。

住宿

➡ **酒店** 选择范围从小型平价连锁酒店到设计感十足的精品酒店和奢华酒店，价格差异非常大。

➡ **民宿** 这些小民宿有家一般的感觉，不过要注意，多数民宿不接受一定年纪以下的儿童。

➡ **汽车旅馆** 比多数宾馆都更简单、便宜，在州界地带较密集，遍布美国乡村。

➡ **青年旅舍** 美国的青旅网络正在持续扩张，但目前仍然集中在城市区域。

➡ **露营** 选择范围从原始的边远地区到设施齐全的私人露营地。

省钱攻略

尽管美国可能是一个消费较高的地方,但还是有很多办法让你在旅行中省下钱来。

➡ 你可以选择在午餐时间吃大餐,很多饭馆会有午餐特价,主菜较晚餐时便宜很多。

➡ 很多博物馆都有免费参观的时段(比如周四晚上或者周日上午)。

➡ 主城区周边有便宜的租车点(比如奥克兰和泽西城)。

➡ 建议上网预订大巴和火车票,这样的话价格会比售票点便宜得多。

议价

在跳蚤市场讨价还价很常见,但其他场合通常都是明码标价。

小费

给小费是必要的,只有遇到实在糟糕的服务时,才可以不给小费。

➡ **机场和酒店搬运工** 拎包每件$2,行李车最少$5。

➡ **酒吧服务员** 每一轮支付15%~20%的小费,每杯最少$1。

➡ **客房服务员** 每晚留$2~4,放在酒店提供的卡片下面。

➡ **餐厅服务员** 除非已经算进账单里了,否则多为餐费的15%~20%。

➡ **出租车司机** 在车费四舍五入的基础上,给10%~15%的小费。

➡ **代客泊车员** 把钥匙交还给你的时候至少给$2。

礼仪

➡ **问候** 问候别人的时候不要有太多的肢体接触。尽管有些美国人会拥抱,城里人也许会互亲脸颊,但大多数人只是握手,尤其是男性。

➡ **抽烟** 即便你在室外,也不要觉得自己能抽烟。大多数美国人不会忍受抽烟行为,很多公园、人行道和海滩都禁止吸烟。

➡ **礼貌** 进入或者离开商店的时候问候一下店员是很平常的(说一句"你好""祝你今天开心"就行)。同时,美国人喜欢微笑(通常这只是礼貌的象征,并没有其他意思)。

➡ **守时** 请务必准时,很多美国人认为让别人等待是很粗鲁的事。

饮食

有些餐厅(尤其是最受欢迎的那些)不接受预订。对于接受预订的,明智的做法是提前预订,尤其是周末。如果不能或没有订位,就早点(17:00~18:00)或晚点(21:00)去就餐,以避免长时间的等位。

➡ **餐厅** 美国餐厅提供各种价位和种类的食物,从正餐、汉堡、海鲜到高档食物,所有你能想到的都有。更为悠闲的餐厅通常在上午11:00左右开始营业;高档餐厅通常只在下午5:00才开始营业。许多餐馆的厨房会在22:00关闭。

➡ **咖啡馆和咖啡店** 白天开门(有时夜间也开),是吃简单的早餐、午餐或简单喝个咖啡的地方。

➡ **非正式食肆** 可以去找找流动餐车、乡村市场(有的酒吧里也提供很好的食物)。一些连锁店(如Waffle House或Huddle House)24小时营业。

新线报

铭记独立战争

斥资1.2亿美元的美国革命博物馆（Museum of the American Revolution；见185页）于2017年在费城开放，你可以在这里看到独立战争时代的武器、信件、日记和艺术作品，之后前往弗吉尼亚州的约克敦，比较一下它和同样是新开的约克敦独立战争博物馆（American Revolution Museum；见359页）哪个更胜一筹。

产地出乎意料的优质葡萄酒

西海岸长期以来对屡获大奖的葡萄酒厂的垄断正在消退，而得克萨斯州丘陵地区（见787页）和北弗吉尼亚等地区日益突出，成为必去的葡萄酒品尝目的地。

底特律大翻盘

底特律已经走出了破产的边缘，以惊人的速度摆脱了衰败的声誉，一个接一个的旧城改造项目不断崛起，包括一个50个街区的体育和娱乐开发项目——底特律区（District Detroit），以及新近运营的Q Line有轨电车。（见647页）

猫王（Elvis Presley）的孟菲斯

这个耗资4500万美元，占地20万平方英尺的娱乐建筑群于2017年开始试营业，位于孟菲斯华丽的雅园（Graceland mansion）附近。（见421页）

芝加哥的西卢普

这个位于市中心附近的肉类加工厂现在是创新和创意的中心，有许多顶级科技公司、获得詹姆斯·比尔德奖（James Beard Award）的餐馆和豪华的新酒店。（见599页）

和平与正义纪念碑

一个引人注目的纪念碑（www.eji.org/national-lynching-memorial），为纪念在1877年至1950年被白人暴徒杀害的大约4000名非裔美国人而建，于2018年4月26日在亚拉巴马州蒙哥马利市开放。

喵喵狼

这个新墨西哥艺术团体在House of Eternal Return将沉浸式艺术提升至一个令人震惊的新高度。House of Eternal Return是一个永久设施（一部分是丛林健身房，一部分是鬼屋），位于圣菲（Santa Fe）边缘一个废弃的保龄球馆里，于2016年开放。（见999页）

熊耳国家保护区

位于犹他州东南部，这个美国最新的、也是最具争议的国家保护区，保护着普韦布洛印第安人、纳瓦霍和尤特人的土地，以及许多古老的普韦布洛考古遗址。（见979页）

崛起的皇后区

纽约最大、种族最多元的地区如今登上了舞台中央，它的魅力在于：创意自酿啤酒厂、新精品酒店、罗卡韦的全新海滩、画廊和真正全球性的饮食文化。（见112页）

更多推荐及评价信息，参见
lonelyplanet.com/usa。

如果你喜欢

海滩

两大洋和墨西哥湾的海岸线令热爱海滩的游人难以抉择，这里既有缅因州崎岖原始的海岸，又有加利福尼亚州南部海浪奔涌的冲浪胜地。

雷斯角国家海岸 水温较低，但是这条位于加利福尼亚州北部原始荒野上的海岸线优美迷人。（见1120页）

南部海滩 虽举世闻名，但来这里戏浪的人数却远不及在迈阿密热门游乐场来来往往的人潮。（见521页）

大海滩 碧绿的海水拍打着长长的金色沙滩，这个毛伊岛胜地是夏威夷最好的一处。（见1256页）

科德角国家海岸风景区 这座位于马萨诸塞州的海角拥有恢宏壮观的沙丘、风景如画的灯塔以及凉爽的森林，引来无数探索者。（见235页）

外滩群岛 沿着北卡罗来纳州延续100英里，外滩群岛有微风轻拂的海滩、灯塔和科罗拉的野马。（见384页）

圣莫尼卡 先去海边，再到一流的美术馆和高端的法式餐厅邂逅明星。（见1037页）

主题公园

美国有多种类型的主题公园，从老派的棉花糖和过山车，到多日沉浸在单纯的彼得潘式的幻想世界中，不一而足。

迪士尼乐园 潮起潮落，但真正的经典永远不会消亡。如今，迪士尼的童话世界已经拥有70多年的历史，但仍然保持着独特的魅力。（见1052页）

多莉公园 为了备受爱戴的乡村歌手多莉·帕顿（Dolly Parton）而建。你可以体验阿巴拉契亚山脉的主题设施，领略田纳西州山丘的美景。（见439页）

雪松角娱乐公园 这个俄亥俄州最受欢迎的公园拥有全球最高、最快的过山车，如云霄飞车（Top Thrill Dragster）。（见635页）

奥兰多环球影城 著名的环球影城和哈利·波特的魔法世界所在地。（见578页）

圣克鲁斯沙滩游乐园 在太平洋海岸最古老的海滨娱乐公园，20世纪20年代的大北斗星过山车正在等待着你来体验古老的刺激。（见1089页）

葡萄酒

参观葡萄酒厂不仅可以品尝品质上乘的美酒、领略美丽的乡间风景，还能在分散于葡萄园周边的诱人农场小店和精致的法式小馆里品尝美食。

纳帕谷 纳帕意味着世界顶级的酿酒业，这里有200多座葡萄园。你会发现绝佳的葡萄品种、美味的食物和秀丽的风景。（见1123页）

威拉梅特谷 这片肥沃的土地位于俄勒冈州波特兰的郊外，孕育出了全球最美味的黑皮诺（Pinot Noir）葡萄酒。（见1199页）

五指湖区 这片一流的葡萄酒产区位于纽约州北部。畅饮几杯之后，你可以到附近的州立公园散步。（见165页）

圣伊内斯谷 在橡树遍布、风景如画的环境之中，这些位于圣巴巴拉北部阳光普照的葡萄园非常适合悠闲地探索。（见1080页）

弗吉尼亚葡萄酒之乡 这片正在崛起的葡萄酒区有丰富的历史。你可以品尝出自托马斯·杰斐逊庄园的葡萄酒。（见353页）

弗德谷 认为亚利桑那州全是沙漠？再想想。到塞多纳附近郁郁葱葱的环境中展开酒庄之旅吧。（见947页）

计划你的行程

如果你喜欢

夏威夷考艾岛的纳帕利海岸（见1242页）。

美食

经典的美国就餐体验就是，在缅因州龙虾小馆大快朵颐，到得克萨斯山村搜寻烧烤，去纽约、洛杉矶等地的世界著名餐厅享用盛宴等。

纽约 无论你钟爱什么，世界上最伟大的美食之都总能令你心满意足。（见120页）

新英格兰 龙虾、烤蛤蜊、牡蛎和新鲜的鱼——美国东北部是一个海鲜天堂。来自波士顿意大利面包房的正宗奶油甜馅煎饼卷会让你的用餐体验更加完美。（见202页）

芝加哥 芝加哥的美食备受赞誉，都是因为这里的希腊、越南和墨西哥美食。分子料理，著名的深盘比萨，美味精彩。（见606页）

旧金山 货真价实的墨西哥快餐店、各式各样的亚洲美食、壮观的农贸市场以及享有盛誉的主厨共同打造出加州美味。（见1108页）

洛克哈特 得克萨斯州一直在吞云吐雾，因为这里赫赫有名的烧烤。食肉主义者不应该错过这个令人垂涎三尺的牛腩传奇之都。（见786页）

波特兰 这里的餐饮业极其先进，快餐车上有来自世界各地的菜肴，无不充满想象力。（见1194页）

新奥尔良 法国人、西班牙人、菲律宾人、海地人以及来自其他国家和地区的人，都对这里的美食融合做出了贡献，使得新奥尔良成为美国最热衷美食的城市之一。（见502页）

徒步

徒步的场景是这样的：高耸入云的山峰、薄雾缭绕的雨林、岩壁赤红的峡谷以及俯视着海面的陡峭悬崖。你可以在一些地方徒步穿越壮阔的荒野。

阿巴拉契亚小道 即使你不想走完2178英里的全程，也值得前来一看。小道在14个州均有入口。（见376页）

丹奈利国家公园 在这个国家公园里，你可以使用地图和指南针导航，而公园管理员会告诉你走离规划好的步道也很好。（见1236页）

北喀斯喀特山脉 冰川、锯齿山峰和高山湖泊，都是美景的一部分。（见1180页）

卡拉劳步道 考艾岛经典的海滨步道，位于原始的海滩和迷人而

陡峭的悬崖之间。(见49页)

落基山国家公园 科罗拉多的这个尤物拥有白雪皑皑的山峰、满山遍谷的野花和风景如画的山地湖泊。(见851页)

总统山区 你可以在新罕布什尔州美妙的怀特山找到具有挑战性的小径、高耸的山峰、森林和绝佳的"小屋到小屋游览线路"生态友好型的棚屋系统。(见278页)

大弯国家公园 在巨大的得克萨斯公园里,干燥的山地风光中分布有约200英里长的小径。(见821页)

非主流美国

当你厌倦了博物馆和知名景点,不妨松开安全带,让自己融入美国花哨和无与伦比的陌生世界。

巨车阵 向巨石阵致敬,内布拉斯加州田野中一个由旧汽车集合成的顽皮所在。(见752页)

NashTrash游 由高大的长发"剑圣姐妹"(Jugg Sisters)带领旅行者在纳什维尔热辣之地展开的随性的美味旅程。(见431页)

美国视觉艺术博物馆 在这个巴尔的摩宝石内,可以看到"门外汉"艺术(包括那些精神病患者的作品)。(见327页)

美国最孤独的公路 内华达Highway 50空荡荡的,别忘了在Shoe Tree停一下。(见932页)

迷你时光机袖珍博物馆 图森这家异想天开的博物馆专门展出微小的事物。(见966页)

玛法神秘之光 在西得克萨斯黄昏中寻找地平线上幽灵般的光,许多人都曾看到过。(见826页)

建筑

无论你是建筑大师弗兰克·劳埃德·赖特(Frank Lloyd Wright)的粉丝,还是喜爱凝视设计美妙的建筑,美国都是一个建筑奇迹的宝库。

芝加哥 美国摩天大楼的故乡,拥有许多20世纪伟大的建筑作品。(见588页)

纽约 这里有很多经常入镜的经典建筑,包括装饰艺术风格的克莱斯勒大厦、盘旋上升的古根海姆博物馆以及恢宏壮观的布鲁克林大桥。(见75页)

迈阿密 迈阿密装饰艺术区有如光怪陆离的梦境成了真。(见520页)

旧金山 可能是美国最欧洲化的城市,拥有优雅的维多利亚式建筑和前卫的21世纪杰作。(见1091页)

萨凡纳 这位南方美人有惊人的内战前的建筑,始终有很高的回头率。(见464页)

新奥尔良 华丽的法国殖民地中心,有内战前的豪宅,可以搭乘历史悠久的电车前往。(见493页)

美洲原住民文化

这片大陆的原住民对土地和动物的特殊感情延续了几千年,在西南部的文化景观中最为明显。

美国印第安人国家博物馆 毋庸置疑,首都拥有美国最优秀的美洲原住民博物馆。(见303页)

弗德台地 这个迷人的遗址嵌在科罗拉多州南部的山脉上,神秘地被古代普韦布洛人遗弃了。

(见871页)

松树岭印第安保留地 参观拉科塔人被美国骑兵屠杀的悲剧遗址,然后去附近的红云(Red Cloud)了解更多关于拉科塔的知识。(见744页)

纳瓦霍原住民保留地 领略令人震撼的风景,了解关于这个亚利桑那州骄傲族群的更多知识。(见960页)

祖尼普韦布洛 购买精美的银饰品,入住一家部落授权的旅馆。(见998页)

历史景点

东海岸拥有13个最早的殖民地。若想追忆与众不同的美国过往,向南部和西部进发吧,西班牙探险家和原住民在那里留下了印记。

费城 美国的第一个首都,独立联合的美国理念在这里诞生。精美的博物馆在娓娓讲述着当年的往事。(见184页)

波士顿 参观保罗·里维尔故居、18世纪墓地,登上1797年宪法号护卫舰的甲板。(见203页)

威廉斯堡 来到弗吉尼亚州保存完好的小镇威廉斯堡,就像是一步跨回了18世纪,这是全球最鲜活的历史博物馆。(见357页)

圣巴巴拉教堂 "教堂女王"见证了加州原住民的丘马什(Chumash)文化和19世纪西班牙修道士的碰撞。(见1078页)

华盛顿 这是林肯被刺杀、马丁·路德·金发表他最著名演讲和尼克松总统之路被断送的地方。(见296页)

哈珀斯费里 河流和山脉巧妙地框起一个迷人的露天博物馆,

展示了19世纪的乡村生活。(见375页)

啤酒和自酿啤酒厂

自酿啤酒厂的热门程度呈爆炸趋势,你总能在身边不远处找到精心酿造的啤酒。科罗拉多州、佛蒙特州、华盛顿州和俄勒冈州尤以酿酒厂闻名。

Mountain Sun Pub & Brewery 博尔德最受欢迎的自酿啤酒厂,提供精美的啤酒、美食以及定期的音乐演奏会。(见850页)

波特兰 波特兰是啤酒爱好者的天堂,市区内有70多家自酿啤酒厂。(见1196页)

Mammoth Brewing Company 前往加利福尼亚州悠闲的山镇,赴一场令人眼花缭乱的品尝之约。(见1149页)

阿什维尔 阿什维尔拥有20多家啤酒厂和小酒馆,正在引领北卡罗来纳州的啤酒复兴。(见400页)

地质奇观

赤色岩石堆砌的沙漠、石化森林、喷涌的间歇泉和地面形成的巨大坑洞,都会让你感觉置身于另一座星球上。

大峡谷 不需要过多介绍,这个纵深1英里、宽达10英里的大峡谷经过600多万年的岁月雕琢而成。不要急,慢慢欣赏。(见951页)

黄石国家公园 壮观的间歇泉、五彩斑斓的温泉池以及这一切所在的超级火山,一定会令你眼花缭乱。(见884页)

夏威夷火山国家公园 一瞥熔岩形成的沙漠、隐隐燃烧的火山口和不曾停歇的火山活动——7000万年来一直很强劲。(见1255页)

恶地国家公园 在南达科他州广袤的西部地区,色彩鲜艳的岩石顶峰突然冒出。(见743页)

卡尔斯巴德洞窟国家公园 沿着地下通道步行2英里,就能抵达巨大空间(Big Room)——一个名副其实的地下教堂。(见1019页)

犹他州南部的国家公园 在犹他州的红岩国度里,7个国家公园和遗址足够你一睹3000英尺高的槽峡谷、侵蚀石林和尖顶。(见983页)

现场音乐

美国人知道去哪里赶一场不错的现场演出,这里有孟菲斯的蓝调、阿巴拉契亚山脉的蓝草、新奥尔良的爵士、激昂奋进的摇滚、迷人的萨尔萨,或低声吟唱的乡村曲调。

奥斯汀 奥斯汀有200多家音乐场所,举办全国最盛大的音乐节,这足以让它骄傲地戴上音乐的王冠。(见784页)

新奥尔良 这里的音乐和这座城市一样兴奋醉人,从爵士即兴演奏会到独立摇滚,应有尽有。(见505页)

纳什维尔 这座河滨城市是乡村音乐、蓝草、蓝调、民谣和很多极具氛围的酒馆演奏的舞台。(见434页)

洛杉矶 洛杉矶吸引了众多有抱负的新星和真正的天才。不要错过传奇的日落大道,或许你能在那里遇见巨星。(见1048页)

孟菲斯 地下酒吧拥有炽热的现场乐队。(见426页)

堪萨斯城 这个热爱烧烤的密苏里城市拥有大受追捧的音乐场地,尤其是爵士。(见729页)

博物馆

从大城市的文化宫殿到古怪的僻径,美国无与伦比的博物馆收藏着从艺术到摇滚乐的一切事物。

大都会艺术博物馆 位于纽约的世界顶级的艺术收藏跨越了六大洲,拥有几千年的历史(千真万确!)。(见106页)

探索博物馆 为庆祝2019年建馆50周年,这个旧金山元老级博物馆邀请了各个年龄段的参观者前来亲身体验、探索科学。(见1092页)

非裔美国人历史和文化博物馆 华盛顿最新的博物馆因其多方面的非裔美国人史实而备受好评。(见302页)

菲尔德自然历史博物馆 芝加哥极好的自然历史博物馆,可以漫步穿越埃及墓室,一睹雷克斯霸王龙的风采。(见591页)

盖蒂别墅博物馆 这座仿造的古典别墅坐落在太平洋之上,是伊特鲁里亚、希腊和罗马古文物的宝库。(见1037页)

印第安纳波利斯儿童博物馆 在这个非凡的五层楼高的(世界上最大的)儿童博物馆里有大量的互动展览。(见622页)

摇滚乐名人堂和博物馆 在这个克利夫兰的经典博物馆中,有铭记埃尔维斯(Elvis)、艾瑞沙(Aretha)、查克·贝里(Chuck Berry)、博·迪德利(Bo Diddley)、巴迪·霍利(Buddy Holly)和马文·盖伊(Marvin Gaye)的音乐殿堂。(见632页)

每月热门

最佳节庆

忏悔星期二狂欢节，2月或3月

西南偏南音乐节，3月

国家樱花节，3月

芝加哥蓝调音乐节，6月

独立日，7月

1月

新年伊始，美国大部分地区都盖着厚厚的雪。滑雪场生意火爆，而热爱太阳的人则奔向更温暖的地方（尤其是佛罗里达）。

☆ 元旦化装大游行（Mummers Parade）

费城最大的节日就是这一盛大的游行（www.phillymummers.com），为了在新年的这一天赢得最高的荣誉，当地的俱乐部会花几个月的时间来制作服装和移动布景。在这旷日持久的盛宴中，弦乐队和小丑也加入了进来。

☆ 春节

1月底或2月初，只要有唐人街的地方，就能看到丰富多彩的庆祝和歌舞活动。纽约有节日游行，但旧金山的气氛最浓，有彩车、鞭炮、乐队和狂欢活动。

☆ 圣丹斯电影节（Sundance Film Festival）

1月底，传奇的圣丹斯电影节（www.sundance.org）将好莱坞明星、独立导演和狂热的电影爱好者带到了犹他州的帕克，成就了为期10天的独立电影盛事。提前做好准备，因为通行证很快会被卖光。

2月

除了去山区适合度假的地方，许多美国人都害怕2月漫长的黑夜和寒冷的白天。对外国游客来说，这是最便宜的旅游季节，飞机和酒店都有很大的折扣。

☆ 忏悔星期二狂欢节（Mardi Gras）

在2月底或3月初圣灰星期三的前一天，这个油腻的星期二是狂欢节的收尾。新奥尔良的庆祝活动（www.mardigrasneworleans.com）以丰富多彩的游行、化装舞会、宴会而久负盛名。到了那天，享乐主义则掌控了一切。

3月

春天的第一丛花开了（至少在南部是这样，而北部仍冷得让人发抖）。在山区，现在依旧是滑雪旺季。同时，弥漫酒香的春假将席卷佛罗里达。

☆ 圣帕特里克日（St Patricks Day）

17号这天，人们用铜管乐队和源源不断的健力士（Guinness）黑啤酒纪念这位爱尔兰的守护圣徒。纽约、波士顿和芝加哥有盛大的游行（这将把芝加哥河染成草绿色）。

☆ 国家樱花节（National Cherry Blossom Festival）

为了庆祝华盛顿潮汐湖畔（Tidal Basin）的日本樱花灿烂绽放，在为期4周的盛会期间有音乐会、游行、太鼓表演、放风筝和其他90项活动（www.nationalcherryblossomfestival.org）。每年都有100多万人参加，所以别忘了提前预订。

☆ 西南偏南音乐节（South by Southwest）

每年，得克萨斯州的奥斯

汀都会因举办北美规模庞大的音乐节（见781页）而成为焦点。近100个场所里将上演2000多场表演。这也是一个重要的电影和精彩创意碰撞的盛宴。

4月

4月天气转暖，虽然北方阴晴不定，但寒冷天气中夹杂着少许玩笑般的温暖时日。去南部吧，这是旅行的好季节。

圣安东尼奥嘉年华（Fiesta San Antonio）

4月中旬是探访得克萨斯州这个美丽河畔城市的最佳时机，你会发现，为期10天的宗教狂欢节日（www.fiesta-sa.org）里有狂欢，有游行，也有跳舞和吃大餐的机会。

爵士音乐节（Jazz Fest）

4月的最后一个周末起，新奥尔良会举办全国最好的爵士即兴演奏会（www.nojazzfest.com），这里有一流的表演[本地人小哈利·康尼克（Harry Connick Jr）有时会演出]和热烈的喝彩。除了世界一流的爵士乐外，这里也有超棒的美食和工艺品。

Juke Joint Festival

4月中旬，密西西比州的克拉克戴尔会举办一场重大的蓝调盛会（www.jukejointfestival.com）。漫游在十几个舞台中，你可以享受音乐，还有很多美味的食物和奇怪的娱乐活动（小猪赛跑！）。

爱国者日（Patriots' Day）

4月的第三个周一是马萨诸塞州的大日子，亮点有独立战争的重演、列克星敦和康科德的游行、波士顿马拉松，外加一场备受瞩目的红袜队主场棒球比赛。

印第安人大集会帕瓦节（Gathering of Nations）

要感受原住民文化，就在4月下旬前往阿尔伯克基参加印第安人大集会帕瓦节（www.gatheringofnations.com）。这是世界上最大的美洲原住民盛会。你会看到传统的舞蹈、音乐、食品、工艺品和世界印第安小姐的加冕礼。

5月

5月进入了真正的春天，到处都是盛开的野花，天气通常温暖和煦，这是最佳的旅游季节之一。夏季拥挤的人群和高物价还没有到来。

比尔街音乐节（Beale Street Music Festival）

5月初，蓝调爱好者来到孟菲斯，参加这个为期3天、历史悠久的音乐节（见422页）。

五月五日节（Cinco de Mayo）

为了庆祝墨西哥战胜法国，全国都飘荡着萨尔萨舞曲，随处可见一杯杯的玛格丽特酒。洛杉矶、旧金山和丹佛举办的庆祝活动最为盛大。

6月

夏天来了，美国人在户外咖啡馆和餐厅度过的时间更多，也会去海边或者国家公园。学校放假了，度假者涌向高速公路和度假村，也推高了价格。

波纳罗音乐节（Bonnaroo Music & Art Festival）

6月中旬，这个庞大的音乐盛会（www.bonnaroo.com）在田纳西州的心脏地带开启，为期4天，摇滚、灵歌、乡村和其他明星纷纷登场。

同志骄傲大游行（Gay Pride）

有些城市的同性恋庆祝活动（www.sfpride.org）持续一周，但是在旧金山却长达一个月，而且6月最后一个周末还有盛大的游行。全美各大主要城市都能看到盛大的游行活动。

芝加哥蓝调音乐节（Chicago Blues Festival）

这是全球规模最大的免费蓝调音乐节（www.chicagobluesfestival.us），整整3天的音乐活动让芝加哥闻名于世。6月初，50多万人会在格兰特公园（Grant Park）的多个舞台前铺开毯子，享受音乐。

美人鱼大游行（Mermaid Parade）

在纽约的布鲁克林，康尼岛（www.coneyisland.com）以一场游行来庆祝炙热夏天的来临，届时会有打扮得极富想象力的美人鱼和吹吹打打的男性美人鱼出现。

☆ 美国乡村音乐协会音乐节（CMA Music Festival）

纳什维尔传奇的乡村音乐盛会（www.cmaworld.com）上，有400多位艺术家在滨江公园（Riverfront Park）和LP Field表演。

☆ 特路莱德蓝草音乐节（Telluride Bluegrass Festival）

这场科罗拉多山区的音乐盛会（www.planetbluegrass.com）喜庆又热闹，人们摩肩接踵。这里有不停歇的表演、诱人的地方美食小摊和超棒的本地自酿啤酒。人人参与其中，很多人甚至在此露营。

☆ 坦格活德音乐节（Tanglewood Music Festival）

在马萨诸塞州西部的迷人环境中举办的露天音乐会，会持续整个夏天（6月末至9月初；www.bso.org）。

7月

此时夏日炎炎，美国人要不在后院祭出烧烤炉，要不就奔向海滩。价格高涨，人群拥挤，但这时是最有活力的旅游季节。

☆ 独立日（Independence Day）

在7月4日，几乎每个大城小镇都用大规模的烟花表演来纪念这个国家的诞生。华盛顿、纽约、纳什维尔、费城和波士顿都是不错的观赏表演的地方。

☆ 俄勒冈州啤酒节（Oregon Brewers Festival）

波特兰这个热爱啤酒的城市竭尽所能，奉上了无数令人沉醉的手工酿造精品（www.oregonbrewfest.com）。那里有来自全国的几十种啤酒（还有几种国际啤酒），提供了很多选择，坐在威拉梅特河（Willamette River）岸边品酒真是再好不过了。

☆ 大师盛会（Pageant of Masters）

持续8周的艺术节（www.foapom.com）给加利福尼亚州的拉古纳海滩（Laguna Beach）带来了超现实的感觉。舞台上一丝不苟的古装演员模仿著名的艺术作品，再现栩栩如生的画作，还有旁白和管弦乐队伴奏。

☆ 纽波特民谣音乐节（Newport Folk Festival）

7月下旬，富豪们夏天经常光顾的罗得岛州纽波特有一个世界级的音乐节（www.newportfolk.org）。在这开心、愉悦的活动中，能见识到顶级民谣艺术家的表演。

8月

天气酷热，越往南走，气温和湿度越令人难以忍受。一到周末，居民们纷纷逃到最近的水岸，留下一座座空城，而海滩则人满为患，物价处处高昂。

☆ "俊杰"音乐节（Lollapalooza）

这一盛大的摇滚音乐节（www.lollapalooza.com）在8月的第一个周四至周日拉开帷幕，100多支乐队瓜分了芝加哥格兰特公园的8个舞台。

☆ 艾奥瓦州博览会（Iowa State Fair）

如果你从未参加过州博览会，现在就是你的机会。在这个历时11天的活动（www.iowastatefair.org）中，你会见识到乡村低吟、奇妙的雕刻（用黄油）、牲畜秀、无尽的食品摊，这是在美国中心地带回归乡土的好时光。

9月

告别夏日，天气渐渐凉爽，在全国各地旅行都成为乐事。孩子们返回学校，音乐厅、画廊和表演艺术场所迎来了一个新的旺季。

☆ 圣菲节日（Santa Fe Fiesta）

圣菲有全美持续时间最长的嘉年华（www.santafefiesta.org），两周生机勃勃的活动包括游行、音乐会，以及Old Man Gloom乐队的激情演出。

☆ 火人节（Burning Man Festival）

在一个多星期的时间内，约5万名狂欢者、艺术家和各种自由的心灵会降落在内华达州黑岩沙漠（Black Rock Desert），建起一座充斥着装置艺术、主题营地和环境艺术珍品的临时大都市（www.burningman.com）。活动高潮是把一个巨大的火柴人烧成灰烬。

10月

气温正在下降，秋天给北方带来了火红的色彩。此时是树叶颜色最灿烂（新英格兰）的季节。其他地方价格较低，人也少。

☆ 纽约电影节（New York Film Festival）

这仅是纽约诸多大型电影节中的一个[另一个是4月底举办的翠贝卡电影节（Tribeca Film Fest）]，最大看点是来自世界各地电影的全球首映（www.filmlinc.com）。

幻想节（Fantasy Fest）

万圣节的前一周，西礁岛的狂欢节给这块亚热带飞地带来超过10万名狂欢者。你可以一睹游行活动、缤纷彩车、化装舞会、贝壳国王和王后的评选，以及酒精带来的欢声笑语（www.fantasyfest.net）。

万圣节（Halloween）

在纽约，你可以穿上奇装异服，参加第六大道的万圣节游行。在洛杉矶的西好莱坞和旧金山的卡斯特罗区可以看到加利福尼亚州最高谱的装扮。马萨诸塞州的塞勒姆整个10月里也不乏活力四射的活动。

11月

不管你去哪里，现在基本都是淡季，尽管游玩价格降低（但是感恩节前后机票价格猛涨），但寒风打消了游客出行的念头。大城市中的文化活动很丰富。

感恩节（Thankgiving）

11月的第四个星期四，美国人阖家欢聚一堂，全天都在吃大餐——烤火鸡、甜土豆、蔓越莓酱、葡萄酒、南瓜派和许多其他菜肴。纽约有盛大的游行，电视里放着职业橄榄球比赛。

12月

冬天来了，落基山脉的滑雪季开始了（通常1月份之前东部的户外条件都不太理想）。除了冬季运动以外，12月意味着窝在家里，蜷缩在炉火旁。

巴塞尔艺术展（Art Basel）

这个艺术节（www.artbaselmiamibeach.com）规模不小，共持续4天，展示新锐艺术、电影、建筑和设计。来自全球的200个主要画廊将带来约4000名艺术家的作品，迈阿密海滩上也多是时髦人物的社交聚会。

新年前夜

美国人用两种方式迎接新年的钟声：一种是与欢乐的人群一起庆祝，另一种是躲在度假胜地逃离混乱。不论选择哪一种，都要提前很早计划。准备好迎接高昂的物价（特别是纽约）吧。

旅行线路

2周 东海岸

大城市、历史悠久的城镇和宁静的海岸线为美国东北部提供了许多亮点。

艺术、时尚和文化中心**纽约**是美国最温文尔雅的城市。在这座大都会逗留4天，看看西村、东村、Soho和上西区人山人海且令人流连忘返的景点，逛逛上东区的博物馆，在中央公园闲庭信步，沿着高线公园溜达，再绕道至布鲁克林和皇后区。饱览大都市文化之后，在长岛醉人的海滩**格林波特**和**蒙托克**歇口气。然后返回纽约，搭乘火车前往**波士顿**，用两天时间参观历史景点，在北角区用餐，在剑桥泡吧。下一站是**科德角**，你将探索宁静如画的沙丘和优美的海岸，还要留出时间前往这里最热闹的居民点**普罗温斯敦**。之后，返回波士顿，租辆车在新英格兰漫游3日，驶过乡间小道，沿途可以住在老式民宿中。亮点包括马萨诸塞州的**塞勒姆**和**康科德**、佛蒙特州的**本宁顿**，以及新罕布什尔州的**朴次茅斯**。如果时间允许，还可以前往缅因州，在崎岖美丽的海岸享受龙虾盛宴：**波特兰**是个不错的地方，可以由此开始。

 北国风光

想要来一段不一样的横贯大陆之旅，不妨尝试北部的穿越线路。

从**纽约**出发，朝着西南方向前往历史悠久的**费城**，然后继续向西，踏上宾夕法尼亚德裔区田园牧歌般的乡村小路。下一站是令人称奇的**匹兹堡**，这里有风景画般的桥梁和绿地、前卫的博物馆和生机勃勃的社区。经州际公路进入俄亥俄州，一到老派的阿米什社区（Amish Country），时光仿佛立刻开始倒流。**芝加哥**是中部最大的城市。在湖畔散步或骑自行车，为著名的艺术品和伟大的建筑奇迹而惊叹倾倒，别忘了一探究竟大名鼎鼎的餐饮业。随后向北，前往年轻活泼、热爱绿色的大学城**麦迪逊**。

绕道向北，前往有"万湖之地"之称的明尼苏达州，在友好且富有艺术气息的**明尼阿波利斯**停留，随后造访与其隔河相望的双生兄弟城市——更为安静的圣保罗。回到I-90公路，启动巡航控制系统，欣赏玉米（还有**玉米宫**）与平而又平的南达科他州平原。在**恶地国家公园**停车小驻，然后转向狂野的西部。**在布莱克山**中，拉什莫尔山和疯马的无数纪念雕像会让你更了解这个国家复杂的过去。继续向北，在**枯木镇**观看赫赫有名的西部枪战。

穿越怀俄明州，途中到**科迪**看一场夏日的牛仔竞技。随后去欣赏**黄石国家公园**的奇景。接下来，绕道向南，去**大蒂顿国家公园**，徒步穿越宝石般的湖泊、攀爬高耸的山峰。开车向北折回，然后继续西行，穿过蒙大拿州的乡村。适合户外活动的小镇**波兹曼**和**米苏拉**是有趣的经停点，在两个小镇之间可以探索**冰川国家公园**的高山美景。

在野外度过几天之后，令人惊喜的**斯波坎**是一个休整恢复的好地方，这里的滨河地区十分宜人，历史街区也散落着诱人的餐饮场所。要感受更多大都市的气息，就继续向西到**西雅图**，这是个富有远见并充满环保意识的城市，拥有丰富的咖啡文化与夜生活，要去皮吉特湾的岛上消遣度假也很快。如果时间充裕，这一地区还有一些很棒的地方值得探索，包括**雷尼尔山**、**奥林匹克国家公园**和**圣胡安群岛**。

穿越东西海岸

1个月

这条伟大的公路旅行线路上充满了各种各样的传奇故事，现在你就可以驱车从一个海岸前往另一个波光粼粼的海岸，实现自己的梦想。

从**纽约**出发（但在新泽西州租车更便宜），前往旅程的第一站**费城**，在这座老城里，餐饮、艺术和音乐场馆发展迅速。继续向前，到**华盛顿**。作为美国的首都，这里有不少令人眼花缭乱的景点，在博物馆关门之后，还可以美餐一顿，饮酒狂欢。接着向南，穿越弗吉尼亚州，参观历史悠久、充满魅力的**威廉斯堡**。沿海岸线一路向南，参观**哈特拉斯角**的原始沙丘、沼泽和林地。搭乘渡船前往偏僻的**奥克拉科克岛**，看野生小马如何奔跑。继续向南，**查尔斯顿**和**萨凡纳**还保留着南北战争之前的风情。下一站是亚拉巴马州的**斯普林特山沼泽**，在这个神奇之地，可以探索海岸的生物多样性。接着来到钟情爵士乐的**新奥尔良**，这里有炙手可热的铜管乐队演奏。

随后，便抵达了广袤无垠的得克萨斯州。去休斯敦郊外的**加尔维斯顿**踩踩海滩。在**圣安东尼奥**，沿着教区小路（Mission Trail）和绿树成荫的河滨步行街散步，然后前往音乐和美酒之乡**奥斯汀**。之后，一路伴着美食进入风景优美的得克萨斯州丘陵地区，在**玛法**为艺术和璀璨的星空停留一晚，徒步穿过让人惊掉下巴的**大弯国家公园**。驱车北上至新墨西哥州，沿着绿松石小径（Turquoise Trail）抵达充满艺术气息的**圣菲**和妙不可言的**陶斯**。发动汽车，穿越科罗拉多州，进入美丽的山地城市**杜兰戈**，接着到**弗德台地**探访美洲原住民的崖居奇观，再去四州交会处的**福科纳斯**。令人赞叹的**大峡谷国家公园**是下一个目标。在这伟大的奇迹里，能待多久就待多久吧。在纸醉金迷的**拉斯维加斯**试试手气。前往加州途中，到**死亡谷**欣赏奇妙的沙漠景观，再一头扎进**内华达山脉东段**的莽莽丛林，在**约塞米蒂国家公园**徒步、看野生动物。最后一站是多山的**圣弗朗西斯科（旧金山）**。这座极具魅力的城市位于大洋与海湾之间，迷人的美景等待着你来探索，人文景点看起来无穷无尽。如果有时间，在行程上添加**纳帕谷**，品尝葡萄园的佳酿和美味食物，作为此行完美的收官之举。

计划你的行程

旅行线路

上图：加利福尼亚的内华达山脉东部（见1147页）。

左图：俄亥俄州的阿米什社区（见637页）。

2周 另辟蹊径

不起眼的城市、湖岸小岛、轻快的山地音乐,在独辟蹊径的美国中部旅程中等着你的,远远不止这些。

让我们把起点放在**底特律**,在过去的十年里,它的复兴令人刮目相看。漫步河畔步道,浏览最近的历史(汽车城),体验汽车城的地下夜生活。第二站是邻近的**安娜堡**,可以在这里感受亲切的大学城气息(咖啡馆、农贸市场、小酒吧)。之后,向西前往密歇根湖。驱车行经一个个水岸市镇(或许可以在**索格塔克**稍作停留,看看画廊),直抵**睡熊丘国家湖岸风景区**,那里有令人惊叹的沙之奇景,有风光迷人的车行道,还有荒草丛生的岛屿。

原路折回到**拉丁顿**,乘船过密歇根湖到威斯康星州的**马尼托沃克**。接着向南到**密尔沃基**,这是美国最棒的小城之一,有绝佳的艺术与建筑、无数自酿啤酒厂,夏日节庆乃至令人难忘的湖岸骑行体验。从这里出发,驱车南下,4.5小时后抵达**斯普林菲尔德**,在这里细细研究本土英雄(也是美国最受爱戴的总统)亚伯拉罕·林肯的迷人经历。向南开2小时便是**圣路易斯**,城内的街区绿地无不适合步行(包括一个微缩版的中央公园),更有蓝调音乐、烧烤和人头涌动的音乐演出场所。说到音乐,下一站便是**纳什维尔**,乡村与蓝调音乐的圣地。要体验真正的音乐盛况,就转头前往阿巴拉契亚地区(起自弗吉尼亚州的**弗洛伊德**),在弗吉尼亚州东南的绵延群山间,小提琴、班卓琴争相回响,人们热烈地跳起了顿足爵士舞。接下来,北行至西弗吉尼亚州的**费耶特维尔**,进入**新河峡谷**,迎接绝妙的徒步、攀登、山地骑行与激浪漂流体验。

车行5小时后,你将来到俄亥俄州的**阿米什社区**,这里靠近沃沦,是全美最大的阿米什聚居地。古董店铺、老式农场、面包房与奇特有趣的19世纪旅团会将你带入旧时光中。随后,提起车速冲进政府改造的先锋城市**克利夫兰**,在这里,美食酒吧日益蓬勃,美术馆与绿色市场抖擞壮大,摇滚乐名人堂规模惊人。从这里返回底特律只需要不到3个小时。

计划你的行程
公路旅行和景观公路自驾

加满油,系好安全带。人人都知道公路旅行是游览美国的最佳方式。从北到南,由西至东,你可以沿着公路穿越美国大陆的每一个州。沉醉在66号公路的美好记忆中,惊叹于太平洋海岸公路壮观的日落,深入阿巴拉契亚山脉壮丽的风景,或者,跟着势不可当的密西西比河一路驰骋。

公路旅行贴士

最佳体验

太平洋海岸公路让人目眩神迷的海岸风光;

66号公路上人迹罕至的迷人目的地;

蓝岭风景大道上欣赏阿巴拉契亚山脉壮丽梦幻的日落;

在大河公路途中享受音乐节的孟菲斯蓝调。

主要起点

66号公路:芝加哥或洛杉矶;

太平洋海岸公路:西雅图或圣迭戈;

蓝岭风景大道:弗吉尼亚州的韦恩斯伯勒或北卡罗来纳州的切罗基;

大河公路:明尼苏达州的艾塔斯卡州立公园或洛杉矶的威尼斯。

主要景点

66号公路:大峡谷;

太平洋海岸公路:雷斯角国家海岸风景区;

蓝岭风景大道:水獭崖峰;

大河公路:肖尼国家森林。

66号公路

想要来一次经典的美国公路旅行,没有哪条路线比得上66号公路。这条公路被小说家约翰·斯坦贝克(John Steinbeck)亲切地唤作"母亲之路",由小镇主道和乡间小道组成,于1926年首次连接起街道宽广的芝加哥和棕榈树摇曳的洛杉矶。

为何去

不论你是想探索美国的过往,还是仅仅想远离喧闹的人群,来体验开阔的地平线和迷人的风景,66号公路都会让你心驰神往。这条蜿蜒的公路会经过美国一些主要的户外景点,除了大峡谷,还有密西西比河、亚利桑那州的彩色沙漠以及石化森林国家公园,最后抵达阳光普照的南加利福尼亚太平洋海滩。

沿途的其他亮点包括:充满古怪物品的复古博物馆、诺曼·洛克威尔(Norman Rockwell)设计风格的冷饮柜台和家庭经营的美味小餐馆。仍在运作的加油站似乎只会出现在詹姆斯·迪恩(James Dean)的老电影中,而一些鬼镇(或即将人去楼空的城市)则

路边怪事：66号公路

以下是"母亲之路"上深受喜爱的地标：

- 伊利诺伊州：一尊巨大雕像，表现的是传说中的伐木工人保罗·班扬抓着热狗的场景。
- 密苏里州：迦太基城外太平洋黑色圣母祠、红橡树二号鬼镇。
- 俄克拉何马州卡图萨：长达80英尺的蓝鲸。
- 得克萨斯州：魔鬼绳索博物馆、凯迪拉克庄园和臭虫农场。
- 亚利桑那州：塞利格曼的雪帽子汽车餐厅、霍尔布鲁克的WigWam Motel和陨石坑。
- 加利福尼亚州莫哈韦沙漠中央：安博伊的Roy's Motel & Cafe。

散布在荒漠边缘。

从文化角度来讲，66号公路可以让你大开眼界。摒弃关于美国小镇生活的偏见，在这片东西海岸居民口中只适合"一飞而过"、不值一顾的土地上发掘自己的乐趣吧。与伊利诺伊的农民、密苏里的"乡村与西部"风格的音乐人打成一片。在俄克拉何马倾听牛仔与印第安人的传奇。穿越西南部，探访美国原住民部落以及当代群落，了解他们的传统。沿着矿工和亡命之徒的足迹深入昔日的西部。

何时去

在66号公路旅行的最佳时间是5月至9月，届时气候温和，可以更好地享受户外活动。盛夏时节（7月和8月）出行务必留心，尤其是沙漠地区，天气会热得让人难以忍受。避免冬季（12月至次年3月）出行，因为积雪会造成危险路况或者使道路全部封闭。

路线

66号公路始于芝加哥，从密歇根大道以西出发，延伸2400多英里，跨越8个州，最后止于洛杉矶圣莫尼卡（Santa Monica）的码头附近。整条公路始终都未完工，一些年久失修的路段被修复，而另一些路段由于被重新编入其他主要的公路而消失。

"母亲之路"的历史

66号公路在经济大萧条时期才开始迅速发展，那时许多迁徙的农民沿着这条公路逃离黑色风暴，穿越大平原。后来，在第二次世界大战之后的婴儿潮时期，经济的繁荣促使众多美国人走上这条公路，去实现他们心中的抱负。

然而，66号公路刚刚呈现一派繁荣景象，它就失去了往日的活力。新铺设的柏油路面形成庞大的州际公路网络系统，远离了66号公路上家庭经营的餐馆、杂货店的冷饮柜台和过去时髦的汽车旅馆。铁路小镇被遗忘，供游客休息的站点落满了灰尘，有的小镇甚至完全消失不见。

66号公路在1985年正式"退役"，从那之后，保护"母亲之路"的民间团体便开始涌现，想要尽快保护这条历史悠久的高速公路的剩余路段。如今，你依然可以在66号公路上实现自己的梦想，沿着碎石土路和高速公路穿越美国腹地，就好像穿越时空隧道——经过的地方永远停驻在20世纪50年代。

迷失方向

在沿着66号公路前行的日子里，你得成为一名业余侦探。你常常会碰到不断改变的路线（径直通往农田的死胡同）、被风滚草淹没的沙漠路段以及高低不平的布满车辙的路况。要记住，时不时迷路是家常便饭。但是不要介意，因为这条公路带给我们的经历是如此宝贵：可以跳回过去领略美国曾经的模样，也能转头目睹如今的状况。怀旧的滋味从未如此美妙。

资源

上路之前，准备好实用的地图并了解重

要路况，可以很好地帮助你完成这次旅程。

Here It Is: Route 66 提供自西向东和自东向西两个方向的地图，你一定想带着它们上路，书店有售。

Historic Route 66（www.historic66.com）很棒的网站，提供每个州的推荐路线，详细到每一个拐弯。

Route 66: EZ66 Guide for Travelers 由杰瑞·麦克拉纳汉（Jerry McClanahan）绘制，因其轻松易用而深受好评。

Route 66:The Mother Road 迈克尔·沃利斯（Michael Wallis）在书中介绍了这条伟大公路的历史和传奇，老照片更是让往昔呈现在你的眼前。

太平洋海岸公路

这条经典的西海岸旅行路线穿越加利福尼亚州、俄勒冈州和华盛顿州，途经国际大都市、冲浪小镇和值得一探的海岸飞地。对众多旅行者而言，太平洋海岸公路（简称PCH）真正吸引人的是它沿途壮丽的景色——偏僻原始的海滩、猛烈波涛的悬崖、高低起伏的丘陵和枝繁叶茂的森林（红杉和桉树），这些美景有时就位于城市边缘。

为何去

太平洋海岸公路是水上探险运动的胜地，吸引了冲浪、皮划艇、水肺潜水等各种户外运动爱好者，甚至包括旱鸭子们。如果你只是个悠闲的公路旅行者，梦想坐在樱桃红的敞篷轿车里，从日出到日暮沿着大洋驰骋，那么美得令人疯狂的太平洋海岸公路同样能够满足你的愿望。

太平洋海岸公路之旅适合情侣、流浪者、放荡不羁的文人、"垮掉的一代"，还有好奇的探索者，他们热衷于搜寻沿途被遗忘的海滨小村和牧场小镇的每一个角落。

何时去

几乎任何时候都适合沿着太平洋海岸公路旅行，虽然北部地区在冬季会有更多的雨雪天。6月至8月是旅行旺季，但这并不总是上路的最佳时节，因为初夏沿海诸多路段笼罩在厚厚的雾霭之中，当地人称之为"6月阴霾"。阵亡将士纪念日之前（即4月和5月）和劳动节（Labor Day）之后（即9月和10月）的平季最为理想，此时阳光明媚，夜晚凉爽，人也更少。

路线

严格来说，太平洋海岸公路是若干条海岸公路之一，包括从墨西哥蒂华纳绵延近2000英里，直到加拿大不列颠哥伦比亚省的Hwy 101。这条线路连接起西海岸众多迷人的城市——从冲浪胜地圣迭戈出发，在加利福尼亚州穿越另类的洛杉矶和旧金

上路之前

为了确保你的旅程愉快而轻松，记得做好以下准备：

➡ 加入一个能保障24小时道路紧急救援、提供住宿和景点优惠的汽车俱乐部；一些国际俱乐部与美国的汽车协会有互惠协议，记得提前确认，且随身带上会员卡。

➡ 检查车上是否有备胎、工具（如千斤顶、跨接线、刮冰器、轮胎压力计）和应急设备（如闪光器）；如果你是租车，而车上没有提供这些必备的安全用品，可以考虑购买。

➡ 带上准确的地图，尤其是当你需要远离公路越野前行时；不要依赖GPS定位，它们有时会失灵，在一些偏远地区，例如深邃的峡谷和茂密的森林里，它们甚至完全不能工作。

➡ 记得永远带好你的驾照（以及翻译件）、护照和保险证明。

➡ 作为中国旅行者，请认真阅读美国的道路法规并了解常见的道路危险。

➡ 尽可能随时加满油，因为美国一些风景优美的乡间小路上很少有加油站，且油站之间相距很远。

Scenic Drives 景观公路自驾

①	66号公路
②	太平洋海岸公路
③	蓝岭风景大道
④	大河公路

⑤ 28号公路	⑨ 阿尔派环线荒野小径	⑬ 皇家大道	⑰ 哥伦比亚河历史公路
⑥ 老国王公路	⑩ 大河公路（艾奥瓦段）	⑭ 锯齿风景小径	⑱ 纪念碑谷
⑦ 纳齐兹公路	⑪ 61号公路	⑮ 绿松石之路	⑲ 佛蒙特州100号公路
⑧ 比尔图斯公路	⑫ 2号公路	⑯ 50号公路	⑳ 坎卡马哥斯公路

山，然后向北抵达华盛顿州同样另类的西雅图。

当城市拥挤狭窄的街道开始让你感觉局促不安，就掉头回到开阔的大路，沿着海岸向北或向南重新出发吧。方向其实无所谓，真正值得你去探索的，是沿途的风光和隐秘的景点。

你可以绕开都会区，只游历于连接都会之间的地方，比如加州奥兰治县和圣巴巴拉（"美国的里維埃拉"）的完美海滩，古怪的大学城、冲浪天堂圣克鲁斯，大苏尔沿岸和门多西诺以北的红杉森林，俄勒冈州沿海的沙丘、海滨度假屋和渔村，最终到达华盛顿州奥林匹克半岛的荒野，那里有远古的雨林。而坐拥田园风光的圣胡安群岛则可乘海岸渡轮前往。

蓝岭风景大道

蓝岭风景大道蜿蜒穿越阿巴拉契亚山脉南部，总长约469英里，适合徒步和观赏野生动物，经典音乐和迷人山色都会让旅程分外轻松惬意，令人难以忘怀。

大道于1935年富兰克林·D.罗斯福总统执政期间动工，是当时帮助失业民众重返工作岗位的罗斯福新政的一部分。工程浩大，历时52年，直到1987年才完成最后一个路段的铺设。

为何去

在荒僻的森林和群山间欣赏日落，感受宁静的溪水静谧流过，或许你会觉得回到了几个世纪前。尽管周围有几十座城镇和一些大都市，蓝岭风景大道依然让人感觉远离现代的美国。在这里，起伏的山峦间遍布着淳朴木屋，屋前门廊上摆放着摇椅，而民间工艺品店和现场蓝草音乐则吸引着游客踏上小路。这片未开垦的丘陵弥漫着历史气息——它曾是切罗基部落的家园，后来成为早期殖民者的庄园和南北战争的战场。

沿路食宿很不错。20世纪早期风格的山间和湖畔度假村热烈欢迎家庭到访，仿佛迎接远道而来的老友，而木屋餐馆提供成堆的荞麦煎饼和黑莓酱，搭配着乡村火腿。

如果想要尝尽这些南方美食，蓝岭风景大道有超过100条远足步道，从简单易行的步道和便于攀登的山路，到阿巴拉契亚小道上需要艰难跋涉的路线，任君选择。或者，

其他主要公路行程

公路	所属州	起点/终点	景点和活动	最佳时间
28号公路	纽约州	Stony Hollow/Arkville	卡次启尔山脉、湖泊、河流；徒步、赏叶、轮胎滑雪	5月至9月
老国王公路	马萨诸塞州	Sagamore/普罗温斯敦	历史街区、名人故居和海边风光	4月至10月
纳奇兹公路	亚拉巴马州/密西西比州/田纳西州	纳什维尔/纳奇兹	"老南方"的历史、考古学遗址、风景优美的水道；骑行、露营、徒步	3月至11月
比尔图斯公路	蒙大拿州	雷德洛奇/黄石	野花、山脉、高山景观；露营	6月至9月
阿尔派环线荒野小径	科罗拉多州	乌雷/莱克城	山脉、风景、山谷、废弃的矿	6月至9月
61号公路	明尼苏达州	德卢斯/加拿大边界	州立公园、瀑布、古色古香的城镇；徒步	5月至9月
2号公路	内布拉斯加州	I-80/Alliance	覆盖着草皮的沙丘、开阔的视野	5月至9月
El Camino Real	得克萨斯州	拉希塔斯/Presidio	广袤的沙漠与山地风光、温泉；徒步、骑马	2月至4月、10月至11月
锯齿风景小径	爱达荷州	凯恰姆/史丹利	锯齿状的山脉、葱郁的森林；背包游、徒步、观赏野生动物	5月至9月
绿松石路	新墨西哥州	阿尔伯克基/圣菲	矿业小镇、古怪的博物馆和民间艺术；骑行、徒步	3月至5月、9月至11月
50号公路	内华达州	费恩利/贝克	"美国最孤独的公路"、史诗般的荒野；骑行、徒步、洞穴探险	5月至9月
哥伦比亚河历史公路	俄勒冈州	波特兰/达尔斯	风景、瀑布、野花；骑行、徒步	4月至9月
纪念碑谷	犹他州	纪念碑谷	标志性的孤丘、电影外景地；四驱车团队游和骑马	全年
佛蒙特州100号公路	佛蒙特州	斯坦福德/纽波特	连绵的牧场、绿色的山脉；远足、滑雪	6月至9月
堪卡马各斯公路	新罕布什尔州	康韦/林肯	崎岖的山脉、溪流、瀑布；露营、徒步、游泳	5月至9月
毛伊岛至哈纳之路	夏威夷州	帕伊亚/哈纳	丛林瀑布、海滩；徒步、游泳、冲浪	全年

跳上一匹骏马在空气清新的森林中驰骋，然后乘坐独木舟、皮划艇或橡皮筏，驶过湍急的河流。你还可以在小湖里泛舟垂钓。谁说非得开车？这条风景大道足以成就长途自行车骑行者的史诗之旅。

何时去

记住，天气会随着海拔的上升而发生异常剧烈的变化。冬季，尽管山顶白雪覆盖，山谷里仍然温暖舒适。沿途的多数游客服务站只在4月至10月开放。5月野花盛开，但大部分人在秋季前来赏叶。春秋两季都是观鸟的好时节，近160种鸟类掠过沿路的天空。不过，夏季和初秋可能会遇上拥挤的人潮。

路线

这条高低起伏、景色优美的小路连接着弗吉尼亚州的仙纳度国家公园和横跨北卡罗来纳州及田纳西州的大雾山国家公园。

小路沿途行经北卡罗来纳州的布恩和阿什维尔，弗吉尼亚州的加莱克斯、罗阿诺克和夏洛茨维尔，还包括公园道路的一小段路程。而大道附近的城市则包括首都华盛顿（140英里）和弗吉尼亚州的里士满（95英里）。

另辟蹊径：天际线公路

如果你还想在这个风景优美的地方多走一段，不妨开上天际线公路。蓝岭风景大道的北端终点（石鱼口附近）便与这条105英里长的公路（东北向）相连。

缓行（最高限速35英里/小时）路上，你自然有闲暇好好欣赏这里迷人的风光（春天漫山的野花，秋天缤纷的色彩，还有夏日澄澈的蓝天）。仙纳度国家公园周边是天际线公路，有一系列绝佳的徒步选择，其中一些可以登上峰顶，饱览无敌全景。公园里还有露营地和精心装饰的小屋——这些都让你更值得到此一游，到了这里，就一切慢慢来。周边景点包括生机勃勃的山区小镇斯汤顿（有莎士比亚剧院和奉行"农场到餐桌"精神的餐厅）和卢雷岩洞精美的洞穴系统。

小贴士：在天际线公路旅行需要付费（七日通行证 每车$25），不过这并非过路费，而是参观仙纳度国家公园的门票。周末车流量很大。

资源

Blue Ridge Parkway（www.blueridgeparkway.org）包括地图、活动和沿途住宿信息，可以下载免费的《蓝岭风景大道旅行规划》（*Blue Ridge Parkway Travel Planner*）。

Hiking the Blue Ridge Parkway 作者为兰迪·约翰逊，内容包括深入的路线描述、步道地形图和其他适用于短途和长途徒步的重要信息（包括夜间徒步）。

Recreation.gov（www.recreation.gov）可以通过该网站预订部分露营地住宿。

Skyline Drive（www.visitskylinedrive.org）住宿、徒步旅行、野生动植物及其他一切有关这条美景大道周边国家公园的完整综述。

大河公路

大河公路建成于20世纪30年代末，造就一段史诗般的旅程，从明尼苏达州北部湖泊的密西西比河源头，沿着河流一直延伸至大河在新奥尔良附近墨西哥湾的入海口。这段旅程能让人一窥美国南、北、城、乡和浸礼会、波希米亚的跨文化分野。

为何去

从艾奥瓦州的平原到密西西比三角洲烈日炙烤的棉花田，沿着北美的第二大河漫游，一望无际的风景让人心生敬畏。石灰石峭壁、茂密的森林、开满鲜花的草地和潮湿的沼泽地，加上大烟囱、内河船赌场和扩张的城市，全都是背景中的一部分——这是好的密西西比河生活，也是坏的、丑陋的密西西比河生活。不过若不提杰出的音乐、好吃得令人咂舌的美食，还有这条沿河线路上偏僻小镇的淳朴热情，密西西比的肖像便不算完整。

沿途的小城镇提供了浏览美国文化的机会：明尼苏达州的希宾是民谣摇滚歌手鲍勃·迪伦成长的地方；明尼苏达州的布雷纳德曾在科恩兄弟的电影《冰血暴》中出现；威斯康星州的春绿镇是建筑大师弗兰克·劳埃德·赖特崭露头角的地方；一派田园风光的密苏里州汉尼拔是马克·吐温童年的家；而在伊利诺伊州的米特罗波利斯，你可以找到超人快速变身的电话亭。

这条路线的南段见证了美国的音乐发展史，从圣路易斯摇滚一路走到孟菲斯的蓝调和新奥尔良的爵士乐。中西部复古的小餐馆、南方的烧烤和熏制房，还有路易斯安那州的卡真酒馆和舞厅，让你没机会体验饿的感觉。

何时去

最佳旅游季节是5月至10月，这是天气最暖和的时候。要避免在冬季前往（否则就坚持待在南方腹地），不然你将不得不与暴风雪周旋。

加州的雷斯角国家海岸（见1120页）。

路线

大河公路并不是一条路，而是沿着2300英里长的密西西比河的一系列道路，它们将带领旅行者穿过10个州。能够方便前往这条线路的主要城市包括新奥尔良、孟菲斯、圣路易斯和明尼阿波利斯。

资源

Mississippi River Travel（www.experiencemississippiriver.com）"十州一河"是这个官方网站的口号，网站提供优秀的历史介绍、户外娱乐、现场音乐资源及更多其他内容。

计划你的行程
美国户外运动

凌云红杉、红岩峡谷、积雪山峰和梦幻海岸线,美国从不缺少可供户外探险的壮丽景色,无论你喜欢什么——徒步、骑自行车、划艇、漂流、冲浪、骑马、攀岩,都能找到世界级的场所参加激动人心的户外活动。

徒步旅行

注重健美的美国人为他们拥有总长达数万英里的步行小路网络而自豪。要按照自己的节奏近距离感受美国乡村,没有比徒步更好的方式了。

旷野非常容易进入,这使得探险毫不费力。国家公园是短途或长途徒步旅行的理想之地,如果你渴望伴着漫天星斗露宿荒野,要提前办好偏远地区的露营许可证,特别是大峡谷这样的地方,因为露营点有限,夏季尤其紧俏。

除公园之外,各州还有许多不错的徒步小路。从亚利桑那州奇里卡瓦山无遮无拦的石林和红色锥形山体,到华盛顿州可可河雨林青翠的树木和长满青苔的角落;从山茱萸恣意生长的路易斯安那州野生杜鹃小道,到考艾岛纳帕利海岸的热带天堂,你想去哪里都可以。无论在哪里,几乎都有容易到达的优质徒步和背包旅行地。你需要的只是一双结实的鞋子(运动鞋或登山靴)和一个水壶。

资源

American Hiking Society(www.americanhiking.org)介绍"志愿者假期"开发的小路。

Backpacker(www.backpacker.com)面向从新手到专业背包客的顶级全国性杂志。

最佳户外探险

观赏野生动物的最佳地点

熊:蒙大拿州冰川国家公园;马鹿、野牛和灰狼:怀俄明州黄石国家公园;短吻鳄、海牛和海龟:佛罗里达州大沼泽地;鲸鱼和海豚:加利福尼亚州蒙特利湾。

最佳水上运动

西弗吉尼亚州新河上的激流漂流;夏威夷瓦胡岛完美的海上冲浪;佛罗里达礁岛群的潜水和浮潜;在缅因州纯净原始的佩诺布斯科特湾划艇。

最佳多日探险

徒步阿巴拉契亚小道;在犹他州的科科佩利小道骑山地自行车;攀登怀俄明州大蒂顿国家公园海拔13,770英尺的大蒂顿峰;在明尼苏达州的边境水域荒野划独木舟、往来穿梭、露营。

最佳冬季活动

科罗拉多州韦尔的速降滑雪;佛蒙特州斯托的单板滑雪;纽约州普莱西德湖的越野滑雪。

计划你的行程 美国户外运动

在加州的太浩湖滑雪（见1149页）。

Rails-to-Trails Conservancy（www.railstotrails.org）将美国境内废弃不用的铁路改造成了徒步和骑自行车的小道。在www.traillink.com上发布关于免费小道的点评。

Survive Outdoors（www.surviveoutdoors.com）提供安全和急救贴士，以及实用的危险动物照片。

《**野外生存**》（*Wilderness Survival*）作者是格雷戈里·达文波特，这无疑是在各种紧急情况下求生的最佳指南。

骑自行车

在当今美国，骑自行车越来越受到人们的青睐，众多城市（包括纽约）增加了自行车道，骑车变得更加方便，散布在乡村的林荫道数量也在增加。你在每个城镇都能发现骑行的死忠粉，装备店也会提供各种难度和长度的导览观光游活动。若想寻求骑行和租车的最好建议，不妨走访一家当地的自行车商店或者在网上查询你的目的地相关信息。

许多州组织以交友为目的的多日骑车游，例如科罗拉多州的落基山脉骑行游（Ride the Rockies; www.ridetherockies.com）。只要交纳合理费用，就可以跟大伙一起踏上风景优美且规划良好的路线，你的设备会被提前运送到住宿营地。其他不错的骑行地包括亚利桑那州的莱蒙山，从索诺兰沙漠底部到9157英尺高的顶峰有28英里锻炼大腿的上坡山路；还有田纳西州的切罗哈拉公路，在51英里的骑行中，会穿越波浪般起伏的大路，可饱览壮美的大雾山景色。

顶级骑行城镇

➡ **俄勒冈州波特兰** 美国最适合骑行的城市之一，拥有众多优秀的骑行线路。

➡ **加利福尼亚州旧金山** 骑着自行车穿过金门大桥，来到丘陵起伏的马林岬，这里风景优美、令人震撼。

➡ **威斯康星州麦迪逊** 超过120英里的骑行道路串起了美丽的湖泊、公园和大学校园。

➡ **科罗拉多州博尔德** 热爱户外运动的小镇，有许多出色的自行车道，包括8英里长的博尔德克里克小道。

➡ **得克萨斯州奥斯汀** 热爱独立摇滚乐的小镇，

有近200英里的小道和全年宜人的天气。

➡ **佛蒙特州伯灵顿** 拥有优秀骑行设施的东北骑行基地，也是尚普兰湖畔最有名的骑行城镇。

冲浪
夏威夷

冲浪运动诞生于此。每年11月至次年3月，最完美的海浪如期而至。

➡ **怀基基**（位于瓦胡岛南岸）19世纪的传教士认定冲浪是一项对神不敬的运动。在那之前，远古时代的夏威夷国王就在木板上踏浪了。怀基基因海水温暖、波浪平缓而非常适合初学者，这里的浪花小而多，初学者可以长时间在冲浪板上滑行。

➡ **万岁海岸线和日落海滩**（位于瓦胡岛北岸）这里是经典的"管浪"之都，深水海浪翻出海面，拍打礁石，冲向浅滩，形成了"管浪"。这里只适合专业人士，但非常值得一探。

西海岸

➡ **加利福尼亚州的亨廷顿海滩**（"美国冲浪之城"）典型的冲浪之都，总是阳光普照，波浪也很完美，特别是冬季风力温和的时候。

➡ **加利福尼亚州圣迭戈的布列克海滩** 拉霍亚高达300英尺的绝壁下，这块2英里长的沙滩地带是南加州最强劲的近岸激浪地带之一，原因是海底峡谷正好位于近海。

➡ **加利福尼亚州欧申赛德的海滩** 南加州最漂亮的海滩之一，这里号称有夏季全球最稳定的冲浪条件，尤其适宜家庭出游。

美国最好的徒步小径

美国最好的徒步小径是哪条？问十个人可能会得到十个不同的答案。这个国家太大了，各地相距遥远，人们很少能达成共识。不过，下列公认的最佳山路肯定错不了。

阿巴拉契亚小道（Appalachian Trail; www.appalachiantrail.org）1937年建成，是美国最长的徒步路线，全长2100多英里，从佐治亚州到缅因州，横跨2个国家公园、8座国家森林和14个州。

太平洋山脊步道（Pacific Crest Trail，简称PCT; www.pcta.org）沿着喀斯喀特山脉和内华达山脉的山脊，从加拿大到墨西哥，绵延2650英里，穿越北美7个生态区中的6个。

加利福尼亚州约塞米蒂国家公园的约翰·缪尔步道（John Muir Trail; www.johnmuirtrail.org）感受从约塞米蒂山谷到惠特尼山222英里的优美风景。

华盛顿州奥林匹克国家公园魔法谷 美妙的山色、自由漫步的野生动物和茂密的雨林，一切美景尽在往返13英里的小径中。

蒙大拿州冰川国家公园大横贯北线 58英里长，穿越灰熊国度的腹地和大陆分水岭；更多信息，请参考Lonely Planet的 *Banff, Jasper & Glacier National Parks*。

夏威夷州考艾岛纳帕利海岸的卡拉劳小道 夏威夷最美丽的原始风貌，11英里长的道路连起奔流的瀑布、隐秘的海滩、苍翠的山谷和冲浪胜地。

缅因州巴克斯特州立公园的卡塔丁山 山路全长9.5英里，直通海拔5268英尺的顶峰；山顶可俯瞰公园内的46座山峰。

亚利桑那州大峡谷南凯巴布/北凯巴布小径 花数天时间穿过大峡谷，下行到科罗拉多河后向上爬到对面峡谷的边缘。

得克萨斯州大弯国家公园南缘 奇瑟斯山脉13英里长的环形山路。位于海拔7000英尺处，山石呈红色，可远眺墨西哥。

加利福尼亚州塔霍湖边缘小径（Tahoe Rim Trail; www.tahoerimtrail.org）这条165英里长的多用途小径从高处环绕塔霍湖，可远眺内华达山脉的美丽风景。

➡ **加利福尼亚州圣巴巴拉的林孔** 可以说是全球顶级的冲浪地之一,几乎所有知名的全球冲浪冠军都曾在这里大显身手。

➡ **加利福尼亚州圣克鲁斯的巨轮航道和快乐角** 这两个可爱的海滩上共有11处世界一流的冲浪地,其中包括岩石铺底的冲浪地。

➡ **加利福尼亚州恩西尼塔斯的斯瓦米海滩** 这个热门的冲浪海滩位于海崖路边公园的下方,有很多冲浪点,保证你能捕捉到精彩的海浪。

东海岸

大西洋沿岸各州有一些意想不到的绝佳冲浪地点,特别是对钟爱温和海浪的冲浪者来说。你会在佛罗里达州的墨西哥湾沿岸地区发现最温暖的海水。

➡ **佛罗里达州墨尔本比奇的可可海滩** 不太拥挤的人群和柔和的波浪使之成为初学者与长板冲浪的天堂。南边就是因莱特,那里以其始终如一的波浪和与之相匹配的人群而著名。

➡ **佛罗里达州棕榈海滩的礁路** 这个出色的冲浪地有广阔的海滩、礁石和持续的海浪,特别是退潮的时候。冬天最棒了。

➡ **北卡罗来纳州的哈特拉斯角灯塔** 这个非常受欢迎的地区有几个优质冲浪点,无尽的沙底浪区可以从容应对任何规模、任何风向的涌浪。

➡ **纽约州蒙托克的长岛** 数十个冲浪区点缀在长岛上,从蒙托克经常人满为患的Ditch Plains到拿骚郡的长滩,翻卷的波浪绵延3英里。

➡ **新泽西州锡赛德高地的赌场码头** 经过了2012年桑迪飓风之后的大规模重修,这里已是新泽西州最好的码头冲浪区,挤满了因重新拥有它而欣喜的当地人。

➡ **罗得岛州纳拉甘西特的朱迪思角** 罗得岛州有

为山地自行车而疯狂

山地自行车爱好者会在科罗拉多州的博尔德、犹他州的摩崖、俄勒冈州的本德、爱达荷州的凯恰姆和加利福尼亚州的马林找到天堂般的小径。就是在马林,加里·费舍尔(Gary Fisher)和同伴们骑着自制的自行车沿塔玛佩斯山多岩石的侧翼一路颠簸而下,将这项运动推广开来。美国还有很多其他优秀的线路。如欲了解小径信息、贴士和装备知识,请查阅Bicycling杂志(www.bicycling.com)或登录国际山地自行车协会(IMBA; www.imba.com)。

犹他州科科佩利小径 西南地区首屈一指的山地自行车道之一,在科罗拉多州的洛马和犹他州的摩崖之间的崇山峻岭中绵延140英里。附近的其他线路包括一条从科罗拉多州特柳赖德到犹他州摩崖的206英里线路,沿途有小木屋;此外还有一条更短但非常具有挑战性的线路,从阿斯彭到克雷斯特德比特共计38英里,同样都是极好的骑行路线。

北达科他州Maah Daah Hey Trail 位于起伏丘陵中的96英里短途小径,沿小密苏里河延伸。

华盛顿州日顶环线 具有挑战性的22英里攀爬线路,沿途伴随着雷尼尔山的壮丽景色和华盛顿州喀斯喀特山脉西坡各个山峰的景致。

加利福尼亚州水槽小径 一条温和的线路,可以欣赏到塔霍湖一线的惊人美景。线路全长14英里,是海拔7000英尺至8000英尺的单向线路,其中约4.5英里为单行道。

纽约州莱క沃斯州立公园五指湖路 知道这块宝地的人极少。它位于纽约州北部罗彻斯特南面35英里处,是一条"东部大峡谷"边缘的20英里单行车道。

俄勒冈州威拉梅特国家森林莫看泽河小道(www.mckenzierivertrail.com)22英里长的令人快乐的单向车道在幽深的森林和火山岩中蜿蜒穿梭。莫看泽镇位于尤金以东50英里处。

犹他州摩崖波丘派恩环线 从小镇出发的30英里环线,深受追捧。这条轻松的沙漠高原线路沿途不乏美妙风景和险象环生的下坡路。

最好的冲浪地，40英里的海岸线上散布着30多个冲浪区，包括这个有空心桶状管浪的多岩冲浪区。不适合初学者。

▶ **马萨诸塞州伊斯特汉海岸警卫队海滩** 这是科德角国家海岸风景区的一部分，以整个夏季适合短板、长板冲浪的涌浪而著称。适合全家同游。

激浪漂流

位于密西西比河以东的西弗吉尼亚州有许多鼎鼎大名的急流水域。首先，这里有新河峡谷国家河流风景区，尽管它的名字叫新河，却是世界上最古老的河流之一。新河从北卡罗来纳州切入西弗吉尼亚州，切割出了一个深深的峡谷，被称为东部大峡谷，沿途皆是白沫翻滚的急流。然后，还有世界上最棒的激流之一：高利河。这条深受欢迎的阿巴拉契亚山脉河流以湍流滑道著称，堪称"水中过山车"：水流湍急，落差超过668英尺，短短28英里的河道内有100多个大激流。附近的6条河流为水上运动新手们提供了练习场。而北卡罗来纳州有两个地方可供水上玩家选择：夏洛特外围的美国国家激流中心和布赖森城的南塔哈拉户外运动中心。

从欢腾奔过峡谷地国家公园红色岩石的犹他州急流，到慵懒流过石灰岩峡谷的得克萨斯州格兰德河，西部边疆从不缺少风景壮美的漂流地点。奥析希河北支从俄勒冈州西南部的高原蜿蜒而行，流入爱达荷州的牧场。这条线路沿途有高耸的天然怪岩柱，完全有理由受到欢迎。在加利福尼亚州，图奥勒米河与美洲河都有着由缓转急的水势，而爱达荷州的萨尔蒙河中段拥有一切：大量的野生动物、惊险刺激的急流、丰富的开荒历史、瀑布和温泉。如果你提前数年就已经准备充分了，那就在科罗拉多河上订个位置，享受经典的河流旅行。如果你不喜欢太过湍急的水流，不用担心，许多河上都有适合平缓漂流或者轮胎漂流的河段，你可以手握冰镇啤酒"随波逐流"。

皮划艇和独木舟

要探索平静的水域（非急流，亦非冲浪），可以选择皮划艇或独木舟。皮划艇虽然经得起风浪，但并不总适宜装载笨重的设备。在大湖或海滨（包括圣胡安群岛），可以选择海上皮划艇。长达一个月的野外旅行需要用到独木舟，比如在水路长达12,000英里的明尼苏达州边缘水域荒野，或在亚拉巴马州巴特拉姆独木舟小道，后者总面积达300,000英亩，囊括了沼泽三角洲的河口、湖泊和河流。

在美国，几乎任何地方都可以划皮划艇或独木舟。从威斯康星州门徒群岛国家海岸风景区和犹他州著名的绿河，到夏威夷州的纳帕利海岸，设备租赁店铺和培训班随处可见。在缅因州的佩诺布斯科特湾租一艘皮划艇，在云杉环绕的小岛旁四处闲逛，或是到加利福尼亚州索萨利托的理查德森湾加入满月泛舟的行列。

滑雪和其他冬季运动

全美多达40个州有雪坡，其各自地形及所在城镇的环境差别极大。科罗拉多州有一些全国最好的滑雪场，而加利福尼亚州、佛蒙特州和犹他州也有一些顶尖去处。滑雪季通常从12月中旬延续到次年4月，但有的滑雪场时间更长。夏天，在缆车的帮助下，许多滑雪场变身为山地骑行和徒步旅行的好去处。通过滑雪场、旅行社和在线旅行订票网站可以订到滑雪套票（包括飞机票、酒店和缆车票），性价比还不错。

不管你在哪儿滑雪，费用都便宜不了。最划算的方式是周中出发，购买多日联票，入住不大为人所知的滑雪场"姊妹店"（如塔霍湖附近的高山牧场）或到只有当地人才去的滑雪山峰，包括佛蒙特州的疯河峡谷、圣菲滑雪区和科罗拉多州的Wolf Grade。

顶级滑雪胜地

佛蒙特州斯托无疑是一流的，吸引着经验丰富的滑雪爱好者。待在升降梯上时鼻子都要被冻掉了，但过后在木头酒吧里喝上本地啤酒，这份悠闲又足以让你慢慢暖过来。想要更多的雪、更高的海拔和更强的姿态，就去西部边疆吧——科罗拉多州的韦尔、加利福尼亚州的斯阔谷，还有科罗拉多州高大闪亮的阿斯彭。如果青睐低调的滑雪场和垂直陡峭的滑道，试试犹他州的阿尔塔、科罗拉多州的特柳赖德、怀俄明州的杰克逊和新墨西哥州的陶斯。在阿拉斯加州，朱诺、安克雷奇和费尔班克斯周边的雪坡滑行在壮观的地貌之间。奥罗拉山雪场拥有北美最北端的缆车，9月中旬至次年4月中旬还有机会看到蓝绿色的北极光。

攀岩

攀岩者蜂拥到约书亚树国家公园，它是位于加利福尼亚州南部炙热沙漠中的超凡胜地。这里四周环绕着陡峭的巨石和与公园同名的树木，有8000多条线路，攀岩者沉着冷静地紧贴着几乎垂直的悬崖峭壁和大量岩缝，并向峰顶攀登。一家顶尖的攀岩学校提供各种程度的课程。在犹他州的锡安国家公园，多日的峡谷穿越运动课程教授速降这门艺术的奥义：从陡峭的砂岩悬崖速降进入长满树木的红岩峡谷。有些运动场地沿着咆哮的瀑布速降至冰冷的水池中，需要穿保暖潜水衣完成。其他一些不错的攀岩地点包括：

➡ **怀俄明州的大蒂顿国家公园** 这里对各种水平的攀岩者来说都是个好地方：初学者可以学习基础攀岩课程；经验丰富一些的可以参加两日活动，攀到13,770英尺高的大蒂顿峰，饱览壮美风景。

➡ **爱达荷州的岩石之城国家保护区** 500多条攀岩路线通向风蚀的花岗岩山峰，顶峰有60层楼那么高。

➡ **加利福尼亚州的约塞米蒂国家公园** 这里是攀岩者的圣地，给新手和那些渴望在距离地面1000英尺以上吊床上过夜的人提供了极好的攀岩课程（见1141页）。

➡ **加利福尼亚州的毕晓普** 这是个位于东内华达山脉的安静小镇，地处约塞米蒂国家公园的东

学点新招

无论你想要乘风破浪还是在悬崖绝壁上晃荡，都可以通过这些令人兴奋的项目学习一些户外运动新技巧。

Chicks Climbing & Skiing（www.chickswithpicks.net）这是个在全国各地组织登山、攀岩、攀冰和野外滑雪的女子工作坊，集团总部位于科罗拉多州的里奇韦。

Club Ed Surf Camp（www.club-ed.com）在这里可以学习驾驭从加州曼雷萨海滩到圣克鲁斯之间海域的海浪，课程还包括对冲浪博物馆和冲浪板制造公司的实地考察。

Craftsbury Outdoor Center（www.craftsbury.com）加入其中，去佛蒙特州的森林和群山间划船、越野滑雪和跑步。

Joshua Tree Rock Climbing School（www.joshuatreerockclimbing.com）位于加利福尼亚州约书亚树国家公园内，由当地导游带领，有7000多条不同的攀爬路线，新手老手皆宜。

LL Bean Discovery Schools（www.llbean.com）著名的缅因州零售商，提供关于皮划艇、雪鞋健行、越野滑雪、荒野急救、飞钓和其他更多指导。

Nantahala Outdoor Center（www.noc.com）学校位于北卡罗来纳州，教授专业的划船技巧，在大雾山中提供世界一流的独木舟与皮划艇的课程。

Otter Bar Lodge Kayak School（www.otterbar.com）除了高水平的激流皮划艇课程外，还提供桑拿、热水浴、鲑鱼晚餐和加利福尼亚州北部荒野的林中木屋住宿。

Steep & Deep Ski Camp（www.jacksonhole.com/steep-ski-camp.html）这里是终极滑雪胜地（有初级雪道）。劳累一天之后到晚餐派对放松一下。还可以和奥运选手汤米·莫一起滑雪。

加利福尼亚州一个海滩上的冲浪者。

南部,是许多顶级攀岩者的心仪之地,也是去往附近的欧文斯河谷和奶油山进行高水平攀岩的门户。

➡ **内华达州的红岩峡谷** 位于拉斯维加斯以西10英里处,这是全世界最好的砂岩攀岩地。

➡ **得克萨斯州着魔岩ım立自然风景区** 这个州立公园位于奥斯汀以西70英里处,拥有巨大的粉红色花岗岩穹顶和数百条线路,更有尽收得克萨斯丘陵地区风光的视野。

➡ **科罗拉多州的落基山国家公园** 可在博尔德附近进行高山攀岩。

➡ **科罗拉多州的熨斗山** 也在博尔德附近,有多种难度的优秀攀岩线路可以选择。

➡ **田纳西州的查塔努加** 这个世界级的攀岩地有400多条成熟线路,周边也不乏景点,如田纳西墙。

➡ **肯塔基州的红河峡谷** 这个攀岩者的乐园里矗立着100多面悬崖,有约2000种不同线路,全部都在公园葱郁的森林内。

➡ **纽约州的雄格姆山脊** 位于纽约以北2小时车程处,绵延约50英里,是许多东海岸攀岩者初试牛刀之地。

➡ **得克萨斯州的威克水槽** 10月至次年4月上旬,其他顶级攀岩胜地不宜攀岩,威克水槽却是全球最热门的攀岩旅游胜地之一(然而,夏天沙漠里的太阳通常把这些岩石烤得滚烫,完全无法攀爬)。

攀岩和峡谷探险资源

美国峡谷探险协会(American Canyoneering Association; www.canyoneering.net)一个在线的峡谷数据库,提供课程、本地攀岩团体及其他相关信息。

Climbing(www.climbing.com)自1970年以来一直提供最前沿的攀岩新闻和信息。

Super Topo(www.supertopo.com)一站式的攀岩用品商店,有攀岩手册、免费地形图和路线介绍。

潜水和浮潜

美国最具异域风情的水下世界就在夏威夷。那里的海水清澈碧绿,波光粼粼,全年温暖。畅游于海龟、章鱼和五颜六色的鹦鹉鱼之间,你能看到各种超现实的海洋生物迷幻展，更不要提溶岩洞和黑珊瑚了。回到岸上，以刚刚捕获的新鲜黄鳍金枪鱼制成的"poke（鱼生盖饭）"，作为压轴戏。

远离海岸或岛屿间的潜水点通常都是最好的，因此船宿潜水是进行水肺潜水的最好选择。从瓦胡岛附近海中的绿海龟和"二战"船只的残骸，到小拉奈岛附近的水下熔岩雕塑，夏威夷的水下世界真是丰富多彩，引人入胜。但潜水地点随着季节的不同会有所变化，要提前制订计划。

佛罗里达州拥有美国大陆最多的优秀潜水地，长达1000多英里的海岸线上有20个独特的水下区域、数百个潜水点，数不胜数的潜水商店为来客提供装备并组织向导游带领的潜水活动。西棕榈海滩的南面有清澈的海水和丰富的暗礁，全年都是极佳的潜水地。在佛罗里达的狭长地带或北部，可以在平静温和的墨西哥湾潜水。彭萨科拉和德斯廷旁有极好的沉船潜水体验；在水晶河，你还可以与海牛一起潜入水中。

由31座小岛组成的佛罗里达礁岛群形成了一条弯曲的岛链，就像王冠上的明珠，是佛罗里达最最出色的潜水胜地。你能看到缤纷的海洋生物和北美唯一的活珊瑚园，偶尔还能看到沉船残骸。约翰·彭尼坎普珊瑚礁州立公园位于大礁岛，有200多英里的水下迷人风光带。

佛罗里达礁岛群号称全球第三大珊瑚礁生态系统，这里不仅有红树林沼泽，还是非常好的潜水和浮潜之地（而且海水更加温暖）。找找伊斯拉莫拉达附近的海牛，或者在干龟群岛探险，那里有广阔的珊瑚礁群、梭鱼、海龟和数百艘沉船。

其他水下目的地

关于美国和国外潜水目的地的最新资讯，请浏览Scuba Diving（www.scubadiving.com），或留意DT Mag（www.dtmag.com/travelresource/dive travel）的美国潜水目的地概览。

➜ **夏威夷瓦胡岛的哈诺马湾自然保护区** 虽然游人众多，但不失为全世界最好的潜水地，有450多种珊瑚鱼。

➜ **圣迭戈·拉霍亚水下公园** 在一个6000英亩的保护区内，公园四个不同的栖息地都提供出色的海岸潜水体验。这里有两个洞顶和七个岩洞，能见度为30英尺，你有机会见到类型多样的海洋生物，包括鳗鱼、小雀鲷和豹纹鲨。

➜ **加利福尼亚州的海峡群岛** 这些岛屿位于圣巴巴拉和洛杉矶之间，有长满刺的龙虾、扁鲨和不计其数的潜水地，最好是包船去船宿潜水。

➜ **加利福尼亚州的翡翠湾** 位于Hwy 1上卢西亚以南约10英里处，是世界上唯一一名副其实的水下玉石储藏地，在这里潜水的经历会令你终生难忘。

➜ **北卡罗来纳州的哈特拉斯角国家海岸风景区** 沿着北卡罗来纳州的北部海岸，潜水者可以探索南北战争的历史残骸（还能邂逅沙虎鲨）。在外滩群岛和卢考特角区域也有众多潜水包船可供选择。

➜ **密歇根州的五大湖区** 美国最意想不到的潜水地？密歇根的苏必利尔湖和休伦湖有成千上万的船只残骸散落在湖底，只是别期望能看到天使鱼。

骑马

牛仔向往者兴高采烈地在全美各地学习不同的骑马方式，从西部方式到不用马鞍的都有。在西部边疆，不管是为期一周穿越犹他州南部峡谷的探险，还是在怀俄明州放牛，抑或沿着俄勒冈州海岸骑矮种马，你都能体验到真正难忘的经历。找到马匹很容易，许多国家公园及周边都有马厩和骑马学校。有经验的骑手可以独自出行，也可以找一位熟知当地植被、动物和历史的导游同行。为期半天或一天的小径骑马团队游很受欢迎，选择也很多，通常包括在野花遍地的草地上享用一顿午餐。

加利福尼亚州非常适合骑马，可以选择沿着雷斯角国家海岸风景区雾霭笼罩的小路前行，也可以穿过安塞尔亚当斯荒原高海拔的湖泊间进行时间更长的旅行，还可以在约塞米蒂和国王峡谷参加多日背包游。犹他州的圆顶礁和峡谷地也提供精彩的四蹄远足，科罗拉多州、亚利桑那州、新墨西哥州、蒙大拿州、得克萨斯州也不例外。

度假牧场奢俭各异，有些提供奢侈的羽绒被，而有些则是靠年耕作填满谷仓的古老牧场。在西部大部分地区都能找到度假牧场，甚至东部（例如田纳西州和北卡罗来纳州）也有一些。这里有真正的牛仔哦。

计划你的行程
和当地人吃喝

美国的美食种类颇丰,可以在每个地区找到,从北大西洋的海鲜到中西部丰腴的农田,以及西部广袤的牧场。奥马哈牛排、马里兰蟹肉饼和查尔斯顿红米都是地区特产。

烹饪革命

直到20世纪60年代,美食和葡萄酒才成为美国报纸、杂志和电视的一个正式话题,由来自加利福尼亚州的茱莉亚·查尔德(Julia Child)领导,她通过从波士顿公共电视台播出的黑白节目教授美国人如何烹饪法国美食。到了20世纪70年代,人们(不仅仅是嬉皮士)开始把注意力转向有机食品、天然食品和可持续农业上。在20世纪80年代和90年代,"美食革命"鼓励企业家们经营供应地区美国风味(从南部到太平洋西北地区)的餐馆,可以和欧洲最好的餐馆媲美。

慢食、当地、有机

慢食运动和重新燃起的对当地有机食品的热情,是美国餐馆的主要趋势。这场运动可以说始于1971年,由Berkeley's Chez Panisse(见1121页)的大厨爱丽斯·沃特斯(Alice Waters)发起,并与前第一夫人米歇尔·奥巴马(Michelle Obama)把这一运动延续下来,米歇尔的女儿甚至在白宫的草坪上种植了一个有机菜园。在全国各地,你都能够找到农贸市场,那里是与当地人见面、尽情享用美国丰富美食(从传统的水果和蔬菜,到新鲜的开胃菜和可口的地区美食)的好地方。

食物的四季

在美国这样幅员辽阔的国家,全年都有各种美食节和当地特产可供选择。

春季(3月至5月)

春季是光顾当地市场的最佳季节之一,市场售卖来自农场和田间的各种物产(野生韭葱、草莓、大黄、小羊肉),此外还有复活节特供。全国范围内的重要美食节上都少不了小龙虾、烧烤、牡蛎和其他美食。

夏季(6月至8月)

夏季就该在海边享用海鲜大餐,在户外烧烤,光顾乡村市集。新鲜浆果、桃子、玉米棒等农产品不容错过。

秋季(9月至11月)

秋高气爽,随之而来的是苹果采摘、南瓜派和葡萄酒丰收节,另有包括感恩节在内的其他重大美食活动。

冬季(12月至次年2月)

丰盛的炖菜、烤蔬菜和令人流连的节日宴会是这个时节的主题。手捧一杯热托地(Hot toddy)或其他热饮,在火炉边享受温暖。

主食和特色菜

移民大潮给美国的美食带来了巨大的变化，人们把外国的烹饪思想融入了本土食物的制作之中，从意大利比萨和德国汉堡到东欧罗宋汤、墨西哥煎蛋和日本寿司。

比萨

比萨在20世纪初由意大利传入纽约，而美国的第一家比萨店（位于曼哈顿小意大利的Lombardi's）于1905年开张。比萨很快就在全国范围内流行起来，而且出现了许多不同的品种。芝加哥以超厚的比萨著称，加州的比萨又轻又软，纽约的比萨以薄皮闻名。

墨西哥菜和得克萨斯—墨西哥风味

无论你在美国的哪个地方，你都可以找到提供墨西哥或得克萨斯—墨西哥风味美食的餐馆（不要费心去区分这两种食物，它们之间有很多相似之处）。鉴于墨西哥裔人口占美国总人口的11%以上，这一点就不足为奇。炸玉米饼、墨西哥卷和其他快餐食品最受欢迎，快餐店和食品车为各行各业的人们提供了很受欢迎的就餐场所。像Chipotle这样的地方，成为发展最快的连锁店，供应的大都是有机的得克萨斯—墨西哥食品。可以坐下来休闲就餐的地方也很受欢迎，玛格丽特酒、薯条和萨尔萨辣酱几乎是每餐必不可少的食物。

烧烤

在美国，烧烤可谓一件大事。虽然烧烤在南方最受欢迎，但你会发现从旧金山到纽约，烧烤无处不在。美国的烧烤历史可以追溯到殖民时代，就连乔治·华盛顿（他在维农山的庄园里有一间烧烤室）也对其钟爱有加。这种美食非常简单：把肉放在火上慢慢烤制，直到变软。你会发现各种各样的烹饪风格和特色。密苏里州的堪萨斯城供应各种肉类，包括羊肉，注重浓甜烧烤酱的搭配。在卡罗来纳，手撕猪肉或切片猪肉最受欢迎。孟菲斯比较受欢迎的是排骨，要么是"干吃"，要么是"湿吃"（涂上酱汁）。在得克萨斯州，牛肉是一种选择——这并不奇怪，因为这是一个养牛的地区。这里也是全国最好的烧烤店所在地：洛克哈特是所有烟熏肉食品的中心。

爽心美食

虽然食物潮流来来去去，但美国人对一顿朴实而丰盛的大餐的喜爱永远不会过时。最基本的爽心美食令人感到温暖，传统的菜肴也会唤起人们对童年主食的怀念。芝士通心粉、鸡肉面汤、千层面、炖肉、烤奶酪三明治、肉汁小饼、炸鸡、汉堡和带馅的面食等经典食品都属于这一类。美国的餐厅大都供应这类食物，设计一些简单而可靠的食谱。在美食酒吧、法式小馆、高档餐厅和酒吧里，还可以找到更具创意的爽心美食。你可能会发现芝士通心粉搭配新鲜的蟹肉，汉堡上面放着苹果木熏肉和山羊奶酪，以及鸭油薯条或者是辛辣的泰国鸡肉面汤搭配椰奶和咖喱。

各地特色
纽约：美食之都

据说在纽约，你可以每天换个餐厅吃饭，一辈子都不重样，即便如此都未必能把所有餐厅吃遍。鉴于全城5个行政区内已有24,000多家餐厅，再加上每年新开的餐厅，这个说法一点也不为过。由于庞大的移民人口和每年涌入的5000多万游客，纽约轻而易举地摘下了全美最佳餐厅城市的桂冠。市内街区各具特色，到处都是意大利美食、香脆可口的薄底比萨、各色亚洲美食、法国高级菜肴和经典的犹太熟食，犹太熟食店里面包圈到分量实在的熏牛肉黑麦三明治，应有尽有。也不乏其他极具异域风味的美食，包括埃塞俄比亚和斯堪的纳维亚风味。

登录 Eater New York（www.ny.eater.com）、New York 杂志（www.nymag.com）或 Time Out（www.timeout.com/newyork）了解最新的餐厅开业信息、点评，以及对名厨、新星主厨的深度访谈。最后一点，不要听信"纽约很贵"这种传言：在这儿，吃得很好也不至于破产，尤其是在少喝鸡尾酒的情况下。这里的确没有免费的午餐，不过和

波奇（夏威夷特色的切成小块儿的生鱼沙拉）。

世界其他大都市相比，在纽约用餐可谓价廉物美。

新英格兰：蛤蜊杂烩和煮龙虾

新英格兰号称拥有全美最好的海鲜，这一点毋庸置疑，因为北大西洋盛产蛤蜊、青口贝、牡蛎、个头巨大的龙虾，还有美洲西鲱、青鱼和鳕鱼。新英格兰人喜欢美味的海鲜杂烩浓汤（chowder）和蛤蜊杂烩（clambake），后者是一种很有仪式感的菜肴，由贝类、玉米、鸡肉、土豆和香肠一起埋在火坑里烹制而成。炸蛤饼和龙虾卷（将龙虾肉和蛋黄酱夹在小面包里）在这个地区随处可见。佛蒙特州有很棒的奶酪，马萨诸塞州盛产蔓越莓（感恩节期间大量上市），新英格兰的森林里则出产枫糖浆。缅因州海岸上散布着龙虾小馆；波士顿的特产是烤豆和黑面包；而罗得岛州的人们在牛奶里加入咖啡糖浆，最爱传统的玉米饼。

中大西洋地区：蟹肉饼和奶酪牛肉三明治

从纽约到马里兰州和弗吉尼亚州，漫长的海岸线横贯中大西洋地区的各州，还有丰饶的苹果园、梨园和浆果农场。新泽西州和纽约长岛的土豆很出名。切萨皮克湾的蓝蟹首屈一指，而弗吉尼亚州的"乡村风味"盐腌火腿要配上比司吉面包（一种不发酵的小圆面饼）一起吃。到了费城，可以品尝费城奶酪牛肉三明治，这是一种用煸炒的薄切牛肉、洋葱、融化的奶酪和面包片做成的三明治。在宾夕法尼亚州德裔区，记得到农场餐厅品尝鸡肉派、面条和玉米肉饼。

南部：烧烤、饼干和秋葵浓汤

没有哪个地方的饮食文化能比南部地区更值得骄傲，长期以来，它早已融合了盎格鲁、法国、非洲、西班牙和美国本土风味，例如慢火烧烤，有趣的改良产品更是和南部城镇一样数不胜数。南部的炸鸡外焦里嫩。佛罗里达州的美食清单集合了鳄鱼肉、虾和海螺，配以辣椒和热带香料。早餐分量非常实在，其中备受重视的甜点常常是夹层厚实的蛋糕或是有山核桃、香蕉和柑橘的馅饼。口味清爽松软的热饼干配的是上好的黄油，而南部人的最爱，还得数玉米糊（将玉米粉

计划你的行程 和当地人吃喝

煮得像粥一样黏稠)和冰镇薄荷鸡尾酒。

路易斯安那州最著名的美食深受法国和西班牙殖民文化、加勒比黑人烹饪和乔克托部落传统的影响。卡真风味菜在河口湿地的乡间非常普遍，其将辣椒等当地香料和法式烹饪手法完美结合起来。其中著名的菜式包括秋葵浓汤，这是一道用鸡肉和贝类或香肠搭配秋葵熬制成的浓羹炖菜；路易斯安那州杂锦饭以大米为主，搭配番茄、香肠和虾肉；此外还有黑熏鲶鱼。克里奥尔美食更具都市风味，主要集中在新奥尔良——蛋黄酱大虾沙拉、酸辣酱拌蟹肉、小龙虾蔬菜海鲜汤和法式甜甜圈在这里随处可见。

大平原和五大湖区：汉堡、培根和啤酒

大平原和五大湖区的居民热爱美食，而且拥有大量美味的选择。这里食物的分量都很惊人——农业地区的人们需要充足的能量来完成日间工作。你的一天可能由鸡蛋、培根和吐司开始；午餐是双层芝士汉堡和土豆沙拉；晚餐则有牛排和烤土豆可供选择——全都配以冰镇啤酒，经常是微酿啤酒。烧烤在这个地区很受欢迎，尤其是堪萨斯城、圣路易斯和芝加哥。芝加哥也是一个融合了多种族文化的美食中心，拥有一些全美顶级餐厅。要体验地区美食，最好的去处之一是农贸市集，从德国小香肠、炸面团到烤玉米棒，这里无所不有。此外，在一些餐馆和家庭餐厅，你可以品尝深受东欧、斯堪的纳维亚、拉丁美洲和亚洲移民影响的各色美食，尤其是在城市里。

西南部：辣椒、牛排和萨尔萨辣酱

两大族群定义了西南地区的美食文化：直到19世纪还控制着从得克萨斯州到加利福尼亚州边境的西班牙人和墨西哥人。不过，如今当地几乎没有真正的西班牙菜了。墨西哥人利用西班牙人带来的牛混合当地以玉米和辣椒为主的烹饪手法制成玉米卷饼、墨西哥菜卷、墨西哥卷和墨西哥炸卷饼等菜式，还有其他大多以玉米或面饼搭配的各色食材，从肉糜、家禽到豆类，不一而足。离开新墨西哥州之前记得尝尝用绿辣椒做成的炖菜。牛排和烧烤向来是西南地区最具人气的美食，啤酒则是晚餐、夜生活的不二之选。

最佳素食餐厅

在美国许多城市，你都能找到大量的素食和纯素食者餐厅。然而，一旦进入乡村和远离海岸的区域，选择就会随之减少。我们用🥬标示专为素食者或纯素食者服务的餐厅。登录www.happycow.net浏览在线目录，可以了解更多素食餐厅的相关信息。以下是全美范围内我们心仪的餐厅：

Greens（见1111页），加利福尼亚州旧金山

Native Foods Cafe（见606页），伊利诺伊州芝加哥

Clover Food Lab（www.cloverfoodlab.com; 1326 Massachusetts Ave; 主菜 $8-11; ⊙周一至周六 7:00至午夜，周日 9:00~22:00; 🛜🥬; ⓣHarvard) 🥬，马萨诸塞州波士顿

Green Elephant（见286页），缅因州波特兰

Moosewood Restaurant（见166页），纽约州伊萨卡

Sweet Melissa's（见877页），怀俄明州拉勒米

Sitka & Spruce（见1167页），华盛顿州西雅图

Fud（见728页），密苏里州堪萨斯城

Zenith（见200页），宾夕法尼亚州匹兹堡

High Noon Cafe（见481页），密西西比州杰克逊

Hangawi（见127页），纽约

加利福尼亚州:"农场到餐桌"餐厅和墨西哥快餐店

由于辽阔的地域和多样化的微气候,加利福尼亚州确实称得上是美国蔬果的聚宝盆。该州的资源优势无可匹敌,有来自海洋的野生三文鱼、珍宝蟹和牡蛎,全年出产丰富的农产品,还有手工制作的奶酪、面包、橄榄油、红酒和巧克力等产品。从20世纪70年代和80年代开始,爱丽斯·沃特斯(Alice Waters)和沃夫甘·帕克(Wolfgang Puck)等明星主厨致力于将当地最好的食材炮制成简单而美味的菜品,由此开创了"加州美食"的风潮。随着亚洲移民的涌入,尤其是越南战争之后,该州境内的唐人街、韩国城和日本城的都市美食文化得到了极大发展。此外,得益于墨西哥裔美国人对其传统烹饪技艺的传承,州内广大地区的美食文化也变得更加丰富。无国界创意菜式也是加州美食文化的一大特色。在旧金山教会区(Mission District),别错过小臂粗细的墨西哥卷,在圣迭戈则一定记得尝尝鱼肉玉米卷饼。

太平洋沿岸西北部:三文鱼和咖啡文化

太平洋沿岸西北部的美食文化得益于当地美洲原住民部落传统的滋养——长期以来,他们的饮食以野味、海鲜(尤其是三文鱼)、野生菌类、水果和浆果为主。西雅图催生了以星巴克为代表的现代化跨国咖啡馆文化。不过,近来由于极棒的咖啡馆和全美一些最佳的咖啡烘焙商,波特兰博得了更多青睐。

夏威夷州:岛屿特色

夏威夷位于太平洋中央,其餐饮根植于波利尼西亚的美食文化,充分利用当地新鲜捕捞的鱼类,比如鲯鳅、丝鳍紫鱼、刺鲅和黄鳍金枪鱼。在传统的夏威夷宴会上,人们在火坑里烹制卡鲁瓦烤猪。现代的夏威夷美食将当地新鲜出产的食材与南欧移民带来的烹饪特色融为一体。此外,夏威夷也是全美唯一的商业咖啡种植州;大岛出产的纯正科纳咖啡豆在发烧友中最负盛名。

谨记

➡ 付小费:标准是账单(税前)的15%~20%。

➡ 通常情况下,在用餐前要把餐巾放在膝盖上。

➡ 一般来说,尽量不要把手肘放在桌子上。

➡ 等到每个人的餐都上来的时候再开始吃东西。

➡ 在正式场合,用餐者通常会等到主人举起叉子后再用餐。

➡ 在家里,一些美国人会进行饭前祷告;如果你不愿意参加,可以安静地坐着。

美食体验
一生难忘

➡ **Alinea**(见608页)这家芝加哥的顶级分子料理餐厅一席难求,能在这儿用餐一定非常幸运。

➡ **Black's Barbecue**(见786页)占据了得克萨斯州洛克哈特最具特色的地理位置,供应全美最好的牛胸肉。

➡ **Lobster Dock**(见284页)这是布斯贝港(Boothbay Harbor)悠然的水岸餐厅,只为品尝新鲜捕捞的肥美龙虾,就值得走一趟缅因州。

➡ **Faidley's**(见330页)在这个巴尔的摩的餐馆中,没有任何装饰,也没有海湾美景,有的只是巨大的蟹肉饼。

➡ **Peche Seafood Grill**(见504页)在新奥尔良的仓库区,有用柴火烹饪的完美海鲜。

➡ **Rolf & Daughters**(📞615-866-9897; www.rolfanddaughters.com; 700 Taylor St; 主菜$15~26; ⊙17:30~22:00; 🚇)位于纳什维尔闹市,这里有一流的新派意大利菜。

➡ **French Laundry**(见1124页)就算会花掉你一个月的薪水,这家北加利福尼亚州的明星餐厅也绝不让你失望。

➡ **Salt**(见849页)供应博尔德本地的应季有机美味。

计划你的行程 和当地人吃喝

计划你的行程

和当地人吃喝

玉米卷饼。

➡ **Imperial**（☎503-568-1079；www.imperialpdx.com；410 SW Broadway；主菜 $12~42；⊙周一至周四 6:30~22:00，周五 至23:00，周六 8:00~23:00，周日 至22:00）在温暖的波特兰环境中供应健康的太平洋西北美食。

➡ **Grey Plume**（见754页）位于奥马哈，利用当地应季的农产品和肉类施展魔法。

➡ **Eataly**（见118页）在这座纽约巨大的美食广场享用各色意大利美食，直到吃撑为止。

平价美食

➡ **快餐车** 供应种类繁多的美食，波特兰、旧金山、洛杉矶和奥斯汀等城市中均有它们流动的身影。

➡ **玉米卷饼** 全美最受欢迎的掌上食品。其中最棒的一些卷饼可以在路边摊和快餐车处买到。

➡ **青辣椒** 落基山脉地区的经典小食，和汉堡搭配风味最佳。

➡ **甜甜圈** 不再是警官的专利。不妨留意美食家的口味（开心果、木槿和柠檬姜）。

➡ **炸鸡** 美国南部的名店包括纳什维尔的 **Prince's Hot Chicken**（123 Ewing Dr；四分之一只/半只/整只炸鸡 $5/11/22；⊙周二至周四 11:30~22:00，周五 11:30至次日4:00，周六 14:00至次日4:00）和新奥尔良的Willie Mae's（见503页）。

➡ **软冰激凌** 炎炎夏日，没有什么比它更受欢迎的了，尤以圣路易斯Ted Drewes（见719页）的出品为佳。

➡ **炸蛤蜊** 饱腹又便宜的小吃，在东部沿海地区随处可见。

➡ **法式甜甜圈** 撒满糖霜的炸面团，到新奥尔良必吃。

➡ **半熏烤热狗** 华盛顿特色小吃，相当于更大、更辣的热狗。

敢于尝试

➡ **野牛肋排** 有时能在落基山脉看到；黄石地区肯定有。

➡ **鳄鱼肉** 南部地区一些路边客栈供应的特色菜。不妨去位于大沼泽地的 **Joannie's Blue Crab Cafe**（☎239-695-2682；www.joaniesbluecrabcafe.com；39395 Tamiami Trail E；主菜 $12~17；

⊙周四至周二 11:00~17:00；打烊时间 依季节而定，请致电确认；🍴试试。

➡ **生鱼沙拉（波奇）** 夏威夷特色生鱼块（通常是黄鳍金枪鱼），无比美味。

➡ **龙虾冰激凌** 在科德角的**Ben & Bill's Chocolate Emporium**（☎508-548-7878; www.benandbills.com; 209 Main St; 蛋卷冰激凌 $5; ⊙6月至8月 9:00~23:00，一年中的其他月份，缩短营业时间）尝试了这种口味的冰激凌之后，你肯定再也不想吃草莓冰激凌了。

➡ **牛排** 不是泛指，而是**Big Texan Steak Ranch**（www.bigtexan.com; 7701 I-40 E, exit 75; 主菜 $10~40; ⊙7:00~22:30）供应的72盎司一块的牛排。如果你能在一小时以内吃完整块牛排，就不用掏钱。

➡ **三层汉堡** 在亚特兰大的Vortex（见456页），你可以尝试配18片美国奶酪、18片培根、三个煎蛋的两个正餐芝士牛堡三明治。

➡ **猪耳三明治** 从20世纪30年代开始就在密西西比州杰克逊市的**Big Apple Inn**（☎601-354-4549; 509 N Farish St; 主菜 $2; ⊙周二至周五 7:30~21:00, 周六 从8:00开始营业）大行其道。

➡ **脏水热狗** 纽约街头食品推车上泡在黑水里的热狗，那口味真的很重。

营业时间和预订

有些餐厅（通常是最受欢迎的那些）不接受预订。对于接受预订的，明智的做法是提前预订，尤其是周末。如果不能或没有订位，就早点（17:00~18:00）或晚点（21:00）去就餐，以避免长时间的等位。

➡ **餐厅** 美国餐厅提供各种价位和种类的食物，从正餐、汉堡、螃蟹和龙虾到米其林星级餐厅，所有你能想到的应有尽有。更为休闲的场所通常在11:00左右开始营业；高档餐厅通常只在17:00才开始营业。许多餐馆的厨房会在22:00关闭。

➡ **咖啡馆和咖啡店** 白天开门（有时夜间也开），咖啡馆是吃简单的早餐、午餐或简单喝个咖啡的地方。

➡ **非正式食肆** 可以去找找流动餐车、农贸市场和其他休闲场所（有的酒吧里也提供很好的食物）。一些连锁店（如Waffle House 或 Huddle House）24小时营业。

习俗

除大城市外，美国人更喜欢早早地在餐馆或家里吃东西，所以在正午或17:30的时候，餐馆半满不足为奇。在较小的城镇，在20:30或21:00之后，可能很难找到吃东西的地方。成年人的晚餐聚会通常在18:30或19:00开始，先喝鸡尾酒，然后是自助餐或桌餐。如果被邀请去吃饭，礼貌的做法是准时到达：在理想情况下，你最好在指定时间的前15分钟内到达。

美国人在用餐礼仪上不太正式，但他们通常会等到每个人的餐都上齐才开始进餐。许多食物都是需要用手拿着吃的，涂好黄油的一整块面包要一次全部吃掉。令一些外国游客感到惊讶的是，餐桌上通常还可以见到啤酒瓶。

早餐

长期以来，美国营养学家一直标榜早餐是"一天中最重要的一餐"。在美国，早餐是一件大事——不管有多少人坚持不吃早餐。从老式小餐馆里的各种乳酪烤薄饼到奢华的周日早午餐，美国人的最爱是鸡蛋和培根、华夫饼和薯饼，还有大杯的鲜榨橙汁。最重要的是，他们喜欢这种看似不可剥夺的美国权利：一杯可以无限续杯的、热气腾腾的早晨咖啡。如果在其他国家要求免费续杯，你可能会得到一个白眼、一个傻笑，或者是不知所措。

午餐

通常在上午的咖啡休息时间之后，就到

欢乐时光

美食酒吧、供餐的自酿啤酒屋，甚至带有酒吧座位的传统餐厅大多都有性价比极高的欢乐时光时段。通常是在晚餐高峰期前的时段（比如15:00~17:00或16:00~18:00），届时你可以低价品尝新鲜的牡蛎、餐前小吃和其他小食。此外还有特价饮品（比如半价鸡尾酒等）。精彩的夜晚就此开启。

了美国工人的午餐时间,午餐包括三明治、快餐汉堡或丰盛的沙拉。正式的"商务午餐"在纽约这样的大城市更为常见,那里的食物并不像谈话那么重要。

虽然你会看到用餐者在午餐时喝一杯啤酒或葡萄酒,但在社会上接受"三巡马提尼酒午餐"的日子已经一去不复返。在20世纪中期,这种现象很常见,并成为放纵的商务午餐的口号,通常以企业的名号签单,并能享受减税。事实上,经典的正午饮料——冰茶(是的,几乎总是可以无限续杯)与马提尼酒截然不同。

晚餐

通常在傍晚的时候,美国人会选择一顿更为丰盛的工作日晚餐。由于有诸多的双职工家庭,晚餐可能是外卖(如比萨或中餐)或预先包装好的微波餐。甜点主要是冰激凌、派和蛋糕。一些家庭仍然会烹饪传统的周日晚餐,让亲戚和朋友聚在一起享用大餐。传统的菜肴可能包括烤鸡和固定的食物(土豆泥、青豆和玉米棒)。在温暖的月份里,许多美国人喜欢架起烧烤架来烤牛排、汉堡和蔬菜,并搭配大量的冰镇啤酒和葡萄酒一起食用。

啤酒、葡萄酒及其他

在饮品方面,美国人可以选择的范围很惊人。蓬勃发展的微酿啤酒产业为该国的每个角落带来了可口的精酿啤酒。美国葡萄酒行业持续生产一流的葡萄酒,而且获得所有的奖项,并不仅仅限于加州的葡萄园。与此同时,咖啡文化继续盛行,咖啡馆和烘焙店将一度不起眼的咖啡提升成为高雅的艺术。

啤酒

很难否认啤酒与雪佛兰、足球和苹果派在美国人心中拥有同样的地位:只要收看超级碗(Super Bowl;美国最受欢迎的年度电视节目,以最昂贵的广告为特色),你就会看到啤酒是如何与美国的文化价值观交织在一起的。来看看各式各样的口号吧——彰显个性的("这是为你准备的百威"),交际性的("现在是米勒时间!"),充满力量的("山之头")和真实性的("真正的男人喝百威淡啤酒")。

尽管它们无处不在,但由于其低酒含量和"清淡"的味道,美国啤酒的流行品牌长期以来一直是国外的笑柄。不管批评人士怎么说,销售业绩表明美国啤酒比以往任何时候都更受欢迎。现在,随着微酿啤酒厂和精酿啤酒厂的迅速崛起,就连啤酒内行也不得不承认,美国啤酒已经发生了翻天覆地的变化。

精酿啤酒和当地啤酒

如今,啤酒爱好者就像喝饮料一样喝着啤酒,一些城市餐馆甚至还出现了啤酒的"酒单""酒师"和"酒窖"。许多啤酒酒吧和餐馆都举办啤酒晚宴,这是一个体验啤

古典鸡尾酒的狂热

在美国的各个城市,像不到一个世纪以前的1929年一样喝着古典的鸡尾酒,是一件很酷的事情,因为那时在整个美国,销售酒品都是违法的。旧的禁酒令不仅没有把美国变成一个禁酒主义国家,反而使这种被禁锢的文化变得更加吸引人。做坏事让人们感觉很好,女孩们把小瓶的杜松子酒装在自己的手提包里,那些所谓的受人尊敬的市民聚集在秘密的地下酒吧喝着自制的烈性酒,随着热情的爵士乐跳舞。

20世纪末,虽然禁酒令没有被重新恢复,但你会发现在大量的酒吧,贯穿于喧嚣的20年代和不正当的30年代的那股精神依然存在。受到老式的烈酒和甘香酒配方的启发(要记得那个时代在杂货店里买不到一瓶苏格兰威士忌),衣着整洁光鲜的调酒师精心炮制出了新的鸡尾酒,其原材料包括少量利口酒、生鸡蛋清、手工碎冰和新鲜水果等。这些调酒师把自己的作品赋予了艺术和科学的内涵。

美国人把酒言欢的菜肴

虽然美国人因其在艺术或娱乐方面的天赋而受到称赞，但不可否认的是，这与他们的"酗酒"生活有关。以下是他们在这一话题上有过的精辟表达。

➡ 欧内斯特·海明威（Ernest Hemingway）："一定要履行你说过的话，即使是在你喝醉的情况下说的，这将教会你如何闭嘴。"

➡ 弗兰克·西纳特拉（Frank Sinatra）："酒精可能是人类最大的敌人，但是《圣经》上也说了，要爱你的敌人。"

➡ 多萝西·帕克（Dorothy Parker）："我宁愿在我面前放一瓶酒，而不是额叶切除术。"

➡ W.C.菲尔兹（WC Fields）："曾经有个女人开车送我去喝酒，我却从来没有礼貌地感谢过她。"

➡ 威廉·福克纳（William Faulkner）："我工作所需的工具是纸张、烟草、食物和一点威士忌。"

➡ 霍默·辛普森（Homer Simpson）："酒精，所有生活问题的根源和解决方法。"

酒与不同食物搭配的机会。

微酿啤酒和精酿啤酒的产量正在不断上升，2016年的零售额约为220亿美元。如今，美国各地大约有5000家精酿啤酒厂。俄勒冈州的波特兰目前是该行业的中心，拥有100多家小型啤酒厂，比世界上任何一个城市都要多。近年来，随着微酿啤酒厂在城市中心、小城镇和意想不到的地方不断涌现，在全国范围内喝到当地啤酒已成为可能。

葡萄酒

在1972年的电影《教父》中，马龙·白兰度饰演的维托·柯里昂沉思道："我比以前更喜欢喝葡萄酒了。"这个国家很快就如法炮制，在近50年之后，美国人喝的葡萄酒比以往任何时候都要多。如今，美国的葡萄酒消费量实际上已经超过了法国（但法国的人均消费量仍高于美国，法国的人均消费量为40升，而美国人均消费量仅为9升）。

令欧洲葡萄酒生产商感到惊讶的是，许多美国葡萄酒甚至还赢得了享有盛誉的国际奖项。他们过去甚至把加州的葡萄酒视为二等葡萄酒。事实上，美国是世界第四大葡萄酒生产国，仅次于意大利、法国和西班牙。

在美国，葡萄酒并不便宜，因为它被认为是一种奢侈品，而不是一种主食——去责怪清教徒吧。不过，在酒类或葡萄酒商店，可以以不到12美元的价格买到一瓶口感很好的美国葡萄酒。

葡萄酒产区

如今，美国近九成的葡萄酒产自加州，而其他地区出产的葡萄酒也已经在国际上占有一席之地。值得一提的是，纽约的五指湖区、哈得孙河谷和长岛的葡萄酒就像华盛顿州和俄勒冈州的葡萄酒一样值得一尝，尤其是黑皮诺和雷司令葡萄酒。

毫无疑问，美国葡萄酒旅游的发源地是北加州，就在纳帕谷和索诺玛河谷的湾区外面。而其他地区，从俄勒冈州的威拉梅特谷到得克萨斯州丘陵地区，已经发展成为葡萄酒产区，它们催生出了一个完整的民宿旅游产业，可以让你找到完美的黑皮诺。

那么，美国最好的葡萄酒是什么呢？令人惊讶的是，尽管许多美国餐馆在过去的几十年里都供应红葡萄酒、白葡萄酒或桃红葡萄酒，但在美国肥沃的土地上，还有许多优秀的"新世界"葡萄酒。在美国生产的葡萄酒中，最受欢迎的白葡萄酒是霞多丽和长相思；最畅销的红葡萄酒包括赤霞珠、梅乐、黑皮诺和仙粉黛。

烈酒，烈性酒

你可能知道他的名字——杰克（提示：丹尼是他的姓）。杰克丹尼仍然是世界上最

在加州索诺马河谷（见1124页）的葡萄园品酒。

著名的美国威士忌品牌，也是美国最古老的蒸馏酒厂，自1870年以来一直保持着强劲的势头。

尽管威士忌和波旁威士忌是美国最受欢迎的出口产品，但美国还出产黑麦威士忌、杜松子酒和伏特加。波旁威士忌是由玉米制成的，它是唯一的本土酒品，最初是在肯塔基州酿制而成。

鸡尾酒是在美国内战前发明的。它发源于新奥尔良，一个适合节庆的城市，为美国酒史的发展做出了贡献。那里首次出产的鸡尾酒是萨泽拉克鸡尾酒（Sazerac）——混合了黑麦威士忌或白兰地，简单的糖浆，苦味剂和少量苦艾酒（在1912年被禁）。19世纪末和20世纪初，在酒吧里创作的美国鸡尾酒包括马提尼、曼哈顿和Old-fashion鸡尾酒，这些都是长久以来备受欢迎的经典酒品。

软饮料

美国的自来水可以安全饮用，但它的味道因地区和城市而不同。大多数不含酒精的饮料都是含糖的，而且通常加冰饮用，从南方风味的冰"甜茶"和柠檬水，到可口可乐、百事可乐和胡椒博士（Dr.Pepper）等典型的美国软饮料，还有通常用蔗糖代替玉米糖浆的老式和新式口味的软饮。

有趣的是，不含酒精的碳酸饮料在不同的地方还有不同的名称。在南部的许多地方，"可乐"指的是任何一种苏打汽水，所以你可能需要详细说明你要点哪种饮料。例如，如果你说"我要一杯可乐"，服务员可能会问，"哪一种？"在五大湖区、大平原北部和西北太平洋，苏打汽水被称为"pop"。在东海岸和其他地方，它被称为"soda"。自己想想看吧……

咖啡的魅力

当美国人喝着啤酒和葡萄酒放松的时候，这个国家就开始喝咖啡了。咖啡馆文化在城市中心扩散，并在全国蔓延，咖啡热在过去的30年里不断加剧。

这要归功于星巴克——美国人最喜欢（或讨厌）的咖啡。这家世界上最大的咖啡连锁店诞生于西北地区咖啡文化不断进步的1971年，当时，星巴克在西雅图的派克市场开设了第一家店。其想法是，在一个舒适的咖啡馆里提供各种各样、来自世界各地的烘焙咖啡豆，把美国咖啡制作成更精致、更复杂（和昂贵）的饮料，而不是随处可见的福杰仕和大杯咖啡。截至20世纪90年代初，专门的咖啡店开始在全国遍地开花，遍及城市和大学城。

虽然许多咖啡连锁店只有几张椅子和一个外卖柜台，但在独立的咖啡店则可以停留休息，了解咖啡馆文化，还提供免费Wi-Fi、舒适的室内和室外座椅、美味的小吃和简餐。在最高档的咖啡馆里，经验丰富的咖啡师会很高兴与你调侃任何一种烘焙咖啡豆的起源（单一来源的咖啡豆而非混合咖啡是最新的咖啡趋势），分享他们对咖啡豆研磨的看法。

小费

在美国，餐馆和酒吧通常只支付法定的最低工资（或更少），服务员依靠小费来维持生计。支付小费的一个合理的规则：每杯至少要付$1（昂贵的鸡尾酒则需更多），或者总账单的15%~20%。

酒后驾车

在美国,严令禁止酒后驾车。在餐馆、酒吧、夜店和派对上,一群喝着酒的朋友们指定一个不喝酒的清醒司机已经成为一种普遍的做法。

食品词汇表

烧烤(barbecue)——一种在烤架上烹制慢火熏肉和烤肉的技术

法式甜甜圈(beignet)——新奥尔良很像甜甜圈的带馅油炸面团,上面撒上一层糖粉

比司吉面包(biscuit)——在南方供应的不含酵母的面包卷

布利尼(blintz)——犹太煎饼,里面塞满了各种馅料,如果酱、奶酪或土豆

BLT——培根(Bacon)、生菜(Lettuce)和番茄(Tomato)三明治

蓝盘(blue plate)——路边小餐馆和简餐店的一日特价菜

波士顿烤豆(Boston baked beans)——在砂锅里用糖蜜和培根烹制的豆子

布法罗炸鸡翅(Buffalo wings)——油炸鸡翅,上面涂上辣酱,配上蓝纹奶酪;起源于纽约州的布法罗

玉米煎饼(burrito)——墨西哥美国面饼,裹着豆子、肉、萨尔萨酱和米饭

加利福尼亚卷(California roll)——用牛油果、蟹肉和黄瓜做成的创意寿司,里面包裹着醋饭和海苔

辣椒(chill)——一种用磨碎的辣椒、蔬菜和豆子调味的炖肉,也叫香辣肉酱

蛤蜊浓汤(clam chowder)——以土豆为原料的汤,里面有蛤蜊、蔬菜,有时还有培根,还加了牛奶

俱乐部三明治(club sandwich)——三层三明治,带鸡肉或火鸡、培根、生菜和番茄

咸牛肉(corned beef)——传统上是在圣帕特里克节(3月17日)搭配卷心菜供应的菜肴

蟹肉饼(crab cake)——蟹肉搭配面包屑和鸡蛋,然后油炸

班尼迪克蛋(eggs Benedict)——在英式小松饼上放荷包蛋、火腿和荷兰辣酱油

法式吐司(French toast)——蘸着枫糖浆的蛋糊油炸面包

粗燕麦粉(grits)——白玉米粥;南方早餐或配菜

鳄梨沙拉酱(guacamole)——捣碎的牛油果放入青柠汁、洋葱、辣椒和香菜,搭配玉米片食用

薯饼(hash browns)——油炸碎土豆

墨西哥煎蛋早餐(huevos rancheros)——墨西哥早餐玉米卷饼,上面放着煎蛋和萨尔萨酱

什锦菜肴(jambalaya)——路易斯安那州的炖米饭、火腿、香肠、虾和调味料

龙虾卷(lobster roll)——龙虾肉与蛋黄酱和调味料混合在一起,放在一根烤法兰克福香肠面包中食用

熏鲑鱼(lox)——犹太版的盐渍鲑鱼

干酪玉米片(nachos)——墨西哥美国油炸玉米片,上面放着奶酪、碎牛肉、墨西哥辣椒、萨尔萨酱和酸奶油

五香烟熏牛肉(pastrami)——美国犹太风味的烟熏蒸牛肉

酸黄瓜(pickle)——用醋腌制的黄瓜

鲁宾三明治(Reuben sandwich)——用黑麦面包制作的三明治,里面有咸牛肉、瑞士奶酪和德国泡菜

冰沙(smoothie)——冰冻的浓饮料,用水果泥、冰、酸奶(有时)制成

石蟹(stone crab)——佛罗里达式烹饪的蟹,蟹钳可以搭配融化的黄油或芥末酱食用

海鲜牛排套餐(surf' n' turf)——海鲜(通常是龙虾)和牛排的拼盘

卷饼(wrap)——玉米面饼或皮塔饼,里面塞满了各种各样的馅料

计划你的行程
带孩子旅行

从东海岸到西海岸，美国各地都有吸引各年龄段孩子的极好的景点和活动：塑料桶和小铲子的海滩之乐，主题公园和动物园，令人瞠目的水族馆和博物展览，可以实际动手操作的科技馆，野营探险、战场，在荒野保护区里徒步，骑自行车穿过宁静的乡村，还有许多其他可能吸引孩子的活动。

最适合孩子的地方

纽约
"大苹果"（纽约）有许多适合儿童的博物馆，中央公园有四轮马车和划艇，哈得孙河上有游船，时代广场有主题餐厅。

加利福尼亚州
在环球影城探寻电影的魔法，在海滩上玩耍，或者向南去迪士尼乐园和圣迭戈野生动物园（San Diego Zoo）。在加利福尼亚州北部欣赏红杉、参观旧金山的探索博物馆（Exploratorium）和蒙特利湾水族馆（Monterey Bay Aquarium）。

华盛顿
免费的博物馆、动物园里可爱的熊猫、数不清的绿地，华盛顿对家庭旅行者散发着无穷的吸引力。不远处，弗吉尼亚州威廉斯堡（Williamsburg）以古装表演者和奇特的活动展示着18世纪的美国。

佛罗里达州
奥兰多的华特·迪士尼世界是非常值得去的地方。看看这个州美丽的海滩。

科罗拉多州
夏日里，雪场同样开足马力，露营、山地骑行、滑道和高空滑索应有尽有。

孩子们的美国

带着孩子来旅行可从另一个角度体验美国。从城市到乡村，大部分基础设施已经为你的孩子准备完毕。

如果你想寻找家庭式景点、活动、住宿、餐厅和娱乐，请前往有标志🆓的"儿童友好"型地点。

带孩子就餐

美国的餐饮业看起来好像是建立在家庭式服务的基础上：不仅到处都接待孩子，而且通常鼓励专门为儿童特制小份的、价格便宜的菜肴。在有些餐厅，一定年龄以下的儿童甚至能免费用餐。餐厅通常提供高脚椅和增高椅，有些餐馆提供蜡笔和智力玩具，有时还有卡通人物的现场表演。

没有儿童菜单的餐厅不一定会让孩子感到沮丧。如果你们到得很早（17:00或18:00），其他带孩子的美食家可能会加入进来。你可以问厨房是否能做小份的菜（或者问小份菜要花多少钱），或者他们是否能将普通的主菜给孩子分到两个盘子里。中国、墨西哥和意大利餐厅或许是挑剔孩子的最佳选择。

农贸市场在美国日渐流行，每个有点规模的城镇里一周至少有一次集市，这是采购一流的野餐食品、品尝当地特产以及支持独立种植者的好地方。采购结束后,可以前往附近的公园或水滨享用。

住宿

汽车旅馆或酒店的房间里通常有两张床,适合家庭旅行者。有些地方还有可以拿到房间里的活动床或婴儿床,多半要收取额外费用,但要注意的是,这些通常是折叠床(便携式婴儿床),不是所有的孩子都能在上面睡得好。有些酒店为不满12岁的儿童(有时甚至是18岁以下的青少年)安排"儿童免费入住"。许多民宿不欢迎儿童入住,需要留意,预订时应先行确认。

婴儿看护

度假酒店可能有随叫随到的婴儿看护服务,也可请前台的工作人员或客服部帮你安排。一定要询问保姆是否有执照和担保(以确认他们具备资格且有保险)、每个孩子每小时的收费、是否有最低收费。大多数的旅游局有当地保育场所、游乐场所、医疗服务等机构的名单。

必需品、驾车和乘飞机

许多公共卫生间有婴儿更衣桌(有时在男卫生间也有),机场也出现了中性的"家庭"卫生间。

美国医疗服务和设施的标准很高。婴儿食品、配方奶粉、一次性尿布(纸尿片)乃至有机食品等在全国各地超市都能买到。

每一家汽车租赁代理商都应当能提供合适的儿童座椅,因为每个州的法律都有相关规定;但通常需要在预订时就提出要求,每天的费用为$13以上。

美国国内航空公司不对2岁以下的儿童收费。2岁及2岁以上的儿童必须有座位,而且不太可能打折。在极少数情况下,一些度假胜地(例如迪士尼乐园)有"儿童免费飞行"之类的推广活动。美国国家铁路公司和美国的国家火车服务对12岁及12岁以下儿童实施半价优惠。

孩子们的游玩亮点
户外探险

所有的国家公园都有"少年巡查员"活动,孩子们可以获得活动手册并在手册上盖章。

儿童折扣

孩子经常可以享受旅游、门票和交通费的优惠,一些折扣甚至能达到成人费用的50%。然而,对"儿童"的界定从12岁以下到16岁以下,各不相同。和欧洲不同,很少有著名景点提供家庭优惠套票,如果有,比起分别买单人票能节省点钱。大多数景点对2岁以下儿童免费开放。

➡ **佛罗里达州的大沼泽地**(见544页)划皮划艇、独木舟或在向导的带领下漫步。

➡ **怀俄明州的黄石国家公园**(见884页)欣赏气势恢宏的间歇泉、观察野生动物、进行迷人的徒步旅行。

➡ **亚利桑那州的大峡谷国家公园**(见951页)端详(或走下)地球上最伟大的奇迹之一。

➡ **南达科他州和怀俄明州的布莱克山**(见744页)像拉什莫尔山这样的州立及国家公园里到处都有适合孩子的自然景点和探险活动;野牛真的是自在地游荡。

➡ **西弗吉尼亚州的新河峡谷国家河流风景区**(见378页)在激浪中漂流。

➡ **犹他州的锡安国家公园**(见988页)在维琴河蹚水,徒步前往翡翠湖。

主题公园和动物园

➡ **纽约州布朗克斯动物园**(见110页)美国最大、最好的动物园之一,从曼哈顿坐地铁即可到达。

➡ **佛罗里达州华特·迪士尼世界度假村**(见576页)有4个激动人心的主题公园,占地2.7万英亩,你的孩子们会永远记住这个地方。

➡ **加利福尼亚州迪士尼乐园**(见1045页)4岁及4岁以上的孩子喜欢这个最初的公园,而十几岁的青少年则喜欢在隔壁的**加州冒险乐园**里"发疯"。

➡ **加利福尼亚州圣迭戈野生动物园**(见1059页)这座开创性的动物园占地1900英亩,里面生活着6500多种动物,是见证生命的伟大与渺小的奇妙之地。

➡ **六旗**(www.sixflags.com)美国最受欢迎的游乐园之一,在全国有11个分部。

➡ **俄亥俄州雪松角娱乐公园**(见635页)拥有地球上最可怕的过山车,还有一英里长的海滩、一个水上乐园和生动的娱乐活动。

历史之旅

➡ **马萨诸塞州的普利茅斯种植园**(☎508-746-1622; www.plimoth.org; 137 Warren Ave, Plymouth; 成人/儿童 \$28/16; ⊙4月至11月 9:00~17:00; ♿)穿上18世纪的服装,在历史氛围中加入盛装的表演队伍。

➡ **密歇根州麦基诺堡**(见664页)当身着19世纪服装的士兵开枪点炮时,塞上耳朵。

➡ **马萨诸塞州波士顿自由之路**(见218页)与富兰克林(或至少是21世纪酷似他的人)一起步行游览。

➡ **伊利诺伊州斯普林菲尔德的林肯总统图书馆和博物馆**(见618页)有趣的互动画廊,可以帮助你了解美国历史上最伟大的总统之一。

➡ **佛罗里达州圣奥古斯丁**(见559页)乘坐马车穿过历史街区。

雨天的活动

➡ **华盛顿国家航空航天博物馆**(见297页)火箭、宇宙飞船、老式的双翼飞机和驾驶模拟器会激励每一位未来的飞行员。

➡ **纽约美国自然历史博物馆**(见105页)各个年龄段的孩子都喜欢的大型天文馆、巨大的恐龙骨架和3000万件其他文物。

➡ **密苏里州圣路易斯城市博物馆**(见714页)一个塞满了不寻常展品的游乐园,顶端还有一个摩天轮。

➡ **马里兰州巴尔的摩发现港**(见329页)供孩子们探险和学习的地方,包含埃及坟墓、农贸市场,还有火车、艺术工作室和物理实验室。

➡ **华盛顿州西雅图太平洋科学中心**(见1164页)有让人着迷的、可动手操作的展品,还有IMAX影院、天文馆和激光表演。

➡ **印第安纳州印第安纳波利斯儿童博物馆**(见622页)世界上最大的儿童博物馆,上下五层全是有趣的东西(包括恐龙展览)。

➡ **新罕布什尔州斯卓贝里班奇博物馆**(见274页)在互动式的家庭探索中心扮演从殖民时期到20世纪40年代的新英格兰历史中的角色。

计划

在规划去美国的家庭旅行时,天气和客流量都是重要的考虑因素。全国各地的旅游旺季都是从6月到8月,这时学校放假了,天气也最暖和。旺季时物价高,客流量大——这意味着在娱乐场所和水上公园要排很长的队,度假区全部订满,交通拥堵;你需要提前预订热门目的地。这同样适用于12月下旬到次年3月的冬季度假村(在落基山脉、Tahoe湖和卡次启尔山脉)。

相关详细信息与建议,参见Lonely Planet出版的《带孩子旅行》一书。更多孩子们喜欢的项目,参见Lonely Planet的折叠绘本《落基山大穿越》等书。

参考网站

Baby's Away(www.babysaway.com)出租婴儿床、宝宝椅、汽车安全座椅、折叠婴儿车甚至玩具,全国各地均有分店。

Family Travel Files(www.thefamilytravelfiles.com)提供现成的出行计划、目的地简介以及旅行小提示。

Kids.gov(www.kids.usa.gov)博取杂收的政府网站,可下载歌曲和活动详情,甚至可链接到中央情报局儿童版主页。

Travel Babees(www.travelbabees.com)口碑不错的婴儿用品租赁品牌,全国均有分店。

地区速览

美国的文化和风景拼凑在一起，创造了一种迷人的地域身份。这里有极具都市激情的纽约、芝加哥、新奥尔良或旧金山；引领潮流的奥斯汀或波特兰；极具南方魅力的查尔斯顿；或是风景如画的新英格兰乡村。你不仅可以领略夏威夷的火山，阿拉斯加的壮丽冰川，大平原的广阔空间，西南地区高大的红岩，或者西北地区令人眼花缭乱的绿色植物，还可以在加州的传奇海滩冲浪，在落基山脉高耸的山峰爬山，或者在五大湖桦树环绕的海岸边划独木舟。

每个地区都有自己的标志性体验：缅因州的龙虾；得克萨斯州的烧烤；孟菲斯的蓝调音乐；加州的葡萄酒。就算不能进行历时几个月的"伟大的美国公路之旅"，也不要感到绝望，因为你还可以前往任何一个地方。现在就去探索一两个地区吧，其他地方留到下一次再来游览！

纽约州、新泽西州和宾夕法尼亚州

艺术
历史
户外活动

文化场所

大都会艺术博物馆、纽约现代艺术博物馆和百老汇的所在地？没错，正是纽约。布法罗、费城和匹兹堡也有一系列世界著名的文化机构。

鲜活历史

哈得孙河谷的镀金时代庄园、费城的独立国家历史公园和可以追溯到建国时期的遗址——教育被融入互动活动中。

疯狂户外

在阿迪朗达克荒野和卡次启尔山脉徒步旅行，到特拉华河漂流，在大西洋航海，去泽西海岸和汉普顿嬉戏。

见74页

新英格兰

海鲜
历史
风景

龙虾世界

新英格兰以其新鲜的海鲜而闻名，毫无争议。海岸上到处都是海滨餐馆，可以尽情享用牡蛎、龙虾和蛤蜊浓汤，这些都是你眼看着从当日出海的小船里拖出来的新鲜渔获。

往昔传奇

从清教徒登陆普利茅斯、塞勒姆女巫情绪癔症，到保罗·里维尔革命性的旅程，新英格兰塑造了美国的历史。

秋日落叶

在这片地区，秋季的辉煌堪称传奇。从康涅狄格州的列支费尔德山一直到新罕布什尔州和缅因州的怀特山，渐红的秋叶为整个新英格兰罩上了明艳如火的外衣。

见202页

华盛顿和大华府地区

艺术
历史
美食

顶尖艺术

华盛顿拥有一流的博物馆和画廊。纯朴的乡村音乐弥漫在弗吉尼亚州的乡间小路上，著名剧院和先锋艺术盛于巴尔的摩。

早期美国

历史方面，詹姆斯敦、威廉斯堡和约克敦都还保留着殖民地时期美国的痕迹；而南北战争的战场散布在弗吉尼亚州的乡村。这里还有一些总统庄园，如维农山庄和蒙蒂塞洛庄园。

美食盛宴

马里兰州的蓝蟹、牡蛎和海鲜拼盘，华盛顿的国际美食，还有巴尔的摩、夏洛特维尔、斯汤顿和里霍博斯"农场到餐桌"餐厅里的美味。

见293页

南部

美食
音乐
魅力

南方烹饪

从孟菲斯的烧烤到密西西比州的南方黑人美食，再到路易斯安那州卡真—克里奥尔风味的自助餐，南部是多样化的出色美食之地。

乡村、爵士和蓝调音乐

地球上没有哪个地方拥有像南方音乐那样影响深远的音乐。到音乐圣地去感受地道的纳什维尔乡村音乐、孟菲斯蓝调和新奥尔良的大乐队爵士乐。

南方魅力

查尔斯顿和萨凡纳这样风景如画的小镇不少，无不以其绿树成荫的古老街道、南北战争前的建筑和淳朴好客的人民吸引着来访者。

见380页

佛罗里达州

娱乐
野生动物
海滩

美好时光

佛罗里达州有复杂的灵魂：迈阿密装饰艺术区、小哈瓦那，外加圣奥古斯丁的历史景点、奥兰多的主题公园、西礁岛的博物馆以及岛屿文化遗产。

鲸鱼、鸟类和短吻鳄

通过浮潜或潜水之旅体验一把水中生活。要看较大的动物，可以参加观鲸巡游，或在大沼泽地之行中寻找短吻鳄、白鹭、鹰、海牛和其他野生动物。

纵情沙世界

佛罗里达的海滩各式各样，千差万别，既有响着锅碗瓢盆奏鸣曲的彭萨科拉，也有火辣的南滩，还有高雅的棕榈海滩、贝壳成排的萨尼贝尔和卡普提瓦。

见517页

五大湖区

美食
音乐
景点

中部美食

从芝加哥和明尼阿波利斯的"詹姆斯·比尔德奖"餐厅到农场里用鲜奶制成的奶昔，中西部地区的农场、果园和酿酒厂会让你大饱口福。

摇滚

这里是摇滚名人堂的所在地，"俊杰"音乐节和其他音乐盛宴轮番上演，城市中不乏劲爆的俱乐部。

奇情怪象

大线球、芥末博物馆、牛粪投掷比赛——无论哪里，只要有几个家伙怀揣一点想象力，各种古怪玩意儿就会从后院里、小路上冒出来。

见584页

大平原

风景
地质
夜生活

乡村公路

广阔的天空下，一条两车道公路伸向地平线的尽头，穿过阳光普照的田野、连绵起伏的河谷和梦幻般的山峰，这些都是"伟大的美国公路之旅"中常见的（还有古怪的博物馆和舒适的咖啡厅）。

无拘无束的自然

无论从哪个方面说，岩石嶙峋的荒原几乎都是顶呱呱的。与地质奇观匹配的，是拥有丰富野生动物的布莱克山和西奥多·罗斯福国家公园的美丽景色。

都市之声

在偏远地区，日落时分街道便冷清起来，但在圣路易斯和堪萨斯城，这才是欢乐刚刚开始的时刻。大小俱乐部和酒吧里全都回响着传奇的爵士乐、蓝调和摇滚。

见710页

得克萨斯州

美食
现场音乐
户外活动

烤肉之乐

在整个得克萨斯州你都能吃到烤鸡胸肉、烤排骨和烤香肠，但奥斯汀附近的洛克哈特的烤肉才是世界上最好的。

跟上节拍

奥斯汀俨然已自称"世界现场音乐之都"（没人提出异议）。在得克萨斯州的每个角落，包括廉价小酒吧和舞厅，你都可以脚踏老旧木地板，踩着现场乐队的节拍舞动身体。

天高地阔

峡谷、山脉和温泉为在得克萨斯州进行难忘的户外旅行提供了好去处。去大弯河漂流或沿着美丽的南部墨西哥湾沿岸找一片海滩。

见774页

落基山脉

户外活动
文化
风景地貌

高山之巅

滑雪、徒步旅行和划船将落基山脉变成了喜欢刺激的旅行者的乐园。这里有许多赛马会和骑马旅游项目，森林公园、步道和小木屋的基础设施超乎寻常。

新旧融合

这里曾是牛仔帽和牧场服饰的世界，今天人们更多是在附近骑山地自行车，喝自酿啤酒厂出产的啤酒或在咖啡馆里品尝拿铁。钟情玩乐的缓慢的生活节奏仍然是主流。

完美景色

冰雪覆盖的落基山脉纯洁庄严。这里有棱角分明的山峰、清澈的河水和红岩轮廓，还有一些世界上最著名的公园和清新的高山空气。

见833页

西南部

风景
户外活动
文化

自然景色

西南部拥有诸多壮观的国家公园，因令人震惊的大峡谷、纪念碑谷中激动人心的红色山丘和辽阔的卡尔斯巴德洞窟国家公园而闻名。

远足和滑雪

在帕克市体验粉雪山坡，去滑石州立公园泼水嬉闹，从白沙国家保护区的沙丘上滑下，到布莱斯、锡安和其他无数的地方尽情徒步。

原住民

这里是美洲原住民的家乡。探访霍皮族和纳瓦霍原住民保留地，更深入地了解美国最初的定居者。古普韦布洛人的崖顶民居能将你带回到过去。

见910页

计划你的行程 地区速览

计划你的行程 | 地区速览

加利福尼亚州

海滩
探险
美食

阳光海岸

拥有1100多英里海岸线的加利福尼亚州自然不缺少沙滩：北部的沙滩凹凸不平，颇具原生态特色；南部的海滩很美丽，游客如织，也是极好的冲浪和海上皮划艇胜地，哪怕只是沿着海岸线沙滩漫步也不错。

户外活动

白雪覆盖的山峦、波光粼粼的海面和原始森林为滑雪、徒步、骑行、戏浪、观赏野生动物及更多的活动提供了舞台。

加州美食

肥沃的田野、天才厨师和永不知足的胃口将加利福尼亚打造成了主要的美食目的地。在食品市场流连，到葱翠的葡萄园品尝美酒，探访加利福尼亚众多的著名餐厅，大快朵颐。

见1020页

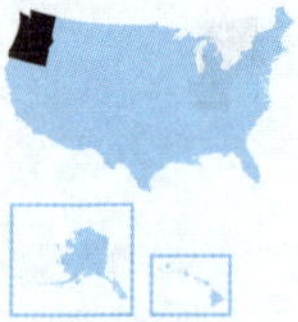

太平洋沿岸西北部

美食美酒
户外
国家公园

烹饪的恩宠

波特兰和西雅图都不乏著名餐厅，它们供应西北地区的丰富美味，包括新鲜捕获的野生鱼、美妙的葡萄酒和本地菜蔬。

粉雪的诱惑

贝克山拥有全年开放的滑雪区、纯净的越野滑雪和单板滑雪天堂。这个区域的降雪量为全北美之最，占据了冬季运动的天时地利。梅索谷的越野滑雪活动世界闻名。

广袤的自然

西北地区有4个国家公园，其中包括3个泰迪·罗斯福时代的典范——奥林匹克、雷尼尔山和火山口湖，每一处都有历史悠久的小屋；而另一个，便是更为狂野的北卡斯卡德。

见1152页

阿拉斯加州

野生动物
冰川
户外

大大小小的野生动物

阿拉斯加有一些观赏野生动物的绝佳地点。在阿拉斯加的东南部观看破水而出的鲸鱼和觅食的熊是令人难忘的体验，而迪纳利国家公园是驯鹿、多尔大角羊、驼鹿与阿拉斯加著名灰熊的家园。

电影般的地貌

如果想在美国探索冰川，就到阿拉斯加来吧。冰川湾国家公园是游船线路中最耀眼的宝石，也是皮划艇运动员的至爱。

徒步

从克朗代克地区人潮拥挤的奇尔库特小径到苔原遍布的迪纳利国家公园，阿拉斯加拥有一些北美最原始的徒步旅行线路。

见1217页

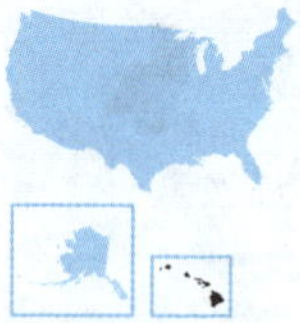

夏威夷州

海滩
探险
风景

热带海滩

怀基基海滩（还有很多其他景点）最适宜晒日光浴和观察人群，科纳海岸有令人惊奇的黑沙滩，整个夏威夷遍布世界级的冲浪点。

户外之最

你可以艰苦跋涉，穿越雨林，沿着纳帕利海岸划艇，在四个最大的岛屿上迂回穿梭，去奇妙的哈诺马湾与各种生物大眼瞪小眼。

无双风景

除了拥挤的人群，夏威夷自有引人注目之处：火山、远古雨林、风景如画的瀑布、悬崖之巅的壮阔风光、丛林山谷，更别提群岛周围波光粼粼的海面了。

见1239页

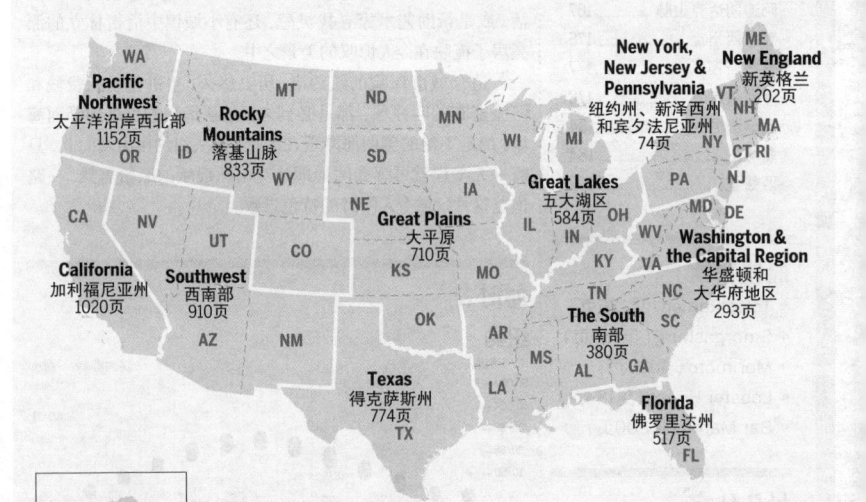

在路上

- **Pacific Northwest** 太平洋沿岸西北部 1152页
- **Rocky Mountains** 落基山脉 833页
- **New York, New Jersey & Pennsylvania** 纽约州、新泽西州和宾夕法尼亚州 74页
- **New England** 新英格兰 202页
- **Great Lakes** 五大湖区 584页
- **Great Plains** 大平原 710页
- **California** 加利福尼亚州 1020页
- **Southwest** 西南部 910页
- **Washington & the Capital Region** 华盛顿和大华府地区 293页
- **The South** 南部 380页
- **Texas** 得克萨斯州 774页
- **Florida** 佛罗里达州 517页
- **Alaska** 阿拉斯加州 1217页
- **Hawaii** 夏威夷州 1239页

纽约州、新泽西州和宾夕法尼亚州

包括 ➡

纽约市	75
长岛	152
哈得孙河谷	157
卡次启尔山脉	162
五指湖区	165
阿迪朗达克山脉	167
新泽西州	176
普林斯顿	177
泽西海岸	178
宾夕法尼亚州	184
费城	184
匹兹堡	197

最佳餐饮

- Totto Ramen（见126页）
- Smorgasburg（见130页）
- Morimoto（见193页）
- Lobster House（见184页）
- Bar Marco（见200页）

最佳住宿

- Yotel（见118页）
- Scribner's Catskill Lodge（见163页）
- White Pine Camp（见170页）
- Priory Hotel（见199页）
- Asbury Hotel（见179页）

为何去

除了这里，试问还有哪里能让你在短短数天之内既参观阿米什人的家庭农场，去山顶露营，又能阅读《独立宣言》文稿，还能爬上一座装饰艺术风格的地标性建筑，从86层俯瞰纽约市全景？这个角落即便是美国人口最稠密的地区，但仍有足够的空间供疲惫的城里人逃避繁忙的工作，感受简单的生活，或是帮助艺术家寻找灵感，还有小城镇中沿街林立的漂亮房子掩映在令人惊叹的美景之中。

适合城市探险的纽约市，历史悠久、生机勃勃的费城和河流密布的匹兹堡，都是必到之处。从华丽的长岛到泽西海岸，绵延不绝的美丽海滩近在咫尺；而从纽约市出发向北，只需一天车程就可感受阿迪朗达克山脉巍峨的原始美景，一路饱览这片区域令人陶醉的特色景致。

何时去

纽约

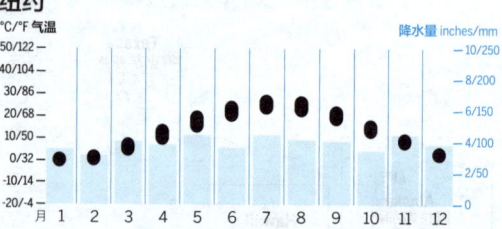

2月 冬季运动爱好者会前往阿迪朗达克山脉、卡次启尔山脉和波克诺山脉，进行各种运动。

5月31日至9月5日 从阵亡将士纪念日到劳动节，从蒙托克到梅角的海滩都是游玩的好选择。

10月至11月 纽约市的秋天天气凉爽，有热闹的节日和马拉松比赛，人们开始为节日季节做准备。

纽约市(NEW YORK CITY)

纽约市是艺术、餐饮和购物的中心,还是潮流的引领者。纽约市被冠以种种美名,没有人能抗拒它提供的盛宴。

纽约市面积虽小,但街道上随处可见各种令人赏心悦目的事物——建筑杰作、怀旧咖啡馆、富有情调的书店和古玩店——绝对是城市漫步者的乐趣所在。在这个拥有200多个民族的杂乱城市里,走过几条大街,就像跨越了不同的大洲。你可能在唐人街色彩鲜艳的佛教寺庙、热气腾腾的面条店和香飘四溢的鱼馆的人群中迷失自我;然后漫步到诺利塔区(Nolita),在那些售卖手工艺品的小店中寻找迷人的精品店或品尝咖啡。从上西区(Upper West Side)的百年犹太熟食店到格林尼治村(Greenwich Village)蜿蜒的鹅卵石小道,每一个社区都会让你发现截然不同的纽约。街道漫步是体验这座城市的最佳方式。

◎ 景点

◎ 金融区和下曼哈顿区

曼哈顿的南端不再是严格意义上的商业区,那里有着大胆的建筑标志、餐馆,同时人口增长迅速。在金融区(Financial District,简称FiDi),你会发现国家911纪念碑和博物馆(National September 11 Memorial and Museum)、世贸观景台(One World Observatory)和华尔街(Wall Street),以及弗朗西斯酒馆博物馆(Fraunces Tavern Museum)、联邦大厦(Federal Hall)、埃利斯岛(Ellis Island)和自由女神像(Lady Liberty)等具有开创性的历史遗迹。市政厅(City Hall)是市长的官方权力机构所在地,也是一个中心地标。金融区北部是翠贝卡区(Tribeca)的繁荣、成熟的仓库改造区,有许多充满活力的餐馆和酒吧,以及一些高档画廊和独特的零售商店。

★ 布鲁克林大桥   桥梁

(Brooklyn Bridge;见80页地图;🚇4号线/5号线/6号线至Brooklyn Bridge-City Hall;J线/Z线至Chambers St;R线/W 线至市政厅)布鲁克林大桥是纽约的标志性建筑,它连接布鲁克林和曼哈顿,是世界上第一座钢悬索桥。事实上,当它在1883年开放时,其两个支撑塔之间1596英尺的跨度是历史上最大的桥梁跨度。虽然这座桥在建设过程中充满了灾难,但它却成为了城市设计的典范,激发了诗人、作家和画家的灵感。在它的人行道上,可以看到下曼哈顿区(lower Manhattan)、东河(East River)和快速发展的布鲁克林滨水区的振奋人心的美景。

★ 国家911纪念碑广场   纪念地

(National September 11 Memorial;见80页地图;www.911memorial.org;180 Greenwich St;⏰7:30~21:00;🚇E线至World Trade Center,R线/W线至Cortlandt St;2号线/3号线至Park Pl)**免费** 国家911纪念碑广场的中心建筑是位于不幸的双子塔脚下两个巨大的倒影池——"**倒影虚空**",平稳的水流从它边缘30英尺的高度倾泻到中央的空隙中。水池周围以铜板镶嵌,上面刻着在2001年9月11日的恐怖袭击和1993年2月26日世贸中心的汽车爆炸事件中丧生者的名字。

纪念碑广场旁边就是它的博物馆(成人/儿童 $24/15,周二 17:00~20:00免费;⏰周日至周四 9:00~20:00,周五和周六 至21:00,最后入场时间 闭馆前2小时)。该博物馆讲述了那个悲惨的日子,以及9·11事件对于美国和世界令人心酸而深刻的影响。

★ 世贸观景台   观景台

(One World Observatory;见80页地图;📞844-696-1776;www.oneworldobservatory.com;West St与Vesey St交叉路口;成人/儿童 $34/28;⏰9:00~20:00,最后售票时间 19:15;🚇E线至World Trade Center;2号线/3号线至Park Pl;A线/C线,J线/Z线,4号线/5号线至Fulton St;R线/W线至Cortlandt St)2015年开放的世贸观景台位于西半球最高的建筑物的顶部,跨度为100层至102层,直入云霄,拥有令人眼花缭乱的全景。在晴朗的日子里,五个行政区和周围的州将全部映入你的眼帘。毫无疑问,这是一个非常受欢迎的景点。请提前从网上买票。

美洲印第安人国家博物馆   博物馆

(National Museum of the American Indian;见80页地图;📞212-514-3700;www.nmai.si.edu;1

纽约州、新泽西州和宾夕法尼亚州亮点

❶ **纽约市**（见75页）缤纷多元的街区和文化，足不出城，却好似环游世界。

❷ **泽西海岸**（见178页）享受世俗、爆米花、海岸线与平静。

❸ **国家独立历史公园**（见185页）踏访费城森林里开国元勋的足迹。

❹ **卡次启尔山脉**（见162页）徒步穿越郁郁葱葱的森林小路。

❺ **阿迪朗达克山脉**（见167页）在雄伟山脉的倒影上划独

木舟。

⑥ **千岛群岛**（见171页）在圣劳伦斯河岸边露营。

⑦ **匹兹堡**（见197页）欣赏杰出的现代艺术和古老行业。

⑧ **北福克**（见156页）品尝长岛的白葡萄酒和红葡萄酒。

⑨ **宾夕法尼亚德裔区**（见195页）在小路上兜风。

⑩ **特拉华河谷**（见180页）田园风光，船在画中游（或在潮湿的春季后泛舟）。

Bowling Green；◎周五至周三 10:00~17:00，周四至20:00；⑤4号线/5号线至Bowling Green；R线/W线至Whitehall St 免费 史密斯尼学会（Smithsonian Institution）的一个附属机构，位于1907年卡斯·吉尔伯特（Cass Gilbert）设计的壮观海关大楼（Customs House；纽约最优秀的艺术建筑之一）内，表达了对美国原住民文化的敬意。除了一个巨大的椭圆形大厅外，各个整齐的展厅里还举办各种临时展览，记录了美国原住民的艺术、文化、生活和信仰。该博物馆的常设展览包括令人惊叹的装饰艺术、纺织品和礼仪用具，记录了美洲各地不同的原住民文化。

★自由女神像　　　　　　　　　纪念碑

（Statue of Liberty；见79页地图；☎212-363-3200；☎877-523-9849；www.nps.gov/stli；Liberty Island；成人/儿童 含埃利斯岛 $18.50/9，含王冠 $21.50/12；◎8:30~17:30，季节性变化请关注网站；⛴至自由岛；⑤1号线至South Ferry；4号线/5号线至Bowling Green）提前（6个月）在网上预订门票，就可以到达自由女神皇冠，领略令人惊叹的城市和海港景观。如果你错过了到达皇冠的门票，还可能拥有更好的运气，买到一张基座票，那里已拥有居高临下的视野。如果这两种票都没有买到，也不要烦恼：所有前往自由岛的船票都包含到达场地的基本门票，包括管理员导览游或自助语音导览游。请在网上订票（www.statuecruises.com），以避免排长队。

早在1865年，法国知识分子爱德华·拉布莱依（Edouard Laboulaye）就设想修建一座纪念碑来纪念法国与美国共同的共和原则，至今自由女神像仍被普遍视为机遇和自由的象征。

1871年，法国雕塑家弗雷德里克·奥古斯特·巴托尔迪（Frédéric Auguste Bartholdi）来到纽约为雕像选址，回到巴黎后他花了十多年的时间设计并打造出这座高达151英尺的"自由照耀世界"（Liberty Enlightening the World）雕像。之后，自由女神像被船运至纽约，在港口的一座小岛上进行搭建，并于1886年揭幕。从结构上看，它由一个铜皮铁骨架（由古斯塔夫·埃菲尔设计）组成，并通过坚硬而灵活的金属棒连接在一起。自1916年以来，就禁止人员进入火炬。

开往自由岛的渡轮通常会去附近的埃利斯岛（Ellis Island）。渡轮（见80页地图；☎877-523-9849；www.statuecruises.com；成人/儿童 $18.50/9起；◎出发 8:30~16:00；⑤4号线/5号线至Bowling Green；R线/W线至Whitehall St；1号线至South Ferry）从炮台公园（Battery Park）出发，South Ferry和Bowling Green是最近的地铁站。渡轮票包含前往这两个景点的门票。

★埃利斯岛　　　　　　　　地标、博物馆

（Ellis Island；见79页地图；☎212-363-3200；www.nps.gov/elis；Ellis Island；渡轮 含自由女神像 成人/儿童 $18.50/9；◎9:30~17:30；⛴至Ellis Island，⑤1号线至South Ferry，4号线/5号线至Bowling Green）埃利斯岛是美国最著名和历史上最重要的门户。在1892年至1924年间，超过1200万的移民带着自己的梦想通过了这个中转站。今天，它的移民博物馆向移民的经历致以深刻的敬意，讲述了来自历史学家、移民和其他来源的故事；参观这里，你将亲身体验博物馆收藏的大量个人物品、官方文件、照片和电影胶片。请在网上购票（www.statuecruises.com），以避免排长队。

南街海港　　　　　　　　　　　景区

（South Street Seaport；见80页地图）南街海港位于金融区东部的河流沿岸，但感觉像是另一个世界。这片布满鹅卵石和传统建筑的社区，自豪地传承着它的航海传统。酒吧和餐馆拥有一种时髦的、无忧无虑的氛围，而购物狂人们还会发现这里是一个购物天堂，不计其数的商店遍布整个社区。

★犹太文化遗产博物馆　　　　　博物馆

（Museum of Jewish Heritage；见80页地图；☎646-437-4202；www.mjhnyc.org；36 Battery Pl；成人/儿童 $12/免费，周三 16:00~20:00 免费；◎周日至周二 10:00~18:00，周三和周四 至20:00，3月中旬至11月中旬 周五 至17:00，一年中的其他时间 周五 至15:00，周六闭馆；♿；⑤4号线/5号线至Bowling Green；R线/W线至Whitehall St）这家发人深思的博物馆位于水边，从宗教传统到艺术修养，全面展现了现代犹太人身份认同和文化的方方面面。博物馆的核心展

New York City 纽约市

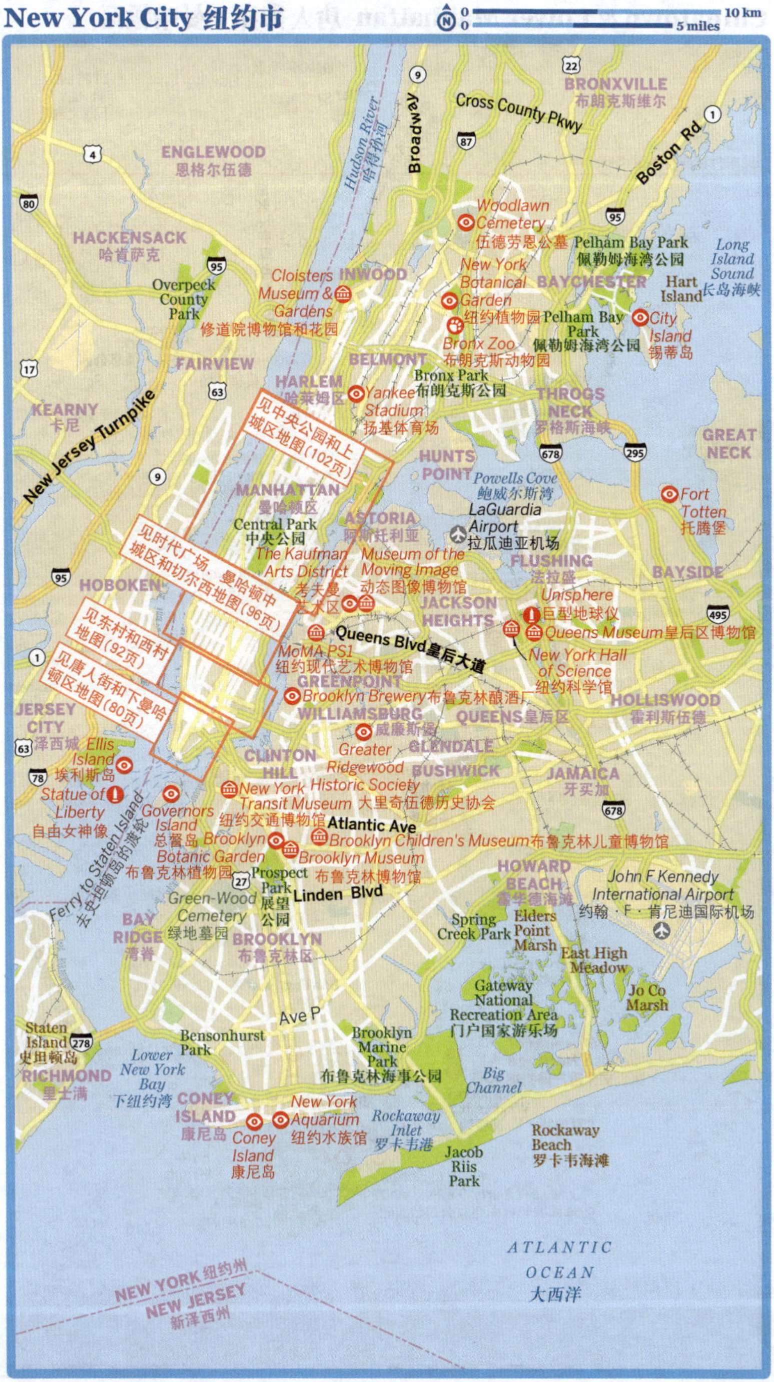

Chinatown & Lower Manhattan 唐人街和下曼哈顿区

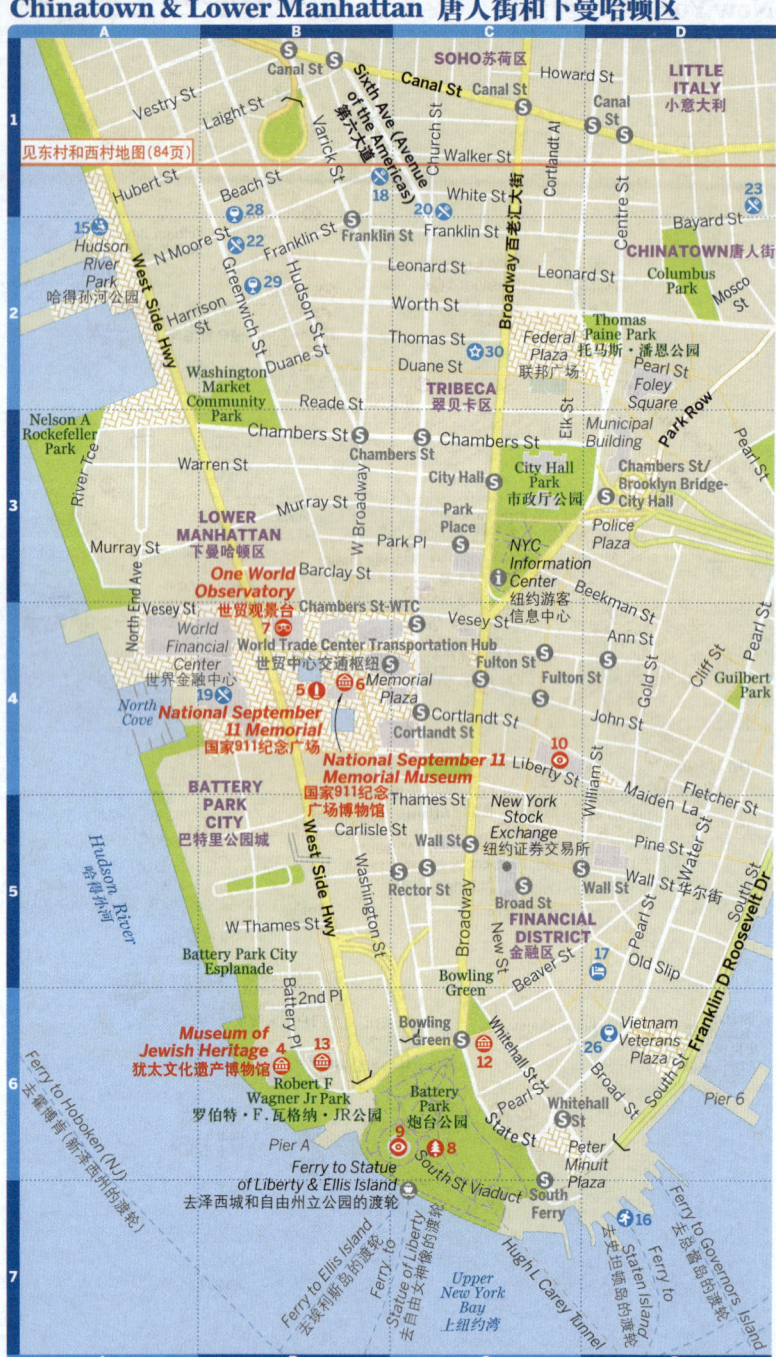

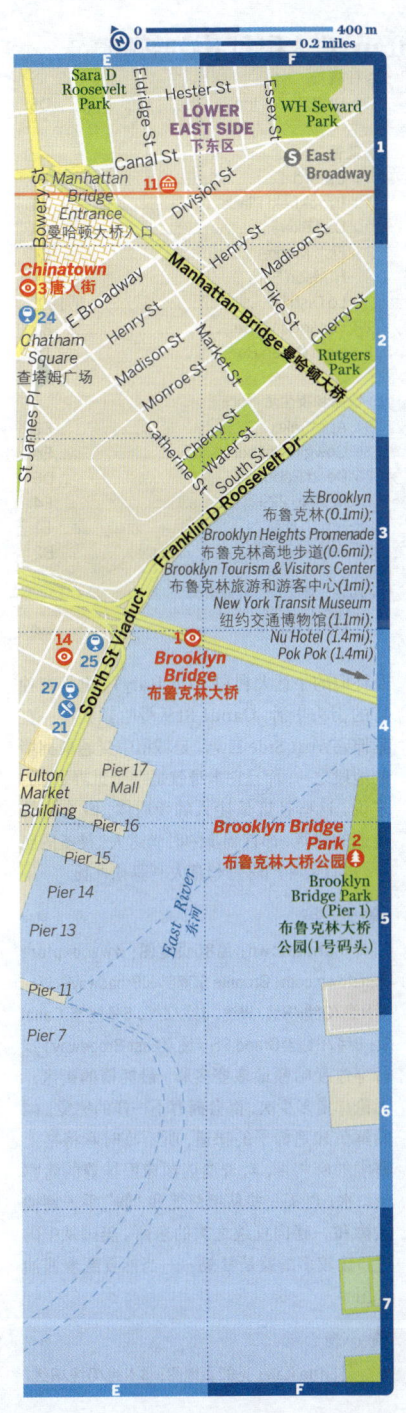

览包括对大屠杀的详细探索。个人工艺品、照片和纪录片还会为你提供独特而感人的体验。室外是石头花园装置。它由艺术家安迪·戈德斯沃斯（Andy Goldsworthy）创作，献给那些在大屠杀中失去亲人的人。18块巨石形成了一个狭窄的道路，让人们感悟生命的脆弱。

摩天大楼博物馆　　博物馆

（Skyscraper Museum；见80页地图；877-523-9849；www.skyscraper.org；39 Battery Pl；门票$5；周三至周日 正午至18:00；S 4号线/5号线至Bowling Green；R线至Whitehall）将摩天大楼视为设计、建造和城市复兴的建筑粉丝们将会非常喜欢这个紧凑、明亮的画廊。这里主要举办临时展览，过去的展览探索了从纽约新一代的超薄住宅楼到全世界新一代的超高建筑等建筑类型。常设展览包括关于帝国大厦（Empire State Building）和世贸中心（World Trade Center）的设计和建造信息。

炮台公园　　公园

（见80页地图；www.nycgovparks.org；Broadway at Battery Pl；日出至次日1:00；S 1号线至South Ferry，R线至Whitehall St；4号线/5号线至Bowling Green）环绕曼哈顿岛西南边缘，这片12英亩的绿地里分散着公共艺术品、蜿蜒步道和常青花园。它的纪念场所包括一个大屠杀纪念馆（Holocaust Memorial）和爱尔兰饥荒纪念碑（Irish Hunger Memorial）。1623年荷兰人就是在岛屿的这个地区定居下来。第一"排"炮台也是在此竖立起来，用以保卫新阿姆斯特丹（New Amsterdam）的初建定居点。你还可以找到历史悠久的克林顿堡（Castle Clinton；见80页地图；212-344-7220；www.nps.gov/cacl/index.htm；7:45~17:00），以及前往埃利斯岛和自由女神像的渡轮。

纽约证券交易所　　知名建筑

（见80页地图；www.nyse.com；11 Wall St；不面向公众开放；S J线/Z线至Broad St；2号线/3号线，4号线/5号线至Wall St）作为世界上最著名的证券交易所（NYSE）的所在地，华尔街是美国资本主义的标志性象征。在这座高大的罗马式建筑里面每天大约有10亿股股票易手，由于安全问题，公众不再能看到这种景

Chinatown & Lower Manhattan 唐人街和下曼哈顿区

◎ 重要景点
1 布鲁克林大桥	E4
2 布鲁克林大桥公园	F5
3 唐人街	E2
4 犹太文化遗产博物馆	B6
5 国家911纪念碑广场	B4
6 国家911纪念碑广场博物馆	B4
7 世贸观景台	B4

◎ 景点
8 炮台公园	C6
9 克林顿城堡	C6
10 纽约联邦储备银行	C4
11 埃德里奇街犹太教堂博物馆	E1
12 美洲印安人国家博物馆	C6
13 摩天大楼博物馆	B6
14 南街海港	E4

⊕ 活动、课程和团队游
15 Downtown Boathouse	A2
16 Staten Island Ferry	D7

⊕ 住宿
17 Wall Street Inn	D5

⊗ 就餐
18 Bâtard	B1
19 Brookfield Place	B4
20 Da Mikele	C1
21 Fish Market	E4
Hudson Eats	(见19)
Le District	(见19)
22 Locanda Verde	B2
23 Nice Green Bo	D1

⊕ 饮品和夜生活
24 Apothéke	E2
25 Cowgirl Seahorse	E4
26 Dead Rabbit	D6
27 Keg No 229	E4
28 Smith & Mills	B1
29 Terroir Tribeca	B2

⊕ 娱乐
30 Flea Theater	C2

象。你可以随意在大楼外驻足观看,但大楼被许多路障和目光锐利的纽约警察局(New York Police Department,简称NYPD)的警察保护着。

纽约联邦储备银行
知名建筑

(Federal Reserve Bank of New York;见80页地图;☎212-720-6130;www.newyorkfed.org;33 Liberty St,位于Nassau St,自44 Maiden Lane进入;需预约;⊙团队游 周一至周五13:00和14:00;ⓢA线/C线,J线/Z线,2号线/3号线,4号线/5号线至Fulton St)**免费** 参观美联储银行有机会一窥地下80英尺戒备森严的金库,这里安放着1万吨以上的黄金储备。你只能看到这笔财富的一小部分,但注册一次免费的团队游(唯一可以下金库的机会,需要提前数月预订)还是值得努力一下的。

◎ SoHo和唐人街

SoHo(休斯顿南部)、NoHo(休斯顿北部)和Nolita(小意大利北部)代表着曼哈顿最时髦的三个社区,这三个社区以其令人震惊的时尚精品店、酒吧和餐馆而闻名。与此同时,在南部,不断扩张、熙熙攘攘的唐人街以及怀旧的小意大利(Little Italy),也具有独特的街头生活。Canal St从曼哈顿大桥一直延伸到West Side Hwy,是城市中交通最拥堵的地段之一,而且它本身就是一个世界。总的来说,这些社区是迷人的矛盾体,既有铸铁建造的建筑、昂首阔步的时尚达人、神圣的庙宇,也有美味的烤鸭和意大利蒜味香肠。

★ 唐人街
景区

(Chinatown;见80页地图;www.explorechinatown.com;Broome St南部和Broadway东部;ⓢN线/Q线/R线/W线,J线/Z线,6号线至Canal St;B线/D线至Grand St;F线至East Broadway)步行穿过曼哈顿最多姿多彩、最拥挤的街区,无论你走多少次,都会拥有不一样的感觉。闻闻鲜鱼和熟柿子的味道,听听临时麻将桌上噼啪的麻将声,对着商店橱窗里挂着的烤鸭流口水,再买一些从纸灯笼和"假"手表到撬胎棒和一磅肉豆蔻之类的东西。美国从中国进口比较多的就是牡蛎——当然要蘸着酱油食用。

★ 小意大利
景区

(Little Italy;见92页地图;ⓢN线/Q线/R线/

W线、J线/Z线、6号线至Canal St；B线/D线至Grand St）这个曾经繁荣的意大利社区（电影导演马丁·斯科塞斯Martin Scorsese在伊丽莎白街Elizabeth St长大）在20世纪中期出现了大批移民，当时许多居民搬到了布鲁克林和其他地方的郊区社区。如今，它主要集中在Mulberry St的Broome St和Canal St之间，你可以找到许多棋盘桌布和（普通的）意大利食物。如果你是在9月下旬前来游览，一定要去看看喧闹的圣吉纳罗节（San Gennaro Festival；见116页），它是为了纪念那不勒斯的守护神而举办的。

国际摄影中心

画廊

（International Center of Photography，简称ICP；见92页地图；☏212-857-0003；www.icp.org；250 Bowery, Houston St和Prince St之间；成人/儿童$14/免费，周四18:00~21:00乐捐入场；◎周二至周日10:00~18:00，周四至21:00；⑤F线至2nd Ave, J线/Z线至Bowery）这是纽约最重要的摄影展示空间，有许多关于摄影的报道和各种主题的临时展览。以往的展览包括塞巴斯蒂昂·萨尔加多（Sebastião Salgado）、亨利·卡蒂埃-布列松（Henri Cartier-Bresson）、曼·雷（Man Ray）和罗伯特·卡帕（Robert Capa）的作品。它最近从中城搬到了这个锐意设计的空间，位于鲍威利区（Bowery）占地11,000平方英尺的房子中。该中心于2016年开业，以前位于中城，靠近市中心艺术产业的中心。

纽约市消防博物馆

博物馆

（New York City Fire Museum；见92页地图；☏212-691-1303；www.nycfiremuseum.org；278 Spring St, 在Varick St和Hudson St之间；成人/儿童$8/5；◎10:00~17:00；⑤C线/E线至Spring St）坐落在1904年的一座古老的消防大楼里，消防队员的颂歌包括神奇的历史设备和文物。你可以见到马车消防车、早期的消防帽，甚至是布鲁克林的消防英雄犬。这里的展览展示了纽约市消防系统的发展，博物馆里的重型设备和友好的工作人员使这里成为了一个理想的儿童娱乐场所。2001年9月11日，在世贸中心倒塌事件中，纽约消防局（FDNY）失去了一半的成员，关于该事件的纪念品和展品已经成为了这里的永久收藏。粉丝们可以在礼品店里购买关于消防历史的书籍和官方的纽约消防局服装等物品。

美国华人博物馆

博物馆

（Museum of Chinese in America；见92页地图；☏212-619-4785；www.mocanyc.org；215 Centre St, Grand St和Howard St之间；成人/儿童$10/5，每月的第一个周四 免费；◎周二、周三和周五至周日11:00~18:00，周四至21:00；⑤N线/Q线/R线/W线, J线/Z线, 6号线至Canal St）这个由建筑师玛雅·林（Maya Lin；华盛顿特区著名的越战纪念碑的设计者）设计的空间是一个多方面的博物馆，这里的常设和临时展览展示了美籍华人过去和现在的生活。这里有交互式的多媒体展示、地图、时间线、照片、信件、电影和手工艺品。博物馆的镇馆之展——《一步之遥：美国的故事》（*With a Single Step: Stories in the Making of America*）——可以让你深入了解关于移民、文化认同和种族刻板印象等主题。

◉ 东村和下东区

令人陶醉的新旧两座博物馆的简称：新博物馆和移民公寓博物馆。随着不断的发展和移民浪潮的来袭，东村和下东区是城市中最热门的两个"穿着卫衣挤在昏暗休息室"的街区。可以观看现场音乐、品尝廉价食物的夜店吸引着学生、银行职员和手头更拮据的人群。除了豪华的高层公寓和时髦的精品酒店，这里还有出租屋风格的建筑。

★ 下东区移民公寓博物馆

博物馆

（Lower East Side Tenement Museum；见92页地图；☏877-975-3786；www.tenement.org；103 Orchard St, Broome St和Delancey St之间；团队游 成人/学生和老年人$25/20；◎周五至周三10:00~18:30，周四至20:30；⑤B线/D线至Grand St, J线/M线/Z线至Essex St, F线至Delancey St）这家博物馆全面展示了这一街区令人心碎但鼓舞人心的历史遗产。展览位于三个20世纪初的公寓内，包括19世纪末的住宅和来自波兰的Levine家的服装商店，还有两处1873年和1929年大萧条期间的移民住所。只有参加定期的导览游才能进入公寓大楼参观，团队游每天出团多次。

中央公园

纽约之肺

这片长方形的绿地位于曼哈顿中心,过去它只是一片湿地,19世纪中期,人们将其填平并精心打造成今天你所见到的田园诗般的自然景观。自从正式成为中央公园以来,它以出人意料的有趣方式吸引着来自四面八方的纽约人。从那以后,中央公园便开始吸引本地人乃至远方的游客来此散步、野餐、晒太阳、打球、欣赏免费音乐会和以各种形式诠释的莎士比亚作品。这座公园是富人们炫耀漂亮马车(19世纪60年代)、穷人们享受免费的周日音乐会(19世纪80年代)以及激进分子反对越战(20世纪60年代)的地方。

公园的地形丰富多彩,犹如仙境一般。北部是宁静而树木葱翠的小山丘地带,南部则是散布着慢跑者的水库区。公园内有许多欧式花

罗艾柏船屋

历史悠久的罗艾柏船屋坐落在湖畔,是纽约市最好的富有田园诗般意境的餐饮设施之一。你还可以租船和自行车,并乘坐威尼斯贡多拉船游湖。

温室花园

中央公园里唯一的正规花园,也许是最安静的地方。在它的北端,10月末会呈现一片菊花盛开的美景,而在南边的伯内特喷泉(Burnett Fountain)旁则生长着园内最大的沙果树。

杰奎琳·肯尼迪水库

这个占地106英亩的水体大约占据了公园版图的八分之一。最初它的功能是为城市提供干净的水,如今则是观赏水鸟的好地方。

眺望台城堡

这座哥特-罗马式城堡只是一个非常醒目的眺望台,并没有其他用途,又被称作"维多利亚时代的愚蠢之作"(Victorian folly)。它由中央公园设计者之一的卡尔弗特·沃克斯(Calvert Vaux)于1869年修建。

园，还有一个动物园和各种水体。要想最大限度地感受它的魅力，就在阳光明媚的日子里前往绵羊草坪（Sheep Meadow），那时似乎整个城市的人都在这里放松休憩。

中央公园不仅仅是一片绿地，更是纽约市的后花园。

概况

➤ 景观设计师是弗雷德里克·劳·奥姆斯特德和卡尔弗特·沃克斯

➤ 公园始建于1858年

➤ 公园面积为843英亩

➤ 从大萧条时期风靡一时的《淘金者》（Gold Diggers，1933年）到表现怪物袭击的影片《科洛弗档案》（Cloverfield），已有数百部影片在此取景拍摄

保护水域

这个池塘在温暖的日子里很受欢迎，孩子们会在水面上试航他们的模型船。保护水域的灵感源于19世纪巴黎的模型船池塘，E.B.怀特在经典名著《精灵鼠小弟》（Stuart Little）中对它有重点描写。

毕士达喷泉

这个新古典主义风格的喷泉是纽约最大的喷泉之一。从喷泉中升起的雕像是"水之天使"（Angel of the Waters）。该喷泉是由擅长波希米亚风格的女权主义雕塑家艾玛·斯特宾斯（Emma Stebbins）于1868年创作的。

Metropolitan Museum of Art 大都会艺术博物馆

Alice in Wonderland Statue 爱丽斯梦游仙境雕像

79th St Transverse

The Ramble

Delacorte Theater

The Lake 湖泊

Fifth Ave 第五大道

Central Park Zoo 中央公园动物园

65th St Transverse

Sheep Meadow 绵羊草坪

Columbus Center

草莓地

为纪念音乐家约翰·列侬，人们修建了一座简单的马赛克纪念碑，列侬就是在街对面的Dakota Building外被枪杀的。草莓地由列侬的妻子小野洋子出资兴建，根据甲壳虫乐队的歌曲《永远的草莓地》命名。

文学大道

这是位于公园南端的一条巴黎风格的步行道，也是公园内唯一的直线步行道。步行道两侧分列着学者雕像，包括罗伯特·彭斯（Robert Burns）和莎士比亚的雕像。大道两边是成排珍稀的北美榆树。

国家广场

一日游

人们常把国家广场称为"美国的前院",这个比喻恰如其分。它其实是一块延伸开来的草坪,西起国会大厦,东至林肯纪念堂。这里也是美国的公共场所,美国公民来这里抗议他们的政府、举办跑步比赛或凭吊美国人最珍视的精神偶像,人们大多用石块、风景、纪念碑和纪念堂等形式纪念他们。

一天的时间足够充分游览国家广场,但是你要早出晚归,而且步行距离将近4英里。从 ❶ 越战老兵纪念碑出发,按逆时针方向游览广场,依次经过 ❷ 林肯纪念堂、❸ 马丁·路德·金纪念碑和 ❹ 华盛顿纪念碑。你也可以在朝鲜战争退伍老兵纪念碑和第二次世界大战国家纪念馆以及其他位于广场西部的景点驻足。

然后前往博物馆——那些博物馆不仅都很

马丁·路德·金纪念碑

围着雷宜锌创作的马丁·路德·金博士雕像转转,读一读这位博士的演说辞。不知为何,这座雕像比安放在林肯纪念堂和杰斐逊纪念堂里的雕像都要高11英尺。

史密森尼城堡

寻找詹姆斯·史密森尼之墓。这个乖僻的英国人于1826年捐款建立了史密森尼学会。他的墓穴在广场入口处旁边的一间屋子里。

国家航空航天博物馆

走进去,随便看看就会被震撼到。查尔斯·林德伯格的"圣路易精神号"和查克·耶格尔的超音速 Bell X-1等飞行器就挂在天花板上。

Tidal Basin 潮汐盆地

Department of Agriculture 农业部

West Building 西翼建筑

East Building 东翼建筑

National Museum of the American Indian 美洲印第安人国家博物馆

US Capitol 美国国会大厦

奇妙，而且全部免费。先到❺**史密森尼城堡**拿份导览图（别忘了向这些博物馆的创始人致谢哦），然后逐一游览❻**国家航空航天博物馆**、❼**国家美术馆暨国家雕塑花园**以及❽**国家自然历史博物馆**。

重要提示

早点儿出发，特别是在夏季，这样不仅能避开人群，更重要的是不会挨晒。尽量先看纪念碑，并在10:30之前进入有空调的博物馆。最好自带小吃，因为这里除了少数几个推车售卖的小贩，就只有博物馆的咖啡厅了。

林肯纪念堂
向端坐在椅子上的亚伯拉罕致敬，然后沿台阶往下走，去看刻有马丁·路德·金博士"我有一个梦想"演说词的台阶。倒影池加上华盛顿纪念碑是华盛顿最出彩的景观之一。

朝鲜战争老兵纪念碑
Korean War Veterans Memorial

National WWII Memorial
国家"二战"纪念碑

National Museum of African American History & Culture
国家非裔美国人历史和文化博物馆

National Museum of American History
美国历史国家博物馆

National Sculpture Garden
国家雕塑花园

越战老兵纪念碑
仔细看每个名字旁边的符号。钻石表示"遇难、尸体被找到"，加号表示"失踪并且下落不明"。用加号表示的名字大约有1200个。

华盛顿纪念碑
走近这座方尖碑时，抬头看看它的上1/3处。看出来了吗？那里的颜色比下面浅。因为在建造过程中石材原料枯竭，建造者只好换用不同的大理石。

国家自然历史博物馆
向"保卫"圆形大厅的大象"亨利"挥挥手，然后去看二楼展出的钻石"希望之星"（Hope Diamond）。根据传说，这个重45.52克拉的小石头害死了包括玛丽·安托瓦内特（Marie Antoinette）在内的历任持有者。

国家美术馆暨国家雕塑花园
直奔6号展厅（西翼建筑），瞻仰西半球唯一一幅达·芬奇画作。室外，米罗（Miró）、考尔德（Calder）和Lichtenstein的奇特雕塑用大理石隔开。也应该去看看由贝聿铭设计的东翼建筑。

阿尔卡特拉斯岛（恶魔岛）

半日游

在33号码头预订渡轮，然后乘船横跨1.5英里的海湾，去探索美国最声名狼藉的前监狱。一路看着壮观的城市天际线景象，这趟跨海之行本身就能值回票价。到达 ❶ **船坞码头** 后你需要先步行580码（约530米）登上岛顶和监狱所在地，如果你需要协助才能到达山顶，每两小时有1班电车。在爬上 ❷ **警卫室** 之前，留意岛上的陡坡。在变成监狱以前，阿尔卡特拉斯岛曾经是一座要塞，19世纪50年代时，军方将岩石海滩凿成了几乎垂直的峭壁。从那以后，船只都只能停泊在唯一的一处孤零零的码头，一道关口（由一座吊桥及护城河组成，如今是警卫室）将它与主要建筑分隔开来。进入其中，低头凝望着地板上的格栅，下面就是阿尔卡特拉斯最初的监狱。

志愿者们精心照料着绚丽的 ❸ **警官行列花园**——一处井然有序的玫瑰花园，花园里繁花盛开，环绕着被焚毁的 ❹ **典狱长室**。终于登上山顶，来到 ❺ **主监狱** 的大门前，从这里看出去处处是美景，包括 ❻ **金门大桥远景**。留意行政办公楼大门上方的 ❼ **历史标记和涂鸦**，然后再进入阴冷潮湿的监狱，去寻找阿尔卡特拉斯最臭名昭著的越狱者 ❽ **弗兰克·莫里斯的牢房**。

重要提示

➡ 如果计划在日间自行参观需至少提前两周预约，参加夜间管理员导览游则要更早预订。有关花园团队游的信息，详见www.alcatrazgardens.org。

➡ 做好徒步的心理准备：从码头到牢房之间是一段很陡的上坡路。大部分人会在岛上花费2~3小时。只要确保赶得上回船就好，回程可搭乘任意渡轮。

➡ 岛上除了水没有任何食物，但你可以自己带一些。只有渡轮码头允许野餐。岛上天气变化很快，常常有风，因此最好多穿几件衣服，以便随时穿脱。

历史标记和涂鸦

1969~1971年，美洲原住民占领了岛屿，并在水塔上涂抹下这样的宣言："印第安人的自由土地。" 仔细查看监狱大门顶上的鹰与国旗标志，还能看到红白条纹处被改成了"Free"（自由）的字样。

典狱长室

在原住民占领期间，大火摧毁了典狱长室和其他一些建筑。政府因此责怪原住民，而美洲原住民则指责是尼克松政府派人制造了这起事件以便博取公众的同情。

Parade Grounds 检阅场

警官行列花园

19世纪时，为了美化岛屿，士兵带来了一些泥土，建起了花园。后来，得到信任的囚犯被允许承担园丁的工作——Elliott Michener说这让他免于陷入疯狂。如今，历史学家、鸟类学家和考古学家们共同决定要在花园里种植哪些品种的花卉植物。

主监狱

20世纪中期,这座全美戒备最森严的监狱里关押着当时最为恶名昭彰的罪犯,其中包括阿尔·卡彭和罗伯特·斯特劳德(Robert Stroud),后者绰号"阿尔卡特拉斯的鸟人"[Birdman of Alcatraz];他在莱文沃斯(Leavenworth)监狱时真的在进行鸟类学研究]。

金门大桥远景

金门大桥的身影在地平线上铺展开来。最好的观景点有两处:一个是岛顶监狱入口附近的雄鹰广场(Eagle Plaza),另一个是贴近水平面的龙舌兰小道(Agave Trail;仅在9月至次年1月开放)。

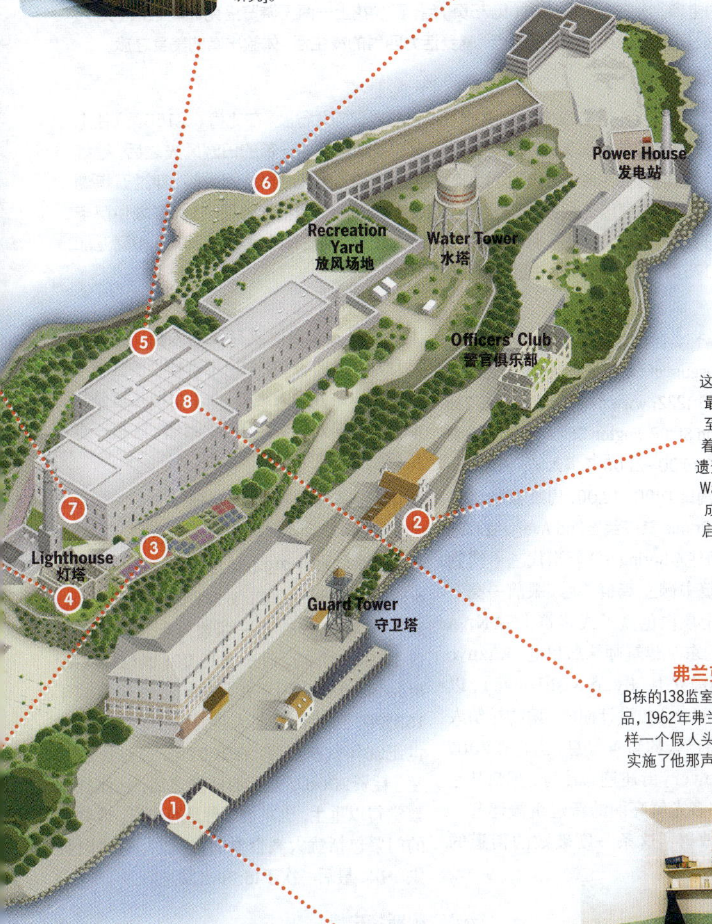

Power House 发电站

Recreation Yard 放风场地

Water Tower 水塔

Officers' Club 警官俱乐部

警卫室

这是阿尔卡特拉斯岛上最古老的建筑,可追溯至1857年,至今仍保留着当初吊桥和护城河的遗迹。在南北战争(Civil War)期间,这个基地变成了军事地牢,就此开启了阿尔卡特拉斯岛的监狱生涯。

Lighthouse 灯塔

Guard Tower 守卫塔

弗兰克·莫里斯的牢房

B栋的138监室里有一个假头的复制品,1962年弗兰克·莫里斯就是将这样一个假人头放在床上作为掩护,实施了他那声名狼藉并最终成功的越狱计划。

船坞码头

一张巨大的墙面地图会帮助你辨清方向。在附近的64号楼(Bldg 64)里有简短的影片和展览,一方面回顾了监狱历史,另一方面也提供了原住民占领事件的相关细节。

在纽约州、新泽西州和宾夕法尼亚州

1周

以美国的诞生地——费城（见184页）作为此行的开端。参观独立大厅（见185页）和新建的美国革命博物馆（见185页），然后花一个晚上的时间体验一下像Fishtown这样积极进取的社区里的餐馆和夜生活。下一站直奔新泽西州，去梅角（见183页）享受充满田园气息的夜晚，这是一个充满维多利亚时代魅力的宁静海滩小镇。沿着Ocean Dr 快速地观光之后，在怀尔德伍德（见182页）的海岸上过夜。怀尔德伍德是具有标志性的20世纪50年代艺术作品的宝库。次日抵达纽约市（见75页）后，至少花上一两天游览洛克菲勒之巅（见99页）和中央公园（见101页）等必玩景点，感受活力四射的夜生活、体验丰富的美食之旅。

2周

游完纽约市之后，沿着雄伟的哈得孙河和它的岩壁向北行驶，在比肯（见158页）住上一两个晚上，再出发前往卡次启尔山脉（见162页）。欣赏完这一带的田园风光之后，继续向北，前往阿迪朗达克山脉（见167页）和其他的户外奇观。然后再绕回南部，穿过五指湖区（见165页），沿途可以在众多葡萄酒厂和点缀着瀑布的公园稍作停留，在大学城伊萨卡（见165页）住上一夜。从这里，你可以朝着加拿大边界，前往布法罗（见173页）和尼亚加拉瀑布（见175页），或向西南前往匹兹堡（见197页）。

★新当代艺术博物馆 博物馆

（New Museum of Contemporary Art；见92页地图；212-219-1222；www.newmuseum.org；235 Bowery, Stanton St和Rivington St之间；成人/儿童$18/免费，周四19:00~21:00 乐捐入场；周二、周三和周五至周日11:00~18:00，周四至21:00；R线/W线至Prince St；F线至2nd Ave；J线/Z线至Bowery；6号线至Spring St）新当代艺术博物馆在周边建筑中鹤立鸡群，令人眼前一亮：这座超凡的七层白色盒子式建筑由SANAA建筑事务所的东京建筑师妹岛和世（Kazuyo Sejima）和西泽立卫（Ryue Nishizawa），以及纽约的Gensler公司设计而成。博物馆给人们带来了期待已久的新鲜气息，当它在2007年回归时，Bowery街还遍布沙砾；但自从它开放以来，许多光鲜亮丽的新建筑被建起，从而迅速地改善了这条一度破败的街道的景观。

汤普金斯广场公园 公园

（Tompkins Square Park；见92页地图；www.nycgovparks.org；E 7th St和E 10th St, Ave A和Ave B之间；6:00至午夜；6号线至Astor Pl）对于当地人来说，这座占地10.5英亩的公园就像是一个友好的城市广场，他们围在水泥桌边下棋，天气暖和时在草地上野餐，不同的草坡上还有自发弹吉他或打鼓的人们。这里还有篮球场、遛狗场（在一个围着栅栏的区域里，人们可以解开牵犬绳）、一个小型儿童公共泳池，经常举办夏季音乐会，当然，这里一直都是孩子们的游乐园。

埃德里奇街犹太教堂博物馆 博物馆

（Museum at Eldridge Street Synagogue；见80页地图；212-219-0302；www.eldridgestreet.org；12 Eldridge St, Canal St和Division St之间；成人/儿童$14/8，周一捐赠入场；周日至周四10:00~17:00，周五至15:00；F线至East Broadway）这座用于礼拜的地标性建筑建于1887年，一度是犹太人生活的中心，但在20世纪20年代被荒废。在2007年，经过长达20年、耗资2000万美元的修复之后，这座犹太教堂得以重生，也重现了昔日的光彩。博物馆的门票包括犹太教会堂的导览游，每小时提供一次，最后一次于16:00出发。

阿斯特广场 广场

（Astor Place；见92页地图；8th St, Third Ave和Fourth Ave之间；N线/R线至8th St-NYU，6号线至Astor Pl）与Alamo一样，是一件标志性的公共艺术作品，通常被称为"立方体"，在沉寂了几年之后得以恢复，但这并不是原来的阿斯特广场。这里不再脏乱失修，不再充斥着贫民窟的小流氓和寮屋居民，这个新地方也不再是一个广场。它是百老汇和拉菲特之间的一个整齐有序的街区，周围环绕着华丽、闪亮的建筑，还配备了精心设计的长椅和花岗岩块，非常适合观众。

👁 西村、切尔西和肉库区

这三个位于市中心的社区，既宜人又喧闹，既古雅又现代，给人一种矛盾的感觉。西村蜿蜒的街道和保存完好的联排别墅为用餐、饮酒和游荡提供了温馨的空间。华盛顿广场公园和周围的街区都是纽约大学蓬勃发展的学生群体的主要活动场所。多年来，肉库区已经发展成为一个肉类市场，有着时髦的夜生活。北边的切尔西是艺术画廊的所在地，也是一个充满活力的同性恋场所。而纽约高线公园——城市中著名的高架公园，把上述地区联系在一起。公园的终点是哈德逊园区——一个新兴的大型开发区。

★ 高线公园　　　　　　　　　　户外

（The High Line；见92页地图；📞212-500-6035；www.thehighline.org；Gansevoort St；⏰6月至9月 7:00~23:00，4月、5月、10月和11月 至22:00，12月至次年3月 至19:00；🚇M11线至Washington St，M11线、M14线至9th Ave，M23线、M34线至10th Ave，🚇A线/C线/E线，L线至14th St-8th Ave，C线/E线至23rd St-8th Ave）很难相信，纽约高线公园（城市复兴的光辉典范）曾经是一条肮脏的铁路线，是一个相当令人讨厌的屠宰场区。今天，这个引人注目的景点是纽约最受欢迎的绿色空间之一，吸引着游客们。他们在城市上方30英尺的地方漫步、静坐和野餐，还可以欣赏到曼哈顿不断变化的城市景观。它最后一次扩建工程环绕哈德孙园区的大型建筑工程进行，将在34th St结束。

★ 惠特尼美国艺术博物馆　　　　博物馆

（Whitney Museum of American Art；见80页地图；📞212-570-3600；www.whitney.org；99 Gansevoort St，at Washington St；成人/儿童 $22/免费；⏰周一、周三、周四和周日 10:30~18:00，周五和周六 至22:00；🚇A线/C线/E线，L线至14th St -8th Ave）经过数年的建造之后，惠特尼的市中心新址终于在2015年大张旗鼓地开业。这座令人惊叹的建筑坐落在纽约高线公园脚下，由伦佐·皮亚诺（Renzo Piano）设计，恰如其分地介绍了博物馆华丽的藏品。在宽敞的画廊里，你会看到所有伟大美国艺术家的作品，包括爱德华·霍珀（Edward Hopper）、贾斯佩·琼斯（Jasper Johns）、乔治亚·欧姬芙（Georgia O'Keeffe）和马克·罗斯科（Mark Rothko）的作品。

★ 切尔西市场　　　　　　　　　市场 $

（见96页地图；www.chelseamarket.com；75 Ninth Ave，在W 15th St；⏰周一至周六 7:00~21:00，周日 8:00~20:00；🚇A线/C线/E线至14th St，L线至8th Ave）切尔西市场是一个重新开发和保护的典范，它已经从以前的工厂变成了满足美食家需求的购物中心。这里有超过24家食品供应商吸引着人们的到来，包括Mokbar（韩国风味的拉面）、Takumi Taco（混合了日本和墨西哥配料）、Tuck Shop（澳洲风味的美味馅饼）、Bar Suzette（法式薄饼）、Num Pang（柬埔寨三明治）、Ninth St Coffee（完美的拿铁咖啡）、Doughnuttery（滚烫的迷你甜甜圈）和L'Arte de Gelato（用料很足的冰激凌）。

★ 哈得孙河公园　　　　　　　　　公园

（Hudson River Park；见92页地图；www.hudsonriverpark.org；🚻）如今，纽约高线公园声名远扬，但哈得孙河公园距离那个著名的绿色空间只有一个街区，那里有绵延5英里的绿色带，在过去的十年里极大地改变了这座城市的面貌。550英亩的哈得孙河公园是曼哈顿奇妙的后院，它从曼哈顿南端的炮台公园一直延伸到曼哈顿中城区的59th St。

★ 鲁宾艺术博物馆　　　　　　　博物馆

（Rubin Museum of Art；见96页地图；📞212-620-5000；www.rmanyc.org；150 W 17th St，在Sixth Ave和Seventh Ave之间；成人/儿童 $15/免费，周五 18:00~22:00免费；⏰周一和周四 11:00~17:00，周三 至21:00，周五 至22:00，周六和周日 至18:00；🚇1号线至18th St）鲁宾艺术博物馆是西方世界第一家专门展览喜马拉雅山脉及其周边地区艺术作品的博物馆。藏品令人印象深刻，包括中国传统刺绣作品、藏式风格金属雕塑、巴基斯坦石头雕塑和精致的不

East & West Villages 东村和西村

丹绘画，以及2世纪到19世纪的藏族地区祭祀物品与舞蹈面具等。

★ 华盛顿广场公园
公园

（Washington Square Park；见92页地图；Fifth Ave，在Washington Sq N；🚇 A线/C线/E线，B线/D线/F线/M线至W 4th St-Washington Sq，R线/W线至8th St-NYU）这座公园曾经是一个波特墓园和一个公开处决囚犯的广场，现在是格林尼治村的非正式城镇广场。这里聚集着纽约大学的学生们、演奏乐器的街头艺术家、好奇的狗狗和它们的主人、快棋专家，温暖的日子里，还可以看到喷泉中赤脚踩水的孩子。

◎ 联合广场、熨斗区和格拉梅西

联合广场是这三个相邻社区喧嚣、繁华、疯狂的中心。这里失修多年，修整一新后，现在成为了纽约人的集会场所。三角形的熨斗大厦和郁郁葱葱的麦迪逊广场公园（Madison Square Park）是中城区峡谷北部边界的标志。格拉梅西公园（Gramercy Park）是一个浪漫的私人绿洲，那里更加宁静、更豪华的住宅区非常适合漫步。

★ 联合广场
广场

（Union Square；见96页地图；www.unionsquarenyc.org；17th St，Broadway和Park Ave S之间；🚇 4号线/5号线/6号线，N线/Q线/R线，L线至14th St-Union Sq）就像纽约的诺亚方舟，是各个物种（每种至少两个个体）躲避席卷而来的混凝土浪潮的避难所。事实上，这个当地人聚集的公共场所是一个不拘一格的地方：午休时间西装革履的商务人士大口地呼吸着新鲜空气，蓄着长发的闲逛者有节奏地敲着手鼓，玩滑板的小青年在东南的阶梯上炫技，吵闹的大学生大口吃着平价的食物，示威人群因各

种原因激愤地喊着口号。

★熨斗大厦
历史建筑

（Flatiron Building；见96页地图；Broadway, Fifth Ave与23rd St交叉路口；[S]N线/R线, F线/M线, 6号线至23rd St）由丹尼尔·伯纳姆（Daniel Burnham）设计，建于1920年，20层的熨斗大厦狭窄的三角外形就像是一艘巨大轮船的船头。它还具有传统古典装饰风格的石灰石和赤陶土外观，使用钢架建造而成。你盯着它看的时间越长，就会发现它越复杂漂亮。从位于百老汇和Fifth Ave之间的23rd St以北的交通岛上可以看到最佳景观。这座不同寻常的建筑在20世纪初的摩天大楼时代就耸立在广场上。

联合广场绿色市场
市场

（Greenmarket Farmers Market；见96页地图；[J]212-788-7476；www.grownyc.org；E 17th St, Broadway和Park Ave S之间；周一、周三、周五和周六8:00~18:00；[S]4号线/5号线/6号线, N线/Q线/R线/W线, L线 至14th St-Union Sq）大部分时候，在纽约5个行政区、近53个绿色产品市场中，位于联合广场北端的这家都是最热闹的一个，就连知名大厨也常来这里挑选刚摘下的稀有食材，如蕨菜、纯种西红柿。

国家艺术俱乐部
文化中心

（National Arts Club；见96页地图；[J]212-475-3424；www.nationalartsclub.org；15 Gramercy Park S；绘画课程 $15~25；[S]N线/R线, 6号线至23rd St）国家艺术俱乐部成立于1898年，旨在提升公众对艺术的兴趣。这里经常举办艺术展览，通常在周一至周五的10:00~17:00面向公众开放（登录网站查看即将上演的节目）。卡尔弗特·沃克斯（Calvert Vaux）是中央公

East & West Villages 东村和西村

◎ 重要景点
1. 高线公园 B1
2. 哈德孙河公园 B3
3. 小意大利 E4
4. 下东区移民公寓博物馆 F3
5. 新当代艺术博物馆 E3
6. 华盛顿广场公园 D2
7. 惠特尼美国艺术博物馆 A1

◎ 景点
8. 阿斯特广场 E2
9. 儿童艺术博物馆 C3
10. 国际摄影中心 E3
11. 美国华人博物馆 E4
12. 纽约市消防博物馆 C4
13. 汤普金斯广场公园 F1

✦ 活动、课程和团队游
14. Great Jones Spa E2
15. Russian & Turkish Baths F1

住宿
16. Bowery Hotel E2
17. Bowery House E3
18. Jane Hotel A1
19. Soho Grand Hotel D4
20. Solita SoHo E4
21. St Mark's Hotel E3
22. Standard A1
23. Standard East Village E2

✕ 就餐
24. Bánh Mì Saigon Bakery E4
25. Blue Hill C2
26. Butcher's Daughter E3
27. Café Gitane E3
28. Clinton Street Baking Company G3
29. Degustation E2
30. Dutch D3
31. El Rey F3
32. Estela E3
33. Grey Dog E3
34. Jeffrey's Grocery C2
35. Katz's Delicatessen F3
36. La Esquina E4
37. Meatball Shop F3
38. Momofuku Noodle Bar F1
39. Red Bamboo C2
40. RedFarm B2
41. Rosemary's C1
42. Tacombi Fonda Nolita E3
43. Uncle Boons E3
44. Upstate F2
45. Vanessa's Dumpling House F4
46. Veselka E1

◎ 饮品和夜生活
47. Angel's Share E1
48. Bar Goto F3
49. Berlin F2
50. Buvette C2
51. Employees Only B2
52. Genuine Liquorette E4
    Happiest Hour .... (见 41)
53. Henrietta Hudson C2
54. Marie's Crisis C2
55. Mulberry Project E4
56. Pegu Club D3
57. Rue B F1
58. Spring Lounge E3
59. Stonewall Inn C2
60. Ten Bells F4
61. Wayland G1
62. Webster Hall E1

◎ 娱乐
63. Anthology Film Archives E2
64. Blue Note C2
65. Comedy Cellar C2
    Duplex .... (见 59)
66. Film Forum C3
67. Joe's Pub E2
68. La MaMa ETC E2
69. Metrograph F4
70. 纽约戏剧工作室 E2

◎ 购物
71. Evolution Nature Store D2
72. Obscura Antiques F1
73. Strand Book Store D1

园的创始人之一,他设计了这栋建筑,挂满图画的前厅装饰着一个漂亮的拱形彩色玻璃天花板。此地曾经是前纽约州州长萨缪尔·J.蒂尔登(Samuel J Tilden)的家乡,也是1876年他竞选总统落败的地方。

★ 格拉梅西公园
公园

(Gramercy Park;见96页地图;E 20th St,Park Ave和Third Ave之间;ⓈN线/R线,F线/M线,6号线至23rd St)1831年,萨缪尔·鲁格斯(Samuel Ruggles)创造了浪漫的格拉梅西

公园，他把这个地区的沼泽地排干，并布置了英国风格的街道。你不能进入私人公园（曼哈顿唯一的一个），但你可以凝视着大门，想象硬汉詹姆斯·贾克纳（James Cagney）正在公园里赏景——这位好莱坞演员曾经居住在34 Gramercy Park E。在15 Gramercy Park S，那里坐落着国家艺术俱乐部，其成员包括马丁·斯科塞斯（Martin Scorsese）、乌玛·瑟曼（Uma Thurman）和伊桑·霍克（Ethan Hawke）。

中城区

它是城市的中心枢纽，有人赞美它是"世界的十字路口"。中城区是纽约的名片，每天有30多万人穿越方便行人的街道。与过去相比，这里更加清洁和企业化，但仍然是城市中令人兴奋的一部分，其标志性建筑包括时代广场、百老汇剧院、中央车站、帝国大厦和Tiffany & Co Fifth Ave。文化亮点包括现代艺术博物馆、纽约公共图书馆、摩根图书馆和博物馆，附近的Hell's Kitchen餐馆可提供外卖食品，对同性恋顾客也很友好。

★ 现代艺术博物馆   博物馆

（Museum of Modern Art, 简称MoMA；见96页地图；212-708-9400；www.moma.org；11 W 53rd St, 第五大道和第六大道之间；成人/儿童$25/免费，周五 16:00~20:00 免费；周六至周四 10:30~17:30，周五 至20:00；E线，M线至5th Ave-53rd St）作为现代艺术博物馆中的超级巨星，这里的藏品令许多其他展馆难以望其项背。其画廊里先后收藏了许多巨匠的作品，包括凡·高、马蒂斯、毕加索、沃霍尔（Warhol）、利希滕斯坦（Lichtenstein）、罗斯科（Rothko）、波洛克（Pollock）和布尔热瓦（Bourgeois）。自从1929年建馆以来，它收集的作品超过200,000件，记录了新兴创意和19世纪末那些对今天产生巨大影响的运动。

★ 时代广场   景区

（Times Square；见96页地图；www.timessquarenyc.org；Broadway, 在Seventh Ave；N线/Q线/R线/W线, S线, 1号线/2号线/3号线, 7号线至Times Sq-42nd St）爱它也好，恨它也罢，百老汇和第七大道交会处（更著名的称呼是"时代广场"）堪称世界人民想象中的纽约市的缩影——黄色的出租车、金色的拱门、高耸的摩天大楼和眩人眼目的百老汇滚动字幕。在这里，1927年的电影《爵士歌手》中的艾尔·乔森（Al Jolson）实现了梦想；也是在这里，1945年，摄影记者阿尔弗雷德·艾森塔斯特（Alfred Eisenstaedt）抓拍到了一名水手和护士亲吻的照片；还是在这里，艾丽西亚·凯斯（Alicia Keys）和杰斯（Jay-Z）为这片"梦想成真的水泥丛林"填词谱曲。

第五大道   景区

（见96页地图；Fifth Ave, 42nd St和59th Sts之间；E线, M线至 5th Ave-53rd St; N线/R线/W线至 5th Ave-59th St）第五大道已经永存于各种电影和歌曲中了。这条大道早在20世纪初就奠定了自己的崇高威望，这里宽敞的空间和大城市的氛围令许多人神往。一排排被称作富豪街（Millionaire's Row）的豪宅一直延伸至130th St，不过59th St以北的大多数房屋不是面临着拆迁，就是被改建成了现今组成博物馆大道（Museum Mile）的文化场馆。尽管无处不在的连锁店遍地开花，但这条大道在中城区的路段仍然在高档场所中熠熠生辉，其中包括Tiffany & Co（见102页地图；212-755-8000；www.tiffany.com；727 Fifth Ave, 在E 57th St；周一至周六 10:00~19:00，周日 正午至18:00；F线至57th St; N线/R线/W线至 5th Ave-59th St）。

位于第五大道和56th St的唐纳德·特朗普总统和他家人的住宅，以及镶着黑色玻璃的特朗普大楼（Trump Tower），如今已经成为一个令人关注的地方，也是抗议者的一个热门去处。大楼周围的安保非常严密，交通也很缓慢。

★ 纽约中央车站   历史建筑

（Grand Central Terminal；见96页地图；www.grandcentralterminal.com；89 E 42nd St, 在Park Ave；5:30至次日2:00；S线, 4号线/5号线/6号线, 7号线至 Grand Central-42nd St）尽管与官方名称不相符，但人们更愿意叫它"大中央车站"。大中央车站于1913年竣工，是纽约漂亮的艺术建筑之一。这里装饰着田纳西州的大理石地板和意大利的大理石售票柜台，其华丽的主厅被一个拱形的天花板所覆盖，

Times Square, Midtown Manhattan & Chelsea
时代广场、曼哈顿中城区和切尔西

纽约州、新泽西州和宾夕法尼亚州 纽约市

97

Map Labels

Streets & Avenues:
- E 57th St
- E 55th St
- Lexington Ave-53rd St
- E 53rd St
- Fifth Ave-53rd St
- 51st St
- E 51st St
- E 49th St
- 47th-50th Sts-Rockefeller Center
- E 47th St
- E 45th St
- E 42nd St
- 42nd St-Bryant Park
- 5th Ave
- 42nd St-Grand Central
- E 40th St
- E 38th St
- E 36th St
- E 34th St
- 34th St-Herald Sq
- 33rd St
- E 33rd St
- E 30th St
- 28th St
- E 28th St
- E 26th St
- E 23rd St
- 23rd St
- E 21st St
- Peter Cooper Rd
- E 19th St
- E 17th St
- 14th St-Union Sq
- E 14th St
- 6th Ave-14th St
- 1st Ave
- 3rd Ave
- Sixth Ave (Avenue of the Americas) 第六大道
- Fifth Ave 第五大道
- Madison Ave 麦迪逊大道
- Park Ave 公园大道
- Lexington Ave
- Third Ave
- Second Ave
- First Ave
- Franklin D Roosevelt Dr
- Vanderbilt Ave
- Tudor City Pl
- Tunnel Exit St
- Tunnel Entrance St
- Broadway
- Park Ave S
- Irving Pl
- Ave C
- FDR Dr
- 20th St Loop
- First Ave Loop

Landmarks / Districts:
- Museum of Modern Art 现代艺术博物馆
- Rockefeller Center 洛克菲勒中心
- Rockefeller Plaza
- St Patrick's Cathedral 圣帕特里克主教座堂
- DIAMOND DISTRICT 钻石区
- Grand Central Terminal 纽约中央车站
- Chrysler Building 克莱斯勒大厦
- HERALD SQUARE 先驱广场
- Morgan Library & Museum 摩根图书馆和博物馆
- Empire State Building 帝国大厦
- KOREATOWN 韩国城
- MURRAY HILL 默里山
- LITTLE INDIA 小印度
- Madison Square Park 麦迪逊广场公园
- FLATIRON DISTRICT 熨斗区
- Flatiron Building 熨斗大厦
- Gramercy Park 格拉梅西公园
- St Vartan Park
- New York University Medical Center 纽约大学医疗中心
- Bellevue Hospital Center
- 24th St Park
- STUYVESANT TOWN 斯图文森镇
- Stuyvesant Square
- UNION SQUARE 联合广场
- Union Square 联合广场
- Roosevelt Island
- East River 东河
- Queens-Midtown Tunnel

见中央公园和上城区地图(102页)

见东村和西村地图(92页)

0 ———— 500 m
0 ———— 0.25 miles

纽约州、新泽西州和宾夕法尼亚州 — 纽约市

Times Square, Midtown Manhattan & Chelsea
时代广场、曼哈顿中城区和切尔西

◎ 重要景点
1 切尔西市场 C7
2 克莱斯勒大厦 F3
3 帝国大厦 E4
4 熨斗大厦 E6
5 格拉梅西公园 F6
6 纽约中央车站 F3
7 摩根图书馆和博物馆 F4
8 现代艺术博物馆 E1
9 洛克菲勒中心 E2
10 鲁宾艺术博物馆 D7
11 时代广场 D3
12 联合广场 F7

◎ 景点
13 布莱恩特公园 E3
14 第五大道 E1
15 无畏号海洋航空航天博物馆 B3
16 性博物馆 E5
17 国家艺术俱乐部 F6
18 纽约公共图书馆 E3
19 佩利媒体中心 E1
20 洛克菲勒之巅 E2
21 联合广场绿色市场 F7
22 联合国总部 G3

◎ 活动、课程和团队游
23 NBC Studio Tours E2
24 Schooner Adirondack B6

🛏 住宿
25 414 Hotel C2
26 Carlton Arms F6
27 High Line Hotel C6
28 Marcel at Gramercy F6
29 Pod 51 .... F2
30 Townhouse Inn of Chelsea D6
31 Yotel C3

❌ 就餐
32 Bait & Hook G7
33 Burger Joint D1
   Chelsea Market .... (见1)
34 Cookshop C6
35 Craft F6
36 Eataly E6
37 Eisenberg's Sandwich Shop E6
38 El Parador Cafe G4
39 Eleven Madison Park E6
40 Foragers Table D6
41 Gansevoort Market C7
   Gramercy Tavern .... (见35)
   Grand Central Oyster Bar &
   Restaurant .... (见6)
42 Hangawi E5
43 Le Bernardin D2
44 Margon D3
45 Pio Pio C3
46 Shake Shack E6
47 Tacombi Café El Presidente E6
48 Totto Ramen C2
49 Tuck Shop C7
50 ViceVersa C2
51 Virgil's Real Barbecue D3

◎ 饮品和夜生活
52 Bar SixtyFive E2
   Birreria .... (见36)
53 Flaming Saddles C1
54 Flatiron Lounge E6
55 Industry C1
56 Le Bain C7
57 Old Town Bar & Restaurant F7
58 Pete's Tavern F7
59 Raines Law Room E7
60 Therapy C2
61 Top of the Strand E4
62 Waylon C2

✪ 娱乐
63 Al Hirschfeld Theatre D3
64 Ambassador Theatre D2
65 Carnegie Hall D1
66 Caroline's on Broadway D2
67 Eugene O'Neill Theatre D2
68 Irving Plaza F7
69 Joyce Theater D7
70 Madison Square Garden D5
71 Playwrights Horizons C3
72 Richard Rodgers Theatre D3
73 Sleep No More B5
74 Upright Citizens Brigade Theatre C5

🛍 购物
75 Grand Central Market F3
76 Hell's Kitchen Flea Market C4
77 Screaming Mimi's D7

上面是由法国画家保罗·塞萨尔·埃勒（Paul César Helleu）设计的星座。

★ 洛克菲勒中心　　　　　　　　历史建筑

（Rockefeller Center；见96页地图；www.rockefellercenter.com；第五大道到第六大道，W 48街和51街之间；SB线/D线/F线/M线至47th-50th Sts-Rockefeller Center）这座占地22英亩的"城中城"在"大萧条"最严重的时期首次亮相，开发商John D Rockefeller Jr为其提供了1亿美元的资金，花费9年时间建成。这是美国首个拥有19座建筑（其中14座是最初的现代建筑）的中心。该中心于1987年被宣布为国家地标。亮点包括洛克菲勒之巅观景台和NBC演播厅团队游（见115页）。

洛克菲勒之巅　　　　　　　　　　观景台

（Top of the Rock；见96页地图；212-698-2000；www.topoftherocknyc.com；30 Rockefeller Plaza，入口在Fifth Ave和Sixth Ave之间的W 50th St；成人/儿童 $39/33，日出和日落套餐 $54/48；8:00至午夜，电梯运行至23:00；SB线/D线/F线/M线至47th-50th Sts-Rockefeller Center）这座70层的露天观景台坐落在洛克菲勒中心最高的摩天大楼上，于1933年开放，当时设计的初衷是向远洋班轮致敬。洛克菲勒之巅在几个层面上都击败了帝国大厦：它不那么拥挤，有更宽的观景台（包括室外和室内），还可以看到帝国大厦。

★ 克莱斯勒大厦　　　　　　　　历史建筑

（Chrysler Building；见96页地图；405 Lexington Ave，在E 42nd St；大堂 周一至周五 9:00~18:00；SS线，4号线/5号线/6号线，7号线至Grand Central-42nd St）由威廉·范·艾伦（William Van Alen）于1930年设计，77层的克莱斯勒大厦建于黄金时代：融合了现代和哥特式的美学，以钢鹰装饰，顶部的尖塔本令"弗兰肯斯坦的新娘"都尖叫起来。这栋建筑是沃尔特·P.克莱斯勒（Walter P Chrysler）和他的汽车帝国的总部；虽然无法与规模更大的竞争对手福特和通用汽车在生产线上竞争，但克莱斯勒在天际线上战胜了他们，并拥有纽约市最美丽的大堂。

★ 帝国大厦　　　　　　　　　　历史建筑

（Empire State Building；见96页地图；www.esbnyc.com；350 Fifth Ave，在W 34th St；第86层观景台 成人/儿童 $34/27，含第102层观景台 $54/47；8:00至次日2:00，最后一班上行电梯凌晨1:15；SB线/D线/F线/M线，N线/Q线/R线/W线至34th St-Herald Sq）这座石灰石建筑只花了410天（700万工时）建成，修建时处于美国经济大萧条时期。从86层的室外观景台和102层的室内观景台可以看到天堂般的美景。但是，如果想要登顶，需要排一条令人发指的长队。尽早或尽晚来参观可以避免浪费时间。你也可以提前在网上购票，虽然得多花$2，但可以为你节省很多时间，也是非常值得的。

★ 摩根图书馆和博物馆　　　　　　博物馆

（Morgan Library & Museum；见96页图；212-685-0008；www.themorgan.org；225 Madison，在36th St，Midtown East；成人/儿童 $20/免费；周二至周四 10:30~17:00，周五 至21:00，周六 10:00~18:00，周日 11:00~18:00；S6号线至33rd St）这座豪宅曾经是钢铁大亨J.P.摩根（JP Morgan）的房产，这个华丽的文化中心收藏包括大量稀有的手稿、挂毯和书籍（不少于三部的古腾堡圣经）。摩根的个人书房只比他的个人图书馆（东厅）稍逊一筹，这是一个非凡的拱形空间，装饰着胡桃木书架、一件16世纪的荷兰挂毯和十二星座主题的天花板，摆放着意大利和荷兰文艺复兴时期的艺术作品。该中心的巡回展览和定期举办的文化活动通常堪称一流。

纽约公共图书馆　　　　　　　　　历史建筑

（New York Public Library；Stephen A Schwarzman Building；见96页地图；917-275-6975；www.nypl.org；Fifth Ave，在W 42nd St；周一和周四至周六 10:00~18:00，周二和周三至20:00，周日 13:00~17:00，团队游 周一至周六 11:00和14:00，周日 14:00；SB线/D线/F线/M线至42nd St-Bryant Park，7号线至5th Ave）**免费** 这座艺术建筑是纽约市最好的免费旅游景点之一，它由"耐心"和"坚韧"（两头可以俯瞰第五大道的大理石狮子）守护着。在1911年，纽约的旗舰图书馆被评为美国有史以来最大的大理石建筑，直到今天，刚刚经过修复的玫瑰主阅览室（Rose Main Reading Room）里奢华的格子天花板仍然令人们赞叹不已。这只是其中的几处亮点之一，其他亮点还

纽约州、新泽西州和宾夕法尼亚州

纽约市

包括德维特·华莱士期刊阅览室（DeWitt Wallace Periodical Room）。

联合国总部
历史建筑

（United Nations，简称UN；见96页地图；212-963-4475；http://visit.un.org；游客入口First Ave，在46th St，Midtown East；导览游 成人/儿童 \$20/13，5岁以下儿童不得入内，庭院 周六和周日 免费；团队游 周一至周五 9:00~16:45，游客中心 周六和周日 10:00~16:45；S线，4号线/5号线/6号线，7号线至Grand Central-42nd St）欢迎来到联合国总部，这里是一个监督国际法、国际安全和人权的世界性组织。虽然由勒·柯布西耶（Le Corbusier）设计的秘书处大楼禁止人内，但1小时的导览游可以带你参观修复后的大会厅（General Assembly Hall）、安理会会议厅（Security Council Chamber）、托管理事会会议厅（Trusteeship Council Chamber），还有经济及社会理事会会议厅（Economic & Social Council Chamber，简称ECOSOC）。还可以参观各个成员国捐赠的关于联合国工作和艺术品的展览。工作日团队游必须在网上预订，还需要持带有照片的身份证入场。

圣帕特里克教堂
大教堂

（St Patrick's Cathedral；见96页地图；www.saintpatrickscathedral.org；Fifth Ave，E 50th St和51st St之间；6:30~20:45；S B线/D线/F线/M线至47th-50th Sts-Rockefeller Center；E线/M线至5th Ave-53rd St）美国最大的天主教大教堂，刚刚斥资2亿美元进行翻新，以其哥特复兴风格的华丽装饰在第五大道上大放异彩。该建筑在内战期间建造，耗资近200万美元，最初并没有正面的两个尖塔；它们都是在1888年后建的。走进里面，欣赏一下路易斯·蒂芙尼（Louis Tiffany）设计的圣坛和查尔斯·康尼克（Charles Connick）令人惊艳的玫瑰窗（Rose Window），它在一个7000管的教堂风琴上方闪闪发光。一周中有几天提供导览游服务；登录网站了解详情。

艺术和设计博物馆
博物馆

（Museum of Arts & Design，简称MAD；见102页地图；212-299-7777；www.madmuseum.org；2 Columbus Circle，Eighth Ave和Broadway之间；成人/儿童 \$16/免费，周四 18:00~21:00 乐捐入场；周二、周三、周五、周六和周日 10:00~18:00，周四 至21:00；S A线/C线，B线/D线，1号线至59th St-Columbus Circle）艺术和设计博物馆为四层建筑，展示最高级的设计和手工艺品，从吹制的玻璃和木雕到精致的金属首饰。它的临时展览堪称一流，独具匠心：之前某次展览曾探索过气味的艺术。通常在每个月的第一个周日，专业的艺术家们会在画廊里进行适合家庭参与的活动，随后还有与当时馆内展览相关的手工制作活动。博物馆的礼品店出售出色的当代珠宝，而9楼的餐馆/酒吧Robert（见137页）是品尝鸡尾酒的完美地点。

佩利媒体中心
文化中心

（Paley Center for Media；见96页地图；212-621-6800；www.paleycenter.org；25 W 52nd St，在第五大道和第六大道之间；敬请捐赠 成人/儿童 \$10/5；周三和周五至周日 正午至18:00，周四 至20:00；S E线、M线至5th Ave-53rd St）这个流行文化的存储库的计算机目录上可以找到超过16万个世界各地的电视和广播节目。在一个雨天，在该中心的控制台重温你最喜欢的电视节目，会让你感到无比幸福。你还可以收看优秀的常规节目、节日录像、演讲和表演。

布莱恩特公园
公园

（Bryant Park；见96页地图；212-768-4242；www.bryantpark.org；42nd St，第五大道和第六大道之间；6月至9月 周一至周五 7:00至午夜，周六和周日 至23:00，其他月份时间缩短；S B线/D线/F线/M线至42nd St-Bryant Park，7号线至第五大道）欧洲的咖啡亭、露天象棋游戏、夏季电影放映和冬季滑冰活动：很难相信这个茂密的绿洲在20世纪80年代被称为"Needle Park"。它坐落在纽约公共图书馆大厦背后，是从中城区的疯狂中短暂逃逸的理想地点。你可以选择一门初级的意大利语言、瑜伽或杂耍课程，参加一个益智比赛，或者报名参加观鸟之旅？该公园每天提供各种稀奇古怪的活动。

无畏号海洋航空航天博物馆
博物馆

（Intrepid Sea, Air & Space Museum；见96页地图；877-957-7447；www.intrepidmuseum.

org; Pier 86, Twelfth Ave, 在W 46th St; 无畏号和黑鲈号潜艇 成人/儿童 $26/19, 包括航天飞机馆 成人/儿童 $36/29; ⓢ4月至10月 周一至周五 10:00~17:00, 周六和周日 至18:00, 11月至次年3月 周一至周日 10:00~17:00; 🅿🚇西行的M42、M50至12th Ave, Ⓢ A线/C线/E线至42nd St-PortAuthority Bus Terminal) 在第二次世界大战中"无畏号"(Intrepid)经历了炸弹的洗礼和神风特攻队的袭击, 值得庆幸的是, 这艘庞大的航空母舰现在的压力要小得多, 它是一个价值数百万美元的互动军事博物馆的载体, 视频、历史文物和"凝固时光"生活区讲述着它的故事。飞行甲板上有战斗机和军用直升机, 看到这些之后, 你可能会想要去体验博物馆的高科技飞行模拟器。

性博物馆 博物馆

(Museum of Sex; 见96页地图; 📞212-689-6337; www.museumofsex.com; 233 Fifth Ave, 在27th St; 成人 $17.50, 周六和周日 $20.50; ⓢ周日至周四 10:00~21:00, 周五和周六 11:00~23:00; Ⓢ N线/R线至23rd St) 从网络拜物教到野鸭群里的同性恋尸癖, 你能在这里了解所有内幕, 找到为所有羞羞的事情演唱的颂歌。轮转的临时展览包括虚拟性爱和有争议艺术家的回顾展; 常设展览则展示春宫版画和使人脸红心跳的自慰工具。

◎上西区和中央公园

无论是好是坏, 银行和连锁商店都占据了西区的街道景观, 但不知何故, 这里仍然会让许多游客感觉像是走进了伍迪·艾伦 (Woody Allen) 的电影世界。这里有几家世界级的文化机构, 社区边缘是两个公园: 哈得孙河 (Hudson River) 沿岸的河滨公园和郁郁葱葱的中央公园 (Central Park)。

★中央公园 公园

(Central Park; 见102页地图; www.centralparknyc.org; 59th St至110th St, 在中央公园西和Fifth Ave之间; ⓢ6:00至次日1:00; 🅿) 中央公园是世界上最著名的绿色空间之一, 它占地843英亩, 包括起伏的草地、卵石镶嵌的地面、榆树成荫的人行道、修剪整齐的欧式园林、一面湖泊、一座水库、一座露天剧院、一座约翰·列侬纪念碑、一个临水的田园风格餐厅-Loeb Boathouse (见102页地图; 📞212-517-2233; www.thecentralparkboathouse.com; Central Park Lake, Central Park, 在 E 74th St; 主菜 $25~36; ⓢ餐厅 全年 周一至周五 正午至16:00, 周六和周日 9:30~16:00, 4月至11月5:30~21:30; Ⓢ B线, C线至72nd St; 6 号线至77th St) ——还有一座非常著名的爱丽斯漫游仙境雕像。中央公园的亮点包括绵羊草坪 (Sheep Meadow), 周末天气温和的时候, 成千上万的人会来这里休息、嬉戏; 还有有着许多珍稀动物的中央公园动物园 (Central Park Zoo; 见102页地图; 📞212-439-6500; www.centralparkzoo.com; 64th St, 在Fifth Ave; 成人/儿童 $12/7; ⓢ4月至10月 10:00~17:30, 11月至次年3月 至16:30; 🅿; Ⓢ N线/Q线/R线至5th Ave-59th St) 以及丛林小路遍地的Ramble (见102页地图; Central Park, 公园中心从 73rd至79th St; Ⓢ B线, C线至81st St), 一个深受观鸟者欢迎的繁茂灌木丛。

就像城市的地铁系统一样, 辽阔而宏伟的中央公园是一个位于曼哈顿中心的长方形开放空间, 一个伟大的平衡阶级差异的仪器——正如它的设计者所设想的那样。这座巨大的公园由弗雷德里克·劳·奥姆斯特德 (Frederick Law Olmsted) 和卡尔弗特·沃克斯 (Calvert Vaux) 于19世纪60年代和70年代在城市的北部边缘地带建造, 是为所有的纽约人设计的休闲空间, 无论肤色、阶级和信仰。这里还是一个宁静的绿洲: 郁郁葱葱的草坪、凉爽的森林、开满鲜花的花园、清澈的水流和蜿蜒的小径, 为纽约人提供了一片他们渴求的宁静的大自然。

奥姆斯特德和沃克斯还创造了布鲁克林的展望公园 (Prospect Park; 见109页), 他们坚决保持人车分流的原则, 巧妙地设计了高架公路下的跨行横道。如此之多的全盛时期的房地产在如此长的时间内完好无损地保存下来, 证明了没有什么能够击败构成伟大纽约基石的心灵、灵魂和骄傲。

今天, 这个"人民的公园"仍然是这个城市中最受欢迎的景点之一, 成群的纽约人在大草坪 (Great Lawn; 见102页地图; www.centralparknyc.org; Central Park, 79th St 和86th St之间; ⓢ4月中旬至11月中旬; Ⓢ B线, C线至86th St) 上举行免费的户外音乐会, 每年夏天在露天的戴拉寇特剧院 (Delacorte

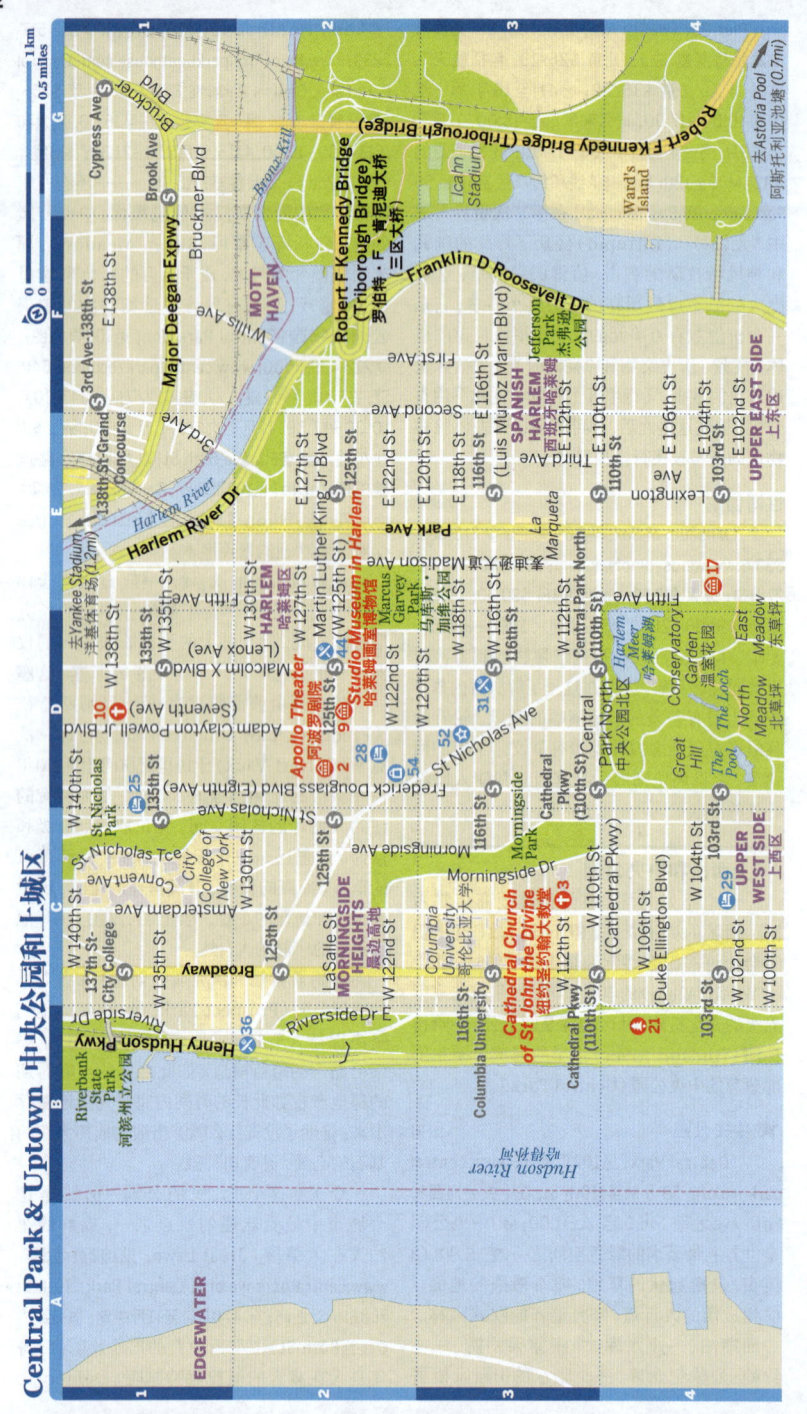

Central Park & Uptown 中央公园和上城区

ASTORIA 阿斯托利亚
LONG ISLAND CITY 长岛市
Rainey Park
Vernon Blvd
East Channel
East River
East River 东河
Mill Rock Island
Mill Rock Light Park
Roosevelt Island
Main St
Roosevelt Island Bridge
去Local NYC (0.7mi); Dutch Kills (0.8mi); Alobar (1.6mi); Casa Enrique (1.6mi); The Kaufman Arts District考夫曼艺术区(1.6mi); Icon Bar (1.8mi); Pye Boat Noodle (2mi); Bohemian Hall & Beer Garden (2.5mi); Museum of the Moving Image动态图像博物馆(1.5mi); Jackson Heights Historic District (3.6mi)
Ed Koch Queensboro Bridge
Carl Schurz Park
East End Ave
Franklin D Roosevelt Dr
York Ave
First Ave
Second Ave
Third Ave
Lexington Ave
Park Ave
Park Ave 公园大道
Madison Ave
Fifth Ave 第五大道
Rockefeller University
Hunter College
E 99th St
E 97th St
E 96th St
E 94th St
E 92nd St
E 90th St
E 88th St
E 86th St
E 84th St
E 82nd St
E 80th St
E 79th St
E 77th St
E 75th St
E 72nd St
E 70th St
E 68th St
E 65th St
E 62nd St
E 59th St
E 57th St
96th St
86th St
77th St
68th St-Hunter College
Lexington Ave-63rd St
Lexington Ave-59th St
5th Ave-59th St
Guggenheim Museum 古根海姆博物馆
Metropolitan Museum of Art 大都会艺术博物馆
Frick Collection 弗里克收藏馆
Conservatory Water
Central Park 中央公园
Great Lawn
Turtle Pond
The Ramble
The Lake
Bethesda Fountain Bethesda喷泉
Naumburg Bandshell
The Mall
Literary Walk 文学大道
Sheep Meadow 绵羊草地
The Pond
East Dr
West Dr
Central Park West
81st St-Museum of Natural History
59th St-Columbus Circle
American Museum of Natural History 美国自然历史博物馆
Lincoln Center 林肯中心
66th St-Lincoln Center
72nd St
79th St
Broadway
Amsterdam Ave
West End Ave
Ninth Ave
W 97th St
W 96th St
W 94th St
W 92nd St
W 90th St
W 88th St
W 85th St
W 83rd St
W 81st St
W 77th St
W 75th St
W 72nd St
W 70th St
W 66th St
W 62nd St
W 60th St
W 57th St
Riverside Dr
Riverside Park
West Side Hwy
见时代广场、曼哈顿中城区和切尔西地图(96页)
NEW YORK 纽约州
NEW JERSEY 新泽西州
UNION CITY

Central Park & Uptown 中央公园和上城区

◎ 重要景点
1 美国自然历史博物馆 C6
2 阿波罗剧院 D2
3 纽约圣约翰大教堂 C3
4 中央公园 D6
5 弗里克收藏馆 E7
6 古根海姆博物馆 E5
7 林肯中心 C8
8 大都会艺术博物馆 D6
9 哈莱姆工作室博物馆 D2

◎ 景点
10 阿比西尼亚浸礼会教堂 D1
11 兵工厂 D8
12 中央公园动物园 D8
13 库珀 - 休伊特国家设计博物馆 E5
14 大草坪 D6
15 犹太博物馆 E5
16 艺术和设计博物馆 D8
17 纽约市博物馆 E4
18 新美术馆 E6
19 纽约历史协会 D7
20 漫步区 D7
21 河滨公园 B4

⊕ 活动、课程和团队游
22 Central Park Bike Tours D8
23 Central Park Conservancy E8
24 Loeb Boathouse D7

🛌 住宿
25 Allie's Inn D1
26 Bentley Hotel F8
27 Empire Hotel C8
28 Harlem Flophouse D2
29 Hostelling International New York C4
30 Lucerne C6

⊗ 就餐
31 Amy Ruth's Restaurant D3
32 Barney Greengrass C6
33 Boqueria F7
34 Burke & Wills C6
35 Candle Cafe E7
36 Dinosaur Bar-B-Que B2
37 Dovetail C6
38 Earl's Beer & Cheese E5
39 Jacob's Pickles C6
40 Jones Wood Foundry F7
41 Lakeside Restaurant at Loeb
    Boathouse D7
42 Peacefood Cafe C6
43 PJ Clarke's C8
44 Red Rooster D2
45 Tanoshi F7
46 West 79th Street Boat Basin
    Café B6

🍷 饮品和夜生活
47 Auction House F5
48 Dead Poet C6
49 Drunken Munkey F5
Ginny's Supper Club .... （见 44）
Manhattan Cricket Club .... （见 34）
Robert .... （见 16）

✪ 娱乐
50 戴拉寇特剧院 D6
Elinor Bunin Munroe Film
    Center .... （见 7）
林肯中心电影协会 .... （见 7）
51 林肯中心爵士乐厅 C8
大都会歌剧院 .... （见 7）
52 Minton's D3
纽约市芭蕾舞团 .... （见 7）
纽约爱乐乐团 .... （见 7）
53 沃尔特·里德剧院 C8

🛍 购物
54 Flamekeepers Hat Club D2
55 Flying Tiger Copenhagen C6
56 Tiffany & Co E8

Theater；见143页）举办中央公园莎士比亚节（Shakespeare in the Park；见116页）。其他推荐的景点包括华丽的贝斯达斯喷泉（Bethesda Fountain），它的边缘就是湖泊和餐厅Loeb Boathouse（见115页），在那里可以租用划艇，或者在露天咖啡馆享用午餐；**莎士比亚花园**（Shakespeare Garden），位于79th和80th St之间的道路西侧，有着郁郁葱葱的植物和美丽的天际线景观。在温暖的周末，公园的部分地区会聚集许多慢跑者、直排轮滑者、音乐家和游客，但在工作日的下午非常安静，尤其是在72nd St以北的那些不太受人关注的地方，比如**Harlem Meer**和**North Meadow**（97th St以北）。

即使是在冬天，人们也会涌向公园，暴风雪后，人们可以越野滑雪和滑雪橇，你也可以只是在白色的仙境里漫步,而且每个新年前夜都会举办一场午夜跑步。中央公园管理局(Central Park Conservancy;见115页)提供不断变化的公园导览游,主题包括公共艺术、野生动物和孩子们感兴趣的地方。

Bethesda喷泉 　　　　　　　　　喷泉

(Bethesda Fountain;见102页地图;Central Park;SB线、C线至72nd St)这个新古典主义的喷泉是纽约最大的喷泉之一。它的上方是由四个小天使托起来的"水上天使"(Angel of the Waters)。这个喷泉是由波希米亚的女权主义雕塑家艾玛·斯特宾斯(Emma Stebbins)在1868年创作的,是聚会和观看人群的理想地点。

★林肯中心 　　　　　　　　　文化中心

(Lincoln Center;见102页地图;212-875-5456,团队游 212-875-5350;www.lincolncenter.org;Columbus Ave, W 62nd St和66th St之间;团队游 成人/学生 $25/20;S1号线至66th St-Lincoln Center)免费 这一鲜明的现代主义风格建筑,是曼哈顿最重要的一些表演公司的所在地,包括纽约爱乐乐团(New York Philharmonic)、纽约市芭蕾舞团(New York City Ballet)和标志性的大都会歌剧院(Metropolitan Opera House)。歌剧院的大厅内壁有画家马克·夏加尔(Marc Chagall)色彩鲜艳的壁画为装饰。在16英亩的园区里,还有各种各样的场所,包括一个剧院和著名的茱莉亚音乐学院(Juilliard School)。

★美国自然历史博物馆　　　　　博物馆

(American Museum of Natural History;见102页地图;212-769-5100;www.amnh.org;Central Park West, 在W 79th St;建议捐赠 成人/儿童 $22/12.50;10:00~17:45, 罗斯中心 周五 至20:45, 蝴蝶馆 9月至次年5月;SB线、C线至81st St-Museum of Natural History, 1号线至79th St)这个经典的博物馆建于1869年,是一个名副其实的奇观,馆内藏有近3,000万件藏品,包括许多可怕的恐龙骨架、精细复杂的罗斯地球太空中心(Rose Center for Earth & Space)和一个前卫的天文馆。从9月至次年5月,该博物馆里会设置蝴蝶馆(Butterfly Conservatory)——一间由来自世界各地的500多种蝴蝶构成的温室。

纽约历史协会 　　　　　　　　博物馆

(New-York Historical Society;见102页地图;212-873-3400;www.nyhistory.org;170 Central Park West, 在77th St;成人/儿童 $20/6, 周五 18:00~20:00 乐捐入场,图书馆免费;周二至周四和周六 10:00~18:00, 周五 至20:00, 周日 11:00~17:00;SB线、C线至81st St-Museum of Natural History)从古老的连字符可以看出,历史协会是纽约市最古老的博物馆。它成立于1804年,目的是保护这座城市的历史和文化遗产。这里收藏了超过6万件既古怪又迷人的展品,囊括了从乔治·华盛顿的就职椅到19世纪的蒂芙尼冰激凌(当然是镀金的),以及大量的哈得孙河画派(Hudson River School)的绘画作品。然而,它们带着新的活力和目标进入了21世纪,不再墨守成规。

河滨公园 　　　　　　　　　　　公园

(Riverside Park;见102页地图;212-870-3070;www.riversideparknyc.org;Riverside Dr, 68th St和155th St之间;6:00至次日1:00;S1号线/2号线/3号线至66th St和157th St之间的任何一站)由中央公园的创造者弗雷德里克·劳·奥姆斯特德(Frederick Law Olmsted)和卡尔弗特·沃克斯(Calvert Vaux)设计的经典景点,这个绿叶葱翠的水边公园,从哈得孙河岸和上西区一路向北延伸,从59th St至155th St。公园包括自行车道、游乐场和遛狗场,深得出游家庭的喜爱。从公园看过去,哈得孙的泽西地区显得非常漂亮。

兵工厂 　　　　　　　　　　　历史建筑

(Arsenal;见102页地图;画廊 212-360-8163;www.nycgovparks.org;Central Park, 在Fifth Ave和E 64th St;周一至周五 9:00~17:00;SN线/R线/W线至5th Ave-59th St)免费 作为纽约州国民警卫队(New York State National Guard)的军需品补给站,建于1847年至1851年间(早于中央公园),这座地标性的砖砌建筑看起来像是一个中世纪的城堡。如今,这座建筑里有一个小画廊,经常展出以历史或环境为主题的作品,比如城市中的自然景观,纽约北部的标志性建筑或瀑布。

◉ 上东区

尽管有许多著名的豪宅和令人惊叹的人均收入,但这里并不全是"比弗利娇妻"。在列克星敦大道(Lexington Ave)繁华的商业区以东,是大学毕业后的学生们在这里合租、分担高昂的房租。你会发现穿着制服的门卫守卫着公园大道沿线的战前公寓。没错,人们注射肉毒杆菌(Botox)就像注射维生素一样。麦迪逊大道和第五大道沿线林立着许多高端精品店,这两条大道与植被繁茂的中央公园平行,道路尽头是一个名为"Museum Mile"的建筑区——这里是纽约,乃至世界上中最具文化气息的一个地带。

★ 大都会艺术博物馆　　　　博物馆

(Metropolitan Museum of Art; 见102页地图; ☎212-535-7710; www.metmuseum.org; 1000 Fifth Ave, en 82nd St; 建议捐款 成人/学生/儿童 $25/12/免费; ⊙周日至周四 10:00~17:30, 周五和周六 至21:00; ♿; Ⓢ4号线/5号线/6号线至86th St)这座庞大的、百科全书式的博物馆建于1870年,拥有世界上最大的艺术收藏。它的永久收藏包括从埃及神庙到美国绘画等200多万件物品。这座博物馆俗称"大都会博物馆",占地17英亩的画廊每年吸引600多万游客前来参观,使其成为纽约市最大的单址景点。换句话说,游览这里需要花费一些时间,因为它很大。

★ 古根海姆博物馆　　　　博物馆

(Guggenheim Museum; 见102页地图; ☎212-423-3500; www.guggenheim.org; 1071 Fifth Ave, 在89th St; 成人/儿童 $25/免费, 周六 17:45~19:45 乐捐入场; ⊙周日至周三和周五 10:00~17:45, 周六 至19:45; ♿; Ⓢ4号线/5号线/6号线至86th St)由建筑大师弗兰克·劳埃德·赖特(Frank Lloyd Wright)设计的博物馆本身就是一座雕塑,风头几乎盖过馆内那些20世纪的艺术品。该博物馆的藏品包括康定斯基(Kandinsky)、毕加索和杰克逊·波洛克(Jackson Pollock)的作品。随着时间的推移,又增加了许多主要藏品,包括莫奈、凡·高和德加的画作,罗伯特·梅普尔索普(Robert Mapplethorpe)的摄影作品,以及重要的超现实主义作品。临时展览是一大吸引力——其中最好的是由当今某些伟大而有远见的艺术家设计的,令人惊叹的且只在特定场地才能展出的装置作品。

★ 弗里克收藏馆　　　　画廊

(Frick Collection; 见102页地图; ☎212-288-0700; www.frick.org; 1 E 70th St, Fifth Ave 交叉路口; 成人/儿童 $22/12, 周三 14:00~18:00 门票随意付费; ⊙周二至周六 10:00~18:00, 周日 11:00~17:00; Ⓢ6号线至68th St-Hunter College)这家华丽的艺术收藏馆位于钢铁巨头亨利·克莱·弗里克(Henry Clay Frick)一栋建于1914年的豪宅中。在第五大道沿线有许多这样的住宅,曾经被称为"百万富翁区"(Millionaires' Row)。该博物馆有十多间华丽的房间,展示的是提香(Titian)、维米尔(Vermeer)、吉尔伯特·斯图尔特(Gilbert Stuart)、埃尔·格雷考(El Greco)、约书亚·雷诺兹(Joshua Reynolds)、戈雅(Goya)和伦勃朗(Rembrandt)的杰作。展品还包括雕塑、陶瓷、古董家具和钟表。

库珀-休伊特国家设计博物馆　　　　博物馆

(Cooper-Hewitt National Design Museum; 见102页地图; ☎212-849-8400; www.cooperhewitt.org; 2 E 91st St, 在Fifth Ave; 成人/儿童 $18/免费, 周六 18:00~21:00 门票随意付费; ⊙周日至周五 10:00~18:00, 周六 至21:00; Ⓢ4号线/5号线/6号线至86th St)作为华盛顿特区的史密森尼学会(Smithsonian Institution)的一部分,这里是唯一兼具历史和当代设计的美国博物馆。这座64层的豪宅由亿万富翁安德鲁·卡内基(Andrew Carnegie)于1901年建造。在这栋建筑的三层楼里,展示着210,000件藏品,历史跨度为3000年。经过大规模的翻新后,博物馆又增加了带有互动触摸屏的展览和一个漂亮的电子"笔",你可以使用这支"笔"创作自己的设计,并保存到网站上,供以后检索。

新美术馆　　　　博物馆

(Neue Galerie; 见102页地图; ☎212-628-6200; www.neuegalerie.org; 1048 Fifth Ave, 在86th St拐角处; 成人/学生 $20/10, 每个月的第一个周五 18:00~20:00 免费参观; ⊙周四至周

—11:00~18:00；⑤4号线/5号线/6号线至86th St）这座翻修过的豪宅始建于1914年，展出奥地利和德国艺术家的作品，包括保罗·克利（Paul Klee）、恩斯特·路德维希·基什内尔（Ernst Ludwig Kirchner）和埃贡·席勒（Egon Schiele）等人的作品。第二层引以为傲的展品是古斯塔夫·克里姆特（Gustav Klimt）在1907年创作的阿黛尔·布洛赫-鲍尔（Adele Bloch-Bauer）的黄金画像，这幅画像是由化妆品巨头罗纳德·兰黛（Ronald Lauder）以1.35亿美元的价格购买下来的。2015年的电影《金衣女人》（*Woman in Gold*）中讲述了这幅画作迷人的历史故事。

纽约市博物馆 博物馆

（Museum of the City of New York；见102页地图；212-534-1672；www.mcny.org；1220 Fifth Ave, E 103rd St和104th St之间；建议门票 成人/儿童 $18/免费；10:00~18:00；⑤6号线至103rd St）这个地方博物馆位于一个殖民地时期的乔治亚风格大厦内，聚焦纽约市的过去、现在和未来。28分钟的电影《时间风景》（*Timescapes*；位于二楼）记录了纽约从微不足道的原住民交易站成长为新兴都市的轨迹，不要错过。

犹太博物馆 博物馆

（Jewish Museum；见102页地图；212-423-3200；www.thejewishmuseum.org；1109 Fifth Ave, 在E 92nd St和93rd St之间；成人/儿童 $15/免费，周六 免费，周四 17:00~20:00 乐捐入场；周六至周二 11:00~18:00，周四和周五 至16:00，周三 闭馆；⑤6号线至96th St）纽约市的这颗宝石于1908年就搬进了这座法国哥特式大厦，内有3万件犹太文物，还有雕塑、绘画和装饰艺术作品。博物馆还举办优秀的临时展览、具有影响力的人物回顾展，如Art Spiegelman，还有马克·夏加尔（Marc Chagall）、爱德华·维亚尔（Édouard Vuillard）和曼雷（Man Ray）等已逝大师的世界级展览。

👁 哈莱姆区和上曼哈顿区

17世纪，最初在这里定居的是荷兰农民，后来，爱尔兰、意大利和犹太移民也定居于此，哈莱姆区的个性与非裔美国人的经历有着千丝万缕的联系。如今，尽管中产阶级化不断加深，但这里仍然充斥着狂热的传教士和唱诗班、美国南方黑人传统食物和欢快的爵士乐俱乐部。法属非洲和法国餐馆也加入其中。工人阶级的东哈莱姆区（East Harlem；俗称Spanish Harlem或El Barrio）是一个充满活力的拉美裔移民中心，而哥伦比亚大学（Columbia University）则正在向西哈莱姆区（West Harlem）扩张。在这个行政区的北部，树木繁茂的Inwood中坐落着某些意想不到的中世纪遗产。

★ 纽约圣约翰大教堂 大教堂

（Cathedral Church of St Johnthe Divine；见102页地图；团队游 212-316-7540；www.stjohndivine.org；1047 Amsterdam Ave, 在W 112th St, Morningside Heights；建议捐款 $10，亮点团队游 $14，登顶团队游 $20，亮点团队游 周一 11:00和14:00，周二至周六 11:00和13:00，某些周日 13:00，登顶团队游 周一 10:00，周三和周五 正午 周六 正午和14:00；7:30~18:00；⑤B线、C线、1号线至110th St-Cathedral Pkwy）这个美国最大的礼拜场所至今还未完工——但很快就会完成。不过，这座传奇的圣公会大教堂有富丽堂皇的拜占庭风格的外观，古老管风琴的声音浑厚悠扬，中殿极为宽敞，是伦敦威斯敏斯特教堂（Westminster Abbey）的两倍宽。除了一小时的亮点团队游外，大教堂还提供一个小时的登顶团队游，带你登上陡峭的大教堂顶部（请自己携带手电筒）。

★ 阿波罗剧院 历史建筑

（Apollo Theater；见102页地图；212-531-5300，团队游 212-531-5337；www.apollotheater.org；253 W 125th St, 在Frederick Douglass和Adam Clayton Powell Jr Blvds之间, Harlem；门票 $16起；⑤A线/C线, B线/D线至125th St）阿波罗剧院是哈莱姆区的历史和文化不可或缺的一部分。自1914年以来，这里就是举办音乐会和政治集会的主要场所。在20世纪30年代和40年代，几乎每一个重要的黑人艺术家都登上过该剧院的舞台，其中包括艾灵顿公爵（Duke Ellington）和比利·哈乐黛（Billie Holiday）。几十年后，它又帮助无数的明星开创了自己的事业，包括戴安娜·罗斯（Diana Ross）和艾瑞莎·弗兰克林（Aretha Franklin）到迈克尔·杰克逊（Michael Jackson）

和劳伦・希尔（Lauryn Hill）。如今，它蓬勃发展的音乐、舞蹈、大师班和特殊活动继续吸引着观众和掌声。

阿比西尼亚浸礼会教堂 *教堂*

（Abyssinian Baptist Church；见102页地图；212-862-7474；www.abyssinian.org；132 Odell Clark Pl，在Adam Clayton Powell Jr Blvd和Malcolm X Blvd之间，Harlem；游客福音服务 9月初至次年7月 周日 11:30；S 2号线、3号线至135th St）这里一流的周日福音服务是一件喧闹和高尚的事情，也是这座城市中最著名的活动。你至少需要提前一个小时前来排队，并遵守严格的入场规定：不得穿着背心、人字拖、短裤、紧身裤，也不能携带背包。游客入口位于West 138th Street和Adam Clayton Powell Jr. Blvd的东南角。

★修道院博物馆和花园 *博物馆*

（Cloisters Museum & Gardens；见79页地图；212-923-3700；www.metmuseum.org/cloisters；99 Margaret Corbin Dr, Fort Tryon Park；建议捐款 成人/儿童 $25/免费；10:00~17:15；S A线至190th St）修道院坐落在可以俯瞰哈得孙河的山顶上，是一个奇特的建筑群，有如拼图玩具。它的许多部分都是欧洲的修道院和其他历史建筑。这座博物馆建于20世纪30年代，目的是储藏大都会博物馆的中世纪珍宝。浪漫的庭院周围有许多画廊，内有壁画、挂毯和绘画作品。这些画廊由宏伟的拱门连接在一起，顶部是摩尔人的陶瓦屋顶。在它的众多的稀有珍宝中，有一件是16世纪的系列挂毯——《捕捉独角兽》（*The Hunt of the Unicorn*）。

★哈莱姆画室博物馆 *博物馆*

（Studio Museum in Harlem；见102页地图；212-864-4500；www.studiomuseum.org；144 W 125th St，在Adam Clayton Powell Jr Blvd，Harlem；建议捐款 $7，周日 免费；周四和周五 正午至21:00，周六 10:00~18:00，周日 正午至18:00；S 2号线、3号线至125th St）这个小巧的文化宝地四十多年来一直展出非裔美国艺术家的作品。虽然它的轮转展览项目非常引人入胜，但这个博物馆不仅仅是一个艺术展示中心。对于哈莱姆区形形色色的文化人物来说，

这里还是一个重要的联结点，他们会来这里观看各种各样的节目、参加电影放映，或者报名参加画廊的演讲。

⊙ 布鲁克林区

且不说更加多元化和更加深远的影响，布鲁克林庞大而错综复杂的社区在面积上就是曼哈顿的三倍多。如果想要欣赏天际线的景观、了解一些历史，可以前往褐石遍地的布鲁克林高地（Brooklyn Heights）；如果想要寻找复古的商品，游览深夜酒吧，可以前往威廉斯堡（Williamsburg）。

★布鲁克林大桥公园 *公园*

（Brooklyn Bridge Park；见80页地图；718-222-9939；www.brooklynbridgepark.org；East River Waterfront, Atlantic Ave和Adams St之间；6:00至次日1:00；S A线/C线至High St, 2号线/3号线至Clark St, F线至York St）**免费** 这个占地85英亩的公园是布鲁克林最受欢迎的新景点之一。公园将东河的一个河弯揽入怀中，从曼哈顿大桥东部边缘的Dumbo向西延伸1.3英里，直至卵石山（Cobble Hill）的大西洋大道（Atlantic Ave）。公园使一段曾经贫瘠的海岸线重获新生，把一系列被废弃的码头变成了风景优美的公园，还坐拥令人惊叹的曼哈顿风光。这里有操场、人行道和草坪，可看和可做的事情很多。

★康尼岛 *景区*

（Coney Island；见79页地图；www.coneyisland.com；Surf Ave & Boardwalk, W 15th St和W 8th St之间；S D线/F线, N线/Q线至Coney Island-Stillwell Ave）从中城乘地铁，大约50分钟即可到达这个备受欢迎的海滩社区，非常适合一日游。康尼岛宽阔多沙的海滩保留着怀旧、媚俗和简单的魅力，它的木板路和建于1927年的著名过山车"龙卷风"（Cyclone）坐落在一个现代的游乐场中间。这里还有供应热狗的Nathan's Famous（见130页），适合儿童的纽约水族馆（New York Aquarium；www.nyaquarium.com），可以在傍晚观看棒球赛的MCU Park（718-372-5596；www.brooklyncyclones.com；1904 Surf Ave, 在17th St, Coney Island；门票 $10~20，周三 所有门票 $10；S D线/F线, N线/Q线至Coney Island-

Stillwell Ave),以及小职业球队联盟(Brooklyn Cyclones)的滨海体育场。

该地区游乐场的起源可以追溯到19世纪中期,当时居住在这个日益工业化的城市里的人们开始想要从夏季闷热的公寓中寻求解脱。到了19世纪晚期,该地区成为了一个混乱的聚会场所,被称为"海边的所多玛"。然而,在20世纪初,家庭娱乐活动开始出现。最著名的月神公园(Luna Park)于1903年开放时是一个梦幻的世界,里面有活的骆驼和大象,夜间,这里会被一百多万个灯泡照亮。如今,还有可能乘坐"神奇之轮"(Wonder Wheel;1920年开放)和克拉特龙卷风过山车(Cyclone roller coaster;1927年开放)。该地区在20世纪80年代的时候有点儿像一个鬼城,但近年来它已经历了一次复兴,吸引了许多喜欢吃热狗的纽约人。在一年一度的**美人鱼游行**(Mermaid Parade;⊙6月下旬)时,还可以看到穿插表演和打扮得像朋克美人鱼一样的人们。但这里并不是迪士尼——这并非它存在的意义。

★ 布鲁克林博物馆 博物馆

(Brooklyn Museum;见79页地图;☏718-638-5000;www.brooklynmuseum.org;200 Eastern Pkwy, Prospect Park;建议捐赠 $16, 19岁及以下 免费;⊙周三和周五至周日 11:00~18:00,周四 至22:00;♿;⑤2号线/3号线至Eastern Pkwy-Brooklyn Museum)这座百科全书式的博物馆坐落在一个由麦克基姆(McKim)、米德(Mead)和怀特(White)设计的五层楼的艺术建筑中,总面积56万平方英尺。如今,这里收藏了150多万件藏品,其中包括古代文物、19世纪的房间,以及几个世纪以来的雕塑和绘画。这里是一个不错的场所,经常举办引人深思的临时展览。每个月的第一个周六(除了9月)会举办特别活动(现场音乐、表演艺术),届时博物馆会一直开放到23:00。

★ 展望公园 公园

(Prospect Park;☏718-965-8951;www.prospectpark.org;Grand Army Plaza;⊙5:00至次日1:00;⑤2号线、3号线至Grand Army Plaza, F线至15th St-Prospect Park)展望公园占地585英亩,它的创造者弗雷德里克·劳·奥姆斯特德(Frederick Law Olmsted)和卡尔弗特·沃克斯(Calvert Vaux)认为这座公园是在纽约的另一个项目(中央公园)基础上改进而成。该公园建于1866年,它与中央公园有许多相同的特征。这里非常漂亮,西半部有一大片草地,里面到处是足球、橄榄球、板球和棒球运动员(和烧烤的人们),东侧有一些起伏的小树林、一个风景优美的湖泊和一些船屋。

纽约交通博物馆 博物馆

(New York Transit Museum;见79页地图;☏718-694-1600;www.mta.info/mta/museum;Schermerhorn St, 在Boerum Pl;成人/儿童 $10/5;⊙周二至周五 10:00~16:00,周六和周日 11:00~17:00;♿;⑤2号线/3号线,4号线/5号线至Borough Hall;R线至Court St)博物馆坐落在一处旧地铁站(建于1936年,自1946年一直在使用)中,已经拥有100多年的历史,很适合带孩子们一起参观。精华部分是楼下的区域,在站台上,你可以爬上13辆能追溯至1904年的早期地铁和高架火车。临时展览主要是关于地铁的迷人历史,其中的一个专门介绍了最近启用的第二大道线路。博物馆的礼品店出售地铁地图礼品,很受欢迎。

布鲁克林植物园 花园

(Brooklyn Botanic Garden;见79页地图;www.bbg.org;150 Eastern Pkwy, Prospect Park;成人/儿童 $12/免费,周二和周六 10:00至正午 免费;⊙周二至周五 8:00~18:00,周六和周日 10:00~18:00,冬季时间变化不定;♿;⑤2号线、3号线至Eastern Pkwy-Brooklyn Museum)这座占地52英亩的公园,是布鲁克林风景最美的地方之一,院内有数千种植物和树木,还有一个**日本花园**,内有河龟沿着一个神社游泳。这里最佳的游览时间是4月底或5月初,届时会有**樱花节**(Sakura Matsuri)庆祝樱花怒放(这些树是来自日本的礼物)。

布鲁克林儿童博物馆 博物馆

(Brooklyn Children's Museum;见79页地图;☏718-735-4400;www.brooklynkids.org;145 Brooklyn Ave, 在St Marks Ave, Crown Heights;11,周四 14:00~18:00 免费;⊙周二至周日 10:00~17:00;♿;⑤C线至Kingston-Throop Aves;3号线至Kingston Ave)这座亮黄色的L形建筑建

于1899年,是孩子们的最爱。藏品中包括近30,000件文物(乐器、面具和玩偶)和自然历史标本(岩石、矿物和完整的亚洲象骨架)。但是,这里是布鲁克林的缩影——这里有一个重建的酒窖、一家比萨店和一个加勒比市场,孩子们可以在里面进行角色扮演。该博物馆坐落在布劳尔公园(Brower Park)旁边,距离大将军广场(Grand Army Plaza)约1英里。

Brooklyn Brewery 啤酒厂

(见79页地图; ☎718-486-7422; www.brooklynbrewery.com; 79 N 11th St, Berry St和Wythe Ave之间; 团队游 周六和周日 免费,周一至周四 $15; ⊙团队游 周一至周四 17:00,周六 13:00~17:00, 周日 13:00~16:00, 品酒室 周五 18:00~23:00, 周六 正午至20:00, 周日 正午至18:00; ⓢL线至Bedford Ave) Brooklyn Brewery让人回忆起纽约还是啤酒酿造中心的那个时代, 这里不仅酿造和供应美味的当地啤酒, 还能引导游客参观设备。

布鲁克林高地海滨大道 观景点

(Brooklyn Heights Promenade; Orange St和Remsen St之间; ⊙24小时; ⓢ2号线/3号线至Clark St) 布鲁克林高地所有东西向(如Clark St和Pineapple St)的小巷都能带您到达这个社区的头号景点:一个狭窄的公园,悬于繁忙的布鲁克林—皇后区高速路(Brooklyn-Queens Expwy, 简称BQE)之上,可以看到下曼哈顿区和纽约港的美景。这个城市中美丽的小区域是夕阳中漫步的好去处。

◉ 布朗克斯区

嘻哈音乐的故乡,以南布朗克斯区的街头文化和可以把纽约人带到偏远北部的高速公路网而闻名。事实上,布朗克斯区像市区一样充满绿色:波浪山(Wave Hill)、范·科特兰公园(Van Cortlandt Park)、佩勒姆湾公园(Pelham Bay Park)和纽约植物园(New York Botanical Gardens)只是该地区的几片绿地。果园海滩(Bronx Riviera)在夏天吸引了大批游客,而美国最古老、最大的动物园也在这里。大广场街(Grand Concourse)沿线林立着许多建筑瑰宝,而亚瑟大街(Arthur Ave)则是品尝传统意大利红辣椒酱的好去处。

洋基体育场 体育场

(Yankee Stadium; 见79页地图; ☎718-293-4300, 团队游 646-977-8687; www.newyork.yankees.mlb.com; E 161st St, 在River Ave; 团队游 $20; ⓢB线/D线, 4号线至161st St-Yankee Stadium) 波士顿红袜队(Boston Red Sox)喜欢谈论他们在过去90年里8次赢得世界职业棒球大赛冠军的纪录……好吧, 洋基队(Yankees)在这段时间里只赢了27场。球队的魔力似乎已经和他们一起跨越了161 St, 来到了新洋基体育场。2009年, 他们在这里开始了第一个赛季——在6场比赛中战胜费城人队(Phillies), 赢得了世界职业棒球大赛的冠军。洋基队的赛季是4月到10月。

布朗克斯动物园 动物园

(Bronx Zoo; 见79页地图; ☎718-220-5100; www.bronxzoo.com; 2300 Southern Blvd; 完整体验票 成人/儿童 $37/27, 周三 建议捐赠; ⊙4月到10月 周一至周五 10:00~17:00, 周六和周日 至17:30, 11月至次年3月 至16:30; ⓢ2号线, 5号线至West Farms Sq-E Tremont Ave) 这个占地265英亩的动物园是美国最大和最古老的动物园, 拥有超过6000只动物。这里为动物们重新创造了世界各地的栖息地, 从非洲的平原到亚洲的热带雨林。毫无疑问, 这里非常受欢迎, 尤其是在周三和周末有打折活动时, 在7月或8月的任何一天(可能是周一早上)也会有打折活动。如果乘坐地铁前往, 西南部的Asia Gate (位于West Farms Sq-E Tremont Ave站点以北几个街区, Boston Rd沿线)是前往动物园最便利的站点。

纽约植物园 花园

(New York Botanical Garden; ☎718-817-8716; www.nybg.org; 2900 Southern Blvd; 工作日 成人/儿童 $23/10, 周末 $28/12, 周三和周六 9:00~10:00 免费入场; ⊙周二至周日 10:00~18:00; ⓕ; ⓡMetro-North至Botanical Garden) 纽约植物园于1891年首次开放, 包含50英亩的古老森林。这里是经过修复的Enid A Haupt Conservatory的所在地。Enid A Haupt Conservatory是一座宏伟的维多利亚

步行游览
街区漫步

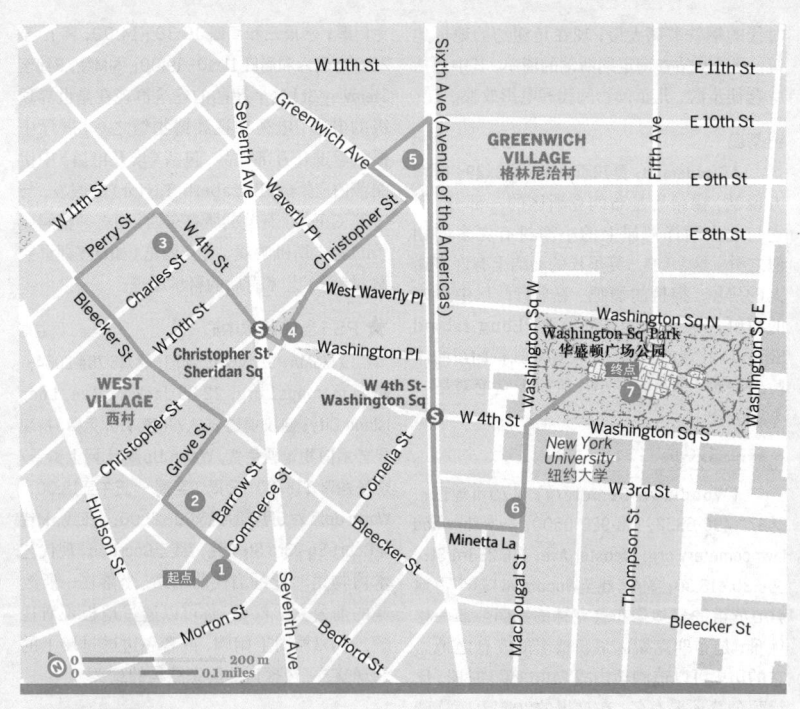

起点: Commerce St
终点: 华盛顿广场公园
距离: 1.2英里
需时: 1小时

在纽约市的所有街区中，格林尼治村是最适合漫步的，它标志性的棋盘式街道铺着鹅卵石，通向岛的其余地方。从 ❶ **樱桃巷剧场** 开始你的徒步旅行。这个小剧场成立于1924年，是全市持续运行时间最长的外百老汇剧场，在20世纪40年代，这里是创意活动的中心。

在贝德福德向左转，你会看到右手边格罗夫街拐角处的 ❷ **贝德福德90号**。你可能会认出这座公寓楼就是《老友记》中演员们虚拟的家。要看另一个偶像级的电视剧标志，就走上布利克街，在佩里街右转，到达 ❸ **佩里街66号**，这里是21世纪之交的《欲望都市》中纽约潮女凯莉·布雷萧(Carrie Bradshaw)家的立面和门廊。

在西四街(W 4th St)右转直走，到达 ❹ **克里斯托弗公园**，那里有两座白色、真人大小的同性恋伴侣雕像。绿地北侧是传说中的石墙酒吧(Stonewall Inn)，1969年，一群忍无可忍的变装皇后在这里为他们的公民权利举行暴动，成为同性恋群体争取公民权的开始。

接着穿过克里斯托弗街到第六大道，会看到横跨三角地带的 ❺ **杰斐逊市场图书馆**。这座罗斯金哥特式的尖塔曾经是防火瞭望台，19世纪70年代的时候，它曾被用作法院，但如今是公共图书馆的一个分支。

沿着第六大道漫步，穿过川流不息的人群，然后在米尼塔巷向左转到 ❻ **Café Wha?**，那里臭名昭著，却也曾是许多如鲍勃·迪伦和理查德·普莱尔(Richard Pryor)这样的年轻音乐家和喜剧演员开始追逐梦想的地方。

进一步沿着麦克道格尔街前往 ❼ **华盛顿广场公园**，结束你的漫步。那里是格林尼治村的非官方广场，这里每天聚集着闲逛的纽约大学学生、街头艺人和一群常见的抗议者，他们议论着地方上乃至全世界的各种不公。

时代的钢铁玻璃大厦，现在是纽约的地标建筑。登录网站查询定期活动的清单，其中包括主题徒步游、儿童读物阅读和电影放映。

锡蒂岛 *岛屿*

（City Island；见79页地图；🚌Bx29）按官方说法，锡蒂岛是布朗克斯区的一部分，但它与大西洋海岸上的小渔村有更多的相似之处。这个约1.5英里长的岛屿上有许多迷人的房屋、拥挤的酒吧、五个行政区中最好的海鲜，当然，还有长岛海峡（Long Island Sound）壮观的景色。如果你对独特的纽约体验感兴趣，那么这一小片航海天堂绝对是一个好去处。

伍德劳恩公墓 *墓地*

（Woodlawn Cemetery；见79页地图；☎877-496-6352, 718-920-0500；www.thewoodlawncemetery.org；Webster Ave, 在E 233rd St；⏰8:30~16:30；🚇4号线至Woodlawn）这个占地400英亩的墓地像布鲁克林的绿荫公墓一样优雅，是布朗克斯区最负盛名的安息之地。它的历史可以追溯至内战（1863年）时期，比绿荫公墓还要有名。在这里的30多万座墓碑中，包括赫尔曼·梅尔维尔（Herman Melville），以及迈尔斯·戴维斯（Miles Davis）和艾灵顿公爵（Duke Ellington）等爵士乐大师的墓碑。如果你想拍照片，请在前台获得一张拍照许可。

👁 皇后区

皇后区是纽约市最大的行政区，有将近一半的外国居民，是一个真正的"小世界"。不过，除了法拉盛中心区和东河公寓，大都是杂乱无章的郊区（想想电视节目《皇后区之王》）和各种各样的社区。对其他纽约人来说，这是一个陌生的地方，它远离时尚的布鲁克林，皇后区的各个角落和城市里的任何地方都一样迷人。你可以在各国风味的餐馆和熟食店里用餐、在时尚的岩石海滩上冲浪，参观分散在皇后区各地的当代艺术中心。

★ 动态图像博物馆 *博物馆*

（Museum of the Moving Image；见79页地图；☎718-777-6888；www.movingimage.us；36-01 35th Ave；成人/儿童 $15/7，周五16:00~20:00免门票；⏰周三和周四10:30~14:00，周五至20:00，周六和周日11:30~19:00；🚇M线，R线至Steinway St）这个超酷的建筑群现在是世界顶级的电影、电视和视频博物馆之一。展厅中播放着逾13万部作品，包括《埃及艳后》中伊丽莎白·泰勒（Elizabeth Taylor）的假发，与《宋飞正传》有关的所有东西，还有一整间屋子的老式街机游戏。交互展览（如DIY翻页数站）展示了艺术背后的科学原理。

★ PS 1当代艺术中心 *画廊*

（MoMA PS1；见79页地图；☎718-784-2084；www.momaps1.org；22-25 Jackson Ave, Long Island City；建议捐赠 成人/儿童 $10/免费，持现代艺术博物馆票免费，Warm Up派对 网上购票/现场购票 $18/20；⏰周四至周一 正午至18:00，Warm Up派对 6月至8月 15:00~21:00；🚇E线，M线至Court Sq-23rd St；G线，7线至Court Sq）现代艺术博物馆时髦的当代前哨站，坐落在一所改建的前公立学校里，你可以透过地板观看视频，在DJ派对上闲聊，或者一边透过墙上的洞观察，一边探讨非静态结构的意义。

托滕堡 *古迹*

（Fort Totten；见79页地图；☎718-352-4793；https://www.nycgovparks.org/parks/fort-totten-park；Totten Ave & 15 Rd, Bayside；⏰7:00~21:00；🚌Q16）**免费** 一个废弃的内战时期的堡垒遗迹，这里的公园就是以它命名的，但托滕堡所能提供的并不只有这些。这里到处都是历史建筑、连绵起伏的田地，甚至还有一个公共游泳池。特别团队游全年运营，尤其是万圣节主题的鬼灯之旅不容错过。由于公园位于城市的最边缘，因此拥有纽约市罕见的宁静。

纽约科学馆 *博物馆*

（New York Hall of Science；见79页地图；☎718-699-0005；www.nysc.org；47-01 111th St；成人/儿童 $16/13，周五14:00~17:00和周日10:00~11:00免费；⏰周一至周五 9:30~17:00，周六和周日10:00~18:00；🚇7号线至111th St）这座科学博物馆坐落在1965年的一栋奇怪的建筑里，那里的彩色玻璃闪闪发光，非常奇异。户外的迷你高尔夫球场和运动场可以让你的大脑得到放松。

当地知识

地铁是你的朋友

了解疯狂的纽约地铁的几点建议：

数字、字母、颜色 用颜色编码的地铁线路是以字母或数字来命名的，每条线约有2~4组列车。

快车和慢车 经常出现的错误是不小心登上了"快车"，然后列车从你想要下车的慢车站疾驰而过。要知道，每条色彩编码的线路都有慢车（local train）和快车（express train）；后者只在曼哈顿的几个车站停车（在地铁地图上用白色圆圈标示）。例如，在红线上，2号和3号是快车，而较慢的1号则在慢车站停车。如果你前往的地方较远——比如从上西区到Wall St——你最好转乘快车（通常在慢车站台的对面），以节省时间。

别进错站 一些车站——比如6号线上的SoHo的Spring St车站——前往下城区和上城区有不同的入口（请仔细阅读标识）。如果你在错误的地方刷卡——就像当地人偶尔做的那样——你要么需要坐地铁去一个可以免费换乘的车站，要么就浪费$2.75，然后重新进入车站（通常是在街对面）。还要在每个车站入口处的楼梯上寻找绿色和红色的灯；绿色意味着它总是开放的，而红色意味着特定的入口将在特定的时间关闭，通常是在深夜。

周末 所有的规则在周末都会被打乱，一些线路会与其他线路合并，一些线路会暂停使用，一些车站不停车，而另一些车站则会停车。当地人和游客都会站在站台上感到困惑，有时甚至是愤怒。登录www.mta.info查询周末的日程安排。有时，在你到达站台之前是看不到张贴的告示的。

皇后区博物馆

博物馆

（Queens Museum，简称QMA；见79页地图；☎718-592-9700；www.queensmuseum.org；Flushing Meadows Corona Park, Queens；建议捐款成人/儿童 $8/免费；◎周三至周日11:00~17:00；§7号线至111th St或Mets-Willets Point）皇后区博物馆是这座城市意想不到的乐趣之一。其中著名的装置是纽约市全景图（Panorama of New York City），它是占地9335平方英尺的纽约市的微缩版，囊括了纽约市所有的建筑，还有一个15分钟的黄昏到黎明的光线模拟。该博物馆还举办全球当代艺术的顶级展览，反映了皇后区的多样性。即将到来的精彩展览将会带你探索一些有趣、前卫的纽约设计，这些设计会通过绘画和3D模型来实现。

大里奇伍德历史协会

房屋

（Greater Ridgewood Historic Society；见79页地图；www.onderdonkhouse.org；1820 Flushing Ave, Ridgewood；建议捐赠$3；◎周六13:00~16:00，周日正午至16:00；§L线至Jefferson St）在布鲁克林区的布什维克和皇后区的里奇伍德交界的一个荒凉街区上，坐落着纽约最古老的荷兰殖民石屋。房屋的庭院和外观保存完好，屋内有一个关于该房屋和纽约历史的常设展览。周六和周日有导览游（建议捐赠），而且全年都有特别的活动。

考夫曼艺术区

艺术中心

（The Kaufman Arts District；见79页地图；http://www.kaufmanartsdistrict.com/；34-12 36th St；§M线或R线火车至Steinway St, N线或Q线火车至36th St）由长岛市传奇的考夫曼工作室管理，你一定会想要游览一下这个很有前途的艺术区，这样的话，你就可以说在它成为新切尔西之前，就已经知道了它的存在。除了像野口勇博物馆这样的机构外，考夫曼艺术区还在该地区举办活动和公共艺术作品展。这里还有很多餐厅和酒吧，可供你在画廊参观期间落脚。

巨型地球仪

纪念碑

（Unisphere；见79页地图；Flushing Meadows Park；§7号线至111th St或Mets-Willets Point）这个12层楼高的不锈钢球是为1964年的世界博览会设计的，它是法拉盛草原公园（Flushing Meadows Park）的焦点，也是皇后区的标志。如今,它可能是辨识度最高的一个背景,因为它曾经作为野兽男孩(Beastie Boys)的 Licensed to Ill 专辑封面以及在电影《黑衣人》(Men in Black)及《钢铁侠2》(Iron Man 2)的场景中出现过。在夏天,这里被喷泉所环绕;在其他时候,这里是滑板爱好者的天堂。

⊙ 史坦顿岛

史坦顿岛的感觉与曼哈顿有天壤之别。这是少林的土地(根据武当派的说法),天鹅绒运动服、意大利面和肉汁(红肉酱)随处可见,这里还是纽约市马拉松的起点,有许多隔板和铝制墙板的房屋,还是《泽西海岸》MTV 中的三名演员的故乡。如果不是因为它的同名渡轮(这些渡轮停泊在位于岛屿东北角的圣乔治市中心的码头),这个地方可能会被人们遗忘。这是一个朴素的郊区,但它依然有着自己的吸引力,尤其是文化和美食,以及圣乔治的新发展,如一个630英尺高的新摩天轮——世界上最高的摩天轮。

🚶 活动

★ 史坦顿岛渡轮 　　　　　　　　　游轮

(Staten Island Ferry;见80页地图;www.siferry.com; Whitehall Terminal, 4 South St, 在 Whitehall St; ⊙24小时; ⓢ1号线至South Ferry; R线/W线至Whitehall St; 4号线/5号线至Bowling Green)[免费] 史坦顿岛的居民们都知道这些笨重的橙色渡轮是通勤的交通工具,而曼哈顿人则喜欢把它们看作春季一日游的浪漫而隐秘的交通工具。然而,许多游客(据统计,每年有200万游客)被"史坦顿岛渡轮"的魅力所吸引,它长达25分钟,距离5.2英里的旅程穿越了下曼哈顿区和史坦顿岛的圣乔治社区,这是纽约市最好的免费探险活动之一。

Central Park Bike Tours 　　　　　骑车

(见102页地图; ☎212-541-8759; www.centralparkbiketours.com; 203 W 58th St, 在 Seventh Ave; 租用自行车2小时/每天$14/28, 2小时团队游$49; ⊙9:00~20:00; ⓢA线/C线, B线/D线, 1号线至59th St-Columbus Circle)这个地方出租优质的自行车(包括头盔、锁和自行车地图),并组织2小时的中央公园和布鲁克林地区的导览游。

俄国与土耳其浴室 　　　　　　　　浴室

(Russian & Turkish Baths;见92页地图; ☎212-674-9250; www.russianturkishbaths.com; 268 E 10th St, First Ave和Ave A之间;每次参观$45; ⊙周一至周二和周四至周五 正午至22:00, 周三 10:00~22:00, 周六 9:00~22:00, 周日 8:00~22:00; ⓢL线至First Ave, 6号线至Astor Pl)自1892年以来,这个拥挤而破旧的市中心浴室吸引着形形色色的人:演员、学生、活泼的夫妇、想要脱单的人们、俄罗斯常客和古板的当地人,他们脱下外衣(或穿着浴室提供的宽敞的棉短裤),往返于蒸汽浴室、冷水池、桑拿房和阳台之间。大多数时间是男女共浴(需要穿衣服),但是也有几个男/女分开的区域(穿不穿衣服均可)。这里还有按摩、磨砂和俄罗斯橡木叶治疗。

Great Jones Spa 　　　　　　　　水疗

(见92页地图; ☎212-505-3185; www.greatjonesspa.com; 29 Great Jones St, Lafayette St和Bowery之间; ⊙9:00~22:00; ⓢ6号线至Bleecker St; B线/D线/F线/M线至Broadway-Lafayette St)不要吝啬于前往这个位于市中心的风水宝地,其产品包括摩洛哥玫瑰海盐和干细胞美容。如果你们的人均消费超过$100美元(并不难:1小时的按摩$145起;1小时的面部护理$135起),就可以进入水疗休息室,那里有热水浴缸、桑拿房、蒸汽房和冷水池(需要穿泳装)。

Downtown Boathouse 　　　　　皮划艇

(见80页地图; www.downtownboathouse.org; Pier 26, N Moore St附近; ⊙5月中旬至10月中旬 周六和周日 9:00~17:00, 外加6月中旬至9月中旬 周二至周四 17:00~19:30; ⓢ1号线至Houston St)[免费] 在周末和一些工作日的晚上,纽约最活跃的公共船屋会在哈得孙河受保护的海湾中提供20分钟的免费皮划艇活动(含设备)。更多的活动有皮划艇旅行、立式冲浪板冲浪和课程——请访问www.hudsonriverpark.org获得哈得孙河上的另外四个划皮划艇地点的信息。总督岛(Governors Island;见79页地图; ☎212-825-3045; www.govisland.com; ⊙5月至10月 10:00~18:00, 周六和周日 至19:00; ⓢ4号线/5号线至Bowling Green; 1号线至South Ferry)[免费] 上还有仅限夏季进行的皮划艇活动。

Loeb Boathouse
划船、骑车

（见102页地图；☎212-517-2233；www.thecentralparkboathouse.com；Central Park, E 74th St和75th St之间；划船 每人 $15, 自行车出租 每车 $9~15；⏰4月至11月 10:00~18:00；🚇；ⓈB线, C线至72nd St; 6号线至77th St）中央公园的船屋有100艘小船，如果你不想自己划船的话，还有一艘威尼斯风格、最大载客人数6人的贡多拉可以乘坐。如果天气允许，也可以骑自行车（含头盔）。租用自行车需要身份证和信用卡。

Schooner Adirondack
游轮

（见96页地图；☎212-627-1825；www.sail-nyc.com；Chelsea Piers Complex, Pier 62在W 22nd St；团队游 $52~86；ⓈC线, E线至23rd St）从5月到10月，双桅船"Dack"号会开往纽约港，船程2小时，每天往返4次。20世纪20年代风格、长80英尺的Manhattan和长100英尺的Manhattan II 游艇整周提供团队游。致电或登录网站了解最新信息。

👉 团队游

NBC演播厅团队游
步行游览

（NBC Studio Tours；见96页地图；☎212-664-3700；www.thetouratnbcstudios.com；30 Rockefeller Plaza, 入口在1250 Sixth Av；团队游 成人/儿童 $33/29, 6岁以下儿童不得入内；⏰周一至周五 8:20~14:00, 周六和周日 至17:00；ⓈB线/D线/F线/M线至47th-50th Sts-Rockefeller Center）改进后的团队游将带领电视粉丝们参观NBC的部分演播厅，期间还会穿插讲述一些奇闻异事。这里是偶像电视节目《周六夜现场》（*Saturday Night Live*）和《肥伦今夜秀》（*The Tonight Show Starring Jimmy Fallon*）诞生的地方。停留地点通常包括装饰精美的装饰艺术圆形大厅（Art Deco Rotunda）、两个演播室和NBC广播运营中心（NBC Broadcast Operations Center）。在旅游工作室里，你可以成为"明星"或"录制"你自己的脱口秀节目。请在线预订，以避免排队。

On Location Tours
巴士游

（☎212-683-2027；www.onlocationtours.com；团队游 $49）面对现实吧：你想坐在凯莉·布拉德肖（Carrie Bradshaw）公寓的门廊里，并前往迈克尔·基顿（Michael Keaton）在《鸟人》中经常光顾的酒吧。这家公司提供各种各样的旅游服务——行程涉及《绯闻女孩》（*Gossip Girl*）、《欲望都市》（*Sex and the City*）、《黑道家族》（*The Sopranos*）、《纽约的绝望主妇》（*Real Housewives of NYC*），普通的电视和电影拍摄地，以及中央公园的电影拍摄点——可以让你尽情地沉浸在娱乐幻想之中。

Big Onion Walking Tours
步行游览

（☎888-606-9255；www.bigonion.com；团队游 $25）有近30个团队游可供选择，包括布鲁克林大桥和布鲁克林高地、纽约"官方"帮派之旅、同性恋历史之旅（在石墙，切尔西和高线公园之前）。

城市艺术协会
步行游览

（Municipal Art Society；☎212-935-3960；www.mas.org；团队游 $25起）城市艺术协会组织以建筑和历史为主题的，各种各样的固定行程团队游，其中包括一个75分钟的纽约中央车站（Grand Central Terminal；见95页）之旅，每天12:30从车站的主广场（Main Concourse）出发。

中央公园管理局
步行游览

（Central Park Conservancy；见102页地图；☎212-310-6600；www.centralparknyc.org/tours；14 E 60th St, Madison Ave和Fifth Ave之间；ⓈN线/R线/W线至5th Ave-59th St）维护中央公园的非营利组织，也提供公园周围的各种徒步游。有些团队游是免费的（如公园中心之旅，带领你游览公园的亮点），而其他的团队游则需$15, 而且需要提前预订。

Big Apple Greeter（可入内）
团队游

（☎212-669-8198；www.bigapplegreeter.org）**免费** "Big Apple Greeter"项目的员工有50多名残疾人志愿者（视障或非视障人士），他们很乐意展示自己最喜欢的城市角落。该团队游是免费的，而且公司实施不收小费政策。最好提前三到四周联系他们。

皇后区历史协会
步行游览

（Queens Historical Society；☎718-939-

带孩子游纽约

美国自然历史博物馆（见105页）里的恐龙标本、海洋世界、天文馆和IMAX电影都不容错过。几乎所有的大型博物馆——大都会艺术博物馆（见106页）、现代艺术博物馆（见95页）、古根海姆博物馆（见106页）、纽约市博物馆（见107页）和库珀-休伊特国家设计博物馆（见106页）——都有儿童项目，但许多较小的机构对年轻的游客更有吸引力。就连纽约历史协会（见105页）也有自己的儿童历史博物馆。

幼儿时间

如果带着1至5岁的儿童旅行，可以到SoHo西部的**儿童艺术博物馆**（Children's Museum of the Arts；见92页地图；212-274-0986；www.cmany.org；103 Charlton St, Greenwich St和Hudson St之间；门票 $12，周四 16:00~18:00 乐捐入场；周一正午至17:00，周四和周五 正午至18:00，周六和周日 10:00~17:00；1号线至Houston St；C线/E线至Spring St）和皇冠高地（Crown Heights）**布鲁克林儿童博物馆**（见109页）。这两个地方都有故事时间、艺术课、手工时间和绘画课。

5岁及以上儿童

大一点的孩子可以在纽约交通博物馆（见109页）里爬上老式的地铁车厢，或者在纽约市消防博物馆（见83页）在一根杆子上滑上滑下。在阿斯托里亚，动态图像博物馆（见112页）为孩子们提供了互动式展览。

0647；www.queenshistoricalsociety.org；143-35 37th Ave, Flushing；门票 $5，团队游 $20起；周二、周六和周日 14:30~16:30；7号线至Flushing-Main St）坐落在18世纪的金士兰庄园，这个团体有一个小博物馆，并组织游览皇后区各地的徒步游，其中包括附近与早期的宗教自由运动和后来的地下铁路（Underground Railroad）建设相关的遗址。

节日和活动

中央公园莎士比亚节　　　　　戏剧节

（Shakespeare in the Park；www.publictheater.org）为了表达对深受人们喜爱的莎士比亚的敬意，中央公园里会举办免费的演出。这是一个神奇的体验。你得等上几个小时才能拿到票，也可以在网上购买彩票，看看是否能抽到门票。

翠贝卡电影节　　　　　　　　电影节

（Tribeca Film Festival；212-941-2400；www.tribecafilm.com；4月）翠贝卡电影节于2003年由罗伯特·德·尼罗（Robert De Niro）和简·罗森塔尔（Jane Rosenthal）创立，现在是独立电影圈的主要节日。每年春天，明星们都会前来走红毯。

餐馆周　　　　　　　　　　　餐饮节

（Restaurant Week；212-484-1222；www.nycgo.com/restaurant-week；1月至2月和7月至8月）1月和2月、7月和8月举行的节日，届时，顶级的餐馆大都会大打折扣。三道菜的午餐价格约为$29，晚餐约为$42。

圣吉纳罗节　　　　　　　　街头狂欢节

（San Gennaro Festival；www.sangennaro.org；9月）在小意大利的狭窄街道上，喧闹而忠诚的人们聚集在一起，参加狂欢节游戏、品尝香肠和辣椒三明治、油炸奥利奥等意大利美食。该节日在9月中旬举行，为期10天，至今仍然是旧世界的传统；2017年是该节日举办的第90个年头。

住宿

一般来说，住宿价格高昂，住宿空间狭小。房价依房间的实用性，而非旺季或淡季的规律而定。当然，节假日期间价格特别高。无论是千篇一律的连锁旅馆，还是时尚的精品酒店，房间很快就会被预订一空，尤其是在夏季。在曼哈顿有各种各样的住宿地点，而在布鲁克林和皇后区可以找到性价比更高的酒店。

金融区和下曼哈顿区

Wall Street Inn 酒店 $$

（见80页地图；212-747-1500；www.thewallstreetinn.com；9 Swilliam St；房间 $140~280；❄☎；S 2号线/3号线至Wall St）这个价格实惠、气氛温馨的旅馆拥有端庄的石头外观，里面是温暖的殖民风格装饰。这里的床又大又长，房间里有光滑的木制家具和长长的窗帘。浴室里有许多令人愉快的设施，如豪华房里的按摩浴缸和其他房间里的浴缸。房价包含Wi-Fi和早餐。

SoHo和唐人街

Bowery House 青年旅舍 $

（见92页地图；212-837-2373；www.theboweryhouse.com；220 Bowery, Prince St和Spring St之间；公用浴室 标单/双 $80/130起；❄☎；S R线/W线至Prince St）位于新博物馆对面，这个20世纪20年代的廉价旅馆如今被翻新成为高档青年旅舍，隔出的小房间里挂满了以Bowery为主题的电影海报，床垫也是定制的（更短更窄），公共浴室有淋浴及地热。还有一个时尚的休息室，内有切斯特菲尔德大沙发、吊灯、喧闹的酒吧和屋顶露台。

轻度睡眠者可能会希望避开这个地方，因为这里吸引着许多热爱夜生活的人；每个房间里都配备了耳塞。

Soho Grand Hotel 精品酒店 $$

（见92页地图；212-965-3000；www.sohogrand.com；310 W Broadway；双 $255~700；❄@☎；S A线/C线/E线至Canal St）这是本区开业最早的精品酒店，至今仍风采不减，里面有着令人震撼的玻璃和铸铁结构大厅楼梯、367间干净整洁的房间，房间内都带有芙蕾特（Frette）高级亚麻床单、等离子平板电视和Kiehl's化妆品，大厅的大休息室非常热闹，到处都是游客，偶尔还会看到名人。狗狗也可以入内，还有许多可供狗狗使用的设施。

Solita SoHo 酒店 $$

（见92页地图；212-925-3600；www.solitasohohotel.com；159 Grand St, 在Lafayette St；房间 $185~285起；❄☎；S N线/Q线/R线、6号线至Canal St）如果想要感受唐人街和小意大利（不断缩小）的氛围，Solita酒店是一个不错的选择。作为Ascend连锁店的一部分，这里有干净、实用的大堂和略呈八角形的小房间，房内有宽大的床和带有双按摩淋浴头的独立浴室。淡季的房价不到$150。

东村和下东区

St Mark's Hotel 酒店 $

（见92页地图；212-674-0100；www.stmarkshotel.net；2 St Marks Pl, 在Third Ave；双$130起；❄☎；S 6号线至Astor Pl）这家东村经济型的下榻处吸引了年轻的夜生活人群，他们喜欢在纽约热闹的酒吧和餐馆出没。鉴于价格如此之低，你最好降低期望，因为房间很小，而且非常陈旧。对于轻度睡眠者来说，街头噪音是一个问题，而且也没有电梯。

Bowery Hotel 精品酒店 $$$

（见92页地图；212-505-9100；www.theboweryhotel.com；335 Bowery, 2nd St和3rd St之间；房间 $295~535；❄@☎；S F线/V线至Lower East Side-Second Ave, 6号线至Bleecker St）在黑暗的、安静的大厅里，用带着红色流苏的老式金色房间钥匙打开房门，映入眼帘的是古朴的天鹅绒椅子和褪色的波斯地毯。沿着铺着瓷砖的地板走到你的房间，就会看到巨大的工厂窗户和优雅的四柱床。你可以在42寸的等离子电视上观看电影，或者体验一下豪华的浴室用品。

Bowery的锌片屋顶酒吧、室外的花园露台和乡村风格的意大利餐厅Gemma总是挤满了人。

西村、切尔西和肉库区

Jane Hotel 酒店 $

（见92页地图；212-924-6700；www.thejanenyc.com；113 Jane St, Washington St和West Side Hwy之间；房间 带公共/独立浴室 $115/295起；P❄☎；S L线至Eighth Ave, A线/C线/E线至14th St, 1号线/2号线至Christopher St-Sheridan Sq）患有幽闭恐怖症的人会想要避开这里50平方英尺的房间，但如果你想要体验一下豪华的水手生活，那一定要来这个翻新过的红砖建筑珍品，它是在20世纪初为水手们建造的（1912年泰坦尼克号沉船的幸存者曾住在这里)。华丽的舞厅/酒吧看起来就像是五星级酒店里的一样。价格更贵的船长房里有私人洗手间。

Townhouse Inn of Chelsea 民宿 $$

(见96页地图；☎212-414-2323；www.townhouseinnchelsea.com；131 W 23rd St, Sixth Ave和Seventh Ave之间；含早餐 双 $150~300起；❄❂；⑤F线/V线, 1号线至23rd St)这家14个房间的民宿是切尔西的珍宝，位于一栋19世纪的五层大楼内，有裸露的砖墙和木质的地板，就在繁忙的第二十三街上。它于1998年被收购，并进行了大规模的翻新(安装了电梯)。如今，这里的房间又大又受欢迎，在大黄铜床或四柱床上铺着精细的亚麻床单，大型衣橱里还放着电视。

Standard 精品酒店 $$$

(见92页地图；☎212-645-4646；www.standardhotels.com；848 Washington St, 在13th St；双 $509起；❄❂；⑤A线/C线/E线至14th St；L线至Eighth Ave)时髦的酒店经营者安德鲁·巴拉斯(André Balazs)已经建造了一座横跨高线公园的，四四方方的宽大玻璃塔。每个房间都可以看到肉库区的景观，充满了阳光，使Standard光滑的木架床和大理石浴室也散发出温馨的光芒。东村也有一个超现代的Standard酒店。

这里的设施堪称一流，有一个热闹的德国啤酒园和一家街道上的小酒馆(冬季是溜冰场)，顶楼还有一个豪华夜总会。其地理位置也是无与伦比，出门即是纽约的精华区域。

High Line Hotel 酒店 $$$

(见96页地图；☎212-929-3888；www.thehighlinehotel.com；180 Tenth Ave, 20th St和21st St之间；双 $470起)这座新哥特式建筑曾经是总神学院(General Theological Seminary；仍在街角的一座大楼里办公)的一部分。在这里住宿能确保安静。这家拥有60个房间的酒店有迷人的客房，摆放着现代和古朴的家具。这里的位置非常适合参观切尔西的画廊，或者在林荫茂密的高线公园漫步。

🏨 联合广场、熨斗区和格拉梅西

Carlton Arms 酒店 $

(见96页地图；☎212-679-0680；www.carltonarms.com；160 E 25th St, 在Third Ave；双带公共浴室/独立浴室 $120/150；❄❂；⑤6号线至23rd St或28th St)Carlton Arms传承了市中心昔日前卫的艺术风格，其室内装饰着来自世界各地的艺术作品。壁画覆盖了五层楼梯的墙壁，以及小巧的客房和公用浴室(每间客房都有一个小洗手台)。

Marcel at Gramercy 精品酒店 $$

(见96页地图；☎212-696-3800；www.themarcelatgramercy.com；201 E 24th St, 在Third Ave；双 $300起；❄@❂；⑤6号线至23rd St)这座酒店风格简约，内有97间房间，对预算紧张的旅行者来说是时尚又精品的酒店，真的还不错。房间简单而现代(标间是步入式衣帽间大小)，其灰色和米色的配色方案与大胆的、浅黄色的切斯特菲尔德式的床头相得益彰。浴室虽然普通，但很干净，而沿街的房间可以看到不错的风景。楼下整洁的休息室是一个放松的好地方。

🏨 中城区

★ Yotel 酒店 $$

(见96页地图；☎646-449-7700；www.yotel.com；570 Tenth Ave, 在41st St, Midtown West；房间 $190起；❄❂；⑤A线/C线/E线至42nd St-Port Authority Bus Terminal, 1号线/2号线/3号线, N线/Q线/R线, S线, 7号线至Times Sq-42nd St)这里共有669个炫酷的房间，有的是未来太空中心风格，有的则是《王牌大贱谍》主题。房间等级按机上舱位等级分类，包括高级客舱(经济舱)、头等舱(商务舱)和贵宾套房(最好)。一些头等舱和贵宾套房还有带有热水浴缸的私人露台。房间虽然小，但被巧妙设计成了高级客舱，甚至还有可以自动调节的床位，所有的客舱都设有景观极佳的落地窗、美观的浴室和iPod连接口。

Pod 51 酒店 $$

(见96页地图；☎212-355-0300；www.thepodhotel.com；230 E 51st St, Second Ave和Third Ave之间, Midtown East；房间 公共浴室/独

立浴室 $165/210起; ❄🛜; Ⓢ6号线至51st St, E线/M线至Lexington Ave-53rd St)想要住进茧里的游客有福了,这就是你要找的地方。这家酒店价格实惠,人气爆棚,提供各式各样的房间,不过大多数房间都只能摆下一张床。房间内有漂亮的寝具、紧凑的工作空间、平板电视、iPod接口和"雨淋式"花洒淋浴。在温暖的月份里,可以在屋顶露台上喝一杯。

414 Hotel 酒店 $$

(见96页地图; ☎212-399-0006; www.414hotel.com; 414 W 46th St, 在Ninth Ave和Tenth Ave之间, Midtown West; 双 $256起; ❄🛜; Ⓢ C线/E线至50th St)这家友好的酒店位于时代广场西侧数个街区之外的地方,为两座褐砂石建筑,看上去更似一家客栈。22间客房很整洁,装饰得很有格调,里面有有线电视、免费Wi-Fi和独立浴室。朝向阴凉内院的房间最安静,在温暖的月份,这个院子也是享用早餐的好地方。

🛏 上西区和中央公园

Hostelling International New York 青年旅舍 $

(见102页地图; ☎212-932-2300; www.hinewyork.org; 891 Amsterdam Ave, 在103rd St; 铺 $54~75; ❄🛜; Ⓢ1号线至103rd St)这栋红砖宅邸于19世纪80年代建成,拥有672张干净的、维护良好的床铺。旅舍看起来具有19世纪的工业风格,有良好的公共区域、一个后院(夏季可以烧烤)、一个公用厨房和一间咖啡馆。这里还提供很多活动,从徒步游到夜店之夜。这里还有一些带有独立浴室的迷人单间。

Lucerne 酒店 $$

(见102页地图; ☎212-875-1000; www.thelucernehotel.com; 201 W 79th St, 在Amsterdam Ave拐角处; 双 $300起; ❄🛜; ⓈB线, C线至81st St)这座与众不同的建筑建于1903年, 它以巴洛克风格代替了古典派风格, 赤褐色的外墙上有华丽的雕刻。酒店内部富丽堂皇, 200间客房非常适合夫妻和带小孩的家庭居住(距离中央公园和美国自然历史博物馆只有一箭之遥)。9种类型的客房内部装饰属于当代维多利亚风格。

Empire Hotel 酒店 $$$

(见102页地图; ☎212-265-7400; www.empirehotelnyc.com; 44 W 63rd St, 在Broadway; 房间 $370起; ❄🛜; Ⓢ1号线至66th St-Lincoln Center)建筑最基本的结构仍是大英帝国的遗留。酒店位于林肯中心对面的街道上, 大规模的翻新后, 呈现朴实的色调和现代风格装饰, 增加了室内的泳池露台、时尚的屋顶酒吧和一个灯光昏暗的大堂休息室, 里面装饰着斑马纹的靠背。这里的400多个房间配置各异, 房内有明亮的墙壁和豪华的深色皮革家具。

🛏 上东区

Bentley Hotel 精品酒店 $$

(见102页地图; ☎212-644-6000; www.bentleyhotelnyc.com; 500 E 62nd St, 在York Ave; 双 $350起; ❄🛜; ⓈN线/R线至Lexington Ave/59th St, Q线至Lexington Ave-63rd St)从酒店里望出去, 即可将东河的壮阔美景尽收眼底, 并可俯瞰FDR Dr以及往东目之所及的一切街景。这家酒店原本是一幢写字楼, 当初的实用主义设计已经被时尚精品酒店式的造型、风头十足的大厅和新潮的房间所掩盖。住在这里的缺点是距离地铁、餐厅和其他必备设施较远。

🛏 哈莱姆区和上曼哈顿区

Harlem Flophouse 客栈 $

(见102页地图; ☎347-632-1960; www.harlemflophouse.com; 242 W 123rd St, Adam Clayton Powell Jr Blvd和Frederick Douglass Blvd之间, Harlem; 双 公共浴室 $99~150; 🛜; ⓈA线/B线/C线/D线, 2号线/3号线至124th St)这座极具氛围的19世纪90年代的市政厅式的连排房屋重新点燃了哈莱姆区的爵士乐时代, 它怀旧的房间里装饰着黄铜床、抛光木地板和老式收音机(可以收听当地的一个爵士电台), 仿若时光倒流, 但这也意味着只有公共浴室, 没有空调, 也没有电视。你可以向房主了解当地信息。

Allie's Inn 民宿 $$

(见102页地图; ☎646-283-3068, 212-690-3813; www.alliesinn.com; 313 W 136th St, Frederick Douglass Blvd和Edgecombe Ave之间, Harlem; 双 $175~259, 套 $310~340; ❄🛜; ⓈB线, C线至

135th St)哈莱姆区这个迷人的地方只有三间客房,干净、舒适,铺着橡木地板,配有简约现代的家具和厨房用具。对于那些想要探索哈莱姆区丰富文化的人们来说,这是一个令人耳目一新的选择。附近有许多诱人的餐馆和酒吧,地铁站就在拐角处。两晚起住。

布鲁克林区

Wythe Hotel 精品酒店 $$

(☎718-460-8000; www.wythehotel.com; 80 Wythe Ave, 在N 11th St, Williamsburg; 双 $265起; ❄@☏; ⓢL线至Bedford Ave; G线至Nassau Ave)这家红砖的酒店坐落在1901年的工厂里,为威廉斯堡带来了极具冲击力的高水平设计。时尚工业风格的客房里有用再生木材制作的床,采用的是定制壁纸(布鲁克林自有的香精纸)、裸露的砖、抛光的混凝土地板和最初的13英尺挑高木天花板。

Nu Hotel 酒店 $$

(☎718-852-8585; www.nuhotelbrooklyn.com; 85 Smith St; 双 $200起; ❄@☏; ⓢF线、G线至Bergen St)这家酒店位于布鲁克林的中心,共有93个简单的房间,房内满是洁白(床单、墙壁、羽绒被)。家具是用回收的柚木制成的,地板是软木制成的。组团前来的话可以考虑双层床套房,有双人床和两位铺位,还可以预订风格更大胆的"新视角"(nu perspectives)房,里面装饰着布鲁克林艺术家的彩色壁画。

皇后区

Local NYC 青年旅舍 $

(☎347-738-5251; www.thelocalny.com; 13-02 44th Ave, Long Island City; 铺/双 $60/169起; ❄☏; ⓢE线、M线至Court Sq-23rd St)这家旅舍的小房间干净、设计简单,有舒适的床垫和充足的自然光。顾客可以使用设备齐全的厨房。通风良好的咖啡厅是一个与其他旅行者会面的好地方,白天有好的咖啡,晚上有葡萄酒和啤酒。每周中的固定几天,这里都会组织一些小活动(电影之夜、现场音乐、酒吧小测验)。

✕ 就餐

从只有公费出行的企业大客户才敢尝试的世界美食,到当地人日常果腹的热狗和切片比萨,纽约的餐饮选择无穷无尽,令人陶醉,是其多元化人口文化背景的最佳证明。即使你不是一个热衷于在各民族秘境里探险,或狂热追随最新开张的厨师餐厅的食客,也总能在附近找到出色的餐厅。

✕ 金融区和下曼哈顿区

Hudson Eats 快餐 $

(见80页地图; ☎212-417-2445; www.brookfieldplaceny.com/directory/food; Brookfield Place, 230 Vesey St, at West St; 菜肴 $7起; ⊙周一至周六 10:00~21:00, 周日 正午至19:00; ☏; ⓢE线至World Trade Center; 2号线/3号线至Park Place; R线/W线至Cortlandt St; 4号线/5号线至Fulton St; A线/C线至Chambers St)Hudson Eats是一个时尚而高档的美食广场,位于重新装修的办公室和零售综合楼群布鲁克菲尔德广场(Brookfield Place)内。这里装饰着水磨石地板、大理石台面和落地窗,视野开阔,可以看到泽西城和哈得孙河的景色。

Fish Market 海鲜 $

(见80页地图; ☎917-363-8101; 111 South St, New York City; 三明治 $9起, 主菜 $9~24; ⊙周一至周五 18:00至午夜,周六和周日 正午至午夜)这家供应多种海鲜菜肴的廉价酒吧向坐落在曼哈顿的南街海港地区致敬。在白天的任何时候,这里有便宜的饮料、友好的调酒师和老顾客。如果想要获得完整的体验,可以点一份爆米花虾或一个"穷汉"海鲜三明治。

Brookfield Place 食品区、市场 $$

(见80页地图; ☎212-978-1698; www.brookfieldplaceny.com; 230 Vesey St, 在West St; ☏; ⓢE线至World Trade Center; 2号线/3号线至Park Place; R线/W线至Cortlandt St; 4号线/5号线至Fulton St; A线/C线至Chambers St)这个精致、高端的办公室和零售综合楼群有两个令人难以置信的美食广场。喜欢法国菜的美食家们应该去Le District,这是一个迷人而精致的市场,有几家独立餐馆和柜台,出售从臭烘烘的奶酪到牛排炸薯条等各种食物。上面的一层是Hudson Eats——一个时尚的高档快餐区,供应的食物有寿司、墨西哥玉米卷、沙拉和汉堡。

Da Mikele 比萨 $$

（见80页地图；📞212-925-8800；www.luzzosgroup.com/about-us-damikele；275 Church St, White St和Franklin St之间；比萨 $17~21；⏰周日至周三 正午至22:30，周四至周六 至23:30；🚇1号线至Franklin St；A线/C线/E线，N线/Q线/R线，J线/Z线，6号线至Canal St) 一家意大利和纽约翠贝卡混合风味的餐馆，在那里，到处都是压花锡板、再生木材和黄蜂牌小型摩托车。Da Mikele通过它工作日夜晚的开胃酒（17:00~19:00）让人们感受甜蜜的生活。在这里，你还可以吃到令人欲罢不能的免费酒吧小吃。不过，这里的比萨才是特色。它们色泽鲜艳，烤制得恰到好处，既酥脆又有嚼劲，足以感动那不勒斯本地人。

Le District 法国菜 $$

（见80页地图；📞212-981-8588；www.ledistrict.com；Brookfield Place, 225 Liberty St, 在West St；市场主菜 $16~24，Beaubourg晚餐主菜 $18~38；⏰周一至周六 8:30~23:00，周日 至22:00；📶；🚇E线至World Trade Center；2号线/3号线至Park Place；R线/W线至Cortlandt St；4号线/5号线至Fulton St；A线/C线至Chambers St) 位于哈得孙地区的Le District堪称小巴黎，是一个庞大的法国食品商场，销售各种商品，从精致的糕点和可口的法式三明治到臭臭的奶酪和美味的牛排炸薯条。主餐厅 **Beaubourg**提供丰盛的法式小馆菜单，但是如果想要快速地吃完一餐的话，可以去**市场区**（Market District）的柜台购买一个汉堡或到**咖啡馆区**（Cafe District）购买一个美味的薄饼。

★ Locanda Verde 意大利菜 $$$

（见80页地图；📞212-925-3797；www.locandaverdenyc.com；377 Greenwich St, 在N Moore St；主菜 午餐 $19~29，晚餐 $25~40；⏰周一至周四 7:00~23:00，周五 至23:30，周六8:00~23:30，周日 至23:00；🚇A线/C线/E线至Canal St, 1号线至Franklin St) 走过天鹅绒帘子，你会看见穿黑色衣服、温文尔雅且手法熟练的调酒师站在长长的、拥挤的吧台后面。这家出名的啤酒馆供应各种现代意大利菜品，比如自制的番茄羊肉宽面、牛奶乳清干酪和西西里风味的大比目鱼，配上南瓜和杏仁。周末的早午餐同样供应不相上下的创意菜品：可以尝尝鲜虾燕麦或柠檬干酪薄饼配蓝莓。最好提前预订。

Bâtard 新派美国菜 $$$

（见80页地图；📞212-219-2777；www.batardtribeca.com；239 W Broadway, Walker St和White St之间；2/3/4道菜 $58/75/85；⏰周一至周六 5:30~22:30，另加周五 正午至14:30；🚇1号线至Franklin St；A线/C线/E线至Canal St) 奥地利厨师马库斯·格洛克（Markus Glocker）坐镇这家温暖的米其林星级餐馆，餐馆内部装饰简单，把焦点完全放在了食物上。格洛克的菜肴营养均衡，口感极佳，无论是香脆的鲈鱼搭配樱桃番茄、罗勒和芦笋，意大利调味饭搭配兔肉肠、西兰花和柠檬脯，还是扇贝搭配鳄梨慕斯、酸橙、萝卜和黑芝麻，都很棒。

🍴 SoHo和唐人街

Bánh Mì Saigon Bakery 越南菜 $

（见92页地图；📞212-941-1541；www.banhmisaigonnyc.com；198 Grand St, Mulberry St和Mott St之间；三明治 $3.50~6；⏰8:00~18:00；🚇N线/Q线/R线, J线/Z线, 6号线至Canal St) 这个朴实无华的店铺供应城里最好的越式三明治——酥脆的烤长棍面包，里面放着辣椒、腌胡萝卜、萝卜、黄瓜、香菜，你还可以选择爱吃的肉类放在里面。最好的食物非经典的烧烤猪肉莫属。温馨提示：请在15:00之前到达，因为越式三明治卖光后，这家店铺会提前打烊。只收取现金。

Café Gitane 地中海菜 $

（见92页地图；📞212-334-9552；www.cafegitanenyc.com；242 Mott St, 在Prince St；沙拉 $9.50~16，主菜 $14~17；⏰周日至周四 8:30至午夜，周五和周六 至12:30；📶；🚇N线/R线至Prince St；6号线至Spring St) 如果你认为自己身在巴黎，那么请拂去眼前的Gauloise烟雾，眨眨眼再看：法式小馆风格的Gitane有一种与众不同的感觉。这是一家经典的"看人与被看"的餐馆，深受只吃沙拉的模特和奇怪的好莱坞常客的欢迎。你可以加入他们的行列，品尝一下蓝莓和杏仁小甜点（法式小蛋糕）、棕心沙拉或摩洛哥蒸粗麦粉搭配有机鸡肉。只收取现金。

Grey Dog　　　　　　　　　　美国菜 $

（见92页地图；☎212-966-1060；www.thegreydog.com; 244 Mulberry St；主菜 $8~15；◎周一至周五7:00~22:00，周六和周日8:00~22:00；⑤F线/M线/D线/B线火车至Broadway-Lafayette）无论你是想和朋友们分享一盘奶酪薯条，还是吃一份像样的纽约早午餐，Grey Dog餐厅都绝对不会让你失望。这里的美国经典菜肴口味多样，美味无穷。柜台点餐系统使这个地方整天保持着忙碌的状态。

Nice Green Bo　　　　　　　　中国菜 $

（New Green Bow；见80页地图；☎212-625-2359；www.nicegreenbo.com; 66 Bayard St, Elizabeth St和Mott St之间；主菜 $5.95~19.95；◎11:00至午夜；⑤N线/Q线/R线, J线/Z线, 6号线至Canal St; B线/D线至Grand St）Nice Green Bo没有一点装饰，甚至连一个新招牌也没有，但我们就喜欢这样。这里的注意力全都放在了食物上：蒸汽锅里精致的小笼包，一碗碗面条和一盘盘爽口的炒菠菜。只收取现金。

Tacombi Fonda Nolita　　　　　墨西哥菜 $

（见92页地图；☎917-727-0179；www.tacombi.com; 267 Elizabeth St, E Houston St和Prince St之间；玉米卷 $4~7；◎周一至周三 11:00至午夜，周四至周六 至次日1:00；⑤F线至2nd Ave; 6号线至Bleecker St）这里如节日般张灯结彩，有折叠椅和在大众牌面包车里烙玉米薄饼的墨西哥男人：如果你去不了尤卡坦（Yucatán）的海边，Tacombi是你的另一个选择。气氛随意欢乐，广受欢迎。供应美味新鲜的玉米卷，包括可口的barbacoa（烤安格斯黑牛肉）。可以用一壶桑格利亚酒（sangria）就着美食一起下肚，然后开始计划你的墨西哥之行吧。

★ Uncle Boons　　　　　　　　泰国菜 $$

（见92页地图；☎646-370-6650；www.uncleboons.com; 7 Spring St, Elizabeth St和Bowery之间；小拼盘 $12~16，大拼盘 $21~29；◎周一至周四 5:30~23:00，周五和周六 至午夜；🕿；⑤J线/Z线至Bowery; 6号线至Spring St）这家米其林星级泰国餐馆有一个有趣、搞笑的复古木镶板餐厅，里面装饰着泰国电影海报和古老的家庭照片。兼具传统和新派的菜肴赏心悦目、香气四溢，包括美味、爽脆的mieng kum（用姜、酸橙、烤椰子、虾米、花生和辣椒制作的槟榔叶包）、kao pat puu（螃蟹炒饭）和香蕉花沙拉。

Butcher's Daughter　　　　　　越南菜 $$

（见92页地图；☎212-219-3434；www.thebutchersdaughter.com; 19 Kenmare St, 在Elizabeth St；沙拉和三明治 $12~14，晚餐主菜 $16~18；◎8:00~23:00；🕿🍽；⑤J线至Bowery; 6号线至Spring St）屠夫的女儿已然背离了她的身份——这家白色咖啡馆只供应新鲜的素食。这里的食物健康而有趣：从浸泡过的有机什锦早餐到辛辣的甘蓝菜凯撒沙拉，再加上杏仁干酪，或者晚餐时间的屠夫汉堡（蔬菜和黑豆馅饼搭配腰果切达干酪）都极其美味。

La Esquina　　　　　　　　　　墨西哥菜 $$

（见92页地图；☎646-613-7100；www.esquinanyc.com; 114 Kenmare St, 在Petrosino Sq；玉米卷 $3.25起，主菜 咖啡 $15~25，啤酒馆 $18~34；◎快餐馆 每天11:00至次日1:45，咖啡馆 周一至周五 正午至午夜，周六和周日 11:00开始营业，啤酒馆 每天 18:00至次日2:00；⑤6号线至Spring St）这个超级受欢迎又有点古怪的小馆分三部分：一个可以站着吃的玉米卷窗口（营业至次日2:00）、一个随性的墨西哥咖啡馆（入口在Lafayette St）以及楼下需要提前预约的昏暗幽冷的洞穴似的啤酒馆。菜品包括elotes callejeros（烤玉米配上墨西哥干酪、蛋黄酱和辣椒粉）、手撕猪肉玉米卷和芒果豆薯沙拉。

★ Dutch　　　　　　　　　　　美国菜 $$$

（见92页地图；☎212-677-6200；www.thedutchnyc.com; 131 Sullivan St, 在Prince St；主菜午餐 $18~35，晚餐 $25~58；◎周一至周四 11:30~23:00，周五 至23:30，周六 10:00~23:30，周日 至23:00；⑤C线/E线至Spring St; R线/W线至Prince St; 1号线至Houston St）无论是在酒吧，还是在后面舒适的房间里用餐，你都可以享用到"从农场到餐桌"的爽心美食。菜肴口味遍及全球，从甜土豆天妇罗搭配泰国罗勒和发酵辣椒酱，到意大利乳清干酪搭配瑞士甜菜和核桃香蒜沙司。最好提前预订，尤其是在晚餐和周末的时候。

★ Estela　　　　　　　　　新派美国菜 $$$

（见92页地图；☎212-219-7693；www.

estelanyc.com；47 E Houston St，Mulberry St和Mott St之间；菜肴 $15~38；⊙周日至周三 17:30~23:00，周五和周六 至23:30；ⓈB线/D线/F线/M线至Broadway-Lafayette St；6号线至Bleecker St）如果玩捉迷藏，Estela可能不会被发现（它坐落在一些不起眼的楼梯上，但还是骗不过美食家的眼睛），但是这个忙碌的、隐蔽的葡萄酒吧在前面供应食物和酒。你可以选择当下市面上火爆的分享餐食，从非凡的鞑靼牛肉（加入牛心后更加美味）到令人欲罢不能的贻贝烤面包，还可以选择菊苣沙拉搭配核桃和鳀鱼。

🍴 东村和下东区

Bait & Hook　　　　　　　　海鲜 $

（见96页地图；☎212-260-8015；www.baitandhooknyc.com；231 2nd Ave；特价菜 $5起，主菜 $12~18；⊙周日至周三 正午至23:00，周四至周六 正午至午夜；ⓈL线至1st Ave）这家曼哈顿酒吧值得庆祝的"欢乐时光"特价活动和主题日不容错过。每天都有特价活动，无论是"贻贝星期一"（Mussel Monday）还是"玉米卷星期二"（Taco Tuesday）。室内明亮、通风，装饰雅致，有一种航海风格。

El Rey　　　　　　　　　　咖啡馆 $

（见92页地图；☎212-260-3950；www.elreynyc.com；100 Stanton St，Orchard和Ludlow之间；小拼盘 $8~15；⊙周一至周五 7:00~19:00，周六和周日 8:00开始营业；🖋；ⓈF线至2nd Ave）这个白色的极简主义空间位于斯坦顿，给人一种南加州的感觉。因为极具创意（而且价格合理）的"从农场到餐桌"的拼盘（丰盛的素食），这里有许多忠实的追随者。菜单上还有微酿啤酒、优质咖啡（出自斯特拉达浓缩咖啡机）和葡萄酒。

Meatball Shop　　　　　　意大利菜 $

（见92页地图；☎212-982-8895；www.themeatballshop.com；84 Stanton St，Allen St和Orchard St之间；三明治 $13；⊙周日至周四 11:30至次日2:00，周五和周六 至次日4:00；Ⓢ 2nd Ave；F线至Delancey St；J线/M线/Z线至Essex St）将简单的肉丸变成了高级艺术，Meatball Shop提供了五种口味的多汁丸子（包括一种扁豆素食丸和一种特色奶酪丸）。把这些丸子摆成一长排，再加上一些意大利干酪和辣番茄酱，瞧，你已经拥有了美味的一餐。这家分店拥有一种摇滚氛围，服务员有文身，店里播放着节奏明快的音乐。在纽约市还有其他的6家分店。登录网站了解详情。

Vanessa's Dumpling House　　中国菜 $

（见92页地图；☎212-625-8008；www.vanessas.com；118A Eldridge St，Grand St和Broome St之间；饺子 $1.50~6；⊙周一至周六 10:30~22:30，周日 至22:00；ⓈB线/D线至Grand St；J线至Bowery；F线至Delancey St）美味的饺子（蒸饺、煎饺或水饺），价格实惠，人们以光速把它们盛进自己的盘子里，并迫不及待地放进嘴里。

Veselka　　　　　　　　　东欧菜 $

（见92页地图；☎212-228-9682；www.veselka.com；144 Second Ave，在9th St；主菜 $10~19；⊙24小时；ⓈL线至3rd Ave；6号线至Astor Pl）这里是对该地区乌克兰历史的致敬，Veselka供应手工饺子（varenyky）和牛肉浓汤等常见肉类爽心美食。凌乱的桌子可供闲逛和饱餐的人们整晚使用。这里全天都很受欢迎，也是作家、演员和东村各色人等经常光顾的地方。

★ Momofuku Noodle Bar　　　面条 $$

（见92页地图；☎212-777-7773；www.noodlebar-ny.momofuku.com；171 First Ave，E 10th St和11th St之间；主菜 $16；⊙周日至周四 正午至23:00，周五和周六 至次日1:00；ⓈL线至1st Ave；6号线至Astor Pl）这里只有30把椅子，而且不能预订，因此你将不得不挤进这个门庭若市的现象级餐厅等待就餐。人们都在排队购买与餐馆同名的特色美食：自制的肉汤拉面，配上水煮蛋和猪肚，或者一些有趣的食材。菜单每天都有变化，食物还包括小圆面包（如牛腩和山葵）、小吃（熏鸡翅）和甜点。

★ Clinton Street Baking Company　　　　　　美国菜 $$

（见92页地图；☎646-602-6263；www.clintonstreetbaking.com；4 Clinton St，Stanton St和Houston St之间；主菜 $12~20；⊙周一至周六 8:00~16:00和17:30~23:00，周日 9:00~17:00；ⓈJ线/M线/Z线至Essex St，F线至Delancey St，F

线至Second Ave）这是一家夫妻店，各种食物都是一流的：最好的薄煎饼（蓝莓口味！）、最好的穷小子三明治（南部风味的三明治）、最好的饼干等，无论什么时候去，都能享用到令人印象深刻的一餐。在晚上，你可以选择"早餐式晚餐"（薄煎饼、火腿蛋松饼）、炸玉米饼或者美味的奶油炸鸡。

Katz's Delicatessen　　　　　熟食 $$

（见92页地图；☎212-254-2246；www.katzdelicatessen.com；205 E Houston St，在Ludlow St；三明治 $15~22；◉周一至周三和周日 8:00~22:45，周四 至次日2:45，周五 8:00开始营业，周六 24小时；ⓈF线至2nd Ave）尽管游客们很难再见到遗存下来的经典的旧日犹太风格下东区餐厅，但还是有一些不错的地方被保留了下来，其中就包括这家店。在1989年的电影《当哈利遇见莎莉》（*When Harry Met Sally*）中，梅格·瑞恩（Meg Ryan）就是在这里假装达到了高潮。如果你喜欢经典的熏牛肉和黑麦面包等熟食，这里可能会对你产生同样的效果。如今，排队等待的长度惊人，价格也很高（Katz的招牌热熏牛肉三明治的价格高达$20）。

Upstate　　　　　　　　　　　海鲜 $$

（见92页地图；☎212-460-5293；www.upstatenyc.com；95 First Ave，E 5th St和6th St之间；主菜 $15~30；◉17:00~23:00；ⓈF线至2nd Ave）Upstate供应美味的海鲜和精酿啤酒。菜单不长但是不断变化，有啤酒蒸贻贝、炖海鲜、扇贝蘑菇调味饭、软壳螃蟹和多种生蚝可供选择。这里没有冰箱，海鲜都是每天从市场新鲜进货，所以你在这里尝到的都是最新鲜的食材。队伍可能排得很长，所以请早点去。

Degustation　　　　　　新派欧洲菜 $$$

（见92页地图；☎212-979-1012；www.degustation-nyc.com；239 E 5th St，Second Ave和Third Ave之间；小拼盘 $12~22，试吃套餐$85；◉周一至周六 18:00~23:30，周日 至22:00；Ⓢ6号线至Astor Pl）Degustation将伊比利亚、法国和新世界的食谱融合在了一起，并在只有19个座位的狭窄餐馆供应一系列美味的小吃。这里环境温馨，客人们围坐在一个长长的木制柜台旁，而厨师奥斯卡·伊斯拉斯·达斯（Oscar Islas Díaz）和他的团队则占据了中心舞台，他们烹饪着酥脆的章鱼、溏心水煮蛋羊肚，以及蓝虾和西班牙香肠海鲜饭。

✕ 西村、切尔西和肉库区

★ Chelsea Market　　　　　　　市场 $

（见96页地图；www.chelseamarket.com；75 9th Ave，15th St和16th St之间；◉周一至周六 7:00~21:00，周日 8:00~20:00；ⓈA线/C线/E线至14th St）切尔西市场是开发与保护相结合的光辉典范。它收购了饼干巨头纳贝斯克（Nabisco；奥利奥的创造者）从前的工厂，并将其改造成了800英尺长的购物大厅。生产大量饼干的旧工厂烤箱被不拘一格的餐馆所取代，使这个经过改造的门厅变成了美食天堂。

Gansevoort Market　　　　　　市场 $

（见96页地图；www.gansmarket.com；353 W 14th St，在Ninth Ave；主菜 $5~20；◉8:00~20:00；ⓈA线/C线/E线，L线至14th St-8th Ave）这个不规整的市场位于肉库区中心的一栋砖砌建筑内，是纽约市最新、最好的食品商场。这个原始的工业空间光线充足，有几十个美食摊位，售卖西班牙小吃、玉米饼、比萨饼、肉馅饼、冰激凌和糕点等。

Red Bamboo　　　　　　　　中国菜 $

（见92页地图；☎212-260-7049；www.redbamboo-nyc.com/；140 West 4th St；主菜 $8~13；◉周一至周四 12:30~23:00，周五 12:30~23:30，周六 正午至23:30，周日 正午至23:00；ⓈD线/B线/F线，M线/A线/C线/E线至West 4th Street）这里的热门菜品包括脆脆的爆米花虾、美味的鸡肉干酪、巧克力蛋糕——除此之外，Red Bamboo还有更多南方黑人特色美食和亚洲菜肴。你问我有何特殊之处？菜单上所有的东西都是纯素食(有些菜肴也可选择用真正的奶酪)。对于严格素食者、素食者或任何想尝试新事物的人来说，这里不容错过。

Rosemary's　　　　　　　意大利菜 $$

（见92页地图；☎212-647-1818；www.rosemarysnyc.com；18 Greenwich Ave，在W 10th St；主菜 $14~40；◉周一至周四 8:00~16:00和17:00~

23:00，周五至午夜，周六和周日10:00开始营业，周日23:00打烊；S1号线至Christopher St-Sheridan Sq）作为西村最热门的餐厅之一，Rosemary's供应高端的意大利美食，是一个不容错过的地方。在一个类似农场的环境中，用餐者尽情享用自制的意大利面、丰盛的沙拉、奶酪和腌肉。从简单的胡桃草香蒜酱到多汁的熏羊肩，都是无比美味。

Cookshop 现代美国菜 $$

（见92页地图；212-924-4440；www.cookshopny.com；156 Tenth Ave，W 19th St和20th St之间；主菜早午餐$14~20，午餐$16~24，晚餐$22~48；周一至周五8:00~23:30，周六10:00开始营业，周日10:00~22:00；SL线至8th Ave，A线/C线/E线至23rd St）这家极好的早午餐餐厅，是前往街对面翠绿的High Line步道之前或者回来之后的最佳休息站。Cookshop氛围活跃、抓准商机，经营良好，有优质的服务、让人大开眼界的鸡尾酒（早上好，培根味道的BLT血腥玛丽！），还有烹饪完美的早餐和一系列创意鸡蛋主菜，使得这里成为切尔西人周日下午的最爱。

★ Blue Hill 美国菜 $$$

（见92页地图；212-539-1776；www.bluehillfarm.com；75 Washington Pl，Sixth Ave和Washington Sq W之间；固定价格套餐$88~98；周一至周六17:00~23:00，周日至22:00；SA线/C线/E线，B线/D线/F线/M线至W 4th St-Washington Sq）Blue Hill是"当地菜更棒"运动的早期践行者，是财力雄厚的食客细嚼慢咽的地方。天才厨师丹·巴伯（Dan Barber）来自马萨诸塞州伯克郡一个农场家庭，他利用这片土地和纽约州北部的农场来创造他广受赞誉的美食。

★ Foragers Table 新派美国菜 $$$

（见96页地图；212-243-8888；www.foragersmarket.com/restaurant；300 W 22nd St，在Eighth Ave；主菜$17~32；周一至周五5:30~22:00，周六和周日9:00~14:30，周日至21:00；；SC线/E线，1号线至23rd St）这家优秀餐厅的老板在哈得孙河谷经营着一个28英亩的农场，餐馆里的大部分季节性菜肴的食材都来自那里。菜单经常变化，但最近的热门菜肴包括长岛鸭胸肉搭配烤小青南瓜、苹果、鸡油菌蘑菇和无花果，红藜麦烤鳎鱼，奶油甘蓝和奇波里尼洋葱，还有芥末酱魔鬼蛋。

★ Jeffrey's Grocery 新派美国菜 $$$

（见92页地图；646-398-7630；www.jeffreysgrocery.com；172 Waverly Pl，在Christopher St；主菜$25~39；周一至周五8:00~23:00，周六和周日9:30开始营业；S1号线至Christopher St-Sheridan Sq）这个西村的经典餐馆是一个热闹的餐饮地点，广受好评。海鲜是主打菜：店里有个牡蛎冷餐吧，精美的菜肴包括鱼子酱莳萝蛏子、咖喱烤整只鲮鳅，以及共享拼盘。肉菜包括洋姜烤鸡和鲜嫩多汁的熏牛肉汉堡。

★ RedFarm 创意菜 $$$

（见92页地图；212-792-9700；www.redfarmnyc.com；529 Hudson St，W 10th St和Charles St之间；主菜$19~57，饺子$14~20；每天17:00~23:45，周日至23:00，外加周六和周日11:00~14:30；SA线/C线/E线，B线/D线/F线/M线至W 4th St，1号线至Christopher-Sheridan Sq）RedFarm位于Hudson St，这家小巧、喧闹的餐厅把中式烹饪法转变为一种纯粹、美味的艺术。菜品巧妙且富有创造性地融合了各种饮食，有新鲜的螃蟹和茄子蒜末烤面包、多汁的肋排牛排（用木瓜、生姜和酱油浸泡一夜），还有熏肉鸡蛋卷。其他的热门菜看包括辣脆牛肉、羊肉煎饺和红咖喱烤大虾。

等位时间可能会很长，所以最好早点到。只有派对或8人以上才接受预订。楼下的酒吧Decoy也是这里的老板开的。这里的特色菜是整只的北京烤鸭。这里通常不那么拥挤，菜品也很有限，但如果礼貌地要求的话，服务员可能会帮你带一份蒲汤包下来。

联合广场、熨斗区和格拉梅西

Tacombi Café El Presidente 墨西哥菜 $$$

（见96页地图；212-242-3491；www.tacombi.com；30 W 24th St，Fifth Ave和Sixth Ave之间；墨西哥卷饼$4~5.50，油炸玉米饼$6~9；周一至周六11:00至午夜，周日至22:30；SF线/M线，R线/W线至23rd St）这家店面装修采用粉绿配色，模仿墨西哥城里的咖啡厅风格。店里提供从果汁和烈酒到墨西哥卷饼的多种选择。找一张桌子，点一杯玛格丽特酒，然后在墨西哥街头小吃菜单中选择美食。最热门的选择包括易思凯斯玉米沙拉（用柯提雅奶酪和辣蛋黄酱做的烤玉米，放在纸杯中供应）和多汁的啤酒腌猪肉墨西哥卷饼。

Shake Shack　　　　　　　　汉堡 $

（见96页地图；📞646-889-6600；www.shakeshack.com; Madison Square Park, E 23rd St和Madison Ave的交叉路口；汉堡 $4.20~9.50；⏰11:00~22:30；🚇R线/W线, F线/M线, 6号线至23rd St）作为大厨丹尼·迈耶（Danny Meyer）的美食汉堡连锁店的旗舰店，Shake Shack推出了超级新鲜的汉堡、手工切的薯条，以及一系列冰激凌。素食主义者可以选择酥脆的波多贝罗汉堡。虽然需要排长队，但值得等待——你可以在公园的桌子和长椅上一边欣赏路人，一边消食。

Eisenberg's Sandwich Shop　　三明治 $

（见96页地图；📞212-675-5096；www.eisenbergsnyc.com; 174 Fifth Ave, W 22nd和23rd St之间；三明治 $4~13；⏰周一至周五 6:30~20:00, 周六 9:00~18:00, 周日 至17:00；🚇R线/W线至23rd St）这个老式的餐馆——在这个高档的房地产区显得非常特别——从早上到打烊都挤满了前来品尝传统的犹太美食（如碎肝、熏牛肉和白鱼沙拉）的人们。在长长的吧台上找个凳子，与形形色色的人一同用餐，他们很清楚店里的烘肉卷可是不一般。

Eataly　　　　　　　　　美食广场 $$

（见96页地图；📞212-229-2560；www.ataly.com; 200 Fifth Ave, 在W 23rd St; ⏰7:00~23:00; 🍴; 🚇R线/W线, F线/M线, 6号线至23rd St）马里奥·巴塔利（Mario Batali）宽敞而明亮的意大利美食殿堂是一个名副其实的奇妙世界。商场里的餐馆供应各种美食，有弹性十足的crudo（生鱼片）和fritto misto（类似蔬菜天妇罗）可供你尽情享用。你还可以在酒吧里畅饮咖啡，在无数的柜台和架子上搜寻美食，做一个外婆也会赞不绝口的DIY野餐篮。

★ Gramercy Tavern　　　　新派美国菜 $$$

（见96页地图；📞212-477-0777；www.gramercytavern.com; 42 E 20th St, Broadway和Park Ave之间；酒馆主菜 $29~36, 餐厅 3道菜的套餐 $125, 试吃套餐 $140~165；⏰酒馆 周日至周四 正午至23:00, 周五和周六 至午夜, 餐厅 周一至周四 正午至14:00和17:30~22:00, 周五至23:00, 周六 正午至13:30和17:30~23:00, 周日 17:30~22:00; 🍴; 🚇R线/W线, 6号线至23rd St）🍷这个经久不衰的备受欢迎的餐厅使用的都是季节性的当地食材。这个充满活力的乡村风格的餐馆内部装饰着铜制的烛台、壁画和引人注目的花卉图案。有两处就餐地点可供选择：只能步行前往的酒馆，可以单独点菜（不接受预订）；在更加奢华的餐厅，可以选择更好的套餐和品尝菜肴。酒馆的亮点包括用蘑菇、栗子和球芽甘蓝制作的令人难忘的鸭肉卷。

★ Craft　　　　　　　　新派美国菜 $$$

（见96页地图；📞212-780-0880；www.craftrestaurant.com; 43 E 19th St, Broadway和Park Ave S之间；午餐 $29~36, 晚餐主菜 $28~45；⏰周一至周四 正午至22:00, 周五 至23:00, 周六 17:30~23:00, 周日 至22:00; 🍴; 🚇4号线/5号线/6号线, N线/Q线/R线/W线, L线至14th St-Union Sq）🍷门庭若市的高端Craft为小型的家庭农场和食品生产商摇旗呐喊，把它们的食材变成了精致的菜肴。无论是烹饪得恰到好处的红烧章鱼、柔软的扇贝还是南瓜意大利面搭配鼠尾草、黑蒜油和帕尔马干酪，每一种食材烹饪出的美味都值得期待。周三至周六请提前预订，或者在18:00前或21:30后可直接光顾。

🍴 中城区

★ Totto Ramen　　　　　　日本菜 $

（见96页地图；📞212-582-0052；www.tottoramen.com; 366 W 52nd St, Eighth Ave和Ninth Ave之间；拉面 $11起；⏰周一至周六 正午至16:30和17:30至午夜, 周日 16:00~23:00; 🚇C线/E线至50th St）在中城区还有两家分店，但纯粹主义者都知道，这两家店铺无法与这家只有不到20个座位的餐馆相比。在写字板上写下你的名字和用餐人数，然后坐等拉面即可。你可以品尝到非凡的拉面，直接选择猪肉味噌拉面（加入发酵的豆酱、鸡蛋、青葱、豆芽、洋葱和自制的红辣椒酱）。

Burger Joint　　　　　　　汉堡 $

（见96页地图；📞212-708-7414；www.burgerjointny.com; Le Parker Meridien, 119 W 56th

St, Sixth Ave和Seventh Ave之间；汉堡 $9.50起；⊙周日至周四 11:00~23:30, 周五和周六 至午夜；ⓢF线至57th St)这家地下酒吧风格的汉堡店隐藏在Le Parker Meridien酒店的大堂窗帘后面，唯一的标志就是一个小小的汉堡霓虹灯。尽管它可能不像以前那样"时髦"和"秘密"，但这里仍然有必胜的秘诀——满是涂鸦的墙壁、复古的隔间和端着汉堡的精神饱满的员工。

Margon 古巴菜 $

（见96页地图；☎212-354-5013; 136 W 46th St, Sixth Ave和Seventh Ave之间；三明治 $4~8，主菜 $9起；⊙周一至周五 6:00~17:00, 周六 至15:00；ⓢB线/D线/F线/M线至47th-50th Sts-Rockefeller Center)这家永远人头攒动的古巴午餐柜台是一派1973年的面貌，橘子味的Laminex和油腻的食物永远不会过时。推荐经典的古巴三明治（紧实的帕尼诺塞满了肥美的烤猪肉、意大利香肠、干酪、咸菜、mojo酱和美乃滋）。真是特别的美味。

Hangawi 韩国菜、严格素食 $$

（见96页地图；☎212-213-0077; www.hangawirestaurant.com; 12 E 32nd St, Fifth Ave和Madison Ave之间；主菜 午餐 $11~30, 晚餐 $19~30；⊙周一至周五 正午至14:30和17:30~22:15, 周六 13:00~22:30, 周日 17:00~21:30；⌨；ⓢB线/D线/F线/M线, N线/Q线/R线/W线至34th St-Herald Sq)无肉韩餐是Hangawi的一大亮点。在门口脱鞋，进入安静的、颇有禅意的空间，倾听冥想音乐，坐在低矮舒服的座位上，品尝干净、口味丰富的菜肴。主打菜包括韭菜薄饼和诱人的姜汁嫩豆腐砂锅。

Virgil's Real Barbecue 烧烤 $$

（见96页地图；☎212-921-9494; www.virgilsbbq.com; 152 W 44th St, Broadway和Sixth Ave之间, Midtown West；主菜 $14~38；⊙周一 11:30~23:00, 周二至周五 至午夜, 周六 11:00至午夜, 周日 11:00~23:00；⌨；ⓢN线/Q线/R线, S线, W线, 1号线/2号线/3号线, 7号线至Times Sq-42nd St) Virgil's并非专营美式烧烤风格，而是把各种烧烤融为一体。事实上，菜单上涵盖了全美各地的烧烤食品，从孟菲斯风味的猪肋排到格鲁吉亚风味的炸鸡排，还有得克萨斯风味的牛胸肉。肉类都是用山胡桃、橡树和果木熏烤而成，令人欲罢不能。

Pio Pio 秘鲁菜 $$

（见96页地图；☎212-459-2929; www.piopio.com; 604 Tenth Ave, W 43rd St和44th St之间；主菜 $14~26；⊙周日至周四 11:00~23:00, 周五和周六 至午夜；ⓢA线/C线/E线至Port Authority-42nd St)这家秘鲁餐厅因其美味的食物、起泡的皮斯科酸味酒和令人惊叹的气氛而深受纽约人的喜爱。这里的特色菜是烤鸡肉，调味和烹饪都恰到好处，烹饪方式多样（但总是配有大量的汤汁, 绿色的aji酱），还有大蕉和鳄梨沙拉等经典拉美菜肴。

El Parador Cafe 墨西哥菜 $$

（见96页地图；☎212-679-6812; www.elparadorcafe.com; 325 E 34th St, First Ave和Second Ave之间, Midtown East；午餐 $10~22, 晚餐 主菜 $18~32；⊙周一 正午至22:00, 周二至周六 至23:00；ⓢ6号线至33rd St)在过去，这家偏远的墨西哥餐馆深受拈花惹草的丈夫们的喜爱。如今，那些声名欠佳的常客已经一去不返，但这里仍然充满了浓浓的老派魅力。斜面烛台、衣冠楚楚的拉丁裔侍者和令人满意的墨西哥经典菜肴也都一成不变。

★ ViceVersa 意大利菜 $$$

（见96页地图；☎212-399-9291; www.viceversanyc.com; 325 W 51st St, Eighth Ave和Ninth Ave之间; 3道菜的午餐 $29, 晚餐主菜 $24~33；⊙周一至周五 正午至14:30和16:30~23:00, 周六 16:30~23:00, 周日 11:30~15:00和16:30~22:00；ⓢC线/E线至50th St) ViceVersa是一家典型的意大利餐馆：温文尔雅，世故老练，和蔼可亲，彬彬有礼。菜单上有精致的、跨地域的菜肴，比如黑松露炸饭球和意大利羊奶奶酪。如果想要品尝著名的经典菜肴，可以点一份casoncelli alla bergamasca（像馄饨一样的意大利面，里面的馅料有小牛肉、葡萄干和杏仁饼干, 用鼠尾草、黄油、意大利熏肉和波河干奶酪调味而成），这是对大厨斯特凡诺·特兹（Stefano Terzi）的伦巴第传统的致敬。

★ Le Bernardin 海鲜 $$$

（见96页地图；☎212-554-1515; www.le-bernardin.com; 155 W 51st St, Sixth Ave和

Seventh Ave之间；套餐午餐/晚餐 $87/150，试吃套餐 $180-270；⊙周一至周四 正午至14:30和17:15~22:30，周五 至23:00，周六 17:15~23:00；⑤1号线至50th St；B线/D线，E线至7th Ave)室内设计可能更适合"年轻的顾客"（由布鲁克林艺术家拉恩·奥特纳Ran Ortner创作的以风暴为主题的三联画），但米其林三星级的Le Bernardin仍然是一个奢华、精致的就餐圣地。这里的掌舵人是法国出生的著名厨师埃里克·里佩尔（Éric Ripert），他看似简单的海鲜菜肴美味无穷。

Grand Central Oyster Bar & Restaurant 海鲜 $$$

（见96页地图；☏212-490-6650；www.oysterbarny.com；Grand Central Terminal, 42nd St，在Park Ave；主菜 $15~39；⊙周一至周六 11:30~21:30；⑤S线，4号线/5号线/6号线，7号线至Grand Central-42nd St)这家位于Grand Central的喧闹餐吧很有氛围，头顶是加泰罗尼亚工程师Rafael Guastavino设计的拱形铺瓷天花板。虽然菜单上的菜肴包罗万象，从蛤蜊杂烩和海鲜炖菜到煎软壳蟹，但这里的真正魅力要属二十多种牡蛎。尽情享用吧。

🍴 上西区和中央公园

Peacefood Cafe 严格素食 $

（见102页地图；☏212-362-2266；www.peacefoodcafe.com；460 Amsterdam Ave，在82nd St；主菜 $12~18；⊙10:00~22:00；🅿；⑤1号线至79th St)这家明亮通风的素食天堂供应十分受欢迎的炸麦麸帕尼诺（自制佛卡夏上加入腰果、芝麻菜、西红柿和香蒜酱），还有比萨、烤蔬菜拼盘和美味的藜麦沙拉。每天都有特供生鲜、令人精力充沛的果汁和丰富的甜品。对于你、动物和环境来说，都是既健康又有益。

West 79th Street Boat Basin Café 咖啡馆 $

（见102页地图；☏212-496-5542；www.boatbasincafe.com；W 79th St，在Henry Hudson Parkway；主菜 $14；⊙4月至10月 11:00~23:00，如天气允许；⑤1号线至79th St)新的老板和美国烹饪协会（Culinary Institute of America）的一位获奖厨师使这个常年受欢迎的水滨餐馆重新恢复了活力。这座罗伯特·摩西（Robert Moses）时代的建筑，有一个通往露天圆形大厅的优雅的柱廊，可以看到码头和哈得孙河的美景。这里是在日落时分喝饮品的好地方，而另一大吸引力则是这里的沙拉、三明治、海鲜和改良后的纽约街头小吃。

Jacob's Pickles 美国菜 $$

（见102页地图；☏212-470-5566；www.jacobspickles.com；509 Amsterdam Ave，W 84th St和85th St之间；主菜 $15~26；⊙周一至周四 10:00至次日2:00，周五 至次日4:00，周六9:00至次日4:00，周日 至次日2:00；⑤1号线至86th St)这家诱人、温暖明亮的小餐厅Jacob's把不起眼的泡菜变成了高档的美食。除了咸黄瓜和其他腌制食品，这里还供应质优价高的爽心食物，比如鲶鱼玉米卷、酒酿火鸡腿晚餐和蘑菇芝士通心粉。这里的饼干是最出众的。

Barney Greengrass 熟食 $$

（见102页地图；☏212-724-4707；www.barneygreengrass.com；541 Amsterdam Ave，在W 86th St；主菜 $12~22；⊙周二至周五 8:30~16:00，周六和周日 至17:00；⑤1号线至86th St)自称为"鲟鱼之王"的Barney Greengrass在一个世纪前开张的时候，就用同样的方式来制作鸡蛋和咸熏鲑鱼、华美的鱼子酱和美味的巧克力蛋糕。你可以来这里吃一顿早餐或一顿快速的午餐（摇摇晃晃的桌子摆放在拥挤的产品货架中间）。

Dovetail 新派美国菜 $$$

（见102页地图；☏212-362-3800；www.dovetailnyc.com；103 W 77th St, Columbus Ave交叉路口；套餐 $68~88，品尝套餐 $125~145；⊙周一至周四 5:30~22:00，周五和周六 至23:00，周日 17:00~22:00；🅿；⑤B线，C线至81st St-Museum of Natural History；1号线至79th St)这家米其林星级餐厅的禅意体现在其装饰（裸露的砖块、光溜溜的桌子）和美味的季节性菜单（想一想条纹鲈鱼搭配洋姜和勃艮第松露，或者鹿肉搭配培根、金甜菜和采摘蔬菜）上。每天晚上都有两个七道菜的品尝套餐：一个是杂食套餐（$145），另一个是素食套餐（$125）。

Burke & Wills 新派澳洲菜 $$$

（见102页地图；☎646-823-9251；www.burkeandwillsny.com；226 W 79th St, Broadway和Amsterdam Ave之间；主菜 午餐$19~30, 晚餐$19~39；◎周一至周五 正午至15:00和17:30至深夜，周六和周日 11:00开始营业；Ⓢ1号线至79th St）这个粗犷迷人的小酒馆和酒吧给上西区带来了一种内地的感觉。菜单倾向于新派澳洲的酒馆食物：多汁的袋鼠肉汉堡搭配经过三次油炸的薯条、烤大虾、甘蓝菜沙拉，红烧猪肉搭配苹果和芹菜卷心菜沙拉，还有牡蛎、蛤蜊和蟹爪的海鲜拼盘。

上东区
★ Earl's Beer & Cheese 美国菜 $

（见102页地图；☎212-289-1581；www.earlsny.com；1259 Park Ave, 97th St和98th St之间；烤奶酪 $8；◎周日至周四 11:00至午夜，周五和周六 至次日2:00；Ⓢ6号线至96th St）这个由兄弟姐妹经营的爽心美食小餐馆营造出一种追求时尚的狩猎氛围，里面有一幅巨大的森林壁画和一个骑马的印地安人。基本的纽约切达烤奶酪必不可少，配上猪五花、煎蛋和韩国泡菜。此外，还有奶酪马克罗尼意面、炖猪肩玉米卷和Sriracha辣酱番茄汤。这里还有芝士通心粉（搭配山羊奶酪和迷迭香）和墨西哥卷饼（含红烧猪肩和鲜乳酪）。

Boqueria 西班牙菜 $$

（见102页地图；☎212-343-2227；www.boquerianyc.com；1460 Second Ave, 76th St和77th St之间；西班牙小吃 $6~18, 两人份海鲜饭$38~46；◎周日至周四 正午至22:30, 周五和周六 11:00~23:30；☏；Ⓢ6号线至77th St; Q线至72nd St）这个热闹的、深受人们喜爱的小吃店，给上东区带来了一点市中心的时尚氛围，里面有美味的香烤马铃薯、鲜嫩的伊比利亚火腿，以及多汁的烤章鱼。来自巴塞罗那的主厨马克·维达尔（Mare Vidal）还创造了一种精致的海鲜饭。你可以搭配一壶优质的桑里亚酒一起食用。

Jones Wood Foundry 英国菜 $$

（见102页地图；☎212-249-2700；www.joneswoodfoundry.com；401 E 76th St, First Ave和York Ave之间；主菜 午餐$16~28, 晚餐 $17~34；◎11:00~23:00；Ⓢ Q线至72nd St-2nd Ave）位于一栋狭窄的砖楼里，Jones Wood Foundry曾经是放置铁制品的地方，现在是一家英式美食酒吧，供应一流的炸鱼薯条、汉堡配土豆泥、羊肉迷迭香派和其他丰盛的美味。温暖的日子可以在封闭的庭院露台上找张桌子坐下。

Candle Cafe 严格素食 $$

（见102页地图；☎212-472-0970；www.candlecafe.com；1307 Third Ave, 74th St和75th St之间；主菜 $15~22；◎周一至周六 11:30~22:30, 周日 至21:30；☏；Ⓢ Q线至72nd St-2nd Ave）这家迷人的素菜馆吸引着有钱的素食者，供应各种三明治、沙拉、慰藉食品和特色流行菜品。自制的面筋是本店特色。这里还有一个果汁吧和一份无麸质菜单。

★ Tanoshi 寿司 $$$

（见102页地图；☎917-265-8254；www.tanoshisushinyc.com；1372 York Ave, E 73rd St和74th St之间；主厨寿司精选 $80~100；◎座区周一至周六 18:00, 19:30和21:00；Ⓢ Q线至72nd St）这是一家非常受欢迎的小寿司店，要想在Tanoshi的20个凳子中抢到一个，实属不易。虽然有些简陋，但食物的味道是一流的。只出售寿司，且只有（厨师精选的）当日特供（omakase）——可能包括北海道扇贝、大鳞大马哈鱼或令人垂涎的海胆。自备啤酒、清酒或其他饮品。一定要提前预订。

哈莱姆区和上曼哈顿区
★ Red Rooster 现代美国菜 $$

（见102页地图；☎212-792-9001；www.redroosterharlem.com；310 Malcolm X Blvd, W 125th St和126th St之间，Harlem；主菜 $18~30；◎周一至周四 11:30~22:30, 周五 至23:30, 周六 10:00~23:30, 周日 10:00~22:00；Ⓢ2号线/3号线至125th St）大西洋彼岸的名厨马库斯·塞缪尔森（Marcus Samuelson）经营的轻松酷炫又活跃的小餐厅，把精致昂贵的爽心食物和各种风味结合起来。就像当代纽约艺术家们挂在墙上的作品一样，这里的菜肴也在不断推陈出新：芝士通心粉中加入了龙虾，黑椒鲶鱼用腌制的芒果烹饪，令人惊叹的瑞典肉丸向塞缪尔森的祖国致敬。午餐套餐非常划算，价格是$25。

Dinosaur Bar-B-Que
烧烤 $$

（见102页地图；☏212-694-1777；www.dinosaurbarbque.com；700 W 125th St, 在Twelfth Ave, Harlem；主菜 $12.50~25；⊕周一至周四 11:30~23:00, 周五和周六 至午夜, 周日 正午至22:00；🅂1号线至125th St）运动员、潮人、妈妈和爸爸：所有人都到这间酒吧大快朵颐。点上一份干抹香料慢烤肋排，或是来一块肥厚多汁的牛排、一个鲜嫩多汁的汉堡或者味道清淡的烤鸡。素菜选择不多，提供用克里奥尔香料制作的魔鬼蛋。

Amy Ruth's Restaurant
美国菜 $$

（见102页地图；☏212-280-8779；www.amyruths.com；113 W 116th St, Malcolm X Blvd和Adam Clayton Powell Jr Blvds之间, Harlem；华夫饼 $10~18, 主菜 $14~25；⊕周一 11:00~23:00, 周二至周四 8:30~23:00, 周五和周六 24小时, 周日 至23:00；🅂B线/C线 2号线/3号线至116th St）这家餐厅永远人山人海，是一个可以追寻经典美国南部黑人食物的地方，供应从炸鲶鱼到芝士空心面和蓬松的饼干等各种美食。不过这里最出名的是华夫饼，有14种不同的做法，包括虾仁口味的。最受欢迎的是"Rev Al Sharpton"：华夫饼上盖满多汁的炸鸡。

✖ 布鲁克林区

Smorgasburg
市场

（www.smorgasburg.com；⊕周六和周日 11:00~18:00）布鲁克林举办的最盛大的美食活动，有100多个摊位，出售一系列令人难以置信的美味，以及各种意大利街头小吃、油封鸭、印度烤面包卷饼、烤蘑菇汉堡、埃塞俄比亚纯素的爽心美食、海盐焦糖冰激凌、百香果甜甜圈等。Smorgasburg的地点往往会随着季节的变化而变化。

最近，该市场周六在威廉斯堡的**水滨**（☏718-782-2731；www.parks.ny.gov/parks/155；Kent Ave, 8th St和9th St之间；⊕9:00至黄昏；🅂L线至Bedford Ave）举办，4月至10月的周日在展望公园附近的**湖畔**（☏718-462-0010；www.lakesideprospectpark.com；East Dr, Prospect Park, Ocean Ave和Parkside Ave附近；滑冰 $6~9, 滑冰设备租赁 $6；⊕周一至周四 9:00~17:15, 周五 至21:00, 周六 11:30~21:00, 周日 至17:15;

🅟；🅂B线/Q线至Prospect Park）举办，在冬季的周末，还有一个小型市场在格林堡（Fort Greene）的One Hanson Place 的室内举办。

★ Dough
面包房 $

（☏347-533-7544；www.doughdoughnuts.com；448 Lafayette Ave, Franklin Ave交叉路口, Clinton Hill；甜甜圈约 $3；⊕6:00~21:00；📶；🅂G线至Classon Ave）坐落在克林顿山（Clinton Hill）和Bed-Stuy的边界上，这个小小的、偏僻的地方需要徒步到达。但如果你是一个糕点迷，这里非常值得一去。蓬松的甜甜圈有各种不同的口味，包括开心果、血橙和木槿。甜甜圈绝对是舌尖上的美味。

Chuko
日本菜 $

（☏347-425-9570；www.chukobk.com；565 Vanderbilt Ave, Pacific St转角处, Prospect Heights；拉面 $15；⊕周日至周四 正午至15:00和17:30~23:00；📶；🅂B线/Q线至7th Ave, 2号线/3号线至Bergen St）这家极简主义的现代拉面店向展望高地（Prospect Heights）供应一流的面条。热气腾腾的碗里盛着嚼劲十足的拉面和丝滑的肉汁，还配有烤制得极佳的猪肉和大量蔬菜。开胃菜非常值得品尝，特别是香气四溢的椒盐鸡翅。

Nathan's Famous
热狗 $

（☏718-333-2202；www.nathansfamous.com；1310 Surf Ave, Stillwell Ave交叉路口, Coney Island；热狗 $4起；⊕10:00至午夜；🅂D线/F线至Coney Island-Stillwell Ave）热狗是1867年在科尼岛发明的，这意味着在这里必须要尝一尝法兰克福香肠。最佳选择：Nathan's Famous，自1916年以来经营至今。这里的热狗货真价实，但菜单上还有从炒蛤蜊到炸鸡翅等菜肴。

Hungry Ghost
咖啡馆 $

（☏718-797-3595；www.hungryghostbrooklyn.com/；781 Fulton St；三明治 $7起, 早餐 $3起, 咖啡 $3起；⊕7:00~21:00；🅂G线至Fulton Street；C线至Lafayette Ave）在短短几年的时间里，Hungry Ghost就成为了北布鲁克林最适合喝咖啡的地方之一。店内引人注目的极简主义设计与其浓咖啡的朴实风格遥相呼应。如果你想要吃东西的话，这里也销售糕点、手工三明治和其他咖啡店食物。

Green Grape Annex
美国菜 $

(www.greenegrape.com/annex; 753 Fulton St; 主菜 $7~9; ⊙周一至周四 7:00~21:00, 周五 7:00~22:00, 周六 8:00~22:00, 周日 8:00~21:00; ⓢG线至Fulton Ave或C线至Lafayette Ave）你想要喝一杯咖啡（优质的咖啡豆烘焙得恰到好处）还是吃一顿丰盛的大餐？Green Grape Annex是格林堡的一家很好的咖啡馆，提供大量的食物和饮品，坐落在一个宽敞、通风的空间里，人们不用争抢座位。除了咖啡，还供应啤酒和葡萄酒。

67 Burger
汉堡 $

(☎718-797-7150; www.67burger.com; 67 Lafayette Ave, Brooklyn; 特价汉堡$8起; ⊙周一至周四 11:30~22:00, 周五和周六 11:30~23:00; ⓢG线至Fulton Street）如果说有一个地方是Shake Shack强劲的竞争对手的话，那就是67 Burger了。你可以在这里选择一种定制汉堡，比如Parisian（用炒洋葱、蘑菇和第戎芥末油制作）或者Oaxaca（鳄梨、切达干酪、自制的墨西哥蛋黄酱），或者自己随意制作一个又大又漂亮的汉堡。

★ Pok Pok
泰国菜 $$

(☎718-923-9322; www.pokpokny.com; 117 Columbia St, Kane St转角处, Columbia Street Waterfront District; 拼盘 $12~20; ⊙周一至周五 17:30~22:00, 周六和周日 正午开始营业; ⓢF线至Bergen St）安迪雷克（Andy Ricker）的纽约市餐厅获得了极大的成功，餐厅令人惊叹，菜单丰富繁杂，深受泰国北部的街边小吃影响。涂满厚厚的鱼酱的火焰鸡翅、辣味青木瓜沙拉配咸味青蟹、烟熏烤茄子沙拉和姜味酸角甜猪五花是这里比较独特的菜品。

餐厅环境颇废有趣，需要提前预订。

Nick's Lobster House
海鲜 $$

(☎718-253-7117; www.nickslobsterhouse.com; 2777 Flatbush Ave, Brooklyn; 主菜 $18起; ⊙周二至周四 14:00~22:00, 周五 正午至23:00, 周六 11:00~23:00, 周日 11:00~22:00）这家迷人的餐馆就坐落在布鲁克林Mill Basin社区的河边。菜单非常简单，有美国东北部风味的海鲜，不过，贝类浓汤和烤龙虾也都非常完美。这里还有一个酒水齐全的酒吧，从餐厅的任何地方都能看到壮丽的河道景观。

Sidecar
美国菜 $$

(☎718-369-0077; http://sidecarbrooklyn.com/; 560 5th Ave, Brooklyn; 主菜 $14~27; ⊙周一至周三 18:00至次日2:00, 周四 18:00至次日4:00, 周五 15:00至次日4:00, 周六 11:00至次日4:00, 周日 11:00至次日2:00; ⓢF线/G线/R线至4th Ave-9th St; R线至Prospect Ave）没有比Sidecar更好的高档经典美国菜了。这家极具氛围的餐馆供应的经典菜肴又加上了一些现代风味，比如炸鸡配上美味的土豆泥和腌羽衣甘蓝。Sidecar还专门供应鸡尾酒，可以搭配你的餐点一起饮用，也可以在酒吧里享用。

Zenkichi
日本菜 $$

(☎718-388-8985; www.zenkichi.com; 77 N 6th St, 在Wythe Ave, Williamsburg; 小拼盘 $7~18, 试吃套餐 $75; ⊙周一至周六 18:00至午夜, 周日 17:30~23:30; ⓢL线至Bedford Ave）一家精致的日本料理店，Zenkichi在极具氛围的环境中呈现的精心准备的菜肴，令美食家们惊叹不已。我们推荐的菜肴是omakase——一种季节性的八道菜的试吃套餐，包括冬季水果搭配豆腐酱和油炸Suzuki条纹鲈鱼、洋葱和胡萝卜，再配上一种香甜、浓郁的醋油沙司，上面撒上辣椒。

Rabbit Hole
新派美国菜 $$

(☎718-782-0910; www.rabbitholerestaurant.com; 352 Bedford Ave, S 3rd St和S 4th St之间, Williamsburg; 主菜 早餐 $10~14, 晚餐 $13~22; ⊙9:00~23:00; ⓐ; ⓢL线至Bedford Ave; J线/M线/Z线至Marcy Ave）这是南威廉斯堡一个温暖而迷人的地方。如果你想吃早餐（一直供应到下午5点）的话，极具魅力的Rabbit Hole是一个不错的选择。在这里的休闲咖啡馆可以喝到上好的咖啡，甚至还有美味的自制小点心。你可以去后面或者是令人放松的后花园吃奶油班尼迪克蛋，或者新鲜的水果和格兰诺拉麦片。

Buttermilk Channel
美国菜 $$

(☎917-832-8490; www.buttermilkchannelnyc.com; 524 Court St; 早午餐主菜 $8~18, 晚餐主菜 $16~28; ⊙周一至周三 11:30~22:00, 周四 11:30~23:00, 周五 11:30至午夜, 周六 10:00至

午夜，周日10:00~22:00，每天15:00~17:00不营业；**S**F线/G线火车至Smith and 9th St车站）没有什么比一盘酥脆的炸鸡或者一盘美味的熏鲑鱼青葱鸡蛋更美味的了。Buttermilk Channel提供晚餐和早午餐菜单，上面是一些简单但经过精心烹制的菜肴。还有一份特色鸡尾酒单，单凭早午餐Bloody Mary菜单就非常值得品尝——一定会让你拥有美好的就餐体验。

Olea 地中海菜 $$$

（☎718-643-7003；www.oleabrooklyn.com；171 Lafayette Ave, Brooklyn；主菜 $24~32；⊙周一至周四 10:00~23:00,周五和周六 至午夜；**S**G线至Fulton Street; G线/C线至 Clinton-Washington）Olea是一家熙熙攘攘的地中海餐厅，室内设计迷人，堪称世界一流。在晚餐菜单上，有奶油海鲜饭和清淡的素食面，而早午餐则专注于地中海菜肴，比如羊杂。对于那些想要少吃点东西的人来说，这里还有西班牙小吃菜单。

布朗克斯区

Tony's Pier 海鲜 $

（☎718 885-1424；1 City Island Ave, Bronx；海鲜篮 $16起；⊙周一至周四 11:30~23:30,周五至周日 11:30至次日1:00；🚌Bx29）煎炸或烤制而成的海鲜，放在纸篮里供应，可以选择自己喜欢的蘸料——这就是Tony's Pier供应海鲜的方式。这个城市岛屿地点就在水面上，正如它的名字所暗示的那样。这里有一个巨大的码头，可以看到长岛海峡的美景。一定要喝一杯啤酒或起泡的混合饮料。

如果你没有车，去锡蒂岛可能会让人望而生畏，但也是可以到达的！如果你在布朗克斯区，乘坐Bx29公共汽车就可以到达岛上。这个城市中独特的地点非常值得一游。

皇后区

★ Pye Boat Noodle 泰国菜 $

（☎718-685-2329；35-13 Broadway, Astoria；面条 $10~13；⊙11:30~22:30,周五和周六 至23:00；🅿；**S**N线/W线至Broadway; M线, R线至Steinway）这个可爱的地方就像是一个老式的乡村别墅，年轻的泰国女服务员在这里迎接你的到来。这里的特色是丰富的、大茴香风味的面条，上面放着酥脆的猪肉脆片。这里也有精致的海鲜——yen ta fo（温和粉红色海鲜汤），这在纽约是很少见的——可以配上木瓜沙拉（美味的腌制蟹并不在菜单上，但可以要求添加）一起享用。

★ Golden Shopping Mall 中国菜 $

（41-36 Main St, Flushing；餐 $3起；⊙10~21:30；**S**7号线至Flushing-Main St）Golden Shopping Mall的地下美食广场乱七八糟地摆放着一大堆鸭子、面条和油腻的耐美力（Laminex）餐桌，是一个吸引人的摊贩式就餐地点。一眼望去，到处都有中文菜单，非常亲切：大多数摊位中英文都畅行无阻。而常客们通常也很乐意为你指出他们个人的最爱，不管是兰州拉面还是辣猪耳朵。

南翔小笼包 中国菜 $

（☎718-321-3838；38-12 Prince St, Queens；饺子 $5.50；⊙8:00至次日1:00；**S**7号线至Main St）多汁、美味的灌汤包，劲道的宽面条，香辣的馄饨——在南翔小笼包你能找到包子馆里的所有食物。这个地方是一个朴实无华的地方，常常门庭若市，但翻桌很快，上菜也是神速。带一些朋友前来品尝吧。

Rockaway Surf Club 炸玉米饼 $$

（www.rockawaybeachsurfclub.com；302 Beach 87th St；$3.50，鸡尾酒 $9；⊙正午至23:00）位于Rockaways，是五个行政区中最好的墨西哥卷饼店。Rockaway Surf Club的灵感来自加州海滨的墨西哥快餐店，里面有一个酒吧，还有一个大型的户外用餐区，那里的食物是定制的。无论你是前来冲浪还是在沙滩晒日光浴，这里都是完美的休息地点。

Casa Enrique 墨西哥菜 $$

（☎347-448-0640；www.henrinyc.com/casa-enrique.html；5-48 49th Ave, Long Island City；主菜 $18~28；⊙周一至周五 17:00~23:30,周六和周日 11:00~15:45和17:00~23:00；**S**7号线至Vernon Blvd; G线至21st St/Van Alst）你千万不要被Casa Enrique不起眼的外表所欺骗：这是一家米其林一星高档餐厅，供应纽约市最好的墨西哥美食。菜单上全是最受欢迎的墨西哥传统菜肴——爆浆芝士炸辣椒（chilerelleno）、墨西哥烤肉（carne asada）和各种mole酱——它们都烹饪得非常完美。

座位有限，建议预订。

Alobar
美国菜 $$

（☎718-752-6000；http://www.alobarnyc.com/；46-42 Vernon Blvd, Long Island City；晚餐主菜 $22~29，早午餐 $12~16；⏰周二和周三 17:00~21:30，周四 17:00~22:00，周五 17:00~23:00，周六 11:00~23:00，周日 11:00~21:00；🚇E线，M线至Court Square, 23rd St；7号线至Vernon Blvd-Jackson Ave, G线至21st St-Van Alst Station）Alobar位于皇后区长岛市时尚的Hunter's Point的中心地带，这个宽敞、通风的餐厅与这个社区完美地结合在一起。你可以在这里吃一些经典的美国菜，比如贻贝和猪排，或者在早午餐的时候吃一些最受欢迎的食品和布鲁克林菜肴，比如墨西哥式煎蛋（huevos rancheros）。

🍷 饮品和夜生活

在这里，你会发现各种饮酒场所，从特别时尚的鸡尾酒和历史悠久的廉价酒吧，到专业的自酿酒吧和第三次浪潮中的咖啡店。还有这个城市中传奇的夜店，既有名人流连的去处，也有风格粗犷、独立的场所。这个城市的某些地区正如它的别名所透露的那样——不眠之城，一般是市中心或是布鲁克林区。

金融区和下曼哈顿区
★ Dead Rabbit
鸡尾酒吧

（见80页地图；☎646-422-7906；www.deadrabbitnyc.com；30 Water St, Broad St和Coenties Slip之间；⏰酒吧 11:00至次日4:00，雅座 周一至周五 17:00至次日2:00，周日至午夜；🚇R线/W线至Whitehall St, 1号线至South Ferry）这家炙手可热的酒吧据说是世界上最好的酒吧之一，常入选全球最佳酒吧榜，是为了纪念一个令人惧怕的爱尔兰裔美国黑帮而命名。在撒着锯末的扎啤屋尝尝特别啤酒、历史悠久的潘趣酒和"流行小酒馆"（加入微量啤酒花的麦芽酒）。傍晚来的话，赶紧上楼到舒适的休息室体验72款精心研制的鸡尾酒。

Smith & Mills
鸡尾酒吧

（见80页地图；☎212-226-2515；www.smithandmills.com；71 N Moore St, Hudson St和Greenwich St之间；⏰周日至周三 11:00至次日2:00，周四至周六 至次日3:00；🚇1号线至Franklin St）Smith & Mills处处都很酷：室外没有标记，内部是古怪的工业风，还有专业制作的经典鸡尾酒。空间有限，如果你喜欢坐在豪华座椅上享受，早点去。季节性的菜单包括小吃，还有特别值得一提的焦糖洋葱汉堡。

Cowgirl Seahorse
酒吧

（见80页地图；☎646-362-0981；http://cowgirlseahorse.com/；259 Front St；⏰周一至周四 11:00~23:00，周五 11:00至午夜，周六 10:00至午夜，周日 10:00~23:00；🚇2号线/3号线/4号线/5号线/6号线至Brooklyn Bridge-City Hall）在酒吧和餐馆的海洋里，Cowgirl Seahorse是一艘派对船。这里的航海主题和完美的酒吧美食——大盘的玉米脆饼，上面堆叠着热气腾腾的肉，以及冰冻的玛格丽特酒，会让你觉得来一次绝对不够，也使得这家酒吧成为了一个不可错过的休闲场所。

Keg No 229
啤酒馆

（见80页地图；☎212-566-2337；www.kegno229.com；229 Front St, Beekman St和Peck Slip之间；⏰周日至周三 11:00至午夜，周四至周六 至次日1:00；🚇A线/C线, J线/Z线, 2号线/3号线, 4号线/5号线至Fulton St；R线/W线至Cortlandt St）从Butternuts Pork Slap到New Belgium Fat Tire，这个时尚酒吧里的桶装啤酒、瓶装啤酒和罐装啤酒都是美国知名的精品啤酒。这里还有有趣但昂贵的混合酒：如果你很能喝，一些生啤是可以"自助倒酒"的。

Terroir Tribeca
葡萄酒吧

（见80页地图；☎212-625-9463；www.wineisterroir.com；24 Harrison St, 在Greenwich St；⏰周一和周二 16:00至午夜，周三至周六 至次日1:00，周日 至23:00；🚇1号线至Franklin St）屡获大奖的Terroir为品酒爱好者提供了他们熟知的、价格合理的酒单（一本必读的、有趣的酒单书）。酒品涵盖了各种新旧选择，其中包括天然葡萄酒和来自小生产商的小众酒品。多种精选葡萄酒都可以按杯购买。店里还分别提供早些和晚些时间段的酒水打折"欢乐时光"。

SoHo和唐人街
Pegu Club
鸡尾酒吧

（见92页地图；☎212-473-7348；www.

peguclub.com; 77 W Houston St, W Broadway和Wooster St之间; ◎周日至周三 17:00至次日2:00, 周四至周六 至次日4:00; Ⓢ B线/D线/F线/M线至Broadway-Lafayette St; C线/E线至Spring St) 昏暗、优雅的Pegu Club(以殖民时代的仰光的传奇绅士俱乐部命名)是鸡尾酒鉴赏家的必去之处。你可以坐在天鹅绒躺椅上, 尽情享用细腻的葡萄酒, 如丝滑的Earl Grey MarTEAni(茶中加入杜松子酒、柠檬汁和生鸡蛋白)。这里还有一些亚洲风味的食物, 包括鸭肉馄饨和曼德勒椰子虾。

Spring Lounge 酒吧

(见92页地图; ☏212-965-1774; www.thespringlounge.com; 48 Spring St, 在Mulberry St; ◎周一至周六 8:00至次日4:00, 周日 正午开始营业; Ⓢ 6号线至Spring St, R线/W线至Prince St) 这个亮着红色霓虹灯的"反叛者"从来没有让任何事情妨碍过美好的时光。在禁酒令期间, 这里兜售桶装啤酒。在20世纪60年代, 它的地下室是一个赌博场所。如今, 这里以其古怪的鲨鱼标本、早早报到的常客和直到深夜的狂欢而著名。在该地区的酒吧之旅中, 这里是完美的终点站。

Genuine Liquorette 鸡尾酒吧

(见92页地图; ☏212-726-4633; www.genuineliquorette.com; 191 Grand St, 在Mulberry St; ◎周二和周三 18:00至午夜, 周四至周六 至次日2:00; Ⓢ J线/Z线, N线/Q线/R线/W线, 6号线至Canal St; B线/D线至Grand St) 有什么理由不喜欢这间热闹的鸡尾酒吧呢? 这里提供罐装鸡尾酒, 还有一间以女星法拉·福塞特(Farah Fawcett)为主题的洗手间。你甚至可以随意地拿起瓶子和搅拌机, 自己制作饮品(在你完成之前和之后都要称重)。这里的掌舵人是多产的调酒师埃本·弗里曼(Eben Freeman), 他经常邀请纽约最优秀的酒吧老板用不那么出名的酒品来制作鸡尾酒。

Mulberry Project 鸡尾酒吧

(见92页地图; ☏646-448-4536; www.mulberryproject.com; 149 Mulberry St, Hester St和Grand St之间; ◎周日至周四 17:00至次日2:00, 周五和周六 至次日4:00; Ⓢ N线/Q线/R线, J线/Z线, 6号线至Canal St) 这家亲切、宽敞的鸡尾酒馆, 躲在一个没有标记的门背后; 这里喜庆的"花园派对"后院, 是周边最好的地方之一。这里的特色酒品是定制的鸡尾酒, 你只需说出你的喜好, 剩下的交给酒吧老板来做就可以了。如果你饿了, 可以从一份丰富的清单中做出选择, 其中可能包括佩科利里诺干酪桃子沙拉。

Apothéke 鸡尾酒吧

(见80页地图; ☏212-406-0400; www.apothekenyc.com; 9 Doyers St; ◎周一至周六 18:30至次日2:00, 周日 20:00至次日2:00; Ⓢ J线/Z线至Chambers St, 4号线/5号线/6号线至Brooklyn Bridge-City Hall) Doyers St上这家从以前的鸦片馆改造而成的"药剂师"吧, 需要花点力气才能找到。熟练的吧员像细致的化学家, 用来自绿色市场的当地和季节性产品调制出热情可口的"处方"。他们的鸡尾酒配料比例总是分毫不差, 比如放在Sitting Buddha(菜单上最好的饮品之一)里的菠萝香菜汁恰到好处。

🍸 东村和下东区

Bar Goto 酒吧

(见92页地图; ☏212-475-4411; www.bargoto.com; 245 Eldridge St, E Houston st和Stanton St之间; ◎周二至周四和周日 17:00至午夜, 周五和周六 至次日2:00; Ⓢ F线至2nd Ave) 这家热门的鸡尾酒吧的名字与其特立独行的调酒师Kenta Goto的名字相同, 让鸡尾酒鉴赏家们为之着迷。你可以沉浸在他细腻而优雅的日本传统饮品(樱花马提尼非常棒)中, 还可以配上一些正宗的日本料理, 如日式铁板烧。

Berlin 夜店

(见92页地图; ☏646-827-3689; 25 Ave A, First Ave和Second Ave之间; ◎20:00至次日4:00; Ⓢ F线至2nd Ave) 就像一个隐藏在东村不断升级的街道下面的秘密地堡, Berlin可以让你回到这个社区更加喧闹的荒野和舞蹈时代。找到一个没有标记的入口, 下楼进入这个洞穴般的空间, 这里有拱形的砖砌天花板, 一个长长的吧台和一个小小的舞池, 播放着放克和灵魂爵士乐。

Angel's Share
酒吧

（见92页地图；📞212-777-5415；8 Stuyvesant St二层，近Third Ave和E 9th St；⏰周日至周三18:00至次日1:30，周四至周六 至次日2:30；🚇6号线至Astor Pl）这个藏匿在同层一家日本餐厅后的酒吧，需要早早去抢个座位。酒吧安静而优雅，极具天赋的调酒师可以调制出极具创意的鸡尾酒，还有一系列顶级的威士忌收藏。如果你没有找到桌子或座位的话就待不下了，而桌子和座位往往很抢手。

Ten Bells
小吃吧

（见92页地图；📞212-228-4450；www.tenbellsnyc.com；247 Broome St，Ludlow St和Orchard St之间；⏰周一至周五 17:00至次日2:00，周六和周日 15:00至次日2:00；🚇F线至Delancey St，J线/M线/Z线至Essex St）这家躲在角落里的迷人西班牙小吃吧，有着洞穴风格的设计、闪烁的烛光、幽暗的锡天花板、砖墙和U形吧台，这里特别适合与新朋友聊天。

Wayland
酒吧

（见92页地图；📞212-777-7022；www.thewaylandnyc.com；700 E 9th St，在Ave C；⏰17:00至次日4:00；🚇L线至1st Ave）石灰水刷的墙壁、饱经风霜的地板和回收的灯，给这个都市酒吧带来了一丝密西西比韵味，与周一至周三晚上的现场音乐（蓝草、爵士、民歌）相得益彰。不过，这里的饮品才是真正吸引人的——试试"I Hear Banjos"，它是由苹果派、黑麦威士忌和苹果木烟调制而成，尝起来就像篝火一样（但不那么灼热）。

Rue B
酒吧

（见92页地图；📞212-358-1700；www.ruebnyc188.com；188 Ave B，E 11th St和12th St之间；⏰正午至次日4:00；🚇L线至1st Ave）在这个灯光昏暗的狭小酒吧里，每天晚上8:30左右都有现场爵士乐（和古怪的山地摇滚乐队）演出。年轻而欢乐的人群挤满了这个小空间——所以要小心那些狭窄的角落，以免长号手的乐器撞上你的膝盖。爵士乐大师和其他纽约标志性大咖的黑白照片也为这里增添了气氛。

Webster Hall
夜店

（见92页地图；📞212-353-1600；www.websterhall.com；125 E 11th St，近Third Ave；⏰周四至周六 10:00至次日4:00；🚇L线，N线/Q线/R线/W线，4号线/5号线/6号线至14th St-Union Sq）作为舞厅的鼻祖，Webster Hall已经拥有很长的历史了（自1886年以来一直经营），并在2008年获得了里程碑式的地位。根据"如果它没有坏，就不要修理它"这句谚语，这里有便宜的饮品、桌球台，以及足够的空间让你在舞池里挥洒汗水。

🍷 西村、切尔西和肉库区

Employees Only
酒吧

（见92页地图；📞212-242-3021；www.employeesonlynyc.com；510 Hudson St，W 10th St和Christopher St之间；⏰18:00至次日4:00；🚇1号线至Christopher St-Sheridan Sq）在霓虹灯"Psychic"的标志下弯腰寻找这个隐匿的聚会场所。酒保都是王牌调酒师，调出嘶嘶作响、让人上瘾的疯狂酒水，如Ginger Smash和Mata Hari。对于深夜小酌和就餐来说，这是个很棒的地方，酒吧里的餐厅会服务到次日3:30——自制的鸡汤特别美味。夜色降临后酒吧变得更忙。

Happiest Hour
鸡尾酒吧

（见92页地图；📞212-243-2827；www.happiesthournyc.com；121 W 10th St，Greenwich St和Sixth Ave之间；⏰周一至周五 17:00至深夜，周六和周日 14:00开始营业；🚇A线/C线/E线，B线/

纽约的LGBT

在地狱厨房的街道上，从与爱人牵着手的已婚夫妇到Pride彩虹色的帝国大厦，毫无疑问，纽约市是世界上最伟大的同性恋城市之一。事实上，很少有地方能与这里同性恋服务（从卡巴莱餐馆和俱乐部到节日和书籍）的广度和深度相媲美。

对旅行者来说，有用的资源包括印刷版和网络版的Next Magazine和Get Out!，这两种备受欢迎的指南介绍的都是纽约同性恋；Gay City News（www.gaycitynews.nyc）可以让你了解到新闻和时事报道，以及艺术和旅游评论。

D线/F线/M线至W 4th St-Washington Sq; 1号至Christopher St-Sheridan Sq）一家超酷的、提基风格的鸡尾酒吧，里面摆满了棕榈树的照片，播放着20世纪60年代的流行音乐，供应好玩的混合饮品。这里聚集着下班后的人群和见面的网友。下面是它真诚的姊妹店Slowly Shirley——一个艺术风格的地下酒吧，供应精心制作和经过认真调配的酒品。

Buvette
葡萄酒吧

（见92页地图；☎212-255-3590；www.ilovebuvette.com; Bedford St和Bleecker St之间的42 Grove St; ⊙周一至周五 7:00至次日2:00, 周六和周日 8:00开始营业; ⓢ1号线至Christopher St-Sheridan Sq, A线/C线/E线, B线/D线/F线/M线至W 4th St-Washington Sq）无论在一天的什么时段，这里别致的乡村装饰（想象一下精致的锡瓷砖和令人眼花缭乱的大理石柜台）都使得它成为喝一杯葡萄酒的完美场所。要全面感受这个自称"美食荟萃之地"（gastrotèque）的地方，在周围的桌子边找一个座位，一边享受旧世界的葡萄酒（主要来自法国和意大利），一边吃点小食。

Le Bain
夜店

（见96页地图；☎212-645-7600；www.standardhotels.com; 444 W 13th St, Washington St和Tenth Ave之间；⊙周三至周五 10:00至次日4:00, 周六 14:00开始营业, 周日 14:00至午夜；ⓢA线/C线/E线, L线至14th St-8th Ave）坐落在极其时尚的Standard Hotel视野开阔的屋顶，Le Bain聚集着一群狂欢的派对达人，他们在一周的任何一天都力争办好"大派对"。这里可以看到天际线的美景，安着极可意浴缸的舞池，还有形形色色、耽溺在昂贵饮品中的人群。

Stonewall Inn
同性恋酒吧

（见92页地图；☎212-488-2705；www.thestonewallinnnyc.com; 53 Christopher St; ⊙14:00至次日4:00; ⓢ1号线至Christopher St-Sheridan Sq）作为1969年石墙暴乱的旧址，这个历史性的酒吧每晚吸引了各种各样的群体来此聚会，适合每一位身在LGBT彩虹旗下的人。这里不只是一个同性恋酒吧，更像是一个受到欢迎的普通酒吧。

Henrietta Hudson
女同性恋酒吧

（见92页地图；☎212-924-3347；www.henriettahudson.com; 438 Hudson St; ⊙16:00至次日4:00; ⓢ1号线至Houston St）这家整洁的酒吧有各种类型、可爱年轻的女同性恋者，她们中很多来自新泽西和长岛。每晚不同的主题带来了精力充沛的DJ，混合播送着hip-hop、浩室和摇滚乐。这里的老板是布鲁克林本地人丽莎·卡尼斯特拉奇（Lisa Canistraci），她是同性恋夜生活领域最受欢迎的发起人，经常和她的粉丝们待在一起。

Marie's Crisis
酒吧

（见92页地图；☎212-243-9323; 59 Grove St, Seventh Ave和Bleecker St之间；⊙周一至周四 16:00至次日3:00, 周五和周六 至次日4:00, 周日 至午夜；ⓢ1号线至Christopher St-Sheridan Sq）上了年纪的百老汇女王、天真的外地同性恋男孩，咯咯笑的游客和其他各种音乐剧场的粉丝们都聚集在钢琴周围，高唱着造作的流行曲调。通常整个人群都会加入，偶尔也会有名人。无论你进去时感觉多么疲惫，都能找到老式的乐趣。

联合广场、熨斗区和格拉梅西

★ Flatiron Lounge
鸡尾酒吧

（见96页地图；☎212-727-7741；www.flatironlounge.com; 37 W 19th St, Fifth Ave和Sixth Ave之间；⊙周一至周三 16:00至次日2:00, 周四 至次日3:00, 周五 至次日4:00, 周六 17:00至次日4:00; ☏; ⓢF线/M线, R线/W线, 6号线至23rd St）穿过一个引人注目的拱门，进入一个黑暗而热闹的装饰艺术风格的梦幻空间。店里有红唇卡座，那里播放着活泼的爵士调，有许多时髦的成年人在喝着季节性的饮品。Lincoln Tunnel（黑朗姆酒、苹果白兰地、槭糖浆和苦味酒）非常绝妙。"快乐时光"鸡尾酒的价格是每杯$10（工作日16:00~18:00）。

Birreria
啤酒馆

（见96页地图；☎212-937-8910; www.eataly.com; 200 Fifth Ave, 在W 23rd St; ⊙周日至周四 11:30至23:00, 周五和周六 至午夜；ⓢR线/W线, F线/M线, 6号线至23rd St）这个屋顶啤酒园是意大利食品商场Eataly（见126页）皇冠上的明

珠，坐落在熨斗大厦的塔楼之间。一个百科全书式的啤酒单为饮酒者提供了世界最好的啤酒。如果你饿了，可以配上一份这里的特色菜肴啤酒焖猪肩，也可以浏览一下快闪餐厅里根据季节变化的菜单（主菜 $17~$37）。

隐蔽的电梯靠近商店在23rd St一侧的收银台。

Raines Law Room　　　　　　　　　鸡尾酒吧

（见96页地图；www.raineslawroom.com; 48 W 17th St, Fifth Ave和Sixth Ave之间; ⊙周一至周三17:00至次日2:00，周四至周六 至次日3:00，周日19:00至次日1:00; S F线/M线至14th St, L线至6th Ave, 1号线至18th St）天鹅绒窗帘和又软又厚的皮革躺椅、裸露的砖块、使用陈年老酒精心制作的鸡尾酒——这些人在营造氛围这点上比按揭还款还一丝不苟。只有周日至周二接受预订（推荐）。无论是怎样的一个夜晚，都要品味一下奢华时代的味道。

Pete's Tavern　　　　　　　　　　　酒吧

（见96页地图; ☎212-473-7676; www.petestavern.com; 129 E 18th St, 在Irving Pl; ⊙11:00至次日2:30; S 4号线/5号线/6号线, N线/Q线/R线/W线, L线至14th St-Union Sq）这个昏暗而极具氛围的酒吧，有着19世纪的镜子、锡顶天花板和红木吧台，是纽约标志性的经典酒吧。你可以在这里吃到备受欢迎的顶级牛排汉堡，还可以在17种啤酒中进行挑选，并加入到刚刚看完戏剧的夫妇、爱尔兰移民、明智的纽约大学学生和偶尔会冒出来的名人（见厕所的照片）中间。

Old Town Bar & Restaurant　　　　酒吧

（见96页地图; ☎212-529-6732; www.oldtownbar.com; 45 E 18th St, Broadway Ave和Park Ave S之间; ⊙周一至周五 11:30至次日1:00，周六 正午至次日2:00，周日 13:00至午夜; S 4号线/5号线/6号线, N线/Q线/R线/W线, L线至14th St-Union Sq）这里看起来像是1892年，有着红木吧台、原来的瓷砖地板和锡天花板——Old Town是一个属于"旧世界"男性的经典酒吧（也是女性的：麦当娜曾在她的"坏女孩"音乐电视中在这个酒吧里点烟，那时候在酒吧内抽烟还是合法的）。这里也有鸡尾酒，但大部分人都选择啤酒加一个汉堡（$11.50起）。

中城区

★ Bar SixtyFive　　　　　　　　　　鸡尾酒吧

（见96页地图; ☎212-632-5000; www.rainbowroom.com; 30 Rockefeller Plaza, 入口在W 49th St; ⊙周一至周五 17:00至午夜，周日 16:00~21:00; S B线/D线/F线/M线至47th-50th Sts-Rockefeller Center）漂亮的SixtyFive坐落在洛克菲勒中心（见99页）的通用大厦的65层，绝对不容错过。请穿着得体（穿着运动服装及21岁以下的客人禁止入内），并在17:00前到达，以便能够找到一个可以看到价值百万美元的美景的座位。即使你没有找到阳台或靠窗的位置，也可以到外面去感受一下一望无际的纽约全景。

Flaming Saddles　　　　　　　　同性恋酒吧

（见96页地图; ☎212-713-0481; www.flamingsaddles.com/nyc; 793 Ninth Ave, 52St和53rd St之间, Midtown West; ⊙周一至周五 15:00至次日4:00, 周六和周日 正午至次日4:00; S C线/E线至50th ）中城区的乡村和西部的男同性恋酒吧！！它位于地狱厨房，融合了电影《女郎俱乐部》和《神枪手简》的风格。这里拥有帅呆了的跳舞酒保和有抱负的都市牛仔，以及一种粗犷的氛围。品尝一下Wranglers或Saddle：你是在进行一次有趣的、醉醺醺的旅行。如果你饿了，这里还有得克萨斯墨西哥风味的酒吧食物。

Therapy　　　　　　　　　　　　同性恋酒吧

（见96页地图; ☎212-397-1700; www.therapy-nyc.com; 348 W 52nd St, Eighth Ave和Ninth Ave之间, Midtown West; ⊙周日至周四 17:00至次日2:00, 周五和周六 至次日4:00; S C线/E线, 1号线至50th St）占据好几层空间的Therapy是首家将成群客人吸引来地狱厨房的男同性恋休闲酒吧兼夜店，它以每晚的表演（从现场音乐到与百老汇明星的访谈）和周日至周五供应的美味食物（墨西哥玉米饼特别受欢迎）吸引了很多人来到地狱厨房。饮品的名字与主题相匹配："oral fixation"和"size queen"等。

Robert　　　　　　　　　　　　　鸡尾酒吧

（见102页地图; ☎212-299-7730; www.robertnyc.com; Museum of Arts & Design, 2

Columbus Circle, Eighth Ave和Broadway之间; ⊙周一和周日 11:30~22:00, 周二 至23:00, 周三至周六 至午夜; SA线/C线, B线/D线, 1号线至59th St-Columbus Circle) 坐落于艺术和设计博物馆(见100页)的9楼, 从技术上讲, 20世纪60年代风格的Robert是一家高端的现代美国餐厅。虽然食物非常令人满意, 但我们更喜欢在下午晚些时候或晚饭后前来, 找个沙发, 一边喝着MAD Manhattan(波旁威士忌、血橙苦艾酒和樱桃酒), 一边欣赏中央公园的美景。登录网站查询现场爵士乐表演的信息。

Waylon 酒吧

(见96页地图; ☎212-265-0010; www.thewaylon.com; 736 Tenth Ave, 在W 50th St; ⊙正午至次日4:00; SC线/E线至50th St) 伙计, 地狱厨房居然有家廉价酒馆! 在这个沙龙风格的酒吧里拥有南方风情, 自动唱机让人们跟着蒂姆·麦克洛(Tim McGraw)《破碎的心灵》起舞, 酒吧老板为人们斟上一杯杯美国威士忌和龙舌兰酒, 还可以品尝到得克萨斯州风味的炸肉馅饼和乡村炸牛排三明治等美食。

Industry 同性恋酒吧

(见96页地图; ☎646-476-2747; www.industry-bar.com; 355 W 52nd St, Eighth Ave和Ninth Ave之间; ⊙16:00至次日4:00; SC线/E线、1号线至50th St) 这个占地面积4000平方英尺的时尚酒吧曾经是一个停车场, 现在是地狱厨房最热门的同性恋酒吧之一, 有着美观的休息区、一个台球桌和一个为一流变装女神准备的舞台。在16:00到21:00之间前来, 可以喝到买一赠一的特价酒品, 还可以在晚些时候前来, 加入令人大饱眼福的派对狂欢。只收取现金。

Top of the Strand 鸡尾酒吧

(见96页地图; ☎646-368-6426; www.topofthestrand.com; Marriott Vacation Club Pulse, 33 W 37th St, Fifth Ave和Sixth Ave之间, Midtown East; ⊙周一和周日 17:00至午夜, 周二至周六 至次日1:00; SB线/D线/F线/M线、N线/Q线/R线至34th St) 要体验"天哪! 我在纽约!"的感觉, 就去Marriott Vacation Club Pulse(从前的Strand Hotel)酒店的屋顶酒吧, 点一杯马提尼(橄榄味极重), 准备大吃一惊吧(注意形象啊)。这里有舒适的小屋座椅、令人耳目一新的各种年龄的人群以及一个玻璃滑动屋顶, 透过屋顶, 可以欣赏帝国大厦的惊人景致。

上西区和中央公园

Manhattan Cricket Club 休闲酒吧

(见102页地图; ☎646-823-9252; www.mccnewyork.com; 226 W 79th St, Amsterdam Ave和Broadway之间; ⊙18:00至深夜; S1号线至79th St) 这个优雅的饮品吧位于一家澳大利亚小酒馆楼上, 酒吧仿照20世纪初期经典的盎格鲁-澳大利亚板球俱乐部而装饰。击球手深褐色的照片装饰着金色锦缎的墙壁, 而桃心木书架和切斯特菲尔德沙发, 则为畅饮制作优秀但昂贵的鸡尾酒营造了精致的环境。这里是一个适合约会的好地方。

Dead Poet 酒吧

(见102页地图; ☎212-595-5670; www.thedeadpoet.com; 450 Amsterdam Ave, W 81st St和82nd St之间; ⊙正午至次日4:00; S1号线至79th St) 从千禧年开始, 这个镶着红木嵌板的小酒馆一直深受附近居民的欢迎。当地人和学生纷纷来到这里, 品尝Guinness黑啤和以逝去的诗人姓名命名的鸡尾酒, 其中包括沃尔特·惠特曼长岛冰茶(Walt Whitman Long Island Iced Tea; $12)和巴勃罗·聂鲁达香料朗姆桑格利亚汽酒(Neruda spiced-rum sangria; $11)。有趣的是, 我们总是把聂鲁达(Neruda)当作一种皮斯科酸酒。

上东区

Drunken Munkey 休闲酒吧

(见102页地图; ☎646-998-4600; www.drunkenmunkeynyc.com; 338 E 92nd St, First Ave和Second Ave之间; ⊙周一至周四 16:30至次日2:00, 周五 至次日3:00, 周六 11:00至次日3:00, 周日 至次日2:00; SQ线、6号线至96th St) 这个有趣的休闲酒吧拥有殖民时代孟买的风格, 里面有老式的壁纸、板球门把手、制服笔挺的服务员。猴子形状的枝形吊灯或许是脑洞大开的产物, 但手工鸡尾酒和美味的咖喱(小份, 可供分享)都非常不错。不出意料, 杜松子酒是首选。可以尝试一下Bramble: 由孟买杜松子酒、黑莓利口酒、新鲜柠檬汁和黑莓混合而成。

Auction House
酒吧

（见102页地图；📞212-427-4458；www.theauctionhousenyc.com；300 E 89th St，在Second Ave；⊙周五至周四 19:30至次日2:00，周五和周六 至次日4:00；🚇Q线至86th St）穿过深栗色的门进入这家烛光摇曳的迷人酒吧，来一杯饮料放松身心，再完美不过了。木地板上摆放着维多利亚式的长沙发和软绵绵的安乐椅。把你的调制好的鸡尾酒端到壁炉旁的一个座位上，一边饮酒，一边欣赏墙上贴着的金边镜子反射出的景象吧。

🍸 哈莱姆区和上曼哈顿区

Ginny's Supper Club
鸡尾酒吧

（见102页地图；📞212-421-3821，早午餐预订 212-792-9001；www.ginnyssupperclub.com；310 Malcolm X Blvd, W 125th St和126th St之间, Harlem；⊙周四 18:00~23:00，周五和周六 至次日3:00，早午餐 周日 10:30~14:00；🚇2号线/3号线至125th St）这家喧闹的地下晚餐夜店就像是从《大西洋帝国》（*Boardwalk Empire*）中走出来的一样，从来不缺少时尚的常客，他们喝着鸡尾酒，吃着南方黑人食物和全球美食[来自楼上的Red Rooster（见129页）]，周四至周六 19:30有现场爵士乐表演，而周五和周日23:00有DJ表演。千万不要错过每周日的福音早午餐（建议预订）。

🍸 布鲁克林区

★ Maison Premiere
鸡尾酒吧

（📞347-335-0446；www.maisonpremiere.com；298 Bedford Ave, S 1st St和Grand St之间, Williamsburg；⊙周一至周四 16:00至次日2:00，周五 至次日4:00，周六 11:00至次日4:00，周日至16:00；🚇L线至Bedford Ave）我们一直期待着桃乐丝·帕克（Dorothy Parker）跟跟跄跄地走进这个古老的地方，这里有一间优雅的酒吧，里面满是琼针玉液，还有穿着吊带裤的调酒师，播放着爵士乐，拥有一种新奥尔良法国区的氛围。鸡尾酒是这里的主打：史诗般的清单包括十多种苦艾酒、各种样的冰镇薄荷酒和一系列特色鸡尾酒。

Excelsior
同性恋酒吧

（📞718-788-2710；www.excelsiorbrooklyn.com；563 Fifth Ave, Brooklyn；⊙周一至周五18:00至次日4:00，周六和周日 14:00至次日4:00；🚇F线/G线/R线至4th Ave/ 9th St；R线至Prospect Ave）这个受人喜爱的社区男同性恋酒吧最近迁到了新址，装修风格时髦而别致，这里有一个后院的露台和楼上的活动区域，那里可以举办舞会、变装秀和卡拉OK。Excelsior 能够迎合年长人群的需求（当然，欢迎所有人的到来），并以其和谐的氛围和有趣的调酒师而闻名。

Union Hall
酒吧

（📞718-638-4400；www.unionhallny.com；702 Union St；饮品 $5起；⊙周一至周五 16:00至次日4:00，周六和周日 13:00至次日4:00；🚇R线至Union St）任何想要度过一个真正的布鲁克林夜晚的人，都应该到Union Hall来。这个酒吧和活动空间位于一个改造过的仓库里，拥有双面壁炉、高耸的书架、皮沙发和两个全尺寸的室内滚球球场。去到地下室可以观赏现场音乐和喜剧表演。

Spuyten Duyvil
酒吧

（📞718-963-4140；www.spuytenduyvilnyc.com；359 Metropolitan Ave, Havemayer St和Roebling St之间, Williamsburg；⊙周一至周五17:00至深夜，周六和周日 正午至深夜；🚇L线至Lorimer St, G线至Metropolitan Ave）这个低调的威廉斯堡酒吧看起来就像是用清仓拍卖的物品拼凑而成的。天花板被漆成红色，墙上挂着复古的地图，家具由破旧的扶手椅组成。不过，这里的啤酒的选择数量惊人，各个年龄段的当地人都很健谈。这里还有一个树木繁茂的小露台，天气晴朗时对外开放。

Skinny Dennis
酒吧

（www.skinnydennisbar.com；152 Metropolitan Ave, Wythe Ave和Berry St之间, Williamsburg；⊙正午至次日4:00；🚇L线至Bedford Ave）不需要飞到奥斯汀——在这个位于熙熙攘攘的Metropolitan Ave上的客栈酒吧的Billyburg就可以找到你的廉价酒吧。除了Kinky Friedman的海报，你还可以看到威利·纳尔逊（Kinky Friedman）的一幅令人起敬的绘画、地板上的花生壳和角落里笨重的Patsy Cline牌点唱机。每晚都会有乡村歌手为喋喋不休、浑身酒味的人群表演。

Bossa Nova Civic Club　夜店

(📞718-443-1271; 1271 Myrtle Ave, Evergreen Ave和Central Aves之间, Bushwick; ⊙17:00至次日4:00; Ⓢ M线至Central Ave)你永远不需要离开布鲁克林区的另一原因是, 这个狭小的夜店是一个让你保持最佳状态的好地方, DJ们在热带主题的室内轮流表演。这里有良好的音响系统, 价格公道的饮品(至少就夜店而言)和饥饿时可以买到的小吃(馅饼、慢炖猪肉、玉米饼)。

Radegast Hall & Biergarten　啤酒馆

(📞718-963-3973; www.radegasthall.com; 113 N 3rd St, 在Berry St, Williamsburg; ⊙周一至周五 正午至次日2:00, 周六和周日 11:00开始营业; Ⓢ L线至Bedford Ave)这个活泼的、位于威廉斯堡的奥匈帝国风格啤酒馆有很多巴伐利亚啤酒可选, 还有一个供应快餐肉类的厨房。你可以坐在昏暗的木质吧台区或与之相邻的大厅里, 那里有一个可伸缩的屋顶和公共餐桌, 是一个享用椒盐卷饼、香肠和汉堡的完美地点。每天晚上都有现场音乐表演。

🍺 皇后区

★ Bohemian Hall & Beer Garden　啤酒花园

(📞718-274-4925; www.bohemianhall.com; 29-19 24th Ave, Astoria; ⊙周一至周四 17:00至次日1:00, 周五 至次日3:00, 周六 正午至次日3:00, 周日 正午至午夜; Ⓢ N线/Q线至Astoria Blvd)这个捷克社区中心掀起了纽约啤酒园的热潮, 没有什么能比得上这里的空间和拥挤的饮酒人群。在夏季, 树下每一个野餐桌旁都挤满了人。这里必点的食物有饺子和香肠; 主打捷克冰啤酒。

Dutch Kills　酒吧

(📞718-383-2724; www.dutchkillsbar.com; 27-24 Jackson Ave, Long Island City; 特价鸡尾酒 $13起, 啤酒和葡萄酒 $6起; ⊙ 17:00至次日2:00; Ⓢ E线, M线, 或R线至Queens Plaza; G线至Court Square)穿过一扇不起眼的门, 走进Dutch Kills(它位于长岛市的一座古老的工业大楼里), 你就回到了过去的时光。这个地下风格的酒吧极具氛围, 有许多令人惊叹的精品鸡尾酒。这里的特色饮品菜单非常广泛, 但如果你在寻找经典酒品, 调酒师也会为你提供。

Icon Bar　同性恋酒吧

(📞917-832-6364; 31-84 33rd St, Astoria; 饮品 $7起; ⊙17:00至次日4:00; Ⓢ N线/W线至Broadway station)离开曼哈顿之后, 你还是可以在这里领略纽约著名的男同性恋夜生活场景。Icon Bar为阿斯托利亚带来了浓烈的饮品和妖艳的氛围。这里经常举办特别DJ之夜和变装秀, 工作日晚上还有买一赠一的"欢乐时光"。

☆ 娱乐

演员、音乐家、舞蹈家和艺术家们涌向繁华的纽约市, 希望能在演艺界开创事业。俗话说: 如果你能在这里成功, 你在哪里都能成功。无论如今"成功"意味着什么, 观众们经常可以看到不断涌入的才华横溢、精益求精和不断突破自我的表演者。他们使这座城市保持着世界文化之都的地位。

现场音乐

Minton's　爵士乐

(见102页地图; 📞212-243-2222; www.mintonsharlem.com; 206 W 118th St, St Nicholas Ave 和Adam Clayton Powell Jr Blvd之间; ⊙周三至周六 18:00~23:00, 周日 正午至15:00和18:00~22:00; Ⓢ B线/C线, 2号线/3号线至116th St)作为比波普爵士乐的诞生地, 这个哈莱姆区的爵士乐晚餐俱乐部是一个音乐的圣杯。从迪兹·吉莱斯皮(Dizzy Gillespie)到路易斯·阿姆斯特朗(Louis Armstrong), 所有大腕都曾在这里献艺。在它的有色镜餐厅享用晚餐(主菜 $18~34)或周日早午餐($12~18)是一种美好的体验。请提前预订, 精心打扮, 来这里一边聆听甜美的现场爵士乐, 一边品尝南方风味的菜肴。

★ 林肯中心爵士乐厅　爵士乐

(Jazz at Lincoln Center; 见102页地图; 📞Dizzy's Club Coca-Cola门票 212-258-9595, Rose Theater & Appel Room门票 212-721-6500; www.jazz.org; Time Warner Center, Columbus Circle, Broadway at W 59th St; Ⓢ A线/C线, B线/

D线、1号线至59th St-Columbus Circle）坐落在时代华纳中心（Time Warner Center），林肯中心爵士乐厅由三个最先进的场馆组成：中等大小的Rose Theater；拥有城市全景的、玻璃结构的Appel Room；温馨而极具氛围的Dizzy's Club Coca-Cola。因为每晚的表演，后者可能会是你在晚上最想要去的地方。表演非常精彩，中央公园的美景也是如此。

★ 卡内基音乐厅　　　　　　　　现场音乐

（Carnegie Hall；见96页地图；212-247-7800；www.carnegiehall.org；881 Seventh Ave，在W 57th St；团665; 10月至次年6月 周一至周五 11:30, 12:30, 14:00和15:00, 周六 11:30和12:30; N线/R线/W线至57th St-7th Ave）这个传奇的音乐厅可能不是世界上最大的，也不是最豪华的，但它绝对是音响效果最好的场所之一。艾萨克·斯特恩礼堂（Isaac Stern Auditorium）有歌剧、爵士乐和民间艺术大师们的表演；备受欢迎的赞克尔大厅（Zankel Hall）有更前卫的爵士乐、流行音乐、古典音乐和世界音乐表演；温馨的威尔独奏厅（Weill Recital Hall）会举办室内音乐会、首演和专题讨论会。

纽约爱乐乐团　　　　　　　　　古典音乐

（New York Philharmonic；见102页地图；212-875-5656；www.nyphil.org；Lincoln Center, Columbus Ave, 在W 65th St；🅿；S 1号线至66 St-Lincoln Center）美国最古老的职业管弦乐队（其历史可以追溯至1842年）每年会在大卫·芬格大厅（David Geffen Hall；2015年之前被称为 Avery Fisher）举办表演季。2017年，新上任的音乐总监杰普·范·茨维登（Jaap van Zweden）接替了艾伦·吉尔伯特（Alan Gilbert）的工作。该乐团演奏的是古典音乐（柴可夫斯基、马勒、海顿）和当代作品，以及面向儿童的音乐会。

Blue Note　　　　　　　　　　　爵士乐

（见92页地图；212-475-8592；www.bluenote.net；131 W 3rd St, Sixth Ave和MacDougal St之间；S A线/C线/E线, B线/D线/F线/M线至W 4th St-Washington Sq）到目前为止，这是纽约市最著名（也是最贵）的爵士俱乐部。大多数吧台秀的价格是$15至$30，桌边秀则是$25至$45，但对于顶级明星来说，价格还要上升。在周日上午11:30，这里还有爵士乐早午餐。如果在晚上前来，请保持安静，并把所有的注意力都集中在舞台上！

Joe's Pub　　　　　　　　　　　现场音乐

（见92页地图；212-539-8778, tickets 212-967-7555；www.joespub.com；Public Theater, 425 Lafayette St, Astor Pl和4th St之间；S R线/W线至8th St-NYU, 6号线至Astor Pl）温馨的Joe's既是酒吧，也是卡巴莱歌舞和表演场地，有许多新人和一流的演员前来表演。在这里表演过的艺人包括帕蒂·卢平（Patti LuPone）、艾米·舒默（Amy Schumer）、伦纳德·科恩（Leonard Cohen）和英国女歌手阿黛尔（Adele；事实上，在2008年，阿黛尔在这里举行了她在美国的第一场表演）。

Irving Plaza　　　　　　　　　　现场音乐

（见96页地图；212-777-6817；www.irvingplaza.com；17 Irving Pl, 在15th St；S 4号线/5号线/6号线, N线/Q线/R线, L线至14th St-Union Sq）自1978年以来，Irving Plaza就见证了你能叫得出名字的所有大明星的发展：雷蒙斯乐队（Ramones）、鲍勃·迪伦（Bob Dylan）、U2乐队、珍珠果酱乐队（Pearl Jam）都曾在这里演出。如今，对于古怪的摇滚和流行音乐表演者来说，这是一个很好的中间舞台——从独立音乐的Sleater-Kinney到火热的摇滚骚动乐团（Disturbed）都曾来此表演。舞台周围有一层舒适的地板，从夹层中可以看到美景。

Brooklyn Bowl　　　　　　　　　现场音乐

（718-963-3369；www.brooklynbowl.com；61 Wythe Ave, N 11th St和N 12th St之间, Williamsburg；周一至周五 18:00至次日2:00，周六和周日 11:00开始营业；S L线至Bedford Ave, G线至Nassau Ave）这个位于原赫克拉钢铁工程公司（Hecla Iron Works Company）内的23,000平方英尺场地，结合了保龄球（球道出租30分钟 $25, 鞋子出租 $5）、微酿啤酒、食品和绝妙的现场音乐。除了经常占据舞台的现场乐队表演外，还有美国国家橄榄球联盟日、卡拉OK和DJ之夜。除了周末（11:00至18:00），仅限21岁及以上顾客入内。

Bell House 现场音乐

(☎718-643-6510; www.thebellhouseny.com; 149 7th St, Second Ave和Third Ave之间, Gowanus; ⊙17:00至次日4:00; 🚇; ⓢF线/G线/R线至4th Ave-9th St)这里由荒凉的Gowanus社区的一个宽敞而古老的场所改建而成，拥有备受瞩目的现场表演、独立摇滚乐队、DJ之夜、喜剧演出和滑稽表演派对。这个经过改造的漂亮仓库里有一个宽敞的音乐厅，前厅里还有一个友好的小酒吧，里面有摇曳的蜡烛、皮革扶手椅，以及10种左右的桶装啤酒。

体育

麦迪逊广场花园 观赏运动、演出场所

(Madison Square Garden，简称MSG，"the Garden"; 见96页地图; www.thegarden.com; 4 Pennsylvania Plaza, Seventh Ave, 31st和33rd St之间; ⓢA线/C线/E线，1号线/2号线/3号线至34th St-Penn Station)这片大型综合建筑群除去部分建筑是宾夕法尼亚车站(见149页)外，还是纽约主要的表演场馆，主办了从坎耶·维斯特(Kanye West)到麦当娜(Madonna)等大牌明星的演出。这里还是一个运动竞技场，有纽约尼克斯队(www.nba.com/knicks.com)和纽约自由人队(www.liberty.wnba.com)篮球比赛、纽约游骑兵队(www.nhl.com/rangers)的曲棍球比赛，以及拳击和一年一度的威斯敏斯特犬展(Annual Westminster Kennel Club Dog Show)等重大活动。

USTA Billie Jean King National Tennis Center 观赏运动

(☎718-760-6200; www.usta.com; Flushing Meadows Corona Park, Corona; ⊙6:00至午夜; ⓢ7号线至Mets-Willets Pt)美国网球公开赛(US Open)是纽约市最重要的体育赛事之一，在8月下旬举行。建于2016年的阿瑟·阿什体育场(Arthur Ashe Stadium; 容纳23,771人)现在有一个可伸缩的屋顶，还有一个新的体育场(Grandstand取代了Old Grandstand)，外球场也被翻新。门票通常会在4月或5月在Ticketmaster上销售，但大型比赛的门票很难买到。前几轮回合赛的普通票比较容易买到。

史坦顿岛洋基队 棒球

(Staten Island Yankees; ☎718-720-9265; www.siyanks.com; Richmond County Bank Ballpark, 75 Richmond Tce; 球票 $12; ⊙售票处 周一至周五 9:00~17:00; 🚢Staten Island)自2005年以来，这支洋基队已经四次夺得纽约—宾州联盟的冠军。就算你没有接到飞出场外的球，至少可以在水滨球场看到令人惊叹的曼哈顿天际线。它位于渡轮码头和一个巨大的摩天轮的建设工地以北，步行0.3英里即可到达。

剧院

★Al Hirschfeld Theatre 剧院

(见96页地图; ☎购票 877-250-2929; www.kinkybootsthemusical.com; 302 W 45th St, Eighth Ave和Ninth Ave之间; ⓢA线/C线/E线至42nd St-Port Authority Bus Terminal)改编自2005年英国独立电影，哈维·菲尔斯坦(Harvey Fierstein)和辛迪·劳珀(Cyndi Lauper)轰动一时的音乐剧《长靴》(Kinky Boots)，讲述了一个即将破产的英国鞋厂的故事。令人出乎意料的是，这个鞋厂被一个精明的"变装皇后"Lola所拯救。这部音乐剧在2013年获得了包括最佳音乐剧奖在内的六项托尼奖(Tony Awards)，它鲜活丰满的角色和惊人的活力受到评论家的瞩目。

★Eugene O'Neill Theatre 剧院

(见96页地图; ☎购票 212-239-6200; www.bookofmormonbroadway.com; 230 W 49th St, Broadway和Eighth Ave之间; ⓢN线/R线/W线至49th St; 1号线至50th St; C线/E线至50th St)《摩门经》(Book of Mormon)是一部具有颠覆性的、放肆的、荒谬爆笑的前卫音乐讽刺作品，它是《南方公园》(South Park)的创作者特雷·帕克(Trey Parker)和马特·斯通(Matt Stone)，以及《Q大道》(Avenue Q)的作曲家罗伯特·洛佩兹(Robert Lopez)合作的作品。该音乐剧获得了9个托尼奖的奖项，它讲述了两个天真的摩门教徒的故事，他们的任务是"拯救"一个乌干达村庄。

★Richard Rodgers Theatre 剧院

(见96页地图; ☎购票 877-250-2929; www.hamiltonbroadway.com; 226 W 46th St, Seventh Ave和Eighth Ave之间; ⓢN线/R线/W线至49th St)百老汇最热门的音乐剧——林-马努埃尔·米兰达(Lin-Manuel Miranda)的著名音乐

剧《汉密尔顿》(Hamilton)运用现代嘻哈乐讲述了美国第一任财政部长亚历山大·汉密尔顿(Alexander Hamilton)的故事。这部剧受到了罗恩·切尔诺(Ron Chernow)的传记《亚历山大·汉密尔顿》(Alexander Hamilton)的启发，赢得了一系列奖项，包括11个托尼奖(包括最佳音乐剧)，其三白金原声带夺得了一项格莱美大奖，还获得了普利策戏剧奖。

Sleep No More 剧院

(见96页地图; 866-811-4111; www.sleepnomorenyc.com; 530 W 27th St, Tenth Ave和Eleventh Ave之间; 门票 $105起; 周一至周六 19:00至午夜; S C线/E线至23rd St)这是史上最令人难忘的戏剧体验之一,《无眠夜》(Sleep No More)是对《麦克白》的松散改编，故事发生在切尔西的仓库里，这些仓库经过重新设计后，看起来像是20世纪30年代的McKittrick Hotel和它热闹的爵士酒吧。

这是一种你可以随意选择的冒险观剧经历，在那里，观众可以自由地在精致的房间里漫步(舞厅、墓地、动物标本商店、疯人院)，并跟随演员或与他们互动，演员们表演各种各样的场景，从怪诞到粗野。做好准备:当你到达的时候，你必须寄存所有的东西(夹克、包包、手机)，你必须仿照《大开眼戒》(Eyes Wide Shut)里面的场景，戴上面具。

Playwrights Horizons 剧院

(见96页地图; 212-564-1235; www.playwrightshorizons.org; 416 W 42nd St, Ninth Ave和Tenth Ave之间, Midtown West; S A线/C线/E线至42nd St-Port Authority Bus Terminal)想要了解下一部大热戏剧，这里是个很好的地方，这个资深"作家剧场"致力于培育当代美国作品。过去的著名作品包括肯尼斯·罗纳根(Kenneth Lonergan)的《大堂英雄》(Lobby Hero)，布鲁斯·诺里斯(Bruce Norris)获得托尼奖的《克莱伯恩公园》(Clybourne Park)，以及道格·怀特(Doug Wright)的《吾亦吾妻》(I Am My Own Wife)和《灰色花园》(Grey Gardens)。

BAM Harvey Theater 剧院

(Harvey Lichtenstein Theater; 718-636-4100; www.bam.org; 651 Fulton St, 在Rockwell Pl, Fort Greene; S B线, Q线/R线至DeKalb Ave; 2号线/3号线, 4号线/5号线至Nevins St)这个剧院是布鲁克林区和纽约市的一个重要的文化机构，长期以来一直由托尼·库什纳(Tony Kushner)、彼得·布鲁克(Peter Brook)和劳瑞·安德森(Laurie Anderson)等重要艺术家经营。剧院所在建筑本身结合了粗犷和工业风格，体现出华丽与优雅的气质——是布鲁克林区的理想选择。不过，包厢的座位窄而高，并不是最舒服的，有些还会阻挡视线。

★ Flea Theater 剧院

(见80页地图; 购票 212-226-0051; www.theflea.org; 20 Thomas St, Church St和Broadway之间; ; S A线/C线, 1号线/2号线/3号线至Chambers St; R线/W线至City Hall)作为纽约市顶级的公司之一，Flea以上演创新和适时的新作品而闻名。新址有三个表演空间，其中一个以忠实的校友西格妮·韦弗(Sigourney Weaver)的名字命名。全年的节目还包括音乐和舞蹈节目、面向年轻观众(5岁及以上)的节目，以及一系列10分钟的深夜戏剧欢乐竞赛。

戴拉寇特剧院 剧院

(Delacorte Theater; 见102页地图; www.publictheater.org; Central Park, 入口在W 81st St; S B线/C线至81st St)每年夏天，约瑟夫·帕普公共剧院(Joseph Papp Public Theater)都会在戴拉寇特剧院的公园免费上演其令人难以置信的莎士比亚作品。帕普公共剧院建于1954年，先于这个漂亮的、绿树成荫的露天剧场建成。这里的作品通常都是一流的，但不管它们的质量如何，来到这里都是一次神奇的体验，排队领票堪称新来者体验纽约的一种仪式。

Ambassador Theatre 剧院

(Chicago; 见96页地图; 购票 212-239-6200; www.chicagothemusical.com; 219 W 49th St, Broadway和Eighth Ave之间; S N线/R线/W线至49th St; 1号线, C线/E线至50th St)纽约的标志性建筑——Ambassador Theatre建于20世纪20年代，是一个奇特的建筑。这里建造了

一些小角落，使得小空间内可以容纳更多的座位。和许多剧院一样，它在20世纪30年代被所有者舒伯特一家（Schuberts）出售，成为电视台工作室和电影院，不过最终，它又在1956年被这家人重新买回。从那以后，它一直是一个剧院，现在是《芝加哥》的演出场地，也是百老汇最受欢迎的演出场所之一。

New York Theatre Workshop 剧院

（见92页地图；212-460-5475；www.nytw.org；79 E 4th St, Second Ave和Third Ave之间；F线至2nd Ave）30多年来，这家创新的制作公司一直是那些寻求前卫当代戏剧的人们的宝库。它是百老汇两大热门剧目Rent和Urinetown最初上演的剧院。此外，它是音乐剧Once在外百老汇戏剧界首映的举办地点，并提供了源源不断的高质量剧集。

La MaMa ETC 剧院

（见92页地图；212-352-3101；www.lamama.org；74a E 4th St, Bowery和Second Ave之间；票价 $20起；F线至Second Ave）一个久负盛名的实验戏剧场地（ETC表示实验戏剧俱乐部），La MaMa现在是一个拥有三个剧院的综合设施，有一家咖啡馆、一个艺术画廊和一个独立的工作室，里面有最前沿的戏剧、小品喜剧和各种各样的读物。每场演出都会出售10张$10的优惠门票。请提前预订，以便获得廉价票！

喜剧

★ Upright Citizens Brigade Theatre 喜剧

（UCB；见96页地图；212-366-9176；www.ucbtheatre.com；307 W 26th St, Eighth Ave和Ninth Ave之间；门票 免费至$10；C线/E线至23rd St）在这个地下表演场地共有74个座位，喜剧小品和即兴表演都在这里上演。选一导演会安排一些临时演员上场，还经常有著名电视人物串场。门票很便宜，啤酒和葡萄酒也很便宜。每晚从19:30开始，这里都会上演优质的节目，但周日晚上的即兴表演环节总会引起一场骚乱。

Comedy Cellar 喜剧

（见92页地图；212-254-3480；www.comedycellar.com；117 MacDougal St, W 3rd St和Minetta Lane之间；入场费 $12~24；A线/C线/E线, B线/D线/F线/M线至W 4th St-Washington Sq）这家历史悠久的地下室戏剧俱乐部位于格林尼治村，拥有主流喜剧和定期演出的演员[科林·奎恩（Colin Quinn）、犹大·弗里德兰德（Judah Friedlander）、万达·塞克斯（Wanda Sykes）]，还有像戴夫·查佩尔（Dave Chappelle），杰瑞·宋飞（Jerry Seinfeld）和艾米·舒默（Amy Schumer）这样备受瞩目的大牌客串。它的成功还在继续：现在Comedy Cellar在W 3rd St的拐角处的Village Underground开了家分店。

Caroline's on Broadway 喜剧

（见96页地图；212-757-4100；www.carolines.com；1626 Broadway, 在50th St, Midtown West；N线/Q线/R线至49th St, 1号线, C线/E线至50th St）你可能会从这里拍摄的喜剧特别节目中认出这个巨大的、明亮的主流经典场所。多部喜剧特别节目都曾在这里拍摄。它是偶遇美国喜剧界大牌和情景喜剧明星的最佳地点。

电影院

Film Society of Lincoln Center 电影院

（见102页地图；212-875-5367；www.filmlinc.com；b1 to 66th St-Lincoln Center）Film Society是纽约的电影瑰宝之一，它为各种各样的纪录片、特色影片、独立电影、外国和前卫的艺术片提供了一个无价的平台。这里有两个场馆：**Elinor Bunin Munroe Film Center**（见102页地图；212-875-5232；Lincoln Center, 144 W 65th St），一个温馨的实验性的场所；以及 Walter Reade Theater, 那里有着非常宽敞的、放映室风格的座位。

Metrograph 电影院

（见92页地图；212-660-0312；www.metrograph.com；7 Ludlow St, Canal St和Hester St之间；门票 $15；F线至East Broadway；B线/D线至Grand St）对于市中心的影迷来说，这个双屏幕的剧院是一个最新的电影圣地，里面有红色的天鹅绒座椅，放映独立策划的艺术片。大多数影片你在任何一个多厅影院都找不到；

不过像《魔力麦克》(*Magic Mike*)这样的主流影片偶尔也会在这里放映。除了逛书店的电影爱好者,你还会在酒吧或楼上的餐厅里找到时髦又迷人的氛围。

Film Forum
电影院

(见92页地图;212-727-8110;www.filmforum.com; 209 W Houston St, Varick St和Sixth Ave之间;S1号线至Houston St)这家拥有三个放映厅的非营利性电影院放映了一系列令人震惊的独立电影、老片重映和大明星——如奥逊·威尔斯(Orson Welles)等——的电影作品回顾展。剧院很小(屏幕也很小),所以要早点去,以便获得一个良好的观影位置。表演通常与导演对话或其他以电影为主题的讨论结合在一起,忠实的影迷会参与这些讨论。

Walter Reade Theater
电影院

(见102页地图;212-875-5601;www.filmlinc.com; Lincoln Center, 165 W 65th St;S1号线至66th St-Lincoln Center)Walter Reade拥有一些非常宽敞的放映室风格的座椅。每年9月,这里都会举办纽约电影节(New York Film Festival),届时将有大量的纽约和世界的优秀影片在此首映。在一年中的其他时候,你可以看到独立电影、职业生涯回顾和主题系列片。

Anthology Film Archives
电影院

(见92页地图;212-505-5181;www.anthologyfilmarchives.org; 32 Second Ave, 在2nd St;SF线至2nd Ave)这座剧院于1970年开业,致力于将电影作为一种艺术形式放映。这里会放映新的电影制作人的独立作品、重播经典电影和晦涩的老影片,比如西班牙导演路易斯·布纽尔(Luis Buñuel)的超现实主义作品、肯·布朗(Ken Brown)的迷幻电影等。

表演艺术

大都会歌剧院
歌剧

(Metropolitan Opera House;见102页地图;购票 212-362-6000,团队购票 212-769-7028;www.metopera.org; Lincoln Center, Columbus Ave 在 W 64th St;S1号线至66th St-Lincoln Center)纽约首屈一指的歌剧公司是欣赏《卡门》《蝴蝶夫人》和《麦克白》等经典作品的地方,更不用提瓦格纳(Wagner)的《尼伯龙根的指环》了。这里还举办了更多当代作品的首映和复排,如约翰·亚当斯(John Adams)的《科林霍夫之死》(*The Death of Klinghoffer*)。表演季从9月持续到次年4月。

纽约市芭蕾舞团
舞蹈

(New York City Ballet;见102页地图;212-496-0600; www.nycballet.com; Lincoln Center, Columbus Ave 在 W 63rd St;S1号线至66th St-Lincoln Center)这个久负盛名的芭蕾舞团最初是由出生于俄罗斯的著名舞蹈编导乔治·巴兰钦(George Balanchine)在20世纪40年代执导的。如今,该公司拥有90名舞蹈演员,是美国最大的芭蕾舞团,每年在林肯中心的David H Koch Theater演出23周。在节假日期间,这个剧团最著名的作品是每年制作的《胡桃夹子》(*The Nutcracker*)。

Duplex
卡巴莱歌舞

(见92页地图;212-255-5438;www.theduplex.com; 61 Christopher St, 在Seventh Ave S;票 $10~25;16:00至次日4:00;S1号线至Christopher St-Sheridan Sq)卡巴莱歌舞、卡拉OK和稀奇古怪的舞步是在传奇的Duplex必看的节目。墙上挂满了琼·里弗斯(Joan Rivers)的照片,演员们喜欢模仿她在讲一些关于观众的笑话时嘲式的自我贬低,同时还拿观众开些玩笑。这是一个有趣而坦率的地方,不适合害羞的人。

Joyce Theater
舞蹈

(见96页地图;212-691-9740; www.joyce.org; 175 Eighth Ave, 在W 19th St;SC线/E线 至 23rd St;A线, L线至14th St-8th Ave;1号线至18th St)由于良好的视线和独特的作品,这里成为了舞蹈爱好者的最爱。这是一个温馨的场所,在经过翻新的电影院中有472个座位。这里主要上演传统的现代公司的演出,如Martha Graham、Stephen Petronio Company和Parsons Dance,以及全球舞蹈界的明星公司如Dance Brazil、Ballet Hispanico和MalPaso Dance Company也会在此演出。

🛍 购物

纽约市是全球最好的购物目的地之一，对于一个商业化、极具创意和时尚的首都来说，这一点并不奇怪。每个细分市场都能被满足。从独立设计师的精品店到地标性的百货商店，从旧货商店到高级女士时装，从唱片店到苹果专卖店，从古玩到美食，轻而易举就能把你的预算全部挥霍掉。

🛍 布鲁克林区

Brooklyn Flea 市场

(www.brooklynflea.com; 90 Kent Ave, N 7th St和N 10th St之间, Williamsburg; ⏰4月至10月10:00~17:00; 🅿; ⓈL线至Bedford Ave) 在威廉斯堡的东河州立公园（East River State Park），每个周六都有上百个小贩来出售他们的商品，从古董和唱片到复古的衣服和工艺品。Flea市场和美味的Smorgasburg 餐厅（见130页）共用一个空间。周日，该市场将会转移到曼哈顿大桥下，80 Pearl St拱门附近的Dumbo。

Beacon's Closet 二手店

(📞718-486-0816; www.beaconscloset.com; 74 Guernsey St, Nassau Ave和Norman Ave之间, Greenpoint; ⏰11:00~20:00; ⓈL线至Bedford Ave; G线至Nassau Ave) 二十多岁的发掘者发现了这个占地5500平方英尺的巨大复古服装仓库，这里一部分是"金矿"，一部分是"砂砾"。这里按照颜色分区展示着很多外套、聚酯上衣和20世纪90年代的T恤衫，但是想要找到优质的东西，需要花费大量的时间。你还可以找到各种各样的鞋子、法兰绒衣服、帽子、手袋、硕大的珠宝和明亮的太阳镜。

Rough Trade 音乐

(📞718-388-4111; www.roughtradenyc.com; 64 N 9th St, Kent Ave和Wythe Ave之间, Williamsburg; ⏰周一至周六 11:00~23:00, 周日至21:00; ⓈL线至Bedford Ave) 这家占地面积10,000平方英尺的唱片店源自伦敦，储存了成千上万的黑胶唱片和光盘。店内还有DJ表演、视听站、艺术展览，以及来自Brompton Bike Cafe的咖啡和甜甜圈。在它的一个小音乐厅，整周都有现场乐队的表演（门票价格不同）。

🛍 市中心

★ Strand Book Store 书籍

(见92页地图; 📞212-473-1452; www.strandbooks.com; 828 Broadway, 在E 12th St; ⏰周一至周六 9:30~22:30, 周日 11:00~22:30; ⓈL线, N线/Q线/R线/W线, 4号线/5号线/6号线至14th St-Union Sq) 深受人们喜爱、具有传奇色彩的标志性建筑Strand，体现了纽约市中心的知识分子的真诚——这里是一个爱书者的乐土，一代又一代的书迷们带着商店标志性的大手提袋，快乐地在这里选书，一选就是几个小时。自1927年以来，Strand一直在销售新书、二手书和稀有书籍，在迷宫般的三层楼上摆放着令人难以置信的总长达18英里的书（超过250万册）。

Screaming Mimi's 二手店

(见96页地图; 📞212-677-6464; www.screamingmimis.com; 240 W 14th St, Seventh Ave和 Eighth Ave之间; ⏰周一至周六 正午至20:00, 周日 13:00~19:00; ⓈA线/C线/E线/L线至 8th Ave-14th St) 如果你想寻找复古的衣服，那么这里可能也会让你尖叫（店名意为"尖叫的米米"）。这家有趣的商店精选出20世纪50年代到90年代的精美老物品，每十年一分类（可以要求看看从20世纪20年代到40年代的服装收藏，这一小部分衣服被收起来了）。

Evolution Nature Store 礼品和纪念品

(见92页地图; 📞212-343-1114; www.theevolutionstore.com; 687 Broadway; ⏰11:00~20:00; ⓈN线/Q线/R线/W线至8th Ave-NYU; 4号线/5号线/6号线至Astor Place) 你想在市场里寻找一个微缩人头？或许是一只晒干的甲虫？这家SoHo区最受欢迎的商店里充满了来自世界各地的怪异物品。商店像是个洞穴，通常很忙。

Obscura Antiques 古董

(见92页地图; 📞212-505-9251; www.obscuraantiques.com; 207 Ave A, E 12th St和13th St之间; ⏰周一至周六 正午至20:00, 周日 至19:00; ⓈL线至1st Ave) 这个小巧的古董店深受喜爱惊悚物品和古董的人们的欢迎。在这里，你可以看到动物的头、精巧的啮齿动物的头骨和骨骼、玻璃盒子里的蝴蝶、死者照片、令人不安的小（牙科？）仪器、德国的地雷标志（堆放起来让坦克可以看到它们）、旧毒剂瓶和玻璃眼球。

🏛 中城区

Grand Central Market　　　　　市场

（见96页地图；www.grandcentralterminal.com/market；Grand Central Terminal, Lexington Ave, 在42nd St, Midtown East；◎周一至周五7:00~21:00, 周六 10:00~19:00, 周日 11:00~18:00；⑤S线, 4号线/5号线/6号线, 7号线至Grand Central-42nd St）大中央车站（Grand Central）并不只是到达和出发的站点。这个车站还拥有一个240英尺长的走廊，里面有摆放整齐的新鲜农产品和手工点心。从面包和水果馅饼到龙虾、鸡肉馅饼、西班牙五味酱、水果和蔬菜，以及烤咖啡豆，应有尽有。甚至还有一个Murray's Cheese的摊位，出售像洞穴时代的格鲁耶尔干酪这样的美味牛奶制品。

Hell's Kitchen Flea Market　　　市场

（见96页地图；☎212-220-0239；www.annexmarkets.com；W 39th St, Ninth Ave和Tenth Ave之间；◎周六和周日 9:00~17:00；⑤A线/C线/E线至42nd St-Port Authority Bus Terminal）这个周末的跳蚤市场吸引了收藏家和普通的好奇者的到来，这里有古董家具、饰品、衣服和无法辨认的时代的物品。

🏛 上城区

Flamekeepers Hat Club　　　时装和饰品

（见102页地图；☎212-531-3542；273 W 121st St, 在St Nicholas Ave；◎周二和周三 正午至19:00, 周四至周六 至20:00, 周日 至18:00；⑤A线/C线, B线/D线至 125th St）这个时髦的小帽子店的老板是和蔼可亲的哈莱姆区当地人马克·威廉森（Marc Williamson）。他精心的收藏是一个帽子爱好者的梦想：来自意大利的奶油色Barbisio软呢帽、来自捷克的Selentino礼帽，以及来自爱尔兰的Hanna Hats of Donegal的羊毛拼接帽。价格从$85至$350不等，还可以为真正的个性人士提供定制服务。

Flying Tiger Copenhagen　　　家庭用品

（见102页地图；☎646-998-4755；www.flyingtiger.com；424 Columbus Ave, 80th St和81st St之间；◎周一至周日 10:00~20:00；🅿；⑤B线, C线至81st St-Museum of Natural History）你在市场上寻找设计精良、古怪、廉价的小玩意儿和小摆设吗？这个丹麦进口商店会让你的心里痒痒。这是一个微型的宜家店，有根据主题分类的东西（厨房、儿童、工艺品等）——你永远无法想象你想要的东西到底有多少。去掉价格标签，你的朋友可能会认为你买礼物花了大价钱。

❶ 实用信息

上网

这个城市的大多数公共公园现在都提供免费的Wi-Fi，其中一些著名的公园包括高线公园、布莱恩特公园、炮台公园、中央公园、市政厅公园、麦迪逊广场公园、汤普金斯广场公园和联合广场公园（布鲁克林区和皇后区也有广泛的网络覆盖）。对于其他地点，请访问www.nycgovparks.org/facilities/Wi-Fi查询。

现在，即使是地下地铁站也提供免费的Wi-Fi，让你可以在等待信号问题或其他待解决的延误问题时打发时间或完成工作。LinkNYC（www.link.nyc）是一个在2016年推出的项目，它替代了过时的手机支付（曾经是城市的标志性符号，也是Superman超人变身的地方），为人们提供免费的互联网连接亭，那里有充电站和Wi-Fi，虽然正在经历一些初期问题，但有些连接亭已经成为流浪汉的聚集点。该计划预计将在五个行政区安装数千个像这样的小亭子。

在纽约，几乎没有不提供Wi-Fi的住宿地点，尽管并不都是免费的。当然，大多数咖啡馆为顾客提供Wi-Fi，就像城里随处可见的星巴克一样。

医疗服务

急诊服务的压力较大，服务缓慢（除非你的身体状况非常糟糕）；如果可以通过其他医疗服务来缓解情况，请避免急诊。

New York-Presbyterian Hospital（☎212-305-2500；www.nyp.org/locations/newyork-presbyterian-columbia-university-medical-center；630 W 168th St, 在Ft Washington Ave；⑤A线/C线, 1号线至168th St）著名的医院。

Bellevue Hospital Center（☎212-562-4141；www.nychealthandhospitals.org/bellevue；462 First Ave, 在27th St, Midtown East；⑤6号线至28th St）

主要的公共医院,有急救室和外伤中心。

New York County Medical Society(212-684-4670;www.nycms.org)接受电话预约,并可根据病情和语言安排合适的医生。

Tisch Hospital(New York University Langone Medical Center; 212-263-5800; www.nyulangone.org/locations/tisch-hospital; 550 First Ave; ⊙24小时)大型医院,拥有一流的设施,在每一个重要的护理专业都有相关部门。

Callen-Lorde Community Health Center(212-271-7200; www.callen-lorde.org; 356 W 18th St, Eighth Ave和Ninth Ave之间; ⊙周一至周四8:15~20:15,周五至16:45,周六8:30~15:15; ⓈA线/C线/E线,L线至8th Ave-14th St)这个医疗中心致力于帮助LGBT群体和艾滋病患者,无论他们的支付能力如何,都会为他们提供服务。

Lenox Hill Hospital(212-434-2000; www.northwell.edu/find-care/locations/lenox-hill-hospital; 100 E 77th St, at Lexington Ave; ⊙24小时; Ⓢ6号线至77th St)上东区的一个24小时急诊室,是一家提供多语种翻译的好医院。

Mount Sinai Hospital(212-241-6500; www.mountsinai.org/locations/mount-sinai; 1468 Madison Ave, 在101st St; ⊙24小时; Ⓢ6号线至103rd St)上东区的一家很棒的医院。

Planned Parenthood(Margaret Sanger Center; 212-965-7000; www.plannedparenthood.org; 26 Bleecker St, Mott St和Elizabeth St之间; ⊙周一、周二、周四和周五8:00~18:30,周三至20:30,周六至16:30; ⓈB线/D线/F线/V线至Broadway-Lafayette St; 6号线至Bleecker St)提供节育、性病筛查和妇科护理。

旅游信息

纽约市信息中心(NYC Information Center; 见96页地图; 212-484-1222; www.nycgo.com; Broadway Plaza, W 43rd St和44th St之间; ⊙9:00~18:00; ⓈN线/Q线/R线/W线,S线,1号线/2号线/3号线,7号线至Times Sq-42nd St)纽约市各地均有官方的纽约市游客信息中心。主要办公室在中城区。

在这个基于网络的世界里,你可以找到无限的在线资源来获取关于纽约的最新信息。想要亲自到场咨询的话,可以试一试NYC & Company(www.nycgo.com)在**时代广场**、**Macy's Herald Square**(见96页地图; 212-484-1222; www.nycgo.com; Macy's, 151 W 34th St, 在Broadway; ⊙周一至周五9:00~19:00,周六10:00起,周日11:00起; ⓈB线/D线/F线/M线,N线/Q线/R线/W线至34th St-Herald Sq)、**市政厅**(见80页地图; 212-484-1222; www.nycgo.com; City Hall Park, 在Broadway; ⊙周一至周日9:00~18:00; Ⓢ4号线/5号线/6号线至Brooklyn Bridge-City Hall; R线/W线至City Hall; J线/Z线至Chambers St)和南街海港所设立的办公点。

布鲁克林区旅游和游客中心(Brooklyn Tourism & Visitors Center; www.nycgo.com; 209 Joralemon St, Court St和Brooklyn Bridge Blvd之间, Downtown; ⊙周一至周五10:00~18:00; Ⓢ2号线/3号线,4号线/5号线至Borough Hall)有关于这个备受喜爱的行政区的各种信息。

❶ 到达和离开

纽约市有三个繁忙的机场、两个主要的火车站和一个巨大的长途汽车站,纽约市为每年前来的数以百万计的游客打开了欢迎之门。

美国的大多数主要城市和国际城市与纽约之间都有直达航班。从洛杉矶飞往纽约需要6小时,从伦敦和阿姆斯特丹飞往纽约需要7小时,从东京飞往纽约需要14小时。可以考虑乘坐火车而不是汽车或飞机前往纽约,在旅途中不仅能够享受田园和城市风光,而且还可以免去不必要的交通麻烦、安检和多余的碳排放。

飞机

肯尼迪国际机场

肯尼迪国际机场(John F Kennedy International Airport, 简称JFK; 718-244-4444; www.kennedyairport.com; ⓈA线至Howard Beach或E线, J线/Z线至Sutphin Blvd-Archer Ave, 然后JFK AirTrain)位于皇后区东南,距离中城区15英里,有6个使用中的航站楼,每年为近5000万名乘客提供服务,有抵达全球各地的航班。你可以乘坐AirTrain(在机场内免费)从一个航站楼前往另一个航站楼。

最近批准了一项耗资100亿美元的机场改造工程,但具体实施时间未知。建筑和结构的改变是重点,但计划也要求对设施和交通工具进行实质性的升级。

拉瓜迪亚机场(LaGuardia)

主要用于国内航班,**拉瓜迪亚机场**(La-

Guardia, 简称LGA; ☏718-533-3400; www.panynj. gov; 🚍M60, Q70) 比肯尼迪国际机场小，但距离曼哈顿中心只有8英里。它每年会为将近3000万的乘客提供服务。

由于受到政客和普通游客的诟病，机场将要接受一些需要花费40亿美元的航站楼设备检修。该检修计划分阶段进行，从2018年到2021年，计划建立一个单一的、统一的航站楼，以取代现有的四个独立的航站楼，并对设施和交通工具进行升级。

纽瓦克自由国际机场
（Newark Liberty International Airport）

当你在查看飞往纽约的机票时，也别忘了查看一下新泽西州。中城区与肯尼迪机场（16英里）的距离和它与**纽瓦克自由国际机场**（EWR; ☏973-961-6000; www.panynj.gov）的距离是一样的。许多纽约人会在纽瓦克自由国际机场搭乘航班（每年大约有4000万乘客）出行。它是美联航的一个枢纽，并提供从纽约市区唯一直飞哈瓦那的航班。耗资24亿美元的航站楼A的重建工作计划将在2022年完成。

长途汽车

Port Authority Bus Terminal（见96页地图; ☏212-502-2200; www.panynj.gov; 625 Eighth Ave, 在W 42nd St; 🚇A线/C线/E线至42nd St-Port Authority Bus Terminal）是世界上最繁忙的长途汽车站，运营抵/离纽约的长途汽车，每年为6500多万乘客提供服务。取代老化和不健全的车站的努力一直都在议事日程之上。从这里出发的公共汽车公司包括：

灰狗巴士（Greyhound; www.greyhound.com）将纽约与全国各大城市连接起来。

Peter Pan Trailways（www.peterpanbus.com）每天有快车开往波士顿、华盛顿（哥伦比亚特区）和费城。

Short Line Bus（www.shortlinebus.com）服务于新泽西北部和纽约州北部，主要集中在伊萨卡岛（Ithaca）和新帕尔茨（New Paltz）等大学城；该公司隶属Coach USA。

Trailways（www.trailwaysny.com）提供开往纽约州北部的长途汽车服务，包括奥尔巴尼（ALBANY）、伊萨卡和雪城，以及加拿大的蒙特利尔。

一些从中城区西侧发车的经济划算的线路：

BoltBus（见96页地图; ☏877-265-8287; www. boltbus.com; W 33rd St, Eleventh Ave和Twelfth Ave之间; 🛜）提供从纽约到费城、波士顿、巴尔的摩和华盛顿特区的长途汽车服务。越早买票越便宜。注意，它的免费Wi-Fi偶尔也能工作。

Megabus（见96页地图; https://us.megabus. com; 34th St, 11th Ave和12th Ave之间; 🛜; 🚇7号线至34th St-Hudson Yards）从纽约开往波士顿、华盛顿和加拿大的多伦多等其他目的地。提供免费Wi-Fi（有时能用）。从34th St附近的Jacob K Javits Convention Center，以及27th和7th附近的**站点**（见96页地图; 7th Ave & 27th St）发车。

Vamoose（见96页地图; ☏212-695-6766; www. vamoosebus.com; 🚇1号线至28th St; A线/C线/E线, 1号线/2号线/3号线至34th St-Penn Station）有开往阿灵顿、弗吉尼亚州和马里兰州的长途汽车。弗吉尼亚州和马里兰州距离华盛顿特区都不远。

船

Seastreak（www.seastreak.com）每天有往返于大西洋高地和高原地区、新泽西和Wall St与E 35th St附近的第11号码头之间的通勤服务；在新泽西还有前往桑迪胡克（往返$46）的夏季服务。在夏季的周末，有从E 35th St开往马萨诸塞州的马撒葡萄园岛（单程/往返$165/240, 5小时）的船只。

游船停靠在曼哈顿游船码头，它位于曼哈顿西侧的地狱厨房里，从W 46th到54th St有几个码头的距离。

如果你乘坐游艇到达纽约，在世界金融中心有专属船坞码头，在上西区的79th St Boathouse也有一个可以长期停泊的码头。

火车

宾夕法尼亚车站（Penn Station; W 33rd St, Seventh Ave和Eighth Ave之间; 🚇1号线/2号线/3号线/A线/C线/E线至34th St-Penn Station）是所有**美国国铁**（Amtrak; ☏www.amtrak.com）火车的始发站，包括开往普林斯顿、新泽西和华盛顿特区的Acela Express（请注意，这种快车服务的价格是普通票价的两倍），一直以来饱受诟病。所有的票价都不相同，根据星期几和你想去旅行的时间而定。宾夕法尼亚车站没有行李储存设施。2017年春，在宾夕法尼亚车站，美国国铁的线路受到了脱轨和维护问题的困扰；维修意味着服务的下降，人们无法确定问题何时才能解决。

长岛铁路（Long Island Rail Road; www.mta.info/ lirr）每天有30多万名通勤乘客，从宾夕法尼亚车站到布鲁克林区和皇后区，继续前往长岛。价格按区域划分。在高峰时段，如果你在车站买票的话，从宾夕法尼亚车站到牙买加车站（位于前往肯尼迪机场的途中，可乘坐AirTrain到达）需花费$10.25（车上补票需花费$16）。

NJ Transit（www.njtransit.com）也有火车从宾夕法尼亚车站发出，开往城郊及泽西海岸。

New Jersey PATH（www.panynj.gov/path）是前往新泽西北部地区（如霍博肯和纽瓦克）的一个选择。火车（$2.75）从宾夕法尼亚车站沿着Sixth Ave行驶，在33rd St、23rd St、14 St、9th St和Christopher St，以及重新开放的世贸中心站停车。

Metro-North Railroad（www.mta.info/mnr）最后的一条线路从宏伟的大中央车站出发，开往康涅狄格州、韦斯特切斯特县和哈得孙河谷。

❶ 当地交通

登录Metropolitan Transportation Authority网站（www.mta.info）获取公共交通信息（公共汽车和地铁），包括一个方便的旅行计划，以及在频繁维护期间，关于延误和更换旅行路线的定期通知。不幸的是，随着客流量的增加，延误的频率和时长只会增加。

地铁 价格低，效率高，而且昼夜运营，但可能会让门外汉感到困惑。使用MetroCard的单程票价$2.75，7天无限制通行证需要$32。

公共汽车 在下班时间非常方便——特别是往返于城市的东部和西部之间的话。使用MetroCard；价格和地铁一样。

出租车 起步价是$2.50，每20个街区增加约$5。登录www.nyc.gov/taxi获取更多信息。

自行车 城市中备受欢迎的自行车共享项目Citi Bike为前往曼哈顿的大部分地区提供了极好的方式，在其他地方也出现了越来越多的服务。

区间渡轮 沿东河行驶，途经布鲁克林区、皇后区（很快也会包括布朗克斯区），包括皇后区的洛克威海滩，现在都被新的纽约市渡轮（New York City Ferry; www.ferry.nyc）连接起来；纽约水上出租车（New York Water Taxi; www.nywatertaxi.com）也提供前往几个码头的定期服务。可以乘坐免费的史坦顿岛渡轮（Staten Island Ferry; 见114页）穿越纽约港。

抵离机场
肯尼迪国际机场
出租车 有从曼哈顿开往机场的黄色计程出租车会打表，价格视交通情况而定（通常约$60），需要45至60分钟。从肯尼迪国际机场出发，乘坐出租车前往曼哈顿任意地点的费用均为$52（不包括过路费和小费）。前往曼哈顿的大多数地点一般需要45至60分钟。抵达布鲁克林区的目的地，计程费用从$45（康尼岛）至$62（布鲁克林中心）。值得注意的是，前往威廉斯堡、曼哈顿、布鲁克林和Queensboro-59th St Bridges双向都没有过路费，而经过Queens-Midtown Tunnel和Hugh L Carey Tunnel（又称 Brooklyn-Battery Tunnel）前往曼哈顿则需收取$8.50。

使用Lyft和Uber等打车应用的价格根据一天中的时段而变化。

面包车和小汽车服务 Super Shuttle Manhattan（www.supershuttle.com）等公司提供面包车服务，费用是每人$20至$26，视目的地而定。如果从纽约市前往机场，可以乘坐小汽车，费用是$45起。

特快巴士和NYC Airporter（www.nycairporter.com）提供从肯尼迪国际机场前往大中央车站、宾夕法尼亚车站或港务局公共汽车总站（Port Authority Bus Terminal）的服务，单程的费用是$18。

地铁 乘坐地铁是前往曼哈顿最便宜，但也是最慢的方式。从机场出发，乘坐AirTrain（$5，下车付款）前往Sutphin Blvd-Archer Ave（Jamaica Station），然后乘坐E线、J线或Z线（或长岛铁路）。如果想要乘坐A线，就搭乘AirTrain前往霍华德海滩（Howard Beach）车站。E线火车开往中城区，途中有几个停车站，需花费1个多小时。

长岛铁路（LIRR）这是迄今为止到达纽约市最简便的方式。从机场出发，搭乘AirTrain（$5，下车付费）前往Jamaica Station。在Jamaica Station，有开往曼哈顿的宾夕法尼亚车站和布鲁克林区的太平洋车站（Atlantic Terminal; 距离Fort Greene、Boerum Hill和Barclay Center都很近）的火车，班次频繁。每站之间的车程约20分钟。前往宾夕法尼亚车站或太平洋车站的单程费用均为$10.25（非高峰时段$7.50）。

拉瓜迪亚机场
出租车 从机场抵离曼哈顿的出租车费用约$42，车程约半小时；打表收费，没有固定价格。使用Lyft和Uber等打车应用的费用各不相同。

小汽车服务 乘坐小汽车前往拉瓜迪亚机场的费用约为$35。

特快巴士和NYC Airporter（www.nycairporter.com）抵离大中央车站、宾夕法尼亚车站和港务局公共汽车总站（Port Authority Bus Terminal）的费用是$15。

地铁和公共汽车　与其他机场相比，乘坐公共交通工具前往拉瓜迪亚机场不太便利。最方便的地铁线路就是皇后区的74 St-Broadway车站（7号线，或E线，F线，M线和连接Jackson Heights-Roosevelt Ave车站的R线），在那里，你可以乘坐Q70特快巴士前往机场（约10分钟）。你还可以从上曼哈顿区和哈莱姆区的几个地铁站，或N线/Q线在Hoyt Ave-32st St的车站乘坐M60公共汽车。

纽瓦克自由国际机场
小汽车服务　从中城区乘坐小汽车前往该机场需花费$50至$70，车程45分钟——与乘坐出租车大致相同。如果你要经过Lincoln Tunnel（在42nd St）和Holland Tunnel（在Canal St），以及更远的乔治华盛顿大桥（George Washington Bridge）的话，则须支付高达$15的过路费，但返回时前往新泽西的话没有过路费。新泽西的公路上还有几个过路费便宜的地点，除非你要求司机走1号公路或9号公路。

地铁/火车　NJ Transit（www.njtransit.com）运营往返于纽瓦克自由国际机场和纽约的宾夕法尼亚车站的火车（搭乘AirTrain $5.50），单程的费用是$13。车程25分钟，列车每20或30分钟一班，在4:20至次日1:40左右运营。收好你的车票，你必须在离开机场时出示。

特快巴士　纽瓦克自由国际机场（www.newarkairportexpress.com）有往返于机场和港务局公共汽车总站、布莱恩特公园、中城区的大中央车站之间的公共汽车服务（单程$16）。车程45分钟，从6:45至23:25，每隔15分钟1班，从4:45至6:44和23:15至次日1:15每隔半小时1班。

自行车

在过去的十年里，已经增加了数百英里的指定自行车道。再加上一个优秀的自行车共享网络Citi Bike（www.citibikenyc.com），这里就成了一个令人惊叹的适合骑自行车出游的城市。在曼哈顿，有数百个Citi Bike亭；在布鲁克林的部分地区，也有标志性的、非常坚固的亮蓝色自行车，这些自行车对短期用户来说价格也很合理。2016年，有近1400万次的城市自行车出行，据估计，该系统中有12,000辆自行车。

如果想要使用Citi Bike，可以在任何一个Citi Bike亭购买24小时或三天的通行证（含税约$12或$24）。然后，你将获得一个五位数的代码来解锁一辆自行车。请在30分钟内把自行车送回任意一个车站，以避免额外的费用。重新插入你的信用卡（不会收费），然后按照提示重新获得一辆自行车。在24小时或3天内，你可以每隔30分钟无限制地更换自行车。

虽然法律没有要求，但强烈建议戴上头盔。较之混乱的城市街道，像布鲁克林区的中央公园、布鲁克林海滨园林（Brooklyn Waterfront Greenway）和展望公馆这样的城市公园，更加适合骑自行车。最重要的是，为了你和他人的安全，请遵守交通规则。

你可以在纽约自行车地图（NYC Bike Maps；www.nycbikemaps.com）上找到每一个行政区的路线和自行车道。如果想要下载地图和点对点路线，请访问NYC DOT（www.nyc.gov/html/dot/html/bicyclists/bikemaps.shtml）。大多数自行车商店也提供免费的自行车地图。

公共交通
车票和通行证
➜ 黄蓝相间的MetroCards（www.mta.info/metrocard）是可供纽约所有公共交通工具使用的磁卡。你可以在任何一个站点的自助机器上购买或充值。每乘坐一次地铁或公共汽车（特快巴士除外），就会从卡片中扣除$2.75。

➜ 你可以在地铁站的售卡亭里花费$1购买一张MetroCard，并绑定到信用卡上（起价$20，赠送8次乘车和转车机会，非常实惠）。如果你计划乘车多次，可以购买一张7天的Unlimited Pass（$32）。这些卡片对于旅行者来说非常方便——特别是当你想在一天之内前往城市中的几个不同地方的时候。

➜ 地铁亭可以使用信用卡或提款卡（较大的机器能使用现金）。当你需要充值时，只需插入你的卡片并遵循提示操作（提示：当让你输入ZIP码时，如果你不是来自美国的话，请输入"99999"）。

➜ 从地铁转乘公共汽车，或从乘公共汽车转乘地铁，都是免费的。只需刷卡/插入你的卡片，就不会扣除额外的费用。

纽约州（NEW YORK STATE）

对大多数人来说，任何的"帝国州"之

旅都会在其标志性的大都市纽约市开始或结束。然而，如果你把旅行限制在五个区和稍远一点的地方，你会错过无限精彩。

北纽约州——基本上除了纽约市之外的所有地方——对于热爱户外运动的人来说，这是一个梦想的目的地。这就好比下东区的酒之于泡吧常客来说一样。北纽约州的区域大致由几条内河水道划分。哈得孙河从纽约城笔直通过，像是一条逃生通道。在奥尔巴尼，长达524英里的伊利运河往西通向伊利湖，经过壮观的尼亚加拉大瀑布，一个迷人却衰落的城市正在恢复之中。

圣劳伦斯河形成了美国与加拿大的边界，同时与美丽的千岛群岛相互呼应。在五指湖区品尝优质的葡萄酒，在雄伟的阿迪朗达克山脉和卡次启尔山脉徒步旅行，或者干脆在长岛的沙滩上放松休息。

❶ 实用信息

511 NY（www.511ny.org）提供路况信息及其他信息。

I Love NY（www.iloveny.com）综合性州内旅游机构，有一个标志性的心形标志。

DVEIGHT（www.dveightmag.com）在线和印刷杂志，为时尚都市人着重介绍纽约州北部的精彩信息。

New York State Office of Parks, Recreation and Historic Preservation（https://parks.ny.gov）提供所有州立公园的露营、寄宿及各类信息。

And North（http://andnorth.com）纽约州北部的在线指南。

Escape Brooklyn（http://escapebrooklyn.com）对布鲁克林区知之甚多的人撰写的关于州北部度假内容的博客。

Lonely Planet（www.lonelyplanet.com/usa/new-york-state）目的地信息、酒店预订、旅行论坛等。

长岛（Long Island）

严格来说，长约118英里的长岛地区涵盖了布鲁克林区和皇后区西侧，但是在大多数人眼中，"长岛"的概念，还要从出了纽约市算起。这是一个交通严重拥堵、每个年轻人都迫切渴望逃离的城市郊区。莱维顿（Levittown）是20世纪50年代的第一个规划区，位于拿骚（Nassau）中心地带。但是"隆—盖—兰德"（按照当地口音发音的英文单词"长岛"）还拥有更多的东西。只要挤过"郊区"的中心带，就会领略到这里狂风中的沙丘、炫目的夏日豪宅、清新的农场和酒庄以及17世纪就建成的捕鲸渔港。然后，你就会明白为什么长岛的拥趸们会喜欢"强岛"这个昵称了。

❶ 到达和当地交通

从纽约市宾夕法尼亚车站发出的长岛铁路（LIRR；www.mta.info/lirr）有三条线路抵达长岛最东端，所以即使不驾车，游览长岛也是完全可行的。除此之外，**Hampton Jitney**（www.hamptonjitney.com）和**Hampton Luxury Liner**（www.hamptonluxuryliner.com）提供的长途车服务可以将您从曼哈顿送到汉普顿地区的各个村庄以及蒙托克地区（Montauk）；其中Hampton Jitney还有从布鲁克林接客发往长岛北福克地区（North Fork）的线路。如果开车的话就更方便了，沿着I-495——也称长岛公路——穿城而过，即可一路走访诸多长岛观光景点，不过请尽量避免上下班高峰时间，该时段会有噩梦般的通勤拥堵。

南岸地区（South Shore）

搭乘公共交通，即可轻松抵达**长滩**（Long Beach），这里也许十分拥挤，但绝对能让你保持愉悦一整天。位于堰洲岛的这些海滨城镇不像汉普顿那么普通，也更加平等，都有自己的氛围和吸引力——你可以迷失在人群中，也可以在沙丘上独自行走。越过皇后区的边界就是长滩（Long Beach），城中的主要街市遍布着冰激凌店、酒吧和小饭馆。

◉ 景点

火焰岛国家海岸 岛屿

（Fire Island National Seashore；☎631-687-4750；www.nps.gov/fiis）**免费** 在联邦政府的保护下，这个岛屿上有沙丘、森林、干净的海滩、露营地（沙丘露营许可$20）、徒步小径、小旅馆、餐馆、15个村落和2个村庄。你可以看到车辆禁行的夏季别墅地区、夜总会，以及只能看见帐篷和鹿的绵延沙滩。

岛上的大多数景点均只能搭乘**渡轮**（☎631-665-3600；www.fireislandferries.com；99 Maple Ave, Bay Shore；单程 成人/儿童 $10/5, 凌

晨1:00的渡轮 $19）进入，而且轮渡不能载车，乘客需将携带的行李用小推车带上渡轮。你可以驾车前往岛屿的任意一端[灯塔或荒野游客中心（Wilderness Visitor Center）]，但两端之间没有公路。环火焰岛遍布着大大小小的村落，其中大部分都提供住宿服务。在派对聚集地Ocean Beach Village或者安静一些的Ocean Bay Park（从长岛铁路Bayshore站搭渡船）有不少酒店可供住宿。Cherry Grove和Pines（从Sayville搭乘渡轮）村落是男同性恋聚居区，这里也有不少酒店。

罗伯特·摩西州立公园 州立公园

（Robert Moses State Park; ☎631-669-0449; www.parks.ny.gov; 600 Robert Moses State Pkwy, Babylon, Fire Island; 每车 $10，躺椅 $10，高尔夫 $11; ⊙黎明至黄昏）罗伯特·摩西州立国家公园是火焰岛的一小部分，可以驾车到达，在它的最西端有宽阔、柔软的海滩，人群也比琼斯海滩（Jones Beach）年龄更大、更成熟。它的旁边还有**火焰岛灯塔**（Fire Island Lighthouse; Fire Island National Seashore; ☎631-661-4876; www.nps.gov/fiis; Robert Moses Causeway; 成人/儿童 $7/4; ⊙7月和8月 9:30~18:00, 9月至次年6月 周一至周五 10:00~16:00, 周六和周日 至17:00），你可以步行前往。

水中森林 森林

（Sunken Forest; ☎631-597-6183; www.nps.gov/fiis; Fire Island; ⊙游客中心 5月中旬至10月中旬）**免费** 这个有着300年历史的森林，在沙丘后面有一大片茂密的树林，很容易通过一条1.5英里的木板环路穿过。夏季绿树成荫，秋天树叶飘落，色彩艳丽。你可以通过森林的渡船站（Sailors Haven，那里还有一个游客中心）到达，也可以在冬季渡轮关闭后步行前往。这里提供管理员导览游。

🛏 食宿

Seashore Condo Motel 酒店 $$

（☎631-583-5860; www.seashorecondomotel.com; Bayview Ave, Ocean Bay Park, Fire Island; 房间 $240起; ❄⛱）镶着木板的小房间里没有太多的装饰，但价格很高。

Madison Fire Island Pines 精品酒店 $$$

（☎631-597-6061; www.themadisonfi.com; 22 Atlantic Walk, Fire Island Pines, Fire Island; 房间 $225起; ❄⛱🐾）火焰岛的第一家"精品"酒店，其设施可以与曼哈顿的酒店媲美，而且屋顶平台上还可以看到无敌的景观。

Sand Castle 海鲜 $$

（☎631-597-4174; www.fireislandsandcastle.com; 106 Lewis Walk, Cherry Grove, Fire Island; 主菜 $15-30; ⊙5月至9月 周一、周二和周四至周六 11:00~23:00, 周日 9:30~23:00）作为火焰岛唯一的海滨（而不是海湾）餐馆，Sand Castle 提供令人满意的开胃菜（炸鱿鱼、波多贝罗薯条）和大量的海鲜诱惑（贻贝、蟹饼、烤大扇贝）。还可以品尝不错的鸡尾酒和观看人群。

ℹ 到达和离开

你可以取道Long Island Expwy至53号出口（Bayshore）、59号出口（Sayville）或63号出口（Patchogue）的公路驾车前往火焰岛。

如果使用公共交通，可以通过长岛铁路前往连接渡轮的三个车站之一：Patchogue（www.davisparkferry.com）、Bayshore（www.fireislandferries.com）或Sayville（www.sayvilleferry.com）。在Patchogue，可以从火车站步行到达乘船地点。你还可以从铁路购买火车和出租车联票前往水中森林，或购买火车和长途汽车联票前往琼斯海滩。

长岛铁路（www.mtainfo.com/lirr）运营从纽约的宾夕法尼亚车站直达长滩的火车（55分钟）。你还可以从铁路购买特殊的海滩组合游览票。

汉普顿地区（The Hamptons）

汉普顿的一连串村庄，是曼哈顿巨富们避暑纳凉的地方，他们乘着直升机来到自己的豪宅。寻常百姓则坐着长途（Hamton Jitney）涌入这里喧闹的出租房。这里浮华的背后镌刻着悠久的历史，无数艺术家和文人曾在这里居住。除了这些魅力，坚忍不拔的精神和冒险捕鱼的传统仍在继续。

👁 景点

👁 东汉普顿

东汉普顿镇海洋博物馆 博物馆

（East Hampton Town Marine Museum;

www.easthamptonhistory.org; 301 Bluff Rd, Amangansett; $4; ⊙4月至10月 周六 10:00~17:00, 周日 正午至17:00) 在你驾车前往蒙托克之前的最后一个景点，这个小博物馆致力于捕鱼和捕鲸产业，与它在萨格港的博物馆一样有趣，里面到处都是古老的鱼叉、只有捕到的鱼一半大小的船只，以及当地的渔民和家人漂亮的黑白照片。

奥斯本-杰克逊宅邸　　博物馆

（Osborn-Jackson House; ☏631-324-6850; www.easthamptonhistory.org; 101 Main St; 捐赠入场 $4; ⊙周二至周六 10:00~16:00) 到东汉普顿历史协会（East Hampton Historical Society）看看，了解一下东汉普顿的殖民历史。该协会拥有东汉普顿周围的五个历史名胜，包括古老的殖民农场、宅邸和一个海洋博物馆。

波洛克-克拉斯纳故居　　艺术中心

（Pollock-Krasner House; ☏631-324-4929; www.stonybrook.edu/pkhouse; 830 Springs Fireplace Rd; $5, 导览游 $10; ⊙5月至10月 周四至周六 13:00~17:00) 参观艺术明星杰克逊·波洛克（Jackson Pollock）和李·克拉斯纳（Pollock and Lee Krasner）夫妇的故居，就算是只看到了波洛克工作室满是涂料的地板都非常值得。正午的导览游需要预订。

⊙ 萨格港

萨格港捕鲸和历史博物馆　　博物馆

（Sag Harbor Whaling & Historical Museum; ☏631-725-0770; www.sagharborwhalingmuseum.org; 200 Main St; 成人/儿童 $6/2; ⊙4月至11月 10:00~17:00) 这里的收藏包括来自19世纪捕鲸船上的物品：锋利的剥皮刀、用来熬鲸脂的破罐子、精致的贝雕等。在一个小村庄里看到巨型哺乳动物的照片有些超现实主义色彩。这个小村庄现在是一个可爱的度假小镇。

⊙ 南汉普顿

帕里什艺术博物馆　　博物馆

（Parrish Art Museum; ☏631-283-2118; www.parrishart.org; 279 Montauk Hwy, Water Mill; 成人/儿童 $10/免费, 周三 免费; ⊙周一、周三、周四、周六和周日 10:00~17:00, 周五 至20:00) 博物馆建于一个长形谷仓之上，由建筑工作室Herzog & de Meuron设计。馆内主要陈列了本地艺术家杰克逊·波洛克、威廉·德·库宁（Willem de Kooning）以及查克·克劳斯（Chuck Close）的作品。

南汉普顿历史博物馆　　博物馆

（Southampton Historical Museum; ☏631-283-2494; www.southamptonhistoricalmuseum.org; 17 Meeting House Ln, Southampton; 成人/儿童 $4/免费; ⊙3月至12月 周三至周六 11:00~16:00) 在汉普顿未曾成为汉普顿之前在南汉普顿周围就已经有了这些至今保存完好的古老建筑。主要的博物馆是曾经归一位捕鲸队长所有的罗杰斯故居（Rogers Mansion）。在Main St的拐角处附近有一家以前的干货商店，现在由当地的珠宝商所有。这里还有一个17世纪的宅地——Halsey House（7月至10月，仅周六开放）。

圣安德鲁沙丘教堂　　教堂

（St Andrew's Dune Church; www.standrewsdunechurch.com; 12 Gin Lane; ⊙礼拜 6月至9月 周日11:00) 这座19世纪的红木教堂，三座塔尖在午后的阳光下熠熠生辉。如果你愿意的话，可以来参加周日的礼拜仪式，欣赏彩色的玻璃和古雅的木质长凳，或者只是简单地沿着街道对面平静的水道漫步，那里有一个早期由会众捐赠的奇怪的铁罐。这栋建筑是纽约最早的救生站，无论是短程驾车还是从市中心步行前往，都值得一游。

🛏 住宿

★ Topping Rose House　　精品酒店 $$$

（☏631-537-0870; www.toppingrosehouse.com; 1 Bridgehampton-Sag Harbor Turnpike, Bridgehampton; 房间 $695起; P✱☎≋) 坐落在1842年的住宅中，这家顶级的现代精品酒店拥有22间客房，其中包括6间装饰有当地艺术家作品的套房。一家曼哈顿的画廊管理着这里的艺术收藏（当然也出售），这里还有一个水疗中心和一个温水游泳池，以及一个拥有75个座位的"从农场到餐桌"的餐厅，许多农产品都来自毗邻该酒店、占地1英亩的花园。

1708 House 旅馆 $$$

(☎631-287-1708; www.1708house.com; 126 Main St; 房间 $250; ❋⛺) 历史爱好者可能会被这个当地出类拔萃的旅馆所吸引。它位于南汉普顿的中心,以其19世纪末、20世纪初的魅力而自豪。

✖ 就餐

Candy Kitchen 美式小馆 $

(☎631-537-9885; 2391 Montauk Hwy, Bridgehampton; 主菜 $5~12; ⓒ7:00~21:00; ♣) 这个街角餐厅远离浮华,自1925年便开始为来往的客人提供汤食、自制冰激凌以及其他主食。这里的收款方式也是老式的——只收取现金。

★ Fellingham's 小酒馆食物 $$

(Restaurant Sports Bar; ☎631-283-9417; www.fellinghamsrestaurant.com; 17 Cameron St; 汉堡包 $11, 主菜 $19~21; ⓒ11:00~23:00) 位于银行的后面,紧邻Main St的一条小巷,在这个体育酒吧,你可以吃到一些地方风味,这里有丰富的历史照片和纪念品,以及丰盛的菜单,包括以棒球传奇人物贝比·鲁斯(Babe Ruth)命名的培根奶酪汉堡和俄罗斯风味的莎拉波娃汉堡。这里有很多地方风味,可以称得上是南安普敦的"Cheers"酒吧。主菜主要是牛排和排骨,分量都很大。

★ Dockside Bar and Grill 海鲜 $$$

(☎631-725-7100; www.docksidesagharbor.com; 26 Bay St; 主菜 $26~32; ⓒ11:30~22:00) 位于American Legion Hall(最初的酒吧还在那里)里面,是一个当地人最喜欢的地方,海鲜菜单上有获奖的海鲜杂烩和美味的龙虾春卷,以及其他令人垂涎的美味。夏季时,室外的露台是一个不错的就餐地点。

❶ 到达和离开

如果沿着蒙托克公路(27号公路)驾车抵离纽约,要仔细计划,以避免严重的交通堵塞,在繁忙的周末,汉普顿的车辆经常停滞不前。最好是乘坐一直以来备受欢迎的Hampton Jitney从曼哈顿或布鲁克林区离开这里——Hampton Jitney为整个汉普顿提供了舒适的长途汽车。长岛铁路是另一种选择,但通常耗时较多。

❶ 当地交通

由Hampton Hopper(www.hamptonhopper.com)提供的经过改装的松石绿色的校车可以使用app,是一种经济、方便的交通工具,酒吧时间在城镇周围运营。

蒙托克(Montauk)

走过长岛南福克(South Fork)的东向指示牌,你就会发现被称为"尽头之地"的成熟的小镇蒙托克,还有著名的冲浪胜地 Ditch Plains。因为大量慕名而来的冲浪爱好者,蒙托克有许多波希米亚风格和其他前卫设计的酒店。但是蒙托克和汉普顿其他地方的景色比起来确实乏善可陈,这里倒是有不少骄傲的蓝领居民和海鲜简餐饭馆。

27号公路——蒙托克公路把纳皮格州立公园(Napeague State Park)的东部分成两支,蒙托克公路继续伸入半岛的中心,而老蒙托克公路(Old Montauk Hwy)则傍海而行。沿海岸前行,两条路最终交会于靠近中蒙托克和一面小湖Fort Pond的地方。自此向东2英里有一个很大的水湾,被称作蒙托克湖(Lake Montauk),沿岸遍布着大大小小的游船码头。

◉ 景点

Lost at Sea Memorial 纪念物

(2000 Montauk Hwy, Montauk Lighthouse; 蒙托克州立公园停车费 $8; ⓒ6月中旬至8月 周日至周五 10:30~17:30, 周六于19:00, 4月中旬至6月中旬和9月至11月 缩短开放时间) 参观蒙托克灯塔的游客可能不会立即注意到,在公园的东端有一处15英尺高的小建筑,在那里,60英尺高的悬崖直入大海。不过,对于当地的渔民来说,这处纪念物时刻提醒着岛民曾与大海的无穷威力进行的较量。一座8英尺高、2600磅重的青铜雕像被放置在一块7英尺高的花岗岩上,上面刻着从纽约的殖民时代到现在,被海浪卷走的渔民的名字。

蒙托克角州立公园 州立公园

(Montauk Point State Park; ☎631-668-3781; www.parks.ny.gov; 2000 Montauk Hwy/Rte 27; 每车 $8; ⓒ黎明至黄昏) 南福克(South Fork)的东端是蒙托克角州立公园,那里有一座令人

难忘的灯塔（☎631-668-2544；www.montauklighthouse.com；成人/儿童$11/4；◐6月中旬至8月 周日至周五10:30~17:30，周六至17:00，4月中旬至6月中旬和9月至11月 缩短开放时间）。那里是一个适合在风中散步、冲浪、冲浪钓鱼（有许可证）和观赏海豹的地方。

🛏 住宿

希瑟山州立公园　　　　　　　　露营地 $

（Hither Hills State Park；☎631-668-2554；www.parks.ny.gov；164 Old Montauk Hwy；帐篷纽约州居民/非纽约州居民$35/70，订金$9）这些树木繁茂的沙丘形成了蒙托克和汉普顿之间的天然屏障。这个露营地拥有189个露营位，可以搭建帐篷或供房车停驻，还可以钓鱼（有许可证）和徒步穿越沙丘；务必提前在线预约。

★ Sunrise Guesthouse　　　　　　客栈 $$$

（☎631-668-7286；www.sunrisebnb.com；681 Old Montauk Hwy；房间/套房$395/495；🅿❄🛜）距离城镇1英里的一间有品位而又舒适的四居室民宿，与海滩隔街相望。早餐既丰盛又美味，可以在一个能够看到惊人美景的舒适用餐区用餐。

Surf Lodge　　　　　　　　　汽车旅馆 $$$

（☎631-483-5037；www.thesurflodge.com；183 Edgemere St；房间$250~300；❄🛜）坐落在距离海滩半英里的Fort Pond，这个时尚的天堂一直走在蒙托克变革的前沿。这里拥有休闲的设计风格，带私人露台和厨灶，还有Frette牌床上用品。

🍴 餐饮

Lobster Roll　　　　　　　　　海鲜 $$

（☎631-267-3740；www.lobsterroll.com；1980 Montauk Hwy, Amagansett；主菜$14~28；◐6月至9月 11:30~21:30，5月 周一~11:30~16:30，周五至周日 至20:00）这个提供蛤蜊和龙虾的小屋从1965年起就开始在此经营，只要在蒙托克西面的路边寻找"Lunch"标志，就能找到这里。

★ Clam Bar at Napeague　　　　海鲜 $$

（☎631-267-6348；www.clambarhamptons.com；2025 Montauk Hwy, Amagansett；单品$15~30；◐4月至10月 11:30~18:00，11月和12月 周六和周日11:30~18:00）你不会找到比这里更加新鲜的海鲜，也不会找到比这里更加热辣的服务员。这里的鲭鱼和龙虾卷也非常美味，但价格有点高。这里已经经营了30年，只收取现金。当地人非常喜欢这家店，它就位于Amagansett和蒙托克之间的马路上。

Montauk Brewing Company　　　　微酿酒吧

（☎631-668-8471；www.montaukbrewingco.com；62 S Erie Ave；◐周一至周五 14:00~19:00，周六和周日 正午至19:00）"保持本色"是这家小品酒室的宣传语，而且柯本（Cobain）的家人也没有要回他们歌词的版权。这里有许多爽口的酒品，从贮藏啤酒到烈性酒。这里还有一个室外的露台，天气晴朗时可以在那里饮酒。

Montauket　　　　　　　　　　酒吧

（☎631-668-5992；88 Firestone Rd；◐正午至22:00）专业意见：这里是长岛观赏日落的最佳地点。这是一个不起眼的板岩蓝色木瓦建筑，极具当地特色（也满是当地居民）。

ℹ 到达和离开

蒙托克是向东行驶的Jitney长途汽车（www.hamptonjitney.com；$28）和长岛铁路的最后一站。Suffolk County长途汽车10C线从东汉普顿开往这里，转乘94号线即可到达灯塔。

北福克与谢尔特岛 (North Fork & Shelter Island)

长岛的北福克以其田园诗般的农庄和葡萄园闻名，尽管恬静在周末会被成群驾车前来的游客打破。穿越Jamesport、Cutchogue和Southold小镇的主干道Rte 25时，沿途风景秀丽，路边也有不少农庄的货摊。

北福克最大的城镇叫格林波特（Greenport），在这个悠闲的地方可以见到出海的渔船，见证这里捕鲸的历史以及港前公园（Harbor Front Park）的旧旋转木马。格林波特布局紧凑，从长岛铁路车站出来后很容易步行参观。

南福克和北福克之间的谢尔特岛，仿佛

长岛地区这只蟹钳中的一颗明珠。谢尔特岛犹如一个更低调的汉普顿，同时又有一丝新英格兰航海气息。岛上停车位有限，例如，在狭长的**新月海滩**（Crescent Beach），有经许可才能停放的车位。如果你不怕翻坡，骑车游览也是不错的选择。

◉ 景点

马修马克自然保护区　　　　　　　自然保护区

（Mashomack Nature Preserve; ☎631-749-1001; www.shelter-island.org/mashomack.html; Rte 114, Shelter Island; 捐赠入场 成人/儿童 $3/2; ⓒ3月至9月 9:00~17:00, 10月至次年2月至16:00）这个谢尔特岛的保护区占地2000英亩，溪流和沼泽交错，适合划皮划艇、观鸟和徒步旅行（不允许骑自行车）。需采取一些预防扁虱的措施，这是岛上一直存在的问题。

东方海滩州立公园　　　　　　　　海滩

（Orient Beach State Park; ☎631-323-2440; www.parks.ny.gov; 40000 Main Rd, Orient; 每车 $10, 皮划艇 每小时 $25; ⓒ8:00至黄昏, 仅能在7月至8月游泳）在北福克的末端有一处沙质的土地，你可以在平静的海水中游泳（7月和8月），或者租用皮划艇在小海湾里划船。忠实的信徒可以看到四个不同的灯塔，包括Orient Point Lighthouse，因为它的形状，水手们把它称为"咖啡壶"。

霍顿角灯塔　　　　　　　　　　　灯塔

（Horton Point Lighthouse; ☎631-765-5500; www.southoldhistoricalsociety.org/lighthouse; 3575 Lighthouse Rd, Southold; $5; ⓒ6月至9月 周六和周日 11:30~16:00）霍顿角好比是著名的蒙托克灯塔寒酸的"妹妹"，都是华盛顿总统下令建造的，但最终是在60年后由苏格兰人威廉·辛克莱（William Sinclair; 布鲁克林海军造船厂的工程师）建造完成。在邻近的公园里有一条很好的天然小径，可以通往两个长岛海峡，你可以在那里俯瞰海滩，也可以走到海滩上游玩。

🍴 食宿

Greenporter Hotel　　　　　　精品酒店 $$$

（☎631-477-0066; www.greenporterhotel.com; 326 Front St, Greenport; 房间 $199起; ❋❄🅿）由一间旧汽车旅馆翻修而成，白墙配上宜家家具，这里是该地区住宿的超值之选。

Love Lane Kitchen　　　　　　新派美国菜 $$

（☎631-298-8989; www.lovelanekitchen.com; 240 Love Lane, Mattituck; 主菜 午餐 $13~16, 晚餐 $16~32; ⓒ周二和周三 7:00~16:00, 周四至周一 8:00~21:30）这家热门餐厅位于一条可爱的小街上，菜单主打本地肉食和蔬菜；当然得有汉堡，还有麻辣鹰嘴豆和塔吉锅炖鸭肉。

North Fork Table & Inn　　　　美国菜 $$$

（☎631-765-0177; www.nofoti.com; 57225 Main Rd, Southold; 三道菜的套餐 $70; ⓒ周一、周四和周日 5:30~20:00, 周五和周六至22:00）这个有四个房间的旅馆（房间 $250起）是一个很受欢迎的就餐地点，有一个很好的"从农场到餐桌"的餐厅，由备受欢迎的曼哈顿餐馆Gramercy Tavern的校友经营。周四至周一供应晚餐，但如果你想要吃一顿美味的外带午餐（$11至$15），那么该旅馆的美食车就停在外面，11:30至15:30营业。

ℹ️ 到达和离开

如果乘坐Hampton Jitney公共汽车，乘客可以在曼哈顿东区的96th St, 83rd St, 77th St, 69th St, 59th St和40th St上车。它还在北福克的10个村庄停车。

如果你是自驾游，可以从Midtown Tunnel离开曼哈顿，继续沿着I-495/Long Island Expwy行驶。一直沿路行驶，直到道路的尽头Riverhead，然后按照路标驶入25号公路。亦可以沿着25号公路向东行驶，但要注意，走North Rd（48号公路）会更快，因为它通往城镇中心。

长岛铁路公路的线路是Ronkonkoma Branch，从宾夕法尼亚车站和布鲁克林一路开往格林波特。

如果想要从北福克前往南福克（反之亦然），可以乘坐北部渡轮（North Ferry; $11, www.northferry.com）和南部渡轮（$15, www.southferry.com），穿过中间的谢尔特岛。没有直达的渡轮——你必须转乘。

哈得孙河谷（Hudson Valley）

沿着哈得孙河两边蜿蜒的道路，你可以

看到风景如画的农场、维多利亚时代的农舍、苹果园和纽约精英们建造的古老的豪宅。哈得孙河学校的画家把这些风景变得更加浪漫，秋天是极佳的旅行时间。

得益于纽约市和奥尔巴尼之间的通勤列车线路，河流东部的人口更加密集。在塔里敦（Tarrytown）和斯利皮霍洛（Sleepy Hollow）附近可以找到几座宏伟的房屋。曾经的工业城镇比肯（Beacon）作为当代艺术的一个前哨而恢复了生机，而历史悠久的哈得孙经过修复的歌剧院、小画廊和古董店吸引了一群更富有的人群周末前来度假。

如果乘坐小汽车，你可以穿过哈得孙的西岸，去探索几个州立公园、西点军校，以及新帕尔茨，那里的米勒瓦斯卡州立公园保护区（Minnewaska State Park Preserve）和莫霍克保护区（Mohonk Preserve）是攀岩的极好地点。

❶ 到达和离开

Metro-North Railroad（www.mta.info/mnr）自纽约的中央车站发出，北至波基普西（Poughkeepsie）；New Jersey Transit（www.njtransit.com）运营的另外一条线路穿过新泽西州通往哈里曼（Harriman）。**美国国铁**（Amtrak；www.amtrak.com）在莱恩克里夫[Rhinecliff；去往莱茵贝克（Rhinebeck）]、波基普西及哈得孙均有站点。如前往新帕尔茨（New Paltz）需搭乘长途汽车。

下哈得孙河谷（Lower Hudson Valley）

因19世纪著名作家华盛顿·欧文（Washington Irving）的无头骑士故事《断头谷传奇》闻名于世，斯利皮霍洛和与之相邻的更大的塔里敦成为了游览三个历史遗产的起点，也成为了Stone Barn Center for Food & Agriculture美食和农业活动目的地。

自从2003年杰出的当代艺术博物馆迪亚：比肯（Dia: Beacon）开幕以来，这个位于哈得孙河畔的蓝领小镇，已经稳步发展成为一个创意人才、通勤者和第二居所拥有者的聚集地。你可以在后面是哈得孙河谷的最高峰比肯山（Mt Beacon）徒步，比肯还在精品店、画廊和工艺品店提供了大量的购物服务，这些商店沿着Main St一直延伸到风景如画的Fishkill Falls。这座城市或许正经历着它最"潮"的时刻，但它仍然骄傲地保留着其工人阶级的根源，这也使得它更具吸引力。

◉ 景点

★ 迪亚：比肯　　　　　　　　　画廊

（Dia: Beacon；☏845-440-0100；www.diaart.org；3 Beekman St；成人/儿童 $15/免费；⏲4月至10月 周四至周一 11:00~18:00，11月至次年3月 周五至周一 11:00~16:00）这个占地30万平方英尺的画廊位于哈得孙河旁边，曾经是纳贝克斯（Nabisco）的盒子印刷厂，现在是理查德·塞拉（Richard Serra）、丹·弗莱文（Dan Flavin）、路易丝·布尔乔亚（Louise Bourgeois）和资产阶级和格哈德·里希特（Gerhard Richter）等人的一系列惊人而不朽的作品的收藏地。这里既有永久收藏，又有大型雕塑和装置的临时展览，是当代艺术爱好者的必去之地。

博斯科贝尔庄园　　　　　　历史建筑

（Boscobel House & Gardens；☏845-265-3638；www.boscobel.org；1601 Rte 9D, Garrison；住宅和花园 成人/儿童 $17/8，花园 仅$11/5；⏲导览游 4月至10月 周三至周一 10:00~16:00，11月和12月 至15:00）作为夏季**哈得孙河谷莎士比亚戏剧节**（Hudson Valley Shakespeare Festival；☏845-265-9575；www.hvshakespeare.org；门票 $45起；⏲5月中旬至9月上旬）的优雅背景，博斯科贝尔庄园的历史可以追溯至1808年，并被认为是州内联邦风格建筑的最佳典范。这里的住宅位于比肯以南8英里处，可以通过每天定时出发的导览游（50分钟）观光游览。

Stone Barn Center for Food & Agriculture　　　农场

（☏914-366-6200；www.story.stonebarnscenter.org；630 Bedford Rd, Pocantico Hills；成人/儿童 $20/10；⏲周三至周日 10:00~17:00）你可以通过团队游参观这个著名的农场，并有机会参加一些活动，如收集鸡蛋、种植莴苣与与羊群见面，这肯定会让孩子们和热爱土地的成年人非常开心。这里有一家不错的商店和一家小外卖咖啡馆。

Sunnyside 历史建筑

(📞914-591-8763, 周一至周五 914-631-8200; www.hudsonvalley.org; 3 W Sunnyside Lane, Tarrytown; 成人/儿童 $12/6; 团队游5月至11月 中旬周三至周日 10:30~15:30; ♿)以经典故事《睡谷传说》闻名的作家华盛顿·欧文修建了这个奇幻之家,他说这里不仅有一顶三角帽,还有更多的角落和缝隙。以19世纪装扮示人的导游们个个都是讲故事的高手,欧文在一个世纪前种植的紫藤现在仍爬满墙壁。

前往Sunnyside最近的火车站是塔里敦(Tarrytown)的前一站——欧文顿(Irvington)。

🛏 食宿

★ Roundhouse 精品酒店 $$

(📞845-765-8369; www.roundhousebeacon.com; 2 E Main St; 房间 $189起; P ❄ 🛜)Roundhouse是比肯作为一个旅游胜地而复兴的典范,这里曾经是铁匠和帽子工厂,位于城镇的Fishkill Creek两侧。在宽敞的房间里,工业建筑元素与现代的舒适感融为一体,里面有专门设计的灯泡、木制床头板和羊驼毛毯。

米其林两星级厨师特伦斯·布伦南(Terrance Brennan)打理着酒店优秀的**餐馆和休闲酒吧**(拉面 $16~21, 主菜 $26~36, 试吃套餐 $85起; ⏰周一和周二 15:00~21:00, 周三和周四 11:30~21:00, 周五和周六 至22:00, 周日 11:00~20:00; ♿),餐馆崇尚可持续的"全农场烹饪"的理念 : 千万不要错过美味的拉面。

Homespun Foods 咖啡馆 $

(📞845-831-5096; www.homespunfoods.com; 232 Main St; 主菜 $5~10; ⏰8:00~17:00; ♿)作为一个低调的美食传奇,Homespun提供新鲜的食物,包括创意沙拉、三明治以及由坚果和奶酪制成的素食烘肉卷。

★ Blue Hill at Stone Barns 美国菜 $$$

(📞914-366-9600; www.bluehillfarm.com; 630 Bedford Rd, Pocantico Hills; 套餐 $258; ⏰周三至周六 17:00~22:00, 周日 13:00~19:30) 🍴如果您是"土食者",那么就来大厨Dan Barber的农场吧(这里也供应其在曼哈顿经营的餐厅)。来这里参加一个令人瞠目的多道菜盛宴,菜肴都是当天收获的食材,宴会至少持续3小时。宴会上的服务就像菜肴的摆盘一样令人惊叹。一定要提前两个月预订,并注意着装规范:男士最好穿外套,系领带;不允许穿短裤。

ℹ️ 到达和离开

Metro-North (www.mta.info/mnr) 通勤火车连接纽约市和比肯(单程 非高峰时段/高峰时段 $23/28, 90分钟)。

塔里敦车站(Tarrytown Station; www.mta.info/mnr; 1 Depot Plaza, Tarrytown)有定期开往纽约市的火车($17~20, 40~50分钟)。欧文顿在塔里敦的前一站,是前往Sunnyside最近的车站,而Philipse Manor是塔里敦的后一站,可以步行到Philipsburg Manor。

如果想要在这一地区四处游览,最好租一辆车。

新帕尔茨 (New Paltz)

新帕尔茨位于哈得孙河西岸,拥有一种嬉皮士的氛围。这里有纽约州立大学的分园,也是通往肖屈克格里奇山脊(Shawangunk Ridge, 亦称"The Gunks")的门户。这里是绝佳的徒步胜地,也是攀岩的理想场所。

◎ 景点和活动

Historic Huguenot Street 古迹

(📞845-255-1660; www.huguenotstreet.org; 86 Huguenot St; 导览游 $15)这片风景如画的建筑曾是胡格诺派的定居点,其历史可以追溯到1678年。漫步其中,仿似时光倒流。

这个占地10英亩的国家历史地标区(National Historic Landmark District)包括一个游客中心(该地区导览游的出发地)、7座历史悠久的石砌房屋、一座重建的1717年的胡格诺派的教堂和一个墓地。

莫霍克保护区 公园

(Mohonk Preserve; 📞845-255-0919; www.mohonkpreserve.org; 3197 Rte 55, Gardiner; 一日通行证 徒步/爬山和骑行车 $15/20; ⏰9:00~17:00)这片大约8000英亩的土地被私人信托管理,其步道和其他服务则以游客的费用维

持。这里拥有东海岸一些最好的攀岩地点。

Rock & Snow
探险运动

(☏845-255-1311; www.rockandsnow.com; 44 Main St; ⊗周一至周四 9:00~18:00, 周五和周六 至20:00, 周日 8:00~19:00) 这个长期经营的装备店出租帐篷, 以及攀岩、攀冰和其他设备。这里还可以为你提供攀爬肖昂克格里奇山脊和其他户外探险的指南。

🛏 食宿

New Paltz Hostel
青年旅舍 $

(☏845-255-6676; www.newpaltzhostel.com; 145 Main St; 铺/房间 $30/70起; ❄️@🌐) 与新帕尔茨的嬉皮氛围一致,这家青年旅舍位于公交车站旁一所古老的大房子里,很受攀岩者和徒步者的欢迎。多人间里有两张上下铺;私人房有双人床,附带浴室;还有一个很好的公共厨房。

★ Mohonk Mountain House
度假村 $$$

(☏855-436-0832; www.mohonk.com; 1000 Mountain Rest Rd; 房间 $259起; ❄️@🌐♨️) 这个巨大的"维多利亚式城堡"坐落在一个湖水发暗的湖泊上,为客人提供各种奢侈的享受,从豪华的餐饮到高尔夫,再到水疗服务,还有一套完整的户外远足活动,包括徒步旅行和小径骑行。价格包括所有的餐饮和大部分的活动,你可以从主建筑、小屋或豪华的 Grove Lodge 中做出选择。

Huckleberry
美国菜 $$

(☏845-633-8443; www.huckleberrynewpaltz.com; 21 Church St; 主菜 $12~20; ⊗周一至周四 正午至次日2:00, 周五和周六 至次日4:00, 周日 10:00至次日2:00; 🌐) 这个可爱的海绿色房子隐藏在主干道上,为人们提供了一份诱人的美食菜单,其中包括和牛汉堡(可以选择无麸质面包)、鱼炸墨西哥卷饼和厚实的奶酪通心粉。这里也有创意鸡尾酒、精酿啤酒和一个可爱的户外用餐/品酒区,供你尽情享受。

ℹ 到达和离开

Trailways (☏800-776-7548; www.trailwaysny.com; 139 Main St) 连接了新帕尔茨与纽约市 ($21.75, 1.5小时) 和伍德斯托克 ($6.25, 1小时)。

波基普西 (Poughkeepsie)

波基普西 (读作 "puh-kip-see") 是哈得孙河谷最大的城镇,拥有1969年以前只接收女学生的著名的瓦萨学院 (Vassar),这里还有IBM的办公室——早期著名的电脑便是在这个"主工厂"制造的。这里最吸引人的是,你将有机会在世界上最长的人行天桥上穿越哈得孙河。

◉ 景点

富兰克林·D.罗斯福故居
历史建筑

(Franklin D Roosevelt Home; ☏845486-7770; www.nps.gov/hofr; 4097 Albany Post Rd; 成人/儿童 $18/免费, 只参观博物馆 成人/儿童 $9/免费; ⊗9:00~17:00) 管理员将带领你在斯普林伍德 (Springwood) 周围进行有趣的1小时团队游。斯普林伍德是富兰克林·D.罗斯福 (Franklin D Roosevelt, 简称FDR) 的故乡,他赢得了四次总统选举,从大萧条到第二次世界大战期间一直执政。考虑到他的家庭财富,这只是一个简朴的住所,但在夏季却人满为患。一些细节性的物品都被保存了下来,其中包括他的办公桌(就在他去世前一天还在使用),还有用来将他患有小儿麻痹的身体带到2楼的手动电梯。

该住宅是占地1520英亩的庄园的一部分,这个庄园曾经是一个劳教农场,里面还有徒步小径和**富兰克林·D.罗斯福总统图书馆和博物馆** (FDR Presidential Library and Museum; ☏845-486-7770; www.fdrlibrary.org; 成人/儿童 $18/免费; ⊗4月至10月 9:00~18:00, 11月至次年3月 至17:00), 这是富兰克林·D.罗斯福总统任期内的重要成就。门票的有效期是两天,包括斯普林伍德团队游和总统图书馆。

哈得孙河步行道
公园

(Walkway Over the Hudson; ☏845454-9649; www.walkway.org; 61 Parker Ave; ⊗7:00至日落) 这是主要的东部入口(有停车场),原本是跨越哈得孙河的铁路桥,现在成了全球最长 (1.28英里) 的步行路桥,也是州立公园。在桥上可以看到河流沿岸的惊人美景。

🏨 食宿

★ Roosevelt Inn 汽车旅馆 $

(☎845-229-2443; www.rooseveltinnofhydepark.com; 4360 Albany Post Rd; 房间 $70~155; ⏰3月至12月; ❋⏰) 这家路边的汽车旅馆归家庭所有,自1971年开始营业,价格划算,尤其是松木嵌板的"乡村"房。楼上的高级豪华房更加宽敞。

不提供早餐,但有一家附设的咖啡馆。

Eveready Diner 美国菜 $

(☎845-229-8100; www.theeverydydiner.com; 4184 Albany Post Rd/Rte 9; 主菜 $10~13; ⏰周日至周四 6:00至午夜,周五和周六 24小时) 这家巨大的闪闪发光的餐馆很难让人拒绝。从20世纪50年代起,这家餐馆就在这里了,尽管这栋建筑是1995年建造的,但它仍然将经典保存了下来,里面有原汁原味的装饰和品种多样的菜单。

ℹ️ 到达和离开

美国国铁有抵离纽约市的服务($27, 1.5小时),还可以沿着哈得孙河前往奥尔巴尼($27, 65分钟),以及更远的地方,发车地点是**波基普西车站**(Poughkeepsie Station; ☎800-872-7245; www.amtrak.com; 41 Main St)。Short Line(https://web.coachusa.com/shortline)有抵离纽约市的长途汽车($22, 2.5小时),也在火车站停车。

莱茵贝克(Rhinebeck)

莱茵贝克位于哈得孙河中段向北的东岸,有一条迷人的大街,人们生活富足。周边满是农场和酒庄,还有家综合疗养机构Omega Institute和巴德学院(Bard College)——后者位于城北8英里处,学院内由弗兰克·盖里(Frank Gehry)设计的表演艺术中心值得一游。

👁 景点

斯塔茨堡州立历史遗址 住宅

(Staatsburg State Historic Site; ☎845-889-8851; https://parks.ny.gov/historic-sites/25/details.aspx; Old Post Rd, Staatsburg; 成人/儿童 $8/免费; ⏰团队游 4月中旬至10月 周四至周日 11:00~16:00) 免费参观一下这个美丽的古典装饰风格大厦——奥格登·米尔斯(Ogden Mills)和他的妻子露丝(Ruth)的家。这里拥有79个豪华的房间,里面满是佛兰德锦缎挂毯、镀金石膏天花板、古老的绘画和东方艺术作品。它位于莱茵贝克以南6英里处,紧邻Rte 9。

旧莱茵贝克飞机场 博物馆

(Old Rhinebeck Aerodrome; ☎845-752-3200; www.oldrhinebeck.org; 9 Norton Rd, Red Hook; 周一至周五 成人/儿童 $12/8,飞行特技表演 成人/儿童 $25/12,乘机飞行 $75; ⏰5月至10月 10:00~17:00,飞行特技表演 周六和周日 14:00开始) 这座博物馆位于莱茵贝克中心北部,经过一小段车程即可到达。这里收藏了各式古董飞机和其他相关车辆及手工艺品,最老机型的历史可追溯到1900年。周末可以在这里观看空中飞行表演,或搭乘一架老式双翼飞机翱翔空中。

🏨 食宿

★ Olde Rhinebeck Inn 民宿 $$$

(☎845-871-1745; www.rhinebeckinn.com; 340 Wurtemberg Rd; 房间 $250~325; ❋⏰) 这座经过巧妙修复的橡木横梁旅馆由德国殖民者在1738年至1745年间建造,散发着舒适和真诚的气息。店主是位迷人的女士,她把四个舒适的房间装饰得非常漂亮。

Bread Alone Bakery & Cafe 面包房 $

(☎845-876-3108; www.breadalone.com/rhinebeck; 45 E Market St; 三明治 $8~10; ⏰7:00~17:00; ⏰) 这个受欢迎的面包房和咖啡店提供优质的烘焙食品、三明治和沙拉。如果你喜欢的话,这里还有一个提供全方位服务的餐厅,但这两个地方的菜单都是一样的。

☆ 娱乐

费雪表演艺术中心 艺术中心

(Fisher Center for the Performing Arts; ☎845-758-7900; www.fishercenter.bard.edu; Robbins Rd, Bard College, Annandale-on-Hudson; 团队游 周五 10:00~17:00) 建筑爱好者们将会想要去参观这个弗兰克·盖里设计的建筑,它看起来就像一个有着不锈钢屋顶的外星飞

船,降落在巴德学院(Bard College)修剪整齐的草坪上。这里有两个剧院和工作室,并举办一系列的音乐会、舞蹈表演和戏剧活动。

❶ 到达和离开

美国国铁运营抵离纽约市的火车($29,1小时45分钟)。**Rhinecliff-Kingston车站**(☎800-872-7245; www.amtrak.com; 455 Rhinecliff Rd, Rhinecliff)位于莱茵贝克中心以西3英里处。

卡次启尔山脉(Catskills)

景色优美的卡次启尔山脉位于哈得孙河谷西侧,自19世纪以来,一直是纽约人的热门去处。爬满苔藓的峡谷和苍穹下高耸的圆形山峰,在哈得孙派画家的笔下成为一幅幅浪漫的画作,这也间接推动了一场自然保护运动:1894年修订州宪法,这里上千英亩的土地得以"永久保留为天然林地"。

进入20世纪初,卡次启尔被戏称为"波希特带"(borscht belt)酒店,那时这里成为纽约市中产犹太人的避暑胜地。大多数旅修早已不复存在,但正统的犹太社群仍然活跃在许多小镇——"回归土地运动"和嬉皮精神同样延续至今。

❶ 到达和当地交通

一些汽车服务也通往这里:最有用的线路是**Trailways**(www.trailwaysny.com),该线路从纽约市发出,前往伍德斯托克(Woodstock)和腓尼基(Phoenicia)。然而,如果你真的想要游览这一地区,开车自驾是必要的。

腓尼基

这个古怪的小村庄横跨伊索帕斯溪(Esopus Creek),是探索卡次启尔山脉中心的理想基地。在这里进行户外活动轻而易举,包括徒步、骑自行车、河上汽车内胎漂流、或者夏季时在山间的游泳池里游泳,冬季时在附近的贝莱耶山(Belleayre Mountain)滑雪。秋天是游览的黄金时间,也是在位于Arkville与Roxbury之间的特拉华和阿尔斯特铁路(Delaware & Ulster Railroad)上乘坐露天火车的最佳季节。

◎ 景点和活动

帝国州铁路博物馆　　　　博物馆

(Empire State Railway Museum; ☎845-688-7501; www.esrm.com; 70 Lower High St, Phoenicia; 接受捐赠; ◎6月至10月 周六和周日11:00~16:00) **免费** 自1960年以来,这个小博物馆一直由热心的人维护,它坐落在废弃的特拉华和阿尔斯特铁路线上的一个旧火车站里。

特拉华和阿尔斯特铁路　　　　火车游

(Delaware & Ulster Railroad; ☎800-225-4132; www.durr.org; 43510 Rte 28, Arkville; 成人/儿童 $18/12; ◎7月至10月 周六和周日)这两条旅游铁路线位于Arkville和Roxbury之间,你可以乘坐露天火车进行一次2小时左右的旅行。秋季的景色最美。

贝莱耶海滩　　　　游泳

(Belleayre Beach; ☎845-254-5202; www.belleayre.com/summer/belleayre-beach; 33 Friendship Manor Rd, Pine Hill; 每人/每车 $3/10; ◎6月中旬至8月 周一至周五 10:00~18:00,周六和周日 至19:00)这里位于贝莱耶山脚滑雪度假村附近,是风景秀丽、很受欢迎的游泳去处。也可以租船、皮划艇和冲浪板,还有排球场、篮球场和攀岩墙。

🛏 食宿

★ Graham & Co　　　　汽车旅馆 $$

(☎845-688-7871; www.thegrahamandco.com; 80 Rte 214, Phoenicia; 房间 $150~275; ❄️📶🏊)这个时髦的汽车旅馆极具吸引力,从城镇中心步行即可轻易到达。房间是白色的极简主义风格,最便宜的房间是"简易房",带有公共浴室。此外还有带壁炉的舒适小房间、一家食品商店、一个室外游泳池、一个棚屋和草坪运动场地。

Foxfire Mountain House　　　　精品酒店 $$

(www.foxfiremountainhouse.com; 72 Andrew Lane, Mt Tremper; 房间 $175~325; ◎餐厅晚餐 周五至周日; 🅿️🐕❄️📶)这家时髦的汽车旅馆隐藏在森林之中,毫不费力地把卡次启尔山脉的凉爽带到了11个独立装饰的房间和一间三居室的小屋里。舒适的餐厅（周五至周日提供晚餐）和酒吧向非酒店住客开放，提供法式风味的菜肴，如黑椒牛排和酒焖仔鸡。

★ Phoenicia Diner　　　　　　　美国菜 $

（☎845-688-9957；www.phoeniciadiner.com；5681 Rte 28, Phoenicia；主菜 $9~12；⊙周四至周一 7:00~17:00；🅿）纽约的潮人和当地的家庭在这个经典的路边小餐馆里摩肩接踵。极具吸引力的菜单提供全天早餐、煎炸食品、三明治和汉堡。

★ Peekamoose　　　　　　　　美国菜 $$$

（☎845-254-6500；www.peekamooserestaurant.com；8373 Rte 28, Big Indian；主菜 $20~36；⊙周四至周一 16:00~22:00）这座经过翻新的农舍是卡次启尔山脉最好的餐馆之一，十多年来一直在推广"从农场到餐桌"的当地餐饮。菜单每天都会变化，但炖牛肉排骨是永远的招牌菜。

❶ 到达和当地交通

Trailways（www.trailwaysny.com）运营从纽约市至腓尼基的长途汽车（$33.25, 3小时，每天7班）。

坦纳斯维尔

小镇坦纳斯维尔主要为附近的滑雪胜地亨特山（Hunter Mountain）提供服务，而且还通往壮丽的卡特斯齐尔瀑布（Kaaterskill Falls）。该地区非常适合徒步和驾车，还有迷人的酒店，住在那里可以欣赏到美丽的山景。坦纳斯维尔就坐落在一条主要街道上，街道两旁是色彩鲜艳的商店和房屋。

◎ 景点和活动

卡特斯齐尔瀑布　　　　　　　　　　瀑布

（Kaaterskill Falls）纽约州最高的瀑布（260英尺）与尼亚加拉瀑布（167英尺）相比，不需要艰难的徒步即可到达，如果想要欣赏到最美的风景，请前往观景台（Laurel House Rd, Palenville）。19世纪中期，哈得孙河谷学校（Hudson River Valley School）画家的流行画作将这个两层瀑布变成了标志性的景点，吸引着远足者、艺术家和自然爱好者的到来。

猎人山　　　　　　　　　　　　　　滑雪

（Hunter Mountain；☎518-263-4223；www.huntermtn.com；64 Klein Ave, Hunter；1日缆椅通票 工作日/周末 $70/80；⊙12月至次年3月 9:00~16:00）56条小径（包括一些需要雪上技巧的、极具挑战性的危险道路）上的壮观景色吸引了大批的滑雪者来到猎人山；如果你不喜欢排队搭乘缆梯的话，请避免在周末和节假日前来。无论天气如何，人工造雪确保了整个季节都可以滑雪。

Zipline New York　　　　　　探险运动

（☎518-263-4388；www.ziplinenewyork.com；Hunter Mountain, Rte 23A；高空滑索之旅 $89~129）在全年的时间里，猎人山还是进行高空滑索课程的地点，胆小者请勿尝试。

🛏 食宿

★ Scribner's Catskill Lodge　　度假屋 $$

（☎518-628-5130；www.scribnerslodge.com；13 Scribner Hollow Rd；房间 $110起；🅿✽🛜❄）这个20世纪60年代的汽车旅馆由超级酷的员工经营，如今装修一新，被赋予了一种时尚的现代风格。雪白的房间（有些里面带有燃气炉具）与长长的图书馆休息室的暖色调形成对比，休息室里还有台球桌和舒适的角落。

Deer Mountain Inn　　　　　精品酒店 $$$

（☎518-589-6268；www.deermountaininn.com；790 Rte 25；房间/小屋 $250/700起；⊙餐厅 周一、周四和周日 17:00~21:00，周五和周六 至22:00；🅿✽🛜）这个华丽的工艺风格的酒店隐藏在一个巨大的山坡上，只有六间客房和两间小屋（最多可居住9人）。室内设计极其精致。

Last Chance Cheese Antiques Cafe　　　　　　　　　美国菜 $$

（☎518-589-6424；www.lastchanceonline.com；6009 Main St；主菜 $10~27；⊙周五和周六 11:00~22:00，周日 至20:00）这个位于Main St的地方自1970年以来经营至今，一部分是带有现场乐队的路边酒吧，一部分是糖果和奶酪商店，还有一部分是餐馆，供应丰盛的菜肴。许多装饰着这家餐馆的古董和其他东西也都出售。

值得一游

索格蒂斯

索格蒂斯镇（www.discoversaugerties.com）位于伍德斯托克东北约10英里处，其历史可以追溯至17世纪中叶荷兰人在此定居之时。如今，当地的几个景点非常值得你进行一日游。Opus 40雕塑公园和博物馆（见本页）是艺术家哈维·菲特（Harvey Fite）工作了近四十年的地方，他把一个废弃的采石场变成了一件巨大的艺术品。建于1896年、风景如画的**索格蒂斯灯塔**（Saugerties Lighthouse; ☎845-247-0656; www.saugertieslighthouse.com; 168 Lighthouse Dr, Saugerties; 团队游 建议捐赠 成人/儿童 $5/3; ⓒ小径 黎明至黄昏）位于Esopus Creek与 哈得孙河交汇处的海角上，可以通过半英里的天然小径到达。古典摇滚爱好者可能想要到**Big Pink**（www.bigpinkbasement.com; Parnassus Lane, West Saugerties; 房屋 $480; ❋☏）看一看，这所房子因鲍勃·迪伦和它的乐队而闻名，但要注意，它坐落在一条私人街道上。你可以在灯塔和Big Pink住宿，但需要提前预订。

❶ 到达和离开

沿着23A号公路驾车行驶抵离坦纳斯维尔，是卡次启尔山脉景色最优美的线路之一，但由于山路十八弯，甚至还有几处一百八十度的转弯，需要花费更多的时间。乘坐Trailways（www.trailwaysny.com）的长途汽车也可以从纽约到达坦纳斯维尔，但你需要在金斯敦（Kingston）转车。

伍德斯托克（Woodstock）

严格来说，1969年的音乐节实际是在向西一小时路程之外的小镇伯特利（Bethel）举办的。尽管如此，伍德斯托克还是以五彩缤纷的扎染风格和本土草根的林林总总，吸引了附庸风雅、爱好音乐的人群，滋养了那个时期的自由精神：从电台到一个备受尊敬的独立电影节和一个农贸市场。

◉ 景点

伍德斯托克摄影中心 　　　　　　艺术中心

（Center for Photography at Woodstock; ☎845-679-9957; www.cpw.org; 59 Tinker St; ⓒ周四至周日 正午至17:00）**免费** 这个创意空间建于1977年，得益于一个活跃的艺术家驻场计划，这里提供课程，还举办讲座和展览，以扩大对艺术形式的严格定义。

这里曾经是Café Espresso，鲍勃·迪伦（Bob Dylan）曾经在它上面有一个写作工作室（1964年，《鲍勃·迪伦的另一面》的专辑注释就是在这里完成的），而詹尼斯·乔普林（Janis Joplin）曾是这里的定期表演者。

Opus 40雕塑公园和博物馆 　　　　公园

（Opus 40 Sculpture Park & Museum; ☎845-246-3400; www.opus40.org; 50 Fite Rd, Saugerties; 成人/儿童 $10/3; ⓒ5月至9月 周四至周日 11:00~17:30）自1938年开始，艺术家Harvey Fite用了近四十年时间，将原本废弃的采石场改造成了巨大的地景艺术作品。这里满是用石头堆砌出的蜿蜒垣壁、峡谷以及池塘。

Karma Triyana Dharmachakra 　佛教寺庙

（☎845-679-5906; www.kagyu.org; 335 Meads Mountain Rd; ⓒ8:30~17:30）这座令人幸福的佛教寺庙距离伍德斯托克3英里，加入压力巨大的纽约人和其他需要精神安慰的人们，让你的业力和能量得到加持，在精心打理过的院落里，沉浸在宁静中。圣殿里面有一个巨大的金色佛像；只要脱下鞋子，就可以开始冥想。

🛏 食宿

Woodstock Inn on the Millstream 　　　　　　　　旅馆 $$

（☎845-679-8211; www.woodstock-inn-ny.com; 48 Tannery Brook Rd; 房间/小屋 $159/375 起; ❋☏）这家旅馆（四周是宁静的、开满鲜花的庭院）用令人愉快的温和色调装饰，有些房间里有小厨房和电壁炉。

White Dove Rockotel 　　　　　旅馆 $$

（☎845-306-5419; www.thewhitedoverockotel.com; 148 Tinker St; 房间/套房 $125/250起; ☏❋）这家漆成紫色的维多利亚风格旅馆从众多的旅馆中脱颖而出——但与房间相比，

它的外观简直不值一提！两栋建筑中共有6个单元，房间以迷幻的色彩装饰，里面还有海报、唱机和黑胶唱片。套房里有厨房。

★ Garden Cafe 严格素食 $

（☎845-679-3600；www.thegardencafewoodstock.com；6 Old Forge Rd；主菜 $9~20；⊙周一和周三至周五 11:30~21:00，周六和周日 10:00~21:00；🅿）在这个气氛闲适的迷人咖啡馆里，所有的食材都是有机的。供应的食物很吸引人，美味又新鲜，包括沙拉、三明治、米饭和蔬菜千层面。

五指湖区（Finger Lakes）

纵贯纽约州中西部绵延的群山，被11座狭长的水体穿过，五指湖因此得名。五指湖地区是户外活动的天堂，也是全美第一的葡萄种植地区，这里有120多家葡萄园。

伊萨卡位于卡尤加湖（Cayuga Lake）南部，是常春藤联盟康奈尔大学（Ivy League Cornell University）的所在地，也是该地区的门户和理想基地。塞尼卡湖北端的美丽小镇Geneva因为霍巴特学院（Hobart College）和威廉·史密斯学院（William Smith College）的学生人群而显得生气勃勃。这里经过修复的1894年的史密斯歌剧院（Smith Opera House）是一个充满活力的表演艺术中心。西面"Y"形的库卡湖（Keuka Lake）被两座小型州立公园环抱，显得有些古朴；这里是最受欢迎的鳟鱼垂钓乐园。你可以在南部甜美而小巧的哈蒙兹波特（Hammondsport）驻扎。艺术和工艺爱好者应该前往Corning，去参观一下明亮的玻璃博物馆。

❶ 到达和当地交通

伊萨卡是这个地区的交通枢纽，每天有几班开往纽约市的长途汽车（$53.50，5小时）。**Ithaca Tompkins Regional Airport**有连接底特律、纽瓦克和费城的直飞航班。

伊萨卡（Ithaca）

卡尤加湖（Cayuga Lake）南端的城市伊萨卡是五指湖地区面积最大的城市，也是大学生和早期嬉皮士的田园之家。这里有一个极具艺术气息的电影院、高质量的餐饮和优美的徒步线路。"伊萨卡峡谷风光佳"（Ithaca is gorges）的口号名不虚传，这里四处被峡谷和瀑布环绕。不管是以这里为目的地，还是将其作为从纽约出发前往尼亚加拉大瀑布的半程歇脚点，都是不错的选择。

伊萨卡的中心是一条叫Commons的步行街。东边陡峭的山坡上是建于1865年的常青藤名校康奈尔大学（Ivy League Cornell University），校园大门前有一小片叫Collegetown的商业街区。从伊萨卡驱车北上，沿风景秀美的89号公路（西侧）或90号公路（东侧）可前往塞内卡瀑布城（Seneca Falls），全程需要约一小时。

◉ 景点

★ 赫尔伯特·F.约翰逊艺术博物馆 博物馆

（Herbert F Johnson Museum of Art；☎607-255-6464；www.museum.cornell.edu；114 University Ave；⊙周二至周日 10:00~17:00）**免费** 贝聿铭的野兽派建筑就像一个巨大的混凝土机器人，矗立在康奈尔校园里华丽的新哥特式建筑旁。在里面，你会发现一系列不拘一格的收藏，从中世纪的木雕到现代大师的作品。即使你对艺术不太感兴趣，从顶楼画廊看到的伊萨卡和卡尤加湖的全景也会令你不虚此行。

康奈尔植物园 花园

（Cornell Botanic Gardens；☎607-255-2400；www.cornellbotanicgardens.org；124 Comstock Knoll Dr；⊙园区 黎明至黄昏，游客中心 10:00~16:00）**免费** 校园内外的青翠空间包括一个100英亩的树木园、一个植物园和无数的小径。可以在内文接待中心（Nevin Welcome Center）领取地图，了解有关团队游的信息。

徒步攀登景色壮观的**卡斯卡迪拉谷**（Cascadilla Gorge；College Ave Bridge）是到达这里的一个不错的方式，出发地点在城镇中心附近。

罗伯特·H.特尔曼州立公园 州立公园

（Robert H Treman State Park；☎607-273-3440；www.parks.ny.gov；105 Enfield Falls Rd；每车 4月至10月 $8）该地区最大的州立公园位于伊萨卡西南5.5英里处，有许多小道和一

个非常受欢迎的游泳水潭（6月下旬至9月上旬）。特尔曼的峡谷小径经过12个令人惊叹的瀑布：不要错过恶魔厨房瀑布（Devil's Kitchen）和路西法瀑布（Lucifer Falls）——一个多层的瀑布奇观，恩菲尔德溪（Enfield Creek）从岩石上倾泻而下，落差约100英尺。

住宿

Firelight Camps
帐篷营地 $$

(☎607-229-1644; www.firelightcamps.com; 1150 Danby Rd; 帐篷 周日至周四/周五和周六 $189/259; ⓘ5月中旬至10月; ◉) 这个迷人的露营地位于La Tourelle Hotel旁边，是前来伊萨卡进行豪华露营的好地方，有许多条小路可以快速到达附近的黄油牛奶瀑布州立公园（Buttermilk Falls State Park）。硬木平台有许多狩猎风格的帆布帐篷。浴室是分开的。

★ William Henry Miller Inn
民宿 $$

(☎877-256-4553; www.millerinn.com; 303 N Aurora St; 房间 $195起; ❄@◉) 氛围亲切、装修豪华，距离the Commons仅数步之遥。这间有年头的住宅也提供豪华房间，房间的设计也极尽奢华（两间带有漩涡浴缸，两间位于独立的马车房中），并提供美味的早餐和自助甜点。

★ Inns of Aurora
历史酒店 $$

(☎315-364-8888; www.innsofaurora.com; 391 Main St, Aurora; 房间 $200~400; P❄◉) 这座美丽的历史酒店由4个部分组成：主要的Aurora Inn，建于1833年，从那以后几乎没有什么变化，有10个可爱的房间和一个华丽的餐厅；Rowland House，有10多个房间；Morgan House，有7个房间；还有Wallcourt Hall，拥有最现代的设计，但看不到湖景。

餐饮

Ithaca Bakery
咖啡馆 $

(☎607-273-7110; www.ithacabakery.com; 400 N Meadow St; 三明治 $5~11; ⓘ周日至周四 6:00~20:00, 周五和周六 至21:00) 精选糕点、冰沙、三明治和其他熟食，服务伊萨卡的各个阶层，这里是外出野餐、素食者和严格素食者的绝佳选择。

值得一游

奥罗拉（AURORA）

风景如画的奥罗拉位于卡尤加湖东侧的伊萨卡以北约28英里处。该村庄建立于1795年，共有50多座建筑被列入国家史迹名录（National Register of Historic Places），其中包括威尔斯学院（Wells College）的部分校区。威尔斯学院建于1868年，用于妇女的高等教育（现在是男女同校）。Inns of Aurora由四座宏伟的建筑组成——Aurora Inn（1833年）、EB Morgan House（1858年）、Rowland House（1903年）和Wallcourt Hall（1909年）——是一个很好的住宿地点。你也可以在Aurora Inn可爱的餐厅里一边欣赏湖畔的美景，一边用餐，还可以拿到一份自助步行游览村庄的小册子。

★ Moosewood Restaurant
素食 $$

(☎607-273-9610; www.moosewoodcooks.com; 215 N Cayuga St; 主菜 $8~18; ⓘ11:30~20:30; ◉) 这家素食餐厅建于1973年，由多人集体经营。餐厅看上去很有档次，有酒水齐全的吧台。

Sacred Root Kava Lounge & Tea Bar
茶室

(☎607-272-5282; www.sacredrootkava.com; 139 W State St; ⓘ16:00至午夜) 这个伊萨卡炫酷的地下室空间非常不错，供应波利尼西亚的非酒精饮品和精神饮品卡瓦酒（kava）。如果这些都不是你想要的，这里还有很多茶品。登录网站查询重要活动。

ℹ 到达和离开

伊萨卡汤普金斯地区机场（Ithaca Tompkins Regional Airport; ITH; ☎607-257-0456; www.flyithaca.com; 1 Culligan Dr）有来自达美航空公司和美国联合航空公司的航班。灰狗巴士和Shortline长途汽车（$50, 5小时, 每天1班）开往**伊萨卡长途汽车站**（Ithaca Bus Station; 710 W State St）。

塞内卡瀑布城（Seneca Falls）

据说，安静的后工业小镇塞内卡瀑布

城使到访的导演弗兰克·卡普拉（Frank Capra）受到启发，并在他的经典电影《美好生活》》（*It's a Wonderful Life*）中创造了虚构的美国小镇布德福德福尔斯（Bedford Falls）。事实上，你可以站在一座桥上，然后穿过小镇的河流，想象一下电影中詹姆斯·史都华（Jimmy Stewart）也在做同样的事情。这个小镇在美国的民主化历史上也占据着特殊的地位，因为在1848年，伊丽莎白·卡迪·斯坦顿（Elizabeth Cady Stanton）和她的朋友们在这里的小教堂宣称"所有男人和女人生来平等"。

◎ 景点

女权国家历史公园　　　　　　博物馆

（Women's Rights National Historical Park；☏315-568-0024；www.nps.gov/wori；136 Fall St；⊙周五至周日 9:00~17:00）**免费** 1848年，在这座小教堂里，伊丽莎白·卡迪·斯坦顿（Elizabeth Cady Stanton）和她的朋友们起草了一份宣言，声称"所有男人和女人生来平等"，这也是女性争取投票选举权的第一次努力。邻近的博物馆记述了这个故事，包括与废除黑奴制度之间的复杂关系。

国家女性名人堂　　　　　　　博物馆

（National Women's Hall of Fame；☏315-568-8060；www.womenofthehall.org；76 Fall St；成人/儿童 $4/免费；⊙周三至周五 正午至16:00，周六 10:00~16:00）这个小小的国家女性名人堂是为了纪念那些曾经激励人心的美国妇女而建。在这里，你可以了解256位伟大妇女的故事，包括第一夫人阿比盖尔·亚当斯（Abigail Adams）、美国红十字会创始人克拉拉·巴顿（Clara Barton）和民权活动家罗莎·帕克斯（Rosa Parks）。

🛏 食宿

Gould Hotel　　　　　　　　精品酒店 $$

（☏877-788-4010；www.thegouldhotel.com；108 Fall St；房间 $169；🅿🛜）这座位于市中心的建筑最初是一座19世纪20年代的酒店，经过改造后焕然一新，在向辉煌的过去致敬的同时，增添了时尚和现代的气息——这里的红木吧台来自一间古老的塞内卡瀑布城酒吧。标间很小，但金属紫色和灰色装饰相当耀眼。酒店的高档餐厅和酒馆提供当地的食物、葡萄酒和啤酒。

Mac's Drive In　　　　　　　　汉堡 $

（☏315-539-3064；www.macsdrivein.net；1166 US-20/Rte 5, Waterloo；主菜 $4~8；⊙4月至10月 10:30~22:00）这家经典的免下车餐馆位于塞内卡瀑布城和Geneva之间，建于1961年（自那以后几乎没有变化），供应汉堡、炸鸡和鱼肉晚餐，价格低廉。

阿迪朗达克山脉（The Adirondacks）

阿迪朗达克山脉（www.visitadirondacks.com）论海拔高度和壮丽程度不如美国西部的那些山峰，但是它却覆盖了足足9375平方英里，从纽约州首府奥尔巴尼以北的纽约中部一直延伸到加拿大边境。其中46座山峰的海拔都超过4000英尺，这也让此地成了美国东部最为荒凉狂野的地带。就像位于其南面的卡次启尔山脉一样，阿迪朗达克山脉茂密的森林和湖区都受到国家宪法的严格保护，因此这里是欣赏五彩斑斓的林中秋色的绝佳地点。远足、泛舟和野外露营是这里最受欢迎的户外运动。

ⓘ 到达和当地交通

该地区的主要机场位于奥尔巴尼，但位于萨拉纳克湖的**阿迪朗达克地区机场**（Adirondack Regional Airport；☏518-891-4600；www.adirondackairport.com；96 Airport Rd）有飞往波士顿的海角航空公司（Cape Air；www.capeair.com）的航班。

灰狗巴士（www.greyhound.com）和**Trailways**（☏800-858-8555；www.trailwaysny.com）都有班次前往阿迪朗达克地区的不同城镇，不过想更为广泛地探索还是需要一辆汽车。

美国国铁（Amtrak；www.amtrak.com）运营从纽约市开往奥尔巴尼的火车（$43起，2.5小时），并继续开往提康德罗加（Ticonderoga；$68，5小时）和韦斯特波特（Westport；$68，6小时），再搭乘汽车可抵达普莱西德湖（Lake Placid；$93，7小时）。

奥尔巴尼 (Albany)

奥尔巴尼的中央帝国大厦广场（Empire State Plaza）上的政府建筑群建于1965年到1976年之间，包括优秀的纽约州立博物馆（New York State Museum），以及一系列精美的现代公共艺术收藏。在市中心和绿树成荫的华盛顿公园（Washington Park）周围，庄严的建筑和优雅的褐石建筑都在诉说着该州首府富有的过去。

由于在当地殖民地的地理中心位置和在皮草贸易中的战略重要性，奥尔巴尼在1797年成为该州的首府。如今，它与立法权一样，几乎成了立法功能障碍的同义词。废弃的建筑数量反映出了它经济的不景气。当地人的友好和这座城市作为通往阿迪朗达克山脉与哈得孙河谷的门户的作用，使它的价值远不止随便看看这么简单。

◎ 景点

★ 帝国广场　　　　　　　　　　公共艺术

（Empire State Plaza；☎518-473-7521；www.empirestateplaza.org）免费 广场围绕着一个中央水池而建，其整体构架非常令人难忘，但它的外观和内部的现代美国艺术华丽收藏才是真正亮点。收藏品包括马克·罗斯科（Mark Rothko）、杰克逊·波洛克（Jackson Pollock）、亚历山大·考尔德（Alexander Calder）以及许多其他明星艺术家的雕塑和大量绘画作品。

★ 纽约州立博物馆　　　　　　　博物馆

（New York State Museum；☎518-474 5877；www.nysm.nysed.gov；222 Madison Ave；周二至周日 9:30～17:00）免费 奥尔巴尼成为该州首府的一个怪现象就是：这个顶级博物馆在很大程度上是为了纽约市的历史和发展而建。9·11事件区非常感人，有现场残存下来的一辆被损坏的消防车和残骸。为了形成一个完全的对比，不要错过4楼华丽的古董旋转木马（$1）。

纽约州议会大厦　　　　　　　历史建筑

（New York State Capitol；☎518-474-2418；www.hallofgovernors.ny.gov；Washington Ave；⊙周一至周五 导览游 10:00、正午、14:00和15:00）免费 这座宏伟的建筑建于1899年，是州政府的核心。室内有精美的石刻、木器、瓷砖和马赛克作品，亮点是大西部楼梯（Great Western Staircase）、州长接待室（Governor's Reception Room）和参议院议事厅（Senate Chamber）。

🍴 食宿

★ Washington Park Inn　　　精品酒店 $$

（☎518-225-4567；www.washingtonparkinn.com；643 Madison Ave；房间 $119～139；❄@🐾）这家迷人的酒店是奥尔巴尼的传统建筑之一，带门厅廊上的摇椅和马路对面的公园里供顾客使用的网球拍，为这里奠定了轻松的基调。房间很大，装饰华丽，食物和饮品都是自动的，可以从库存充足的厨房里取用。

Cafe Madison　　　　　　　　　早餐 $

（☎518-935-1094；www.cafemadisonalbany.com；1108 Madison Ave；主菜 $10～15；⊙周一至周四 7:30～14:00，周五至周日 至15:00；🐾）这是一个非常受欢迎的早餐店，尤其是周末，等待舒适的座椅或餐桌通常需要30分钟。员工们都很友好，菜单上有极具创意的煎蛋卷、薯饼、法式薄饼、纯素食选择和各种鸡尾酒。

★ Ginger Man　　　　　　　　　美国菜 $$$

（☎518-427-5963；www.albanygingerman.com；234 Western Ave；主菜 $22～30；⊙周一至周五 11:30～22:30，周六 16:30～23:00）Ginger Man拥有顶级的酒单，以及当地的啤酒和烈酒，品酒家一定会喜欢。这里的食物也不错，有分量十足的奶酪和熟食拼盘——一种轻松品尝各种美味主菜（炖小牛肘和海鲜饭）的很好的方式。

❶ 到达和离开

作为该州的首府，奥尔巴尼拥有全方位的交通连接。**奥尔巴尼国际机场**（Albany International Airport；☎518-242-2200；www.albanyairport.com；Albany Shaker Rd, Colonie）位于城市中心以北10英里。美国国铁的**奥尔巴尼-伦斯勒车站**（Albany-Rensselaer Station；☎800-872 7245；www.amtrak.com；525 East St, Rensselaer）位于哈得孙河的东岸，有连接其他各州的火车。灰狗和Trailways的长途汽车在位于中心位置的长途汽车总站（☎518-427-7060；34 Hamilton St）抵离。

乔治湖 (Lake George)

乔治湖（www.visitlakegeorge.com）是通往阿迪朗达克山脉的南部门户，也是一个有许多拱门的旅游城镇，在7月和8月的每周四都有烟花表演。32英里长、波光粼粼、与之同名的湖上满是桨轮小船。这是一个季节性的度假胜地，所以在11月至次年5月之间并不适合旅行。更加高档的是村庄 **Bolton Landing**，它位于乔治湖西岸以北11英里处。

◉ 景点和活动

威廉·亨利堡博物馆 博物馆

(Fort William Henry Museum; ☎518-668-5471; www.fwhmuseum.com; 48 Canada St; 成人/儿童 $17/8，幽灵之旅 $18/8; ⏱5月至10月 9:30~18:00; ▣)身着18世纪英国士兵服装的导游们会带领游客参观这座1755年的木质堡垒的复制品，这里重现了战争的场景，包括射击时期的火枪和大炮表演。登录网站查看晚间幽灵之旅的详细信息。

海德收藏艺术馆 博物馆

(Hyde Collection Art Museum; ☎518-792-1761; www.hydecollection.org; 161 Warren St, Glens Falls; 成人/儿童 $12/免费; ⏱周二至周六 10:00~17:00, 周日 正午至17:00)这里引人注目的艺术收藏是由当地报纸女继承人Charlotte Pryun Hyde收集的。她佛罗伦萨文艺复兴风格的巨大宅邸位于乔治湖以南12英里，在那里，你会发现伦勃朗（Rembrandts）、鲁本斯（Rubens）、马蒂斯（Matisses）和埃金斯（Eakins）的作品，以及挂毯、雕塑和19世纪末、20世纪初的家具。

Lake George Steamboat Cruises 游轮

(☎518-668-5777; www.lakegeorgesteamboat.com; 57 Beach Rd; 成人/儿童 $16/7.50起; ⏱5月至10月)2017年，这家公司在乔治湖庆祝了经营游轮200周年。在游轮季节，你可以在三艘游轮中做出选择：真正的蒸汽船Minnie-Ha-Ha，1907年的Mohican，以及最重要的旗舰Lac du Saint Sacrement。

✕ 就餐

Saltwater Cowboy 海鲜 $$

(☎518-685-3116; 164 Canada St; 主菜 $11~28; ⏱5月至10月 11:00~21:00)不要在意这里超级随意的、只能在柜台点餐的设置——这个地方有很棒的炸蛤蜊和扇贝，还有巨大的龙虾卷。可以搭配新鲜的柠檬水一起食用。

ℹ 到达和离开

奥尔巴尼国际机场位于乔治湖以南50英里处。美国国铁在Fort Edwards停车，从乔治湖乘小汽车到达Fort Edwards需要约20分钟。灰狗和Trailways也运营前往该地区的长途汽车。租车是游览湖区的最佳方式。

普莱西德湖 (Lake Placid)

普莱西德湖这个度假小镇是冰雪运动的代名词——1932年和1980年，这里曾两度举办冬季奥运会。优秀的运动员仍在这里训练，普通人可以坐雪橇，玩速度滑冰或参加其他活动。镜湖（Mirror Lake，这里的主要湖泊）的冰厚实到可以在上面滑冰、玩平底雪橇和狗拉雪橇。这里夏日的风景同样宜人，因为这片地区基本上算是阿迪朗达克山脉几座高峰（High Peaks）的中心地，也是在该地区的众多湖泊中进行徒步旅行、划独木舟或划皮划艇的理想基地。

◉ 景点和活动

普莱西德湖最诱人的一点，可能就是让游客能像奥运会运动员一样亲身参与冰雪项目（或者仅仅参观一下运动员的训练）。大部分的运动项目都由 **Whiteface Mountain**（☎518-946-2223; www.whiteface.com; 5021 Rte 86, Wilmington; 全天缆车票 成人/儿童 92/58，仅限封闭式缆车 $22/免费; ⏱12月至次年4月 8:30~16:00)的雪场（奥运会的滑雪比赛场地）经营，但是场地比较分散。这里还有半英里长的雪橇滑道（bobsled track; $95）和为游客改良过的冬季两项运动（biathlon，越野滑雪和射击; $55）。在奥林匹克中心，有私人公司进行**速滑**（speed-skating）冰鞋租赁和滑冰教学（$20）。很多原本的冰雪项目为了适应夏季进行了改造，如装上了轮子的大型雪橇。对能量非常充足的游客来说，Whiteface奥运场馆通票（Whiteface's Olympic Sites Passport ticket; $35）是一个

划算的选择,通票涵盖了几个冬奥会运动场馆[例如跳台滑雪(ski-jump)中心的高塔和在Whiteface Mountain乘坐封闭式缆车]的门票,一些活动也享有折扣。

奥林匹克中心　　　　　　　　体育馆

(Olympic Center; 518-523-3330; www.whiteface.com; 2634 Main St; 团队游 $10, 滑冰 成人/儿童 $8/5, 滑冰表演 成人/儿童 $10/8; 10:00~17:00, 滑冰表演 周五 16:30;)1980年,冰球新贵美国队就是在这里上演了"冰上奇迹",一举战胜了看似势不可当的苏联队。冬季,你可以在外面的椭圆形溜冰场里溜冰,全年都有参观体育场1小时团队游。这里还有一个小型**博物馆**(518-523-3330; www.whiteface.com; 2634 Main St; 成人/儿童 $7/5; 10:00~17:00)。通常在周五的时候会有花样滑冰表演,7月和8月周六19:30还会加演一场。

Whiteface 老兵纪念公路　　　　景观道

(Whiteface Veteran's Memorial Highway; www.whiteface.com; Rte 431; 司机和车辆 $15, 额外的乘客 $8; 6月中旬至10月中旬8:45~17:15) Whiteface是纽约州第五高的山峰(4867英尺),也是阿迪朗达克山脉中唯一一座可以驾车进入的山峰,顶峰有整洁的城堡式的瞭望塔和咖啡馆。山上可能云雾笼罩,使得驾车令人紧张,但是当云雾散开,美景格外令人震撼。请在Lake Steven支付过路费。

🍴食宿

★ Adirondack Loj　　　　　　度假屋 $

(518-523-3441; www.adk.org; 1002 Adirondack Loj Rd; 铺/房间 $60/169, 坡屋 /小屋 $22.50/179起;)阿迪朗达克山脉俱乐部(Adirondack Mountain Club)经营着这个紧邻漂亮的Heart Lake的乡村度假屋。度假屋里的所有房间都有公共浴室。价格包括早餐,因为它位于普莱西德湖以南8英里,你可能还会想在这里安排一顿途中午餐和晚餐。

★ Lake Placid Lodge　　　　　历史酒店 $$$

(518-523-2700; www.lakeplacidlodge.com; 144 Lodge Way; 房间 $500~1000; 5月至次年3月;)这座豪华酒店俯瞰着普莱西德湖,散发出一种阿迪朗达克山脉镀金时代度假屋的经典乡村风格。这家豪华酒店有13间装饰华丽的客房和小木屋。这些小屋是19世纪的原始建筑,但在2008年的一场毁灭性的火灾之后,主要的酒店经历了大规模的重建。

Liquids & Solids at the Handlebar　　　　　　　　美国菜 $$

(518-837-5012; www.liquidsandsolids.com; 6115 Sentinel Rd; 主菜 $10~20; 周二至周六 16:00~22:00, 周日17:00~21:00)这家乡村酒吧和餐厅里有精酿啤酒、创意鸡尾酒以及新

> **值得一游**
>
> ### 大露营地
>
> 阿迪朗达克山脉的"上好露营地"远不是大型的帆布帐篷,它们通常是在19世纪后半叶,由非常富有的人建造的壮观的小木屋,作为乡村的静修之地。其中的一个典范就是**Great Camp Sagamore**(Sagamore Institute; 315-354-5311; www.greatcampsagamore.org; Sagamore Rd, Raquette Lake; 团队游 成人/儿童 $16/8; 5月中旬至10月中旬 时间不定),它曾经是一座Vanderbilt的度假别墅,位于阿迪朗达克山脉的西侧,现在面向公众开放,可以前来参观、研习,在个别与历史相关的周末还可以在这里过夜。
>
> 不太张扬的**White Pine Camp**(518-327-3030; www.whitepinecamp.com; 432 White Pine Rd, Paul Smiths; 房间/小屋 $165/315起;)位于萨拉纳克湖西北12英里处。这些舒适的小木屋坐落在松林、湿地和风景优美的Osgood Pond中间——一条木栈道通往一座日式茶室和一个古老的全木保龄球馆。1926年,卡尔文·柯立芝总统(President Calvin Coolidge)在这里度过了几个月的夏日时光,这是一个有趣的历史脚注,但这个露营地的魅力来自它低调的奢侈品,如爪足浴缸和燃木壁炉。从6月中旬到9月的某些天,博物学家带队的徒步游面向非住宿客人开放。

鲜而别出心裁的菜肴，这里的波兰熏肠和其他熟食都是自制的。主菜包括炸鳟鱼或脆猪头等菜肴。

ℹ 到达和离开

Trailways（www.trailwaysny.com）有前往普莱西德湖的运营服务。美国国铁（www.amtrak.com）每天有一班火车前往韦斯特波特，在那里可以转乘长途汽车前往普莱西德湖（$93, 7小时）。

阿迪朗达克地区机场（Adirondack Regional Airport；见167页）位于萨拉纳克湖西北17英里处，可以通过Cape Air（www.capeair.com）前往波士顿。

千岛群岛（Thousand Islands）

对南纽约州的人们来说，这个地区只是千岛沙拉酱的发源地，该酱由番茄酱、蛋黄酱和调味料调制而成。然而事实上，它是毗邻安大略湖（Lake Ontario）和圣劳伦斯河、坐落在美加水上边界两侧，由大小不同、形状各异的1864座小岛组成的秀美景区。这片区域曾经是"镀金时代"的富贾聚集地，不过现在就平民多了。这里的优点很突出：迷人的落日风景，价格公道的旅店，与加拿大隔水相望。缺点也不是没有：冬季冻死人的严寒，夏季蚊子超大（务必带足驱蚊剂）。

历史悠久的港口奥斯维戈（Oswego）是通往该地区的南部门户，也是探索萨基茨港（Sackets Harbor）等地的理想基地。在萨基茨港，每年会重新上演一次"1812年战争周末"（War of 1812 Weekend）。在北侧，克莱顿（Clayton）和亚历山德里亚湾（Alexandria Bay）都提供前往圣劳伦斯河上的岛屿的乘船游，你还可以在韦尔斯利岛州立公园（Wellesley Island State Park）的大自然中扎营。

ℹ 到达和当地交通

前往该地区的主要机场是**锡拉丘兹汉考克国际机场**（Syracuse Hancock International Airport；☎315-454-4330；www.syrairport.org；1000 Colonel Eileen Collins Blvd, Syracuse），有飞往纽约的捷蓝航空公司（JetBlue）和达美航空公司（Delta）的航线，飞往纽瓦克、华盛顿特区和芝加哥的联合航空公司的航班，以及飞往多伦多的加拿大航空公司的航班。可以在机场或锡拉丘兹市中心租用小汽车；锡拉丘兹也有开往该州其他地区的长途汽车和火车。

值 得 一 游
萨拉纳克湖（SARANAC LAKE）

与附近的普莱西德湖不同，萨拉纳克湖并不完全面向游客，从而能让游人更好地观察阿迪朗达克地区的生活常态。萨拉纳克湖小镇建于20世纪初期，最初是肺结核病人的治疗中心，有一条通往湖边、极具吸引力的老式主街。周边分布着更多水域，点缀着森林茂密的连绵小山，使这里成为了徒步旅行、划皮划艇和划独木舟的又一理想基地；有关该地区的详细信息，可登录www.saranaclake.com查询。

亚历山德里亚湾（Alexandria Bay）

亚历山德里亚湾（Alexandria Bay，简称A-Bay或Alex Bay）是一个20世纪早期的度假小镇，也是千岛群岛地区位于美国一侧的旅游中心。虽然有点破败，有点俗气，但这里足以让你度过一段充实的旅程。亚历山德里亚湾和它附近的施勒默霍恩港（Schermerhorn Harbor）是乘船游览的基地，可以前往镀金时代的大亨们在哈特岛（Heart Island）和黑暗岛（Dark Island）上建造的城堡。

◎ 景点和活动

★ 伯特城堡   城堡

（Boldt Castle；☎800-847-5263；www.boldtcastle.com；Heart Island；成人/儿童 $9.50/6.50；⊙5月中旬至10月中旬 10:00~18:30）这栋哥特式的建筑是一座德国城堡的复制品，由豪华酒店老板乔治·C.伯特（George C Boldt）在19世纪末（部分）建造。然而，1904年，在城堡的修建过程中，伯特先生的妻子不幸去世，工程也因此停滞荒废。自1977年以来，千岛群岛大桥管理局已经花费了数百万美元来进行恢复这个地方的宏伟计划。

辛格城堡   城堡

（Singer Castle；☎877-327-5475；www.singercastle.com；Dark Island；成人/儿童 $14.50/7.50；⊙5月中旬至10月中旬 10:00~16:00）这座石头城堡位于圣劳伦斯河中央的黑暗岛上，

值得一游

韦尔斯利岛州立公园（WELLESLEY ISLAND STATE PARK）

在克莱顿（Clayton）和亚历山德里亚贝（Alexandria Bay）之间，穿过千岛群岛国际大桥（Thousand Islands International Bridge；过路费 $2.75），就进入了韦尔斯利岛，这是千岛群岛在美国边境一侧最大的岛屿。**州立公园**（☏315-482-2722；www.parks.ny.gov/Fineview；海滩整天/16:00之后 $7/4；⏰州立公园 全年，游泳 7月和8月 11:00~19:00）**免费** 位于岛屿的南端，占地236英亩，里面有许多野生动物，还有一个**自然中心**（☏315-482-2479；www.parks.ny.gov；Nature Center Rd, Fineview；⏰8:30~16:00）**免费**，这是一个漂亮的游泳海滩。公园里还有很棒的**露营选择**（☏315-482-2722；www.parks.ny.gov；44927 Cross Island Rd, Fineview；露营地/小木屋/别墅 $18/68/100起），那里有河畔的帐篷营地、小木屋和家庭别墅。

由美国企业家弗雷德里克·伯恩（Frederick Bourne）于1905年建造。这座城堡里满布密道和暗门，还有一个地牢——这些你都可以跟随团队游参观。Uncle Sam经营从Alex Bay到这里的游船；**施勒默霍恩港**（Schermerhorn Harbor；☏315-324-5966；www.schermerhornharbor.com；71 Schermerhorn Landing, Hammond；前往辛格城堡的穿梭巴士 $31；⏰5月至9月 10:30~14:30）同样有船前往。

Uncle Sam Boat Tour　　　　　乘船游
（☏315-482-2611；www.usboattours.com；45 James St, Alexandria Bay；2小时团队游 成人/儿童 $23/11.50）该地区最大的乘船运营商提供的主要服务是两小时的团队游，游览河岸两侧的美国和加拿大，并停靠在伯特城堡（Boldt Castle）。

🛏 食宿

Bonnie Castle　　　　　　　　度假村 $$
（☏800-955-4511；www.bonniecastle.com；31 Holland St；房间 $100~250；❄☕❋）这个有点破败的度假村是亚历山德里亚港最大的度假村，全年开放，提供各种各样的房间，其中一些房间可以看到圣劳伦斯河对面的伯特城堡（Boldt Castle）。

Dockside Pub　　　　　　　　美国菜 $$
（☏315-482-9849；www.thedocksidepub.com；17 Market St；主菜 $8~18；⏰周日至周四 11:00至午夜，周五和周六 至次日2:00；❋）朴实无华的酒吧食物——汉堡、薯条、比萨饼和一些特色菜。虽然名字叫"码头"，但实则位于内陆，看不到码头的风景。

纽约州西部（Western New York）

许多活动都围绕着纽约州第二大城市布法罗（Buffalo）展开。由于它是世纪之交五大湖区最大、最繁荣的大都市，因此获得绰号"皇后城"。布法罗在20世纪的时候遭遇了艰难的时刻，但在21世纪又兴盛起来。它令人惊叹的遗产建筑正在进行修复，并被重新改造成为酒店、博物馆和其他企业。

这片区域的早期发展得益于尼亚加拉瀑布的水电资源和连接大西洋与五大湖区（the Great Lakes）的伊利运河（Erie Canal）。如今的大瀑布更以其观光景点的身份名扬天下，每年有数百万的游客慕名而来。你可以在洛克波特（Lockport）镇找到更多关于运河的信息。同样值得参观的还有东奥罗拉（East Aurora），那里是手工艺品社区Roycroft的所在地。莱奇沃斯州立公园（Letchworth State Park）也在那里，公园里还有壮观的瀑布。

ℹ 到达和当地交通

布法罗尼亚加拉国际机场（Buffalo Niagara International Airport；见174页）是一个区域枢纽，航班的飞行范围最广，但你也可以从尼亚加拉瀑布国际机场（Niagara Falls International Airport；见176页）搭乘飞机抵离。美国国铁运营往返于布法罗和尼亚加拉的火车，与纽约市、奥尔巴尼、加拿大的多伦多，以及从布法罗抵离芝加哥的火车相连。灰狗也提供前往布法罗和尼亚加拉的运营服务。对于该地区的其他地方，你最好是乘出租车前往。

布法罗（Buffalo）

这里的冬天又长又冷，但布法罗仍因活跃于此的创意社群和人们强烈的地方自豪感而保持温暖。1758年，法国人最早在布法罗定居，城市的名字被认为是源自法语"beau fleuve"（美丽的河流）。借助尼亚加拉大瀑布的水电资源，布法罗在20世纪初期得以蓬勃发展；皮尔斯（Pierce-Arrow）银箭汽车在此诞生，这里也是全美第一个拥有路灯的城市。它的别名之一是"皇后城"，因为它是五大湖区最大、最繁荣的城市。

美好的经济时代早已过去，留下了许多废弃的工业建筑。话虽如此，布法罗目前正处于复兴阶段。这里19世纪末和20世纪初的建筑杰作[包括由弗兰克·劳埃德·赖特（Frank Lloyd Wright）和H.H.理查森（HH Richardson）设计的建筑]都得到了完美的修复。布法罗还有一个雅致的园林布局，整个系统由纽约市中央公园的设计者、著名景观建筑大师弗雷德里克·劳·奥姆斯特德亲自操刀，此外还有伟大的博物馆以及一种不容忽视的积极氛围。

⊙ 景点和活动

★ 布法罗市政厅　　　　　　　建筑

（Buffalo City Hall；☎716-852-3300；www.preservationbuffaloniagara.org；65 Niagara Sq；⊙团队游 周一至周五 正午）**免费** 这个32层的艺术装饰杰作坐落在市中心，于1931年开放，无论外观还是内饰，都非常精美。正午的团队游非常值得参加，包括参观市长办公室、议会大厅和露天观景台。

★ 马丁别墅　　　　　　　建筑

（Martin House Complex；☎716-856-3858；www.darwinmartinhouse.org；125 Jewett Pkwy；团队游 基本/附加 $19/37；⊙团队游 周三至周一 10:00~15:00，每小时出团一次）这栋占地1.5万平方英尺的房屋建于1903年至1905年之间，是弗兰克·劳埃德·赖特（Frank Lloyd Wright）为他的朋友和赞助人达尔文·D.马丁（Darwin D Martin）设计的。它代表了赖特"草原住宅"（Prairie House）的理想，由六个相互连接的建筑组成（其中一些不得不重建），每一座建筑都经过了精心的修复。

★ 奥尔布赖特—诺克斯艺术馆　　博物馆

（Albright-Knox Art Gallery；☎716-8828700；www.albrightknox.org；1285 Elmwood Ave；成人/儿童 $12/6；⊙周二至周日 10:00~17:00）这个美术馆的绝佳藏品包括德加斯（Degas）和毕加索（Picasso），还有鲁沙（Ruscha）、劳森伯格（Rauschenberg）的作品以及其他抽象表现主义的艺术作品。博物馆的所在，为一栋1905年布法罗泛美博览会（Pan-American Exposition）的新古典主义建筑。这里的临时展览大多富有创造力且引人注目。

Graycliff Estate　　　　　　建筑

（☎716-947-9217；www.graycliffestate.org；6472 Old Lake Shore Rd, Derby；团队游 1/2小时 $18/34）这座20世纪20年代的度假屋位于布法罗市中心以南16英里的伊利湖（Lake Erie）上，坐落在一个陡峭的悬崖顶端，是由弗兰克·劳埃德·赖特（Frank Lloyd Wright）为富有的马丁家族设计的。在过去的20年里，一直在进行修复，不过，你可以通过团队游（提前预订）了解到赖特的总体计划。

Guaranty Building　　　　　　建筑

（Prudential Building；www.hodgsonruss.com/Louis-Sullivans-Guaranty-Building.html；140 Pearl St；⊙翻译中心 7:15~21:00）**免费** 这座华丽的建筑在1896年建成，建筑表面覆盖着许多精细的赤陶砖，大厅里有一个极好的彩色玻璃天花板。这里的解说中心会让你了解这座由Adler&Sullivan公司设计的建筑在当年如何富有开创性。

Explore Buffalo　　　　　　团队游

（☎716-245-3032；www.explorebuffalo.org；1 Symphony Circle）在布法罗地区的建筑和历史之旅，可以乘公共汽车、步行、骑自行车和划皮艇。

🛏 住宿

Hostel Buffalo Niagara　　青年旅舍 $

（☎716-852-5222；www.hostelbuffalo.com；667 Main St；铺/房间 $30/85；🅿@🛜）这家旅舍地处便利的布法罗市中心剧院区，占据了一栋前校舍的三层楼，前台位于地下室，有空间很大的厨房和休息室、一个小小的艺术画廊、以及干净、没有特点的浴室。这里有洗衣设施、免费的自行车以及有关当地音乐、就餐和艺术演出的信息。

★ InnBuffalo off Elmwood 客栈 $$

(☎716-867-7777; www.innbuffalo.com; 619 Lafayette Ave; 套房 $139~249; ❋❄）埃伦（Ellen）和乔·莱蒂里（Joe Lettieri）在修复这座1898年的豪宅方面做得非常出色。它最初是为当地的黄铜和橡胶大亨H.H.休伊特（HH Hewitt）建造的。整修正在进行中，但这座建筑已经恢复了它的宏伟，9间套房装饰得非常漂亮，有些还带有维多利亚时代的针式喷头淋浴。

Hotel Henry 历史酒店 $$

(☎716-882-1970; www.hotelhenry.com; cnr Rockwell Rd & Cleveland Circle; 房间 $199起; ℗❋❄）亨利酒店占据了19世纪末的精神病院，保留了亨利·理查森（Henry Richardson）最初的大部分建筑。这里的88个房间直通宽阔的走廊，有高高的天花板和现代的装饰。

✖ 就餐

Betty's 美国菜 $$

(☎716-362-0633; www.bettysbuffalo.com; 370 Virginia St; 主菜 $16~24; ⏰周二至周四 8:00~21:00, 周五 至22:00, 周六 9:00~22:00, 周日 9:00~14:00; ❄❋）波希米亚风格的Betty's位于Allentown一个安静的角落里，以他们的烤肉饼等食物，为食客演绎何为美国爽口美食。早午餐很受欢迎，还有一个令人愉快的酒吧。菜单上有大量的素食菜肴、无麸质菜肴和无乳食品。

Cole's 美国菜 $$

(☎716-886-1449; www.colesonelmwood.com; 1104 Elmwood Ave; 主菜 $11.50~15; ⏰周一至周四 11:00~23:00, 周五和周六 至午夜, 周日 至22:00; ❄）自1934年以来，这家极具氛围的餐馆和酒吧一直在推出当地人的最爱，如beef on weck（牛肉放在香菜籽面包卷上），你可以和布法罗辣鸡翅一起品尝，或者去吃一个多汁的汉堡。如果你打算去特拉华公园（Delaware Park）区和它的博物馆参观，在这里吃午餐非常方便。

这里宽敞的酒吧装饰着各种各样的古董，提供大量的桶装啤酒。

Black Sheep 各国风味 $$$

(☎716-884-1100; www.blacksheepbuffalo.com; 367 Connecticut St; 主菜 $28~42; ⏰周二至周四 17:00~22:00, 周五和周六 至23:00, 周日 11:00~14:00）Black Sheep喜欢把它纽约西部"从农场到餐桌"的菜肴风格描述为"全球游牧民"，这意味着你可能会在大厨史蒂夫·盖德拉（Steve Gedra）按照祖母食谱烹饪的红椒鸡肉（chicken paprikash; 推荐！）旁看见炖猪头肉。你也可以在酒吧里用餐，那里提供极具创意的鸡尾酒和当地的精酿啤酒。

🍷 饮品和娱乐

★ Resurgence Brewing Company 微酿酒吧

(☎716-381-9868; www.resurgencebrewing.com; 1250 Niagara St; ⏰周二至周四 16:00~22:00, 周五 至23:30, 周六 正午至23:30, 周日 至17:00）该地原来是一家发动机工厂，后来又成了城市的狗狗收容所，如今被Resurgence占据，它体现了布法罗基础设施的再利用能力。这里的啤酒非常棒（品尝一份 $8），有二十几种不同的桶装麦芽酒，从甘甜的Loganberry Wit到迷人的花生酱口味。

Kleinhans Music Hall 古典音乐

(☎716-883-3560; www.kleinhansbuffalo.org; 3 Symphony Circle）这个精致的音乐厅是布法罗爱乐乐团（Buffalo Philharmonic Orchestra）的所在地，有着美妙的音响效果。这座建筑是一个国家历史地标，部分是由著名的芬兰父子建筑团队的埃利尔（Eliel）和埃罗·萨里宁（Eero Saarinen）设计的。

ℹ 到达和离开

布法罗尼亚加拉国际机场（Buffalo Niagara International Airport, 简称BUF; ☎716-630-6000; www.buffaloairport.com; 4200 Genesee St）位于市中心以东10英里处，是一个区域枢纽站。捷蓝航

空公司(JetBlue Airways)运营从纽约市出发的往返航班,价格实惠。

木地交通运营机构是NFTA(www.nfta.com),有快速公交204路通往市中心的**布法罗城市交通中心**(Buffalo Metropolitan Transportation Center; ☏716-855-7300; www.nfta.com; 181 Ellicott St;灰狗长途巴士也到这里)。NTFA的40路本地公共汽车开往尼亚加拉瀑布美国境内的中转站($2,1小时);60路快车也到达这一区域,但是中途需要换乘一次。

从市区的美国国铁**Exchange Street Station**(☏716-856-2075; www.amtrak.com; 75 Exchange St)可以搭乘火车前往纽约市($66,8小时45分钟)、尼亚加拉瀑布($14,1小时)、奥尔巴尼($52,6小时)和加拿大的多伦多($44,4小时)。所有的火车都在城镇以东8英里的**布法罗-迪普车站**(Buffalo-Depew Station; www.amtrak.com; 55 Dick Rd)停车,在那里,你可以乘坐火车继续前往芝加哥($94,11小时)。

尼亚加拉瀑布(Niagara Falls)

这里堪称一部双城记:纽约州(美国)的尼亚加拉瀑布和安大略省(加拿大)的尼亚加拉瀑布。国境两侧都俯瞰着这里的自然奇观——每秒超过15万加仑的河水从超过1000英尺的高空中飞流而下——两地也在周边各自开发了无数的瀑布旅游衍生品。加拿大一侧,景色多少更漂亮一些,城镇也要大得多。然而,纽约州一侧的风景同样震撼人心,而瀑布周围的环境则更加令人愉快,因为它们隶属一个风景如画的国家公园,保护得很好。城镇本身也远不像加拿大那边那么商业化;如果那才是你想要的,通过横跨两地的彩虹桥(Rainbow Bridge)你可以轻松地游走于两地之间(一定要带上你的护照)。

◉ 景点和活动

★ 风洞　　　　　　　　　　　　观景点

(Cave of the Winds; ☏716-278-1730; www.niagarafallsstatepark.com; Goat Island Rd;成人/儿童 $17/14; ◷5月中旬至10月 9:00~19:30)位于山羊岛(Goat Island)北角,穿上可以当作纪念品的雨披和凉鞋(景点提供)乘电梯下行可以到平台参观,这里距离新娘面纱瀑布(Bridal Veil Falls)飞流直下的水流仅有25英尺。

尼亚加拉旧堡垒　　　　　　　　博物馆

(Old Fort Niagara; ☏716-745-7611; www.oldfortniagara.org; Youngstown;成人/儿童 $12/8; ◷7月和8月 9:00~19:00,9月至次年6月 至17:00)这座1726年法国建造的堡垒在20世纪30年代进行了修复,这里曾经是一个非常具有战略意义的地方——尼亚加拉河(Niagara River)在这里流入安大略湖(Lake Ontario)。这里的展品有美国本土的手工艺品、小武器、家具和服装,从它的城墙上还可以看到令人惊叹的景色。

漩涡州立公园　　　　　　　　　州立公园

(Whirlpool State Park; ☏716-284-4691; www.parks.ny.gov; Robert Moses State Pkwy)这个公园位于瀑布以北3英里处,坐落在尼亚加拉河的一个急转弯处,从高处的观景点很容易

> **不 要 错 过**
>
> ### 加拿大的尼亚加拉瀑布
>
> 加拿大一侧的瀑布有着得天独厚的美景。马蹄瀑布(Horseshoe Falls)位于河的西岸,比东部美国境内的新娘面纱瀑布还要宽,而维多利亚女王公园(Queen Victoria Park)特别适合为瀑布拍照。
>
> 加拿大一侧的小镇更加有活力,旅游业气息更加浓厚。这里以连锁酒店和餐馆为主,但也有一家国际青年宿舍,以及一些配备经典蜜月心形浴缸的较旧的汽车旅馆。
>
> 穿越彩虹桥和返回的费用为US$3.75/50¢(每车/每人)。步行大约需要10分钟;夏季和多伦多有重大活动时车辆堵塞近乎瘫痪。美国公民和海外游客必须在两侧的出入境处出示护照或增强型驾驶执照。开从美国租来的汽车穿越美国边境问题也不大,但需要与租车公司确认。

看到一个巨大的漩涡。顺着台阶可以走到300英尺以下的河谷,但要小心别掉到漩涡里。

彩虹桥 桥

(Rainbow Bridge; www.niagarafallsbridges.com; ⊙行人和自行车骑行者50¢,小汽车$3.75)请携带你的护照,以便在徒步或驾车穿过这座连接美国和加拿大的瀑布的桥梁时使用——沿途风景优美。

★雾中少女号游船 乘船游

(Maid of the Mist; ☎716-284-8897; www.maidofthemist.com; 1 Prospect St; 成人/儿童$18.25/10.65; ⊙6月至8月 9:00~19:30,4月、5月、9月和10月 至17:00)1846年以来,观赏尼亚加拉瀑布的传统方式就是搭乘这艘船。这艘船会载着被水雾浸湿的游客穿越瀑布下的激流。一定要穿上他们给你的蓝色雨衣,因为瀑布落下时溅起的巨大水花会把你打湿。

🍴食宿

Seneca Niagara Resort & Casino 度假村 $$

(☎877-873-6322; www.senecaniagaracasino.com; 310 4th St; 房间$195起; P ❄ ❋ @ 🛜 ❀)这个紫色玻璃覆盖的塔楼里有大约600间宽敞的房间和套房,还有一个热闹的赌场。这个玻璃结构的紫色塔楼是美国小镇对于瀑布加拿大那侧浮华旅游业的呼应。这里也有各种各样的音乐和喜剧节目,表演者的来头都不小。

Giacomo 精品酒店 $$$

(☎716-299-0200; www.thegiacomo.com; 222 1st St; 房间$259起; P ❋ @ 🛜)在尼亚加拉平淡无奇的连锁酒店和汽车旅馆中,这里拥有一种罕见的风格。酒店位于一幢华丽的装饰艺术风格的办公大楼之中,有宽敞、豪华的房间。即使不下榻这里,也可以在周六去19楼的休息厅(酒吧 17:00开始营业)喝一杯,听听音乐,饱览瀑布的壮观美景。

Third Street Retreat Eatery & Pub 美国菜 $

(☎716-371-0760; www.thirdstreetretreat.com; 250 Rainbow Blvd; 主菜$6~11; ⊙周二至周四 8:00~21:00,周五和周六 至22:00,周日9:00~16:00)墙壁上装饰着LP的旧封面,在这个受欢迎的地方,全天供应早餐和其他美味的酒吧食物。这里有一系列的桶装啤酒和瓶装啤酒,楼上还有一个台球桌和一个飞镖盘。

❶ 到达和离开

NFTA(www.nfta.com)的40路公共汽车往返于布法罗市区和尼亚加拉瀑布之间($2,1小时)。尼亚加拉瀑布站点位于第一大街(First St)和彩虹大道(Rainbow Blvd)。60路快车终点位于市中心东部的车站;需换乘55路公共汽车抵达河边。

美国国铁火车站(☎716-285-4224; www.amtrak.com; 825 Depot Ave)位于市区以北2英里处。而位于加拿大一侧的车站离市中心更近,但是如果火车从纽约出发则需要等待加拿大海关的检查。火车每天从尼亚加拉瀑布出发,开往布法罗($14,35分钟)、加拿大的多伦多($34,3小时)和纽约市($66,9小时)。

灰狗巴士(Greyhound; www.greyhound.com; 240 1st St)停靠Quality Inn。

Allegiant Air和Spirit Airlines航空公司有从佛罗里达州和南卡罗来纳州飞往**尼亚加拉瀑布国际机场**(Niagara Falls International Airport; ☎716-297-4494; www.niagarafallsairport.com; 2035 Niagara Falls Blvd)的航班。

新泽西州(NEW JERSEY)

从《新泽西娇妻》(*Real Housewives of New Jersey*)到《黑道家族》(*The Sopranos*),你在电视上所看到的一切,至少部分是正确的。但是泽西州(当地人的称呼中没有"新")至少因它的高科技部门和银行总部,以及它四分之一土地上的葱郁农田(因此被昵称为"花园州")和松林而性格鲜明。在127英里的美丽海滩上,是的,你会发现那些《泽西海岸》(*Jersey Shore*)中的俊男美女,但也有很多有趣且特征迥异的海滨小镇。

待在东部,你感受到的是新泽西州城(郊)区的都市丛林,而往西走则刚好相反:有宁静、舒心的特拉华河谷(Delaware River Gap)风光。

❶ 到达和当地交通

虽然很多新泽西人都对自己的车情有独钟,

但这里还是有其他的交通选择的。

PATH Train (www.panynj.gov/path) 连接下曼哈顿区和霍博肯 (Hoboken)、泽西城 (Jersey City)、纽瓦克 (Newark)。

NJ Transit (www.njtransit.com) 运营州际长途汽车和火车,包括开往纽约市Port Authority和费城市中心的长途汽车,也有火车前往纽约市的宾州火车站。但是,在过去的十年里,火车服务大幅度减少。

New York Waterway (www.nywaterway.com) 它的渡轮沿哈得孙河航行。从霍博肯的NJ Transit火车站到世界金融中心 (World Financial Center)。

霍博肯(Hoboken)

霍博肯别称"平方英里城"(Square Mile City),是最时尚的城市之一,房地产的价格也很高。周末时酒吧热闹非凡,Washington St沿线林立着许多餐馆。如果你能跨过穿戴名牌的狗狗,能在高端婴儿车之间和沿街行驶的纽约车牌黑色优步车旁自如穿梭,那么霍博肯会是一个很适合步行的小镇,可以欣赏到纽约市的无敌美景。

◉ 景点和活动

霍博肯历史博物馆 博物馆

(Hoboken Historical Museum; ☎201-656-2240; www.hobokenmuseum.org; 1301 Hudson St; 成人/儿童 $4/免费; ⊙周二至周四 14:00~19:00,周五至周日 13:00~17:00)这座小博物馆传达了一种"霍博肯"的感觉,这种感觉在今天很难想象得到——一个由爱尔兰蓝领和意大利天主教移民为主的城市,人们在造船厂和码头辛勤劳作。这里还提供自助的徒步游,前往法兰克·辛纳屈(Frank Sinatra)在霍博肯常去的地方和《码头风云》的电影拍摄地。

✘ 就餐

La Isla 古巴菜 $

(☎201-659-8197; www.laislarestaurant.com; 104 Washington St; 早餐 $8~11,三明治 $8~10,主菜 $18~21; ⊙7:00~22:00)这是自1970年以来镇上最正宗的古巴餐馆,福米卡(Formica)贴面装饰柜台上的盘子里满是烤古巴三明治、炸大蕉(maduros)以及米饭和木豆米饭。墙上是CeliaCruz的画像,餐厅里还播放着西班牙语的断奏音乐和萨尔萨舞曲。忘掉它在时髦的"上城区"的分店吧——这里才是最正宗的。

Amanda's 美食店 $$$

(☎201-798-0101; www.amandasrestaurant.com; 908 Washington St; 主菜 $24~36; ⊙周一至周五 17:00~22:00,周六 11:00~15:00和17:00~23:00,周日 11:00~15:00和17:00~21:00)在过去的三十年里,弗林(Flynn)一家一直在这些相连的、经过改装的褐石建筑中提供一流的服务,每个房间都有不同的主题。丰富的酒单和每月的葡萄酒之夜使这里成为一个上等的选择。酒吧特价晚餐(周日至周四)非常划算。

❶ 到达和离开

NY Waterway (www.nywaterway.com) 运营从曼哈顿西区的39th St开往霍博肯的渡轮 ($9,8分钟)。NJ PATH火车班次频繁,但非常拥挤,有从下曼哈顿区开往霍博肯总站的火车。这里没有地方停车,所以不要想着自驾前往。

普林斯顿(Princeton)

这个小镇最早由一位英国贵格会传教士建立,有不少典雅的建筑和著名地点,最有名的当属常春藤盟校普林斯顿大学。中心的朝圣者广场(Palmer Sq)被光鲜的精品店环绕着,使得小镇相较校园更显上流社会风范。与所有适合学习的地方一样,普林斯顿有书店、唱片店、自酿酒吧和独立电影院,穿过朝圣者广场的大街小巷里还有无数的糖果店、咖啡馆和冰激凌专卖店。

◉ 景点和活动

★ 学院森林 森林

(Institute Woods; www.ias.edu; 1 Einstein Dr; ⊙黎明至黄昏)沿着Mercer St步行1.5英里,就到达了田园乡村,看起来完全远离了拥挤的校区规划道路。这里有将近600英亩的土地,观鸟者、慢跑者和遛狗的人们都尽情享受着松软而肥沃的步道。在春季鸣鸟迁徙期

间，这里是鸟类的天堂。

普林斯顿大学 大学

（Princeton University；☎609-258-3000；www.princeton.edu）这座大学建于18世纪中叶，此后迅速成为早期殖民地最大的建筑群之一。现在它是常春藤盟校的顶级名校。你可以自己漫步，也可以参与由学生导览的免费团队游。

莫文博物馆和花园 博物馆

（Morven Museum & Garden；☎609-924-8144；www.morven.org；55 Stockton St；成人/儿童 $10/8；◉周三至周日 10:00~16:00）驻足参观一下装饰艺术和家具齐全的房间；其他展厅定期更换展览。花园和房子由理查德·斯托克顿（Richard Stockton；18世纪中期著名的律师和《独立宣言》的签署者）建造，是一座完美的殖民风格的大宅，非常值得一看。

🛏 食宿

Inn at Glencairn 民宿 $$

（☎609-497-1737；www.innatglencairn.com；3301 Lawrenceville Rd；房间 $199起；☎）普林斯顿地区性价比最高的住宿：在修葺一新的乔治亚风格庄园里有五个宁静的房间，自校园开车10分钟即可到达。

Mediterra Restaurant & Taverna 地中海菜 $$

（☎609-252-9680；www.mediterrarestaurant.com；29 Hulfish St；主菜 $19~30；◉周一至周四 11:30~23:00，周五和周六 至午夜，周日至22:00）位于朝圣者广场的中心，Mediterra是一家高档的现代餐馆，专为大学城、来访的家长和经济宽裕的学生经营，就连当地人都想尝一尝菜单上的菜肴。这里的菜肴全部使用产自当地的有机食材制作而成，而且体现了老板的智利和意大利混合血统。

★ Mistral 地中海菜 $$$

（☎609-688-8808；www.mistralprinceton.com；66 Witherspoon St；拼盘 $13~36；◉周一和周二 17:00~21:00，周三至周六 11:30~15:00和17:00~21:00，周日 10:30~15:00和16:00~21:00）普林斯顿最具创意的餐厅，供应共享拼盘，菜肴从加勒比海至斯堪的纳维亚半岛的美食风味，一应俱全。坐在厨师台的旁边，可以看到厨师们在开放式的厨房里忙碌的身影。

❶ 到达和离开

Coach USA（www.coachusa.com）的特快巴士100号线和600号线往返于曼哈顿和普林斯顿之间，班次频繁（$15, 1.5小时）。NJ Transit（www.njtransit.com）火车从纽约宾夕法尼亚车站开往普林斯顿枢纽（Princeton Junction）火车站，班次频繁（$16, 1~1.5小时）。"Dinky"穿梭巴士可以把你带到普林斯顿校园（$3, 5分钟）。

泽西海岸（Jersey Shore）

新泽西州最有名且最具特色的，大概就是它闪闪发光的海岸——"下海滩"（在当地的说法中，永远不要说"去海滩"）是一项必要的夏季仪式。这片海岸从桑迪胡克一直延伸到梅角，海岸线上的度假小镇星罗棋布，有的俗气，有的时髦。2012年，大部分的海岸被飓风"桑迪"毁灭，甚至连海边高地（Seaside Heights）的过山车都被冲落海中（后来被拆毁）。但在三年内，木板路都已重建，修缮仍在进行，不过这块区域的大部分已经恢复生气。夏季周末这里人山人海（去往沙洲的桥上路况尤其差），找到好品质的住宿地点和找未文身的人一样困难；露营是实惠的备选方案。在早秋时节来，你可以独享大片的沙滩。

❶ 到达和当地交通

在堵之又堵的Garden State Pkwy上开车能把龙虾都烤熟了。所以，如果前往夏季的目的地，一定要早点出发。

➜ New Jersey Transit（www.njtransit.com）从6月至9月运营特殊的海岸特快列车（Shore Express），每天两班，途中在阿斯伯里公园、Bradley Beach、Belmar、Spring Lake、Manasquan、Point Pleasant Beach和Bay Head停车。你可以和火车票一起购买海滩票，晚上有两班向北行驶的特快列车。

➜ NJ Transit长途汽车从纽约的港务局（Port Authority）开往Seaside Heights/Seaside Park、海岛海滩州立公园（Island Beach State Park）、大西洋城和梅角。

➤ 灰狗巴士（www.greyhound.com）运营开往大西洋城的特别巴士。

阿斯伯里公园和欧申格罗夫
(Asbury Park & Ocean Grove)

在经济停滞的几十年间，阿斯伯里公园小镇除了它的名字外，唯一出名的就是20世纪70年代美国行吟诗人、歌手布鲁斯·斯普林斯汀（Bruce Springsteen）。他从Stone Pony夜店开始他的演艺生涯。2000年起，早前被弃置的维多利亚式住宅获得修复后重现生机，这里一度被称为海滩上的布鲁克林区。预计在未来几年内还会增加数千个单元房。

市中心地区，即Cookman Ave和Bangs Ave的几个街区都挤满了古董商店、时髦的餐馆（从严格素食到法式小馆都有）和一家放映艺术片的电影院。39个酒吧吸引着年轻纽约狂欢者利用方便的NJTransit火车前来此地。

阿斯伯里公园南边就是欧申格罗夫，这里有种时间和文化倒流的感觉。正如仍为人所知的，这里被称为"泽西海岸上属于上帝的一平方英里土地"，于19世纪由卫理公会教派建成，用作复兴营地。这里依旧是"禁酒"之城——不售卖任何酒，而且海滩也会在周日上午关闭。它的维多利亚式建筑看起来像是由姜饼做成的，让人想要吃掉它。在镇中心，一座有着约6500个座位的木结构礼堂，还有一架巨型管风琴。以前的复兴营地现在变成了帐篷城（Tent City）——夏天时，有上百个稀奇古怪的帆布帐篷被搭起来。

⊙ 景点和活动

阿莱尔老村　　　　　　　　　博物馆
（Historic Village at Allaire; ☎732-919-3500; www.allairevillage.org; 4263 Atlantic Ave, Farmingdale; 停车 5月至9月 $7; ⊙面包房 周一至周五 10:00~16:00, 老村 周六和周日11:00~17:00) 免费 距离21世纪的阿斯伯里公园只有15分钟的车程，这个古怪的博物馆是19世纪一个名为Howell Works的繁荣村庄的遗迹。

银球博物馆拱廊　　　　　　　游乐场
(Silver Ball Museum Arcade; Pinball Hall of Fame; ☎732-774-4994; www.silverballmuseum.com; 1000 Ocean Ave; 每小时/半天 $10/15; ⊙周一至周四 11:00至午夜, 周五和周六 至次日1:00, 周日 10:00~22:00) 这里有几十个崭新的弹球机，从20世纪50年代的机械游戏到亚当斯家族（Addams Family）等现代经典游戏。

⊟ 住宿

★ Asbury Hotel　　　　　　精品酒店 $$
（☎732-774-7100; www.theasburyhotel.com; 210 5th Ave; 房间 $125~275; P❄@☎) 哇哦! 从摆满了密纹唱片和旧书的表演空间/大堂以及一间日光浴室，到屋顶酒吧，这家新酒店看起来很酷。2016年新增的景观，距离会议大厅（Convention Hall）和木板人行道两个街区，你可以在里面待上一整天，玩台球，或在屋顶上闲逛。

Quaker Inn　　　　　　　　旅馆 $$
（☎732-775-7525; www.quakerinn.com; 39 Main Ave; 房间 $90~200; ❄☎) 这是一个吱嘎作响的、古老的维多利亚式建筑，有28个房间，其中一些有开放的门廊或阳台。这里还有一个很好的公共区域/图书馆，你可以在那里喝咖啡，老板会让你感受到这个小镇的魅力和好客。

✗ 餐饮

Moonstruck　　　　　　　意大利菜 $$$
（☎732-988-0123; www.moonstrucknj.com; 517 Lake Ave; 主菜 $22~38; ⊙周三、周四和周日 17:00~22:00, 周五和周六 至23:00) 可以看到韦斯利湖把阿斯伯里和欧申格罗夫一分为二，还有一个丰富的马提尼酒单，简直是无可挑剔。这里的菜品不拘一格，但倾向于意大利菜，有一系列美味的意大利面，肉类和鱼类菜肴也各具风味。

Asbury Festhalle and Biergarten　　啤酒花园
（☎732-997-8767; www.asburybiergarten.com; 527 Lake Ave; ⊙周一至周五 16:00至次日1:00, 周六和周日 11:00至次日1:00) 德国在海边（Deutschland by the Sea）: 你可以在屋顶的啤酒园中品尝41种精酿啤酒，也可以在一个有两个谷仓那么大的空间里观看现场音乐表演，这里还有经典的啤酒馆长桌。你可以

吃到比你的脸还要大的椒盐卷饼和香肠拼盘（主菜 $13~20），或者品尝12种不同的杜松子酒。

❶ 到达和离开

沿着S Main St（71号公路）向北或向南行驶，你会看到令人印象深刻的大门，它标志着通往欧申格罗夫的Main Ave的入口。如果你乘坐NJ Transit的"海岸快车"（Shore Express），可以在邻近的阿斯伯里公园下车，然后步行或乘坐出租车前往欧申格罗夫。从港务局（Port Authority）乘坐长途汽车前往欧申格罗夫的话，中途需要在Lakewood转车，价格是$22。

New Jersey Transit的阿斯伯里公园车站位于Cookman St和Main St的交叉路口，距离纽约市需要45分钟的车程。一些深夜火车在夏季运营。

巴尼加特半岛（Barnegat Peninsula）

尽管这里事实上是一个半岛——通过Point Pleasant Beach与大陆相连接，当地人依然称这片绵延22英里的区域为"堰洲岛"。冲浪爱好者应该在马纳斯宽（Manasquan）寻找Inlet Beach，只要向北一点（不在半岛上），就可以遇见这片海岸，这里最靠谱，一年到头都可以冲浪。

在曼托洛金（Mantoloking）和拉瓦莱特（Lavallette）以南，汤姆斯河（Toms River）上的桥梁连接起内陆和海边高地（Seaside Heights）的沉积岛屿群，真人秀《泽西海岸》的MTV就是在这里拍摄的。这片海滩的确捕捉到了一种海岸文化中俗气的缩影。舔着Kohr's的橙子香草甜筒，漫步经过木板人行道上的喧闹、晒得黝黑、穿着暴露的人群，这些依然是一种挥之不去的愉悦。你可以在数量超多的酒吧里喝酒，重新振作精神。然后再留意一下1910年的Dentzel-Looff旋转木马，以及在2017年新增的310英尺高的摩天轮和德国制造的过山车。

想要安静点，就向南逃，去宜居的海边公园Seaside Park和远处海岛海滩州立公园（Island Beach State Park）的荒野地带吧。

◉ 景点

海岛海滩州立公园 公园

（Island Beach State Park; ☎732-793-0506; www.islandbeachnj.org; Seaside Park; 工作日/周末 5月至9月 $12/20，10月至次年4月 $5/10; ⏰5月至9月 周一至周五 8:00~20:00，周六和周日

值得一游

特拉华河谷（DELAWARE WATER GAP）

特拉华河（Delaware River）以紧凑的"S"形蜿蜒流过新泽西州基塔廷尼山脉（Kittatinny Mountains）的美丽拐点，在没有空调的时代，就成为备受欢迎的度假胜地。特拉华河谷国家游乐区（Delaware Water Gap National Recreation Area; ☎570-426-2452; www.nps.gov/dewa; 1978 River Rd, Bushkill）建于1965年，横跨新泽西州和宾夕法尼亚州，尽管西距纽约市仅70英里，却是至今未遭到破坏的休闲景点。

Old Mine Rd是美国最古老的商业公路之一，沿着特拉华的东部蜿蜒。在内陆几英里的地方，一条25英里长的阿巴拉契亚小道（Appalachian Trail）沿着Kittatinny Ridge延伸。进行一日徒步的游客可以爬到沃辛顿国家森林（Worthington State Forest; ☎908-841-9575; www.state.nj.us/dep/parksandforests/parks/worthington.html; Old Mine Rd, Warren County; ⏰黎明至黄昏）1547英尺高的Mt Tammany顶端，欣赏壮丽的美景（1.8英里的Blue Dot小道是最容易到达的路线，但也比较费力），也可以走到宁静Sunfish Pond。你可以看到老鹰、秃鹰和乌鸦在铁杉森林上空翱翔。从纽约市乘坐长途汽车前往该地区需要2小时。Coach USA（www.coachusa.com）有从Port Authority开往宾夕法尼亚州的米尔福德（Milford）的长途汽车（$25）；Martz Trailways（www.martztrailways.com）有开往宾夕法尼亚州的斯特劳兹堡的火车（$37）。NJ Transit 在史密斯菲尔德镇（Smithfield Township）建一个火车站，就在公园外面，但还没有建成。

7:00~20:00, 10月至次年4月 8:00至黄昏)这个美丽的潮汐岛可以钓鱼,还有一系列的野生动物(从狐狸到鱼鹰和其他水鸟),超过40种的乔木和灌木,包括胡椒和仙人掌,还有一种对巴尼加特灯塔令人惊叹的景观,似乎一伸手就能到达对面。长达十英里、相对未受破坏的海滩,其中一个开放给人游泳,剩下的非常适合自行车骑行。在海湾一侧,绿草繁茂的潮汐沼泽地非常适合划皮划艇。

赌场码头 游乐场

(Casino Pier; ☎732-793-6488; www.casinopiernj.com; 800 Ocean Tce, Seaside Heights; 游乘设施 $5起, 水上乐园 成人/儿童 $35/29; ⏰6月至8月, 正午至深夜, 9月至次年5月开放时间不定)这个海边木栈道北端的娱乐码头,有少数小孩子的娱乐设施和更多针对1.2米以上的大孩子们的极度刺激的设施,还有缆椅穿梭在木板道上空。附近是Breakwater Beach(一个有着高高滑梯的水上公园)。

🍴 食宿

Luna-Mar Motel 汽车旅馆 $$

(☎732-793-7955; www.lunamarmotel.com; 1201 N Ocean Ave, Seaside Park; 房间 $129起; ❄️📶🐕)从海滩穿过马路就是这间整齐的汽车旅馆,拥有瓷砖地板(不是满是沙粒的地毯)。价格包含海滩卡。

★ Klee's 小酒馆食物 $$

(☎732-830-1996; www.kleesbarandgrill.com; 101 Boulevard, Seaside Heights; 比萨 $12起, 主菜 $14~28; ⏰周一至周四 10:30~23:00, 周五和周六 至午夜)不要问为什么这家爱尔兰小酒馆有着整个海岸最好的薄皮比萨——享受就好。

ℹ️ 到达和离开

NJ Transit (www.njtransit.com)有一班特别的"Shore Express"(无须转车)开往阿斯伯里公园和Bay Head之间的泽西海岸城镇,夏季时,车票还包含了海滩通票。6月末至次年五一国际劳动节,它还提供从纽约的Port Authority开往海边高地(137路长途汽车;$27, 1.5小时)和纽瓦克的宾夕法尼亚车站(67路长途汽车;$17, 1小时)的直达车。

ℹ️ 海滩收费

泽西海岸的许多社区都会收取$5~19的入场费,并发给你一个当日徽章(或者称之为标牌)。从长滩岛北至桑迪胡克附近,所有的海岸都会收取费用;南部海岸大部分免费,但不全免费。如果你打算待上几天,那最好按周付费。

大西洋城 (Atlantic City)

大西洋城(简称AC)可能是泽西海岸最大的城市,但现在,随着这座"东海岸拉斯维加斯"的没落和赌场的大量破产,这称号对它而言意义不大。但这里的酒店价格便宜,景色优美的海滩免费开放而且常常空旷无人,因为大多数的游客正在室内玩老虎机。与同类型的诸多海滩定居区相比较,这里的人口更加多元化。

至于HBO的剧集《大西洋帝国》中所描绘的禁酒时代的魅力,现在已难觅踪迹——尽管你依然可以乘着漂亮的柳条轮椅沿木栈道前行(每张椅子上都有一张价格表)。这么做的时候,想想世界上第一条木栈道就建在这里。如果Baltic Ave这个名字有些耳熟,那是因为大富翁(Monopoly)游戏采用了大西洋城的街道名称。大西洋城后来的一次贡献是:美国小姐选美比赛(www.missdamerica.org),尽管现在在拉斯维加斯举办;如今,美国变装小姐选美(Miss'd America)填补了这项空缺。

👁 景点

钢铁码头 游乐园

(Steel Pier; ☎866-386-6659; www.steelpier.com; 1000 Boardwalk; ⏰6月至8月 周一至周五 15:00至午夜, 周六和周日 正午至次日 1:00, 4月和5月 周六和周日 正午至午夜)钢铁码头就位于泰姬陵(Taj Mahal)赌场的前面,在20世纪20年代至70年代,曾经是著名的高台跳马在观众面前跳入大西洋的地方。如今,这里有一系列的游乐项目,包括碰运气游戏、糖果站和一条卡丁车道。

Ripley's Believe it or Not! 博物馆

(Odditorium; ☎609-347-2001; www.

ripleys.com; 1441 Boardwalk; 成人/儿童 $17/11; ⊙周一至周五 11:00~20:00, 周六和周日 10:00~20:00) 把它叫作博物馆只是一种夸张,但罗伯特·里普利(Robert Ripley)一生都在收集奇异的东西,其中很多都在这里。两个头的小山羊、一个用钢丝做的吉米·亨德里克斯(Jimi Hendrix)的头、世界上最小的汽车、一个用14,000颗软心豆粒糖制作的轮子——只需花费一张电影票的钱,你就会在这里玩得很开心。

大西洋城历史博物馆 博物馆

(Atlantic City Historical Museum; ☎609347-5839; www.atlanticcityexperience.org; 1 N Tennessee Ave, Atlantic City Free Public Library; ⊙周一、周五和周六9:30~17:00, 周二至周四 至18:00) 免费 这家博物馆虽然小,但信息颇丰富——你能了解所有关于大西洋城的离奇细节,比如那些从钢铁码头跃下40英尺的高空跳马。

🛏 食宿

Tropicana Casino and Resort 酒店 $$

(☎609-340-4000; www.tropicana.net; 2831 Boardwalk; 房间 $105起; P❄️🌐🏊) 这家酒店可以说是一座布局不规则的"城中城",里面有一家赌场、Boogie Nights迪士科舞厅、一个水疗中心和高端的餐馆。我们建议你选择新建的"Havana"翼楼,可以入住40层以上的房间,欣赏壮观的风景。

★ Kelsey & Kim's Café 美国南部菜 $

(Kelsey's Soul Food; ☎609-350-6800; www.kelseysac.com; 201 Melrose Ave; 主菜 $9~12; ⊙7:00~22:00) 这家富有亲切感的咖啡馆坐落在漂亮的上城区居住区内,有着出众的南部爽口美食(从早上的燕麦粉和华夫饼到炸鳕鱼和烤牛腩,品类齐全),自带酒水的规则让它成为一个不错的选择。

ⓘ 到达和离开

小型的**大西洋城国际机场**(Atlantic City International Airport, 简称ACY; ☎609-573-4700; www.acairport.com; 101 Atlantic City International Airport, Egg Harbor Township)距离中心20分钟车程。如果你碰巧来自佛罗里达州(大多数航班来自那里),这里是前往泽西南部和费城(Philadelphia)的极佳选择。

唯一的火车服务是NJ Transit(www.njtransit.com),它发自费城(单程$11, 1.5小时), 抵达会展中心旁边的**火车站**(train station; ☎973-491-9400; 1 Atlantic City Expwy)。大西洋城的**汽车站**(☎609-345-5403; www.njtransit.com; 1901 Atlantic Ave)有来自纽约($25~36, 2.5小时)和费城($17, 1.5小时)方向的NJ Transit和灰狗巴士。如果你搭乘灰狗的Lucky Streak班次直接到某家赌场门口,赌场通常会返还很大一部分的车费(以筹码、硬币或是优惠券的形式)。离开大西洋城时,长途汽车会先在各个赌场停车,只有在没坐满的情况下才会在长途汽车站停车。

怀尔德伍德(Wildwood)

怀尔德伍德和与之相邻的北怀尔德伍德(North Wildwood),以及怀尔德伍德克雷斯特(Wildwood Crest),这3座城镇是20世纪50年代汽车旅馆建筑和霓虹灯广告牌的户外视觉博物馆。这个社区有一种轻松的氛围,介于鲜明的乐趣和狂野的派对之间。这里有新泽西州最长的海滩,不收取门票。2英里长的木栈道上有几家大规模的码头,码头上有过山车和游乐设施,对于寻求惊险刺激的人再适合不过了。

👁 景点

嘟·喔普体验 博物馆

(Doo Wop Experience; ☎609-523-1958; www.doowopusa.org; 4500 Ocean Ave; ⊙每天正午至21:00, 电车之旅 6月至8月 周二和周四20:00) 免费 嘟·喔普保护联盟(Doo Wop Preservation League)经营的这家小博物馆讲述了怀尔德伍德在20世纪50年代处于全盛时期的故事。它的霓虹灯花园展示了废弃建筑遗迹。一些夏季的夜晚,还有从这里出发的电车团队游(成人/儿童 $12/6)。

🛏 食宿

Heart of Wildwood 酒店 $$

(☎609-522-4090; www.heartofwildwood.com; Ocean Ave和Spencer Ave交叉路口; 房间 $125~245; P❄️🌐🏊) 如果你是为水上滑梯和云霄飞车而来,那就在面朝娱乐码头的Heart of

Wildwood预订一个房间。这里虽然没有那么漂亮,但非常干净(归功于瓷砖地板),从屋顶的温水游泳池可以看到不停旋转的摩天轮。

Starlux 精品酒店 $$

(☎609-522-7412; www.thestarlux.com; 305 E Rio Grande Ave; 房间 $205起, 房车 $240; P❄🛜) 海绿色和白色相间的Starlux拥有高耸的轮廓、熔岩灯、回旋飞镖装饰的床罩和帆船形状的镜子,房间非常整洁。还有两个复古的铬合金Airstream房车。

Key West Cafe 早餐 $

(☎609-522-5006; 4701 Pacific Ave; 主菜 $8~10; ⏰7:00~14:00)基本上所有煎饼和鸡蛋的组合这里都能提供,全部是现做的。哦,对了,这里还有午餐。优点:全年开放。

❶ 到达和离开

New Jersey Transit (www.njtransit.com) 运营从纽约市开往怀尔德伍德的长途汽车($46, 4.5小时),夏季还有从费城的30th St车站开往怀尔德伍德的快车($30, 2.5小时)。驾车从Garden State Pkwy出发,沿着47号公路即可到达怀尔德伍德;南部还有一条景色更加优美的线路,从梅角出发,沿着109号公路行驶,然后驶入Ocean Dr。

梅角 (Cape May)

梅角建于1620年,是一个有着深远历史和600余座维多利亚式建筑的小镇。夏季这里的开阔海滩非常诱人,与泽西海岸的其他地方不同的是:全镇常年人口约有4000人,淡季也是个活力十足的目的地。5月至12月,可以观鲸,春季和秋季的候鸟迁徙群也十分壮观,去梅角观鸟台(Cape May Bird Observatory)看看就知道了。该州蓬勃发展的葡萄酒产业有6个代表性产地,其中包括时髦的Willow Creek。得益于位处新泽西最南端的地理条件(收费公路0出口),这里可以欣赏太阳从海面上升起或落下的美景。

👁 景点

梅角州立公园 州立公园

(Cape May Point State Park; www.state.nj.us/dep/parksandforests/parks/capemay.html; 707 E Lake Dr; ⏰8:00~16:00) 梅角州立公园紧邻Lighthouse Ave,占地190英亩,有2英里长的小路和著名的**梅角灯塔**(Cape May Lighthouse; ☎609-884-5404; www.capemaymac.org; 215 Lighthouse Ave; 成人/儿童 $8/5; ⏰5月至9月 10:00~17:00, 3月和4月 10:00至15:00, 二月、3月和10月至12月 周六 11:00~15:00)。这座灯塔建于1859年,高157英尺,在20世纪90年代斥资200万美元进行了修复。重建完工后,灯塔的光线可以在25英里外的海面上看到。你可以在夏天的时候顺着199级台阶爬到灯塔顶部。灯塔开放时间不定,请提前打电话确认详细信息。

梅角观鸟站 保护区

(Cape May Bird Observatory; ☎609884-2736; www.birdcapemay.org; 701 East Lake Dr; ⏰4月至10月 9:00~16:30, 11月至次年3月 周三至周一) **免费** 梅角是全国最佳的观鸟景点之一,在迁徙季节,可观察到400多种鸟类。1英里长的环形徒步小径是个很好的观鸟初体验地点。这里的书店里有很多书,还有双筒望远镜和鸟类小摆设。

另辟蹊径

桑迪胡克 (SANDY HOOK)

桑迪胡克国家门户游乐区 (Sandy Hook Gateway National Recreation Area; ☎718354-4606; www.nps.gov/gate; 128 S Hartshorne Dr, Highlands; 停车 5月至9月 $15; ⏰4月至10月 5:00~21:00) **免费** 位于泽西海岸最北端的纽约港入口,是一条长达7英里的沙洲。天气晴朗时,你可以坐在沙滩上远眺城市的天际线。这里有广阔的海滩,包括新泽西州唯一一片合法裸体海滩(**Gunnison**),四周环绕着四通八达的骑行道,而海湾一侧则非常适合钓鱼或观鸟。

历史悠久的胡克堡(Fort Hancock)和该国最古老的**灯塔**(☎732-872-5970; www.nps.gov/gate; 85 Mercer Road, Highlands; ⏰游客中心 9:00~17:00, 团队游 13:00~16:30, 每半小时出团一次) **免费** 可以让我们一瞥桑迪胡克作为军事和导航地点的重要性。

🛏 食宿

★ Congress Hall
酒店 $$$

(☎609-884-8421; www.caperesorts.com; 200 Congress Pl; 房间 $259起; ❄🛜🏊) 庞大的Congress Hall于1816年开业,是当地的地标,如今它已被适当地现代化,同时又没有完全抛弃历史。同一家公司也运营该地区的其他数家优质酒店。

Mad Batter
美国菜 $

(☎609-884-5970; www.madbatter.com; Carroll Villa Hotel, 19 Jackson St; 早午餐 $8~11; ⊙5月至8月 8:00~21:00, 9月至次年4月 时间不定) 这家在白色维多利亚式建筑内的餐厅,因为早午餐备受本地人欢迎——包括松软的燕麦煎饼和浓浓的蛤蜊海鲜杂烩汤。晚餐还不错,但价格昂贵,主菜的价格约为$30。

Chesapeake Bay Benedict这道火腿蛋松饼里加了蟹肉,简直好吃极了。

★ Lobster House
海鲜 $$

(☎609-884-8296; www.thelobsterhouse.com; 906 Schellengers Landing Rd; 主菜 $14~30; ⊙4月至12月 11:30~15:00和16:30~22:00, 1月至3月 至21:00) 这家俱乐部式的经典餐厅在码头上,供应本地生蚝和扇贝。没有预订就意味着漫长的等待——尽量早点去或晚点到,或者先到停泊在餐馆旁边的船上酒吧Schooner American喝点酒。

🍷 饮品和夜生活

★ Willow Creek Winery
葡萄酒厂

(☎609-770-8782; www.willowcreekwinerycapemay.com; 168 Stevens St; ⊙周一至周四 11:00~17:00, 周五 至21:30, 周六和周日 至19:00) 作为梅角6家葡萄酒厂中的"新生儿",这个曾是青豆和乳制品农场的葡萄酒厂,在2011年才给自产的首批酒命名,如今它生产不错的红葡萄酒和白葡萄酒。周末的小吃菜单和桑格利亚汽酒酒吧都让人兴奋不已,而游览周围的50英亩土地的有轨电车之旅也是一种乐趣。

ℹ 到达和离开

NJ Transit (www.njtransit.com) 有从纽约开往梅角的长途汽车 ($48, 3小时; 可能需要在大西洋城转车),夏季还有从费城开往梅角的打折往返快车 (往返 $33, 3小时)。想要开车继续向前,可搭乘**梅角-刘易斯渡轮** (Cape May-Lewes Ferry; ☎800-643-3779; www.cmlf.com; 1200 Lincoln Blvd; 汽车/乘客 $47/10; ⊙4月至10月 7:00~18:00) 穿过海湾到达特拉华州里霍博斯海滩 (Rehoboth Beach) 附近的刘易斯 (Lewes),行程1.5小时。

宾夕法尼亚州 (PENNSYLVANIA)

宾夕法尼亚州纵横300英里,从东海岸延伸至中西部的边缘,极为多彩。曾经的英国殖民地中心费城,连接着波士顿—华盛顿大都会走廊。城市以外一片田园景色,尤其是门诺派教徒、阿米什人等族群聚居的宾夕法尼亚德裔区引人注目:人们亲手照料着他们的农场,仿佛依旧活在18世纪。从此往西就是阿巴拉契亚山脉 (Appalachian mountains) 开始的地方,也被称为宾夕法尼亚荒野地区 (Pennsylvania Wilds),这是一片鲜有人居住的深林。宾夕法尼亚州的最西边是匹兹堡,它是除费城外全州唯一的大城市,曾经是极其富有的钢铁制造中心,现在因衰败的老工业和新能源的结合而别具魅力。

ℹ 到达和离开

宾夕法尼亚州有许多机场,其中有几个有国际航班;而且它离新泽西的纽瓦克国际机场 (Newark International) 也不远,后者有飞往全世界的航班。火车通往许多主要的城市,而长途汽车则到达大多数城镇。话虽如此,由于该州的道路上可以看到许多美丽风景,所以我们强烈建议租一辆车自驾前往。

费城 (Philadelphia)

费城 (Philadelphia或Philly) 不仅拥有纽约市和华盛顿特区的所有魅力,还保留着小镇的魅力。因为费城最老的建筑保存完好,有时这里比首都还能更好地接触到美国早期历史。此外,这座美丽的城市探索起来既有从独立战争爆发初期到1790年（同年华盛顿特区成立），费城一度是这个新国家的首都，最终纽约市崛起为文化、商业和工业中心，而费城则慢慢走上下坡路，工业岗位的减少更加剧了它的衰落。城中有些地方依然衰败，但是它的核心地带，从宾夕法尼亚大学修葺整齐的校园，一直到老城的红砖建筑，仍然坚实牢固。

收获又不费劲；街道间交错着雅致的广场和鹅卵石小路。

◉ 景点和活动

★ 巴恩斯基金会   博物馆

（Barnes Foundation；见186页地图；215-278-7200；www.barnesfoundation.org；2025 Benjamin Franklin Pkwy；成人/儿童 $25/10；周三至周一 10:00~17:00）20世纪前半叶，收藏家和教育家阿尔伯特·C.巴恩斯（Albert C Barnes）积累了大量的艺术作品，包括塞尚（Cézanne）、德加（Degas）、马蒂斯、雷诺阿（Renoir）、凡·高和其他欧洲大师的作品。同时，他还收集了来自非洲和美洲的精美民间艺术作品——这种艺术上的"废除种族隔离"在当时非常具有冲击力。如今巴恩斯基金会坐落在一栋现代化的建筑中，内部是对巴恩斯原宅（还在费城郊区）的忠诚复制。

艺术品根据巴恩斯的设想陈列，对颜色、主题和材料进行了精心搭配。在一个房间里，所有的肖像画似乎都盯着一个中心点。更非比寻常的是，你好像从来没见过这些作品，因为巴恩斯的遗嘱限制复制和外借。

★ 独立大厅   历史建筑

（Independence Hall；见190页地图；877-444-6777；www.nps.gov/inde；520 Chestnut St；9:00~17:00，5月下旬至9月上旬 至19:00）**免费** 独立大厅被誉为"美国政府的诞生地"，是一幢朴素的贵格会建筑。1776年7月4日，来自全国13个殖民地的代表就是在这里集体通过了《独立宣言》。入口位于Chestnut和第五街的交叉路口。想要参观这里的人都要在门外排队，有时会排到街区之外，甚至是城市之外——这是一个历史悠久的城市的主要景点。至少需要等待一个小时。

★ 国家独立历史公园   公园

（Independence National Historic Park；见190页地图；215-965-2305；www.nps.gov/inde；3rd St和Chestnut St；游客中心和大多数遗址 9:00~17:00，9号线，21号线，38号线，42号线，47号线，XSEPTA 5th St Station）这个L形的公园，连同费城的旧城，被称为"美国最具历史意义的一平方英里"。它曾经是美国政府的中坚力量，如今已成为费城旅游业的支柱。漫步在周围，你会看到一些著名的建筑，革命战争的种子就是在那里生根发芽，美国政府也是在那里孕育。你还会发现美丽而阴凉的城市草坪上点缀着大量的松鼠、鸽子和身着历史服装的演员。

★ 美国革命博物馆   博物馆

（Museum of the American Revolution；见190页地图；215-253-6731；www.amrevmuseum.org；101 S 3rd St；成人/儿童 $19/12；9月至次年5月下旬 10:00~17:00，5月下旬至8月 9:30~18:00）这个庞大的新多媒体博物馆将会让你置身于美国独立战争之中，从互动的立体模型到3D体验，都将带你进入到从英国统治到最终反抗的历史进程中。你可以了解到世界上最重要的革命之一中的重大事件、参与的人民、文化和宗教。大量的动手机会和视频意味着孩子们会像成年人一样获得乐趣。请注意，所有的票都是分时段计时的：提前在网上预订。

★ 费城艺术博物馆   博物馆

（Philadelphia Museum of Art；见186页地图；215-763-8100；www.philamuseum.org；2600 Benjamin Franklin Pkwy；成人/儿童 $20/免费；周二、周四、周六和周日 10:00~17:00，周三和周五 至20:45）对于很多人来说，这里仅仅是史泰龙在1976年的票房大作《洛奇》（Rocky）中跑过的宏伟石阶。但它远不止这些，它是全国最好的珍品宝库之一，藏有精美绝伦的亚洲艺术、文艺复兴杰作、后印象派作品，还有毕加索、杜尚（Duchamp）和马蒂斯（Matisse）的现代艺术作品。特别巧妙的是那些被整体收藏的房间：一个中世纪的修道院、一座中国寺庙和一所奥地利乡村房屋。

值得参观的内容太多，所以门票两日有效，可以游览这里和独立的佩雷尔曼建筑

Philadelphia 费城

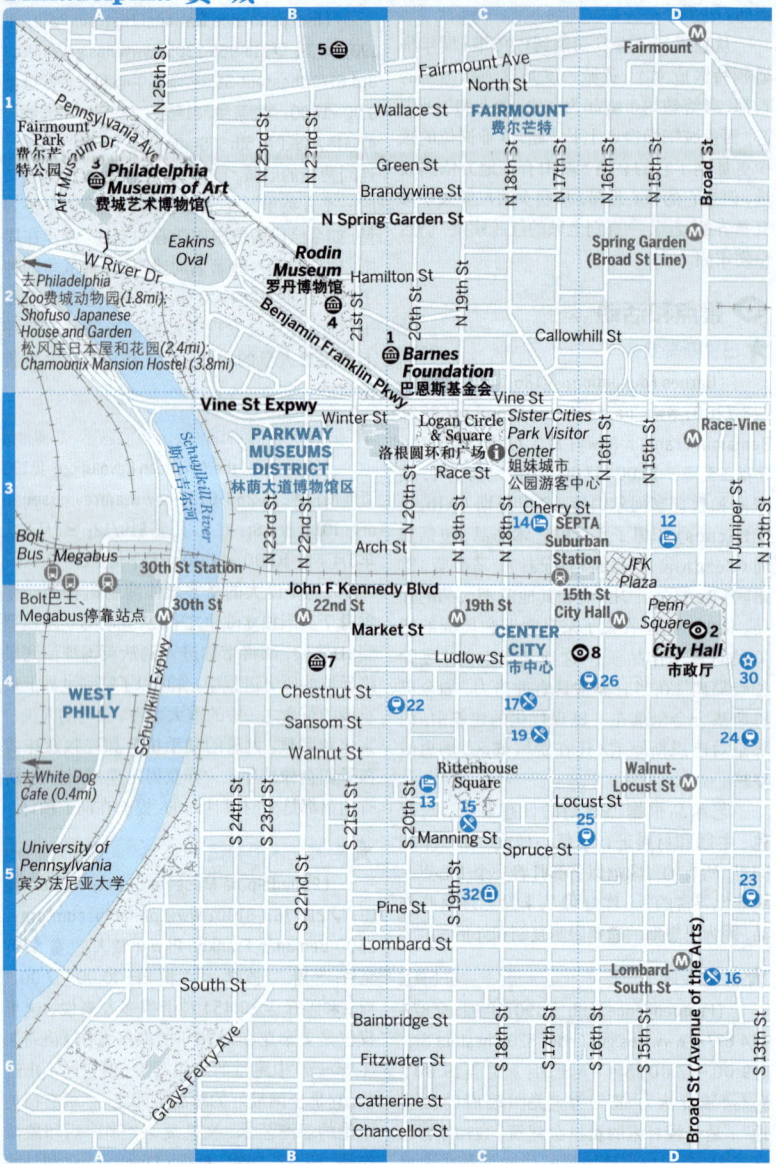

（Perelman Building）、两座附近的历史遗迹和罗丹博物馆（Rodin Museum；见188页）。周三和周五晚上"凭捐赠随意入场"（但是请注意佩雷尔曼在这两天晚上均不开放）。

马特博物馆　　博物馆

（Mütter Museum；见186页地图；☎215-560-8564；www.muttermuseum.org；19 S 22nd St；成人/儿童 $15/10；◎10:00~17:00）这个博物馆由内科学会（College of Physicians）维

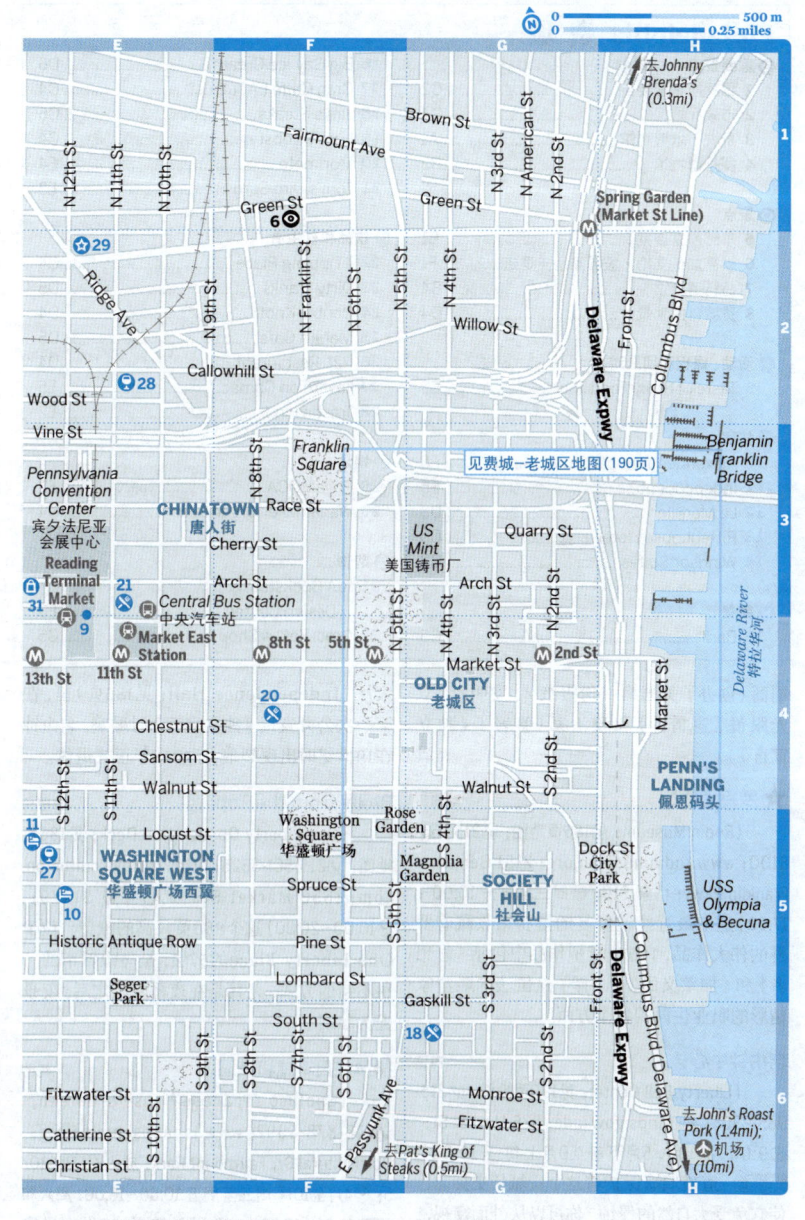

护，绝对是费城独家的景观之一，致力于罕见、奇怪或令人不安的病症。

★ **本杰明·富兰克林博物馆**　　　　博物馆

（Benjamin Franklin Museum；见190页地图；☎215-965-2305；www.nps.gov/inde；Market St，在3rd St和4th St之间；成人/儿童 $5/2；◎9:00~17:00，5月下旬至9月上旬 至19:00）博物馆位于市场街（Market St）南边的庭院地下，记录了本杰明·富兰克林的传奇一生：印

Philadelphia 费城

⊙ 重要景点
1. 巴恩斯基金会 C2
2. 市政厅 D4
3. 费城艺术博物馆 A1
4. 罗丹博物馆 B2

⊙ 景点
5. 东部州立监狱 B1
6. 埃德加·艾伦·坡国家历史遗迹 F1
7. 马特自由观景台 B4
8. 费城自由观景台 D4

⊙ 活动、课程和团队游
9. Taste of Philly Food Tour E3

⊙ 住宿
10. Alexander Inn E5
11. Independent E5
12. Le Méridien D3
13. Rittenhouse Hotel C5
14. Windsor Suites C3

⊙ 就餐
15. Baril C5
16. Big Gay Ice Cream D6
17. Gran Caffè L'Aquila C4
18. Jim's Steaks G6
19. Luke's Lobster C4
20. Morimoto F4
21. Tom's Dim Sum E3

⊙ 饮品和夜生活
22. 1 Tippling Place C4
23. Dirty Franks D5
24. Double Knot D4
25. Monk's Cafe D5
26. R2L Restaurant D4
27. Tavern on Camac E5
28. Trestle Inn E2

⊙ 娱乐
29. PhilaMOCA E2
30. Wanamaker Organ D4

⊙ 购物
31. AIA Bookstore & Design Center E3
32. Omoi Zakka Shop C5

刷商（创办了美国第一份报纸）、发明家（双光眼镜、避雷针）和政治家（签署了《独立宣言》）。

★罗丹博物馆　　　　　博物馆

（Rodin Museum；见186页地图；☎215-763-8100；www.rodinmuseum.org；2151 Benjamin Franklin Pkwy；门票 \$10；⊙周三至周一 10:00~17:00）这个最近经过修复的博物馆收藏着罗丹的伟大作品，140个雕塑作品中包括《思想者》和《加莱义民》，诠释了这位法国雕塑家精彩的职业生涯的各个方面。

自由钟中心　　　　　古迹

（Liberty Bell Center；见190页地图；☎215-965-2305；www.nps.gov/inde；526 Market St；⊙9:00~17:00，5月下旬至9月上旬 至19:00）**免费**一道玻璃墙保护着这个费城历史标志，使它免受大自然的侵蚀。你可以从外面窥视，也可以排队缓缓走过、解读这座2080磅大钟的历史。队伍从这座建筑物的最北端开始，也就是标记着乔治·华盛顿宅基的地方。故事的梗概是——1751年该钟诞生，用于庆祝宾夕法尼亚宪法五十周年纪念。自由钟放置在独立大厅（Independence Hall；见185页）里，在第一次公开宣读《独立宣言》时敲响。自由钟在19世纪时出现裂痕，于1846年正式退休。

Philly from the Top　　　　　瞭望台

（One Liberty Observation Deck；见186页地图；☎215-561-3325；http://phillyfromthetop.com；1650 Market St；成人/儿童 \$14/9；⊙10:00~20:00）这个883英尺高的瞭望台位于One Liberty Place的57层，是鸟瞰城市的一种不错的方式，尤其是在夜幕降临之后，夜景尤为壮观。

松风庄日本屋和花园　　　　　花园

（Shofuso Japanese House & Garden；☎215-878-5097；www.japanesehouse.org；Horticultural Dr, Fairmount Park；成人/儿童 \$10/5；⊙4月至10月 周三至周五 10:00~16:00，周六和周日 11:00~17:00）一个风景如画、16世纪风格的住宅和茶室，坐落在占地1.2英亩的传统花园中。春天樱花盛开，美景不容错过。

★市政厅　　　　　建筑

（City Hall；见186页地图；☎215-686-2840；

www.phlvisitorcenter.gov; Broad St和Market St交叉路口；登塔 $6，游览和登塔 $12；◎周一至周五 9:00~17:00，每月的某个周六 11:00~16:00，团队游 12:30，周一至周五 关塔时间 16:15）市政厅竣工于1901年，占据了整个街区，不计人重达27吨的威廉·佩恩（William Penn）青铜像，楼高548英尺，是世界上最高的无钢铁结构砖石建筑。塔顶的观景台可以看到费城大部分的风景（请提前订票）。白天的内部团队游也不错。冬季，西侧的广场上可以滑冰。

东部州立监狱　　　　　　　　　　博物馆

（Eastern State Penitentiary；见186页地图；☏215-236-3300；www.easternstate.org；2027 Fairmount Ave；成人/儿童 $14/10；◎10:00~17:00）现代监狱不是天然存在的，而是被创造出来的，而东部州立监狱则是第一个现代监狱。东部州立监狱于1829年启用，最终在1971年关闭。一个自助的音频导览设备可以引导你走完带有回声的怪异走廊；还会游览黑手党教父艾尔·卡彭（Al Capone）著名的豪华牢房。这里还有关于美国目前监狱系统的信息，以及处处可见的艺术装置。这里是一个非常受欢迎的景点，旅游高峰期人潮拥挤。

埃德加·艾伦·坡国家历史遗迹　　古迹

（Edgar Allen Poe National Historic Site；见186页地图；☏215-597-8780；www.nps.gov/edal；532 N 7th St；◎9:00至正午，周五至周日 13:00~17:00）**免费** 埃德加·艾伦·坡常常被称为恐怖故事的创造者，他在费城生活了7年。这所房子是他在费城唯一保留至今的故居，现在已经变成了一个小而有趣的博物馆，里面有很多原始的物品和修复的房间。不要错过令人毛骨悚然的砖砌地窖（里面有蜘蛛网），据说那里是激发他的杰作《黑猫》的创作灵感的地方。外面还矗立着一座乌鸦雕像。

壁画游　　　　　　　　　　　　　团队游

（Mural Tours；☏215-925-3633；www.muralarts.org/tours；$22~32）有轨电车、火车和徒步导览团队游，游览费城众多的露天壁画。有免费的自助团队游和网上地图。

Taste of Philly Food Tour　　美食美酒游

（见186页地图；☏800-838-3006；www.tasteofphillyfoodtour.com；51 N 12th St；成人/儿童 $17/10；◎周三和周六 10:00）在这个75分钟的团队游中，你将会跟随一位当地作家在Reading Terminal Market品尝小吃并了解费城美食知识。需要预订。

🎎 节日和活动

Feastival　　　　　　　　　　美食美酒节

（☏267-443-1886；http://phillyfeastival.com/；140 N Columbus Blvd；$300）这个城市中最受欢迎的美食节在每年9月的一个晚上举行，届时你可以品尝美食、与新老朋友见面、边吃边聊。该节日是为了资助城市文化组织FringeArts的艺穗节（Fringe Festival）而举办。这里并不适合预算紧张的人，但是如果你有足够的钱去挥霍，那你将拥有一个永生难忘的夜晚。

元旦化装大游行　　　　　　　　狂欢节

（Mummers Parade；www.mummers.com；◎1月1日）游行极具费城特色。也许能与之相媲美的只有新奥尔良的"忏悔星期二"狂欢节了。游行拥有精美的服饰、音乐和深厚的传统——不过是在冬天令人振奋的寒冷中。通常从市中心沿着Broad St延伸到一英里之外。

艺穗节　　　　　　　　　　　　表演艺术

（Fringe Festival；www.frinearts.com；◎9月中旬）始于1996年的费城表演节。该节日在9月举办，为期17天，是一个全市范围内的表演艺术庆祝活动，届时会有各种活动、作品和狂欢。

🛏 住宿

★ Apple Hostels　　　　　　　青年旅舍 $

（见190页地图；☏215-922-0222；www.applehostels.com；33 Bank St；铺/双 $20/95；❄@≋）这家优质青年旅舍隐藏在一条老城小巷里，横跨街道两边。苹果绿颜色的设计和它的名字很搭，但是这个国际青年旅舍联盟（Hosteling International）旗下的青旅非常注重细节：两个一尘不染的厨房、休息室、一个图书馆，以及衣柜上的电源插座、每个床头的USB接口、阅读灯、免费咖啡和耳塞。旅舍有男士宿舍、女士宿舍和混合宿舍，还有两个独立间。热情的工作人员还会安排步行游览、意面之夜和周四酒吧狂欢等夜间活动。

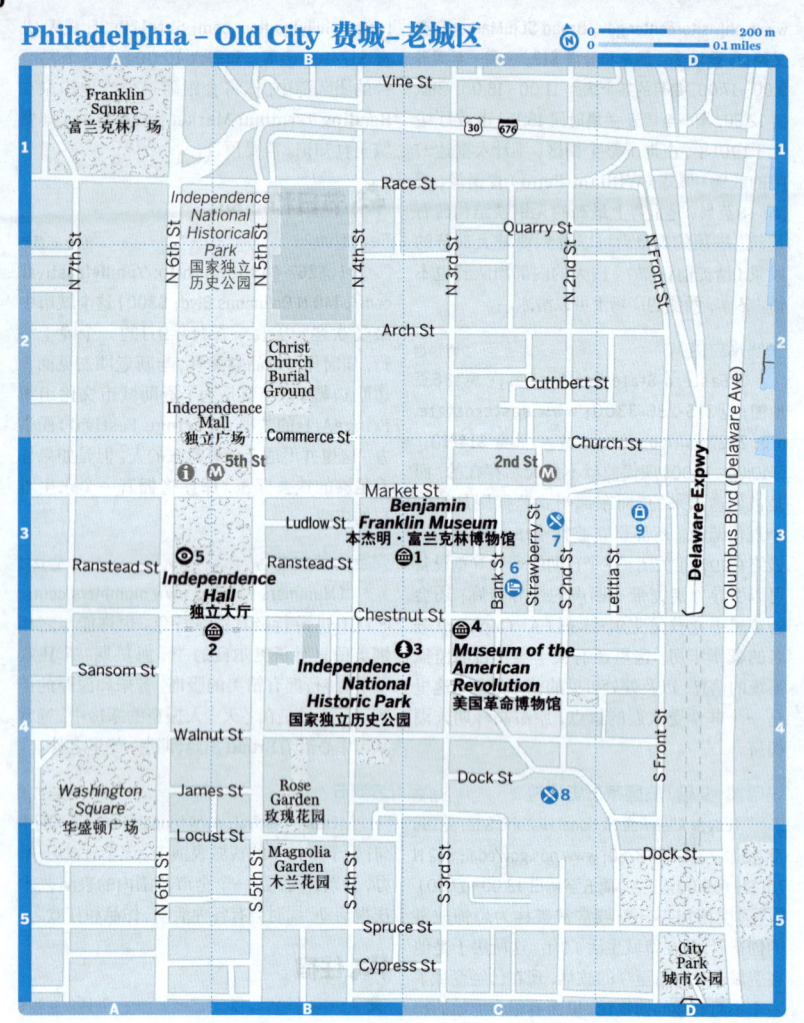

Philadelphia – Old City 费城-老城区

Philadelphia - Old City 费城 – 老城区

◎ 重要景点
- 1 本杰明·富兰克林博物馆 C3
- 2 独立大厅 B4
- 3 国家独立历史公园 C4
- 4 美国革命博物馆 C3

◎ 景点
- 5 自由钟中心 A3

◎ 住宿
- 6 Apple Hostels C3

◎ 就餐
- 7 Cuba Libre C3
- 8 Zahav C4

◎ 购物
- 9 Shane Confectionery D3

Chamounix Mansion Hostel 青年旅舍 $

(☎215-878-3676; www.philahostel.org; 3250 Chamounix Dr, West Fairmount Park; 铺会员/非会员 $22/25, 独立双人间 $55; ⓧ12月15日至1月15日 歇业; P@; 📟38和40) 这家附属于国际青年旅舍联盟的青年旅舍位于城市北侧一个绿荫环绕的可爱地方，更适合开车旅行的人，而且绝对值得你驱车前来。这个国际青年旅舍看起来更像一家民宿而非青年旅舍，公共区域装修成19世纪风格，里面的宿舍都很普通，但是古董、竖琴、东方的地毯和绘画会让你感觉非常奢华。它所在的大楼本身被列入了费城的历史遗迹名录中。

★ Alexander Inn 精品酒店 $$

(见186页地图; ☎215-923-3535; www.alexanderinn.com; 12th St和Spruce St交叉路口; 标单/双 $143/182起; ❄@🛜) 这家酒店比网上的照片看着更好。无可挑剔的房间中有一种柔和的复古风格。有些房间有老式的半尺寸浴缸。欧式早餐比较一般，不过非常方便。但如果你时间充足的话，附近还有一些其他的早餐选择。

Independent 精品酒店 $$

(见186页地图; ☎215-772-1440; www.theindependenthotel.com; 1234 Locust St; 房间 $175起; 🐕❄@🛜) 位于市中心一座漂亮的乔治亚复兴风格砖房内，本店带有一个四层的中庭。电梯被漆成了一组门的样子。24个房间铺有木地板，舒适而明亮，还提供附近健身房的健身卡，周日至周四还有红酒和奶酪供应，让人感到温馨。

Le Méridien 酒店 $$

(见186页地图; ☎215-422-8200; www.starwoodhotels.com; 1421 Arch St; 双 $231起; P🐕❄@🛜) 尽管是一家豪华连锁酒店的一部分，但它坐落在一幢古老的建筑中，让这个现代化的酒店显得与众不同。这家酒店自豪地宣称自己是完全无烟酒店，还可以携带宠物入住，拥有各种设施——健身房、商务中心、停车场——是市政厅一带娱乐的中心。

Windsor Suites 酒店 $$

(见186页地图; ☎215-981-5678; www.thewindsorsuites.com; 1700 Benjamin Franklin Pkwy; 套房 $229起; P🐕❄🛜) 舒适的套房，配有完整的厨房，可选择长租或月租。Windsor Suites距离Logan Sq只有两个街区，拥有独特的宠物政策：宠物可以免费入住，甚至可以享受到各种宠物便利设施。在线预订会便宜很多。

★ Rittenhouse Hotel 酒店 $$$

(见186页地图; ☎215-546-9000; www.rittenhousehotel.com; 210 W Rittenhouse Sq; 双 $400; P🐕❄@🛜) 一个五星级——不好意思——五钻级的酒店，位于利顿豪斯广场（Rittenhouse Square）。房间里有大理石浴缸。在市中心附带泳池的酒店中，这是最佳选择之一。这里还提供一流的早午餐和令人舒缓的、伴有音乐的下午茶服务。周四至周六，在图书馆酒吧里有现场爵士乐队表演。

🍴 就餐

Big Gay Ice Cream 冰激凌 $

(见186页地图; ☎267-886-8024; www.biggayicecream.com; 521 S Broad St; 冰激凌 $3起; ⓧ周日至周四 13:00~22:00, 周五和周六 至23:00; ⓂLombard South) Big Gay Ice Cream是世界上最好的冰激凌店之一，它不是费城人原创的（源自纽约市），但没有人能够抵挡它标志性的 "Salty Pimp" 蛋筒：香草味、巧克力味和巧克力脆皮。当你仔细阅读菜单的时候，双关语描述会让你选择困难，请做好准备。

Luke's Lobster 海鲜 $

(见186页地图; ☎215-564-1415; www.lukeslobster.com; 130 S 17th St; 龙虾卷 $16.50; ⓧ周日至周四 11:00~21:00, 周五和周六 至22:00) 正如一位用餐者所说，"龙虾卷，口水流"。本店供应地道的缅因州风味，是East Coast迷你连锁店之一，食材多为海鲜。试试黄油面包龙虾卷配上野蓝莓苏打水。

Tom's Dim Sum 中国菜 $

(见186页地图; ☎215-923-8880; www.tomsdimsumpa.com; 59 N 11th St; 主菜 $8~12; ⓧ11:00至22:30, 周五至周日 至23:00) 位于公交车站附近的一个休闲场所，供应美味包子和汤饺。

Zahav 中东菜 $$

(见190页地图; ☎215-625-8800; www.

zaharestaurant.com; 237 St James Pl, 紧邻Dock St; 主菜 $15, 试吃套餐 $45~54; ⊙周日至周四 17:00~22:00, 周五和周六 至23:00）精致的"现代以色列"菜肴，主要取材于北非、波斯和地中海的厨房。可以选择小拼盘和烤盘，或者选择Mesibah（"派对时间"）的试吃套餐。它位于Society Hill Towers场地内的一座突兀的建筑中，不接受预订。

White Dog Cafe 美国菜 $$

（☎215-386-9224; www.whitedog.com; 3420 Sansom St; 晚餐 主菜 $18~29; ⊙周一至周五 11:30~21:30, 周六 10:00~22:00, 周日 10:00~21:00）如果墙上的十几个波士顿小猎犬看起来与食物不太协调，不要担心：这家店1983年就开业了，供应"从农场到餐桌"的菜肴。来这里品尝松露和工匠奶酪，夏季的西红柿或者别的更多选择。是的，"灰狗"（Greyhound）是这里的招牌饮品，要不要来一杯？

★ Cuba Libre 加勒比菜 $$

（见190页地图; ☎215-627-0666; www.cubalibrerestaurant.com; 10 S 2nd St; 主菜 $15~24; ⊙周一至周三 11:30~22:00, 周四 11:30~23:00, 周五 11:30至次日2:00, 周六 10:30至次日2:00, 周日 10:00至次日2:00）在这个欢快的多层古巴餐馆和朗姆酒吧里，有一种殖民时期的美国的感觉。极具创意和灵感的菜肴包括酸橘汁腌虾、古巴三明治、美味的烤肉和爽口的莫吉托。$43的试吃套餐可以让你品尝到各种各样的特色菜——套餐按份而不是按人头，所以你可以和同伴分享。账单甚至还放在一个雪茄盒里送过来。

Baril 法国菜 $$$

（见186页地图; ☎267-687-2608; www.barilphilly.com; 267 S 19th St; 主菜 $25起, 套餐 $35; ⊙周二至周五 16:00至次日2:00, 周六和周日 10:30开始营业）这个位于利顿豪斯广场（Rittenhouse Sq）的餐馆有美味的法国食物，就餐环境极具创意，是一个乡村风格的木制餐厅。不要错过从奶酪车中选择美食的机会，老板或工作人员会很高兴为你推荐一款完美的葡萄酒。手工制作的鸡尾酒也非常不错。

当地知识

经典费城味道

费城人争论起芝士牛肉三明治（一种热三明治，在有嚼劲的面包中夹入切成薄片的烤牛肉）的细微差别，就像圣经学者解析《申命记》一般认真。访客最需要知道的是如何点餐。首先说芝士的种类——prov（波罗伏洛芝士）、American（融化的浅黄芝士）或whiz（融化橙色Cheez Whiz芝士），然后wit（加）或widdout（不加），举例："Prov wit"（波伏洛芝士加洋葱）或"whiz widdout"（融化橙色Cheez Whiz不加洋葱）。

Pat's King of Steaks（☎215-468-1546; www.patskingofsteaks.com; 1237 E Passyunk Ave; 三明治 $8; ⊙24小时）早在1930年，Pat's就发明了芝士三明治。

Jim's Steaks（见186页地图; ☎215-928-1911; www.jimssouthstreet.com; 400 South St; 三明治 $8; ⊙周一至周四 10:00至次日1:00, 周五和周六 至次日3:00, 周日 11:00起）比萨牛排（淋上番茄酱）是一种选择，还有三明治（许多冷切三明治）。比大多数三明治摊更舒适，有室内座椅和啤酒。

Tony Luke's（☎215-551-5725; www.tonylukes.com; 39 E Oregon Ave; 三明治 $7~11; ⊙周一至周四 6:00至午夜, 周五和周六 至次日2:00, 周日 11:00~20:00）以波萝伏洛干酪和球花甘蓝（一种略苦的绿叶、十字花科蔬菜，即西洋菜苔）烤猪肉三明治而闻名。纯素三明治也很美味。

John's Roast Pork（☎215-463-1951; www.johnsroastpork.com; 14 E Snyder Ave; 三明治 $8~12; ⊙周一至周六 9:00~19:00）位于城市南部的一个工厂旁边，这个经典的、只收取现金的美食店从1930年就开始在这个角落安家落户了。

★ Morimoto 日本菜 $$$

（见186页地图；215-413-9070；www.morimotorestaurant.com；723 Chestnut St；主菜$30；11:30~14:00，周一至周四 17:00~22:00，周五和周六 至午夜，周日 17:00~22:00）Morimoto是一个前卫且风格化的餐厅，看上去宛如一个未来感十足的水族馆，还有一份各国风味、不拘一格的菜单。店老板是美食节目《铁人料理》（*Iron Chef*）的常驻嘉宾，在这里吃一顿饭是一种戏剧般的体验。如果价格不是问题，那就选择无菜单料理（omakase）——主厨特餐。

★ Gran Caffè L'Aquila 意大利菜 $$$

（见186页地图；215-568-5600；http://grancaffelaquila.com；1716 Chestnut St；主菜 $18~30；周一至周四 7:00~22:00，周五 7:00~23:00，周六 8:00~23:00，周日 8:00~22:00，酒吧 餐馆营业后1小时）天呀！这里全部都是令人回味无穷的意大利美食。在这里，不仅能吃到你想要的口味，其中的一个老板还是一个获奖冰激凌制造商，2楼还有自己的冰激凌工厂。就连一些主菜也会用美味的冰激凌作为装饰。咖啡是自己烘焙的，穿着整洁的服务员非常热情。

餐馆的三位合伙人是在他们的意大利村庄在2014年的地震中被摧毁后来到这里的。如果你不想排队，强烈建议预订。

🍷 饮品和夜生活

1 Tippling Place 酒吧

（见186页地图；215-665-0456；http://1tpl.com；2006 Chestnut St；鸡尾酒$8~15；周二至周日 17:00至次日2:00）无论你是在酒吧里找个座位，还是找个舒适的沙发放松一下，这个精品鸡尾酒吧都有你想要的东西。如果你能在菜单上发现4个以上的拼写错误，就会得到额外的奖励。注意：这个地方看起来是闭门歇业中，室外招牌几乎（完全）找不到。

★ Monk's Cafe 酒吧

（见186页地图；215-545-7005；www.monkscafe.com；264 S 16th St；11:30至次日2:00，厨房 至次日1:00）这家平和、嵌木板的酒吧随时提供比利时和美国手工酿酒，引来活跃拥挤的粉丝群。价格合理，食物菜单里有经典的贻贝和油炸薯条，还有每日特色素食。对于那些点菜选择有困难的人来说，这里还提供《啤酒圣经》一书供客人"临阵磨枪"。

R2L Restaurant 休闲酒吧

（见186页地图；215-564-5337；https://r2lrestaurant.com；50 S 16th St；鸡尾酒 $15；休闲酒吧 周一至周四 16:00至次日1:00，周五至周六 16:00至次日2:00，周日 16:00~23:00）美景、美景、还是美景。我们刚才提到美景了吗？这个地方可以看到费城的夜景。工艺鸡尾酒柔滑而平衡，当灯光照射下来时，就算是自来水也会显得格外有意境。你可以和特别的人一起来参加特别的活动。

★ Trestle Inn 酒吧

（见186页地图；267-239-0290；www.thetrestleinn.com；339 N 11th St；周三和周四 17:00至次日1:00，周五和周六 17:00至次日2:00）这家升级过的老式酒吧位于所谓的"Eraerhood"一个黑暗的角落里。导演大卫·林奇拍摄的电影《橡皮头》（*Eraserhead*）就是从这个半工业地带找到的灵感。这家经典的老酒吧有精品鸡尾酒和go-go舞者。

Double Knot 酒吧

（见186页地图；215-631-3868；www.doubleknotphilly.com；120 S 13th St；鸡尾酒 $10~15；7:00至午夜）这家酒吧是日本风，是费城为数不多的懂得如何正确供应清酒（酒杯放在木制容器masu上，倒酒时将酒倒满至溢出）的地方之一。Double Knot也制作很棒的精品鸡尾酒，还提供美味的食物菜单。这里很拥挤，但时尚的现代装饰和友好的服务使它成为了一个有趣的地方，可以在深夜里吃点小吃，喝上一两杯。

Tavern on Camac 男女同性恋酒吧

（见186页地图；215-545-0900；www.tavernoncamac.com；243 S Camac St；钢琴酒吧16:00至次日2:00，餐厅 周三至周一 18:00至次日1:00，夜店 周二至周日 21:00至次日2:00）这是费城开业最久的同性恋酒吧之一，楼下有钢琴酒吧和餐厅。楼上是一个小夜店叫Ascend，有一个舞池；周三是女士之夜，周五和周六有DJ打碟。也别错过了周日表演之夜（Showtune Sunday）。

Dirty Franks　　　　　　　酒吧
（见186页地图；☎215-732-5010；www.dirtyfranksbar.com；347 S 13th St；DF特价 $2.50；⊙11:00至次日2:00）这里的常客略带讽刺意味地称这里为一个"协会"。和许多费城酒吧一样，这里供应"全城特饮"，一杯麦士忌加一罐PBR需$2.50。要便宜一点的？那就尝一尝只需两块钱的"DF Shelf of Shame"吧！

☆ 娱乐

PhilaMOCA　　　　　　　表演艺术
（Philadelphia Mausoleum of Contemporary Art；见186页地图；☎267-519-9651；www.philamoca.org；531 N 12th St）这里过去是一个卖墓碑的商店，后来是制片人迪普罗（Diplo）的工作室，现在这个不拘一格的空间用来放映电影，举办现场秀、艺术展和喜剧表演等。

Wanamaker Organ　　　　　现场音乐
（Macy's；见186页地图；☎484-684 7250；www.wanamakerorgan.com；1300 Market St；⊙音乐会 周一至周六 正午，及周一、周二、周四和周六 17:30，周三和周五 19:00）早在1909年，梅西百货公司（Macy's）还没有吞并沃纳梅克百货公司（Wanamaker's）的时候，老板约翰·沃纳梅克（John Wanamaker）就安装了这个巨大的管风琴，免费的音乐会让购物者们非常高兴，也使他们流连忘返。这一传统延续了下来，古典音乐和流行音乐每天都要在百货公司的中庭上演几次。虽然商店员工对此热情度不高，但对游客来说却是一种享受。

Johnny Brenda's　　　　　现场音乐
（☎215-739-9684；www.johnnybrendas.com；1201 N Frankford Ave；门票 $10~15；⊙厨房 11:00至次日1:00，表演时间不定；Ⓜ Girard）这里是Fishtown/Northern Liberties一带独立摇滚场所的中心，是一个带阳台的小地方，有不错的餐厅和酒吧，供应同样具有独特风格的啤酒。

🛍 购物

AIA Bookstore & Design Center　书籍
（见186页地图；☎215-569-3188；www.aiabookstore.com；1218 Arch St；⊙周一至周六 10:00~18:00，周日 正午至17:00）这家书店由美国建筑师学会（American Institute of Architects）经营，有创意儿童玩具，如建筑相关的乐高玩具，以及其他不寻常的设计的相关礼品。这里也有关于建筑的书，但并不明显。

Omoi Zakka Shop　　　　　时装和饰品
（见186页地图；☎215-545-0963；http://omoionline.com；1608 Pine St；⊙周一 正午至19:00，周二至周六 11:00~19:00，周日 正午至18:00）如果你喜欢和风，就来这家专门销售日本商品的商店吧。时尚用品、书籍、服装、家居用品、文具等，所有商品都是日本风格的可爱或漂亮的设计。

Shane Confectionery　　　食品和饮品
（见190页地图；☎215-922-1048；www.shanecandies.com；110 Market St；⊙11:00~20:00，周五和周六 至22:00）这个漂亮的老派糖果店使用古董模具制作出漂亮的食物，后面甚至还有一台历史悠久的热巧克力操作间。

ℹ 实用信息

独立游客中心（Independence Visitor Center；见186页地图；☎800-537-7676；www. phlvisitorcenter.com；599 Market St；⊙9月至次年5月 8:30~18:00，6月至8月 8:30~19:00）这家游客中心由Independence Visitor Center Corps和国家公园管理局负责运营，覆盖国家公园和费城的所有景点。

姐妹城市公园游客中心（Sister Cities Park Visitor Center；见186页地图；☎267-514-4760；www.phlvisitorcenter.com；200 N 18th St；⊙5月至9月 周一至周六 9:30~17:30，周日 至17:00）位于洛根广场（Logan Sq）的喷泉附近，这个季节性的游客中心出售门票，并提供城市景点的信息。

ℹ 到达和离开

飞机
费城国际机场（Philadelphia International Airport，简称PHL；☎215-937-6937；www.phl.org；8000 Essington Ave；🚆机场线）位于市中心西南10英里处，是美国航空公司的枢纽，为国际航班服务。

长途汽车
灰狗巴士（www.greyhound.com）、彼得潘

巴士线（Peter Pan Bus Lines；www.peterpanbus.com）和NJ Transit（www.njtransit.com）全部从城区的**中央汽车站**（central bus station；见186页地图；1001 Filbert St）出发，车站位于会展中心附近；灰狗去往全国，彼得潘集中在东北部，NJ Transit主要去往新泽西。前两个公司的网络票相对便宜；举例来说，坐灰狗到华盛顿可能只要$16（3.5小时）。

Megabus（见186页地图；www.us.megabus.com；JFK Blvd和N 30th St之间）从30th St附近的车站出发，服务覆盖东北部的大部分城市以及多伦多。前往纽约市和波士顿，灰狗旗下**Bolt Bus**（见186页地图；877-265-8287；www.boltbus.com；JFK Blvd和N 30th St）的车厢最宽敞，在线订购去往纽约市（2.5小时）的车票有时低至$9。

汽车和摩托车

I-95州际公路（特拉华高速公路）从北到南，沿费城东部边缘的特拉华河一直延伸，沿途有好几个去市中心的出口。在城市北部，I-276州际公路（宾夕法尼亚州收费公路）向东伸展，跨河连通新泽西州收费公路。

火车

从市中心的西边跨过斯古吉尔河（Schuylkill），就是美丽的**30th St Station**（www.amtrak.com; 2955 Market St），这是主要的枢纽，美国铁路的东北通道（Northeast Corridor）线通往纽约市（$56~190，1~1.5小时）、波士顿（$130~386，5~5.75小时）、华盛顿（$56~216，2小时）、兰开斯特（Lancaster；$20~40）和匹兹堡（$64起，7.5小时）。

去纽约市还有一种更慢、更便宜的途径，即乘坐SEPTA（www.septa.org）区域线列车去特伦顿（$9，50分钟），再从特伦顿搭乘NJ Transit（www.njtransit.com）去纽约市宾夕法尼亚车站（$16.75，1.5小时）。

ⓘ 当地交通

SEPTA（www.septa.org）运营费城市内交通转接系统，包括机场快线列车（$8，25分钟，每30分钟一趟），列车经停University City和Center City。乘出租车到市中心的固定费用是$28.50。还有一日有效的通票Independence Pass（单人/家庭 $12/29），可以无限制地乘坐所有的长途汽车、火车和地铁，包括机场线。

在市中心，从特拉华河到斯古吉尔河不过两英里，所以你基本可以步行去大多数地方。如果你想歇歇脚或者去更远的地方，可以从SEPTA的两条地铁路线、一条电车线路（费用$2.25）中选乘。购买储值Key卡（逐渐时兴）可以有优惠。Market St是主干道，在这里跳上巴士穿过市中心，或去地下坐电车到University City。在旅游旺季，紫色的Phlash（www.ridephillyphlash.com）会绕行主要的观光景点环线行驶，单次乘坐$2，一日通票$5；上车付钱。

Indego（www.rideindego.com）是费城的自行车共享系统。非会员费率是每30分钟$4；30天月票非常便宜，仅需$15，但是需要提前预订申请通行卡。

出租车很好打，尤其是在市中心周围。出租车起步价为$2.70，此后每1英里加收$2.30。所有的正规出租车都有GPS，大多数都能刷卡付费。Uber和Lyft也可以在这里使用。

宾夕法尼亚德裔区（Pennsylvania Dutch Country）

宾夕法尼亚德裔区的中心包含兰开斯特以及位于雷丁（Reading）和萨斯奎汉纳河（Susquehanna River）中间的辽阔土地。自从18世纪建立以来，这里有形形色色根植于日耳曼民族的宗教秩序和文化。最广为人知的是阿米什人（Amish）、门诺派教徒（Mennonite）和德国浸信会教徒（German Baptist; Brethren）等几个宗教团体。他们有一个共通的文化主线，就是崇尚简单和低技术含量的生活。

但颇具讽刺意味的是，这种简单的生活方式，因其别具一格的四轮马车和牛群犁地的美妙画面吸引了大批游客，还催生了令人厌烦的低俗观光旅游产业。如果试着远离人群，走进那些乡间小路，你能领略到由这些宗教团体保留下来的静谧田园风光。

该地区的小定居点包括小镇Christian和为火车疯狂的斯特拉斯堡（Strasburg）。Lititz是威尔伯巧克力（Wilbur Chocolates）的原产地（当地人对其喜爱的程度超过了好时）和美国第一家椒盐饼干工厂斯特吉斯（Sturgis）的所在地。Ephrata则是万村（Ten

Thousand Villages）的总部，万村是一个门诺派教徒经营的大型公平交易进口商店系统，分店遍布各地。

⊙ 景点

★ 宾夕法尼亚铁路博物馆
博物馆

（Railroad Museum of Pennsylvania；☎717-687-8628；www.rrmuseumpa.org；300 Gap Rd, Ronks；成人/儿童 $10/8；⊙4月至10月 周一至周六 9:00~17:00，周日 正午至17:00，11月至次年3月 周一 闭馆；🅿）宾夕法尼亚铁路博物馆占地近18英亩，拥有100个巨大的机械奇迹，可以攀爬并欣赏。组合票可以同时参观在马路对面的 Strasburg Railroad（☎866-725-9666；www.strasburgrailroad.com；301 Gap Rd, Ronks；经济舱 成人/儿童 $15/8；⊙时间不定；🅿）。

★ 国家玩具火车博物馆
博物馆

（National Toy Train Museum；☎717-687-8976；www.nttmuseum.org；300 Paradise Lane, Ronks；成人/儿童 $7/4；⊙5月至10月 10:00~17:00，11月至次年4月 时间不定；🅿）按钮式的交互式立体模型非常先进和智能（比如"汽车电影院"，是一段孩子们在火车上工作的实时视频），墙壁上满是闪闪发光的火车厢，你忍不住会觉得有点像圣诞节早晨孩子们的天真幻想。

就算你不是住宿的客人，也可以在博物馆旁边的 Red Caboose Motel（☎717-687-5000；www.redcaboosemotel.com；312 Paradise Lane, Ronks；标单/双 $95/130起；🅿）停留，你可以爬上后面的筒仓，欣赏美丽的风景（50¢），孩子们可以游览一个小型的宠物动物园。

★ 兰迪斯谷博物馆
博物馆

（Landis Valley Museum；☎717-569-0401；www.landisvalleymuseum.org；2451 Kissel Hill Rd；成人/儿童 $12/8；⊙3月至12月 周二至周六 9:00~17:00，周日 正午至17:00，1月和2月 开放时间缩短）这个露天博物馆位于一个18世纪的村庄，是了解早期宾州德语文化（尤其是关于门诺派）的最好地点。比如说，身着古代服装的工作人员正忙着展示如何制锡，此外这里还有酒馆、枪支商店，以及漂亮的工艺品展览。

🛏 食宿

Cork Factory
精品酒店 $$

（☎717-735-2075；www.corkfactoryhotel.com；480 New Holland Ave, Suite 3000；房间 $190起；🅿）废弃的砖结构建筑如今变成了一家时尚的酒店，共有93个时髦的房间。前往兰开斯特市中心，开车只要很短的时间。

Maison
欧洲菜 $$$

（☎717-293-5060；www.maisonlancaster.com；230 N Prince St；主菜 $26~30；⊙周三至周六 17:00~23:00）这家开在市中心的餐馆由一对夫妻经营，很注重细节，食物的原材料来自当地农产品，有一种纯正的意大利—法式乡村味道：牛奶炖猪肉、自制的兔肉香肠、油炸南瓜花或手工汤圆；不同季节会有不同的菜品供应。

★ Lancaster Brewing Co
酒吧食物 $$

（☎717-391-6258；www.lancasterbrewing.com；302 N Plum St；主菜 $16~24；⊙11:30~21:30）这家自酿酒厂从1995年开业以来就是当地人最爱去的地方。餐厅供应丰盛但精致的食物，如羊排配希腊式酸奶黄瓜，或是自制香肠，你可以坐在顶部镶铜的餐桌旁，一边喝啤酒，一边享用美食。你肯定无法拒绝这里的特色菜，如售价$5、不限量的鸡翅和$6的品尝啤酒。

ⓘ 到达和离开

兰开斯特（Lancaster）位于由30号公路、283号公路和222号公路构成的"H"形地区的中心。有开往费城和匹兹堡的长途汽车，但自驾是观光游览的最佳选择。从兰开斯特的30号公路向北行驶，即可到达Strasburg。

宾夕法尼亚荒野地区（Pennsylvania Wilds）

宾夕法尼亚的中北部一带，人们称为"荒野地区"（the Wilds），这里很大程度上是深林，散落着那时遗留下来的雄伟建筑或豪宅。木材、煤炭和石油曾经为宾州这个如今鲜有人光顾的地块带来了巨大的财富。几座博物馆（位于Titusville、Bradford和

Galeton）讲述着繁荣和衰落的故事。自从经济萧条以来，12个郡县之间的分界线也回到了从前荒凉的状态，如今大部分地区变成了国家森林和州立公园。

风景迷人的Rte 6从小小的大学镇Mansfield开始自东向西穿过这片地区。西面一点是松溪谷（Pine Creek Gorge），它较深的一端（1450英尺）靠近Waterville，但位于峡谷北端的科尔顿角州立公园（Colton Point State Park; www.visitpaparks.com; 927 Colton Rd, Wellsboro; 黎明至黄昏）更容易到达，公园拥有不错的景色，还有小道沿峡谷边缘伸展并通往峡谷下方。按Wellsboro这个美丽的由煤气灯点亮的小镇外的标识行进即可到达。

◉ 景点

★ 樱桃泉国家公园　　　　　　州立公园

（Cherry Springs State Park; ☏814-435-5011; http://dcnr.state.pa.us; 4639 Cherry Springs Rd, Coudersport; 24小时）这座山顶州立公园被认为是密西西比河以东瞭望星空的最佳地点之一，这里虽然有足够的空间，但在7月和8月一定要提前很久预订，那时银河几乎就在你的头顶。第一次前来的人需要一次性支付$5的附加费（不是每天）。

莱昂纳德·哈里森州立公园　　州立公园

（Leonard Harrison State Park; ☏570-724-3061; www.visitpaparks.com; 4797 Rte 660, Wellsboro; 公园 黎明至黄昏，游客中心 周一至周四 10:00~16:30, 周五周日 至18:30）这个公园可以看到松溪谷（Pine Creek Gorge），也就是宾夕法尼亚州的大峡谷（Grand Canyon）的全景，公园里的小径从800英尺高的地方延伸到下面的小溪。游客中心有简单的当地动物展览，还有厕所和一个观景平台。这个观景平台更加适合那些不打算徒步进入的游客。如果想要游览未开发的一侧，可以去科尔顿角州立公园（Colton Point State Park）。

★ Kinzua Bridge Skywalk　　　　桥

（☏814-778-5467; www.visitpaparks.com; 1721 Lindholm Rd, Mt Jewett; 人行天桥8:00至黄昏，游客中心 8:00~18:00）**免费** 这座301英尺高的大桥建于1882年，是当时世界上最高的高架桥，并于1900年使用钢铁重建。但在2003年被F-1龙卷风袭击时，部分桥体坍塌。剩下的部分突出在空中，现在是一个观景台，可以透过损坏的钢墩，看到下面的山谷，非常令人难忘，也有些令人不安。

⛺ 食宿

Mansfield Inn　　　　　　　汽车旅馆 $

（☏570-662-2136; www.mansfieldinn.com; 26 S Main St, Mansfield; 房间 $70起; ℗❄☀☎）在荒野地区的深处或许还有更可爱的民宿，但是这家维护良好、有24个房间的旅馆绝对物超所值。

★ Night & Day Coffee Cafe　　咖啡馆 $

（☏570-662-1143; http://nightanddaycoffee.wixsite.com/cafe; 2 N Main St, Mansfield; 三明治 $7-10; 周一至周五 7:00~19:00, 周六 至17:00, 周日 8:00~17:00; ☎）Night & Day Coffee Café非常值得绕路前往。它自豪地宣称：它能用一杯杯拿铁咖啡让此地的生活变得丰富起来，而且在这一点上做得也很好。这里的精品咖啡、香醇的茶，以及大量的特色沙拉和三明治，都是一顿完美早餐或一顿丰盛午餐的绝佳选择。

匹兹堡（Pittsburgh）

匹兹堡坐落在莫农加希拉河（Monongahela River）和阿勒格尼河（Allegheny River）的交汇处，背靠华盛顿山（Mt Washing-ton）。它有一个独特的特点，你一到达那里就会发现。除了隆隆作响的货运列车和标志性的桥梁，你还可以看到《银翼杀手》式的自动驾驶优步车辆。匹兹堡自建立以来，经历了繁荣与萧条的时期，现在正处于繁荣时期（过去价值$30,000的房产现在价值$300,000）。这里是一个有趣的地方，有一流的博物馆，美丽的花园和公园，还有令人垂涎的美食，从低等到高等。事实上，这一度陷入困境的城市又重新找到了自己的定位——一个美食和美酒圣地。

卡内基是匹兹堡的名人——苏格兰出生的安德鲁·卡内基使用现代化方式生产钢铁，他的遗产仍然代表着这座城市和他的许多文化与教育机构。这里的第二大家族是亨氏（Heinz），这个因番茄酱而名声大噪的公司于1869年在此地成立。

⊙ 景点和活动

匹兹堡的游览名胜散布在各处，而且山丘重重，所以仅靠步行到达各处的确有些困难。自行车、出租车或公共汽车（或某些地区的轻轨）是跨越郊区的最佳方式。你也可以试试预订一辆未来主义的自动驾驶优步车。

★ 安迪·沃霍尔博物馆　　　　博物馆

（Andy Warhol Museum；☎412-237-8300；www.warhol.org；117 Sandusky St；成人/儿童 $20/10，周五 17:00~22:00 $10/5；⊙周二至周四、周六和周日 10:00~17:00，周五 至22:00）这座六层博物馆纪念这位最特立独行的匹兹堡人。他搬去纽约，接受了鼻子整形手术并使他自己在波普艺术领域名声大噪。这个展览以沃霍尔早期的绘画作品和商业插画作品作为开始，包括一个模仿地下丝绒乐队（Velvet Underground）表演的场景、一个DIY的"荧幕试镜"和一些沃霍尔精心收藏的装饰品。这里还出售充气式Campbell汤罐。

★ 杜肯斜坡　　　　缆索铁路

（Duquesne Incline；☎412-381-1665；Monongahela & Duquesne Incline；www.duquesneincline.org；单程 成人/儿童 $2.50/1.25；⊙周一至周六 5:30至次日0:45，周日 7:00至次日0:45）这条景色优美的缆索铁路和它的莫农加希拉斜坡（Monongahela Incline；5 Grandview Ave；单程 成人/儿童 $2.50/1.25；⊙周一至周六 5:30至次日0:45，周日 7:00至次日0:45）沿路向下延伸。这两条缆道建于19世纪末期，已成为匹兹堡的标志，乘坐它5~10分钟就能爬上华盛顿山的陡峭山坡。它们为通勤族提供了一个快速通道并为游客提供了欣赏城市美景的好机会，特别是夜景。你可以开展环形游览，选择其一而上，随后沿着Grandview Ave漫步（大约1公里，或乘坐40路公共汽车）并从另一条缆道下山。

如果你只想选择其一，推荐杜肯。在最高处，你可以花费50¢去欣赏这些齿轮与缆绳是如何运作的。

弗里克艺术和历史中心　　　　博物馆

（Frick Art & Historical Center；☎412371-0600；www.thefrickpittsburgh.org；7227 Reynolds St；团队游 成人/儿童 $12/6；⊙周二至周四、周六和周日 10:00~17:00，周五 至21:00）免费 因曼哈顿弗里克博物馆而名扬四海的亨利·克莱·弗里克（Henry Clay Frick）在匹兹堡铸就了他的钢铁王国。这个中心展出了一小部分艺术收藏品（包括美妙的中世纪圣像）和他的藏车。除了艺术品和常见的令人惊叹的藏品外，还可以参加团队游（成人/儿童$12/6）参观家庭宅邸——克莱顿（Clayton）。这里的咖啡馆也非常出色，请提前预订。

卡内基博物馆　　　　博物馆

（Carnegie Museums；☎412-622-3131；www.carnegiemuseums.org；4400 Forbes Ave；成人/儿童 全馆 $20/12；⊙周一和周三至周六 10:00~17:00，周日 正午至17:00；♿）建立于1895年，这两座相邻的建筑展出了大量收藏品。卡内基艺术博物馆（Carnegie Museum of Art）收藏了大量欧洲的珍宝及杰出的建筑藏品。而卡内基自然历史博物馆（Carnegie Museum of Natural History）则展出了完整的暴龙骨架及美丽的老西洋镜。

求知堂　　　　塔楼

（Cathedral of Learning；☎412-624-6001；www.tour.pitt.edu；4200 Fifth Ave；⊙周一至周六 9:00~16:00，周日 11:00~16:00）免费 这座城市地标式的42层哥特式塔楼高高耸立在匹兹堡大学中心的上空。内有赏心悦目的国家教室（Nationality Rooms）。周六和周日（成人/儿童 $4/2）提供语音导览服务。

后自然历史中心　　　　博物馆

（Center for Post Natural History；☎412223-7698；www.postnatural.org；4913 Penn Ave；乐捐入场；⊙周日 正午至16:00）免费 根据这个古怪博物馆的艺术家创始人的说法，"后自然历史"是关于由人类设计的植物和动物的领域。了解能产生蜘蛛丝的山羊、选择性繁殖等科学新知。这里可能不是第一次约会的最佳地点，但绝对是一个有趣而特别的地方，可以让你了解所有经过人类干预的自然事物。

匹兹堡玻璃中心 艺术中心

（Pittsburgh Glass Center; ☎412-365-2145; www.pittsburghglasscenter.org; 5472 Penn Ave; ⊙周一至周四 10:00~19:00，周五至周日 至16:00）看看各种各样的玻璃制作技术，甚至可以试着在展示区自己动手制作一些东西。还可以参加一个真正的课程；匹兹堡玻璃中心提供了从入门到高级的各种课程（价格不同）。

'Burgh Bits & Bites 餐饮游

（☎412-901-7150; www.burghfoodtour.com; 团队游 $42）这个两小时的美食团队游是发现这座城市独特的民族美食的好方法。Strip区团队游最受欢迎，但 Bits & Bites也参观布鲁姆菲尔德（Bloomfield）、布鲁克莱恩（Brookline）、劳伦斯维尔（Lawrenceville）和南区（South Side）等地。

匹兹堡历史与地标基金会 徒步

（Pittsburgh History & Landmarks Foundation; ☎412-471-5808; www.phlf.org; 团队游 免费至$20）这个基金会组织免费的步行游览，周五正午从Market Sq出发，此外还有其他特色短途游。

🛏 住宿

Residence Inn by Marriott North Shore 酒店 $$

（☎855-239-9485; www.marriott.com; 574 W General Robinson St; 双/套 $190/225起; P✳❄@🛜🐾）这个新装修的连锁酒店有一个游泳池、一个健身中心、免费的早餐，以及豪宅感觉的房间。其他地理位置也很好：跨过几座桥梁就能到达市中心，距离北部地区和一些景点只有几步之遥。值得注意的是，如果Heinz Field或the Pirates有比赛时，这里会像个动物园一样热闹。

⭐ Priory Hotel 旅馆 $$

（☎412-231-3338; www.thepriory.com; 614 Pressley St; 标单/双/套 $115/210/270起; P✳🐾）当这里仍是一个天主教修道院时，修道士就过着舒适的生活：宽敞的房间、高高的天花板和客厅的壁炉。包括糕点和冷盘的早餐，让人联想到欧洲的酒店。它位于历史悠久但有些破旧的德国区（Deutschtown）。小小的 Monk's Bar就在大堂旁边，每天17:00至23:00营业，是一个晚上喝酒的好地方。

⭐ Omni William Penn Hotel 酒店 $$$

（☎412-281-7100; www.omnihotels.com; 530 William Penn Pl; 房间 $215~540; P✳❄🛜）这座匹兹堡最雄伟的旧式酒店由亨利·弗里克（Henry Frick）建造，有一个宽敞的大堂，和在2016年改造而成的奢华套房。出色的公共空间使它拥有一种豪华酒店所缺乏的宏伟感。如果你不差钱的话，值得预订。或者可以在打折时入住。

🍴 就餐

南区的E Carson St有着最集中的餐馆区，Strip District则紧随其后。在很多方面，劳伦斯维尔有最繁华热闹的活动。餐厅面向大量天主教徒食客，许多匹兹堡餐厅周五都会供应鱼类，炸鱼三明治特别受欢迎。尽管这座城市缺少海岸线，但它们也很美味！

匹兹堡公共市场 市场

（Pittsburgh Public Market; ☎412-281-4505; www.pittsburghpublicmarket.org; 2401 Penn Ave; ⊙周三至周五和周日 10:00~16:00，周六 9:00~17:00）这个巨大的室内市场迎合了市中心的需求，可以方便地买到新鲜的农产品、肉类、奶酪和其他当地产品。请注意，许多摊位也在周一和周二开放。

Conflict Kitchen 快餐 $

（☎412-802-8417; www.conflictkitchen.org; 221 Schenley Dr; 主菜 $8~14; ⊙周一至周六 11:00~18:00）这个邻近求知堂（Cathedral of Learing）的外卖小站定期更换自己的菜单。目前为止有阿富汗菜、巴勒斯坦菜、古巴菜和美国本土菜以及其他菜肴。

⭐ La Prima 咖啡馆 $

（☎412-281-1922; www.laprima.com; 205 21st St; 点心 $2~4; ⊙周一至周三 6:00~16:00，周四 至19:00，周五和周六 至17:00，周日 7:00~16:00）美味的意大利咖啡和糕点让人们在高峰时间排队等候，长队甚至排到了店外。"Almond Mele"是这里的招牌甜点，但也有一系列其他美味的食物（夹心酥、果馅饼、饼

干等)。如果你说意大利语，那你就可以好好体会每天早上写在绿色黑板上的名言。

Zenith
素食 $

(☎412-481-4833; www.zenithpgh.com; 86 S 26th St; 主餐 $7~10; ◎周四至周六 11:30~20:30, 周日 11:00~14:30; ☒)这里所有的食物都是纯素食，但还有奶酪可供选择。在这里用餐就像是置身于古董店里，从塑料装饰的桌子到店里的一切都是待售的。周日的早午自助餐($11.50)吸引了一大批常客。

★ Bar Marco
意大利菜 $$

(☎412-471-1900; www.barmarcopgh.com; 2216 Penn Ave; 主菜 $15~26; ◎周二至周五 17:00~23:00, 周六和周日 10:00~15:00和17:00~23:00)Strip区最受欢迎的地方，城市里最精致的厨房之一，供应美味的早午餐。鸡尾酒非常独特，调酒师可以根据你的喜好为你调制酒品。"不收小费"的政策意味着工作人员会以公平合理的方式得到适当的补偿。

Legume
创意菜 $$$

(☎412-621-2700; www.legumebistro.com; 主菜 $23~36, 3道菜的试吃套餐 $38; ◎周一至周六 16:30至午夜)这里有很好的肉类和鱼类菜肴，崇尚"从农场到餐桌"的理念，菜单每天都会变化。如果有卖的话，一定要试试大荨麻汤——部分原因是你很难在其他地方尝到大荨麻，但主要原因是这里的大荨麻堪称世间完美。

★ Paris 66
法国菜 $$$

(☎412-404-8166; www.paris66bistro.com; 6018 Centre Ave; 晚餐 主菜 $26~33; ◎周一至周四 11:00~22:00, 周五和周六 至23:00, 周日 10:00~15:00)在这里，不要以为说一句"Merci"就能给服务员留下深刻的印象，他们都说着一口流利的法语。这是最顶级的法国餐馆，拥有舒适的、小酒馆风格的就餐环境。眨眼间，你就会认为自己身在法国。

饮品和娱乐

Church Brew Works
微酿酒吧

(☎412-688-8200; www.churchbrew.com; 3525 Liberty Ave; ◎周日至周四 11:30~21:00, 周五和周六 至23:00)有些人爱好喝酒近乎于对上帝般的虔诚，于是他们创造了Church Brew Works(这里是座教堂旧址)。闪亮的巨型酒桶坐落在曾经的讲道台上。如果你认为这是对神明的亵渎，那还是别来这里了。当然，这里的许多比利时啤酒都是由极度虔诚的僧侣酿造的，他们也引以为荣。

Wigle Whiskey
酿酒厂

(☎412-224-2827; www.wiglewhiskey.com; 2401 Smallman St; 团队游 $25起; ◎周一 11:00~18:00, 周二至周六 10:00~18:00, 周日 至16:00)这个家庭经营的手工酿酒厂坐落在Strip区的一个砖砌仓库里，在周六(和一些周五)提供团队游服务，并且有便宜的品尝酒品($10)。威士忌是最好的选择，但也有杜松子酒、伏特加酒、苦味酒，甚至还有一种自制的苦艾酒。

Spice Island Tea House
茶室

(☎412-687-8821; www.spiceislandteahouse.com; 253 Atwood St; ◎周一至周四 11:30~20:45, 周五和周六 至21:45)如果你想要喝一杯清淡的茶(茶汤 $3.50~$5.50)，而你的朋友想要喝一杯鸡尾酒的话，那这就是你要来的地方了。除了一些香醇的茶，这里还提供东南亚的创意食品。

★ Allegheny Wine Mixer
葡萄酒吧

(☎412-252-2337; www.alleghenywinemixer.com; 5326 Butler St; ◎周二至周六 17:00至午夜, 周五至周日 至次日1:00)这个邻家小酒馆具备高端葡萄酒吧的所有条件——很棒的菜单、聪明的店员、美味的小吃。

Rex Theater
现场音乐

(☎412-381-6811; www.rextheatre.com; 1602 E Carson St)这是一个经过改造的电影院，也是南区最受欢迎的地方，主办巡回爵士、摇滚和独立乐队的演出。

★ Elks Lodger
现场音乐

(☎412-321-1834; www.elks.org; 400 Cedar Ave; 入场费 $5; ◎周三 20:00 蓝草音乐, 每月第一个和第三个周四 大乐队演出 19:00)Elks的班卓琴夜晚(Banjo Night)，会让你知道为什么匹兹堡被称为"阿巴拉契亚的巴黎"(Paris of Appalachia)。舞台是属于表演

者和观众的,他们一起唱着经典的蓝草音乐。这里同样有每月两次的大乐队之夜及顶尖的舞蹈表演。位于North Side的德国区(Deutschtown)。

❶ 实用信息

匹兹堡旅游主要分支(VisitPITTSBURGH Main Branch; ☏412-281-7711; www.visitpittsburgh.com; 120 Fifth Ave, Suite 2800; ⊙周一至周五18:30~16:40)出版《官方游客指南》(*Official Visitors Guide*)并提供地图和旅游建议。

❶ 到达和离开

飞机
匹兹堡国际机场(Pittsburgh International Airport; ☏412-472-3525; www.flypittsburgh.com; 1000 Airport Blvd)在市中心以西18英里处,许多航空公司都有直飞欧洲、加拿大和美国各大城市的航班。

长途汽车
灰狗巴士站(Grant Street Transportation Center; ☏412-392-6514; www.greyhound.com; 55 11th St)位于Strip District遥远的边缘,车站有频繁开往费城($20起,6~7小时)、纽约市($30起,8.5~11小时)和芝加哥($72,11~14小时)的长途汽车。

小汽车和摩托车
匹兹堡可经由西边的I-76、I-79公路和东边的I-70公路到达。从纽约市驾车到达匹兹堡需要大约6小时,从布法罗驾车前往大约需要3小时。

火车
匹兹堡有一座雄伟的老车站。**美国国铁**(Amtrak; ☏800-872-7245; www.amtrak.com; 1100 Liberty Ave)停靠在后面一座不显眼的现代建筑中。有去往费城($64起,7.5小时)和纽约市($97起,9.5小时)的列车。也有车去往芝加哥($90,10小时)和华盛顿($52,8小时)等地。

❶ 当地交通

港务运输局(Port Authority; www.portauthority.org)运营匹兹堡周边的公共交通,包括从机场到市中心和奥克兰的28X Airport Flyer($2.75,40分钟,4:30至午夜 每隔30分钟发车)。乘坐出租车到市中心大约需要$40(不包括小费)。乘坐出租车从机场去往市中心的多种接驳车每人大概需要$25。

在匹兹堡驾车可能令人沮丧——道路尽头没有提醒,桥梁也令人疲于应对。市中心的停车场十分稀少。如有可能,尽量利用四通八达的公共交通系统,包括一条快速公交线(线路以P开头)。这里也有一套轻轨系统,在南区非常有用。市中心的轻轨免费,城内其他区域的票价为$2.50,换乘费$1。

新英格兰

包括 ➡

马萨诸塞州	203
波士顿	203
科德角	227
楠塔基特岛	235
马撒葡萄园岛	237
罗得岛州	244
普罗维登斯	245
纽波特	248
康涅狄格州	252
佛蒙特州	262
新罕布什尔州	273
缅因州	281

最佳餐饮

➡ TJ Buckley's（见264页）
➡ Simon Pearce Restaurant（见267页）
➡ Captain Daniel Packer Inne（见257页）
➡ Row 34（见221页）
➡ birch（见247页）

最佳住宿

➡ Liberty Hotel（见219页）
➡ Carpe Diem（见234页）
➡ Attwater（见250页）
➡ Hopkins Inn（见255页）
➡ Ale House Inn（见274页）

为何去

新英格兰的历史就是美国的历史。清教徒在普利茅斯岩登岸，美国民兵为独立而战。同样是在这里，拉尔夫·瓦尔多·爱默生陷入深思；哈里特·比彻·斯托发出抗议。美国立国几百年以来的诗人、哲学家和思想家们敢于梦想，亦勇于付诸实践。一代又一代的移民，把新英格兰塑造成了今天这样一个充满活力的地区。

对于户外活动爱好者来说，新英格兰地区有起伏的丘陵和很多属于古老的阿巴拉契亚山脉的岩石峰。另外，这里的海岸线绵延将近5000英里，所以钓鱼、游泳、冲浪和驾船的机会很多。幸运的是，新英格兰有很多令食客心仪的美味：浸着枫蜜糖浆的煎饼；新摘的水果和顶尖的切达奶酪；最重要的是，还有超新鲜又颇具当地特色的海鲜大餐。

何时去

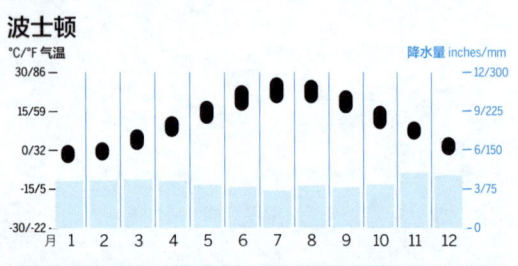

波士顿

5月至6月 游客较少，景点清静。观鲸活动开始。

7月至8月 最佳旅游季节，可体验各种夏季节日，享受温暖的天气。

9月至10月 欣赏新英格兰炽烈的落叶景色，最佳观赏时间是9月中旬至10月中旬。

历史

在第一批欧洲殖民者到达新世界前，这里大约有10万美洲原住民，其中大部分是阿尔贡金人（Algonquian），他们组成了小型的地区部落。北方的部落以狩猎采集为生，而南方的部落不仅狩猎，还实施刀耕火种的农业，种植玉米、南瓜和豆类。

1602年，英国船长巴塞罗缪·高斯诺德（Bartholomew Gosnold）在科德角靠岸，并向北航行至缅因州，但直到1614年约翰·史密斯（John Smith）船长将该地的海岸线绘图献给国王詹姆士一世时，才正式将其命名为"新英格兰"。1620年，清教徒抵达普利茅斯（Plymouth），欧洲人开始正式在此定居。在接下来的一个多世纪中，殖民者数量不断增长并且开始了扩张，结果往往都是以牺牲当地原住民的利益为代价。

虽然受英国王权统治，但新英格兰人成立了议会进行自主管理，并认为自己的内务与英国无关。18世纪70年代，国王乔治三世征收重税，让殖民地的人民为巨额的战争买单。殖民者因为在英国国会没有代表权，便以"无代表不纳税"为口号发起反抗。英国政府对起义的镇压成了列克星敦（Lexington）和康科德（Concord）战役的导火索，并最终导致美国"独立战争"的爆发。战争带来的结果是1776年美利坚合众国的诞生。

美国独立之后，新英格兰成为经济重地，当地的海港迅速崛起，成为造船和贸易中心。新英格兰著名的洋基快船（Yankee Clipper）定期将货物从中国运抵南美。兴旺的捕鲸业为楠塔基特岛（Nantucket）和新贝德福德（New Bedford）带来了前所未有的财富。1793年，美国的第一座依靠水力发电的棉纺厂在罗得岛州建成。然而世上没有恒久的繁荣。到20世纪初，许多工厂都已经迁至南方。今天，当地的支柱产业已经变成了教育、金融、生物科技以及旅游业。

❶ 参考网站

Visit New England（www.visitnewengland.com）重大活动、景点、餐馆和酒店列表。

New England Guide（www.boston.com/travel/newengland）来自《波士顿环球报》的旅行贴士和旅行线路。

Lonely Planet（www.lonelyplanet.com/usa/new-england）目的地信息、酒店预订、旅行论坛等。

Appalachian Mountain Club（www.outdoors.org）徒步、骑自行车、露营、爬山和划水等有关新英格兰户外活动的绝佳资源。

New England Lighthouses（www.lighthouse.cc）新英格兰各地灯塔列表。

马萨诸塞州
(MASSACHUSETTS)

马萨诸塞州是新英格兰人口最多的州，从科德角的沙滩到先锋谷的大学城，再到伯克希尔地区森林茂密的山丘，到处都是吸引人的地方。每个角落都体现了该州的丰富历史：探寻普利茅斯的海岸线，那是清教徒最初在新世界定居之地；探索在列克星敦和康科特的战场，在那里，美国革命打响了第一枪；漫步在塞勒姆、楠塔基特岛和新贝德福德鹅卵石铺就的街道和旧港口，捕鲸船和商船曾经在那里停靠。充满现代气息的马萨诸塞州多样化且富有活力。波士顿是该州无可争议的文化（和政治）之都，但普罗温斯敦和北安普顿等较小的城市也有热闹的艺术和音乐场景、活跃的同性恋人群，以及大量享受户外活动的机会。

❶ 实用信息

马萨诸塞州保护与娱乐部（Massachusetts Department of Conservation and Recreation; ☎617626-1250; www.mass.gov/dcr）提供29个州立公园的露营信息。

波士顿（Boston）

波士顿的历史会让人想起革命和变革，今天它仍然是这个国家最具前瞻性和突破性的城市之一。

自19世纪以来，波士顿的艺术就开始蓬勃发展，当时这个文化之都甚至被称为"美国的雅典"。当然，知识精英们不仅欣赏他们的精美绘画和古典音乐，而且还致力于传播文化财富，建立博物馆、图书馆和交响乐团，以供所有人欣赏。现在，波士顿幸运的居民（以

新英格兰亮点

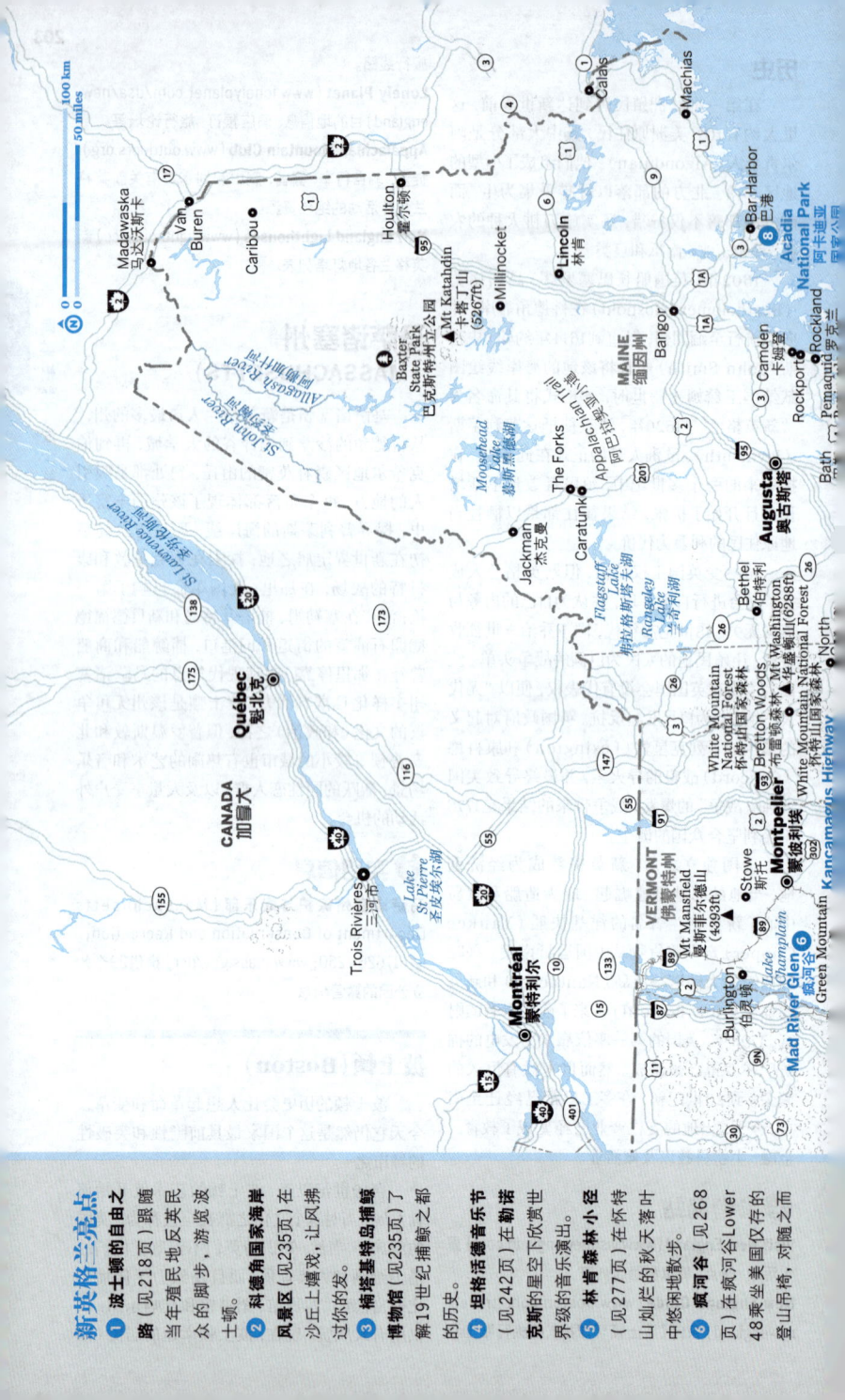

① 波士顿的自由之路（见218页）跟随当年殖民地反英民众的脚步，游览波士顿。

② 科德角国家海岸风景区（见235页）在沙丘上嬉戏，让风拂过你的发。

③ 楠塔基特岛捕鲸博物馆（见235页）了解19世纪捕鲸之都的历史。

④ 坦格活德音乐节（见242页）在勒诺克斯的星空下欣赏世界级的音乐演出。

⑤ 林肯森林小径（见277页）在怀特山灿烂的秋天落叶中悠闲地散步。

⑥ 疯河谷（见268页）在疯河谷美国仅存的48乘坐单人吊椅，对随之而

来的惊奇之旅满怀期待。

⑦ 文斯自然中心
(见267页) 在伍德斯托克和外围,屏息凝神,观看猛禽俯冲。

⑧ 阿卡迪亚国家公园
(见289页) 欣赏新英格兰在芒特迪瑟特岛上唯一的国家公园的风景。

⑨ Lobster Dock
(见288页) 掰开一只新鲜打捞上来的龙虾蒸着吃。

NEW YORK 纽约州
去Buffalo 布法罗(220mi)
Glens Falls
Albany 奥尔巴尼
Green Mountains 绿山
Rutland
Bennington
Williamstown · North Adams
Lenox 勒诺克斯
Pittsfield
Stockbridge
Great Barrington
Berkshire Hills
Becket
Green Mountain National Forest 绿山国家森林
Brattleboro
Northampton
Amherst
Springfield
Bradley International Airport 布拉德利国际机场
NEW JERSEY 新泽西州
Litchfield Hills
Lake Waramaug State Park 瓦拉茅格湖州立公园
Litchfield
New Haven 纽黑文
New York 纽约
Connecticut River 康涅狄格河/小屋
Woodstock & Quechee Village 伍德斯托克和魁奇村
汉诺威
Lake Winnipesaukee 温尼珀索基湖
Wolfeboro
NEW HAMPSHIRE 新罕布什尔州
Concord 康科德
Manchester
Monadnock State Park 莫纳德诺克州立公园
MASSACHUSETTS 马萨诸塞州
Worcester
Sturbridge
Massachusetts Turnpike
Hartford 哈特福德
CONNECTICUT 康涅狄格州
East Haddam
Deep River
Essex 埃塞克斯
Lyme
Old Lyme
Long Island Sound 长岛海峡
Long Island 长岛
三义巾
Lexington 列克星敦
Concord
Salem 塞勒姆
Boston 波士顿
Plymouth
Providence 普罗维登斯
Fall River
RHODE ISLAND 罗得岛州
Newport 纽波特
Narragansett
Block Island 布洛克岛
Watch Hill
Mystic
Ledyard
New Bedford
Falmouth
Martha's Vineyard 马撒葡萄园岛
Brewster
Hyannis
Chatham 查塔姆
Wellfleet
Provincetown
Stellwagen Bank National Marine Sanctuary 斯特勒威根海岸国家海洋保护区
Gloucester
Rockport 罗克波特
Portsmouth
朴次茅斯
Ogunquit 奥甘奎特
Kennebunkport 青纳邦克波特
Portland 波特兰
Boothbay Harbor 布斯贝港
Monhegan Island
② Cape Cod National Seashore 科德角国家海岸风景区
③ Nantucket 楠塔基特岛

ATLANTIC OCEAN 大西洋

Boston 波士顿

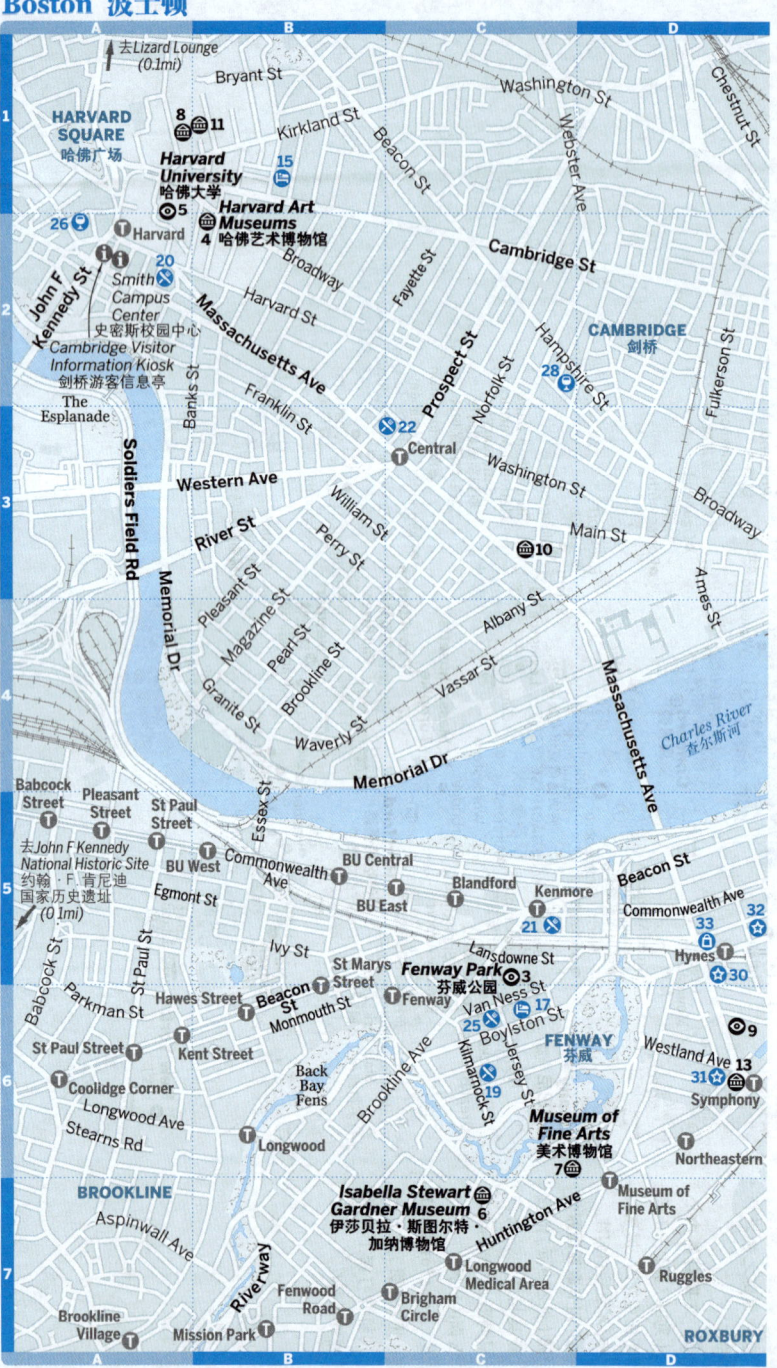

新英格兰 波士顿

HARVARD SQUARE 哈佛广场

- Harvard University 哈佛大学
- Harvard Art Museums 哈佛艺术博物馆
- Smith Campus Center 史密斯校园中心
- Cambridge Visitor Information Kiosk 剑桥游客信息亭
- The Esplanade
- John F Kennedy St
- Soldiers Field Rd
- Massachusetts Ave
- Memorial Dr
- Bryant St
- Kirkland St
- Beacon St
- Washington St
- Webster Ave
- Chestnut St
- Cambridge St
- Harvard St
- Broadway
- Fayette St
- Prospect St
- Hampshire St
- Fulkerson St
- CAMBRIDGE 剑桥
- Franklin St
- Norfolk St
- Washington St
- Broadway
- Ames St
- Western Ave
- River St
- William St
- Perry St
- Main St
- Pleasant St
- Magazine St
- Pearl St
- Brookline St
- Granite St
- Waverly St
- Albany St
- Vassar St
- Memorial Dr
- Charles River 查尔斯河

去Lizard Lounge (0.1mi)

去John F Kennedy National Historic Site 约翰·F.肯尼迪国家历史遗址 (0.1mi)

- Babcock Street
- Pleasant Street
- St Paul Street
- Essex St
- BU West
- Commonwealth Ave
- BU Central
- BU East
- Egmont St
- Blandford
- Kenmore
- Beacon St
- Commonwealth Ave
- Hynes
- Ivy St
- Lansdowne St
- Fenway Park 芬威公园
- St Marys Street
- Hawes Street
- Beacon St
- Fenway
- Van Ness St
- Boylston St
- FENWAY 芬威
- Parkman St
- Monmouth St
- St Paul Street
- Kent Street
- Back Bay Fens
- Brookline Ave
- Jersey St
- Kilmarnock St
- Westland Ave
- Coolidge Corner
- Longwood Ave
- Stearns Rd
- Longwood
- Museum of Fine Arts 美术博物馆
- Symphony
- BROOKLINE
- Aspinwall Ave
- Isabella Stewart Gardner Museum 伊莎贝拉·斯图尔特·加纳博物馆
- Huntington Ave
- Museum of Fine Arts
- Northeastern
- Riverway
- Fenwood Road
- Brigham Circle
- Longwood Medical Area
- Ruggles
- Brookline Village
- Mission Park
- ROXBURY

207

新英格兰 波士顿

CHARLESTOWN 查尔斯敦
- Bunker Hill Monument 邦克山纪念碑
- Charlestown Navy Yard 查尔斯敦海军船坞

见波士顿市中心地图(210页)

- Science Park
- North Station
- **WEST END** 西角区
- **NORTH END** 北角区
- Haymarket
- Bowdoin
- Cambridge St
- Charles/MGH
- **BEACON HILL** 比肯山
- Government Center
- State
- Aquarium
- **DOWNTOWN** 市中心
- Beacon St
- Boston Common 波士顿公园
- Park St
- Public Garden
- Downtown Crossing
- Boylston
- Essex St
- South Station
- Fort Point Channel
- Arlington
- Chinatown
- Copley
- Kneeland St
- Tufts Medical Center
- **BACK BAY** 后湾
- Back Bay/South End
- **CHINATOWN** 唐人街
- Prudential
- Massachusetts Avenue
- Broadway
- **SEAPORT DISTRICT** 海港区
- **SOUTH END** 南角区

去Institute of Contemporary Art 当代艺术学院(0.2mi);
Yankee Lobster Co (0.6mi);
Harpoon Brewery & Beer Hall (0.7mi)

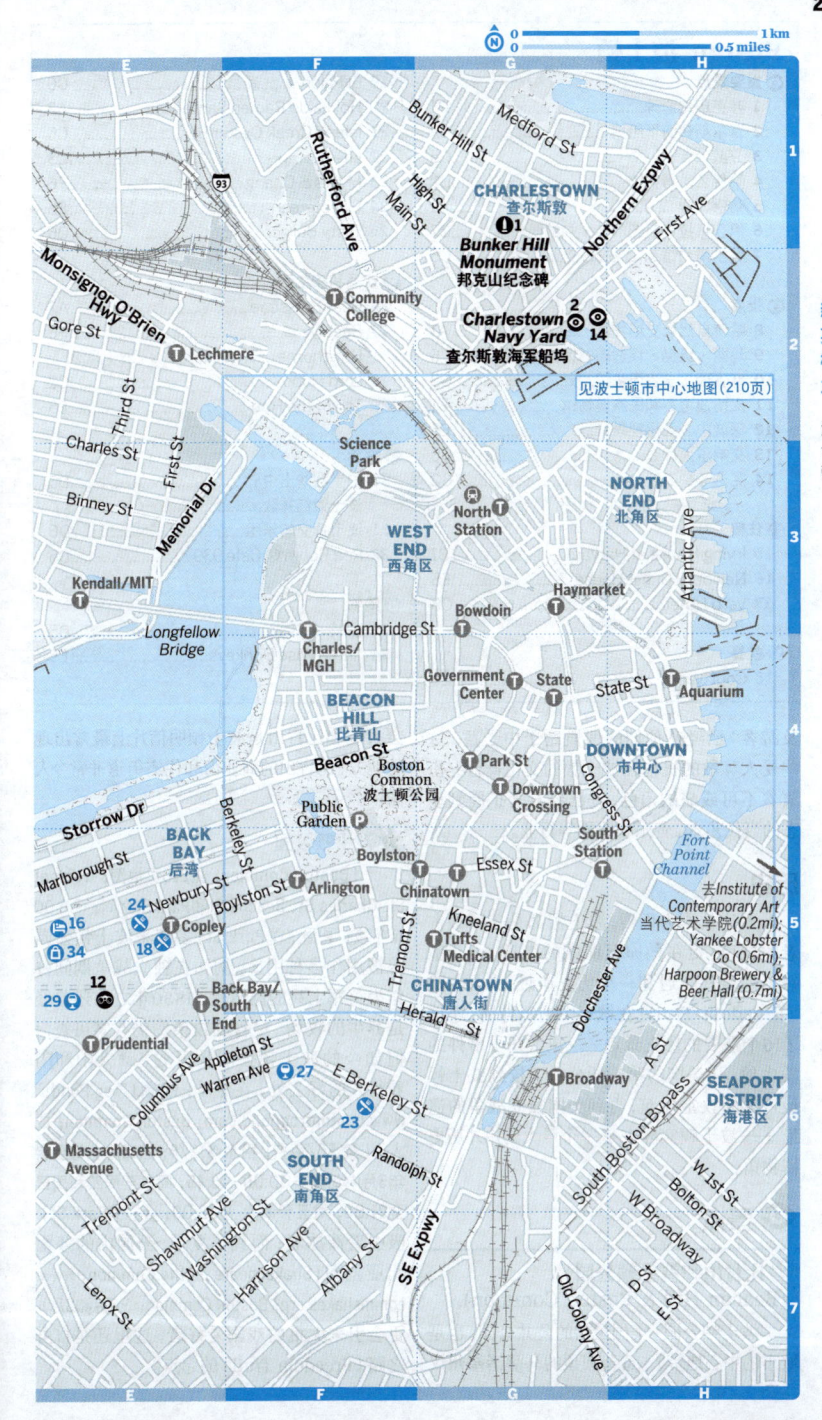

Boston 波士顿

◎ 重要景点
1. 邦克山纪念碑 G1
2. 查尔斯顿海军船坞 G2
3. 芬威公园 C5
4. 哈佛艺术博物馆 B2
5. 哈佛大学 A1
6. 伊莎贝拉·斯图尔特·加纳博物馆 C7
7. 美术博物馆 C6

◎ 景点
8. 哈佛自然历史博物馆 A1
9. 玛丽·贝克·埃迪图书馆和地球馆 D6
10. 麻省理工学院博物馆 C3
11. 皮博迪考古和民族博物馆 B1
12. 保诚中心天桥观景台 E5
13. 交响乐大厅 D6
14. 宪法号护卫舰 G2

🏨 住宿
15. Irving House at Harvard B1
16. Newbury Guest House E5
17. Verb Hotel C6

🍴 就餐
18. Courtyard E5
19. El Pelon C6
20. Hokkaido Ramen Santouka A2
21. Island Creek Oyster Bar C5
22. Life Alive C3
23. Myers & Chang F6
24. Sweetgreen E5
25. Tasty Burger C6

🍷 饮品和夜生活
26. Beat Brasserie A2
27. Beehive F6
    Hawthorne .... （见21）
28. Lord Hobo C2
29. Top of the Hub E5

🎭 娱乐
30. 伯克利演出中心 D5
    波士顿红袜队 .... （见3）
31. 波士顿交响乐团 D6
32. Red Room @ Café 939 .... D5

🛍 购物
33. 匡威 D5
34. Three Wise Donkeys E5

及游客）已经从他们的慷慨赠予中受益。这些受人尊敬的机构在波士顿的文化舞台上扮演着不可或缺的角色，并已经显著扩展到动态的当代艺术、音乐和戏剧等行业。

历史

无论从哪方面看，波士顿都是美国最老的城市。走在鹅卵石铺就的街道上，几乎每走一步就能遇到一个历史遗址。自由之路（Freedom Trail）在城市中蜿蜒伸展，连接了16个重要的历史景点——重大历史事件的发生地。从美国的第一所公立学校到波士顿最古老的教堂建筑，再到美国独立战争的遗址——波士顿实际上是一个巨大的户外历史博物馆。

◎ 景点

◎ 比肯山和波士顿公园
(Beacon Hill & Boston Common)

波士顿公园（美国最初的公共公园，也是城市的中心地带）、黄金圆顶的马萨诸塞州议会大厦和比肯山是波士顿明信片上最常出现的地方。比肯山的商业街和住宅街道非常令人愉快。

★ 波士顿公园　　　　　　　　　　公园

（Boston Common；见210页地图；Tremont St、Charles St、Beacon St和Park St之间；⏰6:00至午夜；🅿♿；🅃Park St）多年来波士顿公园曾被用作多种用途，例如在独立战争期间曾作为英军士兵的露营地，1830年之前还曾经是养牛的牧场。尽管放牧条例仍有案可查，但如今的波士顿公园是野餐、晒太阳和闲看行人的好去处。在冬季，蛙塘（Frog Pond；www.bostonfrogpond.com; Boston Common；成人/儿童 $6/免费，租金 $12/6；⏰11月中旬至次年3月中旬周一 10:00~15:45，周二至周四和周日至21:00，周五和周六 至22:00；♿；🅃Park St）吸引着溜冰者；而到了夏季，公园内的莎士比亚剧场（Shakespeare on the Common; www.commshakes.org; Boston Common；⏰7月和8月）更会引来大批的戏剧爱好者。这里还是自由之路（Freedom Trail）的起点。

★ 马萨诸塞州议会大厦 知名建筑

（Massachusetts State House；见210页地图；www.sec.state.ma.us；Beacon St与Bowdoin St交叉路口；⏲周一至周五 8:45~17:00, 团队游 周一至周五 10:00~15:30；ⓣPark St）**免费** 高踞在比肯山顶的州议会大厦是马萨诸塞州领导人和立法者们将想法变成具体政策和措施的地方。这块建筑用地由约翰·汉考克（John Hancock）提供。查尔斯·包芬奇（Charles Bulfinch）设计了这栋庄严的建筑，但把它称为"太阳系枢纽"的则是Oliver Wendell Holmes。可以参加免费的40分钟团队游了解这栋建筑的历史、艺术特色、建筑特色和曾在此任职的名人。

★ 公共花园 花园

（Public Garden；见210页地图；www.friendsofthepublicgarden.org；Arlington St；⏲黎明至黄昏；🅿；ⓣArlington）公共花园毗邻波士顿公园，占地24英亩，园内有维多利亚式的花坛、翠绿的草坪和遮蔽着潟湖的垂柳，宛如一片风光旖旎的绿洲。湖上可以乘坐老式的脚踏**天鹅船**（Swan Boats；见210页地图；www.swanboats.com；Public Garden；成人/儿童 $3.50/2；⏲4月中旬至6月中旬 10:00~16:00, 6月末至8月至17:00, 9月上半月 正午至16:00），它一直以来都深受孩子的喜爱。公共花园中最令人喜爱的就是雕塑作品"**为鸭子一家让路**"（Make Way for Ducklings；见210页地图），展现了野鸭夫人（Mrs Mallard）带着8只小鸭排着一队向前走的样子，这些鸭子是Robert McCloskey最受欢迎的小说中的主角。

谷仓墓地 墓地

（Granary Burying Ground；见210页地图；Tremont St；⏲9:00~17:00；ⓣPark St）历史最早可追溯至1660年的谷仓墓地，挤满了墓碑，历史感凝重，还有很多引人回忆（或者毛骨悚然）的雕刻。许多波士顿名人均长眠于此，其中包括独立战争时期的英雄保罗·里维尔（Paul Revere）、塞缪尔·亚当斯（Samuel Adams）、约翰·汉考克（John Hancock）和詹姆斯·奥蒂斯（James Otis）。本杰明·富兰克林之墓在费城，但富兰克林的家族墓地在这里，他的父母长眠在此。

在波士顿的两天

第一天

在波士顿度过你的第一天，沿着"自由之路"（Freedom Trail；见218页）徒步，它的起点在波士顿公园（见208页），绵延穿过市中心。虽然没有时间进入每一个博物馆参观，但你可以通过欣赏建筑来了解这里的历史。亮点包括旧南区集会所（Old South Meeting House）、旧议会大厦（Old State House）和法纳尔大厅（Faneuil Hall；见213页）。

在下午，沿着自由之路前往北端，在那里，你可以游览历史悠久的保罗·里维尔故居（见214页）、旧北教堂（见213页）和谷仓墓地（见本页）。还可以看到高雅的Liberty Hotel（见219页），那里是查尔斯街监狱（Charles St Jail）的旧址。

第二天

上午可以用来欣赏波士顿最卓越的建筑，这些建筑聚集在科普利广场（Copley Sq；见214页）周围。观赏波士顿公共图书馆的艺术品和书籍，欣赏三一教堂（Trinity Church）宏伟的彩色玻璃窗，凝视约翰·汉考克大楼（John Hancock Tower）的干净线条。

下午的时间留给波士顿宏伟的美术馆之一。不幸的是，你必须在美术博物馆（见215页）的优秀的、百科全书般的收藏和伊莎贝拉·斯图尔特·加纳博物馆（见216页）更小但同样不凡的展览之间做出选择。不管怎样，你都不会失望的。

晚上，在音响华丽的交响乐大厅（见216页）欣赏波士顿交响乐团的演出，或者在芬威公园（见215页）选择一些低调的娱乐活动，观看一场棒球比赛，或在Lansdowne St的酒吧喝酒。

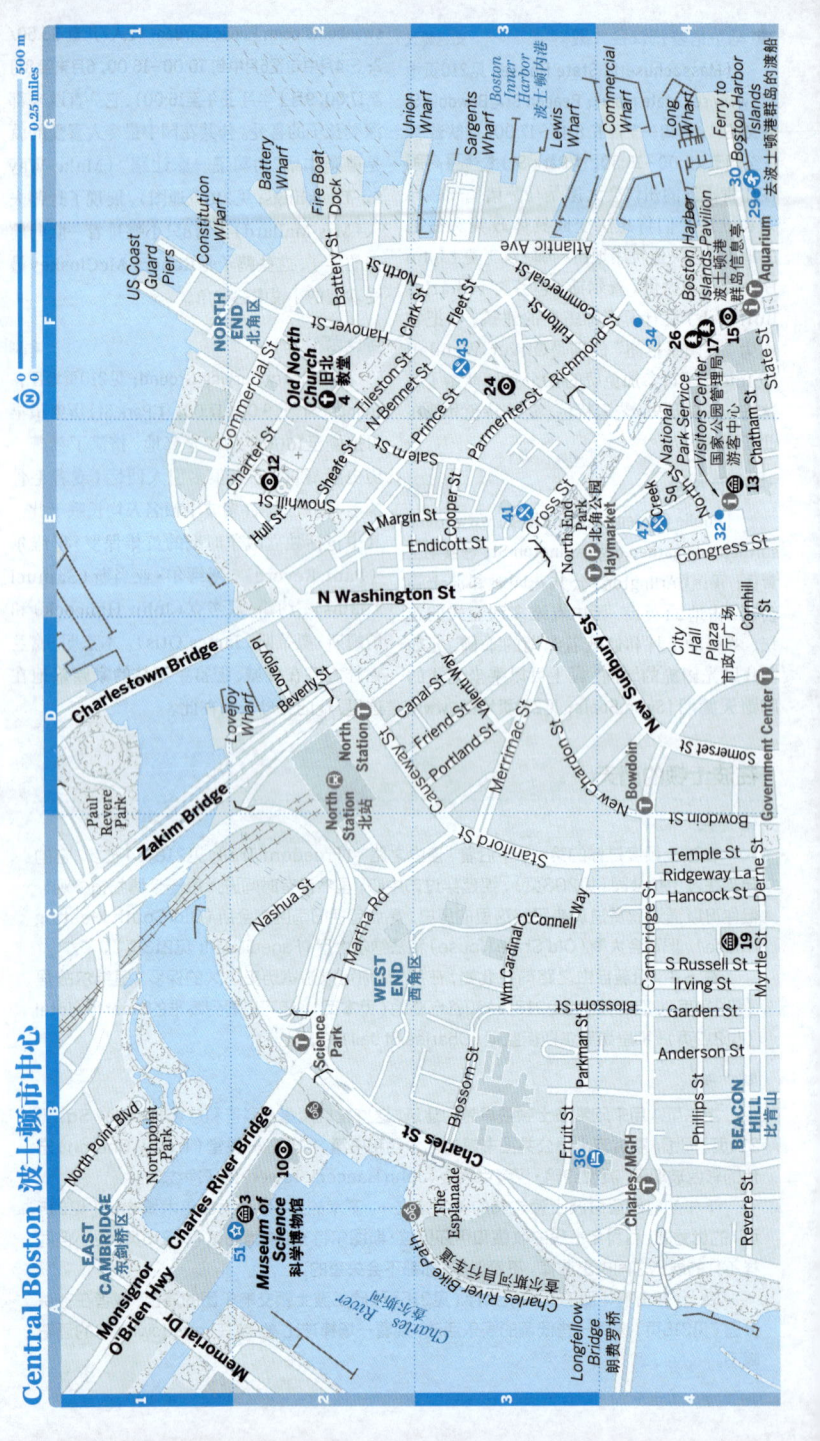

Central Boston 波士顿市中心

新英格兰 波士顿

211

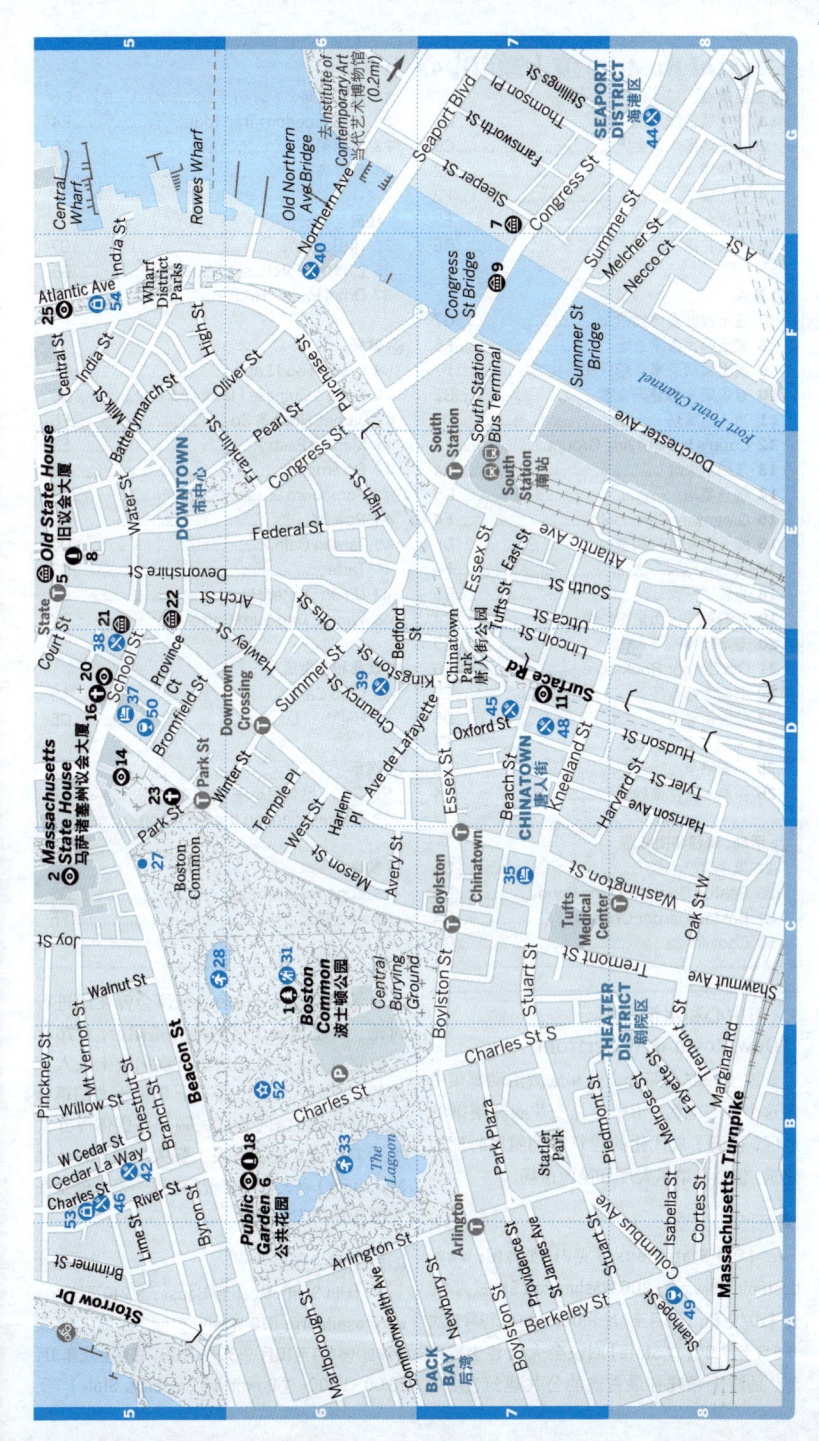

新英格兰 波士顿

SEAPORT DISTRICT 海港区

DOWNTOWN 市中心

- Old State House 旧议会大厦
- Massachusetts State House 马萨诸塞州议会大厦
- Institute of Contemporary Art 当代艺术博物馆
- Old Northern Ave Bridge
- South Station 南站
- South Station Bus Terminal
- Boston Common 波士顿公园
- Public Garden 公共花园
- CHINATOWN 唐人街
- Chinatown Park 唐人街公园
- THEATER DISTRICT 剧院区
- BACK BAY 后湾

Streets and landmarks:
Central Wharf, Rowes Wharf, Wharf District Parks, Atlantic Ave, Central St, India St, Milk St, Batterymarch St, High St, Oliver St, Pearl St, Franklin St, Congress St, Federal St, Water St, Devonshire St, Arch St, Hawley St, Otis St, Summer St, Bedford St, Kingston St, Essex St, Chauncy St, Ave de Lafayette, Beach St, Oxford St, Tufts St, Lincoln St, Utica St, South St, East St, Atlantic Ave, Dorchester Ave, Port Point Channel, Summer St Bridge, Necco Ct, Melcher St, Summer St, Congress St, Seaport Blvd, Thomson Pl, Stillings St, Farnsworth St, Sleeper St, Hudson St, Kneeland St, Harvard Ave, Tyler St, Oak St W, Washington St, Tremont St, Shawmut Ave, Tufts Medical Center, Harrison Ave, Marginal Rd, Massachusetts Turnpike, Stanhope St, Columbus Ave, Cortes St, Isabella St, Berkeley St, Providence St, St James Ave, Arlington St, Newbury St, Boylston St, Commonwealth Ave, Marlborough St, Beacon St, Storrow Dr, Brimmer St, Lime St, River St, Byron St, Charles St, Chestnut St, Branch St, W Cedar St, Cedar La Way, Willow St, Mt Vernon St, Walnut St, Pinckney St, Joy St, Park St, Tremont St, Winter St, Temple Pl, West St, Mason St, Avery St, Boylston St, Stuart St, Charles St S, The Lagoon, Central Burying Ground, Piedmont St, Statler Park, Park Plaza, Fayette St, Melrose St, Court St, State St, School St, Province Ct, Bromfield St, Downtown Crossing, Park St, Harlem Pl, Surface Rd

Central Boston 波士顿市中心

◎ 重要景点
1 波士顿公园 C6
2 马萨诸塞州议会大厦 C5
3 科学博物馆 A2
4 旧北教堂 F2
5 旧议会大厦 E5
6 公共花园 B6

◎ 景点
7 波士顿儿童博物馆 G7
8 波士顿大屠杀遗址 E5
9 波士顿倾茶事件船只和博物馆 F7
10 查尔斯·海登天文馆 B2
11 唐人街牌坊 D7
12 Copp's Hill Burying Ground E2
13 法纳尔大厅 E4
14 谷仓墓地 D5
15 Greenway Carousel F4
16 国王的礼拜堂和墓地 D5
17 谷仓墓地 F4
18 为鸭子一家让路 B6
19 非裔美国人历史博物馆 C4
20 老市政厅 D5
21 Old Corner Bookstore E5
22 旧南区集会所 E5
23 公园街教堂 D5
24 保罗·里维尔故居 F3
25 环形喷泉 F5
26 罗斯·肯尼迪绿道 F4

✪ 活动、课程和团队游
27 黑人遗产小径 C5
28 Boston Common Frog Pond C5
29 Boston Harbor Cruises G4
30 Codzilla G4
31 自由之路 C6
32 NPS Freedom Trail Tour E4
33 天鹅船 B6
34 都市骑行 F4

🛏 住宿
35 HI-Boston C7
36 Liberty Hotel B3
37 Omni Parker House D5

🍴 就餐
38 Clover Food Lab D5
39 Gene's Chinese Flatbread D6
40 James Hook & Co F6
41 Maria's Pastry E3
42 Paramount B5
43 Pomodoro F3
44 Row 34 .... G8
45 Taiwan Cafe D7
46 Tatte B5
47 Union Oyster House E4
48 Winsor Dim Sum Cafe D7

🍸 饮品和夜生活
49 Club Café A8
50 Highball Lounge D5

🎭 娱乐
51 莫加·欧姆尼剧院 A2
52 Shakespeare on the Common .. B6

🛍 购物
53 Eugene Galleries B5
54 绿道露天市场 F5

◎ 市中心和水滨
(Downtown & Waterfront)

波士顿的大部分商业和旅游活动都集中在这个中心地区。市中心是一片熙熙攘攘的地区，挤满了现代化的建筑群和殖民时期的建筑，包括法纳尔大厅和昆西市场。

★ 旧议会大厦　　　　　　历史建筑

（Old State House；见210页地图；www.bostonhistory.org；206 Washington St；成人/儿童 $10/免费；⊙6月至8月 9:00~18:00，9月至次年5月至17:00；ⓣState）旧议会大厦建于1713年，是波士顿现存最古老的公共建筑，独立战争爆发的前夜，马萨诸塞议会曾在此进行讨论。该建筑最出名的地方是阳台，1776年《独立宣言》就是在这里首次向波士顿人宣读的。旧议会大厦里面有个规模不大的革命纪念博物馆，馆内通过视频和多媒体等方式展示着与独立战争前波士顿大屠杀（Boston Massacre）有关的历史资料。这一事件就是在大厦正前方发生的。

旧南区集会所　　　　　　历史建筑

（Old South Meeting House；见210页地图；www.osmh.org；310 Washington St；成人/儿童 $6/1；⊙4月至10月 9:30~17:00，11月至次年3月 10:00~16:00；ⓣDowntown Crossing, State）"反

对茶叶收税！"1773年12月16日，5000名愤怒的殖民地居民集结在这里，抗议英国征税，随即爆发"波士顿倾茶事件"。从博物馆的网站下载"倾茶事件"集会之前的一段音频，然后到这座优雅的会所参观关于这座建筑和抗议活动历史的展览。

罗斯·肯尼迪绿道　　　　　　　公园

（Rose Kennedy Greenway；见210页地图；www.rosekennedygreenway.org；🅿️；🅃Aquarium, Haymarket）通往最近重新焕发出活力的滨水地区。这条蜿蜒的绿道多年前曾经是一条宽阔的高架公路，如今两旁有27英亩的园林、喷泉环绕的绿地和公共艺术装置，周末公园里有艺术家经营的绿道露天市场（Greenway Open Market；见210页地图；www.newenglandopenmarkets.com；🕙5月至10月 周六，另加每月第一个和第三个周日11:00~17:00；☎；🅃Aquarium），平时还有很多美食车出售午餐。你可以在造型奇特的环形喷泉处纳凉，在宁静的绿地迷宫中漫步，也可以去骑一骑专门制作的以波士顿风格为主题的绿道旋转木马（Greenway Carousel）。

法纳尔大厅　　　　　　　　　历史建筑

（Faneuil Hall；见210页地图；www.nps.gov/bost；Congress St；🕙9:00~17:00；🅃State, Haymarket, Government Center）**免费** "不敢听自由言论的人最好回家去"，Wendell Phillips说，"甘当奴隶的人滚出法纳尔大厅"。实际上，这个公共集会所曾发生过多次煽动事件，故此得名"自由的摇篮"。独立战争以后，法纳尔大厅曾作为讨论废除奴隶制、女性参政和战争等会议的会场。这座历史悠久的建筑2楼对公众开放，从国家公园管理局（National Park Service，NPS）的工作人员那里还可以聆听有关于这座建筑的历史。

波士顿设计博物馆　　　　　　博物馆

（Design Museum Boston；www.designmuseumboston.org；🕙时间不定）波士顿设计博物馆会让你重新定义"博物馆"，它会把展品带到你眼前。这个"快闪式"博物馆会在城市周围的公共空间里举行展览——从购物中心到公共公园，再到机场，无处不在。

⦿ 西角区和北角区 (West End & North End)

虽然西角区和北角区在地理上相邻，但它们在氛围上绝对是两个世界。西角区是一个没有多少热情的地区。相比之下，北角区就热闹得多，街道两旁有许多意大利的ristoranti和salumerie（熟食店）。

★科学博物馆　　　　　　　　博物馆

（Museum of Science；见210页地图；www.mos.org；Charles River Dam；成人/儿童 \$25/20；🕙7月和8月 周六至周四 9:00~19:00，9月至次年6月至17:00，全年 周五 至21:00；🅿️；🅃Science Park/West End）这个极具教育意义的博物馆有600多个互动展览。最受欢迎的包括世界上最大的闪电球、一个全尺寸的太空舱、一个世界人口计量表和一个令人印象深刻的恐龙展览。孩子和成年人都可以尽情地探索电脑和技术，地图和模型，鸟类和蜜蜂，以及人类的进化。最近增加的项目包括"人类生活厅"（Hall of Human Life）——游客可以在那里看到小鸡的孵化，还有约基画廊（Yawkey Gallery），那里有一个可以俯瞰查尔斯河（Charles River）的大落地窗。

探索中心是8岁以下儿童的互动游戏区。博物馆里还有查尔斯·海顿天文馆（Charles Hayden Planetarium；见210页地图；www.mos.org；Museum of Science, Charles River Dam；成人/儿童 \$10/8；🕙周六至周四 9:00~17:00，周五 至21:00）和莫加·欧姆尼剧院（Mugar Omni Theater；见210页地图；www.mos.org；Science Museum, Charles River Dam；成人/儿童 \$10/8；🅿️）。

★旧北教堂　　　　　　　　　教堂

（Old North Church；见210页地图；www.oldnorth.com；193 Salem St；建议捐款 \$3，团队游成人/儿童 \$6/4；🕙6月至10月 9:00~18:00，3月至5月、11月和12月 9:00~17:00，1月和2月 10:00~16:00；🅃Haymarket；North Station）朗费罗（Longfellow）的《保罗·里维尔骑马来》（*Paul Revere's Ride*）令这座优美的教堂永远被人铭记。就是在这里，1775年4月18日的晚上，教堂司事往塔尖上挂了两盏灯，示意英军经海路逼近列克星敦和康科德。这个英国国教教堂又名基督教堂（Christ Church），始建于1723年，是波士顿最古老的教堂。

保罗·里维尔故居
古迹

（Paul Revere House；见210页地图；www.paulreverehouse.org；19 North Sq；成人/儿童 $5/1；◉4月中旬至10月 9:30~17:15，11月至次年4月中旬 至16:15，1月至3月 周一闭馆；⊤Haymarket）银匠保罗·里维尔从其位于北广场（North Sq）的家出发，策马飞奔向爱国者们发出警报：英国士兵已逼近列克星敦和康科德。这个用木板搭建的小屋建于1680年，是波士顿最古老的房子。穿屋过院的自助游，足以让你对里维尔的生活（16个孩子！）有所了解。

◉ 海港区（Seaport District）

海港区是波士顿南部的一个区域，由于现代艺术博物馆的蓬勃发展和新的餐饮选择的激增，它正在快速发展成为一个极具吸引力的水滨目的地。再往南西走，可以享受海边的微风、了解一点历史，还可以找到大量的啤酒。

★ 当代艺术博物馆
博物馆

（Institute of Contemporary Art，简称ICA；www.icaboston.org；25 Harbor Shore Dr；成人/儿童 $15/免费；◉周二、周三、周六和周日 10:00~17:00，周四和周五 至21:00；⬛；◨SL1, SL2，⊤South Station）当代艺术博物馆已经引领着波士顿成为21世纪现代艺术的焦点。作为水边一座从上到下通体玻璃的大楼，当代艺术博物馆的悬挑式建筑本身就是一件艺术杰作。馆内灯光通明，面积宽阔，为展览多媒体展示、教育项目和工作室，以及永久藏品提供了足够的空间。

波士顿儿童博物馆
博物馆

（Boston Children's Museum；见210页地图；www.bostonchildrensmuseum.org；308 Congress St；$16，周五 17:00~21:00 $1；◉周六至周四 10:00~17:00，周五 至21:00；⬛；⊤South Station）⚑令人愉快的波士顿儿童博物馆举办极具教育意义的互动展览，可以让孩子们娱乐好几个小时。亮点包括一个泡泡展、攀岩墙、一个可以亲自动手的建筑工地和跨文化的体验。光线充足的中庭有一个令人惊叹的3层攀岩迷宫。天气好的时候，孩子们可以在水上公园用餐和玩耍，享受户外活动的快乐。在Fort Point Channel寻找标志性的Hood牛奶瓶。

波士顿倾茶事件船只和博物馆
博物馆

（Boston Tea Party Ships & Museum；见210页地图；www.bostonteapartyship.com；Congress St Bridge；成人/儿童 $28/18；◉10:00~17:00，团队游最后发团时间 16:00；⬛；⊤South Station）"今晚将茶叶倒进波士顿港！"为了抗议各种不公平的税收，一伙抗议的早期移民将342箱茶叶倒进海里。1773年的"波士顿倾茶事件"成为美国独立战争的导火索。如今，倾茶事件中那些商船的复制品停泊在格里芬码头（Griffin's Wharf），旁边有一座极好的体验式历史博物馆，讲述了独立战争中这一重大事件。博物馆使用事件重演、多媒体和其他方式展示"波士顿倾茶事件"的方方面面。

◉ 南角区和唐人街

唐人街、剧院区和皮革区的交界参差交错，到处都是耀眼的剧院、中国餐馆以及波士顿制鞋和皮革工业的遗址（现在已经被改造成为阁楼和俱乐部）。在附近，南角区的维多利亚式建筑已经被艺术家所改造，创造了一个充满活力的餐厅和画廊场景。

唐人街牌坊
地标

（Chinatown Gate；见210页地图；Beach St；⊤Chinatown）唐人街的正式入口是这个装饰性的大门（牌坊），它是来自台北的一件礼物。这是一种象征——不仅是游客参观唐人街的入口，也是定居在这里的移民的入口。移民们与这里建立了关系，并在他们的新家园扎根。

◉ 后湾

后湾区包括了这座城市最时尚的橱窗购物、喝咖啡和观看人群的地方，Newbury St和科普利广场（Copley Sq）周围，还有最优雅的建筑。

科普利广场是后湾建筑的最佳代表，它优雅地融合了不同的元素，如文艺复兴式的波士顿公共图书馆（Boston Public Library www.bpl.org）、理查德森罗马式的三一教堂（Trinity

Church; www.trinitychurchboston.org)和现代主义的约翰·汉考克大厦(John Hancock Tower)。科普利广场应该是到达后湾的第一站,在这里你可以消磨一小时甚至一天的时间。

玛丽·贝克·埃迪图书馆和地球馆　　图书馆

(Mary Baker Eddy Library & Mapparium;见206页地图;www.marybakereddylibrary.org; 200 Massachusetts Ave;成人/儿童 $6/4;周二至周日 10:00~16:00;📷;🚇Symphony)玛丽·贝克·埃迪图书馆是波士顿的一大宝藏。迷人的地球馆是一个房间大小的彩色玻璃地球,游客们可以在玻璃桥上走过。它建于1935年,该球的地缘政治边界反映了当年的社会现实。这里的音响效果甚至让设计师都感到惊讶,房间里的每个人都能听到哪怕是最细微的低语。

保诚中心天桥观景台　　观景台

(Prudential Center Skywalk Observatory;见206页地图;www.skywalkboston.com; 800 Boylston St;成人/儿童 $18/13;⏰3月至10月 10:00~22:00,11月至次年2月 至20:00;🅿️📷;🚇Prudential)这座被叫作"保诚中心商场"的地标性城市建筑其实就是一个不错的购物中心,但是位于50层的天桥是俯瞰波士顿全貌的好地方,景色一览无余。在完全用玻璃密封的天桥上能看到波士顿和剑桥的全景。游客可以戴上语音导游器(另有儿童专用版),讲解内容十分有趣。或者在 **Top of the Hub**(见206页地图;📞617-536-1775; www.topofthehub.net; 800 Boylston St;⏰11:30至次日1:00;📷;🚇Prudential)餐厅买一杯饮品,也能欣赏到同样的美景。

◎ 肯莫尔广场和芬威 (Kenmore Square & Fenway)

肯莫尔广场和芬威吸引了夜店爱好者和棒球迷来到芬威球场(Fenway Park)周边的街道;艺术爱好者和文艺青年们则前往艺术大道(Avenue of the Arts; Huntington Ave)沿线的艺术机构。

★芬威公园　　公园

(Fenway Park;见206页地图; www.redsox.com; 4 Yawkey Way;团队游 成人/儿童 $20/14,升级团队游 $35;⏰9:00~17:00;🚇Kenmore)是什么让芬威球场成为美国最受欢迎的球场?不仅仅因为这里是波士顿红袜队(Boston Red Sox)的主场。它于1912年开放,是美国历史最悠久的棒球场。因此,这个公园有许多奇怪之处,可以让你拥有独特的体验。可以参加一次球场之旅。

★美术博物馆　　博物馆

(Museum of Fine Arts,简称MFA;见206页地图; www.mfa.org; 465 Huntington Ave;成人/儿童 $25/免费;⏰周六至周二 10:00~17:00,周三至周五 至22:00;🚇Museum of Fine Arts, Ruggles)自

带孩子游波士顿

波士顿是个巨大的历史博物馆,有许多适合儿童的生动而信息量丰富的实地旅游项目。鹅卵石街道和穿着古代服装的导游将孩子们在书中读到的历史生动地呈现在游客眼前。可触摸的实验和互动展品集教育和娱乐为一体。

➔ 小脚丫逛波士顿(Boston for Little Feet;见218页)专门为6~12岁儿童设计的步行游览,是唯一沿自由小道游览的线路。在出发前,可以为你的孩子下载一个适合儿童的播客或阅读清单(www.thefreedomtrail.org)。

➔ 查尔斯河(Charles River)上的波士顿鸭子游(Boston Duck Tours;见218页)适合各个年龄段的儿童。额外福利:出游过程中,我们鼓励孩子们学鸭子嘎嘎叫。

➔ 都市骑行(Urban AdvenTours;见210页地图;📞617-670-0637; www.urbanadventours.com; 103 Atlantic Ave;团队游 $40起,出租24小时 $40~75;⏰4月至9月 9:00~20:00,10月至次年3月 时间缩短;🚇Aquarium)适合各个年龄段的儿童。出租儿童自行车和头盔,还有为学步儿童准备的拖车。

1876年开始,这座美术博物馆一直被当地、国内及国际艺术家看作在波士顿展示他们艺术作品的首选场馆。如今,这里的馆藏作品覆盖各个年代(从古代到现代)和地球的各个角落,堪称真正的百科全书。最近增建了"美洲艺术"(Art of the Americas)和"当代艺术"(contemporary art)这两个新馆,使得波士顿成为新兴的21世纪艺术中心。

★ 伊莎贝拉·斯图尔特·加纳博物馆 博物馆

(Isabella Stewart Gardner Museum;见206页地图;www.gardnermuseum.org;25 Evans Way;成人/儿童 \$15/免费;⊙周三至周一 11:00~17:00,周四 至21:00;TMuseum of Fine Arts)直到1924年"杰克夫人"加纳去世以前,这座宏大的威尼斯式豪宅一直是她的居所,现在这里成了博物馆。作为一个女人对于精美艺术的品味的鉴证,加纳博物馆收藏了主要来自欧洲的将近2500件无价珍品,包括大量美丽的挂毯以及意大利文艺复兴时期和17世纪荷兰的绘画。四层楼高的温室天井既是建筑杰作,又是个安静的绿洲,仅此就物超所值。

交响乐大厅 历史建筑

(Symphony Hall;见206页地图;www.bso.org;301 Massachusetts Ave;⊙时间不定;TSymphony)这座宏伟的建筑自1900年以来一直是波士顿交响乐团(Boston Symphony Orchestra)的所在地,由麦克基姆(McKim)、米德(Mead)和怀特(White)建造。游客可以游览大厅的公共空间,然后参加一小时的免费团队游参观幕后。团队游日期不定,需要预订。

◎ 剑桥

★ 哈佛大学 大学

(Harvard University;见206页地图;www.harvard.edu;Massachusetts Ave;THarvard)培养了众多政府高官的哈佛大学建于1636年,是美国最古老的大学。这家常春藤联盟的第一所大学有8个学生后来成为美国总统,还有几十个获得诺贝尔奖和普利策奖。哈佛大学的地理中心是哈佛庭院(Harvard Yard),那里有落叶覆盖的小径和红砖建筑,弥漫着浓浓的学术气氛。免费的哈佛庭院历史之旅从史密斯校园中心(Smith Campus Center;见206页地图;www.harvard.edu/visitors;30 Dunster St;⊙周一至周六 9:00~17:00;THarvard)出发;还提供自助导览游。

★ 哈佛艺术博物馆 博物馆

(Harvard Art Museum;见206页地图;www.harvardartmuseum.org;32 Quincy St;成人/儿童/学生 \$15/免费/\$10;⊙10:00~17:00;THarvard)哈佛的艺术博物馆在2014年完成了修复和扩建工程,使得大学多达25万件藏品得以汇聚在一栋非常美观的建筑内,该建筑由杰出的建筑师伦佐·皮亚诺(Renzo Piano)设计。哈佛的艺术收藏遍及全球,藏品关注亚洲和伊斯兰文化(从前收藏在Arthur M Sackler Museum)、欧洲北部和日耳曼文化(从前收藏在Busch-Reisinger Museum)以及其他西方艺术,尤其是欧洲现代主义的艺术作品。

麻省理工学院博物馆 博物馆

(MIT Museum;见206页地图;http://mitmuseum.mit.edu;265 Massachusetts Ave;成人/儿童 \$10/5;⊙7月和8月 10:00~18:00,9月至次年6月 至17:00;P;TCentral)麻省理工学院(Massachusetts Institute of Technology,简称MIT)聪明而勤奋的头脑设计出了这个城市中最诡异的博物馆。例如,这里有一个名为"Robots and Beyond"的展览,展示了麻省理工学院正在进行的人工智能研究。你可以遇到跟人类非常相似的机器人,如观察敏锐的Cog和品貌兼优的Kismet,并看看它们是否比人类聪明。

哈佛自然历史博物馆 博物馆

(Harvard Museum of Natural History;见206页地图;www.hmnh.harvard.edu;26 Oxford St;成人/儿童/学生 \$12/8/10;⊙9:00~17:00;;86,THarvard)这个机构以其植物画廊闻名,有3000多件手工吹制的玻璃花和植物。作为艺术和科学的共同杰作,精心制作的植物群的藏品相当迷人。这里还有一个更小型的补充展览——玻璃海洋生物(Sea Creatures in Glass)展览,展品也来自上述艺术家。它附近的动物画廊收藏了大量填充动物标本和重新组装的骨骼,以及令人印象深刻的化石收藏。其他一些很酷的展览包括气候变化、闪闪发光的宝石和节肢动物。

步行游览
自由之路

起点: 波士顿公园
终点: 邦克山纪念碑
距离: 2.5英里
需时: 3小时

从 ❶ **波士顿公园**（见208页）出发，它是美国最古老的公园。在北侧，你绝不会错过金色穹顶的 ❷ **马萨诸塞州议会大厦**（见209页），它坐落在比肯山上。沿着Tremont St向北走，你将经过 ❸ **帕克街教堂**的高耸尖塔和 ❹ **谷仓墓地**（见209页）埃及复兴风格的大门。

在School St，廊柱建筑 ❺ **国王礼拜堂**俯瞰着它旁边的墓地。在School St向东转，可以留意 ❻ **老市政厅**外面的牌匾，纪念波士顿第一所公立学校的所在地。

沿着School St继续走，经过 ❼ **老拐角书店（Old Corner Bookstore）**。在它的斜对面，是 ❽ **旧南区集会所**（见212页），你可以在那里了解"波士顿倾茶事件"。沿着Washington St向北走，来到 ❾ **旧议会大厦**（见212页），这是该市首次公开宣读《独立宣言》的地点。旧议会大厦外面有一圈用鹅卵石围成的 ❿ **波士顿惨案遗址**，这里是革命的又一催化剂。穿过十字路口，历史悠久的 ⓫ **法纳尔大厅**（见213页）是有250年历史的公众集市场所和市场。

从法纳尔大厅出发，沿着Hanover St穿过罗斯·肯尼迪绿道（Rose Kennedy Greenway）。再向东走一个街区，即可到达北部广场，那里是 ⓬ **保罗·里维尔故居**（见214页）的遗址。沿着Hanover St返回，在Paul Revere Mall可以看到一个可爱的 ⓭ **旧北教堂**（见213页）。从教堂出发，沿Hull St继续往西北方向走，即可到达 ⓮ **Copp's Hill Burying Ground**，那里可以看到河流对面的查尔斯敦。

穿过查尔斯敦桥，沿着Constitution Rd，可以到达查尔斯敦海军工厂，在那里你将看到 ⓯ **"宪法号"护卫舰**，它是全世界最古老的仍在服役的军舰。最后，在查尔斯顿中心的历史街区蜿蜒前行，前往 ⓰ **邦克山纪念碑**，那里是美国独立战争第一场战役的遗址。

皮博迪考古和民族博物馆 博物馆

(Peabody Museum of Archaeology & Ethnology；见206页地图；www.peabody.harvard.edu；11 Divinity Ave；成人/儿童/学生 $12/8/10；◎9:00~17:00；🚌86，Ⓣ Harvard) 皮博迪考古和民族博物馆的中心建筑是令人印象深刻的北美印第安人大厅 (Hall of the North American Indian)，它记录了印第安人对于15~18世纪到来的欧洲人的反应。其他的展览还展示了美洲各地的土著文化，对洞穴绘画以及 Awatovi (新墨西哥)、Maya (危地马拉) 和 Moche (秘鲁) 的壁画进行了详细的比较。

🏃 活动

考虑到波士顿庞大的学生群体和广阔的绿色空间，看到城市户外活动的人们沿着滨海大道 (Esplanade) 跑步，沿着"翡翠项链 (Emerald Necklace)"骑自行车，也就不足为奇了。如果你想要进行海上游览，查尔斯河和波士顿港提供了皮划艇、帆船甚至游泳的机会。

★ 自由之路 徒步

(Freedom Trail；见210页地图；www.thefreedomtrail.org；Ⓣ Park St) 如果想要游览波士顿的革命景点，可以沿着红砖铺就的道路徒步。这条道路穿过波士顿中心，从波士顿公园延伸到邦克山纪念碑 (Bunker Hill Monument)，你可以找到独立战争之后发生的重大事件的痕迹。自由之路标识清晰，自己走也很容易。更多关于这条徒步小径的信息，请参见217页。

Codzilla 乘船游

(见210页地图；www.bostonharborcruises.com/codzilla；1 Long Wharf；成人/儿童 $29/25；◎5月至10月初 时间不定；Ⓣ Aquarium) 用"划船"来描述这种活动可能并不是很恰当，你将乘坐2800马力的快艇，以每小时40英里的速度在海浪中航行。这艘船的外形像一条露出牙齿的鲨鱼，它有着独特的船体设计，使它能在海洋中绕圈行进。

Boston Harbor Cruises 游轮

(BHC；见210页地图；📞617-227-4321；www.bostonharborcruises.com；1 Long Wharf；成人/儿童 $29/25；Ⓣ Aquarium) Boston Harbor Cruises 有50艘船舶，夏季时每天会发300班以上的船，它声称自己是美国历史最悠久、规模最大的客船运营商。对于那些想要进行水上游览的人来说，这里有从波士顿的内港附近出发的基本的历史观光之旅、日落巡游、周末灯塔巡游、观鲸之旅等，各种各样的选择令人眼花缭乱。

👉 团队游

波士顿徒步游 徒步

(Boston by Foot；www.bostonbyfoot.com；成人/儿童 $15/10；👟) 这个非营利性的90分钟步行团队游很不错，分为"美国文学中心""波士顿的黑暗面"和"小脚丫逛波士顿"(自由小道步行游的儿童版本) 等不同的主题。

黑人遗产小径 徒步

(Black Heritage Trail；见210页地图；www.nps.gov/boaf；◎团队游 7月和8月 周一至周六10:00、正午和13:00；Ⓣ Park St) 国家公园管理局组织精彩的、内容丰富的导览游，历时90分钟，探索废奴运动的历史，以及在比肯山定居的非裔美国人的历史。团队游从波士顿公园的罗伯特·古尔德·肖 (Robert Gould Shaw) 纪念碑出发。另外，还可以参加国家公园管理局自由之路 (NPS Freedom Trail；www.nps.gov/bost/planyourvisit/app.htm) App中的自助导览游或从非裔美国人历史博物馆 (Museum of African American History；见210页地图；www.maah.org；46 Joy St；成人/儿童 $5/免费；◎周一至周六 10:00~16:00；Ⓣ Park St，Bowdoin) 获得一份地图。

波士顿鸭子游 乘船游

(Boston Duck Tours；📞617-267-3825；www.bostonducktours.com；成人/儿童 $39.50/27；👟；Ⓣ Aquarium、Science Park、Prudential) 人气超高的观光游。使用第二次世界大战时期的水陆两用车，穿过城市的街道，然后下到查尔斯河。行程用时80分钟，有3个出发地点：科学博物馆、保诚中心和新英格兰水族馆。需要预订。

✦ 节日和活动

★ 波士顿马拉松　　　　　　　体育节

（Boston Marathon；www.baa.org；◎4月的第三个周一）美国最负盛名的马拉松赛事之一，比赛全程26.2英里，终点是科普利广场（Copley Sq）。举办时间是4月的第三个周一，时值马萨诸塞州特有的节日——爱国者日（Patriots Day）。

波士顿同性恋狂欢节　　　　　同性恋

（Boston Pride Festival；☏617-262-9405；www.bostonpride.org；◎6月）在6月的第一周，波士顿会举办这个目前已成为全国性的庆典活动，在市政厅广场（City Hall Plaza）升起彩虹旗。活动历时一整周，其中的亮点是6月的第二个周六的同性恋游行和节日。

美国独立日　　　　　　　　　文化节

（Independence Day；www.bostonpopsjuly4th.org；◎7月4日）波士顿会举办美国最隆重的独立日庆典活动之一，包括在Esplanade的一场免费的波士顿流行音乐会以及通过电视向全国直播的烟火表演。

⛺ 住宿

波士顿有各种各样的住宿，从历史街区的迷人客栈到设施齐全的豪华酒店，无所不包。波士顿的学生人群众多，但很少有针对"穷游族"和背包客的住宿选择。

HI-Boston　　　　　　　　　青年旅舍 $

（见210页地图；☏617-536-9455；www.bostonhostel.org；19 Stuart St；铺 $40起，双 带浴室 $170起；❄@☎；ⓉChinatown或Boylston）这家旅舍是波士顿国际青年旅舍联盟（HI-Boston）成员，位于有些年头的Dill Building中，是城市青年旅舍的标杆，设施现代而且环保。专门的旅舍房间和共用浴室又舒服又干净。公共空间很多，从拥有全套厨具的厨房到一楼时髦的咖啡馆应有尽有，这里还提供全年的各项活动。

Irving House at Harvard　　　客栈 $$

（见206页地图；☏617-547-4600；www.irvinghouse.com；24 Irving St；房 带/不带浴室 $255/155起；P❄@☎；ⓉHarvard）更像一个大型假日酒店或家一般温馨的旅馆，再疲惫的旅客也能舒适地安睡。44间客房面积各异，但每张床上都有被子，而且大玻璃窗能让充足的光线照进房间。有砖墙的地下室小酒馆风格，你可以看看书，计划一下行程，或者享用免费的欧式早餐。

★ Liberty Hotel　　　　　　酒店 $$$

（见210页地图；☏617-224-4000，866-961-3778；www.libertyhotel.com；215 Charles St；房 $515起；P❄❅☎；ⓉCharles/MGH）具有讽刺意味的是，臭名昭著的查尔斯街监狱（Charles Street Jail）已被改造成了优雅的Liberty Hotel。如今，这里壮观的大厅的天花板高达90英尺。所有298间客房都配备了豪华的亚麻床品和高科技设施，而在最初的监狱翼楼里的18个房间也有了大大的落地窗，可以欣赏到查尔斯河和比肯山的美景。

★ Verb Hotel　　　　　　精品酒店 $$$

（见206页地图；☏617-566-4500；www.theverbhotel.com；1271 Boylston St；房 $349~399；P❄☎❅；ⓉKenmore）Verb Hotel收购了一家穷困潦倒的霍华德·约翰逊（HoJo）连锁酒店，并将其改造成为波士顿最激进、复古的摇滚主题酒店。风格属于20世纪50年代；以音乐为主题。酒店内随处可见收藏品，大堂里的点唱机吱吱呀呀地唱着歌。豪华整洁的客房朝向泳池或芬威公园（Fenway Park）。服务和风格都是一流的。

Newbury Guest House　　　　客栈 $$

（见206页地图；☏617-437-7666，617-437-7668；www.newburyguesthouse.com；261 Newbury St；双 $269起；P❄☎；ⓉHynes, Copley）位于Newburry St的中心地段的3栋互相连接的砖和褐色砂石建筑，始建于1882年。最近经过翻修，保留了天花板悬垂装饰物和房间内壁炉等迷人的特色，而且房间干净，床上铺着豪华的亚麻床单，设施也很现代化。

Omni Parker House　　　　历史酒店 $$$

（见210页地图；☏617-227-8600；www.omnihotels.com；60 School St；房 $345起；P❄☎❅；ⓉPark St）历史和Parker House就像肯尼迪和杰姬（他们在这里订婚）一样在这里结伴同行。马尔科姆艾克斯（Malcolm X）

是这里的一名餐馆勤杂工；胡志明（Ho Chi Minh）曾是这里的糕点师；该州的官方甜点波士顿奶油派就是在这里问世的。房间很舒适，酒店的位置无与伦比，正好位于自由之路的中心。

✖ 就餐

✖ 比肯山和波士顿公园

★ Tatte 面包房 $

（见210页地图；www.tattebakery.com；70 Charles St；糕点 $3起；◎周一至周五 7:00~20:00，周六 8:00~20:00，周日 8:00~19:00；ⓉCharles/MGH）闻到黄油的香味，看见门口的队伍，你就来到了历史悠久的查尔斯街会馆（Charles St Meeting House）楼下的这家令人难以置信的面包店。如果你足够幸运的话，就能在阳光明媚的露台上找到一张桌子，品尝美味的糕点（美味的肉桂早餐面包、榛子巧克力糕点、鳄梨和蘑菇三明治）。

★ Paramount 自助餐厅 $$

（见210页地图；www.paramountboston.com；44 Charles St；主菜早餐和午餐 $8~15，晚餐 $17~24；◎周一至周五 7:00~22:00，周六和周日 8:00~22:00；☕ⓉCharles/MGH）这家老式自助餐厅是街坊邻里的最爱。超赞的小餐馆食物，包括煎饼、家常炸薯条、汉堡、三明治和大份美味的沙拉。香蕉和焦糖法式吐司是早午餐的佳品。在你买到食物之前，千万别坐下。

✖ 市中心和水滨

Gene's Chinese Flatbread 中国菜 $

（见210页地图；86 Bedford St；三明治 $4.50，主菜 $6~11；◎周一至周六 11:00~18:30；ⓉChinatown）我们一般不建议在唐人街之外吃中国菜，但它距离唐人街只有几个街区，是一个值得去的地方。这是一个不起眼的店面，但有嚼劲十足的西安风味面条。9号（孜然羊肉手拉面条）和4号（猪肉烤面包三明治）菜品是最受欢迎的。

James Hook & Co 海鲜 $$

（见210页地图；www.jameshooklobster.com；15-17 Northern Av；龙虾卷 $20~24；◎周一至周四和周六 10:00~17:00，周五 至18:00，周日至16:00）如果想在市中心附近吃到极好的龙虾卷，可以来这座海港附近的海滨海鲜小屋。室外的桌子使它成为一个完美而低调的午餐地点，在一个阳光明媚的下午，你可以在用餐后到几个博物馆转转。

Union Oyster House 海鲜 $$$

（见210页地图；www.unionoysterhouse.com；41 Union St；主菜午餐 $14~26，晚餐 $22~32；◎周日至周四 11:00~21:30，周五和周六 至22:00；ⓉHaymarket）作为波士顿最古老的餐馆，"老朋友" Union Oyster House自1826年开张起就一直在这栋古老的红砖房子里营业。不计其数的历史名人曾在这里就餐，例如丹尼尔·韦伯斯特（Daniel Webster）和约翰·F.肯尼迪（显然肯尼迪经常点龙虾浓汤）。这里价格虽高，但气氛超值。

✖ 西角区和北角区

Maria's Pastry 面包房 $

（见210页地图；www.mariaspastry.com；46 Cross St；糕点 $2~5；◎周一至周六 7:00~19:00，周日 至17:00；☕；ⓉHaymarket）Merola家的三代女性一起动手，在这里制作波士顿最正宗的意大利糕点。许多人认为玛丽亚（Maria）制作的芝士卷是北角区最好吃的，但你也会发现更为复杂、精致的美食，比如夹心酥（sfogliatelle；分层的、贝壳状的糕点，里面装满了意大利乳清干酪）和龙虾糕（奶油馅的龙虾尾糕点）。

★ Pomodoro 意大利菜 $$

（见210页地图；☎617-367-4348；351 Hanover St；主菜 $23~24；◎17:30~23:00；ⓉHaymarket）北角区最浪漫、食物最美味的意大利餐厅之一。这里的食品虽简单，但是制作精良：新鲜的意大利面、辣番茄酱汁、烤鱼和烤肉，还有按杯供应的葡萄酒。如果你幸运的话，餐厅还会赠送提拉米苏作为甜点。

✖ 海港区

Yankee Lobster Co 海鲜 $

（www.yankeelobstercompany.com；300 Northern Ave；主菜 $10~25；◎周一至周六 10:00~21:00，周日 11:00~18:00；🚌SL1, SL2,

⊤South Station)Zanti家族已经有三代人在这里从事捕鱼行当,所以他们很专业。最近这里又新增了一家海鲜零售市场,还为想在这里用餐的食客准备了一些餐桌。你一定要到这里享用海鲜。仅需点一些简单的海鲜,比如蛤蜊浓汤或龙虾肉卷等,再喝点凉啤酒,就一定会让你觉得不虚此行。

★ Row 34 海鲜 $$

(见210页地图; ☏617-553-5900; www.row34.com; 383 Congress St; 牡蛎 $2~3, 主菜 $13~29; ⏱周日至周四 11:30~22:00, 周五和周六至23:00; ⊤South Station)这家餐馆开在海港新区的中心地带。餐馆的建筑有明显的后工业风格,这里提供12种不同的生牡蛎和蛤蜊,还有多种口味醇厚的自酿啤酒。这里还有各种烹制的海鲜菜肴,口味从传统到潮流创意不一而足。

🍴 南角区和唐人街

Taiwan Cafe 台湾菜 $

(见210页地图; www.taiwancafeboston.com; 34 Oxford St; 主菜 $6~16; ⏱11:00至次日1:00; 📶; ⊤Chinatown)Taiwan Cafe距离主干道只有几步之远,所以你可能不用等太久就可以吃到美味的汤包和其他台湾特色菜了。常客们对烤牛肉葱花饼赞不绝口。和唐人街的大多数地方一样,这里的装修很简约,价格也很便宜。只收现金。

Winsor Dim Sum Cafe 点心 $

(见210页地图; 10 Tyler St; 点心 $3.50起, 其他单品 $7~14; ⏱9:00~22:00; 📶; ⊤Chinatown)在这个唐人街最受欢迎的餐馆里,虾饺和蒸猪肉包最受推崇。缺点是没有早茶点心手推车可以供你选择食物——这个地方太小了,走不开手推车。你必须从带有照片的菜单中点餐。优点是食物非常新鲜、非常美味。

★ Myers & Chang 亚洲菜 $$

(见206页地图; ☏617-542-5200; www.myersandchang.com; 1145 Washington St; 小份 $9~19; ⏱周日至周四 11:30~22:00, 周五和周六 至23:00; 📶; 🚋SL4, SL5, ⊤Tufts Medical Center)这家极其时尚的亚洲餐馆汇聚了泰国、中国和越南美食,也就是说,你能吃到美味饺子、香辣炒菜和各种面条。厨师们能烹制各种美味炒菜。点小份能让你品尝到更多菜肴。晚餐想吃点点心吗?来这里就对了。

🍴 后湾

Sweetgreen 素食 $

(见206页地图; ☏617-936-3464; www.sweetgreen.com; 659 Boylston St; 主菜 $7~13; ⏱10:30~22:30; 📶🍴; ⊤Copley)素食者、无麸质饮食者、注重养生的人都会为Sweetgreen提供的美味而感到欣喜。选择一份沙拉或卷饼,然后定制你自己的食物; 或者选择一种令人意想不到的、美味而新鲜的套餐,包括季节性的特色菜。特别健康, 令人满意,真不错。

★ Courtyard 美国菜 $$

(见206页地图; ☏617-859-2251; www.thecateredaffair.com/bpl; 700 Boylston St; 茶 成人/儿童 $39/19, 含气泡葡萄酒 $49; ⏱周一至周六 11:30~15:00; ⊤Copley)信不信由你,波士顿公共图书馆是享用优雅的下午茶的绝佳地点。这家成熟的餐厅可俯瞰美丽的意大利式庭园,提供一系列精选的三明治、司康饼和甜点,以及一系列茶饮(红茶、绿茶和花草茶)和各种含气泡葡萄酒。请提前预订,尤其是周六。

🍴 肯莫尔广场和芬威

El Pelon 墨西哥菜 $

(见206页地图; www.elpelon.com; 92 Peterborough St; 炸玉米饼 $4, 墨西哥玉米饼 $6~8; ⏱11:00~23:00; 📶; ⊤Fenway)如果你的预算紧张,那就不要错过这家餐馆,这里有用最新鲜的原料制作的、波士顿最好的墨西哥卷、炸玉米饼和蛋糕。我们强烈推荐炸玉米饼系列(tacos de la casa),尤其是用冰岛鳕鱼制作、上面涂着辣椒酱的pescado。盘子是纸制的,餐具是塑料的。

Tasty Burger 汉堡 $

(见206页地图; www.tastyburger.com; 1301 Boylston St; 汉堡 $5~6; ⏱11:00至次日2:00; ⊤Fenway)这个地方曾经是一个美孚加油站,现在是一个复古的汉堡店,外面有野餐桌,里面有一张台球餐桌。这个地方的名字是对《低俗小说》(Pulp Fiction)的致敬,就像塞

LGBTQ的波士顿

在波士顿，你将见到公开且活跃的同性恋群体，但最热闹的还是波士顿的南角区和Jamaica Plain。

这里并不缺乏迎合同性恋旅行者的娱乐活动。从"变装秀"到"女同性恋之夜"，这个性别多样化的社区有适合每个人的活动。

波士顿同性恋社区每年最大的活动就是六月波士顿游行（June's Boston Pride；见219页），为期一周的活动中包括游行、聚会、节日和升旗仪式。

对于同性恋社区来说，还有很好的信息来源：

Bay Windows（www.baywindows.com）是同性恋读者的周报。其印刷版在新英格兰地区发行，但其网站也是新闻和信息的极好来源。

Edge Boston（www.edgeboston.com）是为同性恋读者提供新闻和娱乐信息的全国性出版物网络的波士顿分部，包括一个带有文化和夜店评论的夜生活板块。

缪尔·L.杰克逊（Samuel L Jackson）的海报一样，他的角色也会认同"这是一个美味的汉堡"。

Island Creek Oyster Bar   海鲜 $$$

（见206页地图；617-532-5300；www.islandcreekoysterbar.com；500 Commonwealth Ave；牡蛎 $2.50~3.50，主菜午餐 $12~27，晚餐 $17~36；周一至周五 16:00~23:00，周六 11:30~23:30，周日 10:30~23:00；Kenmore）这家餐厅将"农民、大厨和食客集于一处"，真是个好去处。餐厅在优雅的、带有新时代气息的环境中，提供当地最美味的牡蛎，还有其他当地海鲜。特色菜——龙虾籽面上面配有炖排骨和烤龙虾肉，实在是值得推荐给大家。

🍴 剑桥

Hokkaido Ramen Santouka   日本菜 $

（见206页地图；www.santouka.co.jp/en；1 Bow St；主菜 $11~17；周一至周四 11:00~21:30，周五和周六 至22:30，周日 至21:00；Harvard）这个世界范围的连锁店给哈佛广场（Harvard Sq）带来了简单而精妙的日本菜肴。服务热情、快速，面条也相当令人满意。如果你想知道为什么工作人员偶尔会大声喊，那是他们在问候和欢送客人。

★ Life Alive   素食 $

（见206页地图；www.lifealive.com；765 Massachusetts Ave；主菜 $6~10；周一至周六 8:00~22:00，周日 11:00~19:00；Central）Life Alive提供一种以快乐、健康为明确目标的快餐。美味的食物由不寻常的素食组合而成，其中大部分（如沙拉）都盛在碗里或者包在卷饼里。

🍷 饮品和夜生活

🍸 市中心和水滨

Highball Lounge   鸡尾酒吧

（见210页地图；www.highballboston.com；90 Tremont St；周一和周二 17:00至午夜，周三至周六 至次日2:00；Park St）出去玩吧！这里有棋盘游戏和Highball Lounge，无论你是在约会（可以玩四子棋），还是组团前来（可以玩叠叠乐），你都能在Highball Lounge找到适合的桌游。Viewmaster（3D眼镜）是用来看菜单的，上面有当地啤酒、创意鸡尾酒和有趣的小吃（烤干酪炸玉米片、酥脆球芽甘蓝）。除了可以喝酒这一点外，这个地方会让你觉得自己像个孩子。

🍷 海港区

Harpoon Brewery & Beer Hall   酿酒厂

（www.harpoonbrewery.com；306 Northern Ave；啤酒馆 周日至周三 11:00~19:00，周四至周六 至23:00，团队游 周一至周三 正午至17:00，周四至周六 至18:00，周日 11:30~17:30；SL1, SL2, South Station）这家酿酒厂是马萨诸塞州最大的啤酒工厂。你可以参加1个小时的团队游（$5），看看啤酒是如何制作的，并品尝

一些产品,也可以在啤酒店的酒吧里坐上一会儿。

南角区和唐人街
★ Beehive
鸡尾酒吧

(见206页地图;📞617-423-0069;www.beehiveboston.com; 541 Tremont St;⏱周一至周三 17:00至午夜,周四 至次日1:00,周五 至次日2:00,周六 9:30至次日2:00,周日 9:30至午夜;🚇Back Bay)Beehive已经把波士顿艺术中心(Boston Center for the Arts)的地下室改造成了20世纪20年代的巴黎爵士俱乐部。常常有伯克利音乐学院(Berklee College of Music)的学生在这里举办音乐表演。不过食物不错,而且气氛绝对非常时髦。需要预订。

后湾
Club Café
同性恋

(见210页地图;www.clubcafe.com; 209 Columbus Ave;⏱11:00至次日2:00;🚇Back Bay)这是一家夜店!这是一家咖啡馆!这是一家卡巴莱餐馆!任何事情都可以在这个光鲜的、同性恋的夜生活盛会上发生。在Napoleon Room里,每周有6晚的现场歌舞表演,而主要的舞蹈和休息区则有茶话会、萨尔萨舞、益智比赛、卡拉OK、宾果游戏和老式的舞会。

肯莫尔广场和芬威
Hawthorne
鸡尾酒吧

(见206页地图;www.thehawthornebar.com; 500a Commonwealth Ave;⏱17:00至次日1:00;🚇Kenmore)这家会客厅风格的鸡尾酒吧位于Hotel Commonwealth的地下室,吸引着这座城市的通达之人。你可以以身处豪华的家具中,啜饮一种定制的鸡尾酒。

剑桥
★ Beat Brasserie
酒吧

(见206页地图;www.beatbrasserie.com; 13 Brattle St;⏱周一至周五 16:00至深夜,周六和周日 10:00至深夜;🚇Harvard)这家地下小馆的空间很大,有很多时尚的主顾来这里享用各国美食、上等的鸡尾酒以及现场爵士和蓝调。这里的装修灵感来自被称为"垮掉的一代"的作家——名字则来一个破旧的巴黎汽车旅馆,那里曾经是垮掉的一代经常打发时光的地方——但这里人气极高,并没有任何垮掉的迹象。

★ Lord Hobo
微酿酒吧

(见206页地图; www.lordhobo.com; 92 Hampshire St;⏱周一至周三 16:00至次日1:00,周四和周五 16:00至次日2:00,周六 11:00至次日2:00,周日 11:00至次日1:00;🚇Central, Kendall/MIT)如果你认为高水准的精酿IPA是可以让你感到幸福的啤酒,那么就径直来这个位于中央广场(Central Sq)北边的不起眼的角落酒吧吧。这里一开始是当地的一个秘密,随着他们标志性的Hobo Life、Boom Sauce和Consolation Prize的远销,它在科罗拉多州的知名度越来越高。

☆ 娱乐

波士顿红袜队
棒球

(Boston Red Sox;见206页地图;www.redsox.com; 4 Yawkey Way;露天座位 $10~45,正面看台座位 $23~87,包厢 $38~189;🚇Kenmore)4月至9月,你可以在这里观看红袜队比赛。这里是美国最古老、看台层数最多的球场。遗憾的是,这个球场的票也最贵,即便这样也阻挡不了忠实球迷疯狂抢票。有时会在开赛前90分钟出售当天比赛的特价票。

★ 波士顿交响乐团
古典音乐

(Boston Symphony Orchestra,简称BSO;见206页地图;📞617-266-1200;www.bso.org; 301 Massachusetts Ave;票 $30~145;🚇Symphony)完美无瑕的音响效果与世界知名的波士顿交响乐团的表演十分相配。从9月到次年4月,BSO在美丽的、有着高高的装饰天花板的交响乐大厅(Symphony Hall;见206页地图)里演奏,观众都身穿正装。

★ Red Room@Café 939
现场音乐

(见206页地图;www.cafe939.com; 939 Boylston St;🚇Hynes)由伯克利(Berklee)音乐学院的学生经营,Red Room@939如今已成为波士顿最新潮且最过瘾的现场音乐场所之一。店内的音响系统很棒,还有一架小三角钢琴。最重要的是,店方能请来有趣的、风头正劲的音乐家。提前通过伯克利演出中

❶ 优惠票

BosTix（www.bostix.org）提供全城所有剧场的打折票（网上订票可享受25%的价格优惠）。演出当天的5折票只限现场购买。

心（Berklee Performance Center；见206页地图；www.berklee.edu/bpc；136 Massachusetts Ave；票价$8~58；Ⓣ Hynes）买票。

Lizard Lounge 现场音乐

（www.lizardloungeclub.com；1667 Massachusetts Ave；翻唱$8~15；周日和周一19:30至深夜，周二至周六20:30至深夜；Ⓣ Harvard）地下的Lizard Lounge还兼作摇滚和爵士乐演出场所。这里的一大吸引力是周日晚上的诗歌朗诵比赛，由爵士乐杰夫·罗宾逊三人组（Jeff Robinson Trio）演奏。同样受欢迎的还有周一的"开放麦克风"挑战，以及当地最受欢迎的俱乐部Club d'Elf的定期亮相。酒吧里有一份很棒的新英格兰啤酒清单，上面还有红薯条。

位于剑桥公园（公园）以北0.25英里处，位于剑桥公园（餐厅）下面。

🛍 购物

匡威 鞋

（Converse；见206页地图；www.converse.com；348 Newbury St；周一至周五10:00~19:00，周六至20:00，周日11:00~18:00；Ⓣ Hynes）1908年，匡威在马萨诸塞州Malden的公路边靠制鞋起家。20世纪20年代，Chuck Taylor的加入造就了之后的历史。这间零售店有各种跑鞋、帆布鞋和其他运动装备。标志性的匡威布鞋颜色和款式多种多样，更好的是，在2楼的定制区可以制作专属于你的独一无二的鞋子。

Three Wise Donkeys 服装

（见206页地图；www.facebook.com/ThreeWiseDonkeys；51 Gloucester St；周一至周四11:00~18:00，周五和周六11:00~20:00，周日正午至17:00；Ⓣ Hynes Convention Center）时尚的概念、出色的产品和优质的产品，加起来就是大获全胜。Three Wise Donkeys直接与（一些当地的）艺术家合作，创造了挂在墙上的一排排独特的艺术作品。找一个你喜欢的设计，他们会把它印在你选择的颜色和风格的有机棉T恤上。定制需要15分钟。

Eugene Galleries 古玩

（见210页地图；www.eugenegalleries.com；76 Charles St；周一至周六11:00~18:00，周日正午至18:00；Ⓣ Charles/MGH）这家小商店里有很多不同寻常的古董照片和地图，尤其关注老波士顿。跟随城市发展的历史，欣赏18世纪和19世纪的地图；见证后湾的填海工程和城市的绿化建设。历史照片突出了波士顿的地标，是一个选择老式礼物的好地方。

❶ 实用信息

大波士顿会议和旅游局（Greater Boston Convention & Visitors Bureau；www.bostonusa.com）该网站上提供大量的酒店、餐馆和特殊活动的信息，以及LGBTQ（即女同性恋、男同性恋、双性恋、跨性别者和酷儿群体）和家庭旅行等信息。

波士顿港群岛信息亭（Boston Harbor Islands Pavilion；见210页地图；www.bostonharborislands.org；Rose Kennedy Greenway；5月中旬至6月和9月至10月初9:00~16:30，7月和8月至18:00；Ⓣ Aquarium）这个信息中心的位置极佳，坐落在罗斯·肯尼迪绿道上，可以告诉你计划游览波士顿港群岛（Boston Harbor Islands）需要知道的一切信息。不要错过附近的"港雾"（Harbor Fog）雕塑，它会让路过的人们沉浸在港口的声音和感觉中。

剑桥游客信息亭（Cambridge Visitor Information Kiosk；见206页地图；617-441-2884；www.cambridge-usa.org；Harvard Sq；周一至周五9:00~17:00，周六和周日至13:00；Ⓣ Harvard）提供剑桥各方面的信息，还组织自助导游的徒步团队游。

马萨诸塞州旅游局（Massachusetts Office of Travel & Tourism；www.massvacation.com）关于全州范围内的事件和活动的信息，包括一个关于绿色旅游的优秀指南。

国家公园管理局游客中心（National Park Service Visitors Center；NPS；见210页地图；www.nps.gov/bost/faneuil-hall-vc.htm；Faneuil Hall；9:00~18:00；Ⓣ State）国家公园管理局游客中心有大量有关自由之路沿线景点的信息。这里

还是免费的**国家公园管理局自由之路之旅**（NPS Freedom Trail Tour；见210页地图；www.nps.gov/bost；Faneuil Hall；⏰7月至9月 10:00～15:00 每小时发团一次；🚇State）的起点。在**查尔斯顿海军船坞**（Charlestown Navy Yard；见206页地图；www.nps.gov/bost；⏰游客中心 5月至9月 周二至周日9:00～17:00，10月至次年4月 13:00～17:00；🚌从Haymarket坐93路车，🚢从 Long Wharf乘 Inner Harbor Ferry渡轮，🚇North Station）还有另外一个国家公园管理局游客中心。

ℹ️ 到达和离开

大多数游客都会乘坐飞机抵达波士顿，**洛根国际机场**（Logan International Airport；📞800-235-6426；www.massport.com/logan）有许多国内和国际航班抵离。两个较小的地区机场——新罕布什尔州的曼彻斯特机场（Manchester Airport）和罗得岛州的普罗维登斯附近的格林机场（Green Airport）——也有飞往波士顿的航班，有时价格也更加便宜。

由美国国家铁路公司（Amtrak；www.amtrak.com）运营的大多数火车都抵离**南站**（South Station；见210页地图；www.south-station.net；700 Atlantic Ave）。波士顿是东北走廊（Northeast Corridor）的北部终点，有开往纽约（3.5～4.5小时）、宾夕法尼亚州的费城（5～6小时）和华盛顿特区（6小时45分钟至8小时）的火车，班次频繁。Lake Shore Limited 每天有开往纽约州的布法罗（11小时）和芝加哥（22小时）的火车，而Downeaster 则有从北部车站（North Station）开往缅因州的波特兰（2.5小时）的火车。

如果前往地目的地，乘坐长途汽车最为方便，灰狗巴士（Greyhound；www.greyhound.com）的线路覆盖全国。近年来，有大量的新公司提供前往纽约州（4～5小时）的便宜而高效的服务。

飞机、汽车和团队游可以在lonelyplanet.com/bookings在线预订。

ℹ️ 当地交通

抵离机场

波士顿洛根国际机场（Boston Logan International Airport）在5:30至次日0:30，乘坐银线巴士 **免费** 或蓝线地铁（\$2.25～2.75）前往波士顿中心，或者乘坐出租车，价格是\$25～30。

曼彻斯特机场（Manchester Airport）提前预订每小时一班的Flight Line Inc穿梭巴士，前往洛根国际机场，或乘坐灰狗巴士前往南部车站，它位于红线上的波士顿中心，但车次不多。

格林机场（Green Airport）乘坐通勤列车前往南部车站（\$12）。

公共交通

地铁 是到达大多数目的地的最快和最简洁的方法。在5:30或6:00至次日0:30间运营。

Hubway 波士顿的自行车共享项目，可以从185个站点借用1600辆自行车。

MBTA公共汽车 对地铁系统的补充。

波士顿西北部（Northwest of Boston）

列克星敦（Lexington）

这个高档的郊区距离波士顿市中心大约18英里，是一个热闹的乡村，有白色的教堂和历史悠久的酒馆，乡村绿地旁停满了观光巴士。在这里，爱国者和英国军队之间的小冲突曾引发了独立战争。每年的4月19日，历史学家和爱国者都会穿上18世纪的服装，拿起他们的步枪，重现1775年的事件。

虽然这段历史值得纪念和保存，但它与今天在列克星敦的和平，甚至古板的社区形成了鲜明的对比。如果你从绿地走出几个街区，这里看起来就像美国的任何其他地方，几乎没有什么能提醒你这是一切开始之处。尽管如此，它和美国任何其他地方一样都是令人愉快的，主要街道两侧林立着餐馆和商店，两端还有令人印象深刻的乔治风格建筑。

★ 民兵国家历史公园　　　　公园

（Minute Man National Historic Park；www.nps.gov/mima；3113 Marrett Rd；⏰4月至10月 9:00～17:00；🅿️）**免费** 当年英国军队进入康科德的路线被命名为"民兵国家历史公园"。位于公园东端的游客中心有一个内容丰富的多媒体展览，描绘了保罗·里维尔（Paul Revere）领导下的战役以及随后的战斗。公园里的Battle Rd是一条5英里长的树林小道，连接与战斗相关的历史遗迹——从Meriam's Corner（英军士兵撤退的地方）到保罗·里维尔被俘虏的地点。

民兵国家历史公园位于列克星敦以西约2

英里处的Rte 2A上。

康科德 (Concord)

1775年4月18日，英国军队从波士顿出发，寻找殖民地居民藏在城市西部的武器。第二天早上，他们与在列克星敦的殖民地民兵发生了冲突，然后继续前往康科德，双方在北桥（North Bridge）展开对抗，打响了独立战争的第一枪。

今天，高大的白色教堂的尖塔高耸于古老的橡树、榆树和枫树之上，给康科德带来了一种威严之感，掩盖了几个世纪前发生的革命冲突。的确，我们很容易看到拉尔夫·沃尔多·爱默生（Ralph Waldo Emerson）、纳撒尼尔·霍桑（Nathaniel Hawthorne）、亨利·大卫·梭罗（Henry David Thoreau）和路易莎·梅奥尔科特（Louisa May Alcott）等作家是怎样在这里找到灵感的。康科德也是著名的雕塑家丹尼尔·切斯特·弗兰奇（Daniel Chester French）的故乡（他后来在华盛顿特区创建了林肯纪念堂）。

如今，旅行者可以在康科德重温历史。爱国者日（Patriots' Day; www.lexingtonma.gov/patriotsday）是一个充满热情的庆祝活动，届时许多重要的文学遗址都会对游客开放。

◉ 景点和活动

★ 老北桥 古迹

（Old North Bridge; www.nps.gov/mima; Monument St; ☀黎明至黄昏）**免费** 从康科德城中心的纪念碑广场（Monument Sq）向北走半英里，就是这座名为老北桥（Old North Bridge）的木桥。"震撼世界的枪声"［爱默生的诗《康科德颂》（Concord Hymn）］就在这里打响，义愤填膺的民兵正是在此地向英军开火，迫使后者退守波士顿。丹尼尔·切斯特·弗兰奇（Daniel Chester French）的第一件雕塑作品《民兵》（Minute Man），就在桥的另一端，从高处俯瞰着整个公园。

★ 斯利皮霍洛公墓 墓地

（Sleepy Hollow Cemetery; www.friendsofsleepyhollow.org; Bedford St）这是最著名的康科德人的安息之地。虽然入口距离纪念碑广场（Monument Sq）东侧只有一个街区，但最有趣的部分——Authors' Ridge则需沿着Bedford St步行15分钟才能到达。亨利·大卫·梭罗和他的家人被埋葬在这里，路易莎·梅奥尔科特和纳撒尼尔·霍桑也长眠于此。拉尔夫·沃尔多·爱默生的墓碑是一个巨大的、未经雕琢的玫瑰石英碑，它是一种超验主义的象征。

❶ 到达和离开

MBTA通勤列车（www.mbta.com）从波士顿开往康科德。

乘坐长途汽车可以到达列克星敦（周日除外），但你需要开车去游览民兵国家历史公园。

波士顿周边 (Around Boston)

塞勒姆 (Salem)

这个城市的名字总让人回想起邪恶的巫术和那些被活活烧死在木桩上的女巫。人们对1692年著名的塞勒姆审判记忆犹新。事实上，塞勒姆在万圣节前夕就开始热闹起来，整个城镇都在为游行和聚会而盛装打扮，商店出售各种各样的巫术饰品。

女巫事件掩盖了这座城市真正的出名之处：塞勒姆曾是美国与远东进行快帆船交易的商贸中心。美国第一个百万富翁伊利亚斯·哈德·德比（Elias Hasket Derby），建造了德比码头（Derby Wharf），现在是塞勒姆海事国家历史遗址的中心。

今天，塞勒姆是波士顿中产阶级的通勤郊区，拥有令人羡慕的海边位置。它丰富的历史和文化，从女巫到轮船，再到艺术，一直吸引着人们的到来。

MBTA通勤列车（www.mbta.com）的罗克波特（Rockport）/纽柏立波特（Newburyport）线路从波士顿的北站开往塞勒姆车站（$7.50，30分钟）。在上下班高峰时段，火车每30分钟1班，其他时间每小时1班，周末班次减少。

普利茅斯 (Plymouth)

普利茅斯自称为"美国的故乡"。1620年的冬天，第一批为寻求宗教自由、不受政府干预而远渡重洋的清教徒如愿在这儿登岸。一块巨大的风化花岗岩——即著名的**普利茅斯岩**(Plymouth Rock)标记着他们在异乡的陆地上迈出的第一步。附近众多的博物馆和故居也在讲述着先民曾经的斗争、牺牲和胜利。

你可以乘坐MBTA通勤列车(www.mbta.com)从波士顿前往普利茅斯,列车从南部车站发车($11.50,90分钟),每天3班或4班。PAL长途汽车从Cordage Park的车站发车,开往普利茅斯中心。

科德角(Cape Cod)

古雅的渔村,俗气的旅游陷阱和优雅的城镇——科德角有许多面孔。每一面都吸引着不同的人群。想要寻找平静水面的家庭,半岛的北侧的科德角湾比较安静,非常适合小孩子游玩。想要在白天疯狂游玩,夜晚休闲放松的大学生可以前往法尔茅斯或韦尔弗利特。普罗温斯敦是艺术爱好者、捕鲸者、LGBTQ旅行者和……嗯,几乎所有人的旅游胜地。

❶ 到达和离开

自驾游(自行车或汽车)会比较方便,但这里也有长途汽车线路;可以在科德角地区交通局(Cape Cod Regional Transport Authority; www.capecodrta.org)的网站上查询线路和时间,包括夏季在法尔茅斯、海恩尼斯和普罗温斯敦的穿梭车。

三文市(Sandwich)

三文市是科德角最古老的村庄(建于1637年),当你从大陆跨过运河的时候,这个村庄给你的第一印象肯定非常完美。村庄的中心是个风景如画的天鹅池,池塘周围有很多带有白色塔尖的教堂、古式民宅和一个仍在使用的磨坊。

◉ 景点

★ 遗产博物馆和花园 博物馆、花园

(Heritage Museums & Gardens; ☏508-888-3300; www.heritagemuseumsandgardens.org; 67 Grove St; 成人/儿童 $18/8; ◎4月中旬至10月中旬 10:00~17:00; ⓟ)这片占地100英亩的遗产博物馆和花园是个外形简洁的圆形粮仓,有令人大开眼界的老式汽车展、1908年的旋转木马(rides free with admission),还有不同寻常的民间艺术展,深受孩子们和成年人喜爱。博物馆外有全美国最好的杜鹃花园之一;从5月中旬到6月中旬,成千上万的花朵红得似火。新建的**探险公园**(Adventure Park; ☏508-866-0199; www.heritageadventurepark.org; 2小时票价 $34~45; ◎6月和7月 8:00~20:00,8月 至19:00,4月中旬至5月和9月至11月中旬 开放时间缩短; ⓟ)中有许多项目会让你心跳加速。

三文市步行道 水滨

(Sandwich Boardwalk; Boardwalk Rd)这是当地最受游客喜爱的一个地方,这条木栈道长1350英尺,沿途风景优美,横跨广阔的沼泽,一直延伸到**Town Neck Beach**。海滩上的石头有点多,不太适合游泳,但却是漫步和海滩休闲的完美地点。到达海滩后右转,沿着海岸线环行1.5英里,然后沿着小溪回到木板路。7月和8月的停车费为$15,其他时间免费。

🛏 食宿

Belfry Inn & Bistro 民宿 $$$

(☏508-888-8550; www.belfryinn.com; 6 Jarves St; 房 含早餐 $179~275; ▣❋)如果你在礼拜时睡着过,那么你一定会喜欢这儿的房间。因为这里过去就是一个教堂,现在是一家高档民宿。另外,经过富有创意的翻修之后,一些房间还保留了教堂的彩色玻璃窗。睡觉时,大天使加百利的雕像会从屋顶看着你。如果不习惯这一点,Belfry在附近还有两家民宿,有更为传统的优质房间。

Seafood Sam's 海鲜 $$

(☏508-888-4629; www.seafoodsams.com; 6 Coast Guard Rd; 主菜 $7~25; ◎3月至10月 11:00~21:00; ⓟ)位于科德角运河游客中心(Cape Cod Canal Visitor Center)对面,这里很适合全家一起用餐,它的鱼和薯条、炸蛤蜊、龙虾卷都非常不错。$7的儿童菜单为这里锦上添花,在户外的野餐桌旁用餐,可以远眺来往的渔船。

Cape Cod, Martha's Vineyard & Nantucket
科德角、马撒葡萄园岛和楠塔基特岛

❶ 到达和离开

如果你取道US 6前往科德角，要走2号出口（MA 130）。Water St（MA 130）、Main St和Grove St在Shawme Pond交会。紧邻MA 6A的Tupper Rd通往科德角运河（Cape Cod Canal）。

法尔茅斯（Falmouth）

法尔茅斯是科德角的第二大城市，这里

的亮点有热闹的海滩、超赞的自行车道和古色古香的海边村庄伍兹霍尔（Woods Hole）。法尔茅斯为其最珍爱的女儿凯瑟琳·李·贝兹（Katharine Lee Bates）感到骄傲，她把这里写进了美国最受欢迎的爱国赞美诗《美丽的亚美利加》(America the Beautiful)。

🍴 食宿

Falmouth Heights Motor Lodge 汽车旅馆 $$

（☎508-548-3623; www.falmouthheightsresort.com; 146 Falmouth Heights Rd; 房 $149~269; ⏲5月至10月; ❄🛜🏊）千万不要被这个名字给骗了，这家干净整洁的家庭经营式旅馆根本不是传统的汽车旅馆，它甚至都不在公路上。8种风格的房间（有些小且便宜，其他的较大，有小厨房）在竞争对手之中脱颖而出。你也可以举办自己的派对：广阔的场地上有一个带燃气烧烤的野餐区。

Tides Motel of Falmouth 汽车旅馆 $$

（☎508-548-3126; www.tidesmotelcapecod.com; 267 Clinton Ave; 房 $120~260; ⏲5月中旬至10月中旬; ❄🛜）到处都可以戏水。这里的好处在于海滩私有，房间与大海近在咫尺。从自己的阳台上就能往大海里吐口水。除此之外，这里很简单。坦率地讲，如果旅馆（经济型，带有小厨房）不在此处的话，肯定令人感到乏味。在这里，你可以伴着海浪声入睡，还可以欣赏价值百万的美景，源源不断的回头客让这家汽车旅馆在整个夏天都很忙碌，所以提前预订吧。

Maison Villatte 咖啡馆 $

（☎774-255-1855; 267 Main St; 小吃 $3~10; ⏲周二至周四和周日 7:00~17:00, 周五和周六 至19:00）在这家熙熙攘攘的面包房兼咖啡馆，烘烤点心的是两位法国厨师，他们做出松脆而美观的面包、酥酥的羊角包和皮薄馅大的馅饼。大份三明治和香浓的咖啡使这里成为理想的午餐场所。

ℹ️ 到达和离开

法尔茅斯坐落在科德角的西南角，可以经过MA 28到达，这条公路在进入城镇中心后就变成了Main St。有从城镇开往波士顿和科德角其他目的地的长途汽车。

开往马撒葡萄园岛（Martha's Vineyard; 见237页）的渡轮夏季从法尔茅斯港（Falmouth Harbor）出发，其他时候从位于城镇中心西南4.5英里的伍兹霍尔（Woods Hole）出发。

海恩尼斯 (Hyannis)

轮渡、公交和机场全都汇集在科德角的商业中心海恩尼斯和更大的巴恩斯特布（Barnstable）镇的一部分地区。所以你想来这儿有很多方式可选。村庄中心，尤其是海滨地区，已经恢复了活力，成为一个令人愉快的旅游地点。

除了是去往楠塔基特岛（Nantucket）和马撒葡萄园岛（Martha's Vineyard）的船只的出发点外，海恩尼斯还吸引着肯尼迪的粉丝——这里是他的家族夏季避暑地，2009年，泰德·肯尼迪（Teddy）在此与世长辞。海恩尼斯港（Hyannis Harbor）有许多水滨餐馆和渡轮，距离Main St只有几分钟的步行路程。

👁️ 景点

★ 肯尼迪海恩尼斯博物馆 博物馆

（John F Kennedy Hyannis Museum; ☎508-790-3077; www.jfkhyannismuseum.org; 397 Main St; 成人/儿童 $10/5; ⏲6月至10月 周一至周六 9:00~17:00, 周日 正午至17:00, 4月中旬至5月和11月 周一至周六 10:00~16:00, 周日 正午至16:00）海恩尼斯是肯尼迪家族的避暑地，几代人以来都是如此。从前，肯尼迪在这里度过夏季——从肯尼迪的童年到他担任总统的鼎盛时代，在这个博物馆里，有许多照片和视频记录着那时的美好时光。展览打动人心，主题每年都会发生变化（前几年涉及女家长罗斯·肯尼迪，并探索了杰克和鲍比之间的兄弟情谊）。

科德角薯片厂 工厂

（Cape Cod Potato Chip Factory; ☎888-881-2447; www.capecodchips.com; 100 Breed's Hill Rd; ⏲周一至周五 9:00~17:00）**免费** 这些备受推崇的"片"是"薯片"，而不是电脑"芯片"，所以尽管它们不会在你的笔记本电脑上工作，但却无比美味。这家工厂有一个自助导览游；实际上，只是让你透过橱窗观看薯片的生产和包装。整个参观可能需要10分钟，你可以得到免费的样品。

从MA 132（就在机场西侧）出发，沿着Independence Rd向北走0.5英里即可到达工厂。

🛏 食宿

HI Hyannis 青年旅舍 $

（☎508-775-7990；www.hiusa.org；111 Ocean St；铺$35~40，双$79~99，四$99~129；⏱5月中旬至10月中旬；🅿@📶）在这个俯瞰海港的青年旅舍预订一张床铺，就可以用一个背包客的预算，享受价值百万的美景。它建于2010年，在原有的历史住宅的基础上又增加了新的建筑，距离Main St、海滩和渡轮只有几步之遥。需要注意的是：只有42张床铺，所以需要预订。

这里还有宿舍和单间。会员价，包括亚麻床单和早餐；非会员每人需多支付$3。

Tumi 海鲜 $$

（☎508-534-9289；www.tumiceviche.com；592R Main St；酸橘汁腌鱼$9~23，主菜$19~31；⏱11:30~22:00；🅿）如果你爱吃海鲜，还想品尝稍微与众不同的菜品，那么来这家意大利-秘鲁菜式的餐厅里找找。从9种酸橘汁腌鱼（其中也有素的）中挑一种尝尝，再点些新鲜的贝类、海鲜意面和其他有趣的秘鲁菜。

布鲁斯特（Brewster）

草木茂盛的布鲁斯特小镇位于海湾边上，是户外活动爱好者的理想场所。科德角铁路自行车道（Cape Cod Rail Trail）横贯小镇，有一流的露营地和水上活动。布鲁斯特还有不错的餐厅，餐厅的数量与小镇的面积简直不成比例。主要景点都在MA 6A（也被称作Main St）上或附近，这条公路穿过整个城镇。

👁 景点和活动

科德角自然历史博物馆 博物馆

（Cape Cod Museum of Natural History；☎508-896-3867；www.ccmnh.org；869 MA 6A；成人/儿童$15/6；⏱6月至8月 9:30~16:00，9月

风景自驾游：老国王公路（MA 6A）

游览科德角的最佳方式是避开Mid-Cape Hwy（US 6），取道老国王公路（MA 6A）沿科德角湾海岸蜿蜒前行。它是美国最长的穿越历史区的道路，公路两边有美丽的老建筑、古董商店和艺术画廊，它们都值得一逛。

11:00~15:00，一年中的其他时间开放时间缩短；🎒）下雨天来这里最好，这座博物馆展示科德角当地各种动植物，很适合全家一起来参观，包括一个水族馆和一个蝴蝶馆。如果天气好，这里还有条木栈道，沿此路可以穿过一片盐沼地到达远处带有潮汐池的海滩。博物馆里有一个日程表，上面有由自然主义者带领的徒步游、论坛和儿童项目。

Jack's Boat Rental 划船

（☎508-896-8556；www.jacksboatrental.com；Flax Pond, Nickerson State Park；船只出租每30分钟$11~31；⏱6月中旬至9月中旬 10:00~18:00）位于尼克森州立公园（Nickerson State Park）内的Flax Pond池塘旁，出租独木舟、皮划艇、立式冲浪板，按30分钟计时。

🛏 食宿

★ **Old Sea Pines Inn** 民宿 $$

（☎508-896-6114；www.oldseapinesinn.com；2553 Main St/MA 6A；房$125~170，套$190~210；@📶）住在这里有点像住在奶奶家里一样：古董配件、雪橇床和桌子上的深褐色照片。这里曾经是一座女子寄宿学校，其历史可以追溯至1840年，共有24个房间：有些较小；有些比较宽敞，带有壁炉；有些适合家庭。你可以在门廊里漫步，或坐在摇椅上，沉浸在旧时光的氛围中。

★ **Brewster Fish House** 海鲜 $$$

（☎508-896-7867；www.brewsterfishhouse.com；2208 Main St/MA 6A；午餐主菜$12~20，晚餐主菜$21~39；⏱11:30~15:00和17:00~21:30）从外观上看，这里并不是一个引人注目的地方，但对于海鲜爱好者来说，这是就是天堂。

你可以以香甜的龙虾浓汤开始一餐，还有大量的新鲜龙虾。这里的所有菜看都很好吃，既新鲜又有创意。这里只有12张桌子，不能预订，如果不想长时间等待的话，最好在午餐或晚餐的早些时候前来。

❶ 到达和离开

布鲁斯特沿着科德角湾延伸，位于丹尼斯(Dennis)和奥尔良(Orleans)之间。最好取道MA 6A抵达。从科德角南部出发，取道MA 124或从哈里奇(Harwich)出发，取道MA 137。

查塔姆(Chatham)

作为科德角的元老级城镇，查塔姆有一个优雅的保护区，在阴凉的Main St很容易看到：高档的商店、时髦的住宿。也就是说，在这里，每个人都能找到自己想要的——一家人成群结队地去城里观赏海豹，而观鸟者则会前往野生动物保护区。然后就是所有的海滩。查塔姆坐落在海角的"肘部"，有着60英里长的迷人海岸线，还有许多海峡以及无数的小海湾和水湾。

MA 28直接伸入Main St，那里林立着许多商店和餐馆。查塔姆是一个非常适合散步的城镇。你可以在Main St和Chatham Squire后面的停车场免费停车。

❶ 到达和离开

查塔姆坐落在海角的"肘部"。MA 28是一条穿越它的主要道路，它进入城区后就变成Main St。
MA 137可以通过US 6到达查塔姆。

韦尔弗利特(Wellfleet)

美术馆、顶级的冲浪海滩和著名的韦尔弗利特牡蛎吸引着游客来到这个海滨村庄。事实上，韦尔弗利特基本什么都不缺，而且还没有汹涌的人群。在这里，从汽车影院到未被破坏的市中心(自20世纪50年代以来，它的外观几乎没有变化)，都会让你有一种时光倒流的感觉。

韦尔弗利特牡蛎节(Wellfleet Oyster Fest; www.wellfleetoysterfest.org)在10月中旬的一个周末举行，在此期间，整个城镇中心会变成一个美食广场，有啤酒花园、吃牡蛎竞赛，当然还有令人垂涎欲滴的大份牡蛎。这是一个非常受欢迎的活动，也是一个感受最热闹的韦尔弗利特的好机会。

◉ 景点和活动

韦尔弗利特湾野生动物保护区　　自然保护区
(Wellfleet Bay Wildlife Sanctuary; ☎508-349-2615; www.massaudubon.org; 291 US 6, South Wellfleet; 成人/儿童 $5/3; ⊙小道 8:00至黄昏,自然中心 5月末到10月初 8:30~17:00; ♿)大批观鸟者慕名来到这片马萨诸塞奥杜邦(Mass Audubon)协会的野生动物保护区。这片保护区占地940英亩，区内有5英里的小道贯穿潮沟、盐沼和海滩。最受欢迎的是Goose Pond Trail(往返1.5英里)，它通向一个盐沼，沿途可欣赏海洋生物和鸟类。该保护区还提供有导游带领的徒步和皮划艇之旅、观海豹巡游以及夏季儿童项目。

SickDay Surf Shop　　冲浪
(☎508-214-4158; www.sickday.cc; 361

当地知识

路边服务

如果想要拥有一个怀旧的夜晚，可以把车停在**Wellfleet Drive-In**(☎508-349-7176; www.wellfleetcinemas.com; 51 US 6, South Wellfleet; 票价 成人/儿童 $11/8; ⊙5月末到9月中旬; ♿)，它是美国仍在不断减少的、仅存的几家汽车影院之一。建于20世纪50年代，还是在"多厅影城"变得普遍之前。除了在大屏幕上放映的电影之外，这家影院的一切仍旧属于那个年代。是的，那些原始的单声道扬声器仍然存在于此，还有一家老式的小吃店，当然，影院总是两片连映。信用卡——那是什么？门口只收取现金。

好吧，这里还有一些现代的特色。因此，为了不妨碍任何人的视线，现在的停车场被分为两部分：一部分停放SUV，另一部分停放其他车辆。你无须使用那些四四方方的窗口扬声器：你也可以通过调试你的立体声车载收音机收听调频电台。但是其他的东西并没有改变——请携带驱蚊剂和毛毯！

Main St; 冲浪板出租 每天/每周 $30/150; ◉5月至10月 周一至周六 9:00~21:00) 如果你需要冲浪设备、课程或当地建议，SickDay Surf Shop 可以帮助你。这里还可以出租潜水服、立式冲浪板和浮板。

食宿

Even' Tide Motel　　　汽车旅馆 $$

(☎508-349-3410; www.eventidemotel.com; 650 US 6, South Wellfleet; 房 $95~207, 小屋每周 $1400~2900; ◉5月至10月中旬; ※☎※) 这家备受推崇的汽车旅馆坐落在一片松树林后面的公路上，有各种各样的选择。普通的汽车旅馆房间，外加10个不同的小屋，每个小屋可以容纳2~10人（小屋通常是按周出租的）。还有一个大型的室内温水游泳池和5英亩的林地，那里有体育和野餐设施。

★ PB Boulangerie & Bistro　　　面包房 $

(☎508-349-1600; www.pbboulangeriebistro.com; 15 Lecount Hollow Rd, South Wellfleet; 糕点 $3~5; ◉面包房 周三至周日 7:00~19:00, 法式小馆 周三至周日 17:00~21:30) 一位米其林星级法国面包师在小镇韦尔弗利特开店？如果不是看到门外排着的长队，你可能会认为他疯了。你不能错过PB；它被漆成粉红色，位于US 6后面。橱柜里到处都是水果馅饼、巧克力杏仁羊角面包和法式长棍面包，你会以为你到了巴黎。

Mac's on the Pier　　　海鲜 $$

(☎508-349-9611; www.macsseafood.com; 265 Commercial St, Wellfleet Town Pier; 主菜 $8~33; ◉5月末到10月初 11:00~20:30; ※※) 你可以在这里以低廉的价格买到鱼市新鲜的海鲜。这里有炸鱼、牡蛎三明治、寿司卷和烤条纹鲈鱼。在橱窗点餐，然后坐在可以俯瞰韦尔弗利特港的野餐桌旁用餐。

ⓘ 到达和离开

US 6以东的韦尔弗利特的大部分地区是科德角国家海岸风景区（Cape Cod National Seashore）的一部分。想要前往城镇中心，在Main St或School St紧邻US 6的地方向西转弯。

普罗温斯敦 (Provincetwon)

这是你在科德角能够到达的最遥远的地方，这个"遥远"指的可不只是距离。这里的魅力令人无法抗拒。早在一个世纪以前，边缘作家和艺术家就把这里当作他们的避暑天堂了。今天，这片沙质边区已经成了美国东北部最火的同性恋旅游胜地。艳丽的街景、精彩的美术馆和放纵的夜生活把镇中心粉饰得色彩斑斓。但这只是冰山一角。普罗温斯敦天然的海岸线和辽阔的海滩都等待着被探索。你可以乘船出海观鲸、欣赏海上的夜景或在沙丘

不要错过

科德角铁路自行车道

科德角铁路自行车道（Cape Cod Rail Trail; CCRT）是科德角所有自行车道的始祖，沥青自行车道在森林中绵延22英里，穿过蔓越莓沼泽，沿着池塘延伸，是旅行的理想路线。这条曾经被用作铁路的乡村路线，是新英格兰最好的自行车道之一。

这条车道始于MA 134的Dennis，穿过布鲁斯特（Brewster）的**尼克森州立公园**（Nickerson State Park; ☎508-896-3491; www.mass.gov/dcr; 3488 MA 6A; 停车 $15; ◉黎明至黄昏; ※），进入奥尔良，穿过科德角国家海岸风景区（见235页），一路延伸至韦尔弗利特（Wellfleet）。

在途中，可以欣赏大量老科德角的风光，还有机会到村庄去吃午饭或观光。如果你的时间只够探索部分小道，那就从尼克森州立公园出发，前往国家海岸风景区——沿途风景无可匹敌。

在丹尼斯和韦尔弗利特的小道起点、尼克森州立公园和伊斯特汉（Eastham）的国家海岸游客中心对面可以租到自行车。这四个地点都有停车场（除了尼克森收取少量费用外，其他停车场均可免费停车）。

中流连。不管你怎么玩,总之不要错过新英格兰这块别具风情、乐观豁达的小角落。

◉ 景点

在Commercial St开始你的探索,这是普罗温斯敦的中心地带,有许多咖啡馆、画廊和俱乐部。在任何一天,你都可以看到异装者、穿着皮革服装的摩托车手、衣着清凉的溜冰者、手牵手的情侣和游客,后者可能在想自己去观鲸的路上都遇到了什么。

★ 普罗温斯敦艺术协会和博物馆　　博物馆

(Provincetown Art Association & Museum, 简称PAAM; ☏508-487-1750; www.paam.org; 460 Commercial St; 成人/儿童 $10/免费; ◐7月和8月周一至周四 11:00~20:00,周五 至22:00,周六 至18:00,周日 至17:00,其他月份 缩短开放时间)这家博物馆建于1914年,用来展示成千上百位Lower Cape活跃的艺术家群体的作品。博物馆内展出在普罗温斯敦寻得灵感的艺术家的作品。其中的领军人物查尔斯·霍桑(Charles Hawthorne,领导了早期的普罗温斯敦艺术运动)和爱德华·霍珀(Edward Hopper)在特鲁罗沙县有宅邸和画廊。

★ 清教徒纪念碑和普罗温斯敦博物馆　　博物馆

(Pilgrim Monument & Provincetown Museum; ☏508-487-1310; www.pilgrim-monument.org; 1 High Pole Hill Rd; 成人/儿童 $12/4; ◐4月、5月和9月至11月 9:00~17:00,6月至8月 至19:00)登上美国最高的全花岗岩建筑(253英尺),俯瞰城镇、海滩和Lower Cape。你可以爬上116级阶梯和60个坡道,以悠闲的速度滑下,全程大约耗时10分钟。在这个建于1910年的纪念碑底部有个引发人们思古之幽情的博物馆,馆内向人们展示了"五月花号"船上的清教徒怎样登陆的故事以及其他与普罗温斯敦有关的历史。

普罗温斯敦公共图书馆　　图书馆

(Provincetown Public Library; ☏508-487-7094; www.provincetownlibrary.org; 356 Commercial St; ◐周一和周五 10:00~17:00,周二至周四 至20:00,周六和周日 13:00~17:00; ♿)原本是一座建于1860年的教堂,一个世纪后被改建为博物馆,里面摆有Rose Dorothea号帆船的一半大小的复制品。这艘普罗温斯敦的帆船曾在帆船比赛中获奖。博物馆衰落后,镇里又把它改建成一家图书馆。不过,那艘帆船占据了大楼的上层露台,体积太大,根本没办法搬出来,所以至今仍摆在图书馆内,周围围着一圈书架。路过的话就上楼看看吧。

雷斯角海滩　　海滩

(Race Point Beach; Race Point Rd)这个科德角国家海岸风景区(见235页)的海滩位于海角的荒野上,是一片令人惊叹的沙滩,可以看到奔腾的海浪和起伏的沙丘。孩子们,脱下你们的凉鞋,柔软的沙滩一定会让你们玩得很开心。在这片沙滩上,漫步数英里也看不到一个人,除了偶尔出现的几位钓蓝鱼的垂钓者。夏季停车费为$20(国家海岸风景区费用)。

✈ 活动

普罗温斯陆地自行车道(Province Lands Bike Trail; www.nps.gov/caco)是一条令人振奋的7.5英里的自行车道,穿越科德角国家海岸风景区(见235页)的森林和起伏的沙丘。作为奖励,你可以用游泳来降温: 5.5英里的主要环道有通往鲱鱼湾海滩(Herring Cove Beach; Province Lands Rd)和Race Point海滩的支路。

★ Dolphin Fleet Whale Watch　　野生动物

(☏800-826-9300, 508-240-3636; www.whalewatch.com; 307 Commercial St; 成人/儿童 $47/31; ◐4月中旬至10月; ♿)✦在旺季,Dolphin Fleet每天发10个团,历时3~4小时。你将会获得很多乐趣。这些美丽的动物会在离船只特别近的地方跃出海面,做出各种杂耍般的优美动作,非常适合拍照。随船的自然学家不仅对这些庞然大物了如指掌,而且在监测鲸鱼数量方面也扮演着重要的角色。

🛏 住宿

Moffett House　　客栈 $$

(☏508-487-6615; www.moffetthouse.com; 296a Commercial St; 双 不带浴室 $75~164,双 带浴室 $115~184; ℗❄@🛜)位于一条小巷深处,这家客栈不仅安静,而且还有附送福利: 下榻期间每个房间可以免费使用旅馆提供的

2辆自行车。房间条件一般——更像住在朋友的家,而不是民宿——在早上(夏季)你可以使用厨房,还可以享用百吉饼和咖啡,而且有机会结识更多的游客。

★ Carpe Diem 精品酒店 $$$

(☎508-487-4242;www.carpediemguesthouse.com;12-14 Johnson St;房$199~549;🅿❄@)这家旅馆精致且舒适,里面摆着很多令人心绪平静的微笑的佛像、兰花香水和艺术装饰。每个房间的装饰都和一名同性恋文学天才挂钩。比如,诗人Raj Rao的主题房里摆着华丽的刺绣和手工打造的印第安家具。

🍴 就餐

Cafe Heaven 咖啡馆 $

(☎508-487-9639;www.facebook.com/cafeheavenptown;199 Commercial St;主菜$8~17;⏰8:00~14:00和18:00~22:00;🌱)总是门庭若市,店里面摆满艺术品,采光和通风都很好,好吃不贵,全天供应早餐,随着时间的推移,还有午餐和晚餐。菜单上既有美味的法国吐司包,也有健康沙拉。这里还有三明治,如法式火腿干酪三明治和鸡肉蒜香沙司三明治。别被门口排的长队吓坏了——这里的用餐速度很快。

Lobster Pot 海鲜 $$$

(☎508-487-0842;www.ptownlobsterpot.com;321 Commercial St;三明治$12~23,主菜$25~34;⏰4月至11月 11:30~21:00)店如其名,这家热闹的海鲜店可以俯瞰港口,的确是吃龙虾的最佳场所。很多人都被它复古的霓虹灯所吸引。以龙虾浓汤开始你的一餐,然后系上围裙,打开煮得恰到好处的龙虾(还有无麸质菜单)。避开人群的最好方法就是15:00左右过来。

★ Mews
Restaurant & Cafe 新派美国菜 $$$

(☎508-487-1500;www.mews.com;429 Commercial St;主菜$22~44;⏰17:00~22:00)城里最热门的马提尼酒吧,可以看到美妙的水景,美味的食物使它成了普罗温斯敦最好的就餐地点。这里有两个区域。你可以选择在楼下的沙滩上享用龙虾烩饭和菲力牛排,或者在楼上的小酒馆菜单上随意地选择一个多汁的安格斯汉堡。最好预订。

🍷 饮品

Aqua Bar 酒吧

(☎774-593-5106;www.facebook.com/aquabarptown;207 Commercial St;⏰4月末至11月 周一至周四 11:00~20:00,周五至周日 至23:00)可以把这家酒吧看成一个有海鲜自助餐柜、寿司、意式冰激凌以及各种异国风味的美食广场。这里还有种类丰富的美酒和慷慨的酒保。酒吧位于华丽的海滨,可以远眺沙滩和美丽的海港。日落时有梦幻般的美景。这就是Aqua Bar。

Boatslip Beach Club 同性恋酒吧

(☎508-487-1669;www.boatslipresort.com;161 Commercial St;⏰下午茶舞会 每天16:00开始)举办大受欢迎的下午茶舞会(16:00~19:00),经常挤满俊男靓女。DJ嗨翻全场,周四可以看到20世纪70年代和80年代的经典舞蹈。这里还提供住宿。

Crown & Anchor 男女同性恋酒吧

(☎508-487-1430;www.onlyatthecrown.com;247 Commercial St;⏰时间不定)这个建筑群是同性恋酒吧中的女王,有一个夜总会,一个视频酒吧,一个皮革酒吧,还有使气氛达到高潮的有趣、劲爆的歌舞表演,以及大量的演出和活动——从百老汇的音乐会到变装秀和滑稽剧团演出。请在线查看日程安排(并购买)门票)。这里还有住宿和餐厅。

> **东角美术馆区(EAST END GALLERY DISTRICT)**
>
> 大量的艺术家聚集在这里,所以这个地区有很多出色的美术馆就不足为奇了。最佳的游览方式是从普罗温斯敦艺术协会和博物馆出发,沿着Commercial St往西南方向走,在接下来的几个街区里,每隔一个街区就有一个值得一看的画廊。
>
> 拿一份《普罗温斯敦画廊指南》(*Provincetown Gallery Guide*)或登录其网站获取画廊信息、地图和活动详情。

科德角国家海岸风景区

科德角国家海岸风景区（Cape Cod National Seashore；☎508-255-3421；www.nps.gov/caco；行人/骑自行车/摩托车/小汽车 每天 $3/3/10/20）在Outer Cape曲折绵延约40英里，包含了从奥尔良到普罗温斯敦的大西洋海岸线。在国家公园管理局的保护下，这里有未经破坏的海滩、沙丘、盐沼、天然小径和森林，十分珍贵。感谢肯尼迪总统在20世纪60年代时将这片地区划入了保护区，恰好在他的老家科德角掀起建房热潮之前。

❶ 到达和离开

从科德角运河出发，取道US 6，抵达普罗温斯敦需要花费约1.5小时，视交通情况而定。Commercial St狭窄拥挤，有许多行人，所以你会想要把大部分的驾驶时间都放在更适合汽车行驶的Bradford St。

船

从5月到10月，船只往返普罗温斯敦的**麦克米伦码头**（MacMillan Pier）与波士顿和普利茅斯之间。日程安排是针对一日游的，可以早晨到达普罗温斯敦，并在下午的晚些时候离开。没有可以搭载汽车的渡轮，但可以运输自行车（往返约$12）。建议预订，尤其是在周末和夏季高峰期。

Bay State Cruise Co（www.boston-ptown.com）快船（1.5小时）从波士顿的世界贸易中心码头（World Trade Center Pier）出发，每天3班。

波士顿港游轮（Boston Harbor Cruises；www.bostonharborcruises.com）快船（1.5小时）从波士顿的长码头（Long Wharf）出发，每天最多3班。

普利茅斯至普罗温斯敦快船（Plymouth-to-Provincetown Express Ferry；www.captjohn.com）渡轮从普利茅斯出发（1.5小时，每天1班），开往普罗温斯敦的麦克米伦码头（MacMillan Pier）。

长途汽车

普利茅斯和布罗克顿长途汽车（www.p-b.com）的终点站在**麦克米伦码头**，每天几班，从波士顿出发（单程 $32~38，3~3.5小时），途中在其他的海角城镇停车。在波士顿，它在洛根机场和南部车站停车。

楠塔基特岛（Nantucket）

游览楠塔基特岛不需要成为一个百万富翁，当然能成为百万富翁也不坏。这个紧凑的小岛位于科德角以南30英里处，在19世纪因捕鲸而变得富庶。近几十年来，这里成了来自波士顿和纽约的首席执行官、社会人士以及其他富有游客的夏季度假胜地。

这很容易理解。楠塔基特属于新英格兰，这里玫瑰遍地，鹅卵石密布，风景如画，即使在夏天的高峰期，也会有一大片空旷的沙滩等着被发现。户外活动比比皆是，还有精美的博物馆、时尚的餐厅和有趣的酒吧。

楠塔基特镇（当地人称为"镇"）是岛上唯一一个真正的人口中心。这个小镇曾经是世界上最大的捕鲸船队的港口，枝繁叶茂的街道两旁有许多优雅的古老建筑，反映着它传奇的历史。这里拥有全国最大的建于1850年之前的住宅群，是美国唯一一个全镇都划定为国家历史名胜的地方。这是一个非常令人愉悦的地方，可以漫步其中，感受一下周围的气氛。

◉ 景点和活动

★ 楠塔基特岛捕鲸博物馆　　博物馆

（Nantucket Whaling Museum；☎508-228-1894；www.nha.org；13 Broad St；成人/儿童 $20/5；⏱4月和5月 11:00~16:00，6月至10月 10:00~17:00，11月、12月和2月中旬至3月 缩短开放时间）岛上的亮点之一，这座可以勾起人们回忆的博物馆坐落在建于1847年的前鲸油蜡烛厂内。这里众多令人浮想联翩的展品，再现了南塔基特岛19世纪作为世界捕鲸中心那盛极一时的辉煌。在岛上有一部值得一看的纪录片（时间有些长，54分钟），令人难以置信的骨雕展览（水手们在象牙、鲸骨或鲸须上创作的雕刻），还有一个46英尺长的抹香鲸骨架。一定要到屋顶平台欣赏美丽的风景。

🛏 住宿

除非你在岛上有一个可以为你提供空余房间的朋友，否则，夏季在楠塔基特岛住宿并不便宜。不要去寻找汽车旅馆或露营地——时髦的楠塔基特岛只有旅馆，其中有许多都经过翻天覆地的改造，把它们上升到了设计杂志的标准。

★ HI Nantucket　　　　　　青年旅舍 $

（Star of the Sea；☎508-228-0433；www.hiusa.org；31 Western Ave；铺 $39~45；⏰5月中旬至10月中旬；@🛜）这家很酷的旅馆在当地被称为"海洋之星"，它距离冲浪海滩（Surfside Beach）只有几分钟的路程，环境十分优美。它坐落在一个建于1873年的救生站里，并被列入国家历史遗迹名录。作为楠塔基特岛唯一一个价格低廉的选择，这里的49个床位需求量很大，所以要尽可能提前预订。房价包含早餐和床单；非HI会员需要额外支付$3。

Barnacle Inn　　　　　　民宿 $$

（☎508-228-0332；www.thebarnacleinn.com；11 Fair St；房 不带浴室 $125~300，带浴室 $155~420，套 $180~550；⏰4月末至11月初；❄🛜）老楠塔基特岛就应该是这个样子：老板和气且纯朴，古色古香的装饰显露着一派19世纪初的风貌。这里没有电话和电视，但性价比很高——如果你不介意公共浴室的话。

🍴 餐饮

Downyflake　　　　　　美式小馆、面包房 $

（☎508-228-4533；www.thedownyflake.com；18 Sparks Ave；主菜 $5~13；⏰4月至次年1月中旬 周一至周六 6:00~14:00，周日 至13:00）这个朴实无华的小餐馆位于小镇边缘，以其全天供应的早餐（蓝莓煎饼、大煎蛋卷）和简单的爽心美食而闻名。这里还可以兼作一个供应自制甜甜圈的面包店。

Black-Eyed Susan's　　　　新派美国菜 $$$

（☎508-325-0308；www.black-eyedsusans.com；10 India St；早餐主菜 $8~13，晚餐 $24~29；⏰4月至10月 每天 7:00~13:00和周一至周六 18:00~22:00；🍴）几乎没有人不喜欢这个经营已久的、安静而小巧的美食场所。早餐时段，可以尝一尝香甜的法式吐司，上面放着肉桂胡桃和橙子酱；晚餐时，可以坐在酒吧里，看着厨师在一个狭小的空间里表演魔术。当天的特选鱼类菜肴最受欢迎（非常抢手）。请自带酒水。

★ Cisco Brewers　　　　　　自酿酒吧

（☎508-325-5929；www.ciscobrewers.com；5 Bartlett Farm Rd；团队游 $20；⏰全年 周一至周六 11:00~19:00，周日 正午至18:00，团队游 5月中旬至12月）这可能是你见过的最友好的自酿酒吧，你可以在这里品尝一品脱Whale's Tale淡啤酒。这里是楠塔基特岛的翻版，你可以在这个整洁、悠闲的地方一边品酒，一边聆听有趣的玩笑。除了自酿酒吧，这里还有一个小型蒸馏酒厂、休闲的室内和室外酒吧，以及美食车和现场音乐表演。

ℹ️ 实用信息

游客服务与信息局（Visitor Services & Information Bureau；☎508-228-0925；www.nantucket-ma.gov；25 Federal St；⏰4月中旬至10月中旬 每天 9:00~17:00，一年中的其他时间 周一至周六）楠塔基特镇的旅游局。

Nantucket.net（www.nantucket.net）有餐馆、住宿、艺术和娱乐方面的私人列表。

Inquirer and Mirror（www.ack.net）当地报纸，有不错的游客指南。

ℹ️ 到达和离开

飞机

楠塔基特岛纪念机场（Nantucket Memorial Airport；☎508-325-5300；www.nantucketairport.com；14 Airport Rd）位于楠塔基特镇东南3英里处。Cape Air（www.capeair.com）有飞往波士顿、海恩尼斯、新贝德福德和马撒葡萄园岛的全年航班和飞往纽约的季节性航班。达美航空、美国航空、联合航空和捷蓝航空有抵离纽约、纽瓦克和

当地知识

走小路

去当地，走小路。这是20世纪30年代楠塔基特岛人的一种术语，它描述的是在小镇历史街区的狭窄街道上漫步的情景，尤其是在傍晚时分。最佳的漫步方式是沿着铺满鹅卵石的Main St，经过建于1818年前后的太平洋国家银行。在那里，你会发现一排最为壮观的捕鲸时代的豪宅。其他最受欢迎的小路有：Gardner St和Liberty St，以及Federal St和S Water St之间蜂窝状的通道。

另辟蹊径

上岛

马撒葡萄园岛充满乡野风情的西半岛被称为上岛（Up-Island）。这里有连绵起伏的山丘、小农场以及野火鸡和野鹿频繁出没的旷野。你可以在风景如画的渔村**门纳穆莎**（Menemsha）一饱眼福和口福，那里海鲜小店的后门就是渔船卸货的地方。不妨在海港旁边的长凳上享受美食的同时观看厨师如何开牡蛎、蒸龙虾。

临海的**阿奎那悬崖**（Aquinnah Cliffs，也称Gay Head Cliffs，欢乐角悬崖）是如此特别，已被列为国家自然地标。这些高达150英尺的悬崖峭壁会在每天傍晚的阳光照射下放射出各种奇光异彩。你也可以去**阿奎那公共海滩**（Aquinnah Public Beach）转一转，那片海滩就在那座彩色悬崖的下方。或者你也可以沿着海岸向北步行1英里，那里有成群的裸体日光浴者。

Cedar Tree Neck保护区（Cedar Tree Neck Sanctuary；☎508-693-5207；www.sheriffsmeadow.org；Obed Daggett Rd，紧邻Indian Hill Rd；◎8:30~17:30）免费 紧邻State Rd，保护区内有一条长达2.5英里的步行路线，穿过当地的沼泽和森林，通往一座沿海峭壁，在那里可以观赏整个科德角。马萨诸塞州奥杜邦协会（Massachusetts Audubon Society）的**菲利克斯·耐克野生动物保护区**（Felix Neck Wildlife Sanctuary；☎508-627-4850；www.massaudubon.org；100 Felix Neck Dr；成人/儿童 $4/3；◎小道 黎明至黄昏，游客中心6月至9月 周一至周五 9:00~16:00，周六和周日 10:00~15:00；🅿）是观鸟者的天堂。那里有长达4英里的小道，环绕多个湿地和池塘。

华盛顿特区的季节性航班。

从6月中旬至9月初，有从机场开往城镇的当地公共汽车（$2）。

船

到达楠塔基特岛最常见的方式是乘坐从海恩尼斯出发的Steamship Authority和Hy-Line Cruises的渡轮。

Steamship Authority（www.steamshipauthority.com）全年运营从蒸汽船码头（Steamboat Wharf）出发，往返海恩尼斯和楠塔基特岛之间的渡轮，班次频繁。

Hy-Line Cruises（www.hylinecruises.com）全年运营从Straight Wharf出发，往返海恩尼斯和楠塔基特岛之间的高速客运渡轮，夏季每天还有往返楠塔基特岛和马撒葡萄园岛的奥克布拉夫斯的渡轮。

Seastreak（www.seastreak.com）在夏季（5月中旬至9月初）运营每天从马萨诸塞州的新贝德福德开往楠塔基特岛的高速客运渡轮，周末还有从新泽西州和纽约市开往楠塔基特岛的渡轮。

马撒葡萄园岛
（Martha's Vineyard）

风景优美的马撒葡萄园岛吸引来大批欣赏美景的一日游游客、在此置业的名流，还有许多寻找宁静的都市人群。这里的15,000名居民中包括许多艺术家、音乐家和回归自然的人。马撒葡萄园岛并没有受到美国本土泛滥的重商主义的影响——没有一家连锁餐馆，也没有千篇一律的汽车旅馆。相反，你可以在这里找到舒适的小旅馆，大厨自营的餐馆和很多绿色农场，还有广阔的海滩。所有人都能在此找到情感归宿——埃德加敦中产阶级化的精美餐馆，旁边的奥克布拉夫斯的棉花糖和旋转木马。

马撒葡萄园岛是新英格兰最大的岛屿，岛屿最宽处跨度达23英里。尽管它坐落在距离科德角海岸仅7英里的地方，但感觉是一个与众不同的世界，以至于人们常常把大陆称为"美国"。

◉ 景点和活动

★ **Campgrounds & Tabernacle** 古迹
（☎508-693-0525；www.mvcma.org）奥克布拉夫斯于19世纪中叶开始成为一个复兴主义教徒的夏季避暑胜地。当时他们除了布道之外，最喜欢的就是在这里的海滩坐上一天。他们最初在这里搭建帐篷，然后建造了约300

> ## 马撒葡萄园岛的灯塔
>
> 还有什么比灯塔更具新英格兰风情呢？哪个岛拥有美国最丰富的灯塔？猜一猜。
>
> **West Chop** 岛上最后一座仍有人值守的灯塔建于1838年，坐落在葡萄园岛港（Vineyard Haven Harbor）的西侧。
>
> **East Chop** 这座建于1875年的铸铁结构是Oak Bluffs的地标。
>
> **Edgartown** 它于1828年建立在一个小岛上，但是流沙已经填满了水湾，现在它已经与埃德加敦的陆地相连。
>
> **Cape Poge** 自1801年以来，强烈的风暴侵蚀迫使这个查帕奎迪克岛（Chappaquiddick Island）的灯塔迁移了四次。
>
> **Gay Head** 这座红砖建筑位于阿奎那悬崖（Aquinnah Cliffs），建于1844年，可以说是马撒葡萄园岛最美丽的灯塔。

座小木屋，每一座都带着异想天开的金银丝细工装饰。

飞马旋转木马　　　　　　　　　　古迹

（Flying Horses Carousel; ☎508-693-9481; www.mvpreservation.org; Oak Bluffs Ave; 1次/10次 \$3/25; ◎6月中旬至9月中旬 10:00~22:00; ❋）带着怀旧的心情，在这个国家历史地标坐坐旋转木马。它是美国最古老的仍在持续运营的旋转木马，自1876年开始就吸引着各年龄层的孩子乘坐游玩。这些古老的木马身上有着真马的鬃毛。

Anderson's Bike Rentals　　　　骑车

（☎508-693-9346; www.andersonsbikerentals.com; Circuit Ave Extension; 自行车出租 每天/每周 \$22/95; ◎5月至10月 9:00~18:00）下了渡轮之后，你会发现一路上有许多自行车和商家出租自行车。一直走，直到你到达Anderson's Bike Rentals，这是一个建立已久的家庭经营的公司，拥有维护良好的自行车，价格公道。也可以把自行车送到你的酒店。

🛏 住宿

HI Martha's Vineyard　　　　青年旅舍 \$

（☎508-693-2665; www.hiusa.org; 525 Edgartown-West Tisbury Rd; 铺 \$36~42, 标双 \$99, 四 \$125~149; ◎5月中旬至10月初; ❋@❋）这家青年旅舍位于岛中心，很受欢迎，订得从速。这里有你想要的一切：厨房里厨具齐全，有游戏室，提供自行车出租，晚上没有门禁，还有友好的员工。它就坐落在自行车道上，面前有公交站。宿舍和单间都有。

Nashua House　　　　　　　　旅馆 \$\$

（☎508-693-0043; www.nashuahouse.com; 9 Healy Way; 房 \$119~219; ❋❋）这里有葡萄园岛过去的样子……不过，也有一些现代化的设施（有些房间有电视，有些有私人浴室）。在这个古怪的1873年的小旅馆里，你会发现简单、一尘不染、富有特色的房间，餐厅和酒吧就在前门外面。夏季时已是物有所值，淡季时房价会下降将近一半，感觉赚到了。

🍴 餐饮

★ Art Cliff Diner　　　　　　咖啡馆 \$\$

（☎508-693-1224; 39 Beach Rd; 主菜 \$8~20; ◎周四至周二 7:00~14:00）❋无疑是城镇中最好的地方，是吃早餐和午餐的最佳去处。从杏仁酥皮法式烤面包到墨西哥鲜鱼煎玉米饼，任何东西在老板兼主厨吉娜·斯坦利（Gina Stanley）的手中都能变成美食，她是美国著名烹饪学院的毕业生。不拘一格的菜肴都是使用岛上农场的新鲜原料制作而成。可能需要排队，但值得等待。

Among the Flowers Café　　　咖啡馆 \$\$

（☎508-627-3233; 17 Mayhew Lane; 午餐 \$8~20, 晚餐主菜 \$22~35; ◎4月中旬至10月 8:00~16:00, 6月至8月 至22:00; ❋）在花园的露台上（在可爱的条纹遮阳篷下，开花的植物中间）加入人群中，品尝自制的汤、华夫饼、三明治、薄饼甚至龙虾卷。虽然所有的东西都是用纸制或塑料餐具供应,但看起来依然非常精致。在夏季,这里也提供更加美味的晚餐。

★ Offshore Ale Co 微酿酒吧

(☎508-693-2626; www.offshoreale.com; 30 Kennebec Ave; ◎周日至周四 11:30~21:00,周五和周六 至22:00)在这个受欢迎的微酿酒吧,加入当地人和游客的行列,享受一品脱的Hop Goddess麦芽酒、一些高级的酒吧食物(包括可口的龙虾卷)和悠闲的氛围,天花板上挂着船模,地板上有许多花生壳。

❶ 到达和离开

飞机

马撒葡萄园岛机场(Martha's Vineyard Airport,简称MVY; www.mvyairport.com)位于岛屿中心,葡萄园港(Vineyard Haven)以南6英里处,有长途汽车服务。全年都有开往波士顿和楠塔基特岛的航班,还有季节性开往海恩尼斯、马萨诸塞州的新贝德福德和纽约的航班。登录Cape Air(www.capeair.com)网站获取日程表。达美航空和捷蓝航空也有从纽约的肯尼迪国际机场出发的季节性航班。

船

Steamship Authority(www.steamshipauthority.com)全年运营开往马撒葡萄园岛的渡轮,班次频繁。它往返于葡萄园港和位于科德角的法尔茅斯南部的伍兹霍尔(Woods Hole),船程45分钟。这是唯一可以运送车辆的渡轮——如果你需要运送车辆,请提前预订。每天双向对开,最多的时候有14个班次。

❶ 当地交通

开车出行更方便,不过道路很窄;在夏季,主要城镇发生交通堵塞是家常便饭。如果你没有车,也没有关系——四通八达的公共汽车系统连接着岛上的每一个村庄。

骑自行车是另一个选择,你可以在埃德加敦、奥克布拉夫斯和葡萄园港租到自行车。

马萨诸塞州中部 (Central Massachusetts)

先锋谷和伯克希尔地区有许多迷人的艺术场馆、翠绿的山丘和甜美的农田,巧妙地将文化和世界主义与田园和乡村风格融合到一起。

你可以在马萨诸塞州最高的山峰上伸展你的身体,穿过山丘环绕的自然保护区。还可以漫步穿过曾经名噪一时的宅邸,在修剪整齐的草坪上的野餐毯上聆听世界级音乐家的演奏,并在由厨师经营的餐馆享用"从农场到餐桌"的美食。你可以轻松花上一整个夏天的时间来探索荒野地区的各个地方,参加一个舞蹈节,这里还有著名的音乐演出和一个夏季剧院。

在每一个转弯处,你都会找到大学城里阴凉的校园、波希米亚风格的咖啡馆和杰出的美术馆。而那些有幸在秋天来到这里的人,会发现苹果已经成熟,等待人们的采摘,山坡也会被秋天的落叶映红。

北安普顿 (Northampton)

在一个以迷人的大学城闻名的地区,你很难找到比北安普顿市中心蜿蜒的街道更吸引人的地方。古老的红砖建筑和大量的行人为你的漫游提供了一个生动、活泼的背景,你会发现许多咖啡馆、摇滚俱乐部和书店(这就解释了为什么当地人称之为"NoHo")。在风景如画的商业中心外面走一走,你就会发现史密斯学院(Smith College)田园般的操场。北安普顿是这一带著名的自由之地。女同性恋社区以直言不讳著称,彩虹旗在这个小镇上随处飘扬。

◉ 景点

史密斯学院 大学

(Smith College; ☎413-584-2700; www.smith.edu; Elm St)史密斯学院于1875年"为了那些智慧女性教育"而建,目前在校生2600名,是全国最大的女子高校之一。绿色的校园占地125英亩,校园内有将近100座五花八门的建筑,还有个美丽的池塘。学院的著名校友包括西尔维娅·普拉特(Sylvia Plath)、茱莉亚·蔡尔德(Julia Child)和格洛里亚·斯坦纳姆(Gloria Steinem)。在参观校园之后,可以在天堂池塘(Paradise Pond)周围漫步,并在日本茶屋拍些照片。

史密斯学院艺术博物馆　博物馆

(Smith College Museum of Art; ☎413-585-2760; www.smith.edu/artmuseum; 20 Elm St; 成人/儿童 $5/免费; ⊙周二至周六 10:00~16:00,周日 正午至16:00)这家校园中的博物馆定会令你印象深刻,拥有25,000件藏品,包括大量19世纪和20世纪欧国和北美的画作。这里的藏品中还有德加(Degas)、温斯洛·霍默(Winslow Homer)、毕加索(Picasso)和詹姆斯·阿博特·麦克尼尔·惠斯勒(James Abbott McNeill Whistler)等人的画作。另一个亮点是所谓的"功能性艺术":令人难忘的卫生间和各种各样的长椅(你可以坐在那里)——所有这些都是由当代美国艺术家设计和创作的。

✈ 活动

诺沃塔克铁路自行车道

(Norwottuck Rail Trail; nor-wah-tuk; www.mass.gov/eea/agencies/dcr/massparks/region-west/norwottuck-rail-trail.html)是一条步行和骑行的道路,沿着从前的波士顿和缅因铁路(Boston & Maine Railroad),从阿默斯特延伸到哈德利,再到北安普顿,全程11英里。这条小道的很长一部分都与MA 9平行,经过开阔的农场,穿过广阔的康涅狄格河(Connecticut River)上的一座历史悠久、1500英尺长的桥梁。

你可以在阿默斯特的Station Rd找到停车场和入口,就在哈德利的MA 9上的Mountain Farms Mall和北安普顿的Damon Rd上的**埃威尔州立公园**(Elwell State Park)。你可以在Northampton Bicycle (www.nohobike.com; 319 Pleasant St; 每天 $25起; ⊙周一至周五 9:30~19:00,周六 至17:00,周日 正午至17:00)租到自行车。

🛏 食宿

Hotel Northampton　历史酒店 $$

(☎413-584-3100; www.hotelnorthampton.com; 36 King St; 房 $186~286; ℗☎)这座古老的建筑正好位于北安普顿中心,自1927年以来一直是该镇最好的住宿选择。这里的100间客房通风良好,配备了传统的家具、花布和窗帘,有一种安静、庄严的感觉。通过老式邮筒邮寄一张明信片总是让人感觉很好。

Bela　素食 $

(☎413-586-8011; www.belaveg.com; 68 Masonic St; 主菜 $8~13; ⊙周二至周六 正午至20:30; 🍴🌿)这家温馨的素食馆对于新鲜食材的追求无以复加,以至于每天店外黑板上的菜单都要以当地农民当天的收获而定。这里有家庭烹饪的爽心美食和温馨的家庭环境——甚至还有为孩子们准备的玩具! 只收现金。

Paul & Elizabeth's　海鲜 $$

(☎413-584-4832; www.paulandelizabeths.com; 150 Main St; 主菜 $8~21; ⊙周日至周四 11:30~21:00,周五和周六 至21:45; 📶🍴🌿)这家餐厅被当地人称为P&E's,天花板很高,还用许多绿植作为装饰。餐厅在Thornes Marketplace的顶层,是镇上顶级的绿色食品餐厅。这里提供美味的素菜和海鲜,常有亚洲风味。从秋天到早春,不要错过品尝传统印度布丁的难得机会。

ℹ 到达和离开

北安普顿位于斯普林菲尔德以北18英里处的I-91上。如果你在Main St没有找到停车的地方,可以在城镇中心的**Thornes Marketplace**(www.thornesmarketplace.com; 150 Main St; ⊙周一至周三 10:00~18:00,周四至周六 至20:00,周日 正午至17:00)找到公共停车场。

先锋谷运输局(Pioneer Valley Transit Authority; www.pvta.com)提供穿越5所大学地区的长途汽车服务(带有自行车架),北安普顿至阿默斯特线路的班次最频繁。

阿默斯特 (Amherst)

这个典型的大学城是著名的阿默斯特学院(Amherst College)的所在地,是一个美丽的"小常春藤",旁边就是城市绿化区、高大的马萨诸塞州大学(University of Massachusetts)和安逸的文科罕布什尔州学院(Hampshire College)。你可以在位于MA 116和MA 9交叉路口处的城市绿化区开始你的探险。在周围的街道上,你会发现一些时髦的画廊,一两家书店,或者无数的咖啡馆,还有一些规模虽小但值得一去的博物馆(其中一些与大学有关)。

艾米莉·狄金森博物馆　　博物馆

(Emily Dickinson Museum；☎413-542-8161；www.emilydickinsonmuseum.org；280 Main St；导览游 成人/儿童 $15/免费；◎6月至8月 周三至周一 10:00~17:00，4月、5月和9月至12月 11:00~16:00，3月 周六和周日 11:00~16:00)艾米莉·狄金森(1830~1886年)在她的一生中只出版了7首诗，但在她去世之后，人们又发现并出版了她的一千多首诗。她关于爱情、自然和永恒的诗句使她成为美国最重要的诗人之一。狄金森的大部分时间都是在阿默斯特中心附近的这个豪华住宅里度过的。导览游(60分钟)主要介绍诗人和她的作品，还会参观狄金森宅邸(Dickinson Homestead)和附近的常青树(Evergreens)。

你也可以使用自助语音导览来探索这里。登录网站查看团队游的时间表。

艾瑞克·卡尔图画书艺术博物馆　　博物馆

(Eric Carle Museum of Picture Book Art；☎413-559-6300；www.carlemuseum.org；125 W Bay Rd；成人/儿童 $9/6；◎周二至周五 10:00~16:00，周六 至17:00，周日 正午至17:00；🅿)由《饥饿的毛虫》(The Very Hungry Caterpillar)的作者和插图画家共同创建，这家华丽的博物馆内藏有来自世界各地的图画书，在3个展厅里轮流展出，还有一个常设展览。所有的参观者(包括成年人)都可以在美术工坊(hands-on art studio)里尽情地作画。

伯克希尔地区 (The Berkshires)

在美国，很少有地方能像伯克希尔地区一样，把文化和乡村生活巧妙地结合在一起。这里有世界级的音乐、舞蹈和戏剧节目(如Tanglewood and Jacob's Pillow)，还有绵延数英里的徒步小径和大片农田。

从该州的最高点——灰锁山(Mt Greylock)——向南延伸到康涅狄格州的州际线，伯克希尔地区已经成为一个多世纪以来的避暑地，富豪和名人来到这里，建造了许多夏季"小屋"。其中许多的豪宅现在已经改建成为小旅馆或表演场所。

时至今日，在夏季的周末，当波士顿和纽约的人行道被太阳炙烤时，成群的城市居民就会跳上他们的车，前往伯克希尔地区感受一丝清凉。

ℹ️ 到达和离开

大多数旅行者可能会从波士顿、哈特福德或纽约开车到达这个地区。你也可以乘坐公共汽车或火车，但如果你打算前往更远的农村地区，就会需要一辆自己的车。如果没有车，伯克希尔地区运输局(Berkshire Regional Transit Authority；www.berkshirerta.com)运营往返克希尔地区的主要城镇之间的长途汽车。单程票价为$1.75。

大巴灵顿 (Great Barrington)

大巴灵顿的Main St上曾经的沃尔沃斯(Woolworth's)、五金店、旧货店和一家破败的美式小馆如今已经被艺术风格的精品店、古董店、咖啡馆和餐馆所取代。如今，这个小镇拥有该地区最好的就餐环境，也可以很容易地在周围的山丘上徒步旅行，欣赏壮丽的风景。

Housatonic River从城中心流过，就在中央大道Main St/US 7东侧。

◎ 景点和活动

熊镇国家森林　　森林

(Beartown State Forest；☎413-528-0904；www.mass.gov/dcr；69 Blue Hill Rd, Monterey；停车$15)这个可爱的州立公园以Benedict Pond为中心，是一个游泳、钓鱼、划独木舟和皮划艇的完美场所。这里有几英里的徒步小道，包括阿巴拉契亚小道的一个路段。这片森林最远的地方是鹿、熊、山猫和食鱼貂的家园。不那么有野心的徒步者可以在1.5英里的Benedict Pond Loop上漫步。

Housatonic River Walk　　徒步

(www.gbriverwalk.org；◎4月至11月 日出至日落) 免费 风景如画的Housatonic River从大巴灵顿中心流过，跟着River Walk沿着河边去观赏这里的美景吧。从Main St(Rite-Aid后面)或Bridge St都可以走到这条小径上。

🍴 餐饮

Baba Louie's　　比萨 $$

(☎413-528-8100；www.babalouiespizza.com；286 Main St；比萨 $10~20；◎11:30~15:00

和17:00~21:30；🕐📶）这家店以其有机发面硬壳和留着长发绺的人而闻名。这里的比萨有各种口味，从最受欢迎的Dolce Vita搭配无花果，戈尔根朱勒干酪和熏火腿，到无麸质的Vegetazione搭配洋蓟心、西兰花、豆腐和大豆意大利干酪，应有尽有。

Barrington Brewery　　　　　　　　微酿酒吧

（📞413-528-8282；www.barringtonbrewery.net；420 Stockbridge Rd；⊙11:30~21:30；📶）用太阳能酿造的啤酒令人满足。泡沫丰富的啤酒花啤酒是这里的明星产品，但还有草饲牛肉汉堡。温暖的夏夜坐在露天座位上享用，简直美极了。

斯托克布里奇 (Stockbridge)

仔细看一下斯托克布里奇宽阔的Main St，你注意到什么了吗？更具体地说，你注意到你错过了什么吗？没有一个交通灯，也没有一个电话线杆，有的只是完美的风景——它看起来就像是诺曼·罗克韦尔（Norman Rockwell）所看到的那样。

事实上，罗克韦尔确实看到了——在他生命的最后25年里，他在斯托克布里奇生活和工作。如今，斯托克布里奇吸引了大批的游客，他们来到这里，在街道上漫步，逛商店，坐在历史悠久的Red Lion Inn门廊中的摇椅上。他们还会乘公共汽车去参观位于市郊的诺曼·罗克韦尔博物馆。

所有这些栩栩如生的风景都是有代价的。在乡村中心，明显缺少邻近城镇所具备的那种活力。

诺曼·罗克韦尔博物馆　　　　　　　　博物馆

（📞413-298-4100；www.nrm.org；9 Glendale Rd/MA 183；成人/儿童 $20/免费；⊙5月至10月10:00~17:00，11月至次年4月 至16:00）诺曼·罗克韦尔（1894~1978年）出生于纽约，他在1916年的《星期六晚间邮报》（Saturday Evening Post）上出售了他的第一本杂志封面插图。在接下来的半个世纪里，他又为《邮报》制作了321个封面，还为书籍、海报和许多其他杂志做插图，并成了美国历史上最受欢迎的插画家。这个优秀的小博物馆拥有诺曼·罗克韦尔的原始艺术收藏，以及诺曼·罗克韦尔的工作室，这间工作室是从他在斯托克布里奇的住宅里搬过来的。

如果想要找到这个博物馆，从斯托克布里奇沿着MA 102向西行驶，并在MA 183左转（南）即可。

勒诺克斯 (Lenox)

这个亲切、富有的小镇是历史上的一个反常现象：首先，它的魅力并没有被工业革命摧毁；其次，这座小镇因其田园般的宁静而备受推崇，成了富有家庭的避暑胜地，这些人包括卡内基（Carnegie）、范德比尔特（Vanderbilt）和威斯汀豪斯（Westinghouse），他们通过在其他城镇建造工厂而致富。

作为伯克希尔地区的文化中心，勒诺克斯的辉煌过往依然存在。它最吸引人的是唐格尔伍德音乐节（Tanglewood Music Festival），这是一个非常受欢迎的夏季活动，吸引了来自纽约、波士顿和其他更远地方的游客。

坦格活德音乐节　　　　　　　　　　音乐节

（Tanglewood Music Festival；📞888-266-1200；www.tanglewood.org；297 West St/MA 183，Lenox；草坪票 $12起，儿童免费；⊙6月末至9月初）从1934年开始，坦格活德音乐节就是世界上最受人尊敬的夏季音乐盛会之一。从6月末至9月初，会举办交响乐、流行音乐、室内音乐、爵士和布鲁斯音乐表演。著名的大提琴演奏家马友友（Yo-Yo Ma）、小提琴演奏家约夏·贝尔（Joshua Bell）和歌手詹姆斯·泰勒（James Taylor）每年夏天都会登台表演，另外还可以看到一批世界级的客座艺术家和著名指挥家的表演。

🛏 食宿

Birchwood Inn　　　　　　　　　　旅馆 $$$

（📞413-637-2600；www.birchwood-inn.com；7 Hubbard St；房 $199~289，豪华房 $359~394；❄📶）一个漂亮的山顶旅馆，距离市中心几个街区，Birchwood坐落在勒诺克斯最古老的（1767年）住宅中。11个宽敞的房间有不同的装饰；有些是复古的花卉图案，有些则是乡村经典风格，但都是浪漫到奢华的。豪华客房配有特大号床和燃木壁炉。

炉边的餐厅里供应家庭烹饪的早餐，也

许是佛罗伦萨的蛋奶酥或蓝莓奶酪烤薄饼。

Haven Cafe & Bakery 咖啡馆 $

(☎413-637-8948; www.havencafebakery.com; 8 Franklin St; 主菜 $8~16; ◎周一至周五 7:30~15:00, 周六和周日 8:00开始营业; ◎） 这里看着就像个咖啡馆, 但精心制作的美食将这里的档次提升了不少。早餐来这里尝尝羊角面包法式吐司或独具匠心的各式蛋类糕点, 如鲑鱼烤面包, 或是午餐来这里尝尝美味的沙拉和各式三明治——全部是当地的有机食材制作。一定要留点肚子品尝面包店柜台里的甜点。

★Nudel 美国菜 $$$

(☎413-551-7183; www.nudelrestaurant.com; 37 Church St; 主菜 $26, 3/4道菜的套餐 $45/55; ◎周二至周六 17:00~21:30, 周日至 21:00)这家餐馆推动了当地"可持续食物"运动, 菜单上所有的菜品根据季节调整, 而且所有食材都产自当地。"回归本真"的方法在创新的菜肴中体现出来。菜肴每天都在变化, 但从不让人失望。Nudel有许多忠实的回头客, 所以旺季时请提前预订。

威廉斯敦 (Williamstown)

小而优雅的威廉斯敦坐落在紫谷 (Purple Valley) 的中心地带, 紫谷因为周围的山脉在黄昏时常常笼罩在淡紫色的薄雾中而得名。人们聚集在友好的市中心, 那里只有两个街区, 而狗狗和孩子们会在绿地上嬉戏。

威廉斯敦是一个典型的新英格兰大学城, 它迷人的街道和绿地点缀着威廉姆斯学院 (Williams College) 庄严的红砖和大理石建筑。这里的文化生活丰富多彩, 有两个杰出的艺术博物馆, 也是该地区最受人尊敬的夏季戏剧节举办地。

◉ 景点

★克拉克艺术学院 博物馆

(Clark Art Institute; ☎413-458-2303; www.clarkart.edu; 225 South St; 成人/儿童 $20/免费; ◎9月至次年6月 周二至周六 10:00~17:00, 7月和8月 每天)即使你不是一个狂热的艺术爱好者, 也不要错过这颗宝石, 它占地140英亩, 有广阔的草坪, 开满鲜花的草地和连绵起伏的丘陵。这座建筑——有3层倒影池——是一个令人惊叹的地方。藏品以印象派绘画为主, 包括有莫奈 (Monet)、毕沙罗 (Pissarro) 和雷诺阿 (Renoir) 的重要作品。还有玛丽·卡萨特 (Mary Cassatt)、温斯洛·霍默 (Winslow Homer) 和约翰·辛格·萨金特 (John Singer Sargent) 等人的当代美国画作。

威廉姆斯学院艺术博物馆 博物馆

(Williams College Museum of Art; ☎413-597-2429; https://wcma.williams.edu; 15 Lawrence Hall Dr; ◎10:00~17:00, 周四至20:00, 9月至次年5月 周三闭馆) 免费 这个博物馆是克拉克艺术学院的姊妹博物馆, 位于市中心, 拥有令人难以置信 (而且免费!) 的收藏。13,000件藏品中有一半左右来自美国艺术家, 比如著名的爱德华·霍珀 (Edward Hopper, *Morning in a City*)、温斯洛·霍默 (Winslow Homer) 和格兰特·伍德 (Grant Wood) 的作品。摄影藏品也很引人注目, 以曼·雷 (Man Ray) 和阿尔弗雷德·施蒂格利茨 (Alfred Stieglitz) 为代表。我们提到它是免费的了吗?

✪ 节日

威廉斯敦戏剧节 戏剧节

(Williamstown Theatre Festival; ☎售票处 413-458-3253; www.wtfestival.org; 1000 Main St; ◎6月至8月; ▣) 每年从6月的第三周到8月的第三周, 戏剧界的明星都会来到威廉斯敦。威廉斯敦戏剧节被公认为是该地区最好的夏季戏剧节, 也是第一个获得地区戏剧托尼奖 (Regional Theatre Tony Award) 的节日。

🛏 食宿

Maple Terrace Motel 汽车旅馆 $$

(☎413-458-9677; www.mapleterrace.com; 555 Main St, Williamstown; 双 $119~178; ◎◎) 旅馆位于镇东边, 这里外表质朴, 有15个舒适的房间。瑞典老板在庭院里造了几个漂亮的小花园, 令人不禁想要在园中徘徊一番。这里没有什么特别的东西, 但是很舒适, 服务也很周到。

River Bend Farm B&B 民宿 $$

(☎413-458-3121; www.riverbendfarmbb.com; 643 Simonds Rd/US 7; 房 $120; ◎4月至10

月；✱☎）这个乔治殖民时代风格住宅是本杰明·西蒙兹（Benjamin Simonds）的当地酒馆，其历史可以追溯至1770年。这所房子的修复工作要归功于朱迪（Judy）和戴夫·卢米斯（Dave Loomis）。四个简单、舒适的双人间共用两个配有爪足浴缸的卫生间。铺着木板的酒吧里供应早餐，旁边是宽大的石砌壁炉。

尽管River Bend Farm是这家民宿的名字，但它并不在农场里，而是位于Hoosic River上小桥北边的US 7沿线。

Pappa Charlie's Deli 熟食 $

（☎413-458-5969; 28 Spring St; 主菜 $5~8; ⏰周一至周六 8:00~20:00, 周日 至19:00; ✈）这是一个非常受欢迎的早餐店，当地人真的会说"老样子"。各路明星自制的午餐三明治，上面还有他们的名字。玛丽·泰勒·摩尔（Mary Tyler Moore）是最受欢迎的（培根、生菜、西红柿和鳄梨），但这位女演员后来成了素食主义者，所以你也可以选择用大豆培根制作的版本。选一份Politician，然后放上你所有想要放的东西。

★ Mezze Bistro & Bar 创意菜 $$

（☎413-458-0123; www.mezzerestaurant.com; 777 Cold Spring Rd/US 7; 主菜 $18~28; ⏰周日至周四 17:00~21:00, 周五和周六 至22:00）你不知道你会在这个现代风格的餐厅里吃到什么——菜单经常变化——你只要知道这里的菜肴都很美味就行了。这里占地3英亩，食材奉行"从农场到餐桌"的原则，餐馆右边就有一个种植食用植物的花园。菜单上多是应季食物，从少量生产的自酿啤酒到有机肉类，都是本地出产的。

罗得岛州（RHODE ISLAND）

罗得岛州是美国最小的州，它实际上不是一个岛屿。虽然只需45分钟就可以横穿该州，但这个小小的地方却拥有400多英里的海岸线，东北部还有一些最好的白沙滩、荒芜的小海湾、崎岖的悬崖和孤独的灯塔。

在向内陆进发之前，你可以探索一下这里的海岸线，令人愉快的度假村、古雅的殖民村庄和奢华的豪宅，被郁郁葱葱的浆果农场、葡萄园，以及米德尔顿和朴次茅斯的马匹所取代。罗得岛州的两个城市——工薪阶层的普罗维登斯和富有的纽波特，都属于新英格兰最优秀的城市，到处都是一流的博物馆和漂亮的历史住宅，还有一流的餐馆和非常酷的酒吧。难怪富豪们会不断地涌向这里，度过炎炎夏日。

历史

1636年，被逐出波士顿的宗教人士罗杰·威廉姆斯（Roger Williams）建立了罗得

值得一游

北亚当斯：马萨诸塞当代艺术博物馆

乍一看，北亚当斯美丽而荒凉的19世纪市中心似乎与伯克希尔地区的其他地方格格不入。它没有那么热闹，设施也很有限。但你很快就会发现这里的魅力——主要来自马萨诸塞当代艺术博物馆，这是一个藏品数量惊人的当代艺术博物馆。事实上，这个地方足足有一个村庄那么大，它的庭院实际上包含了这座城市最好的餐饮和购物场所。

马萨诸塞当代艺术博物馆（MASS MoCA; Massachusetts Museum of Contemporary Art; ☎413-662-2111; www.massmoca.org; 1040 MASS MoCA Way; 成人/儿童 $20/8; ⏰7月和8月 周日至周三 10:00~18:00, 周四至周六 至19:00, 9月至次年6月 周三至周一 11:00~17:00; ✈）位于北亚当斯市中心，占地13英亩，是整个商业区的1/3。斯普拉格电力公司（Sprague Electric Company）在1985年关闭后，斥资约3100万美元将这处房产改造成了"美国最大的美术馆"。这座博物馆——有222,000平方英尺，建筑超过25座，其中包括多个艺术创作区、表演中心和19个展厅。每个展厅占地约一个足球场的面积，使得这里的艺术家们有机会在一个全新的维度里进行艺术创造。记得穿适合步行的鞋子！

岛州的首府普罗维登斯，从那时起，普罗维登斯一直是一个信仰自由的地方。威廉姆斯的信条（也是他被从马萨诸塞州放逐于此的原因）就是他相信人人都有信教自由。他在建立普罗维登斯的过程中始终奉行这个信条，从纳拉甘西特（Narragansett）原住民手中购买土地后仍跟他们和平友好地共存。

威廉姆斯的信条没能持续太久。随着普罗维登斯和纽波特发展合并为一个殖民地，它们同本地印第安部落的竞争和冲突引发了几次战争，造成万帕诺亚格（Wampanoag）、佩科特（Pequot）、纳拉甘西特和尼普马克（Nipmuck）等部落人口的锐减。罗得岛州也曾是一个活跃的奴隶贸易者，独立战争后，罗得岛州的黑奴贩子控制了大部分贩奴业。

1790年，以水力做动力的斯雷特磨坊（Slater Mill）建成，标志着美国工业革命在Pawtucket城开始了。工业造就了普罗维登斯和周边——尤其是黑石河（Blackstone River）沿岸——城镇的兴盛。与许多东海岸的小城市一样，随着制造业（纺织业和服装珠宝业）的衰退，上述城市在20世纪四五十年代也逐渐萧条起来。20世纪60年代，城市保护计划挽救了有大量古老建筑的普罗维登斯和纽波特。今天，纽波特已经成为美国最具吸引力的历史中心之一。

普罗维登斯也改变了自己的命运，成为一个生机勃勃、富有生气的城市，拥有充满活力的经济和朝气蓬勃的市中心，这主要归功于巴迪·西奇（Buddy Cianci），他是两次被判有罪的重罪犯，也是两次当选市长（1975~1984年，1991~2002年）的能人。人们认为西奇是通过一个大规模的复兴项目来拯救这座城市的工业，挽救其衰落的，这个项目发现并将以前的地下河支流重新引流到一个中央人工池塘中。今天广受欢迎的水火节（WaterFire festival；见246页）的壮观景象就是这座城市在3条河流的汇合中重生的有力象征。西奇于2016年去世，享年74岁。

❶ 实用信息

罗得岛州公园与娱乐部（Rhode Island Division of Parks & Recreation；www.riparks.com）提供罗得岛州所有海滩的清单。

罗得岛州旅游部（Rhode Island Tourism Division；www.visitrhodeisland.com）提供罗得岛州的官方旅游信息。

普罗维登斯（Providence）

位于普罗维登斯河（Providence River）、Moshassuck River和Woonasquatucket River的汇合处的上方，罗得岛州的首府城市拥有一些新英格兰最好的城市漫步路线：在18世纪的学院山上，布朗大学（Brown University）历史悠久的校园周围，在风景如画的河滨漫步小径，以及市中心时尚的大街小巷中的时髦咖啡馆、艺术剧院、创意餐馆和酒吧之间。

普罗维登斯曾经注定要成为一个工业遗迹，当时备受争议的两届市长巴迪·西奇，通过重新规划地下河流、开垦土地和恢复历史遗迹，制订了一项振兴市中心核心的计划，这个城市的命运因此被改变。这项计划创造了一个城市，在这个城市里，历史的珍宝被整合成为一个极具创意的礼物，而不是简单的纪念；在这个城市里，3个世纪的建筑风格在色彩缤纷的城市街景中得到统一，既大胆又漂亮，酷得不能再酷了。城市里大量学生使城市中的社会和艺术场景保持着生动活泼的状态。

◉ 景点

★ 普罗维登斯图书馆　　　　　　图书馆

（Providence Athenaeum；📞401-421-6970；www.providenceathenaeum.org；251 Benefit St；⊙周一至周四10:00~18:00，周五9:00~17:00，周六10:00~14:00）**免费** 希腊复兴风格的普罗维登斯图书馆由威廉·斯特里克兰（William Strickland）设计，于1838年竣工。它是Benefit St上最引人注目的建筑之一。这是一所老学校的图书馆，没摆放书籍的地方摆放着石膏半身像和油画。埃德加·艾伦·坡（Edgar Allen Poe）曾在这里向女士献殷勤。拿起一本小册子，开始自助的Raven Tour，探索这座图书馆的艺术品和建筑吧。

★ 罗得岛州议会　　　　　　　知名建筑

（Rhode Island State House；📞401-

222-3983；www.sos.ri.gov；82 Smith St；⊙自助导览游 周一至周五 8:30~16:30，导览游 周一至周五 9:00、10:00、11:00、13:00、14:00）**免费**罗得岛州议会是由麦克基姆（McKim）、米德（Mead）和怀特（White）在1904年设计的，它坐落在普罗维登斯的天际线之上，从几英里外就可以看到。它仿照梵蒂冈城的圣彼得大教堂而建，拥有世界上第四大的自立式大理石穹顶，并收藏了吉尔伯特·斯图尔特（Gilbert Stuart）绘制的乔治·华盛顿肖像。

★ 约翰·布朗故居　　　　　　博物馆

（John Brown House；☎401-331-8575 ext 362；www.rihs.org；52 Power St；成人/儿童 $10/6；⊙团队游 4月至11月 周二至周五 13:30和15:00，周六 10:30，正午，13:30和15:00）砖建的约翰·布朗故居位于学院山，建于1786年，约翰·昆西·亚当斯（John Quincy Adams）称："这是我在这片大陆上见过的最宏伟、最优雅的宅邸。"

★ 布朗大学　　　　　　　　　　大学

（Brown University；☎401-863-1000；www.brown.edu）布朗大学校区占了东区学院山的大部分区域，洋溢着常春藤联盟的魅力。**大学礼堂**（University Hall），这座建于1770年的宏伟的砖砌建筑，在美国独立战争期间曾被用作兵营，坐落在校园中心。要想游览校园，最好从位于College St最高处的大铁门开始，然后一路穿过绿地到达校园另一端的Thayer St。

Benefit Street　　　　　　　　建筑

在普罗维登斯市中心以东，你会发现学院山（College Hill），在那里，你可以透过东区（East Side）Benefit St两侧林立的18世纪的房屋看到这座城市的殖民历史。其中大部分都是私人住宅，但有很多都会在每年6月的一个周末举办的"**古宅节**（Festival of Historic Homes）"期间面向团队游开放。Benefit St是普罗维登斯复兴的一个恰当象征，在20世纪60年代，当地的保护主义者从错误的城市重建工作中拯救了它，否则这条街就毁于一旦了。

罗得岛设计学校艺术博物馆　　博物馆

（RISD Museum of Art；☎401-454-6500；www.risdmuseum.org；224 Benefit St；成人/儿童 $12/3；⊙周二至周日 10:00~17:00，每个月的第三个周四 至21:00；♿）罗得岛设计学院的艺术博物馆为折中主义风格，展品非常丰富，从古希腊艺术到20世纪美国绘画和装饰艺术，无所不包。周日下午1点前免费入场。

罗杰·威廉姆斯公园　　　　　　公园

（Roger Williams Park；1000 Elmwood Ave）**免费**1871年，贝西·威廉姆斯（Betsey Williams）——普罗维登斯建立者的曾曾曾孙女，把她的农场捐赠给这座城市当作公共公园。今天，这个占地430英亩的绿地（位于普罗维登斯南部，仅需一小段车程）包括湖泊、池塘、树林、宽阔的草坪、野餐广场、**天文馆和自然历史博物馆**（Planetarium and Museum of Natural History；☎401-680-7221；www.providenceri.com/museum；博物馆/天文馆 $2/3；⊙10:00~16:00；♿）以及一个还在运行的维多利亚时代的木马、温室和威廉姆斯的小屋。

✦ 节日

★ 水火节　　　　　　　　　街头狂欢节

（WaterFire；☎401-273-1155；www.waterfire.org；⊙日期不定）正是由于1994年巴纳比·埃文斯（Barnaby Evans）创作的非常受欢迎的水火（WaterFire）艺术装置作品，普罗维登斯市中心的大部分地区变成了一个狂欢节的举办地，尤其是在夏季。水火装置标志着普罗维登斯河（Providence River）、Moshassuck River和Woonasquatucket River的汇合到了一处。该节日举办期间，水面会被100个燃烧的火盆照亮，还会看到许多在桥上和河边漫步的人。

⌂ 住宿

Christopher Dodge House　　民宿 $$

（☎401-351-6111；www.providence-hotel.com；11 W Park St；房 $149~189；🅿）1858年的联邦风格建筑里摆满了美国早期家具的仿制品，还有大理石壁炉。店外看起来很朴素，窗户是百叶窗，大而匀称，地上铺着木地板。

Old Court B&B　　　　　　　旅馆 $$

（☎401-751-2002；www.oldcourt.com；144

Benefit St；房 工作日 $155~195, 周末 $185~225）这家建于1863年的意大利式小旅馆位于学院山的历史建筑当中，共有3层，位置不错，魅力十足。来这里欣赏另类壁纸，尝尝早餐美味的果酱，冬季偶尔有折扣。

Providence Biltmore 历史酒店 $$

（☎401-421-0700；www.providencebiltmore.com；11 Dorrance St；房 $165~379；🅿🛜）普罗维斯登的元老级酒店，历史可以追溯到20世纪20年代。大堂既庄严，又兼顾私密性，深色木地板、螺旋楼梯和枝形吊灯相得益彰。客房楼很高，房间整洁，透过房间的窗户可以俯瞰这个古老的城市。可优先考虑在高楼层的292个房间中选择一间。

🍴 就餐

Louis Family Restaurant 美式小馆 $

（☎401-861-5225；www.louisrestaurant.org；286 Brook St；主菜 $4~9；⏰5:00~15:00；🅿）早点起床，看看睡眼朦胧的学生和木匠们在他们最喜欢的经济型餐馆吃草莓香蕉煎饼，喝滴滴咖啡，此时学院山的其余地方还未醒来。

Haven Brothers Diner 美式小馆 $

（☎401-603-8124；www.havenbrothersmobile.com；Dorrance St和Fulton St交叉路口；一餐 $5~12；⏰17:00至次日3:00）这家美式小馆位于市政厅旁，就在一辆卡车后面，几十年来，这辆卡车每天晚上都停在同一地点。走上晃晃悠悠的梯子，购买简单的快餐。著名政客、大学生、夜猫子和醉鬼都在会这里买饭吃。强烈推荐令人欲罢不能的汉堡。

Local 121 新派美国菜 $$

（☎401-274-2121；www.local121.com；121 Washington St；主菜 $17~30；⏰周三和周四 17:00~22:00，周五 17:00~23:00，周六 10:00~15:00和17:00~23:00，周日 10:00~15:00和17:00~21:00）这家豪华的老式餐厅有着当代的氛围，使许多土食者（指那些热衷于食用当地所产食物的人）慕名来到普罗维登斯。它坐落在古老的Dreyfus酒店（建于19世纪90年代）里，这座建筑曾经归艺术组织AS220所有。Local 121有简单而朴实的宏伟之感——还有一些美味

的食物。菜单是季节性的，但最近的选择包括完美的（当地）扇贝三明治和（当地）鸭肉比萨。

★ birch 新派美国菜 $$$

（☎401-272-3105；www.birchrestaurant.com；200 Washington St；4道主菜晚餐 $49, 佐餐饮品 $35；⏰周四至周一 17:00~22:00）在哥本哈根的Noma餐厅和巴尔的摩高级饭店Dorrance掌勺的厨师Benjamin Sukle和妻子Heidi如今自己开店了：低调而又好得惊人的birch。店内紧凑的面积和风格（座椅摆在一个U形吧台周围）表明店主既重视装修，也重视食物的品质——菜肴侧重于采用未被充分利用的、小批量和高度季节性的农产品。

🍷 饮品

AS220 夜店

（☎401-831-9327；www.as220.org；115 Empire St；⏰酒吧 周二至周六 17:00至次日1:00, 咖啡馆 周二至周六 正午至22:00）店名念作"A-S-2-20"，一直以来就是罗得岛州各种艺术的摇篮，邀请实验乐队前来表演，主办阅读会，为非常活跃的艺术团体提供展厅。如果你需要一杯咖啡、纯素饼干或菠菜馅饼，也可进店，它还经营着一家咖啡馆和酒吧：营业时间不定。

Salon 酒吧、夜店

（☎401-865-6330；www.thesalonpvd.com；57 Eddy St；⏰周二至周四 19:00至次日1:00，周五和周六 至次日2:00）店里楼上有乒乓球桌、弹珠游戏机，还有20世纪80年代流行乐和腌黄瓜汁小杯烈酒（pickleback shot；威士忌配腌泡菜汁）,楼下有现场表演、开麦之夜、DJ和舞会。如果你感觉很饿，这里还有花生黄油和果酱三明治。

ℹ️ 到达和当地交通

普罗维登斯的城市中心有山、两条州际公路和两条河流，想要找对路没那么容易。在市中心和火车站附近停车可能会很困难。如果想要在市中心停车，可以试试普罗维登斯广场（Providence Place）购物中心的巨大车库，再请一个商户帮忙让停车票生效。在东区，你通常可以轻易找到街道停车位。

主要的汽车租赁公司在机场和市中心都有柜台。

普罗维登斯小而美丽,适合步行,一旦你到达这里,就可能会想要步行游览。

罗得岛州公共交通局(Rhode Island Public Transit Authority; www.ripta.com)运营两条"有轨电车"路线。绿线从东区穿过市区前往联邦山(Federal Hill)。金线从Marriott酒店向南行驶至医院,途经肯尼迪广场(Kennedy Plaza)和Point St渡轮码头。

长途汽车

→ 所有的长途汽车和大多数当地线路都在市中心的**联合运输中心**(Intermodal Transportation Center; Kennedy Plaza; ◎6:00~19:00)停车。灰狗巴士(www.greyhound.com)和彼得潘巴士线(Peter Pan Bus Lineswww.peterpanbus.com)在联合运输中心里有售票柜台,还有地图标明了当地的服务路线。

→ 彼得潘巴士线连接普罗维登斯和格林机场,途经波士顿的南部车站($9起,1小时,每天12班)和洛根国际机场($18起,70分钟,每天10班)。

→ 灰狗巴士(www.greyhound.com)长途汽车开往波士顿($9起,65分钟)、纽约市($15起,5.5~6小时)和其他地方。

火车

→ 美国国家铁路公司(Amtrak; www.amtrak.com)的火车包括高速Acela火车,开往普罗维登斯,途经波士顿($12起,50分钟)和纽约($50起,3~3.5小时)。

→ MBTA通勤列车(www.mbta.com)开往波士顿($11.50, 60~75分钟)。

纽波特(Newport)

纽波特由温和派清教徒建立,在独立的罗得岛州殖民地蓬勃发展。在1776年,罗得岛州宣布自己是独立的州。在市中心,摄影爱好者们似乎在每一次转弯的时候都会兴奋地给保存完好的殖民时代建筑和地标拍照。

纽波特的早期历史非常迷人,真正的历史始于19世纪50年代末,当时富有的实业家开始沿着悬崖顶端的Bellevue Ave建造豪华的夏季住宅。尤为瞩目的是意大利风格的宫殿、法国酒庄和伊丽莎白时代的庄园,这些经过精心修复的豪宅里面满是无价的古董,其惊人的地理位置必须亲眼所见才能相信。这些建筑的价值、多样性、奢侈性和独特性是无与伦比的。

纽波特不仅根植于海洋,还是全球的游艇中心。简而言之,这里的夏天热闹非凡:当地人很有品味,知道如何举办盛大的聚会。这里总会有一些活动,包括一系列"混搭"的节日,这些节日在美国算是最好的。

◉ 景点和活动

在19世纪,最富有的纽约银行家和商业家族选择纽波特作为他们的夏季游乐场,在Bellevue Ave沿线建造豪宅。其中有10座豪宅(Rough Point和Ochre Court)都在**保护协会**(Preservation Society; ☎401-847-1000; www.newportmansions.org; 424 Bellevue Ave; 5个景点票价成人/儿童 $35/12)的管理下,并在6月至11月期间开放。有些全年开放。如果你打算参观几处豪宅,选择组合票更加划算,在旺季,有些团队游需要预订。门票可以在网上或现场购买。该协会还提供一系列以食物和葡萄酒为主题的活动。

你还可以在Bellevue Ave租一辆自行车,欣赏豪宅和庭院的景色,或者漫步在著名的悬崖步道(Cliff Walk)上,这条小道穿过豪宅,还可以看到优美的海景。

★ The Breakers 历史建筑

(☎401-847-1000; www.newportmansions.org; 44 Ochre Point Ave; 成人/儿童 $24/8; ◎4月至10月中旬 9:00~17:00, 10月中旬至次年3月 时间不定; [P])这座意大利文艺复兴风格的大型艺术中心共有70个房间,灵感来自16世纪的热那亚风格的帕拉齐,它是最壮观的纽波特大厦。在科尼利厄斯·范德比尔特二世(Cornelius Vanderbilt Ⅱ)的要求下,理查德·莫里斯·亨特(Richard Morris Hunt)完成了大部分的设计(但来自世界各地的工匠们完善了装饰程序)。这座建筑于1895年完工,坐落在拥有一片广阔海滨的Ochre Point。这里的家具大部分是原装定制。不要错过庭院中的儿童小屋(Children's Cottage)。

★ The Elms 历史建筑

(☎401-847-1000; www.newportmansions.

org; 367 Bellevue Ave; 成人/儿童 $17.50/8,"仆人生活"团队游成人/儿童 $18/7.50; ⏰4月至10月中旬 9:00~17:00,10月中旬至次年3月 时间不定; P🅿)建于1901年,由特拉斯·特朗博尔(Horace Trumbauer)设计,仿1750年的巴黎附近的Château d'Asnières城堡而建。在这里,你可以参加"幕后"团队游,看看仆人的生活区,并爬到屋顶上。在此过程中,你将了解到仆人们的活动和一些建筑设施,这些设施可以避免仆人出现在房间里饮酒者的视线里。

★ Rough Point   历史建筑

(☎401-849-7300; www.newportrestoration.com; 680 Bellevue Ave; 成人/儿童 $25/免费; ⏰4月中旬至5月初 周四至周日 9:30~14:00,5月初至11月初 周二至周日 9:30~15:30; P)在这座仿英式风格的庄园宅邸中,除了优越的地理位置和富丽堂皇的庭院之外,还包含了女继承人和慈善家多丽丝·杜克(Doris Duke)令人印象深刻的艺术藏品,其中包括中世纪的挂毯、法国皇帝拥有的家具、明代瓷器,以及雷诺阿(Renoir)和凡·戴克(Van Dyck)的画作。

★ 亚当斯堡州立公园   州立公园

(Fort Adams State Park; www.fortadams.org; Harrison Ave; ⏰日出至日落)亚当斯堡(☎401-841-0707; 90 Fort Adams Dr; 团队游 成人/儿童 $12/6; ⏰5月末至10月 10:00~16:00,11月和12月 开放时间缩短)是美国最大的海岸要塞,也是这个州立公园的中心,一直延伸至纳拉甘西特海湾(Narragansett Bay)。这里是纽波特爵士音乐节(www.newportjazz.org; 票价 $65~89,3日票$170; ⏰7月/8月)、纽波特民谣音乐节(见250页)和许多特别活动的举办地。公园内的海滩、野餐和垂钓区以及船用斜坡道每天开放。

纽波特历史博物馆   博物馆

(Museum of Newport History; ☎401-841-8770; www.newporthistory.org; 127 Thames St; 建议捐赠 成人/儿童 $4/2; ⏰10:00~17:00)纽波特优秀的当地历史博物馆将这座城市的历史栩栩如生地展现在人们眼前。

国际网球名人堂   博物馆

(International Tennis Hall of Fame; ☎401-849-3990; www.tennisfame.com; 194 Bellevue Ave; 成人/儿童 $15/免费; ⏰9月至次年6月 10:00~17:00,7月和8月 至18:00,1月至3月 周二关闭)想要体验一下美国贵族在19世纪的悠闲生活,请访问这个博物馆。古老的纽波特赌场(Newport Casino, 1880年)大厦内曾被当作纽波特最富有的居民的夏季俱乐部。美国国家草地网球锦标赛(US National Lawn

---

纽波特最佳海滩

纽波特的公共海滩位于半岛东部的Memorial Blvd沿线。所有海滩都在夏季的9:00至18:00开放,停车费为工作日/周末 $10/20(古斯贝里海滩除外,其停车费整周都是$20)。

伊斯顿海滩(Easton Beach; First Beach; Memorial Blvd)是这里最大的海滩,有一个仿维多利亚风格的亭子,里面有澡堂和淋浴、一家小吃店和一个很大的旋转木马。你可以在亭子里租用遮阳伞、椅子和冲浪板。

萨赫斯特海滩(Sachuest Beach; Second Beach; ☎401-846-6273; http://parks.middletownri.com; Sachuest Point Rd, Middletown)阿奎德内克岛(Aquidneck Island)最美丽的海滩,环绕着萨赫斯特湾(Sachuest Bay),后面是占地450英亩的诺曼鸟类保护区(Norman Bird Sanctuary)。

第三海滩(Third Beach; Third Beach Rd, Middleton)由于它受到公海的保护,非常受家庭的欢迎;这里风平浪静,也吸引着风帆冲浪爱好者的到来。

古斯贝里海滩(Gooseberry Beach; 130 Ocean Ave)平静的水面,洁白的沙滩,还有一家餐馆。

Tennis Championships；现在的美国网球公开赛的前身）于1881年在这里举行。前台提供寻物游戏，让孩子们参与了解长达8个世纪的网球运动史。

🎊 节日

纽波特民谣音乐节　　　　　　音乐节
（Newport Folk Festival；www.newportfolk.org；Fort Adams State Park；1天/3天的通票 $85/199，停车费 每天 $15；⏰7月下旬）民谣界的大明星和最红的乐队都在亚当斯堡州立公园（见249页）和城镇周围的其他场馆表演过。带上防晒霜。

纽波特音乐节　　　　　　　　音乐节
（Newport Music Festival；www.newportmusic.org；票 $25~50；⏰7月中旬）国际瞩目的音乐节，在众多美丽的豪宅内举办多场古典音乐会。

🛏 住宿

Newport International Hostel　青年旅舍 $
（William Gyles Guesthouse；📞401369-0243；www.newporthostel.com；16 Howard St；铺 $29~99，双 $59~200；⏰5月至11月；📶）欢迎来到罗得岛州唯一的青年旅舍，老板是一个活泼而博学多才的人，请尽可能地提前预订。这家小旅舍房间里的铺位宽敞且干净，还提供简单的早餐和洗衣设备。

Sea Whale Motel　　　　　　汽车旅馆 $$
（📞888-257-4096；www.seawhale.com；150 Aquidneck Ave, Middletown；双周中 $139~149，周末 $209~239；🅿📶）这家业主自住的汽车旅馆非常漂亮，房间朝向尹斯顿湖（Easton's Pond），旅馆里到处开满鲜花。房间布置比较简单，但非常舒适整洁，有冰箱和微波炉，还有茶和咖啡。

⭐ Attwater　　　　　　　　精品酒店 $$$
（📞401-846-7444；www.theattwater.com；22 Liberty St；房 $259~599；🅿❄📶）拥有纽波特最新的酒店房间，刷成宝石蓝、嫩绿和珊瑚红色，让人想起仲夏在海滩上举办派对的缤纷颜色。还有拼织布包裹的床头板和令人眼花缭乱的几何图案垫子。镶嵌图案的窗户和走廊让夏季的光线投进室内，有些客房提供iPad、苹果电视和沙滩包等体贴而豪华的服务。

🍴 就餐

⭐ Rosemary & Thyme Cafe　　面包店、咖啡馆 $
（📞401-619-3338；www.rosemaryandthymecafe.com；382 Spring St；烘焙食品 $2.5~5，三明治和比萨 $8~11；⏰周二至周六 7:00~14:00，周日 至11:30；🍴）面包师傅是德国人，因此毫不奇怪，柜台上总是堆满了黄油羊角包、苹果蛋挞、樱桃蛋挞和松软的玛芬蛋糕。午餐时出售美味三明治（有香草山羊奶酪和托斯卡纳番茄干）、哈瓦那古巴猪大排和阿尔萨斯奶酪。还提供很好的儿童套餐。

Flo's Clam Shack　　　　　　海鲜 $$
（📞401-847-8141；www.flosclamshacks.com；4 Wave Ave, Middletown；主菜 $11~22；⏰5月中旬至9月中旬 周日至周四 11:00~21:00，周五和周六 至22:00，9月中旬至次年5月中旬 缩短营业时间）这个朴实无华的当地餐馆从20世纪30年代开始一直是就餐的首选，供应炸鱼薯条、海鲜杂烩、炸蛤蜊和圆蛤类，还设有生食餐吧。

⭐ Fluke Wine Bar　　　　　　海鲜 $$$
（📞401-849-7778；www.flukenewport.com；41 Bowens Wharf；主菜 $26~36；⏰5月至10月每天，11月至次年4月 周三至周六 17:00~23:00）这是一个斯堪的纳维亚风格的餐厅，带有金色的木头和观景窗，提供一份极具特色的海鲜菜单，有烤安康鱼、季节性的条纹鲈鱼和大个的扇贝。

☆ 娱乐

Newport Blues Cafe　　　　　现场音乐
（📞401-841-5510；www.newportblues.com；286 Thames St；⏰周二至周日 7:00~13:00）这家广受欢迎的韵律蓝调酒吧兼餐馆位于一栋古老的褐石建筑内，那里曾经是一家银行。桌椅摆放在小小的舞台旁边，空间不算太大，你可以尝尝圆蛤、家常熏排骨或猪腰肉。晚餐在19:00至22:00之间供应，音乐从21:30开始。

Newport Polo Club 观赏运动

(☎401-846-0200; www.nptpolo.com; 250 Linden Lane, Portsmouth; 草坪座位 成人/儿童 $12/免费; ⊗13:00大门开放)在夏季,你可以前来观看俱乐部的马球比赛(登录网站查询日期),体验一种真正的纽波特富人生活的味道。

❶ 实用信息

纽波特游客中心(Newport Visitor Center; ☎401-845-9131; www.discovernewport.org; 23 America's Cup Ave; ⊗9:00~17:00)提供地图、小册子、当地公共汽车信息、主要景点门票、公共卫生间和自动取款机。

❶ 到达和离开

在纽波特停车非常困难。免费街头停车位有时的确会空出来,但需要先确认这些不计时的停车位是否为纽波特居民专用。

Bonanza Bus Lines 运营从纽波特游客中心开往波士顿($22起,1小时45分钟至2小时,每天4班或5班)的长途汽车。

RIPTA(www.ripta.com)的60路长途汽车开往普罗维登斯($2,1小时),几乎每小时1班。如果前往西金斯敦(West Kingston)美国国家铁路公司车站,请乘坐64路长途汽车($2,1小时,周一至周五5班,周六3班)。14路长途汽车开往沃里克的TF 格林机场($2,1小时)。大多数RIPTA的长途汽车都抵离**纽波特游客中心**。

另辟蹊径

布洛克岛

从渡轮的甲板上,就可以看见在老港口商业气息浓厚的村庄后方,叠立着多座复折式屋顶房屋和姜饼屋,错落有致。自1895年以来,那里几乎没有什么变化,除了增加了电力和抽水马桶!如果大批游客搭乘最后一班渡轮离开后,你仍然留在岛上,那该岛的规模和生活节奏会让你高兴还是抓狂呢?有些人觉得这样的静谧是种恩典,也有人很快就对岛屿生活心生厌倦。

在布洛克岛中心的海滩上漫步会让你体验到简单的快乐,这个海滩绵延数英里,一直延伸到旧港的北部,你还可以在岛上起伏的农田里骑行,聆听栖息在这里的各种鸟类的鸣叫。在淡季,当人口减少到几百人的时候,这里的风景就会拥有一种安德鲁·怀斯(Andrew Wyeth)的画作中的空旷,令人心神不宁。百年老屋之间用石墙分开,孤零零的树木点缀着壮丽的海景。

在夏季,许多地方都是两、三晚起住,而在11月至次年4月之间会歇业,因此必须提前预订。旺季从6月中旬持续到劳动节(9月的第一个周一)。淡季的价格可能比这里列出的要便宜得多。岛上不允许露营。

游客中心(☎401-466-2982; www.blockislandchamber.com; Water St, Old Harbor Ferry Landing; ⊗5月末至9月初 9:00~17:00,一年中的其他时间 10:00~16:00)在渡轮码头附近,可以随时跟踪空房情况,如果你没有预订的话,他们也会尽力为你提供帮助。

该岛只能通过海路或航空到达:

布洛克岛渡轮(Block Island Ferry; ☎401-783-7996; www.blockislandferry.com)提供一班全年运营的传统汽车乘客混装渡轮和高速渡轮,从阵亡将士纪念日到十月中旬,从纳拉甘西特的朱迪角(Point Judith)出发。此外,还有从马萨诸塞州的纽波特和福尔河(Fall River)出发的高速客船。

布洛克岛快船(Block Island Express; www.goblockisland.com)从康涅狄格州的新伦敦出发开往布洛克岛的旧港,5月至9月之间运营。

新英格兰航空(New England Airlines; ☎800-243-2460; www.block-island.com/nea; 56 Airport Rd; 单程/往返 $54/99)的航班往返于紧邻RI 78的Airport Rd上的Westerly State 机场和布洛克岛州立机场(Block Island State Airport)之间(12分钟)。

东湾(East Bay)

在罗得岛州起伏的东湾,可以找到早期美国故事的缩影,从小康普顿(Little Compton)早期移民的坟墓到沃伦和巴灵顿的农场、捕鲸者和农民的农庄和商用住宅,以及布里斯托尔(Bristol)奴隶贩子的豪宅。

除了巴灵顿历史悠久、风景如画的**泰勒角公墓**(Tyler Point Cemetery)——坐落在沃伦河和巴灵顿河之间——还有沃伦早期的石头和隔板教堂(建于18世纪和19世纪),这三个社区中最有趣的是布里斯托尔。再往南,是万帕诺格(Wampanoag)的"黑鹅之所"(Place of Black Geese)",这是一个田园风光的牧场和树林,集中在蒂弗顿和小康普顿这两个小社区。

⊙ 景点

科尔特州立公园
州立公园

(Colt State Park; ☎401-253-7482; www.riparks.com; RI 114; ⊘日出至日落; Ⓟ) **免费** 布里斯托尔的科尔特州立公园是罗得岛最美丽的公园,它的西部边界是纳拉甘西特湾(Narragansett Bay),周围有4英里的自行车道和阴凉的野餐桌。

Blithewold Mansion
历史建筑

(☎401-253-2707; www.blithewold.org; 101 Ferry Rd; 成人/儿童 $14/5; ⊘4月至10月中旬 周二至周六 10:00~16:00, 周日 至15:00; Ⓟ)当地居民奥古斯都·范·维克(Augustus Van Wickle)在1895年为他的妻子贝西(Bessie)购买了一艘72英尺长的Herreshoff游艇,但由于没有合适的地方停泊,他不得不建造了lithewold Mansion。这所工艺美术大宅坐落在纳拉甘西特湾,地理位置无与伦比。在春季,当水仙花开满海岸时,景色特别优美。

Wilbor House
古迹

(☎401-635-4035; www.littlecompton.org; 548 West Main Rd; 成人/儿童 $6/3; ⊘4月至10月 周四至周日 13:00~17:00, 11月至次年3月 周二至周五 9:00~15:00)17世纪的Wilbor House属于早期的定居者萨缪尔·威尔伯(Samuel Wilbor),他于1690年从朴次茅斯穿越了萨康尼特河(Sakonnet River),并建造了这个大广场,家族的8代人都在这个房子里住过。

🍴 食宿

Stone House Inn
历史酒店 $$$

(☎401-635-2222; www.newportexperience.com/stonehouse; 122 Sakonnet Point Rd; 双 $229~544; Ⓟ🛜)当这个高档酒店在2016年开业时,小康普顿著名的精英们曾担心外地人的到来。这里只有13个房间(尽享奢华),很难订到。如果你有现金和住在这里的愿望,你将有机会体验另一种生活。

这座建筑曾经是一个客栈和地下酒吧,后来被搁置一边,现已被列入国家史迹名录。如今,这里拥有自己的私人游艇、豪华的水疗中心、酒吧和来自美好往日的服务,独特的酒店本身就是一个旅行目的地,它坐落在一个非常特别、保护良好、历史悠久的美丽新英格兰修道院中。

Provender Fine Foods
熟食 $

(☎401-624-8084; www.provenderfinefoods.com; 3883 Main Rd; 单品 $4~18; ⊘周二至周日 9:00~17:00)在蒂弗顿的"Four Corners",你可以来Provender享用一个用新鲜面包制作的丰盛三明治或一些饼干。

Gray's Ice Cream
冰激凌 $

(☎401-624-4500; www.graysicecream.com; 16 East Rd; 每勺 $3起; ⊘6:30~21:00)自1923年以来,Gray's Ice Cream每天都会现场生产超过40种新鲜的乳制品冰激凌。停下来喝杯当地特色冷饮吧(带冰激凌的奶昔),几十年来,经常去沙滩的人一直这样做。

康涅狄格州(CONNECTICUT)

纽约的邻州,以其通勤城市而闻名,它是《复制娇妻》和电视节目《吉尔莫女孩》中富庶街道和豪宅的代名词。在累积了世代财富的格林威治(Greenwich)、利奇菲尔德山(Litchfield Hills)和安静角(Quiet Corner),这些表述都是真实的。

许多人认为,这个州只是通往"真正的"新英格兰的踏脚石,它也因此避开了新英格兰的旅游热潮。有利的一面是,康涅狄格州保留了一种更"真实"的感觉。不利的一面

是，哈特福德（Hartford）和新伦敦（New London）等从前的重量级地点慢慢衰落，在这两个地方，游客们可以思考进步的代价，并对城市的重建充满热情。纽黑文（New Haven）——耶鲁大学（Yale University）的所在地就是一个这样的地方，它把自己重新定位成一个充满活力的文化中心。

在过去的一个多世纪里，康涅狄格州的历史名胜和田园风光一直激励着艺术家们产生新的灵感，此地应在你的新英格兰旅程中获得足够关注，并占有一席之地。

历史

17世纪初第一批欧洲探险家（主要是荷兰人）来到这里的时候，本地居民主要是印第安部落[尤其是佩科特族（Pequot）和莫西干人（Mohegan），他们对河流的称呼成了这个州的名字]。1635年，英国人在Old Saybrook建立了第一个定居点，第二年，马萨诸塞州的清教徒在Thomas Hooker的带领下建立了康涅狄格定居点。第三个定居点是1638年在纽黑文建立的。佩科特战争（Pequot War, 1637年）结束后，美国印第安人不再是新英格兰移民定居点扩张的阻碍，康涅狄格的英国人口也在增长。1686年，康涅狄格被并入新英格兰。

美国独立战争席卷了整个康涅狄格州，Stonington（1775年）、Danbury（1777年）、纽黑文（1779年）和Groton（1781年）都留下过战争的伤疤。1788年，康涅狄格州成为美国第五个州。之后直到19世纪初，康涅狄格州进入了一个兴旺繁荣的年代，捕鲸、造船、农业和制造业（从烟火和自行车到家用工具）为这个州带来大量财富。

多亏拥有军火制造业，尽管经历了20世纪的两次世界大战和经济大萧条，康涅狄格州也能够重新站起来。从飞机到潜水艇都是在这个州制造的，20世纪90年代，国防工业虽然衰落了，但其他产业（例如保险业）却填补了经济的空白。

❶ 参考网站

Connecticut Office of Tourism（www.ctvisit.com）康涅狄格的官方旅游网站。CTNow（www.ctnow.com）定期更新清单和信息，提供有关热点信息内容、地点和时间列表。

康涅狄格河谷和海岸线旅游信息（Connecticut River Valley and Shoreline Travel Information；www.ctrivervalley.com）与康涅狄格河谷有关的一种私立机构维护的旅游信息资源。

Lonely Planet（www.lonelyplanet.com/usa/new-england/connecticut）目的地信息，酒店预订，旅行者论坛等。

哈特福德（Hartford）

康涅狄格的首都是美国最古老的城市之一，以1794年诞生的利润丰厚的保险行业闻名，该项保险是为了当时寻求火灾保险的土地所有者设立的。政策文件需要印刷媒体，这促进了出版业的繁荣，吸引了马克·吐温（Mark Twain）、哈丽特·比彻·斯托（Harriet Beecher Stowe）和比切·斯托夫人（Harriet Beecher Stowe）等人。1855年，塞缪尔·柯尔特（Samuel Colt）将左轮手枪的大规模生产商业化。哈特福德的大企业生意兴隆。

具有讽刺意味的是，负责城市财富（保险和枪支）的行业导致了城市的缓慢衰落：哈特福德的犯罪记录居高不下。尽管情况正在改善，但请记住这一点。上流社会的财富为人们留下了非常令人难忘的历史景点，新英格兰的任意旅行路线都值得一游。春季时鲜花盛放，夏季时绿树成荫，天空蔚蓝，你会感到非常惊喜。

◉ 景点

★ **马克·吐温故居和博物馆** 博物馆
（Mark Twain House & Museum；☎860-247-0998；www.marktwainhouse.org；351 Farmington Ave，在385 Farmington Ave停车；成人/儿童$20/11；⊙9:30~17:30，1月和2月 周二闭馆；🅿）17年来——其中包括他一生中最为多产的时期，萨缪尔·兰高恩·克莱门斯（Samuel Langhorne Clemens；1835~1910年）和他的家人一直居住在这座引人注目的房屋里。这座房屋橙色和黑色相间，是一座砖砌的维多利亚式建筑。那时这个地区是这座城市的牧区，叫作"Nook Farm"。建筑师爱德华·塔克曼·波特（Edward Tuckerman Potter）用塔楼、山形墙和阳台对它进行了装饰,其中一些内部装饰是由路易斯·康福特·蒂芙尼(Louis Comfort Tiffany)完成的。只能通过导览游参观房屋和博物馆。建议提前购买导览游门票。

★ 沃兹沃斯艺术博物馆　　　　　博物馆

(Wadsworth Atheneum; ☎860-278-2670; https://thewadsworth.org; 600 Main St; 成人/儿童 \$15/免费; ☉周三至周五 11:00~17:00,周六和周日 10:00~17:00)沃兹沃斯艺术博物馆是美国历史最悠久的公共艺术博物馆,在2015年完成了为期5年、耗资33亿美元的翻修工程,修复了32个画廊和15个公共空间。近5万件艺术藏品收藏在城堡般的哥特复兴式建筑内。展出哈得孙河画派(Hudson River School)、哈特福德当地人Frederic Church的一部分作品,还有19世纪印象派的画作、18世纪新英格兰的家具,以及康涅狄格州艺术家亚历山大·考尔德(Alexander Calder)的雕塑作品。此外,还有杰出的超现实主义、战后和现代作品。

旧议会大厦　　　　　历史建筑

(Old State House; ☎860-522-6766; www.ctoldstatehouse.org; 800 Main St; 成人/儿童 \$6/3; ☉7月至10月中旬 周二至周六,10月中旬至次年6月 周一至周五 10:00~17:00; 🅿)康涅狄格州第一座议会大厦(1797~1873年),由查尔斯·包芬奇(Charles Bulfinch)所设计,他还在波士顿设计了马萨诸塞州的国会大厦,"阿姆斯达号"(Amistad)运奴船上的囚徒就是在这里接受审判的。1801年吉尔伯特·斯图亚特为乔治·华盛顿画的肖像画挂在参议院大厅的墙上。新扩建的展区陈列着面向儿童的互动展品,同时新奇博物馆(Museum of Curiosities)里还有很多奇特的展品,如两个头的小牛、独角鲸的角和各种机械装置。

比彻·斯托夫人中心　　　　　博物馆

(Harriet Beecher-Stowe Center; ☎860-522-9258; www.harrietbeecherstowe.org; 77 Forest St; 成人/儿童 \$14/8; ☉周一至周六 9:30~17:00,周日 正午至17:00; 🅿)除了文学巨匠马克吐温,哈特福德还是比彻·斯托夫人(Harriet Beecher Stowe)的故乡,她是反奴隶制书籍《汤姆叔叔的小屋》(*Uncle Tom's Cabin*)的作者。据说,亚伯拉罕·林肯在遇到斯托的时候说:"这就是那个制造了这场大战的小妇人。"斯托故居的设施中心建于1871年,并于2017年重新修复,它反映了作者对装饰和家庭效率的强烈想法,就像她的畅销书《美国女人的家》(*American Woman's Home*)(几乎和她的著名小说一样受欢迎)一样。

🛏 住宿

哈特福德市中心的高档酒店屈指可数,价格也很贵。市中心以外的连锁酒店更为划算。

Daniel Rust House　　　　　民宿 \$\$

(☎860-742-0032; www.thedanielrusthouse.com; 2011 Main St, Coventry; 双 \$120~185; 🅿 ☉ 🛜)自1800年以来,这四个古老的房间充满了历史。最精美的是Anna White房,里面有古老的四柱床,但Mary Rose房里有一个秘密的衣橱,曾用来藏匿经"地下铁路"(Underground Railroad)踏上自由征途的奴隶。

🍴 餐饮

Salute　　　　　意大利菜 \$\$

(☎860-899-1350; www.salutehartford.com; 100 Trumbull St; 午餐主菜 \$8~18,晚餐 \$16~36; ☉周一至周四 11:30~23:00,周五和周六 至午夜,周日 15:00~22:00; 🅿)周到的服务和现代意大利风味菜肴,使这里成为城里的明珠。常客们对这里的奶酪蒜香面包赞不绝口,但其他的菜肴也都是精心料理的。舒适的天台可以俯视布什内尔公园(Bushnell Park)。

★ City Steam Brewery Café　　　　　自酿酒吧

(☎860-525-1600; www.citysteam.biz; 942 Main St; ☉周一至周四 11:30至午夜,周五和周六 至次日1:00,周日 11:00~22:00)这间酒吧空间很大,非常喧闹,出售各种自酿的啤酒。Naughty Nurse Pale Ale最畅销,不过当季的啤酒也同样值得一试。酒吧的地下室是Brew Ha Ha Comedy Club(☎860-525-1600; www.citysteam.biz; 942 Main St; 票价不定; ☉表演时间不定),从纽约和波士顿来的喜剧演员会令你捧腹大笑。也有很多美味的食物可以搭配啤酒一起食用。

❶ 到达和离开

位于市中心的**联合车站**(Union Station; www.amtrak.com; 1 Union Pl)是城市的交通运输中心。你可以在这里乘坐火车、机场穿梭车、线路车和出租车。

列支费尔德山 (Litchfield Hills)

康涅狄格州西北部的山脉连绵起伏,山中有湖泊、森林和州立公园。古老的列支费尔德是该地区的枢纽,还有很多风景秀丽的小镇不为外人所知,如伯利恒(Bethlehem)、肯特(Kent)和诺福克(Norfolk)等。

为了保持该地区的农村特色,采取了限制发展的策略。这里的住宿有限。从6月到11月,志愿者们在位于列支费尔德镇绿地的信息亭内工作,为旅行者们提供有用的信息。

如果你自己有车的话,那么列支费尔德山拥有许多风景如画的乡村公路,值得前往。其中一段特别令人愉快的路段是从康沃尔桥(Cornwall Bridge)向西延伸至CT 4,然后向北延伸至Salisbury。

❶ 到达和当地交通

列支费尔德山位于丹伯里北部,覆盖该州的西北部,北至马萨诸塞州边界,西至纽约州边界。

US 7和CT 8公路是南北干线公路。你需要一辆车。

列支费尔德 (Litchfield)

列支费尔德是康涅狄格州保存最完好的18世纪晚期城镇,也是美国第一所法学院的所在地。这个小镇坐落在一片狭长的椭圆形绿地上,周围环绕着郁郁葱葱的大片土地,非常适合徒步和野餐。

列支费尔德建于1719年,往来哈特福德和纽约州的奥尔巴尼(Albany)之间的驿马车在1780年至1840年间为这里带来了财富。19世纪中期,铁路公司抢走了马车的生意,工业用水动力机械把列支费尔德的工匠们赶出了市场,这个小镇也逐渐没落了。今天,农业和旅游业在这里占主导地位。

◉ 景点和活动

列支费尔德历史博物馆　　　博物馆

(Litchfield History Museum; ☎860-567-4501; www.litchfieldhistoricalsociety.org; 7 South St; ◯4月中旬至11月 周二至周六 11:00~17:00,周日 13:00~17:00) **免费** 这个博物馆有一个小型的常设展览,包括一个简单的城镇摄影展和一个试衣间,里面有殖民地时期的服装可供儿童试穿,还有一些当地有趣的临时展览。

Reeve House & Litchfield Law School　　　古迹

(☎860-567-4501; www.litchfieldhistoricalsociety.org; 82 South St; ◯4月中旬至11月 周二至周六 11:00~17:00,周日 13:00~17:00) **免费** 1775年,塔平·里夫(Tapping Reeve)在他家建立了英语世界第一所说英语的法律学校。当学生挤爆了这座房屋的时候,他又在院子里建造了一个单间校舍。这个校舍保存完好。约翰·C.卡尔霍恩(John C Calhoun)和130名国会议员曾经在这里学习。

White Memorial Conservation Center　　　徒步

(☎860-567-0857; www.whitememorialcc.org; 80 Whitehall Rd, 紧邻US 202; 停车免费, 博物馆 成人/儿童 $6/3; ◯公园 黎明至黄昏, 博物馆 周一至周六 9:00~17:00, 周日 正午至17:00) **免费** 这个公园占地4000英亩,非常宁静,24条小径(0.2英里到6英里长)从中心交错穿过,包括在凸起的木板路上的沼泽小径。该中心还管理着3个露营地及一个小型的自然博物馆,中心位于列支费尔德以西2英里的US202路边。

瓦拉茅格湖 (Lake Waramaug)

在列支费尔德山众多的湖泊和池塘中,位于新普雷斯顿(New Preston)北部的瓦拉茅格湖脱颖而出。湖岸上点缀着许多优雅的旅馆,部分湖岸被划入州立公园内。

★ Hopkins Inn　　　旅馆 $$

(☎860-868-7295; www.thehopkinsinn.com; 22 Hopkins Rd, Warren; 房 $135~145, 不带浴室 $125, 公寓 $160~250; P❋☎)19世纪的Hopkins Inn拥有一家声誉良好的餐厅,供应

奥地利风味的乡村美食,还有各种各样的住宿选择,从共用浴室的简单房间到湖景公寓。无论是哪个季节,坐在门廊上凝视瓦拉茅格湖和远处的群山,都有一种神奇的感觉。

康涅狄格海岸
(Connecticut Coast)

康涅狄格的东南角是该州最大的旅游景点和该国最大的海事博物馆——米斯蒂克海港博物馆。该博物馆建于1929年,曾经是一个造船厂的建筑工地,留下了该地区的航海遗产。当时渔民、捕鲸者和船员们打破了船只建造速度的世界纪录,为内战制造炮艇和战舰。

在米斯蒂克海港的西边,你会发现美国的潜艇之都——格罗顿(Groton),通用动力公司(General Dynamics)在那里建造了"二战"使用的潜艇;在泰晤士河对面是新伦敦。东边是历史悠久的渔村斯通宁顿(Stonington),它沿着一条1英里长的狭窄半岛延伸至大海。它是新英格兰最迷人的海滨村庄之一。康涅狄格唯一的商业船队在那里运营。夏季时,游艇的主人会在那里停泊,去Water St迷人的餐馆就餐。

❶ 到达和当地交通

该地区公路交通服务发达,I-95公路穿过新伦敦中心和米斯蒂克的郊区。I-395公路向东北延伸至诺维奇和更远的地方。

许多美国国家铁路公司的火车从纽约市发车,在新伦敦($39起,3小时)和米斯蒂克($41起,3小时15分钟)停车。返程的火车从波士顿发车,也在米斯蒂克($26起,80分钟)停车,然后开往新伦敦($29起,1.5小时)。

SEAT(www.seatbus.com)运营当地的长途汽车,连接了诺维奇、新伦敦、格罗顿和米斯蒂克等社区。

米斯蒂克 (Mystic)

当你通过US 1进入城镇的时候,一排桅杆在向你打着招呼。这些桅杆属于那些在明信片般完美的海港里微微摆动的船只。空气中弥漫着平静和淡定的感觉——直到突然间,一艘轮船的汽笛发出令人惊心动魄的鸣响,接着是吊桥上欢快的鸣钟,恭喜你,你已经到达了米斯蒂克。

米斯蒂克始建于17世纪,最初只是一座简陋的村庄,后来逐渐发展成为盛极一时的捕鲸中心和东海岸最大的船舶制造港之一。19世纪中叶,米斯蒂克的造船厂里曾制造出大量的大帆船、炮艇和海军运输船,其中大部分是由乔治·格林曼造船厂(George Greenman & Co Shipyard)制造的。如今,这里已成为米斯蒂克海港博物馆(Mystic Seaport Museum)的所在地。

◉ 景点和活动

★ 米斯蒂克海港博物馆   博物馆

(Mystic Seaport Museum; ☎860-572-0711; www.mysticseaport.org; 75 Greenmanville Ave; 成人/儿童 $29/19; ◉4月至10月 9:00~17:00, 11月至次年3月 至10:00~16:00; ℗🅗)这里不只是一座博物馆,还是一个经过重建的新英格兰捕鲸村庄。它坐落在占地超过17英亩的George Greenman & Co Shipyard上。为了重建历史,60座历史建筑,4艘高船和近500艘小型船只聚集在米斯蒂克河(Mystic River)边。沿线解说人员将会非常乐意和你讨论传统工艺和贸易。最有启发性的是关于船舶救援、采集牡蛎和捕鲸船下水等主题的展览。

米斯蒂克水族馆和探索研究院   水族馆

(Mystic Aquarium & Institute for Exploration; ☎860-572-5955; www.mysticaquarium.org; 55 Coogan Blvd; 成人/十几岁的青少年/儿童 $36/30/26; ◉4月至8月 至17:50, 3月和9月 至11月 9:00~16:50, 12月至次年2月 10:00~16:50; 🅗)这个水族馆里有超过6000种海洋生物,还有一个露天观赏海豹和海狮在水下游泳的区域及一个企鹅池。水族馆最有名(也最具争议性)的生物是北极海岸(Arctic Coast)展区的三头白鲸。动物福利组织声称,把鲸鱼放在封闭的容器里是一种残酷的行为。

Argia Mystic Cruises   游轮

(☎860-536-0416; www.argiamystic.com; 12 Steamboat Wharf; 成人/儿童 $50/40) 该机构提供2至3个小时的日间或日落游轮游,顺着米斯蒂克河前往渔民岛海峡(Fishers' Island Sound),游览19世纪的纵帆船Argia号的复制品。

食宿

Whaler's Inn 旅馆 $$

(☎860-536-1506; www.whalersinnmystic.com; 20 E Main St; 双 $159~299; P@⛶) 在米斯蒂克的中心,除了历史悠久的吊桥之外,这家酒店还和一座1865年的维多利亚风格的房屋、一座重建起来的同时代豪华酒店(最初的地标性建筑"Hoxie House"已于20世纪70年代被烧毁)和一个现代的汽车旅馆("Stonington House")三者整合在一起。这里有季节性的套餐,套餐中包括晚餐和地区景点费用。房价包括欧式早餐、小型健身房和免费自行车。

★ Steamboat Inn 旅馆 $$$

(☎860-536-8300; www.steamboatinnmystic.com; 73 Steamboat Wharf; 双 $220~350; P❄⛶) 这个历史悠久的酒店就在米斯蒂克市中心,房间都能看到水景,一览无余,设施也很豪华,例如双人按摩浴缸、有线电视、免费的当地电话和壁炉。古董家具让室内充满浪漫的气氛和时代之感,服务一流,早餐供应烘焙食品,还有免费的自行车和游船码头。

★ Captain Daniel Packer Inne 美国菜 $$

(☎860-536-3555; www.danielpacker.com; 32 Water St; 主菜 $14~34; ⏰11:00~16:00和17:00~22:00) 老房子建于1754年,天花板横梁低矮,木地板吱嘎作响。楼下小酒馆的吧台边有许多常客,还有一系列可口的桶装啤酒和美味的酒馆食物:尝一尝炸鱼和薯条。楼上的餐厅能看到河景,美国风味的菜肴很有想象力,包括菲力牛排、搭配戈尔根朱勒干酪酱汁和核桃酱汁。

★ Oyster Club 海鲜 $$$

(☎860-415-9266; www.oysterclubct.com; 13 Water St; 牡蛎 $2~2.50,午餐主菜 $13~20,晚餐主菜 $18~40; ⏰周五和周六 正午至15:00和17:00至22:00,周日 10:00~15:00和17:00~22:00,周一至周四 17:00~21:00; P⛶) 提供最好的精致餐饮,这里是那种当地人会将牡蛎卸在屋后平台上的地方。除了烤龙虾和烤盘鱼及比目鱼,还有小牛肉、牛排和性价比很高的汉堡。如果牡蛎是一种催情剂,那么在每天的快乐时光(16:00~18:00)之后,任何事情都可能在酒吧里发生。

新伦敦

在19世纪中叶的黄金时代,新伦敦是美国最大的捕鲸中心之一,也是美国最富裕的港口城市之一。1858年,人们在宾夕法尼亚州发现了原油,致使鲸油的价值直线下降,这座城市开始了长期的衰落,至今还未完全恢复。即便如此,新伦敦仍然与它的航海历史保持着紧密的联系[美国海岸警卫队学院(US Coast Guard Academy)和美国海军潜艇基地(US Naval Submarine Base)都在这里],它的市中心也被列入了国家历史遗迹名录。与附近的米斯蒂克和Stonington相比,这里缺乏旅游宣传,但伦敦辉煌和奢华时代的遗迹仍然在整个城市中随处可见,对于那些对历史、建筑和城市社会学感兴趣的人来说,这里是康涅狄格州最令人惊讶的目的地之一。

下康涅狄格河谷(Lower Connecticut River Valley)

康涅狄格河(Connecticut River)是新英格兰最长的河流,它发源于不起眼的Fourth Connecticut Lake(距离新罕布什尔州的加拿大边界只有300码),向南流淌410英里。它构成了佛蒙特州和新罕布什尔州之间的州界,然后蜿蜒穿过马萨诸塞州和康涅狄格州,直到它在长岛海峡注入大西洋。幸运的是,它避开了(使东北部的许多河流遭到破坏的)工业和商业的喧嚣。

如今,保存完好的历史城镇优雅地屹立于河岸,特别是旧莱姆、埃塞克斯、艾奥里顿(Ivoryton)、切斯特(Chester)和东哈达姆。它们一起用温馨的乡村旅馆、精致的餐馆、火车和河流游览来吸引游客,并让游客得以真实地一瞥康涅狄格州的乡村生活。

旧莱姆(Old Lyme)

旧莱姆位于康涅狄格河的河口附近,坐落在较小的中尉河(Lieutenant River)上,在19世纪曾是大约60位船长的家乡。然而,自20世纪初以来,旧莱姆一直被认为是莱姆艺术区的中心,培育了新生的美国印象派运动。

值得一游

吉列城堡

由因扮演歇洛克·福尔摩斯（Sherlock Holmes）成名的演员威廉·胡克·吉列（William Hooker Gillette）于1919年建成，俗丽的、中世纪风格的吉列城堡（Gillette Castle；860526-2336；www.ct.gov/deep/gillettecastle；67 River Rd；成人/儿童 $6/2；城堡5月末至9月初 周四至周日 11:00~17:00，院落 全年8:00至黄昏；P）是一座使用粗石建造的古怪角楼式建筑，在东哈丹姆上方的七姊妹山（Seven Sisters）上若隐若现。这座大而不实用的宅邸是仿照德国中世纪城堡而建，城堡周边的125英亩土地被划为州立公园，从露台上可以欣赏到壮观的风景。

夏季，你可以乘坐Chester-Hadlyme Ferry（汽车/行人 $5/2；4月至11月 周一至周五 7:00~18:45，周六和周日 10:30~17:00）横渡康涅狄格河（Connecticut River）。穿越河流只需短短的5分钟，沿途可以看到极好的景色，乘客到吉列城堡下船。

许多艺术家，包括威廉·查德威克（William Chadwick）、察尔德·哈萨姆（Childe Hassam）、威拉德·梅特卡夫（Willard Metcalfe）和亨利·沃德·兰杰（Henry Ward Ranger）纷纷来到这里作画，住在当地艺术赞助人佛罗伦斯·格里斯沃德（Florence Griswold）的豪宅里。

景点

佛罗伦斯·格里斯沃德博物馆　博物馆

（Florence Griswold Museum；860-434-5542；http://florencegriswoldmuseum.org；96 Lyme St；成人/儿童 $10/免费；周二至周六 10:00~17:00，周日 13:00~17:00；P）作为美国印象派的故乡，佛罗伦斯·格里斯沃德博物馆展出6000件作品，其中包括美国印象派和巴比桑派的绘画作品，以及雕塑和装饰艺术作品。她的艺术家朋友们用壁画装饰了她的房子（通常是用来抵付房租的），现在是佛罗伦斯·格里斯沃德博物馆。这个庄园包括她佐治亚风格的房子、克里布尔画廊（Krieble Gallery）、查德威克（Chadwick）工作室和格里斯沃德至爱的花园。

莱姆美术学院　画廊

（Lyme Academy of Fine Arts；860-434-5232；www.lymeacademy.edu；84 Lyme St；周一至周六 10:00~16:00）免费 莱姆美术学院是佛罗伦斯·格里斯沃德博物馆的邻居，它是纽黑文大学（University of New Haven）的一所学院，不定期展出学生们的素描、绘画和雕塑。

住宿

★ Bee & Thistle Inn　旅馆 $$

（860-434-1667；www.beeandthistlinn.com；100 Lyme St；房间 $129~289；P）坐落在一座建于1756年的荷兰殖民风格的漂亮农舍里，这个优雅的建筑拥有一个漂亮的、照料良好的花园。这里有11个设备齐全的豪华房间，大部分房间里都有许多古董、天篷床或四柱床。

这家旅馆的浪漫餐厅是品尝新派美国菜肴的完美场所。周三和周日供应午餐和晚餐（$30~60），通常还有竖琴师的表演。必须预订。

埃塞克斯（Essex）

绿树成荫的埃塞克斯建于1635年，是康涅狄格河沿岸的主要城镇。就算只是欣赏美丽的风景，也是值得一游的。Main St两旁排列着保存完好的联邦时期住房，这都是19世纪朗姆酒和烟草生意获利造就的房产。该镇也有大量的蒸汽火车和内河船爱好者。

景点和活动

哈莫纳塞特海滩州立公园　州立公园

（Hammonasset Beach State Park；203-245-2785；www.ct.gov/deep/hammonasset；1288 Boston Post Rd；工作日/周末 $15/22；8:00至日落；P）尽管算不上游客罕至的僻静景区，但哈莫纳塞特海滩州立公园内绵延两英里的平坦沙滩，却轻松容纳了夏日的汹涌游客潮。这是一个理想的海滩，你可以在那里支起一把遮阳椅，打开一本书，忘掉整个世

界。这里的海浪非常温和,很适合游泳。厕所和淋浴设施干净、充足,而且有条木栈道穿过整个公园。

康涅狄格河博物馆　　　　　　　博物馆

（Connecticut River Museum；860-767-8269；www.ctrivermuseum.org；67 Main St；成人/儿童 $10/6；10:00~17:00,10月至次年5月 周一闭馆；P）与埃塞克斯（Essex）的蒸汽船码头（Steamboat Dock）相邻,向游客细致地展示当地的历史。展品包括世界上第一艘手划式潜艇的复制品,这艘名为Turtle的潜艇于1776年由一位耶鲁大学的学生大卫·布什内尔（David Bushnell）在这里建造完成。在附近的老塞布鲁克下水。该博物馆还举办观光展览、夏季讲习班和划船活动——日期和价格各不相同。

★ 埃塞克斯蒸汽火车与内河船　　　团队游

（Essex Steam Train & Riverboat Ride；860-767-0103；www.essexsteamtrain.com；1 Railroad Ave；成人/儿童 $19/10,含巡游 $29/19；5月至10月；）这个备受欢迎的团队游颇具特色,将带游客搭乘蒸汽机车和古董车厢出游。这段旅程沿6英里风景优美的道路前往Deep River,在那里,你可以乘船去往东哈达姆（East Haddam）的**古德斯皮德歌剧院**（Goodspeed Opera House；860-873-8668；www.goodspeed.org；6 Main St；票价 $45~85），然后乘坐火车返回埃塞克斯。乘坐火车往返大约需要1小时;乘船需要2.5小时。

这里有各种各样的主题游览可供选择——登录网站了解票价、时间和细节。如果你住在埃塞克斯,那夜间的就餐选择就非常有限,你可以选择乘坐**Essex Clipper Dinner Train**,其$80（含税）的往返票价包括2.5小时的火车和含有饮料的四道菜的套餐,还有酒水柜。

🛏 住宿

Griswold Inn　　　　　　　　　旅馆 $$

（860-767-1776；www.griswoldinn.com；36 Main St；双/套 $195/240起；P）具有里程碑意义的Griswold Inn是美国历史上最古老的旅馆之一,自1776年以来一直是埃塞克斯的物质和社会中心。旅馆自助餐式的狩猎早餐（Hunt Breakfast；周日 11:00~13:00）是自1812年的战争以来的一种传统,当时占领埃塞克斯的英国士兵要求人们给他们准备伙食。

在其他时候,这里的餐厅仍然是在历史的氛围中享用传统新英格兰美食的最受欢迎的地方。

纽黑文（New Haven）

当你漫步在耶鲁大学久负盛名的校园里,欣赏着华丽的仿哥特式和维多利亚式的建筑时,会很难理解纽黑文为何会拥有"一个危险的、腐朽的海港"的名声。

康涅狄格的第二大城市从17世纪的清教徒定居者所铺设的美丽的纽黑文绿地（New Haven Green）中绽放着光芒。在它周围,拥有300多年历史的耶鲁校园为游客提供了大量一流的景点,从博物馆和画廊到生动的音乐会节目,再到讲述秘密社团故事的徒步团队游。随着纽黑文被重新定位为艺术、建筑和人类思维的繁荣家园,这里连传喜讯:旅业业正在崛起,犯罪率也在下降。

耶鲁大学或许让纽黑文声名远播,但除了校园之外,城里还有很多值得回味的地方。时间久远的廉价酒吧、异域特色餐馆、烧烤小屋和鸡尾酒休闲酒吧都让这个地区几乎和剑桥的哈佛广场一样热闹,但此地却有着更好的比萨和更少的自负倾向。

⦿ 景点

★ 耶鲁大学　　　　　　　　　　大学

（Yale University；203-432-2300；www.yale.edu/visitor；149 Elm St；步行团队游 免费；周一至周五 9:00~16:30,周六和周日 11:00~16:00）**免费** 每年都有数以千计的高中生慕名来到耶鲁大学,梦想自己能够成为美国第三古老大学的学生。这所大学的毕业生包括Noah Webster、Eli Whitney、Samuel Morse以及总统威廉·H.塔夫特（William H Taft）、乔治·H.W.布什（George H W Bush）、比尔·克林顿（Bill Clinton）和乔治·W.布什（George W Bush）等名人。你不必跟他们一样怀揣雄心壮志,在校园里随便逛逛就行。在游客中心拿份免费地图,或参加带导游的1小时免费团队游。

★ 耶鲁英国艺术中心 博物馆

（Yale Center for British Art；☎203-432-2800；www.ycba.yale.edu；1080 Chapel St；⊙周二至周六 10:00~17:00，周日 正午至17:00）**免费** 这个令人难以置信的画廊是建筑师路易斯·卡恩（Louis Kahn）的最后一个委托作品，也是除英国外最大的英国艺术收藏场所，于2016年重新开放。藏品的时间跨度从伊丽莎白时代到19世纪，按时间排列。通过这些藏品，我们可以对英国艺术、生活和文化进行无可比拟的深入了解。对于任何对美丽事物感兴趣的人来说，都是一个必游之地。是的，它是免费的。这里提供公共团队游和私人团队游。

★ 耶鲁大学美术馆 博物馆

（Yale University Art Gallery；☎203-432-0600；http://artgallery.yale.edu；1111 Chapel St；⊙周二至周五 10:00~17:00，周四 至20:00，周六和周日 11:00~17:00）**免费** 这个杰出的博物馆是建筑师路易斯·康（Louis Kahn）的第一个委托作品，是这个国家最古老的大学美术馆，其中包括文森特·凡·高（Vincent van Gogh）的The Night Café和由弗朗斯·哈尔斯（Frans Hals）、彼得·保罗·鲁本斯（Peter Paul Rubens）、马奈（Manet）和毕加索（Picasso）等大师作品组成的欧洲杰作。此外，还有由温斯洛·霍默（Winslow Homer）、爱德华·霍珀（Edward Hopper）和杰克逊·波洛克（Jackson Pollock）等大师作品组成的18世纪的美国杰作，以及来自非洲、亚洲、后哥伦比亚时期美洲的艺术作品。最重要的是，你不需要花一分钱。

★ 海岸电车博物馆 博物馆、电车

（Shore Line Trolley Museum；☎203-467-6927；www.shorelinetrolley.org；17 River St, East Haven；成人/儿童 $10/7；⊙7月和8月 每天 10:30~16:30，5月、6月、9月和10月 周六和周日 10:30~16:30；🅿）如果想要在东黑文的海岸线上获得独特的体验，可以乘坐这个露天的古董电车——这是美国最古老的郊区有轨电车线。它沿着3英里的轨道运行，从东黑文河的River St到布兰福德的肖特海滩（Short Beach）。下车后，你可以游览博物馆和那里保存完好的马车。请携带野餐午饭。

纽黑文绿地（New Haven Green） 公园

纽黑文的辽阔绿地自从清教徒祖先在1638年将它作为基督第二次降临的潜在地点以来，一直是这座城市的精神中心。从那时起，它就一直占据着市政墓地（坟墓后来被转移到Grove St Cemetery）、几座州议会大厦和一系列的教堂（其中3个仍然矗立着）。

🛏 住宿

Hotel Duncan 历史酒店 $

（☎203-787-1273；1151 Chapel St；标单 $65~80，双 $85~100；❄🛜）这家古老的酒店是纽黑文的瑰宝——地毯上污迹斑斑、水压不稳定、浴巾抽丝。虽然光环已经褪去，但这个古色古香的酒店仍值得你住上一晚。大堂优雅，电梯是手动的，还有穿着制服的电梯管理员。房间可以长期出租，也可以按日出租。不要抱有幻想，你可能会感到惊喜。

Farnam Guest House 民宿 $$

（☎203-562-7121；www.farnamguesthouse.com；616 Prospect St；房间 $149~199，带公共浴室 $89~139；🅿❄🛜）Farnam家族与耶鲁大学渊源颇深——家族成员出了多位校友、捐赠者和教授。你可以住在他们位于城里最好的社区里的佐治亚殖民时期的豪宅里。你可以感受到旧世界的氛围，还有齐本德尔（Chippendale）式的沙发、靠背椅、维多利亚时代的古董和豪华的东方地毯。客厅里有一架施坦威的大钢琴。

The Studyat Yale 酒店 $$$

（☎203-503-3900；www.thestudyatyale.com；1157 Chapel St；房间 $219~389；🅿🛜）酒店努力营造出一种20世纪中叶成熟的现代感（被称作"广告狂人时尚"），但又不显得浮夸或吓人。紧跟时代的设施包括客房内的iPod插座和放音系统以及跟壁挂电视相连的跑步机。这里还有一个内部餐厅和咖啡馆，在那里你可以找到一些早餐。

🍴 就餐

Frank Pepe 比萨 $

（☎203-865-5762；www.pepespizzeria.

com; 157 Wooster St; 比萨 $7~29; ⊙周日至周四 10:30~22:00, 周五和周六 至23:00; 🖥🐾) Pepe自称可以烘焙出"美国最好的比萨",而且它还连续三次赢得冠军。我们会让你来担任评委,但可以确定的是,与1925年开业时一样,美味的比萨是在炭炉中烤制而成的。直到现在,它在康涅狄格已经有了很多家店铺,所以很难保证口味一致。只收现金。

白蛤比萨好评如潮。

★ Caseus Fromagerie & Bistro
法式小馆 $$

(☎203-624-3373; www.caseusnewhaven.com; 93 Whitney Ave; 主菜 $12~25; ⊙周一至周六 11:30~14:30和周三至周六 17:30~21:00; 🖥) 柜里堆放着本地出产的各种奶酪,还出售专门用乳酪制作的概念菜肴,并取得了巨大的成功。毕竟,谁不爱匠心烹制的奶酪盘面或好吃到窒息的肉汁奶酪薯条(炸薯条、奶酪块加法式白汁)呢?

Miya's Sushi
寿司 $$$

(☎203-777-9760; www.miyassushi.com; 68 Howe St; 主菜 $11~35; ⊙周三 17:00~23:00, 周四至周六 至午夜; 🖥) 两届"国家品味奖"得主、厨师Bun Lai精心制作的寿司和刺身料理摆盘完美,选用采用可持续方式出产的食材,名字也很令人惊叹。更神奇的是原料的新鲜和风味——回归简单、保持天然(生鱼片)、大胆的食材搭配——如果你是新派美国寿司的粉丝,你一定会被吸引。

🍷 饮品和娱乐

无论你是想在时尚的环境中享受手工鸡尾酒,还是在老式的廉价酒吧里品尝当地啤酒,纽黑文都不缺少夜间活动的地点,你还可以和很多时髦、前卫的孩子,离婚的教授,以及未来的百万富翁们一起喝一杯。

Toad's Place
现场音乐

(☎203-624-8623; www.toadsplace.com; 300 York St)新英格兰最好的音乐厅之一,从滚石乐队到U2乐队和鲍勃·迪伦(Bob Dylan),各路音乐名人都在这家著名剧院的舞台上演出过。如今,各种各样的表演者都在温馨的舞台上工作,包括"They Might Be Giants"以及"Martin & Wood"等知名乐队。

Shubert Theater
剧院

(☎203-562-5666; www.shubert.com; 247 College St)被称为是"美国最好的戏剧诞生地",这家剧院自1914年起就是芭蕾舞剧和百老汇音乐剧在进军纽约之前上演的地方。近年来,它已经扩展了自己的领域,包括一系列采访和音乐演出等更为广泛的内容。

❶ 实用信息

纽黑文信息中心(INFO New Haven; ☎203-773-9494; www.infonewhaven.com; 1000 Chapel St; ⊙周一至周六 10:00~21:00, 周日 正午至17:00)这个市中心的办公室提供地图和有用的建议。

❶ 到达和离开

纽黑文位于波士顿西南141英里,哈特福德以南36英里,距纽约75英里,距罗维登斯101英里,通过州际公路连接各地。

Metro-North(www.mta.info/mnr)火车往返联合车站(Union Station)和纽约中央车站(New York City's Grand Central Terminal)之间,从7:00至午夜,几乎每小时1班。

Shore Line East(www.shorelineeast.com)运营从长岛海峡的海岸前往老赛布鲁克(45分钟)和新伦敦(70分钟)的火车,还有从State St车站(上午)开往纽黑文绿地的Commuter Connection的长途汽车。

美国国家铁路公司(www.amtrak.com)运营从纽约佩恩车站(New York City's Penn Station)开往纽黑文($32起,1小时45分钟)的特快列车。

彼得潘巴士线(www.peterpanbus.com)和灰狗巴士(Greyhound; www.greyhound.com)从纽黑文开往纽约市($12起,2小时,每天8班)、哈特福德($12起,1小时,每天6班)和波士顿($11, 4~5小时,每天7班)。车辆从纽黑文联合车站发车。

Connecticut Limousine(www.ctlimo.com)是一班连接哈特福德的布拉德利机场、纽约肯尼迪机场和拉瓜迪亚机场,以及新泽西纽瓦克机场的穿梭巴士。可以在联合车站和纽黑文中心的酒店上下车,以及某些指定的纽黑文市中心酒店。去纽瓦克机场的费用更高一些。

佛蒙特州（VERMONT）

无论是冬季的皑皑白雪，秋季火红的落叶，还是春夏的满眼新绿，佛蒙特州都是美国最具吸引力的州之一，这里有农田、山脉和风景如画的小村庄。一年四季，徒步者、骑行者、滑雪爱好者和皮划艇运动员都能在这里获得乐趣。无论是尚普兰湖（Lake Champlain）的广阔水域，或是屡获殊荣的王国小径网络（Kingdom Trails Network），抑或是长达300英里的Long Trail和Catamount Trail，以及纪灵顿、斯托和Sugarbush颇具传奇色彩的山麓，你一定能一饱眼福。

美食家们会喜欢这里：小农场主和美国最密集的手工酿酒商把佛蒙特州变成了一个土食者的天堂。但最重要的是，佛蒙特州的独特之处在于它的独立精神：唯一一个有社会党参议员和唯一一个在首府城市没有麦当劳的州。不同于美国的其他任何地方，佛蒙特州还是一个创造天堂、拥有草根政府和崇尚"小即是美"思想的堡垒。

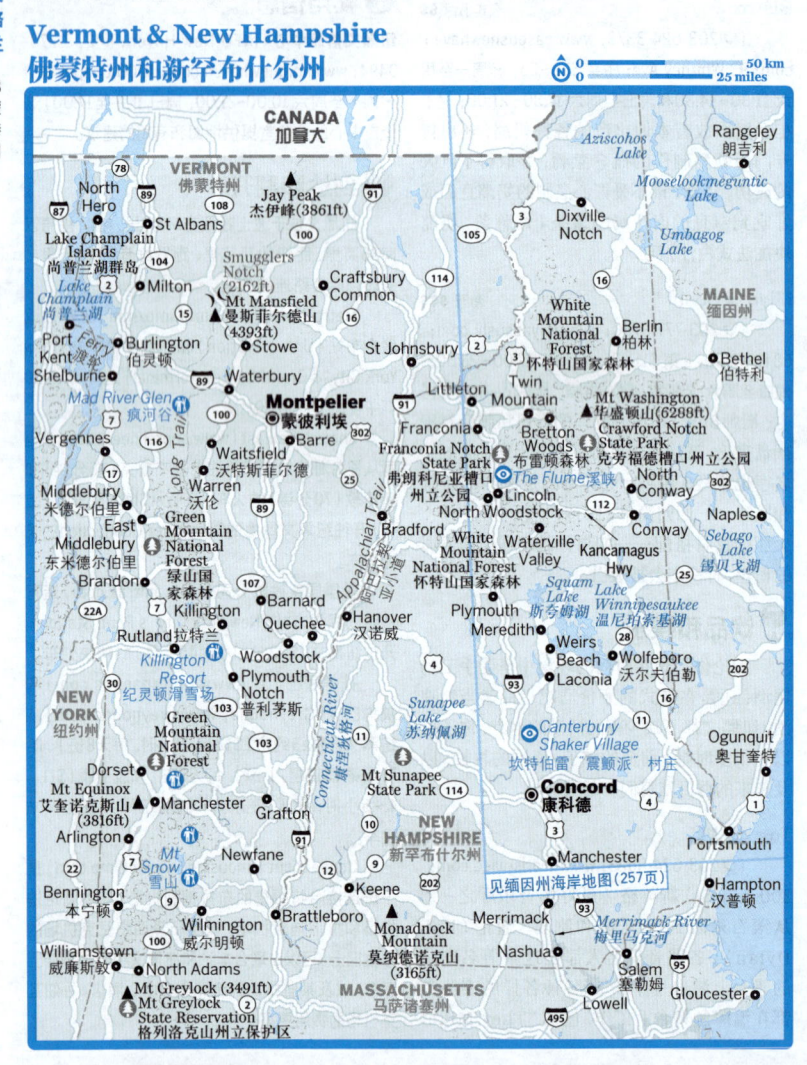

Vermont & New Hampshire
佛蒙特州和新罕布什尔州

历史

1609年,法国人塞缪尔·德·尚普兰(Samuel de Champlain)来到佛蒙特探险,成为第一个到达这块土地的欧洲人。那时候的佛蒙特一直是原住民阿布纳基人(Abenaki)的家园。

在1775年的美国独立战争中,佛蒙特起到了关键性作用:Ethan Allen率领一支本地军队"绿山男孩"(Green Mountain Boys)前往提康德罗加堡(Fort Ticonderoga),把这个地方从英军手里夺了回来。1777年,佛蒙特宣布独立,成为佛蒙特共和国,采用美国的第一部宪法,废除了奴隶制,并建立了公学体系。1791年,佛蒙特成为美国第14个州。

❶ 实用信息

佛蒙特州商会(Vermont Chamber of Commerce; www.visitvt.com)提供该州各方面的大量信息。

佛蒙特州旅游部(Vermont Division of Tourism; www.vermontvacation.com)在靠近马萨诸塞州州际线的I-91公路上有一个很棒的接待中心;在纽约州际线附近的VT 4A上也有一个接待中心;还有3个在White River Junction和加拿大边境线之间的I-89旁。那里有免费的详细路线图和露营指南。

佛蒙特州公共广播(Vermont Public Radio; www.vpr.net)覆盖整个佛蒙特州的公共电台,提供了极好的本地节目,包括"Vermont Edition"(工作日正午),报道佛蒙特州的时事,以及古怪的、信息丰富的"Eye on the Sky"天气预报。

佛蒙特州滑雪区协会(Vermont Ski Areas Association; www.skivermont.com)为你的滑雪旅行提供有用的信息,以及在佛蒙特滑雪胜地的夏季冒险活动。

佛蒙特州南部 (Southern Vermont)

在历史悠久的佛蒙特州南部,白色的教堂和小旅馆环绕着乡村绿地,该区多个城镇的历史可以追溯到美国革命前。在夏天,3个"城市"——布拉特尔伯勒、本宁顿和曼彻斯特之间的公路绵延穿过青山;在冬天,这些道路蜿蜒伸向雪山(Mt Snow)的山坡——天气寒冷的佛蒙特州南部的滑雪胜地。对于徒步旅行者来说,秋天的阿巴拉契亚小道和Long Trail穿过绿山国家森林(Green Mountain National Forest),树叶纷纷飘落,提供了丰富多彩的徒步旅行体验。

❶ 到达和离开

来自马萨诸塞州、康涅狄格州和罗得岛州的司机通常通过两条路线中的一条进入南佛蒙特州:东部的I-91公路,或者西部的US 7公路。这里的公共交通仅限于每天往返康涅狄格河谷的公共汽车和火车。虽然南佛蒙特州没有自己的商用机场,但奥尔巴尼、纽约、康涅狄格州的哈特福德和曼彻斯特的机场距离佛蒙特州都是1~2小时的车程。

布拉特尔伯勒 (Brattleboro)

布拉特尔伯勒坐落在康涅狄格州和西部河流(West Rivers)的交汇处,是一颗小宝石,向在街道上漫步、在数十家独立商店和餐馆里闲逛的人展示着它的方方面面。这里充满活力的老嬉皮士和戴着穿挂式耳环、文着文身的潮人展现着这个小镇错综复杂、不拘一格的风格。市中心的景象透露出其明显偏左的政治立场。

Whetstone Brook小溪穿过小镇的南端,1724年时这一带曾用木栅栏围起一块被称为Fort Dummer的地方,成为佛蒙特州第一个欧洲人定居点(在那之前此地基本上为一片原野,只有美国原住民在此居住)。

在老市政厅[现在的主街画廊(Main Street Gallery)的位置],著名的思想家和艺人,包括奥利弗·温德尔·霍姆斯(Oliver Wendell Holmes)、霍勒斯·格里利(Horace Greeley)和威尔·罗杰斯(Will Rogers),都曾发表过关于公民和政治问题的演说。1892年,鲁德亚德·吉卜林(Rudyard Kipling)与一个布拉特尔伯勒女人结婚,在这里生活的时候,他撰写了《丛林之书》(*The Jungle Book*)。

◉ 景点

虽然布拉特尔伯勒的大部分活动都在市中心的商业区进行,但周围的山坡上也有农场、奶酪制造厂和工匠,这些地方都在一条令人愉快的偏僻小路上等着被人们发现。

布拉特尔伯勒博物馆和艺术中心　博物馆

(Brattleboro Museum & Art Center; ☎802-257-0124; www.brattleboromuseum.org; 10 Vernon St; 成人/儿童 $8/免费; ⊙周三至周一 11:00~17:00)位于1915年的火车站内,这个博物馆通过各种载体举办了许多当地艺术家的创意展览。它还拥有一个当代艺术的轮流多媒体展览项目,展品不定期更换。

🛏 食宿

Latchis Hotel　酒店 $$

(☎802-348-4070, 800-798-6301; www.latchishotel.com; 50 Main St; 房间 $100~200, 套房 $180~240; 🛜)位于市中心,毗邻历史悠久的同名剧院,位置无懈可击,拥有30间价格合理的房间和套房。这家酒店的艺术装饰风格让人耳目一新,令人非常惊喜。

★ Inn on Putney Road　民宿 $$$

(☎802-254-6268; www.vermontbandbinn.com; 192 Putney Rd; 房 $179~299; @🛜)在2016年更换新主,这个甜美的20世纪30年代的民宿位于小镇北部,有一个华丽的庭院、五间房间和一间带壁炉的豪华套房。它俯瞰着西河(West River)河口,为人们提供了许多徒步、骑自行车和划船的机会,还有大量的雨天活动,包括台球、棋类游戏、DVD放映、一个供住客使用的图书馆和一个室内热水浴缸。

★ TJ Buckley's　美国菜 $$$

(☎802-257-4922; www.tjbuckleysuptowndining.com; 132 Elliot St; 主菜 $45; ⊙全年 周四至周日 17:30~21:00, 另加6月中旬至10月初 周三)🍴30多年前,大厨兼老板Michael Fuller把1927年的美式小馆改建成这个小型的高级餐馆。从那以后,他就不提供纸质菜谱,全靠服务员口头介绍四季变化的时令主菜,食材主要来自当地的农场。当地人称赞这里的食物是布拉特尔伯勒最好的。用餐座位只有18个,所以请提前预订。不能使用信用卡。

❶ 实用信息

布拉特尔伯勒商会(Brattleboro Chamber of Commerce; ☎802-254-4565, 877-254-4565; www.brattleborochamber.org; 180 Main St; ⊙周一至周五 9:00~17:00)全年可靠的旅游信息来源。

布拉特尔伯勒商会信息亭(Brattleboro Chamber of Commerce Information Booth; 80 Putney Rd; ⊙5月末至10月中旬 周六和周日)就在市中心北边的绿地上。

本宁顿(Bennington)

本宁顿集历史悠久的佛蒙特州村庄(老本宁顿)、平凡的城市(本宁顿市)和大学城(北本宁顿)于一身。这里也是著名的**本宁顿战役纪念碑**(Bennington Battle Monument; ☎802-447-0550; www.benningtonbattlemonument.com; 15 Monument Circle, Old Bennington; 成人/儿童 $5/1; ⊙4月中旬至10月 9:00~17:00)的所在地,它是为了纪念在美国革命期间的关键战役——本宁顿战役而建。如果不是陆军上校赛斯·华纳(Colonel Seth Warner)和当地的"绿山男孩(Green Mountain Boys)"在这场战斗中削弱了英国的防御能力,那么这些殖民地很可能已经被瓜分了。

殖民时代的老本宁顿的山顶遗址非常迷人,布满了80座乔治亚时代和联邦政府的房屋(最早可以追溯到1761年——本宁顿建立的那年,最晚到1830年)。诗人罗伯特·弗罗斯特(Robert Frost)被安葬在这里,他故居里的博物馆表达了人们对他的敬意。由于本宁顿坐落于绿山国家森林的范围内,附近有许多徒步小道,包括徒步步道的鼻祖:阿巴拉契亚(Appalachian)小道和Long Trail。

👁 景点

本宁顿博物馆　博物馆

(Bennington Museum; ☎802-447-1571; www.benningtonmuseum.org; 75 Main St; 成人/18岁以下儿童 $10/免费; ⊙每天 10:00~17:00, 1月闭馆, 11月至次年6月 每周三闭馆)这个位于市中心和老本宁顿之间不断扩大的博物馆里共有14个展厅,内有常设和临时展览。这里有世界上最多的摩西奶奶(Grandma Moses)的绘画作品和本宁顿陶器收藏,还有大量的佛蒙特绘画、装饰艺术和民间艺术,其时间跨度从18世纪到现在,包罗万象,从佛蒙特的镀金时代到本宁顿现代主义,再到"外行(Outsider)"艺术。2015年,在"Works on Paper Gallery"展览中展出了版画、石版画、

摄影作品,其中更多的是全国知名艺术家创作的作品。

老第一教堂　　　　　　　　　　古迹

(Old First Church; ☎802-447-1223; www.oldfirstchurchbenn.org; Monument Ave和VT 9交叉路口; ◎7月至10月中旬 周一至周六 10:00~16:00,周日 13:00~16:00,5月末至6月 仅周末) **免费** 这座历史悠久的教堂建于1805年,是帕拉迪安风格的教堂,坐落在古本宁顿中心。它的教堂墓地里埋葬着五位佛蒙特州的州长、无数的美国革命士兵和诗人罗伯特·弗罗斯特(Robert Frost; 1874~1963年)——20世纪最著名、最受爱戴的美国诗人——他的墓志铭上刻着:"我与世界有过恋人般的争吵。"

🛏 食宿

Greenwood Lodge & Campsites　　　　青年旅舍、露营地 $

(☎802-442-2547; www.campvermont.com; VT 9, Prospect Mountain; 双人帐篷/房车营地 $30/39,铺 $35~38,房 $79; ◎5月中旬至10月下旬; 🛜) 坐落在伍德福德的绿山之中,占地120英亩。有3个池塘,是佛蒙特州最好的青年旅舍之一。住宿包括17个经济划算的床位和40个露营地。很容易找到,就在本宁顿以东8英里的展望山(Prospect Mountain)滑雪区。设施包括热水淋浴和游戏室。

Blue Benn Diner　　　　　　　美式小馆 $

(☎802-442-5140; 314 North St; 主菜 $6~14; ◎周一和周二 6:00~17:00,周三至周五至20:00,周六 至16:00,周日 7:00~16:00; 🅿) 这个经典的20世纪50年代的小餐馆全天供应早餐,还有健康的美国、中国和墨西哥风味食物,包括素食选择。小小的案头点唱机增添了怀旧感,你可以不停地点播Willie Nelson的《佛蒙特的星光》或Cher的"Gypsies, Tramps and Thieves",直到其他桌的客人尖叫着表示受不了为止。

★ Pangaea　　　　　　　　各国风味 $$$

(☎802-442-7171; www.vermontfinedining.com; 1 Prospect St, North Bennington; 主菜 休闲间 $10~24,餐厅 $31; ◎休闲酒吧每天17:00~22:00,餐厅 周二至周六 17:00~21:00) 无论你选择高雅的餐厅、私密的休息室还是小河边的露台,都可以在这里享用美味的食物。菜单上充满了新鲜的食材和各国风味的菜肴;试试泰式虾有机乌冬面佐咖喱花生酱,或是意大利干酪配普罗旺斯香草肋眼牛排。这是佛蒙特州最好的餐馆之一。

ℹ 实用信息

本宁顿接待中心 (Bennington Welcome Center; ☎802-447-2456; www.informationcenter.vermont.gov; 100 VT 279; ◎7:00~21:00) 本宁顿的新旅游办公室,提供大量的信息,工作时间很长,为司机提供免费的咖啡和茶;坐落在VT 279公路和US 7公路的交会处。

曼彻斯特 (Manchester)

近两个世纪以来,曼彻斯特一直是一个时尚的度假胜地。如今,主要的吸引力是冬季滑雪和高档购物[从阿玛尼(Armani)到香蕉共和国(Banana Republic),有100多家商店]。

曼彻斯特因两大家族而名扬天下。第一个是土生土长的富兰克林·奥维斯(Franklin Orvis; 1824~1900年),他成了纽约商人,但回到曼彻斯特建立了Equinox House Hotel(1849年)。富兰克林的兄弟查尔斯(Charles)于1856年创立了"奥维斯公司(Orvis Company)",即"飞钓设备"的制造商。这家总部位于曼彻斯特的公司现在在全球范围有许多追随者。

第二个家族是亚伯拉罕·林肯(Abraham Lincoln; 1809~1865年)。他的妻子,玛丽·托德·林肯(Mary Todd Lincoln; 1818~1882年)和他们的儿子罗伯特·托德·林肯(Robert Todd Lincoln; 1843~1926年),在内战期间来到这里,罗伯特在几年之后回来又建造了一处宅邸——Hildene。

⊙ 景点和活动

★ Hildene　　　　　　　　　　古迹

(☎802-362-1788; www.hildene.org; 1005 Hildene Rd/VT 7A; 成人/儿童 $20/5,团队游 $7.50/2; ◎9:30~16:30) 在曼彻斯特之外,这座乔治亚复兴风格的豪宅由罗伯特·托德·林肯建造,共有24个房间,是美国的国家宝藏。

林肯的家人一直住在这里,直到1975年被改造成了一个博物馆,里面放满了许多家庭的个人用品和家具。这些展品包括亚伯拉罕·林肯在他发表《葛底斯堡演讲》时所戴的帽子,以及他双手的黄铜铸模——在竞选总统期间,他的右手因与人握手太多而肿胀。

春分山天际线公路　　　　　　　　观景道

(Mt Equinox Skyline Drive; ☎802-362-1114; www.equinoxmountain.com; VT 7A, Manchester和Arlington之间;汽车和司机 $15,每额外增加一人 $5,13岁以下 免费; ◎5月末至10月 9:00~13:00) 如果想要欣赏非凡的景观,可以自己驾车爬上陡峭的5英里的天际线,这是一条私人收费公路,通向3848英尺的春分山顶峰,它是Taconic Range最高的山峰,紧邻曼彻斯特以南的VT 7A公路。

🛏 食宿

Aspen Motel　　　　　　　　汽车旅馆 $$

(☎802-362-2450; www.theaspenatmanchester.com; 5669 Main St/VT 7A;房 $95~160; ❋⚛⚛)一个价格合理的汽车旅馆,杜鹃花和其他很多美丽的鲜花确实使这里增色不少。这个家庭经营的酒店在公路旁边,有25个舒适的房间,一个游泳池,性价比高,位置非常便利。步行没多远就是曼彻斯特市中心。

Ye Olde Tavern　　　　　　　　美国菜 $$$

(☎802-362-0611; www.yeoldetavern.net; 5183 Main St;主菜 $19~34; ◎17:00~21:00)这家位于路边的雅致酒店建于18世纪90年代,你可以坐在烛光餐桌旁边,享受独特的用餐体验。菜单上有各种"美国佬最爱的美食",例如,用自制的啤酒烹饪的传统炖菜、新英格兰烤鳕鱼搭配佛蒙特切达干酪、雪莉酒和柠檬煨的新英格兰幼鳕鱼或本地鹿肉(每周五的晚餐特价菜)。

❶ 实用信息

绿山国家森林公园管理处(Green Mountain National Forest Ranger Station; ☎802-362-2307; www.fs.usda.gov/gmfl; 2538 Depot St, Manchester Center; ◎周一至周五 8:00~16:30)可以顺便来了解一下关于阿巴拉契亚小道和Long Trail的信息,包括小道地图和关于短途一日徒步的细节。

佛蒙特州中部
(Central Vermont)

佛蒙特州的中心地带有一些新英格兰最具田园风格的乡村。在拉特兰郡以北(佛蒙特州的第二大城市,居民多达16,500人)的地区,牛的数量已经超过了居民人口。喜欢户外活动的人经常会到佛蒙特州中部,特别是纪灵顿、Sugarbush和Mad River Glen等地区的度假胜地,那里吸引了无数的滑雪爱好者和夏季徒步旅行者。对于那些对室内活动感兴趣的人来说,可以前往道路后面风景如画的廊桥之间的古董店和美术馆。

❶ 到达和当地交通

自驾是探索佛蒙特州中部的最佳方式,汽车和自行车均可。主要的驾驶道路是东西方向的US 4公路,以及南北方向的VT 100公路——在纪灵顿有两条交叉路。这里的公共交通仅限于Vermont Translines的长途汽车,每天1班,自东向西往返于佛蒙特州的拉特兰和新罕布什尔的汉诺威之间;以及美国国家铁路公司的Vermonter列车,每天1班,往返于康涅狄格州与布拉特尔伯勒和伯灵顿之间的怀特河谷之间。在拉特兰郡有一个小机场,但服务仅限于往返波士顿的通勤航班。

伍德斯托克和奎奇
(Woodstock & Quechee)

伍德斯托克于1761年特许建立,自1766年起就成为风景优美的温莎郡郡府所在地。许多宏伟的房屋环绕着椭圆形的村庄绿地而建,而伍德斯托克的4座教堂大钟都是由保罗·热维尔(Paul Revere)铸造的。亚伯拉罕·林肯的朋友、参议员雅各布·科拉默(Jacob Collamer)曾经说过,"伍德斯托克的好人们相比其他人更缺乏之前往天堂的动力"。

今天的伍德斯托克仍然非常漂亮、非常富有。花些时间在绿地上走走,周围是联邦风格和希腊复兴风格的住宅与公共建筑,或者沿着奥托奎奇河(Ottauquechee River)游玩,河上有3座室内桥梁。洛克菲勒家族(Rockefellers)和罗斯柴尔德家族(Rothschilds)在周围的乡村拥有自己的地产,而富人则住在宏伟的Woodstock Inn & Resort。

在伍德斯托克以东大约五分钟车程的地方，小巧艳俗的奎奇村坐拥着奎奇峡谷——这是佛蒙特州袖珍版的"大峡谷"，村里还有一些不错的餐厅。

◉ 景点

★ 奎奇峡谷　　　　　　　　　　峡谷

（Quechee Gorge, US 4, Quechee）**免费** 这个峡谷位于US 4公路下方，距离奎奇村东部不到1英里，深163英尺，宛如一道"伤疤"，沿着一条小溪绵延3000英尺。你可以从桥上观景，也可以从路边的步道轻松下到峡谷边。沿路标记良好，小道走起来毫不费力，前往峡谷的路程都不超过一个小时。

比灵斯农场和博物馆　　　　　　农场

（Billings Farm & Museum；802-457-2355；www.billingsfarm.org；69 Old River Rd, Woodstock；成人/儿童 $15/8；4月至10月每天 10:00~17:00，11月至次年2月周六、周日和节假日 至16:00，3月关闭）这个历史悠久的农场在绿地以北1英里处，由19世纪的铁路大亨弗雷德里克·比林斯（Frederick Billings）所创立，为孩子们提供了与老式农场生活相关的实践活动。这里有大量的农场动物，包括来自英国泽西岛的漂亮奶牛。适合全家参加的季节性活动包括乘马车游、乘雪橇游、南瓜节、苹果节以及老式的万圣节、感恩节和圣诞节庆祝活动。

马什—比灵斯—洛克菲勒国家历史公园　公园

（Marsh-Billings-Rockefeller National Historical Park；802-457-3368；www.nps.gov/mabi；54 Elm St, Woodstock；宅邸之旅 成人/儿童 $8/免费，步道和马车道 免费；游客中心和团队游 5月至10月 10:00~17:00，步道和马车道 全年）佛蒙特州唯一的国家公园是美国早期的自然保护主义者乔治·帕金斯·马什（George Perkins Marsh）的故居附近建造的，它体现了土地管理和环境保护之间的关系。这处房产有20英里的小道和马车道，可以自由地徒步、使用越野滑雪板或雪地靴进行探索。

文斯自然中心　　　　　　野生动物保护区

（VINS Nature Center；Vermont Institute of Natural Science；802-359-5000；www.vinsweb.

org；6565 Woodstock Rd, Quechee；成人/儿童 $15/13；4月中旬至10月 10:00~17:00，11月至次年4月中旬 至16:00；）这个位于奎奇附近的科学中心有24种猛禽，从3盎司重的微小锯棕桐鬼鸮到强大的秃鹰。生存在这里的鸟类都受到过永久性伤害，从而无法返回野外。这里有定期的教育展览和三条自助游览的天然小径，适合夏季徒步和冬季雪鞋徒步。

🛏 食宿

Shire　　　　　　　　　　　　酒店 $$

（802-457-2211；www.shiremotel.com；46 Pleasant St/US 4, Woodstock；房 $159~269；）这家最近装修过的酒店有44个舒适的房间，其中最好的房间里带有壁炉、按摩浴缸和/或露台，露台上带有可以眺望奥托奎奇河（Ottauquechee River）的摇椅。许多公寓在2015年更换了新床，所有的房间都有全新的床单，218号和405号房间可以看到特别优美的河景。

Ardmore Inn　　　　　　　　民宿 $$$

（802-457-3887；www.ardmoreinn.com；23 Pleasant St, Woodstock；房 含早餐 $189~299；）位于城中心一栋1867年的维多利亚-希腊复兴风格的建筑内，有4间摆满古董的客房，房间里铺着东方地毯，还有私人的大理石浴室。店主乐于助人，早餐也让人欲罢不能。

★ Simon Pearce Restaurant　　　新派美国菜 $$$

（802-295-1470；www.simonpearce.com；1760 Quechee Main St, Quechee；主菜 午餐 $14~19，晚餐 $22~40；周一至周六 11:30~14:45和17:30~21:00，周日 10:30开始营业）一定要预订一张靠窗的桌子，俯瞰Simon Pearce餐厅的瀑布，这里由一个制砖厂改建而成。窗边的座位就在河上方，能俯瞰河水。当地的食材在蟹肉和鳕鱼三明治或照烧鸡肉配马斯卡彭奶酪玉米粥等美味佳肴中发挥了创造性的作用。这家餐厅的高脚器皿是隔壁的玻璃作坊里的人工吹制的。

ⓘ 实用信息

伍德斯托克地区商会接待中心（Woodstock

Area Chamber of Commerce Welcome Center; ☎888-496-6378, 802-457-3555; www.woodstockvt.com; 3 Mechanic St, Woodstock; ⊙5月末至10月中旬 9:00~17:00, 其他时间 10:00~17:00)伍德斯托克的接待中心坐落在一座漂亮的红色建筑中,位于河边一条小巷内,与城区的绿地相距2个街区之遥。村庄绿地上还有 个小信息亭。这两个地方都可以提供住宿帮助。

纪灵顿 (Killington)

作为东部最大的滑雪胜地,纪灵顿横跨七座山脉,拥有佛蒙特州第二高峰——4241英尺的纪灵顿峰。尽管方圆20英里内住宿地点可供超过2万人住宿,不过这里的众多户外活动都集中在山上。根据官方说法,这里的山区城镇是纪灵顿村(Killington Village),但所有的活动都可以在通往山上的Killington Rd找到。

事实上,人们都是为了滑雪而来,这意味着纪灵顿度假村(Killington Resort)的山坡小屋和公寓是许多人的选择。然而,在US 4和VT 100公路周围的"低地"还有很多其他选择,从汽车旅馆到露营地,再到已经接待过众多疲惫的Long Trail徒步者的历史悠久的路边旅馆。

纪灵顿度假村　　　　　　　　　　滑雪

(Killington Resort; ☎信息 800-734-9435, 预订 800-621-6867; www.killington.com; 4763 Killington Rd; 缆车票价 成人/十几岁的青少年/老年人 $105/89/81)佛蒙特州首屈一指的滑雪胜地非常辽阔,被称为"东方野兽",而且它的运营效率足以避免过度拥挤;这里有5个独立的小屋,每一个都有不同的侧重点,还有29个缆车和92英里的小径。滑雪季从11月持续到次年5月初,由美国最大的造雪系统在维护。

ⓘ 实用信息

纪灵顿接待中心(Killington Welcome Center; ☎802-773-4181; http://killingtonpico.org; 2319 US 4; ⊙周一至周五 9:00~16:00, 周六和周日 10:00~14:00)提供综合性的旅游信息,位于US 4公路上,非常便利。

Killington/Pico Central Reservations(☎800-621-6867; www.killington.com; 4763 Killington Rd; ⊙11月至次年4月 8:00~21:00, 5月至10月 至16:00)提供关于住宿的建议,包括套餐折扣。

疯河谷 (Mad River Valley)

VT 100位于纪灵顿以北,是全国最好的路段之一:连绵起伏的丘陵,遍布桥梁、白色的尖塔和肥沃的农田。在这里,你可以找到疯河谷,美丽的村庄维特斯菲尔德(Waitsfield)和沃伦(Warren)就坐落在那里的两个主要滑雪区——Sugarbush和Mad River Glen之中。

若想欣赏河谷的迷人风光,可以探索VT 100两侧的美丽小道。离开柏油道,沿着河谷东侧蜿蜒而行,从沃伦向北前往Moretown,依次经过Brook Rd、E Warren Rd、Common Rd、North Rd和Pony Farm Rd;或者从沃伦向西行驶,经过Lincoln Gap Rd——穿越绿山山脉(Green Mountains)的东西向的最高、最陡、最漂亮的峡道。在Lincoln Gap(2424英尺)处停车,沿着3英里长、景色优美的Long Trail走到佛蒙特州的第五高峰——亚伯拉罕山(Mt Abraham; 4017英尺)。

⭒ 活动

★ Mad River Glen　　　　　　　滑雪

(☎802-496-3551; www.madriverglen.com; VT 17, Waitsfield; 缆车票价 成人/儿童 周末 $79/63, 周中 $65/60)Mad River Glen是东部最崎岖的滑雪区,也是最诡异的滑雪区之一。它由一个业主合作社,而不是一个主要的滑雪公司管理,这里几乎没有人造雪,禁止单板滑雪,并以一直使用美国最古老的单人缆车(1948年的老式缆车)为傲!

Vermont Icelandic Horse Farm　　骑马

(☎802-496-7141; www.icelandichorses.com; 3061 N Fayston Rd, Waitsfield; 1~3小时骑马 $60~120, 全天 含午餐 $220, 多日游 $675~1695; ⊙预约; ♿)骑在漂亮、温顺、易于骑行的冰岛马背上探索维特斯菲尔德群山中的秀丽风光。提供从1小时的短途旅行到"旅馆到旅馆"的多日游。

食宿

★ Inn at Round Barn Farm 旅馆 $$$

(☏802-496-2276; www.roundbarninn.com; 1661 E Warren Rd, Waitsfield; 房含早餐 $179~359; ❄☒) 这个地方得名于隔壁建于1910年的谷仓——佛蒙特州仅存的几座原始建筑。这家无可争议的高档旅馆的房间里摆放着古老的家具、燃气壁炉、天篷床和古董，还可以看到山景。所有的房间都可以领略草地和山脉的风光。在冬天，客人们会把鞋子脱在门口，以保护硬木地板。乡村风格的早餐丰盛无比。

★ Warren Store 三明治 $

(☏802-496-3864; www.warrenstore.com; 284 Main St, Warren; 三明治和简餐 $5~9; ⊙周一至周六 7:45~19:00, 周日 至18:00) 这个极具氛围的乡村商店供应当地最好的三明治，以及美味的糕点和早餐。在夏天，你可以在前廊上品尝咖啡、浏览《纽约时报》，或者在可以俯瞰瀑布的露台上吃东西，然后沿着被河流冲刷的岩石慢慢向下走。你可能会喜欢商店里各种风格的服装、玩具和珠宝。

❶ 实用信息

疯河谷商会 (Mad River Valley Chamber of Commerce; ☏800-828-4748, 802-496-3409; www.madrivervalley.com; 4061 Main St/VT 100, Waitsfield; ⊙周一至周五 8:00~17:00) 这里的工作人员可以提供住宿和最新的滑雪信息。该商会还有一个24小时的信息亭和供游客使用的公共卫生间。

佛蒙特州北部 (Northern Vermont)

佛蒙特州北部是该州最大的城市伯灵顿和州首府城市蒙彼利埃的所在地。然而，不要担心：这个地区仍然拥有其他地方的乡村魅力。即使是在伯灵顿市内，尚普兰湖和威努斯基河沿岸除了咖啡馆林立的街道，还有许多风景优美的小径。再往北，田园牧歌式的东北王国(Northeast Kingdom)可以为你提供全方位的户外活动，从滑雪到骑自行车，它就位于山区的中心地带。

❶ 到达和离开

伯灵顿拥有佛蒙特州唯一的国际机场和最好的长途汽车网络，是乘坐飞机或公共交通旅行的游客最合适的起点。得益于两条州际公路(I-89公路连接着蒙彼利埃和伯灵顿走廊; I-91公路连接着圣约翰伯里和东北王国)，在佛蒙特州北部自驾旅行也比该州的其他地方更快、更高效。即便如此，一旦你驶入了风景优美的小道，如VT 108，进入了Smugglers Notch，你的行程就会变得缓慢。

蒙彼利埃 (Montpelier)

蒙彼利埃(读作mont-peel-yer)在大多数地方只能称得上是一个大村庄。但在人口稀疏的佛蒙特州，它可是首府，也是美国最小的州首府城市(也是唯一一个没有麦当劳的州首府城市，如果你想知道的话)。令人惊讶的是，对于一个拥有8000居民的小镇来说，其两条主要干道——State St和Main St都很有大都市的风情，都非常适合漫步，路边有一些不错的书店、精品店和餐馆。

毗邻的巴尔(Barre; 读作bear-ee)比蒙彼利埃更小，是一个明显的工人阶级城镇，自称为"世界的花岗岩之都"，距离首府东南部只有15分钟车程。

州议会大厦 历史建筑

(State House; ☏802-828-1411; www.vtstatehousefriends.org; 115 State St; ⊙导览游 7月至10月中旬 周一至周五 10:00~15:30, 周六 11:00~14:30, 10月中旬至次年6月 周一至周五 9:00~15:00) **免费** 这座金色穹顶的国会大厦是蒙彼利埃的主要地标，全年开放，有导览游，也有英语、法语、西班牙语和德语的自助语音导览游。前门由美国革命英雄伊森·艾伦(Ethan Allen)的巨大雕像守卫着，而这个金色穹顶建筑的地基是在1836年使用巴尔附近开采出来的花岗岩建造的。

La Brioche 咖啡馆、面包房 $

(☏802-229-0443; www.neci.edu/labrioche; 89 Main St; 点心 $1~5, 三明治 $5~8; ⊙周一至周五 7:00~18:00, 周六 至15:00) 新英格兰烹饪学院(New England Culinary Institute)的第一家餐厅，这家有休闲风格的面包房和咖啡馆早餐提供美味的糕点和咖啡饮品，午餐时间提供汤、沙拉和使用自制面包制作的三明治。

ⓘ 实用信息

议会大厦游客中心（Capitol Region Visitors Center; ☎802-828-5981; www.informationcenter.vermont.gov; 134 State St; ⓢ周一至周五 6:00~17:00, 周六和周日 9:00~17:00）位于佛蒙特州议会大厦对面。

斯托 (Stowe)

典型的佛蒙特州村庄斯托（建于1794年）四面环山，静静地坐落在一个舒适的山谷里，西支流（West Branch River）在那里注入Little River。这个城镇长期以来一直被认为是东部最经典的山区度假胜地之一，吸引了许多来自波士顿、纽约和其他地方的富有的都市人。在通往Smuggler's Notch的道路上林立着许多旅馆和餐馆。Smuggler's Notch是一个狭窄的岩石墙山口，穿过了曼斯菲尔德山（4393英尺；佛蒙特州的最高点）下的绿山山脉。东部有超过200英里的越野滑雪道，一些最好的山地自行车和下坡滑雪道，以及世界顶级的攀岩和攀冰活动，使这里成了喜欢刺激活动的游客的天然圣地。

沃特伯里（Waterbury）位于斯托以南10英里的州际公路上，是斯托的门户。它的景点包括两个杰出的餐厅：一个备受喜爱的啤酒厂和著名的Ben & Jerry's冰激凌工厂。

◉ 景点和活动

★ Ben & Jerry's冰激凌工厂　　　工厂

（Ben & Jerry's Ice Cream Factory; ☎802882-2047; www.benjerrys.com; 1281 VT 100, Waterbury; 成人/13岁以下儿童 $4/免费; ⓢ7月至8月中旬 9:00~21:00, 8月中旬至10月中旬 至19:00, 10月中旬至次年6月 10:00~18:00）1978年，Ben Cohen和Jerry Greenfield把伯灵顿一家废弃的加油站改建成商店。稍加培训后，他们推出了各种口味稀奇古怪的冰激凌，并永久地改变了冰激凌的制作方式。参观这家冰激凌厂有如一次参观电影《查理和巧克力工厂》场景的经历，这并非言过其实。团队游开始会放映一段视频，讲述了该公司成为产业巨头（有着令人鼓舞的社区建设和领导能力）的漫长而奇怪的历程。

★ Stowe Recreation Path　　　户外

（ⓢ全年; ）这条路长5.5英里，起点位于村庄中心尖顶的斯托克社区教堂（Stowe Community Church），途中有树林、草地和露天雕塑花园，一年四季都适合各个年龄段的旅行者散步。还能清楚地看到远处曼斯菲尔德山的美景。沿路可以骑自行车、徒步、滑冰或滑雪——还可以在沿途的水潭中游泳。

🛏 食宿

Stowe Motel & Snowdrift　　　汽车旅馆、公寓 $$

（☎802-253-7629, 800-829-7629; www.stowemotel.com; 2043 Mountain Rd; 房 $99~210, 套 $190~250, 公寓 $169~275; ⓐⓟⓘ）这家汽车旅馆占地16英亩，除了很便利的房间（带小厨房）、套房、公寓和2至6房独栋屋（价格不定；电话咨询），还有网球场、热水浴缸、羽毛球和草坪游戏等设施。

Pie-casso　　　比萨 $$

（☎802-253-4411; www.piecasso.com; 1899 Mountain Rd 主菜 $8~22; ⓢ周日至周四 11:00~21:00, 周五和周六 至22:00）这里因比萨而闻名，从香肠和胡椒味的Heart Stopper到适合素食者的Vienna（配有菠菜、橄榄、西红柿干和马苏里干酪）。Pie-casso还提供各种各样的东西，从茄子帕尔马干酪到芝士意大利面和香蒜沙司通心面。这里还有使用附近的西草甸农场（West Meadow Farm）的面粉制作的无麸质面包。

Bistro at Ten Acres　　　创意菜 $$$

（☎802-253-6838; www.tenacreslodge.com; 14 Barrows Rd; 主菜 $19~32; ⓢ周三至周日 17:00~22:00）这家非常受欢迎的餐馆位于一座铺着地板的19世纪20年代的农舍里，融合了舒适的氛围和在纽约经过培训的厨师加里·雅各布森（Gary Jacobson）烹饪的美味食物（想想牛排炸豆饼、慢火烤鸭，或是龙虾配波旁龙蒿酱和玉米粥）。这里的附属酒吧还供应大量的鸡尾酒和啤酒，还有一个更便宜的汉堡菜单。

ⓘ 实用信息

绿山俱乐部游客中心（Green Mountain Club Visitors Center; ☎802-244-7037; www.greenmountainclub.org; 4711 Waterbury-Stowe Rd/VT 100, Waterbury Center; ⓢ5月中旬至10月中旬 每

天9:00~17:00,10月中旬至次年5月中旬 周一至周五10:00~17:00)在这个办公室(斯托以南5英里)停留,或者在网站上查看关于该地区Long Trail和短途一日游的详细信息。

斯托地区协会(Stowe Area Association;802-253-7321, 800-467-8693; www.gostowe.com; 51 Main St; ⊙周一至周六9:00~17:00,周日11:00~17:00)这个组织良好的协会可以帮助你规划行程,包括预约租车和当地住宿。

伯灵顿(Burlington)

佛蒙特州最大的城市坐落在尚普兰湖的岸边,较之其他大多数州的城市,它显得微不足道,但它的小规模也是伯灵顿的魅力之一。佛蒙特州大学(University of Vermont,简称UVM)的学生不仅为城市增加了13,400人口,还带来了充满活力的文化和社会生活,使伯灵顿拥有了朝气蓬勃的特点。说到夜生活,这里是佛蒙特州的夜生活中心。

在伯林顿的南面是谢伯纳(Shelburne),一个高档的村庄,也是佛蒙特州"皇冠上的珠宝"——谢伯纳博物馆的所在地。这个村庄被认为是伯灵顿的延伸,而不是一个独立的郊区——人们认为在这里的一家高档餐厅里吃晚餐简直再好不过。

伯灵顿距离斯托和其他绿山山脉城镇不到一个小时的车程。这座城市可以作为探索佛蒙特州西北部大部分地区的大本营。

◉ 景点和活动

★ 谢伯纳博物馆 　　　　　　　博物馆

(Shelburne Museum; 802-985-3346; www.shelburnemuseum.org; 6000 Shelburne Rd/US 7, Shelburne; 成人/儿童/十几岁的青少年$24/12/14; ⊙5月至12月 每天10:00~17:00,1月至4月 周三至周日; ▣)这个占地45英亩的博物馆位于伯灵顿以南9英里处,展示了伊勒克·哈瓦伊勒·韦伯(Electra Havemeyer Webb; 1888~1960年)和她父母珍贵的美国收藏,总量达15万件。民俗艺术、装饰艺术和其他艺术品被分别放置在39栋古老的建筑里——出于保护的目的,大多数展品是从新英格兰其他地方运来的。

★ Intervale Center 　　　　　　农场

(802-660-0440; www.intervale.org; 180 Intervale Rd) **免费** 你永远都不可能猜到它竟然坐落在繁忙的伯灵顿大街上,佛蒙特州最美丽的绿地之一距离市中心不到2英里。它隐藏在威努斯基河平缓的河弯中,包含了十几个有机农场和一个令人愉快的小路网络,全年开放,可以徒步、骑自行车、滑雪、采摘浆果等。

尚普兰湖回声莱希中心 　　　　水族馆

(Echo Leahy Center for Lake Champlain; 802-864-1848; www.echovermont.org; 1 College St; 成人/儿童$16.50/13.50; ⊙10:00~17:00; ▣)这个适合儿童的湖滨博物馆展示了尚普兰湖丰富多彩的过去、现在和未来。大量的水族馆里有许多生物,而以自然为导向的展览则吸引着喜欢动脑动手的人们前来体验。定期的轮流展览聚焦科学主题——从风力到巨型昆虫,从恐龙到尸体——有大量的可以亲自动手的活动。

Whistling Man Schooner Company　乘船游

(802-825-7245; www.whistlingman.com; Burlington Community Boathouse, 1 College St, at Lake Champlain; 2小时巡游 成人/儿童$50/35; ⊙每天 3 次至 4 次,5月末至10月初)乘坐Friend Ship(一款43英尺的经典新英格兰船只,能容纳17名乘客)在尚普兰湖周围航行,一边让微风轻拂你的头发,一边品尝佛蒙特州的微酿啤酒。船长对这一地区非常了解,并鼓励乘客携带食物和饮料上船。也提供私人包租船(2小时$450起)。

⨳ 住宿

Burlington Hostel 　　　　　　青年旅舍 $

(802-540-3043; www.theburlingtonhostel.com; 53 Main St, 2nd floor; 铺 含早餐 工作日/周末$39/49; ⊙5月至10月; ✱@❋)这家青年旅舍距离Church St的活动中心和尚普兰湖都只有几分钟路程,最多可容纳48位客人,同时提供男女混合宿舍和女性专用宿舍。

★ Willard Street Inn 　　　　　旅馆 $$

(802-651-8710; www.willardstreetinn.com; 349 S Willard St; 房 含早餐$169~269; ❋)这座建于19世纪80年代末的宅邸,融合了安妮女王(Queen Anne)和乔治亚的复兴风

格,坐落在一个小山上,步行没多远就是佛蒙特大学和教堂街市场(Church St Marketplace)。木地板和刻花玻璃彰显着奢华和优雅,散发着热情和温暖。许多客房都可以俯瞰尚普兰湖。

★ Inn at Shelburne Farms　　　　旅馆 $$$
(☏802-985-8498; www.shelburnefarms.org/staydine; 1611 Harbor Rd, Shelburne; 房 $270~525, 不带浴室 $160~230, 小屋和别墅 $270~850; ◎5月初至10月末; 🛜)作为新英兰排名前10位的酒店之一,这家位于伯灵顿以南7英里的US 7上的酒店,曾经是富裕的韦伯(Webb)家族的避暑别墅。现在,这里有优雅的湖畔乡村别墅,还有4个独立的、厨房设备齐全的小屋和客栈在等待着顾客的到来。如果不在这里住宿,也可以参观这些房屋(成人/儿童 $8/5)。从5月中旬到10月中旬,你可以沿着步行道徒步行走数英里,参观儿童农场里的动物,或者参加一次导览游。

🍴 就餐

★ Penny Cluse Cafe　　　　咖啡馆 $
(☏802-651-8834; www.pennycluse.com; 169 Cherry St; 主菜 $6~14; ◎周一至周五 6:45~15:00, 周六和周日 8:00~15:00)这里是伯灵顿市中心最受欢迎的早餐地点之一,供应煎饼、饼干、肉汤、早餐卷饼、煎蛋卷、火腿炒豆腐配三明治、鱼肉玉米卷、沙拉和密西西比州东部最好吃的chilerelleno(一种智利特产小吃)。周末等位可能需要1小时。

Stone Soup　　　　素食 $
(☏802-862-7616; www.stonesoupvt.com; 211 College St; 自助餐每磅 $11.25, 三明治 $9.50~12; ◎周一至周五 7:00~21:00, 周六 9:00~21:00; 🛜🍴)这家老牌餐馆深受当地人喜爱,以其美味可口的全素和半素自助餐而闻名。家常菜、用自家烤的面包制作的三明治、各种沙拉和糕点,以及当地产的肉类也都非常好吃。

★ American Flatbread　　　　比萨 $$
(☏802-861-2999; www.americanflatbread.com; 115 St Paul St; 比萨 $14~23; ◎周一至周五 11:30~15:00和17:00~23:30, 周六和周日 11:30~23:30)🍴市中心的位置,熙熙攘攘的氛围,供应自己的Zero Gravity微酿酒厂酿制的桶装啤酒,以及使用本地原料烹制的优质面包(薄皮比萨),这些足以让这里成为你在伯灵顿的第一个就餐地点。

Revolution Kitchen　　　　严格素食, 素食 $$
(☏802-448-3657; http://revolutionkitchen.com; 9 Center St; 主菜 $14~18; ◎周二至周六 17:00~22:00; 🍴)美味的素食?还有浪漫的气氛?是的,这些都能在这个舒适的砖砌围墙餐厅里找到。这里供应使用佛蒙特州丰富的有机农产品烹制的美食,大量的亚洲风味、地中海风味和拉美风味的菜肴都非常受欢迎,如Revolution 炸玉米饼、脆皮饼和叻沙碗面,大多数菜肴都是严格素食。

🍷 饮品和娱乐

Citizen Cider　　　　微酿酒吧
(☏802-497-1987; www.citizencider.com; 316 Pine St; ◎周一至周六 11:00~22:00, 周日 至 19:00)这个活泼的酒吧隐藏在一座工业风格的建筑内,有彩色的混凝土地板和长长的木桌。这里是一个自给自足的成功案例,它只使用佛蒙特州的苹果来制作需求日益增长的苹果酒。花费$7可以品尝5种酒品,包括一些经久不衰的藏酒,如酥脆的经典Unified Press,或者用姜和柠檬皮酿制的Dirty Mayor。

★ Light Club Lamp Shop　　　　现场音乐
(☏802-660-9346; www.facebook.com/LightClubLampShop; 12 N Winooski Ave; ◎周一至周四 19:00至次日2:00, 周五至周日 17:00至次日2:00)这是柏林顿最酷、最诡异的场所之一,这个地方兼具三种功能——一家灯具店(看看墙上和天花板上挂着的令人惊叹的藏品)、葡萄酒吧和表演空间。各种演出(通常是免费的)一应俱全,包括独立创作歌曲、诗歌和喜剧。

Nectar's　　　　现场音乐
(☏802-658-4771; www.liveatnectars.com; 188 Main St; ◎周一和周二 19:00至次日2:00, 周三至周日 17:00至次日2:00)独立音乐团体"费西合唱团"(Phish)就是从这里出道的。凭借迷人的活动,这个场所热闹非凡。你可以选

择一张唱片,在酒吧里放松一下,或者在楼上的Club Metronome(http://clubmetronome.com)跟着节拍跳舞。这里还会举办一系列的主题之夜(每个周五都是90年代之夜),以及更大型的现场表演。

❶ 实用信息

BTV信息中心(BTV Information Center; ☏802-863-1889; www.vermont.org; Burlington International Airport; ⊙16:00至午夜)办公室位于伯灵顿机场,由尚普兰湖地区商会(Lake Champlain Regional Chamber of Commerce)管理,为游客们提供帮助。

尚普兰湖地区商会(Lake Champlain Regional Chamber of Commerce; ☏877-686-5253, 802-863-3489; www.vermont.org; 60 Main St; ⊙周一至周五8:00~17:00)位于市中心的旅游局,有员工值班。

湖滨旅游中心(Waterfront Tourism Center; College St; ⊙5月末至8月 每天10:00~20:00,9月至10月中旬 至18:00)位于湖滨附近,季节性开放。

❶ 到达和离开

如果自驾前往,从波士顿出发(3.5小时, 216英里),取道I-93和I-89即可到达。从伯灵顿出发,向北继续行驶1小时45分钟,即可到达加拿大的蒙特利尔。

飞机

机场位于市中心以东3英里处,有多家美国国内航空公司的航班,其中包括捷蓝航空公司(JetBlue),有飞往**伯灵顿国际机场**(Burlington International Airport; BTV; ☏802-863-2874; www.btv.aero; 1200 Airport Dr, South Burlington)的航班。你可以在机场找到主要的租车公司的柜台。

长途汽车

灰狗巴士(Greyhound; www.greyhound.com)每天有多班从伯灵顿国际机场开往加拿大的蒙特利尔($16起, 2.5小时)和波士顿($29起, 4.5~5.5小时)的长途汽车。

Megabus(☏877-462-6342; www.megabus.com; 119 Pearl St)每天有一班开往波士顿($10起, 4小时)的长途汽车,偶尔还有从伯灵顿全新的**GMT城市交通中心**(GMT Downtown Transit Center; Green Mountain Transit; ☏802-864-2282; www.ridegmt.com; St Paul和Cherry Sts交叉路口)开往纽约市的长途汽车。GMT也运营几班开往佛蒙特州西北部其他城市的长途汽车。费用和时间表请参见网站(www.ridegmt.com)。

Middlebury 46路和76路

Montpelier 86路

火车

美国国家铁路公司的佛蒙特人号列车(Vermonter; www.amtrak.com/vermonter-train)向南开往纽约市和华盛顿特区,中途在距离伯灵顿5英里的Essex Junction停车。

新罕布什尔州
(NEW HAMPSHIRE)

新罕布什尔州拥有连绵起伏的山脉、风景优美的山谷和森林环绕的湖泊——这个崎岖的州的每一个角落都吸引着游客们的到来。这里有各种各样的户外活动,你可以划着独木舟前往湖地区的隐蔽支流,还可以在华盛顿山(Mt Washington)周围的山顶上徒步。每个季节都有大量的户外活动:冬天可以滑雪和雪鞋徒步;秋天可以徒步或驾车从炽烈的色彩中穿过;夏天可以在清爽的山间溪流中游泳,或者采摘浆果。

像朴次茅斯这样"珠宝盒"般的殖民地定居点有一种复杂的基调,而基恩(Keene)和彼得伯勒(Peterborough)原始村庄则有许多历史悠久的景点,还可以体验小镇文化。空气中有放松的气息——你可以去凝视一个潜鸟栖息的湖泊,乘坐火车旅行,欣赏优美的风景,也可以在日落游轮上穿越一条水道——当然,还能品尝到蛤蜊拼盘或龙虾卷。

历史

新罕布什尔州于1629年得名于英国的罕布什尔郡,它也是1776年第一批宣告脱离英国统治而独立的殖民地之一。在19世纪工业繁荣时期,曼彻斯特迅速崛起,拥有当时世界上规模最大的纺织厂。

1944年,富兰克林·罗斯福总统召集44个同盟国领导人至偏僻的布雷顿森林(Bretton Woods)开会,商讨重建全球资本体系，世界银行和国际货币基金组织正是在这次布雷顿森林会议上成立的。新罕布什尔州也因此大出风头。

1963年，一向以反税情绪出名的新罕布什尔州发现了一种增加收入的新途径——彩票，并因此成为全美第一个承认彩票合法的州。

❶ 实用信息

新罕布什尔州公园和娱乐部门（New Hampshire Division of Parks & Recreation; www.nhstateparks.org）提供遍布全州的自行车道系统信息和非常完整的露营指南。

新罕布什尔州旅游观光发展部门（New Hampshire Division of Travel & Tourism Development; www.visitnh.gov）提供滑雪情况和秋天红叶预报等。

朴次茅斯（Portsmouth）

朴次茅斯位于皮斯卡塔夸河（Piscataqua River）的边缘，是新罕布什尔州最优雅的城镇之一，其历史中心有绿树成荫的街道和18世纪的殖民建筑。尽管有着悠久的历史，但作为美国海上工业的早期中心，这个小镇散发着一股活力，餐馆和咖啡馆挤满了游客和当地人。许多博物馆和历史悠久的房屋可以让游客得以一窥这座城市的丰富历史，而靠近海岸的地方，可以吃到龙虾大餐，海滨还会不时被薄雾所笼罩。

尽管如此，朴次茅斯仍然是一个繁荣的港口城镇，海军造船厂（实际上位于缅因州的河流对岸）和高科技公司的大量涌入为它的经济注入了活力。

❂ 景点和活动

★ 斯卓贝里班奇博物馆　　　　博物馆
（Strawbery Banke Museum; ☎6034 331100; www.strawberybanke.org; 14 Hancock S; 成人/儿童 $19.50/9; ⓢ5月至10月 10:00~17:00，11月至次年4月 仅特别活动）斯卓贝里班奇博物馆占地10英亩，由可追溯到17世纪90年代的老房子组成。穿着古代服装的导游讲解发生在这40栋建筑（其中10栋有家具）内的各种故事。老建筑包括美国独立情绪滋长的温床**Pitt Tavern**（1766年）、朴次茅斯最辉煌时代（19世纪）建造的豪宅**Goodwin Mansion**和**Abbott's Little Corner Store**（1943年）。门票连续2天有效。

"青花鱼号"潜艇　　　　博物馆
（USS Albacore; ☎603-436-3680; www.ussalbacore.org; 600 Market St; 成人/7~13岁儿童 $7/3; ⓢ5月末到10月中旬 9:30~17:00，其他月份 缩短开放时间）这艘长达205英尺的潜水艇仿佛一条搁浅的鱼儿，被放在草坪上。1953年，这艘潜艇在朴次茅斯海军船坞（Portsmouth Naval Shipyard）下水，曾经是世界上最快的潜艇。

Isles of Shoals Steamship Co　　　　游船
（☎603-431-5500; www.islesofshoals.com; 315 Market St; 成人/儿童 $28/18起; ⓟ）6月中旬至10月，这家公司组织很赞的海港和历史悠久的Shoals岛团队游，客人乘坐仿造的20世纪旧式渡轮。它还提供星岛（Star Island）之旅和派对游轮之旅，包括DJ和现场乐队表演。

🛏 食宿

朴次茅斯是一个很棒的美食目的地，从龙虾卷到各国风味的街头小吃，从优质素食到新英格兰美食，应有尽有。

Port Inn　　　　汽车旅馆 $$
（☎603-436-4378; www.portinnportsmouth.com; 505 US 1 Bypass; 房 $189~339; ✻@ⓢ✻✻）这家旅馆围着中央小小的庭园而建，地理位置便利，紧邻I-95州际公路，在市中心西南约1.5英里处。房间里的单色枕头和靠枕为古典家具增添了一丝色彩。带宠物入住每晚加收$20。

★ Ale House Inn　　　　旅馆 $$$
（☎603-431-7760; www.alehouseinn.com; 121 Bow St; 房 $209~379; ⓟ✻ⓢ）这里曾经是朴次茅斯酿酒公司（Portsmouth Brewing Company）的砖砌仓库，现在是朴次茅斯最时髦的精品客栈，融合了现代设计和舒适之感。房间非常现代，有干净的白色床单和平板电视；套房中有毛绒的棕褐色沙发。豪华客房里有一个室内的iPad。房价包括使用老式自行车的费用。

Surf

海鲜 $$

(☏603-334-9855; www.surfseafood.com; 99 Bow St; 午餐 $10~24, 晚餐 $12~42; ⊘周二和周三 16:00~21:00, 周四和周日 11:00~21:00, 周五和周六 11:00~22:00) 不知道是皮斯卡塔夸河（Pisquataqua River）的美景为这里的美食增光添彩，还是这里的美食引来了不少喜爱美景的食客，人们尤其喜欢日落时分在这个宽敞的餐厅里用餐。无论哪种情况，都足以令人在劳累的一天之后得到慰藉。这里提供的海鲜很有国际范儿，有黑线鳕鱼炸玉米饼、葡萄牙海鲜炖汤和辣咖喱虾。

★ Black Trumpet Bistro

各国风味 $$$

(☏603-431-0887; www.blacktrumpetbistro.com; 29 Ceres St; 主菜 $17~32; ⊘17:00~21:00) 这家乡村餐馆有厚实的砖墙和温馨优雅的气氛，食物组合独一无二——从用可可豆填充的香肠到柚子（一种亚洲柑橘类水果）和味噌烤鳕鱼，应有尽有。楼上的红酒吧也可以点相同的菜肴，而且鸡尾酒也同样具有独创性。

❶ 实用信息

大朴次茅斯商会（Greater Portsmouth Chamber of Commerce; ☏603-610-5510; www.portsmouthchamber.org; 500 Market St; ⊘全年 周一至周五 9:00~17:00, 另加5月末至10月 周六和周日 10:00~17:00) 在市中心还设有一个季节性的信息亭（Market Sq）。

❶ 到达和离开

朴次茅斯距离波士顿和缅因州的波特兰都是57英里。两者都可以通过I-95公路到达。到达波特兰大约需要1个小时，到达波士顿需要1.5小时。然而，在高峰时段和旅游旺季，路上耗时很可能增加两倍或三倍。

湖区（Lakes Region）

湖区是新罕布什尔州最受欢迎的度假胜地之一，它把天然的美景和商业俗丽融为一体。该地区的中心地带是巨大的温尼珀索基湖（Lake Winnipesaukee），那里有183英里的湖岸线，超过300个岛屿，非常适合捕捞鲑鱼。在清晨薄雾弥漫时分来，你就会明白为什么美洲原住民把它命名为"伟大精神的微笑（Smile of the Great Spirit）"。最漂亮的小路位于格兰岱尔（Glen-dale）和奥尔顿（Alton; 位于Belknap Point Rd的海岸线上）之间的西南角，以及在沃尔夫伯勒（Wolfeboro）和莫尔顿伯勒（Moultonborough; 位于NH 109上）之间的东北角。北边是较小的斯夸姆湖（Squam Lake）和小斯夸姆湖（Little Squam Lake）。

道路环绕着海岸，连接着湖边的城镇，展示了美国小镇繁荣喧闹的景象：游乐场、卡丁车轨道、蛤蜊棚屋、垃圾食品商店和码头。

❶ 到达和当地交通

到达湖区的最快路径是I-93公路。如果从波士顿和其他南部地区前来，可以从15E出口前往沃尔夫伯勒，从20号出口前往维斯沙滩，从23号出口前往梅瑞迪斯（Meredith）或24号出口前往霍德尼斯（Holderness; 斯夸姆湖）。

维尔斯沙滩（Weirs Beach）

维尔斯沙滩被美国原住民称为"Aque-doctan"，其英文名来自weirs（用于捕鱼的鱼梁）——第一批欧洲移民在这片小沙滩上发现的。如今，维尔斯沙滩是温尼帕索基湖童年娱乐的"小酒吧中心"，以视频游戏和油炸面团闻名。在这个度假场所，可以在湖边散步、在公共海滩和码头巡游。附近还有水上乐园和免下车剧院。这里远离海滨的喧嚣，你会看到许多维多利亚风格的建筑——在这个俗气的地方有点不合时宜。

维尔斯沙滩南部是 Laconia（该地区最大的城镇，但没有任何真正的景点）和湖泊簇拥的 Gilford。请注意，湖泊的一侧每年6月会举行拉科尼亚摩托车周（Laconia Motorcycle Week; www.laconiamcweek.com），这是世界上历史最悠久的摩托车集会，为时9天。

"华盛顿山号"游船

游轮

(MS Mount Washington; ☏603-366-5531; www.cruisenh.com; 211 Lakeside Ave; 成人/儿童定期巡游 $32/16, 周日 早午餐巡游 $50/25) 从5月中旬到10月中旬，经典的"华盛顿山号"游船在温尼帕索基湖（Lake Winnipesaukee）附近，每天都有令人放松的2.5小时的环游。

沿途景色优美,在沃尔夫伯勒附近有固定的停靠站,偶尔还会前往埃尔顿湾(Alton Bay)、中心海港(Center Harbor)和/或梅雷迪斯(Meredith)。特别活动包括每周日的香槟早午餐巡游,以及持续整个夏天的主题巡游。

温尼帕索基观光铁路　　　　　　　　　火车游

(Winnipesaukee Scenic Railroad; ☎603-745-2135; www.hoborr.com; 211 Lakeside Ave; 成人/儿童 1小时 $18/14, 2小时 $20/16) 游人如织的观光铁路上有20世纪20年代和30年代的列车,提供1到2小时的湖边观光,从维尔斯沙滩和梅雷迪斯(154 Main St)发车。该列火车开往温尼帕索基湖南端的埃尔顿湾,然后掉头返回。

❶ 实用信息

湖区商会(Lakes Region Chamber of Commerce; ☎603-524-5531; www.lakesregionchamber.org; 383 S Main St, Laconia; ⊙周一至周五 9:00~15:00)提供关于大拉科尼亚/维尔斯沙滩地区的信息。

维尔斯沙滩信息亭(Weirs Beach Information Booth; 513 Weirs Blvd; ⊙5月末至9月初24小时)提供当天的住宿帮助。

沃尔夫伯勒(Wolfeboro)

沃尔夫伯勒位于温尼帕索基湖的东岸,是一个田园诗般的小镇,在温暖的夏夜,孩子们聚集在冰激凌摊旁,在青草盈盈的湖滨公园,每周一次的音乐会吸引着年轻人和老年人的到来。它以沃尔夫将军的名字命名,沃尔夫将军因在魁北克(Quebec)的亚伯拉罕平原(Plains of Abraham)上击败蒙特卡姆(Montcalm)而身亡,沃尔夫伯勒(1770年成立)声称是"美国最古老的避暑胜地"。不管这是不是真的,它肯定是迷人的地方之一,有美丽的湖泊海滩、迷人的博物馆、吸睛的新英格兰建筑(从新鲁昔吉亚风格到联邦风格、希腊复兴风格和第二帝国风格)、舒适的民宿和一条值得游览的步行小道,步行小道通往城镇中的几个湖泊。

🛏 食宿

Wolfeboro Campground　　　　　　　露营地 $

(☎603-569-9881; www.wolfeborocampground.com; 61 Haines Hill Rd; 帐篷/房车营地 $29/33; ⊙5月末至10月中旬; 🅿) 这个露营地紧邻NH 28,位于沃尔夫伯勒以北约4.5英里,有50个树木繁茂的私人营地。

Wolfe's Tavern　　　　　　　　　美国菜 $$

(☎603-569-3016; www.wolfestavern.com; 90 N Main St; 晚餐主菜 $15~34; ⊙周日至周四 7:00~21:00,周五和周六 至22:00)在朴素的殖民风格的Wolfeboro Inn,丰富的菜单从比萨到汉堡,海鲜到牛排,应有尽有,还有素食和无麸质选择,分量十足。天气晴朗时,露台上还会摆放餐桌。

❶ 实用信息

沃尔夫伯勒商会信息亭(Wolfeboro Chamber of Commerce Information Booth; ☎603-569-2200; www.wolfeborochamber.com; 32 Central Ave; ⊙5月末至10月中旬 周一至周六 10:00~15:00,周日至正午,一年中的其他时间 营业时间缩短)位于老火车站里面,这个小办事处有关于当地活动的独家报道。

怀特山(White Mountains)

广阔的怀特山地区覆盖了新罕布什尔州的四分之一(和缅因州的一部分),是一个壮观的地区,有高耸的山峰和郁郁葱葱的山谷,还有新英格兰最崎岖的山脉。这里有许多活动,包括徒步、野营、滑雪和划独木舟。该地区的大部分——78万英亩——被指定为怀特山国家森林(White Mountain National Forest,简称WMNF),从而避免其过度开发,并保证国家森林在未来数年内的神奇自然美景。然而,请记住,这个地方很受欢迎:每年有600万游客拥入这里,成为继大雾山之后游客数量第二多的公园。

有些国家森林步道和停车区需要持娱乐通行证(每天/年 $5/30)进入。可以在该地区的任何一个游客中心或小道起点的自助收费站购买通行证。

❶ 实用信息

公园管理站提供关于分散在国家森林主要道路上的小道和露营地的信息。登录网站(www.

fs.usda.gov/whitemountain）查询位置。

❶ 到达和当地交通

I-93公路从波士顿向北延伸至佛蒙特州的圣约翰伯里（St Johnsbury），是通往怀特山最便利的通道。你可以在南部的沃特维尔山谷（Waterville Valley）和北部的利特尔顿（Littleton）之间的任何出口，出去探索东西方向的小道，这些小道通向山脉的更深处。

坎卡马哥斯公路
(Kancamagus Highway)

新罕布什尔州景色最优美的驾驶路线之一，蜿蜒的坎卡马哥斯公路（NH 112）在林肯和康维之间绵延35英里，穿过怀特山国家森林（White Mountain National Forest；简称WMNF），经过坎卡马哥斯山口（Kancamagus Pass；2868英尺）。坎卡马哥斯公路早在1964年就铺设好了，而且也没有被商业开发破坏，是通往美国林业局（US Forest Service，简称USFS）露营地、徒步小道的便利通道，沿途可以欣赏迷人的风光。

这条路线以坎卡马哥斯酋长（Chief Kancamagus，意为"无畏的人"）的名字命名，他在1684年前后接任了Penacook Native American部落的首领。他是这个部落最后的首领，继承了他祖父（伟大的Passaconaway）和他叔叔（Wonalancet）的事业。坎卡马哥斯试图维持土著居民与欧洲探险家和殖民者之间的和平，但是这些后来者挑战了他耐心的极限。他最终依靠战争来驱逐欧洲人，不过，在1691年，他和他的追随者被迫逃往北方。

★ 林肯森林小径　　　　　　徒步

（Lincoln Woods Trail；NH 112/Kancamagus Hwy, I-93以东5英里）林肯森林小径长2.9英里、海拔1157英尺，是怀特山国家森林中最易行、最受欢迎的小径，它沿着一条废弃的铁路床通往Pemigewasset荒野边界（海拔1450英尺）。沿着I-93以东5英里的坎卡马哥斯公路即可到达小径的起点，可以在林肯森林游客中心的停车场停车。

当你到达Pemigewasset荒野边界时，你可以沿路返回，也可以继续沿着平坦的荒野小径（Wilderness Trail）徒步6英里（海拔2060英尺），在那里，你可以沿着Cedar Brook Trail和Hancock Notch Trails返回坎卡马哥斯公路（林肯森林停车场以东5.5英里）。

Saco Ranger District Office　　旅游信息

（☎603-447-5448；33 Kancamagus Hwy, Conway；⊙周二至周日 8:00~16:30，周一 9:00~16:30）你可以在康维附近的坎卡马哥斯公路东端的Saco Ranger District Office领取怀特山国家森林手册和徒步旅行地图。

北伍德斯托克和林肯
(North Woodstock & Lincoln)

北伍德斯托克及与之相邻的林肯，聚集了一群探险者和前往坎卡马哥斯公路（NH 112）的自驾游客。北伍德斯托克有一种繁忙小镇的感觉，主街上林立着破旧的汽车旅馆和餐车，还有一条与之平行的潺潺河流。附近的林肯虽没有那般有魅力，但它是娱乐的Hobo Railroad和其他适合家庭活动的起点，后者包括飞索之旅和空中探险乐园。

🛏 食宿

Woodstock Inn Station &
Brewery　　　　　　　　　旅馆 $$

（☎603-745-3951；www.woodstockinnnh.com；135 Main St/US 3, North Woodstock；房含早餐 $102~257；❄🛜）这家维多利亚时代的乡村旅馆位于北伍德斯托克市中心，5栋单独的建筑（3栋在一起，另外2栋在街对面）内共有33间干净整洁的客房，每间都有现代化的设施，同时又不乏怀旧的魅力。你可以选择酒店内的高级餐厅Woodstock Inn Station & Microbrewery，在开满鲜花的露台上还有户外座椅。

Woodstock Inn Station &
Brewery　　　　　　　小酒馆食物 $$

（☎603-745-3951；www.woodstockinnnh.com；135 Main St/US 3, North Woodstock；主菜 $9~27；⊙11:30至次日1:00）在温暖的季节里，阳光灿烂的前露台是个好去处，你可以在这里享用餐饮，再看看世界的纷繁。这家小餐馆的前身是个火车站，现在它尽量满足所有人的口味。菜单上有150多种菜肴，可以满足你对任何食物的渴望，但意大利面、三明治和汉堡是最好吃的。

ⓘ 实用信息

西怀特山商会（Western White Mountains Chamber of Commerce；☎603-745-6621；www.lincolnwoodstock.com；126 Main St/ US 3, North Woodstock；◷周一至周五 8:00~16:00）提供综合的游客信息。

怀特山游客中心（White Mountains Visitor Center；☎国家森林信息咨询 603-745-3816，游客信息咨询603-745-8720；www.visitwhitemountains.com；200 Kancamagus Hwy，紧邻 I-93，32出口，North Woodstock；◷游客信息咨询 全年 每天 8:30~17:00，国家森林咨询台 5月中旬至10月 每天 9:00~15:30，其余月份 周五至周日）提供徒步小径信息和国家森林娱乐通行证。

弗朗科尼亚槽口州立公园
(Franconia Notch State Park)

弗朗科尼亚槽口是一个引人注目的隘口，是急流长期冲刷侵蚀崎岖的花岗岩而形成的狭窄峡谷。长期以来，这里一直是山区很受欢迎的"老人岩"（Old Man of the Mountain）——一块天然形成的岩石，是"花岗岩州"（新罕布什尔州的别称）的象征。不幸的是，老人岩在2003年倒塌，不过游客们仍然络绎不绝，但只能看到没有任何特征的峭壁残留。尽管老人岩已经不在，但弗朗科尼亚槽口的吸引力还有很多，从前往水槽峡谷的令人惊叹的徒步旅行到总统山（Presidential Range）迷人的风景。

这个景色最优美的槽口受到狭窄的弗朗科尼亚槽口州立公园保护。I-93州际公路仅有两条车道，夹在峡谷中，一路蜿蜒前行。有从林肯和北伍德斯托克通往南部，以及从弗朗科尼亚和利特尔顿通往北部的交通服务。

ⓞ 景点和活动

加农山高空缆车　　　　　　　　　　缆车

（Cannon Mountain Aerial Tramway；☎603-823-8800；www.cannonmt.com；260 Tramway Dr，紧邻I-93，34B出口；往返成人/儿童 $18/16；◷6月至10月中旬 8:30~17:00；⛟）缆车开往加农山顶，沿途能看到弗朗科尼亚槽口的壮丽景色。1938年，这个山坡上安装了北美第一个载客高空缆车。1980年该缆车被替换成如今使用的、较大的车厢，能够搭载80名乘客到达加农山的山顶——1英里的车程，到达海拔2022英尺高的山顶——用时不到10分钟。游客也可以步行登山，然后乘缆车下山（成人/儿童 $13/10）。

回声湖　　　　　　　　　　　　　　沙滩

（Echo Lake；☎603-745-8391；www.nhstateparks.org；I-93，34C出口；成人/儿童 $4/2；◷5月末至10月初 9:00~17:00）这个位于加农山山脚的小湖紧邻公路，水质清澈，适合午后游泳、划皮艇或划独木舟（每小时$11起）。

★ 水槽峡谷和盆地　　　　　　　　徒步

（Flume Gorge & the Basin，www.flumegorge.com；I-93，34A号出口；成人/儿童$16/14；◷5月初至10月末 8:30~17:00）要看这个自然奇观，就进行2英里的徒步自行，你会通过800英尺的木板道穿过水槽（Flume）——花岗岩基岩上的天然裂缝（12～20英尺宽）。花岗岩壁在你头顶70～90英尺处，不稳定的石缝中长满苔藓和植物。路标上有对这种自然现象形成原因的介绍。

ⓘ 实用信息

弗朗科尼亚槽口州立公园（Franconia Notch State

值得一游

莫纳德诺克州立公园

这个备受欢迎的州立公园位于基恩（Keene）和贾弗里（Jaffrey）之间，宏伟的**莫纳德诺克山**（Mt Monadnock；☎603-532-8862；www.nhstateparks.org；169 Poole Rd, Jaffrey；一日票 成人/儿童 $5/2）海拔3165英尺，是这座公园的中心。你可以在游客中心停留，获取徒步信息，然后沿着风景优美的环线前往贫瘠的山顶，途经White Dot Trail和White Cross Trail（往返约3.5小时）。如果你想要过夜，在**Gilson Pond露营地**（☎信息 603-532-2416，预订 877-647-2757；585 Dublin Rd/NH 124, Jaffrey；帐篷位置 $25；◷5月至10月）可以露营。

Park Visitor Center; ☎603-745-8391; www.nhstateparks.org; I-93, 34A号出口; ⏰5月初至10月末 8:30~17:00)季节性开放,这个国家公园的游客中心位于水槽峡谷,有关于公园和周围地区的信息。这里还有一家餐厅和礼品店。

华盛顿山谷 (Mt Washington Valley)

在这个备受欢迎的高山胜地的小村庄周围,有壮观的山景和丰富的户外探险活动。这里有很棒的徒步、滑雪、划皮艇和漂流,以及各种田园活动,如在当地的小溪里游泳,在乡村农舍里过夜,简单地探索乡村。

华盛顿山谷从位于坎卡马哥斯公路东端的康维向北延伸,形成了怀特山的东部边缘。这个山谷的中心是北康维(North Conway),但NH 16/US 302[也被称为怀特山公路(White Mountain Hwy)]沿线的任何城镇都可以作为怀特山的门户。当然,与这个山谷同名的华盛顿山是新英格兰的最高峰(6288英尺),耸立在山谷的西北方。

华盛顿山 (MT WASHINGTON)

华盛顿山的顶峰海拔6288英尺,是新英格兰最高的山峰。这座山以其可怕的恶劣天气而闻名——峰顶的平均温度是26.5°F(-3℃),但最低气温会降至-47°F(-43℃),而最高气温则高达72°F(22℃)。每年大约有256英寸(超过650厘米)的降雪(曾有一年的降雪量多达1432厘米)。有时气候堪比南极洲,平均每三天左右就会刮飓风。事实上,这里拥有史上第二高的风速纪录,在1934年的一次风暴中,风速达到了每小时231英里。

如果你尝试登顶,即使是在盛夏,也要带上保暖、防风的衣服和鞋子,并且要听取阿巴拉契亚山俱乐部(Appalachian Mountain Club,简称AMC)工作人员的建议。如果天气变坏,别犹豫,立刻折返。曾有数十名登山者因无视这些警告而丧生,徒留路边以示缅怀的纪念碑和十字架。

天气晴朗时,在这里徒步是一件令人兴奋的事。唯一让人失望的是,你花费了几个小时的努力去探索偏远的道路,当终于到达顶峰时,却发现一个挤满汽车的停车场。不要难过——你还可以买一张"这辆车登上了华盛顿山(This car climbed Mt Washington)"的保险杠贴纸。

布雷顿森林和克劳福德山口 (BRETTON WOODS & CRAWFORD NOTCH)

这座海拔1773英尺的美丽山口位于华盛顿山的西坡,深深扎根于新罕布什尔州的传说之中。1826年的暴雨引发了大规模的泥石流,山下山谷中的威尔利(Willey)家族因此丧生。这一令人震惊的事件成了报纸上的重大新闻,激发了画家托马斯·科尔(homas Cole)和作家纳撒尼尔·霍桑(Nathaniel Hawthorne)的想象力。两人都因这一事件获得了灵感,并不知不觉地使克劳福德山口变成了一个旅游目的地。

即便如此,该地区主要还只是被当地人和富有的夏日游客知晓,后者是布雷顿森林富丽堂皇的Mt Washington Hotel的常客。直到1944年,罗斯福总统选择了这家酒店作为会议的举办地,谋求建立第二次世界大战后的全球经济新秩序。

如今,这家酒店和以往一样宏伟,而源源不断的游客来到华盛顿山——步行,或者乘坐沿华盛顿山齿轨铁路(Mount Washington Cog Railway)行驶的蒸汽动力机车。

👁 景点和活动

★ 克劳福德山口州立公园　　　州立公园

(Crawford Notch State Park; ☎603-374-2272; www.nhstateparks.org; 1464 US 302, Harts Location; ⏰游客中心 5月末至10月中旬 9:30~17:00,公园 全年 除非另外说明) **免费** 这个美丽的公园有四通八达的徒步路线。从Willey House游客中心出发,你可以沿着0.5英里的Pond Loop Trail、1英里的Sam Willey Trail和Ripley Falls Trail轻松徒步,从US 302公路徒步1英里即可到达Ethan Pond Trail。前往阿瑞图萨瀑布(Arethusa Falls)的起点位于Dry River Campground以南0.5英里的US 302上,从那里出发,步行1.3英里即可到达。经验丰富的徒步旅行者也可以尝试前往华盛顿山的长途跋涉。

★ 华盛顿山齿轨铁路　　　火车游

(Mount Washington Cog Railway; ☎603-278-5404; www.thecog.com; 3168 Base

Station Rd; 成人 $69~75, 儿童 $39; ☼6月至10月每天, 4月末、5月和11月 周六和周日) 纯粹主义者选择徒步, 懒人可以开车, 但是登顶华盛顿山最为离奇有趣的方法还是通过这条齿轨铁路。自1869年以来, 以烧煤获得动力的蒸汽机车就开始在这条风景优美的3.5英里的轨道上工作, 爬上陡峭的山坡 (往返3个小时)。两辆老式的蒸汽火车在5月下旬至10月间运行, 4月下旬至11月期间还有生物柴油驱动的火车运行。

Bretton Woods Canopy Tour 探险

(☎603-278-4947; www.brettonwoods.com; US 302; 每人 $89~110; ☼团队游 全年 每天两次, 旅游高峰期 多次) 在这个全年运营的林冠之旅中, 你可以徒步穿越森林, 在天桥上漫步, 以每小时30英里的速度从1000英尺高的地方下落到树下平台上。

🛏 住宿

AMC Highland Lodge 度假屋 $$

(☎前台 603-278-4453, 预订 603-466-2727; www.outdoors.org; NH 302, Bretton Woods; 房 含早餐和晚餐 每个 成人/儿童/十几岁的青少年 $163/50/95起, 不带浴室 $113/50/95起; ☎) 舒适的阿巴拉契亚登山俱乐部度假屋就坐落在壮丽的克克福德山口的中间, 这里是到总统山区 (Presidential Range) 纵横交错的小径徒步的理想基地。院落很漂亮, 房间很简洁但也很舒适, 每餐都很丰盛, 房客都是户外运动迷。AMC会员有折扣。

★ Omni Mt Washington Hotel & Resort 酒店 $$$

(☎603-278-1000; www.omnihotels.com; 310 Mt Washington Hotel Rd, Bretton Woods; 房 $259~849; ❄@☎🏊) 这家宏伟的酒店自1902年开业以来, 一直保持着一种幽默感: 注意看俯视着大堂的驼鹿头和某些客房里用当地鲜花装饰的窗框。还有27洞的高尔夫球场、红土网球场、1个马术中心和1个水疗馆。除房价之外, 每天另外收取$25的度假村费用。

ⓘ 实用信息

Twin Mountain-Bretton Woods商会 (Twin Mountain-Bretton Woods Chamber of Commerce; ☎800-245-8946; www.twinmountain.org; US 302和US 3交叉路口; ☼信息亭 5月末至10月中旬 周五至周日 9:00~17:00, 7月和8月 每天, 一年中的其他时间 自助服务) 全年信息板和季节性工作的员工会为你提供旅游信息, 你可以在US 3和US 302的交叉路口处找到色彩鲜艳的火车车厢。

汉诺威 (Hanover)

汉诺威是典型的新英格兰大学城。在温暖的日子里, 学生们会在被常春藤覆盖的佐治亚风格的建筑物前面宽阔的大学绿地上扔飞盘, 而当地人和学者们则聚集在Main St上悠闲的咖啡馆、餐馆和商店里。达特茅斯学院长期以来一直是镇上的焦点, 给该地区增添了充满活力的艺术气息。

达特茅斯建于1769年, 主要是为了"印第安部落青年的教育和引导"而建。当时, 学校坐落在印第安人居住的森林里。尽管教育"英国青年和其他人"是其次要目的, 但事实上, 毕业于达特茅斯学院的美国原住民寥寥无几, 而且很快就被殖民地居民所占领。该学院最杰出的校友是丹尼尔·韦伯斯特 (Daniel Webster; 1782~1852年), 他于1801年毕业, 后来成了一名杰出的律师、美国参议员、国务卿, 或许还是美国最受尊敬的演说家。

⊙ 景点和活动

达特茅斯学院 大学

(Dartmouth College; ☎603-646-1110; www.dartmouth.edu) 汉诺威除了达特茅斯学院, 几乎没有别的景点了, 所以直接去这所学校看看吧。你可以加入由学生带领的免费校园步行游览 (☎603-646-2875; http://dartmouth.edu; 6016 McNutt Hall, 10 N Main St), 或是在招生办公室拿一份地图, 自己探索一番。贝克·贝瑞图书馆 (Baker-Berry Library; ☎603-646-2560; http://dartmouth.edu; 25 N Main St; ☼周一至周五 8:00至次日2:00, 周六和周日 10:00至次日2:00) 不容错过, 你可以去看看宏伟的"美国文明史诗" (*Epic of American Civilization*), 由直言不讳的墨西哥壁画家何塞·克莱门特·奥罗斯科 (José Clemente Orozco; 1883~1949年) 所绘, 他曾

在20世纪30年代任教于达特茅斯学院。

桑伯恩图书馆　　　　　　　　　　知名建筑

（Sanborn Library; Dartmouth College; ◎每天8:00至午夜, 茶点时间 周一至周五16:00）桑伯恩图书馆以桑伯恩教授（他曾在达特茅斯学院英语系工作了近50年）的名字命名，这里有华丽的木制品、长毛绒皮椅，以及满满两层楼排列到天花板上的书籍。达特茅斯最令人喜欢的传统之一就是工作日16:00至17:00在这里供应的下午茶点——茶饮的价格是10¢，饼干的价格是15¢；这里欢迎游客的到来，但希望你可以保持安静以示对埋头苦读的学生的尊重。

吉尔山　　　　　　　　　　　　　　徒步

（Gile Mountain）就位于佛蒙特州的诺威奇（Norwich）的河流上方，距离汉诺威7英里。这座山脉是希望能从繁重课业中喘口气的达特茅斯学生的热门目的地。半小时的徒步旅行——以及快速登上消防塔——是对想要一览康涅狄格河谷令人不可思议的美景的探险者的奖赏。

🛏 食宿

Hanover Inn　　　　　　　　　　　旅馆 $$$

（☎603-643-4300; www.hanoverinn.com; 2 E Wheelock St; 房 $259~619; @🛜🐾）属于达特茅斯学院，位于大学绿地的正对面，是城里最美的客栈，客房整洁，配有优雅的木制家具。旅馆还有一家葡萄酒吧和获过大奖的餐厅。

Lou's　　　　　　　　　　　　　美式小馆 $

（☎603-643-3321; www.lousrestaurant.net; 30 S Main St; 主菜 $9~15; ◎周一至周五6:00~15:00, 周六和周日 7:00~15:00）1947年开业，是汉诺威最古老的餐馆，也是达特茅斯人生活中不可或缺的就餐之处。总是挤满喝咖啡或看书的学生。你可以坐在复古风格的桌子旁边点菜，也可以直接去铺着塑料板的柜台那里点菜，典型的菜肴有鸡蛋、三明治和汉堡等。

🍷 饮品和娱乐

Murphy's on the Green　　　　　小酒馆

（☎603-643-4075; www.murphysonthegreen.com; 11 S Main St; ◎周一至周四 16:00至次日0:30, 周五至周日 11:00至次日0:30）在这个经典的学院酒吧里，学生和老师边喝啤酒（生啤有10多种，包括本地产的Long Trail Ale等品牌）边吃美味的下酒菜。

Hopkins Center for the Arts　　　表演艺术

（☎603-646-2422; http://hop.dartmouth.edu; 4E Wheelock St）达特茅斯距离纽约和波士顿等大城市很远，但这个杰出的表演艺术场所也为达特茅斯人提供了娱乐活动。在演出季，这里从放映电影到国际乐队的现场表演，什么都有。

❶ 实用信息

汉诺威地区商会（Hanover Area Chamber of Commerce; ☎603-643-3115; www.hanoverchamber.org; 53 S Main St, Suite 208; ◎周一至周五 9:00至正午和13:00~16:00）在绿地里还设有一个信息亭（Dartmouth Green; ◎6月中旬至9月中旬）。

❶ 实用信息

从波士顿到汉诺威，开车需要2至3个小时的车程；途经I-93公路、I-89公路和I-91。从汉诺威到佛蒙特州的伯灵顿，还需要沿着I-89公路再行驶1.5小时。

Advance Transit (www.advancetransit.com) 有开往White River Junction、Lebanon、West Lebanon和诺威奇的免费运营服务。公共汽车站有蓝色和黄色的"AT"标识。

缅因州（MAINE）

缅因州有大量的龙虾、灯塔和迷人的度假村庄，足以让你挥动自拍杆照个不停，是新英格兰最具代表性的地方。这里还有辽阔的大海，连绵起伏的海崖，宁静的海港和鹅卵石遍布的海滩。波特兰是美国最酷的小城市之一，你可以在那里尽情享用美食和啤酒，还可以探索中海岸（Midcoast）历史悠久的造船村庄。你可以徒步穿越阿卡迪亚国家公园（Acadia National Park），这是一个壮观的岛屿，上面有许多山脉和峡湾。你可以在那里吹吹海风，呼吸咸咸的空气。还可以进入

Maine Coast 缅因州海岸

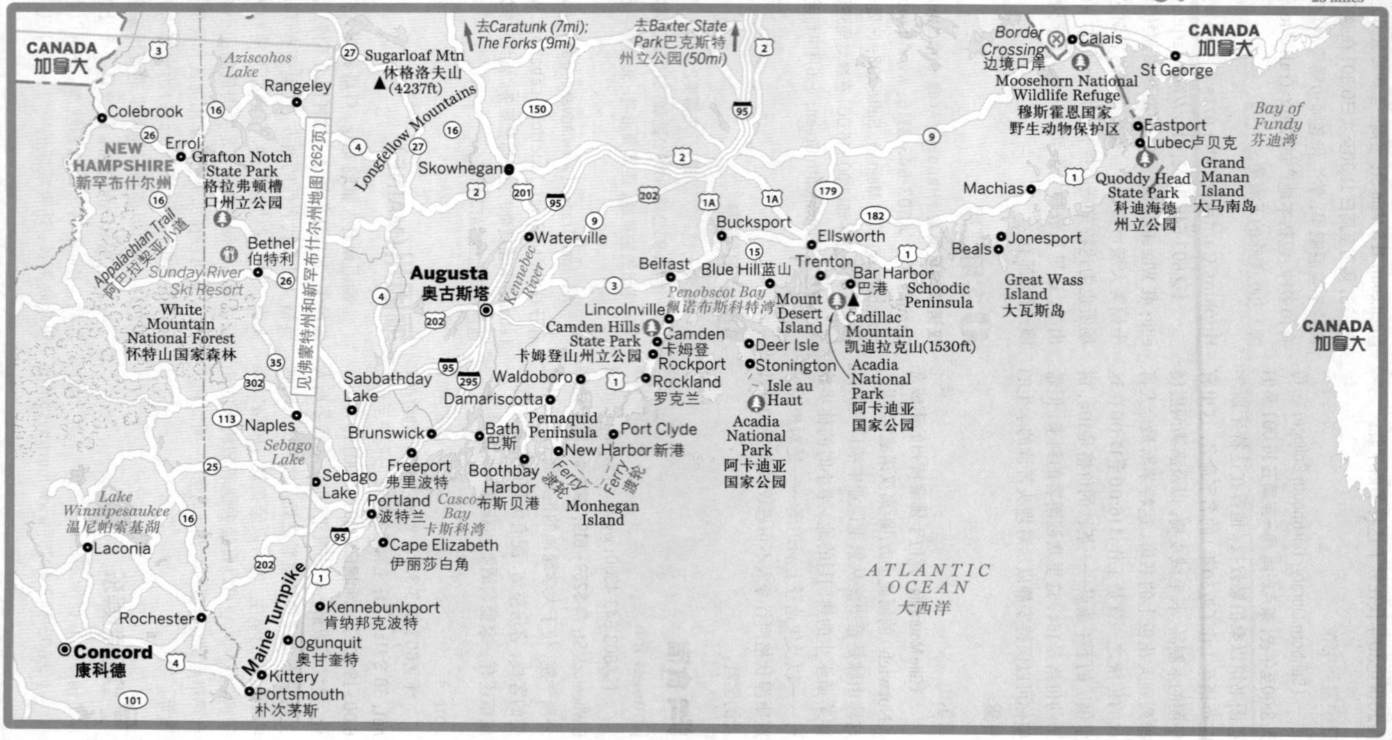

该州的内陆地区探险,那里有广袤的松林和雪峰。

历史

缅因州的第一批居民是冰河时代的猎人的后代,他们被统称为"Wabanaki(黎明之人)"。当第一批英国移民在17世纪早期抵达时,Wabanaki的数量为2万人。

在17世纪,缅因州涌现出很多英国定居点,尽管定居者遭受着严冬时的巨大痛苦,以及与美国原住民部落(他们可能是欧洲新移民)的紧张关系——据说欧洲新移民绑架了原住民,并带回英国展览。更糟糕的是,当马萨诸塞州在1692年接管这个失败的殖民地时,缅因州便失去了自己的主权。

血腥的战斗持续了好几代,摧毁了缅因州的整个村庄,定居者与美国原住民、法国人以及后来的英国人争夺土地。直到1812年战争结束后,英国才最终从缅因州撤军。1820年,缅因州成了美国的第23个州。

在19世纪,随着新工业的出现,这个新建的州经济迅速增长。木材给内陆带来了财富,在19世纪30年代,班格尔(Bangor)成为世界木材之都。与制造业一样,渔业、造船、花岗岩开采和农业都繁荣发展,纺织厂和造纸厂雇佣了大量的工人。

不幸的是,由于锯木厂的倒闭,以及过度捕捞造成的海洋环境的破坏,繁荣的日子转瞬即逝。到20世纪初,人口增长停滞不前,缅因州变成了一个闭塞落后的地方。如今,旅游业占了该州经济的15%(在新英格兰地区的其他地方,旅游业占经济的平均比率为6%)。

❶ 实用信息

缅因州旅游办公室(Maine Office of Tourism; www.visitmaine.com)综合性网站;可以邮寄地图和小册子。

缅因州旅游协会(Maine Tourism Association; www.mainetourism.com)在进入该州的各条主要线路上——加莱(Calais)、福莱伯(Fryeburg)、汉普顿(Hampden)、霍尔顿(Houlton)、基特里(Kittery)、西嘉丁纳(West Gardiner)和亚茅斯(Yarmouth)——均设有信息中心。每个信息中心的办公时间都是9:00至17:30,夏季办公时间延长(8:00~18:00)。

缅因州公园与土地管理局(Maine Bureau of Parks & Lands; ☏207-287-3821; www.parksandlands.com)监管48个州立公园和历史遗迹。登录网站查询每个公园的详细信息(包括活动和露营)。

Lonely Planet(www.lonelyplanet.com/usa/new-england/maine)目的地信息,酒店预订,旅行者论坛等。

缅因州南部海岸 (Southern Maine Coast)

缅因州的南部海岸体现了该州的口号"度假胜地",这里有繁忙的商业区、沙滩和度假小镇,在夏季的几个月里挤满了人。尽管人潮拥挤,但仍有一些迷人的景点等待着你的发现。虽然基特里(Kittery)是一个很长的商业购物中心,但奥甘奎特(Ogunquit)有一个可爱的海滩,是缅因州的同性恋圣地。在这两者之间是约克村,以及喧嚣的、平民主义的约克海滩(York Beach)。除此之外,肯纳邦克(Kennebunks)位于美丽的海滩和崎岖的海岸线附近,是一个小型的历史定居点,拥有奢华的豪宅(其中一些现在是民宿)。南海岸与美国艺术家温斯洛·霍默(Winslow Homer)的作品有着密切的联系,他的夏天都是在景色壮丽的Prouts Neck(就在波特兰以南)度过的。

❶ 实用信息

US 1公路是访问该州这一部分的主要公路,但是你要知道,在夏季旅游旺季,沿海道路的交通非常拥堵。如果想要快速到达,请走I-95公路。

最近的主要机场位于波特兰。

奥甘奎特 (Ogunquit)

奥甘奎特被阿布纳基部落的人们称为"海边的美丽之地",以其3英里长的沙滩而闻名。宽阔的海浪拍打着海岸,而温暖的后湾水域则为人们提供了田园诗般的游泳环境。夏季,海滩吸引了远远近近的大批游客,使城镇的人口数量大大增加。

在成为度假胜地之前,奥甘奎特是17世纪的造船中心。后来,1898年,奥甘奎特建立了艺术区,成了一个重要的艺术中心。如今,奥甘奎特成了美国东北端的同性恋圣地,给更加保守的缅因州增添了一种开放的、旧金山式的文化。

👁 景点和活动

奥甘奎特海滩　　　　　　　　　　　　海滩

（Ogunquit Beach; Beach St对面）奥甘奎特海滩是一个适合家庭游览的极佳海岸，沿着US 1以东的Beach St步行5分钟即可到达。在夏季，最好步行前往海滩，因为停车场很早就会爆满（而且停车的费用是每小时$4！）。向南走3英里是奥甘奎特海湾；在海滩的西边，是潮汐河奥甘奎特河（Ogunquit River）的温暖水域。

★ 马尔吉内之路　　　　　　　　　　　徒步

（Marginal Way; Shore Rd对面）奥甘奎特著名的1英里长的小径沿着大海的"边缘"延伸，位于汹涌的灰色海浪之上，可以看到辽阔的大海和嶙峋的岩石，以及一些优秀的建筑。这条整洁的小径，非常适合儿童和慢行者，沿线点缀着休闲的长椅。它的起点是Beach St以南的Shore Rd，终点在珀金斯湾附近。

🛏 食宿

Ogunquit Beach Inn　　　　　　　民宿 $$

（☎207-646-1112; www.ogunquitbeachinn.com; 67 School St; 房 $169~249; ⓗ5月至10月; @⛶）这家欢迎同性恋游客入住的民宿位于一栋充满艺术气息的小平房内，5个房间色彩缤纷，感觉十分温馨。爱聊天的老板知道城里最好的餐馆和酒吧。位于市中心，因此可以轻松地步行出去吃晚餐。

★ Gazebo Inn　　　　　　　　　　民宿 $$

（☎207-646-3733; www.gazeboinnogt.com; 572 Main St/US 1; 房 $169~369; ❄⛶☀）这个宏伟的农舍建于1847年，被改建成为具有14个房间和套房的民宿，感觉更像一个精品度假屋。乡村风格的特点比比皆是，有丰富的公共空间，包括带横梁天花板的宜人的休闲酒吧。这里有一个可爱的游泳池区域，拥有一种平静、成熟的感觉（儿童禁止入内）。

Lobster Shack　　　　　　　　　　海鲜 $$

（☎207-646-2941; www.lobster-shack.com; 110 Perkins Cove Rd; 主菜 $5~28; ⓗ4月至10月 11:00~21:00）如果你想品尝地道的海鲜风味，对周围的风景没有要求，那么这家友好的小店绝对是不二之选。这里供应的龙虾一定合你口味，从龙虾卷到龙虾壳，海鲜杂烩、蒸蛤、鱼炸玉米饼，甚至芝士汉堡，应有尽有。

ℹ 到达和离开

没有到达奥甘奎特的直达长途汽车，最近的灰狗巴士（Greyhound; www.greyhound.com）站点在位于它16英里以南的新罕布什尔州的朴次茅斯。

美国国家铁路公司的Downeaster（www.amtrakdowneaster.com）列车在波特兰至波士顿环线中途的韦尔斯停靠。

ℹ 当地交通

从6月末至劳动节（Labor Day; 10月初），红色的电车（成人/儿童 单程 $2/1.50）开往奥甘奎特（每20至30分钟1班，8:00~23:00）。从劳动节至哥伦布发现美洲纪念日（Columbus Day; 10月中旬），这些电车的运营时间是9:00~17:00。这些电车可以把你带到这个拥挤不堪的小镇，也可以把你从镇中心带到海滩或珀金斯湾（Perkins Cove），一直向北穿过韦尔斯。

肯纳邦克（The Kennebunks）

肯纳邦克由肯纳邦克镇和肯纳邦克港镇组成，长期以来一直是富裕的东海岸居民的旅游目的地。

肯纳邦克是一个朴素的小镇，其中心位于US 1公路上，除了可爱的海滩之外，几乎没有什么旅游景点。就在河流对岸，人潮拥挤的肯纳邦克港一年四季都有游客。活动的中心是码头广场（Dock Sq），那里林立着咖啡馆、美术馆和高档精品店，出售大学预科生的必需品（鲸鱼图案的短裤有需要的吗？）。驾车沿着Ocean Ave行驶，就会看到可以俯瞰海浪的豪宅和酒店，包括乔治·H.W.布什（George HW Bush）的大宅邸，它坐落在一片名为沃克角（Walker's Point）的被保护的土地上。

在School St的东端是迷人的小村庄Cape Porpoise，那里有许多价格低廉的酒店和餐馆。

🛏 食宿

Franciscan Guest House 　　　　客栈 $$

（☎207-967-4865；www.franciscanguesthouse.com；26 Beach Ave, Kennebunk；双 $89~189，家 $135~259；❉@🛜❄）这家客栈位于圣安东尼修道院（St Anthony Monastery）的院子里，前身是高中校舍，所以你几乎能闻到黑板上的粉笔味儿。由教室改建的客房简易而没有特色：吸声瓦、复合板、汽车旅馆风格的床。

Bandaloop 　　　　　　　　各国风味 $$

（☎207-967-4994；www.bandaloop.biz；Cross St, Kennebunkport；小拼盘 $9~21，主菜 $18~31；⊙周二至周日 17:00~21:00，周五和周六 至22:00；🅿）🍴从烤肋排到包裹了一层大麻籽的烤豆腐，一切食物都遵循着本地、有机、美味和有独创性的理念。要想品尝地道的前菜，可以点蒸贻贝和一杯Peak有机麦芽酒。沙拉非常可口，鸡尾酒也很有创意。严格素食者和素食者都会在这里找到快乐。

❶ 到达和离开

肯纳邦克位于新罕布什尔州的朴次茅斯和缅因州的波特兰的中途，紧邻ME 9上的I-95公路。

没有到达肯纳邦克的直达长途汽车，比较方便的灰狗巴士（Greyhound；www.greyhound.com）站点位于波特兰和朴次茅斯。

美国国家铁路公司的Downeaster（www.amtrakdowneaster.com）列车在波士顿至波特兰环线中途的韦尔斯（位于肯纳邦克以南约9英里）停靠。

波特兰（Portland）

缅因州最大的城市利用了其港口的历史馈赠——红砖砌成的仓库建筑、维多利亚风格的造船厂大厦、狭窄的鹅卵石街道——成为美国最时髦、最具活力的小城市之一。这里有热闹的海滨、优秀的博物馆和画廊、大片的绿地和独特的饮食文化以及相较小城规模而言庞大的酿酒业，它们值得你在这里多待一阵。

波特兰一直是一座海洋之城，坐落在卡斯科湾（Casco Bay）的灰色水域上。它建于1633年，是一个渔村，后来发展成为新英格兰最大的港口。如今，旧港区（Old Port）是城镇的历史中心，那里有经过修复的漂亮的砖砌建筑，里面聚集着许多咖啡馆、商店和酒吧。然而，一直运营的码头上穿着橡胶靴的鱼贩们和富有的洋基太太们混在一起，让这里并未变得过于珍贵或像博物馆一般。

◉ 景点和活动

威廉姆斯堡公园 　　　　　　　　灯塔

（Fort Williams Park；☎207-767-3707；www.fortwilliams.org；1000 Shore Rd, Cape Elizabeth；⊙日出至日落）🍴**免费** 占地90英亩的威廉姆斯堡公园位于波特兰西南方向4英里处的伊丽莎白角（Cape Elizabeth），哪怕只是为了看景色和吃野餐，也应该去转一转。在19世纪末建成的军事基地的废墟之间漫步，看看第二次世界大战时留下的地堡和在草地上摆成一排的炮台。

波特兰灯塔 　　　　　　　　灯塔

（Portland Head Light；☎207-799-2661；https://portlandheadlight.com；1000 Shore Rd, Cape Elizabeth；博物馆 成人/儿童 $2/1；⊙博物馆 6月至10月 10:00~16:00，4月、5月和11月 仅周六和周日）波特兰灯塔是缅因州仍在工作的52座灯塔中最古老的一个。1791年，乔治·华盛顿下令建造这座灯塔，1989年，灯塔看守人被机器取代。看守人的家现在是一座**博物馆**，游客在里面可以了解该地区的海事和军事历史。

波特兰艺术博物馆 　　　　　　　博物馆

（Portland Museum of Art；☎207-775-6148；www.portlandmuseum.org；7 Congress Sq；成人/儿童 $15/免费，周五 16:00~20:00 免费；⊙周六至周三 10:00~18:00，周四和周五 20:00，10月中旬至次年5月周一闭馆）这家名声在外的博物馆建于1882年，馆藏大量美国艺术家的作品。缅因州艺术家，包括温斯洛·霍默（Winslow Homer）、爱德华·霍珀（Edward Hopper）、路易斯·奈文尔森（Louise Nevelson）和安德鲁·怀斯（Andrew Wyeth）的作品较多。馆内也有欧洲大师的佳作，包括莫奈、德加（Degas）、毕加索和雷诺阿（Renoir）。

★ Maine Brew Bus 巴士游

(📞207-200-9111; https://themainebrewbus.com; 79 Commercial St; 团队游 $55~80)想在波特兰附近喝一杯吗？我们知道这种感觉。你可以跳上绿色的巴士，前往波特兰最受欢迎的啤酒厂、啤酒吧和酿酒厂（从经营已久到最新营业）参观和品尝。

卡斯科湾航线 游船

(Casco Bay Lines; 📞207-774-7871; www.cascobaylines.com; Maine State Pier, 56 Commercial St; 邮轮 成人/儿童 $16/8)这趟游轮全年开往卡斯科湾的岛屿，兼邮船、货船和客船于一身。匹克岛（Peaks Island）距离波特兰只有17分钟的车程，是一个非常受欢迎的徒步或骑行一日游目的地（往返 $7.70）；可以在岛上租自行车。

🛏 食宿

Morrill Mansion 民宿 $$

(📞207-774-6900; www.morrillmansion.com; 249 Vaughan St; 房 $179~259; P❄🐾)这栋19世纪的房子位于西角区（West End），第一任房主Charles Morrill靠B&M烘豆生意发家，而这家公司现在仍为缅因州居民提供主食。他的故居被改建成这个美丽的民宿，8间客房布置成雅致的古典式样。

Portland Harbor Hotel 酒店 $$$

(📞207-775-9090; www.portlandharborhotel.com; 468 Fore St; 房 $299~519; P❄@🐾🅿)这家独立酒店的大厅很古典，客人可以在壁炉周围的软垫皮椅上休息。

Green Elephant 素食、亚洲菜 $$

(📞207-347-3111; http://greenelephantmaine.com; 608 Congress St; 主菜 $12~15; ⏰周一至周五 11:30~14:30和17:00~21:30，周日 17:00~21:00; 🍴)这家泰国风情的咖啡馆富有禅意，就连肉食主义者也不应该错过这里的素食（还有大量纯素食和无麸质选择），从酥脆的菠菜馄饨开始，然后品尝炒菜、面条或咖喱菜肴，如豆腐马沙拉或马来西亚米粉（炒米粉）。

★ Fore Street 新派美国菜 $$$

(📞207-775-2717; www.forestreet.biz; 288 Fore St; 小盘 $12~15, 主菜 $26~38; ⏰周日至周四 17:30~22:00，周五和周六 至22:30)Fore Street长期以来一直是一家备受赞誉的餐厅，许多人认为它是现在的波特兰美食的始祖。厨师兼老板山姆·海沃德（Sam Hayward）把烘焙变成了一种高雅艺术：在开放式厨房里，烤叉上的鸡肉发出噼啪声，厨师们忙着把装着贻贝的铁桶放在炭火炉上。

🍷 饮品和娱乐

Allagash Brewing Company 自酿酒吧

(📞207-878-5385; www.allagash.com; 50 Industrial Way; ⏰品尝 11:00~18:00)Allagash以其比利时风味的啤酒闻名全国，每天都为免费的团队游和品尝活动敞开大门（在网上预订团队游；周末团队游非常受欢迎）。这家自酿酒吧位于波特兰旧港（Old Port）西北3.5英里处，紧邻Forest Ave。

Port City Music Hall 场馆

(📞207-956-6000; www.portcitymusichall.com; 504 Congress St)这座3层的表演场所有大牌巡回乐队表演和小型演出。

ℹ 实用信息

海洋门户信息中心（Ocean Gateway Information Center; 📞207-772-5800; www.visitportland.com; 14 Ocean Gateway Pier; ⏰6月至10月 周一至周五 9:00~17:00，周六和周日 至16:00，一年中的其他时间 开放时间缩短)位于水滨，提供游客信息。

游客信息亭（Visitor Information Booth; 📞207-772-6828; www.portlandmaine.com; Tommy's Park, Exchange St; 6月至10月 10:00~17:00)旧港的夏季信息亭。

ℹ 到达和离开

飞机

波特兰国际喷气机机场（Portland International Jetport; PWM; 📞207-874-8877; www.portlandjetport.org; 1001 Westbrook St)是缅因州最大、最繁忙的航空枢纽。这里有国内航空公司的航班直飞美国的东部城市。乘坐地铁5号线可以到达市中心，价格为$1.50。乘坐出租车到达市中心大约需要$20。

长途汽车

灰狗巴士（Greyhound; 📞800-231-2222, 207-772-

6588; www.greyhound.com; 950 Congress St)每天有直达班格尔和波士顿的长途汽车,然后可以转车前往美国其他地方。

Concord Coach Lines(www.concordcoachlines.com)每天有往返于波士顿(包括洛根机场)和波特兰之间的长途汽车,并继续开往缅因州中部海岸的城镇。还有一些开往奥古斯塔、沃特维尔和班格尔等城镇的长途汽车。波特兰和纽约市之间的长途车一日2班。

火车

由美国国家铁路公司(www.amtrak.com)运营的Downeaster从**波特兰交通中心**(Portland Transportation Center; 100 Thompson's Point Rd)发车,往返于波士顿和波特兰之间(2.5小时),每天5班。其中一两班会继续开往弗里波特和布伦瑞克。

缅因州中部海岸(Midcoast Maine)

缅因州中部海岸的海岸线由古老的冰川侵蚀而成,呈锯齿状,令人震撼。这里有纯天然的美景和脚踏实地的居民,这是许多人印象之中的缅因州——在风景如画的海滨村庄里骑自行车和购买古董,悠闲地自驾前往农村的半岛,登上中部海岸著名的帆船船员的帆船,在蔚蓝色的大海上乘风破浪。这里是一个值得慢慢探索的地方:你会在不经意间发现一个大龙虾窝,可以在渔村消磨时光或者采摘蓝莓。

英国人在1607年率先在这个地区定居,这与弗吉尼亚州的詹姆斯敦定居点的年代相吻合。然而,与他们的南方同胞不同的是,这些早期的移民在一年内返回了英国。英国在1620年恢复了对这里的殖民统治。在经历了与法国人和印第安人的连年战争之后,这个地区成了一个繁荣的造船工业家园,并保留至今。

❶ 到达和离开

US 1公路是该州这一地区的主要通道,但要注意,沿海地区的公路在夏季旅游旺季时经常交通拥堵。

Concord Coach Lines(www.concordcoachlines.com)每天有往返于波士顿(包括洛根机场)和波特兰之间的长途汽车,该车会继续开往缅因州中部海岸的城镇[巴斯、贝尔法斯特(Belfast)、布伦瑞克、卡姆登、达马瑞斯哥塔(Damariscotta)、林肯威尔(Lincolnville)、罗克兰(Rockland)、锡斯波特(Searsport)和沃尔多伯勒(Waldoboro)]。灰狗巴士(Greyhound; www.greyhound.com)在班格尔、波特兰、巴斯、罗克兰和其他城镇停车。

弗里波特(Freeport)

坐落在缅因州岩石海岸的自然美景之中,几乎就是一个购物城镇。在这个城镇一英里长的US 1公路沿线林立着近200家商店,导致了夏季的交通拥堵。严格的地区法规禁止毁坏历史建筑,这也就解释了为什么你能在19世纪50年代的希腊复兴风格的住宅中找到一家麦当劳餐厅,也可以在一座20世纪初的图书馆里找到一家Abercrombie & Fitch奥特莱斯店。所有的这些使这里拥有一种古怪的"美国主街"氛围。

弗里波特的名声和财富始于一个世纪前,当时利昂·莱昂伍德·比恩(Leon Leonwood Bean)开了一家商店,向北进缅因森林的猎人和渔民出售设备和给养。他的成功后来又把其他零售商引入这个地区,造就了弗里波特的今天。

巴斯(Bath)

这座古雅的肯纳贝克河小镇曾经是超过20家造船厂的所在地,美国早期超过四分之一的木制帆船都是这里出产的,因此它又被称为"帆船之都"。在19世纪的鼎盛时期,巴斯是缅因州最大的城市之一,市中心热闹非凡,林立着许多银行和市政大楼。过去,巴斯建造的帆船和快船航行于各大洋之中,使得这个城市的名字变得广为人知。

在市中心,红砖人行道和19世纪的坚固建筑沿着精巧的Front St分布,而山下就有一个草木葱郁的小公园,俯瞰着大海。巴斯的南面有两个风景优美的半岛,值得一游:ME 209通往菲普斯堡(Phippsburg),那里有很棒的海滩和一座历史悠久的堡垒,而ME 127则向南通往乔治城(Georgetown),终点是一个大龙虾小屋,可以俯瞰被小岛点缀的小海湾。

★ 缅因州海事博物馆 博物馆

(Maine Maritime Museum; ☎207-443-1316; www.mainemaritimemuseum.org; 243 Washington St; 成人/儿童 $16/10; ◎9:30~17:00)这个奇妙的博物馆位于肯纳贝克河西岸,保留了肯纳贝克悠久的造船传统,用绘画、模型和互动式展览来讲述过去400年的航海故事。其中的一大亮点是"Snow Squall"———一艘建于1851年的三桅帆船。由博物馆保存的19世纪的Percy & Small造船厂是美国仅存的木质船坞。这里还有一个与实物大小相当的"怀俄明号"(Wyoming)的雕塑,这是有史以来建造的最大的木制帆船。

布斯贝港 (Boothbay Harbor)

布斯贝港曾经是一个美丽的小渔村,坐落在一个宽阔的蓝色港湾内。如今,在夏天,这里是一个非常受欢迎的旅游胜地,旺季时狭窄而蜿蜒的街道上挤满了游客。不过,在这个风景如画的地方,你有充分的理由加入度假者的行列。它俯瞰着美丽的滨水区,镇上的许多小山上有许多保存完好的维多利亚式大房屋,还有一座横跨海港的木桥。从5月到10月,观鲸是这里的主要吸引力。

当你沿着Commercial St以及Todd Ave和Townsend Ave沿线的商业区漫步之后,可以沿着McKown St 前往McKown Hill的山顶,欣赏美景。

🛏 食宿

Topside Inn 民宿 $$$

(☎207-633-5404; www.topsideinn.com; 60 McKown St; 房 $219~369; ◎5月到10月中旬; ❄) 这家民宿坐落在McKown Hill山顶,是布斯贝港视野最好的豪宅。房间重新用清新的海洋风格装饰,品位不俗。主楼内的客房更加古色古香,两个副楼内的现代化客栈光线充足,也很可爱。

Lobster Dock 海鲜 $$

(☎207-633-7120; www.thelobsterdock.com; 49 Atlantic Ave; 主菜 $15~29; ◎5月末到10月中旬 11:30~20:30) 布斯贝港到处都是龙虾餐馆,这家水滨木屋餐厅是性价比最高的餐厅之一。这里供应传统炸海鲜拼盘、三明治和蒸蛤蜊,再来点儿海鲜意面,但滴着黄油的蒸全龙虾才是真正的主角。龙虾卷($17)可以就着黄油吃,或是蘸蛋黄酱冷食。

ℹ 实用信息

布斯贝港地区商会 (Boothbay Harbor Region Chamber of Commerce; ☎207-633-2353; www.boothbayharbor.com; 192 Townsend Ave; ◎全年周一至周五 8:00~17:00,以及5月末至10月初 周六10:00~16:00)网站上提供很好的信息;夏季市中心还有一个信息中心(17 Commercial St; ◎5月末至10月初 9:00~18:00)。

罗克兰 (Rockland)

这个繁荣的商业港口拥有庞大的捕鱼船队,以及令人自豪的全年人口,这给罗克兰带来了在中部海岸其他沿海城镇所缺乏的活力。Main St是这座城市社会文化多元性的窗口,有适合工薪阶层的美式小馆、波希米亚风格的咖啡馆和高档餐厅,还有画廊、老式店面和国家最好的艺术博物馆之一——缅因当代艺术中心(Maine Contemporary Art; CMCA; www.cmcanow.org)。罗克兰正在发展成为一个艺术中心,这在一定程度上要归功于缅因当代艺术中心于2016年搬迁到这里,以及Farnwworth艺术博物馆(Farnwworth Art Museum; www.farnsworthmuseum.org)。

罗克兰建于1769年,曾是一个重要的造船中心和运输枢纽,南来北往的货物均在此地中转。如今,港口仍是桅杆林立,停满帆船,罗克兰已成为缅因州快速帆船巡游的繁忙的中心之一(另一个中心是Camden)。

★ 罗克兰防浪堤灯塔 灯塔

(Rockland Breakwater Lighthouse; ☎207-542-7574; www.rocklandharborlights.org; Samoset Rd; ◎5月末至10月中旬 周六和周日10:00~17:00) 免费 从海港北岸的詹姆逊角(Jameson Point)沿着绵延1英里的崎岖岩石防浪堤即可到达罗克兰港。这条由花岗岩砌成的"通道"花费了18年的时间才建成。它的终点是罗克兰防浪堤灯塔———座砖砌的房屋顶上的灯塔,俯瞰着整个小镇。

Maine Windjammer Association 游轮

(☎800-807-9463; www.sailmainecoast.

com；游轮 5月末至10月中旬）尽管在20世纪初，帆船运动在很大程度上已经过时了，但探险家仍然喜欢用传统的方式探索崎岖的缅因海岸：乘坐快速帆船，也就是众所周知的大帆船。这些多桅的船只中有9艘停泊在罗克兰和卡姆登，并提供前往佩诺布斯科特湾（Penobscot Bay）的一夜到11天的行程。

卡姆登（Camden）

卡姆登有着完美的海港，坐落在卡姆登山州立公园的群山之中，是缅因州美丽的地方之一。卡姆登是该州广为人知的"帆船"船队的所在地，它延续了其与海洋历史的亲密关系。大多数度假者都是前来航海的。不过，卡姆登也有画廊、精致的餐厅和适合探索的小巷。你可以在城镇中心的历史建筑中参加一场徒步导览游。还可以在与之毗邻的国家公园里徒步、野餐和露营。

与缅因州海岸沿线的社区非常相似的是，卡姆登也拥有悠久的造船历史。这艘巨大的六桅帆船"George W Wells号"是1900年在这里建造的，创下了帆船桅杆最多的世界纪录。

就像附近的罗克兰一样，卡姆登提供了许多帆船巡游机会，从2小时的行程到多天的沿海旅程都有。

许多船只都从卡姆登的Town Landing或毗邻的Bayview Landing离港，提供2小时的巡游（包括日落帆船），价格相似——请在线查询Appledore II（207-236-8353；https://appledore2.com；Bayview Landing；成人/儿童 $45/25；6月至10月）、Olad（207-236-2323；www.maineschooners.com；Public Landing；成人/儿童 $43/33；5月末至10月中旬）和Surprise（207-236-4687；http://schoonersurprise.com；Public Landing；成人/儿童 $43/33；5月末至10月中旬）的时间表。这是典型的中海岸观光体验。

佩诺布斯科特湾地区商会（Penobscot Bay Regional Chamber of Commerce；207-236-4404；www.camdenrockland.com；2 Public Landing；5月末至10月中旬 周一至周五 9:00~17:00，周六和周日 10:00~16:00，一年中的其他时间 周一至周五 9:00~16:00）在卡姆登的公共码头处有一个信息中心。

公园环路（PARK LOOP ROAD）

一些游客会沿着27英里的公园环路前往阿卡迪亚国家公园。在被称作"Ocean Dr"的路段，可以在可爱的沙滩稍作停留，在雷洞（Thunder Hole）看海浪冲进花岗岩的裂缝。当奔腾的海潮袭来时，场面非常壮观。

另一座悬崖Otter Cliff位于雷洞以南不远处，好似一面从海洋中升起的粉红色的花岗岩墙壁。这个地区很受攀岩者的欢迎。

这条路基本上是单行道；在夏季，你可以乘坐Island Explorer的长途汽车探索这些路线（shuttle route 4；www.exploreacadia.com）。请注意，环路在冬季时关闭，它的开放时间可能会因大雪而延迟。

阿卡迪亚国家公园（Acadia National Park）

阿卡迪亚国家公园（Acadia National Park；207-288-3338；www.nps.gov/acad；7日通票 每辆汽车/摩托车 $25/20，步行者和骑行者 $12）是新英格兰唯一的国家公园，在2016年迎来100周年庆，是位精神抖擞的"百岁老人"，公园里有令人印象深刻的沿海地标和游客活动。

得益于约翰·D.洛克菲勒（John D Rockefeller）和其他富有的土地所有者，司机和徒步者可以欣赏令人赏心悦目的桥梁、美景和石阶，这些都给公园带来了艺术价值。尤其是洛克菲勒与建筑师和泥瓦匠们共同付出的努力，使得这些基础设施与周围的景观风格相统一。

你可以在特伦顿的阿卡迪亚接待中心（Acadia Welcome Center；207-288-5103，800-345-4617；www.acadiainfo.com；1201 Bar Harbor Rd/ME 3，Trenton；5月末至10月中旬 周一至周六 9:00~17:00，周日 10:00~16:00，4月中旬至5月和10月中旬至11月 周一至周五 9:00~17:00）稍作停留，获得小册子、地图和当地信息。它位于Mt Desert Island对面的桥梁北部（距离巴港约11英里）。

缅因州东部
（Downeast Maine）

毫无疑问，这是缅因州的典型风景：当你沿着海岸向加拿大前进的时候，半岛似乎变得越来越窄，越来越深入大海。渔村似乎变得越来越小，龙虾活蹦乱跳，离水面越来越近。如果你有时间的话，可以开车前往紧邻US 1公路的岸边。"缅因州东部"从彭布斯科特河（佩诺布斯科特河）开始，那里的一座桥梁天文台是其边际的非正式标记。该地区继续向东延伸，从阿卡迪亚一直延伸到加拿大的新布伦瑞克（New Brunswick）边界。

可以在www.downeastacadia.com查询到该地区的信息。

巴港（Bar Harbor）

巴港作为阿卡迪亚宜人的游览中心，在一年的大部分时间里都挤满了度假的游客和来访的游轮乘客。市中心到处都是纪念品商店、冰激凌店、咖啡馆和酒吧，每家酒吧都在宣传自己力度更大、范围更广的欢乐时光、早间特卖或买一赠一的活动。在更安静的住宅区，民宿似乎和私人住宅一样多。

虽然巴港的喧嚣并不适合所有人，但它是目前为止这附近所有城镇中最便利的地点。即使你住在别的地方，也可以来这里吃晚餐、喝饮料，或者安排划独木舟、帆船或攀岩之旅。巴港最繁忙的季节是6月末至8月。在劳动节（9月初）之后，会有短暂的平静期；在秋季落叶之时，它会再次忙碌起来，一直持续到10月中旬。这个季节以"沙漠山岛马拉松（Mount Desert Island Marathon; www.runmdi.org）"结束。

◎ 景点和活动

阿贝博物馆　　　　　　　　　博物馆
（Abbe Museum; ☏207-288-3519; www.abbemuseum.org; 26 Mount Desert St; 成人/儿童 $8/4; ⊙5月至10月 10:00~17:00, 11月至次年4月 10:00~16:00）这个市中心的博物馆收藏了许多与缅因的美洲原住民遗产相关的文化遗产。这里收藏了超过5万件物品，包括陶器、工具、梳子和钓鱼用具，其历史跨越了2000年。现代的收藏品包括精致的木雕、桦树皮容器和篮子。该博物馆还有一个更小的，仅夏季开放的分馆（☏207-288-3519; www.abbemuseum.org; ME 3 & Park Loop Rd; 成人/儿童 $3/1; ⊙5月末至10月 10:00~17:00），它位于郁郁葱葱的阿卡迪亚公园里面的Sieur de Monts Spring。

National Park Sea Kayak Tours　　划皮划艇
（☏800-347-0940; www.acadiakayak.com; 39 Cottage St; 半日团队游 $52; ⊙5月末至10月中旬）4小时的皮划艇之旅在不同的时间出发（上午、下午和日落），还有行程可以探索沙漠山岛的"宁静一面"——如偏远的西海岸。小型的皮划艇团队游持续2.5~3小时，有从巴港到出发点的交通服务。

🛏 食宿

Moseley Cottage Inn & Town Motel　　　　　　民宿、汽车旅馆 $$
（☏207-288-5548; http://moseleycottage.net; 12 Atlantic Ave; 房 $175~305; ❄🛜）这个民宿兼旅馆位于一条安静的街道上，距离Main St只有几步之遥，经营得很不错。在传统的1884年的旅馆（有壁炉和私人门廊）里，有9个宽敞、迷人、充满复古风格的民宿房间，隔壁还有一些便宜的汽车旅馆风格的小房间。所有房间一贯都是高标准。

★ Bass Cottage Inn　　　　　　旅馆 $$$
（☏207-288-1234; www.basscottage.com; 14 The Field; 房 $230~440; ⊙5月中旬至10月; ❄🛜）如果大多数巴港的民宿在时尚这一点上能够获得5分的话，那么这个镀金时代的豪宅应该可以得到11分。这里有10间明亮的客房，拥有一种夏日别墅般的优雅氛围，床上铺的都是白色的亚麻床单，上面带有朴素的植物印花。

2 Cats　　　　　　　　　　　早餐 $
（☏207-288-2808; http://twocatsbarharbor.com; 130 Cottage St; 主菜 $9~15; ⊙7:00~13:00; 🅿）早餐是一天中最重要的一餐，所以2 Cats把所有的精力都放在了早餐上。周末的时候，人们会在这个阳光明媚的小

咖啡馆里排队购买香蕉山核桃煎饼、熏鲑鱼煎蛋卷、炒豆腐和自制松饼。还可以在礼品店里买一件小猫主题的纪念品。

★ **Havana** 拉美菜 $$$

(☏207-288-2822; www.havanamaine.com; 318 Main St; 主菜 $27~39; ◉5月至10月 17:00~21:00) 首先要做的是：点一份摇滚风格的Cuba libre或莫吉托鸡尾酒。享用完后，你就可以在菜单和史诗般的全球酒单上花点时间细细品鉴。Havana在使用当地农产品烹饪的菜肴中加入了拉美风味。招牌菜包括蟹饼、肉菜饭和美味、清淡的龙虾杂烩。需要预订。

ⓘ 实用信息

这里有许多提供旅游信息的地方。自驾游客到达沙漠山岛(Mt Desert Islanda，位于巴港西北约11英里)后首先看到的是**阿卡迪亚接待中心**(Acadia Welcome Center; 见289页)，然后是位于阿卡迪亚国家公园里面的，由公园管理处运营的**Hulls Cove Visitor Center** (☏207-288-8832; www.nps.gov/acad; ME 3; ◉4月中旬至6月、9月和10月 8:30~16:30, 7月和8月 8:00~18:00)。

巴港商会(Bar Harbor Chamber of Commerce; Acadia Welcome Center; ☏207-801-2558, 800-345-4617; www.barharborinfo.com; Main St和Cottage St交叉路口; ◉6月中旬至9月 9:00~20:00, 9月至次年6月中旬 9:00~17:00) 位于巴港市中心，有一个全年开放的信息中心。

缅因州内陆 (Inland Maine)

95号州际公路(I-95)，是东海岸主要的南北方向的公路，在缅因州绵延303英里，从新罕布什尔州边界附近的基特里到加拿大边境附近的霍尔顿(Houlton)。途中经过缅因州的主要城市：波特兰、奥古斯塔(州首府)和班格尔。奥古斯塔和班格尔(以及附近的沃特维尔)有几所大学、几家像样的博物馆和一些不错的餐馆，但它们并不是特别吸引游客的目的地。

在班格尔北部，交通水平大幅下降。这里是通往North Woods和人口稀少的阿鲁库斯县(Aroostook County)的门户。

伯特利 (Bethel)

伯特利位于波特兰西北处，90分钟的车程即可到达。这个小镇被葱郁、深邃的树林所包围，充满活力，优雅非常。从19世纪开始，每逢夏季，游客就会来到这里，以躲避沿海的潮湿，许多漂亮的古老小屋至今仍在运营。在缅因州色彩缤纷的落叶季节和冬季的滑雪季期间，这里是一个首屈一指的旅游地点。

◉ 景点和活动

格拉弗顿槽口州立公园 州立公园

(Grafton Notch State Park; ☏207-824-2912; www.maine.gov/graftonnotch; 1941 Bear River Rd/ME 26; 成人/儿童 $4/1; ◉5月中旬至10月中旬 9:00至日落) 这个崎岖的公园很妙，它坐落在Mahoosuc Range里面的格拉弗顿槽口景观大道上，由一座在12,000年前消融的冰川侵蚀而成，是一个四季游乐场，到处都是瀑布、峡谷、观景点和徒步小径，其中包括12英里长的崎岖的阿巴拉契亚小道(Appalachian Trail; www.appalachiantrail.org)。

Bethel Outdoor Adventure & Campground 划皮划艇

(☏207-824-4224; www.betheloutdooradventure.com; 121 Mayville Rd/US 2; 皮划艇 每天含/不含穿梭巴士 $45/32; ◉5月中旬至10月末 8:00~18:00) 这是一处田园风光的河边露营地，出租独木舟、皮艇和立式冲浪板，另外也提供前往上游下水点的穿梭巴士，然后你可以自己划船顺流而下。

🛏 住宿

Chapman Inn 民宿 $

(☏207-824-2657; www.chapmaninn.com; 2 Church St; 铺 $35, 房 $59~139; ✳⚙) 由一位友好的、周游世界的退休人员管理，这家宽敞的客栈位于城中心，坦率地讲这里颇有特色。10间独立的客房都贴有花朵图案的壁纸并摆放了古董，略微鼓起的地板暴露了房子的"年龄"。

ⓘ 实用信息

伯特利地区商会 (Bethel Area Chamber of

Commerce; ☎800-442-5826, 207-824-2282; www.bethelmaine.com; 8 Station Pl; ⊙全年 周一至周五 9:00~17:00, 旺季 周末时间不定）这个非常有帮助的组织在伯特利车站的大楼里有一个信息中心，有大量关于各种景点、小道和活动的宣传册。

巴克斯特州立公园
（Baxter State Park）

巴克斯特州立公园是缅因州最原始的地方：风吹过几十座山峰，黑熊漫步穿过矮树丛，徒步好几英里也看不到一个人。游客可以在公园里徒步数百英里，或爬上陡峭的悬崖（这里是一个攀岩者的天堂），抑或用假蝇在池塘和河流中钓鱼，还可以看到一些野生动物，比如秃鹰、驼鹿和像狐狸一样的貂。这个公园在温暖的月份里最受欢迎，但冬季也会面向摩托雪橇等运动开放。巴克斯特5267英尺高的卡塔丁山（Mt Katahdin；公园的最高峰）是缅因州最高的山峰，也是2190英里长的阿巴拉契亚小道北部的终点。

卡塔丁地区商会　　　　　　　旅游信息中心
（Katahdin Area Chamber of Commerce; ☎207-723-4443; www.katahdinmaine.com; 1029 Central St, Millinocket; ⊙周一至周五 9:00~15:00）提供本地区住宿等各方面信息。

华盛顿和大华府地区

包括 ➡

华盛顿	296
马里兰州	325
巴尔的摩	326
安纳波利斯	332
特拉华州	340
威尔明顿	342
布兰迪万河谷	343
弗吉尼亚州	345
弗雷德里克堡	351
里士满	352
皮德蒙特高原	362
仙纳度谷	365
西弗吉尼亚州	374

最佳餐饮

- Rose's Luxury（见315页）
- Woodberry Kitchen（见330页）
- L' Opossum（见356页）
- Public Fish & Oyster（见364页）
- Faidley's（见330页）

最佳住宿

- Hotel Lombardy（见312页）
- Inn at 2920（见329页）
- Georges（见370页）
- HI Richmond（见355页）

为何去

标志性的纪念碑，宏大的免费博物馆，还有久负盛名的餐厅供应来自世界各地的美食，而这只是美妙的华盛顿之旅的开始。这里还有很多正等待你去发现：绿树成荫、鹅卵石铺就的社区，还有庞大的市场、令人兴奋的多元文化夜店和葱郁的公园——更不用说这里还是权力中心。出了环城高速公路（Beltway），马里兰州、弗吉尼亚州、西弗吉尼亚州和特拉华州多样的景观，深深地吸引和召唤着你离开冰冷的城市上路旅行。陡峭的山峰、奔腾的河流、广袤的保护区（包括野马驰骋的岛屿）、闪闪发光的海滩、古老的村庄和壮丽的切萨皮克湾，都能为游客提供难忘的冒险活动：帆船、徒步、漂流和露营，哪怕只是坐在美丽的海边计划下一顿海鲜大餐，也令人身心舒畅。在这个地区，从美国的诞生地，到弗吉尼亚州的蓝草音乐，传统根深蒂固。

何时去

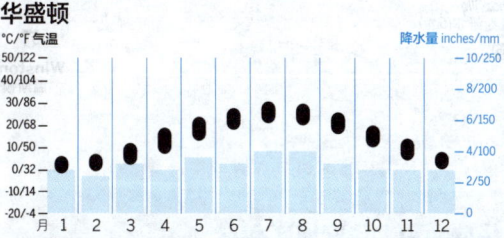

华盛顿

3月至4月 盛开的樱花吸引了大批游客在华盛顿樱花节期间到访。

6月至8月 海滩和度假村人头攒动，物价高企，酒店客房稀缺。

9月至10月 游客较少，物价较低，但温度宜人，还能欣赏如火的秋景。

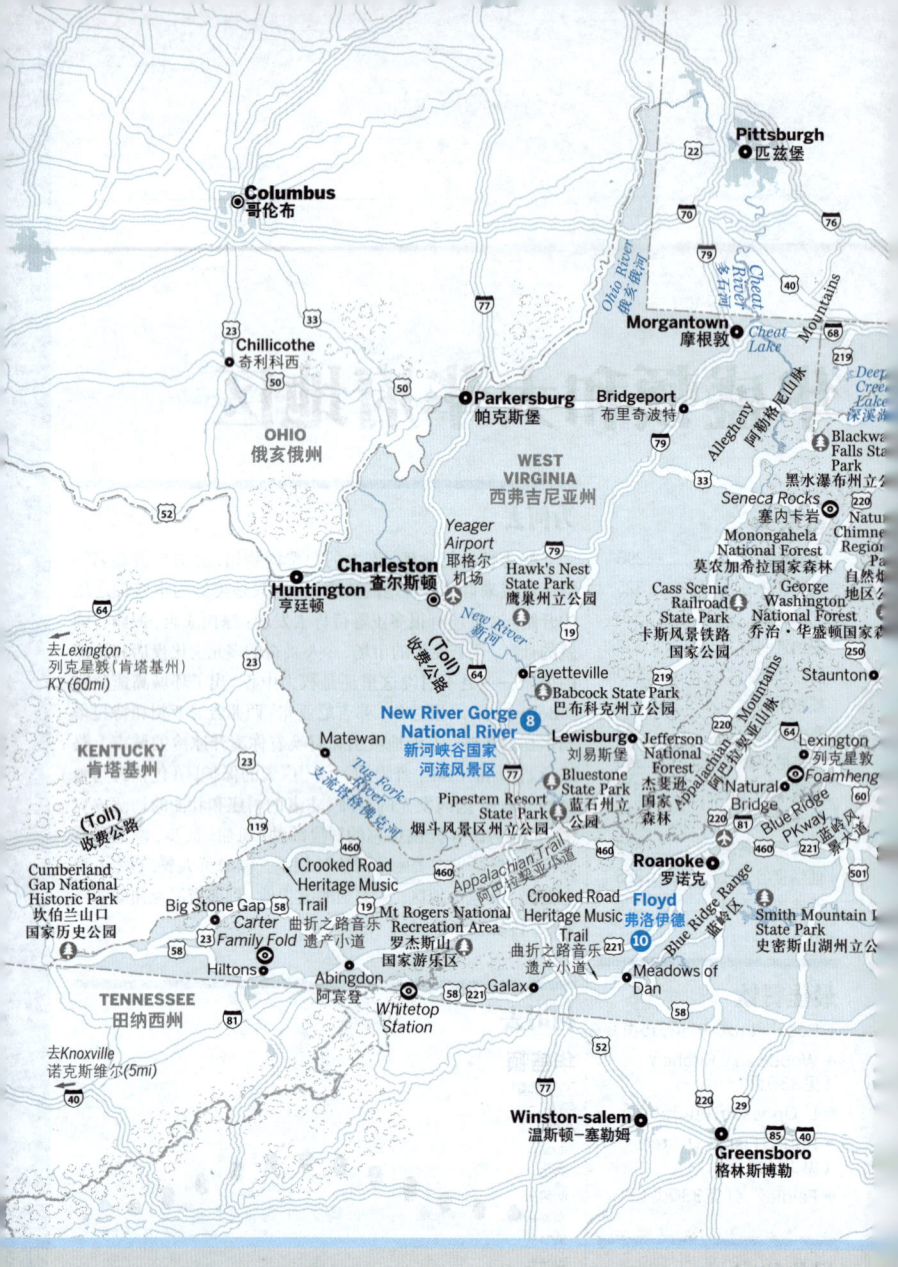

华盛顿和大华府地区亮点

① **国家航空航天博物馆**(见297页),参观华盛顿的博物馆。

② **林肯纪念堂**(见297页)看着太阳从纪念堂上方落下。

③ **威廉斯堡殖民地**(见357页)在历史博物馆追寻美国的根。

④ **安纳波利斯**(见332页)漫步穿过国会大厦,海军学院,沿着Main St走到Ego Alley,探索这座城市的航海历史。

⑤ **仙纳度国家公园**(见367页)周日,沿地平线大道驾车,然后

徒步，并在璀璨星空下露营。

⑥ **蒙蒂塞洛庄园**（见362页）欣赏托马斯·杰斐逊的杰作。

⑦ **里霍博斯海滩**（见341页）沿着木板道闲逛，欢迎家庭和同性恋者。

⑧ **新河峡谷国家河流风景区**（见378页）征服Gauley湍急的水流。

⑨ **Faidley's**（见330页）在巴尔的摩品尝世界上最好的蟹饼。

⑩ **弗洛伊德**（见373页）在聚会中感受古老的音乐节奏。

历史

远在欧洲移民到达这片土地之前，美洲原住民便已在此繁衍生息。该地区的许多地理标志仍沿袭着最初的印第安人的名称，如切萨皮克（Chesapeake）、仙纳度（Shenandoah）、阿巴拉契亚（Appalachian）和波托马克（Potomac）。1607年，108位英国殖民者在新大陆建立了最早的欧洲永久性定居点：詹姆斯敦（Jamestown）。早期的殖民者除了与严冬、饥饿和疾病战斗，还要应对美洲原住民偶尔的敌意。

詹姆斯敦挺过了难关，并于1624年建立了弗吉尼亚皇家殖民地（Royal Colony of Virginia）。10年后，巴尔的摩男爵为躲避英国内战，在马里兰州圣玛丽市（St Mary's City）建立了天主教殖民地，镇议会由一名西班牙的犹太医生管理，议会成员还包括一名葡萄牙黑人水手和玛格丽特·布伦特（Margaret Brent，北美政治史上第一位参加投票选举的妇女）。特拉华州建于1631年，最初是作为荷兰捕鲸者的殖民地，之后几乎被当地原住民摧毁，后来由英国人重建。凯尔特人（Celts）逐渐进入到阿巴拉契亚山区，并创造了一种极其独立的文化，一直延续至今。由于马里兰州、特拉华州和宾夕法尼亚州的边界争议，最终产生了梅森—迪克森线（Mason-Dixon line），后来以它为分界线划分出工业的北方和蓄奴的南方。

1781年，英军在约克敦（Yorktown）投降，美国独立战争在这里宣告终结。之后，为缓和地区间的紧张局面，这个新生的国家将位于中心地带的华盛顿定为首都。然而，严重的阶级、种族分歧和经济的逐渐强大，最终在内战（Civil War，1861~1865年）期间导致了这个地区的分裂：弗吉尼亚州脱离了联邦，很快，这里的西部贫农怀着对上流种植园主的不满，脱离了弗吉尼亚州。马里兰州虽然未脱离联邦，但白人奴隶主发起暴动反抗北方军队，而与此同时，成千上万的马里兰州黑人加入了联邦军队。

华盛顿（WASHINGTON）

美国的首都拥有诸多标志性的纪念碑和宏伟的博物馆，同时也是政治家和政客施展抱负、游说寻租的权力舞台。但这里可称道之处还有很多。这里有绿树成荫的社区和别有风趣的市场，多元民族文化的餐厅、大量的移民和渗透到城市表面之下的活力。这也难怪华盛顿总是熙熙攘攘，汇聚着众多或才华横溢或功勋卓著的人士，让这里显露出与城市大小不相称的魅力。白天，跟随拥挤人流参观不计其数的博物馆（多数免费），到了晚上，则可以前往U St和Logan Circle等繁华区域，在舒适的餐馆里和当地人一起享受当地的佳酿与美食。

历史

美国独立战争（Revolutionary War）之后，南北方的政治家都想把联邦政府建在自己的势力范围内，经过一番争议之后最终才达成这个平衡的结果。由于南方种植园主反对以过于城镇工业化的波士顿、费城和巴尔的摩作为首都，最后南北双方决定在波托马克河岸边13个殖民地的中间位置选定一个城市。马里兰州和弗吉尼亚州捐赠了土地。

1812年战争期间，华盛顿遭到英军焚烧，1846年南岸的蓄奴港口城市亚历山德里亚（Alexandria）被划分给弗吉尼亚州（废除奴隶制是当时首都人们的热门话题）。多年来，华盛顿沿着不同的轨迹发展：一方面是联邦政府所在地；另一方面，城市的贫民区也生活着非裔美国人及海外移民。华盛顿最初由国会管辖，1973年，这个城市终于选举产生了自己的市长沃尔特·华盛顿（Walter Washington，美国主要城市最早的非裔美国人市长之一）。

今天，华盛顿居民与其他美国公民一样纳税，但在国会却没有席位。20世纪90年代末，华盛顿开始大面积中产阶级化。随着2008年奥巴马上台执政，华盛顿声望渐隆——现在纽约人都喜欢到华盛顿来，而不是特区人去纽约！不幸的是，他们的到来拉高了生活成本。华盛顿的物价在全美属于最高水平，而且随着城市的经济蓬勃发展仍会居高不下。

◉ 景点

◉ 国家广场

国家广场，又被称为"美国的前院"，史密

森尼学会(Smithsonian)的大部分博物馆和主要的纪念碑都坐落在这里。在2英里长的草地周围,你能看到林肯纪念堂、华盛顿纪念碑、航空航天博物馆、国家美术馆聚集于此。

★ **林肯纪念堂** 纪念碑

(Lincoln Memorial; www.nps.gov/linc; 2 Lincoln Memorial Circle NW; ⏲24小时; ᗌCirculator; Ⓜ橙线、银线或蓝线至Foggy Bottom-GWU) 免费 国家广场西端坐落着神圣的亚伯拉罕·林肯纪念堂。新古典主义的多利安式圆柱状基座上的林肯雕像平静地凝视着整个倒影池(Reflecting Pool),在北墙和南墙的侧面分别铭刻着《葛底斯堡演说》(*Gettysburg Address*)和《第二次就职演说》(Second Inaugural)。马丁·路德·金(Martin Luther King Jr)正是在林肯纪念堂的台阶上,发表了著名的"我有一个梦想"的演说。留意一下标记着这个地点的雕刻。

★ **国家航空航天博物馆** 博物馆

(National Air and Space Museum; ♪20

在华盛顿的2天

第1天

你算是来到精彩景点的海洋了,林肯纪念堂就像华盛顿特区的标志一样。因为老亚伯就坐落在国家广场的远端,因此这也是一个方便的起点。接下来,往东走,是极具感染力的越战老兵纪念碑(Vietnam Veterans Memorial)。然后是华盛顿纪念碑(Washington Monument; 见302页),你一下子就能看到,因为它是华盛顿特区最高的建筑。

你可以在国家美术馆(National Gallery of Art)的Cascade Cafe,在一个艺术气息浓郁的瀑布旁边吃三明治,然后去探索美术馆。

如果你买好了票,那么就可以去探索非裔美国人历史和文化博物馆(National Museum of African American History and Culture)了。选择一个方向:东侧是现代艺术作品,西侧是印象派和其他经典作品。之后,漫步穿过草坪来到国家航空航天博物馆(National Air and Space Museum; 见本页),天花板上悬挂的东西会令你目瞪口呆。导弹和莱特兄弟的原始飞机超酷。

在Duke's Grocery (♪202-733-5623; www.dukesgrocery.com; 1513 17th St NW; 主菜$12~16; ⏲周一和周二 11:00~22:00,周三和周四 11:00至次日1:00,周五 11:00至次日2:00,周六 10:00至次日2:00,周日 10:00~22:00; 🛜; Ⓜ红线至Dupont Circle) 享用丰盛而低调的晚餐,然后在Bar Charley (见321页)喝一杯香醇的美酒——这里的夜晚充满活力! 不过,如果你更喜欢安静的夜晚,可以在Board Room (见298页地图)玩一些桌面游戏。

第2天

今天可以去参观一些政府机构。从美国国会大厦(见304页)出发,参观摆满雕像的大厅。然后穿过街道,走上最高法院(见304页)的大台阶;但愿你们能听到一个案例论证。隔壁的国会图书馆(见304页)和它50万册书籍非常令人难忘。

你可以在Old Ebbitt Grill (♪202-347-4800; www.ebbitt.com; 675 15th St NW; 主菜$18~28; ⏲周一至周五 7:30至次日1:00,周六和周日 8:30开始营业; ⓂRed, Orange, Silver, Blue Lines至Metro Center)的政客中间吃一个汉堡包当作午餐。

希望你已经提前计划好,并预订了白宫(见305页)之旅。如果没有,那就去白宫游客中心吧。直接到Round Robin,看看是否有大人物和说客在那里推杯换盏。去肯尼迪中心(见322页)观看18:00的免费节目。

之后,在乔治城悠闲的Chez Billy Sud (见319页)尝尝法国菜,然后在Tombs (见322页)等友好的小酒馆里喝上一品脱啤酒。在温暖的夜晚,户外的咖啡馆和划船活动会使乔治城海滨公园(Georgetown Waterfront Park)成为一个热门景点。还可以看一看是否有人在标志性的爵士俱乐部Blues Alley (www.bluesalley.com)演奏。

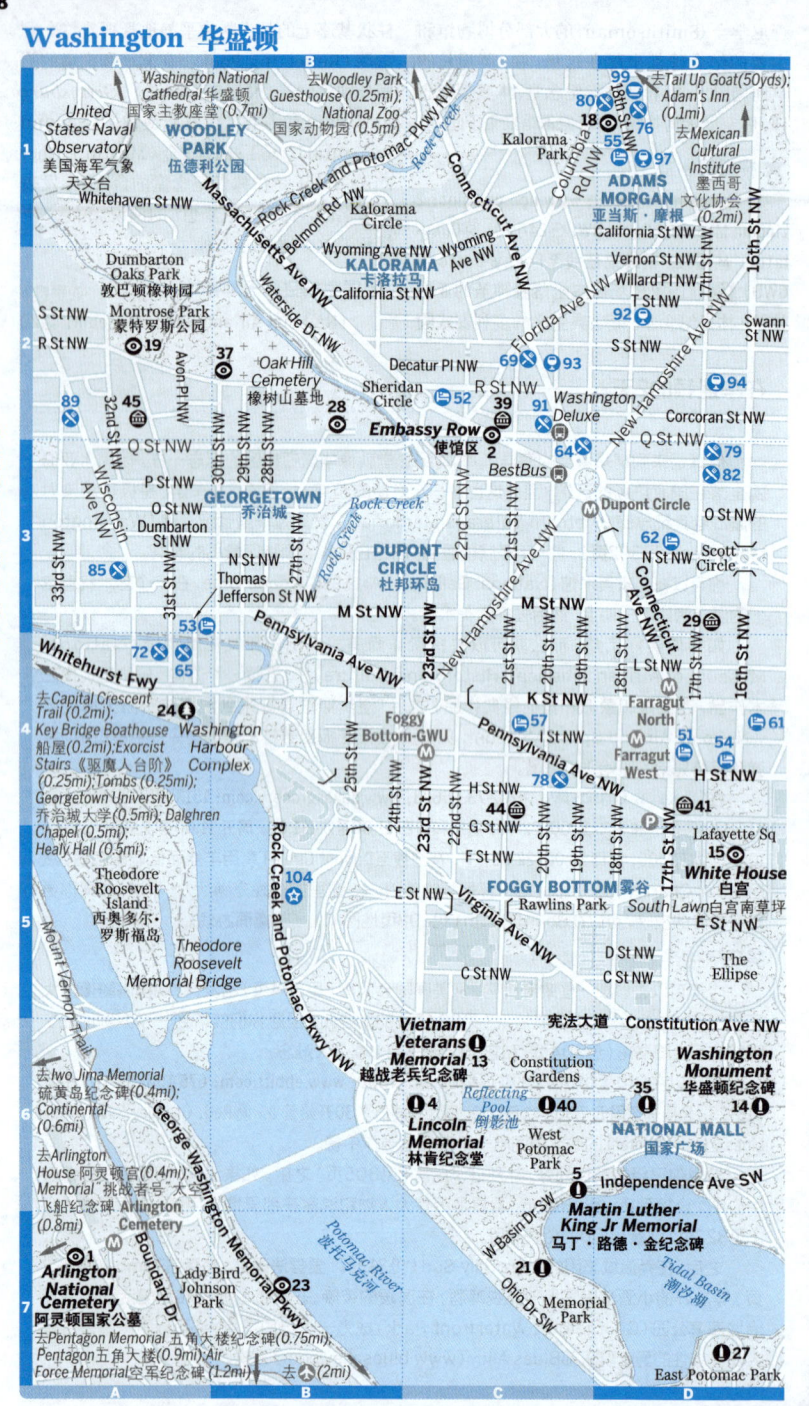

Washington 华盛顿

(Map of Washington, DC showing neighborhoods including Woodley Park 伍德利公园, Kalorama 卡洛拉马, Adams Morgan 亚当斯·摩根, Georgetown 乔治城, Dupont Circle 杜邦环岛, Foggy Bottom 雾谷, National Mall 国家广场, and landmarks such as:)

- United States Naval Observatory 美国海军气象天文台
- Washington National Cathedral 华盛顿国家主教座堂 (0.7mi)
- 去Woodley Park Guesthouse (0.25mi); National Zoo 国家动物园 (0.5mi)
- 去Tail Up Goat (50yds); Adam's Inn (0.1mi)
- Mexican Cultural Institute 墨西哥文化协会 (0.2mi)
- Dumbarton Oaks Park 敦巴顿橡树园
- Montrose Park 蒙特罗斯公园
- Oak Hill Cemetery 橡树山墓地
- Sheridan Circle
- Embassy Row 使馆区
- Washington Deluxe
- BestBus
- Dupont Circle
- Scott Circle
- Thomas Jefferson St NW
- Whitehurst Fwy
- 去Capital Crescent Trail (0.2mi); Key Bridge Boathouse 船屋 (0.2mi); Exorcist Stairs《驱魔人合办》 (0.25mi); Tombs (0.25mi); Georgetown University 乔治城大学 (0.5mi); Dahlgren Chapel (0.5mi); Healy Hall (0.5mi);
- Washington Harbour Complex
- Foggy Bottom-GWU
- Farragut North
- Farragut West
- Lafayette Sq
- White House 白宫
- Theodore Roosevelt Island 西奥多尔·罗斯福岛
- Theodore Roosevelt Memorial Bridge
- Rawlins Park
- South Lawn 白宫南草坪
- The Ellipse
- Constitution Ave NW 宪法大道
- Vietnam Veterans Memorial 越战老兵纪念碑
- Constitution Gardens
- Washington Monument 华盛顿纪念碑
- Reflecting Pool 倒影池
- Lincoln Memorial 林肯纪念堂
- West Potomac Park
- National Mall 国家广场
- Independence Ave SW
- Martin Luther King Jr Memorial 马丁·路德·金纪念碑
- 去Iwo Jima Memorial 硫黄岛纪念碑 (0.4mi); Continental (0.6mi)
- 去Arlington House 阿灵顿宫 (0.4mi); Memorial 挑战者号·太空飞船纪念碑 (0.8mi)
- Arlington Cemetery
- Arlington National Cemetery 阿灵顿国家公墓
- 去Pentagon Memorial 五角大楼纪念碑 (0.75mi); Pentagon 五角大楼 (0.9mi); Air Force Memorial 空军纪念碑 (1.2mi); 去 (2mi)
- Lady Bird Johnson Park
- Potomac River 波托马克河
- Memorial Park
- Tidal Basin 潮汐湖
- East Potomac Park

299

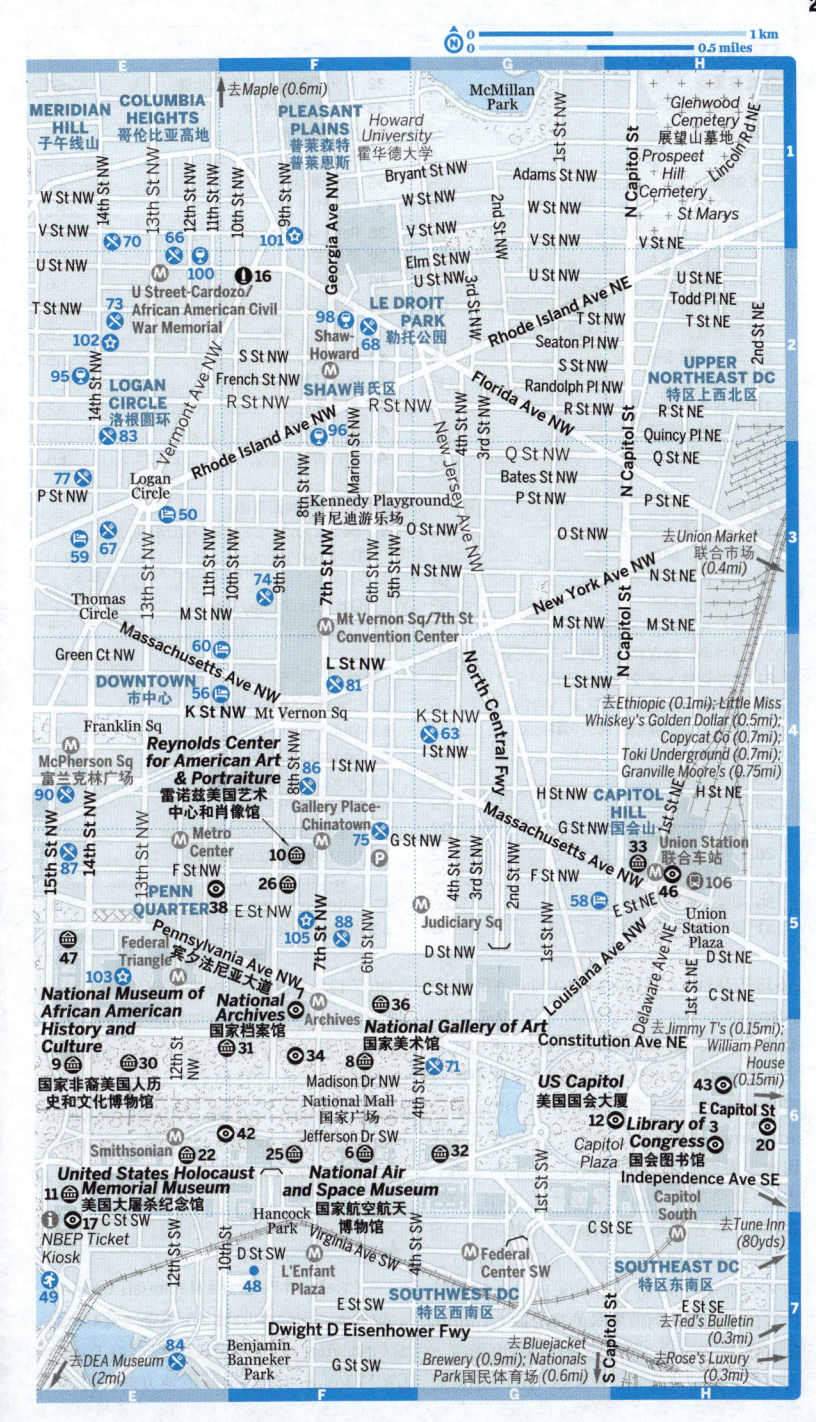

MERIDIAN HILL 子午线山

COLUMBIA HEIGHTS 哥伦比亚高地

去 Maple (0.6mi)

PLEASANT PLAINS 普莱森特普莱恩斯

Howard University 霍华德大学

McMillan Park

Glenwood Cemetery 展望山墓地

Prospect Hill Cemetery

St Marys

Bryant St NW
Adams St NW
W St NW · V St NW · U St NW · T St NW
W St NW · V St NW · U St NW
W St NW · V St NW
U St NE · Todd Pl NE · T St NE

U Street-Cardozo/African American Civil War Memorial

Elm St NW

Georgia Ave NW

LE DROIT PARK 勒托公园

Shaw-Howard

Rhode Island Ave NE

Seaton Pl NE · Randolph Pl NE

UPPER NORTHEAST DC 特区上西北区

S St NW · French St NW

SHAW 肖氏区

R St NW

Florida Ave NW

Q St NE · P St NE

LOGAN CIRCLE 洛根圆环

Vermont Ave NW

Rhode Island Ave NW

Marion St NW

New Jersey Ave NW

Bates St NW

N Capitol St

Quincy Pl NE

Logan Circle

Kennedy Playground 肯尼迪游乐场

O St NW · N St NW

去 Union Market 联合市场 (0.4mi)

Thomas Circle

13th St NW · 12th St NW · 11th St NW · 10th St NW · 9th St NW

7th St NW · 6th St NW · 5th St NW

Mt Vernon Sq/7th St Convention Center

New York Ave NE

N St NE · M St NE

Massachusetts Ave NW

Green Ct NW

L St NW

North Central Fwy

L St NE

DOWNTOWN 市中心

Mt Vernon Sq

K St NW

K St NW

去 Ethiopic (0.1mi); Little Miss Whiskey's Golden Dollar (0.5mi); Copycat Co (0.7mi); Toki Underground (0.7mi); Granville Moore's (0.75mi)

Franklin Sq

McPherson Sq 富兰克林广场

Reynolds Center for American Art & Portraiture 雷诺兹美国艺术中心和肖像馆

I St NW

H St NW · H St NE

CAPITOL HILL 国会山

15th St NW · 14th St NW · 13th St NW

Gallery Place-Chinatown

Metro Center

G St NW

G St NW 国会山

Union Station 联合车站

PENN QUARTER

E St NW

F St NW

Judiciary Sq

F St NE

D St NE

Federal Triangle

Pennsylvania Ave NW 宾夕法尼亚大道

6th St NW

Union Station Plaza

National Museum of African American History and Culture 国家非裔美国人历史和文化博物馆

National Archives 国家档案馆

National Gallery of Art 国家美术馆

Constitution Ave NE

去 Jimmy T's (0.15mi); William Penn House (0.15mi)

Madison Dr NW

US Capitol 美国国会大厦

E Capitol St

Smithsonian

National Mall 国家大草坪

Jefferson Dr SW

Library of Congress 国会图书馆

United States Holocaust Memorial Museum 美国大屠杀纪念馆

National Air and Space Museum 国家航空航天博物馆

Independence Ave SE

Capitol South

去 Tune Inn (80yds)

NBEP Ticket Kiosk

C St SW

Hancock Park

D St SW

L'Enfant Plaza

Virginia Ave SW

Federal Center SW

C St SE

E St SE

SOUTHEAST DC 特区东南区

去 Ted's Bulletin (0.3mi)

去 DEA Museum (2mi)

Benjamin Banneker Park

Dwight D Eisenhower Fwy

G St SW

SOUTHWEST DC 特区西南区

去 Bluejacket Brewery (0.9mi); Nationals Park 国民体育场 (0.6mi)

S Capitol St

去 Rose's Luxury (0.3mi)

华盛顿和大华府地区 · 华盛顿

Washington 华盛顿

◎ 重要景点
- **1** 阿灵顿国家公墓 A7
- **2** 使馆区 C2
- **3** 国会图书馆 H6
- **4** 林肯纪念堂 C6
- **5** 马丁·路德·金纪念碑 C6
- **6** 国家航空航天博物馆 F6
- **7** 国家档案馆 F5
- **8** 国家美术馆 F6
- **9** 国家非裔美国人历史和文化博物馆 E6
- **10** 雷诺兹美国艺术中心和肖像馆 F5
- **11** 美国大屠杀纪念馆 E6
- **12** 美国国会大厦 H6
- **13** 越战老兵纪念碑 C6
- **14** 华盛顿纪念碑 D6
- **15** 白宫 D5

◎ 景点
- **16** 非裔美国人内战纪念碑 F2
- **17** 雕刻与印刷局 E7
- **18** 哥伦比亚区艺术中心 D1
- **19** 敦巴顿橡树园 A2
- **20** 福尔杰·莎士比亚图书馆 H6
- 福特剧院教育和领导力中心 .... (见38)
- **21** 富兰克林·德拉诺·罗斯福纪念堂 C7
- **22** 弗瑞尔·萨克勒亚洲艺术博物馆 E6
- **23** 乔治·华盛顿纪念碑公园路 B7
- **24** 乔治城水畔公园 A4
- **25** 赫希洪博物馆 F6
- **26** 国际间谍博物馆 F5
- **27** 杰斐逊纪念堂 D7
- **28** 锡安山墓地 B2
- **29** 国家地理博物馆 D3
- **30** 美国历史国家博物馆 E6
- **31** 国家自然历史博物馆 F6
- **32** 美洲印第安人国家博物馆 G6
- **33** 国家邮政博物馆 H5
- **34** 国家雕塑花园 F6
- **35** 国家"二战"纪念碑 D6
- **36** 新闻博物馆 F5
- **37** 橡树山墓地 B2
- **38** Petersen House E5
- **39** 菲利普收藏馆 C2
- **40** 倒影池 C6
- **41** 伦威克画廊 D4
- **42** 史密森尼城堡 E6
- **43** 最高法院 H6
- **44** 纺织品博物馆 C4
- **45** 都铎王宫 A2
- **46** 联合车站 H5
- **47** 白宫游客中心 E5

◎ 活动、课程和团队游
- **48** Bike & Roll – L'Enfant Plaza Cycling F7
- DC Brew Tours .... (见10)
- 滑冰场 .... (见34)
- Old Town Trolley Tours .... (见38)
- **49** Tidal Basin Boathouse E7

🛏 住宿
- **50** Chester Arthur House E3
- **51** Club Quarters D4
- **52** Embassy Circle Guest House C2
- **53** Graham Georgetown A3
- **54** Hay-Adams Hotel D4
- **55** HighRoad Hostel D1
- **56** Hostelling International Washington DC E4
- **57** Hotel Lombardy C4
- **58** Kimpton George Hotel G5

2-633-2214; www.airandspace.si.edu; 在6th St与Independence Ave SW交叉路口; ☾10:00~17:30,有时至19:30; 🅿; 🚌Circulator, Ⓜ橙、银、蓝、绿或黄线至L'Enfant Plaza) 免费 国家航空航天博物馆是史密森尼学会博物馆(Smithsonian museums)里最受欢迎的一个,每个人都热切地想看看莱特(Wright)兄弟的飞机、查克·耶格尔(Chuck Yeager)的Bell X-1、查尔斯·林德伯格(Charles Lindbergh)的"圣路易斯精神号"(Spirit of St Louis)、阿米莉亚·埃尔哈特(Amelia Earhart)的精巧红色座机以及阿波罗号的登月舱(Apollo-Lunar Module)。馆内还有IMAX电影院、天文馆和模拟飞行器(每人$8~10)。更多航空电子设备陈列在弗吉尼亚州的史蒂文·乌德沃尔哈齐中心(Steven F Udvar-Hazy Center; ☎703-572-4118; www.airandspace.si.edu/visit/udvar-hazy-center; 14390 Air & Space Museum Pkwy, Chantilly; ☾10:00~17:30; 🅿; ⓂWiehle-Reston East换乘 983路大巴) 免费,该中心是航空航天博物馆的附属机构,放置这里摆不下的展品。

★ 越战老兵纪念碑　　　　　纪念碑

(Vietnam Veterans Memorial; www.nps.gov/vive; 5 Henry Bacon Dr NW; ☾24小时; 🚌Circulator, Ⓜ橙、银或蓝线至Foggy Bottom-GWU) 免费 与华盛顿其他地方的白色光洁

- 59 Kimpton Mason & Rook Hotel E3
- 60 Morrison-Clark Inn E4
- 61 St Regis Washington D4
- 62 Tabard Inn D3

😊 就餐
- 63 A Baked Joint G4
- 64 Afterwords Cafe C3
- 65 Baked & Wired A4
- 66 Ben's Chili Bowl E2
- 67 Birch & Barley E3
- 68 Bistro Bohem F2
- 69 Bistrot du Coin C2
- 70 Busboys & Poets E1
- 71 Cascade Cafe G6
- 72 Chez Billy Sud A4
- 73 Compass Rose E2
- 74 Dabney F3
- 75 Daikaya F5
- 76 Diner D1
- Donburi .... （见18）
- Duke's Grocery .... （见82）
- 77 Estadio E3
- 78 Founding Farmers C4
- 79 Hank's Oyster Bar D3
- 80 Julia's Empanadas D1
- 81 Kinship F4
- 82 Komi D3
- 83 Le Diplomate E2
- Little Serow .... （见82）
- 84 Maine Avenue Fish Market E7
- 85 Martin's Tavern A3
- 86 Matchbox Pizza F4
- 87 Old Ebbitt Grill E5
- 88 Rasika F5
- 89 Simply Banh Mi A2
- 90 Woodward Takeout Food E4
- 91 Zorba's Cafe C2

🍸 饮品和夜生活
- 92 Bar Charley D2
- 93 Board Room C2
- Churchkey .... （见67）
- 94 Cobalt D2
- Columbia Room .... （见74）
- 95 Cork Wine Bar E2
- 96 Dacha Beer Garden F2
- 97 Dan's Cafe D1
- JR's .... （见79）
- Off The Record .... （见54）
- 98 Right Proper Brewing Co F2
- 99 Songbyrd Record Cafe & Music House D1
- 100 U Street Music Hall E2

🎭 娱乐
- 101 9:30 Club F1
- 102 Black Cat E2
- 103 Capitol Steps E5
- Folger Theatre .... （见20）
- 104 肯尼迪中心 B5
- 105 莎士比亚剧团 F5
- Woolly Mammoth Theatre Company .... （见88）

🚌 交通
- BoltBus .... （见106）
- 106 灰狗巴士 H5
- Megabus .... （见106）
- Peter Pan Bus Lines .... （见106）

大理石截然相反，这是一座黑色的"V"形低矮建筑，借此表达越战给人们带来的心理创伤。纪念碑斜入地面，58,300余名阵亡士兵的名字，按阵亡时间排列凿刻在黑色光洁的墙壁上。这是一个微妙而意义深远的纪念碑。令人惊叹的是，这座纪念碑是1981年由时年21岁正在读本科的林璎（Maya Lin）设计的。

★ 国家美术馆　博物馆

(National Gallery of Art; ☎202-737-4215; www.nga.gov; Constitution Ave NW, 在3rd St 与7th St之间; ⊙周一至周六 10:00~17:00, 周日 11:00~18:00; ◻Circulator, Ⓜ绿或黄线至 Archives) 免费 国家美术馆收藏着从中世纪到当代数量惊人的艺术珍品。西翼建筑为新古典主义风格，展出20世纪初的欧洲艺术作品，亮点包括西半球唯一一幅达·芬奇的油画和大量印象派及后印象派作品。东翼建筑由贝聿铭设计，展出毕加索、马蒂斯（Matisse）、波洛克（Pollock）等创作的现代艺术作品，门厅入口处陈列着一个巨大的考尔德（Calder）动态雕塑。比较新的东馆最近进行了重新装修和扩建，令人目眩。一条迷幻的地下通道连接东西两座建筑。

★ 华盛顿纪念碑 　　　　　　纪念碑

（Washington Monument；www.nps.gov/wamo；2 15th St NW；9:00~17:00，6月至8月 至22:00；Circulator，橙、银或蓝线至Smithsonian）**免费** 555英尺（又5英寸）的华盛顿纪念碑由36,000块岩石组成，是该街区最高的建筑物。纪念碑的建造花费了很长时间，用光了最初采石场的所有石头。注意其颜色的轮廓，新旧大理石在建筑的三分之一处相接。该建筑现已因修复而关闭当你拿到本书时，应已重开。

★ 马丁·路德·金纪念碑 　　　　纪念碑

（Martin Luther King Jr Memorial；www.nps.gov/mlkm；1850 W Basin Dr SW；24小时；Circulator，橙、银或蓝线至Smithsonian）**免费** 这座国家广场上最新的纪念碑于2011年开放，是第一座献给一位非裔美国人的纪念碑。30英尺高、名为"希望之石"（Stone of Hope）的马丁·路德·金雕塑出自雕刻家雷宜锌（中国湖南省雕塑院院长）之手，雕塑后的两块巨石代表"绝望之山"（Mountain of Despair）。雕塑周围环绕着刻有他关于民主、正义与和平的名言的墙壁。该纪念碑位于潮汐盆地（Tidal Basin）岸边一处风景宜人的场所。

★ 国家非裔美国人历史和
文化博物馆 　　　　　　　　博物馆

（National Museum of African American History and Culture；844-750-3012；www.nmaahc.si.edu；1400 Constitution Ave NW；10:00~17:30；Circulator，橙、银或蓝线至Smithsonian或Federal Triangle）**免费** 史密森尼学会博物馆中最新的一座，于2016年开放，展示非裔美国人丰富多彩的经历及其在塑造国家方面的贡献。藏品从哈丽特·塔布曼（Harriet Tubman）的赞美诗，到埃米特·提尔（Emmett Till）的棺材，再到路易斯·阿姆斯特朗（Louis Armstrong）的小号应有尽有。这个博物馆非常受欢迎，你需要购买限时门票才能进入。你最好的选择是通过当天的网上公告购买，早上6:30会在博物馆的网站上放票。做好准备，因为门票在几分钟内就会被抢购一空。

国家雕塑花园 　　　　　　　　花园

（National Sculpture Garden；在Constitution Ave NW与7th St NW交叉路口；周一至周四和周六 10:00~18:00，周五 10:00~20:30，周日 11:00~18:00；Circulator，绿或黄线至Archives）**免费** 国家美术馆占地6英亩的花园里遍布稀奇古怪的雕塑，如罗伊·利希滕斯坦（Roy Lichtenstein）的《房子》（House）、克拉斯·欧登伯格（Claes Oldenburg）的巨大打字机擦除器、路易丝·布尔乔亚（Louise Bourgeois）的长腿《蜘蛛》（Spider）等。雕塑分布在一座喷泉的周围，夏季时可以将脚浸在水里感受清凉。11月中旬至次年3月中旬，喷泉会变成热闹的滑冰场（成人/儿童 $8.50/7.50，租用滑冰鞋$3；11月中旬至次年3月中旬周一至周四 10:00~21:00，周五 10:00~23:00，周六 11:00~23:00，周日 11:00~21:00；Circulator，绿或黄线至Archives）。花园会开放得更晚一些。

国家自然历史博物馆 　　　　　博物馆

（National Museum of Natural History；202-663-1000；www.naturalhistory.si.edu；在10th St与Constitution Ave NW交叉路口；10:00~17:30，有时至19:30；；Circulator，橙、银或蓝线至 Smithsonian或Federal Triangle）**免费** 这里的人气并不比史密森尼的博物馆低，因此这里总是人满为患。先跟守卫圆形大厅的大象亨利（Henry）打个招呼，再转到2层观赏"希望之星"（Hope Diamond）。据说这颗45.52克拉的宝石会给拥有者带来厄运，玛丽·安托瓦内特（Marie Antoinette，路易十六的王后，死于法国大革命）就在此列，至少故事里是这样讲的。备受喜爱的恐龙展厅正在整修，要到2019年才能重新开放，不过巨大的乌贼[1层海洋展厅（Ocean Hall）]和喂狼蛛活动[2层昆虫馆（Insect Zoo）]仍能让这个孩子们聚集的场所充满乐趣。

美国历史国家博物馆 　　　　　博物馆

（National Museum of American History；202-663-1000；www.americanhistory.si.edu；在14th St与Constitution Ave NW交叉路口；10:00~17:30，有时至19:30；；Circulator，橙、银或蓝线至Smithsonian或Federal Triangle）**免费** 美国历史博物馆收藏着各种展示美国历史的文物。最重要的展品是1812年战争期间在

巴尔的摩的麦克亨利堡（Fort McHenry）上空飘扬的旗帜，正是它激发了朗西斯·斯科特·基（Francis Scott Key）创作《星条旗永不落》（*The Star-Spangled Banner*）的灵感。其他亮点包括朱莉亚·柴尔德（Julia Child）的厨房（1层美食展区）、乔治·华盛顿的剑[3层"自由的代价"展区（Price of Freedom）]、《绿野仙踪》里桃丽丝（Dorothy）穿的红宝石鞋以及一块普利茅斯岩[Plymouth Rock；与红宝石鞋都在2层美国故事（American Stories）展区]。

杰斐逊纪念堂　　　　　　　　　纪念馆

（Jefferson Memorial；www.nps.gov/thje；900 Ohio Dr SW；◎24小时；▣Circulator，Ⓜ橙、银或蓝线至Smithsonian）**免费** 坐落在潮汐盆地南岸的樱桃树丛中，纪念着第三任美国总统、执政家、《独立宣言》的起草人兼弗吉尼亚大学（University of Virginia）的创办人杰斐逊。纪念堂由约翰·拉塞尔·波普（John Russell Pope）设计，外观很像大学里的杰斐逊图书馆，圆顶构造最初曾被批评家戏谑地称为"杰斐逊的玛芬蛋糕"（Jefferson Muffin）。

国家"二战"纪念碑　　　　　　纪念碑

（National WWII Memorial；www.nps.gov/wwii；17th St；◎24小时；▣Circulator，Ⓜ橙、银或蓝线至Smithsonian）**免费** 在2004年落成，旨在纪念第二次世界大战期间牺牲的40万美国人和在1941年至1945年服役的1600万美国士兵。广场的双拱门象征大西洋战场和太平洋战场取得的胜利。周围的56根柱子各代表美国的一个州或海外领地。

赫希洪博物馆　　　　　　　　　博物馆

（Hirshhorn Museum；☎202-633-1000；www.hirshhorn.si.edu；在7th St与Independence Ave SW交叉路口；◎10:00～17:30；🅟；▣Circulator，Ⓜ橙、银、蓝、绿或黄线至L'Enfant Plaza）**免费** 史密森尼学会博物馆中的这座圆柱形现代艺术博物馆收藏着大量雕塑和油画作品，跨越现代主义早期至波普艺术和当代艺术。2层的环形展区有特别展览。3层则是轮换展出的永久展品，还有宽敞的沙发休息区、从天花板到地面的大落地窗，以及可以观看国家广场的阳台。

史密森尼城堡　　　　　　　　　知名建筑

（Smithsonian Castle；☎202-633-1000；www.si.edu；1000 Jefferson Dr SW；◎8:30～17:30；▣Circulator，Ⓜ橙、银或蓝线至Smithsonian）James Renwick在1855年设计了这座优美的、有塔楼的红砂岩童话式城堡。如今，城堡内部有史密森尼学会游客中心（Smithsonian Visitors Center），游览国家广场前到这里看看还是很不错的。在城堡内部内你会看到历史展品、多语种的触摸屏、有人值守的信息台、免费的地图、一家咖啡馆，学会创始人詹姆斯·史密森（James Smithson）也长眠于此。他的陵寝在国家广场入口旁的一间小屋子里。

弗瑞尔-萨克勒亚洲艺术博物馆　　博物馆

（Freer-Sackler Museums of Asian Art；☎202-633-1000；www.asia.si.edu；在Independence Ave与12th St SW交叉路口；◎10:00～17:30；▣Circulator，Ⓜ橙、银或蓝线至Smithsonian）**免费** 可以在这座令人愉悦的博物馆悠闲地度过一个下午。美观、宁静的展区里摆满日本绢画、面带微笑的佛像、稀有的伊斯兰手稿和中国玉器。弗瑞尔和萨克勒实际上是两个分开的区域，由一条地下通道相连。萨克勒的展品时常更换，而略显不协调的弗瑞尔还收藏有多件美国著名画家詹姆斯·惠斯勒（James Whistler）的作品。不要错过蓝色和金色相间、塞满陶瓷器皿的孔雀展厅（Peacock Room）。

美洲印第安人国家博物馆　　　　博物馆

（National Museum of the American Indian；☎202-663-1000；www.nmai.si.edu；在4th St与Independence Ave SW交叉路口；◎10:00～17:30；🅟；▣Circulator，Ⓜ橙、银、蓝、绿或黄线至L'Enfant Plaza）**免费** 美洲印第安人国家博物馆位于一栋蜜色石灰岩建筑中，该建筑曲线优美，引人注目。馆内详细介绍了美洲印第安人，展出一系列相关的服饰、视频、音频和文物。展品按照不同的部落区分并摆放，说明文字十分详尽，有时甚至过了头，完全跟展品无关乎。位于第4层的"我们的宇宙"馆（Our Universes）展区关注美洲原住民的信仰和对于世界起源的理解，非常有趣。

富兰克林·德拉诺·罗斯福纪念堂　纪念馆

(Franklin Delano Roosevelt Memorial; www.nps.gov/frde; 400 W Basin Dr SW; ◎24小时; ▣Circulator, Ⓜ橙、银或蓝线至Smithsonian) **免费** 罗斯福纪念堂占地7.5英亩，纪念着美国历史上在任时间最长的总统和其主政的年代。游客在四座红色花岗岩"展室"中可以了解从大萧条、新政到第二次世界大战等罗斯福时代的事迹。雕塑和碑文讲述着历史故事，其间有喷泉和宁静的壁龛。在夜间，纪念堂的大理石构造映在波光粼粼的潮汐盆地的景象尤为令人赏心悦目。

◉ 国会山

这座城市的地理和立法中心的大部分都是布满联排住房的住宅小区。这个广阔的地区拥有国会大厦、国会图书馆和大屠杀纪念馆等重要景点。东部市场和H St NE地区是当地人的中心，有令人愉快的餐馆和夜生活。

★ 美国国会大厦　地标

(US Capitol; ☏202-226-8000; www.visitthecapitol.gov; 1st St NE和E Capitol St; ◎周一至周六 8:30~16:30; Ⓜ橙、银或蓝线至Capitol South) **免费** 自1800年以来，这里便是美国政府的立法机关，即国会——起草全国法律的地方。众议院（435席）和参议院（100席）分别在国会大厦的南、北翼召开会议。从位于东广场（East Plaza）地下的游客中心进入国会大厦。导览游免费，但门票数量有限，通常需要排很长的队。最好通过网络提前预订（无手续费）。

这一小时的旅行会向你展示该建筑的详尽背景。首先，你会观看一部"做作"的电影，然后工作人员会带你进入华丽的大厅和嘈杂的房间，里面到处都是几代国会议员的半身像、雕像和个人纪念品。

如果想要在议会期间进行参观，则需要一张单独的通票。美国公民必须从他们的代表或参议员那里获得；外国游客需要在两院预约台（House and Senate Appointment Desks）出示护照申请。如果你关心辩论话题的话，国会委员会的听证会更加有趣（也更有实质性的意义）；请登录www.house.gov和www.senate.gov查询时间表、地点，并看看是否对公众开放（通常开放）。

★ 美国大屠杀纪念馆　博物馆

(United States Holocaust Memorial Museum; ☏202-488-0400; www.ushmm.org; 100 Raoul Wallenberg Pl SW; ◎10:00~17:20，4月至6月中旬延长开放时间; ▣Circulator; Ⓜ橙、银或蓝线至Smithsonian) **免费** 要深刻理解大屠杀，包括屠杀的受害者、施暴者和旁观者，这个博物馆是必去的地方。在主展厅，游客戴上写着一位大屠杀牺牲者姓名的标牌，跟随以贫民窟、火车车厢和死亡集中营为标记的曲折路线，返回地狱般的过去，重新体会那个受害者所遭受的痛苦。馆内同时展示人性的另一面，记录着那些帮助受迫害的公民所承担的风险。

★ 国会图书馆　图书馆

(Library of Congress; ☏202-707-8000; www.loc.gov; 1st St SE; ◎周一至周六 8:30~16:30; Ⓜ橙、银或蓝线至Capitol South) **免费** 世界上最大的图书馆——1.64亿件藏书、手稿、地图、照片、电影和其他藏品——无论从规模上还是建筑设计上都令人赞叹。主要建筑是1897年的杰斐逊大厦（Jefferson Building）。彩绘玻璃、大理石与神话人物镶嵌画装饰的大厅（Great Hall）、古腾堡圣经（Gutenberg Bible；约1455年）、杰斐逊圆形图书馆和阅览室观景区都非常引人注目。建筑内的免费团队游在10:30至15:30间每半小时发团一次。

最高法院　地标

(Supreme Court; ☏202-479-3030; www.supremecourt.gov; 1 1st St NE; ◎周一至周五 9:00~16:30; Ⓜ橙、银或蓝线至Capitol South) **免费** 美国最高法院坐落在一栋希腊神庙式建筑中，该建筑被重达13,000磅的铜门保护着。如果来得早的话，可以聆听法庭辩论（10月至次年4月 周一至周三定期举行）。常设展览及法院的五层大理石和铜制螺旋楼梯全年皆可参观。不开庭的时候，你也可以来听听法庭里的讲座（每小时的半点开始）。当你的参观结束时，一定要从通往庄严前门阶梯的大门离开。

国家邮政博物馆 博物馆

(National Postal Museum; ☎202-633-5555; www.postalmuseum.si.edu; 2 Massachusetts Ave NE; ⊙10:00~17:30; 🅟; Ⓜ红线至Union Station) 免费 史密森尼学会管理的邮政博物馆酷到远远出乎你的意料。一层有展品展示从驿马快信(Pony Express)到现代的邮政发展历史,你会看到古董邮政飞机和士兵与拓荒者们寄出的感人的旧书信。二层拥有世界上最全的邮票收藏。学做个集邮迷拉开抽屉,拍下世界最珍贵邮票的照片(Ben Franklin Z Grill邮票!)吧,也可以从成千上万的免费各国邮票(圭亚那、刚果、柬埔寨……)中做出选择,开始自己的收藏之路。

福尔杰·莎士比亚图书馆 图书馆

(Folger Shakespeare Library; ☎202-544-4600; www.folger.edu; 201 E Capitol St SE; ⊙周一至周六 10:00~17:00,周日中午至17:00; Ⓜ橙、银或蓝线至Capitol South) 免费 莎士比亚迷们在这里一定会欢天喜地,因为图书馆里收藏着全世界最全的莎翁作品。在大厅中漫步,观赏伊丽莎白时代的文物、油画、蚀刻画及手稿。图书馆的亮点是一本珍贵的首版对开本(First Folio),你可以翻阅这部珍贵文集的数字版本。进入令人回味的现场剧场(www.folger.edu/theatre;门票 $30起),它是伊丽莎白时代环球剧院的一个复制品;可以在晚上回来看一场演出。

雕刻与印刷局 地标

(Bureau of Engraving & Printing; ☎202-874-2330; www.moneyfactory.gov; 在14th St与C St SW交叉路口; ⊙3月至8月 周一至周五 9:00~10:45,12:30~15:45和17:00~18:00,9月至次年2月 开放时间缩短; ⓂCirculator,Ⓜ橙、银或蓝线至Smithsonian) 免费 好多钱哦!全美国的纸币都在此设计、印刷。参加带导游讲解的40分钟团队游,你可以偷瞄一眼工作间,那里每天印刷、切割(裁切机好像断头台)的美元有数百万之多。这是一次相当枯燥的旅行;不要期待令人兴奋的视觉效果,也没有活泼的对话。旺季(3月至8月)门票限时。售票亭(Raoul Wallenberg Pl,又称15th St; ⊙8:00至票售完; Ⓜ橙、银或蓝线至Smithsonian)8:00开门,早上早点儿去排队领票。门票通常会在10:00售完。

⊙白宫和雾谷

总统住在该地区的中心。美国国务院(State Department)、世界银行(World Bank)和其他机构坐落在雾谷附近。这里,白天是主要的商业区,而晚上除了肯尼迪表演艺术中心外,其他地方都不太活跃。

★白宫 地标

(White House; ☎团队游202-456-7041; www.whitehouse.gov; 1600 Pennsylvania Ave NW; ⊙团队游 周二至周四 7:30~11:30,周五和周六至13:30; Ⓜ橙、银或蓝线至Federal Triangle或McPherson Sq) 免费 "总统府"建于1792年至1800年之间。如果你足够幸运,可以参加公共团队游入内参观,你会看到主要住宅中的几个房间,每个房间里都有许多关于总统的传说。团队游必须提前预约。美国本国公民可通过本州的国会议员申请,外国公民必须通过本国在华盛顿的大使馆申请。申请可在参观前21天至3个月办理;越早申请越好。

白宫游客中心 博物馆

(White House Visitor Center; ☎202-208-1631; www.nps.gov/whho; 1450 Pennsylvania Ave NW; ⊙7:30~16:00; Ⓜ橙、银或蓝线至Federal Triangle) 免费 进入白宫参观可能很麻烦,所以这里就成为你的备选之地。可以看到罗斯福发表炉边谈话时使用的书桌和林肯用过的橱柜椅,还有全方位介绍白宫各房间的多媒体展示。虽然比不上亲自去白宫所见,但游客中心仍非常出色,可以让你了解关于历任总统的夫人、子女、宠物和晚餐喜好的正史与逸事。

纺织品博物馆 博物馆

(Textile Museum; ☎202-994-5200; www.museum.gwu.edu; 701 21st St NW; 建议捐赠 $8; ⊙周一和周五 11:00~17:00,周三和周四 11:00~19:00,周六 10:00~17:00,周日 13:00~17:00; Ⓜ橙、银或蓝线至Foggy Bottom-GWU)这座博物馆是美国唯一一座纺织品博物馆。展厅分布在两层楼内,陈列着精美的纺织品和地毯。展品每年定期更换数次,每次围绕不同的主题,如有龙图案的亚洲纺织品或来自刚果民主共和国的Kuba布料等。额外的好处是:博物馆与乔治·华盛顿大学(George Washington University)收藏历史地图、绘画、器皿等的华盛顿学会展区位于同一栋建筑内。

伦威克画廊　　　　　　　　　　　博物馆

（Renwick Gallery；202-633-7970；http://renwick.americanart.si.edu；1661 Pennsylvania Ave NW；10:00~17:30；；M橙、银或蓝线至Farragut West）免费 画廊属于史密森尼的庞大博物馆群，位于一座富丽堂皇的1859年的宅邸内。画廊内展出好玩的现代美国工艺品及艺术作品。

⊙ 市中心和潘恩区
（Downtown & Penn Quarter）

潘恩区围绕着在白宫和国会大厦之间延伸的Pennsylvania Ave.向西延伸是市中心。主要景点包括国家档案馆、雷诺兹美国艺术中心和肖像馆，以及福特剧院。这里也是华盛顿特区的剧院区，以及篮球/冰球运动竞技场的所在地。

★ 国家档案馆　　　　　　　　　　地标

（National Archives；866-272-6272；www.archives.gov；700 Pennsylvania Ave NW；10:00~17:30；M绿或黄线至Archives）免费 珍藏在美国国家档案馆的三大文件是《独立宣言》《宪法》和《权利法案》，还有英国《大宪章》四份副本之一，这些藏品总是让人观之而肃然起敬。通过这些文件可以看出，美国的新法律制度在当时的世界是多么激进。装饰朴素的公共地下室（Public Vaults），收藏的历史档案资料是对主展品的补充。

新闻博物馆　　　　　　　　　　　博物馆

（Newseum；www.newseum.org；555 Pennsylvania Ave NW；成人/儿童 $25/15；9:00~17:00；；M绿或黄线至Archives）新闻博物馆有六层，互动性非常强，门票绝对是物有所值。在这里你可以深入研究近年来的重大事件（柏林墙的倒塌、"9·11"事件、卡特里娜飓风），并花上几个小时观看电影素材，浏览普利策奖获奖照片。中央大厅展示新闻报道中描述的著名的FBI物品，其中包括"炸弹怪客"（Unabomber）的小屋和黑帮分子白毛·巴尔杰（Whitey Bulger）的钓鱼帽。

福特剧院教育和领导力中心　　　　博物馆

（Ford's Theatre Center for Education and Leadership；202-347-4833；www.fords.org；514 10th St NW；9:00~17:00；M红、橙、银或蓝线至Metro Center）免费 更多关于林肯的展览。在林肯被枪杀的著名剧院的对面，你会穿过彼得森公寓（Petersen House；www.nps.gov/foth）——林肯去世的地方。从这个博物馆的4楼下来，有一些常设展览，展示了林肯的遗产如何影响当前的政治和流行文化。在2楼可以看到受到林肯启发的领导人。使用福特剧院和彼得森公寓的门票即可进入。

★ 雷诺兹美国艺术中心和肖像馆　　博物馆

（Reynolds Center for American Art & Portraiture；202-633-1000；www.americanart.si.edu；在8th St与F St NW交叉路口；11:30~19:00；M红、黄或绿线至Gallery Pl-Chinatown）免费 如果你只想在华盛顿参观一处博物馆，那么就去由国家肖像馆（National Portrait Gallery）和美国艺术博物馆（American Art Museum）组成的雷诺兹中心吧。简而言之，这两座史密森尼学会管理的博物馆中的美国艺术藏品无与伦比，展厅内摆满了爱德华·霍珀（Edward Hopper）、乔治亚·欧姬芙（Georgia O'Keeffe）、安迪·沃霍尔（Andy Warhol）、温斯洛·霍默（Winslow Homer）等许多大师的作品。

国际间谍博物馆　　　　　　　　　博物馆

（International Spy Museum；202-393-7798；www.spymuseum.org；800 F St NW；成人/儿童 $22/15；4月中旬至8月中旬 9:00~19:00，一年中的其他时间 10:00~18:00；；M红、黄或绿线至Gallery Pl-Chinatown）华盛顿特区最受欢迎的博物馆之一，浮夸、炫目以及或许犯下了"公然将情报收集工作包装得魅力非凡"的罪过。但谁在乎呢?你一定会想看看Q的实验室，而它就是间谍博物馆的感觉。还可以看到詹姆斯邦德的阿斯顿·马丁（Aston Martin）、克格勃的口红式手枪等。孩子们会为这个地方感到疯狂，但要注意：排队需要早来，且队伍很长。可以通过在线预订来减少等待时间。

⊙ 洛根圆环、U Street和哥伦比亚高地

这几个区域近年来的变化之多是华盛

顿其他街区难以企及的。U St是华盛顿最丰富多彩的夜生活区，具有非凡的历史：这里曾是"黑人百老汇"（Black Broadway），在20世纪20年代至50年代见证了艾灵顿公爵（Duke Ellington）和文拉·菲茨杰拉德（Ella Fitzgerald）的精彩表演，在1968年成为种族骚乱的核心区域。在不断的纷扰之后，近年来这里获得重生，迸发出勃勃生机；必须来走一走，你可以穿行在墙上满是涂鸦的小巷、走进火热的音乐夜店和古董店。

U Street是更大的Shaw区域的一部分，后者如今是华盛顿的"it"（魅力难以言表之意）街区。但这里并非时尚到令人生厌——如雨后春笋般兴起的自酿酒吧、咖啡馆都体现着浓郁的当地特色。在那里，邻居们会在一起小酌[学生们也是一样，因为霍华德大学（Howard University）就在这里]。与Shaw相邻的Logan Circle也同样发展迅速：沿着14th St NW走走，拥有魅力主厨的葡萄酒吧、啤酒吧、小吃吧和牡蛎吧随处可见。小巷中坐落着若干古雅宅第，为这一区域增添了贵族气息。

北边的Columbia Heights被认为是拉丁裔移民和潮人的聚集地。这里没有真正的景点，但是廉价的民族风味食物和不起眼的朋克廉价酒吧可供你在夜晚消遣。

华盛顿特区东北部是一大片绿树成荫的住宅区，有几处偏远的景点（和啤酒厂）。自然爱好者有两处迷人的免费风景可以探索，只要你有一辆车，或者不介意长时间的公共交通旅行。

非裔美国人内战纪念碑
纪念碑

（African American Civil War Memorial; www.afroamcivilwar.org; U St和Vermont Ave NW交叉路口；Ⓜ绿或黄线至U St）这座青铜纪念碑位于一座花岗石广场的中心，描绘了手持步枪的战士，是特区第一件由黑人雕塑家埃德·汉密尔顿（Ed Hamilton）创作的主要艺术品。这座雕像的四周环绕着荣誉墙（Wall of Honor），列出了在联邦军队（Union Army）中作战的209,145名黑人士兵，以及与他们并肩作战的7000名白人士兵的名字。你可以通过名录寻找每个团中士兵的姓名。

想要到达那里，你可以通过10th St的出口离开地铁站（下车后就能看到"纪念碑"的标志牌）。

墨西哥文化研究所
知名建筑

（Mexican Cultural Institute; ☎202-728-1628; www.instituteofmexicodc.org; 2829 16th St NW; ⊙周一至周五 10:00~18:00, 周六 正午至16:00; Ⓜ绿或黄线至Columbia Heights）免费 墨西哥文化研究所看起来很封闭，很有气势，但千万不要被吓倒。镀金的古典装饰风格大厦向公众开放，并举办与墨西哥有关的优秀艺术和文化展览。你可以看到迭戈·里维拉（Diego Rivera）的艺术、玛雅宗教艺术作品，或奥塔维奥·帕兹（Octavio Paz）的作品展。请按门铃进入。

杜邦环岛和卡洛拉马
(Dupont Circle & Kalorama)

杜邦由豪华的新餐厅、时尚酒吧、咖啡馆和炫酷的书店组成。它也是这个城市中的同性恋社区的中心。它曾经是世纪之交时百万富翁们的生活地点。如今，这些豪宅里面是华盛顿特区最密集的大使馆聚集地。卡洛拉马坐落在西北角，抬高了奢华场所的底价。

★ 使馆区
建筑

（Embassy Row, 在Observatory和Dupont Circles NW之间的Massachusetts Ave; Ⓜ红线至Dupont Circle）想去环游世界吗？从杜邦环岛出发，沿着Massachusetts Ave向西北漫步，会经过40多个国家的使馆，这些使馆都位于或堂皇或低调的历史宅邸中。突尼斯、智利、土库曼斯坦、多哥、海地——国旗在厚重的大门上方飘扬，标志着是哪个国家的，而深色车窗的三厢四门轿车则可以轻松地从车道上运送外交官来回穿梭。该地区还有另外130个大使馆，但这里是大使馆的主脉。

国家地理博物馆
博物馆

（National Geographic Museum; ☎202-857-7700; www.nationalgeographic.org/dc; 1145 17th St NW; 成人/儿童 $15/10; ⊙10:00~18:00; Ⓜ红线至Farragut North）这个位于国家地理学会（National Geographic Society）总部的博物馆虽然无法与史密森尼博物馆更为广泛的展品相媲美，但如果有好的展览内容的话，

也值得停留。展品来自地球偏远角落的探险活动,这些探险活动都有据可查,展览定期更换。

菲利普收藏馆　　　　　　　　　博物馆

(Phillips Collection; ☎202-387-2151; www.phillipscollection.org; 1600 21st St NW; 周二至周五免费,周六和周日 $10,收费展览 每天 $12; ◎周二、周三、周五和周六 10:00~17:00,周四至20:30,周日 正午至19:00; Ⓜ红线至Dupont Circle)成立于1921年,作为美国第一个现代艺术博物馆,收藏的欧洲和美国艺术品少而精。雷诺阿(Renoir)的《船上的午宴》(*Luncheon of the Boating Party*)是一大亮点,此外还有高更、凡·高、马蒂斯、毕加索以及许多其他伟大艺术家的作品。小巧的展厅位于一座重建的宅邸内,使得你与这些艺术品间的距离出奇的近。在工作日可以免费观赏永久藏品。下载免费应用程序或拨打☎202-595-1839,以获取关于作品的音频导览。

◎ 亚当斯·摩根(Adams Morgan)

亚当斯·摩根长期以来一直是华盛顿有趣的夜生活社区。它也是一个地球村。如今它成为了以18th St NW为中心的喧闹的熔炉。在越来越多的酒吧和众多的时尚美食店中,又出现了许多老式的精品店、唱片店和民族风味的餐馆。

哥伦比亚区艺术中心　　　　　　艺术中心

(District of Columbia Arts Center, 简称DCAC; ☎202-462-7833; www.dcartscenter.org; 2438 18th St NW; ◎周三至周日 14:00~19:00; Ⓜ红线至Woodley Park-Zoo/Adams Morgan) **免费** 草根的哥伦比亚区艺术中心为新兴艺术家提供了一个展示作品的空间。这个800平方英尺的画廊以轮流的视觉艺术展览为特色,而戏剧、即兴表演、前卫音乐剧和其他戏剧作品则在有50个座位的剧院里上演。画廊是免费的,值得进去看看里面有什么展览。

◎ 乔治城(Georgetown)

乔治城是华盛顿特区最具贵族气息的社区,也是精英大学的学生、象牙塔里的学者和外交家的聚集地。时髦的品牌店、黑木酒吧和高档餐厅在街道上林立。可爱的公园和花园为该区的边缘增添了色彩。

敦巴顿橡树园　　　　　　　花园、博物馆

(Dumbarton Oaks; www.doaks.org; ☎202-339-6401; 1703 32nd St NW; 博物馆 免费,花园 成人/儿童 $10/5; ◎博物馆 周二至周日 11:30~17:30, 花园 14:00~18:00; 🚌Circulator)这座历史宅邸的传统式花园占地10英亩,设计精美,好似从故事中直接搬出来的一样,魅力非凡。春季包括许多樱花在内的繁花竞相盛开,芳华打动人心。宅邸建筑本身也值得进入看看,内有精致的拜占庭和前哥伦布时期的艺术品[包括埃尔·格列柯(El Greco)的《探访》(*The Visitation*)],还有一个藏有珍贵书籍的图书馆。

乔治城水畔公园　　　　　　　　　　公园

(Georgetown Waterfront Park; www.georgetownwaterfrontpark.org; Water St NW, 30th St和Key Bridge之间; 🚢; 🚌Circulator)初次约会的情侣、晚上散步的一家人和炫耀自己大游艇的有权有势者们都喜欢来这个公园。公园内的道路两旁有长椅,你可以坐下来欣赏波托马克河上的船只。港口附近的31st St NW聚集着许多户外就餐场所,在这些餐馆环绕当中是一个有着喷泉(冬季成为滑冰场)的圆形多层广场。船坞也在这里,你可以乘观光船沿波托马克河前往弗吉尼亚州的亚历山德里亚(Alexandria)。

乔治城大学　　　　　　　　　　　　大学

(Georgetown University; www.georgetown.edu; ☎202-687-0100; 37th St与O St NW交叉路口; 🚌Circulator)乔治城大学是美国的顶尖高等学府之一,这里的学生聪明、勤奋,也很会玩儿。大学成立于1789年,是美国第一所天主教大学。比尔·克林顿、多位外国显贵和国家元首都是知名的Hoya(乔治城大学及运动队的口号,源自拉丁语hoya saxa,意为"震撼之物")校友。有着中世纪外观的希利堂**Healy Hall**在校园的东门附近,有座非常引人注目的霍格沃茨式钟楼,后面还藏着美观的达尔格伦小堂**Dalghren Chapel**及安静的庭院。

驱魔人台阶　　　　　　　　　　电影外景地

(Exorcist Stairs; 3600 Prospect St NW; 🚌Circulator)向下通往M St的陡峭台阶,是条

受欢迎的慢跑路线，但更出名的还是作为电影外景地，在同名经典恐怖电影《驱魔人》（*The Exorcist*；1973年）中，恶魔附体的卡拉斯神父（Father Karras）就是在这个台阶上失足摔死的。夜晚有雾的时候，这些石阶看起来真是令人毛骨悚然。

都铎王宫 博物馆

（Tudor Place; ☏202-965-0400; www.tudorplace.org; 1644 31st St NW; 1小时房屋团队游 成人/儿童 $10/3，花园自助游 $3; ◎周二至周六 10:00~16:00，周日 正午起，1月闭馆; ☒Circulator）这栋建于1816年的豪宅为新古典主义建筑，房主是托马斯·彼得（Thomas Peter）和玛莎·卡斯蒂斯·彼得（Martha Custis Peter），后者是玛莎·华盛顿（Martha Washington）的继外孙女。如今，这座豪宅已经成为一个小博物馆，特色是从维农山搬来的家具和艺术品，游客可以通过这些藏品了解美国的装饰艺术。占地5英亩的宽阔花园里玫瑰与百合盛开，白杨和棕榈树长得也很茂密。

◎ 华盛顿西北区（上区）
(Upper Northwest DC)

★ 华盛顿国家主教座堂 教堂

（Washington National Cathedral; ☏202-537-6200; https://cathedral.org; 3101 Wisconsin Ave NW; 成人/儿童 $12/8; 周日 门票免费; ◎周一至周五 10:00~17:30，周六 至16:00，周日 8:00~16:00; ☒红线至Tenleytown-AU，换乘南行的30、31、33或37路公共汽车）这座与欧洲天主教堂同样宏伟肃穆的哥特式大教堂，堪称融合了世俗和宗教精神的建筑珍品。这里的彩色玻璃窗不同凡响，去仔细看看"太空之窗"（Space Window），它镶嵌了来自月球的岩石。通过望远镜，可以仔细观看教堂外部的达斯·维达（Darth Vader）滴水兽。参加专业游览能更深入地了解这座宏伟的建筑，可打电话或上网查询时间表。

国家动物园 动物园

（National Zoo; www.nationalzoo.si.edu; ☏202-633-4888; 3001 Connecticut Ave NW; ◎3月中旬至9月 9:00~18:00，10月至次年3月中旬 至16:00，园区 3月中旬至9月 8:00~19:00，10月至次年3月中旬 至17:00; ☒红线至Cleveland Park或Woodley Park-Zoo/Adams Morgan）**免费** 国家动物园内饲养着1800多只动物（属于300多个不同的种类），包括著名的大熊猫美香和添添。其他亮点包括：非洲狮群、亚洲象以及在50英尺高的钢索和连接塔悬空玩耍的猩猩。

🚶 活动
徒步和骑车

Capital Bikeshare 骑车

（☏877-430-2453; www.capitalbikeshare.com; 每1天/3天 $8/17）该公司拥有3700多辆自行车，分布在该地区的440个车站。可当场购买通票（1天或3天）。插入一张信用卡，获取你的驾驶代码，然后解锁一辆自行车。前30分钟是免费的；在那之后，如果你不把自行车停在车站，价格就会飙升。

首都新月栈道 骑车

（Capital Crescent Trail; www.cctrail.org; Water St; ☒Circulator）连接乔治城到马里兰州的毕士达（Bethesda），变化多端，是一条美妙的高人气慢跑和自行车路线。这条长11英里的小径建于一条废弃铁路的路基之上，路面平整，是进行悠闲一日游的良好场所。小径蜿蜒穿过林区和高档社区，沿路还可以观赏到波托马克河的壮丽景观。

划船

Tidal Basin Boathouse 划船

（☏202-479-2426; www.boatingindc.com/boathouses/tidal-basin; 1501 Maine Ave SW; 2人/4人船 租金 $18/30; ◎3月中旬至10月中旬 10:00~18:00; ☒Circulator, ☒橙、银或蓝线至Smithsonian）出租可以在潮汐盆地上使用的脚踏船。一定要带相机。从水面上可以欣赏优美的景色，杰斐逊纪念堂尤为美妙。

Key Bridge Boathouse 划皮划艇

（☏202-337-9642; www.boatingindc.com/boathouses/key-bridge-boathouse; 3500 Water St NW; ◎4月中旬至10月 时间不定; ☒Circulator）位于Key Bridge下，该船屋出租独木舟、皮划艇和站立式划桨冲浪板（租金每小时$16起）。夏季也提供时长90分钟的导览皮划艇行程（每人$45），在日落时分经过林肯纪念堂。

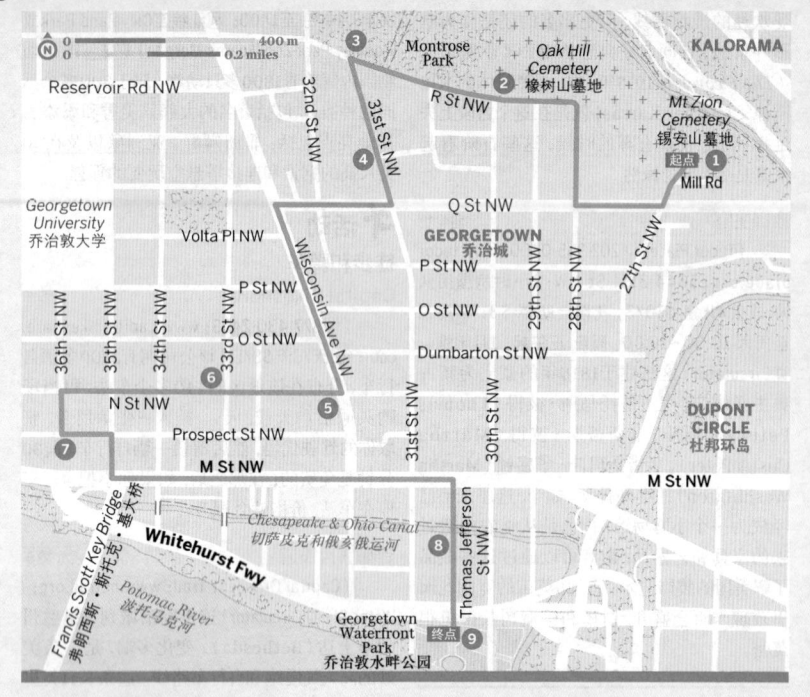

步行游览
温文尔雅的乔治城

起点: 锡安山墓地
终点: 乔治城水畔公园
距离: 3英里
需时: 3小时

非裔美国人的 ❶ **锡安山墓地**在27th St和Q St交叉路口。附近的教堂曾是"地下铁道"运动的站点：逃亡的奴隶就藏在墓地的拱顶下。

❷ **橡树山墓地**（周一至周五 9:00~16:30，周六 11:00~16:00，周日 13:00~16:00）的入口在30th St和R St NW交叉路口，与锡安山墓地相距一两个街区之遥。在尖顶墓碑林立的墓园漫步，寻找华盛顿的名人墓穴，例如埃德温·斯坦顿（林肯的战时秘书）。在 ❸ **敦巴顿橡树园**（见308页）欣赏室内精美的拜占庭艺术和室外点缀着喷泉的花园，春季时繁花似锦，景色令人赞叹。

乔治·华盛顿的继外孙女Martha Custis Peter是 ❹ **都铎王宫**（见309页）的所有者。这栋新古典主义的豪宅位于31st St NW的1644号。室内展出从维农山庄搬来的、乔治·华盛顿曾用过的部分家具，院落的景观也很漂亮。

直奔Wisconsin Ave NW的 ❺ **Martin's Tavern**（www.martinstavern.com），肯尼迪就是在这里向杰奎琳求婚的。沿N St走，你将经过位于3300街区的几栋联邦风格的联排屋。1958年至1961年，肯尼迪一家曾住在 ❻ **N St街3307号**，之后他们就搬到了白宫。

在36th NW和Prospect Sts的路口，看看 ❼ **驱魔人台阶**（见308页），在1973年的恐怖电影《驱魔人》中，被魔鬼附体的卡拉斯神父就丧生于此。白天，跑步的人会经过这里，晚上，台阶上阴森森的，十分恐怖。

直奔M St NW，逛逛古董店和高端连锁店，在财力允许的范围之内挑选商品。在Thomas Jefferson St右转，循着香味找到 ❽ **Baked & Wired**（见319页），开始享用纸杯蛋糕和卡布奇诺吧。从这里前往 ❾ **乔治城水畔公园**（见308页），可以在那里眺望波托马克河上往来的船只和进行一些其他活动。

如果有自行车的话，沿首都新月栈道骑行再步行很短的距离即可到达船屋。

👉 团队游

DC by Foot
徒步

（☎202-370-1830；www.freetoursbyfoot.com/washington-dc-tours）这个步行游览行程的费用随您心意任意给，途中会讲述有趣的故事和历史细节，包括国家广场、林肯遇刺的场所、杜邦环岛的鬼怪和其他多种路线。多数参加者每人支付约$10。请提前预订。

DC Metro Food Tours
徒步

（☎202-851-2268；www.dcmetrofoodtours.com；每人$30-65）这些徒步游可以探索不同社区的美食，并可以在沿途多次停下来品尝。提供的服务包括东部市场（Eastern Market）、U St、小埃塞俄比亚（Little Ethiopia）、乔治城和弗吉尼亚州的亚历山德里亚（Alexandria）。大部分团队游的时间是1.5至3.5小时，出发地点不同。

DC Brew Tours
巴士游

（☎202-759-8687；www.dcbrewtours.com；801 F ST NW；团队游$65-90；Ⓜ红、黄或绿线至Gallery Pl-Chinatown）乘车参观三到四家啤酒厂。路线各不相同，但可能包括DC Brau、Bardo、Capital City和Port City等站点。5个小时的短途旅行包括品尝15种以上的啤酒和一顿以啤酒为中心的餐食。3.5小时的"品酒与观光"之旅将会在林肯纪念堂、五角大楼等地停留。从市中心的雷诺兹中心（Reynolds Center）出发。

Bike & Roll – L' Enfant Plaza Cycling
骑车

（☎202-842-2453；www.bikeandrolldc.com；955 L' Enfant Plaza SW；团队游 成人/儿童$45/35；◷3月中旬至12月上旬；Ⓜ橙、银、蓝、黄或绿线至L' Enfant Plaza）这家自行车租赁公司的分店（每两小时$16起）是距离国际广场最近的一家。除了自行车租赁外，它还提供团队游服务。3个小时的骑行包括前往国会山和国家广场的主要景点。

Old Town Trolley Tours
巴士游

（☎202-832-9800；www.trolleytours.com；1001 E St NW；成人/儿童$40/30；Ⓜ红、橙、银或蓝线至Metro Center）这款敞篷式巴士可以随上随下，将带你探索国家广场、阿灵顿和市中心附近的25个主要景点。该公司还提供了"月光下纪念碑之旅"和"DC Ducks之旅"，后者指乘坐一辆水陆两栖车辆进入波托马克（Potomac）。可在华盛顿接待中心（Washington Welcome Center；1001 E St NW）、联合车站（Union Station）或网上购票。

🎊 节日和活动

独立日
文化节

（Independence Day；◷7月4日）毫无疑问，独立日是这里的重大节日之一，届时国家广场将会有庆祝游行、露天音乐会和焰火表演。7月4日，大批人群聚集在国家广场上欣赏乐队游行，并聆听国家档案馆台阶上朗读的《独立宣言》。之后，国家交响乐团（National Symphony Orchestra）在国会大厦的台阶上举行一场音乐会，然后是大型烟花表演。

国家樱花节
文化节

（National Cherry Blossom Festival；www.nationalcherryblossomfestival.org；◷3月下旬至4月中旬）华盛顿特区年历上的一大亮点，人们会在潮汐盆地划船、傍晚在灯笼下漫步、举办文化博览会和游行活动来庆祝春天的到来。该节日从3月下旬到4月中旬举办，持续3周，同时会纪念1912年日本赠送的3000棵樱桃树。届时是华盛顿一年中最美的时候。

史密森尼民俗节
文化节

（Smithsonian Folklife Festival；www.festival.si.edu；◷6月下旬至7月上旬；👪；🚌Circulator，Ⓜ橙、银、蓝、绿或黄线至L' Enfant Plaza）这个欢乐的家庭活动在6月下旬至7月上旬间举行，持续10天，集中展现国际和美国文化，还有民间音乐演奏、舞蹈表演、手工艺展出、讲故事和民族食物供应，其亮点是不同国家和地区的多样性。该节日在国家广场的东端举行。

🛏 住宿

🛏 国会山

William Penn House
酒店 $

（☎202-543-5560；www.williampennhouse.

org; 515 E Capitol St SE; 铺 $45~55; ❄️✳️@; M 橙、银或蓝线至Capitol South或Eastern Market）这个友好的酒店由贵格（是基督教的一个教派）信徒Quaker经营，提供干净、维护良好的宿舍，并有较多的浴室可供使用。这里总共有30张床铺，包括一间供家庭使用的四床房（每晚$150）。使用这里的设施不需要遵照宗教习惯，但整个酒店都拥有宗教主题，而且它更欢迎积极主动的客人。

Kimpton George Hotel　　　精品酒店 $$

（📞202-347-4200；www.hotelgeorge.com；15 E St NW; 房间 $269~389; P❄️✳️@🛜; M 红线至Union Station）华盛顿第一家时尚的精品酒店，如今仍是同类住宿场所中的佼佼者。内部装饰大胆，摆放着镀铬和玻璃家具以及现代艺术品。奶白色调的客房散发着浓浓的禅韵。波普艺术绘画稍嫌过多（美国当代绘画作品，富有艺术感地重新剪切和拼贴过），但对于这个国会山地区最时髦的酒店来说，这个小小的缺点有谁会介意呢？

🏨 白宫和雾谷

Club Quarters　　　酒店 $$

（📞202-463-6400；www.clubquarters.com/washington-dc; 839 17th St NW; 房间 $179~259; P❄️✳️@🛜; M 橙、银或蓝线至Farragut West）这是家一切都有条不紊的酒店，住客往往是行色匆匆的商旅人士。房间很小也没有可看的景色，缺乏魅力或个性，不过床很舒适，书桌很实用，Wi-Fi足够快，咖啡机也备着足够的原料。对了，在房费高上天的区域，这里的价格还是合理的。

★ Hotel Lombardy　　　历史酒店 $$

（📞202-828-2600；www.hotellombardy.com; 2019 Pennsylvania Ave NW; 房间 $180~330; P❄️✳️@🛜; M 橙、银或蓝线至Foggy Bottom-GWU）这家欧式精品酒店的装饰装修是威尼斯风格（百叶门、温暖的金色墙壁），深受世界银行和美国国务院等商界和政界人士喜爱，员工会说多国语言，酒店也因此透着国际范儿——大堂里法语和西班牙语的应用广泛程度不亚于英语。房间的装饰也是国际风格，配有原创艺术品以及来自中国和欧洲的古玩。

★ Hay-Adams Hotel　　　遗产酒店 $$$

（📞202-638-6600；www.hayadams.com; 800 16th St NW; 房间 $400起; P❄️✳️@🛜; M 橙、银或蓝线至McPherson Sq）城里最好的老房子酒店之一，所在的古老建筑很美丽，高度"仅低于白宫"。酒店里有个王宫般的大堂，就客房（云朵一般柔软的床垫、四柱有篷床和缠金丝的流苏）而言，或许是老式豪华酒店中最好的。

St Regis Washington　　　酒店 $$$

（📞202-638-2626；www.stregiswashingtondc.com; 923 16th St NW; 房间 $500起; P❄️✳️@🛜; M 橙、银或蓝线至McPherson Sq）新文艺复兴风格的 St Regis是这个城市最宏伟的酒店之一。对于一座设计得像意大利宫殿一样的建筑，你还能说什么？房间如你想象般是镀金的，在浴室的镜子里，你可以看到手工雕刻的衣橱、双盆的大理石盥洗池和嵌入式的电视。Wi-Fi每天要花费$7。

🏨 市中心和潘恩区

Hostelling International Washington DC　　　青年旅舍 $

（📞202-737-2333；www.hiwashingtondc.org; 1009 11th St NW; 铺 $33~55, 房间 $110~150; ❄️✳️@🛜; M 红、橙、银或蓝线至Metro Center）这家青年旅舍面积大，气氛友好，是经济型住处的首选，吸引了大批来华盛顿游玩的外国游客。设施齐备，有大堂、台球桌、专为电影之夜配备的60英寸电视、免费团队游、免费欧式早餐和免费Wi-Fi。

Morrison-Clark Inn　　　历史酒店 $$

（📞202-898-1200；www.morrisonclark.com; 1011 L St NW; 房间 $180~310; P❄️@🛜; M 绿或黄线至Mt Vernon Sq）这个优雅的酒店由两栋属于国家历史名胜（Register of Historic Places）的、建于1864年的维多利亚式住宅组成，共有114个房间。酒店内有美丽的古董、泪滴吊灯和镀金镜子。在隔壁改作他用的中国教堂里，还有一个亚洲装饰风格的新址。这听起来可能有些奇怪，但总体效果还是美丽而不失庄严的。

洛根圆环、U Street和哥伦比亚高地

★ Chester Arthur House　　　民宿 $$

(☎877-893-3233; www.chesterarthurhouse.com; 23 Logan Circle NW; 房间 $180~215; ❄❉☎; Ⓜ绿或黄线至U St) 在这座Logan Circle的漂亮联排屋内的4间客房中选一间打个盹儿吧。民宿距P St和14th St的就餐场所仅几步之遥。建于1883年的土砖建筑里装饰着水晶吊灯、古董油画、东方地毯和红木板楼梯,还有店主环游世界过程中收集的纪念品。

Kimpton Mason & Rook Hotel　　酒店 $$

(☎202-742-3100; www.masonandrookhotel.com; 1430 Rhode Island Ave NW; 房间 $189~399; ℙ❄❉@☎❄❉; Ⓜ橙、银和蓝线至McPherson Sq) 🍃Mason & Rook位于时尚的14th St附近的一个绿树成荫的社区里,感觉就像你那温文尔雅的朋友的时髦公寓。大堂就像一个漂亮的客厅,有舒适的座位、书架和不拘一格的艺术品。大客房里有豪华的纺织品、深色木材和皮革装饰,还有带有步入式淋浴房的大理石浴室。酒店提供的免费自行车可以便于你在城里四处游玩。

杜邦环岛和卡洛拉马

Embassy Circle Guest House　　民宿 $$

(☎202-232-7744; www.dcinns.com; 2224 R St NW; 房间 $200~310; ❄❉☎; Ⓜ红线至Dupont Circle) 这栋1902年的法式乡村风格住宅周围是各国使馆,距杜邦环岛喧嚣的夜生活核心区仅几个街区。11间有大窗的客房地面铺着波斯地毯,墙上挂着原创艺术品;没有电视,不过每个房间都有Wi-Fi。餐食全天提供,有机早餐热气腾腾,饼干做下午点心,晚上还供应葡萄酒和啤酒。

★ Tabard Inn　　　精品酒店 $$

(☎202-785-1277; www.tabardinn.com; 1739 N St NW; 房间 $200~270, 不带浴室 $115~170; ❄❉@☎; Ⓜ红线至Dupont Circle) 酒店的名字来自《坎特伯雷故事集》(*The Canterbury Tales*),房间分布在3座维多利亚风格的联排屋中。想要概括40间客房的特点有些困难:所有房间都复古装饰,如铁床架和翼式靠背椅等,不过还是有些细节各具特色。不过它们不是唯一吸睛的东西——这里有马蒂斯风格彩绘床屏,那里有阿米什式床品等。没有电视,Wi-Fi时有问题,但酒店洋溢着浓郁的历史气息。

亚当斯·摩根

Adam's Inn　　　民宿 $

(☎202-745-3600; www.adamsinn.com; 1746 Lanier Pl NW; 房间 $109~240, 不带浴室 $89~110; ℙ❄❉@☎; Ⓜ红线至Woodley Park-Zoo/Adams Morgan) 这家有着27个房间的民宿位于一条绿树成荫的街道上,以个性化服务、松软的床单和距国际化的18th St仅几个街区的便利位置闻名。迷人、舒适的客房分布在两栋相邻的联排屋和一栋马车房里。公共区域有个出色的花园中庭,总体上给人的感觉像一块散发着雪利酒味道的印花棉布。

HighRoad Hostel　　　青年旅舍 $

(☎202-735-3622; www.highroadhostels.com; 1804 Belmont Rd NW; 铺 $42~60; ❄❉☎; Ⓜ红线至Woodley Park-Zoo/Adams Morgan) HighRoad的维多利亚式联排屋的外观掩盖了其品牌的新内饰。现代化的多人间有好几种布局:4张到14张床的宿舍——一些是男女混合住宿,另一些是男女分开住宿。所有的房间都有白色的墙壁,灰色的金属床铺和黑色的柜子。这里有一个很好(尽管很小)的社区厨房,还有一个带有壁炉的公共房间,以及一台巨大的Netflix有线电视。"夜猫子"们可以在18th St附近吃宵夜。

乔治城

Graham Georgetown　　　精品酒店 $$

(☎202-337-0900; www.thegrahamgeorgetown.com; 1075 Thomas Jefferson St NW; 房间 $200~375; ℙ❄❉@☎; 🚌Circulator) 位于乔治城中心,集传统与时尚于一身。宽敞客房贴着优雅的花朵墙纸,银色、奶油色和黑色的家具上有突出的深红色几何图案,色彩明艳,就连最"简陋"的客房也铺着爱尔兰Liddell牌的亚麻床单,浴室有欧舒丹(L'Occitane)的洗漱用品——用过这些名牌洗漱用品,你

会干干净净、香喷喷的，像乔治城社会名流一样优雅迷人。

🍴 就餐

一场本土美食革命改变了华盛顿一度保守的餐饮界。城市边缘的农场、蓬勃发展的当地经济和越来越多年轻居民的拥入，推动了华盛顿餐饮行业的发展。如今由厨师掌舵的小型独立餐馆引领着前进的道路。它们做得很好，米其林认为这些餐馆可以成为这座城市中当之无愧的明星。

🍴 国会山

长期以来，国会山一直是华盛顿特区汉堡店的一个前哨站，它是一个朴实无华的地方，你可以卷起袖子，在汉堡上涂上番茄酱，再喝上一瓶啤酒，饱餐一顿。这个社区到处都是时髦、高档的餐馆，特别是Pennsylvania Ave、Barracks Row(8th St SE，靠近海军陆战队兵营)和Navy Yard(靠近棒球公园)一带。在联合车站以东的H St NE有很多的活动。以前破旧的地区，从4th St至14th Sts NE一带，出现了各种有趣的、不寻常的餐馆和酒吧。

Toki Underground   亚洲菜 $

(📞202-388-3086；www.tokiunderground.com；1234 H St NE；主菜 $13~15；⊙周一至周四 11:30~14:30和17:00~22:00，周五和周六 至午夜；🚇红线至Union Station换乘有轨电车)餐馆不大，菜式以香辣的拉面和饺子为主。锅上的蒸汽模糊了忙碌的厨师；客人大快朵颐。预订数量有限，因此门口总是排着长队。趁机去周围的酒吧转转——排到你的时候，Toki会给你发短信。餐馆没有招牌，你只要找到"Pug"酒吧的招牌就行，餐馆就在酒吧楼上。

Maine Avenue Fish Market   海鲜 $

(1100 Maine Ave SW；主菜 $7~13起；⊙8:00~21:00；🚇橙、银、蓝、黄或绿线至L' Enfant Plaza)味道刺激的露天鱼市Maine Avenue Fish Market是这里的地标。不苟言笑的摊贩出售活蹦乱跳的鱼类、螃蟹、牡蛎和其他海鲜。当地人就在你眼前杀鱼、剥蟹、撬牡蛎壳，然后煎炒烹炸，做成各种美味菜肴。你可以到水边的长凳上惬意地品尝(要小心海鸥！)。

Jimmy T's   美式小馆 $

(📞202-546-3646；501 E Capitol St SE；主菜 $6-10；⊙周二至周五 6:30~15:00，周六和周日 8:00开始营业；🐾；🚇橙、银或蓝线至Eastern Market) Jimmy T's是一家老式的社区餐馆，人们可以带着他们的狗进来用餐，挤在一起阅读《邮报》(Post)、享用汉堡、咖啡或煎蛋卷(早餐全天供应)，自娱自乐。如果你周日在Cap Hill宿醉，可以来这里吃点油腻的食物解酒。只收现金。

Ted's Bulletin   美国菜 $$

(📞202-544-8337；www.tedsbulletincapitolhill.com；505 8th St SE；主菜 $11~19；⊙周日至周四 7:00~22:30，周五和周六 至23:30；🐾；🚇橙、银或蓝线至Eastern Market)这家装饰艺术风格的餐馆气氛轻松愉快。早餐有啤酒饼干和香肠，晚餐提供加番茄酱的烘肉卷，此外也有其他美味的食物。你会感谢有个地方能让你吃一点烤土司，终于不用吃果酱馅饼了。全天供应早餐食物。

Ethiopic   埃塞俄比亚菜 $$

(📞202-675-2066；www.ethiopicrestaurant.com；401 H St NE；主菜 $13~19；⊙周二至周四 17:00~22:00，周五至周日 正午起；🐾；🚇红线至Union Station)华盛顿虽然有许多埃塞俄比亚风味餐馆，但这家是其中最好的。各式wat(炖菜)和羊羔肉加许多草药、香料制作的招

> **当 地 知 识**
>
> ### 美食街
>
> **14th St NW(洛根圆环)** 是华盛顿最热闹的美食街：有众多走红主厨制作的美食和多家酒吧。
>
> **18th St NW(亚当斯·摩根)** 汇聚韩国、西非、日本和拉丁等世界风味，深夜时还供应小吃。
>
> **11th St NW(哥伦比亚高地)** 不断变化的时尚咖啡馆和前卫美食小酒馆。
>
> **8th St SE(国会山)** 又称Barracks Row，是当地人最爱，品尝爽心美食的理想场所。
>
> **H St NE(国会山)** 由咖啡馆、面条店和美食酒馆组成的时尚街区。

牌菜tibs（蔬菜炖肉）都令人赞不绝口。这里还供应许多素食菜肴。

★ Rose's Luxury　　　　　　　美国菜 $$$

（☎202-580-8889；www.rosesluxury.com；717 8th St SE；小盘$13~16，家庭式大盘$28~33；⊙周一至周六 17:00~22:00；Ⓜ橙、银或蓝线至Eastern Market）米其林星级餐厅Rose's是华盛顿最受关注的餐馆之一。成群的食客享用着家常南方爽心美食，就餐区域是半装修的工业风，座位上方灯光闪烁，周围则摇曳着烛光。这里不接受预订，不过在楼上的吧台点餐可以节省些时间（鸡尾酒相当好）。

🍴 白宫和雾谷

Woodward Takeout Food　　　美国菜 $

（☎202-347-5355；http://woodwardtable.com；1426 H St NW；主菜$7~11；⊙周一至周五 7:30~16:30；Ⓜ橙、银或蓝线至McPherson Sq）Woodward Takeout是Woodward Table（一家时尚的，可以坐下来用餐的餐馆）的一家小外卖店。来这里吧：加入上班族的队列，尝一尝鸭肉鲁宾三明治、自制的发酵黑麦面包或奶油胡桃南瓜面包。队伍移动得很快。早餐时间也很繁忙，脆饼干鸡蛋三明治和咸巧克力羊角面包不断飞出厨房。

有零星几个紧凑的餐桌提供餐位。你可以通过网站预订，节省一些等待时间。

Founding Farmers　　　　　　美国菜 $$

（☎202-822-8783；www.wearefoundingfarmers.com；1924 Pennsylvania Ave NW；主菜$15~28；⊙周一 7:00~22:00，周二至周四 7:00~23:00，周五 7:00至午夜，周六 9:00至午夜，周日 9:00~22:00；🍴；Ⓜ橙、银或蓝线至Foggy Bottom-GWU或Farragut West）🍴餐馆很热闹，有不少装着腌菜的坛子。外观集乡村淳朴和现代艺术于一身，反映着这里食物的特征：当地食材制作的新派美国菜。脱脂奶炸鸡和松饼，奶油胡桃南瓜和卡邦尼意大利饺子等都是食客们的最爱。餐馆位于世界货币基金组织（IMF）大厦内。

🍴 市中心和佩恩区

★ A Baked Joint　　　　　　　咖啡馆 $

（☎202-408-6985；www.abakedjoint.com；440 K St NW；主菜$5~11；⊙周一至周四 7:00~20:00，周五 7:00~21:00，周六和周日 8:00~20:00；Ⓜ红、黄或绿线至Gallery Pl-Chinatown）在柜台前点餐，然后拿着你那可口的自制面包三明治——也许是烤红薯和山羊奶酪佛卡夏面包，或者是全麦发酵Nutella香蕉面包——到宽敞且开放的房间里的长椅或桌子上用餐。自然光透过落地窗直射进来。不饿吗？这也是一个品尝精良的拿铁咖啡的好地方。

Daikaya　　　　　　　　　　日本菜 $

（☎202-589-1600；www.daikaya.com；705 6th St NW；主菜$12~14；⊙周日和周一 11:00~22:00，周二和周三 至22:30，周四至周六 至23:00；Ⓜ红、黄或绿线至Gallery Pl-Chinatown）提供两种就餐选择。楼下是气氛随意的拉面馆，当地人蜂拥而至，和朋友们一起坐在锃亮的木卡座，哧溜哧溜地大吃面条。楼上则是供应清酒的居酒屋，午餐时段有盖饭，晚餐供应小盘鱼类菜肴。注意，在午餐和晚餐之间（即14:00~17:00）楼上不营业。

Rasika　　　　　　　　　　　印度菜 $$

（☎202-637-1222；www.rasikarestaurant.com；633 D St NW；主菜$14~28；⊙周一至周五 11:30~14:30🍴；Ⓜ绿或黄线至Archives）Rasika非常前卫，这在印度餐馆中相当少见。这里弄得像是斋浦尔宫殿并摆满各种现代主义的绘画。招牌菜是murgh mussalam——一盘多汁的印度烤鸡搭配腰果和鹌鹑蛋。Dal（小扁豆）菜看着简单，其实加了葫芦巴，令人唇齿留香。素食者能在这家餐馆找到喜爱的食物。

Matchbox Pizza　　　　　　　　比萨 $$

（☎202-289-4441；www.matchboxrestaurants.com；713 H St NW；10寸比萨饼$13~15；⊙周一至周四 11:00~22:30，周五 11:00~23:30，周六 10:00~23:30，周日 10:00~22:30；🍴；Ⓜ红、黄或绿线至Gallery Pl-Chinatown）这里的比萨非常美味，座无虚席的餐馆里面装饰着裸露的砖墙，给人一种温暖的感觉。它为什么这么好吃呢？起泡的薄面饼由天使制成，然后夹入新鲜食材。哦，这里的啤酒单也很时尚，有比利时啤酒和桶装啤酒。提前预订以避免等待。

Kinship 美国菜 $$

(📞202-737-7700; http://kinshipdc.com; 1015 7th St NW; 主菜 $16-28; ⏰周六至周五 17:30~22:00; Ⓜ黄或绿线至Mount Vernon Square 7th Street-Convention Center) 让你的朋友们聚在一起,在埃里克·齐伯德(Eric Ziebold)的米其林星级餐厅里享受一个欢乐的夜晚。菜单分为5个大类,承载了大厨的热情:配料(蛤蜊、罗汉鸭)、历史(经典)、工艺(使用烹饪技术)、口味(鱼子酱、白松露)和For the Table。

★ Dabney 美国菜 $$

(📞202-450-1015; www.thedabney.com; 122 Blagden Alley NW; 小拼盘 $14~22; ⏰周二至周四 17:30~22:00, 周五和周六 17:30~23:00, 周日 17:00~22:00; Ⓜ黄或绿线至Mount Vernon Square/7th St-Convention Center) 厨师Jeremiah Langhorne研究了历史烹饪书籍,在探求复活失落多年的大西洋中部菜肴的过程中,发现了一些采用本地食材、展现罕见风味的食谱。大部分菜肴甚至是用木柴烹饪出来的。但这并不是乔治·华盛顿式的复古风。兰霍恩在里边加上了现代的创新,这足以让他赢得米其林一星。

✕ 洛根圆环、U Street和哥伦比亚高地

★ Ben's Chili Bowl 美国菜 $

(📞202-667-0909; www.benschilibowl.com; 1213 U St; 主菜 $6~10; ⏰周一至周四 6:00至次日 2:00, 周五 6:00至次日4:00, 周六 7:00至次日4:00, 周日 11:00至午夜; Ⓜ绿或黄线至U St) 一家特区本地餐厅,主要供应当地肉类制作的烟熏热狗(half-smoke, 肉更多,烟熏时间更长),通常涂抹大量芥末酱,配许多洋葱和辣椒(店名的由来)。60年来,多位总统、摇滚明星和高级法院的法官们都曾在这家简陋的小馆享用美食;尽管有着关于大牌食客的炒作,这里仍是一家平易近人的餐馆。只收现金。

★ Compass Rose 各国风味 $$

(📞202-506-4765; www.compassrosedc.com; 1346 T St NW; 小盘 $10~15; ⏰周一至周四 17:00至次日2:00, 周五和周六 17:00至次日3:00; Ⓜ绿或黄线至U St) 位于一栋与繁华的14th St一步之遥的联排房屋中,给人一种秘密花园的感觉。裸露的砖墙、淳朴的木头装饰和天蓝色的顶棚令这里既随意又浪漫。菜单汇集各国爽心美食,举个例子说,晚餐时可以品尝智利牛肉三明治(lomito)、黎巴嫩碎羊羔肉配香料(kefta)和格鲁吉亚黄油、奶酪烤饼(khachapuri)。

Estadio 西班牙菜 $$

(📞202-319-1404; www.estadio-dc.com; 1520 14th St NW; 西班牙小吃 $6~17; ⏰周一至周四 17:00~22:00, 周五和周六 至23:00, 周日 至21:00, 周五至周日 11:30~14:00; Ⓜ绿或黄线至U St) Estadio灯光朦胧,是那种适合晚间约会的餐馆氛围。西班牙小吃菜肴(招牌菜)十分美味,黑毛猪(Iberico)火腿分为3种,鹅肝、炒鸡蛋和松露开口三明治也很好吃。可边走边喝传统的红葡萄酒加可乐(calimocho)。18:00后不接受预订,通常需要在吧台等位。

Busboys & Poets 咖啡馆 $$

(📞202-387-7638; www.busboysandpoets.com; 2021 14th St NW; 主菜 $11~21; ⏰周一至周四 8:00至午夜, 周五 8:00至次日2:00, 周六和周日 9:00开始营业; 📶; Ⓜ绿或黄线至U St) Busboys & Poets是U St最好的餐馆之一。当地人会来这里喝咖啡,享受Wi-Fi和前卫的氛围(以及附属的书店)。这些使旧金山都显得保守了。丰盛的菜肴包括三明治、比萨饼和南方食物(如虾和粗燕麦粉)。周二晚上的即兴读诗会(门票$5, 21:00~23:00)吸引了大批观众。

Maple 意大利菜 $$

(📞202-588-7442; www.dc-maple.com; 3418 11th St NW; 主菜 $16~23; ⏰周一至周四 17:30~23:30, 周五 17:00至次日1:00, 周六 10:30至次日1:00, 周日 10:30~23:00; Ⓜ绿或黄线至Columbia Heights) 令人舒适的餐馆,女士们身着朴素的长裙和黑丝袜坐在身穿T恤和文身袖的男子们身旁,在翻新木头吧台享用丰盛的意面。长长的木板桌面上也有自酿柠檬甜酒(limoncello)、意大利的精酿啤酒和不俗的各种葡萄酒。

Bistro Bohem 东欧菜 $$

(📞202-735-5895; www.bistrobohem.com; 600 Florida Ave NW; 主菜 $14~22; ⏰周一 11:00~22:00, 周二至周四 11:00~23:00, 周五 17:00至午夜, 周六 10:00至午夜, 周日 10:00~

22:00; 📶; Ⓜ绿或黄线至Shaw-Howard U)令人舒适的氛围,是社区当地的最爱。供应分量十足的捷克扎肉排、匈牙利烩牛肉和比尔森啤酒。墙壁上挂着当地艺术品,偶有捷克电影放映。波希米亚风格的装饰,环境非常温馨,你会有种身在布拉格的感觉。

Le Diplomate　　　　　　　　　　法国菜 $$$

(📞202-332-3333; www.lediplomatedc.com; 1601 14th St NW; 主菜 $23~35; ⊘周一至周四 17:00~23:00,周五 17:00至午夜,周六 9:30至午夜,周日 9:30~23:00; Ⓜ绿或黄线至U St)这座魅力十足的法式小馆是城里最炙手可热的餐厅之一。舒适的皮制长沙发上和街边的餐桌旁坐满华盛顿的名流。他们来此享用红酒焖鸡（coq au vin）、香气扑鼻的法棍等地道的巴黎菜肴,复古的小件摆设以及卫生间里的裸体照片也给这里增添了不少巴黎特色。需要预订。

🍴 杜邦环岛和卡洛拉马

Zorba's Cafe　　　　　　　　　　希腊菜 $

(📞202-387-8555; www.zorbascafe.com; 1612 20th St NW; 主菜 $13~16; ⊘周一至周六 11:00~23:30,周日 至22:30; 📶; Ⓜ红线至Dupont Circle)分量十足的希腊茄盒（moussaka）、希腊烤肉（souvlaki）,以及大壶的Rolling Rock啤酒让家族经营的Zorba's Cafe成为了华盛顿特区最划算的餐馆之一。在温暖的日子里,户外的露台上挤满了当地人。伴随着播放的布祖琴（bouzouki）音乐,你几乎会感觉你身在希腊群岛。

Afterwords Cafe　　　　　　　　美国菜 $$

(📞202-387-3825; www.kramers.com; 1517 Connecticut Ave NW; 主菜 $17~21; ⊘周日至周四 7:30至次日1:00,周五和周六 至次日3:00; Ⓜ红线至Dupont Circle)这个附属于Kramerbooks的咖啡馆很热闹,并非常见的那种书店咖啡馆,店内的餐桌、小吧台和室外天井都一派兴高采烈的氛围。特色菜肴是烤肉和多种啤酒,这里是畅饮或吃早午餐的首选。如果是周末,早、中、晚三餐都可以在这儿吃（亲,营业至次日3:00哦！）。

先看一会儿书,再填饱肚子,是华盛顿人最喜欢的度过周末的方式。

★ Bistrot du Coin　　　　　　　　法国菜 $$

(📞202-234-6969; www.bistrotducoin.com; 1738 Connecticut Ave NW; 主菜 $14~24; ⊘周一至周三 11:30至午夜,周四和周五 11:30至次日1:00,周六 正午至次日1:00,周日 正午至午夜;

当地知识

快餐车

在华盛顿特区,有超过150辆的美食车,白宫附近就有很多。在周末的11:30至13:30之间,它们会聚集在法拉格特广场（Farragut Sq）、富兰克林广场（Franklin Sq）、美国国务院（State Department）和乔治·华盛顿大学（George Washington University）。你可以跟随当地人的脚步,以不到$15的价格美餐一顿——也许是一个黄油龙虾卷或一碗老挝醉面。美食车嘉年华（Food Truck Fiesta; www.foodtruckfiesta.com）通过Twitter追踪了不断发展着的快餐车队。下面是一些最受欢迎的快餐车:

Lilypad on the Run（twitter.com/LilypadontheRun）埃塞俄比亚的肉类和蔬菜套餐会让你欲罢不能。

Far East Taco Grille（twitter.com/fareasttg）用肉或豆腐、玉米或玉米粉圆饼制作的亚洲风味的墨西哥卷饼。

DC Pie Truck（twitter.com/ThePieTruckDC）Dangerously Delicious的馅饼制作人占据了两辆大红车。窗子里往外递出甜咸口味的切块。馅饼有菠菜的也有羊奶的,还有巧克力奶油和椰子雀麦草味的。

Red Hook Lobster Truck（twitter.com/LobsterTruckDC）选择你所喜欢的吧: 以蛋黄酱为基础的, 缅因州风味的龙虾卷,或者是涂满奶油的康涅狄格州风味的卷饼。

M红线至Dupont Circle）这里生机勃勃、是这一地区最受喜爱的餐馆，供应适合工薪阶层的法国家常菜。洋葱汤、炸牛排和薯条、豆焖肉、开口三明治以及9种招牌贻贝都很好吃。还有来自法国各地产区的葡萄酒佐餐，按杯、壶或瓶出售。

★ Little Serow　　　　　　泰国菜 $$$

（www.littleserow.com；1511 17th St NW；套餐 $49；⊙周二至周四 17:30~22:00，周五和周六至22:30；M红线至Dupont Circle）这家餐馆没有电话，不接受预订，门前也没有招牌，还不接待超过4人的团队（人多的话得分桌），尽管如此，等位的人还是一直排到街角。为什么？原因在于这里供应超级好吃的泰国北方菜。菜单上只有一种选择，即包括约6道辛辣菜肴的套餐，而且每周更换。

Komi　　　　　　　　　　　创意菜 $$$

（☎202-332-9200；www.komirestaurant.com；1509 17th St NW；套餐 $150；⊙周二至周六 17:30~22:00；M红线至Dupont Circle）只有几道菜的菜单定期更换，但又有一种令人赞赏的简单性贯穿始终。菜肴由希腊菜的形式加上独特的创意构成。晚餐包括12道左右的菜肴，如乳猪、扇贝和松露或烤小羊。仙境般的就餐环境不适宜超过4人的团队。如果你想预订，赶快拨打电话吧。请提前1个月预订。

Hank's Oyster Bar　　　　海鲜 $$$

（☎202-462 4265；www.hanksoysterbar.com；1624 Q St NW；主菜 $22~30；⊙周一和周二 11:30至次日1:00，周三至周五 11:30至次日2:00，周六 11:00至次日2:00，周日 11:00至次日1:00；M红线至Dupont Circle）华盛顿特区有几家牡蛎酒吧，但迷你连锁的Hank's是我们的最爱，里面播放着劲爆的音乐，有一种老男孩的氛围。如你所料，这里的牡蛎菜肴有多种多样，味道鲜美，至少会有四个品种。这里的空间狭窄，通常需要等位——但没有什么是一份美味的牡蛎不能解决的。

✕ 亚当斯·摩根

Diner　　　　　　　　　　　美国菜 $

（☎202-232-8800；www.dinerdc.com；2453 18th St NW；主菜 $9~18；⊙24小时；🅿🅷；M红线至Woodley Park-Zoo/Adams Morgan）餐馆不分昼夜供应丰盛的爽心美食，特别适合狼吞虎咽解决一顿早餐。享用周末的"血腥玛丽"早午餐（如果你不介意食客如云），或品尝朴实无华但精心制作的美国菜，例如煎蛋卷、加馅煎饼、奶酪意面、烤豆腐虾米饼、汉堡之类的。这里也适合儿童就餐。

★ Donburi　　　　　　　　日本菜 $

（☎202-629-1047；www.facebook.com/donburidc；2438 18th St NW；主菜 $10~15；⊙11:00~22:00；M红线至Woodley Park-Zoo/Adams Morgan）这家小巧的餐馆有个木头柜台，15个座位，可以看到厨师们施展刀工。餐馆的名字在日语里意思是"碗"，指热腾腾的盖浇饭，如裹粉炸虾盖饭拌甜咸酱等。菜式简单，口味地道。常有食客排队，不过等待时间不长。不接受预订。

Julia's Empanadas　　　　拉美菜 $

（☎202-328-6232；www.juliasempanadas.com；2452 18th St NW；馅饼 $5起；⊙周一至周四 10:00至午夜，周五和周六 至次日4:00，周日 至20:00；M红线至Woodley Park-Zoo/Adams Morgan）在华盛顿特区"最好的深夜美食"调查中，Julia's的馅饼荣获殊荣。它是一种常见的"炸面炸弹"，馅料包括西班牙香肠、牙买加牛肉咖喱、菠菜，等等。如果再搭配一杯酒的话，简直美味无穷。这个小连锁店在城里有几家外卖店。只收现金。

★ Tail Up Goat　　　　　　地中海菜 $$

（☎202-986-9600；www.tailupgoat.com；1827 Adams Mill Rd NW；主菜 $18~27；⊙周一至周四 17:30~22:00，周五至周日 17:00~22:00；M红线至Woodley Park-Zoo/Adams Morgan）淡蓝色的墙壁，浅色的木质装饰，还有灯笼吊灯，Tail Up Goat洋溢着一种温暖的岛屿氛围。羊肋排是这里的特色菜——鲜嫩酥脆的羊肉，配以烤柠檬、无花果和香料。菜单上还有自制的面包及亮点菜肴，如亚麻籽和甜菜。难怪米其林给了这家店一颗星。

✕ 乔治城

★ Simply Banh Mi　　　　　越南菜 $

（☎202-333-5726；www.simplybanhmidc.

com; 1624 Wisconsin Ave NW; 主菜 $7~10; ⊘周二至周日 11:00~19:00; ◢; ⓒCirculator）这家建在街道下面的小餐馆没有什么新奇的，紧凑的菜单上主要是三明治和泡泡茶。不过，这里的老板们知道如何制作硬皮面包，再在里面加上美味的柠檬草猪肉或其他肉类（或豆腐）当作馅料。一定会让你度过美好的一天。

Baked & Wired　　　　　　　　　面包房 $

（☏202-333-2500; www.bakedandwired.com; 1052 Thomas Jefferson St NW; 烘焙食品 $3-6; ⊘周一至周四 7:00~20:00, 周五 7:00~21:00, 周六 8:00~21:00, 周日 8:00~20:00; ⓒCirculator）闻着味就能找到Baked & Wired，一家令人愉快的咖啡馆，有精心制作的咖啡、培根切达奶酪酸奶脆饼干和巨大的纸杯蛋糕（如香蕉和花生黄油Elvis）。这是一个与大学生和附近小道上的骑行者同乐的好地方。

Chez Billy Sud　　　　　　　　　法国菜 $$$

（☏202-965-2606; www.chezbillysud.com; 1039 31st St NW; 主菜 $26~37; ⊘周二至周五 11:30~14:00, 周六和周日 11:00~14:00, 及周二至周四和周日 17:00~22:00, 周五和周六 17:00~23:00; ⓒCirculator）迷人的法国小馆，坐落在一处居民区，位置比较隐蔽。薄荷绿色的墙壁、镀金框的镜子、大理石的小巧吧台令这里显得既诙闲又雅致。餐桌铺着白色亚麻桌布，留着八字胡的侍者穿梭不停，为食客端上一篮又一篮热面包、酥脆的猪肉、开心果香肠、金鳟鱼、金枪鱼尼斯传统沙拉、暄软的奶油泡芙等各种美食。

🍷 饮品和夜生活

当安德鲁·杰克逊（Andrew Jackson）在1800年宣誓就职时，这位自称民粹主义者的总统免除了排场，举办了一场盛大的啤酒聚会。人们在喝醉后失控，开始从白宫掠夺艺术品。历史教训：华盛顿特区的人们喜欢喝酒，如今这里的人们还有很多场合可以享用美酒，但不会再破坏总统官邸了。

🍷 国会山

Copycat Co　　　　　　　　　鸡尾酒吧

（☏202-241-1952; www.copycatcompany.com; 1110 H St NE; ⊘周日至周四 17:00至次日2:00, 周五和周六 至次日3:00; Ⓜ红线至Union Station换乘有轨电车）当你走进Copycat的时候，感觉这像是一家中国快餐店。这是因为它（算是）在1楼，那里有中国的街头小吃。在楼上昏暗的灯光下，杯子里装满了汽水和漂着蛋白的鸡尾酒。员工们会帮助新食客们在冗长的菜单上做出选择，态度谦逊而亲切。

Little Miss Whiskey's Golden Dollar　　酒吧

（www.littlemisswhiskeys.com; 1104 H St NE; ⊘周日至周四 17:00至次日2:00, 周五和周六 至次日3:00; ⓒ红线至Union Station换乘有轨电车）假设爱丽斯从仙境回到现实中，因为差点被砍头而惊魂未定，如果她需要借酒压惊，我们认为她肯定会来这家酒吧。她会爱上店里介于幻想和噩梦之间的装修。她或许还会喜欢跟孩子们在周末去楼上的舞池开派对。

Bluejacket Brewery　　　　　　　自酿酒吧

（☏202-524-4862; www.bluejacketdc.com; 300 Tingey St SE; ⊘周日至周四 11:00至次日1:00, 周五和周六 至次日2:00; Ⓜ绿线至Navy Yard）啤酒爱好者来这里真是高兴的头都要忙掉。在现代工业风的吧台找个长脚凳坐下，目不转睛地看着银色酒罐里流出体现老板抱负的可口啤酒，然后再艰难地在25个品种里做出选择。干啤酒花科隆啤酒？甘甜爽口的黑啤酒？木桶发酵的农场式艾尔啤酒？4盎司的试饮套餐会让选择稍容易些。

Granville Moore's　　　　　　　小酒馆

（☏202-399-2546; www.granvillemoores.com; 1238 H St NE; ⊘周一至周四 17:00至午夜, 周五 17:00至次日3:00, 周六 11:00至次日3:00, 周日 11:00至午夜; ⓒ红线至Union Station换乘有轨电车）华盛顿最适宜品尝炸薯条和牛排三明治的餐馆，这里有种类丰富的比利时啤酒，可以满足所有比利时啤酒爱好者的需求。粗糙的木头装饰和墙壁看起来就像是用胶泥制成的，令酒吧的内部活像一座中世纪的简陋工房。冬季的夜晚坐在壁炉边特别惬意。

Tune Inn　　　　　　　　　　　　酒吧

（☏202-543-2725; 331 Pennsylvania Ave SE; ⊘周日至周四 8:00至次日2:00, 周五和周六 至次日3:00; Ⓜ橙、银或蓝线至Capitol South或

Eastern Market)这家廉价酒吧已经经营了数十年,所在街区的上了年纪的居民常常来这里喝百威啤酒。挂在墙上的鹿头和鹿角吊灯营造出酒吧的氛围,食客们坐在以黑胶唱片做背景的卡座里大嚼物美价廉的小吃和全天供应的早餐。

白宫和雾谷

★ Off The Record 酒吧

(☎202-638-6600; 800 16th St NW, Hay-Adams Hotel; ⊙周日至周四 11:30至午夜,周五和周六 至0:30; Ⓜ橙、银或蓝线至McPherson Sq)坐落在这座城市最负盛名的酒店中,就在白宫的对面,有私密的红色卡座和一个隐蔽的地下室——难怪特区的要人们可以在Off The Record销声匿迹(店名一针见血)。经验丰富的调酒师会为穿着西装的人群轮流调配马提尼酒和曼哈顿鸡尾酒。墙上挂着时髦的政治题材漫画。

市中心和佩恩区

★ Columbia Room 鸡尾酒吧

(☎202-316-9396; www.columbiaroomdc.com; 124 Blagden Alley NW; ⊙周二至周四 17:00至0:30,周五和周六 至次日1:30; Ⓜ绿或黄线至Mt Vernon Sq/7th St-Convention Center) Columbia Room供应精心调配的鸡尾酒,使用的是来自肯塔基州乃至苏格兰的泉水,并在它的成分中添加了腌制的樱桃花和大麦茶。这里的氛围清爽又平易近人。有3个饮酒区可供选择:室外屋顶露台上欢乐的Punch Garden,舒适的、带有皮革椅的Spirits Library,或者拥有14个座位的定价品尝室。

> **啤酒**
>
> 华盛顿对待啤酒的认真态度非比寻常,而且也酿造了大量具有本地特色的可口啤酒。自酿啤酒的风潮始于2009年,由华盛顿的首家自酿酒吧DC Brau发起(有数家自酿酒吧效仿)。你在城里寻找酒吧的时候,可以留意一下3 Stars、Atlas Brew Works、Hellbender和北弗吉尼亚Lost Rhino酿造的啤酒。

洛根圆环、U Street和哥伦比亚高地

★ Right Proper Brewing Co 自酿酒吧

(www.rightproperbrewery.com; 624 T St NW; ⊙周一至周四 17:00至午夜,周五和周六 11:30至次日1:00,周日 11:30~23:00; Ⓜ绿或黄线至Shaw-Howard U)仿佛这里的艺术品——一幅画着国家动物园里巨大熊猫用镭射眼毁灭特区市中心的粉笔壁画——还不够似的,这家位于艾灵顿公爵曾打过桌球的建筑的酒吧还酿造上好的艾尔啤酒。这里是Shaw区的街区会所,空间宽敞,采光良好,人们坐在翻新的木头餐桌旁谈天说地。

★ Dacha Beer Garden 啤酒花园

(☎202-350-9888; www.dachadc.com; 1600 7th St NW; ⊙周一至周四 16:00~22:30,周五和周六 正午至午夜,周日 11:00~20:30; Ⓜ绿或黄线至Shaw-Howard U)气氛欢快,无拘无束。野餐桌旁有孩童和小狗跑来跑去,成年人们则端着靴子酒杯享用德国啤酒。天气稍冷的时候,工作人员会给你拿来暖气和毯子并生起篝火。后面墙上的伊丽莎白·泰勒从壁画里风情万种地看着这一切。

Churchkey 酒吧

(☎202-567-2576; www.churchkeydc.com; 1337 14th St NW; ⊙周一至周四 16:00至次日1:00,周五 16:00至次日2:00,周六 11:30至次日2:00,周日 11:30至次日1:00; Ⓜ橙、银或蓝线至McPherson Sq)酒吧里的铜制现代工业风装饰闪闪发亮,散发着时尚气息。供应50种桶装啤酒,包括5种上头的木桶发酵艾尔啤酒。如果这些还不能满足你,这里还有其他500种瓶装啤酒(包括无谷蛋白的啤酒)。这家酒吧位于Birch & Barley (☎202-567-2576; www.birchandbarley.com; 主菜 $16~29; ⊙周二至周四 17:30~22:00,周五和周六 17:30~23:00,周日 11:00~20:00)的楼上,是它的副店;后者是新开张的高人气爽心美食餐馆,许多菜肴都可以在酒吧点。

Cork Wine Bar 葡萄酒吧

(☎202-265-2675; www.corkdc.com; 1720 14th St NW; ⊙周二和周三 17:00至午夜,周四至周六 17:00至次日1:00,周日 11:00~15:00和17:00~22:00; Ⓜ绿或黄线至U St)昏暗又舒适的葡萄酒吧既能吸引美食爱好者,也是社区

居民打发时光的气氛友好的场所,这一点非常了不起。约50种高档葡萄酒按杯售卖,另有160种按瓶售卖。佐酒的小吃包括奶酪和熟食拼盘。

U Street Music Hall　　　　　　夜店

(☎202-588-1889; www.ustreetmusichall.com; 1115 U St NW; ⊙时间不定; Ⓜ绿或黄线至U St)这里是个让你尽情舞动身体的好地方,而且没有所谓的VIP和享受整瓶服务的人群。这个位于地下室的夜店由两名当地DJ拥有并经营。夜店看起来像是个简陋的摇滚酒吧,但有着专业的音响、软木舞池和一家像样的跳舞夜店应有的设备。每周两三个晚上有另类乐队献艺,让这里充满新鲜感。

🍷 杜邦环岛和卡洛拉马

Bar Charley　　　　　　　　　　酒吧

(☎202-627-2183; www.barcharley.com; 1825 18th St NW; ⊙周一至周四 17:00至次日0:30,周五 16:00至次日1:30, 周六 10:00至次日1:30, 周日 10:00至次日0:30; Ⓜ红线至Dupont Circle)这里吸引着形形色色的客人,年龄长幼或各种性取向不一而足。他们来这里品尝装在复古玻璃酒杯和提篮瓷杯里的美妙鸡尾酒,价格按照华盛顿的标准是非常合理的。可以尝试杜松子酒和姜汁勾兑的Suffering Bastard。啤酒种类不多,但都是精选的麦芽啤酒。另供应约60种葡萄酒。

Board Room　　　　　　　　　　酒吧

(☎202-518-7666; www.boardroomdc.com; 1737 Connecticut Ave NW; ⊙周一至周四 16:00至次日2:00,周五 16:00至次日3:00,周六 正午至次日3:00,周日 正午至次日2:00; Ⓜ红线 to Dupont Circle)找一张桌子,拉起一把凳子,在饥饿河马(Hungry Hungry Hippos)游戏中碾压你的对手。在Board Room,丰富的桌游可以把你带回童年。超级战舰(Battleship)、战国风云(Risk)、Operation——说出它的名字,并可以以 $2的价格租用。

JR's　　　　　　　　　　男同性恋酒吧

(☎202-328-0090; www.jrsbar-dc.com; 1519 17th St NW; ⊙周一至周四 16:00至次日2:00, 周五 16:00至次日3:00,周六 13:00至次日3:00,周日 13:00至次日2:00; Ⓜ红线至Dupont Circle)在这家备受欢迎的男同性恋酒吧,聚集着二三十岁的人群,他们上班时间努力工作,下班之后尽情玩耍,穿着系扣的衬衫是必备的礼仪。据华盛顿特区的居民称,JR's的人群集中体现了首都男同性恋的保守品质。你可能并不喜欢这里的氛围,很多人都不喜欢,但JR's知道如何让欢乐时光嗨翻天,因此这里常常人满为患。

Cobalt　　　　　　　　　男同性恋酒吧

(☎202-232-4416; www.cobaltdc.com; 1639 R St NW; ⊙周日至周四 16:00至次日2:00,周五和周六 至次日3:00; Ⓜ红线至Dupont Circle)头发特别有型,体形也特别有型——这里经常会一整周都聚集着二三十岁的人群,前来舞会上找乐子(但很大声!)。时间悠久的舞厅位于3楼;在1楼还有一家餐厅,2楼有一间休息室。

🍸 亚当斯·摩根

★ Dan's Cafe　　　　　　　　　　酒吧

(☎202-265-0299; 2315 18th St NW; ⊙周二至周四 19:00至次日2:00,周六和周日 至次日3:00; Ⓜ红线至Woodley Park-Zoo/Adams Morgan)华盛顿最好的廉价酒吧之一。内部装饰看上去像是邪恶版本的麋鹿俱乐部(Elks Club),真正的老式"艺术品"、便宜的镶板和昏暗的灯光,后者很难照亮这里理直气壮的凌乱场所。这里以大份自助饮品闻名,你购买番茄酱式带喷嘴的瓶装酒水、一罐苏打水配冰块仅需$20。只收现金。

Songbyrd Record Cafe & Music House　　　　　　　　　咖啡馆

(☎202-450-2917; www.songbyrddc.com; 2477 18th St NW; ⊙周一至周四 8:00至次日2:00,周五和周六 至次日3:00; 🛜; Ⓜ红线至Woodley Park-Zoo/Adams Morgan)白天,你可以光顾这家复古的咖啡馆,喝着美味的咖啡,嚼着美味的三明治,浏览在售的少量精选灵魂乐与独立音乐黑胶唱片。你甚至可以在复古的录音卡座($15)剪辑自己的唱片。到了晚上,派对就会移到酒吧里,那里有各种啤酒和鸡尾酒会,还可以吃到汉堡包和墨西哥卷饼,而独立乐队则会在地下室里表演。

LGBT的特区

华盛顿特区是美国对同性恋最友好的城市之一。这里在这个问题上一直很进步,非常令人赞赏。这里的彩虹人群有衣着得体的专业人士和积极参与政治同权运动(比如同性婚姻,2010年起便已在特区合法)的活动家。杜邦环岛是同性恋人群聚集的区域,但U Street、Shaw、国会山和Logan Circle也有许多适合同性恋的商家。

Capital Area Gay & Lesbian Chamber of Commerce(www.caglcc.org)在城中举办许多社交活动。

LGBT DC(https://washington.org/lgbtq)华盛顿特区旅游局的门户网站,有活动、社区细目列表和旅游资源指南。

Metro Weekly(www.metroweekly.com)免费的新闻周刊。它瞄准的是比它的竞争对手《华盛顿刀锋报》(*Washington Blade*)更年轻的人群。

《华盛顿刀锋报》(*Washington Blade*; www.washingtonblade.com)免费同性恋周报,涵盖政治、大量的商务和夜生活清单。

乔治城

Tombs — 小酒馆

(202-337-6668; www.tombs.com; 1226 36th St NW; 周一至周四 11:30至次日1:30,周五和周六 至次日2:30,周日 9:30至次日1:30; Circulator)每个有些历史的大学都会有这么一间酒吧——教员与学生一起坐在古老的学校田径队徽下一起喝啤酒。这里就是乔治城大学的酒吧。如果它看起来很眼熟,那么就回想一下20世纪80年代吧,这家地下小酒馆就是影片《七个毕业生》(*St Elmo's Fire*)的背景拍摄地之一。

☆ 娱乐

现场音乐

★ Black Cat — 现场音乐

(202-667-4490; www.blackcatdc.com; 1811 14th St NW; 绿或黄线至U St)自20世纪90年代以来,Black Cat就是首都地区摇滚和独立音乐的核心场所,大多数的大牌乐队(White Stripes、the Strokes、Arcade Fire等)都曾在此登台表演。如果你不想花$20买票去听楼上主舞台(或楼下较小的Backstage)的乐队表演,可以去Red Room,那里有点唱机、台球桌、弹球台和浓烈的鸡尾酒。

9:30 Club — 现场音乐

(www.930.com; 815 V St NW; 绿或黄线至U St)这家俱乐部出奇的紧凑,但能容纳1200名客人,也是华盛顿元老级的现场音乐场所。许多大牌明星在这里表演过,华盛顿的青年人很多都是儿时在这里看生平第一场音乐会的。大腕明星的表演时间通常为22:30~23:30。票价$20至35不等。

表演艺术

★ 肯尼迪中心 — 表演艺术

(Kennedy Center; 202-467-4600; www.kennedy-center.org; 2700 F St NW; 橙、银或蓝线至Foggy Bottom-GWU)壮丽的肯尼迪中心位于波托马克河沿岸,占地17英亩,在其多个场馆内每年举行超过2000场演出,数量令人叹为观止。肯尼迪中心包括音乐厅(Concert Hall,国家交响乐团本部)和歌剧厅(Opera House,国家歌剧团的演出场所)。免费班车往返于肯尼迪中心和地铁站,9:45(周日正午)至午夜每15分钟1班。

莎士比亚剧团 — 剧院

(Shakespeare Theatre Company; 202-547-1122; www.shakespearetheatre.org; 450 7th St NW; 绿或黄线至Archives)全国一流的莎士比亚剧团,上演莎翁剧作,演出精湛。上演的其他剧目还有乔治·萧伯纳、奥斯卡·王尔德、尤金·奥尼尔和其他伟大作家的作品。每年演出季推出6部剧作,8月下旬的两周还有免费莎士比亚系列上演。

Woolly Mammoth Theatre Company 剧院

(📞202-393-3939; www.woollymammoth.net; 641 D St NW; Ⓜ绿或黄线 至Archives) Woolly Mammoth是华盛顿特区最前卫的剧院。对于大多数节目,可以在演出之前以$20的价格在售票处买到"踩踏"座位。数量有限,先到先得,所以请早点到。

Capitol Steps 喜剧

(📞202-397-7328; www.capsteps.com; Ronald Reagan Bldg, 1300 Pennsylvania Ave NW; 票价$40.50; ⊙演出 周五和周六 19:30; Ⓜ橙、银或蓝线至Federal Triangle)这个歌舞段声称自己是美国唯一一个比"国会"更幽默的团体。它是由现任和前任国会工作人员组成的,所以他们知道政治那一套,但有时可能会显得陈词滥调。讽刺性的两党玩笑同时取趣左右两派。

体育
★ 国民体育场 体育场

(Nationals Park; 📞202-675-6287; www.mlb.com/nationals; 1500 S Capitol St SE; 🚻; Ⓜ绿线至Navy Yard) 美国棒球大联盟球队华盛顿国民队(Washington Nationals)以安纳柯斯蒂亚河(Anacostia River)畔的这个出色的体育场为主场。不要错过第四局的"总统赛跑"(Racing Presidents),这是5个分别戴着乔治·华盛顿、亚伯拉罕·林肯、托马斯·杰斐逊、泰迪·罗斯福和威廉·塔夫托总统巨大面具的人之间进行的有趣赛跑。球场的周围有许多时髦的酒吧、餐馆和有趣的绿地,随着这个地区的中产阶级化,这样的地方也日益增多。

ℹ 实用信息

哥伦比亚特区文化旅游机构 (Cultural Tourism DC; www.culturaltourismdc.org) 社区活动和团队游。

华盛顿旅游局 (Destination DC📞202-789-7000; www.washington.org) 华盛顿的官方旅游网站,是了解景点和活动信息的网站。

Lonely Planet (www.lonelyplanet.com/usa/washington-dc)目的地信息、酒店预订、旅游论坛等。

Washingtonian (www.washingtonian.com) 关于餐饮、娱乐和当地名人的信息。

ℹ 到达和离开
飞机

华盛顿杜勒斯国际机场 (Washington Dulles International Airport, 代码IAD; www.flydulles.com) 在华盛顿特区以西26英里的弗吉尼亚郊区。整个航站楼里有免费的Wi-Fi、几个货币兑换处和餐馆。著名的建筑师埃罗·萨林宁(Eero Saarinen)设计了这个坡形的主航站楼。地铁银线计划在2019年年底通到杜勒斯机场,届时将终于可以实现免换乘直达机场。

罗纳德·里根华盛顿国家机场 (Ronald Reagan Washington National Airport, 代码DCA; www.flyreagan.com) 位于城南4.5英里的弗吉尼亚州的阿灵顿(Arlington)。这里有免费的Wi-Fi、几家餐厅和一个货币兑换处(National Hall, Concourse Level)。

巴尔的摩华盛顿古德·马歇尔国际机场 (Baltimore/Washington Thurgood Marshall International Airport, 代码BWI; 📞410-859-7111; www.bwiairport.com) 位于特区东北30英里处,马里兰州境内。

长途汽车

从华盛顿出发的便宜长途汽车很多。去纽约的单程票价多数为$25至30(车程4~5小时)。许多公司将联合车站作为它们的中心;其他的小站点遍布全城,但都可以乘坐地铁到达。车票通常需要从网上购买,但如果有空位的话,有时可以上车购买。

BestBus (📞202-332-2691; www.bestbus.com; 20th St & Massachusetts Ave NW; 🚻; Ⓜ红线至Dupont Circle)每天多班往返纽约市。从杜邦环岛附近的主巴士站发车;另一个站点在联合车站。

BoltBus (📞877-265-8287; www.boltbus.com; 50 Massachusetts Ave NE; 🚻; Ⓜ红线至Union Station)每天有几班车开往纽约市以及其他东海岸城市。晚点和信号不良的Wi-Fi比较成问题。联合车站是它的终点站。

灰狗巴士 (📞202-589-5141; www.greyhound.com; 50 Massachusetts Ave NE; Ⓜ红线至Union Station) 运营范围覆盖全国。终点站就在联合车站。

Megabus (📞877-462-6342; http://us.megabus.

com；50 Massachusetts Ave NE；☎；Ⓜ红线至Union Station）从联合车站发发。运营多数前往纽约市的长途汽车（每天20班左右），也前往其他东海岸城市。车辆经常晚点。

Peter Pan Bus Lines (☎800-343-9999；www.peterpanbus.com；50 Massachusetts Ave NE；Ⓜ红线至Union Station）在美国东北部运营；终点站是联合车站。

Vamoose Bus (☎212-695-6766；www.vamoosebus.com；1801 N Lynn St）往返于纽约市和弗吉尼亚州的阿灵顿之间（车站在Rosslyn Metro station附近）。

Washington Deluxe (☎866-287-6932；www.washny.com；1610 Connecticut St NW；☎；Ⓜ红线至Dupont Circle）抵离纽约市的不错的快车服务。在杜邦环岛和联合车站都有站点。

火车
宏伟的艺术装饰风格的联合车站 (Union Station；www.unionstationdc.com；50 Massachusetts Ave NE；Ⓜ Union Station）是华盛顿的铁路枢纽。这里有一个便利的地铁站（红线），可以前往城市各地。

美国国铁 (Amtrak；www.amtrak.com）每小时至少有1班开往东海岸主要城市的火车。Northeast Regional的火车比较便宜，但也比较慢（从纽约市到华盛顿特区约3.5小时）。

Acela Express火车价格较贵，但比较快（从纽约市到华盛顿特区2小时45分钟，从波士顿到华盛顿特区6.5小时）。特快列车有更加宽敞的座椅和其他商务类设施。

MARC火车（马里兰州通勤火车；www.mta.maryland.gov）从巴尔的摩市中心（1小时）以及其他的马里兰州城镇与西弗吉尼亚州哈珀斯费里（Harpers Ferry）发车，车次频繁。

ⓘ 当地交通
地铁是城市中的主要交通方式。可以在任何一个地铁站购买可充值的智能旅行卡（SmarTrip）。你必须使用这张卡才能通过地铁站的闸口。

地铁 快速、频繁，无处不在（除了周末养护时间外）。它通常在5:00至午夜（周五和周六至次日3:00）运营。票价$1.85至$6不等，视距离而定。一日通票的价格为$14.50。

DC Circulator长途汽车 通往国家广场、乔治城、亚当斯·摩根和其他地铁较少的地区。票价是$1。
自行车 自行车共享站点（Capital Bikeshare）随处可见，一日通票是$8。
出租车 特别容易找到（夜间较少），但价格昂贵。打车应用Uber、Lyft和Via可在该地区广泛使用。

抵离机场
华盛顿杜勒斯国际机场
Washington Flyer (☎www.washfly.com）该公司的银线快速客车从杜勒斯（总航，到达层4号门）开往Wiehle-Reston East地铁站，运营时间6:00（周末7:45）至22:40，每15~20分钟1班。前往市中心总车程60~75分钟，公交地铁组合票价$11。

Metrobus 5A (www.wmata.com）从杜勒斯国际机场开往Rosslyn地铁站（蓝线、橙线、银线）和华盛顿市中心（L' Enfant Plaza，48分钟），运营时间5:50（周末6:30）至23:35，每30至40分钟1班。前往市中心总车程约1小时，公交地铁组合票价大约$7。

Supershuttle (www.supershuttle.com）的上门汽车服务可以到达市中心，价格是$30。车程30至60分钟，在5:50至次日0:30间运营。

乘坐出租车前往市中心需要30至60分钟（取决于交通情况），费用是$62至73。寻找"地面运输（Ground Transportation）"或"出租车（Taxi）"标识牌，排队上车。

罗纳德·里根华盛顿国家机场（Ronald Reagan Washington National Airport）

机场有自己的地铁（www.wmata.com）站（蓝线和黄线）。火车（约$2.60）在5:00至午夜（周五和周六至次日3:00）期间每隔10分钟左右1班。20分钟即可到达市中心。它还连接B航站楼和C航站楼的站厅。

Supershuttle (www.supershuttle.com）的上门汽车服务可以到达市中心，价格是$16。车程10至30分钟，在5:50至次日0:30间运营。

驾车前往市中心需要10至30分钟（取决于交通情况），价格是$15至22。在每个航站楼的行李领取处外面都有出租车排队。

巴尔的摩华盛顿古德·马歇尔国际机场（Baltimore-Washington International Thurgood Marshall Airport）

Metrobus B30 (www.wmata.com）从巴尔的摩华盛顿国际机场开往Greenbelt地铁站（绿线的

最后一站），它每40分钟就会从国际航线1楼的公共汽车站和国内航线的A/B公共汽车站发车。全程总价约$11。全程车程约75分钟。

Supershuttle（www.supershuttle.com）的上门汽车服务可以到达华盛顿特区中心，价格是$37。车程45分钟至1小时，在5:50至次日0:30间运营。

乘坐出租车前往华盛顿特区车程约45分钟，费用是$90。出租车在Marshall航站楼的行李领取处外排队等候。

马里兰州通勤火车（Maryland Rail Commuter；www.mta.maryland.gov）和美国国铁（Amtrak；www.amtrak.com）都开往华盛顿特区的联合车站。它从距离巴尔的摩华盛顿国际机场1英里的航站楼发车；可乘坐免费的穿梭巴士到达那里。列车每小时1或2班，但21:30之后不再运营（周末时班次也很有限）。车程30至40分钟，票价$7起。

马里兰州（MARYLAND）

马里兰州的绰号是"美国的缩影"，这并非虚言。马里兰州面积虽小，但从西部的阿巴拉契亚山脉到东部的白色沙滩都展现了美国最好的一面。北方人的精明、吃得开和南方人的朴实劲儿在这个边境州互相渗透着，从而产生了一种有趣的身份危机。主要城市巴尔的摩，是个魅力十足的港口城市；马里兰东岸地区（Eastern Shore）是雅皮士艺术家、渔民的聚集之地；首都的郊区，各色政府和办公人员在此寻求绿色空间，也有寻找廉租房的穷人。然而，美味的蓝蟹、Natty Boh啤酒和可爱的切萨皮克乡村将这里所有的一切以某种方式混合并协调着。马里兰州也是一个极度多样化、极度有进取心的州，是美国首批承认同性恋婚姻合法化的州之一。

历史

1634年，乔治·卡尔弗特（George Calvert）从原住民皮斯卡塔韦人（Piscataway）手中买下圣玛丽市，并建立马里兰州，以此作为饱受迫害的英国天主教徒的避难所，他初试图与原住民和平共处。清教徒驱赶了

值 得 一 游

风景自驾游：马里兰州的海事历史

马里兰州和切萨皮克湾总是联系在一起，二者不可分割，但海湾地区有些地方虽然经历了数百年岁月的洗礼，老式的生活方式却几乎不曾发生过变化。

Crisfield位于巴尔的摩以南约150英里处的马里兰东岸地区（Eastern Shore）岸边，是马里兰州仍能运行的水城中最好的一个。前往兼作游客中心的**J Millard Tawes历史博物馆**（J Millard Tawes Historical Museum；📞410-968-2501；www.crisfieldheritagefoundation.org/museum；3 9th St, Crisfield；成人/儿童 $3/1；⏰6月至8月 周三至周六 11:00~17:00和周日 11:00~15:00，一年中的其他时间 闭馆）了解详情。在这儿吃的海鲜都是一流的，但要想在海边享用一顿真正的海鲜大餐，可以去富有传奇色彩的**Watermen's Inn**（📞410-968-2119；www.crisfield.com/watermens；901 W Main St, Crisfield；主菜 $8~27；⏰周四15:00~20:00，周五和周六 至21:00，周日 正午至20:00）。这家餐馆环境朴实无华，菜单总是变化，菜肴都是本地捕获的新鲜海产。4:00，当地渔民在他们最喜欢的**Gordon's Confectionery**（📞410-968-0566；831 W Main St, Crisfield；主菜 $2~7；⏰4:00~20:30）喝杯咖啡，然后坐船去检查前一天放下的渔网里网住了什么海鲜。

从这里开始，你可以弃车乘船，前往该州唯一的海上定居地**史密斯岛**（Smith Island；www.smithisland.org）。大约400年前，来自英国西南部各郡的渔民在岛上定居，如今岛上居民很少，他们的语言接近17世纪的英国康沃尔郡腔调。

坦白地说，尽管岛上有民宿和餐馆（详情见其网站），但该岛与其说是一个迷人的旅游景点，倒不如说是一个日益凋敝的渔村。但它也是与历史的联系纽带，如果你登上史密斯岛，你或许会喜欢岛上的落后——其中最迷人的是，在岛东侧最有田园风情的湿地里划船数英里。渡轮会把你载回内陆，（目前）发船时刻为15:30。

皮斯卡塔韦人和天主教徒之后迁至安纳波利斯。由于天主教徒不断袭扰,最后双方签订了《马里兰宽容法》(Tolerance Act),这是一部有缺陷但是进步的法案,规定马里兰州(基督徒)信仰自由——这是北美历史上第一个该类型的法案。

马里兰州此后一直保持着多元化的风格,尽管后来出现了奴隶制。内战时该州被一分为二,直到1862年南部邦联军队在安提塔姆(Antietam)停火。战后,马里兰州黑人、白人和移民齐心协力,造就了巴尔的摩的工业和运输业的繁荣发展,后者还为华盛顿提供各种服务。今天,如果有人问起"马里兰州人的性格怎么样?",答案是"一言难尽"。富人、穷人、外国移民、城市中产阶级和乡下农民一起生活在这个地方。

巴尔的摩(Baltimore)

曾经是美国最重要的港口城市之一,巴尔的摩当地人叫它"Bawlmer",这座城市可以说是各种矛盾的混合体。一方面,傲慢的蓝领阶层仍然固执地缅怀它的航海历史。但另一方面,在最新的创业企业中,无论是新开的精品酒店,还是世界级博物馆的前卫展品,抑或是被遗忘的社区,如今都挤满了时髦的美食广场和从"农场到餐桌"的餐厅,这些都给游客和当地人留下了很好的印象。不过,别担心,传统主义者——从长曲棍球到棒球的当地文化和家乡体育运动仍然有一部分吸引力。

对于游客来说,游览巴摩(B'more;巴尔的摩的另一个昵称)就应该进行一次海滨旅行,从迪士尼化的内港(Inner Harbor)到Fell's Point的鹅卵石街道,再到麦克亨利堡(Fort McHenry)海岸,它与水有着割不断的情愫。巴尔的摩还是美国国歌《星条旗永不落》的诞生地。巴尔的摩城如其名,确实是一座"魅力之城"(它最为确切的昵称)。

◉ 景点

◉ 海湾和内港

这里是大多数游客巴尔的摩之旅的起点,很不幸,也是他们游览结束的地方。内港是一个很大的、闪闪发光的海边翻修建筑群,林立着有玻璃幕墙和空调的购物中心以及时髦的酒吧,这里是感受整个城市海韵的心脏地带。内港是该城的海事中心,适合带孩子的家庭游玩。这个社区有一个令人惊叹的水族馆和几艘令人印象深刻的历史船只,但这些景点只是巴尔的摩的冰山一角。

国家水族馆 水族馆

(National Aquarium; ☎410-576-3800; www.aqua.org; 501 E Pratt St, Piers 3 & 4; 成人/3~11岁儿童 $40/25; ⓧ周日至周四 9:00~17:00,周五 至20:00,周六 至18:00)这里被公认为是美国最好的水族馆,主馆有7层楼那么高,房顶是玻璃金字塔造型。馆内有750多个物种的2万只动物,还有屋顶热带雨林和一个多层鲨鱼池,以及一块印度洋—太平洋礁石的巨大复制品,那里是黑鳍礁鲨、绿海龟和魟鱼的家园。这里还仿建了澳大利亚北部的Umbrawarra峡谷,完工后有高达35英尺的瀑布、岩石峭壁、放养的鸟类和蜥蜴。

◉ 市中心和小意大利 (Downtown & Little Italy)

从巴尔的摩市中心步行一小段路即可到达小意大利,但一定要走指定线路,因为沿途有许多新建住宅工地。

国家著名黑人蜡像馆 博物馆

(National Great Blacks in Wax Museum; ☎410-563-3404; www.greatblacksinwax.org; 1601 E North Ave; 成人/学生/3~11岁儿童 15/14/12; ⓧ周二至周六 9:00~17:00,周日 正午至17:00,以及7月和8月 周一日 至18:00)一个简单但发人深省的非裔美国人历史博物馆,展出的蜡像有弗雷德里克·道格拉斯(Frederick Douglass)、杰基·罗宾森(Jackie Robinson)、马丁·路德·金和奥巴马,同时还有鲜为人知的人物,例如探险家马修·汉森(Matthew Henson)。博物馆的展品还包括以蜡像形式呈现的黑人奴隶时代和令人不齿的种族隔离时代的场景,以及一些非裔领袖——都呈现出杜莎夫人蜡像的超现实风格。关于奴隶船和私刑的恐怖展览大胆而生动,可能不适合小孩子。

星条旗之屋和1812年博物馆　　博物馆

（Star-Spangled Banner Flag House & 1812 Museum；410-837-1793；www.flaghouse.org；844 E Pratt St；成人/儿童 $8/6；周二至周六 10:00~16:00；）这一历史悠久的宅邸建于1793年，玛丽·皮克斯吉尔（Mary Pickersgill）就是在这里缝制了巨大的旗帜，即美国国旗，这也成为美国国歌的灵感来源。复古装扮的解说员和19世纪的工艺品，将游客带回到了1812年美国内战期间的黑暗日子。馆内还有可以让孩子动手实践的探索画廊。

马里兰犹太博物馆　　博物馆

（Jewish Museum of Maryland；410732-6400；www.jewishmuseummd.org；15 Lloyd St；成人/学生/4~12岁儿童 $10/6/4；周日至周four 10:00~17:00）马里兰州一直拥有美国最大最活跃的犹太社区。这家博物馆是探索美国犹太人生活历程的好地方。馆内有两个美国保存最完好的犹太教堂。可致电或通过网站了解犹太教堂团队游的时间安排。

埃德加·爱伦·坡故居暨博物馆　　博物馆

（Edgar Allan Poe House & Museum；410-462-1763；www.poeinbaltimore.org；203 N Amity St；成人/学生/儿童 $5/4/免费；周四至周日 11:00~16:00）巴尔的摩最著名的外来居民1832年至1835年期间居住于此。正是在这里，这位诗人和惊悚文学大师赢得了短篇小说比赛的$50奖金，从而声名鹊起。四处巡游之后，爱伦·坡在1849年回到巴尔的摩，并最终在这里神秘离世。他的坟墓位于威斯敏斯特公墓（Westminster Cemetery）。

◉ 维农山庄 (Mt Vernon)

★ 沃特斯艺术博物馆　　博物馆

（Walters Art Museum；410-547-9000；www.thewalters.org；600 N Charles St；周三至周日 10:00~17:00，周四 至21:00）**免费** 壮观的Chamber of Wonders看起来像是一个喜欢探险、环游世界的学者的书房。相邻的Arms和Armor画廊里有最令人印象深刻的中世纪武器装备，你几乎是走进了《权利的游戏》。总之，一定不要错过这家博物馆——其藏品跨越超过55个世纪，展示了从古代到当代的艺术作品，包括来自亚洲的珍宝、稀有而辞藻华丽的手稿和书籍以及全面的法国绘画艺术收藏。

华盛顿纪念碑　　纪念碑

（Washington Monument；mvpconservancy.org；699 Washington Pl；建议捐款 $5；周三至周五 11:00~15:00，周六和周日10:00~17:00）要俯瞰巴尔的摩全城风光，可以登上有228级台阶的华盛顿纪念碑。这座纪念美国国父的建筑物高178英尺，由同样建造了华盛顿同名纪念碑的罗伯特·米尔斯（Robert Mills）设计，在斥资600万美元整修后更加漂亮。底层有一座介绍华盛顿生平的博物馆。现场购票，或在网上预订（成人/14岁以下儿童 $6/4）方可攀登纪念碑。

马里兰历史协会　　博物馆

（Maryland Historical Society；410-685-3650；www.mdhs.org；201 W Monument St；成人/3~18岁儿童 $9/6；周三至周六 10:00~17:00，周日 正午至17:00）拥有世界上最多的美国建国文物馆藏，收藏有超过35万件展品和700万件图书和文件，重要藏品包括仅存两套的独立战争军官制服之一、20世纪30年代巴尔的摩民权运动的照片以及弗朗西斯·斯科特·基（Francis Scott Key）的美国国歌《星条旗永不落》歌词初稿（整点时展出）。还有10英尺高的乳齿象复制品——原物由艺术家兼马里兰原住民查尔斯·威尔森·佩尔（CharlesWilson Peale）保存——令人印象深刻。有几根原始的骨头展出。

◉ 联邦山及周边

联邦山公园（Federal Hill Park）俯瞰着海港，Cross Street市场周围的社区都以联邦山公园命名。这一带在日落之后就会活跃起来。

★ 美国视觉艺术博物馆　　博物馆

（American Visionary Art Museum, 简称AVAM，410-244-1900；www.avam.org；800 Key Hwy；成人/儿童 $16/10；周二至周日 10:00~18:00）AVAM所展示的自学成才的艺术家（或称为"门外汉"艺术家）的艺术作品令人惊叹，是无拘无束的创造力自由发散的结晶。穿过两座大楼和两个雕塑公园，你会看到镜子碎片拼贴画、自制的机器人、会飞的装置、针尖制成的精致雕塑,以及煞费苦心、用火柴棍制作的巨大航模。千万不要错过Cabaret Mechanical Theater古怪的机器人。

麦克亨利堡国家纪念碑和历史圣地   古迹

(Fort McHenry National Monument & Historic Shrine;410-962-4290;www.nps.gov/fomc;2400 E Fort Ave;成人/16岁以下儿童$10/免费;9:00~17:00)1814年9月13日和14日,这个星形要塞在巴尔的摩战役(Battle of Baltimore)中成功击退了英国海军的进攻。经过一夜的轰炸,在微光初现的晨曦中,当时身为船上囚犯的弗朗西斯·斯科特·基看到已经被撕成碎片的星条旗依旧在空中飘扬,于是他写下了举世闻名的《星条旗永不落》,这首诗歌后来被谱写成美国的国歌(曲调来自一首流行的饮酒歌)。

Fell's Point和坎顿 (Fell's Point & Canton)

这里曾经是巴尔的摩的造船工业中心,古老的鹅卵石社区现在经过改建,混合了18世纪宅邸、餐馆、酒吧和商铺。电影和电视连续剧都曾在这附近取景,比较有名的是《凶杀:街头生涯》(Homicide: Life on the Street)。再往东走就来到更为成熟的坎顿地区街道,绿草茵茵的广场四周环绕着饭店和酒吧。

巴尔的摩北部

用"Hon"来表示"亲爱的"这种方式,经常被模仿,但是很难学得像,"Bawlmerese"这种腔调,源于汉普登(Hampden),一个引领时尚先锋的城市街区。你可以在那里沿着林荫道(Avenue,又叫W 36th St)悠闲地欣赏各种工艺品、古玩和风格各异的服装,度过一个慵懒的下午。如果要去汉普登,走I-83N,进入Falls Rd,再右转就到达汉普登的大道。著名的约翰霍普金斯大学(Johns Hopkins University;410-516-8000;www.jhu.edu;3400 N Charles St)就在这附近。在约翰霍普金斯大学的南边,I-83以东,新餐馆和住宅区的扩张是迅速发展的雷明顿(Remington)的标志。雷明顿是一个适合步行的社区,人口与汉普登差不多。

★ 常青博物馆   博物馆

(Evergreen Museum;410-516-0341;http://museums.jhu.edu;4545 N Charles St;成人/儿童$8/5;周二至周五11:00~16:00,周六和周日正午至16:00)很值得驾车前往参观,这座19世纪的宏伟宅邸可以带你领略19世纪早期巴尔的摩上层社会的生活。建筑内摆满艺术品和装饰艺术的杰作——包括莫蒂里安尼(Modigliani)的绘画、路易斯·康福特·蒂芙尼(Louis Comfort Tiffany)的玻璃器皿和精致的亚洲瓷器,而令人惊叹的约32,000册珍贵图书更是毋庸赘言。

团队游

巴尔的摩幽灵探险   徒步

(Baltimore Ghost Tours;410-357-1186;www.baltimoreghosttours.com;成人/儿童$15/10;3月至11月 周五和周六 19:00)推出数种步行游览,探索巴尔的摩灵异和怪诞的一面。很受欢迎的Fell's Point幽灵探险游从位于百老汇(Broadway)的Max's(731 S Broadway)出发。通过网络预订,每张票可以节省$2。

节日和活动

Artscape   文化节

(www.artscape.org;140 W Mt Royal Ave, Patricia & Arthur Modell Performing Arts Center;7月中旬)美国最大的免费艺术节,主要有艺术展览、现场音乐、戏剧和舞蹈表演。

Honfest   文化节

(www.honfest.net;6月)操着你最好的巴尔的摩口音,来这里吧——每年的6月在汉普登举行的Honfest,充斥着土气的艺术品、蜂巢发型、莱茵石眼镜和各种各样的巴尔的摩怪人。

住宿

时尚而且价格适中的民宿大多位于市区和郊区之间的坎顿、Fell's Point和联邦山。新的精品酒店为市中心和维农山庄带来了一些新鲜和时尚的氛围。

HI-Baltimore Hostel   青年旅舍 $

(410-576-8880;www.hiusa.org/

带孩子游巴尔的摩

大多数景点位于内港(Inner Harbor)附近,包括非常适合小游客的巴尔的摩**国家水族馆**(见326页)。孩子们还可以在古老的**麦克亨利堡国家纪念碑和历史圣地**(见328页)尽情玩耍。

马里兰科学中心(Maryland Science Center;☎410-685-2370;www.mdsci.org;601 Light St;成人/3~12岁儿童 $25/19;◉周一至周五 10:00~17:00,周六 至18:00,周日 11:00~17:00,夏季开放时间延长)是一个让人惊奇的科学中心,内有一个三层楼高的中庭,有各种交互式展览,比如恐龙、太空、人体和奇妙的IMAX巨幕影院(单独收费 $4)。

北边两个街区之外的**发现港**(Port Discovery;☎410-727-8120;www.portdiscovery.org;35 Market Pl;$15;◉6月至8月 周一至周六 10:00~17:00和周日 正午至17:00,9月至次年5月 关门时间较早)由鱼市场翻建而成,包括一个书屋、一个实验室和一个艺术工作室。孩子们会玩到筋疲力尽。

巴尔的摩的马里兰动物园(Maryland Zoo in Baltimore;www.marylandzoo.org;1 Safari Place, Druid Hill Park;成人/2~11岁儿童 $18/14;◉3月至12月 每天 10:00~16:00,1月和2月 周五至周一 10:00~16:00)够孩子们快乐地玩儿上一整天的,可以玩儿"莲叶跳跃"(Lily-pad hopping),与沼泽龟比利(Billy)一起玩耍,给动物们梳理毛发。

baltimore;17 W Mulberry St, Mt Vernon;铺$29~30;❄@☎)坐落在一个美丽的经过重建的1857年宅邸内,HI-Baltimore内有4人、8人和12人宿舍。热情的管理人员、良好的位置和精致的古典韵味,使HI-Baltimore成为这个地区最好的青年旅舍。

Hotel Brexton 酒店 $$

(☎443-478-2100;www.hotelbrexton.com;868 Park Ave, Mt Vernon;房间 $159~219;P❄@☎)这座19世纪的红砖地标建筑最近重获新生,成为一家并不过分奢华的迷人酒店。房间的装修混合了木地板或地毯、舒适的床垫、带镜子的衣橱和墙上带框的版画。这里有着令人好奇的历史:令爱德华八世甘愿放弃英国王位的沃莉斯·辛普森(Wallis Simpson)年轻时就住在这栋建筑里。

★ Inn at 2920 民宿 $$

(☎410-342-4450;www.theinnat2920.com;2920 Elliott St, Canton;房间 $195~235;❄@☎)旅舍的房子曾经是一家妓院,有5间各具特色的房间,房内配有高支棉床单和先锋派艺术装饰,夜生活丰富的坎顿社区就在一步之遥的地方。

✕ 就餐

巴尔的摩是一个多元化的城市,海鲜产量居世界之最,更不用说巴尔的摩是浓郁乡土气息的南部和先锋创新的东北部之间的分界线,汇聚了南北美食。

Papermoon Diner 美式小馆 $$

(www.papermoondiner24.com;227 W 29th St, Harwood;主菜 $10~18;◉周日、周一、周三和周四 7:00~21:00,周五和周六 至22:00)这家亲切的巴尔的摩快餐店色彩明快,店内摆放着成千上万个旧玩具、诡异的人体模特和其他古怪的小玩意。全天供应的早餐是该店的招牌,包括松软的脱脂奶煎饼、酥脆的培根和蟹肉菠心煎蛋卷。用焦糖海盐奶昔佐餐正合适。

Artifact 咖啡馆 $

(www.artifactcoffee.com;1500 Union Ave, Woodberry;主菜 $7~14;◉周一至周五 7:00~19:00,周六和周日 8:00~19:00;☎✐)供应城里最好的咖啡,搭配可口的简餐,如鸡蛋松饼、菠菜沙拉、素食越南三明治(banh mi)和熏牛肉三明治等。建筑前身是个磨坊,改造之后既有工业特色又很漂亮。从Woodberry轻轨站步行2分钟即到。

Vaccaro's Pastry 意大利菜 $

(www.vaccarospastry.com;222 Albemarle St, Little Italy;甜品 $3~7;◉周日至周四 9:00~22:00,周五和周六 至午夜)Vacarro已经有60多

列克星敦市场　　　　　　　　　　快餐 $

（Lexington Market; www.lexingtonmarket.com; 400 W Lexington St, Mt Vernon; ◎6:30~18:00）建于1782年左右的维农山庄的列克星敦市场是巴尔的摩真正的老式食品市场之一，外观看起来有点破旧，但出售的食物很不错。

Faidley's　　　　　　　　　　　　海鲜 $

（☏410-727-4898; www.faidleyscrabcakes.com; 203 N Paca St, Lexington Market; 主菜 $10~20; ◎周一至周三 9:00~17:00，周四至周六 至17:30）媒体和游客在很久以前就发现了这个地方，但它的辉煌并没有被公众的宣传所削弱。Faidley's最著名的就是蟹饼、蟹钳肉、蟹背肉或蟹身肉。进来，在立式的柜台旁喝一杯冰镇啤酒，别提有多惬意了。

★Thames St Oyster House　　　　海鲜 $$

（☏443-449-7726; www.thamesstreetoysterhouse.com; 1728 Thames St, Fell's Point; 主菜 $12~29; ◎周三至周日 11:30~14:30，周日至周四 17:00~21:00，周五和周六 至22:30）这家复古餐馆是Fell's Point餐饮场所的地标，供应巴尔的摩最好的海鲜。可以在楼上的优雅区域一边享用美食，一边欣赏水滨的景色，也可以坐在后院，或者就在前面的吧台（营业至午夜）观看酒保调制鸡尾酒和厨师剥牡蛎壳。强烈推荐龙虾卷。

Birroteca　　　　　　　　　　　　比萨 $$

（☏443-708-1934; www.bmorebirroteca.com; 1520 Clipper Rd, Roosevelt Park; 比萨 $18~22; ◎周一至周五 17:00~23:00，周六 正午至11:00，周日 正午至22:00）餐馆有石头墙壁和独立摇滚，供应好吃的薄比萨组合（如糖渍鸭肉配无花果洋葱火腿）。这里有精酿啤酒、上好的葡萄酒、美妙的鸡尾酒和大胡子调酒师给人留下深刻印象。距汉普登的36th St或Woodberry轻轨站约0.5英里。

Helmand　　　　　　　　　　　　阿富汗菜 $$

（☏410-752-0311; www.helmand.com; 806 N Charles St, Mt Vernon; 主菜 $14~19; ◎周日至周四 17:00~22:00，周五和周六 至23:00）大蒜酸奶酱南瓜、成盘的蔬菜、风味十足的牛羊肉丸、豆蔻冰激凌令这家餐馆一直备受人们喜爱。如果你从来没吃过阿富汗菜肴，这里是个品尝的好地方。

LP Steamers　　　　　　　　　　海鲜 $$

（☏410-576-9294; www.locustpointsteamers.com; 1100 E Fort Ave, South Baltimore; 主菜 $8~27; ◎周日至周四 11:30~21:30，周五和周六 至22:00）LP位于巴尔的摩南部，是巴尔的摩最好吃的海鲜餐馆，在店里能看到前来就餐的工人满意的笑容和最新鲜的螃蟹。

★Woodberry Kitchen　　　　　　美国菜 $$$

（☏410-464-8000; www.woodberrykitchen.com; 2010 Clipper Park Rd, Woodberry; 主菜 $20~35; ◎晚餐 周一至周四 17:00~22:00，周五和周六 至23:00，周日 至21:00，早午餐 周六和周日 10:00~14:00）店内装修为工业主义风格，利用切萨皮克湾出产的一切原料作为食材，制作出富有魔力的美食。菜肴使用本地最好的农产品、海鲜和肉类制作，从马里兰石斑鱼配卡罗来纳金色玉米糊到仙纳度谷羊羔肉配羽衣甘蓝，以及附近农场种的蔬菜制作的丰盛菜肴。提前预订。

Food Market　　　　　　　　　新派美国菜 $$$

（☏410-366-0606; www.thefoodmarketbaltimore.com; 1017 W 36th St, Hampden; 主菜 $18~36; ◎周日至周四 17:00~23:00，周五和周六 至午夜，及周五至周日 9:00~15:00）市场位于汉普登餐馆和商店林立的热闹主干道，在2012年一开张就获得成功。获过奖的当地主厨Chad Gauss将美国的爽心美食提升到艺术的高度。制作的菜肴包括面包黄油海鲈鱼配黑松露油醋、蟹饼配龙虾奶酪意面等。

🍷饮品和夜生活

周末，Fell's Point和坎顿就成了酗酒分子狂欢的舞台，即使是罗马皇帝也会相形见绌。维农山庄和巴尔的摩北部稍微收敛一些，但巴尔的摩的任何一个街区都有那么一个舒适的当地酒吧。打烊时间通常为次日2:00。

Brewer's Art　　　　　　　　　　　小酒馆

（☏410-547-6925; www.thebrewersart.

com; 1106 N Charles St, Mt Vernon; 周一至周五16:00至次日1:45, 周六和周日 正午至1:45)位于一栋20世纪早期的复古宅邸中, 供应精心酿制的比利时式啤酒, 顾客多是悠闲的维农山庄本地人。吧台有可口的小酒馆食物(奶酪意面、波托贝洛蘑菇卷饼等), 后面典雅的餐厅供应高档的美国菜肴。楼下的地下室酒吧更为热闹。欢乐时光(16:00~19:00)时的自制精酿啤酒仅$3.75。

Ale Mary's　　　　　　　　　　　酒吧

(410-276-2044; www.alemarys.com; 1939 Fleet St, Fell's Point; 周一至周四 16:00至次日2:00, 周五 14:00至次日2:00, 周六和周日 10:00至次日2:00)店名和装修(随处可见十字架和念珠串)是向马里兰州的天主教传统致敬。这里很热闹, 吸引着来自附近地区的顾客, 供应烈酒和美味又油腻的酒吧食物(油炸土豆丸子、奶酪牛肉潜艇三明治等), 还有贻贝和周日早午餐。

Little Havana　　　　　　　　　　酒吧

(410-837-9903; www.littlehavanas.com; 1325 Key Hwy, Federal Hill; 周一至周四 11:30至午夜, 周五和周六 11:30至次日2:00, 周日 11:00至午夜)结束了一天的工作, 可以到这间酒吧的海滨平台上喝一杯莫吉托鸡尾酒(mojito)。这家由砖石仓库改造而成的酒吧, 在阳光明媚的日子里尤其吸引人(尤其是在周末早午餐时间)。

Club Charles　　　　　　　　　　酒吧

(410-727-8815; www.clubcharles.us; 1724 N Charles St, Mt Vernon; 18:00至次日2:00)这里有潮人们穿着常见的"制服"——紧身牛仔裤加复古T恤, 和其他各种不同背景的人涌向这家20世纪40年代装饰艺术风格的鸡尾酒酒吧, 享受美妙的音乐和便宜的饮品。

☆ 娱乐

巴尔的摩人酷爱玩乐。全城上下玩得不亦乐乎, 就连停车场的拖车上都能开派对, 电视上也有不计其数的体育节目。

★ 卡姆登球场的金莺公园　　　　体育场

(Oriole Park at Camden Yards; 888-848-2473; www.orioles.com; 333 W Camden St, Downtown)巴尔的摩金莺队(Baltimore Orioles)在这里打比赛, 这里可以说是美国最好的球场。常规赛期间(4月至9月)每天都有球场团队游(成人/15岁以下儿童 $9/6)。

M&T Bank体育场　　　　　　　体育场

(M&T Bank Stadium; 410-261-7283; www.baltimoreravens.com; 1101 Russell St, Downtown)9月至次年1月, 巴尔的摩渡鸦队(Baltimore Ravens)会在这里打比赛。

❶ 实用信息

巴尔的摩地区游客中心(Baltimore Area Visitor Center; 877-225-8466; www.baltimore.org; 401 Light St, Inner Harbor; 10月至次年4月 10:00~17:00, 5月至9月 9:00~18:00, 1月和2月 周一关闭)位于内港。出售**海港区通票**(Harbor Pass, 成人/儿童 $52/38), 持该通票可以进入5个主要的景区。

马里兰大学医疗中心(University of Maryland Medical Center; 410-328-8667; www.umm.edu; 22 S Greene St, 马里兰大学巴尔的摩分校)有24小时急诊服务。

❶ 到达和离开

巴尔的摩华盛顿古德·马歇尔国际机场(Baltimore-Washington Thurgood Marshall International Airport, 见324页)位于市区以南10英里处, 可经I-295州际公路到达。

从内港(Inner Harbor)西南2英里处汽车总站发车的**灰狗巴士**(www.greyhound.com)和**彼得潘巴士线**(Peter Pan Bus Lines; 4800-343-9999; www.peterpanbus.com; 2110 Haines St, Carroll-Camden)从华盛顿发车的车次很多($8~12, 45分钟左右1班, 1小时), 也有从纽约出发的长途汽车($15~42, 每天17班, 4.5小时)。**BoltBus**(877-265-8287; www.boltbus.com; 1578 Maryland Ave;)每天有6至10班客车抵达纽约市($15~34); 发车地点在巴尔的摩Penn Station站外的路边。

Penn Station(https://mta.maryland.gov/marc-train; 1500 N Charles St; Charles North)位于巴尔的摩北部。MARC运营工作日往来于华盛顿的通勤火车($8, 约1小时)。**美国国铁**(www.amtrak.com)的列车线路覆盖东海岸和更远的地区。

❶ 当地交通

轻轨（http://mta.maryland.gov/light-rail）从BWI机场开往列克星敦市场和宾夕法尼亚车站，每5~10分钟发一班车。MARC火车在工作日每小时1班（周末每天6至9班）往返Penn Station和BWI机场，票价$5。通过**马里兰运输管理局**（Maryland Transit Administration，www.mtamaryland.gov）网站查询当地所有的交通时刻表和票价。

Supershuttle（www.supershuttle.com）提供BWI至内港的客车服务，票价$23。

巴尔的摩水上出租车（Baltimore Water Taxi；☏410-563-3900；www.baltimorewatertaxi.com；Inner Harbor；一日通票 成人/3~12岁儿童 $14/6；⊙5月至8月 10:00至午夜，其他时间 缩短运营时间）在所有的港口景点都设有码头。

安纳波利斯（Annapolis）

与其他的州首府一样，安纳波利斯很迷人。殖民地时代的建筑、鹅卵石、闪烁的灯光和砖制联排屋都仿佛来自狄更斯的小说，但这里可不是人工布景，全是自然的。这座城市的文化遗产是保留下来的，绝非人为仿古。

位于切萨皮克湾高处的安纳波利斯拥有丰富的海事传统。这里是美国海军学院（US Naval Academy）所在地，"见习生"（即见习军官）穿着浆得笔挺的白色制服在街道上大步行走。航行并非业余爱好，而是一种生活方式，城区码头上挤满了各种形状和体积的船只。安纳波利斯以其历史名胜、水上冒险、美食和购物而闻名，值得多待几天。

◉ 景点

美国海军学院 大学

（US Naval Academy；☏游客中心 410-293-8687；www.usnabsd.com/for-visitors；在Prince George St和King George St之间的Randall St）本科制的美国海军学院是全美的精英学校之一。**Armel-Leftwich游客中心**是预订团队游的地方，同时也可以帮助你了解关于这个学院的一切。工作日中午12:05准时前来，届时4000个男女见习军官会在操场上进行20分钟的军容表演。入内需出示带照片的身份证件。如果你对美国的海军历史感兴趣，不妨参观一下**海军学院博物馆**（Naval Academy Museum；☏410-293-2108；www.usna.edu/museum；118 Maryland Ave；⊙周一至周六 9:00~17:00，周日 11:00~17:00）**免费**。

马里兰州议会大厦 历史建筑

（Maryland State House；☏410-946-5400；http://msa.maryland.gov/msa/mdstatehouse/html/home.html；91 State Circle；⊙9:00~17:00）**免费** 宏伟的马里兰州议会大厦建于1772年。州议会是美国最古老的、一直使立法权力的机构，1733年至1734年曾作为美国的首都。值得注意的是，乔治·华盛顿将军在独立战争结束后，于1783年在这里辞去大陆军总司令的职位，确保了这一权力得以与国会共享。1月至4月，马里兰州议会在此办公。穹顶上方那个巨型橡果代表智慧。

Hammond Harwood House 博物馆

（☏410-263-4683；www.hammondharwoodhouse.org；19 Maryland Ave；成人/儿童 $10/5；⊙4月至12月 周二至周日 正午至17:00）在城里众多古老建筑中，建于1774年的Hammond Harwood House是最值得你看一看的。这座房子是装饰艺术的总集成，包括18世纪的家具、绘画和古玩，它是美国最精致的英属殖民地时期民宅之一。可以参加50分钟的团队游（整点出发），听听博学的导游活灵活现地讲解这里的历史。

William Paca House & Garden 历史建筑

（☏410-990-4543；www.annapolis.org；186 Prince George St；整栋住宅和花园 团队游 $10，1楼住宅和花园团队游 $8，仅花园团队游 $5；⊙3月下旬至12月 周一至周六 10:00~17:00，周日 正午至17:00）参加团队游（每隔1小时一场，逢半点发团）游览这座乔治时代的宅邸，一窥18世纪马里兰上层社会生活的究竟。如果来的时候是春季，别错过繁花似锦的花园。

昆塔·肯特—阿历克斯·哈莱纪念碑（Kunta Kinte-Alex Haley Memorial） 纪念碑

位于城市码头旁边的昆塔·肯特—阿历克斯·哈莱纪念碑，标志着昆塔·肯特《根》（Roots）的作者阿历克斯·哈莱（Alex Haley）的祖先）身披镣铐从来自非洲的奴隶船上下来、踏上美国国土的地点。这里的雕像描绘的是哈莱给3个孩子讲关于他祖先的故事。

👉 团队游

Four Centuries Walking Tour 徒步

(☎410-268-7601；www.annapolistours.com；2小时15分钟团队游 成人／3~11岁儿童 $18/10)穿着古装的讲解员带你游览安纳波利斯的所有名胜。10:30的团队游从游客中心出发，13:30的团队游从城市码头的信息亭出发，二者覆盖的景点略有不同，但都会参观城里18世纪建筑最集中的地区，在那里，非裔美国人和殖民地时代的影响永远不会消失。

相关的**切萨皮克海盗巡游**（Pirates of the Chesapeake Cruise；☎410-263-0002；www.chesapeakepirates.com；311 3rd St；$20；◈4月中旬至9月；▣）历时1小时，很有趣。

Woodwind 游轮

(☎410-263-7837；www.schoonerwoodwind.com；80 Compromise St；日落巡游 成人／12岁以下儿童 $46/29；◈4月中旬至10月)这艘美丽的纵帆船船长74英尺，提供2小时的日间游和日落游。不妨奢侈一把，购买"船票加早餐"服务——在船上过夜要比在城里任何一家旅馆住宿有趣得多哦。

🛏 住宿

历史悠久的市中心到处都是旅馆和民宿。在从Church Circle 向西延伸的West St 沿线还有几家酒店。全国连锁酒店都聚集在USA 50/301的第22和23号出口附近。

Historic Inns of Annapolis 酒店 $$

(☎410-263-2641；www.historicinnsofannapolis.com；58 State Circle；房间 $189起；P❄🛜)这家古老的酒店由3栋风格各异的精品客栈组成，每个客栈都占据了位于安纳波利斯城中心的一栋老建筑。这3家客栈分别是Maryland Inn、Governor Calvert House和Robert Johnson House。大堂古色古香，最好的房间有古董、壁炉和迷人的风景。最便宜的房间很小。请在Governor Calvert House登记入住。

ScotLaur Inn 客栈 $$

(☎410-268-5665；www.scotlaurinn.com；165 Main St；房间 $119~149；P❄🛜)Chick & Ruth's Delly的老板经营着10间客房，每间都有铸铁床、花壁纸和独立浴室。房间不大但有家的感觉（客栈的名字取自老板的一双儿女之名Scott和Lauren）。

O' Callaghan Hotel 酒店 $$

(☎410-263-7700；www.ocallaghanhotels-us.com；174 West St；房间 $180起；P❄🛜)这座爱尔兰连锁酒店提供装饰漂亮、设施齐全的客房，每间都有大窗、一张写字台、铜制装饰和舒适床垫。酒店位于West St，几步之外就是多家出色的酒吧和餐馆，步行12分钟即可抵达老城区。

🍴 餐饮

安纳波利斯紧邻切萨皮克湾，有一流的海鲜。最近有几家"从农场到餐桌"的餐馆开业，给Main St和码头附近的用餐地区增添了一些生机。

周五和周六晚上，市中心历史悠久的Main St和海滨非常欢乐，许多人在码头附近的天井里一边喝着啤酒，一边看着小船列队经过。市中心有很多舒适的酒吧。

49 West 咖啡馆 $

(☎410-626-9796；49 West St；www.49westcoffeehouse.com；早餐主菜 $6~14，午餐主菜 $9~15，晚餐主菜 $9~24；◈周日至周四 7:30至午夜，周五和周六 至次日2:00；🛜)这座舒适的咖啡馆里装饰着艺术品，是个在日间喝咖啡、吃简餐（三明治、汤、沙拉等）的好地方，到了晚上，这里供应丰盛的小餐馆菜肴，以及葡萄酒和鸡尾酒。晚间有时有现场音乐。

Chick & Ruth's Delly 美式小馆 $

(☎410-269-6737；www.chickandruths.com；165 Main St；主菜 $8~15；◈周日至周四 6:30~23:30，周五和周六至次日0:30；▣)作为安纳波利斯的老牌餐馆，这家快餐店种类齐全，物美价廉，三明治和早餐食物很不错。工作日8:30（周六和周日9:30），爱国者们可以边读《效忠誓词》（Pledge of Allegiance）边重温小学时代的日子。

★ Vin 909 美国菜 $$

(☎410-990-1846；www.vin909.com；

909 Bay Ridge Ave；小盘 $12~20；周二至周日 17:30~22:00，周三至周六 正午至15:00，冬季周二和周日 21:00打烊）位于一个树木覆盖的小山上，餐馆内气氛私密而悠闲。就食物而言，这家餐馆是安纳波利斯最好的，来自农场的食材被做成糖渍鸭肉、烧烤小三明治和配以蘑菇、鹅肝酱及西班牙腊肠的家常比萨。这里还有多种上好的葡萄酒，其中30多种按杯售卖。

★ Jimmy Cantler's Riverside Inn 海鲜 $$

（☎410-757-1311；www.cantlers.com；458 Forest Beach Rd, Annapolis；主菜 $10~34；周日至周四 11:00~23:00，周五和周六 至午夜）这里是该州最好的螃蟹餐馆之一，在这里，吃清蒸螃蟹已经被上升为一种艺术：你要亲自动手剥蟹，把蟹腿拆下来，边吃蟹肉边吃玉米、喝冰镇啤酒。Cantler's距离安纳波利斯有点远，但就像许多螃蟹馆一样，可以通过公路或水路到达（海滨的位置是螃蟹馆行业的标配）。

Boatyard Bar & Grill 海鲜 $$

（☎410-216-6206；www.boatyardbarandgrill.com；400 4th St；主菜 $10~27；周一至周五 7:30至午夜，周六和周日 8:00至午夜；）这以航海为主题的餐馆气氛欢快，是个享用蟹饼、炸鱼薯条、鱼类卷饼和其他海鲜的好地方。欢乐时光（周一至周五 15:00~19:00）供应99¢的牡蛎和$3的精酿啤酒，吸引了不少食客。餐馆距城市码头（City Dock）车程很短（步行只要10分钟），越过Spa Creek Bridge即到。

Rams Head Tavern 小酒馆食物 $$$

（☎410-268-4545；www.ramsheadtavern.com；33 West St；主菜 $10~30；周一至周六 11:00至次日2:00，周日 10:00起）店内有裸露砖墙和橡木板装饰，供应小酒馆食物和令人心旷神怡的自酿啤酒。隔壁的Rams Head On Stage舞台上有知名乐队现场表演（票价 $23~115）。

Fox's Den 小酒馆

（☎443-808-8991；www.foxsden.com；179 Main St；周一、周三和周四 17:00~23:00，周五 17:00至午夜，周六 16:00至午夜，周日 16:00~23:00）到地下寻找微酿啤酒和精调鸡尾酒，所有饮品都在这个位于Main St的舒适酒吧里供应。

❶ 实用信息

城市码头（3月至10月 9:00~17:00开放）。有一个位于West St的游客中心（☎410-280-0445；www.visitannapolis.org；26 West St；9:00~17:00）和一个季节性的信息亭。关于海军学院（Naval Academy）的团队游和景点的信息，可以在位于码头附近水滨的Armel-Leftwich游客中心（☎410-293-8687；www.usnabsd.com/for-visitors；52 King George St, Gate 1, City Dock entrance；团队游 成人/儿童 $11/9；3月至12月 9:00~17:00，1月和2月 9:00~16:00）获得。

❶ 到达和离开

灰狗巴士（☎800-231-2222；www.greyhound.com；275 Harry S Truman Pkwy）运营从历史悠久的市中心以西5英里的乘车站出发，开往华盛顿特区的长途汽车（$12~15，每天1班）。

马里兰东岸地区（Eastern Shore）

在切萨皮克湾大桥对面，平淡的郊区逐渐变成绵延数英里的湿地、宁静的河流、无边无际的玉米地、沙滩和友好的村庄。马里兰东岸地区虽然聚集了越来越多的雅皮士（他们的住宅在城里）和一日游游客，但仍保留着特有的魅力。这个地区的一切都与水有关：切萨皮克湾及其支流地区的滨水区还很活跃，造船业、打鱼、捕蟹和狩猎依然是当地人生活中不可或缺的一部分。来这里探索大自然吧，你可以在小道上漫步、乘船或骑自行车，还可以在海滩上阅读，钻研地区历史。当然，还能享受美味的海鲜。

❶ 到达和离开

该地区最好驾车探索。巴尔的摩距离伊斯顿70英里，距离大洋城150英里。

圣迈克尔斯和提尔曼岛（St Michaels & Tilghman Island）

作为马里兰东岸地区最美丽的小村庄，圣迈克尔斯（St Michaels）是名副其实的"切

萨皮克湾的心脏和灵魂"。紧靠US 33,村里有古老的维多利亚风格住宅、古雅的民宿、精品店和尚在使用的码头,来自华盛顿的艺术家跟浑身散发着海水咸味儿的渔民们混在一起。1812年战争期间,居民在附近的树林里挂上灯笼,村里则一片漆黑。英国海军的炮手对准树林开火,圣迈克尔斯免于被毁。现在被称为 Cannonball House(Mulberry St, St Michaels)的建筑是当时唯一被炮火炸到的建筑。

在半岛的末端,跨过US 33吊桥的尽头,小小的提尔曼岛(Tilghman Island)有一个在用码头,船长可以带领游客乘坐美丽的帆船。

◉ 景点和活动

切萨皮克湾海事博物馆 博物馆
(Chesapeake Bay Maritime Museum; ☎410-745-2916; www.cbmm.org; 213 N Talbot St, St Michaels; 成人/6~17岁儿童 $15/6; ◉5月至10月 9:00~17:00,11月至次年4月 10:00~16:00; ▣)其室内外的展览揭示了东岸居民与美国最大的河口之间的渊源。还可以在1879年重新搬迁安置的灯塔里,了解灯塔守护者在19世纪的生活。

Lady Patty Classic Yacht Charters 船
(☎410-886-1127; www.ladypatty.com; 6176 Tilghman Island Rd, Tilghman Island; 游轮 成人/13岁以下儿童 $40/25起; ◉团队游 5月至10月 周三至周一)这家公司安排在一艘1935年的快艇上的2小时切萨皮克湾帆船游,令人难以忘怀。

⊨ 食宿

Parsonage Inn 旅馆 $$
(☎410-745-8383; www.parsonage-inn.com; 210 N Talbot St, St Michaels; 房间 $210-290; ▣❄❂)这里到处都是经典的维多利亚时代的装饰,还有令人意想不到的色调组合——那是夏威夷的被子吗?——红砖墙的Parsonage Inn现在已经有了新的主人。早餐是一个亮点,你可能会在菜单上找到苏格兰炸蛋。距离海事博物馆很近。

Crab Claw 海鲜 $$
(☎410-745-2900; 304 Burns St, St Michaels; 主菜 $11~30; ◉3月中旬至10月 11:00~22:00)就在切萨皮克湾海事博物馆隔壁,供应可口的马里兰蓝蟹,而且可以观赏港口的壮丽景色。不喜欢油炸海鲜的话,海鲜拼盘还是别点了。

❶ 到达和离开

圣迈克尔斯和提尔曼岛与狭窄曲折的半岛上的US 33相邻。US 33向西延伸至伊斯顿。如果你的朋友有一艘船停靠在切萨皮克湾,那你就可以让他载你一程——两个城镇都有码头。塔尔伯特县(Talbot County)也有码头,那里有超过600英里的海岸线。

柏林(Berlin)

脑海中浮现一幅画面:典型的小城镇、美国风情的主街、不时流露出俏皮可爱的一面……以上是对马里兰东岸地区小村庄柏林的最佳描述。这里的建筑大多保存完好。此外,这一区域遍地都是古玩店。在适合步行的市中心点缀着几家很棒的餐馆。这座城市是探索阿萨蒂格岛(Assateague Island;见337页)和周围的东岸地区(Eastern Shore)的一个方便而又迷人的平台。

对于这样一座小城来说,柏林供应美味海鲜与美国菜的餐厅相当多。其中大多数距离市中心历史悠久的客栈都只有几步之遥。

✕ 就餐

Drummer's Cafe 美国菜 $$
(https://atlantichotel.com/drummers-cafe-atlantic-hotel; 2 N Main St; 午餐主菜 $10~16, 晚餐主菜 $18~34; ◉11:00~21:00)Atlantic Hotel的餐厅就像酒店一样豪华,大大的窗子,明亮的自然光线——晚上前来,会点亮摇曳的烛光。这里的食物是对切萨皮克最好的诠释。菲力牛排搭配蟹饼也变得更加美味。晚上,你可以在酒店的前廊喝上一杯,看看小镇沉寂下来。

Fins Ale House & Raw Bar SEAFOOD 海鲜 $$
(☎410-641-3000; www.facebook.com/FinsAleHouseBerlin; 119 N Main St; 主菜 $12~30; ◉周日至周四 11:00~21:15, 周五和周六 至22:00)

这里的蟹饼实在是太好吃了,好吃到你会想打包搬到柏林来。而看看这里欢乐的人群,其他人可能也有同样的想法。它虽然不在水上,但周到的服务、大窗户、舒适的露台和诱人的海鲜菜肴,使这里成为了仅次于海滨海鲜棚屋的选择。

ⓘ 到达和离开

柏林坐落在Hwy 113和US 50交叉路口附近,位于大洋城西南8英里。

大洋城(Ocean City)

6月到8月的大洋城可以用"派对中心"来形容。在大洋城,你能看到最原始的美国海边度假村。有人可能会说这里很俗气,而有人会说这里很有趣。你可以在这里玩让你头晕目眩、呕吐不止的超刺激电动游乐设施,购买有淫秽标语的T恤衫,在劣等小酒吧里喝得醉醺醺。餐饮和娱乐场所都集中在2.5英里长的木板道沿线,这条路的起点是27th St。海滩很迷人,但你得忍受尖叫着跑来跑去的少年和吵闹的人群。木板道北侧的海滩要安静得多。有多吵闹?据说,大洋城在夏季会迎来340万的游客——在一个全年常住人口只有7000多人的小镇上!

⊙ 景点

大洋城救生站博物馆 博物馆

(Ocean City Life-Saving Station Museum; ☏410-289-4991; www.ocmuseum.org; 813 S Atlantic Ave; 成人/6~17岁儿童 $3/1; ⊙5月和10月 10:00~16:00, 6月至9月 至18:00, 4月和11月 周三至周日 10:00~16:00)这座小而迷人的博物馆位于木板路的南端,坐落在一个1891年的救生站内。这里有一位管理员,以及6至8位"海岸警卫队救生员",他们会对遇险船只的紧急呼叫实施营救。展品包括关于附近沉船的故事和一个救援装备展览,其中有一艘26英尺长的救援船,它在风暴中看起来相当渺小和脆弱!

特林皮尔斯游乐园 游乐园

(Trimpers Rides; ☏410-289-8617; www.trimpersrides.com; S 1st St & Boardwalk; 无限制下午畅玩票 $26; ⊙周一至周五 15:00至午夜, 周六和周日 正午至午夜, 营业时间随季节变化)如果你真的想要去享受俗气的海滨乐趣,那就来Trimpers Rides吧,它是最古老的老式游乐园之一。吃点薯条配醋,玩玩游戏,看着十几岁的员工跳芭蕾,舞步中发散出夏日过剩的荷尔蒙。每个项目的票价是60¢,每次乘坐都需要不同的号码。

⨯ 住宿

在木板路与海洋平行的街道上林立着许多酒店和汽车旅馆。这些住宿既有国家连锁店,也有独立的旅馆。从6月到8月,他们已经为迎接客人做好了准备。如果想要找一个安静的住宿地点,可以尝试一下民宿,或者在以南8英里的柏林过夜。

King Charles Hotel 客栈 $$

(☏410-289-6141; www.kingcharleshotel.com; 1209 N Baltimore Ave, N Baltimore Ave与12th St交叉路口; 房间 $169~189; ▣❋☏)要不是因为离木板道的核心地带很近,这家客栈或许可以成为一个很优雅的夏季别墅。客房有些

马里兰蓝蟹

在螃蟹餐馆吃饭,穿短裤和夹趾拖鞋也没问题,在切萨皮克湾吃螃蟹就该这样。这里的居民很重视螃蟹的做法,可以花好几个小时争论怎样撬开螃蟹壳最好,怎样烹制螃蟹最好吃,或是在哪儿能捕到最好的螃蟹。但马里兰人在一点上达成了共识:蓝蟹(学名:Callinectes sapidus, 意即"美丽的游泳者")最好吃。可惜的是,切萨皮克湾日益受到污染,因此蓝蟹体内也含有污染物。你在这里吃的螃蟹有许多都是从其他地方进口的。

清蒸螃蟹很容易做,搭配啤酒和本地酱汁一起吃。在安纳波利斯附近,马里兰州议会大厦东北方向4英里,Severn River Bridge对面的Jimmy Cantler's Riverside Inn(见334页)是该州最好的螃蟹餐馆之一,海湾对面的Crab Claw也是个不错的吃蟹去处。

值得一游

阿萨蒂格岛（ASSATEAGUE ISLAND）

阿萨蒂格岛位于大洋城南侧，二者相距仅8英里，但前者却仿佛来自另外一个世界。岛上有完美的山丘地貌和美丽而荒凉的海滩。在这个原始的海岛上有野马栖息——那里因为儿童读物《辛科提格薄雾》(Misty of Chincoteague)而出名。

该岛被分为3个部分。马里兰州境内的被称为阿萨蒂格州立公园（Assateague State Park; ☏410-641-2918; Rte 611; 门票$6; 露营地$28~39; ☉日间游览区7:00至日落，露营地4月下旬至10月），联邦管辖的部分叫阿萨蒂格岛国家海岸风景区（Assateague Island National Seashore; ☏410-641-1441; www.nps.gov/asis; Rte 611; 门票 每个普通游客/机动车每周$5/20; ☉游客中心3月至12月 9:00~17:00，1月和2月 周二和周三 不开放）。弗吉尼亚州境内的部分叫辛科提格国家野生动物保护区（Chincoteague National Wildlife Refuge; www.fws.gov/refuge/chincoteague; 8231 Beach Rd, Chincoteague Island; 日/周 车辆通票$8/15; ☉5月至9月 5:00~22:00，11月至次年3月 6:00~18:00，4月和10月 至20:00; ℗）。这三个地区的概述可查看国家公园网站（www.nps.gov/asis）的"Plan your Visit"版块，或者使用《阿萨蒂格岛国家海岸》(Assateague Island National Seashore)小册子，它带有一个有用的地图。

除了游泳和晒日光浴，娱乐活动还包括观鸟、划皮艇、划独木舟、捕蟹和钓鱼。马里兰州境内的岛屿部分没有服务设施，所以你必须自带食物和水。别忘了带驱虫剂，蚊子和叮人的马蝇特别讨厌！

年头了，但很干净，门口有个小门廊，比较安静（这不是一家派对酒店）。

🍴 餐饮

"陆地牛羊海底鲜，想吃多少吃多少"是这里的就餐方式。

啤酒、葡萄酒、烈酒、含糖鸡尾酒——在这里到处都是，而且通常价格低得离谱，尤其是在下午晚些时候的快乐时光。在晚上，栈道很热闹，那里有一个主题公园，古怪的博物馆和街头表演者，会让你拥有许多乐趣。

Liquid Assets　　　　　新派美国菜 $$

(☏410-524-7037; https://la94.com/; 9301 Coastal Hwy, 94th St与Coastal Hwy交叉路口; 主菜$13~34; ☉周日至周四 11:30~23:00，周五和周六至午夜）这家烤肉店兼红酒吧隐藏在大洋城北部一个公路边的商业区内。菜单上既有独创的海鲜和烤肉，也有当地的传统菜肴。

Seacrets　　　　　　　　　　　　酒吧

(☏410-524-4900; www.seacrets.com; 117 49th St, W 49th St与the Bay交叉路口; ☉11:00至午夜）在这家牙买加主题的酒吧里，客人们豪饮朗姆酒，看起来简直就是MTV《春假》(Spring Break)的背景地。你可以走进内室，边喝饮品边注视大洋城最著名的肉类市场里来来往往的人群。要说最狂野的海滩派对酒吧，必须说这里比其他自称的那些要好。酒吧自营的酿酒厂在2016年开业，似乎有点多余。

ℹ️ 到达和当地交通

大洋城位于巴尔的摩东南140英里处，取道Hwy 10和US 50即可到达。灰狗巴士没有开往大洋城的运营服务。

大洋城海滨公路汽车（Coastal Highway Beach Bus; ☏410-723-2174; http://ococean.com/explore-oc/getting-around-oc; 1日通票$3; ☉24小时）全年在海滩附近运营。这里还有一班**有轨电车**(☏410-289-5311; http://ococean.com/explore-oc/getting-around-oc; 单次乘坐$3，1日通票$6; ☉6月至8月 11:00至午夜）从6月至9月在栈道（https://oceancitymd.gov/oc）运营。关于淡季交通和时间表的详细信息，请访问www.shoretransit.org。

马里兰州西部（Western Maryland）

马里兰州西部是山区。阿巴拉契亚山脉

的山峰高达3000英尺，周围的山谷崎岖，景色美丽，遍布美国内战战场遗址。这里是马里兰州的户外活动天堂，徒步、滑雪、攀岩和激流漂流等活动都吸引着户外运动爱好者的到来。

当你计划旅行时，请记住，狭窄的马里兰州的狭长地带与弗吉尼亚州、西弗吉尼亚州和宾夕法尼亚州接壤。如果你正在探索内战战场或者正在寻找更大的城镇过夜，在地图上看看州界另一边几英里外的选择。

❶ 到达和当地交通

马里兰州西部的城镇在地图上可能看起来很接近，但是狭窄和蜿蜒的山路可能会延长驾驶时间。东西方向的公路主要是I-70和I-68，南北方向的公路I-81也穿过该地区。马里兰州通勤火车会在**弗雷德里克**（☏301-682-9716；https://mta.maryland.gov/marc-train；100 S East St, Frederick）停车；而美国国铁的火车则会在坎伯兰停车。灰狗巴士在坎伯兰和弗雷德里克都有停车站。如果想要乘坐飞机，可以考虑华盛顿杜勒斯国际机场（见324页）或巴尔的摩华盛顿古德·马歇尔国际机场（见324页）。

弗雷德里克和艾里山
（Frederick & Mt Airy）

弗雷德里克中心是完美的。这个历史悠久、适合漫步的中心有许多红砖联排屋，到处都是各式各样的餐馆。你还会发现优秀的温伯格艺术中心（Weinberg Center for the Arts）旗下的一个文化艺术团体。曲折的小溪Carroll Creek蜿蜒穿过，旁边是一个可爱的公园，公园的墙上画有一座桥，建在Carroll St.。与该地区带有历史街区的社区不同，这里是一个中等规模的城市、一个重要的通勤基地（对于成千上万的联邦政府雇员来说）和一个生物技术中心。

小镇艾里山位于弗雷德里克以东7英里处。它紧凑的镇中心历史街区矗立着19世纪和20世纪的建筑。这里曾经是巴尔的摩和俄亥俄铁路（B&O Railroad）的一个繁忙的商业站点，如今，镇中心是一个很好的地方，可以在连接巴尔的摩和马里兰州西部的国家历史公路风景道（National Historic Road scenic byway；www.visitmaryland.org）上驾车游览。该地区还分布着几个葡萄园。

◉ 景点

布伦瑞克游客中心　　　　　　博物馆
（Brunswick Visitor Center；☏301-834-7100；www.nps.gov/choh；40 W Potomac St, Brunswick；铁路博物馆 成人/儿童 $7/4；◷周四和周五 10:00~14:00，周六 至16:00，周日 13:00~16:00）切萨皮克—俄亥俄运河小小的布伦瑞克游客中心还兼做布伦瑞克铁路博物馆（Brunswick Rail Museum）。尽管这个小镇很安静，但它曾经是世界上最大的铁路站场（7英里长）的所在地。那些日子已经过去许久，但是博物馆还是吸引着火车爱好者的到来。你必须要有一颗铁石心肠，才不会被这个1700平方英尺的铁路模型所迷惑，它描绘的是古老的巴尔的摩和俄亥俄铁路。

Elk Run Vineyards　　　　　　葡萄酒厂
（☏410-775-2513；www.elkrun.com；15113 Liberty Rd, Mt Airy；品酒 $6起，团队游免费；◷5月至9月 周二、周三和周六 10:00~18:00，周五至21:00和周日 13:00~17:00，10月至次年4月 周三至周六 10:00~17:00和周日 正午至17:00）Elk Run Vineyards很容易找到，它几乎就在艾里山和新市场（New Market）的中间。在葡萄酒周五夜（Wine Down Fridays）可以来这里观看现场音乐表演（$5，15:00~17:00）。

国家内战医学博物馆　　　　　博物馆
（National Museum of Civil War Medicine；☏301-695-1864；www.civilwarmed.org；48 E Patrick St；成人/学生/儿童 $9.50/7/免费；◷周一至周六 10:00~17:00，周日 11:00起）该博物馆回顾了内战时期士兵和医生面临的医疗条件，展览很吸引人，但有些展品看起来令人毛骨悚然。此外，这里也展示了因内战而发展起来的医疗技术的进步。

安提塔姆国家战场遗址　　　　古迹
（Antietam National Battlefield；☏301-432-5124；www.nps.gov/anti；5831 Dunker Church Rd, Sharpsburg, MD；3日通票 每人/每车 $5/10；◷场地 日出至日落，游客中心 9:00~17:00）安提塔姆曾经发生过美国历史上最血腥的战役，但具有讽刺意味的是，现在这里十分平静，

杳无人烟,只有石碑和雕塑静静地矗立着。1862年9月17日,罗伯特·李(Robert E Lee)将率军军初次攻打北方军队,因战术有误,他们在安提塔姆被困,超过23,000名将士阵亡、受伤或失踪——这个数字比之前美国所有战争伤亡人数的总和还多。看看游客中心的展品,然后步行或驾车前往遗址。

食宿

Hollerstown Hill B&B　　　　　　　民宿 $$

(☎301-228-3630; www.hollerstownhill.com; 4 Clarke Pl, Frederick; 房间 $149; P❉@)这家雅致、友好的民宿有四间独具风格的客房,还有一个优雅的台球室和两只梗犬。维多利亚风格的建筑非常漂亮,位于弗雷德里克历史街区的核心区域,所以如果你住在这里,就可以轻松步行前往所有的好地方。

Brewer's Alley　　　　　　　美食小酒馆 $$

(☎301-631-0089; www.brewers-alley.com; 124 N Market St, Frederick; 主菜 $9~22; ⓒ正午至23:30; ⓟ)气氛轻松的自酿小酒馆,是本地我们最喜欢的餐馆之一,原因如下:首先,自酿啤酒种类多,又好喝;其次,汉堡分量大,一个就有半磅,而且配料合适,美味惊人;最后,其他菜肴也不错,这里的菜肴用切萨皮克湾海鲜(包括木火烤制的蟹肉比萨)以及弗雷德里克乡村农场的农产品和肉类制作而成。在阳光明媚的日子里,小露台是一个令人愉快的地方。

到达和离开

灰狗巴士(www.greyhound.com)的巴士和**马里兰通勤火车**(见331页)的车站都在游客中心(☎301-600-4047; www.visitfrederick.org/visit/visitorcenter; 151 S East St; ⓒ9:00~17:30)的对面。马里兰通勤火车(MARC)的布伦瑞克线(Brunswick Line)从弗雷德里克开往西弗吉尼亚州的哈珀斯费里、马里兰州的Silver Spring和华盛顿特区。

坎伯兰 (Cumberland)

前线岗哨坎伯兰堡(Fort Cumberland; 别跟弗吉尼亚州和肯塔基州之间的坎伯兰岬口弄混了)位于波托马克河边,坎伯兰与匹兹堡和俄亥俄河隔着阿勒格尼(Alleghenies)山脉遥遥相对,它同时也是通往匹兹堡和俄亥俄河的门户。今天的坎伯兰已发展成为户外娱乐的天堂,游客可以前往该地区的河流、森林和山区旅行。景点都集中在坎伯兰市中心步行街附近。

景点和活动

切萨皮克—俄亥俄运河
国家历史公园　　　　　　　　国家公园

(C&O Canal National Historic Park; ☎301-739-4200; www.nps.gov/choh; ⓒ日出至日落) **免费** 切萨皮克—俄亥俄运河是一个工程学奇迹,与波托马克河并排,连接切萨皮克湾和俄亥俄河。运河于1828年动工,但1850年因遇到阿巴拉契亚山脉而停工。公园内有185英里长的"走廊"——它是一条12英尺宽的纤道,适合徒步和骑车,沿着纤道能够一直到达华盛顿的乔治城。**坎伯兰游客中心**(Cumberland Visitor Center; ☎301-722-8226; www.nps.gov/choh; 13 Canal St; ⓒ9:00~17:00; P)介绍了美国东海岸历史上河流贸易的编年史和重要性。

阿勒格尼博物馆　　　　　　　　博物馆

(Allegany Museum; ☎301-777-7200; www.alleganymuseum.org; 3 Pershing St; ⓒ周二至周六10:00~16:00, 周日13:00起) **免费** 位于老法院建筑中,这座有趣的博物馆深入介绍了坎伯兰的历史,藏有当地民间艺术家和木雕家Claude Yoder的作品、沿运河分布的老棚户区模型、20世纪20年代的消防设施、装扮漂亮的活动木偶和其他稀奇古怪的小玩意儿。

马里兰州西部观光铁路　　　　　　团队游

(Western Maryland Scenic Railroad; ☎800872-4650; www.wmsr.com; 13 Canal St; 成人/儿童 $46/31; ⓒ通常4月中旬至10月 周五和周六11:30, 周日13:00, 时间和旅程根据季节变化)出发地点在切萨皮克—俄亥俄运河起点附近、坎伯兰游客中心门外。乘客登上用蒸汽机车头带动的火车,穿过森林和深谷后来到弗罗斯特堡(Frostburg),往返共计3.5小时。

Cumberland Trail Connection　　　骑车
(☎301-777-8724; www.ctcbikes.com;

14 Howard St, Canal Pl；每半天/全天/1周 $20/30/150起；◎4月至10月 8:00~19:00，11月至次年3月 10:30~18:00)这家户外用品店就在切萨皮克一俄亥俄运河起点附近，位置很好找。出租自行车（赛车、长途自行车和山地车），也提供往来于匹兹堡和华盛顿之间的穿梭客车。

食宿

Inn on Decatur 客栈 $$
(☎301-722-4887；www.theinnondecatur.net；108 Decatur St；房间$142；※※)距坎伯兰市中心的步行街Baltimore St几步之遥，提供舒适客房。友好的主人对当地了如指掌，而且还提供自行车接送。

Queen City Creamery & Deli 美式小馆 $
(☎301-777-0011；www.queencitycreamery.com；108 W Harrison St；主菜 $4~9；◎周一至周四 7:00~21:00，周五 7:00~22:00，周六 8:00~22:00，周日 8:00~21:00)这家复古冷饮店看起来仿佛来自20世纪40年代，奶昔、家常冻奶糊和厚厚的三明治让你早餐吃个饱。

到达和离开

美国国铁车站（www.amtrak.com；201 E Harrison St）在市中心附近。Capitol Limited 线路每天有从坎伯兰开往华盛顿特区和芝加哥的火车。匹兹堡位于坎伯兰西北100英里处。灰狗巴士也在这里停车。从马里兰州的东部出发，可以取道I-70和I-68抵达坎伯兰。

特拉华州（DELAWARE）

小小的特拉华州是美国第二小的州（长96英里，最宽处还不到35英里），与邻州相比很不起眼，前往大华府地区旅行的游客也常常忽略这里。这可太糟糕了，因为除了免税购物和养鸡场之外，特拉华州还有很多好看好玩的地方。

长长的白色沙滩、精致的殖民地时代村庄、温馨的乡村和小镇的魅力是这个欣然地自称为"小奇迹"州的特色。这里也是前副总统和美参议员乔•拜登（Joe Biden）的家乡，他居住在威尔明顿。

历史

在殖民地时代，特拉华州是荷兰、瑞典和英国殖民者激烈争夺的对象。前两者为这里带来北欧中产阶级的价值观，后者带来的则是种植园主的傲慢，这两种特质是如今特拉华州典型中大西洋文化混合产物的组成部分。

1787年12月7日是这个小州的大日子，特拉华州在那一天成为第一个承认美国宪法的殖民地，因此也就成为美利坚合众国的第一个州。虽然该州支持蓄奴，但在内战期间一直没有脱离合众国。在此期间，该州的经济依赖于化工业。杜邦（DuPont）是全球第二大化学制品公司，1802年由法国移民Eleuthère Irénée du Pont创立，起初是军工厂。20世纪，由于税收低，其他公司（特别是信用卡公司）也被吸引来此建厂，该州的经济因此而繁荣起来。

到达和离开

这些沿海城市距离华盛顿特区和巴尔的摩都是120英里。威尔明顿位于特拉华州的北部，巴尔的摩东北75英里，取道I-95即可到达；它位于费城以南30英里，取道I-95也可以到达——距离宾夕法尼亚州的州际线只有几英里。美国国铁的7条线路都经过威尔明顿。前往威尔明顿最近的主要机场是费城国际机场（Philadelphia International Airport）。

特拉华海滩（Delaware Beaches）

拥有海滩城镇的特点和美丽的海岸景观，特拉华州有28英里长的（大西洋）海滩，特别适合散步。对于华盛顿特区、巴尔的摩和纽约市想要逃离喧嚣的人们来说，到达这里很快也很方便。大多数商家全年营业。6月至8月之外的月份，物价大减。

刘易斯（Lewes）

1631年，荷兰人给这个捕鲸小镇起名为Zwaanendael，意即"天鹅谷"，但不久之后荷兰移民就遭到当地原住民南蒂科人（Nanticoke）的屠杀。William Penn占领该地后把地名改成"刘易斯"（念成Loo-iss）。今天的

刘易斯是一个迷人的小城，拥有形形色色的英国和荷兰建筑。漂亮的亨洛彭角州立公园距离镇中心只有2.5英里。

◉ 景点和活动

亨洛彭角州立公园　　　　　　　　州立公园

（Cape Henlopen State Park；☎302-645-8983；www.destateparks.com/park/cape-henlopen；15099 Cape Henlopen Dr；每ತ 外州/内州 $10/5；◑8:00至日落）在刘易斯东边1英里处，公园内有超过4000英亩的沙丘、松林和湿地，吸引观鸟者、喜欢沙滩的人和露营者。登上瞭望塔，可以清楚地看到梅角（Cape May）。北海岸海滩（North Shores beach）吸引了许多同性恋情侣。这里也提供露营地（$30~54）和小屋（$120）。门票只收取现金。

兹瓦涅戴尔博物馆　　　　　　　　博物馆

（Zwaanendael Museum；☎302-645-1148；www.http://history.delaware.gov/museums/zm/zm_main.shtml；102 Kings Hwy；◑周二10:00~17:00，周三至周六 至16:30，周日 13:30~16:30，3月至10月 仅周三至周六开放）**免费** 这座迷人的小博物馆是了解刘易斯荷治时期的历史的好地方。

Quest Fitness Kayak　　　　　　划艇划艇

（☎302-745-2925；www.questkayak.com；514 E Savannah Rd；皮划艇出租 每2/8小时 $25/50；◑5月至9月 8:00开始营业，关门时间不定，10月至次年4月 仅限预约）想玩水上运动的话，这里出租皮划艇，就在Beacon Motel隔壁。还组织前往海岬的观景划船团队游（$65）。

🛌 食宿

Hotel Rodney　　　　　　　　　　酒店 $$

（☎302-645-6466；www.hotelrodneydelaware.com；142 2nd St；房间 $179~259，套房 $329；🅿❄@🛜🏊）这家迷人的精品酒店有精致床具和经过修复的古董家具，同时也有许多让人耳目一新的现代特色。

Wharf　　　　　　　　　　　　　海鲜 $$

（☎302-645-7846；www.thewharflewes.com；7 Anglers Rd；主菜 $13~30；◑5月中旬至10月上旬11:30至次日1:00；🅿❄）位于吊桥另一端的水边，气氛悠闲，出售各种海鲜菜肴和下酒小菜。周末有现场音乐表演。

❶ 到达和离开

Cape May–Lewes Ferry（☎800-643-3779；www.capemaylewesferry.com；43 Cape Henlopen Dr；摩托车/小汽车 $39/47，每位 成人/6~13岁儿童 $10/5）运营的渡轮从距离刘易斯市中心1英里的码头出发，穿过特拉华湾（Delaware Bay）开往新泽西州，每天都有渡轮，航程90分钟。如果你不开车，可以乘坐季节性运营的穿梭客车（$5）往来于渡轮码头和刘易斯之间。建议预订车票。小镇紧邻Coastal Hwy/Rte 1附近的海边。

里霍博斯海滩（Rehoboth Beach）

作为距离华盛顿最近的海滩（121英里），**里霍博斯海滩**经常被称为"美国的夏季首都"。这里既适合全家游的游客，也适合同性恋游客。想要远离热闹喧器的Rehoboth Ave（以及建筑物非常密集的市郊），可以到市中心的小巷走走。你在1英里长的木板道两侧可以看到姜饼屋似的房子、绿树成荫的街道、时髦的餐厅、适合儿童的博物馆和宽阔的海滩。

🛌 住宿

★Cottages at Indian River Marina　　　　　　　　　小屋 $$$

（☎302-227-3071；www.destateparks.com/camping/cottages；39415 Inlet Rd；每周旺季/平季/淡季 $1900/1250/850，2天 淡季 $300；🅿❄）这些小屋位于城镇以南5英里处的特拉华州海滨州立公园（Delaware Seashore State Park）里，是我们最喜欢的地方度假租赁小屋。装修本身没有什么特色，更多的是因为小屋里的露台和纯净的海滩上天然的风景。每个小屋都有两间卧室和一间阁楼。

Crosswinds Motel　　　　　　汽车旅馆 $$$

（☎302-227-7997；www.crosswindsmotel.com；312 Rehoboth Ave；房间 $269~299；🅿❄🛜）这家朴素的汽车旅馆位于里霍博斯的中心地带，房间是清新的现代风格，设施齐全（小冰箱、咖啡机和平板电视），服务热情。步行前往沙滩需要12分钟。值得注意的是，房价在工作日和淡季会大幅下跌。

Hotel Rehoboth 精品酒店 $$$

（☎302-227-4300；www.hotelrehoboth.com；247 Rehoboth Ave；房间 $359；🅿✳@🛜🏊）这家精品酒店以优质的服务和豪华的便利设施而闻名，其中包括免费的前往沙滩的摆渡巴士。

🍴 餐饮

Henlopen City Oyster House 海鲜 $$$

（☎302-260-9193；www.hcoysterhouse.com；50 Wilmington Ave；主菜 $10~36；⏰15:00~17:00仅欢乐时光，晚餐17:00起，午餐淡季供应）喜爱海鲜的人不能错过这家优雅而迷人餐馆，店内还有个迷人的生食吧台。令人垂涎的新鲜食材吸引了大量客人。早点来，因为不接受预订。精酿啤酒、鸡尾酒和葡萄酒很不错。

★ Dogfish Head Brewings & Eats 微酿酒吧

（☎302-226-2739；www.dogfish.com；320 Rehoboth Ave；主菜 $12~25；⏰11:00至次日1:00）可以在黑板上查看一长串可供选择的啤酒。这家标志性的微酿酒吧供应可口的比萨、汉堡包、蟹饼和其他小酒馆食物，与这里获过奖的IPA啤酒是完美搭配。儿童菜单上有$6的套餐。Dogfish已经在这里经营了22年。本书调研期间，它正准备在隔壁开一间价值$400万、带有现场音乐表演场地的啤酒馆。

ℹ️ 到达和离开

BestBus（www.bestbus.com）从华盛顿（$40, 2小时15分钟）和纽约市（$49, 4.5小时）到里霍博斯的长途汽车。仅在夏季（5月下旬至9月上旬）运营。

Jolly Trolley（www.jollytrolly.com）连接里霍博斯海滩和杜威（Dewey）海滩，沿线还设有一些站点。往返$5，有轨电车从6月至8月的8:00至次日2:00运营。只收取现金。

威尔明顿（Wilmington）

独特的混合文化（非裔美国人、犹太人和加勒比海人）和生机勃勃的艺术界使这个城市值得一游。威尔明顿是探索风景优美的布兰迪万河谷（位于威尔明顿以北6英里处）的一个不错的起点。不得不提的是，威尔明顿还是政治家乔·拜登（Joe Biden）的家乡。他是美国的前副总统和美国参议员，经常乘坐美国国铁往返于威尔明顿和华盛顿特区之间。在2017年他担任副总统的任期期满之后，又乘坐美国国铁回到了家乡。

👁 景点

特拉华艺术博物馆 博物馆

（Delaware Art Museum；☎302-571-9590；www.delart.org；2301 Kentmere Pkwy；成人/7-18儿童 $12/6，周四晚上和周日 免费；⏰周三和周五至周日 10:00~16:00，周四至20:00）展出本地布兰迪万流派的画作，包括爱德华·霍珀（Edward Hopper）、约翰·斯隆（John Sloan）和威思（Wyeth）三代人的作品。

特拉华当代艺术中心 博物馆

（Delaware Center for the Contemporary Arts；☎302-656-6466；www.thedcca.org；200 S Madison St；⏰周二和周日 正午至17:00，周三 正午至19:00，周四至周六 10:00~17:00）**免费** 这里一直展出创新艺术作品。

特拉华州历史博物馆 博物馆

（Delaware History Museum；☎302-656-0637；www.dehistory.org；504 N Market St；成人/3~18岁儿童 $6/4；⏰周三至周六 11:00~16:00）这座由特拉华州历史协会（Delaware Historical society）管理的博物馆位于一座艺术装饰风格的伍尔沃斯（Woolworth）大楼里，许多历史文件、服饰和一系列的艺术品证明了"第一州"并非徒有虚名。

🛏 食宿

Inn at Wilmington 酒店 $$

（☎855-532-2216；www.innatwilmington.com；300 Rocky Run Pkwy；房间/套房 $129/159；🅿✳🛜）市中心以北5英里处，是个迷人的高性价比的住宿选择。

Hotel du Pont 酒店 $$$

（☎302-594-3100；www.hoteldupont.com；Market St和11th St交叉路口；房间 $199起；🅿✳🛜）作为美国首屈一指的酒店，Hotel du Pont豪华而优雅，足以令它的同名品牌（美国最成功的实业家家族之一）满意。这个地方散发出一种艺术风格的庄严，杰伊·盖茨比（Jay Gatsby）都会为之感到自豪，除了令人印象深刻的大厅，还有精心布置的房间，附近还有一条漂亮的购物街。

Iron Hill Brewery 　　　　　　　美食小酒馆 $$

（☎302-472-2739；www.ironhillbrewery.com；620 Justison St；主菜 $12~30；◉周一至周五 11:30~23:00，周六和周日 11:00起）位于河滨，是一栋经过翻建的多层砖房，前身是个仓库，酒吧非常宽敞，通风良好。口感令人满意的精酿啤酒和香喷喷的下酒菜很搭。

❶ 到达和离开

威尔明顿位于华盛顿特区和纽约市的中间，紧邻I-95，到达这两个城市都需要2小时的车程。**灰狗巴士**（101 N French St）会在市中心停车。美国国铁（www.amtrak.com）的火车会从 **Joseph R. Biden Jr Railroad Station**（☎800-872-7245；www.amtrak.com；100 S French St）发车，开往华盛顿(1.5小时)、巴尔的摩(45分钟)和纽约(2小时)。

布兰迪万河谷（Brandywine Valley）

发财后，法国移民后裔杜邦把布兰迪万河谷打造成美国的卢瓦尔河谷（Loire Valley），这里的财富和奢华保留至今。在威尔明顿市中心以北几英里的地方，特拉华州的地区只是这个350平方英里的山谷的一部分，它横跨布兰迪万河（Brandywine River），进入宾夕法尼亚州。

◉ 景点和活动

温特图尔 　　　　　　　　　　　　　　古迹

[Winterthur；☎302-888-4600；www.winterthur.org；5105 Kennett Pike(Rte 52)；成人/2~11岁儿童 $20/5；◉周二至周日 10:00~17:00]在威尔明顿西北方向6英里处，是工业家亨利·弗朗西斯·杜邦（Henry Francis du Pont）的乡村庄园，共有175个房间。庄园内收藏着他搜集的古董和美国艺术品，以数量而言，可以跻身于世界一流之列。还有漂亮的花园。

布兰迪万溪州立公园 　　　　　　　州立公园

（Brandywine Creek State Park；☎302577-3534；www.destateparks.com/park/brandywine-creek；41 Adams Dam Rd；每车 $8；◉8:00至日落)是该地区的瑰宝。绿地在各地都很常见，但考虑到这里离市区之近，就不得不让人惊叹了。天然小径和浅浅的溪水蜿蜒穿过公园。

Wilderness Canoe Trips 　　　　　　独木舟

（☎302-654-2227；www.wildernesscanoetrips.com；2111 Concord Pike；单人皮划艇 $53，双人皮划艇或独木舟之旅 $63起，轮胎漂流每次 $23）可以在这家公司了解在碧绿的布兰迪万溪划船或漂流的信息。

🛏 食宿

连锁旅馆聚集在威尔明顿的市中心，而民宿和旅馆则遍布市中心以北的布兰迪万河周围和附近的宾夕法尼亚州南部。

如果想要拥有更多的选择，可以去威尔明顿，而精致的餐馆、希腊小馆和小酒馆则是Chadd's Ford和Kennett Sq（就位于宾夕法尼亚州的州际线上）的亮点。

❶ 到达和离开

灰狗巴士会在威尔明顿交通中心（Wilmington Transportation Center；见本页）停车。美国国铁（www.amtrak.com）的火车也从这里发车，开往华盛顿特区(1.5小时)、巴尔的摩(45分钟 minutes)和纽约(2小时)。

纽卡斯尔（New Castle）

纽卡斯尔挨着河边（话虽如此，周围却略有些荒凉），由鹅卵石街道和保存完好的18世纪建筑组成，可爱得像只殖民地时代的小猫咪。景点包括旧法院、兵工厂、多个教堂、17世纪的墓地和历史房屋。

◉ 景点

阿姆斯特尔之家 　　　　　　　　　　博物馆

（Amstel House；☎302-322-2794；www.newcastlehistory.org；2 E 4th St；成人/6~12岁儿童 $6/2，含荷兰宅邸 $10/3；◉4月至12月 周二至周六 10:00~16:00，周日 正午起）这座房子是由新城堡历史学会（New Castle Historical Society）监管的3家博物馆之一，它建于19世

纪30年代的殖民地繁荣时期。4月至12月有导览游。

荷兰宅邸　　　　　　　　　　　　　　博物馆

（Dutch House；☎302-322-2794；www.newcastlehistory.org；32 E 3rd St；成人/6~12岁儿童 $6/2，含阿姆斯特尔之家 $10/3；◐4月至12月周三至周六 10:00~16:00，周日 正午起）这是一个建于17世纪晚期的工人住宅。13:00和15:00有团队游服务。

旧法院　　　　　　　　　　　　　　　博物馆

（Old Court House；☎302-323-4453；http://history.delaware.gov；211 Delaware St；◐周二至周六 10:00~16:30，周日 13:30~16:30）**免费** 其历史可以追溯至17世纪，现在是作为州立博物馆开放。

🍴 食宿

Terry House B&B　　　　　　　　　民宿 $

（☎302-322-2505；www.terryhouse.com；130 Delaware St；房间 $90~110；🅿🛜）Terry House B&B有5个房间，这里的主人有时会在客人们享用丰盛的早餐时为他们演奏钢琴。这当然是一种享受，不过，我们对历史悠久的庭院和无比舒适的房间印象更加深刻；没有什么比从一个历史村庄进入历史住所更有意义的了。

Dog House　　　　　　　　　　　美国菜 $

（☎302-328-5380；1200 N Dupont Hwy；主菜 $10以下；◐10:30至午夜）这个不起眼的餐厅位于纽卡斯尔的郊区，可能是城里最好的就餐选择。不要被它的名字所迷惑；虽然这个地方的主打是热狗，而且做得非常好（辣热狗非常棒），但它也卖出色的潜水艇三明治和可与菲力牛排媲美的费城牛肉三明治。

Jessop's Tavern　　　　　　　　美国菜 $$

（☎302-322-6111；www.jessops-tavern.com；114 Delaware St；主菜 $12~24；◐周一至周四 11:30~22:00，周五和周六 至23:00，周日 至21:00）今晚我们要去参加一场1679年的派对。弥漫着殖民地时代的风情，出售荷兰炖肉、"朝圣者的盛宴"（Pilgrim's Feast；填满各种馅料的炉烤火鸡）和比利时啤酒。供应21种散装啤酒——11种比利时啤酒和10种精酿啤酒。这座建筑的历史可以追溯到1674年。

❶ 到达和离开

纽卡斯尔以特拉华河（Delaware River）为界。Hwy 9连接纽卡斯尔和威尔明顿（位于纽卡斯尔以北7英里）。

多佛（Dover）

多佛的市中心很迷人：街道两边是联排屋，其中有一些是餐馆和商铺。阔叶树林立的小巷更美丽。大多数博物馆和历史遗迹都在市中心的国会大厦附近，还有几个位于市中心南部，紧邻1号公路（Rte 1）。

👁 景点

旧州议会大厦　　　　　　　　　　　博物馆

（Old State House；☎302-744-5055；http://history.delaware.gov/museums；25 The Green；◐周一至周六 9:00~16:30，周日 13:30~16:30）**免费** 花点时间享受一下这个小而有趣的博物馆的导览游。州议会大厦建于1791年，在翻修后，内有美术馆以及深度揭示"第一州"历史和政治的展览。我们在这里了解到，美国的每个州议会大楼里都有乔治·华盛顿的肖像！

"第一州"遗产公园
欢迎中心和美术馆　　　　　　　　　博物馆

（First State Heritage Park Welcome Center & Galleries；☎302-739-9194；www.destateparks.com/park/first-state-heritage；121 Martin Luther King Blvd N；◐周一至周五 8:00~16:30，周六 9:00~16:30，周日 13:30~16:30）**免费** 在这里可以深入了解该州的历史。这个公园兼做多佛市、特拉华州和隔壁州议会的欢迎中心。虽然名为公园，但没有边界，园区包括相邻几个街区的二十多座历史遗址。从欢迎中心和美术馆出发游览，这里会介绍特拉华州的历史，还提供关于附近主要景点的更多信息。

约翰·迪金森种植园　　　　　　　　博物馆

（John Dickinson Plantation；☎302-739-3277；http://history.delaware.gov/museums；340 Kitts Hummock Rd；◐4月至9月 周二至周六 10:00~16:30，周日 13:30~16:30；🅿）**免费** 这是一个经过重建的18世纪的住宅，以国父的名

字命名,他因为雄辩的独立主张也被称为"笔如投枪(Penman of the Revolution)"。

空军机动司令部博物馆
博物馆

(Air Mobility Command Museum; ☎302-677-5938; www.amcmuseum.org; 1301 Heritage Rd; ☉周二至周四 9:00~16:00) **免费** 如果你喜欢航空,你就会喜欢这个博物馆;它附近的机场里有30多架经过修复的老式货运飞机,包括C-130、越南战争时期的C-7和第二次世界大战时期的大型货机"Flying Boxcar"。

多佛空军基地(Air Force Base; AFB)是美国军事力量的一个明显象征,也是对战争付出的代价的深刻提醒。这是美国国防部(Department of Defense)最大的停尸房的所在地,也是在传统上于海外牺牲的美国军人回国时所踏上的第一块国土。

庞贝·虎克国家
野生动物保护区
野生动物保护区

(☎302-653-9345; www.fws.gov/refuge/Bombay_Hook; 2591 Whitehall Neck Rd, Smyrna; 每车/每人 $4/2; ☉日出至日落)成百上千只水禽在迁徙的过程中把这个受保护的湿地当作一个落脚点。驾车沿12英里长的车道行驶,穿过16,521英亩的盐沼以及带状草地和潮汐泥滩,途中观赏野生动物。这个保护区试图用一个受到完美保护的生态系统保存特(拉华)马(里兰)弗(吉尼亚)半岛的自然之美。保护区内还有短步道和瞭望塔。

🛏 住宿

多佛可能有点小,但它是特拉华州的首府,因此有很多住宿选择。

State Street Inn
民宿 $$

(☎302-734-2294; www.statestreetinn.com; 228 N State St; 房间 $100~135; ❋)在本书调研期间,这家旅馆正在换老板,所以可能会有一些变化,但是目前有可爱的房间和花纹墙纸。它还拥有一个无与伦比的中心位置。

🍴 餐饮

Flavors of India
印度菜 $$

(☎302-677-0121; www.flavorofindia.com; 348 N Dupont Hwy; 主菜 $12~19; ☉11:00~22:00;

P ✦ ♿)如果说这个地方会让你拥有一种意想不到的快乐,那是一种谦逊的说法。首先,它位于紧邻公路的Super 8 Motel里。其次,太好了。这里的辣咖喱、咖喱肉和咖喱鸡块都非常美味。菠菜山羊咖喱怎么样?棒极了。这里也是迄今为止该地区能提供的最好的素食选择。

Golden Fleece
小酒馆 $

(☎302-674-1776; www.goldenfleecetavern.com; 132 W Loockerman St; 主菜 $4~11; ☉周六至周四 18:00至次日1:00,周五 16:00开始营业)多佛最好的酒吧,供应美味的食物——本地比萨店那种水平。酒馆的第一要务就是维护老式的英国小酒馆气氛,与周围的红砖老房子十分相称。夏季夜晚可以去户外庭院。

ℹ 到达和离开

多佛位于威尔明顿以南50英里处,取道Rte 1即可到达。US 301连接多佛和巴尔的摩(位于多佛以西85英里)。301路DART Bus往返于威尔明顿和**多佛交通中心**(Dover Transit Center; www.dartfirststae.com)。多佛交通中心距离多佛市中心0.5英里。单程的费用是$6。**灰狗巴士**(☎800-231-2222; www.greyhound.com; 654 N Dupont Hwy)长途汽车会在市中心以北2英里的地方停车。

弗吉尼亚州(VIRGINIA)

弗吉尼亚州联邦(Commonwealth of Virginia)是一个与美国历史和传统密不可分的州。它是美国的诞生地,因为早在1607年,英国移民就在这里建立了第一个永久性聚居地。从那时开始,无论是独立战争、内战、民权运动,还是2001年的"9·11"事件,弗吉尼亚州在美国历史上大多数重大事件中都扮演过各种各样的角色。

弗吉尼亚的自然之美与其历史和居民一样多姿多彩。切萨皮克湾和宽阔的沙滩紧邻大西洋。皮德蒙特(Piedmont)地区中部有松树林、沼泽和连绵的绿色山丘,远处则是连绵不绝的蓝山和壮观的仙纳度谷(Shenandoah Valley)。

除了北弗吉尼亚州,该州正在摆脱陈腐

和过时的传统。就像一个老笑话说的那样：换一个灯泡需要多少弗吉尼亚人？两个。一个人换灯泡，另一个人谈论旧灯泡有多好。虽然这仍然是一种真实的情况，但像里士满和罗阿诺克这样变化缓慢的城市最近却充满活力。这里有生机勃勃的艺术场景，喧闹的新餐馆和小型啤酒厂，以及营销活动和户外探险活动——比如新的骑行和划船路线——而不仅仅是令人乏味的历史。

历史

弗吉尼亚州有人类居住的历史超过5000年。1607年5月，当詹姆斯·史密斯（James Smith）船长和他的船员乘船来到切萨皮克湾并建立新大陆第一个永久性英国人定居点詹姆斯敦（Jamestown）时，这里已经有数千美洲印第安人在此生活了。为了向"童贞女王"伊丽莎白一世致敬，这块土地被命名为"弗吉尼亚"，最初的面积包括美国东海岸大部分地区。到1610年，大多数移民在寻找金矿的过程中死于饥饿，但殖民者种植园主John Rolfe[娶了印第安公主波卡洪塔斯（Pocahontas）的白人]发现了弗吉尼亚州真正的财富——烟草。

烟草种植业催生了地主阶级，许多上流社会的后裔成为美国开国先驱，例如生于斯、长于斯的乔治·华盛顿。19世纪，基于奴隶制的种植园体系规模过大，与工业化的北方势如水火。1861年，弗吉尼亚州脱离联邦，随即成为内战的中心。战败后，该州的文化发展如履薄冰，战战兢兢，老式的贵族、乡村和城市工人阶级以及移民虽然生活在一起，但阶层分明。如今的弗吉尼亚是科技产业初露端倪的华盛顿郊区。该州既以其历史为傲，又希冀成为美国新兴产业的开拓者。因此，虽然直到20世纪60年代，该州才不情愿地废除了种族隔离制度，但今天，这里是新南部民族最多样化的州之一。

❶ 到达和当地交通

最大的地区机场包括弗吉尼亚州北部的**华盛顿杜勒斯国际机场**（Washington Dulles International Airport，简称IAD；www.metwashairports.com；✈）、里士满的里士满国际机场（Richmond International Airport；见356页）、诺福克的**诺福克国际机场**（Norfolk International Airport，简称NIA；✆757-857-3351；www.norfolkairport.com; 2200 Norview Ave; ✈）和弗吉尼亚州西南部的**罗阿诺克-布莱克斯堡地区机场**（Roanoke-Blacksburg Regional Airport；✆540-362-1999; www.roanokeairport.com; 5202 Aviation Dr NW）。美国航空和达美航空有飞往皮德蒙特地区的夏洛特维尔阿尔伯马尔机场（见364页）的航班。

美国国铁的火车在里士满的Main St车站（见356页）和Staples Mill Rd车站（见356页）停车。在夏洛特维尔（见362页）和斯汤顿（见366页）也有火车站。在弗吉尼亚州的内部及周边，美国国铁的火车在弗雷德里克堡（见351页）和马纳萨斯国家战场公园（Manassas National Battlefield Park；见347页）附近停车。

弗吉尼亚州北部 (Northern Virginia)

安全、环保、整洁、充满惊喜，弗吉尼亚北部（Northern Virginia，简称NoVA）是华盛顿特区完美的邻居，它就位于波托马克河（Potomac River）的尖桩篱墙的对面。弗吉尼亚北部的社区基本上是华盛顿的郊区，可以通过地铁到达。我们的重点是阿灵顿和亚历山德里亚等城镇，这些城镇将重要的景点与古迹、舒适的酒吧和热闹的餐馆联系在了一起。

从阿灵顿开始说起。它距离华盛顿特区只有一站地铁，而且有两个跨越边界的主要理由：阿灵顿国家公墓（Arlington National Cemetery）和五角大楼（Pentagon）。游览这两个景点需要半天的时间。除了阿灵顿，你还会看到令人惊叹的Steven F Udvar-Hazy Center，也就是国家航空航天博物馆（National Air and Space Museum）的附属建筑，它拥有国家广场建筑总数3倍之多的喷气式飞机和火箭。还有伊甸园中心（Eden Center），一个西贡风格的美食商场，那里也是越南社区、安嫩代尔和韩国社区的中心。只可惜，这些地方只能自驾前往。

迷人的村庄亚历山德里亚距离华盛顿特区5英里。它曾经是一个海港，被当地人称为"老镇（Old Town）"，如今遍布豪华的红砖房、鹅卵石街道、煤气灯和海滨大道。主街上挤满了精品店、露天咖啡馆和酒吧，使小镇成为了一个度过美好下午或傍晚的好地方。这里还是前往维农山庄的起点。

阿灵顿 (Arlington)

◉ 景点

★ 五角大楼   知名建筑

（Pentagon；☎703-697-1776；www.pentagontours.osd.mil；Arlington；⊙纪念碑24小时，团队游 需预约，周一至周四10:00~16:00，周五 正午至16:00；Ⓜ蓝或黄线至Pentagon）阿灵顿公墓南边的五角大楼是全世界最大的办公楼。你可以参观楼外面的五角大楼纪念碑（Pentagon Memorial；www.pentagonmemorial.org；⊙24小时）免费。184条长凳纪念的是2001年9月11日五角大楼恐怖袭击中罹难的184人。想进入五角大楼参观的话，你需要提前14至90天通过网站预约免费1小时团队游，请携带带有照片的身份证明。

在五角大楼附近，你还可以看到空军纪念馆（Air Force Memorial；☎703-247-5805；www.airforcememorial.org；1 Air Force Memorial Dr；⊙4月至9月 9:00~21:00，10月至次年3月 8:00~20:00）免费，它带有3个高耸的拱形，是根据喷气式飞机的飞行轨迹建造的。

★ 阿灵顿国家公墓   墓地

（Arlington National Cemetery；☎877-907-8585；www.arlingtoncemetery.mil；⊙4月至9月 8:00~19:00，10月至次年3月 至17:00；Ⓜ蓝线至Arlington Cemetery）免费 阿林顿是40多万将士及其家人最后的安息之地。这片624英亩的土地里埋葬了自美国革命战争以来的每一场美国参与过的战争中的逝者。其中的亮点包括无名公墓（Tomb of the Unknown Soldier）复杂的换岗仪式（10月至次年3月，每小时1次；4月至9月，半小时1次），以及约翰·F.肯尼迪和他家人的坟墓，其标志是常年不熄的火焰。

从游客中心出发，可以随上随下的巴士游览是参观墓地主要景点的一种简单方式。其他景点还包括"挑战者号"太空飞船纪念碑（Space Shuttle Challenger Memorial）；"缅因号"战舰纪念碑（USS Maine Memorial），由战舰巨大的桅杆标记；具有争议性的邦联纪念碑（Confederate Memorial），纪念了内战中独立州的战争死者；还有特区的城市规划者皮埃尔·朗方（Pierre L'Enfant）之墓。硫黄岛纪念碑（Iwo Jima Memorial；m 蓝线至Arlington Cemetery）展示了著名的《国旗插在硫黄岛上》，位于公墓的边缘。

大部分的墓地都建在阿林顿之家（Arlington House；☎703-235-1530；www.nps.gov/arho；⊙9:30~16:30）免费 的园区内，它是罗伯特·E.李（Robert E Lee）和他的妻子玛丽·安娜·卡斯蒂斯·李（Mary Anna Custis Lee；玛莎·华盛顿的后裔）的故居。当李将军在内战中领导弗吉尼亚州的军队时，北方联邦的军队就征用了他的宅邸用作埋葬己方阵亡士兵的墓地。

乔治·华盛顿纪念碑公园路   公路

（George Washington Memorial Parkway；☎703-289-2500；www.nps.gov/gwmp；Ⓜ蓝线至Arlington Cemetery）在这条公路上，25英里长的弗吉尼亚路段和与其同名的娱乐区及纪念碑一样著名，该公路一直向南延伸到乔治·华盛顿在维农山庄的老庄园。沿路可以找到许多乔治·华盛顿生活和工作的遗迹，比如他的Patowmack Company运河[位于大瀑布国家公园（Great Falls National Park）中]和

另辟蹊径

马纳萨斯国家战场公园（MANASSAS NATIONAL BATTLEFIELD PARK）

马纳萨斯国家战场公园（Manassas National Battlefield Park；☎703-361-1339；www.nps.gov/mana；12521 Lee Hwy；⊙公园 黎明至黄昏，游客中心 8:30~17:00，团队游 6月至8月 11:15, 12:15和14:15）曾经是内战初期邦联军两次获胜的地方，现在是一片蜿蜒的绿色丘陵，木栅栏把这里分割成了高草和野花区。在亨利山游客中心（Henry Hill Visitor Center；☎703-361-1339；www.nps.gov/mana；⊙8:30~17:00）免费 开始你的旅行，这里可以观看定向电影，获取公园和小道地图，还提供团队游。

曾经是他的农田的一部分的公园[滨河公园（Riverside Park），亨特堡公园（Fort Hunt Park）]。18.5英里长的**维农山庄小径**（Mount Vernon Trail）与公路平行。

肯尼迪墓地　　　　　　　　　　　坟墓

（Kennedy Gravesites；M蓝线至Arlington Cemetery）永不熄灭的火焰在这个简单但感人的坟墓旁闪烁着——这里是约翰·F.肯尼迪与杰奎琳·肯尼迪的安息之所。

毒品强制管理局博物馆　　　　　　博物馆

（DEA Museum; United States Drug Enforcement Agency Museum; ☎202-307-3463; www.deamuseum.org; 700 Army Navy Dr, 入口在S Hayes St; ⊙周二至周五 10:00~16:00; M蓝、黄线至Pentagon City) **免费** 这个严肃的博物馆是由毒品管制局管理的，在这里你绝对笑不出来。展品涵盖了过去的一个半世纪中毒品的使用情况，从19世纪的鸦片馆到20世纪20年代调剂可卡因的药剂师，再到被迷幻剂引起幻觉的60年代，古柯碱泛滥的80年代，以及最近的冰毒实验室和深受24小时派对狂人欢迎的粉状毒品。

🛏 食宿

除了酒店，Clarendon Blvd和Wilson Blvd沿线以及Rosslyn地铁站和Clarendon地铁站附近还有几十家时髦的餐馆和酒吧。

El Pollo Rico　　　　　　　　　拉美菜 $

（☎703-522-3220; www.elpollorico restaurant.com; 932 N Kenmore St; 鸡肉含配菜 $7~18; ⊙11:30~20:30; M橙或银线至Clarendon 或Virginia Sq-GMU）几十年来，垂涎欲滴的当地人聚集到这个秘鲁的鸡肉店，寻找鲜嫩多汁的鸡肉，再搭配一些（令人欲罢不能的）蘸酱、脆脆的薯条和卷心菜沙拉。晚餐时间需要在门外排队。

Myanmar　　　　　　　　　　　缅甸菜 $

（☎703-289-0013; 7810 Lee Hwy, Falls Church; 主菜 $10~14; ⊙正午至22:00; M橙线至Dunn Loring Merrifield）装修简陋，上菜慢，菜量少，但是非常好吃。这里能吃到家常缅甸菜：加了许多大蒜、姜黄和油的咖喱，香辣鱼、芒果沙拉和浇大量卤汁的鸡肉。

Yechon　　　　　　　　　　　　韩国菜 $$

（☎703-914-4646; www.yechon.com; 4121 Hummer Rd, Annandale; 主菜 $7~40; ⊙24小时; M蓝或黄线至King St）在华盛顿特区，关于谁是最好的韩国餐馆的争论一直是众多美食争论的源头，但Yechon一直是最热门的选择。烤排骨非常美味，而且与海藻和泡菜特别搭配。

🍷 饮品和娱乐

Continental　　　　　　　　　休闲酒吧

（www.continentalpoollounge.com; 1911 N Fort Myer Dr; ⊙周一至周五 11:30至次日2:00,周六和周日 18:00至次日2:00; MRosslyn）距多座位于Rosslyn的酒店仅一箭之遥，这个热闹的台球休闲酒吧墙上洋溢着迷幻的热带风情，有棕榈树壁画、超大的提基头像和色彩鲜艳的酒吧高脚凳。你可以在这里打台球和乒乓球，或者尝试一下沙狐球。

Whitlow's on Wilson　　　　　　 酒吧

（☎703-276-9693; www.whitlows.com; 2854 Wilson Blvd; ⊙周一至周五 11:00至次日2:00,周六和周日 9:00至次日2:00; MClarendon）位于克拉伦登地铁站（Clarendon Metro）以东，几乎占据了一整个街区，Whitlow's on Wilson可以令所有人感到满意：汉堡包、早午餐和爽心美食；欢乐时光和接送服务；再加上12种啤酒、一个台球桌、点唱机、现场音乐和轻松的氛围。在温暖的月份可以去屋顶的提基酒吧。

★ Iota　　　　　　　　　　　　现场音乐

（☎703-522-8340; www.iotaclubandcafe.com; 2832 Wilson Blvd; 票价 $10~15; ⊙周一至周四 16:00至次日2:00,周五至周日 10:00起; 📶; MClarendon）Iota是Clarendon音乐地带最好的现场音乐场所。乐队风格多样，包括民谣、雷鬼、传统爱尔兰和南方摇滚，几乎每晚都有演出。只在门口售票（不接受预订），来这里看演出的人很多。

ℹ 到达和离开

阿灵顿与I-66接壤，一部分被环绕着华盛顿特区的I-495所包围。

宏伟的**华盛顿杜勒斯国际机场**（Washington Dulles International Airport；见324页）位于华盛顿以西26英里处。

从华盛顿特区出发，乘坐阿灵顿公墓线（Blue Line）可以到达公墓和五角大楼（蓝或黄线）车站，游览五角大楼遗址。

亚历山德里亚 (Alexandria)

◉ 景点

★ 维农山庄　　　　　　　　　　　古迹

（Mt Vernon；☎800-429-1520, 703-780-2000；www.mountvernon.org；3200 Mount Vernon Memorial Hwy；成人/6~11岁儿童 $20/10；⊙4月至8月 8:00~17:00，11月至次年2月 9:00~16:00，3月、9月和10月 至17:00，磨坊和酿酒厂 4月至10月 10:00~17:00）作为美国参展人数最多的历史圣地之一，维农山庄曾是乔治·华盛顿和妻子玛莎·华盛顿的住宅，他们从1759年结婚后就住在这里，直到1799年华盛顿去世。这片庄园如今归维农山庄女士协会（Mount Vernon Ladies Association）所有和管理。游客可以领略到18世纪的农民生活和第一任总统作为乡村种植园主的生活。维农山庄并不掩饰这位开国元勋的奴隶主身份，游客可以参观奴隶的房屋和墓地。

★ 卡莱尔故居　　　　　　　　　历史建筑

（Carlyle House；☎703-549-2997；www.novaparks.com；121 N Fairfax St；成人/6~12岁儿童 $5/3；⊙周二至周六 10:00~16:00，周日 正午至16:00；Ⓜ King St, Old Town）如果你的时间只够在亚历山德里亚游览一处历史民居，那么就来这里。这座民居的历史可以追溯到1753年，是当时镇里（虽说是城镇，也不过是小木屋和泥土路而已）最豪华的建筑，由商人和城镇建立者约翰·卡莱尔（John Carlyle）建造。这座乔治-帕拉蒂奥式建筑内部有许多绘画作品、文物和当时的家具，置身于此地仿佛回到了过去。

自由之家博物馆　　　　　　　　博物馆

（Freedom House Museum；☎708836-2858；www.visitalexandriava.com/listings/freedom-house/4676；1315 Duke St；⊙周一至周五 10:30~14:30，导游通和周末仅预约；Ⓜ King St, Old Town）免费 这座端庄的联邦格式的排屋有一个悲惨的故事。在亚历山德里亚还是美国第二大奴隶中心（位居新奥尔良之后）的时候，一个繁荣的奴隶贸易公司占领了这座建筑和毗邻的空间。这个由弗吉尼亚北部城市联盟（Northern Virginia Urban League）开发的优秀地下博物馆，生动地讲述了成千上万在此生活过的奴隶的故事。叙述性的私人录像和文物令人心碎。

乔治·华盛顿共济会国家纪念馆　　纪念碑

（George Washington Masonic National Memorial；☎703-683-2007；www.gwmemorial.org；101 Callahan Dr at King St；成人/13岁以下儿童 $15/免费；⊙9:00~17:00；Ⓜ蓝或黄线至King St, Old Town）这座333英尺高的纪念馆是亚历山德里亚最醒目的地标，登上塔顶，你将看到美国国会、维农山庄和波托马克河。它仿照埃及亚历山大港的灯塔而建，纪念的是美国第一位总统（1752年他住在弗雷德里克堡的Masons，后来在Alexandria Lodge的22号房当富公）。在门厅上有一尊17英尺高的华盛顿雕像。在团队游中，你会看到一些由华盛顿家族捐赠的文物，包括1792年的家庭《圣经》。

鱼雷工厂艺术中心　　　　　　　艺术中心

（Torpedo Factory Art Center；☎703-746-4570；www.torpedofactory.org；105 N Union St；⊙周五至周三 10:00~18:00，周四 至21:00；Ⓜ King St）免费 在一个荒弃的军工厂里能做什么？把它改建成该地区最好的艺术中心怎么样？三层楼里有多个艺术工作室，为"老城"亚历山德里亚注入了活力，同时你还有机会直接从原创作者手中购买绘画、雕塑、玻璃制品、纺织品和珠宝。鱼雷工厂艺术中心位于亚历山德里亚水滨，那里还有码头、公园、步道、居民区和餐馆。

国家发明家名人堂和博物馆　　　博物馆

（National Inventors Hall of Fame & Museum；☎571-272-0095；www.invent.org/honor/hall-of-fame-museum/；600 Dulany St, Madison Bldg；⊙周一至周五 10:00~17:00，周六 11:00~15:00；Ⓜ蓝或黄线至King St）免费 该博物馆位于美国专利与商标局（US Patent and Trademark Office）的中庭，讲述了美国专利的历史。走进来看看1917年在田纳西州孟菲斯市发

生的故事，当时一个名叫克拉伦斯·桑德斯（Clarence Saunders）的杂货批发商发明并申请了他所谓的"自助"商店专利，这些商店现在通常被称为"超市"。

🛏 住宿

昂贵的精品酒店聚集在老城内及周边。你必须到社区外面去寻找更便宜的住宿选择。

Alexandrian 历史酒店 $$

（☎703-549-6080；www.thealexandrian.com；480 King St；房间 $209~259；🛜❄🏊；Ⓜ蓝或黄线至King St-Old Town）大胆的色彩和有趣的细节（现代的抱枕，几何图形的地毯）为这个精致的、独一无二的酒店的241间客房和套房增添了一抹波希米亚的气息。它占据了一座历史悠久的六层红砖建筑，坐落在距离滨水只有4个街区的King St上。友好的服务令客人们拍手称赞，靠近餐厅和商店，还有一个室内的温水游泳池。

Morrison House 精品酒店 $$

（☎703-838-8000；www.morrisonhouse.com；116 S Alfred St；房间 $199~259，套房 $329；🅿❄🐾@🛜❄🏊；Ⓜ蓝线至King St）🍴这个别致的精品酒店是老城中一个浪漫的住宿地点，现在由万豪酒店（Marriott）管理，是万豪傲途格（Autograph Collection）的成员酒店。房间把联邦风格的美与传统融为一体：四柱床、橙色格子地毯、明亮的蓝色艺术品、意大利大理石浴室和自然光线。

🍴 餐饮

老城里的King St及其支路沿线有许多繁忙的餐馆和酒吧。沿着德尔雷（Del Ray）街区的Mt Vernon Ave，从老城驾车行驶一小段距离，你会发现越来越多的咖啡馆和餐馆，其中很多都有迷人的庭院。你可以乘坐免费的有轨电车从King St地铁站前往亚历山德里亚老城的餐馆。

Stomping Ground 早餐 $

（☎703-364-8912；www.stompdelray.com；309 Mt Vernon Ave；主菜 $9~12；🕒周二至周六 7:00~15:00，周日 9:00~15:00）有人说松饼吗？哦，是的，这里有松饼。而且还可以在饼里添加你所选择的馅料，从炸鸡和本顿的培根到荷包蛋、辣椒芝士和鳄梨都有。你也可以只是在德尔雷（Del Ray）的这家店里喝一杯咖啡，然后在你的笔记本电脑上工作。先在柜台点餐，然后到朴素别致的餐厅用餐。

Caphe Banh Mi 越南菜 $

（☎703-549-0800；www.caphebahnmi.com；407 Cameron St；主菜 $6~12；🕒周一至周五 11:00~15:00和17:00~21:00，周六 11:00~21:00，周日 11:00~20:00；Ⓜ King St）你可以在这个社区里最受欢迎的餐馆吃到美味的越南三明治、大碗的越南河粉、猪肉包子和其他简单但精心烹饪的越南菜。这个小而舒适的空间会吸引一群人的到来，所以如果吃晚餐的话，请早点到。

Hank's Oyster Bar 海鲜 $$

（☎703-739-4265；www.hanksoysterbar.com；1026 King St；午餐主菜 $13~25，晚餐主菜 $14~32；🕒周一至周五 11:30至午夜，周六和周日 11:00开始营业）这家新开的位于杜邦环岛的旗舰店非常受欢迎，你可以在欢乐时光（周一至周五 15:00~19:00）前来品尝牡蛎套餐，那时海鲜的价格仅为$2.50每盘。如果你不确定从长长的菜单中该挑选哪种牡蛎，他们会让你品尝一下。海鲜菜肴和各式各样的小拼盘也很丰盛。酒吧是一个用餐的好地方。

Brabo Tasting Room 比利时菜 $$

（☎703-894-5252；www.braborestaurant.com；1600 King St；早餐主菜 $14~16，午餐和晚餐主菜 $14~22；🕒周一至周四 7:30~10:30和11:30~23:00，周五 7:30~10:30和11:30至午夜，周六 8:00~11:00和11:30至午夜，周日 8:00~11:00和11:30~22:00；Ⓜ King St）这家迷人的餐厅采光良好，供应招牌菜贻贝、可口的木火烤制的馅饼和美味的三明治，佐餐的啤酒和葡萄酒也相当好。上午的时候可以顺道品尝法式牛面包和血腥玛丽。隔壁的Brabo餐馆更高档，供应季节性食材。

Restaurant Eve 美国菜 $$$

（☎703-706-0450；www.restauranteve.com；110 S Pitt St；午餐主菜 $17~26，晚餐主菜 $27~42，5道菜品尝套餐 $105；🕒周一至

五11:30~14:00，周一至周六17:30~22:00；❷；Ⓜ️King St)亚历山德里亚最好的（也是最贵的）餐馆，集经典的美国食材、精致的法式技巧和一流的服务于一身。挥霍一把，享用套餐，感受另一种层次的美食体验。Lickety Split菜单（$15；可从限定的菜肴中选出两种）在午餐时吸引了很多人的到来。

🍷饮品和娱乐

前往King St，与一群似乎永远待在弗吉尼亚大学（University of Virginia）、弗吉尼亚理工大学（Virginia Tech）或乔治·梅森大学（George Mason University）的人们一起去泡吧。

Captain Gregory's 鸡尾酒吧

(www.captaingregorys.com; 804 N Henry St; ⓒ周三和周四18:00至午夜，周五和周六17:30至次日2:00，周日17:30~23:00)这个航海主题的地下酒吧隐藏在一家糖果小屋式的甜甜圈店里面，这就解释了菜单上为什么会有美味的甜甜圈。至于饮品，从Anais Needs a Vacay到Moaning Myrtles Morning Tea，酒品的名字和配料一样多元化。想想风味利口酒、烈性酒，还有一系列的果味酒和香料酒的味道吧。鸡尾酒的价格是$14至16，菜单经常变化。需要预订。

Union Street Public House 小酒馆

(☎703-548-1785; www.unionstreetpublichouse.com; 121 S Union St; ⓒ周一至周四11:30~22:00，周五11:30~23:00，周六10:00~23:00，周日10:00~21:00；Ⓜ️King St)门前的煤气灯欢迎着游客和当地人进入这个宽敞的酒馆，这里可以为你提供冰啤酒、生食吧食物和晚餐特色菜。

Birchmere 现场音乐

(www.birchmere.com; 3701 Mt Vernon Ave; 票价$25~70; ⓒ售票处17:00~21:00，表演19:30；Ⓜ️Pentagon City)这个拥有50年历史的地方自称为"美国传奇音乐大厅（America's Legendary Music Hall）"，举办各种各样的演出，从传统的民谣歌手到乡村音乐、蓝调音乐和R&B歌星。还包括古怪的滑稽表演、独立摇滚乐队表演和偶尔的单人喜剧表演。

❶到达和离开

从华盛顿市中心乘地铁前往亚历山德里亚，在King St站下车。免费的有轨电车（www.dashbus.com/trolley; ⓒ周日至周三10:00~22:25，周四至周六 至午夜）连接相距1英里的地铁站和水滨。**Capitol Bikeshare**(☎877-430-2453; www.capitalbikeshare.com)有31座车站遍布亚历山德里亚。

弗雷德里克堡（Fredericksburg）

弗雷德里克堡是个美丽的城市，历史区与大多数典型的美国小镇一模一样。乔治·华盛顿在这里长大，内战也在这附近爆发。今天，弗雷德里克堡的主街沿线有大量书店、美食酒馆和咖啡馆。

◉景点

埃尔伍德山庄 古迹

(Ellwood Manor; ☎540-786-2880; www.nps.gov/frsp; Rte 20, Rte 3以西; ⓒ周六和周日10:00~17:00)这个迷人的住宅坐落在荒野战场（Wilderness Battlefield）的园区内。也许最为人所知的是，这里是邦联将军斯通威尔·杰克逊（Stonewall Jackson）断臂的地方——这里有一个标记——这个建于1790年前后的庄园曾经有一片5000英亩的土地。走进室内，可以了解这所房子有趣的历史；拉法耶侯爵（Marquis de Lafayette）曾经在这里用餐。

弗雷德里克堡和
斯巴萨维利亚国家军事公园 古迹

(Fredericksburg & Spotsylvania National Military Park; ☎540-693-3200; www.nps.gov/frsp; 1013 Lafayette Blvd; ⓒ弗雷德里克堡和斯巴萨维利亚游客中心9:00~17:00，其他地区 时间不定)**免费**这个公园如今由国家公园管理局（National Park Service）管理，公园半径17英里。内战期间这里发生过4次战役（弗雷德里克堡之役、钱斯勒斯维尔之役、莽原之役和斯波特瑟尔韦尼亚郡府之役），阵亡军人超过13,000人。在公园的网站上可以查询各个游客中心和展览场所的位置，以及人员配备（一些地方可能是季节性的）。战场遗址还有语音

詹姆斯·门罗博物馆和纪念图书馆 古迹

(James Monroe Museum & Memorial Library;✆540-654-1043; http://jamesmonroemuseum.umw.edu; 908 Charles St; 成人/6~17岁儿童 $6/2; ◎周一至周六 10:00~17:00, 周日 13:00起, 12月至次年2月 16:00闭馆) 与该博物馆同名的人是美国第五任总统。美国历史的爱好者会津津乐道于门罗博物馆虽然不多却古怪的藏品,其中还包括这位总统写下著名的《门罗宣言》(Monroe Doctrine)的书桌。他的外交官制服曾经在拿破仑的加冕仪式上穿过,大约可以追溯到1785年,也在这里展出。

玛丽·华盛顿故居 历史建筑

(Mary Washington House;✆540-373-1569; www.washingonheritagemuseums.org; 1200 Charles St; 成人/6~18岁儿童 $7/3; ◎3月至10月周一至周六 10:00~16:00和周日 正午至16:00, 11月至次年2月 周一至周六 11:00~16:00和周日 正午至16:00) 18世纪的建筑,乔治·华盛顿母亲的故居。身着古装的讲解员介绍玛丽及其所处年代人们的生活。可爱的花园也是按照那个年代的风格仿建的。

食宿

Richard Johnston Inn 民宿 $$

(✆540-899-7606; www.therichardjohnstoninn.com; 711 Caroline St; 房间 $125~250; P❋☎) 这家温馨的民宿位于一栋18世纪的砖楼内,位置、舒适度和服务的热情程度都令人满意。下午供应的饼干非常好吃。

Sammy T's 美国菜 $

(✆540-371-2008; www.sammyts.com; 801 Caroline St; ◎周一、周三和周四 11:30~21:00, 周五和周六 11:30~22:00, 周日 9:30~19:00;☎✐) Sammy T's位于历史悠久的弗雷德里克堡中心,坐落在一座建于1805年前后的建筑中,供应汤、三明治和酒吧食物,还有一些素食选择,包括当地的千层饼和黑豆油炸玉米饼等素食。

Foode 美国菜 $$

(✆540-479-1370; www.facebook.com/foodeonline; 900 Princess Anne St; 午餐主菜 $10~12, 晚餐主菜 $15~26; ◎周二至周四 11:00~21:00, 周五 11:00~22:00, 周六 9:00~22:00, 周日 9:00~15:00;✐)✐这家餐馆供应可口的"农场到餐桌"的菜肴,用餐环境的装修质朴但不乏艺术气息。这里有许多令人垂涎的小拼盘可供晚餐分享,服务也很周到。

Bistro Bethem 美国菜 $$$

(✆540-371-9999; www.bistrobethem.com; 309 William St; 午餐主菜 $9~22, 晚餐主菜 $17~32; ◎周二至周六 11:30~14:30和 17:00~22:00, 周日 至21:00) 新派美国菜单,季节性的食材,脚踏实地但专注的美食氛围,这里简直就是一个美食天堂。每天都有油封鸭和藜麦供应,可以搭配烤甜菜沙拉和当地的蛤蜊一起食用。

ℹ 到达和离开

Virginia Railway Express (www.vre.org; $11.90, 1.5小时) 和美国国铁 ($20~67, 1.25小时) 的火车从弗雷德里克堡火车站 (Fredericksburg train station; www.amtrak.com; 200 Lafayette Blvd) 开往华盛顿。灰狗巴士的客车往返于弗雷德里克堡与华盛顿 ($10~24, 每天4~5班, 1.5小时) 和士满 ($10~30, 每天2或3班, 1小时)。灰狗巴士站 (✆540-373-2103; www.greyhound.com; 1400 Jefferson Davis Hwy) 在历史区西侧约2英里处。弗雷德里克堡位于华盛顿特区和弗吉尼亚州的里士满中间, 以I-95为界。它距离华盛顿特区55英里, 距离里士满60英里。

里士满 (Richmond)

里士满刚刚从一段很长的沉睡中醒来——我们喜欢它。从1780年起, 里士满就是弗吉尼亚州的首府, 还是内战期间南方邦联的首都, 长期以来, 它一直植根于传统, 是一个古老的城市。几十年来, 内战时期的景点是这里最主要的吸引力, 居民们对其街道和以联盟将军命名的学校并没有什么意见。

但是, 新一代富有创造力的年轻居民的涌入, 给社区带来了活力和现代化。如今, "河之城 (River City)"共享着热闹的餐饮行业和活跃的艺术社区。湍急的詹姆斯河 (James River) 也获得了更多的关注, 吸引了户外探险者来到它的激流和小道。里士满也

是一个公认的美丽小镇，适合漫步，到处都是红砖排屋、豪华的汽车和树木繁茂的公园。

◉ 景点

弗吉尼亚州议会大厦 知名建筑

(Virginia State Capitol; ☏804-698-1788; www.virginiacapitol.gov; 9th St与Grace St交叉路口, Capitol Sq; ◷周一至周六 9:00~17:00, 周日 13:00~17:00) 免费 弗吉尼亚州议会大厦由托马斯·杰斐逊设计，1788年竣工，是西半球最古老的立法机关和成立于1619年的弗吉尼亚州国民大会(General Assembly)所在地。有免费导览游。网站上还有一个自助游的小册子。

弗吉尼亚美术博物馆 博物馆

(Virginia Museum of Fine Arts, 简称VMFA; ☏804-340-1400; www.vmfa.museum; 200 North Blvd; ◷周日至周三 10:00~17:00, 周四和周五 至21:00) 免费 藏品里欧洲作品惊人，还有神圣的喜马拉雅艺术和俄罗斯境外最多的复活节彩蛋展品。不要错过安迪·沃霍尔(Andy Warhol)的《猫王三影》(*Triple Elvis*)，也不要错过在室外雕塑花园里乔玛·帕兰萨(Jaume Plensa)的全新雕塑《克洛伊》(*Chloe*)。这里也推出临时展览(门票 免费至$22)。经过一个上午的探索后，博物馆中带有大窗户的Amuse餐厅是一个吃午餐的好地方。

弗吉尼亚历史协会 博物馆

(Virginia Historical Society; www.vahistorical.org; 428 North Blvd; ◷周一至周六 10:00~

值得一游

弗吉尼亚的葡萄园

弗吉尼亚州正在葡萄酒界日渐崛起，全州的葡萄园约有230座。华盛顿城外的劳登县(Loudon County)有几个好去处，适合做探索酒庄的起点。通过网站www.virginiawine.org可获取地图、葡萄酒路线和许多关于葡萄栽培的信息。

皇家酒庄 (King Family Vineyards; ☏434-823-7800; www.kingfamilyvineyards.com; 6550 Roseland Farm, Crozet; 品酒 $10; ◷周四至周二 10:00~17:30, 周三 至20:30; ▣)一向在弗吉尼亚州的酒庄排名中名列前茅。带上野餐食物(酒庄也售卖美味餐食)，欣赏广阔的葡萄园景色。夏季(5月下旬至10月中旬)周日的13:00，你还可以免费观赏马球比赛。酒庄位于夏洛特维尔以东18英里。

杰斐逊酒庄 (Jefferson Vineyards; ☏434-977-3042; www.jeffersonvineyards.com; 1353 Thomas Jefferson Pkwy; 品酒 $12; ◷11:00~18:00; ▣)在夏洛特维尔附近，同名葡萄园建于1774年，至今仍年年丰收。夏季时每个月举办两次免费户外音乐会。

布鲁蒙特酒庄 (Bluemont Vineyard; ☏540-554-8439; www.bluemontvineyard.com; 18755 Foggy Bottom Rd, Bluemont; 品酒 $10; ◷周六至周四 11:00~18:00, 周五至20:00; ▣)布鲁蒙特出产红宝石色的Norton葡萄酒和口感清冽的Viognier葡萄酒，不过这里的位置也同样出名，酒庄位于950英尺的高处，可以在附近乡村地区尽收眼底，景色非常壮观。

蝶蛹酒庄 (Chrysalis Vineyards; ☏540-687-8222; www.chrysaliswine.com; 39025 John Mosby Hwy; 品酒 $7~10; ◷10:00~18:00; ▣)对本土的Norton葡萄(可追溯到1820年)颇感自豪，出产美味的红葡萄酒和白葡萄酒，其中包括提神的Viognier。每年10月，在这座漂亮的庄园会举办蓝草音乐节。

塔拉拉酒庄 (Tarara Vineyard; ☏703-771-7100; www.tarara.com; 13648 Tarara Lane; 品酒 $6~10; ◷周一至周四 11:00~17:00, 周五至周日 至18:00)位于俯瞰波托马克河的悬崖之上，占地475英亩，提供导览游，带你参观从藤蔓到酒杯的葡萄酒生产全过程。酒庄有一个6000平方英尺的酒窖，游客可以在葡萄园中采摘，也可以沿全长6英里的小径徒步，穿越地势起伏的乡野。夏季周六的晚上有音乐会，此外这里还举办3个主要的葡萄酒节日。

17:00) 免费 在斥资数百万美元整修后，弗吉尼亚历史协会比以往更加壮观，这里有轮流展品，也有永久展览，追溯了弗吉尼亚州从史前到现在的故事。在开始探索这个州的众多遗迹之前，这里是一个快速了解历史的好地方。

圣约翰圣公会教堂 教堂

（St John's Episcopal Church；☏804-648-5015；www.historicstjohnschurch.org；2401 E Broad St；团队游 成人/7~18儿童 $8/6；◉周一至周六 10:00~16:00, 周日 13:00起）在1775年的第二次弗吉尼亚会议上，"叛乱者"帕特里克·亨利就是在这座教堂里发出了他著名的战斗口号："不自由, 毋宁死！" 简短但内容丰富的团队游追溯了教会的历史和著名的演讲。在讲道坛的上方，罕见的1741年的共鸣板及其光线值得仔细观察一番。夏季周日的13:00有当时场景重现表演。

纪念碑大道雕像 雕像

（Monument AvenueStatues；N Lombardy St 和Roseneath Rd之间）位于里士满东北部，路边有受人尊敬的南方英雄雕像，如杰布·斯图尔特（JEB Stuart）、罗伯特·李、马修·方丹·莫里（Matthew Fontaine Maury）、杰斐逊·戴维斯（Jefferson Davis）、"石墙"杰克逊、非裔美国网球冠军阿瑟·阿什（Arthur Ashe）。它附近的里士满大学（University of Richmond）吹毛求疵的学生称这里为 "美国第二名奖杯的最多获得者"。

美国内战博物馆: 历史上的特雷德加 博物馆

（American Civil War Center at Historic Tredegar；www.tredegar.org；500 Tredegar St；成人/6~17岁儿童 $10/5；◉9:00~17:00）现在是美国内战博物馆中的一站，前身是建于1861年的枪支铸造厂，这家博物馆从南方邦联、北方联邦和非裔美国人等角度探索了美国内战的起因和过程。隔壁是国家公园管理局管理的免费展区，探索里士满在内战中扮演的角色。该中心是里士满国家战场公园（Richmond National Battlefield Park；☏804-771-2145；www.nps.gov/rich；470 Tredegar St；◉战场 日出至日落，特雷德加游客中心9:00~17:00）免费 内的13个受保护地点之一。

百丽岛 公园

（Belle Isle；www.jamesriverpark.org；300 Tredegar St）一座长长的步行桥从Tredegar St（刚过国家公园）通往这座不通机动车的小岛。这里在内战时期曾经是采石场、发电厂和战俘营（不过并非同时身兼三职），如今是里士满景色最优美的城市公园之一。平坦的大块岩石适合晒太阳，还有很多小径可供徒步或骑行——但不能在詹姆斯河里游泳，因为水流变幻莫测。

运河步道 水滨

（Canal Walk；www.rvariverfront.com；5th St 和17th St之间）1.25英里长的水滨步道，位于詹姆斯河（James River）和Kanawha（读作ka-naw-wha）之间。Haxall Canals是一条可爱的步道，沿途能看到十几个与里士满历史有关的景点。还有座步行桥通往詹姆斯河上凌乱却迷人的百丽岛。

爱伦·坡博物馆 博物馆

（Poe Museum；☏804-648-5523；www.poemuseum.org；1914-16 E Main St；成人/7~17岁儿童学生 $8/6；◉周二至周六 10:00~17:00, 周日 11:00起）收藏着全球最多的诗人埃德加·爱伦·坡的手稿和纪念物。爱伦·坡曾在里士满生活和工作。展品包括第一次印刷的"乌鸦"（The Raven）、坡的背心、削笔刀和一把靠背被砍掉的工作椅——他们说坡在《南方文学信使》（Southern Literary Messenger）中的老板想让他坐直。在每个月的第4个周四，以坡为主题的"不快乐时光"（4月至10月 18:00~21:00；$8）值得停留。

好莱坞公墓 墓地

（Hollywood Cemetery；☏804-648-8501；www.hollywoodcemetery.org；412 S Cherry St, 入口在Albemarle St与Cherry St交叉路口；◉8:00~18:00）免费 这个安静的墓地位于湍急的詹姆斯河畔，埋葬着两位美国总统（詹姆斯·门罗和约翰·泰勒）、唯一的南方联邦总统（杰斐逊·戴维斯）和18,000名联邦士兵。4月至10月的周一至周六和11月的周六有导览步行游览（每人 $15）。如果想要自助徒步游，可以在网站上查看虚拟旅游。

Riverside Outfitters
划皮划艇

（☎804-560-0068；www.riversideoutfitters.net；Brown's Island, Downtown；每小时 皮划艇/立式单桨冲浪板/自行车出租 $15/15/10；◎6月至8月 11:00~18:00）出租皮划艇、立式单桨冲浪板和自行车。这家商店位于Brown's小岛上，就在Tredegar St 500号的卓德嘉对面。还提供有导游带领的漂流之旅，从不同的地方出发。

Virginia Capital Trail
骑车

（www.virginiacapitaltrail.org）这条新建的52英里长的甬道，连接着里士满和詹姆斯敦，一直伸入威廉斯堡外围，沿途经过几个种植园，面向骑行者和行人开放。登录网站可以找到一个显示停车区域、洗手间、自行车店、餐馆和住宿的地图。沿途有大量的历史名胜和标志。起点位于S 17th St和Dock Sts的交叉路口。

🛏 住宿

HI Richmond
青年旅舍 $

（☎804-729-5410；www.hiusa.org；7 N 2nd St；铺 $30~34，房间 $90~135，非会员加$3；❄🛜）位于一座建于1924年的历史建筑中，这家新开张的环保型青年旅舍位置优越，房间（有宿舍和私人房间）明亮，有高高的天花板和许多建筑原来的装饰细节。有客用厨房、迷人的公共区域，此外还有无障碍设施。

Linden Row Inn
精品酒店 $$

（☎804-783-7000；www.lindenrowinn.com；100 E Franklin St；房间$139起，套房 $289；🅿❄🛜）这个建于内战前的瑰宝位于市中心一个极好的位置，70间迷人的客房（带维多利亚风格的古董家具）分布在周边的Greek Rivival联排屋内。南方人的热情、合理的价格和体贴的服务（基督教青年会免费卡和免费城区穿梭客车，含早餐）让客人更感物超所值。

★ Jefferson Hotel
豪华酒店 $$$

（☎804-788-649-4750；www.jeffersonhotel.com；101 W Franklin St；房间 $355起；🅿❄🛜🏊）里士满最富丽堂皇的酒店，也是美国最好的酒店之一。这座美术馆风格的酒店由烟草业大鳄、南方联邦主要人物刘易斯·辛特（Lewis Ginter）出资建造，1895年竣工。房间既豪华又迷人——你会睡得很好。据说（可能是不真实的），电影《乱世佳人》（Gone with the Wind）里那道著名的台阶仿照的就是这座酒店大堂的美丽台阶。

🍴 就餐

Kuba Kuba
古巴菜 $

（☎804-355-8817；www.kubakuba.info；1601 Park Ave；主菜 $5~20；◎周一至周六 9:00~21:30，周日 至20:00）位于Fan区，这家小餐馆给人的感觉就像是从哈瓦那老城直接搬过来的酒窖，供应令人垂涎的烧烤猪肉菜肴、西班牙式煎蛋卷和帕尼尼，价格低到不能再低。

Mama J's
美国菜 $

（☎804-225-7449；www.mamajskitchen.com；415 N 1st St；主菜 $7~10；◎周日至周五 11:00~21:00，周五和周六 至22:00）炸鲶鱼的卖相可能不太好，但味道绝佳。Mama J's坐落在非裔美国人社区Jackson Ward，供应美味的炸鸡和久负盛誉的炸鲶鱼，配羽衣甘蓝、奶酪意面、糖渍山药和其他配菜。服务态度友好，排队等位的人很多，要早些去才行。

Sidewalk Cafe
美国菜、希腊菜 $

（☎804-358-0645；www.sidewalkinthefan.com；2101 W Main St；主菜 $9~18；◎周一至周五 11:00至次日2:00，周六和周日 9:30起）备受当地人喜爱的餐馆，有些像廉价酒吧（整年亮着的圣诞节彩灯、嵌条木板墙壁、花里胡哨的艺术品），但食物是一流的。户外座位在人行道旁，还有每日特价和周末早午餐。

Burger Bach
美食小酒馆 $

（☎804-359-1305；www.theburgerbach.com；10 S Thompson St；主菜 $9~13；◎周日至周四 11:00~22:00，周五和周六 至23:00；❄🍴🐾）🌿我们给Burger Bach一个赞，因为它是该地区唯一一家"新西兰风味"汉堡店。也就是说，这里提供优质的羊肉汉堡，但当地的牛肉（和素食）选择也很不错。你会为搭配厚切薯条的14种不同酱料感到疯狂。

Daily Kitchen & Bar
新派美国菜 $$

（☎804-342-8990；www.thedailykitche

nandbar.com; 2934 W Cary St; 午餐主菜 $9~20, 晚餐主菜 $9~26; ⏰周日至周四 7:00~23:00, 周五和周六 至次日1:00; 🅿） 🍴餐馆位于Carytown中心区域，全天各时段都供应出色的餐饮，如早餐的大分量蟹肉煎蛋卷、午餐的熏马喜鱼生菜番茄三明治、晚餐的烤扇贝等。此外，还有广泛的严格素食选择、一流的鸡尾酒。餐馆很热闹，有不少艺术品装饰。

Millie's Diner
新派美国菜 $$

（📞804-643-5512; www.milliesdiner.com; 2603 E Main St; 午餐主菜 $9~14, 晚餐主菜 $16~29; ⏰周二至周五 11:00~14:30和17:30~22:30, 周六和周日 9:00~15:00和17:30~22:30）出售午餐、晚餐或周末早午餐，而且都做得不错。这个里士满标志性的餐馆不大，但装饰非常漂亮，供应创意应季菜肴。卷辣香肠、咖喱、蔬菜、奶酪和鳄梨的开口煎蛋卷Devil's Mess简直是个传奇。

Croaker's Spot
海鲜 $$

（📞804-269-0464; www.croakersspot.com; 1020 Hull St; 主菜 $10~26; ⏰周一至周三 11:00~21:00, 周四 至22:00, 周五 至23:00, 周六 正午至23:00, 周日 正午至21:00; 🅿) Croaker's在某种程度上是一个机构，而且是非裔美国人餐饮行业的支柱。里士满最著名的南方黑人美食非常爽心、美味。留意一下令人不安的鱼船（Fish Boat）：炸鲶鱼，玉米面包和奶酪。

★ L'Opossum
美国菜、法国菜 $$$

（📞804-918-6028; www.lopossum.com; 626 China St; 主菜 $18~32; ⏰周二至周六 17:00至午夜）我们并不明白这里是怎么回事，但食物确实好吃。这个地方的名字有些可怕，而且到处都摆放着米开朗基罗的大卫雕像。菜肴的名字太时髦了，比如Darth Grouper Held at Bay配Rebellious Coalition。

🍷饮品和娱乐

Saison
鸡尾酒吧

（📞804-269-3689; www.saisonrva.com; 23 W Marshall St; ⏰17:00至次日2:00）这家优雅的酒吧吸引着真正喜爱鸡尾酒的人士来此享用创意鸡尾酒、精酿啤酒和"农场到餐桌"的菜肴。酒吧位于Jackson Ward，在市中心附近。

Veil Brewing
微酿酒吧

（www.theveilbrewing.com; 1301 Roseneath Rd; ⏰周二至周四 16:00~21:00, 周五 至22:00, 周六 正午至22:00, 周日 正午至18:00）如果你看到一群商人站在Broad St以西的一幢不起眼的砖砌建筑旁边，那这一天可能是周二。周二是这家备受赞誉的新啤酒厂销售限量版啤酒的时间，每次都会被抢购一空。这是Scott's Addition社区中最受欢迎的精酿啤酒厂之一。

Byrd Theater
电影院

（📞804-353-9911; www.byrdtheatre.com; 2908 W Cary St; 票价 $2起）这家电影院建于1928年，放映小成本影片和经典电影，票价非常便宜。周六晚上有Wurlitzer风琴音乐会。

ℹ️ 到达和当地交通

美国国铁（www.amtrak.com）的火车在城北7公里处的**Staples Mill Rd车站**（www.amtrak.com; 7519 Staples Mill Rd）停靠。下车后乘坐27路公交车进城。**Main St火车站**（www.amtrak.com; 1500 E Main St）位于市中心，更方便，但停靠的车次较少。

灰狗巴士/Trailways车站（Greyhound/Trailways Bus Station; 📞804-254-5910; www.greyhound.com）位于2910 North Blvd。

在位于市区以东10英里处的**里士满国际机场**（Richmond International Airport, 代码RIC; 📞804-226-3000; www.flyrichmond.com; 1 Richard E Byrd Terminal Dr）乘出租车进城，费用为$30至35。

共享单车项目已在2017年秋季推出。

大里士满交通运输公司（Greater Richmond Transit Company; www.ridegrtc.com）运营当地公交车（自备零钱）。

弗吉尼亚历史三角地区（Historic Triangle）

这里是美国的诞生地。面积虽小，但在美国历史上占有重要的地位，这在美国其他地方是见不到的。这个国家植根于詹姆斯敦，即新世界的第一个永久性英国人定居点。美国独立战争的星星之火在殖民地首都威廉斯堡点燃，最终美国是在约克敦这个弗吉尼亚

州东南部小镇脱离了英国而独立。

要想细细地游览历史三角地区，至少需要两天时间。

ⓘ 到达和当地交通

弗吉尼亚历史三角地区环绕着I-64。最大的地区机场是诺福克国际机场（Norfolk International Airport；见361页），其次是纽波特纽斯/威廉斯堡国际机场（Newport News/Williamsburg International Airport，代码PHF；www.flyphf.com）。

威廉斯堡（Williamsburg）

如果你只能在弗吉尼亚州游览一个历史城市，那就来威廉斯堡吧，它是威廉斯堡殖民地所在地，也是全世界最大、最全面的活生生的历史博物馆之一。来到这里的孩子们一定会对历史产生兴趣，当然大人们也能找到乐趣。

威廉斯堡城在1699年至1780年是弗吉尼亚州首府，现在这里非常漂亮。威廉和玛丽学院（College of William & Mary）为其增添了活力，此外还有咖啡馆、便宜的酒馆和精品时装店。

⊙ 景点

威廉斯堡殖民地 古迹

（Colonial Williamsburg；www.colonialwilliamsburg.org；成人/儿童 1日 $42/21，多日 $51/26；◐9:00~17:00）经过修复的威廉斯堡殖民地是美国最大的英国殖民地，对各种年龄段的游客来说都是不可错过的景点。威廉斯堡殖民地不是那种俗气的、有围墙的主题公园，而是一个有血有肉、活生生的历史博物馆，煞费苦心保存下来的环境真实地反映了18世纪早期的美国风貌。

占地301英亩的历史区拥有88栋保持原样的18世纪建筑和数百栋忠实于原建筑的复制品。身穿古代服装的"居民"和"讲解员"扮成殖民地时代的铁匠、药剂师、粉刷匠、酒吧女侍应、士兵和爱国者，摆出各种姿势，很适合游客照相。

扮成帕特里克·亨利和托马斯·杰斐逊等爱国者的人还在发表各自关于自由的著名演讲，另外，公园对美国历史上不那么光彩的时刻也不加粉饰。今天的扮演者讨论和质疑的是奴隶制、妇女选举权、美国印第安人的权利和独立战争的道德意义。

在历史区里闲逛，看看商店和酒馆，这些都免费，但参加建筑团队游和参观大部分展览必须买票。游客很多，尤其是夏季，做好排队的心理准备，还要忍受坏脾气小孩的尖叫。

按照标志牌寻找位于Hwy 132和殖民地公路（Colonial Pkwy）之间历史区北侧的游客中心（✆757-220-7645，888-965-7254；www.colonialwilliamsburg.com；101 Visitor Center Dr；◐8:45~21:00），停车和买票都在那里，孩子

詹姆斯河种植园

弗吉尼亚奴隶主的豪宅是那个时代阶级分化的清晰标志。河北岸、Hwy 5沿线有一排这类豪宅，但其中只有几栋对公众开放。Virginia Capital Trail（见355页）在Rte 5旁边，连接了里士满和威廉斯堡，适合骑行者。

伯克利种植园（Berkeley Plantation；✆804-829-6018；www.berkeleyplantation.com；12602 Harrison Landing Rd, Charles City；成人/6~16岁儿童 $12/7；◐9:30~16:30）是1619年第一个正式感恩节的诞生地。它也是本杰明·哈里森五世（Benjamin Harrison Ⅴ）的出生地和故居。本杰明·哈里森五世是《独立宣言》的签署者之一，其子亨利·哈里森（William Henry Harrison）是第九任美国总统。

雪莉种植园（Shirley Plantation；✆800-829-5121；www.shirleyplantation.com；501 Shirley Plantation Rd, Charles City；成人/7~16岁儿童 $12.50/8.50；◐9:30~16:30）位于河边，建于1613年，是弗吉尼亚州最古老的种植园，或许也是英式庄园的最佳典范。主屋旁边是整齐的砖制房屋和各行业劳作屋，包括工具棚、储冰屋、洗衣房等。

们还可以租古代服装（日租金 $25）。先看一场介绍威廉斯堡的30分钟电影，再咨询一下当天的活动。

停车免费。穿梭客车频繁从历史区和游客中心对开，或者你也可以沿着绿树成荫的步道步行前往。**商人广场信息亭**（Merchants Square information booth; W Duke of Gloucester St; ◉9:00~17:00）也卖票。

威廉和玛丽学院　　　　　　　　历史建筑

（College of William & Mary; ☎757-221-4000; www.wm.edu; 200 Stadium Dr）成立于1693年的威廉和玛丽学院是美国第二古老的大学，Sir Christopher Wren Building也是美国持续使用的年代最久的学校建筑。该学院的毕业生包括托马斯·杰斐逊、詹姆斯·门罗和喜剧演员Jon Stewart。可以在线获得免费的校园语音导览。

🛏 食宿

Governor's Inn　　　　　　　　酒店 $

（☎757-220-7940; www.colonialwilliamsburg.com; 506 N Henry St; 房间含早餐 $74~89; ▣❋☎≋）威廉斯堡的官方"经济型"酒店跟店名很不相称，但房间干净，住店客人可以使用Woodlands Hotel的游泳池和其他设施。位置很好，靠近游客中心，与历史区仅相距3个街区之遥。

Williamsburg Woodlands
Hotel & Suites　　　　　　　　酒店 $$

（☎757-220-7960; www.colonialwilliamsburg.com; 105 Visitor Center Dr; 房间/套房 $179/209; ▣❋☎≋）这家高性价比酒店在威廉斯堡主要游客中心附近，铺着地毯的房间（有些房间中的带图案壁纸稍嫌多了些）非常舒适。水上公园、各类游戏场地（迷你高尔夫球场、排球场）和免费早餐令这里在家庭游客中很受欢迎。但会比本地其他住所少一点隐私感。

Colonial Williamsburg Historic Lodging –
Colonial Houses　　　　　　　　客栈 $$$

（☎888-965-7254, 757-565-8440; www.colonialwilliamsburg.com; 136 E Francis St; 房间 $199）要想体验真正的18世纪氛围，游客可以入住这个位于历史区内、有26间客房的殖民地建筑。建筑还保留着原样，客房的面积和风格各异，但最好的房间有古董家具、带床帐的床和烧木柴的壁炉。

Cheese Shop　　　　　　　　熟食 $

（☎757-220-0298; www.cheeseshopwilliamsburg.com; 410 W Duke of Gloucester St, Merchants Sq; 主菜 $6~8; ◉周一至周六 10:00~20:00，周日 11:00~18:00）这家美味熟食店出售美味三明治、意大利开胃菜、长棍面包、点心、红酒、啤酒和很好的奶酪。点一个三明治和一杯酒——在不同的柜台——然后一边享用你的餐点，一边从庭院里观看人来人往。

Aromas　　　　　　　　咖啡馆 $

（☎757-221-6676; www.aromasworld.com; 431 Prince George St; 午餐主菜 $7~9，晚餐主菜 $7~15; ◉周一至周四 7:00~22:00，周五和周六 至13:00，周日 8:00~20:00; ☎）这家迷人的咖啡馆位于Merchants Sq以北一个街区，供应沙拉、三明治和几种晚餐主菜，包括焗通心粉配熏三文鱼和烤鸡，以及葡萄酒和啤酒。有户外座位和现场音乐（周二爵士乐；周末各种风格）。

King's Arms Tavern　　　　　　　　新派美国菜 $$$

（☎866-348-9022; www.colonialwilliamsburg.com; 416 E Duke of Gloucester St; 午餐主菜 $14~16，晚餐主菜 $25~40; ◉11:30~14:30和17:00~21:00）这家传统餐厅是威廉斯堡殖民地内的四家餐馆中最优雅的。供应早期美国菜肴，例如野味馅饼，原料是用葡萄酒炖的鹿肉、兔肉和鸭肉。你可以在用餐时听到现场的长笛音乐表演，员工们还会和你分享关于殖民饮食习惯的历史。

ℹ 到达和离开

美国国铁（www.amtrak.com）每天有2班从**威廉斯堡交通中心**（Williamsburg Transportation Center; ☎757-229-8750; www.williamsburgva.gov; 468 N Boundary St, Boundary St与Lafayette St交叉路口）出发的火车开往华盛顿（$46，4小时）和里士满（$22，90分钟），都在东北地区的线路上运营。

詹姆斯敦 (Jamestown)

1607年5月14日，104个英国成年男子和男孩拿着伦敦弗吉尼亚公司（Virginia Company）颁发的许可证，来到这里寻找金矿和其他财宝。实际上，他们只找到了饥饿和疾病。到1608年1月的时候，活着的人只剩下40个了，他们只能靠吃人肉维生。在詹姆斯·史密斯船长和当地印第安首领波瓦坦（Powhatan）的帮助下，这个殖民地终于熬过了"饥荒时代"。1619年，民选代表召开殖民地议会会议（House of Burgesses），组成了美洲第一个民主政府。

◉ 景点

詹姆斯敦殖民地　　　　　　　　古迹

（Historic Jamestowne; ☎757-856-1250; www.historicjamestowne.org; 1368 Colonial Pkwy; 成人/16岁以下儿童 $14/免费; ⊙9:00~17:00）这个迷人的地方建于1607年，由国家公园管理局（NPS）管理，是詹姆斯敦原址所在地，也是北美的第一个永久英国殖民地。先参观博物馆，看看波卡洪塔斯和约翰·史密斯的雕像。詹姆斯敦遗址于1994年出土，游客可以现场观看考古工作者在原址内进行清理工作。不要错过考古博物馆，那里陈列着4000多件文物，包括一个年轻的定居者的头骨，他很可能是同类相食的受害者！

詹姆斯敦定居点　　　　　　　　古迹

[Jamestown Settlement; ☎757-253-4838; www.historyisfun.org; 2110 Jamestown Rd; 成人/6~12岁儿童 $17/8，含约克敦的美国革命博物馆（American Revolutionary Museum）$23/12; ⊙9:00~17:00，6月中旬至8月中旬 至18:00; P🚗]由该州管理，深受孩子们的喜爱。这里有仿建的詹姆斯堡（原址建于1607年）、一个美洲印第安人村庄和带领移民来到詹姆斯敦的那艘船的等比例复制品，此外还有生动的历史展览。多媒体展品和穿着17世纪服饰的讲解员为你活灵活现地展现当时的生活场景。在小学户外教学期间这里可能人潮拥挤，所以在学校上课的日子里请早些前来。

❶ 到达和离开

自驾是前往詹姆斯敦的最佳方式。美国国铁（Amtrak; www.amtrak.com）就在威廉斯堡附近停车，每天还有2班从威廉斯堡交通中心（Williamsburg Transportation Center）发车的火车，开往华盛顿特区（$46, 4小时）和里士满（$22, 90分钟），这两座城市都在东北地区的线路上。

约克敦 (Yorktown)

1781年10月19日，英国将军康华里（Cornwallis）在这里宣布向乔治·华盛顿投降，美国独立战争就此结束。面对陆地上美国军队的强大活力和海上法军的包围，英国处于绝望的状态。华盛顿以为包围还要持续一段时间，但密集的火力很快就把康华里打垮了，后者只坚持几天就投降了。

约克敦俯瞰着约克河（York River），是一个宜人的水滨小镇，镇里有各种商店、画廊、餐馆和酒馆。

◉ 景点

约克敦独立战争博物馆　　　　博物馆

（American Revolution Museum at Yorktown; ☎757-887-1776; www.historyisfun.org; 200 Water St; 成人/6~12岁儿童 $12/7; 与詹姆斯敦定居点联票 成人/儿童 $23/12; ⊙9:00~17:00，7月中旬至8月中旬 至18:00; P🚗）以前的约克敦胜利中心（Yorktown Victory Center），这个新建和扩展的展览空间和鲜活的历史博物馆生动地描述了这场美国革命战争的兴起、战争本身和国内的日常生活。令人惊心动魄的《围城》（*Siege*）是一场9分钟的4D电影，它展示了约克敦战役（Battle of of Yorktown）。这里还有许多重要的文物，包括早期印刷的《独立宣言》（*Declaration of Independence*）。在外面复原的军营中，打扮成欧陆军人的工作人员分享着独立战争军营里的日常生活。

约克敦战场遗址　　　　　　　　古迹

（Yorktown Battlefield; ☎757-898-2410; www.nps.gov/york; 含约克敦殖民地 成人/16岁以下儿童 $7/免费; ⊙9:00~17:00; P🚗）由美国国家公园管理局管理，是美国独立战争的最后一个主要战场。先去游客中心看一场介绍约克敦战场的电影和华盛顿住过的帐篷。7英里长的战场路（Battlefield Rd）团队沿途经过主要景点。别忘了步行去英军最后的防御堡垒（Redoubts 9和Redoubts 10）看看，可通过Ballard St到达。

ℹ️ 到达和离开

自驾是前往约克敦的最佳方式。免费的环线有轨电车往返于古迹和村庄之间，每隔20至35分钟1班（4月至11月中旬11:00~17:00；6月至8月 延长运营时间）。

汉普顿锚地（Hampton Roads）

汉普顿锚地（并非得名于柏油公路，而是因为该地是詹姆斯河、Nansemond河、伊丽莎白河和切萨皮克湾交汇处）一直是首屈一指的住宅地区。早在1607年约翰·史密斯到来之前，以打鱼和狩猎为生的波瓦坦印第安部落联盟（Powhatan Confederacy）已经在弗吉尼亚海岸边生活了数千年。今天的汉普顿锚地以其拥挤和历史、军事和艺术等文化交汇而闻名，尤其是切萨皮克湾桥梁隧道（Chesapeake Bay Bridge Tunnel）附近。诺福克希望全新的海滨餐饮和娱乐区可以让市中心重新充满活力。

ℹ️ 到达和当地交通

诺福克国际机场（Norfolk International Airport；见361页）是该地区的主要机场。I-64是主要的州际公路。汉普顿路地区-桥梁隧道（Hampton Roads-Bridge Tunnel）连接着纽波特纽斯和诺福克，在附近要减速慢行。如果电子交通标志显示可以绕道I-664，那就走吧。

诺福克（Norfolk）

作为全球最大的海军基地所在地，诺福克脏兮兮的码头上有许多醉醺醺的水手也就不足为奇了。近年来，这个城市致力于通过发展改善形象，致力于中产阶级化，并注重培养迅速崛起的艺术界人才。水滨区（Waterside District）是位于市中心的伊丽莎白河（Elizabeth River）河畔的一个新的餐饮和娱乐中心，于2017年春开业。

👁 景点

克莱斯勒艺术博物馆 博物馆

（Chrysler Museum of Art；📞757-664-6200；www.chrysler.org；1 Memorial Pl；⏰周二至周六 10:00~17:00，周日 正午至17:00）**免费** 收集了从古埃及到现代的各种古董，包括亨利·马蒂斯（Henri Matisse）、阿尔伯特·比尔史伯特（Albert Bierstadt）、格鲁吉亚·奥基夫（Georgia O'Keeffe）、杰克逊·波洛克（Jackson Pollock）、安迪·沃霍尔（Andy Warhol）等人的画作以及横跨3000多年的丰富玻璃藏品，蔚为壮观。不要错过蒂芙尼（Tiffany）的吹制玻璃品。画廊会在每天14:00举行讨论。

诺福克海军基地 博物馆

（Naval Station Norfolk；📞757-444-7955；www.cnic.navy.mil/norfolksta；9079 Hampton Blvd，近 Gate 5；成人/3~11岁儿童 $10/5；⏰团队游时间不定）全球最大的海军基地，也是美国最繁忙的机场之一，你一定要来看看。45分钟的巴士团队游由海军人员带领，必须提前预约（出发时间不定）。成年人需要出示带照片的身份证件。

Nauticus 博物馆

（📞757-664-1000；www.nauticus.org；1 Waterside Dr；成人/4~12岁儿童 $16/11.50；⏰6月至8月 每天 10:00~17:00，9月至次年5月 周二至周六 10:00~17:00和周日 正午至17:00）这家海事主题的大型互动博物馆有关于水下探索、切萨皮克湾海洋生物和美国海军知识的展览。博物馆的亮点是登上"**威斯康星**"**号军舰**（USS Wisconsin）的甲板和内部走廊。"威斯康星"号建于1943年，是美国海军最大的军舰（887英尺长），曾参加美国海军的最后一次战役。

🛏 住宿

Residence Inn 酒店 $

（📞757-842-6216；www.marriott.com；227 W Brambleton Ave；房间/套房 $164/174；P@🛜🏊）这是一家友好的连锁酒店，漫步一小段路程就能到达Granby St的美食街，这里有一种精品酒店的感觉，时尚、宽敞的房间里面还有小厨房和优质的设施。

Main Hotel 酒店 $$$

（📞757-763-6200；www.3hilton.com；100 E Main St；房间 $239~329，套房 $369；P@🛜🏊）

在本书调研期间，这家酒店成为了希尔顿（Hilton）家族的新成员，房间很简单，但很时髦。如果你想要欣赏伊丽莎白河，则需要花费更多的钱，但并没有必要——只要在屋顶酒廊Grain（酒店内的3家餐厅之一）里喝上一杯，就可以看到美丽的河景。

✕ 餐饮

Luna Maya　　　　　　　　　　　墨西哥菜 $$

（☎757-622-6986；www.lunamayarestaurant.com；2010 Colley Ave；主菜 $13~19；☉周二至周六 16:30~22:00）这热闹的地方非常时尚，简单的餐厅里有裸露的砖墙、压纹锡制天花板和一个窗子很大但很空旷的餐厅，这里当然时尚，但热情的服务和美味的墨西哥卷饼令这里从Colley Ave一众热闹的店铺中脱颖而出，更不用说爽口的鸡尾酒和广泛的素食选择了。

Press 626 Cafe & Wine Bar　　　新派美国菜 $$

（☎757-282-6234；www.press26.com；626 W Olney Rd；午餐主菜 $10~13，晚餐主菜 $10~24；☉周一至周五 11:00~23:00，周六 17:00~23:00，周日 10:30~14:30；♪）魅力非凡的餐馆，奉行"慢餐"宗旨，菜肴种类繁多，有美味的压制三明治（午餐时）、煎扇贝、法式鱼羹（bouillabaisse）和各种上好的葡萄酒。

Smartmouth Brewing　　　　　　自酿酒吧

（☎757-624-3939；www.smartmouthbrewing.com；1309 Raleigh Ave；☉周三至周五 16:30~21:00，周六 正午至19:00，周日 13:00~17:00）在迅速发展的切尔西艺术区，这个室内户外品酒室和自酿酒吧有一种迷人的社区氛围。这里还有一辆烧烤食品车。如果你喜欢小麦啤酒，可以试一试季节性的Sommer Fling（4月至12月）。

ℹ 到达和离开

飞往该地区的航班降落在诺福克市中心东北方向7英里之外的**诺福克国际机场**（Norfolk International Airport）。**灰狗巴士**（☎757-625-7500；www.greyhound.com；701 Monticello Ave）的巴士开往弗吉尼亚海滩（$16，35分钟）、里士满（$32，2.75小时）和华盛顿（$50，6.5小时）。**汉普顿路地区交通局**（Hampton Roads Transit；www.gohrt.com）的公交车（$1.75）从市中心出发，穿过市区，开往纽波特纽斯和弗吉尼亚海滩。

弗吉尼亚海滩
(Virginia Beach)

弗吉尼亚海滩有35英里长的沙滩和3英里长的水泥海滨木板道，附近还可以玩多种户外活动，当然就成了首选的旅游胜地。这个城市一直试图摆脱"泥腿子的里维埃拉"（Redneck Riviera）这个外号，因此沙滩变得更宽阔更干净，举止粗鲁的人也少多了。除了沙滩和海岸边林立的高层建筑以外，这里还有几座漂亮的公园和自然景点。夏季时海滨人头攒动，交通拥堵，价格昂贵，要做好心理准备。

◉ 景点

弗吉尼亚水族馆和海洋科学中心　　水族馆

（Virginia Aquarium & Marine Science Center；☎757-385-3474；www.virginiaaquarium.com；717 General Booth Blvd；成人/3~11岁儿童 $25/20；☉9:00~17:00）它是一个中规中矩的水族馆。多处水下栖息地中有许多水中生物，如海龟、水獭和科莫多巨蜥。如果孩子们有更多的精力去释放，那就试试新的探险公园（Adventure Park；成人/7~11岁儿童 $52/44）里的绳索课程和飞索吧，或深入水族馆建筑之间的树林。

弗吉尼亚当代艺术博物馆　　　　　博物馆

（Virginia Museum of Contemporary Art；☎757-425-0000；www.virginiamoca.org；2200 Parks Ave；成人/儿童 $7.70/5.50；☉周二 10:00~21:00，周三至周五 至17:00，周六和周日 至16:00）在一栋采光自然的超级新潮建筑内，有轮换的精彩展品。

后湾国家野生动物保护区　　　　自然保护区

（Back Bay National Wildlife Refuge；☎757-301-7329；www.fws.gov/refuge/back_bay；4005 Sandpiper Rd；机动车/行人 4月至10月 $5/2，11月至次年3月 免费；☉日出至日落）这个面积9250英亩的保护区是野生动物的家园，区内的沼泽也是候鸟的栖息地，12月迁徙季节时景色很壮观。

首次登陆州立公园 自然保护区

(First Landing State Park; ☏757-412-2300; www.dcr.virginia.gov; 2500 Shore Dr; 每车 $7~9) 这个低调的地方位于弗吉尼亚海滩附近, 占据了2888英亩的林地, 林中有总计20英里长的**徒步小径**。你还可以在公园内露营、骑车、钓鱼、划皮艇和游泳。

🛏 食宿

First Landing State Park 露营地 $

(☏800-933-7275; http://dcr.virginia.gov; Cape Henry; 露营地 $28~41, 小屋 $83起; 🅿) 位于海湾旁边的州立公园内, 是这里最美丽的露营地了, 但是木屋看不到海景。

Hilton Virginia Beach Oceanfront 酒店 $$$

(☏757-213-3000; www.hiltonvb.com; 3001 Atlantic Ave; 房间 $417起; 🅿🛜🏊) 这个21层的酒店非常豪华, 是海滩上最好的住宿地点。海景房宽敞、舒适, 配备了各种便利设施, 包括巨大的平板电视、梦幻的床上用品和大型阳台, 这些阳台面朝海滩, 下方是海神公园 (Neptune Park)。夏季的工作日房价会下跌 $100。

Blue Pete's 海鲜 $$

(☏757-426-2278; www.bluepetespungo.com; 1400 N Muddy Creek Rd; 主菜 $11~32; ⓘ周一至周五 17:00~22:00, 周六 正午至23:45, 周日 正午至22:00) 坐落在后湾 (Back Bay) 附近的一处平静的小港湾, 周围是迷人林茂。供应种类丰富的菜肴, 如蟹饼、牛胸肉三明治、意面和椰蓉虾等。

Esoteric 美国菜 $$$

(☏757-822-6008; www.esotericvb.com; 501 Virginia Beach Blvd; 主菜 $10~30; ⓘ周一至周三 16:00~22:00, 周四 至23:00, 周五 至午夜, 周六 正午至午夜) 美味的三明治和各式各样的创新美国菜, 以及精酿啤酒, 都让当地人非常开心。这家时尚的夫妻店接受当地的食品生产商和合作者的供货。

ℹ 到达和离开

灰狗巴士(☏757-422-2998; www.greyhound.com; 971 Virginia Beach Blvd) 每天有巴士开往里士满 ($14起, 3.5小时), 途中也停靠诺福克和汉普顿。要去华盛顿、威尔明顿、纽约市等地的人需要在里士满转车。客车从木板道以西1英里处的 Circle D Food Mart 发车。

汉普顿路地区交通局 (Hampton Roads Transit) 夏季运营的"弗吉尼亚海滩之浪"(Virginia Beach Wave) 有轨电车 (票价 $2) 在 Atlantic Ave 往来。

皮德蒙特高原 (The Piedmont)

弗吉尼亚州中部连绵的群山和高地把海边低地和山区隔开。土壤肥沃的山谷尽头是数十座葡萄园, 还有乡村和宏伟的殖民地时代庄园。新的小型啤酒厂、苹果酒厂和酿酒厂也获得了更多的关注。

ℹ 到达和离开

皮德蒙特高原地区的两侧是I-81和I-64。自驾是探索该地区的最佳方式。夏洛特维尔背靠着该地区, 并有**机场**和**美国国铁的车站**。在周五, 你可以加入一些弗吉尼亚大学的学生行列, 乘坐火车前往华盛顿特区。

夏洛特维尔 (Charlottesville)

位于蓝岭山脉脚下的夏洛特维尔经常被评为美国最宜居的城市之一。这个拥有丰富文化的城市, 是弗吉尼亚大学 (University of Virginia, 简称UVA) 所在地, 不仅吸引了南方贵族, 也同样吸引着艺术人才。在同一片蓝天下, 弗吉尼亚大学校园和市中心的步行商区被学生、情侣、教授和偶尔可见的名人占据。夏洛特维尔真是个近乎完美的地方。

👁 景点

蒙蒂塞洛庄园 古迹

(Monticello; ☏434-984-9800; www.monticello.org; 931 Thomas Jefferson Pkwy; 成人/5~11岁儿童 $28/9; ⓘ周一至周五 8:30~18:00, 周六和周日至19:00, 时间随季节变化) 是美国的开国元勋和第三任总统托马斯·杰斐逊设计的杰作, 他花了40年时间设计他梦寐以求的住宅, 最后终于在1809年竣工。如今, 它是美国唯一被列入联合国教科文组织《世界遗产名录》的住宅。"我在别处不曾这样快乐, 我希

望余生在蒙蒂塞洛庄园度过。"杰斐逊写道。

弗吉尼亚大学　　　　　　　　　　大学

（University of Virginia；☎434-924-0311；www.uva virginia.edu；Charlottesville）托马斯·杰斐逊创建了弗吉尼亚大学，传统式样的建筑和院子都体现了杰斐逊提倡的"公共生活和学习"精神。由学生带领的免费校园团队游从圆形大厅出发，发团时间是学年中每天的10:00、11:00和14:00（www.uvaguides.org；9月至次年4月）。你也可以游览由杰斐逊设计的、仿罗马万神殿的圆形大厅（Rotunda；☎434-924-7969；www.rotunda.virginia.edu；1826 University Ave；⊙9:00~17:00）。弗吉尼亚大学的弗兰林艺术博物馆（Fralin Art Museum；☎434-924-3592；http://uvafralinartmuseum.virginia.edu/；155 Rugby Rd；⊙周二、周三、周五和周六10:00至17:00，周四至19:00，周日 正午至17:00）免费 收藏着来自美洲、欧洲和亚洲的包罗万象的艺术品。

Ash Lawn-Highland　　　　　　历史建筑

（☎434-293-8000；www.ashlawnhighland.org；2050 James Monroe Pkwy；成人/6~11岁儿童 $14/8；⊙4月至10月 9:00~18:00，11月至次年3月 11:00~17:00）这个历史遗迹是詹姆斯·门罗（James Monroe；美国第五任总统）和他的妻子伊丽莎白从1799年到1823年的住所。

🛏 住宿

Fairhaven　　　　　　　　　　　客栈 $

（☎434-933-2471；www.fairhavencville.com；413 Fairway Ave；房间 $80；🅿❄🛜）如果你不介意共用设施（3间客房只有1个卫生间），那么这个热情友好的客栈是个相当划算的选择。每间客房都有木地板、舒适的床和欢快的彩色主题，住客可以使用厨房、客厅或后院。从客栈步行约1英里可到步行区。

South Street Inn　　　　　　　　民宿 $$

（☎434-979-0200；www.southstreetinn.com；200 South St；房间 $169~219，套房 $249~259；🅿❄🛜）这栋1856年的优雅建筑在夏洛特斯维尔市中心，先后曾做过女子进修学校、公寓和妓院。现在，建筑内的房间一共有24间，古色古香，与常见的民宿相比，这里更有深度、更有气氛。

Hyatt Place　　　　　　　　　　酒店 $$

（☎434-995-5200；https://charlottesville.place.hyatt.com；2100 Bond Pl；房间 $209起；🅿@❄🛜）有时你只是不想要一个历史悠久的旅馆和一个随便的民宿。你想要的是时髦的家具，强大的Wi-Fi和美味的免费早餐。如果是这样的话，新开业的Hyatt Place可以满足你的需求。宠物的费用是每晚$75。

🍴 餐饮

Citizen Burger　　　　　　　　　美国菜 $

（☎434-979-9944；www.citizenburgerbar.com；212 E Main St；主菜 $12~15；⊙周日至周四 正午至午夜，周五和周六 至次日2:00）位于步行区的热闹餐馆，就餐区域有砖墙，供应美味汉堡包和精酿啤酒。餐馆的宗旨是使用当地食材和可持续（有机方式喂养、吃草的奶牛，弗吉尼亚州出产的奶酪和啤酒等）。一定要品尝松露薯条。

Oakhart Social　　　　　　　　新派美国菜 $$

（☎434-995-5449；www.oakhartsocial.com；511 W Main St；小盘 $10~23；⊙周二至周日

> **值 得 一 游**
> ### 蒙彼利埃（MONTPELIER）
> 托马斯·杰斐逊广受世人关注，不过也应该把注意力从他身上移开少许，去看看詹姆斯·麦迪逊（James Madison）的**蒙彼利埃庄园**（www.montpelier.org；11350 Constitution Hwy；成人/儿童 $20/7；⊙4月至10月 9:00~17:00，11月至次年3月 10:00~16:00），这座宏伟的庄园占地600英亩，位于夏洛特维尔东北方向25英里处，就在Hwy 20的路旁。麦迪逊才华横溢但性格内向，一心致力于钻研书籍；他几乎凭一己之力起草了美国宪法。参加**导览游**可以大致了解詹姆斯及其秀外慧中的妻子多莉（Dolley）的生平以及他们所处的时代，还有其他在庄园里生活的人们。

17:00至午夜，周五和周六 至次日2:00）这个新开张不久的餐馆，供应创意十足的应季小盘菜肴（烤章鱼配鹰嘴豆泥、脆皮甜猪腩沙拉等）和木烤比萨，用餐环境美观，气氛悠闲。前面的庭院适合一边闲坐一边品尝提神的Corpse Reviver #2和其他精心调制的鸡尾酒。

★ **Public Fish & Oyster** 海鲜 $$$

（☎434-995-5542；www.publicfo.com；513 W Main St；主菜 $19~29；◐周一至周四 16:00-21:30，周五和周六 至22:00，周日 至21:00）这个明亮而诱人的餐馆一定会吸引你的眼球，美味的季节性海鲜菜肴，可以让你在这里吃完一盘还想吃，包括牡蛎、贻贝和其他海洋美食。如果你没有生吃过牡蛎，这里会改变你的经历。回锅比利时海盐炸薯条非常棒。

Whiskey Jar 鸡尾酒吧 $$

（☎434-202-1549；http://thewhiskeyjarcville.com；227 W Main St；午餐主菜 $10~15，晚餐主菜 $12~32；◐周一至周四 11:00至午夜，周五和周六 至次日2:00，周日 10:00~14:30）Whiskey Jar 位于步行街广场，供应各种威士忌（超过125种！）。乡村风情、木制家具、穿格子呢的侍者、新派南方菜和从啤酒罐里流出来的Mason啤酒。注意，如果你喜欢你那Bloody Mary's的辣味，这里真的可以实现。这里也供应新派南方爽心美食，包括超棒的烧烤。

弗吉尼亚的 BREW RIDGE TRAIL

从夏洛特维尔到克罗泽特，再沿着Hwy 151（沿着蓝岭风景大道下方的蓝岭山脉的底部延伸）向西延伸，有一连串很棒的精酿啤酒厂。作为Brew Ridge Trail（www.brewridgetrail.com）的一部分，许多啤酒厂提供优质的精酿啤酒、山景和美味的食物。在美好的日子里，你会发现庭院中满是啤酒鉴赏家和户外探险者。Charlottesville Hop on Tours（www.cvillehopontours.com）摆渡车穿梭于众多的啤酒厂之间。

---

❶ 到达和当地交通

美国国铁（www.amtrak.com；810 W Main St）每天有2班火车开往华盛顿（$30起，3小时）。

夏洛特维尔阿尔伯马尔机场（Charlottesville Albemarle Airport，简称CHO；☎434-973-8342；www.gocho.com）位于市中心以北10英里处，有从东海岸开往芝加哥的直达航班。

灰狗巴士/Trailways车站（☎434-295-5131；www.greyhound.com；310 W Main St）开往里士满（$18起，1.25小时）和华盛顿（$21起，3小时）的客车均为每天3班。

有一辆免费有轨电车连接W Main St和弗吉尼亚大学。

阿波马托克斯（Appomattox）

在位于阿波马托克斯县府的McLean House，罗伯特·李将军率北弗吉尼亚军队向尤利西斯·格兰特（Ulysses S Grant）将军投降，内战也自此宣告结束。

现在，阿波马托克斯镇（位于国家公园西南3英里处）面积虽小，却很迷人，主街上遍布古董店（是猎奇内战纪念品的好地方）。

◉ 景点

阿波马托克斯县府国家历史公园 公园

（Appomattox Court House National Historic Park；☎434-352-8987；www.nps.gov/apco；111 National Park Dr；◐9:00~17:00）**免费** 1865年4月9日，北弗吉尼亚军队在McLean House投降。公园内有20多栋经过修复的建筑，有些对公众开放，仍是按照1865年修建时的原貌和家具布置来修复的。其中的亮点包括李和兰特的会面地点**McLean House**的门廊，北军为邦联军人印发3万份假释书的**Clover Hill Tavern**，以及堆满纺织品的**Meeks General Store**。

🛏 食宿

Longacre 民宿 $$

（☎434-352-9251；www.longacreva.com；1670 Church St；房间 $115起；🅿❄）它看起来很像一栋整个儿被搬到弗吉尼亚的英国乡村别墅，正准备在弗吉尼亚州开一间商店。这里的雅致房间中有古董装饰，宽敞的都铎式别墅周围有植被青翠的院落。

Baine's Books and Coffee
咖啡馆 $

(☎434-432-3711; www.bainesbooks.com; 205 Main St; 小吃 $2~6; ⊙周一至周三 7:00~20:00, 周四和周五 至21:30, 周六 8:30~21:30, 周日 9:00~17:00)在这里稍作停留,吃一些三明治、法式咸派和司康饼(每周还有几个晚上有现场音乐表演)。

仙纳度谷
（Shenandoah Valley）

当地传说,仙纳度的名字来自印第安人的语言,意思是"星星的女儿"。真假姑且不论,但仙纳度谷的确是上帝的国度——它是美国最美丽的地方之一。200英里长的山谷和蓝岭山脉中有风景如画的小村庄、红酒庄、小型啤酒厂、战场保护区和山洞。这里在殖民地时代曾经是美国的西部边界,苏格兰-爱尔兰拓荒者为逃避Highland Clearance土地改革而定居在这里。户外活动丰富,包括徒步、骑自行车、露营、钓鱼、骑马和划独木舟。

❶ 到达和当地交通

I-81和I-64是这里的主要州际公路。最大的机场是罗阿诺克-布莱克斯堡地区机场(Roanoke-Blacksburg Regional Airport; 见370页)。美国国铁在斯汤顿的火车站停靠(www.amtrak.com; 1 Middlebrook Ave)。

弗朗特洛伊和卢雷
（Front Royal &Luray）

弗朗特洛伊地平线大道的北端看起来只有一排半死不活的加油站,但其实附近有一条热闹的主街和几个有趣的溶洞。"前往"山谷之前先去游客中心(☎800-338-2576; https://frontroyalva.com/101/Visiting; 414 E Main St; ⊙9:00~17:00)。卢雷最出名的可能是它的溶洞,但市中心也是一个迷人的地方。

◉ 景点

卢雷洞穴
洞穴

(Luray Caverns; ☎540-743-6551; www.luraycaverns.com; 970 US Hwy 211 W, Luray; 成人/6~12岁儿童 $27/14; ⊙6月中旬至8月 每天 9:00~19:00, 9月至11月和4月至6月中旬 至18:00, 12月至次年3月 周一至周五 至16:00, 周六和周日 至17:00)如果你行程紧凑,只能看一个溶洞,就来这个位于弗朗特洛伊南方25英里之外的世界级的溶洞吧,进入洞里倾听"钟乳石管风琴"的演奏,据说它是全世界最大的乐器呢。在繁忙的周末,团队游人潮涌动,但是令人惊叹的地下岩层能够使摩肩接踵所带来的烦恼烟消云散。为了节省时间,请提前在网上买票,然后到入口排队。

仙纳度谷博物馆
博物馆

(Museum of the Shenandoah Valley; ☎540-662-1473, 888-556-5799; www.themsv.org; 901 Amherst St; 成人/学生/13~18岁儿童 $10/8/免费; 周三 门票 免费; ⊙4月至12月 周二至周日 10:00~17:00, 1月至3月 11:00~16:00)在弗朗特洛伊以北约25英里的温彻斯特(Winchester)镇,博物馆由一栋摆满古董家具的18世纪房屋博物馆、一座6英亩的花园和一个多媒体博物馆组成,向游客展示仙纳度谷的历史。

天际线溶洞
洞穴

(Skyline Caverns; ☎800-296-4545; www.skylinecaverns.com; 10344 Stonewall Jackson Hwy, 近Skyline Dr入口, Front Royal; 成人/7-13岁儿童 $20/10; ⊙9:00~17:00, 时间随季节变化)弗朗特洛伊的天际线溶洞很出名,洞内有罕见的白色石膏花(海胆形状的矿物结构)。

🛏 食宿

Yogi Bear's Jellystone Park Campsite
露营地 $

(☎540-743-4002; www.campluray.com; 2250 Hwy 211 E, Luray; 露营地/小屋 $45/116起)迷你高尔夫球场、水上滑梯和划艇都在这个梦幻的露营地里等待着你的到来。超级划算的露营地和小屋的价格让你忍不住幻想自己还会撞大运,在Old Faceful Mining Company淘到金。

Woodward House on Manor Grade
民宿 $$

(☎540-635-7010, 800-635-7011; www.acountryhome.com; 413 S Royal Ave/US 320, Front Royal; 房间 $110~155, 木屋别墅 $225; Ⓟ🛜)有

7间令人愉快的客房和一座独立的木屋别墅。在露台上喝咖啡,注意力别被楼下的热闹街道所吸引——远处的蓝岭山脉景色更漂亮。

Element　　　　　　　　　　　创意菜 $$

(☎540-636-9293; jsgourmet.com; 317 E Main St, Front Royal; 午餐主菜 $8~10, 晚餐主菜 $14~28; ⊙周二至周六 11:00~15:00和17:00~21:00; ⚡)美食爱好者的最爱,供应高品质的小餐馆食物。晚餐菜肴种类不多,但经常更换特价菜,例如烤鹌鹑配墨西哥玉米沙拉和红薯。

❶ 到达和当地交通

自驾是探索该地区的最佳方式。华盛顿特区位于弗朗特洛伊以东70英里。卢雷与US 211接壤,并位于I-81和国家公园的Thornton Gap入口之间。

斯汤顿(Staunton)

这座小镇的美体现在许多方面:可以步行游览的老镇中心、出色的餐饮场所、几座小型酿酒厂、几座有趣的博物馆,市中心的现场音乐表演,还有一座一流的剧院。此外,小镇附近还有很多户外活动项目,你会有种在这里置业的冲动。

◉ 景点

美丽的斯汤顿市中心适合步行,这里有维多利亚时代建筑师TJ Collins设计的200多栋建筑。玛丽·鲍德温学院(Mary Baldwin,一个小小艺术大学)为这里带来了自然不做作的艺术气息。

边疆文化博物馆　　　　　　　博物馆

(Frontier Culture Museum; ☎540332-7850; www.frontiermuseum.org; 1290 Richmond Rd; 成人/学生/6~12岁儿童 $12/11/7; ⊙3月中旬至11月 9:00~17:00, 12月至次年3月中旬 10:00~16:00)出色的边疆文化博物馆比它的名字看起来更酷。在面积超过100英亩的园区,有真正的德国、爱尔兰和英国老建筑,还有复制的西非民居和一个单独的美国边疆民居展示区。

伍德罗·威尔逊总统图书馆　　　　古迹

(Woodrow Wilson Presidential Library; www.woodrowwilson.org; 20 N Coalter St; 成人/学生/6~12岁儿童 $14/7/5; ⊙周一至周六 9:00~17:00, 周日 正午起)历史迷们应该看看城中心附近的伍德罗·威尔逊总统图书馆。跟随团队游,参观威尔逊度过童年的地方:位于山顶的Creek Rivival,这座房子一直忠实地保留着1856年时的原貌。

🛏 食宿

Frederick House　　　　　　　　民宿 $$

(☎540-885-4220; www.frederickhouse.com; 28 N New St; 房间 $145~208; 🅿❄🛜)就在市中心,从里到外都刷成淡紫色,由5栋老宅组成,客房和套间共计25间,所有房间都带独立浴室,有些还带古董家具和露台。

Stonewall Jackson Hotel　　　　酒店 $$

(☎540-885-4848; www.stonewalljacksonhotel.com; 24 S Market St; 房间/套房 $179/385; 🅿❄🛜🐾)Stonewall是一座经过修复和翻新的斯汤顿经典建筑,散发着英联邦古典和婉约的南方氛围。中央大厅就像是从《了不起的盖茨比》中搬出来的一样(如果盖茨比这个角色被安置在旧时的弗吉尼亚的话)。房间舒适,且从一进门就感受到典雅的氛围,设施也很齐全。

Byers Street Bistro　　　　新派美国菜 $$

(☎540-887-6100; www.byersstreetbistro.com; 18 Byers St; 午餐主菜 $10~19, 晚餐主菜 $10~28; ⊙11:00至午夜)餐馆就在火车站旁,供应高端小酒馆食物(苹果木熏培根和焦糖洋葱比萨、马喜鱼卷饼、安格斯牛肉汉堡、慢火烤猪排骨等),最适宜天气暖和时在户外的餐桌旁享用。周五和周六的晚上有乐队现场演奏(蓝草、布鲁斯和民间音乐)。

Zynodoa　　　　　　　　　　　南方菜 $$$

(☎540-885-7775; www.zynadoa.com; 115 E Beverley St; 主菜 $19~32; ⊙周日至周二 17:00~21:30, 周三至周六 至22:30; ⚡)高雅的餐厅,供应弗吉尼亚州出产的奶酪、烤仙纳度本地鸡肉和Casta Line纯种虹鳟(附近饲养的)等精致菜肴。食材和酒水主要来自当地农场和酒庄。

饮品和娱乐

Yelping Dog 葡萄酒吧

(540-885-2275; www.yelpingdogwine.com; 9 E Beverly St; ⊙周二至周四11:00~21:00,周五和周六至22:00,周日正午至18:00)这家诱人的酒吧处于繁华的市中心,在这里,你可以和朋友们喝上一杯葡萄酒,吃上一盘香飘四溢的奶酪。如果你对美味的烤奶酪三明治($9~10)持观望态度,不如点一份来尝一尝。

Redbeard Brewery 自酿小酒馆

(www.redbeardbrews.com; 102 S Lewis St; ⊙周二至周四16:00~23:00,周五至周日13:00~23:00)产量不大的小型酿酒厂,供应可口的IPA、塞森(saison)、琥珀(amber)以及其他应季啤酒。

★**Blackfriars Playhouse** 剧院

(540-851-1733; www.americanshakespearecenter.com; 10 S Market St; 票价$29~49)到了斯汤顿,一定要去Blackfriars Playhouse看场演出。斯汤顿的剧院完全仿照莎士比亚室内剧场而建,是美国莎士比亚中心(American Shakespeare Center)公司的演

不 要 错 过

仙纳度国家公园(SHENANDOAH NATIONAL PARK)

仙纳度(540-999-3500; www.nps.gov/shen; Skyline Dr; 机动车一周通票 每车$25)是美国景色最美的国家公园之一,仿佛是大自然的恩赐:春夏野花盛开,秋季树叶金红,冬季寒冷,万物冬眠。白尾鹿在这里很常见,幸运的话你或许还能看到黑熊、山猫或野火鸡。该公园位于华盛顿以西75英里处。

你的第一站应该是位于天际线公路北端的迪基岭游客中心(Dickey Ridge Visitors Center; 540-635-3566; www.nps.gov/shen; Mile 4.6, Skyline Dr; ⊙4月中旬至11月9:00~17:00),或者是伯德游客中心(Byrd Visitors Center; 540-999-3283; www.nps.gov/shen; Mile 51, Skyline Dr; ⊙3月下旬至11月9:00~17:00)。这两个地方都有关于植物和动物的展览,还有关于徒步小道和活动的地图和信息。

仙纳度国家公园非常迷人,背景是梦幻的蓝岭山脉,古老的花岗岩和变形的岩层,它们已经拥有10多亿年的历史了。该公园建于1935年,是东海岸城市居民的一个休闲胜地。从华盛顿特区出发,进行一日游非常轻松,但如果可以的话,你可以多停留一段时间。500英里的徒步路线,75处风景名胜,30条钓鱼小溪,7个野餐区和4个露营地,肯定会让你非常开心。

天际线公路(Skyline Drive)是一条令人惊叹的道路,它沿着蓝岭山脉的主山脊,蜿蜒105英里,穿过公园的中心。它的起点位于靠近I-66西端的弗朗特洛伊,终点位于山脉南部靠近I-64的Rockfish Gap附近。路边的英里标记可以为你提供参考。公园里有许多绵延数英里的小道。

公园里最著名的小道是阿巴拉契亚小道(Appalachian Trail, 简称AT)的一条支路,它从南到北延伸101英里,穿越了仙纳度。它还是穿越14个州的2175英里长的阿巴拉契亚小道的一部分。可以从天际线公路进入这条小道。除了阿巴拉契亚小道,仙纳度在公园里还有长达400多英里的徒步线路。短途徒步可以选择Compton Peak(Mile 10.4; 2.4英里; 容易到中等)、Traces(Mile 22.2; 1.7英里; 容易)、Overall Run(Mile 22.2; 6英里; 中等)和White Oak Canyon(Mile 42.6; 4.6英里; 费力)。Hawksbill Mountain Summit(Mile 46.7; 2.1英里; 中等)是公园的最高峰。

美国国铁(Amtrak; www.amtrak.com)每天都有开往夏洛特维尔的火车($35起,2小时45分钟),周三、周五和周六还有从华盛顿特区开往斯汤顿的火车($55起,4小时)。要想充分游览这公园,你最好自驾,I-81州际公路上有好几个通往公园的路口。

在Big Meadows Wayside有一个加油站(Mile 51.2, Skyline Dr)。

出场所。你可以零距离观看表演,勇敢的客人还可以搬着椅子坐到舞台上。

ℹ️ 到达和离开

斯汤顿坐落在I-81旁边,离它与I-64 E的交叉路口不远。美国国铁(见365页)每周有3班开往这里的火车。

列克星敦和罗克布里奇县
(Lexington & Rockbridge County)

在列克星敦能看到南方贵族和他们优雅的举止,还能看到弗吉尼亚军事学院(Virginia Military Institute)的学员们跑步经过久负盛名的华盛顿和李大学(Washington & Lee University)校门口。两名内战将领罗伯特·E.李(Robert E Lee)和斯通威尔·杰克逊(Stonewall Jackson)被埋葬在这里,而列克星敦长期以来一直是内战狂热者最喜欢的一站。如今,你很可能会看到徒步者、骑行者和划船者在附近的蓝岭山脉(Blue Ridge Mountains)探险,他们把列克星敦当作了旅途的出发点。蓝岭风景大道(Blue Ridge Pkwy)和阿巴拉契亚小道(Appalachian Trail)俯瞰着山谷和詹姆斯河(James River)。新开张的酒店、酒吧和餐馆重新激发了这座城市的活力。

👁 景点和活动

弗吉尼亚军事学院 大学
(Virginia Military Institute,简称VMI; www.vmi.edu; Letcher Ave)弗吉尼亚军事学院里秩序井然,喜欢的人立刻肃然起敬,不喜欢的人会非常厌恶。它是唯一一个把整个毕业班全部送到战场上的大学(阵亡学生的墓碑随处可见,令人动容)。弗吉尼亚军事学院博物馆(VMI Museum; ☎540-464-7334; ⊙9:00~17:00)免费 内有"石墙"杰克逊坐骑的标本和一面由越战中被囚禁的校友手工制作的美国国旗,以及对反恐战争中牺牲的本校学生的致敬。

联系博物馆,预约正午出发的带导游的校园免费团队游。全学年大部分时间里每周五16:30有全副武装的队列表演。校内的乔治·马歇尔博物馆(George C Marshall Museum; ☎540-463-2083; www.marshallfoundation.org/museum/; 成人/学生 $5/2; ⊙周二至周六 11:00~16:00)是为纪念马歇尔计划——第二次世界大战后欧洲振兴计划——的提出者而建。

华盛顿和李大学 大学
(Washington & Lee University; ☎540-458-8400; www.wlu.edu)这所美丽而整洁的文理预科学院以乔治·华盛顿和罗伯特·E.李的名字命名,成立于1749年。1796年,乔治·华盛顿以2万美元的捐款拯救了这所年轻的学校。邦联将军罗伯特·E.李在内战结束后担任校长,希望通过教育来统一国家。现在,游客可以沿着醒目的红砖柱廊漫步,并游览李礼拜堂和博物馆(Lee Chapel & Museum; ☎540-458-8768; http://leechapel.wlu.edu; ⊙11月至次年3月 周一至周六 9:00~16:00,周日13:00~16:00,4月至10月 至17:00)。

天然桥州立公园 桥
(Natural Bridge State Park; ☎540-291-1326; www.dcr.virginia.gov; 6477 S Lee Hwy; 成人/6~12岁儿童 $8/6; ⊙8:00至黄昏)我们想要让托马斯·杰斐逊(Thomas Jefferson)为这个新的州立公园写评论,他曾经是这个公园的所有者,并在其《弗吉尼亚杂记》(Notes on Virginia)中这样描述:"从壮景中升起的情绪,不可能在这里以外的地方被感知:一道拱是如此之美、如此之高、如此之轻,又好像登天一般跃起,观察的狂喜实在无法形容!"是的,这里不是一个俗气的旅游陷阱,公园里的一个亮点是215英尺高的石灰岩桥梁。

恐龙王国II 游乐园
(Dinosaur Kingdom II; ☎540-464-2253; www.facebook.com/dinosaurkingdom; 5781 S Lee Hwy, Lexington; 成人/3~12岁儿童 $10/3; ⊙10:00~18:00; 🅿)这个俗气的主题公园是艺术家和创意神童马克·克莱因(Mark Cline)所建造的最古怪的景点之一,它将游客们带到了另一个现实世界:一个森林王国,在内战期间,联盟士兵正试图用等比例的恐龙作为大规模杀伤性武器来对付南方邦联的军队。就连林肯总统也在这里,试图用套索套捕一只飞行的翼龙。用泡沫聚苯乙烯泡沫和玻璃纤维创造出来的作品非常逼真,足以让小孩子们感到惊奇，而那些不同寻常的历史故事也会让牢骚满腹的成年人感到愉悦。

Twin River Outfitters　划独木舟、内胎漂流
(☎540-261-7334; https://canoevirginia.net/; 653 Lowe St, Buchanan; 2小时划船之旅$34起; ◎4月至10月 9:00~17:00)当你沿着新开发的Upper James River Paddling Trail在詹姆斯河上划船或进行内胎漂流时，你可以看到老鹰和鹿。这个装备店由一对孪生兄弟经营。里程和时间各不相同，难易程度也不相同。价格包含穿梭车服务。

Upper James River Water Trail　划独木舟
(www.upperjamesriverwatertrail.com; Botetourt)这条新的划水路线沿着詹姆斯河，穿过蓝岭山脉的山麓，向里士满和海岸延伸。

风景自驾游：弗吉尼亚的养马乡村

在华盛顿以西约40英里的地方，城市完全消失，取而代之的是一望无垠的绿色农场、葡萄园、有趣的村庄、优雅高贵的庄园和小马。这就是所谓的"养马乡村"，即华盛顿的有钱人练习马术的地方。

下列路线是前往仙纳度国家公园（见367页）的公路中景色最美的。从华盛顿出发，沿Rte 50开往西边的**米德尔伯格**（Middleburg），那里有精致可爱的城市、民宿、酒馆、红酒店和精品店。**国家运动图书馆**（National Sporting Library; ☎540-687-6542; www.nationalsporting.org; 102 The Plains Rd; 博物馆 成人/13~18岁儿童 $10/8, 图书馆 免费; ◎周三至周日 10:00~17:00）是一个博物馆兼研究中心，专门研究养马以及猎狐、盛装舞步、障碍赛马和马球等与马有关的户外运动。米德尔伯格东北约20英里处是**利斯堡**（Leesburg），这也是一座有许多古迹、散发着殖民地时期的魅力的城镇。顺路游览**莫尔文公园**（Morven Park; ☎703-777-2414; www.morvenpark.org; 17263 Southern Planter Lane; 园区 免费, 宅邸 团队游 成人/儿童 $10/5; ◎园区 每天 8:00~17:45, 庄园团队游 周六和周日 正午至17:00, 最后发团时间 16:00），参加团队游参观占地1000英亩的弗吉尼亚州庄园。想要更多地体会希腊式风格的壮观建筑，可以去城外的**奥特兰种植园**（Oatlands Plantation; ☎703-777-3174; www.oatlands.org; 20850 Oatlands Plantation Lane; 成人/6~16岁儿童 $15/8, 仅园区$10; ◎4月至12月 周一至周六 10:00~17:00和周日 13:00~17:00, 1月至3月 关闭）。

这一地区有许多诱人的就餐场所。顺路前往利斯伯格的**Shoes Cup & Cork**（☎703-771-7463; www.shoescupandcork.com; 17 N King St; 午餐主菜 $10~18, 晚餐主菜 $11~25; ◎周一至周四 7:00~21:00, 周五 至22:00, 周六 9:00~22:00, 周日 9:00~21:00）享用创意美国菜，或者去**Chimole**（☎703-777-7011; www.facebook.com/CH1MOLE; 10 S King St; 小吃 $8~18; ◎周一至周五 11:00~14:00, 周三和周四 17:00~22:00, 周五和周六 17:00至次日1:00）品尝葡萄酒和拉美式的西班牙小吃（tapas）。米德尔伯格（Middleburg）的**Red Fox Inn & Tavern**（☎540-687-6801; www.redfox.com; 2 E Washington St; 早餐主菜 $12~15, 晚餐主菜 $26~58; ◎周一至周五 8:00~10:00和17:00~21:00, 周六 11:30~14:30和17:00~21:00, 周日 11:30~14:30和17:00~20:00）有一流的美国菜肴，餐厅建筑本身建于1728年，保存完好，非常漂亮。

米德尔伯格以西6英里处的**Welbourne B&B**（☎540-687-3201; www.welbourneinn.com; 22314 Welbourne Farm Lane; 房间 $147; ✱⊜⊛❆）位于一栋院落占地520英亩的历史地标建筑（约建于1770年）中，有5个传统房间。**Leesburg Colonial Inn**（☎703-777-5000; www.theleesburgcolonialinn.com; 19 S King St; 房间$129~179）位于利斯堡中心，地理位置优越，而且价格优势无与伦比。

再往前走，将路过位于蓝岭山脉脚下的**斯伯里维尔**（Sperryville），喜欢古董的人一定要去那里逛逛美术馆和商店。继续往西走9英里，就到了仙纳度国家公园地平线大道的Thornton Gap入口。

🛏 食宿

Georges
精品酒店 $$

(☎540-463-2500; www.thegeorges.com; 11 N Main St; 房间 $205起; P❉🛜) 占据隔Main St相对的两栋历史建筑，有装饰漂亮的房间，每间都有专门设计的高档家具。优越的地理位置、友好的服务和附带的餐馆锦上添花。

Applewood Inn & Llama Trekking
旅馆 $$

(☎540-463-1962; www.applewoodbb.com; 242 Tarn Beck Lane; 房间 $169~175, 小屋 $235起; P❉) 不仅提供住处，还组织一系列户外活动（如店名所示，包括羊驼徒步），地点在距离列克星敦市中心车程10分钟的一个拥有田园风光的山谷里，那里有个农场。

另外要注意，在徒步旅行时，你不能骑羊驼——你们只能像老朋友一样并肩行走，有时它还会向你吐口水。

Blue Sky Bakery
三明治 $

(☎540-463-6546; 125 W Nelson St; 三明治 $8; ⏰周一至周五 10:30~16:00) 当地人的最爱，有可口的佛卡夏三明治、丰盛的汤类和新鲜沙拉。

Red Hen US
南方菜 $$$

(☎540-464-4401; www.redhenlex.com; 11 E Washington St; 主菜 $24~28; ⏰周二至周六 17:00~21:30; 🍴)要想在Red Hen享用一顿难忘的大餐，最好提前预订。富有创意的菜肴用当地的优质原料制成。这里还有鸡尾酒和甜点。

🍷 饮品和娱乐

Taps
酒吧

(☎540-463-2500; www.thegeorges.com; 11 N Main St, Georges; ⏰周一至周四 15:00~23:00,周五和周六 11:00开始营业) 这个舒适的地方位于Georges, 是列克星敦的会客厅，豪华的沙发上或小酒吧里有许多学生、教授和其他当地人。你可以来这里喝精酿啤酒、鸡尾酒，打探一下当地的八卦。简短的酒吧食物菜单也不错。

Hull's Drive-in
电影院

(☎540-463-2621; www.hullsdrivein.com; 2367 N Lee Hwy/US 11; 成人/5~11岁儿童 $7/3; ⏰大门开放 5月至10月 周五和周六 19:00; 🎬)这家汽车电影院在列克星敦以北5.5英里处，要想回忆老式的娱乐，不妨来这儿看场电影。电影在日落后20分钟开场。

ℹ 到达和离开

列克星敦坐落在I-81和I-64的交叉路口。最近的机场是罗阿诺克 布莱克斯堡地区机场（Roanoke-Blacksburg Regional Airport; 见370页），它在列克星敦以南55英里处。斯汤顿附近有一个美国国铁车站（见365页），有开往华盛顿特区的火车，每周3班。

蓝岭高地和弗吉尼亚西南部（Blue Ridge Highlands & Southwest Virginia）

蓝岭高地（Blue Ridge Highlands）和罗阿诺克谷（Roanoke Valley）是该州最美丽的两个地区，在蓝岭山脉和阿勒格尼山脉之间的山谷里点缀着农场。蓝岭风景大道（Blue Ridge Parkway）和阿巴拉契亚小道（Appalachian Trail）横跨群山，山里有风景优美的河流、溪流和湖泊。你常常可以听到古老的山间音乐，而葡萄酒厂和精酿啤酒厂也在小镇和山坡上提供品尝活动。这个地区（和该州）最崎岖的部分是弗吉尼亚州的西南端，那里是山间音乐的诞生地。只要踏上任何一条公路，你就会立刻看到成片的山茱萸、湍急的溪流和奔腾的瀑布。到处插着南部邦联的旗帜，但在强烈的独立精神的背后，是当地人引以为傲的好客之道。

ℹ 到达和当地交通

I-81是这里主要的州际公路，自北向南穿过弗吉尼亚州的西端。蓝岭风景大道与I-81平行，但行驶起来比较缓慢。该地区主要的机场是罗阿诺克-布莱克斯堡地区机场（Roanoke Regional Airport; 见370页）。

罗阿诺克（Roanoke）

背依磨坊山（Mill Mountain）的罗阿诺克是山谷内最大的城市，自诩为"蓝岭的首府"。它靠近蓝岭风景大道和阿巴拉契亚小道，是探索户外活动的一个便利基地。近年来，不断扩张的绿色通道系统、新兴的艺术

行业和一系列新开张的精酿啤酒厂让这座城市充满了活力，也让罗阿诺克从沉寂的城市变成了时尚之地。

◎ 景点和活动

广场中心　　　　　　　　　　公园

（Center in the Square；☎540-342-5700；www.centerinthesquare.org；1 Market Sq；◎周二至周六10:00~17:00，周日13:00起）城市的文化中心，有4个博物馆、1个蝴蝶花园、1个剧院和1个屋顶的观景台。博物馆涵盖了非裔美国人的文化、弹球、科学和当地历史。1楼有6个水族馆。中心通票（成人/儿童 $21/16）包括除罗阿诺克弹球博物馆（Roanoke Pinball Museum）外的所有景点。

哈里森非裔美国文化博物馆　　博物馆

（Harrison Museum of African American Culture；☎540-857-4395；www.harrisonmuseum.com；1 Market Sq；成人/5~17岁儿童；◎周二至周六10:00~17:00，周日13:00起）**免费** 这个博物馆位于广场中心，展示了当地的非裔美国文化及传统和当代的非洲艺术。可持中心通票入场，通票还包括广场中心内的其他博物馆的门票。

罗阿诺克之星和磨坊山公园　　公园

（Roanoke Star &Mill Mountain Park；☎540-853-2236；www.playroanoke.com；2000 JP Fishburn Pkwy）磨坊山公园有许多徒步小径，还有一座探索中心和一座动物园（成人/3~11岁儿童 $9/7），在公园里能够将罗阿诺克尽收眼底。这里还是夜晚照亮城市的罗阿诺克之星的所在地。

陶布曼艺术博物馆　　　　　　博物馆

（Taubman Museum of Art；www.taubmanmuseum.org；110 Salem Ave SE；◎周三至周六10:00~17:00，周日正午至17:00，每月的第三个周四和第一个周五至21:00；P）**免费** 震撼的陶布曼艺术博物馆于2008年建成开馆，建筑为钢筋和玻璃构造，令人想起古根海姆美术馆（Guggenheim Bilbao）。馆内收藏的展品时间跨度为3500年。

Greenways　　　　　　　　户外

（www.roanokeoutside.com/land/greenways/）在跳上你的车，去往下一站的罗阿诺克探险之前，看看这座城市的新绿荫道是否能让你通过漫步或骑行到达目的地吧。

⊨ 食宿

Hotel Roanoke　　　　　　　酒店 $$$

（☎540-985-5900；www.hotelroanoke.com；110 Shenandoah Ave NW；房间 $189~224，套房 $289~414；P@♠☒）这个都铎式的大酒店位于蓝岭山脉上，俯瞰整个城市，已经拥有100年的历史，是一个非常受欢迎的休息地点。楼下的松室（Pine Room）是为那些想要喝烈性酒的人准备的。它现在归属希尔顿（Hilton）。

Local Roots　　　　　　　新派美国菜 $$

（☎540-206-2610；www.localrootsrestaurant.com；1314 Grandin Rd；午餐主菜 $11~14，晚餐主菜 $26~31；◎周二至周六 11:30~14:00和17:00~22:00，周日 11:00~14:30和17:00~21:00）这个受欢迎的"从农场到餐桌"的餐厅提供美味的食物，比如虾和玉米粥、银花鲈鱼，还有城里最好的汉堡。菜单上有很大一部分菜肴都是季节性的。

★Lucky　　　　　　　　　　新派美国菜 $$

（☎540-982-1249；www.eatatlucky.com；18 Kirk Ave SW；主菜 $18~29；◎周一至周三 17:00~21:00，周四至周六 至22:00）有出色的鸡尾酒（试试The Cube）、各式小盘应季菜肴（山核桃木烤乳猪、烤牡蛎等）和丰盛的主菜（脱脂奶炸鸡、羊肚菌和芦笋意大利团子）。Lucky的团队在不远处还经营了一家同样优秀的意大利餐厅Fortunato（www.fortunatorestaurant.com）。

❶ 到达和离开

机场（见370页）位于市中心以北5英里处，有飞往罗阿诺克和仙纳度谷（Shenandoah Valley）地区的飞机。如果你是自驾游，I-81和I-581都通往这座城市。蓝岭风景大道距离市中心只有5英里。

罗杰斯山国家游乐区（Mt Rogers National Recreation Area）

户外运动爱好者应该来这个美丽的地区玩玩。在硬木森林和该州最高峰可以徒步、

钓鱼或越野滑雪。这条33.4英里长的Virginia Creeper Trail穿过游乐区，非常受骑行者的欢迎。如果想要用餐，就在阿宾登或马里恩（Marion）购买野餐或路上吃的东西。自驾是前往步道和露营地的最佳方式。这个小休闲区大致是南北走向，西边是I-81，东面是蓝岭风景大道。田纳西州和北卡罗来纳州的边界就在附近。阿巴拉契亚小道和Virginia Creeper Trail都穿过这里的山脉。

阿宾登（Abingdon）

作为弗吉尼亚州最适合照相的城镇之一，阿宾登的历史区还保留着联邦和维多利亚时代的建筑。长期经营的地区剧院位于市中心，与Virginia Creeper Trail都是该州的最吸引人的景点。这条枝叶繁茂的小道位于古老的铁路路基沿线，深受骑行者和徒步者的欢迎。

⊙ 景点和活动

Heartwood   艺术中心

(☏276-492-2400; www.myswva.org/heartwood; One Heartwood Circle; ⓧ周一至周三、周五和周六 9:00~17:00, 周四 至21:00, 周日 10:00~15:00) 地区工艺品、美味（三明治、沙拉、弗吉尼亚州葡萄酒）和传统音乐的展示场所。周四的夜晚一定要去，届时有蓝草乐队演出和烧烤。

Virginia Creeper Trail   骑车、徒步

(www.vacreepertrail.com) 这条33.4英里长的骑行和徒步小道位于一条古老的铁路轨道沿线，穿过罗杰斯山国家游乐区（Mount Rogers National Recreation Area），连接着葱郁的Whitetop和大马士革，最终到达阿宾登。当地的自行车公司出租自行车并提供接送。

🛏 住宿

Alpine Motel   汽车旅馆 $

(☏276-628-3178; www.alpinemotelabingdon.com; 882 E Main St; 房间 $59~69; ℗✱🛜) 简朴的酒店，性价比高。房间里铺着地毯，有旧电视，可以听到街对面传来的小鸟啁啾。酒店位于镇中心以西约2英里处。

Martha Washington Inn   酒店 $$$

(☏276-628-3161; www.themartha.com; 150 W Main St; 房间/套房 $215/425起; ℗✱@🛜✱) 是本地区首屈一指的历史建筑酒店，维多利亚式的古典风格，有铸铁装饰。前廊的摇椅是一个令人放松的地方。

🍴 餐饮

128 Pecan   新派美国菜 $$

(☏276-698-3159; www.128pecan.com; 128 Pecan St; 午餐主菜 $8~17, 晚餐主菜 $8~23; ⓧ周二至周六 11:00~21:00; 🛜) 这家当地人最爱的

蓝岭风景大道（BLUE RIDGE PARKWAY）

天际线公路（Skyline Dr）的终点就是蓝岭风景大道的起点，这条大道由国家公园管理局管理，风景如画。蓝岭风景大道的0英里处位于阿巴拉契亚山脉南麓的仙纳度国家公园，终点是北卡罗来纳州的大雾山国家公园（Great Smoky Mountains National Park），全长469英里。春季野花怒放，秋季红叶色彩斑斓，但有雾的日子要谨慎开车：公路外缘没有围栏，车速过快容易发生危险。大道沿线有十多个游客中心，你可以从任何一家开始你的旅程。在整个驾驶过程中没有一个交通灯，但几乎可以保证的是，你会看到鹿。一个有用的网站是www.blueridgeparkway.org。

沿着蓝岭风景大道有通往水獭峰（Peaks of Otter; www.peaksofotter.com; Mile 86, Blue Ridge Pkwy; 🅟）的小道。这里有3座山峰：Sharp Top, Flat Top和Harkening Hill。穿梭客车开往Sharp Top山顶，你也可以徒步登顶，但这条路颇有挑战性（往返3英里，环线）。从岩石嶙峋的山顶可以看到蓝岭山脉迷人的风光。一条很短的小道通往附近的约翰逊农场（Johnson Farm），那里在公路修成之前就开始为本地旅馆供应苹果了。

更多信息请访问www.nps.gov/blri。

餐馆，供应美味的三明治、卷饼和丰盛的肉类或海鲜菜肴，店前走廊上有座位。

Rain美国菜 $$$

(☎276-739-2331；www.rainabingdon.com；283 E Main St；午餐主菜 $9~10，晚餐主菜 $22~29；◎周二至周六 11:00~14:00 和 17:00~21:00；🅿)受到阿巴拉契亚美食启发的新派美国菜。烤三文鱼和甜芥末猪排等主菜都非常美味且水平相当稳定，是这里最棒的菜肴。

Wolf Hills Brewing Co自酿小酒馆

(☎276-451-5470；www.wolfhillsbrewing.com；350 Park St；◎周一至周五 17:00~21:00，周六 13:00起，周日 13:00~18:00)这里供应令人满意的微酿啤酒，偶有现场音乐表演。

❶ 到达和离开

阿宾登与弗吉尼亚州和田纳西州边界附近的I-81接壤。这座城市位于华盛顿特区西南366英里，位于北卡罗来纳州的夏洛特西北约180英里。附近的地区机场包括北卡罗来纳州的阿什维尔的阿什维尔地区机场(Asheville Regional Airport)和罗阿诺克的罗阿诺克-布莱克斯堡地区机场(Roanoke-Blacksburg Regional Airport；见370页)。

曲折之路 (The Crooked Road)

苏格兰-爱尔兰的小提琴和苇笛结合了非裔美国人的班卓琴和打击乐，就诞生了美国的山区音乐(或称"昔日"音乐)，乡村音乐和蓝草音乐就是山区音乐的两个种类。后者至今在蓝岭仍很流行。330英里长的曲折之路(Crooked Road；www.myswva.org/tcr)又名弗吉尼亚音乐遗产小道(Virginia's Heritage Music Trail)，沿途有9处与蓝草音乐历史相关的地点，此外还有美丽的山间景色。绕点路，参加欢乐的集会，跟有老有少的蓝草音乐迷们一起跳踢踏舞(有些人就是穿着踢踏舞鞋来的)，这是很值得的。通过观看现场表演，你会感受到老一代人与文化根源深深相连，新生代音乐家继承了传统，且使之焕发了新生并不断传承。顶级活动包括Floyd Country Store 的周五之夜(Friday Nights)和卡特农舍音乐中心(Carter Family Fold；☎276-386-6054；www.carterfamilyfold.org；3449 AP Carter Hwy, Hiltons；成人/6~11岁儿童 $10/2；◎周六 19:30；🅿)的周六之夜。

弗洛伊德 (FLOYD)

隐藏在蓝岭山脉的山麓中，如同明信片图案一样精致可爱的弗洛伊德位于Hwy 8 和Hwy 221的交叉路口，面积很小。事实上，整个县只有这一个亮点。但Floyd Country Store(☎540-745-4563；www.floydcountrystore.com；206 S Locust St；$5；◎周二至周四 10:00~17:00，周五 至22:30，周六 至18:00，周日 11:00~18:00)的周五之夜(Friday Night Jamboree)期间分外热闹。在周围的人行道上，来自四面八方的人们聚集在一起，享受一整晚的老式音乐和欢乐。

🛏 食宿

Oak Haven Lodge旅馆 $

(☎540-745-5716；www.oakhavenlodge.com；323 Webb's Mill Rd, Rte 8；房间/套房 $75/90；🅿 ❄ 🛜)位于弗洛伊德以北1英里处，这个性价比颇高的旅馆有宽敞的房间(有些配有按摩浴缸)，房门通往带摇椅的共用阳台。

Hotel Floyd酒店 $$

(☎540-745-6080；www.hotelfloyd.com；300 Rick Lewis Way；房间 $139，套房 $169~199；🅿 ❄ 🛜 ♿)🌿使用环保材料和家具，是弗吉尼亚州绿色酒店的典范。房间里有当地艺术家的作品装饰。

Oddfella's得克萨斯-墨西哥菜 $$

(☎540-745-3463；www.facebook.com/Oddf3llows；110 N Locust St；午餐主菜 $11~25；◎周三至周六 11:00~21:00，周日 10:30~14:30；🅿 🍴)🌿跳舞跳累了的话，就直奔这家舒适的餐馆。这里的菜肴以得克萨斯州美国风味为主，还有可口的微酿啤酒。名字吗？只要看看门上的标志，就可以看到镇上的3种主要类型的人：嬉皮士、农民和商人。

Dogtown Roadhouse比萨 $$

(☎540-745-6836；www.dogtownroadhouse.com；302 S Locust St；主菜 $8~18；◎周三和周四 16:00~21:00，周五 16:00至午夜，周六 正午

至午夜,周日 正午至21:00)你可能会看到一个当地的农民带着农产品走进这个充满活力的比萨店,那就是这家热闹的比萨店的比萨顶料了。这里是个吃比萨(木火烤制)和喝微酿啤酒的好地方,周五和周六的晚上有现场摇滚乐。

❶ 到达和离开

弗洛伊德位于I-81东南20英里。最近的主要机场是位于它以北50英里的罗阿诺克-布莱克斯堡地区机场(Roanoke-Blacksburg Regional Airport;见370页)。

加莱克斯(GALAX)

虽然看起来就像是一座普普通通的近郊小镇(位列美国《国家史迹名录》),但加莱克斯自称是全世界的山区音乐之都。

🛏 食宿

Fiddlers Roost 小屋 $$

(☏276-236-1212; http://fiddlersroostcabins.com; 485 Fishers Peak Rd;小屋 $120~300;🅿)这里的8间小屋就像是林肯木屋积木玩具。内部装饰非常别致;它们可能不会在《每日壁纸》杂志(Wallpaper)上赢得一席之地,但非常舒适,有燃气壁炉、厨房、电视和DVD播放机。除了蓝色小屋(Cabin on the Blue)外,都含早餐。

Creek Bottom Brewing 自酿小酒馆 $$

(☏276-236-2337; www.cbbrews.com; 307 N Meadow St;主菜 $6~16;⊙周二和周三 11:00~21:00,周四至周六 11:00~22:00,周日 正午至18:00)有不断变化的精酿啤酒,与砖炉比萨和烟熏鸡翅完美搭配。

☆ 娱乐

蓝岭音乐中心 现场音乐

(Blue Ridge Music Center;☏276-236-5309; www.blueridgemusiccenter.net; 700 Foothills Rd, Mile 213 Blue Ridge Pkwy;⊙5月至10月 周末演出)该地区的一个艺术和音乐中心,提供的节目主要是由当地的音乐家表演,他们继承了阿巴拉契亚的音乐传统。

Rex Theater 现场音乐

(☏276-236-0329; www.rextheatergalax.com; 113 E Grayson St)现在这里看上去不过是一个灰蒙蒙的过气美人儿。这里常有蓝草音乐演出,但更简便的办法是周五晚上现场收听WBRF 98.1频道($5)。

❶ 到达和离开

加莱克斯与US 58接壤,位于I-77西南10英里处。罗阿诺克-布莱克斯堡地区机场(Roanoke-Blacksburg Regional Airport;见370页)位于它东北90英里,北侧是I-77和I-81 N。距离蓝岭风景大道10英里。

西弗吉尼亚州 (WEST VIRGINIA)

准备好在崎岖的东海岸探索巍峨的高山了吗?那就把车开到经常被美国人和外国游客忽视的、"荒凉而美好"的西弗吉尼亚州吧。该州似乎无法摆脱负面的形象,这一点对它很不利,因为西弗吉尼亚州其实是联邦最美丽的州之一。这个州拥有连绵不绝的绿色山脉、湍急奔腾的河流和白雪皑皑的滑雪场,是户外活动爱好者的天堂。该州距离华盛顿特区、宾夕法尼亚州的匹兹堡和弗吉尼亚州的里士满都只有几个小时的车程。

西弗吉尼亚州诞生于一次分离运动(该州于南北战争中脱离弗吉尼亚州而成立),因此这儿的居民至今依然认为自己是矿工的贫苦后代——这个观念根深蒂固。但是"山州"(Mountain State)也很优雅,艺术在山谷地区呈现出一派繁荣气象,当你在该州玩腻了户外活动时,可以去那些城镇休整一番。

历史

弗吉尼亚州曾经是美国最大的州,Tidewater的贵族种植园和山脉将之分成两半,后者就是现在的西弗吉尼亚州。山区的居民是来自阿巴拉契亚山脉的农民,他们为了寻找有永久产权的土地而来到这里。因为对东边的同胞和他们依赖廉价劳力(如奴隶)心存不满,所以当弗吉尼亚州在内战期间宣布脱离合众国时,西弗吉尼亚山区的居民也宣布脱离弗吉尼亚州而独立成为一个新的州。

19世纪末20世纪初,西弗吉尼亚人"爱

打架、为了自由不惜任何代价"的形象得到体现：这儿的矿工组成合作联盟，拼死反抗雇主，发生了美国劳工史上最惨烈的战斗。对权威的不屑一顾和"邻里守望"的价值观至今仍是西弗吉尼亚人的特点。

❶ 实用信息

西弗吉尼亚州旅游局（West Virginia Division of Tourism；www.wvtourism.com）在州边界和**哈珀斯费里**（Harpers Ferry；☏304-535-2627；www.discoveritallwv.com；37 Washington Ct；◎9:00~17:00）均设有欢迎中心。通过旅游局的网站www.adventuresinwv.com可以查询该州不计其数的探险游览活动。

❶ 到达和离开

西弗吉尼亚东部狭长地带（Eastern Panhandle）起源于华盛顿特区西北约60英里，很容易从繁忙的都市地区开车前往——除了交通拥堵时。美国国铁和马里兰州通勤火车都在哈珀斯费里的**车站**停车。国家森林和该州的南部地区则需要驾车探索，并且可以从I-81、I-64和I-79的双车道公路上进入山区城镇和公园。尽管里程看起来很短，但这段距离要比在州际公路上行驶花费更长的时间。

西弗吉尼亚东部狭长地带（Eastern Panhandle）

从华盛顿来的话，走山路是进入西弗吉尼亚州的最便捷的方式——该地区位于大华府地区以西70英里处。在这里，内战时代的历史、令人放松的温泉、苍翠繁茂的风景，以及小道和河流上的户外休闲活动，为游客们提供了消磨漫长周末的轻松之选。

棘手的部分是东部的狭长地带，特别是三州交会处——西弗吉尼亚州、弗吉尼亚州和马里兰州——宾夕法尼亚州就在北边。在规划行程的时候，拿出你的地图，看看你是不是已经游览了这个多州地区的所有景点。

哈珀斯费里（Harpers Ferry）

陡峭的鹅卵石街道、背后的仙纳度山脉、奔腾的波托马克河和仙纳度河在这里相遇——时间在这个迷人的小城静止了。下城（lower town）就像一个露天博物馆，你可以步行游览十多所19世纪的房子，感受这个小镇当年的生活。"展品"讲述了该城在西进运动、美国工业和（最有名的）奴隶谈判等历史事件中的地位——最前线。1859年，老约翰·布朗（John Brown）试图煽动奴隶起义，结果被吊死。这件事让南北方的矛盾加剧，由此拉开了内战的序幕。

◎ 景点和活动

哈珀斯费里国家历史公园　　　　公园

（Harpers Ferry National Historic Park；☏304-535-6029；www.nps.gov/hafe；171 Shoreline Dr；每人/每车 $5/10；◎小道 9:00至日落，游客中心 9:00~17:00；Ⓟ）持通票可以游览所有的历史建筑和博物馆。通票可以在哈珀斯费里国家历史公园游客中心（Harpers Ferry National Historic Park Visitor Center；位于城镇北部，紧邻Hwy 340）获得，那里还有停车场和穿梭车。哈珀斯费里的停车位非常有限，所以最好把车停在游客中心，然后搭乘穿梭车前往。这将是一个短暂而美丽的旅程。

约翰·布朗博物馆　　　　博物馆

（John Brown Museum；Shenandoah St；◎9:00~17:00）**免费** 位于Arsenal Sq对面，这座3个展厅的博物馆生动地展示（通过视频和文物）了约翰·布朗的著名反抗活动前后的事件。

黑色之音博物馆　　　　博物馆

（Black Voices；www.nps.gov/hafe；High St；◎9:00~17:00）**免费** 国家公园的一部分，这座博物馆中的互动展览值得一观，展示着非裔美国人从受奴役的时代到民权运动时期经历的苦难和来之不易的胜利。街对面是史多尔学院（Storer College）展区，可以让你大致了解开拓性的教育中心与之后兴起的尼亚加拉运动（Niagara movement）。

Master Armorer's House　　　　古迹

（☏304-535-6029；www.nps.gov/hafe；Shenandoah St；◎9:00~17:00）**免费** 这栋建于1858年的房子是历史区的免费景点之一，展示了当地步枪技术对火器工业的革命性影响。

史多尔学院 古迹

(Storer College Campus; www.nps.gov/hafe; Fillmore St)内战之后立即创办的史多尔学院原来只是为获得自由的奴隶提供教育的一间教室,后来发展成面向所有种族、所有信仰的受人敬重的学院。该学院于1955年天闭。沿通往上城的路前行,路过圣彼得教堂(St Peter's)、杰斐逊岩(Jefferson Rock)和哈珀公墓(Harper Cemetery)后到达这个历史校园,你可以无拘无束地在里面漫步。

C&O运河国家历史公园 骑车、徒步

(C&O Canal National Historic Park; www.nps.gov/choh)这条184.5英里长的纤道沿着马里兰州一侧的波托马克河(Potomac River)延伸。登录www.nps.gov/hafe了解可以进入纤道的地点和自行车租赁公司的名单。

阿巴拉契亚小道保护协会 徒步

(Appalachian Trail Conservancy; ☎304-535-6331; www.appalachiantrail.org; Washington St与Jackson St交叉路口; ◎9:00~17:00)这里是阿巴拉契亚小道的总部,2160英里长的阿巴拉契亚小道适合坚韧不拔的徒步者。小道穿越附近的城镇,徒步者和其他的人可以在这里交谈、获取信息,了解小道最新路况和上洗手间。徒步者休息室有Wi-Fi、一台电脑和一部免费电话——旁边有一个巨大的标志,提醒徒步者给他们的亲人打电话。

O Be Joyfull 徒步

(☎732-801-0381; www.obejoyfull.com; 110 Church St, Thomas Hall at St Peter's Church; 团队游 成人/8~12岁儿童 $34/15)提供令人眼界大开的哈珀斯费里周边日间历史步行游览(持续3~4小时)。

River Riders 探险运动

(☎800-326-7238; www.riverriders.com; 408 Alstadts Hill Rd; ◎6月至8月8:00~18:00,一年中的其他时间 时间不定)组织漂流、划独木舟、皮筏漂流、皮划艇和多日的骑车活动,也出租自行车,还有一条1200英尺高的高空索。

🛏 食宿

HI-Harpers Ferry Hostel 青年旅舍 $

(☎301-834-7652; www.hiusa.org; 19123 Sandy Hook Rd, Knoxville, MD; 铺 $25; ◎5月至11月中旬; P❄@🛜)这家友好的青年旅舍位于马里兰州境内的波托马克河边,距离市中心2英里。提供多种设施,包括厨房、洗衣机和公共区域(有棋盘游戏和书籍)。

Jackson Rose 民宿 $$

(☎304-535-1528; www.thejacksonrose.com; 1167 W Washington St; 房间 工作日/周末 $140/160, 1月和2月 歇业; P❄🛜)18世纪的带花园的砖结构住宅内有3间迷人的客房,内战期间斯通威尔·杰克逊(Stonewall Jackson)曾在其中一间短期居住过。房内随处可见古董家具和古玩,热乎乎的早餐很不错。

Beans in the Belfry 美国菜 $

(☎301-834-7178; www.beansinthebelfry.com; 122 W Potomac St, Brunswick, MD; 三明治 约$7; ◎周一至周四 9:00~21:00, 周五 9:00~22:00, 周六 8:00~22:00, 周日 8:00~19:00; 🛜🐾)河对面(东边约10英里之外)是马里兰州的布伦瑞克(Brunswick),餐馆所在的红砖建筑前身是个教堂,店内放着不成套的沙发,墙上贴着各种奇特的图案。出售简单的食物,有些夜晚,迷你舞台上有乐队现场表演民谣、布鲁斯和蓝草音乐。周日的爵士乐早午餐($18)非常好。

Anvil 美国菜 $$

(☎304-535-2582; www.anvilrestaurant.com; 1290 W Washington St; 主菜 $11~28; ◎周三至周日 11:00~21:00)一间优雅的联邦风格餐厅,这里用蜂蜜核桃黄油烹饪的当地鲑鱼非常美味。

ℹ 到达和离开

美国国铁(www.amtrak.com)的火车沿国会特快号列车(Capitol Limited)线路从**哈珀斯费里车站**(Harpers Ferry Station; www.amtrak.com; Potomac St和Shenandoah St)开往华盛顿的联合车站(每天1班, 90分钟)。MARC火车(http://mta.maryland.gov; 单程 $11)周一至周五每天3班,沿布伦瑞克线(Brunswick Line)行驶。

伯克利斯普林斯（Berkeley Springs）

🏃 活动

伯克利斯普林斯州立公园
水疗

（Berkeley Springs State Park；☏304-258-2711；www.berkeleyspringssp.com；2 S Washington St；30分钟洗浴 $27, 1小时按摩 $99~111；◉10:00~18:00）不要让伯克利斯普林斯州立公园的罗马浴场的更衣室的外观把你吓跑。室内光线昏暗，四壁贴着瓷砖，但它是城里最便宜的水疗馆，你还可以预订这里的按摩服务（自带瓶子，在门外的喷泉那里接满具有魔力的矿泉水）。夏季时，孩子们会喜欢装满泉水（仍然含氯）的户外泳池（成人/12岁以下儿童 $5/3；◉10:00~18:00）。

🛏 食宿

卡凯庞州度假立公园
小屋 $

（Cacapon Resort State Park；☏304-258-1022；www.cacaponresort.com/；818 Cacapon Lodge Dr；房间 $154起）位于伯克利斯普林斯以南9英里处（紧邻US 522公路）一个安静的树林内，有简易的木屋住处，也有现代而朴素的小屋（部分带壁炉）。

Country Inn of Berkeley Springs
酒店 $$

（☏304-258-1200；www.thecountryinnwv.com；110 S Washington St；房间/套房 $119/199 起；ⓟ❋⏏）就在公园隔壁，提供豪华食宿套餐。有个方便就餐的餐馆。

Tari's
创意菜 $$

（☏304-258-1196；www.tariscafe.com；33 N Washington St；午餐主菜 $9~14，晚餐主菜 $20~29；◉周一至周六 11:00~21:00，周日至 19:00；☏）🍴非常有伯克利斯普林斯的特点：氛围悠闲，本地产食物新鲜，素食种类丰富，因此回头客很多。

ℹ 到达和离开

伯克利斯普林斯位于I-95以西40英里。距离华盛顿特区约90分钟的车程。

莫农加希拉国家森林（Monongahela National Forest）

从地图上看，西弗吉尼亚州的整个东部几乎都属于这个国家森林，可想而知，它有多么壮观。莫农加希拉国家森林占地1400平方英里，林中有原始的河流、洞沟和该州的最高峰**斯普鲁斯峰**（Spruce Knob）。小道总长度超过850英里，包括124英里长、适合徒步及背包客自助游的**阿勒格尼小道**（Allegheny Trail）和75英里长的**绿蔷薇河小道**（Greenbrier River Trail）。

位于森林西部边缘的**艾尔金斯**（Elkins）很适合作为大本营。**Snowshoe Mountain Resort**（☏877-441-4386；www.snowshoemtn.com；10 Snowshoe Dr；❋）坐落在 Cheat Mountain顶端，南侧是另一个不错的地点。

艾尔金斯东南方向35英里之外的**塞内卡岩**（Seneca Rocks）高900英尺，景色奇幻，吸引了许多攀岩者。

👁 景点

蔓越莓山自然中心
博物馆

（Cranberry Mountain Nature Center；☏304-653-4826；www.fs.usda.gov；Hwys 150和 Hwy39/55交叉路口；◉4月中旬至10月中旬 周四至周一 9:00~16:30）挂在墙上的动物粪便展览非常引人注目，就像在森林南端的自然中心里活生生的蛇一样。中心至2017年已经开放了50年，这里提供关于莫农加希拉国家森林以及其周边750英亩沼泽生态系统的科学信息。

黑水瀑布州立公园
州立公园

（Blackwater Falls State Park；☏304-259-5216；www.blackwaterfalls.com；1584 Blackwater Lodge Rd）**免费** 这里的瀑布飞流直下，落入被红云杉、山胡桃树和铁杉树环绕的8英里长的峡谷。这里有很多徒步选择；寻找 Pendleton Point Overlook，它就坐落在迦南谷（Canaan Valley）最深、最宽的地方。

🛏 食宿

在国家森林里，有23个露营地横跨6个不

同的地区，所以选择你想要游览的地区，然后出发吧。在两个区里有分散的露营地，在绿蔷薇区（Greenbrier District）还有小屋。如果想要寻找更加舒适的住宿地点，埃尔金斯（Elkins）有6家酒店。Snowshoe有一系列的选择，从简单的公寓到豪华的小屋都有。

Seneca Shadows Campground 露营地 $

（☎877-444-6777；www.recreation.gov；露营地 $17~50；◎4月至10月）这个绿树成荫的露营地被群山环绕，可以看到攀岩地点塞内卡岩（Seneca Rocks），有野餐桌、火坑和抽水马桶。

Vintage 新派美国菜 $$

（☎304-636-0808；www.vintageelkins.com；25 Ran-dolph Ave, Elkins；主菜 $15~33；◎周一至周四 11:00~22:00，周五和周六 至23:00，周日 至21:00）在徒步旅行一天后，这里是一个品尝木烤比萨和葡萄酒的好地方。

❶ 到达和离开

探索这个偏远而崎岖的地区，你将需要一辆汽车。埃尔金斯距离匹兹堡155英里。Snowshoe距离华盛顿特区230英里。

西弗吉尼亚州南部（Southern West Virginia）

西弗吉尼亚州南部或许是东部海岸地区的极限运动之都，有狂野的激流漂流、很棒的山地自行车骑行、许多阴凉的小道，还有迷人的小镇。奢华的绿蔷薇度假村吸引了大量的富豪和高尔夫玩家。

新河峡谷国家河流风景区（New River Gorge National River）

虽然叫"新河"，但它其实是全世界最古老的河流之一，流经被原始森林覆盖的峡谷，拥有阿巴拉契亚山脉最壮美的景色之一。国家公园管理局管理的新河河段长度超过50英里，落差达750英尺，北端有5级激流。

峡谷边缘游客中心（Canyon Rim visitor center；☎304-574-2115；www.nps.gov/neri；162 Visitor Center Rd Lansing, WV, GPS 38.07003 N, 81.07583 W；◎9:00~17:00；🅿）🍴 在美丽的峡谷桥北头，是国家公园管理局在河边设立的4个游客中心之一，提供观景自驾（包括前往废弃的矿业城镇Nuttallburg的一个路段）、河流运动装备、峡谷攀岩、徒步和骑山地车等方面的信息，北边的Gauley河还有激流漂流活动。在秋季大坝泄洪时，Gauley河漂流是美国最令人兴奋的激浪探险之一。峡谷边缘和山谷小道都有美丽的风景。在游客中心后面短短的小道上，可以看到一座景色壮观的桥梁。这里有几个免费的简陋露营地。

◉ 景点和活动

Hawks Nest State Park 州立公园

（鹰巢州立公园；☎304-658-5212；www.hawksnestsp.com；49 Hawks Nest Park Rd；度假屋 房间/套房 $124/151起）**免费** 这里有徒步小道、自然中心和空中缆车（5月至10月开放；成人/儿童 $7/5）。空中缆车从度假屋向下到达河流边缘。舒适的房间可以看到河谷惊人的美景。

巴布科克州立公园 州立公园

（Babcock State Park；☎304-438-3004；www.babcocksp.com；486 Babcock Rd；小屋 $66~223，露营地 $25~28）巴布科克州立公园可以徒步、划独木舟、骑马、露营，还有小屋可供住宿。公园的亮点是适合拍照的Glade Creek Grist Mill。

神秘洞 博物馆

（Mystery Hole；☎304658-9101；www.mysteryhole.com；16724 Midland Trail, Ansted；成人/儿童 $7/6；◎6月至10月 10:30~17:30）是有趣的美国路边景点之一，颠覆了重力理论，并让你知道黏度是无限的。这个屋子里的所有东西都是倾斜的！

Adventures on the Gorge 探险

（☎855-379-8738；www.adventuresonthegorge.com；219 Chestnutburg Rd, Lansing；小屋 $89起）著名的Adventures on the Gorge提供各种各样的活动，包括激浪漂流、高空滑索和绳索下降等。它还有各种各样的小木屋（一些带有按摩浴缸）和几家受欢迎的餐馆，其中包括峡谷边缘附近的Smokey's Steakhouse（主菜 $18~36）。

Bridgewalk 徒步

(☎304-574-1300; www.bridgewalk.com; 每人 $69; ⓒ10:00~15:00)参加这里的导览游, 你将可以从著名的桥下面的狭窄过道上看到新河峡谷的野性的一面。

❶ 到达和离开

在西弗吉尼亚州的查尔斯顿以北70英里处有一个机场。美国国铁(Amtrak; www.amtrak.com)在公园里的3个站点停车, 包括位于费耶特维尔以南23英里处的Prince Depot。灰狗巴士(Greyhound; www.greyhound.com)在贝克力(Beckley; 360 Prince St)停车。

费耶特维尔 (Fayetteville)

去新河追求刺激的人把四面环山的弹丸小镇费耶特维尔作为落脚点。

◉ 景点和活动

贝克力煤矿展 煤矿

(Beckley Exhibition Coal Mine; ☎304-256-1747; www.beckley.org/general-information-coal-mine; 513 Ewart Ave, Beckley; 成人/儿童 $20/12; ⓒ4月至10月 10:00~18:00)这个煤矿位于贝克力, 是一个博物馆, 展示了本地区的采煤历史。游客可以乘坐火车下降1500英尺, 进入一个废弃煤矿的矿井, 观看有关采煤生活的展览, 探索露营小镇村。

Cantrell Ultimate Rafting 漂流

(☎304-877-8235; www.cantrellultimaterafting.com; 49 Cantrell Dr; 高利河下游/上游漂流 $130/144起)在这个地区众多拥有州许可的漂流机构中, Cantrell Ultimate Rafting因其激浪漂流而拔得头筹。

Long Point Trail 徒步

(www.nps.gov/neri/planyourvisit/longpoint_trail.htm; Newtown Rd, Fayetteville)这条小路往返只有3英里多的路程, 沿途可以看到新河峡谷和新河峡大桥的景观。

New River Bikes 骑车

(☎304-574-2453; www.newriverbikes.com; 221 N Court St; 自行车出租 每天 $35, 团队游 $79~110; ⓒ周一至周五 10:00~18:00, 周六 至16:00)该地区非常适合骑山地自行车, 你可以沿着箭头指示的小道(Arrowhead Trails)骑行。

🛏 食宿

River Rock Retreat Hostel 青年旅舍 $

(☎304-574-0394; www.riverrockretreatandhostel.com; Lansing-Edmond Rd; 铺 $23; P ❄)在新河峡谷桥北侧, 两者相距不到1英里, 客房简单而干净, 公共区域很宽敞。老板Joy Marr经营有方且对当地了如指掌。

Cathedral Café 咖啡馆 $

(☎304-574-0202; www.facebook.com/cathedralcafe; 134 S Court St; 午餐主菜 $8~9, 晚餐主菜 $11~14; ⓒ周日至周四 7:30~16:00, 周五和周六 至21:00; 🛜☑)你可以坐在这家咖啡馆的彩色玻璃窗下, 以早餐和咖啡开始美好的一天。

❶ 到达和离开

美国国铁(Amtrak; www.amtrak.com)于周三、周五和周六在**Prince Depot**(www.amtrak.com; 5034 Stanaford Rd)停靠。Prince Depot位于费耶特维尔以南23英里处, 在通往纽约市、华盛顿特区和芝加哥的Cardinal线路上。这是一个相当偏远的地方, 而且当地没有租车公司。你需要安排一个朋友或出租车来接你。

南 部

包括 ➡

北卡罗来纳州	381
南卡罗来纳州	405
田纳西州	417
孟菲斯	418
纳什维尔	427
肯塔基州	440
路易斯维尔	440
佐治亚州	448
亚特兰大	449
亚拉巴马州	470
密西西比州	477
阿肯色州	484
新奥尔良	493

最佳住宿

- Peche Seafood Grill（见504页）
- Hattie B's（见433页）
- Dish Dive（见457页）
- Edmund's Oast（见410页）

最佳住宿

- Bunn House（见401页）
- Urban Oasis B&B（见455页）
- Crash Pad（见437页）
- 21c Museum Hotel（见442页）

为何去

毫无疑问，南部凭其独特的美食、景色、口音、文学、音乐，以及这一切的依托——既悠久美丽也不乏野蛮血腥的历史，成为美国首个拥有鲜明文化和地理特色的区域。

南部始于肯塔基州和田纳西州的花岗岩林地，继而深入崎岖的山峦地带和茂密的丛林，随后，河流水体——包括北美最大的河流密西西比河——浸润着这片土地，造就了污水横流的泥泞之地和被阳光烤晒着的沼泽，最终汇入大西洋和墨西哥湾的咸水之中。当地居民自然对这片水土相当依恋，他们所居住的城市也深受本国文化的影响：从汗流浃背的黑人的聚居地查尔斯顿和新奥尔良，到兼收并蓄的亚特兰大，均为明证。

何时去

新奥尔良

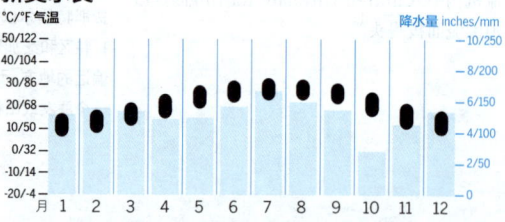

11月至次年2月 南部的冬天通常很温和，圣诞节是这段时间里最重要的事。

4月至6月 温暖的春季，植被茂盛，茉莉花、栀子花和晚香玉芬芳盛开。

7月至9月 潮湿的夏季让人觉得不太舒服，当地人会前往海滩度假。

北卡罗来纳州
(NORTH CAROLINA)

在快速发展的"焦油脚州"(Tar Heel State),保守的"老南方"与自由的"新南方"在政治上一决高下,时尚人士、养猪的农场主、高科技公司的青年才俊和不断涌现的精酿啤酒商和谐共存。从西部的古老山脉到东部大西洋的堰洲岛,许多地区千差万别的文化和社区同生共长。

农业是北卡罗来纳州的经济支柱,52,218个农场遍布各地,烟草产量位居全国第一,生猪产量列居全国第二。同时,新科技也不断推动经济发展,仅科研金三角园区(Research Triangle Park)就有200多家公司。该州的其他重要产业包括金融、纳米技术和圣诞树,精酿啤酒也创造了超过20亿美元的经济产值。

快来吧,吃着烤肉,喝上一杯当地啤酒,看杜克大学蓝魔队(Duke Blue Devils)和北卡罗来纳大学焦油脚篮球队(Carolina Tar Heels)在篮球场上一决高下——篮球对于北卡罗来纳人有着致命的吸引力。

历史

早在一万年前,美洲原住民就生活在北卡罗来纳的土地上,主要的原住部族有山区的切罗基族(Cherokee)、皮德蒙特高原的卡托巴族(Catawba)和沿海平原的沃卡莫族(Waccamaw)。

北卡罗来纳是英国建立的第二个殖民地,为纪念国王查理一世(King Charles I,在拉丁语中写作Carolus)而得名,不过,它却是第一个投票脱离英国从而独立的殖民地。美国独立战争期间的几次重大战役都发生在这里。

整个19世纪,北卡罗来纳州都以农业为主,发展缓慢沉寂,被戏称为"瑞普·凡·温克尔之州"(瑞普·凡·温克尔是小说人物,故事中的他沉睡了20年)。北卡罗来纳州因奴隶制问题导致了分裂(大多数居民因为贫穷而无力蓄奴),于南北战争期间最后一个宣布退出联邦,但北卡罗来纳州籍的军人在南部邦联各州中数量最多。

20世纪中期,格林斯博罗(Greensboro)发生了引起广泛关注的午餐柜台静坐抗议活动,在罗利(Raleigh)成立了影响深远的学生非暴力协调委员会(Student Nonviolent Coordinating Committee,简称SNCC),使北卡罗来纳州成为民权运动的风起云涌之地。20世纪后半叶,夏洛特(Charlotte)的金融业和罗利—杜伦(Raleigh-Durham)地区的科技与制药业取得蓬勃发展,使得人口大规模增长,整个地区的文化更加多样化。

近来,北卡罗来纳州在2016年通过了臭名昭著的"厕所法案",禁止跨性别人士按照其"心理性别"选择公用厕所,因而再次深陷歧视和社会问题的困境。据不完全统计,此举对该州造成了约$6.3亿的经济损失[NBA将年度全明星赛移师新奥尔良,全国大学生体育协会(NCAA)也将2016年和2017年的所有比赛撤离该州]。相较于该州$5100亿的本地生产总值,损失虽然不大,但也不是一笔小数目了。2017年春天,即该法案签署生效仅仅一年之后,州长罗伊·库珀(Roy Cooper)便立即签署了废除法案。

北卡罗来纳海岸
(North Carolina Coast)

北卡罗来纳的海岸线绵延不过300英里。但引人注目的是,这些海岸仍然保持着原始状态,在海岸公路上常常能眺望到海滩美景。村舍的围墙从科罗拉(Corolla)向南延伸至基蒂霍克(Kitty Hawk),看上去好像没有尽头一样,大部分地区都没有高度商业化的浮华度假区。相反,你会看到犬牙交错、海风呼啸的堰洲岛,还会邂逅曾饱受海盗侵扰的殖民时期村庄,悠闲的海滩小镇上到处是当地人开的冰激凌店和小型汽车旅馆,即使游人最多的沙滩也有一种小城镇的氛围。

如果你想要独处,就去与世隔绝的外滩群岛(Outer Banks),那里的渔民仍然以捕鱼为生,上年纪的当地人操着一种古老的英国口音。再往南,影视制作中心威尔明顿(Wilmington)及其周围的海滩很受当地人和游客的欢迎。

❶ 到达和离开

离弗吉尼亚州的外滩群岛最近的商用机场是外滩群岛以北82英里处的诺福克国际机场

南部亮点

① **新奥尔良**（见493页）在美国最欢乐的城市里放飞自我。

② **大雾山国家公园**（见403页）在南部最壮丽的风景中远足。

③ **纳什维尔**（见427页）在 Lower Broadway 街边林立的小酒馆里随着音乐起舞。

④ **外滩群岛**（见384页）驾车沿贯穿北卡罗来纳州的12号公路行驶。

⑤ **查尔斯顿**（见406页）参观南北战争前的豪宅，品尝南卡罗来

纳低地的风味美食。

⑥ **伯明翰民权协会**(见471页)了解种族隔离和民权运动。

⑦ **欧扎克山脉**(见489页)探索洞穴、山川、河流、森林和音乐。

⑧ **萨凡纳**(见464页)着迷于这里的恐怖故事或浪漫情怀,感受南方人的热情好客。

⑨ **拉斐特**(见512页)享用美味佳肴,聆听动人音乐。

⑩ **亚特兰大**(见449页)醉心于南部最大、最多元化的城市。

(Norfolk International Airport；见346页)，北卡罗来纳州的罗利－杜伦国际机场（Raleigh-Durham International Airport；见394页）则位于外滩群岛以西192英里处。渡轮可从哈特拉斯岛、雪松岛（Cedar Island）及主岛的天鹅区（Swan Quarte）出发，前往外滩群岛中较为偏远的奥克拉科克岛。

威尔明顿有**威尔明顿国际机场**（Wilmington International Airport；ILM；☎910-341-4125；www.flyilm.com；1740 Airport Blvd）。

外滩群岛（Outer Banks）

外滩群岛（Outer Banks，简称OBX）脆弱的沙带沿海岸延伸100英里，峡湾和水路将其与内陆隔绝。从北到南，桥梁和轮渡连接起博迪岛（Bodie，发音同"Body"）、罗亚诺克岛（Roanoke）、哈特拉斯岛（Hatteras）和奥克拉科克岛（Ocracoke）等本质上是大片沙洲的堰洲岛。北部偏远的**科罗拉**（Corolla，发音同kur-all-ah，而不像car）、**达克**（Duck）和**北卡罗来纳南海岸**（Southern Shores）等地区从前是东北部有钱人的野鸭狩猎地，如今安静且高档。博迪岛上几个相邻的小镇**基蒂霍克**、**除魔山**（Kill Devil Hills）和纳格斯黑德都已高度开发，更加平民化，有卖炸鱼的摊档、销售啤酒的窗口、汽车旅馆以及众多出售凉鞋和防晒霜的商店。博迪岛西面的**罗亚诺克岛**以殖民地历史和古香古色的水边小镇**曼提欧**（Manteo）而闻名。继续向南，**哈特拉斯岛**是受保护的国家海岸，有几个小村庄，海风呼啸，散发着一种荒凉之美。在外滩群岛南端的**奥克拉科克岛**上，经验丰富的老水手剥着牡蛎、织着吊床，只有乘坐渡轮才能上岛。

◉ 景点

158号公路最北端的城镇科罗拉以野马而闻名，这些西班牙殖民地时期野马的后代漫游在北边的沙丘间，许多商业组织机构都组织出游寻找它们。地形狭长的哈特拉斯角国家海岸风景区（Cape Hatteras National Seashore）零星点缀着几个村庄，还矗立着几座醒目的灯塔。蜿蜒的12号公路连接着外滩群岛的大部分地区，也是外滩群岛国家风景大道（Outer Band National Scenic Byway和其21个沿海村庄）的一部分，是美国最美的公路之一，无论是在荒凉绝美的冬季，还是阳光明媚的夏季，驾车行驶在这里的路上都是一种享受。若想在外滩群岛的海滩上或哈特拉斯角国家海岸风景区内驾车，则需要越野车（ORVs）许可证（$25~50）。详情请见www.outerbanks.org/plan-your-trip/beaches/driving-on-beach。

鲸头鹳俱乐部 历史建筑

（Whalehead Club；☎252-453-9040；www.visitcurrituck.com；1160 Village Lane, Corolla；成人/6~12岁儿童 $7/5；⊙团队游 周一至周六

在南部

1周

乘飞机前往新奥尔良（见493页），先去著名的法国区漫步，剩下的时间就用来拥抱新奥尔良的爵士音乐史，入夜后找个地方跳柴迪科舞。然后，沿着蜿蜒的公路向北穿过沉闷的三角洲，在克拉克戴尔的小酒吧里度过一个迷人的蓝调之夜，再前往孟菲斯（见418页），在雅园（见421页）重温"猫王"的往昔岁月。从这里沿着音乐之路前往纳什维尔（见427页），在乡村音乐名人堂和博物馆（见427页）亲眼看一看"猫王"的金色凯迪拉克车，然后在District的乡村音乐俱乐部跳跳队列舞。

2~3周

从纳什维尔出发向东，在大雾山国家公园（见403页）陡峭的山峰和瀑布间徒步，然后在富有艺术气息的山城阿什维尔（见400页）休整一夜，参观美国最大的私邸——奢华的比特摩尔庄园（见400页）。随后径直来到外滩群岛荒凉的堰洲岛，懒洋洋地躺在沙滩上，接着沿海岸前往查尔斯顿（见406页），享用美食，在欣赏美丽的建筑后结束行程。

10:00~16:00，随季节而变化）这座葵黄色的新艺术风格建筑建于20世纪20年代，最初是费城实业家的狩猎"别墅"，如今则是科罗拉村科里塔克遗产公园（Currituck Heritage Park）的中心。

科里塔克海滩灯塔　　　灯塔

（Currituck Beach Lighthouse；www.currituckbeachlight.com；1101 Corolla Village Rd, Corolla；成人/8岁以下儿童 $10/免费；☉3月下旬至11月 9:00~17:00）这座红砖灯塔现仍在使用中，登顶需爬220级台阶。

莱特兄弟国家纪念碑　　　公园、博物馆

（Wright Brothers National Memorial；✆252-473-2111；www.nps.gov/wrbr；1000 North Croatan Hwy, Kitty Hawk；成人/16岁以下儿童 $7/免费；☉9:00~17:00）1903年12月17日，自学成才的工程师莱特兄弟威尔伯（Wilbur）和奥维尔（Orville）成功地试飞了世界上第一架飞机（飞行持续了12秒）。如今一块圆石标记了当年飞机起飞的地点。爬上附近的一座小山（莱特兄弟早期的滑行试验就是在这里进行的），澎湃的大海将带给你视觉和听觉上的震撼体验。此处的莱特兄弟游客中心经过全面翻新后在2018年夏季重新开放，内有一架1903年的飞机复制品及其他展品。

罗利堡国家历史遗址　　　历史建筑

（Fort Raleigh National Historic Site；www.nps.gov/fora；1401 National Park Dr, Manteo；☉庭院 黎明至黄昏）16世纪80年代末——也就是英国清教徒在普利茅斯岩（Plymouth Rock）登陆之前30年，生活在罗亚诺克岛（Roanoke Island）的116名英国殖民者消失得无影无踪。他们是因干旱而亡？还是与美国原住民部落一起逃离了？"失落的殖民地"至今仍然是美国历史上的谜团之一。可在游客中心了解这一未解之谜。

深受喜爱的音乐剧失落的殖民地户外剧（Lost Colony Outdoor Drama；✆252-473-6000；www.thelostcolony.org；1409 National Park Dr, Manteo；成人/儿童 $20/10起；☉5月末至8月中旬 周一至周六 19:45）每年5月末至8月上演，是遗址的明星节目之一。该剧由普利策奖得主、北卡罗来纳州剧作家保罗·格林（Paul Green）创作，再现了当年殖民者的命运，2017年是这部剧首演80周年。整个夏天该剧都在水边剧场（Waterside Theater）上演。此外，游客中心有展览、文物、地图和一部17分钟的免费影片，能让你尽情发挥想象。16世纪风格的伊丽莎白花园（Elizabethan Gardens；✆252-473-3234；www.elizabethangardens.org；1411 National Park Dr, Manteo；成人/6~17岁儿童 $9/6；☉6月至8月 9:00~19:00，9月至次年5月 营业时间缩短）中有一个莎士比亚风格的香草花园和几排经过精心修剪的花圃。入口处矗立着一尊威风凛凛的伊丽莎白一世女王雕塑，仿佛守护着花园。

哈特拉斯角国家海岸风景区　　　群岛

（Cape Hatteras National Seashore；✆252-475-9000；www.nps.gov/caha）哈特拉斯角绵延70多英里，从纳格斯黑德南部到奥克拉科克岛南端。值得庆幸的是，这一连串环境脆弱的海岛尚未遭遇过度开发。自然景观包括当地和迁徙而来的水鸟，以及沼泽、林地、沙丘和绵延数英里的荒芜沙滩。

博迪岛灯塔　　　灯塔

（Bodie Island Lighthouse；✆255-473-2111；Bodie Island Lighthouse Rd, Nags Head；博物馆免费，团队游成人/11岁以下儿童 $8/4；☉游客中心 9:00~17:00，灯塔4月末至10月初 至16:30；♿）这座灯塔建于1872年，于2013年对游客开放，非常上镜。塔高156英尺，仍然保留着原来的菲涅耳透镜（Fresnel lens），极为罕见。只需攀登200多级台阶就可到达灯塔顶部。看塔人的旧居现已被改造成游客中心。

皮岛国家野生动物保护区　　　野生动物保护区

（Pea Island National Wildlife Refuge；✆252-987-2394；www.fws.gov/refuge/pea_island；Hwy 12, Rodanthe；☉游客中心 9:00~16:00，小径黎明至黄昏）这座占地5834英亩（仅陆地部分）的保护区位于哈特拉斯岛的北端，是观鸟的绝佳地点，保护区内有两条天然小径（都方便残疾人通行）和总长13英里未被破坏的海滩，供记录在册的365个物种栖居生长。游客中心内的观察望远镜可将毗邻的水塘尽收眼底。

哈特拉斯角灯塔 灯塔

（Cape Hatteras Lighthouse；☎252-475-9000；www.nps.gov/caha；46368 Lighthouse Rd, Buxton；登塔团队游 成人/12岁以下儿童 $8/4；◉游客中心 9:00~17:00，灯塔4月中至10月初至16:30）这座黑白条纹的灯塔高208英尺，非常醒目，是美国最高的砖结构灯塔，也是北卡罗来纳州最具代表性的景观之一。你可以顺着257级台阶登上塔顶，然后再去位于看塔人旧居内的海洋博物馆（Museum of the Sea）参观有关当地历史的有趣展览。

大西洋墓地博物馆 博物馆

（Graveyard of the Atlantic Museum；☎252-986-2995；www.graveyardoftheatlantic.com；59200 Museum Dr, Hattaras；◉10:00~16:00）**免费** 这家航海博物馆位于道路的尽头，馆内陈列着有关沉船、海盗和船只救援等方面的展品。迄今为止，外滩群岛沿海有2000多艘沉船。据展览介绍，2006年一个集装箱被冲到Frisco附近的海岸，成千上万袋多力多滋（Doritos，玉米片）散落一地。

🚶 活动

Kitty Hawk Kites 探险运动

（☎252-441-6800；www.kittyhawk.com；3933 S Croatan Hwy, Jockey's Ridge Crossing, Nags Head；租赁自行车 每天$15，皮划艇 $39~59，站立式冲浪板$59~69）开业超过30年了，在外滩群岛海岸沿线设有几家分店，在Rodanthe为初学者提供风筝冲浪课程（5小时$400），并在Jockey's Ridge州立公园（Jockey's Ridge State Park）教授悬挂式滑翔（$109起）。它还出租皮划艇、帆船、站立式冲浪板、自行车和直排溜冰鞋。

Corolla Outback Adventures 团队游

（☎252-453-4484；www.corollaoutback.com；1150 Ocean Trail, Corolla；2小时团队游 成人/13岁以下儿童 $50/25）老板杰伊·本德（Jay Bender）的家族是科罗拉最早提供导游服务的，他本人了解当地历史和马匹。团队游带你沿海滩行驶，穿越沙丘去观看在外滩群岛北部漫游的野马。

🛏 住宿

Breakwater Inn 汽车旅馆 $$

（☎252-986-2565；www.breakwaterhatteras.com；57896 Hwy 12, Hattaras；房间/套房 $179/213起，汽车旅馆房间 $117起；P ❄ 🛜 🐾）这家3层的木瓦顶小酒店位于公路的尽头，看上去还不错。房间带小厨房和能听涛看海的私人露台。想要便宜的房间？不妨试试以前的"渔民宿舍"，配有微波炉和冰箱。

Shutters on the Banks 酒店 $$

（☎252-441-5581；www.shuttersonthebanks.com；405 S Virginia Dare Trail；房间 $69~269；P ❄ 🛜 🏊）这家令人愉悦的海滨酒店正处于除魔山中心地段，时尚明快，色彩缤纷。诱人的房间带有百叶窗、色彩亮丽的艺术品、平板电视、电冰箱和微波炉。

Sanderling Resort & Spa 度假村 $$$

（☎252-261-4111；www.sanderling-resort.com；1461 Duck Rd, Duck；房间 $160~599，套房 $599~750；P ❄ 🛜 🏊）刚刚翻修的房间为奢华的度假村增添了时尚元素。或许应该称之为"运动时尚风"？没错，如今度假村推出了日出海滩瑜伽项目。装饰水平无可挑剔，房间所带的阳台更是凭海临风、听海浪拍岸的好去处。

🍴 餐饮

John's Drive-In 海鲜、冰激凌 $

（www.johnsdrivein.com；3716 N Virginia Dare Trail, Kitty Hawk；主菜 $2.25~9.50；◉周四至周二 11:00~17:00）这家基蒂霍克餐厅以一流的油炸鲯鳅鱼（mahi-mahi）著称，在户外的野餐桌旁就餐，还可从数百种口味的奶昔中选出一种佐餐。

★ Kill Devil Grill 海鲜、美国菜 $$

（☎252-449-8181；www.thekilldevilgrill.com；2008 S Virginia Dare Trail, Kill Devil Hills；午餐$7~13，晚餐$10~22；◉周二至周四 11:30~21:00，周五和周六 至22:00）这个地方非常不错，还拥有悠久的历史——入口是一个1939年的小餐馆，已经被列入国家历史古迹名录（National Register of Historic Places）。小酒馆的美食和海鲜非常可口，分量十足。可以品尝一些特色菜，看看厨房的真正实力。

★ Blue Moon Beach Grill　　海鲜、三明治 $$

（☏252-261-2583；www.bluemoonbeachgrill.com；4104 S Virginia Dare Trail, Nags Head；主菜$10~29；⏰11:30~21:00）为炸薯条写首赞美诗是否太夸张了？但是的确，这家热门餐厅的微辣薯条简直美味得可以写进十四行诗和独白诗句里。更别提培根生菜番茄三明治了——夹着烤鲯鳅鱼、果木培根和本地的科里塔克番茄，还有墨西哥辣椒蛋黄酱。

❶ 实用信息

各大游客中心是最好的信息源，许多较小的游客中心季节性开放。www.outerbanks.org也很有帮助。

Aycock Brown欢迎中心（Aycock Brown Welcome Center；☏877-629-4386；www.outerbanks.org；5230 N Croatian Hwy, Kitty Hawk；⏰9:00~17:00）位于基蒂霍克的支路上，提供地图和相关资讯。

罗利堡国家历史遗址游客中心（Fort Raleigh National Historic Site Visitor Center；☏252-475-9001；www.nps.gov/fora；1401 National Park Dr；⏰周一至周六 9:00~16:00，周日 正午至16:00）

哈特拉斯岛游客中心（Hatteras Island Visitor Center；☏252-475-9000；www.nps.gov/caha；46368 Lighthouse Rd, Buxton；⏰9:00~17:00）在哈特拉斯角灯塔旁。

奥克拉科克岛游客中心（Ocracoke Island Visitor Center；☏252-475-9701；www.nps.gov/caha；38 Irvin Garrish Hwy；⏰9:00~17:00）靠近渡轮南码头。

莎拉·欧文欢迎中心（Sarah Owen Welcome Center on Roanoke Island；☏877-629-4386；www.outerbanks.org；1 Visitors Center Cir, Manteo；⏰9:00~17:00）位于罗亚诺克岛的US 64 Bypass上，就在弗吉尼亚挑战纪念大桥（Virginia Dare Memorial Bridge）的东面。

鲸须欢迎中心（Whalebone Welcome Center；☏877-629-4386；www.outerbanks.org；2 NC Hwy 12, Nags Head；⏰3月至12月 8:30~17:00）位于纳格斯黑德的Hwy 64和Hwy 12交叉路口处。

❶ 到达和离开

外滩群岛上没有公交车。

如果开车，请尽量避免在夏季的周末抵离，因为那时的交通状况会让人抓狂。外滩群岛旅游局（Outer Banks Visitors Bureau）的网站（www.outerbanks.org）上有一份全面的指南，可以指导你开车前往外滩群岛，包括小费和备用路线，以免你将假期都耗在车里了。

渡轮

北卡罗来纳州渡轮系统（North Carolina Ferry System；www.ncdot.gov/ferry）运营多条线路，包括免费的哈特拉斯—奥克拉科克车辆渡轮，全程1小时，旺季从5:00至午夜每半小时到1小时1班，共36班，从哈特拉斯发船，不接受预订。北卡罗来纳州渡轮也往返于奥克拉科克岛与雪松岛（Cedar Island）之间（单程车辆/摩托车 $15/10，2.25小时）以及奥克拉科克岛与本岛的天鹅区（Swan Quarter）之间（$15/10，2.75小时），大约每3小时1班。这两条线路在夏季都建议提前预订。

奥克拉科克岛

奥克拉科克村是一个节奏悠缓的时髦小社区。除村庄外，岛屿的其他部分都由国家公园管理局管理。

年长的居民仍然操着一口被称为"Hoi Toide"（发音同"high tide"）的17世纪英国方言，并称岛外来客为"dingbatters"（但此方言已经行将就木）。人称"黑胡子海盗"的爱德华·蒂奇（Edward Teach）曾经藏身于这一地区，并于1718年在此被杀。你可以在野生矮马奔驰畅泳的马棚海滩（Pony Pen Beach）上露营，去当地酒馆品尝鱼肉三明治，骑自行车穿行于村庄狭窄的街道之间，或在16英里长的海岸线上，躲进沙丘洞里捕捉一丝穿洞而入的阳光。

很多人从哈特拉斯岛出发，到奥克拉科克岛一日游。但这里有保护良好的文化和悠闲的气氛，住上一两晚也很不错。这里有许多民宿、几家汽车旅馆、出租小屋，海滩附近还有一处国家公园管理局的露营地。

◎ 景点和活动

奥克拉科克灯塔　　灯塔

（Ocracoke Lighthouse；www.nps.gov/caha；Lighthouse Rd）建于1823年，是州内仍在使用的最古老的灯塔，但游客不能登塔。

奥克拉科克马棚　　观景点

（Ocracoke Pony Pen；www.nps.gov/caha；

Hwy 12）从国家公园管理局的观景台上，你可以看到奥克拉科克的"野生"矮种马，它们自20世纪50年代末就被圈养在这里，由国家公园管理局照看。这些马棚就在Hwy 12沿线，距离奥克拉科克－哈特拉斯的码头6英里。

Portsmouth Island ATV Tours　　历史

（☎252-928-4484；www.portsmouthislandatv.com；396 Irvin Garrish Hwy；团队游$90；⊙4月至10月）运营两个前往附近朴次茅斯岛（Island of Portsmouth）的团队游，每天出团两次（8:00和13:00），从奥克拉科克出发只需20分钟船程即可到达这个废弃于20世纪70年代的幽灵小镇。这个全地形车导览游的主要活动是采集贝壳、观鸟和游泳。

Ride the Wind　　划皮划艇

（☎252-928-6311；www.surfocracoke.com；486 Irvin Garrish Hwy；2~2.5小时团队游 成人$39~45，13岁以下儿童$18；⊙周一至周六10:00~19:00，周日 至18:00）想要下水吗？那就参加Ride the Wind的皮划艇团队游吧。日落之旅对臂力要求不高。

🛏 食宿

Ocracoke Campgrounds　　露营地 $

（☎252-928-6671；www.recreation.gov；4352 Irvin Garrish Hwy；帐篷营位$28；⊙4月中旬至11月下旬）奥克拉科克岛共有136个露营位，提供抽水马桶、饮用水、冷水淋浴和烧烤架。

★ Eduardo's Taco Stand　　墨西哥菜 $

（950 Irvin Garrish Hwy；主菜$4~11；⊙周一至周六 8:00~21:00）这个炸玉米饼小摊供应各种各样的煎玉米饼、墨西哥卷饼，还有新鲜辛辣的沙拉。如果你吃腻了油炸蛤蜊和蟹饼，那么上等肋眼牛排煎玉米饼搭配仙人掌莎莎酱（salsa de xoconostle）可就正中你下怀了（也可以尝尝鱼肉搭配奶油熏辣椒苹果卷心菜沙拉，以及虾或蛤蜊青辣椒浓汤）。

Howard's Pub　　酒馆小食 $

（www.howardspub.com；1175 Irvin Garrish Hwy；主菜$8~26；⊙3月初至11月初 11:00~22:00，周五和周六可能会营业到更晚）这是一个古老的木制小酒馆（新装修的！），自19世纪50年代以来，就是一个喝啤酒、吃油炸海鲜的传统地点，还供应不错的当地精酿啤酒。

❶ 到达和离开

奥克拉科克岛全长14英里，村庄位于其南端。可以从哈特拉斯乘坐免费的哈特拉斯－奥克拉科克渡轮（www.ncdot.gov/ferry；先到先得）到达，渡轮停靠在岛屿的东北端。或可搭乘锡达岛－奥克拉科克或天鹅区－奥克拉科克的渡轮（停靠在南码头，接受预订），票价$15。

水晶海岸（Crystal Coast）

外滩群岛南部被统称为"水晶海岸"——至少旅游局在宣传中是这样写的。南部不像北部的海滩那样崎岖不平，这儿有几个历史悠久的海滨小镇，数座人烟稀少的岛屿，还有几处适合度假的海滩。

US 70公路上工业和商业色彩浓重的一

奥克拉科克的圈养野马

据闻，奥克拉科克岛上的游荡的马匹实为西班牙联邦野马的后代。16世纪或17世纪时，航海探险家在此搁浅，因而将其牲口弃置于此，以减轻船体重量，使搁浅船只重返大海，此做法在当时相当普遍。这些马被称为班克马（banker），在马科动物中独一无二——与其他马匹相比，它们的脊椎和肋骨数量不同，其体型、身姿、毛色、大小和重量也相当特别。但关于奥克拉科克野马的事迹中，最引人入胜的还要属其在20世纪50年代被一队童子军驯服的故事，你甚至能在Pony Island Restaurant看到相关的照片。1959年，为了防止过度放牧，并避免其在NC Hwy 12的修建中受到伤害，它们终于被圈养在了"野马马圈"中。如今，在马棚海滩上的奥克拉科克马棚（Ocracoke Pony Pen）中饲养有17匹马。国家公园管理局负责其起居饮食，并任由其在海滩边奔跑，或入海泡脚。游客可以从观景台上看到它们的身影。

段路贯穿莫尔黑德城(Morehead City)，沿途有许多连锁酒店和餐馆。从莫尔黑德城出发，经由大西洋海滩大堤(Atlantic Beach Causeway)跨过海峡就来到了布格堰洲岛(Bogue Banks)，这里有几个交通便利的海滩社区。倘若你喜欢椰子防晒油和甜甜圈的味道，可以前往大西洋海滩(Atlantic Beach)。

北面就是风景如画的博福特(Beaufort；音bow-fort)，这是全州第三古老的小镇，有一条迷人的海滨木板路和多家民宿。据说海盗黑胡子(Blackbeard)曾经住在Front St附近的Hammock House。虽然屋内禁止进入，但有人称夜里仍能听到遭谋杀的海盗妻子的叫喊声。

◎ 景点和活动

梅肯堡州立公园 要塞

(Fort Macon State Park; www.ncparks.gov/fort-macon-state-park; 2303 E Fort Macon Rd, Atlantic Beach; ⊙9:00~17:30) **免费** 这座坚固的城堡于1834年落成，呈五边形，内部共有26个拱顶房间。入口处的房间内设有展览，介绍了城堡的建筑结构和驻扎士兵的日常生活。城堡为砖石结构，在南北战争期间曾两次易主。

北卡罗来纳海事博物馆 博物馆

(North Carolina Maritime Museum; Aquarium; http://ncmaritimemuseums.com/beaufort.html; 315 Front St; ⊙周一至周五 9:00~17:00，周六 10:00~17:00，周日 13:00~17:00) 18世纪初，海盗黑胡子经常在博福特一带出没。1996年，在博福特入海口的海底发现了黑胡子旗舰船"女王安妮复仇号"(Queen Anne's Revenge)的残骸。这座海事博物馆规模不大，但很吸引人，展出了从上述船只发掘出的盘子、瓶子和其他文物，还介绍了海产产业以及海事救援行动等。

Hungry Town Tours 餐饮、历史

(☎252-648-1011; www.hungrytowntours.com; 400 Front St; 团队游 $20~60) 提供以历史和美食为重点的徒步游和沙滩自行车之旅，口碑不错。

🛏 食宿

Hampton Inn Morehead City 酒店 $$

(☎252-240-2300; www.hamptoninn3.hilton.com; 4035 Arendell St, Morehead City; 房间 $169起; ❄@🍽☎) 没错，它确实是家全国连锁酒店，但热心助人的员工和布格海峡(Bogue Sound)的美景都使得这间Hampton Inn旗下的酒店成为众人之选。对那些沿海岸自驾游的人来说，这里靠近US 70公路，非常便捷。夏季工作日的房价打折幅度很大。

★ Inn on Turner 民宿 $$

(☎919-271-6144; www.innonturner.com; 217 Turner St; 房间 $200~250; P❄☎)🍴这间民宿坐落在一座1866年的老房子里，离海只有2个街区，共4个房间。这儿没有花哨的古董，现代海洋风格的装潢极有品味，无可挑剔。老板金和乔恩把南部小镇的热情好客表现得淋漓尽致，尽管他们并非来自南部！

El's Drive-In 海鲜 $

(3706 Arendell St, Morehead City; 主菜 $1.60~14.25; ⊙周日至周四 10:00~22:00，周五和周六 至23:00) 这家著名的海鲜馆1959年就开业了。食客无须下车，饭菜便能送到手上。我们推荐的美食：炸虾汉堡包夹沙司卷心菜和番茄汁，配上炸薯条。只收现金。

Beaufort Grocery 新派美国菜 $$$

(☎252-728-3899; www.beaufortgrocery.com; 117 Queen St; 主菜 $25~42; ⊙周三至周一 11:30~14:00和17:30~21:30; ☎) 这里的装饰简单低调，但主厨查尔斯·帕克(Charles Park)是詹姆斯·比尔德奖的获得者，他做的食物非常出色，不管是烟熏海盐金枪鱼配辣味酸奶酱，鸭肉两吃配焦糖甘薯，还是鼠尾草叶鸡肉卷裹意大利扁面条，都非常美味。我们没有听到关于餐厅的差评，而它也确实没让我们失望。

威尔明顿 (Wilmington)

威尔明顿是个相当有趣的地方，如果你正沿着海岸自驾游，这里值得你腾出时间玩上一两天。这片迷人的海滨也许没有查尔斯顿和萨凡纳那么有名，但是作为北卡罗来纳

东部最大的城市,这里有许多历史悠久的社区、芬芳馥郁的杜鹃花园以及数不胜数的时尚咖啡屋。除此之外,这里的酒店价格合理。入夜,河畔历史悠久的城中心一带就成了当地大学生、精酿啤酒死忠粉和游客的游乐场,偶尔也有好莱坞演员光临——数量众多的电影工作室聚集于此,为它赢得了"威尔明坞"(Wilmywood)的美誉。你看到《恋爱时代》(Dawson's Creek)的场景了,对吗?

👁 景点和活动

北卡罗来纳号战列舰　　　　古迹
(Battleship North Carolina; www.battleshipnc.com; 1 Battleship Rd; 成人/6~11岁儿童$14/6; ⓘ9月至次年5月 8:00~17:00, 6月至8月至20:00)这艘重4.5万吨的庞然大物威力无比,在第二次世界大战的太平洋战场中打赢了15场战役,于1947年退役。你可以通过自助导览游在战舰的甲板上参观,景点包括面包房、厨房、图片室、轮机房、弹药舱和通信中心等。注意船上有几个很陡的楼梯通往下层船舱。

艾尔利花园　　　　花园
(Airlie Gardens; www.airliegardens.org; 300 Airlie Rd; 成人/4~12岁儿童 $9/3; ⓘ9:00~17:00, 1月至3月周一关闭)这片美丽的花园占地67英亩,春季时,可徜徉在数千朵争奇斗艳的杜鹃花丛间。园内还分布着令人着迷的规整花圃、季节性花园、松树、湖泊和小径。艾尔利橡树种植于1545年。

恐怖角蛇类展览馆　　　　动物园
(Cape Fear Serpentarium; ☎910-762-1669; www.capefearserpentarium.com; 20 Orange St; 门票 $9; ⓘ周一至周五 11:00~17:00, 周六和周日 至18:00)爬行动物学家迪安·瑞帕(Dean Ripa)开设的这家博物馆趣味十足又能让人增长知识,如果你不介意站在一个毒蛇、巨蟒和巨齿鳄鱼四处爬行的建筑里的话,可以在这里待上一两个小时。它们都在玻璃的后面,但嘶嘶声不绝……祈祷不要发生地震吧!有一个牌子上介绍了被毒蛇咬了之后的感受:"最好老老实实躺在一棵树下,因为你很快就要死了。"好好参观吧!这里只收现金。

淡季的周一和周二,蛇类展览馆可能闭馆。周六和周日15:00有现场喂食,但需要提前致电确认。

🛏 食宿

Best Western Plus Coastline Inn　　　酒店 $$
(☎910-763-2800; www.bestwestern.com; 503 Nutt St; 房间 $89~199, 套房 $129~279; ❄@🛜)我们很难说出自己最喜欢这家酒店的哪点:是恐怖角河(Cape Fear River)的无敌美景、海边的木板路,还是漫步至市中心那一小段路上的愉悦?标准间面积不大,但散发着些许现代风格。每间房都能俯瞰河景。宠物每天收费$20,还有一些新自行车可供出租。

★ CW Worth House　　　民宿 $$
(☎910-762-8562; www.worthhouse.com; 412 S 3rd St; 房间 $164~200; ❄@🛜)这是我们在北卡罗来纳州最喜爱的民宿之一,这座带有角楼的安妮女皇(Queen Anne)式住宅建于1893年,室内点缀着古董,有一种维多利亚时期的风情,但又不失轻松和舒适,并提供一流的早餐。民宿距离市中心仅有几个街区。

Flaming Amy's Burrito Barn　　　墨西哥菜 $
(www.flamingamys.com; 4002 Oleander Dr; 墨西哥卷 $8; ⓘ11:00~22:00)混乱的谷仓里充斥着俗气的装饰,从"猫王"到66号公路(Route 66),五花八门。店里的墨西哥玉米饼又大又好吃,包括Philly Phatboy、Thai Mee Up以及塞满了墨西哥胡椒和辣椒的Flaming Amy。城里的人要么在这里,要么就在来这里的路上。

★ PinPoint　　　美国南方菜 $$$
(☎910-769-2972; www.pinpointrestaurant.com; 114 Market St; 主菜 $21~38; ⓘ周二至周五 17:30~22:30, 周六和周日 10:30~14:00; 🛜)PinPoint曾被《南方生活》(Southern Living)杂志列为2016年南部最好的新餐馆之一,的确是实至名归!主厨迪恩·内夫(Dean Neff)曾在佐治亚州雅典市极棒的Five & Ten餐厅与休·艾奇逊(Hugh Acheson)共事,此后他"单飞"并在威尔明顿大放异彩,他与这里的农民和渔民都有私交,并把他的满腔热爱带到了美味的食物中。

🍷 饮品和娱乐

★ Satellite Lounge　　　酒吧

（www.facebook.com/satellitebarandlounge; 120 Greenfield St; ◎周一至周六 16:00至次日2:00, 周日 14:00至次日2:00; 🛜）如果你想去北卡罗来纳州最好的酒吧，就要去崭露头角的South Front仓库区，与威尔明顿历史悠久的市中心方向正相反。翻新过的小酒馆光彩照人，令这里熠熠生辉，有接近专业的沙包道、火炉和一个户外电影院。

Dead Crow Comedy Room　　　喜剧

（☎910-399-1492; www.deadcrowcomedy.com; 265 N Front St; 门票$15~18; ◎周二至周四19:00起, 周五和周六 18:00起）这家正处市中心的地下室剧场昏暗而逼仄，呈现出一副喜剧俱乐部该有的样貌。在离开城里之前，可以来此欣赏一下即兴表演、开放表演之夜或巡回喜剧演员的演出。

ℹ️ 实用信息

游客信息中心（☎877-406-2356, 910-341-4030; www.wilmingtonandbeaches.com; 505 Nutt St; ◎周一至周五 8:30~17:00, 周六 9:00~16:00, 周日 13:00~16:00）游客中心坐落在一栋19世纪的货仓里，提供市中心徒步游地图。

ℹ️ 到达和当地交通

美国航空公司（American Airlines）和达美航空公司（Delta Airlines）有从亚特兰大、夏洛特、纽约和费城飞往威尔明顿国际机场（Wilmington International Airport）的航班。该机场位于市中心东北5英里处。**灰狗巴士**（Greyhound; ☎910-791-8040; www.greyhound.com; 505 Cando St）车站位于市中心以东5英里，非常便捷。

威尔明顿市中心适合步行，但免费的有轨电车（www.wavetransit.com）从早到晚在历史区内穿梭。

科研金三角（The Triangle）

在皮德蒙特高原（Piedmont）中部，罗利（Raleigh）、杜伦（Durham）和教堂山（Chapel Hill）三座城市大致构成了一个三角形。这一区域有三所顶级的研究型大学——杜克大学、北卡罗来纳大学和北卡罗来纳州立大学，还有一座占地7000英亩、被称为科研金三角园区（Research Triangle Park）的计算机和生物技术园区。计算机编程高手、留着胡子的和平活动家和时尚的年轻家庭聚集在此，虽然这三座城市之间相距只有数英里，但它们都有各自的特点。3月时，人人——我们的意思是"每一个人"——都会为大学篮球赛而疯狂。

ℹ️ 到达和当地交通

罗利—杜伦国际机场（Raleigh-Durham International Airport; 见394页）驾车从罗利市中心向西北方行驶13英里即达，有从伦敦、巴黎和坎昆（Cancun）等48个地方抵达的直达航班。

灰狗巴士（Greyhound; ☎919-834-8275; www.greyhound.com; 2210 Capital Blvd）位于罗利市中心东北3英里处，步行前往很不方便。想去更便利的市中心车站，不妨前往杜伦的**灰狗巴士**（www.greyhound.com; 515 W Pettigrew St）车站，就在杜伦车站交通中心（Durham Station Transportation Center）的**美国国铁车站**（Amtrak station; www.amtrack.com; 601 W Main St）附近。

金三角交通局（Triangle Transit Authority; www.triangletransit.org）运营连接罗利、杜伦和教堂山以及机场的公共汽车线路。100路公共汽车从罗利市中心前往机场和位于科研金三角园区的地区交通中心（Regional Transit Center），那里有车前往杜伦和教堂山。成人票$2.25。

罗利（Raleigh）

罗利作为北卡罗来纳州的首府，兴建于1792年，如今依然是一个古板的政治中心，城市无序扩张是它的主要问题。尽管如此，漂亮的市中心仍然有许多优雅（而且不收费！）的博物馆和画廊，饮食文化和音乐艺术方兴未艾。

👁️ 景点

★ 北卡罗来纳州艺术博物馆　　　博物馆

（North Carolina Museum of Art; www.ncartmuseum.org; 2110 Blue Ridge Rd; ◎周二至周四、周六和周日 10:00~17:00, 周五 10:00~21:00, 公园黎明至黄昏）**免费** 明亮的玻

璃和电镀钢结构的西楼（West Building）在2010年开放之初就赢得了来自全国各地建筑评论家如潮的好评。馆内的展品精美、丰富，从古希腊雕塑到气势恢宏的美国风景绘画，再到细致入微的非洲面具，无所不包，都值得细品。

北卡罗来纳州历史博物馆　博物馆

（North Carolina Museum of History; www.ncmuseumofhistory.org; 5 E Edenton St; ⓧ周一至周六 9:00~17:00,周日 正午至17:00）**免费** 这座引人入胜的博物馆亮点并非高科技的展览方式，而是直观的信息展示。馆内"北卡罗来纳的故事"（*Story of North Carolina*）展览展出的文物包括一只3000年前的独木舟、可追溯到1742年的全州最古老的房屋、一间复原的奴隶小屋以及一个20世纪60年代午餐静坐抗议时的柜台。特展也颇为精彩。

北卡罗来纳州自然科学博物馆　博物馆

（North Carolina Museum of Natural Sciences; www.naturalsciences.org; 11 W Jones St; ⓧ周一至周六 9:00~17:00,周日 正午至17:00）**免费** 博物馆房顶悬挂着鲸鱼骨架标本，蝴蝶在你肩旁翩翩起舞，碧绿的树蚺令人悚然。如果你在学期期间的10:00后到来，馆内到处都是撒欢的小学生——提醒你了哦。而新落成的自然研究中心（Nature Research Center）光鲜亮丽，前面有一座3层楼高的多媒体地球状建筑。研究中心重点介绍科学家和他们的项目，游客可以观摩科学家工作。通过天桥进入博物馆的主楼，那里陈列着栖息地的立体模型和栩栩如生的动物标本。

千万别错过关于高棘龙的展览，这种重达3吨的食肉动物被称为"南方的怪物"。

食宿

Umstead Hotel & Spa　酒店 $$$

（☎919-447-4000; www.theumstead.com; 100 Woodland Pond Dr; 房间 $329~389,套房 $409~599; ℗❋@☎☎）该酒店位于郊区一片树木葱郁的办公园区内，客房（深浸泡浴缸、双洗手台）简单又不失高雅，再加上16,000平方英尺大、带有一个冥想庭院的幽静水疗会所，十分适合那些来访的生物技术行业的大佬们。一座3英亩大的湖泊位于建筑后方，还有1/4英里长的步道。宠物收费为每天$200,酒店还新增了带围栏的狗狗游乐场——DogWoods。

Raleigh Times　酒馆小食 $

（www.raleightimesbar.com; 14 E Hargett St; 主菜 $8~14; ⓧ11:00至次日2:00; ☎）在这个颇受欢迎的市区酒馆来一盘烤玉米片和蓝带啤酒糊（PBR-battered）炸鱼薯条，再配上北卡罗来纳的酿造啤酒。

Beasley's Chicken+ Honey　美国南方菜 $$

（www.ac-restaurants.com/beasleys; 237 Wilmington St; 主菜 $7~13; ⓧ周一至周三 11:30~22:00,周四和周五 11:30至午夜,周六 11:00至午夜,周日 11:00~22:00）这家干净利落的餐厅的老板是詹姆斯·比尔德美食大奖（James Beard Award）得主、当地餐饮界大腕阿什利·克里斯坦森（Ashley Christensen）。在这里享用大餐后，估计你的皮带都要松一扣。正处市中心的餐厅气氛轻松，招牌菜是炸鸡——摆在饼干上、卷在华夫饼中、包在肉馅饼里，无处不在。配菜同样让人食指大动。

★ Binda Manda　老挝菜 $$

（☎919-829-9999; www.bidamanda.com; 222 S Blount St; 午餐 $11~21,晚餐 $18~30; ⓧ周一至周四 11:30~14:00和17:00~22:00,周五 11:30~14:00和17:00至午夜,周六 17:00至午夜; ☎）这个时髦的热门老挝餐厅是美国仅有的几家老挝餐厅之一，里面的装修十分精彩，到处能见裸露的风管和茂密的竹子。菜肴也美味可口，毫不逊色。它把老挝的传统美食与泰国、越南和中国风味相结合，极具特色。

❶ 实用信息

罗利游客信息中心（Raleigh Visitor Information Center; ☎919-834-5900; www.visitraleigh.com; 500 Fayetteville St; ⓧ周一至周五 8:30~17:00,周六 9:00~17:00）提供地图和其他实用信息。办公室周日关闭，但可在柜台领取城市游客指南和地图。

杜伦（Durham）

杜伦是一座辉煌一时的烟草和铁路城，20世纪60年代其运势下滑，直到最近才开始

恢复。尽管它本质上仍然是一座工薪阶层的南方城市,但顶级名校杜克大学的存在为这一地区带来了进步的风潮,今天的杜伦已经成为美食家、艺术家和男女同性恋聚集的热门地区。

◉ 景点

★ 杜克狐猴中心
动物园

(Duke Lemur Center; ☎919-401-7240; www.lemur.duke.edu; 3705 Erwin Rd; 成人/儿童 $12/9; ♿) 如今这秘密已是人人皆知:狐猴中心是杜伦最酷炫的景点。这个研究和保护中心距离主校区2英里,是濒危的原猴亚目灵长类动物(如狐猴)在其故乡马达加斯加之外最大的栖息地。看到这些大眼睛、毛茸茸的小生物,可能只有机器人才会无动于衷。只能通过团队游参观。为确保订上团队游名额,应尽早预订。在工作日参观,至少需要提前3周致电预约,而在周末参观,则要提前1至2个月电话预约。

杜克大学
大学

(Duke University; www.duke.edu; Campus Dr)由做香烟生意的杜克家族出资捐助,校园由乔治王时代风格的东区和新哥特式风格的西区组成。校园内停车计时收费,每小时$2。

杜克教堂
小教堂

(Duke Chapel; https://chapel.duke.edu; 401 Chapel Dr; ☉8:00~22:00,夏季 至20:00) ⚑高耸的杜克教堂建于20世纪30年代,俯瞰着杜克大学的西校区。教堂拥有高210英尺的塔楼和77扇以圣经为主题的彩色玻璃窗,摄人心魄,值得一看。

美国烟草园
古迹

(American Tobacco Campus; https://americantobaccocampus.com; 318 Blackwell St)这个庞大的前工业烟草工厂直到20世纪50年代还是美国烟草公司(American Tobacco Company)的所在地,尽管香烟已不再是杜伦的经济来源,但这座园区现在仍在为市中心的经济出着大力。园区已被列入国家历史遗迹名录。这个占地100多万平方英尺的综合性场所布满了餐厅、酒吧和娱乐场所,自然也少不了户外餐厅。

⛺ 食宿

★ Durham
精品酒店 $$

(☎919-768-8830; www.thedurham.com; 315 E Chapel Hill St; 房间 $209起; ▣❄@🐾) 这座拥有53间客房的酒店是20世纪中期现代风格的杰作,2015年,这座原本的银行大楼摇身一变成为极具复古风格的本地住宿天堂。这座重焕新生的市中心酒店填补独立潮人的小众市场空白也只是时间问题。

JB Duke Hotel
精品酒店 $$

(☎919-660-6400; www.jbdukehotel.com; 230 Science Dr; 房间 $159~279, 套房 $329~529; ▣❄@🐾🏊) 在杜克大学华丽的校园里过夜不失为一个明智之举。这家新开的酒店共有198间客房,风格介于现代和自然森林风之间,分寸拿捏得刚刚好。铺着地毯的大堂让人心情放松,再加上豪华的家具、粗糙的胡桃木桌、暗色石英岩和贴满镜面金属瓦片的吧台,这一切与杜克森林(Duke Forest)和谐地统一起来。宽敞的房间里有办公桌、Keurig咖啡机,还可以看到校园景观。

Toast
三明治 $

(www.toast-fivepoints.com; 345 W Main St, Durham; 三明治 $8; ☉周一 11:00~15:00, 周二至周六 至20:00)不管是家庭、情侣、单身人士还是市区的午餐人群,所有人都爱这家意大利三明治小店,它是杜伦市区餐饮业复兴的领军餐馆之一。在柜台买份帕尼尼三明治(panini, 热乎乎现烤的)、三角形三明治(tramezzini, 冷餐)或脆烤面包(crostini, 口感丰富),然后在窗边找一张餐桌就座——如果你能找到的话——看来来往往的人群。

★ Mateo
西班牙小吃 $$

(☎919-530-8700; www.mateotapas.com; 109 W Chapel Hill St; ☉周二至周四 11:30~14:30 和17:00~22:30, 周五 11:30~14:30和17:00 至午夜, 周六 17:00至午夜, 周日 17:00~21:30)说到杜伦的东山再起可离不开Mateo,这家被詹姆斯·比尔德奖提名的西班牙小吃(有时是南方风味)是城中美食界的支柱。番茄面包配曼彻格奶酪(pan com tomate with Manchego cheese)、抱子甘蓝配松仁、葡萄干和藏红花酸奶,还有煎蛋奶酪,都出乎意料的美味。

🍷 饮品和娱乐

★ Cocoa Cinnamon　　　　　　　咖啡

（www.cocoacinnamon.com；420 W Geer St, Durham；浓咖啡/热巧克力 $2.75/3.50起；☻周一至周四 7:30~22:00，周五 至22:30，周六 8:00~22:30，周日 至22:00；☏）如果有人告诉你一定要去Cocoa Cinnamon点一杯热巧克力，那么就请他说得更详细些。人们口口相传的这家咖啡店供应多种可可，种类繁多的巧克力口味可能会让初来乍到的客人不知所措。来这个一次性收费"加油站"里享用可可、茶和"产地唯一"的咖啡，并感受它生机勃勃的氛围吧。

Fullsteam Brewery　　　　　　自酿酒吧

（www.fullsteam.ag；726 Rigsbee Ave, Durham；品脱/瓶 $5/18；☻周一至周四 16:00至午夜，周五 14:00至次日2:00，周六 正午至次日2:00，周日 正午至午夜；☏）Fullsteam自称"每一滴啤酒都经过精耕细作"，在全国都小有名气，其啤酒混合狂野的南方风格，突破了人们对啤酒的认知。酿酒厂尽可能使用卡罗来纳州的本地原料，竭尽所能地支持当地的农民、社区的粮食收购者和农业企业家。

杜伦公牛体育公园　　　　　　　体育馆

（Durham Bulls Athletic Park；www.dbulls.com；409 Blackwell St；门票 $7~10）4月到9月初，你可以边喝啤酒边观看小联盟杜伦公牛队[Durham Bulls，因1988年凯文·科斯特纳（Kevin Costner）主演的影片《百万金臂》（*Bull Durham*）而闻名]的篮球比赛，度过一个典型的美式午后。

❶ 实用信息

杜伦游客信息中心（Durham Visitor Info Center；☏919-687-0288；www.durham-nc.com；212 W Main St；☻周一 9:00~17:00，周二至周五 9:00~18:00，周六 10:00~18:00）位于一座历史悠久的银行大楼里，提供实用信息和地图。

❶ 到达和离开

杜伦的门户机场是莫里斯维尔（Morrisville）的**罗利—杜伦国际机场**（Raleigh-Durham International Airport；RDU；☏919-840-2123；www.rdu.com；1000 Trade Dr），它位于杜伦东南14英里处。非高峰时段乘坐Uber车前往机场的价格是$20左右。灰狗巴士（Greyhound；见391页）和美国国铁车站（Amtrak Station；见391页）在杜伦车站交通中心（Durham Station Transportation Center）附近隔街相望。

教堂山和卡勃罗 (Chapel Hill & Carboro)

教堂山是一座漂亮的南部大学城，其文化以享有盛誉的北卡罗来纳大学为核心，该校建于1789年，拥有近3万名学生，是该州第一所州立大学。作为一个时尚、思想前卫的地方，教堂山和与之毗邻的卡勃罗以其独立摇滚和响亮骄傲的嬉皮士文化而著称。

◉ 景点

北卡罗来纳大学　　　　　　　　大学

(University of North Carolina；www.unc.edu)美国最古老的公立大学，漂亮的校园内有座古典的方庭，周围点缀着鲜花盛开的梨树和雅致的南北战争之前的建筑。不要错过**老井**（Old Well）——据说喝它的水能给学生带来好运。可在莫尔黑德天文馆和科学中心（Morehead Planetarium and Science Center）内的**游客中心**（☏919-962-1630；www.unc.edu/visitors；250 E Franklin St；☻周一至周五 9:00~17:00）或**教堂山的游客中心**（☏919-245-4320；www.visitchapelhill.org；501 W Franklin St；☻周一至周五 8:30~17:00，周六 10:00~15:00）领取一份校园地图。

卡罗来纳篮球博物馆　　　　　　博物馆

(Carolina Basketball Museum；www.goheels.com/fls/3350/museum；450 Skipper Bowles Dr, Ernie Williamson Athletics Center；☻周一至周五 10:00~16:00，周六 9:00~13:00) **免费** 数字说明一切：6位全国冠军，19次杀入四强，30位大西洋海岸联盟（Atalantic Coast Conference，简称ACC）常规赛冠军，47次入选NBA首轮选秀。不管喜欢哪支球队，任何篮球爱好者都会喜欢这座专门呈现焦油脚队成就的小而精的博物馆。纪念品、奖杯和视频素材比比皆是，其中包括迈克尔·乔丹的专门

当地知识

烧烤之路

北卡罗来纳州最受喜爱的美食就是手撕烤猪肉,已然演变为该地区的信仰。东部风味(配以清淡醋汁,有一种独特的非洲风味)和西部风味(配以偏甜、番茄沙司打底的酱汁)时不时还会互相叫板一下。北卡罗来纳烧烤协会(North Carolina Barbecue Society)在其网站上发布了交互式烧烤之路地图(www.ncbbqsociety.com),引导美食朝圣客前往最棒的几处"圣地"。

展览,展示了他签署的意向书原件和其他招募文件。

食宿

★ Carolina Inn 酒店 $$

(☎919-933-2001; www.carolinainn.com; 211 Pittsboro St; 房间 $179起; ❋❂⚛) 即使你并不是一名"焦油脚",这个位于校园内的漂亮酒店也将以其殷勤的招待和历史感赢得你的青睐。其魅力体现在整洁、迷人的大厅以及挂满了校友和冠军球队照片的走廊。从南方古董获取设计灵感的古典装饰风格令185间敞亮的房间格外清新别致,室内还饰有知名毕业生的剪影像。

Neal's Deli 早餐、熟食 $

(www.nealsdeli.com; 100 Emain St, Carrboro; 早餐 $3.50~6.75, 午餐 $5.50~8.50; ◷周二至周五 7:30~16:00, 周六和周日 8:00~16:00; ⚛) 开始新的一天前,到这家位于Carrboro市中心的小熟食店吃一顿美味的酪乳早餐饼干。这里的鸡蛋、奶酪和培根也不错。午餐时间,Neal's供应三明治和潜水艇三明治,有鸡肉沙拉、五香熏肉和波旁威士忌调奶酪辣椒等口味。教堂山/卡勃罗最好的咖啡店 **Open Eye Cafe** 就在隔壁。

★ Lantern 亚洲菜 $$$

(☎919-969-8846; www.lanternrestaurant.com; 423 W Franklin St; 主菜 $23~32; ◷周一至周六 17:30~22:00) 如果你时间有限,只能在科研金三角吃一顿晚餐,那么就选这家店吧。这家现代风格的亚洲美食餐厅选用北卡罗来纳州出产的食材,受到褒奖无数,主厨Andrea Reusing曾获得詹姆斯·比尔德美食大奖。

饮品和娱乐

Beer Study 精酿啤酒

(www.beerstudy.com; 106 N Graham St; 品脱 $3~7; ◷周一至周三 10:00至午夜,周四至周六至次日1:00,周日 正午至午夜; ⚛) 在教堂山附近有几家酿酒厂,但这个有点破旧的酒吧兼酒行是你最好的选择。这里有18种本地和地区的桶装精酿啤酒及500多种瓶装啤酒(你可以一瓶一瓶买着喝,但没有半打装)。城市的法令规定可以携带狗狗的场所要使用塑料杯,但为了小狗付这点钱也值得。

Cat's Cradle 现场音乐

(☎919-967-9053; www.catscradle.com; 300 E Main St, Carrboro) 从涅槃乐队(Nirvana)到拱廊之火乐队(Arcade Fire),很多乐队都曾在此演出,30年来这里一直是顶级独立音乐的天下。多数演出适合各个年龄段。

到达和离开

教堂山的门户机场是莫里斯维尔的罗利-杜伦国际机场,它位于教堂山以东18英里处。非高峰时段乘坐Uber前往机场的价格是$25左右。

夏洛特(Charlotte)

夏洛特是北卡罗来纳州最大的城市,也是美国仅次于纽约的金融中心。夏洛特面积巨大,与一些毫无特色的新南方(New South)大都市有某些相似之处。虽然它有"女皇城"之称,但还是一座以商业为主的城市,有优雅的老城区和许多不错的餐饮店,还有几座不错的博物馆。

景点和活动

全国运动汽车竞赛协会名人堂 博物馆

(NASCAR Hall of Fame; www.nascarhall.com; 400 E Martin Luther King Blvd; 成人/5~12岁儿童 $20/13; ◷10:00~18:00) 在这家引擎轰鸣的博物馆里,你可以坐在赛车模拟器里($5)

体验赛道上8车竞逐的比赛,感觉真实刺激。此外,还可以了解这项诞生于美国的运动的发展史(可以追溯到非法飙车的时期)以及赛车的6代演变,并测试一下自己的后勤维修技能。NASCAR就是全国运动汽车竞赛协会的简称(National Association for Stock Car Auto Racing)。

莱文新南方博物馆 博物馆

(Levine Museum of the New South; www.museumofthenewsouth.org; 200 E 7th St; 成人/6~18岁 儿童$8/5; ◉周一至周六 10:00~17:00,周日 正午至17:00)对内战后南方复杂的历史感兴趣吗?那就可以留出一两个小时在这座精彩夺目的博物馆参观内容翔实的"从棉花地到摩天大楼"(From Cotton Fields to Skyscrapers)展览,展览着重介绍了棉花产业、《吉姆·克劳法》(Jim Crow laws)、静坐抗议和妇女地位提升以及近期的移民潮等内容。温馨提示:在隔壁7th Street车站的停车场可以免费停车2小时。

比利·格拉汉姆博物馆 宗教景点

(Billy Graham Library; www.billygrahamlibrary.org; 4330 Westmont Dr; ◉周一至周六 9:30~17:00; 团队游 最后发团 15:30) **免费** 这座多媒体"图书馆"是为了纪念传道士中的超级明星、"总统的牧师"比利·格拉汉姆(Billy Graham)而建,他就是夏洛特本地人。历时90分钟的团队游"信仰的历程"(The Journey of Faith)从一头布道的电子牛开始,然后重点介绍了格拉汉姆生命中的重要时刻,包括1949年他在洛杉矶举办的革命性的"帐篷复兴"[《坚不可摧》(Unbroken)一书的作者、传奇人物赞贝里尼(Louis Zamperini)就是受此启发]。团队游引人入胜又颇具知识性,倘若你对格拉汉姆的历程以及现代福音主义(虽然已经湮没在基督教的宣传和招募中)的渊源感兴趣的话,你会收获满满。你还可以参观格拉汉姆1927年儿时的住宅,它是从3英里外的原址迁至此处的。

★美国国家激流中心 探险运动

(US National Whitewater Center; www.usnwc.org; 5000 Whitewater Center Pkwy; 包括所有运动项目的日票成人/10岁以下儿童$59/49,单项活动$25,3小时树冠团队游$89; ◉黎明至黄昏)这个占地400英亩的设施是自然中心和水上公园相结合的绝妙产物,有世界上最大的人造激流,奥运会独木舟和皮划艇队都在这里的激流中训练。你可以在漂流导览游中亲自划桨,或参加中心的其他冒险活动。

食宿

Dunhill Hotel 精品酒店 $$

(☎704-332-4141; www.dunhillhotel.com; 237 N Tryon St; 房间$149~349; P✱@♦)这家酒店正处"住宅区"中心,从1929年起就开始接待客人了。它是夏洛特第一家配备独立浴室的酒店,员工服务出色。古典装饰风格呈现了20世纪20年代的气质,但大屏幕平板电视、克里格(Keurig)咖啡机和手机充电座又赋予房间21世纪的时代感。停车每晚$18。

★Ivey's Hotel 精品酒店 $$$

(www.theiveyshotel.com; 127 N Tryon St; 房间$299~450; P@♦)酒店位于一座1924年的百货商店大楼内,42个巴黎风格的房间均位于2楼,极具历史感(有着400年历史的橡木地板来自法国一家酒庄),还带着一丝现代风格(55英寸索尼电视,Bose条形音箱)。角落的行政套房带有阳台,有自然光透过多扇窗户照入室内,还装饰有裸露的砖块,非常不错。

Price's Chicken Coop 美国南方菜 $

(www.priceschickencoop.com; 1614 Camden Rd; 主菜$3.25~12.25; ◉周二至周六 10:00~18:00)这是夏洛特的一家传统老店,店面看起来已经十分破旧,但却是"全美最佳炸鸡"排行榜上的常客。身穿白色制服的厨师烹制出美味的"dark quarter"和"white half"。购买食物需要排队,买好后去店外享用——店内未设座位。如果你想野餐,可前往E Park Ave以东几个街区的Latta Park。只收现金,但附近就有个自动柜员机。

★Soul Gastrolounge Tapas 寿司、三明治 $$

(☎704-348-1848; www.soulgastrolounge.com; 1500 Central Ave; 小盘$7~20, 寿司$4~14, 三明治$9~15; ◉17:00至次日2:00)这家迷

人又温馨的地下酒吧位于Plaza Midtown,供应来自世界各地的小份菜肴,选择广泛,包括肉串、寿司卷、古巴和越南风味三明治,后厨擅长将各种风味用独特而令人惊艳的味道呈现出来。配有墨西哥辣酱和两种香辣沙拉酱的金枪鱼卷鲜美得在舌尖跳舞,如果你能吃辣,强烈推荐。

饮品和夜生活

★ **NoDa Brewing Co** 微酿啤酒 $$

(www.nodabrewing.com; 2921 N Tryon St; 品脱$4~7; ◎周一至周四16:00~21:00, 周五至22:00, 周六正午至22:00, 周日正午至19:00; ◎)夏洛特最好的精酿啤酒乐园隐藏在NoDa全新却又毫不起眼的北区(North End)啤酒厂后面。我们在周五晚上乘UBER前往,却发现那儿如同废置之地一般。我们大错特错了!后面是一个满是啤酒的乐土,还有一套地滚球装置。

❶ 实用信息

游客信息中心(☎800-231-4636; www.charlottesgotalot.com; 501 S College St, Charlotte Convention Center; ◎周一至周六9:00~17:00)夏洛特市中心的主要游客中心位于夏洛特会展中心(Charlotte Convention Center)里面,在S College St和E MLK Jr Blvd的入口处都有问询台。在莱文南方博物馆和机场也设有柜台。信息中心还出版地图和游客指南。

❶ 到达和当地交通

夏洛特道格拉斯国际机场(Charlotte Douglas International Airport, CLT; ☎704-359-4013; www.cltairport.com; 5501 Josh Birmingham Pkwy)是美国的一个航空枢纽,有直飞航班连接欧洲和英国。**灰狗巴士车站**(Greyhound station; ☎704-375-3332; www.greyhound.com; 601 W Trade St)和**美国国铁**(www.amtrak.com; 1914 N Tryon St)都有车前往"住宅区",非常便捷。

夏洛特的公共交通系统被称为夏洛特区域换乘系统(Charlotte Area Transit System, 简称CATS; www.charlottenc.gov/cats),包括城市公共汽车、一条名为LYNX蓝线(LYNX Blue Line)的轻轨和一条叫作CityLYNX金线(CityLYNX Gold Line)的有轨电车。单程票价是$2.20至4.40。**夏洛特交通中心**(Charlotte Transportation Center; www.ridetransit.org; 310 East Trade St)位于上城区4th St和Trade St之间的Brevard St上。夏洛特还有共享单车系统(https://charlotte.bcycle.com)。

北卡罗来纳州山脉(North Carolina Mountains)

切罗基人曾到这些古老的山脉狩猎,18世纪苏格兰-爱尔兰移民来这里寻求更好的生活。巍峨的城镇,如布洛英罗克(Blowing Rock),吸引着病人来此寻找新鲜的空气。今天,景观公路、绿树成荫的小路和奔腾的河流吸引着户外探险者纷至沓来。

北卡罗来纳州西部的阿巴拉契亚山脉包括大雾山(Great Smoky)、蓝岭山(Blue Ridge)、毗斯迦山(Pisgah Mountain)和黑山(Black Mountain)支脉。漫山遍野生长着蓝绿色铁杉、松树和橡树,美洲狮、鹿、黑熊、野生火鸡和大雕鸮在此栖息繁衍。这里还有无数适合徒步旅行、露营、登山、漂流探险的地方,到处都是令人惊艳的拍照背景。

❶ 到达和离开

阿什维尔地区机场(Asheville Regional Airport; 见402页)是前往北卡罗来纳州山脉的门户,有往来亚特兰大、夏洛特、芝加哥和纽约等地的直达航班。阿什维尔还有一个灰狗巴士(Greyhound; 见402页)车站。

北卡罗来纳高地地区(High Country)

北卡罗来纳州的西北角被称为高地地区,坐落于此的城镇主要有布恩(Boone)、布洛英罗克(Blowing Rock)和班纳埃尔克(Banner Elk),从这三地前往蓝岭风景大道的车程很近。布恩是一座生机勃勃的大学城,阿巴拉契亚州立大学(Appalachian State University, 简称ASU)就坐落在这里。布洛英罗克和**班纳埃尔克**是紧邻冬季滑雪区的两个古朴的旅游中心。

布洛英罗克

布洛英罗克是个庄严而祥和的山城,在海拔4000英尺的高空中散发着迷人魅力。它

也是蓝岭风景大道上唯一一个提供全套服务设施的小镇。其主街如明信片般迷人，两边沿街排列着古董店、花哨的精品店、陶器店、银器店和糖果店、热闹的酒馆和一流的餐馆。当旅游业占据主导时，当地的商业也容易落入俗套，但这儿是个例外。这儿甚至还有几片世外桃源般的湖泊，鸭子在湖中畅泳，就像是童话书中的场景一般。

◉ 景点和活动

祖父山 徒步

(Grandfather Mountain; ☎828-733-4337; www.grandfather.com; Blue Ridge Pkwy, Mile 305, Linville; 成人/4~12岁儿童 $20/9; ⊙6月至8月 8:00~19:00, 秋季、冬季和春季开放时间缩短) 这座一英里高吊桥 (Mile High Suspension Bridge) 真的高悬在地面上方1英里处

不要错过

风景自驾游：蓝岭风景大道

蓝岭风景大道全程没有一处红绿灯，始于弗吉尼亚州仙纳度国家公园 (Shenandoah National Park) 的Mile 0 (零英里) 处，横贯南阿巴拉契亚山脉，最终到达北卡罗来纳州大雾山国家公园的Mile 469处，全长469英里。

大道修建于"大萧条"时代，是罗斯福总统推动建设的一项公共工程项目，现在是全美最经典的驾车路线之一。在北卡罗来纳境内的干道蜿蜒盘旋262英里，沿途都是迷人的高山景致。

国家公园管理局 (National Park Service; ☎828-298-5330; www.nps.gov/blri; Mile 384; ⊙9:00~17:00) 管理各露营地和游客中心。注意，沿途的卫生间和加油站少之又少，而且相隔甚远。登录www.blueridgeparkway.org网站查询沿途休息区。

风景大道沿途的亮点和露营地分别为：

坎伯兰圆丘 (Cumberland Knob; Mile 217.5) NPS游客中心，可轻松步行前往圆丘。

道顿公园 (Doughton Park; Mile 241.1) 有小径和露营地。

布洛英罗克 (Blowing Rock; Mile 291.8) 这个小镇以一处商业化的陡峭悬崖命名，景致很好，偶尔有上升气流，而且这里还流传着印第安人的爱情故事。

摩西·H.科恩纪念公园 (Moses H Cone Memorial Park; Mile 294.1) 一座可爱的老宅，有马车道，园内有工艺品商店。

朱利安·普赖斯纪念公园 (Julian Price Memorial Park; Mile 296.9) 露营地。

祖父山 (Grandfather Mountain, Mile 305.1) 这里的一英里高吊桥人气很旺，还有一个自然中心和小型野生动物保护区。

林维尔瀑布 (Linville Falls, Mile 316.4) 有露营地和几条通往瀑布的短途步道。

小瑞士 (Little Switzerland, Mile 334) 老式山区度假村。

米切尔山州立公园 (Mt Mitchell State Park; Mile 355.5) 密西西比河以东最高的山峰 (海拔6684英尺)，适合远足，设有露营地。

Craggy Gardens (Mile 364) 有几条徒步小径，夏季杜鹃花盛开。

民间艺术中心 (Folk Art Center, Mile 382) 出售高端的阿巴拉亚工艺品。

蓝岭风景大道游客中心 (Blue Ridge Parkway Visitor Center, Mile 384) 有颇具启发性的影片、交互式地图，并提供小径信息。

毗斯迦山 (Mt Pisgah, Mile 408.8) 徒步、露营、餐馆和酒店。

Graveyard Fields (Mile 418) 有通往瀑布的短距离徒步小径。

吗？实际并非如此。所以，如果你略恐高也不必烦恼。园区内的明星景点距离海平面有1英里，但距底下的断层仅有80英尺。虽然高度没那么吓人，但也不容掉以轻心。

River & Earth Adventures　　　团队游

(☎828-963-5491；www.raftcavehike.com；5578 Hwy 421, Vilas；半/全天漂流 $60/100起；🅿) 这里有适合家庭的洞穴探险，也有刺激的Watauga Gorge第五级激浪漂流。注重环保的导游甚至会带上有机午餐。提供独木舟（$60）、皮划艇（$35~60）和漂流轮胎（$20）出租服务。

🛏 食宿

Cliff Dwellers Inn　　　汽车旅馆 $$

(☎828-414-9596；www.cliffdwellers.com；116 Lakeview Terrace；房间/公寓 $99/149起；🅿✹🛜🐾) 这家酒店居高临下，可俯瞰小镇，店如其名。以良好的服务、合理的价格、时尚的房间和带有广阔视野的阳台吸引顾客。

Green Park Inn　　　历史酒店 $$

(☎828-414-9230；www.greenparkinn.com；9239 Valley Blvd；房间 $89~299；🅿✹🛜🐾) 这家装有白色护墙板的豪华酒店于1891年开业，其酒吧正好位于东部大陆分水岭之上。据说，作家玛格丽特·米切尔（Margaret Mitchell）的《飘》就是在入住于此时创作的。

★Bistro Roca　　　新派美国菜 $$

(☎828-295-4008；www.bistroroca.com；143 Wonderland Trail；午餐主菜 $9~16，晚餐主菜 $9~34；◷周三至周一 11:00~15:00和17:00~22:00；🛜) 这个舒适的、度假屋式的小酒馆紧邻Main St，坐落于一幢禁酒时代的建筑内，供应高档的新派美国菜肴（龙虾或猪五花芝士通心粉、哈瓦那辣汉堡、木烤比萨、红点鲑越式三明治），均使用本地食材。无论点什么，都要搭配一份鸭肉培根，就完美了。

ⓘ 到达和离开

布洛苏罗克位于布恩以南8英里处的蓝岭风景大道沿线。最近的商用机场是其东南87英里处的夏洛特道格拉斯国际机场。

布恩

布恩是喧嚣的阿巴拉契亚州立大学（Appalachian State University）的所在地，也是一个有趣且充满活力的山城，那里的年轻人热衷于户外活动。蓝草音乐人与阿巴拉契亚说书人在此圈地为王。著名的开拓者和探险家丹尼尔·布恩（Daniel Boone）也曾经常在如今的小镇所在地露营，小镇便因此得名。从1952年开始，由布恩的故事改编的戏剧《西方的号角》（*Horn in the West*）每年夏天都会在位于小镇制高点的一个圆形露天剧场上演。

布恩市中心有许多低矮的砖砌建筑、殖民复兴风格建筑、装饰艺术风格建筑和流线型的现代建筑。如今，许多建筑里都是迷人的精品店和咖啡馆。

布恩的住宿大都是标准的连锁酒店，在城镇周边和近郊偶尔也能找到些历史悠久的民宿、可供出租的农舍或舒适的小木屋。布恩的第一家精品店酒店Horton Hotel于2018年开业。

民间艺术中心　　　文化中心

(Folk Art Center；☎828-298-7928；www.southernhighlandguild.org；Mile 382；◷4月至12月 9:00~18:00，1月至3月 至17:00) 当你进入民间艺术中心的大厅时，一定要抬头看看。头顶的墙壁上挂着一排手工制作的阿巴拉契亚座椅。这些椅子是这个着眼于南方手工艺的画廊令人难忘的"招牌"，是南部高地手工艺协会（Southern Highland Craft Guild）永久收藏（包括超过2400件传统和现代工艺品）的一部分。收藏展品在2楼展出。

★Melanie's Food Fantasy　　　咖啡馆 $$

(www.melaniesfoodfantasy.com；664 W King St；早餐 $6~10，午餐和晚餐 $9~14；◷周一至周三 8:00~14:00，周四至周五 8:00~14:00和17:00~21:00，周六 8:00~14:30和17:00~21:00，周日 8:30~14:30；🐾) 位于可爱的King St，在这个奉行"从农场到餐桌"原则的餐馆，嬉皮士们狼吞虎咽美味的早餐菜肴（炒蛋、班尼迪克蛋、煎蛋卷、华夫饼、煎饼），再来一份自制薯条作为配菜。餐厅还提供素食选择（印尼豆豉、豆制香肠等）。

Dan'l Boone Inn 美国南方菜 $$

(☎828-264-8657; www.danlbooneinn.com; 130 Hardin St; 早餐 成人 $11, 儿童 $6~8, 晚餐 成人 $18, 儿童 $7~11; ⊙6月至10月 周一至周四 11:30~20:30, 周五和周六 至21:00, 周日 至20:30, 一年中的其他月份 营业时间不定; ☎◨)分量是这家餐厅致胜的关键，家庭自助式的菜看很适合饥肠辘辘的徒步旅行者。1959年开始营业。只收取现金或支票。

❶ 到达和离开

距离布恩最近的商用机场是东南94英里处的夏洛特道格拉斯国际机场（见397页）。

阿什维尔 (Asheville)

阿什维尔是东海岸最时尚的小城之一，这里有本土的小型啤酒厂、令人沉沦的巧克力商店和漂亮的新式南方菜餐馆。不要被其表面的光鲜所迷惑，本质上，阿什维尔仍然是一座发展过快的山城，但它始终保持着自己的传统。看看周围吧，一个卖艺人在Biltmore Ave用小提琴演奏出孤单的高音旋律，徒步者攀登毗斯迦山后在附近大快朵颐。汽车在围绕城市的蓝岭风景大道上飞驰而过。众多艺术家群体和代表时尚的中坚力量也为这座城市增色不少。

⊙ 景点和活动

★ 比特摩尔庄园 住宅

(Biltmore Estate; ☎800-411-3812; www.biltmore.com; 1 Approach Rd; 成人/10~16岁儿童 $65/32.50; ⊙住宅 9:00~16:30, 随季节变化)美国最大的私人所有的庄园，同时也是阿什维尔最吸引人的旅游亮点。继承了海运和铁路遗产的乔治·华盛顿·范德比尔特二世（George Washington Vanderbilt Ⅱ）根据自己在欧洲游历时见到的宏伟城堡，于1895年建造了这座豪宅。要想走遍这座宅邸及其250英亩精心维护的庭院和花园需要几个小时。

奇姆尼岩公园 公园

(Chimney Rock Park; www.chimneyrockpark.com; Hwy 64/74A; 成人/5~15岁儿童 $15/7; ⊙3月中旬至11月, 8:30~18:00, 12月至次年3月中旬周五至周二 10:00~16:30)在与公园同名的315英尺高的花岗岩巨石奇姆尼岩顶上，可将布罗德河（Broad River）以及Lure湖的绝美景色尽收眼底。游客可以乘坐电梯到达奇姆尼岩顶，但公园的真正诱人之处在于环绕悬崖徒步前往一条404英尺高的瀑布，这趟远足之旅令人兴奋不已。公园过去归私人所有，如今则是州立公园系统的一部分，但登岩仍然是商业化管理的。公园位于阿什维尔东南方20英里处，沿途景色壮观。

BREW-ed 自酿酒吧

(☎828-278-9255; www.brew-ed.com; $37~50)这儿提供的步行游览将带领你参观城中的酿酒厂，并了解相关历史，向导是获得导游认证的啤酒达人。每周四（17:30）、周五（14:00）、周六（11:30和14:00）和周日（13:00）发团。

Smoky Mountain Adventure Center 户外

(☎828-505-4446; www.smacasheville.com; 173 Amboy Rd; ⊙周一 10:00~20:00, 周二至周四 9:00~22:00, 周五和周六 至21:30, 周日 正午至20:00)位于河岸艺术区（River Arts district）的法国布罗德河（French Broad river）对面，可以到此体验一站式的户外探险购物。这里可以组织蓝岭风景大道的自行车骑行、河道内的轮胎漂流和浮板冲浪，也能安排到周围山脉去攀岩、背包徒步、一日健行、攀冰和登山游览。

🛏 住宿

Sweet Peas Hostel 青年旅舍 $

(☎828-285-8488; www.sweetpeashostel.com; 23 Rankin Ave; 铺/独立床位 $32/40, 房间不带/带浴室 $75/105; ✱@⚡)这个崭新的青年旅舍散发着宜家风格，配有整齐的钢制双层床和浅金色的木制独立床位（pod）。阁楼式的空间非常开放，有时也会很吵闹（楼下的Lexington Ave Brewery酒吧更是让人安静不了，不过有折扣哦）。虽然在这儿没有隐私和清静，但是它时尚、整洁、便于交际，最重要的是位于市中心。

Campfire Lodgings 露营地 $$

(☎828-658-8012; www.campfirelodgings.com; 116 Appalachian Village Rd; 帐篷露营位

$35~40，房车露营位 $50~70，蒙古包 $115~135，小屋 $160；P❄@🌐）所有的蒙古包里都应该配有平板电视，不是吗？这里设施齐全。住在树木茂密的小山旁的多室帐篷内，感觉自己就像世界上最时髦的蒙古游牧民。除了蒙古包，这里也有小屋和帐篷露营地。房车露营地有Wi-Fi，还能看到迷人的山谷景色。

Omni Grove Park Inn　　　　　　历史酒店 $$$

(☎828-252-2711；www.omnihotels.com；290 Macon Ave；房间 $149~419；P❄@🌐♨🏊）这座历史悠久的巨大工艺风格石屋让人回想起美国山峦曾经的魅力，其硬朗的外观为其奠定了冒险的基调。你注意到大堂的壁炉了吗？你当然注意到了：这个庞然大物有36英尺宽，炉膛里可以容纳1个站立的成年男子，里面还有一个电梯可以直升到烟囱！

Aloft Asheville　　　　　　　　酒店 $$$

(☎828-232-2838；www.aLoftasheville.com；51 Biltmore Ave；房间 $250~450；P❄@🌐🏊）乍一看，这座崭新的市区酒店非常时尚：大厅有巨大的黑板、新潮的年轻员工，1层还设有一个户外服饰店。唯一缺少的就是头戴羊毛帽、留着胡子的家伙畅饮着自酿的啤酒——哦，等等，在那边。一旦你安顿下来，就会发现这里的工作人员知识渊博，房间色彩缤纷、宽敞无比。

Bunn House　　　　　　　　精品酒店 $$$

(☎828-333-8700；www.bunnhouse.com；15 Clayton St；双 $249~424；P❄@🌐）阿什维尔最明智的住宿选择；这座1905年的老房子经过精心修复，用密码锁取代了钥匙，6个房间和套房里随处可见原有的裸露砖块和暗色硬木。在山区寒冷的早晨，带地热的浴室地板和铺着瓷砖的蒸汽淋浴极为宜人。迷你吧和公共区域都配备了免费的Herban Baker零食和阿什维尔啤酒公司（Asheville Brewing Company）的啤酒。

🍴 就餐

阿什维尔是一个备受赞誉的美食天堂。在市中心、南坡（South Slope）和法国布罗德河（French Broad River）沿岸新兴的河流艺术区（River Arts District），到处都是美食，从简单（但时髦！）的南部咖啡馆、异域美食，到精美的新派美国菜餐厅和阿巴拉契亚餐馆，应有尽有。"从农场到餐桌"是这里的通则；"本地""有机"和"可持续"是其真言。

Early Girl Eatery　　　　　　　　咖啡馆 $

(www.earlygirleatery.com；8 Wall St；主菜 $4~15；⏰周一至周三 7:30~15:00，周四和周五至21:00，周六和周日 9:00~21:00）在这家奉行"从农场到餐桌"原则的邻家咖啡馆，点一份全日早餐（尝尝特制的班尼迪克蛋，用燕麦饼配上番茄、菠菜、牛油果和水波蛋），或者来一份香烤多果香奶酪三明治。阳光明媚的餐室内颇为拥挤，但在这儿用餐还能看到小巧的市政广场。

White Duck Taco Shop　　　　　墨西哥菜 $

(www.whiteducktacoshop.com；12 Biltmore Ave；墨西哥卷饼 $3.45~5.25；⏰11:30~21:00）这家位于市中心的墨西哥卷饼店的菜单就列在黑板上，提供样样都适合的卷饼，听起来都是不容错过的"引爆味觉"的美食：香辣水牛城烤鸡配蓝纹奶酪酱汁、脆皮五花肉、焖烤鸭肉——甚至还有鲜虾玉米粥！更棒的是，这些软嫩卷饼分量十足。薯条和配有3种萨尔萨辣味酱的开胃菜组合起来味道也不错。

⭐12 Bones　　　　　　　　　　烧烤 $

(www.12bones.com；5 Foundy St；菜肴 $5.50~22；⏰周一至周五 11:00~16:00）这里的烧烤到底有多好？嗯，前几年奥巴马总统和夫人米歇尔曾来此用餐。慢火烤肉，肉质细嫩，而墨西哥奶酪燕麦和烟熏土豆沙拉会让你大快朵颐，心花怒放。

⭐Cúrate　　　　　　　　　　西班牙小吃 $$

(☎828-239-2946；www.curatetapasbar.com；13 Biltmore Ave；小盘 $4~18；⏰周二至周四 11:30~23:30，周五和周六 至23:00，周日 至22:30）🍴这座气氛欢乐的餐厅用纯粹的魅力和诱人的味道诠释传统的西班牙小吃，不时也会有些南部风味（这家店的老板是个如假包换的加泰罗尼亚人，老板娘则是个时髦的阿什维尔人）。出色的菜肴种类繁多：番茄烤面包、蜂蜜迷迭香炒茄子和绝妙的墨鱼汁西班牙什锦细面条。

Smoky Park Supper Club 新派美国菜 $$

(☎828-350-0315; www.smokypark.com; 350 Riverside Dr; 主菜 $10~34; ⏰周二至周四 17:00~21:00, 周五和周六 16:00~22:00, 周六 10:30~21:00; ☎)19个集装箱组成了这个新兴河流艺术区的炫酷标杆,也是美国最大的组装箱式餐厅,但SPSC并不止于此。餐厅出品一众木火烤食:蒜香柠檬烤半鸡、铁板香煎卡罗来纳鱼、西班牙辣味香肠和布拉诺辣椒配芝士蘸酱,品种之多,让人着实难以抉择。

🍷 饮品和娱乐

Trade & Lore 咖啡

(www.tradeandlore.com; 37 Wall St; 咖啡 $2~5.25; ⏰8:00~19:00; ☎)这家时尚咖啡馆位于市中心,工业风的装潢配有复古家具作为点缀。资深咖啡师为你献上精品爪哇咖啡。店内使用主流型高档拉玛佐科(La Marzocco)咖啡机,还有多款含奶咖啡可供选择。无性别卫生间是对州政府的一种讽刺。

Orange Peel 现场音乐

(www.theorangepeel.net; 101 Biltmore Ave; 门票 $10~30; ⏰表演20:00起)想听现场音乐?这家仓库大小的场地有著名的独立乐队和朋克乐队演出。

❶ 实用信息

游客中心(☎828-258-6129; www.exploreasheville.com; 36 Montford Ave; ⏰周一至周五 8:30~17:30, 周六和周日 9:00~17:00)这个光鲜的游客中心位于I-240州际公路4C出口处。在此购买比特摩尔的门票可享受$10折扣。市区紧邻Pack Square Park还有**游客中心的一个分部**(☎828-258-6129; www.exploreasheville.com; 80 Court Pl; ⏰4月至10月 9:00~17:00),设有卫生间。

❶ 到达和当地交通

阿什维尔地区机场(Asheville Regional Airport, AVL; ☎828-684-2226; www.flyavl.com; 61 Terminal Dr, Fletcher)位于城南大约20分钟车程的地方,有多趟直达航班,包括到亚特兰大、夏洛特、芝加哥和纽约的往返航班。**灰狗巴士**(Greyhound; ☎828-253-8451; www.greyhound.com; 2 Tunnel Rd)位于市中心东北1英里处。

美国的啤酒城

如果说有哪座城市因精酿啤酒的风行而有所改变,那非阿什维尔莫属。城内第一家酿酒厂于1994年开门营业,当时,这儿还是一座默默无闻的山城;随后则一跃成为北美最受欢迎的啤酒之城,吸引着一众酒鬼前来朝圣。

如今,班康县(Buncombe Country)有33家啤酒厂(其中27家位于阿什维尔市),而人口仅有87,000人,为全国范围内酒厂与人口比例最高的地区之一。以下是我们最爱的酒厂:

Burial (www.burialbeer.com; 40 Collier Ave; 品脱 $5; ⏰周一至周四 16:00~22:00, 周五 14:00起, 周六和周日 正午至22:00; ☎)酒厂不大,颇有私密感。出产阿什维尔最优质最前卫的比利时式啤酒(农场自酿啤酒、浓郁的双倍和三倍麦芽)。大多数人都认为它是全城最好的啤酒厂。

Funkatorium (www.wickedweedbrewing.com/locations/funkatorium; 147 Coxe Ave; 啤酒 $4.50~10; ⏰周一至周四 14:00~22:00, 周五和周六 正午至午夜, 周日 正午至22:00; ☎)Wicked Weed新开的酸味啤酒吧,甜点馅饼和放克音乐引诱着人们前来朝圣。

Wedge (www.wedgebrewing.com; 37 Paynes Way; 品脱 $3.50~6; ⏰正午至22:00; ☎)一家颇有节日气氛的酿酒厂。其户外空间对全世界开放,在此还能与狗狗玩耍,遇到骑三轮车的孩子、甜蜜的情侣,以及户外人士。

Wicked Weed (www.wickedweedbrewing.com; 91 Biltmore Ave; 品脱 $4.50~6.40; ⏰周一和周二 11:30~23:00, 周三和周四 至午夜, 周五和周六 至次日1:00, 周日 正午至23:00; ☎)曾经的加油站摇身一变成为精酿啤酒的天堂,有58种桶装啤酒!

在阿什维尔的市中心，免费停车是个大难题，但公共停车场收费也不吓人：首小时免费，之后每小时仅$1。Passport（https://passportinc.com）是个非常便利的手机应用，可管理停车计时和付费停车场（在美国其他一些城市也可使用）。

Asheville Transit（☎828-253-5691；www.ashevilletransit.com；49 Coxe Ave；◎周一至周五6:00~21:30，周六7:00~21:30，周日8:30~18:00）运营18条当地的公共汽车线路，运营时间是周一至周六5:30~22:30，周日运营时间缩短。票价是$1。有免费自行车架。S3路公共汽车从市中心的Art Station开往机场，每天10班。

大雾山国家公园 (Great Smoky Mountains National Park)

于阿巴拉契亚布道徒步穿梭林间，体验人生一大盛事；在6643英尺的克林曼山圆顶（Clingmans Dome）俯视，一览那壮阔无垠之景；在科德斯山谷（Cades Cove）参观保存完好的先驱者宅院——不管从哪方面来说，大雾山国家公园都是美国自然与历史的结合。这是一个复杂多变、不可思议的神奇地方，公园占地521,000英亩，横跨北卡罗来纳州和田纳西州。这里是世界上生物多样性最丰富的地区之一，地形从幽暗深邃的云杉森林到洒满阳光、雏菊点点、布满野胡萝卜花（花的样子就像安妮女王的蕾丝花边）的草地，再到宽阔的暗黄色河流，景致多样。在这片天地里，可以徒步旅行和露营，也可以骑马、骑自行车和假蝇钓鱼。但遗憾的是，每年有超过一千万游客到访——这一数量在美国所有的国家公园中首屈一指——使得这里拥挤不堪。北卡罗来纳州境内的公园不像田纳西州境内的那般拥挤，所以在夏季的旅游旺季，仍然有足够的漫步空间。

◉ 景点

大雾山国家公园 国家公园
（Great Smoky Mountains National Park；www.nps.gov/grsm）**免费** 占地815平方英里，是全美访客量最大的地方。园内主要干道和景点恐怕都十分拥挤，但95%的游客都不会离开爱车100码范围，所以要避开人群也并非难事。与大多数国家公园不同的是，大雾山国家公园免费对外开放。2016年的大雾山山火导致园内15平方英里的区域受灾，其中包括极受欢迎的烟囱顶步道（Chimney Tops Trail）。直至本书调研期间此处仍未对外开放，最好请提前打电话了解最新情况。

游客中心可领取公园地图和免费的《大雾山指南》（*Smokies Guide*）。科德斯山谷（Cades Cove）的19世纪殖民遗址是园内最热门的景点之一，因此一到夏季，通往遗址的环路就人满为患，十分拥堵。Mt LeConte特别适合徒步，还配备了园内唯一的非露营地住宿——LeConte Lodge。该度假屋相当简陋，并未通电，且仅能通过5条登山步道徒步抵达。这些步道长短不一，从5.5英里长（Alum Cave Trail）到8英里长（Boulevard）都有。即使如此，小屋也异常抢手，必须提前1年预约才能住上。你可以驾车直上密西西比以东的第三高山克灵曼山圆顶（Clingmans Dome），体验它令人眩晕的高度。山顶有一座未来派风格的瞭望塔。

除了烟囱顶步道以外，在调研期间，岔路步道（Road Prong Trail）、糖地山道（Sugarland Mountain Trail）和牛头步道（Bullhead Trail）也处于暂时性封闭状态。请提前致电咨询。

✈ 活动

无论你是按捺不住想要爬爬山，还是只想呼吸一些新鲜空气，在大雾山国家公园徒步都是欣赏此处美景的最佳方式。即使只是短暂到访，也一定要安排至少一次徒步旅行。徒步路径有平坦易行的短道，也有更长更费力的路线。其中许多都非常适合家庭游客，甚至有些配有残疾人通用道，大部分步道的起点都在主要景点处。无论你的体能或耐力如何，总有适合你的一条徒步路径。

以下是我们的最心仪的几条路线：

Charlies Bunion 徒步
一条8.1英里长的环路，自纽芳隘口（Newfound Gap）起顺阿巴拉契亚步道延绵4英里，到一突出的岩石处，可将壮观的山峦河谷景色尽收眼底。

Big Creek Trail 徒步
徒步2英里可以轻松到达Mouse Creek瀑布，再走3英里可到野外露营地。步道的起点

2016年大雾山森林大火

2016年11月23日,一场灾难降临美国大雾山国家公园。据报道,园内最受欢迎的步道之一烟囱顶步道发生了火灾,山火大肆蔓延,对公园和加特林堡造成严重破坏。这场山火也演变为自1947年大火以来美国东部发生的破坏性最大的野火。

这场火灾被消防队员称为"烟囱顶2号"(此前一周,烟囱顶还发生了一场较小的火灾),扑救工作不够迅速及时(当局在几天后才采取行动)。到11月28日,一道大型火墙以惊人的速度向加特林堡逼近。12月5日,当局展开了一场全面激烈的灭火行动:出动了25支作业组,61辆消防车,6架直升机,共计780名人员。但直到次年1月下旬,山火的控制率才达到90%以上。由于消防队员的不懈努力,加特林堡得以幸免于难,镇上唯一真正遭到破坏的是加特林堡天空缆车,缆车的上半段和上层站点遭到严重损毁。但其他损失也令人痛心:14人丧生,超过175人受伤,2400余座建筑被损毁,14,000名居民被强制疏散。经济损失呢?超过了5亿美元。

在公园里,超过15平方英里的土地被烧毁,烟囱顶的受灾情况最为严重,以至于这条园内最受欢迎的步道被迫关闭。据公园管理人员估计,可能需要80年时间才能使这片区域恢复原貌,步道在未来的几年内仍会关闭。

两名田纳西州少年被逮捕,并因引起该场山火被指控犯有严重纵火罪。如果按照成年人的量刑——这在加特林堡居民中引起了激烈的争论——他们可能会面临60年的牢狱之灾。

在公园东北端的I-40州际公路附近。

Boogerman Trail 徒步

全长7.4英里的环路属于中等难度,沿途经过一些古老农庄,可由Cove Creek Rd到达步道。

Chasteen Creek Falls 徒步

起点位于Smokemont露营地,往返3.6英里,途经一个小瀑布。

Oconaluftee River Trail 徒步

是园中仅有的两条可以牵着宠物和骑车通过的小路之一,这条3英里长的环路始于Oconaluftee游客中心,沿河畔延伸1.5英里。

食宿

大雾山国家公园提供各种露营选择。然而,LeConte Lodge是唯一一个提供房间的地方,而且你必须徒步到山顶才能享受这个特权。在所有门户城镇中,加特林堡(Gatlinburg)住宿选择最多,但价格也很贵。在附近,糖地游客中心(Sugarlands Visit Center)以北10英里的鸽子谷(Pigeon Forge),以及以北17英里的塞维尔维尔(Sevierville)均有更便宜的住宿。

国家公园管理局维护着公园内10处已开发的露营地。每个露营地都设有洗手间,使用流动冷水和抽水马桶,但未设淋浴间,公园内也未通水通电(但有些露营地有供电设备,以应对紧急情况)。每个露营地都有一个火炉和野餐桌。许多露营地可以提前在网站www.recreation.gov上预订(其中Cataloochee必须提前预订)。

这10个露营地可以提供约1000个露营位,但是千万不要认为找个地方安营扎寨很容易,在夏季旅游高峰期想要找个地方过夜绝非易事,所以要提前计划。有些营地能预约,而有些则遵照先到先得的原则。科德斯山谷(Cades Cove)和Smokemont露营地全年开放,其他露营地只在3月至10月间开放。

在野外露营是个很好的选择,最多收取5晚的费用(每晚$4,其后免费)。野外露营必须持有许可证,可以在www.smokiespermits.nps.gov上预约申请并从护林站或游客中心领取。

尽管大雾山国家公园内有坚果和浆果,但除此以外就没有什么可吃的了,LeConte Lodge仅为住客提供食物,糖地游客中心有自动售货机,科德斯山谷露营地的商店有少量商品出售。所幸附近的城镇有很多餐馆。

❶ 旅游信息

公园里有四个内部的游客中心：

糖地游客中心（Sugarlands Visitor Center; ☏865-436-1291; www.nps.gov/grsm; 107 Park Headquarters Rd; ⏰6月至8月 8:00~19:30, 9月至次年5月 时间不定）位于加特林堡附近的公园北入口。

科德斯山谷游客中心（Cades Cove Visitor Center; ☏865-436-7318; Cades Cove Loop Rd; ⏰5月至7月 9:00~19:00, 9月至次年3月 关闭时间稍早）位于Cades Cove Loop Rd中段，距离加特林堡入口24英里，紧邻Hwy 441。

Oconaluftee游客中心（Oconaluftee Visitor Center; ☏828-497-1904; www.nps.gov/grsm; 1194 Newfound Gap Rd, North Cherokee, NC; ⏰6月至8月 9:00~19:30, 9月至次年5月 时间不定）位于北卡罗来纳州切罗基附近的公园南入口。

克林曼山圆顶游客中心（Clingmans' Dome Visitor Center; ☏865-436-1200; Clingmans Dome Rd; ⏰4月至6月和8月至10月 10:00~18:00, 11月 9:30~17:00）

❶ 到达和离开

最近的主要机场是诺克斯维尔（Knoxville）的麦吉泰森机场（McGhee Tyson Airport; 见439页），距离田纳西州的糖地游客中心40英里; 阿什维尔地区机场（Asheville Regional Airport; 见402页）位于北卡罗来纳州一侧的Oconaluftee 游客中心以东58英里。诺克斯维尔和阿什维尔都有灰狗巴士运营。

南卡罗来纳州
（SOUTH CAROLINA）

苔藓覆盖的橡树，庄严气派的宅邸，面积宽广的海滩，连绵起伏的群山和由来已久的坏脾气。嗯，没错，这就是南卡罗来纳州，这里口音重重，也更注重传统。从独立战争中的爱国者到19世纪60年代脱离联邦，再到今天活跃而直言不讳的立法者，"小棕榈州"从未回避过斗争。

多数游客选择待在沿海，欣赏内战前城市的辉煌和遍植棕榈树的海滩。不过本州内陆有许多闲适的古老城镇、荒凉原始的州立公园以及阴森的黑水沼泽等待你去探索。沿着海岛，你能听到嘎勒（Gullah）甜美的歌声——那是从前的奴隶创造的一种文化和语言，他们努力维系着西非的众多传统，即使历经时间的摧残也没有放弃。无论是文雅且散发着栀子花香的查尔斯顿（Charleston），还是阳光明媚、俗气的默特尔比奇（Myrtle Beach），南卡罗来纳州都是一处魅力十足的目的地。

历史

曾经有28个独立的印第安部落生活在今天的南卡罗来纳州，其中许多都是切罗基人，后来他们在"血泪之路"时期被迫背井离乡。

1670年，英国人建立了卡罗纳殖民地，来自皇家前哨巴巴多斯岛（Barbados）的定居者源源不断地涌入，为港口城市查尔斯顿（当时被称为Charles Towne）平添了一种加勒比海风情。西非奴隶被带到这里，他们将大片沿海沼泽变成了稻田。18世纪中期，这一地区已经严重分裂为两部分：南卡罗来纳低地地区的蓄奴贵族、边远农村贫困的苏格兰-爱尔兰和德国裔农民。

南卡罗来纳州是第一个脱离联邦政府的州，南北战争的第一枪在查尔斯顿港的萨姆特堡（Fort Sumter）打响。战争结束后，州内多地均是满目疮痍。

在20世纪的大部分时间里，南卡罗来纳州都以棉花和纺织品贸易为主。虽然沿海地区的旅游业日益繁荣，但它仍然是一个相对贫穷的农业州。

近年来，从该州第一位美国原住民女性州长尼基·海利（Nikki Haley）到国会议员乔·威尔森（Joe Wilson; 曾在奥巴马总统的一次国会演讲中大喊"你说谎！"），再到国会议员马克·桑德福（Mark Sanford; 他在担任州长时，因自称自己在阿巴拉契亚小道徒步，实际上却和他的阿根廷情人约会而名声大噪），南卡罗来纳州以本地出产的政治家而备受关注。

2015年，一座古老的黑人教堂里的9位成员遭枪杀，事件调查显示涉及种族动机。此后，州议会通过表决，移除自1962年起便悬挂于州议会的南部邦联旗帜。

❶ 实用信息

南卡罗来纳州公园、休闲和旅游部（South Carolina Department of Parks, Recreation & Tourism；📞803-734-0124；www.discoversouthcarolina.com）分发本州的官方度假指南。该州的9个公路欢迎中心提供免费Wi-Fi，到中心内索要密码。

查尔斯顿（Charleston）

这座可爱的城市以老友般的温暖和好客来迎接你。大炮、墓地和马车道带你回到过去。古老的浪漫主义情怀、美食和南方特有的亲切感，这一切使得查尔斯顿成为南部最受欢迎的旅游目的地之一，每年吸引了超过480万的旅游者到访。

查尔斯顿是一座值得细细品味的城市。如何才能最大限度地感受它的魅力？漫步街头，欣赏战前建筑，驻足一嗅盛开的茉莉花，在阳台上慢慢享用晚餐。这里还是一个浪漫的地方，每次转弯，都能看到精致教堂的台阶上站着位幸福的新娘。最重要的是，查尔斯顿凭借南部的热情好客散发着无可抵挡的魅力，吸引着你的到来。

历史

在美国独立战争之前，查尔斯顿（以英国国王查理二世命名）是东部海岸最繁忙的海港之一，也是一个繁荣的稻米种植和贸易聚居区。由于受到西印度洋群岛、非洲、法国和其他欧洲国家的影响，它发展成了一个经常与新奥尔良相提并论的国际化大都市。

查尔斯顿城市历史上一个不幸而又重要的要素就是奴隶制。这里曾是奴隶贸易的主要港口和交易中心，库珀河（Cooper River）附近曾聚集着多家繁忙的奴隶拍卖行。南北战争的第一枪就在查尔斯顿港口的萨姆特堡打响。战后，劳动密集型的稻米种植产业由于失去了奴隶这一劳动力而逐渐荒废，这座城市的重要性也随之降低。

◎ 景点

Beaufain St和Hasell St的南面有许多战前宅邸、店铺、酒吧和咖啡馆。在半岛的最南端是炮台（Battery）战前建筑群。**Gateway Walk**是条轻松的小径，蜿蜒穿过**圣约翰路德教教堂**（St John's Lutheran Church；www.stjohnscharleston.org；5 Clifford St）和**圣菲利普教堂**（St Philip's Church；www.stphilipschurchsc.org；146 Church St）之间的多处教堂庭院和墓地。

◎ 历史区

旧时交易所和地牢　　　　　　　　　历史建筑

（Old Exchange & Provost Dungeon；www.oldexchange.org；122 E Bay St；成人/7~12岁儿童 $10/5；⊙9:00~17:00；👶）孩子们喜欢这座阴森森的地牢，它曾经是一座监狱，在独立战争期间被英国人用来关押美国的爱国人士。这一狭窄空间的上方矗立着一座雄伟的乔治王时代帕拉第奥风格的海关大楼，建于1771年。有身着戏服的导游带领游客参观地牢。楼上几层设有城市展览。

旧时奴隶交易博物馆　　　　　　　　博物馆

（Old Slave Mart Museum；www.nps.gov/nr/travel/charleston/osm.htm；6 Chalmers St；成人/5~17岁儿童 $8/5；⊙周一至周六 9:00~17:00）Ryan's Mart在19世纪中叶时曾经是拍卖非洲男人、女人和儿童的地方，在当时的40来家拍卖行中规模最大。偏重于文本的展览记录了奴隶的经历，展示着南卡罗来纳州耻辱的过去；少量文物，例如脚镣，令人不寒而栗。

吉布斯艺术博物馆　　　　　　　　　　画廊

（Gibbes Museum of Art；www.gibbesmuseum.org；135 Meeting St；成人/儿童 $12/6；⊙周二和周四至周六 10:00~17:00，周三至20:00，周日 13:00~17:00）馆内收藏了出色的美国和南方艺术作品。当代藏品包括当地艺术家的作品，着重表现低地地区的生活。

炮台和怀特角花园　　　　　　　　　　花园

（Battery & White Point Gardens；East Battery和Murray Blvd交叉路口）炮台位于查尔斯顿半岛的南端，由海堤保护着。可以在花园里漫步，经过大炮和军事英雄的雕像，然后前往滨海步行道，远眺萨姆特堡。

Kahal Kadosh Beth Elohim　　　　犹太教堂

（www.kkbe.org；90 Hasell St；⊙团队游 周一至周四 10:00至正午和13:30~15:30，周五 10:00

至正午和13:00~15:00，周日13:00~15:30）全国最古老的连续使用的犹太教堂。由讲解员导览的团队游收费$10，可登录网站查询团队游时间表。

彩虹巷　　　　　　　　　　　　　街区
（Rainbow Row; 83 E Bay St）这段街道地势较低，散布着许多糖果色的房屋，是全市最适合拍照的地方之一。

老宅

艾肯瑞德庄园　　　　　　　　　历史建筑
（Aiken-Rhett House; www.historiccharleston.org; 48 Elizabeth St; 成人/6~16岁儿童$12/5; ◎周一至周六10:00~17:00，周日14:00~17:00，最后发团16:15）这座建于1820年的房屋是唯一一座保存下来的城市联排住宅群社，45分钟的自助语音导览很好地展现了战前的生活。导览着重介绍了奴隶的职责，你可以走进主建筑后面的宿舍式奴隶居住区进行参观，然后再去观赏权贵人士的生活方式。

庄园由查尔斯顿历史基金会（Historic Charleston Foundation）管理，基金会旨在保管和保留，并不负责修复，这就意味着这处地产并没有太大的变化，你可以看到脱落的巴黎壁纸等。

约瑟夫·麦尼考尔特宅邸　　　　历史建筑
（Joseph Manigault House; www.charlestonmuseum.org; 350 Meeting St; 成人/13~17岁儿童/3~12岁儿童 $12/10/5; ◎周一至周六9:00~17:00，周日正午至17:00，最后发团16:30）这座3层的联邦风格（Federal-style）建筑建于1803年，曾是一位法国胡格诺教派水稻农场主的"炫富之作"。花园中新古典主义风格的小门殿是当时美国仅有的3个门殿之一。

纳撒尼尔·拉塞尔宅邸　　　　　历史建筑
（Nathaniel Russell House; www.historiccharleston.org; 51 Meeting St; 成人/6~16岁儿童$12/5; ◎周一至周六10:00~17:00，周日14:00~17:00，最后发团16:30）一位在查尔斯顿有着"北方佬之王"之称的罗得岛人于1808年修建了这座联邦风格住宅，建筑的亮点是自行支撑的螺旋楼梯，十分壮观。宅子正在进行极为细致的修复，以保留屋内最精美的细节，

令其如同拉塞尔最初建造这栋房子的时候一样，比如起居室里的1000片22k的金箔，剥开20层墙面涂料只为寻找墙壁原有的颜色，还有从英国进口的手工波纹地毯，等等。

◎ 马里恩广场
这片占地10英亩的公园原来是本州的武器库所在地，如今它已经成为查尔斯顿的"起居休闲室"。这里有各种纪念碑，周六有非常热闹的农贸市场。

查尔斯顿博物馆　　　　　　　　博物馆
（Charleston Museum; www.charlestonmuseum.org; 360 Meeting St; 成人/13~17岁儿童/3~12岁儿童 $12/10/5; ◎周一至周六9:00~17:00，周日正午至17:00）建于1773年，据称是全国最古老的博物馆。如果你希望在游览历史区前先了解一些历史背景知识，那么这座博物馆就很有帮助，能提供各种信息。展览以查尔斯顿悠久而多姿多彩的各时期历史为主。

◎ 水族馆码头
水族馆码头环绕着美丽的自由广场（Liberty Sq），人们可以在这里散步，并观看拖船将轮船带进美国第四大货柜港口。该码头是前往萨姆特堡团队游的两个出发点之一，另一个出发点在爱国者角（Patriot's Point）。

萨姆特堡国家纪念碑　　　　　　古迹
（Fort Sumter National Monument; www.nps.gov/fosu）南北战争的第一枪就是在萨姆特堡打响的，它位于海港一个五角形的岛屿上。1863年至1865年，这座南部邦联的要塞一直处于联邦军队的炮火之下，最终土崩瓦解。这里保留下来的当初的大炮和防御工事给人一种厚重的历史感。

◎ 阿什利河种植园
(Ashley River Plantations)
阿什利河沿岸有3座壮观的种植园，距离查尔斯顿市区仅20分钟车程。想要一次参观3座种植园时间会很紧，但参观两个是没问题的（游览每个种植园至少需要几小时）。阿什利路（Ashley River Rd）也被称为SC 61，从查尔斯顿市区经Hwy 17即达。

★ 米德尔顿庄园 历史建筑

(Middleton Place; 843-556-6020; www.middletonplace.org; 4300 Ashley River Rd, Summerville; 花园 成人/6～13岁儿童 $28/10, 住宅博物馆团队游 加收$15; ⓥ9:00～17:00)这座庄园广阔的花园于1741年设计完成,是美国最古老的花园。无数奴隶花了数年时间,为他们的主人——富有的南卡罗来纳州政治家亨利·米德尔顿(Henry Middleton)——修建梯田、挖掘尺寸精确的几何形水渠。在这块迷人的土地上,既有经典齐整的法式花园,又有浪漫的林地,四周环绕着水稻田,散布着品种罕见的牲畜。1865年,联邦士兵烧毁了主建筑。但建于1755年的一座侧翼客房保存完好,如今是住宅博物馆。

木兰种植园 历史建筑

(Magnolia Plantation; www.magnoliaplantation.com; 3550 Ashley River Rd; 成人/6～10岁儿童$15/10, 团队游 $8; ⓥ3月至10月 8:00～17:30, 11月至次年2月 至16:30)想来次胆战心惊的漫步?那就参加"奥杜邦沼泽花园团队游"(Audubon Swamp Garden tour),顺着木板路穿过树林和沼泽,绝对是一次别具一格的体验。木兰种植园占地500英亩,自1676年起就归德雷顿(Drayton)家族所有。这是一个名副其实的主题公园,有有轨电车团队游、宠物动物园和住宅导览游可供选择。你可以跟随"奴隶走向自由团队游"(Slavery to Freedom Tour),在重建的奴隶小屋里体验种植园中非裔美国人的生活。

德雷顿大厅 历史建筑

(Drayton Hall; 843-769-2600; www.draytonhall.org; 3380 Ashley River Rd; 成人/儿童$22/10, 园区 仅$12; ⓥ周一至周六 9:00～17:00, 周日 11:00～17:00, 最后发团 15:30)这座建于1738年的帕拉第奥式砖结构宅邸是阿什利河沿岸唯一经历了美国独立战争、南北战争和1886年大地震而幸存下来的种植园住宅。可跟随导览游参观这个没有任何摆设的住宅,目前它已经受到了保护。

👉 团队游

由于本书篇幅有限,无法一一列出查尔斯顿的徒步、马车、巴士和乘船团队游的信息,可向游客中心咨询详细信息。

Charleston Footprints 步行

(843-478-4718; www.charlestonfootprints.com; 2小时团队游 $20)步行游览查尔斯顿的名胜古迹。游客评价颇高。

查尔斯顿美食之旅 美食之旅

(Culinary Tours of Charleston; 843-727 1100; www.culinarytoursofcharleston.com; 18 Anson St; 2.5小时团队游 $60)参加"查尔斯顿美味品鉴之旅"(Savor the Flavors of Charleston),徒步寻访餐厅和市场,将有机会尝到燕麦粉、果仁糖和烧烤等美食。

海港探险 划船

(Adventure Harbor Tours; 843-4429455; www.adventureharbortours.com; 56 Ashley Point Dr; 成人/3～12岁儿童 $55/30)前往渺无人烟的莫里斯岛(Morris Island),体验拾贝壳的乐趣。

🎉 节日和活动

美国斯巴利多艺术节 表演艺术

(Spoleto USA; 843-579-3100; www.spoletousa.org; ⓥ5月/6月)这个为期17天的表演艺术节是南卡罗来纳州最盛大的节日,届时全城都有歌剧、戏剧演出和音乐会。

南卡罗来纳低地地区牡蛎节 餐饮节

(Lowcountry Oyster Festival; www.charlestonrestaurantassociation.com/lowcountry-oyster-festival; 1235 Longpoint Rd, Boone Hall Plantation, Mt Pleasant; 桶装牡蛎 $12～14; ⓥ1月)1月,喜欢牡蛎的人们聚在宜人山(Mt Pleasant)大快朵颐,尽情享用多达80,000磅的咸鲜牡蛎。

MOJA艺术节 表演艺术

(MOJA Arts Festival; www.mojafestival.com; ⓥ9月/10月)为期两周的诗歌朗诵会和福音音乐会是庆祝美国非裔文化和加勒比文化的盛大庆典。

🛏 住宿

Not So Hostel 青年旅舍 $$

(843-722-8383; www.littlejackstavern.

com; 156 Spring St; 铺 $28~32, 房间 $75~106; P※@令※)♪这是查尔斯顿唯一一家青年旅舍,坐落在一座建于1840年的曼妙住宅里,具有辟邪功能的蓝色门廊很有情调,还有奇怪的对称性建筑结构,虽然破旧,但很吸引人。旅舍共3栋楼,设有一间8人混住宿舍房、多间男士或女士4人宿舍房,以及漂亮但紧凑的独立客房,还有几间客用厨房。绿色环保设施比比皆是。

1837 Bed & Breakfast 民宿 $$

(📞843-723-7166; www.1837bb.com; 126 Wentworth St; 房间 $175~290; P※@令※)这家民宿紧邻查尔斯顿大学,住在这里就好像住在你性情古怪、喜欢古董的姑妈家里。民宿共有9间装饰繁复又不失魅力的房间,其中3间坐落在一座古旧的砖砌马车房里。而且,不,你没有喝醉——那些扭曲的走廊确实是向一侧倾斜的,充满了历史感。

Indigo Inn 精品酒店 $$

(📞843-577-5900; www.indigoinn.com; 1 Maiden Lane; 房间 $209~359; P※@令※)这家时髦的小酒馆共有40个房间,地处历史区中心,位置优越,有一个绿洲般的私人庭院,客人们可以在喷泉边享用免费的葡萄酒和奶酪。店内装潢彰显18世纪的韵味,颇为精致,床铺非常舒服,最近翻新的浴室尽显现代化的风范。宠物收费标准为每晚$40。

Town & Country Inn & Suites 酒店 $$

(📞843-571-1000; www.thetownandcountryinn.com; 2008 Savannah Hwy; 房间 $99~299, 套房 $249~299; P※@令※)距离市中心约6英里,提供价格合理、现代而时尚的房间。如果你计划一大早开车前往阿什利河种植园参观的话,这家酒店是个不错的出发地点。

★ Ansonborough Inn 酒店 $$$

(📞800-522-2073; www.ansonboroughinn.com; 21 Hasell St; 房间含早餐 $169~329; P※@令)这家酒店里有种新维多利亚风情,比如衣柜大小的英式酒吧,而狗狗们的正式肖像画更是妙趣横生。位于历史区的酒店气氛温馨,看上去就像是一艘古老的帆船。宽敞的客房陈设新旧搭配,有古旧的皮沙发、挑高天花板和平板电视。

★ Restoration 精品酒店 $$$

(📞843-518-5100; www.therestorationhotel.com; 75 Wentworth St; 套$399起; P※@令※)有着200年历史、布满青苔的西班牙风格民宿固然是非常酷,但若你更倾心于时尚和当代风格,而非战前风格和古董,那么这个摆满了美国艺术和手工艺品的时髦全套房酒店就更适合你了。再生木材铺就的走廊连接着几栋建筑中的54个房间。这个占地500平方英尺的地方充满了现代气息,有些房间还配有小厨房、洗衣机和烘干机。

🍴 就餐

查尔斯顿是美国吃得最好的城市之一,一流餐馆的数量多得与城市的面积不相匹配。"经典"的查尔斯顿老字号主要以法国风味的精致海鲜为主,而许多时尚的后起之秀则着重彰显该地区丰富的食材——从牡蛎到世代相传的稻米和猪肉,重新塑造了南方风味。

Artisan Meat Share 三明治 $$

(www.artisanmeatsharecharleston.com; 33 Spring St; 三明治 $7~12; ⏰周一至周五 11:00~19:00, 周六和周日 10:00~19:00)肉!伙计啊,都是肉。夹在饼干馅里、高高堆在土豆面包上,或是摆放在冷食拼盘上,还都是新鲜烹制的。可在柜台点餐,设法找张桌子,加入店内的新潮食客们,享用美味。你一定了解个中精髓:新鲜、美味,调味酱也是店内特制的。

Gaulart & Maliclet 法国菜 $

(www.fastandfrenchcharleston.com; 98 Broad St; 早餐 $5~11, 午餐和晚餐 $10~14; ⏰周一 8:00~16:00, 周二至周四 至22:00, 周五和周六 至22:30)哎呀呀,这家小店也被称为"法式快餐"(Fast & French),当地人围坐在公共餐桌旁享用法式奶酪和香肠、芝士火锅,每晚都有特价菜($21~24),包括面包、汤、1道主菜和葡萄酒。

Xiao Bao Biscuit 亚洲菜 $$

(www.xiaobaobiscuit.com; 224 Rutledge Ave; 午餐 $12, 晚餐主菜 $12~16; ⏰周一至周六 11:30~14:00, 17:30~22:00)这家店装饰着裸砖墙、水泥地,位于一家加油站的旧址内——轻

松又时尚的风格令其脱颖而出。但食物怎么样呢？那我们就说说吧。菜品种类不多，但绝对能引爆味觉，突出了泛亚洲风味，善用本地食材和香辣口味。

★ Edmund's Oast 自酿酒吧 $$

(☎843-727-1145; www.edmundsoast.com; 1081 Morrison Dr; 主菜 $16~30, 品脱 $5~10; ⊙周一至周四 4:30~22:00, 周五和周六 至23:00, 周日 10:00~22:00; ⑦)查尔斯顿最有趣的夜蒲场所是一间高雅的自酿酒吧，但存在严重酗酒问题。酒馆位于NoMo [莫里森北部（North Morrison）]区，前身是一家五金商店。店内有48款桶装啤酒（8款用于鸡尾酒、蜂蜜酒和雪莉酒，12款专营精酿啤酒，以及其他精酿啤酒）。食物则有非常美味的自制熟食、新鲜至极的法国菜、可口的卡拉布里亚辣椒花椰菜。

Hominy Grill 美国南方菜 $$

(www.hominygrill.com; 207 Rutledge Ave; 早餐 $4.50~11, 午餐和晚餐主菜 $9~22; ⊙周一至周五 7:30~21:00, 周六 9:00~21:00, 周日 9:00~15:00; ⌘)这间社区咖啡店所在的建筑原来是家理发店，位置有点偏，供应现代、适合素食者的低地地区美食。浓荫蔽日的露台是享用早午餐的理想地点。

Fleet Landing 海鲜 $$

(☎843-722-8100; www.fleetlanding.net; 186 Concord St; 午餐 $9~24, 晚餐 $13~26; ⊙每天 11:00~16:00, 周日至周四 17:00~22:00, 周五和周六 至 23:00; ⑦)来这家店体验完美的查尔斯顿午餐吧：边欣赏河景，边品尝调了雪莉酒的母蟹肉汤（she-crab soup），再来一大碗大虾和玉米粥。餐馆位于码头上一座旧日的海军消磁大楼内，早晨游览市中心后来此享用鲜鱼、油炸海鲜拼盘或汉堡可谓十分方便。

Ordinary 海鲜 $$$

(☎843-414-7060; www.eattheordinary.com; 544 King St; 小份菜 $6~18, 大份菜 $21~55; ⊙周二至周日 17:00~22:30)这家海鲜食堂和牡蛎吧位于一座宽敞的建于1927年的银行大楼内，热闹得好似城里最好的派对场所。出品不多，但菜肴精致可口。

★ FIG 美国南方菜 $$$

(☎843-805-5900; www.eatatfig.com; 232 Meeting St; 主菜 $30~42; ⊙周一至周四 17:30~22:30, 周五和周六 至23:00; ⑦)这是一家食客喜爱的老牌餐厅，原因显而易见。热情的员工、高效从容的服务、詹姆斯·比尔德美食大奖得主迈克·拉塔（Mike Lata）打造的一流新派南方菜肴。晚餐推出6道菜肴，每晚不同，完美诠释了从海里和本地农场、磨坊出产的新鲜食材。店名FIG意为Food is Good（优质美食），对此老饕们深以为然。

🍷 饮品和夜生活

★ Eclectic 咖啡

(www.eclecticcafeandvinyl.com; 132 Spring St; ⊙周一、周三和周四 7:00~21:00, 周五 7:00~23:00, 周六 9:00~23:00, 周日 9:00~21:00; ⑦)在查尔斯顿，这是我们最喜欢的咖啡馆，这家Cannonborough/Elliotborough区的新秀以靛蓝色为装饰色，非常漂亮：墙壁上摆满了可供出售的黑胶唱片，完美地搭配了硬木地板、裸露的砖块、镀银天花板，以及一个手工木制工作台——这工作台还是从南达科他州一个老旧的马厩回收而来的。供应咖啡、葡萄酒、啤酒和高档咖啡馆餐食。

Rooftop at the Vendue 酒吧

(www.vendueinn.com; 23 Vendue Range; ⊙周日至周四 11:30~22:00, 周五和周六 至午夜)在这个屋顶酒吧里能够欣赏到最美的市区风景，众多的来宾就能证明这一点。周日来此品尝精心调制的鸡尾酒，欣赏现场音乐吧。

Closed for Business 小酒馆

(www.closed4business.com; 453 King St; ⊙11:00至深夜)提供42种本地和全国的精酿啤酒。时髦的乡村风格装饰让这个诱人的"啤酒专卖店"极具邻家氛围，锋芒显露得恰到好处。

🛍 购物

Shops of Historic Charleston Foundation 礼品和纪念品

(www.historiccharleston.org; 108 Meeting St; ⊙周一至周六 9:00~18:00, 周日正午 至17:00)展示销售各种珠宝、家居用品和家具，其设计灵感

源于查尔斯顿的老宅，特别是青花瓷。

Blue Bicycle Books
书籍

（www.bluebicyclebooks.com；420 King St；⏰周二至周四 10:00~18:00，周五和周六 10:00~19:00，周日 正午至13:00）是一家极好的新书和二手书店，有大量反映南部历史和文化的书籍。

🛈 实用信息

查尔斯顿游客中心（📞843-724-7174；www.charlestoncvb.com；375 Meeting St；⏰4月至10月 8:30~17:00，11月至次年3月至 17:00）位于一个修缮一新的仓库里，非常宽敞。帮助安排住宿和团队游，你还可以在此观看一个时长30分钟、介绍查尔斯顿历史的视频。

🛈 到达和当地交通

查尔斯顿国际机场（Charleston International Airport, CHS；📞843-767-7000；www.chs-airport.com；5500 International Blvd）位于距离市区12英里的北查尔斯顿，每天有若干直飞航班飞往18个目的地。

灰狗巴士（📞843-744-4247；www.greyhound.com；3610 Dorchester Rd）车站和**美国国铁**（www.amtrak.com；4565 Gaynor Ave）车站都在北查尔斯顿。

CARTA（www.ridecarta.com）运营市内公共汽车，单程票价$2。免费的DASH有轨电车有三条环线，都从游客中心出发。停车绝对是个问题——不过，市内的停车场每小时仅收费$2。

宜人山（Mt Pleasant）

查尔斯顿库珀河对岸就是宜人山住宅和度假区，最初它与狭长的度假堰洲岛**棕榈岛**（Isle of Palms）和**沙利文岛**（Sullivan's Island）都是早期查尔斯顿人的夏季避暑胜地。虽然交通越来越拥挤，大型购物商场也越来越多，但这一地区仍然魅力十足，尤其是在有**旧城**（Old Village）之称的老城区。

◉ 景点

布恩大厅种植园
历史建筑

（Boone Hall Plantation；📞843-884-4371；www.boonehallplantation.com；1235 LongPoint Rd；成人/6~12岁儿童 $24/12；⏰3月初至8月，周一至周六 8:30~18:30，周日 正午至17:00，9月至次年1月 开放时间缩短）种植园距离查尔斯顿市区只有11英里，在Hwy 17N沿线，以其迷人的橡树大道而闻名，这些橡树是托马斯·布恩（Thomas Boone）在1743年栽种的。布恩大厅（Boone Hall）是现在仍在运营的种植园，但最初的棉花作物早已被草莓、番茄和圣诞树等主要作物所代替。种植园内的主楼建于1936年，是此处的第四座房屋。最吸引人的建筑就要属奴隶街（Slave St）上的小屋了，它们建于1790年至1810年间。

爱国者角海军和海事博物馆
博物馆

（Patriot's Point Naval & Maritime Museum；📞866-831-1720；www.patriotspoint.org；40 Patriots Point Rd；成人/6~11岁儿童 $22/14；⏰9:00~18:30）这座博物馆停泊着曾经在第二次世界大战中征战的巨型航空母舰"约克敦号"（USS Yorktown）。游人们可以参观航空母舰的飞行甲板、船桥和待命室，并能够简单地了解一下船上水手的生活。这里还有一艘潜艇、海军驱逐舰、荣誉勋章博物馆（Medal

---

嘎勒文化

非洲奴隶被奴隶贩子从稻米海岸地区（Rice Coast；塞拉利昂、塞内加尔、冈比亚和安哥拉）运到这些遥远的岛上，这里与他们的家乡惊人的相似——热带植被、沼泽一般的海岸，同样潮湿闷热的夏季。

一代代的非裔美国人在奴隶制结束，甚至进入20世纪后，仍然保留着他们家乡的传统。由此产生的嘎勒（Gullah；在佐治亚州也被称为Geechee）文化有自己的语言——一种以英语为基础的克里奥尔语（Creole），夹杂着许多非洲词汇和句型——以及许多传统，包括出色的讲故事的方式、艺术、音乐和工艺传统。博福特（Beaufort）一年一度热力四射的**嘎勒节**（Gullah Festival；www.theoriginalgullahfestival.org；⏰5月末）就是献给嘎勒文化的庆典。

of Honor Museum)和一个重建的越南"火力基地",为参观退役军舰的行程添加了一点特色。你还可以参加从这里发船的**萨姆特堡乘船游**(☏乘船游843-722-2628,公园843-883-3123; www.fortsumtertours.com; 340 Concord St; 成人/4~11岁儿童 $21/13)。

南卡罗来纳低地地区（Lowcountry）

南卡罗来纳州南部沿海有许多水湾和潮汐沼泽,它们将众多小岛与大陆分隔开来。西非奴隶的后裔——也就是所谓的嘎勒人在这里形成了一个小型社区,对面就是正在开发的度假村和高尔夫球场。这一带的风光从绵延闪耀的牡蛎灰整洁沙滩到苔藓覆盖的海岸森林,丰富多彩。

南卡罗来纳海岸的最南端很受上流社会的高尔夫球员和民宿爱好者们的喜爱,但这一地区的奇特魅力对所有人都具有莫大的吸引力。

查尔斯顿县的堰洲岛群（Charleston County Sea Islands）

查尔斯顿县的堰洲岛群（Charleston County Sea Islands）由十几个岛屿组成,离查尔斯顿不到一小时车程。**沙利文岛**（Sullivan's Island）位于宜人山一侧,在查尔斯顿东南约10英里处。天晴之时,吸引着大量一日游游客上岛游玩用餐。向反方向行驶4英里就是**詹姆斯岛**（James Island）,是查尔斯顿的堰洲岛中最具城市氛围的岛屿之一。位于查尔斯顿以南大约9英里的**富丽海滩**（Folly Beach）有阳光和海腥,特别适合一日游。岛屿的另一端是冲浪爱好者的天下。

基亚瓦岛（Kiawah Island）就在查尔斯顿的西南26英里处,岛上有许多高档出租房和高尔夫球场,还有座豪华的度假村Sanctuary Resort,有幸入住该岛的人们可以沿着南部最美丽的海滩骑自行车;而附近的**埃迪斯托岛**（Edisto Island）（发音为ed-istow）则是一个朴实的家庭度假地,岛上连一个信号灯都没有。

◉ 景点

★ 基亚瓦海滩水上公园 海滩

(Kiawah Beachwater Park; www.ccprc.com; 8 Beachwalker Dr; ⓢ5月至9月 9:00~20:00, 其余月份 开放时间缩短) 这片宁静美丽的阳光沙滩位于基亚瓦岛南端,被誉为美国十大海滩之一,也是基亚瓦唯一面向公众开放的海滩。骑上自行车吧——这儿的沙子紧密细致,很适合沿着10英里长的堰洲岛骑行一圈。

🛏 食宿

James Island County Park 露营地 $

(☏843-795-4386; www.ccprc.com; 871 Riverland Dr, James Island; 帐篷露营位$31起,8人小屋 $169; 🅿) 这座占地643英亩的公园位于市中心的西南方,园内有草坪、一片湿地和一个宠物犬公园,是个很棒的经济之选。游客可以租自行车（每小时 $4）和皮划艇（每小时 $5.50）,也可以去跑步或跟你的小狗嬉戏。公园有通往市区和富丽海滩的往返班车（$10）。强烈建议提前预订。园内共有125个露营位和10座紧邻湿地的出租小屋。

Sanctuary at Kiawah Island Golf Resort 度假村 $$$

(☏843-768-2121; www.kiawahresort.com; 1 Sanctuary Beach Dr, Kiawah Island; 房间/套房 $560/1100起,别墅 $260起,独栋房屋每周$5500起; ❄@🛜≋) 准备好奢侈一把了吗? 可以考虑一下在这家度假村享受田园牧歌式的生活,它就位于查尔斯顿市区以南21英里外的海边。酒店的房间因新近完成的古典装修而熠熠生辉,拥有柔和的绿色、四柱床、意大利寝具、定做的床垫以及大理石浴室。还可以选择别墅和独栋房屋。其他便利设施还包括两处网球综合设施、90洞高尔夫球场、水疗中心和供孩子们游玩的Kamp Kiawah。

Cory's Grilled Cheese 三明治 $

(www.corysgrilledcheese.com; 1739 Maybank Hwy, James Island; 三明治$4~8.50; ⓢ周一至周六 9:00~21:00, 周日 至17:00) 这里没有一丝矫揉造作之感,只是一个你每天会造访的普通商场烤芝士三明治店,墙上还有周末重金属摇滚演出留下的洞。这里的烤芝士

不要错过
BOWENS ISLAND

在南卡罗纳低地地区的富丽海滩(Folly Beach)附近,沿着一条长长的土路穿过沼泽,就来到Bowens Island (www.bowensisland.biz; 1870 Bowens Island Rd, Folly Island; 主菜 $8~18; ⊙周二至周六 17:00~21:30),这家连涂料都没刷的木屋是南方最负盛名的海鲜馆之一——拿起牡蛎刀开始享用吧!半盘/一盘价格是$11/16。爽口的凉啤酒和热情的当地人是这里的精髓。

三明治松软香糯、有着浓浓的牛油香味(我们倾心于低地三明治,用酸面包加上甜椒芝士、明斯特奶酪、牛油果和培根制成),还有啤酒供应。

★ Poe's Tavern   酒馆小食 $$

(☏843-883-0083; www.poestavern.com; 2210 Middle St, Sullivan's Island; 主菜 $9~13; ⊙11:00至午夜)这家小酒馆位于沙利文岛,在阳光灿烂的日子里,坐在店前的露台上非常惬意。酒馆以惊悚小说大师埃德加·爱伦·坡(Edgar Allan Poe)的名字命名,他曾住在附近的莫尔特里堡(Fort Moultrie)。店里的汉堡堪称一绝,Amontillado白葡萄酒配鳄梨酱、辣椒乳酪、辣番茄沙司和酸辣奶油酱也不错。(爱伦·坡诗作《乌鸦》中的)乌鸦或许也要回答: "多多益善。"

❶ 实用信息

基亚瓦岛游客中心(Kiawah Island Visitor Center; ☏800-774-0006; www.charlestoncvb.com; 22 Beachwalker Dr, Kiawah Island; ⊙9:00~15:00)提供关于查尔斯顿地区的地图、旅游信息,并协助安排住宿和团队游。

❶ 到达和离开

查尔斯顿的堰洲岛都可以通过城市的一系列小路和桥梁到达,但它们之间并不都是互通的。例如,如果你想从沙利文岛前往基亚瓦岛或埃迪斯托岛,就需要走很长的路。从南部前往的话,埃迪斯托岛(通过SC 174)、基亚瓦岛和约翰岛(通过SC 17)无须经过查尔斯顿就可以到达。从北部海岸出发,可走SC 17前往沙利文岛和棕榈岛,同样无须从市区绕行。

博福特和希尔顿海德 (Beaufort & Hilton Head)

位于皇家港岛(Port Royal Island)上的博福特(Beaufort, 发音为byoo-furt)是一座可爱的殖民地时期小镇,好莱坞影片常在此取景。历史区的街道两旁屹立着战前的房屋,高大的木兰树上缠绕着寄生藤。河边的商业区是咖啡馆和画廊聚集的地方,值得一游。

博福特以南的帕里斯岛(Parris Island)是海军陆战队新兵训练营(Marine Corps Recruit Depot)所在地,每年都有2万多年轻男女在这里开始他们的军旅生涯。但这里却受到斯坦利·库布里克(Stanley Kubrick)导演的电影《全金属外壳》(*Full Metal Jacket*)的牵连而变得"臭名昭著"了(虽然电影不是在这里拍摄的)。100年来,新兵都是先在这里的设施安顿下来。周五举行毕业生典礼,游客可以前往观礼,看新兵们自豪地在亲友团面前进行队列表演。美国人驾车进入基地需要出示身份证(外国人出示护照)。博福特以东的Sea Island Pkwy/Hwy 21将多个湿润偏远的岛屿连接起来,其中包括嘎勒人聚居的中心**圣海伦娜岛**(St Helena Island)以及海岸州立公园区域。

皇家港岛海峡(Port Royal Sound)对岸,小巧的希尔顿海德岛(Hilton Head Island)是南卡罗纳州最大的堰洲岛,同时也是美国顶级的高尔夫球场所在地。这里有几十座高尔夫球场,许多都位于豪华私人住宅区内(历史上被称为"种植园",现在通常被称为"度假胜地")。该岛是美国首个根据生态环保原则规划的地方。创始人查尔斯·弗雷泽(Charles Fraser)认为,度假胜地应该与自然融为一体,因而限制对颜色的使用,执行严格的分区规则(楼高不得超过5层,指示牌须设于低处,灯光从下方照射),显著减少路灯,形成了岛上的环境特色。即使是这样,夏天交通拥堵,绵延数英里的刹车灯也让人难以静心欣赏小岛美景,但这里还是有许多郁郁葱葱的自然保护区和可以进行骑行的辽阔白沙滩,还可以看到很多海豚。

值得一游

萤火虫和铁兰：康格瑞国家公园

植物腐烂后释放的鞣酸将水染成了墨黑色。雪白的柏树树桩如同故去很久的巨人腿骨一般。而铁兰干枯灰白宛如女巫的头发。徒步或划着独木舟穿越南卡罗来纳超凡脱俗的湿地，也是美国最大、最古老的一片漫滩森林，再也没什么地方能比得上这样的体验，让人错以为自己是南部哥特小说里的人物。康格瑞国家公园（Congaree National Park; ☎803-776-4396; www.nps.gov/cong; 100 National Park Rd, Hopkins; ◎游客中心周二至周六 9:00~17:00）占地22,000英亩，游客可以在此露营，也可以在特定季节参加由护林员带领的划独木舟游览（免费，次数有限，提前预订）。

临时到访的一日游游客可以在2.4英里长的高架木板路上散步。仔细观赏游客中心的Blue Sky壁画——有移步换景的感觉。从5月中旬至6月初，Photinus carolinus——一种稀有的萤火虫，会带着闪闪亮光，将森林之地变幻为繁星灯光秀。这种景象在全世界也只有少数几个地方能见到。总部在哥伦比亚的River Runner Outdoor Center（☎803-771-0353; www.shopriverrunner.com; 905 Gervais St）可以带你前往水上。公园距离哥伦比亚市中心仅30分钟车程。

◎ 景点

帕里斯岛博物馆   博物馆

（Parris Island Museum; www.parrisislandmuseum.com; 111 Panama St; ◎周一至周三、周六和周日 10:00~16:30, 周四和周五 8:00~16:30）**免费** 这个引人入胜的博物馆介绍了海军陆战队的历史，收藏着古老的军装和武器，但描述为期13周的高强度地狱式（如同CS游戏里的毒气室训练）海洋基础训练的展览是最吸引人的部分。除了此处，该项训练也在加利福尼亚州圣地亚哥的一处训练营进行。

佩恩中心   博物馆

（Penn Center; ☎843-838-2474; www.penncenter.com/museum; 16 Penn Center Circle W, St Helena Island; 成人/6~16岁儿童 $7/3; ◎周二至周六 9:00~16:00）这里曾经是美国为获得自由的奴隶兴办的第一批学校所在地。佩恩中心内设一座小型博物馆，传播嘎勒文化并追溯了佩恩学校（Penn School）的历史。

亨廷岛州立公园   州立公园

（Hunting Island State Park; ☎843838-2011; www.southcarolinaparks.com/huntingisland; 2555 Sea Island Pkwy; 成人/6~15岁儿童 $5/3; ◎游客中心 周一至周五 9:00~17:00, 周六和周日 11:00~17:00, nature center 7月至8月 周二至周六 9:00~17:00）亨廷岛州立公园草木葱郁，引人入胜，园内连绵数英亩的昏暗的海岸林、潮汐潟湖和空旷雪白的沙滩都令人印象深刻。电影《阿甘正传》（Forrest Gump）中越战的场景就是在公园沼泽地拍摄的，这里简直就是自然爱好者的梦想天堂。夏季露营地（☎预约 866-345-7275; www.southcarolinaparks.com; 帐篷露营位 $18.50~20, 房车露营位 $18~45, 小屋 $249; ◎6:00~18:00, 3月初至11月初 21:00）很快就会客满。还可以登上灯塔（$2）尽览海岸开阔的美景。

🛏 食宿

City Loft Hotel   酒店 $$

（☎843-379-5638; www.citylofthotel.com; 301 Carteret St; 房间/套房 $169/209; ⓟ📶🐾）这间酒店风格时尚，为历史感厚重、高大橡树林立的城市增添了一抹清爽的现代感。房间和浴室都配有平板电视，淋浴间饰以艺术瓷砖，床铺也铺着记忆海绵床垫。其他亮点还包括健身房、免费使用自行车和酒店内的咖啡馆（房价中包含$5的代金券）。

★ Cuthbert House Inn   民宿 $$$

（☎843-521-1315; www.cuthberthouseinn.com; 1203 Bay St; 房间 $179~245; ⓟ📶🐾）这座富丽堂皇的白色圆柱宅邸是博福特最浪漫的民宿，就像是《飘》中描述的一样。古董家具随处可见，而单色的墙壁则增添了一种清新现代之感。有些房间可以看到河景（三间带有壁炉）。1865年，威廉·T.谢尔曼将军

(General William T Sherman)在南部行军时曾在这里居住。

★ Lowcountry Produce　　　美国南方菜 $

(www.lowcountryproduce.com; 302 Carteret St; 早餐 $9~15, 三明治 $10~18; ⊘8:00~15:00; ☎)这个很棒的地方还充当咖啡馆和市场的角色,可以买到野餐食物,比如馅饼、自制的开胃小菜、本地芝士等各种南卡罗来纳低地地区风味食物(除了奶油芝士千层面,这可太不对!)。你也可以在餐厅就坐,点一份Oooey Gooey,一份甜椒芝士三明治配培根和蒜味辣椒酱(超级辣的!),或者来一份美味的蟹饼三明治配抱子甘蓝沙拉。

❶ 实用信息

博福特旅游信息中心(Beaufort Tourist Info Center; ☎843-525-8500; www.beaufortsc.org; 713 Craven St; ⊘周一至周六 9:00~17:00)位于博福特历史博物馆(Beaufort History Museum)里面。

北海岸(North Coast)

从北卡罗来纳边界向南延伸至乔治城(Georgetown)市,这片海岸地区被称为大海滩(Grand Strand),它绵延60英里,遍布快餐馆、海滩度假村和3层楼的纪念品商店。这里曾经是东南部工薪阶级的悠闲夏季避暑胜地,如今已经成为美国过度开发最严重的地方之一。无论是住在巨大的度假村,还是州立公园的帐篷里,你所需要的无非就是一双人字拖、一杯玛格丽特酒和几个玩弹球机用的硬币。

默特尔比奇(Myrtle Beach)

默特尔比奇市区海滨高大的摩天轮耀眼炫目,转个不停,这片狭长的海岸绵延60英里,阳光灿烂,奢华兴旺。无论你喜欢与否,默特尔比奇都意味着美国式的夏日度假。由于这里没有必须戴头盔的法令,所以骑车人可以让自己的发丝随风飞扬。在烟雾缭绕的游戏厅里,身穿比基尼的小青年玩着电子游戏,吃着汉堡,全家人在白沙滩上晒得如同烤鸡一般。

北默特尔比奇实际上是一座独特的城镇,略显低调,基于"shag"(不,并不是那种意思)的文化生机勃勃。"shag"是一种类似吉特巴舞的舞蹈,20世纪40年代诞生于此。这里并不适合自然爱好者,但多座大型折扣商场、数不清的小高尔夫球场、水上公园、台克利酒吧(daiquiri bar)和T恤商店,让人尽享喧嚣的好时光,当然也适合带孩子游玩。

◉ 景点和活动

摩天轮　　　游乐园

(SkyWheel; www.myrtlebeachskywheel.com; 1110 N Ocean Blvd; 成人/3~11岁儿童 $14/9起; ⊘11:00至午夜)这座高达187英尺的摩天轮能俯瞰1.2英里长的海岸木板道。1张票可以乘坐封闭的摩天轮吊舱转动3周。夜晚的摩天轮更是迷人,超过百万个彩灯璀璨闪烁。

布鲁克格林花园　　　花园

(Brookgreen Gardens; www.brookgreen.org; 1931 Brookgreen Garden Dr, Murrells Inlet; 成人/4~12岁儿童 $16/8; ⊘9:30~17:00)从城镇沿Hwy 17S向南行驶16英里,就能看到这些迷人的花园。这片亚热带花园占地9000英亩,是由稻米种植园改造而成的,园内收藏着全国数量最多的美国雕塑。

🛏 食宿

默特尔比奇州立公园　　　露营地 $

(Myrtle Beach State Park; ☎843-2385325; www.myrtlebeachsp.com; 4401 S Kings Hwy; 简易帐篷 仅复活节至劳动节 $18~36, 帐篷露营位和房车露营位 $21~50, 小屋 $65~205; P☎❄)距离海岸咫尺之遥,你可以在松树下露营或租一个小屋。这座公园位于默特尔比奇中心以南3英里处,包括美丽的海滩、规模巨大的捕鱼码头和大片海洋防护森林。

Hampton Inn Broadway at the Beach　　　酒店 $$$

(☎843-916-0600; www.hamptoninn3.hilton.com; 1140 Celebrity Circle; 房间/套房 $249/389起; ❄@☎❄)能俯瞰湖景和海滨木板道、经过翻新的敞亮房间是这家酒店的上乘之选,这里比Ocean Blvd一带的住处更为安静。如果你带着幼童旅行,让小孩在附近的商店和景点晃荡,总比他们在木板道上逛更让人放心。

Prosser's BBQ
美国南方菜 $$

(www.prossersbbq.com; 3750 Business Hwy 17, Murrells Inlet; 自助早餐$7, 午餐$10~11, 晚餐$13~15; ⊙周一至周六 6:30~10:30和11:00~14:00, 周日 11:00~14:30, 周二至周六 16:00~20:30; ❄)来到默勒尔斯港（Murrells Inlet）的"餐馆一条街"却不吃海鲜似乎有些奇怪，但谁管得着呢？品种丰富的家常自助午餐味道很好，包括炸鱼、炸鸡、红薯蛋奶酥、奶酪意面、四季豆和醋味手撕猪肉。

★ Wicked Tuna
海鲜 $$$

(☎843-651-9987; www.thewickedtuna.com; 4123 Hwy 17 Bus, Murrells Inlet; 主菜$14~42; ⊙11:00至午夜; ❄)默勒尔斯港到处都是海鲜，乍一看，Wicked Tuna并没什么特别。再猜！这地方确实值得一去，既可以俯瞰美丽的海湾，也能享受到真正的美食——店家雇了6艘渔船，每次出海3到6天，各自能带回600磅的鲜鱼。

渔船直开到厨房门口，实现了"从鱼钩到餐桌"的理念。菜单上有各种诱人的菜肴和寿司。点一份新鲜捕获的海鲜，坐在水边的露台上，给我们发一封感谢邮件！

🍸 饮品和娱乐

American Tap House
精酿啤酒

(www.broadwayatthebeach.com/listing/american-tap-house; 1320 Celebrity Circle; 品脱$5.50~9; ❄)位于百老汇海滩（Broadway at the Beach）购物中心内，是家由大厨主理的美食酒吧。如果你喜欢精酿啤酒，这儿有来自美国各地的53种桶装啤酒，十分适合你。

★ Fat Harold's Beach Club
舞蹈

(www.fatharolds.com; 212 Main St; ⊙周日至周四 16:00开始营业，周五和周六 11:00开始营业)在这个北默特尔比奇老牌夜店里欣赏杜沃普摇滚乐（doo-wop）和怀旧摇滚乐。这里自称是"Shag舞之家"，每周二19:00免费教授Shag舞。

ℹ️ 实用信息

默特尔比奇游客中心（Myrtle Beach Visitor Information; ☎843-626-7444; www.visitmyrtlebeach.com; 1200 N Oak St; ⊙8:30~17:00）提供地图和宣传册。

ℹ️ 到达和当地交通

Hwy 17 Business/Kings Hwy往来两个方向的交通状况都令人担忧。如果想完全避开"大海滩"地区，可走Hwy 17支路或Hwy 31/Carolina Bays Pkwy，后者与Hwy 17平行，位于Hwy 501和Hwy 9之间。

默特尔比奇国际机场（Myrtle Beach International Airport; MYR; ☎843-448-1589; www.flymyrtlebeach.com; 1100 Jetport Rd）和**灰狗巴士**（☎843-448-2472; www.greyhound.com; 511 7th Ave N）车站都在市内。默特尔比奇国际机场有来自30多个国内目的地的直达航班。

格林维尔和南卡罗来纳高地地区（Greenville & The Upcountry）

切罗基印第安人曾经生活在南卡罗来纳州的山麓地带，他们称之为"上帝的大蓝山"，如今该地区被称为南卡罗来纳高地地区。从地理上来说，它是蓝岭山脉（Blue Ridge Mountains）急剧下降与皮德蒙特高原交会的地带。

该地区的格林维尔是南部最迷人的市区之一。芦苇河（Reedy River）蜿蜒穿过市中心，流经瀑布公园（Falls Park; www.fallspark.com），壮观的瀑布在主街（Main St）的下方奔腾而过。西格林维尔（West Greenville）村距离市中心2英里，凭借艺术画廊、餐馆、精品店和其他新开发的项目，正逐步复兴起来。

👁 景点和活动

泰布尔罗克州立公园
州立公园

(Table Rock State Park; ☎864-878-9813; www.southcarolinaparks.com; 158 Ellison Lane, Pickens; 6月至11月成人/6~15岁儿童 $5/3, 12月至次年5月成人/16岁以下儿童 $2/免费; ⊙周日至周四 7:00~19:00, 周五和周六 至21:00, 5月中至11月初 时间延长)这一地区著名的自然景观泰布尔罗克山（Table Rock Mountain）海拔达3124英尺，花岗岩地貌非常壮观。往返7.2英

里长的登顶徒步运动深受当地人欢迎。要想在此过夜，可选择帐篷和房车露营（☎864-878-9813；www.southcarolinaparks.com；露营位$16~25，小屋$52~181；图），也可以租住由Civilian保护组织（Civilian Conservation Corps）修建的小屋。

宝马性能中心 赛车运动

（BMW Performance Center；☎864-968-3000；www.bmwperformancecenter.com；1155 Hwy 101 S, Greer；1/2天课程$849/1699）你对速度的渴望在这家美国唯一的宝马性能——驾驶学院或许能够得以实现。你可以在为期一天或两天的课程中深入体验驾驶的速度与激情，试驾包括高性能的M系列在内的各型汽车，或者开着Mini学习特技驾驶——《偷天换日》对你来说就是小菜一碟。

🛏 住宿

★ Swamp Rabbit Inn 民宿 $$

（☎864-517-4617；www.swamprabbitinn.com；1 Logan St；房间 带/不带浴室 $155/105；P图🛜）这间有趣的小旅馆坐落在市中心一栋20世纪50年代的前寄宿公寓里，感觉就像一个青年旅舍，但6间独立客房装修华丽、色彩鲜艳，跟南部的其他酒店客房一样既舒适又怪异。公共空间包括现代化的客用厨房和带烧烤设备的木制露台，非常不错。

Westin Poinsett 酒店 $$$

（☎864-421-9700；www.westinpoinsettgreenville.com；120 S Main St；房间 $189~309；P图@🛜）这座宏伟的酒店于1925年开业，位于市区的中心地带，距离芦苇河瀑布（Reedy River Falls）只有几步之遥。阿梅莉亚·埃尔哈特（Amelia Earhart）、康内留斯·范德比尔特（Cornelius Vanderbilt）和鲍比·肯尼迪（Bobby Kennedy）都曾是这里的住客。酒店里铺着新地毯、提供司康饼、墙上贴满了壁纸，而房间则相对简单（浴室很快就会重新装修）。

🍴 餐饮

Stax Omega Diner 美式小馆 $

（www.staxs.net；72 Orchard Park Dr；早餐$4~14，午餐和晚餐$9~15；⊙6:30~21:00；🛜）美国人的早餐分量之大无人能比，这个位于市中心以东4英里的繁忙美式家庭小馆恰恰印证了这一点。餐厅特别宽敞，可容纳500人！而且出品也相当有水准：煎蛋卷、煎饼、法式吐司、班尼迪克蛋、炒蛋……不胜枚举。

Soby's 南方菜 $$

（www.sobys.com；207 S Main St；主菜$18~31；⊙周一至周四 5:30~21:00，周五 5:30~22:00，周六 17:00~22:00，周日 10:30~13:30和17:00~21:00；🛜）在这家格林维尔市中心的新南方风味餐馆里，给自己订一张紧靠着砖墙的私密长沙发桌。这里还非常适合葡萄酒爱好者[酒单上有5000款葡萄酒，已经连续19年获得《葡萄酒观察家（Wine Spectator）》的卓越奖（Award of Excellence）]。菜单时常变换，食材都是来自当地农民、粮食收购者和农场主的出产。

Dark Corner Distillery 酿酒厂

（www.darkcornerdistillery.com；241 N Main St；⊙周一至周六 11:00~19:00）你可以在这里品尝奶油焦糖威士忌或野莓味威士忌。Dark Corner是格林维尔县高地隐蔽一角的昵称，那儿以走私酒品和贫困的苏格兰—爱尔兰居民而闻名。

ℹ 到达和当地交通

格林维尔-斯帕坦堡国际机场（Greenville-Spartanburg International Airport；☎864-877-7426；www.gspairport.com；2000 GSP Dr, Greer）位于市区以东13英里处，在格林维尔和斯帕坦堡的中间。**灰狗巴士**（Greyhound；☎864-235-4741；www.greyhound.com；9 Hendrix Dr）车站也在同一方向，位于市中心东南7英里处。**美国国铁**（Amtrak；www.amtrak.com；1120 W Washington St）车站位于市中心西侧，更加便利。

田纳西州（TENNESSEE）

美国大多数州都有一首官方州歌，而田纳西州居然有7首。事出有因——音乐已深深扎根于田纳西的灵魂深处。在这里，东部山区的苏格兰—爱尔兰民间音乐结合西部三角洲地区非裔美国人的蓝调节奏，造就了现代乡村音乐，纳什维尔因此扬名天下。

田纳西州州旗上的3颗星代表了各具风情的3个地理区域——东、中和西田纳西州，各自有其独特之美：大雾山淡紫红色的群峰，纳什维尔周边中部高原地区葱茏青翠的山谷，以及孟菲斯周围炎热潮湿的低地。

在田纳西州，清晨可以沿着绿树成荫的山路远足，晚上去纳什维尔的乡村音乐俱乐部酒吧跳舞释放激情，或带着"猫王"的记忆漫步在孟菲斯的街头巷尾。

❶ 实用信息

环境保护部（Department of Environment & Conservation; www.state.tn.us/environment/parks）其网站经营得很好，可登录查看田纳西州50多座州立公园的露营、徒步和垂钓等信息。

旅游发展部（Department of Tourist Development; ☏615-741-2159; www.tnvacation.com）设有多个欢迎中心，都位于田纳西州边界处。

孟菲斯（Memphis）

孟菲斯不仅是游客天堂，还是乐迷朝圣地。音乐爱好者们为比尔街（Beale St）上布鲁斯吉他的旋律而痴迷。烧烤迷们则可以在这里尽情享受烟熏手撕猪肉和烤肋骨的美味。"猫王"埃尔维斯的粉丝们从世界各地来到雅园（Graceland，"猫王"故居）一诉他们的仰慕之情。你可以花上几天的时间参观一个又一个的博物馆或历史遗址，间或停下来吃顿烧烤，然后快乐地离开。

这座城市有一种巴洛克的颓丧气质，既令人神伤，又使人迷醉。尽管贫穷的迹象无处不在——维多利亚风格的豪宅与摇摇欲坠的盒式走廊棚屋（这种狭小的房屋在南方城市随处可见）比肩而立，大学校园就建在阴森破败的废弃工厂周围，但城市现已散发出复兴的气息。那些曾经被踩踏、遭到废弃或被野葛覆盖的街区——South Main、Binghampton、Crosstown等，如今焕然一新，布满光鲜的精品店、新潮的跃层房屋和标新立异的餐厅，洋溢着孟菲斯狂野大河之城的精气神。

◉ 景点

◉ 市中心

比尔街仅限步行的一段堪称是个24小时不打烊的狂欢之地，这里有油炸漏斗煎饼、啤酒外卖柜台以及无处不在的音乐。虽然当地人很少来这里，但游客却乐在其中。

★ 国家民权博物馆   博物馆

（National Civil Rights Museum，见420页地图; www.civilrightsmuseum.org; 450 Mulberry St; 成人/学生和老年人/儿童 $15/14/12; ⏲周一、周三至周六 9:00~17:00, 周日 13:00~17:00）1968年4月4日，马丁·路德·金在洛林汽车旅馆（Lorraine Motel）遭到致命枪击。如今，街对面建起了这座令人神伤的国家民权博物馆。博物馆在比尔街以南5个街区，丰富的展品按照准确的时间顺序分类，向人们展示了非裔美国人为争取自由和平等所做的斗争。金博士的文化贡献和他的遇刺，是人们了解美国民权运动先驱，以及运动对美国生活所产生的持续影响的一个极佳切入点。

20世纪50年代洛林汽车旅馆的青绿色外墙以及两个房间内部仍然保持着当年金博士遇害时的原貌。

孟菲斯摇滚和灵魂音乐博物馆   博物馆

（Memphis Rock 'n' Soul Museum，见420页地图; www.memphisrocknsoul.org; 191 Beale St; 成人/儿童 $12/9; ⏲10:00~19:00）这座史密森尼学会所属博物馆紧挨着联邦快递体育馆（FedEx Forum），致力于研究密西西比三角洲的白人音乐和非裔美国人音乐是如何融合，从而形成现代的摇滚和灵魂音乐的。

W.C.汉迪故居博物馆   博物馆

（WC Handy House Museum，见420页地图; www.wchandymemphis.org; 352 Beale St; 成人/儿童 $6/4; ⏲冬季周二至周六 11:00~16:00, 夏季 10:00~17:00）位于4th St拐角处的这个棚屋曾经属于有着"蓝调音乐之父"之称的作曲家W.C.汉迪。他是第一位变换12小节蓝调的作曲家，并于1916年创作了《比尔街蓝调》（Beale Street Blues）。

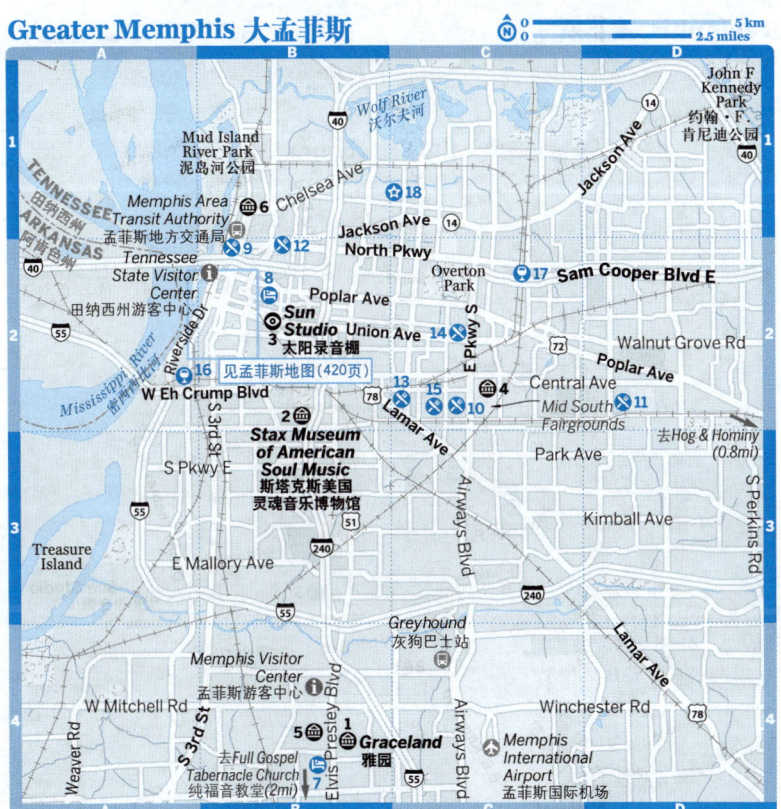

Greater Memphis 大孟菲斯

Greater Memphis 大孟菲斯

◎ 重要景点
- **1** 雅园..B4
- **2** 斯塔克斯美国灵魂音乐博物馆..............B2
- **3** 太阳录音棚..B2

◎ 景点
- **4** 孟菲斯儿童博物馆..............................C2
- **5** 猫王的孟菲斯....................................B4
- **6** 奴隶避难所地下铁路博物馆/
  博克勒庄园..B1

🛏 住宿
- **7** Days Inn Graceland B4
  Graceland RV Park &
  Campground................................（见5）
  Guest House at Graceland ....（见1）
- **8** James Lee House..............................B2

🍴 就餐
- **9** Alcenia's..B2
- **10** Alchemy..C2
  Bar DKDC ....（见10）
- **11** Brother Juniper's..............................D2
- **12** Cozy Corner....................................B2
  Imagine Vegan Cafe....................（见10）
- **13** Payne's Bar-B-Q..............................C2
- **14** Restaurant Iris................................C2
  Soul Fish Cafe ....（见10）
- **15** Sweet Grass....................................C2

🍺 饮品和夜生活
  Hammer & Ale ....（见15）
- **16** Loflin Yard......................................A2
- **17** Wiseacre Brewing Co C2

⭐ 娱乐
- **18** Wild Bill's..C1
  Young Avenue Deli......................（见15）

Memphis 孟菲斯

Memphis 孟菲斯

◎ 重要景点
1 国家民权博物馆......................................A5

◎ 景点
2 孟菲斯摇滚和灵魂音乐博物馆................B4
  Peabody Ducks..............................（见6）
3 W.C. 汉迪故居博物馆..............................C3

◎ 活动、课程和团队游
4 Gibson Beale Street
  Showcase...B4

◎ 住宿
5 Madison Hotel...B2
6 Peabody Hotel B3
7 Talbot Heirs...B3

◎ 就餐
8 Arcade...A5
9 Central BBQ..A5
10 Charlie Vergos' Rendezvous................B2
11 Gus's World Famous Fried Chicken.....A4
12 LUNCHBOXeats....................................C4
13 Majestic Grille.......................................B3

◎ 市中心北部

泥岛
公园

(MudIsland; www.mudisland.com; 125 N Front St; ◎4月中至10月周二至周日10:00~17:00; ▣) 免费 泥岛这片探入密西西比河的小半岛，是孟菲斯市区最惹人喜爱的绿地。持密西西比河博物馆（Mississippi River Museum）门票乘坐有轨电车（www.mudisland.com; 125 N Front St; $4; ◎10:00~17:00）免费，或步行过桥进入公园，你可以在园内慢跑或租自行车骑。

奴隶避难所地下铁路博物馆/博克勒庄园
博物馆

(Slave Haven Underground Railroad Museum/Burkle Estate; 见419页地图; www.slavehavenundergroundrailroadmuseum.org; 826 N 2nd St; 成人/儿童 $10/8; ◎周一至周六 10:00~16:00, 6月至8月 至17:00) 博物馆位于一座带护墙板的不起眼的房子里，这里被认为是帮助逃亡奴隶的"地下铁路"的一处交通站，里面设有活动板门、地窖入口和小房间。

◎ 市中心东部

★ 太阳录音棚
古迹

(Sun Studio; 见419页地图; ☎800-441-6249; www.sunstudio.com; 706 Union Ave; 成人/儿童 $12/免费; ◎10:00~18:15) 这个灰蒙蒙的店面堪称美国摇滚音乐的发源地。从20世纪50年代起，太阳录音棚的萨姆·菲利普（Sam Phillips）就开始为野狼（Howlin' Wolf）、BB King和艾克·特纳（Ike Turner）等蓝调音乐人录制唱片，后来又为杰瑞·李·刘易斯（Jerry Lee Lewis）、强尼·卡什（Johnny Cash）、罗伊·奥比森（Roy Orbison），当然还有"猫王"埃尔维斯（他于1953年在这里出道）等乡村摇滚音乐天王制作唱片。

游客可以跟随导览游参观这个小小的录音棚，45分钟的行程（不接待5岁以下儿童; 10:30~17:30每小时1次）安排得非常紧凑，你有机会听到过去那些原始的录音磁带。导游会为观众讲许多趣闻逸事。你可以在"猫王"曾经站立过的"X"标记处拍照留念，也可以买一张《百万美元四重奏》（*Million Dollar Quartet*）的CD，这是太阳录音棚在1956年连续推出"猫王"、强尼·卡什、卡尔·帕金斯（Carl Perkins）和杰瑞·李·刘易斯的黄金时期灌制的。对于音乐迷来说，这里的故事将会让你激动万分。你可以搭乘工作室的免费班车（从11:15开始，每小时1班），它循环往返于太阳工作室、比尔街和雅园之间。

孟菲斯儿童博物馆
博物馆

(Children's Museum of Memphis; www.cmom.com; 见419页地图; 2525 Central Ave; $15; ◎9:00~17:00, 夏季 至18:00; ▣) 给孩子们一个机会，让他们在这里尽情释放、玩耍，馆内的展品有飞机驾驶舱和飓风发电机等。

◎ 市中心南部

★ 雅园
历史建筑

(Graceland; 见419页地图; ☎901-332-3322; www.graceland.com; Elvis Presley Blvd/US 51; 只参观住宅的团队游成人/7~12岁儿童 $38.75/17, 含飞机 $43.75/22, 含猫王的孟菲斯 $57.50/27, 增项团队游 $62.50/32起; ◎周一至周六 9:00~17:00, 周日 至16:00, 12月 时间缩短且周二关闭; ▣) 如果你在孟菲斯只参观一处景点，那么就来这里——摇滚之王天马行空、富丽堂皇的故居。埃尔维斯·普雷斯利（Elvis Presley）虽然出生于密西西比州，但却是名副其实的"孟菲斯之子"。他在Lauderdale Courts公共住宅项目的资助下长大，他的音乐灵感源于比尔街上的蓝调俱乐部，并在太阳录音棚被发掘。1957年春，22岁的埃尔维斯已经成名，他花$100,000买下了一座殖民地风格的住宅，前任主人称之为"雅园"。

1974年，"猫王"亲自重新装修了他的住处。15英尺的长沙发、人造瀑布、黄色聚乙烯基墙壁和装饰着绿色蓬松织毯的天花板，简直就是20世纪70年代招摇风格的样板间。斥资$4500万的全新娱乐综合体兼游客中心猫王的孟菲斯（Elvis Presley's Memphis; 见419页地图; ☎901-332-3322, 800-238-2000; www.graceland.com; 3765 Elvis Presley Blvd; 成人/7~12岁儿童 $28.75/25.90; ◎周一至周六 9:00~17:00, 周日 至16:00, 12月 时间缩短且周二关闭) 位于埃尔维斯·普雷斯利大街（Elvis Presley Blvd）的另一侧，你将从这里开始你的旅程。这里现在有普雷斯利的汽车博物馆,想欣赏更多展品,则每位成人需另缴$18.7。多花$5就能参观两架定制飞机(看看康维尔880喷气机"丽莎·玛丽"号上蓝色和金色相间的私人卫生间)。旺季(6月至8月和其他"猫王"重要纪念日)提前预订以保证能按时参观。最基本的自助宅邸团队游配有多媒体ipad解说(由约翰·斯塔摩斯解说),引人入胜。

1977年,"猫王"因心脏衰竭在雅园楼上的浴室中去世。1982年,"猫王"前妻普里西拉·普雷斯利(Priscilla Presley, 1973年与埃尔维斯离婚)将雅园对游人开放。今天上百万的游客来此向"猫王"表达敬意。成群的粉丝依然对着房后泳池旁的"猫王"坟墓垂泪不已。雅园位于市区以南9英里处的US 51(也被称为埃尔维斯·普雷斯利大街)上,太阳录音棚(见421页)有免费班车前往。停车费$10。

★ 斯塔克斯美国灵魂音乐博物馆 博物馆

(Stax Museum of American Soul Music;见419页地图;☎901-942-7685;www.staxmuseum.com;926 E McLemore Ave;成人/儿童 $13/10;◎周二至周六 10:00~17:00,周日 13:00~17:00)想要领略funky音乐吗?就去Soulsville USA吧,占地17,000平方英尺的斯塔克斯美国灵魂音乐博物馆位于老斯塔克斯录音工作室的原址。这个神圣之地正是20世纪60年代灵魂音乐的中心,当时奥蒂斯·雷丁(Otis Redding)、Booker T以及MGs和威尔逊·皮克特(Wilson Pickett)都曾在这里录制唱片。

馆内陈列着大量照片和20世纪60年代至70年代的演出服,最引人注目的是艾萨克·海斯(Isaac Hayes)的1972年的Superfly凯迪拉克车,里面铺着蓬松的地毯,外部以24K黄金装饰。通过这些展品可了解灵魂音乐的历史。

纯福音教堂 教堂

(Full Gospel Tabernacle Church; 787 Hale Rd;◎礼拜11:00)周日时,可以穿戴整齐前往孟菲斯南部的纯福音教堂参加礼拜活动。曾经的灵魂传奇人物艾尔·格林(Al Green)如今成为一名牧师,在此组织了一个强大的唱诗班。教堂欢迎游客参观,这会是一次奇妙的文化体验。

✦ 节日和活动

Peabody Ducks 游行

(见420页地图;www.peabodymemphis.com; 149 Union Ave;◎11:00和17:00;👶)免费 这项传统可以追溯至20世纪30年代,每天11:00整,5只鸭子排成一列走出Peabody Hotel的镀金电梯,摇摇摆摆地穿过铺着红地毯的大厅,一头扎进大厅的大理石喷泉里,开始一天快乐地戏水。17:00这些鸭子列队原路返回,在身穿红色制服的鸭主人的陪伴下回到它们的楼顶鸭舍。

猫王周 文化节

(Elvis Week;☎901-332-3322, 800-238-2000; www.elvisweek.com; Elvis Presley Blvd, Graceland)每年8月中旬,孟菲斯都会举办"猫王周",以纪念猫王的逝世和他的一生。其间,数以万计泪光闪烁的朝圣者会齐聚于此,开始为期九天的盛典。美国就是如此怪异。你可以参加《拉斯维加斯万岁》(*Viva Las Vegas*)或《欢迎来到夏威夷》(*Aloha From Hawaii*)的放映和舞蹈派对、参加国际猫王模仿大赛(International Elvis Tribute Artist competition),或跑一场猫王5公里赛(Elvis 5K)——鬓角过线不算赢哈。

比尔街音乐节 音乐节

(Beale Street Music Festival; www.memphisinmay.org; Tom Lee Park; 3日票$95;◎5月的第一个周末)你肯定听说过科切拉音乐节(Coachella)、新奥尔良爵士音乐节(New Orleans Jazz Fest)和波诺若音乐节(Bonnaroo),但孟菲斯的比尔街音乐节却少有人知,音乐节期间演出阵容强大,既有全美国最好的蓝调大家、崭露头角的摇滚新星,也有曾名噪一时的流行歌手和嘻哈乐艺人。

✦ 团队游

Gibson Beale Street Showcase 团队游

(见420页地图;www.gibson.com/Gibson/Gibson-Tours.aspx; 145 Lt George W Lee Ave; $10;◎团队游周一至周六 11:00~16:00,周日 正午至16:00,每小时1次)为游客提供历时45分钟的精彩团队游,但会因工人在场工作和噪声大小而有所变化。参观这个大型工厂,你会看到工艺大师是如何将坚硬的木块制作成Les Paul名品吉他的。5岁以下儿童禁止入内。

Blues City Tours　　　　　　　　　巴士

(☎901-522-9229; www.bluescitytours.com; 成人/儿童 $26/21起)各种主题巴士游，包括猫王之旅和孟菲斯音乐之旅，可以随上随下。

🛏 住宿

🛏 市中心

Talbot Heirs　　　　　　　　　　客栈 $$

(见420页地图; ☎901-527-9772; www.talbothouse.com; 99 S 2nd St; 套房 $160~200; ❄@🛜)位于一条繁华的市中心街道旁的二层楼上，不太显眼。这家气氛愉悦的客栈是孟菲斯保守得最好、最独特的秘密之一。宽敞的套间都带有新近装修的现代化浴室，更像是时尚的一居室公寓而非酒店房间，配有亚洲地毯和漂亮的当地艺术品，厨房里储备了零食(已包括在房费内!)。

Peabody Hotel　　　　　　　　　酒店 $$

(见420页地图; ☎901-529-4000; www.peabodymemphis.com; 149 Union Ave; 房间 $229~365起; ❄@🛜♨)它是孟菲斯历史上最著名的酒店，自从19世纪60年代以来一直接待南方重要人物。如今它所在的这一座13层的意大利新文艺复兴风格建筑建于20世纪20年代，仍然是一个社交中心，有水疗中心、商店、餐馆和一个大气的大厅酒吧，464间客房都饰以舒缓的松石绿色。

Madison Hotel　　　　　　　　精品酒店 $$$

(见420页地图; ☎901-333-1200; www.madisonhotelmemphis.com; 79 Madison Ave; 房间 $279起; P❄@🛜♨)如果你想找一个漂亮的住处，建议入住这家华美的音乐主题精品酒店。屋顶花园Sky Terrace(非住客$10)是市内欣赏日落的绝佳地点，房间富有时尚感，增色之处包括硬木玄关、挑高天花板和意大利亚麻织物等。

★ James Lee House　　　　　　民宿 $$$

(☎901-359-6750; 见419页地图; www.jamesleehouse.com; 690 Adams Ave; 房间 $250~450; P❄@🛜)这座精美的维多利亚风格宅邸位于市中心边缘历史悠久的维多利亚村(Victorian Village)，闲置了56年。后来，房主投入200万美元进行改造，其对细节和设计的独到见解，使之跃升为孟菲斯首屈一指的高雅住宿场所。

🛏 市中心南部

Graceland RV Park & Campground　　　　　　　　　　露营地 $

(☎901-396-7125; 见419页地图; www.graceland.com/lodging/graceland_campground; 3691 Elvis Presley Blvd; 帐篷露营地/小屋 $25/47起; P❄🛜)一旦你在这里露营或入住简单的小木屋(带公共卫生间)，你就成了丽莎·玛丽(Lisa Marie，"猫王"埃尔维斯的女儿)的主顾。该营地紧邻雅园。

Days Inn Graceland　　　　　　汽车旅馆 $$

(☎901-346-5500; 见419页地图; www.daysinn.com; 3839 Elvis Presley Blvd; 房间 $105起; P❄🛜♨)大厅里有吉他形状的水池、金唱片和各种埃尔维斯的纪念品，屋顶挂着凯迪拉克霓虹灯。同样的价钱，Days Inn却能提供更多与猫王相关的元素。客房本身很干净，但缺乏特色。

Guest House at Graceland　　　精品酒店 $$

(见419页地图; ☎800-238-2000, 901-443-3000; www.guesthousegraceland.com; 3600 Elvis Presley Blvd; 房间/套房 $159/249起; P❄@🛜♨)看名字就知道这家酒店是Graceland的新旗舰店，450间客房炙手可热。时尚宽敞的标间采用青灰色调，配备有Dreamcatcher品牌的大床、三面显示的时钟、办公桌和55英寸平板电视。套房由普里西拉·普雷斯利协助设计，均再现了猫王生平生活的回忆(其中一间更在睡床上方的天花板上设置了一台红边电视!)。

🍴 就餐

当地人总为美食问题而争论不休，到底猪肉末三明治和腌肋骨哪个是本市的美食之冠呢? 烧烤店遍布全市，往往是外表最破败的店面会为你带来最意想不到的惊喜。时尚的当地年轻人喜欢去South Main Arts District或市中心的Cooper-Young Overton Square

市中心

★ Central BBQ   烧烤 $

（见420页地图；www.cbqmemphis.com；147 E Butler Ave；主菜 $10~25，三明治 $5起；◎周日至周四 11:00~21:00，周五和周六 至22:00）这个标志性的孟菲斯烧烤店位于市中心，是下午在国家民权博物馆参观之后的完美就餐地点。手撕猪肉做得出类拔萃，几乎被认为是全市最佳，可以浇上一些酱汁后食用（就应该这么吃），酱汁也是美味得让你恨不得多灌几口。

Gus's World Famous Fried Chicken   快餐 $

（见420页地图；www.gusfriedchicken.com；310 S Front St；主菜 $6.40~11.65；◎周日至周四 11:00~21:00，周五和周六 至22:00）他家的炸鸡香飘万里，甚至隔着半个地球都能让食客在梦里辗转反侧，垂涎欲滴。这家店位于市中心的水泥建筑内，趣味盎然，有闪烁的霓虹灯和老式自动点唱机。在生意火爆的晚上，客人们最多要等上1个小时。

LUNCHBOXeats   美国南方菜 $

（见420页地图；www.lunchboxeats.com；288 S 4th St；三明治 $8~13；◎周一至周六 10:30~15:00；🅟）在这间创意三明治店里，经典灵魂料理的风味得到了很大的提升，打造出别具一格的三明治，比如鸡肉华夫饼（以比利时华夫饼代替了面包片）、小龙虾香辣牛肉酱（crawfish étouffée sloppy Joes）、猪梅花肉、洋葱和芝士通心粉俱乐部三明治等口味，用传统的学校午餐盘上菜。

Alcenia's   美国南方菜 $

（www.alcenias.com；见419页地图；317 N Main St；主菜 $9.55~13；◎周二至周五 9:00~17:00，周六 至15:00）只有一样东西比Alcenia著名的"Ghetto-Aid"（一种很甜的果汁）更甜，那就是店主Betty-Joyce "BJ" Chester-Tamayo——如果你刚落座，额头上就得到一吻，不要吃惊。

Arcade   美式小馆 $

（见420页地图；www.arcaderestaurant.com；540 S Main St；主菜 $7~10；◎周日至周三 7:00~15:00，周四至周六 至23:00）走进这家风格极为复古的小餐馆里就餐，它是孟菲斯最古老的餐馆，在埃尔维斯曾坐过的卡座就坐下来，这个位置很巧妙，就在后门旁边。"猫王"曾坐在这里享用煎锅花生酱香蕉三明治，如果被粉丝认出引起混乱，就从后门快速撤离。如今，人们仍然蜂拥而至，前来品尝美味的甘薯饼——就像广告上宣传的那样，松软、浓浓的黄油味、让人上瘾。

Charlie Vergos' Rendezvous   烧烤 $$

（见420页地图；☎901-523-2746；www.hogsfly.com；52 S 2nd St；主菜 $8~20；◎周二至周四 16:30~22:30，周五 11:00~23:00，周六 11:30开始）这家地下餐馆隐藏在Monroe Ave附近的一条同名小巷里，每周售出的美味干腌肋骨竟然高达5吨，其受欢迎程度可想而知。肋骨不配任何酱汁，但猪肘子带调味酱，所以不妨来份双拼套餐，这样你就可以享用许多酱汁了。

Majestic Grille   欧洲菜 $$$

（见420页地图；☎901-522-8555；www.

杰克在此

颇具讽刺意味的是，杰克·丹尼酿酒厂（Jack Daniel's Distillery；www.jackdaniels.com；182 Lynchburg Hwy, Lynchburg；团队游 $13~75；◎9:00~16:30）竟然在一个"禁酒县"里，当地禁酒令规定，在本县范围内不允许销售烈性酒。但是不要懊恼——虽然酒厂的团队游5次之中至少有一次禁酒，但从90分钟的Flight of Jack Daniel's之旅到3小时的Taste of Lynchburg之旅，都可以品尝到不少威士忌。后者还包括在Miss Mary Bobo's Boarding House（☎931-759-7394；295 Main St, Lynchburg；◎周一至周六 11:00~14:00）美餐一顿。

所有团队游都需要在网上提前预订。杰克·丹尼是美国最古老的注册酒厂，自从1866年以来，这里的工人就用木炭层层过滤威士忌，然后将它们放在橡木桶里陈化。该酒厂位于小小的林奇堡（Lynchburg），紧邻Hwy 55。

majesticgrille.com; 145 S Main St; 午餐 $9~32, 晚餐 $10~23; ⓗ周一至周五 11:00至深夜, 周六和周日 11:00~14:30和16:00至深夜; ⓦ) 位于比尔街附近一座古老的默片剧场里, 漂亮的深色木制餐厅装饰着有声电影播放前的雪花点。这里供应经典的欧洲大陆风味食物, 从半只烤鸡到烧金枪鱼和烤猪里脊, 还有四种各具特色的手切菲力牛排。

🍴中城区

Imagine Vegan Cafe   严格素食 $

（见419页地图; www.imaginevegancafe.com; 2158 Young Ave; 主菜 $6~14; ⓗ11:00~21:00; ⓦⓖ）在孟菲斯, 严格素食主义者和素食主义者在就餐方面面临着一场艰苦绝卓的斗争（哎, 整个南部都是这样……）, 不过, 这家位于Cooper-Young的咖啡馆极有创意, 在手撕猪肉和炸鸡的海洋里一枝独秀。这里把所有标志性的南方风味菜肴都做成了素食, 甚至连名字都不改, 让平时对它们敬而远之的你也能尽情享受美食了。

Bar DKDC   各国风味 $

（见419页地图; www.bardkdc.com; 964 Cooper St; 菜肴 $6~12; ⓗ17:00至次日3:00）这家Cooper-Young区与时俱进的小店主打便宜可口的街头小吃, 偶尔还带点全球风味。菜单上包括木佛塔三明治、越式三明治、泰式鸡肉饺子等。

Soul Fish Cafe   海鲜 $$

（见419页地图; www.soulfishcafe.com; 862 S Cooper St; 主菜 $9.50~16; ⓗ周一至周六 11:00~22:00, 周日 至21:00）这个可爱的煤渣砖砌咖啡馆位于Cooper-Young街区, 以美味的"穷小子"三明治（po' boy）、炸鱼和令人欲罢不能的蛋糕而闻名。

Alchemy   西班牙小吃 $$

（见419页地图; ☎901-726-4444; www.alchemymemphis.com; 940 S Cooper St; 西班牙小吃 $9~18, 主菜 $17~24; ⓗ周一 16:00至次日1:00, 周二至周四 至23:00, 周五和周六 16:30至次日1:30, 周日 10:30~15:00和16:00~22:00）Cooper-Young区的热门餐厅, 提供美味的南方风味小吃, 比如松露魔鬼蛋配上蓝蟹肉酱和鱼子酱, 虾和玉米粥配上烟熏高德干酪和西班牙腊肠肉汁, 还有扇贝意式烤面包配上意大利调味料和柠檬醋。

Sweet Grass   美国南方菜 $$$

（见419页地图; ☎901-278-0278; www.sweetgrassmemphis.com; 937 S Cooper St; 主菜 $19~34; ⓗ周二至周六 17:00至深夜, 周日 11:00~14:00和17:00至深夜; ⓦ）这家氛围轻松的小餐馆位于中城区（Midtown）, 经营现代的低地地区风味菜肴（南卡罗来纳和佐治亚沿海以海鲜为主的菜肴）, 口碑极好。店内分成较热闹的**Next Door**酒吧区和较典雅的美式小馆区, 出品更为精致, 还有新开的生食吧和令人难忘的大虾和玉米粥。

🍴市中心东部

★Payne's Bar-B-Q   烧烤 $

（见419页; 1762 Lamar Ave; 三明治$5~9, 主菜 $7.50~11; ⓗ周二至周六 11:00~17:00）由加油站改造而成, 我们不得不说这里有市最好的猪排三明治, 但我们也不想与人抢破头。

Cozy Corner   烧烤 $

（见419页; www.cozycornerbbq.com; 735 N Pkwy; 主菜 $6.75~14; ⓗ周二至周六 11:00~21:00）悠闲地坐进破旧的塑料隔间里, 狼吞虎咽地吃掉一整只烤鸡（$11.75）, 这种康沃尔童子鸡是这间刚刚翻新过的饭店的特色招牌菜。肋骨和鸡翅也很好吃, 松软、爽滑的甘薯派是南方经典甜品中的范例。

Brother Juniper's   早餐 $

（见419页地图; www.brotherjunipers.com; 9514 Walker Ave; 菜肴 $4~13; ⓗ周二至周五 6:00~13:00, 周六 7:00~12:30, 周日 8:00~13:00）这家不起眼的小店创业之初是旧金山海特-黑什伯里区（Haight-Ashbury）救助无家可归者的连锁店; 如今只剩下孟菲斯这家店还屹立不倒, 几乎是有口皆碑的全城最棒早餐店。分量超大的煎蛋饼、薄饼、墨西哥早餐卷、华夫饼、饼干和自制炸薯条, 不一而足。这是必去之地。

Hog & Hominy   南方菜、意大利菜 $$

（☎901-207-7396; www.hogandhominy.

com; 707 W Brookhaven Circle; 比萨 $12~16; ⊗周二至周四 11:00~14:00和17:00~22:00, 周五和周六 至深夜, 周日 10:30~22:00; ⓢ) 它是由主厨经营过足南方的意大利风味餐厅, 坐落在Brookhaven Circle区的热门地段, 自2011年营业以来, 就在全国范围内掀起热潮, 是从GQ到《美食与美酒》(Food & Wine)等各类榜单的常客。从小份菜到完美打造的砖炉比萨都是金牌当家菜。还配有时令鸡尾酒和精酿啤酒。

★ Restaurant Iris　　美国南方菜 $$$

(见419页地图; ☎901-590-2828; www.restaurantiris.com; 2146 Monroe Ave; 主菜 $27~39; ⊗周一至周六 17:00~22:00) 主厨Kelly English以其拿手的新派南方创意菜取悦美食家, 并获詹姆斯·比尔德美食大奖提名。他做的炸牡蛎馅牛排、美味的大虾和玉米粥以及可口的抱子甘蓝配烟熏培根和雪莉酒都很好吃, 餐厅位于华美的民宅内。他还在隔壁开了家价格更亲民的新奥尔良口味美式小店 Second Line。

🍷 饮品和娱乐

比尔街是派对的中心, 但几乎完全面向游客。孟菲斯东面的Cooper-Young和Overton街区才是当地人常去的地方, 聚集着出色的时尚酒吧和餐馆。两地都位于市中心以东4英里处。最后一轮下单时间为凌晨3:00。本市第一家酿酒厂Old Dominick已于2017年营业。

Hammer & Ale　　啤酒馆

(见419页地图; www.hammerandale.com; 921 S Cooper St; 品脱 $5起; ⊗周二至周四 14:00~21:00, 周五和周六 13:00~18:00, 周日正午至15:00; ⓢ) 这家谷仓一样的精酿啤酒酒吧位于Cooper-Young区, 里里外外都用浅色柏木装饰, 吸引酒客们纷至沓来。店内供应的24种杯打啤酒, 多为南方的微酿啤酒, 其中就包括Wiseacre、High Cotton、Memphis Made和Ghost River等几家孟菲斯啤酒厂的佳酿。不收现金。

★ Loflin Yard　　啤酒花园、鸡尾酒吧

(见419页地图; www.loflinyard.com; 7 W Carolina Ave; 鸡尾酒 $9~12, 主菜 $9~12; ⊗周三和周四 16:00~22:00, 周五 11:30至午夜, 周六 正午至午夜, 周日 至21:00; ⓢ) 这个热闹的最新热门酒吧位于孟菲斯市中心, 仿佛一个巨大的乡村范儿成人游戏绿洲, 占地约有一英亩, 坐落在古老的Loflin Safe & Lock Co附近一个废品旧货站般的啤酒园中, 周围环绕着Gayoso Bayou缓缓流淌的运河。除了这个地方本身, 季节限定的橡木桶陈酿鸡尾酒也抢尽了风头, 再加上一些烟熏食品 (鸡翅、牛胸肉) 就完美了。

★ Wiseacre Brewing Co　　微酿啤酒

(见419页地图; www.wiseacrebrew.com; 2783 Broad Ave; 品脱 $5~6; ⊗周一至周四 16:00~22:00, 周五和周六 13:00~22:00; ⓢ) 我们最喜欢的孟菲斯酒吧, 就位于市中心以东5英里的仓库区Binghampton。在户外露台上品尝常年供应的和应季限定的精酿啤酒, 露台有个环绕式门廊, 围着两座有近百年历史的巨大水泥粮仓。

Young Avenue Deli　　现场音乐

(见419页地图; www.youngavenuedeli.com; 2119 Young Ave; ⊗11:00~15:00; ⓢ) 位于中城区 (Midtown), 深受人们喜爱。这儿有美食、泳池, 偶尔还有现场音乐, 非常适合悠闲的年轻人。还有36种桶装精酿啤酒以及130种罐装和瓶装啤酒。

★ Wild Bill's　　蓝调

(见419页地图; 1580 Vollintine Ave; ⊗周四 17:00~21:00, 周五和周六 22:00至次日3:00) 午夜之后, 这个简陋破旧的小店才会呈现出生机。点上40盎司啤酒、一篮子鸡翅, 然后坐下来欣赏孟菲斯最美妙的蓝调音乐, 只在周五和周六的23:00后才有演出。经常会有一些当地明星到场, 地道的精彩即兴演奏绝对让你不虚此行。

ℹ 实用信息

孟菲斯游客中心 (Memphis Visitor's Center; 见419页地图; ☎888-633-9099; www.memphistravel.com; 3205 Elvis Presley Blvd; ⊗9:00~17:00) 孟菲斯市的信息中心, 位于雅园的出口附近。

田纳西州游客中心（Tennessee State Visitor Center；见419页地图；901-543-6757；www.tnvacation.com；119 N Riverside Dr；7:00~23:00）提供介绍本州信息的宣传册。位于泥岛附近。

❶ 到达和当地交通

孟菲斯国际机场（Memphis International Airport, MEM；见419页地图；901-922-8000；www.flymemphis.com；2491 Winchester Rd）从比尔街出发，走I-55州际公路向东南方向约10.5英里；乘坐出租车到市区需要$25~30。**孟菲斯地方交通局**（Memphis Area Transit Authority, 简称MATA；419页地图；www.matatransit.com；444 N Main St；票价$1.75）运营当地公交车，2路和4路公共汽车开往机场。

MATA的复古有轨电车（$1，每12分钟1班）通常往返于市中心的Main St和Front St之间，但在调研期间，由于维护工作已经停止使用，当你拿到本书时应已恢复运营。**灰狗巴士站**（见419页地图；901-395-8770；www.greyhound.com；3033 Airways Blvd）就位于孟菲斯国际机场附近的MATA机场中转中心（Airways Transit Center）。美国国铁（www.amtrak.com；545 S Main St）**中央车站**就在市中心。

纳什维尔（Nashville）

想象一下：你是一名乡村歌手，满怀梦想，除了背上的一把破吉他一无所有，搭了几天便车，几经辗转来到纳什维尔，凝望着Lower Broadway闪烁的霓虹灯，深吸一口弥漫着香烟和啤酒气息的空气，在拥挤的乡村音乐酒吧感受人们迷乱的舞步，然后想着："纳什维尔，我来了！"

纳什维尔堪称全世界乡村音乐爱好者和满怀抱负的作曲人的朝圣之地。自从20世纪20年代以来，这座城市一直吸引着音乐人，正是纳什维尔将乡村音乐从20世纪初的"下里巴人音乐"发展成20世纪60年代华丽的"纳什维尔之音"，再到90年代带有朋克风格的另类乡村音乐。

纳什维尔有太多吸引人的音乐名胜了，从乡村音乐名人堂和庄严的乡村大剧院，再到杰克·怀特（Jack White）的小众音乐厂牌。这里还有朝气蓬勃的大学社区、出色的南方美食和各种各样花哨的纪念品。

◉ 景点

纳什维尔位于坎伯兰河（Cumberland River）畔，地势高峭，州议会大厦坐落在最高处。这座城市中最吸引人的博物馆在市中心，但在大学内及其周边也有许多文化景点。再远一点还有种植园、战场和堡垒，吸引着内战迷和历史爱好者前往。城市里迷人的公园比比皆是，其中几座有林荫道相连接。城南的动物园和科学中心十分适合儿童。

◉ 市中心（Downtown）

前往SoBro可以参观乡村音乐名人堂（Country Music Hall of Fame）和约翰尼·卡什博物馆（Johnny Cash Museum）。Lower Broadway两侧有许多廉价酒馆，而莱曼大礼堂（Ryman Auditorium）和美术馆则位于北部的第五大道。在百老汇的北侧，你还可以找到主图书馆、二百周年纪念广场（Bicentennial Capitol Mall）和纳什维尔农贸市场（Nashville Farmers Market）。在2nd Ave N以西两个街区，Printer's Alley在夜幕降临后闪烁着五彩灯光，还有不少有趣的酒吧。河滨公园（Riverfront Park）位于坎伯兰河西岸。约翰·席根塔勒人行天桥（John Seigenthaler Pedestrian Bridge）把它与河岸另一侧的坎伯兰公园相连接。

★ 乡村音乐名人堂和博物馆 博物馆
（Country Music Hall of Fame & Museum；www.countrymusichalloffame.com；222 5th Ave S；成人/儿童$25/15，语音导览团队游$27/18，Studio B 1小时团队游$40/30；9:00~17:00）投资1亿美元进行改扩建（2014年）后，又迎来了50周年（2017年）纪念，这座丰碑式的博物馆如今是个不容错过的景点，反映出乡村音乐在纳什维尔人的精神世界中占据着如同《圣经》一般的重要地位，无论你是否为乡村音乐发烧友，在这里都能有所收获。从卡尔·铂金斯（Carl Perkins）的蓝色麂皮鞋、"猫王"的金色凯迪拉克轿车（实际上是白色的）和金色钢琴（的确是金色的），到汉克·威廉姆斯（Hank Williams）镶着音符绣饰的西部风格

Nashville 纳什维尔

- Jackson St
- Herman St
- 10th Ave N
- Harrison St
- 7th Ave N
- 6th Ave N
- 5th Ave N
- Bicentennial Mall 二百周年纪念广场
- James Robertson Pkwy
- Megabus 超级巴士车站
- Music City Central 音乐城中央汽车站
- Metropolitan Transit Authority 大都会运输管理局
- Gay St
- Charlotte Ave
- Deaderick St
- Legislative Plaza 立法广场
- Union St
- 6th Ave N
- 7th Ave N
- Jo Johnson Ave
- 16th Ave N
- 8th Ave N
- 12th Ave N
- 11th Ave N
- 10th Ave N
- Charlotte Ave
- 15th Ave N
- Patterson St
- State St
- 16th Ave N
- Church St
- Broadway
- 9th Ave S
- McGavock St
- 去Music City Hostel (0.1mi)
- 17th Ave N
- Hayes St
- MIDTOWN 中城区
- Demonbreun St
- 10th Ave S
- 18th Ave N
- West End Ave
- Broadway
- McGavock
- Demonbreun St
- 11th Ave S
- 12th Ave S
- Pine St
- Gleaves St
- 19th Ave S
- 去Grilled Cheeserie (1mi); Pancake Pantry (1mi); Parthenon 帕特农神庙 (1.3mi)
- Division St
- Division St
- Music Circle N
- Music Circle S
- THE GULCH 加尔奇区
- 18th Ave S
- Music Square W
- MUSIC ROW 音乐街
- Hawkins St
- 12th Ave S
- Chet Atkins Pl
- South St
- Hawkins St
- 去Old Glory (0.4mi)

南部 纳什维尔

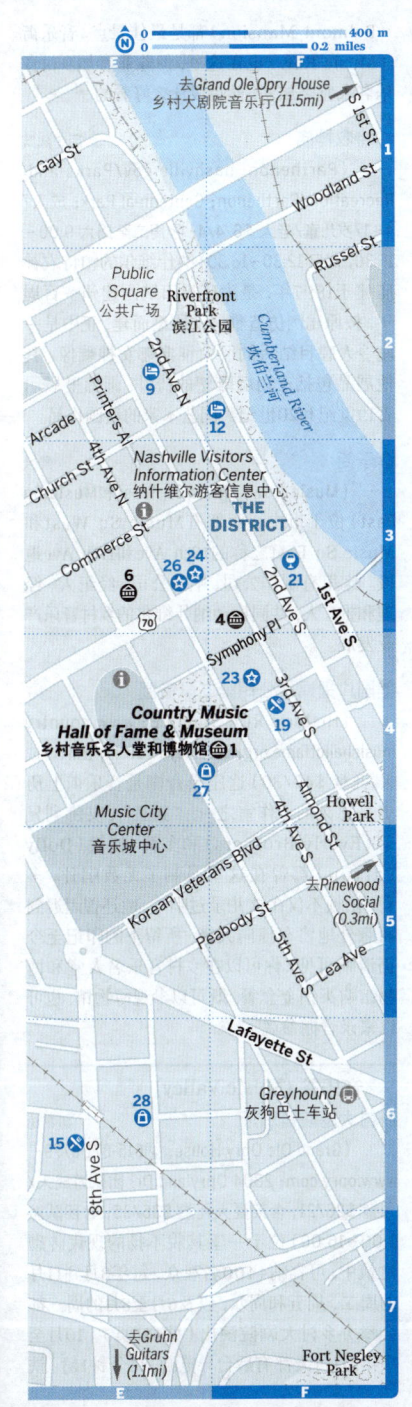

Nashville 纳什维尔

◎ 重要景点
1 乡村音乐名人堂和博物馆 F4

◎ 景点
2 弗里斯特视觉艺术中心 D4
3 美国广播唱片公司第二录音棚 B7
4 约翰尼·卡什博物馆和商店 F3
5 音乐街 B7
6 莱曼大礼堂 E3
7 田纳西州议会大厦 D2

⊕ 活动、课程和团队游
8 NashTrash C1

🛏 住宿
9 21c Museum Hotel E2
10 Hermitage Hotel D3
11 Hutton Hotel A6
12 Nashville Downtown Hostel F2
13 Thompson Nashville D6
14 Union Station Hotel D4

⊗ 就餐
15 Arnold's E6
16 Biscuit Love D6
17 Catbird Seat A6
18 Chauhan Ale & Masala House C4
19 Etch F4
20 Hattie B's A6

⊙ 饮品和夜生活
21 Acme Feed & Seed F3
22 Barista Parlor D6

☆ 娱乐
23 纳什维尔交响乐团 F4
24 Robert's Western World E3
25 Station Inn D6
26 Tootsie's Orchid Lounge E3

🛍 购物
27 Hatch Show Print E4
28 Third Man Records E6
29 Two Old Hippies D6

剪裁套装，应有尽有。

莱曼大礼堂　　　　　　　　历史建筑

（Ryman Auditorium; www.ryman.com; 116 5th Ave N; 自助导览成人/儿童 $20/15, 后台团队游 $30/25; ⏱9:00~16:00）莱曼大礼堂被誉为"乡村音乐的大教堂"，包括玛莎·葛兰姆

（Martha Graham）、"猫王"、凯瑟琳·赫本（Katherine Hepburn）和鲍勃·迪伦（Bob Dylan）在内的众多艺术家都曾经在这里表演过。这座高耸的砖结构礼拜堂（建于1892年）由富有的内河船长托马斯·莱曼（Thomas Ryman）为了推进宗教复兴出资修建而成，能容纳2362人，如今在这里观看演出仍能感受到类似的精神体验。

约翰尼·卡什博物馆和商店　　　　博物馆

（Johnny Cash Museum & Store; www.johnnycashmuseum.com; 119 3rd Ave S; 成人/儿童 $19/15; ◎9:00~19:00）这座博物馆旨在纪念有"黑衣人"之称的约翰尼·卡什，博物馆规模不大，但收藏着有关这位音乐家最全面丰富的文物和纪念品，获得了卡什家人的首肯。当你读到本书之时，一座新的佩茜·克莱恩（Patsy Cline）博物馆已在2楼开放。

弗里斯特视觉艺术中心　　　　画廊

（Frist Center for the Visual Arts; www.fristcenter.org; 919 Broadway; 成人/老人/儿童 $12/9/免费; ◎周一至周三和周六 10:00~17:30, 周四和周五 至21:00, 周日 13:00~17:30; ⓟ ⓗ）一座顶级艺术博物馆，坐落在改造一新的邮政大楼内，经常举办展览，展品既有美国的民间艺术品，也有毕加索的大作，包罗万象。

田纳西州议会大厦　　　　历史建筑

（Tennessee State Capitol; www.capitol.tn.gov; Charlotte Ave; ◎团队游周一至周五 8:00~16:00）免费 这座建于1845~1859年的希腊复兴式建筑使用了当地产的石灰石和大理石，由奴隶、监狱犯人和欧洲工匠共同修建完成。大厦后面，陡峭的楼梯向下通往田纳西州二百周年纪念广场（Tennessee Bicentennial Mall），露天纪念墙上满是关于田纳西州的史实，很棒的每日农贸市场也位于这里。

免费的团队游从议会大厦一楼的信息台出发，9:00~15:00间每小时整点出发。

◎ 中城区（Midtown）

中城区有多座大学和公园。百年纪念公园（Centennial Park）——帕特农神庙（Parthenon）的所在地，以及贝尔蒙大厦（Belmont Mansion）都是最佳景点。音乐街（Music Row）也在这里，但除非参加乡村音乐名人堂之旅，不然也没什么好看的。

帕特农神庙　　　　历史建筑

（Parthenon; nashville.gov/Parks-and-Recreation/Parthenon; Centennial Park; 成人/4~17岁儿童/老人 $6/4/4; ◎周二至周六 9:00~16:30, 周日 12:30~16:30）纳什维尔的帕特农神庙建于1897年，是为庆祝田纳西建州一百周年，按原比例仿造雅典的原型而建，正中是一座令人瞠目结舌的巨大雅典娜女神雕像。其他展品包括三角墙雕塑的铸件，画廊里展示着19世纪和20世纪美国艺术家的绘画作品。

音乐街　　　　景区

（Music Row; Music Sq West和Music Sq East）位于市中心西部有Music Sq West和Music Sq East之称的16th Ave和17th Ave地段。这里有制作公司、唱片公司、经纪人、经理和推广人，共同推动纳什维尔的乡村音乐产业发展。

美国广播唱片公司第二录音棚　　　　地标

（Historic RCA Studio B; www.countrymusichalloffame.org; 1611 Roy Acuff Pl; 团队游成人/儿童 $40/30）这座录音棚是音乐街上历史最悠久的工作室之一，"猫王"、艾佛利兄弟（Everly Brothers）和多莉·帕顿（Dolly Parton）都曾在这里录制了无数唱片。多莉·帕顿不仅在这儿录过唱片，她还曾因迟到而意外地将车撞向大楼，所留下的印记至今仍清晰可见！你可以在乡村音乐名人堂和博物馆购买铂金套餐，既可以参观博物馆，也可以来录音棚参观。

◎ 音乐谷（Music Valley）

乡村大剧院音乐厅　　　　博物馆

（Grand Ole Opry House; ☎615-871-6779; www.opry.com; 2804 Opryland Dr; 团队游成人/儿童 $26/21, 含莱曼大礼堂 $36/35; ◎团队游 9:00~16:00）位于一座其貌不扬的现代砖砌建筑中，可容纳4400名观众，每年3月到11月的周二、周五和周六，以及6月至8月的周三都会举办乡村大剧院演出（见435页）。10月至次年2月每天都有后台导览游，15分钟1趟。铁杆粉丝还可以花$125参加演出后的后台参观之旅。

威利·纳尔逊及其友人博物馆展览　博物馆
(Willie Nelson & Friends Museum Showcase; elsongeneralstore.com; 2613 McGavock Pike; 成人/儿童 $8/免费; ◎8:30~21:00)"亡命徒乡村音乐"(Outlaw Country)明星威利·纳尔逊在20世纪90年代变卖了所有财产以偿还$1670万税收债务。你可以在乡村大剧院附近的这座古怪的博物馆中参观这些物品。

👉 团队游

★ NashTrash　巴士游
(☎615-226-7300; www.nashtrash.com; 900 Rosa L Parks Blvd; 团队游 $33~36)欢乐的游览活动,由长发的Jugg Sisters带领。游客可以一边在粉色的大巴上小酌自带酒水,一边听她们介绍纳什维尔历史中有伤风化的一面。需提前购票,有时几个月前就已经售罄了。在纳什维尔农贸市场(Nashville Farmers Market)的东南端上车。

Joyride　团队游
(☎615-285-9835; www.joyrideus.com/nashville; 班车免费,但接受小费,团队游 $45起)装扮一新的高尔夫球车在纳什维尔提供免费的点对点接送服务。乘车是免费的,但司机们靠小费赚钱。还提供观光游、酿酒厂之旅和串吧游。

Tommy's Tours　巴士游
(☎615-335-2863; www.tommystours.com; 团队游 $35)由Tommy Garmon领队的乡村音乐景点游一路欢笑不断,历时3个小时,娱乐性很强。

🎉 节日和活动

美国乡村音乐协会音乐节　音乐
(CMA Music Festival; www.cmafest.com; ◎6月)这个为期4天的乡村音乐盛会吸引着数以万计的乡村音乐爱好者欢聚纳什维尔。

田纳西州展销会　展览
(Tennessee State Fair; www.tnstatefair.org; ◎9月)为期9天,届时将举办赛跑、骡拉车和烤蛋糕比赛。

🛏 住宿

🛏 市中心

★ Nashville Downtown Hostel　青年旅舍 $
(☎615-497-1208; www.nashvillehostel.com; 177 1st Ave N; 铺 $32~45, 房间 $100~165; 🅿)位置极佳,设计和功能都是最新式的。地下室的公共空间有裸露的石墙和横梁,非常气派,无论什么时候都聚集着各色人等。宿舍房间在3楼和4楼,有漂亮的木地板、裸露的圆木柱和银色梁柱天花板,每个房间有4、6或8张上下铺。

21c Museum Hotel　精品酒店 $$
(☎615-610-6400; www.21cMuseumHotels.com; 221 2nd Ave N; 房间 $299起; 🅿❄🛜)南部最时尚的连锁酒店——一个酒店和博物馆的结合体——入驻纳什维尔,带着现代艺术气息落户于Printer's Alley附近历史悠久的格雷和杜德利大楼(Gray & Dudley Building)之内,成为本地最新的精品酒店。大楼经过重新装修,124间客房充斥着酒店标志性的现代艺术风格,其中7个是可以观赏坎伯兰河景的屋顶露台套房,除此以外还有一个专门的水疗中心和六间画廊。

★ Union Station Hotel　酒店 $$$
(☎615-726-1001; www.unionstationhotelnashville.com; 1001 Broadway; 房间 $300起; 🅿❄)这是座高高矗立的灰色罗马式石头城堡,在过去将乘坐火车视为头等大事的时代是纳什维尔的火车站,如今则是城中心最具标志性的酒店。拱顶大厅呈金色和桃红色,地面镶嵌着大理石,天花板是彩色玻璃做成的。

Thompson Nashville　精品酒店 $$$
(☎615-262-6000; www.thompsonhotels.com; 401 11th Ave S; 房间 $349起; 🅿@🛜)新开张的Thompson Nashville是一个精致优雅的中世纪现代风格酒店,是加尔奇区(Gulch)偶遇明星之地。但这也是件烦恼之事:在大堂该播放Third Man Records唱片公司的哪张唱片?在时尚至极的室外天台酒吧LA Jackson要坐在哪里?

Hermitage Hotel　酒店 $$$
(☎888-888-9414, 615-244-3121; www.

thehermitagehotel.com；231 6th Ave N；房间$300起；P❋@🛜）纳什维尔第一家斥资百万美元兴建的酒店，1910年建成开业时，可谓是社会名流云集的热门场所。古典装饰风格的大堂感觉像是沙皇的宫殿，所有的墙面上都装饰着色彩绚丽的挂毯和华丽的雕刻。原有的艺术装饰派男洗手间可追溯至20世纪30年代，非常值得进去参观。Capital Grille餐厅同样不容错过，这里使用自己农场出产的食材。

🛏 中城区

Music City Hostel 青年旅舍 $

（☎615-497-1208；www.musiccityhostel.com；1809 Patterson St；铺$33~46，双$110~126，标三$128~156；P❋@🛜）虽然这些低矮的砖砌平房并不起眼，但纳什维尔西区青年旅舍却充满活力而且温馨舒适，有公共厨房、露天烤肉架和篝火坑。住客多是来自世界各地的有趣的年轻人，附近有许多热闹的西区酒吧。

Hutton Hotel 精品酒店 $$$

（☎615-340-9333；www.huttonhotel.com；1808 West End Ave；房间$279起；P❋@🛜）它是我们最喜欢的纳什维尔精品酒店之一，采用20世纪中期的现代设计风格，有竹子幕墙和翻新的"一战"时期谷仓木地板。锈色和巧克力色的房间特别宽敞，配有电控大理石淋浴花洒、玻璃洗手盆、大床、充足的办公空间、平板电视、高档地毯和织物。

🛏 音乐谷

Gaylord Opryland Resort 度假村 $$

（☎615-889-1000；www.marriott.com/hotels/travel/bnago-gaylord-opryland-resort-and-convention-center；2800 Opryland Dr；房间$189起；P❋@🛜）这家巨大的酒店共有2882个房间，它本身就已经自成一体了，是美国最大的非赌场类度假村。在这里，你无须移驾户外就能踩着脚踏船顺着人工河游览，或在室内公园的人造瀑布下吃寿司，又或者在南北战争战前风格的宅邸里小酌苏格兰威士忌，所有这一切都可以在酒店三个巨大的玻璃中庭内进行。

🍴 就餐

🍴 市中心

Arnold's 美国南方菜 $

（www.arnoldscountrykitchen.com；605 8th Ave S；肉菜$9.74；⏰周一至周五10:30~14:45）取一个托盘，加入大学生、清洁工和乡村音乐明星的队伍——要知道，Arnold's的"一荤三菜"套餐是纳什尔最棒的。招牌的大块烤牛肉鲜嫩多汁，搭配煎绿番茄、玉米面包两吃，还有松软香糯的大块巧克力蛋白酥皮派。

★Biscuit Love 早餐 $

（www.biscuitlove.com；316 11th Ave S；饼干$8~10；⏰7:00~15:00；🛜）Biscuit Love于2012年以美食车起家，捍卫一切对美式早餐而言亵经叛道的做法。贪婪的食客将南方饼干融入早餐内，那肉汁可是大受欢迎。最终，这美食车演变成了位于加尔奇区那超棒的砖泥餐厅。

Chauhan Ale & Masala House 印度菜 $$

（☎615-242-8426；www.chauhannashville.com；123 12 Ave N；主菜$12~29；⏰周日至四11:00~14:00和17:00~22:00，周五和周六至23:00；🛜）在著名大厨Punjabi Maneet Chauhan位于加尔奇区的餐厅里，印度风味和纳什维尔风味互相碰撞交融，为全世界打造出极富创意的印度融合菜。经典的印度风味与墨西哥、加拿大、英国和美国南方风味相结合，产生了豇豆帝卡汉堡（十分惊艳）、鸡肉帕可拉三明治和唐杜里鸡肉肉汁乳酪薯条等菜肴，搭配加入印度香料的微酿啤酒和创意鸡尾酒，简直完美。

★Etch 新派美国菜 $$$

（☎615-522-0685；www.etchrestaurant.com；303 Demonbreun St；晚餐主菜$23~39；⏰周一和周四11:00~14:00和17:00~22:00，周五11:00~14:00和17:00~22:30，周六17:00~22:30；🛜）纳什维尔知名主厨德布·帕凯特（Deb Paquette）经营的这家餐厅供应城里最富创造性的菜肴。经过精心烹饪的佳肴味道和口感令人欲罢不能，每一口都充满惊喜。

中城区

Pancake Pantry　　　　　　早餐 $

（www.thepancakepantry.com；1796 21st Ave S；主菜 $7~10；◎周一至周五6:00~15:00，周六和周日至16:00）50多年来，人们一直在这个标志性的早餐店大排长龙，购买高高堆起的各种口味的煎饼。老实说，一开始我们觉得煎饼索然无味，直到在上面浇上肉桂奶油糖浆——天堂也不过如此！

Grilled Cheeserie　　　　　美国菜 $

（www.grilledcheeserie.com；2003 Belcourt Ave；三明治 $7.50~8；◎11:00~21:00；❀）快点来吧，等待着品尝美国的经典美食：香烤芝士三明治。这里的出品非常令人满意，会让你忘记普通三明治的存在。点一份甜椒芝士通心粉，配上番茄奶油汤，让人感觉身置美食天堂。再喝上一杯超级美味的奶昔。

★ Hattie B's　　　　　　美国南方菜 $

（www.hattieb.com；112 19th Ave S；1/4盘/半盘 $8.50/12；◎周一至周四11:00~22:00，周五和周六至午夜，周日至16:00）这家店与Prince's Hot Chicken低调小众的炸鸡截然不同，是内行吃货和社交媒体的宠儿，我们敢用名声担保这是纳什维尔最棒的抹辣椒"辣"炸鸡。优质的鸡肉质鲜味美，炸得喷香，辣度被分为各种等级，最辣的要算是"Shut the Cluck Up!"（闭嘴火辣辣，店家可没开玩笑），我们能忍受的辣度也就是"Damn Hot"。排队去吧。

★ Catbird Seat　　　　　各国风味 $$$

（☎615-810-8200；www.thecatbirdseatrestaurant.com；1711 Division St, above Patterson House；晚餐 $115；◎周三至周六17:30开始营业）有22位幸运顾客可以围着那开放式厨房而坐，享受大厨瑞安·保利（Ryan Poli）及其优秀团队烹制的10道菜肴，留下一段难忘的用餐体验。保利和副厨师长在创造、烹饪与分享一组令人振奋的独特风味美食的同时，还会和顾客互动。这些菜肴都采用当地新鲜食材，并融入全球特色。

东纳什维尔

I Dream of Weenie　　　　　热狗 $$

（www.facebook.com/IDreamofWeenie；

值得一游

富兰克林

小镇**富兰克林**（Franklin；www.visitfranklin.com）位于纳什维尔以南17英里处。市区景致迷人，到处都是精品店、古董店和生机勃勃的餐馆。这里也是南北战争中最惨烈的战场之一。1864年11月30日，富兰克林战役（Battle of Franklin）中，大约37,000名士兵（南部邦联军20,000人，联邦军17,000人）为争夺富兰克林郊区一片2英里长的阵地而战。如今，纳什维尔的城市扩张将大部分战场纳入其郊区，但在几处历史遗迹中仍可以看出这场激烈战争的痕迹。

乡村社区**阿林顿**（Arrington）位于市中心东南10英里处，设有一个备受喜爱的葡萄酒庄。

---

113 S 11th St；热狗 $2.75~4.50；◎周一至周四11:00~16:00，周五至17:00，周六和周日10:30~17:00）快捷而方便，这家大众牌巴士车改造的热狗摊位于五角区（Five Points），供应牛肉、火鸡肉或蔬菜夹淋着酱汁的美味长条热狗（注意：甜椒芝士加辣椒！）。

★ The Pharmacy　　　　汉堡、啤酒花园 $

（www.thepharmacynashville.com；731 McFerrin Ave；汉堡 $8.50~11；◎周日至周四11:00~22:00，周五和周六至23:00；❀）想在这里找张桌子，还真得费把子力气，无论是温馨的公共餐桌、吧台，还是气派的后院啤酒花园，都一座难求。这家汉堡吧常年被评为纳什维尔最佳之选，带有文身的店员为你呈上汉堡、香肠和老式的配菜（比如土豆块！），伴着特选啤酒和传统的手工混制软饮，美味惬意。

🍷 饮品和夜生活

★ Barista Parlor　　　　　　咖啡

（www.baristaparlor.com；610 Magazine St；咖啡 $4.50~7；◎周一至周五7:00~20:00，周六至周日8:00开始营业；❀）纳什维尔最好的手工咖啡店原本坐落在市中心，现在加尔奇区的一家旧音像店里增设了一家分店。咖啡精致香浓，由一台价值1.8万美元的手工Slayer

不要错过

波诺若音乐节

波诺若音乐节（www.bonnaroo.com; Machester, TN; ⊙6月中）是美国最重要的音乐节之一，也是唯一一个全天候的大规模盛事。音乐节举办地位于纳什维尔东南60英里处一个占地700英亩的农场。波诺若音乐节聚合了露营、喜剧、电影、美食、佳酿和艺术等诸多元素，有种公社感。但音乐仍是这里的主宰。活动为期4天，届时将掀起狂欢热潮。

咖啡机精心冲泡而成，味道和东纳什维尔店的出品一模一样，令人难忘。

★ Old Glory 鸡尾酒吧

（www.facebook.com/oldglorynashville; 1200 Villa Pl; 鸡尾酒 $12~13; ⊙周日至周四 16:00 至次日1:00, 周五和周六 至次日2:00）在这个蒸汽朋克风格的酒吧里，一个高耸的烟囱杵在角落，仿佛圣坛一般。酒吧藏身于埃奇希尔村（Edgehill Village）的一条小巷里，这个地方在20世纪30年代曾是一个自助洗衣店的锅炉房。如今，在这个城内最炫酷的鸡尾酒吧里，你可以看到裸露的砖块、工业管道、高耸的天花板和悬空楼梯——但愿你能找到它！

Urban Cowboy Public House 鸡尾酒吧

（www.urbancowboybnb.com/public-house; 103 N 16th St; 鸡尾酒 $13; ⊙周日至周四 14:00~23:00, 周五和周六 至午夜; 📶）坐落在纳什维尔最热门的民宿（也被称为Urban Cowboy）后面。论火热，这家2016年新开的酒吧比其16英尺高的双层户外火炉和一旁的火坑更胜一筹。火炉和火坑是露天平台的核心部分，吸引着东纳什维尔的勇士和美女。室内酒廊由两道车库大门隔开，也极具吸引力，里面满是硬木装饰以及以西南部为主题、铺着彭德尔顿（Pendleton）织物的沙发。

Pinewood Social 酒吧

（📞615-751-8111; ⊙ttp://pinewoodsocial.com; 33 Peabody St; ⊙周一至周五 7:00至次日1:00, 周六和周日 9:00至次日1:00; 📶）你可以在Pinewood Socia度过整个周末，也不觉得无所事事。你可以躺在沙发上玩棋盘游戏，在圆形吧台喝手工鸡尾酒，这里还有纳什维尔最受欢迎的咖啡吧。你可以在泳池边感受南加州的风情，也可以在室外露台上玩地滚球或乒乓球。哦，这里还有一个保龄球道。

Acme Feed & Seed 酒吧

（www.theacmenashville.com; 101 Broadway; ⊙周一至周四 11:00~23:00, 周五和周六 至次日2:00, 周日 10:00~23:00; 📶）这家野心勃勃的4层楼酒吧由一座1875年的老式农场物资仓库改造而成，终于使纳什维尔人除了来亲戚之外有了造访市中心的一个理由。1楼专注于供应小酒馆快餐食物、27种桶装啤酒和现场音乐，竟然多数晚上都是非乡村音乐（多为南方摇滚、独立摇滚或根源音乐）。

☆ 娱乐

在纳什维尔听现场音乐的条件可谓得天独厚。除了较大的音乐场所，许多才华横溢的乡村音乐、民间音乐、蓝草音乐、南部摇滚乐和蓝调音乐歌手还会去烟雾缭绕的乡村音乐酒吧、大学酒吧、咖啡厅和有机咖啡馆演出，接受小费。多数地方都免收入场费。创作型歌手和体育场的超级明星一样受人尊敬，所以可以找找小型场馆上座率较高的创作歌手之夜。

★ Station Inn 现场音乐

（📞615-255-3307; www.stationinn.com; 402 12th Ave S; ⊙开放麦克风 19:00, 现场乐队 21:00）这家下等酒吧只提供啤酒，地上铺着破旧的木地板，选一张小鸡尾酒桌，大家挤在一起，在舞台灯光和霓虹灯招牌的辉映下，能看到蓝草音乐家娴熟的表演，有立式贝斯、班卓琴、曼陀林、小提琴和一点点的约德尔唱法。

Bluebird Cafe 现场音乐

（📞615-383-1461; www.bluebirdcafe.com; 4104 Hillsboro Rd; 入场费 免费至$30）位于纳什维尔南部郊区的一个临街商业区内，但是千万不要因此就小瞧它，许多优秀的原创乡村音乐歌手和作曲家都在这小小的舞台上演出过，其中就有史蒂夫·厄尔（Steve Earle）、艾米劳·哈里斯（Emmylou Harris）和烟枪牛仔乐队（Cowboy Junkies）。热映电视剧

《纳什维尔》(*Nashville*)就是在这里取景拍摄的。在周一的开放麦克风之夜去碰碰运气。

乡村大剧院 现场音乐

(Grand Ole Opry；☎615-871-6779；www.opry.com；2804 Opryland Dr；门票$38~95)尽管一周内有形形色色的乡村音乐表演,但2月至10月,每周二、周五、周六的乡村大剧院演出绝对不能错过,那是一场经典的纳什维尔乡村音乐盛宴。11月至次年1月演出迁回到莱曼大礼堂进行。

Tootsie's Orchid Lounge 乡村音乐酒吧

(☎615-726-7937；www.tootsies.net；422 Broadway；◎10:00至次日2:30)它是市中心最受推崇的乡村音乐酒吧,音乐随时响彻三层楼,激情舞步、下里巴人风格,再加上啤酒助兴,到处都洋溢着欢乐的气氛。20世纪60年代,酒吧老板和女训导"Tootsie" Bess培养了像威利·纳尔逊、克里斯·克里斯托佛森(Kris Kristofferson)和沃伦·詹宁斯(Waylon Jennings)这样的歌手。

纳什维尔交响乐团 古典音乐

(Nashville Symphony；☎615-687-6400；www.nashvillesymphony.org；1 Symphony Pl)音乐大师、当地交响乐团以及兰迪·崔维斯(Randy Travis)和史摩基·罗宾逊(Smokey Robinson)等主流歌星均在崭新但又不乏古典的薛默洪交响乐大厅(Schemerhorn Symphony Hall)演出过。

Robert's Western World 乡村音乐酒吧

(www.robertswesternworld.com；416 Broadway；◎周一至周六 11:00至次日2:00,周日正午至次日2:00)去这家一直很受欢迎的小店买一双靴子、一杯啤酒或者一个汉堡吧。现场音乐表演从营业之时就开始,持续一整夜。驻场的Brazilbilly乐队在周末22:00以后开始表演。18:00前适合各个年龄段,18:00后顾客的年龄严格控制在21岁以上。

🛍 购物

★ Hatch Show Print 艺术品、纪念品

(www.hatchshowprint.com；224 5th Ave S；团队游 $18；◎9:30~18:00)全美最古老的凸版印刷店之一,从轻歌舞剧兴起的时代就使用老式手刻模板印制色彩鲜艳的标志性的海报,曾为大部分的乡村音乐明星都制作过平面广告和海报,如今已发展壮大,搬入修缮一新的乡村音乐名人堂内的店面了。

★ Third Man Records 音乐

(www.thirdmanrecords.com；623 7th Ave S；◎10:00~17:00)位于市中心的一处工业地带,有杰克·怀特(Jack White)的精品唱片公司、商店和新颖的休闲酒吧,还有自己的车床和现场音乐场所。这里销售的大多是该公司出品的黑胶唱片和CD,适合收藏的T恤、贴纸和头戴式耳机以及Pro-Ject牌电唱机。此外,还有怀特全部的唱片。你还可以灌制自己的黑胶唱片($20)。

Two Old Hippies 服装、现场音乐

(www.twooldhippies.com；401 12th Ave S；◎周一至周四 10:00~19:00,周五和周六 20:00,周日 11:00~17:00)高档的怀旧风格的服装店,还设有音乐演奏台,定期与该城的主调一致,这儿表演的音乐也是以乡村风格的嬉皮摇滚为主。商店本身出售有紧身T恤、一流的皮带、田纳西州出品的首饰、蜡烛和摇滚服装、大量适合登台演出的衬衫和短上衣,以及一些音质出色的吉他。

Gruhn Guitars 音乐

(www.guitars.com；2120 8th Ave S；◎周一至周六 10:00~18:00)这家远近闻名的古旧乐器店内的员工都非常专业,不时会有低调的音乐大师走进来,在墙边拿起一把吉他、曼陀林或班卓琴,即兴地来一段。

ℹ 实用信息

纳什维尔的公园和社区中心有免费的Wi-Fi,许多酒店、餐馆和咖啡店也有。

纳什维尔游客信息中心(Nashville Visitors Information Center；☎615-259-4747；www.visitmusiccity.com；501 Broadway, Bridgestone Arena；◎周一至周六 8:00~17:30,周日 10:00~17:00)可在玻璃塔楼内领取免费的城市地图。

纳什维尔游客信息中心(www.visitmusiccity.com；150 4th Ave N；◎周一至周五 8:00~17:00)因总部办公空间有限,落户于Regions Bank Building大堂内。

网络资源

纳什维尔公共电台（Nashville Public Radio; www.nashvillepublicradio.org）在90.3 WPLN FM播放新闻、音乐和美国国家公共电台的节目。

Nashville Scene（www.nashvillescene.com）是一份免费另类周报，刊载当地的娱乐信息。

纳西人（Tennessean; www.tennessean.com）纳什维尔的日报。

❶ 到达和离开

纳什维尔位于田纳西州中部，在I-40、I-65和I-24三条州际公路的交点处。**纳什维尔国际机场**（Nashville International Airport, BNA; ☎615-275-1675; www.flynashville.com; One Terminal Dr）位于市中心以东9英里处，有来自美国28个城市，以及墨西哥和巴哈马群岛的直航航线。**灰狗巴士**（Greyhound; ☎615-255-3556; www.greyhound.com; 709 5th Ave）和**超级巴士**（Megabus; www.megabus.com; 5th Ave N, Gay St和Charlotte Ave之间）车站都位于市中心，提供州际长途汽车服务。

可在www.lonelyplanet.com/bookings网站上预订航班、汽车和团队游。

❶ 当地交通

抵离机场

可以乘坐**MTA**（MTA; www.nashvillemta.org; 400 Charlotte Ave; 票价$1.70~2.25）运营的18路公共汽车（$1.70）从机场前往市中心，车程35~45分钟。乘坐18路特快巴士只需约20分钟。机场的公共汽车站位于一楼的地面运输区。

官方的机场穿梭服务由Jarmon Transportation（www.jarmontransportation.com）提供。前往市中心或西区（West End）酒店的费用分别是$20和$25。你可以在一楼的地面运输区找到穿梭巴士。机场的网站上提供了一份其他穿梭巴士公司的名单。

乘坐出租车前往市中心或奥普赖兰（Opryland）固定收费$25，前往范德比尔特（Vanderbilt）或西区的费用约为$27，前往富兰克林需$55~60。

公共汽车

MTA（www.nashvillemta.org）运营城市公交车，总站在市中心的**音乐城中央汽车站**（Music City Central）（400 Charlotte Ave），线路包括免费的**音乐城环线**（Music City Circuit），其3条线路都路过纳什维尔大多数景点。此外，还有发往音乐谷的特快公共汽车。

自行车

Nashville B-Cycle（https://Nashville.bcycle.com）是城里的公共自行车共享计划，市中心各处共有30多个自行车租借点。首个小时免费，随后的每半小时会从你的信用卡中扣除$1.50。还提供日卡、周卡和月卡服务。在机场行李认领处的信息中心或网上可以找到地图。

田纳西州东部（Eastern Tennessee）

田纳西州东部最著名的本地人多莉·帕顿（Dolly Parton）非常热爱她的家乡，她是一位杰出的乡村音乐家，她的许多歌曲都是描写那些离开了散发着金银花芬芳的大雾山误入浮华都市的女孩，她们的故事总是令人唏嘘。在这片广袤的乡村地区，安逸的城镇点缀于连绵起伏的山丘河谷之间。东部占据了全州总面积的三分之一，这里有热情的人们、丰盛的乡村美食和迷人的田园风光。树木葱郁、色彩绚丽的大雾山是徒步、露营和漂流的好地方，这一地区的两座主要城市是诺克斯维尔（Knoxville）和查塔奴加（Chattanooga），在这两座悠闲的河畔城市中居住着充满活力的大学生，还有许多很棒的餐馆和有趣的精酿啤酒厂。

查塔奴加（Chattanooga）

今天，查塔奴加已经成为全国绿化率最高的城市之一。这里的临水小径绵延数英里，被市民充分利用，电车和人行天桥跨过田纳西河——所有这些都很难让人相信它在20世纪60年代曾被称为美国最脏的城市。查塔奴加有世界一流的攀岩、徒步、自行车运动和水上运动设施，是美国南部最适宜户外运动的城市之一。如今，这座城市也是大美之城，从Bluff View艺术区（Bluff View Art District）的景色就可见一斑。

查塔奴加在19世纪和20世纪一直都是重要的铁路交通枢纽，"查塔奴加火车"

（Chattanooga Choo-Choo）最早指的就是从辛辛那提到查塔奴加的辛辛那提南部铁路客运业务，在1941年时，格伦·米勒（Glen Miller）的一首歌就是以此为名的。日趋中产阶级化的市中心非常适合步行，砖石结构的老建筑和一些美味的餐厅，以及一些精酿啤酒厂和蒸馏酿酒厂如同迷宫一般。有许多理由让你爱上查塔奴加（人们亲切地称之为'Noog）。

◉ 景点和活动

鸣鸟博物馆 博物馆

（Songbirds；www.songbirdsguitars.com；35 Station St, Chattanooga Choo Choo Hotel；成人/学生 $15.95/12.95，通票 $38.95/35.95；◎周一至周三 10:00~18:00，周四至周六 至20:00，周日正至18:00）这个惊人的吉他博物馆于2017年开放，收藏着世界上最多的古董吉他和稀有吉他，是查塔奴加最新的世界级景点。这里地方不大，却收藏着500多把吉他，多按时间顺序陈列，从1950年的芬达（Fender）Broadcaster（第一批量产的实心电吉他），到70年代的款式都有，包括查克·贝里（Chuck Berry）、BB.金（BB King）、博·迪德利（Bo Diddly）、罗伊·奥比森（Roy Orbison）和大门乐队（the Doors）的罗比·克里格（Robbie Krieger）等摇滚明星所用过的吉他。

亨特美国艺术博物馆 画廊

（Hunter Museum of American Art；www.huntermuseum.org；10 Bluff View；成人/儿童 $10/免费；◎周一、周二、周五和周六 10:00~17:00，周四 至20:00，周三和周日 正至17:00）高踞河畔悬崖之上，这座用钢铁和玻璃打造的恢宏大厦令人震撼，堪称田纳西州最非凡的建筑成就。馆内展出的19世纪和20世纪的艺术藏品精彩纷呈。永久展览在每月第一个周四的16:00~18:00间免费（特展$5）。

柯立芝公园 公园

（Coolidge Park；150 River St）这是河边漫步的一个绝佳起点。这里有旋转木马、使用频繁的运动场和50英尺高的攀岩墙，这面墙紧贴着Walnut Street Bridge的一座桥墩，这是世界上最大的人行天桥。

Lookout Mountain 户外运动

（www.lookoutmountain.com；827 East Brow Rd；成人/儿童 $50/27；◎不定；🅿）在城外6英里处坐落着查塔奴加几处最古老、最受欢迎的景点。门票包括登山列车（Incline Railway），火车沿坡度陡峭的轨道爬上山顶；世界最长的地下瀑布红宝石瀑布（Ruby Falls）；以及高踞崖顶的岩石公园（Rock City），在这里可将山下壮美的风景尽收眼底。

🛏 食宿

★ Crash Pad 青年旅舍 $$

（☎423-648-8393；www.crashpadchattanooga.com；29 Johnson St；铺/双/标三 $35/85/110；🅿✳@🛜）🍴这座南方最出色的青年旅舍由登山者经营，是崇尚可持续发展的出色住处，就位于查塔奴加市中心最时尚的街区Southside。男女合住宿舍的水准超出预期：内置灯、电源插座、电扇，每张床都挂着帘子。私人房间有裸露的混凝土和床架连体式床头柜。各处的进出都使用高科技电子钥匙链，而寝具、挂锁和早餐全部都包含在房价内。

Dwell Hotel 精品酒店 $$

（☎423-267-7866；www.thedwellhotel.com；120 E 10th St；房间 $225~325；🅿✳🛜）曾经的Stone Fort Inn，现在的Dwell，已经好得不能再好了。一位亲力亲为的新老板对这个古老的市中心酒店进行了彻头彻尾的改造，把它变成了设计前卫、极具20世纪中期现代风格的复古酒店。16个修葺一新的房间里配备精心挑选的复古家具、舒缓的大地色调设计、雨淋花洒和浴缸。

Flying Squirrel 新派美国菜 $

（www.flyingsquirrelbar.com；55 Johnson St；菜肴 $6~18；◎周二至周四 17:00至次日1:00，周五和周六 至次日2:00，周日 10:30~15:00；🛜）与南方最酷的青年旅舍（同一位老板）相邻，Flying Squirrel也是一个很酷的酒吧（除周日的早午餐时间以外，仅向21岁及以上顾客开放），这儿还有用当地采购来的小盘子盛放的可口酒吧食物，颇能慰藉人心。

St John's Meeting Place 美国菜 $$

(☏423-266-4571; www.stjohnsmeetingplace.com; 1274 Market St; 主菜 $12~29; ◉周一至周四 17:00~21:30, 周五和周六 至22:00) 位于市区的Southside, 被普遍认为是查塔奴加最棒的外出用餐地点。餐厅同"黑衣人"约翰尼·卡什一样奉行黑色装饰（黑色花岗岩地面、黑色玻璃枝形吊灯和乌漆麻黑的宴会椅），营造出一种特立独行又时尚优雅的就餐环境，"农场到餐桌"的精选菜肴包括五香熏羔羊肉，猪里脊肉，还有带西班牙香肠和青辣椒的烤玉米片汉堡。

❶ 实用信息

游客中心 (☏800-322-3344; www.chattanoogafun.com; 215 Broad St; ◉10:00~17:00) 位于一处有顶的户外公共过道内，一不留神就会错过。

❶ 到达和当地交通

查塔奴加低调的**机场** (CHA; ☏423-855-2202; www.chattairport.com; 1001 Airport Rd) 位于城市以东。**灰狗巴士车站** (☏423-892-1277; www.greyhound.com; 960 Airport Rd) 就在路的尽头。

乘坐往返于市中心和North Shore的免费市区**电动穿梭巴士** (Downtown Electric Shuttle; www.gocarta.org) 可到达市区多数地点。游客中心提供路线图。

Bike Chattanooga (www.bikechattanooga.com) 是一个由查塔奴加市政府出资的自行车共享项目，在全市的33个自行车站点都能找到摆放整齐的上锁自行车，骑行者可以通过信用卡在任何一个站亭购买租赁套餐（24小时 $8起）。骑行时间在60分钟以内免费。

诺克斯维尔 (Knoxville)

诺克斯维尔曾经因数不尽的纺织厂而被冠以"世界内衣之都"的美称，如今这里是田纳西大学（University of Tennessee）的所在地，还是它狂热的大学橄榄球球迷的聚集地。在比赛日，整个城镇都会被粉刷成橙色，成千上万的球迷聚集在尼兰体育场（Neyland Stadium）观看心爱的志愿者队（Volunteers）比赛。不过诺克斯维尔不只有橄榄球。这座城市已不甘落于查塔奴加和阿什维尔两位近邻之后，正经历着翻天覆地的变化，逐渐成为户外、美食和精酿啤酒爱好者的重要目的地，同时也是大雾山国家公园的另一个落脚选择。该城距离糖地游客中心仅29英里，安排一日游很容易，而且诺克斯维尔的餐饮要比公园附近其他城市的更具吸引力。

◉ 景点和活动

女子篮球名人堂 博物馆

(Women's Basketball Hall of Fame; www.wbhof.com; 700 Hall of Fame Dr; 成人/儿童 $7.95/5.95; ◉夏季周一至周六 10:00~17:00, 冬季周二至周五 11:00~17:00, 周六 10:00~17:00; ❉) 你绝不会错过这个标志性的巨形橘色篮球，在这里可以从有趣的角度了解女子篮球这项运动，在刚兴起的年代，女子被要求必须身着长衣长裤参加比赛。

Ijams Nature Center 户外

(☏865-577-4717; www.ijams.org; 2915 Island Home Ave; ◉周一至周六 9:00~17:00, 周日 11:00~17:00) 诺克斯维尔的一家一站式户外用品店。在这里，你可以找到该地的城市荒野（Urban Wilderness）线路地图，获取大量关于该城户外活动的信息，还可以租用户外设备，去米恩的采石场（Mean's Quarry）和其他地方玩水。

⛺ 食宿

★ **Oliver Hotel** 精品酒店 $$

(☏865-521-0050; www.theoliverhotel.com; 407 Union Ave; 房间 $160~360; ❉❉@❉) 这是诺克斯维尔唯一一家精品酒店，连在前台欢迎你到来的服务员都很时尚。共有28间现代化的时髦房间，浴室的地铁式瓷砖淋浴（带有雨淋花洒）很有趣，还配备华美的寝具、豪华复古的家具和地毯以及华丽的手工制作咖啡桌。夜幕降临后，**Peter Kern Library**酒吧便会吸引手调鸡尾酒爱好者前来。强烈推荐新开的餐馆**Oliver Royale**（主菜 $15~$46）。

★ **Oli Bea** 早餐 $

(www.olibea.net; 119 S Central St; 主菜 $7~12; ◉周一至周五 7:00~13:00 每周六 8:00~

14:00；⏰）为了能在老城的这间店吃顿丰盛的墨西哥风味南方早餐，在诺克斯维尔住一晚也不错。这里奉行"从农场到餐桌"原则，供应改良版的经典菜式（乡村火腿、鼠尾草香肠、有机鸡肉），美味的烤芝士三明治搭配脱脂乳切达芝士、太阳鸭蛋和羽衣甘蓝，还有一流的油封猪肉炸玉米圆饼和鸡肉青豆玉米饼（chilaquiles）。

❶ 实用信息

游客中心（Visit Knoxville；☎800-727-8045；www.visitknoxville.com；301 S Gay St；⏰周一至周五 8:30~17:00，周六 9:00~17:00，周日 正午至16:00）除了提供旅游信息之外，游客中心还欢迎来自各个美国音乐流派的乐队前来参加WDVX广播电台的 **Blue Plate Special**，这是免费的系列音乐会，每周一至周六中午演出。

❶ 到达和当地交通

诺克斯维尔的**麦吉泰森机场**（McGhee Tyson Airport；☎865-342-3000；www.flyknoxville.com；2055 Alcoa Hwy, Alcoa）位于城镇以南15英里处，有约20班国内直航航班。**灰狗巴士**（Greyhound；☎865-524-0369；www.greyhound.com；100 E Magnolia Ave）的车站位于市中心以北约1英里处，对搭乘地面交通的乘客而言很方便。

加特林堡（Gatlinburg）

加特林堡花哨媚俗却又适合家庭出游，是通往大雾山国家公园的门户，以软糖、棉花糖和煎饼的香味，以及各种奇特的博物馆和矫揉造作的景点吸引着徒步旅行者。在这儿，你能一次性体验到美国的好与坏，最后以华丽的魔术表演和威士忌收尾。不管你会怎么评价这座小镇，你绝不会说在加特林堡玩得不开心。

除了加特林堡天空缆车（Gatlinburg Sky Lift），2016年大雾山那场毁灭性的大火对这座城市几乎什么影响，美好的生活仍在继续。但生命的消逝和大范围的损毁（火灾造成14人死亡，国家公园内外17,904英亩土地被烧毁，2400多座建筑物被摧毁）意味着加特林堡仍在哀悼之中。幸运的是，曙光就在前方！

◉ 景点和活动

多莉公园
游乐园

（Dollywood；☎865-428-9488；www.dollywood.com；2700 Dollywood Parks Blvd, Pigeon Forge；成人/儿童 \$67/54；⏰4月至12月）多莉公园是献给东田纳西的"守护神"——长发丰乳的乡村歌手多莉·帕顿的自创颂歌。公园内有以阿巴拉契亚山脉为主题的娱乐设施和景点，一个水上乐园和Dream More Resort等众多项目。公园就位于加特林堡以北9英里处，赫然矗立在鸽子谷镇（Pigeon Forge）的上方，这座小镇和拉斯维加斯很像，到处都是美国那些花里胡哨的玩意儿。

加特林堡天空缆车
缆车

（Gatlinburg Sky Lift；☎865-436-4307；www.gatlinburgskylift.com；765 Parkway；成人/儿童 \$16.50/13；⏰6月至8月 9:00~23:00，其余时候营业时间不定）这条缆车原是滑雪度假用的升降椅，现经改用可以将你送上大雾山山顶，能欣赏一流的风景。在2016年大雾山森林大火中遭到破坏后，缆车经过彻底翻新，于2017年夏天重新开放。游客们可以期待更加平稳的旅程，而且缆车也从原来的2人座椅变成了3人座椅。

★ 奥勒大雾山私酿酒厂
酿酒厂

（Ole Smoky Moonshine Holler；www.olesmokymoonshine.com；903 Parkway；⏰10:00~22:00）这是美国第一家特许的私酿烈酒制造商，乍看之下，厂里的砖石结构有种迪士尼的氛围，但这里可是真正的酿酒厂。坐在兴高采烈的酒吧招待附近，小酌13种免费的烈酒，聆听他们精彩的介绍，在这里度过加特林堡最有趣的时光。

🛏 食宿

Rocky Waters Motor Inn
汽车旅馆 \$

（☎865-436-7861；www.rockywatersmotorinn.com；333 Parkway；双 \$49~169；🅿❄🛜）这个令人愉快的复古汽车旅馆就坐落在河流的上方，干净舒适的房间内有新铺的硬木地板和宽敞的步入式淋浴房。它距离市中心只有几步之遥，但却能让你逃离噪声和灯光的污染。

Buckhorn Inn　　　　　　　　　　　旅馆 $$

（☎865-436-4668；www.buckhorninn.com；2140 Tudor Mountain Rd；双 $125~205，2居室客房 $240；P※@令）距离加特林堡市中心只需几分钟车程，却好似与那花哨的光景和拥挤的人群相隔千里。宁静的Buckhorn有9间优雅的客房、7座私人小屋和4间客栈，是一个精心打理的私人天堂。如果勒康特山（Mt LeConte）的辽阔美景还不足以让你放松，那你还可以在铺满鹅卵石的冥想迷宫中漫步。

Three Jimmys　　　　　　　　　　美国菜 $

（www.threejimmys.com；1359 East Pkwy；主菜 $9~28；⊙11:00~22:00；令）避开主要路段的拥挤游客，来这家本地人喜欢的餐厅吃点东西。服务员热情友好（"这是你的菜单，宝贝儿……"），菜式丰富多样：烧烤、鲁宾火鸡三明治（turkey Reubens）、汉堡包、香槟鸡肉、牛排和可口的菠菜沙拉，不一而足。

ⓘ 实用信息

加特林堡欢迎中心（Gatlinburg Welcome Center；☎865-277-8947；www.gatlinburg.com；1011 Banner Rd；⊙8:30~17:30）提供加特林堡和大雾山国家公园的官方信息和地图，更有便利的瀑布地图，售价为$1。

ⓘ 到达和当地交通

绝大多数游客都自驾前往加特林堡。最近的机场是诺克斯维尔的**麦吉泰森机场**，距离加特林堡41英里，无城际长途汽车可达。

在加特林堡，交通和停车是个严重的问题。加特林堡有轨电车（Gatlinburg Trolley；www.gatlinburgtrolley.org）在市中心运行。7月至10月间，有轨电车的棕线（$2）还开往公园，在糖地游客中心、月桂瀑布（Laurel Falls）和Elkmont Campground停靠。市区附近的停车场一般每天收费$10，但Ole Smoky Moonshine Holler只收取$5。

肯塔基州（KENTUCKY）

肯塔基州的经济以波旁威士忌、赛马和烟草业为基础——你也许会认为这里像拉斯维加斯一样，是"罪恶中心"。嗯，这话说对也对，说不对也不对。只要有一家路易斯维尔（Louisville）酒香扑鼻的酒吧，就有一个禁酒的县，那里饮品的酒精含量超不过姜汁汽水。只要有一处赛马场，也必然会有一座教堂，肯塔基州到处都存在着这些奇特的组合。它处于地理和文化上的十字路口，结合了南方的友善、西部的农业拓荒史、北部的工业和东海岸的贵族魅力。肯塔基州的每个角落都会让人眼前一亮。但却没有哪个地方能像这片良马之乡连绵起伏的石灰岩山脉那样美得摄人心魄。培育纯种马是这里一个价值数百万美元的产业。春天，草原上长出天蓝色的小萌芽，为它赢得了"蓝草州"的美誉。

ⓘ 实用信息

肯塔基州立公园（Kentucky State Parks；☎502-564-2172；www.parks.ky.gov）提供有关本州52座州立公园的远足、探洞、垂钓、露营等信息。所谓的"度假公园"有小屋，"休闲公园"则比较简朴。

肯塔基旅游（Kentucky Travel；☎800-225-8747；www.kentuckytourism.com）发放详细介绍本州景点的小册子。

路易斯维尔（Louisville）

路易斯维尔（Louisville，当地人称Luhvul）是一座美丽又非常酷的城市，却一直被人们忽视，它最著名的就是肯塔基赛马会。作为西部扩张时俄亥俄河沿岸的一个重要船运中心、当今肯塔基州的最大城市，路易斯维尔充满生气，到处都是时尚的酒吧和奉行"从农场到餐桌"原则的一流餐厅，这里的居民年轻、迷人而且与时俱进。在这里逗留几天，参观博物馆、沿着古老的街区散步，再来一点儿波旁威士忌，真是妙不可言。

◉ 景点和活动

★ 丘吉尔唐斯赛马场　　　　　　　地标

（Churchill Downs；☎502-636-4400；www.churchilldowns.com；700 Central Ave）每年5月的第一个周六，美国上层社会的名流穿上他们的绉条纹薄纱套装、戴上最艳丽的帽子，观看肯塔基赛马会，见证"运动场上最伟大的两分钟"，这是北美连续举办时间最长的一项运动盛事。

肯塔基赛马会博物馆　　　　　　博物馆

（Kentucky Derby Museum；www.derbymuseum.org；Gate 1, Central Ave；成人/老年人/儿童 $15/14/8；⊙3月15日至11月30日 周一至周六 8:00~17:00，周日 11:00~17:00，12月至次年3月14日 周一至周六 9:00开馆，周日 11:00~17:00）位于赛马场的庭院内，设有关于赛马会历史的展览，介绍了骑师生活和一些最杰出马匹的相关资料。馆内亮点包括一部360°高清影片，展示了比赛盛况；可参加30分钟步行游参观正面看台（能听到一些特别吸引人的故事）；以及博物馆咖啡馆的薄荷朱利酒（mint julep）。

90分钟的团队游Inside the Gates Tour（$11）将带你参观骑师区和有"百万富翁之道"（Millionaire's Row）之称的豪华贵宾区。

穆罕默德·阿里中心　　　　　　博物馆

（Muhammad Ali Center；www.alicenter.org；144 N 6th St；成人/老年人/儿童 $12/11/7；⊙周二至周六 9:30~17:00，周日 正午至17:00）这是最著名的本地人穆罕默德·阿里对这座城市的倾情奉献，绝对是一处必看的景点。对于那个时期一位来自南方的黑人来说，为自己的伟大和美好而感到高兴是多么具有突破性和令人鼓舞，这座博物馆将其完整呈现出来了。

路易斯维尔强击手博物馆和工厂　　博物馆

（Louisville Slugger Museum & Factory；www.sluggermuseum.org；800 W Main St；成人/老年人/儿童 $14/13/8；⊙周一至周六 9:00~17:00，周日 11:00~17:00，7月 至18:00）一根120英尺长的棒球棒斜靠着这座博物馆。自1884年起，Hillerich & Bradsby Co就开始生产著名的路易斯维尔强击手棒球棒了。门票含车间团队游和棒球棒大事厅，后者收藏有贝比·鲁斯（Babe Ruth）的球棒并免费赠送一根小球棒。

弗雷泽历史纪念馆　　　　　　博物馆

（Frazier History Museum；www.fraziermuseum.org；829 W Main St；成人/老人/儿童 $12/10/8；⊙周一至周六 9:00~17:00，周日 正午至17:00）对于一座中型城市来说，拥有这样一座顶级水准的博物馆实在是雄心勃勃。博物馆展示了此地长达千年的历史，设置了令人触目惊心的重要战役的立体模型，身穿戏服的解说员为游客表演击剑和模拟论战。

肯塔基科学中心　　　　　　博物馆

（Kentucky Science Center；502-561-6100；www.kysciencecenter.org；727 W Main St；成人/儿童 $13/11；⊙周日至周四 9:30~17:30，周五和周六 至21:00）位于Main St上的一座历史建筑内，3层楼的展览品向人们展示了生物学、生理学、物理学和计算机学等领域的知识，比较适合家庭参观（孩子们非常喜欢）。多花$8~10就可以在类似IMAX的影院看场电影。

✦ 节日和活动

肯塔基赛马节　　　　　　体育节

（Kentucky Derby Festival；www.kdf.org；开幕式门票 $30起）肯塔基赛马节包括气球比赛、马拉松、汽船比赛和北美最盛大的焰火表演。在这盛大赛事开始前两周便已有各式活动。

首个周五电车游　　　　　　艺术节

（www.firstfridayhop.com；Main St和Market St；⊙每月第一个周五 17:00~23:00）每年，美食餐厅的数量都在成倍增长，尤其是在画廊和精品店聚集的迷人的NuLu区。在首个周五电车游到那里好好游览吧。

☞ 团队游

韦弗利山疗养院　　　　　　团队游

（Waverly Hills Sanatorium；502-933-2142；www.therealwaverlyhills.com；4400 Paralee Lane；2/6/8小时团队游$25/75/100；⊙3月至8月周五和周六）废弃的韦弗利山疗养院就像某个疯狂国王的城堡，高高耸立在路易斯维尔的上方，它曾是20世纪初结核病暴发流行时的患者疗养院。病人死后，工人们将尸体沿着一条滑道倾倒进地下室。难怪这里成了美国最阴森恐怖的建筑之一。你可以参加夜间的寻找鬼魂之旅，真正胆大的人甚至可以在这里过夜。许多人都说这里是他们去过的最吓人的地方。

大四桥　　　　　　步行、骑车

（Big Four Bridge；www.louisvillewaterfront.

com; East River Rd; ◎24小时）大四桥建于1888~1895年，横跨俄亥俄河，直抵印第安纳州一侧的河岸，自1969年起，该桥禁止车辆通行，2013年它作为一条步行和自行车道重新开放，在整座桥上都能看到沿途美丽的城市风光和河景。

🛏 住宿

Rocking Horse B&B　　　　民宿 $$

（☎888-467-7322，502-583-0408；www.rockinghorse-bb.com; 1022 S 3rd St; 房间$125~250; ⓟ❋⚹）这是座建于1888年的理查森式罗马风格（Richardsonian Romanesque）建筑，充满了令人惊叹的历史痕迹，位于路易斯维尔大学附近曾经有"百万富翁之道"之称的3rd St街上。6间客房以维多利亚时代的古董作为装饰，还镶着以前的绚丽彩色玻璃。客人们可以在英式庭院花园里享用两道菜的早餐或在客厅里品尝免费赠送的酒水。

★ 21c Museum Hotel　　　　酒店 $$$

（☎502-217-6300；www.21chotel.com; 700 W Main St; 房间$199起; ⓟ❋⚹）这家当代艺术博物馆兼酒店有着前卫的设计细节，比如当你等电梯时，荧光屏会将你略显扭曲的身影和一些从高处坠落的文字投射到墙壁上；男盥洗室安着透明玻璃，以水幕阻断视野。虽然房间不如5间当代画廊和公共区那样别具一格，但都配备了iPod基座和套装薄荷朱利酒。

Brown Hotel　　　　酒店 $$$

（☎502-583-1234; www.brownhotel.com; 335 West Broadway; 房间$200~600; ⓟ☕❋⚹）歌坛明星、女王、首相都曾经在这个历史上名气很大的市区酒店下榻。酒店铺着大理石地砖，如今已经修缮一新，完全恢复了其20世纪20年代的辉煌华丽。酒店共有294间舒适的房间，大堂波旁威士忌酒吧令人印象深刻，头顶就是当年英国文艺复兴风格的镀金天花板。

🍴 就餐

Gralehaus　　　　新派美国菜 $$

（www.gralehaus.com; 1001 Baxter Ave; 主菜$6~13; ◎周日至周二 8:00~16:00, 周三至周六 至22:00）这家小巧的餐厅位于一栋20世纪初的老宅里，全天供应早餐，你真应该随时来此享受一下以大厨为主导、借鉴了传统南方爽心食物的美食，比如采用本地食材的软饼和鸭肉汤、羊肉和粗玉米粉。地道的招牌咖啡饮品同样出色。

The Post　　　　熟食店 $$

（www.thepostlouisville.com; 1045 Goss Avet; 主菜$3~13; ◎周一至周三 11:00至午夜，周四和周五 至次日2:00，周六 正午至2:00，周日 正午至午夜；⚹）这家店位于中产阶级化的德国城（Germantown），按块售卖纽约风格的比萨，还有潜艇三明治，店内环境出色（店前有阳光露台，后面舒适的酒吧里有16种桶装啤酒），营造出更高雅的情调和更酷炫的氛围，可谓物有所值。

Silver Dollar　　　　加利福尼亚菜、南方菜 $$

（☎502-259-9540; www.whiskeybythedrink.com; 1761 Frankfort Ave; 主菜$9~27, 早午餐$9~14; ◎周一至周五 17:00至次日2:00, 周六和周日 10:00起；⚹）Silver Dollar的烹饪风格很难定义，我们姑且称之为带加州风味的新南方菜吧，但论酒绝对是波旁威士忌之家，是不是听得有点儿头疼。餐厅供应炸鸡和华夫饼，啤酒鸡[烤小母鸡立在金鹰（Old Milwaukee）啤酒罐之上]，还有美味的鸡肉青豆玉米饼；可以搭配一种波旁威士忌一起食用。

Garage Bar　　　　酒馆小食 $$

（www.garageonmarket.com; 700 E Market St; 菜肴$9~18; ◎周一至周四 17:00~22:00, 周五至周日 11:00~22:00; ⚹）在路易斯维尔温暖的午后，前往这个由加油站改造而成、超级时尚的美食酒吧（以两辆"接吻"的Camaros汽车作为标志），点一杯罗勒螺丝起子（Basil Gimlet，一种鸡尾酒）和一份火腿拼盘（可以品尝四种地方风味火腿丁，配新鲜面包和蜜饯; $26），真是再惬意不过了。

★ Butchertown Grocery　　　　新派美国菜 $$$

（☎502-742-8315; www.butchertowngrocery.com; 1076 E Washington St; 主菜$15~25; ◎餐馆 周三至周五 11:00~22:00, 周六和周日 11:00起, 酒吧 周三和周日 18:00至午夜，周四至周六 至次日2:00; ⚹）路易斯维尔最火的新餐

馆，在原始和精致之间维持着恰到好处的平衡，餐厅位于一幢不起眼的19世纪红砖建筑中，室内有着饱经风霜的木质天花板、大理石桌子和B&W马赛克地板。供应带有欧洲风味的美式爽心美食。

★ **Proof** 新派美国菜 $$$

(☎502-217-6360; www.proofonmain.com; 702 W Main St; 主菜 $13~38; ⏰周一至周四 7:00~10:00, 11:00~14:00和17:30~22:00, 周五至23:00, 周六 7:00~15:00和17:30~23:00, 周日至13:00; 📶) 或许可以称得上是路易斯维尔最好的餐馆了。鸡尾酒（$10~12）好得令人难以置信，葡萄酒和波旁威士忌（以Woodford Reserve和Van Winkle珍贵的专用酒桶盛放）品种丰富，堪比"小酒库"，令人满意，而不同凡响的佳肴从美味的烤芝士到凌乱可口的野牛肉汉堡，再到倾情奉献的"香辣"炸鸡，无有不好。

🍷 饮品和夜生活

★ **Holy Grale** 小酒馆

(http://holygralelouisville.com; 1034 Bardstown Rd; 啤酒 $6起; ⏰周一至周四 16:00至次日1:00, 周五和周六 至次日2:00, 周日 正午至午夜; 📶) 是路易斯维尔最好的酒吧之一，位于一座老教堂内，有色香诱人的酒吧美食（美味的比利时薯条、绿咖喱青口、牛小排肉汁乳酪薯条；主菜 $6~14）和各种新奇热门的精选啤酒，多为罕见的德国、丹麦、比利时和日本桶装啤酒。最烈的几款啤酒（酒精含量高达13%）都在唱诗班的阁楼里。哈利路亚！

Mr Lee's 鸡尾酒吧

(www.mrleeslounge.com; 935 Goss Ave; 鸡尾酒 $10~12; ⏰周一至周五 14:00至午夜, 周五和周六 至次日2:00, 周日 至23:00) 这家新开的复古酒吧是德国城（Germantown）的手工鸡尾酒胜地。这里供应几种禁酒令颁布前的酒款，品种不多，但品质上乘。红色皮革吧台呈半圆形，旁边是点缀着烛光的20世纪中期现代风格的餐桌和宴席长凳，气氛温馨隐秘，非常适合晚上饮酒。这里甚至还铺着地毯！

Monnik Beer Company 微酿啤酒

(www.monnikbeer.com; 1036 E Burnett Ave; 啤酒 $4起; ⏰周二至周四 11:00至午夜, 周五和周六 至次日1:00, 周日 至22:00; 📶) 我们最喜欢的路易斯维尔啤酒厂就位于崭露头角的Schnitzelburg区。这儿的环境朴素而又时尚，供应20种桶装啤酒，其中IPA十分出彩，但这儿绝妙的东西不只有啤酒。啤酒芝士配酒糟谷物面包美味得让你停不下口，香煎草饲牛肉汉堡也堪称完美。干杯！

ℹ️ 实用信息

游客中心 (☎502-379-6109; www.gotolouisville.com; 301 S 4th Ave; ⏰周一至周六 10:00~17:00, 周日 正午至17:00) 有各种小册子，员工热心助人。

ℹ️ 到达和当地交通

路易斯维尔国际机场（Louisville's International Airport；见446页）位于城市以南5英里处，在I-65沿线。乘坐统一定价的出租车（$19.55）或当地2路公交车前往。**灰狗巴士**（☎800-231-2222; www.greyhound.com; 720 W Muhammad Ali Blvd）车站就在市中心以西。

TARC（www.ridetarc.org）运营当地公共汽车（$1.75），从历史悠久的**联合车站**（Union Station; ☎502-585-1234; 1000 W Broadway）发车，其中免费的大型电动公交车ZeroBus沿Main St、Market St和4th St环行，涵盖城市多数景点和最酷炫的餐厅。公交车上虽没规定必须自备零钱，但也未设找零机制。

蓝草乡村（Bluegrass Country）

在阳光明媚的日子里，开车穿越肯塔基州东北部的蓝草乡村，就能看见耀眼的苍翠群山间点缀着池塘、白杨树和雄伟的庄园，马儿在山间吃草。这片地方曾经是原始的森林和草场，被用作育马中心的历史已经超过250年。这一地区高耸的石灰岩峭壁拔地而起，据说这些天然的石灰岩沉淀物，能够生长出特别肥美的青草。

列克星敦（Lexington）

列克星敦素有"西方雅典"美誉，有价值百万美元的豪宅和数百万美元的名种马，即使是监狱看上去也像是乡村俱乐部一般。它曾经是阿勒格尼山脉（Allegheny Mountain）

以西最富庶、最讲究的城市，如今是肯塔基大学所在地和纯种赛马培育中心。市区面积不大，有许多漂亮的维多利亚式街区，大部分景点都集中在乡村。

景点

肯塔基州马匹公园
博物馆、公园

（Kentucky Horse Park; www.kyhorsepark.com; 4089 Iron Works Pkwy; 夏季 成人/儿童 $20/10, 冬季 成人/儿童 $12/6, 骑马 3月至10月 $25; ⏰3月15日至11月5日 9:00~17:00, 11月6日至次年3月14日 周三至周日 9:00~17:00; 🅿️）肯塔基州马匹公园是一座教育性的主题公园和马术运动中心。公园占地1200英亩，位于列克星敦北部。园内共有50个品种的马匹，这些马儿会参加特别现场表演。

阿什兰
历史建筑

（Ashland; www.henryclay.org; 120 Sycamore Rd; 成人/儿童 $12/6; ⏰3月至12月 周二至周六 10:00~16:00, 4月至11月 周日 13:00~16:00）距离市区以东仅1.5英里，部分是肯塔基州一位杰出名人的老宅，部分是公园。这座意大利风格的建筑曾属于著名的政治家和伟大的调解者亨利·克莱（Henry Clay, 1777~1852年）。

劳登庄园列克星敦艺术联盟
画廊

（Lexington Art League at Loudoun House; www.lexingtonartleague.org; 209 Castlewood Dr; ⏰周二至周四 10:00~16:00, 周五 10:00~20:00, 周六和周日 13:00~16:00）艺术和建筑爱好者绝对不会想要错过这个前卫的现代视觉艺术画廊，它坐落在NoLi区的一幢独立的美国哥特式复兴大厦里，这是美国仅有的五座同类建筑之一。每年大约有6次前卫的展览，按照列克星敦标准，这些展览非常令人兴奋，而可爱的执行董事（Executive Director）则热衷于搞事情。

玛丽·托德—林肯故居
历史建筑

（Mary Todd-Lincoln House; www.mtlhouse.org; 578 W Main St; 成人/儿童 $12/5; ⏰3月15日至11月30日 周一至周六 10:00~15:00）这座建于1806年的低调住宅内收藏有这位第一夫人童年时代以及作为林肯总统夫人时的物品，包括一些来自白宫的物品。团队游每小时整点出发，最后一次在15:00。

住宿

Gratz Park Inn
酒店 $$

（📞859-231-1777; www.gratzparkinn.com; 120 W 2nd St; 房间 $179起; 🅿️✳️@🛜）这家位于列克星敦历史区的酒店曾经挂着织锦窗帘，可以在19世纪的四柱大床上安睡，如今客房经过翻新，只为客人留下了为数不多的几张古董四柱大床。翻新后的房间保留着古典风格，但浴室除外，淋浴间内铺着有现代感的地铁瓷砖，呈现一种更前卫的工业风格。

★ Lyndon House
民宿 $$

（📞859-420-2683; www.lyndonhouse.com; 507 N Broadway; 房间 $179起; 🅿️✳️@🛜）民宿主人Anton曾是受任牧师，热爱美食、注重细节，这家民宿眼光独到、空间宽敞，位于一栋1885年的古老宅邸内。Anton推崇热情待客之道，早餐都是他亲自准备的。7间客房有早期的家具，又不乏现代化的设施，距离众多餐厅和啤酒馆不过几步之遥。

★ 21c Museum Hotel
精品酒店 $$

（📞859-899-6800; www.21cmuseumhotels.com; 167 W Main St; 房间 $219起; 🅿️✳️🛜）这个市中心的设计酒店以其入口处的威尼斯手工吹制变形路灯为标记。现在，这家源于路易斯维尔的酒店已经遍布好几个州。你可以称其为可下榻的博物馆，也可以说它是酒店内的博物馆。不管怎样，整个酒店里有四个当代艺术画廊（每层楼都有常设的本地艺术藏品）。

餐饮

★ County Club
烧烤 $

（www.countyclubrestaurant.com; 555 Jefferson St; 主菜 $9~13; ⏰周二至周四 17:00~22:00, 周五至周日从11:00开始营业; 🛜）这间烤肉圣殿位于Sunbeam面包厂的旧存车库里。虽然这里的服务用新潮高冷来描述最为贴切，但菜肴——汉堡、黑麦牛腩、泰式是拉差酱酸橙熏烤鸡翅、五花肉越式三明治等——都是软嫩多汁，烤得恰到好处。蘸着4种酱汁食用（醋汁、甜酱、烟熏哈瓦那风味和芥末味，天哪，芥末！）。

Stella's Kentucky Deli 熟食 $

(www.stellaskentuckydeli.com; 143 Jefferson St; 三明治 $4.50~10; ⊗周一和周二 10:30~16:00, 周三和周四 至21:00, 周五 10:30~22:00, 周六 9:00~22:00, 周日 9:00~21:00; 🛜📶)这家不容错过的熟食店开业已有30年了,但最新的店主几年前开始重新定位,增加了产品种类,使用本地农场供应的食材。出色的三明治、汤品和沙拉,以及季节性炖菜都是店内主打菜。这家色彩斑斓的熟食店就位于老民宅内,有改造后的锡质天花板和供人们交际互动的吧台。

Doodles 咖啡馆 $$$

(www.doodlesrestaurant.com; 262 N Limestone; 早餐 $3~12; ⊗周二至周日 8:00~14:00; 🛜)爱吃早餐的人一定要来这家旧加油站改造的咖啡店,尝尝各种令人垂涎欲滴的爽心美食,经典菜式包括大虾和玉米粉(加了青葱和调味蛋黄酱及乡村火腿)、燕麦法式炖蛋(oatmeal brûleé)和本地蛋类砂锅菜。所有食材尽可能选用有机和当地出产原料。

Middle Fork 新派美国菜 $$

(☎859-309-9854; www.middleforkkb.com; 1224 Manchester St; 小份菜 $6~22, 小菜 $15-35; ⊗1月至4月 周一、周二和周四至周六 17:00~22:00, 周日 17:00~20:00; 🛜)餐厅从最初备受欢迎的美食车发展成列克星敦最热门的美食区Old Pepper Distillery的餐馆顶梁柱。主厨马克·延森(Mark Jensen)利用特制的阿根廷木火烤炉进行烹制,供应多款季节限定、以肉食为主并且遵循"从农场到餐桌"原则的佳肴。这儿的小吃也非同寻常,比如在美式经典基础上加以创新的花生果酱等。

★ Country Boy Brewing 微酿啤酒

(www.countryboybrewing.com; 436 Chair Ave; 啤酒 $3~6)这家意为乡村男孩的啤酒厂装饰着卡车司机帽子、动物标本和迷彩图案,名副其实。呈现正宗肯塔基风格的店里供应有最棒的啤酒。至少有24种桶装啤酒都是酒厂自行研发的品种——通过乡村土法酿造(比如橡木桶陈酿草莓酒、胡椒烟熏波特酒、木桶陈酿的双料印度淡色艾尔酒等),也时常有贵宾啤酒供应。

值得一游
MAKER'S MARK

游览Maker's Mark (☎270-865-2099; www.makersmark.com; 3350 Burks Spring Rd, Loretto; 团队游 $12; ⊗周一至周六 9:30~15:30, 周日 11:30~15:30)就像参观一座小型的历史主题公园一样,不过是最好的那种。你会看到古老的磨坊、19世纪40年代酿酒大师的房子和老式的木制消防站,里面还有一辆古董消防车。你可以在新开设的Star Hill Provision一边品尝波旁威士忌一边享用可口的南方美食。

观察燕麦似的酸麦芽在柏树大桶内发酵,看看威士忌在铜锅内经过双层蒸馏,偷偷瞄两眼古旧的木质仓库内的波旁木桶。最后,亲手为酒瓶封上红蜡,带着它一同离开。

店内不供应食物,但每天晚上的17:00至22:00(周日 15:00~21:00),门外都会有不同的美食车。乔治敦附近2017年开设了第二家店。

☆ 娱乐

Keeneland 赛马

(☎859-254-3412; www.keeneland.com; 4201 Versailles Rd; 普通票 $5; ⊗赛马4月和10月)在比赛精彩程度方面仅次于丘吉尔唐斯赛马场,比赛在4月和10月举行,届时你还能看到冠军马匹们从日出一直训练至10:00。频繁的马匹拍卖吸引着酋长、苏丹、对冲基金大佬和那些爱马(或照料马匹)的人士。

The Burl 现场音乐

(www.theburlky.com; 375 Thompson Rd; 服务费 $5~12; ⊗周一至周四 18:00至次日2:30, 周五至周日 16:00起)坐落于一个经过精心修复的1928年的火车站里,与Old Pepper Distillery园区隔着铁轨相望。Burl改变了列克星敦的现场音乐格局,当地和地区表演终于有了个固定演出场所。

ⓘ 实用信息

游客中心(VisitLEX; ☎859-233-7299; www.

visitlex.com; 401 W Main St; ◎周一至周五 9:00~17:00, 周六 10:00起）提供地图和本地区相关信息，位于市中心被称为Square的高档餐饮综合楼里。

❶ 到达和当地交通

蓝草机场（Blue Grass Airport; LEX; ☎859-425-3100; www.bluegrassairport.com; 4000 Terminal Dr）位于市区以西，运营十多班国内直达航班。**灰狗巴士**（☎800-231-2222; www.greyhound.com; 477 W New Circle Rd）车站距离市区2英里。

Lex-Tran（☎859-253-4636; 150 East Vine St; ◎周一至周五 6:00~18:00, 周六和周日 8:00~16:00）运营当地公共汽车（$1, 6路公共汽车开往灰狗巴士车站，21路前往机场和Keeneland）。

肯塔基州中部
（Central Kentucky）

女士们，先生们，请系好安全带，你们现在进入波旁威士忌之乡！肯塔基州享誉世界的本地产烈酒不仅是这里的经济来源，使本地人口持续繁盛，本土精神让人们保持着活跃的状态，还为当地餐饮增添了一种佐餐酒品。小而美的巴兹敦（Bardstown）被誉为"世界波旁之都"，每年9月的**肯塔基波旁威士忌节**（Kentucky Bourbon Festival; www.kybourbonfestival.com）期间都热闹非凡，所有的参与者都会因蓝草之州的棕色烈酒而激动万分。巴兹敦位于路易斯维尔东南40英里处，是一个基于波旁威士忌和美国经典体育运动（肯塔基赛马的发源地、拳王穆罕默德·阿里和路易斯维尔棒球棒的诞生地）而建立的肯塔基小镇，既有趣，又极具艺术气息。不过，在过去的十年里，它已经发展成为南部美食最为集中的中型城市之一。停留于此，吃吃美食，逛逛博物馆，再喝上几轮全美最棒的传统鸡尾酒。

宜人山震颤派山庄 博物馆

（www.shakervillageky.org; 3501 Lexington Rd, Pleasant Hill; 成人/儿童 $10/5, 乘船 $10/5; ◎周二至周四和周日 10:00~17:00, 周五和周六至20:00）这一地区在20世纪初之前一直是震颤派社区所在地。经过精心修复的14座建筑矗立在开满毛茛花的草地之上，石头小路蜿蜒曲折。这里有一家迷人的旅馆和餐馆，还有一家销售本地著名手工艺品的礼品店。

Shaker Village Inn 旅馆 $$

（☎859-734-5611; www.shakervillageky.org; 3501 Lexington Rd, Pleasant Hill; 房间 $110-300; ▣🛜）主楼位于村内的旧信托局办公楼，里面有精致的双螺旋楼梯。房间宽敞可爱，光线充足，有高高的天花板、木质家具和两把既可以看书也可以睡觉用的摇椅。其他的13栋建筑里的客房也差不多如此。

❶ 到达和当地交通

路易斯维尔国际机场（Louisville International Airport; SDF; ☎502-367-4636; www.flylouisville.com; 600 Terminal Dr）是肯塔基州最大的机场，但所谓"国际"只在名字中有所体现，有来自亚特兰大、夏洛特、芝加哥、明尼阿波利斯、纽约和华盛顿等地的直达航班。

Bluegrass Pkwy西起I-65，延伸至东部的Rte 60，途经肯塔基州最肥美的牧场。巴兹敦和波旁县中心位于路易斯维尔以南40英里处，再向南行驶70英里左右就是猛犸洞穴国家公园。丹尼尔·布恩国家森林位于列克星敦以南105英里处。租车自驾游无疑是探索这一地区的最佳方式。

丹尼尔·布恩国家森林
（Daniel Boone National Forest）

肯塔基州东部阿巴拉契亚山麓的大部分地区都被崎岖的沟壑和大胆挑战地心引力的石灰石拱岩所占据，面积超过700,000英亩。在丹尼尔·布恩国家森林里，**红河峡谷**（Red River Gorge）的悬崖和天然石拱使其成为美国的最佳攀岩场所；附近的**天然桥州立度假公园**（Natural Bridge State Resort Park）非常适合家庭出游，园内除了标志性的砂岩石拱——一座壮观的65英尺高、78英尺长的天然桥——以外，还有总长20多英里的徒步小径，以及住宿和露营设施。

天然桥州立度假公园 州立公园

（Natural Bridge State Resort Park; ☎606-663-2214; www.parks.ky.gov; 2135 Natural Bridge Rd, Slade; ▣🛜）这个州立公园地处红河峡谷边界，以其石灰石拱岩而闻名，适合全

波旁威士忌小径

1789年前后，淡褐色、如丝般顺滑的波旁威士忌很有可能就诞生在列克星敦以北的波旁县（Bourbon County）。今天，90%来自美国的波旁威士忌都产自肯塔基州，这要归功于这里经过石灰岩过滤的、纯净的水。波旁威士忌的酿制原料必须含51%以上的玉米，并且必须在内壁烧焦的橡木桶中窖藏至少两年以上。内行都是直接饮用或兑水，但你一定要尝尝薄荷朱利酒，它是典型的南方饮品，由波旁酒、糖浆和碎薄荷调制而成。

位于巴兹敦的Oscar Getz威士忌历史博物馆（Oscar Getz Museum of Whiskey History；www.whiskeymuseum.com; 114 N 5th St; ◎周二至周六 10:00~16:00，周日 正午至16:00）回顾了波旁威士忌的历史，还有从前非法酿酒时代的蒸馏炉和其他文物。

肯塔基州的酿酒厂大多集中在巴兹敦和法兰克福附近，基本都提供团队游。可登录肯塔基州波旁威士忌小径官网（Bourbon Trail Website; www.kybourbontrail.com）了解详情。网站并未逐一列出所有酿酒厂。

巴兹敦附近的酿酒厂包括：

Heaven Hill（☎502-337-9593; www.bourbonheritagecenter.com; 1311 Gilkey Run Rd; 团队游 $10~20; ◎3月至12月 周一至周五 10:00~17:30，周日 正午至16:00，1月至2月 周二至周六 10:00~17:00）组织酒厂团队游，不过你可能还想参观一下交互式的波旁威士忌遗产中心。

Jim Beam（☎502-543-9877; www.jimbeam.com; 526 Happy Hollow Rd, Clermont; 团队游 $12; ◎礼品店 周一至周六 9:00~17:30，周日 正午至16:00，团队游 周一至周六 9:00~15:30，周日 12:30~15:00）观看一部介绍占边家族的影片，然后在这家全美最大的酿酒厂品尝几种波旁威士忌。占边酒厂出品Knob Creek（好喝）、Knob Creek Singel Barrel（更好喝）、Basil Hayden's（醇厚）和极好的Booker's（高度数的"醍醐灌顶"）。

Maker's Mark（见445页）这个经修复的维多利亚风格的酿酒厂宛若一座波旁威士忌的主题公园。

Willet（☎502-348-0899; www.kentuckybourbonwhiskey.com; Loretto Rd; 团队游$12; ◎商店 3月至12月 周一至周五 9:30~17:30，周日 正午至16:30，团队游 周一至周六 10:00~16:00，周日 12:30~15:30）这是间家庭经营的酿酒厂，手工酿制生产小批量的获专利的风味波旁威士忌。酒厂占地120英亩，环境优美，是我们喜爱的酒厂之一。全天都有团体游。

法兰克福/劳伦斯堡（Lawrenceburg）附近的酿酒厂包括：

Buffalo Trace（☎800-654-8471; www.buffalotracedistillery.com; 1001 Wilkinson Blvd, Frankfort; ◎商店 周一至周六 9:00~17:30，周日 正午至17:00，团队游 周一至周六 9:00~16:00，周日 正午至15:00）**免费** 这是全美最古老的持续经营的酿酒厂，这里的团队游口碑非常好。

Four Roses（☎502-839-3436; www.fourrosesbourbon.com; 1224 Bonds Mills Rd, Lawrenceburg; 团队游$5; ◎商店 周一至周六 9:00~16:00，周日 正午至16:00，团队游 周一至周六 9:00~15:00，周日 正午至15:00）风景数一数二，位于河畔一座西班牙传教风格的建筑内。

Woodford Reserve（☎859-879-1812; www.woodfordreserve.com; 7855 McCracken Pike, Versailles; 团队游 $14~30; ◎商店 周一至周六 9:00~17:00，周日 正午至16:00，团队游 周一至周六 10:00~15:00，周日 13:00~15:00，1月至2月 歇业）这座位于溪边的历史遗址已修缮完毕，重现了19世纪的辉煌。酿酒厂仍然使用老式的铜罐，也是到目前为止景色最美的酒厂了。

为了避免喝酒还是开车的两难抉择，不妨参加Mint Julep Tours（☎502-583-1433; www.mintjuleptours.com; 140 N 4th St, Ste 326, Louisville; 团队游 工作日/周末 含午餐 $129/149 起）组织的团队游，踏踏实实地坐着车去品酒。

> **不要错过**
>
> ## 《行尸走肉》剧粉们：欢迎来到伍德伯里
>
> 2010年，AMC电视网首播了《行尸走肉》(*The Walking Dead*)，剧中后启示录时代僵尸横行吃人，将电视和各种视频播放器前的观众们吓得目瞪口呆，而这些末世对决都发生在这个桃子州（Peach State）里。亚特兰大城、南面1小时车程外的历史小镇锡诺亚（Senoia）及其周边，都是这部掀起收视狂潮的电视剧的拍摄地。Atlanta Movie Tours组织两个刺激有趣的僵尸片场游，其中一个在亚特兰大城，另一个就在锡诺亚周边（我们更喜欢这个），由剧组临时演员解说，滔滔不绝地揭秘剧组和拍摄的内幕花絮。此外，因为这是个在播剧拍摄地，每年5月至11月播出季时，时常能偶遇剧组演员们光临锡诺亚的 Senoia Coffee & Café（770-599-8000；www.senoiacoffeeandcafe.com；1 Main St, Senoia；周一至周六 7:00~17:00；）。
>
> 锡诺亚是座被列入《国家史迹名录》(*National Register of Historic Places*)的小镇，现在镇子俨然成了僵尸中心。别忘了去 Woodbury Shoppe（770-727-9394；www.woodburyshoppe.com；48 Main St, Senoia；周一至周六 11:00~17:00，周日 13:00~17:00）逛逛，这是《行尸走肉》剧集的官方纪念品商店，楼下设有电视剧主题咖啡厅和一个小博物馆。

南部

佐治亚州

家人游玩，园内有 Hemlock Lodge（606-663-2214，800-255-7275；www.parks.ky.gov；Hemlock Lodge Rd, Slade；房间/小屋 $85/$117起）有露营位、房间和小屋。园内有多条短途徒步路径，总长达20英里。如果你不想爬上山，也可以乘坐缆车前往拱岩（往返$13）。

Red River Outdoors　　　　　探险

（859-230-3567；www.redriveroutdoors.com；415 Natural Bridge Rd；全天由导游带领的双人登山 $130起）组织由导游带领的登山游，还提供山脊沿线的小屋住宿（$110~145）和瑜伽练习。

天然桥州立度假公园位于列克星敦东南58英里处，需自驾前往。

猛犸洞穴国家公园 (Mammoth Cave National Park)

世界上最长的洞穴系统——猛犸洞穴国家公园（800-967-2283；www.nps.gov/maca；1 Mammoth Cave Pkwy，53出口，紧邻I-65；团队成人$7~55，儿童$5~20；8:00~18:00，夏季至18:30）有400多英里长的已勘测通道，其长度至少是其他已知洞穴的3倍。洞内有大量的教堂岩、无底坑和波浪形的怪石。人们曾经在这些洞穴中收集生产矿石，例如，制作火药的硝石，并将其作为肺结核病患者的疗养院。1816年就有导览游进洞参观游览。

1941年，这个地区成为一座国家公园，如今每年吸引超过60万名游客前来。

参观这些洞穴的唯一途径是参加护林员导览团队游（ranger-guided tours），提前预订是明智之举，特别是在夏季。团队游提供程度不一的游览项目，从地下漫步到艰苦的一日探游（只限成人参加），不一而足。历史游特别有趣。

除了洞穴之外，公园内还有85英里长的小径，全都可以徒步，其中60英里可以骑马，25英里可以骑山地车。公园内有3个露营地（露营位 $20起），有厕所，但只有几个露营位置能用电或接上水，还有13个免费的荒野露营区、一家酒店和一些小屋。可以在线预订露营地（www.recreation.gov）和住宿（www.mammothcavelodge.com）。在游客中心办理荒野露营许可证。

佐治亚州 (GEORGIA)

佐治亚州是密西西比河以东面积最大的州，内部存在着巨大的地理和文化差异：乡村右倾的共和党与亚特兰大和萨凡纳的自由理想主义时有摩擦；保守的小城镇逐渐被并入不断扩张、激进而且繁荣的大城市；北部的山脉高耸入云，多条咆哮的河流发源于此，沿海的沼泽地遍布招潮蟹和摇曳的网茅，南部的海滩和岛屿是桃源胜境，这里的餐厅和酒吧也是妙不可言。

❶ 实用信息

Discover Georgia（☎800-847-4842；www.exploregeorgia.org）可查询全州旅游信息。

佐治亚州自然资源部（Georgia Department of Natural Resources；☎800-864-7275；www.gastateparks.org）可查询州立公园露营地和活动信息。

亚特兰大（Atlanta）

亚特兰大素有"南部之都"的称号，由于国内人口南迁与国际移民涌入，这里人口持续爆炸式增长，如今有570多万人口生活在城区和郊区。除了票价高昂的市区景点之外，亚特兰大还有许多顶级餐厅，城市也明显受到好莱坞的影响（亚特兰大已经成为非常热门的影视制作中心）。同时，这里还是非裔美国人历史的象征。最后，绝非夸大其词的一点：任何一个非裔美国人的全国性思想、政治和艺术运动，要么起源于亚特兰大，要么在此发展壮大。

说句公道话，由于没有自然边界限制其发展，与其说亚特兰大是一座城市，不如说它是一片地区。尽管越来越多的郊区被城市化，它仍是一座美丽的城市，被绿树和优雅的住宅覆盖。风格迥异的街区像一座座友好的小镇被连在了一起。亚特兰大经济繁荣，人口年轻，富有创造性，社会也呈现多元化景象，令人耳目一新。

◉ 景点和活动

◉ 市中心

亚特兰大市中心正经历着另一种变革，继续建设更加富有活力和宜居的城市核心区——这是近来开发商和政治家们的关注重心。

★ 民权与人权中心　　　　　　博物馆

（Center for Civil and Human Rights; www.civilandhumanrights.org; 100 Ivan Allen Jr Blvd; 成人/老年人/儿童 $15/13/10；⊙周一至周六10:00~17:00, 周日 正午至17:00）这座醒目的博物馆于2014年建成，是**亚特兰大奥林匹克百年纪念公园**（Altlanta Centennial Olympic Park; www.centennialpark.com; 265 Park Ave NW）的新增建筑。这座斥资6800万美元兴建的博物馆发人深省，用以纪念美国民权远动和全世界的人权运动。馆内设计精良，布展做得十分到位，无可争议的亮点在于一个绝对令人痛心的互动式体验，再现了伍尔沃斯（Woolworth）午餐柜台静坐抗议的情景，让人沉默无语，潸然泪下。

大学橄榄球名人堂　　　　　　博物馆

（College Football Hall of Fame; www.cfbhall.com; 250 Marietta St; 成人/老年人/儿童 $22/19/18; ⊙周日至周五10:00~17:00, 周六9:00~18:00; ⓟ🅖）无论怎样评价大学橄榄球对美国文化的重要性都不过分。这座博物馆是2014年从印第安纳搬迁过来的，经重新布展后，成为这座占地94,256平方英尺的3层橄榄球圣殿，堪称一处极为酷炫和实至名归的殿堂。

可口可乐世界　　　　　　博物馆

（World of Coca-Cola; ☎404-676-5151; www.woccatlanta.com; 121 Baker St; 成人/老年人/儿童 $17/15/13; ⊙周二至周六9:00~19:00, 周日 10:00~17:00）这是可口可乐公司为宣传企业形象而建的博物馆。对碳酸饮料控和快速商业化的粉丝来说，这家博物馆可能趣味盎然。最有意思的地方是，游客可以品尝来自世界各地的可口可乐产品样品，这可是满足味蕾的好机会！游客在这里可以欣赏安迪·沃霍尔（Andy Warhol）的作品、观看4D影片、了解公司的历史，还有足量的宣传材料可拿。我们在博物馆里上下下下到处寻找可口可乐著名的秘方，我们倒是很乐意将其呈现在此。

Atlanta Movie Tours　　　　　　团队游

（☎855-255-3456; www.atlantamovietours.com; 327 Nelson St SW; 团队游 成人/儿童 $20/10起）提供几个电影拍摄地的团队游，包括进入《行尸走肉》中虚构的伍德伯里（Woodbury），由剧中的临时演员们讲解（明白了吗？），透露关于演员和拍摄的内幕消息。其他的团队游则包括《饥饿游戏》《飓风营救》等电影的拍摄地。

Atlanta 亚特兰大

450

南部 亚特兰大

Map labels

- Ponce de Leon Pl
- Virginia Ave
- Eastside Beltline Trail
- 去Clermont Lounge (0.1mi)
- 去Highland Inn (0.7mi)
- City Hall East
- Monroe Dr
- Glen Iris Dr
- Greenwood Ave
- Seal Pl
- Boulevard Pl
- 去Atlanta Botanical Garden亚特兰大植物园 (0.4mi)
- Piedmont Park 皮德蒙特公园
- Charles Allen Dr
- Monroe Dr
- Ponce de Leon Ave
- North Ave
- Linden Ave
- 10th St
- 9th St
- 8th St
- Durant Pl
- 6th St
- 5th St
- Glendale
- Argonne Ave
- 3rd St
- Penn Ave
- Myrtle St
- Piedmont Ave
- 12th St
- 8th St
- Juniper St
- 6th St
- 5th St
- 4th St
- 3rd St
- Crescent Ave
- 去High Museum of Art 海伊艺术博物馆 (0.1mi); Hotel Artmore (0.2mi); Woodruff Arts Center 伍德拉夫艺术中心 (0.2mi); Amtrak Station 美国国铁车站 (1mi)
- 11th St
- Old 10th St
- Peachtree Pl
- N4 Midtown
- 7th St
- W Peachtree St
- Biltmore Pl
- Cypress St
- Peachtree St NE
- Linden Ave
- N3 North Ave
- MIDTOWN 中城区
- Spring St
- Spring St NW
- Williams St
- 75
- 85
- 401
- Downtown Connector
- Techwood Dr
- Techwood Dr
- Fowler St
- 8th St
- 6th St
- 4th St
- Georgia Institute of Technology 佐治亚理工学院
- Bobby Dodd Stadium
- North Ave
- 去Center for Puppetry Arts 木偶艺术中心 (0.3mi); 机场 (14mi)
- 10th St
- 5th St
- Bobby Dodd Way
- 去Westside Provisions District (0.75mi)
- Tech Pkwy NW
- 去Octane (0.6mi); The Optimist (0.6mi); Terminal West (0.9mi)

0 / 0.5 miles / 1 km

451

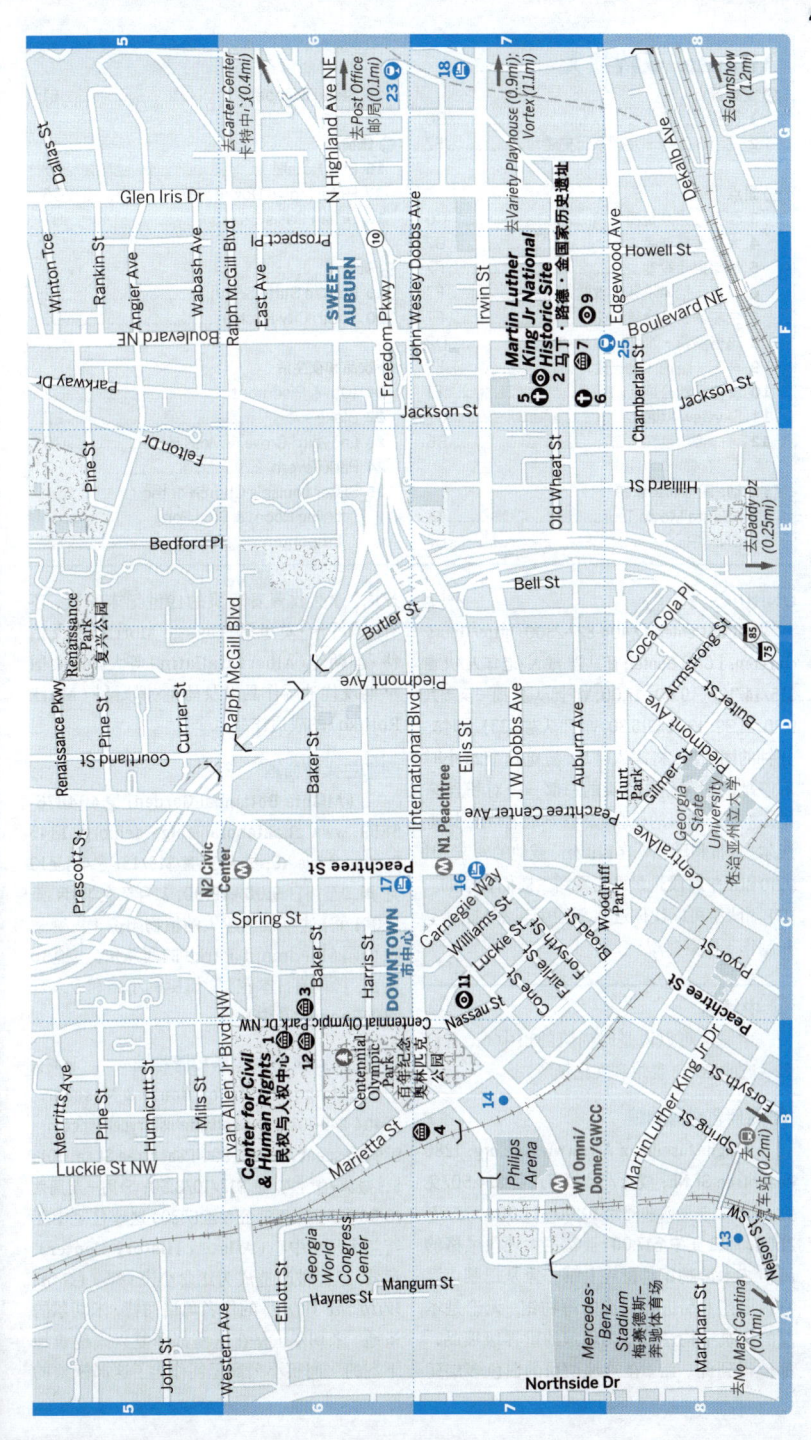

南部 亚特兰大

DOWNTOWN 市中心

SWEET AUBURN

Key Landmarks
- **Center for Civil & Human Rights** 民权与人权中心
- **Centennial Olympic Park** 百年纪念奥林匹克公园
- **Martin Luther King Jr National Historic Site** 马丁·路德·金国家历史遗址
- Philips Arena
- Mercedes-Benz Stadium 梅赛德斯-奔驰体育场
- Georgia World Congress Center
- Renaissance Park 复兴公园
- Georgia State University 佐治亚州立大学
- Hurt Park
- Woodruff Park
- Centennial Park

Streets (selection)
Northside Dr, Ivan Allen Jr Blvd NW, Marietta St, Baker St, Harris St, Carnegie Way, Ellis St, Auburn Ave, Edgewood Ave, Dekalb Ave, Martin Luther King Jr Dr, Peachtree St, Spring St, Forsyth St, Broad St, Pryor St, Central Ave, Piedmont Ave, Courtland St, Boulevard NE, Jackson St, Freedom Pkwy, John Wesley Dobbs Ave, Irwin St, Old Wheat St, Bell St, Butler St, International Blvd, J W Dobbs Ave, Peachtree Center Ave, Coca Cola Pl, Armstrong St, Chamberlain St, Howell St, Hilliard St, N Highland Ave NE, Glen Iris Dr, Dallas St, Winton Tce, Rankin St, Angier Ave, Wabash Ave, Ralph McGill Blvd, East Ave, Prospect Pl, Renaissance Pkwy, Pine St, Currier St, Felton Dr, Bedford Pl, Parkway Dr, Mills St, Hunnicutt St, Luckie St NW, Merritts Ave, Western Ave, Elliott St, John St, Haynes St, Mangum St, Markham St, Nelson St, Cone St, Fairlie St, Williams St, Nassau St, Forsyth St, Prescott St, Gilmer St

References to off-map locations
- 去Carter Center 卡特中心 (0.4mi)
- 去Post Office 邮局 (0.1mi)
- 去Variety Playhouse (0.9mi); Vortex (1.1mi)
- 去Gunshow (1.2mi)
- 去Daddy Dz (0.25mi)
- 去No Mas! Cantina (0.1mi)

Transit Stations
- N1 Peachtree
- N2 Civic Center
- W1 Omni/Dome/GWCC
- S1 (Nelson St 汽车站 0.2mi)

Atlanta 亚特兰大

◎ 重要景点
1 民权与人权中心 B6
2 马丁·路德·金国家历史遗址 F7

◎ 景点
3 亚特兰大儿童博物馆 C6
4 大学橄榄球名人堂 B7
5 埃比尼泽教堂 F7
6 原埃比尼泽浸礼会教堂 F7
7 金非暴力社会转变中心 F7
8 玛格丽特·米切尔故居和博物馆 D2
9 马丁·路德·金出生地 F7
10 皮德蒙特公园 F1
11 Skyview Atlanta C7
12 可口可乐世界 B6

⊕ 活动、课程和团队游
13 Atlanta Movie Tours A8
14 CNN 中心 B7
15 Skate Escape E1

⊕ 住宿
16 Ellis Hotel C7
17 Hotel Indigo Downtown C6
18 Urban Oasis B&B G7

⊗ 就餐
19 Empire State South D2
20 South City Kitchen D1

⊕ 饮品和夜生活
21 10th & Piedmont D2
22 Blake's E2
23 Ladybird Grove & Mess Hall G6
24 Park Tavern F2
25 Sister Louisa's Church of the Living Room & Ping Pong Emporium F8

CNN中心
团队游

(CNN Center; ☎404-827-2300; http://tours.cnn.com; 1 CNN Center; 团队游 成人/老年人/儿童 $15/14/12; ⊙9:00~17:00, VIP团队游 周一至周六 9:30、11:30、13:30和15:30, VIP团队游 $33)历时55分钟的团队游,将深入幕后,游览这个24小时不停歇的国际新闻巨头的总部——对粉丝来说,这是个难得的机会。尽管参观者无法接近沃尔夫·布利泽(Wolf Blitzer)或他的密友,但9:00和正午时段是最可能看到主播们直播的。VIP团队游可以让你进入新闻编辑室、控制室和制作工作室参观。

◎ 中城区

中城区可以说是时尚版的市中心,有许多一流的酒吧、餐馆和文化场所。

★ 海伊艺术博物馆
画廊

(High Museum of Art; www.high.org; 1280 Peachtree St NE; 成人/5岁以下儿童 $14.50/免费; ⊙周二至周四和周六 10:00~17:00, 周五至21:00, 周日 正午至17:00)亚特兰大现代风格的海伊艺术博物馆是世界上第一家从巴黎卢浮宫借出艺术品进行展出的博物馆。无论是本身的建筑结构还是馆内珍藏的世界级展品,都值得到此一游。在这座醒目的白色多层建筑内,永久收藏着珍贵的19世纪末家具,还有出自乔治·莫里斯(George Morris)和艾伯特·加勒廷(Albert Gallatin)等大师的美国早期现代油画作品以及马克·罗斯科(Mark Rothko)的战后作品。

亚特兰大植物园
花园

(Atlanta Botanical Garden; ☎404876-5859; www.atlantabotanicalgarden.org; 1345 Piedmont Ave NE; 成人/儿童 $19/13; ⊙4月至10月 周二至周日 9:00~19:00, 11月至次年3月 至17:00; ℗)这座景色迷人的植物园位于皮德蒙特公园(Piedmont Park)的西北角,占地30英亩。园内有日本花园、蜿蜒的小路和令人赞叹的Fuqua兰花中心。

玛格丽特·米切尔故居和博物馆
博物馆

(Margaret Mitchell House & Museum; ☎404-249-7015; www.atlantahistorycenter.com; 979 Crescent Ave NE; 990 Peachtree St, at 10th St; 成人/学生/儿童 $13/10/8.50; ⊙周一至周六 10:00~17:00, 周日 正午至17:30)这座住宅由亚特兰大历史中心(Atlanta History Center)运营,已经被改造成为纪念小说《飘》(*Gone With the Wind*)的作者玛格丽特·米切尔的圣地。米切尔正是在这座都铎复兴式建筑地下室的一间狭小公寓里创作出了这部恢宏的

作品。这座建筑现已被列入国家历史遗迹名录（National Register of Historic Places）。现场展览展示了米切尔的生活、写作生涯和电影版《飘》。

持此门票还可以参观**亚特兰大历史中心**（Atlanta History Center; ☎404-814-4000; www.atlantahistorycenter.com; 130 West Paces Ferry Road NW; 成人/儿童 $16.50/11; ⏱周一至周六 11:00~16:00, 周日 13:00起）。

皮德蒙特公园　　　　　　　　　　　公园

（Piedmont Park; ☎404-875-7275; www.piedmontpark.org; 400 Park Dr NE; ⏱6:00~23:00）**免费** 一座迷人、杂乱的城市公园，是许多文化节和音乐节的举办地点。公园内有很棒的自行车道和一个周六绿色集市（Green Market）。

Skate Escape　　　　　　　　　　　骑车

（☎404-892-1292; www.skateescape.com; 1086 Piedmont Ave NE; 自行车和直排轮滑鞋 每小时$6起; ⏱11:00~19:00）出租自行车和滚轴溜冰鞋（每小时$6），也出租双人自行车（每小时$12）和山地自行车（每天/一天一夜 $25/35）。

◉ Sweet Auburn

Auburn Ave是20世纪非裔美国人的大型商业和文化中心。今天，这里的多数景点都和杰出人物马丁·路德·金有关。他在这里出生和传道，也长眠于此。所有关于他的参观场所离MARTA（Metropolitan Atlanta Rapid Transit Authority，亚特兰大都市快速交通局）的King Memorial Station站都只有几个街区的步行距离。或者可以搭乘运行在Sweet Auburn和**百年纪念奥林匹克公园**（Centennial Olympic Park）间的环线Atlanta Streetcar（www.theatlantastreetcar.com），每10~15分钟一班。

★ 马丁·路德·金国家历史遗址　　　　古迹

（Martin Luther King Jr National Historic Site; ☎404-331-5190; www.nps.gov/malu; 450 Auburn Ave; ⏱9:00~17:00; P♿）**免费** 这一历史遗址是为纪念民权运动领袖、最伟大的美国人之一马丁·路德·金而建，用以纪念他的生活、工作和留给世人的宝贵遗产。该中心占据了几个街区。可先前往出色的游客中心领取地图和该地区景点的宣传册，了解景点和展览情况，展览介绍了诸如种族隔离、长期压迫和种族暴力等促使和激励金采取行动的历史背景。1.5英里的景观小路从这里一直通向卡特中心（Carter Center）。

马丁·路德·金出生地　　　　　　　地标

（Martin Luther King Jr Birthplace; ☎404-331-5190; www.nps.gov/malu; 501 Auburn Ave; ⏱10:00~16:00）**免费** 组织免费导览游参观他儿时的故居，全程30分钟，实行先来先服务的原则，需要当天在国家历史遗址游客中心办理登记——请尽早到达，因为名额很快就会被占满。导览游在10:00至16:00之间随时出发，空闲时间可以自由参观公园的其他区域。

金非暴力社会转变中心　　　　　　博物馆

（King Center for Non-Violent Social Change; ☎404-526-8900; www.thekingcenter.org; 449 Auburn Ave NE; ⏱9:00~17:00, 夏季 至18:00）位于国家历史遗址游客中心对面，这里有许多关于金生活和工作的信息，以及他的一些私人物品，包括他的诺贝尔和平奖奖章。他的墓地周围有长长的倒影池，参观时间不限。

原埃比尼泽浸礼会教堂　　　　　　教堂

（First Ebenezer Baptist Church; ☎404-331-5190; www.nps.gov/malu; 407 Auburn Ave NE; ⏱9:00~17:00）**免费** 金的祖父三代都曾经是这里的牧师，他的母亲是唱诗班主管，不幸的是，1974年她在此被一个疯狂的枪手杀害了，当时她正坐在风琴前。斥资数百万美元的复建工程于2011年竣工，使这座教堂恢复了1960~1968年金和他的父亲共同担任牧师期间的模样。如今，教堂建筑内循环播放着金的演讲录音。

目前，周日礼拜在街对面一座新建的**埃比尼泽教堂**（☎404-688-7300; www.historicebenezer.org; 101 Jackson St NE; ⏱周日礼拜 9:30和11:00）举行。

◉ 弗吉尼亚高地 (Virginia-Highland)

North Highland Ave附近的街巷绿树成

荫,十分安静,有许多古老的住宅,很适合全家人出游。该地区的焦点是三角形的弗吉尼亚高地,这片由道路交会处发展而成的商业区,聚集着餐馆、咖啡馆,以及各种企业或独立经营的精品店。

卡特中心 博物馆

(Carter Center; ☎404-865-7100; www.jimmycarterlibrary.org; 441 Freedom Pkwy; 成人/老年人/儿童 $8/6/免费; ◎8:00~17:00; ℗)该中心坐落于俯瞰市区的山顶,以吉米·卡特总统任期内(1977~1981年)的展品为主,包括一个美国总统办公室的复制品,以及卡特所获得的诺贝尔和平奖奖章。不要错过后院安静的日式花园和新建的蝴蝶园。

1.5英里长、景色迷人的自由公园小路(Freedom Park Trail)从这里经过自由公园(Freedom Park),通向马丁·路德·金国家历史遗址。

节日和活动

亚特兰大爵士音乐节 音乐

(Atlanta Jazz Festival; www.atlantafestivals.com; Piedmont Park; ◎5月)阵亡将士纪念日周末在皮德蒙特公园举办的现场音乐会将长达一个月的音乐节推向高潮。

亚特兰大同志骄傲节 同性恋

(Atlanta Pride Festival; www.atlantapride.org; ◎10月)亚特兰大一年一度的GLBT节日。

全国黑人艺术节 文化节

(National Black Arts Festival; ☎404730-7315; www.nbaf.org; ◎7月)来自全国的艺术家云集亚特兰大,为非裔美国人的音乐、戏剧、文学和电影而欢庆。

住宿

市区酒店价格波动很大,这取决于市内是否正在举办大型会议。最省钱的选择是住在市区外MARTA沿线的连锁酒店,然后乘地铁进城观光。

Ellis Hotel 精品酒店 $$

(☎877-211-2545; www.ellishotel.com; 176 Peachtree St NW; 房间 $150~190; ℗❄@☎⛱)

> ### ❶ 亚特兰大城市通行证
>
> 持**亚特兰大城市通行证**(Atlanta CityPass; www.citypass.com; 成人/儿童 $75/59)可以进入可口可乐世界、CNN中心、佐治亚州水族馆(Georgia Aquarium)、亚特兰大动物园(Zoo Atlanta)或民权与人权中心,以及大学橄榄球名人堂或弗恩班克自然历史博物馆。请在线购买。

Ellis是市中心的一个宝地,时尚的商务客房内呈现温暖的原木色调,铺着清爽的白色寝具。请注意,酒店有个可带宠物的楼层、一个女性专用楼层和一个"新鲜空气"楼层(后者有私有通道和特殊清洁规则,专为过敏症患者而设)。

Hotel Artmore 精品酒店 $$

(☎404-876-6100; www.artmorehotel.com; 1302 W Peachtree St; 房间 $170~200, 套$220起; ℗❄@☎)这座建于1924年的西班牙-地中海风格地标式建筑如今已修缮一新,成为一家极具美感的精品酒店,既时尚又略显保守,是繁华都市中的一片清静之地。酒店颇受好评,位置便利,就在MARTA的Arts Center站对面。有优质的服务和美妙的庭院,院子里还有个篝火坑。

Hotel Indigo Downtown 精品酒店 $$

(☎888-233-9450; www.hotelindigo.com; 230 Peachtree St NE; 房间 $135~160; ℗❄@☎⛱)亚特兰大的第二家Hotel Indigo,位于百年纪念公园附近,位置极佳。这是一座由亚特兰大本地设计师约翰·波特曼(John Portman)设计的阳刚现代建筑,与其便利的环境相得益彰。房间清新明亮,装饰以历史照片和彩虹色色块,十分贴心周到。

Highland Inn 旅馆 $$

(☎404-874-5756; www.thehighlandinn.com; 644 N Highland Ave; 标单/双 $75/105起; ℗❄☎)这家欧洲风格的独立客栈建于1927年,多年来一直吸引着巡回演出的音乐家。共有65个房间,面积都不算太大,但它正处于弗吉尼亚高地的优越地段，算得上是亚特兰大市区实惠的舒适住处。这是镇上为数不多的有单人房的旅馆之一。

★ Urban Oasis B&B 民宿 $$

(☎770-714-8618; www.urbanoasisbandb.com; 130a Krog St NE; 房间 $140~215; P❀❀☎) 这家民宿由一栋20世纪50年代的棉花分类仓库改造而成，藏于门后，隐而不露。阁楼式民宿既复古又现代，是最佳的市内住所。宽敞时尚的公共区域有巨大的窗户，采光非常好。3间客房品味独到，摆放着Haywood Wakefield世纪中期现代风格的家具。

★ The Social Goat B&B 民宿 $$

(☎404-626-4830; www.thesocialgoatbandb.com; 548 Robinson Ave SE; 房间 $125~245; P❀❀☎) 这幢紧邻Grant Park的维多利亚风格安妮女王式宅邸建于1900年，经过了精心修复。内有6个房间，都采用法式乡村风格装潢，摆放着年头久远的古董——更重要的是，你可以和山羊、火鸡、鸡还有猫一起分享这处豪宅。在美国最大的城区也能体验到乡村风情。

✕ 就餐

除了新奥尔良，亚特兰大是美国南部最好的美食之城，这里的美食文化真是到了让人迷恋的地步。在亚特兰大日新月异的城市街区中，散布着多家新兴而时尚的住宅和餐饮综合设施，其中就包括Westside Provisions District、Krog Street Market和Ponce City Market。

✕ 市中心和中城区

Empire State South 美国南方菜 $$

(www.empirestatesouth.com; 999 Peachtree St; 主菜 $12~36; ☉周一至周四 7:00~22:00, 周四至周六 至23:00, 周日 10:00~15:00; ☎) 这家位于中城区的法式小馆采用乡村时尚装修风格，供应创意十足的新派南方菜肴，无论是早餐还是其他时段，都不会令食客失望。早餐时，供应自制贝果，注重细节、品质堪比西北太平洋地区的咖啡，还有炸鸡培根辣椒奶酪什锦菜！

No Mas! Cantina 墨西哥菜 $$

(☎404-574-5678; www.nomascantina.

带孩子游亚特兰大

亚特兰大有许多寓教于乐的活动能吸引孩子们，让他们玩得尽兴。

木偶艺术中心 (Center for Puppetry Arts; ☎售票404-873-3391; www.puppet.org; 1401 Spring St NW; 博物馆 $10.50, 导览游 $14; ☉周二至周日 9:00~17:00, 周一 闭馆; ❀) 这个精彩的艺术中心适合各年龄层的游客，无疑是亚特兰大最新奇有趣的景点之一。博物馆就是座木偶宝库，你还可以试着自己操纵某些木偶。**木偶世界博物馆** (World of Puppetry Museum) 为中心新设的展馆，馆内收藏有最齐全的吉姆·汉森 (Jim Henson) 木偶，以及世界各地的手工艺品。

亚特兰大儿童博物馆 (Children's Museum of Atlanta; www.childrensmuseumatlanta.org; 275 Centennial Olympic Park Dr NW; 门票 $15; ☉周一至周五 10:00~16:00, 周六和周日 至17:00; ❀) 博物馆面向8岁及以下的儿童，鼓励小孩子动手参与馆内活动。成年人需有儿童陪同才能进入。

Skyview Atlanta (☎678-949-9023; www.skyviewatlanta.com; 168 Luckie St NW; 成人/老年人/儿童 $14/12/9; ☉周日至周四 正午至22:00, 周五 至23:00, 周六 10:00~23:00; ❀) 这座20层楼高的摩天轮于2013年在亚特兰大拔地而起200英尺，配备了42个车厢。

弗恩班克自然历史博物馆 (Fernbank Museum of Natural History; ☎404-929-6300; www.fernbankmuseum.org; 767 Clifton Rd; 成人/儿童 $18/16; ☉10:00~17:00; P❀) 漫步于几十英亩的阔叶林中，或者参观巨型恐龙展览。

com; 180 Walker St SW; 主菜 $7~20; ⊙8:00~22:00; 🛜🅿️) 店内的设计豪放夸张，让人有种在传统的墨西哥彩饰陶罐里用餐的错觉，尽管如此，本地人对这家小馆里喜欢的墨西哥风格还是很买账。餐厅位于市中心Castleberry Hill，周围环境清幽，可步行前往梅赛德斯-奔驰体育场（Mercedes-Benz Stadium）、飞利浦体育馆（Phillips Arena）、CNN中心和百年纪念公园等地。

Daddy Dz   烧烤 $$

(☎ 404-222-0206; www.daddydz.com; 264 Memorial Dr SE; 三明治 $7~13, 菜肴 $13~23; ⊙周一至周四 11:00~22:30, 周五和周六 至23:00, 周日 正午至21:00; 🅿️) 一家简陋的烧烤小店，一直被评为城中最佳食肆之一，在市中心引起轰动。从红、白、蓝三色外墙上的涂鸦壁画，到烟雾缭绕的环境，再到室内露台上以回收材料制作的雅座，都传达着同一种精髓。点一些多汁的排骨和玉米面包，你一定会满意而归。

South City Kitchen   美国南方菜 $$$

(☎ 404-873-7358; www.southcitykitchen.com; 1144 Crescent Ave; 主菜 $18~40; ⊙周一至周五 11:00~15:30和17:00~22:00, 周六 10:00~15:00和17:00~22:30, 周日 10:00~15:00和17:00~22:00) 这是一家高档的南方风味餐厅，供应美味的改良主食菜肴，比如酪乳炸鸡配炒甘蓝和土豆泥，佐治亚煎鳟鱼配祖传烤胡萝卜。从油煎青番茄开始品尝，这是看电影前常吃的南方特色菜肴。

🍴西区

West Egg Cafe   美式小馆 $

(☎ 404-872-3973; www.westeggcafe.com; 1100 HowellMill Rd; 主菜 $6~15; ⊙周一至周五 7:00~16:00, 周六和周日 至17:00; 🅿️🛜🅿️) 你可以在大理石台面的早餐柜台上饱餐一顿，也可以找一张餐桌坐下来，享用黑豆蛋糕和鸡蛋、土耳其香肠、班尼迪克蛋、甜椒芝士和培根炒蛋，或是炸绿番茄培根生菜番茄三明治。餐厅菜肴都是在老式经典口味的基础上加以改良的，餐厅时尚、宽敞。

Star Provisions   超市 $

(☎ 404-365-0410; www.starprovisions.com; 1198 HowellMill Rd; ⊙周一至周六 10:00至午夜; 🛜) 身处这里的奶酪店、肉案、面包房、有机咖啡馆和厨房用品仓库之间，喜欢自己动手准备食物的饕餮们简直是如鱼得水。在这里还能买到很棒的野餐装备。这些店都附属于城里最精致的餐饮机构 **Bacchanalia** (☎ 404-365-0410; www.starprovisions.com/bacchanalia; 1198 Howell Mill Rd; 定制套餐每人 $95; ⊙17:30起; 🅿️)。

★ Cooks & Soldiers   巴斯克菜 $$

(☎ 404-996-2623; www.cooksandsoldiers.com; 691 14th St; 小份菜 $6~19; ⊙周日至周三 17:00~22:00, 周四 至23:00, 周五和周六 至次日2:00; 🛜🅿️) 这家位于西区的热门餐厅为餐饮界带来新风向，巴斯克风味菜肴主打pintxos（巴斯克式西班牙小吃）和适于分享的木柴烤肉（asadas）。店里的食物和鸡尾酒都非常出色。亮点包括血橙杜松子酒汤力水（blood orange gin and tonic）、黑菌菇白美式烤奶酪、奶油烤生蚝和调味酸奶羊排。

★ The Optimist   海鲜 $$$

(☎ 404-477-6260; www.theoptimistrestaurant.com; 914 Howell Mill Rd; 主菜 $22~34; ⊙周一至周四 11:30~14:30和17:00~22:00, 周五和周六 17:00~23:00, 周日 17:00~22:00; 🛜) 🏆 有限的篇幅不可能完整呈现西区这家可持续海鲜殿堂的特色。简言之就是——惊艳! 可从红咖喱青口开始盛宴，接下来是鸭油蒸剑鱼、熏肉和白豆蛤蜊海鲜杂烩; 最后以一勺自制咸味焦糖冰激凌收尾。

🍴弗吉尼亚高地

Vortex   汉堡 $$

(☎ 404-688-1828; www.thevortexbarandgrill.com; 438 Moreland Ave NE; 汉堡 $8.25~18; ⊙周日至周四 11:00至午夜, 周五和周六 至次日2:00) 一家NC-17级的小店，摆满了美国纪念品，新潮另类人士、得州游客以及莫尔豪斯学院（Morehouse College）的大学生们挤在这家亚特兰大汉堡店界的"教父"级店面里。这家汉堡店或令人赞叹或稀奇古怪，但却是亚特兰大最受欢迎和最令人激动的地方。餐厅外立面20英尺高的骷髅造型是小五角区（Little Five Points）前奥运会时期恣肆张扬的标志。

亚特兰大环城绿道

亚特兰大环城绿道（Atlanta Beltline; www.beltline.org）是一项可持续重建项目，工程庞大，旨在将原有的22英里环城铁道改造成总长33英里的多用途路径。这是亚特兰大实施过的最全面的交通和经济发展项目，也是美国正在实施的规模最大、范围最广的城市改造项目之一。游客最感兴趣的当属2.2英里长的东步道（Eastside Trail），连接时尚市区的英曼公园（Inman Park）街区与中城区（Midtown）的皮德蒙特公园（Piedmont Park）。

★ Octopus Bar　　　　　　　　　　创意菜 $$

（☎404-627-9911；www.octopusbaratl.com; 560 Gresham Ave SE, East Atlanta；菜肴 $9~15；⊗周二至周六 22:30至次日2:30)将烦恼都丢在酒店，到这家朋克摇滚风餐厅来享受美好的用餐时光吧。室内和室外餐区差别不大，仅在于有没有涂鸦墙壁和超凡的电子音乐。不接受预订，所以要早点儿来排队，尝一尝烟熏鲈鱼配葡萄柚或五花肉拉面，还有许多其他创意菜肴。

它的营业时间很特别吗？是一座难求吗？上菜很慢也许是因为厨师在处理一屋子来此用餐的主厨和服务员的"行业投诉"？上述问题的答案都是肯定的。

🍴 东亚特兰大

Dish Dive　　　　　　　　　　　　美国菜 $

（☎404-957-7918；www.dishdivekitchen.com; 2233 College Ave NE；主菜 $8-16；⊗周二至周六 17:00~22:00）Dish Dive位于铁轨附近一座没有招牌的房子里，但它却毫不在乎。这里向所有人开放，提供新鲜、季节限定的菜肴，比如本地鲶鱼配猪肉和羽衣甘蓝、鸡肉馅饼或自制的千层面，都像薯条一样便宜。

Northern China Eatery　　　　　 中国菜 $

（☎770-458-2282；http://northernchinaeatery.com; 5141 Buford Hwy NE；主菜 $7~14；⊗周三至周一 10:00~22:00，周二 歇业）我们喜欢这家名称意思明确的餐馆，出品的美食也名副其实。在这儿你能享用到真正的中国北方菜：香辣牛肺，担担面，烤羊肉和各种饺子。

★ Gunshow　　　　　　　　　 新派美国菜 $$$

（☎404-380-1886；www.gunshowatl.com; 924 Garrett St SE；菜肴 $12~20；⊗周二至周六 18:00~21:00；🏠）这家店是明星主厨凯文·葛拉斯比（Kevin Gillespie）灵光一闪的产物，是个非同寻常的外出享用晚餐的好去处。店里每晚翻台可达3次，客人可以从十数种小份菜中选择，这些菜由厨师们在开放厨房里精心制作，然后他们还会在桌边兜售这些挥汗费劲制作的点心。

不过这也有些困扰，当你正伸手取西贡风味牛肉靶鞋时，很难抗拒烟熏火腿油封蹄髈的诱惑，但这的确是种独特的用餐体验，也是亚特兰大最火爆的餐厅。

🍴 迪凯特（Decatur）

自成一体的迪凯特距离市区以东6英里，是一块反主流文化的飞地，同时也是一个令美食家心满意足的目的地。和多数南方城镇一样，点缀着凉亭的法院广场（Courthouse Square）是各种活动的中心，周围有许多餐馆、咖啡馆和商店。

Leon's Full Service　　　　　　　创意菜 $$

（☎404-687-0500；www.leonsfullservice.com; 131 E Ponce de Leon Ave；主菜 $13~27；⊗周一 17:00至次日1:00，周二至周四和周日 11:30至次日1:00，周五和周六 至次日2:00；🏠）这家店给人的最初印象有些矫揉造作，但很漂亮的水泥吧台和开放式格局，都是由旧加油站改造而成的，外面还有个绝妙的带浮梁的加热露台，这一切都比你的第一印象酷炫得多，店内什么时候都是人头攒动。

Cakes & Ale　　　　　　　　　 新派美国菜 $$$

（☎404-377-7994；www.cakesandalerestaurant.com; 155 Sycamore St；主菜 $10~36；⊗咖啡馆 周二至周四 8:00~22:00，周五和周六 至23:00，周日 9:00~15:00，餐厅 周二至周四 18:00~23:00，周五和周六 17:30至午夜）这家店由知名餐厅Chez Panisse的一名高徒和面点高手经营。隔壁的面包房有令人精神振作的

> ### 同性恋的亚特兰大
>
> 　　一些人乐于称亚特兰大为"火特兰大"(Hotlanta)，它是佐治亚州为数不多的具有显著而活跃的同性恋人群的城市之一。中城区(Midtown)是同性恋生活的中心地带，他们的主要活动区域是皮德蒙特公园附近，以及10th St与Piedmont Ave的交界处。可以去Blake's(☎404-892-5786; www.blakesontheparkatlanta.com; 227 10th St NE; ⓗ周一至周五15:00至次日3:00，周六13:00至次日3:00，周日13:00至次日1:00)坐坐，这是亚特兰大最好的同性恋酒吧，或者去10th & Piedmont(www.communitashospitality.com/10th-and-piedmont; 991 Piedmont Ave NE; ⓗ周一至周四10:00~15:00和17:00~22:00，周五10:00~15:00和17:00~23:00，周六10:00~16:00和17:00~23:00，周日10:00~21:00)，这家店的食物和夜里的恶搞活动都不错。市区东边的迪凯特(Decatur)有一个较大的女同性恋社区。了解相关新闻和信息请查阅*David Atlanta*(www.davidatlanta.com)或登录www.gayatlanta.com。
>
> 　　亚特兰大骄傲节是亚特兰大同性社区一年一度的大型庆祝活动，每年10月在皮德蒙特公园及其周边举行。

热巧克力和品种丰富的美味点心。这家餐厅则专注于式样不多却令人赞叹不已的菜肴，比如烤得刚刚好的framani soppresata三明治配甜菜、腌渍柠檬、乳清干酪和第戎奶酪(这是午餐的头牌菜)，晚餐则有猪肉珍珠鸡或羊肉。

🍷 饮品和夜生活

　　亚特兰大的酒吧文化相当繁华，从邻家廉价酒吧到冒充廉价酒吧的潮人聚集地，再到富豪和美女出没的豪华夜店，不一而足。无论走到哪里，你都会发现该城的社交圈十分多元化，各种族人群交往融洽，这难道不值得举杯庆贺一下吗？

★ Sister Louisa's Church of the Living Room & Ping Pong Emporium　　酒吧

　　(☎404-522-8275; www.sisterlouisaschurch.com; 466 Edgewood Ave; ⓗ周一至周五17:00至次日3:00，周六13:00至次日3:00；周日至午夜; 🚇)这座酒吧可以说是Edgewood一带酒吧复兴的领头羊，酒吧采用教堂主题装饰，但其他方面与威斯敏斯特大教堂可没半点相似。墙上到处挂着对神灵不敬的艺术作品，有些过激内容是在一些地区可能会引发战争的那种。加入店里的人群，用精美的手调鸡尾酒为叛逆干一杯，欣赏这里的艺术或是看看让人着迷的乒乓球比赛吧。

★ Argosy　　小酒馆

　　(☎404-577-0407; www.argosy-east.com; 470 Flat Shoals Ave SE; ⓗ周一至周五17:00至次日2:30，周六正午至次日2:30，周日至午夜; 🚇)这家东亚特兰大的美食酒吧有种类繁多的罕见精酿啤酒，很棒的酒吧食物，还以一种让你流连忘返的氛围。不规则形状的吧台穿插于一片古朴别致的空间和客厅风格的酒廊区。

Ladybird Grove & Mess Hall　　酒吧

　　(☎404-458-6838; www.ladybirdatlanta.com; 684 John Wesley Dobbs Ave NE; ⓗ周二至周日11:00至深夜，周一歇业)Ladybird的位置令人羡慕(还有巨大的露台)，可以俯瞰环城绿道(BeltLine)，为顾客提供了亚特兰大最好的饮酒环境。

Brick Store Pub　　酒吧

　　(☎404-687-0990; www.brickstorepub.com; 125 E Court Sq, Decatur; 生啤$5~12; ⓗ周日和周一11:00至次日1:00，周二至周六至次日2:00)"啤酒控"们可以在这家亚特兰大最棒的精酿啤酒酒吧里过足瘾。这家位于迪凯特的酒馆有30余种精挑细选的精酿啤酒(楼上还有一个更私密的比利时啤酒酒吧)。店里的酒窖储藏着15,000瓶啤酒，每晚这里几乎都能卖出近300瓶啤酒，吸引着快乐而朝气蓬勃的客户群光顾。

Kimball House　　鸡尾酒吧

　　(☎404-378-3502; www.kimball-house.com; 303 E Howard Ave, Decatur; ⓗ周日至周四17:00至午夜，周五和周六至次日1:00)坐落在装

潢一新、颇有情调的旧火车站内,位于迪凯特较偏僻的地段。店内略微带点儿沙龙气氛,专营手调鸡尾酒、苦艾酒和多种新鲜空运而来的生蚝。

Park Tavern 酒吧

(☎404-249-0001;www.parktavern.com;500 10th Street NE;⏰周一至周五 16:30至午夜,周六和周日 11:30至午夜)这家知名自酿酒吧兼餐厅位于皮德蒙特公园边上,它的户外露台绝对是亚特兰大最美丽的地方之一,非常适合在这里小酌一杯,消磨周末的下午。

☆ 娱乐

Clermont Lounge 舞蹈

(☎404-874-4783;http://clermontlounge.net;789 Ponce de Leon Ave NE;⏰周一至周六 13:00至次日3:00)该如何介绍Clermont呢?首先,它是一家脱衣舞俱乐部,还是亚特兰大最有年头的。但它又不只是间脱衣舞俱乐部,它更开创了本城先河,令受雇佣的舞者不再有年龄、种族和身材的限制。简言之,这是一个为脱衣舞娘打造的俱乐部,但观众们也会拥有一段美好的时光。

Terminal West 现场音乐

(☎404-876-5566;www.terminalwestatl.com;887 W Marietta St)亚特兰大最棒的现场音乐演出场地之一,位于西区一家百年钢铁铸造厂旧址内,经过了精心翻修。

伍德拉夫艺术中心 艺术

(Woodruff Arts Center;www.woodruffcenter.org;1280 Peachtree St NE,近15th St)由海伊艺术博物馆、亚特兰大交响乐团和联盟剧院(Alliance Theatre)组成的艺术园地。

Variety Playhouse 现场音乐

(☎404-524-7354;www.variety-playhouse.com;1099 Euclid Ave NE)是一家经营状况良好的音乐厅,有形形色色的艺术家在此巡回演出。它是小五角区的主要演出场所之一。

❶ 实用信息

紧急情况和医疗服务

亚特兰大医疗中心(Atlanta Medical Center;Wellstar Atlanta Medical Center;☎404-265-4000;www.atlantamedcenter.com;303 Parkway Dr NE)是一家三级护理医院,自1901年起就被视为亚特兰大最好的医院。

媒体

亚特兰大(Atlanta;www.atlantamagazine.com)大众月刊,内容覆盖当地要闻、艺术和餐饮。

亚特兰大每日世界(Atlanta Daily World;www.atlantadailyworld.com)是全国创办最早且仍在持续经营的非裔美国人报纸(创办于1928年)。

亚特兰大宪法报(Atlanta Journal-Constitution;www.ajc.com)是亚特兰大主要的日报,周日的旅

民权巨人:马丁·路德·金

1929年,美国民权运动的杰出人物、当代美国最伟大的领袖马丁·路德·金出生在亚特兰大,他的父亲是牧师,母亲是唱诗班主管。家庭背景对金影响巨大,不仅是因为他继承父业,在埃比尼泽浸礼会教堂(Ebenezer Baptist Church)任职,更是因为他的政治演说都是通过传教布道的形式开展的。

1955年,金在亚拉巴马州的蒙哥马利(Montgomery)领导了"罢乘公共汽车运动"。运动持续一年后,美国最高法院撤销了对公共汽车实行种族隔离的相关法律。以此作为成功的开端,此后,金在民权运动中成为鼓舞人心的正义代言人。

金借鉴了甘地非暴力的方式来推动种族间的平等和睦,并以此作为强有力的武器反对仇恨、种族隔离和种族矛盾引发的暴力。1968年,在获得诺贝尔和平奖4年之后,距离金在华盛顿发表著名的演说《我有一个梦想》仅仅5年,他就在孟菲斯一家旅馆的阳台上被暗杀。

金是公认的20世纪最受尊敬的人物之一。他领导的民权运动延续十多年,从本质上打破了自美国建国以来就法定了的歧视体系。

游专栏很不错。

创意休闲（Creative Loafing; www.clatl.com）免费的非主流周刊，刊登最新的音乐、艺术和戏剧信息，每周三出版。

网站资源

Scout Mob（www.scoutmob.com）介绍亚特兰大的新闻和热点。

亚特兰大旅游指南（Atlanta Travel Guide; www.atlanta.net）是亚特兰大会议和旅游局（Atlanta Convention & Visitors Bureau）的官方网站，上面有商店、餐馆、酒店和最新活动的相关链接。其网站也建议游客购买CityPass（参见454页）。

❶ 到达和离开

亚特兰大规模庞大的**哈兹菲尔德—杰克逊国际机场**（Hartsfield-Jackson International Airport, ATL; ☏800-897-1910; www.atl.com）位于市中心以北12英里处，是一个重要的区域交通枢纽和国际门户。它是世界上总体客流量最大的机场，感觉确实如此。

灰狗巴士终点站（☏404-584-1728; www.greyhound.com; 232 Forsyth St）紧邻MARTA的Garnett车站，有开往纳什维尔（5小时）、新奥尔良（10.5小时）、纽约（20小时）、迈阿密（16小时）和萨凡纳（4小时45分钟）的长途汽车。

亚特兰大的主要**美国国铁车站**（Amtrak station; www.amtrak.com; 1688 Peachtree St NW）位于市区的北部。火车从这里出发，开往东北走廊及南部的伯明翰和新奥尔良等城市。

❶ 当地交通

亚特兰大都市快速交通局（Metropolitan Atlanta Rapid Transit Authority, 简称MARTA; www.itsmarta.com; 票价$2.50）有往返机场和市区之间的轨道交通线路，此外还有几条不太有用的通勤线路。乘客必须花$2购买Breezecard卡（www.breezecard.com），然后充值使用。MARTA的票价是$2.50。机场班车和租车公司在机场都设有柜台，就位于行李提取处。

乘坐亚特兰大有轨电车（Atlanta Streetcar）是游览亚特兰大市区的一种不错的方式。单程票价是$1（或购$3的一日票）；有轨电车沿着2.7英里的环形轨道行驶，从百年奥林匹克公园开往马丁·路德·金国家历史遗址（Martin Luther King Jr National Historic Site），途中经停多个站点。

佐治亚州北部 (Northern Georgia)

佐治亚州地貌变化多端。内陆多为湖泊和森林，沿海则有湿地和堰洲岛，如果你想爬山，可以去北佐治亚州，它就坐落在阿巴拉契亚山脉的南端。连绵的山脉以及其周围的山麓丘陵和内陆地区景色宜人、河水湍急，盛产美味的葡萄酒。这里的秋天来得很晚，秋叶斑驳的色彩在10月最为绚烂。一定要留出几天时间游览几处绝佳的景点，如1200英尺深的塔拉拉峡谷（Tallulah Gorge），以及沃格尔州立公园（Vogel State Park）和尤尼科伊州立公园（Unicoi State Park）的俊美山色和徒步小径。

达龙加 (Dahlonega)

1828年，达龙加成为美国第一个淘金地。今天，旅游业使这里繁荣兴盛。从亚特兰大出发可轻松来此一日游，是绝佳的山区旅游目的地。这里不仅是户外运动的热门地区，达龙加市中心的法院广场一带也是热闹非凡，聚集着众多品酒屋、美食商场和质朴的商店，还能享受到山地美景。

◉ 景点和活动

阿米卡洛拉瀑布州立公园   州立公园

（Amicalola Falls State Park; ☏706265-4703; www.gastateparks.org/amicalolafalls; 280 Amicalola Falls State Park Rd, Dawsonville; 每辆车$5; ⏰7:00~22:00; ℗）🍴这个州立公园位于达龙加以西18英里处，Hwy 52沿线，园内729英尺高的阿米卡洛拉瀑布是美国东南部最高的梯流瀑布。公园内景色壮美，还有**度假屋**（☏800-573-9656; www.amicalolafalls.com; 418 Amicalola Falls State Park Rd, Dawsonville; 露营位$30起，房间和小屋$140~240; ℗✴@）以及很棒的徒步和山地自行车小径。

Frogtown Cellars   酒庄

（☏706-865-0687; www.frogtownwine.com; 700 Ridge Point Dr; 品酒$15; ⏰周一至周五正午至17:00，周六至18:00，周日12:30~17:00）

这是座帅气的酒庄，你可以在迷人的露台上品尝美酒，享用奶酪。它自诩为北美洲除加州外获奖最多的酒庄，我们无法考证，但在日落时分喝上一杯葡萄酒，的确无比惬意。

达龙加法院黄金博物馆　　　　博物馆

（Dahlonega Courthouse Gold Museum；☏706-864-2257；www.gastateparks.org/dahlonegagoldmuseum；Public Sq；成人/儿童 $7/4.50；⊗周一至周六 9:00~17:00，周日 10:00~17:00）如果你对硬币、货币或金融历史感兴趣，那就来这座博物馆吧。达龙加有着开采黄金的根基，每一次开采都为其增加一笔财富。1838年，联邦政府在城镇广场开了一间铸币厂，直到内战前夕被关闭，共铸造了600多万美元的金币。

食宿

Hiker Hostel　　　　青年旅舍

（☏770-312-7342；www.hikerhostel.com；7693 Hwy 19N；铺/房间 $25/70，小屋 $90~110；P✦@☎）位于Hwy 19N沿线，距离城里约7英里，由一对热心的户外运动和骑行爱好者开设。旅舍是经过改造的木屋，主要面向那些打算探索阿巴拉契亚小道的游客。每个上下铺房间都有自己的卫生间，特别整齐干净。

两间集装箱小屋时尚新潮，是用从佐治亚州各地搜罗来的回收材料改装的。

Cedar House Inn & Yurts　　　　民宿 $$

（☏706-867-9446；www.georgiamountaininn.com；6463 Highway 19 N；房间 $125~145，圆顶帐篷 $145；P✦☎）⚑Cedar House位于城镇以北的Hwy 19上，有经幡、永续农场和澳洲梧桐，可见这是个很有进取和环保意识的地方。早餐可以提供无麸质和严格素食选择。舒适的房间和两个色彩鲜艳的蒙古包（没有空调）都是令人向往的住宿选择。

Spirits Tavern　　　　汉堡 $

（☏706-482-0580；www.spirits-tavern.com；19 E Main St；汉堡 $12~15；⊗周日至周四 11:00~23:00，周五 至次日1:00，周六 至午夜；☎）这家可以供应烈性酒的酒吧，有出人意料的美味创意汉堡，馅料为安格斯牛肉或无激素的散养火鸡肉，还有酥脆的希腊、亚洲或卡真风味奶酪意面。

Back Porch Oyster Bar　　　　海鲜 $$

（☏706-864-8623；www.backporchoysterbar.net；19 N Chestatee St；主菜 $9~31；⊗周一至周四 11:30~21:00，周五和周六 至22:00，周日 至20:00；☎）这个社区鱼馆的海鲜都是每天新鲜运抵的，有生蚝、黄鳍金枪鱼和蛤蜊等精彩丰富的海货，去壳、烤制或清蒸均可。

❶ 实用信息

游客中心（☏706-864-3711；www.dahlonega.org；13 S Park St；⊗周一至周五 9:00~17:30，周六 10:00~17:00）提供关于这一地区景点和活动的大量信息，包括徒步、划独木舟、划皮划艇、漂流和山地自行车骑行等。

❶ 到达和离开

达龙加位于亚特兰大以北约70英里处，到这里最快的方式是走Hwy 19。长途汽车不可抵达。

雅典（Athens）

雅典是一座悠闲的大学城，位于亚特兰大以东大约80英里，这里啤酒飘香，富有艺术气息。雅典有一支颇受欢迎的橄榄球队——佐治亚大学斗牛犬队（University of Georgia Bulldogs）、举世闻名的音乐文化、生机勃勃的餐饮文化和丰富多样的夜生活。本地的大学——佐治亚大学（UGA）——促进了雅典文化的发展，它源源不断地为这座城市输送着喜欢泡夜店和听音乐会的年轻人，有些学生毕业后就留在了这座城市。宜人的市区适合步行，有大量时尚的餐饮和购物场所。

◉ 景点

★佐治亚艺术博物馆　　　　博物馆

（Georgia Museum of Art；☏706-542-4662；www.georgiamuseum.org；90 Carlton St；⊗周二至周三、周五和周六 10:00~17:00，周四 至21:00，周日 13:00~17:00）**免费** 这座画廊漂亮又现代化，好学的艺术爱好者在能上网的大厅里学习，而艺术发烧友则在庭院花园里欣赏现代雕塑，或品鉴馆内收藏的大量20世纪30年代美国现实主义作品。

佐治亚州立植物园 花园

（State Botanical Garden of Georgia; www.botgarden.uga.edu; 2450 S Milledge Ave; ⊙8:00~18:00）[免费]有着浓厚社会历史气息的植物园曲径通幽，非常漂亮，对于这种规模的城市来说，如此华美的花园可谓一大馈赠。植物园拥有令人惊叹的丰富植物品种，包括稀有和濒危植物品种，都配有介绍详细的展示牌；园内还有总长近5英里的一流林间步道。

食宿

★ Graduate Athens 旅馆 $$

（☎706-549-7020; www.graduateathens.com; 295 E Dougherty St; 房间 $100~170，套 $280~390; P@🛜❄🐾）这家设计精美的精品酒店是一家大学校园连锁酒店最早的门店，采用了大量的复古时尚设计，从大厅种着盆栽的老式"杜威十分法"图书目录柜，到美妙的Crosley电唱机和套间里的经典游戏机，无有不好。

黑板上列有甜茶的化学公式，诸如此类的本地特色都增添了无穷魅力。店内还有上好的咖啡馆、酒吧和现场音乐表演场地，全部位于一家联邦铸铁厂的旧址内。

Hotel Indigo 精品酒店 $$

（☎706-546-0430; www.indigoathens.com; 500 College Ave; 房间/套 $160/265起; P@🛜❄🐾）这是一家环保、时尚的精品酒店，客房是阁楼风格的宽敞舱式房间，很酷。酒店隶属英迪格连锁酒店，获得了能源与环境设计先锋（Leadershipin Energyand Environmental Design，简称LEED）的金牌认证，是可持续发展的典范。店内的环保元素包括蓄热电梯，混合动力汽车优先停车权，此外30%的建筑材料使用的都是回收材料。

Pouch 馅饼 $

（☎706-395-6696; www.pouchpies.com; 151 E Broad St; 馅饼 $5.50; ⊙周一至周三 11:00~22:00，周四至周六 至23:00; 🐾）在南部，"馅饼"通常指的是晚餐后食用的带着浓浓黄油香味的甜食。对于Pouch的南非老板来说，"馅饼"指的是来自世界各地的咸味油酥糕点，比如澳大利亚的牛肉肉汁馅饼、葡萄牙的辣椒白葡萄酒香肠馅饼，甚至还有美式芝士汉堡馅饼！这一餐绝对物美价廉。

White Tiger 烧烤 $

（☎706-353-6847; www.whitetigergourmet.com; 217 Hiawassee Ave; 主菜 $6.75~10.50; ⊙周一至周六 11:00~15:00，周四 18:00~20:00，周日 10:00~14:00; P🐾）虽然百年建筑并不能保证信任度，但这家受本地人喜爱的低调小馆供应的木柴熏手撕猪肉三明治、汉堡包堪称绝味，还有为素食者准备的烧烤味豆腐。大厨肯·曼林（Ken Manring）曾在几家高级餐厅掌勺，后来在雅典安顿下来。

home.made 美国南方菜 $$

（☎706-206-9216; www.homemadeathens.com; 1072 Baxter St; 主菜 $13~25; ⊙周二至周六 11:00~14:00和17:30~21:30）说到新派南方菜肴，home.made将其档次提升了不少。菜单根据可用的食材不断变化，但无论使用什么食材，这里总是会烹饪出极具创意、根植于当地口味的出色美食——如烤比目鱼和姜黄燕麦米饭。

Five & Ten 美国菜 $$$

（☎706-546-7300; www.fiveandten.com; 1073 S Milledge Ave; 主菜 $22~36; ⊙周日至周四 17:30~22:00，周五和周六 至23:00，周日 10:30~14:30; 🐾）南部最好的餐厅之一，它选用符合可持续原则的食材。菜单朴实，又不乏创新，有甜面包、豇豆泥和Frogmore炖菜（玉米、香肠和土豆乱炖）。必须提前预订。

饮品和娱乐

Trapeze Pub 精酿啤酒

（☎706-543-8997; www.trappezepub.com; 269 N Hull St; ⊙周一至周六 11:00至次日2:00，周日 至午夜; 🐾）市区最棒的精酿啤酒酒吧，早在啤酒口味风潮变化前就存在了。包括本地的Creature Comfort品牌在内，共有十几种桶装啤酒，另有100多种随时供应的瓶装啤酒，再佐以城里一流的比利时风味炸薯条。

佐治亚州北部自然景观和探险

塔鲁拉峡谷（Tallulah Gorge；☎706-754-7981；www.gastateparks.org/tallulahgorge；338 Jane Hurt Yarn Dr, Tallulah Falls；每车 $5；◉8:00至日落；🅿）1200英尺深的塔鲁拉峡谷在佐治亚州北部树木繁茂的山丘上留下了一道黑色的伤疤。走过"夺宝奇兵"（Indiana Jones）式的悬索桥，小心踏上悬崖边缘的步道，向下眺望。你还可以去领张许可证，徒步进入谷底——每天仅发放100张通行证，先到先得。

沃格尔州立公园（Vogel State Park；☎706-745-2628；www.gastateparks.org/vogel；405 Vogel State Park Rd, Blairsville；每车 $5；◉7:00~22:00；🅿）坐落于血色山脉（Blood Mountain）的山脚下，山名令人浮想联翩。该园为佐治亚州最古老的公园之一，由树木茂密的群山及其环绕着的22英亩湖泊组成。园内有多条步道可供选择，初级和高级徒步旅行者都能找到适合自己的路径。许多设施都是由平民保育团（Civilian Conservation Corps）修建的；一间随季节开放的博物馆讲述了这些工作队的故事，他们不仅在大萧条时期建造了公园，还拯救了当地的经济。

尤尼科伊伊州立公园（Unicoi State Park；☎706-878-2201；www.gastateparks.org/unicoi；1788 Highway 356, Helen；每车 $5；◉7:00~22:00；🅿）这座州立公园以探险为主题，游客可以租用皮划艇（每小时 $10）、参加冲浪板课程（$25）、在长12英里的小道上徒步、骑山地自行车或尝试高空滑索滑过当地的树顶（$59）。

The Old Pal 酒吧

（☎706-850-4340；www.theoldpal.com；1320 Prince Ave；◉周一至周六 16:00至次日2:00；📶）The Old Pal位于Normal Town，是思考者喜爱的酒吧，主营时令手调鸡尾酒和考虑周密的波旁威士忌酒单。酒吧所在的精美而昏暗的建筑曾多次荣获当地的文物保护奖项。

Normal Bar 酒吧

（☎706-548-6186；www.facebook.com/normal.bar.7；1365 Prince Ave；◉周一至周五 16:00至次日2:00, 周六 11:30至次日2:00；📶）这家可爱的临街酒吧在Normal Town较偏僻的地段，光线昏暗，它并没有太重的学生气，但却极富雅典特色。啤酒从便宜的PBR到当地酿造的IPA精品，应有尽有。此外，还有极好的葡萄酒，店内的顾客年轻、可爱、无忧无虑。

40 Watt Club 现场音乐

（☎706-549-7871；www.40watt.com；285 W Washington St；门票 $5~25）雅典历史上最有名的娱乐场所，设有休闲区和一个提基（tiki）酒吧，出售$2.50的PBR啤酒。自从R.E.M.、B-52s和Widespread Panic等乐队在雅典成名以来，这里一直欢迎独立摇滚乐队登台表演。如今乐界大腕来访时还会在此演出。

❶ 实用信息

雅典欢迎中心（Athens Welcome Center；☎706353-1820；www.athenswelcomecenter.com；280 E Dougherty St；◉周一至周六 10:00~17:00, 周日 正午至17:00）位于Thomas St拐角处一座古老的战前建筑内，提供地图和本地团队游信息。

❶ 到达和离开

这座大学城位于亚特兰大以东约70英里处。主要的高速公路并未直接通到这儿，只能沿二级州际公路和乡村公路到达，因而交通可能是一大问题。当地的**灰狗巴士车站**（Greyhound station；☎706-549-2255；www.greyhound.com；4020 Atlanta Hwy, Bogart）位于雅典市中心以西约6英里处，有开往亚特兰大（7.5小时，每天2班）和萨凡纳（14小时，每天1班）的长途汽车。

佐治亚州海岸 (Coastal Georgia)

与亚特兰大的城区、近郊和远郊，或佐治亚州的内陆山区相比，该州的南部地区一直坚守着老西班牙南部（Old South Spanish）的苔藓和橡树。萨凡纳就如同本州魅力十足的南方美女一样。本地区除了战前建筑和铁兰（Spanish Moss）外，还有更多：佐治亚州受保护的海岸原始荒凉，是经常被忽视的锦绣风光。

萨凡纳 (Savannah)

萨凡纳就是位美女，这点无可厚非。这个历史悠久的地区到处都是优雅的联排别墅、战前宅邸、巨大的橡树林和覆盖着铁兰的绿色公共广场，这就是一座极其迷人的城市。

但美貌并非其唯一优点。如果说萨凡纳为南方美女，其手上则捧着一杯威士忌、拿着一瓶辣椒酱，还自豪地保留着腿毛。该城颇为优雅，这是毋庸置疑的，但它也称得上豪迈，既坚韧又狂放不羁。这还得归因于该城对"不良行为"的大度（对酒精饮料的限制不多！），以及就读于萨凡纳艺术与设计学院（Savannah College of Art & Design，简称SCAD）的学生，这是美国首屈一指的艺术学校之一。

⊙ 景点和活动

★ 沃姆斯洛种植园历史遗址　　古迹

（☎912-353-3023；Wormsloe Plantation Historic Site；www.gastateparks.org/Wormsloe；7601 Skidaway Rd；成人/老年人/6~17岁的儿童/1~5岁的儿童 $10/9/4.50/2；◎周二至周日 9:00~17:00；ℙ）🚗从市中心驾车前往，车程很短，位于美丽的希望岛（Isle of Hope），是城内出镜率最高的景点之一。垂着藤蔓的古老橡树形成了一条1.5英里长的长廊，如梦如幻，被称为橡树大道（Avenue of the Oaks）。踏足此地令人仿佛置身梦中丛林仙境一般。

福赛斯公园　　公园

（Forsyth Park）萨凡纳的中央公园是一片巨大的矩形绿地，内有一个漂亮的喷泉，是一个很棒的拍照打卡地点。

梅瑟—威廉姆斯故居　　历史建筑

（Mercer-Williams House；☎912-236-6352；www.mercerhouse.com；429 Bull St；成人/学生 $12.50/8；◎周一至周六 10:30~16:10，周日 正午至16:00）虽然凯文·史派西（Kevin Spacey）在电影版的《午夜的善恶花园》（*Midnight in the Garden of Good and Evil*）中刻画的萨凡纳艺术品商人吉姆·威廉姆斯（Jim Williams）早在1990年就已离世，但他的宅邸直到2004年才作为博物馆对外开放。游客不能上楼参观，威廉姆斯的家人仍然居住于此。楼下的内部装饰极富想象力。

欧文斯—托马斯故居　　历史建筑

（Owens-Thomas House；☎912-790-8800；www.telfair.org/visit/owens-thomas；124 Abercorn St；成人/老年人/儿童 $20/18/15；◎周日和周一 正午至17:00，周二至周六 10:00~17:00）这座华丽的宅邸于1819年由英国建筑师威廉姆·杰伊（William Jay）设计建造而成，是英国摄政时期风格对称建筑的典范。导览游对贵族生活细节的介绍极为详尽，但也会介绍一些有趣的逸事，例如奴隶生活区诡异的"haintblue"蓝色天花板涂料（用碎靛蓝、酪乳和碎牡蛎壳制成），以及这座建筑比白宫更早引进了自来水（早了大约20年）。

泰尔菲亚艺术与科学学院　　博物馆

（Telfair Academy of Arts & Sciences；☎912-790-8800；www.telfair.org/visit/telfair；121 Barnard St；成人/儿童 $20/15；◎周日和周一 正午至17:00，周二至周六 10:00~17:00）这里被认为是萨凡纳最好的艺术博物馆，在泰尔菲亚家族的老宅里摆满了19世纪的美国艺术品、当时的银器，还有少许欧洲艺术品。这座宅邸相当华丽，以日出之色为色调，本身就是一件能博得游客赞赏的艺术品。

萨凡纳艺术设计学院艺术博物馆　　博物馆

（SCAD Museum of Art；www.scadmoa.org；601 Turner Blvd；成人/14岁以下儿童 $10/免费；◎周二至周三 10:00~17:00，周四 至20:00，周五和周六 至17:00，周日 正午至17:00）这座博物馆非常醒目（在这样的设计学院学习，夫复何求？），采用砖、钢铁、混凝土和玻璃打造的长屋式建筑现代感十足。博物馆内外都有新颖、漂亮的座位区，各种轮展和客座展览展示着当代艺术圈最杰出的作品。

杰普森艺术中心　　画廊

（Jepson Center for the Arts，简称JCA；☎912-790-8800；www.telfair.org/visit/jepson；

207 W York St; 成人/儿童 $20/15; ◎周日和周一正午至17:00, 周二至周六 10:00~17:00; ❋)由伟大的摩西·萨夫迪（Moshe Safdie）设计, 以萨凡纳的标准来看, 该中心相当符合太空时代的特点。侧重于展示20世纪和21世纪的艺术品, 与其建筑风格相得益彰。在瞭望台上可邂逅在此闲逛的萨凡纳艺术设计学院学生, 并参观虚拟现实游戏中主题多样的阶段性展览, 涵盖种族到艺术的各种方面。

Savannah Bike Tours 骑车

(☎912-704-4043; www.savannahbiketours.com; 41 Habersham St; 团队游 $25; ◎时间随季节变化)这家机构组织2小时的自行车团队游, 道路平坦易行, 提供自行车。请提前致电或登录网站了解团队游时间。

🛏 住宿

Savannah Pensione 客栈 $

(☎912-236-7744; www.savannahpensione.com; 304 E Hall St; 标单/双没有卫生间 $55/65; P❋@)在过去15年里, 这里一直都是青年旅舍, 后来居于这个简单的街区的店主厌倦了背包客来来回回踩踏房子的古老楼梯, 毕竟这可是栋1884年的意大利风格宅邸。这倒也合乎情理。现在, 这里成为一家设备简单的客栈, 没有什么情调可言, 一如既往地提供着历史区最便宜的房间, 房屋的潜在价值压根还没发挥出来。

★ The Kimpton Brice 酒店 $$

(☎912-238-1200; www.bricehotel.com; 601 E Bay St; 房间 $175起; ❋🛜🏊)Kimpton以其设计理念而闻名, 既然置身全国顶尖的设计之城, 自然是要拿出看家本领。就这点而言, 酒店并未让人失望, 且在其他方面也同样给力。现代客房里配色多样, 令人愉悦, 而酒店的入口和大堂让人感觉这是个很酷的夜店。

Thunderbird Inn 汽车旅馆 $$

(☎912-232-2661; www.thethunderbirdinn.com; 611 W Oglethorpe Ave; 房间 $120~150; P❋🛜🏊)对这间1964年开业的汽车旅馆最贴切的形容大概是"有点棕榈泉的气质, 些许拉斯维加斯的氛围", 旅馆采用复古时尚设计, 自称是"萨凡纳最时尚的酒店", 写着这一称号的标志牌竖在大堂, 伴着20世纪60年代的音乐迎接着每位客人。在满是古板民宿的地区, 这个绝妙的地方仿佛一块世外桃源, 而萨凡纳艺术设计学院学生们的作品更是为其增色不少。

Azalea Inn 旅馆 $$

(☎912-236-6080; www.azaleainn.com; 217 E Huntingdon St; 房间/别墅 $200/300起; P❋🛜)我们很喜欢这家温馨的淡黄色老客栈, 低调但魅力十足, 就位于福赛斯公园附近一条安静的街道上。10个房间算不上很大, 但却十分漂亮, 刷了清漆的深色实木地板光可鉴人, 饰以吊顶, 设有四柱床, 后院还有一个小型游泳池。3栋新建别墅更为现代奢华, 适合时间较长的住宿。

Kehoe House 民宿 $$$

(☎912-232-1020; www.kehoehouse.com; 123 Habersham St; 房间 $240起; ❋🛜)这家高档的新文艺复兴风格民宿可以追溯到1892年, 据传有对双胞胎在这里的烟囱里死亡, 使其成为全美有名的几大闹鬼酒店之一。如果你害怕, 那就避开201和203两个房间。除了这个小细节, 酒店位于风景如画的哥伦比亚广场（Columbia Sq）, 建筑精美, 非常值得一住。

Mansion on Forsyth Park 酒店 $$$

(☎912-238-5158; www.mansiononforsythpark.com; 700 Drayton St; 房间 工作日/周末 $220/360; P❋@🛜🏊)这家奢华酒店占地18,000平方英尺, 亮点在于优越的位置和别致的设计——单是迷人的浴室就已经物有所值了。酒店水疗最吸引人的部分是墙壁和走廊上挂满了本地及国际艺术作品, 总数超过400件。

Old Harbour Inn 精品酒店 $$$

(☎912-234-4100; www.oldeharbourinn.com; 508 East Factors Walk; 套 $205~290; 🛜🏊)这座海滨酒店的豪华套房将历史感与现代化融合得恰到好处, 房间宽敞通透（面积为450平方英尺到650平方英尺）, 配色柔和, 还搭配锃亮的硬木地板。每天晚上都有招待会, 提供免费葡萄酒和奶酪。

Savannah 萨凡纳

南部 佐治亚州海岸

✘ 就餐

★ B's Cracklin' BBQ 烧烤 $

(☏912-330-6921; www.bscracklinbbq.com; 12409 White Bluff Rd; 主菜$9~19; ◎周二至周六11:00~21:00,周日 至18:00; ℗)这是一家不错的烧烤店。烧烤大师布莱恩·弗曼(Bryan Furman)辞去了焊工的工作,自己养猪,并使用本地食材制作配菜,结果成就了这个烧烤天堂:入口即化的牛胸肉,软嫩不黏骨的肋排和完美的卡罗来纳风味猪肉。分量十足,做好心理准备,美餐后的体重将与布莱恩的猪不相上下。餐厅位于市中心以南约8英里处。

Leopold's Ice Cream 冰激凌 $

(☏912-234-4442; www.leopoldsicecream.com; 212 E Broughton St; 一勺$3~5.50; ◎周一至周四11:00~23:00,周五和周六至午夜; ☜)经典的美国冰激凌店,有种电影《终极悍将》(Last Man Standing)的氛围,从1919年起就开始一勺一勺地售卖香滑的希腊配方冰激凌。水果冰激凌(Tutti Frutti)就是这里发明的,但我们更爱咖啡、开心果、蜂蜜杏仁奶

Savannah 萨凡纳

◎ 景点
- **1** 杰普森艺术中心...............................B2
- **2** 梅瑟—威廉姆斯故居.........................B4
- **3** 欧文斯—托马斯故居.........................C2
- **4** 萨凡纳艺术设计学院艺术博物馆............A3
- **5** 泰尔菲亚艺术与科学学院....................D2
- **6** 福赛斯公园....................................B5

❸ 活动、课程和团队游
- **7** Savannah Bike Tours........................C2

ⓒ 住宿
- **8** Azalea Inn....................................C5
- **9** Kehoe House.................................C2
- **10** Mansion on Forsyth Park C5
- **11** Savannah Pensione........................C5
- **12** Old Harbour Inn............................D1
- **13** The Kimpton Brice.........................D1

ⓧ 就餐
- **14** Collins Quarter.............................B2
- **15** Leopold's Ice Cream.......................C2
- **16** Treylor Park................................C1

ⓒ 饮品和夜生活
- **17** Abe's on Lincoln...........................C2
- **18** Distillery Ale House.......................A3
- **19** Chromatic Dragon........................A5
- **20** Club One....................................A1

❀ 娱乐
- **21** The Jinx....................................B2

油,还有焦糖旋涡等口味。快去排队吧。

Sweet Spice 牙买加菜 $

(☎912-335-8146; www.sweetspicesavannah.net; 5515 Waters Ave; 主菜 $6~14; ◯周一至周四 11:00~20:00,周五和周六 至21:00)这个随性的牙买加餐馆位于市中心东南约4.5英里处,在这个被美国和南方菜系统领的地区是个不错的选择。一大盘咖喱羊肉或卤鸡的价格也只比一顿快餐贵一点儿,而且味道非常好。吃完一顿,大概能顶饿一年。

Treylor Park 美国南方菜 $

(☎888-873-9567, 912-495-5557; www.treylorparksavannah.com; 115 E Bay St; 主菜 $6~15; ◯周一至周三 正午至次日1:00,周五 至次日2:00,周六 10:00至次日2:00,周日 10:00至次日1:00)所有时髦的年轻人都挤进了这个"Treylor Park",在这间复古时尚、颇有清风房车(Airstream)风格的餐厅狂欢。食物?南方经典菜肴做得很好:尝尝炸鸡饼干搭配香肠肉汁和辛辣羽衣甘蓝,或试试烤苹果派三明治吧。拿着你点的餐,在温暖的庭院里,就着绝妙的鸡尾酒美餐一顿。

Collins Quarter 咖啡馆 $$

(☎912-777-4147; www.thecollinsquarter.com; 151 Bull St; 晚餐主菜 $17~32; ◯周一6:30~17:00,周二 至正午,周三至周日 至22:00; ☎)如果你曾和澳大利亚人探讨过咖啡,就知道他们对咖啡可是非常上心的。而这家人气火爆的新咖啡馆正是澳洲人开的,使澳洲烘焙的Brooklyn咖啡成为受欢迎的一种口味。除去萨凡纳最棒的咖啡,店里还供应上好的创意菜,包括令人垂涎欲滴的胸肉汉堡。店里也卖酒!

★ Local11Ten 新派美国菜 $$$

(☎912-790-9000; www.local11ten.com; 1110 Bull St; 主菜 $26~45; ◯18:00~22:00; ☎)高档、永续发展、本地、新鲜:这些元素共同打造了一个优雅、经营有方的餐馆,无疑也是萨凡纳一流的餐厅。从"解构"兔肉馅意大利水饺开始,然后再尝尝绝味烤扇贝配薄荷黄油白沙司或哈里萨辣酱腌腹肉烤野牛排,最后以咸味焦糖奶油盅结束完美大餐。等等,去掉后者。菜单已经换了。

🍷 饮品和娱乐

得益于允许把酒装在塑料杯上街的法令,River St成为泡吧夜店一条街。但是萨凡纳的夜生活不仅仅是春假的狂欢。这里也有一些时尚有趣的酒吧。

★ Chromatic Dragon 酒吧

(☎912-289-0350; www.chromaticdragon.com; 514 Martin Luther King Jr Blvd; ◯周日至周四 11:00~23:00,周五和周六 至次日2:00)如果这店名能得你会心一笑,那你在这家属于游戏迷的酒吧必会有如鱼得水之感。店内提供电子游戏设备和桌游,饮品名字都引自虚拟游戏,如哈利波特的黄油啤酒和角色扮演游戏中的"治疗药水"。店内气氛温馨热情——真的,这是当之无愧的宅男终极酒吧。

Abe's on Lincoln 酒吧

(☏912-349-0525; www.abesonlincoln.com; 17 Lincoln St; ⏲周一至周六 16:00至次日3:00) 在这个黑暗、潮湿的全木酒吧里,与萨凡纳艺术设计学院的学生及当地人一起喝上1杯,或10杯。这里吸引着各色人等,他们醉眼蒙眬,行为怪异,而调酒师也只能默默忍受。多么美好的时光!

Distillery Ale House 酒吧

(☏912-236-1772; www.distilleryalehouse.com; 416 W Liberty St; ⏲周一至周六 11:00至深夜,周日 正午至深夜)这里是Kentucky Distilling Co的旧址,厂子于1904年开业,禁酒时期关闭。奇怪的是这家酒吧并不是痛饮萨凡纳当地烈酒的地方,而是品尝精酿啤酒的酒吧。这里的酒吧美食也很受游客和家庭的青睐。

Club One 同性恋酒吧

(☏912-232-0200; www.clubone-online.com; 1 Jefferson St; ⏲17:00至次日3:00)这家同性恋酒吧经常会上演变装秀[驻店明星夏布利夫人(Lady Chablis)曾出演《善恶园的午夜》(*Midnight in the Garden of Good and Evil*)]、超棒的舞蹈之夜 各种打情骂俏。这也是个休闲的好地方,当地人和萨凡纳艺术设计学院的学生们会在这儿玩玩台球,侃侃大山。

The Jinx 现场音乐

(☏912-236-2281; www.thejinx912.com; 127 W Congress St; ⏲16:00至次日3:00) 这是萨凡纳的非主流夜生活场所,很受学生、城里人和音乐家的喜爱,基本上所有人都喜欢这里的现场音乐——从摇滚到朋克,再到另类乡村音乐和嘻哈——以及墙上装饰的时髦玩意儿。

❶ 实用信息

烛台医院(Candler Hospital;☏912-819-4100; www.sjchs.org; 5353 Reynolds St; ⏲24小时)位于市中心以南约4英里处,提供全年无休的优质护理和服务。分院位于11075 Mercy Blvd。

萨凡纳游客中心(☏912-944-0455; www.savannahvisit.com; 301 Martin Luther King Jr Blvd; ⏲9:00~17:30)位于一座经过修复的19世纪60年代的火车站内,提供优质资源和服务,这里是许多民营城市团队游的始发点。位于福赛斯公园的游客中心还有一个小型互动旅游信息亭。

❶ 到达和当地交通

萨凡纳紧邻I-95,位于南卡罗来纳州的查尔斯顿以南约110英里处。**萨凡纳/希尔顿海德国际机场**(Savannah/Hilton Head International Airport, SAV;☏912-964-0514; www.savannahairport.com; 400 Airways Ave)在市区以西大约5英里处,紧邻I-16州际公路,进出航班主要是往返东部沿海地区、南部和中西部城市的国内航班。**灰狗巴士**(☏912-232-2135; www.greyhound.com; 610 Woglethorpe Ave)有去往亚特兰大(大约5小时)、南卡罗来纳州查尔斯顿(大约2小时)和佛罗里达州杰克逊维尔(Jacksonville, 2.5小时)的线路。**美国国铁车站**(Amtrak station; www.amtrak.com; 2611 Seaboard Coastline Dr)位于历史区以西几英里处,有开往查尔斯顿、杰克逊维尔等地的火车,而后可再转乘其他列车。

萨凡纳非常适合步行游览。Chatham Area Transit (www.catchacat.org) 运营当地的生态柴油公共汽车,包括免费班车(the Dot),其线路围绕历史区,车站距离各个主要景点只有几个街区。车费$1.5。

CAT Bike (www.catbike.bcycle.com; ⏲每天/每月会员 $5/20,每30分钟$2)是个便捷的自行车出租计划,由Chatham Area Transit运营。需要先购买会员,第1小时免费。镇内有多处站点。

从机场乘坐出租车前往历史区(Historic District)的标准价格是$28。

布伦瑞克和金色群岛
(Brunswick & the Golden Isles)

布伦瑞克建于1733年,以浩荡的捕虾船队和槲树成荫的历史区而闻名,但当你行驶在I-95或Golden Isle Pkwy(US Hwy 17)上时,可能无法感受到它的魅力。与其他沿海地区相比,这儿的旅游味不那么浓,但游客们会发现,换下口味也不错。

玛丽·罗斯滨水公园　　　　　　　　　　公园

(Mary Ross Waterfront Park; Bay St)"二战"期间,布伦瑞克造船厂为海军建造了99艘自由运输舰。今天,在玛丽·罗斯滨水公园(Mary Ross Waterfront Park; Bay St),停靠着一艘23英尺的等比例船模,以纪念当年那些船只和造船者。

Hostel in the Forest　　　　　　　　青年旅舍 $

(☎912-264-9738; www.foresthostel.com; 3901 Hwy 82; 每人$30; P🐾) 它是本地区唯一的经济型旅舍,位于符合可持续发展理念的环保园区内,四周散布着多座极为简单的八角形雪松木屋和树屋(没有空调或暖气)。入住需交纳$10会员费,房价包括了晚餐。你可能猜到了,旅舍坐落在布伦瑞克城外10英里的树林里。只接受电话预订。

🛈 到达和当地交通

布伦瑞克紧邻Hwy 17。**灰狗巴士**(☎800-231-2222; 2990 Hwy 17)会在城镇以西10英里处的Flying J加油站停靠,前往萨凡纳($16, 2小时,每天2班)和杰克逊维尔($15, 70分钟,每天2班),之后你可从这两座城市转乘其他长途汽车。

圣西蒙岛 (St Simons Island)

圣西蒙岛是金色群岛(Golden Isles)中最大也是最发达的岛屿,以高尔夫球场、度假村和繁茂的橡树而闻名。虽然这里有很多美丽的海滩,但与附近的其他岛屿相比,这座承载着诸多居民和度假村的岛屿却难以亲近。小圣西蒙岛(Little St Simons)是大自然中的瑰宝,只能乘船进入,并只对入住岛上唯一酒店Lodge on Little St Simons的人士开放。话说回来,如果你想打高尔夫球,那么来这个小岛就对了。

灯塔博物馆　　　　　　　　　　　　　博物馆

(Lighthouse Museum; ☎912-638-4666; www.saintsimonslighthouse.org; 610 Beachview Dr; 成人/5~11岁儿童 $10/5; ⏰周一至周六10:00~17:00, 周日 13:30~17:00)首座灯塔建于1807年,高85英尺,于1862年在合众国军队登陆时被邦联军摧毁了。第二座灯塔建于1872年,可入内参观。这个104英尺高的灯塔有一个共129级台阶的铸铁旋梯,旁边还有一个管理员的住所。

🛏 食宿

St Simons Inn By The Lighthouse　　　　　　　　　　旅馆 $$

(☎912-638-1101; www.saintsimonsinn.com; 609 Beachview Dr; 房间 $140~160; P🌐🛜❄) 可爱又舒适的旅馆,物超所值,有白色的木制护窗板,可以感受到海边的微风。旅馆所处地段很好,旁边就是市中心主要大街,距离East Beach也只需骑一小段车。房价含欧陆式早餐。

Lodge on Little St Simons Island　　　　　　　　　　度假屋 $$$

(☎888-733-5774; www.littlestsimonsisland.com; 1000 Hampton River Club Dr, Little St Simons Island; 双 $425起; ❄🛜)这个与世隔绝的古老度假屋坐落在原始又私密的小圣西蒙岛上。价格包括住宿、往返船只、一日三餐、饮品(包括软饮料、啤酒和葡萄酒)、所有活动(包括由博物学者带领的短途旅行)和所有娱乐设备的使用。房间有一种质朴小屋的感觉,但屋内配备了现代化设施。

Southern Soul BBQ　　　　　　　　烧烤 $

(☎912-638-7685; www.southernsoulbbq.

值 得 一 游

坎伯兰岛国家海岸风景区

这是未经开发的天堂,是背包客的乐园,是一日游和多日游皆宜的景点——因此,卡内基(Carnegie)家族在很早以前就将**坎伯兰岛国家海岸风景区** (Cumberland Island National Seashore; ☎912-882-4336; www.nps.gov/cuis; $7)作为度假胜地了。风景区占地36,415英亩,其中半数以上是沼泽、泥滩和潮沟。靠近大洋的一侧是16英里宽的沙滩,人迹罕至。岛屿的内陆地区具有海洋森林的特征。

com; 2020 Demere Rd; 主菜 $7.50~20; ⏰周一至周六 11:00~21:00, 周日 至18:00; 📶) 供应鲜嫩多汁的橡木慢烤手撕猪肉, 微焦胸肉, 还有鸡柳玉米饼等每日特餐, 使这个餐馆总是顾客盈门。有丰富多样的自制酱汁和可大饱口福和眼福的阳台。

★ Halyards　　　　　　　　　海鲜 $$$

(📞912-638-9100; www.halyardsrestaurant.com; 55 Cinema Lane; 主菜 $18~42; ⏰周一至周三 17:00~21:00, 周四至周六 至22:00; 📶)🍴 主厨戴夫·施耐德(Dave Snyder)经营的这家高级餐厅奉行可持续发展理念, 使用应季食材, 横扫圣西蒙岛上各种最佳评选, 实至名归。可选择主厨推荐菜, 如鲯鳅鱼干酪燕麦粉、四季豆和香橙香草泥, 完美!

杰克岛 (Jekyll Island)

19世纪末20世纪初, 这里曾经是富豪独享的度假胜地。杰克岛是一座4000年前形成的堰洲岛, 有10英里的海滩。如今这里呈现出巨大的反差, 既有荒野, 也有保存完好的历史建筑, 更不乏现代酒店和巨大的露营地。在岛上游览非常方便——乘车、骑马或骑自行车均可。

◉ 景点和活动

佐治亚州海龟中心　　　　野生动物保护区

(Georgia Sea Turtle Center; 📞912635-4444; www.georgiaseaturtlecenter.org; 214 Stable Rd; 成人/儿童 $7/5, 团队游 $22~26; ⏰9:00~17:00, 11月至次年3月 周一闭馆; 📶) 这个保护中心和海龟医院人见人爱, 里面的"病人"是大家争相围观的焦点。还组织幕后团队游($22; 15:00)和Turtle Walks(6月和7月)等活动。

4-H滩涂自然中心　　　　　　　博物馆

(4-H Tidelands Nature Center; http://caes2.caes.uga.edu/georgia4h/tidelands; 100 S Riverview Dr; ⏰周一至周五 9:00~16:00, 周六和周日 10;00~14:00; 📶)🍴 自然中心由乔治亚大学(University of Georgia)热情洋溢的理科学生管理运营, 馆内展示了当地生态和野生动物, 非常不错, 还有一只鳄鱼宝宝, 十分适合儿童。附近有多条自然小径, 带你穿过沼泽地和近海森林。

★ Kayak Tours & Canoe Rentals　　划船

(📞912-635-5032; http://caes2.caes.uga.edu/georgia4h/tidelands/tours; 100 S Riverview Dr; 单人/双人皮划艇团队游 $55/95, 独木舟租赁 每小时/天 $15/30) 4-H滩涂自然中心运营的三小时盐沼之旅好评如潮。在任何一天, 你都可以在木鹳、大蓝鹭、鹈鹕和海豚身边荡舟。到目前为止, 这是游览堰洲岛盐沼、欣赏其低调之美的最佳本土方式。还提供独木舟租赁服务。

🛏 食宿

Villas By The Sea　　　　　　别墅 $

(📞912-635-2521; www.villasbythesearesort.com; 1175 N Beachview Dr; 房间/公寓 $125/235起; 🅿❄🐾🛜) 是北海岸上很不错的选择, 离几处最好的海滩也很近。房间都很宽敞, 1卧、2卧和3卧的公寓就位于一片木屋建筑中, 零星散落于花园之内, 虽不华美, 但颇为舒适。

Jekyll Island Club Hotel　　历史酒店 $$

(📞855-535-9547; www.jekyllclub.com; 371 Riverview Dr; 双/套 $200/300起, 度假村费用 $15; 🅿❄@🛜🐾) 这座名气很大的豪华酒店是岛上的标志, 共有5处历史建筑, 众多建筑散布其间。每一幢建筑都像是从描述爵士时代纵情享乐的小说中跃然而出, 但这里现在给人一种希尔顿海德乡村俱乐部之感。

Driftwood Bistro　　　　　美国南方菜 $$

(📞912-635-3588; www.driftwoodbistro.com; 1175 Beach View Dr; 主菜 $9.50~16.50; ⏰周一至周六 17:00~21:00; 🅿) 这是家传统的度假村式餐馆, 适合一家老小光顾, 出品优质的南卡罗来纳低地风味海鲜。当地的佐治亚大虾是常见菜式, 有用酱汁烹饪的克里奥尔烩虾, 也可以清蒸之后去皮食用。无论如何, 你都不应该错过这些美味可口的食物。

亚拉巴马州(ALABAMA)

亚拉巴马州颇有历史感——这样的描述对许多州或许都同样适用, 但没有几个地方

能像这里一样,对历史的认知承载着如此丰富的情感。密西西比河的美洲原住民文化曾在这一地区筑造了一座座壮观的山丘之城,而莫拜尔(Mobile)城里矗立着众多法国-加勒比风格的建筑。但对于多数人来说,亚拉巴马就是美国民权运动的代名词。

也许这样的抗争,以及它所带来的伟大和绝地反击,注定要发生在亚拉巴马这样一个州,一个既有哥特式种植园,又有着贫瘠农田和强烈地方感的州。从规模很小的狩猎乡镇到沿河而建的座座城镇,亚拉巴马是个独树一帜的地方,它的特色令人难忘。一些来客难以超越亚拉巴马的历史展望未来,但此番叙事中令人困扰的元素都已被一种激情所占据,这种激情不断地通过亚拉巴马的艺术、美食和文化表现出来。

ⓘ 实用信息

亚拉巴马州旅游部(Alabama Tourism Department; http://alabama.travel)发放度假指南,其网站上有广泛的旅游选择。

ⓘ 到达和离开

虽然莫拜尔和蒙哥马利都有中型国内机场,但前往亚拉巴马州通常都是经由伯明翰-沙特尔斯沃思国际机场(Birmingham-Shuttlesworth International Airport; 见473页)。

亚拉巴马州与密西西比州、佛罗里达州、佐治亚州和田纳西州接壤。亚拉巴马州的墨西哥湾沿岸地区(Gulf Coast)离佛罗里达州狭长海滩最好的一些沙滩只有一个小时的路程。如果驾车旅行,伯明翰距离佐治亚州的亚特兰大约有150英里,距离田纳西州的纳什维尔200英里,距离密西西比州的牛津190英里。

该州的主要高速公路有横跨墨西哥湾沿岸地区的I-10、从北向南延伸的I-65、东西向横穿中部地区的I-20和沿对角线向东北延伸至查塔奴加的I-59。

主要城镇都设有灰狗巴士的车站。美国国铁有火车抵达伯明翰,据称墨西哥湾沿岸地区也将重新建立美国国铁的线路。

伯明翰(Birmingham)

伯明翰没有新奥尔良和纳什维尔音乐之城的响亮名号,也不像亚特兰大和休斯顿是商业中心。但亚拉巴马州最大的这座城市却是让人意想不到的酷。创新的城市改造和美化工程在城内随处可见,至少存在没有被出色酒吧和餐馆所占据的区域。虽然对这座城市的评价五花八门,但考虑到其所在州的政治倾向,伯明翰远比你想象中的更加自由。

这座葱郁的山城靠铁矿起家,如今仍是制造业中心——许多本地居民都在塔斯卡卢萨(Tuscaloosa)的梅赛德斯-奔驰工厂工作。此外,多座学府云集于此,而所有这些共同造就了一座有着出色餐饮文化的城市。伯明翰的历史挥之不去,这里曾有"'爆'明翰"("Bombingham")的恶名,而民权运动的历史也为世人所熟悉。

◉ 景点和活动

在时尚的**南五角区**(Five Points South),艺术装饰风格的建筑鳞次栉比,你可以在其间找到商场、餐馆和夜店。曾经工业化的**Avondale**如今是时尚人士聚集的潮流之地。同样值得一提的是**Homewood**高档社区古雅的商业街,它位于18th St S,紧邻火神(Vulcan)像,后者高耸于城市的上方,耀眼发光,无论昼夜,从各个角度都能看到。

★ 伯明翰民权协会 博物馆

(Birmingham Civil Rights Institute; www.bcri.org; 520 16th St N; 成人/儿童 $12/5, 周日捐赠入场; ⊙周二至周六 10:00~17:00, 周日 13:00~17:00)感人的音频、视频和照片向人们讲述了美国种族隔离的历史和民权运动,聚焦于伯明翰及其周边的运动。这里有大量有关第16街浸礼会教堂(16th Street Baptist Church, 就位于马路对面)的展览,教堂在1963年遭到炸弹袭击,是城市民权纪念小路(Civil Rights Memorial Trail)的起点。

★ 斯洛斯高炉群 工厂

(☎205-254-2025; www.slossfurnaces.com; 20 32nd St N; ⊙周二至周六 10:00~16:00, 周日 正午至16:00; ℗) 免费 斯洛斯高炉群是伯明翰不可错过的景点之一。从1882年到1971年,这里一直用作炼铁高炉,也是伯明翰的主要经济来源。如今这里也未被废弃,而是被改造成国家历史地标,大片红色的钢筋纵

ℹ 伯明翰高山电台

无论你什么时候到伯明翰，把收音机调到调频107.3，一直到你离开为止。这是伯明翰高山电台的频道，是国内最好的独立广播电台之一。DJ会播放不拘一格的美妙音乐，乡村、摇滚、嘻哈、流行，应有尽有。放眼全美国——甚至可以说全球，我们鲜有遇到可以听一整天而无须换台的电台，但高山电台就是其中之一。注意，在塔斯卡卢萨（Tuscaloosa），可调整调频97.5收听该电台。

梁已经锈迹斑斑，但仍是美国工业的哥特式纪念碑。幽静的小路纵横于满是蜘蛛网的作坊和生产线之间，成就了一处摄影圣地。现场的小型博物馆记述着该熔炉群的历史。

铁路公园　　　　　　　　　　　公园

（Railroad Park；☎205-521-9933；www.railroadpark.org；⊙7:00~23:00；🅿️）🆓 伯明翰铁路公园是个值得称道的地方，在市中心占地19英亩，是城市规划中的辉煌一笔。这座城市绿肺有着绵延数英里的步道、公共艺术和美丽的灯饰。14th St South和18th St South之间的1st Ave South是进入公园的上佳选择。

火神公园　　　　　　　　　　　公园

（Vulcan Park；☎205-933-1409；www.visitvulcan.com；1701 Valley View Dr；瞭望塔和博物馆 成人/儿童 $6/4，18:00~22:00 $4；⊙公园 7:00~22:00，瞭望塔 每天 10:00~22:00，博物馆 周一至周六 10:00~18:00，周日 正午起；🅿️）这座铁质雕像的主角是掌管金属制造的罗马天神，可想象一下里约热内卢的基督像场景。无论身在全市何处，都能看到这座全球最大的铸铁雕像。公园景色迷人，还有一个**瞭望塔**。现场的小型博物馆记述着城市历史。

伯明翰艺术博物馆　　　　　　　画廊

（Birmingham Museum of Art；☎205-254-2565；www.artsbma.org；2000 Rev Abraham Woods Jr Blvd；⊙周二至周六 10:00~17:00，周日 正午至17:00）🆓 这座非常精美的博物馆藏品十分引人注目，对于伯明翰此等中型城市而言实属难得。馆内藏有亚洲、非洲、欧洲和美洲的艺术品。雕塑园中有罗丹、博特罗（Botero）和达利等大师的杰作，不容错过。

第16街浸礼会教堂　　　　　　　教堂

（16th Street Baptist Church；☎205-251-9402；www.16thstreetbaptist.org；16th St和6th Ave N交叉路口；$5；⊙牧师之旅 周二至周五 10:00~15:00，周六 10:00~13:00 需预约）20世纪50年代和60年代，这座教堂是伯明翰有组织集会的据点，也是多个抗议活动的发源地。1963年，在一次针对市中心商人的大规模反种族隔离运动中，三K党（Ku Klux Klan）成员在主日学校期间轰炸教堂，致使4个小女孩丧生。如今，重建的教堂是一座纪念堂和礼拜场所（礼拜 周日 11:00）。

伯明翰民权纪念小路　　　　　　步行

（Birmingham Civil Rights Memorial Trail；www.bcri.org；520 16th St N）这条步行小路途经7个街区，震撼人心。它于2013年建成，以纪念民权运动50周年，沿途以牌匾、雕塑和照片再现了22个感人的场景，有些相当概念化，令人动容，比如，行人必须从几座雕刻成狂吠状的大狗雕像旁边经过。这种体验让人更深刻体会到那场改变了美国的运动背后的辛酸血泪。

🛏 住宿

Hotel Highland　　　　　　　酒店 $$

（☎205-933-9555；www.thehotelhighland.com；1023 20th St S；房间$150起；🅿️❄️@🛜）这座色彩绚丽、略显迷幻的现代酒店紧邻生机勃勃的五角区（Five Points），舒适、划算。值得庆幸的是，房间没有大厅那么艳丽，更没那么时尚。

Redmont Hotel　　　　　　　历史酒店 $$

（☎205-957-6828；www.redmontbirmingham.com；2101 5th Ave N；房间/套 $170/230起；❄️@🛜）大堂内的钢琴和枝形吊灯为这个1925年的酒店增添了一种古色古香的感觉，所有豪华客房都经过了翻新，被赋予了现代之感。宽敞的屋顶酒吧也不错。距离民权运动相关景点只有几步之遥。

🍴 就餐

★ Saw's Soul Kitchen　　烧烤 $

(☎205-591-1409; www.sawsbbq.com; 215 41st St S; 主菜 $9~16; ⊙周一至周六 11:00~20:00, 周日 至16:00; 🅿) 这家店在伯明翰的烧烤界横空出世, 奉上城里一流的熏肉, 令人垂涎欲滴, 店内就餐环境也适合亲友聚会。酿烤土豆是很好的配菜, 熏鸡和飘香的本地白汁沙司很可口, 话虽如此, 快上烤小排吧。

★ Tacos Dos Hermanos　　墨西哥菜 $

(98 14th Street N; 主菜 $2~6; ⊙周一至周五 10:00~14:00; 🅿) 这儿的墨西哥玉米卷出色的很——简单、美味、便宜……听着, 我们必须强调: 美味。菜单简单, 也有素食菜肴, 食客从建筑工人到办公室职员, 什么人都有, 加油挤进人群吧。

Eagle's Restaurant　　美国菜 $

(☎205-320-0099; www.eaglesrestaurant.com; 2610 16th St N; 主菜 $6.75~17; ⊙周日至周五 10:30~15:30) 这家店位于一条僻静的街上, 是伯明翰最棒的美国南方黑人传统菜馆, 深受喜爱。店内采用"一荤及两菜 (或三菜) "的形式——点一道牛排和肉汁、颈骨和土豆或是鸡翅, 然后就可从自助式配餐盘中自选了。非常美味、实惠和有地方特色。

★ Galley & Garden　　法国菜 $$$

(www.galleyandgarden.com; 2220 Highland Ave S; 晚餐 主菜 $28~36) 🍴美国南部风味和法国乡村 (且高级) 美食在此碰撞交融, 令这家餐馆迅速成为伯明翰地区美食家的追捧之地, 在此安排个约会也是相当不错的选择。以"从农场到餐桌"食材烹饪的菜肴相当出色, 可以品尝一下精心烹制的主菜, 如烤红鲷鱼和慢炖排骨。

🍷 饮品和夜生活

★ Garage Café　　酒吧

(☎205-322-3220; www.garagecafe.us; 2304 10th Terrace S; ⊙周日至周一 15:00至次日2:00, 周二至周六 11:00至次日2:00) 潮流人士和喜欢老口味酒的人在此痛饮, 随着现场音乐在花园里摇摆几下, 院子里满是杂物、古董、陶瓷雕塑, 还有个厨房水槽, 真的没夸张哦。

★ Marty's　　酒吧

(1813 10th St S; ⊙20:00至次日6:00, 另加周六 10:00~15:00) 宾至如归的Marty's吸引了时尚达人、酷小子和一群肆意的极客聚集于此。酒吧内有漫画艺术作品、《星球大战》周边纪念品、角色扮演游戏的引文, 并且组织DJ之夜、快闪餐饮活动, 偶尔还有现场音乐表演。没有订座电话。

41 Street Pub & Aircraft Sales　　酒吧

(☎205-202-4187; www.41ststreetpub.com; 130 41st St S; ⊙周一至周四 16:30至午夜, 周五 16:30至次日2:00, 周六 13:00至次日2:00, 周日 13:00至午夜) 一个华美的木装饰酒吧, 对着一大片开阔空间, 摆着些沙狐球桌子。吧台供应着各种烈酒——其中莫斯科骡子 (Moscow Mule) 酒劲最大, 盛在亮闪闪的铜杯子里, 端给养眼时髦的客人们。

The Collins Bar　　酒吧

(☎205-323-7995; www.thecollinsbar.com; 2125 2nd Ave N; ⊙周二至周四 16:00至午夜, 周五和周六 至次日2:00, 周日 18:00至午夜) 伯明翰的俊男靓女下班后和周末都要来这个酷炫的酒吧, 喝杯手调鸡尾酒, 头顶上方悬挂着巨大的纸飞机, 一个伯明翰居中的化学元素周期表。店内不提供酒单——只要告诉调酒师你喜欢的口味, 他们准能为你调杯独一无二的调酒。

ℹ 到达和当地交通

伯明翰-沙特尔斯沃思国际机场 (Birmingham-Shuttlesworth InternationalAirport, BHM; ☎205-599-0500; www.flybirmingham.com) 位于市区东北大约5英里处。

灰狗巴士 (☎205-252-7190; www.greyhound.com; 618 19th St N) 车站位于市区以北, 经营通往亨茨维尔 (Huntsville; 1.75小时, $22, 每天3班)、蒙哥马利 (1.75小时, $25, 每天3班)、佐治亚州亚特兰大 (2.5小时, $17, 每天5班)、密西西比州杰克逊 (4.5小时, $20, 每天4班) 和路易斯安那州新奥尔良 (9小时, $56, 每天) 等城市的线路。

美国国铁 (☎205-324-3033; www.amtrak.com; 1 19th St North) 车站位于市区, 每天都有去往纽约 (22小时, $124) 和新奥尔良 (7.5小时, $47) 的

列车。

伯明翰运输局（Birmingham Transit Authority；www.bjcta.org）运营当地的MAX公共汽车。成人票价是$1.25。你还可以利用**Zyp**（☏844-997-2453；www.zypbikeshare.com；24小时/1周会员 $6/20）共享单车四处游览。

蒙哥马利（Montgomery）

亚拉巴马州的首府是一个安静宜人的地方；但也有例外之处，由于这城在美国民权运动中扮演了重要角色，多数景点也与其息息相关。1955年，黑人女工罗莎·帕克斯（Rosa Parks）在公共汽车上拒绝（按照当时的法律）给一名白人男子让座，引发了一场罢乘公共汽车的运动，这场运动由马丁·路德·金领导，他当时是蒙哥马利的德克斯特大道浸礼会教堂（Dexter Avenue Baptist Church）的牧师。在短期内，抵制运动激起了支持种族隔离的白人的暴力镇压，但最终废除了城市公交车上的种族隔离，并在全国范围内掀起了民权运动的浪潮，为1965年从塞尔玛（Selma）到蒙哥马利的抗议游行奠定了基础。

◉ 景点

★ 德克斯特大道牧师住所　　古迹

（Dexter Avenue Parsonage；☏334-261-3270；www.dexterkingmemorial.org/tours/parsonage-museum；309 S Jackson Street；成人/儿童 $7.50/5.50；◉周二至周五 10:00~15:00，周六 至13:00；ℙ）这座中世纪的房子为马丁·路德·金和科瑞塔·史卡特·金（Coretta Scott King）的家园，屋内摆满了《广告狂人》时代的家具、器具和室内烟灰缸（金经常抽烟），在时光的流逝中却得以凝结永存。游览中最吸引人的地方是金的旧办公室，那里还储藏着一些影响其信仰、思想和行为的书籍。屋后的花园内满是刻着基督教信条的石块。

民权运动纪念中心　　纪念馆

（Civil Rights Memorial Center；☏334-956-8200；www.splcenter.org/civil-rights-memorial；400 Washington Ave；纪念中心 免费，博物馆 成人/儿童 $2/免费；◉纪念中心 24小时，博物馆 周一至周五 9:00~16:30，周六 10:00~16:00）这是座令人难忘的纪念馆，馆中的圆形设计是出自林璎（Maya Lin）之手，用以纪念40位在民权运动中牺牲的人士——其中有的案件至今未结。马丁·路德·金是其中最著名的一位，除了他之外，在抗争的进程中还有许多殉难的无名英雄，有黑人，也有白人。这座纪念中心隶属南方反贫穷法律中心（Southern Poverty Law Center），该法律基金会致力于依法谋求种族平等和追求正义的平等机会。

斯科特和塞尔达·菲茨杰拉德博物馆　博物馆

（Scott & Zelda Fitzgerald Museum；☏334264-4222；www.fitzgeraldmuseum.net；919 Felder Ave；捐款成人/儿童 $10/免费；◉周二至周六 10:00~15:00，周日 正午至17:00）这对作家夫妇于1931至1932年在此生活，如今馆内藏有塞尔达在精神病中心度过的悲惨晚年期间所作的书籍首版、译著和艺术品原作。与许多名人故居不同的是，这座博物馆有种破落的魅力，尽管这里早已被列为博物馆，但还是让人有种误入菲茨杰拉德家阁楼的错觉，塞尔达写给斯科特的情书使得这一印象更强烈了。

罗莎·帕克斯博物馆　　博物馆

（Rosa Parks Museum；☏334-241-8615；www.troy.edu/rosapark；251 Montgomery St；成人/4~12岁儿童 $7.50/5.50；◉周一至周五 9:00~17:00，周六 9:00~15:00；♿）这座博物馆就建在罗莎·帕克斯曾经表达立场的公共汽车站的前面，一段视频再现了引发1955年罢乘运动的那个关键时刻。馆内参观需按规定进行，有少许时间可以自行活动，除此以外，这座博物馆就像是一场互动式电影。加点钱买张通票，就可以参观儿童区，那里的展览以儿童为主要受众，将带你重返种族隔离时期的南部。

🛏 食宿

Renaissance Hotel　　酒店 $$

（☏334-481-5000；www.marriott.com；201 Tallapoosa St；房间$140起；ℙ✴@☎≋）虽然这家连锁酒店有点平淡无奇，但它位于河边，轻松地占据了蒙哥马利最好位置。客房间有种传统会务酒店的雅致感，但干净舒适。

Davis Cafe
美国菜 $

(☎334-264-6015; 518 N Decatur St; 主菜$3~7; ⊙周一至周五7:00~14:00)这家破旧的餐厅看着摇摇欲坠,坐落在一条偏僻的街道上。但若无视其危险结构步入其内,吃一顿南部早餐和碟装午餐——洋葱炒肝、炸鸡、牛尾和每日特色菜,结账时会发现价格极为低廉,从沙发缝隙中找出的硬币便足以支撑一顿饭钱。营业时间不定,食物卖完后就会打烊。

Central
牛排 $$$

(☎334-517-1121; www.central129coosa.com; 129 Coosa St; 主菜$16~32; ⊙周一至周六11:00~14:00, 周一至周四17:30~22:00, 周五和周六至23:00; ☎)这个出色的小餐馆是美食家之选,室内宽敞华美,有一个用回收木料建成的酒吧。包间豪华,店家早在"从农场到餐桌"这一理念盛行前就这么做了,专营燃木烤鱼、鸡、牛排和排骨,均为本地出产的食材。诸如香蒜沙司核桃意面等佳肴非常适合素食者。

❶ 实用信息

蒙哥马利地区游客中心(Montgomery Area Visitor Center; ☎334-261-1100; www.visitingmontgomery.com; 300 Water St; ⊙周一至周六8:30~17:00)提供旅游信息,网站很有用。

❶ 到达和当地交通

蒙哥马利地区机场(Montgomery Regional Airport, MGM; ☎334-281-5040; www.montgomeryairport.org; 4445 Selma Hwy)距离市区大约15英里,每天有来自亚特兰大、夏洛特和达拉斯(Dallas)的航班在此降落。**灰狗巴士**(☎334-286-0658; www.greyhound.com; 950 W south Blvd)也有车通往城里。蒙哥马利位于伯明翰以南约100英里处,I-65连接两座城市。

Montgomery Area Transit System(http://montgomerytransit.com)运营城市公交车。票价$2。

塞尔玛(Selma)

塞尔玛是座宁静的小镇,位于亚拉巴马"黑带"(Black Belt)的核心地区,这里之所以被称为"黑带",一是由于其黑色沃土,二是因其庞大的非裔美国人人口。这里以"血腥星期日"最为出名: 1965年3月7日,媒体拍到州警察和副警长在埃德蒙佩特斯大桥(Edmund Pettus Bridge)附近殴打,并以催泪瓦斯攻击非裔美国人和白人同情者的情形。如果对民权运动历史感兴趣,塞尔玛是个必去之处,而它本身也颇具吸引力,值得游览一番。

◉ 景点

埃德蒙佩特斯大桥
地标

(Edmund Pettus Bridge; Broad St和Walter Ave)在美国民权运动中,没有几个地方能像埃德蒙佩特斯大桥这么具有标志性。1965年3月7日,群众准备游行到蒙哥马利,以此抗议警察在一次为争取投票权而举行的示威中杀害了一位当地黑人活动家。随着这些活动人士的聚集,新闻媒体的长枪短炮瞄准了大桥,记录下了一队州警和警犬对和平抗议人士实施暴力的行为。

国家选举权博物馆
博物馆

(National Voting Rights Museum; ☎334-418-0800; www.nvrmi.com; 6 US Highway 80 East; 成人/老年人和学生 $6.50/4.50; ⊙周一至周四10:00~16:00, 周五至周日 仅向预约人士开放; ℗)这座博物馆坐落在埃德蒙佩特斯大桥的桥墩附近,讲述了塞尔玛到蒙哥马利游行的故事,还有关于妇女投票权、重建、非暴力抵抗和其他与民权运动目标一致的运动的展览。

塞尔玛讲解中心
博物馆

(Selma Interpretive Center; ☎334-872-0509; www.nps.gov/semo; 2 Broad St; ⊙周一至周六9:00~16:30)这座博物馆位于埃德蒙佩特斯大桥的北面,内有一个小型讲解中心,叙述了南部种族隔离的翔实历史,以及随后反对种族隔离合法化的斗争。

朗兹县讲解中心
博物馆

(Lowndes County Interpretive Center; ☎334-877-1983; www.nps.gov/semo; 7002 US Hwy 80; ⊙周一至周六9:00~16:30; ℗)该中心大致位

于从塞尔玛到蒙哥马利的游行路线的中间位置，内设内容翔实的小型展览，深入展示了美国种族隔离的历史和民权运动。

食宿

在本书撰写期间，历史悠久的 St James Hotel 正在挂牌出售。这是塞尔玛唯一真正值得注意的住宿选择，其他均为中档的美国连锁酒店。

到达和离开

Broad St (US 80) 上有**灰狗巴士**（Greyhound; ☎800-231-2222; 434 Broad St）的车站。但想四处游览的话还是需要一辆车。塔斯卡卢萨（Tuscaloosa）在 US 80 沿线的北边约75英里处，蒙哥马利则在东边50英里处。

莫拜尔（Mobile）

亚拉巴马州唯一真正的沿海城市莫拜尔（发音为mo-beel），夹在密西西比州和佛罗里达州之间，是个忙碌的工业海港，有些许绿地、几条林荫大道和4个古老的街区。早春时节，美丽的杜鹃花竞相绽放。整个2月，人们举办各种庆典，庆祝**忏悔星期二狂欢节**（Mardi Gras），这一活动已经有近200年的历史了（实际上要早于新奥尔良的"忏悔星期二狂欢节"）。

在其他时候，这个重要港口的一些历史街区颇具吸引力，而这要归功于附近的海岸警卫队航空训练中心（Coast Guard Aviation Training Center），这儿的海岸警卫队警力也很强大。

景点

亚拉巴马号战列舰 博物馆

（USS Alabama; ☎251-433-2703; www.ussalabama.com; 2703 Battleship Pkwy; 成人/儿童 \$15/6; ◎4月至9月 8:00~18:00，10月至次年3月 至17:00; ᴾ）这是一艘690英尺长的巨型军舰，第二次世界大战期间它参加了9场重要的战斗，最后都全身而退，从未失去过任何一位登船服役的船员，威名远扬，昵称"幸运A"（Lucky A）。值得你花时间通过自助导览游览一番，感受一下这艘战列舰的壮观和威武。归根到底，这艘船就是一个工程上的巨大成就。既然来了，不妨看看潜水艇并近距离接触一下军用飞机。停车费\$2。

墨西哥湾沿岸探索博物馆 博物馆

（Gulf Coast Exploreum; ☎251-208-6893; www.exploreum.com; 65 Government St; 成人/学生/儿童 \$12/10.50/10, 含IMAX电影 \$16/15/13.50; ◎周二至周四 9:00~16:00，周五和周六 至17:00，周日 正午至17:00; ᴾ）这个科技中心共有3个展厅，陈列着约150个互动式展品，还有一家IMAX影院，生化实验室里还会进行现场演示。

节日和活动

忏悔星期二狂欢节 文化节

（Mardi Gras; www.mobilemardigras.com; ◎2月末/3月初）莫拜尔庆祝忏悔星期二狂欢节已经有近200年的历史了。它的高潮是忏悔星期二[Fat Tuesday，圣灰星期三（Ash Wednesday）前的周二]，游行活动包括抛珠、音乐和一些政治倾向不正确的花车。

食宿

Battle House 酒店 \$\$

（☎251-338-2000; www.marriott.com; 26 N Royal St; 房间 \$170~240，套 \$375起; ᴾ ❈ @ ☎ ☒）迄今为止是莫拜尔最好的住处。原来的老楼有华丽的穹顶大理石大厅，但气派的新塔楼则位于海滨。房间宽敞、奢华，有四星级的时尚质感。提前预订可享折扣。

Callaghan's Irish Social Club 酒馆小食 \$

（☎251-433-9374; www.callaghansirishsocialclub.com; 916 Charleston St; 汉堡 \$8~10; ◎周一至周四 11:00~23:00，周五和周六 至午夜，周日 10:00~23:00）这家摇摇欲坠的酒吧位于一栋20世纪20年代的建筑里，过去是个肉类市场。店里供应很棒的汉堡和冰爽的啤酒，时不时还有现场音乐表演。

Mary's Southern Cooking 美国菜 \$

（☎251-476-2232; 3011 Springhll Ave; 主菜 \$6~12; ◎11:00~18:00; ᴾ）Mary's以微笑迎客，提供美国南方黑人传统料理。每天的特色菜从三岔牛肉、猪蹄到鸡肉馅饼不一而足，配上丰盛的配菜，包括羽衣甘蓝、米饭和肉汁，还有土豆泥。

❶ 到达和离开

早在2017年初，就有传言称要重启途经莫拜尔的铁路路线。在此之前，你可以乘坐**灰狗巴士**（Greyhound; ☎251-478-6089; www.greyhound.com; 2545 Government Blvd）或自驾前往莫拜尔。该城坐落于I-10和I-65的交会处，在彭萨科拉（Pensacola）以西约60英里，新奥尔良以东约150英里处。

密西西比州（MISSISSIPPI）

密西西比州以密西西比河这条北美最重要的水路命名，堪称恰如其分。这是一条蕴含着各种认同感的长河。密西西比州既有富人富丽堂皇的宅邸，也有贫困落后的乡村；既星罗密布的棉花地，也有生机盎然的山村；既有海岸边蜜糖色的金色沙滩，也有北部静谧的农场。这个州常常被神秘化、被误解，但却是美国一页页最本真的历史及音乐的发源地。

❶ 实用信息

密西西比州旅游发展部（Mississippi Division of Tourism Development; ☎866-733-6477, 601-359-3297; www.visitmississippi.org）提供旅游局名录和主题游览线路，其中大部分都是经过精心挑选的深度游路线。

Mississippi Wildlife, Fisheries & Parks（☎800467-2757; www.mississippistateparks.reserveamerica.com）管理州立公园内的露营地预订。

❶ 到达和离开

来密西西比州旅行的人大多会选择三条路线。I-55和Hwy 61都贯穿南北，从本州的北部边界一直延伸到南部边界。Hwy 61穿越三角洲，I-55从杰克逊（Jackson）穿城而过。景色迷人的纳奇兹小道风景公路（Natchez Trace Parkway）从图珀洛（Tupelo）一直延伸到纳奇兹，斜穿密西西比州。

牛津（Oxford）

牛津既能验证也能推翻你关于密西比州这座最著名的大学城的所有预想。福特皮卡车上的大学男生，初入女学生联谊会的女同学？当然有。但也不乏正探讨重要理论的博士研究生，以及活力四射的艺术圈。本地的文化重地是广场 [Square，又称法院广场（Courthouse Sq）]，这里酒吧餐馆林立，还可以大肆购物，就连庄严的**密西西比大学**（University of Mississippi，简称Ole Miss）也坐落于此。周围环绕着宁静的住宅区街道，路边参天橡树遮天蔽日，还散布着众多战前宅邸。

◉ 景点和活动

0.6英里长的小径**Bailee's Woods Trail**连接城内两处最受欢迎的景点——山楸橡树（Rowan Oak）和密西西比大学博物馆，沿途风景迷人，走起来毫不费力。密西西比大学绿树成荫的核心区域**The Grove**通常一派祥和，但每逢橄榄球周六，这里就会摇身变成热闹的赛前车尾派对场地，是全美大学体育最令人难忘的派对之一。

山楸橡树 历史建筑

（Rowan Oak; ☎662-234-3284; www.rowanoak.com; Old Taylor Rd; 成人/儿童 $5/免费; ⊙9月至次年5月 周二至周六 10:00~16:00，周日 13:00~16:00，6月至8月周二至周六 10:00~18:00，周日 13:00~18:00）这座典雅的19世纪40年代建筑是威廉·福克纳（William Faulkner）的故居，文学爱好者纷纷来此朝圣。他创作了大量以密西西比州为背景、优秀而艰深难懂的小说。福克纳从1930年起居住在山楸橡树庄园，直到1962年逝世。每年7月，牛津都会举办福克纳作品研讨会。借用作家本人优美的文字形容，这就是他那"邮票大小的故土"（postage stamp of native soil），可以通过自助导览游来参观。

密西西比大学博物馆 博物馆

（University of Mississippi Museum; www.museum.olemiss.edu; University Ave，近5th St; ⊙周二至周六 10:00~18:00）免费 这座博物馆内藏有美术作品、民间艺术品以及大量与科学有关的新奇藏品，包括一台显微镜和19世纪的电磁石。

🍴 食宿

Inn at Ole Miss
酒店 $$

(☎662-234-2331; www.theinnatolemiss.com; 120 Alumni Dr; 房间 $99~149起; P❄@🛜☕) 该酒店位于Ole Miss Grove, 拥有180间客房和会议中心。通常你都能在这儿找到一个不错的房间, 但如果是有橄榄球比赛的周末, 那还是提前预订的好。虽然不是很有个性, 但这儿非常舒适, 位置也不错, 步行就能到达市中心。

Neon Pig
美国南方菜 $

(☎662-638-3257; ⌚http://oxford.eatneonpig.com; 711 N Lamar Blvd; 主菜 $7~14; ⌚周一至周六 11:00~21:00, 周日 至16:00; P) 一个柜台、几张高脚椅、几位友善的员工在烤制食物, 杂货架上摆放着农场新鲜作物、芝士和肉。Neon Pig的格调不太高, 但出品却让人为之惊讶。腩肉生菜卷、哈里萨香辣烤芝士, 还有Smash Burger——完美地将厚切熟成西冷、菲力、肉眼牛肉和培根肉糜混合均匀——美食应有尽有。

Taylor Grocery
海鲜 $$

(☎662-236-1716; www.taylorgrocery.com; 4 1st St; 菜品$9~15; ⌚周四至周六 17:00~22:00, 周日 至21:00; P) 这是一家散发着乡土气息的鲶鱼餐馆, 做好排队以及在停车场吃车尾餐的准备。你可以选择油炸或烧烤口味 (无论哪种, 都很好吃), 还能在墙上留下签名。这家餐馆距离牛津市区大约7英里, 沿Old Taylor Rd向南即达。

Ravine
美国菜 $$$

(☎662-234-4555; www.oxfordravine.com; 53 County Rd 321; 主菜 $21~36; ⌚周三和周四 18:00~21:00, 周五和周六 至22:00, 周日 10:30~14:00和18:00~21:00; 🛜) 位于牛津城外3英里处, 是个不张扬、舒适优雅的餐厅, 坐落在森林旁边。主厨乔伊·米勒 (Joel Miller) 从店里的花园里就地取材, 摘些蔬菜和香草, 其他食材也尽可能购买本地物产和有机食品; 他在"本地土食主义" (locavore) 盛行前就一直这么做了, 由此打造出美味精致的佳肴和令人回味无穷的用餐体验。

☆ 娱乐

Proud Larry's
现场音乐

(☎662-236-0050; www.proudlarrys.com; 211 S Lamar Blvd; ⌚演出21:30) 这家标志性的音乐场馆位于广场上, 经常有优秀的乐队在此演出。另外, 这里的酒吧美食也不错, 在午餐和演出开始前的晚餐时供应。

The Lyric
现场音乐

(☎662-234-5333; www.thelyricoxford.com; 1006 Van Buren Ave) 这座老砖房内是一个气氛亲切的剧场, 有水泥地板、裸露的房梁和一个包厢, 来这儿欣赏独立摇滚和民谣演出吧。

ℹ️ 到达和离开

距离牛津最近的州际公路是I-55和I-22。你可以走US 278或MS 7到达这里, 后者的景色更好一些。

密西西比三角洲 (Mississippi Delta)

宁静的天空下, 静谧低矮的棉花地绵延不绝、一望无际, 密西西比三角洲地区是超现实的极端哥特之地。在这片旧时代曾遍布庄园和受奴役奴隶的土地上, 歌颂劳动和爱情的歌曲逐渐成为美国流行音乐。它源于非洲, 辗转流传在佃农的田间地头, 逐渐演变成蓝调音乐这一摇滚之魂。如今虽然这一地区仍未摆脱全美最高的贫困农村比例这一现状, 但当地旅游业已在很大程度上围绕着这一主题展开, 发掘这种美国原创艺术形式充满汗水劳动的根源。充满传奇色彩的61号公路蜿蜒前行, 路边景色略显怪诞, 好似永无穷尽, 沿途会路过平整的田地、雄伟的工农业设施、只有一个房间的小教堂和年久失修的墓地。

克拉克戴尔 (Clarksdale)

克拉克戴尔是密西西比三角洲最便捷的落脚点。它距离所有蓝调音乐景点都只有几个小时的路程, 每到周末常有大牌蓝调音乐人在此演出。但它仍是个贫困的三角洲城镇, 破败的角落和残旧的店面并非为了营造

一种荒芜浪漫之感，天黑后许多店家需要雇佣私人保安，这的确有些出人意料之外。另外，这是个真诚热情之地，许多游客在此流连忘返。

◉ 景点

三角洲蓝调音乐博物馆 博物馆
（Delta Blues Museum；☎662-627-6820；www.deltabluesmuseum.org；1 Blues Alley；成人/老年人和学生 $10/5；◎3月至10月 周一至周六9:00~17:00，11月至次年2月 10:00开馆；℗）规模不大，但展品都很有代表性。馆内有一个纪念三角洲传奇人物穆迪·沃特斯（Muddy Waters）的专区，包括他儿时居住的真实的小屋。此外，博物馆内还有当地艺术展和一家礼品店。周五晚上偶尔会举办现场音乐表演。

十字路口 雕塑
（The Crossroads；Hwy 61和Hwy 49）免费 Hwy 61和Hwy 49的交叉路口据说就是伟大的音乐人罗伯特·约翰逊（Robert Johnson）与魔鬼进行神秘交易的地方，并随着他的歌曲Cross Road Blues永世流传。歌中暗示的此地的孤独恐惧和黑暗神秘主义如今都被一尊俗气的雕塑所取代。不管怎样，极少有历史学家同意歌中的十字路口就是这里。

🛏 食宿

Riverside Hotel 历史酒店 $
（☎662-624-9163；ratfrankblues@yahoo.com；615 Sunflower Ave；房间无/有浴室$65/75；❄🛜）别被斑驳破败的外观扫了兴：这家酒店可是满载着蓝调音乐的历史，它曾是一家医院的旧址，蓝调歌手贝茜·史密斯（Bessie Smith）就在此去世；曾在酒店入住的蓝调艺术家从桑尼·博伊·威廉斯二世（Sonny Boy Williamson Ⅱ）到罗伯特·奈特霍克（Robert Nighthawk），阵容豪华。酒店房间干净整洁，服务真诚友好，自1944年起就由家庭经营，当时是城里的"黑人酒店"。

Bluesberry Cafe 美国南方菜 $$
（☎662-627-7008；235 Yazoo Ave；◎周六和周日 7:30~13:00，周一 正午至18:00）这里不仅仅是家便宜的路边餐馆，勺子、叉子、餐刀和餐巾上都是油渍。但谁在乎呢？这里的

值 得 一 游

三角洲之魂

印第安诺拉（Indianola）位于克拉克戴尔南部，驱车1小时即可到达。此地的 **BB金博物馆和三角洲讲解中心**（BB King Museum and Delta Interpretive Center；☎662-887-9539；www.bbkingmuseum.org；400 2nd St；成人/学生/儿童 $10/5/免费；◎周二至周六10:00~17:00，周日至周一 正午至17:00，11月至次年3月 周一闭馆；℗）值得你在此稍作停留，参观一番。博物馆旨在向BB King这位具有传奇色彩的蓝调音乐家致敬，同时也用多种方式介绍了整个三角洲地区的生活。馆内设有多个互动展、视频展和令人惊叹的丰富藏品，生动地展示了蓝调音乐的历史和遗产，传播了三角洲的灵魂之光。

食物——鸡蛋、培根、自制香肠和大份三明治——都是现点现做的，新鲜美味。多数早晨，一些传奇的蓝调乐队甚至会来这儿即兴演奏。把辣酱递给我。

Shack Up Inn 旅馆 $
（☎662-624-8329；www.shackupinn.com；001 Commisary Circle；紧邻Hwy 49；双$75~165；℗❄🛜）这家自称为"床铺和啤酒"（bed and beer）的客栈位于霍普森种植园（Hopson Plantation），客人可以住在修缮一新的佃农小木屋里或经别出心裁改造后的轧棉机房内。木屋都有带顶的走廊，房间中摆放着老式家具和乐器。

Yazoo Pass 咖啡馆 $$
（☎662-627-8686；www.yazoopass.com；207 Yazoo Ave；午餐主菜$6~10，晚餐$13~26；◎周一至周六 7:00~21:00；🛜）在这个现代的餐馆，早上你能吃到新鲜的司康和牛角面包；午餐有沙拉、三明治和汤；晚餐有平锅烧黄鳍金枪鱼、菲力牛排、汉堡包和意面等美食。

☆ 娱乐

★ Red's 蓝调
（☎662-627-3166；395 Sunflower Ave；入场

费$7~10；⊙现场音乐 周五和周六 21:00）克拉克戴尔最好的小酒吧间，有着营造氛围的红色霓虹灯，塑料袋铺就的屋顶和总体上真挚的蜕变感，是欣赏蓝调音乐人嘶吼的好去处。店主Red经营着这个酒吧，对演出了如指掌，在你需要时还会给你端来冰爽的啤酒。

❶ 到达和离开

灰狗巴士车站位于State St。克拉克戴尔紧邻Hwy 49和Hwy 61，位于田纳西州的孟菲斯以南80英里，密西西比州牛津以西70英里。

维克斯堡（Vicksburg）

迷人的维克斯堡高踞悬崖之上，俯瞰着密西西比河。在南北战争期间，尤利西斯・辛普森・格兰特将军（General Ulysses S Grant）包围这里长达47天，1863年7月4日城内守军投降，从此，北方获得了北美最大河流的控制权。尽管这里因一场战役而闻名，但维克斯堡的许多历史旧宅都在几个世纪后幸存了下来。如今，这个小镇的历史中心被认为是该州最具吸引力的地方。

⊙ 景点

维克斯堡国家军事公园 古迹

（Vicksburg National Military Park；✆601636-0583；www.nps.gov/vick；3201 Clay St；每辆自行车/汽车 $5/15；⊙8:00~17:00；🅿）维克斯堡地处通往密西西比河的要道，占领此地是南北战争中的几个重要转折点之一。在全长16英里的驾车团队游中，会经过一些历史标记，介绍了战斗场景和在长时间围城期间发生的重要事件，当时城内居民像鼹鼠一样深居在洞穴中，以躲避北方联军的炮火。全程至少需要90分钟。如果你有自行车，骑车游览公园会很有趣。本地人则在这个景色优美的公园里走路或跑步。

密西西比河下游博物馆 博物馆

（Lower Mississippi River Museum；✆601-638-9900；www.lmrm.org；910 Washington St；⊙周一至周六 9:00~16:00，周日 13:00~16:00；🅿）免费 这座有趣的博物馆是维克斯堡城区的快乐和骄傲，展览的主要主题包括1927年大洪水和美国陆军工兵团等，工兵部队自18世纪起就开始负责管理这条河了。孩子们们都很喜欢水族馆，还喜欢登上停在干船坞的勘测船MV Mississippi Ⅳ号。

🍴 餐饮

Walnut Hills 美国南方菜 $$

（✆601-638-4910；www.walnuthillsms.net；1214 Adams St；主菜 $8~25；⊙周一至周六 11:00~21:00，周日 11:00~14:00）想要体验一次重回旧时光的用餐，那就来这家小馆吧，有丰盛的南方风味家常菜。店面挤挤挨挨，有种家庭聚餐式的氛围。

★**Highway 61 Coffeehouse** 咖啡

（✆601-638-9221；www.61coffee.blogspot.com；1101 Washington St；⊙周一至周五 7:00~17:00，周六 9:00起；📶）这间很棒的咖啡馆供应公平贸易咖啡，在周六下午偶尔会有现场音乐表演，也是个活跃的艺文中心，举办艺术活动和诗歌诵读会等。

❶ 到达和离开

城镇南边不远处有一个灰狗巴士车站。维克斯堡紧邻 I-20和Hwy 61，位于杰克逊以西约50英里处。

杰克逊（Jackson）

杰克逊是密西西比州的首府，同时也是本州最大的城市，富丽堂皇的住宅区与一块块老旧城区共存，而Fondren District区到处都呈现艺术时尚的前卫风格，出人意料。那里有一些地道的酒吧，上好的餐厅和许多现场音乐表演，在杰克逊很容易消磨自在舒服的时光。

⊙ 景点

密西西比艺术博物馆 画廊

（Mississippi Museum of Art；✆601-9601515；www.msmuseumart.org；380 South Lamar St；特展 $5~12；⊙周二至周六 10:00~17:00，周日 正午至17:00）免费 这家博物馆是参观杰克逊必来的景点。名为"密西西比州的故事"（The Mississippi Story）的永久性展览，展出了馆藏的密西西比州艺术品——

无与伦比。博物馆周围的空地被打造成一个华美而别致的花园区。

老议会大厦博物馆
博物馆

（Old Capitol Museum；☎601-576-6920；www.mdah.ms.gov/oldcap；100 State St；◎周二至周六9:00~17:00，周日13:00~17:00）免费 这里曾在1839至1903年作为密西西比州的议会大厦。这座希腊复兴式建筑如今是密西西比州历史博物馆，通过影片和展品，你将了解当年脱离联邦并非没有争议，以及重建是如何给南方带来了一些最严厉的、种族隔离前的"黑人法典"的。

欧多拉·韦尔蒂故居
历史建筑

（Eudora Welty House；☎601-353-7762；www.eudorawelty.org；1119 Pinehurst St；成人/学生/儿童$5/3/免费；◎团队游 周二至周五9:00、11:00、13:00和15:00）文学爱好者应该预约参观这位普利策奖得主都铎复兴风格的故居，她在这里生活了75年。这里最微小的细节都保持着原样。每月的13日，故居都免费开放，前提是当天是平常的开放日。

自然科学博物馆
博物馆

（Museum of Natural Science；☎601576-6000；www.mdwfp.com/museum；2148 Riverside Dr；成人/儿童$6/4；◎周一至周五8:00~17:00，周六9:00开馆，周日13:00开馆；🅿️）✏️这座博物馆位于Lefleur's Bluff州立公园（Lefleur's Bluff State Park）的深处。馆内展出了密西西比州的动物和植物，还有水族馆，一个仿建的沼泽和总长2.5英里的小路，这些小径从300英亩受保护的美丽植物中穿行而过。

国际穆斯林文化博物馆
博物馆

（International Museum of Muslim Cultures；☎601-960-0440；www.muslimmuseum.org；201 E Pascagoula St；◎周一至周五10:00~17:00）免费 这座小小的博物馆有一些关于廷巴克图（Timbuktu）和摩尔西班牙地区（Moorish Spain）的有趣展览，并会举办与其他主要穆斯林社区相关的巡回展览。虽然展品并不能深刻展示穆斯林社会，但你若对此不熟悉，还是能通过该博物馆对其有个大概了解的。

🛏️ 食宿

Old Capitol Inn
精品酒店 $$

（☎601-359-9000；www.oldcapitolinn.com；226 N State St；房间/套$99/145起；🅿️❄️@🛜♨️）这家拥有24个房间的精品酒店毗邻博物馆和餐馆，超级棒！房费含丰盛的南方风味早餐（傍晚还提供葡萄酒和奶酪），房间别致舒适。屋顶花园有一个热水浴缸。

Fairview Inn
旅馆 $$$

（☎601-948-3429，888-948-1908；www.fairviewinn.com；734 Fairview St；套$200~340；🅿️❄️@🛜）如果想要体验殖民地时期的庄园特色，这里一定不会让你失望。它坐落于一座经过翻新的历史建筑中，拥有18个房间。每间房间的装潢都各不相同，房内各处摆设的古董装饰漂亮而不古板，极具品味。还有一个配套设施齐全的水疗中心。

High Noon Cafe
素食 $

（☎601-366-1513；www.rainbowcoop.org；2807 Old Canton Rd；主菜$7~12；◎周一至周五11:30~14:00；🛜✏️）✏️如果你厌倦了油炸食品和大鱼大肉，这家有机蔬菜小馆或许可以让你换换口味。它位于Fondren District的Rainbow Co-op杂货店内，经营甜菜汉堡包、蘑菇鲁宾三明治（portabello Reuben）和其他健康美食。你还可以在杂货店里囤点有机食品。

Saltine
海鲜 $$

（☎601-982-2899；www.saltinerestaurant.com；622 Duling Ave；主菜$12~26；◎周一至周四11:00~22:00，周五 至23:00，周日至21:00）这个新奇有趣的地方承担了将牡蛎引入杰克逊美食界的美味差事。贝类的烹饪方式多种多样：生的、炭烤的、配着亚拉巴马白烧烤酱的，还有"纳什维尔"香辣的（很辣！）。再配上极好的平锅玉米面包蘸贝壳汁，然后再尝尝烤虹鳟。

Walker's Drive-In
美国南方菜 $$$

（☎601-982-2633；www.walkersdrivein.com；3016 N State St；午餐 主菜$8~17，晚餐$29~37；◎周一至周五11:00~14:00和周二至周六17:30~22:00）这家怀旧的餐饮界大拿经过

南部 杰克逊

精心修复，专注于新派南方美食。午餐有烤鲑鱼三明治、汉堡包、烤牡蛎"穷小子"三明治（po'boy）和无与伦比的烤辣椒金枪鱼沙拉，搭配风味鱿鱼和海藻。

🍷 饮品和娱乐

Apothecary at Brent's Drugs　　　鸡尾酒吧

（www.apothecaryjackson.com；655 Duling Ave；⊙周二至周四17:00至次日1:00，周五和周六至次日2:00）这家21世纪初的手调鸡尾酒吧位于一家20世纪50年代风格的冷饮店后面，调酒师都戴着黑框眼镜，提供精心调制的美酒。

Martin's　　　酒吧

（☎601-354-9712；www.martinslounge.net；214 S State St；⊙周一至周六10:00至次日1:30，周日至午夜）这是个令人愉悦的小酒吧，看上去脏兮兮的，是那种调酒师知道熟客们喝高了时都该联系谁的小店。酒吧吸引了各色人等，有老人、州议会员工、圆滑的政府说客和约翰·格里姆森笔下的那种律师。

F Jones Corner　　　蓝调

（☎601-983-1148；www.fjonescorner.com；303 N Farish St；⊙周二至周五11:00~14:00，周四至周六22:00至深夜）当其他的店铺都打烊之后，形形色色的人们，不分种族和信仰，都聚集到位于Farish St的这家充满乡土气息的夜店。真正的三角洲音乐家在这里一直表演到天亮。

❶ 实用信息

会议旅游局（Convention & Visitors Bureau；☎800-354-7695；www.visitjackson.com；111 E Capitol St, Suite 102；⊙周一至周五8:00~17:00）提供免费信息。

❶ 到达和离开

杰克逊位于I-20和I-55的交会处，交通便利。它的**国际机场**（JAN；☎601-939-5631；www.jmaa.com；100 International Dr）位于市区以东10英里处。**灰狗巴士**（☎601-353-6342；www.greyhound.com；300 W Capitol St）经营前往伯明翰、孟菲斯和新奥尔良等地的长途汽车。美国国铁的City of New Orleans也经停此地。

纳奇兹（Natchez）

大约有668座战前住宅分布在密西西比河沿岸最古老的文明定居地（比新奥尔良早两年）各处。纳奇兹还是444英里长的纳奇兹小道风景公路（Natchez Trace Pkwy）的端点，这条风景优美的小道可谓该州的一大点，适合骑车和休闲。

参观老城区和战前宅邸的团队游从游客欢迎中心出发。在春秋两季的"朝圣季节"，当地住宅对游客开放。

◉ 景点和活动

翡翠丘　　　考古遗址

（Emerald Mound；www.nps.gov/natr；Mile

> **值得一游**
>
> ### 纳奇兹小道风景公路
>
> 如果你正驾车穿越密西西比州，我们强烈建议你至少安排出部分行程前往北美洲最古老的道路之一——纳奇兹小道。这条444英里长的小道沿着一条天然的山脊线前行，这条山脊曾是史前动物频繁经过的觅食路线。后来，动物踩踏出的地方成了小径，继而成为美洲原住民部落的交易路线。这条路最终成为纳奇兹小道，是美国建国初期通往以前的西部内陆的主要道路，经常受到流寇的侵扰。
>
> 1938年，这条从Pasquo（田纳西州）向西南延伸至纳奇兹（密西西比州）、全长444英里的小道，被划为受联邦政府保护的纳奇兹小道风景公路（Natchez Trace Pkwy；www.nps.gov/natr），由国家公园管理局管辖。这是一条风景秀美的宜人车道，穿越了南部丰富多样的地形地貌：深邃幽暗的森林、积水的湿地、和缓的山村和一片片农场。风景公路沿途有50多个连接入口，在图珀洛城外有个很有帮助的**游客中心**（☎800-305-7417, 662-680-4025；www.nps.gov/natr；Mile 266, Natchez Trace Pkwy；⊙8:00~17:00，圣诞节休息；👪🐾）。

10.3 Natchez Trace Pkwy; 黎明至黄昏; P🦽) **免费** 翡翠丘就位于城外纳奇兹小道风景公路沿线。这儿本为美国原住民的城市，现已成了一片杂草丛生的废墟。遗址内的土垒建于前哥伦比亚时期，规模为全国第二大。前哥伦布时代的先人和纳奇兹人用石器将8英亩的山地改造成平顶金字塔。溪边的遮阴之处颇适合野餐，你可以，也应该爬上山顶，那儿有一大片草坪。

奥本大厦　　　　　　　　　　　　地标

（Auburn Mansion；☎601-446-6631；www.auburnmuseum.org；400 Duncan Ave；成人/儿童 $15/10；◎周二至周六 11:00~15:00，最后发团 14:30；🅿️) 红砖建造的奥本大厦以其独立的螺旋楼梯而闻名。这座建筑建于1812年，对整个南部的无数宅邸都产生了影响。

纳奇兹朝圣之旅　　　　　　　　历史游

（Natchez Pilgrimage Tours；☎800-647-6742，601-446-6631；www.natchezpilgrimage.com；640 S Canal St；团队游$20起) 如果你喜欢历史老宅和战前建筑，那这个团队游就非常适合你。它组织的团队游参观十数间历史悠久的老宅，全年无休，提供了大量的信息，还可以让你深入了解当地历史。

🍴 食宿

Historic Oak Hill Inn　　　　旅馆 $$

（☎601-446-2500；www.historicoakhill.com；409 S Rankin St；房间含早餐 $135~160，套房 $235；🅿️🛜) 你曾想过在历史老宅里过夜吗？入住这家旅馆，你可以睡在1835年的床上，并在1850年的沃特福德（Waterford）水晶煤气吊灯下用内战前的瓷器用餐——在这家经典的纳奇兹民宿，你可以感受到内战前的贵族生活。

Magnolia Grill　　　　　　美国南方菜 $$

（☎601-446-7670；www.magnoliagrill.com；49 Silver St；主菜 $13~22；◎11:00~21:00，周五和周六至22:00；🦽) 这个迷人的木头店面烧烤小馆位于城内地势较低处的河畔，有裸露的横梁和户外阳台，猪里脊"穷小子"三明治或炸小龙虾菠萝沙拉可以让人大饱口福。

🍷 饮品

Under the Hill Saloon　　　　　酒吧

（☎601-446-8023；25 Silver St；◎10:00至深夜）这是一家非常有趣的历史酒吧，曾经是内河领航员萨缪尔·克莱门斯（Samuel Clemens）最喜欢的地方，他以笔名"马克·吐温"为世人所熟知。当没有人的时候，酒吧就会关门。

ℹ️ 实用信息

游客欢迎中心（Visitor and Welcome Center；☎800-647-6724；www.visitnatchez.org；640 S Canal St；◎周一至周六 8:30~17:00，周日 9:00~16:00）规模较大，设施良好，内设关于该地区历史的展览，提供大量当地景点的信息。

ℹ️ 到达和离开

纳奇兹紧邻Hwy 61，也是纳奇兹小道风景公路终点（或起点，取决于你的前行方向）。**灰狗巴士**（Greyhound；☎601-445-5291；127 Wood Ave）车站位于城镇以东约3.5英里处。

美国墨西哥湾沿岸地区（Gulf Coast）

墨西哥湾沿岸地区海风吹拂，有着连绵低平的沙丘和一片片的海滨燕麦草，还有林立的湾区画廊和拉斯维加斯风格的赌场。从佛罗里达州到得克萨斯州一路散布着好几座重要的基地，这里成为家庭假和军人休假的热门地区。

魅力十足的贝圣路易斯（Bay St Louis）吸引了包括许多科学家在内的联邦雇员，他们大多来自位于路易斯安那州边界附近的斯坦尼斯航天中心（Stennis Space Center）；这样一群人为这个小城平添了些许密西西比州不太常见的革新气质。瑜伽工作室、古董商店和画廊都集中在Main St上。欧申斯普林斯（Ocean Springs）仍然是个宁静的度假地，成排的捕虾船和休闲游艇都停靠在码头，市中心古朴典雅，海湾铺满了细腻的白沙。

在通往美国墨西哥湾沿岸地区多个城镇的I-10出口处有数家平价连锁酒店。在这些城镇里则能找到不错的民宿和多层楼的酒店，适合一日游的游客。

❶ 到达和离开

欧申斯普林斯位于贝圣路易斯以东33英里，莫拜尔以西60英里，紧邻I-10。这里没有公共交通工具。

阿肯色州（ARKANSAS）

阿肯色州（Arkansas，发音为ar-kan-saw）位于美国中西部和南方腹地交界处，山峦起伏，是一个鲜为人知的珍宝。这里大河奔流、山谷苍翠清润，矗立着嶙峋的花岗岩巨石以及欧扎克山（Ozark Mountain）和沃希托山（Ouachita Mountain，发音为wash-ee-tah）陡峭的山脊。全州分布着许多维护得极好的州立公园；空旷的小路纵横交错，穿过茂密的丛林，通向令人叹为观止的壮丽景色和马儿悠闲吃草的牧场。山区小镇里基督教主要派、时尚的社区和骑行者酒吧并立共存，这些千差万别的文化都分享着对家乡无与伦比的自然美景的热爱。

❶ 实用信息

阿肯色州州立公园（Arkansas State Parks; ☏888-287-2757; www.arkansasstateparks.com）阿肯色州的公园系统远近闻名。全州共有52座州立公园，其中30个提供露营位（帐篷和房车露营位价格$12~55，具体视条件而定）。许多公园提供小屋和小木屋住宿。由于公园人气很旺，周末和节假日预订通常要求入住多天。

小石城（Little Rock）

名副其实，阿肯色州这座魅力十足的首府给人的印象确实很小巧。但这里是阿肯色州城市生活的核心，而且它所带来的都市体验角度新颖别致：绿树成荫的住宅区有着友好的酒吧、新开的餐厅、纵横的自行车小径和包容的氛围。小石城固然不大，但它正处于阿肯色河（Arkansas River）河畔，非常符合这个自然奇迹之州的盛名，让人觉得那些草木葱郁的河谷似乎都近在咫尺。

◉ 景点

威廉·J.克林顿总统中心 博物馆

（William J Clinton Presidential Center; ☏501-374-4242; www.clintonlibrary.gov; 1200 President Clinton Ave; 成人/学生和老年人/儿童 $10/8/6; ◷周一至周六 9:00~17:00, 周日 13:00~17:00; P ♿）这座图书馆内收藏了大量与克林顿总统有关的历史档案，包括8000万页文件和200万张照片（但与某实习生丑闻相关的照片并不多）。在此参观的体验仿佛是倒转时光重回20世纪90年代。仔细参观一下全尺寸的总统办公室复制品，反映克林顿人生各个阶段的展品，以及到访要人赠送的礼品等。整个建筑符合环保标准。

图书馆坐落在一个地势起伏的园区内，包括树木繁茂的小路和一个13英亩的湿地保护区。

河滨公园 公园

（Riverfront Park; ☏501-371-4770; Ottenheimer Plaza; ◷日出至日落）**免费** 公园沿着阿肯色河延伸，十分适合散步或骑车。这是将自然景观（河流）与城市环境完美融合的典范。园内最引人注目的地标为克林顿总统公园大桥（Clinton Presidential Park Bridge），这是一条横跨河流、景色壮丽的人行天桥。

小石城中央中学 古迹

（Little Rock Central High School; ☏501-374-1957; www.nps.gov/chsc; 2125 Daisy L Bates Dr; ◷9:00~16:30; P）**免费** 小石城最引人入胜的历史景点，1957年种族隔离危机的遗址，就是这次危机永远地改变了美国。正是在这里，一群被称为"小石城九勇士"的非裔美国人学生第一次被拒绝进入当时全是白人的高中（尽管1954年最高法院已裁定取消公立学校种族隔离制度）。

发现博物馆 博物馆

（Museum of Discovery; ☏501-396-7050; www.museumofdiscovery.org; 500 President Clinton Ave; 成人/儿童 $10/8; ◷周二至周六 9:00~17:00, 周日 13:00~17:00, 夏季 周一 9:00~17:00; ♿）一座科学和自然历史博物馆，适合家庭游览。这里有关于人体、阿肯色州生

态系统、龙卷风、古生物学以及其他各种各样精彩的展览。

🛏 食宿

⭐ Capital Hotel
精品酒店 $$

(📞501-374-7474; www.capitalhotel.com; 111 W Markham St; 房间/套 $220/375; P🅿️@🛜) 这座建于1872年的前银行大楼外立面是铸铁结构——一种几乎绝迹的建筑结构，它是小石城最好的住处。有一个极好的适合小酌鸡尾酒的户外夹层，酒店到处都散发着一种适合叼着雪茄般的奢华感，如果你想体验一下享受美食美酒的政府说客的感觉，这里尤为合适。

Rosemont
民宿 $$

(📞501-766-0355; www.rosemontoflittlerock.com; 515 W 15th St; 房间 $105~195; P🅿️🛜🐾) Rosemont是一座经过修复的19世纪80年代农舍，靠近州长官邸，有一种南方的惬意。店主还经营着一些田园风格的历史小屋 ($135起)。这是我们遇到的少数几家允许带宠物入住的独立民宿之一。

Big Orange
美国菜 $

(📞501-379-8715; www.bigorangeburger.com; 207 N University Ave; 主菜 $8~14; ⏰周日至周四 11:00~22:00, 周五和周六 至23:00; P🅿️🅿️) 有时你想吃个汉堡，可不是随便什么汉堡，而是那种两片涂满奶油的面包中夹着能让人唇齿留香、获得极大满足的美味肉食的汉堡。不妨来这家店，店里供应各种汉堡，想要经典款可以来个美式芝士汉堡，想试试新奇口味就点配着白松露的，还有适合素者的油炸鹰嘴豆饼。

Three Fold Noodles and Dumpling Co
中国菜 $

(📞501-372-1739; ⏰ttp://eat3fold.com; 215 Center St; 饺子和面条 $7~8; ⏰周一至周五 11:00~20:00) 当我们来到小石城，谁也没想到会找到一家如此惊艳的中餐厅。然而，Three Fold带着其鸡丝面、手工饺子和馒头出现在我们面前，一时间，我们仿佛穿越到了安徽，而非身处阿肯色州。事实上，在这里饱餐一顿也就比麦当劳贵那么一点儿。

⭐ South on Main
美国菜 $$

(📞501-244-9660; www.southonmain.com; 1304 S Main St; 主菜 $16~24; ⏰周一至周五 11:00~14:30, 周二和周六 17:00~22:00, 周日 10:00~14:00) 这个绝妙的餐厅是南方开创性的文学季刊*The Oxford American*旗下的一个小型美食项目。它把本地区的饮食之道用热情和活力呈现出来，富于创意和美味，比如鲶鱼和玉米粉煎饼，乡村火腿包兔腿等佳肴。还有个很棒的酒吧，以及经常性的现场音乐表演，更是锦上添花。

🍷 饮品和娱乐

The New 610 Center
同性恋酒吧

(📞501-374-4678; http://610center.com; 610 Center St; ⏰周一至周四 16:00至午夜, 周五 至次日1:00, 周六 18:00至次日1:00, 周日 11:00~22:00) 这个悠闲的酒吧提供极好的马提尼酒，气氛欢快，深受当地顾客，尤其是同性恋的喜爱。这是一个很好的休闲场所，可以喝一杯烈酒，偶尔还会有变装秀或熊之夜。

White Water Tavern
现场音乐

(📞501-375-8400; www.whitewatertavern.com; 2500 W 7th St; ⏰周一至周五 正午至次日2:00, 周六 18:00至次日1:00) 这家店舞台虽小，但演出阵容颇为豪华，从真正的摇滚大腕、另类乡村音乐人物到独立音乐才子再到嘻哈打碟高手，堪称众星云集。平时没有现场演出时，这里是个友好惬意的街角小酒馆。

Arkansas Repertory Theatre
剧院

(📞501-378-0405; www.therep.org; 601 Main St) 这是南部最具活力的小型地区性剧院之一。各式精彩剧目在此上演，从百老汇音乐剧到怪诞的独立剧目，均有涵盖。

ℹ 实用信息

小石城会议中心和旅游局 (Little Rock Convention Center & Tourism Bureau; 📞501-376-4781; www.littlerock.com; 101 S Spring St; ⏰周一至周五 8:30~17:00) 是了解这座城市的好去处。

ℹ 到达和当地交通

比尔和希拉里·克林顿国家机场 (Bill & Hillary

Clinton National Airport, LIT; Little Rock National Airport; ☎501-372-3439; www.fly-lit.com; 1 Airport Dr)就在市区的东面。**灰狗巴士车站**（☎501-372-3007; www.greyhound.com; 118 E Washington St, 小石城北）位于小石城的北部，有开往温泉镇（Hot Springs, $19, 1~2小时，每天2班）、田纳西州孟菲斯（$31, 2.5小时，每天7班）和新奥尔良（$93, 18小时，每天2班）的车辆。

联合车站（Union Station; ☎501-372-6841; 1400 W Markham St）是美国国铁"德州之鹰（Texas Eagle）"线上的一个站点，这条线路从芝加哥（$100, 14小时）开往洛杉矶（$154, 19小时），途中经停多个城市。

Central Arkansas Transit（www.cat.org）运营当地公共汽车，**River Rail Streetcar**是一条有轨电车线路，环绕W Markham和President Clinton Ave行驶（成人/儿童 $1.35/60¢）。

温泉镇（Hot Springs）

温泉镇声名远播，是一座堪比瑰宝的山区小镇。镇子以具有治疗作用的泉水命名，一直以来吸引着形形色色的人们来到这里，从美国原住民到20世纪初叶的健康养生达人，再到不胜枚举的黑帮头目。20世纪30年代，温泉镇的发展达到巅峰，是赌博、违法售酒、卖淫和财富的温床。

如今，温泉镇的魅力已不完全在于其温泉，而是配套的旅游设施。位于Central Ave东侧的Bathhouse Row在繁茂的木兰树下，矗立着众多经过精心修缮的浴室，你可以在这里享受老派的水疗服务。此外，温泉镇绿树成荫，相当迷人，其历史中心区保存完成，十分值得庆祝。

◉ 景点和活动

温泉镇国家公园 博物馆

（Hot Springs National Park; Fordyce Bathhouse; ☎501-620-6715; www.nps.gov/hosp; 369 Central Ave; ⊙9:00~17:00）**免费** 位于Bathhouse Row一栋建于1915年的Fordyce浴室内，游客中心和博物馆设有展览以介绍这座公园历史，它最早是印第安原住民的自由贸易区，19世纪末20世纪初成为欧洲人的温泉疗养胜地。最有意思的展览要算是20世纪初温泉水疗的便利设施和当时制定的标准。彩绘玻璃窗和希腊雕塑奢华精美，但我们就没有继续前行参观光秃秃的白墙、灰泥和电击疗法了。

温泉镇山顶塔 观景点

（Hot Springs Mountain Tower; 401 Hot Springs Mountain Rd; ☎501-881-4020; 成人/儿童 $7/4; ⊙9月至次年5月 9:00~17:00, 6月至8月 至21:00; Ⓟ）在温泉山顶有一座216英尺高的塔，站在塔上可以纵览周围壮观的山景，满山遍野的茱萸、山胡桃树、橡树和松树，春天和秋天尤为可爱。

美国黑帮博物馆 博物馆

（Gangster Museum of America; ☎501318-1717; www.tgmoa.com; 510 Central Ave; 成人/儿童 $15/6; ⊙周日至周四 10:00~17:00, 周五和周六 至18:00）通过这个博物馆，可以了解禁酒时期小镇充满罪恶的繁华，当时芝加哥私酒商、黑帮老大卡蓬（Capone）和他那些纽约同行将这里从一个一文不名的小城变成了富庶之地。博物馆内的亮点包括古老的老虎机、许多老照片和一支汤姆逊冲锋枪。

Galaxy Connection 博物馆

（☎501-276-4432; www.thegalaxyconnection.com; 626 Central Ave; $7; ⊙周一至周四 11:00~17:00, 周五和周六 至20:00, 周日 12:30~17:00）想要感受一下完全不同的氛围吗？这是家献给影片《星球大战》（Star Wars）的博物馆。这座引人入胜的极客殿堂是一位阿肯色州星战发烧友的爱心和心血杰作。虽然有些不够专业，但等身大小的波巴·菲特（Boba Fett）模型、绝地武士披上战袍的区域，都足以让星战迷们怀旧尽兴，非常过瘾。

Buckstaff Bathhouse 水疗中心

（☎501-623-2308; www.buckstaffbaths.com; 509 Central Ave; 热水浴 $33, 含按摩 $71; ⊙3月至11月 每天8:00~11:45, 另加 周一至周六 13:30~15:00, 12月至次年2月 周一至周六 8:00~11:45, 另加周一至周五 13:30~15:00）温泉镇的水疗服务从来不是"敷衍了事"的经历，你可以在这里体验古法治疗。Buckstaff一丝不苟的工作人员在洗浴、护理、按摩时都会拍打你，就像20世纪30年代一样，舒服极了。

🛏️ 食宿

★ Alpine Inn　　　　　　　　　　旅馆 $

(☎501-624-9164; www.alpine-inn-hot-springs.com; 741 Park Ave; 房间 $65~95; P✱☺❄) 这家客栈距离Bathhouse Row还不到1英里，来自苏格兰的主人热情友好，他花了几年的时间将一家老汽车旅馆改造升级为一家极好的客栈。无可挑剔的房间配有平板电视和豪华的床铺，非常舒适。

Arlington Resort Hotel & Spa　　历史酒店 $

(☎501-623-7771; www.arlingtonhotel.com; 239 Central Ave; 标单/双/套 $99/120/180; P✱☺❄) 它是Bathhouse Row最好的酒店，气势恢宏，历史悠久，即使昔日的繁华早已逝去，它却风采依旧。如果晚上有现场乐队演出，豪华的大厅就会热闹起来。酒店内有一个水疗会所，房间虽然年代久远，但却维护得很好。拐角处的观景房价格划算。

Colonial Pancake House　　　　美式小馆 $

(☎501-624-9273; 111 Central Ave; 主菜 $6~10; ⏰7:00~15:00; 🍴) 温泉镇的一家经典餐厅，有青绿色的隔间，墙上的织物营造出一种温馨的氛围，看上去就像是外婆的厨房。除了薄煎饼之外，法式吐司（用德克萨斯吐司制作）和麦芽或荞麦华夫饼都很好吃。你可以选择里面加了核桃仁的。午餐时间，店内出售汉堡包等美式小馆食物。

McClard's　　　　　　　　　　　烧烤 $$

(☎501-623-9665; www.mcclards.com; 505 Albert Pike; 主菜 $4~15; ⏰周二至周六 11:00~20:00) 在市中心的西南部，比尔·克林顿童年时代最喜欢的烧烤如今仍然很受欢迎，有排骨、慢炖豆子、辣椒和玉米卷。位于市区的边缘。

🍷 饮品和夜生活

Maxine's　　　　　　　　　　　　酒吧

(☎501-321-0909; www.maxineslive.com; 700 Central Ave; ⏰周一至周五 15:00至次日3:00, 周六 至次日2:00, 周日 正午至午夜) 如果你晚上想去听劲爆的现场音乐（很大声），就去这个由臭名昭著的妓院改造的现场音乐演出场所。经常有奥斯汀来的乐队现场演出。

Superior Bathhouse Brewery and Distillery　　自酿酒吧

(☎501-624-2337; www.superiorbathhouse.com; 329 Central Ave; ⏰11:00~21:00, 周五和周六 至23:00) 作为一个崇尚户外运动的小镇，有这么多的徒步者和潮流人士，长久以来居然没有一间自酿啤酒厂，的确挺让人意外的。不过正如太阳照常从东方升起，温泉镇现在也有了一间独立的啤酒厂。本地的啤酒口感很好，正好可以涤除你身体里那些从温泉中误吸收的增长因素。

ℹ️ 到达和离开

灰狗巴士（☎501-623-5574; www.greyhound.com; 100 Broadway Tce）有从温泉镇开往小石城（1.5小时, $13起, 约每天3班）的长途汽车。温泉镇紧邻I-30，位于小石城西南约60英里处。

三峰地区（Tri-Peaks Region）

三峰地区是宏伟翠绿的阿肯色河谷（Arkansasa River Valley）最为珍贵的一颗宝石，是州内最主要的地域之一。三峰地区内有4座州立公园，还有丰富的徒步、远足和划船活动。

这一地区由阿肯色州的多个县组成，得名于马格其恩山（Mt Magazine）、尼博山（Mt Nebo）和佩蒂吉恩山（Petit Jean Mountain）这三座山峰。虽然没有探索这个地区的真正大本营，但你可以在许多小镇上储备物资，其中规模最大的是拉塞尔维尔（Russellville）。我们在介绍每个公园时都列出了距其最近的小镇。

👁️ 景点和活动

除了以水路为主的达达尼尔湖（Lake Dardanelle），书中所列的三峰地区公园内均有多条**徒步线路**，有平坦易行的自然景观环线，也有艰难的登顶之路。可登录各公园网站，以查询所有的徒步道详情，别忘了向管理员了解当前状况。

马格其恩山州立公园　　　　　　州立公园

(Mount Magazine State Park; ☎479-963-8502; www.mountmagazinestatepark.com;

577 Lodge Drive, Paris, GPS: N 35° 09' 52.4", W 93° 38' 49.7"; ⊙24小时)这个一流的州立公园有大约14英里的小道, 蜿蜒环绕着阿肯色州的至高点。周围的景色非常壮观, 可以饱览阿肯色河谷森林覆盖的山地美景。如果没有时间多做停留, 可以选择**马格其恩山风景小道**(Mount Magazine Scenic Byway)穿过公园, 沿途景色令人神迷。如果需要食物或汽油补给, 最近的城镇是17英里外的帕里斯(Paris)。

尼博山州立公园 州立公园

(Mount Nebo State Park; ☎479-229-3655; www.arkansasstateparks.com/mountnebo; 16728 West State Hwy 155, Dardanelle, GPS: N 35° 13' 41.0", W 93° 15' 19.7"; ⊙日出至日落; P🚻🐕)🌿**免费** 嘿——这是阿肯色州又一座美得不可思议的州立公园!全长14英里的小道在尼博山及其周边地区交错纵横, 直插郁郁葱葱的山林地带。环形的尼博斯普林斯(Nebo Springs)小径通往长满青苔的户外水乡, 只是路途艰辛。离此最近的城镇是达达尼尔(Dardanelle), 位于公园东面8英里处。

佩蒂吉恩州立公园 州立公园

(Petit Jean State Park; ☎501-727-5441; www.petitjeanstatepark.com; 1285 Petit Jean Mountain Rd, Morrilton, GPS: N 35° 07' 04.3", W 92° 56' 17.8"; ⊙日出至日落; P🚻🐕)🌿**免费** 该州立公园内的步道是阿肯色州最古老的, 但维护良好, 蜿蜒穿过一条高95英尺的瀑布、浪漫的洞穴、广阔的田野和茂密的森林。前往观景平台, 看看跨越了田园荒野的天然桥梁; 高处亦可一览阿肯色河谷景象。最近的城镇是莫里顿(Morrilton; 18英里), 但如果你打算从首府出发来一日游, 小石城也就在公园东南约70英里处。

达达尼尔湖州立公园 州立公园

[Lake Dardanelle State Park; www.arkansasstateparks.com/lakedardanelle; 100 State Park Dr(Breakwater Rd), Russellville; ⊙游客中心每天 8:00~17:00, 5月至8月 至20:00; P🚻]这座水库占地34,300英亩, 冰蓝的水域绵延数英里, 园内更是遍布船舶下水的匝道和迷人的景致。在拉塞尔维尔(Russellville)镇有个大型游客中心, 内设适合儿童的解说展览、水族馆和皮划艇租赁设施。

布法罗国家河流风景区 漂流

(Buffalo National River; ☎870-439-2502; www.nps.gov/buff; 170 Ranger Road, St Joe, Tyler Bend Visitor Center; 🚻)布法罗国家河流风景区全长135英里, 是阿肯色州又一个鲜为人知的珍宝——或许也是其中最美的一个。它穿越欧扎克原始森林, 两岸是壮观的悬崖峭壁。上游河段水流最为湍急, 越往下游方向, 水流越缓——非常适合悠闲地划船。

布法罗国家河流风景区有10个**露营地**和3处指定的荒野地区。从**Tyler Bend游客中心**进入景区最为方便, 游客中心位于Marshall以北11英里处, Hwy 65沿线, 你可以在那里选择一家有许可的户外用品商, 租用装备进行自助漂流或划皮艇游(这是游览公园和观赏险峻石灰岩悬崖的最佳方式)。布法罗户外中心(Buffalo Outdoor Center)会为你指明方向, 并出租迷人的林间小屋。

Kayaking 划船

[☎479-967-5516; www.arkansasstateparks.com; 100 State Park Drive(Breakwater Rd), Russellville; 每小时/半天/全天 $8/14/20起]🌿你可以租一艘单人或双人皮划艇来探索达达尼尔湖的水域, 或者选择90分钟的皮划艇之旅, 每位成人/儿童需额外花费$12/6。

🛏 食宿

三峰地区各个公园附近的镇上都有平淡无奇的连锁汽车旅馆和酒店, 但如果你打算在这儿过夜, 倒不妨宿在公园里, 园内的原始露营地和时髦度假屋都不错。

4个州立公园里有几十个**露营地**(www.arkansasstateparks.com/camping-cabins-lodging; $12~32)。原始营地并未供水供电; 而某些设施齐全的营地提供了电力设备、流动水和厕所。可咨询各个公园, 以了解其各自的露营地, 并通过州立公园的网站预订。

在探索三峰地区各公园之前, 都需事先备好补给, 位于拉塞尔维尔的达达尼尔湖除外。

❶ 实用信息

Tyler Bend游客中心(☏870-439-2502; www.nps.gov/buff; 170 Ranger Rd, St Joe; ⏰8:30~16:30)是想要探索布法罗国家河流风景区的游客的必去之地。

❶ 到达和离开

三峰地区位于阿肯色州中北部,外形奇特正似该州形状。可以通过4座公园的详解中所列城镇进入各公园。各公园距小石城都不出2小时车程。

Highway 23/Pig Trail Byway景色壮观,联通尤里卡斯普林斯(Eureka Springs)和马格其恩山州立公园(见487页),途中穿过欧扎克国家森林(Ozark National Forest),非常值得一游。

欧扎克山脉 (Ozark Mountains)

欧扎克山脉(Ozark Mountains)从阿肯色州的西北部和中部一直延伸至密苏里州,是一座古老的山脉,过去四面环海,随着岁月的流逝,如今已是沧海桑田了。雾气缭绕的原野和土壤坚实的农场取代了苍翠的群山,壮观的喀斯特地形分布广泛,与波光粼粼的湖泊、河流和偏僻的羊肠小路相伴相随。这一地区为其独立性和地方意识深感自豪,这种时代精神多少与此地代代相传的家族根源和长期的地区贫困有关。想了解相关的文学作品,可以读一下丹尼尔·伍德瑞尔(Daniel Woodrell)的小说《冬天的骨头》(*Winter's Bone*),这本书已被改成了广受好评的同名电影。

❶ 到达和离开

欧扎克地区地域广阔,其间无数山路纵横交错,有些山路颇为宽敞,可与高速公路相媲美。主要道路包括Hwy 62、AR 21、AR 43和AR 66。最近的地区机场是本顿维尔(Bentonville)附近的**阿肯色州西北地区机场**(Northwest Arkansas Regional Airport; XNA; ☏479-205-1000; www.flyxna.com; 1 Airport Blvd)。尤里卡斯普林斯还有**灰狗巴士**(Greyhound; ☏800-451-5333; 131 E Van Buren)。

山景城 (Mountain View)

山景城已经成功地将自己(部分)塑造成旅游社区,并将欧扎克文化融入旅游业中。民俗风情和对山川的新式表达赋予此地旺盛的生命力,文化追寻者和创造者齐聚于此,使得虔诚的基督信仰、时尚的乡村音乐和诚挚的热情在此相互交融。

游客信息中心(☏870-269-8068; www.yourplaceinthemountains.com; 122 W Main St; ⏰周一至周六 9:00~16:30)宣传此地为"世界民间音乐之都",虽然有点夸张,但没有减损山景城给人的愉悦感。无论你怎么来到这里,途中必定经过几座破败的小镇,它们均为萧条时期的产物。相比之下,山景城就反映了本地区该有的面貌:留存的历史在当代得到了重视,从全球化的世界所吸取的力量与本地传统相辅相成。

⦿ 景点和活动

布兰恰德斯普林斯洞穴　　　　　洞穴

(Blanchard Springs Caverns; ☏870-757-2211, 877-444-6777; www.blanchardsprings.org; NF 54, Forest Rd, 紧邻Hwy 14; Drip Stone团队游 成人/儿童 $10/5, Wild Cave团队游 $75; ⏰时间不定; 🅿) 这处壮观的洞穴位于山景城西北15英里处,由一条地下暗河"雕琢"而成,与卡尔斯巴德(Carlsbad)的洞穴相比也不遑多让。这是阿肯色州又一处鲜为人知却美得惊人的景致。林业部门组织3种导览游,从适合残障人士参加的团队游到惊险刺激的3至4小时的洞穴探险,难易程度不一而足。这些洞穴的开放时间随季节而有所变化,但通常在上午9:30开放,日落时分关闭。

欧扎克民俗中心州立公园　　　　州立公园

(Ozark Folk Center State Park; ☏870-2693851; www.ozarkfolkcenter.com; 1032 Park Ave; 礼堂 成人/儿童 $12/7; ⏰4月至11月 周二至周六 10:00~17:00, 夜间表演18:00; 🅿)是城里的一流文化景点,就在山景城北面,有手工艺品制作演示和古老的草本植物园。每晚都有现场音乐表演吸引着热情的观众群。除此以外,该中心还常常举行音乐会,美国最优秀的乡村和蓝草音乐人都会参演。

LocoRopes
户外运动

(☎888-669-6717, 870-269-6566; www.locoropes.com; 1025 Park Ave; 高空滑索每次$7.50; ◎3月1日至11月30日10:00~17:00)这家备受欢迎的户外运动机构提供绳索课程、走绳、自由下落项目,还有座攀岩墙和3条高空滑索。

🛏 食宿

Wildflower B & B
民宿

(☎870-269-4383; www.wildflowerbb.com; 100 Washington St; 房间$99~139; 🅿❄🐾)就在法院广场(Courtsquare),环绕式围廊上摆着摇椅,墙上挂着民间艺术品。可以要求一间楼上靠前的房间,屋里午后的阳光很好,配有双人床,共用的起居室摆着电视。最好通过网上预订。

Tommy's Famous Pizza and BBQ
比萨、烧烤 $

(☎870-269-3278; www.tommysfamous.com; Carpenter St和W Main St的交叉路口; 比萨$7~26, 主菜$7~13; ◎15:00起)由一群边远地区非常友好的嬉皮士经营,让人期待能与他们会面。烧烤比萨和店里的特色菜简直是绝配。和蔼的店主人曾是孟菲斯的摇滚歌手,玩得一手好音乐,店里气氛欢乐,只有两个小要求:别端着架子,别有高声大嗓的小孩子。

如果收银机1小时内都没进账,餐厅就暂时关门。

PJ's Rainbow Cafe
美国菜 $

(☎870-269-8633; 216 W Main St; 主菜$5.50~13; ◎周二至周六7:00~20:00,周日至14:00; 🅿🐾)这座乡村薯条咖啡馆供应一些真正美味的美式小馆食品,很有一手,比如猪里脊卷菠菜,新鲜烤制虹鳟,鱼就是从当地河里捕获的。只收现金。

尤里卡斯普林斯(Eureka Springs)

尤里卡斯普林斯靠近阿肯色州的西北角,在一个陡峭的山谷之中,城里散布着维多利亚风格的建筑和曲折的街巷,本地人口虽不富裕,但与时俱进,大度包容——这里是欧扎克山地区对同性恋持最明确的友好态度的城镇之一,混合着一种奇特的融洽氛围:政治自由、象征同性恋群体的彩虹旗,以及欢迎骑手的哈雷摩托车酒吧,统统共处共融。在这里,你有充足的机会远足、骑车、骑马。

游客中心 (☎479-253-8737; www.eurekaspringschamber.com; 516 Village Circle, Hwy 62 E; ◎9:00~17:00)提供关于住宿、活动、团队游和当地景点的信息。如需了解该地区LGBTQ群体旅行的相关信息,可登录Out In Eureka(www.gayeurekasprings.com)网站查询。

👁 景点和活动

历史环线
古迹

(Historic Loop; www.eurekasprings.org)
🆓**免费** 这条全长3.5英里的步行环路经过尤里卡斯普林斯市中心和周边的住宅区。沿途分布着300多栋维多利亚风格的房屋,全部建于1910年之前,座座美得令人赞叹,与全美任何一片保护性历史街区相比都毫不逊色。可以乘坐尤里卡电车(Eureka Trolley)游览这条环线,也可以步行——要是你身体好的话(因为街道都很陡!)。可以在游客中心领取地图或购买电车票。

荆棘冠教堂
教堂

(Thorncrown Chapel; ☎479-253-7401; www.thorncrown.com; 12968 Hwy 62 W; ◎4月至11月9:00~17:00, 3月和12月11:00~16:00; 🅿)
🆓**免费** 是一座气势恢宏的圣所,为玻璃建筑,高达48英尺的木制架构承载着425扇窗户。教堂位于尤里卡斯普林斯城外的树林中,祈祷者和上帝创造的大自然之间没有多少隔阂。建议捐款。

1886 Crescent Hotel
历史建筑

(☎855-725-5720; www.crescent-hotel.com; 75 Pros-pect Ave)建于1886年,是旧时代一座漂亮且仍在运营的文物建筑。走进深色的木制大厅,壁炉的炉火噼啪作响,铺着地毯,细微处的爵士时代装饰更增添了些许韵味。这一切都让人禁不住想点杯干邑,责备黛茜·布坎南为什么要嫁给了汤姆·布坎南(两人均为美国名著《了不起的盖茨比》中的人物)。Crescent就矗立在一座小山的山顶,无论是过来喝一杯还是从天台远眺美景,或是二者皆有,这里都是个理想地点。

革木湖城市公园 公园

(Lake Leatherwood City Park; ☏479253-7921; www.lakeleatherwoodcitypark.com; 1303 Co Rd 204; ◎24小时; P🅿)🎯是一座面积庞大的公园,总长21英里的步道和自行车小径纵横交错,穿过草木茂密的山峦,环绕着一座85英亩的湖泊。公园距离尤里卡斯普林斯市中心3.5英里,是离城最近的受管理的野生环境。

尤里卡电车 团队游

(Eureka Trolley; ☏479-253-9572; www.eurekatrolley.org; 137 W Van Buren St; 日票成人/儿童 $6/2; ◎5月至10月 周日至周五 10:00~18:00,周六 9:00~20:00,其他时候运行时间缩短; 🅿)这些古老的无轨电车随时上下车,在大尤里卡斯普林斯地区来回穿梭,总共有4条线路。每趟需要20至30分钟,以全新的视角展示了这座山城不寻常的生活面貌。可登录网站或致电查询运行时间。

🛏 食宿

★ Treehouse Cottages 小屋 $$

(☏479-253-8667; www.treehousecottages.com; 165 W Van Buren St; 小屋 $149~169; P🐾📶)这些可爱新奇又宽敞的高脚木制别墅散布在占地33英亩的松树林中,值得前来小住。浴室装饰着有趣的高亮瓷砖、极可意的按摩浴缸,可俯瞰林木,私人阳台上也备着烧烤设备,还有平板电视和壁炉。两晚起住。

The Crescent Hotel 历史酒店 $$

(☏855-725-5720; www.crescent-hotel.com; 75 Prospect Ave; 房间 $160~200,套 $200~280; P🅿)在尤里卡普林斯所有漂亮的历史建筑中,Crescent尤为突出:就像《唐顿庄园》(*Downton Abbey*)与爵士时代相结合(这发生在第4季,对吧?)。我们跑题了。房间将历史氛围和现代舒适感完美结合。这个地方的整体氛围既优雅又有趣。周末房价会上涨。

★ FRESH 新派美国菜 $$

(☏479-253-9300; www.freshanddeliciousofeurekasprings.com; 179 N Main St; 主菜 $10~27; ◎周一至周四 11:00~21:00,周日 10:00~14:00; 🅿)这间帅气的咖啡馆专营农场到餐桌的美味佳肴、出色的烘焙食品,服务也很奇特。单面三明治采用现烤法国吐司和火腿片,好吃到爆。还有严格素食者可以享用的沙拉和香蒜沙司意面。晚餐更有风味,如烤鸡肉酥皮馅饼和轻煎黄鳍金枪鱼。

★ Stone House 新派美国菜 $$$

(☏479-363-6411; www.eurekastonehouse.com; 89 S Main St; 奶酪拼盘 $25~47; ◎周四至周六 13:00~22:00,周日 至20:00)这家餐厅的所有元素能为你打造一个完美的夜晚:长长的酒单;主打奶酪、面包、橄榄、蜂蜜和熟肉的菜单;现场音乐;可爱的庭院;我们提到种类丰富的葡萄酒了吗? 营业至22:00,是城里关门较晚的餐饮店。

🍷 饮品和娱乐

Chelsea's Corner Cafe & Bar 酒吧

(☏479-253-8231; www.chelseascornercafe.com; 10 Mountain St; ◎周日至周四 正午至22:00,周五和周六 至午夜)这家酒吧经常举办现场音乐表演,吸引了典型的尤里卡普林斯新潮人士和骑车爱好者。这里的后厨是城里少数几家在21:00后仍供餐的地方,甚至还可以外送比萨。

Opera in the Ozarks 歌剧

(☏479-253-8595; www.opera.org; 16311 Hwy 62 West; 演出票 $20起)这个备受赞誉的高雅艺术项目使得歌剧焕发生机,在这片山区久久回荡。这间剧院就坐落在城外,演出安排密集,堪称尤里卡普林斯的骄傲。

布法罗国家河流风景区 (Buffalo National River)

若想探索布法罗国家河流风景区,以Ponca镇为大本营最是方便。让当地旅行社安排一趟探险之旅,而后就准备欣赏美景吧。美丽的河流荒野,五彩斑斓的花岗岩峭壁和奔腾的瀑布纷纷映入眼帘(尽在桨边,你可以想象一下)。几家户外活动用品商可为你安排野外探险之旅。

🏃 活动

Buffalo Outdoor Center 探险

(BOC; ☏870-861-5514; www.buffaloriver.

com；4699 AR 43；皮划艇/独木舟 每天 $55/62，高空滑索团队游 $89；◎3月至10月 8:00~18:00，11月至次年2月 至17:00；🅿🐕）可以安排划船、徒步、钓鱼、骑马和高空滑索的团队游。请提前预订。

Big Bluff via Centerpoint & Goat Trail　　　　　　　　　　徒步

[AR 43 & Fire Tower Rd, GPS: N 36° 03' 50.7" W 93° 21' 43.6"（中点路径（Centerpoint Trail））]

📍Big Bluff是落基山脉和阿巴拉契亚山脉之间最高的岩壁，高达550英尺。到达此处需走中点路径，位于Ponca镇以北3英里的AR43上（起点位于Fire Tower Rd的路口附近）。然后转向狭窄的山羊小径（Goat Trail）前往悬崖。这条小道往返2.5英里，大部分都是上坡路。

Lost Valley Canoe　　　　　　　划独木舟

（☎870-861-5522；www.lostvalleycanoe.com；AR 43；皮划艇 每天 $55起，穿梭巴士 $20起）📍见多识广的店主可提供独木舟和皮划艇租赁，也可以安排穿梭巴士接送服务。另有舒适的双人小屋（有热水浴缸！）出租，价格是 $125（每多一人加收 $15）。

❶ 到达和离开

Ponca距离任何一条常规道路都很远，可通过陆路抵达。小镇位于尤里卡斯普林斯以南约50英里，本顿维尔以东约80英里处。

路易斯安那州（LOUISIANA）

路易斯安那州历史悠久，它从法国殖民地变成受西班牙保护的领地，后来被美国人买走。无论是南部边缘的沼泽地、牛轭湖和鳄鱼出没的墨西哥湾，还是北部草原腹地的农场，对美好事物——美食和音乐——深沉的、不可动摇的爱将这里的居民紧紧联系在一起。

路易斯安那州的第一大城市——新奥尔良——就具备这些特质，这里的餐馆和音乐厅都是最好的。在本州的任何地方，人们都在追求生活乐趣。顺便说一句，我们使用法语可不是为了乐趣，尽管在路易斯安那州的北部，语言并不是文化的组成部分，但I-10附近及其南边是背井离乡的一代，即便距其先祖迁至此处已经相隔数代。

历史

密西西比河下游地区的主导文明曾是密西西比土堆文化，直到1592年前后欧洲人到达这里，从此美洲原住民由于疾病、不平等条约和殖民者赤裸裸的敌意而大批死去。

这片土地在西班牙、法国、英国等列强的争夺之下几易其主。在法国的"黑人法令"（Code Noir）下，蓄奴成风，但奴隶仍然保持着一定程度的自由，与英属北美文化相比，他们的本土文化也得到了更好的保留。

美国独立战争之后，整个地区在1803年通过路易斯安那购地案（Louisiana Purchase），归美国所有，1812年路易斯安那成为美国的一个州。随之而来的美国和法国-西班牙传统的融合，再加上加勒比非裔社区的影响，造就了路易斯安那州独树一帜的文化，并保持至今。

南北战争后，路易斯安那州于1868年重新加入联邦。在接下来的30年里，路易斯安那州经历了政治上的动荡和经济上的停滞，对非裔美国人的歧视也死灰复燃。

飓风卡特里娜（2005年）和英国石油公司墨西哥湾漏油事件（2010年）对当地的经济和基础设施造成了严重的破坏。路易斯安那州的人均国民收入和受教育程度仍然处于全美的末位，但幸福指数却名列前茅。

❶ 实用信息

路易斯安那州旅游局（Louisiana office of Tourism；☎800-677-4082，225-635-0090；www.louisianatravel.com）本州的高速公路沿线分布着16个欢迎中心，也可以直接联系旅游局。

路易斯安那州立公园（Louisiana State Parks；☎888-677-1400；www.crt.state.la.us/louisiana-state-parks；简单/高级露营位 $18/25）路易斯安那州共有22座州立公园提供露营。有些公园还提供度假屋和小木屋。可以在线或致电预订，也可以直接前往，但房间不能保证。4月至9月露营费用略有上涨。

新奥尔良（New Orleans）

新奥尔良大体上还是个美国城市，但又与"典型的美国"相去甚远。它由法国人创建，经历了西班牙人（之后又是法国人）管辖，是美国最具欧洲风情的城市。同时，这里的巫毒教（vodoun，或voodoo）、每周都有的小型花车游行、忏悔星期二狂欢节（Mardi Gras）上打扮成印第安部落民的黑人，还有爵士乐、铜管乐再加上秋葵汤（gumbo），都使其成为美国最具非洲和加勒比特色的城市。

新奥尔良人热爱生活，当整个美国都在忙碌的时候，这座城市却在悠闲地享用漫长午餐后的鸡尾酒。但如果你看到这里的人们在经历了洪水和风暴之后是如何重建家园的，就不会愚蠢地指责当地人懒惰了。

"兼收并蓄、有容乃大"是这座城市的灵魂。这里的公民渴望的是伟大的克里奥尔（Creole）理想——融合一切，整体的力量大于各个部分之和。于是，新奥尔良拥有以下这一切：爵士乐；新派路易斯安那菜肴；从西非格里奥（griot）说唱艺人到"第七区"（Seventh Ward）说唱歌手再到作家田纳西·威廉斯（Tennessee Williams）这些说故事能手；距莱亨鸡（Foghorn Leghorn）大厦不远、矗立于桃金娘和九重葛袭人香气之中的法式联排房屋；以及融合了天主教和异教神秘主义的狂欢节。

不要忘记纵情享受并专心沉浸其中，因为如果不在智力和感官享乐两个层面上都开足马力，克里奥尔式的生活态度就不够纯粹了。

◉ 景点

◉ 法国区（French Quarter）

法国区也被称为"Vieux Carré"（读作voo car-ray；意为老城区）或"the Quarter"，是法国人于18世纪初规划的城市。这里有臭名昭著的波旁街（Bourbon St），但更值得关注的是那些优雅陈旧的店面、铁灯和庭院花园。多数游客以此为起点探索这座城市，而有些游客则不再游览别的区域了，很是可惜。这并不是说法国区不迷人，但它有点像迪士尼世界：游客很多，当地人很少（除非你算上酒保或服务员）。

★ 杰克逊广场　　　　　　　　　　　广场

（Jackson Square；Decatur St和St Peter St）广场上散布着让人歇脚的躺椅，到处是素描画家、占卜师和旅行表演者，四周围绕着高耸的大教堂、写字楼和一些仿佛从巴黎穿越而来的商店。杰克逊广场是法国区的中心地带，也是美国著名的城市绿地。外观一致的庞塔尔巴大楼（Pontalba Buildings）盘踞了整条街道，俯瞰着广场。

★ 圣路易斯大教堂　　　　　　　　主座教堂

（St Louis Cathedral；☏504-525-9585；

卡真人、克里奥尔人和……克里奥尔人

在路易斯安那州，许多游客经常替换使用"卡真"（Cajun）和"克里奥尔"（Creole）这两个词，其实这是两种截然不同的文明。"克里奥尔人"是指路易斯安那州最初的欧洲移民的后裔，他们的祖先主要是法国人和西班牙人。克里奥尔人倾向于认为自己和新奥尔良相关，他们认为自己的文明是优雅的、开化的。

卡真人的血统可以追溯到阿卡迪亚，当时他们是定居在加拿大新斯科舍的法国农民。在英国人占领加拿大之后，骄傲的阿卡迪亚人拒绝叩拜新君主，于是在18世纪中期开始了流亡——这一事件也被称为大迁徙。许多流亡者来到路易斯安那南部定居，他们认为这一地区属于法国，但阿卡迪亚人（"卡真"是一个变异的英语词汇）通常被克里奥尔人当成乡巴佬。阿卡迪亚人，也就是卡真人，定居在牛轭湖和草原一带，今天他们将自己的文化定义为更具乡土气息和开拓精神。

在许多后殖民时期的法国社区中，混血的个体通常被称为"克里奥尔人"，这一习俗使人更容易将两者混淆。在路易斯安那就是如此，但法-西克里奥尔人和混血克里奥尔人在文化上存在差异，尽管这两个群体很可能有着相同的血统。

New Orleans 新奥尔良

南部 新奥尔良

FAUBOURG MARIGNY 马里尼区

THE TREMÉ 特勒梅区

FRENCH QUARTER 法国区

- Frenchmen Art Market 法国人艺术品市场
- Backstreet Cultural Museum 后街文化博物馆
- St Louis Cathedral 圣路易斯大教堂
- New Orleans Welcome Center 新奥尔良欢迎中心
- Jackson Square 杰克逊广场
- Cabildo 卡尔尔多博物馆
- State Supreme Court 州立最高法院

去Red's Chinese (0.4mi)
去BJ's (1mi)
去Joint (0.9mi)
去St Roch Market (0.1mi)
去Crescent Park 新月公园 (0.4mi); Pizza Delicious (0.5mi); Bacchanal (1mi)
去Degas House (0.6mi)
去Carousel Gardens 旋转木马花园游乐场 (2.1mi); City Park 城市公园 (2.1mi)
去Willie Mae's Scotch House (50yd)
去Parkway Tavern (0.9mi)
去Twelve Mile Limit (1.3mi)

Franklin Ave
Port St
St Claude Ave
Royal St
Chartres St
Decatur St
N Peters St
Burgundy St
Mandeville St
Marigny St
N Rampart St
Elysian Fields Ave
Frenchmen St
Touro St
Washington Sq Park
Pauger St
Dauphine St
Esplanade Ave
Barracks St
Governor Nicholls St
Ursulines Ave
St Philip St
Dumaine St
St Ann St
Orleans Ave
St Peter St
Toulouse St
St Louis St
Conti St
Bienville St
Iberville St
Canal St
Ursulines
Dumaine
St Peters St
Wilkinson St
Toulouse St
St Peter St
Chartres St
Decatur St
Bienville St
Iberville St
Esplanade
Moonwalk
Woldenberg Park
McShane Pl
Henriette Delille St
Treme St
Marais St
N Villere St
N Robertson St
N Claiborne Ave
Orleans Ave
Lafitte Ave
Toulouse St
N Prieur St
N Johnson St
N Galvez St
N Miro St
N Roman St
St Peter St
St Louis Cemetery No 2 圣路易斯二号公墓
N Derbigny St
N Robertson St
Basin St
S Villere St
S Robertson St
S Claiborne Ave
S Derbigny St
Treme St
Crozat St
S Rampart St
Baronne St
University Pl
Elk Pl
S Saratoga St
Cleveland St
Palmyra St
S Prieur St
Tulane Ave
Gravier St
Perdido St
La Salle St

495

ALGIERS POINT 阿尔及尔角

Bermuda St
Powder St
Brooklyn Ave

Mississippi River 密西西比河
Downriver 下游
Upriver 上游

Canal St Wharf
Spanish Plaza 西班牙广场
Canal St
Canal St/Peters St
Poydras
Riverwalk Mall
Julia
WAREHOUSE DISTRICT 仓储区
Ernest N Morial Convention Center
John Churchill Chase
Port of New Orleans Pl

Greater New Orleans Bridge (toll) 大新奥尔良桥(收费)

Convention Center Blvd
Fulton St
S Peters St
St Joseph St
N Diamond St
S Peters St
Girod St
Commerce St
Poe Dr
John Churchill Chase St
Natchez St
Piazza D'Italia
Notre Dame St
Tchoupitoulas St
Magazine St
Constance St
Magazine St
Poeyfarre St
Annunciation St

Camp St
Poydras St
Lafayette Sq
Camp St
Church Ave
St Charles Ave
Andrew Higgins Dr
Constance St

Common St
Carondelet St
Baronne St
Lafayette St
Julia St

Ogden Museum of Southern Art 奥格登南方艺术博物馆

Erato St
Thalia St
Camp St
Prytania St
Thalia St
Melpomene St
St Charles Ave

Gravier St
Union St
Perdido St
O'Keefe St
S Rampart St
Loyola Ave

LOWER GARDEN DISTRICT 下花园区

Pontchartrain Expwy
Howard Ave

Poydras Ave
Sugarbowl Dr
Girod St
Hyatt Regency
New Orleans Union Passenger Terminal (Amtrak Station-NOL) 联合客运站(美国国铁新奥尔良站)
Arena
Loyola Ave
Simon Bolivar St
Clio St
Erato St
Oretha Castle-Haley Blvd
Baronne St
Carondelet St
Martin Luther King Jr Blvd

CENTRAL CITY 中心城区

去Ba Chi Canteen (4.8 mi)

去Surrey's Juice Bar (0.1mi); NOLA Brewing (1.8mi)

去New Orleans Convention & Visitors Bureau新奥尔良会议和旅游局(0.2mi); Lafayette Cemetery No 1拉菲特1号公墓(0.8mi); Magazine Antique Mall (1.2mi); Columns Hotel (1.4mi); Uptown上城区(2mi)

去Tipitina's (2.9mi)

去Blaine Kern's Mardi Gras World布莱恩·科恩的狂欢世界 (2.7mi)

南部 新奥尔良

New Orleans 新奥尔良

◎ 重要景点
- **1** 卡比尔多博物馆 D3
- **2** 圣路易斯大教堂 E3
- **3** 后街文化博物馆 D2
- **4** 法国人艺术品市场 F2
- **5** 杰克逊广场 E3
- **6** 奥格登南方艺术博物馆 C7

◎ 景点
- **7** 国家"二战"博物馆 C7
- **8** 长老会 E3
- **9** 布莱恩·科恩的狂欢世界 E8
- **10** 新奥尔良历史收藏馆 D4
- **11** 路易斯·阿姆斯特朗公园 C2
- **12** 路易斯·阿姆斯特朗雕像 D2
- **13** 路易斯安那州儿童博物馆 D6
- **14** 圣奥古斯丁教堂 D1
- **15** Beauregard-Keyes House E2

✈ 活动、课程和团队游
- **16** Confederacy of Cruisers F2

🛏 住宿
- **17** Cornstalk Hotel E3
- **18** Le Pavillon C5
- **19** Roosevelt New Orleans C4
- **20** Soniat House E2
- **21** Auld Sweet Olive Bed & Breakfast G1
- **22** Hotel Maison de Ville D3
- **23** Hotel Monteleone D4

🍴 就餐
- **24** Bayona D3
- **25** Cochon Butcher D7
- **26** Coop's Place E3
- Croissant D'Or Patisserie .... （见15）
- **27** Dooky Chase A1
- **28** Peche Seafood Grill C6
- **29** Restaurant August D5
- **30** Café Beignet D4
- **31** Café Beignet D4

🍷 饮品和夜生活
- **32** Mimi's in the Marigny G1
- **33** Tonique D2

🎭 娱乐
- **34** AllWays Lounge F1
- **35** 马哈利亚·杰克逊剧场 C2
- **36** Preservation Hall D3
- Spotted Cat .... （见4）

---

www.stlouiscathedral.org; Jackson Sq；接受捐赠，自助导览游 $1；◎8:00~16:00，弥撒 周一至周五正午，周六 17:00，周日 9:00和11:00）全国最具代表性的法国建筑之一。主教座堂带有三座尖塔，为纪念于1297年被封为圣徒的法国国王路易九世而建。这一位于美国城市中心地带的高卢文化遗产无伤大雅。出入此教堂的会众有黑人、白人和克里奥尔天主教徒；除此以外，在新奥尔良最佳传统的影响下，圣路易斯大教堂还吸引着其他教派人士，如巫毒教女皇玛芮·拉芙（Marie Laveau）。

★ 卡比尔多博物馆　　　　　博物馆
（Cabildo；☎800-568-6968，504-568-6968；http://louisianastatemuseum.org/museums/the-cabildo；701 Chartres St；成人/学生/12岁以下儿童 $6/5/免费；◎周二至周日 10:00~16:30，周一闭馆；🅿）🅿路易斯安那殖民地旧政府所在地，如今是探索路易斯安那州历史，尤其是新奥尔良历史的入口。其本身也是一座宏伟的建筑，比城中其他老房子更好地融合了西班牙殖民建筑和法式城市设计风格。展品包括美国原住民的生产工具、写有"悬赏"字样的逃跑奴隶通缉令以及一系列够得上举办一个画展的面无表情的新奥尔良老人肖像画。

长老会　　　　　博物馆
（Presbytère；☎800-568-6968，504-568-6968；http://louisianastatemuseum.org/museums/the-presbytere；751 Chartres St；成人/学生 $6/5；◎周二至周日 10:00~16:30）🅿建于1791年的长老会原为圣路易斯大教堂附设的神父寓所，现在这座漂亮的建筑里坐落着新奥尔良忏悔星期二狂欢节博物馆。在这里你会发现新奥尔良最著名的节日庆典并非只是一味的放荡——至少，你会发现放荡背后还有许多层面的含义。馆内收藏的有关克鲁（主持狂欢节庆典的民间组织）、秘密社团、服饰及种族历史的展品够得上一部百科全书的分量。

新奥尔良历史收藏馆 博物馆

（Historic New Orleans Collection，简称THNOC；☎504-523-4662；www.hnoc.org；533 Royal St；门票免费，团队游 $5；⊙周二至周六 9:30~16:30，周日 10:30~16:30，团队游 周二至周六 10:00、11:00、14:00和15:00）新奥尔良历史收藏馆集文物建筑、博物馆和研究中心于一体，是了解城市历史的好去处。博物馆的精髓是建筑群中的Royal St园区，展示一系列定期轮换的展品，偶尔也举办临时展览。展品包括爵士音乐节的原版海报、路易斯安那购地案的汇款凭证，以及令人心寒的奴隶买卖广告。

◎ 中城区和特勒梅区 (Mid-City & The Tremé)

特勒梅区是全国最古老的非裔美国人社区，区内的建筑和住宅低矮，中产区、富人区和贫民区均有分布。该地区的西部与中城区相连。后者的规划没有什么固定规则，既有长长的排屋、开发不善的工程项目，也有城市公园（City Park）内漂亮的绿地、Esplanade Ave沿街雅致的豪宅和适合悠闲漫步的Bayou St John。

★ 后街文化博物馆 博物馆

（Backstreet Cultural Museum；☎504522-4806；www.backstreetmuseum.org；1116 Henriette Delille St；$10；⊙周二至周六 10:00~16:00）在这座富于知识性的博物馆里，狂欢节使用的印第安行头以炫目的光华、精细的做工引人注目。后街文化博物馆展现的是新奥尔良独特的非裔美国文化元素，博物馆不是很大，它的前身是布兰丁殡仪馆。如果你对狂欢节印第安服装、二线的狂欢节游行以及社会援助和快乐俱乐部（Social Aid & Pleasure Club，当地黑人社区的公民协会）的活动感兴趣的话，那么这座博物馆值得一看。

★ 城市公园 公园

（City Park；☎504-482-4888；www.neworleanscitypark.com；Esplanade Ave和City Park Ave；ℙ）公园内橡树参天，铁兰垂悬，点缀着牛轭湖，堪称城市规划的典范。公园长3英里、宽1英里，其间散布着花园、水道、桥梁，还有一家魅力十足的艺术博物馆。它比纽约中央公园还要大，是新奥尔良最漂亮的绿色空间。尽管计划建造的高尔夫球场破坏了公园的自然之美，但某些区域仍然有一种略带人工化的森林和路易斯安那州湿地之感，是该城的自然背景。

艺术和自然爱好者大可以在此花上一整天时间，探索这座公园。气派宏伟的新奥尔良艺术博物馆便是消磨时间之地，主要展示了该地区和美国艺术家的作品。从那里出发，漫步穿过悉尼与瓦尔达·拜绍夫雕塑花园（Sydney & Walda Besthoff Sculpture Garden；www.noma.org/sculpture-garden；One Collins Diboll Circle；⊙周一至周五 10:00~18:00，周六和周日 至17:00）**免费**，那里有许多异想天开的雕塑作品，然后前往郁郁葱葱的植物园（Botanical Gardens）。带孩子旅行吗？那就去旋转木马花园游乐场（Carousel Gardens Amusement Park；☎504-483-9402；www.neworleanscitypark.com；7 Victory Ave, City Park；成人/36英寸及以下儿童 $4/免费，木马 每次 $4；⊙3月至5月和8月至10月 周六和周日 11:00~18:00，6月和7月 周二至周五 11:00~17:00，周六和周日 至18:00）骑木马，或到童话梦工厂（Storyland）里攀爬形状怪异的雕塑吧。

路易斯·阿姆斯特朗公园 公园

（Louis Armstrong Park；835 N Rampart St；⊙日出至日落）这个巨大的公园的入口应该是美国最壮观的大门之一，优美的拱门应该出现在某个关于新奥尔良爵士时代的电影场景的最后一幕。刚果广场的原址就在公园里，还有路易斯·阿姆斯特朗雕像和西德尼·贝谢半身像（bust of Sidney Bechet）。马哈利亚·杰克逊剧场（Mahalia Jackson Theater；☎504-525-1052，售票处504-287-0350；www.mahaliajacksontheater.com；1419 Basin St）是上演歌剧和百老汇剧目的场地。

新奥尔良艺术博物馆 博物馆

（New Orleans Museum of Art，简称NOMA；☎504-658-4100；www.noma.org；1 Collins Diboll Circle；成人/7~17岁儿童 $12/6；⊙周二至周四 10:00~18:00，周五 至21:00，周六 10:00~17:00，周日 11:00~17:00）这座优雅的博物馆建于1911年，位于城市公园内。无论是馆内的特展、华丽的大理石中庭，还是一流的藏品，都值得一

看,顶层展厅收藏了非洲、亚洲、美国原住民和大洋洲的艺术品。博物馆的雕塑园树木葱郁,空间规划合理,展出前沿藏品。

圣奥古斯丁教堂 教堂

(St Augustine's Church; ☎504-525-5934; www. staugchurch.org; 1210 Governor NichollsSt; ⊗弥撒 周日 10:00和周三 17:00)1841年建成开放的圣奥古斯丁教堂是美国历史上第二古老的非裔美国人天主教堂,当年克里奥尔人、来自圣多明各的移民和获得自由的有色人种在这里肩并肩祈祷,教堂甚至还为奴隶设置了与其他人隔开的长凳。请提前致电,看看是否能够安排游览。不要错过无名奴隶之墓(Tomb of the Unknown Slave),样子就像一个由链条连接而成的残酷十字架。

◉ 马里尼区和临水区
(Faubourg Marigny & Bywater)

法国区以北便是克里奥尔人的近郊社区(faubourg,字面意思是郊区,但用社区更加准确,因为这儿还属于市内)。马里尼区和临水区一度处于中产边缘,如今都已是妥妥的富人区了。当地人对在线租赁业务的兴起抱有怨言,称其夺去了这里旧住宅区的特质。虽说如此,这儿依旧风采迷人:房屋色彩鲜艳,呈现一排排的糖果色;艺术家和设计师的出现也为该区注入了生机。

★ 法国人艺术品市场 市场

(Frenchmen Art Market; ☎504-941-1149; www. frenchmenartmarket.com; 619 Frenchmen St; ⊗周四至周六 19:00至次日1:00, 周日 18:00 至午夜)独立艺术家和工匠们沿街一字排开,这个市场在新奥尔良已经名声在外,如果想找到一件独特的礼物带回家作为新奥尔良旅游纪念品,就来这里买。"艺术品"也包括有趣的T恤、手工制作的首饰和各种小玩意儿。想买版画和原创艺术作品,这里也是一个不错的选择。2231 St Claude Ave还有一个分址。

新月公园 公园

(Crescent Park; ☎504-636-6400; www. crescentparknola.org; Piety St、Chartres St和 Mazant St; ⊗8:00~18:30, 3月中旬至11月初 至 19:30; P)这座河畔公园可看到密西西比河景色,是我们在市内的最爱之地。可以从位于Piety St和Charles St的巨大拱门进入,或走马里尼区和N Peters的阶梯入内,欣赏薄雾逐渐笼罩附近的天际线。河畔栈道蜿蜒前行,途经一座有棱有角的钢筋水泥概念性"码头"(原来的商业码头被烧毁,遗址位于新码头旁)。Mozant St入口附近有一座遛狗公园。

◉ 中央商务区和仓储区
(CBD & Warehouse District)

Canal St是法国区与中央商务区和仓储区分界。在办公室和平淡无奇的市政建筑之间,间或夹杂着一些全市最好的博物馆、时尚餐馆、碍眼的赌场、美术馆和极好的艺术步道。也就是说,这个高楼大厦和改造过的公寓聚集之地,是市内最没有新奥尔良风格的区域。

★ 奥格登南方艺术博物馆 博物馆

(Ogden Museum of Southern Art; ☎504539-9650; www.ogdenmuseum.org; 925 Camp St; 成人/5~17岁儿童 $13.50/6.75; ⊗周三至周一 10:00~17:00,周四 至20:00)这是我们最喜欢的一座新奥尔良博物馆,集艺术性和教育性于一身,又内敛深沉。新奥尔良企业家罗杰·休斯顿·奥格登(Roger Houston Ogden)收集了堪称最精美丰富的南方艺术藏品,规模之大,首屈一指,几个大型展厅的藏品从印象派风景画、民间艺术作品到当代装置艺术品,无所不包。

周四晚上,可以来博物馆参加Ogden After Hours活动,加入追求生活乐趣、热爱艺术的人们,在各式名作的围绕之下,一边品酒,一边欣赏一流的南部音乐家的演出。

国家"二战"博物馆 博物馆

(National WWII Museum; ☎504-528-1944; www.nationalww2museum.org; 945 Magazine St; 成人/老年人/儿童 $26/22.50/16.50, 含1/2场电影 加收$5/10; ⊗9:00~17:00)这座大型博物馆对历史上最大规模的战争进行了细致和深入的分析。展品设于多个大型展厅之内,既场面恢宏又让人有代入感。一幅幅墙面大小的照片真实记录了诺曼底登陆日的混战,穿越阿登高地雪原的展览则让人备感严寒。每个人的观展感受都有所不同，但人人都保持着敬畏之心。尽管如此，博物馆的展览过于聚焦于美国，淡化了对其他同盟国的记叙。

布莱恩·科恩的狂欢世界　　博物馆

(Blaine Kern's Mardi Gras World; ☏504-475-2057; www.mardigrasworld.com; 1380 Port of New Orleans Pl; 成人/老年人/2~11岁儿童 $20/16/13; 团队游9:30~16:30; ⓟ)我们敢说这个狂欢世界绝对是新奥尔良白天最欢乐的地方之一，但晚上它可就像是有些吓人的游乐园鬼屋了。博物馆里到处都是吓人的面孔：龙、小丑、国王和仙女，以及那些传神的眼睛或是呆滞的死鱼眼……尽管如此，我们还是喜欢在狂欢世界逛逛——这里是布莱恩·科恩（狂欢先生）和其家人的工坊仓库，他可是从1947年就开始制作游行彩车了。团队游一般时长为30至45分钟。

花园区、下花园区和中心城区 (Garden, Lower Garden & Central City)

沿着密西西比河向南，过了河流的"U"形弯道之后，街道变得绿树成荫，房子变得更加富丽堂皇，这就是花园区和下花园区，是新奥尔良最早的"美国地带"（该区的建立发生在路易斯安那购地案后，因此得名）。这个地区是大学毕业生和年轻的专业人士的聚集地，有很多为他们而设的时髦商店和酒吧。

★ 拉斐特1号公墓　　墓地

(Lafayette Cemetery No 1; Washington Ave 近Prytania St; ⌚7:00~15:00; 免费) 这座公墓草木葱茏，绿意盎然，带有明显的南方亚热带特征。公墓建于1833年，两条十字交叉的小路构成十字架样式。留意一下诸如Jefferson Fire Company No 22等兄弟会建造的墓穴，他们通常将兄弟会成员及家属葬在大型公共墓位。一些富有家族的墓地用大理石建造，精雕细琢，但大多数墓地还是用便宜的贴砖建造的。

👉 团队游

Confederacy of Cruisers　　骑车

(☏504-400-5468; www.confederacyofcruisers.com; 634 Elysian Fields Ave; 团队游$49~89)这是我们最喜欢的自行车团队游，提供的越野自行车轮胎厚、车座软，非常适合NOLA（新奥尔良）平缓多坑的道路。主打的"克里奥尔的新奥尔良"（Creole New Orleans）骑行游，经过了马里尼区、临水区、Esplanade Ave和特勒梅区最出色的建筑。它还组织"酒业史"（History of Drinking）骑行游（参加者必须年满21岁）以及美食之旅。

✨ 节日和活动

忏悔星期二狂欢节　　文化节

(Mardi Gras; www.mardigrasneworleans.com; ⌚2月或3月初)在2月或3月初举行，"忏悔星期二"（Fat Tuesday）是狂欢季的高潮结局。届时会有游行、花车、夸张的服装，以及一整天疯狂的狂欢，整个城市都沉浸在全日派对之中。

爵士音乐节　　音乐节

(Jazz Fest; www.nojazzfest.com; ⌚4月至5月)在4月的最后一个周末和5月的第一个周末举行，这个世界闻名的盛会集音乐、美食、手工艺品和美好生活于一体，是新奥尔良最主要的节日，吸引了众多国际顶级人物和当地艺术家的到来。

圣约瑟夫节—超级周日　　文化节

(St Joseph's Day – Super Sunday; ⌚3月19日)在每年的3月19日和距此日最近的星期天举行，届时人们身着狂欢节印第安盛装涌上街头，鼓乐喧天。超级周日（Super Sunday）游行通常中午时分开始，从Bayou St John和Means Ave出发，没有固定路线。

法国区节　　音乐节

(French Quarter Festival; ☏504-522-5730; www.fqfi.org; ⌚4月)4月的第二个周末，全国最大的免费音乐节将在法国区举办。

🛏 住宿

★ Le Pavillon　　历史酒店 $$$

(☏504-581-3111; www.lepavillon.com; 833 Poydras Ave; 房间$135~200，套$600起; ⓟ❄@☷)这家酒店散发出老派的追求生活乐趣的氛围，令人一见倾心。沟纹柱支撑着紧

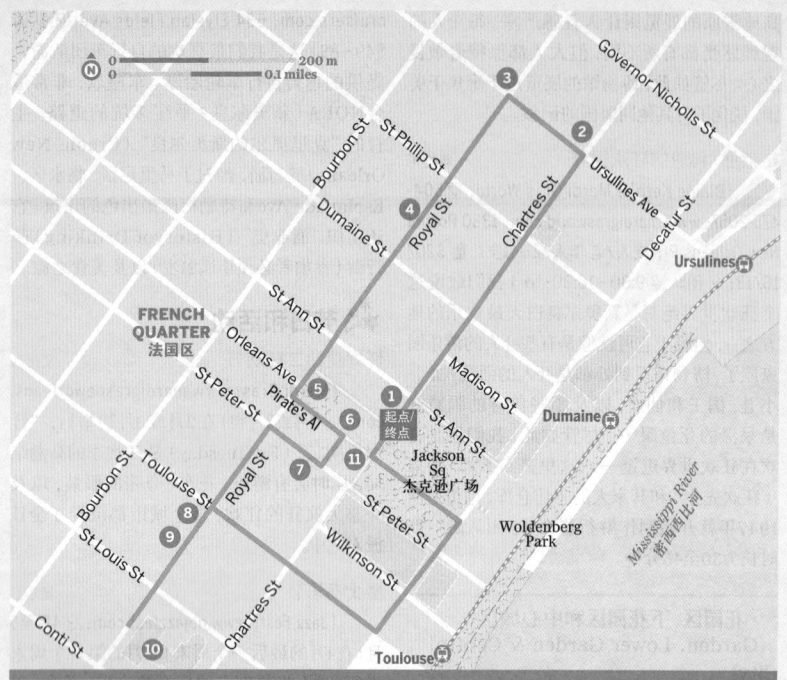

步行游览
法国区

起点：杰克逊广场
终点：杰克逊广场
距离：1.1英里
需时：1.5小时

从位于杰克逊广场的 ❶ **长老会**（见496页）开始你的步行游览，沿Chartres St一直走到Ursulines Ave的拐角处，直接穿过Chartres St，位于1113号的 ❷ **Beauregard-Keyes House** 建于1826年，其设计结合了克里奥尔和美式风格。沿着Ursulines Ave行至Royal St，❸ **皇室药房**保存完好的冷饮柜台是热闹的冷饮店年代的纪念物。

每当提到经典的新奥尔良风光，人们首先想到的就是Royal St。铸铁画廊增添了这里建筑的韵致，各色鲜花点缀在建筑的外面。位于Royal 915号的 ❹ **Cornstalk Hotel** 在一片出镜率最高的栅栏后面。木兰和热带植物簇拥的 ❺ **圣安东尼花园**（位于一排排的街头艺术摊位后方，很难看见）位于奥尔良大道，就在 ❻ **圣路易斯大教堂**（见493页）的后面。沿着花园，进入迷人的Pirate's Alley，右转沿Cabildo Alley向前，然后再右转沿St Peter St向Royal St方向走。田纳西·威廉斯曾于1946至1947年间住在St Peter St 632号的 ❼ **Avart-Peretti House**，并在此创作了《欲望号街车》。在Royal St左转，在Royal St和Toulouse St交叉路口耸立着两座建筑，由Jean Francois Merieult在18世纪90年代修建。位于Royal St 541号的 ❽ **Court of Two Lions**，大门通向Toulouse St。隔壁是 ❾ **新奥尔良历史收藏馆**（见497页）。

下一个街区耸立着1909年的宏伟建筑 ❿ **州立最高法院大厦**，奥利弗·斯通（Oliver Stone）执导的影片《刺杀肯尼迪》（*JFK*）中的许多场景就在此拍摄。

掉转方向，右转沿Toulouse St行至Decatur St，然后左转。过马路，沿河行走。当杰克逊广场进入视线的时候，你就会看到与长老会外观相似的 ⓫ **卡比尔多博物馆**（见496页）。

邻雪花石膏外立面的停车门廊，门童戴着白手套和大礼帽（但看起来一点也不滑稽）。私人空间和公共空间都布置着大量历史肖像画、不同凡响的枝形吊灯、大理石地板和厚厚的窗帘。

★Auld Sweet Olive Bed & Breakfast　　民宿 $$

（☎504-947-4332；www.sweetolive.com；2460 N Rampart St；房间 含早餐 $145~180，套 $180~290；❄❀☎）Krewe de Vieux游行就在这个豪民宿旁经过。即使你不是在大斋节前来，也仍能在此欣赏到与游行相关的展示品，如老板的安迪美奥王（King Endymion）装束。这座房屋本身也同样具有戏剧色彩，曾经归一位舞台设计师兼壁画家所有。每个房间都充满了精美的装饰，如人造花木和盛放的木兰花。

Columns Hotel　　历史酒店 $$

（☎504-899-9308；www.thecolumns.com；3811 St Charles Ave；房间 含早餐 $145~180；❀☎）这座建于1883年的南部大宅带有白色门廊，充满复古气息，但所幸这复古味并不是那么彻底。住客需通过那华丽的桃木楼梯，行经彩绘玻璃窗，才可到达客房。酒店既有较小的双人房，也有两居室Pretty Baby套间[20世纪70年代，路易·马卢（Louis Malle）的同名电影在此取景，因而得名]。周围环境并不特别豪华，但仍很讨喜。

Degas House　　历史酒店 $$

（☎504-821-5009；www.degashouse.com；2306 Esplanade Ave；房间 $130~250，套 300起；P❀☎）著名的法国印象派画家埃德加·德加

带孩子游新奥尔良

新奥尔良是一座童话般的城市，装饰五颜六色，每周都有化装舞会，每天空中都回响着音乐。该城的花哨之物和奇思妙想不仅仅吸引着诗人和艺术家，同时也是儿童的创意乐园，特别是富有创造力的儿童。

城市景点

路易斯安那州儿童博物馆（Louisiana Children's Museum；☎504-523-1357；www.lcm.org；420 Julia St；门票 $8.50；◎周二至周六 9:30~16:30，周日 正午至16:30；❀）可为幼童提供该区的基本知识，而年纪较大的孩子和青少年则可能会更喜欢奥格登南方艺术博物馆（见498页）、卡比尔多博物馆（见496页）和长老会（见496页）。小朋友通常都很喜爱法国区、马里尼近郊和上城区糖果色的房屋。**雷特图书馆**（Latter Library；☎504-596-2625；www.nolalibrary.org；5120 St Charles Ave；◎周一至周四 10:00~20:00，周五和周六 至17:00，周日 13:00~17:00；❀）位于St Charles Ave，坐落在一个漂亮的历史建筑里，有大量很棒的儿童书籍。该市的墓地，尤其是花园区的拉斐特1号公墓（见499页），展示的都是真实的历史片段，也能领略令人毛骨悚然的氛围。

节日欢庆

新奥尔良的许多街头派对和户外节日期间都会有美食摊位，当然还有美妙的音乐。孩子们都爱跟着节奏起舞。可以查询一些在白天举行的节日，如Bayou Boogaloo（www.thebayouboogaloo.com）。

适合家庭的忏悔星期二狂欢节

除了纸醉金迷的法语区，狂欢节活动及嘉年华都适合家庭参加。克鲁和家庭会搭起烧烤架和帐篷——喝酒的人可不受欢迎。孩子们可坐在高脚椅上（www.momsminivan.com/extras/ladderseat.html），以便他们可以从高处欣赏来往的游行队伍，并接住花车抛出的物品。疯狂的服装为整个活动增添了一丝孩子气。详情请登录www.neworleansonline.com/neworleans/mardigras/mgfamilies.html。

（Edgar Degas）在19世纪70年代早期拜访母亲的家族时，就住在这座建于1852年的意大利风格宅邸内。房间内陈设着德加作品的复制品和那个时期的家具，充满德加时代的氛围。套房带有阳台和壁炉，而价位稍低的顶楼房间狭窄局促，曾经是德加家族的仆人房间。房费含早餐热食。

★ Roosevelt New Orleans 酒店 $$$

(☎504-648-1200; www.therooseveltneworleans.com; 123 Baronne St; 房间/套 $300/400起; P@🏊) 华丽狭长的大堂仿佛将人带到20世纪初期，那是个奢华酒店和气派度假屋盛行的黄金年代。豪华的房间满是古典风格的细节，但水疗中心、John Besh餐厅、声名远播的Sazerac酒吧以及时髦的爵士酒廊也都是人们入住该酒店的重要原因。屋顶的游泳池非常漂亮气派。步行就能轻松到达法国区。

★ Soniat House 精品酒店 $$$

(☎504-522-0570, 800-544-8808; www.soniathouse.com; 1133 Chartres St; 房间/套 $245/450起; 🅿🏊) 酒店位于Lower Quarter，共有3栋房屋，集中体现了雅致的克里奥尔风格，又不张扬矫饰。由一个新奇的门廊进入庭院，映入眼帘的是蕨类植物和汩汩作响的喷泉。有些房间正对着院子，曲折的楼梯通向楼上精美的客房区。酒店内外布置着艺术品和古董，处处体现出艺术品位。

Hotel Maison de Ville 历史酒店 $$$

(☎504-324-4888; www.hotelmaisondeville.com; 727 Toulouse St; 房间 $275起; 🏊) 这是一家优雅的酒店，有一系列经过改造的套房、小屋和公寓，其中奥杜邦小屋（Audubon Cottage）有一室和两室房型，艺术家约翰·J.奥杜邦（John J Audubon）曾在这里居住并作画。这是一个典型的法国区建筑，带有热带的历史特色，周围则是感觉有点不合时宜的青葱庭院。

Hotel Monteleone 酒店 $$$

(☎504-523-3341, 866-338-4684; www.hotelmonteleone.com; 214 Royal St; 房间 $190~270，套 $370起; 🏊) 这也许是这座城市中最古老的酒店，也是法国区最大的酒店。

酒店建成后不久，环境保护者们就限制在Iberville St以下地区建造同等规模的建筑了。自1866年营业以来，该酒店已接待多位文学名人，其中包括威廉·福克纳（William Faulkner）、杜鲁门·卡波特（Truman Capote）和丽贝卡·威尔斯（Rebecca Wells）。客房内设有法式亚麻织物和枝形吊灯，散发着旧世界的魅力。

🍴 就餐

🍴 法国区

Café Beignet 咖啡馆 $

(☎504-524-5530; www.cafebeignet.com; 334 Royal St; 餐 $6~8; ⏰7:00~22:00) 这家温馨的咖啡馆在一处带有荫蔽的露台上，可以看到Royal St，供应煎蛋卷、比利时华夫饼、乳蛋饼和油炸馅饼。美食家们就这儿还是Café du Monde的油炸馅饼做得更好而争论不休，但普遍认为此店的出品不会太甜。另有一家分店位于**音乐传奇公园**（Musical Legends Park; 311 Bourbon St, Musical Legends Park; ⏰周日至周四 8:00~22:00，周五和周六 至午夜）。

Café du Monde 咖啡馆 $

(☎800-772-2927; www.cafedumonde.com; 800 Decatur St; 油炸煎饼 $3; ⏰24小时) Cafe du Monde是新奥尔良最受欢迎的就餐地点，不幸的是，它也确实总是人满为患。自1862年起便在此供应的美味油炸馅饼（方形的，裹着糖衣的油炸饼）和菊苣牛奶咖啡会让人痴迷。咖啡馆全年无休，除了圣诞节当天。

Croissant D'Or Patisserie 面包房 $

(☎504-524-4663; www.croissantdornola.com; 617 Ursulines Ave; 餐 $3~7; ⏰周三至周一 6:00~15:00) 位于法国区较清静的地段，很多当地人在一尘不染的面包房开始新的一天。早晨带上一份报纸，点一份咖啡和羊角面包，或是蛋挞、乳蛋饼，要么点份抹着白酱汁的三明治，会体验到幸福的味道。留心看一下门口地砖上的"妇女出入口"字样，那是早年留下来的遗物。

Coop's Place 卡真菜 $$

(☎504-525-9053; www.coopsplace.net; 1109 Decatur St; 主菜 $8~20; ⏰11:00至次日

3:00)这家店供应正宗的卡真风味菜,但气氛上有些让人不爽。对,没搞错,这就是个蹩脚忙乱的小馆子,服务员态度不佳,陈设也挺恼人的。但这里的菜绝对让你不虚此行,兔肉什锦菜、鸡肉配虾和tasso(熏火腿)配酱汁,在这里就没有口味太重这一说。

★ Bayona 路易斯安那菜 $$$

(☎504-525-4455;www.bayona.com;430 Dauphine St;主菜 $28~34;◎周三至周日 11:30~13:30,周一至周四 18:00~21:30,周五和周六 17:30~22:00;🍴)Bayona是我们在法国区最爱的奢侈美食享受了。它丰富而不强势,优雅而不做作,创新而不超前,是个享用美食的高雅场所。菜单定期变化,主打新鲜鱼类、禽类和野味,用讲究的手法烹制,菜肴精致而不铺张。

🍴 中城区和特勒梅区 (Mid-City & The Tremé)

Parkway Tavern 三明治 $

(☎504-482-3047;www.parkwaypoorboys.com;538 Hagan Ave;"穷小子"主菜 $8~13;◎周三至周一 11:00~22:00;🅿️🍴)在新奥尔良,谁家的穷小子三明治最好吃?老实说,谁说得清呢?如果你跟当地人说,你认为Parkway的三明治做得最好,至少会得到别人的首肯。尤其是烤牛肉三明治,卖相邋遢不堪,但好吃得不能再好吃了。甚至有人称该店手艺高超,即将失传。

Willie Mae's Scotch House 美国南方菜 $

(☎504-822-9503;www.williemaesnola.com;2401 St Ann St;炸鸡$11;◎周一至周六 10:00~17:00)Willie Mae's的炸鸡被詹姆斯·比尔德基金会(James Beard Foundation)、美食网络(Food Network)和其他媒体封为全世界的顶尖炸鸡。如此吹嘘也并非没有道理,其炸鸡确实卓越非凡。白豆也很美味。缺点是它人尽皆知,所以要排很长的队,有时甚至排到街区口。在上城区(Uptown)的7457 St Charles Ave还有一家店面。

★ Dooky Chase 克里奥尔菜 $$

(☎504-821-0600;www.dookychaserestaurant.com;2301 Orleans Ave;自助餐 $20,主菜 $20~25;◎周二至周四 11:00~15:00,周五 11:00~15:00和17:00~21:00)雷·查尔斯(Ray Charles)的《清晨》(Early in the Morning)就是关于Dooky的,当地民权领袖在20世纪60年代将这里作为一个非正式的大本营。巴拉克·奥巴马在就职典礼后也曾光顾这里。利亚·沙斯(Leah Chase)倾情奉献的这家餐厅是特勒梅区的餐饮龙头,她一手打造的自助餐更是美味传奇。你可以在铺着雪白桌布的餐厅里享用着精致的秋葵汤和美味炸鸡。

这家餐馆会在大斋节期间的周四供应素食秋葵汤,这道新奥尔良的可口菜肴使用芥末、甜菜缨、菠菜、羽衣甘蓝,以及利亚的独门秘方烹饪而成。忠实的肉食主义者也可以尝一尝。

🍴 马里尼近郊和临水区

★ Bacchanal 新派美国菜 $

(☎504-948-9111;www.bacchanalwine.com;600 Poland Ave;主菜 $8~18,奶酪$6起;◎周日至周四 11:00~23:00,周五和周六 至午夜)从外观看,这家店就像一栋临水区歪歪斜斜的棚子,但店内架子上摆满葡萄酒和味道浓烈的诱人奶酪。音乐家在花园演奏,大厨们在后方的厨房炮制可口美食,而后用纸碟为你呈上。每天供应的大枣夹西班牙腊肠或煎烤扇贝,绝对会颠覆你的味蕾。

Pizza Delicious 意大利菜 $

(☎504-676-8482;www.pizzadelicious.com;617 Piety St;切片比萨 $2.25起,整块 $15起;◎周二至周日 11:00~23:00;🍴🅿️)Pizza Delicious出品薄底、纽约风味的比萨,味道绝佳。准备工作很简单,但食材都像清晨一样新鲜,而且始终保持一流水准。餐厅氛围惬意,适合家庭聚餐,是休闲餐厅的上佳选择。如果你心情不错,不妨来瓶啤酒,也挺惬意。

St Roch Market 市场 $

(☎504-609-3813;www.strochmarket.com;2381 St Claude Ave;各店价格各异;◎周日至周四 7:00~22:00,周五和周六 至23:00;🍴🅿️)🌿这个市场曾是工薪阶层社区的海鲜和农产品市场。在飓风卡特里娜中遭遇灭顶之灾,随后被改造成一个光鲜的美食城。敞亮的室内空间坐落着13间餐厅,供应的菜肴从可丽饼到墨西哥卷，再到海地菜肴，不一而足。

每家店铺价格均不相同，但每道主菜都不会超过$15。

Joint 烧烤 $

(☎504-949-3232; www.alwayssmokin.com; 701 Mazant St; 主菜 $7.50~18; ◎周一至周六 11:30~22:00)Joint熏猪肉的香味诱人，就像塞壬女妖用甜美歌声引诱旅行的水手偏离航线一样，吸引着你一头扎进散发着肉香的美味，在幸福中死去（古希腊神话故事讲完了）。点一些排骨或手撕猪肉或胸肉，再配上甜茶，在后院的花园里慢慢享用，学会热爱生活。

★ Red's Chinese 中国菜 $

(☎504-304-6030; www.redschinese.com; 3048 St Claude Ave; 主菜 $5~17; ◎正午至23:00)这家餐厅极大提升了新奥尔良中餐业的形象。厨师大胆融入了丰富的路易斯安那口味，但又有别于常见的"创意"菜肴。菜者秉持了川菜的香辣特色，偶尔使用干辣椒入菜。"李将军鸡"（General Lee's chicken）更是令人叫绝。

中央商务区和仓储区

Cochon Butcher 三明治 $

(☎504-588-7675; www.cochonrestaurant.com; 930 Tchoupitoulas St; 主菜 $10~14; ◎周一至周四 10:00~22:00, 周五和周六 至23:00, 周日至16:00)这间店藏身于更讲究些的Cochon店后面，主打三明治和熟肉制品，自称是家"猪肉餐吧和熟食店"。我们得说这是我们在此地最喜欢的三明治店，几乎可算得上是南部最爱了。从欢乐的午餐人群到令人唇齿留香的三明治，再到新奇有趣的鸡尾酒，这间温馨小店浓缩了新奥尔良餐饮文化的精髓。

★ Peche Seafood Grill 海鲜 $$

(☎504-522-1744; www.pecherestaurant.com; 800 Magazine St; 小份菜 $9~14, 主菜 $14~27; ◎周日至周四 11:00~22:00, 周五和周六至23:00)海岸地区海鲜菜肴用简单的手法烹制，但效果惊艳，无论咸鲜、香辣还是秘制，都会让你的味蕾绽放。店里的气氛是欢乐的，客人也都是兴高采烈的潮人，坐在裸砖墙壁和木梁装饰的店里大吃大喝。这里的主打是适合多人分享的大盘整鱼，但我们建议你先尝一尝烟熏金枪鱼蘸酱和海盐油炸面包。

★ Restaurant August 克里奥尔菜 $$$

(☎504 299-9777; www.restaurantaugust.com; 301 Tchoupitoulas St; 午餐 $23~42, 晚餐 $37~47, 5道菜品尝菜单 $97, 配葡萄酒 $147; ◎每天 17:00~22:00, 周五 11:00~14:00; ✒)August是名厨约翰·贝什（John Besh）的餐饮王国，如果想享受浪漫晚餐，可以在这里预订餐位。餐厅由19世纪的烟草仓库改造而成，摇曳的烛光和柔和的光影，都为这家新奥尔良最具贵族气质的餐厅增添了些许风情，但又做到了私密性与活力兼具。可口的菜肴绝对会刷新你对美食的认知。庞恰特雷恩湖斑鳟配蟹肉、野生蘑菇和荷兰酸辣酱是招牌美食。

克里奥尔人的特质

1803年路易斯安那购地案之后，新奥尔良被纳入美国领土。不出意料，主要信奉新教的英裔美国人（Anglo Americans）和信奉天主教的克里奥尔人之间关系非常紧张。后者觉得前者粗野乏味，前者则认为路易斯安那人无能懒惰，这种刻板的印象数百年前就在此存在了。

不过，新奥尔良有一种包容其定居者的胸怀，并能将其改造为自己的一员。一波又一波移民涌入新奥尔良，不断促进这座城市的人口多样化。但最初的克里奥尔城汲取了每一批新移民的特点，从而形成了如今新奥尔良人的典型特质——比如追求享乐、食物和音乐。

就意大利人而言，他们为当地的美食文化带去了木佛塔三明治，在音乐方面则贡献了路易斯·普里马等抒情男歌手。同样，越南人也带来了他们对食物和节日的偏好；如今，越南新年在这里是各宗教信仰、各色人种均庆祝的重要节日。克里奥尔一词蕴含着融合的意味，这也是该城市的擅长之处，虽然这并不总是件轻而易举的事。

花园区、下花园区和闹市区

Surrey's Juice Bar
美国菜 $

（☎504-524-3828；www.surreysnola.com；1418 Magazine St；早餐和午餐 $6.50~13；⊙8:00~15:00）这里制作出简单的培根鸡蛋三明治，看上去、吃起来都像是你吃过最好吃的早餐。原因何在？因为它的确是最棒的。猪血香肠饼干、三文鱼炒蛋、咸味香肠汁泡饼干以及大虾玉米粉和培根餐，简直好吃到没天理。不出你所料，果汁当然也是新鲜可口。

饮品和夜生活

★ Tonique
酒吧

（☎504-324-6045；www.bartonique.com；820 N Rampart St；⊙正午至次日2:00）这是家调酒师也会光临的酒吧。真的，在周日的晚上，当周末高峰过去后，我们在这里至少遇见了3位城里的顶尖调酒师来此放松。理由呢？因为这里能调制出一些城里最棒的鸡尾酒，而且烈酒种类丰富多样，就算是托尔斯泰要在酒单上面写部小说也没问题。

★ Twelve Mile Limit
酒吧

（☎504-488-8114；www.facebook.com/twelve.mile.limit；500 S Telemachus St；⊙周一至周三 17:00至次日2:00，周四和周五 11:00至次日2:00，周六 10:00至次日2:00，周日 10:00至午夜）这就是间很棒的酒吧，无论是吧台调酒师还是后厨员工，都技艺精湛，足以胜任四星级酒店工作，却选择创办这个社区小店，服务社区。调酒相当出色，与曼哈顿的鸡尾酒相比也毫不逊色，而且酒吧气氛也是兼容并蓄。

NOLA Brewing
自酿酒吧

（☎504-301-1117；www.nolabrewing.com；3001 Tchoupitoulas St；⊙酒吧 11:00~23:00，团队游 周五 14:00~15:00，周六和周日 至16:00）这个洞穴般的自酿酒吧在周末安排了免费的酿酒厂之旅，欢迎客人参加。先为你呈上多杯酿酿啤酒，门口还有几辆美食车。那工作日怎么办？去酒吧呗，那里有多款啤酒供应，还有一个屋顶露台。

Mimi's in the Marigny
酒吧

（☎504-872-9868；http://mimismarigny.com；2601 Royal St；周一至周五 15:00至打烊，周六和周日 11:00至打烊）即使这家酒吧改名为"马里尼区是mimi's的"（Mimi's is Marigny）也不夸张，我们无法想象如果没有它这里将会怎样。这里有种撩人的凌乱感，店里散布着舒适的家具和台球桌，楼上的舞厅装潢风格就像是克里奥尔豪宅和朋克的混搭，昏暗的棕色灯光营造出一种咖啡色的梦幻色彩。打烊时间随酒保心情而定。

BJ's
酒吧

（www.facebook.com/bjs.bywater；4301 Burgundy）这家临水区的小酒吧吸引了周围街区的客人来此喝些便宜的啤酒、说些冷笑话，这儿还举办频繁的活动，如Little Freddie King的蓝调摇滚乐演出以及本地作家的科幻小说读书会。这儿有多棒？罗伯特·普朗特（Robert Plant）上次来新奥尔良时，觉得有必要在店里来场临时演出。

☆ 娱乐

★ Tipitina's
现场音乐

（☎504-895-8477；www.tipitinas.com；501 Napoleon Ave；服务费 $5~20）本地人都称其为"Tips"，这是家传奇的上城夜店，堪称是新奥尔良一处绝佳的音乐圣地。Tipitina's得名于Professor Longhair 1953年的热门单曲，城里一些最令人难忘的表演都曾在此上演，像Dr. John那样的大腕也会回来演出。本地音乐才俊的精彩演出排满了全年。

Spotted Cat
现场音乐

（www.spottedcatmusicclub.com；623 Frenchmen St；⊙周一至周五 14:00至次日2:00，周六和周日 正午至次日2:00）Cat可能是你在新奥尔良梦寐以求的爵士俱乐部，就像是个巨大的桑拿房，酒也是用塑料杯装着的。在羽毛帽子掉落的瞬间就会上演即兴的舞蹈表演，音乐也总是与众不同。

Preservation Hall
爵士乐

（☎504-522-2841；www.preservationhall.com；726 St Peter St；入场费 周日至周四 $15，周五和周六 $20，预留座位 $34~45；⊙演出时间 周一至周三 20:00、21:00和22:00，周四至周日 18:00、20:00、21:00和22:00）Preservation Hall位于一栋1803年的建筑内，曾是一家画廊的旧址，现

在则是新奥尔良历史上最有名的现场音乐演出场所之一。驻店乐队Preservation Hall Jazz Band у风趣又有才华, 定期进行世界巡演。芭芭拉·里德(Barbara Reid)和格雷森肯·米尔斯(Grayson "Ken" Mills)于1961年创办了新奥尔良爵士乐保护协会(Society for the Preservation of New Orleans Jazz), "The Hall"就在那时应运而生。

AllWays Lounge　　　　　　　　剧院

(☏504-218-5778; www.theallwayslounge.net; 2240 St Claude Ave; ◎周日至周四 18:00至次日2:00, 周五和周六 至次日4:00)在城内众多时髦的音乐场馆当中, AllWays数一数二。几乎每晚你都能看到实验性的吉他演奏、当地剧目、鞭挞金属(Thrashy rock)、现场喜剧或20世纪60年代风格的舞会。另外, 酒水也很便宜。

Rock 'N' Bowl　　　　　　　　现场音乐

(☏504-861-1700; www.rockandbowl.com; 3000 S Carrollton Ave; 服务费 $10; ◎周日至周四 11:30至午夜, 周五和周六 至次日2:00)Rock 'N' Bowl是个奇怪的综合体, 聚合了保龄球道、熟食店还有巨大的现场音乐和跳舞场所。客人们一边听着新奥尔良的流行音乐, 一边还得琢磨着不要打出分瓶。

🛍 购物

Magazine Antique Mall　　　　　古董

(☏504-896-9994; www.magazineantiquemall.com; 3017 Magazine St; ◎10:30~17:30, 周日 正午至17:30)诡异的婴儿娃娃、各式帽子、枝形吊灯以及可口可乐周边纪念物, 这家购物中心里面摆得满满当当, 是铁杆淘宝者的最爱, 有十几个摊档, 独立商贩在此兜售各种迷人的小古玩。

Maple Street BookShop　　　　　书籍

(☏504-866-4916; www.maplestreetbookshop.com; 7523 Maple St; ◎周一、周二、周四至周六 10:00~18:00, 周三 正午至18:00, 周日 10:00~17:00)上城的这家人气书店在2014年刚刚庆祝了建店50周年。书店由修女玛丽·凯洛格(Mary Kellogg)和罗达·诺曼(Rhoda Norman)创办, 是新奥尔良市最具政治进步性、种类最丰富的书店之一。店内销售新书、二手书和珍本, 环境亲切, 满满当当塞满了书。

❶ 实用信息

危险和麻烦

新奥尔良的犯罪率很高, 谋杀案的发生率更是居于全国前列。绝大多数的暴力犯罪发生在熟人之间, 但游客偶尔也会成为袭击目标。

不管在哪座美国城市, 都同样需要保持警惕。即使是在你认为安全的地方(如花园区), 也有被抢劫的可能。独自步行的人比结伴而行更容易成为犯罪目标, 白天比晚上更适合步行外出。尽量避免独自前往僻静之处, 比如墓地。

法国区人流众多, 对游客而言是一片全天候

同性恋的新奥尔良

从文化上来说, 路易斯安那州非常保守, 但它最大的城市却打破了这一形势。新奥尔良一直以宽容著称, 也是西半球历史最悠久的同性恋友好城市之一, 并甚至自称为"南部同性恋之都"。法国区和马里尼区等社区是男女同性恋旅游的主要目的地。

请登录网站了解新奥尔良的同性恋旅行信息:

Gay New Orleans Online(www.neworleansonline.com/neworleans/lgbt)列出了大量的同性恋活动信息, 或许是最齐全的网络信息。

Gay New Orleans(www.gayneworleans.com)提供各种信息。

Gay Cities(http://neworleans.gaycities.com)信息列表、用户评论和同性恋相关内容。

Ambush Magazine(www.ambushmag.com)当地同性恋新闻和焦点议题。

Purple Roofs(www.purpleroofs.com/usa/louisiana.html)可靠的同性恋旅游资源。

的安全区域。然而,如果你的酒店或车位于法国区的边缘地带,晚上你最好还是乘出租车回去。中央商务区和仓储区在工作日相当热闹,但在晚上和周末则相对荒凉。Esplanade Ridge沿线的民宿距不那么安全的地区不远,因此晚上一定要小心。在法国区,街头骗子经常对游客下手,建议你离他们远点儿。

行人过马路并没有优先权,摩托车骑士也不会让行人先行(除非是其他州的骑手)。无论是步行还是驾车,每到十字路口都要多加小心,因为新奥尔良的司机闯黄灯甚至红灯的风气可是臭名昭著。

要了解哪儿发生了案件,请登录www.crimemapping.com/map/la/neworleans。

上网

许多酒店提供Wi-Fi或有线网络。市内几乎每一家咖啡馆以及新奥尔良公共图书馆(www.neworlearspubliclibrary.org)的所有分部都有Wi-Fi。

媒体

Gambit(www.bestofneworleans.com)该周刊内容涵盖艺术、文化和音乐。
《时代琐闻报》(The Times-Picayune;www.nola.com)每周多版的严肃报刊,内容覆盖新闻和艺术。
《倡导者》(The Advocate;www.theadvocate.com/new_orleans)报道新闻和文化的严肃报刊。
《新奥尔良杂志》(New Orleans Magazine; www.myneworleans.com/new-orleans-magazine)关注城市社会的月刊。
The Lens(http://thelensnola.org)内容涵盖调查性新闻和文化报道,只有在线版本。

旅游信息

新奥尔良欢迎中心(New Orleans Welcome Center; ☎504-568-5661; www.crt.state.la.us/tourism; 529 St Ann St; ⓒ8:30~17:00)就在法国区中心备受欢迎的杰克逊广场旁,位于低矮的庞塔尔巴大楼(Pontalba Building)中,提供地图、近期活动信息以及各式景点、餐馆和酒店的小册子。乐于助人的员工可以帮你在紧要关头找到住处,回答问题,并提供关于该市的建议。

主要旅游区均设有旅游信息亭,提供的小册子与欢迎中心的大同小异,但员工相对没那么见多识广。

登录路易斯安那州旅游局(Louisiana Office of Tourism; www.louisianatravel.com)网站,可订购或下载整个路易斯安那州的旅游指南。

在特勒梅区,可以到Basin St车站内的Basin St游客中心索取新奥尔良地图,还能看看该市景点的示意图。

此外,**新奥尔良会议和旅游局**(New Orleans Convention & Visitors Bureau; ☎504-566-5003; www.neworleanscvb.com; 2020 St Charles Ave; ⓒ8:30~17:00)有大量的免费地图和有用信息。

❶ 到达和离开

多数游客均搭乘飞机前往新奥尔良,并降落于**路易斯·阿姆斯特朗新奥尔良国际机场**(Louis Armstrong New Orleans International Airport; MSY; ☎504-303-7500; www.flymsy.com; 900 Airline Hwy, Kenner)。该机场最初以飞行员约翰·莫圣特(John Moisant)的名字命名,被称为"Moisant Stock Yards",因而沿用此国际航空运输协会代码。另外也可以选择飞到新奥尔良以北89英里处的**巴吞鲁日**(Baton Rouge; BTR; 见509页),或以东77英里处密西西比州的**格尔夫波特-比洛克西**(Gulfport-Biloxi; GPT; ☎228-863-5951; www.flygpt.com)。这两种选择都不像直接飞往新奥尔良那样方便,但在忏悔星期二狂欢节或爵士音乐节等大型活动期间,飞往这两个地点可能更便宜。

新奥尔良位于好几条主要高速公里的交会处,因而也有许多游客驾车或乘坐长途汽车前往。搭乘火车也很方便,该市有3条美国国铁的火车线路。

❶ 当地交通

有轨电车 这些迷人的有轨电车服务有限。单程票价$1.25,可购买多程通票。
公共汽车 公共汽车服务还算可以,但尽量不要按其时刻表安排行程。票价不超过$2。
步行 如果你只是想探索法国区,那步行就可以了。
自行车 地势平坦的新奥尔良非常适合骑自行车,只要45分钟就可以骑车横穿该市了。
小汽车 驾车是前往中城区等郊区最简单的出行方式。但在法国区和中央商务区,停车是一大问题。

抵离机场

路易斯·阿姆斯特朗国际机场(Louis Armstrong International Airport；MSY）位于新奥尔良以西13英里处。乘坐出租车前往中央商务区的费用是$36，三人及以上同行则每人只需$15。前往中央商务区的穿梭巴士每人单程/往返$20/38。乘坐E2巴士可以到达中城区的卡罗敦和Tulane Ave，票价是$2。

美国国铁（Amtrak；www.amtrak.com；1001 Loyola Ave）和灰狗巴士（Greyhound；www.greyhound.com；1001 Loyola Ave）的车站都位于市中心，互相毗邻。你可以步行前往中央商务区和法国区，但晚上或携带大件行李时不要这么做。从这里搭乘出租车前往法国区的价格大约是$10；去更远一点的地方一般也不会超过$20。

新奥尔良周边 （Around New Orleans）

离开多姿多彩的新奥尔良后，你很快就会置身于湿地、牛轭湖、战前种植园宅邸、悠闲的小社区、连绵不断的城郊和大型购物中心构成的一方天地。

巴拉塔利亚保护区 (Barataria Preserve)

★ **巴拉塔利亚保护区** 公园

（Barataria Preserve；504-689-3690；www.nps.gov/jela/barataria-preserve.htm；6588 Barataria Blvd, Crown Point；步道停车场 每天9:00~17:00；P）免费 让·拉菲特国家历史公园和自然保护区（Jean Lafitte National Historical Park & Preserve）的这一部分坐落在新奥尔良南部马雷罗（Marrero）市附近，为进入新奥尔良周边密集的沼泽地提供了最便利的途径。通过8英里长的木板路穿越水草丰美的沼泽，沿途景色优美，沼泽里栖息着短吻鳄、海狸鼠（河鼠）、树蛙和几百种鸟儿。

国家公园游客中心（NPS Visitors Center；504-689-3690；www.nps.gov/jela；Hwy 3134；周三至周日 9:30~16:30；）位于Hwy 45以西1英里处，紧邻Barataria Blvd出口，你可以从那里领取地图，还可以参加由导游带领的湿地徒步游（周三至周日 10:00）或独木舟团队游（致电获得更多信息），若想租独木舟或皮划艇游览，抑或自行划船，可前往距离公园入口大约3英里远的**Bayou Barn**（504-689-2663；www.bayoubarn.com；7145 Barataria Blvd, Marrero；独木舟/皮划艇出租 每人$20/25；周四至周日 10:00~18:00）。

北岸 (the north shore)

庞恰特雷恩湖（Lake Pontchartrain）的北岸是新奥尔良中上阶级的城郊住宅区。附近的**阿比塔斯普林斯**（Abita Springs）一派田园风光，在19世纪末是著名的温泉疗养胜地。如今，仍有泉水从村中心的一个泉眼中汩汩流出，但对多数居民而言，他们更关心Abita Brewery酿造的啤酒，这是路易斯安那州最大的地区啤酒生产商。庞恰特雷恩湖将这整片区域与新奥尔良分隔开来。庞恰特雷恩湖堤道（Lake Pontchartrain Causeway）横跨于湖面之上，这座长约24英里的巨大桥梁本身就是一处景观。

River Road

在新奥尔良和巴吞鲁日之间，密西西比河东西两岸点缀着优雅的种植园建筑。历史上先是木兰，后来是棉花和甘蔗，都曾为这些种植园主带来了巨大的财富，种植园现在都对公众开放。多数团队游都以了解种植园主的生活、参观经过修复的建筑和路易斯安那州美丽的战前花园为重点。

◉ 景点

★ **惠特尼种植园** 古迹

（Whitney Plantation；225-265-3300；www.whitneyplantation.com；5099 Highway 18, Wallace；成人/学生/6岁以下儿童 $22/10/免费；博物馆 周三至周一 9:30~16:30）惠特尼种植园是全州第一座关注奴隶的植物园，也因此改写了植物园游览的脚本。此前的游览焦点都是"大房子"，但这里则着重于介绍那些为了确保住在"大房子"里的人感到舒适而丧生的数百名奴隶。园内还有一家博物馆，游客可自行游览，但若想要进入种植园内参观，则只能参加1.5小时的导览游。

劳拉种植园 古迹

（Laura Plantation；225-265-7690；www.lauraplantation.com；2247 Hwy 18, Vacherie；成人/

儿童 $20/6；⊙10:00~16:00；P）这个不断改进、深受欢迎的种植园团队游项目，通过深入的考证和世代经营这座种植园的克里奥尔女人们的书面记录，帮助游客分清克里奥尔人、盎格鲁人、自由黑人和黑人奴隶之间的区别。劳拉庄园本身也很迷人，是一座克里奥尔宅邸，由欧洲大陆的后裔精英建造并维护，与英裔美国人的宅邸形成风格对比。它的文化和建筑与其他种植园有显著区别。还提供法语团队游。

橡树巷种植园　　　　　　　　　　古迹

（Oak Alley Plantation；☎225-265-2151；www.oakalleyplantation.com；3645 Hwy 18, Vacherie；成人/学生/儿童 $22/8/5；⊙3月至10月 9:00~17:00，11月至次年2月 周一至周五 9:00~16:30，周六和周日 至17:00；P）28棵枝繁叶茂的橡树威严矗立，形成了一道迷人的绿色走廊，一直通向这座富丽堂皇的希腊复兴式建筑，这正是橡树巷种植园最引人注目之处。团队游将参观一家铁匠的商铺、一个奴隶展览和其他几个有趣的景点。

巴吞鲁日 (Baton Rouge)

1699年，当法国探险家来到这里时，Bayagoulas和Houma印第安原住民将红色的树桩插在地上，作为各自猎场的分界线，巴吞鲁日（baton rouge意为"红棍"）因此得名。从一根树桩发展起来的巴吞鲁日漫无目的地向外扩张，已经发展为一座大型城市。多数游客来到巴吞鲁日都是为了一睹路易斯安那州立大学（Louisiana State University, LSU）和南方大学（Southern University）的风采——后者是全美历史上最大的非裔美国人大学之一。

◎ 景点和活动

路易斯安那州议会大厦　　　　　历史建筑

（Louisiana State Capitol；☎225-342-7317；900 N 3rd St；⊙8:30~16:30，观景台 至16:00）免费 这座艺术装饰风格的摩天大楼高耸于城市上空，是在大萧条最严重的时期斥资500万美元修建的，是平民州长"老大"休伊·郎（Huey Long）留下的最著名的遗产。站在27层的观景台上能够看到迷人的城市景观，华丽的大厅同样令人印象深刻。

路易斯安那州立大学艺术博物馆　博物馆

（LSU Museum of Art, 简称LSUMOA；☎225-389-7200；www.lsumoa.com；100 Lafayette St；成人/儿童 $5/免费；⊙周二至周六 10:00~17:00，周四至20:00，周日 13:00~17:00）这座博物馆的展览空间坐落在Shaw Center简洁的几何线条内，令人印象深刻，而馆内陈列的艺术品也同样精彩，包括有5000幅作品在内的永久性展览以及探索地区艺术遗产和现代趋势的临时展览。

老州议会大厦　　　　　　　　　历史建筑

（Old State Capitol；☎225-342-0500；www.louisianaoldstatecapitol.org；100 North Blvd；⊙周二至周五 10:00~16:00，周六 9:00~15:00）免费 哥特复兴风格的老州议会大厦外立面是粉色的，就像是童话中的城堡。通过这座粉色的城堡你应该能够想到在这里办公的州政府有多么古怪了吧。如今在这座建筑内有关于本州政治历史的展览。

乡村生活博物馆　　　　　　　　博物馆

（Rural Life Museum；☎225-765-2437；www.lsu.edu/rurallife；4560 Essen Lane；成人/儿童 $10/8；⊙8:00~17:00；P）这座室外博物馆让人了解路易斯安那州乡村的建筑、日常生活和民俗。富有田园风情的场地内散落着无数粗糙的建筑，展览真实，而且信息量大，对路易斯安那州来之不易的艰难乡村传统未做任何浪漫的雕饰。

🛏 食宿

Stockade Bed & Breakfast　　　民宿 $$

（☎225-769-7358；www.thestockade.com；8860 Highland Rd；房间 $150~160，套 $215；P）这家不错的民宿有5间客房，宽敞、舒适、优雅，位于路易斯安那州立大学东南仅3.5英里处，附近有几家非常好的社区餐馆。周末提前预订，尤其是在橄榄球赛季。

★ Dang's Vietnamese Restaurant　　　　　　　　　　越南菜 $

（☎225-275-2390；12385 Florida Blvd；主菜 $8-13；⊙9:00~21:00；P）这个越南餐馆的一切都很好，但尝一口其出品的越南河粉，你

大概会默默致谢掌管美食的神明，让你有幸得尝如此美味的汤品。老实说，就算是在这一长串的菜单中随便乱选，也不会有错，从脆皮鸭到色彩鲜艳的咖喱都非常美味。

Louisiana Lagniappe　　　　　　卡真菜 $

（☎225-767-9991；www.louisianalagniap perestaurant.com；9900 Perkins Rd；主菜$21~36；⊘周一至周四17:30~21:00，周五和周六17:00~22:00；🅿）如果你想在巴吞鲁日外出享用晚餐，品尝美味的当地特色菜，那我们建议你来Louisiana Lagniappe。店名中的第二个词（发音为lah-nyap）在路易斯安那州法语中

从湄公河到密西西比河

越战之后，成千上万的越南南方人逃到美国，在南加州、波士顿、华盛顿地区和新奥尔良安顿了下来。他们选择新奥尔良不足为奇，因为在这些难民当中有许多人信仰天主教，而新奥尔良天主教社区的规模在全国数一数二，这一因素在难民的安置过程中起到了重要的作用。此外，在地理方面，亚热带的气候、稻田和平坦的湿地也令人心安。对于远离家园的东南亚移民来说，密西西比三角洲至少在表面上与湄公河三角洲有着某种相似之处。

路易斯安那州的大多数越南移民都定居在新奥尔良的新兴郊区：新奥尔良东区（New Orleans East）、凡尔赛区（Versailles）、阿尔及区（Algiers）和格雷特纳区（Gretna），有些人还搬到了路易斯安那州南部的乡村教区。他们的职业道德堪称传奇；他们的出现使许多曾经破败的社区重新活跃起来；他们的故事就像美国梦的体现，正如苹果派中孵化出的秃鹰。第一批越南移民在洗衣店、美甲店、餐馆和捕虾船工作；第二批则成为医生、律师和工程师。在卡特里娜飓风（Hurricane Katrina）过后，新奥尔良的越南人最早回到城内，迅速重建其家园和产业，也因此留下美名。

要想见识一下新奥尔良越南人的工作和玩乐之地，你需要驾车稍稍离开城市范围。在新奥尔良东区，越南玛丽皇后教堂（Mary Queen of Vietnam Church；☎504-254-5660；www.arch-no.org；5069 Willowbrook Dr；🅿）是越南天主教徒的聚集点；再往南，出城再驱车25分钟就是Chua Bo De Temple（☎504-733-6634；Hwy 996；⊘礼拜 周六19:30和周日11:00），寺庙位于English Turn高尔夫球场附近，是佛教徒的主要活动中心。寺庙是典型的越南佛教建筑，庙内摆满了中式菩萨（佛教圣人）、照片和献给祖先的祭品，颜色以红、金两色为主。参观前无须电话预约，但这样做也不失为一种礼貌的表现。

品尝美食大概是体验当地越南文化最令人愉悦的方式了。多数餐厅都位于格雷特纳。Tan Dinh（☎504 361 8008；1705 Lafayette St, Gretna；主菜 $8~18；⊘周一和周三至周五 9:30~21:00，周六 9:00~21:00，周日 至20:00，周二 歇业；🅿🍴）是大新奥尔良地区最好的餐厅之一，蒜香黄油鸡翅仿佛出自天堂，韩式小排也令人垂涎欲滴。这家店还出品高质量的越南河粉。Dong Phuong Oriental Bakery（☎504-254-0296；www.dpbanhmi.com；14207 Chef Menteur Hwy, New Orleans East；烘焙品 $1.50~6，主菜 $7~13；⊘面包房 周一、周三至周日 8:00~17:00，餐厅 周一、周三至周日 9:00~16:00，周二 歇业；🅿🍴）有这一带最好的banhmi（以猪肉条、黄瓜、香菜等食材制成的越南三明治，被当地人称为"越南穷小子"三明治）和美味无比的榴莲蛋糕。

尽量不要错过当地市场。香港食品市场（Hong Kong Food Market；☎504-394-7075；925 Behrman Hwy；⊘7:30~21:00）是一家国际化的杂货店，为新奥尔良西岸（West Bank）的移民（及其后代）提供服务。每周六早上的越南农贸市场（Vietnamese Farmers' Market；14401 Alcee Fortier Blvd；⊘周六 6:00~9:00）是你近距离了解胡志明市（西贡，当地的许多越南人都是越南南方移民，他们仍然称胡志明市为"西贡"）的机会。许多头戴圆锥形斗笠（nonla）的妇女蹲着售卖她们的新鲜农产品，因此这个市场也被称为"蹲坐市场"。随着时间的流逝，该市场的规模缩小了很多，和前几年的光景已经大不一样，但妇女们仍然在此销售她们的产品。

意为"再来一点儿",这可有些名不副实,因为你肯定会再吃很多的:蟹肉配鱼、菲力牛排和大虾香肠意面。

☆ 娱乐

大学剧院　　　　　　　　　　　　现场音乐

(Varsity Theatre; ☏225-383-7018; www.varsitytheatre.com; 3353 Highland Rd)位于路易斯安那州立大学门口,是巴吞鲁日最好的现场音乐场所之一。若没有安排演出,剧院则会播放主要的体育赛事。

❶ 实用信息

游客中心(☏225-383-1825; www.visitbatonrouge.com; 359 3rd St; ⊙8:00~17:00)位于市中心的游客中心提供地图、介绍当地景点的宣传册和节目时间表。

Capital Park(☏225-219-1200; www.louisianatravel.com; 702 River Rd N; ⊙8:00~16:30)靠近巴吞鲁日游客中心,是路易斯安那州旅游业的综合官方门户。

❶ 到达和当地交通

巴吞鲁日位于新奥尔良以西80英里,在I-10沿线。**巴吞鲁日大都会机场**(Baton Rouge Metropolitan Airport, BTR; ☏225-355-0333; www.flybtr.com)位于市中心以北7英里处,紧邻I-110,从新奥尔良出发向北行驶约1.5小时的车程,所以如果你租车的话,从这个机场进出还是很方便的。机场有飞往休斯顿、达拉斯、夏洛特和亚特兰大等交通枢纽城市的航班。

灰狗巴士(☏225-383-3811; www.greyhound.com; 1253 Florida Blvd)有定点开往新奥尔良、拉斐特和亚特兰大的长途汽车。

Capitol Area Transit System (www.brcats.com)运营全市的公共汽车。票价$1.75。

圣弗朗西斯维尔(St Francisville)

绿意盎然的圣弗朗西斯维尔是典型的南方小镇,充满艺术气息,城内古老的住宅和波希米亚风格的店铺交相辉映,附近的Tunica Hills(没错,的确是路易斯安那州的小山)是户外运动的乐园。在战前的10年间,这里是种植园富翁的家园,如今这些显贵所建的许多建筑依然完好无损,这一切造就了这片历史区,百年来吸引着游客纷至沓来。

◉ 景点和活动

桃金娘种植园　　　　　　　　　　历史建筑

(Myrtles Plantation; ☏225-635-6277; www.myrtlesplantation.com; 7747 US Hwy 61 N; 团队游成人/儿童 $15/12, 晚间团队游 $15; ⊙9:00~17:00, 团队游周五和周六 18:00、19:00和20:00; ℙ)其主人和向导都认为这是美国闹鬼最凶的房屋之一。这地方也确实挺令人毛骨悚然。这儿的导览游不像该地区其他种植园一样着重于其建筑或历史,却为游客生动地描绘出种植园时期的生活。神秘之旅(周五和周六晚上)准备了不少鬼故事,而白天的团队游则着重介绍房子及其家具陈设的细节。

奥克雷种植园和奥杜邦州立历史遗址　古迹

(Oakley Plantation & Audubon State Historic Site; ☏225-635-3739; www.audubonstatehistoricsite.wordpress.com; 11788 Hwy 965; 成人/学生/老年人 $8/4/6; ⊙周三至周日 9:00~17:00; ℙ)🄵奥克雷种植园和奥杜邦州立历史遗址位于圣弗朗西斯维尔城外,1821年约翰·詹姆斯·奥杜邦(John James Audubon)来到这里,担任庄园主女儿的家庭教师。虽然他的工作只维持了4个月(他的房间非常简陋),但他和他的助手却完成了32幅鸟类绘图,记录了种植园周围森林里的各种鸟。

西印度群岛风格的小房子(1806年)里陈设着几幅奥杜邦的原始画稿。

玛丽·安·布朗保护区　　　　　　自然保护区

(Mary Ann Brown Preserve; ☏225-3381040; www.nature.org; 13515 Hwy 965; ⊙日出到日落; ℙ)🄵**免费**玛丽·安·布朗保护区由大自然保护协会(Nature Conservancy)经营,面积达110英亩,散布着山毛榉树林、深褐色的湿地和Tunica高地的黏土丘陵地带。总长2英里的小径和木板路贯穿树林,这里也是约翰·詹姆斯·奥杜邦四处观察并开始创作《美洲鸟类》(*Birds of America*)的地方。

🛏 食宿

Shadetree Inn　　　　　　　　　民宿 $$

(☏225-635-6116; www.shadetreeinn.com; Royal St和Ferdinand St交叉路口; 房间 $145起;

）这家超级舒适的民宿毗邻历史区，旁边是一个鸟类保护中心。它的庭院花木葱茏，装饰吊床颇有情调，房间宽敞、高档、富有乡村风情。客人们可以在自己房间里享用丰盛的欧式早餐，包括一瓶葡萄酒或香槟。如果你不需要早餐并在工作日期间入住，房价有大幅优惠。

3-V Tourist Court　　　　　　　旅馆 $

（225-721-7003; www.themagnoliacafe.net/magnolia3vtouristcourts.html; 5687Commerce St; 1/2床小木屋 $75/125; ）美国最古老的汽车旅馆之一（20世纪30年代开业，被列入《国家历史名胜名录》），店内5个客房将带你回到简朴年代。房间内的装潢和装饰都体现了那个时代的特色，但最近经过翻新，升级的床铺、硬木地板和平板电视为其打上了时尚的烙印。

Birdman Coffee & Books　　　　咖啡馆 $

（225-635-3665; 5695 Commerce St; 主菜 $5~8; 周二至周五 7:00~17:00, 周六 8:00~14:00, 周日 8:00至正午; ）这间咖啡馆以浓咖啡、原音现场音乐、美味的当地早餐（老式的黄燕麦粉、甘薯煎饼、咸培根）和当地艺术而闻名。

Magnolia Café　　　　　　　　咖啡馆 $$

（225-635-6528; www.themagnoliacafe.net; 5687 Commerce St; 主菜 $8~16; 午餐: 周一至周四 10:00~16:00, 晚餐周四和周六 至21:00, 周五 至22:00; ）Magnolia Café曾经是一间健康食品店和大众巴士修理站，如今这里是圣弗朗西斯维尔的社交中心。人们来这里用餐、交际，周五晚上随着现场音乐翩翩起舞。

❶ 到达和离开

圣弗朗西斯维尔位于巴吞鲁日以北约35英里处的Hwy 61上，这条公路蜿蜒穿过小镇。

卡真区 (Cajun Country)

一提起路易斯安那或者新奥尔良，人们的脑海里就会浮现出众多的牛轭湖、简陋的小屋、独特的法国风情和大量的美食。欢迎来到卡真区，法国殖民者也称其为"阿卡迪亚"（Acadiana），这些殖民者来自L'Acadie（现在是加拿大的新斯科舍），1755年被英国人放逐。

卡真人是美国人数最多的讲法语的少数民族——虽然在杂货铺你未必能听到有人讲法语，但他们收听法语广播、用法语做礼拜、带着当地的英语口音唱法语歌。

总的来说，这里是一个社会风气保守的地区，但卡真人也是当之无愧的享乐主义者。在这里基本没有不好吃的饭菜，他们带着骄傲，从容不迫地准备着什锦菜肴（jambalaya，以米饭为主，配以番茄、香肠和虾的菜肴）和路易斯安那香炖小龙虾（Crawfish étouffée），人们不是在钓鱼，可能就是在跳舞，绝对没有人在一旁观望……allons danson（让我们跳舞吧）。

拉斐特 (LAFAYETTE)

"未被发现的珍宝"这种说法已经在游记中泛滥成灾了，但用它来形容拉斐特的确再合适不过了。周日这座城市非常寂静。除了周日之外，剩下的就是数不尽的美食和现场音乐场所。

◉ 景点

佛米林维尔　　　　　　　　　博物馆

（Vermilionville; 337-233-4077; www.bayouvermiliondistrict.org/vermilionville; 300 Fisher Rd; 成人/学生 $10/6, 乘船游 $12/8; 周二至周日 10:00~16:00; ）这是一座重建的19世纪卡真村庄，它静静地依偎在牛轭湖畔，靠近机场。身穿民族服饰的讲解员友好、热情，为游客讲解卡真人、克里奥尔人和印第安人的历史，周日有当地乐队演出（13:00~15:00）。春季和秋季的周二至周六 10:30组织Bayou Vermilion湖的导览乘船游。

阿卡迪亚村　　　　　　　　　博物馆

（Acadian Village; 337-981-2364; www.acadianvillage.org; 200 Greenleaf Dr; 成人/学生 $8/6; 周一至周六 10:00~16:00; ）阿卡迪亚村质朴且颇具教育意义，一条砖砌的小路环绕碧波荡漾的海湾，通向翻修过的房屋、工匠作坊和一座教堂。老人们时而来这里闲逛，并用卡真歌曲和故事来款待路过的游客。

阿卡迪亚文化中心 博物馆

(Acadian Cultural Center; ☏337-232-0789; www.nps.gov/jela; 501 Fisher Rd; ☉周二至周五 9:00~16:30, 周六8:30至正午; ⓟ🅱) ✎在这座国家公园管理局的博物馆内,有大量关于卡真文化的展品,若想深入了解阿卡迪亚的民风民俗,这儿是个不错的起点。

✤ 节日和活动

★ 路易斯安那国际音乐节 音乐

(Festival International de Louisiane; www.festivalinternational.org; ☉4月) 免费 在精彩纷呈的路易斯安那国际音乐节期间,数百位本地和国际艺术家云集于此,它是美国最大的免费音乐节,在4月的最后一个周末举行,历时5天。虽然该音乐节主要展示法国音乐和文化,但已逐渐演变成了接纳全世界各种类型和语言的音乐的盛会。

🛏 食宿

★ Blue Moon Guest House 客栈 $

(☏337-234-2422; www.bluemoonpresents.com; 215 E Convent St; 铺$18, 房$70~90; ⓟ🅱@📶) 这座整洁的民居是路易斯安那州的旅行之宝,看上去像是高档的青年旅舍,从这里出发步行即可到达市中心。拉斐特最受欢迎的南方音乐场馆就在后院,入住客栈,你就会被列在它的客户名单上。友好的店主、设施齐全的厨房和客人之间的友情营造出一种"音乐遇见旅行"的独特氛围,适合背包客、奢华背包客和所有漂泊的人们。

Buchanan Lofts 公寓 $$

(☏337-534-4922; www.buchananlofts.com; 403 S Buchanan; 房间每晚/周$180/1000起; ⓟ🅱@📶) 如果不是面积太大的话,在这些超级时尚的公寓里,人们会产生身在纽约的错觉。友好的店主周游世界,见多识广,店内酷酷的现代艺术设计全部出自他的灵感。公寓特别宽敞,有裸露的墙砖和硬木地板,全都配有小厨房。

★ French Press 早餐 $

(☏337-233-9449; www.thefrenchpresslafayette.com; 214 E Vermillion; 主菜$9~15; ☉周一至周五 7:00~14:00, 周六和周日 9:00~14:00; 🅱) 这家将法式风味和卡真风味融合在一起的餐馆,在拉斐特的餐饮界数一数二。早餐极富创意,有美味的卡真班尼迪克蛋(Cajun Benedict, 猪肉香肠代替了火腿)、切达干酪燕麦粉(让人着迷)和有机麦片(以抵消燕麦粉的卡路里)。午餐同样出色,炸虾泥蘸配泰式甜辣酱好吃极了。

Johnson's Boucanière 卡真菜 $

(☏337-269-8878; www.johnsonsboucaniere.com; 1111 St John St; 主菜$4.25~8; ☉周二至周五 7:00~15:00, 周六 至17:30) 这个有着70年历史的家庭草原熏制食品店又再次兴旺起来,猪血香肠(boudin, 卡真风味的猪肉和大米香肠)和让人欲罢不能的熏猪胸肉三明治配熏香肠值得你绕道前去品尝。

Dwyer's 美式小馆 $

(☏337-235-9364; 323 Jefferson St; 主菜$6~14; ☉6:00~14:00; 🅱) 这家家庭经营的餐厅供应卡真风味的美式小馆菜肴,终于将午餐时分的秋葵汤和早餐的煎饼融于一处。周三早上最有意思,店里会设一张法语专桌,本地的卡真人会操着老式口音聊天。午餐主菜会轮流更新,包括令人欲罢不能的煨猪排、炸鸡和炖虾。

☆ 娱乐

Blue Moon Saloon 现场音乐

(☏337-234-2422; www.bluemoonpresents.com; 215 E Convent St; 入场费$5~8; ☉周二至周日 17:00至次日2:00) 这个私密的场馆位于同名客栈的后院,在这里你能领略路易斯安那的精髓:美妙的音乐、善良的人们和爽口的啤酒。怎能让人不爱上它呢?通常在周三至周六会有音乐演出。

Artmosphere 现场音乐

(☏337-233-3331; www.artmosphere.vpweb.com; 902 Johnston St; ☉周一至周四 16:00至次日2:00, 周五和周六 11:00至次日2:00, 周日 11:00至午夜) 涂鸦、水烟、潮人和前卫的表演使这里不仅仅是卡真舞厅,更像是朋克摇滚俱乐部。除此之外,这里还提供墨西哥风味的美食。

❶ 实用信息

游客中心（☎337-232-3737; www.lafayettetravel.com; 1400 NW Evangeline Thruway; ◉周一至周五8:30~17:00, 周六和周日9:00~17:00）提供拉斐特以及卡真区的旅游、住宿和活动信息。还有会说法语的工作人员。

❶ 到达和离开

从I-10州际公路的103A出口下高速，走Evangeline Thruway（Hwy 167）便可通往市中心。
灰狗巴士（☎337-235-1541; www.greyhound.com; 100 Lee Ave）的车辆从中央商业区旁边的一个运输中心出发，每天有几班车开往新奥尔良（3.5小时）和巴吞鲁日（1小时）。**美国国铁**（www.amtrak.com; 100 Lee Ave）列车Sunset Limited号往返于新奥尔良和洛杉矶之间，经停拉菲特。

卡真湿地（CAJUN WETLANDS）

在1755年的大迁徙（Grand Dérangement）中，英国人将住在乡下的法国定居者驱逐出阿卡迪亚（现在的加拿大新斯科舍）。这些无家可归的阿卡迪亚人为了找一块栖身之地寻觅了几十年。一部分人去了其他英国殖民地，但天主教的流亡者经常因为宗教原因而不被接受。一部分人回到法国，却被剥夺了在新世界获得的土地所有权和自治权。

值 得 一 游

FRED'S之道

在卡真区的腹地坐落着小镇马木（Mamou），每周六呈现出典型的路易斯安那州南部小镇特色，在前往Eunice的路上，非常值得你在此停留游览一番。周六早上，马木的娱乐场所、小小的**Fred's Lounge**（420 6th St, Mamou; ◉周六8:30~14:00）成为卡真舞厅的典范。

说句公道话，Fred's充其量只能算是一个简陋的可以跳舞的小木屋，而不足以称为"舞厅"。这家小酒吧8:30~14:00都挤满了人，店里的员工将举办一场晨间法语音乐派对，届时会有乐队、啤酒和舞蹈。

1785年，阿加迪亚流亡者的7条船抵达新奥尔良，想在西半球的一角寻找更好的生活。那时，该地区的文化仍受到法国影响，但在政治上，当时路易斯安那州已归属西班牙人统治。19世纪初，3000~4000名阿卡迪亚人占据了新奥尔良西南方的湿地。Attakapas等印第安部落帮助他们学会了如何以钓鱼和捕猎勉强为生，这些维生技能仍然被阿卡迪亚人的后裔（即现在的卡真人）所铭记且珍惜。几十年来，这里一直是路易斯安那州最贫穷的地区之一，这里的法语教育受到了压制，基础设施也很糟糕。如今，随着卡真人在路易斯安那州政府中的影响力逐渐增大，以及石油和天然气产业的出现，情况得以大幅改善。尽管运河和管道疏浚被认为是路易斯安那州土地不断流失的罪魁祸首，但石油行业的兴起在提高就业率和振兴经济中所起的作用不可否认。这在一定程度上也解释了为何该州的石油和天然气如此受欢迎，以至于摩根市（Morgan City）每年都举办小虾与石油节（Shrimp & Petroleum Festival）等重大活动。

◉ 景点

马丁湖　　　　　　　　　　　　鸟类保护区

（Lake Martin; Lake Martin Rd）**免费** 这片被青苔覆盖的湖泊呈现青翠之色，周边被小树和柏树桩环绕，让游客可轻易接触这曼妙的海湾景色。这里设有几条步行小道和一条木板路，让游客可以深入如镜面般映射出光泽的沼泽，成千上万只牛背鹭和苍鹭从头顶划过，一副傲慢冷漠的姿态。

路易斯安那大学海事协会　　　　　博物馆

（Louisiana Universities Marine Consortium, 简称LUMCON; ☎985-851-2800; www.lumcon.edu; 8124 Hwy 56, Chauvin; ◉8:00~16:00; 🅿）🌿**免费** LUMCON？听起来像是科幻小说里的什么东西，对吧？不过，这是也确实和科学相关，尽管都是科学事实，但同样很有趣味。LUMCON是专门研究墨西哥湾的主要研究机构之一。这里设有多条天然步道横穿杂草丛生的沼泽湿地，还有9个小型水族馆和一个瞭望塔，可以让游客看到覆盖路易斯安那州南部海岸的大片平坦、草木茂盛的湿地。

塞普里蒙特角州立公园 　　　　州立公园

（Cypremont Point State Park；☏888-867-4510，337-867-4510；306 Beach Lane，Cypremont Point；成人/老年人和3岁以下儿童 $3/免费；◎7:00～21:00，周五和周六 至22:00；🅿🅖🅗）在塞普利蒙特角，你能切实感受到天涯海角也就此般光景。这是一片与世隔绝、狂风肆虐的海角之地，在海鸥的叫声之中受尽墨西哥湾浪潮的拍打。

❶ 到达和离开

灰狗巴士可抵达拉斐特。此外，这个地区经I-10也很容易到达，这条公路就像一条皮带般横贯路易斯安那州。

卡真草原（CAJUN PRAIRIE）

跳舞的牛仔！我们非常喜欢。卡真人和非裔美国定居者来到地势更高、气候更加干燥的拉斐特以北地区，并发展了以畜牧业和农业为基础的文化，如今宽边高呢帽依然盛行。在很多方面，这个地区是路易斯安那州南部和得克萨斯州东部的融汇之物。

从自然来说，这里确实是一片草原：广阔的绿色平原，间或布有水稻田和小龙虾池塘。这是柴迪科舞曲的中心地带；入夜之后，用心聆听手风琴、小提琴和frottoir（一种波纹金属背心，可以像打击乐器一样演奏）发出的独特"吱吱"声。

◉ 景点

奇科特州立公园 　　　　州立公园

（Chicot State Park；☏337-363-2403，888-677-2442；www.crt.louisiana.gov/louisiana-state-parks/parks/chicot-state-park；3469 Chicot Park Rd，Ville Platte；$3；◎周日至周四 6:00～21:00，周五和周六 至22:00；🅿🅖🅗）✏这是个非常棒的地方，可以领略到卡真地区的自然风光。园内设有一个优秀的解说中心，对孩子来说很有乐趣，成年人则可获得大量信息，其开阔通风的设计也值得称道。

阿卡迪亚草原文化中心 　　　　博物馆

（Prairie Acadian Cultural Center；☏337-457-8499；www.nps.gov/jela；250 West Park Ave，Eunice；◎周三至周五 9:30～16:30，周六 至18:00）

✏**免费** 这家由国家公园管理局运营的博物馆设有关于乡村生活和卡真文化的展览，并通过各种各样的纪录片来讲解这个地区的历史。以此为起点，继而再探索卡真草原是个不错的选择。音乐和食品展示会在周六14:45开始。

卡真音乐名人堂和博物馆 　　　　博物馆

（Cajun Music Hall of Fame & Museum；☏337-457-6534；www.cajunfrenchmusic.org；230 S CC Duson Dr，Eunice；◎9:00～17:00）**免费** 这个小型的乐器和文化收藏博物馆满足了音乐死忠粉的需求。你可以试着让工作人员给你讲讲卡真人生活和音乐的故事。

🛏 食宿

★ Le Village 　　　　民宿 $$

（☏337-457-3573；www.levillagehouse.com；121 Seale Lane，Eunice；房间 $125～185；🅿🅖）这个可爱的地方是典型的乡村民宿，但是很多地方都采用了婚礼蛋糕般的褶边装饰，Le Village摆满了雅致的乡村民间艺术品，通常带有卡真特色。

Billy & Ray's Boudin 　　　　卡真菜 $

（☏337-942-9150；904 Short Vine St，Opelousas；猪血香肠 每磅 $4.80；◎周一至周五 9:00～18:00）人们真的会驱车数小时，甚至跨越州际线，来此品尝Billy and Ray's的美食。先说清楚，这里有两种不同的香肠：Billy's适合嗜辣之人，而Ray's则比较清淡。大多数人在此打包外卖，但这儿也有座位和冷饮。

❶ 到达和离开

拉斐特是探索卡真草原时的一个理想大本营。奥坦卢萨斯（Opelousas）设有**灰狗巴士车站**（☏337-942-2702；www.greyhound.com；1312 Creswell Lane），那里有开往拉斐特（$9，每天2班）、巴吞鲁日（$9，每天2班）和新奥尔良（$27，每天3班）的长途汽车。如果想要前往卡真草原的中心，最好取道I-49或LA-13。

路易斯安那州北部 （Northern Louisiana）

别弄错了：浸礼会圣经地带（Baptist Bible Belt）一带充满田园风情的石油工业城

镇，使路易斯安那州北部与新奥尔良形成鲜明的对比，就像得克萨斯州的帕里斯（Paris）和法国的巴黎一样，虽然同名却完全没有相似之处。这里的旅游业发展形势乐观，但总的来说，大部分游客都是从得克萨斯州和阿肯色州等地来此赌博的。这里的风景和东得克萨斯州颇为相似：绿色原野连绵起伏，目所能及之处均为松树林。其文化也与得克萨斯州相差不远，电视节目《鸭子王朝》（*Duck Dynasty*）就是在这里拍摄的。该地十分看重教堂和枪械，看重的程度多少也与得克萨斯相似。

什里夫波特（Shreveport）

亨利·什里夫（Captain Henry Shreve）船长清理了红河（Red River）165英里长被圆木阻塞的河道，并于1839年建立了河港城镇**什里夫波特**，现在是该州第三大城市。20世纪初，石油的发现使这座城市兴盛起来，但第二次世界大战后又陷入衰落。随着规模堪比拉斯维加斯的赌场和河畔娱乐综合体的兴起，这里又再度繁荣起来。如今，赌场仍然是什里夫波特吸引游客前来的主要原因，这也使该城有一个奇怪的身份——这座最保守的区域内的大城市，却引诱着人们前来进行罪恶活动（如赌博）。

⊙ 景点和活动

★ RW诺顿美术馆　　　　　　博物馆

（RW Norton Art Gallery; ☎318-865-4201; www.rwnaf.org; 4747 Creswell Ave; ⊙博物馆 周二至周五 10:00~17:00, 周六和周日 13:00~17:00, 花园 7:00~19:00; P）**免费** 诺顿美术馆坐落在一座占地40英亩、精心修剪的花园中，是一家相当不错的博物馆，尤其对于什里夫波特这样的中型城市来说，实属难得。馆内宽敞通风，到处都是引人入胜的佳作，这些作品跨越了四千年的历史，其中包括美国画家弗雷德里克·雷明顿（Frederic Remington）和查尔斯·M.拉塞尔（Charles M Russell）的画作。两位画家均以展示西部边缘地带生活而闻名。

此外，馆内还收藏了15,000本稀有书籍。

美国玫瑰协会中心花园　　　　花园

（Gardens of the American Rose Center; ☎318-938-5402; www.rose.org; 8877 Jefferson Paige Rd; 成人/儿童 $5/2, 团队游 $10; ⊙周一至周六 9:00~17:00, 周日 13:00~17:00; P）如果你喜欢玫瑰，那么错过这些花园就太可惜了。这里有超过65个单独的区域，展示如何在自家花园种植玫瑰。即便是为了那满盈、扑鼻的香气，也该逛逛这华丽之地。

🛏 食宿

2439 Fairfield Bed & Breakfast　民宿 $$

（☎318-424-2424; www.bedandbreakfast shreveport.com; 2439 Fairfield Ave; 房间 $145~225; P🐾）这家温暖的老式民宿的蕾丝和印花棉布装饰可能有点儿多，但主人非常慷慨大方，有着南方典型的热情性格，早餐也很美味。

Strawn's Eat Shop　　　　美式小馆 $

（☎318-868-0634; www.strawnseatshop.com; 125 E Kings Hwy; 主菜 $10; ⊙6:00~20:00; 🐾）这个朴素的餐馆供应美味丰盛的美式菜肴，别具南方特色，但最值得品尝的是这里的冰盒派。

ⓘ 实用信息

游客中心（☎318-222-9391; www.shreveport-bossier.org/about-us/visitor-centers; 629 Spring St; ⊙周一至周五 8:00~17:00）提供当地信息。

ⓘ 到达和离开

什里夫波特位于I-49和I-20的交会处。它离达拉斯（190英里）要比新奥尔良（330英里）近得多。城内有一个**地区机场**（☎318-673-5370; www.flyshreveport.com; 5103 Hollywood Ave），位于市中心西南约7英里处，还有一个**灰狗巴士车站**（☎318-221-4200; www.greyhound.com; 408 Fannin St）。

佛罗里达州

包括 ➡

迈阿密	520
劳德代尔堡	537
大沼泽地	544
佛罗里达礁岛群	549
大西洋海岸	555
航天海岸	556
代托纳海滩	557
坦帕	565
奥兰多	573
佛罗里达州狭长地带	579
塔拉哈西	579
彭萨科拉	580

最佳餐饮

- Ulele（见566页）
- Rok:Brgr（见539页）
- Kyu（见534页）
- Cress（见580页）
- Table 26 Degrees（见543页）

最佳住宿

- 1 Hotel（见531页）
- Hotel Palms（见562页）
- Biltmore Hotel（见527页）
- W Fort Lauderdale（见539页）
- Everglades International Hostel（见547页）

为何去

对于无数游客来说，佛罗里达州是一个应许之地：阳光明媚、碧空万里，在这里你可以尽情放松、远离喧嚣，祈祷青春永驻、祝愿取得成功；而对于孩子们来说，他们可以在这里亲眼看到许多自己喜欢的迪士尼卡通人物。

佛罗里达州是美国唯一一个以旅游业为基础的州，这里的旅游业形态万千：卡通老鼠、《迈阿密风云》（*Miami Vice*）、乡村风味炸生蚝、西班牙式别墅、佛罗里达大学生踢足球、打高尔夫……当然，还有数不尽的海滩。

不过，可千万别以为佛罗里达州只有旅游营销，它可是全美最名副其实的迷人的州之一：这里是个民族大熔炉，移民、乡村小伙、犹太人、古巴人都蜂拥到这个阳光充沛的半岛；军事基地、大型购物中心也在这里拔地而起；还有大片亚热带荒原，点缀着许多水晶般的池塘和细腻的白沙。

何时去

迈阿密

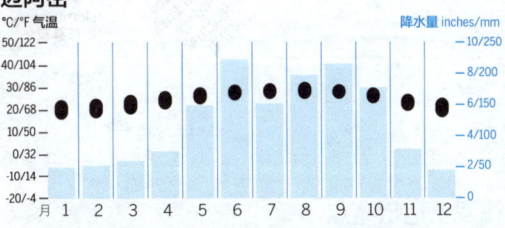

2月至4月 冬季结束，正值春假，迎来旅游旺季。

6月至8月 这几个月炎热潮湿，正是北佛罗里达沙滩与主题公园的旅游旺季。

9月至10月 理想的平季——游人减少，天气凉爽，海水温暖。

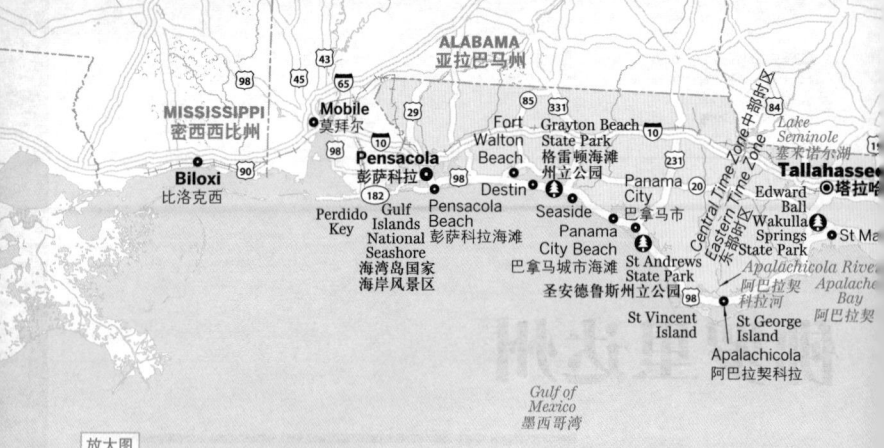

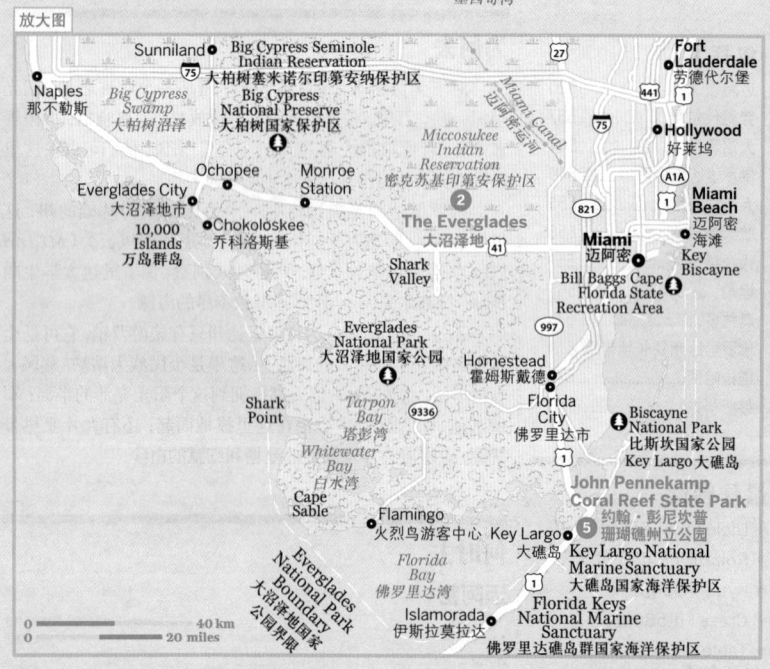

佛罗里达州亮点

① **马洛里广场**（见553页）在西礁岛跟人们一起边喝酒边欣赏日落。

② **大沼泽地国家公园**（见545页）在大沼泽地的短吻鳄群中泛舟。

③ **华特·迪士尼世界度假村**（见576页）在奥兰多的迪士尼，沉醉于浓浓的童年怀旧气氛中，体验惊险的游乐项目。

④ **温伍德墙**（见525页）迈阿密数不尽的壁画让你叹为观止。

0 — 100 km
0 — 50 miles

ATLANTIC OCEAN 大西洋

GEORGIA 佐治亚州

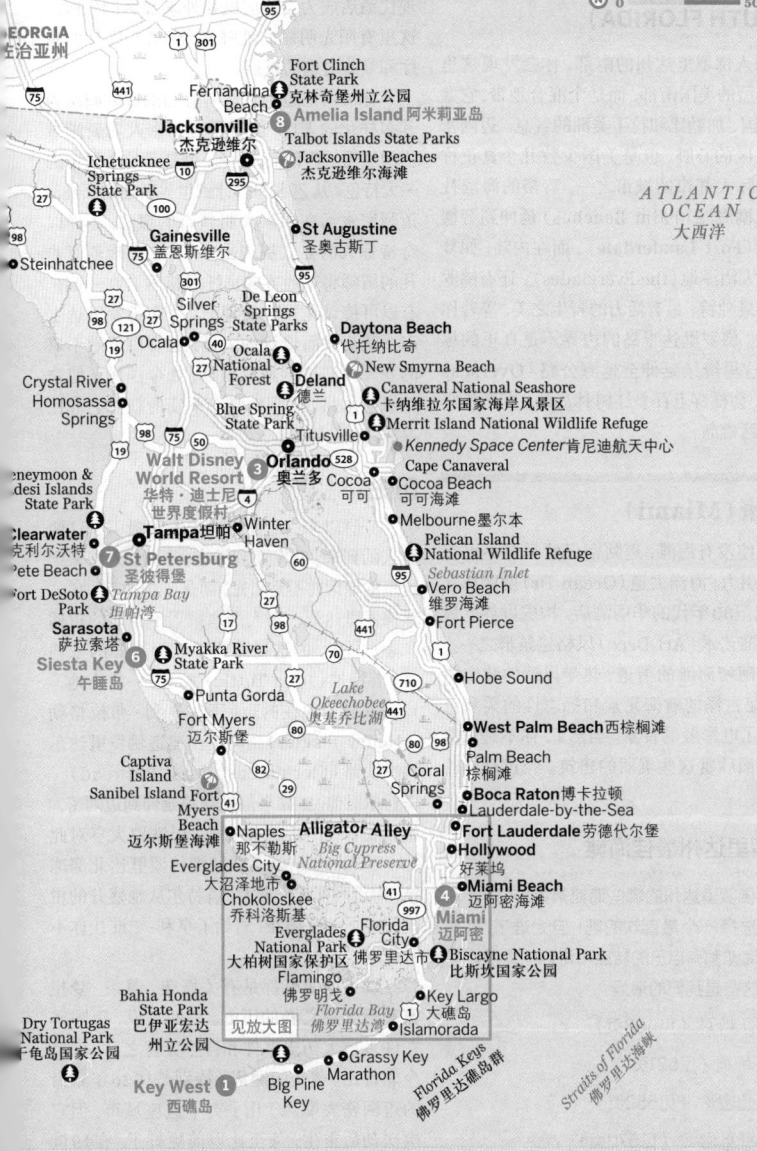

Fort Clinch State Park 克林奇堡州立公园
Fernandina Beach
Jacksonville 杰克逊维尔
Talbot Islands State Parks
Amelia Island 阿米莉亚岛
Jacksonville Beaches 杰克逊维尔海滩
Ichetucknee Springs State Park
Gainesville 盖恩斯维尔
St Augustine 圣奥古斯丁
Steinhatchee
Silver Springs
De Leon Springs State Parks
Ocala
Daytona Beach 代托纳比奇
Ocala National Forest
Deland 德兰
New Smyrna Beach
Crystal River
Homosassa Springs
Blue Spring State Park
Canaveral National Seashore 卡纳维拉尔国家海岸风景区
Titusville
Merrit Island National Wildlife Refuge
Walt Disney World Resort 华特·迪士尼世界度假村
Orlando 奥兰多
Kennedy Space Center 肯尼迪航天中心
Cape Canaveral
Honeymoon & Caladesi Islands State Park
Cocoa 可可
Cocoa Beach 可可海滩
Clearwater 克利尔沃特
Tampa 坦帕
Winter Haven
Melbourne 墨尔本
Pete Beach
St Petersburg 圣彼得堡
Pelican Island National Wildlife Refuge
Fort DeSoto Park
Tampa Bay 坦帕湾
Sebastian Inlet
Vero Beach 维罗海滩
Sarasota 萨拉索塔
Siesta Key 午睡岛
Myakka River State Park
Fort Pierce
Punta Gorda
Lake Okeechobee 奥基乔比湖
Hobe Sound
Fort Myers 迈尔斯堡
West Palm Beach 西棕榈滩
Palm Beach 棕榈滩
Captiva Island
Sanibel Island
Fort Myers Beach 迈尔斯堡海滩
Coral Springs
Boca Raton 博卡拉顿
Lauderdale-by-the-Sea
Naples 那不勒斯
Alligator Alley
Fort Lauderdale 劳德代尔堡
Hollywood 好莱坞
Everglades City 大沼泽地市
Big Cypress National Preserve
Miami Beach 迈阿密海滩
Chokoloskee 乔科洛斯基
Florida City 佛罗里达市
Miami 迈阿密
Everglades National Park 大柏树国家保护区
Biscayne National Park 比斯坎国家公园
Flamingo 佛罗明戈
Florida Bay 佛罗里达湾
Bahia Honda State Park 巴伊亚宏达州立公园
Key Largo 大礁岛
Islamorada
Dry Tortugas National Park 干龟岛国家公园
见放大图
Straits of Florida 佛罗里达海峡
Key West 西礁岛
Big Pine Key
Grassy Key
Marathon
Florida Keys 佛罗里达礁岛群

⑤ **约翰·彭尼坎普珊瑚礁州立公园**（见550页）在美国最大珊瑚礁的所在地浮潜。

⑥ **西埃斯特基**（见568页）在萨拉索塔享受白沙。

⑦ **萨尔瓦多·达利博物馆**（见567页）在圣彼得堡欣赏象征主义画作《迷幻斗牛士》。

⑧ **阿米莉亚岛**（见563页）在佐治亚州边界附近这座历史悠久、气质独特的岛屿上小憩，穿梭于绿色植物之间。

佛罗里达州南部
（SOUTH FLORIDA）

深入佛罗里达州的南部，你会发现这里不是典型的美国南部，而是个混合地带，它融合了美国、加勒比和拉丁美洲的气息。迈阿密是该地区的心脏，也是美国少数几个真正称得上国际大都市的城市之一。富裕的海滨社区从棕榈海滩（Palm Beaches）延伸到劳德代尔堡（Fort Lauderdale），而在内陆，如梦如幻的大沼泽地（the Everglades），还有佛罗里达州最独特、最有活力的野生之美，等着你去探索。佛罗里达半岛的边界不是真正的尽头，从这里继续延伸至越海公路（Overseas Hwy），会横穿上百个红树林岛屿，直至色彩纷呈的西礁岛。

迈阿密（Miami）

即使没有海滩，迈阿密仍然具有不可否认的吸引力。海洋大道（Ocean Dr）两旁林立着20世纪30年代的华丽酒店，构成世界上最大的装饰艺术（Art-Deco）风格建筑群之一。走在迈阿密海滩的街道，热带风情的装饰图案、神秘古怪的航海元素和标志性的柔和色调创造了电影般的背景。当然了，你不是只能站在外面欣赏这些美丽的建筑。经过精心的翻修，迈阿密装饰艺术风格和中世纪风格的现代酒店成为当地居民和外来游客的乐园，这里有阳光明媚的池畔露台，精心设计的餐厅和豪华时髦的夜店。

你可以把迈阿密富有魅力的原因归结为其多样化的人口，或者是迈阿密人对新潮事物的热爱。但不管是什么，创新是这个城市的一大特色。从艺术和设计到世界料理的烹饪，迈阿密永远在探索大胆新奇的想法，不惮以奇特惊人的方式展现出来。你会发现创意非凡的厨师将东西方的烹饪风格融合在一起，有以可持续化发展为理念、受南佛罗里达生态系统启发而设计的大楼，还有由破败不堪的仓库改造成的露天画廊，如今摆满了博物馆级艺术品。迈阿密唯一不变的就是它非比寻常的创造能力。

历史

一直以来，是迈阿密的天气吸引了这两类人的到来：开发商和游客。不过，人们来到这里的原因并不是阳光，而是一场冰暴。1895年佛罗里达州一场大严寒摧毁了当地的柑橘产业；那年，因这场冰雪暴成为寡妇的朱莉娅·塔特尔（Julia Tuttle）买下了一块土地，日后发展为现在的迈阿密；亨利·弗拉格勒（Henry Flagler）当时正在建造佛罗里达东海岸铁路（Florida East Coast Railroad）。塔特尔对他说：如果他把铁路延伸到迈阿密，她就把自己的土地分给他，但铁路大亨对此并不予理睬。结果大严寒把佛罗里达北部冻结，而迈阿密免于灾害。塔特尔从她盛开的柑橘园剪下一朵橘花，寄给了亨利："谁让你不听我的。"

剩下的故事都是有关繁荣、萧条、梦想家和机会主义者的历史。总的来说，迈阿密在许多重大历史事件和自然灾害之后，已经今非昔比。曾经的飓风（特别是1926年致命的迈阿密大飓风）几乎夷平这座城市，但它次次劫后重生，甚至比以前更好了。在19世纪末和20世纪初，迈阿密总是能吸引设计和城市规划的鬼才，比如乔治·梅里克（George Merrick），他设计了一座巧夺天工的地中海风格村庄科勒尔盖布尔斯（Coral Gables），而詹姆斯·迪林（James Deering）设计了童话般的维兹卡亚别墅（Vizcaya）。

> ### 佛罗里达州最佳海滩
>
> 佛罗里达州的哪些海滩最好？不如让我们选择一个最喜欢的吧！但太难了，每一个海滩都有自己的特点和奇妙的特质。以下这些是我们的最爱：
>
> **西埃斯特基**（见568页）
>
> **南部海滩**（见521页）
>
> **巴伊亚宏达**（见552页）
>
> **卡普提瓦海滩**（见570页）
>
> **圣乔治岛**（☎850-927-2111; www.floridastateparks.org/stgeorgeisland; 1900 E Gulf Beach Drive; 车辆 $6; ⊙8:00至黄昏; ▣🅿︎)
>
> 详细列表，请参见Dr Beach（www.drbeach.org）。

在迈阿密

2天

第一天,在南部海滩玩耍,下午晒太阳、游泳、步行穿过装饰艺术历史区,并参观华夫索尼亚博物馆,一切尽在不言中。当太阳落山时,可以前往Yardbird(见533页),那里的南方爽心美食得自迈阿密美食的改造。第二天一早,去小哈瓦那艺术区(见525页)沿着Calle Ocho边散步边欣赏古巴音乐,然后在Exquisito Restaurant(见534页)享用传统古巴美食。去维兹卡亚博物馆和花园(见528页)散步,在27 Restaurant(见533页)享受热带氛围和绝佳的美食,之后可以前往Broken Shaker(见534页)品尝鸡尾酒。

4天

前两天同上。第三天直奔大沼泽地(见544页),在那里划皮艇。最后一天,先去温伍德和设计区(见525页)欣赏艺术,然后参观迈阿密佩雷斯艺术博物馆(见523页)或北迈阿密现代艺术博物馆(见528页)。在当地最热门的聚会场所Sweet Liberty(见535页)品尝世界一流的鸡尾酒和高档爽心美食。

⊙ 景点

迈阿密的主要景点并不只集中在一个社区。游客最多的地区是南部海滩,那里有热闹的夜生活、美丽的海滩和装饰艺术风格的酒店,不过,市中心地区也有许多古迹和博物馆,在温伍德和设计区还有许多艺术画廊,在迈阿密中部海滩(Mid-Beach)可以找到复古的酒店和餐馆,比斯坎岛(Key Biscayne)还有更多的海滩;另外,在科勒尔盖布尔斯(Coral Gables)和椰林区(Coconut Grove)还有许多令人心旷神怡的景点。

水域和收入——运河、海湾和银行账户——是迈阿密地理和社会的分界线。当然,负责划分水域的主要还属比斯坎湾(Biscayne Bay),它将迈阿密城市与迈阿密海滩(以及南部海滩的美丽周边)分隔开来。尽管大部分人都这样认为,不过可别忘了,迈阿密海滩(Miami Beach)并不是迈阿密的一个海滩,而是这里一个独立的城镇。

⊙ 南部海滩

南部海滩是大迈阿密最具标志性的地区,拥有波光闪闪的海滩、美丽的装饰艺术建筑、高档的精品店、热闹的酒吧和餐馆。南部海滩拥有自己的独特魅力,不尽是高档场所门口的天鹅绒红绳或高价的住宿。你可以找到一些很接地气的酒吧,美味的少数民族餐厅和优秀的博物馆。

南部海滩　　　　　　　　　　海滩

(South Beach;见526页地图;Ocean Dr;⊙5:00至午夜)当大多数人想到迈阿密海滩时,他们想的都是南部海滩。这片海滩有一段漂亮的金沙滩,点缀着色彩斑斓的装饰风格的救生站。海岸边有形形色色的人,包括被晒得黝黑的当地人和大量皮肤白皙的游客,在旺季(12月至次年3月)和周末天气暖和的时候,这里都挤满了人。

你可以避开海滩上游人最密集的部分(5th St至15th St)享受清静。请记住,海滩上禁止携带酒水(和宠物)。

装饰艺术历史区　　　　　　　景区

(Art Deco Historic District;见526页地图;Ocean Dr)世界闻名的迈阿密海滩装饰艺术区完全是一片鲜活多姿的景象:林立着许多漂亮的建筑,充满独特别致的热带象征,以及一串让人印象深刻的迈阿密风景的明亮色彩。800余座装饰风格建筑均被列入美国国家史迹名录(National Register of Historic Buildings),每一座建筑都拥有不同的设计,当你徜徉在这些曾经的美丽建筑之间时,很难不被吸引。

★ 华夫索尼亚-佛罗里达国际大学　博物馆

(Wolfsonian-FIU;见526页地图;📞305-531-1001; www.wolfsonian.org; 1001 Washington Ave;成人/儿童 $10/5,周五 18:00~21:00 免费;⊙周一、周二、周四和周六 10:00~18:00,周五 至

21:00,周日 正午至18:00,周三 闭馆)先来参观这个绝佳的艺术设计博物馆吧,你会提前体会到迈阿密海滩的美。虽说在迈阿密海滩,你可以领略当地人生活的优渥、享受对美的追求,不过这里,你可以以另一种方式了解当地艺术运动的根源和影响。该博物馆按照编year的方式布展,通过记载日常生活的内容演变,展示其如何启发南部海滩地区外在建筑的设计风格。

装饰艺术博物馆   博物馆

(Art Deco Museum;见526页地图;www.mdpl.org/welcome-center/art-deco-museum; 1001 Ocean Dr; $5; ⊙周二至周日 10:00~17:00, 周四 至19:00)这个小博物馆是城里最好的地方之一,对你大致了解装饰艺术区具有启发性的作用。通过视频、影像、模型和其他展览媒介,你将了解Barbara Capitman(未译)别具开创性的作品,她帮助修复早在20世纪70年代就已经遭到破坏的建筑,而且她还与天才艺术家伦纳德·霍洛维茨(Leonard Horowitz)合作。后者创造的淡彩色系搭配与如今迈阿密街头可见的设计密不可分。

新世界中心   知名建筑

(New World Center;见526页地图;☏305-673-3330,团队游305-673-3331;www.newworldcenter.com; 500 17th St;团队游 $5; ⊙团队游 周二和周四 16:00,周五和周六 13:00)这座表演大厅由弗兰克·盖里(Frank Gehry)设计,雄伟壮观地伫立在精心修剪过的草坪上,就在Lincoln Rd旁边。建筑外与建筑内的优雅飘逸的音乐如出一辙,玻璃和钢铁的外表掩盖下是典型的盖里风格的帆船造型,这个形状有助于形成华丽的音响效果,给音乐厅增加了一抹新潮、时尚的色彩。广场上有一个2.5英亩的公共公园被恰如其分地称为"音景公园"(Sound Scape Park; www.nws.edu)。

北部海滩

从北部海滩的狭长海滩和布满公寓的风景中,可以看到一个有些不同的迈阿密海滩。这里没有装饰艺术,但你会发现 "MiMo(迈阿密现代主义)"风格,主要为"二战"后繁荣时期建造的宏伟建筑群。尽管这里的人口密度较低(餐馆、酒吧和商店也较少),但北部海滩依然有很多吸引力——主要是美丽的海岸线,当地人说这里有着更细的白沙。

木板人行道   海滩

(Boardwalk;见524页地图;www.miamibeachboardwalk.com; 21st St-46th St)这一季海边流行穿什么呢? 当然是17世纪的波兰华达呢外套。在Mid-Beach的木栈道上,有很多打扮热辣的美女,但你也能看到一些犹太人穿梭在慢跑者、闲逛的游客和日光浴者中间进行着自己的生意。附近有许多公寓大楼,住着中产阶级的拉美人和犹太人,他们在这里遛狗,和孩子们一起玩耍,整个地方都有一种悠闲、真实的氛围,这与绚丽多姿、让人目不暇接的南部海滩形成了鲜明的对比。

Eden Roc Renaissance   历史建筑

(见524页地图;www.nobuedenroc.com; 4525 Collins Ave)Eden Roc是著名建筑师莫里斯·拉皮德斯(Morris Lapidus)设计的第二个独具匠心的度假酒店,是MiMo(迈阿密现代)风格建筑的一个典范。这是20世纪60

飓风"厄玛"

2017年9月10日,史上最强的飓风之一席卷佛罗里达州,给当地带来了洪水和毁灭性的灾难。飓风"厄玛"在佛罗里达礁岛群登陆,4级飓风横扫得克萨斯州,以超过每小时130英里的风速移动。全州近700万人撤离,飓风造成大面积停电,风暴潮甚至向北影响到了杰克逊维尔。但是佛罗里达礁岛群和大沼泽地是受到灾难冲击最严重的地区。在8英尺高的风暴潮消退后,大沼泽地市的民房和街道遭受到了严重的灾害,陷入一片泥淖。同时,联邦紧急事务管理局(Federal Emergency Management Agency,简称FEMA)的调查显示,佛罗里达礁岛群25%的建筑被毁,另有65%的建筑受到严重损坏。

在这个尤为依赖旅游业的州,经历了如此天灾后,大多数城市仍很快宣布会尽快为迎接游客做好准备。

年代的"鼠帮（Rat Pack）"——小萨米·戴维斯（Sammy Davis Jr）、迪恩·马丁（Dean Martin）、弗兰克·辛纳特拉（Sinatra）这个群体的聚会场所。经过大规模的翻修后，建筑失去了一些拉丁德斯的风格，但尽管如此，这座建筑仍然是迈阿密海滩的标志性建筑之一，也是百万富翁豪宅区（Millionaire's Row）傲慢之美的代表。

Fontainebleau　　　　　　　　历史建筑

（见524页地图；www.fontainebleau.com；4441 Collins Ave）继续沿着柯林斯的北面走，一路上你会看到成片富丽堂皇的公寓大楼，直到你进入一个被称为"百万富翁豪宅区"的地方。在这片富丽堂皇的社区之中，最为奢华高调的要数Fontainebleau酒店（☎305-535-3283；房 $360起；🅿✳🛜🏊🐾）。这家酒店——主要是后来经过翻修的游泳池——曾作为布莱恩·德·帕尔玛（Brian de Palma）的经典电影《疤面煞星》（Scarface）的取景地。

👁 迈阿密市中心

市中心的大部分景点都在河流的北面。一些景点之间可以步行到达。但乘坐免费的单轨电车Metromover也非常方便，必要时还可以骑Citi Bike自行车。

★ 迈阿密历史博物馆　　　　　　博物馆

（History Miami；见524页地图；☎305-375-1492；www.historymiami.org；101 W Flagler St；成人/儿童 $10/5；⏰周一至周六 10:00~17:00，周日 正午开始；🚇）南佛罗里达是逃亡奴隶、美洲原住民、歹徒、土地掠夺者、海盗、游客、毒品贩子和短吻鳄的聚集地。这里有着特殊的历史，也因此诞生了这样一座独特的博物馆来讲述它的故事。这个备受推崇的博物馆坐落在迈阿密-戴德文化中心（Miami-Dade Cultural Center），它将这个地区接连不断的人口浪潮——从美洲原住民到尼加拉瓜人的故事编织在一起，并向外人娓娓道来。

★ 迈阿密佩雷斯艺术博物馆　　　博物馆

（Pérez Art Museum Miami，简称PAMM；见524页地图；☎305-375-3000；www.pamm.org；1103 Biscayne Blvd；成人票/老人票和学生票 $16/12，每月的第一个周四和第二个周六 免费；⏰周五至周二 10:00~18:00，周四 至21:00，周三 闭馆；🅿）佩雷斯举办很好的轮流展览，以"二战"以后的国际艺术为主，它的地理位置和外观也令人印象深刻。这个艺术机构堪称博物馆公园，俯瞰着湛蓝、狭长的比斯坎岛。公园是由瑞士建筑师赫尔佐克（Herzog）和德梅隆（de Meuron）设计的，把热带植物、玻璃和金属融为一体，公园也被比作迈阿密本身。

帕特里夏和菲利普·弗罗斯特
科学博物馆　　　　　　　　　　博物馆

（Patricia & Phillip Frost Museum of Science；见524页地图；☎305-434-9600；www.frostscience.org；1101 Biscayne Blvd；成人/儿童 $28/20；⏰9:00~18:00；🅿）这个新建成的市中心博物馆占地多达250,000平方英尺，非常宏伟，有一个三层的水族馆、一个250座的先进天文馆以及两个独立展馆，分别为科学与自然展馆。展览的内容翔实，从自然天气现象到令人毛骨悚然的爬行动物，从长有羽毛的恐龙到令人称叹的微生物，一应俱全。当然，佛罗里达迷人的大沼泽地和生物种类缤纷多样的珊瑚礁才是展馆的主角。

新博物馆在建造上考虑到了可持续性发展的设计使用理念，总耗资3.05亿美元。该博物馆于2017年开放。

👁 小哈瓦那

小哈瓦那的主要街道——Calle Ocho（SW 8th St），不仅横穿社区中心，更是这个社区的中心。在很多方面，这是美国的移民区——到处都是餐馆、夫妻经营的便利店和电话卡亭。虽然小哈瓦那的古巴风情被吹嘘得有点夸张，但这里仍然是一个独具魅力、值得探索的地方：技艺高超的多米诺游戏、散发着香味的雪茄，拉丁爵士乐在色彩斑斓的店面中回响。

马克西莫·戈麦斯公园　　　　　　公园

（Máximo Gómez Park；见524页地图；cnr SW 8th St & SW 15th Ave；⏰9:00至18:00）小哈瓦那最能唤起旧式古巴风情的地方旧式这个公园了，也被称为"Domino Park，"老人在下棋时嘟哝的话语和清脆的多米诺骨牌碰到的声音完美融合在一起。刺耳的轨道声，浓郁的雪茄和1994年美国大会映照在日出光线下的壁

Greater Miami 大迈阿密

5 km / 2.5 miles

- CAROL CITY
- Palmetto Expwy
- North Miami Greyhound Terminal 北迈阿密灰狗巴士客运站
- 去 Fort Lauderdale 劳德代尔堡 (9mi)
- NORTH MIAMI 北迈阿密
- Southern Memorial Park 南部纪念公园
- Oleta River State Park 奥莱塔河州立公园
- Oleta River State Recreation Area 奥莱塔河州立保护区
- Bal Harbour 巴尔港
- Bay Harbor Islands 港口湾群岛
- Collins Ave
- Indian Creek 印第安溪
- OPA-LOCKA
- NW 119th St
- Palmetto Expwy
- W 4th Ave
- Little River Canal 小河运河
- HIALEAH
- Griffing Blvd
- N Miami Ave
- NE 6th Ave
- Biscayne Blvd
- Normandy Dr
- Amtrak 美国国铁
- NW 79th St
- Pelican Harbor Park 鹈鹕港公园
- E 4th Ave
- LIBERTY CITY 自由城
- NW 27th Ave
- LITTLE HAITI 小海地
- Miami International Airport 迈阿密国际机场
- NW 54th St
- DESIGN DISTRICT 设计区
- NW 36th St
- Julia Tuttle Cswy
- Sheridan Ave
- **Margulies Collection at the Warehouse** 马古利斯仓库收藏馆
- Main Miami Greyhound Station Megabus 迈阿密灰狗巴士主要客运站
- NW 20th St
- **Wynwood Walls** 温伍德墙
- **Pérez Art Museum Miami** 迈阿密佩雷斯艺术博物馆
- Dolphin Expwy
- Venetian Way
- MIAMI BEACH 迈阿密海滩
- NW 7th St
- Flagler St
- MIAMI 迈阿密
- **History Miami** 迈阿密历史博物馆
- MacArthur Cswy
- SW 8th St (Calle Ocho)
- SW 22nd St (Miracle Mile)
- **Máximo Gómez Park** 马克西莫·戈麦斯公园
- LITTLE HAVANA 小哈瓦那
- Hobie Island
- 见迈阿密海滩地图(526页)
- **Biltmore Hotel** 比特摩尔酒店
- Coral Way
- Coconut Grove
- Douglas Road
- Dinner Key Marina
- **Vizcaya Museum & Gardens** 维兹卡亚博物馆和花园
- Virginia Key 佛吉尼亚岛
- Fisher Island
- Northwest Point
- Biltmore Golf Course 比特摩尔高尔夫球场
- University
- South Miami
- Crandon Blvd
- Crandon Park Beach
- SW 72nd St (Sunset Dr)
- Key Biscayne 比斯坎岛
- KENDALL
- **Bill Baggs Cape Florida State Park** 比尔巴格思角 佛罗里达州立公园
- SW 112th St (Killlian Dr)
- **Fairchild Tropical Garden** 菲尔柴尔德热带花园
- Cape Florida 佛罗里达角
- PINECREST
- Biscayne Bay 比斯坎湾
- Dixie Hwy
- SW 152nd St
- ATLANTIC OCEAN 大西洋

佛罗里达州 迈阿密

Greater Miami 大迈阿密

◎ **重要景点**
1 比尔巴格思海角佛罗里达州立公园 D5
2 比特摩尔酒店 B4
3 菲尔柴尔德热带花园 B5
4 迈阿密历史博物馆 C4
5 马古利斯仓库收藏馆 C3
6 马克西莫·戈麦斯公园 C4
7 迈阿密佩雷斯艺术博物馆 C3
8 维兹卡亚博物馆和花园 C4
9 温伍德墙 C3

◎ **景点**
10 面包房艺术区 C3
11 木板人行道 D3
　 Eden Roc Renaissance .... (见12)
12 枫丹白露 D3
13 Haulover Beach Park D1
14 丛林岛 C3
　 小哈瓦那艺术区 .... (见6)
　 迈阿密儿童博物馆 .... (见14)
15 北迈阿密现代艺术博物馆 C2
　 帕特里夏和菲利普·弗罗斯特
　 科学博物馆 .... (见7)

🚩 **活动、课程和团队游**
16 Miami Watersports Complex B2

🛏 **住宿**
17 1 Hotel D3

　 Biltmore Hotel .... (见2)
　 Fontainebleau .... (见12)
　 Freehand Miami .... (见11)
18 Langford Hotel C4

🍴 **就餐**
　 27 Restaurant .... (见11)
　 All Day .... (见7)
　 Alter .... (见9)
19 Casablanca C4
　 Chef Allen's Farm-to-Table
　　 Dinner .... (见7)
　 Della Test Kitchen .... (见9)
　 Exquisito Restaurant .... (见6)
　 Kyu .... (见9)
20 Roasters 'n Toasters D3
21 Versailles B4

🍷 **饮品和夜生活**
　 Ball & Chain .... (见6)
　 Bardot .... (见10)
　 Broken Shaker .... (见11)
22 Sweet Liberty D3
23 Vagabond Pool Bar C2

🎭 **娱乐**
　 艾德丽安·阿什特
　　 表演艺术中心 .... (见7)
　 Cubaocho .... (见6)

画,共同使Máximo Gómez成为迈阿密最具感官刺激的景点（虽然大家也承认这里是迈阿密游客最多的地方）。

小哈瓦那艺术区　　　　　　　　　　景区

　　（Little Havana Art District;见524页地图;Calle Ocho, SW 15thAve和17th Ave之间）确实,这里不是温伍德。事实上,与其说它是"艺术地区",倒不如说是"艺术街区",只有几家画廊和工作室还在营业。不管怎样,这里都是值得一游的。这个小哈瓦那的特殊地带也是 **Viernes Culturales**（Cultural Fridays; www.viernesculturales.org; ⊙每个月的最后一个周五19:00~23:00）庆祝活动的中心。

◎ 温伍德和设计区

　　温伍德和设计区是迈阿密最具创意的两个社区,以蓬勃发展的艺术产业闻名。温伍德有很多画廊,还有遍布曾经的工业空间的大型街头艺术。这里还有丰富的夜生活和许多新餐馆。设计区较小,但也有许多画廊、酒吧和餐馆。

★温伍德墙　　　　　　　　　　　公共艺术

　　（Wynwood Walls;见524页地图; www.thewynwoodwalls.com; 25th St和26th St之间的NW 2nd Ave）**免费** 在生锈的仓库和混凝土建筑之间,你会发现一场城市艺术的"涂鸦"式的"爆发"。温伍德墙不是画廊,而是存在于露天空间里的一系列壁画和绘画,人们总是惊讶于它纯粹的配色,而且它们总是出现在令人意想不到的位置。这里展示的内容随着巴塞尔艺术展（Art Basel;见530页）等主要艺术节的潮流风向而变化,但总能让你发现些很有趣的作品。

★马古利斯仓库收藏馆　　　　　　画廊

　　（Margulies Collection at the Warehouse;

Miami Beach 迈阿密海滩

佛罗里达州 迈阿密

Belle Isle 贝尔岛

Biscayne Bay 比斯坎湾

去 Bass Museum of Art 巴斯艺术馆(0.2mi)

Wolfsonian-FIU 华夫索尼亚—佛罗里达国际大学

LGBT Visitor Center LGBT游客中心

MIAMI BEACH 迈阿密海滩

去 Downtown Miami 迈阿密市中心 (2.2mi); Miami International ✈ 迈阿密国际机场 (8mi)

Miami Beach Dr (5th St)

Causeway Island

Terminal Island

Miami Beach Marina 迈阿密海滩码头

Lummus Island

ATLANTIC OCEAN 大西洋

Fisher Island

Government Cut

Biscayne Bay 比斯坎湾

Miami Beach 迈阿密海滩

◎ 重要景点
1 华夫索尼亚 - 佛罗里达国际大学 C4

◎ 景点
2 装饰艺术历史区 D3
3 装饰艺术博物馆 D4
4 卡多佐酒店 D3
5 卡莱尔故居 D3
6 新世界中心 C1
7 邮局 C3
8 SoundScape Park C1
9 南部海滩 D3

✪ 活动、课程和团队游
10 Bike & Roll D4
11 Fritz's Skate, Bike & Surf C2
　迈阿密设计保护联盟 ....（见3）
12 Miami Food Tours B5

◎ 住宿
13 Bed & Drinks D1
14 Catalina Hotel D1
15 Hotel Astor C4
16 Surfcomber D1
17 The Hotel of South Beach D4
18 Winter Haven Hotel D3

◎ 就餐
19 11th St Diner C3
20 Joe's Stone Crab Restaurant C6
21 Pubbelly A1
22 Yardbird B2

◎ 娱乐
23 殖民地大剧院 B2
24 新世界交响乐团 C1

见524页地图;☏305-576-1051; www.margulies warehouse.com; 591 NW 27th St; 成人/学生 $10/5; ⓢ 10月中旬至次年4月 周二至周六 11:00~16:00)这个宽敞的非营利性画廊占地45,000平方英尺,是温伍德最好的收藏馆之一。这里的展出焦点是大型装置艺术,颇有发人省醒的力量;另外,在这里你还会看到一些21世纪著名艺术家的作品。

面包房艺术区　　　　画廊

(Bakehouse Art Complex, 简称BAC; 见524页地图; ☏305-576-2828; www.bacfl.org; 561 NW 32nd St; ⓢ正午至17:00; Ⓟ) **免费** 作为温伍德的一个核心艺术展区,面包房艺术区早在温伍德墙成为艺术典范之前就已经是一个艺术摇篮了。如今这些曾经的面包房变身画廊,还有其他大约60个工作室,而且这里的藏品数量和范围也一定能让你大开眼界。

◎ 科勒尔盖布尔斯

在美丽的科勒尔盖布尔斯,随处可见地中海式的建筑,感觉就像身处一个远离迈阿密的天地。在这里,你能看到长满菩提树的漂亮街道,还有一个适合步行的村庄般的购物中心,到处都点缀着商店、咖啡馆和餐馆。最吸引人的是Biltmore Hotel,那里有一个郁郁葱葱的热带花园,还有美国最漂亮的游泳池。

★ 菲尔柴尔德热带花园　　花园

(Fairchild Tropical Garden; 见524页地图; ☏305-667-1651; www.fairchildgarden.org; 10901 Old Cutler Rd; 成人/儿童/老年人 $25/12/18; ⓢ9:30~16:30; Ⓟ 🅰) 如果你想远离迈阿密的"疯狂",那就来美国最大的热带植物园度过绿色的一天吧。这里有蝴蝶林、热带植物温室,还可以看到沼泽和主要栖息地的优雅景色。这里还随处可见艺术装置,均出自罗伊·利希斯坦(Roy Lichtenstein)等大家之手,非常惊艳。从上午10点到下午3点(周末到下午4点),可以乘坐免费的45分钟有轨电车游览整个公园。

★ Biltmore Hotel　　　历史建筑

(见524页地图; ☏855-311-6903; www.biltmorehotel.com; 1200 Anastasia Ave; ⓢ团队游 周日 13:30和14:30; Ⓟ)在这座世界上最绚丽城市之一的最奢华的社区,坐落着美国爵士乐时代最富丽堂皇的豪华酒店,自带睥睨众生的气场。如果说要让这座建筑在哪部小说里出镜的话,那么毫无疑问一定得是《了不起的盖茨比》(The Great Gatsby)。阿尔·卡彭(Al Capone)在这里有一家地下酒吧,而据说在这里被谋杀的法兹·沃尔什(Fats Walsh)的鬼魂一直徘徊在卡彭套房里。

⊙ 椰林区

椰林区曾经是一个嬉皮士的定居地,但如今已成为中产阶级、钟爱购物的迈阿密人和大学生的天下。这是一个令人愉快的地方,可以探索有趣的商店和咖啡馆,独具乡村氛围,适合漫步。这里的夜晚尤为吸引人,酒吧和餐馆的户外餐桌挤满了本地居民。椰林区背靠水滨,有一个漂亮的码头和宜人的绿地。

★ 维兹卡亚博物馆和花园　　　历史建筑

(Vizcaya Museum & Gardens;见524页地图;☏305-250-9133;www.vizcayamuseum.org;3251 Smiami Ave;成人/6~12岁儿童/学生和老人$18/6/12;⊙周三至周一 9:30~16:30;P)人们把迈阿密称作"魔幻都市"(Magic City),如果是这样的话,这座意大利别墅就好比一个复活节彩蛋,是迈阿密最具童话色彩的居住地。1916年,工业家詹姆斯·迪尔林(James Deering)开创了迈阿密的一个传统——赚大钱建造宏伟的建筑。他雇了1000个人(是当时当地人口的10%)来建造房屋,并在家中摆满了15世纪至19世纪的家具、挂毯、油画和装饰艺术作品。

⊙ 比斯坎岛

比斯坎岛和与之毗邻的弗吉尼亚岛(Virginia Key)是逃离迈阿密市中心的便捷好去处。不过,待你穿过风景优美的堤道之时,你就会觉得自己仿佛置身于一个遥远的热带地区,美丽的海滩,州立公园里有许多郁郁葱葱的天然小径,还有丰富的水上探险活动。光是能一览迈阿密壮阔的天际线就会让你觉得值得一游。

★ 比尔巴格思海角佛罗里达州立公园　　　州立公园

(Bill Baggs Cape Florida State Park;见524页地图;☏305-361-5811;www.floridastateparks.org/capeflorida;1200 S Crandon Blvd;每车/人$8/2;⊙8:00至日落,灯塔9:00~17:00;P🚻🎣)🌿如果你去不了佛罗里达礁岛群,那么在这个州立公园可以感受当地岛屿群独一无二的生态系统。494英亩的园区内有热带动物和光线阴暗的红树林——寻找在水中"浮潜"的树根,它们为红树林提供氧气——沙滩小径、木板路遍布整个公园,周围是一片汪洋。

⊙ 大迈阿密地区

北迈阿密现代艺术博物馆　　　博物馆

(Museum of Contemporary Art North Miami, MoCA;见524页地图;☏305-893-6211;www.mocanomi.org;770 NE 125th St;成人/学生/儿童$5/3/免费;⊙周二至周五和周日 11:00~17:00,周六 13:00~21:00;P)一直以来,这座现代艺术博物馆都是人们不惜爬上偏远的迈阿密北部地区前来的理由。作为其特色之一,博物馆画

迈阿密海滩指南

迈阿密周边的海滩可以名列全美最佳名单。海水清澈温暖。沙子相当洁白。这些海滩以一种默契自成不同特色,以便每个游人都能找到自己喜欢的地方。

Scantily clad beaches 在南部海滩的5th St和21st St之间。那里的风格比较开放。

家庭乐趣海滩 21st St以北是比较适合家庭的海滩,位于53rd St的海滩有一个游乐场和若干公共洗手间。

裸体海滩 你可以在位于阳光岛的**Haulover Beach Park**(见524页地图;☏305-947-3525;www.miamidade.gov/parks/parks/haulover_park.asp;10800 Collins Ave;每车 周一至周五 $5,周六和周日 $7;⊙日出至日落;P)裸泳。救生瞭望台北侧是同性恋集中的区域,南侧则是异性恋的地盘。

同性恋海滩 整个南部海滩都适合同性恋,但12th St周边似乎是这个群体最集中的地方。

帆板冲浪海滩 Hobie海滩位于Rickenbacker Causeway通往比斯坎岛的沿线,被称为"帆板冲浪海滩"。

带孩子游迈阿密

对孩子而言，最好玩的海滩是21st St以北的迈阿密海滩，尤其是53rd St，那里有游乐场和公共厕所，还有73rd St附近满是沙丘的海滩。也可以向南走到马西森吊床公园（Matheson Hammock Park），那里有片平静的人工环礁湖。

迈阿密儿童博物馆（Miami Children's Museum；见524页地图；www.miamichildrensmuseum.org；980 MacArthur Causeway；门票 $20；⏱10:00~18:00；🅿）在位于迈阿密市中心与迈阿密海滩之间的沃森岛（Watson Island）上。迈阿密儿童博物馆能给孩子们动手实践的机会，有趣的音乐、艺术工作室以及一些"工作"的体验，把这里变成了孩子们的小公司。

丛林岛（Jungle Island；见524页地图；☎305-400-7000；www.jungleisland.com；1111 Parrot Jungle Trail，紧邻MacArthur Causeway；成人/儿童/老人 $40/33/38；⏱10:00~17:00；🅿）丛林岛内生活着许多热带鸟、鳄鱼、猩猩、黑猩猩以及电影《大人物拿破仑》（Napole on Dynamite）的粉丝们喜欢的狮虎兽——狮子和老虎杂交的后代。

迈阿密动物园（Zoo Miami，即Metrozoo；☎305-251-0400；www.zoomiami.org；12400 SW 152nd St；成人/儿童 $22/18；⏱10:00~17:00）迈阿密的热带气候使得在迈阿密动物园漫步像在野外生活一样。公园很大，并且烈日炎炎，如果你想快速游览，可以直接跳上游猎单轨列车（Safari Monorail）——每20分钟一班。

猴子丛林（Monkey Jungle；☎305-235-1611；www.monkeyjungle.com；14805 SW 216th St；成人/儿童/老人 $30/24/28；⏱9:30~17:00，16:00后不能进入；🅿）看到该动物园的标语："一个把人关在笼子里而猴子却自由奔跑的地方"，你就知道这里是怎么一回事。这座动物园位于迈阿密南部的偏远地区。

廊轮流展出当地、本国和国际艺术家出色的当代艺术作品。

黄金海岸铁路博物馆　　博物馆

（Gold Coast Railroad Museum；☎305-253-0063；www.gcrm.org；12450 SW 152nd St；成人/3~11岁儿童 $8/6；⏱周一至至周五10:00~16:00，周六和周日 11:00起；🅿）这座博物馆主要是火车爱好者的天堂，馆内展出了30多辆古董火车车厢，其中包括费迪南德·麦哲伦（Ferdinand Magellan）的专列车厢，这里还发生过一幕名场面：哈里·杜鲁门总统（President Harry Truman）挥舞着一份报纸，标题是"杜威击败杜鲁门"。

🚶 活动

在迈阿密，想让自己不忙起来都难。在碧绿的海水上航行，徒步穿越热带灌木丛，在公园里做瑜伽，又或者观看城市上空的空中飞人表演（何乐而不为），"魔力之城"一定能够让想要体验活力假期的人们感到满足。

Citi Bike　　骑车

（☎305-532-9494；www.citibikemiami.com；30分钟/1小时/2小时/4小时/1天租金 $4.50/6.50/10/18/24）这个共享自行车项目，参照纽约、伦敦和巴黎等地的类似模式，使骑自行车成为一种相对简单快捷的交通方式。只要找到Citi Bike太阳能车站（可以在网站上找到地图），插入一张信用卡就可以把车骑走了。你可以在任何一个Citi Bike站点归还自行车。

Bike & Roll　　骑车

（见526页地图；☎305-604-0001；www.bikemiami.com；210 10th St；出租2小时/4小时/1天 $10/18/24起，团队游 $40；⏱9:00~19:00）这个运营良好的机构投放了大量自行车，有单速自行车、齿轮混合动力自行车和高速公路自行车。工作人员的工作效率很高，你无须等多久就可以骑车了。另外，这里还提供自行车旅行服务（每天上午10点）。

Fritz's Skate, Bike & Surf　　滑冰

（见526页地图；☎305-532-1954；www.

fritzsmiamibeach.com；1620 Washington Ave；自行车和滑板出租 每小时/日/5天 $10/24/69；⊙周一至周六 10:00~21:00，周日 至20:00）你可以在Fritz's 租车，这里有滑板、长板、直排轮滑、旱冰鞋、摩托车和自行车（沙滩车、山地自行车、儿童自行车）。

SoBe Surf 冲浪

（☎786-216-7703；www.sobesurf.com；团队/私人课程 $70/120起）在迈阿密海滩和可可树海滩提供冲浪课程，这两个地方更适合冲浪。迈阿密海滩的课程指导通常在南角（South Point）附近进行。只接受电话或电子邮件预订。

Miami Watersports Complex 水上运动

（MWCC；见524页地图；☎305-476-9253；www.aktionparks.com；Amelia Earhart Park, 401 E 65th St, Hialeah；⊙3月至10月 11:00~18:00，11月至次年2月 至黄昏）提供滑水课程，体验者会被一个架高的绳索拉着移动。这意味着不需要船，污染少，噪音小。20分钟/1小时的课程要花费$25/90，或者选择$59的套餐，包括初学者课程、设备租赁和4小时的通行证。请提前打电话预订。

👉 团队游

History Miami Tours 团队游

（www.historymiami.org/city-tour；团队游 $30~60）由知识渊博的历史学家保罗·乔治博士（Dr Paul George）带领徒步团队游，行程有趣又迷人，在黄昏时分带领游人穿越小海地、小哈瓦那、市中心和科勒尔盖布尔斯，偶尔还会安排乘船前往斯特恩斯维尔（Stiltsville）和比斯坎岛。

Miami Food Tours 餐饮

（见526页地图；☎786-361-0991；www.miamifoodtours.com；429 Lenox Ave；成人/儿童南部海滩 团队游 $58/35，温伍德团队游 $75/55；⊙团队游 南部海滩 每天 11:00和16:30，温伍德 周一至周六 10:30）参加这个好评如潮的团队游可以探索这个城市的各个方面——文化、历史、艺术和烹饪——在沿途的餐馆和咖啡馆里停留。虽然是一次徒步之旅，但不会走太远，主要是在南部海滩和温伍德两地。

迈阿密设计保护联盟 步行

（Miami Design Preservation League, MDPL；见526页地图；☎305-672-2014；www.mdpl.org；1001 Ocean Dr；导览游 成人/学生 $25/20；⊙每天10:30和周四18:30）讲述南部海滩装饰艺术风格建筑背后的故事和历史，有来自迈阿密设计保护联盟（Miami Design Preservation League）的导游来为你进行生动的讲解。团队游时间为90分钟。此外，这里还提供犹太人迈阿密海滩之旅、同性恋者迈阿密海滩之旅和在北部海滩地区进行的每月一次的MiMo区之旅（每月的第一个周六 9:30）。

✨ 节日和活动

冬季音乐会 音乐

（Winter Music Conference；www.wintermusicconference.com；⊙3月）来自世界各地的派对热衷者、DJ、制作人和狂欢者集结至此，聆听新兴电子音乐艺术家的作品，参加科技感十足的派对之夜。

Miami Spice Restaurant Month 餐饮

（www.facebook.com/ilovemiamispice；⊙8月至9月）来自迈阿密周边的顶级餐厅供应三道菜的简易午餐和晚餐正餐，吸引正沉浸在音乐热浪之中的人们前来享受美食。午餐价格在$25左右，晚餐价格在$40左右。预订是必不可少的。

White Party 音乐

（www.whiteparty.org；⊙11月）如果你是同性恋，那这个节日就不容错过。这个为期一周的盛会将在全镇的夜店和场所举行不间断的聚会，吸引了超过15,000名同性恋男女。

迈阿密海滩巴塞尔艺术展 艺术

（Art Basel Miami Beach；www.artbasel.com/miami-beach；⊙12月初）每年12月举办的国际知名艺术展。

🛏 住宿

迈阿密有一些非常棒的住宿选择，对一些旅行者来说，是这座城市的一大吸引力。南部海滩以装饰艺术风格的精品酒店而知名，但在迈阿密你还可以选择住在市中心的高楼大厦（可以一览无余地欣赏美景，还有数不尽的便利设施），或者是住在科勒尔盖布尔斯、椰林区和其他一些不那么商业化的充满历史气息的街区。

南部海滩

Bed & Drinks 青年旅舍 $

（见526页地图；☏786-230-1234；www.bedsndrinks.com；1676 James Ave；铺/双 $29/154起）这家青年旅舍距离海滩几个街区，非常露骨地吸引着寻爱人群的前来——看名字就知道了——但是，嘿，它离海滩只有几个街区，所以这里还不错。房间条件从平均水平到略低于平均水平都有，但大部分年轻的派对爱好者并不介意。这里有友好的店员、热闹的现场酒吧，以及镇上丰富的夜生活。

Catalina Hotel 精品酒店 $$

（见526页地图；☏305-674-1160；www.catalinahotel.com；1732 Collins Ave；房 $220起；🅿️❄️🛜🏊）Catalina是中档装饰风格酒店的范例。除了有趣的极简主义房间外，最吸引人的是这里的氛围——Catalina不喜欢太过严肃，工作人员和客人们似乎都在享受着乐趣。隐藏在主楼的白色外墙后面的游泳池，特别吸引人，周围还有一丛丛的竹林环绕。

★ 1 Hotel 酒店 $$$

（见524页地图；☏866-615-1111；www.1hotels.com；2341 Collins Ave；房 $400起；❄️🛜🏊）作为美国顶级酒店之一，1 Hotel拥有400多间华丽的房间，豪华的同时又注重环保——树干咖啡桌/办公桌、定制的亚麻混纺床垫和废物利用制作的浮木功能墙，室内还有滤水器（不需要使用塑料瓶）。公共区域令人印象深刻，有四个游泳池，包括一个在屋顶的无边际游泳池（儿童不得入内）。

★ Surfcomber 酒店 $$$

（见526页地图；☏305-532-7715；www.surfcomber.com；1717 Collins Ave；房 $250~480；🅿️❄️🛜🏊）Surfcomber的外观是经典的装饰风格，线条硬朗，外墙还有"之"字形的"眉毛"设计，为人们遮阳。不过，酒店内饰才让大多数人惊叹呢。房间很有魅力，优雅的线条与装饰风格的美学保持一致，而绚丽的色彩则使这里保持着一种现代感。

北部海滩

★ Freehand Miami 精品酒店 $$

（见524页地图；☏305-531-2727；www.thefreehand.com；2727 Indian Creek Dr；铺 $35~55，房 $160~250；❄️🛜🏊）曾经的Indian Creek Hotel是迈阿密海滩的一个经典场所，Freehand就是由它经过绝妙的重新设计而建成的。房间阳光充足，设计精美，可以看到当地的艺术品和木工细节。满是葡萄藤的公共区域足以让你在这里停留——尤其是可爱的泳池区和后院区域，把这里变成了城里最好的酒吧之一。

迈阿密市中心

Langford Hotel 历史酒店 $$

（见524页地图；☏305-250-0782；www.langfordhotelmiami.com；121 SE 1st St；房 $180起；❄️🛜）Langford坐落在一幢经过精心修复的1925年学院派高层建筑中，于2016年高调开张。126间客房融合了舒适和怀旧风格，有优雅的灯具和复古的细节，包括白橡木地板和玻璃雨淋花洒。精心的设计风格随处可见。这里还有一个屋顶酒吧和一个极好的底层餐厅。

科勒尔盖布尔斯

★ Biltmore Hotel 历史酒店 $$$

（见524页地图；☏855-311-6903；www.biltmorehotelmiami.com；1200 Anastasia Ave；房/套 $409/560起；🅿️❄️🛜🏊）虽然Biltmore的标间比较小，但在这里过夜，你将有机会享受到美国的豪华房体验。这里的庭院富丽堂皇，你得花上整整一周的时间来探索Biltmore这家历史酒店——强烈推荐你在Romanesque/Arabian Nights的豪华大厅里看看书，靠在巨大的柱子边晒晒日光浴，在美国大陆最大的酒店游泳池里玩玩水。

🍴 就餐

迈阿密是一个重要的移民地区，自然追随不同的饮食趋势。因此，在这里你既可以品尝到便宜的民族餐饮，也能够享受高档的顶级美食，还有一些在迈阿密海滩等旅游景点贩售的廉价的垃圾食品。最好的新晋用餐区

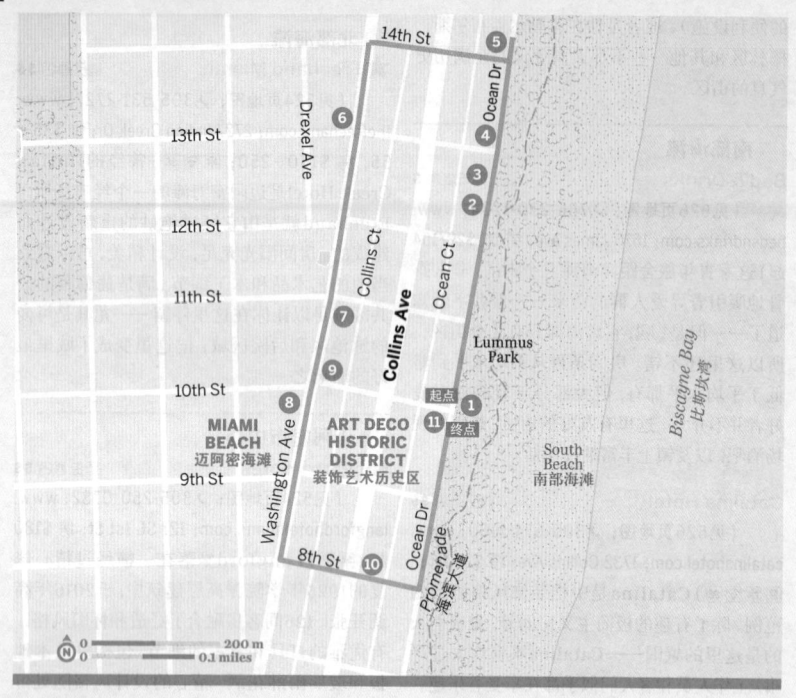

步行游览
装饰艺术的魅力

起点: 装饰艺术博物馆
终点: OCEAN'S TEN
距离: 1.2英里
需时: 2~3小时

从位于Ocean Dr和10th St角落的 ❶ **装饰艺术博物馆**（见522页）出发，沿着12th St和14th St之间的 Ocean Dr向北走，你将会看到三座装饰艺术酒店：❷ **Leslie**，一座四四方方的建筑，建筑外墙有许多"眉毛"（悬臂式遮阳伞）；❸ **Carlyle**，是电影《鸟笼》(*The Bridge*)的取景地，采用时髦的现代风格；优雅的 ❹ **Cardozo Hotel**，归葛洛利亚·埃斯特芬（Gloria Estefan）所有，建筑外形是光滑的圆形边缘。在14th St，瞥一眼沐浴在阳光下的 ❺ **Winter Haven Hotel**，里面有光鲜时尚的水磨石地板。

左转，沿着14th St到达Washington Ave的 ❻ **美国邮局**（US Post Office），就在13th St上。可以到里面欣赏壁画、圆顶天花板和大理石邮桌。在 ❼ **11th St Diner**（见533页）享用午餐，它是一节闪闪发光的由铝合金卧铺车改造而成的餐厅。找一个窗边座位，看看大道对面与10th St的交叉路口，还有经过修复重绽光芒的 ❽ **Hotel Astor**，它是在1936年由T Hunter Henderson设计的。

吃完饭后，向南走半个街区即可到达宏伟的 ❾ **华夫索尼亚－佛罗里达国际大学**（Wolfsonian-FIU）（见521页），这是一个优秀的设计博物馆，前身是Washington Storage Company。继续沿着Washington Ave行走，在8th St左转后向东走就可到达 ❿ **Hotel of South Beach**，酒店的内饰和屋顶平台由著名设计师托德·奥尔德姆（Todd Oldham）设计。1939年，L Murray Dixon设计了这家酒店，再走两个街区就是Ocean Dr，那里的装饰艺术建筑之美会让你应接不暇。在960 Ocean Dr（⓫ **Ocean's Ten餐馆**），你会看到装饰艺术设计的传奇人物Henry Hohauser在1935年设计的建筑杰作。

在市中心、温伍德和上东区；而科勒尔盖布尔斯更偏向于对传统美食的选择。

南部海滩

11th St Diner
美式小馆 $

（见526页地图；☏305-534-6373；www.eleventhstreetdiner.com；1065 Washington Ave；主菜 $10~20；◉周一至周三 7:00至午夜，周四至周六 24小时）既然已经欣赏过了许多装饰艺术的地标建筑，不妨选一栋走进去享用美食吧：在来自宾夕法尼亚州威尔克斯—巴里的普尔曼豪华车厢餐厅吃上一餐，就像在《反斗小宝贝》中一样。这里的食物和建筑一样经典，有烤火鸡、嫩肋排和苹果奶酪，还有全天供应的早餐。

★ Yardbird
美国南部菜 $$

（见526页；☏305-538-5220；www.runchickenrun.com/miami；1600 Lenox Ave；主菜 $18~38；◉周一至周五 11:00至午夜，周六和周日 8:30起；❋）Yardbird因其美味高级的南方爽心美食而赢得了一批铁杆粉丝。厨房烹饪出美味的虾和粗燕麦粉，圣路易斯风味的猪肋排、烧秋葵，还有用烟熏牛肉做的饼干，但这家店最出名的是炸鸡拼盘、调味西瓜和波旁酒枫糖浆华夫饼。

★ Pubbelly
创意菜 $$

（见526页地图；☏305-532-7555；www.pubbellyboys.com；1418 20th St；共享拼盘 $11~24，主菜 $19~30；◉周二至周四和周日 18:00至午夜，周五和周六 至次日1:00；❋）Pubbelly的食物类别很难界定，但都很美味，介于亚洲菜、北美菜和拉美菜之间，并汲取了这几种菜式的精华。需要举个例子吗？尝一尝黑松露意大利调味饭、猪肉馅的饺子，或者令人垂涎欲滴的海鲜炒饭。在享用这些菜肴的同时喝一杯手工制作的鸡尾酒也是个不错的选择。

Joe's Stone Crab Restaurant
美国菜 $$$

（见526页地图；☏305-673-0365；www.joesstonecrab.com；11 Washington Ave；主菜 午餐 $14~30，晚餐 $19~60；◉周二至周六 11:30~14:30，每天 17:00~22:00）等待时间会很长，招牌菜的价格可能会很高。但是，如果这些都不能打消你来这里用餐的念头，那就在迈阿密最著名的餐厅（自大概1913年开始！）排队等候，享受美味、新鲜的石蟹腿吧。

北部海滩

Roasters' n Toasters
熟食 $

（见524页地图；☏305-531-7691；www.roastersntoasters.com；525 Arthur Godfrey Rd；主菜 $10~18；◉6:30~15:30）看到拥挤的人潮和顾客满意的微笑，你就应该知道Roasters' n Toasters满足了迈阿密海滩庞大的犹太人群的苛刻标准，这要归功于多汁的熟食肉类、新鲜的面包、酥脆的百吉饼和温热的土豆烙饼。迷你型三明治创新性地使用白面包制作，美味无穷。

★ 27 Restaurant
创意菜 $$

（见524页地图；☏786-476-7020；www.freehandhotels.com；2727 Indian Creek Dr，Freehand Miami Hotel；主菜 $17~28；◉周一至周六 6:30至次日2:00，周日 11:00~16:00和18:30至次日2:00；）这个新餐厅就坐落在备受欢迎的Broken Shaker（见534页）的场地上。Broken Shaker是迈阿密海滩最受欢迎的鸡尾酒吧之一。餐厅的环境与氛围和酒吧一样吸引人——仿若在一间古老的热带别墅里用餐，有旧木地板、烛光餐桌，各种各样的房间，上面挂着艺术品和奇特的小摆设，还有一个宜人的露台。这里的美食与众不同，融合了世界各地的风味。

迈阿密市中心

All Day
咖啡馆 $

（见524页地图；www.alldaymia.com；1035 N Miami Ave；咖啡 $3.50，早餐 $10~14；◉周一至周五 7:00~17:00，周六和周日 9:00开始营业；❋）无论何时，这儿都是市中心最适合慢慢享受一杯咖啡或一份早餐的地方之一。北欧风格餐椅配上木制大理石饰面餐桌，以及餐厅内飘荡着的法国20世纪60年代歌手冯丝华·哈蒂（Françoise Hardy）的音乐，都给食客带来一丝轻松的氛围。

Chef Allen's Farm-to-Table Dinner
素食 $$

（见524页地图；☏786-405-1745；1300 Biscayne Blvd；晚餐 $25，含配酒 $40；◉周一

18:30；🅟）在周一的晚上，你可以在阿什特中心（Arsht Center）前面的户外餐桌享用一顿美味的五道菜素食套餐。绝对物超所值，菜单极具创意，根据当天农贸市场的农产品而变化。

★ Casablanca　　　　　　　海鲜 $$

（见524页地图；www.casablancaseafood.com；400 N River Dr；主菜 $15~34；☉周日至周四 11:00~22:00，周五和周六 至23:00）Casablanca 依着迈阿密河畔，供应城里最好的海鲜。就餐环境是一大亮点——餐桌就在水面上一个长长的木甲板上，还可以看到奇怪的海鸥飞过。

🍴 小哈瓦那

★ Versailles　　　　　　　古巴菜 $$

（见524页地图；📞305-444-0240；www.versaillesrestaurant.com；3555 S W 8th St；主菜 $6~21；☉周一至周四 8:00至次日1:00，周五和周六 至次日2:30，周日 9:00至次日1:00）Versailles（发音：ver-sigh-yay）是一个机构，也是迈阿密著名的古巴风味餐厅之一。尝一尝美味的黑豆汤或炸芭乐兰，还有一些更为丰盛的肉类和海鲜拼盘。年长的古巴人和迈阿密的拉丁政治精英也很喜欢来这里就餐，所以说不定在你身旁吃东西的就是迈阿密最显要的拉丁公民。

Exquisito Restaurant　　　古巴菜 $

（见524页地图；📞305-643-0227；www.elexquisitomiami.com；1510 SW 8th St；主菜 $9~13；☉7:00~23:00）位于小哈瓦那的中心，这家餐馆非常精致，拥有味道很棒的古巴菜肴。叉烧肉香味扑鼻，碎牛肉既丰盛又鲜美。四季豆米饭和烤芭蕉等标准配菜也是既精致又美味，而且物美价廉。

🍴 温伍德和设计区

Della Test Kitchen　　　　严格素食

（见524页地图；📞305-351-2961；www.dellabowls.com；56 NW 29th St, Wynwood Yard；主菜 $11~14；☉周二至周日 正午至22:00；🅟）从温伍德庭院（Wynwood Yard）的一辆餐车做起，这家餐厅供应各种美味的"沙拉碗"——你可以自选食材打造出自己的"艺术作品"，例如黑椰子饭、姜豆豉、鹰嘴豆、甘薯和腌渍甘蓝等。食品美味而健康。这里有如此之多的追随者一点都不足为奇。

★ Kyu　　　　　　　　　　创意菜 $$

（见524页地图；📞786-577-0150；www.kyumiami.com；251 NW 25th St；共享拼盘 $17~38；☉周一至周六 正午至23:30，周日 11:00~22:30，酒吧 周五和周六 至次日1:00；🅟）🍴作为温伍德最好的新餐厅之一，Kyu极具创意的亚洲风味菜肴一直以来都让当地人和美食评论家们倾倒不已，大部分菜都是在木火烧烤架上用明火烤熟的。巧妙的灯光和木制风格（桌椅和放柴火的架子）让熙攘的工业风格餐厅变得非常温馨。

★ Alter　　　　　　　　新派美国菜 $$$

（见524页地图；📞305-573-5996；www.altermiami.com；223 NW 23rd St；5/7道菜套餐 $69/89；☉周二至周日 19:00~23:00）这家新餐馆赢得了美食评论家的高度赞扬，年纪轻轻就摘金夺银的主厨布拉德·基尔戈尔（Brad Kilgore）为温伍德带来了极具创意的高端料理。菜单不断变化，精选佛罗里达州优质的海陆应季食材，菜肴极具亚洲和欧洲风味。请提前预订。

🍷 饮品和夜生活

太多的人想当然地认为迈阿密的夜生活奢靡，光鲜，亦真亦幻。但不尽其然，他们的想法只能代表南部海滩的一小部分场景。迈阿密有各种各样的酒吧可供选择，从破旧的廉价酒吧到漂亮、悠闲的休息室酒吧再到夜店，应有尽有。

★ Broken Shaker　　　　　　　酒吧

（见524页地图；📞305-531-2727；www.freehandhotels.com；2727 Indian Creek Dr, Freehand Miami Hotel；☉周一至周五 18:00至次日3:00，周六和周日 14:00至次日3:00）精调鸡尾酒正在迈阿密盛行，如果想欣赏调酒的话，Broken Shaker是一个绝佳的选择。这里由专业的调酒师经营，位于Freehand Miami（见531页）酒店的后面，有一个衣橱大小的室内壁龛和长满植物的宽敞庭院，供应优质的酒水，有很多时尚的人光顾。

★ Sweet Liberty　　　　　　　　酒吧

（见524页地图；www.mysweetliberty.com；237 20th St；☺周一至周六 16:00至次日5:00，周日 正午起）在柯林斯公园附近，是一个深受当地人喜爱的地方，Sweet Liberty具备打造乐趣之夜的所有元素：友好的氛围；随和的调酒师，他们会调制出极好的鸡尾酒（试试冰镇薄荷酒）；欢乐时光特价活动（包括75¢的牡蛎）；放松而不拿腔拿调的人群。这里空间很大，有摇曳的烛光，长长的木质酒吧，小众的乐队演奏更是为欢呼的人群助兴。

Bardot　　　　　　　　　　　　夜店

（见524页地图；📞305-576-5570；www.bardotmiami.com；3456 N Miami Ave；☺周二和周三 20:00至次日3:00，周四至周六 至次日5:00）在离开这座城市之前，你得来Bardot看看。这里到处都张贴着性感的法式海报，家具和泳池边的餐桌好像是从私人会所搬来的一样。白天经常会有百万富翁光顾；到了晚上，这里就是一派奢靡放纵的景象了。

Ball & Chain　　　　　　　　　酒吧

（见524页地图；www.ballandchainmiami.com；1513 SW 8th Street；☺周一至周三 正午至午夜，周四至周六 至次日3:00，周日 14:00~22:00）多年以来，Ball & Chain经历了几次变化。1935年，8th St的犹太人比拉丁美洲人多，这里经常播放比利·哈乐黛（Billie Holiday）的爵士乐。到了1957年，这样的景象不复存在，而全新的Ball & Chain仍然致力于打造音乐和快乐的时光，播放拉丁音乐，供应热带鸡尾酒。

Vagabond Pool Bar　　　　　　酒吧

（见524页地图；📞305-400-8420；www.vagabondkitchenandbar.com；7301 Biscayne Blvd；☺周日至周四 17:00~23:00，周五和周六 至次日）隐藏在Vagabond Hotel的后面，这里是开启夜生活的极佳地点，调酒师会和你握手并做自我介绍，调制出完美的鸡尾酒。户外就餐区可以俯瞰环绕着棕榈树的游泳池和形形色色的人，他们手里拿着Lost in Smoke（龙舌兰酒、苦味酒、苦杏酒和苦柳橙）等精致饮品。

☆ 娱乐

迈阿密的艺术优势是显而易见的，即使

LGBT的迈阿密

在迈阿密，同性恋群体和其余的人们是如此的融洽，很难看出他们与"直男""直女"有什么区别。热门地点包括南部海滩、北部海滩、温伍德和设计区。White Party（见530页）和Swizzle是北美同性恋者参与的主要活动。

同性恋游客中心（LGBT Visitor Center；📞305-397-8914；www.gogaymiami.com；1130 Washington Ave；☺周一至周五 9:00~18:00，周六和周日 11:00~16:00）一个提供迈阿密LGBT相关信息的最佳来源。登录网站查看一下粉红火烈鸟（Pink Flamingo）认证酒店（这些酒店非常欢迎LGBT）。这里由男女同性恋商会（Gay & Lesbian Chamber of Commerce）经营管理。

迈阿密旅游局（Miami Visitors Bureau；www.miamiandbeaches.com/things-to-do/travel-guides/gay-miami）迈阿密的官方旅游局，提供该市实用的同性恋生活指南。

Damron（www.damron.com）Damron是LGBT旅游的专家，提供适合LGBT人群检索的旅游信息数据库。出版国家旅游指南，非常有名，包括《女性旅行者》（*Women's Traveller*）、《男性旅行指南》（*Men's Travel Guide*）和《Damron住宿》（*Damron Accommodations*）。

Gay Yellow Network（www.glyp.com）分城市的信息指南，囊括6个佛罗里达州的城市。

Out Traveler（www.outtraveler.com）专门研究同性恋旅行的旅游杂志。

Purple Roofs（www.purpleroofs.com）列出了世界各地的同性恋住宿、旅行社和团队游信息。

是从长远的历史来看，也是如此。还能有什么地方比这儿有更优秀的创意基础吗？迈阿密有南方土生土长的天才、越冬人群带来东北部画廊的资金和关注，还有来自美洲各地的移民。他们所构成的大融合成就了优秀的现场音乐、戏剧和舞蹈——有足够的空间进行演练。

★ 艾德丽安·阿什特表演艺术中心 表演艺术

（Adrienne Arsht Center for the Performing Arts；见524页地图；☏305-949-6722；www.arshtcenter.org；1300 Biscayne Blvd；⊙售票处周一至周五10:00~18:00，开场前两小时）这座宏伟壮丽的艺术中心吸引着低调而钟爱艺术的游客。今天，阿什特是迈阿密最大的文化活动演出地；来迈阿密旅行必须要来这里看演出。乘坐迈阿密轻轨Metromover线到Adrienne Arsht Center站下。

★ Cubaocho 现场表演

（见524页地图；☏305-285-5880；www.cubaocho.com；1465 SW 8th St；⊙周二至周四11:00~22:00，周五和周六 至次日3:00）小哈瓦那艺术区的"珍宝"，Cubaocho以其优秀的音乐会而闻名，有讲西班牙语的优秀乐队。同时，这里也是社区中心、美术馆和关于古巴的研究基地。建筑的内部就像一个古老的哈瓦那雪茄吧，但墙壁上装饰着的艺术品，既彰显了古巴艺术的经典，又预示着其前卫的未来。

殖民地大剧院 表演艺术

（Colony Theater；见526页地图；☏305-674-1040，box office 800-211-1414；www.colonymb.org；1040 Lincoln Rd）殖民地大剧院是一个装饰艺术风格的优秀建筑瑰宝，有着经典的帐篷式结构和印加风格的垛口，看起来就像是黑帮人士观看《哈姆雷特》的地方。如今，这一建筑瑰宝已成为表演艺术（喜剧、偶尔上演的音乐剧、舞台剧、非百老汇作品和芭蕾等），有时也是电影放映和小型电影节的主要场地。

新世界交响乐团 古典音乐

（New World Symphony；NWS；见526页地图；☏305-673-3330；www.nws.edu；500 17th St）坐落在新世界中心（New World Center；见522页），呈现出一种时髦的立体主义线条和几何曲线的碰撞，在迈阿密蓝色天空映衬下的一抹清爽的白色建筑，这就是著名的新世界交响乐团。乐团会在每年10月至次年5月举行演出。名声在外的新世界交响乐团还有一项为期3年至4年的预备课程，提供给来自知名音乐学校的优秀音乐家。

ℹ️ 实用信息

危险和麻烦

迈阿密是一个相对安全的城市，但也有一些地区当地人认为比较危险：

➡ 自由城（Liberty City），位于迈阿密西北部；上城区，从14th St至20th St；小海地和迈阿密河滨的小路。

➡ 南部海滩，尤其是8th St和11th St之间相当混乱的Ocean Dr，还有5th St以外的沙漠地区在晚上也很危险。

➡ 流浪汉建立棚户区的地方，如通过道路、桥梁和立交桥时必须谨慎。

➡ 在上述地方和其他一些被人们认为"不好"的地方，你应该避免深夜独行。最好乘出租车。

旅游信息

大迈阿密和海滩会议旅游局（Greater Miami & the Beaches Convention & Visitors Bureau；☏305-539-3000；www.miamiandbeaches.com；701 Brickell Ave, 27th fl；⊙周一至周五8:30~18:00）提供大量关于迈阿密近期活动和文化产品等最新信息。

ℹ️ 到达和离开

繁忙的**迈阿密国际机场**（Miami International Airport，简称MIA；见524页地图；☏305-876-7000；www.miami-airport.com；2100 NW 42nd Ave）位于市中心以西约6英里处，有三个航站楼，年吞吐量超过4000万人次。大约有60家航空公司的航班飞往迈阿密。机场24小时开放，设计呈马蹄形。在迈阿密国际机场的B、C航站楼之间和G航站楼，有行李寄存设施，价格视行李的大小而定。

如果想要乘坐长途汽车，**灰狗**（www.greyhound.com）是主要的长途汽车公司。**Megabus**（见524页地图；www.us.megabus.com；Miami International Center, 3801 NW 21st St）提供开往坦帕和奥兰多的长途汽车。

灰狗的**主要长途汽车总站**（见524页地图；305-871-1810; 3801 NW 21st）位于机场附近，但也有从**卡特勒湾总站**（Cutler Bay; 305-296-9072; 10801 Caribbean Blvd）和**迈阿密北部总站**（见524页地图；305-688-7277; 16000 NW 7th Ave）发车的长途汽车。

如果你的旅行里程很远（比如，跨越几个州），打折机票的价格有时会比乘坐长途汽车便宜。如果旅程较近，有时租一辆车会更便宜。尽管如此，提前7到14天在网上购票，通常可以买到打折（甚至半价）的长途汽车票。

美国铁路公司（305-835-1222; www.amtrak.com; 8303 NW 37th Ave, West Little River）在迈阿密的主要车站位于市中心西北9英里处，通往纽约市的Silver Service线路将这座城市与佛罗里达州的其他几个地点（包括奥兰多和杰克逊维尔）连接起来。从迈阿密前往纽约需要27~31小时。迈阿密美国国家铁路公司的车站还有三线轻轨Tri-rail，可以开往迈阿密市中心，也设有行李寄存处。

❶ 当地交通

租车 方便在城里四处游览，但停车费可能很贵。

出租车和车辆共享服务（Taxi & Ride-Sharing Services）如果你不想开车，这项服务可以让你方便地在不同的目的地之间往返，但长距离的旅途可能会很贵。在街上很难叫到车；请打电话或使用手机App叫车。

长途汽车 服务范围广，但长途旅程很耗时。

有轨电车 免费的服务，在迈阿密海滩、市中心、温伍德、椰林区、科勒尔盖布尔斯、小哈瓦那和其他社区有多条不同的线路。

Citi Bike 迈阿密和迈阿密海滩的自行车共享网络。然而，由于交通拥挤，长距离的骑行可能伴随着危险。

劳德代尔堡（Fort Lauderdale）

多年来，劳德代尔堡一直是大学生们在喧闹的春假期间饮酒作乐之地，如今，这里更倾向于吸引更成熟、消费能力更高的人群。更多的是马提尼而非龙舌兰；是爵士音乐会而非"湿衫"比赛。不过，别担心，即使在限制区域的酒吧和夜店里，也还是会有多姿多彩的活动的。

除了在Las Olas Blvd上吃饭和购物，很少有游客会到内陆去冒险；大多数人会把大部分时间花在海岸游览上，这是可以理解的。的确，内陆地区很难与美丽的海滩竞争，海滩有威尼斯般纵横交错的水路系统、豪华国际游艇、崭新的酒店和一流的餐厅。这座城市中的埃弗格雷斯港（Port Everglades）是世界上最繁忙的游轮港口之一，每天都有许多的大船离港，前往加勒比海、墨西哥和其他地方。

◉ 景点

劳德代尔堡海滩及海滨大道 海滩

（Fort Lauderdale Beach & Promenade; P 🚻 ♿ ⚤）劳德代尔堡的海滨大道用砖铺成，很宽阔，路边是成排的棕榈树。海滨大道沿海岸和A1A建设，吸引了许多跑步、玩单排轮滑、散步和骑车的人。白沙滩是美国最干净、最好的沙滩之一，沿着海滨通往劳德代尔堡，长达7英里，还有为家庭、同性恋者和狗狗准备的专用区域。

劳德代尔堡诺瓦东南大学美术馆 博物馆

（NSU Art Museum Fort Lauderdale; 954-525-5500; www.nsuartmuseum.org; 1 E Las Olas Blvd; 成人/儿童/学生 $12/免费/$8; ⏰周二至周六 11:00~17:00, 周四至20:00, 周日正午至17:00）佛罗里达著名建筑，造型富于曲线美，以William Glackens藏品展而闻名，还有其从北欧艺术到当代古巴艺术，再到美国流行艺术和当代摄影的各种展出，展品丰富。周四晚上，博物馆一直开放到深夜，举办讲座、电影播放和表演，在博物馆的咖啡馆里还有"欢乐时光"活动。这里还提供日间课程和专题研讨。登录网站了解详情。

★ 波内特宅邸 历史建筑

（Bonnet House; 954-563-5393; www.bonnethouse.org; 900 N Birch Rd; 成人/儿童 $20/16, 仅院子 $10; ⏰周二至周日 9:00~16:00）这个漂亮的种植园风格的建筑曾是艺术家和收藏家弗雷德里克（Frederic）和伊夫林·巴特利特（Evelyn Bartlett）的故居。现在这里充满艺术气息的房间和工作室已经对外开放。在房子的外面，占地35英亩的郁郁葱葱的亚热带花园保护着原始的岛屿生态系统，还是全国最好的兰花种植地之一。

Riverwalk
地标

（www.goriverwalk.com）你可以沿着蜿蜒的新河（New River）漫步于Riverwalk，从Stranahan House到布劳沃德表演艺术中心（Broward Center for the Performing Arts）。这里经常举办烹饪品尝和其他一些活动，漫步过程中会经过许多景点、餐馆和商店。

发现和科学博物馆
博物馆

（Museum of Discovery & Science; 954-467-6637; www.mods.org; 401 SW 2nd St; 成人/儿童 $16/13; 周一至周六 10:00~17:00，周日正午至18:00; ）在门口向你致敬的是一座52英尺高的动态雕塑。一些有趣的展览包括"小发明的世界"（Gizmo City）和"逃往火箭"（Runways to Rockets），后者实际上是关于火箭的科学介绍。此外还有一个关于大沼泽地的展览和一个IMAX影院。

🏃 活动

劳德代尔堡与佛罗里达礁岛群同属一片礁石生态系统。浮潜是一种很受欢迎的消遣方式，但在这儿，真正有趣的水上活动是在约20艘沉船的遗址之间进行50分钟的乘船游。潜水者可在Mercedes沉船遗址和天纳克塔（Tenneco Towers）——由退役钻井塔构成的人工礁石群——之间探索发现。软珊瑚生长茂盛，梭鱼、狗鱼和鹦嘴鱼在沉船残骸之间游来游去。

除了水下的风景，海滩上还可以看到从水上摩托到帆伞运动，再到深海捕鱼船等各种各样的东西。

★ Atlantic Coast Kayak Company
划皮划艇

（954-781-0073; www.atlanticcoastkayak.com; Richardson Historical Park Boat Dock, 1937 Wilton Dr; 每小时/半天 $16/40; 9:00~17:00）不想乘船游览的话，那么最好的选择是在理查森公园（Richardson Park）租一艘皮划艇，在Island City周围，沿着中央河（Middle River）的环形水道划行7.5英里（2.5至3小时）。日间之旅、日落之旅和月光之旅均提供基本的指导、美味的三明治和软饮料，出发日期固定。你所需要做的就是"出现"。

Sea Experience
划船、浮潜

（954-770-3483; www.seaxp.com; 801 Seabreeze Blvd; 浮潜 成人/儿童 $40/25; 10:15和14:15; ）你可以乘坐一艘40英尺的玻璃底船，沿着内海航道（Intracoastal）航行，然后进入海洋，到一处天然礁石里潜水。在海下10英尺到20英尺，你可以看到丰富的海洋生物。团队游持续2.5小时。同时也提供自主水下呼气器潜水游前往多个沉船遗骸景点。

Carrie B
划船

（954-642-1601; www.carriebcruises.com; 440 N New River Dr E; 团队游成人/儿童 $24/13; 团队游 11:00、13:00和15:00，5月至9月 周二和周三不出团）参加名为"有钱人的生活"的团队游（90分钟含讲解），登上这艘仿19世纪河船而建的船只，欣赏内海（Intracoastal）和新河（New River）沿岸的壮丽豪宅。团队游从SE 5th Ave 的Las Olas出发。

🛏 住宿

海滩沿岸有最绚烂多姿的酒店。当然，这些地方也是最贵的。沿内陆蜿蜒而行，你会发现不少颇有佛罗里达复古魅力的美丽小旅馆。如果想要找到更多经济划算的住宿，不妨前往Lauderdale-by-the-Sea小镇。

Tranquilo
汽车旅馆 $$

（954-565-5790; www.tranquilofortlauderdale.com; 2909 Vistamar St; 周日至周四 房$149~174，周五和周六 $189~194; ）这座20世纪50年代的复古汽车旅馆经过纯白刷墙的翻修，物美价廉，适合家庭入住。房间分布在三栋建筑中，每个房间都有自己的游泳池，其中一些房间还有新翻修过的厨房，提供户外烤架和洗衣服务。旅馆提供前往海滩的免费接送服务。

B Ocean Resort
酒店 $$

（954-524-5551; www.bhotelsandresorts.com/b-ocean; 1140 Seabreeze Blvd; 房 $150起; ）这家酒店位于Seabreeze Blvd的南端，横跨城里最受欢迎的南部海滩。大多数房间都能让人轻松欣赏到海景，宽敞通风。酒店由M.托尼·谢尔曼（M Tony Sherman）于

1956年建造，看起来就像是一艘被拴在人行道上的巨型游轮。

★ W Fort Lauderdale 酒店 $$$

(954-414-8200; www.wfortlauderdalehotel.com; 401 N Fort Lauderdale Beach Blvd; 房$284起; P❋@🅢) 酒店外观就像是两个巨大的帆，而里面看起来像是詹妮弗·洛佩兹（Jennifer Lopez）的MV背景。名流喜欢住在这里——穿上你的细跟鞋/系上你的细领带，加入他们吧。宽阔的大堂秉承休闲的宗旨，有一个银色和浅绿色的休息区，一个灯光颇具氛围的酒吧，还有一个摆着藤条椅子的露台。

★ Lago Mar Resort 度假村 $$$

(954-523-6511; www.lagomar.com; 1700 S Ocean Lane; 房$300~700; P❋@🅢) 坐落在南部海滩的南端，这个奇妙的非企业性质的度假村设施非常齐全：一个私人海滩、宏伟的大堂、宽敞的岛形房间、全方位服务的水疗中心、好几家餐馆、热带植物之间的潟湖式游泳池，以及各种私人设施。（千万别把它和特朗普总统的海湖庄园Mar-a-Lago混为一谈。）

✖ 就餐

劳德代尔堡的饮食深受该地区大量的意大利裔美国人的影响，不过，现在越来越以其休闲时髦以及"从农场到餐桌"的饮食文化而闻名。Las Olas Blvd有很多就餐地点，尤其是在5th Ave和16th Aves之间，但这些地方可能会有很多游客。

Lester's Diner 美式小馆 $

(954-525-5641; www.facebook.com/lestersdiner; 250 W State Rd 84; 主菜 $4~17; ⊙24小时; 🅟) Lester's Diner作为一家经济小吃店，自20世纪60年代以来就深受人们的欢迎。从打着电话的商人到俱乐部会员，或有三任丈夫的蓝发女郎，再到凌晨4点要吃薄煎饼的旅行作家，许多人都喜欢来这里吃饭。

Green Bar & Kitchen 严格素食 $$

(954-533-7507; www.greenbarkitchen.com; 1075 SE 17th St; 主菜 $8~12; ⊙周一至周六 11:00~21:00, 周日 至15:00; 🅟) 这家现代素食餐馆位于一条商业街上，里面有许多香气四溢的创新菜肴。在这里，代替意大利烤宽面条，他们提供的是西葫芦的薄片加意大利乳清干酪和干番茄。杏仁牛奶代替了冷榨水果冰沙中的乳制品，而美味的腰果杯也物有所值。

★ Burlock Coast 各国风味 $$$

(954-302-6460; www.burlockcoast.com; Ritz Carlton, 1 N Fort Lauderdale Beach Blvd; 主菜 $14~40; ⊙周一至周五 7:00~22:00, 周六和周日 正午至17:00) 坐落在漂亮的丽思卡尔顿酒店（Ritz Carlton Hotel）里面，这个别致的休闲餐厅巧妙地为不同人带来不同的体验：它是咖啡馆，是酒吧，是市场也是高档餐厅。菜单被精心设计成了对当地的农民和商贩的颂歌。菜单随季节变化，提供各国风味，如黑松露五花肉，或者简单的炸鱼和薯条。

15th Street Fisheries 海鲜 $$$

(954-763-2777; www.15streetfisheries.com; 1900 SE 15th St; 主菜 酒吧 $6~16, 餐馆 $26~38; 🅟) 隐藏在劳德代尔码头（Lauderdale Marina）的餐厅，有一处开放式的露台，可以看到往返的游艇。水滨的就餐环境无懈可击。木制的内部装饰使它看起来像是一个老式佛罗里达的船屋。楼上有一个精美的餐厅和一个令人放松的码头酒吧，供应虾、蟹和烤鳉鳅鱼。

🍷 饮品和娱乐

劳德代尔堡酒吧的营业时间通常为周末至次日4:00，平时至次日2:00。在希姆马吉村（Himmarshee Village）地区的SW 2nd St，有一些不错的酒吧和小酒馆，而海滩上则有许多露天的饮酒地点。

★ Rok:Brgr 小酒馆

(754-525-7656; www.rokbrgr.com; 208 SW 2nd St; ⊙周一至周四 11:30至午夜, 周五和周六 至次日2:00, 周日 至23:00) 是这一地带的几家时尚酒吧和餐馆之一。Rok:Brgr刻意打造出一种20世纪20年代芝加哥时代的美食酒吧风格，而且相当成功。店内的爱迪生灯泡和当代工业作品更是增添了这种氛围，不过食物

LGBT的劳德代尔堡

没错,迈阿密的南部海滩确实是同性恋旅行者的圣地,但劳德代尔堡也非常有吸引力。与南海滩相比,劳德代尔堡更具包容性和多样性,也不排外。对于许多来这儿的男同性恋来说,无论是参加聚会,还是定居,都非常适合,这就是它的魅力所在。

劳德代尔堡有几十个同性恋酒吧和夜店,还有许多同性恋民俗,和一些同性恋住宅区。

维多利业公园(Victoria Park)是劳德代尔堡市中心东北部的一个著名的同性恋中心。再往北一点,威尔顿庄园(Wilton Manors)是近来备受中产阶级同性恋群体青睐的地区,这儿的夜生活丰富多彩。寻找Rosie's(☎954-563-0123; www.rosiesbarandgrill.com; 2449 Wilton Dr; ⊙11:00~23:00),一个低调的社区酒吧;The Manor(www.themanorcomplex.com; 2345 Wilton Dr; ⊙8:00至次日4:00),有全国知名的表演者和超棒的舞池;来Georgie's Alibi(www.alibiwiltonmanors.com; 2266 Wilton Dr; ⊙11:00至次日2:00)参加这里的最佳活动——Cashetta的周三戏剧之夜,Cashetta是一个出色的变装者。这里甚至还有一个皮革/熊/牛仔的重口味夜店,Ramrod(www.ramrodbar.com; 1508 Wilton Dr; ⊙15:00至次日2:00)。

同性恋民宿很多;登录www.gayftlauderdale.com查看详情。查看每周的时尚杂志《热门地点》(Hot Spots; www.hotspotsmagazine.com)了解最新的同性恋夜生活。欲了解所有同性恋活动的全面信息,请登录www.jumponmarkslist.com查看。

则是现代的——使用当地原料制作的美味汉堡,以及禁酒时期风靡的鸡尾酒。

★ Stache

鸡尾酒吧

(☎954-449-1044; www.stacheftl.com; 109 SW 2nd Ave; ⊙周一和周四 8:00~17:00,周五 8:00至次日4:00,周六 20:00至次日4:00)Stache是一间性感的20世纪20年代的酒吧,供应精心制作的鸡尾酒,酒吧混合播放着古典摇滚乐、放克音乐、灵魂音乐和蓝调音乐。周末有现场音乐表演、舞蹈表演和滑稽戏。请盛装出席。爵士乐迷也经常来这里演奏。

Blue Jean Blues

爵士乐

(☎954-306-6330; www.bjblive.com; 3320 NE 33rd St; 小吃 $9~17; ⊙周日至周四 11:00至次日2:00,周五和周六 至次日3:00)这个很酷的小社区酒吧远离海滩,你可以在这里享受一个低调的爵士乐和蓝调之夜。每天晚上和每周4个下午都有现场音乐表演,其中还有一个来自南佛罗里达著名音乐人的演出。从East Sunrise Blvd出发,往北走2.3英里,然后在NE 33rd Street左转即可到达。

❶ 实用信息

大劳德代尔堡会议中心和旅游局(Greater Fort Lauderdale Convention & Visitors Bureau; ☎954-7654466; www.sunny.org; 101 NE 3rd Ave, Suite 100; ⊙周一至周五 8:30~17:00)有很多关于大劳德代尔堡地区的旅游信息。

❶ 到达和当地交通

劳德代尔堡有自己的**国际机场**(FLL; ☎866-435-9355; www.broward.org/airport; 320 Terminal Dr)。

如果你驾车前往这里,南北方向的I-95公路和佛罗里达州收费公路(Florida's Turnpike)是通往劳德代尔堡的便利通道。I-595公路是主要的东西方向干道,它与I-95公路、佛罗里达收费公路和索格拉斯高速公路(Sawgrass Expressway)相交。它还可以连接I-75公路,通往佛罗里达的西海岸。

Sun Trolley(☎954-876-5539; www.suntrolley.com; 单次票价/1日通票 $1/3)在周五至周一的9:30至18:30在Las Olas和海滩之间运营。**Broward County Transit**(BCT; www.broward.org/bct; 单次票价/1日通票 $2/5)往返市中心、海滩和埃弗格雷斯港。从**Broward Central Terminal**(101 NW 1st Ave)出发,乘坐11路长途汽车可以到达上劳德代尔堡海滩和Lauderdale-by-the-Sea小镇;乘坐4路长途汽车可以到达埃弗格雷斯港;乘坐40路长途汽车可以到达17th St和海滩。

有趣的黄色**水上出租车**(☎954-467-6677; www.watertaxi.com; 1日通票 成人/儿童 $26/12)

沿着运河和水道向南到17th St，向北到Atlantic Blvd/Pompano Beach，向西到Riverwalk，向东可到大西洋。还有前往好莱坞（每人 $15）的服务。

棕榈海滩地区（Palm Beach County）

棕榈海滩是美国第三富有的城市，拥有25位亿万富翁，每一寸土地都像是富人名流的娱乐场所：岸边林立着富丽堂皇的希腊罗马式豪宅；宾利和保时捷在市中心的宽阔大道上驰骋；街道干净得一尘不染。这里的生活围绕着慈善舞会、精品店购物和鸡尾酒午宴展开。这一切锦衣珠宝都让人觉得有点手足无措，但不要害怕——棕榈海滩的很多东西旅行者们还是可以负担得起的。你可以漫步在金色的黄金海岸海滩，欣赏A1A沿路的豪宅，或在Worth Ave观看橱窗里的商品，这些都是免费的。

如今，棕榈海滩经常出现在新闻中，因为美国总统唐纳德·特朗普（Donald Trump）的宅邸兼私人俱乐部海湖庄园（Mar-a-Lago）就在这里。

抛去浮华，这里的建筑和历史也十分迷人，你能够从中一窥19世纪末美国镀金时代人们的生活情况。

棕榈海滩 (Palm Beach)
👁 景点和活动

Worth Avenue 景区

（www.worth-avenue.com）在这个0.25英里的棕榈树成行的狭长地段，有200多家高端品牌店，就像东部的Rodeo Dr一样。其历史可以追溯到20世纪20年代，那时每周都会在Everglades Club（现在已经不复存在）举办时装表演，开启了如伊丽莎白·雅顿（Elizabeth Arden）等设计师的职业生涯。就算你对漂亮的包包一点都不感兴趣，至少观看人群是免费的，这里的西班牙复兴时期建筑也会让你不虚此行。

★ 弗拉格勒博物馆 博物馆

（Flagler Museum; ☎561-655-2833; www.flaglermuseum.us; 1 Whitehall Way; 成人/儿童 $18/10; ⊙周二至周六 10:00~17:00，周日 正午至17:00）这座博物馆坐落在由亨利·弗拉格勒（Henry Flagler）于1902年建造的宏伟豪宅Whitehall里，这座豪宅是当年送给他的新娘玛丽·莉莉·肯南（Mary Lily Kenan）的礼物。艺术设计学派的Whitehall是那个时代最时髦的住宅之一，很快就成为他们的冬季住宅。豪宅由约翰·卡瑞尔（ohn Carrère）和托马斯·哈斯廷斯（Thomas Hastings）设计，他们都是巴黎美术学院的学生，也合作过如纽约公共图书馆等其他镀金时代的许多地标建筑。这座精心设计的住宅共有75个房间，是第一个采用供暖系统的住宅。

★ Palm Beach Lake Trail 徒步、骑车

（Royal Palm Way, 在Intracoastal Waterway）棕榈海滩的第一条"道路"，沿着内海航道（Intracoastal Waterway）从Worth Ave（南部）一直到Indian Rd（北部），绵延5英里，为弗拉格勒酒店的客人们提供了伸展筋骨、结朋识友的场所。这条路的绰号是"The Trail of Conspicuous Consumption（炫耀性消费之路）"，两侧风景美得令人惊叹：西面是Lake Worth环礁湖，东面是无穷无尽的豪宅。

Palm Beach Bike Shop 骑车

（☎561-659-4583; www.palmbeachbicycle.com; Royal Poinciana Plaza, Cocoanut Row; ⊙周一至周六 9:00~17:30，周日 10:00~17:00）这家商店出租各种各样的轮式交通工具，包括自行车（每天$39）、溜冰鞋（每天$39）和摩托车（每天$100）。头盔需要额外支付$5。

🛏 食宿

Bradley Park Hotel 酒店 $$

（☎561-832-7050; www.bradleyparkhotel.com; 2080 Sunset Ave; 房$229，套$329~359; P❄🐾）中档酒店Bradley（建于1921年）有宽敞的金色调房间，其中一些还保有当时的特色，摆放着有趣又有个性的家具，带有厨房的房间感觉就像迷你公寓。酒店离Royal Poinciana Way的商店和餐厅只有一小段距离。

★ The Breakers 度假村 $$$

（☎888-273-2537; www.thebreakers.com; 1 S County Rd; 房/套 $699/2000起;

（[P][※][@][🛜][🏊][❄]）🍴最初由亨利·弗拉格勒（Henry Flagler；1904年，每晚$4，含餐）建造，如今这个拥有550个房间的度假村占地140英亩，拥有2000多名员工，来自天南海北，能讲56种语言。这座宫殿距离该县最好的浮潜地点只有几步之遥，酒店内部还有两个18洞的高尔夫球场，一英里的丰私人海滩，四个游泳池，这里还提供周边最美味的早午餐。

Surfside Diner　　　　　　　美式小馆、早餐 $

（☏561-659-7495；314 S County Rd；主菜 $8~12；⊙8:00~15:00）这是一家经过重建的经典美式小馆，供应城里较好的早午餐。煎饼、鸡肉早餐玉米卷饼和法式吐司都很好吃。午餐有健康的烤奶酪和番茄汤、培根、生菜、番茄三明治、花生黄油果酱三明治和迷你汉堡。

★ Būccan　　　　　　　新派美国菜

（☏561-833-3450；www.buccanpalmbeach.com；350 S County Rd；主菜 $18~45；⊙周日至周四17:00至午夜，周五和周六17:00至次日1:00）Būccan是棕榈海滩的热门餐馆，这里供应新派美国菜，由获得詹姆斯·比尔德奖提名的主厨克莱·康利（Clay Conley）掌舵。这里的小拼盘备受欢迎，包括酸橘汁腌鲷鱼、章鱼塔博勒沙拉和摩洛哥鸡肉。最好提前预订。

★ Café Boulud　　　　　　　法国菜 $$$

（☏561-655-6060；www.thebraziliancourt.com；301 Australian Ave；主菜 $16~46，定价套餐 午餐/晚餐 $32/48；⊙咖啡馆 7:00~22:00，酒吧至午夜）这家餐厅由著名的纽约大厨丹尼尔·布吕德（Daniel Boulud）创立，是棕榈海滩为数不多的真正配得上其天价消费的地方之一。温暖的餐厅和露台为丰富的经典法式和创意菜肴锦上添花，所有这些都展示了Boulud的精致和巧妙。

🍷 饮品和娱乐

Leopard Lounge　　　　　　　休闲酒吧

（www.chesterfieldpb.com；363 Cocoanut Row；⊙6:30至次日1:00）这个时髦的金黑红三色建筑吸引着成熟男女，偶尔还会有名人（不允许拍照或索要签名）造访。每晚都有现场爵士乐和古典音乐的混合表演。

Society of the Four Arts　　　　　　　表演艺术

（☏561-655-7226；www.fourarts.org；2 Four Arts Plaza）这里的音乐会系列包括歌舞表演、棕榈海滩交响乐团、室内管弦乐团、弦乐四重奏乐团和钢琴表演。

ⓘ 实用信息

商会（Chamber of Commerce；☏561-655-3282；www.palmbeachchamber.com；400 Royal Palm Way, Suite 106；⊙周一至周五 9:00~17:00）提供优秀的地图和许多旅游小册子。可以考虑下载《棕榈海滩指南》App。

ⓘ 到达和当地交通

Palm Tran（http://discover.pbcgov.org/palmtran；每次 $2，1日通票 $5）的41路公交车路线覆盖了整个岛屿，可以从Lantana Rd前往Sunrise Ave；在Publix转1路公交车沿US 1公路前往北部或南部。单程票价是成人/儿童 $2/1。想要到达西棕榈海滩的棕榈海滩国际机场（Palm Beach International Airport；见544页），可以乘坐41路公交车到市中后，转乘44路公交车。

虽然棕榈海滩是一个相当紧凑的城市，但市中心分别以Royal Poinciana Way和Royal Poinciana Way为中心的两个主要街区相距甚远。

西棕榈海滩（West Palm Beach）

当亨利·弗拉格勒决定开发现在为西棕榈海滩的这块土地时，他清楚地知道它将会变成什么样子：一个工人阶级的社区。工人们则能够帮他建造堤道上那个闪闪发光的度假小镇。因此，这对"兄弟"就诞生了——棕榈海滩（相对更漂亮的）和西棕榈海滩（工作娱乐两不误的）。西棕榈海滩上拥有各种各样的餐馆、友好的居民（有一个团结的同性恋社区）和一条美丽的水道——似乎永远都能映衬出完美的星光。

⊙ 景点和活动

★ 诺顿艺术博物馆　　　　　　　博物馆

（Norton Museum of Art，☏561-832-5196；www.norton.org；1451 S Olive Ave；成人/儿童 $12/5；⊙周二至周日 正午至17:00）在调研期

间，这座佛罗里达最大的艺术博物馆（由建筑师诺曼·福斯特设计的）进行了一次重大的革新。它于1941年开放，展示了实业家拉尔夫·哈伯德·诺顿（Ralph Hubbard Norton）和他的妻子伊丽莎白（Elizabeth）的丰富艺术收藏。诺顿的永久收藏有5000多件（包括马蒂斯、沃霍尔和奥基夫的作品），以及来自中国、前哥伦布时期的墨西哥和美国西南地区的重要文物，还有一些精彩的当代摄影展和定期巡回展览。

南佛罗里达科学中心和水族馆　博物馆

（South Florida Science Center & Aquarium; ☎561-832-1988; www.sfsciencecenter.org; 4801 Dreher Trail North; 成人/儿童 $16/11.50; ◎周一至周五 9:00~17:00, 周六和周日 10:00~18:00）这是一个小型实践科学中心、水族馆和天文馆的集合，有周末项目、旅行展览、科学小径、迷你高尔夫和蝴蝶园。在每个月的最后一个星期五，博物馆一直开放到21:00，以便你在这个县里唯一的公共天文台（如果天气允许的话）观看夜空。价格根据展览变化。

皮纳特岛　岛屿

（Peanut Island; http://discover.pbcgov.org/; ◎周四至周日 11:00~16:00）在西棕榈海滩的东北角的一个小岛，皮纳特岛是在1918年通过疏浚工程建成的。最初被命名为"入口岛（Inlet Island）"，但由于1946年一次花生油航运的失败而被重新命名。然而，这里最为知名的是**防核辐射掩体**（☎561-723-2028; www.pbmm.info; 成人/儿童 $17/12; ◎周四至周六 11:00~16:00），它是在古巴导弹危机期间为约翰·肯尼迪总统建造的，现在由棕榈海滩事博物馆管理运营。

急流城水上公园　水上公园

（Rapids Water Park; ☎561-842-8756; www.rapidswaterpark.com; 6566 North Military Trail, Riviera Beach; 工作日/周末 $43/48; ◎10:00~17:00）南佛罗里达州最大的水上乐园，在30英亩的乐园里有各种有趣刺激的水上项目。千万别因为"Big Thunder"滑道传来的尖叫把你吓得不敢玩，其实这个项目非常有趣。停车需额外支付$10。

🛏 住宿

Hotel Biba　汽车旅馆 $

（☎561-832-0094; www.hotelbiba.com; 320 Belvedere Rd; 房 $149~179; ❄🐾 ）这家汽车旅馆的房间为素白色，设施略简单，整体有点单调，但它可能是周边相对划算的住宿选择。旅馆的位置很好——距离内海航道只有一个街区，坐落在El Cid区的边缘。如果你需要的只是一张床，那这里足够干净、足够整洁。

★ Grandview Gardens　民宿 $$

（☎561-833-9023; www.grandview-gardens.com; 1608 Lake Ave; 房 $229起; P❄🐾 ）在这个温馨的私人度假村预订吧，很快你就会觉得自己像个当地人。度假村就藏在霍华德公园（Howard Park）里的一个热带花园中，宽敞的套房里有锻铁四柱床，推开法式落地玻璃门就可以来到游泳池露台。

🍴 就餐

Johan's Jöe　咖啡馆 $

（Swedish Coffee House & Cafe; www.johansjoe.com; 401 S Dixie Hwy; 主菜 $9~13; ◎7:00~18:00）如果你能看懂菜单上的变音符记（为了好玩而标记在英文单词上），你会发现菜单上有一系列可口的糕点和蛋糕。不过，甜品可不是这里唯一的招牌食品，更有腌鲱鱼、瑞典肉丸、正宗的瑞典沙拉和三明治等，不容错过。

Darbster　严格素食 $$

（☎561-586-2622; www.darbster.com; 8020 S Dixie Hwy; 主菜 $14~20; ◎周二至周五 17:00~22:00, 周六 10:30~15:00和17:00~22:00, 周日 至21:00）这家餐厅在很多方面都极具特色：位于小镇以南5英里，在棕榈海滩运河旁边S Dixie Hwy上一个看似格格不入的地方，菜单是百分之百的纯素食；所有的盈利都用于动物保护基金。无论是穿着勃肯鞋的嬉皮士还是戴着钻石的棕榈海滩富豪，都会被吸引过来用餐。

★ Table 26 Degrees　新派美国菜 $$$

（☎561-855-2660; www.table26palmbeach.com; 1700 S Dixie Hwy; 主菜 $26~41; ◎周一至周六 11:30~14:00, 周日至周三 16:30~22:00,

周四至周六16:30~23:00)不要被这家精致餐厅的价格吓到。这里到处是前来用餐的本地人,他们在这儿畅谈,高兴得频频碰杯。人们喜欢这里的酒吧(欢乐时光是每天的16:30~18:30),还有美味的分享拼盘和来自海陆空各种食材的主菜划分食谱,以及手工制作菜肴(例如炸鸡和汉堡)。

🍷 饮品和娱乐

The Pawn Shop Lounge　　　　夜店

(www.pawnshopwpb.com; 219 Clematis St; 翻唱$10; ⊙周二至周四17:00至次日3:00,周五和周六 至次日4:00)这家夜店常有名人出没,前身是迈阿密舞蹈俱乐部,也曾是Dr Feelgood乐队的演出场地。特色是类似典当行的装饰,以及一个与实际大小一样的摩天轮和由Mack卡车改装成的DJ台。DJ、舞者和灯光秀让派对轰鸣到次日3:00,而长达175英尺的吧台上酒水不断。

HG Roosters　　　　同性恋酒吧

(www.roosterswpb.com; 823 Belvedere Rd; ⊙周日至周四15:00至次日3:00,周五和周六 至次日4:00)作为西棕榈海滩不断壮大的同性恋群体的主要活动场所,这家酒吧自1984年以来就一直上演着年轻男舞者的热辣表演,还提供宾果游戏和美味鸡翅。

Respectable Street　　　　现场音乐

(www.respectablestreet.com; 518 Clematis St)20多年来,Respectables一直吸引着优秀的乐队从南加利福尼亚来此演出。每年10月,这里还举办Moon Fest——市里最好的街区派对。出色的DJ表演、香醇烈酒以及让人沉醉于习习微风的户外露台为这里增色不少。看看你能不能找到红辣椒乐队(Red Hot Chili Peppers)的主唱安东尼·基耶蒂斯(Anthony Kiedis)表演时在墙上砸出的洞。

国际马球俱乐部　　　　观赏运动

(International Polo Club; ☎561-204-5687; www.internationalpoloclub.com; 3667 120th Ave S, Wellington; 普通门票$10,草坪座位$30起; ⊙1月至4月 周日)国际马球俱乐部从1月到4月,举办为期16周的马球赛事和表演。作为世界上首屈一指的马球设施之一,国际马球俱乐部不仅会聚了最顶尖的马球选手,也吸引了本地和国际的上层人士前来观赛,他们享用着含有香槟的早午餐(门票$125),时不时地侧首高呼庆祝。快来加入他们吧!

❶ 实用信息

《棕榈海滩邮报》(Palm Beach Post; www.palmbeachpost.com)是当地最大报刊。

棕榈海滩游客发现中心(Discover The Palm Beaches Visitor Center; ☎561-233-3000; www.thepalmbeaches.com; 2195 Southern Blvd, Suite 400; ⊙周一至周五 8:30~17:30)提供大量关于当地的信息、地图和在线指南。

❶ 到达和当地交通

棕榈海滩国际机场(Palm Beach International Airport; PBI; ☎561-471-7420; www.pbia.org; 1000 James L Turnage Blvd)有各大航空公司提供的客运服务和小汽车租赁公司的服务。机场位于I-95公路以西大约1英里处的Belvedere Rd上。Palm Tran(见542页)的44路公交车提供往返机场、火车站和市中心之间的服务($2)。

灰狗(☎561-833-8534; www.greyhound.com; 215 S Tamarind Ave; ⊙6:00~22:45)、**三线轻轨**(☎800-875-7245; www.tri-rail.com; 203 S Tamarind Ave)和**美国国家铁路公司**(☎800-872-7245; www.amtrak.com; 209 S Tamarind Ave)共用一栋车站大楼,即历史悠久的海滨火车站(Seaboard Train Station)。Palm Tran的44路公交车也开往这个火车站(从机场出发)。

一旦你找好住的地方,交通不是难事。还有从Clematis St到CityPlace的电车,漂亮又方便(是免费的),每天11点发车。

大沼泽地(The Everglades)

大沼泽地是美国最与众不同的自然原始之地。这里被美国原住民称为"绿草之河"(River of Grass"。大沼泽地不仅仅是一个湿地、沼泽、湖泊、河流、牧场或草原——它汇集上述所有景物,将它们融合在一起,形成一幅柔和的画面。面对着长长的远景,你的视野会被美丽的日落和健康的远古爬行动物覆盖。

美洲蛇鸟振翅而后曲颈潜入水中,蓝色苍鹭缓慢而有节奏地拍打着翅膀在其领域滑翔,阳光透过矮斜柏树构成的穹顶,在绵延数英里的锯齿草上洒下微微的光芒,你会发现这个公园是如此的壮丽、威严。在一个充满摄人心魄的自然美的国家里,大沼泽地是一个如此令人心旷神怡的地方。

大沼泽地国家公园
(Everglades National Park)

这片辽阔的荒野(☎305-242-7700;www.nps.gov/ever; 40001 SR-9336, Homestead;车辆通行证$25,骑自行车$8;◎游客中心9:00~17:00;🅿)占地150万英亩,是美国最辽阔的自然保护区之一。作为南佛罗里达洲最具吸引力的目的地,这里有许多可看可做的事情。你可以窥探在正午的阳光下晒太阳的鳄鱼,还有蓝色苍鹭就在附近水域耐心地寻找猎物;或是在错综复杂的红树林水渠间和平静的湖面上划皮划艇;抑或在柏树穹顶下来一场"泥沼探险",蹚过没过膝盖的泥水。你可以在日出时伴随着鸟鸣在木板路上漫步;或者在月光下一窥鳄鱼是如何在狭窄的通道里优雅地游动寻找晚餐。这里有山野露营地、自行车骑行游和护林员带领的各种活动,妙趣横生。你将面临的最大挑战就是不知从何处玩起。

公园有三个主要入口,分为三个主要区域:一个沿着东南边缘,在霍姆斯戴德和佛罗里达城(欧内斯特·科地区Ernest Coe section)附近;另一个位于中北侧,在坦米阿密路(Tamiami Trail;鲨鱼谷地区);最后一个位于西北海岸(美国墨西哥湾沿岸地区),经过大沼泽地市。公园里的鲨鱼谷和墨西哥湾沿岸两个区域相连,但欧内斯特·科区域是完全独立的。

门票包括整个公园,有效期为7天。由于坦米阿密路是一条公路,因此除了鲨鱼谷外没有可以从这条公路直接进入公园的路口。在公园的南部,有一个配备工作人员的检查站,管理从欧内斯特·科地区到火烈鸟(Flamingo)入口之间的道路上的所有景点。

公园提供三种野外露营地(☎239-695-2945, 239-695-3311; www.nps.gov/ever/planyourvisit/backcamp.htm):一类是海滩营地,位于沿海的贝壳海滩和万岛群岛(10,000 Islands);一类是陆地营地,主要是红树林间堆砌的土堆;最后一类是棕榈叶顶棚屋,一种木架结构棚屋,比水平面要高,你可以在里面另搭一个不用钉的帐篷。棕榈叶顶棚屋带厕所,是相对最文明的露营地了,睡觉时仿佛躺在自由飘荡的木筏上一般舒适,为你带来一夜好眠。陆营地往往蚊虫较多。

如果你在周围划船游览时发现了一处适合露营却非指定露营地的地方,一定要当心,这样的地方涨潮时可能会被淹没。

从11月到次年4月,野外露营许可证的费用为$15,外加每人每晚$2;从5月到10月,露营地免费开放,但你同样需要在火烈鸟游客中心和美国墨西哥湾沿岸地区游客中心自行登记,或致电☎239-695-2945进行登记。

前往偏僻地区露营的一些建议:

➡ 用巴掌大小的防浣熊容器(设备商店有售)储备食物。

➡ 把排泄物埋在地下至少10英寸之处,但是要留意有些露营地的草皮非常坚硬。

➡ 使用户外专用炉子做饭。只有海滩营地允许生火,而且只能燃烧枯木和掉落的树枝。

➡ 进入公园之前先了解相关规定。如果你打算前往大沼泽地南部,首选是霍姆斯戴德或佛罗里达市。如果你打算前往坦米阿密路,可以在迈阿密或西郊备货。

❶ 到达和当地交通

从迈阿密前往这里很方便。大沼泽地占据了佛罗里达州最南端,与迈阿密相距80多英里,东临大西洋,西接墨西哥湾。东西向的坦米阿密路(Tamiami Trail, Hwy 41)与其北侧的Alligator Alley (I-75州际公路)平行,后者虽然更靠北一些,但不如前者有趣。

要顺利地进入大沼泽地,你需要有一部车子。在公园里游览必须要穿一双适合行走的靴子。划独木舟或皮划艇也不错,公园内外都有租赁的地方。你可以参加带导游的独木舟和皮划艇团队游。大沼泽地国家公园内公路平坦,特别是欧内斯特和火烈鸟之间的路,适合骑车。此外,公园边缘的公路很窄,非常危险。

大沼泽地周边
（Around the Everglades）

比斯坎国家公园
（Biscayne National Park）

大沼泽地国家公园东边就是比斯坎国家公园（Biscayne National Park；☎305-230-1144，乘船 786-335-3644；www.nps.gov/bisc；9700 SW 328th St；乘船 成人/儿童 $35/25；⊙7:00～17:30），或者说比斯坎是大沼泽公园5%的水上部分。就在这里，在靠近佛罗里达州海岸的地方，沿着红树林和最北端的佛罗里达礁岛群，生长着一部分世界第三大珊瑚礁群。

比起名声更大的大沼泽地，比斯坎更需要做一番规划，但你的付出绝对是值得的。近海的礁岛群只能乘船到达，岛上有许多原始的露营地。一般来说，夏季和秋季是游览公园的最佳时间，而且风平浪静之时非常适合浮潜。在美国，除夏威夷和大礁岛（Key Largo）周边外，这里是观赏珊瑚和进行浮潜的最佳地点。

这个占地300平方英里的独特公园非常适合自己划独木舟，或参加乘船之旅。在Elliott和Boca Chita Keys，可以体验原始露营（露营地 每晚 $25，5月至9月 免费），但需要乘船才能到达。黑蝇（小苍蝇）非常多，被黑蝇叮咬会相当难受。确保你的帐篷没有小缝隙。

❶ 实用信息

Dante Fascell游客中心（Dante Fascell Visitor Center；☎305-230-1144；www.nps.gov/bisc；9700 SW 328th St；⊙9:00～17:00）位于Convoy Point，有介绍公园概况的影片，非常棒。还提供地图、公园信息和护林员引领的有趣活动。周围的场地适合周末和节假日期间进行野餐，特别适合从霍姆斯戴德来的家庭游客。此外，还有当地艺术作品展。

❶ 到达和当地交通

如果想要到达这里，你需要沿着SW 328th St（North Canal Dr）向霍姆斯戴德东部行驶约9英里，驶过一长串黄色和油绿色交织的平地和沼泽。

霍姆斯戴德和佛罗里达市
（Homestead & Florida City）

刚到霍姆斯戴德及其南边2英里外的佛罗里达市时，你可能会感觉平淡无奇。作为迈阿密南部不断扩大的一部分，这里感觉就像由许许多多大型购物中心、快餐店、汽车经销店和加油站构成的喧嚣地带。不过，透过表面你会发现这里有更多有趣之处：由热恋中的移民独自建造的"城堡"、外来物种动物救援中心、展示佛罗里达本地酒的酿酒厂（提示：不是葡萄酒）、新兴微酿酒厂，以及美国最好的农产品直销店。更不用提这个地区是前往大沼泽地国家公园的最佳落脚点啦。

◉ 景点和活动

★ 珊瑚城堡
城堡

（Coral Castle；☎305-248-6345；www.coralcastle.com；28655 S Dixie Hwy；成人/老年人/儿童 $18/15/8；⊙周日至周四 8:00~18:00，周五和周六 至20:00）粗糙的菱瓦墙上刻着："你将见证非凡成就（You will be seeing unusual accomplishment）"。其实这样说都过于保守了。再也找不出比佛罗里达州南部这里更奇异、更古怪的地方了。传说有云：一个拉脱维亚人在婚礼上被拒绝了。后来他来到美国并在佛罗里达州定居。他在深夜独自雕刻，雕出了这个象征单相思的纪念碑。

大沼泽地边区
野生动物保护区

（Everglades Outpost；☎305-562-8000；www.evergladesoutpost.org；35601 SW 192nd Ave, Homestead；成人/儿童 $12/8；⊙周一、周二和周五至周日 10:00~17:30，周三和周四 预约）大沼泽地边区收留、喂养并照顾那些在非法贸易中被捕起、遭人虐待、受到忽视或被人捐赠的野生动物。栖息于此的动物居民包括一只狐猴、一匹狼、一头黑熊、一匹斑马、数条眼镜蛇、数只鳄鱼和一对凶猛的老虎（其中一只被一名脱衣舞女买下，她认为可以带着它一起表演）。门票收入会用来救助这里的动物。

Garls Coastal Kayaking Everglades
划皮划艇

（www.garlscoastalkayaking.com；19200 SW

344th St, Homestead; 单人/双人 皮划艇 每天 $40/55, 半天/全天 团队游 $125/150)该装备店归Robert Is Here (☎305-246 1592; www.robertishere.com; 果汁 $7~9; ◎8:00~19:00)，水果摊所有。他们组织的前往大沼泽地的旅行好评如潮。持续一整天的户外活动从徒步开始（更多的是在茂密的柏树穹顶下进行的湿地徒步），接着是在红树林和佛罗里达湾（Florida Bay）划皮划艇，如果时间允许的话，还可以进行夜间徒步。

食宿

★ Everglades International Hostel

青年旅舍 $

(☎305-248-1122; www.evergladeshostel.com; 20 SW 2nd Ave, Florida City; 露营 每人 $18, 铺 $30, 双 $61~75, 套 $125~225; P❄️🌐)这家热情好客的青年旅舍位于一个建于20世纪30年代的寄宿公寓里，紧凑而舒适，有宿舍、单间和"半单间"(宿舍里的一个独立房间，和宿舍的住客共用一间浴室)，性价比很高。最大的亮点是改建后的后院，造型极具创意。

Gator Grill

美国菜 $

(☎786-243-0620; 36650 SW 192nd Ave, Homestead; 主菜 $9~16; ◎11:00~18:30)不论你是正要去还是刚刚结束参观大沼泽地国家公园，Gator Grill都是一个方便的就餐点，简单的白色棚屋下，摆着几张野餐桌。你可以品尝到"全鳄宴"，这里有鳄鱼肉塔可饼、炒鳄鱼肉、鳄鱼肉烤串，甚至还有装在篮筐里奉上的烤全鳄。

ⓘ 实用信息

你可以从以下信息中心处获取景点、住宿和餐饮的相关建议。

商会 (Chamber of Commerce; ☎305-247-2332; www.southdadechamber.org; 455 N Flagler Ave, Homestead; ◎周一至周五 9:00~17:00)

热带大沼泽地游客协会 (Tropical Everglades Visitor Association; 160 N 1st St, Florida City; ◎周一至周六 8:00~17:00, 周日 10:00~14:00)

ⓘ 到达和离开

霍姆斯戴德有周末免费的**有轨电车服务** (☎305-224-4457; www.cityofhomestead.com; ◎12月至次年4月 周六和周日)，从Losner Park (霍姆斯戴德市中心)出发到大沼泽地国家公园的**皇家棕榈游客中心** (Royal Palm Visitor Center; ☎305-242-7700; www.nps.gov/ever; State Rd 9336; ◎9:00~16:15)。电车还往返于Losner Park和比斯坎国家公园。请致电咨询最新发车时间。

坦米阿密路 (Tamiami Trail)

Calle Ocho位于迈阿密的小哈瓦那，恰好在坦米阿密路/Hwy 41的东端。Hwy 41公路横穿大沼泽地，通达墨西哥湾。沿着Hwy 41往西走吧，年轻的游客，几十英里后，迎接你的将是一番新的天地——一个激情燃烧的世界。这趟旅程将带你进入公园的北部边缘，途中会经过沼泽森林的狭长地带，遇见赌场、大沼泽旅游团、美食摊点，还有其他佛罗里达的传统特色。

沿着西边走，你会看到大片大片的松林和一个个沼泽游广告牌。汽船游是探索大沼泽地的老式玩法（顺便提一下，可以参加那个有文身、穿迷彩的Skynyrd粉丝组织的游览），当然除此之外还有许多其他探索这个公园的方式。

◉ 景点和活动

法喀哈契滨海保护区

公园

(Fakahatchee Strand Preserve; ☎239-695-4593; www.floridastateparks.org/fakahatcheestrand; 137 Coastline Dr, Copeland; 车辆/行人/自行车 $3/2/2; ◎8:00至日落; P♿)法喀哈契滨海保护区不仅名字奇特，这里面积约100平方英里的河口湿地活脱脱像是《侏罗纪公园》里的场景，2000英尺的木板路穿过这片湿润的荒野仙境，美洲豹在漆黑的水域伺机捕食猎物。虽然发现美洲豹的可能性不大，但你到处都能看到盛放的兰花、各种鸟类和爬行动物，小到蜥蜴，大到张着血盆大口的短吻鳄。

Shark Valley Tram Tour

团队游

(☎305-221-8455; www.sharkvalleytramtours.com; 成人/12岁以下儿童/老人 $22/19/12.75; ◎5月至12月 9:30, 11:00, 14:00, 16:00, 1月至4月 9:00~16:00的每个整点)沿着15英里长的

另辟蹊径：环路

这条24英里长的环形路，紧邻坦米阿密路（Hwy 41），沿途有一些独特的风景。第一：密克苏基（Miccosukee）部落的住宅，相当一部分已经靠博彩业的收入进行了扩建。你会看到一些传统的棕榈叶顶棚屋风格的小屋，还有一些带有巨大侧翼的拖车式活动房屋，比原平的可更大得多——前面似乎还停着一辆辆崭新的皮卡车。第二，有绝佳的停车地点，可以观察被水淹没的树林。那里有像翼龙般的白鹭栖息在树上，下面的水里是悄然潜行的短吻鳄。第三：挂有邦联旗帜的，张贴"远离我的财产（Stay off my property）"标志牌的房屋，这些房屋和沼泽一样都是风景的一部分。第四：路程短而风景优美的丛林小径——树蜗牛吊床自然小径（Tree Snail Hammock Nature Trail）。虽然没有铺设路面，但这条小径路况良好，非常适合两驱车行驶。之所以称之为"环路"，是因为这条路会返回坦米阿密路。要想在环路上来一场轻松愉悦的短途旅行，可以再预留一至两个小时。

沥青马路游览两小时，这个团队游让你在冬季能见到许多短吻鳄。领队是知识渊博的公园护林员，为你绘声绘色地讲解迷人的大沼泽地。

实用信息

鲨鱼谷游客中心（Shark Valley Visitor Center；305-221-8776；www.nps.gov/ever/planyourvisit/svdirections.htm；国家公园门票 车辆/自行车/行人 $25/8/8；⊙9:00~17:00）提供关于大沼泽地的信息的好地方，包括小径路线、观看野生动物和护林员组织的免费活动。

大沼泽地市（Everglades City）

在乔科洛斯基湾（Chokoloskee Bay）的边缘，你会发现昔日的佛罗里达渔村，那里有许多吊脚屋、碧绿的海水和星罗棋布的混着祖母绿的红树林岛屿。"市"对大沼泽地而言有些夸大了，不过，在这个友好的捕鱼小镇里，两三天的时间在不经意间就度过了。其间你将发现一些有趣的昔日"痕迹"，例如一个很棒的地区博物馆。

Hwy 29公路向南穿过城镇，进入小巧而宁静的乔科洛斯基居住island，在那里可以看到万岛群岛的水上荒野。参加从大沼泽地市或乔科洛斯基出发的乘船游，来探索这片原始的自然吧。

◉ 景点和活动

★ 大沼泽地博物馆 　　　　　博物馆
（Museum of the Everglades；239-695-0008；www.evergladesmuseum.org；105 W Broadway；⊙周一至周六 9:00~16:00；P）**免费** 户外活动休息间隙，千万不要错过这个由热心的志愿者运作起来的小型博物馆，他们可是对这个地区的历史了如指掌。博物馆坐落在镇上一个洗衣房旧址，展品探究从19世纪早期的拓荒者到20世纪20年代的繁荣时期，这一地区人类定居的历史、小镇经历的悲惨时刻（1960年唐娜飓风摧毁了这座小镇），以及随后的转变，最终变成了这个宁静的独立之地的发展历程。

万岛群岛　　　　　　　　　群岛

大沼泽地的宁静略带些荒凉，却葱郁、热情而令人生畏。感受这种宁静的最佳方式之一，便是沿着万岛群岛的公园西北部的水道划船游览。万岛群岛由许多小岛组成（但非真的有一万个），其间还有一个环抱佛罗里达最西南端的红树林沼泽。

Everglades Adventures 　　划独木舟
（877-567-0679；www.evergladesadventures.com；107 Camellia St；3/4小时 团队游 $89/99起，独木舟/皮划艇出租 $35/49起）如果想要真正地体验大沼泽地，没有什么比划船游更合适的了。这家户外用品店备受好评，提供各种皮划艇半日游，可在日出时划船游览，也可在日落时分泛舟红树林，返回时收获一片浪漫浩瀚的星空。

🛏 食宿

Outdoor Resorts of Chokoloskee 　　　　　汽车旅馆 $
（239-695-2881；www.outdoorresortsof

chokoloskee.com; 150 Smallwood Dr, Chokoloskee; 房 $119; ❋ ❀）这家汽车旅馆位于乔科洛斯基岛最北端，因设施齐全、性价比极高而颇具吸引力。旅馆内设有好几个游泳池、热水浴缸，还有网球场和沙壶球、健身中心，并提供租船服务。汽车旅馆风的房间条件较为简单，带有小厨房，屋后露台可俯瞰码头风景。

Everglades City Motel　　汽车旅馆 $$

（☎239-695-4224；www.evergladescitymotel.com；310 Collier Ave；房 $150~250；P ❋ ❀）翻新后的房间非常宽敞，配备各种现代设施（平板电视、冰箱、咖啡机）。工作人员非常热心，会帮你安排乘船游览，对于那些想要在万岛附近待上一段时间的人们来说，这里是一个性价比之选。

★Havana Cafe　　拉美菜 $$

（☎239-695-2214；www.havanacafeoftheeverglades.com；191 Smallwood Dr, Chokoloskee；主菜 午餐 $10~19，晚餐 $22~30；◎周一至周四 7:00~15:00，周五和周六 至20:00，4月中旬至10月中旬 歇业）Havana Cafe以拉美风味的鲜美海鲜而远近闻名。最受欢迎的午餐菜肴包括石蟹卷饼、米饭青豆配熏黑石斑鱼，以及古巴三明治。你可以在户外的棕榈树下，鸟语花香间，享受美食，更不用提这里热情的服务，让餐厅更具魅力。

Oyster House　　海鲜 $$

（☎239-695-2073；www.oysterhouserestaurant.com；901 Copeland Ave；主菜 午餐 $12~18，晚餐 $19~30；◎周日至周四 11:00~21:00，周五和周六 至22:00； ✎ ❀）除了为大沼泽地提供优质的海鲜（牡蛎、蟹、石斑鱼、军曹鱼、龙虾），这个熙熙攘攘的家庭经营餐馆还提供鳄鱼特色菜肴（鳄鱼塔克饼、什锦鳄鱼饭、炸鳄鱼拼盘）和简单的套餐（汉堡、油炸海鲜），甜点更是不容错过。小木屋风格的餐厅饰有复古小摆设和动物标本，让你有一种置身于森林深处之感。

ⓘ 实用信息

大沼泽地地区商会（Everglades Area Chamber of Commerce；☎239-695-3941；Hwy 41和Hwy 29交叉路口；◎9:00~16:00）这里有有关于该地区的基本信息。

ⓘ 到达和离开

这里没有公共交通。如果开车的话，从迈阿密向西行驶85英里即可到达。车程约1小时45分钟。

佛罗里达礁岛群（Florida Keys）

如果说佛罗里达是美国与众不同的州，那么，佛罗里达礁岛群就是与众不同的群岛。换言之，这里与其他地方大相径庭。佛罗里达礁岛群是想要远离大陆日常生活的人们的世外桃源。这里有什么呢？约113个红树林和沙洲构成的岛屿，在那里，炽热的阳光被遮挡在郁郁葱葱的红树林之外；有着狭长而壮观的软泥滩和潮汐带；有亚利桑那州般碧绿的海水；当然，还有一群自得其乐的奇人怪咖。

西礁岛仍然如其座右铭"同一个人类大家庭（One Human Family）"所言，是一个理想的宽容之地，相信顺其自然的道理，认为生活永远是一场聚会（大不了宿醉后再来）。这里的色彩好像水彩颜料被巴哈马门廊上的金色阳光浸润渲染过一般。欢迎来到美国的海角天涯。

ⓘ 实用信息

门罗县旅游发展委员会（Monroe County Tourist Development Council）的佛罗里达礁岛群和西礁岛旅游局（Florida Keys & Key West Visitors Bureau）有一个信息丰富的网站（www.fla-keys.com），上面有关于礁岛群的一切信息。

登录www.keysnews.com查看关于这些岛屿的每日在线新闻和信息。

ⓘ 到达和离开

前往这里的旅程本身就很有趣，但如果你运气不太好，可能会大失所望。想象一下，你正在进行一次热带岛屿穿梭游，从一个红树林遍地的岛屿前往另一个岛屿，开车行驶在世界上风景最优美的道路上：Overseas Hwy（Hwy 1）。阳光明媚的日子里，摇下车窗，海风拂过你的面庞，佛罗里达湾和大西洋尽在你的两侧——一场完美的美国热

带公路之旅。但碰上天气糟糕的时候，说不定只能跟在骑着哈雷摩托车的中年人后面行驶，遭遇交通堵塞。

灰狗巴士（www.greyhound.com）从迈阿密市中心和西礁岛发车，沿Hwy 1行驶，前往各个礁岛。你可以在Overseas Hwy上招手示意搭个顺风巴士。如果你选择飞到劳德代尔堡或迈阿密，可以乘坐Keys Shuttle（☎888-765-9997；www.keysshuttle.com），他们提供前往大多数礁岛的上门接送服务（前往上群岛和中群岛/下群岛/西礁岛 $70/80/90）。需要至少提前一天预订。

大礁岛（Key Largo）

实话实说，大礁岛（既是城镇名又是岛名）乍一看略显平庸。"水下"才是这里的关键词，因为这里的主要景点都在水下，而非水上。驾车上岛时，你会发现大礁岛就像是一张低矮的吊床，呈带状延伸，不过这只是从公路上看到的景象。不妨驶入一条小路，找一家温暖的小酒吧，或者前往改造过的礁岛种植园房屋，就更能体验到岛上的独特魅力了。

33英里长的大礁岛，起点为Mile Marker 106，是佛罗里达礁岛群最长的岛屿，这33英里的地方吸引了大量的海洋生物，在各个岛上密集的潜水点都能观察到。小镇塔弗尼尔（Tavernier, Mile Marker 93）就在大礁岛镇的南部。

◎ 景点和活动

约翰·彭尼坎普珊瑚礁州立公园　　　　州立公园

（John Pennekamp Coral Reef State Park; ☎305-451-6300; www.pennekamppark.com; Mile 102.6 oceanside; 小汽车含1人/2人 $4.50/9, 自行车或行人 $2.50; ⏱8:00至日落, 水族馆至17:00; P🚻）约翰·彭尼坎普是美国首个水下公园。陆地面积为170英亩，而水下面积超过48,000英亩（75平方英里）：保护区的绝大部分区域都是海洋。在下水之前，一定要先到宜人的海滩上走走，在天然小径上漫步。

劳拉·奎因野生鸟类保护区　　　　野生动物保护区

（Laura Quinn Wild Bird Sanctuary; ☎305-852-4486; www.keepthemflying.org; 93600 Overseas Hwy, Mile 93.6; 接受捐赠; ⏱日出至日落; P🚻）这个占地7英亩的保护区为各种受伤的鸟类提供避难所。一条木栈道通往不同围场，在那里你会认识一些居住于此的永久"居民"，它们是无法被放归野外的动物，包括蒙面鲣鸟、大角鸮、绿鹭、褐鹈鹕、双冠鸬鹚等。沿着这条路走下去还能欣赏到佛罗里达湾的美景。

"非洲女王号"　　　　划船

（☎305-451-8080; www.africanqueenflkeys.com; Key Largo Holiday Inn, 99701 Overseas Hwy; 运河巡游/晚餐巡游 $49/89）"非洲女王号"是1951年由亨弗里·鲍嘉（Humphrey Bogart）和凯瑟琳·赫本（Katharine Hepburn）主演的同名电影里的一艘船，现已恢复往昔的辉煌，你可以在运河游或晚餐之旅时，登上这艘小邮轮，重温老电影。如果你比剧中赫本扮演的女主角还擅长言谈，说不定船长会让你体验一番掌舵。

Garl's Coastal Kayaking　　　　生态游

（☎305-393-3223; www.garlscoastalkayaking.com; 4小时团队游 成人/儿童 $75/50, 单人皮划艇/双人皮划艇出租 每天 $40/55）Garl's是一个优秀的生态游运营商，游客可以划皮划艇或独木舟前往大沼泽地的偏远地区和佛罗里达湾的红树林小岛。这里还出租各种设备，价格合理。

🛏 食宿

Hilton Key Largo Resort　　　　酒店 $$

（☎305-852-5553; www.keylargoresort.com; Mile 102 bayside; 房/套 $200/280起; P🛜🏊）这家酒店相当别具一格。房间用蓝色和绿色装饰，带有可以俯瞰水面的阳台，既洁净又时尚，人们躺在房间里会感觉无比放松。庭院非常大，有一个带有人工瀑布的游泳池，前面还有一片更大的私人白沙滩。网上预订可享受最低价。

Jules' Undersea Lodge　　　　酒店 $$$

（☎305-451-2353; www.jul.com; 51 Shoreland Dr, Mile 103.2 oceanside; 标单/双/标三 $675/800/1050）谈到水下酒店，大家想到最多的便是迪拜和斐济。但Jules' Undersea Lodge仍然是记载在册的世界上唯一不用乘坐潜水艇就能让你和你的另一半加入的"五英寻俱乐部(five-fathom club)"(这绝不是夸大)。这里曾经是一个研究站,现在已经被改造成了一个有趣的礁岛汽车旅馆,不过是在水下。

DJ's Diner　　　　　　　　　　美国菜 $

(☎305-451-2999; 99411 Overseas Hwy; 主菜 $8~15; ◎7:00~15:00; Ⓟ🛜🍴)一进门,迎接你的是汉弗莱·鲍嘉(Humphrey Bogart)、詹姆斯·迪恩(James Dean)和玛丽莲·梦露(Marilyn Monroe)的壁画——颇具美式特色。在旧式皮革沙发隔间里,享受超大份的美食。早餐最受欢迎,有松软的煎蛋卷、班尼迪克蛋和华夫饼。

Fish House　　　　　　　　　　海鲜 $$

(☎305-451-4665; www.fishhouse.com; Mile 102.4 oceanside; 主菜 午餐$12~21, 晚餐$21~30; ◎11:30~22:00; Ⓟ🍴)Fish House名副其实,供应的鱼肉非常鲜美,都是从当地渔民处购买的,经过炸、煮、晒、熏或烤制而成。由于Fish House只使用新鲜的鱼,因此菜单每天都会根据买到的鱼而改变。

伊斯拉莫拉达 (Islamorada)

伊斯拉莫拉达(读作:eye-luh-murr-ah-da)也被称为"岛村(The Village of Islands)"。这听起来是不是很可爱? 嗯,确实是这样。这一小串珍珠(岛屿)——种植园、上马泰坎伯礁岛和下马泰坎伯礁岛、Shell和Lignumvitae(读作: lignum-vite-ee)——闪烁着耀眼的光芒,是最漂亮的群岛之一。这里没有灌木丛生的红树林,只有海天相连一线,互相映照着彼此的美。伊斯拉莫拉达从Mile Marker 90至Mile Marker 74,绵延约20英里。

⊙ 景点和活动

★ 佛罗里达礁岛群潜水历史博物馆　　　博物馆

(Florida Keys History of Diving Museum; ☎305-664-9737; www.divingmuseum.org; Mile 83; 成人/儿童 $12/6; ◎10:00~17:00; Ⓟ🍴)这是一座你不能错过的潜水博物馆,建筑一侧有一幅巨大的鲸鲨壁画。博物馆展示了4000年来的海底历史,收藏着一些迷人的作品,比如1797年的Klingert铜壶,专为儒勒·凡尔纳的尼摩船长设计的奇特房间,大量深海潜水服,还有世界各地潜水头盔的精美展览。这些富有想象力的展馆体现了礁岛群奇特的魅力。

温德利岛化石礁岩国家地质遗址　　　州立公园

(Windley Key Fossil Reef Geological State Site; ☎305-664-2540; www.floridastateparks.org/windleykey; Mile 85.5 oceanside; 门票/团队游 $2.50/2; ◎周四至周一 8:00~17:00)亨利·弗拉格勒(Henry Flagler)为了在这些岛屿上修建铁路,不得不从礁岛群中挖去一些大石块。关于这一点,在这个曾经是采石场的国家公园里可以提供佐证。在8英尺深的曾经的采石场里,散落着温德利岛剩余的采石场机器,岩石上嵌着脑珊瑚和鹿角珊瑚化石。游客可以通过墙壁纹理探查到构成底层礁岛的珊瑚层,这样的体验很难得。

★ 罗比码头　　　　　　　　　　　划船

(Robbie's Marina; ☎305-664-8070; www.robbies.com; Mile 77.5 bayside; 皮划艇和单桨立式冲浪板出租 $45~80; ◎9:00~20:00; 🍴)罗比不只是一个码头,还是当地的跳蚤市场,嘈杂无序的旅游商店。这里有浮木围着,是喂食大海鲢(大鱼)和钓鱼探险的好去处。这里还提供船只租赁服务和团队游。游览这里的最好理由就是,可以逃离混乱的人群,租一辆划艇,在附近的红树林、吊床和环礁湖之间划船。

🛏 食宿

Conch On Inn　　　　　　　　汽车旅馆 $

(☎305-852-9309; www.conchoninn.com; 103 Caloosa St, Mile 89.5; 房 $100~180; Ⓟ)Conch On Inn是一个汽车旅馆,深受前来过冬的人们喜爱,粉刷得简单而宜人,房间干净而舒适,设备齐全。水滨露台是一个休闲放松、观赏海牛的好地方。人们已经在这里发现了多达14只海牛!

Lime Tree Bay Resort Motel　　汽车旅馆 $$

(☎305-664-4740; www.limetreebayresort.com; Mile 68.5 bayside; 房 $180~360; ❋🛜🏊)这片2.5英亩的滨水汽车旅馆,有大量的吊床和草坪躺椅,是观赏落日壮观景象的好地方。

房间都很舒适，最好的房间带有可以俯瞰水面的阳台。设施齐全，有网球场、自行车、皮艇和立式冲浪板。

Bad Boy Burrito
墨西哥菜 $

(☎305-509-7782; www.badboyburrito.com/islamorada; 103 Mastic St, Mile 81.8 bayside; 主菜 $8~15; ⊙周一至周六 10:00~18:00; ⌘) Bad Boy Burrito隐藏在一个小广场里，坐落在潺潺的喷泉、兰花和摇曳的棕榈树之间，供应美味的鱼肉塔可饼和与店名同名的墨西哥卷饼，精选优质食材（无骨牛排、油封鸭肉、西葫芦和南瓜）和精美配菜（刨花卷心菜、墨西哥辣椒酱、自制萨尔萨酱）。再配上一杯芙蓉花茶、一些薯片和鳄梨酱就更加完美了。

★ Lazy Days
海鲜 $$

(☎305-664-5256; www.lazydaysislamorada.com; 79867 Overseas Hwy, oceanside; 主菜 $18~34; ⌘⌘)伊斯拉莫拉达的标志性餐馆之一，Lazy Days以其新鲜的海鲜拼盘而闻名。可以先试试海螺杂烩，搭配雪利酒，然后再吃Poseidon（鱼上面放着虾、扇贝和酸橙黄油），或者清蒸海鲜拼盘（含半只龙虾、虾以及当天打捞的其他美味）。

马拉松岛 (Marathon)

马拉松岛就坐落在大礁岛和西礁岛的正中间，非常适合在穿越岛屿的公路旅行途中歇歇脚。除了西礁岛之外，它或许是最"发达"的岛屿，因为这里有大型的购物中心，人口有8000多。不过，这里仍然是一个远离大陆喧嚣的地方，你可以在这儿喝点酒，度过一段美好的时光。马拉松岛比西礁岛更适合家庭游玩，这里没有那么多少儿不宜的东西。

食宿

Seascape Motel & Marina
汽车旅馆 $$

(☎305-743-6212; www.seascapemotelandmarina.com; 1075 75th St Ocean E, Mile 51 和 Mile 52之间; 房 $250~450; ▣❄⌘⌘)12个房间尽显经典而低调的奢华，无论是老式的别墅还是时尚的精品酒店房间，都会给你带来不同的感觉。这里有可供顾客使用的水滨游泳池、皮划艇和立式冲浪板。旅馆位置隐蔽，会让你觉得你已经远离了喧嚣的世界。

Tranquility Bay
度假村 $$$

(☎305-289-0667; www.tranquilitybay.com; Mile 48.5 bayside; 房 $340~700; ▣❄⌘⌘)如果你想要真正上档次的住宿环境，那就尽早预订这里的房间吧。Tranquility Bay是一个大型的公寓酒店度假村，有豪华的联排别墅，高密度棉织品床单，设计为纯白。度假村面积宽广，娱乐设施齐全，来了就不想离开。

★ Keys Fisheries
海鲜 $$

(☎866-743-4353; www.keysfisheries.com; 3502 Louisa St; 主菜 $12~27; ⊙11:00~21:00; ▣⌘)鲁宾龙虾饱受赞誉，一定要尝尝。味道甜美、肉质饱满，口感顺滑——尝过之后天天都会惦记着这个滋味。在这里，选择海鲜绝不会错，所有海鲜都搭配餐后水果。当你在水滨用餐时，可能会有海鸥前来"骚扰"。

佛罗里达下群岛 (Lower Keys)

佛罗里达下群岛有前来避寒的过冬者，也有当地居民。当地一些家庭世世代代都是佛罗里达礁岛群的"漂流者"，与Overseas Hwy沿线的其他地方相比，这里更有与世隔绝的感觉。这是一种奇怪的反差：在变成相对国际化、多样化和自由奔放的西礁岛之前，这些岛屿是最与世隔绝、最具田园风味和最典型的"礁岛"。

除了这里的人，下群岛的最大吸引力在于自然魅力。你会在这里找到最漂亮的州立公园和最稀有的物种。对于喜欢划船的人来说，可以在辽阔的红树林荒野探索风景如画的原始环境。

巴伊亚宏达州立公园 (Bahia Honda State Park; ☎305-872-3210; www.bahiahondapark.com; Mile 37; 汽车 $4~8, 自行车和行人 $2.50; ⊙8:00至日落; ⌘)⌘绵延的白沙滩（或时不时出现的海藻），被当地人称为"Sandspur Beach"，是这里的一大景点。就佛罗里达礁岛海滩而言，这里可能拥有着附近岛群中最好的天然沙滩。除此之外，还可以体验一下徒步穿过古老的巴伊亚宏达铁路桥（Bahia Honda Rail Bridge），在桥上可以尽情欣赏周围的岛屿。在阳光明媚的下午，来一场皮划艇探险（每小时/半天 $12/36起）也是一个不错的方式。

西礁岛 (Key West)

西礁岛是遥远的边区，比其他的礁岛更边缘、更古怪，不过也更吸引人。岛屿占地7平方英里，其中心仿佛一个美丽的热带绿洲，夕颜花在夜晚绽放，而古典的加勒比住宅看上去伤感又浪漫，令人忍不住为之动容。

西礁岛的确拥有迷人的魅力，但也充满鲜明的对照。在道路的一边，有文学节日、加勒比风的别墅、热带餐厅和富丽堂皇的美术馆。而另一边，则是恋物狂的游行、醉倒在人行道上的兄弟会男孩，以及灰暗酒吧里胡子拉碴的醉汉。由此可见，无论你的兴趣何在，你都很容易在这里自得其乐。

就跟礁岛群的其他岛屿一样，大自然在这里也扮演着重要的角色：在壮丽的日落美景烘托下，马洛里广场（Mallory Sq）每晚都有庆祝活动。

◉ 景点

★ 海关大楼艺术和历史博物馆　博物馆

（Museum of Art & History at the Custom House; ☎305-295-6616; www.kwahs.com; 281 Front St; 成人/儿童 $10/5; ◎9:30~16:30）想要了解西礁岛历史的人们，千万不能错过这个位于道路尽头的博物馆。亮点包括：Overseas Hwy的宏伟工程（还有造成400人丧生的飓风）留下的珍贵照片和档案片段；不幸沉没的美国军舰缅因号（Maine；美西战争期间沉没）的模型和西礁岛的海军（曾经最大的雇主）情况介绍，以及靠搜寻沉船中的宝藏获得财富的西礁岛"沉船打捞者"的展览。

★ 马洛里广场　广场

（Mallory Square; www.mallorysquare.com; ♿）这里汇集了西礁岛的所有能量、亚文化和奇特的生活方式。在点燃的火把和日落的余晖中举行的街头派对，有趣而新潮，非常适合家庭游客。马洛里广场就在这些喧闹的活动中应运而生，上演着全世界最伟大的表演。黄昏时分，夕阳西下，释放出狂欢的信号，走钢丝的狗狗、吞火表演，还有来自英国的杂技演员的翻腾杂耍，依次登场。

杜佛街（Duval Street）　景区

西礁岛当地人对岛上最有名的街道抱着既爱又恨的态度。西礁岛旧城区的要道到处是酒、各种俗气的商品和不体面的行为，然而所有这些加在一起还算有趣。"杜佛爬行者"（Duval Crawl）是这个国家最疯狂的泡吧群体：融合了霓虹灯饮品、变装秀、T恤秀、当地剧院、艺术工作室和精品店，魅力无穷。

海明威故居　房屋

（Hemingway House; ☎305-294-1136; www.hemingwayhome.com; 907 Whitehead St; 成人/儿童 $14/6; ◎9:00~17:00）西礁岛的文学大咖欧内斯特·海明威在1931至1940年期间，就住在这座西班牙殖民时期风格的房子里。海明威和他的第二任妻子（Vogue时尚杂志的一位编辑，曾经是第一任妻子的朋友）在20世纪30年代初搬到这里，他后来又和第三任妻子私奔，离开了这座房屋。《弗朗西斯·麦康伯的短暂幸福生活》（*The Short Happy Life of Francis Macomber*）和《非洲的青山》（*The Green Hills of Africa*）都是在这里创作的，这里还曾有许多六趾猫，它们的后代现在经常在庭院里闲逛。

🚶 活动

Dive Key West　潜水

（☎305-296-3823; www.divekeywest.com; 3128 N Roosevelt Blvd; 浮潜/呼吸器潜水 $60/75起）岛上最大的潜水机构，可组织上午、下午和夜间潜水。沉船潜水游费用是$145，包含所有的设备和氧气筒（如需潜水服则费用为$160）。

☞ 团队游

旧城区电车游　团队游

（Old Town Trolley Tours; ☎855-623-8289; www.trolleytours.com; 成人/13岁以下儿童/老年人 $30/免费/$27; ◎团队游 9:00~16:30; ♿）提供从马洛里广场出发的旅游线路。90分钟的旅程带有讲解，凉风习习，车的顶篷敞开。列车沿途停靠12站，游客可随意上下。

✦ 节日和活动

女性节　同性恋

（Womenfest; www.womenfest.com; ◎9月）"女性节"是北美规模最大的女同性恋庆典

之一，为期四天，包括泳池派对、艺术表演、轮式溜冰比赛、变装早午餐、日落航海、夺旗橄榄球、以及文身、小胡子自行车骑行。这个节日非常有趣，成千上万的人会专门从美国的各个角落或更远的地方聚集到西礁岛。

★ 幻想节 文化

（Fantasy Fest; www.fantasyfest.net; 10月末）就像新奥尔良的忏悔星期二狂欢节一般热闹，幻想节是一个持续10天，包括狂欢派对、游行、街头集市、音乐会和大量化装活动的节日。酒吧和小旅馆都会争相把门面装饰得更吸引人，每个人都穿着浮夸的衣服，甚至大胆地在赤裸的身体上画上人体彩绘。

住宿

Key West Youth Hostel & Seashell Motel 青年旅舍 $$

（305-296-5719; www.keywesthostel.com; 718 South St; 铺 $55, 双 $120~240; ）这里算不上什么设计典范，但工作人员都非常和善，是岛上为数不多的价格较低的住宿之一。宿舍和汽车旅馆的房间里都铺着白色的瓷砖地板，有些房间里的色彩活泼鲜明（黄色或蓝色和白色），是单调中的一抹亮色。屋后的露台是结识其他游客的好地方。

Casablanca Key West 客栈 $$

（305-296-0815; www.keywestcasablanca.com; 900 Duval St; 房 $180~400; ）氛围轻松友好的Casablanca位于杜佛街较为安静的一端，共有八个房间，独具一种热带风情。这家旅馆建于1898年，曾经是一座私人住宅，多年来有不少名人造访，亨弗莱·鲍嘉（Humphrey Bogart）曾于1937年在此下榻。房间非常明亮，有抛光木地板和舒适的床铺，有的房间还带有小阳台。

Saint Hotel 精品酒店 $$$

（305-294-3200; www.thesainthotelkeywest.com; 417 Eaton St; 房 $360~700; ）虽然毗邻杜佛街，但Saint酒店却像是另一番天地：豪华房间、别致的极简主义风格大堂、适合拍照的小瀑布游泳池和设计巧妙的酒吧。最豪华的房间带有可以俯瞰游泳池的阳台。

就餐

Pierogi Polish Market 东欧菜 $

（305-292-0464; 1008 White St; 主菜 $5~11; 波兰饺子柜台 周一至周六 11:00~19:00, 商店 周一至周六 10:00~20:00, 周日 正午至18:00; ）佛罗里达礁岛上有大量季节性临时工，大多来自中欧和东欧地区。工人们借这里的波兰饺子、水饺、薄饼和美味的三明治，一解思乡之情。虽然叫作"波兰市场"，但这里的菜肴也迎合匈牙利人、捷克人和俄罗斯人（以及其他国家）的口味。

Garbo's Grill 创意菜 $

（www.garbosgrillkw.com; 409 Caroline St; 主菜 $10~14; 周一至周六 11:00~22:00）Garbo's 就位于一条僻静的小路上，用极具创意的配料来搭配美味的墨西哥塔可饼，比如芒果姜汁虾、韩国烤肉、新鲜的鲯鳅鱼，以及美味的汉堡和热狗。这些美味尽在一辆造型优美的Airstream房车里供应，房车前有一个阴凉的砖砌露台，摆放着许多户外餐桌。

The Café 素食 $$

（305-296-5515; www.thecafekw.com; 509 Southard St; 主菜 $12~22; 9:00~22:00; ）这个西礁岛最招牌的素食餐馆白天是一个阳光充足的便餐小馆，到了晚上就会变成一个热闹、暗调的餐厅。这里的食物非常出色，有各种各样的菜肴：泰式咖喱炒菜，意大利蔬菜肉丸子，球芽甘蓝比萨，还有著名的素食汉堡。

★ Thirsty Mermaid 海鲜 $$

（305-204-4828; www.thirstymermaidkeywest.com; 521 Fleming St; 主菜 $12~28; 11:00~23:30; ）除了有一个响亮的名字之外，小巧的Thirsty Mermaid还因为其美味的海鲜和时尚而轻松的用餐氛围而备受好评。菜单提供堪称海洋珍宝的盛宴，有生牡蛎、酸橘汁腌鱼、中绒蛤，甚至还有鱼子酱。而招牌主菜包括烤扇贝或香辣金枪鱼茉莉香米饭。

★ Blue Heaven 美国菜 $$$

（305-296-8666; www.blueheavenkw.com; 729 Thomas St; 主菜 早餐和午餐 $10~17,

晚餐 $22~35；⊘8:00~22:30；✐）这家餐厅证明了位置才是王道：位于奇怪岛屿上的奇特地点。顾客涌来这个简易的热带植物花园里用餐，旁边还有家禽在自由漫步；海明威曾经在这个花园里主持过拳击比赛。这个地方挤满了顾客，他们津津有味地享受美味的早餐（蓝莓煎饼）和法式风味的菜肴（比如黄鳍鲷鱼搭配柑橘牛油沙司）。

🍷 饮品和娱乐

★ Green Parrot　　　　　　　　酒吧

（☎305-294-6133；www.greenparrot.com；601 Whitehead St；⊘10:00至次日4:00）这家小酒吧比岛上其他酒吧的历史都长，自19世纪末开张，至今仍在营业。内部装修朴素，墙上分散挂着许多当地艺术品，天花板处有一个撑开的降落伞，这些装饰无不为酒吧增加了年代感。当然，这里也有很多穿着靓丽的客人享受着美好的时光。

Captain Tony's Saloon　　　　　酒吧

（☎305-294-1838；www.capttonyssaloon.com；428 Greene St；⊘10:00至次日2:00）有些人会哄骗你说旁边的高级酒吧Sloppy Joe's就是海明威当初造访的酒吧，但实际上他当年喝酒的地方在这里——真正的Sloppy Joe's的旧址（后来被搬到杜佛街，成为兄弟会寻欢作乐之地）。海明威的第三任妻子（一名被派去采访他的记者）就是在这个酒吧里爱上了他。

Irish Kevin's　　　　　　　　　酒吧

（☎305-292-1262；www.irishkevins.com；211 Duval St；⊘10:00~15:30）作为Duval最受欢迎的超级酒吧之一，Kevin's自有一套生存本领：在每晚现场表演中，都会有民谣歌手、电台名嘴和动员会啦啦队长轮番上阵。酒吧播放着1980年后、不插电翻唱版本的金曲，并巧妙地把这些歌曲与李·格林伍德式的爱国歌曲融合在一起，令人们听得如痴如醉。

La Te Da　　　　　　　　　　卡巴莱歌舞

（☎305-296-6706；www.lateda.com；1125 Duval St；⊘演出 20:30）当地人一般聚在酒吧外面聊天、喝啤酒。周末时，你可以在楼上的"水晶屋"（Crystal Room；门票 $26）观看精彩的变装秀表演——来的都是国内的圈中名人。当然，在楼下的休闲酒吧里还有相对低调的卡巴莱歌舞表演可供选择。

❶ 实用信息

Citizen（www.keysnews.com）文笔流畅、内容通常很有趣的一家日报。

西礁岛商会（Key West Chamber of Commerce；☎305-294-2587；www.keywestchamber.org；510 Greene St；⊘9:00~18:00）一个很好的获取信息的渠道。

Key Wester（www.thekeywester.com）提供餐馆评价和近期活动。

❶ 当地交通

在西礁岛，最好的出行方式是骑自行车（可以从Duval St地区、酒店和青年旅舍租用，日租金$10起）。Duval St地区的交通工具有免费的Duval Loop穿梭车（www.carfreekeywest.com/duval-loop），18:00至午夜运营。

其他交通选择有：用颜色编码的**Key West Transit**（☎305-600-1455；www.kwtransit.com；1日通票 $4~8），每15分钟一班；轻便摩托车，价格通常是每天$35（两座 $60）；敞开式电动旅游车，又称"海螺号（Conch cruisers）"，车速为每小时35英里，每天费用大约是4座/6座$140/200。

A&M Scooter Rentals（☎305-896-1921；www.amscooterskeywest.com；523 Truman Ave；自行车/小轮摩托车/电动汽车 每天 $10/35/140起；⊘9:00~19:00）出租踏板车、自行车以及敞开式电动汽车（4至6座），提供免费交车服务。

在城镇里停车比较麻烦。紧邻Truman Ave的Fort St有免费的停车场。

大西洋海岸
（ATLANTIC COAST）

相对于佛罗里达州北部和南方腹地而言，大西洋海岸更像是一个远郊度假胜地，绵延不断的海滩两侧林立着高大的公寓大楼和海滨豪宅。从南向北走，沿路会遇到很多摩托车，还能看到代托纳海滩开设的各种摩托车手酒吧。继续穿过平静的弗拉格勒海滩，向前到达历史悠久的圣奥古斯丁，强烈建议你在这里停留一两晚。

在杰克逊维尔以南有一连串的海滩，渲染着有别于都市的海滨生活氛围；许多人从这里继续北上，前往迷人的阿米莉亚岛（Amelia Island），到达佛罗里达－佐治亚州际边界。一路上，你会发现一片青草丛生的堰洲岛，这些堰洲岛之间交错着潮汐通道、盐沼滩和黑色的海洋森林。

航天海岸（Space Coast）

从卡纳维拉尔国家海岸风景区（Canaveral National Seashore）向南至墨尔本海滩，大西洋海岸的堰洲岛绵延40多英里，这里有一望无际的原始白沙滩、根深蒂固的冲浪文化，更有昔日佛罗里达的味道。

航天海岸的名字源自这里的肯尼迪航天中心和几家小型博物馆，这些机构专门介绍美国航天的历史发展、英雄传奇和科学研究。这里的旅游中心可可海滩就位于卡纳维拉尔角（Cape Canaveral）火箭发射基地的南边。不过，航天海岸除了3D太空电影、Tiki酒吧和冲浪商店之外，还有许多典型的佛罗里达野生动植物，可供老老少少观赏。你可以乘坐皮划艇观赏海牛，在私人岛屿上露营，抑或只是沿着绵延数英里的沙滩漫步。

◉ 景点和活动

★ 肯尼迪航天中心　　　博物馆

（Kennedy Space Center; ☎866-737-5235; www.kennedyspacecenter.com; NASA Pkwy, Merritt Island; 成人/3~11岁儿童 $50/40; ☉9:00~18:00）不论你是否对太空感兴趣，是否是科幻小说的铁杆书迷，参观航天中心都会是一次振奋人心的体验。想要获得完整体验，不妨从早期的航天探索展览开始，然后参加90分钟的巴士之旅到达Apollo/Saturn Ⅴ Center（那里有馆内最好喝的咖啡）。最后以震撼人心的亚特兰蒂斯（Atlantis）展览结束一天的参观。在展览地点，你可以在机身下好好端详这架曾经在太空中执行了33个任务，行程超过126,000,000英里的航天飞机。

★ 梅里特岛
国家野生动物保护区　　　野生动物保护区

（Merritt Island National Wildlife Refuge; ☎321-861-5601; www.fws.gov/merrittisland; Black Point Wildlife Dr, 紧邻FL-406; 车辆$10; ☉黎明至黄昏）**免费** 这个原始的保护区占地140,000英亩，是美国最好的观鸟地之一，每年10月至次年5月尤佳（清晨和16:00之后）。与美国大陆任何一处相比，栖息在该保护区内（沼泽、湿地和硬木树林）的野生动物都更加珍稀。最佳的游览方式是参加**Black Point Wildlife Drive**。

卡纳维拉尔国家海岸风景区　　　公园

（Canaveral National Seashore; ☎386428-3384; www.nps.gov/cana; 小汽车/自行车$10/1; ☉6:00~20:00）这片海风阵阵的海滩长24英里，是佛罗里达州东海岸最长的一片原始海滩，由众多海滩构成，其中包括位于北端的**阿波罗海滩**（Apollo Beach），海浪温和，适合家庭游玩；还有中间辽阔的**克朗代克海滩**（Klondike Beach），自然爱好者的最爱；以及南部的**Playalinda海滩**，是个冲浪中心，在lot13附近还有一个天体区。

★ Sea-Turtle Nesting Tours　　　生态游

（☎386-428-3384; 成人/8~16岁儿童 $14/免费; ☉6月和7月 20:00至午夜）在夏天，护林员会组织多达30人的夜间游，差不多有75%的概率你会发现小海龟。必须提前预订（5月15日起开始预订6月的团队游，6月15日起预订7月的团队游）；8岁以下儿童不允许参加。

⛺ 住宿

Residence Inn Cape Canaveral　　　酒店 $$

（☎321-323-1100; www.marriott.com; 8959 Astronaut Blvd; 房$140起; ▣❋☎▩）如果你想远离可可海滩的喧嚣派对，可以预订这家舒适的万豪酒店。房间可能有些商业化，但十分宽敞，有舒适的床铺和小厨房。酒店工作人员非常热情友好，这里还有一个漂亮的游泳池。

★ Beach Place Guesthouses　　　公寓 $$$

（☎321-783-4045; www.beachplaceguesthouses.com; 1445 S Atlantic Ave; 套$199~399; ▣☎）这个休闲风的两层客栈有宽敞的套房（带吊床和可爱的露台），距离沙丘和海滩仅数步之遥。晚上去海滩参加狂欢派对吧。丰富多彩的艺术品和绿色植物随处可见。

🍴 就餐

墨尔本海滩市场 市场 $

(Melbourne Beach Market; ☎321-676-5225; 302 Ocean Ave; ◎周一至周六 8:00~20:00, 周日 至19:00)你可以在这里挑选野餐必需品, 包括即食餐。

★ Green Room Cafe 素食 $

(☎321-868-0203; www.greenroomcafecocoabeach.com; 222 N 1st St; 主菜 $6~12; ◎周一至周六 10:30~21:00; ☎)这家独特的咖啡馆把所有的精力都集中在"内在美"上, 将健康理念很好地融入菜肴之中, 供应巴西莓果碗、小麦三明治、无麸质三明治、纯水果思慕雪以及自制的汤和卷饼。就算那款"能量塔(Tower of Power)"思慕雪(巴西莓、桃子、草莓、蜂蜜和苹果汁)不能让你立刻活力满满, 该餐厅活泼的装饰风格和友好的服务也一定会让你不虚此行。

★ Seafood Atlantic 海鲜 $$

(☎321-784-1963; www.seafoodatlantic.org; 520 Glen Cheek Dr, Port Canaveral; 主菜 $8~19; ◎周三至周日 11:00~19:00, 海鲜市场 10:00起)卡纳维拉尔的渔业发展由来已久, 而这家餐厅(带有户外露台)是为数不多的供应当地采购的虾、螃蟹、贻贝、蛤蜊、牡蛎和鱼类菜肴的最佳地点。如果还不够, 那就订一桶佛罗里达的深海黄金蟹。这种蟹多汁鲜嫩, 非常美味。另外, 别忘了带一个袋子, 在隔壁的市场买一些海鲜带走。

ℹ️ 实用信息

卡纳维拉尔国家海岸风景区游客信息中心

(Canaveral National Seashore Visitor Information Center; ☎386-428-3384; www.nps.gov/cana; 7611 S Atlantic Ave, New Smyrna; ◎10月至次年3月 8:00~18:00, 4月至9月 至20:00)位于北区入口大门的南面。梅里特岛国家野生动物保护区也有游客中心, 同样提供信息。

在北区和南区的入口处各有一个收费站。大多数海滩停车区都有厕所。

注意, 赶上肯尼迪航天中心发射时, 公园可能会关闭。具体信息请致电☎321-867-4077。

ℹ️ 到达和离开

奥兰多墨尔本国际机场(Orlando Melbourne International Airport; ☎321-723-6227; www.mlbair.com; 1 Air Terminal Pkwy)是距离航天海岸最近的机场, 仍在不断扩建, 达美航空、美国航空、精英航空、波特航空和贝尔航空等航空公司的飞机在这里起降, 所有主要的租车公司和SCAT的21路公交车都为该机场的乘客提供服务。

作为替换选项, 奥兰多国际机场(Orlando International Airport)位于可可海滩以西大约50分钟的车程; 奥兰多桑福德国际机场(Orlando Sanford International Airport)位于可可海滩西北一个多小时的车程。

有两种方法可以到达卡纳维拉尔角: 从可可海滩出发, 沿A1A公路向北行驶, 或者沿着A1A公路向西行驶, 穿过香蕉河(Banana River), 途经梅里特岛。

卡纳维拉尔角有**SCAT巴士**(SCAT; ☎321-633-1878; www.321transit.com; 单程 $1.50, 10次/30天通票 $6/21; ◎时间表不断变化)。Rte 9公路通往可可海滩, Rte 4公路通往可可村(Cocoa Village)。

代托纳海滩(Daytona Beach)

长期以来, 代托纳海滩一直是穿皮衣的摩托车手、重型机车爱好者和春假度假者的旅游胜地; 此外, 这里还因为是"纳斯卡赛车(NASCAR)"的发源地和代托纳500车赛的举办地而享有盛名。

每逢比赛时期, 这里的人数会涨到五倍。每年3月的**摩托车周**(Bike Week)和10月的**机车节**(Biketoberfest)期间, 多达50万摩托车骑手会呼啸着涌入城镇。如果你喜欢轰鸣作响的摩托车或者改装过的皮卡车, 那么代托纳海滩将是你的天堂。如果这些不是你的所爱, 请继续前进。

如果你能忽略掉海滩旁边装饰墙后面20世纪70年代的高楼大厦、夜总会和各种旅游陷阱, 海龟在海滩筑巢的现象(在筑巢季节时)还是值得看看的; 当然你也可以探索一些有趣而有价值的文化景点。

👁 景点和活动

★ 代托纳国际赛道　　　　体育馆

（Daytona International Speedway；☏800748-7467；www.daytonainternationalspeedway.com；1801 W International Speedway Blvd；团队游 $18起；◷团队游 9:30~15:30）这里是赛车界的圣地，每年赛事都安排得很满。在大型比赛期间，票价飙升，以2月份的**代托纳500**为最。在没有比赛的日子里，可以免费在赛道内逛逛。

这里有3种电车团队游（tramtours），先到先上车，游客可乘车参观赛道、补给站和车手们做准备的地方，而通票团队游能让你一瞥媒体室和赛车维修站。

东南部摄影博物馆　　　　博物馆

（Southeast Museum of Photography；☏386-506-3894；www.smponline.org；1200 W International Speedway Blvd, Bldg 1200；◷周二、周四、周五 11:00~17:00，周三 11:00~19:00，周六和周日 13:00~17:00）**免费** 人们喜欢这个位于代托纳的隐藏的宝地：这里是佛罗里达州唯一一个摄影专题的博物馆，隶属代托纳州立大学（Daytona State College）。这个充满活力的现代画廊，灯光打得恰到好处，设施完善。这里的轮展有时也会有大胆的主题展出。

Richard Petty Driving Experience　　驾车

（☏800-237-3889；www.drivepetty.com；$109起；◷日期不断变化）如果观看纳斯卡赛车NASCAR的车手们在跑道上驰骋对你来说还不够刺激，那不如来这里亲身体验一下飙车的感觉。有不同的刺激程度可供选择，从三圈的乘客位"Race Ride"（$109起）到紧张的"Racing Experience"亲自驾车（$3200），你将体验极速飙车50圈的快感。日期变化不定，请在线查看。

🛏 食宿

Hyatt Place Daytona Beach Oceanfront　　　　酒店 $$

（☏386-944-2010；www.daytonabeach.place.hyatt.com；3161 S Atlantic Ave, Daytona Beach Shores；房 $114起；🅿@🛜📺）你可以在这里找到代托纳最新潮有趣、功能最齐全的房间。所有房间均有阳台，以及豪华的床上用品、独立的起居室和卧室，还有一个小巧的控制板，你可以把笔记本电脑或iPod连接到42英寸的平板电视上。

Plaza Resort & Spa　　　　度假村 $$

（☏844-284-2685；www.plazaresortandspa.com；600 N Atlantic Ave；房 $109起；🅿🛜📺）建于1908年，是代托纳历史最悠久的度假村，历经数次大规模的翻修，至今仍保留着原有的魅力，要是墙能说话，它定会将悠久历史为你娓娓道来。大厅铺着数英里的大理石，房间有42英寸的等离子电视和云朵般的松软床榻，水疗中心占地15,000平方英尺——一切都在彰显度假村的奢华。

Cracked Egg Diner　　　　早餐 $

（☏386-788-6772；www.thecrackedeggdiner.com；3280 S Atlantic Ave, Daytona Beach Shores；早餐单品 $4~11；◷7:00~15:00；🅿♿）代托纳海滩海岸这家氛围轻松愉快的小餐厅非常适合来吃早餐，生意火爆，后来他们把隔壁的店面也买下来了。小餐厅是克里斯（Chris）和凯文（Kevin）两兄弟的心血，哥俩有时会轮流在门口迎接你，面带微笑，他们的"使命"就是为你送上美味鸡蛋早餐（必点），他们真的做得很棒。

Aunt Catfish's on the River　　美国南方菜 $$

（☏386-767-4768；www.auntcatfishontheriver.com；4009 Halifax Dr, Port Orange；主菜 $8~28；◷周一至周六 11:30~21:00，周日 9:00开门；🅿♿）这家位于海滨的海鲜餐馆深受游客的欢迎。他们供应刚打捞上来的石斑鱼，把鲭鳅鱼裹上黄油或直接油炸；还有来自南方的卡真（Cajun）风味鲶鱼。有时需要等位。餐厅就位于代托纳海滩以外的奥兰治港（Port Orange）。

ℹ 实用信息

代托纳海滩地区会议旅游局（Daytona Beach Area Convention & Visitors Bureau；☏386-255-0415；www.daytonabeach.com；126 E Orange Ave；◷周一至周五 8:30~17:00）无论是现场还是在线咨询，这里都是提供代托纳海滩各种信息的权威。

❶ 到达和离开

代托纳海滩位于两条主要的州际公路I-95和I-4的交叉路口附近。I-95公路是通往杰克逊维尔（约90英里）和迈阿密（260英里）最快的公路，但Hwy A1A和Hwy 1的风景更为优美。东西走向的Beville Rd穿过代托纳南部，经过I-95公路后名字就变成了I-4公路；这是前往奥兰多（55英里）最快的公路。

代托纳海滩国际机场（Daytona Beach International Airport；☎386-248-8030；www.flydaytonafirst.com；700 Catalina Dr）就在赛道东侧；达美航空和全美航空有航班在此起降，各大租车公司都在此提供服务。

灰狗（☎386-255-7076；www.greyhound.com；138 S Ridgewood Ave）巴士开往佛罗里达州的大多数主要城市及其他地点。

圣奥古斯丁（St Augustine）

1565年，圣奥古斯丁由西班牙人建立，是美国历史上最古老的欧洲定居点。如今，其144个街区构成的国家历史地标区（National Historic Landmark District）已经成为一大旅游胜地。圣奥古斯丁大部分地区仍然保留最初的魅力，但不可否认的是，这里也免不了一些旅游通病：各种小型主题公园，几乎在每个转弯处都能看到宣传旅游线路的商贩，以及叮当作响的马车驶过穿着节日服装的当地居民身边。

真正让圣奥古斯丁如此受欢迎的还是这里众多藏品丰富的博物馆、上百年历史的建筑、纪念碑和鹅卵石小径，人们可以通过这些地方了解圣奥古斯丁的深厚历史底蕴。与佛罗里达众多历史主题公园不同，圣奥古斯丁名副其实。

你会发现各式各样的迷人民宿、舒适的咖啡馆和灯火通明的酒馆，虽然美食在佛罗里达可能不是最重要的吸引力，但在圣奥古斯丁一定是。

历史

约公元前1000年，蒂姆库安人（Timucuans）在如今的圣奥古斯丁定居，他们靠捕猎鳄鱼、种植玉米和烟草为生。1513年，西班牙探险家胡安·庞塞·德莱昂（Juan Ponce de León）发现了这片陆地，他登陆后宣布这片La Florida（西班牙语，意为"鲜花之地"）为西班牙的土地。1565年，他的同胞Don Pedro Menéndez de Avilés在希波奥古斯丁（Augustine of Hippo）的节日那天抵达，并将其命名为圣奥古斯丁——比詹姆斯敦（弗吉尼亚州）的建立早42年，比普利茅斯（马萨诸塞州）早55年。

法国人在今天的杰克逊维尔附近建立了卡罗琳堡（Fort Caroline），而Menéndez很快建立了一个抵御法国入侵的军事基地。如有神助，后来一场飓风将法国舰队困住，Menéndez的军队屠杀了敌人。1821年，当西班牙将佛罗里达割让给美国时，圣奥古斯丁已经先后被海盗、西班牙人、英国人、乔治亚州和南卡罗来纳州的军队洗劫、掠夺、焚烧、占领。

如今，这座城市的建筑都是用贝壳灰岩（一种由沉积岩和破碎的贝壳混合而成的自制混凝土）建造而成，为这里狭长的街道增添了魅力。这座城市漫长而精彩的历史，在这无数的博物馆、纪念碑和画廊之间得到传播和记录。

◉ 景点和活动

圣奥古斯丁的历史街区就像一座博物馆，有很多景点可以参观。狭长的小道**Aviles St**是美国最早有欧洲人定居的街道，而绵长的、只能步行的**St George St**两侧林立着画廊、咖啡馆、博物馆和酒吧。

★ 莱特纳博物馆　　　　　　　　博物馆

（Lightner Museum；☎904-824-2874；www.lightnermuseum.org；75 King St；成人/儿童 $10/5；⊙9:00~17:00）曾属于亨利·弗拉格勒的Hotel Alcazar如今成了一个展品丰富的博物馆，从镀金时代的装饰性家具，到大理石和烟盒商标的收藏品，无所不包。这座引人注目的建筑本身就是一大看点，其历史可以追溯至1887年，是由纽约建筑师卡尔雷尔（Carrère）和黑斯廷斯（Hastings）设计的西班牙文艺复兴风格的建筑。

圣马可城堡国家纪念碑　　　　　堡垒

（Castillo de San Marcos National Monument；☎904-829-6506；www.nps.gov/casa；

1 S Castillo Dr; 成人/15岁以下儿童 $10/免费; ⊗8:45~17:00; ℗ ♿)♂这座古老的堡垒由西班牙人在1695年建成,是这个国家最古老的砖石堡垒,具有浓厚的历史感,很适合拍照。堡垒曾被包围了2次,经历了6次易手——从西班牙到英国、西班牙第二共和国、美国、美利坚联盟国,最后又再次回到美国。

佐拉达别墅博物馆 博物馆

(Villa Zorayda Museum; ☎904-829-9887; www.villazorayda.com; 83 King St; 成人/儿童 $10/4; ⊗周一至周六 10:00~17:00, 周日 11:00~16:00; ℗)这座博物馆看起来像是一座中世纪主题公园的仿西班牙城堡,其所在的灰色大厦于1883年用混凝土和当地的贝壳灰岩建造而成。这个建筑设想源于一个痴迷于西班牙12世纪阿尔罕布拉宫(Alhambra Palace)的古怪的百万富翁,或者说它是狂热、偏执的产物也不为过。现在看来,博物馆虽然造型奇特,但是却很迷人:摩尔风格的中庭,展厅内陈列着奇特的古董、考古碎片和其他文物。博物馆最大的亮点是一只木乃伊的脚(有2400年历史)和一块埃及的"圣猫地毯(Sacred Cat Rug)"。

庞塞·德莱昂酒店 历史建筑

(Hotel Ponce de León; ☎904-823-3378; http://legacy.flagler.edu/pages/tours; 74 King St; 团队游 成人/儿童 $10/1; ⊗团队游 夏季10:00~15:00 每小时1团,整个学年 10:00和14:00)这座富丽堂皇的大楼建于19世纪80年代,曾经是个酒店,现在属于弗拉格勒学院(Flagler College),是全世界最宏伟的宿舍。弗拉格勒于1967年买下该建筑并将其保留了下来。建议参加导览游,可以了解这栋雄伟的西班牙文艺复兴建筑的细节和历史背景。

殖民地区 博物馆

(Colonial Quarter; ☎904-342-2857; www.colonialquarter.com; 33 St George St; 成人/儿童 $13/7; ⊗10:00~17:00)在仿建的圣奥古斯丁西班牙殖民地内感受18世纪的生活,这里还通过假人展示锻造、皮革加工、枪炮加工和各种各样的历史物品。

圣奥古斯丁海滩 海滩

(St Augustine Beach; 350 A1A Beach Blvd; ⊗日出至日落)这片白沙滩几乎要被各种历史建筑淹没了。不过,这可是在佛罗里达州,怎能少了阳光和海浪呢?那样游览就不算完整啦。在圣约翰码头(St Johns Pier)的脚下有一个游客信息亭,你可以在那里租一套钓竿和线轴(2小时 $3,每超出1小时加$1)。码头以南大约3个街区的A St终点处,是一个适合冲浪的地方,如同佛罗里达其他地方一样。

👉 团队游

★ St Augustine Gold Tours 团队游

(☎904-325-0547; www.staugustinegoldtours.com; 6 Cordova St; 成人/儿童 $25/15)该旅游组织由一对退休的英国夫妇创办,经过精心运营,在形形色色的团队游中脱颖而出。参加这里的团队游,你一定会对圣奥古斯丁的迷人历史有更清晰的认识。私人团队游和小团体游将乘坐电动车游览,带你参观其他团队游没有的景点。

🛏 食宿

★ At Journey's End 民宿 $$

(☎904-829-0076; www.atjourneysend.com; 89 Cedar St; 房 $166~289; ℗ 📶 🐾)同样是民宿,这里完全不像圣奥古斯丁其他民宿那样老气横秋。这家旅馆欢迎宠物、小孩和同性恋人士,老板和蔼可亲,知识渊博。房间里既有古董,也有现代化的家具。住宿期间,你将享受到美味的早餐、免费的Wi-Fi、礼宾服务、啤酒、葡萄酒和苏打水,这些福利让At Journey's End脱颖而出。

Jaybird's Inn 汽车旅馆 $$

(☎904-342-7938; www.jaybirdsinn.com; 2700 N Ponce de Leon Blvd; 房 $110~150; 📶 🏊)这家有些年头的汽车旅馆已经按照最高标准和现代化要求进行了一番大修,以海蓝色为基调的装潢清新、时尚。床又大又舒服,提供欧式早餐和免费租赁的自行车,方便你游览附近区域。旅馆里还有一个餐厅。

★ Collage 各国风味 $$$

(☎904-829-0055; www.collagestaug.com; 60 Hypolita St; 主菜 $28~45; ⊗17:30~21:00)这家高档餐厅的服务无可挑剔,氛围幽静,菜肴保持一贯的高水准。在食物选材上,

充分发挥了圣奥古斯丁海边地点和附近农场的位置优势。这里有手工精致沙拉、鸡肉、羊肉、小牛肉和猪肉、龙虾、扇贝和石斑鱼。融合了各国风味的菜肴,突出了食材本身的鲜美。

❶ 实用信息

旅游信息中心(Visitor Information Center; ☎904-825-1000; www.Floridashistoriccoast.com; 10 W Castillo Dr; ⊙8:30~17:30)热情友善的工作人员身着古装,出售旅游门票,还可以为你提供游览圣奥古斯丁的各种信息。

St Augustine Record (www.staugustine.com)日报会在官网发布实用信息以供查阅。

❶ 到达和当地交通

如果你从北边驾车过来,从I-95公路的318号出口驶出,然后向东行驶,沿Hwy 1前往San Marcos Ave;右转,就到达旧城门(Old City Gate)了,过了城堡就是。你也可以沿着海滩的Hwy A1A(与San Marco Ave交会)行驶,或者从杰克逊维尔南侧出发,沿Hwy 1公路行驶。如果从南方前来,从298号出口驶出,进入Hwy 1,便一路驶入城镇。

在市中心驾车简直是一场噩梦,那里只有单行道和行人专用道,停车的地方非常有限;但离开市中心需要开车。在游客信息中心有一个很大的停车场,你可以把车停在那里。

佛罗里达州东北地区机场(Northeast Florida Regional Airport; ☎904-209-0090; www.flynf.com; 4900 US Hwy 1)位于小镇以北5英里处,在此起降的商业航班不多。**机场快线**(Airport Express; ☎904-824-9400; www.airportexpresspickup.com)的收费是$65,可抵达市中心。再加$20,可抵达入住酒店。需要预约,也提供私人服务。

灰狗巴士站(☎904-829-6401; www.greyhound.com; 52 San Marcos Ave)在游客中心以北数个街区之外。

杰克逊维尔(Jacksonville)

杰克逊维尔占地面积多达840平方英里,从地理意义上说是美国最大的城市,也是佛罗里达州人口最多的城市。这座城市沿着三条蜿蜒的河流延伸,水面上倒映着宏伟的桥梁和闪烁的城市灯光。鳞次栉比的高楼大厦,数不清的公司总部和连锁酒店可能会让这里显得有些乏味,但只要你耐心探索,就可以发掘出一些有趣的街道和人,感受到南方人的热情好客。

如果你有时间的话,这座城市的博物馆和修复后的历史街区都值得一游,而Five Points 和San Marco社区也非常迷人,适宜步行,那里有许多法式小馆、精品店和酒吧。

杰克逊维尔地区的海滩自是另一番天地,距离城市30~50分钟的车程,视交通情况和出发地而定。

◉ 景点

★ 教母艺术博物馆和花园　　博物馆

(Cummer Museum of Art & Gardens; www.cummer.org; 829 Riverside Ave; 成人/儿童 $10/6; ⊙周二 10:00~21:00,周三至周六 至16:00,周日 正午至16:00)这座漂亮的博物馆是杰克逊维尔首屈一指的文化场所,收藏着美国和欧洲绘画、亚洲装饰艺术品以及文物。室外区域展示了古典的英式花园和意大利式花园,是这个城市最可爱的地方之一。

★ 杰克逊维尔当代艺术博物馆　　博物馆

(Museum of Contemporary Art Jacksonville, MOCA; ☎904-366-6911; www.mocajacksonville.org; 333 N Laura St; 成人/儿童 $8/2.50; ⊙周二至周六 11:00~17:00,周四 至21:00,周日 正午至17:00)这个博物馆十分时尚,展馆重心不仅仅是绘画,还有当代雕塑、印刷、摄影和电影等内容。登录www.jacksonvilleartwalk.com了解关于杰克逊维尔当代艺术博物馆组织的免费艺术徒步之旅(Art Walk)的详细信息,举办时间为每月第一个周三的17:00至21:00。

南岸河滨步道
(Southbank Riverwalk)　　水滨

这条1.2英里长的木栈道在圣约翰河(St Johns River)的南岸,位于市中心和杰克逊维尔码头的对面,从这里可以饱览城市广阔的天际线。多数时候,如果你选择夜晚在这里拍照,上传到社交网络都能收获许多个赞,不过烟花表演才最为精彩。南岸河滨步道连接着博物馆圈环路,非常适合散步。

契约树
地标

(Treaty Oak; 1123 Prudential Dr, Jesse Ball duPont Park)乍一看,这里就像长在杰克逊维尔南边建筑群中的一片小森林。但定睛一看,"森林"原来是一棵巨大的树,树干周长25英尺,而树荫的直径近200英尺。根据当地的传说,这棵橡树是至今杰克逊维尔最古老的东西。

食宿

Hotel Indigo Jacksonville
酒店 $$

(☎877-846-3446; www.hoteldeerwoodpark.com; 9840 Tapestry Park Circle; 房$150起; P🏊🛜♿)这家Indigo连锁酒店房间采用奢华的蓝色调,宽敞通风,设计精美,有硬木地板、松软的床铺和平板电视,创造出一种新潮却不乏奢华的体验。酒店位于杰克逊维尔市中心以南11英里处。

★ Hotel Palms
酒店 $$

(☎904-241-7776; www.thehotelpalms.com; 28 Sherry Dr, Atlantic Beach; 房$140~180,套$200起; 🛜)一个带庭院的老式汽车旅馆改造而成的别致的小房子,使用再生床头板,混凝土地板和开放通风的设计。还不错。可体验户外淋浴、免费沙滩自行车、户外壁炉。房间精美的装饰设计就像是从Instagram上复制下来的一样。

Beach Road Chicken Dinners
美国南部菜 $

(☎904-398-7980; www.beachroadchickendinners.com; 4132 Atlantic Blvd; 单品$5~12; ⏱周二至周六 11:00~20:30,周日至18:00)如果一家餐厅的招牌菜可追溯到"冷战"时期,那可不容错过。而且这个地方从1939年就开始做炸鸡了。撕下一块柔软的嫩鸡腿肉,裹在松软的松饼里,你就会明白为什么每天这个小屋都排长队了。

★ Black Sheep Restaurant
新派美国菜 $$

(☎904-380-3091; www.blacksheep5points.com; 1534 Oak St; 午餐/晚餐 主菜$9/14起; ⏱周一至周四 10:30~22:00,周五和周六至23:00,周日 9:30~15:00; ♿)🍽 Black Sheep Restaurant承诺使用优质的当地食材,烹饪美味的食物。什么? 餐厅还有一个屋顶酒吧,供应各种精调鸡尾酒? 算我们一份! 尝尝这儿的油封鸭味噌面,用柠檬腌制的豆腐,用自制的熟食肉做的熏牛肉三明治,或者用榛果黄油烹饪的脆皮虹鳟鱼,一切都很美味。周日早午餐的小豆蔻煎饼和三文鱼贝果也很不错。

饮品和娱乐

★ Birdies
酒吧

(☎904-356-4444; www.birdiesfivepoints.com; 1044 Park St; ⏱16:00至次日2:00)墙上挂着独特的当地艺术品,酒吧后面有老式电子游戏机。年纪较大的人和带文身的嬉皮士在复古的霓虹灯下畅饮,收音机里播放着独立摇滚,周末还有DJ表演,氛围棒极了。

★ 佛罗里达剧院
剧院

(Florida Theatre; ☎904-355-5661; www.floridatheatre.com; 128 E Forsyth St)这是1956年猫王举办第一场室内演唱会的地方,当时一名保守的地方法官不喜欢却非要听完这场演唱会,以便监视猫王不在演唱会上过于"惹火"。这个华丽的场地建于1927年,是一个欣赏大牌音乐家的演出、热门音乐剧和电影的场所。

ⓘ 实用信息

有不少关于杰克逊维尔及周边地区的信息。

《佛罗里达联合时报》(*Florida Times-Union*; www.jacksonville.com)是一家保守党派日报,有纸质也有网络版;周五的《周末》杂志主要介绍适合家庭的活动。

佛罗里达周刊(*Folio Weekly*; www.folioweekly.com)免费的周刊,提供俱乐部、餐馆和娱乐的相关信息。镇上随处都能找到。

杰克逊维尔和海滩会议及旅游局(Jacksonville & the Beaches Convention & Visitors Bureau; ☎800-733-2668; www.visitjacksonville.com; 208 N Laura St, Suite 102; ⏱周一至周五 9:00~17:00)提供关于杰克逊维尔及周边地区的信息。在**杰克逊维尔码头**(Jacksonville Landing; ☎904-791-4305; 2 Independent Dr; ⏱周一至周五 11:00~15:00,周五和周六 10:00~19:00,周日 正午至17:00)和机场还设有分部。

❶ 到达和当地交通

杰克逊维尔国际机场（Jacksonville International Airport, JAX；☎904-741-4902；www.flyjax.com；2400 Yankee Clipper Dr；🚇）位于市中心以北18英里处的I-95公路上，主要的航空公司和地区航空公司都有飞往这里的航班，汽车租赁公司在这里设有柜台。乘坐出租车前往市中心大约需要$35。如果不乘坐出租车，就根据标识找到接驳大巴，那儿有许多正规经营的交通服务，不需要预订。

灰狗巴士站（☎904-356-9976；www.greyhound.com；10 Pearl St）位于市中心的西端。

美国国家铁路公司车站（☎904-766-5110；www.amtrak.com；3570 Clifford Lane）位于市中心西北5英里处。

杰克逊维尔交通局（Jacksonville Transportation Authority；www.jtafla.com）运营前往城镇周围和海滩的巴士和有轨电车（票价$1.50），还有跨河观光单轨列车Skyway，是免费的，乘车的人不多。

阿米莉亚岛（Amelia Island）

阿米莉亚岛距离佐治亚州边界仅13英里，小岛被苔藓、阳光和沙滩覆盖，充满美国南方腹地和佛罗里达海岸上的风情。据说，岛上的原住民——蒂姆库安部落人，早在4000年前就在此定居了。从那时起，这里先后飘扬着八面旗帜，1562年起初是法国国旗，接着是西班牙国旗、英国国旗，再后来又是西班牙国旗、爱国者旗、佛罗里达绿十字旗、墨西哥叛军旗、美国国旗、南方邦联旗，最后又是美国国旗。

19世纪90年代，当亨利·弗拉格勒（Henry Flagler）将盐沼和未遭破坏的海滩变成了富人的度假胜地，度假者们便开始纷纷涌入阿米莉亚岛。那个时代的遗迹在费南迪纳海滩（Fernandina Beach）的中心城区随处可见：50个街区的历史建筑，维多利亚式的民宿和由鱼屋改造的餐厅。岛上其他地方还点缀着郁郁葱葱的公园，有绿色的高尔夫球道和绵延数英里的海岸线。

◎ 景点和活动

阿米莉亚岛历史博物馆　博物馆
（Amelia Island Museum of History；☎904-261-7378；www.ameliamuseum.org；233 S 3rd St, Fernandina Beach；成人/学生 $8/5；◐周一至周六 10:00~16:00，周日 13:00~16:00）这座历史博物馆坐落在市监狱（1879~1975年）的旧址上，有许多内容丰富的小型展览，让你探索美国原住民历史、西班牙传教使团、内战和历史遗迹保护。博物馆还组织各种各样的团队游，其中八面旗之旅（周一至周六 11:00~14:00，周日 14:00）生动地诠释了这座岛屿的迷人历史，还有建筑之旅、小酒馆之旅和手机徒步之旅。

克林奇堡州立公园　州立公园
（Fort Clinch State Park；☎904-277-7274；www.floridastateparks.org/fortclinch；2601 Atlantic Ave, Fernandina Beach；小汽车/行人 $6/2；◐公园8:00至日落，要塞9:00~17:00；🅿）克林奇堡州立公园1847年开始动工，但由于修建技术的迅速发展，公园采用的砖石墙早在1861年就已经过时了，当时正值内战，南方联盟军队轻易攻破并占领这里，后来又撤离了；"二战"期间，北方联邦军队占领了这座堡垒。今天，公园提供各种各样的活动，还有半英里长的钓鱼码头、宁静的海滩，可以徒步或骑行。

★Kayak Amelia　划皮划艇
（☎904-261-5702, 904-251-0016；www.kayakamelia.com；4 N 2nd St, Fernandina Beach；团队游 成人/儿童 $65/55起，出租 半天/全天 $37/49起）风平浪静的一天，在水上划船，是体验阿米莉亚岛的最佳方式，感受阳光在河口和草坪上闪闪发光。来Kayak Amelia就能体验，你将划船探索大西洋堰洲岛的海水生态系统。

🛏 住宿

★Addison　民宿 $$$
（☎904-277-1604；www.addisononamelia.com；614 Ash St, Fernandina Beach；房 $215~315；🅿🚇）Addison建于1876年，拥有完善的现代化设施（按摩浴缸、淋浴盥洗室、土耳其棉毛巾和Wi-Fi），崭新到让人误以为是上周才刚刚完工的。白色、浅绿色和鼠尾草色的色调搭配非常明亮，没有一丝沉闷的感觉。房东友好风趣，你可以跟他们一边眺望宜人的

庭院，一边享受每天的快乐时光。

丽思卡尔顿酒店　　　　　　酒店 $$$
（Ritz Carlton；☎904-277-1100；www.ritzcarlton.com/en/Properties/AmeliaIsland；4750 Amelia Island Pkwy, Fernandina Beach；房$299起；🅿🛜🏊）这家丽思卡尔顿酒店奢华、高贵，服务完美得无可挑剔。酒店位置十分独特，坐落在13英里的原始海滩上，拥有18洞高尔夫球场，以及豪华的客房和套房，房间里配备优雅的家具。

✖ 餐饮

T-Ray's Burger Station　　　汉堡 $
（☎904-261-6310；www.traysburgerstation.com；202 S 8th St, Fernandina Beach；主菜$6~9；⏱周一至周五 7:00~14:30，周六 8:00~13:00）在埃克森（Exxon）加油站里面，这家高碳水化合物、高脂肪的低调美式小馆非常值得一去，也供应外卖。当地人非常喜爱这里的口味。这里的早餐非常丰盛，每天的特色食品很快就会卖光。多汁的汉堡、厚实的薯条、炸虾和嫩蟹饼都会令人垂涎欲滴。

29 South　　　　　　　　美国南部菜 $$
（☎904-277-7919；www.29southrestaurant.com；29 S 3rd St, Fernandina Beach；主菜$16~28；⏱周日 11:30~14:00，每天 17:30~21:30；🅿）龙虾玉米热狗、甜茶酱猪排、自制的甜甜圈面包布丁和咖啡冰激凌，每一样都绝对值得品尝。

★ Palace Saloon　　　　　　　酒吧
（www.thepalacesaloon.com；113-117 Centre St, Fernandina Beach；⏱正午至次日2:00）推开这家佛罗里达州经营时间最长的酒吧大门（从1878年开始），映入眼帘的是长达40英尺的吧台。在覆盖着天鹅绒的昏暗酒吧中，来一杯加了朗姆酒的Pirate's Punch。神奇的是，无论是自由的骑行者还是传统的莎士比亚迷都很喜欢这款酒。

❶ 实用信息

老城区游客中心（Historic Downtown Visitor Center；☎904-277-0717；www.ameliaisland.com；102 Centre St, Fernandina Beach；⏱10:00~16:00）位于老火车站，有大量的实用信息和地图。

捕虾博物馆和接待中心（Shrimping Museum & Welcome Center；☎904-261-7378；17 Front St, Fernandina Beach；⏱周一至周六 10:00~16:00，周日 13:00~16:00）这个小博物馆位于港畔，有许多当地地图和小册子。

❶ 到达和离开

Hwy A1A公路在阿米莉亚岛上分岔为两条路，一条向西通往I-95公路，另一条沿海岸延伸；这两个方向上的路标都非常清晰。

想要到达阿米莉亚岛，最快的路线是从内陆出发，取道I-95公路，向北驶出373号出口，然后向东行驶大约15英里即可到达该岛。

想走一条景色更优美的路线吗？从杰克逊维尔海滩前往梅波特（Mayport），搭乘**圣约翰河渡轮**[St Johns River Ferry；☎904-241-9969；www.stjohnsriverferry.com；每车$5；⏱从梅波特出发周一至周五 6:00~19:00，每30分钟一班；从乔治岛（George Island）出发 周一至周五 6:15~19:15，周六和周日 7:15~20:45，每30分钟一班]，大约每30分钟一班。

佛罗里达州西南部

沿着佛罗里达州西南部的墨西哥湾沿岸地区（Gulf Coast）行驶，你将驶入一幅印象派水彩画：首先映入眼帘的是堰洲岛上闪闪发光的白色石英沙滩，而当炽热的阳光照射到地平线上时，海滩上的蓝绿色海水会变暗，变成披着银光的靛蓝色。随后当你驶入堤道，再看到这些岛屿时，它们在漆黑的夜色下变成一个个波光粼粼的小点。

墨西哥湾沿岸主要吸引人的是其美景，其次就是这里蕴含的多样性：从坦帕到圣彼得堡，从萨拉索塔到那不勒斯，你都能发现都市的魅力和美食的精致。这里有僻静的岛屿，适合家庭的度假胜地和春假风格的派对。这里还有萨尔瓦多·达利（Salvador Dalí）的油画、林林家族（Ringling）的威尼斯哥特式宫殿和奇胡利（Chihuly）的玻璃雕塑——这些超现实主义艺术作品色彩鲜明、创意大胆，与越冬的海牛、粉红琵鹭、张着大嘴的鳄鱼，以及穿着亮片服装的飞人表演者相得益彰。

坦帕（Tampa）

乍一看，坦帕似乎杂乱无章，商业气息很浓，但这里其实也有许多博物馆、公园和富于挑战的餐馆，其中不少餐厅都是新开的，给这座城市带来了时尚的气息。在市中心的核心地带，翻修过的河滨步道沿着希尔斯堡河（Hillsborough River）延伸，道路一旁有许多现代建筑和风景优美的绿地。此外，这里的动物园、水族馆、儿童博物馆和主题公园，可供带孩子的旅行者玩上整整一周的时间。到了晚上，伊波城的街道摇身一变，成了佛罗里达州西南部最热门的酒吧和夜店的所在地。

◉ 景点

乘坐小汽车或有轨电车从市中心往东北，只需一小段路程即可到达伊波城（Ybor City；读作：ee-bore）。融合了西礁岛和迈阿密的小哈瓦那的特色，这个19世纪建成的地区是一个多民族的社区，坦帕湾地区最时髦的派对都在这儿举行。这里曾是坦帕雪茄产业中心，至今仍然保留着鲜明的古巴、西班牙和意大利特色。

★ 佛罗里达水族馆　　　　　　水族馆

（Florida Aquarium；☎813-273-4000；www.flaquarium.org；701 Channelside Dr；成人/儿童$25/20；⊙9:30～17:00；🅿）坦帕的水族馆是该州最优秀的水族馆之一。经过精心设计的沼泽可以让你在苍鹭和朱鹭之间穿梭，而不影响它们在红树林漫步。你可以参加这里的项目，和鱼儿（以及鲨鱼）一起游泳，或者在坦帕湾乘坐双体船参加生态游。

布希花园　　　　　　　　　　游乐园

（Busch Gardens；☎888-800-5447；www.buschgardenstampabay.com；10165 McKinley Dr；3岁及以上 $95；⊙10:00～18:00，时间不定）这个主题公园有10个随意命名的非洲区域，有几个连在一起，但也毫不奇怪。整个公园都适合步行。门票包括三种类型的娱乐项目：超级过山车等游乐设施，动物邂逅，各种秀、表演和娱乐活动。这些娱乐项目遍布整个公园，规划一下能玩得更尽兴。

伊波城博物馆州立公园　　　　博物馆

（Ybor City Museum State Park；☎813-247-6323；www.yborrmuseum.org；1818 E 9th Ave；成人/儿童$4/免费；⊙周三至周日9:00～17:00）这个满是灰尘的老式历史博物馆定格了昔日时光，馆内有雪茄工人的房子（10:00～15:00开放）和精彩的老照片。博物馆商店提供专业的雪茄咨询，并提供免费的伊波城自助多媒体导览游的信息（☎813-505-6779；www.yborrwalkingtours.com；成人/儿童$20/10），可以使用任何联网设备。

佛罗里达摄影艺术博物馆　　　博物馆

（Florida Museum of Photographic Arts；FMoPA；☎813-221-2222；www.fmopa.org；The Cube, 400 N Ashley Dr；成人/学生$10/8；⊙周一至周四11:00～18:00，周五至19:00，周日正午至17:00）这个小巧幽静的摄影博物馆坐落在坦帕市中心的一个五层楼高的中庭式建筑的2层和3层。除了哈罗德·艾顿（Harold Edgerton）和兰·普林斯（Len Prince）的永久藏品外，临时展览还包括安塞尔·亚当斯（Ansel Adams）和安迪·沃霍尔（Andy Warhol）的作品，以及杰里·乌尔斯曼（Jerry Uelsmann）等当代摄影师的作品。这里也提供摄影课程。

海牛观赏中心　　　　　　　野生动物保护区

（Manatee Viewing Center；☎813-228-4289；www.tampaelectric.com/manatee；6990 Dickman Rd, Apollo Beach；⊙11月至次年4月中旬10:00～17:00）**免费** 佛罗里达最不可思议的野生动物观赏体验之一：你可以在火力发电厂的暖水排放运河中发现海牛。每年11月到次年4月，这些温和的哺乳动物一直安逸地待在这里，因此现在这里渐渐成了一个保护区。

🛏 住宿

Gram's Place Hostel　　　　青年旅舍 $

（☎813-221-0596；www.grams-inn-tampa.com；3109 N Ola Ave, Seminole Heights；铺$28，房$55～65；🅿@🛜）这家青年旅舍如同一个上了年纪的摇滚明星一样富有魅力，虽然小，但服务热情友好，吸引了来自世界各地的、追求个性胜过追求舒适度的旅行者。这里有下沉式热水浴缸，周六晚上还有睡衣之夜。房费不含早餐，但有两间设施完善的厨房可供你一展厨艺。

Tahitian Inn 酒店 $$

(☎813-877-6721; www.tahitianinn.com; 601 S Dale Mabry Hwy, South Tampa; 房$155起; P❉@☎≋)店名会令人想起提基（Tiki）风格的汽车旅馆，但实际上这里是一个服务周到的家庭经营旅馆，有干净优雅的客房，价格便宜。游泳池不错，古雅的咖啡馆外有户外座位，旁边有小瀑布和锦鲤池。

★ Epicurean Hotel 精品酒店 $$

(☎813-999-8700; www.epicureanhotel.com; 1207 S Howard Ave, South Tampa; 房$180~499; P❉@≋)吃货的天堂！坦帕（Tampa）最酷的酒店，于2014年开始营业，这家精品酒店以饮食为主题，有许多独特的细节设计：水培生菜和香草垂直墙、锌粉色的酒吧、从19世纪20年代的火车站回收再利用的木材、实验厨房风格的超大金属门把手——这里的一切都和Bern's Steak House (☎813-251-2421; www.bernssteakhouse.com; 1208 S Howard Ave, South Tampa; 1~2人份牛排$32~105; ◎周日至周四 17:00~22:00, 周五和周六 至23:00)息息相关。这两家是酒店创始人发家的餐厅。

🍴 就餐

Tre Amici @ the Bunker 咖啡馆 $

(☎813-247-6964; www.bunkerybor.com; 1907 19th St N, Ybor City; 单品$3~8; ◎周一至周六 8:00~20:00, 周日 10:00~16:00)伊波城的潮人来到这家氛围轻松的咖啡馆开始精力充沛的一天。他家全天供应各种早餐玉米卷饼，还有汤和三明治。到了晚上，这里有即兴表演、诗歌朗诵比赛和"噪音之夜"——实际情况就跟这名字一模一样。

★ Ulele 美国菜 $$

(☎813-999-4952; www.ulele.com; 1810 N Highland Ave; 主菜 $10~36; ◎周日至周四 11:00~22:00, 周五和周六 至23:00; ☎)这里原来是抽水站，如今已经变成了一个迷人的餐馆和酿酒厂，位于环境优美的河滨步道附近。

菜单上提供了多道为迎合现代人的口味而经过改良的佛罗里达州本地菜肴。食材搭配自由，厨师会用超辣的datil pepper，小吃有鳄鱼豆豆和炸秋葵条（非常好吃），主菜有当地的鲳参鱼，还有番石榴派等甜点。

Ichicoro 拉面 $$

(☎813-517-9989; www.ichicoro.com; 5229 N Florida Ave, Seminole Heights; 拉面 $12~16; ◎周一至周三 正午至23:00, 周四和周五 至次日1:00, 周六 11:00至次日1:00, 周日 11:00~23:00)这个别致的餐厅坐落在坦帕的塞米诺高地社区（Seminole Heights），有来自纽约市南部最美味的工艺拉面（是的，拉面也可以是工艺的）。这儿的拉面就是那些花式拉面最初的灵感来源。

★ Columbia Restaurant 西班牙菜 $$$

(☎813-248-4961; www.columbiarestaurant.com; 2117 E 7th Ave, Ybor City; 主菜午餐$11~26, 晚餐$20~31; ◎周一至周四 11:00~22:00, 周五和周六 至23:00, 周日 正午至21:00)这家佛罗里达州最古老的西班牙古巴饭店在2015年庆祝了它的100周年纪念日。它占据了一整个街区，由15间高雅的餐厅和一个浪漫的、含中央喷泉的庭院组成。

🍷 饮品和娱乐

Independent Bar 酒吧

(☎813-341-4883; www.independenttampa.com; 5016 N Florida Ave, Seminole Heights; ◎周日至周三 9:00至午夜, 周四至周六 至次日1:00)如果你喜欢精酿，可以来这家位于塞米诺高地的酒吧。它是由加油站改造而成的，低调又时尚。不妨在这儿尝尝当地酿造的Cigar City Brews精酿，配上这儿的美食一起享用吧。

★ Skipper's Smokehouse 现场音乐

(☎813-971-0666; www.skipperssmokehouse.com; 910 Skipper Rd, Village of Tampa; 翻唱$5~25; ◎周二和周三 11:00~22:00, 周四至22:30, 周五 至23:00, 周六 正午至23:00, 周日 13:00~21:30)Skipper's是一个氛围轻松自在的露天音乐场馆，深受人们喜爱，很有西礁岛的味道。在这儿可以欣赏到蓝调、民谣、雷鬼和本地特色的摇滚演出。场馆位于距离市中

★ 坦帕电影院　　　　　　　　　　电影院

（Tampa Theatre；☎813-274-8981，售票处813-274-8286；www.tampatheatre.org；711 N Franklin St；票价$11）这座建于1926年的华丽的电影院位于市中心，放映小众电影。大多数情况下在放映电影之前会来一段Wurlitzer风琴演奏。不过遗憾的是这里只在指定日子里放映一到两部电影。你可以问问这里有什么的特别活动。

❶ 实用信息

坦帕湾民俗旅游局（Tampa Bay Convention & Visitors Bureau；☎813-226-0293；www.visittampabay.com；615 Channelside Dr；⊙周一至周六10:00~17:30，周日11:00~17:00）提供很好的免费地图和大量信息。

伊波城游客中心（Ybor City Visitor Center；☎813-241-8838；www.ybor.org；1600 E 8th Ave；⊙周一至周六 10:00~17:00，周日 正午至17:00）提供了对该地区详细的介绍，包括徒步旅行地图和信息。

❶ 到达和当地交通

坦帕国际机场（Tampa International Airport，TPA；☎813-870-8700；www.tampaairport.com；4100 George J Bean Pkwy）是该地区第三繁忙的交通枢纽，距离市中心以西6英里处，紧邻Hwy 589公路。

希尔斯堡地区交通局（Hillsborough Area Regional Transit，简称HART）的30路公交车（$2，25分钟，每30分钟一班）在机场较低层的红色到达厅（Red Arrival Desk）提供接送，乘客自备零钱，不找零。

所有主要的汽车公司都在机场设有柜台。如果开车的话，沿I-275前往N Ashley Dr，右转后即可到达市中心。

圣彼得堡（St Petersburg）

在人们狭隘的认识里，圣彼得堡长久以来就是举办春假狂欢派对的地方，是一个退休胜地。但现在圣彼得堡正在为自己正名——打造成为一个具有文化底蕴的南方城市。在精彩的壁画、重绽活力的历史街区和令人叹为观止的达利博物馆的烘托下，市中心的活力正慢慢地向中央大道（Central Ave）蔓延，孕育出许多精致的餐馆、精酿酿酒工坊、农贸市场和美术馆，所有这些都吸引着年轻的专业精英和一波波热爱文化的旅行者的到来。

◉ 景点和活动

★ 萨尔瓦多·达利博物馆　　　　博物馆

（Salvador Dalí Museum；☎727-823-3767；www.thedali.org；1 Dali Blvd；成人/6~12岁儿童 $24/10，周四 17:00之后 $10；⊙周五至周三10:00~17:30，周四 至20:00）从萨尔瓦多·达利博物馆的夸张外观看，就知道里面的内容不俗：高耸的白色鞋盒般的建筑"渗出"一个75英尺高的曲面网格玻璃中庭。更妙的是，里面所呈现的不只是一个现代艺术博物馆的范本，还是一个专门介绍萨尔瓦多·达利的一生及其艺术成就和影响的最佳展现方式。即使是那些不喜欢达利"融化的时钟"和"花饰胡子"的人，来这里后，尤其是看过《迷幻斗牛士》（*Hallucinogenic Toreador*）后，都会肃然起敬的。

★ 威登岛保护区　　　　　　　自然保护区

（Weedon Island Preserve；☎727-453-6500；www.weedonislandpreserve.org；1800 Weedon Dr NE；⊙7:00至日落）这个占地3700英亩的保护区就像是一块绿色植被拼布，从坦帕湾延伸出来，保护着水生动植物和湿地生态系统的多样性。保护区的中心是一座文化和自然历史中心（Cultural and Natural History Center，周四至周六 11:00~16:00开放），在那里你可以观看关于自然环境和早期维顿岛（Weedon Island）人的展览。

圣彼得堡美术博物馆　　　　　博物馆

（St Petersburg Museum of Fine Arts；☎727896-2667；www.mfastpete.org；255 Beach Dr NE；成人/7~18岁儿童 $17/10；⊙周一至周六10:00~17:00，周四 至20:00，周日 正午至17:00）这个美术博物馆的藏品非常丰富，底蕴丰厚，堪比达利博物馆，有来自世界各地的文物，展品按照艺术发展史的各个时期排列。

★ Walking Mural Tours　　　　文化游

(☎727-821-7391; www.stpetemuraltour.com; 成人/儿童 $19/11; ⊙周六 10:00~11:30)这个精彩的徒步游将为游客们展现圣彼得堡精美的壁画。2008年金融危机后，艺术家们开始在市中心的廉价画廊区域作画，才有了现今的壁画群。现在，这里有30多件极富创意的壁画，每一幅都是独一无二的，内容多是为了表达对这座城市历史和文化的敬意。这些精美的壁画为这里的建筑锦上添花，可与迈阿密的温伍德墙的壁画相媲美。

住宿

★ Hollander Hotel　　　　精品酒店 $$

(☎727-873-7900; www.hollanderhotel.com; 421 4th Ave N; 房 $98~140; P❋❋❋)Hollander酒店采用装饰艺术风格，门廊长130英尺，有欢乐的酒吧(Tap Room)、全方位的水疗和一家名为"Common Grounds"的咖啡店，选择这里绝对不会有错。公共区域满是华丽旧时代的细节，房间留存着20世纪30年代的浪漫气息，里面有木质地板、慵懒的吊扇和藤制家具。

★ Dickens House　　　　民宿 $$

(☎727-822-8622; www.dickenshouse.com; 335 8th Ave NE; 房 $139~243; P❋@❋)这个经过精心翻建的时尚民宅充满艺术气息，摆放着许多工艺品，有5间豪华舒适的客房。爱交际的店主对同性恋客人很友好，还会做丰盛的早餐，通常包含蛋白煎蛋饼。

餐饮

Meze 119　　　　素食 $

(☎727-498-8627; www.meze119.com; 119 2nd St N; 主菜 $7~14; ⊙周日至周四 11:00~21:00, 周五和周六 至22:00; ♪)这家素食餐厅使用中东香料创造出丰富多样的美味，即使是那些挑剔的非素食主义者也喜欢这儿的苏格兰蛋配油炸鹰嘴豆饼、芝麻酱炸面包，还有蒸粗燕麦粉与葡萄干馅的橡子南瓜。其他备受喜爱的菜肴还有多味鹰嘴豆泥和煎茄子皮塔饼。

★ Brick & Mortar　　　　新派美国菜 $$

(☎727-822-6540; www.facebook.com/brickandmortarkitchen; 539 Central Ave; 主菜 $14~25; ⊙周二 17:00~21:00, 周三和周四 至22:00, 周五和周六 16:30~23:00)这家夫妻餐饮店于2015年开始营业。虽然圣彼得堡已经有不少不错的餐馆了，但这家新派美国餐厅更胜一筹。最好吃的是什么？极美味的牛肉片配韭葱、山羊奶酪慕斯、一点松露油，还有一个美味的意式溏心蛋馅方饺。

★ Cycle Brewing　　　　自酿酒吧

(534 Central Ave; ⊙周一至周四 15:00至午夜, 周五 至次日1:00, 周六 正午至次日1:00, 周日 正午至22:00)这是一家新潮的啤酒屋，设置临街座椅，轮流供应24种世界一流的桶装啤酒。Crank IPA是一个不错的选择。

❶ 到达和当地交通

灰狗巴士(☎727-898-1496; www.greyhound.com; 180 Dr Martin Luther King Jr St N)开往迈阿密、奥兰多和坦帕。

皮内拉斯阳光海岸交通局(Pinellas Suncoast Transit Authority, 简称PSTA; www.psta.net; 成人/学生 $2.20/1.10; ⊙周一至周五 5:00~21:00, 周日 7:00~17:00)运营圣彼得堡的公共汽车, 开往堰洲岛的海滩和克利尔沃特(Clearwater); 不限乘车次数的Go Cards每天花费$5。

Downtown Looper(www.loopertrolley.com; 票价50¢; ⊙周日至周四 10:00~17:00, 周五和周六 至午夜)老式的有轨电车，绕市中心环行，每15~20分钟一班。

萨拉索塔(Sarasota)

如今，假期可以选择去萨拉索塔[以及附近非常受欢迎的西埃斯特基(Siesta Key)]欣赏迷人的风景和海滩。不过，这座城市是历经了时间的磨砺才蜕变为今天这个富有文化气息的地方。15世纪，西班牙探险家大肆掠夺并驱逐了卡卢萨人(Calusa)后，这片土地一直荒无人烟，直到爆发塞米诺尔战争(Seminole Wars)，《武装占领法案》(*Armed Occupation Act*; 1842年)出台。该法案规定到此定居并承诺保护土地的人能获得160英亩的土地和6个月的给养。帆船和蒸汽船是他们与外界取得联系的唯一方式，直

到1902年坦帕铁路建成，改变了这一切。萨拉索塔随后成为富人的冬季度假胜地，城市的艺术机构也不断发展壮大。再后来，马戏团的大亨约翰·林林（John Ringling）决定把他的马戏团搬到这里，并建造了冬季住宅、艺术博物馆和大学，让这个落后的小镇变成了今天这个充满热情的、富裕的艺术堡垒。

◎ 景点和活动

★ 林林博物馆　　　　　　　　　博物馆

（Ringling Museum Complex；☎941-359-5700；www.ringling.org；5401 Bay Shore Rd；成人/6~17岁儿童 $25/5；⊙周五至周三 10:00~17:00，周四至20:00；📶）这座66英亩的冬季庄园属于房地产、马戏团大亨约翰·林林和他的妻子梅布尔（Mable），是墨西哥湾沿岸最大的亮点之一。里面展有夫妻俩的部分私人藏品，其余的收藏在现在的佛罗里达州立美术馆里。不远处是林林马戏团博物馆，里面记录了他传奇的成功之路，而威尼斯哥特式住宅Cà d'Zan则透露出夫妇二人奢华的品味。马戏团博物馆会放映由公共广播公司（PBS）出品的讲述林林一生的电影，千万不要错过。

岛屿公园（Island Park）　　　　　公园

萨拉索塔的码头因岛屿公园而闻名。该公园一直延伸至港口，有一片非常迷人的绿地，有宽敞的游戏场、喷泉，干净的洗手间，树荫下有长椅，园内还有一家餐馆和一个夏威夷风的提基酒吧；另外，这里还提供皮划艇、水上摩托艇和船只的租赁服务。

★ Siesta Key Rum　　　　　　　酿酒厂

（Drum Circle Distilling；☎941-702-8143；www.drumcircledistilling.com；2212 Industrial Blvd；⊙周二至周六 正午至17:00）**免费** 佛罗里达州最古老的朗姆酒酿酒厂，位于城镇不远处的工业园区内，提供内容丰富、令人陶醉的团队游。你将从公司创始人特洛伊那里了解到朗姆酒的整个生产过程，他可是一位有天赋且诙谐的演说家。

🛏 食宿

★ Hotel Ranola　　　　　　精品酒店 $$

（☎941-951-0111；www.hotelranola.com；118 Indian Pl；房 $109~179，套 $239~269；🅿❄🛜）由9个房间组成，感觉像是有着设计师般自由灵魂的温馨公寓，不着痕迹的艺术感，同时有一个非常好用的厨房。酒店位于市区，步行即可前往萨拉索塔市中心。

Mattison's City Grille　　　　烧烤餐馆 $

[☎941-330-0440；www.mattisons.com/；1 N. Lemon Ave；主菜 $9~17；⊙11:00~22:00（或更晚），周六 9:30开始营业；🛜📶]健康的沙拉和丰盛的三明治（使用新鲜的自制面包制作而成）是Mattison's一天中点单率最高的食品。户外用餐区还兼作酒吧，每天晚上都有现场音乐表演，给这个地方带来了"派对街角（party on the corner）"的昵称。

★ Owen's Fish Camp　　　　　南方菜 $$

（☎941-951-6936；www.owensfishcamp.com；516 Burns Lane；主菜 $10~28；⊙周日至周四 16:00~21:30，周五和周六 至22:30）在这个位于市中心的佛罗里达州怀旧小馆，等位的时间很少会低于1个小时，常常人满为患。菜单上有高档的南方菜肴，主要以新鲜的海产品为主，包括应季食材和固定的菜肴，比如干贝配红烧肉、豆煮玉米和粗燕麦粉。

ⓘ 实用信息

Arts & Cultural Alliance（www.sarasotaarts.org）包罗万象的活动信息。

Sarasota Herald-Tribune（www.heraldtribune.com）当地主要日报。

萨拉索塔游客信息中心（Sarasota Visitor Information Center；☎941-706-1253；www.visitsarasota.org；1710 Main St；⊙周一至周六 10:00~17:00；🛜）有大量实用信息，服务友好，出售实用地图。

ⓘ 到达和离开

萨拉索塔位于坦帕以南约60英里，迈尔斯堡以北大约75英里处。通往城镇的主要道路是坦米阿密路/Hwy 41和I-75公路。

灰狗巴士（☎941-342-1720；www.greyhound.com；5951 Porter Way；⊙8:30~10:00和13:30~18:00）有从萨拉索塔开往迈阿密、迈尔斯堡和坦帕的线路。

Sarasota-Bradenton国际机场（Sarasota-Bradenton International Airport；SRQ；☎941-359-

2770; www.srq-airport.com; 6000 Airport Circle)有主要航空公司的运营服务。沿着Hwy 41向北行驶，在University Ave右转。

萨尼贝尔岛和卡普提瓦岛（Sanibel & Captiva Islands）

不论是天然形成还是后天为之，萨尼贝尔岛上的生活一直是不拘小节且平等的，富人也很低调。萨尼贝尔岛的开发是经过精心设计的：北半部地区几乎完全属于杰恩·达尔灵国家野生动物保护区。虽然这儿有很多酒店，但海滨地区并没有商业设施或公寓。加上只有从少数几个分散开来的停车场才能进入公共海滩，因此一天之内聚集在一个地方的游客并不多。

海盗何塞·加斯帕（Gaspar）自称"加斯帕里拉（Gasparilla）"，曾经混迹于墨西哥湾沿岸地区，掠夺财宝，抢夺美女，把她们囚禁在一个名叫"俘虏岛（Captiva Island，又名卡普提瓦岛）"的小岛上。如今，这个小村庄只有一条街道Andy Rosse Lane，而且到现在仍然没有红绿灯。人们首选的交通方式是自行车，很适合全家出行。这里的生活轻松随意，人人平等，岛上的富人也都很低调。卡普提瓦岛的豪宅区就掩映在茂密的树林后面，其中有一些名字非常有趣，比如"及时行乐（'Seas' the Day）"。

◉ 景点和活动

卡普提瓦海滩　　　　　　　海滩

（Captiva Beach; 14790 Captiva Dr）除了在海湾可以直接欣赏到令人心醉的海湾落日，卡普提瓦海滩的沙滩也很漂亮，附近还有几家浪漫的餐馆。可以早点来，把车停在这里的小停车场，或者骑自行车前来。

杰恩·达尔灵
国家野生动物保护区　　　野生动物保护区

（JN 'Ding' Darling National Wildlife Refuge; ☎239-472-1100; www.fws.gov/dingdarling; 1 Wildlife Dr; 小汽车/自行车/行人 $5/1/1; ⊙7:00至日落）保护区以漫画家杰恩·达尔灵的名字命名，他是一位环保主义者，在美国帮助建立了300多个保护区。除了美妙的海滩，这个占地6300英亩的野生动物保护区栖息着大量海鸟和野生动物，包括短吻鳄、夜鹭、红胸䴉、斑点䴉、粉红琵鹭、鹈鹕和美洲蛇鸟。保护区内5英里的Wildlife Drive提供与野生动物亲近的机会，不过请携带双筒望远镜，因为鸟群有时在远处。只要徒步一小段就能进入红树林。

卡普提瓦邮轮　　　　　　　邮轮

（☎239-472-5300; www.captivacruises.com; 11400 Andy Rosse Lane）卡普提瓦邮轮从麦卡锡码头McCarthy's Marina（☎239-472-5200; www.mccarthysmarina.com; 11401 Andy Rosse Lane）出发，提供海豚游和日落游（$27.50起）等各种邮轮体验，可前往各个岛屿，如Cayo Costa（$40）、Cabbage Key（$40）和Gasparilla Island的Boca Grande（$50）。

Tarpon Bay Explorers　　　皮划艇

（☎239-472-8900; www.tarponbayexplorers.com; 900 Tarpon Bay Rd; ⊙8:00~17:00）位于杰恩·达尔灵国家野生动物保护区内，这个旅行用品运营商出租独木舟和皮划艇（2小时 $25），还有Tarpon Bay简单的自助划船项目。皮划艇导览游（成人 $30~40，儿童 $20~25）也很棒，还有一系列其他游览项目，可在甲板上畅谈。项目都很热门，所以请提前预订或早到。

🛏 食宿

Sandpiper Inn　　　　　　旅馆 $$

（☎239-472-1606; www.palmviewsanibel.com; 720 Donax St; 房 $149~229; P❄🐾☎）这个旧佛罗里达风情的旅馆距离海边只有一个街区，靠近Periwinkle Way上的商店和餐馆，是萨尼贝尔岛上性价比很高的一个住宿场所。每个单独房间都有一间功能齐全（但有些过时）的厨房，休息区采用热带风情的明快色调。

★ Tween Waters Inn　　　度假村 $$$

（☎239-472-5161; www.tween-waters.com; 15951 Captiva Dr; 房 $185~285, 套 $270~410, 小屋 $265~460; ❄@☎🐾♿）Tween Waters

Inn是该岛上性价比很高的度假村。房间非常漂亮，是汤米·巴哈马（Tommy Bahama）风格，有藤蔓家具、花岗岩台面、雨淋花洒。所有的房间都带有阳台，面朝海湾的房间景色尤其壮美。整洁的小木屋非常浪漫。带孩子的旅行者可以充分享受这里的大游泳池、网球场、提供一条龙服务的小船坞和全方位水疗中心。连续多晚入住更可享受很大的折扣。

★ **Sweet Melissa's Cafe** 美国菜 $$$

（☎239-472-1956；www.sweetmelissascafe.com；1625 Periwinkle Way；小吃 $9~16，主菜 $26~34；⊙周一至周六 11:30~14:30和17:00至打烊，周六 晚餐17:00至打烊）从菜单到氛围，Sweet Melissa都很吸引人，这里供应营养均衡、令人放松的精致菜肴。法罗意大利宽面条、法国蜗牛搭配西葫芦和脆皮鱼等菜肴都极具创意。有很多小拼盘也值得尝试。服务周到，气氛欢快。

❶ 实用信息

萨尼贝尔岛和卡普提瓦岛商会（Sanibel & Captiva Islands Chamber of Commerce；☎239-472-1080；www.sanibel-captiva.org；1159 Causeway Rd；⊙9:00~17:00；⛵）非常有帮助的游客中心之一，酒店专用热线会为你提供最新的酒店空房情况。

❶ 到达和离开

驾车是抵离这里的唯一方式。在Sanibel Causeway（Hwy 867）入口缴费（小汽车/摩托车 $6/2）。尽管距离萨尼贝尔岛只有12英里长，但由于限速加上交通拥堵，会让人觉得路途很长。主要公路是Periwinkle Way，待到达此地后改称Sanibel-Captiva Rd。

那不勒斯（Naples）

如果想要在佛罗里达西南部寻求奢华的浪漫和最美丽、最宁静的城市海滩，来那不勒斯绝不会错——墨西哥湾的那不勒斯足以媲美棕榈滩（Palm Beach）。海岸沿线向来只发展住宅区，柔软的白沙滩后是狭窄的沙丘和掩映着的豪宅。那不勒斯是一个拥有丰厚文化的精致城市，在许多方面拥有得天独厚的优势，绽放着时尚典雅的气质，同时也非常热情好客、充满乐趣。温暖惬意的傍晚，常常有形形色色的人在市中心的第五大道（5th Ave）上散步：一家人、十几岁的孩子、穿着时尚的主妇、中年高管和衣着讲究的年轻情侣。旅行者有时会抱怨那不勒斯的物价很高，但在别处度过一个不那么精彩的假期，花销恐怕并没少很多。

◉ 景点和活动

★ **那不勒斯植物园** 花园

（Naples Botanical Gardens；☎239-643-7275；www.naplesgarden.org；4820 Bayshore Dr；成人/4~14岁儿童 $15/10；⊙9:00~17:00）这个漂亮的植物园的风格定位是"幸福之地，欢乐之域"。沿着2.5英里的小径，逛一逛这里精心设计的九个植物园，很快你就会发现内心的禅意。孩子们的乐趣在于探索有茅草屋顶的树屋，还有蝴蝶屋、互动喷泉，而成年人则会被梦幻景观设计师雷蒙德·江格斯（Raymond Jungles）近期重新设计的Scott Florida花园所吸引，花园里面有瀑布，12英尺高的鲕粒灰岩，以及枣椰树、梧桐叶无花果树和柠檬树等传统树种。

★ **贝克博物馆** 博物馆

（Baker Museum；☎239-597-1900；www.artisnaples.org；5833 Pelican Bay Blvd；成人/儿童 $10/免费；⊙周二至周四和周六 10:00~16:00，周五 至20:00，周日 正午至16:00）这座迷人的艺术博物馆是那不勒斯的骄傲，也是阿提斯-那不勒斯校园（Artis-Naples campus）的一部分。旁边就是令人惊叹的爱乐团中心（Philharmonic Center）。博物馆内的15个画廊和玻璃圆顶音乐厅专门用于介绍20世纪现当代艺术，举办一系列相关临展和常设展览，从后现代作品到摄影，从纸工艺到玻璃雕塑，内容丰富，令人为之振奋。

那不勒斯城市海滩 海滩

（Naples Municipal Beach；12th Ave S & Gulf Shore Blvd）那不勒斯的城市海滩是一片狭长而梦幻的白沙滩，充满活力又不至于太过拥挤。在12th Ave S的尽头，有一个1000英尺的

码头,是那不勒斯的骄傲象征。该码头建于1888年,被大火和飓风摧毁了几次,但每次又都被重建起来。停车场分布在7th Ave N和17th Ave S之间的小空地上,每块空地都有10~15个居民混用的计时收费停车点(每小时$1.50)。

食宿

Inn on 5th 酒店 $$$

(📞239-403-8777;www.innonfifth.com;699 5th Ave S;房$399,套$599~999;🅿️✳️@🛜🏊)这个优雅的、拥有地中海风格的豪华酒店位置相当优越,位于5th Ave的两侧。房间颇有格调,但比起怀旧浪漫的风格,更偏商务风,可是谁不喜欢这儿的双层床垫和玻璃墙淋浴呢?服务设施相当齐全,有一个2层的温水游泳池、商业和健身中心,以及一个放松的水疗中心。免费代客泊车。

★ Escalante 精品酒店 $$$

(📞239-659-3466;www.hotelescalante.com;290 5th Ave S;房$200~700)Escalante是一家精心打造的托斯卡纳别墅风格精品酒店,隐藏在5th Ave和3rd St之间。客房和套房在繁茂的枝叶和花藤架间若隐若现,里面有种植园风格的家具、欧洲亚麻床单和设计师品牌洗浴用品。

The Local 新派美国菜 $$

(📞239-596-3276;www.thelocalnaples.com;5323 Airport Pulling Rd N;主菜$12~29;⏰周日至周四11:00~21:00,周五和周六至21:30;🛜)🚗驾车来这家距市区6英里、"从农场到餐桌"的小餐馆享用当地美食吧。这里的菜肴,从地中海西瓜沙拉到食草牛肉,一定会让你不虚此行。

★ Bha! Bha! Persian Bistro 伊朗菜 $$$

(📞239-594-5557;www.bhabhabistro.com;865 5th Ave S;主菜$26~38;⏰周日至周四17:00~21:00,周五和周六至22:00)这家高端的创新型餐厅取名自波斯语的"好吃,好吃",但仅仅说"好吃"还不足以形容这里食物的美味程度。就着一杯藏红花柠檬香草马提尼享用开心果羊肉丸,然后继续品尝异国香料腌制的烤肉串,或fesenjune——一种用石榴和核桃酱慢炖的鸭肉。

ℹ️ 实用信息

Third St Concierge Kiosk(📞239-434-6533;www.thirdstreetsouth.com;Camargo Park, 3rd St S;⏰周一至周三10:00~18:00,周四和周五10:00~21:00,周六8:30~18:00,周日正午至17:00)那不勒斯旧城区有什么?这个便民的户外信息亭很乐意为你解答。

游客信息中心(Visitor Information Center;📞239-262-6141;www.napleschamber.org;2390 Tamiami Trail N;⏰夏季周一至周五9:00~17:00)提供住宿帮助、地图、网络和旅游手册。

ℹ️ 到达和离开

汽车是必不可少的;市中心停车场宽敞且免费,让停车变得非常简单。那不勒斯位于迈尔斯堡(Fort Myers)西南约40英里处,走I-75公路即可抵达。

灰狗巴士(📞239-774-5660;www.greyhound.com;2669 Davis Blvd)从那不勒斯开往迈阿密、奥兰多和坦帕。

佛罗里达州西南部国际机场(Southwest Florida International Airport; RSW;📞239-590-4800;www.flylcpa.com;11000 Terminal Access Rd)这是到那不勒斯的主要机场,沿I-75公路向北行驶45分钟左右即可到达机场。

佛罗里达州中部
(CENTRAL FLORIDA)

佛罗里达州中部就像一个俄罗斯套娃。这里有美丽的州立公园、花园和河流,非常适合悠闲的度假。揭去第一层套娃,能发现佛罗里达州中部由基西米(Kissimmee)、塞拉布雷逊(Celebration)和广袤的大奥兰多(Greater Orlando)地区环绕构成。大奥兰多的多车道公路和高架桥通往各个主题公园,包括华特·迪士尼世界度假村、环球影视城度假村、海洋世界和乐高乐园。从人群可以看出,大多数游客都是为了乐园而来。

不过,佛罗里达州中部的核心是一座城

市;美丽而植被茂密的奥兰多市中心。那里新鲜美味的食物和世界级的博物馆已经很有吸引力了,不过在多姿多彩、乐趣缤纷的主题公园映衬下显得黯然失色,尽管许多游客从来没有抵达过这个藏在最里面的"套娃"。说起奥兰多市,人们总是会想到灰姑娘和霍格沃茨魔法学校。

奥兰多(Orlando)

如果把奥兰多比作迪士尼中的一个角色,那么可以说她就像是《海底总动员》里的多莉,缺乏一点自信。在大奥兰多,在自成天地的迪士尼乐园和奥兰多环球影城,你很快便会沉醉其中——甚至会忘记奥兰多市中心的存在。大奥兰多有许多精彩之处:宜人的绿树成荫的社区、丰富的表演艺术和博物馆展览、梦幻般的花园和自然保护区、数不尽的珍馐美馔和舒缓愉悦的慢节奏生活,没有躁动的人群。所以,请尽情体验这儿的主题公园吧:璀璨的烟火、怀旧的美好还有热血沸腾的奇妙体验。不过别忘了花一些时间去探索奥兰多这座城市本身。离开海岸,花上一天的时间去寻找这个城市更安静、更温柔的一面吧。

◎ 景点

★门奈罗美国艺术博物馆　　博物馆
(Mennello Museum of American Art; ☎407-246-4278; www.mennellomuseum.org; 900 E Princeton St, Loch Haven Park, Downtown; 成人/6~18岁青少年 $5/1; ⓢ周二至周六 10:30~16:30,周日 正午开馆; ; Lynx 125, Florida Hospital Health Village)这个小巧精致的湖畔艺术博物馆,展有厄尔·坎宁安(Earl Cunningham)的作品,他色彩明快的画作融合了流行和民间艺术,洋洋洒洒地呈现在画布之上。临时展览通常为美国民间艺术品。每4个月就会有一个新的展览,展品从史密森尼博物馆的藏品到当地艺术家的作品,应有尽有。

★奥兰多艺术博物馆　　博物馆
(Orlando Museum of Art; ☎407-896-4231; www.omart.org; 2416 N Mills Ave, Loch Haven Park, Downtown; 成人/儿童 $15/5; ⓢ周二至周五 10:00~16:00,周六和周日 中午开馆; ; Lynx 125, Florida Hospital Health Village)奥兰多宏伟而耀眼的白色艺术中心建立于1924年,拥有丰富的藏品(既有永久收藏,也有临时收藏),还举办一系列适合成人和家庭的艺术活动和课程。备受欢迎的"第一个星期四"(First Thursday; $10)在每个月的第一个周四的18:00~21:00举行,通过地方作品、现场音乐和奥兰多餐馆的美食推广宣传当地的艺术家。

奥兰多之眼　　游乐园
(Orlando Eye; www.officialorlandoeye.com; I-Drive 360, 8401 International Dr, International Drive; $20起; ⓢ周日至周四 10:00~22:00,周五和周六 至午夜)奥兰多其他游乐设施都是"上上下下"的,不妨来这里"绕绕圈"。奥兰多之眼于2017年开放,已成为国际大道(International Drive)的最新地标。

海洋世界　　游乐园
(Sea World; ☎888-800-5447; www.seaworldparks.com; 7007 Sea World Dr; 门票 $95, 网上打折,价格每天变化; ⓢ9:00~20:00; ; Lynx 8, 38, 50, 111, I-Ride Trolley Red Line Stop 28)海洋世界是奥兰多最大、最受欢迎的主题公园之一,以水生生物为主题,有许多海洋动物表演,能让你与海洋动物亲密接触,还有过山车。然而,该公园最具吸引力且目前极具争议的活动就是海洋动物的现场表演,包括经过训练的海豚、海狮和虎鲸的表演。

自2013年纪录片《黑鲸》(Blackfish)上映以来,海洋世界对于虎鲸的捕捉和训练都要接受严格的审查,这里的游客数量也持续下降,还出现了一些负面新闻。

泰坦尼克号体验馆　　博物馆
(Titanic the Experience; ☎407-248-1166; www.titanicshipofdreams.com; 7324 International Dr, International Drive; 成人/6~11岁儿童 $22/16; ⓢ10:00~18:00; ; Lynx 8, 42, I-Ride Trolley Red Line Stop 9)这是一个按照泰坦尼克号原比例,根据在海底发现的沉船遗物建造的体验馆。可在身着古装的导游的带领下游

Greater Orlando & Theme Parks
大奥兰多和主题公园

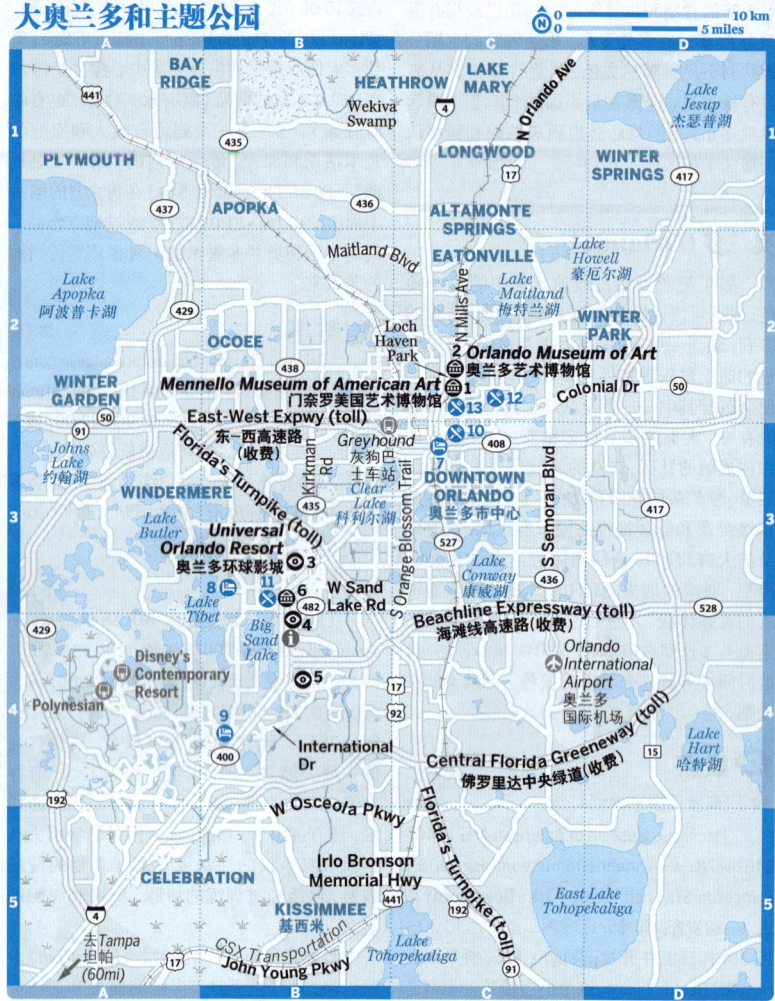

佛罗里达州 奥兰多

览，亦可独自探索。孩子们特别喜欢这里对历史的生动诠释——每个乘客都会拿到一张船票，上面有你的真实名字，在体验的最后（一旦船沉了），你便知命运无常。

住宿

★ Floridian Hotel & Suites 酒店 $

（☎407-212-3021；www.floridianhotelorlando.com；7531 Canada Ave, International Drive；房 $75起；ＰＨＫＴ）这是一家非常棒的私人经济型酒店，与连锁品牌有相似之处，但在许多其他方面要比连锁酒店好得多：热情友好的前台工作人员，一尘不染的房间还带有冰箱，甚至还有免费的简单早餐，还提供穿梭于各个公园的班车。酒店距离餐饮街（Restaurant Row）很近，前往国际大道也很方便。

Aloft Orlando Downtown 商务酒店 $$

（☎497-380-3500；www.aloftorlandodowntown.com；500 S Orange Ave, Downtown；房 $230

Greater Orlando & Theme Parks 大奥兰多和主题公园

◎ 重要景点
- **1** 门奈罗美国艺术博物馆..............................C2
- **2** 奥兰多艺术博物馆....................................C2
- **3** 奥兰多环球影城.......................................B3

◎ 景点
- **4** 奥兰多之眼..B4
- **5** 海洋世界..B4
- **6** 泰坦尼克号体验馆...................................B3

◎ 住宿
- **7** Aloft Orlando Downtown........................C3
- **8** Bay Hill Club and Lodge........................B3
  - Floridian Hotel & Suites...............（见6）
- **9** Hyatt Regency Grand Cypress
  - Resort...B4

◎ 就餐
- Confisco Grille & Backwater
  - Bar..（见3）
- Dandelion Communitea Café....（见10）
- Finnegan's Bar & Grill..................（见3）
- **10** Graffiti Junktion American Burger
  - Bar..C3
- Lombard's Seafood Grille............（见3）
- **11** Melting Pot..B3
  - Mythos Restaurant....................（见3）
- **12** P Is for Pie..C2
- **13** Pho 88...C2

◎ 饮品和夜生活
- Icebar..（见4）
- Independent Bar............................（见7）

起；**P@奎冬**）开放、简约、摩登的现代风格，不过，房间精心设计的极简主义风格对于一些人来说可能会显得有些空荡。时髦的小游泳池坐落在主路上，位置有些尴尬。不过这是为数不多的几家可以轻松步行到达奥兰多市中心酒吧和餐馆的酒店之一。

Hyatt Regency Grand Cypress Resort　　　　　　　　度假村 $$

（☏407-239-1234；www.hyattgrandcypress.com；1 Grand Cypress Blvd, Lake Buena Vista；房$189~250，度假村费 每天$30，自助停车/代客泊车$20/29；**P@奎冬**）考虑到距离迪士尼魔幻王国（7英里）和奥兰多环球影城（8英里）的便捷距离，这个中庭风格的度假村是奥兰多性价比最高的度假村之一。

★ Bay Hill Club and Lodge　　　酒店 $$$

（☏407-876-2429；www.bayhill.com；9000 Bay Hill Blvd；房$300起；**@奎冬**）在安静而优雅的Bay Hill酒店，时间感觉像是错位了一般：来到这里就像是走进电视机或者祖母的相册里。这里宁静而简单，酒店工作人员非常亲切、随和，漂亮的房间分布在两层的建筑之中，旁边是阿诺德·帕尔默（Arnold Palmer）设计的高尔夫球场。

✕ 就餐

★ P Is for Pie　　　　　　　　面包房 $

（☏407-745-4743；www.crazyforpies.com；2806 Corrine Dr, Audubon Park；$2起；⊙周一至周六 7:30~16:30；**奎**）这里有许多手工制作的经典馅饼（如饼干甜挞），还有迷你面包和各种招牌点心。

★ Dandelion Communitea Café　　素食 $

（☏407-362-1864；www.dandelioncommunitea.com；618 N Thornton Ave, Thornton Park；主菜$10~14；⊙周一至周六 11:00~22:00，周日至17:00；**奎冬**）餐厅坐落在一间翻新的老房子里，供应极具创意的优质素食，豆芽、天贝和绿茶是这家餐厅的主要菜肴，口感爽脆，天然有机。人们在这里享受美食，享受生活。

Graffiti Junktion American Burger Bar　　　　　　　　　　　　汉堡 $

（☏407-426-9503；www.graffitijunktion.com；700 E Washington St, Thornton Park；主菜$10~14；⊙11:00至次日2:00）这家霓虹灯小餐馆带庭院座椅，有特价饮品，主要供应创意大汉堡。你可以试试Brotherly Love（安格斯牛肉；$11）或素食汉堡（$7）。

Pho 88　　　　　　　　　　越南菜 $

（www.pho88orlando.com；730 N Mills Ave, Mills 50；主菜$8~13；⊙10:00~22:00）这家正宗的越南面汤（pho）餐馆就在市中心的东北部，在一个被称作Mills 50的地区里面，是奥兰多欣欣向荣的越南街区（也被称为Vi Mi）的王牌餐馆，经常爆满。

Melting Pot
欧洲菜 $$

(www.meltingpot.com/orlando; 7549 W Sand Lake Rd, Restaurant Row; 主菜 $12~25; ◎周一至周四 17:00~22:00, 周五 17:00~23:00, 周六 正午至23:00, 周日 正午 至22:00; ⏍)孩子们尤其喜欢这里新奇的芝士奶酪火锅(里面有奶酪、牛肉、鸡肉、海鲜,当然还有巧克力)。不仅如此,这里还是一个优雅的、适合约会的地方。

🍷 饮品和夜生活

★ Icebar
酒吧

(☏407-426-7555; www.icebarorlando.com; 8967 International Dr; 现场进入/提前预订 $20/15; ◎周一至周三 17:00至午夜,周四 至次日1:00, 周五至周日 至次日2:00; ⏍I-Trolley Red Line Stop 18或Green Line Stop 10)在这里有更多"奥兰多式"的乐趣。走进22°F(-5℃)的冰屋,坐在冰椅上,一边欣赏冰雕,一边啜饮冰镇饮品。门上有外套和手套,酒吧的锅炉房、浴室和其他区域都保持在正常的温度。

Independent Bar
夜店

(☏407-839-0457; 68 N Orange Ave, Downtown; $10; ◎周日、周三和周四 22:00至次日3:00,周五和周六 21:30开始营业)当地人称之为"I-Bar"的新潮夜店。拥挤、喧闹,凌晨时还有DJ打碟、地下舞蹈和另类摇滚表演等。

ℹ️ 实用信息

奥兰多官方游客中心(☏407-363-5872; www.visitorlando.com; 8723 International Dr; ◎8:30~18:00; ⏍I-Ride Trolley Red Line 15)

ℹ️ 到达和当地交通

美国国家铁路公司(www.amtrak.com; 1400 Sligh Blvd)每天都有南至迈阿密($46起)、北到纽约($144起)的列车。

灰狗巴士(☏407-292-3424; www.greyhound.com; 555 N John Young Pkwy)从奥兰多开往众多城市。

Lymmo(www.golynx.com; 免费; ◎周一至周四 6:00~22:00, 周五 至午夜, 周六 10:00至午夜, 周日 至22:00)围绕奥兰多运营的免费客运服务,在Lynx Central Station附近、SunRail的Church St Station附近、Central and Magnolia、Jefferson and Magnolia,以及Westin Grand Bohemian经停。

Sun Rail(www.sunrail.com)奥兰多的通勤火车,南北方向行驶。不在主题公园或附近停车。

除了市中心车站,美国国家铁路公司**Amtrak**(www.amtrak.com)还开往温特帕克、基西米和温特黑文(乐高乐园的所在地)。

华特·迪士尼世界度假村 (Walt Disney World® Resort)

华特·迪士尼世界度假村
游乐园

(Walt Disney World® Resort; ☏407-939-5277; www.disneyworld.disney.go.com; Lake Buena Vista, outside Orlando; 票价每天变化,参见网站套餐和10日通票; ⏍)即使你不是看着迪士尼的动画片长大的,也很可能听说过它。迪士尼世界名字里带个"世界"(不过很多方面来看也确实是个独立世界),但是它要比地球复杂得多呢。迪士尼世界是一个总面积为40平方英里的地区,中间没有用围墙隔开。里面四个梦幻整洁的主题乐园虽然互相相距好几英里,但仍构成了一个整体,分别是:魔法王国(Magic Kingdom)、未来世界(Epcot)、好莱坞影城(Hollywood Studios)和动物王国(Animal Kingdom)。

华特·迪士尼世界度假村里可不仅仅只有游乐设施。还有大量其他游乐项目:可以与家喻户晓的经典角色米老鼠和唐老鸭,还有现代的卡通人物如加斯顿、艾尔莎、安娜等互动打招呼。此外还有游行、音乐剧、互动设施、迪士尼推广促销的全新项目以及目不暇接的特技表演。但是,迪士尼世界最令人惊奇的是——它不仅仅为孩子而造。迪士尼世界巧妙地吸引着成千上万个"大孩子们"的忠诚追随,让他们在众多节目、美食、游轮和游览中仍大呼不过瘾。

四个乐园都有自己的主题,但大多数人想到华特·迪士尼世界度假村时,他们往往想到的是魔法王国,王国正中间是灰姑娘的城堡。这是迪士尼的商业造诣,公主和海盗,奇妙仙子和梦想成真;这里是老派迪士尼的特色精华,有经典的游乐设施,比如小小世界(It's a Small World)和太空山(Space Mountain)。

未来世界会给你带来一种奇妙的感官体验。这个环湖的乐园分为两个部分：未来世界（Future World）和世界之窗（World Showcase）。"未来世界"包含两个刺激的过山车项目，以及几栋主题建筑，里面有景点、餐馆和角色互动点。"世界之窗"重现了11个国家的风貌，在这里可以享受不同国家的食物、购物和娱乐体验。这是一个可以放慢脚步、尽情享受的地方，你可以闻到摩洛哥的熏香，聆听英国披头士乐队的音乐，品尝日本的味噌。

好莱坞影城（Hollywood Stuidios）展现好莱坞的全盛时期，其主要标志性建筑是一座格劳曼中国戏院的复制品。这里大多数的活动都绽放着21世纪的活力，从《星球大战》（Star Wars）绝地训练到《夺宝奇兵》（Indiana Jones）特技表演，从提线木偶表演到最新式的Frozen Sing-Along Celebration。

动物王国（Animal Kingdom）无论是位置还是氛围都与迪士尼其他部分不同，这里将主题公园与动物园、嘉年华会和非洲野生动物园相结合，所有的一切都与迪士尼卡通人物、童话故事和神奇魔力融为一体。动物王国也分为不同的区域，包括野生动物园、游乐设施和处处可见的音乐表演，包括《狮子王》和《海底总动员》。在本书调研期间，动物王国即将开放另一个区域：备受期待的潘多拉星球——阿凡达世界（Pandora-The World of Avatar）。

为了让大家获得更完美的迪士尼体验，华特·迪士尼世界度假村提供一系列住宿选择，无论是情侣还是家庭游客都可以享受到这般体验。住在园区里的好处是，用餐和交通都很方便，或者酒店会为你安排妥当（不过，尽管这里把一切都安排得很好，特别是当你带孩子旅行时，他们也不能为你解决所有的问题；附近的其他酒店也提供类似的服务）。住在这里确实能享受到更多的乐趣，甚至可以与迪士尼卡通人物共进晚餐。还为残障旅行者提供了许多便利设施，例如轮椅租赁，非常方便，在排队等待方面的安排也非常周到。

简言之，在华特·迪士尼世界度假村的体验绝对非同寻常。这里的音乐、光线、声音、色彩、刺激的项目等都会让你感到前所未有的快乐与刺激。这里是另一种世界，无论你的年龄多大，都会陶醉其中。尽管要排很长的队，偶尔还会非常拥挤，饭菜价格也过高，但瑕不掩瑜，绝大多数时候，这里真的是"地球上最快乐的地方"。

而且，当太阳已经落山，你认为已经结束了一天的行程时，还有更多的活动在等着你；这里的每个公园都会有夜间烟花表演（名字会根据年度主题发生变化）。

🛏 食宿

迪士尼度假酒店根据地理位置（魔法王国、未来世界、动物王国和迪士尼木板路）进行划分。价格根据季节、星期和日期的不同会发生很大的变化。

虽然豪华度假村是迪士尼提供的最好服务，但请注意，你花钱是为了迪士尼的游乐氛围和便利位置，而不是奢侈的开销。大多数酒店都提供多居室套房和别墅、高档餐厅、儿童节目，进入主题公园也非常方便。

除了未来世界外，食物都比较普通，咖啡也一般，自助餐厅非常昂贵。有餐桌的餐馆接受"优先安排座位"的预订，最多可以提前180天预订。可以通过Disney Dining（☎407-939-3463）、www.disneyworld.disney.go.com或My Disney Experience app预订。注意：虽然主题公园的餐厅需要公园门票，但度假酒店的餐厅并不需要。

ℹ 到达和当地交通

迪士尼距离奥兰多市中心以南有25分钟的车程。走I-4公路从标识清晰的64号、65号或67号出口出去即可到达。

华特·迪士尼世界海豚度假村（Walt Disney World Dolphin Resort）提供Alamos和National汽车租赁服务。

Car Care Center（☎407-824-0976；1000 W Car Care Dr, Walt Disney World Resort；⊙周一至周五7:00~19:00，周六7:00~16:00，周日8:00~15:00）提供全方位汽车修理服务，但仅在迪士尼范围内提供服务（道路救援包括拖车、更换轮胎和充电）。

如果你打算在华特·迪士尼世界度假村入住，并且航班是降落在奥兰多国际机场（而不是桑福德机场）的话，可以通过Disney's Magical

Express（☎866-599-0951；www.disneyworld.disney.go.com）提前安排好行李运送和豪华巴士交通。他们会提前给你邮寄行李标签，在机场为你领取行李，如果你在停留期间从一家迪士尼酒店转到另一家酒店居住，度假村会在你离开当天帮你转移行李。

迪士尼的交通系统包括船、公共汽车和单轨列车，在华特·迪士尼世界度假村的酒店、主题公园和其他景点之间穿梭。交通和票务中心（Transportation & Ticket Center）是这个系统的主要枢纽。值得注意的是，使用迪士尼的交通系统，从A点到B点需要1个小时的时间，而且也不总是有直达的路线。

奥兰多环球影城（Universal Orlando Resort）

★ 奥兰多环球影城　　　　　　　游乐园

（Universal Orlando Resort；☎4407-363-8000；www.universalorlando.com；1000 Universal Studios Plaza；单个公园 1日/2日 成人 $105/180，儿童 $100/175，两个公园 成人/儿童 $155/150；⊙每天，具体时间各异；🚌Lynx 21, 37, 40, 🚇Universal）奥兰多环球影城独树一帜，并且适合步行。这里有奇妙的游乐设施，优秀的儿童景点和娱乐节目，可以和华特·迪士尼世界度假村媲美，但却比迪士尼更时尚、更有趣、更便利，而且更小、更方便游览。这里没有七个小矮人，但却有辛普森一家；这里没有米老鼠，而有哈利·波特。环球影城会为所有人提供刺激的、全速前进的纯粹乐趣。

奥兰多环球影城由2个（你读到这本书时已经有3个）主题公园组成：有很多惊险游乐项目的冒险岛（Islands of Adventure）和以电影为主题的环球影城（Universal Studios），其中包括哈利·波特的魔法世界（Wizading World of Harry Potter）。火山湾（Volcano Bay）于2017年开放，是一个惊险刺激的水上公园，园内有一座200英尺高的火山，还有许多令人兴奋、水流四溅的先进游乐设施。

环球影城的就餐区/娱乐区是城市大道（City Walk），有5家度假酒店（第六家，Universal's Aventura Hotel，将于2018年开业）。

🍴 食宿

奥兰多环球影城拥有五家一流的度假酒店。选择入住任意一家都可以减少许多出行麻烦，只需要在花园里步行一小段或静静地乘船就可以到达各个主题园区。而且大多数都会提供不限次数的快速通票（Unlimited Express Pass），可以优先进入园区和优先就餐。并且一些热门游乐设施，如哈利·波特的魔法世界，为所有入住客人提前一个小时开放；而Loews酒店还推出了"洛斯爱宠物"（Loews Loves Pets）计划，欢迎宠物狗狗。

主题公园中唯一可以提前预订的餐厅是环球影城中的Finne-gan's Bar & Grill（☎407-224-3613；www.universalorlando.com；主菜 $10~23；⊙11:00至闭园；🛜🍴）和Lombard's Seafood Grille（☎407-224-3613, 407-224-6401；www.universalorlando.com；主菜 $15~28；⊙11:00至闭园；🛜🍴），以及冒险岛中的Mythos Restaurant（☎407-224-4012, 407-224-4534；www.universalorlando.com；主菜 $14~23；⊙11:00~15:00；🍴）和Confisco Grille（☎407-224-4012；www.universalorlando.com；主菜 $6~22；⊙11:00~16:00；🚻🍴）。

每个环球度假酒店都有高品质的酒吧和餐馆，即使你不是度假村的住客，也可以享受。

ℹ️ 到达和当地交通

从I-4公路出发，跟随标志从74B或75A出口驶离。走国际大道，跟随路标往西走，驶入Universal Blvd。

乘Lynx的21路、37路和40路公交车可达奥兰多环球影城的停车场（40路直接从市中心的奥兰多美国国家铁路公司车站出发）。国际大道的I-Ride Trolley（☎407-354-5656；www.iridetrolley.com；成人/3~9岁儿童 $2/1，1/3/5/7/14日通票 $5/7/9/12/18；⊙8:00~22:30）在Universal Blvd停车，离园区仅有0.6英里。

奥兰多环球影城包括度假酒店、冒险岛、环球影城主题公园和城市大道步行街，各个区域都由人行步道连接起来。从主题公园和城市大道步行前往豪华度假酒店只需10~15分钟。前往卡巴纳湾海滩度假酒店（Cabana Bay Beach Resort）需要大约25分钟。从园区外的几家酒店步行到环球影城也都是只有不到20分钟的路程,但沿途风景没那么好。

可以在每个公园的入口处租用婴儿车、轮椅和电动便利车(Electric Convenience Vehicles,简称ECV),还可以在停车场的圆形大厅里租用手动轮椅。建议提前预订电动便利车,请致电☏407-224-4233预订。

佛罗里达州狭长地带
(FLORIDA PANHANDLE)

佛罗里达州地理上的最北端是美国南部地区最具文化气息的地方。佛罗里达州狭长地带嵌入佛罗里达半岛的左肩,被亚拉巴马州和佐治亚州所包围。而该地区的海滩实际上是这些州海岸的延伸。

但这些海滩多美啊!细软的白沙、蓝绿色的海水,微风吹拂的海岸,完全是一片未经雕琢的魅力景象,特别是在阿巴拉契湾(Apalachee Bay)东西部尚未开发的盐沼和湿地松林。在海岸其他地区有许多出租屋和高层公寓。

在内陆地区,你会发现一片美洲蒲葵和稀疏的松树林,清澈透明的泉水、缓缓流淌的河流点缀其间,这里还有军事演习区,是美国国防设施最集中的区域。

塔拉哈西 (Tallahassee)

佛罗里达州的州府塔拉哈西夹在连绵的群山和绿树成荫的公路间,是个安静而雅致的城市。从地理角度来看,它离亚特兰大比离迈阿密更近。但从文化角度上来说,它比该州所管辖的大部地区更接近"深南地区(Deep South)"。尽管塔拉哈西是一个市政中心,并且有两所主要的大学(佛罗里达州立大学和佛罗里达州农业机械大学),但生活节奏非常缓慢。这里也有一些有趣的博物馆和僻静的景点,吸引着历史和自然爱好者的到来,游客用一两天时间就能逛完。

◎ 景点和活动

★ 塔拉哈西历史和自然科学博物馆 博物馆

(Tallahassee Museum of History & Natural Science; ☏850-575-8684; www.tallahasseemuseum.org; 3945 Museum Rd; 成人/儿童 $11.50/8.50; ⊙周一至周六 9:00~17:00, 周日 11:00开馆; ℗⛽)🚩这座美丽的自然历史博物馆占地52英亩,有修剪整齐的原始花园和荒野,位于距机场不远的塔拉哈西郊区。博物馆展有佛罗里达的动植物群,包括极其罕见的佛罗里达豹和红狼,50年来一直为游客带来欢乐。一定要去看看水獭的新家,或者尝试一下树冠上的"Tree to Tree Adventures"飞索探险。

塔拉哈西汽车收藏博物馆 博物馆

(Tallahassee Automobile & Collectibles Museum; ☏850-942-0137; www.tacm.com; 6800 Mahan Dr; 成人/学生/10岁以下儿童 $16/12/8; ⊙周一至周五 8:00~17:00, 周六 10:00开馆, 周日正午开馆; ℗) 如果你喜欢机动车,那么欢迎来到汽车天堂!这个博物馆收藏了来自世界各地的超过130种独特的、具有历史意义的汽车藏品。还有船只、摩托车、书籍、钢琴和体育纪念品等收藏,参观这里需要一整天的时间。位于市中心东北8英里处。

佛罗里达州议会大厦 知名建筑

(Florida State Capitol; www.floridacapitol.myflorida.com; 400 South Monroe St; ⊙周一至周五 8:00~17:00) **免费** 宏伟的佛罗里达州议会大厦共有22层,顶层的观景台可以让人们欣赏到这座城市360度的全景。在会议期间,议会大厦是一个忙碌熙攘之地,政客、公职人员和游说团体会在蜂窝状的走廊里"东奔西忙"。

Tallahassee-St Marks Historic Railroad State Trail 骑车

(☏850-519-6594; www.floridastateparks.org/tallahasseestmarks; 1358 Old Woodville Rd, Crawfordville; ⊙8:00至日落)🚩**免费** 对于跑步者、滑冰者和骑行者来说,这条长16英里的平坦道路是一个非常不错的选择,它向南通往海湾港口城镇圣马克(St Marks),路上没有车辆,也没有交通灯。这条道路位于沿海的平原上,橡树成荫,非常优美,让所有骑行者都能享受到一段轻松而平坦的旅程。

🛏 食宿

aloft Tallahassee Downtown 酒店 $$

(☏850-513-0313; www.alofttallahassee.

> **值得一游**
>
> ### 得兰县：CRESS
>
> 都市范儿的美食爱好者们不惜路途遥远地前往宁静的得兰县（DeLand）——距离代托纳海滩（见557页）半小时的路程——只为一试顶级法式小馆Cress（☎386-734-3740；www.cressrestaurant.com；103 W Indiana Ave；主菜 $19~34；☉周二至周六 17:30开始营业）的美食。Cress有时会供应当地海鲜mofongo（一种经典的加勒比菜肴）、印尼咖喱虾和嫩豌豆苗沙拉配百香果酱。三道菜的定价套餐（$40，含配酒需$58）非常美味。

com；200 N Monroe St；房 $115~230；P🛜）这家广受欢迎的连锁酒店的分店坐拥市中心的黄金地段，拥有时髦的功能性房间。浴室里从洗手台到天花板都铺有镜子，非常宽敞。床超级舒适，还有免费的高速网络。

Kool Beanz Café 创意菜 $$

（☎850-224-2466；www.koolbeanz-cafe.com；921 Thomasville Rd；主菜 $17~24；☉周一至周五 11:00~22:00，周六 17:30~22:00，周日 10:30~14:00；P🅿🛜）这家餐厅虽然名字有些老土，但却有一种温馨而不拘一格的氛围。创意菜非常美味，菜单每天都会变化，但总有鹰嘴豆泥、五香扇贝和蓝莓姜汁鸭等菜肴。

🍷 饮品和娱乐

Madison Social 小酒馆

（☎850-894-6276；www.madisonsocial.com；705 South Woodward Ave；主菜 $9~20；☉周日至周四 11:30至次日2:00，周五和周六 10:00开始营业；🛜）这个新潮的热门酒馆是时尚潮人的聚集地，曾经是一家汽车变速箱修理店，改造之后还保留着原来的一些元素。这里挤满了当地的俊男靓女和佛罗里达州立大学的学生，他们在超棒的吧台喝酒，或每当阳光明媚之际，附近的Doak橄榄球体育馆（全美最长的砖砌建筑）比赛之时，他们便会坐在酒馆户外的钢铝长桌上畅饮观赛。

Bradfordville Blues Club 现场音乐

（☎850-906-0766；www.bradfordvilleblues.com；7152 Moses Lane，靠近Bradfordville Rd；票 $15~35；☉周五和周六 22:00）俱乐部在一条土路的尽头，门口有火把照明，橡树下生着篝火，店内有美国蓝调乐队的表演，很不错。有时周四的20:30也会开门营业；请在线查询。

ℹ️ 实用信息

佛罗里达接待中心（Florida Welcome Center；☎850-488-6167；www.visitflorida.com；Pensacola St和Duval St交叉路口；☉周一至周五 8:00~17:00）坐落在佛罗里达州议会大厦里面，是一个相当不错的信息来源处。

Leon County Welcome Center（☎850-606-2305；www.visittallahassee.com；106 E Jefferson St；☉周一至周五 8:00~17:00）一个很棒的游客信息中心，有关于徒步和自驾游的旅行手册。

ℹ️ 到达和当地交通

塔拉哈西距离巴拿马城市海滩（Panama City Beach）98英里，距离杰克逊维尔135英里，距离彭萨科拉192英里，距离盖恩斯维尔120英里，距离迈阿密470英里。主要公路是I-10，如果想要前往美国墨西哥湾沿岸地区，沿着Hwy 319公路向南行驶至Hwy 98公路。

塔拉哈西国际机场（Tallahassee International Airport；☎850-891-7802；www.talgov.com/airport；3300 Capital Circle SW）很小，在市中心西南方向约5英里处，紧邻Hwy 263。该机场有美国航空和达美航空的美国国内和国际航班，还有银色航空飞往坦帕和奥兰多的直达航班。机场没有公共交通。有些酒店提供穿梭巴士，乘坐出租车前往市中心需花费约$20；可以试试**Yellow Cab**（☎850-999-9999；www.tallahasseeyellowcab.com）。

灰狗巴士站 位于Duval街的角落，对面是市中心的**Star Metro**（☎850-891-5200；www.talgov.com/starmetro；单程/1日 $1.25/3）换乘中心。

彭萨科拉（Pensacola）

彭萨科拉距离亚拉巴马州的边界只有几英里，这造就了它独特的氛围：既有南方的悠闲又有佛罗里达州的奔放。热闹的海滩，西班牙风情的市区，和活跃的军事文化——彭萨科拉是狭长地带最有趣的城市。

虽然都市别致的潮流趋势（"土食主义"的膳食、精酿鸡尾酒等）正在这里生根发芽，但不少游客来到彭萨科拉还是为了享受纯正的美国蓝领式度假体验：白沙滩、炸海鲜和提供廉价国产酒的酒吧。3月和4月，度假的氛围可谓达到了高潮，成群的学生来这里享受为期一周的春假狂欢，场面热闹非凡。要注意了。

市中心以Palafox St为中心，位于海滨的北部。从这里穿过彭萨科拉湾大桥（Pensacola Bay Bridge）就是住宅区聚集的Gulf Breeze半岛。再穿过一座桥——Bob Sikes（收费$1），即可到达美丽的彭萨科拉海滩，这是大多数游客的度假目的地。

与彭萨科拉本身截然不同，彭萨科拉海滩是一片美丽的细软白沙滩，海水平静、温暖，旁边还有一连串休闲的海滨酒店。海滩占据了40英里长的Santa Rosa堰洲岛近8英里的海岸，北侧和南侧分别是Santa Rosa Sound海峡和墨西哥湾，而两边是由联邦政府保护的海湾岛国家海岸风景区（Gulf Islands National Seashore）。一些居民坚决保护这个堰洲岛，反对过度开发，但还是有一些高层公寓已经屹立在墨西哥湾沿岸的天际线上。

◉ 景点

★ 国家海军航空博物馆　博物馆

（National Museum of Naval Aviation；☎800-327-5002；www.navalaviationmuseum.org；1750 Radford Blvd；◎9:00~17:00；🅿）免费 如果不来参观一下这个博物馆丰富的军用飞机和文物藏品，那就不算真正到过彭萨科拉。无论是成年人还是儿童都会被展出的各种飞机所吸引：超过150架！看完飞机之后，还有一些高科技的设施在等待着你，比如飞行模拟器和IMAX影院。在3月至11月的大多数周二和周三的8:30，你都可以看到 **"蓝天使"** 飞行表演队（Blue Angels；☎850-452-3806；www.naspensacolaairshow.com；390 San Carlos Rd, Suite A）免费 带来的惊险刺激的空中表演。

彭萨科拉老村　博物馆

（Historic Pensacola Village；☎850-5955985；www.historicpensacola.org；Tarragona & Church St；成人/儿童 $8/4；◎周二至周六 10:00~16:00；🅿）彭萨科拉的殖民历史跨度超过450年。这个迷人的村庄是一片独立的聚居区，不少曾经的照片中的历史民居如今都变成了博物馆。

另辟蹊径

阿巴拉契科拉国家森林

阿巴拉契科拉国家森林（Apalachicola National Forest；☎850-523-8500, 850-643-2282；www.fs.usda.gov/main/apalachicola；入口紧邻FL 13, FL 67, 和其他位置；1日费用$3；◎8:00至日落；🐕）是佛罗里达州三大国家森林中最大的一个，从塔拉哈西的西部延伸到阿巴拉契科拉河，占佛罗里达州狭长地带近938平方英里（超过50万英亩）的面积。这里主要由低地、松树、柏树山丘和橡树组成，有几十个物种在这里栖息，包括水貂、灰狐、红狐、土狼、六种蝙蝠、海狸、啄木鸟、短吻鳄、佛罗里达黑熊和难寻踪迹的佛罗里达豹。许多湖泊和绵延数英里的小径使森林成为该州最多样化的户外休闲区之一。需要交通工具来探索森林，身体素质极佳的话可以选择自行车，其余的人可以选择自驾。考虑到森林覆盖面积如此之大，这里设有多个入口点，包括SR 65（如果你来自阿巴拉契科拉，从这里进比较方便）和SR 20（适合来自塔拉哈西的游客）沿线的入口。

森林的西半部由阿巴拉契科拉护林站（Apalachicola Ranger Station；☎850-643-2282；www.fs.usda.gov/apalachicola；11152 NW SR-20）管理，护林站位于森林西北方向，Hwy 12和Hwy 20的交叉路口附近，就在布里斯托（Bristol）的南部。**森林的东半部由沃库拉护林站**（Wakulla Ranger Station；☎850-926-3561；www.fs.usda.gov/apalachicola；57 Taff Dr）管理，位于克劳福德维尔，紧邻Hwy 319公路。

★ 海湾岛国家海岸风景区 公园

(Gulf Islands National Seashore; ☎850-934-2600; www.nps.gov/guis; 车辆 $15; ☉日出至日落; ▣) 佛罗里达州狭长地带的亮点就是这个150英里长的白沙滩,几乎未受到开发,最能体现墨西哥湾沿岸地区在人类定居之前的样子(不过坦白说,从远处看还是能看到高楼大厦的轮廓)。国家海岸风景区并非连成一片,但在海岸沿线总能发现风景:广袤的白色沙丘上冠满了海燕麦,足以证明这片平原海滩有多么的天然原始。

食宿

Solé Inn 汽车旅馆 $

(☎850-470-9298; www.soleinnandsuites.com; 200 N Palafox St; 房 $79~199; ▣▣) 这个经过翻新的汽车旅馆就在市中心的北部,采用了20世纪60年代的摩登风格、黑白色调,用动物印花的纺织品和亚克力泡灯作为装饰。房间不大,但价格、位置和创意足以弥补空间的不足。还有免费的欧式早餐。

Holiday Inn Resort 酒店 $$

(☎850-203-0635; www.holidayinnresortpensacolabeach.com; 14 Via de Luna Dr; 房 $210起; ▣) 这家海滨酒店的房间时尚而迷人,里面有超舒适的床、平板电视和大淋浴间。朝海的客房有宽敞的阳台,下面就是柔软的白沙滩,能感受到碧绿色海水的凉爽。这里还有套房和儿童套房,游泳池也是一大王牌,工作人员态度友好、乐于助人。性价比极高。

Peg Leg Pete's 海鲜 $$

(☎850-932-4139; www.peglegpetes.com; 1010 Fort Pickens Rd; 主菜 $9~25; ☉11:00~22:00; ▣) 啊,啊,我的心上人,走上这块旧木板,海盗什么什么……你懂的啦!这家餐厅的主题就是海盗。不管怎样,在Pete's,你可以吃到近海的牡蛎、石斑鱼三明治、蟹腿和巨大的海扇贝。这里的装饰虽然不豪华,看着还有些"海派"风格,但上菜迅速,服务友好。

★ Iron 新派美国菜 $$$

(☎850-476-7776; www.restaurantiron.com; 22 N Palafox St; 主菜 $26~46; ☉周二至周四 16:30~22:00,周五和周六 至次日1:00; ▣) Iron位于市中心,是彭萨科拉最好的新兴餐馆,以活力、当地食材和高端菜肴为特色,这里的厨师Alex McPhail曾在新奥尔良(New Orleans)生活,他的美食菜单总是千变万化,充满魔力。调酒员特别友善,调酒手艺精湛。McPhail的拿手菜有啤酒炖猪肚和克里奥尔(Creole)调味的新鲜海鲜。

饮品和娱乐

McGuire's Irish Pub 小酒馆

(☎850-433-6789; www.mcguiresirishpub.com; 600 E Gregory St; ☉11:00至次日2:00) 这家爱尔兰主题公园的小酒馆在晚上9点左右会变得十分热闹,在晚餐时间气氛会达到高潮:酒馆里的食物也堪称一流。不过不要企图用贴在天花板上成千上万张的1美元钞票买单——一个当地人曾经那样做过,然后就被关进了监狱!

Roundup 同性恋

(☎850-433-8482; www.theroundup.net; 560 E Heinberg St; ☉14:00至次日3:00) 男同性恋可以来这个社区聚会场所,这里有一个无可比拟的露台。这里也欢迎女士,但是更欢迎牛仔、商人和骑行者。

Saenger Theatre 剧院

(☎850-595-3880; www.pensacolasaenger.com; 118 S Palafox Pl) 这座西班牙巴洛克式的建筑于1925年重建,回收利用了在1916年的飓风中被摧毁的彭萨科拉歌剧院(Pensacola

---

> **值 得 一 游**
>
> **彭萨科拉景观峭壁公路 (PENSACOLA SCENIC BLUFFS HIGHWAY)**
>
> 这条11英里长的公路环绕着墨西哥湾沿岸最高的悬崖峭壁,非常适合休闲自驾,身体强壮的话也可以挑战骑自行车。沿途你会看到埃斯坎比亚湾(Escambia Bay)的壮美风光,还会经过一个残损的砖砌烟囱,非常有名,属于19世纪50年代Hyer-Knowles木材工厂蒸汽发电厂的一部分,是该地区昔日第一个大工业带的唯一见证。

Opera House)的砖块。现在这里举办流行的音乐剧和顶级的音乐表演,还是彭萨科拉交响乐团和彭萨科拉歌剧院的所在地。

❶ 实用信息

彭萨科拉游客中心(Pensacola Visitors Information Center; ☏800-874-1234; www.visitpensacola.com; 1401 E Gregory St; ⓧ周一至周五8:00~17:00,周六 9:00~16:00,周日 10:00~16:00)位于彭萨科拉湾大桥(Pensacola Bay Bridge)下,提供丰富的旅游信息,工作人员也都见多识广,还有一个免费的网络信息亭。

彭萨科拉海滩游客信息中心(Pensacola Beach Visitors Information Center; ☏850-932-1500; www.visitpensacolabeach.com; 735 Pensacola Beach Blvd; ⓧ9:00~17:00)进入彭萨科拉海滩后,右边就是;这个游客中心较小,有一些实用的地图和小册子,为你提供关于时下活动的信息、道路封闭(由于暴风雨)信息及其他海滩信息。

❶ 到达和离开

彭萨科拉地区机场(Pensacola Regional Airport; ☏850-436-5000; www.flypensacola.com; 2430 Airport Blvd)有大多数主要美国航空公司的航班。从佛罗里达州出发的直达航班目的地包括亚特兰大、夏洛特、达拉斯和休斯顿。机场位于市中心东北4英里处,紧邻Airport Blvd上的9th Ave。乘坐出租车前往市中心的费用约为$20,前往海滩约为$35。可以试试**Yellow Cab**(☏850-433-3333; www.yellowcabpensacola.com)。

灰狗巴士车站(☏850-476-4800; www.greyhound.com; 505 W Burgess Rd)位于市中心北部。

Escambia County Transit(ECAT; ☏850-595-3228; www.goecat.com; 单程 $1.75)在阵亡将士纪念日的周末和9月末之间,提供从彭萨科拉市中心前往海滩的免费有轨电车服务。

　　东西向公交车主要沿I-10行驶,大多经过Palafox St站。

五大湖区

包括 ➡

伊利诺伊州	585
芝加哥	588
印第安纳州	620
印第安纳波利斯	621
俄亥俄州	631
克利夫兰	631
辛辛那提	641
密歇根州	646
底特律	647
威斯康星州	668
密尔沃基	669
明尼苏达州	681
明尼阿波利斯	681

最佳餐饮

- ➡ Spencer（见657页）
- ➡ Young Joni（见686页）
- ➡ Tucker's（见643页）
- ➡ Hopleaf（见609页）
- ➡ Tinker Street（见623页）

最佳住宿

- ➡ Kimpton Schofield Hotel（见632页）
- ➡ Acme Hotel（见605页）
- ➡ Brewhouse Inn & Suites（见670页）
- ➡ Hotel 340（见703页）

为何去

别被触目所及的玉米地骗了——这片田野的背后还隐藏着冲浪沙滩、藏式庙宇、没有机动车的小岛和夜晚绚烂的北极光。美国中西部地区常常被人认为是荒无人烟、百无聊赖之地，但想想驼鹿栖息的国家公园，还有城市风的"五味"美食（一种加入辣椒、洋葱、豆子和奶酪的意面），此外，海明威、迪伦和冯内古特这些名人故居也还是尚待探索的秘密基地。

历数中西部城市，还是要从芝加哥开始，芝加哥拥有堪称全美最令人叹为观止的天际线。密尔沃基则让啤酒和哈雷摩托车的光芒经久不衰，而明尼阿波利斯像一座时髦的灯塔照亮了周围的田野，底特律也很棒，平静而简朴。浩渺的五大湖如同一片内陆中的大海，为游客提供了舒适的沙滩、绵延的沙丘、惬意的度假村和星星点点的灯塔。

何时去

芝加哥

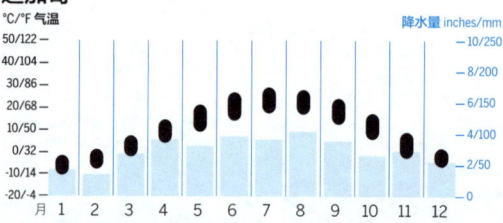

1月和2月 天气寒冷，正是滑雪和雪橇摩托爱好者出发的时候。

7月和8月 人头攒动的啤酒花园、浪花四溅的海滩和节日庆祝频繁的周末令人满血复活！

9月和10月 秋高气爽，农场与果园迎来了大丰收，这也是平季打折抢购的好时节。

历史

这片地区的首批居民包括霍普韦尔人（Hopewell，约公元前200年）以及生活在密西西比河河岸的土丘建造者（约公元700年）。他们都遗留下许多神秘的土堆，有的埋葬着他们的首领，有的埋着用于祭祀神明的祭品。在伊利诺伊州南部的卡霍基亚（Cahokia）和俄亥俄州东南部的芒德城（Mound City）都能看到这样的遗迹。

17世纪早期，法国旅行者（皮草贸易商）踏足这片土地，他们在这里建立传教团、设置要塞。没过多久，英国人不期而至。随着竞争日趋激烈，法国－印第安人战争爆发（又称七年战争，1754～1761年），战争最后以法国失败而告终。英国人控制了密西西比河以东的全部土地。独立战争之后，五大湖区成为新生美国的"西北地区"，令人瞩目的运河和铁路网络开通之后，这一地区被划分成几个州并固定下来。然而，好景不长，新移民和美洲原住民之间的纷争随即爆发，其中包括1811年发生在印第安纳的蒂珀卡努河战役（Battle of Tippecanoe），1832年发生在威斯康星、伊利诺伊及周边的黑鹰战争（Black Hawk War），战争残酷而血腥，原住民被迫向密西西比河以西迁徙；1862年，苏族人（Sioux，印第安人的一族）在明尼苏达州起义反抗。

19世纪末20世纪初，丰富的煤矿和铁矿资源，再加上湖区低廉的运输成本，促进了工业的兴起和快速发展。对劳动力的需求掀起了移民潮，吸引了大批来自爱尔兰、德国、北欧、南欧和东欧的移民。南北战争之后的数十年，也有许多非裔美国人从南方移居到五大湖地区的城市中心区。

五大湖区在"二战"时期以及20世纪50年代繁荣崛起，随后却经历了长达20年的社会动荡和经济萧条。制造业的没落冲击了"锈带"城市，比如底特律和克利夫兰等，它们都出现高失业率和白人外撤（"white flight"，中产阶级白人家庭迁居到郊区的社会现象）。

20世纪80年代和90年代见证了城市复兴。五大湖区人口增加，来自亚洲和墨西哥的移民成为新亮点。服务业和高科技领域的发展带来了经济平衡，然而像汽车制造和钢铁生产这样的制造工业依旧占据着举足轻重的地位。这也意味着2008年经济危机爆发时，五大湖区的城镇首当其冲，成为受害者。

伊利诺伊州（ILLINOIS）

凭借摩天大厦、顶级博物馆、餐厅和音乐俱乐部，芝加哥在伊利诺伊州独占鳌头。继续往郊区走，就到了海明威的礼仪之乡。当地英雄亚伯拉罕·林肯的纪念堂遍布各地。66号公路沿线随处可见热狗、派和汽车影院。此外，伊利诺伊州还有一处柏木湿地和一处史前"世界遗产"。

❶ 实用信息

伊利诺伊公路路况（Illinois Highway Conditions；

在五大湖区

一周

前两天在**芝加哥**度过，大吃大喝，欣赏建筑。第3天，驾车1.5小时前往啤酒、艺术和酷炫摩托汇集的**密尔沃基**。乘坐渡轮前往密歇根州，第4天在**索格塔克**度过。金色的沙滩、松香阵阵的微风、画廊和热情的酒吧，一切使得这座艺术小镇在夏季变得热闹繁荣。可以沙地徒步和游泳的**印第安纳沙丘**或可以体验独特文化的**印第安纳州的阿米什社区**返回。

两周

在芝加哥玩两天，第3天前往**麦迪逊**，在倡导"土食主义"的餐馆用餐，游览这个城市及其周边的有趣景点。第4天和第5天拜访**阿波斯特尔群岛**，在微风习习的悬崖边和洞穴划船。然后去密歇根上半岛的**马凯特**和**画石**玩几天。两个地方附近都有自然风景壮丽的户外活动场所。接着游览高耸的**睡熊沙丘**，在**特拉弗斯城**周边造访红酒庄。返程时顺路游览索格塔克，那里有画廊、美味的派和沙滩。

五大湖区亮点

❶ **芝加哥**（见588页）引人入胜的摩天大厦、博物馆、各色节日活动、丰盛的美食，让你流连忘返。

❷ **底特律**（见647页）汲取这座城市的奋进精神，享受城内的艺术和餐厅，体验街区自行车骑行。

❸ **俄亥俄州的阿米什社区**（见631页）乘坐旧式马车，在马蹄声中放慢节奏。

❹ **密歇根州的西岸**（见659页，黄金海岸）躺在海滩上，攀登沙丘，享用浆果，尽情冲浪。

❺ **密尔沃基**（见669页）周五的晚上，吃炸鱼、跳波尔卡舞，畅饮啤酒。

❻ **边境水域荒野**（见708页）白天在松树林深处划船，晚上在满天星光的拥抱下露营。

❼ **66号公路**（见722页）从这条路穿过伊利诺伊州，边走边玩，沿途经过提供水果馅饼的餐馆及奇特的路边景点。

❽ **印第安纳州中部**（见624页）游览藏传佛教寺庙、令人惊叹的建筑和植被葱茏的群山。

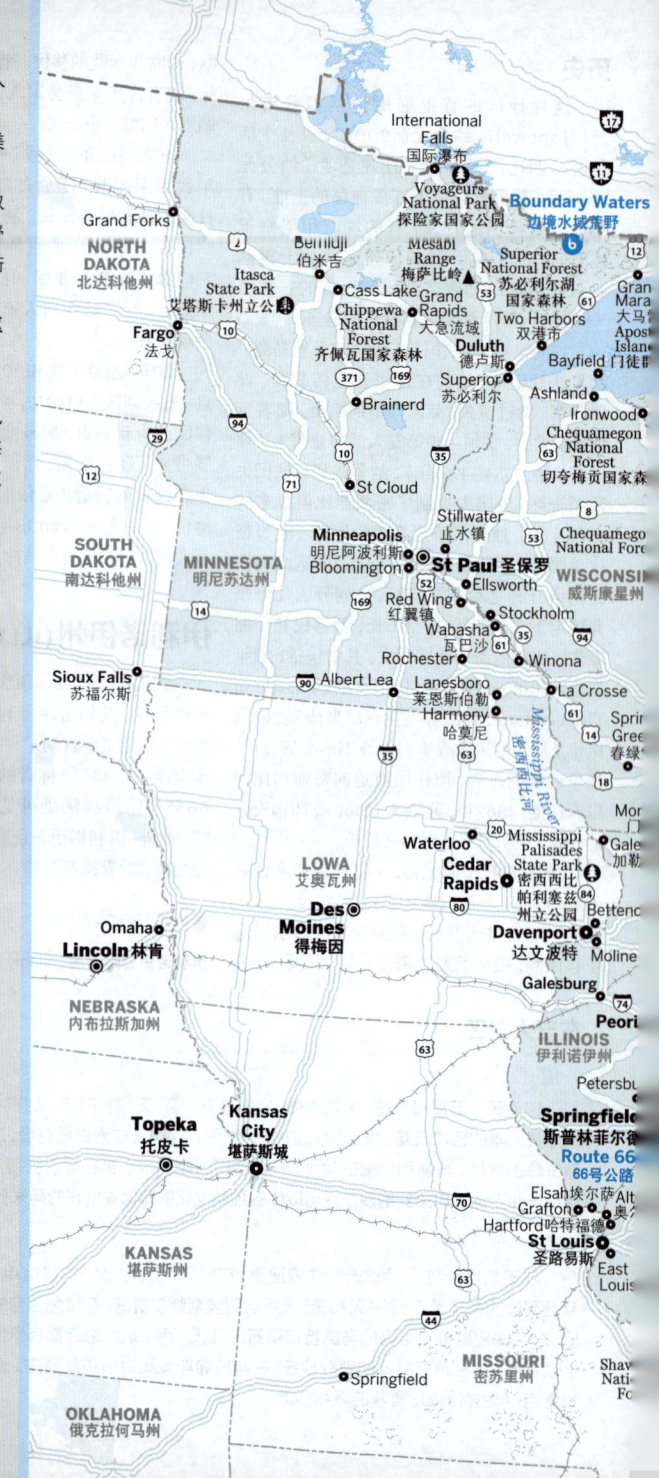

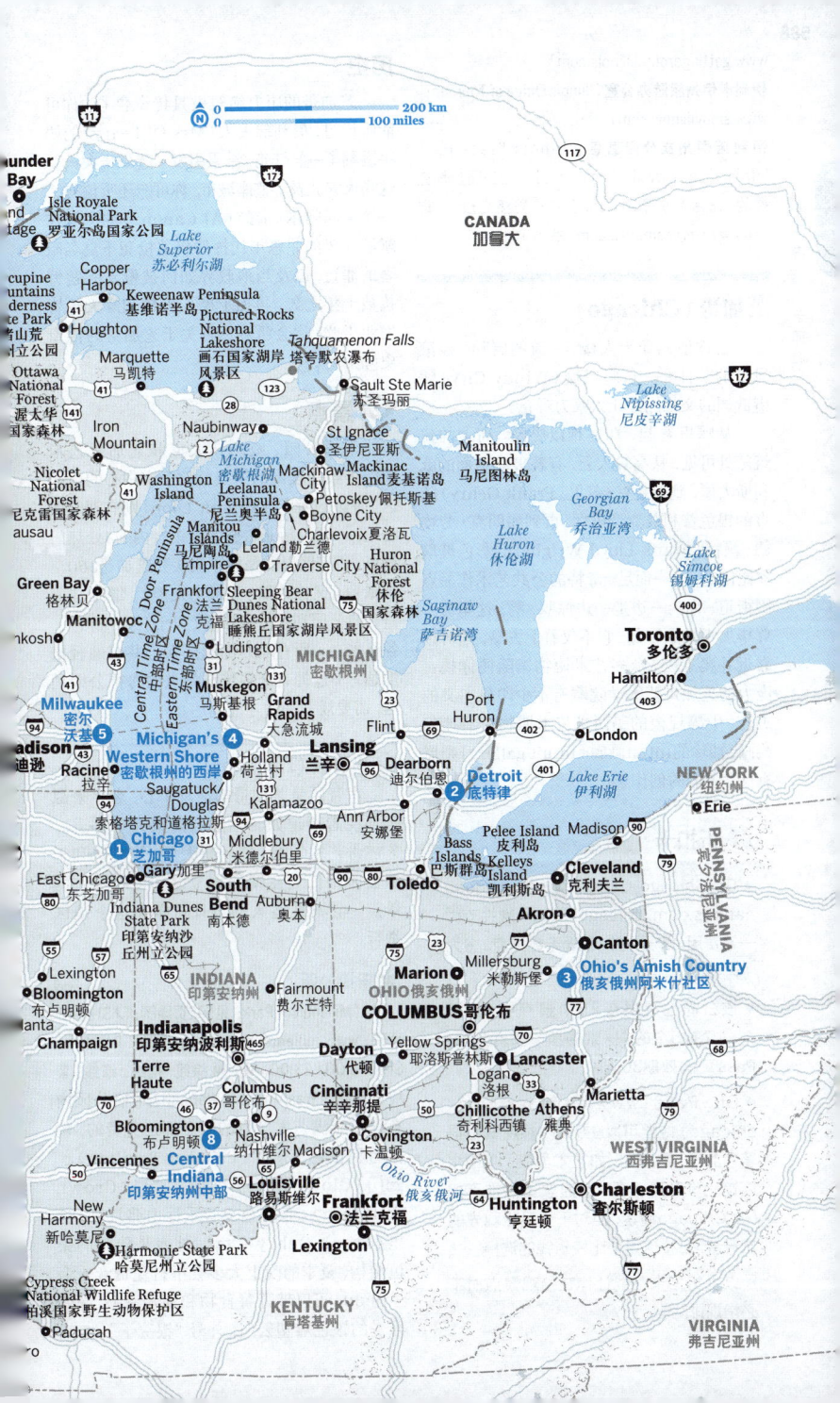

Map: Great Lakes Region

Scale: 0 — 200 km / 0 — 100 miles

Canada 加拿大

- Thunder Bay
- Lake Ntpissing 尼皮辛湖
- Lake Simcoe 锡姆科湖
- Georgian Bay 乔治亚湾
- Manitoulin Island 马尼图林岛
- Toronto 多伦多
- Hamilton
- London

Lake Superior 苏必利尔湖

- Isle Royale National Park 罗亚尔国家公园
- Copper Harbor
- Keweenaw Peninsula 基维诺半岛
- Houghton
- Marquette 马凯特
- Pictured Rocks National Lakeshore 画石国家湖岸风景区
- Tahquamenon Falls 塔夸默农瀑布
- Sault Ste Marie 苏圣玛丽
- Ottawa National Forest 渥太华国家森林
- Porcupine Mountains Wilderness State Park 豪猪山荒野州立公园
- Nicolet National Forest 尼克雷国家森林

Michigan 密歇根州

- Iron Mountain
- Naubinway
- St Ignace 圣伊尼亚斯
- Mackinaw City
- Mackinac Island 麦基诺岛
- Washington Island
- Leelanau Peninsula 尼兰奥半岛
- Petoskey 佩托斯基
- Boyne City
- Charlevoix 夏洛瓦
- Manitou Islands 马尼陶岛
- Leland 勒兰德
- Empire
- Traverse City
- Huron National Forest 休伦国家森林
- Frankfort 法兰克福
- Sleeping Bear Dunes National Lakeshore 睡熊丘国家湖岸风景区
- Ludington
- Muskegon 马斯基根
- Grand Rapids 大急流城
- Flint
- Port Huron
- Lansing 兰辛
- Dearborn 迪尔伯恩
- **Detroit 底特律** ❷
- Lake Huron 休伦湖
- Saginaw Bay 萨吉诺湾

Lake Michigan 密歇根湖 / Door Peninsula 门县半岛

- Green Bay 格林贝
- Manitowoc
- Oshkosh
- **Milwaukee 密尔沃基** ❺
- **Michigan's Western Shore 密歇根州的西岸** ❹
- Holland 荷兰村
- Saugatuck/Douglas 索格塔克和道格拉斯
- Racine 拉辛
- Kalamazoo
- Madison 麦迪逊
- Central Time Zone 中部时区 / Eastern Time Zone 东部时区

Lake Erie 伊利湖

- Pelee Island 皮利岛
- Kelleys Island 凯利岛
- Bass Islands 巴斯群岛
- Toledo
- Sandusky
- **Cleveland 克利夫兰**
- Erie
- Madison
- Ann Arbor 安娜堡
- Middlebury 米德尔伯里

Chicago 芝加哥 ❶

- East Chicago 东芝加哥
- Gary 加里
- South Bend 南本德
- Indiana Dunes State Park 印第安纳沙丘州立公园
- Auburn 奥本
- Akron
- Canton
- **Ohio's Amish Country 俄亥俄州阿米什社区** ❸
- Millersburg 米勒堡

New York 纽约州 / Pennsylvania 宾夕法尼亚州

Indiana 印第安纳州

- Lexington
- Bloomington 布卢明顿
- Fairmount 费尔芒特
- Marion
- **Indianapolis 印第安纳波利斯**
- Champaign
- Terre Haute
- Columbus 哥伦布
- Bloomington 布卢明顿
- Nashville 纳什维尔
- Vincennes
- **Central Indiana 印第安纳州中部** ❽
- New Harmony 新哈莫尼
- Harmonie State Park 哈莫尼州立公园
- Cypress Creek National Wildlife Refuge 柏溪国家野生动物保护区
- Paducah

Ohio 俄亥俄州

- **COLUMBUS 哥伦布**
- Dayton 代顿
- Yellow Springs 耶洛斯普林斯
- Lancaster
- Logan 洛根
- Cincinnati 辛辛那提
- Covington 卡温顿
- Chillicothe 奇利科西镇
- Athens 雅典
- Marietta

Kentucky 肯塔基州

- Louisville 路易斯维尔
- Madison
- **Frankfort 法兰克福**
- Lexington
- Huntington 亨廷顿
- Ohio River 俄亥俄河

West Virginia 西弗吉尼亚州

- **Charleston 查尔斯顿**

Virginia 弗吉尼亚州

www.gettingaroundillinois.com）

伊利诺伊州旅游办公室（Illinois Office of Tourism；www.enjoyillinois.com）

伊利诺伊州立公园信息（Illinois State Park Information；www.dnr.illinois.gov）州立公园都是免费的。露营地收费$6~35，其中一些接受预订（详见www.reserveamerica.com；费用$5）。

芝加哥（Chicago）

钢铁般的摩天大楼、一流的厨师、摇滚风格的节日——这座风城（Windy City）凭借低调的文化优势让人叹为观止。

从哪里看起，真是难以决断。高大的建筑随处可见，从高耸入云、有着玻璃地面的威利斯大厦，到弗兰克·盖里（Frank Gehry）陡直的银色普利兹克音乐厅，再到弗朗克·劳埃德·赖特（Frank Lloyd Wright）的彩色玻璃罗比住宅，不一而足。奇特的公共艺术作品点缀街道；你会一边走一边惊叹，啊，这里有一尊毕加索抽象雕像，它不仅看上去酷，还可以靠近并爬上去。众多艺术博物馆随便你挑：庞大的芝加哥艺术学院藏有不少印象主义的杰作，中等规模的墨西哥艺术博物馆有迷幻绘画，袖珍的Intuit画廊（Intuit gallery）则展有自学者们的创作。

❶ 折扣卡

➜ Go Chicago Card（www.smartdestinations.com/chicago）可以一次性支付一笔费用，购买卡片，参观无数景点。分为（连续）1天、2天、3天和5天这几种。

➜ 该公司也提供在25个景点中选择3个、4个或5个的"探索通票"（Explorer Pass）；有效期30天。

➜ CityPass（www.citypass.com/chicago）持票可以在9天内参观城里最著名的5个景点，例如艺术学院、谢德水族馆和威利斯大厦。此通票灵活性不如Go Chicago通票，但对于想轻松观光的旅行者来说，这是个比较省钱的选择。

➜ 以上折扣卡都能让你在参观景点时不必常规排队。

历史

芝加哥的历史绝对极具传奇色彩。你可能听说过，奥利瑞夫人（Mrs O' Leary）的奶牛踢翻了一盏灯笼，结果引发了芝加哥大火。这场火灾波及了整座城市。你可能还听说过，一个名叫阿尔·卡彭（Al Capone）的家伙在酗酒成风的罪恶年代挥舞机关枪犯下臭名昭著的罪行，以及当地政界如何被枪支问题缠扰数十年之久。再加上摩天大楼和摩天轮皆发明于此，你会听到一首关于芝加哥的传奇史诗。

⊙ 景点

千禧公园、威利斯大厦和芝加哥艺术学院等收费较高的景点就位于市中心的卢普区。旁边的南卢普（South Loop）则有湖畔博物馆区，有包括菲尔德博物馆在内的3处热门景点。卢普区以北是海军码头和芝加哥360°观景台（又称约翰·汉考克大楼）。继续往前是林肯公园和里格利球场（Wrigley Field），各具特色。所有地方都能搭乘公共交通轻松抵达。不过拥有众多绝佳景点的海德公园稍远，需要规划一番才能到达。

❂ 卢普区（The Loop）

卢普区是芝加哥的活动中心，名字来源于环绕着街道如套索般的高架火车轨道。芝加哥艺术学院、威利斯大厦、剧院区和千禧公园是伫立在摩天大厦之间最吸引人的景点。全城最盛大的节日同样在这个地区举行。

★ 千禧公园　　公园

（Millennium Park；见592页地图；☎312-742-1168；www.millenniumpark.org；201 E Randolph St；◯6:00~23:00；🅿；Ⓜ棕线、橙线、绿线、紫线或粉线至Washington/Wabash）千禧公园内有许多充满艺术气息的景点都是免费的，包括**普利兹克音乐厅**（Pritzker Pavilion）、**云门**（Cloud Gate）和**皇冠喷泉**（Crown Fountain）。普利兹克音乐厅由弗兰克·盖里（Frank Gehry）设计，外表是陡斜的银色结构，夏季的晚上大多会举行免费音乐会（18:30，可以带野餐食物和葡萄酒）。深受喜爱的银色雕塑云门，外号"银豆子"（The

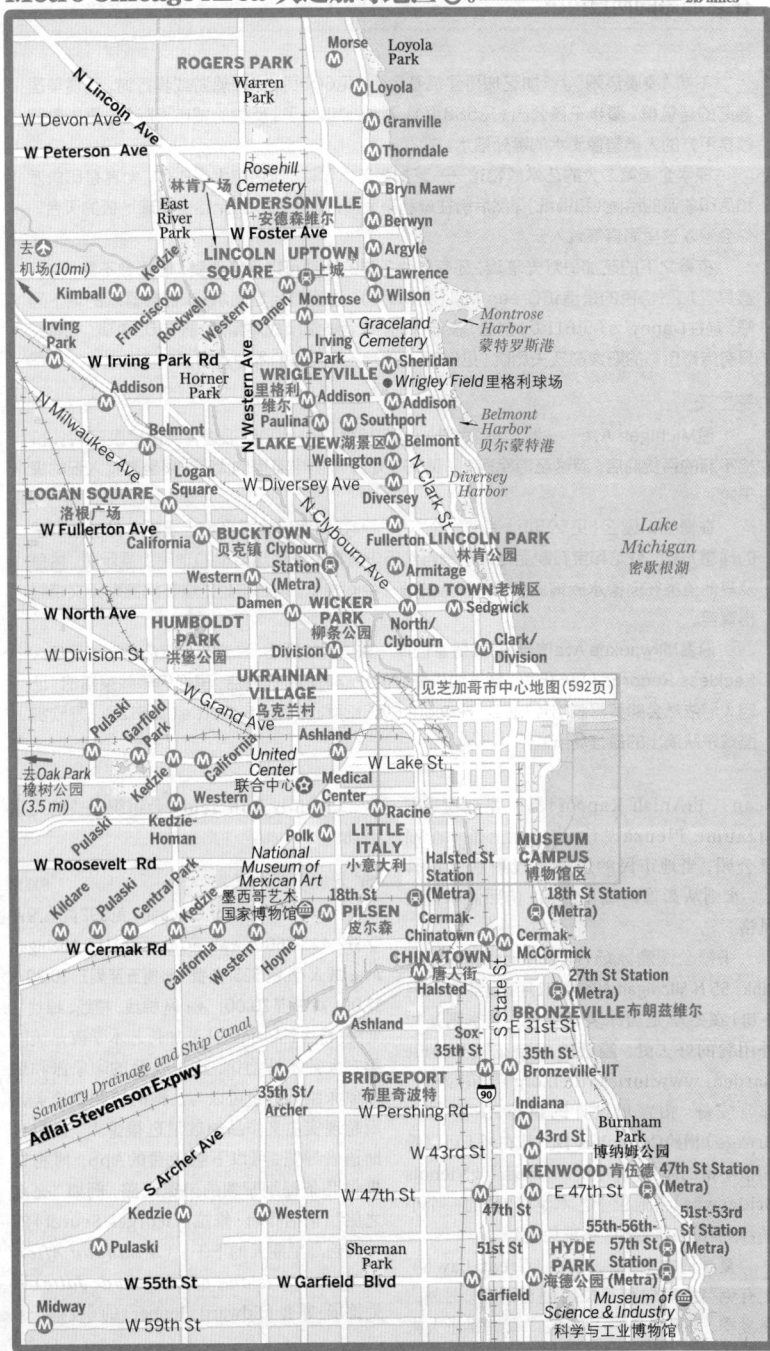

Metro Chicago Area 大芝加哥地区

在芝加哥的两日……

第一天

不妨"凑凑热闹"。参加芝加哥建筑基金会（见603页）的乘船游或步行游，观赏美国最高的建筑群。漫步千禧公园（见588页），看看"银豆子"反射的城市天际线，再去皇冠喷泉下方的人类塑像滴水的嘴处嬉水。

探索全国第二大的艺术博物馆——芝加哥艺术学院。馆内有大量杰作，尤其是印象派和后印象派的绘画（和镇纸）。然后前往威利斯大厦，直接上103层，踏上玻璃地板的天台。你会感叹这里简直高耸入云。

夜幕之下的芝加哥灯光璀璨，还有各种各样的活动可以尽情享受。选择数不胜数，但最具芝加哥特色的是造访Green Mill（见611页），这里曾经是阿尔·卡彭最喜欢的地下酒吧；前往Danny's（见611页）坐坐，夜渐深时，啤酒渐渐换成鸡尾酒，还有DJ表演；或者在具有传奇色彩的斯泰彭沃夫剧院（见612页）体验不同寻常的本地戏剧。

第二天

沿Michigan Ave——即"华丽大道"（见596页）——闲逛，沿途有一排耀眼、著名、价格不菲的百货商店。溜达至海军码头（见595页）。漫步半英里的大道，乘坐高耸入云的摩天轮。

在博物馆园区（见595页）消磨一个下午——在海军码头乘坐水上出租车是前往那里的理想方式。恐龙和宝石制品在菲尔德自然历史博物馆长达几英里的走廊上展示着。鲨鱼及其他鱼类在谢德水族馆里三层外三层的孩子中间游弋。陨石和超新星在阿德勒天文馆露出真容。

沿着Milwaukee Ave信步前行，随意选择一家热闹的酒吧、独立摇滚夜店或时尚商店。Reckless Records（见615页）是芝加哥最好的独立音乐制作商店，里面仍熙熙攘攘的，证明人们依然会购买黑胶唱片和CD。Hideout（见612页）和Empty Bottle（见612页）是欣赏酷炫乐队演出的最佳场所。

Bean），由Anish Kapoor设计。皇冠喷泉则由Jaume Plensa设计，它实际上是一个喷泉公园，当地市民的影像被投射在大屏幕上，水则从影像的嘴里流出，仿照滴水兽的风格。

千禧公园溜冰场（McCormick Tribune Ice Rink; 55 N Michigan Ave; ⏰11月下旬至次年2月下旬）在冬季是溜冰者的乐园，夏季则是户外用餐的好去处。隐蔽的**卢瑞花园**（Lurie Garden; www.luriegarden.org）野花盛开，非常安静。由盖里设计的拱桥**BP桥**（BP Bridge）横跨Columbus Dr，站在桥上可以看到很不错的风景。**尼科尔斯高架桥**（Nichols Bridgeway）直通位于艺术学院3楼的一个小平台，展出当代雕塑（参观免费）。

夏季周六上午，**大草坪**（Great Lawn）上有免费的瑜伽和普拉提健身课程。另外，在夏季，每天10:00~14:00，"家庭娱乐大帐篷"（Family Fun Tent）会组织免费的儿童活动。

★芝加哥艺术学院　　博物馆

（Art Institute of Chicago; 见592页地图; ☎312-443-3600; www.artic.edu; 111 S Michigan Ave; 成人/儿童 $25/免费; ⏰周五至周三 10:30~17:00, 周四 至20:00; 🅿; Ⓜ棕线、橙线、绿线、紫线、粉线到Adams站）芝加哥艺术学院是美国第二大艺术博物馆，这里收藏的印象派和后印象派绘画数量可以与法国的博物馆媲美，而超现实主义作品的数量也很惊人。提供自助语音导览，可以下载免费的App。博物馆提供几条提纲挈领的游览线路，例如"亮点之旅"[包括乔治·修拉（Georges Seurat）的《大碗岛星期天的下午》（*A Sunday Afternoon on the Island of La Grande Jatte*）和爱德华·霍普（Edward Hopper）的《夜猫子》

（Nighthawks）]、建筑和流行艺术之旅等等。预留2小时的时间欣赏博物馆的精华。

★ 威利斯大厦 大厦

（Willis Tower；见592页地图；☎312-875-9696；www.theskydeck.com；233 S Wacker Dr；成人/儿童 $23/15；☉3月至9月 9:00~22:00，10月至次年2月 10:00~20:00；Ⓜ棕线、橙线、紫线、粉线到Quincy站）威利斯大厦是芝加哥最高的建筑，位于第103层的观景台Skydeck高耸入云。乘坐速度快得令人耳鸣的电梯，只需70秒即可到达观景台。踩着观景台透明的玻璃地板向下望去，仿佛身悬半空，令你不禁双腿打颤。天气晴朗时，可以尽览周边四州的风景。大厦的入口在Jackson Blvd。赶上高峰期（夏季 周五至周日 11:00~16:00）的话，可能要排1个小时的队。

芝加哥文化中心 知名建筑

（Chicago Cultural Center；见592页地图；☎312-744-6630；www.chicagoculturalcenter.org；78 E Washington St；☉周一至周四 9:00~19:00，周五和周六 至18:00，周日 10:00~18:00；Ⓜ棕线、橙线、绿线、紫线或粉线至Washington/Wabash）免费1897年，这幢优美的学院派建筑的前身曾经是芝加哥公共图书馆（Chicago Public Library）。如今，这幢几乎占据了一个街区的建筑群已经变成芝加哥文化中心，艺术感十足，举办各种绝妙的艺术展览（特别是4层的Yates Gallery）、午餐时间（大多数的周一和每个周三的12:15）还有爵士乐和古典音乐演出。3层是曾经的图书馆借还书处，还有世界上最大的蒂芙尼彩色玻璃穹顶。InstaGreeter（www.chicagogreeter.com/instagreeter；☉周五和周六 10:00~15:00，周日 11:00~14:00）免费发起的卢普区团队游和千禧公园团队游从Randolph St的大厅出发。

麦姬·戴利公园 公园

（Maggie Daley Park；见592页地图；www.maggiedaleypark.com；337 E Randolph St；☉6:00~23:00；⛨；Ⓜ棕线、橙线、绿线、紫线、粉线至Washington/Wabash）这座公园里的免费游乐场有迷人的树林和海盗主题游乐设施，深受家庭游客的喜爱。攀岩墙、18洞的迷你高尔夫球场、轮滑场（冬季是滑冰场）和网球场

是收费的。园内有许多野餐桌，使这里成为休闲的好去处。

白金汉喷泉 喷泉

（Buckingham Fountain；见592页地图；301 S Columbus Dr；Ⓜ红线Harrison站）是格兰特公园的核心焦点，也是世界上最大的喷泉之一（150万加仑的水容量，高度可达15层楼）。从5月上旬到10月中旬，8:00~23:00每逢整点，白金汉喷泉都会有喷泉表演，到了夜间还会融入灯光和美妙的音乐。

66号公路标志 历史遗址

（Route 66 Sign；见592页地图；S Michigan Ave和Wabash Ave之间的E Adams St；Ⓜ棕线、橙线、绿线、紫线或粉线Adams站）66号公路的粉丝们注意了："母亲之路"的起点就在这里。当你往西走，快到Wabash Ave时，"Historic 66 Begin"的标志就在Adams St南侧。该街区还有几处66号公路标志，但此处是第一个。

这条公路从芝加哥出发，横贯2400英里，抵达洛杉矶，一路经过无数个霓虹灯、夫妻经营的汽车旅馆和提供水果馅饼的餐馆。关于66号公路的更多信息，见40页。

◎ 南卢普（South Loop）

南卢普的菲尔德博物馆、谢德水族馆和阿德勒天文馆集中在博物馆区（Museum Campus）。附近宁静的12街沙滩和地形起伏的北风岛可以躲避汹涌的人潮。历史悠久的建筑零散分布在这个街区，其中不乏像切斯唱片公司（Chess Records）这样具有开创性意义的著名蓝调厂牌。而唐人街有众多熙熙攘攘的面馆，还有充满东方风情的瓷具。

★ 菲尔德自然历史博物馆 博物馆

（Field Museum of Natural History；见592页地图；☎312-922-9410；www.fieldmuseum.org；1400 S Lake Shore Dr；成人/儿童 $22/15；☉9:00~17:00；⛨；☐146, 130）菲尔德博物馆收藏了大概3000万件艺术品，无奇不有——甲虫、木乃伊、宝石和类人猿标本——均由一群博士科学家照管，因为这里不仅是博物馆，还是一家活跃的研究机构。这些藏品中最引人注目的是"苏"（Sue），她是迄今为止发现

Downtown Chicago 芝加哥市中心

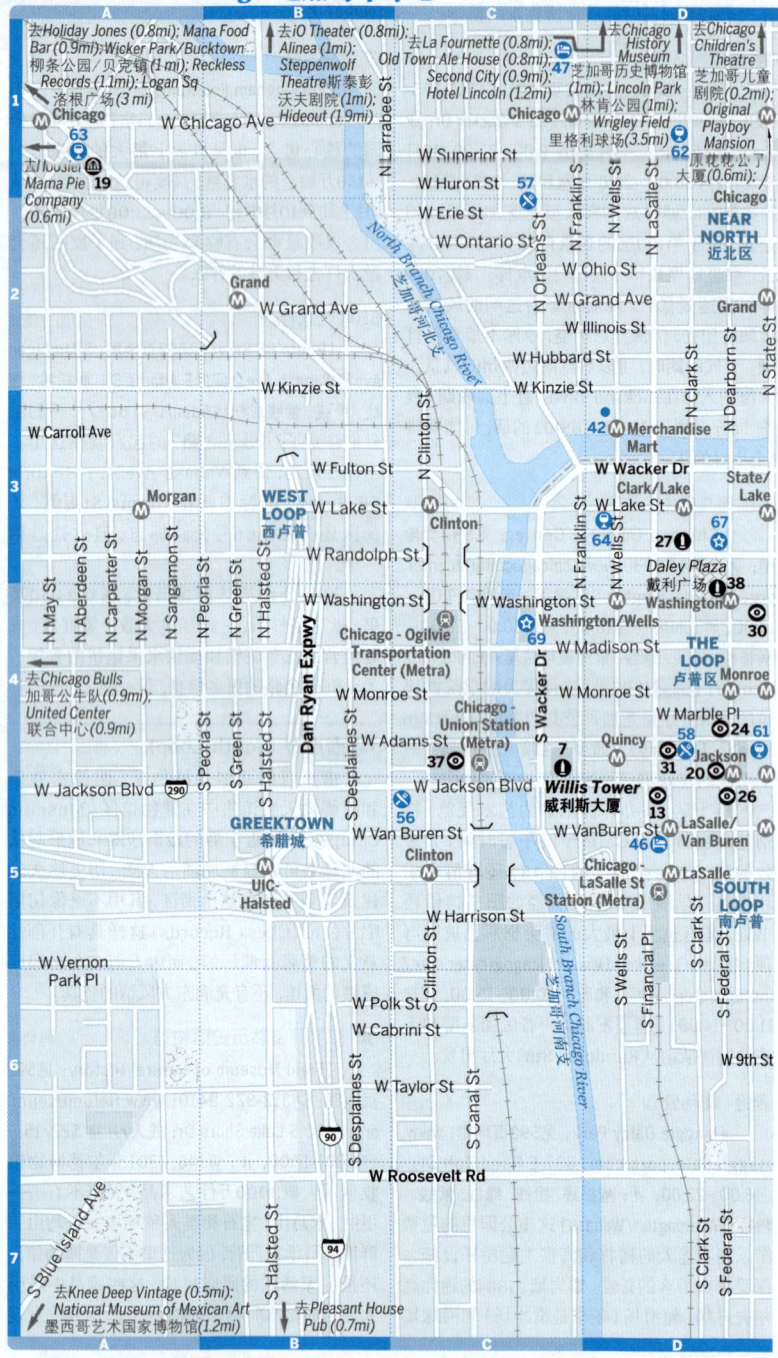

五大湖区 芝加哥

去Holiday Jones (0.8mi); Mana Food Bar (0.9mi); Wicker Park/Bucktown 柳条公园/贝克镇 (1mi); Reckless Records (1.1mi); Logan Sq 洛根广场 (3mi)

去iO Theater (0.8mi); Alinea (1mi); Steppenwolf Theatre 斯泰彭沃夫剧院 (1mi); Hideout (1.9mi)

去La Fournette (0.8mi); Old Town Ale House (0.8mi); Second City (0.9mi); Hotel Lincoln (1.2mi)

去Chicago History Museum 芝加哥历史博物馆 (1mi); Lincoln Park 林肯公园 (1mi); Wrigley Field 里格利球场 (3.5mi)

去Chicago Children's Theatre 芝加哥儿童剧院 (0.2mi); Original Playboy Mansion 原花花公子大厦 (0.6mi)

Chicago
NEAR NORTH 近北区

Hoosier Mama Pie Company (0.6mi)

W Chicago Ave
W Superior St
W Huron St
W Erie St
W Ontario St
W Ohio St
W Grand Ave
W Illinois St
W Hubbard St
W Kinzie St
W Carroll Ave
W Fulton St
Merchandise Mart
W Wacker Dr
Clark/Lake
W Lake St
State/Lake
WEST LOOP 西卢普
Morgan
W Randolph St
W Washington St
Daley Plaza 戴利广场
THE LOOP 卢普区
Washington/Wells
W Madison St
Monroe
Chicago - Ogilvie Transportation Center (Metra)
W Monroe St
W Marble Pl
去Chicago Bulls 加哥公牛队 (0.9mi); United Center 联合中心 (0.9mi)
Chicago - Union Station (Metra)
Quincy
Jackson
W Adams St
W Jackson Blvd
Willis Tower 威利斯大厦
GREEKTOWN 希腊城
W Van Buren St
Clinton
W Van Buren St
LaSalle/Van Buren
UIC-Halsted
Chicago - LaSalle St Station (Metra)
LaSalle
SOUTH LOOP 南卢普
W Harrison St
W Vernon Park Pl
W Polk St
W Cabrini St
W 9th St
W Taylor St
W Roosevelt Rd

去Knee Deep Vintage (0.5mi); National Museum of Mexican Art 墨西哥艺术国家博物馆 (1.2mi)

去Pleasant House Pub (0.7mi)

593

去 Le Colonial (130yds); Gibson's (0.2mi)

去 Drake Hotel (150yds)

去 Oak St Beach 橡树街沙滩 (0.3mi); North Ave Beach 北大道沙滩 (1.3mi)

360° Chicago 芝加哥360°观景台

Museum of Contemporary Art 当代艺术博物馆

E Pearson St
Lake Shore Park
E Chicago Ave
E Superior St
N Wabash Ave
N Rush St
N Michigan Ave (Magnificent Mile)
E Ontario St
STREETERVILLE
Ohio Street Beach 俄亥俄街湖滩
Olive Park
Water Filtration Plant

E Grand Ave
Navy Pier 海军码头
E Illinois St
Lakefront Trail
N Lake Shore Dr

E North Water St
Chicago Architecture Foundation Boat Tour Dock
River Esplanade
E Wacker Dr

ILLINOIS CENTER
E Wacker Pl
E Lake St
Randolph
E Randolph St
N Lake Shore Dr

Madison
Millennium Park 千禧公园
E Monroe St
Nichols Bridgeway
Millennium Park Garage
Butler Field

Adams/Wabash
Art Institute of Chicago 芝加哥艺术学院
Van Buren St (Metra)

H W Library

Grant Park 格兰特公园

LAKE MICHIGAN 密歇根湖

Harrison
E Balbo Ave
Grant Park 格兰特公园
Tennis Courts
Hutchinson Field

S Holden Ct
PRINTER'S ROW
E 9th St
S Michigan Ave
E 11th St
Grant Park
S Columbus Dr
Lakefront Trail 湖滨路径

Roosevelt
E Roosevelt Rd
Museum Campus/11th St (Metra)
MUSEUM CAMPUS 博物馆园区
Field Museum of Natural History 菲尔德自然历史博物馆
E Solidarity Dr

S State St
S Wabash Ave
E 13th St
CENTRAL STATION 中央站
E 14th St
去 Hyde Park & South Side 海德公园和南区 (5mi)
去 Willie Dixon's Blues
Burnham Park 博纳姆公园
Burnham Harbor 博纳姆港
去 Northerly Island 北风岛 (0.7mi)
S Linn White Dr

五大湖区 芝加哥

Downtown Chicago 芝加哥市中心

◎ 重要景点
1. 芝加哥360°观景台 E1
2. 芝加哥艺术学院 E4
3. 菲尔德自然历史博物馆 F7
4. 千禧公园 E4
5. 当代艺术博物馆 E1
6. 海军码头 G2
7. 威利斯大厦 C4

◎ 景点
8. 12街海滩 G7
9. 阿德勒天文馆 G7
10. BP桥 E4
11. 白金汉喷泉 F5
12. 世纪轮 G2
13. 芝加哥交易所 D5
14. 芝加哥儿童博物馆 G2
15. 芝加哥文化中心 E4
  - 城市美术馆 ..... (见39)
16. 云门 E4
17. 皇冠喷泉 E4
18. 大草坪 E4
19. 直觉与界外艺术中心 A1
20. 克卢钦斯基大楼 D4
21. 卢瑞花园 E4
22. 麦姬·戴利公园 F4
23. "壮丽一英里" E2
24. 马凯特大楼 D4
25. 马歇尔·菲尔德大楼 E3
26. 摩纳德诺克大楼 D5
27. 立兽纪念碑 D3
28. 当代摄影博物馆 E5
29. 普利兹克音乐厅 E4
30. 信托大厦 D4
31. 鲁克里大厦 D4
32. 66号公路标志 E4
33. 圣菲大楼 E4
34. 谢德水族馆 F7
35. 沙利文中心 E4
36. 论坛报大厦 E2
37. 联合车站 C4
38. 无题 D4
39. 水塔 E1
40. 箭牌大厦 E2

⊕ 活动、课程和团队游
41. Bobby's Bike Hike F2

Chicago Architecture Foundation ..... (见33)
42. Chopping Block D3
43. InstaGreeter E3
44. McCormick Tribune Ice Rink E4
45. Windy II2

🏠 住宿
Acme Hotel ..... (见48)
Alise Chicago ..... (见30)
46. Buckingham Athletic Club Hotel D5
47. Fieldhouse Jones C1
48. Freehand Chicago E2
49. Hampton Inn Chicago Downtown/N Loop E3
50. HI-Chicago E5
51. Silversmith E4
52. Virgin Hotel E3

🍴 就餐
53. Billy Goat Tavern E2
  - Cafecito ..... (见50)
54. Gage E4
55. Giordano's E1
56. Lou Mitchell's C5
57. Mr Beef C2
58. Native Foods Cafe D4
59. Pizzeria Uno E2
60. Purple Pig E2

🍷 饮品和夜生活
61. Berghoff D4
62. Clark Street Ale House D1
63. Matchbox A1
64. Monk's Pub D3
  - Signature Lounge ..... (见1)

🎭 娱乐
65. Buddy Guy's Legends E6
  - Chicago Symphony Orchestra ..... (见33)
66. Chicago Theatre E3
67. Goodman Theatre D3
  - Grant Park Orchestra ..... (见29)
68. IMAX Theater G2
69. Lyric Opera of Chicago C4

🛍 购物
Chicago Architecture Foundation Shop ..... (见33)

的最大的雷克斯霸王龙，这儿甚至还有关于她的礼品店哩。3D电影等特殊展览另外收费。

谢德水族馆　　　　　　　　　　水族馆

（Shedd Aquarium；见592页地图；☎312-939-2438；www.sheddaquarium.org；1200 S Lake Shore Dr；成人/儿童 $40/30；◎6月至8月 9:00~18:00，9月至次年5月 周一至周五 9:00~17:00，周六和周日 至18:00；♿；🚌146, 130）谢德水族馆是孩子们的乐园，最吸引人的地方是Wild Reef展览，让你有机会只隔着5英寸的树脂玻璃与20多条尖牙利齿的鲨鱼面对面。还有海洋水族馆（Oceanarium），那里能看到获救的海獭。注意，海洋水族馆也饲养着白鲸和太平洋白吻斑纹海豚，这种行为招致了越来越多的争议。

阿德勒天文馆　　　　　　　　　博物馆

（Adler Planetarium；见592页地图；☎312-922-7827；www.adlerplanetarium.org；1300 S Lake Shore Dr；成人/儿童 $12/8；◎9:30~16:00；♿；🚌146, 130）太空爱好者会在阿德勒天文馆感受到大爆炸般的冲击。这里有用来观察星星的公共望远镜（每天10:00~13:00，Galileo Cafe旁边），有关于超新星的3D讲座（Space Visualization Lab内）和星球探险家展览，孩子们可以在展览上"发射火箭"。沉浸式数字电影另外收费（每张票 $13）。站在阿德勒博物馆门前的台阶上可以看到芝加哥首屈一指的天际线景观，准备好你的相机吧。

北风岛　　　　　　　　　　　　公园

（Northerly Island；1521 S Linn White Dr；🚌146, 130）这座起伏不平、布满草坪的公园内有散步和自行车小径，还可以钓鱼、观鸟，同时也是大牌明星夏季音乐会的举办场地。北风岛其实不是个岛，而是一个半岛，可不管怎么说，这里的芝加哥天际景色都无比美丽。如果公园内的场馆开门，可以进去了解游览信息。阿德勒天文馆旁边的Divvy共享自行车站点提供自行车。

当代摄影博物馆　　　　　　　　博物馆

（Museum of Contemporary Photography；见592页地图；☎312-663-5554；www.mocp.org；600 S Michigan Ave，哥伦比亚学院；◎周一至周三、周五和周六 10:00~17:00，周四 10:00~20:00，周日正午至17:00；Ⓜ红线Harrison站）**免费** 这座小型博物馆专注于20世纪初以来的美国及国际摄影，是东西海岸间唯一一所摄影博物馆。长期展品有来自亨利·卡蒂尔-布列松（Henri Cartier-Bresson）、哈里·卡拉汉（Harry Callahan）、萨莉·曼（Sally Mann）、维克托·斯克雷纳斯基（Victor Skrebneski）、凯瑟琳·瓦格纳（Catherine Wagner）等500多名当代最优秀摄影师的作品。

⊙ 近北区和海军码头 (Near North & Navy Pier)

近北区有许多厚皮比萨店、热闹的小酒馆和美术馆，主干道Michigan Ave被称为"华丽大道"（Magnificent Mile），不乏众多高档商店。半英里长的海军码头向东凸起，有游船、游乐设施，以及一座特大号的华丽摩天轮。

★ 海军码头　　　　　　　　　　湖滨

（Navy Pier；见592页地图；☎312-595-7437；www.navypier.com；600 E Grand Ave；◎6月至8月 周日至周四 10:00~22:00，周五和周六 至午夜，9月至次年5月 周日至周四 10:00~20:00，周五和周六 至22:00；♿；Ⓜ红线Grand站）**免费** 半英里长的海军码头是芝加哥人气最旺的景点之一，196英尺的**摩天轮**（成人/儿童 $15/12）和其他游乐设施（每项 $6~15）、**IMAX影院**（☎312-595-5629；www.imax.com；票价 $15~22）、啤酒花园和众多连锁餐厅都让人流连忘返。当地人对这里的商业化颇有微词，但美丽的湖畔景观和凉爽的微风真是让人难以抗拒。到了夏天，每周三晚（21:30）和周六晚（22:15）的烟花表演更是一场视觉盛宴。

芝加哥儿童博物馆（Chicago Children's Museum；☎312-527-1000；www.chicagochildrensmuseum.org；门票 $14；◎10:00~17:00，周四至20:00；♿）也在码头上，同在码头上的还有几家游轮船只运营商。你可以乘坐湖岸水上出租到达**博物馆园区**（周日至周五 成人/儿童 $8/4，周六 $10/5），这一行程十分有趣。码头目前正在进行扩建，计划于2018年增加一家酒店和几座游乐园。从Grand乘坐电车可以到达。

芝加哥与黑帮有关的地点

芝加哥可不愿意提起它黑帮当道的过去,因此没有哪本旅游手册、哪个展览记录了与这段声名狼藉的历史相关的景点。所以,当你游览下列景点时,需要充分发挥想象力。

Green Mill(见611页)阿尔·卡彭最喜欢的地下酒吧;酒吧下方仍然有他藏酒的地道。

传奇剧院(Biograph Theater; 2433 N Lincoln Ave; M棕线,紫线,红线至Fullerton站)"红衣女郎"在这里出卖了"头号公敌"约翰·迪林格(John Dillinger)。

联合车站(Union Station; 见592页地图; www.chicagounionstation.com)《铁面无私》(*The Untouchables*)的影迷可以看看影片中婴儿车滚下楼梯的地方。

情人节大屠杀现场(St Valentine's Day Massacre Site; 2122 N Clark St; 🚌22)卡彭的手下假扮成警察,在这儿杀害了Bugs Moran帮派的7名成员。

华丽大道   景区

(Magnificent Mile; 见592页地图; www.themagnificentmile.com; N Michigan Ave; M红线Grand站)华丽大道是Michigan Ave在河流与Oak St之间的那一段,是芝加哥备受大众吹捧的高档购物街,诸如Bloomingdale's、Apple、Burberry等众多高档商店会让你的钱包大出血。

论坛报大厦   建筑

(Tribune Tower; 见592页地图; 435 N Michigan Ave; M红线Grand站)经过这座1925年的新哥特式大楼时,可以近距离观察一番。20世纪初叶,《芝加哥论坛报》(*Chicago Tribune*)的古怪老板罗伯特·麦考密克上校(Colonel Robert McCormick)收集世界各地著名建筑及遗迹的石块,并要求报社记者送回。他收藏了来自泰姬陵、威斯敏斯特教堂、大金字塔等140多座建筑的碎片,如今这些碎片就镶嵌在大楼底部。

箭牌大厦   建筑

(Wrigley Building; 见592页地图; 400 N Michigan Ave; M红线Grand站)无论是白天还是夜晚,箭牌大厦的白陶瓷砖外墙总是闪闪发光,白得就像绿箭口香糖广告里的皓齿。箭牌创始人威廉·里格利(William Wrigley)专门修建了这栋大厦,希望它成为一幅引人注目的广告牌。大厦外立面贴着250,000多块釉面陶瓦瓷砖,电脑数据库会监控每块瓷砖的情况,并显示其是否需要清洁和抛光。

👁 黄金海岸(Gold Coast)

在超过125年的时间里,黄金海岸一直是芝加哥顶尖富人的居住地。珠光宝气的贵妇轻快地出入该街区时髦的精品店。枝繁叶茂的街道上时不时地驶过劳斯莱斯。芝加哥360°观景台和当代艺术博物馆是最吸引眼球的景点。Rush St奢华考究的牛排店和钢琴酒廊随时准备款待贵客。

★ 芝加哥360°观景台   观景台

(360°Chicago; 见592页地图; ☎888-875-8439; www.360chicago.com; 875 N Michigan Ave, John Hancock Center, 94th fl; 成人/儿童$20.50/13.50; ⓘ9:00~23:00; M红线Chicago站)芝加哥360°观景台是约翰·汉考克中心观景台(John Hancock Center Observatory)的新名字。从许多方面来说,这里的景色都超越了威利斯大厦(见591页)。94层的观景台有信息全面的展览,带有TILT风格(从地板到天花板全是玻璃,站在此处可以俯瞰脚下的地面;额外收取$7,并没有听起来那么令人兴奋)。对此不感兴趣?可以直奔位于96层的Signature Lounge(www.signatureroom.com; ⓘ周日至周四 11:00至次日0:30,周五和周六 至次日1:30),在那里只要购买一杯饮料($8~16),就可以免费观赏美景。

★ 当代艺术博物馆   博物馆

(Museum of Contemporary Art,简称MCA; 见592页地图; ☎312-280-2660; www.mcachicago.org; 220 E Chicago Ave; 成人/儿童$15/免费; ⓘ周二 10:00~20:00,周三至周日 至

17:00；Ⓜ红线Chicago站）你可以把这座博物馆想象成芝加哥艺术学院傲慢无礼、桀骜不驯的孪生同胞。博物馆里有非常丰富的极简主义、超现实主义和概念摄影收藏品，长期展示勒内·马格里特（René Magritte）、辛蒂·雪曼（Cindy Sherman）和安迪·沃霍尔（Andy Warhol）的作品。当代艺术博物馆的藏品无所不包，包括20世纪20年代以后的艺术品，布展形式模糊了绘画、雕塑、视频及其他媒介的界限。

原花花公子大厦 知名建筑

（Original Playboy Mansion；1340 N State Pkwy；Ⓜ红线Clark/Division站）性革命就是在这幢1899年大楼的地下"洞穴"中发起的。1959年，休·海夫纳（Hugh Hefner）买下了这幢大楼，在门上挂了一块警示铜牌"If You Don't Swing, Don't Ring."（不跳摇摆舞，不要按门铃）。随后这里便常常举办盛大的派对。20世纪70年代中叶，海夫纳回到了洛杉矶。如今的大厦里只有公寓房了，但你仍然可以向别人炫耀："我去过花花公子大厦呢。"

水塔 地标

（Water Tower；见592页地图；108 N Michigan Ave；Ⓜ红线Chicago站）这座154英尺高的塔楼绝对是芝加哥市的标志：是1871年芝加哥大火灾中市中心幸存下来的唯一建筑，幸亏它黄色的石灰砖可以经受火焰。水塔里面如今是免费的**城市美术馆**（City Gallery），展示来自本地摄影师和艺术家的芝加哥主题作品，值得一看。

⊙ 林肯公园和老城区 (Lincoln Park & Old Town)

林肯公园（绿地）是城里最棒的游乐场所，有潟湖、小路、湖滩和动物园等。林肯公园（附近街区）则有各种一流的餐厅、时髦的商店，以及热闹的蓝调和摇滚夜店。隔壁时尚的老城区凭借许多具有艺术气质的酒吧和即兴喜剧团第二城（Second City）延续其自由奔放的历史。

★ 林肯公园 公园

（Lincoln Park；⊙6:00~23:00；🚲；🚌151）

著名的卢普区建筑

自从1885年世界第一座摩天大楼在芝加哥拔地而起，其对建筑的雄心壮志便从未停止过，并在现代设计方面不断推陈出新。卢普区便是让你目瞪口呆的中心所在。

摩纳德诺克大楼（Monadnock Building；见592页地图；www.monadnockbuilding.com；53 W Jackson Blvd；Ⓜ蓝线Jackson站）

鲁克里大厦（Rookery；www.flwright.org；209 S LaSalle St；周一至周五 9:00~17:00；ⓂBrown, Orange, Purple, Pink Line）

马歇尔·菲尔德大楼（Marshall Field Building；见592页地图；111 N State St；⊙周一至周六 10:00~21:00，周日 11:00~19:00；ⓂBrown, Orange, Green, Purple, Pink Line至Washington/Wabash）

沙利文中心（Sullivan Center；见592页地图；www.thesullivancenter.com；1 S State St；ⓂRed Line至Monroe）

马凯特大楼（Marquette Building；见592页地图；http://marquette.macfound.org；140 S Dearborn St；⊙7:00~22:00；ⓂBlue Line至Monroe）

信托大厦（Reliance Building；见592页地图；1 W Washington St；ⓂBlue Line至Washington）

圣菲大楼（Santa Fe Building；见592页地图；224 S Michigan Ave；ⓂBrown, Orange, Green, Purple, Pink Line至Adams）

克卢钦斯基大楼（Kluczynski Building；见592页地图；230 S Dearborn St；ⓂBlue Line至Jackson）

当地知识

蓝调（布鲁斯）迷的朝圣之旅

1957~1967年，这座不起眼的建筑是切斯唱片公司（Chess Records）所在地，即影响深远的电声蓝调的圣地。它现在叫作威利·狄克逊的蓝调天堂（Willie Dixon's Blues Heaven；312-808-1286；www.bluesheaven.com；2120 S Michigan Ave；团队游$10；周三和周四通过预约，周五 正午至16:00，周六 至15:00，绿线Cermak-McCormick Pl站），以贝斯手的名字命名——切斯唱片的大部分热门金曲都是他创作的。预约过的话，工作人员会带你进行1小时的参观。这个录音棚相当破旧，屋子里摆着几件当年留下来的文物。不过，想想威利的孙子把他祖父有些年头的贝斯拿出来并允许你弹一下，这真是酷极了。先打电话；开放时间不定。夏季周四18:00，会有免费蓝调音乐会在旁边的花园举行。

该街区得名于这座芝加哥最大的公园。占地1200英亩，从北大道延伸6英里至Diversey Pkwy，而后在湖畔收窄并继续向北延伸，直到Lake Shore Dr的尽头。天气晴朗时，本地人成群结队地过来，逛逛池塘，走走小路，在运动场上运动一番，还可以游览动物园、逛海滩。

林肯公园温室 — 花园

（Lincoln Park Conservatory；312-742-7736；www.lincolnparkconservancy.org；2391 N Stockton Dr；9:00~17:00；151）**免费** 从温室3英亩的沙漠棕榈、丛林蕨类和热带兰花中间走过就像是用30分钟环绕世界。即便在冬天，玻璃温室内部的温度依然保持在75°F（24℃）左右。

林肯公园动物园 — 动物园

（Lincoln Park Zoo；312-742-2000；www.lpzoo.org；2200 N Cannon Dr；6月至8月 周一至周五 10:00~17:00，周六和周日 至18:30，4月至5月和9月至10月 10:00~17:00，11月至次年3月 10:00~16:30；151）**免费** 动物园从1868年存在至今，是本地人最喜爱的免费景点，不出城市就能看到狮子、斑马、日本猕猴和其他外来动物。记得去看看雷根斯坦非洲之旅（Regenstein African Journey）、放养北极熊的北极冻原（Arctic Tundra）和蜻蜓点点的天然步道（Nature Boardwalk），这些都是百里挑一的景点。Gateway Pavilion是主要的入口（位于Cannon Dr）。

芝加哥历史博物馆 — 博物馆

（Chicago History Museum；312642-4600；www.chicagohistory.org；1601 N Clark St；成人/儿童 $16/免费；周一和周三至周六 9:30~16:30，周二 至19:30，周日 正午至17:00；22）你想知道芝加哥传奇般的过往吗？这座博物馆的多媒体展览详尽地讲述了芝加哥的历史，从大火灾到1968年民主党大会（Democratic Convention）。林肯总统临终前的卧榻也收藏于此，还有奥利瑞夫人的奶牛戴过的铃铛。除此之外，你还有机会"体验"一下撒满调味品的芝加哥热狗。

◉ 湖景区和里格利维尔 (Lake View & Wrigleyville)

爱玩的年轻人嬉闹于湖景区连成一片的酒吧、剧院和摇滚音乐厅。神圣的里格利球场吸引着棒球爱好者来此朝圣。四周酒意盎然的街区，也就是里格利维尔，总是派对轰鸣；街上飘舞着芝加哥主要同性恋街区"男孩城"（Boystown）的彩虹旗帜，舞厅也是随处可见。国际风味的餐厅可以接待大批五湖四海的顾客。

★ 里格利球场 — 体育场

（Wrigley Field；www.cubs.com；1060 W Addison St；红线Addison站）建于1914年，它以箭牌口香糖创始人的名字命名，里格利球场是职业联盟中年头第二久的棒球场。球场以传统的手翻记分牌、长满常春藤的外墙和入口上方的霓虹灯而闻名。而球队传奇性的连败场数更为有名：1908年以后，芝加哥小熊队（Cubs；见614页）从未赢得过冠军，这种被诅咒的低潮期在美国体育界绝无仅有。在2016年，他们神奇般地夺冠了。4月至9月开通的1.5小时的棒球场团队游（$25）可以让你了解更多信息。

◉ 安德森维尔和市郊住宅区
(Andersonville & Uptown)

安德森维尔曾经的瑞典历史痕迹依然可见,但如今该地区到处都是美食酒馆、时髦的精品店和同性恋酒吧。住宅区有历史悠久的爵士乐演奏场所,比如Green Mill(阿尔·卡彭的最爱),还有"小西贡(Little Saigon)"等熙攘的小餐馆。

◉ 柳条公园、巴克镇和乌克兰村
(Wicker Park, Bucktown & Ukrainian Village)

这三个街区是热门地点。时尚的唱片店、旧货店和鸡尾酒吧发展迅速,但许多街角依然可见东欧老式廉价酒吧的身影。柳条公园是活跃的心脏地带;巴克镇(比较漂亮)和乌克兰村(稍显破旧)守在两侧。餐馆和摇滚夜店在全城首屈一指。

Intuit艺术中心 画廊

(Intuit: The Center for Intuitive & Outsider Art; 见592页地图; ☏312-243-9088; www.art.org; 756 N Milwaukee Ave; 建议捐赠$5; ◯周二、周三、周五和周六11:00~18:00,周四至19:30,周日 正午至17:00; Ⓜ Blue Line至Chicago)可以来这里看看可与博物馆藏品媲美的民间艺术收藏,例如本地名人亨利·达戈(Henry Darger)的水彩画。艺术中心的后屋再现了达戈凌乱的工作室,摆有线球、摇摇欲坠的旧杂志堆,以及一台维克多牌(Victrola)留声机。礼品店有吸引人的珠宝首饰(比如橡皮擦耳坠)和艺术图书。

◉ 洛根广场和洪堡公园
(Logan Square & Humboldt Park)

洛根广场是芝加哥如今的"正点"街区,可以找到最时髦的提基酒吧和风靡一时的炸鸡咖啡馆。美食家们蜂拥而来,前往米其林星级餐厅Parachute和Longman & Eagle,以及其他几个吃货热门地点。充满波多黎各风情的洪堡公园则是品尝波多黎各特色三明治(jibarito)的好地方。

◉ 近西区和皮尔森
(Near West Side & Pilsen)

从事肉类加工业的西卢普(West Loop)到处都是明星厨师坐镇的餐馆和新潮酒吧。开发还是这里的主流趋势。附近的希腊城和小意大利提供民族菜式。在皮尔森,墨西哥文化与芝加哥地下波希米亚风格相映成趣,造就了这里众多色彩绚烂的壁画,还有墨西哥快餐店和咖啡馆。

全美墨西哥艺术博物馆 博物馆

(National Museum of Mexican Art; ☏312-738-1503; www.nationalmuseumofmexicanart.org; 1852 W 19th St; ◯周二至周日 10:00~17:00; Ⓜ 粉线18th St站) **免费** 这座活力非凡的博物馆建于1982年,是美国最大的拉丁美洲艺术机构,已经成为这座城市最优秀的博物馆之一。馆内永久藏品丰富多彩,囊括了长达一千年的墨西哥艺术和文化,包括古典油画、亮晶晶的黄金祭坛、大量民间艺术品和珠饰等。

◉ 唐人街 (Chinatown)

芝加哥的唐人街不大,但很热闹,乘地铁从卢普区到这里只需要10分钟。乘红线到达Cermak-Chinatown站,出站后你就位于该街区两个特色鲜明的区域之间:唐人街广场(Chinatown Sq,一片巨大的双层条形商业区)沿Archer Ave伸向北边,而老唐人街(Old Chinatown,传统的零售店地区)沿Wentworth Ave伸向南边。两个地区都值得一逛,有面包房和出售Hello Kitty等小玩意的商店。

◉ 海德公园和南区
(Hyde Park & South Side)

充满智慧的海德公园有许多书店,还有弗朗克·劳埃德·赖特(Frank Lloyd Wright)的罗比住宅及科学与工业博物馆等景点。爱尔兰飞地布里奇波特(Bridgeport)有精彩纷呈的酒吧和画廊,而布朗兹维尔(Bronzeville)有花哨的建筑,还有许多常常被人忽视,但十分重要的地方,其中包括见证过非裔美国人历史的地方。

★ 科学与工业博物馆 博物馆

(Museum of Science & Industry, 简称MSI; ☏773-6841414; www.msichicago.org; 5700 S Lake Shore Dr; 成人/儿童 $18/11; ◯6月至8月 9:30~17:30,9月至次年5月 开放时间缩短; 🅿;

步行游览
卢普区

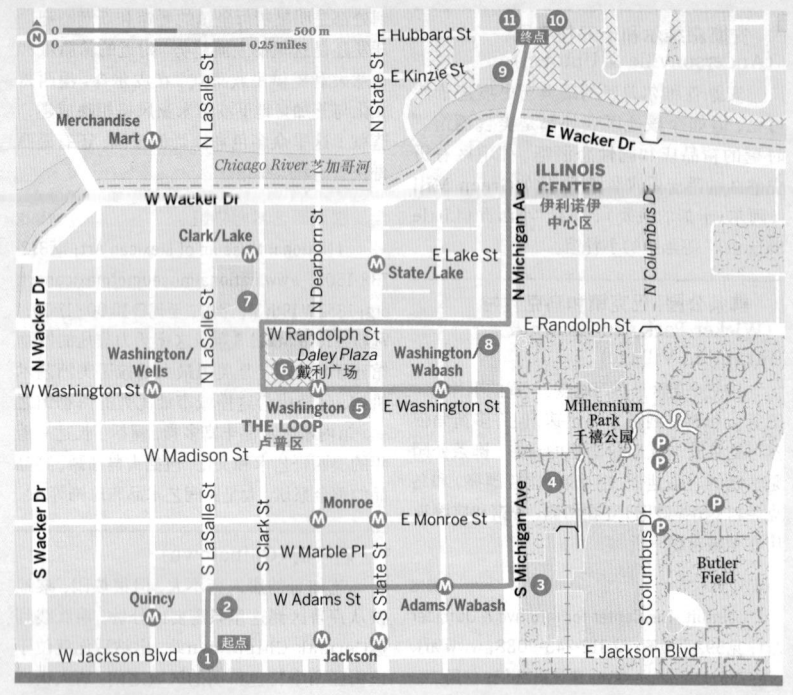

起点: 芝加哥期货交易所
终点: Billy Goat Tavern
距离: 3英里
需时: 约2小时

这条线路一路穿越卢普区,经过芝加哥备受瞩目的艺术和建筑。

从 ❶ **芝加哥期货交易所**(141 W Jackson Blvd)这座很酷的装饰艺术建筑出发。谷物女神克瑞斯(Ceres)的巨型雕像雄踞大楼顶端。走进附近的 ❷ **鲁克里大厦**(见597页),欣赏弗朗兰克·劳埃德·赖特精心打造的中庭。

顺Adams St向东走到 ❸ **芝加哥艺术学院**(见590页),这里是人最多的景点之一。门前的狮子雕像是个经典的纪念照相地。往北走几个街区,到达前卫的 ❹ **千禧公园**(见588页)。

离开千禧公园后,在Washington St上向西至 ❺ **Alise Chicago酒店**(见605页),该酒店位于信托大厦内,这幢大厦是现代摩天大楼设计的先驱,卡彭的牙医曾在现在的809号房间钻牙。西面是安放在戴利广场的雕塑 ❻ **"无题"**,它是由抽象大师毕加索亲自制作的,是鸟,是狗,还是女人?每个人都有不一样的答案。然后,从Clark St往北走到Jean Dubuffet的 ❼ **立兽纪念碑**,这又是一个令人百思不得其解的雕塑作品。

在Randolph St上向东步行,穿过剧院区,你就能看到 ❽ **芝加哥文化中心**(见591页)了。你可以在那里欣赏免费艺术展览,也许还能赶上一场免费音乐会。现在沿Michigan Ave往北走,穿过芝加哥河。桥的北面就是闪烁着白色光泽的 ❾ **箭牌大厦**(见596页),附近是独具魅力的哥特式建筑 ❿ **论坛报大厦**(见596页)。

去 ⓫ **Billy Goat Tavern**(见607页)小坐一会儿,以此结束你的游览。这是一家老式的芝加哥酒馆,老板Billy Sianis曾试图带着他的宠物山羊进入里格利球场,但有气味的动物被拒绝入场,因此Sianis唤来了强大的魔法来报复这支棒球队。108年以后,魔法才解除。

6、10，MMetra通勤火车至55th-56th-57th）西半球最大的科学博物馆。亮点包括位于地下展厅的"二战"时期的德国U型潜艇（另外收费$12）以及制造模拟飓风和海啸的"科学风暴"（Science Storms）展览。其他热门展览有小鸡孵化器、柯丽恩·摩尔（Colleen Moore）童话城堡的缩微家具陈设，以及还原真实比例大小的矿井（额外收费$12，可以下井游览开采区）。

★ 罗比住宅 建筑

（Robie House；312-994-4000；www.gowright.org；5757 S Woodlawn Ave；成人/儿童$18/15；周四至周一10:30~15:00；6，MMetra通勤火车至55th-56th-57th）在芝加哥周围出自弗朗克·劳埃德·赖特（Frank Lloyd Wright）之手的众多建筑中，没有哪座比罗比住宅更出名了。因为它的风景线与中西部一马平川的草原风情如出一辙，所以被誉为草原风格（Prairie Style）。罗比住宅内有174扇彩色玻璃窗和门，这些你都能在长达1小时的团队游中充分领略（团队游场次随季节变化，但通常每小时至少一班）。

芝加哥大学 大学

（University of Chicago；www.uchicago.edu；5801 S Ellis Ave；6，MMetra通勤火车至55th-56th-57th）来自芝加哥大学的老师和学生们共计获得80多次诺贝尔奖，大多出自经济系和物理系。校园很值得一游，有宏伟的哥特式建筑以及免费的艺术和古董博物馆。

1892年10月1日，大学首次开课。约翰·D.洛克菲勒（John D.Rockefeller）是主要赞助人，捐献金额超过$3500万。最初的校园采用英国哥特风格建造。步行游览的亮点有遍布雕塑的**洛克菲勒纪念教堂**（Rockefeller Memorial Chapel）、宁静的**邦德教堂**（Bond Chapel）和亨利·摩尔（Henry Moore）的青铜**核能雕塑**（Nuclear Energy Sculpture；位于E 56th St和E 57th St之间的S Ellis Ave）。

奥巴马宅 住宅

（Obama's House；5046 S Greenwood Ave；6，MMetra至51st-53rd）严密的保安措施意味着你根本无法接近巴拉克·奥巴马的住宅，但你可以站在对面的Hyde Park Blvd，隔着路障努力"窥探"这座佐治亚风格的红砖大宅。奥巴马及其家人在2005年至其2008年下半年当选总统期间一直住在这里。

活动

芝加哥是一座运动气氛浓厚的体育城市，职业团队拥有死心塌地的忠实粉丝。不过在芝加哥，人们可不只是被动地观看比赛，他们还会在贯穿全城的湖岸边、26片沙滩和580座公园亲自一较高下。经过漫长、寒冷的冬季，每个人都会出去活动活动。

骑车

18英里平坦的**湖畔小径**（Lakefront Trail）是美丽的湖边骑车线路，不过天气晴好的时候会很拥挤。小径的起点在Hollywood Ave，一路上坡下坡，直到71st St。Active Transportation Alliance（www.activetrans.org）发布自行车小径地图，提供本地小径路况的最新信息。Chicago Critical Mass（www.facebook.com/chicagocriticalmass）倡导人们在市中心及周边改变交通方式，普及骑车。

Bobby's Bike Hike 骑车

（见592页地图；312-245-9300；www.bobbysbikehike.com；540N Lake Shore Dr；每小时/天$10/34起；6月至8月 周一至周五8:30~20:00，周六和周日8:00~20:00，3月至5月和9月至11月9:00~19:00；M红线Grand站）本地的Bobby's在自行车爱好者中口碑很好，提供自行车出租服务，可以快速通往骑行湖畔小径。这里还组织很有意思的团队游（$35~66），游览南区黑帮老巢、湖畔地区，欣赏夜景，享用比萨和啤酒。Tike Hike专为儿童开设。从有顶棚的车道可以进入这家商店。

Divvy 骑车

（855-553-4889；www.divvybikes.com）芝加哥共享自行车项目共推出5800辆天蓝色的自行车，遍布全城580个站点。服务站出售24小时的通票（$10），插入信用卡，获取密码，然后就可以解锁自行车。前30分钟免费，之后如果继续骑行的话费用增加很快。相对于长途观光游，该项服务最适合点对点旅行。

水上运动

芝加哥坐落在辽阔的密歇根湖岸边，但游客常常意识不到它也是个沙滩城市。夏季，湖边有26处配备救生员的正规沙滩。游泳是颇受欢迎的活动，虽然湖水冰凉刺骨。蒙特罗斯（Montrose）和北大道（North Ave）的海滩有出租皮划艇和立式冲浪板的地方。其他皮划艇商店都在芝加哥河（Chicago River）沿岸。

北大道沙滩 沙滩

（North Avenue Beach；www.cpdbeaches.com；1600 N Lake Shore Dr；🚲；🚌151）北大道沙滩是芝加哥最热闹的沙滩，看起来颇有南加州的感觉。运动爱好者们在猛扣排球，孩子们在修建沙堡，天气炎热时所有人都会下水游泳。乐队和DJ响彻汽船形状的海滨建筑，里面人们在动感的音乐中享用冰激凌和玛格丽特鸡尾酒。你可以租皮划艇，玩水上摩托艇、立式冲浪板，骑自行车或躺在沙滩椅上无所事事，这里还有海滩瑜伽课程。

橡树街沙滩 沙滩

（Oak Street Beach；www.cpdbeaches.com；1000 N Lake Shore Dr；Ⓜ红线至Chicago站）这片海滩在市中心的边缘，位于摩天大楼的身影下，沙滩上俊男靓女云集。夏季有救生员值班。你可以租太阳伞和休闲椅。海滩上点缀着撑着黄色太阳伞的小馆子，提供饮品，还有DJ表演。

12街沙滩 沙滩

（12th Street Beach；见592页地图；www.cpdbeaches.com；1200 S Linn White Dr；🚌146，130）阿德勒天文馆那里有一条小路向南通往这个美丽的新月形沙滩。尽管毗邻游客成群的博物馆区（Museum Campus），但这片小海滩却出奇地僻静。优势：如果你买不到进入北风岛Pavilion的门票近距离欣赏自己最喜欢的乐队，不妨来这边，你还是能够听到音乐。

Windy 划船

（见592页地图；☎312-451-2700；www.tallshipwindy.com；600 E Grand Ave；60-75分钟团队游 成人/儿童 $30/10；Ⓜ红线至 Grand）这条

带孩子游芝加哥

菲尔德博物馆的凶猛恐龙、动物种类繁多的林肯公园动物园、湖畔乘船和海边沙滩是学前儿童的首选。再加上神奇的游乐园、家庭骑行游和许许多多比萨，很明显，芝加哥是适合孩子们的城市。

芝加哥儿童博物馆（Chicago Children's Museum；见595页）从咿呀学语的宝宝到10岁儿童的想象力都能得到激发，这座丰富多彩的博物馆为小参观者提供需要亲自动手的展览，可以让他们连续几小时攀爬和创造。最受欢迎的恐龙远征（Dinosaur Expedition）探寻古生物的世界，让孩子们发掘"骨架"。他们还可以登上旧式帆船，钻进一条人造小巷，在水里被淋湿（了解水力发电），在工匠实验室（Tinkering Lab）使用真正的工具制作物品。

菲尔德自然历史博物馆（见591页）皇冠家族游戏实验室（The Crown Family PlayLab）可以让孩子们挖掘骨头，获得许多惊喜的发现。周四至周一10：00～15：00。

科学与工业博物馆（见599页）工作人员全天都会在各个展馆"做实验"，例如从阳台上往外扔东西和制造微型爆炸。创意工厂（Idea Factory）是让10岁以下的小科学家们"研究"光线、平衡和水压等物质特性的地方。

佩吉诺特巴特自然博物馆（Peggy Notebaert Nature Museum；☎773-755-5100；www.naturemuseum.org；2430 N Cannon Dr；成人/儿童 $9/6；⏰周一至周五9：00～17：00，周六和周日10：00～17：00；🚲；🚌151）这座博物馆多少有些被忽视，但蝴蝶天堂和青蛙沼泽多少是有趣的。额外优势：位于林肯公园，旁边是动物园。

芝加哥艺术学院（见590页）瑞安学习中心（Ryan Learning Center）提供互动式游戏（比如关于著名作品的智力游戏）和艺术创作活动。

当地知识

606绿道

正如纽约有高架铁路公园,芝加哥的606绿道(www.the606.org;◎6:00~23:00;Ⓜ蓝线Damen站)也是一条充满都市感的高架路,沿着一条老铁轨延伸。从柳条公园和洛根广场之间沿道骑行或徒步2.7英里,沿途可见若干工厂、烟囱以及当地人家的后院。这样一趟有趣的徒步能让你了解芝加哥不同的经济状态:从东部的富人区过渡到西部更为工业化和移民聚居的区域。绿道与Bloomingdale Ave平行,每隔0.25英里就有出口。

四桅帆船从海军码头起航。航行有不同的主题(海盗、建筑、航海技术等)。团队游是从海上观赏天际线最为放松的方式,耳畔只有呼呼的风声。可以从Grand乘坐电车前往。

👉 团队游

★ 芝加哥建筑基金会 团队游

(Chicago Architecture Foundation,简称CAF;见592页地图;☎312-922-3432;www.architecture.org;224 S Michigan Ave;团队游$15~50;Ⓜ棕线、橙线、绿线、紫线、粉线Adams站)金牌乘船之旅($46)从密歇根大街桥(Michigan Ave Bridge)东南侧的河岸码头(见592页地图;Ⓜ棕线、橙线、绿线、紫线、粉线至State/Lake)起航,备受欢迎的"历史摩天大楼"(Historic Skyscrapers)步行游览($20)则是从市中心主区出发。平日的午餐时间团游($15)可以带你游览单个的标志性建筑和集会现场。芝加哥建筑基金会还组织大巴、自行车和高架火车团队游。通过网站或到店付款;船票可以在码头购买。

Chicago by Foot 步行

(☎312-612-0826;www.freetoursbyfoot.com/chicago-tours)提供卢普区、黄金海岸、林肯公园的黑帮景点及其他地区的不同短途行程,导游介绍有趣的故事和历史细节,费用随你喜好支付。多数参加者每人会支付$10左右。需要预订才能保证名额;如果碰巧有空位,也欢迎临时报名的客人。

Chicago Detours 步行

(☎312-350-1131;www.chicagodetours.com;团队游$22起)Chicago Detours提供引人入胜、细节丰富的团队游行程(多数是步行游览,但也有巴士游),带你领略芝加哥的建筑、历史和文化。2.5小时的历史酒馆漫步(Historic Pub Crawl Tour)人气很高。

Chicago Beer Experience 步行

(☎312-818-2172;www.chicagobeerexperience.com;团队游$62)将花上3小时的时间步行游览一个街区——包括林肯公园/湖景区、巴克镇/柳条公园或市中心/南卢普,任选。你可以了解啤酒的历史,以及芝加哥的历史梗概。1英里左右的线路包括4家酒吧。游览费用含啤酒和小吃(比如带馅比萨或热狗)。

芝加哥美食星球之旅 步行

(Chicago Food Planet Tours;☎312818-2170;www.chicagofoodplanet.com;2至3小时团队游$42~65)在柳条公园、黄金海岸或唐人街品尝美食——品尝5家或更多餐馆的菜肴。不同线路的出发地点和时间各异。

皮尔森壁画之旅 步行

(Pilsen Mural Tours;☎773-342-4191;1.5小时团队游 每团$125)壁画是一种传统的墨西哥艺术形式,遍布皮尔森的所有建筑。当地艺术家和活跃分子带领的游览项目,非常值得推荐,可以欣赏到该街区最精彩的作品。

🎉 节日和活动

圣帕特里克日游行 文化节

(St Patrick's Day Parade;www.chicagostpatricksdayparade.org;◎3月中旬)市中心格兰特公园(Grant Park)举办的大型游行活动,节日期间,当地的水管工人会将芝加哥河染成三叶草的颜色(该节日的象征色)。每年3月17日之前的星期六举办。

芝加哥蓝调音乐节 音乐节

(Chicago Blues Festival;www.chicagobluesfestival.us;◎6月中旬)这是世界上最大的免费蓝调音乐节,为期3天的音乐盛宴使芝加哥名声大噪。节日在千禧公园举办。

同志游行
LGBT节日

(Pride Parade; http://chicagopride.gopride.com; ⏲6月下旬)6月的最后一个星期日举行，五颜六色的彩车和衣着暴露的狂欢者充斥"男孩城"的Halsted St。这个节日是LGBT群体的主要活动，参加派对的人数超过八十万。

芝加哥美食节
美食节

(Taste of Chicago; www.tasteofchicago.us; ⏲7月中旬)格兰特公园为期5天的美食节吸引了一大批人前来享用丰盛可口的民族特色和本地美食自助餐——大多都是各种"串串"。几个舞台有免费的现场音乐，包括著名的乐队演出。

Lollapalooza音乐节
音乐节

(Lollapalooza; www.lollapalooza.com; 1日票$120; ⏲8月上旬)多达170支队伍在格兰特公园的8个舞台上进行为期4天的盛大演出。

爵士音乐节
音乐节

(Jazz Festival; www.chicagojazzfestival.us; ⏲9月上旬)鼎鼎大名的美国爵士乐演奏家会在劳动节的周末在千禧公园和芝加哥文化中心免费奉上精彩的演出。

住宿

芝加哥的酒店高耸入云，其中很多都是地标性建筑。你可以在摩天大楼的鼻祖、密斯·凡德罗（Mies van der Rohe）方方正正的建筑或拥有百年历史的杰出装饰艺术建筑中入住休息。规模庞大的商务酒店、民宿和时髦的青年旅舍遍布全城。但基本上都不便宜……

卢普区

HI-Chicago
青年旅舍 $

(见592页地图; ☎312-360-0300; www.hichicago.org; 24 E Congress Pkwy; 铺$35~55; P✱@🛜; Ⓜ棕线、橙线、紫线、粉线至Library站)它是芝加哥最可靠的青年旅舍，干净整洁，坐落在卢普区，交通便利，还提供各种福利，比如员工咨询台、免费的志愿者导游和博物馆及表演门票折扣。一间简单的宿舍里有8或10张床，大部分宿舍有独立洗澡间。

★ Hampton Inn Chicago Downtown/N Loop
酒店 $$

(见592页地图; ☎312-419-9014; www.hamptonchicago.com; 68 E Wacker Pl; 房$200~290; P✱🛜; Ⓜ棕线、橙线、绿线、紫线、粉线至State/Lake站)置身于此，这家风格独特的酒店会让你感觉像个复古的公路旅行者。大堂位于一座1928年装饰艺术风格的芝加哥汽车俱乐部（Chicago Motor Club）建筑中，摆放着一辆福特老爷车，墙壁上有当时的美国地图，显得很酷。深色木板装饰的房间中，复古情调与现代设施搭配完美。提供免费Wi-Fi和热气腾腾的早餐。

Buckingham Athletic Club Hotel
精品酒店 $$

(见592页地图; ☎312-663-8910; www.thebuckinghamclub.com; 440 S LaSalle St; 房$175~300; P✱🛜♨; ⓂBrown, Orange, Purple, Pink Line至LaSalle站)这家拥有21个房间的酒店坐落在芝加哥证券交易所（Chicago Stock Exchange）大楼的40层，不太好找。住在这里的好处？安静（尤其是周末和晚上），可以尽览城市南部。房间雅致，非常宽敞，在其他酒店已经算得上是套间的规模了。锦上添花的是这里免费福利多多，例如可以免费使用酒店同名的健身房，还带个小游泳池。

Silversmith
历史酒店 $$

(见592页地图; ☎312-372-7696; www.silversmithchicagohotel.com; 10 S Wabash Ave; 房$190~300; P✱@🛜; ⓂRed, Blue Line至Monroe站)著名建筑师丹尼尔·伯纳姆（Daniel Burnham）的团队设计了这栋1897年的建筑，将其作为珠宝商和银匠的经营场所。这一主题延续至如今前卫复古的设计中。房间面积很大，用珍珠色彩做装饰，配以红宝石色和金色。每扇落地窗旁边都有软垫椅，最适合欣赏城市风光。艺术学院、千禧公园和CTA地铁，尽在咫尺。

★ Virgin Hotel
酒店 $$$

(见592页地图; ☎312-940-4400; www.virginhotels.com; 203N Wabash Ave; 房$240~380; P✱@🛜♨; Ⓜ棕线、橙线、绿线、紫线、粉线至State/Lake站)亿万富翁理查德·布兰

森（Richard Branson）将这座高27层、装饰艺术风格的迪尔伯恩银行大厦（Dearborn Bank Building）改建成其酒店连锁的第一家店面。房间通风良好，格局与套房相似，有免费的高速Wi-Fi和迷你酒吧，还有可以用作书桌的折叠床。通过手机应用可以控制温控器、电视和其他电子设备。另提供耳塞以避免附近El列车驶过时发出的噪音。

Alise Chicago　　　　　　　　历史酒店 $$$

（见592页地图；☎312-940-7997；www.staypineapple.com；1 W Washington St；房 $270~380；P※@令※；MBlue Line至Washington站）酒店坐落在19世纪90年代修建的信托大厦（Reliance Building）内，它是现代摩天大楼的雏形，成了芝加哥的地标性建筑。Alise的设计光鲜亮丽，颇有历史气息，引得无数建筑爱好者争相前来欣赏。公共区域有装饰艺术风格的灯光、镂花铁艺楼梯栏杆和马赛克地板。面积不大的房间内，大窗户和许多色彩鲜艳、奇思妙想的艺术品给暖色的木头装饰增添了几分活泼的色彩。还有免费的自行车，使用起来非常便利。

近北区和海军码头

Freehand Chicago　　　　青年旅舍、酒店 $

（见592页地图；☎312-940-3699；www.thefreehand.com/chicago；19 E Ohio St；铺 $35~70，房 $220~310；※令；M红线至Grand站）在这家超级时尚的青年旅舍式酒店里，旅行者可以选择住四人间、上下床宿舍或独立房间。所有房间都以暖色的木头、明亮的瓷砖和中美洲风格的织物为装饰特色。立着图腾柱的公共区域稍显拥挤，Broken Shaker酒吧很是时髦，到处可见形形色色的人。Freehand是运营状况最好的一家青年旅舍，宿舍比大多数青年旅舍都舒适，有套内卫生间，另外每个床位都挂着保护隐私的帘子。

★Acme Hotel　　　　　　　　精品酒店 $$$

（见592页地图；☎312-894-0800；www.acmehotelcompany.com；15 E Ohio St；房 $190~300；P※@令；M红线至Grand站）城里的小资们喜欢这家既时髦、价格又适中（通常如此）的酒店。130间客房混搭着工业风格的浴室、复古风格的灯具、20世纪50年代的家具和新潮的当代艺术品。店里Wi-Fi免费，还有音效不错的音箱、智能电视以及操作简便、能让你轻松播放自己的音乐和电影的连接设备。涂鸦、霓虹灯和摇滚主题的电梯装饰着酒店的公共区域。

黄金海岸

★Fieldhouse Jones　　　　青年旅舍、酒店 $

（见592页地图；☎312-291-9922；www.fieldhousejones.com；312 W Chestnut St；铺 $40~55，房 $150起；P※令；MBrown, Purple Line至Chicago站）这个青年旅舍式酒店曾是一间老式红砖乳制品仓库。酒店位于黄金海岸，性价比很高，高品质的房间和适合交际的公共空间吸引着海外背包客、家庭、老夫妇等各类旅行者前来。这里有男女分开的宿舍、工作单间及一室和两室公寓，均带套内卫生间、Wi-Fi，还有飞镖墙、旧奖杯等体育小件的有趣装饰。

Drake Hotel　　　　　　　　历史酒店 $$$

（☎312-787-2200；www.thedrakehotel.com；140 E Walton St；房 $230~360；P※@令；MRed Line至Chicago站）伊丽莎白女王、迪恩·马丁、戴安娜王妃……里根家族、布什家族、克林顿家族……这些名人都在这家1920年开业的Drake Hotel下榻过。这幢挂着许多枝形水晶吊灯的贵气建筑位于橡树街沙滩附近的Michigan Ave北端，地段优越。奢华的公共空间引人侧目，而这里的535个房间相较之下则比较低调，不过面积大，很舒适。

林肯公园和老城区

Hotel Lincoln　　　　　　　　精品酒店 $$

（☎312-254-4700；www.jdvhotels.com；1816 N Clark St；房 $180~320；P※@令；🚌22）Lincoln精品酒店到处充满着花里胡哨的俗气感，却很有趣，大厅的"糟糕艺术展示墙"和用跳蚤市场的旧抽屉搭起的前台就是证明。标准间很小，但风格前卫复古、色彩丰富；很多房间都有不错的景色。街道对面是绿树成荫的林肯公园和全城最大的农贸市场。

柳条公园、巴克镇和乌克兰村

Holiday Jones　　　　　　　　青年旅舍 $

（☎312-804-3335；www.holidayjones.com；

1659 W Division St；铺/房 $33/85起；🚐❄@🛜；Ⓜ️Blue Line至Division站）Holiday Jones具有热衷旅行的搞怪个性。旧行李箱搭起前台。楼梯间铺着风格狂野的卡通海报。房间紧凑但整洁，刚刚经过粉刷，寝具和壁纸采用格子图案。宿舍男女分开，有4至6个上下床位。宽敞的公共空间有长沙发和平板电视，还有免费Wi-Fi和储物柜，提供欧式早餐。

Hollander 青年旅舍 $

（☎872-315-3080；www.thehollander.com；2022 W North Ave；铺 $40~55，房 $135~220；🅿❄🛜；Ⓜ️Blue Line至Damen站）Hollander自称"联谊住宿"，而不是青年旅舍，确实，这间19世纪末20世纪初的翻新仓库因为有了年轻人的到来而热闹非凡。旅行者轻快地出入阳光充足、老旧别致的大厅酒吧，有的喝咖啡，有的浏览笔记本，还可以租自行车。旅舍的独立房间和上下床宿舍（4至6人）采用抛光水泥地面、无漆木架床及其他摩登的工业风格装饰。

Wicker Park Inn 民宿 $$

（☎773-486-2743；www.wickerparkinn.com；1329 N Wicker Park Ave；房 $160~200，公寓 $150~245；❄🛜；Ⓜ️蓝线至Damen站）这座传统联排砖房离芝加哥最热闹的酒吧、餐厅仅几步之遥。房间采光充足，虽然不大，但是都铺有硬木地板，配色柔和，还有可以使用免费Wi-Fi的小书桌区域。早餐有丰盛的烘焙食品和水果。街道对面的三间公寓配有厨房，设备一应俱全。不同房间的最短住宿天数要求不同。

🏠 洛根广场和洪堡公园

Longman & Eagle 旅馆 $$

（☎773-276-7110；www.longmananeagle.com；2657 N Kedzie Ave；房 $95~200；❄🛜；Ⓜ️蓝线至Logan Square站）在楼下的米其林星级美食酒吧里小坐一会儿，然后上楼回到铺着木地板、装潢复古时尚的旅馆休息。这里的6间房间隔音效果不甚理想，但是在酒吧使用赠送的代巾喝上几杯威士忌之后，你或许对此也不太在意了。每个房间都装饰有本地艺术家的艺术品。

🍴就餐

芝加哥已经成为老饕云集的地方。这里的餐馆大多价格合理，不装腔拿调，让你能够在舒适自在的环境中享用美味饮食。如果你离开市中心前往周边地区，如皮尔森或住宅区，你还可以品尝到最高档的民族风味美食。

🍴 卢普区

卢普区里大多数小饭馆到了午餐时间都挤满了上班族。大部分餐馆21:00前打烊。

Cafecito 古巴菜 $

（见592页地图；☎312-922-2233；www.cafecitochicago.com；26 E Congress Pkwy；主菜 $6~10；⊙周一至周五 7:00~21:00，周六和周日 10:00~18:00；🛜；Ⓜ️棕线、橙线、紫线、粉线至Library站）这家餐厅附属于青年旅舍HI-Chicago，对饥肠辘辘而又囊中羞涩的游客来说，简直就是完美的选择。这里的绝味招牌菜是用柑橘大蒜汁腌制的烤猪肉和火腿制作的古巴三明治。浓咖啡和丰盛的鸡蛋三明治组成了一份营养的早餐。

Native Foods Cafe 严格素食 $

（见592页地图；☎312-332-6332；www.nativefoods.com；218 S Clark St；主菜 $9~11；⊙周一至周六 10:30~21:00，周日 11:00~19:00；🛜；Ⓜ️棕线、橙线、紫线、粉线至Quincy站）🌱想在市中心寻找简单随意的严格素食，那么就来这里。面筋制作的肉丸三明治和发酵大豆制作的蝎子汉堡都美味可口，还有当地啤酒和有机葡萄酒，搭配种类丰富的希腊、亚洲、墨西哥和意大利菜肴。这里还为过敏症患者提供不含大豆、麸质和坚果的菜肴。

★Gage 美食酒馆 $$$

（见592页地图；☎312-372-4243；www.thegagechicago.com；24 S Michigan Ave；主菜 $18~36；⊙周一 11:00~21:00，周二至周四 至23:00，周五 至午夜，周六 10:00至午夜，周日 10:00~22:00；Ⓜ️棕线、橙线、绿线、紫线、粉线至Washington/Wabash站）这家总是热热闹闹的美食酒馆供应各类美食，如豪达奶酪鹿肉汉堡（Gouda-topped venison burgers）、贻贝咖喱、健力士面糊炸鱼和薯条等。酒的品种也

芝加哥最受欢迎的特色美食

深盘比萨是芝加哥最著名的融合美食,分量巨大,与世界其他地方又圆又平的比萨长得完全不像。芝加哥的比萨是用特制的铁锅制作,一种没有把手的平底锅。在面团中间填入融化的美式马苏里拉奶酪、厚实的番茄酱和香肠等其他传统食材作为馅料,然后烘烤。旗舰店Pizzeria Uno(见592页地图;☏312-321-1000; www.unos.com; 29 E Ohio St; 小比萨$13起;◉周一至周四11:00至次日1:00,周五和周六 至次日2:00,周日 至23:00; Ⓜ红线Grand站)自称早在20世纪40年代就发明出深盘比萨,但正如风城关于美食(和体育)等其他诸多激烈讨论一样,这一说法有些人可能不服。

芝加哥式热狗作为美食标志也是当之无愧的。真正的芝加哥式热狗使用本地的维也纳牛肉熏香肠,面团中揉入罂粟籽,再加上一连串浇头(包括洋葱、番茄、小茴香腌黄瓜和绿色小菜)。记住头号规则:不要番茄酱!想要吃到美味版本(兔肉香肠配凤尾鱼榛子黄油沙司)和铁杆经典(德式啤酒腌香肠),可以前往安德森维尔的Hot G Dog(☏773-209-3360; www.hotgdog.com; 5009 N Clark St; 热狗$2.50~4;◉周一至周六 10:30~20:00,周日 至16:00; ᗒ22, ⓂRed Line至Argyle)。

芝加哥另一种著名特色美食是意大利牛肉三明治,制作过程是:将切成薄片的牛肉浸入肉汁和香辣泡菜,用小火烘烤,然后堆进特大号三明治。大萧条时期,南区的当地意大利移民发明了这种三明治,为工厂的工人提供低成本的食物。既然来到这里,就应该品尝一下——Mr Beef(见592页地图;☏312-337-8500; www.facebook.com/mrbeefchicago; 666 N Orleans St; 三明治$6~9;◉周一至周四 10:00~18:00,周五和周六 至次日5:00; ⓂBrown, Purple Line至Chicago)的三明治很受欢迎——因为你在全世界其他地方再难找到它。

不太有名却同样馅料复杂和美味的是波多黎各三明治,由本地的波多黎各小吃店发明。把脆炸大蕉厚片当作"面包",中间夹入蒜味蛋黄酱牛排。洪堡公园街区的很多拉美咖啡馆,比如Papa's Cache Sabroso(☏773-862-8313; www.papascache.com; 2517 W Division St; 主菜$8~15;◉周一至周四 11:00~21:00,周五和周六 至22:00; ᗒ70),都会把它列入菜单。

试问谁能不尝尝水果馅饼就离开中西部呢,或者是阿米什社区风味草莓大黄糖蜜多汁馅饼(shoofly)和酸奶油冻坚果荷兰苹果馅饼。前往乌克兰村的Hoosier Mama Pie Company(见609页),踏上一次甜蜜满满的品尝之旅,你可能会吃掉整个派。

很丰富,有许多威士忌酒,还有小众的啤酒,和美食相得益彰。

近北区和海军码头

这里是芝加哥餐馆的主要聚集区,菜肴类型丰富多彩,既有深盘厚皮比萨,也有豪华的海鲜,应有尽有。

Billy Goat Tavern 汉堡 $

(见592页地图;☏312-222-1525; www.billygoattavern.com; 430 N Michigan Ave, lower level; 汉堡$4~8;◉周一至周四 6:00至次日1:00,周五 至次日2:00,周六 至次日3:00,周日 9:00至次日2:00; Ⓜ红线至Grand站)几十年来,《论坛报》(*Tribune*)和《太阳时报》(*Sun-Times*)的记者都在这家位于地下室的酒馆里饱餐畅饮。点一份"cheezborger"和Schlitz啤酒,然后看看四周贴满了报纸的墙壁,了解当地有趣的故事,比如小熊队的诅咒之类的。这个地方虽是游客聚集区,但还是值得一去,顺着酒馆路标,往Michigan Ave的下方走就可以到达。

★ Giordano's 比萨 $$

(见592页地图;☏312-951-0747; www.giordanos.com; 730 N Rush St; 小比萨$16.50起;◉周日至周四 11:00~23:00,周五和周六 至午夜; ⓂRed Line至Chicago站)Giordano's制作比深盘更大、更多原料的卷边夹心比萨,美味极了。如果你想要品尝到一块天堂般美味的比

萨，可以点"special"，里面有香肠、蘑菇、青椒和洋葱。每张比萨需要烘烤45分钟。

Purple Pig
地中海菜 $$

（见592页地图；☎312-464-1744；www.thepurplepigchicago.com；500 N Michigan Ave；小菜 $10~20；⏱周日至周四 11:30至午夜，周五和周六 至次日1:00；☎；Ⓜ红线至Grand站）这家餐厅位于华丽大道，肉类和蔬菜类菜品丰富，餐厅经营到深夜，这使它赢得了大众食客的青睐。牛奶炖猪肩肉是这里的招牌菜。菜肴为一桌共享，不按单份上，葡萄酒种类繁多，价格也很实惠，为室内外的大桌子带来欢乐的气氛。可惜不能提前预订，无法避开高峰。

🍴 黄金海岸

Gibson's
牛排 $$$

（☎312-266-8999；www.gibsonssteakhouse.com；1028 N Rush St；主菜 $45~60；⏱11:00至午夜；ⓂRed Line至Clark/Division站）这家本地原创餐厅每晚都有"大戏"上演。政客、权势人物、风云人物和招摇撞骗的人晃动手中的高档马提尼酒，在喧嚣的餐厅中争抢位置最好的桌子。有钱人，还有帅哥美女混迹于酒吧。牛排很棒，巨大无比的龙虾同样很棒。

★ Le Colonial
法国菜、越南菜 $$$

（☎312-255-0088；www.lecolonialchicago.com；937 N Rush St；主菜 $22~32；⏱周日至周四 11:30~15:00和17:00~22:00，周五和周六 至23:00；☎；ⓂRed Line至Chicago站）走进深色木材装饰的烛光餐厅，吊扇缓缓旋转，大叶棕榈在微风中摇摆，你定会觉得自己回到了20世纪20年代的西贡。可以安排素食和不含麸质的菜肴，以替换咖喱和香蕉叶卷鱼。

🍴 林肯公园和老城区

虽然Alinea等奢华高档的餐馆就位于这里，但由于附近有德保罗大学（DePaul University），林肯公园的消费同样适合学生。Halsted St、Lincoln Ave和Fullerton Ave是不错的餐馆聚集区，时髦又有情调。老城区的餐馆比较安静和古雅。

La Fournette
面包房 $

（☎312-624-9430；www.lafournette.com；1547 N Wells St；单品 $3~7；⏱周一至周六 7:00~18:30，周日至17:30；ⓂBrown, Purple Line至Sedgwick站）厨师来自法国阿尔萨斯，他用色彩鲜艳的马卡龙（紫色的百香果、绿色的开心果、红色的覆盆子-巧克力）、奶酪夹心面包、酥皮长棍面包和黄油牛角面包把这家狭小、质朴的木制面包房填充得满满当当。香气扑鼻，你不禁想要立刻吃光，再配上一杯本地烘烤的Intelligentsia咖啡，更是享受。还有怀着同样的法式热情制作出来的汤、法式薄饼、乳蛋饼和三明治，同样美味。

Sultan's Market
中东菜 $

（☎872-253-1489；2521 N Clark St；主菜 $4~7；⏱周一至周六 10:00~22:00，周日至21:00；Ⓜ棕线、紫线、红线至Fullerton站）附近的人们来这个家庭经营的餐馆吃炸豆丸子（falafel）三明治、菠菜馅饼和其他高品质中东菜肴。

★ Alinea
美食店 $$$

（☎312-867-0110；www.alinearestaurant.com；1723 N Halsted St；10/16道菜套餐 $165/285起；⏱周三至周日 17:00~22:00；Ⓜ红线至North/Clybourn站）米其林三星，全世界最好的餐馆之一，Alinea为客人提供多道"分子料理"。菜肴可能从离心机里分离出来，或被压入一个胶囊里，例如鸭肉被盛在一个"充满薰衣草气息的气枕"里。餐馆不接受预订，但会通过网站提前2~3个月出售菜肴品尝票。

🍴 湖景区和里格利维尔

该街区到处都有令人心悦的中档就餐场所，适合素食者和喜欢国际风味的食客。Clark St、Halsted St、Belmont St和Southport St这几条大街上的餐馆多如牛毛。

Home Bistro
美国菜 $$

（☎773-661-0299；www.homebistrochicago.com；3404 N Halsted St；主菜 $20~25；⏱周二至周四 17:30~22:00，周五和周六 17:00~22:30，周日 11:00~21:00；ⓂRed Line至Addison站）Home Bistro（又称"HB"）就像它提供的新派爽心美食一样，令人感觉舒适。苹果汁贻贝、鸭肉团子、酪乳炸鸡在贴着木板和瓷砖的餐厅中被端上餐桌。尽量坐在窗边，那里可以看到

"男孩城"人来人往。自带葡萄酒或啤酒是个不错的省钱妙招。

安德森维尔和住宅区

安德森维尔有各种提供世界各地美味的舒适餐馆。住宅区的"小西贡"一带有许多面馆。

Nha Hang Viet Nam　　越南菜 $

(☎773-878-8895; 1032 W Argyle St; 主菜 $7~13; ◎周三至周一 8:30~22:00; Ⓜ红线至Argyle站)小巧的Nha Hang外观并不起眼,但供应的越南菜种类多,而且口味地道,制作精致。这里是个尽情享用河粉和砂锅小龙虾的好地方。餐后,服务员会送上免费的香草冰激凌,非常贴心。

★ Hopleaf　　欧洲菜 $$

(☎773-334-9851; www.hopleaf.com; 5148 N Clark St; 主菜 $12~27; ◎周一至周四 正午至23:00, 周五和周六 至午夜, 周日 至22:00; ☐22, Ⓜ红线至Berwyn站)这是一家舒适、带有欧洲风格的小酒馆,凭借蒙特利尔风味的熏牛胸肉、腰果黄油和无花果酱三明治、奶油通心粉和斯蒂尔顿奶酪,以及镇店特色菜——炸薯条和小麦酒浸贻贝,吸引了无数食客。餐厅还供应200多种香醇的啤酒(其中大约60种为桶装啤酒),多为精酿啤酒和比利时啤酒。

柳条公园、巴克镇和乌克兰村

几乎每天都有新的时尚餐馆开业,许多餐馆提供新式爽心食品。Division St是热闹的主干道,那里最潮的餐厅和酒吧在人行道旁边设有座位。

Hoosier Mama Pie Company　　水果馅饼 $

(☎312-243-4846; www.hoosiermamapie.com; 1618 ½ Chicago Ave; 切块馅饼 $5~6.25; ◎周二至周五 8:00~19:00, 周六 9:00~17:00, 周日 10:00~16:00; ☐66, Ⓜ Blue Line 至Chicago站)统计数据表明,五分之一的人可以独自吃掉一整张水果馅饼。Hoosier Mama正适合这么干。面点厨师葆拉·哈内(Paula Haney)卷起面皮,捏出褶子,填入水果或奶油馅料,一张美味的水果馅饼就出炉了。最受欢迎的有香蕉奶油、巧克力奶酪[又称"布朗尼馅饼"(brownie pie)]和传统苹果口味。几种肉类和蔬菜风味的馅饼同样诱人。

Dove's Luncheonette　　得州墨西哥菜 $$

(☎773-645-4060; www.doveschicago.com; 1545 N Damen Ave; 主菜 $13~19; ◎周一至周四 9:00~21:00, 周五和周六 8:00~22:00, 周日 8:00~21:00; Ⓜ蓝线至Damen站)在这家怀旧小馆找个位置,品尝猪肩浓汤(pozole)和大虾甜玉米粉蒸肉等得克萨斯州墨西哥菜肴。想吃甜点? 这里当然有馅饼,可以尝尝柠檬奶油或桃子墨西哥椒味道的,具体要看店里当天制作何种菜肴。电唱机里播放着灵魂音乐,吧台供应70种龙舌兰酒,突然之间,你会觉得所有的烦恼全部消失不见了。

Mana Food Bar　　素食 $$

(☎773-342-1742; www.manafoodbar.com; 1742 W Division St; 小盘菜 $7~10; ◎周一至周四 17:30~22:00, 周五 至23:00, 周六 正午至23:00, 周日 17:00~21:00; ☑; Ⓜ Blue Line至Division站)此处的独到之处是专注于创作各国风味而不使用素肉,所以你不会见到豆制香肠或豆豉鲁宾三明治,取而代之的是来自日本、韩国、意大利和美国西南等地的各种素食菜肴。啤酒、冰沙和日式清酒适合佐餐。这家时髦的小餐馆很热门,需要预订或者做好等位的准备。

洛根广场和洪堡公园

洛根广场是全城的创新美食圣地。不过这里气氛悠闲,十分随意,甚至许多热门餐厅都不提供预订服务。洪堡公园以波多黎各咖啡馆和波多黎各特色三明治(jibarito)而闻名,而且这里正在逐渐成为美食焦点: California Ave和Augusta Ave周边有几个非常火爆的热门地点。

Longman & Eagle　　美国菜 $$

(☎773-276-7110; www.longmanandeagle.com; 2657 N Kedzie Ave; 主菜 $16~30; ◎周日至周五 9:00至次日2:00, 周六 至次日3:00; Ⓜ蓝线至Logan Square站)这家餐馆简陋但富有魅力,很难说食物和饮品哪个更好。姑且说是食物更好吧,因为早餐的鸭蛋、午餐的野猪调羹汉堡（sloppy joe）以及晚餐的炸鸡和鸭油饼干都是这家米其林一星级餐馆的美味。味美多汁的小盘菜种类齐全，威士忌的种类也很多。不接受预订。

Kai Zan
寿司 $$

(☎773-278-5776；www.eatatkaizan.com；2557 W Chicago Ave；主菜 $10~16；⏰周二至周四 17:00~22:00，周五 至23:00，周六 16:30~23:30；🚇66)你如果更喜欢在闪烁着灯光、环绕着浩室音乐的时髦夜店型餐厅品尝寿司，或是你最喜欢的是那个以美国州名命名的寿司卷，那就别去Kai Zan。可是，如果你想要一场更具创意和启发的寿司体验，那就立刻预订这家位于洪堡公园低调街区的精致小餐馆吧。

✕ 近西区和皮尔森

西卢普的餐馆里名厨云集。沿着W Randolph St和W Fulton Market St走，随便挑一家餐馆即可。希腊城（Greektown）在S Halsted St沿线，小意大利位于Taylor St沿线。墨西哥快餐馆与嬉皮士聚集地在皮尔森的18th St沿线交相辉映。

★ Lou Mitchell's
早餐 $

(见592页地图；☎312-939-3111；www.loumitchellsrestaurant.com；565 W Jackson Blvd；主菜 $9~14；⏰周一 5:30~15:00，周二至周五 至16:00，周六 7:00~16:00，周日 至15:00；♿；🚇蓝线至Clinton站)作为66号公路上的遗址，Lou's挤满了前来吃早餐的本地人和游客。打扮复古的女服务生会给你递上盛放松软煎蛋卷的盘子和切得厚厚的法式吐司面包，搭配一罐糖浆。她们会亲切地叫你"honey"（宝贝），还会不时地为你续上咖啡。餐厅门口通常要排队，但这里提供的免费甜甜圈和奶味糖豆有助于舒缓你排队等待的焦虑。

★ Pleasant House Pub
酒吧食物 $

(☎773-523-7437；www.facebook.com/pleasanthousepub；2119 S Halsted St；主菜 $8~10；⏰周二至周四 7:00~22:00，周五 至午夜，周六 10:00至午夜，周日 至22:00；📶；🚇8)循着香气找到Pleasant House，这里烘焙大量松软可口的馅饼。日常口味有鸡肉和酸辣酱、牛排和麦芽酒，或者甘蓝和蘑菇，所有食材均由厨师自己种植。酒馆还提供自酿啤酒（不在现场酿制），可以佐餐。周五有炸鱼，适合前来。

🍷 饮品和夜生活

芝加哥人喜欢在能饮酒的地方流连。要怪就怪冬季太漫长，人们需要凑在一起暖和暖和。要怪就怪夏季阳光太灿烂，啤酒花园和人行道的露台看起来那么美好。无论什么原因，喝一杯是这座城市广受追捧的全民消遣方式。

🍷 卢普区和近北区
★ Berghoff
酒吧

(见592页地图；☎312-427-3170；www.theberghoff.com；17 W Adams St；⏰周一至周五 11:00~21:00，周六 11:30~21:00；🚇蓝线、红线至Jackson站)Berghoff可以追溯至1898年，是禁酒令解除之后城里第一个售酒的地方，你可以要求看看写着"第一号"的售酒许可证。从那以后，这家古老的木头小酒吧就一直保持着原貌。畅饮这家酒吧自有品牌的啤酒，还可以从隔壁的德国餐馆点一份糖醋烤牛肉（sauer braten）、炸肉排及其他传统菜肴。

Monk's Pub
小酒馆

(见592页地图；☎312-357-6665；www.monkspubchicago.com；205 W Lake St；⏰周一至周五 9:00~23:00，周六 11:00~17:00；🚇Blue, Brown, Orange, Green, Purple, Pink Line至Clark/Lake站)拉住大木门上的铜把手，走进这个光线昏暗的比利时啤酒小馆。旧木桶、老式龙头和仿文物书籍，再加上无数种各国风味啤酒和允许随便往地上扔壳的免费花生，营造出一种独特的随意氛围。Monk's还提供不错的汉堡类酒馆食品，主要顾客是白领，偶尔还有天气预报的电视主持人。

Clark Street Ale House
酒吧

(见592页地图；☎312-642-9253；www.clarkstreetalehouse.com；742 N Clark St；⏰周一至周五 16:00至次日4:00，周六和周日 11:00开门；📶；🚇红线Chicago站)请遵守复古标志上写着的"留步，喝点儿"。这里吸引顾客的主要是中西部的自酿。免费的咸脆饼干让人口渴，花$7，可以买到3种啤酒的品尝套装，还可以在店后的啤酒花园凉快一会儿。

老城区和里格利维尔

★ Old Town Ale House   酒吧

(📞312-944-7020; www.theoldtownalehouse.com; 219 W North Ave; ⏰周一至周五 15:00至次日4:00, 周六和周日 中午开门; Ⓜ棕线、紫线Sedgwick站)第二城（Second City）喜剧俱乐部附近，自20世纪60年代起这个地区就适合深夜娱乐。在这家最受欢迎的低调街区酒吧里面，你的周围不仅有光鲜的潮人，也有头发花白的常客。坐在这儿品味佳酿，房梁上挂着政治意味很强的漫画。自动唱机播放古典爵士乐，为各种活动配乐。只接受现金。

Smart Bar   俱乐部

(📞773-549-4140; www.smartbarchicago.com; 3730 N Clark St; 票价$5~15; ⏰周四至周日 22:00至次日4:00; Ⓜ红线Addison站)老牌的俱乐部Smart Bar朴实无华，广受舞迷喜爱，位于Metro摇滚夜店的地下室（📞773-549-4140; www.metrochicago.com; ⏰售票处 周一 正午至18:00, 周二至周六 至20:00）。这个隐秘的空间经常冒出人意料地有著名DJ现身，主要播放浩室和泰克诺音乐。

Berlin   夜店

(📞773-348-4975; www.berlinchicago.com; 954 W Belmont Ave; ⏰周日至周三 22:00至次日4:00, 周四至周六 17:00起; ⓂRed, Brown, Purple Line至Belmont)想人头攒动、大汗淋漓的舞池？Berlin平时接待的大多是同性恋人群，不过周末这个地方还是会被形形色色的派对狂热者挤满。DJ将舞池引上迷幻的道路，屏幕上闪动着最新的流行音乐和电子音乐演出录像。

柳条公园、巴克镇和乌克兰村

★ Matchbox   酒吧

(见592页地图; 📞312-666-9292; 770 N Milwaukee Ave; ⏰周一至周四 16:00至次日2:00, 周五至周日 15:00开门; Ⓜ蓝线Chicago站)律师、艺术家和流浪汉都挤在这里，喝着复古的鸡尾酒。酒吧小得就像个火柴盒，正如其名，只有大约10张吧椅，其他人都得靠墙站着。酒保从零开始调酒。最受喜爱的是从琥珀色的自制姜汁伏特加酒桶中酌出的皮斯科酸酒和姜汁鸡尾酒。

Map Room   酒吧

(📞773-252-7636; 227-2739; www.maproom.com; 1949 N Hoyne Ave; ⏰周一至周五 6:30至次日2:00, 周六 7:30至次日3:00, 周日 11:00至次日2:00; 📶; Ⓜ蓝线Western站)在这家满是地图和地球仪的"游客"酒馆里，富有艺术气质的人们白天啜饮咖啡，晚上畅饮啤酒，酒水单上足足有200种啤酒可供选择。棋类游戏和《国家地理》（*National Geographic*）旧刊可以随时拿来消磨时光。

Danny's   酒吧

(📞773-489-6457; 1951 W Dickens Ave; ⏰周日至周五 19:00至次日2:00, 周六 至次日3:00; Ⓜ蓝线Damen站)Danny's灯光暗淡得刚刚好，又带点残旧的氛围，最适合傍晚时边喝边聊。夜深后有DJ为舞会播放音乐。这个时髦的地方更像是住宅，而不是酒吧，挤满了二三十岁的年轻人。

☆ 娱乐

无论在哪一个夜晚，在芝加哥找点儿事做都毫不费力。各种价位的各种娱乐活动铺天盖地。只需要翻看这座城市的新闻周刊《读者》（*Reader*），就能在里面找到戏剧上映和音乐会演出的公告，芝加哥人对夜间娱乐的无尽渴望由此显而易见。

蓝调和爵士乐

★ Green Mill   爵士乐

(📞773-878-5552; www.greenmilljazz.com; 4802 N Broadway; ⏰周一至周五 正午至次日4:00, 周六 至次日5:00, 周日 11:00至次日4:00; Ⓜ

当地知识

如何找到一家真正的芝加哥酒吧

想要发现经典的、充满个性的酒吧，你可以寻找以下标志：

➤ 门口挂着老式啤酒标志。

➤ 酒吧内有老旧的飞镖板和台球桌。

➤ 顾客戴着有小熊队、白袜队、熊队或黑鹰队队标的棒球帽。

➤ 电视里播放体育节目。

红线Lawrence站）永恒的绿磨坊因是阿尔·卡彭（Al Capone）最钟爱的地下酒吧而闻名（酒吧下面还有他用来藏酒的隧道），坐在弧形天鹅绒卡座里，好像是他的鬼魂促使你再来一杯马提尼。每天晚上，当地和来自全国各地的艺术家都会在这里表演，周日会举办全国著名的诗歌会。只收现金。

★ Buddy Guy's Legends　蓝调

（见592页地图；☎312-427-1190；www.buddyguy.com；700 S Wabash Ave；门票周日至周四 $10，周五和周六 $20；⊙周一和周二 17:00至次日2:00，周三至周五 11:00起，周六 正午至次日3:00，周日 至次日2:00；Ⓜ红线Harrison站）当地以及全国的一流乐队在Buddy Guy的舞台上演出。Buddy Guy本人的系列表演通常在1月登场（门票11月开售）。这个地方虽然细节有待完善，但演出相当精彩。

BLUES　蓝调

（☎773-528-1012；www.chicagobluesbar.com；2519 N Halsted St；入场费 $7~10；⊙周三至周日 20:00至次日2:00；Ⓜ棕线、紫线、红线Fullerton站）这家狭长、宽敞的老兵蓝调俱乐部的主要顾客是年龄稍大的群体，他们陶醉于这充满活力和激情的氛围。正如一名本地音乐人所说："这里的听众都能听懂蓝调。"本地的音乐大师为小小的舞台锦上添花。

Kingston Mines　蓝调

（☎773-477-4646；www.kingstonmines.com；2548 N Halsted St；入场费 $12~15；⊙周一至周四 19:30至次日4:00，周五 19:00至次日4:00，周六 7:00至次日5:00，周日 18:00至次日4:00；Ⓜ棕线、紫线、红线Fullerton站）受欢迎程度足以吸引蓝调界的名人，Kingston Mines非常嘈杂热闹，人头攒动，足以让刚听蓝调的人觉得自己正在经历一场名副其实的音乐体验——完全像置身于一座三角洲（Delta）主题公园。店里有两个舞台，一周七天晚上都开放，确保节目不间断。周日18:00到20:00的蓝调即兴演奏会是免费的。

摇滚和民谣

★ Hideout　现场音乐

（☎773-227-4433；www.hideoutchicago.com；1354 W Wabansia Ave；票价 $5~15；⊙周一和周二 17:00至次日2:00，周三至周五 16:00起，周日 时间不定；🚌72）这家两间房的酒吧藏身于巴克镇边缘的一家工厂后面，里面有独立摇滚乐队表演和另类乡村音乐表演，是值得一去的地方。老板营造出了一种与世隔绝的地下氛围，这里给人的感觉就像是大家伙吵吵闹闹地聚在外婆家里。晚上有音乐表演和其他活动。

★ Whistler　现场音乐

（☎773-227-3530；www.whistlerchicago.com；2421 N Milwaukee Ave；⊙周一至周四 18:00至次日2:00，周五至周日 17:00至次日2:00；Ⓜ蓝线California站）大多数夜晚，本地独立乐队、爵士乐队和DJ在这家具有艺术气质的小酒吧演出。这里从来不收取入场费，可如果连一杯撑场面的亮丽鸡尾酒或精酿啤酒都不点，那你就太傻了。Whistler还是一家画廊：前窗展示本地艺术家的作品。

Empty Bottle　现场音乐

（☎773-276-3600；www.emptybottle.com；1035 N Western Ave；⊙周一至周三 17:00至次日2:00，周四和周五 15:00起，周六和周日 11:00开门；🚌49）芝加哥的音乐人都会夸赞Empty Bottle——这家音乐俱乐部不修边幅却又热闹非凡，总是上演着独立摇滚和爵士等。周一经常会有几支崭露头角的乐队提供免费表演。便宜的啤酒、照相亭及卫生间里有趣的涂鸦故事为这里平添一种廉价酒吧的乐趣。

剧院

★ 斯泰彭沃夫剧院　剧院

（Steppenwolf Theatre；☎312-335-1650；www.steppenwolf.org；1650 N Halsted St；Ⓜ红线North/Clybourn站）凭借前卫大胆的优秀戏剧作品，斯泰彭沃夫堪称芝加哥最出色的舞台。剧团阵容云集好莱坞成员，有约翰·马尔科维奇（John Malkovich）、加里·辛尼斯（Gary Sinise）、盖瑞·科尔（Gary Cole）、琼·艾伦（Joan Allen）和崔西·莱茨（Tracy Letts）等。省钱攻略：售票处每天出售20张售价$20的演出票，周一至周六 11:00和周日的13:00开售，可以电话订购。

LGBT的芝加哥

前往皮革档案馆和博物馆(Leather Archives & Museum; www.leatherarchives.org; 6418 N Greenview Ave; ⊙周四至周五11:00~19:00,周六至周日11:00~17:00)探索稀奇古怪的小玩意,还是在欢乐的街头集市淘气地玩一把手指扭扭乐(Twister)?购买同性恋文学作品,还是逛逛有活泼男舞者的夜店?芝加哥的同性恋活动蓬勃发展,地点在派对密集的"男孩城"(Belmont Ave和Grace St之间的N Halsted St遍布酒吧和夜店),轻松自在的安德森维尔也有许多活动可以选择(更悠闲也更安静)。

主要活动是骄傲大游行,6月的最后一个周日举行。游行曲折穿过"男孩城",引来800,000多名穿着大胆的狂欢者。"男孩城"的另一个狂欢时刻是**北霍尔斯特德集市日**(Northalsted Market Days; www.northalsted.com; ⊙8月中旬),为期两天的街头集市,火爆热辣。流动小摊排列在Halsted St沿线,但大多数人前来都是为了裹羽毛围巾的变装皇后、街边的手指扭扭乐游戏和主舞台上的迪斯科女歌手[葛罗莉亚·盖罗(Gloria Gaynor)!]。**国际皮革先生**(International Mr Leather; www.imrl.com; ⊙5月下旬)比赛吸引了许许多多人,当然,还有皮革。城镇各处都有研究会和派对,主要赛事在市中心的酒店或剧院举行。

以下参考网站可以帮你探索:

Windy City Times(www.windycitymediagroup.com)LGBT报纸,每周发行。网站是活动和娱乐的主要信息来源。

Purple Roofs(www.purpleroofs.com)网站上列出了同性恋住宿、旅行社和团队游信息。

Chances Dances(www.chancesdances.org)在城中各俱乐部组织同性恋舞蹈派对。

古德曼剧院   剧院

(Goodman Theatre;见592页地图;☎312-443-3800; www.goodmantheatre.org; 170 N Dearborn St; Ⓜ棕线、橙线、绿线、紫线、粉线、蓝线Clark/Lake站)古德曼是芝加哥最好的剧院之一,剧院区(Theater District)设施豪华。这里专门演绎美国新派和经典作品,曾经多次被评为美国最佳地方剧院。每天10:00,古德曼把当日演出的余票在网上做半价销售。

芝加哥剧院   剧院

(Chicago Theatre;见592页地图;☎312-462-6300; www.thechicagotheatre.com; 175 N State St; ⓂBrown, Orange, Green, Purple, Pink Line至State/Lake站)看一看门口高达六层楼的招牌,这是一个真正的地标,也是绝佳的拍照地点。多年来,埃灵顿公爵(Duke Ellington)、弗兰克·西纳特拉(Frank Sinatra)、普林斯(Prince)等都在这里登过台,并在著名的后台墙壁留下了签名。但剧院真正最受欢迎的还是这座豪华的法式巴洛克建筑本身。

芝加哥儿童剧院   剧院

(Chicago Children's Theatre,简称CCT;☎773-227-0180; www.chicagochildrenstheatre.org; 1016 N Dearborn St; ⓂRed Line至Clark/Division)芝加哥儿童剧院专注于为小观众呈现优秀的作品。很多戏剧改编自少儿图书,还有不少木偶剧或音乐剧。一座新的豪华剧院正在西卢普修建,将于2020年完工。在那之前,演出都在露特·佩奇艺术中心(Ruth Page Center for Arts)进行。

新未来主义   剧院

(Neo-Futurists; ☎773-878-4557; www.neofuturists.org; 5153 N Ashland Ave; ⊙周五和周六 23:30,周日 19:00;🚌22, Ⓜ红线Berwyn站)新未来主义最有名的演出是《无穷的扳手》(*The Infinite Wrench*),满怀激情的演员在60分钟内疯狂表演30场原创戏剧。票价$10~15;具体价格取决于当时掷骰子得出的点数。

喜剧

★ iO Theater
喜剧

(☎312-929-2401; www.ioimprov.com/chicago; 1501 N Kingsbury St; 票价 $5~16; Ⓜ红线North/Clybourn站)芝加哥一流的即兴表演场所，与竞争对手相比，iO更前卫，也比较便宜，四个舞台每晚有荤段子的演出。两个酒吧和一个啤酒花园为剧院增添了更多乐趣。其中Improvised Shakespeare Company非常出色。

★ 第二城
喜剧

(Second City; ☎312-337-3992; www.secondcity.com; 1616 N Wells St; 票价 $29~36; Ⓜ棕线、紫线Sedgwick站)比尔·默里（Bill Murray）、斯蒂芬·科尔伯特（Stephen Colbert）、蒂娜·菲（Tina Fey）和其他演员都在这个华丽的夜间演出场地里都有过精彩机智的表演。主舞台（Mainstage）和ETC舞台有时事讽刺剧（偶有现场即兴表演），票价与品质相符。22:00前后进场（周五和周六除外）可以免费观看一场即兴表演。

电影院

The Davis Theater
电影院

(☎773-769-3999; www.davistheater.com; 4614 N Lincoln Ave; ⏲周一至周五 16:30至次日1:00，周六 11:00至次日2:00，周日 11:00至次日1:00; ⓂBlue Line至Western)林肯广场的Davis Theater是一座拥有百年历史的电影院，最近经过大规模翻新。过去僵硬的座椅、破旧的卫生间和让观众脖子难受的歪屏幕已经一去不复返了，取而代之的是阶梯座席、崭新的卫生间、宽大的荧幕和一流的音效。同样重新绽放魅力的还有这座社区影院采用的全新装饰艺术风格。

Logan Theatre
电影院

(☎773-342-5555; www.thelogantheatre.com; 2646 N Milwaukee Ave; ⓂBlue Line至Logan Square)建于1915年的Logan Theatre是该街区历史最悠久的地标建筑之一。2012年经过大规模翻新后，墙壁变为闪亮的大理石，售票亭上方有彩色玻璃气窗，新增装饰艺术风酒吧和休闲室。本地人和游客蜂拥而至这家四幕电影院，欣赏独立电影等影片，打发无聊的夜晚。

体育

★ 芝加哥小熊队
棒球

(Chicago Cubs; ☎800-843-2827; www.cubs.com; 1060 W Addison St; Ⓜ红线Addison站)备受当地人喜爱的小熊队在老牌的里格利球场比赛。108年间，他们从未夺得过冠军——美国体育历史上最长的失败纪录。但2016年，这支球队破除了魔咒，赢得了冠军。比赛总是人潮涌动。票价不定，不过通常售价在$40以上。受人青睐的露天座位售价大约为$55。

芝加哥白袜队
棒球

(Chicago White Sox; ☎866-769-4263; www.whitesox.com; 333 W 35th St; Ⓜ红线Sox-35th站)白袜队是小熊队在南区的宿敌，他们在更现代化的"行动通讯球场"（Guaranteed Rate Field）比赛。相比于里格利球场，这里的门票通常更便宜，也更容易买到。周日和周一的票价最优惠。白袜队还会推出较多促销活动（免费的T恤衫、烟花等）吸引球迷。

芝加哥公牛队
篮球

(Chicago Bulls; www.nba.com/bulls)公牛队或许不再是昔日的传奇冠军，但依然能够吸引成群的观众前往他们的联合中心(United Center; www.unitedcenter.com; 1901 W Madison St; 🚌19或20)大本营。联合中心售票处位于建筑东侧的玻璃中庭，旁边是著名的迈克尔·乔丹（Michael Jordan）扣篮雕像。

表演艺术

★ 格兰特公园管弦乐队
古典音乐

(Grant Park Orchestra; 见592页地图; ☎312-742-7638; www.grantparkmusicfestival.com; Pritzker Pavilion, Millennium Park; ⏲6月中旬至8月中旬 周三和周五 18:30，周六 19:30; Ⓜ棕线、橙线、绿线、紫线、粉线至Washington/Wabash)夏季不容错过的节目。格兰特公园管弦乐队由来自全世界交响乐团的顶级音乐家组成，在千禧公园普利兹克音乐厅（见588页）举办免费的古典音乐会。人们带上户外椅、毯子、葡萄酒和野餐用品，做好准备，只待夕阳西下，摩天大楼的灯光闪烁，优美的音乐在夜晚的空气中流淌。

芝加哥交响乐团　　　　　　　　　古典音乐

（Chicago SymphonyOrchestra, 简称CSO；见592页地图；☏312-294-3000；www.cso.org；220 S Michigan Ave；Ⓜ棕线、橙线、绿线、紫线、粉线Adams站）里卡尔多·穆蒂（Riccardo Muti）领导的芝加哥交响乐团是美国最好的交响乐团之一，这里观众热情，铜管乐无可比拟，因而闻名遐迩。大提琴演奏家马友友是这家乐团的创意顾问和常任独奏艺术家。演出季从9月持续至次年5月，地点在交响乐中心（Symphony Center）；管弦乐大厅由Daniel Burnham设计。

Lyric Opera of Chicago　　　　　歌剧

（见592页地图；☏312-332-2244；www.lyricopera.org；20 N Wacker Dr；Ⓜ棕线、橙线、紫线、粉线Washington/Wells）这座剧院的风格大胆现代，门票很难买到。9月至次年3月，他们会带来各种常见经典剧目和前卫的首映剧目，在悬挂枝形水晶吊灯的市歌剧院（Civic Opera House）里精心演出。即使你的意大利语不是很好也不必气馁，舞台上方会显示英文字幕，不过这让希望能够专心欣赏音乐的人感到不满。

🛍 购物

从"华丽大道"光鲜亮丽的商店到湖景区的非主流文化商店，再到柳条公园的独立设计工作室，芝加哥是购物达人的目的地，从一开始便是如此。毕竟，百货公司就是从这儿孕育而生的，另外诸如退款保证、新娘登记和特价区等商业惯例也诞生于这座城市。

芝加哥建筑基金会商店　　　　礼品、纪念品

（Chicago Architecture Foundation Shop；见592页地图；☏312-322-1132；www.architecture.org/shop；224 S Michigan Ave；⏱9:00~21:00, 冬季 营业时间缩短；Ⓜ棕线、橙线、绿线、紫线、粉线Adams站）贩售天际线的海报、弗兰克·劳埃德·赖特便笺（FrankLloyd Wright note cards）、摩天大厦的模型，以及称颂本地建筑的大量书籍，这里是有大厦情结的人们的天堂。

★ Reckless Records　　　　　　　音乐

（☏773-235-3727；www.reckless.com；1379 N Milwaukee Ave；⏱周一至周六 10:00~22:00, 周日 至20:00；Ⓜ Blue Line至Damen）芝加哥最好的独立摇滚唱片和CD店可以让你在购买之前随心所欲地聆听各种音乐。在这里，你准能感受到本地地下音乐的最新脉搏。宽敞、明亮的空间活动范围很大，可以愉快地搜索新旧唱片箱。价格合理。

Knee Deep Vintage　　　　　　　二手店

（☏312-850-2510；www.kneedeepvintage.com；1425 W 18th St；⏱周一至周四 正午至19:00, 周五和周六 11:00~20:00, 周日 正午至18:00；Ⓜ Pink Line至18th St）Knee Deep供应男女款古着、家庭用品和黑胶唱片。每个月的第二个周五大减价，商品折扣可以达到七五折至五折；同时举办的还有本地画廊舞会（由画廊、商店和工作室组织的免费活动），18:00开始。

Rotofugi　　　　　　　　　　　　玩具

（☏773-868-3308；www.rotofugi.com；2780 N Lincoln Ave；⏱11:00~19:00；Ⓜ Brown, Purple Line至Diversey）Rotofugi拥有不寻常的小众市场：城市设计师玩具。迷幻、机械和古怪的黑胶唱片和毛绒商品肯定能让你从逛街的孩子中脱颖而出。这里还有展示现代流行和插画领域艺术家的画廊。你通常可以在这儿找到本地设计的Shawnimal。

ℹ 实用信息

现金

自动柜员机随处可见。大多数酒店、餐馆和商店都接受信用卡付款。必须支付小费，除非服务质量极其恶劣。

参考网站

Lonely Planet（www.lonelyplanet.com/chicago）目的地信息、酒店预订、旅行者论坛等。

Choose Chicago（www.choosechicago.com）官方旅游网站，提供观光和活动信息。

DNA Info Chicago（www.dnainfo.com/chicago）关于景点、酒吧、餐馆和活动的详细资讯，按社区进行划分。

ℹ 到达和离开

飞机

奥黑尔国际机场（O' Hare International Airport,

简称ORD；www.flychicago.com）位于卢普区西北方向17英里处。奥黑尔国际机场是美国联合航空公司（United Airlines）的总部所在地，也是美国航空（American Airlines）的枢纽站。大多数非美国的航空公司的航班和国际航班均使用5号航站楼。国内航班在1、2和3号航站楼。到处都有自动柜员机和外汇兑换处。Wi-Fi每天收费$7。

芝加哥中途机场（Chicago Midway Airport，简称MDW；www.flychicago.com）卢普区西南方向11英里处的芝加哥中途机场有三座候机大厅：A、B和C。美国西南航空使用B大厅；其他航空公司大多位于A大厅。A大厅有外汇兑换处，自动柜员机随处可见。Wi-Fi每日收费$7。

火车

宏伟的多里安柱式**联合车站**（www.chicagounionstation.com; 225 S Canal St; Ⓜ蓝线Clinton站）是这座城市的铁路枢纽，位于卢普区西端。美国国家铁路公司（Amtrak；www.amtrak.com）设在这里的线路属全国最多。出租车在火车站入口外的Canal St排队等候。

🛈 当地交通

抵离机场

奥黑尔国际机场 蓝线 高架铁路（$5）24小时运营，全年无休。地铁每10分钟左右一趟，40分钟到达市中心。班车费用$35，出租车约$50。

芝加哥中途机场 橙线 高架铁路（$3）4:00至次日1:00期间运营，每10分钟左右一趟，30分钟抵达市中心。班车费用$30，出租车$35~40。

联合车站（Union Station）所有火车都抵达这里。若想继续换乘，往南几个街区是蓝线Clinton车站（不过晚上最好不要选择）。棕线、橙线、紫线和粉线Quincy车站位于以东约半英里处。出租车在车站入口外的Canal St排队。

公共交通

高架列车/地铁是这座城市公共交通系统的一部分。Metra通勤火车开往郊区。

高架列车（"elevated"的缩写，虽然很多列车也在地下行驶）速度很快，班次频繁，可以带你前往大多数景点和街区。

地铁按照颜色不同分为8条，其中红线和开往奥黑尔机场的蓝线是24小时运营。其他线路每天凌晨4:00至次日凌晨1:00运行，每隔10分钟左右发车。

乘坐地铁标准票价$3（前往奥黑尔机场$5），允许换乘2次。

乘坐地铁必须通过车站内的售票机购买Ventra Ticket地铁票，持票进入闸门。车站也出售能充值的Ventra Card地铁卡。第一次购买该卡时要多花$5（可退还）。持卡每次乘车能节省大约75¢。

不限次的通票（1/3/7天 $10/20/28）是另一种便利的选择，在火车站和药房能买到。

如需地图和线路规划，可以查看**芝加哥交通局**（Chicago Transit Authority, www.transitchicago.com）的网站。"Transit Tracker"页面显示下一班抵达你所在车站的火车或汽车。

城内公共汽车从清晨运行至深夜。票价$2（换乘$2.25）。你可以使用Ventra Card地铁卡，也可以自备零钱（不设找零）。如果要前往博物馆区、海德公园和林肯公园动物园，乘坐公共汽车特别方便。

出租车

卢普区有很多出租车，北至安德森维尔，西北至柳条公园/巴克镇。招手拦车。按照计价器支付车费，起步价$3.25，每英里$2.25。多一名乘客加价$1；此后每多一名乘客加价50¢。小费再加10%或15%。大公司都可以使用信用卡付款。共享出租车Uber、Lyft和Via在芝加哥也非常流行。

可靠的出租车公司有**Flash Cab**（☎773-561-4444; www.flashcab.com）和**Checker Taxi**（☎312-243-2537; www.checkertaxichicago.com）。

芝加哥周边（Around Chicago）

橡树公园（Oak Park）

靠近芝加哥的这处郊区诞生了两个著名的人物：小说家海明威在这里出生，建筑师弗兰克·劳埃德·赖特在这里工作生活过20年。城镇的主要景点均与他们二人相关。要想了解海明威，一座低调的博物馆及他的出生地是一窥作家成长经历的有趣之地。至于赖特，主要景点有他开创出草原风格时的工作室，以及周围他为街坊邻居设计的大量房屋。其中10栋房屋集中在Forest Ave和Chicago Ave沿途1英里的范围内。

◉ 景点

弗兰克·劳埃德·赖特住宅和工作室　　建筑
(Frank Lloyd Wright Home & Studio; ☏312-994-4000; www.flwright.org; 951 Chicago Ave; 成人/儿童 $18/15; ◎10:00~16:00)1889年至1909年,这里是赖特居住和工作的地方。团队游出发时间不固定,夏季周末每20分钟一趟,冬季大约每小时一趟。步行1小时可以饱览这个迷人的地方,随处可见赖特风格鲜明的细节。工作室也提供周边社区徒步导览游($15)以及自助语音导览($15)。

联合教堂　　建筑
(Unity Temple; ☏708-848-6225; www.flwright.org; 875 Lake St; 团队游 $10~18; ◎周一至周四 9:00~16:15, 周五 至15:15, 周六 至 11:15)弗兰克·劳埃德·赖特设计的这项建筑奇观建于1909年,最近进行过修复。闲暇时可以利用30分钟的自助游(每人 $10)探索一番,或者参加60分钟的导览游(每人 $18, 工作日10:00以后和周六9:00以后的整点出发)。

❶ 实用信息

橡树公园游客中心(Oak Park Visitors Center; ☏888-625-7275; www.visitoakpark.com; 1010 W Lake St; ◎周一至周六 10:00~17:00, 周日 至16:00)提供关于该地区的游客指南。

❶ 到达和离开

I-290经过城市外沿;出口在 Harlem Ave。从Harlem向北至Lake St, 右转。几个街区的范围内就有停车场。

Union Pacific West Line的Metra通勤火车芝加哥西郊线路在橡树公园有站。绿线列车作为这座城市的公共交通系统之一,同样往返芝加哥。

埃文斯顿和北岸地区
(Evanston & North Shore)

芝加哥北部郊区的密歇根湖(Lake Michigan)外围遍布庄园。19世纪后期,许多富人很喜欢在此置业。

埃文斯顿是规模最大的社区,中心区建筑密集、充满书卷气,剩下都是凌乱排列的老房子。这是西北大学(Northwestern University)的所在地。旁边的威尔梅特(Wilmette)矗立着引人注目、超凡脱俗的巴哈伊神庙。继续往北是格伦科(Glencoe), 那里有芝加哥植物园。一般从Sheridan Rd出发,穿过该地区, 然后到达属于上流社会的佛瑞斯特湖(Lake Forest), 只要30英里的车程。

◉ 景点

伊利诺伊大屠杀纪念馆　　博物馆
(Illinois Holocaust Museum; ☏847-967-4800; www.ilholocaustmuseum.org; 9603 Woods Dr; 成人/儿童 $12/6; ◎10:00~17:00, 周四 至20:00)这座博物馆是全世界第三大的大屠杀纪念馆,仅次于耶路撒冷和华盛顿特区的大屠杀纪念馆。除了令人不安的纳粹时期轨道车辆和"二战"幸存者故事视频资料,场馆内还展出不少发人深省的关于种族灭绝的艺术展品,包括亚美尼亚、卢旺达、柬埔寨和其他国家的艺术品。特别展览尤其令人印象深刻。

芝加哥植物园　　花园
(Chicago Botanic Garden; ☏847-835-5440; www.chicagobotanic.org; 1000 Lake Cook Rd; 每车 工作日/周末 $25/30; ◎8:00至日落)园内有徒步小径,还有255种鸟类,周末还有名厨展示厨艺。

❶ 到达和离开

I-94向西穿过郊区。Sheridan Rd沿湖岸向东蜿蜒经过城镇。Union Pacific North Line的Metra通勤火车在芝加哥市中心和威斯康星州基诺沙之间飞驰并在北岸社区各个站点停靠。埃文斯顿的紫线列车属于风城芝加哥的公共交通系统,同样往返芝加哥市中心。

加勒纳 (Galena)

小小的加勒纳位于密西西比河附近被林木覆盖的山丘上,畜棚和谷仓点缀着连绵起伏的农场。街边林立着希腊复兴风格、哥特式复兴风格和安妮女王风格的红砖豪宅,它们都是19世纪中叶(该镇的黄金时代,因采矿致富)遗留下来的。即便有商业气息浓重的民宿、餐馆和古董店,也不能否认加勒纳的美丽。无论是精彩的划皮艇,还是在乡间小路驾车，这个生活节奏缓慢的门户小镇都不会让你失望。活动大多集中在夏季和秋季周末。

👁 景点和活动

尤利西斯·S.格兰特故居 古迹

（Ulysses S Grant Home；☎815-777-3310；www.granthome.com, 500 Douthillier St；成人/儿童 $5/3；⏰4月至10月 周三至周日 9:00~16:45，11月至次年3月 开放时间缩短）这栋建于1860年的房屋是南北战争结束时，当地共和党人送给凯旋的格兰特将军的礼物。在当选美国第十八任总统之前，他一直住在这里。讲解员会带你转遍房屋。大多数家具陈设都是原件。

密西西比栅栏州立公园 州立公园

（Mississippi Palisades State Park；☎815-273-2731；16327A Hwy 84）这里是攀岩、徒步和露营的热门地区，紧靠密西西比河。可以在北门的公园办公室领取小径地图。

驿马车小道 观光车道

（Stagecoach Trail）这条26英里长的公路狭窄而曲折，通往沃伦（Warren）。沿Main St往东北方向穿过商业区，在第二个停车标志处右转（那里有驿马车小道的指路牌）。没错，它其实是连接加勒纳和芝加哥的古驿道的一部分。

Fever River Outfitters 户外

（☎815-776-9425；www.feverriveroutfitters.com；525 S Main St；⏰周五至周日 10:00~17:00）Fever River出租皮划艇、独木舟、自行车、立式桨板和雪鞋。这家公司还提供导览游，比如12英里的自行车游（每人 $45，含装备）、本地酒庄游及各种划船游。

🛏 食宿

DeSoto House Hotel 酒店 $$

（☎815-777-0090；www.desotohouse.com；230 S Main St；房 $160~235；❄🛜）1855年开业，房间装饰很美观。格兰特和林肯等美国总统曾下榻于此。

Grant Hills Motel 汽车旅馆 $

（☎877-421-0924；www.granthills.com；9372 US 20；房 $80~110；❄🛜🏊）是一个朴实低调的汽车旅馆，在城东1.5英里处，能看到乡村景色，还有个骑马场。

Fritz and Frite 法国菜、德国菜 $$

（☎815-777-2004；www.fritzandfrites.com；317 N Main St；主菜 $17~22；⏰周二至周六 16:00~21:00，周日 9:00~14:00和16:00~21:00）气氛温馨的小馆供应法国和德国风味的经典菜肴。品尝黄油蒜汁蜗牛，或吃些香嫩的炸肉排也不错。

ℹ 到达和离开

Hwy 20延伸至加勒纳。只能开车到达。最近的交通枢纽是芝加哥（东南165英里处）、威斯康星州的麦迪逊（东北95英里处）和艾奥瓦州的迪比克（西北16英里处）。

伊利诺伊州中部（Central Illinois）

与林肯和66号公路有关的景点遍布伊利诺伊州中部，其他地方则是平坦的农田。迪凯特（Decatur）、亚瑟（Arthur）和阿科拉（Arcola）以东是阿米什人的社区中心。

斯普林菲尔德（Springfield）

这个小小的州首府城市与亚伯拉罕·林肯渊源颇深：1837~1861年林肯在此从事法律工作。市中心的许多景点步行即可游览，景点免费或收费很少。

👁 景点

林肯故居和游客中心 古迹

（Lincoln Home & Visitor Center；☎217492-4150；www.nps.gov/liho；426 S 7th St；⏰8:30~17:00）**免费** 在国家公园管理局游客中心拿票，然后从那里出发，走进有12个房间的林肯故居。这座房子就在游客中心的马路对面。你可以参观林肯及其妻子玛丽（Mary）居住过的房间，他们从1844年开始在这里居住，直到1861年全家搬入白宫。故居内随处可见管理员，他们随时为你提供背景信息并回答疑问。

林肯总统图书馆和博物馆 博物馆

（Lincoln Presidential Library & Museum；☎217-558-8844；www.illinois.gov/alplm；212 N

6th St; 成人/儿童 $15/6; ◎9:00~17:00; ⓟ)这座博物馆里与林肯有关的藏品是全世界最全的。展览很不错，文物包括林肯的剃须镜和公文包，还有迪士尼乐园式的全息展览会把孩子们逗得咯咯直笑。

林肯墓 　　　　　　　　　　　　　墓地

（Lincoln's Tomb; ☎217-782-2717; www.lincolntomb.org; 1441 Monument Ave; ◎9:00~17:00）**免费** 林肯遇刺之后，他的遗体被运回斯普林菲尔德，并安葬在市中心以北1.5英里处的橡树岭公墓（Oak Ridge Cemetery）一处宏伟的墓地里。陵墓前面是一尊林肯的青铜半身像。雕像的鼻子很光亮，是众多怀有崇敬之情的参观者触摸的结果。夏季周二的19:00，有步兵队的扮装表演，会在墓地外鸣放火枪并降旗。

旧州议会大厦 　　　　　　　　　　古迹

（Old State Capitol; ☎217-785-7960; 6th St和Adams St交叉路口; 建议捐赠 $5; ◎9:00~17:00）讲解员带着你穿过建筑，津津乐道地为你讲述与林肯有关的故事，例如1858年他在这里发表著名的《分裂之家》（*House Divided*）演讲。

🛏 食宿

Inn at 835 　　　　　　　　　　民宿 $$

（☎217-523-4466; www.innat835.com; 835 S 2nd St; 房 $135~205; ⓟ❄⚛）这栋古老的豪宅充满艺术和工艺气息，共有11间客房，摆放着四柱床和各种爪足浴缸。

StateHouse Inn 　　　　　　　　酒店 $$

（☎217-528-5100; www.thestatehouseinn.com; 101 E Adams St; 房 $120~165; ⓟ❄@⚛）外表是灰蒙蒙的水泥建筑，但里面很有情调。房间内有舒适的床铺和大浴缸，大堂设有一个复古风的酒吧。

Cozy Dog Drive In 　　　　　　美国菜 $

（☎217-525-1992; www.cozydogdrivein.com; 2935 S 6th St; 主菜 $2~5; ◎周一至周六8:00~20:00）这家位于66号公路上的传奇餐馆据说是玉米热狗的诞生地！店内展出各种大事记和纪念品，此外当然少不了插在小扦子上的油炸招牌主食了。

ℹ 实用信息

斯普林菲尔德会议旅游局（Springfield Convention & Visitors Bureau; www.visitspringfieldillinois.com）印发十分实用的游客指南。

ℹ 到达和离开

美国国家铁路公司站（☎217-753-2013; www.amtrak.com; 100 N 3rd St）在市中心，抵离圣路易斯（2小时）和芝加哥（3.5小时）的火车每天5趟。

南伊利诺伊 (Southern Illinois)

　　南伊利诺伊与该州的其他地区大相径庭，到处是河流和起伏的青山。西部州界是密西西比河，大河公路（Great River Road）于岸边延伸。这条水岸公路（实际上由一连串道路构成）随峭壁林立的地形和拥有好几条商业街却被遗忘的村镇兜兜转转。最迷人的路段是格拉弗顿（Grafton）和奥尔顿（Alton，圣路易斯附近）之间的Hwy 100。从历经风雨侵蚀的悬崖下方快速驶过时，要留心通往**艾尔撒**（Elsah）的那个小路口。艾尔撒是一个僻静的19世纪小村庄，有石头村舍、木头搭建的小商店和农庄。小村庄南边是刘易斯与克拉克远征的出发地点，还有一处史前世界遗产地和一座荒凉的山顶要塞。

　　南边内陆地区的人口稀少，林木茂密的肖尼山丘（Shawnee Hills）山势渐高，看起来倒像是座小山的规模。那里隐藏着不少惊喜，包括一片神秘的沼泽和一条葡萄园小径。

◉ 景点和活动

　　尤尼恩县（Union County）在该州的南端附近，有葡萄酒庄和果园。在**肖尼山红酒小径**（Shawnee Hills Wine Trail; www.shawneewinetrail.com）沿线品尝葡萄酒，这条35英里长的小径连接着11座葡萄园。

卡霍基亚国家历史遗址 　　　　　古迹

（Cahokia Mounds State Historic Site; ☎618-346-5160; www.cahokiamounds.org; Collinsville Rd; 建议捐款 成人/儿童 $7/2; ◎遗址 8:00至黄昏，游客中心 周二至周日 9:00~17:00）圣路易斯以东8英里、邻近科林斯维尔（Collinsville），有一个令人叹为观止的景点，与英国巨石阵和埃及金字塔一同被列为联合国教科文组织《世界遗产名录》：卡霍基亚国家历史遗址。它是北美最大的史前城市遗址（人口20,000，有郊区），其历史可追溯到1200年。东边的65个土丘——包括巨大的僧侣土丘（Monk's Mound）——的形象未必会给游客留下极其深刻的印象，但整个遗址总体非常值得一观。

如果你从北方过来，在I-255 S州际公路走24号出口。如果从圣路易斯方向过来，走I-55/70州际公路的6号出口。

刘易斯和克拉克州立历史遗址　　　古迹

(Lewis & Clark State Historic Site; ☎618-251-5811; www.campdubois.com; Hwy 3和Poag Rd交叉路口; ⓗ9:00~17:00, 10月至次年4月的周一和周二 闭馆) 免费 杰出的刘易斯和克拉克州立历史遗址位于哈特福德（圣路易斯河对岸），标记着这两名探险家展开旅程的起点。这里有55英尺长的船只复制品（摆在游客中心）、重建的冬季营地（位于低处的草地），还有奔流激荡的密西西比河，令人身临其境，仿佛置身当年探险之境。

柏溪国家野生动物保护区　　　野生动物保护区

(Cypress Creek National Wildlife Refuge; ☎618-634-2231; www.fws.gov/refuge/cypress_creek) 免费 你肯定没想到在伊利诺伊州能看到美国南方一样的湿地，地面还覆盖着苔藓的柏树林和咯咯叫的牛蛙。但这样的景象就出现在这里，就在柏溪国家野生动物保护区。你可以从紧邻Cache Chapel Rd的贝尔罗斯观景台（Bellrose Viewing Platform）眺望。或者前往8号林区（Section 8 Woods），在木板路上散散步，感受潮湿的原始景色；附近的**卡什河湿地中心**（Cache River Wetlands Center; ☎618-657-2064; www.friendsofthecache.org; 8885 Hwy 37; ⓗ周三至周日 9:00~16:00)同样提供徒步和划独木舟的信息。

肖尼国家森林　　　森林

(Shawnee National Forest; ☎618-253-7114; www.fs.usda.gov/shawnee) 与伊利诺伊州平坦农田不同的景观是南部的绿野，其中点缀着起伏的肖尼国家森林和嶙峋的岩石。这个地区有无数州立公园和娱乐区，特别是**Little Grassy Lake**和**Devil's Kitchen**周边，适合徒步、攀岩、游泳、钓鱼和划独木舟。

🍴食宿

该地区的住宿主要是低价连锁酒店。一些在河路（River Road）沿岸的城镇和肖尼葡萄园都会提供民宿。肖尼国家森林地区设施齐全的小屋也备受追捧。有些地方要么几乎没有用餐场所，要么距离遥远，所以你只能指望提供土豆炖肉的夫妻餐馆。

ⓘ 到达和离开

该地区的偏远景点需要驾车前往。I-57是穿越中心地带的主要州际公路。大河公路沿河流向西延伸。最近的交通枢纽是圣路易斯。

印第安纳州（INDIANA）

印第安纳州在"印第安纳波利斯500英里大赛"（Indy 500 race）期间气氛尤为热烈，但是这个玉米之乡其他时候还是以慢节奏生活的舒缓乐趣为主：在阿米什社区品尝派，到布鲁明顿（Bloomington）的藏传佛教寺院冥想，或者去小城哥伦布（Columbus）欣赏宏伟的建筑。西北地区有可以攀登的多变沙丘，南部有可以探索的洞穴和可以荡舟的河流。幽灵迷宫、蓝草音乐圣地和著名的詹姆斯·迪恩吻痕墓碑同样出现在印第安纳州。

有记录表明，人们从19世纪30年代起就开始把印第安纳人叫作"Hoosiers"，具体原因不详。有一个传说，早期殖民者敲响了当地居民的家门，里面有人问道："谁在那儿（Who's here)？"后来就演变成"Hoosier"。当然，这种说法还有待商榷，你不妨就着传统的猪肉里脊三明治和当地人探讨一番。

有趣的事情：印第安纳州因为出过6位副总统而被称为"副总统家园"。

ⓘ 实用信息

印第安纳公路路况（Indiana Highway Conditions; https://indot.carsprogram.org）

印第安纳州立公园信息（Indiana State Park Information；☎800-622-4931；www.in.gov/dnr/parklake）行人或骑车入园，门票 每天 $2，开车入园 $9~12。露营点 $12~44，接受预订（☎866-622-6746；www.camp.in.gov）。

印第安纳旅游局（Indiana Tourism；www.visitindiana.com）

印第安纳波利斯
（Indianapolis）

在地图上显得方方正正的州首府城市印第安纳波利斯是欣赏赛车的好地方，你也可以在著名的赛车场乘车绕场游览。艺术博物馆和怀特河州立公园（White River State Park）都值得一看，Mass Ave和"餐饮区"Broad Ripple也是如此——作家库尔特·冯古内特（Kurt Vonnegut）的粉丝们可以来此大饱眼福。有一条美丽的步行和自行车小径连接以上这些景点。

◉ 景点

印第安纳波利斯赛车场　　　　　　博物馆

（Indianapolis Motor Speedway；☎317492-6784；www.indianapolismotorspeedway.com；4790 W 16th St；成人/儿童 $10/5；⊙3月至10月 9:00~17:00，11月至次年2月 10:00~16:00）这个赛车场是印第安纳波利斯500英里大赛（Indianapolis 500 motor race）的场地，是城里的超级景点。赛车场博物馆里陈列着大约75辆赛车（包括前冠军的座驾）和一个重500磅的蒂芙尼玻璃奖杯。你可以参加赛车场团队游（另收费$8）：其实你只能坐在时速还不到37英里的巴士里游览赛车场，但是假装身临其境也足够有趣的。

汽车赛于阵亡将士纪念日的那个周末（5月末）举办，届时前来观赛的赛车迷多达450,000人。票很难买到（$30~185，www.imstix.com）。可以试试购买热身赛和练习赛的票，这种票比较好买也比较便宜。

达拉拉印第赛车工厂　　　　　　博物馆

（Dallara IndyCar Factory；☎317-243-7171；www.indycarfactory.com；1201 W Main St；成人/儿童 $10/5；⊙周三至周六 10:00~17:00）从印第安纳波利斯赛车场步行很短的距离就可以到达这座外观光鲜的工厂，可以让你大致了解赛车的制造过程。风洞装置模型提供刺激体验，而驾驶模拟则令你可以体验以时速200英里在赛道上风驰电掣的感觉。

怀特河州立公园　　　　　　州立公园

（White River State Park；☎317-233-2434；www.inwhiteriver.com；801 W Washington St）这个面积庞大的公园位于市郊，有几个值得一看的景点。土砖结构的**埃特尔卓格美国印第安和西方艺术博物馆**（Eiteljorg Museum of American Indians & Western Art；☎317-636-9378；www.eiteljorg.org；500 W Washington St；成人/儿童 $13/7；⊙周一至周六 10:00~17:00，周日 中午开馆）展出美国印第安人的收藏物品，令人印象深刻。公园内的其他亮点包括有趣的**棒球小联盟运动场**、**动物园**、**运河步道**、**科学博物馆**、大学体育博物馆和几座花园。

印第安纳波利斯艺术博物馆　　博物馆、花园

（Indianapolis Museum of Art；☎317-920-2660；www.imamuseum.org；4000 Michigan Rd；成人/儿童 $18/10；⊙周二至周六 11:00~17:00，周四至21:00，周日 正午至17:00）这个博物馆里收藏着大批欧洲艺术作品——特别是特纳（Turner）的作品，和后现代主义、非洲部落艺术、南太平洋艺术和中国的艺术品。

Oldfields-Lilly House & Gardens也位于这片建筑群内，你可以参观Lilly制药家族拥有22个房间的豪宅和开满鲜花的庭院。占地100英亩的**费尔班克斯艺术和自然公园**（Fairbanks Art & Nature Park）位于树林内，园内有令人大开眼界的现代派雕塑作品。费尔班克斯自有入口，门票免费。

库尔特·冯古内特博物馆和图书馆　　博物馆

（Kurt Vonnegut Museum & Library；☎317-423-0391；www.vonnegutlibrary.org；340 N Senate Ave；⊙周一、周二、周四、周五 11:00~18:00，周六和周日 正午至17:00）免费 作家库尔特·冯古内特在印第安纳州出生并长大，这座朴素的博物馆正是向其致敬之作。馆内陈列着作家的Pall Mall牌香烟、古怪的绘画作品和来自出版社的退稿信。博物馆内仿建了他的办公室，摆放着蓝色的Coronamatic牌打字

机。游客可以坐在书桌前，用打字机给冯古内特写张留言条。博物馆的推特账户会发布更新信息。该中心计划搬迁至更大的空间，所以你可能需要在出发前打电话核实位置。

节奏！发现中心 博物馆

（Rhythm! Discovery Center；☎317-275-9030；www.rhythmdiscoverycenter.org；110 W Washington St；成人/儿童 $12/6；◉周一、周四至周六 10:00~17:00，周三 正午至19:00，周日 正午至17:00）这个隐藏在市中心的博物馆是个瑰宝，手击鼓、锣、木琴和世界各国的打击乐都能在这里找到。孩子们喜欢演奏乐器的互动游戏。成年人喜欢著名鼓手使用过的乐器展览。馆内有一个摆着各种鼓的隔音录音棚，你可以在此一试身手，变成摇滚明星，敲鼓演奏（并录制）自己的鼓声。

印第安纳医药历史博物馆 博物馆

（Indiana Medical History Museum；☎3176357329；www.imhm.org；3045 W Vermont St；成人/儿童 $10/3；◉周四至周六 10:00~16:00）这家有着百年历史的州立精神病医院正符合您对"恐怖电影里的疯人院"的想象。导游带领游客穿过旧病理学实验室，沿途经过摆放着冰冷解剖台的验尸间、摆满了装着大脑标本广口瓶的诡异房间。团队游整点发团。这个博物馆在怀特河州立公园以西数英里处。

印第安纳波利斯儿童博物馆 博物馆

（Children's Museum of Indianapolis；☎317-334-4000；www.childrensmuseum.org；3000 N Meridian St；$12~27；◉10:00~17:00，9月中旬至次年2月 周一闭馆）全球最大的儿童博物馆，展区分布在5个楼层，有许多恐龙化石，还有代尔·奇胡利（Dale Chihuly）创作的一座高43英尺的雕塑，孩子们可以借此了解如何吹玻璃（亲自体验！）。门票价格不定，取决于日期和提前多久订票。

🏃 活动

8英里**文化小路**（Cultural Trail；www.indyculturaltrail.org）可供骑行和徒步，连接印第安纳波利斯市中心周边的出色景点和街区。沿途有Pacers Bikeshare租车站点，租辆自行车短途骑行非常方便。

Bicycle Garage Indy 骑车

（☎317-612-3099；www.bgindy.com；242 E Market St；租金每2小时/每天 $20/40；◉周一至周五 7:00~18:30，周六 10:00~16:00）在这里租辆自行车轻松骑行吧。从这家商店门口出发，沿文化小路骑行，探索市中心。这条小路最终与Monon Trail林荫道路（一条经过改造的铁轨线路，从城市北上延伸18英里）相交。租金包含头盔、车锁和地图。

🛏 住宿

Indy Hostel 青年旅舍 $

（☎317-727-1696；www.indyhostel.us；4903 Winthrop Ave；铺/房 $28/58起；🅿✳@🛜）这家友好的小型青年旅舍有一间6床女宾宿舍和一间12床混合宿舍。此外也有4间独立客房。带了帐篷？在庭院里露营费用是$29。Monon Trail徒步/骑车小路就在这家青年旅舍附近，旅舍可以出租自行车（每天$10）。旅舍位于Broad Ripple区，离市中心有点远（可乘坐17路公交车）。

★ Alexander 酒店 $$

（☎317-624-8200；www.thealexander.com；333 S Delaware St；房 $160~270；🅿✳@🛜）这个有209间客房的酒店弥漫着艺术气息。大堂内有40件原创作品——是印第安纳波利斯艺术博物馆在此展出的当代藏品，公众可以随意参观。现代化的客房铺着深色木地板，当然，墙上也有很酷的艺术装饰品。因为距离篮球馆只有一个街区的路程，这里有时会接待客场球队。代客停车费用$37。

Hilton Garden Inn 酒店 $$

（☎317-955-9700；www.indianapolisdowntown.gardeninn.com；10 E Market St；房 $150~190；✳@🛜）这个酒店所在的新古典主义建筑已经有百年历史了。房间内有舒适豪华的寝具，而且位置极佳（就在市中心的Monument Circle），因此在连锁酒店中算是高性价比的选择。代客停车费$29。

Stone Soup 旅馆 $$

（☎866-639-9550；www.stonesoupinn.com；1304 N Central Ave；房 $119~149，共用浴室

$99~109；P❄❋❀）摆满古董的建筑里共有9间客房。虽然有点破旧，但自有其魅力。

🍴 就餐

饥肠辘辘的时候，市中心的Massachusetts Ave是个大快朵颐的好去处。连接市中心和南边的喷泉广场（Fountain Square）区的Virginia Ave到处都有时髦的美食可以选择。北边7英里之外的Broad Ripple也有小酒馆、咖啡馆和各国风味餐馆。

Bazbeaux 比萨 $$

（www.bazbeaux.com；329 Massachusetts Ave；主菜 $9~15；☺周日至周四 11:00~22:00，周五和周六 至23:00）作为本地人最喜欢的餐馆，Bazbeaux出售品种丰富的美味比萨，例如覆盖着卡真大虾和辣熏肠的Tchoupitoulas比萨。Muffaletta三明治、号角面包和比利时啤酒也是别处不常见的食物。

City Market 市场 $

（www.indycm.com；222 E Market St；☺周一至周五 7:00~21:00，周六 8:00开门；❀）这个古老的市场建于1886年，市场内有一大排食物摊位。二楼的酒吧（☺周一至周四 14:00~21:00，周五至周六 12:00~21:00）出售16种当地酿造的啤酒，其他商家大多在15:00之前关门。

Public Greens 美国菜 $

（☎317-964-0865；www.publicgreensurbankitchen.com；900 E 64th St；主菜 $8~16；☺周二至周六 8:00~21:00，周日和周一 至16:00）🌱餐馆用自带小农场出产的羽衣甘蓝、红萝卜、鸡蛋和其他食材制作家常菜；全部利润用于社区，为贫困家庭儿童提供餐食。

★ Tinker Street 美国菜 $$

（☎317-925-5000；www.tinkerstreetindy.com；402 E 16th St；小盘菜 $8~16，主菜 $19~25；☺周一至周四 17:00~22:00，周五和周六 至22:30，周日 至21:00；🌱）尝一口时令菜肴，如印第安纳芦笋配藜麦和蒜片或者蓝纹奶酪羊肉汉堡。素食和无麸菜肴选择很多。工业和乡村风格的木制装饰正适合营造浪漫的氛围，全年开放的露台尤为悠闲。Tinker Street位于市中心以北树木繁茂、老宅林立的老北区（Old Northside）。不能预订。

> **值得一游**
>
> ### GRAY BROTHERS CAFETERIA
>
> 自助餐厅是印第安纳州的传统，但除了Gray Brothers Cafeteria（☎317-831-7234；www.graybroscafe.com；555 S Indiana St；主菜 $5~9；☺11:00~20:30）之外，保留到现在的极少。走进餐厅，时光仿佛凝滞，拿一个蓝色盘子，依次经过似乎有足球场那么长的食物走廊，往你的盘子上放煎鸡肉、面包卷、奶酪和糖奶油派，然后就开怀大吃吧。这家自助餐厅在摩尔斯维尔（Mooresville），即印第安纳波利斯市中心南方约18英里处、通往布鲁明顿的公路旁边。

🍷 饮品和夜生活

市中心和Mass Ave有一些不错的酒吧，Broad Ripple街区也有几家。

Rathskeller 啤酒花园

（☎317-636-0396；www.rathskeller.com；401 E Michigan St；☺周一至周四 14:00~21:00，周五 至23:00，周六 11:00~23:00，周日 11:00~21:00）夏季人们在室外啤酒花园的野餐桌旁痛饮德国啤酒和本地啤酒，冬季来袭时，则在装饰着鹿头的室内大厅把酒言欢。Rathskeller位于Mass Ave附近历史悠久的雅典娜神殿（Athenaeum）大楼内。

Slippery Noodle Inn 酒吧

（☎317-631-6974；www.slipperynoodle.com；372 S Meridian St；☺周一至周五 11:00至次日2:00，周六 正午起，周日 16:00至次日0:30）位于市中心，是本州最古老的酒吧，此前曾经是妓院、屠宰场、黑帮分子聚集处和地铁站。现在它是全国最好的蓝调俱乐部之一。每晚有现场音乐表演，而且票价便宜。

Sun King Brewing 自酿酒吧

（www.sunkingbrewing.com；135 N College Ave；☺周一至周三 10:00~21:00，周四和周五 至22:00，周六11:00~22:00，周日 11:00~20:00，冬季营业时间缩短）在这家市中心的质朴酒吧

里，供应的啤酒总会出乎你的意料。印第安纳波利斯的大批新潮青年们都会来尝鲜，品尝可可口味的Baltic波特啤酒，还有皮尔森啤酒（用印第安纳州的爆米花酿制）等佳酿。拼杯（6种3盎司的品尝套装）价格为$6。周五提供便宜的大瓶啤酒，自酿酒吧会人满为患。夏季开放露台。

☆ 娱乐

Bankers Life Fieldhouse　　　　　篮球

（☏317-917-2500；www.nba.com/pacers；125 S Pennsylvania St）篮球在印第安纳州影响力巨大，Bankers Life Fieldhouse就是这场影响的辐射源，NBA步行者队（Pacers）的主场就在这里。

Lucas Oil Stadium　　　　　橄榄球

（☏317-299-4946；www.colts.com；500 S Capitol Ave）你可以观看全国橄榄球联盟的小马队（Colts）在这里打比赛，该建筑为可伸缩屋顶。

❶ 实用信息

印第安纳波利斯会议旅游局（Indianapolis Convention & Visitors Bureau；www.visitindy.com）通过其网站下载免费城市指南并打印景点和团队游优惠券。

《印第安纳波利斯星报》（Indianapolis Star；www.indystar.com）该城的日报。

Indy Rainbow Chamber（www.gayindynow.com）提供同性恋旅行者所需的各种信息。

Nuvo（www.nuvo.net）免费的非主媒周报，刊载艺术和音乐新闻。

❶ 到达和当地交通

气派的**印第安纳波利斯国际机场**（Indianapolis International Airport, IND；www.indianapolisairport.com；7800 Col H Weir Cook Memorial Dr）在市区西南方向16英里处。Washingtong公交车（8路）连接机场和市中心（$1.75，50分钟）。Go Green机场客车也连接两地，速度更快（$10，20分钟）。乘坐出租车前往市区费用约$35。

灰狗巴士（www.greyhound.com）和美国国家铁路公司（www.amtrak.com）都停靠**联合车站**（Union Station, 350 S Illinois St）。有较频繁的车次去辛那提（2.5小时）和芝加哥（3.5小时）。**Megabus**（Megabus；www.megabus.com/us；N Delaware St和E Market St交叉路口）票价通常比较便宜。美国国铁与巴士走同样的线路，但耗时几乎多一倍。

IndyGo（www.indygo.net）运营本地公交车。票价$1.75。17路公交车开往Broad Ripple。周末车次极少。

Pacers Bikeshare（www.pacersbikeshare.org）有250辆自行车，分布在市中心的文化小路沿途26个租车站点。24小时通票价格$8，租用30分钟以上有额外费用。

如果想打车，致电**Yellow Cab**（☏317-487-7777）。

印第安纳州中部（Central Indiana）

蓝草音乐、著名建筑、藏式寺庙和关于詹姆斯·迪恩的往事记忆与周围的农田融为一体。

费尔芒特（Fairmount）

20世纪50年代的演员、"高酷型帅哥"的开创型代表人物詹姆斯·迪恩出生在这座小镇。

◉ 景点

费尔芒特历史博物馆　　　　　博物馆

（Fairmount Historical Museum；☏765-948-4555；www.jamesdeanartifacts.com；203 E Washington St；⊙5月至10月 周一、周三和周五至周日 11:00~17:00）**免费** 詹姆斯·迪恩的影迷应该直奔这里，看看这位好莱坞巨星用过的小鼓和其他物品。在这里还可以免费领取一份地图，图上标出许多景点，例如詹姆斯儿时住过的农舍和他那被无数红唇亲吻过的墓地。博物馆出售迪恩的招贴画、Zippo打火机和其他纪念品，并资助一年一度的**詹姆斯·迪恩节**（James Dean Festival；www.jamesdeanartifacts.com；⊙9月下旬）。

詹姆斯·迪恩博物馆　　　　　博物馆

（James Dean Gallery；☏765-948-3326；www.jamesdeangallery.com；425 N Main St；⊙9:00~18:00）**免费** 私营的詹姆斯·迪恩博

物馆位于市中心的一幢维多利亚式老宅,有几个展示纪念品(青铜半身像、照片、钟表、迪恩的高中毕业纪念册等)的房间。业主们是本地的万事通。

🛏 食宿

费尔芒特没有酒店。最近的住宿选择在以北约7英里处的瓦斯城(Gas City),那里的经济型和中档连锁酒店散布于I-69沿线。继续前行几英里是更大的城镇马里恩(Marion),那里有品牌酒店。

Main St和8th St有为数不多的比萨店、墨西哥式餐馆和家常餐馆。如果想有更多就餐选择,包括民族风味小餐馆和连锁快餐店,需要前往马里恩。

ℹ 到达和离开

费尔芒特位于距其最近的交通枢纽——印第安纳波利斯东北方向70英里处。I-69经过城镇,向东延伸。

哥伦布市 (Columbus)

说起美国的一些伟大的建筑城市,你想到的可能是芝加哥、纽约、华盛顿特区,但绝非印第安纳州的哥伦布市。但这座城市的确拥有很多非凡的建筑。20世纪40年代以来,哥伦布市政府和一些大公司一直聘请世界上一些最优秀的建筑师——例如Eero Saarinen、Richard Meier和贝聿铭——来这里设计各种公共和私有建筑。

欣赏建筑是重要行程。70多栋著名建筑和多件公共艺术作品散落分布在城市中(需要汽车代步),但是在市区步行也能看到大约15座不同的建筑。游客中心(visitor center; ☏812-378-2622; www.columbus.in.us; 506 5th St; ◎周一至周六 9:00~17:00, 周日正午起)在网站和现场提供自助游览地图。大巴游(成人/学生 $25/15; ◎周二至周五 10:00, 周六 10:00和14:00, 周日 14:00)也从游客中心出发。

🛏 食宿

除了Hotel Indigo (☏812-375-9100; www.hotelindigo.com; 400 Brown St; 房 $150~200; ❋⊛❋❋)和几家民宿以外,市中心基本上没有住宿场所。从游客中心驾车西行片刻,紧邻I-65的68号出口附近有几家连锁酒店的分店。

在哥伦布市中心就餐有许多独立餐馆可供选择——比萨、牛排、加勒比咖喱、意大利菜、泰国菜。可以在4th St和Washington St逛逛。

ℹ 到达和离开

I-65是城市外沿的主要公路。最近的机场在印第安纳波利斯(以北46英里处)和路易斯维尔(以南73英里处)。不过,哥伦布市和这些城市之间没有班车。

纳什维尔 (Nashville)

纳什维尔是通往布朗县州立公园(Brown County State Park; ☏812-988-6406; www.in.gov/dnr; 1801 Hwy 46 E; 每辆车 $9)的门户,以小烟山(Little Smoky Mountains)陡峭的山林和雾气笼罩的沟壑闻名。这座19世纪的城镇到处都是古迹,经过了升级改建,如今则是熙熙攘攘的游客中心,秋季最热闹,大批游客前来观赏林叶的色彩更替。

🛏 住宿

住宿以舒适的民宿、旅馆、小屋和村舍为主,除了旺季秋季价格上涨以外,通常价格适中。

Artists Colony Inn 旅馆 $$

(☏812-988-0600; www.artistscolonyinn.com; 105 S Van Buren St; 房 $135~180; ❋⊛)这家地处中心的旅馆有20个房间,因漂亮的房间而拔得头筹,内有四柱床、木地板及其他结实的、夏克尔式(Shaker-style)的装饰。不必走太远就能吃好:店内餐厅每天早餐、午餐和晚餐时间营业,以其传统的印第安纳州食物出名,比如鲶鱼和猪里脊肉三明治。

🍷 饮品和娱乐

格局紧凑的市中心有几家可以喝酒的酒吧和酒馆,还有茶馆、葡萄酒吧和自酿啤酒吧。

与田纳西州的纳什维尔一样,印第安纳州的纳什维尔也喜欢乡村音乐,这里的乐队

Big Woods Brewing Co　　自酿酒吧

(☎812-988-6000; www.bigwoodsbeer.com; 60 Molly's Lane; ⊙11:00~22:00)秋高气爽的日子，在Big Woods的门廊品尝一系列啤酒，感觉无与伦比。木框架建筑像是一栋舒适的小屋。店内提供8种桶装啤酒，如果饿了，汉堡和手撕猪肉玉米片可以让你心满意足。

Mike's Music & Dance Barn　　现场音乐

(☎812-988-8636; www.mikesmusicbarn.com; 2277 Hwy 46; ⊙周五至周一 18:30开始)前往Mike's伸展伸展筋骨吧。有时候，18:30有"排舞"课程或者20:00有乐队演出。需要查看时间表。通常需要支付一小笔门票费用（$6~8）。

❶ 到达和离开

纳什维尔位于布鲁明顿和哥伦布之间的Hwy 46沿线中部。最近的大城市和交通枢纽是以北60英里的印第安纳波利斯。

布鲁明顿(Bloomington)

可爱又充满活力的布鲁明顿砂岩遍地，深受骑行者的喜爱，是印第安纳大学（Indiana University）所在地。该市的中心地带是法院广场（Courthouse Sq），广场周围有餐馆、酒吧和书店。几乎所有景点皆可步行到达。另外，或许有些出人意料，这里有一个重要的藏人社区。

◉ 景点

达贡噶丹腾松林寺　　寺院

(Dagom Gaden Tensung Ling Monastery; ☎812-339-0857; www.dgtlmonastery.org; 102 Clubhouse Dr; ⊙9:00~18:00) 免费 漫步安静的院落，看看传统的藏式色彩和设计。寺院提供免费教学和冥想课程。

埃斯凯纳齐艺术博物馆　　博物馆

(Eskenazi Museum of Art; ☎812-855-5445; www.artmuseumindiana.edu; 1133 E 7th St; ⊙周二至周六 10:00~17:00, 周日中午开门) 免费 印第安纳大学的艺术博物馆，由贝聿铭设计，收藏各种杰出的艺术品。亮点有非洲艺术、19世纪美国绘画、德国表现主义作品，以及著名画家胡安·米罗（Joan Miró）、巴勃罗·毕加索（Pablo Picasso）和萨尔瓦多·达利（Salvador Dali）的现代作品。由于大规模整修和扩建，这座建筑将关闭至2019年秋季。

藏蒙佛教文化中心　　佛教场所

(Tibetan Mongolian Buddhist Cultural Center; ☎812-336-6807; www.tmbcc.org; 3655 Snoddy Rd; ⊙日出至日落) 免费 这座飘扬着五彩经幡的文化建筑及其传统佛塔值得一看。内部礼品店出售传统藏式物品，周一18:00和周四18:30会公开举办冥想课程。

🛏 食宿

布鲁明顿虽然不大，但它拥有多种风味餐馆，从缅甸风味到厄立特里亚风味（非洲地区）和土耳其风味，真是应有尽有。在Kirkwood Ave和E 4th St转转。在这儿吃饭不会太贵。

Grant Street Inn　　旅馆 $$

(☎812-334-2353; www.grantstinn.com; 310 N Grant St; 房间 $159~209; @🛜)旅馆位于印第安纳大学校园附近，由一所维多利亚式庄园及相邻的几栋建筑构成，共有40个房间。19世纪90年代主宅内的房间比较古雅，摆满古董，而附属建筑内的房间更加时髦和现代。

Anyetsang's Little Tibet　　亚洲菜 $

(☎812-331-0122; www.anyetsangs.com; 415 E 4th St; 主菜 $13~14; ⊙11:00~15:00和17:00~21:00; 🍴) Little Tibet提供来自喜马拉雅发源地的特色菜，包括藏式饺子和汤面，还有印度和泰国菜肴。

🍷 饮品和夜生活

Kirkwood Ave距离大学不远，有一排可以喝些饮品的咖啡馆和酒馆。

Upland Brewing Co　　自酿酒吧

(☎812-336-2337; www.uplandbeer.com; 350 W 11th St; ⊙周一至周四 11:00至午夜，周五和周六 至次日1:00，周日 正午至午夜)位于布鲁明顿市中心西北，质朴的Upland Brewing Co酿制颇具创意的啤酒，比如以当地水果为原料

酿制的应季拉比克甜柿小麦啤酒。

Nick's English Hut　　　　　　酒馆

（☎812-332-4040；www.nicksenglishhut.com；423 E Kirkwood Ave；⊙周一至周三 11:00至次日1:00，周四至周六 至次日2:00，周日 至午夜）倍受附近印第安纳大学的师生欢迎。Nick's 还款待过库尔特·冯古内特、狄兰·托马斯（Dylan Thomas）和巴拉克·奥巴马几位名人。

❶ 到达和离开

最近的机场在东北50英里处的印第安纳波利斯。Go Express Travel（www.goexpresstravel.com）运营往返机场的班车，每天有多班运行；单程费用$20。Hwy 37（2018年夏季将更名为I-69）和Hwy 46是通往布鲁明顿的主要公路。

印第安纳州南部（Southern Indiana）

印第安纳州南部与该州的其他地区完全不同，这里有着漂亮的小山、洞穴、河流和乌托邦式的历史。

俄亥俄河（Ohio River）

俄亥俄河流经印第安纳州的河段标志着该州的南部边界。Hwy 56、156、62和66各自都有不同的风景，它们被统称为**俄亥俄河观景路**（Ohio River Scenic Byway）——观景路线蜿蜒穿过山林，沿急流绵延300英里。途中可以惬意停留的地点有**麦迪逊**（Madison），是保存完好的19世纪中叶河边定居点，不乏优美的建筑；马伦戈洞穴（Marengo Cave），其地下岩层令人大开眼界；还有前总统亚伯拉罕·林肯的童年住所，就在代尔（Dale）附近。可以在这里体验划独木舟、农庄住宿和特制啤酒畅饮。

⦿ 景点和活动

在麦迪逊**游客中心**（visitor center；☎812-265-2956；www.visitmadison.org；601 W First St；⊙周一至周五 9:00~17:00，周六 至16:00，周日 11:00~15:00）拿一份步行游手册，上面列出了各个醒目的路标建筑。在蓝河（Blue River；俄亥俄河的支流）上划独木舟的活动很受欢迎，主要在米尔敦（Milltown）进行。

悬崖瀑布州立公园　　　　　　州立公园

（Clifty Falls State Park；☎812-273-8885；2221 Clifty Dr；每辆车 $9）距离麦迪逊以西数英里之遥，这座树木繁茂的大型州立公园有徒步小径、美景和瀑布。可以露营，有帐篷和房车营地，价格$16~33。

俄亥俄瀑布州立公园　　　　　　州立公园

（Falls of the Ohio State Park；☎812-280-9970；www.fallsoftheohio.org；201 W Riverside Dr；讲解中心 成人/儿童 $9/7，停车 $2；⊙讲解中心 周一至周六 9:00~16:30，周日 13:00起）位于克拉克维尔（Clarksville），这座州立公园只有急流，没有瀑布，但人们来这儿主要是为了看3.86亿年前的化石层。新近装修的**讲解中心**将为游客详细讲解这一景观。公园与肯塔基州的路易斯维尔只有一河之隔。

林肯童年国家纪念地　　　　　　古迹

（Lincoln Boyhood National Memorial；☎812-937-4541；www.nps.gov/libo；3027 E South St；成人/儿童 $5/免费；⊙8:00~17:00）紧邻I-64，位于代尔以南4英里处，林肯童年国家纪念地是林肯——这位美国的第16任总统——从7岁到21岁生活的地方。纪念地位置偏僻，持门票不仅能参观场馆，还能进入先锋农场，后者每年5月至9月开放。

马伦戈洞穴　　　　　　　　　　洞穴

（Marengo Cave；☎812-365-2705；www.marengocave.com；400 E State Rd 64；⊙6月至8月 9:00~18:00，9月至次年5月 至17:00）强烈推荐你到马伦戈洞穴里看一看，可以参加40分钟（成人/儿童 $17/10）、60分钟（$20/12）或综合（$28/16）游览路线，步行穿过石笋和其他远古时期形成的地貌。你还可以参加更有挑战性的团队游（$34起），蹲行或匍匐进入岩洞更深处。

Cave Country Canoes　　　　　划独木舟

（☎812-365-2705；www.cavecountrycanoes.com；112 W Main St；⊙5月至10月）米尔敦的这家装备店提供景色优美的蓝河半日游（$28）、

一日游（$32）或时间更长的游览。要留心才能看到河獭和罕见的蝾螈。

食宿

Blue River Family Farm　　　农场住宿 $$
（☎812-633-7871; www.bluerivervalleyfarm.com; 10351 E Daughorty Ln, 房 $175~195; ♣ ）入住时需租下整幢农舍，内有三间卧室、一间卫生间，还有壁炉和浴缸。有野鹿和火鸡漫步在庄园内。孩子们可以帮忙喂羊、喂鸡，从菜园摘菜。主人住在山坡下面。农场位于米尔敦；最少住两晚。

Hinkle's　　　汉堡 $
（☎812-265-3919; www.hinkleburger.com; 204 W Main St; 主菜 $2~5; ♣周一和周二 6:00~22:00, 周三和周四 至午夜, 周五和周六 24小时）坐在柜台旁边的旋转凳子上，点一盘迷你汉堡和一杯焦糖奶昔，这感觉无与伦比。Hinkle's是麦迪逊的老派餐馆，从1933年开始营业。

实用信息

俄亥俄河观景路（Ohio River Scenic Byway; www.ohioriverbyway.com）

到达和离开

路易斯维尔和辛辛那提是最近的大城市交通枢纽。除了俄亥俄河观景路一带的道路以外，I-64也从该区域穿过。至于距离，麦迪逊位于马伦戈洞穴以东约75英里处，而马伦戈洞穴在林肯童年故乡以东约55英里处。

新哈莫尼（New Harmony）

在印第安纳州西南部，沃巴什河（Wabash River）构成了该地与伊利诺伊州的分界。新哈莫尼位于沃巴什河旁，I-64州际公路以南，这里曾经进行过两个早期群体生活实验，值得一游。19世纪初，德国基督教分支哈莫尼派在这里建立了一个规划整齐的小镇，打算在这里等待基督复临。后来，英国乌托邦主义者罗伯特·欧文（Robert Owen）占领了这个小镇。

今天的新哈莫尼肃穆安静，甚至有些超脱世俗。这里有令人大开眼界的**雅典娜神庙**（Atheneum; ☎812-682-4474; www.usi.edu/hnh; 401 N Arthur St; ♣9:30~17:00）、**无顶教堂**（Roofless Church; ☎812-682-3050; www.robertleeblafferfoundation.org; 420 North St; ♣开放时间不定）**免费**和令人毛骨悚然的**迷宫**（Labyrinth; ☎812-682-4474; 1239 Main St; ♣日出至日落）**免费**。

城里有一个朴素的度假村和几家历史建筑民宿，价位适中。**哈莫尼州立公园**（Harmonie State Park; ☎812-682-4821; 3451 Harmonie State Park Rd; 每辆车 $9）提供便宜的露营地和小屋。

就餐选择不多，现有的几家为非连锁餐厅，位于步行可达的市中心。主要提供三明治、比萨和美式食品。

到达和离开

I-64是通往新哈莫尼的主要州际公路，邻近城镇以北约7英里处。Hwy 66连接城镇与俄亥河观景路。最近的城市是东南方向约30英里的埃文斯维尔（Evansville），那里有小机场和长途汽车。

印第安纳州北部（Northern Indiana）

尽管印第安纳州北部以工业为主，但平原地区同样有不期而遇的精彩。荒凉的沙丘、老爷车、阿米什馅饼和如雷贯耳的黑魔王（Dark Lord）啤酒全都在这个地区。

印第安纳沙丘（Indiana Dunes）

印第安纳沙丘以阳光灿烂的沙滩、风吹沙沙作响的草丛和林木茂密的露营地闻名。夏季，该地区迎接从芝加哥及印第安纳北部各城镇过来的人们来此享受日光浴。除了沙滩以外，这个地区还因植物品种繁多而出名：从仙人掌到松树，生长着各类植物。令人惬意的徒步小径蜿蜒在沙丘间，穿行于林地中。可以早上前来，游览至下午。

景点和活动

印第安纳沙丘国家湖岸风景区　　　国家公园
（Indiana Dunes National Lakeshore; ☎219-926-7561; www.nps.gov/indu; ♣6:00~

23:00) **免费**)印第安纳沙丘沿着密歇根湖岸绵延15英里,湖岸的所有水域都允许游泳。从沙滩步行很短的距离就可以到达纵横交错在沙丘和林地之间的蜿蜒小径。最好的游览路线是 Bailly-Chellberg Trail(2.5英里),沿途经过一座19世纪70年代的农场(如今还在经营);以及 Heron Rookery Trail(2英里),沿途可以看到许多蓝苍鹭。不过令人奇怪的是,如此秀美的自然风光不远处竟然分布着许多冒着烟囱的工厂。

印第安纳沙丘州立公园 州立公园

(Indiana Dunes State Park; ☎219-926-1952; www.in.gov/dnr/parklake; 小汽车 $12; ⓒ7:00~23:00)州立公园在国家湖岸风景区的湖边,占地2100英亩。它位于Hwy 49公路的末端,切斯特顿(Chesterton)附近。与湖岸其他地方相比,这座州立公园设施齐全,但管制更严,游人也更多(车辆入园需缴费)。冬季适合越野滑雪,夏季适合徒步。7条弯弯曲曲的小路穿行其间。沿4号小路登上汤姆山(Mt Tom),能远眺芝加哥的高楼大厦。

西海滩 海滩

(West Beach; 376 N County Line Rd; 每辆车 $6; ⓒ8:00至日落)距离Gary最近的西海滩没有其他海滩那么拥挤,特色是许多自然徒步线路和小径。这里还是唯一配备救生员的海滩,还有一家零食吧,能眺望芝加哥的美景。

Pedal Power 骑车

(☎219-921-3085; www.pedalpowerrentals.com; 1215 Hwy 49; 每小时/天 $7/35; ⓒ5月下旬至10月上旬 周六和周日 9:00~19:00)这家装备店位于印第安纳沙丘游客中心旁边的一条死胡同上,出租自行车(包括头盔、车锁和地图)。2英里的沙丘-坎卡基小径(Dunes-Kankakee Trail)从这儿延伸到印第安纳沙丘州立公园。Pedal Power还提供团队游,比如Bike和Beach Yoga(每人 $20, 2小时);具体时间可查看其网站。

住宿

露营地非常普遍。沙丘边缘的公路旁边零星有几家中档连锁和经济型汽车旅馆。

Tryon Farm Guesthouse 民宿 $$

(☎219-879-3618; www.tryonfarmguesthouse.com; 1400 Tryon Rd; 房 $190; ✳@🐾☎)这家民宿有4个房间,坐落于密歇根城(Michigan City)附近一栋19世纪末20世纪初的农舍。清晨,你可以帮忙捡鸡蛋(甚至可以带一些回家)。接下来躺在吊床上,晃晃悠悠,安享花园风光。

就餐

★ Great Lakes Cafe 美式小馆 $

(☎219-883-5737; 201 Mississippi St; 主菜 $6~9; ⓒ周一至周五 5:00~14:30, 周六 6:00~12:30; 🅿)这家五彩缤纷的希腊家庭餐馆坐落在一家钢厂前面,钢厂工人们挤在这里吃便宜、丰盛的煎饼、烘肉卷、蝴蝶虾、培根核桃布朗尼,以及白色书写板上的各种当日特色菜。餐馆距离公路不远,快要抵达国家湖岸风景区时就能看到。

Lucrezia 意大利菜 $$

(☎219-926-5829; 428 S Calumet Rd; 主菜 $16~28; ⓒ周日至周四 11:00~22:00, 周五和周六至23:00)这里的几道意大利家常主食——奶油宽面(fettuccine Alfredo)、马沙拉酒酱牛肉、扇贝肉意粉,在切斯特顿最受欢迎。

❶ 实用信息

印第安纳沙丘游客中心(Indiana Dunes Visitor Center; ☎219-395-1882; www.indianadunes.com; 1215 Hwy 49; ⓒ6月至8月 8:00~18:00, 9月至次年5月 8:30~16:30)这里是游览沙丘最好的起点。工作人员会提供关于沙滩的详细信息,还有由公园护林员担任向导的步行及活动安排表,徒步、骑自行车和观鸟地图,以及关于该地区的基本信息。

❶ 到达和离开

印第安纳州收费公路(Indiana Toll Rd; I-80/90)、I-94、Hwy 12、Hwy 20和Hwy 49全都沿着湖岸而建。在路上找找指向沙丘方向的棕色大牌子就可以了。

Chicago-South Bend线路的南岸通勤火车前往该地区,在Dune Park和Beverly Shores停靠,上述车站至沙滩需要步行约1.5英里。

南本德（South Bend）

南本德是**圣母大学**（University of Notre Dame）所在地。你有时会听到某些地方的人们说，"橄榄球是这里的信仰"，在南本德指的就是圣母大学。这个能容纳8万人的体育场里有个"触地得分的耶稣"壁画（画的是复活后的耶稣基督双手抬起，这个姿势与裁判表示"触地得分"的手势惊人地相似）。这座著名的校园和市中心的老爷车博物馆都值得驻足。

◉ 景点和活动

斯蒂庞克国家博物馆 博物馆

（Studebaker National Museum；☎574-235-9714；www.studebakermuseum.org；201 S Chapin St；成人/儿童 $8/5；⊙周一至周六 10:00~17:00，周日 正午起）在这里驻足欣赏华丽的1956帕卡德（1956 Packard）汽车和其他经典靓车，这些汽车都产自斯蒂庞克汽车公司以前位于南本德的总部。三层楼摆满了闪亮的各式车辆，包括老式马车和军用坦克。大楼内部还有一座本地历史博物馆。入口位于Thomas St。

Notre Dame Tours 步行

（☎574-631-5726；www.nd.edu/visitors；111 Eck Center）**免费** 从埃克（Eck）游客中心出发，在美丽的大学校园步行2英里，用时75分钟。校园内有两个湖，在这栋哥特风格的建筑主楼顶部有一座标志性的金色圣母像。团队游时间不定，但不管怎样，周一至周五的10:00和15:00一般可以成行。

🛏 食宿

几家经济型和中档连锁酒店排列在圣母大学以北不远的US Business 31/Hwy 933（又名Dixie Way），紧邻印第安纳州收费公路（I-80/90）的77号出口附近，所在的地区被称为罗斯兰（Roseland）。秋季，如果举办圣母大学橄榄球赛，这里的住宿价格就会飙升。

大学附近的街道上遍布着大学咖啡馆和快餐店。市中心有一大片餐厅，主要是中档美式餐馆，当然也有一些泰国、日本、印度及其他菜式的餐馆。你可以逛逛Michigan St，挑选餐厅。

Morris Inn 酒店 $$

（☎574-631-2000；www.morrisinn.nd.edu；1399 N Notre Dame Ave；房 $185~215）这家酒店就位于圣母大学校园中央，有150个房间，深受校友喜爱。虽然金色和白色相间的房间风格拿不到什么前卫设计奖，但好在面积适中，非常舒适，有柔软的床铺和大卫生间。在酒店停车，每晚的收费是$20，不过在附近的书店停车是免费的（步行5分钟）。

★ Oh Mamma's on the Avenue 熟食店 $

（☎574-276-6918；www.facebook.com/OhMamma；1202 Mishawaka Ave；三明治 $6~8；⊙周二至周五 10:00~18:00，周六 9:00~16:00）这家可爱的小杂货店兼熟食店以烤三明治、本地奶酪（其中不乏美味的自制羊奶酪）、现烤面包、奶油甜馅煎饼卷和冰激凌为特色。服务员非常友好，会慷慨地让你试吃。可以在餐厅内的几张餐桌旁堂食或者打包带走。

> **另辟蹊径**
>
> ### 奥本（AUBURN）
>
> 老爷车爱好者应该前往奥本，那里曾经生产美国20世纪20年代和30年代最受欢迎的小汽车，这里的汽车博物馆令人印象深刻。
>
> **国家汽车和卡车博物馆**（National Automotive and Truck Museum；☎260-925-9100；www.natmus.org；1000 Gordon Buehrig Pl；成人/儿童 $10/5；⊙9:00~17:00，1月和2月 开放时间缩短）博物馆包罗万象，从玩具车到气泵再到老式卡车，应有尽有。
>
> **奥本考德杜森伯格博物馆**（Auburn Cord Duesenberg Museum；☎260-9251444；www.automobilemuseum.org；1600 S Wayne St；成人/儿童 $12.50/7.50；⊙9:00~17:00）这座博物馆在漂亮的装饰艺术风格建筑内展示一系列精美的早期敞篷车。
>
> I-69是通往城镇的主要州际公路。奥本位于Hwy 20以南约20英里处。

❶ 到达和离开

南本德的机场规模比想象中的大,有飞往芝加哥、底特律等地的航班。机场还是往返芝加哥的南岸通勤火车的站点之一(单程 约$13)。如果乘坐汽车,印第安纳州收费公路(I-80/90)和Hwy 20是主要进城路线。

印第安纳州阿米什社区 (Indiana Amish Country)

希普什瓦纳(Shipshewana)和米德尔伯里(Middlebury)是美国第三大的阿米什社区。马儿拉着轻便马车嗒嗒前行,留着长须的男人在平整的田间用手工农具耕作。此处距离州界不远,却是完全不同的世界。

你可以在两个城镇之间选一条小路,慢慢地走着。你会不时地看到有人在自家门廊上售卖蜂蜡蜡烛、被子和新鲜的农副产品,这可比那些主干道上的游客商店和餐厅强多了。注意:大多数营业场所周日停业。这里的特色是家庭民宿和乡村旅馆,大多为经济型或中档型住宿场所,所以到这就别想着住时髦奢侈的酒店了。阿米什特色美食有鸡肉和面条、烤牛排、烤牛肉和各种各样口味的现烤馅饼。希普什瓦纳段的Hwy 5(又称Van Buren St)旁边有无数民间风味餐厅,不过有的餐厅游客极多。

❶ 实用信息

埃尔克哈特县会议旅游局(Elkhart County Convention & Visitors Bureau; www.amishcountry.org)有地图和可以下载的指南。

❶ 到达和离开

印第安纳州收费公路(Indiana Toll Rd; I-80/90)经该地区向北延伸。Hwy 20经过该地区向南,连接米德尔伯里和希普什瓦纳(相距约7英里)。

俄亥俄州(OHIO)

好了,现在来个俄亥俄州知识小测验。在七叶树州(Buckeye State),你可以做什么?(1)乘马车游览美国最大的阿米什社区;(2)乘坐世界最高的过山车感受疯狂;(3)去农场品尝新鲜的奶昔;(4)研究地球上一座巨大而神秘的蛇雕塑。答案是以上都对。如果你认为俄亥俄州是个乡土气息浓重的地方,那就太伤当地人的心啦。来吧,给俄亥俄州一个机会。除了上述活动,你还可以去辛辛那提(Cincinnati)品尝辣酱面,或者去克利夫兰蹦迪。

❶ 实用信息

俄亥俄旅游局(Tourism Ohio; www.ohio.org)
俄亥俄公路路况(Ohio Highway Conditions; www.ohgo.com)
俄亥俄州立公园信息(Ohio State Park Information; ☎614-265-6561; http://parks.ohiodnr.gov)州立公园免费游览,有些还提供免费Wi-Fi。帐篷和房车营地收费$19~41,接受预订(☎866-644-6727; www.ohiostateparks.reserveamerica.com;预订费$8)。

克利夫兰(Cleveland)

这座城市够不够摇滚?这个疑问仍未得到回答。从工人阶层形成的城市根基汲取了力量,克利夫兰近年拼命想要得到一个肯定的答案。第一步是控制城市衰退和"河面着火"这样的事情。凯霍加河(Cuyaboga)过去污染严重,这儿的河面曾经真的烧起来了。第二步,增加城市的魅力,建立了摇滚乐名人堂(Rock and Roll Hall of Fame)。第三步,清理市中心的公共区域,建造时尚的酒店和餐馆。现在,这座坚毅的城市取得了长足的进步。甚至勒布朗·詹姆斯(LeBron James)都认为克利夫兰的变化日新月异,值得一再前来。

◎ 景点

克利夫兰的中心是公共广场(Public Sq),广场上的Terminal Tower很显眼,还有一座带来滚滚财源的赌场。大多数景点位于市中心的湖边或位于大学圈[University Circle,包括凯斯西储大学(Case Western Reserve University)、克利夫兰诊所(Cleveland Clinic)和一些其他机构。大学圈在市中心以东5英里处,大学圈里的几个景点互相之间距离不远,步行即可到达。没有车?乘坐Health Line公交车,在Adelbert站下车即可。这个街区的北部是住宅区（Uptown）。

★摇滚乐名人堂　　　　　　　博物馆

（Rock and Roll Hall of Fame & Museum；216-781-7625；www.rockhall.com；1100 E 9th St；成人/儿童 $23.50/13.75；10:00~17:30，6月至8月 周三和周六 至21:00）克利夫兰这个最重要的景点就像是个塞满有趣物品的阁楼：Jimi Hendrix的Stratocaster牌吉他、Keith Moon的厚底鞋、约翰·列侬的Sgt Pepper外套和一封1966年由一个斐济人写给滚石乐队的诅咒信。这里不只有纪念物品，还有不少多媒体展览，追溯摇滚乐历史，介绍摇滚乐的社会环境和摇滚乐的缔造者们。

为什么要在克利夫兰修建摇滚乐名人堂呢？因为这是Alan Freed的故乡，正是这位DJ在20世纪50年代早期使"摇滚"这个词家喻户晓。另一个原因是该城市为了把这座博物馆建在这里做了大力游说，并为此花费了巨资。参观者很多，13:00之前人尤其多，你要做好心理准备。

★克利夫兰艺术博物馆　　　　博物馆

（Cleveland Museum of Art；216-421-7340；www.clevelandart.org；11150 East Blvd；周二至周日 10:00~17:00，周三和周五 至21:00）**免费** 克利夫兰这座巨大的艺术博物馆收藏着大批欧洲绘画以及非洲、亚洲和美洲艺术品。直奔二楼，欣赏印象派、毕加索和超现实主义的杰作。馆内到处都安装着互动触摸屏，寓教于乐。入口处附近的第一展区（Gallery One）有该博物馆的亮点简介，信息很全面。博物馆的中庭阳光充足，光彩炫目，免费的团队游13:00就从这里出发。

五大湖区科学中心　　　　　　博物馆

（Great Lakes Science Center；216694-2000；www.greatscience.com；601 Erieside Ave；成人/儿童 $15/12；周一至周六 10:00~17:00，周日 正午开馆，9月至次年5月 周一闭馆；）美国10家设有NASA（美国航天局）附属机构的博物馆之一。五大湖区科学中心为参观者深度讲解了火箭、月球岩石和1973年结束任务的阿波罗飞船，此外还有关于五大湖区环境问题的展览。

湖景公墓　　　　　　　　　　墓地

（Lakeview Cemetery；216-421-2665；www.lakeviewcemetery.com；12316 Euclid Ave；7:30~19:30）从大学圈往东走。这个"室外博物馆"包罗万象，詹姆斯·加菲尔德（James Garfield）前总统就长眠在一座巨大得令人瞠目的塔楼中（对十一位任期仅6个月的总统来说这可真够风光的了）。

The Flats　　　　　　　　　水滨

The Flats从前是一个工业区，后来摇身变成凯霍加河边多姿多彩的夜生活中心。被荒弃了几年之后，这里又再度兴起。东岸（East Bank）修建了水滨木板道、时尚的餐馆、酒吧和户外音乐场地。西岸（West Bank）有些不修边幅，而且更为广阔，有一家旧车库改建的啤酒和葡萄酒酿酒厂、一座滑板公园和几家复古的平价酒吧。

🛏 住宿

★Cleveland Hostel　　　　青年旅舍 $

（216-394-0616；www.theclevelandhostel.com；2090 W 25th St；铺/房 $28/71起）这家青年旅舍位于俄亥俄城，距离RTA车站和西区市场仅数步之遥，简直好极了。15个房间既有宿舍也有独立客房。所有的房间都有蓬松的床褥、色彩柔和的新刷墙漆和可爱的古董装饰品。方便社交的屋顶露台、大厅现磨咖啡馆和免费停车场都为这家旅舍锦上添花，难怪这里总是客满。

★Kimpton Schofield Hotel　　酒店 $$

（216-357-3250；www.theschofieldhotel.com；2000 E 9th St；房 $180~260；P❄🛜🐕）酒店所在的市中心建筑始建于1902年，后经过修复；Schofield适合有独特品味的人前来入住。房间宽敞，还有时髦的艺术品（比如玩具车的版画）、色彩斑斓的钟表和装饰艺术风格的灯具和椅子。便利设施有可以免费借用的自行车、每晚的免费葡萄酒社交时段，以及在店内即兴演奏时可以免费借用的木吉他。停车费用 $36。

Glidden House　　　　　　精品酒店 $$

（216-231-8900；www.gliddenhouse.com；1901 Ford Dr；房 $160~190；P❄🛜）法式和哥

特式杂糅、兼容并蓄风格的建筑，前身曾是Glidden家族（靠制造颜料发家）的宅邸，如今被改建成有60间客房的优雅酒店。公共区域有很多绿色植物，房间的装饰则更加低调。酒店位于大学圈，步行即可前往各个博物馆。

Hilton Garden Inn　　　　　　酒店 $$

（☎216-658-6400; www.hiltongardeninn.com; 1100 Carnegie Ave; 房 $129~179; P✸@☎☒）并无特别之处，但房内有舒适的床铺、Wi-Fi接入点和小冰箱，性价比很高。紧邻棒球公园。停车费$18。

✕ 就餐

名厨坐镇的最佳用餐场所集中在E 4th St、俄亥俄城和特里蒙特。想吃民族菜式，可以前往小意大利和亚洲城。

✕ 市中心

灯火通明的E 4th St有多家出色的就餐选择。由Payne Ave、St Clair Ave、E 30th St和40th St围成的亚洲城（Asiatown）紧邻市中心东侧一条热闹的小路。那里有几家中国、越南和韩国餐馆。

Noodlecat　　　　　　　　　　面条 $

（☎216-589-0007; www.noodlecat.com; 234 Euclid Ave; 主菜 $10~12; ⊙11:00~21:00）这家餐馆的面条将日式和美式风味结合在一起。食客可以大口品尝素咖喱乌冬面、辣章鱼乌冬面、脆皮培根拉面和炸鸡拉面。

Lola　　　　　　　　　　　　美国菜 $$$

（☎216-621-5652; www.lolabistro.com; 2058 E 4th St; 主菜 $29~40; ⊙周日至周四17:00~22:00，周五和周六 至23:00）当地男孩Michael Symon以身上的刺青、在Food Network TV上频频出镜和荣获多项国家大奖而闻名，他开办了Lola，使克利夫兰在美食界占有了一席之地。虽然菜单根据时令更换，但泡菜汁烤腹肉牛排和薄荷根菜炖羊腿等菜肴一定不会让你失望。外观亮丽的酒吧和开放式厨房增添了几分气派。

如果你喜欢老板的厨艺，但又想要更悠闲的环境和更低廉的价位，可以顺着4th St走到以北几门之隔的Mabel's BBQ，那儿是他开的牛腩和波兰熏肠小吃店。

✕ 俄亥俄城和特里蒙特 (Ohio City & Tremont)

俄亥俄城（尤其是W 25th St沿线）和特里蒙特在市中心以南的I-90州际公路沿线，许多时尚的新餐馆如雨后春笋般大量涌现。

Barrio　　　　　　　　　　墨西哥菜 $

（☎216-999-7714; www.barrio-tacos.com; 806 Literary St; 玉米饼 $3~4; ⊙周一至周六16:00至次日2:00，周五及周日11:00开门）这个小规模连锁品牌在特里蒙特的分店总能吸引大批崇尚"自创"玉米塔克饼的当地年轻人。玉米塔克饼的馅料从泰国辣豆腐到家常西班牙腊肠无所不包。梨子、青椒和口味不凡的玛格丽特鸡尾酒更增加了就餐乐趣。

Mitchell's Ice Cream　　　　　冰激凌 $

（☎216-861-2799; www.mitchellshomemade.com; 1867 W 25th St; 每个球 $3.50~5; ⊙周日至周四 11:00~22:00，周五和周六 至23:00; ♪）这个冰激凌店由一座旧影院改建而成。可以透过大玻璃窗看看工作人员如何调制出丰富的口味。这里供应的冰激凌奶味十足，素食选择也相当出色。

✕ 小意大利和考文垂 (Little Italy & Coventry)

这两个相邻的地区是在大学圈逛街逛累了之后最重要的餐饮"加油站"。热闹的小意大利离得最近，就在Mayfield Rd、湖景公墓（Lake View Cemetery）附近（寻找一下Rte 322路标）。气氛轻松的考文垂村（Coventry Village）紧邻Mayfield Rd。

Presti's Bakery　　　　　　　面包房 $

（☎216-421-3060; www.prestisbakery.com; 12101 Mayfield Rd; 烘焙类 $2~6; ⊙周一6:00~19:00，周二至周四 至21:00，周五和周六 至22:00，周日 至16:00）来宽敞、明亮的Presti's尝尝最受欢迎的三明治和诱人的酥皮点心吧。

Tommy's　　　　　　　　　各国风味 $

（☎216-321-7757; www.tommyscoventry.

com; 1824 Coventry Rd; 主菜 $8~13; ⊙周日至周四 9:00~21:00, 周五 9:00~22:00, 周六 7:30~22:00; ⓟ♪)能做豆腐、仿荤菜和其他老式素食, 荤菜种类也很多。

🍷 饮品和夜生活

特里蒙特遍布时髦的酒吧, 而俄亥俄城则有许多自酿酒馆。市中心的酒吧和夜店都集中在年轻而激情四射的仓库区(Warehouse District, 即W 6th St周边)和重新恢复活力的Flats。大多数酒吧营业至凌晨2点。

★ Platform Beer Co　　　自酿酒吧

(📞216-202-1386; www.platformbeerco.com; 4125 Lorain Ave; ⊙周一至周四 15:00至午夜, 周五 15:00至次日2:00, 周六 10:00至次日2:00, 周日 10:00~22:00)Platform品酒室中的银色酒桶周围, 聚集着各年龄段的时尚人群, 他们来这里畅饮每品脱$5~6的创意塞森(saison)啤酒、淡色艾尔啤酒等各种佳酿。天气暖和的时候, 所有人都会坐在外边露台的野餐桌旁。酒吧位于俄亥俄城南端, 位置稍有些偏, 但酒吧外边有共享自行车站点, 非常方便。

Great Lakes Brewing Company　　自酿酒吧

(📞216-771-4404; www.greatlakesbrewing.com; 2516 Market Ave; ⊙周一至周四 11:30至午夜, 周五和周六 至次日1:00)自酿啤酒荣获过多项大奖。除了美酒, 这家酒吧还有一个历史典故: 法官Eliot Ness在这里被歹徒枪杀——可以请酒保为你指出子弹在墙上留下的洞。

Millard Fillmore Presidential Library　　酒吧

(📞216-481-9444; 15617 Waterloo Rd; ⊙周一至周六 16:00至次日2:30, 周日 至次日0:30)告诉朋友们你要去这个"图书馆(Library)", 他们一定会对你的求知若渴惊叹不已。等到他们知道这家"图书馆"其实是一家供应精酿啤酒的桌球酒吧时, 他们一定会更加惊讶。酒吧位于发展正迅速的科林伍德街区。顺便说一句, 菲尔莫尔(Fillmore)是美国第十三任总统, 来自纽约, 这个名字放在酒吧名称中也不赖。

Jerman's Cafe　　酒吧

(📞216-361-8771; 3840 St Clair Ave NE; ⊙周一至周六 10:00至次日1:00)Jerman's是克利夫兰第二古老的酒吧。1908年, 斯洛文尼亚移民约翰·耶尔曼(John Jerman)开了这家酒吧, 至今还由他的家族经营。这是一家很棒的老派酒吧, 压塑镀锌的天花板, 电视上播放着印度棒球比赛的画面, 只有几种桶装啤酒(通常是德国拉格啤酒)。友好的酒吧招待和老顾客非常乐于和你分享他们过去的故事。

☆ 娱乐

Gordon Square Arts District在W 56th St和W 69th St之间的Detroit Ave沿线, 即市中心以西数英里处, 有几家不错的剧院、现场音乐表演场所和咖啡馆。

演出安排请见*Scene*(www.clevescene.com)和每周五发行的*Plain Dealer*(www.cleveland.com)版面。

★ Happy Dog　　　现场音乐

(📞216-651-9474; www.happydogcleveland.com; 5801 Detroit Ave; ⊙周一至周三 16:00至次日0:30, 周四和周日 11:00至次日0:30, 周五和周六 11:00至次日2:30)在Gordon Sq广场区, 你可以一边吃着热狗, 一边观看乐队、DJ、说书人蹩脚的现场表演或科学讲座。这里有50种热狗配料可供选择, 有的好吃(如黑松露), 有的不那么好吃(花生酱加糖豆)。

Severance Hall　　　古典音乐

(📞216-231-1111; www.clevelandorchestra.com; 11001 Euclid Ave)Severance Hall在大学圈的博物馆之间, 是著名的克利夫兰交响乐团(Cleveland Symphony Orchestra)的演出地点(演出季为8月至次年5月)。音乐厅本身也是一座装饰艺术风格和古典风格完美融合的建筑。

Progressive Field　　　棒球

(📞216-420-4487; www.indians.com; 2401 Ontario St)印第安人队(也称"印第安部落队")在这里打球。这座球场非常开阔, 视线极好, 是观看比赛的好地方。

ⓘ 实用信息

Destination Cleveland (www.thisiscleveland.com) 官方网站, 推特上列出每天的活动安排。

游客中心（216-875-6680；334 Euclid Ave；周一至周六 9:00~18:00）员工提供地图，还帮你预订。还有一家附属的温馨且洋溢着艺术气息的纪念品商店。

Cool Cleveland（www.coolcleveland.com）艺术和文化的最新动向。

俄亥俄城（Ohio City www.ohiocity.org）周边的餐饮去处。

Tremont（www.tremontwest.org）餐饮和画廊信息。

❶ 到达和当地交通

克利夫兰霍普金斯国际机场（Cleveland Hopkins International Airport，简称CLE；www.clevelandairport.com；5300 Riverside Dr）在市中心西南方向11英里处，乘坐红线火车（Red Line train，$2.50）可到市中心。乘坐出租车从机场到市中心约$35。

灰狗巴士（216-781-0520；www.greyhound.com；1465 Chester Ave）从市中心出发，开往芝加哥（7.5小时）和纽约市（13小时），班次频繁。**Megabus**（Megabus；www.megabus.com/us；2115 E 22nd St）也有车次开往芝加哥，票价通常比灰狗便宜。

开往芝加哥（7小时）和纽约市（13小时）的**美国国家铁路公司**（216-696-5115；www.amtrak.com；200 Cleveland Memorial Shoreway）每天一趟。

地区交通局（Regional Transit Authority；www.riderta.com）运营的红线火车连接机场和俄亥俄城。该公司运营的HealthLine公交车连接市中心和大学圈的博物馆。票价$2.50，一日通票 $5.50。还有环绕市中心核心商业区和娱乐区的免费电车。

UH Bikes（www.uhbikes.com）是克利夫兰的共享自行车，有25处站点和250辆自行车，大多在市中心和大学圈。骑行30分钟的费用为$3.50。

需要出租车的话，致电**Americab**（216-881-1111）。

伊利湖岸风景区和岛屿（Erie Lakeshore & Islands）

夏季，伊利湖岸风景区是俄亥俄州最热闹也是物价最高的地区之一。划船的人惬意享乐，胆子大的人乘坐过山车，户外运动爱好者骑自行车和划皮划艇。旺季从5月中旬一直持续到9月中旬，之后所有的营业场所几乎全部关闭。

巴斯群岛（Bass Islands）

在1812年的伊利湖战役（Battle of Lake Erie）中，佩里（Perry）上将在**南巴斯岛**（South Bass Island）附近遭遇了英国敌舰，果断将其击败。这次战役的胜利使五大湖南部的所有土地都归属了美国，而不是加拿大。然而，在夏日周末熙熙攘攘的**普丁贝**（Put In Bay），谁还会去理会历史呢？普丁贝是岛上

不 要 错 过

雪松角娱乐公园的恐怖过山车

全世界最好的游乐园之一，**雪松角娱乐公园**（Cedar Point Amusement Park；419-627-2350；www.cedarpoint.com；1 Cedar Point Dr；成人/儿童 $67/45；6月至8月 8:00起，9月和10月 周五 18:00至午夜，周六和周日 11:00起）以17座令人胆寒的过山车而闻名，包括全球最高、速度最快的云霄飞车（Top Thrill Dragster）。最高处高达420英尺，到最高点后突然以120英里的时速下落。Valravn是世界上最长的"跳水"过山车，带着乘客以90度角俯冲214英尺。而轨道呈翅膀形状的"守门人"（GateKeeper）过山车回旋、侧转、倒挂，带着游客体验全世界最高的倒悬（意味着你大多数时间都是头朝下的）。如果上面这些设施和其他惊险刺激的过山车还不能让你感到满足，那么公园周围还有美好的沙滩、水上公园和一连串老式的梦幻游乐设施。这个公园距离Sandusky约6英里。提前在网上买票可以省钱。停车费$15至$18。

免费的雪松角App值得下载，里面有一项方便的功能，可以列出每种设施的目前等候时间。注意，有些项目的等待时间需要90分钟甚至更长。

的主要城镇和狂欢之处,挤满了乘船的人、餐馆和商铺。去更远处,你会发现有不少适合露营、钓鱼、划皮艇和游泳的地方。巴斯群岛南部已经开发成熟,有各种旅馆、民宿、汽车旅馆和度假村。州立公园有露营地。

数量众多的餐馆集中在普丁贝中心的Bay View、Catawba和Delaware Ave。你可以在其间轻松步行,随意挑选。

◎ 景点和活动

佩里胜利和国际和平纪念碑 纪念碑

(Perry's Victory and International Peace Memorial; www.nps.gov/pevi; 93 Delaware Ave; 成人/儿童 $5/免费; ⊙5月中旬至10月中旬 10:00~18:00) 352英尺的多利安式柱子是一处独特的景点。登上瞭望台,俯瞰伊利湖战役战场遗址,天气晴朗的话,还能看到加拿大,不过由于纪念碑翻新,你得等到2018年夏季才能看到。

南巴斯岛州立公园 州立公园

(South Bass Island State Park) 免费 位于岛屿西南端的白色悬崖顶端,公园平缓地向下延伸,直至一座渔码头、小岩滩和出租水上摩托艇和汽艇的摊位。拥有120处露营位的营地(露营位$17至$32)挤满了狂欢的人群。

Kayak the Bay 划皮划艇

(☎419-967-0796; www.kayakthebay.net; Bayview Ave; 单人/双人皮划艇 每2小时 $25/45; ⊙5月下旬至8月 10:00~20:00, 9月 周一至周五 正午至18:00) 可在港湾划船或出发环岛游览。另外提供导览游(每人 $40至$50),包括落日远足;提前打电话预约。

🛏 住宿

Ashley's Island House 民宿 $$

(☎419-285-2844; www.ashleysislandhouse. com; 557 Catawba Ave; 房 $110~195; ⊙11月至次年3月 歇业; 率) Ashley's Island House有12个房间,19世纪末海军军官曾在此下榻。硬木地板、结实的家具和色彩鲜艳的被褥为房间增添了一种温馨的感觉。出租自行车和高尔夫球车。

🍷 饮品和夜生活

Beer Barrel Saloon 酒吧

(☎419-285-7281; www.beerbarrelpib.com; 324 Delaware Ave; ⊙11:00至次日1:00) Beer Barrel Saloon是个宽敞的酒吧,吧台长达406英尺。套餐中含观赏现场乐队表演和果冻。

ℹ 实用信息

普丁贝商会 (Put-in-Bay Chamber of Commerce; www.visitputinbay.com) 提供关于活动和住宿的信息。

ℹ 到达和离开

两家渡轮公司定期发船连接大陆和岛上。**Jet Express** (☎800-245-1538; www.jet-express. com; 3 N Monroe St) 客轮(只载人)从克林顿港(Port Clinton) 直达普丁贝(单程成人/儿童 $18/3, 30分钟)。两处码头都有能停放游客车辆的停车场(停车费每天$12)。**Miller Ferries** (☎800-500-2421; www.millerferry.com; 5174 E Water St) 的渡轮能搭载机动车,是最划算的选择。船只从更远的Catawba(单程成人/儿童 $7/1.50, 小汽车$16)出发,每30分钟一趟,航程20分钟。这家公司还有船开往**中巴斯岛** (Middle Bass Island),从南巴斯岛到中巴斯岛的一日游很不错,后者既有天然美景,又很安静。

凯利斯岛 (Kelleys Island)

幽静、葱郁的凯利斯岛是一个周末休闲的好地方,特别适合全家人游玩。岛上有精致的19世纪建筑、印第安人的壁画、迷人的沙滩和冰河时代留下的地表凹槽痕迹。就连从前的采石厂也是一道风景。

◎ 景点和活动

凯利斯岛州立公园 州立公园

(Kelleys Islands State Park) 免费 这座公园有一个可容纳127个露营位的热门露营地(露营位$17~32)、鸟儿飞来飞去的6英里徒步小径,以及岛屿北端的僻静沙滩。这里最受家庭喜爱。

冰川槽 自然景点

(Glacial Grooves; ⊙日出至日落) 免费 这里的石灰岩深沟——大约18,000年以前的冰

川磨损处——是全世界最大和最容易到达的冰川槽。从走道和台阶往下看，小心这里的400英尺长，35英尺宽，深达10英尺的断层泥。

碑文石-岩画　　　　　　　　　　岩石艺术

(Inscription Rock Petroglyphs; ⊗日出至日落) 免费 美洲原住民曾经将这座岛屿用作猎场，1200年至1600年的某个时段，他们在岛屿南岸的巨石上刻下了符号作为记录。

Caddy Shack Square　　　　　　　　骑车

(☎419-746-2664; www.caddyshacksquare.com; 115 Division St; ⊗10:00至日落) 租自行车（每小时/天 $4/24）或高尔夫球车($11/88)快速游遍岛屿。所在的娱乐中心还有18洞迷你高尔夫球场、电子游戏厅、比萨餐厅和娱乐酒吧。

🛏 食宿

Inn on Kelleys Island　　　　　　民宿 $$

(☎419-746-2258; www.innki20.wixsite.com/innofkelleysisland; 317 W Lakeshore Dr; 房间$95~125) 这栋1876年的维多利亚式住宅属于岛上的长住居民。这里是一家有4个房间的老式民宿：金属框架床上摆放着被褥，还有摇椅、坚固的古董装饰和共用卫生间。

Village Pump　　　　　　　　　酒馆食品 $$

(☎419-746-2281; www.villagepumpkioh.com; 103 W Lakeshore Dr; 主菜 $14~26; ⊗3月至12月 11:00~23:00; 🍴) 在这家老派酒馆里找张桌子或凳子坐下，尽情享受这里的煎鲈鱼、龙虾汤和汉堡吧。巧克力味的Brandy Alexander是店内的特调鸡尾酒，不妨点一杯在此小酌。

ⓘ 实用信息

凯利斯岛商会(Kelleys Island Chamber of Commerce; www.kelleysislandchamber.com) 提供关于住宿、餐馆和活动的有用信息。

ⓘ 到达和离开

凯利斯岛渡轮(Kelleys Island Ferry; ☎419798-9763; www.kelleysislandferry.com; 紧邻W Main St) 从小村Marblehead出发（单程成人/儿童 $10/6.25, 小车 $16），每小时1趟（夏季每半小时一

值得一游

皮利岛(PELEE ISLAND)

皮利岛属于加拿大，是伊利湖诸岛最大的岛屿，绿意盎然，安详宁静，适合喜爱红酒和观鸟的人。**Owen Sound Transportation Co** (www.ontarioferries.com)运营的渡轮（单程成人/儿童 $13.75/6.75, 小汽车 $30) 从Sandusky开往皮利岛，然后继续开往安大略的内陆。通过网站www.pelee.com查询住宿和游览方面的信息。

班），每趟单程约20分钟。**Jet Express** (☎800-245-1538; www.jet-express.com; 101 W Shoreline Dr)的船只从Sandusky（单程成人/儿童 $18/4.75, 仅载客）出发，经南巴斯岛（单程成人/儿童 $13/3, 仅载客）前往普丁贝，航程25分钟。两趟渡轮都抵达凯利斯岛市中心（Jet Express抵达Division St末端，Kelleys Island Ferry抵达Seaway Marina以东约半英里处）。

俄亥俄州阿米什社区 (Ohio Amish Country)

韦恩镇（Wayne）和霍姆斯镇（Holmes）是美国最大的阿米什社区。来到这两个镇，好像进入了时光隧道，来到前工业时代。

阿米什人是保守的荷兰－瑞士宗教教派的后裔，于18世纪移居到美国，几个世纪以来一直在不同程度上沿袭着祖先的ordnung（生活方式）。许多人遵守规定，坚持不用电、电话或机动车。他们穿着传统服装，用犁和骡子耕地，坐马车到教堂做礼拜。当然也有一些教徒不是那么严格。

遗憾的是，这个本来很宁静的小世界经常被成群结队的旅游大巴打扰。很多阿米什人愿意赚外来游客的钱，但是这不等于他们接受拍照——在他们看来，照相是一种禁忌。在这里开车要小心，因为路很窄，而且弯弯曲曲的。

⊙ 景点

位于Rte 52路边的汲沦（Kidron）是一个很好的出发点。南边不远处的柏林

（Berlin）是该地区的中心，有许多小商店。**米勒斯堡**（Millersburg）是本地最大的城市，与阿米什社区相比甚至更加古色古香。Hwy 62连接柏林和米勒斯堡。

沿一条大路往远处走，转上Rte 557或Rd 70乡村公路，两条路都蜿蜒穿过田野通往柏林以南约5英里处的**查姆**（Charm）。

汲沦拍卖会 市场

（Kidron Auction；www.kidronauction.com；4885 Kidron Rd, Kidron；◎周四 10:00开门）每逢周四，跟着Lehman's商店门前路上的马车队进入畜棚。干草的拍卖时间是10:15，奶牛拍卖是11:00，猪拍卖是13:00。畜棚四周的跳蚤市场出售非家畜类商品。

Lehman's 市场

（☎800-438-5346；www.lehmans.com；4779 Kidron Rd, Kidron；◎周一至周六 9:00~18:00，1月至5月 至17:00）Lehman's是一个必去之地。这里出售的东西看起来很现代，但都不需要用电。集市所在的地方是一个占地面积32,000平方英尺的谷仓。可以来这里看看上发条的手电筒、烧柴的炉子和手摇柄绞肉机。

Heini's Cheese Chalet 工厂

（☎330-893-2131；www.heinis.com；6005 Hwy 77, Berlin；◎周一至周六 8:00~18:00，1月至4月 至17:00）**免费** Heini's生产50多种奶酪。在这里了解阿米什农夫每天如何人工挤牛奶并用泉水（而非冰箱）冷藏牛奶，然后出售。敞开肚子品尝，再欣赏一下这里有趣的《奶酪制作史》（History of Cheesemaking）壁画。11:00之前来参观，可以从工厂的大窗户看到工人们切割凝乳。

Yoder's Amish Home 农场

（☎330-893-2541；www.yodersamishhome.com；6050 Rte 515, Walnut Creek；团队游成人/儿童 $12/8；◎4月下旬至10月下旬 周一至周六 10:00~17:00；P）你可以在这个阿米什农场参观当地人家和只有一间教室的学校，还可以乘坐马车穿越田野。

食宿

Guggisberg Swiss Inn 酒店 $$

（☎330-893-3600；www.guggisbergswissinn.com；5025 Rte 557, Charm；房 $110~140；P ❄）24间整洁明亮的小房间配备寝具和浅色木家具。酒店里还有一个做奶酪的装置和一个马厩（客人可以骑马）。

Hotel Millersburg 历史酒店 $$

（☎330-674-1457；www.hotelmillersburg.com；35 W Jackson St, Millersburg；房 $79~149；P ❄）建于1847年，原本是一个供驿使下榻的小酒店。如今保留着26间简单的客房，楼下是一个现代化的餐厅兼酒吧（在阿米什社区里能喝到啤酒的地方没几个，这里就是其中一家）。

★ Boyd & Wurthmann Restaurant 美国菜 $

（☎330-893-3287；www.boydandwurthmann.com；4819 E Main St, Berlin；主菜 $6~12；◎周一至周六 5:30~20:00）这里有车轮那么大的煎饼、23种口味的派、馅料厚厚的三明治和诸如农家炸肉排之类的阿米什特色食物吸引着当地人和游客。只收现金。

Mrs Yoder's Kitchen 美国菜 $

（☎330-674-0922；www.mrsyoderskitchen.com；8101 Rte 241, Mt Hope；主菜 $11~14；◎周一至周六 7:00~20:00）Mrs Yoder's位置稍微有点偏僻，装修朴素，但却是享用精良的阿米什菜式的一流用餐选择。可以单点的主菜有婚礼牛排（牛肉先煎，再加蘑菇酱油烘烤）等，或者吃自助餐，在盘子里堆满多汁的炸鸡、罐炖肉和土豆泥。

❶ 实用信息

霍姆斯镇商会（Holmes County Chamber of Commerce；www.visitamishcountry.com）

❶ 到达和当地交通

阿米什社区位于克利夫兰（以南80英里）和哥伦布（西南100英里）之间。I-71和I-77在该地区的两侧，分别通向西边和东边，但要抵达各个小镇，你只能离开主路，在一连串狭窄、曲折的小路上行驶。

哥伦布（Columbus）

俄亥俄州的首府兼最大城市——哥伦布

没什么大型景点，也缺乏几分粗犷的味道，但这里的美食和艺术精彩得出乎意料，足以弥补上述不足。更让人高兴的是，受俄亥俄州立大学（Ohio State University，美国第二大的大学）59,000多名学生的影响，哥伦布市物价水平并不高。除此之外，近年来，哥伦布市的同性恋人口稳步增长。

◉ 景点和活动

维斯纳艺术中心 —— 艺术中心
（Wexner Center for the Arts; ☎614-292-3535; www.wexarts.org; 1871 N High St; $8; ⊙周二、周三和周日11:00~18:00，周四至周六 至20:00）这个校园里的艺术中心，有先锋艺术展览、电影放映，还有演出。

Columbus Food Tours —— 饮食
（☎614-440-3177; www.columbusfoodadventures.com; 团队游$55~60）导游带领游客进行美食之旅，路线按照社区或主题的不同（玉米塔克饼餐车、甜品、咖啡）而分类，有些线路步行即可，有些则需要乘车。游览大多需要3~4小时。

🛏 食宿

Marriott Residence Inn —— 酒店 $$
（☎614-222-2610; www.marriott.com; 36 E Gay St; 房$149~239; 🅿❉@🛜）在市中心一个极好的位置，离餐饮、娱乐、购物等场所都很近。所有客房都是配备全套厨具的套房。客人们在银行旧址的拱形大厅里吃精致的免费自助早餐。停车费$24。

Le Méridien Columbus, The Joseph —— 精品酒店 $$$
（☎614-227-0100; www.lemeridiencolumbus.com; 620 N High St; 房$240~310; 🅿❉🛜）The Joseph是一栋立体主义风格的超酷建筑，位于Short North。大厅基本与画廊无异，展出的作品来自一个街区之隔的当代艺术馆——皮祖蒂展览馆（Pizzuti Collection）。有135个房间，面积适中，装饰低调而现代，以白色和灰褐色为主色。室内Wi-Fi每天收费$10~15；停车费$30。免费自行车是个不错的选择。

德国村（GERMAN VILLAGE）：哥伦布，俄亥俄州

德国村位于市中心以南半英里处，是一个经过修复的19世纪街区，面积很大，所有的建筑都是砖砌的。村中有啤酒大厅、鹅卵石街道、摆满艺术雕塑的公园以及意大利风格和安妮女王时期风格的建筑。

★ Skillet —— 美国菜 $
（☎614-443-2266; www.skilletruf.com; 410 E Whittier St; 主菜$12~16; ⊙周三至周日8:00~14:00）🍴这家极小的餐馆位于德国村，供应质朴的家常菜，早餐原料产自当地。菜单经常更换，但总归会有煎肉桂卷或卤汁玉米粉扒猪脸。店内常人满为患，而且不能预订，但周末可以提前打电话（到达前30分钟），把自己的名字加入等位名单。

Schmidt's —— 德国菜 $
（☎614-444-6808; www.schmidthaus.com; 240 E Kossuth St; 主菜$11~16; ⊙周日至周四11:00~22:00，周五和周六 至23:00）在德国村，出售各种老式美食，例如香肠和炸肉排等，但别忘了留点肚子，品尝一下让人惊叹的重达半磅的奶油泡芙。Oompah乐队每周三至周六在店里演出。

🍷 饮品和夜生活

Little Rock Bar —— 酒吧
（☎614-824-5602; www.littlerockbar.net; 944 N Fourth St; ⊙周二至周四16:00至次日1:00，周五16:00至次日2:00，周六正午至次日2:00，周日正午至午夜）低矮的砖楼曾经是加油站，如今则变身漂亮的街区小酒吧和音乐场所。30种桶装啤酒（大约半数产自俄亥俄州），最适合伴着免费的自动点唱机的曲调啜饮。大多数夜晚，都有本地创作歌手、DJ或其他演艺人士登台演出。

☆ 娱乐

亨廷顿公园 —— 棒球
（Huntington Park; ☎614-462-2757; www.

clippersbaseball.com; 330 Huntington Park Lane）这里是哥伦布快艇队[Columbus Clippers；克利夫兰印第安人队（Cleveland Indians）的小联盟球队]在市中心的主场。

俄亥俄体育馆 　　　　　　　　　　橄榄球
（Ohio Stadium；800-462-8257；www.ohiostatebuckeyes.com; 411 Woody Hayes Dr）秋季的周六，俄亥俄州七叶树队（Buckeyes）在充满传奇色彩的马蹄形的俄亥俄体育馆打比赛，现场观众如潮。届时更有105,000人在全城各处狂欢。

❶ 实用信息

哥伦布市会议旅游局（Columbus Convention & Visitors Bureau；866-397-2657；www.experiencecolumbus.com; 277 W Nationwide Blvd；周一至周五 8:00~17:00，周六和周日 10:00~16:00）阿里纳区（Arena District）的游客中心有工作人员，还有出售本地商品的礼品商店。

❶ 到达和离开

哥伦布机场（Port Columbus Airport，简称CMH；www.flycolumbus.com; 4600 International Gateway）在城东10英里处。乘坐出租车从机场到市中心约需$25。

灰狗巴士（614-221-4642；www.greyhound.com; 111 E Town St）每天至少有6趟长途汽车开往辛辛那提（2小时）和克利夫兰（2.5小时）。

耶洛斯普林斯（Yellow Springs）

在安蒂奥克大学（Antioch University）的熏陶下，散发着艺术气息和另类气质的小小耶洛斯普林斯是20世纪60年代和70年代的反主流文化阵地。如今你仍可以在当地的迷幻商店（head shop）买到大麻烟筒，但画廊、工艺品店和生意不错的小餐馆都聚集在市中心。小城适合探寻一至两日。可以前往当地奶牛场转转，挤一挤牛奶或尝尝现场制作的冰激凌甜筒。周边景区大多是石灰岩峡谷、瀑布和可以划独木舟的河流。

◉ 景点和活动

★ Young's Jersey Dairy 　　　　　　农场
（937-325-0629；www.youngsdairy.com; 6880 Springfield-Xenia Rd；6月至8月 9:00~23:00，9月至次年5月 开放时间缩短；🅟）
免费 Young's是一所正在经营中的乳品场，里面的冰激凌店非常有名，名字叫作Dairy Store（冰激凌$3~6，三明治$3.50~6.50），很多人说这里的奶昔是全俄亥俄州最佳。农场还有诸多适合家庭的娱乐活动，包括迷你高尔夫球、网内棒球，还可以喂喂山羊，观看挤牛奶（时间：16:30~17:30）。高尔夫球和网内棒球需要收费，观赏动物不收费。另外 Golden Jersey Inn餐馆也在这里。

约翰·布赖恩州立公园 　　　　　　州立公园
（John Bryan State Park；937-767-1274；http://parks.ohiodnr.gov/johnbryan; 3790 Hwy 370）**免费** 你可以在园内的石灰岩悬崖之间钓鱼、徒步、骑自行车、攀岩、划独木舟或露营。其中最色优美的亮点有被美丽的小迈阿密河（Little Miami River）冲刷形成的克利夫顿谷（Clifton Gorge）。

🛏 食宿

Morgan House 　　　　　　　　　　民宿 $$
（937-767-1761；www.arthurmorganhouse.com; 120 W Limestone St；房 $125~145；❄🅟）6间舒适的房间都铺着超级柔软的亚麻床单，还有独立浴室。早餐全都是有机食物。从这家民宿出发，步行即可到达主要的商业区。

Golden Jersey Inn 　　　　　　　　美国菜 $
（937-324-2050；www.youngsdairy.com; 6880 Springfield-Xenia Rd；主菜 $11~18；6月至8月 周一至周五 11:00~21:00，周六和周日 8:00开始，9月至次年5月 营业时间缩短）这是Young's奶牛场两家餐馆中更适合吃正餐的一家，在天花板很高的橡木谷仓里提供脱脂酸牛奶、鸡肉和多汁烘肉卷等菜肴。

❶ 到达和离开

耶洛斯普林斯位于代顿东北约18英里，由代顿-耶洛斯普林斯公路（Dayton-Yellow Springs Rd）相连（仍在修建）。

代顿（Dayton）

代顿凭借"航空诞生地"的宣传标语及

关于莱特兄弟的景点而声名远扬。你可以参观奥维尔(Orville)和威尔伯(Wilbur)两兄弟曾经于此苦思冥想的凌乱车间,或者造访他们曾试验飞机的偏僻场地,都是不错的体验。还可以参观宏大的空军博物馆,这里总是令航空爱好者兴奋不已。几座巨大的飞机库展有横跨各个年代的飞机,超乎你的想象。

◉ 景点

★ 美国空军国家博物馆　　　　博物馆

(National Museum of the US Air Force; ☎937-255-3286; www.nationalmuseum.af.mil; 1100 Spaatz St; ◎9:00~17:00) **免费** 这个面积超大的博物馆位于代顿东北6英里处的赖特-帕特森空军基地(Wright-Patterson Air Force Base)内,展品无所不包,有1909年的莱特兄弟飞机、"一战"时使用的双翼骆驼战斗机,以及跟在广岛投放的"小男孩"(Little Boy)同类型的原子弹(已经拆除了弹头,不会有危险)。方圆几英里内的多座飞机库停放着许多架飞机、火箭和飞行器。还有一座漂亮的新建筑展示航天器和总统专机(包括第一架空军一号)。

赫夫曼草地飞机场　　　　历史遗址

(Huffman Prairie Flying Field; Gate 16A, 紧邻Rte 444; ◎8:00~18:00) **免费** 这片美丽的草地看起来跟1904年的时候没有多大差别,莱特兄弟当年就是在这里试飞他们的飞机。试飞遗址周围有1英里长的步行小径,沿途设有介绍这段历史的说明牌。

莱特自行车公司　　　　历史遗址

(Wright Cycle Company; ☎937-225-7705; www.nps.gov/daav; 16 S Williams St; ◎9:00~17:00, 11月至次年2月 周一和周二 闭馆) **免费** Wibur和Orville曾经在这栋房子里研究过自行车和航空器发明,现在楼内有展览。

🍴 食宿

Inn Port D 'Vino　　　　民宿 $$

(☎937-224-7678; www.innport.com; 22 Brown St; 房 $119~149; ❋ 🛜) 位于一栋历史悠久的住宅内。尽管壁炉、扶手椅和厚地毯的布置有些过时,但这家旅馆的三个房间还是非常宽敞,特色十足的。优点是地段优越,位于散发着艺术气息的俄勒冈区(Oregon District),步行可至自酿酒吧、小餐馆和剧院,而且正好挨着市中心商业区。

Corner Kitchen　　　　美国菜 $$

(☎937-719-0999; www.afinerdiner.com; 613 E 5th St; 主菜 $15~24; ◎周二至周四 16:30~22:00, 周五和周六 至23:00) 朴素的木桌、白色的墙板和混搭的瓷盘为这家喧闹的餐馆兼法式咖啡馆Corner Kitchen营造出现代-乡村风格。清爽的鸡尾酒适合搭配葡萄酒渍贻贝、茄子煲和肉汁薯条,不过菜单经常更换。一份四道菜的套餐(每人 不配/配葡萄酒 $34/65)是不错的选择。餐馆位于不落俗套的俄勒冈区。

ℹ️ 到达和离开

代顿城镇以北有大型机场。灰狗巴士通往该市,与辛辛那提和哥伦布的距离差不多。

辛辛那提(Cincinnati)

辛辛那提沿俄亥俄河岸而建。辛辛那提的风光、灯火辉煌的音乐俱乐部和欧式街区无不令人惊叹。当地人对"五味料理"(加入辣椒、洋葱、豆子和奶酪的面条)的如痴如狂足以令人惊异。这里会举办丰富多彩的活动,棒球大赛等项目尤其不可错过,你还可以沿着桥梁飞架的河流漫步,参观玩偶博物馆。

◉ 景点

◎ 市中心和越莱茵河区 (Downtown & Over-the-Rhine)

历史街区Over-the-Rhine位于市中心北端,这里的许多19世纪意大利和安妮女王时代风格的英式建筑已被改造成餐馆和商店。有些区域非常新潮,但12th St和Vine St周边的Gateway District仍是旧时样貌。

国家"地下铁路"运动自由中心　　　　博物馆

(National Underground Railroad Freedom Center; ☎513-333-7500; www.freedomcenter.org; 50 E Freedom Way; 成人/儿童 $15/10.50; ◎周二至周六 11:00~17:00) 辛辛那提曾是解放黑奴的"地下铁路"运动的重要站点,是由哈

丽叶特·比彻·斯托夫人（Harriet Beecher Stowe）等本地居民领导的废奴运动的中心。该博物馆讲述了那些人的故事。通过展览，游客们能够了解当年奴隶们如何逃亡北方，以及现在奴隶制依然以某种形式存在。通过iPhone的软件商店下载免费讲解。

辛辛那提博物馆中心　　　　博物馆

（Cincinnati Museum Center; ☎513287-7000; www.cincymuseum.org; 1301 Western Ave; ◎周一至周六 10:00~17:00, 周日 11:00~18:00; ✱）这座博物馆所在的建筑为1933年的联合车站大楼，这个装饰艺术的建筑瑰宝如今仍被美国国家铁路公司用作车站。大楼内有用当地的Rookwood瓷砖拼成的精美壁画。建筑里有精巧的自然历史博物馆（Museum of Natural History；里面有洞穴和活蝙蝠）、儿童博物馆、历史博物馆、Omnimax剧院和巡回展览专馆。唉，可惜此处正在进行大规模翻新，工程将持续至2018年下半年，所以本书写作时只有儿童博物馆（成人/儿童 $10.50/8.50）和专馆开放。停车费$6。

美国标志牌博物馆　　　　博物馆

（American Sign Museum; ☎513-541-6366; www.americansignmuseum.org; 1330 Monmouth Ave; 成人/儿童 $15/免费; ◎周三至周六 10:00~16:00, 周日 中午开门）这个博物馆在一个老降落伞制造厂的厂房里，摆满了被彩色灯泡环绕的有趣灯箱。这里到处是带有"驶入"字样的复古霓虹标志牌、小妖怪形状的灯泡、Frisch免下车餐馆Big Boy的大模型和其他充满复古风情的新奇展品，如果你一直盯着看，当心眼睛会被刺痛。11:00和14:00的时候，讲解员会带领游客参观馆内的霓虹灯招牌制作车间。该博物馆位于Camp Washington社区（Northside附近），从I-75州际公路3号出口出来即达。

当代艺术中心　　　　博物馆

（Contemporary Arts Center; ☎513345-8400; www.contemporaryartscenter.org; 44 E 6th St; ◎周六至周一 10:00~16:00, 周三至周五 至21:00）免费 这个收藏当代艺术品的博物馆位于一栋由明星建筑师Zaha Hadid设计的前卫建筑内。对于保守的辛辛那提人来说，这座建筑本身和其中的艺术品都让他们目不暇接。该馆的焦点是"过去五分钟里产生的艺术作品"。展览每隔大约3个月就会更换。

喷泉广场　　　　广场

（Fountain Square; www.myfountainsquare.com; 5th St和Vine St交叉路口）喷泉广场是辛辛那提市的中心，这个公共空间提供免费Wi-Fi，有一个辛辛那提红人队（Reds）赛事售票亭和古老而有趣的"水精灵"（Genius of Water）喷泉。夏季周三至周六每晚19:00举办音乐会，冬季则变成溜冰场。另外还有农贸市场（周二11:00~14:00）。

罗布林悬索桥　　　　桥梁

（Roebling Suspension Bridge; www.roeblingbridge.org）这座优雅的吊桥建于1876年，著名的纽约布鲁克林大桥就是仿造它而建的——二者的设计师都是约翰·罗布林（John Roebling）。走在桥上，每当有车辆经过身边时，都能感觉到桥梁在你周围"鸣唱"，很有趣。桥的另一端是肯塔基州的卡温顿（Covington）。

紫人桥　　　　桥梁

（Purple People Bridge; www.purplepeoplebridge.com）这座人行桥是连接Sawyer Point（一个遍布奇特纪念碑和飞猪雕塑的可爱小公园）和肯塔基州纽波特（Newport）的奇妙通道。

◎ 卡温顿和纽波特

肯塔基州的卡温顿和纽波特都可以算是辛辛那提的"郊区"，就与辛辛那提市中心隔河相望。纽波特在辛辛那提东边，以面积超大的餐饮和购物中心Newport on the Levee（www.newportonthelevee.com; 1 Levee Way; ◎周一至周四 11:00~21:00, 周五和周六 11:00~22:00, 周日 正午至18:00）出名。卡温顿在辛辛那提西边，这里的Main Strasse区是一个19世纪的红砖平房集中地带，时髦的餐馆和酒吧鳞次栉比。南北战争前修建的庄园在Riverside Dr路边一字排开，河畔泊着一只只老式的脚踏船。

纽波特水族馆　　　　水族馆

（Newport Aquarium; ☎859-491-3467;

www.newportaquarium.com; 1 Aquarium Way; 成人/儿童 $25/17; ⊙6月至8月 9:00~19:00, 9月至次年5月 至18:00; 🅿)在纽波特这个广受好评的大水族馆里,游客可以观看成群结队的企鹅,抚摸鲨鱼鳍,还能看到各种长着锋利牙齿的鱼。不过,魟鱼触摸池等景点有些争议,因为人类的互动可能会让水生动物感到紧张。

◎ 亚当斯山

亚当斯山在市中心的东侧,把它跟巴黎的蒙马特街相比可能有些牵强,但这个山坡小镇的19世纪风情、蜿蜒狭窄的街道、维多利亚时代的联排屋、画廊、酒吧和餐馆确实让人惊喜。大多数游客上山来会喝杯饮料,休息一下,看看风光。

到这儿的路线:沿市中心东侧的7th St前往Gilbert Ave,然后在Eden Park Dr右转,上山直奔伊甸园公园(Eden Park)。这个公园里有湖泊、步行小径和文化景点。

辛辛那提艺术博物馆 博物馆

(Cincinnati Art Museum; ☎513-721-2787; www.cincinnatiartmuseum.org; 953 Eden Park Dr; ⊙周二至周日 11:00~17:00, 周四 至20:00) **免费** 展品跨度有6000年,重点是古代中东艺术和欧洲古典大师的作品,此外也有一个侧楼专门展示当地的艺术作品。精彩的长期展览免门票,但特别展览可能会另外收费。停车免费,也可以乘坐1路公共汽车。

☞ 团队游

American Legacy Tours 步行

(www.americanlegacytours.com; 1332 Vine St; 90分钟的团队游 $20; ⊙周五至周日)组织多条历史游线路。最好的线路是 "Queen City Underground" 团队游,参加这个团的游客将深入Over-the-Rhine区地下深处古老的啤酒窖。

✺ 节日

班伯里音乐节 音乐节

(Bunbury Music Festival; www.bunburyfestival.com; Sawyer Point Park; ⊙6月上旬)一连三天,大名鼎鼎的独立乐队会在河边演奏摇滚乐。日通票售价$79~89。

啤酒节 啤酒美食节

(Oktoberfest; www.oktoberfestzinzinnati.com; ⊙9月中旬)有德国啤酒、德式香肠和狂热的气氛。节日地点在市中心Walnut St和Elm St之间的W 2nd St和3rd St。

🛏 食宿

★ Hotel Covington 酒店 $$

(☎859-905-6600; www.hotelcovington.com; 638 Madison Ave; 房间 $135~175; 🅿❄🛜)这家时髦的酒店有114个房间,位于卡温顿的一条繁忙街道上,曾经是一座19世纪末20世纪初的百货大楼。房间相当大,装饰现代,墙上有漂亮的摄影艺术品,还有办公桌和阳光大窗户。酒店内有一家不错的餐厅和酒吧,别致的庭院有壁炉。酒店服务员非常乐于助人。

Gateway B&B 民宿 $$

(☎859-581-6447; www.gatewaybb.com; 326 E 6th St; 房 $129~169; 🅿🐕❄🛜)一座1878年的意大利式联排别墅,位于肯塔基州一侧河岸的历史街区,提供与别处不同的住宿体验。3个房间里摆满精致的橡木与核桃木古董家具,而公共区域则装饰着有趣的棒球收藏品。步行0.5英里即可到达Newport on the Levee的餐馆,通过紫人桥可以继续前往辛辛那提市中心。

Hotel 21c 酒店 $$$

(☎513-578-6600; www.21cmuseumhotels.com/cincinnati; 609 Walnut St; 房 $279~379; 🅿❄@🛜)这是路易斯维尔(Louisville)颇受欢迎的艺术酒店的第二家分店,位于当代艺术中心隔壁。现代化的客房配备浓缩咖啡机、免费Wi-Fi、松软的床褥和原创艺术品。大堂就是一个公共画廊,要是你看到了令人眼花缭乱的视频和裸体雕塑,不必惊慌。酒店附设的餐厅和屋顶露台吸引了很多客人。停车费$38。

★ Tucker's 美式小馆 $

(☎513-954-8920; www.facebook.com/TuckersRestaurantOTR; 1637 Vine St; 主菜 $5~9; ⊙周二至周六 7:00~15:00, 周日 至14:00; 🍴)在比较脏乱的街道上,这家店与芬德利市场

（Findlay Market）相距几个街区。自从1946年开业以来，这个家庭经营的餐馆一直为当地人——无论是黑人、白人、美食家、穷人、行乞修士还是毒贩——提供快餐。这是一家典型的美式小餐馆，菜肴丰富，出售奶酪煎蛋饼、虾、玉米粥、饼干、肉排、培根酱土豆和其他分量十足的早餐食物。此外也用从市场买来的原料制作几种素菜。

Eli's BBQ
烧烤 $

（☏513-533-1957；www.elisbarbeque.com；3313 Riverside Dr；主菜 $6~16；⊙11:00~21:00）Eli's是绝佳的烤肉小馆，因此门口总是排着长队。在柜台点菜，找座位，然后等着服务员用红色塑料盘送上山核桃木烟熏排骨。肉质鲜嫩，酱汁发甜，有熏制的味道，辣椒干酪粉糊更让人上瘾。

The Eagle OTR
美国菜 $

（☏513-802-5007；www.theeagleotr.com；1342 Vine St；主菜 $8~12；⊙11:00至午夜）这里吸引着时尚人群，以回收木家具装饰，供应符合时髦人群口味的食物，包括美妙的炸鸡（蘸辣味蜜汁）、白切达奶酪粗燕麦粉和用勺子吃的奶蛋面包（与玉米面包相似）。可能会排起长队，不过相隔两个门面的面包圈店有助于分流那些等得不耐烦的人。

Terry's Turf Club
汉堡 $

（☏513-533-4222；4618 Eastern Ave；主菜 $9~15；⊙周三和周四 11:00~22:00，周五和周六 至23:00，周日 至21:00）这是家有15张桌子的啤酒和汉堡餐馆，店内外挂满了店主Terry Carter收藏的霓虹灯，一个会招手的巨型"杰米玛姨妈"（Aunt Jemima）像招呼你进店。室内也闪烁着五颜六色的啤酒和甜甜圈形状的霓虹灯，无须点灯就足够明亮了。走Columbia Pkwy的话，这家店在市中心以东7英里处。

🍷 饮品和夜生活

★ Rhinegeist Brewery
自酿酒吧

（☏513-381-1367；www.rhinegeist.com；1910 Elm St，2楼；⊙周一至周四 15:00至午夜，周五 15:00至次日2:00，周六 正午至次日2:00，周日 正午至21:00）啤酒爱好者们聚在这个啤酒馆畅饮Truth IPA和其他13种桶装啤酒。你可以一边在野餐桌旁大口喝啤酒，一边看着流水线源源不断地生产瓶装啤酒，还可以在宽敞的露天库房里玩乒乓球或桌上足球。酒吧位于OTR一个偏僻的区域。

Moerlein Lager House
自酿酒吧

（☏513-421-2337；www.moerleinlagerhouse.com；115 Joe Nuxhall Way；⊙周一至周四 11:00至午夜，周五和周六 至次日1:00，周日 至23:00）黄铜茶壶里盛着自酿啤酒。坐在天井里能看到河边和罗布林桥的美丽风景。辛辛那提红人队比赛前后这里都会很热闹，因为这家啤酒厂就在体育场对面的街上。

Blind Lemon
酒吧

（☏513-241-3885；www.theblindlemon.com；936 Hatch St；⊙周一至周五 17:30至次日2:30，周六和周日 15:00开门）走到步行道的尽头，进入这家位于亚当斯山的老式酒吧。这里气氛很好，有户外庭院。店内每晚都有现场音乐表演。

☆ 娱乐

Aronoff Center
剧院

（☏513-621-2787；www.cincinnatiarts.org；650 Walnut St）这幢光彩照人的玻璃立面建筑由明星建筑师塞萨尔·佩利（Cesar Pelli）设计。内部有三间剧场：最大的一间巡回演出百老汇戏剧，另外两间举办前卫舞蹈表演和小众音乐会。如果没别的什么事，可以前往公共美术馆看看免费展览，那里展示具有当地特色的作品。

Great American Ballpark
棒球

（☏513-765-7000；www.reds.com；100 Main St）这里是美国第一支职业棒球队——辛辛那提红人队的主场，位于河边，是观看棒球比赛的好地方。许多啤酒摊供应优质的本地啤酒。

ℹ️ 实用信息

辛辛那提游客中心（**Cincinnati Visitor Center**）（☏513-534-5877；www.cincyusa.com；511 Walnut St；⊙9:00~18:00）喷泉广场的游客中心提供地图和信息。

❶ 到达和当地交通

辛辛那提/北肯塔基国际机场(Cincinnati/Northern Kentucky International Airport，简称CVG；www.cvgairport.com)实际上在辛辛那提以南13英里处的肯塔基州境内。可以在3号航站楼附近乘坐TANK公交车($2)进城——乘出租车的话费用约为$35。

灰狗巴士(Greyhound；☎513-352-6012；www.greyhound.com；1005 Gilbert Ave)每天有车次开往哥伦布(2小时)、印第安纳波利斯(2.5小时)和芝加哥(7小时)。**Megabus**(Megabus；www.megabus.com/us)的客车沿相同路线运营，发车地点在辛辛那提市中心和辛辛那提大学；登录网站可以查询路边停靠点的位置。

美国国铁(Amtrak；www.amtrak.com)呼啸着开进**联合车站**(Union Terminal；☎513-651-3337；1301 Western Ave)，每周3趟。经停辛辛那提，然后继续开往芝加哥(9.5小时)和华盛顿(14.5小时)。从辛辛那提发车的时间是半夜。

Metro(www.go-metro.com)运营的本地公交车与**北肯塔基交通局**(Transit Authority of Northern Kentucky；www.tankbus.org)运营的公交车有换乘点。1路公共汽车很实用，沿从博物馆中心区域至市中心再至亚当斯山的环线运营。

Red Bike(www.cincyredbike.org)有440辆自行车，分布在56个租车站点，其中多数在市中心和Over-the-Rhine。24小时通票价格为$8；使用60分钟以上额外收费。

辛辛那提新开通的有轨电车(www.cincinnatibellconnector.com)线路便利，3.5英里的环线连接班克斯(Banks)、市中心和越莱茵河区Over-the-Rhine(包括芬德利市场)。一日通票价格为$2。

俄亥俄州东南部 (Southeastern Ohio)

俄亥俄州的东南角拥有大片森林，还有起伏的阿巴拉契亚山脉山峦和散落的农场。许多地方的美丽超乎你的想象。洛根(Logan)附近的霍金山(Hocking Hills)地区的溪流、瀑布、砂岩峭壁和洞穴般的岩层美丽得让人啧啧惊叹。继续往前是大学城雅典(Athens)，源源不断地向这片区域输送着自由精神。往东，神秘的印第安土丘在奇利科西(Chillicothe)周边的田野中拔地而起。

雅典大学城 (Athens)

雅典大学城是探索俄亥俄州东南部的惬意落脚点。坐落在Hwy 50和Hwy 33的交会处，四面环山，这里是俄亥俄大学校园的所在地(校园占据城市的一半)。主街旁边是老式砖楼，无论是年轻人、普通人还是文艺青年，你都能看到他们在咖啡馆和时尚商店进进出出。

值 得 一 游

俄亥俄州的古老土丘

哥伦布以南的地区是古代霍普韦尔人(Hopewell)的生活中心，公元前200年至公元600年间他们在此留下了大量的几何图形建筑和墓葬，令人印象深刻。**霍普韦尔文化国家遗址公园**(Hopewell Culture National Historical Park；☎740-774-1126；www.nps.gov/hocu；16062 Hwy 104, Chillicothe；⊙日出至日落)讲述了他们的故事。游客中心(8:30至17:00)提供有趣的背景信息，但亮点是占地13英亩的**家丘城**(Mound City)，可以逛逛各种形状的仪式土丘。家丘城是神秘的"逝者之城"。公园位于奇利科西以北3英里处。

蛇形土墩(Serpent Mound；☎937-587-2796；www.ohiohistory.org；3850 Hwy 73；机动车$8；⊙9:00至日落)或许是俄亥俄州东南部最迷人的本地土丘。巨大而舒展开来的土丘呈蛇形延伸0.25英里长，是美国最大的蛇形雕塑坟冢。你可以绕着它走走或者登上瞭望塔尽览风景。该景点位于奇利科西东南50英里处，虽然位置偏远，但非常酷，值得费力前来。现场的小型博物馆(周一至周四10:00至16:00，周五至周日9:00至17:00，冬季开放时间缩短)有关土墩修建者的历史短片并展示在该地区各处发现的文物。

五大湖区

俄亥俄州东南部

🛏 食宿

Bodhi Tree Guesthouse
民宿 $$

(☎740-707-2050; www.bodhitreeguesthouse.com; 8950 Lavelle Rd; 房 $130~160)这家宁静的嬉皮士风格农舍有4个房间，装修雅致现代（更像是极简风格）。没有电视，有Wi-Fi。提供丰盛的早餐，有本地产的奶酪、鸡蛋、水果和酸奶。4英亩的有机农场围绕着房间。民宿内的工作室提供瑜伽课程和按摩服务。

Village Bakery & Cafe
面包房 $

(☎740-594-7311; www.dellazona.com; 268 E State St; 三明治 $9~13; ◉周二至周五 7:30~20:00, 周六 至18:00, 周日 9:00~14:00; 🅿) 🍴 粉刷亮丽，拥有森林般的悠闲氛围；Village Bakery的鸡蛋早餐菜肴和大份自制面包三明治使用有机蔬菜、饲养肉类和农庄奶酪。素食者可以在这儿找到不少选择。

❶ 到达和离开

最近的大城市是哥伦布，经由Hwy 33往西北方向75英里。GoBus (☎888-954-6287; www.ridegobus.com)每天有几班车往返哥伦布市中心。

洛根 (Logan)

洛根是游玩霍金山地区的便利大本营。而到了霍金山，一定要体验幽谷深洞徒步探险、划独木舟、露营及其他活动。置身于霍金山州立公园的葱茏绿意之中，探寻洛根及附近新斯特雷茨维尔（New Straitsville）独特的本地文化，包括搓板博物馆和私酒酿造厂。

◉ 景点和活动

霍金山州立公园
州立公园

(Hocking Hills State Park; ☎740-385-6841; http://parks.ohiodnr.gov/hockinghills; 19852 Hwy 664) **免费** 各个季节前来探索都很棒（秋季尤其美丽），几英里的小径可以徒步和骑车，经过瀑布和山谷，还有露营地（$26起）和小屋（$150起）可以休息。公园位于洛根西南12英里处。

Straitsville Special Moonshine Distillery
酿酒厂

(☎740-394-2622; www.straitsvillemoonshine.com; 105 W Main St, New Straitsville; ◉周一至周六 10:00~17:00)新斯特雷茨维尔的一家私酒酿造厂，备受非议，麻烦不断。位于洛根以东12英里。可以在品酒室（每份样品 $1）一边品尝烧喉的烈酒，一边跟老板聊聊这座城镇关于煤矿、工人斗争、长明火焰和阿尔·卡彭的动荡历史。

霍金山观景小道
观光车道

(Hocking Hills Scenic Byway; www.explorehockinghills.com)沿着在森林葱郁、溪流遍布的山峦中蜿蜒起伏的Hwy 374——正式名称是俄亥俄道（Ohio Byway）——自驾26英里，欣赏美丽的风景。起点位于Hwy 33和Hwy 374在罗克布里奇（Rockbridge）的交叉路口。

❶ 到达和离开

Hwy 33是前往洛根的主要公路。GoBus (☎888-954-6287; www.ridegobus.com)往来哥伦布市中心和雅典大学城的线路在城里有站，每天几班。

密歇根州 (MICHIGAN)

冲，冲，冲——密歇根州可谓是美国中西部地区的加速引擎。比起大西洋海滨，这里拥有更多可供娱乐的沙滩。密歇根州超过一半的面积被森林覆盖。这里盛产樱桃和浆果，生产出来的水果被一勺勺放进美味的水果派里。这里还有最坚忍不拔的城市底特律，它是美国中西部最原始的城市了——在这里"原始"一词是褒义的。

密歇根州地势甚佳，被五大湖中的4个（苏必利尔湖、密歇根湖、休伦湖和伊利湖）包围。内陆有星星点点的小岛——麦基诺岛（Mackinac）、马尼陶岛（Manitou）和罗亚尔岛（Isle Royale）……非常适合旅游。冲浪沙滩、五颜六色的砂岩峭壁和可移动的沙丘也吸引了许多游客。

密歇根州包括两部分，这两部分被水域隔开，面积较大的密歇根下半岛（Lower Peninsula）像只手套，面积较小、人口稀少的密歇根上半岛（Upper Peninsula）像只拖鞋。两个半岛由横跨麦基诺水道（Strait of

Mackinac，发音为mac-in-aw)的宏伟的麦基诺大桥(Mackinac Bridge)相连。

❶ 实用信息

密歇根公路路况(Michigan Highway Conditions; www.michigan.gov/mdot)

密歇根州立公园信息(Michigan State Park Information; ☎800-447-2757; www.michigan.gov/stateparks)进入公园需先购买机动车许可证(每天/每年 $9/32)。露营地收费$13~37，接受预订(www.midnrreservations.com; 手续费$8)。有的公园有Wi-Fi。

Travel Michigan(www.michigan.org)

底特律(Detroit)

美国人喜欢绝处逢生的好故事，而底特律就在书写这样一个非凡的故事：历经重大变革的底特律正在从无名小地蜕变为时髦之都。壁画、集市、林荫路、自行车店、酒厂和富有创意的厨师，正在将这座城市的传奇延续下去，还有崭新的公共工程，比如市中心的新电车和体育场。

在这座城市里有些地方的确弥漫着一种被废弃的不真实氛围，但正是这些特质提供了一种原始的都市能量，这在美国是独一无二的。艺术家、企业家和年轻人不断涌入，自力更生的精神正渗透进人们的价值观。他们把许多空置的土地变为城市农场，把弃置的建筑物改造成咖啡馆和博物馆。不过怀疑论者指出，底特律还有很长的路要走，毕竟这里的长住黑人居民没有享受到新的发展所带来的好处。关于这座城市将如何应对众多棘手的问题，还是让我们拭目以待吧，但我们要给不被看好的城市打打气。

历史

法国探险家安东尼·德拉莫特·凯迪拉克(Antoine de La Mothe Cadillac)于1701年建立了底特律。20世纪20年代，巨额财富降临底特律市。当时，亨利·福特开始大量生产汽车，他并没有发明汽车——尽管许多人抱有这样的误解，但是他创造了完美的组装线和大规模生产技术，结果就是制造出了一款美国中产阶级都能够买得起的汽车：Model T。

之后，底特律迅速成为世界汽车之都。通用汽车公司(GM)、克莱斯勒和福特的总部都设在底特律及其附近(现在仍是如此)。20世纪50年代是底特律的全盛时期，当时，该市人口超过了200万，摩城音乐也风靡于世。但1967年的种族之间紧张的局势以及20世纪70年代竞争对手日本汽车的出现，重创了底特律及其工业，使它进入了深度衰退的时

密歇根州的老爷车

与沙丘、沙滩和著名的麦基诺岛软糖相比，汽车更能代表密歇根州。虽然近些年密歇根州汽车业的成绩并不十分突出，但还是通过一些汽车博物馆向世人展示了已取得的成就。下面为你推荐几个从汽车城出发、车程均在几小时之内的博物馆。

亨利·福特博物馆(Henry Ford Museum; 见655页)这家位于迪尔伯恩(Dearborn)的博物馆内陈列着各个时期出厂的老爷车，其中包括亨利·福特制造的第一辆汽车。在附近的格林菲尔德庄园(Greenfield Village)，你还可以亲自驾驶一下1923年生产下线的T形车。

汽车名人堂(Automotive Hall of Fame; 见656页)了解设计和制造世界上最经典汽车的那些人，从那些为我们带来现代汽车机械的伟大思想中获得洞见。

吉尔摩汽车博物馆(Gilmore Car Museum; ☎269-671-5089; www.gilmorecarmuseum.org; 6865 Hickory Rd; 成人/儿童 $13/10; ☺周一至周五 9:00~17:00，周六和周日 至18:00)位于卡拉马祖以北、Hwy 43沿线。22个谷仓展厅共计展出120辆各个时期出厂的老爷车，包括15辆1910年生产的劳斯莱斯"银魅"(Silver Ghost)。

老汽车博物馆(RE Olds Transportation Museum; 见657页)一座停满老爷车的庞大车库，那些锃光瓦亮的汽车可以追溯至130多年前。

Detroit 底特律

(Map of Detroit with street names and numbered points of interest)

去Fisher Building 费舍尔大厦(0.8mi)
去Motown Historical Museum 摩城历史博物馆(0.7mi)
去Amtrak 美国国铁(0.3mi)
去Ford Piquette Avenue Plant 福特皮凯特大道工厂(0.2mi)

NEW CENTER 新中心
E Edsel Ford Fwy
Palmer Ave
Ferry St
Kirby St
Wayne State University 韦恩州立大学
Frederick Douglass Ave
Farnsworth St
Detroit Institute of Arts 底特律艺术学院
Merrick Ave
Warren Ave
Hancock Ave
Trumbull Ave
Forest Ave
Prentis Ave
Canfield St
Willis St
Alexandrine St
Carfield Ave
Lincoln Ave
Gibson St
Selden St
Brainard St
Parsens Ave
MIDTOWN 中城区
Tolan Park
Russell St
Chrysler Fwy
Chrysler Dr
St Antoine St
Brush St
John R St
Cass Ave
Woodward Ave
2nd Ave
3rd Ave
4th Ave
Lodge Fwy
Rivard St

Martin Luther King Jr Blvd
Mack Ave
Ash St
Elm St
Peterboro St
Erskine St
Watson St
Edmund Pl
Alfred St
Wilkins St
Temple St
Perry St
Spruce St
Charlotte Ave
Temple Ave
Cass Park
Ledyard St
Henry St
Adelaide St
Winder St
Eastern Market 东部市场

去Hostel Detroit (0.3mi)
去Michigan Central Station 密歇根中央车站(0.7mi)

Fisher Fwy
Montcalm St
Plum St
Elizabeth St
Clifford St
Beech St
Plaza Dr
Park Pl
Adams St
Madison St
Beacon St
Gratiot Ave

CORKTOWN 库克镇
Labrosse St
Porter St
Abbott St
Howard St
Lafayette Blvd
Michigan Ave
Greyhound Station 灰狗巴士站
State St
Campus Martius Park 战神广场公园
Broadway Ave
Clinton St
Macomb St
Monroe St
Lafayette Blvd
Lafayette Plaisance

Fort St
Shelby St
Griswold St
Washington Blvd
Bates St
Randolph St
Library Ave Farmer St
GREEKTOWN 希腊城
Navarre Ple
Congress St
Larned St

Jefferson Ave
Cobo Center 科博中心
Hart Plaza 哈特广场
Transit Windsor
Woodbridge St
Franklin St
Atwater St
Riopelle St

Detroit River 底特律河
Riverwalk

五大湖区 底特律

Detroit 底特律

◎ 重要景点
1. 战神广场公园 C6
2. 底特律艺术学院 C2
3. 东部市场 D5

◎ 景点
4. 嘉德大厦 C7
5. 底特律当代艺术博物馆 C3
6. 文艺复兴中心 C7

◎ 活动、课程和团队游
7. Wheelhouse Bikes D7

🛏 住宿
8. Aloft B6
9. Detroit Foundation Hotel B7
10. Ft Shelby Doubletree Hotel B6
11. Inn on Ferry Street C1

🍴 就餐
12. Cass Cafe B2
13. Chartreuse Kitchen C1
14. Detroit Institute of Bagels A6
15. Dime Store B6
16. Grey Ghost C4
17. Parks & Rec Diner D5

◎ 饮品和夜生活
18. Bronx B2
19. Dessert Oasis Coffee Roasters B6
20. Grand Trunk Pub C7
21. HopCat B3

◎ 娱乐
22. Cliff Bell's B5
23. Comerica Park C5
24. Detroit Opera House C6
25. Fox Theater B5
26. Little Caesars Arena B5
27. Magic Stick C3
28. PJ's Lager House A5
29. Puppet ART/Detroit Puppet Theater C6

◎ 购物
Pure Detroit ....（见4）

代,流失了大约2/3的人口。

2013年7月,作为美国历史上负债最高的城市(180亿美元),底特律宣布破产。在实行了严格的紧缩政策之后,这座城市终于在2014年12月走出了破产的阴影。从那以后,得益于房地产繁荣,市中心的发展形势有所好转,但这种浪潮尚未惠及市中心以外的常住居民。

◎ 景点和活动

景点通常周一和周二关闭。底特律河(Detroit River)对岸就是加拿大(确切地说,是加拿大的温莎)。

◎ 中城区和文化中心 (Midtown & Cultural Center)

★ 底特律艺术学院 博物馆

(DIA; Detroit Institute of Arts; ☏313-833-7900; www.dia.org; 5200 Woodward Ave; 成人/儿童 $12.50/6; ⓒ周二至周四 9:00~16:00,周五至22:00,周六和周日 10:00~17:00)DIA藏有一批世界级的艺术品,镇馆之宝是迭戈·里维拉(Diego Rivera)的壁画《底特律的工业》(*Detroit Industry*),这幅巨型壁画有整个房间那么大,反映了底特律的蓝领劳工历史。此外还有来自100多座美术馆的藏品,包括毕加索和卡拉瓦乔的画、盔甲套装、现代非裔美国人画家的作品、木偶和其他藏品。

人们很难想象,几年前为了偿还城市的债务,这些藏品差点儿被出售。幸好,捐赠者们挽回了局面。

底特律当代艺术博物馆 博物馆

(Museum of Contemporary Art Detroit, 简称 MOCAD; ☏313-832-6622; www.mocadetroit.org; 4454 Woodward Ave; 建议捐款 $5; ⓒ周三、周六和周日 11:00~17:00,周四和周五 至20:00)这个博物馆前身是一家废弃的、满是涂鸦的汽车经销店。天花板上悬着明亮的照明灯,下面便是独一无二的展览;展品每隔几个月就要更换。馆内定期有音乐和文学活动。博物馆内的咖啡馆兼鸡尾酒吧人气极高。

◎ 新中心 (New Center)

★ 摩城历史博物馆 博物馆

(Motown Historical Museum; ☏313875-

2264;www.motownmuseum.org;2648 W Grand Blvd;成人/儿童 $15/10;◎6月至8月 周二至周五和周日 10:00~18:00,周六 至20:00,9月至次年5月 周二至周六 至18:00)1959年,在这排低调的房子里,背负着$800贷款的贝里·高迪(Berry Gordy)创建了摩城唱片公司(Motown Records),并开创了史蒂夫·旺达(Stevie Wonder)、戴安娜·罗斯(Diana Ross)、马文·盖伊(Marvin Gaye)和迈克尔·杰克逊(Michael Jackson)的职业生涯。1972年,高迪带着摩城离开底特律,前往洛杉矶,但是你仍然可以踏入底特律这家不起眼的录音棚A(Studio A),参观这个录制了多位明星热卖金曲的地方。

团队游大约需要1小时,主要包括欣赏老照片和听导游讲故事。提前在网上购买限时票,可以不用排队。博物馆最近宣布了一项耗资$5000万的扩建计划,新的建筑届时将大大扩大展示空间。摩城博物馆位于中城区西北2英里处,从Grand Boulevard QLINE车站步行约20分钟即可到达。

福特皮科特大道工厂　　　博物馆

(Ford Piquette Avenue Plant;☎313872-8759;www.fordpiquetteavenueplant.org;461 Piquette Ave;成人/儿童 $12/免费;◎4月至10月周三至周日 10:00~16:00)具有里程碑意义的工厂,亨利·福特就在这里打造出了第一辆T形车。门票包含由热情的讲解员带来的内容详尽的团队游,还有参观大批锃亮的老爷车,其中最早的可追溯到1904年。该博物馆位于底特律艺术学院东北方向约1英里处。

◎市中心及周边
★战神广场公园　　　公园

(Campus Martius Park;www.downtowndetroitparks.com/parks/Campus-Martius;800 Woodward Ave;🅿🚻)位于底特律市中心核心地段的这个新公共场所是阳光灿烂时消磨下午时光的完美地点。公园中间是密歇根士兵和海员纪念碑(Michigan Soldiers & Sailors Monument):天气暖和的月份,纪念碑脚下有沙滩可供玩乐;冬季,该空间成为全城最热门的滑冰场。夏季演奏音乐会,还有流动餐馆和酒吧。

★东部市场　　　市场

(Eastern Market;www.easternmarket.com;Adelaide St 和Russell St)每周六,农产品、奶酪、香料及鲜花供应商挤满了大厅,但你也可以在工作日逛逛Russell St和Market St道路两侧林立的特色商店(从小型道具到花生烘烤器)和咖啡馆。此外,在6月至10月的周二有规模较小的集市,周日的手工艺品集市上会有美食车。想去看看壁画的话随时都可以。东部市场因其街头艺术的繁荣发展已经成为蜚声国际的热门目的地。

关于作品位置和艺术家的信息,可以查看网站www.muralsinthemarket.com。

帕卡德工厂　　　知名建筑

(Packard Plant;E Grand Blvd at Concord St)这座工厂由著名建筑师阿尔贝·卡恩(Albert Kahn)设计,1905年开张,占地350万平方英尺。但有好几年时间这座工厂处于废弃状态,一度成为底特律最具标志性的废墟之一。如今,一个意大利开发商计划在此后十年将它改造成为办公和娱乐场所。该项目的第一阶段预计在2019年秋季完工。与此同时,Pure Detroit(☎313-963-1440;www.puredetroit.com;500 Griswold St;◎周一至周六 9:30~18:00,周日 11:00~17:00)会提供周六到此地的团队游。需要提前很久在网上预订。

文艺复兴中心　　　知名建筑

(Renaissance Center,简称RenCen;www.gmrencen.com;330 E Jefferson Ave)富丽堂皇、高耸入云的通用汽车(GM)总部是品尝美食的好地方,这里还有免费Wi-Fi。你可以加入一个长达1小时的免费团队游参观这里,或在河边步道散步。

海德堡项目　　　公共艺术

(Heidelberg Project;www.heidelberg.org;3600 Heidelberg St;◎日出至日落)免费 带着圆点花纹的街道、漆着鲜艳颜色的房子、院子里奇怪的玩偶雕塑——这不是幻觉,而是覆盖了整个街区的装置艺术。这是街头艺术家泰里·盖顿(Tyree Guyton)的心血结晶,他想要美化这片日渐破败的社区,并一直持续做了30多年。如今盖顿宣布自己要取消这个项目,在原地兴建文化村,将建筑改造为画廊和艺术工作室，就像现在的Numbers House一样举办一些展览。

Riverwalk & Dequindre Cut　　步行、骑车

（www.detroitriverfront.org）底特律漂亮的河滨步道沿着奔腾的底特律河延伸，西起哈特广场，东至Mt Elliott St，全长3英里，途经几座小公园、户外剧场、划船和钓鱼点，最后到达湖畔的贝尔岛（Belle Isle，现在要么贝尔岛要得绕行Jefferson Ave）。沿着河滨步道行至中途靠近Orleans St的地方，1.5英里长的Dequindre Cut Greenway林荫道从北边伸出来，为人们提供了一条通往东部市场的捷径。

👉 团队游

★ Pure Detroit　　步行

（☎855-874-7873; www.puredetroit.com; ⊙周六和周日；时间不定) 免费 Pure Detroit除了售卖具有当地特色的物品外，还提供全城最佳景点的导览游，包括费舍尔大厦（Fisher Building; ☎313-872-1000; www.fisherbldg.com; 3011 W Grand Boulevard）、嘉德大厦（Guardian Building; www.guardianbuilding.com; 500 Griswold St; ⊙周一至周六 8:30~18:00，周日 11:00~17:00)和帕卡德工厂（见650页）。导游多为本地历史学家，知识丰富，平易近人。欲了解详细信息，可直接前往任意五个门店之一或者查看其网站。大多数团队游免费，不过帕卡德工厂游费用为$40，而且必须预订。

Preservation Detroit　　步行游览

（☎313-577-7674; www.preservationdetroit.org; 2小时的团队游$15; ⊙5月至9月 周六10:00）组织游客步行游览市中心、中城区、东部市场以及其他街区的建筑；出发地点不定。

Wheelhouse Bikes　　骑车

（☎313-656-2453; www.wheelhousedetroit.com; 1340 E Atwater St; 2小时游览$15; ⊙周一至周四 11:00~19:00，周五和周六 10:00~20:00，周日 正午至17:00，冬季 营业时间缩短)骑自行车是探索这座城市的绝佳方式。Wheelhouse在瑞瓦德广场（Rivard Plaza）的河滨步道上出租坚固的两轮车（包括头盔和锁）。主题团队游（$40，含自行车租金）途经不同街区、建筑遗址和城市农场。

🎉 节日和活动

北美国际汽车展　　文化节

（North American International Auto Show; www.naias.com; 票价$13; ⊙1月中)在科博中心

当 地 知 识

底特律的废墟

在大众眼中代表底特律的废弃建筑并非如从前一般比比皆是——至少，不是在市中心，在满腔热忱的本地人和私人投资者的帮助下，许多建筑瑰宝已经得到精心修复，重焕光彩。随着城市出现决定性的向好转机，全国连锁品牌同样跟风而至，Lululemon等零售商店及Aloft和Westin等连锁酒店正在入驻一度空置的商业建筑。

甚至最具代表性的几处废墟正在显露生机。密歇根中央车站（Michigan Central Station; 2405 W Vernor Hwy）名列榜首。1988年关闭以后，这座车站历经几十年的风雨，矗立在库克镇（Corktown）的干道旁边，日益荒芜。现在衰败已停止了——安装了窗户——但全面开发尚未落实。帕卡德汽车厂（Packard Auto Plant; 见650页）是另一座废墟。著名建筑师Albert Kahn设计了这个占地350万平方英尺的工厂，1905年投入使用时曾引起轰动。不过荒废几十年以后，它已经成为遍布涂鸦的废墟。然而这座废弃工厂的命运已经随着城市的复活而获得了转机：一家意大利开发商买下废墟的3/4，并计划在此后10年间将其改造为办公和娱乐设施。

139平方英里的城市依然有许多空置建筑，尤其是在市中心核心区以外。值得一提的是，这些建筑废墟已成为热点话题：有人称这种行为是"废墟热情"，也有人将其看作一种审视与领略底特律复杂历史的方式。进入任何废弃建筑都是违法的。

"运动"电子音乐节 音乐节

（Movement Electronic Music Festival；www.movement.us；日票$80；⊙5月末）于"阵亡将士纪念日"的周末，在哈特广场举行的全球最大的电子音乐节。

伍德沃德梦幻巡游 车展

（Woodward Dream Cruise；www.woodwarddreamcruise.com）免费 每年8月的第三个周六，全世界的汽车爱好者齐聚底特律，炫耀他们的四轮宝贝，沿城市大街巡游。巡游队伍绵延数英里，大部分活动都在市中心北部、Woodward沿线，以及8 Mile和10 Mile附近的小巷举行。

道路封闭和活动的庞大规模让人很难弄清楚伍德沃德梦幻巡游的起点。试试从Woodward以东或以西几个街区的9 Mile开始。对巡游的汽车赞不绝口的同时，也可以感受到芬代尔（Ferndale）街区中心的魅力。

🛏 住宿

底特律正在经历酒店业的繁荣：过去的一年，几家新式设计酒店在市中心和中城区开业，未来还将出现更多的酒店。房价要在标价的基础上加9%~15%的税费（税费随房间大小及位置而不同）。

Hostel Detroit 青年旅舍

（☎313-451-0333；www.hosteldetroit.com；2700 Vermont St；铺$30~39，房$60~77；🅿@🛜）志愿者们翻新了这座老建筑，还收集了回收材料和捐款以拼凑出家具，并于2011年对外开放。旅舍里有一间10个床位的宿舍、一间4个床位的宿舍和一些独立客房，所有客人共用4个浴室和3个厨房。仅接受在线预订（必须至少提前24小时）。

★ Inn on Ferry Street 旅馆 $$

（☎313-871-6000；www.innonferrystreet.com；84 E Ferry St；房$169~259；🅿❄@🛜）艺术博物馆旁边的一排维多利亚风格的大厦里有40间客房。一些价格相对低的客房虽小，但有柔软舒适的床上用品，较大的客房还配有许多古朴的木家具。酒店还有许多人性化服务，比如热腾腾的健康早餐和到市中心的班车。

Aloft 酒店 $$

（☎313-237-1700；www.aloftdetroit.com；1 Park Ave；房$159~219；🅿❄@🛜）这个连锁品牌在底特律的酒店占据了一栋1915年新文艺复兴式的精致的摩天大厦，并将其改建成为令人熟悉的时尚风格。现代化的房间有色彩鲜艳的装饰，而且能看到美妙的城市景观。酒店位于体育场馆和剧院之间，地理位置优越。停车费$30。

Ft Shelby Doubletree Hotel 酒店 $$

（☎313-963-5600；www.doubletree3.hilton.com；525 W Lafayette Blvd；房$135~195；🅿❄@🛜）这家酒店位于市中心一家历史悠久、装饰华美的大楼里。所有房间都是大套房，休息区和卧室都配有高清电视和免费Wi-Fi。停车费$30，并提供到市中心周边地区的免费班车服务。

Detroit Foundation Hotel 精品酒店 $$$

（☎313-800-5500；www.detroitfoundationhotel.com；250 W Larned St；房$200~280；❄🛜）市中心这座建于1929年的消防站于2017年被改造成为一家精品酒店，将现代化的便利和原建筑的特色风格与浓郁的历史感融为一体；不要错过酒店一流餐厅Apparatus Room里面的消防滑杆。房间宽敞、舒适，配备小酒柜，内有价格合理的密歇根当地商品。

步行一会儿可以到达嘉德大厦、会展中心和战神广场公园。代客泊车（$30），自行车租借免费。

🍴 就餐

市中心和中城区是时尚餐饮的最佳地点。附近两个郊区也有不少时尚餐厅和酒吧：9 Mile St和Woodward Ave上的芬代尔街区，走路即可到达，同性恋者是主要客源。还有12 Mile St和13 Mile St之间的Royal Oak，就在芬代尔北边。

Cass Cafe 咖啡馆

（☎313-831-1400；www.casscafe.com；4620 Cass Ave；主菜$9~16；⊙周一至周四 11:00~23:00，周五和周六 至午夜，周日 17:00~22:00；🛜🌱）这家咖啡馆是波希米亚风格的艺术画

廊与酒吧、餐厅的融合,这里供应汤、三明治和新鲜蔬菜美食,如扁豆核桃汉堡。服务质量忽高忽低。

Detroit Institute of Bagels   百吉饼 $

(☎313-444-9342; www.detroitinstituteofbagels.com; 1236 Michigan Ave; 百吉饼 $1.50起,百吉饼三明治 $6~9; ⓢ周一至周五 7:00~15:00,周六和周日 8:00~15:00; ℗)在库克镇这个栽满绿植的敞亮之地,地道的纽约百吉饼和自制奶油奶酪是明星美食。可以尝尝Le Rouge,配培根、鸡蛋、羊奶酪、芝麻菜和红皮洋葱橘子酱。天气暖和的月份,露台上会开满绣球花。

Parks & Rec Diner   美式小馆 $

(☎313-446-8370; www.parksandrecdiner.com; 1942 Grand River Ave; 主菜 $6~14; ⓢ周一至周五 8:00~14:00,周六和周日 至15:00)这家温馨的餐馆于2015年开业,位于壮观的GAR大厦,餐馆的名称源于曾经位于此处的政府部门。时令菜单上有三明治和早午餐菜肴,比如开心果法式吐司和熏培根面包沙拉等,怎么选择都不会有错。炸薯条配BBQ调料非常美味。

★ Dime Store   美国菜 $

(☎313-962-9106; www.eatdimestore.com; 719 Griswold St; 主菜 $9~13; ⓢ周一至周五 8:00~16:00,周六和周日 至15:00)在这家舒适的美式小餐馆里找把敦实的木头转椅坐下,点一份鸭肉Reuben三明治和炸薯条蘸松露蛋黄酱,再来一瓶冰爽的啤酒佐餐。有各式蛋类早午餐很受欢迎,而且全天供应。

Chartreuse Kitchen   美国菜 $$

(☎313-818-3915; www.chartreusekc.com; 15 E Kirby St; 主菜 $22~28; ⓢ周二至周四 11:30~14:00和17:00~21:30,周五 至22:30,周六 17:00~22:30)外观看上去可能只是又一个网红餐厅:现代工业风格的装配配上时令菜单,但Chartreuse经营得风生水起。这里的双面蛋(配绿叶蔬菜、球芽甘蓝、咸奶酪和葱醋)和烤胡萝卜(配意大利熏火腿和柠檬酸奶)等菜看食材简单但却拥有多层次的浓郁口感。餐厅内部的亮绿色和鲜花墙营造出快乐的嬉皮氛围。

Grey Ghost   美国菜 $$$

(☎313-262-6534; www.greyghostdetroit.com; 47 E Watson St; 主菜 $18~29; ⓢ周一至周六 16:00起,周日 10:00~14:00)底特律的这个新晋热门餐厅采用时髦的工业装修风格,菜单上的菜式新潮又现代,创意配菜有花菜和面鱼,或是球芽甘蓝配鸡皮。纽约牛排多汁可口,采用了真空低温的烹饪方法。户外露台虽小,气氛却很欢快。

🍷 饮品和夜生活

★ Dessert Oasis Coffee Roasters   咖啡

(www.dessertoasiscoffee.com; 1220 Griswold St; ⓢ周一至周四 6:00~21:00,周五 至22:00,周六 7:00~22:00,周日 8:00~21:00; 🐶📶)完美的意式浓咖啡饮品(尝尝薰衣草拿铁咖啡)、手冲咖啡、户外座椅和免费Wi-Fi是这家市中心新开咖啡馆的亮点。每晚都有现场音乐。允许带狗。

HopCat   小酒馆

(☎313-769-8828; www.hopcat.com/detroit; 4265 Woodward Ave; ⓢ周一至周三 11:00至午夜,周四至周六 至次日2:00,周日 10:00至午夜; 📶)这个区域性连锁酒馆在底特律的分店十分出色:墙壁上装饰着当地音乐家的油画作品,音箱里播放着Stooges乐队和从前摩城Motown的音乐。供应的啤酒约130种,其中30种来自密歇根州当地。想要品尝多种口味的话,可以点小杯(5盎司和8盎司的玻璃杯)。

Bronx   酒吧

(☎313-832-8464; 4476 2nd Ave; ⓢ正午至次日2:00; 📶)这家底特律传统的街角酒馆,除了一张台球桌、昏暗的灯光和几台播放着摇滚乐和灵魂乐的点唱机就没什么别的了。然而这正是潮人、闲人和摇滚音乐人钟爱这家酒吧的原因,他们还喜欢这里深夜供应的牛肉汉堡和各种低价啤酒。

Grand Trunk Pub   酒吧

(☎313-961-3043; www.grandtrunk.pub; ⓢ11:00至次日2:00)这里曾经是大干线铁路(Grand Trunk Railroad)的售票厅,有高高的天花板,如今依然喧闹不已,但客人们都愿意或坐或站地待上一会儿。理由充分：这里有大量啤酒可供选择，还有齐全的酒吧小菜。由于靠近新设立的步行大道Woodward Ave，露台成了观看人来人往的理想地点。

次日2:00，周三至周五11:00起，周六和周日10:30起)库克镇的地下朋克俱乐部，大多数晚上都有精力旺盛的乐队或DJ在这里表演。白天，店里出售美味的新奥尔良美食和素食。

☆ 娱乐

现场音乐

Cliff Bell's 爵士乐

(☎313-961-2543；www.cliffbells.com；2030 Park Ave；⊙周二至周四17:00至午夜，周五和周六至次日1:00，周日11:00~22:00)深色的木地板、摇曳的烛光和艺术装饰风格，这些都让人想起20世纪30年代的优雅气质。当地爵士乐、灵魂乐和摇摆乐队吸引着形形色色的年轻观众。

Magic Stick 现场音乐

(☎313-833-9700；www.majesticdetroit.com；4120-4140 Woodward Ave)在Magic Stick酒迹斑斑的排名中，名列前茅的摇滚乐队是白色条纹乐队(White Stripes)和凡邦迪合唱团(Von Bondies)。隔壁的The Majestic Theater举办大规模演出。尽管近年来场地逐渐失去光彩，但大多数夜晚，你还是可以在这里看到一些前卫乐队的演出。

PJ's Lager House 现场音乐

(☎313-961-4668；www.pjslagerhouse.com；1254 Michigan Ave；⊙周一和周二13:00至

表演艺术

底特律歌剧院 歌剧

(Detroit Opera House；☎313-237-7464；www.michiganopera.org；1526 Broadway Ave)剧院内部装饰着富丽堂皇，这个顶尖的剧团培养出了许多知名的非裔美国演员。

木偶艺术/底特律木偶剧院 剧院

(Puppet ART/Detroit Puppet Theater；☎313961-7777；www.puppetart.org；25 E Grand River Ave；成人/儿童$15/10；⏰)剧院可容纳70人，在苏联受过专业训练的木偶操纵者在此表演精彩的木偶剧，小型博物馆里则展出了来自不同文化地区的木偶。

Fox Theater 表演艺术

(☎313-471-6611；www.olympiaentertainment.com/venues/detail/fox-theatre；2211 Woodward Ave)这座东方风格的豪华剧院建于1928年，是底特律的标志之———也是少数历经城市动荡却始终保有娱乐节目的场馆之一。剧院会举办喜剧、顶级音乐演出和百老汇演出。

从摩城到摇滚城

摩城唱片公司(Motown Records)和灵魂音乐使底特律在20世纪60年代广为人知，而Stooges和MC5那躁动的朋克摇滚正是20世纪70年代对那种平稳和缓声音的最强回应。1976年，底特律因一首KISS乐队的歌曲"*Detroit Rock City*"而被称为摇滚城。最近几年，锋芒毕露的硬摇滚(又名鞭挞摇滚)将这个城市推向了乐坛的最前沿。从底特律走出的明星包括白色条纹乐队、凡邦迪合唱团(Von Bondies)和Dirtbombs。说唱音乐(感谢Eminem)和科技舞曲是底特律另外两个著名的流派。许多音乐爱好者认为，正是这座城市的颓废才造就了美丽、愤怒、充满爆炸力量的音乐，有谁不同意吗？通过《地铁时代》(*Metro Times*)等免费刊物了解最新的演出和俱乐部信息。

塔夸默农瀑布州立公园(Tahquamenon Falls State Park) **塔夸默农瀑布州立公园**
(Tahquamenon Falls State Park；☎906-492-3415；Hwy 123；每辆车$9)位于苏圣玛丽以东，拥有美丽的塔夸默农瀑布。瀑布的水流被上游的铁杉树叶染成了茶色。上游瀑布(Upper Falls)宽200英尺、高50英尺，景色壮观，亨利·沃兹沃斯·朗费罗曾在《海华沙之歌》(*Song of Hiawatha*)中，提到过这个瀑布。下游瀑布(Lower Falls；东北约5英里处)是围绕着一个小岛的一系列小瀑布，许多游客租手划船前往那里。这个大型的国家公园允许露营(帐篷和房车营地$17~25)，也很适合徒步，公园入口附近还有个自酿啤酒吧。

体育

Little Caesars Arena 体育馆

(☎313 471 6606;www.olympiaentertainment.com;2645 Woodward Ave)2017年开幕,这座光鲜亮丽的体育馆是底特律举办名人音乐会和体育活动的新场馆。10月至次年4月,底特律职业曲棍球队红翼队(Red Wings;www.nhl.com/redwings)和职业篮球队活塞队(Pistons;www.nba.com/pistons)都将这里作为比赛主场。

卡莫丽佳公园 棒球

(Comerica Park;☎313-962-4000;www.detroittigers.com;2100 Woodward Ave;🅿)底特律老虎队(Detroit Tigers)就在卡莫丽佳打棒球,它是全美职业棒球联盟里最豪华的场馆之一。该公园也适合小朋友,园内有小型摩天轮和旋转木马(单次乘坐$2)。

❶ 实用信息

底特律会议旅游局(Detroit Convention & Visitors Bureau;☎800-338-7648;www.visitdetroit.com)

❶ 到达和当地交通

底特律都会机场(Detroit Metro Airport,简称DTW;www.metroairport.com)在底特律西南约20英里处,是达美航空公司(Delta Airlines)的空港枢纽。从机场到城里的交通工具选择不多:出租车费用约$60。Skoot(☎313-230-2331;www.rideskoot.com)合乘班车费用为$20。乘坐125号SMART公交车票价$2.50,但很不方便,而且也不可靠,从机场到市区需要1.5小时。

灰狗巴士(☎313-961-8005;1001 Howard St)开往密歇根州和其他州的多个城市。**Megabus**(www.megabus.com/us)每天各有1趟长途汽车从底特律和芝加哥(5.5小时)始发,底特律这边的发车地点是市中心和韦恩州立大学(Wayne State University)。登录网站可查询确切地点。

美国国铁(www.amtrak.com)从底特律站(Detroit Station;☎313-873-3442;11 W Baltimore Ave)开往芝加哥(5.5小时)的列车每天3趟。往东的车次到纽约(16.5小时),你也可以在沿途各站下车,但你首先得乘坐巴士到托莱多(Toledo)。

QLine有轨电车(www.qlinedetroit.com,票价$1.50)2017年春开通运行,从市中心的Congress St发车,沿Woodward Ave行驶,途经中城区各体育场馆和博物馆,直至线路北端的美国国家铁路公司车站和W Grand Blvd。

MoGo(www.mogodetroit.com)是底特律新推出的共享自行车,43个站点分布于市中心和中城区。24小时通票价格$8,可无限次数骑行(每次限时30分钟);超过30分钟额外收费。

Transit Windsor(☎519-944-4111;www.citywindsor.ca/transitwindsor)运营往加拿大温莎的隧道巴士(Tunnel Bus)。票价$5(美元或加拿大元),从底特律—温莎隧道(Detroit-Windsor Tunnel)入口附近的水手教堂(Mariner's Church, Randolph St和Jefferson Ave的交叉路口)等地点发车。带上护照。

迪尔伯恩(Dearborn)

距离底特律仅几步之遥的迪尔伯恩有美国首屈一指的博物馆——亨利·福特博物馆(Henry Ford Museum)。这里还有全美最大的美籍阿拉伯人社区,来此游览可以深入感受当地引人入胜的文化魅力。

◉ 景点

亨利·福特博物馆、格林菲尔德庄园(Greenfield Village)和红工厂团队游(Rouge Factory Tour)各自独立,但你可以购买其中两个或全部三个景点的联票,与分开购票相比至少可以节省20%。要游览全部景点,至少要预留出一整天的时间。

亨利·福特博物馆 博物馆

(Henry Ford Museum;☎313-982-6001;www.thehenryford.org;20900 Oakwood Blvd;成人/儿童$22/16.50;◉9:30~17:00)室内的亨利·福特博物馆多方面展示了典型的美国文化,如林肯总统被暗杀前坐的椅子、肯尼迪遇刺时乘坐的总统汽车、热狗形象的Oscar Mayer Wiennermobile(绝佳的拍照景点!)和罗莎·帕克斯(Rosa Parks)拒绝给白人让座时所乘坐的那辆公共汽车。别担心,这里还能帮你修理老爷车。网上购票可以打九折。停车费$6。

格林菲尔德庄园 博物馆

(Greenfield Village;☎313-982-6001;www.thehenryford.org;20900 Oakwood Blvd;成人/儿

童$27/20.25；⊙4月中旬至10月 每天，11月和12月周五至周日9:30~17:00）毗邻亨利·福特博物馆（且属于该博物馆建筑群的一部分），格林菲尔德庄园的露天地带有很多历史意义丰富的建筑，都是从美国各地照搬还原而成的，例如从Menlo公园迁移过来的托马斯·爱迪生的实验室和莱特兄弟的飞机车间。网上购票可以打九折。

汽车名人堂　　　　　　　　　　　　　博物馆

（Automotive Hall of Fame；☏313-240-4000；www.automotivehalloffame.org；21400 Oakwood Blvd；成人/儿童$10/4；⊙5月至9月 周三至周日9:00~17:00，10月至次年4月 仅限周五至周日）就在亨利·福特博物馆隔壁。汽车名人堂是一个互动型的汽车展厅，旨在让人更多地了解名车背后真正的英雄，例如保时捷之父费迪南德·保时捷（Ferdinand Porsche）和本田汽车的创始人本田宗一郎（Soichiro Honda）。

红工厂团队游　　　　　　　　　　　　工厂

（Rouge Factory Tour；☏312-982-6001；www.thehenryford.org；成人/儿童$18/13.25；⊙周一至周六9:30~15:00）可以看看F-150卡车是怎样制造的。当年福特汽车就是在这里完善了其自给自足的大规模生产线技术。团队游从亨利·福特博物馆出发，一辆大巴车将带你前往该工厂。

食宿

Henry Hotel　　　　　　　　　　　酒店 $$

（☏313-441-2000；www.behenry.com；300 Town Center Dr；房$180~240；P※@令※）万豪（Marriott）旗下酒店，共有11层，308个房间。Henry Hotel风格独特出众，主要接待商务旅客和举办婚礼。每层楼都展有出色的本地艺术品，悬挂枝形水晶吊灯的雅致公共区域适合会友。房间舒适，面积很大。酒店紧邻一家大型购物中心，距离亨利·福特博物馆约3英里。

Hamido　　　　　　　　　　　　中东菜 $

（☏313-582-0660；www.hamidorestaurant.com；13251 W Warren Ave；主菜$8~16；⊙11:00至午夜）斜屋顶造型的Hamido出售胡姆斯酱、鸡肉沙瓦玛（烤肉卷）和其他阿拉伯食物。看看烤肉叉子上串烤的一只只鸡，就足以说明这家店的受欢迎程度。

❶ 到达和离开

迪尔伯恩位于底特律市中心以西10英里处，距离西边的底特律都会机场同样是10英里。I-94是通向城镇的主要道路。美国国铁的车站在亨利·福特博物馆旁边。

安娜堡（Ann Arbor）

安娜堡洋溢着自由的气息，学术气氛浓厚，密歇根大学（University of Michigan）就坐落在这里。适于步行的市中心紧邻密歇根大学校园，满是咖啡馆、书店和自酿酒吧。这里还是老饕的圣地：循着香味走就能找到所有叫"Zingerman's"的店铺了。

◉ 景点

密歇根大学艺术博物馆　　　　　　　博物馆

（University of Michigan Museum of Art；☏734-764-0395；www.umma.umich.edu；525 S State St；⊙周二至周六11:00~17:00，周日中午开门）免费 校园里的前卫艺术博物馆收藏着大批令人赞叹的藏品，包括亚洲瓷器、蒂芙尼彩绘玻璃和现代的抽象艺术品。

安娜堡农贸市场　　　　　　　　　　　市场

（Ann Arbor Farmers Market；www.a2gov.org/market；315 Detroit St；⊙5月至12月 周三和周六7:00~15:00，1月至4月 周六8:00~15:00）考虑到周边全都是果园和农场，这里盛产农副产品也就不足为奇了。市场里出售辣味泡菜、苹果酒，甚至还有蘑菇种植全套工具等各种农副产品和商品。这个市场位于市中心，在熟食店Zingerman's附近。周日摇身一变，成为一个售卖珠宝、瓷器和纺织品等的工艺品大市场。

食宿

距离市中心步行可达的地方有几家民宿。酒店大都在距市中心5英里之外，市区南边的State St沿线也有几家中档连锁酒店。

安娜堡早在"美食天堂"概念兴起前就是个名副其实的美食天堂了。这座城市的

美食数不胜数,而且大多是为了吃个自在,价格不贵。市中心的Main St、Liberty St和Washington St到处是美食。美食车聚集在211 W Washington St的庭院。埃塞俄比亚、中东、印度及其他美食应有尽有。

Frita Batidos
古巴菜 $

(☎734-761-2882;www.fritabatidos.com;117 W Washington St;主菜$8~13;◎周日至周三11:00~23:00,周四至周六 至午夜)这个时髦的餐馆出售古巴街边美食,人气极高,从汉堡配热带风情的柑橘小料,到爽口爽心的加酒奶昔,一切都好吃极了。

★ Spencer
美国菜 $$

(☎734-369-3979;www.spencerannarbor.com;113 E Liberty St;小盘菜$5~11;◎周日、周一、周三和周四11:00~15:00和17:00~22:00,周五和周六 至23:00)在这家小咖啡馆用餐就像是在朋友家的厨房用餐一样舒适自在。墙壁以白漆粉刷,阳光灿烂的窗台上立着书籍,花瓶里面插着鲜花。老板娘是面点师,老板是奶酪商,他们精选本地食材,烹制小份菜肴,而且每隔几周就会更换菜单,所以你没准儿可以好好尝尝芜菁甘蓝花菜汤或者烤腹肉牛排配葵花子奶油。

Zingerman's Roadhouse
美国菜 $$$

(☎734-663-3663;www.zingermansroadhouse.com;2501 Jackson Ave;主菜$19~36;◎周一至周四 7:00~22:00,周五 7:00~23:00,周六 9:00~23:00,周日 9:00~21:00)一句话形容:这里的甜甜圈圣代太美味了!波旁酒焦糖创意甜点简直是天才发明,卡罗来纳燕麦糊、艾奥瓦猪排和马里兰蟹饼等传统美国菜也很不错。这家餐馆在市区以西2英里处。

❶ 实用信息

安娜堡会议旅游局(Ann Arbor Convention & Visitors Bureau;www.visitannarbor.org)提供住宿及其他实用信息。

❶ 到达和离开

底特律的机场位于市区以东30英里处,有班车往返。美国国家铁路公司列车每天3班经过安娜堡。火车站在市中心,站内有灰狗巴士。Megabus连通这座城市,但车站距离市中心很远,不太方便。

密歇根州中部 (Central Michigan)

密歇根州的腹地位于下半岛的中心,在那里,满是作物的农场和高速公路纵横的市区交替出现。大城市擅长前卫艺术,与此同时,整个地区的优质啤酒酿造业出类拔萃。

兰辛(Lansing)

小小的兰辛是密歇根州的首府,它的东面数英里处是密歇根州立大学(Michigan State University),所在地为东兰辛(East Landsing)。值得短暂停留以参观两三座精彩的博物馆。

⊙ 景点和活动

广泛艺术博物馆
博物馆

(Broad Art Museum;☎517-884-4800;www.broadmuseum.msu.edu;547 E Circle Dr;◎周二至周日 正午至19:00)**免费** 知名建筑师Zaha Hadid设计了这个用不锈钢和玻璃筑成的、外表狂野的平行四边形建筑。馆内藏品从希腊瓷器到萨尔瓦多·达利(Salvador Dali)的绘画无所不包。大部分展区展示前卫的艺术品。

老汽车博物馆
博物馆

(RE Olds Transportation Museum;☎517372-0529;www.reoldsmuseum.org;240 Museum Dr;成人/儿童 $7/5;◎全年 周二至周六 10:00~17:00,4月至10月 周日 正午至17:00)馆内有令人喜爱的展品,老兰辛城市公交车库(Lansing City Bus Garage)停放着约65辆迷人的老爷车,其中包括造于1897年的第一辆Oldsmobile。注意:这些车辆并非同时展出而是轮换展出。

兰辛滨河小路
步行

(Lansing River Trail;www.lansingrivertrail.org)20英里长的柏油小路从城市北边沿格兰德河(Grand River)延伸至市中心,再沿红杉河(Red Cedar River)向东蜿蜒至大学。这条小路上有许多跑步和骑车的人,市中心路段沿途还有好几个景点,包括老汽车博物馆、儿童博物馆、动物园和鱼梯。

食宿

Wild Goose Inn
民宿 $$

(☎517-333-3334; www.wildgooseinn.com; 512 Albert St; 房 $149~169; 🛜) Wild Goose Inn是有6个房间的民宿，与密歇根州立大学的东兰辛校园仅相距一个街区。所有的房间都带壁炉，大部分房间有按摩浴缸。装修相当低调——除了Arbor房间，里面有造型狂野的假树枝！

Golden Harvest
美式小馆 $

(☎517-485-3663; 1625 Turner St; 主菜 $7~9; ⏰周一至周五 7:00~14:00, 周六和周日 8:00开门) 这家嘈杂小馆的装饰是朋克摇滚搭配嬉皮风格，供应"布巴三明治"（Bubba Sandwich, 即法式烤面包夹香肠）和分量十足的煎蛋卷。

❶ 到达和离开

美国国家铁路公司的Chicago-Port Huron线路列车每天经停东兰辛。灰狗巴士在兰辛和东兰辛都设有车站。I-96、I-69和Hwy 127是经过该市的主要州际公路。

大急流城 (Grand Rapids)

大急流城是密歇根州第二大城市，因办公家具制造业而闻名，近来的"啤酒旅游"更是让它声名鹊起。这里的20家自酿酒吧正是你来游览的原因所在（不过也有些与啤酒无关的有趣景点）。

◉ 景点

弗雷德里克迈耶花园
花园

(Frederik Meijer Gardens; ☎616-957-1580; www.meijergardens.org; 1000 E Beltline NE; 成人/儿童 $14.50/7; ⏰周一和周三至周六 9:00~17:00, 周二 至21:00, 周日 11:00~17:00) 占地118英亩，繁花以及奥古斯特·罗丹（Auguste Rodin）、亨利·摩尔（Henry Moore）等大师的雕塑作品是这个花园的特色。走I-196州际公路的话，该花园在市中心以东5英里处。

杰拉尔德·福特博物馆
博物馆

(Gerald R Ford Museum; ☎616-254-0400; www.fordlibrarymuseum.gov; 303 Pearl St NW; 成人/儿童 $8/4; ⏰周一至周六 9:00~17:00, 周日 正午开馆) 位于市中心，专门纪念这位迄今为止唯一一位从密歇根州走出来的总统。理查德·尼克松总统和他的搭档——副总统斯皮罗·阿格纽（Spiro Agnew）因丑闻下台后，杰拉尔德·福特继任总统。那是美国当代史上一段奇特的时期，这个博物馆详尽讲解了那段历史，还展出了"水门事件"中用过的窃听装置。福特和他的妻子贝蒂（Betty）安葬于此。

大急流城艺术博物馆
博物馆

(Grand Rapids Art Museum; ☎616-831-1000; www.artmuseumgr.org; 101 Monroe Center St NW; 成人/儿童 $10/6; ⏰周二至周日 10:00~17:00, 周四 至21:00) 这座非同一般的艺术博物馆用19世纪和20世纪的艺术珍品将这栋阳光充足的大楼摆放得满满当当。亨利·德·图卢兹-罗特列克（Henri de Toulouse-Lautrec）和理查德·迪本科恩（Richard Diebenkorn）等欧美艺术大师的作品赫然陈列于此。周二和周四晚免门票。

食宿

City Flats Hotel
酒店 $$

(☎616-608-1720; www.cityflatshotel.com/grandrapids; 83 Monroe Center St NW; 房 $155~245; ❄🛜) 🌿这家环保酒店的房间光照充足，有大窗户、竹麻床单、软木地板以及本地生产和改造的木制家具。位于市中心，竹节棉寝具令你在夜晚安然入眠。这家酒店的建筑荣获了"节能和环保先锋"（LEED, Leadership in Energy and Environmental Design）项目金牌证书。

★ Green Well
美国菜 $$

(☎616-808-3566; www.thegreenwell.com; 924 Cherry St SE; 主菜 $16~22; ⏰周日至周四 11:00~22:00, 周五和周六 至午夜) 🌿这家美食酒吧的特色是汉堡、绿咖喱，还有烤猪肉和玉米粥，所有食材都是可持续种植或养殖的原料。许多菜肴制作原材料中都有啤酒的身影，比如啤酒贻贝和啤酒奶酪。酒吧提供难得一见的密歇根啤酒，还有密歇根葡萄酒（有套酒）。

🍷 饮品和夜生活

Brewery Vivant　　　　　　　自酿酒吧

(☎616-719-1604; www.breweryvivant.com; 925 Cherry St SE; ☺周一至周四15:00~23:00, 周五至午夜, 周六11:00至午夜, 周日正午至22:00)
🍃Brewery Vivant专营比利时啤酒。位于一座有彩绘玻璃和拱形天花板的古老教堂内, 这家独具氛围的酒馆还会在农场风格的餐桌上供应本地奶酪拼盘和汉堡。

Founders Brewing Co　　　　自酿酒吧

(☎616-776-1195; www.foundersbrewing.com; 235 Grandville Ave SW; ☺周一至周六11:00至次日2:00, 周日正午至午夜)如果你的时间只够在大急流城体验一家自酿酒吧, 那就直奔这家摇滚风格的店面好了。红色的Dirty Bastard艾尔啤酒非常可口, 还提供就着啤酒吃的肉类三明治。

❶ 实用信息

大急流城会议旅游局(Grand Rapids CVB; www.experiencegr.com)提供地图, 网站上还有自助游览自酿酒吧的信息。

❶ 到达和离开

大急流城的机场规模适中, 有飞往许多美国城市的航班。每天一班美国国家铁路公司列车往返芝加哥; 车站位于市中心Founders Brewing Co附近。I-96、I-196和Hwy 131是通往这座城市的主要公路。

黄金海岸(Gold Coast)

"黄金海岸"的名字并非空穴来风, 密歇根湖西岸300英里长的沙滩一路绵延, 沙滩、沙丘、葡萄酒庄、果园、布满民宿的小镇在夏季旅游旺季时就变得热闹起来(冬季又是另一番景象: 整个小镇银装素裹, 非常寒冷)。

湖港地区(Harbor Country)

湖港地区是指沿密歇根湖边界依湖而建的8个临湖小镇, 那里有沙滩、酒庄、古董店, 到处散发着质朴的魅力。

新布法罗(New Buffalo)是规模最大的社区, 有冲浪商店(你没看错)、热闹的公共沙滩、冰激凌店、泊船码头和受欢迎的农贸市场。斯里奥克斯(Three Oaks)是湖港地区唯一一个内陆小镇, 它挨着Hwy 12公路, 距离湖岸6英里。这个小镇像是绿色田野与格林尼治村的结合体, 充满艺术气息和质朴的田园氛围。白天骑骑自行车, 晚上在剧院看看振奋人心的演出或艺术电影。还有一些十分迎合游客喜好的小镇: 尤宁派尔(Union Pier)、莱克赛德(Lakeside)、哈伯特(Harbert)和索耶(Sawyer), 小镇里到处都是具有历史特色的旅馆和画廊。

👁 景点和活动

沃伦丘　　　　　　　　　　州立公园

(Warren Dunes; ☎269-426-4013; 12032 Red Arrow Hwy, Sawyer; 每辆车$9)公园里有长达3英里的海岸、6英里的徒步线路、数条越野滑雪小径, 还有高达260英尺的沙丘, 可以攀登, 到处都是游客。每年5月至9月, 有一家特许经营的摊位专门出售食品、软饮料、冰激凌和纪念品。露营费用$22~37。

Tabor Hill Winery　　　　　　酿酒厂

(☎800-283-3363; www.taborhill.com; 185 Mt Tabor Rd, Buchanan; 团队游 免费, 品尝 $9; ☺团队游正午至16:30, 品酒间 周一至周二 12:00~17:00, 周三至周四和周日 11:00~18:00, 周五至周六 11:00~19:00)行家们认为Tabor Hill Winery是这里最好的酿酒厂。这家酒庄提供团队游, 可以让你在品酒室畅饮鲜红的品丽珠(Cabernet Franc)和清爽的起泡酒。

Dewey Cannon Trading Company　　骑车

(☎269-756-3361; www.facebook.com/deweycannontradingcompany; 3 Dewey Cannon Ave, Three Oaks; ☺周二至周五9:00~17:00, 周六至19:00, 周日至15:00, 10月至次年4月 营业时间缩短)在斯里奥克斯租辆自行车(每天$20), 沿着略显简陋的乡村小路悠然骑行, 边骑边欣赏果园和葡萄酒厂。头盔另外收费。

🛏 食宿

Holiday Inn Express　　　　　酒店 $$

(☎269-469-1400; www.ihg.com; 11500 Holiday Dr, New Buffalo; 房$95~195)新布法罗

的这个HI连锁集团的酒店虽然没什么特别，但维护得当，通常价格合理。

Redamak's
汉堡 $

(📞269-469-4522; www.redamaks.com; 616 E Buffalo St, New Buffalo; 汉堡 $6~12; ⏰3月至10月中旬 周一至周六 正午至22:30, 周日 至22:00) 新布法罗的这个老牌餐厅口碑优良，可以享用油蜡纸包装的汉堡，还有香辣炸薯条和冰镇啤酒。

ℹ️ 实用信息

湖港地区商会(Harbor Country Chamber of Commerce; www.harborcountry.org)

ℹ️ 到达和离开

新布法罗有美国国家铁路公司车站。前往其他社区的唯一方式是开车。I-94穿过该地区。Red Arrow Hwy与这条州际公路平行，连接各个社区。新布法罗和索耶(Sawyer)之间的距离是10英里。

索格塔克和道格拉斯 (Saugatuck & Douglas)

索格塔克是"黄金海岸"最受欢迎的度假区，其以众多的艺术团体、不计其数的民宿和相对较多的同性恋群体场所而闻名。它的姊妹城市道格拉斯位于其南边1英里左右的地方，两座城市几乎合为一体了。这个地方虽然游客不少，但时髦别致，你能看到岸边有悠闲享用冰激凌的一家人、划船的雅痞和喝着马提尼酒的同性伴侣。格局紧凑的市中心遍布画廊和商店。周末会吸引大批人群前来。

👁️ 景点和活动

从索格塔克向南延伸20英里的Blue Star Hwy沿线也有许多古董店。路边还有蓝莓采摘园，你不妨稍作停留，给身体补充一些维他命。

椭圆沙滩
沙滩

(Oval Beach; Oval Beach Dr; ⏰8:00~22:00) 救生员巡视着这片绵延起伏的细沙滩。这里有卫生间和小吃摊档；还好数量不多，沙丘的宁静氛围并未受到破坏。停车费 $8。也可以先搭乘渡轮，之后从秃头山徒步来这里，体验探险的感觉。

秃头山
步行

(Mt Baldhead) 沿着台阶一口气登上这座200英尺高的山丘，一览山下无尽的风光，然后从另一侧下山，前往**椭圆沙滩**(Oval Beach)。先搭乘渡轮，再从码头向北步行即可到达这里。

Saugatuck Dune Rides
探险运动

(📞269-857-2253; www.saugatuckduneride.com; 6495 Blue Star Hwy; 成人/儿童 $20/11; ⏰7月和8月 10:00~19:30, 5月、6月、9月和10月 营业时间缩短, 11月至次年4月 歇业) Saugatuck Dune Rides提供有趣的沙丘滑索活动，时长40分钟。

🛏️ 食宿

★ Pines Motorlodge
汽车旅馆 $$

(📞269-857-5211; www.thepinesmotorlodge.com; 56 Blue Star Hwy; 房 $139~249; 📶) 位于道格拉斯的杉树林内，有古色古香的夏威夷风格(提基)灯具、松木家具和公共草坪的座椅。

Bayside Inn
旅馆 $$

(📞269-857-4321; www.baysideinn.net; 618 Water St; 房 $180~250; 📶) 它位于索格塔克的湖滨地带，有10间客房，前身是一个船屋。客房都有独立卫生间、甲板和DVD播放机。房费包含丰盛的早餐。

Crane's Pie Pantry
面包房 $

(📞269-561-2297; www.cranespiepantry.com; 6054 124th Ave, Fennville; 馅饼每块$4.50; ⏰周一至周四 9:00~20:00, 周五和周六 至21:00, 周日 11:00~20:00) 买一块厚厚的馅饼，或在周边的果园采摘苹果和桃子。这家店位于Fennville——先沿Blue Star Hwy往南走3英里，然后沿Hwy 89往内陆方向走4英里就到了。

Phil's Bar & Grille
美国菜 $$

(📞269-857-1555; www.philsbarandgrille.com; 215 Butler St; 主菜 $18~29; ⏰周日至周四 11:30~22:30, 周五和周六 至23:00) 这家嘈杂的小酒馆供应美妙的炙烤鸡肉、鱼肉玉米塔克饼、手抓羊羔肉和秋葵浓汤。

❶ 实用信息

索格塔克/道格拉斯会议旅游局（Saugatuck/Douglas CVB; www.saugatuck.com）提供地图等信息。

❶ 到达和离开

大多数游客都会开车前往索格塔克/道格拉斯。I-196/Hwy 31从两座城镇的东边掠过，Blue Star Hwy则横穿两座城镇。最近的美国国家铁路公司站在以北约12英里的霍兰（Holland）。

睡熊丘国家湖岸风景区（Sleeping Bear Dunes National Lakeshore）

想从巨大沙丘的顶端欣赏波澜壮阔的湖景？寻找不逊于加勒比海的湛蓝水面？向往绵延几英里未被破坏的湖滩？或是生长着神秘树木的僻静岛屿？一切尽在睡熊丘，这里有茂密的森林，可以舒畅地徒步一日，或在波平如镜的水上荡舟。这个国家公园从法兰克福（Frankfort）北侧一直延伸到Leelanau半岛上的勒兰德（Leland）那里。风景区边缘有几座可爱的小镇。

◉ 景点

马尼陶岛　　　　　　　　　　　岛

（Manitou Islands; 每家 $15）森林覆盖的马尼陶岛可以进行独辟蹊径的小径探险。这里属于睡熊丘国家湖岸风景区，需要门票。北马尼陶以夜晚星空下进行乡野露营而闻名，而南马尼陶丰富多彩的荒野一日游非常出色。皮划艇和徒步都不容错过，徒步7英里前往巨人谷（Valley of the Giants）的路线尤其受欢迎，那里有南马尼陶的神秘雪松林。

Manitou Island Transit （☎231-256-9061; www.manitoutransit.com）运营从勒兰德出发的渡轮；船程1.5小时。

坦德姆　　　　　　　　　　　农场

（Tandem Ciders; ☎231-271-0050; www.tandemciders.com; 2055 Setterbo Rd; ⏰周一至周六 正午至18:00, 周日 至17:00）萨顿贝（Suttons Bay）附近的坦德姆酿造美味的苹果酒，游客可以坐在家庭农场小小的品酒室里品尝美酒。花费$2，可以品尝三种苹果酒，每种2盎司。

✈ 活动

Dune Climb　　　　　　　　　徒步

（Hwy 109; ⏰24小时）Dune Climb是公园内最受欢迎的项目，你可以爬上200英尺高的沙丘，然后跑着或者滚下来。如果你喜欢肌肉酸疼的感觉，还可以一路跋涉至密歇根湖，这段艰苦的旅程单程耗时1.5小时，记得带足水。此处位于恩派尔（Empire）以北5英里处，在Hwy 109沿线，有停车场和卫生间。

Pierce Stocking Scenic Drive　观光车道

（⏰5月至11月中旬 9:00至日落）7英里的单行道Pierce Stocking Scenic Drive沿途有适合野餐的小树林，沿此线路行驶或许是饱览睡熊丘迷人湖景的最佳方式。出发得越早，车辆越少。车道起点在恩派尔以北4英里。

睡熊遗产小道　　　　　　　　徒步

（Sleeping Bear Heritage Trail; www.sleepingbeartrail.org）长17英里的柏油小道连接恩派尔和Bohemian Rd，途经沙丘攀登地点，路上有许多步行和骑车的人。

Grand Traverse Bike Tours　　骑车

（☎231-421-6815; www.grandtraversebiketours.com; 318 N St Joseph St; ⏰周一至周五 9:00~17:30, 周六 至17:00, 周日 10:00~16:00）提供前往本地酒庄的导览骑车游，还有自助游（每人 $65），后者有工作人员为你规划线路，如果购买葡萄酒，提供小货车送货服务。商店位于萨顿贝市中心。

🛏 食宿

公园内唯一的住宿地点是露营地：大陆上有两处，马尼陶岛上还有几处。

Glen Arbor B&B　　　　　　　民宿 $$

（☎231-334-6789; www.glenarborbnb.com; 6548 Western Ave; 房 $145~215; ⏰11月中旬至次年4月 歇业）老板把这栋已有百年历史的农舍改造成为阳光灿烂的法式乡村旅馆，共有6个主题房间。

Empire Village Inn　　　　　美国菜 $

（☎231-326-5101; www.empirevillageinn.com; 11601 S Lacore Rd; 主菜 $9~15; ⏰周一至周四 15:00~22:00, 周五 15:00~23:00, 周六

五大湖区 黄金海岸

14:00~23:00，周日 正午至22:00）走进低矮的A字形建筑，在古旧磨损的木桌旁找一个座位，点一杯本地酿造的啤酒，等待美味的包边比萨出炉。汉堡包和三明治同样美味，还有自制根汁汽水。经过一天的徒步或骑车，这里是恢复体力的好地方。

❶ 实用信息

前往公园的**游客中心**（☎231-326-4700；www.nps.gov/slbe; 9922 W Front St; ⓒ6月至8月 8:00~18:00，9月至次年5月 8:30~16:00）获取海量信息、小路地图和机动车入园许可证（1周期/1年期 $15/30）。

❶ 到达和离开

只能开车到达公园。Hwy 31是前往该地区的主要公路。从Hwy 31可以驶入穿越公园的Hwy 22。最近的机场位于特拉弗斯城。

特拉弗斯城 (Traverse City)

密歇根州的"樱桃之都"是下半岛（Lower Peninsula）北部最大的城市，市区有点分散，但仍可作为大本营，从这里可以前往睡熊丘、Mission半岛葡萄酒厂、采摘果园和本地区其他景点。

◉ 景点

到了这儿，一定要驾车前往葡萄酒厂游览。从特拉弗斯城出发，沿Hwy 37往北，驾车20英里后到达密布着葡萄和樱桃种植园的老Mission半岛。可供游览的葡萄酒厂太多了，让人难以取舍。

Peninsula Cellars   酿酒厂

（☎231-933-9787; www.peninsulacellars.com; 11480 Center Rd; ⓒ10:00~18:00）位于一栋旧校舍内，Peninsula出产的优质白葡萄酒，而且游客没有其他酒庄那么多。5种酒品尝费用$5。

🛏 食宿

Mitchell Creek Inn   汽车旅馆 $$

（☎231-947-9330; www.mitchellcreek.com; 894 Munson Ave; 房/小屋 $65/125起; ❄）这家低调的旅馆有15个房间，位于Hwy 31的另外一侧（不靠水），价格适中，附近有州立公园的湖滩。旅馆是典型的夫妇经营店，汽车旅馆式的房间朴素而整洁。

Sugar Beach Resort   酒店 $$

（☎231-938-0100; www.tcbeaches.com; 1773 US 31 N; 房 $150 250, ❄❄❄）Sugar Beach价格公道，正好位于水畔。房间没什么特别，但维护得当，配备小冰箱、咖啡机和微波炉。很多房间最近经过改造，布置了新家具。

Folgarelli's   熟食店 $

（☎231-941-7651; www.folgarellis.net; 424 W Front St; 三明治 $8~11; ⓒ周一至周五 9:30~18:30，周六 至17:30，周日 11:00~16:00）享受了一整天阳光之后，在深受美食家喜爱的Folgarelli's享用三明治。

North Peak Brewing Company 酒馆食品 $$

（☎231-941-7325; www.northpeak.net; 400 W Front St; 主菜 $10~20; ⓒ周一至周四 11:00~23:00，周五和周六 至午夜，周日 正午至22:00）就着自酿啤酒，享受比萨、贻贝和炸鱼吧。

❶ 实用信息

特拉弗斯城旅游局（Traverse City Tourism; www.traversecity.com）

❶ 到达和离开

特拉弗斯城的小机场每天有几班飞往芝加哥、底特律和明尼阿波利斯的航班。Hwy 31是通往城镇的主要公路。

夏洛瓦和佩托斯基 (Charlevoix & Petoskey)

这两个城市有几处与海明威有关的景点，而且均是密歇根州高级白领夏日避暑的居住地，市中心都有美食餐馆和高级购物中心，码头上也都停泊着许多游艇。

许多作家都曾在密歇根州西北部居住过，其中最著名的是欧内斯特·海明威。他青年时期的每年夏天都是在沃伦湖（Walloon Lake）边家里的农舍度过的。海明威的书迷经常来这里参观那些曾被他写进书里的地方。主要有：

从夏洛瓦以北不远的Boyne City Rd转东，沿着夏洛瓦湖（Lake Charlevoix）走，就来到了霍顿湾。这个地方曾在海明威的短篇小说《在密歇根北部》（*Up in Michigan*）出现过，所以海明威的书迷一眼就能认出那个"巨大的假门廊"，即**霍顿湾综合商店**（Horton Bay General Store; ☎231-582-7827; www.hortonbaygeneralstore.com; 5115 Boyne City Rd; ⏰周日至周四 8:00~14:00, 周五和周六 8:00~14:00和17:00~21:00, 10月中旬至次年5月中旬 歇业）。这家旧式商店如今售卖日用杂货、纪念品、三明治和冰激凌，周末的晚上还供应葡萄酒和小吃（需要预约）。

沿Hwy 31继续往北，在佩托斯基（Petoskey）停下来看看**小特拉弗斯城历史博物馆**（Little Traverse History Museum; ☎231-347-2620; www.petoskeymuseum.org; 100 Depot Ct; $3; ⏰周一至周六 10:00~16:00, 10月中旬至次年5月下旬 闭馆）的海明威藏品，包括珍贵的第一版书籍，那是他在1947年来这里时亲笔签名送给一个朋友的。

在距博物馆几个街区的地方，可以来**City Park Grill**（☎231-347-0101; www.cityparkgrill.com; 432 E Lake St; ⏰周日至周四 11:30~21:00, 周五和周六 至次日1:30）喝一杯，海明威曾经是这家餐馆的常客。

Tour Hemingway's Michigan（www.mihemingwaytour.com）为自助游提供更为详细的信息。

经济型和中档连锁酒店分布于通向佩托斯基的Hwy 31和Hwy 131沿线。夏洛瓦有几家小旅馆和汽车旅馆；具体名单见www.visitcharlevoix.com。

佩托斯基的特色是市中心步行区的美食咖啡馆、美食酒吧、舒适的小酒馆和具有异域风情的美食。夏洛瓦也有高质量的餐馆，但分布范围更分散，另外还有连锁餐厅。价位属于中高档。

比弗岛渡轮（Beaver Island Ferry; ☎231-547-2311; www.bibco.com; 103 Bridge Park Dr; ⏰4月中旬至12月下旬）从夏洛瓦市中心出发，前往密歇根湖的这座绿色**岛屿**（www.beaverisland.org）。两小时的单程费用为每人/每车 $32.50/105。如果带车，需要预订。

麦基诺水道 (Straits of Mackinac)

麦基诺水道位于上、下半岛之间，最为独特的就是历史悠久的城堡和奶油软糖商店。机动车禁行的麦基诺岛（Mackinac Island）是密歇根州首屈一指的旅游胜地。

横跨麦基诺水道的**麦基诺桥**（Mackinac Bridge，当地人称之为"Big Mac"）长5英里，是这里最著名的景观之一。虽然要交$4过桥费，但每一分钱都值得，因为沿途可以欣赏两个湖、两个半岛和数百个小岛——这在密歇根州是独一无二的体验。

记住：别单纯根据拼写来揣测读音，Mackinac的读音是mac-in-aw。

麦基诺市 (Mackinaw City)

麦基诺市位于麦基诺桥南端，紧邻I-75州际公路，是个旅游城市。主要功能就是通往麦基诺岛的门户，但城里也有几个有趣的历史景点。

⊙ 景点

麦基诺岛殖民地 古迹

（Colonial Michilimackinac; ☎231-436-5564; www.mackinacparks.com; 102 W Straits Ave; 成人/儿童 $12/7; ⏰6月至8月 9:00~19:00, 5月和9月至10月中旬 至17:00; ♿）麦基诺岛殖民地位于"Big Mac"桥边（游客中心实际上就位于桥下），是一处国家历史遗址。木栅栏最早由法国人于1715年建成，如今进行了修复。身着古装的演员为游客演示当时人们是如何做饭和做工的。

古米尔克里克 古迹

（Historic Mill Creek; ☎231-436-4226; www.mackinacparks.com; 9001 W US 23; 成人/儿童 $9/6; ⏰6月至8月 9:00~18:00, 5月和9月至10月中旬 至17:00; ♿）这处古迹有一座18世纪的伐木场——身着古装的演员在那儿伐木，还有历史展览、索道和天然小径。

❶ 到达和离开

I-75是通向麦基诺市的主要公路。**Star Line**（☎800-638-9892; www.mackinacferry.com; 801

S Huron Ave；成人/儿童/自行车 $26/14/10）和 **Shepler's**（☎800-828-6157；www.sheplersferry.com；556 E Central Ave；成人/儿童/自行车 $26/14/10）的码头距离这条州际公路不远。两家轮渡公司都有开往麦基诺岛的渡轮。航程20分钟；白天至少每小时一班。两家公司都有免费停车场。

圣伊尼亚斯 (St Ignace)

圣伊尼亚斯在麦基诺桥北端，是前往麦基诺岛的出发点之一，同时也是密歇根州第二古老的定居地——1671年Jacques Marquette神父在此建立了传教区。小镇是继续进入密歇根上半岛公路旅行的理想歇脚地。

沿水畔穿越城镇的N State St挤满了经济型汽车旅馆和中档酒店（大多是连锁酒店）。住宿价格估计每晚至少需要$100。

白鲑鱼、比萨和乳脂软糖是城镇特产。中档餐厅排列在靠近湖泊的商业主干道N State St。

❶ 到达和离开

I-75是通往圣伊尼亚斯的主路。**Star Line**（☎800-638-9892；www.mackinacferry.com；587 N State St；成人/儿童/自行车 $26/14/10）和 **Shepler's**（☎800-828-6157；www.sheplersferry.com；601 N State St；成人/儿童/自行车 $26/14/10）的码头距离这条州际公路只有一箭之遥。两家都有开往麦基诺岛的渡轮。航程20分钟；白天至少每小时一班。两家公司都有免费停车场。

麦基诺岛 (Mackinac Island)

麦基诺和圣伊尼亚斯都有开往麦基诺岛的渡轮。这个岛位于密歇根湖和休伦湖之间的水道上，曾是北美毛皮贸易最重要的码头之一，英美两国曾为这个地区的归属问题多次交战。

在这座3.8平方英里的岛上，最值得纪念的一年是1898年，这一年岛上开始禁止汽车驶入，以推动旅游业的发展。现在这座岛上的交通全靠马和自行车，就连警察也是骑着自行车巡逻。岛上游客——岛内人称之为"Fudgies"——在此聚集，特别是在夏季周末。只有当夜晚所有渡轮都离开这里，一日游的游客也散去的时候，这座小岛才能充分展示其魅力。这时，你会觉得像是回到了昔日那种闲适的生活中。该岛80%的面积属于州立公园。11月至次年4月，岛上的商业场所基本都不营业。

◉ 景点

拱岩 自然景色

（Arch Rock）**免费** 这座矗立在休伦湖上高达150英尺的巨大拱形石灰岩是拍照的绝佳地点。到达这里的方式有两种：由湖岸公路向上延伸的阶梯，或者从岛内经由Arch Rock Rd到达。

麦基诺堡 历史遗址

（Fort Mackinac；☎906-847-3328；www.mackinacparks.com；7127 Huron Rd；成人/儿童 $13/7.50；⏰6月至8月 9:30～18:00，5月和9月至10月中旬 至17:00；🅿）麦基诺堡建在市中心附近的一个石灰石悬崖上。这座堡垒由英国人于1780年修建，是美国保存得最完好的军事要塞之一。穿古装的讲解员、加农炮和来复枪表演，每半小时一场，会逗得孩子们哈哈大笑。在茶室里吃点东西，俯瞰赏心悦目的全城风光或远眺麦基诺水道。

霍姆斯堡 堡垒

（Fort Holmes；⏰5月至10月中旬 10:00～17:00）**免费** 1812年战争期间，英国军队为了抵御美国攻击，于1814年修建了这座土木结构的小堡垒。由于原建筑很久以前已经沦为废墟，现在的这个只是仿造品。闲逛一圈用不了多长时间。比堡垒更胜一筹的是风景。景点坐落在岛上的最高点，麦基诺水道的壮丽景色铺陈开来，蔚为壮观。

🏃 活动

与湖岸相衔接的Hwy 185（亦称Lake Shore Rd）是密歇根州唯一一条禁止机动车通行的公路。要欣赏令人心醉的美景，最佳方式就是沿着这条8英里长的公路骑行。可以自己带自行车，也可以在许多租车点租到，每小时$9。1小时就能绕行这条平坦的公路一圈。

🏠 食宿

Bogan Lane Inn 民宿 $$

（☎906-847-3439；www.boganlaneinn.com；Bogan Lane；房 $95～140）Bogan Lane有

些落伍，但房价是岛上最低的，还是少数全年营业的住宿场所之一。在这栋19世纪50年代的房子内，4个房间共用两个卫生间。位置稍微远离热闹地带，从市中心和渡轮码头步行大约需要10分钟。

Hart's Inn
民宿 $$

(906-847-6234; www.hartsmackinac.com; 7556 Market St; 房 $150~215; 5月中至10月末) Hart's是位于市中心的一栋有白色护墙板的单层建筑，靠近一家老式汽车旅馆。9个房间装修时髦，每间都带卫生间。客人们可以在环绕露台的花园里放松身心。

Chuckwagon
美式小馆 $

(906-847-0019; www.chuckwagononmackinac.com; 7400 Main St; 主菜 $7~12; 7:00~15:00) 要骑车探险一日，你需要补充体力。牛仔主题的Chuckwagon餐厅会让你能量满满地出发。在柜台旁边找把凳子，观看厨师熟稔地甩出鸡蛋、制作薯饼、培根和薄煎饼，一顿早饭就做好了(仅供应至11:00)。午餐供应汉堡和三明治。一切从简的餐馆小而热闹，但值得等待。

❶ 实用信息

麦基诺岛游客中心 (Mackinac Island Visitor Center; 906-847-3783; www.mackinacisland.org; 7274 Main St; 5月至10月 9:00~17:00) 市中心办公亭，提供徒步和骑车地图。

❶ 到达和离开

两家渡轮公司——**Shepler's** (800-828-6157; www.sheplersferry.com) 和 **Star Line** (800-638-9892; www.mackinacferry.com) 的船只连接麦基诺市和圣伊尼亚斯，价格也相近：成人/儿童/自行车往返 $26/14/10。网上订船票能省点钱。5月至10月渡轮每天数班。单程约20分钟。两家公司的渡轮码头都提供免费停车位。

密歇根上半岛
(Upper Peninsula)

崎岖荒凉的上半岛是美国中西部的一大亮点，岛上的阔叶林覆盖率高达90%。只有45英里长的州际公路穿过森林，沿途经过一些城镇，其中最大的是马凯特(Marquette)。距离这些小镇数英里远的地方是原始沙滩(休伦湖、密歇根湖和苏必利尔湖的沙滩)、景色优美的双向单车道公路和乡村集镇。当地有一种用肉和菜制成的馅饼，是150年前由一个名叫Cornish的矿工发明的。

你会发现，上半岛的北部是那样的与众不同。当地居民，又被称为"Yoopers"，自认为他们与州内其他地方的人完全不同——过去他们甚至扬言要从密歇根州分离出去。

苏圣玛丽 (Sault Ste Marie)

建于1668年的苏圣玛丽(Sault发音为"soo")是密歇根州最古老的城市，也是美国第三古老的城市。如今它既是繁忙的港口，又是通往加拿大的边境口岸，与安大略省的双子城市苏圣玛丽隔桥相望。

◎ 景点

苏水闸游客中心
博物馆

(Soo Locks Visitor Center; 906-253-9290; Portage Ave; 5月中旬至10月中旬 9:00~21:00) **免费** 苏圣玛丽最出名的就是这个水闸——通过起落来调节闸道水位，以便让那些1000英尺长的货船能够顺利通过高度不同的湖泊。市中心的游客中心有各种展览，还有解释水闸原理的视频片和一个绝佳的瞭望台，从这儿你可以观看船只如何从苏必利尔湖被抬升21英尺，然后顺利进入休伦湖。若想到达这里，从I-75州际公路的394号出口转左。

🛏 食宿

Askwith Lockview Motel
汽车旅馆 $

(906-632-2491; www.lockview.com; 327 W Portage Ave; 房 $85~99; 5月至10月中旬; ❄🐾) 可以在传统的两层汽车旅馆或相邻的一排单层小屋中选择房间。内饰大同小异：花床单、电视和小冰箱，空间相对紧凑，但干净整洁，对面就是苏水闸(Soo Locks)。

Karl's Cuisine, Winery & Brewery
美国菜 $$

(906-0253-1900; www.karlscuisine.com; 447 W Portage Ave; 主菜 $16~24; 周一

和周二 11:00~16:00,周三至周六 至21:00)Karl's气氛欢快,美食有馅饼(牛肉或鸡肉外加蔬菜馅料)、枫汁苏必利尔湖白鲑鱼、汉堡、三明治、斯特龙博利(stromboli)和意大利菜肴。这些菜肴均选用本地和来源可靠的食材。素食和无麸质用餐者可以找到不少选择。这家家庭餐馆甚至提供自酿啤酒、葡萄酒和苹果酒。

❶ 到达和离开

I-75是通往苏圣玛丽的主要州际公路。这座城镇有小机场,每天都有飞往底特律的航班。国际桥(International Bridge)连接苏圣玛丽及其位于加拿大的姊妹城市;边境通道全年24小时开放。

画石国家湖岸风景区 (Pictured Rocks National Lakeshore)

位于苏必利尔湖的**画石国家湖岸风景区**(Pictured Rocks National Lakeshore)由一系列天然峭壁和洞穴组成,蓝色和绿色的矿物质把红色和黄色的砂岩染成万花筒般的斑斓颜色。Rte 58(即Alger County Rd)的52英里路段环绕该风景区,东邻**大马雷**(Grand Marais),西接**缪尼辛**(Munising)。按照由东向西的顺序,重要景点依次为:**Au Sable Point灯塔**(Au Sable Point Lighthouse,可通过沉船残骸旁边的小路前往,往返3英里)、石子遍布的**12英里沙滩**(Twelvemile Beach)、非常适合徒步的**小教堂瀑布**(Chapel Falls)和景色如画的**矿工城堡瞭望台**(Miners Castle Overlook)。沿湖岸乘船和划皮划艇是欣赏美妙风景的理想方式。

划皮划艇在画石国家湖岸风景区备受推崇,设想一下自己在陡峭的彩色悬崖下方划船,悬崖的名字可能是情人跳(Lovers Leap)、花瓶(Flower Vase)和血腥酋长洞穴(Caves of the Bloody Chiefs),这该有多有趣。从湖面的视角观赏地形的特色,令人印象深刻。经验丰富的划船者可以自己划船,但湖上经常有风浪。新手应该跟随向导。缪尼辛有几家机构,提供从几小时到全天的游玩项目。**Pictured Rocks Kayaking**(☏906-387-5500; www.paddlepicturedrocks.com; 1348 Commercial St; 4.5小时 团队游 成人/儿童 $135/95; ⏱5月下旬至9月)有很多适合新手的游玩项目。

缪尼辛有许多汽车旅馆,其中不少位于城镇东南几公里的Hwy 28沿线。详情请见www.munising.org。小小的大马雷位于公园东侧,也有汽车旅馆,不过数量不及缪尼辛,好在经济实惠,但7月和8月价格会上涨。

最近的机场位于以西40英里的马凯特(Marquette)。Hwy 28和Hwy 94是通往该地区的主要道路。

马凯特 (Marquette)

湖畔的马凯特是停留几日探索该地区的理想地点。它是密歇根上半岛最大的城镇(也是降雪量最大的城镇),是户外爱好者热衷的目的地。森林、海滩和悬崖就在市中心的咫尺之外,构成一处天然的游乐天地。当地人冬季滑雪,夏季在小径上骑山地自行车。北密歇根大学(Northern Michigan University)就在这里,所以年轻人的比例不低。啤酒和美食在历史悠久的市中心恭候你的大驾。

◉ 景点和活动

Da Yoopers乐队游客陷阱与博物馆　博物馆

(Da Yoopers Tourist Trap and Museum; ☏906-485-5595; www.dayoopers.com; 490 N Steel St; ⏱周一至周五 10:00~18:00,周六和周日至17:00)**免费**可以看看Big Gus,它可是全世界最大的锯条。还有Big Ernie,它是全世界最大的来复枪。该地在马凯特以西15英里处的Hwy28/41路边(经过Ishpeming之后),馆内有很多庸俗的艺术品。

普雷斯克艾尔公园　公园

(Presque Isle Park; Peter White Dr)位于城里伸入苏必利尔湖的半岛上,普雷斯克艾尔公园的高崖是欣赏日落的好地方。

Down Wind Sports　划皮划艇

(☏906-226-7112; www.downwindsports.com; 514 N 3rd St; ⏱周一至周五 10:00~19:00,周六 至17:00,周日 11:00~15:00)出租各种装备,提供关于划皮划艇、假蝇钓鱼、冲浪、攀冰和其他冒险活动的详细信息。

🛏 食宿

Landmark Inn
历史酒店 $$

(📞906-228-2580; www.thelandmarkinn.com; 230 N Front St; 房 $179~229; ❄️📶)优雅的Landmark共有六层,是一栋古老的湖滨建筑,店里有几个常年出没的"幽灵"。

Jean Kay's Pasties & Subs
三明治 $

(📞906-228-5310; www.jeankayspasties.com; 1635 Presque Isle Ave; 菜品 $5~8; ⏰周一至周五 11:00~21:00, 周六和周日 至20:00)在Jean Kay's品尝当地的特色肉加蔬菜馅饼。

Thill's Fish House
海鲜 $

(📞906-226-9851; 250 E Main St; 菜品 $4~9; ⏰周一至周五 8:00~17:30, 周六 9:00~16:00)可以直接在码头上点一份刚捕获的鳟鱼或白鲑鱼,做法多样(熏制、腌制、制成香肠)。Thill's是马凯特最后一家商业性捕捞作业的鱼店,出售当天捕获的鲜鱼,位于Main St尽头的Quonset小屋。

ℹ 实用信息

路过城镇边缘木头房子的**游客中心**(2201 US 41; ⏰9:00~17:30),在那里获取介绍当地徒步小路和瀑布的宣传手册。

ℹ 到达和离开

Hwy 41和Hwy 28是通往城镇的主路。马凯特的小机场有飞往底特律、芝加哥和明尼阿波利斯的航班。

罗亚尔岛国家公园
(Isle Royale National Park)

罗亚尔岛国家公园(Isle Royale National Park)罗亚尔岛是苏必利尔湖中一个210平方英里的岛屿,完全没有机动车和公路,自然是个非常安静平和的地方。这里的年均游客数量还不及黄石国家公园的日游客数量,也就是说,在罗亚尔岛国家公园里,你可以独自观赏在森林中出没的1600头驼鹿。

岛上有总计165英里长的徒步小径,连接苏必利尔湖和内陆湖边的几十个露营地。如果要探索这片原始荒蛮之地,你必须做好充足的准备,自带帐篷、野炊炉、睡袋、食物和水过滤片。4月中旬至10月,公园开放,其他时间由于天气恶劣而关闭。

罗亚尔岛有两个住宿选择:**Rock Harbor Lodge**(📞906-337-4993; www.rockharborlodge.com; 房和木屋别墅 $224~256; ⏰5月末至9月初)这是唯一安逸的住宿场所。如果不住这里,你就得徒步至带户外厕所的简陋露营地,数量倒是不少。露营费用包括在每天$7的公园门票内,无须额外付费。

该住宿地点有两家餐馆:一间提供一日三餐的美式餐厅,还有一家休闲咖啡馆,提供汉堡、三明治、咖啡和啤酒。罗克港(Rock Harbor)的Dockside Store有少数食品杂货店。岛屿另一侧的温迪戈(Windigo)还有一家小商店。

ℹ 实用信息

罗亚尔岛公园总部(Isle Royale Park Headquarters; 📞906-482-0984; www.nps.gov/isro; 800 E Lakeshore Dr; ⏰6月至9月中旬 周一至周五 8:00~18:00, 周六 10:00起, 9月中旬至次年5月 周一至周五 8:00~16:00)位于霍顿(Houghton)的公园总部提供关于门票(每人每天$7)、渡轮、露营等信息。

ℹ 到达和离开

周二和周五的9:00, **Ranger III**(📞906-482-0984; www.nps.gov/isro; 800 E Lakeshore Dr; ⏰5月下旬至9月上旬)从位于霍顿的**公园总部**(park headquarters)门口的码头发船,6个小时(往返成人/儿童 $126/46)后到岛东端的罗克港。

Isle Royale Seaplanes(📞906-483-4991; www.isleroyaleseaplanes.com; 21125 Royce Rd)提供更快的旅游方式,游客可以从汉考克(Hancock)的波蒂奇运河水上飞机基地(Portage Canal Seaplane Base)乘飞机飞往罗克港或温迪戈(Windigo; 位于岛屿西端),全程只需35分钟(往返$320)。

或者先沿Keweenaw半岛逆水行舟50英里到Copper Harbor港口(沿途风景很美),然后在早上8:00登上**"罗亚尔岛皇后号"**(Isle Royale Queen; 📞906-289-4437; www.isleroyale.com; 14 Waterfront Landing)游船,抵达罗克港,3小时旅程 往返 成人/儿童 $136/76。7月末至8月的旅游旺季,该船每天都发船。

自带皮划艇、独木舟乘坐渡轮需要另交$50(往返),无论选择哪种交通方式,一定要提前

预订好船票。从明尼苏达州的大波蒂奇（Grand Portage）也可以前往罗亚尔岛。

豪猪山荒野州立公园（Porcupine Mountains Wilderness State Park）

作为密歇根州最大的州立公园，这里有90英里长的小道，堪称上半岛最佳荒野。被称为"豪猪"的山峦起伏不定，十分崎岖，以至于19世纪初的伐木者们都绕道而行，因此留下了位于落基山脉和阿迪朗达克山脉（Adirondacks）之间最大的一片原始森林。除了300岁的铁杉以外，豪猪山以瀑布、20英里未开发的苏必利尔湖岸、黑熊和令人惊艳的云湖景色而闻名。

公园有质朴的小屋和露营地。另外，经济型汽车旅馆和价格更贵的度假屋零星分布于银城（Silver City）的小镇和昂托纳贡（Ontonagon）之间的Hwy 64沿线。

◉ 景点和活动

云湖 湖泊

（Lake of the Clouds; Hwy 107）云湖是该地区最上相的景点。前往游客中心交纳公园门票（每辆车 $9）以后，可以继续前往Hwy 107尽头，经由一条捷径爬上300英尺，欣赏湖面波光粼粼的绝美景色。更长一点的一条小径从停车场出发。

Porcupine Mountain Ski Area 滑雪

（☎906-885-5209；www.porkiesfun.com；◉12月至次年4月上旬）冬季是这里的旅游旺季。这里提供山坡滑雪道（787英尺的垂直山坡）和26英里长的越野滑雪道。情况和费用不定，出发前记得打电话。

❶ 实用信息

豪猪山和昂托纳贡地区会议旅游局（Porcupine Mountains and Ontonagon Area CVB; www.porcupineup.com）列出了瀑布和活动。

豪猪山游客中心（Porcupine Mountains Visitor Center; ☎906-885-5275; www.mi.gov/porkies; 412 S Boundary Rd; ◉5月中至10月中 8:00～18:00）在州立公园的游客中心购买机动车入园许可证（每天/每年 $9/32）和越野露营许可证（1～4人 每晚$15）。

❶ 到达和离开

前来这里需要开车。Hwy 45是通往该地区的主要道路。

威斯康星州（WISCONSIN）

威斯康星州素以奶酪闻名，这里的牧场每年共出产25亿磅切达（cheddar）、高达（Gouda）和其他口味浓郁的奶酪——相当于全美产量的1/4。在当地的车牌上能看到"牛乳之州"的字样，足见奶制品在本州的地位。当地人称自己为"奶酪王"，在特殊场合还会戴上楔形奶酪状的橡胶帽子，以示对奶酪的重视——在绿湾包装工队（Green Bay Packers）橄榄球赛上这种帽子是最明显的标志。

好好享用这些奶制品吧，既然你有可能得在这儿逗留一段时间。威斯康星有一大把可供参观游玩的景点和项目，在这里你还能欣赏陡峭的悬崖和多尔县（Door County）的灯塔，在阿波斯特尔群岛国家湖岸风景区（Apostle Islands Lakeshore）划皮艇穿过海蚀洞，在Hwy 12公路沿途参加掷牛粪比赛，去密尔沃基和麦迪逊喝啤酒、欣赏艺术品并欢庆节日。

❶ 实用信息

威斯康星州旅游部（Wisconsin Department of Tourism; www.travelwisconsin.com）发布大量关于骑自行车、高尔夫球和乡村道路的免费指南；还有免费App可供下载。

威斯康星州民宿协会（Wisconsin B&B Association; www.wbba.org）

威斯康星州公路路况（Wisconsin Highway Conditions; www.511wi.gov）

Wisconsin Milk Marketing Board（www.eatwisconsincheese.com）提供标注了全州奶酪制造厂的免费地图《美国奶酪产区旅行指南》（A Traveler's Guide to America's Dairyland）。

威斯康星州立公园信息（Wisconsin State Park Information; ☎608-266-2181; www.dnr.wi.gov/topic/parks）进入公园需要购买机动车许可证（每天/每年 $11/38）。露营收费$21～35，接受预订（☎888-947-2757; www.wisconsinstateparks.com）。

reserveamerica.com；手续费$10）。

密尔沃基（Milwaukee）

密尔沃基是个不错的城市，但不知道出于何种原因，它一直没有真正进入人们的视线。这座城市作为工薪阶层啤酒城、保龄球城和波尔卡舞城的名声长盛不衰。但是，这里真正吸引人的地方是卡拉特拉瓦（Calatrava）设计的艺术博物馆、大名鼎鼎的哈雷-戴维森博物馆（Harley-Davidson Museum）和时尚的饮食购物街区，它们让这个威斯康星州最大的城市显得低调却有品味。在夏季的几乎每个周末，湖畔都会举行节日或活动，人们蜂拥至此尽情狂欢。再说，除了这里，你恐怕是没有机会见识香肠赛跑了！

历史

19世纪40年代，德国人首先在这片土地上定居下来。很多人在此开设了小型啤酒厂，几十年后，人们引入了大规模生产啤酒的先进技术，使啤酒酿造业成为这里的一个主要产业。19世纪80年代，随着Pabst、Schlitz、Blatz、米勒（Miller）和其他80多家啤酒生产商的进驻，密尔沃基赢得了"啤酒之城"和"国民酒吧"的绰号。今天，大规模的啤酒厂硕果仅存的只有米勒，不过小型啤酒厂又卷土重来。

◉ 景点和活动

密歇根湖在密尔沃基东部，周围都是草木繁茂的开阔地。密尔沃基河（Milwaukee River）把市中心一分为二，河两边都有沿河步道。

★ 哈雷-戴维森博物馆　　博物馆

（Harley-Davidson Museum；☎414-287-2789；www.h-dmuseum.com；400 W Canal St；成人/儿童$20/10；⊙5月至9月 周五至周三 9:00～18:00，周四 至20:00，10月至次年4月 10:00开馆）馆内展出上百辆款式各异、生产年代不一的摩托车，包括猫王和摩托赛车明星埃维尔·尼克维尔（Evel Knievel）的炫酷爱车。在博物馆底层的体验展馆（Experience Gallery）里，你可以坐在各种摩托车的车座上摆出酷酷的造型拍照。就连不骑车的人都会喜欢这里的互动展品和身穿皮衣的人群。

哈雷-戴维森工厂　　工厂

（Harley-Davidson Plant；☎877-883-1450；www.harley-davidson.com/experience；W156 N9000 Pilgrim Rd；⊙周一至周五 9:00～13:30）这家生产发动机的工厂位于Menomonee Falls郊区，摩托车爱好者可以在这里一饱眼福。工厂提供两种团队游选择：一种是免费的30分钟游览，你可以观看录像，在工厂里走马观花地走走；另一种是两小时的团队游（每人$38），你可以戴上护目镜，查看流水装配线、喷涂流程及其他精细的引擎制作工作。

时间较长的团队游于10:00和正午出发，最好预订。短时团队游只需现场报名即可，门票先到先得，所以最好早到。12岁以下的儿童禁止入内。从Pilgrim Rd顺着Harley的路标前行，然后找Tour Center的标志就能到达。

密尔沃基艺术博物馆　　博物馆

（Milwaukee Art Museum；☎414-224-3200；www.mam.org；700 N Art Museum Dr；成人/儿童$17/免费；⊙周二至周日 10:00～17:00，周四 至20:00）你一定得去这座位于湖边的博物馆。它由圣地亚哥·卡拉特拉瓦（Santiago Calatrava）设计，外形好似一只展翅的大鸟。"鸟翅"每天10:00、12:00和17:00（以及周四20:00）时开合，非常壮观；最佳观看位置是外边的吊桥。馆内有精彩的民间和业余画家展厅，也有欧吉芙（Georgia O'Keeffe）的大

不 要 错 过

冯扎青铜像

据说市中心Wells St南侧的冯扎青铜像（Bronze Fonz）（位于河步道东侧）是密尔沃基拍照最上镜的地方。冯扎，即亚瑟·冯扎莱利（Arthur Fonzarelli），是20世纪70年代电视情景喜剧《欢乐时光》（*Happy Days*）里的人物，而这部电视剧的背景地就是密尔沃基。看到这座青铜像的蓝色裤子，有人惊得眼镜掉下来，有人惊叹着发出笑声。

量绘画作品。2015年进行的整修增添了摄影和新媒体展区。

米勒酿酒公司
酿酒厂

(Miller Brewing Company; ☎414-931-2337; www.millercoors.com; 4251 W State St; ◎6月至8月 周一至周六 10:30~16:30, 周日 至15:30, 9月至次年5月 周一至周六 至15:30) 免费 始创于1855年, 历史悠久的米勒仍然延续着密尔沃基的啤酒传奇。众多啤酒爱好者排队等候参加时长一小时的免费参观。也许大规模生产的啤酒并不是你的最爱, 但这座酿酒厂的规模却能给你留下极深刻的印象: 包装厂每分钟罐装2000罐啤酒, 仓库里有50万箱啤酒等候发运。在参观即将结束时, 你还能免费品尝啤酒。厂家非常慷慨, 游客可以喝3种完整包装的啤酒。别忘了带身份证件。

Lakefront Brewery
酿酒厂

(☎414-372-8800; www.lakefrontbrewery.com; 1872 N Commerce St; 45分钟团队游 $9~10; ◎周一至周四 11:00~20:00, 周五 至21:00, 周六 11:00~16:30, 周日 正午至17:00) 这家大受欢迎的酿酒厂与Brady St隔河相望。组织午后参观, 但最好选择周五晚上来, 届时酒厂的啤酒宴会厅提供炸鱼和16种啤酒, 此外还有一支波尔卡乐队进行现场表演。每天的参观时间都不一样, 但通常14:00和15:00开始(参观场次经常会增加)。

Discovery World at Pier Wisconsin
博物馆

(☎414-765-9966; www.discoveryworld.org; 500 N Harbor Dr; 成人/儿童 $19/16; ◎周一至周五 9:00~16:00, 周六和周日 10:00~17:00, 9月至次年3月 周一闭馆; ❀) 这个位于湖滨的科技博物馆主要面向儿童, 馆内有淡水和海水水族馆, 你可以触摸鲨鱼和鲟鱼, 码头边还停靠着"五大湖号"三角帆船, 游人可以上船观景(2小时乘船游每名成人/儿童$45/40)。成年人会喜欢Les Paul展, 陈列着威斯康星州本土前卫的吉他和音响设备。

Landmark Lanes
保龄球

(☎414-278-8770; www.landmarklanes.com; 2220 N Farwell Ave; 每局 $3.50~4; ◎周一至周四 17:00至午夜, 周五和周六 正午至次日1:30, 周日 正午至午夜)密尔沃基曾经有200多条保龄球道, 现在一些破旧的保龄球馆里还能看到古老的球道。要玩保龄球, 可以去Landmark Lanes, 前身是建于1927年的东方剧院(Oriental Theater), 馆里有16条老旧的球道。电子游戏机娱乐室、3个酒吧和便宜到极点的啤酒为这里的气氛锦上添花。

节日和活动

夏日音乐节
音乐节

(Summerfest; www.summerfest.com; 639 E Summerfest Pl; 1日通票$20; ◎6月下旬至7月上旬) 被誉为"全世界规模最大的音乐节", 历时11天, 期间数百个摇滚、蓝调、爵士、乡村和其他风格的乐队在11个舞台上轮番表演, 场面热闹极了。举办地点是市中心的湖畔节日活动广场[又称亨利·迈尔节日公园(Henry Maier Festival Park)]。大牌音乐会有额外费用。

骄傲游行
LGBT节日

(PrideFest; www.pridefest.com; 639 E Summerfest Pl; 1日通票$15~18; ◎6月中旬)啤酒畅饮、现场音乐、舞厅和家庭舞部都是这个节日的一部分, 骄傲游行于6月中旬在亨利·迈尔节日公园举行, 持续3天。

住宿

County Clare Irish Inn
旅馆 $$

(☎414-272-5273; www.countyclare-inn.com; 1234 N Astor St; 房 $129~149; ❂❄⊛)它是湖滨附近的可爱旅馆。房间带有些许爱尔兰小屋的舒适风格, 如四柱床、白色护墙板和按摩浴缸。免费的停车场、免费早餐, 当然了, 还附设了一家吉尼斯黑啤酒吧。

★ Brewhouse Inn & Suites
酒店 $$

(☎414-810-3350; www.brewhousesuites.com; 1215 N 10th St; 房 $199~249; ❂❄@❄)这家有90间客房的酒店位于一栋经过翻修的精美大楼, 前身是Pabst啤酒厂。房间都很大, 每间房都有时髦的装修、一个小厨房和免费Wi-Fi。房费含欧陆式早餐。酒店在市中心西边较远处, 步行前往热闹的Old World 3rd St要走半英里, 去节日活动广场要走2英里。停车费$28。

Kimpton Journeyman 酒店 $$$

(☎414-291-3970；www.journeymanhotel.com；310 E Chicago St；房 $219~349；🅿🐾♿🍴)新开的Journeyman将时尚带到了第三区（Third Ward）的中心。这家酒店地处潮店、酒吧和餐馆聚集地带，158个大房间主调是泥土色的现代装饰，辅以各种色彩，还有舒适的床和结实的木桌。屋顶休闲室、免费出租自行车和每晚免费的葡萄酒欢乐时光平添不少乐趣。停车费$33。

🍴 就餐

就餐的好去处包括以德国风味餐馆为主的市中心Old World 3rd St。Brady St和N Farwell Ave的交叉路口有多家异国风味的餐馆。N Milwaukee St在I-94州际公路南侧，沿线的第三区遍布美食小酒馆。

★ Comet Cafe 美国菜 $$

(☎414-273-7677；www.thecometcafe.com；1947 N Farwell Ave；主菜 $8~13；⊙周一至周五 10:00至午夜，周六和周日 9:00开门；🍴)学生、年轻父母、老两口和蓄须文身的小青年会来这家美味餐馆享用好吃的面包卷、奶酪、素食沙威玛（gyros）和早午餐。店内一侧是出售生啤的酒吧，另一侧是复古卡座风格的快餐店。一定要试试大纸杯蛋糕这道甜点。

密尔沃基公共市场 市场 $

(Milwaukee Public Market；☎414-336-1111；www.milwaukeepublicmarket.org；400 N Water St；⊙周一至周五 10:00~20:00，周六 8:00~19:00，周日 10:00~18:00；🅿)位于第三区，市场摊贩出售奶酪、巧克力、啤酒、玉米饼、冻奶油蛋羹等。买完之后拿到楼上吃，楼上有座位、免费Wi-Fi和仅售$1的二手书。

Bavette La Boucherie 美国菜 $

(☎414-273-3375；www.bavettelaboucherie.com；330 E Menomonee St；主菜 $12~16；⊙周一和周二 11:00~17:00，周三至周六 至21:00)位于第三区的这个时尚工业风格的餐厅是一家肉店，带一个提供午餐和晚餐的咖啡馆。提供肉料满满的三明治，比如烤猪肉配大黄菜-葡萄干蜜饯和块菌汁烤牛排。当地人前来品尝熟食和奶酪拼盘，还有美味的葡萄酒。坐在吧台，你能看到香肠的制作过程。

Ardent 美国菜 $$$

(☎414-897-7022；www.ardentmke.com；1751 N Farwell St；品尝菜单 $85；⊙周三至周六 18:00~22:00)曾获得Beard提名的主厨使用农场直接到餐桌的新鲜食材烹饪多变的菜肴，仅是香气就会令密尔沃基的美食爱好者们难以抗拒。不大的房间里灯光明亮，在这里吃顿晚饭令人难以忘怀。10道菜的品尝菜单每晚有两个名额。提前订好。或者前往隔壁Ardent的姊妹餐馆，呼噜呼噜地吃几碗拉面（$13），周三至周六 18:00至次日1:00营业。

🍷 饮品和娱乐

Vermutería 600 鸡尾酒吧

(☎414-488-9146；www.hotelmadridmke.com/bar；600 S 6th St；⊙17:00至午夜)位于

当地知识

炸鱼薯条和晚餐俱乐部

威斯康星州有两种传统餐馆，你应该会遇到：

➡ **炸鱼薯条** 周五是吃"炸鱼薯条"的神圣日子。多年前，裹着啤酒面糊下油锅炸的鳕鱼、法式薯条加凉拌卷心菜的吃法传入威斯康星，逐渐成为当地人社交、度周末的便宜餐食。许多酒吧和餐馆还坚守周五吃炸鱼薯条的传统，例如密尔沃基的Lakefront Brewery。

➡ **晚餐俱乐部** 这种让人有时空错乱之感的餐厅在中西部的北部很常见，始于20世纪30年代，现在这种餐馆大多还保留着当年的风格。典型的晚餐俱乐部具有以下特征：位于树林内、桌上的餐盘里摆着有大量萝卜和胡萝卜的开胃菜、菜单上必有海鲜牛排套餐以及种类繁多的鸡尾酒。通过网站www.wisconsinsupperclubs.net了解详情。麦迪逊的Old Fashioned是这种餐馆的现代版本，店名来自那种加白兰地的晚餐俱乐部经典饮品。

不要错过

香肠赛跑

喝多了啤酒之后，看到什么奇怪东西都不觉得奇怪了。但是，一堆大香肠在密尔沃基米勒球场的跑道上竞相飞奔——是不是眼花了？如果你是在棒球赛的第六局看到的，那你没有看错。在比赛进行到第六局的时候，著名的"赛跑的香肠"（其实是五个穿着香肠形状外衣的人）蹒跚着走进赛场，让球迷们开开心。五根"香肠"穿的衣服分别代表瑞士烤香肠、波兰香肠、意大利香肠、热狗肠和西班牙口利左（Chorizo）辣香肠，这五种香肠为了争夺"霸主"地位而你追我赶。

Hotel Madrid的这家酒吧是个温暖、神奇的地方，可以把你带回20世纪30年代的西班牙。酒吧中提供的一部分鸡尾酒灵感源于欧内斯特·海明威：当时他与朋友住在马德里著名的Hotel Florid，喝的酒是Boulevardier（花花公子；波旁威士忌、自制苦艾酒和苦味酒）等。酒吧提供小盘零食，还有一家高档西班牙餐厅。

Best Place 酒吧

（☎414-630-1609；www.bestplacemilwaukee.com；901 W Junau Ave；⊙周一 正午至18:00，周三和周四 正午至22:00，周五和周六 10:30~17:00，周日 10:30~18:00）这家小酒馆的前身是Pabst酿酒厂办公室，你可以在这里跟当地人一起畅饮啤酒和各种威士忌。壁炉让深色木板装饰的酒吧显得十分温暖，保留至今的壁画描述了Pabst的历史。员工每天带领游客在这里来个团队游（$8，包含一杯16盎司的Pabst或Schlitz生啤）。

米勒球场 棒球

（Miller Park；☎414-902-4000；www.brewers.com；1 Brewers Way）密尔沃基酿酒人队（Brewers）在米勒公园打比赛。这个球场的屋顶可伸缩，草坪是真草皮的。在第六局中间时，"赛跑的香肠"（Racing Sausages）引人注目。对于不太明白的人来说，只是看见5个身着香肠服装的人在球场周围横冲直撞，搞笑地乱跑会非常有意思。

体育场位于市中心以西约5英里处。Brewers Line公共汽车在比赛日期间开往这里；可以在Wisconsin Ave上车。

ⓘ 实用信息

密尔沃基会议旅游局（Milwaukee Convention & Visitors Bureau；☎800-554-1448，www.visitmilwaukee.org）

ⓘ 到达和当地交通

米切尔将军国际机场（General Mitchell International Airport，简称MKE；www.mitchellairport.com；5300 S Howell Ave）在市区以南8英里处。可以乘坐80路公交车（$2.25）或出租车（$33）进城。

湖上快船（Lake Express ferry；☎866-914-1010；www.lake-express.com；2330 S Lincoln Memorial Dr；单程成人/儿童/小汽车 $91.50/35/101起；⊙5月至10月）从市中心（起点在市中心以南数英里处）开往密歇根州的马斯基根，乘坐该渡轮前往沙滩遍布的密歇根州"黄金海岸"是最方便的交通方式。

好几家长途汽车公司在密尔沃基联运站（Milwaukee Intermodal Station；433 St Paul Ave）运营巴士。**Badger Bus**（www.badgerbus.com）开往麦迪逊（$20，2小时），每天8班。**灰狗巴士**（www.greyhound.com）和**Megabus**（www.megabus.com/us）开往芝加哥（2小时）和明尼阿波利斯（6.5~7小时）的车次频繁。

美国国家铁路公司（www.amtrakhiawatha.com）的"海华沙号"（Hiawatha）列车每天7班从密尔沃基和芝加哥对开（$25，1.5小时）。密尔沃基联运站另外设站。

Milwaukee County Transit System（www.ridemcts.com）运营当地公交车。31路公交车开往米勒酿酒厂，Brewers Line公交车比赛日开往米勒球场，票价$2.25。

Bublr Bikes（www.bublrbikes.com）是密尔沃基的共享单车，在市中心各处（包括火车/汽车站）和威斯康星大学-密尔沃基（University of Wisconsin-Milwaukee）以北有约60个服务站点。骑行30分钟费用$3。

2018年秋季计划新开通一班有轨电车。线路经过第三区和市中心的核心地带。最新信息；见www.themilwaukeestreetcar.com。

致电Yellow Cab（☎414-271-1800，www.ycmilwaukee.com）叫出租车。

拉辛（Racine）

拉辛是个不起眼的工业小城，但这里有著名建筑师弗兰克·劳埃德·赖特的几处主要杰作。更重要的是，这里是品尝名为"环饼（kringle）"的超大糕饼的最佳地点。

◉ 景点

约翰逊行政大楼和研究大楼 建筑

（SC Johnson Administration Building & Research Tower；☎262-260-2154；www.scjohnson.com/visit；1525 Howe St；◉团队游 3月至12月 周四至周日 10:00和14:00）**免费** 弗朗克·劳埃德·赖特为该公司总部设计了几栋建筑。免费的90分钟团队游包括1939年的行政大楼。该处空间宏伟，巨大的大工作室（Great Workroom）有喇叭形的高柱，覆盖达43英里的耐热玻管窗户纳入柔和的自然光。你还可以看看1950年的研究大楼——Raid、Off等其他著名产品均在此处开发——特色是15层弯曲的砖环及更多耐热的玻璃窗。

展翼楼 建筑

（Wingspread；☎262-681-3353；www.scjohnson.com/visit；33 E Four Mile Rd；◉3月至12月 周三至周五 9:30~15:30，周六 11:30~15:30，周日 正午至14:30）**免费** 展翼楼是弗朗克·劳埃德·赖特为SC.约翰逊（SC Johnson）的公司领导之一小约翰逊（HF Johnson Jr）设计的住宅。它是赖特设计的最后也是最大的草原风格住宅，1939年完工。建筑规模庞大，有500扇窗户和30英尺高的烟囱。穿过建筑的免费团队游用时1小时，必须提前预约。

❶ 到达和离开

I-94通往拉辛；拉辛位于密尔沃基以南30英里和芝加哥以北75英里。

威斯康星州中南部（South Central Wisconsin）

威斯康星州的这一地区拥有该州最美丽的风景。建筑爱好者们可以在关于弗兰克·劳埃德·赖特的景点——塔里耶森（Taliesin）驻足欣赏。麦迪逊是该地区的文化瑰宝。

格林县（Green County）

这个田园牧歌式的地方拥有全国最密集的奶酪制造商。在你进行公路旅行穿越此地时，可以逛逛当地奶牛场和商店，向农庄学习奶酪工艺，了解格鲁耶尔奶酪与豪达奶酪、凝乳与乳清有什么区别。为何这里盛产奶酪？原因在于这里的土壤富含石灰石。这种土壤孕育出一种独特的牧草，成为奶牛独特的饲料，也因此能够产出独特的牛奶，制作出独特的奶酪。明白了吧？旧世界的欧洲人深谙此道，尤其是瑞士人。19世纪，他们涌入该地区，带来了奶酪制作工艺。

门罗（Monroe）和新格拉鲁斯（New Glarus）是两个不错的停车休息地点。前者是最大的城镇和县政府所在地，拥有丰富的奶酪历史和许多森林堡奶酪酒吧，后者是瑞士镇，有一家著名的啤酒厂。

门罗和新格拉鲁斯都有几家中档汽车旅馆。各个小镇也出现了民宿。

这里基本上都是酒馆食品、比萨店和提供瑞士特色餐饮（奶酪火锅、香肠等）的餐馆。

❶ 实用信息

格林县旅游局（Green County Tourism；www.greencounty.org）

《美国奶酪产区旅行指南》（A Traveler's Guide to America's Dairyland；www.eatwisconsincheese.com）标示本地奶制品场及养殖场团队游的优质地图。

❶ 到达和离开

麦迪逊是最近的城区和交通枢纽。你得从那儿开车才能到达格林县。Hwy 69是连接麦迪逊、新格拉鲁斯和门罗的主要干道。该地区的大多数公路都是慢速的双车道公路。

麦迪逊（Madison）

麦迪逊享有各种声誉：最适宜步行的城市、最适宜骑车的城市、对待素食者最友好的城市、对待同性恋最友好的城市、最环保的城市……总而言之，就是个美国各方面都最友好的城市。麦迪逊隐藏在Mendota湖和Monona湖之间的狭长地带，城市面积很小，布满绿地，既是州府所在地，又是书卷气十足的大学城，二者完美融合。多年来，这里的美食、本地膳食餐馆一直很出名。

◉ 景点和活动

★ 戴恩县农贸市场　　　　　　市场
(Dane County Farmers Market; www.dcfm.org; ◉4月下旬至11月上旬 周六 6:00~14:00) 每逢周六，议会广场 (Capitol Sq) 都有食品大集，这是美国面积最大的市场之一，以花式奶酪和面包而闻名。手工艺摊贩和街头音乐家为这里增添了节日气氛。冬季，集市挪到室内（地点不定）。

莫诺纳台　　　　　　　　　　建筑
(Monona Terrace; ☏608-261-4000; www.mononaterrace.com; 1 John Nolen Dr; ◉8:00~17:00) 弗兰克·劳埃德·赖特在1938年设计了这栋别致的白色半圆形建筑，但直到1997年才完工。5月至10月（其他月份仅周五至周一）每天13:00出发的1小时团队游（$5）会为你解释这栋建筑施工拖延的原因。建筑本身是一个社区中心，提供免费的瑜伽课（中午）和音乐会（晚上）。可以在网上查看活动时间表。

夏真艺术博物馆　　　　　　博物馆
(Chazen Museum of Art; ☏608-263-2246; www.chazen.wisc.edu; 750 University Ave; ◉周二、周三和周五 9:00~17:00, 周四 至21:00, 周六和周日 11:00~17:00) 免费 这个大学艺术博物馆面积很大，展品也是一流的，颠覆了人们头脑中对于校园博物馆藏品的固有概念。三楼的展品跨度极大，既有荷兰大师的古典作品，也有中国清代的陶瓷花瓶，从毕加索的雕塑到安迪·沃霍尔的波普艺术品，一应俱全。每年9月至次年5月中旬的周日，该博物馆内有免费的室内音乐会和文艺电影。

当代艺术博物馆　　　　　　博物馆
(Museum of Contemporary Art; ☏608-257-0158; www.mmoca.org; 227 State St; ◉周二至周四 正午至17:00, 周五 至20:00, 周六 10:00~20:00, 周日 正午至17:00) 免费 非常值得走进这个棱角分明的玻璃建筑，看看藏有什么展品。弗兰克·斯特拉（Frank Stella）的印刷品？克拉斯·奥登伯格（Claes Oldenburg）的蚀刻画？辛蒂·雪曼（Cindy Sherman）的摄影作品？展览每三个月左右更换。逛完这座小型博物馆用不了太长时间。

州议会大厦　　　　　　　　知名建筑
(State Capitol; ☏608-266-0382; www.legis.wisconsin.gov; 2 E Main St; ◉周一至周五 8:00~18:00, 周六和周日 至16:00) 免费 这栋"X"形的建筑是全美除华盛顿特区之外最大的议会大厦，标志着市中心所在地。大多数日子的整点都会有团队游，你也可以自己登上瞭望台俯瞰风景。

Machinery Row　　　　　　骑车
(☏608-442-5974; www.machineryrowbicycles.com; 601 Williamson St; 租金 每天 $30; ◉周一至周五 10:00~20:00, 周六 9:00~19:00, 周日 10:00~18:00) 这个城市有总计120英里长的自行车道，如果不在城里骑车，就等于白来一趟。这家商店靠近多条自行车路径的起点，提供自行车和地图。

✦ 节日和活动

世界最大烤香肠节　　　　　美食节
(World's Largest Brat Fest; www.bratfest.com; ◉5月末) 免费 超过209,000根烤香肠令人胃口大开，另外还有嘉年华游乐设施和乐队表演等项目。节日在联合能源中心（Alliant Energy Center）的柳树岛（Willow Island）举行。

中西部好味啤酒节　　　　　啤酒节
(Great Taste of the Midwest Beer Festival; www.greattaste.org; 票价 $60; ◉8月初) 150多家精酿啤酒酿造商献出他们的典藏珍品，可以想象门票卖得有多快！节日在奥利公园（Olin Park）举行。

🛏 住宿

HI Madison Hostel　　　　青年旅舍 $
(☏608-441-0144; www.hiusa.org/madison; 141 S Butler St; 铺 $25~30, 房 $60起;

P @ 🛜）位于一条安静的街道上，步行没多远就到州议会大厦了。这家共有33张床的砖结构旅馆，外墙粉刷成鲜艳的颜色，宿舍房间男女分开，亚麻床单免费。有一个厨房和一个能看DVD的公共区。停车费$7。

Graduate Madison 精品酒店 $$

（☎608-257-4391；www.graduatemadison.com；601 Langdon St；房$119~209；P🛜❄🐾）这家酒店有72间房，距大学校园一个街区，紧邻热闹的State St。酒店散发着时尚又知性的气息，采用现代风格和方格图案装饰，有以书为主题的艺术品。房间不大，可能比较吵，但位置绝佳。

楼下颇有格调的水果馅饼甜品店兼咖啡馆是个令人惬意的好去处，17层的屋顶酒吧提供鸡尾酒。

🍽 餐饮

除了出售比萨、三明治和便宜啤酒的小店，State St上还有各国风味餐馆，许多餐馆带有迷人的露台。在Williamson（"Willy"）St随便找一家咖啡馆、饺子店或者老挝、泰国风味餐馆。

酒吧通常营业至凌晨2:00。State St是主要活动场所，既有大学生狂饮作乐的邋遢小酒馆，也有光鲜时髦的高档鸡尾酒吧。

Weary Traveler Free House 各国风味 $

（☎608-442-6207；www.wearytravelerfreehouse.com；1201 Williamson St；主菜$10~14；⏱11:30至次日2:00）老式地下酒吧与英国酒馆

值得一游

奇异的HIGHWAY-12

Hwy 12在威斯康星州中南部沿途各处有不少独特景点，囊括在这55英里的路段：

国家芥末博物馆（National Mustard Museum；☎800-438-6878；www.mustardmuseum.com；7477 Hubbard Ave, Middleton；⏱10:00~17:00，1月至3月 周二闭馆）免费 因创始人荒诞而狂热的偏好，这个博物馆应运而生，馆内陈列着5200种芥末和古怪的调料纪念品。各种玩笑式的幽默遍布馆内，如果博物馆的CMO[首席芥末执行官（chief mustard officer）]Barry Levenson恰好在场的话，他会给你讲讲芥末的趣事。博物馆位于麦迪逊西北不远处的米德尔敦（Middleton）。

掷牛粪比赛（Cow Chip Throw；www.wiscowchip.com；Grand Ave & First St, Prairie du Sac；⏱9月的第一个周末）如果赶上9月的第一个周末，可以前往小镇普雷里德萨克（Prairie du Sac）。这里有一年一度的掷牛粪比赛，届时800名参赛者将竭尽全力把干牛粪饼扔到远处。最高纪录是248英尺远。

艾瓦莫博士雕塑公园（Dr Evermor's Sculpture Park；☎608-219-7830；www.worldofdrevermor.com；Hwy 12；⏱周一和周四至周六 11:00~17:00，周日 正午开门）免费 你将看到艾瓦莫博士用旧管子、汽化器和其他废金属打造的由未来主义鸟类、恐龙和其他奇特雕塑构成的奇幻世界。其中最引人注意的是巨大的、有蛋形圆顶的Forevertron，它曾经作为"世界最大的废金属装置"而被吉尼斯世界纪录收录。寻找雕塑公园的入口是件麻烦事儿。入口位于US 12的Delaney's Surplus后面；找找Delaney's以南的一条小路进入。开放时间不定，所以要打电话确认是否开放。博士如今身体不太好，很少来这里，但他的夫人Lady Eleanor通常都在。

威斯康星幽幽谷（Wisconsin Dells；☎800-223-3557；www.wisdells.com；Hwy 12；🚗）幽幽谷是有些未能免俗的巨型娱乐中心，有20多座水上公园，也有水橇表演和宏伟的迷你高尔夫球场。威斯康星河（Wisconsin River）的河水雕琢了这个地区迷人的石灰岩地貌，使其与周围的自然风光形成鲜明对比。如果想欣赏原生态的自然风光，就乘船或步行游览附近的镜湖（Mirror Lake）州立公园或魔鬼湖（Devil's Lake）州立公园。

在Weary Traveler碰撞出火花：昏暗的灯光、深色的木装饰、挂满艺术品的墙壁和无数游人，为店内的国际风味爽心美食锦上添花。最完美的是鲁宾三明治、素辣椒、匈牙利红烩牛肉和白斑鱼三明治配美味的烤土豆。所有的桶装啤酒都是本地或手工酿造的。

Short Stack Eats　　早餐 $

（☎608-709-5569；www.shortstackeats.com；301 W Johnson St；主菜 $8~13；◎周三 6:00~15:00，周四至周六 6:00至午夜，周日 午夜至21:00）🍴早餐全天供应，在柜台点餐，但愿你能在这家装饰奇特的餐馆找到一张空餐桌。餐桌用旧汽车号牌做标记，服务员们为你端上当地食材制作的红薯煎饼、鸡蛋和培根早餐三明治以及大杯的、味道辛辣的"血腥玛丽"。

★ Old Fashioned　　美国菜 $$

（☎608-310-4545；www.theoldfashioned.com；23 N Pinckney St；主菜 $9~20；◎周一至周五 7:30至次日2:00，周六 9:00至次日2:00，周日 9:00~22:00）暗淡的光线和以木制为主的装饰让人一下子就能看出它是一家晚餐俱乐部——这种复古形式的餐馆在威斯康星州很普遍。菜单上全都是威斯康星特色菜，例如鼓眼鱼、奶酪汤和香肠。店里有150多种本州出产的瓶装啤酒，令人难以抉择，因此你不妨从50种威斯康星生啤中挑选几种作为品尝套餐（4小杯或8小杯）。

L' Etoile　　美国菜 $$$

（☎608-251-0500；www.letoile-restaurant.com；1 S Pinckney St；主菜 $36~48；◎周二至周五 17:30~21:00，周六 17:00开门）🍴30多年前，L' Etoile开始奉行"从农场到餐桌"的理念，如今仍是个中翘楚。创意十足的肉、鱼和蔬菜菜肴的食材都来自当地，客人们在一个悠闲而雅致的环境里就餐。需要订位。美食酒吧 **Graze**（☎608-251-2700；www.grazemadison.com；主菜 $14~22；◎周一至周四 11:00~22:00，周五 11:00~23:00，周六 9:30~23:00，周日 9:30~15:00）与这家餐馆在同一栋熠熠生辉的建筑内。

★ Memorial Union　　小酒馆

（☎608-265-3000；www.union.wisc.edu/visit/memorial-union；800 Langdon St；◎周一至周五 7:00至午夜，周六 8:00至次日1:00，周日 至午夜；🅟）在校园里，是麦迪逊人气很旺的一家小酒馆。客人们在宜人的湖滨露台上畅饮自酿啤酒，欣赏免费现场音乐和免费电影（电影仅周一放映），酒馆内的冰激凌柜台出售高高的蛋筒冰激凌，原料来自大学的牛奶场。

❶ 实用信息

麦迪逊会议旅游局（Madison Convention & Visitors Bureau；www.visitmadison.com）

❶ 到达和离开

Badger Bus（www.badgerbus.com）在700 Langdon St的校园设有街边站点（Memorial Union旁边），可以往返密尔沃基（$20，2小时）。同一车站的 **Megabus**（www.megabus.com/us）有开往芝加哥（4小时）和明尼阿波利斯（5小时）的车次。

春绿镇（Spring Green）

春绿镇是文化资源丰富的小镇。鼎鼎有名的弗兰克·劳埃德·赖特的住所兼建筑学校——塔里埃森便位于此。声誉极高的美国演员剧院（American Players Theatre）在树林中上演传统室外节目。还有距路边不远的岩上小屋，在那里你可以看到一辈子难得一见的奇景。

◉ 景点

塔里埃森　　建筑

（Taliesin；☎608-588-7900；www.taliesinpreservation.org；5607 County Rd C；◎5月至10月 9:00~17:30）塔里埃森是弗兰克·劳埃德·赖特度过大半生的地方，也是其建筑学校所在地。现在这里成了他的爱好者和追随者的主要"朝圣地"。这栋房子建于1903年，Hillside Home School建立于1932年，而游客中心建于1953年。各种类型的导览游（$22~89）路线覆盖这栋大宅的不同部分，最好预订（需要交纳一小笔预订费）。1小时的Hillside Tour（$22）让你对赖特的作品有所了解。

注意，游客中心（内有餐馆和商店）单独设在距离主建筑约半英里的地方。

岩上小屋　　博物馆

（House on the Rock；☎608-9353639；www.

thehouseontherock.com；5754 Hwy 23；成人/儿童 $15/9；⊙5月至10月 中旬 9:00~17:00，10月中旬至11月和3月中旬至4月 仅限周四至周一，11月中旬至次年3月中旬 关闭)这是威斯康星州游客最多的景点之一。1959年，Alex Jordan在岩石上修建了这栋小屋(有人说这一举动简直就是对着邻居弗兰克·劳埃德·赖特说"去你的吧")，然后他往屋子里放置各种异想天开的奇妙东西，包括全球最大的旋转木马、发条音乐盒、怪异的玩偶和民间艺术品。这栋小屋分成3部分，每个部分都有自己的团队游。精力充沛的游客可以参加全部游览活动(大约4个小时，成人/儿童 $30/16)。

🛏 食宿

Usonian Inn
汽车旅馆 $

(☎608-588-2323；www.usonianinn.com；E 5116 US 14；房 $100~135；❋🛜)由弗兰克·劳埃德·赖特的一名学生设计，有11个房间的Usonian是一家设施相当简单的汽车旅馆，不过灯具、木制品及其他装饰之间透出干净利落的草原风格。每个房间都有带椅子的小露台。

Spring Green General Store
美国菜 $

(☎608-588-7070；www.springgreengeneralstore.com；137 S Albany St；主菜 $7~9；⊙周一至周五 8:30~17:00，周六 7:30~17:00，周日 至16:00)来这里享用三明治和炖红薯之类的创新特色菜吧。你可以在粉刷明亮的室内坐结实木桌上或者去外边的门廊用餐。

☆ 娱乐

美国演员剧院
剧院

(American Players Theatre；☎608-588-2361；www.americanplayers.org；5950 Golf Course Rd)露天圆形剧场在威斯康星河边的林中，上演经典剧目。带上野餐食品——演出前吃东西和闲逛是惯例。

❶ 到达和离开

Hwy 14是通往城镇的主路。塔里耶森位于城镇以南3英里，经由Hwy 23可至。继续往南7英里可以到达岩上小屋。

❶ 密西西比公路旅行

如果你正在考虑上路，可以看看威斯康星大河公路(Wisconsin Great River Road)网站(www.wigrr.com)。网站介绍了密西西比河沿岸的许多活动、住宿和用餐场所。

威斯康星州西南部 (Southwest Wisconsin)

威斯康星州西南部拥有许多陡峭的青山和小巧的城镇，城镇里面有绿树成荫的街道。双车道公路弯曲深入并贯穿该区域，很多拐弯之处是热门的用餐地点。

密西西比河构成了西南部的边界，一些最美丽的河段就依傍着大河公路(Great River Road)——这条特地规划出来的公路沿着"老人河"(密西西比河的别称)2300英里的水流延伸。值得停留，好好逛逛的河滨地点有斯德哥尔摩(Stockholm；水果馅饼)、派宾(Pepin；适合劳拉·英格斯·怀德的书迷)、纳尔逊(Nelson；奶酪和冰激凌)、拉克洛斯(La Crosse；历史和文化)和波托西(Potosi；啤酒)。

在内陆公路旅行，一路可以看到斯巴达(Sparta)的自行车小径、韦罗奎(Viroqua)的有机农场和圆形谷仓，还有里奇兰中心(Richland Center)内与弗兰克·劳埃德·赖特相关的景点。

⊙ 景点

劳拉·英格斯·怀德博物馆
博物馆

(Laura Ingalls Wilder Museum；☎715-513-6383；www.lauraingallspepin.com；306 3rd St, Pepin；成人/儿童 $5/2；⊙5月中旬至10月中旬 10:00~17:00)《草原小屋》(Little House on the Prairie)的粉丝可以在劳拉·英格斯·怀德博物馆驻足休整。这里是她出生的地方，电影《大森林里的小木屋》描绘的正是这栋住宅。博物馆藏品虽然不多(建筑本身也是仿制品)，但忠实粉丝依然满足于可以在"英格斯父母"故居里闲逛一番。

✕ 就餐

★ **Stockholm Pie & General Store** 　　　　面包房 $

(☎715-442-5505; www.stockholmpieandgeneralstore.com; N2030 Spring St, Stockholm; 切块馅饼 $6; ⊙周一至周四 10:00~16:30, 周五至周日 至17:00) 你可能需要在这个铺着木条地板和红格子桌布的老牌面包房排队等待, 不过排队时正好顺便可以研究一下长长的黑板上密密麻麻的水果馅饼菜单。酸奶油葡萄干、双柠、三层巧克力核桃、黄油糖果冰激凌——全都是世界一流的口味。

威斯康星州东部（Eastern Wisconsin）

陡峭连绵的海岸线使威斯康星州东部成为最受欢迎的度假目的地,在这里可以划船、游泳和钓鱼,这里还有耀眼的灯塔和独具氛围的沿海社区。荒凉的岛屿、火辣辣的鱼肉餐和橄榄球圣地等你来游览,放眼望去,附近总有湖泊和森林等美丽的自然风景。

绿湾市 (Green Bay)

绿湾是一座朴素的工业城市,以标志性的"冻土"闻名,绿湾包装工队(Green Bay Packers)在"超级碗"比赛中赢得主场冠军, 从而使这个城市名声大噪。绿湾包装工队是全国橄榄球联盟中唯一一支所有权归社区的非营利性球队。也许正是社区的自豪感使得球迷们异常忠实(也使球迷头戴泡沫橡胶制成的楔形奶酪帽)。

比赛门票几乎买不到, 但你可以参加赛前的车尾派对来感受那种精神。因为酒精饮料消耗太多, 使得绿湾被称为 "因为橄榄球而酩酊大醉的城市"。其他时候, 城镇非常安静。这里有几座精彩纷呈的博物馆, 体育场旁边有一家著名啤酒厂, 河边的好位置还有咖啡馆。

⊙ 景点

绿湾包装工队名人堂 　　　　博物馆

(Green Bay Packers Hall of Fame; ☎920-569-7512; www.lambeaufield.com; 1265 Lombardi Ave; 成人/儿童 $15/12; ⊙周一至周六 9:00~18:00, 周日 10:00~17:00) 两层的名人堂位于蓝堡球场 (Lambeau Field), 里面堆满了相关纪念品和闪亮的奖杯, 放映关于全国橄榄球联盟的纪录片, 其故事颇具传奇色彩, 让球迷们为之热血沸腾。这里还组织参观体育馆的团员游。场地附近有许多新的开发项目, 包括轮胎滑雪坡、滑冰场和光鲜的新酒店。

国家铁路博物馆 　　　　博物馆

(National Railroad Museum; ☎920-437-7623; www.nationalrrmuseum.org; 2285 S Broadway; 成人/儿童 $10/7.50; ⊙周一至周六 9:00~17:00, 周日 11:00~17:00, 1月至3月 周一闭馆; ▣) 绿湾工厂曾使用火车来运送货物, 其中最大的几个火车头陈列在这座博物馆内。夏季游客可以乘坐火车($2)。

❶ 到达和离开

绿湾的小机场有飞往芝加哥、明尼阿波利斯、底特律和亚特兰大的航班。城里有灰狗车站。I-43 从东边进入绿湾。I-41从西边过来。

多尔县 (Door County)

布满岩石的海岸线、如画一样的灯塔、樱桃园和小小的19世纪村庄——你不得不承认多尔县的确是一个可爱的地方。度蜜月的新婚夫妻、一大家子或户外运动爱好者都选择来这儿游玩。整个地区都覆盖着绿地, 随处可见咖啡馆、画廊和旅馆的隔板小屋。

多尔县是一个狭长的半岛, 伸入密歇根湖75英里。贴着湖泊的一侧以景色更好的"安静一面"而闻名, 是杰克森波特(Jacksonport)和百利斯港(Baileys Harbor)社区的所在地。紧邻绿湾的一侧更热闹, 艾格港(Egg Harbor)、鱼溪(Fish Creek)、以法莲(Ephraim)和姊妹湾(Sister Bay)接踵迎接旅行者。夏季是最好的季节。每年11月至次年4月, 只有一半的商业场所开门营业。

⊙ 景点和活动

洞角县立公园 　　　　公园

(Cave Point County Park; 5360 Schauer Rd) **免费** 看到海浪在海岸悬崖下方的洞穴中迸裂时, 你的想法只能是, 大自然真是神奇啊。摄影爱好者在这儿可以拍到很棒的照片。徒步和自行车小径可以带你找到绝佳的景色。

额外优势：这里比较偏僻，游客数量比州立公园要少。而且免费。

纽波特州立公园　　　　　州立公园

(Newport State Park; 475 County Rd NP; 每辆车 $11)纽波特是多尔县最安静的公园之一，坐落于半岛北缘。园内有美丽的海滩、30英里的徒步小径（其中大约一半可以兼作越野自行车小径），还有隐藏在森林中的露营地，全年开放，只能步行到达。

Bay Shore Outfitters　　　　　户外

(☎920-854-9220; www.kayakdoorcounty.com; 2457 S Bay Shore Dr, Sister Bay)出租皮划艇、立式冲浪板和冬季运动器材，也组织各种皮划艇游（2小时 $45起）。

🍴食宿

Egg Harbor Lodge　　　　　旅馆 $$

(☎920-868-3115; www.eggharborlodge.com; 7965 Hwy 42, Egg Harbor; 房 $170~210; ❋☎❋)房间相当大，可以欣赏水景。设施包括户外小游泳池、室内按摩浴缸，以及适合欣赏夕阳的露台区域。不接待儿童。

Julie's Park Cafe and Motel　　汽车旅馆 $$

(☎920-868-2999; www.juliesmotel.com; 4020 Hwy 42, Fish Creek; 房 $125~139; ❋☎❋)Julie's在半岛州立公园旁边，是一家非常好的便宜住处。

房间虽然不花哨，但维护得当，有舒适的床。店内咖啡馆全天提供鸡蛋、三明治和汉堡。

Wild Tomato　　　　　比萨 $$

(☎920-868-3095; www.wildtomatopizza.com; 4023 Hwy 42, Fish Creek; 主菜 $9~17; ⏰6月至8月 11:00~22:00, 9月至次年5月 营业时间缩短)走进店里，跟当地人一起享用用烧柴的石炉烤制的比萨，更有多种牌子的生啤佐餐。无谷物蛋白的比萨种类极多。

ℹ️实用信息

多尔县旅游局(Door County Visitors Bureau; www.doorcounty.com)印制介绍艺术画廊、骑车游览和灯塔的专题手册。

值 得 一 游

风景自驾游：HWY 13

Hwy 13蜿蜒穿过贝菲尔德和苏必利尔之间的美丽景色。它向东环绕苏必利尔湖岸，经过印第安人齐佩瓦(Chippewa)族的居住区红崖(Red Cliff)和阿波斯特尔群岛的陆地部分之后，就看到一片沙滩了。小小的康纽克匹亚(Cornucopia)看起来像一个海边村庄，是欣赏落日的好地方。公路向西穿过一个有树林和农场的古老乡村。登录网站www.lakesuperiorbyway.org可了解更多信息。

ℹ️到达和离开

需要开车才能前往多尔县。两条小公路通向半岛。Hwy 57沿密歇根湖延伸，而Hwy 42沿绿湾延伸（水域，不是城市）。做好周末交通拥堵的准备。

威斯康星州北部 (Northern Wisconsin)

威斯康星州北部地区人口稀少，多森林湖泊，夏季可以划船、钓鱼，冬季可以滑雪、开雪地车。山地自行车小径不断拓宽，可以行车。尼克雷国家森林(Nicolet National Forest)和切夸梅贡国家森林(Chequamegon National Forest)将该地区的大部分地区划为保护区，为各种活动提供场地。多风的阿波斯特尔群岛风景尤为秀美。

阿波斯特尔群岛 (Apostle Islands)

地势起伏不平的阿波斯特尔群岛由21个小岛组成，这些美丽的小岛属于同一座国家公园，分布在威斯康星州北端的苏必利尔湖上，是全州的亮点。微风吹拂的小岛上森林茂密，分布着许多悬崖和洞穴，没有任何设施。多家旅行社安排季节性乘船游览岛屿的行程，皮划艇和徒步人气都很高。从贝菲尔德(Bayfield; www.bayfield.org)开始你的旅程吧，这个热闹的度假小镇有崎岖的街道、维多利亚时代的建筑和苹果园，目光所及之处看不到一家快餐馆。

👁 景点和活动

怪不得所有人都手持船桨：在阿波斯特尔群岛划皮划艇是观赏风景的必备体验，四周有许多从水面升起的暗红色岩拱和柱子。明星景点是魔岛（Devils Island）和沙岛（Sand Island）崎岖海岸上的洞穴。注意，在这里划皮划艇大多只适合经验丰富的划船者；新手应该跟随向导，因为经常会有风浪。国家公园发布的《阿波斯特尔群岛划船》（Paddling in the Apostles）手册内有关皮划艇上船地点和准备建议等信息。贝菲尔德有装备店和向导，比如Living Adventure。

麦德林岛 　　　　　　　　　　　岛屿

（Madeline Island；www.madelineisland.com）岛上有人居住，这里是个很好的一日游目的地，从贝菲尔德乘坐渡轮25分钟即可到达。岛上的La Pointe村步行即可游览，村里有两三个中等价位的住处、几家餐馆和一个有趣的"破败"酒吧（由废品和防水布搭建）。从自行车到轻便摩托车，渡轮码头附近什么都有，你也可以在那里租自行车和电动自行车。

尽管麦德林岛是阿波斯特尔群岛中的岛屿之一，但却不属于国家公园，因此才有这样的开发建设。

大湾州立公园 　　　　　　　　　州立公园

（Big Bay State Park；715-747-6425；Hagen Rd；每车$11，帐篷营地$25~35）大湾在麦德林岛远端，有一块美丽的沙滩和几条徒步小径。维护良好的露营地非常吸引人，经常很快就会订满。

Living Adventure 　　　　　　　　皮划艇

（715-779-9503；www.livingadventure.com；88260 Hwy 13；半天/全天团队游$59/109；6月至9月）导览划船游前往水下洞穴或沉船点，也适宜初学者。公司还出租皮划艇（每1/2天 $69/99），并且提供往返下水地点的班车。

🛏 住宿

国家公园岛屿要求露营许可证（每晚$15）。必须提前在网上申请（www.recreation.gov；预约费$10）。

切夸梅贡国家森林（CHEQUAMEGON NATIONAL FOREST）

拥有总计300英里长的乡间小径的切夸梅贡国家森林特别适合骑山地车。切夸梅贡地区山地自行车协会（Chequamegon Area Mountain Bike Association；www.cambatrails.org）提供小径地图和自行车出租信息。海沃德城镇是理想的大本营，位于几条小道起点附近。

贝菲尔德有不少小型汽车旅馆、民宿和时髦的旅馆。麦德林岛有一些旅馆和小屋。

Seagull Bay Motel 　　　　　　　汽车旅馆$

（715-779-5558；www.seagullbay.com；325 S 7th St；房$110~130；）朴实无华的房间不太大，墙壁很薄，但大多配备可观湖景的小阳台或甲板（可以在预订时询问）。一条漂亮的小径从汽车旅馆通往市中心，步行需要10分钟。

🍴 就餐

Fat Radish 　　　　　　　　　美国菜 $$

（715-779-9700；www.thefatradish.weebly.com；200 Rittenhouse Ave；三明治$7~10，主菜$16-24；周一至周六 9:00~15:00和17:00~21:00，周日9:00~14:00，冬季 周一歇业）使用可持续方式生产的高品质食材制作熟食。餐馆位于码头旁，方便在乘船游时买些小吃。夜间供应美味比萨和海鲜。

Maggie's 　　　　　　　　　美国菜 $$

（715-779-5641；www.maggiesbayfield.com；257 Manypenny Ave；主菜$11~22；11:30~21:00）以火烈鸟为主题的餐馆装饰非常花哨，是品尝本地湖鳟鱼和鳕鱼的地方，也有比萨和汉堡。

ℹ 实用信息

阿波斯特尔群岛国家湖岸风景区游客中心

（Apostle Islands National Lakeshore Visitors Center；715-779-3397；www.nps.gov/apis；410 Washington Ave；5月末至9月 8:00~16:30，其他

月份周六和周日关闭)提供露营、划船和徒步活动信息。

贝菲尔德商会(Bayfield Chamber of Commerce; www.bayfield.org)提供这一地区住宿和活动的全面信息。

ⓘ 到达和离开

麦德林岛渡轮(Madeline Island Ferry; ☎715-747-2051; www.madferry.com; Washington Ave; 往返 成人/儿童/自行车/汽车 $14/7/7/25)从贝菲尔德至麦德林岛航程25分钟。全年营运,除非水面结冰(一般在1月和3月之间,那时河面有冰)。Apostle Island Cruises可以将划船者送往各个岛屿。经验丰富的划船者可以划皮划艇前往几座比较近的岛屿。

明尼苏达州(MINNESOTA)

明尼苏达州真像它所宣传的那样有10,000个湖泊吗?没错!实际上,这样说没有夸大其词,相反还有所保留——确切地说,这里有11,842个湖泊呢。对于旅行者来说,这的确是个天大的好消息。狂热的户外运动爱好者可以在边境水域荒野(Boundary Waters)划船,那里夜晚繁星点点,群狼的嗥叫仿佛摇篮曲一般。如果想远离喧嚣,人迹罕至的樵夫国家公园(Voyageurs National Park)是个不错的选择,那里的湖面比陆地面积还大。如果上述一切都看起来太过遥远,你还可以去姊妹城明尼阿波利斯和圣保罗,在那里看到驼鹿的同时,你还能深入接触明尼苏达州的独特文化。对于那些想看看中间地带的人,生机勃勃、泊满货船的港口德卢斯(Duluth)在向你招手。

ⓘ 实用信息

明尼苏达州公路路况(Minnesota Highway Conditions; www.511mn.org)

明尼苏达州旅游办公室(Minnesota Office of Tourism; www.exploreminnesota.com)

明尼苏达州立公园信息(Minnesota State Park Information; ☎888-646-6367; www.dnr.state.mn.us)进入州立公园需要先购买机动车许可证(每天/每年 $5/25)。露营地收费$15~31,接受预订(☎866-857-2757; www.dnr.state.mn.us/state_parks/reservations.html),网上预订$8.50,电话预订$10。

明尼阿波利斯(Minneapolis)

明尼阿波利斯是草原上最大,也是最富有艺术气息的城市,一派进取、繁荣的景象。这里有华丽的艺术博物馆、喧闹的摇滚俱乐部、有机餐馆和民族风味餐馆,还有前卫的剧院。永远是一派生机勃勃的样子,哪怕在冬天也是如此。额外的惊喜:这儿的居民们不摆架子,平易近人,你随处都能感受到"明尼苏达式友善"。不管刮风下雨、阳光明媚或是大雪纷飞,不妨留意下会听到多少次"祝你今天过得愉快"!

历史

木材是这座城市的第一个繁荣的产业,而19世纪初,水力锯木厂在密西西比河沿岸兴起。草原上收获的小麦也需要处理,所以面粉加工也发展成了大产业。19世纪后期,本地人口由于移民增加而大量增长,特别是来自斯堪的纳维亚半岛和德国的移民。今天,明尼阿波利斯的北欧遗产随处可见,而姊妹城圣保罗的古老建筑更多来自德国和爱尔兰天主教。

⊙ 景点和活动

大部分景点于周一关闭,许多景点在周

王子在这里

在明尼阿波利斯居住过的最著名的人是摇滚明星普林斯(Prince; 与王子同义)。甚至在他2016年猝然离世之前,都有大批游客来到这座城镇追溯他的足迹。城市旅游局有关普林斯的热点地图,包括他的儿时住所、创作《紫雨》(Purple Rain)的房子,以及他著名的住宅/录音棚:**佩斯利公园**(Paisley Park; www.officialpaisleypark.com; 7801 Audubon Rd, Chanhassen; 团队游 $38.50起,服务费 $7.50; ◎周四至周日)。欲了解更多信息,可以查看www.minneapolis.org/princes-minneapolis。

Minneapolis 明尼阿波利斯

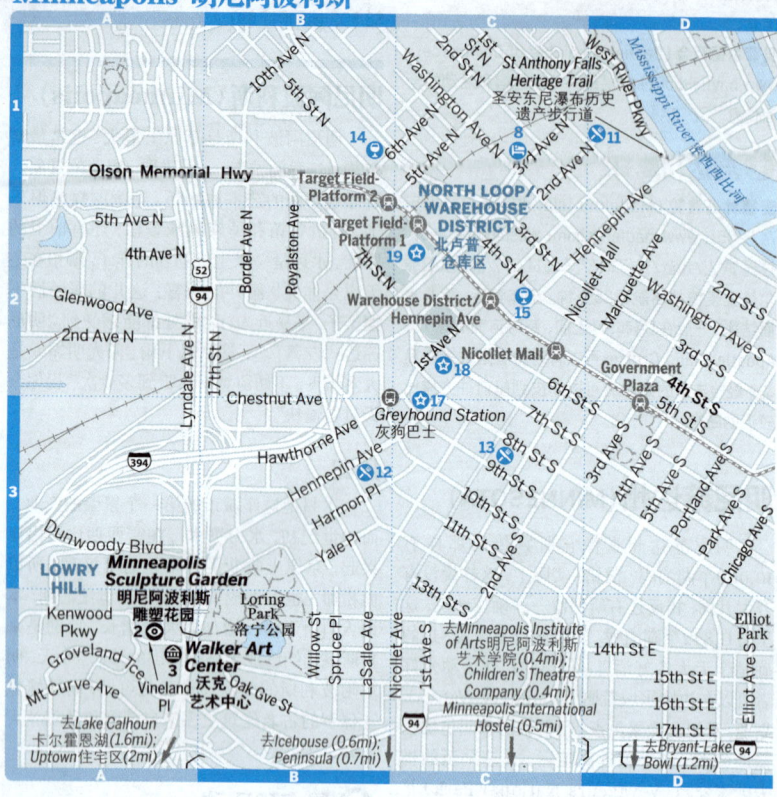

Minneapolis 明尼阿波利斯

◎ 重要景点
1 "没有尽头的桥" E2
2 明尼阿波利斯雕塑花园 A4
3 沃克艺术中心 A4
4 韦斯曼艺术博物馆 G3

◎ 景点
5 磨坊城博物馆 E2

◎ 活动、课程和团队游
6 St Anthony Falls Heritage Trail E2

◎ 住宿
7 Aloft E3
8 Hewing Hotel C1
9 Wales House G2

◎ 就餐
10 Al's Breakfast G2
11 Bachelor Farmer D1
12 Butcher & the Boar B3
13 Hell's Kitchen C3

◎ 饮品和夜生活
14 Fulton Beer B1
15 Gay Nineties C2
16 Wilde Cafe E1

◎ 娱乐
17 Brave New Workshop Theatre C3
18 First Avenue & 7th St Entry C2
   Guthrie Theater .... (见1)
19 Target Field C2
20 US Bank Stadium E3

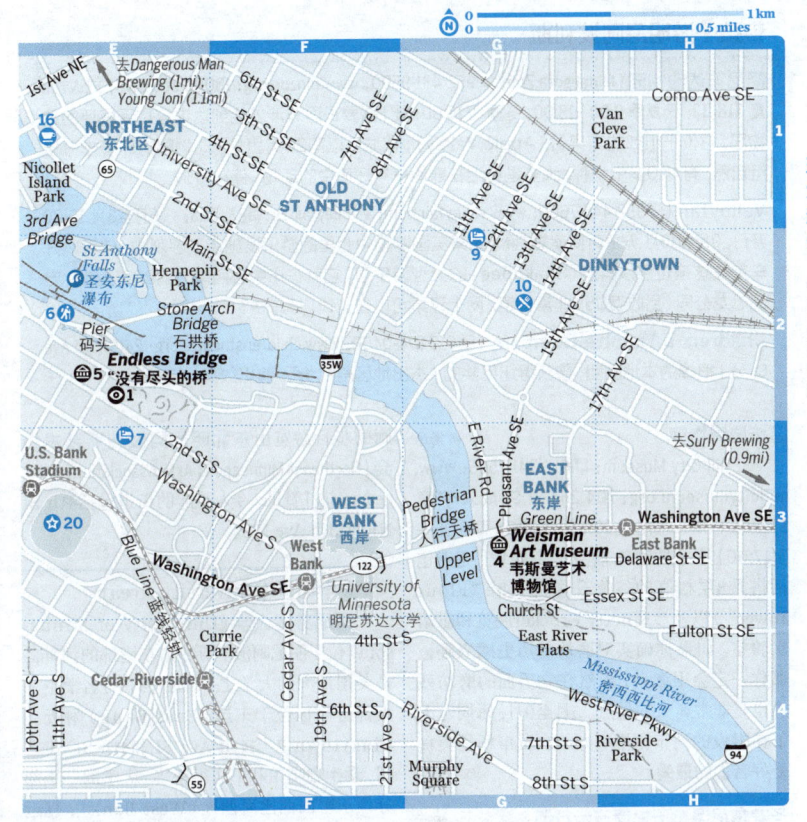

四开放时间会延长。

市中心和洛宁公园 (Downtown & Loring Park)

★ **沃克艺术中心** 博物馆

(Walker Art Center; ☎612-375-7600; www.walkerart.org; 1750 Hennepin Ave; 成人/儿童 $14/免费; ⊙周二、周三和周日 11:00~17:00, 周四至 21:00, 周五和周六 至18:00)这家一流的艺术中心里有丰富的永久藏品,以20世纪的艺术和摄影作品为主,其中包括大名鼎鼎的美国画家的作品和杰出的美国波普艺术作品。7月下旬至8月下旬每周一晚有免费电影和音乐会,地点在人行天桥对面的洛宁公园,值得一看。

★ **明尼阿波利斯雕塑花园** 花园

(Minneapolis Sculpture Garden; 725 Vineland Pl; ⊙6:00至午夜) 免费 这座花园在沃克艺术中心(Walker Art Center)旁边,占地19英亩的绿地点缀着当代艺术作品,比如克拉斯·欧登伯格(Claes Oldenburg)创作的 *Spoonbridge & Cherry*(经常被拍照上镜)。花园里还有考尔斯温室(Cowles Conservatory),富有异国情调的花朵在温室里争奇斗艳。

河滨区 (Riverfront District)

★ **"没有尽头的桥"** 观景点

(Endless Bridge; 818 2nd St S; ⊙8:00~20:00, 表演当天至23:00) 免费 走进那家钻蓝色的格思里剧院(Guthrie Theater)瞧瞧,再到这座桥看看——这是一条悬臂式的人行道,可俯瞰密西西比河景。剧院本身是公共场所,不必购票。在剧院9楼的Amber Box可以看到其他动人心魄的美景。

带孩子游明尼阿波利斯

明尼苏达动物园（Minnesota Zoo; ☎952-431-9500; www.mnzoo.org; 13000 Zoo Blvd; 成人/儿童 $18/12; ◎夏季 9:00~18:00,冬季 至16:00; ●）需要长途跋涉才能到达这座广受好评的动物园，它位于市郊的苹果谷（Apple Valley），在城区以南20英里处。动物园的环境十分接近自然，有400多个物种，大多是生活在寒冷气候环境中的动物。停车费$7。

Valleyfair（☎952-445-7600; www.valleyfair.com; 1 Valleyfair Dr; 每人 $53; ◎6月至8月 10:00开门,9月和10月 开放时间缩短; ●）如果美国购物中心里的游乐设施还不够刺激，你可以开车前往这座位于沙科皮（Shakopee）的大型游乐园。它就在市中心西南方向22英里处。电动恐龙公园（另收费$5）非常有趣。网上订票可以省些钱。停车费$12。

Children's Theatre Company（☎612-874-0400; www.childrenstheatre.org; 2400 3rd Ave S; ●）很棒的本地剧团，曾获得托尼奖的"杰出地区剧院奖"。演出效果一流。

磨坊城博物馆 博物馆

（Mill City Museum; ☎612-341-7555; www.millcitymuseum.org; 704 2nd St S; 成人/儿童 $12/6; ◎周二至周六 10:00~17:00,周日 正午至17:00）这家博物馆前身是个磨坊，亮点包括搭乘8层楼高的谷物升降机（the "Flour Tower"）以及参观Betty Crocker展览和烘焙实验室。如果你确实对磨坊的历史感兴趣，那你一定会很激动，当然在它后面的磨坊残迹也是非常迷人的景点。5月至9月，每周六上午在附设的列车棚里举办的农贸市场是美食爱好者们的最爱。

圣安东尼瀑布历史遗产步行道 步行

（St Anthony Falls Heritage Trail）这条长1.8英里的步道沿途有介绍标牌，向游客讲述了有趣的历史，也是从市区到密西西比河岸的最佳途径。步行道起点在Portland Ave末端，经过禁止车辆通行的石拱桥（Stone Arch Bridge）——这里是欣赏飞流直下的圣安东尼瀑布（St Anthony Falls）的最佳地点。

◎ 东北区（Northeast）

东北区因为在河的东北边而得名，曾是东欧工薪阶层的住处，如今是城市居民和艺术家工作和娱乐的地方。他们钟情于地下酒吧的小啤酒作坊佳酿和Pabst啤酒，以及香扉公司隔壁的精品店，那里售卖经济实惠的环保型礼物。数以百计的工艺品店和画廊进驻这些历史悠久的工业建筑，每月第一个周四，他们将店门敞开，迎接前来参观的人，这场画廊的步行游览由**东北明尼阿波利斯艺术协会**（Northeast Minneapolis Arts Association; www.nemaa.org）赞助。令人心醉的街道包括4th St NE和13th Ave NE。

◎ 大学园区（University Area）

明尼苏达大学（University of Minnesota）位于明尼阿波利斯中心东南部的河畔，是美国最大的大学之一，拥有约5万名学生。大部分校区位于东岸（East Bank）附近。Dinkytown位于14th Ave SE和4th St SE之间，学生咖啡馆和书店很密集。大学的一小部分位于密西西比河西岸（West Bank），靠近4th St S和Riverside Ave的交界处。该地区有几家餐馆、一些学生聚会场所和一个大型的索马里人社区。

★ 韦斯曼艺术博物馆 博物馆

（Weisman Art Museum; ☎612-625-9494; www.wam.umn.edu; 333 E River Rd; ◎周二、周四和周五 10:00~17:00,周三 至20:00,周六和周日 11:00~17:00）**免费** 韦斯曼艺术博物馆坐落于建筑师弗兰克·盖里（Frank Gehry）设计的表面陡斜的银色建筑里，是大学的亮点。明亮的主展厅陈列着丰富的20世纪美国艺术品、瓷器和绘画作品。

◎ 住宅区、林恩湖和惠蒂尔 (Uptown, Lyn-Lake & Whittier)

★ 明尼阿波利斯艺术学院 博物馆

（Minneapolis Institute of Arts; ☎612870-3131; www.artsmia.org; 2400 3rd Ave S;

⊙周二、周三和周六 10:00~17:00，周四和周五 10:00~21:00，周日 11:00~17:00）**免费** 这家博物馆就像一座巨大的矿藏，记录着可观的艺术历史。现代和当代的艺术藏品令人叹为观止，亚洲画廊（2层）和装饰艺术展区（3层）也令人眼前一亮。

节日和活动

旋转艺术节　　　　　　　　　　艺术节

（Art-A-Whirl；www.nemaa.org；⊙5月中旬）在东北部地区举办的、持续整个周末的摇滚艺术活动，预示着春天的到来。在街区各处的工作室举办。

彩虹节　　　　　　　　　　　　LGBT节日

（Pride Festival；www.tcpride.org；⊙6月下旬）彩虹节是美国最大的同性恋节日之一，每年都能吸引30多万名狂欢者来到洛宁公园。

明尼阿波利斯水上文化节　　　　文化节

（Minneapolis Aquatennial；www.aquatennial.com；⊙7月第三周）用游行、沙滩派对和烟花庆祝这里无所不在的湖泊。

在市中心各处和河边的多个场地举行。

住宿

★ Wales House　　　　　　　　客栈 $

（☎612-331-3931；www.waleshouse.com；1115 5th St SE；房$95，带共用浴室$85；[P][※][⚡]）这家民宿有10间卧室，让人心情愉悦。来这里住的多是附近美国明尼苏达大学的学者。你可以蜷缩在走廊上或壁炉旁的沙发上读一本书。要求至少住两晚。

Minneapolis International Hostel　　　　青年旅舍 $

（☎612-522-5000；www.minneapolishostel.com；2400 Stevens Ave S；铺$40~45，房$55起；[※][⚡]）地理位置得天独厚，位于明尼阿波利斯艺术学院旁雅致的老建筑内。旅舍气氛温馨舒适，配备古典家具，铺着木地板，但不够整洁。客房的类型多种多样，既有15张床位的男性宿舍，也有带全套卫浴的独立房间。

Aloft　　　　　　　　　　　　酒店 $$

（☎612-455-8400；www.aloftminneapolis.com；900 Washington Ave S；房$159~265；[P][※][@][⚡][⚡]）Aloft设计紧凑、高效，工业色调的房间吸引着年轻的客户群体。会所式的大堂设有桌游、鸡尾酒休闲酒吧和24小时小吃店。酒店有一个小游泳池和健身房，正门外还有一个自行车分站点。停车费$20。

Hewing Hotel　　　　　　　　　酒店 $$

（☎651-468-0400；www.hewinghotel.com；300 N Washington Ave；房$140~260；[P][※][⚡][⚡][⚡]）2016年下半年开业，位于北卢普（North Loop）的这家酒店曾经是一间拥有百年历史的农机仓库，124个房间就分布其中。氛围淳朴、舒适。漂亮的房间以木梁天花板、裸露的砖墙和独特的户外装饰为特色，比如小鹿壁纸和方格羊毛毯。步行可以前往市中心的活动区域。停车费$41。

就餐

在明尼阿波利斯，餐饮界使用生态绿色食材，制作平易近人而具有独特创意的中西部菜肴，因此美食杂志"*Saveur*"将其称为"美国下一个美食之城"。

市中心和洛宁公园

Peninsula　　　　　　　　　马来西亚菜 $

（☎612-871-8282；www.peninsulamalaysiancuisine.com；2608 Nicollet Ave S；主菜$9~15；⊙周日至周四 11:00~22:00，周五和周六 至 23:00；[⚡]）在这家现代风格的餐厅里，马来西亚菜口感十足，包括红咖喱火锅、辣蟹和香蕉叶包鱼。

Hell's Kitchen　　　　　　　　美国菜 $$

（☎612-332-4700；www.hellskitcheninc.com；80 9th St S；主菜$12~24；⊙周一至周五 6:30~23:00，周六和周日 7:30开始；[⚡]）走下楼就到了Hell的"邪恶巢穴"，热情活泼的服务员会为你送上风味独特的明尼苏达菜品，比如白斑鱼培根生菜番茄三明治、野牛肉汉堡、Juicy Lucy（汉堡中间夹融化的奶酪）和柠檬意大利乳清干酪薄煎饼。楼上是一家美味蛋糕店和咖啡馆。

Butcher & the Boar　　　　　美国菜 $$$

（☎612-238-8888；www.butcherandtheboar.

com; 1121 Hennepin Ave; 主菜 $32~48; ⓘ周一至周四 17:00~22:30, 周五和周六 至23:00, 周日 至22:00; 🛜)这个餐馆以黄铜饰品和烛光装点, 是肉食者的乐园。有乡村黄油配野猪腿、炸鸡肉和小牛肉香肠以及各种家常肉菜。你不妨点小份菜, 这样可以多尝几道菜。除了30种本地产啤酒之外, 还供应多种波旁酒(可点品尝套餐)。提前订位, 或者就在迷人的啤酒花园里享用小盘的肉类菜肴。

Bachelor Farmer　　　　　　美国菜 $$$

(☎612-206-3920; www.thebachelorfarmer.com; 50 2nd Ave N; 主菜 $19~35; ⓘ周一至周四 17:30~21:30, 周五和周六 至22:30, 周日 17:00~21:30) 🍴这家有趣餐馆的菜肴体现出这一区域的北欧传统：无论菜单如何更换, 熏鱼、肉丸和奶酪腌蘑菇烤面包总是作为常备菜式频频出镜。主厨亲自在屋顶苗圃种植所有植物香料和蔬菜。餐馆的姊妹店Marvel Bar位于地下室, 隐藏在一扇没有标记的门后, 供应鸡尾酒。

✕ 东北区

★ Young Joni　　　　　　　　比萨 $$

(☎612-345-5719; www.youngjoni.com; 165 13th Ave NE; 主菜 $13~18; ⓘ周二至周四 16:00~23:00, 周五 16:00至午夜, 周六 正午至午夜, 周日 正午至22:00)这家店将两种看似毫不相干的元素融为一体：比萨和韩国料理。所以在这里你可以吃到木烤脆皮熏火腿、格鲁耶尔奶酪和乳清干酪馅饼, 搭配香辣蛤蜊、泡菜和豆腐等配菜。听起来奇怪, 但非常美味。额外优势：时尚的工业风格餐厅背后藏着一家酒吧。要是你看到红灯亮起, 说明到了开始供应鸡尾酒的时间。

✕ 大学园区

Al's Breakfast　　　　　　　　早餐 $

(☎612-331-9991; 413 14th Ave SE; 主菜 $5~9; ⓘ周一至周六 6:00~13:00, 周日 9:00~13:00) 这家早餐店十分简陋狭小, 小柜台边有14个位子。当有顾客进店时, 所有人都得端起他们的餐盘, 为新来的人腾出点空间。水果煎饼和培根华夫饼很受欢迎。只收现金。

✕ 住宅区、林恩湖和惠蒂尔

Bryant-Lake Bowl　　　　　　美国菜 $

(☎612-825-3737; www.bryantlakebowl.com; 810 W Lake St; 主菜 $10~15; ⓘ8:00至次日 0:30; 🛜🍴) 适合工人阶层的保龄球馆与享乐主义美食在这里相融合。饼干和肉汤早餐、香喷喷的豪达奶酪、素鸭锅贴、熏白鱼入口即化。本地啤酒种类丰富。

🍷 饮品和夜生活

Grumpy's　　　　　　　　　　　酒吧

(www.grumpys-bar.com; 2200 4th St NE; ⓘ周一至周五 14:00至次日2:00, 周六和周日 11:00开门)Grumpy's是东北区的经典地下酒吧,

---

LGBT的明尼阿波利斯

明尼阿波利斯居民中LGBT群体的比例是全美最高的, 他们在这里享有很大的权利。你也可以在城里的咖啡馆领取一份免费的双周刊《薰衣草》(Lavender; www.lavendermagazine.com)了解相关信息。最佳选择：

Wilde Cafe (☎612-331-4544; www.wilderoastcafe.com; 65 Main St SE; ⓘ7:00~23:00)坐落于河边, 烘焙食品美味可口, 维多利亚时代的氛围与店名"奥斯卡·王尔德"(Oscar Wilde)不谋而合。这家咖啡馆曾经被《薰衣草》评为"最佳咖啡馆"。

Gay Nineties (☎612-333-7755; www.gay90s.com; 408 Hennepin Ave; ⓘ周一至周六 8:00至次日2:00, 周日 10:00起)这家老牌夜店有舞蹈、餐饮和易装表演, 吸引同性恋和异性恋的顾客。

彩虹节 (Pride Festival; 见685页)该群体的节日中, 是全美最大规模的节日之一, 吸引大约300,000名狂欢者。

品酒室风潮

明尼阿波利斯盛行自酿啤酒的风潮,多数当地酿酒厂都有品酒室。下面是品尝刚刚酿造好的新鲜啤酒的好去处:

Fulton Beer(612-333-3208; www.fultonbeer.com; 414 6th Ave N; 周二至周四15:00~22:00, 周五 至23:00, 周六 正午至23:00, 周日 正午至18:00)供客人品尝的上好啤酒通常用白麦芽和金麦芽发酵而成。客人坐在仓库里,围着野餐风格的长条桌子品尝各种精选美酒。这家品酒室与棒球场相距数个街区,有棒球比赛的日子店里总是坐得满满的。门口有快餐车。

Dangerous Man Brewing(612-236-4087; www.dangerousmanbrewing.com; 1300 2nd St NE; 周二至周四 16:00~22:00, 周五 15:00至午夜, 周六 正午至午夜, 周日 正午至20:00)位于时尚而热闹的东北区,酿造酒精度较高的欧洲口味啤酒。欢迎客人自带食品(酒厂以东一个街区有家不错的炸鱼薯条店)。周边涌现了众多的品酒室,这家只是其中之一。

Surly Brewing(763-999-4040; www.surlybrewing.com; 520 Malcolm Ave SE; 周日至周四11:00~23:00, 周五和周六 至午夜;)啤酒馆场地宽阔,现代工业风装修,适宜家庭聚会,当地人聚集在这里品尝20种轮换供应的啤酒和种类丰富的肉类小吃。尝尝比利时赛松啤酒CynicAle或者美国IPA的王牌 Furious。酒厂位于Prospect Park街区,就在大学的隔壁,距绿线Prospect Park站仅有几步之遥。

供应的本地啤酒很便宜(但味道很好),这里还有一个室外露台。周二的时候,花$1尝尝这里的"特价热菜"。

☆ 娱乐

Icehouse 现场音乐

(612-276-6523; www.icehousempls.com; 2528 Nicollet Ave S; 周一至周五 11:00至次日2:00, 周六和周日 10:00起)这个场馆装修精致,音响效果也很出色,常有爵士、民族和前卫的嘻哈等风格的音乐演出。对了,这里还供应漂亮的鸡尾酒。

First Avenue & 7th St Entry 现场音乐

(612-332-1775; www.first-avenue.com; 701 1st Ave N)这里是明尼阿波利斯的现场音乐的基石。Frist Avenue是主要场馆,有全国知名的乐队表演,而小些的7th St Entry则是崭露头角者的演出舞台。看看建筑外面的星标吧,它们代表着曾在这个舞台上大放异彩的音乐团体。

格思里剧院 剧院

(Guthrie Theater; 612-377-2224; www.guthrietheater.org; 818 2nd St;)这是明尼阿波利斯的顶级剧团,这里的大型设施就可以证明这一点。开演前30分钟,剩票会以$15~35的价格低价出售(只收现金)。

Brave New Workshop Theatre 剧院

(612-332-6620; www.bravenewworkshop.com; 824 Hennepin Ave)音乐喜剧、讽刺时事的滑稽剧和讽刺作品的经典表演场地。

标靶球场 棒球

(Target Field; 800-338-9467; www.minnesotatwins.com; 353 N 5th St)职业棒球队明尼苏达双城队(Twins)使用的主场,以出色的地方特色食品和饮料而出名。

美国银行体育场 橄榄球

(US Bank Stadium; 612-338-4537; www.vikings.com; 900 5th St;)美国橄榄球联盟球队维京人队(Vikings)在这座2016年建成的漂亮的玻璃幕墙室内体育场里打比赛。

❶ 实用信息

明尼阿波利斯会议旅游协会(Minneapolis Convention & Visitors Association; www.minneapolis.org)网站上提供折扣券、地图、指南和骑车路线信息。

City Pages（www.citypages.com）免费的娱乐周刊。

《圣保罗先锋报》（Pioneer Press；www.twincities.com）圣保罗的日报。

《明星论坛报》（Star Tribune；www.startribune.com）明尼阿波利斯的日报。

🛈 到达和离开

明尼阿波利斯-圣保罗国际机场（Minneapolis-St Paul International Airport；见704页）位于两座城市之间偏南的方向。它是达美航空公司的枢纽机场，有若干直飞欧洲的航班。

蓝线轻轨（平时/高峰时段票价$1.75/2.25，25分钟）是前往明尼阿波利斯最便宜的交通工具。乘坐出租车费用在$45左右。

灰狗巴士（📞612-371-3325；www.greyhound.com；950 Hawthorne Ave；🛜）有多班客车开往密尔沃基（7小时）、芝加哥（9小时）和德卢斯（3小时）。

Megabus（www.megabus.com/us）的快车开往密尔沃基（6.5小时）和芝加哥（8.5小时），票价通常比灰狗便宜。市中心和大学都有发车站，具体地址见其网站。

美国国家铁路公司停靠新近翻修过的圣保罗**联合车站**（Union Depot；见704页）。每天都有开往芝加哥（8小时）和西雅图（38小时）的车次。

🛈 当地交通

明尼阿波利斯在美国"最佳骑行城市"榜上名列前茅。**Nice Ride**（www.niceridemn.org）是本地的共享自行车，在遍布姊妹城的200个自助服务亭里有1800辆淡绿色车身的自行车。骑行30分钟费用为$3。插入信用卡，获得骑行码，打开自行车锁。若是为了消遣，骑行时间比较长，最好去传统的租车点租自行车。通过**Minneapolis Bicycle Program**（www.ci.minneapolis.mn.us/bicycles）查找租车地点并获取骑行线路地图。

Metro Transit（www.metrotransit.org）运营便捷的蓝线轻轨，连接市中心和美国购物广场（Mall of America），途中在机场停靠。绿线连接明尼阿波利斯市中心和圣保罗市中心。每个车站的售票机都出售车票卡，包括可用于公共汽车的日通票（$6）。

圣保罗（St Paul）

圣保罗比它的姊妹城市明尼阿波利斯规模更小，相对更安静。圣保罗还保留着众多的历史元素。步行穿过作家F.斯科特·菲茨杰拉德曾徜徉过的土地，沿着气势磅礴的密西西比河河畔小路徒步，或者尝试一下老挝风味的浓汤吧。

◉ 景点和活动

景点和活动大多集中在市中心和教堂山（Cathedral Hill）。后者有奇特的商店、建于镀金时代的维多利亚风格豪宅和使该地区得名的大教堂，市中心有博物馆。（下接内容703页）

不要错过

美国购物广场（MALL OF AMERICA）

欢迎来到美国最大的购物中心——没错，**美国购物广场**（📞952-883-8800；www.mallofamerica.com；紧邻I-494 at 24th Ave；🕐周一至周六10:00~21:30，周日11:00~19:00；🅟）只是个购物中心，有常见的商店、电影院和餐馆，但是中心内还有一个举行婚礼的教堂、一个18洞**迷你高尔夫球场**（📞952-883-8777；3楼；Mall of America；每人$10；🕐周一至周六10:00~21:30，周日11:00~19:00）、一条索道和一个游乐场**Nickelodeon Universe**（📞952-883-8800；www.nickelodeonuniverse.com；🕐周一至周六10:00~21:30，周日11:00~19:00）。游乐场里有27种电动游乐设施，包括几座刺激过瘾的过山车。在游乐场逛逛不用花钱，当日有效、可无限次玩游乐设施的通票价格$36，每项游乐设施也可以单独买票（$3.50~7）。

另外，该州最大的水族馆**明尼苏达海洋世界**（Sea Life Minnesota；📞952-883-0202；www.visitsealife.com/minnesota；成人/儿童$25/18；🕐周一至周四10:00~19:00，周五和周六至20:00，周日至18:00；🅟）也在购物广场内，游动着鲨鱼、水母和魔鬼鱼。购买联票能省钱。蓝线轻轨连接美国购物广场和明尼阿波利斯市中心。广场位于布鲁明顿郊区，与机场相距10分钟车程。

美国的国家公园

国家公园是美国的广大后院。这些非凡的天然宝藏拥有纯净的荒野、珍稀的野生动物和丰富的历史,如果一处都未曾去过,那么任何越野公路之旅都是不完整的。全国大约60座国家公园及其余350多个保护区均由国家公园管理局（National Park Service，NPS）管理。截至2016年,该管理局成立已有百年之久。

目录

- ➔ 国家公园的发展历程
- ➔ 今天的公园
- ➔ 美国东部
- ➔ 大平原和落基山脉
- ➔ 美国西南部
- ➔ 西海岸
- ➔ 最后的边疆

上图：在阿拉斯加基奈峡湾（见702页）熊湖（Bear Lake）桨式冲浪

国家公园的发展历程

许多公园的面貌和数百年前相差无几。从大西洋沿岸崎岖的岛屿,到横跨大平原的草场和水牛群,从大陆分水岭周边众多小山组成的落基山脉,再到矗立在太平洋海岸边的全球最高的树——海岸红杉,看到这些,你会为大自然对美国的恩赐赞叹不已。

去西部!

在历史上,美国人对土地和物质财富的贪婪欲望虽然催生了天命论的错误观点,但也使得拓荒宅地、农场、牲畜围栏、大坝、混凝土路面和火车铁轨等设施在美国全境大规模兴建起来。从阿巴拉契亚山脉到壮阔的密西西比河,再到西部广袤的原野,大片国土迅速被人造的基础设施所吞没。这一状况直到联邦政府建立全美公共土地保护网才有所改变,而创建保护网首先始于国家公园的设立。

荒野的呐喊

1831年,艺术家乔治·卡特林(George Catlin)在去当时的达科他领地的一次旅途中,看到美国的迅速西扩破坏了自然环境,挤占了北美原住民的生存空间。于是,卡特林萌生了一个想法。他号召"建立一个国家公园,其中有人,也有鸟兽,所有的一切都处于原生态中,尽显自然之美"。40年后,美国国会建立了美国的第一座国家公园——黄石国家公园。

19世纪后期,约塞米蒂(Yosemite)、红杉(Sequoia)和雷尼尔山(Mount Rainier)等新的国家公园相继建立,原生态保护运动的热潮点燃了公众的热情。保护内华达山脉的先驱、文采过人的博物学家约翰·缪尔(John Muir)为建立国家公园体系不停奔走,发表露天演说以及撰文阐述自然环境的精神价值高于其经济利益,对公众产生了很大影响。

1. 大峡谷国家公园（见951页）
2. 奥林匹克国家公园（见1173页）的猫头鹰
3. 猛犸洞穴国家公园（见448页）的洞穴

国家公园的发展

作为"王牌猎人"和前农场主的美国总统西奥多·罗斯福（Theodore Roosevelt）在1903年与缪尔一同游览约塞米蒂时受到启发，开始着手建立更多的野生动物保护区、国家森林风景区、国家公园和国家保护区。1906年由总统签署的《文物法》（*Antiquities Act*）保护了包括弗德台地（Mesa Verde）在内的大量美洲原住民文化遗址，两年后，大峡谷（Grand Canyon）也被纳入保护范围。

国家公园管理局（NPS）于1916年成立，第一任局长是史蒂芬·马瑟（Stephen Mather），他是白手起家的百万富翁，在推动建立国家公园方面也不遗余力。20世纪30年代，富兰克林·德拉诺·罗斯福（Franklin Delano Roosevelt）总统将50多处历史遗迹和保护区列入了国家公园管理局的管理范畴，并聘请大萧条时期设立的民间资源保护队（Civilian Conservation Corps，简称CCC）工人在公园里建设风景秀丽的小路和游乐设施。

第二次世界大战后，国家公园管理局继续扩张。20世纪60年代，"小鸟夫人"约翰逊（"Lady Bird" Johnson，当时的美国"第一夫人"）为有突破性意义的报告《丰富的遗产》（*With Heritage So Rich*）做出了重大贡献。该报告促成了《1966年国家历史保护法案》（*National Historic Preservation Act of 1966*）的通过，并因此拓展了国家公园管理局系统。她对公园的倡导也影响了其丈夫林登·B.约翰逊总统（Lyndon B Johnson），后者制定了很多环保法律，数量超过富兰克林·罗斯福（FDR）总统之后的任何一届政府。

今天的公园

如今,美国国家公园管理局保护着400多处公园土地和东西海岸之间超过8000万英亩的土地。最近被总统巴拉克·奥巴马(Barack Obama)列入保护范围的有著名历史遗迹[俄亥俄州的查尔斯·扬水牛兵国家纪念馆(Charles Young Buffalo Soldiers National Monument)和马里兰州的哈丽特·塔布曼"地下铁路"国家保护区(Harriet Tubman Underground Railroad National Monument)]、荒地[缅因州的卡塔丁森林和水域国家保护区(Katahdin Woods and Waters National Monument)]和文化瑰宝(犹他州的熊耳国家保护区)。美国林业局(US Forest Service,简称USFS;www.fs.fed.us)、美国鱼类及野生动物管理局(US Fish & Wildlife Service,简称USFWS;www.fws.gov)和国土管理局(Bureau of Land Management,简称BLM;www.blm.gov)等其他联邦土地管理机构还监管着数以千计的其他自然保护区。

并非所有国家公园的发展都是没有争议的,例如,当地居民抗议限制使用公共土地,或管理局目标与美洲原住民自决权相冲突。联邦预算削减以及每年3亿多游客带来的巨大压力,乃至全球变暖导致的栖息地丧失和物种灭绝,也对国家公园产生了莫大的影响。最近媒体的集中报道也使人们认识到了公园的重要性,其中包括肯·伯恩斯(Ken Burns)鼓舞人心的纪录片《北美国家公园全记录》(*The National Parks: America's Best Idea*; www.pbs.org/nationalparks)。

参观公园的实用建议

公园门票价格从免费到每辆车$30。"美丽的美国"年票(America the Beautiful;$80;www.nps.gov/planyourvisit/passes.

1. 雷尼尔山国家公园（见1184页）
2. 海勒卡拉国家公园（见1258页）
3. 大雾山国家公园（见403页）的麋鹿

htm）允许4名成人及他们所带领的所有16岁以下儿童免费进入所有联邦管理的公园，有效期12个月，可在公园入口和游客中心购买。另有面向老年人的终身通票（$10）及面向残障旅行者 免费 的通行证。由于公园里自动取款机十分少见，最好额外带一些现金，以支付露营地、野外许可证、各种导览团游和活动的费用。

公园的旅馆和露营地需要提前很早预订，计划暑假去国家公园的话，需要提前半年至一年预订。也有些公园的露营地是先到先得的——如果是这样，尽量选择在10:00~12:00到达，此时可能会有其他露营者拔营离开。隔夜背包旅行和在某些白天远足需要野外许可证，许可证通常数量有限，所以要提前申请（最多行前6个月，取决于公园规定）。有些公园商店出售（有时出租）基本的露营和户外用品，但价格往往过高，而且有些用品可能会缺货，所以最好从家里带上自己的装备。

公园中的生态旅行

遵守"不留任何痕迹"（Leave No Trace; www.lnt.org）的活动原则。想要帮助孩子了解如何为保护公园做些力所能及的事情的话，可以在游客中心咨询"少年护林员"活动项目（www.nps.gov/kids/jrrangers.cfm）。

国家公园的政策规定可能看起来十分严格，但它们的目的是保护你的安全和保护自然文化资源。如果携带宠物，一定要用绳拴好，全程看护，不能让宠物超出公园开发区域的范围。

1. 火烈鸟,大沼泽地国家公园(见545页) 2. 仙纳度国家公园(见367页) 3. 雷公洞,阿卡迪亚国家公园(见289页) 4. 黑熊,大雾山国家公园(见403页)

美国东部

从新英格兰多岩、荒凉和饱经风霜的海岸，漫步到佛罗里达州棕榈树掩映下的细腻沙滩；或者从首都华盛顿启程，在风景如画的蓝岭风景大道（Blue Ridge Parkway）上飞驰，经过古老的阿巴拉契亚的田园丘陵，让自己沉浸于美国丰富的历史遗迹中。

大雾山国家公园（Great Smoky Mountains National Park）

这座南阿巴拉契亚山脉的林地公园是美国游客接待数量最多的国家公园，它保护着森林茂密的山脊，是黑熊、白尾鹿、大角麋鹿、野生火鸡和1500多种开花植物的庇护所。

阿卡迪亚国家公园（Acadia National Park）

在美国东海岸最高点凯迪拉克山（Cadillac Mountain）上观看新年第一个日出。或在夏天来到地势崎岖、海风凛冽的北大西洋海岸边，在岩石林立的岛屿上玩耍，体会世界尽头的浪漫感觉。

仙纳度国家公园（Shenandoah National Park）

开车从大雾山山脉向北，沿历史悠久的蓝岭风景大道，经过阿巴拉契亚山山腰的小村庄到达仙纳度这个拥有瀑布和林地小路的田园保护区。这里距离首都只有75英里。

大沼泽地国家公园（Everglades National Park）

这里有牙齿参差的鳄鱼、行动诡秘的美洲豹、粉红色的火烈鸟和圆润的海牛。南佛罗里达州的加勒比海湾和"草之河"（rivers of grass）吸引了众多野生动物观察者，还有独特的洪溢平原生态岛。

猛犸洞穴国家公园（Mammoth Cave National Park）

这是世界上最长的洞穴系统，有隐秘的地下河以及400英里以上的探索区域，如梦似幻的钟乳石和石笋格外引人注目。

1. 长屋，弗德台地国家公园（见871页） 2. 冰川国家公园（见900页） 3. 落基山国家公园（见851页） 4. 老忠实泉，黄石国家公园（见884页）

大平原和落基山脉

大陆分水岭上野花遍地的草甸、锯齿状的山峰和宁静的湖泊构成了美国赞誉度最高的国家公园地带。落基山脉和大平原有着同样丰富的野生动物、美洲原住民文化和西部时代（Old West）的历史，它们代表着美国的边疆。

黄石国家公园（Yellowstone National Park）

这是美国第一座国家公园，有很多间歇泉、温泉和各种大型动物——野牛、麋鹿、灰熊等，涵盖了北美最大最完整的自然生态系统。

落基山国家公园（Rocky Mountain National Park）

在大分水岭顶部，呈锯齿状的山峰只是这个公园的冰山一角。公园内的150多个湖泊星罗棋布，流经芳香的松树林的溪流更是长达450英里。

冰川国家公园（Glacier National Park）

沿着高海拔的逐日公路（Going-to-the-Sun Rd），脱离重力般飞驰。这条路绵延50英里，穿过美洲原住民口中"世界之脊"（The Backbone of the World）的山地景观。

恶地国家公园（Badlands National Park）

这座国家公园的名字令人吃惊，它在辽阔的北美草原中，有野牛和大角羊出没。这是一座迷人的户外地质博物馆，从化石床依稀可见北美史前时代的风貌。

弗德台地国家公园（Mesa Verde National Park）

攀上科罗拉多高原的边缘，参观保存完好的美洲原住民古普韦布洛人崖居，他们曾在偏远的四角地区（Four Corners）居住过很长一段时期。

1
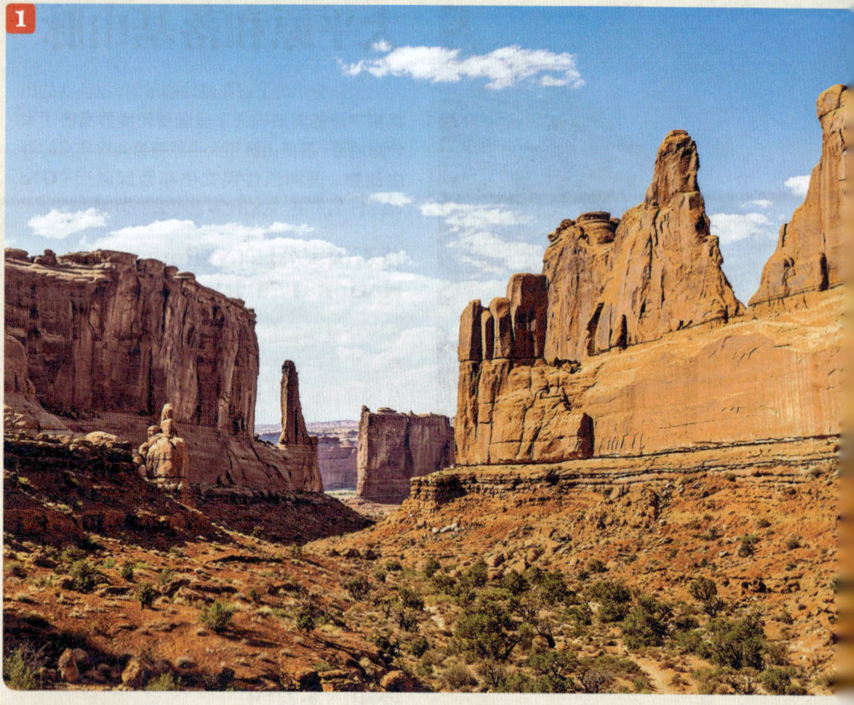

2
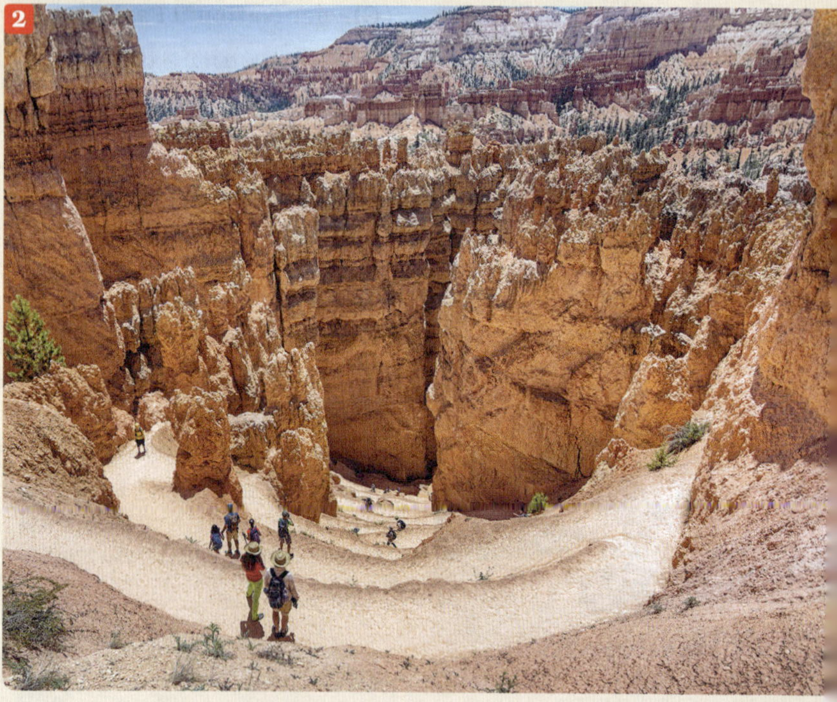

美国西南部

探索西南部蜿蜒的峡谷乡村、寸草不生的沙漠和美洲原住民历史遗址需要时间。由美国最强大的河流之一雕刻出的巨大、多彩的峡谷仅仅是个开始。沿着偏远农村人迹罕至的小路漫步，去探索古老的沙丘、盘曲狭窄的峡谷和巨大的仙人掌。

大峡谷国家公园（Grand Canyon National Park）

大峡谷国家公园可以说是美国最知名的自然景点，这是一处十分壮观、令人难以置信的彩色岩层景观，由奔腾不息的科罗拉多河侵蚀而成，很多高耸的平顶孤峰和山峰还会随不同天气而变化。

锡安国家公园（Zion National Park）

一条生命之河孕育了这片沙漠中的绿洲，曾几何时，到达这里的开拓者们坚定地认为，自己已经到达传说中的乐土。从狭缝处绳降或者乘缆车到达天使降临（Angels Landing）观景点，体验惊险刺激。

布莱斯峡谷国家公园（Bryce Canyon National Park）

布莱斯峡谷同样位于"大楼梯"（Grand Staircase）地区，地质景观奇妙，随处可见图腾柱般的石柱，其中有些可达10层楼的高度。

拱门国家公园（Arches National Park）

这处标志性的地质景观位于犹他州摩崖全年开放的探险营地外，有2000多个天然形成的砂岩拱门，在日出和日落时，风蚀的沙漠岩石仿佛在阳光下闪闪发光，景色最为迷人。

仙人掌国家公园（Saguaro National Park）

尖尖的仙人掌是美国西部的标志，它们在亚利桑那州的沙漠公园里伸向天空。这是一片干旱的土地，公园里能听到土狼和斑点猫头鹰的叫声，还能看到慢慢前行的沙漠陆龟。

1.拱门国家公园（见986页） 2.布莱斯峡谷国家公园（见990页） 3.大角羊，锡安国家公园（见992页）

西海岸

雷鸣般的瀑布、由冰川切割而成的山峰和世界上最高、最大、最古老的树木,这些都只是加利福尼亚州自然奇观的一部分。太平洋沿岸西北部还有冒烟的火山、云雾缭绕的雨林和未开发的海滩。

约塞米蒂国家公园（Yosemite National Park）

到美国历史第二悠久的国家公园,探索冰川切割而成的山谷、开满高山野花的草地、巨型红杉,以及撼动土地、水花跌溅到陡峭的花岗岩峭壁上的瀑布。

奥林匹克国家公园（Olympic National Park）

忘却自我,享受原始雨林、孤独荒凉的太平洋海滩,以及冰川切割而成的、云雾缭绕的山脉,然后来到艾尔瓦河河边,看看河中自在地游来游去的鲑鱼,这儿在经历过世界最大规模的拆坝行动后又重新恢复了生机。

死亡谷国家公园和约书亚树国家公园（Death Valley & Joshua Tree National Parks）

在地狱般酷热的死亡谷中,从沙丘滑下,漫步经过美国海拔最低点巴德沃特（Badwater）的盐滩,或者去欣赏同样位于南加州沙漠中的巨石、本地蒲葵绿洲和扭曲的约书亚树林。

雷尼尔山国家公园（Mt Rainier National Park）

这座雄伟的山峰覆盖着冰川,上一次喷发可能就在120年前,如今仍然傲视太平洋沿岸西北部喀斯喀特山脉（Cascades Range）的其他火山。在野花盛开的草甸中徒步,或者在盛夏时于雪地中跋涉。

红杉国家公园（Redwood National Park）

在时常有雾的北加州海岸上有全球最高的树木,即高耸、古老的海岸红杉,让人深感敬畏。看毛发乱蓬蓬的罗斯福马鹿在林地草原上觅食,沿崎岖海滩探索潮汐池。

1. 杰迪戴亚·史密斯红杉州立公园（见1133页）
2. 死亡谷国家公园（见1076页）
3. 仙人掌花园，约书亚树国家公园（见1072页）
4. 半圆丘，约塞米蒂国家公园（见1141页）

丹奈利国家公园和保护区（见1236页），阿拉斯加州

最后的边疆

遥远的阿拉斯加和夏威夷成为美国领土仅仅50多年，但这两个州却有使人在其他48个州无法得到的难忘的荒野经历。这些国家公园中有活火山、冰川、珍稀和濒危的野生动植物以及丰富的古迹，非常值得前去游览。

阿拉斯加州

《阿拉斯加国家名胜保护法案》于1980年颁布，时任总统吉米·卡特（Jimmy Carter）大笔一挥，将超过470万英亩的荒野划归国家公园管理局管辖，使得国家公园管理局管理的土地面积立时增加了一倍有余。

如今，阿拉斯加州的国家公园令游客们得以见识基奈峡湾（Kenai Fjords）与冰河湾（Glacier Bay）的冰山崩解，观看卡特迈（Katmai）的棕熊捕食鲑鱼，或攀登美国最高峰丹奈利峰［Denali，原称麦金利山（Mt McKinley）］。沿内湾航道（Inside Passage）观赏锡特卡（Sitka）的阿拉斯加原住民图腾柱，也可以重走斯卡圭（Skagway）19世纪克朗代克淘金者们的艰辛之路。

夏威夷州

美国最偏远的岛群，最适合体验热带乐趣。在大岛（Big Island）见证世界持续时间最长的火山喷发，在夏威夷火山国家公园（Hawai'i Volcanoes National Park）看翻滚的岩浆，然后在科纳（Kona）海岸的古夏威夷避难所旁浮潜，与海龟共游。在毛伊岛（Maui）跋涉深入火山区，再到多样性令人惊叹的哈莱哈卡拉国家公园（Haleakalā National Park）的温泉池中游泳。最后，去瓦胡岛（O'ahu）瞻仰"二战"时期的亚利桑那号战列舰纪念馆（USS Arizona Memorial）。

(上接内容688页)内行人建议:两个地区之间有捷径——Hill House的西侧有条步道直通市中心。

地标中心 博物馆

(Landmark Center; ☎651-292-3225; www.landmarkcenter.org; 75 W 5th St; ◎周一至周五 8:00~17:00, 周四 至20:00, 周六 10:00~17:00, 周日 正午至17:00)塔楼状的地标建筑位于市中心,建于1902年,前身是联邦法院,"恶魔"Alvin Karpis等罪犯曾在此受审。各个房间的说明牌上注明曾在此获刑之人的姓名。同一座建筑内不仅有城市游客中心,还有几个小博物馆(一间博物馆侧重木制艺术,另一间与音乐有关)。

舒伯特俱乐部博物馆 博物馆

(Schubert Club Museum; ☎651-292-3267; www.schubert.org; 75 W 5th St; ◎周日至周五 正午至16:00) **免费** 舒伯特俱乐部博物馆展出各种古老的钢琴和羽管键琴,有些曾经是勃拉姆斯(Brahms)和门德尔松(Mendelssohn)等作曲家用过的乐器,此外还有古老的手稿和著名作曲家的往来信件。博物馆位于地标中心的二层。10月至次年4月的周四中午,该俱乐部还举行免费室内音乐会。

詹姆斯·J.希尔故居 历史建筑

(James J Hill House; ☎651-297-2555; www.mnhs.org/hillhouse; 240 Summit Ave; 成人/儿童 $10/6; ◎周三至周六 10:00~15:30, 周日 13:00开门)欢迎参观铁路大亨詹姆斯·J.希尔宫殿般的豪宅。它是镀金时代的建筑杰作,有5层楼和22个壁炉。周一和周二没有团队游,但你依然可以进来看看住宅的美术馆厅($2),那里悬挂着法国风景画。

明尼苏达州科学博物馆 博物馆

(Science Museum of Minnesota; ☎651-221-9444; www.smm.org; 120 W Kellogg Blvd; 成人/儿童 $19/13; ◎周四至周六 9:30~21:00, 周日、周二和周三 至17:00)有常见的、可供儿童亲手实践的展览和球形幕剧院(Omnimax theater, 另收$6)。成人可以去四楼看看"可疑的医疗设备"展,见识一下江湖庸医的"医术"。

哈里特岛(Harriet Island) 公园

位于市中心的南侧,可取道Wabasha St到达,是一个适合散步的好地方。有河滨步道、脚踏汽船、音乐厅和钓鱼码头。

节日和活动

圣保罗冬季嘉年华 文化节

(St Paul Winter Carnival; www.wintercarnival.com; ◎1月下旬)为期10天,有冰雕展、滑冰和冰上钓鱼等活动。活动在赖斯公园(Rice Park)及城内其他场地举行。

食宿

★ Hotel 340 精品酒店 $$

(☎651-280-4120; www.hotel340.com; 340 Cedar St; 房 $109~189; P ❋ @ ☎)酒店洋溢着旧世界的气氛,常有优惠价格。富丽堂皇的老建筑中,有56个房间,都配有硬木地板和舒适的床单。两层楼的大堂里有大型壁炉和漂亮的小吧台(前台服务员兼作酒保)。

Covington Inn 民宿 $$

(☎651-292-1411; www.covingtoninn.com; 100 Harriet Island Rd; 房 $165~250; P ❋)这个4间客房的民宿位于哈里特岛,其实是密西西比河上的一条拖船。早饭时边喝咖啡边凝望河水奔腾而过。富丽堂皇的房间装饰着大片鲜艳的色彩,每个房间都有壁炉,让你在冬天也能感到温暖舒适。

Hmongtown Marketplace 亚洲菜 $

(☎651-487-3700; www.hmongtownmarketplace.com; 217 Como Ave; 主菜 $5~8; ◎8:00~20:00)明尼阿波利斯和圣保罗拥有全美最大的东南亚赫蒙族移民聚集地,这个不起眼的小市场出售他们最爱的越南、老挝和泰国料理。先找到West Building,再往它后面走,那里有多个摊位卖香辣木瓜沙拉、牛排骨和咖喱汤面。吃完饭后在市场里转转,买买刺绣衣服、铜锣或柠檬草。

Mickey's Dining Car 美式小馆 $

(☎651-222-5633; www.mickeysdiningcar.com; 36 W 7th St; 主菜 $4~9; ◎24小时)Mickey's是市中心一家老牌餐馆,友好的女服务员会亲切地称你为"亲爱的",常客们会在吧台前坐成一排,边喝咖啡边看报纸。汉堡、麦芽啤酒和苹果派等食物总是很诱人。

★ **Cook** 美国菜 $

(☎651-756-1787; www.cookstp.com; 1124 Payne Ave; 主菜 $10～14; ◎周一至周五 6:30～14:00, 周六和周日 7:00～15:00) 这家可爱、欢快的餐馆供应创意十足的小餐馆菜式(姜味法式吐司、咖喱素汉堡、焖肋排三明治等), 其中不乏辛辣的韩国风味。周五晚上厨师会现场制作韩国菜肴。餐馆位于发展迅速的东区, Payne Ave两旁儿家其他人气美食餐馆也如雨后春笋般开张了。

饮品和娱乐

Happy Gnome 小酒馆

(☎651-287-2018; www.thehappygnome.com; 498 Selby Ave; ◎周一至周四 11:00至午夜, 周五和周六 11:00至次日1:00, 周日 10:00 至午夜; ☎)供应80多种精酿啤酒, 畅饮的最佳位置是户外天井的壁炉旁边。这家小酒馆在圣保罗冰球俱乐部停车场对面。

菲茨杰拉德剧院 剧院

(Fitzgerald Theater; ☎651-290-1221; http://fitzgeraldtheater.publicradio.org; 10 E Exchange St)这里是热门广播节目《牧场之家好做伴》(*A Prairie Home Companion*)录制的地方。剧院还会邀请知名音乐家、喜剧演员和作家。

❶ 实用信息

密西西比河游客中心(Mississippi River Visitors

另辟蹊径
世界上最大的麻线团

达尔文(Darwin)在明尼阿波利斯以西60英里处的US 12沿线, 这里有**世界上最大的麻线团**(World's Largest Ball of Twine; 1st St, Darwin; ◎24小时)。好吧, 中西部另外还有3个麻线团, 都声称是世界最大。但准确地说, 达尔文的麻线团是"由一个人单独卷成的世界上最大的线团"——Francis A Johnson在他的农场里用29年时间卷成了这个17,400磅重的超级大线团。从城区瞭望台看过来, 你会惊得目瞪口呆。

Center; ☎651-293-0200; www.nps.gov/miss; 120 W Kellogg Blvd; ◎周日和周二至周四 9:30～17:00, 周五和周六 至21:00)由国家公园管理局管理, 游客中心位于科学博物馆大厅的一间小屋里。你可以来这儿拿小径地图, 看看是否能赶上一些免费的、由护林员导览的活动。夏季的活动包括前往河流的短途徒步和骑行; 在冬季, 该中心推出冰上钓鱼和雪鞋徒步等活动。

游客信息中心(☎651-292-3225; www.visitsaintpaul.com; 75 W 5th St; ◎周一至周六 10:00～16:00, 周日 中午开门)在地标中心内, 游客可以在这里获取地图和自助旅行游览信息, 不妨把这里当作旅程的起点。

❶ 到达和离开

Metro Transit(www.metrotransit.org)运营圣保罗市中心和明尼阿波利斯之间的便利的绿线火车(平时/高峰时段票价 $1.75/2.25)。**联合车站**(Union Depot; ☎651-202-2700; www.uniondepot.org; 214 E 4th St; ☎)是各种交通工具的枢纽: 灰狗巴士、城市公共汽车、绿线火车和美国国家铁路公司列车。**明尼阿波利斯-圣保罗国际机场**(Minneapolis–St Paul International Airport, MSP; www.mspairport.com; ☎)位于西南15英里处。54路公交车(平时/高峰时段票价$1.75/2.25, 25分钟)开往市中心。出租车费用约为$33。

明尼苏达州南部
(Southern Minnesota)

凭借各种历史悠久的河镇、布拉夫地区(Bluff Country)的田园小村以及关于斯帕姆牌午餐肉和全世界最大的麻线团等奇特景点, 明尼苏达州南部始终保持着一种新鲜感。

氛围独特的滨水城镇有止水镇(Stillwater; 处处是古物)、红翼镇[Red Wing; 以红翼鞋子(实际上是一种结实的靴子)和盐釉陶器闻名]和瓦巴沙(Wabasha; 群鹰聚集的地方)。大河公路(the Great River Rd)是紧贴密西西比河的公路, 风景优美, 沿途涌现出许多更为引人入胜的小城镇。心血来潮之际, 随时都可以靠边停车, 买一块水果馅饼或者看看处处可见的花园守护精灵商店。

往内陆(南边)走, 布拉夫地区遍布着美丽的石灰岩悬崖和小小的村庄。莱恩斯伯勒（Lanesboro）是个好地方，有铁路改建而成的骑行小径。莱恩斯伯勒南边的哈莫尼（Harmony）是一个重要的阿米什社区，也是个友好温馨的地方。

午餐肉博物馆（Spam Museum; ☎507-437-5100; www.spam.com; 101 3rd Ave NE, Austin; ◎4月至11月 周一至周六 10:00~18:00，周日 正午至17:00，12月至次年3月 周二至周日 正午至17:00; ♿）免费 和麻线团位置比较偏远，但爱冒险的公路旅行者一定能找到它们。

河镇的特色是这里经过修复的老建筑，里面开设旅馆和民宿；止水镇有许多这样的住宿场所。布拉夫地区的城镇同样热衷于民宿，还有露营地。

大河公路，即Hwy 61，沿密西西比河起伏延伸。过桥至威斯康星州一侧的话，这条路的名字会变成Hwy 35。明尼阿波利斯距离该区域的大多数热门地区开车大概需要一两个小时。

明尼苏达州北部（Northern Minnesota）

一位居民曾经这样精辟概括明尼苏达州北部："这是一个垂钓畅饮的世外桃源。"

这个地区就像是一个户外"游乐场"，这里有充满传奇色彩的边境水域荒野、有着红色崖壁的苏必利尔湖边界，还有水域众多的樵夫国家公园，不一而足。在这个崎岖广阔的地方，人烟稀少，松林繁茂。如果你需要"城市"一点的生活，可以前往德卢斯和大马雷城镇了解一番，那里比你想象中要时尚得多。

德卢斯（Duluth）

位于五大湖区最西端的德卢斯挨着苏必利尔湖和威斯康星州，是美国最繁忙的港口之一。它建在悬崖山上，独特的地理位置使游客能将变化多端的苏必利尔湖美景尽收眼底。德卢斯的小径和自然景区基本上都分布在湖边，难怪这里能成为户外运动的天堂。

◎ 景点

鹰岭天文台 天文台
(Hawk Ridge Observatory; ☎218-428-6209; www.hawkridge.org; 3980 E Skyline Pkwy; ◎6:00~22:00) 免费 位于苏必利尔湖上方600英尺处，风景壮观，尤其是8月中旬至11月，适逢老鹰秋季迁徙，届时将有94,000只猛禽飞过这里。

恩格尔塔 塔
(Enger Tower; www.engertowerduluth.com; W Skyline Pkwy) 免费 五层的蓝色石制八角塔，是德卢斯最典型的纪念建筑，坐落于恩格尔公园（Enger Park）。爬上105级台阶登顶，港口和苏必利尔湖的绝美景观尽在脚下。

湖滨游客中心 博物馆
(Maritime Visitors Center; ☎218-720-5260; www.lsmma.com; 600 Lake Ave S; ◎6月至8月 10:00~21:00，9月至次年5月 开放时间缩短) 免费 就在天线升降桥旁，游客中心内的计算机屏幕上显示有大船进出港的时间。漂亮的舰船模型以及五大湖失事船只的展览也使这里成为镇上的顶级景点。

✈ 活动

Duluth Experience 探险
(☎218-464-6337; www.theduluthexperience.com; 团队游 $55起) 安排各种皮划艇、骑行和酿酒厂团队游，提供活动所需装备和交通工具。

Spirit Mountain 滑雪
(☎218-628-2891; www.spiritmt.com; 9500 Spirit Mountain Pl; 每天 成人/儿童 $49/39; ◎时间不定) 滑雪、单板滑雪是冬季的主要消遣活动；夏季，人们来这里玩速降、高山滑索和迷你高尔夫球。这座山在德卢斯南边10英里处。

⌂ 住宿

Fitger's Inn 酒店 $$
(☎218-722-8826; www.fitgers.com; 600 E Superior St; 房 含早餐 $185~290; @☎) 由一家旧啤酒厂改建而成，共有62个大房间，每个房间的装修都有不少许不同。这家酒店位于湖滨步道沿线，湖景房稍贵些。店家提供前往当地景点的免费穿梭客车，使客人的游览行程变得很方便。

Willard Munger Inn
旅馆 $$

(☎218-624-4814；www.mungerinn.com；7408 Grand Ave；房 $75~150；@🛜) 这家旅馆在Spirit Mountain附近，由家庭经营，房型多种多样，既有经济型小房间，也有带按摩浴缸的套房。旅馆外面就是徒步和骑车小径，住店客人可以免费使用自行车、独木舟，还有个火灶，这些都深受户外运动爱好者的青睐。房费含欧式早餐。

✖ 餐饮

★ New Scenic Cafe
美国菜 $$

(☎218-525-6274；www.newsceniccafe.com；5461 North Shore Dr；三明治 $13~16，主菜 $24~29；◷周日至周四 11:00~21:00，周五和周六 至22:00)✏距德卢斯8英里，位于Old Hwy 61的路旁，吸引着来自四面八方的美食爱好者在木板装饰的朴素就餐区域，一边享用质朴的鲑鱼配葱奶油或一块三莓馅饼，一边欣赏无边的美丽湖景。

Duluth Grill
美国菜 $

(☎218-726-1150；www.duluthgrill.com；118 S 27th Ave W；主菜 $10~17；◷7:00~21:00；🅿♿)✏花园建在停车场内，就能隐约显示出这家店注重可持续发展的精神。快餐风格的菜单上有多种菜肴，例如加蛋的早餐粥、炖咖喱羹和野牛肉汉堡，此外也有大量素食和无麸质食物。这家餐馆在运河公园西南方向几英里处，挨着通往威斯康星州苏必利尔湖区的桥。

★ Thirsty Pagan
自酿酒吧

(☎715-394-2500；www.thirstypaganbrewing.com；1623 Broadway St；◷周一至周三 11:00~22:00，周四至周日 至23:00)这家自酿酒吧在跨过桥的威斯康星州苏必利尔区，开车需要10分钟。不过只要能享用劲爽的啤酒和手抛比萨，再远也值。

Fitger's Brewhouse
自酿酒吧

(☎218-279-2739；www.fitgersbrewhouse.com；600 E Superior St；◷周日和周一 11:00至午夜，周二至周四 至次日1:00，周五和周六 至次日2:00)在酒店大楼里，有现场音乐表演和新鲜的生啤。试试品尝套装（每次7种，3盎司的玻璃杯，$9），尝尝各种啤酒。

❶ 实用信息

德卢斯游客中心（Duluth Visitors Center；☎800-438-5884；www.visitduluth.com；21 W Superior St；◷周一至周五 8:30~17:00）可以领取游客指南；网站上有优惠信息和优惠券。

❶ 到达和离开

灰狗巴士（☎218-722-5591；www.greyhound.com；228 W Michigan St）每天有几班车次开往明尼阿波利斯（3小时）。

北岸地区（North Shore）

这里以水路交通为主——主要依赖广阔、汹涌的苏必利尔湖。装载矿石的货船往来于码头之间，小渔船队拖来当天的收获，如果愿意徒步，可以前往惊涛拍岸的悬崖欣赏美景。不计其数的州立公园、瀑布、徒步小径和生活节奏缓慢安静的城镇散落在延伸至加拿大边境的风景之间。亮点包括醋栗瀑布（Gooseberry Falls）、裂岩灯塔（Split Rock Lighthouse）、大马雷（Grand Marais）的美景和双港市（Two Harbors）的酥皮馅饼。

◉ 景点和活动

苏必利尔湖徒步小道（Superior Hiking

德卢斯的迪伦

虽然每当提起鲍勃·迪伦，人们总会想到希宾（Hibbing）和明尼苏达铁岭地区（Iron Range），但他其实出生于德卢斯。Superior St和London Rd都有棕色和白色的指示牌指向**鲍勃·迪伦之路**（Bob Dylan Way；www.bobdylanway.com），与这位传奇人物有关的景点都在这条路上，例如在他看Buddy Holly演奏会时下定决心成为音乐家的那所兵工厂。但你得自己寻找**迪伦出生处**（519 N 3rd Ave E），就在市中心东北方向数个街区之外的山坡上。迪伦6岁之前住在那栋房子的顶层，后来他家才搬到内陆城市希宾。现在那里是私人住宅（没有说明文字），因此你只能站在街对面看看罢了。

德卢斯自行车道
（DULUTH TRAVERSE）

试想一下有条穿越全城、长达100英里的山地车小径？骑手们会对这条德卢斯自行车道（Duluth Traverse; www.coggs.com）兴奋不已。这条单轨车道连接几条已有的小径。该市争取在2018年基本结束对小径的建造，届时经由这条线路，德卢斯任何地方都能在5分钟内到达。

Trail; www.shta.org）连接德卢斯和美加边境，沿湖岸山脊而建，全长300英里。沿途你能远远看到壮观的红色岩石，运气好的话偶尔还能看到麋鹿和黑熊。每隔5~10英里就有一个停车场作为小道连接点，因此非常适合白天徒步旅行。**苏必利尔湖穿梭客车**（Superior Shuttle; ☎218-834-5511; www.superiorhikingshuttle.com; $15起; ◉5月中至10月中 周五至周日）在沿途设了17个站点，让你的徒步旅程更加轻松便捷。另外，86个荒野露营点和数个木屋都可以过夜——详情见苏必利尔湖徒步小道网站。整条徒步小道都是免费的，不需要预订或购买许可证。位于双港市的**小径办公室**（☎218-834-2700; www.shta.org; 731 7th Ave; ◉周一至周五 9:00~16:30, 周六 10:00~16:00, 周日 正午至16:00, 10月中旬至次年5月中旬 周六和周日 关闭）提供地图和出行计划的建议。

裂岩灯塔州立公园 州立公园

（Split Rock Lighthouse State Park; ☎218-595-7625; www.dnr.state.mn.us; 3755 Split Rock Lighthouse Rd; 每辆车 $5, 灯塔 每名成人/儿童 $10/6; ◉5月中旬至10月中旬 10:00~18:00, 10月中旬至次年5月中旬 周四至周一 11:00~16:00）是整个北岸地区游客最常来的地方。灯塔本身就是州级历史遗址，单独收门票。提供导览游（每小时出发），或者你可以自行探索。如果不在乎爬台阶，比如单程170级这种，则大可以沿悬崖走到海滩，欣赏灯塔和周边海岸的绝佳美景。

马格尼州立公园 州立公园

（Judge CR Magney State Park; ☎218-387-6300; www.dnr.state.mn.us; 4051 Hwy 61; 每辆车 $5; ◉9:00~20:00）马格尼州立公园美丽宜人。徒步前往著名的**瀑布魔壶**（Devil's Kettle）是必行体验，布鲁河（Brule River）从那儿的巨岩分流。一半河流跌落50英尺，奔腾向北，壮观迷人，但另一半河流消失于巨坑，流入地下。地下水流的去向成谜——科学家至今尚未确定水流的出口。

Sawtooth Outfitters 划皮划艇、骑车

（☎218-663-7643; www.sawtoothoutfitters.com; 7216 Hwy 61; ◉5月上旬至10月下旬和12月中下旬 8:00~18:00, 1月至4月上旬 周四至周一 8:00~18:00）为各种水平的游客提供导览皮划艇游（半天/全天 团队游 $55/110）。旅行地点有坦珀伦斯河（Temperance River）和苏必利尔湖，还有比较轻松的远足，前往野生动物众多的内陆湖。Sawtooth还出租山地自行车（每天 $2起），你可以骑车翻越该地区的众多小径，包括热门的吉钦加米州立自行车小径（Gitchi Gami State Bike Trail; www.ggta.org）。

食宿

该地区有几个独一无二的食宿场所，比如火车改造的酒店，还有曾经是巴比·鲁斯（Babe Ruth）私人俱乐部的度假屋。价格一般在中档。大多数州立公园有露营地，费用为$17~23。周末和夏秋季节，各个住宿场所都必须预订。准备好享用煎湖鱼吧。多数餐厅都是价格不贵的夫妻店。

Naniboujou Lodge 度假屋 $$

（☎218-387-2688; www.naniboujou.com; 20 Naniboujou Trail; 房 $115~160; ◉5月下旬至10月下旬）建于20世纪20年代，这里曾经是巴比·鲁斯和他同侪的私人俱乐部，他们曾经在大厅（Great Hall）抽雪茄，在20英尺高的石壁炉旁取暖。最吸引眼球的是大厅巨大的天花板穹顶，上面绘制着令人印象深刻、色彩迷幻的克里族图案。房间装饰各具特色，但每个房间都有远离尘嚣的体验。度假屋位于大马雷东北14英里处。

到达和离开

Hwy 61是北岸地区的交通干道。这条州内观

光线路一路延伸至加拿大。德卢斯是拥有机场的最近市区。

边境水域荒野 (Boundary Waters)

偏僻、原始，富有传奇色彩的边境水域荒野泛舟区 (Boundary Waters Canoe Area Wilderness，简称BWCAW) 是全世界最好的泛舟地点之一，1000多个湖泊和小溪散布于110万英亩的松林之中。自然爱好者可以前往朝圣，体验1500英里的独木舟线路、观察种类丰富的野生动物，感受与世隔绝的氛围。如果你想深度游览，不妨泛舟水上，那里只有你和游荡于岸边的驼鹿、熊狼和潜鸟。

可以只划船一日，但大多数人会选择露营，至少住一晚。经验丰富的划船者蜂拥至此，但新手同样受欢迎。当地旅馆和户外活动商店为所有的露营者提供装备和器材。迷人的伊利镇位于铁岭地区 (Iron Range) 的东北部，可以作为最佳起点，因为那里有许多住宿、餐馆和装备商店。

5月至9月可以划独木舟，每个人都慕名而来。冬季，伊利镇显得有些凄婉——它是一个以狗拉雪橇闻名的小镇。

在边境水域荒野划独木舟，你需要为真正的荒野探险做好准备。苏必利尔湖国家森林办公室 (Superior National Forest Office) 发布的边境水域荒野泛舟区旅行规划指南 (www.fs.usda.gov/attmain/superior/specialplaces) 非常方便。指南介绍了需要携带什么和如何购买所需门票/许可证。若想露营，夜宿许可证 (☎877-444-6777; www.recreation.gov; 成人/儿童 $16/8，预订费 另收$10) 必不可少。白天游览也需要许可证，但这种许可证是免费的——在边境水域荒野泛舟区入口处的小亭子或公园管理站办理。提前做好计划，因为许可证有严格的限额，颇为抢手。

除了偏远的露营地以外，该地区还有许多度假屋，只是经常有最低住宿天数的要求（一般是3天）。伊利镇中心有几家中档旅馆和小酒店。7月和8月是旺季，需要预订。

ⓘ 实用信息

Kawishiwi Ranger Station (☎218-365-7600; 1393 Hwy 169; ⓒ5月至9月 8:00~16:30，10月至次年4月 周六和周日 关闭)，它提供专业的边境水域荒野泛舟区露营和划独木舟介绍以及旅游建议，还出售许可证。

ⓘ 到达和离开

Hwy 169 (伊利境内是Sheridan St) 连接边境水域荒野和铁岭及其城镇。Hwy 1连接边境水域荒野和苏必利尔湖岸。

樵夫国家公园 (Voyageurs National Park)

17世纪，法裔加拿大毛皮商和船夫开始划着独木舟探索五大湖和北部的河流。樵夫国家公园 (Voyageurs National Park) 免费 覆盖了他们常走的部分水域，构成了美国和加拿

风景自驾游: HWY 61

提起Hwy 61，美国人脑海中会浮现出若干个形象。本地人鲍勃·迪伦在其1965年的专辑《重游61号公路》(*Highway 61 Revisited*) 中将这条公路描写得出神入化。它就是传说中的密西西比河沿岸通往新奥尔良的"蓝调音乐之路"(Blues Highway)。当你沿公路在明尼苏达州北部行驶时，能看到淡红色的峭壁，沿苏必利尔湖行驶则能欣赏到郁郁葱葱的湖滨美景。

但现在让我们回过头来把事情说清楚。实际上，蓝调公路是指起点位于姊妹城北部的US 61公路，而Hwy 61是从德卢斯起始的州级观景公路。更让人发蒙的是，德卢斯和双港市 (Two Harbors) 之间有两条Hwy 61，一条是四车道的高速公路，另一条是双车道的"老Hwy 61"[也叫北岸地区观景公路 (North Shore Scenic Drive)]，取道后者，以德卢斯的London Rd为起点，经过布莱顿沙滩 (Brighton Beach) 入口之后转向右方。经过双港之后，Hwy 61又恢复成一条柏油路——一路上的美景一直延伸到加拿大边界。请通过网站www.superiorbyways.com查询北岸地区观景公路的详细介绍。

大的边境。

这里的一切皆与水有关。公园的大部分地方只能通过徒步或乘坐摩托车前往，因为这里水面太宽、水流太急，不适宜行舟，但皮划艇运动也正日益热门。还有几条公路通在苏必利尔湖边或附近的露营地和木屋旅馆，但主要适合那些自己有船的人。时下流行的就是找一辆游艇。

冬季收起船只的时候，雪地摩托车就上场了。樵夫国家公园是这项运动的热门地区，穿越松林的110英里的小径经过专门整修，沿途设有标记。雨湖游客中心（Rainy Lake Visitor Center）提供地图和建议。这里还免费出借可以在本地小径使用的雪鞋和越野滑雪板，也可以在中心外边的几条小径使用。南边结冰的车道沿线有灰河游客中心（Ash River Visitor Center）和卡伯托格马湖游客中心（Kabetogama Lake Visitor Center）的登船点。

❶ 实用信息

可以开车前往游客中心，并从那里开始你的国家公园之旅。沿Hwy 11从国际瀑布城（International Falls）向东11英里，是公园的总部**雨湖游客中心**（Rainy Lake Visitor Center; ☎218-286-5258; ⓧ9:30~17:00, 9月下旬至次年5月中旬 周三至周日 10:00~16:00）。这个游客中心夏季有管理员带领的步行游览和乘船游览活动，冬季出租雪鞋和滑雪装备。**灰河**（**Ash River**）（☎218-374-3221; Mead Wood Rd; ⓧ5月下旬至9月下旬 9:30~17:00）和**卡伯托格马湖游客中心**（Kabetogama Lake; ☎218-875-2111; 紧邻Hwy 53; ⓧ5月下旬至9月下旬 9:30~17:00）有季节性开放的游客中心。两个地方都提供管理员带领的活动。公园网站（www.nps.gov/voya）有更详细的信息。Destination Voyageurs National Park（www.dvnpmn.com）提供关于公园入口社区住宿和活动的详细信息。

❶ 到达和离开

Hwy 53是通往该地区的主路。从双城（圣保罗和明尼阿波利斯）驱车至克伦іл（Crane Lake）、灰河或卡伯托格马湖需要5小时（从德卢斯过来需要3小时）。最近的机场在公园西北边缘附近的国际瀑布城。那里还有通往加拿大的繁忙的边境口岸。

伯米吉和齐佩瓦国家森林（Bemidji & Chippewa National Forest）

"户外活动"和"度夏胜地"是这个地区的代名词，露营地和木屋别墅随处可见，所有人都疯狂地热爱钓鱼。

齐佩瓦国家森林（Chippewa National Forest）是一片广阔的松林，有21个露营地、160英里徒步小径、1300个湖泊，还有白头鹫栖息地和齐佩瓦人（Ojibwe）居住地，是游玩的最佳场所。卡斯湖（Cass Lake）小镇是该公园的总部所在地，也是一个不错的旅行起点。

在森林的西部边缘，整洁的**伯米吉**（Bemidji）是一个古老的伐木小镇，镇中心保存完好，有伐木工保罗·班扬（Paul Bunyan）和他忠实的蓝色公牛"宝贝"（Babe）的巨大雕塑，适合拍照。同时位于这片区域的还有艾塔斯卡州立公园（Itasca State Park），那里是密西西比河开启其波澜壮阔的奔流的最初点。

❶ 实用信息

伯米吉游客信息中心（Bemidji Tourist Information Center; ☎218-759-0164; www.visitbemidji.com; 300 Bemidji Ave N; ⓧ6月至8月 周一至周五 8:00~17:00, 周六 10:00~17:00, 周日 11:00~15:00, 9月至次年5月 周六和周日 关闭）一幢湖畔建筑，就在伐木工保罗·班扬和他忠实的蓝色公牛"宝贝"巨型雕塑旁。内部展品包括保罗的牙刷。

❶ 到达和离开

Hwy 2和Hwy 71是通往该地区的主要道路。从伯米吉出发，沿Hwy 2东行20英里可以到达卡斯湖，沿Hwy 71向西南方向前行30英里就是艾塔斯卡州立公园（东门）。伯米吉有小型机场，每天都有达美航空的航班往返明尼阿波利斯。

大平原

包括 ➡

密苏里州.....................714
艾奥瓦州........................732
北达科他州....................738
南达科他州....................740
内布拉斯加州................752
堪萨斯州........................759
俄克拉何马州................765

最佳餐饮

- Arthur Bryant's（见728页）
- MB Haskett Delicatessen（见741页）
- Cheever's Cafe（见767页）
- Galleria De Paco（见737页）
- Boiler Room（见754页）

最佳住宿

- Hotel Alex Johnson（见746页）
- Barn Anew（见758页）
- Hotel Donaldson（见739页）
- Millstream Resort Motel（见764页）
- Shakespeare Chateau（见731页）
- Hotel Campbell（见770页）

为何去

想要充分理解美国中部，你需要将它的名称拆分开来。首单词"great"（大）很简单：大气磅礴的风景、声势浩大的龙卷风、伟大的人民，全都适用。问题是"plains"（平原，也做朴素解）一词。随之浮现在脑海的是"单调"和"平坦"，但这两个词都不适用于此地。无垠的地平线之间有堪萨斯城这样的现代大都市、布莱克山的高山奇观，以及密西西比河和密苏里河沿岸高耸的悬崖峭壁。这里还有各种各样富有启发性的传奇故事，如俄克拉何马农业工人沿66号公路逃离干旱尘暴区，刘易斯和克拉克远征至美国边疆，再如"文明化五部族"沿血泪之路向西迁徙，等等。

欣赏这片辽阔区域中迷人的广阔空间需要穿越遥远的距离。很多景点位于州际公路附近，不过更多的则在久负盛名的小路——传说中的"蓝色公路"——沿线。

何时去

圣路易斯

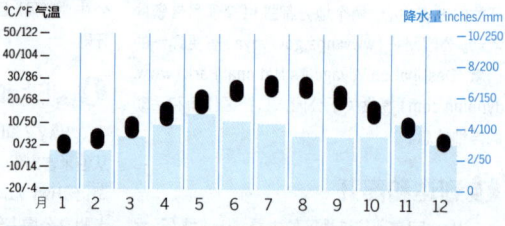

11月至次年3月 景点缩短开放时间或关闭。暴风雪时道路连日封闭。

4月、5月、9月和10月 北方平均最高气温13°C，南方比较温暖；游客较少。

6月至8月 有雷暴至龙卷风；天气闷热，野花盛开。

历史

11,000年前,背着长矛的游牧民族在这里狩猎猛犸象。此后很久,大约1630年,携带大炮的西班牙人才(无意中)带来了马匹。为皮毛疯狂的法国探险家循密西西比河和密苏里河而来,宣称密西西比河和落基山脉之间的大部分土地归法国所有。1763年,这块地盘被转给了西班牙,1800年又回到法国人手里,随后在"1803年路易斯安那购地案"(1803 Louisiana Purchase)中被卖给美国。

殖民者对土地的渴求迫使定居在此的北美土著部落西迁;迁徙经常是强制性的,比如那次臭名昭著的对"文明化五部族"(Five Civilized Tribes)——切罗基人(Cherokee)、奇克索人(Chickasaw)、乔克托人(Choctaw)、克里克人(Creek)和塞米诺尔人(Seminole)——的迁徙。该次迁徙沿1838~1839年血泪之路(1838~1839 Trail of Tears)进行,路线从美国东部一直通向俄克拉何马州。拓荒者沿圣菲之类的小路向西开辟,穿越了堪萨斯州。

更早的居民,包括奥塞奇人(Osage)和苏人(Sioux),命运各异却又同样不幸。很多人重新定居在该地区各处的弹丸之地,而其他人则为获得曾被允诺的土地而斗争。

随着20世纪的到来,铁路、带刺的铁丝网和石油带来了改变。20世纪30年代的沙尘暴(Dust Bowl)摧毁了农场,很多忍无可忍的居民向西迁徙。即使现在,很多地区依然空空荡荡,令人恐惧。

当地文化

居住在大平原的人们通常要面对艰难的生活,包括稀缺的资源、不确定性和与世隔绝。这真的能让很多人发疯。有的人放弃并离开(该地区到处散落着衰败的农庄)。只有极端独立的人才能应对这样的环境,因此土生土长的顽强个人主义是如今平原文化的核心。安静、克制在这里被视为重要而体现教养的品格。

ⓘ 到达和当地交通

主要机场是**圣路易斯兰伯特国际机场**(St Louis LambertInternational Airport;见721页),不过外国游客最好先飞到芝加哥、丹佛或达拉斯,再转机前往该地区的任意一个机场,或者经由公

在大平原

1周

先在圣路易斯(见714页)待上两三天,随后经由大河公路(Great River Road;见737页)沿蜿蜒的密西西比河溯河而上,去往艾奥瓦州。前往麦迪逊县(Madison County;见733页)的田园乡村(和著名大桥)的途中,顺便经过具有民间风情的阿马纳定居地(Amana Colonies;见735页)。向西驶入内布拉斯加州的2号高速公路(Hwy 2)(见755页),驱车穿越偏远的桑德丘陵(Sandhills;见755页)。然后北上至南达科他州,那里绚丽的布莱克山(Black Hills;见744页)和恶地国家公园(Badlands National Park;见743页)会争夺你的剩余时间。

2周

驾车行驶两周可以前往大平原的很多地方。旅程如上,然后从南达科他州南下进入内布拉斯加州狭长地带(Nebraska Panhandle;见758页),在偏远迷人的地方逗留,比如玛瑙化石床(Agate Fossil Beds;见758页)和斯考特·布拉夫(Scotts Bluff;见758页)。辗转至堪萨斯州,取道美国50号公路往东行驶。在哈钦森(Hutchinson)令人惊叹的宇宙航天中心(Cosmosphere & Space Center;见761页)驻足。继续南下前往俄克拉何马州,从俄克拉何马城(见765页)进入历史悠久的66号公路,驶向东北方向,前往塔尔萨(Tulsa;见768页)。顺这条母亲之路进入密苏里州,你可以在树木繁茂的欧扎克山脉(Ozark Mountains;见489页)流连,接着迅速前往堪萨斯城(见725页),然后返回圣路易斯,结束旅程。

大平原亮点

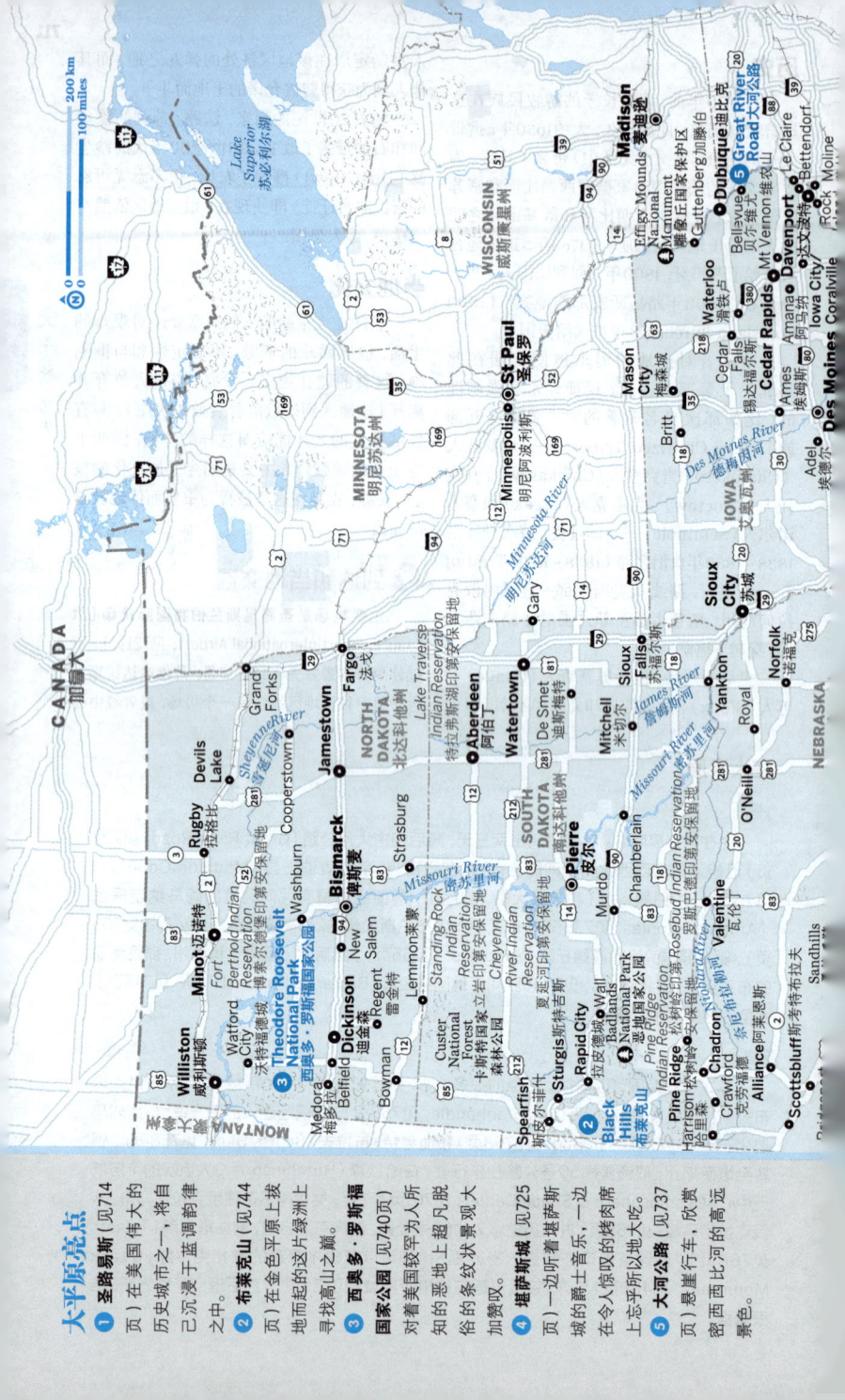

1. **圣路易斯**（见714页）在美国伟大的历史城市之一，将自己沉浸于蓝调韵律之中。

2. **布莱克山**（见744页）在金色平原上拔地而起的达片绿洲上寻找高山之巅。

3. **西奥多·罗斯福国家公园**（见740页）对着美国较平克为人所知的恶地上超凡脱俗的条纹状景观大加赞叹。

4. **堪萨斯城**（见725页）一边听着堪萨斯城的爵士音乐，一边在令人惊叹的烤肉席上忘掉所以地大吃。

5. **大河公路**（见737页）悬崖行车，欣赏密西西比河的高远景色。

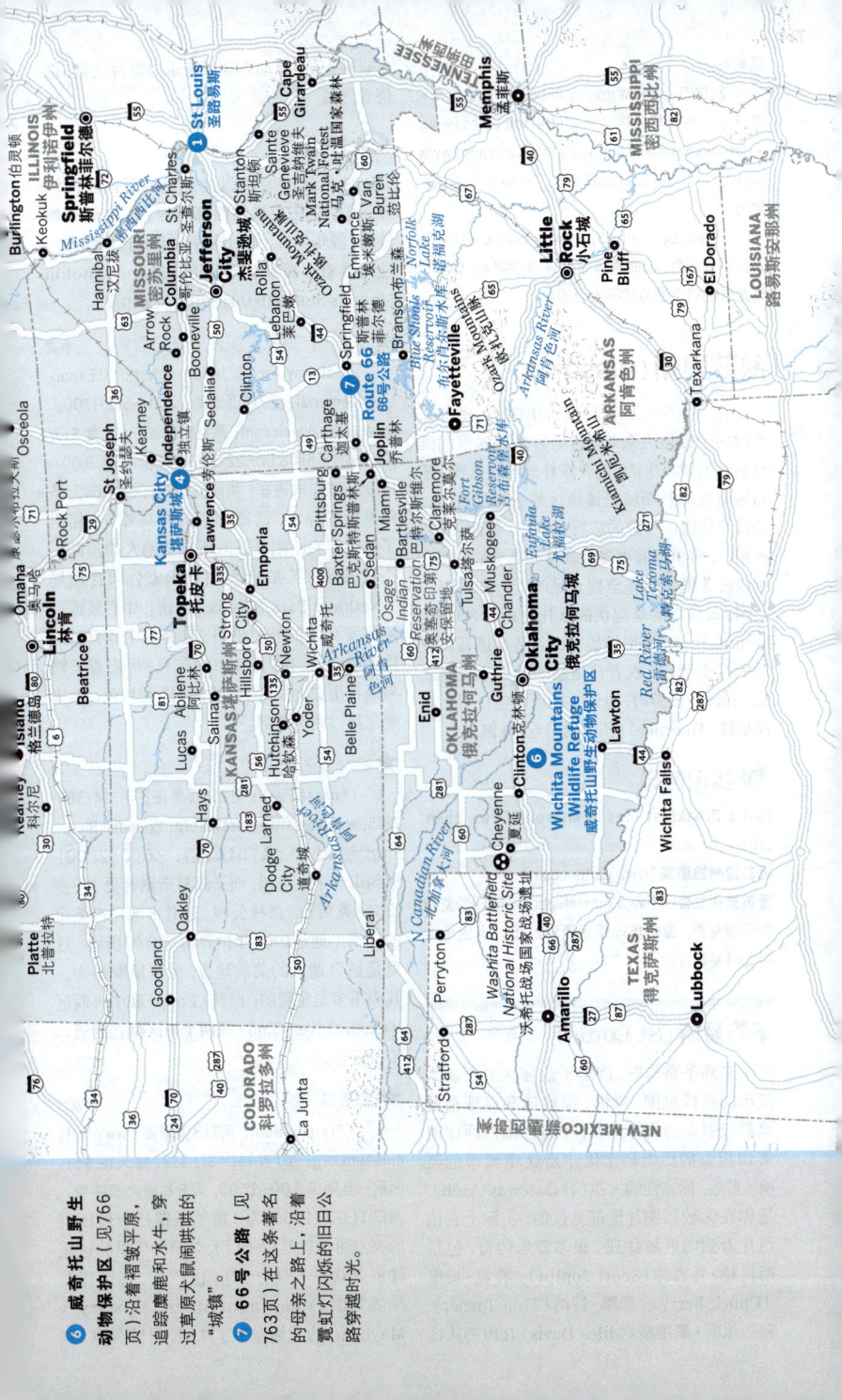

⑥ 威奇托山野生动物保护区（见766页）沿着褶皱平原，追踪麋鹿和水牛，穿过草原大鼠闹哄哄的"城镇"。

⑦ 66号公路（见763页）在这条著名的母亲之路上，沿着霓虹灯闪烁的旧日公路穿越时光。

路前往。

灰狗巴士（www.greyhound.com）长途汽车只来往于一些州际公路，不过Jefferson Lines（www.jeffersonlines.com）和Burlington Trailways（www.burlingtontrailways.com）覆盖了一些较为冷清的地方。

美国国铁（Amtrak；www.amtrak.com）的线路穿越大平原，因此乘火车到这里很便利，但作为游览当地的交通方式不太现实。

密苏里州（MISSOURI）

作为大平原区人口最密集的州，密苏里州倾向于提供大杂烩。这里为游客提供的既有精致的城市生活，也有淳朴的乡村景致。圣路易斯和堪萨斯城是该地区最有趣的城市，各自都是值得一游的旅行目的地。然而，与邻州相比，这里拥有更多的森林和更少的农田，所以密苏里州同样坐拥充足的荒野和广阔的空间，最著名的是起伏的欧扎克山脉（Ozark Mountains）。那里蜿蜒的山谷适合进行冒险性的探索活动，或者只是悠闲的驾车迂回之旅。在该州漫游时，也许你的历险能比得上在汉尼拔（Hannibal）长大的马克·吐温。

❶ 实用信息

Bed & Breakfast Inns of Missouri（www.bbim.org）

密苏里州旅游局（www.visitmo.com）

密苏里州立公园（www.mostateparks.com）游览州立公园免费。露营场地使用费$12~56，有的地方可能需要预订。

圣路易斯（St Louis）

来到圣路易斯，陶醉于这座大平原最大城市的独特氛围。啤酒、保龄球和棒球是此地最吸引人的几样东西，不过与密西西比河密切相关的历史和文化才是这座城市的灵魂。当然，标志性的大拱门（Gateway Arch）是你在无数张图片里都见过的，实际上它比照片看到的更加壮观。很多音乐传奇，包括斯科特·乔普林（Scott Joplin）、查克·贝里（Chuck Berry）、蒂娜·特纳（Tina Turner）和迈尔斯·戴维斯（Miles Davis）在内都从这里崭露头角，搅动着现场音乐的舞台气氛，燃烧着激情。

◉ 景点

地标建筑大拱门矗立于密西西比河河畔。市中心在大拱门西部延伸。从这里开始游览，漫步半日。然后探寻城市的其他部分；过河看看卡霍基亚国家历史遗址（Cahokia Mounds State Historic Site；见619页）。

★ 大拱门/杰斐逊国家扩张纪念碑 　　纪念碑

（Gateway Arch & Jefferson National Expansion Memorial；见718页地图；☎314-655-1700；www.gatewayarch.com；乘坐缆车 成人/儿童 $13/10；⏰6月至8月 8:00~22:00，9月至次年5月 9:00~18:00，缆车末班车：关闭前1小时；🅿）作为圣路易斯的标志，这座大拱门高高耸立，超出了1965年它刚刚开放时所有赞助人的预期。杰斐逊国家扩张纪念碑归国家公园管理局（National Park Service）管辖，中心景点是闪闪发亮的银色大拱门。这是大平原自己的埃菲尔铁塔。拱门高达630英尺，标志着圣路易斯在历史上作为"西进之门"的角色。乘坐缆车可以到达顶部。

★ 森林公园 　　公园

（Forest Park；见716页地图；☎314-367-7275；www.forestparkforever.org；以Lindell Blvd, Kingshighway Blvd & I-64为边界；⏰6:00~22:00）纽约市有中央公园，而圣路易斯则有更大（多出528英亩）的森林公园。这片占地1371英亩的辽阔土地是1904年世界博览会的场地。这里是适合遁世的美丽地方，景点星罗棋布，其中很多是免费的。卢普（Loop）和中央西区（Central West End）这两个街区就在附近，步行可至。

★ 城市博物馆 　　博物馆

（City Museum；见718页地图；www.citymuseum.org；701 N 15th St；$12，摩天轮 $5；⏰周一至周四 9:00~17:00，周五和周六 至午夜，周日 11:00~17:00；🅿）游览圣路易斯最狂野的亮点可能就是位于巨大老旧鞋厂里的这座洋溢着欢乐气氛的游乐园。**欢乐、神秘和混乱博物馆**（Museum of Mirth, Mystery & Mayhem）为此地定下了基调。尽情奔跑、跳

圣路易斯街区

圣路易斯最有趣的社区以市中心的中央为核心散开:

中央西区 就在森林公园以东,是时髦的夜生活和购物中心。

格兰德中心区(Grand Center)位于中城区,拥有丰富多彩的文化景点、剧院和古迹。

丘陵区 意式美国街区,有不错的熟食店和小餐馆。

拉斐特广场 历史悠久,高档时髦。

卢普区 森林公园西北,Delmar Blvd沿线有新潮的商店和夜生活。

苏拉尔 城里最古老的街区,有出色的咖啡馆、酒吧和蓝调音乐吧。

南格兰德 波希米亚风,有文化气息,以美丽的塔林公园为中心,有大量民族特色餐馆。

跃,探索各种展览,这里还有一座7层高的滑梯。仅夏季营业的**屋顶摩天轮**可以让人欣赏到壮观的城市景色。

国家蓝调博物馆   博物馆

(National Blues Museum;见718页地图; 314-925-0016; www.nationalbluesmuseum.org; 615 Washington Ave;成人/儿童 $15/10;周二至周六 10:00~17:00,周日和周一 正午至17:00)这座华丽的新博物馆探究蓝调的传奇,比如家乡英雄查克·贝里(Chuck Berry),同时充分论证了这种音乐形式对现代摇滚、民谣、节奏蓝调等产生的多种影响。这里有来自杰克·怀特(Jack White)等音乐人的互动展览,以及关于蓝调及其先驱(基本都是女性)早年岁月的有趣故事。

圣路易斯动物园   动物园

(St Louis Zoo;见716页地图; 314-781-0900; www.stlzoo.org; 1 Government Dr;部分展览收费;每天9:00~17:00,5月至9月 周五至周日 至19:00;P) 免费 这座巨大的公园按照主题划分区域,里面有一个居住着非洲生物的迷人"河滨"(River's Edge)区。离开之前一定要跟动物园新来的超级明星北极熊凯莉(Kali)打个招呼。

圣路易斯科学中心   博物馆

(St Louis Science Center;见716页地图; 314-289-4400; www.slsc.org; 5050 Oakland Ave;周一至周六 9:30~16:30,周日 11:00~16:30;P) 免费 这座三层博物馆里面的互动展览面向儿童(和有童心的年轻人)。这里有(科学实验的)现场演示,还能找到恐龙化石,还有天文馆和一家IMAX影院(另收费)。

圣路易斯艺术博物馆   博物馆

(St Louis Art Museum;见716页地图; www.slam.org; 1 Fine Arts Dr;周二至周四、周六和周日 10:00~17:00,周五 至21:00) 免费 这座(带有惊艳现代翼楼的)伟大的艺术宫殿最初是为了世界博览会而建。如今被这家著名机构占据,展品覆盖各个时期和风格,包括许多家喻户晓的名字,从毕加索到凡·高和沃霍尔。**格雷丝·泰勒·布劳顿雕塑公园**(Grace Taylor Broughton Sculpture Garden)于2015年开放。

密苏里植物园   花园

(Missouri Botanical Garden;见716页地图; 314-577-5100; www.mobot.org; 4344 Shaw Blvd;成人/儿童 $12/免费;9:00~17:00)植物园的历史可以追溯到1859年,这些花园内有占地14英亩的日式园林、一个散布着食肉植物的沼泽、维多利亚风格的树篱迷宫,还有密西西比以西最古老的持续运营的温室。植物园位于塔林公园(Tower Grove Park)北端,就在44号州际公路(I-44)的287B出口附近。

密苏里历史博物馆   博物馆

(Missouri History Museum;见716页地图; 314-746-4599; www.mohistory.org; 5700 Lindell Blvd;周三至周一 10:00~17:00,周二至20:00;P) 免费 博物馆以世界博览会、一架查尔斯·林德伯格(Charles Lindbergh)的

Greater St Louis 大圣路易斯

Greater St Louis 大圣路易斯

◎ 重要景点
1 森林公园 A1

◎ 景点
- 2 安海斯－布希啤酒厂 C3
- 3 密苏里植物园 B2
- 4 密苏里历史博物馆 A1
- 5 圣路易斯艺术博物馆 A1
- 6 圣路易斯科学中心 B2
- 7 圣路易斯动物园 A2

❂ 活动、课程和团队游
- 8 Boathouse A1
- 9 City Cycling Tours A1
- 10 Steinberg Ice-Skating Rink B1

🛏 住宿
- 11 Cheshire A2
- 12 Moonrise Hotel A1
- 13 Napoleon's Retreat C2
- 14 Parkway Hotel B1

🍴 就餐
- 15 Adriana's B2
- 16 Bogart's Smoke House D2
- 17 Charlie Gitto's B2
- 18 Eleven Eleven Mississippi C2
- 19 Joanie's Pizzeria D3
- 20 Milo's Bocce Garden B2
- 21 MoKaBe's Coffeehouse B3
- 22 Pappy's Smokehouse C2
- 23 Shaved Duck C3
- 24 Ted Drewes A3

🍷 饮品和夜生活
- 25 4 Hands Brewing Co D2
- 26 Blueberry Hill A1
- 27 Just John Club B2

🎭 娱乐
- 28 圣路易斯交响乐团 C1
- 29 Venice Cafe C3

飞机仿制品[圣路易斯精神号（Spirit of Saint Louis）]和一批蓝调音乐人等著名事件和人物为主线呈现了圣路易斯的故事。反抗种族隔离制度者的口述史料令人感动。

交通博物馆
博物馆
（Museum of Transportation; ☎314-965-6885; www.transportmuseumassociation.org; 2933 Barrett Station Rd; 成人/儿童 $8/5;

⏰3月至10月 周一至周六 9:00~16:00，周日11:00~16:00，11月至次年2月 开放时间缩短）这里有巨大的火车头（包括联合太平洋铁路大男孩型蒸汽机车）、比你租的车要酷得多的老爷车，以及更多能动的交通工具。沿270号州际公路（I-270）向西行驶至8号出口。

🏃 活动

森林公园有很多活动，你可以在美景中尽情体验。

Boathouse 划船

（见716页地图；☎314-367-2224；www.boathouseforestpark.com；6101 Government Dr；租船 每小时 $17；⏰如果天气情况良好，11:00至日落前大约1小时）天气暖和的时候，租一条小船在邮报湖（Post-Dispatch Lake）上泛舟。建议来游玩的情侣们询问一下月光泛舟野餐（Moonlight Paddleboat Picnics）这个活动，它会在5月至10月每周四举行的。

Steinberg Ice-Skating Rink 滑冰

（见716页地图；☎314-367-7465；www.steinbergskatingrink.com；400 Jefferson Dr；$7，租冰鞋 $6；⏰周日至周四 10:00~21:00，11月中旬至次年2月 周五和周六 至午夜）寒冷天气中的慰藉：冰上乐趣。

👉 团队游

Gateway Arch Riverboats 划船

（见718页地图；☎877-982-1410；www.gatewayarch.com；50 S Leonor K Sullivan Blvd；1小时团队游 成人/儿童 $20/10；⏰3月至11月 每日多次）乘坐仿照19世纪汽船而建的游船驰骋密西西比河（Big Muddy；密西西比河的别称）。公园管理员为午中的巡游做应时的解说，15:00之后出发的船次视情况而定，有可能取消。这里还有许多晚餐和饮酒巡游。有多种套票可选。

City Cycling Tours 骑车

（见716页地图；www.citycyclingtours.com；5595 Grand Dr, Forest Park Visitor & Education Center；租车 每小时/半天 $15/36，3小时团队游 $30；⏰租车 10:00~17:00，团队游 4月至10月 每天）除了租赁自行车，这里还有带讲解的骑车游（提供自行车），从游客和教育中心（见721页）出发可以穿越森林公园（见714页）。

🛏 住宿

市中心大拱门（见714页）附近有多数中高档连锁酒店。在人们感兴趣的区域，独立经营的便宜住处寥寥无几，不过机场附近能找到不少，你可以乘坐MetroLink轻轨进城。170号州际公路（I-170；1F出口）沿线消费较高的克莱顿（Clayton）也有铁路和一些连锁酒店。

★ Cheshire 酒店 $$

（见716页地图；☎314-647-7300；www.cheshirestl.com；6300 Clayton Rd；房间 $150~250；🅿✳🌐📶）森林公园（见714页）附近的这家高档旅馆个性十足，从彩色玻璃窗到无所不包的英国文学主题，不一而足。艺术品、古董家具和（偶尔吓人的）动物标本的大杂烩无疑非常有趣。

Missouri Athletic Club 酒店 $$

（见718页地图；☎314-231-7220；www.mac-stl.org；405 Washington Ave；房间 $120~160；🅿✳📶）气派地坐落于市中心靠近大拱门（见714页）的地方。Missouri Athletic Club是一座豪华的老酒店，有73间传统舒适的客房。

Parkway Hotel 酒店 $$

（见716页地图；☎314-256-7777；www.theparkwayhotel.com；4550 Forest Park Ave；房间 $145~250；🅿✳🌐📶）就在中心西区的高档乐趣密集之地，这家8层楼高的独立酒店坐落于一栋宏伟的石灰岩建筑内，拥有217间改造一新的客房（带冰箱和微波炉）。房费包括热腾腾的自助早餐，对面就是森林公园（见714页），地段无与伦比。

Moonrise Hotel 精品酒店 $$

（见716页地图；☎314-721-1111；www.moonrisehotel.com；6177 Delmar Blvd；房间 $170~450；🅿✳🌐📶）时髦的Moonrise有8层，在高效的卢普（Loop）街区之中引人注目。125个房间以月亮为主题，不过足够务实，可以让人放慢脚步，非常舒适。

Napoleon's Retreat 民宿 $$

（见716页地图；☎314-772-6979；www.

Downtown St Louis 圣路易斯市中心

Downtown St Louis
圣路易斯市中心

- ◎ **重要景点**
  - **1** 城市博物馆 B1
  - **2** 大拱门/杰斐逊国家扩张纪念碑 D2

- ◎ **景点**
  - **3** 国家蓝调博物馆 C1

- ✪ **活动、课程和团队游**
  - **4** Gateway Arch Riverboats D3

- 🛏 **住宿**
  - **5** Missouri Athletic Club C1

- ✕ **就餐**
  - **6** Broadway Oyster Bar C3
  - **7** Imo's C2

- 🍷 **饮品和夜生活**
  - **8** Bridge Tap House & Wine Bar C2

- ✪ **娱乐**
  - **9** BB's C3

napoleonsretreat.com；1815 Lafayette Ave；房间$140~230；🅿@🛜）法兰西第二帝国风格的美妙住处，位于历史悠久、枝繁叶茂的拉斐特广场（Lafayette Square），这家民宿有5个醒目漂亮的房间，每个都带冰箱和古典家具。老板Brian和Stacy能让你感到宾至如归。

✕ 就餐

圣路易斯拥有该地区最多元化的饮食选择，从苏拉尔（Soulard）的爱尔兰酒馆到南格兰德（South Grand）沿线的亚洲餐馆。离开之前一定要尝尝这座城市丘陵区独特的美式意大利饮食。杂志*Sauce*及其网站（www.saucemagazine.com）上有丰富有用的评价。

✕ 市中心和中城区 (Downtown & Midtown)

拉克利德码头（Laclede's Landing）伫立在河畔，紧邻历史悠久的伊兹铁路桥（Eads Railway Bridge），有几家餐馆，不过人们一般是为了气氛才来这里——鹅卵石街道、改建的砖楼和无限畅饮的啤酒——而不是食物。

Pappy's Smokehouse　　　　　烧烤 $

（见716页地图；📞314-535-4340；www.pappyssmokehouse.com；3106 Olive St；主菜 $9起；⏲周一至周六 11:00~20:00，周日 至16:00）Pappy's被称为全国最好的烧烤店，提供美味的排骨、手撕猪肉、牛腩和熏火鸡。但是，名气带来了人气，所以做好排长队和在拥挤的公共用餐区就餐的准备。想想炸甘薯条，等待就没那么难受了。

★ Broadway Oyster Bar　　　　卡真菜 $$

（见718页地图；📞314-621-8811；www.broadwayoysterbar.com；736 S Broadway；主菜 $10~20；⏲11:00至次日3:00）这里既是酒吧，又是现场音乐场所，但本质上是家餐馆。这家店全年活跃。太阳出来的时候，人们聚在外边大嚼小龙虾及其他卡真菜肴。红雀队（Cardinals）比赛前后，这里会被狂热的激情所淹没。

🍴 苏拉尔和拉斐特广场

苏拉尔的多数角落都被餐馆和酒馆占据，还有很多现场蓝调和爱尔兰音乐演出，所以只需漫步，便不会错失乐趣。据此西北一英里的历史悠久的拉斐特广场倒是有一些时髦的地方。

★ Eleven Eleven Mississippi　　新派美国菜 $$

（见716页地图；📞314-241-9999；www.1111-m.com；1111 Mississippi Ave；主菜 $9~25；⏲周一至周四 11:00~22:00，周五 至午夜，周六 17:00至午夜；🅿）这家受欢迎的小馆和葡萄酒吧开在一座旧鞋厂里面。晚餐主菜是当地特色菜，营造出一种"农场到餐桌"的氛围。季节性菜单上的其他选择有三明治、比萨、牛排和素菜菜肴。有很棒的葡萄酒供选择。

Bogart's Smoke House　　　　烧烤 $$

（见716页地图；📞314-621-3107；www.bogartssmokehouse.com；1627 S 9th St；主菜 $9~25；⏲周一至周六 10:30~16:00）苏比尔的灵魂？这里的熏肉吸引了成群结队的人，他们忘情地享用各种常规菜肴，还有牛肋排这样的特色菜。额外的配菜也创意十足，比如热辣的伏都酱汁和"冰火泡菜"。

🍴 南格兰德（South Grand）

南格兰德大街（South Grand Blvd）沿线，靠近美丽的塔林公园的这片充满朝气的波希米亚社区有着众多一流的民族餐厅，其中许多餐厅都带有露台。

MoKaBe's Coffeehouse　　　　咖啡馆 $

（见716页地图；📞314-865-2009；3606 Arsenal St；主菜 $5~8；⏲8:00~23:00；🅿📶）俯瞰塔林公园，这里日夜都是街区活跃分子、嬉皮士和时尚潮人活跃的地方。要一杯咖啡、一

> **圣路易斯当地特色**
>
> **烤饺子**（Toasted ravioli）塞满肉馅，裹上面包屑，然后油炸。实际上，丘陵区的每家餐馆都有提供，最有名的是Charlie Gitto's（见720页）。
>
> **圣路易斯比萨**（St Louis pizza）切成方形的薄皮比萨实在令人上瘾。这种比萨使用普罗韦尔（Provel）奶酪，是在当地备受喜爱的一种黏软混合物，含有经过加工的切达干酪、瑞士奶酪和意大利熏干酪。当地连锁店 Imo's（见718页地图；📞314-641-8899；www.imospizza.com；1 S Broadway；大份 $16起；⏲周一至周六 11:00~19:00）在都市区有超过70家店面，烘焙"无与伦比的方形比萨"，或者在受欢迎的 Joanie's Pizzeria（见716页地图；www.joanies.com；2101 Menard St；主菜 $10~15；⏲周一至周六 11:00至次日1:00，周日 至午夜）购买以普罗韦尔奶酪制作的比萨。
>
> **软奶油冰激凌**（Frozen custard）历史悠久的 Ted Drewes（📞314-481-2652；www.teddrewes.com；蛋卷冰激凌 $2~6；⏲2月至12月 11:00~23:00）位于市中心西南，这种像冰激凌的奶油甜品非常美味，不在此大吃一顿，你别想离开这座城市。市中心以南的4224 S Grand Blvd有一家仅在夏季营业的分店。无论穷人还是富人，人们挤挤挨挨地享用"混凝土"（concrete），一种美味刺激的混合口味。

份烘焙食品、早餐或三明治。外边有座位。

★ Shaved Duck 美国菜 $$

（见716页地图；☎314-776-1407；www.theshavedduck.com；2900 Virginia Ave；主菜 $10~20；⊙周一 11:00~21:00，周二至周六 至22:00）南格兰德的中坚餐馆，Shaved Duck一大早就会架起烤架，烹制一流的烧烤食品，包括招牌熏鸭。供选择的菜客还包括绝妙的三明治和蔬菜配菜。工作日夜晚有现场音乐。

✕ 丘陵区 (The Hill)

这个意大利街区遍布意大利饺子大小的房子，有无数意大利面馆。漫步在整洁的街道上，在意大利咖啡馆里歇歇脚，喝杯咖啡。

★ Adriana's 意大利菜 $

（见716页地图；☎314-773-3833；www.adrianasonthehill.com；5101 Shaw Ave；主菜 $5~10；⊙周一至周六 10:30~15:00）这家家庭经营的意大利熟食店飘散着香草的芬芳，每天为饥肠辘辘的午餐人群提供新鲜的沙拉和三明治（要一份肉多的Hill Boy）。估计要排队。

Milo's Bocce Garden 意大利菜 $

（见716页地图；☎314-776-0468；www.milosboccegarden.com；5201 Wilson Ave；主菜 $7~14；⊙周一至周六 11:00到次日1:00，厨房 至23:00）在巨大的户外庭院或旧式酒吧内享用

你的麦芽情结

历史悠久的**安海斯－布希啤酒厂**（Anheuser Busch Brewery；见716页地图；☎314-577-2626；www.budweisertours.com；12th和Lynch Sts交叉路口；⊙6月至8月 周一至周四 9:00~17:00，周五和周六 至19:00，周日 11:00~17:00，9月至次年5月 周一至周六 10:00~17:00，周日 11:00~17:00）是全世界规模最大的啤酒厂之一，提供意在营销的团队游。看看装瓶厂和克莱兹代尔马。要注意一件事：这个圣路易斯（和美国）的标志在2008年被比利时的英博集团（InBev）收购了，这至今仍然是当地人的伤心事。还有，不要问这个问题："你们怎么去除所有的味道？"

三明治、比萨和意大利面。去热闹的地滚球场看看，加入成群结队的常客。

Charlie Gitto's 意大利菜 $$

（见716页地图；☎314-772-8898；www.charliegittos.com；5226 Shaw Ave；主菜 $16~30；⊙周一至周四 17:00~22:00，周五和周六 至23:00，周日 16:00~21:00；Ⓟ）传奇的Charlie Gitto's坚定地主张是自己发明了圣路易斯著名的烤饺子。夜晚，只要天气允许，就可以在庭院的树下就餐。随意而有格调。

🍷 饮品和夜生活

拉克利德码头、苏拉尔和卢普区到处都是酒馆和酒吧，其中很多有现场音乐。多数酒吧会在凌晨1:30关门，不过有的持有3:00关门的许可证。

Kingshighway Blvd和S Vandeventer Ave之间Manchester Ave一带的格罗夫区（Grove）是圣路易斯同性恋活动的中心。欲了解有关信息，可以查阅《重磅声音》（*Vital Voice*；www.thevitalvoice.com）。

★ Blueberry Hill 酒吧

（见716页地图；☎314-727-4444；www.blueberryhill.com；6504 Delmar Blvd；⊙11:00至深夜）圣路易斯土生土长的查克·贝里（Chuck Berry）在这家小型地下室酒吧唱摇滚，直至去世。大大小小的乐队在这里演出。这里有不错的酒吧食品（主菜 $8~15）、电玩游戏、飞镖，墙上挂着流行文化的艺术品。

★ Bridge Tap House & Wine Bar 酒吧

（见718页地图；☎314-241-8141；www.thebridgestl.com；1004 Locust St；⊙周一至周六 11:00至次日1:00，周日 至午夜）在这家浪漫的酒吧里，陷进沙发，或者是把胳膊肘支在桌子上坐着，你还可以品尝美酒或本地最好的啤酒（55种桶装酒），尝尝季节性菜单上的各种精致小吃。

4 Hands Brewing Co 微酿啤酒

（见716页地图；☎314-436-1559；www.4handsbrewery.com；1220 S 8th St；⊙正午至22:00，周五和周六 至午夜）在这条街上的老牌酒吧中间不太显眼，但这家自酿酒吧拥有它的邻居没有的一切：温馨，低调，令人惊奇。

点品尝杯或全杯均可,如果饿了,还可以要一些酒吧小吃。

Just John Club
男同性恋酒吧

(见716页地图;www.justjohnclub.com;4112 Manchester Ave;⊙周一至周六15:00至次日3:00,周日 正午至次日1:00)格罗夫区的中坚酒吧,John's有室内外酒吧、定期演出和始终热情的氛围。周三是女士之夜。

☆ 娱乐

想找城镇各处最新的娱乐信息,请查看《河畔时报》(*Riverfront Times*;www.riverfronttimes.com)。可以通过MetroTix (www.metrotix.com)购买多数场地的门票。

★ Venice Cafe
蓝调、爵士乐

(见716页地图;☎314-772-5994;www.thevenicecafe.com;1903 Pestalozzi St;⊙周一至周六 16:00至次日1:00)真正的百宝阁。这家两层夜店的内部是马赛克的殿堂,不规则的户外花园到处是民间艺术品和闪烁的灯光。最好的是,饮料便宜,每天都有蓝调和爵士乐现场演出。

BB's
蓝调

(见718页地图;☎314-436-5222;www.bbsjazzbluessoups.com;700 S Broadway;⊙18:00至次日3:00)既是蓝调音乐夜店,也是蓝调音乐博物馆,这家光鲜的两层店面多数夜晚都有好听的音乐。提供优质的酒吧食物比如大名鼎鼎的炸红薯条。

圣路易斯交响乐团
古典音乐

(St Louis Symphony Orchestra;见716页地图;☎314-534-1700;www.stlsymphony.org;718 N Grand Blvd)位于鲍威尔音乐厅(Powell Hall),一座可追溯至1925年的红金色调剧院。古典音乐会和流行文化的盛大演出在这里平分秋色。

ⓘ 实用信息

Explore St Louis(见718页地图;☎314-421-1023;www.explorestlouis.com;7th St和Washington Ave交叉口,America's Center;⊙周一至周六 8:00~17:00;🛜)一流的信息来源,在基纳广场(Kiener Plaza;6th和Chestnut交叉路口)和机场设有分支办公室。

森林公园游客和教育中心(Forest Park Visitor & Education Center;见716页地图;☎314-367-7275;www.forestparkforever.org;5595 Grand Dr;⊙周一至周五 6:00~20:00,周六和周日 至19:00)位于一座古老的有轨电车场馆内,有咖啡馆。免费的步行游览从这里出发,或者你可以借用iPod语音导览。

Missouri Welcome Center(☎314-869-7100;www.visitmo.com;Riverview Dr, I-270 exit 34;⊙周一至周六 8:00~17:00)

在本地喝酒

Schlafly、Civil Life、Earthbound Brewing和Urban Chestnut是当地一流的自酿啤酒,能让你忘记自己身处百威啤酒的故乡。网站StL Hops(www.stlhops.com)是当地啤酒的出色指南,包括去哪儿饮用。

ⓘ 到达和离开

圣路易斯兰伯特国际机场(St Louis Lambert International Airport; STL;www.flystl.com;I-70 exit 238A)大平原最大的机场,位于市中心西北12英里,有轻轨MetroLink($2.50)、出租车(约$45)和**Go Best Express**(☎314-222-5300;www.gobestexpress.com;单程$25起)班车,可以将你送到城镇主要地区。

美国国铁(Amtrak;www.amtrak.com)开往芝加哥($27起,5.5小时)的Lincoln Service每天5班。Missouri River Runner火车每天2班,往来堪萨斯城($31起,5.5小时)。Texas Eagle每天1班,开往达拉斯(16小时);该线路的票价变动幅度巨大,关于价格,查看网站。火车从**大拱门交通中心**(Gateway Transportation Center;见718页地图;430 S 15th St)发车。

灰狗巴士(www.greyhound.com)每天有几班从大拱门交通中心开往芝加哥($24,5至7小时)、孟菲斯(Memphis, $25, 6小时)、堪萨斯城($25, 4.5小时)及更多城市的长途汽车。

超级巴士(Megabus; www.megabus.com)运营从大拱门交通中心开往芝加哥的线路,单程费用最低$5起。

❶ 当地交通

Metro(www.metrostlouis.org)运营当地公共汽车和MetroLink轻轨系统[连接机场、卢普区、中央西区、**大拱门交通中心**、联合车站(Union Station)和市中心)。30路和40路公共汽车从市中心开往苏拉尔。单程/日票$2.50/7.50。

St Louis County Cabs(☎314-991-5300,短信314-971-8294;www.countycab.com)打电话、发短信或在网上预订。

圣查尔斯(St Charles)

这座密苏里河城镇由法国人建于1769年,就在圣路易斯西北20英里处。市中心保存完好,以铺着鹅卵石的主街(Main St)为主体,街边有工艺品商店、咖啡馆和美食杂货店。可以在游客中心(见723页)咨询团队游信息;团队游会经过北边街区法国镇(Frenchtown)里几座少见的法国殖民建筑。

◉ 景点

刘易斯和克拉克船屋和自然中心　　博物馆
(Lewis & Clark Boathouse & Nature Center; www.lewisandclarkcenter.org; 1050 Riverside Dr; 成人/儿童 $5/2; ⊙周一至周六 10:00~17:00,周

66号公路:在密苏里州找乐子

"索证之州"会向你展示一条长长的母亲之路。从**圣路易斯**进入这条路,那里的Ted Drewes(见719页)一直在Chippewa St向旅行者们提供软奶油冰激凌。还有另一些贯穿这座城市的历史线路,都有清晰的标识。

沿母亲之路西行时,顺着44号州际公路(这条州际公路与密苏里州境内大部分66号公路路段重合)前往**66号公路州立公园**(Route 66 State Park; ☎636-938-7198;www.mostateparks.com; I-44 exit 266;⊙7:00至日落后30分钟,博物馆 3月至11月 9:00~16:30) **免费**,公园的游客中心和博物馆位于一栋1935年的路边旅馆内。虽然展览展示了圣路易斯周边的古老场景,但这里真正能激发人们好奇心的是曾经正好叠立于此的时代海滩(Times Beach)镇。由于城镇受到二恶英的污染,到了20世纪80年代,政府不得不将整个地区拆除。

沿44号州际公路向西南行驶至**斯坦顿**(Stanton),再随着路标到达被住宅包围的**梅拉梅克洞穴**(Meramec Caverns; ☎573-468-3166; www.americascave.com; I-44 exit 230, Stanton; 成人/儿童 $21/11; ⊙6月至8月 8:30~19:30,9月至次年5月 开放时间缩短),在那里,内战历史和做作的魅力与钟乳石一样有趣;秉持疯狂阴谋论的**杰西·詹姆斯蜡像馆**(Jesse James Wax Museum; ☎573-927-5233; www.jessejameswaxmuseum.com; I-44 exit 230, Stanton; 成人/儿童 $7/3; ⊙6月至8月 每天 9:00~18:00,4月、5月、9月和10月 周六和周日 9:00~17:00)设想詹姆斯伪造了自己的死亡,而且活到了1951年。

莱巴嫩(Lebanon)图书馆内的**66号公路博物馆和研究中心**(Route 66 Museum & Research Center; 见765页)有过去和现在的纪念品。想打盹?就去20世纪40年代的**Munger Moss Motel**(☎417-532-3111; www.mungermoss.com; 1336 E Rte 66; 房间$60起; ❄ 🛜 🐾)。那里有奇怪的霓虹灯招牌和热爱母亲之路的老板。

舍弃**斯普林菲尔德**(Springfield)以西的州际公路,取道96号高速公路(Hwy 96),前往内战时期的**迦太基**(Carthage),那里有历史悠久的城镇广场和**66号公路汽车剧院**(66 Drive-In Theatre; ☎417-359-5959; www.66drivein.com; 17231 Old 66 Blvd, Carthage; 成人/儿童 $8/4; ⊙4月至9月 周五至周日 黄昏后)。从**乔普林**(Joplin)驶入州66号公路(State Hwy 66),再转入66号老公路(20世纪40年代之前的线路),然后是堪萨斯州路线。

密苏里州66号公路协会(Route 66 Association of Missouri; www.missouri66.org)有大量信息。不要错过**康韦欢迎中心**(Conway Welcome Center; I-44 Mile 110, Conway附近; ⊙8:00~17:00),那里有铺天盖地的有关66号公路主题及许多关于这条历史道路的信息。

日 正午至17:00）1804年5月21日，刘易斯和克拉克从圣查尔斯开启了他们史诗般的旅程，每年的这一天，他们的营地就会被再现出来。博物馆有关于这两个人的展览，并展出他们所用船只的仿制品。

第一州议会大厦　　　　　　　　　　历史建筑
（First State Capitol；☎636-940-3322；200 S Main St；团队游成人/儿童 $4.50/3；◎周一至周六 10:00~16:00，周日 正午至16:00，11月至次年3月周一、1月和2月周日 关闭）免费 从1821年至1826年，这座低调的砖结构设施是密苏里州的议会大厦，内部已经翻新。

🛏 食宿

★ Boone's Colonial Inn　　　　　民宿 $$
（☎636-493-1077；www.boonescolonialinn.com；322 S Main St；房间 $165~355；🅿❄🛜）1820年石砌排屋内的3间套房是豪华的避世场所。如果全部客满，可以试试姊妹民宿Boone's Lick Trail Inn，沿路相隔5个街区。两家民宿的老板维尼蒂娅（Venetia）对城镇及其历史极为谙熟。

Braddens　　　　　　　　　　　　美国菜 $$
（☎636-493-9303；515 S Main St；主菜 $10~18；◎周二至周四 10:30~21:00，周五和周六至23:00，周日 8:30~19:00）这家氛围独特的餐馆是本地人的最爱，有木家具、砖墙和美式便餐（可以想想汉堡、牛排、沙拉和卷饼）。餐厅历史悠久。据说圣菲小道（Santa Fe Trail）的规划就是1818年在这里的壁炉旁边策划和签署的。

ℹ 实用信息
游客中心（☎800-366-2427；www.historicstcharles.com；230 S Main St；◎周一至周五 8:00~17:00，周六 10:00~17:00，周日 正午至17:00）

ℹ 到达和离开
圣查尔斯位于圣路易斯西北仅20英里处。圣查尔斯地区交通系统（SCAT）的I-70通勤车开往圣路易斯MetroLink轻轨的车站North Hanley Station。

汉尼拔（Hannibal）

这座古老的河镇空气闷热潮湿的时候，你会觉得几乎就要听到明轮船的汽笛声了。圣路易斯西北115英里处就是这座马克·吐温童年生活过的城市，这里有一些正宗的老式区域及很多景点（包括山洞）。这里可以让你体验马克·吐温的灵感，重新感受他笔下主人公汤姆·索亚（Tom Sawyer）和哈克·费恩（Huck Finn）的故事。

👁 景点和活动

★ 马克·吐温故居和博物馆　　　　博物馆
（Mark Twain Boyhood Home & Museum；☎573-221-9010；www.marktwainmuseum.org；120 N Main St；成人/儿童 $11/6；◎9:00~17:00，1月至3月 开放时间缩短）这座博物馆展示了8栋建筑，包括两栋马克·吐温故居和劳拉·霍金斯（Laura Hawkins）住过的房子，即贝姬·撒切尔（Becky Thatcher）的现实灵感来源。离开前一定要在博物馆画廊（Museum Gallery）欣赏下诺曼·洛克威尔（Norman Rockwell）受马克·吐温影响创作的画作。

马克·吐温号游轮　　　　　　　　游轮
（Mark Twain Riverboat；☎573-221-3222；www.marktwainriverboat.com；Center St Landing；1小时观光巡游 成人/儿童 $18/11；◎4月至11月，时刻表不定）乘坐仿制的游轮出航密西西比河，包括一小时观光游和两小时晚餐游轮游。

🛏 食宿

Garden House B&B　　　　　　　民宿 $$
（☎573-221-7800；www.gardenhousebedandbreakfast.com；301 N 5th St；房间 $90~140，套 $240；❄🛜）这座维多利亚式房屋确实名副其实。几个房间共用卫生间，其他房间可以看到河景。

Java Jive　　　　　　　　　　　咖啡馆 $
（☎573-221-1077；www.javajiveonline.com；221 N Main St；主菜 $3~10；◎周一至周六 7:00~21:00，周日 8:00~18:00）"密西西比以西的第一家咖啡馆"不会让人失望，有各式各样的咖啡和茶、早餐或午餐三明治，以及传统

冰激凌甜点。不拘一格的空间摆满待售的古董家具和艺术品。

❶ 实用信息

汉尼拔游客管理局（Hannibal Visitors Bureau; ☎573-221-2477; www.visithannibal.com; 505 N 3rd St; ◎9:00~17:00）汉尼拔的许多老宅现在都是民宿。汉尼拔游客管理局有名单。

❶ 到达和离开

汉尼拔位于圣路易斯西北115英里处，走61号高速公路（Hwy 61）或距离更长但景色更美的MO 79可以抵达。Burlington Trailways（www.burlingtontrailways.com）每天都有一班连接两座城市的长途汽车（$40, 2.5小时）。

欧扎克地区（The Ozarks）

欧扎克丘陵地区分布在密苏里州南部，延伸至阿肯色州北部和俄克拉何马州东部。浮华的布兰森（Branson）接待的游客最多，不过该地区真正的魅力还在更远的地方。

美国60号公路（US 60）以北，在该州南部和中部地区，**欧扎克国家风景河道**（Ozark National Scenic Riverways; www.nps.gov/ozar）——柯伦特河（Current River）和杰克支流河（Jack's Fork River）——拥有134英里壮丽的皮划艇和轮胎漂流河道（出租机构很多）。周末这里经常忙碌喧闹。公园总部、用品商店和汽车旅馆位于**范比伦**（Van Buren）。**埃米嫩斯**（Eminence）也是个不错的落脚点。河边有很多露营地。蜿蜒的E号高速公路（Hwy E）是风景秀丽的宝地。

◉ 景点

★ 回声崖州立公园　　　　　　　　　　州立公园

（Echo Bluff State Park; ☎844-322-3246; www.echobluffstatepark.com; 34489 Echo Bluff Dr, Eminence）森林繁茂，设施一流，算作顶级国家公园都没什么不妥当，回声崖真正是欧克拉的亮点。2016年开放，这座新开的州立公园有高大的石屋、宽敞的小屋和充足的露营选择。可以将这里作为徒步、钓鱼和骑山地自行车的大本营。

约翰逊大峡谷州立公园　　　　　　　州立公园

（Johnson's Shut-Ins State Park; ☎573-5462450; www.mostateparks.com; 148 Taum Sauk Trail, Middlebrook; ◎6月至8月 8:00~19:00, 9月至次年5月开放时间缩短）**免费** 在植被繁茂、山脉绵延的约翰逊大峡谷州立公园，湍急的布莱克河（Black River）盘旋流经峡谷。在这里你能找到水上公园以外最令人兴奋的游泳体验。

🛏 住宿

小镇范比伦（Van Buren）和埃米嫩斯（Eminence）有景色优美的露营地、朴素的汽车旅馆、质朴的小屋和风景如画的河畔度假村。你还可以在回声崖州立公园找到顶级的住宿场所。

值 得 一 游

圣吉纳维夫（SAINTE GENEVIEVE）

这座法国人修建的小巧密苏里河城镇位于圣路易斯以南65英里处，散发出历史气息。很多经过翻新的18世纪和19世纪建筑如今是民宿或礼品店。沿着**葡萄酒之路**（Route du Vin; www.rdvwinetrail.com）出城探索密苏里州最好的一条葡萄酒小径。

没错，镇上的 **Cave Vineyard**（☎573-543-5284; www.caveyard.com; 21124 Cave Rd; ◎10:00~18:00, 11月至次年3月 至17:00）就是一座有洞穴的葡萄园。没错，你可以在洞穴里面喝酒。听上去像是骗人？放心，这里的葡萄酒是我们在密苏里州尝过的最好的。葡萄园还有自酿啤酒和美味的自制意大利香脆饼。带上午餐去野餐。

如果愿意过夜，**Inn St Gemme Beauvais**（☎573-883-5744; www.innstgemme.com; 78 N Main St; 房间 $100~170; ❋🛜）是密苏里州持续经营时间最长的民宿，具有历史特色的装饰昭示着这栋建筑修建于1848年。14:00提供下午茶，17:00提供葡萄酒和餐前小点心。

Landing Current River
酒店 $$

(☎573-323-8156; www.eatsleepfloat.com; 106 Olive St, Van Buren; 房间 $80~175)坐落于范比伦附近的柯伦特河岸边，这家风景优美的酒店是探索欧扎克国家风景河道的理想基地。你还可以预订乘坐独木舟或筏子的过夜露营游，1晚至5晚都有。

❶ 到达和当地交通

欧扎克的魅力部分在于其偏远的位置。前往该区域的任何自然保护区可能都需要从I-44或I-55的出口出来，然后在风景优美的双车道上行驶很长时间。60号高速公路(Hwy 60)是主要干道，你可以在斯普林菲尔德(Springfield)或塞克斯顿(Sikeston)附近进入这条公路。欧扎克没有公共交通。

布兰森 (Branson)

浮夸的布兰森是个让人可以快快乐乐、无谓廉耻的旅游度假胜地。主要景点是50多座剧院，可以举办100多场乡村音乐、魔术和喜剧演出。被霓虹灯照亮的76号高速公路(Hwy 76；"76 Strip")上密布的汽车旅馆、餐馆、蜡像馆、购物中心、游乐园和剧院绵延了几英里。不过，开车出城，没过几分钟，你就会发现自己置身于质朴的欧扎克荒野之中。

◉ 景点

银元城
游乐园

(Silver Dollar City; ☎800-475-9370; www.silverdollarcity.com; 399 Silver Dollar City Pkwy; 成人/儿童 $62/51; ⊙营业时间不定)布兰森独有的场所，这座巨大的游乐园位于城镇以西，有惊险刺激的过山车、水上游乐设施和比较新的消防主题区。

泰布尔罗克湖
湖泊

(Table Rock Lake; www.visittablerocklake.com)蜿蜒穿过城镇西南的丘陵，泰布尔罗克湖理所当然地成为划船、钓鱼、露营及其他户外活动的热门目的地。

🍴 食宿

Trout Hollow Lodge
汽车旅馆 $

(☎417-334-2332; www.trouthollow.com; 1458 Acacia Club Rd; 房间/小屋 $65/110起;

❄☀)这家一切从简的汽车旅馆有各种住宿选择(从房间到设备齐全的小屋)，位于能够俯瞰塔尼科莫湖(Lake Taneycomo)的悬崖上，是非常出色的便宜住所。在下方码头与当地渔民肩并肩，高速公路上的霓虹灯似乎是另外一个世界。

★ Branson Hotel
民宿 $$

(☎417-544-9814; www.thebransonhotel.com; 214 W Main St; 房间 $130~170; ❄🛜)可以追溯至1903年，这家豪华的民宿有9个房间，就位于老城，远离商业气息浓重的高速路地带，还有一家不错的葡萄酒吧。

★ Dobyns Dining Room
美国菜 $$

(☎417-239-1900; www.keetercenter.edu; 1 Opportunity Ave; 主菜 $8~20; ⊙周一至周六 10:30~20:00, 周日 10:00~14:00)位于欧扎克斯学院(College of the Ozarks; 员工都是学院学生)旁边，这是布兰森最接近高级餐厅的地方了。环境出色(想想乡村的雅致)，价格合理(尤其是午餐)，服务无可挑剔(我们要给员工A+的评分)。这里也是城里少有的几个菜单上没有"油炸"二字的餐厅。

❶ 实用信息

布兰森/湖区会议旅游局(Branson/Lakes Area Convention & Visitors Bureau, CVB; ☎417-334-4084; www.explorebranson.com; Hwy 248和US 65交叉路口; ⊙9:00~21:00)就在美国65号公路(US 65)路口以西，有城镇和住宿信息。

❶ 到达和当地交通

坐落在该州景色优美的南角，布兰森出奇地难以到达，尽管这意味着你最后或许会驾车走上几条漂亮的欧扎克双车道乡村道路。**布兰森机场**(Branson Airport, BKG; www.flybranson.com)服务有限。

Jefferson Lines (www.jeffersonlines.com)有开往堪萨斯城的长途汽车($55, 5小时，每天1班)。

夏季，挤满SUV的车流经常龟速前行。步行通常都比开车快，不过几乎没人想这么做。

堪萨斯城 (Kansas City)

火辣的烧烤(100多家店烟雾缭绕)、泪

泪的喷泉（200多座，可与罗马相媲美）和响亮的爵士音乐，堪萨斯城或许是美国最酷的城市，只是乏人问津。这儿有世界一流的博物馆和艺术品遍地的奇特街区，令你目不暇接，绝对是大平原上不可错过的亮点。你完全可以在此消磨几天时光，感受当地氛围。

◉ 景点

State Line Rd将堪萨斯城分成密苏里州堪萨斯城（KCMO）和堪萨斯州堪萨斯城（KCK），后者是无序扩张、平淡乏味的郊区地带，没什么可向旅行者提供的。密苏里州堪萨斯城有几个不同地区，包括富有装饰艺术风格的市中心。

★ 高校篮球体验馆　　　　博物馆

（College Basketball Experience；☎816-9497500；www.collegebasketballexperience.com；1401 Grand Blvd；成人/儿童 $15/12；⏲周三至周六10:00~18:00，周日11:00起；🅿♿）真是一座装扮漂亮的篮球名人堂，互动（和真正惊心动魄的）展览非常有趣，可以让你试试罚球或者假装自己是介绍罚球的解说员。此处与耀眼的斯普林特中心（Sprint Center）相连，那是一座大型场馆，正在寻找主要的专业体育特许运营商。

★ 国家"一战"博物馆　　　　博物馆

（National WWI Museum；☎816-888-8100；www.theworldwar.org；2 Memorial Dr；成人/儿童 $16/10；⏲10:00 17:00，9月至次年5月 周一关闭；🅿）要走进这座令人印象深刻的现代博物馆需要穿过一条玻璃通道，通道下方的一片红罂粟是壕沟战斗的标志。走过精细迷人的展览，了解那场几乎被很多美国人忘却的战争。展览唯一的不足是对军事装备和制服的介绍多于对战争带来的可怕代价的介绍。博物馆顶端是历史悠久的自由纪念碑（Liberty Memorial），从纪念碑眺望，城市景色一览无余。

★ 纳尔逊-阿特金斯艺术博物馆　　博物馆

（Nelson-Atkins Museum of Art；☎816-751-1278；www.nelson-atkins.org；4525 Oak St；⏲周三、周六和周日10:00~17:00，周四和周五 至21:00；🅿）**免费** 这座百科全书般的博物馆周围有巨型的羽毛球（博物馆建筑则代表球场的网），内有出色的欧洲绘画、摄影作品和亚

堪萨斯城街区

堪萨斯城有许多奇特有趣的街区可以探索。准备好在此消耗一两个小时（或者一两天）：

39th St West 堪萨斯城最新潮的地方就是这条精品街，还有许多民族特色小餐馆和热闹的酒吧。

乡村俱乐部广场（Country Club Plaza）经常被简称为"the Plaza"（广场），这片20世纪20年代的购物区令人赞叹，本身就是景点。

十字路口艺术区（Crossroads Arts District）位于Baltimore St和20th St附近，有画廊和精品店，名副其实。

皇冠中心（Crown Center）在市中心以南，这片20世纪70年代的开发区依托于几家大酒店和霍尔马克公司（没错，那家贺卡公司就坐落在这里）。

历史爵士乐区（Historic Jazz District）正处于上升势头，这个非裔美国人老社区在18th St和Vine St。

夸利蒂山（Quality Hill）在W 10th St和Broadway附近，这个历史性的区域有建于20世纪20年代的经过翻新的宏伟建筑。

河岸市场（River Market）具有历史特色，是一家大型农贸市场；就在市中心以北。

韦斯特波特（Westport）位于Main St以西的Westport Rd；满是吸引人的餐馆和酒吧。

洲艺术收藏。免费参观一座华丽的雕塑公园和来自顶尖艺术家的丰富藏品,有什么理由不喜欢呢?

★ 黑人联盟棒球博物馆　　　博物馆

(Negro Leagues Baseball Museum; ☏816-221-1920; www.nlbm.com; 1616 E 18th St; 成人/儿童 $10/6; ◯周二至周六 9:00~18:00, 周日 正午至18:00)这座综合博物馆涉及非裔美国人球队不太为人所知的历史,比如在棒球全面整合之前活跃的堪萨斯城皇家队(KC Monarchs)和纽约黑人洋基队(New York Black Yankees)。它是18th & Vine博物馆建筑群的一部分。

乡村俱乐部广场　　　地区

(Country Club Plaza; ☏816-753-0100; www.countryclubplaza.com)建于20世纪20年代,这个豪华的商业区(以Broadway和47th St为中心)拥有精致华丽的西班牙建筑。这里有丰富多彩的公共艺术品和雕塑——可以在信息中心(4750 Broadway)找到步行游的小册子看看,至少也要看看西班牙斗牛壁画(Spanish Bullfight Mural; Central St)和海神喷泉(Fountain of Neptune; 47th St and Wornall Rd)。

阿拉伯汽船博物馆　　　博物馆

(Arabia Steamboat Museum; ☏816471-1856; www.1856.com; 400 Grand Blvd; 成人/儿童 $14.50/5.50; ◯周一至周六 10:00~17:00, 周日 正午至17:00, 最后入馆时间 关门前90分钟)这座博物馆位于河岸市场(River Market),展示了从一艘1856年沉没的汽船(在密苏里河沉没的数百条船之一)上抢救出来的200吨"珍宝"。

玩具和缩微模型国家博物馆　　　博物馆

(National Museum of Toys & Miniatures; www.toyandminiaturemuseum.org; 5235 Oak St, University of Missouri-Kansas City; $5; ◯周三至周一 10:00~16:00; Ⓟ⛨)100多年来的玩具占据了38个房间,包括世界上规模最大的缩微模型收藏。这里有51,000件玩具、3320件玩偶和1600件玩具士兵,这些收藏让这家刚刚经过改造的博物馆成为同类博物馆中最大的一座。

游览喷泉

大大小小的水流喷洒而出,堪萨斯城的200多座喷泉是美观的设施,其中很多也的确算得上是壮观的艺术品。City of Fountains Foundation(www.kcfountains.com)的网站是不错的信息来源,有地图、信息和可下载的自助游导览。最好的是乡村俱乐部广场附近的JC.尼科尔纪念喷泉(JC Nichols Memorial Fountain),以及皇冠中心广场喷泉(Crown Center Square Fountain)。

美国爵士乐博物馆　　　博物馆

(☏816-474-8463; www.americanjazzmuseum.org; 1616 E 18th St; 成人/儿童 $10/6; ◯周二至周六 9:00~18:00, 周日 正午至18:00)这座互动式博物馆位于这座城市20世纪20年代非裔美国人街区中心。在这里可以了解不同的爵士乐类型、节奏、乐器和音乐家,包括堪萨斯城土生土长的查理·帕克(Charlie Parker)。它是18th & Vine博物馆建筑群的一部分。

🛏 住宿

市中心和广场有靠近热闹区域的不错住宿选择(主要是连锁机构)。想找便宜的地方,需要沿州际公路往外走,北面的35号州际公路(I-35)和29号州际公路(I-29)以及东边的70号州际公路(I-70)旁有数十家连锁住宿场所。

Oak Tree Inn　　　汽车旅馆 $

(☏913-677-3060; www.oaktreeinn.com; 501 Southwest Blvd; 房间 $70~130; Ⓟ⛨🛜⛉)这家舒适却低调的汽车旅馆是堪萨斯城的价值领袖。房间是标准样式,不过有冰箱和微波炉。紧邻35号州际公路(I-35, 234号出口),步行20分钟即可到达位于39th St West的娱乐场所。

America's Best Value Inn　　　汽车旅馆 $

(☏816-531-9250; www.americasbestvalueinn.com; 3240 Broadway; 房间 $70~90; Ⓟ⛨🛜⛉)干什么都方便,这家朴素的汽车旅馆有

52个房间、内部走廊和一个足够让小家庭使用的游泳池。

★ Southmoreland on the Plaza 民宿 $$

(☎816-531-7979; www.southmoreland.com; 116 E 46th St, Country Club Plaza; 房间 $120~235; ▣❋≋)这个豪华民宿有12个房间，装修得好像你在乡间俱乐部认识的有钱朋友的住宅。这座古老的大宅子在艺术博物馆和广场之间。另外还有按摩浴缸、露台、雪利酒、壁炉等。

Jefferson House B&B 民宿 $$

(☎816-673-6291; www.jeffersonhousekc.com; 1728 Jefferson St; 房间 $155~205; ▣❋≋)Jefferson House比密苏里的大多数庄园兼民宿都要时髦，兼具现代和传统风格。这里只有3个房间，一间可以尽览城市风光。老板彼得（Peter）和特雷莎（Theresa）来自英国泽西岛，男主人在街边经营一家面包房，女主人的陶器为美味的早餐增色不少。

✕ 就餐

堪萨斯城最吸引人的虽然是烧烤，但也不乏世界一流的各种风味餐厅。这里有很棒的素食餐厅、民族风味餐厅和提供农场至餐桌菜单（突出该地区及其特产）的厨师餐厅。没有哪个街区可以垄断餐饮业，不过韦斯特波特（Westport）、河岸市场和39th St West都可以作为首选。

对于所有游客来说，在城镇各处的烧烤店品尝核桃木熏烤的牛腩、猪肉、鸡肉或排骨必不可少。当地的风格是坑口熏烤，厚厚地涂上以醋为主的调味酱汁。你大概会着迷于"烧肉块"（burnt ends）、酥脆的熏猪肉或牛腩肉块。

★ Fud 严格素食 $

(☎816-214-5025; www.eatfud.com; 813 W 17th St; 主菜 $7~13; ⏰周二至周六 11:00~21:00, 周日 至15:00; ▣)在为肉疯狂的城市，舒适的Fud是招人喜欢的一股清流，擅长将美国传统饮食以有机、无麸素食的形式重新诠释。尝尝菠萝蜜BBQ发酵面包或用腰果奶酪制作的奶酪通心粉。最后再来一份软软的腰果冰激凌。关于最新信息，查看网站，因为在你读到这里的时候，Fud可能已经搬迁。

★ Arthur Bryant's 烧烤 $

(☎816-231-1123; www.arthurbryantsbbq.com; 1727 Brooklyn Ave; 主菜 $8~15; ⏰周一至周四 10:00~21:30, 周五和周六 至22:00, 周日 11:00~20:00; ▣)距离爵士乐区不远，这家著名的店面提供大量绝佳烧烤。酱汁柔滑辛辣，员工诙谐可爱。尝尝烧肉块。

Joe's Kansas City Bar-B-Que 烧烤 $

(☎913-722-3366; www.joeskc.com; 3002 W 47th Ave; 主菜 $6~20; ⏰周一至周四 11:00~21:00, 周五和周六 至22:00; ▣)去此处吃饭是跨越州界的最好理由[实际上距离乡村俱乐部广场（见727页）不远]。这家传奇性的小店位于灯火通明的老加油站内。手撕猪肉是盘中美味，素食者可以享用熏褐菇；估计要排队。

Winstead's Steakburger 汉堡 $

(☎816-753-2244; www.winsteadssteakburger.com; 101 Emmanuel Cleaver II Blvd; 主菜 $4~6; ⏰6:30至午夜)在乡村俱乐部广场这家可以追溯至1940年的饭店里，活泼的服务员将一盘盘超级美味的汉堡包扔向来用餐的各色顾客，他们中间包括家庭和宿醉的嬉皮士等。不要错过洋葱圈和辣椒。

Rieger Hotel Grill & Exchange 美国菜 $$

(☎816-471-2177; www.theriegerkc.com; 1924 Main St; 主菜 $11~30; ⏰周一至周四 15:00~22:00, 周五和周六 至23:00)堪萨斯城最具创意的餐馆之一，坐落在十字路口艺术区（Crossroads Arts District），从前是一家乏味的1915年老式酒店。如今这里装扮一新，足以匹配霍华德·汉娜（Howard Hanna）时令菜单上的创意菜品。注意，卫生间的匾牌上说阿尔·卡彭（Al Capone）曾经在此"方便"。

★ Bluestem 新派美国菜 $$$

(☎816-561-1101; www.bluestemkc.com; 900 Westport Rd; 3/5/10道菜 餐 $75/85/110, 酒吧小吃 $5~18; ⏰厨房 周一至周六 17:00~22:00, 酒吧 16:00~23:00; ▣✱)Bluestem曾多次获奖，悠闲而优雅的氛围从吧台弥漫向餐厅。很多人来到韦斯特波特这家著名餐馆只为了一杯上好的鸡尾酒和几盘精美的小吃

(啊！他家的奶酪）。晚餐以各种（适于搭配葡萄酒的）季节性小菜为特色。

🍷 饮品和夜生活

想找成片的具有当地情调的酒吧，韦斯特波特和39th St West是最好的选择。

被大肆宣传的力与光区（Power & Light District；www.powerandlightdistrict.com）是以Grand Blvd和W 12th St为中心的大型城市开发区，有公式化的酒吧和现场演出场所。在城里没有体育赛事的时候，这里可能会看起来相当没有生气。酒吧大多在凌晨1:30~3:00关门。

★ Boulevard Brewery　　微酿啤酒

（☎816-474-7095；www.boulevard.com；2501 Southwest Blvd；⊙10:00~19:00）欢迎来到中西部最大的特色自酿酒吧！2层的啤酒馆有21种自酿啤酒，从那里的露台可以欣赏市中心的美景。最好在10:30至16:00，每隔15分钟就有免费参观酿酒厂的活动。

★ Up-Down　　酒吧

（☎816-982-9455；www.updownkc.com；101 Southwest Blvd；⊙周一至周五 15:00至次日1:00，周六 11:00至次日1:00，周日 11:00至午夜）极受欢迎的酒吧兼游乐场，就在市中心以南，Up-Down凭借从弹球游戏到电子游戏的一系列不同的游戏迎合了每一个人心中爱玩的一面。这里有巨大的阳台和美妙的音乐。在它豪华的桶装啤酒阵容里包含了Boulevard酿酒厂的所有啤酒（就在山上酿造）。

Tom's Town　　酿酒厂

（☎816-541-2400；www.toms-town.com；1701 Main St；⊙周二至周五 16:00至午夜，周六 14:00至午夜）Tom's Town是禁酒令发布以后堪萨斯城市中心第一家合法酿酒厂，是对这座城市藐视禁酒令的政治首领汤姆·彭德格斯特（Tom Pendergast）的致敬。推荐品尝自制的伏特加、杜松子酒或波旁威士忌酒，让装饰艺术的家具布置将你带回堪萨斯城被称为"大平原的巴黎"的年代。

McCoy's Public House　　自酿酒吧

（☎816-960-0866；www.beerkc.com；4057 Pennsylvania Ave；⊙周一至周六 11:00至次日3:00，周日 至午夜）温暖舒适的日子就应该来韦斯特波特这家自酿酒吧的天井。自酿啤酒很出色，全年不同。食物确实是个慰藉，相当不错。

☆ 娱乐

免费周刊《力荐》（*Pitch*；www.pitch.com）有最详细的文化活动安排。

★ Mutual Musicians Foundation　　爵士乐

（☎816-471-5212；www.mutualmusicians.org；1823 Highland Ave；⊙周六和周日 1:00~5:00）位于18th and Vine附近的历史爵士乐区（Historic Jazz District），这个曾经的非裔美国音乐家工会大厅从1930年就开始在下班时间举办即兴演奏。著名的老音乐人与年轻精英一同演出。这里气氛友好，毫不做作。一家小吧台提供塑料杯装的便宜饮品。不收入场费（不过建议捐款$10）。营业时间包括周五和周六的夜晚至次日凌晨。

Kauffman Center for the Performing Arts　　表演艺术

（☎816-994-7200；www.kauffmancenter.org；1601 Broadway）这座引人注目的设施以两处馆为中心。演出时间表不定，包括戏剧、歌剧、芭蕾舞、音乐等。

Riot Room　　现场音乐

（☎816-442-8179；www.theriotroom.com；4048 Broadway；价格不定；⊙营业时间不定）既是廉价酒吧，又是前卫的现场音乐场所，韦斯特波特的Riot Room从不令人失望，还有很多不错的啤酒。

Blue Room　　蓝调、爵士乐

（www.americanjazzmuseum.org；1616 E 18th St；周一和周四 免费，周五和周六 价格不定；⊙周一和周四 17:00至午夜，周五和周六 至次日1:00）这家光鲜的夜店属于美国爵士乐博物馆（见727页），周一和周四有本地乐手免费演出。周末有巡回演出。重要演出在毗邻的Gem Theater举办。

ℹ️ 实用信息

大堪萨斯城游客中心（Greater Kansas City Visitor Center；☎816-420-2020；www.visitkc.com；

30 W Pershing Rd, Union Station; ◎周二至周日9:30~16:00)在国家"一战"博物馆内也有一处办公地点。

Missouri Welcome Center(☎816-889-3330; www.visitmo.com; 4010 Blue Ridge Cutoff, Truman Sports Complex; ◎8:00~17:00)位于70号州际公路9号出口处,提供州地图和信息。

❶ 到达和离开

堪萨斯城国际机场[Kansas City International Airport; MCI; www.flykci.com; 29号州际公路的13出口下(I-29, exit 13)]位于市中心西北15英里处,一连串环形航站楼令人晕头转向。这里有方便的国内航线。乘出租车到市中心/广场费用约为$40/45。或者乘坐比较便宜的**SuperShuttle**(☎800-258-3826; www.supershuttle.com; $23起)。

美国国铁(www.amtrak.com)车站位于宏伟的**联合车站**(Union Station; www.unionstation.org; 30 W Pershing Rd; ◎6:00至午夜)。每天有2班Missouri River Runner火车开往圣路易斯($31起,5.5小时)。每天1班来往于芝加哥和洛杉矶之间的Southwest Chief也在这里停车。

灰狗巴士(☎816-221-2835; www.greyhound.com; 1101 Troost St)从市中心以东地段不好的车站发车,每天有开往圣路易斯($25, 4.5小时)和丹佛($75, 11.5小时)的长途汽车。

Jefferson Lines(☎816-221-2885; www.jeffersonlines.com; 1101 Troost St, Greyhound Terminal)开往奥马哈(Omaha, $45, 3~4小时)、德梅因(Des Moines, $50, 3.5小时),以及途经塔尔萨(Tulsa)到俄克拉何马城(Oklahoma City, $70, 7小时)。

❶ 当地交通

Ride KC(www.ridekc.org)提供一日无限次公共汽车通票,上车买票价格$3。47路公共汽车定时来往市中心、韦斯特波特和乡村俱乐部广场。

KC Streetcar(http://kcstreetcar.org; ◎周一至周四6:00至午夜,周五 至次日2:00,周六 7:00至次日2:00,周日 7:00~22:00)主要在河岸市场到联合车站之间的Main St大街上运行,线路全长约2英里。

如果需要出租车,可以试试**黄色出租车**(Yellow Cab; ☎888-471-6050; www.kansas-city-taxi.com)。

独立镇(Independence)

景色如画的独立镇是中西部古老小镇的完美典范。这里是1945年至1953年任职美国总统的哈里·S.杜鲁门(Harry S Truman)的故乡,有一些不容错过的博物馆。

◉ 景点

★ 杜鲁门总统博物馆和图书馆 博物馆

(Truman Presidential Museum & Library; ☎800-833-1225; www.trumanlibrary.org; 500 W US 24; 成人/儿童 $8/3; ◎周一至周六 9:00~17:00,周日 正午至17:00)这里展示着数千件物品,包括著名的"责任不容推卸"(The Buck Stops Here!)牌子,来自那个带领美国度过最混乱年代之一的人。不仅如此,博物馆清晰地呈现了美国20世纪40年代末和50年代初的面貌。

杜鲁门宅邸 历史建筑

(Truman Home; www.nps.gov/hstr; 219 N Delaware St; 团队游 成人/儿童 $5/免费; ◎9:00~16:30, 11月至次年5月 周一关闭)见识一下哈里和贝丝(Bess)在这座朴素却迷人的木房子里的简单生活。这里的摆设还都是当时的旧物,真实到几乎可以想象出夫妇俩漫步出来和你打招呼的景象。1919年至1972年,这位前总统居住在这里,退休后,他在非常简单朴素的前室款待来访的贵宾。据说,他不希望访客逗留超过30分钟。游客中心(☎816-254-9929; 223 N Main St; ◎8:30~17:00)出售团队游票。

国家拓荒之路博物馆 博物馆

(National Frontier Trails Museum; ☎816-325-7575; www.frontiertrailsmuseum.org; 318 W Pacific Ave; 成人/儿童 $6/3; ◎周一至周六 9:00~16:30, 周日 12:30~16:30)令人信服地呈现了圣菲、加利福尼亚州和俄勒冈州小径沿途拓荒者的艰辛生活;很多人的旅程就是从独立镇开始的。你将了解到,当拓荒者们意识到旅途的挑战确实太大的时候,他们就"遇到了自己的大象"。

🛏 食宿

Higher Ground Hotel 酒店 $$
(☎816-836-0292; www.highergroundhotel.

com; 200 N Delaware St; 房间 $100~130; ❄️📶)

这家拥有30个房间的酒店位于杜鲁门宅邸的街对面,从外边看着并不起眼。但走进气氛欢快的大厅,你就能找到设施齐备(及个性化设计)的住所,其中一些可以俯瞰宁静的花园。

Clinton's Soda Fountain 冰激凌 $

(📞816-833-2046; www.clintonssodafountain.com; 100 W Maple Ave; 主菜 $5~8; ⏰周一至周六 11:00~18:00)与杜鲁门在汽水柜台从事他第一份工作时相比,这里几乎毫无变化。来尝尝圣代冰激凌、自制苏打水和便宜的三明治。

❶ 到达和离开

从堪萨斯城驾车向东飞驰20分钟,可以到达独立镇。想乘坐公共交通工具,可以在力与光区的 Grand Blvd 搭乘24路长途汽车,到独立镇车程50分钟。

圣约瑟夫(St Joseph)

开拓者的主要出发地,这座脏乱的河畔城镇四周稍微蓬乱,但刚刚复兴的市中心内,一度荒废的店面如今开满了奇特的商店和餐厅。这里还有几座引人入胜的博物馆。可以前往市中心的游客中心(📞800-785-0360; www.stjomo.com; 109 S 4th St; ⏰周一至周五 8:00-17:00)了解具体信息。

👁 景点

精神病博物馆 博物馆

(Glore Psychiatric Museum; 📞816232-8471; www.stjosephmuseum.org; 3406 Frederick Ave; 成人/儿童 $6/4; ⏰周一至周六 10:00~17:00, 周日 13:00~17:00)坐落在曾经的"2号州立精神病院"内,这座博物馆有令人恐惧又吸引人的展览,包括前脑叶白质切除术、"惊奇浴室"及其他备受质疑的治疗方式。价格包括此处另外三座关于美洲原住民艺术、本地非裔美国人历史和玩具娃娃的博物馆的门票。

国家驿马快信博物馆 博物馆

(Pony Express National Museum; 📞816279-5059; http://ponyexpress.org; 914 Penn St; 成人/儿童 $6/3; ⏰周一至周六 9:00~17:00, 周日 11:00~16:00)1860年,第一批驿马快信(Pony Express)带着信件从加利福尼亚州以西2000英里的圣约瑟夫(St Jo)出发。这座博物馆就是当年驿马出发的地方,与帕特宅邸博物馆(Patee House Museum; 📞816-232-8206; www.ponyexpressjessejames.com; 1202 Penn St; 成人/儿童 $6/4; ⏰周一至周六 9:00~16:00, 周日 正午至16:00)仅隔着几条砖铺街道。

🛏 住宿

城里的许多老宅如今都成为迷人的民宿。紧邻29号州际公路(I-29)的47号出口附近还有一些连锁酒店和汽车旅馆。

⭐ Shakespeare Chateau 民宿 $$

(📞816-232-2667; www.shakespearechateau.com; 809 Hall St; 房间 $180~200; ❄️📶🅿️)这幢1885年的优雅宅邸楼上有四间宽敞的客房,楼下有几间公共客厅,可以在其中感受昔日的豪华。共有47扇彩色玻璃窗遍布宅邸(找找楼梯间里面的杰作),还有悬挂的枝形吊灯、樱桃木雕刻和艺术藏品。做好眼花缭乱的准备吧!

🍴 餐饮

Bad Art Bistro 美国菜 $$

(📞816-749-4433; 707 Edmond St; 主菜 $12~30; ⏰周二至周六 11:00~14:00和17:00~21:00, 周日 10:00~15:00)顾名思义, 糟糕的艺术品(试想一下摇摆的静物画和脚丫子的照片)充斥于这家高档餐厅。厨师推荐菜单包括龙虾奶酪通心粉和每日手切鲜牛排等菜肴。

⭐ Tiger's Den 酒吧

(📞816-617-2108; 519 Felix St; ⏰周日和周一 16:00~23:00, 周二和周三 11:00~23:00, 周四至周六 11:00至次日1:00)部分是书店,部分是鸡尾酒吧,Tiger's Den是海明威的梦想之地。坐在长毛绒沙发上,点一杯灵感来自四周架上书籍的饮品,包括阿加莎·克里斯蒂的闪光的氰化物(Agatha Christie's Sparkling Cyanide)或龙舌兰知更鸟(Tequila Mockingbird)。

❶ 到达和离开

圣约瑟夫位于堪萨斯城以北约1小时车程处的29号州际公路(I-29)沿线。Jefferson Lines (www.jeffersonlines.com)长途汽车往来这条线路(成人 $14)。

艾奥瓦州(IOWA)

该州一派田园风光,绵延起伏的农田两端是密西西比河的峻岭峭壁和密苏里河边高耸的勒斯山(Loess Hills);其间有作家们笔下的爱荷华城镇、阿马纳定居地的社区居民,以及很多风景如画的乡村城镇,包括麦迪逊县廊桥中间的那些小镇。

艾奥瓦州每隔四年就会从沉睡中醒来,这里是成就或者挫败总统候选人的关键州。艾奥瓦州的党团会议是全国选战的开端,乔治·W.布什(George W Bush)和巴拉克·奥巴马(Barack Obama)令很多专家震惊,他们分别在2000年和2008年获胜并踏上了通向胜利的竞选之路。

❶ 实用信息

Iowa Bed & Breakfast Guild (www.ia-bednbreakfast-inns.com)

艾奥瓦州立公园 (Iowa State Parks; www.iowadnr.gov)州立公园免费参观。大约50%至75%的公园露营地可预订(www.iowastateparks.reserveamerica.com);每晚费用$6~16。

艾奥瓦州旅游办公室 (Iowa Tourism Office; www.traveliowa.com)

Iowa Wine & Beer (www.iowawineandbeer.com)自酿啤酒,对了,还有葡萄酒酿造业在艾奥瓦州发展繁荣。可以安装便利的App。

德梅因(Des Moines)

德梅因,意为"僧侣的",而非"位于玉米地带",与周围田地所暗示的并不相同。这里是艾奥瓦州快速发展的首府。这座城市有一幢惊人的州议会大厦,如东村(East Village)一样热闹的聚居区,还有全国数一数二的州立博览会。在这里停留一晚,然后就出城,看看艾奥瓦州的其他地方吧。

◉ 景点

德梅因河(Des Moines River)穿过市中心。法院大街娱乐区(Court Ave Entertainment District)就在河西,议会大厦脚下的东村(East Village)位于河东,这里是画廊、餐馆、夜店和一些同性恋酒吧的所在地。

★ 帕帕约翰雕塑公园   公园
(Pappajohn Sculpture Park; www.desmoinesartcenter.org; 1330 Grand Ave; ⏱6:00至午夜)这座娴娜的公园拥有出色的天际风光,以22位著名艺术家创作的雕塑为特色,包括索尔·勒维特(Sol LeWitt)、基思·哈林(Keith Haring)和威廉·德·库宁(Willem de Kooning)的作品。附近有不少高档餐厅和精品店。

州议会大厦   历史建筑
(State Capitol; ☎515-281-5591; E 9th St和Grand Ave交叉路口; ⏱周一至周五 8:00~17:00,周六 9:00~16:00) **免费** 从闪闪发光的金色穹顶到螺旋楼梯和法律图书馆的彩色玻璃,这座珠光宝气的议会大厦(1886年)的每个细节似乎都在超越后来者。参加免费团队游,你可以攀登至穹顶的中间。

★★ 节日和活动

★ 艾奥瓦州博览会   博览会
(Iowa State Fair; ☎800-545-3247; www.iowastatefair.org; E 30th St和E University Ave交叉路口; 成人/儿童 $12/6; ⏱8月中旬 7:00至午夜; 🅿)这里不止有乡村音乐和酥油花。这个节日在11天的时间内会吸引100万游客。游客们享用备受赞誉的农场产物和所有你能想象到的能插在扦子上的食物。罗杰斯(Rodgers)和汉默斯坦(Hammerstein)的音乐剧《博览会》(State Fair)及其1945年电影版都是以此为背景。

🛏 住宿

各种各样的连锁酒店集中在80号州际公路(I-80)的121、124、131和136号出口处。独立汽车旅馆紧挨着河流两边的14th St。

麦迪逊县（MADISON COUNTY）

这个景色优美的县位于德梅因西南约30英里，蛰伏了半个世纪之久，直到罗伯特·詹姆斯·沃勒（Robert James Waller）催人泪下的小说《廊桥遗梦》(*The Bridges of Madison County*) 的热销及1995年克林特·伊斯特伍德（Clint Eastwood）/梅丽尔·斯特里普（Meryl Streep）版的电影上映。这吸引了大量粉丝前来凭吊激罗伯特（Robert）和弗朗西丝卡（Francesca）恋情的廊桥。

该地区的农场和田野闲适宁静，令人愉快，城镇景色如画。圣查尔斯（St Charles）是现存6座廊桥中最古老的廊桥所在地，而其他廊桥位于旅游中心温特塞特（Winterset），那里还有一座银色穹顶的华丽法院。

两地之间有几座葡萄园、啤酒厂和苹果酒厂。可以在温特塞特商会（Winterset Chamber of Commerce; ☎515-462-1185; www.madisoncounty.com; 73 Jefferson St, Winterset; ⊙5月至10月周一至周六 9:00~16:00，周日 正午至15:00，11月至次年4月 周一至周五 10:00~15:00）领取一份该县地图（或下载一份）。

餐饮

B & B Grocery, Meat & Deli 美国菜 $

(☎515-243-7607; www.bbgrocerymeatdeli.com; 2001 SE 6th St; 主菜 $4~9; ⊙周二至周五 8:30~18:00，周六 至15:00）这个狭小的店面就在市中心以南，口号是"从1922年开始，始终让爱荷华人站在食物链的顶端！"在这里可以享用艾奥瓦州抚慰人心的食品，比如多肉的三明治，里面有"杀手猪肉里脊"（killer pork tenderloin），一种真正能让你满足的美食。

El Bait Shop 啤酒馆

(☎515-284-1970; http://elbaitshop.com; 200 SW 2nd St; ⊙11:00至次日2:00）有222种桶装啤酒，这个庞大的室内外综合设施号称提供全世界选择最多的美式精酿啤酒。

到达和离开

德梅因国际机场（Des Moines International Airport, DSM; ☎515-256-5050; www.dsmairport.com; 5800 Fleur Dr）位于城镇西南3英里处，有来自美国大多数主要城市的直飞航班。Burlington Trailways（www.burlingtontrailways.com）每天有几班车开往奥马哈（$34, 2.5小时），Jefferson Lines（www.jeffersonlines.com）有开往堪萨斯城（$45, 3小时）的车次。

达文波特（Davenport）

达文波特是所谓四城地区[Quad Cities; 艾奥瓦州的达文波特和贝顿多夫（Bettendorf）、伊利诺伊州的莫林（Moline）和岩石岛（Rock Island）]最大、最有生机的城市。它引以为豪的是以密西西比河为宏大背景的巨大的徒步骑行线路网。

景点

菲格艺术博物馆 博物馆

(Figge Art Museum; ☎563-326-7804; www.figgeartmuseum.org; 225 W 2nd St; 成人/儿童 $7/4; ⊙周二、周三、周五和周六 10:00~17:00，周四 至21:00，周日 正午至17:00）玻璃幕墙的菲格艺术博物馆在河路上方熠熠生辉。博物馆的中西部地方主义收藏（Midwest Regionalist Collection）包括艾奥瓦州本地（及美式哥特风画家）的格兰特·伍德（Grant Wood）的许多作品；你还可以漫步穿过海地和墨西哥殖民时期风格的世界级藏品中。

食宿

★ Beiderbecke Bed & Breakfast 民宿 $$

(☎563-323-0047; www.beiderbeckeinn.com; 532 W 7th St; 房间 $95~110; ❄️⑧）这幢维多利亚木格架形式的房屋是爵士乐传奇人物比克斯·拜德贝克（Bix Beiderbecke）父母的故居。如今，这里是有4个房间的民宿，贴着不可思议的旧式壁纸，铺着粗犷的对称图案地毯。房间宽敞，其中两间可观河景。

Freight House
市场 $

(☎563-322-6009; www.freighthousefarmersmarket.com; 421 W River Dr; ⊙营业时间不定,农贸市场 周五 15:00~18:00,周六 8:00~13:00) 位于水畔的旧铁路货栈,是一站式采购有机食品、本地自酿啤酒和熟食三明治的好去处。两层砖楼里面还有一家极好的农贸市场,供应大量本地农产品。

❶ 实用信息

游客中心 (☎563-322-3911; www.visitquadcities.com; 102 S Harrison St; ⊙6月至8月 周一至周五 9:00~17:00,周六 至16:00,9月至次年5月 周一至周五 10:00~16:00) 位于市中心河边古老的联合车站内,提供自行车租赁服务(4月至10月 每小时 $8),可以沿密西西比河骑行。

❶ 到达和离开

达文波特位于与伊利诺州的交界处,从芝加哥的各机场沿88号州际公路 (I-88) 或80号州际公路 (I-80) 行驶不到3小时即可到达。沿80号州际公路 (I-80) 朝另一个方向前行,约2.5小时可以到达德梅因,沿大河公路 (Great River Road) 往北2小时是迪比克 (Dubuque)。灰狗巴士 (www.greyhound.com) 有从芝加哥 ($20, 4小时) 往返的线路, Burlington Trailways (www.burlingtontrailways.com) 是继续深入艾奥瓦州旅行的最佳选择。

艾奥瓦市 (Iowa City)

这里的青春气息和艺术氛围得益于艾奥瓦大学 (University of Iowa) 的校园。该校园里有不错的艺术和自然历史博物馆。校园横跨艾奥瓦河 (Iowa River) 两岸(河岸上有不错的步行区);东边与迷人的市中心交错。夏季(当学生与市民的比例持平时),这座城市又变得成熟稳重起来。这座学校的写作项目很是出名,2008年,艾奥瓦市被命名为"联合国教科文组织的文学之城"(Unesco City of Literature)。想要看看对这座城镇及学校的诙谐改编,可以阅读简·斯迈利 (Jane Smiley) 的《哞》(Moo)。

◉ 景点

老议会博物馆
博物馆

(Old Capitol Museum; ☎319-335-0548; https://oldcap.uiowa.edu; Clinton St和Iowa Ave交叉路口; ⊙周二、周三、周五和周六 10:00~17:00,周四 至20:00,周日 13:00~17:00) **免费** 位于艾奥瓦大学校园中心漂亮的金色穹顶建筑就是老议会大厦 (Old Capitol)。这座建筑建于1840年,在1857年德梅因成为权力中心之前,它一直是政府所在地。如今这里是博物馆了,内有美术馆和当年全盛时期遗留下来的陈设布置。

🛏 食宿

★ Brown Street Inn
民宿 $$

(☎319-338-0435; www.brownstreetinn.com; 430 Brown St; 房间 $110~165; ❈@⛳) 这座1913年荷兰殖民风格的房屋有6个房间,内有四柱床及其他古董,从市中心步行可以轻松到达。可以向友善的老板打听隔壁的房子,库尔特·冯内古特 (Kurt Vonnegut) 就是在那儿创作了《第五屠宰场》(Slaughterhouse-Five) 的前几章。

Clinton Street Social Club
美食酒吧 $$

(☎319-351-1690; https://clintonstreetsocial.com; 18½ S Clinton St; 主菜 $10~28; ⊙16:00至次日2:00) 这家时髦的二层美食酒吧以取材于本地的餐食和鸡尾酒长吧台上的好酒为荣。周一晚上放映经典电影,每个月的周四至少举办两场现场爵士演奏会。"社交时间"(工作日16:00至18:00),教授们经常来这儿享用半价鸡尾酒和酒吧食品。

🍷 饮品和夜生活

艾奥瓦市的生活在太阳落山后才热闹起来,从时髦的鸡尾酒吧到闹腾的大学酒吧和现场音乐表演场地,应有尽有。

Dave's Fox Head Tavern
酒吧

(☎319-351-9824; 402 E Market St; ⊙周一至周六 18:00至次日2:00) 此地很受来参加作家研讨会的人欢迎。在这家小酒店隔间闲坐的时候,他们都在讨论动名词。门口那个是T.C.波伊尔 (TC Boyle; 美国作家) 吗?

🛍 购物

Prairie Lights 书籍

(☎319-337-2681; www.prairielights.com; 15 S Dubuque St; ⊙周一至周六 10:00~21:00, 周日 至18:00)这家书店配得上艾奥瓦作家工作坊。

ℹ 到达和离开

从德梅因沿80号州际公路(I-80)东行约115英里,即可到达艾奥瓦市。沿这条路往东再走55英里就是达文波特。Burlington Trailways(www.burlingtontrailways.com)长途汽车连接艾奥瓦市和德梅因($18, 2小时)、达文波特($12, 1小时)及该地区的其他几座城市。

阿马纳定居地(Amana Colonies)

艾奥瓦市西北的这7座村庄沿一段17英里的环路延伸。所有村庄都在1855年至1861年由神感论者建立。当时人们是想把它们建为德国宗教公社。在大萧条之前,他们一直在这里过着乌托邦式的生活,没有工资,所有财产归公社所有。与阿米什和门诺派宗教不同,神感论者接受现代科技(和旅游业)。

如今,这些保存完好(朴素并且有品位)的村庄可以让人一窥这种独特文化,这里还出售很多艺术品、手工艺品、奶酪、烘焙食品和葡萄酒。几乎所有商品都是村民在村里手工制作的。

前往谷仓形状的**阿马纳定居地游客中心**(Amana Colonies Visitors Center; ☎319-622-7622; www.amanacolonies.com; 622 46th Ave, Amana; ⊙5月至10月 周一至周六 9:00~17:00, 周日 10:00~17:00, 11月至次年4月每天 10:00~16:00),领取一份必不可少的向导地图。这里还出租自行车(游览该地区的最佳方式;5月至10月 每天 $15),也出售适用于所有博物馆的门票(成人 $7)。

距离艾奥瓦市最近的村庄是西北20英里的霍姆斯特德(Homestead)。其他村庄由一条17英里的环路相连。没有从艾奥瓦市出发的公共交通。

维农山(Mt Vernon)

在这个拥有得天独厚美景的州,维农山(Mt Vernon)是最美丽的地方之一。它位于历史悠久的林肯公路(Lincoln Hwy)——最早横跨美国的州际线路——沿线,树木成排的街道两边布满了古董店、美术馆和五花八门的小商店。

🛏 食宿

Brackett House 民宿 $$

(☎319-560-5904; www.bracketthousebnb.com; 418 2nd St SW; 房间 $125~150; ❋❄@🛜)这家迷人的民宿由毗邻的康奈尔学院(Cornell College)管理,有4个宽敞的房间,其中3间有阳光充足的封闭门廊。装修现代,位置优越,前往市中心散步非常方便。

Big Grove Brewery 新派美国菜 $$

(☎319-624-2337; www.biggrovebrewery.com; 101 W Main St, Solon; 主菜 $9~30; ⊙厨房周二至周日 11:00~21:00)凭借打破常规的艾奥瓦州安慰食品打出了"全垒打"。时令食物产自当地,非常美味,还有自酿啤酒。位于维农山以南10英里与之相邻的索伦(Solon)。

ℹ 实用信息

在**维农山游客中心**(Mt Vernon Visitors Center; ☎319-210-9935; www.visitmvl.com; 311 1st St NW; ⊙周一至周五 9:00~16:00)领取一张地图,利用自助语言导览,出发进行一次历史城镇游。

ℹ 到达和离开

维农山位于艾奥瓦市以北20英里的IA-1沿线。两地之间没有公共交通。

迪比克(Dubuque)

这座历史悠久的城市在密西西比河和7座陡峭的石灰岩丘陵之间,19世纪的维多利亚式住宅排列在狭窄的街道边,是前往大河公路探险的理想大本营。沿9英里长的水畔小径漫步,跳上河船或探索城市复兴中的街区,那里的旧工厂正在迎来新生,被改造成商店、酒吧和餐馆。

⊙ 景点

★ 密西西比河国家博物馆和水族馆 博物馆

（National Mississippi River Museum & Aquarium；☏563-557-9545；www.rivermuseum.com；350 E 3rd St；成人/儿童 $15/10；◷6月至8月 9:00~18:00，9月至次年5月 10:00~17:00）在这座令人印象深刻的博物馆了解密西西比河上（各种各样）的生活。此处是大型河畔开发项目的一部分。展览内容包括汽船、水生生物和密西西比河的原住民。

第4街电梯 缆车

（4th Street Elevator；www.fenelonplaceelevator.com；4th St和Bluff交叉路口；往返成人/儿童 $3/1.50；◷4月至11月 8:00~22:00）这条缆索铁路建于1882年，从市中心攀升至陡峭的山上，可以看到宏伟壮观的风景。

⊨ 食宿

Hotel Julien 历史酒店 $$

（☏563-556-4200；www.hoteljuliendubuque.com；200 Main St；房间 $120~250；❋❄）8层的Hotel Julien历史悠久，建于1915年，曾经是阿尔·卡彭（Al Capone）的藏身处。

不要错过

仓和烟囱国家遗产区（SILOS & SMOKESTACKS NATIONAL HERITAGE AREA）

由艾奥瓦州东北的37个县组成，由国家公园管理局指定的这个区域包括100多处景点，纪念该地区的工业背景和童话般美丽的农场。亮点包括**雕像丘国家保护区**（Effigy Mounds National Monument；☏563-873-3491；www.nps.gov/efmo；Hwy 76, Marquette；◷6月至8月 8:00~18:00，9月至次年5月 至16:30）**免费** 景色优美的悬崖、阿马纳定居地的质朴村庄以及密西西比河国家博物馆和水族馆信息量丰富的展览。可以驾车的乡村道路很多。在酒店或游客中心找非常有用的年度指南《仓和烟囱》(Silos & Smokestacks)，或者登录网站www.silosandsmokestacks.org，了解更多信息。

Brazen Open Kitchen 美国菜 $$

（☏563-587-8899；www.brazenopenkitchen.com；955 Washington St；主菜 $12~30；◷周二至周四 16:30~21:00，周五和周六 至22:00）这家位于磨坊区（Millwork District）的时尚餐馆闪耀着琥珀色的灯光，菜单富有诗意，描述形式如下：根+土壤、面粉+水、农场+鱼。呈现的新派美国菜式从世界各地汲取灵感，的确美味无比。木制长吧台还有篇幅极长的葡萄酒单和创意鸡尾酒。

❶ 实用信息

市中心的**游客中心**（☏800-798-8844；www.traveldubuque.com；280 Main St；◷4月至11月 周一至周六 9:00~17:00，周日 10:00~15:00，12月至次年3月 周一至周五 9:00~17:00，周六 10:00~16:00）有关于整个地区和全州的信息。

❶ 到达和离开

从芝加哥向西取道20号公路（US 20）和90号州际公路（I-90），行驶刚过3小时即可到达迪比克。它位于大河公路的中点附近，距离锡达瓦利（Cedar Valley）、达文波特和艾奥瓦market均为大约1.5小时车程。灰狗巴士（www.greyhound.com）往返芝加哥（$45，4.5小时），Burlington Trailways（www.burlingtontrailways.com）是继续进入艾奥瓦州旅行的最佳选择。

锡达瓦利（Cedar Valley）

这里是5家约翰·迪尔（John Deere）拖拉机厂的所在地，你可以在**滑铁卢**（Waterloo）买一顶在美国中部随处可见的备受欢迎的绿黄相间的帽子。粗犷的市中心也有几座庄严、古老的建筑。附近的**锡达福尔斯**（Cedar Falls）是滑铁卢漂亮的姊妹城市，有一条曲折的主街（Main St），街边是精品店和咖啡馆。两座城市都位于锡达瓦利中心，那里是户外运动的地区中心，有许许多多骑车、徒步和划船的路线。

☞ 团队游

Tractor Assembly Tours 团队游

（☏319-292-7668；www.deere.com；3500 E Donald St, Waterloo；◷团队游周一至周五 8:00、

> 值得一游

艾奥瓦州的大河公路（IOWA'S GREAT RIVER ROAD）

艾奥瓦州的大河公路多半沿该州东部边缘紧靠密西西比河。它连接许多乡村道路，经过一些偏远漂亮的河畔城镇。从位于艾奥瓦州偏远东北角落的兰辛（Lansing）进入这条线路，在这座迷人度假小镇的霍斯默山公园（Mt Hosmer Park）山顶可以尽览三个州的壮观景色。

继续往南前往雕像丘国家保护区（见736页），那里有数百座神秘的美洲原住民坟丘坐落于密西西比河上方的峭壁内。在草木繁茂的小径上徒步，听听鸟叫。

接下来是邻近的马凯特（Marquette）和麦格雷戈（McGregor）。两个地方都是令人愉悦的历史村庄，主街值得快速溜达一趟。麦格雷戈是前往派克斯峰州立公园（Pikes Peak State Park；✆563-873-2341；https://iowastateparks.reserveamerica.com；32264 Pikes Peak Rd, McGregor；公园门票免费，露营地5月至9月 $11，10月至次年4月 $6）的门户，这一自然保护区位于威斯康星河和密西西比河交汇处，有10条错综复杂的徒步小径和可尽览风景的山顶露营地。

之后前往现代城镇加滕伯（Guttenberg），河边有一条商店和餐馆林立的主街。然后进入地区枢纽迪比克（见735页），你可以在令人印象深刻的密西西比河国家博物馆和水族馆（见736页）了解密西西比河上的生活。此处是大型河畔开发项目的一部分。展览内容包括汽船、水生生物和密西西比河的原住民。

沿着迪比克以南景色尤其优美的路段前行，可以找到贝尔维尤（Bellevue），那里拥有美丽的河景和树木繁茂的乡村风光，名副其实。拜访Potter's Mill（✆563-872-3838；www.pottersmill.net；300 Potter Dr, Bellevue；主菜 $10~16；⊙周日至周四 11:00~20:00，周五和周六至22:00，10月至次年4月 周一歇业），曾经是一座古老的谷物磨坊，你可以一边大嚼丰盛的南部美食，一边聆听爵士和蓝调音乐。

进入达文波特（见733页）——所谓四城地区最大的城市——熙熙攘攘的街道，视野开阔，地势平坦。继续南下，伯灵顿（Burlington）有一流的欢迎中心，非常适合在抵达老麦迪逊堡（Old Madison Fort）附近结束旅程之前短暂歇脚；老麦迪逊堡是中西部密西西比河上游最古老的美军要塞。

登录网站www.iowagreatriverroad.com，了解关于整条线路的更多信息。

大平原 锡达瓦利

10:00和13:00）**免费** 有趣的拖拉机游展示了拖拉机的生产过程。最低年龄13岁，要求预订。

🍴 食宿

★ **Blackhawk Hotel** 历史酒店 $$

（✆319-277-1161；www.theblackhawkhotel.com；115 Main St, Cedar Falls；房间 $90~170；🅿❄🛜）密西西比以西持续经营时间最长的酒店，锡达福尔斯市中心真正的珍宝。1853年开业，2012年整修，这里接待过各色人等，从海滩男孩（Beach Boys）乐队到美国前总统比尔·克林顿。历史酒店有28个房间，后面的现代建筑内有15个比较便宜的房间。

★ **Galleria De Paco** 意大利菜 $$

（✆319-833-7226；622 Commercial St, Waterloo；主菜 $15~35；⊙周二至周四 17:00~22:00，周五和周六至午夜）米开朗琪罗耗时4年才绘制了西斯廷教堂的天花板，而伊夫林·"帕科"·罗西奇（Evelin "Paco" Rosic）只用了4个月就在他位于滑铁卢市中心的意大利餐馆的天花板上用喷漆画出了面积一半的复制品。这家夸张的餐馆凭借其华丽的戏剧演出吸引游客，但美味佳肴同样让人失望。

ℹ 到达和离开

从锡达瓦利到德梅因、迪比克和艾奥瓦市的距离差不多，大约都是1.5小时的车程。Burlington Trailways（www.burlingtontrailways.com）每天运营从滑铁卢市至艾奥瓦市（$34, 2小时）和迪比克（$34, 2小时）的长途汽车。

北达科他州
（NORTH DAKOTA）

在壮观荒凉的北达科他州，谷物田野无边无际地延伸，春季和夏季绿意盎然，秋季一片金黄，冬季白霜铺地。除了遥远西部的崎岖"恶地"，地形地势变化不明显，景色中的变化多来自倒闭农庄的斑驳遗址。

这是美国最人迹罕至的州之一。但那只是意味着你嗖嗖驶过的时候，车辆较少。此处正适合迷失在偏远的双车道线路上，并欣赏处女地的美景。别忘了稍作停留，为草地鹨的歌声表示赞叹。

虽然谷物田野似乎无边无际，但该州的经济是与西部的大型油田紧密相连的。高企的能源价格让一度死气沉沉的城镇成为新兴城镇，比如威利斯顿（Williston）和沃特福德城（Watford City），现在满是大型的石油工人营地，被卡车堵住并压得破损不堪的道路，以及连续不断的油罐列车。

ℹ 实用信息

北达科他州民宿协会（www.ndbba.com）

北达科他州立公园（North Dakota State Parks; www.parkrec.nd.gov）车辆入园费为$5/25每天/年。几乎半数的公园露营地可以预订，费用在每晚$12到30之间。很多公园还有圆锥形帐篷（$35）和小屋（$55）。

北达科他州旅游局（North Dakota Tourism; www.ndtourism.com）

法戈（Fargo）

以富国银行（Wells Fargo Bank）的创始者法戈（Fargo）的名字命名，这座北达科他州的最大城市曾是皮草交易站、边陲城镇、闪电离婚之都和联邦证人保护项目（Federal Witness Protection Program）人员的安全居所；更不用说科恩兄弟（Coen Brothers）那部同名电影《法戈》（*Fargo*；中文译名"冰血暴"）——尽管电影是在红河（Red River）对面的明尼苏达州拍摄的。不过，随处可以听到的当地口音确实类似弗兰西斯·麦克多曼德（Frances McDormand）在电影中那种令人难忘的语调。撇开电影知名度不说，这座城市没什么真正的景点。但市中心迷人的砖砌建筑至少值得停留一晚。

⊙ 景点

平原艺术博物馆   博物馆

（Plains Art Museum; ☏701-551-6100; www.plainsart.org; 704 1st Ave N; 成人/儿童$7.50/免费; ⊙周二、周三、周五和周六11:00~17:00，周四至21:00）这座雄心勃勃的小型博物馆位于经过翻新的仓库内，以精心策划的展览为特色。永久收藏品中有美洲原住民艺术家的当代作品。

法戈木材削片机   电影外景地

（Fargo Woodchipper; ☏701-282-3653; www.fargomoorhead.org; 2001 44th St, I-94 exit 348; ⊙6月至8月 周一至周五7:30~20:00，周六和周日10:00~18:00，9月至次年5月 周一至周五8:00~17:00，周六9:00~16:00）**免费** 城里的游客中心完全展示了法戈对与它同名的这部电影的推崇。这里有在电影中使用过的木材削片机；在那个场景中，基亚（Gaear）将卡尔（Carl）尸体投进削片机入口却被玛吉（Marge）发现。你可以再现那个场景——不包括结局——戴上法戈式的帽子，用力把一支假腿塞进去（两样都有提供）。

另辟蹊径
埃尔登

在德梅因东南约90英里处的小埃尔登（Eldon），从汽车行李箱里抄起一件"工具"，自行戏仿格兰特·伍德标志性的《美国式哥特》（*American Gothic*; 1930）——干草叉绘画。原先的房屋在**美国哥特式房屋中心**（American Gothic House Center; ☏641-652-3352; www.americangothichouse.net; American Gothic St; ⊙周二至周六10:00~17:00，周日和周一13:00~16:00）**免费** 对面，中心对这幅引发上百万人戏仿的作品进行了解释（这里甚至出租服装，你可以对自己的戏仿来张自拍）。原画作现收藏于芝加哥艺术学院（Art Institute of Chicago）。

> ## 北达科他州的山地时区
>
> 北达科他州的西南区域，包括梅多拉，使用山地时区（Mountain Time），比该州其他地方的中部时区（Central Time）早一个小时。

食宿

★ **Hotel Donaldson** 酒店 $$

(☎701-478-1000；www.hoteldonaldson.com；101 Broadway；房间 $185起；✳@🛜）这家酒店来自对一家廉价旅馆的时髦张扬的翻新。这里的17个豪华套间分别由一位当地艺术家装饰。法戈最时髦的餐馆HoDo和屋顶酒吧（还有热水浴缸）在此恭候。每晚17:00还有免费葡萄酒和奶酪！

Wurst Bier Hall 德国菜 $

(☎701-478-2437；www.wurstfargo.com；630 1st Ave N；主菜 $6~12；⊙11:00至午夜）这家总是忙碌的德式啤酒馆提供创意香肠三明治、异国风味的肉类菜肴和一份新颖的桶装啤酒清单。这里甚至有许多人工肉和无麸可供选择。

❶ 到达和离开

赫克托国际机场（Hector International Airport, FAR；http://fargoairport.com；2801 32nd Ave N）位于法戈西北3英里处，有来自地区枢纽的航班，比如芝加哥、明尼阿波利斯（Minneapolis）和丹佛。Jefferson Lines（www.jeffersonlines.com）每天都有开往俾斯麦（Bismarck, $40, 3小时）和明尼阿波利斯（$45, 4.5小时）的长途汽车。

俾斯麦（Bismarck）

与四周的麦田平原一样，北达科他州的首府俾斯麦夏季短暂而物产丰富。除此之外，这里是缩起来度过漫长冬季的地方，平均温度低至-4°F (-20℃)。紧凑的市中心有出色的商店和餐馆，但四周扩张出来的地方非常无趣。

⊙ 景点

★ **北达科他州遗产中心** 博物馆

(North Dakota Heritage Center；☎701328-2666；www.history.nd.gov；612 East Boulevard Ave, Capitol Hill；⊙周一至周五 8:00~17:00，周六和周日 10:00~17:00）**免费** 位于萨卡加维亚雕像（Sacagawea statue）后面。北达科他州遗产中心详细介绍了与北达科他相关的所有信息，从挪威单身农民到全州各地发射井里的大量核导弹。

亚伯拉罕·林肯堡州立公园 古迹

(Fort Abraham Lincoln State Park；www.parkrec.nd.gov；紧邻Hwy 1806；每辆车 $5，团队游成人/儿童 $6/4；⊙公园 9:00~17:00，团队游5月到9月）这座公园位于密苏里河西岸，亮点是斜坡上的**印第安村庄**（On-a-Slant Indian Village），村里有5处重建的曼丹（Mandan）地窖。堡垒是卡斯特（Custer）在小大角战役（Battle of Little Bighorn）之前最后待的地方，内含几座仿制建筑。公园位于曼丹以南7英里处（距离俾斯麦市中心约13英里）。

州议会大厦 历史建筑

(State Capitol；☎701-328-2480；600 E Boulevard Ave, Capitol Hill；⊙6月至8月 周一至周五 8:00~16:00，周六 9:00~16:00，周日 13:00~16:00，9月至次年5月 周一至周五 9:00~16:00，团队游每小时一次正午除外）**免费** 这座朴实的20世纪30年代的州议会大厦经常被称为"草原上的摩天大楼"，外表有点像是斯大林风格的牙科学院，但里面有些装饰艺术风格的装潢。18层有一处观景台。

❶ 实用信息

俾斯麦-曼丹游客中心（Bismarck-Mandan Visitor Center；☎701-222-4308；www.noboundariesnd.com；1600 Burnt Boat Dr, I-94 exit 157；⊙6月至8月 周一至周五 8:00~19:00，周六 至17:00，周日 10:00~16:00，9月至次年5月 周一至周五 8:00~17:00）有大量北达科他州的特产，适合带回去给家人当作伴手礼。

❶ 到达和离开

俾斯麦机场（Bismarck Airport, BIS；www.bismarckairport.com；2301 University Dr）位于城市东南3英里处，有来自地区枢纽的航班，比如丹佛、明尼阿波利斯和芝加哥。Jefferson Lines（www.jeffersonlines.com）每天有开往法戈（$40, 3小时）的长途汽车。

西奥多·罗斯福国家公园 (Theodore Roosevelt National Park)

后来成为总统的西奥多·罗斯福在20岁出头的时候，曾经在几小时内失去了自己的妻子和母亲，随后他从纽约来到这个偏远的地方。据说，在达科他恶地度过的时光激发他成为狂热的环保主义者，等到执政以后，他便划出2.3亿英亩的联邦土地作为保留地，面积比得克萨斯州还大！在公园系统中最被低估的西奥多·罗斯福国家公园（☎701-623-4466; www.nps.gov/thro; 7日通票 每辆车 $25）探索他的不朽遗产吧。

超现实风格的条纹陆地土丘中间，野生动物丰富，从长耳鹿到野马、大野牛、大角羊和麋鹿等。这里还有大约200种鸟类，以及庞大的地下世界里面数不清的草原犬鼠。黎明是邂逅动物的最佳时段。到了黄昏，随着阴影越过孤零零的小山丘，在它们消失于黑暗之前为其涂抹上一层茶色，此时此刻，尤其适合遐想。

度假小镇梅多拉（Medora）拥有各种价位的舒适住宿场所，是理想的大本营。公园内部有两个露营地，包括比较热门的 Cottonwood Campground（☎701-623-4466; www.recreation.gov; 帐篷露营位 $7~14; ⊙全年）。在偏远地区露营需要免费的许可证。

梅多拉是南区游客中心 [South Unit Visitor Center; 94号州际公路（I-94）24或27号出口下（exits 24&27）, Medora; ⊙6月至8月 8:00~18:00, 9月至次年5月 至16:30] 附近唯一可以用餐的地方，而不太迷人的沃特福德城距离游客较少的北区（North Unit）更近。

梅多拉位于俾斯麦以西135英里的94号州际公路（I-94）沿线。该地区没有公共交通。

拉格比 (Rugby)

拉格比最出名的是其北美洲地理中心的位置。试图利用这一点并不总是有效果——就连 Coffee Cottage（☎701-776-7650; 106 Hwy 2 SW; 主菜 $6~10; ⊙周一至周六 8:00~20:00, 周日 至16:00）旁边的小标志都显得微不足道，你很有可能开着车就过去了，但这座城镇是一个不错的歇脚地点，可以加油、吃东西，并且看看草原村庄博物馆（Prairie Village Museum; ☎701-776-6414; www.prairievillagemuseum.com; 102 US 2 SE; 成人/儿童 $7/3; ⊙5月中旬至9月中旬 周一至周六 8:30~17:00, 周日 正午至17:00）。

拉格比位于俾斯麦东北约2.5小时或迈诺特（Minot）以东1小时车程处。美国国铁的帝国建设者号（Empire Builder）运行于拉格比和法戈之间（$34, 3.5小时, 每天1班）。

南达科他州 (SOUTH DAKOTA)

这个妙趣横生的州大多被平缓起伏的草原及其两边肥沃的浅谷占据。然而，前往西南方向，眼前的风景将天翻地覆，登峰造极。恶地国家公园（Badlands National Park）是一场地质学的烟火表演。布莱克山（Black Hills）就像一部歌剧：气势恢宏，具有挑战性，引人入胜，甚至令人沮丧。拉什莫尔山（Mt Rushmore）就像自由女神像一样是五星级的标志性景观。

❶ 实用信息

Bed & Breakfast Innkeepers of South Dakota（www.southdakotabb.com）

南达科他州旅游局（South Dakota Department of Tourism; www.travelsd.com）

南达科他州立公园（South Dakota State Parks; www.gfp.sd.gov）车辆许可证每天/年费用$6/30。公园的很多露营地可预约（www.campsd.com）；费用每晚$11~21不等。小屋价格$40起。

苏福尔斯 (Sioux Falls)

在瀑布公园（Falls Park），大苏河（Big Sioux River）从一连串岩壁之间倾泻而下，不负这座南达科他州最大城市的盛名。往南是热闹的市中心区域，有迅速发展的餐饮行业及该地区最好的几家餐馆。

瀑布公园的游客信息中心（☎605-367-7430; www.visitsiouxfalls.com; 900 N Phillips Ave; ⊙4月至10月中旬 10:00~21:00, 10月中旬至

魔法高速公路（ENCHANTED HIGHWAY）

魔法高速公路沿途有艺术家加里·格雷夫（Gary Greff）创作的当地人和动物的巨大金属雕塑，古怪无比。公路从94号州际公路（I-94）72号出口出发，径直向南延伸32英里，到达雷金特（Regent）。到了之后，你可以住在格雷夫的主题汽车旅馆Enchanted Castle（☎701-563-4858；www.enchantedcastlend.com；607 Main St, Regent；房间$100~135；❋@☎），那是一座经过改造设置了垛口的小学。

次年4月 办公时间缩短）提供覆盖全市的信息，内有一座观景塔。

Jefferson Lines（www.jeffersonlines.com）长途汽车开往拉皮德城（Rapid City, $72, 6小时）、法戈（$50, 4.5小时）和奥马哈（$40, 3.5小时）。

★ 瀑布公园　　　　　　　　　　公园

（Falls Park）沿着杂草丛生的小径漫步，前往这座城市的明星景点——位于风景如画的公园内的激荡不已的同名瀑布。这里还有位置优越的咖啡馆和许多景致优美的瞭望台，深受热恋情侣的欢迎。11月中旬至次年1月中旬前来游览，那时355,000盏闪烁的灯光将这里装扮成为一处冬季仙境。

老法院博物馆　　　　　　　　博物馆

（Old Courthouse Museum；☎605367-4210；www.siouxlandmuseums.com；200 W 6th St；◑周一至周三和周五8:00~17:00, 周四至21:00, 周六9:00~17:00, 周日 正午至17:00）免费 这座19世纪90年代的粉色石英岩建筑规模庞大，经过翻新，有3层关于该地区的展览，内容不断变化。

★ MB Haskett Delicatessen　新派美国菜 $$

（☎605-367-1100；www.mbhaskett.com；324 S Phillips Ave；主菜$10~21；◑周日至周四8:00~21:00, 周五和周六至23:00）迈克尔·阿斯克特（Michael Haskett）的复古咖啡馆一整天都提供绝妙的食物，从早餐一直到晚餐。不断变化的菜单从季节及世界各地吸收灵感。周末的亮点是三道菜的套餐晚餐。

查伯兰（Chamberlain）

查伯兰（263号出口）位于90号州际公路穿越乳蓝色密苏里河的景色优美之地，有几个值得一去的地点，可以让人了解本地部落以及刘易斯和克拉克穿越该地区的远征。

从19世纪美洲原住民和美国军队发生冲突至今，南达科他州的广大地方毫无改变，这是绕下90号州际公路（I-90）沉醉其间的最好理由。美洲原住民风景道路（Native American Scenic Byway; www.byways.org）以50号高速公路（Hwy 50）边的查伯兰为起点，蜿蜒100英里，沿1806高速公路（Hwy 1806）通向西北的皮尔（Pierre），沿密苏里河穿越崎岖起伏的乡村。

查伯兰位于皮尔东南约100英里的美洲原住民风景道路旁边。Jefferson Lines（www.jeffersonlines.com）每天有一班往来两地的长途汽车（$35, 1.5小时）。

★ 阿克塔拉科塔博物馆和文化中心　博物馆

（Akta Lakota Museum & Cultural Center；☎800-798-3452；www.aktalakota.org；1301 N Main St；建议捐赠$5；◑5月至10月 周一至周六8:00~18:00, 周日9:00~17:00, 11月至次年4月 周一至周五8:00~16:30）这座出色的博物馆和文化中心位于圣约瑟夫的印第安学校（Indian School），有拉科塔人文化展览和来自众多部落的当代艺术品。逛逛礼品店，看看本地制作的首饰、被子和捕梦网。

刘易斯和克拉克信息中心　　　博物馆

（Lewis & Clark Information Center；☎605-734-4562；I-90 exit 264；◑5月中旬至9月 8:30~16:30）免费 历史爱好者应该前往城镇以南的山顶休息站，那里的信息中心有关于这对勇敢搭档的展览。

皮尔（Pierre）

皮尔（发音"peer"）位于密苏里河沿岸，风景优美，是南达科他州中部不错的落脚点。它虽然是南达科他州的首府，但又小又普

通，不太像是权力机关的所在地。

◉ 景点

南达科他州文化遗产中心　　　　博物馆

（South Dakota Cultural Center; ☎605-773-3458; www.history.sd.gov; 900 Governors Dr; 成人/儿童 $4/免费; ◉6月至8月 周一至周六 9:00~18:30, 周日 13:00~16:30, 全年其余月份 至16:30）这座博物馆在生态方面具有开拓性（完全在地下！），展览中有一件带血的鬼魂舞（Ghost Dance）衬衫，来自伤膝河（Wounded Knee）。

州议会大厦　　　　历史建筑

（State Capitol; ☎605-773-3011; 500 E Capitol Ave; ◉周一至周五 8:00~19:00, 周六和周日 至17:00）**免费** 这座1910年的州议会大厦拥有黑色铜弯顶，威风凛凛，维多利亚风格的小乡镇住宅俯瞰着这座建筑。自助游的时候，一定要看看马赛克地板和大理石柱子（底层有宣传册）。

🛏 食宿

Hitching Horse Inn　　　　民宿 $

（☎605-494-0550; 635 N Euclid Ave; 房间 $70~100; ❋❄）这家热情的旅馆有4个房间，还有一种低调的魅力，不似其他中西部民宿那般憋闷。两个房间有按摩浴缸，一层有骑马主题的啤酒和葡萄酒小酒吧，深受本地人青睐。

值 得 一 游

民兵导弹国家历史遗址（MINUTEMAN MISSILE NATIONAL HISTORIC SITE）

20世纪60年代和70年代，一千枚民兵II式（Minutemen II）洲际弹道导弹在散布于大平原的地下发射井随时待命，仅需30分钟，就可以到达苏联境内的目标。这些导弹已经退役（更现代的导弹依然潜藏在大平原北部各地的地下）。作为第一座专门纪念"冷战"的国家公园，民兵导弹历史遗址（www.nps.gov/mimi; I-90 exit 131; 团队成人/儿童 $6/4; ◉8:00~16:00）保存了一座发射井及其地下发射设施。

Cattleman's Club　　　　牛排 $$

（☎605-224-9774; www.cattlemansclubsteakhouse.com; 29608 Hwy 34; 主菜 $8~30; ◉周一至周六 17:00~22:00）这家著名的牛排店位于城镇以东6英里处，可以俯瞰密苏里河的壮观景色，可不会给你端上全熟的牛排（享用粉嫩、多汁的牛排吧！）。

ℹ 到达和离开

皮尔恰好位于南达科他州中间，开车前往苏福尔斯大约需要3.5小时，前往拉皮德城需要3小时，主要经由90号州际公路（I-90）。Jefferson Lines（www.jeffersonlines.com）每天都有车从皮尔开往拉皮德城（$30, 3.5小时）和苏福尔斯（$34, 4.5小时）。

华尔（Wall）

这座城镇修起了上千个广告牌。多亏了华尔药店，数百英里范围内都对此地大肆宣传。没有理由不屈服。

◉ 景点

★ 华尔药店　　　　地标

（Wall Drug; ☎605-279-2175; www.walldrug.com; 510 Main St; ◉7:00~18:00; ❄）作为一个游客陷阱，华尔药店却出奇地令人愉悦。这里真的有5¢的咖啡、免费的冰水、好吃的甜甜圈，以及足够的娱乐消遣和优惠活动，足以让那些喜欢廉价产品的人心动。不过，这座山寨前沿设施中有一家非常好的书店，精选了该地区的报刊。到建筑后面，骑上传说中的鹿角兔，看看历史照片。

伤膝河故事博物馆　　　　博物馆

（Story of Wounded Knee; ☎605-279-2573; www.woundedkneemuseum.org; 600 Main St; 成人/儿童 $6/免费; ◉5月中旬至10月中旬 9:00~17:00）这座重要的小型博物馆从拉科塔人的视角，用照片和叙述讲述了那场大屠杀，比现场的一切更有见地。

ℹ 实用信息

国家草原风景区游客中心（National Grasslands Visitors Center; ☎605-279-2125; www.fs.fed.us/

> 另辟蹊径

米切尔（MITCHELL）：玉米宫（CORN PALACE）

玉米宫（Corn Palace；605-995-8430；www.cornpalace.com；604 N Main St；6月至8月 8:00~21:00，9月至次年5月开放时间缩短）是最成功的路边景点，每年都能吸引50多万人将车停在90号州际公路（I-90）路边。每年有将近300,000根玉米被用在建筑外，创作出新的壁画作品。好好想想那个场景，你可能会发现其中蕴含着真理，或者只是说一句："哦，好吧。"进去看看展示建筑外观多年来如何演变的照片。

grasslands；798 Main St；周一至周五 8:00~16:30）华尔的国家草原风景区游客中心充分展示了这个尚未引起足够重视的复合生态系统。

❶ 到达和离开

华尔位于拉皮德城以东，沿90号州际公路（I-90）开车前往，车程不到1小时。Jefferson Lines（www.jeffersonlines.com）每天有一班长途汽车往来两地（$15，1小时）。

恶地国家公园（Badlands National Park）

恶地国家公园（605-433-5361；www.nps.gov/badl；Hwy 240；7日公园通票自行车/小汽车 $10/20）超脱尘世的景观被奇妙的彩虹色调神奇地柔化，这里是由峭壁和刺穿干燥空气的尖峰组成的奇观。这里被美洲原住民形象地命名为"恶地"（mako sica）。在公园周边起伏的山壁上俯瞰奇异的岩层，就像在看被人煮干的大海。

着急赶路的人可以驱车半日，轻松观赏公园北区，但这里有许多短途徒步小径，可以带你进入这片人间仙境，包括本·赖费尔游客中心（Ben Reifel Visitor Center；见本页）附近梦幻的**多尔小径**（Door Trail）。位于松树岭印第安保留地（Pine Ridge Indian Reservation）的**南区**甚至更不易到达，几乎见不到游客。取道两地中间的**44号高速公路**（Hwy 44），观赏恶地和拉皮德城之间的不同美景。

◉ 景点

★ **240号高速公路恶地环路**（Hwy 240 Badlands Loop Rd） *景区*

公园的北区游客最多；从90号州际公路（110和131号出口）可以轻松前往这条令人惊叹的公路，如果着急，可以在1个小时内驾车走完（别被堵在旅行房车后面）。

它是穿越公园的主干道，有许多瞭望台和观赏动物的机会，风光无限。

布法罗隘口国家草原风景区（Buffalo Gap National Grassland） *自然保护区*

恶地及周围的布法罗隘口国家草原风景区保护了全国最大的草原、几种大平原哺乳动物（包括野牛和黑足鼬）、草原隼和很多蛇。国家草原风景区游客中心（National Grasslands Visitors Center；见742页）有关于这种复杂生态系统中大量生物的出色展览，可能会被无知的人斥为"无聊"。

🛏 住宿

公园有两个露营地和一栋季节性度假屋。90号州际公路（I-90）沿线的卡多卡（Kadoka）和华尔有酒店。南门附近的因蒂里厄（Interior）也有露营地和旅馆。公园外边的住宿一般比较便宜（只是没那么迷人）。

❶ 实用信息

本·赖费尔游客中心（Ben Reifel Visitor Center；605-433-5361；www.nps.gov/badl；Hwy 240；7日公园通票 自行车/小汽车 $10/20；6月至8月 8:00~19:00，4月、5月、9月和10月 至17:00，11月至次年3月 至16:00）公园主要的游客中心，有优质的展览，为弃车欣赏地质奇观提供指导和建议。

怀特河游客中心（White River Visitor Center；Hwy 27；6月至8月 9:00~16:00）位于游客罕至的要塞区（Stronghold Unit）的小型信息点。

❶ 到达和当地交通

恶地国家公园位于拉皮德城以东60英里处，从华尔的90号州际公路（I-90）出口出去。前往公园（或园内）没有公共交通。

松树岭印第安保留地（Pine Ridge Indian Reservation）

作为拉科塔奥格拉拉苏族的故乡，恶地国家公园以南的松树岭印第安保留地是全国最穷的"县"之一，超过一半人口生活在贫困线以下。尽管有时这一现实令人不快，但这里是欢迎游客前来的。记着把收音机调到经常播放传统音乐的KILI（90.1 FM）频道。

历史

1890年，新的鬼魂舞宗教流行开来；拉科塔的追随者相信这种信仰可以召回他们的祖先并消灭白人。这在该地区的士兵和居民中引发了恐慌，因此这种狂乱的圈舞被取缔了。美国第7骑兵团（7th US Cavalry）将大脚酋长（Chief Big Foot）统治的一队拉科塔人围拢起来带到伤膝河小村庄。

12月29日，在士兵们开始搜查武器的时候，有人开了枪（没人知道是谁），引发了一场屠杀，导致超过250名男人女人和儿童死亡。遇害者大多手无寸铁。这是美国历史上最臭名昭著的暴行之一。另外有25名士兵牺牲。

◎ 景点

伤膝河大屠杀遗址　　　　　　　　古迹

(Wounded Knee Massacre Site; Hwy 27) 松树岭镇东北16英里处的大屠杀遗址由一块褪色的指示牌标记。到达之前就研读一番这些事件会有所助益。乱葬岗位于山顶的教堂附近，经常有些寻求捐赠的人到来。小纪念品每天都会出现在列有数十个像霍恩·克劳德（Horn Cloud）这样的名字的石头中间。这是个荒凉的地方，周边景色一览无余。

红云遗产中心　　　　　　　　博物馆

(Red Cloud Heritage Center; www.redcloudschool.org; 100 Mission Dr, Pine Ridge; ⏰6月至8月 周一至周六 8:00~18:00，周日10:00~17:00，9月至次年5月 周二至周六 9:00~18:00) **免费** 这座组织完善的艺术博物馆有传统和当代的作品及出售本地手工制品的手工艺品商店。找找伤膝河大屠杀之后拍的照片，这些照片展现了被冻僵的尸体脸上被定格的震惊表情。中心位于松树岭以北4英里处，在18号高速公路（Hwy 18）边的红云印第安学校（Red Cloud Indian School）内。

❶ 到达和离开

松树岭镇位于内布拉斯加州（Nebraska）边界附近，从拉皮德城驱车南下大概需要2小时。没有公共汽车进入该地区。

布莱克山（Black Hills）

人们称布莱克山为高地草原牧场海洋中的常青岛屿。这个位于怀俄明州和南达科他州交界处的地区令人惊叹，蜿蜒的峡谷和高达7000英尺的侵蚀严重的山峰吸引来大量游客。该区域的名字"布莱克"（Black；黑色）来源于覆盖黄松的黑色山坡，是拉科塔苏族人起的。根据1868年的《拉拉米堡条约》(Fort Laramie Treaty)，他们得到保证，可以永久拥有这片山区，但金矿的发现改变了这一点，仅仅6年之后，苏族就被排挤到了价值低廉的平原地区。1990年的电影《与狼共舞》(Dances with Wolves) 就涉及这段时期的一些事情。

你需要几天时间去探索，这里有田园诗般的乡村小路、洞穴、野牛群、森林、拉什莫尔山（Mt Rushmore）和疯马纪念雕像（Crazy Horse monuments），还可以体验丰富多彩的户外运动（乘坐热气球、骑自行车、攀岩、划船、钓鱼、徒步、滑降滑雪、淘金等）。角落里还隐藏着类似"傻瓜的黄金"这样花哨的旅游陷阱。

布莱克山景色优美的山脊上，美国385号公路从枯木镇（Deadwood）延伸90英里，到达温泉镇（Hot Springs）及更远的地方。美丽的草地和深色的松柏植被之中点缀着路边景点，包括总统蜡像、电动仿真野兽和创纪录的泰迪熊收藏。

❶ 实用信息

山间各处有数百家酒店、小屋和露营地；不过到了夏季期间，房费还是像间歇泉一样喷涌上涨，必须预订。尽量不要在8月上旬的**斯特吉斯摩托车拉力赛**（Sturgis Motorcycle Rally; ☎605-720-0800; www.sturgismotorclerally.com）期间到来，那时这里的道路和房间都被横冲直撞的驾车者占满。10月至次年4月，很多住宿场所会关闭。

布莱克山游客中心（Black Hills Visitor Center；605-355-3700；www.blackhillsbadlands.com；I-90 exit 61；◎6月至8月 8:00~19:00，9月至次年5月 至17:00）提供大量信息和App。

ℹ️ 到达和当地交通

拉皮德城地区机场（Rapid City Regional Airport, RAP；www.rcgov.org/departments/airport.html；4550 Terminal Rd）位于拉皮德城东南9英里处，最远有来自拉斯维加斯、休斯敦和亚特兰大的航班。Jefferson Lines（www.jeffersonlines.com）的长途汽车穿越南达科他州前往苏福尔斯，每天一班（$72,6小时），在华尔和米切尔（Mitchell）停车。

没有前往布莱克山（包括其内部）的公共交通，所以最好自驾前往该地区（自行车或汽车）。

拉皮德城（Rapid City）

不愧是该地区的首府。"拉皮德"（Rapid）散发出国际气息，其中引人入胜、充满活力、适宜步行的市中心最令人赞叹。保存完好的砖砌建筑里满是出色的购物和就餐场所，使得这里成为前往布莱克山探险的不错的城市落脚点，尤其是对于那些喜欢物质享受的人来说。

👁️ 景点

在布莱克山游客中心或这座城市的游客中心（见747页）领取关于拉皮德城历史建筑和公共艺术的步行游览小册子。看看**市中心主街广场**（Main St Square）的水上游乐和定期活动。参观附近的**艺术小巷**（Art Alley；6th St和7th St之间的Main St以北），那里城市风格的涂鸦和流行艺术已经将一条平凡的小巷变成了色彩斑斓的万花筒。除了总统雕像之外，在城镇各处找找**恐龙雕塑**。

适合合家出游的、多少有点装模作样的旅游景点在通往拉什莫尔山的16号高速公路（Hwy 16）沿线争夺你兜里的钱。

★ **总统雕像**　　　　　　　　　　　　　　　　雕像

（Statues of Presidents；www.presidentsrc.

不 要 错 过

珍宝洞国家保护区（JEWEL CAVE NATIONAL MONUMENT）

如果只能前往布莱克山的一处洞穴，那么**珍宝洞国家保护区**（Jewel Cave National Monument；605673-8300；www.nps.gov/jeca；紧邻US 16；团队游成人$4~31，儿童免费至$8；◎游客中心 6月至9月 8:00~17:30,10月至次年5月 8:30~16:30）是个好选择。洞穴位于卡斯特以西13英里处，得名原因是洞壁上大都排列着方解石晶体。目前已有187英里经过勘测（估算总量的3%），是目前世界上已知第三长的洞穴。

com；631 Main St；◎信息中心 6月至9月 周一至周六 正午至21:00）从目光躲闪却表现镇静的尼克松（Nixon）到得意扬扬的哈里·杜鲁门，栩栩如生的雕像散落在市中心各处。不妨试试找到所有42尊雕像。网上有地图。

旅行博物馆和学习中心　　　　　　　　　博物馆

（Journey Museum & Learning Center；605394-6923；www.journeymuseum.org；222 New York St；成人/儿童 $10/7；◎6月至8月 周一至周六 9:00~18:00，周日 11:00~17:00，9月至次年5月 周一至周六 10:00~17:00，周日 13:00~17:00；👶）4座博物馆合而为一！这座令人印象深刻的市中心设施着眼于该地区从史前时期至今的历史。收藏品来自大名鼎鼎的**地质博物馆**（Museum of Geology；605-394-2467；http://museum.sdsmt.edu；501 E St Joseph St，O' Harra Bldg；◎6月至8月 周一至周六 9:00~19:00，9月至次年5月 周一至周五 9:00~16:00，周六 10:00~16:00）**免费**、苏族印第安博物馆（Sioux Indian Museum）、明尼卢萨拓荒者博物馆（Minnilusa Pioneer Museum）和南达科他州考古研究中心（South Dakota Archaeological Research Center）。

美国熊之乡　　　　　　　　　　　　野生动物保护区

（Bear Country USA；605-343-2290；www.bearcountryusa.com；13820 Hwy 16；成人/儿童 $17/11；◎5月至8月 8:00~18:00，9月至11月 开放

Black Hills & Badlands National Park
布莱克山和恶地国家公园

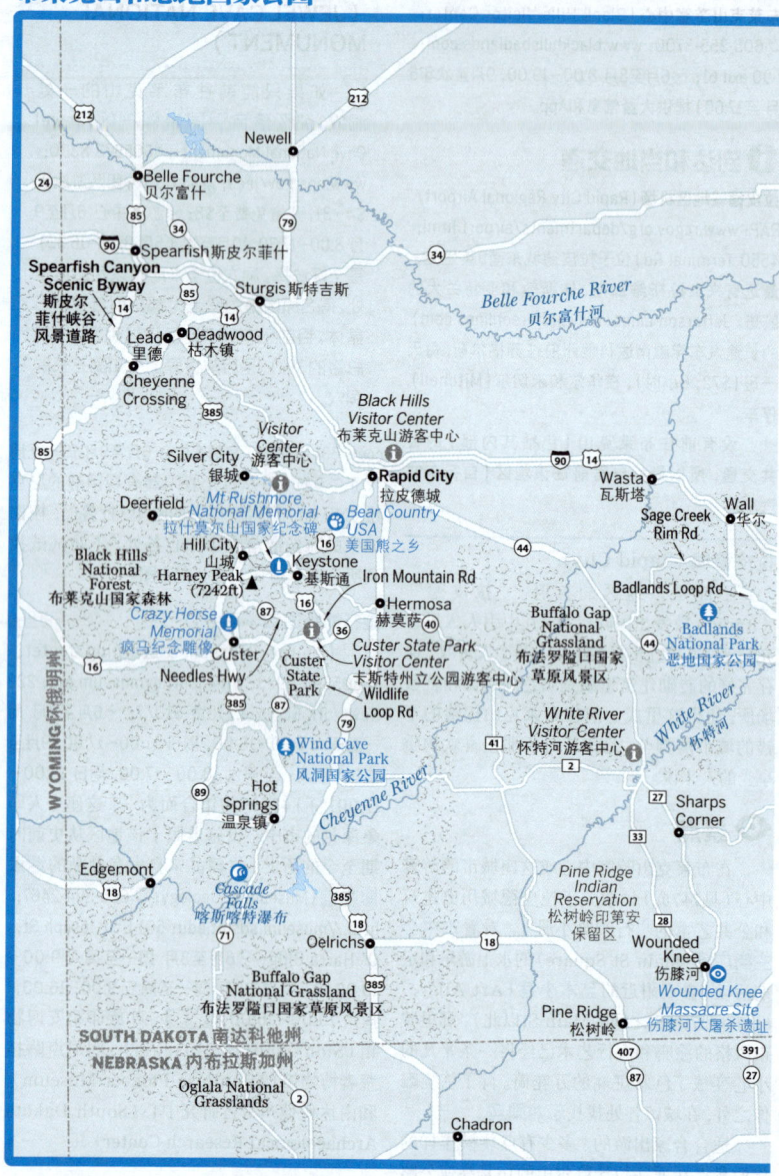

大平原 布莱克山

时间缩短；⌨）无数大大小小的熊生活在这座需要驾车穿越的公园里，希望你做点儿什么违禁的事儿，比如给它们一个巨无霸汉堡，或者你的手。该景点位于拉皮德城以南8英里处。

🛏 住宿

★ **Hotel Alex Johnson** 酒店 $$
(☎605-342-1210; www.alexjohnson.com; 523 6th St; 房间 $70~200; ❄@⊛) 这是座

间采用现代复古风格(有的可以欣赏绝美景色!)。跟前台打听一下这家酒店在希区柯克的《西北偏北》(North by Northwest)里面的作用。

Rushmore Hotel　　　　　　　酒店 $$

(605-348-8300; www.therushmorehotel.com; 445 Mt Rushmore Rd; 房间 $100~200; P❄@🛜🏊)这家高层酒店已经变身为市中心高调的环保概念明珠。很多家具采用回收材料制造，但舒适性并未降低。大厅的大理石地面非常迷人。

餐饮

Murphy's Pub & Grill　　　　美国菜 $$

(www.murphyspubandgrill.com; 510 9th St; 主菜 $10~25; ⏰供餐 11:00~22:00, 酒吧至次日 1:00)酒馆菜肴极具创意，所以市中心的这家热闹酒吧还是个理想的用餐选择。特色菜肴侧重时令性和本地食材。大露台与宽敞的内室相得益彰。

Independent Ale House　　　　小酒馆

(605-718-9492; www.independentalehouse.com; 625 St Joseph St; ⏰周日至周四 15:00 至深夜, 周五和周六 11:00至深夜)在这家复古风格的酒吧享受当地最好的微酿啤酒酒单(酒单会经常变化)。葡萄酒的酒水单同样不错。比萨堪称一流(主菜 $8~15)。

🛒购物

★ Prairie Edge　　　　　　　手工艺品

(605-342-3408; www.prairieedge.com; 606 Main St; ⏰1月至5月 周一至周六 10:00~18:00, 周日 11:00~17:00, 6月至9月 周一至周六 9:00~21:00, 周日 10:00~17:00)这家迷宫般的三层商店有吸引人的艺术品、家具和大平原北部部落制作的家居用品。你还能找到绝版书和可以自制美洲原住民风格作品的材料。楼上的画廊展示的作品比许多地方博物馆的还要出色。

ℹ️实用信息

游客中心(866-727-4324; www.visitrapidcity.com; 444 Mt Rushmore Rd; ⏰周一至周五 8:00~17:00)市政中心(Civic Center)内有用的信息来源。

1927年的经典酒店，其设计将日耳曼都铎式建筑风格和传统拉科塔苏族标志奇妙地融合在一起——注意大厅的彩绘天花板和战矛制成的枝形吊灯。屋顶酒吧令人愉快，143个房

选择你的布莱克山大本营

距离如此相近的地方有如此众多的度假小镇,想要为你的布莱克山探险之旅确定适合的大本营并非易事。每座城镇都与下一座大相径庭,它们吸引着不同类型的旅行者。以下是寻找适合你的大本营的快速指南:

枯木镇(Deadwood)加入现代淘金者的队伍,在老虎机上观看模拟的决斗。

山城(Hill City)在宁静的高山环境中放松休息。

温泉镇(Hot Springs)用蒸汽腾腾的水疗结束每一天的探险。

基斯通(Keystone)住在更像主题公园而非城镇的地方,适合家庭。

里德(Lead)在蒙尘的宝地安睡,这里的真实性胜过虚假的魅力。

拉皮德城(Rapid City)为了舒适的床和美味选择这个地区枢纽。

斯特吉斯(Sturgis)进入全美骑手的内心,来一场民俗探险。

斯特吉斯 (Sturgis)

90号州际公路(30和32号出口)边的这座小镇有飞车族,非常嘈杂,还有很多不和谐的形象,比如:霓虹灯闪烁的文身店、基督教图像和介绍粗俗车手酒吧的广告牌,广告牌上都是涂脂抹粉的模特。前往Main St购买皮革制品,裹上你的星条旗头巾,缓缓走到沙龙酒吧,跟星条旗干一杯!

斯特吉斯摩托车博物馆 博物馆

(Sturgis Motorcycle Museum;☎605-347-2001;www.sturgismuseum.com;999 Main St;成人/儿童 $10/免费;⏰5月至9月 9:00~17:00,10月至次年4月 10:00~16:00)这座小型名人堂式的博物馆摆满了数量惊人的摩托车,包括复古摩托车、罕见的V型双引擎摩托车和美式标准摩托车。

枯木镇 (Deadwood)

此地一度是无法无天的代名词。这座建在黄金上的城镇如今吸引来一种完全不同的"淘金者",80家大大小小的赌场无疑还是会让曾经踏上这片土地的硬汉们脸上露出狡黠的笑容。不过,输家的慷慨赠予最终会变成枯木镇成为平原小拉斯维加斯的维护经费。

19世纪70年代,热切的淘金者曾非法定居于此。枯木镇如今是国家历史地标(National Historic Landmark)。独具氛围的街道旁林立着利用赌场赢利重金翻新过的淘金时代建筑。不难发现这里传奇的过去——HBO的同名连续剧让它名气大振,这里永远有对野蛮比尔·希科克(Wild Bill Hickok)的热爱。1876年,他在这里赌博时被人从头后开枪打死。

◉ 景点

★ 摩利亚山公墓 墓地

(Mt Moriah Cemetery;Mt Moriah Dr;成人/儿童 $2/免费,团队游 $10/5;⏰6月至8月 8:00~20:00,9月至次年5月 至17:00)"杀星"筒[Calamity Jane;出生时的名字是马莎·简·伯克(Martha Jane Burke,1852~1903年)]和野蛮比尔·希科克(1837~1876年)并排安息在这座陡峭公墓中的靴山(Boot Hill)上。5月至10月,娱乐性的巴士团队游每天5班,从游客中心出发。

1876年博物馆 博物馆

(Days of '76 Museum;www.deadwoodhistory.com;18 Seventy Six Dr;成人/儿童 $8/3;⏰5月至9月 9:00~17:00,10月至次年4月 周二至周日 10:00~16:00)讲述了1876年庆典的故事。这个一年一度的传统庆典用以纪念这座城镇的诞生。博物馆内有美洲原住民工艺品和枪支展示,楼下尚能使用的驿站马车和四轮马车不容错过。

🛏 食宿

Bullock Hotel 历史酒店 $$

(☎605-578-1745;www.historicbullock.

com; 633 Main St; 房间 $70~200; 🐾🛜) 爱看电视节目的人会想起那位矛盾而正直的警长塞斯·布洛克(Seth Bullock)。这家酒店就是现实中的布洛克在1895年开设的。28个房间现代而舒适,同时保留了这座建筑的时代魅力。

Deadwood Dick's　　　　　　酒店 $$

(📞605-578-3224; www.deadwooddicks.com; 51 Sherman St; 房间 $36~200; 🐾🛜)这些住家式的另类房间以来自老板古董店的家具为特色,从小双人间到带厨房的大套间,面积不一。独特的酒吧与城镇的过往非常相配。

Midnight Star　　　　　　　美国菜 $

(📞605-578-3550; 677 Main St; 主菜 $8~15; ⏰供餐10:00~22:00,11月至次年4月 周一歇业)老板是演员凯文·科斯特纳(Kevin Costner);这家迷人的酒馆(有"顶层果子冻酒")有来自凯文电影中的服装和照片。餐馆提供三明治、意大利面和海鲜。

ⓘ 实用信息

极佳的**枯木镇历史和信息中心**(Deadwood History & Information Center; 📞800-999-1876; www.deadwood.org; 3 Siever St; ⏰6月至8月 8:00~19:00,9月至次年5月 9:00~17:00)位于经过翻新的火车站内,有大量当地旅游信息,还有关于城镇历史的展览和照片。可以领取步行游小册子。

里德 (Lead)

就位于枯木镇上坡方向,里德(发音"leed")拥有未经打磨的魅力,依然保留着许多来自采矿时代的疤痕。这里在冬季是前往附近度假村滑雪的可靠基地,夏季则是暂时摆脱枯木镇花天酒地的地方。

⊙ 景点

桑福德实验室霍姆斯特克游客中心　　　矿井

(Sanford Lab Homestake Visitor Center; 📞605-584-3110; www.sanfordlabhomestake.com; 160 W Main St; 观赏区免费,团队游 成人/儿童 $8/7; ⏰5月至10月 9:00~18:00,11月至次年4月 至17:00,团队游 5月至10月 10:00~16:00)1250英尺深的**霍姆斯特克金矿**(Homestake Gold Mine)会让你目瞪口呆,你可以看到露天采矿对一座山的影响。旁边就是这座矿的竖井,深入地面以下1.5英里以上,如今被用于物理研究。霍姆斯特克一直被称作全世界最富有的地方,因为126年间,矿工们从这里开采出超过4100万盎司黄金和900万盎司银子。

🛏️ 食宿

★ Town Hall Inn　　　　　历史酒店 $

(📞605-584-1112; www.townhallinn.com; 215 W Main St; 房间 $50~100; 🛜)这家有12个房间的旅馆占据了市政厅(Town Hall; 建于1912年),宽敞的套房以纪念从前用途的方式命名并设定主题,比如法官室、陪审庭和市长办公室等。

Stampmill Restaurant & Saloon　美国菜 $$

(📞605-584-1984; 305 W Main St; 主菜 $10-20; ⏰11:00~20:00,10月至次年5月 周日和周一歇业)这家19世纪90年代的沙龙有砖墙、木隔间和许多动物标本,氛围独特,你可以轻易感受到拓荒的精神。这里制作的汤品十分美味。在吧台喝多了可以上楼,那里有两个维多利亚主题的套间(房间 $70至 $120)。

布莱克山国家森林 (Black Hills National Forest)

布莱克山多半位于这片占地120万英亩、保护区和采伐区交错的森林,穿插其间的大多数道路旁有一块私人土地。无论是经由总长450英里的徒步小径深入其中,还是驾车经过小路和防火砾石林道,景色都美轮美奂。

斯皮尔菲什峡谷风景道路(Spearfish Canyon Scenic Byway; www.byways.org)瀑布林立,蜿蜒20英里(美国14A公路),从斯皮尔菲什插入山中。每个拐弯的地方都有值得驻足的景色;停留一分钟以上,你就能听到海狸奋力工作的声音。经由这条线路前往里德和枯木镇是90号州际公路(I-90)的不错替代。

森林里不错的露营地点很多,有30个简易(没有淋浴和电源)的**露营地**(露营位 $14至$25);夏季要预约(通过网站www.recreation.gov)。差不多所有地方都可以免费野外露营;严禁明火。

总长109英里的乔治·S.米克尔森小道（George S Mickelson Trail；☎605-584-3896；www.mickelsontrail.com；日/年 通票 $4/15）穿过森林的大部分，从枯木镇经过山城（Hill City）和卡斯特（Custer）通往废弃铁路线上的埃奇蒙特（Edgemont）。小道边上的各城镇和沿途15个小径起点都出租自行车。

现代化的游客中心（☎605-673-9200；www.fs.usda.gov/blackhills；US 385, Hwy 44附近；◎5月中旬至9月中旬 9:00~17:00）俯瞰山城和拉皮德城之间的帕克托拉水库（Pactola Reservoir）。这里景色优美，适合野餐。

山城（Hill City）

山间最有吸引力的城镇之一，山城不太像基斯通（Keystone）之类的地方那样杂乱，不过实际上它只在夏季开放。主街上有咖啡馆、画廊、讨喜的糖果店和西部服饰店。

◉ 景点和活动

疯马纪念雕像　　　　　　　　　　纪念碑

（Crazy Horse Memorial；www.crazyhorsememorial.org；12151 Ave of the Chiefs，紧邻US 385；每人/车 $11/28；◎6月至9月 7:00~22:00，10月至次年5月 开放时间缩短）世界上最大的纪念碑就是这座563英尺高的在建雕像（离建成还早）。完成之后，雕像将展现苏族领袖跨在马上，指着地平线说："我们埋骨之处皆为我们的土地。"

没人能预测这座雕像将于何时完成（1998年只完成了面部）。尽管从远处也可以看到山，但你得另外支付$4，乘坐面包车靠近。

★ 1880年火车　　　　　　　　　　团队游

（1880 Train；☎605-574-2222；www.1880train.com；222 Railroad Ave；成人/儿童 往返 $29/14；◎5月中旬至12月）这列传统的蒸汽火车行驶10英里，穿过崎岖的乡间，往返基斯通。隔壁是火车博物馆。

🛏 食宿

★ Alpine Inn　　　　　　　　　历史酒店 $$

（☎605-574-2749；www.alpineinnhillcity.com；133 Main St；房间 $80~180；◎餐厅11:00~14:30和17:00~21:00；🛜）Alpine Inn就在城镇中心，历史可追溯到1884年，有红宝石色的舒适房间。餐馆提供让人满足的德国菜肴（主菜 $8~11）。

Desperados　　　　　　　　　　美国菜 $$

（☎605-574-2959；301 Main St；主菜 $9~20；◎11:00~21:00，10月至次年4月歇业）在南达科他州最古老的人工削凿原木商业建筑中用餐，感受边疆魅力。可以吃汉堡包。服务快捷、随意。

拉什莫尔山（Mt Rushmore）

在通向这座广受欢迎的纪念碑的路上瞥见华盛顿的鼻子始终令人感到惊奇，但这只是这座山坡雕像在你靠近（及经过不那么令人印象深刻的停车场和入口步行道）时展现出的整体效果的前兆。乔治·华盛顿、托马斯·杰斐逊、亚伯拉罕·林肯和西奥多·罗斯福都被雕刻成60英尺高的雕像，在花岗岩上如圣像般凝视远方。

你可以轻松避开人群，尽情欣赏拉什莫尔山国家纪念碑（Mt Rushmore National Memorial；☎605-574-2523；www.nps.gov/moru；紧邻Hwy 244；停车 $10；◎6月至8月 8:00~22:00，9月 至21:00，10月至次年5月 至17:00），惊叹于雕刻家格曾·博格勒姆（Gutzon Borglum）的艺术技巧以及在1927年至1941年间建造纪念碑的工人们付出的巨大劳动。

官方的公园服务信息中心有出色的书店，收入归公园所有。不要去蹩脚的Xanterra礼品店和沉闷的Carvers Cafe；《西北偏北》（*North by Northwest*）里加里·格兰特（Cary Grant）在这里被射杀的那个场景看上去要好多了。主博物馆令人失望。

总统小道（Presidential Trail）环绕在纪念碑正下方，可以清晰地看到雕像的鼻孔，通向值得一看的雕刻家工作室（Sculptor's Studio），那里展现了建成纪念碑的戏剧性过程。顺时针出发，5分钟不到，你就来到了华盛顿鼻子的正下面。面对入口的时候，右边的观景小道连接景观区域和停车场。这条路穿过松林，可以绕开人群和商业活动。

从拉皮德城经由US 16开车往西南方向行驶半小时，即可到达拉什莫尔山。有团队游从拉皮德城出发前往拉什莫尔山,但两地之间没有公共汽车。

卡斯特州立公园 (Custer State Park)

占地111平方英里的**卡斯特州立公园**(☎605-255-4515; www.custerstatepark.com; 7日通票 每辆车 $20; ⊙24小时)没能成为国家公园的唯一原因是南达科他州在联邦政府之前占据了这里。该公园拥有世界上最大的散放野牛群之一(大约1500头)、著名的"乞讨驴子"(索要施舍的驴)和超过200种鸟类。其他野生动物有麋鹿、叉角羚、山羊、大角羊、土狼、草原犬鼠、美洲狮和山猫。

18英里长的**野生动物环路**(Wildlife Loop Rd)蜿蜒翻越令人敬畏的石桥,穿过极美的高山草地,是寻找水牛、麋鹿、草原犬鼠等动物的可靠线路。14英里长的**尼德尔斯高速公路**(Needles Hwy; SD 87)美得不可思议,也是极好的驾车线路。

但是,真正的明星之路是**铁山路**(Iron Mountain Rd; US 16A)。这条16英里的道路如过山车一般,有木桥、几乎像是翻筋斗一样的路段、狭窄的隧道,以及公园西门和基斯通之间路段的绝美风景。一定要在**诺贝克瞭望台**(Norbeck Overlook)停车,欣赏布莱克山一览无余的景色。

徒步穿越覆盖着松树的丘陵和草原(留意响尾蛇)是欣赏野生动物和岩层的理想方式。穿越**西尔万湖岸**(Sylvan Lake Shore)、**星期日冲沟**(Sunday Gulch)、**教堂塔顶**(Cathedral Spires)和**弗伦奇克里克自然区**(French Creek Natural Area)的小道备受推荐。

公园有5家优秀的度假村(www.custerresorts.com)——建议预订——和9个露营地(帐篷位 $19~21)其中4处出租设备齐全的露营小屋($50)。西尔万湖(Sylvan Lake)是风景最优美(和最热门)的露营地,所以要提前订好(通过网站www.campsd.com)。夏季所有露营地都必须预订。只有弗伦奇克里克自然区允许野外露营(每人每晚$7)。

新设的**卡斯特州立公园游客中心**(Custer State Park Visitor Center; ☎605-255-4020; www.custerstatepark.com; US 16A; ⊙6月至8月 9:00~17:00, 9月至次年5月 至16:00)位于卡斯特州立公园东侧,有不错的展览,提供各种活动,比如自然步行导览游。

游客中心位于拉皮德城西南约45分钟车程处。公园和拉皮德城之间没有公共交通。

温泉镇 (Hot Springs)

这座迷人的城镇位于布莱克山主环路以南,拥有华丽的19世纪90年代红色砂岩建筑和汇入福尔河(Fall River)的温暖矿泉。

◉ 景点和活动

你可以在游客中心以南的**基德尼泉**(Kidney Springs)灌满水瓶,或者在美国71号公路(US 71)以南11英里处的喀斯喀特瀑布(Cascade Falls)游泳,那里的水温全年保持在71°F (22℃)。

猛犸遗址   古迹

(Mammoth Site; ☎605-745-6017; www.mammothsite.com; 1800 US 18 bypass; 成人/儿童 $10/8; ⊙5月中旬至8月中旬 8:00~20:00, 8月中旬至次年5月中旬 开放时间缩短)这里是全国最大的保留原状的猛犸象化石展览。此处的天坑里有数百只大约26,000年前灭亡的动物,你可以到正在施工的考古发掘现场附近走一走。

喀斯喀特瀑布   天然潭

(Cascade Falls; US 71; ⊙5月至9月 6:00~

> **值得一游**
>
> ## 风洞国家公园(WIND CAVE NATIONAL PARK)
>
> **风洞国家公园**(Wind Cave National Park; ☎605-7454600; www.nps.gov/wica; 紧邻 US 385; 团队游 成人 $10~30, 儿童 $5~6; ⊙游客中心 6月至8月 8:00~19:00, 9月至次年5月 开放时间缩短)保护了44平方英里的草地和森林,就坐落在卡斯特州立公园以南。主要景观当然是洞穴,内有147英里已绘制地图的通道。在洞口可以感到强风呼啸,该洞穴由此得名。但在洞里并没有这个感觉。游客中心提供关于各种**团队游**的详细信息,从1小时的秉烛步行到4小时的匍匐前进。

22:00）属于布莱克山国家森林，这口受人喜爱的水潭适合游泳，位于温泉镇以南11英里，非常适合野餐或下午游泳。小心毒漆藤和响尾蛇！

埃文斯潭　　　　　　　　　　　水上公园

（Evans Plunge；📞605-745-5165；www.evansplunge.com；1145 N River St；成人/儿童$14/10；⏰5月至9月 周一至周五 6:00~20:00,周六和周日 10:00~20:00,10月至次年4月 开放时间缩短）在这座具有历史特色的室内水上公园里，水温始终是87°F（30.5℃），因为它的源头是一口地热泉。这里还有桑拿、蒸汽浴室和健身中心。

🛏 食宿

Red Rock River Resort　　　　　酒店 $$

（📞605-745-4400；www.redrockriverresort.com；603 N River St；房间 $85~135；❄🏊）这家度假村位于市中心一栋1891年的漂亮建筑内，有时髦而舒适的房间，还有水疗设施（非住客日票$25）。

Morning Sunshine　　　　　　咖啡馆 $

（📞605-745-5550；509 N River St；主菜 $4~8；⏰周一至周六 7:00~16:00,周日 8:00~14:00）这家气氛欢快的小咖啡馆屋顶有一只蓝色野牛，从早餐经营至午餐，菜单上选择不多，但是菜品都很可口，有贝果、汤和三明治。咖啡同样很有吸引力。

ℹ 实用信息

游客中心（📞605-745-4140；www.hotsprings-sd.com；630 N River St；⏰5月至10月 周一至周六 9:00~18:00,周日 正午至16:00）位于可追溯至1891年的火车站内。

巨车阵（CARHENGE）

在**巨车阵**（Carhenge；www.carhenge.com；Hwy 87, Alliance；⏰24小时）向汽车致敬，那是用39辆废弃车辆模仿巨石阵构建的装置艺术品。这件忠实的仿制品，包括其他汽车配件艺术品，矗立于阿莱恩斯（Alliance）和通向布莱克山的美国385号公路（US 385）以北3英里处的场地上。

内布拉斯加州（NEBRASKA）

这个"玉米壳州"（Cornhusker State；该州的确种植了大量玉米）有美丽的河谷，常常显出严酷的萧瑟景象，格外引人入胜。这里与过去相连接——从广阔的恐龙遗址到美洲原住民文化，再到坚韧的定居者的辛勤劳作。这为此地留下了一连串扣人心弦的故事。除了零星分布的可爱小镇之外，内布拉斯加州两座主要城市——奥马哈和林肯，全都充满活力，精致巧妙。

想要欣赏这段漫长的禁欲风格乡村路程，关键是取道较小的道路，要么取道美国30号公路（US 30）而不是80号州际公路（I-80），要么经美国20号公路（US 20）前往布莱克山，又或者取道孤寂壮观的美国2号公路（US 2）。

ℹ 实用信息

Nebraska Association of Bed & Breakfasts（www.nebraskabb.com）

内布拉斯加州立公园（Nebraska State Parks；www.outdoornebraska.ne.gov）车辆许可证费用为每天/年 $8/46。热门公园的一些露营地可以预约；费用为每晚$8~28。

内布拉斯加州旅游委员会（Nebraska Tourism Commission；www.visitnebraska.com）

奥马哈（Omaha）

如果你打算在奥马哈短暂歇脚，要小心。拥有砖和鹅卵石街道的老市场（Old Market）街区、繁荣的河滨、生机勃勃的音乐场所和几座优秀的博物馆，这座城镇会将几个小时延长成几天。

作为交通枢纽，奥马哈的重要性越发凸显。位于密苏里河畔，邻近普拉特河（Platte River），它是俄勒冈小道、加利福尼亚小道和摩门小道（Mormon Trails）的重要站点，随后的联合太平洋铁路（Union Pacific Railroad）也从这里向西延伸。目前，奥马哈的人均亿万富翁数和人均财富500强企业的数量均位列全国前十。多亏了几位富有的赞助

人(包括伯克希尔·哈撒韦公司的沃伦·巴菲特),财富以可观的形式回流到这座城市。

👁 景点

很容易将奥马哈之行的大半时间花费在市中心河边的老市场,搜寻隐蔽的小地方,比如廊道(Passageway; S 11th St和Howard St)。这个重新振兴的仓库区到处是餐馆、时髦的商店和酒吧(包括几家同性恋酒吧),散发出活力和高雅。附近的公园有喷泉和水畔步行道。继续往西探索,你能找到艺术天堂本森(Benson),那里的商店和演出场所都被大幅的街头壁画所覆盖。

★ 热店艺术中心   艺术中心

(Hot Shops Art Center; ☎402-342-6452; www.hotshopsartcenter.com; 1301 Nicholas St; ⓒ周一至周五 9:00~18:00,周六和周日11:00~17:00)走进这座三层的艺术中心(以前是床垫仓库)就像从兔子洞潜入一个由古怪的艺术家统治的另类世界。取名"热店"是因为驻扎在建筑中的玻璃吹制、制陶、青铜铸造和铁器加工工作室。再往上的80间工作室是艺术家创作并向所有人展示作品的地方。逛逛如迷宫般的工作室,报名艺术课程或者参加每月举办的活动。

★ 亨利多尔利动物园   动物园

(Henry Doorly Zoo; ☎402-733-8401; www.omahazoo.com; 3701 S 10th St; 成人/儿童 $18/12; ⓒ3月中旬至10月 9:00~17:00,11月至次年3月中旬 10:00~16:00; ♣)世界上最大的室内沙漠?没错。世界上最大的夜间展览?没错。美国最大的室内雨林?没错。语法上的最高级形式说明了一切。你很容易花上一整天,在这个极为精心设计的庞大综合体建筑里面闲逛;这里还经常被称为美国最好的动物园。

★ 联合太平洋铁路博物馆   博物馆

(Union Pacific Railroad Museum; www.uprrmuseum.org; 200 Pearl St; ⓒ周四至周六 10:00~16:00) 免费 就在奥马哈河对面艾奥瓦州康瑟尔布拉夫斯(Council Bluffs)小巧可爱的市中心区域,这座高度互动式的博物馆讲述了世界上最赚钱的铁路的故事,以及19世纪60年代将这条铁路从这里向西推进横贯大陆的公司的故事。三层楼面的展览是一曲对火车旅行的怀念颂歌,表现了它是如何永远地改变了美国的。

河滨   水滨

(Riverfront; 8th St & Riverfront Dr)密苏里河河滨的市中心已经焕然一新。亮点包括令人惊叹的鲍勃·克里人行桥(Bob Kerry Pedestrian Bridge),高高地跨越至艾奥瓦州;有喷泉和茂盛花园的美国中心公园(Heartland of America Park);还有刘易斯和克拉克登陆点(Lewis & Clark Landing),探险者们正是在这里于1804年登陆的。河滨还是刘易斯和克拉克国家历史小道游客中心(Lewis & Clark National Historic Trail Visitor Center; ☎402-661-1804; www.nps.gov/lecl; 601 Riverfront Dr; ⓒ5月至10月 周一至周五 8:00~17:00,周六和周日 9:30起,11月至次年4月周一至周五 8:00~16:30)的所在地,内有展览和书店。

杜伦博物馆   博物馆

(Durham Museum; ☎402-444-5071; www.durhammuseum.org; 801 S 10th St; 成人/儿童 $11/7; ⓒ周二 10:00~20:00,周三至周六 至17:00,周日 13:00~17:00)高耸的装饰艺术风格的联合车站拥有大教堂式的窗户、几何枝形吊灯和华丽天花板,是个值得一观的景点。这里有一座不错的博物馆,讲述了从刘易斯和克拉克远征,到奥马哈牲畜饲养场,再到曾经在这里停靠的火车的当地历史。冷饮小卖部依旧提供热狗和磷酸汽水。

乔斯林艺术博物馆   博物馆

(Joslyn Art Museum; ☎402-342-3300; www.joslyn.org; 2200 Dodge St; ⓒ周二、周三和周五至周日 10:00~16:00,周四 至20:00) 免费 这座备受赞赏的博物馆建筑壮观,收藏了19世纪和20世纪欧洲与美国的各种杰出艺术品。这里还有西部主题作品收藏和很酷的雕塑园。

🚌 团队游

Nebraska Tour Company   团队游

(☎402-575-0526; http://nebraskatourcompany.com; 团队游 $30~100)这家新公司提供

老市场（Old Market）步行游、啤酒或葡萄酒串吧游和独辟蹊径的奥马哈隐藏珍宝游。这里还有历史游和艺术游，由本地专家带领。

🛏 住宿

60th St附近的美国275号公路沿线（US 275）、80号州际公路（I-80）446和449号出口，以及河对岸艾奥瓦州康瑟尔布拉夫斯的29号州际公路（I-29）的51号出口处有各种不错的中档和经济型酒店。旧市场和市中心有几家中档连锁和独立酒店。

Satellite Motel　　　　　　　　汽车旅馆 $

（📞402-733-7373；www.satellitemotelomaha.com；6006 L St；房间 $60；🅿🛜）这家八角形汽车旅馆有全景阳台，是干净、优质的经济型住宿选择，不过从吸烟室逸出的气味有时会弥漫整栋楼。

Magnolia Hotel　　　　　　　　历史酒店 $$

（📞402-341-2500；www.magnoliahotelomaha.com；1615 Howard St；房间 $140~220；🅿@🛜♿）距离老市场不远，Magnolia是一家精品酒店，位于一栋经过翻新的1923年意大利式高层建筑内。145个房间属于充满活力的现代风格。准备收到睡前牛奶和饼干。

🍴 就餐

你可以只是在老市场走走，看看能找到什么，特别是在温暖舒适的夜晚，你想喝点什么的时候。或者，你可以在奥马哈找几个车流量不太大的街区，包括本森、邓迪（Dundee）和中城十字区（Midtown Crossing）。

Ted & Wally's Ice Cream　　　　冰激凌 $

（📞402-341-5827；www.tedandwallys.com；1120 Jackson St；冰激凌 $3起；🕐6月至8月 11:00~23:00，9月至次年5月 至22:00）奶油非常多的冰激凌，有无数口味，每天在你眼前新鲜制作。严格素食者应该尝尝椰子冰激凌。

Upstream Brewing Company　　美国菜 $$

（📞402-344-0200；www.upstreambrewing.com；514 S 11th St；主菜 $10~30；🕐周一至周四 11:00至次日1:00，周五和周六 至次日2:00，周日 10:00至午夜）位于古老的大型消防站，这里的啤酒味道好极了。恺撒沙拉有很多蒜，足以将你从密苏里州熏到艾奥瓦州。牛排厚实，符合本地标准。人行道上有餐桌，屋顶有平台，还有一个大吧台。

★ Grey Plume　　　　　　　　新派美国菜 $$$

（📞402-763-4447；www.thegreyplume.com；220 S 31st Ave；主菜 酒吧 $9~18，餐馆 $25~42；🕐周一至周六 17:00~22:00）位于市中心以西的Midtown Crossing，厨师克莱顿·查普曼（Clayton Chapman）利用极富当地和季节特色的菜肴颠覆了人们对大平原菜式的认识。获奖名单：酒吧汉堡、鸭油薯条、牛排，以及所有鳟鱼菜肴。

★ Boiler Room　　　　　　　　新派美国菜 $$$

（📞402-916-9274；www.boilerroomomaha.com；1110 Jones St；主菜 $28~35；🕐周一至周四 17:30~21:00，周五和周六 至22:00）在这家引领潮流的老市场小馆里，世界影响和法国技艺塑造出取材于当地的季节性菜肴。这里有开放式厨房和鸡尾酒吧。想吃奥马哈牛排？尝尝和牛（Wagyu）。

🍷 饮品和夜生活

老市场有许多自酿酒吧和鸡尾酒吧，本

奥马哈空军

如果看到大型军机缓缓划过天空，它们很可能是前往奥马哈的大型空军基地之一。"二战"之后，奥马哈的奥富特空军基地（Offutt Air Force Base）曾是美国空军的战略空军指挥部（US Air Force Strategic Air Command）的所在地，此地拥有的核力量详见《奇爱博士》（Dr Strangelove）。这份遗产被呈现于洞穴中的**战略空军指挥部和航天博物馆**（Strategic Air Command & Aerospace Museum；📞402-944-3100；https://sacmuseum.org；28210 West Park Hwy, I-80 exit 426；成人/儿童 $12/6；🕐9:00~17:00），馆内塞满轰炸机，从B-17到B-52。别指望能看到关注轰炸造成的广泛影响的展览。这里位于奥马哈西南30英里处。

> **另辟蹊径**
>
> ### 风景自驾游：内布拉斯加州的桑德丘陵
>
> 内布拉斯加州的**2号高速公路**（Hwy 2）从80号州际公路和格兰德岛向西北岔出，穿越布罗肯鲍（Broken Bow），延伸272英里至狭长地带的阿莱恩斯。这条路越过全国最偏远的地区之一，孤寂美丽的桑德丘陵——19,000平方英里的沙丘被草地覆盖。风嗖嗖地在耳边吹过，远处传来鹰的鸣叫，天空无边无际，这才是真正的大平原旅行。

森五花八门的夜生活和现场音乐地点更多。老市场附近还有热闹的同性恋活动场所，包括酒吧和夜店。

Mister Toad's 小酒馆

（📞402-345-4488；www.mrtoadspub.com；1002 Howard St；⊙周日至周五 14:00至次日2:00，周六 正午至次日2:00）坐在门前大树下的长凳上，或者在店内找张角落里的餐桌。这家廉价酒吧有森林般的气氛，陈旧沧桑，兼具酒吧和低级酒馆的气质。周日夜晚有现场爵士乐。

❶ 实用信息

游客中心（📞866-937-6624；www.visitomaha.com；1001 Farnam St；⊙3月至10月 周一至周五 9:00~16:30，周六和周日 10:00~16:00，11月至次年2月 周二至周日 10:00~16:00；📶）老市场附近。

❶ 到达和离开

奥马哈埃普利机场（Eppley Airfield, OMA; www.flyoma.com; 4501 Abbott Dr）位于市中心东北3英里处，有来自全美二十多个地方的航班。美国国铁的加州和风号（California Zephyr）在北加利福尼亚州和芝加哥之间运行时停靠奥马哈（$60, 9.5小时，每天1班）。超级巴士（Megabus; www.megabus.com）连接奥马哈和芝加哥（$30, 9小时，每天1班）。

林肯（Lincoln）

林肯让游客想起内布拉斯加州不全是玉米地和大草原。得益于内布拉斯加大学（University of Nebraska）规模极大的市中心校园，林肯的艺术和夜生活一派热闹景象，很适合在此停留一晚。但中西部的友好态度可能会促使你想要多住一段时间。

👁 景点

州议会大厦 地标

（State Capitol; 📞402-471-0448; www.capitol.org; 1445 K St; ⊙周一至周五 8:00~17:00，周六 10:00~17:00，周日 13:00~17:00，团队游每小时）**免费** 从外面看去，内布拉斯加400英尺高的州议会大厦引人注目，代表了阳物崇拜式建筑的巅峰（类似大平原上的很多高大建筑，这座楼经常被称为"草原阴茎"），而象征意义丰富的内部装潢巧妙融合了古典和装饰艺术风格的图案。可以去14层的观景台欣赏风景。

内布拉斯加历史博物馆 博物馆

（Museum of Nebraska History; 📞402-471-4782; www.nebraskahistory.org; 131 Centennial Mall N; ⊙周一至周五 9:00~16:30，周六和周日 13:00~16:30）**免费** 追溯"玉米壳州"的故事，从首批内布拉斯加人（First Nebraskans）的大型展厅开始。

🛏 食宿

Rogers House 民宿 $$

（📞402-476-6961; www.rogershouseinn.com; 2145 B St; 房间 $90~170; 🅿️📶）靠近市中心，这里的7个宽敞房间占据一栋有100年历史的砖砌房屋。清新悦目，不像很多民宿那样装潢过度。可以期待丰盛的两道菜早餐。

★ Bread & Cup 咖啡馆 $

（📞402-438-2255; www.breadandcup.com; 440 N 8th St; 主菜 $8~15; ⊙周二和周三 7:00~21:00，周四至周六 至22:00，周日 9:00~14:00; 📶）🍴在这家引领潮流的秫市咖啡馆里，一盒盒漂亮的内布拉斯加农产品排列在门口，甚至普通的菜肴（比如手撕猪肉三明治）也会被赋予某种特色。出色的烘焙食品、齐全的吧台。

🍷 饮品和夜生活

Other Room 鸡尾酒吧

（📞402-261-4608; 824 P St; ⊙周一至周六

17:00至次日1:00, 周日至午夜) 找找没有标志的黑门, 旁边有狮子门环。如果门上方的灯光是绿色, 扣扣狮子门环。如果是红色, 你就得在外边等待进入酒吧的机会——这家狭小的酒吧只能容纳25人, 提供一些引人注目的"禁酒令前的老式鸡尾酒"。

❶ 实用信息

游客中心 (☏ 402-434-5348; www.lincoln.org; 201 N 7th St; ⓒ 6月至8月周一至周四 9:00~18:00, 周五 至20:00, 周六和周日 8:00~14:00, 9月至次年5月 办公时间缩短) 位于秣市的林肯车站 (Lincoln Station), 美国国铁的加州和风号在车站停靠。

❶ 到达和离开

从奥马哈沿80号州际公路(I-80)向西南方向前行55英里就是林肯。超级巴士 (Megabus; www.megabus.com) 连接两座城市, 每天1班 ($9, 1小时)。美国国铁 (www.amtrak.com) 的加州和风号列车连接林肯与奥马哈 ($12, 1小时, 每天1班)。

格兰德岛 (Grand Island)

普拉特河谷 (Platte River Valley) 旁典型的内布拉斯加中型城镇, 格兰德岛每逢春季就恢复生机, 成百上千的沙丘鹤聚集在城市边界以南的狭长栖息地——这个重要的地方正遭受威胁。来自世界各地的鸟类爱好者和生物学家蜂拥而来, 观看这一号称北美洲最重要的野生动物现象的大规模迁徙。

科尔尼 (KEARNEY)

在单调的80号州际公路 (I-80) 上, 科尔尼是个值得停留的地方。这里有漂亮的砖砌而就的市中心区域, 旁边是联合太平洋铁路的轨道和一些知名景点, 包括言过其实的**大普拉特河路拱门纪念馆** (Great Platte River Road Archway Monument; ☏ 308-237-1000; www.archway.org; 3060 E 1st St, exit 275附近; 成人/儿童 $12/6; ⓒ 5月至9月 周一至周六 9:00~18:00, 周日 正午至18:00, 10月至次年4月 开放时间缩短; ♿)。

从奥马哈沿80号州际公路 (I-80) 西行180英里可以到达科尔尼。Express Arrow (www.expressarrow.com) 运营两座城市之间的长途汽车, 每天2班 ($40, 4小时)。

◉ 景点

★ **鹤类自然保护区和游客中心** 自然保护区
(Crane Trust Nature & Visitor Center; ☏ 308-382-1820; www.cranetrust.org; 9325 S Alda Rd, I-80 exit 305; ⓒ 周一至周六 9:00~17:00) 免费 位于格兰德岛的上游, 春季迁徙期间 (2月中旬至4月上旬) 普拉特河地区会迎来500,000只沙丘鹤 (全世界数量的80%) 和几百万只水禽。专业向导带领季节性的沙丘鹤迁徙游 (Sandhill Crane Migration Tours; $35, 2.5小时), 前往正对河面的最好的隐蔽观景处。这座自然中心是观鸟的好去处, 全年都值得前去进行徒步活动。

★ **斯图尔的草原拓荒者博物馆** 博物馆
(Stuhr Museum of the Prairie Pioneer; ☏ 308-385-5316; www.stuhrmuseum.org; 3133 W Hwy 34, I-80 exit 312; 成人/儿童 $8/6; ⓒ 周一至周六 9:00~17:00, 周日 正午至17:00, 1月至3月 周一闭馆; ♿) 既有室内博物馆展览, 又有大型户外实景博物馆, 非常不错。注意从1860年至1890年的住宅条件是如何大幅度改善的, 这背后的原因就是铁路带来的财富。

❶ 到达和离开

格兰德岛位于奥马哈以西145英里处的80号州际公路 (I-80) 沿线。Express Arrow (www.expressarrow.com) 运营两地之间的长途汽车, 每天两班 ($35, 3小时)。

北普拉特 (North Platte)

普通旅行者可能对北普拉特的名字不感兴趣, 但忠实的铁路迷都知道它是联合太平洋铁路的贝利场 (Bailey Yard) 的所在地。与此同时, 这里也是美国历史爱好者前来看比尔·科迪 (Bill Cody) 开始自己著名的牛仔表演《水牛比尔西行记》(*Buffalo Bill's Wild West*) 的地方。即使每天都有数百列火车轧轧地进出城镇, 科迪的开拓精神依然延续至今。

◉ 景点

金钉塔楼　　　　　　　　　　　　塔
（Golden Spike Tower；☏308-532-9920；www.goldenspiketower.com；1249 N Homestead Rd；成人/儿童 $7/5；⏰5月至9月 9:00~19:00，10月至次年4月 至17:00）可以在这座有室内外平台的8层观景塔欣赏联合太平洋铁路贝利场（Bailey Yard）一览无余的风景，那是世界上最大的铁路分类场场。贝利场占地2850英亩，每24小时就能处理10,000节火车车厢！

水牛比尔牧场州立历史公园　　　古迹
（Buffalo Bill Ranch State Historical Park；☏308-535-8035；www.outdoornebraska.gov/buffalobillranch；2921 Scouts Rest Ranch Rd；房屋成人/儿童 $2/1，车辆通行证 $5；⏰6月至8月 9:00~17:00，4月下旬至5月和9月至10月上旬 周六和周日 10:00~16:00）曾经是比尔·科迪（牛仔表演和著名的狂野西部演出的创始人）的住所，如今这里是一座有趣的博物馆，展示他多姿多彩的生活。

食宿

酒店和汽车旅馆林立于穿过市中心的Blue Star Memorial Hwy边上。Blue Star Memorial Hwy沿线有数不清的连锁餐厅和快餐店。4th St和Front St之间有一些独立的食宿选择。

Husker Inn　　　　　　　　汽车旅馆 $
（☏308-534-6960；www.huskerinn.com；721 E 4th St；房间 $50~60；🅿🛜）这家普通的汽车旅馆有21个房间，院子维护良好，房间一尘不染（虽然有些小），到达时的自制烘焙食品美味可口，超出你的预期。

❶ 到达和离开

北普拉特位于奥马哈以西275英里，经由80号州际公路（I-80）可至。Express Arrow（www.expressarrow.com）每天都有长途汽车往返两座城市（$55, 6小时）。

瓦伦丁（Valentine）

幸运的是，"美国的中心城市"没利用这个名头搞什么把戏。它坐落在桑德丘陵（Sand-hills）边缘，是划独木舟、划皮划艇和轮胎漂流迂回穿越峡谷的理想大本营；峡谷所在的**奈厄布拉勒国家河流风景区**（Niobrara National Scenic River）受到联邦保护。

整个夏季，沿河漂流总会吸引很多人。险峻的石灰岩峭壁、茂密的森林和岸边200多条泉水汇成的瀑布粉碎了所有"平坦的内布拉斯加"的陈词滥调。漂流团队游大多以这里为基地。

◉ 景点和活动

瓦伦丁位于**牛仔小径**（Cowboy Trail）的中间，这条小径总有一天会成为美国最长的铁轨改造小径。小径目前沿废弃的芝加哥和西北铁路（Chicago and North Western Railway）通道从瓦伦丁向东经由桑德丘陵至诺福克（Norfolk），延伸195英里，深受自行车骑手的欢迎。小径沿途经过20个小社区，可以在城市公园露营，免费或费用很低。关于在这条小径上骑车的更多信息，可以查看网站www.bikecowboytrail.com。

奈厄布拉勒堡
国家野生动物保护区　　　野生动物保护区
（Fort Niobrara National Wildlife Refuge；☏402-376-3789；www.fws.gov/fortniobrara；Hwy 12；⏰游客中心 6月至8月 每天8:00~16:30，9月至次年5月 周一至周五）奈厄布拉勒堡国家野生动物保护区是大量野牛和麋鹿的家园，还有景色优美的瀑布。从游客中心出发有一条长3.5英里的车道，可以观赏野生动物。

Brewers Canoers & Tubers　　划独木舟
（☏402-376-2046；www.brewerscanoers.com；433 Hwy 20；根据时间/设备费用不定；⏰6月至8月 每天出行，全年出租）Brewers是该地区最早的装备店之一，最早在奈厄布拉勒河（Niobrara River）经营轮胎漂流。你可以租独木舟、皮划艇或漂流轮胎，还可以安排往返下水点和登陆点的班车。

食宿

Trade Winds Motel　　　　汽车旅馆 $
（☏402-376-1600；www.tradewindslodge.com；1009 E US 20/83；房间 $65~100；🅿🛜）传统的红砖建筑内有32个舒适、干净的房间，

带冰箱和微波炉。这里有热腾腾的乡村早餐，是个不错的独立住宿选择。

Peppermill
牛排 $$

(☎402-376-2800；www.peppermillvalentine.com；502 E Hwy 20；主菜$10~30；⊙周一至周五11:00~22:00，周六和周日16:00~22:00）这家昏暗的瓦伦丁餐馆擅长手切内布拉斯加牛肉，是该州最传奇的牛排店之一，有厚实、多汁的完美牛排。尝到Peppermill的招牌炖牛里脊Mulligan的时候，你就不会在意它那平淡的装修了。

❶ 到达和离开

从北普拉特沿US 83驱车北上2小时，可以到达偏僻的瓦伦丁。该地区没有公共交通。

内布拉斯加州狭长地带
（Nebraska Panhandle）

对于很多人来说，内布拉斯加游人罕至的偏远狭长地带是该州最引人遐思的地方。千百年来，大地一成不变，荒凉的景色延伸至天边。斯考特布拉夫是一个不错的落脚点。北上的话，29号高速公路（Hwy 29，亦称"化石高速公路"）非常适合驾车，刚好可以转入景色同样优美的美国20号公路（US 20）。

◉ 景点

★ 斯考特·布拉夫国家纪念碑
公园

（Scotts Bluff National Monument；☎308436-9700；www.nps.gov/scbl；190276 Old Oregon Trail，Gering；每辆车$5；⊙游客中心 6月至8月 8:00~18:00，9月至次年5月 至17:00）几个世纪以来，斯考特·布拉夫（Scotts Bluff）一直是旅行者的指路明灯。它在内布拉斯加西部平原拔地而起800英尺，是19世纪中叶俄勒冈小道（Oregon Trail）上重要的路标。如今你依然能够看到马车车辙。游客中心有展览，工作人员可以为你提供去往悬崖的远足和驾车指导。此处位于斯科茨布拉夫镇以南5英里处。

★ 玛瑙化石床国家保护区
纪念碑

（Agate Fossil Beds National Monument；☎308-436-9760；www.nps.gov/agfo；301 River Rd，紧邻Hwy 29，Harrison；⊙5月至9月 9:00~17:00，10月至次年4月 8:00~16:00）免费 大约2000万年前，内布拉斯加这块地方就像如今非洲的塞伦盖蒂（Serengeti），曾是丰富多样的生物聚集之处。现在，人们在这个偏僻的地方发现了这些古老哺乳动物的数千具骨架。展览和步行路线可以让你详细了解令人惊叹并还在不断涌现的发现。不要错过骨头小屋（Bone Cabin）和穴居海狸，还有美洲原住民展览。

烟囱岩国家历史遗址
自然景观

（Chimney Rock National Historic Site；☎308-586-2581；Chimney Rock Rd，Bayard；成人/儿童$3/免费；⊙9:00~17:00）具有几个世纪历史的悬崖从地平线上拔地而起，它们惹人注目的身影先后出现在现代旅行者和拓荒前辈的眼中。其中之一是位于烟囱岩国家历史遗址的烟囱岩。烟囱岩脆弱的120英尺尖顶是让前辈们感到振奋的地标，在数百本期刊中被提及。它还标志着拓荒旅程的第一阶段结束，前往海岸的最后一段艰难路程就此开始。

罗宾逊堡州立公园
古迹

（Fort Robinson State Park；☎308-6652900；www.outdoornebraska.gov；Hwy 20，Crawford；车辆通行证$8；⊙公园 黎明至黄昏，游客中心 4月至11月 每天 8:00~17:00，12月至次年3月 周一至周五）这座古老的军事要塞的动荡过去与它如今的庄严外表形成对比：1877年，疯马在这里被杀害；"布法罗士兵"（buffalo soldier）非裔美国旅在此组建；这里还曾经是一座德军战俘营。这座更大的公园可以尽览松树岭22,000英亩的风光。露营地（每晚$13）全年开放，古老的砖砌营地里面还有季节性小屋（4月至11月 房间$65）。

🛏 食宿

斯考特布拉夫[Scottsbluff；包括毗邻的杰灵（Gering）]拥有狭长地带数量最多的酒店、汽车旅馆和民宿。

★ Barn Anew
民宿 $$

（☎308-632-8647；www.barnanew.com；170549 County Rd，Scottsbluff；房间$140~150；🅿🈂）这家令人赞叹的民宿位于旧甜菜农场一间经过修复的谷仓。墙上装饰着主人不逊于博物馆藏品的美洲原住民工艺品，斯考特布拉夫的景色令人陶醉。打算探险？这里有两辆被改造成舒适房间的拓荒马车，可以问问住宿事宜。

★ Tangled Tumbleweed　　　美国菜 $$

(☎308-633-3867; www.thetangledtumbleweed.com; 1823 Ave A, Scottsbluff; 小份菜$7~11; ⊙周三至周六10:00~22:00) 既是家居用品商店（有老板制作的可爱商品），又是一流的餐厅，斯考特布拉夫的这家新店面在这种规模的城镇甚是少见。时令菜单上的小份菜肴可以搭配不时变换的葡萄酒和自酿啤酒。天气暖和的夜晚可以坐在户外的露台。

Emporium Coffeehouse & Café　　美国菜 $$

(☎308-632-6222; www.emporiumdining.com; 1818 1st Ave, Scottsbluff; 主菜$12~27; ⊙周一至周六6:30~22:00) 斯考特布拉夫市中心的这栋老房子前面呈伞状，是该地区的极品。这里有美味佳肴，从早餐的油酥点心到晚上的牛排和海鲜，不一而足。葡萄酒和烈酒酒单上有100多种选择。

❶ 到达和离开

偏远的狭长地带距离丹佛和拉皮德城比距离奥马哈更近。从斯考特布拉夫驾车前往两座城市都是3小时，不过方向相反。该地区没有公共交通。

堪萨斯州（KANSAS）

邪恶的女巫和黄砖道路，为了奴隶制而进行的激战，足以摧毁整座城镇的龙卷风，以上是关于堪萨斯州的比较骇人听闻的几幅图景。但一般的场景是从北到南和从东到西的琥珀色谷浪，这也是更接近现实的景象。

青翠起伏的丘陵和无穷无尽的地平线简单美好。类似蔡斯郡这样的地方能让那些不喜欢浮夸喧嚣的人沉迷其中。明珠比比皆是，从哈钦森（Hutchinson）非凡的太空博物馆到劳伦斯的独立音乐夜店。最重要的是，要遵循大平原区的准则，放弃州际公路，开上双车道的小路，自行探索。网站www.kansassampler.org是很棒的信息来源。

❶ 实用信息

堪萨斯州民宿协会（www.kbba.com）
堪萨斯州立公园（Kansas State Parks; www.ksoutdoors.com）每辆车每天/年为$5/25。露营位费用$10~22。
堪萨斯州旅游观光（www.travelks.com）

威奇托（Wichita）

从19世纪70年代奇瑟姆小道（Chisholm Trail）尽头的早期牛镇到当前自诩的世界飞机之都[Air Capital of the World; 世界上大约一半的通用航空飞机由这里的塞斯纳（Cessna）等公司制造]，这座堪萨斯州最大的城市值得逗留，但不应该以放弃该州其他地方为代价。

◉ 景点

威奇托历史悠久的**老城**（Old Town）全部用砖建成，位于市中心东侧，适合购物、就餐和饮酒。**河畔博物馆区**（Museums on the River）包括很多博物馆，还有植物园和面向儿童的科学中心，占满市中心以西大小阿肯色河（Big and Little Arkansas Rivers）之间的三角形绿地。

★ 老牛镇博物馆　　　博物馆

(Old Cowtown Museum; ☎316-350-3323; www.oldcowtown.org; 1865 Museum Blvd; 成人/儿童$8/5.50; ⊙4月至10月 周二至周六10:00~17:00, 周日 正午至17:00, 11月至次年3月 周二至周六10:00~17:00; ➍) 一座重现狂野西部（Wild West; 就像电视上看到的那样……）的露天博物馆。拓荒者时代的建筑、舞台上表演的枪战（4月至10月）和穿着牛仔服饰的向导，都让孩子们激动不已。可以享受河边散步的乐趣。

探险地　　　博物馆

(Exploration Place; ☎316-660-0600; www.exploration.org; 300 N McLean Blvd; 成人/儿童$10/6起; ⊙周一至周六10:00~17:00, 周日 正午至17:00; ➍) 就位于河流交汇处，这座建筑形式醒目的儿童博物馆有无数炫酷展览，包括能让你感受75英里/小时强风的龙卷风室和一个侵蚀模型，展示水如何创造出一个新的小堪萨斯，非常绝妙。

🛏 住宿

连锁酒店的集中地包括135号州际公路（I-135）的1AB出口、35号州际公路（I-35）的50号出口及Hwy 96 Rock Rd和Webb Rd出口处。市中心以南的宽阔马路上有各种独立的便宜住所。

Hotel at Old Town 酒店 $$

（☎316-267-4800；www.hotelatoldtown.com；830 1st St；房间 $100~200；P✳@🛜）置身于老城夜生活中间，这家经过翻新的酒店在日用品公司Keen Kutter Corp 1906年的厂房里。房间有高高的天花板、冰箱和微波炉，这里还有不错的自助早餐（付费）。

🍴 就餐

威奇托是必胜客（Pizza Hut）的家乡，但必胜客与这座城市的顶级就餐选择相去甚远。想吃货真价实的墨西哥菜或越南菜，沿Broadway驾车往北，随你挑选。

Doo-Dah Diner 美式小馆 $

（☎316-265-7011；www.doodahdiner.com；206 E Kellogg Dr；主菜 $8~15；⊙周三至周五 7:00~14:00，周六和周日 8:00~14:00）随处可见的典型美式小餐馆。这里是市中心的宠儿，总是熙熙攘攘，有极好的食物，包括咸牛肉丁、香蕉面包法式吐司和班尼迪克蛋。

Lotus Leaf Cafe 素食 $

（☎316-295-4133；www.lotusleafwichita.com；251 N Washington Ave；主菜 $7~12；⊙周一至周六 11:00~21:00，周日 至16:00，🅿）老城的这家明亮、欢快的咖啡馆擅长素食、严格素食、有机和无麸菜肴，比如布法罗菜花（代替鸡肉）和意大利细面条配清炒西葫芦。这里还有一份不错的有机葡萄酒和啤酒酒单。

Anchor 美国菜 $

（☎316-260-8989；www.anchorwichita.com；1109 E Douglas Ave；主菜 $7~12；⊙11:00至深夜）位于老城边缘，这家老式酒馆有高高的天花板、瓷砖地板、出色的精选啤酒和美味的食物。汉堡包和特色菜完全超越附近的连锁餐馆和主题酒吧。

🍷 饮品和夜生活

这里有几家值得注意的自酿酒吧，主要在老城及其东边的道格拉斯设计区（Douglas Design District）。

Hopping Gnome Brewing 微酿啤酒

（www.hoppinggnome.com；1710 E Douglas

追逐龙卷风

大平原的大部分地区经常天气恶劣，包括猛烈的雷暴、垒球大小的冰雹、惊人的闪电风暴等。但是，龙卷风才是这些气象噩梦中的真正明星。它们可远远不如把桃乐西（Dorothy）吹到奥兹国（《奥兹国的桃乐西》是一部美国动画片）的旋风和善，龙卷风每年从大平原向东席卷美国中部，造成伤亡和破坏。

风速300英里/小时以上，龙卷风既令人敬畏，又让人觉得恐怖。但每年依然有很多人来到该地区，希望能看到漏斗云，体验这种体现自然力量的戏剧性奇观。

旅行社用装配各种小器械的小货车跨越多州追逐风暴，但不保证真的能见到。每天平均费用为 $200~400；4月至7月最容易见到。经营机构包括下列几家：

Cloud 9 Tours（☎405-323-1145；www.cloud9tours.com；2周团队游 $3000）

Silver Lining Tours（☎720-273-3948；www.silverliningtours.com；多日团队游 $2500起）

Tempest Tours（☎817-274-9313；www.tempesttours.com；多日团队游 $2245起）

李·桑德林（Lee Sandlin）的著作《暴风之王：美国首位追风人不为人知的历史》（*Storm Kings: The Untold History of America's First Tornado Chasers*）出色地讲述了早期的龙卷风研究，充满惊奇。也可以阅读经验丰富的追风人罗杰·希尔（Roger Hill）在《追逐自然之怒》（*Hunting Nature's Fury*）中的回忆。

> **不要错过**
>
> ## 堪萨斯宇宙航天中心
>
> 或许是堪萨斯州最令人惊奇的景点，神奇的**堪萨斯宇宙航天中心**（Kansas Cosmosphere & Space Center；☏800-397-0330；www.cosmo.org；1100 N Plum St, Hutchinson；全景点通票成人/儿童 $26/17，仅限博物馆 $13.50/10；◐周一至周六 9:00~19:00，周日 正午至19:00；🅿）对登月竞赛历程的描述胜过世界上所有的博物馆。引人入胜的展览和展品，比如阿波罗13号（Apollo 13）的指挥舱就能迷住你几个小时。你会逐渐意识到博物馆为何经常被邀请为展现太空竞赛的好莱坞电影制作道具，包括《阿波罗13号》。天象仪和空间模拟器让全景点通票物有所值。
>
> 博物馆在哈钦森的偏僻地段，从威奇托出发一日游很方便，或者在70号州际公路上改道前往。

Ave；◐周三至周五 15:00~22:00，周六正午至午夜，周日 正午至17:00）这家极小的酒吧位于道格拉斯设计区，有家庭式样的餐桌、现爆的爆米花和各种有趣的桌游。哦，还有小矮人雕像。许多花园小矮人雕像！按品脱或一杯的分量点自酿啤酒。

❶ 到达和离开

威奇托德怀特艾森豪威尔国家机场（Wichita Dwight D Eisenhower National Airport；ICT；www.flywichita.com；2277 Eisenhower Airport Pkwy）位于城镇以西7英里处，有来自中西部、西南部和东南部几座城市的航班。灰狗巴士（www.greyhound.com）有开往俄克拉何马城（Oklahoma City, $32, 3小时）和堪萨斯城（$40, 4小时）的长途汽车。

劳伦斯（Lawrence）

劳伦斯从一开始就是激进政治的岛屿。劳伦斯在1854年由废奴主义者建立，是地下铁路（Underground Railroad）的重要站点，支持和反对奴隶制的派系以此地为战场。这座城市的自由思想精神随着不拘一格的商店、前卫酒吧和年轻人的乐观[这里是堪萨斯大学（University of Kansas）的所在地]延续至今。

👁 景点

迷人的市中心以Massachusetts St为中心，聚集了城里人和学生；这条街道是该地区最适宜步行的街道之一。

斯宾塞艺术博物馆   美术馆
（Spencer Museum of Art；☏785-864-4710；www.spencerart.ku.edu；1301 Mississippi St；◐周二、周五和周六 10:00~16:00，周三和周四至20:00，周日 正午至16:00）**免费** 这座博物馆位于堪萨斯大学校园，在2016年经过了大规模翻修，刚刚重新开放，有西方艺术家弗雷德里克·雷明顿（Frederic Remington）、平原画家托马斯·哈特·本顿（Thomas Hart Benton）及其他艺术家的作品。

🛏 食宿

Eldridge Hotel   历史酒店 $$
（☏785-749-5011；www.eldridgehotel.com；701 Massachusetts St；房间 $140~175；🅿🛜）市中心这家1926年建成的历史悠久的酒店有48间现代的两室套房，内有老式家具陈设。酒吧和餐馆时髦。

Halcyon House B&B   民宿 $$
（☏785-841-0314；www.thehalcyonhouse.com；1000 Ohio St；房间 $70~130；🅿🛜）这里的9个卧室色彩丰富（有的是共用卫生间），采光良好，还有景观花园，早餐有自制烘焙食品。步行不太远就是市中心。

★**Hank Charcuterie**   西班牙小吃 $$
（☏785-832-8688；www.hankmeats.com；1900 Massachusetts St；主菜 $10~20；◐周二至周五 11:00~21:00，周六 9:00~21:00，周日 9:00~14:00）顾名思义，这家典雅而休闲的餐馆是喝上一瓶葡萄酒、尝点小吃的好地方，比如奶酪拼盘或肉品。这里还有几种创意主菜（试想一下麦米酿鹌鹑和炒兔子饼干）和极佳的鸡尾酒（尝尝"醋饮"杜松子酒）。可以

在黑板上看到提供食材的农场信息。

🍷 饮品和娱乐

Henry's
酒吧

(☎785-331-3511; 11 E 8th St; ⊙7:00至次日2:00; 📶)楼下是昏暗低沉的咖啡馆，有一种地下的氛围，墙上挂着待售的艺术品。楼上是前卫（和欢迎同性恋的）酒吧，备受劳伦斯另类人群的欢迎。总的来说，Henry's囊括了所有令劳伦斯引以为豪的与堪萨斯州等其他城镇的不同之处。

Bottleneck
现场音乐

(☎785-841-5483; www.bottlenecklive.com; 737 New Hampshire St; ⊙15:00至次日2:00)城里的音乐界能达到一般大学城的水准，这家小店通常有最好、最新的音乐。没有演出的夜晚，这里就成了廉价酒吧，组织热门的智力问答和即兴聚会的场所。

❶ 实用信息

游客信息中心(☎785-865-5282; www.unmistakablylawrence.com; 402 N 2nd St; ⊙周一至周六 9:00~17:00,周日 13:00~17:00)位于经过翻新的联合太平洋旧火车站内。

❶ 到达和离开

沿70号州际公路(I-70)从托皮卡向东疾驰半小时或从堪萨斯城向西行驶45分钟，可以到达劳伦斯。美国国铁的西南酋长号（Southwest Chief）经过劳伦斯，可以带你前往堪萨斯城($10, 1.5小时)或托皮卡($10, 30分钟)。

托皮卡（Topeka）

该州多少有些单调的首府托皮卡是堪萨

> **值得一游**

道奇城（DODGE CITY）

19世纪70年代和80年代，道奇城声名狼藉；著名的治安官巴特·马斯特森（Bat Masterson）和怀亚特·厄普（Wyatt Earp）竭尽所能地维护法律和秩序，但并不总能成功。长寿电视剧《荒野大镖客》（Gunsmoke; 1955~1975年）激起了人们对这座城市传奇往事的更大兴趣，尽管历史真实性总是排在吃喝玩乐后面助声势而已。

如今，道奇城在靠着历史遗产敛财的同时，每天还24小时地在大型工厂屠宰10,000多头牛。你可能会被刺激得想要逃离道奇城，但若是稍稍逗留片刻，你可能就会被这座饱经风霜的城镇深深吸引。

历史悠久的市中心远离景点，适合漫步。欣赏城市以西约9英里处美国50号公路旁边保留下来的**圣菲小道马车车辙**遗址的标示很到位。

类似电影公司外景场地的**靴山博物馆**（Boot Hill Museum; ☎620-227-8188; www.boothill.org; 500 W Wyatt Earp Blvd; 成人/儿童 $12/9; ⊙6月至8月 8:00~20:00, 9月至次年5月 9:00~17:00; 🅿)包括墓地、监狱和酒馆；枪手们在这里重现（没有鲜血的）枪战，而猫猫小姐（Miss Kitty）及其女舞伴们跳着朝气蓬勃的康康舞。俗气？当然! 但这个假冒边疆就是这么让人大跌眼镜的有意思。

新开的 **Boot Hill Distillery**(☎620-371-6309; www.boothilldistillery.com; 501 W Spruce St; ⊙6月至8月 周四至周六 13:00~19:00, 9月至次年5月 周五和周六, 团队游13:00, 15:00和17:00)以"品味泥土"（Soil to sip）为宗旨。老板是三名供应100%谷物的农民。品酒室位于曾经是市政厅的宏伟建筑内，你可以在里面尝尝堪萨斯出产的杜松子酒、伏特加和威士忌。

游客中心(☎800-653-9378; www.visitdodgecity.org; 400 W Wyatt Earp Blvd; ⊙6月至8月 每天 8:00~18:30, 9月至次年5月 周一至周五 至17:00)有前往历史景点的免费步行和驾车游。

沿400号公路（US 400）从威奇托西行约150英里就是道奇城。灰狗巴士（www.greyhound.com）的长途汽车连接两地，每天1班($40, 3小时)。

66号公路：在堪萨斯州找乐子

66号公路只有13英里的路段经过堪萨斯州的东南角，不过沿66号高速公路（Hwy 66）和美国69号公路（US 69）驾车令人愉快（从东到西）。

沿路行驶3英里是**里弗顿**（Riverton）；在这儿，你或许可以考虑向北绕路20英里，前往克劳福德县（Crawford County），那里的炸鸡是**匹兹堡**（Pittsburg）周边6家著名餐馆的标志。到**Chicken Mary's**（☎620-231-9510；1133 E 600th Ave, Pittsburg；餐 $7起；☉周二至周六 16:00~20:30，周日 11:00~20:00）尝尝，那里是最好的店之一。

穿过美国400号公路（US 400），继续驾驶在旧66号公路上，到达1923年的**彩虹桥**（Rainbow Bridge），也是这条线路上仅存的一座马什拱桥。

从这座桥向南不到3英里就是**巴克斯特斯普林斯**（Baxter Springs），内战中一场大屠杀和无数银行抢劫案的遗址。经过翻新的1939年Phillips 66加油站就是**堪萨斯州66号公路游客中心**（Kansas Route 66 Visitor Center；☎620-856-2385；www.baxterspringsmuseum.org；10th St和Military Ave交叉路口，Baxter Springs；☉周二至周六 10:00~16:30，周日 13:00~16:00）。Military Ave（US 69A）可以带你进入俄克拉何马州。

大平原 阿比林

斯州在美国种族关系中重要地位的象征。新兴的**NOTO艺术区**（NOTO Arts District）位于历史悠久的托皮卡北区（North Topeka），是个令人愉悦的地方，有五花八门的商店、画廊和餐馆。

托皮卡西部边缘的70号州际公路（I-70）和470号州际公路（I-470）交叉路口附近有许多连锁酒店。市中心有几家独立酒店和旅馆。

⊙ 景点

★ 布朗诉教育局国家历史遗址　　博物馆

（Brown v Board of Education National Historic Site；☎785-354-4273；www.nps.gov/brvb；1515 SE Monroe St；☉9:00~17:00）免费 20世纪50年代，挑战在美国普遍存在的种族隔离法需要真正的勇气，这些勇敢的男女的故事就发生在这里。1954年，最高法院（Supreme Court）决议禁止在美国学校里实施种族隔离；在那个里程碑式的时刻，门罗小学（Monroe Elementary School）是托皮卡的非裔美国人学校之一，如今设立在学校里的陈列涉及整个人权运动。

州议会大厦　　地标

（State Capitol；☎785-296-3966；www.kshs.org/capitol；300 SW 10th Ave；☉周一至周五 7:30-17:30，周六 8:00~13:00，团队游周一至周五 9:00~15:00）免费 位于巨大的铜穹顶下，不要错过约翰·斯图尔特·柯里（John Steuart Curry）表现废奴主义者约翰·布朗（John Brown）的充满激情的壁画。攀登296级台阶，观赏外边的美景。从8th Ave和Van Buren St的游客中心进入。

堪萨斯历史博物馆　　博物馆

（Kansas Museum of History；☎785272-8681；www.kshs.org；6425 SW 6th Ave；成人/儿童 $10/5；☉周二至周六 9:00~17:00，周日 13:00~17:00）从夏延战争的长矛到卡丽·内申的锤子，这座迷人的博物馆内关于堪萨斯的故事俯拾皆是。

❶ 到达和离开

托皮卡位于堪萨斯城以西沿70号州际公路（I-70）约1小时车程的地方。Jefferson Lines（www.jeffersonlines.com）每天有4班在该线路上运行的长途汽车（$16）。

阿比林（Abilene）

19世纪末期，阿比林是奇瑟姆小道尽头吵闹的牛镇。如今看来，由历史悠久的砖砌建筑组成的紧凑中心和保存完好的街区作为总统和将军德怀特·D.艾森豪威尔（Dwight D Eisenhower；1890~1969年）的出生地再合适不过了。

◉ 景点

艾森豪威尔总统中心　　博物馆

（Eisenhower Presidential Center; ☏785-2636700; www.eisenhower.archives.gov; 200 SE 4th St; 博物馆 成人/儿童 $12/3; ⓧ6月和7月 8:00 17:45, 8月至次年6月 9:00~16:45) 中心以谷物升降机为背景，与周围环境相映成趣。这座相当庄严的艾森豪威尔总统中心包括艾克（艾森豪威尔）童年时期的住处、博物馆和图书馆，以及他和玛米（Mamie）的陵墓。展览涵盖了艾森豪威尔的总统时期（1953~1961年）及他在"二战"中担任盟军指挥官时发挥的作用。

🛏 食宿

Abilene's Victorian Inn　　民宿 $

（☏785-263-7774; www.abilenesvictorianinn.com; 820 NW 3rd St; 房间 $80起; ❋🛜) 这幢宏伟的淡紫色建筑可以追溯至1882年，是艾森豪威尔最亲密的朋友的住所。近来这里经过翻新，恢复了维多利亚式的荣光，贴上了一些美丽的壁纸。老板娘有点儿固执地坚持自己的规矩（在预订之前，你没法亲眼看一看6间客房里的任一间），但目前为止它都是城里最好的住宿场所。

Brookville Hotel　　美国菜 $$

（www.brookvillehotel.com; 105 E Lafayette Ave; 餐 $17; ⓧ周三至周五 17:00~20:00, 周六和周日 11:30~19:00) 从前总统暨阿比林居民德怀特·艾森豪威尔（Dwight D Eisenhower）毕业于西点军校（West Point; 1915年）至今，Brookville Hotel 一直在供应炸鸡。每餐都可以搭配奶油玉米、新鲜的饼干等其他更多食物。

ℹ 到达和离开

阿比林位于威奇托以北90英里，可经由135号州际公路（I-135）和KS 15前往。没有往返该城市的公共交通。

蔡斯郡（Chase County）

威廉·李斯特·海特穆恩（William Least Heat-Moon）在他的畅销作品《草原大地》（Prairy Erth）里考察了这个近乎正方形的郡的每一英里土地。这里有美丽的弗林特山（Flint Hills）起伏蔓延，还有全国现存高草草原面积的三分之二。不要错过斯特朗城（Strong City）以南2英里处卡顿伍德福尔斯（Cottonwood Falls）令人拍案称奇的郡法院（County Courthouse）。这座法院建成于1873年，再现了法式文艺复兴风格。

◉ 景点

★高草草原国家保护区　　自然保护区

（Tallgrass Prairie National Preserve; ☏620-273-8494; www.nps.gov/tapr; Hwy 177; ⓧ建筑 9:00~16:30, 小径24小时）**免费** 这座国家保护区占地11,000英亩，位于斯特朗城西北2英里处，拥有40英里景色秀美的小径，是徒步大草原的理想场所。2009年，这里重新引入了野牛，如今数量接近100头，与草原榛鸡（它们的求偶仪式非常出名！）同处这个空间。管理员提供一片被保护的牧场的团队游和从游客中心出发的大巴游，讲解这里的生态系统为何如此稀有（北美洲原始高草草原现存面积不足4%)。

🛏 食宿

★Millstream Resort Motel　　汽车旅馆 $

（☏620-273-8114; 401 Mill St, Cottonwood Falls; 房间 $62~100; ❋🛜) 这家可以俯瞰卡顿伍德河（Cottonwood River）的迷人汽车旅馆，可爱的地方实在是太多了，尤其是便宜的价格。石墙、木地板和带临河阳台的个性化房间，使得这里成为弗林特山货真价实的度假住所。老板理查德（Richard）和莎伦（Sharon）将会尽全力地欢迎你。

Ad Astra Food & Drink　　美国菜 $

（☏620-273-8440; 318 Cottonwood St, Strong City; 主菜 $7~16; ⓧ周五和周六 11:00~22:00, 周日 至21:00) 斯特朗城这家时髦的餐馆提供时令菜单，上面的美国传统菜肴取材于新鲜食材，具有创意，非常诱人。伴随着立体声音响传出的美妙民间音乐和墙上的本地艺术家作品，还有龙头流出的自酿啤酒，你或许会被诱惑得想多待片刻。

66号公路博物馆(ROUTE 66 MUSEUMS)

66号公路讲解中心(Route 66 Interpretive Center; ☎405-258-1300; www.route66interpretivecenter.org; 400 E 1st St, Chandler; 成人/儿童 $5/4; ☉周二至周六 10:00~17:00)这座博物馆位于塔尔萨西南60英里处,重现了几十年来自驾母亲之路的经历。所在建筑是一座1936年的宏伟军械库。

66号公路博物馆和研究中心(Route 66 Museum & Research Center; ☎417-532-2148; www.lebanon-laclede.lib.mo.us; 915 S Jefferson St; ☉周一至周四 8:00~20:00, 周五和周六 至17:00)这座博物馆位于莱巴嫩(Lebanon)的图书馆,有过去和现在的藏品,包括仿冷饮柜台和老式地图。

66号公路国家博物馆(National Route 66 Museum; ☎580-225-6266; 2717 W 3rd St/Hwy 66, Elk City; 成人/儿童 $5/4; ☉周一至周六 9:00~17:00, 周日 14:00~17:00)三座博物馆合而为一:老汽车和老照片、重建的拓荒城镇,以及一座农场博物馆。

❶ 到达和离开

蔡斯郡位于威奇托和托皮卡的中间点附近(35号州际公路的127号出口),该地区没有公共交通。

俄克拉何马州(OKLAHOMA)

俄克拉何马州得名于乔克托语的"红种人"。看看该州鲜红的土地,你会好奇这个名称是否更像是字面意思,而非对人种的评论。而今依然有39个部落定居在此,这个地方对美洲原住民的意义非常深远。博物馆、文化展览等比比皆是。

作为老西部(Old West)硬币的另一面,牛仔也在这个"抢先之州"(Sooner State; 俄克拉何马州的别名)地位突出。虽然皮卡车代替了马匹,但这里依然有一种广阔无垠的强烈感觉,夹杂在中间的城市只有俄克拉何马和塔尔萨。66号公路(Route 66)在俄克拉何马州的路段连接到这条母亲之路(Mother Road, 66号公路的别称)上的一些标志性亮点,还有大量独具神韵的老城镇。

❶ 实用信息

俄克拉何马州民宿协会(www.okbba.com)
俄克拉何马州立公园(Oklahoma State Parks; www.travelok.com/state_parks)多数公园白天免费;露营费用每晚$14~25,有的可以预约。网站跟迷宫一样。

俄克拉何马州旅游和娱乐部(Oklahoma Tourism & Recreation Department; ☎800-652-6552; www.travelok.com)

俄克拉何马城(Oklahoma City)

俄克拉何马城经常缩写为OKC。它几乎就在该州的正中央,也是文化和政治中心。为了让自己不仅仅是一座牛镇,它奋斗多年,但完全没有放弃牛仔的遗产。在66号公路(Route 66)上旅行的时候,这里是个不错的停留地点。

这座城市将永远与1995年艾尔弗雷德·P.默拉联邦大楼(Alfred P Murrah Federal Building)的爆炸联系在一起;关于那场悲剧回忆起来至今令人动容。

◉ 景点

★俄克拉何马城国家纪念博物馆 博物馆
(Oklahoma City National Memorial Museum; www.oklahomacitynationalmemorial.org; 620 N Harvey Ave; 成人/学生 $15/12; ☉周一至周六 9:00~18:00, 周日 正午至18:00, 闭馆前1小时停止售票)这座令人伤感的博物馆讲述了美国本土最恶劣的恐怖事件。这座博物馆没有矫情地叙事,而是让那些可怕的事实来说明问题。户外的**象征纪念雕塑**(Symbolic Memorial)有168把空椅子雕塑,是为了纪念袭击中被害的每个受害者(19把小的椅子属于在托儿中心

药园(MEDICINE PARK)

这座迷人的溪畔度假小镇凭借优美的环境和独特的鹅卵石建筑(还有用圆形红岩修建的房屋)吸引旅行者。在这个地方,园景公园被独特的草原天堂代替,艺术家与鳟鱼渔民摩肩擦踵。城镇距离威奇托山野生动物保护区(Wichita Mountains Wildlife Refuge; ☎580-429-3222; http://wichitamountains.fws.gov; 20539 State Hwy 115, Cache; 简陋露营位$8, 标准住所$10~20; ⏰游客中心9:00~17:00; 🅿🎫)仅一英里,一群群麋鹿、野牛和长角牛在这里随意游荡。

村舍和小屋是主要的住宿选择,不过还是有几家可爱的旅馆。

药园位于俄克拉何马城西南约1.5小时车程处,主要取道44号州际公路(I-44)。两地之间没有公共交通。

死亡的儿童)。

★ 畜栏城　　　　　　　　　　　景区

(Stockyards City; www.stockyardscity.org; Agnew Ave & Exchange Ave)你会在市中心西南的畜栏城遇见真正的牛仔,要么是在迎合他们口味的商店和餐馆,要么是在世界上最大的牲畜和饲牛市场,俄克拉何马国家畜栏(Oklahoma National Stockyards)。

★ 国家牛仔和西部遗产博物馆　　博物馆

(National Cowboy & Western Heritage Museum; ☎405-478-2250; www.nationalcowboymuseum.org; 1700 NE 63rd St; 成人/儿童$12.50/6; ⏰周一至周六10:00~17:00, 周日正午至17:00)这里就缺气味了。充满活力的历史展览辅以一座边境村庄模型和出色的西部绘画和雕塑藏品,展出重点是查尔斯·M.拉塞尔(Charles M Russell)和弗雷德里克·雷明顿(Frederic Remington)的很多作品。

俄克拉何马历史中心　　　　　　博物馆

(Oklahoma History Center; www.okhistory.org/historycenter; 800 Nazih Zuhdi Dr; 成人/儿童$7/4; ⏰周一至周六10:00~17:00)位于州议会大厦(见本页)附近,这座博物馆以人为中心,通过互动展览,讲述"抢先之州"的故事。

骨科学博物馆　　　　　　　　　博物馆

(Skeletons: Museum of Osteology; ☎405-814-0006; www.museumofosteology.org; 10301 S Sunnylane Rd; 成人/儿童$8/7; ⏰周一至周五8:00~17:00, 周六11:00~17:00, 周日13:00~17:00)一种食肉甲虫协助博物馆管理员们准备动物(许多来自动物园)的骨架,让它们作为展示品获得新生。这里有350多件骨架和100,000多件单独的骨头,包括一头美国野牛和一头非洲大象的骨架。

帕萨奥艺术区　　　　　　　　　景区

(Paseo Arts District; www.thepaseo.org; NW 30th St & Paseo)拥有西班牙殖民复兴风格的建筑、热闹的酒吧和时髦的美术馆,这里是俄克拉何马城最不羁的角落。

州议会大厦　　　　　　　　　　地标

(State Capitol; ☎405-521-3356; 2300 N Lincoln Blvd; ⏰周一至周五7:00~19:00, 周六和周日9:00~16:00, 团队游周一至周五9:00~15:00) **免费** 建于1917年(不过2002年才罩上穹顶),这栋希腊罗马式建筑有大幅壁画、漂亮的彩色玻璃窗、部落旗帜广场和巡回艺术展。恰如其分的是,它是唯一一座被运转中的油井包围的州议会大厦。

🛏 住宿

很多较老的汽车旅馆排列于城镇南部的35号州际公路(I-35)边;较新的连锁酒店集中在44号州际公路(I-44), NW Expwy/3号高速公路(Hwy 3)沿线,以及布雷克镇(Bricktown; 这个区域夜生活丰富)。

Lincoln Inn　　　　　　　　　汽车旅馆 $

(☎405-528-7563; www.lincolninnokc.com; 5405 N Lincoln Blvd; 房间$45起; 🅿❄🎫📶🐾)俄克拉何马城最好的经济型住宿选择,紧邻44号州际公路(I-44),距离州议会大厦(见本页)不远。这里有大游泳池、小健身房和从

Grandison Inn at Maney Park　民宿 $$

（☏405-232-8778；www.grandisoninn.com；1200 N Shartel Ave；房间 $140~190；Ⓟ❄️📶）位于俄克拉何马城上流区，就在市中心西北，这家1904年的老式民宿很宽敞，有8个拥有时代魅力和现代便利设施的房间。房屋有令人赞叹的木构件，包括一段非常出彩的楼梯。

Colcord Hotel　精品酒店 $$

（☏405-601-4300；www.colcordhotel.com；15 N Robinson Ave；房间 $170~240；Ⓟ❄️@📶）俄克拉何马城第一座摩天大楼，建于1911年，如今是一家豪华的12层酒店。这里保留了很多最初的装饰，比如铺着大理石的大厅，108个房间时髦又现代。酒店位于布雷克镇附近。

🍴 就餐

想找推荐列表的话，不妨查看每周一期的《俄克拉何马报》（*Oklahoma Gazette*；www.okgazette.com）或者只需前往布雷克镇区（Bricktown District）的改建仓库，那里有大量酒吧和餐馆，有的很好，有的只是连锁店。

Tucker's Onion Burgers　汉堡 $

（☏405-609-2333；www.tuckersonionburgers.com；324 NW 23rd St；主菜 $5.50~10；⏰11:00~21:00）Tucker's是散发着66号公路旧日氛围的新式汉堡店，有优质的食品（食材源于本地），包括标志性的俄克拉何马洋葱汉堡、鲜切薯条和奶昔。这里还有一个不错的露台，甚至秉持环保的理念。

Ann's Chicken Fry House　美国南方菜 $

（☏405-943-8915；4106 NW 39th St；主菜 $5~12；⏰周二至周六 11:00~20:30）既是真正的小餐馆，也是旅游景点，Ann's是66号公路（Route 66）上的老店，这里有名的是——你猜猜——炸鸡肉排。秋葵和奶油肉汁也是明星，炸鸡则不负盛名。尝尝豇豆。

★ Picasso's Cafe　新派美国菜 $$

（☏405-602-2002；www.picassosonpaseo.com；3009 Paseo；主菜 $10~20；⏰11:00至深夜；🍴）Picasso's正午的"血腥玛丽"（Bloody Marys）很有名，还有摆盘精妙的农场新鲜菜肴。这个地方还很有艺术感，展示了当地艺术家的作品。建议在外边找一张桌子就餐。

★ Cheever's Cafe　新派美国菜 $$

（☏405-525-7007；www.cheeverscafe.com；2409 N Hudson Ave；主菜 $10~40；⏰周日至周四 11:00~21:00，周五和周六 至22:30）前身是装饰艺术风格的花店，如今是一家高档咖啡馆，有一流的南方和墨西哥风格饮食。菜单随季节更换，取材本地。冰激凌球甜点让很多人得到满足。

Cattlemen's Steakhouse　牛排 $$

（☏405-236-0416；www.cattlemensrestaurant.com；1309 S Agnew Ave；主菜 $7~30；⏰周日至周四 6:00~22:00，周五和周六 至午夜）俄克拉何马城历史上最有名的餐馆，这家畜栏城（见766页）的店从1910年开始一直用一块块牛肉款待牛仔和城里人。你还得在柜台结账（在那儿要一张桌子，不用排队），然后回到豪华的隔间。

🍷 饮品和娱乐

乡村西部夜店分散在俄克拉何马城城里各处，在里面踢起牛仔靴，学几个乡村队列舞的窍门。想要一个比较低调的夜晚，可以前往思想另类的帕萨奥艺术区。晚上想串酒吧的话，可以试试布雷克镇。

Bricktown Brewery　自酿酒吧

（www.bricktownbrewery.com；1 N Oklahoma Ave；⏰周一至周四 11:00~23:00，周五和周六 至次日2:00，周日 至21:00）布雷克镇的一家大型自酿酒吧，狂欢的人遍布各个大厅，享受落袋台球、飞镖游戏或者只是旁观。这里总是忙忙碌碌，有不错的食品菜单。

🛍 购物

Langston's　服装

（☏405-235-9536；www.langstons.com；2224 Exchange Ave；⏰周一至周六 10:00~20:00，周日 正午至17:00）你可以在Langston's购买各种西部特色的服装和设备。光是靴子的选择就能让人眼花缭乱。

❶ 实用信息

俄克拉何马城游客信息中心（Oklahoma City Visitor Information Center; ☎405-602-5141; www.visitokc.com; 58 W Sheridan Ave; ◷周一至周五 9:00~18:00）位于考克斯会议中心（Cox Convention Cente），提供关于用餐和当地景点的建议。

❶ 到达和离开

威尔·罗杰斯世界机场（Will Rogers World Airport; OKC; www.flyokc.com）位于市中心西南5英里处；开往市中心的出租车费用约为$25。

美国国铁（www.amtrak.com）Heartland Flyer 从**圣菲火车站**（Santa Fe Depot; 100 S EK Gaylord Blvd）开往沃斯堡（Fort Worth; $31, 4小时）。

灰狗巴士（☎405-606-4382; 1948 E Reno Ave）每天都有长途汽车开往达拉斯（Dallas; $23, 5小时）、威奇托（$24, 3小时）和塔尔萨（Tulsa, $17, 2小时，每天5班）及其他目的地。

俄克拉何马州西部（Western Oklahoma）

俄克拉何马城以西朝向得克萨斯州的土地通向辽阔的草原田野，最美丽的是威奇

> ### 沃希托战场国家战场遗址（WASHITA BATTLEFIELD NATIONAL HISTORIC SITE）
>
> 1868年11月27日，乔治·卡斯特（George Custer）的军队于黎明时分对黑壶酋长（Chief Black Kettle）的宁静村庄发动进攻。那是一场对男女老少甚至家畜的屠杀，有人说正是这一行为导致了卡斯特在8年后遭到报应。**小道**横贯屠杀遗址（☎580-497-2742; www.nps.gov/waba; Hwy 47A; ◷遗址 黎明至黄昏, 游客中心 8:00~17:00），此地出色地保留了原样。0.7英里以外的游客中心非常好，内有一座不错的**博物馆**；季节性的团队游和讲座值得参加。
>
> 遗址位于夏延以西2英里处，40号州际公路（I-40）以北30英里处，经过美国283号公路（US 283）到达。附近的**黑壶国家草原**（Black Kettle National Grassland）有景色优美的车道和免费露营地。

托山（Wichita Mountains），还有66号公路（Route 66）沿线的一些景点和美洲原住民遗址。它们使得这里成为最佳公路旅行目的地。

锡尔堡国家历史地标和博物馆 *古迹*
（Fort Sill National Historic Landmark & Museum; ☎580-442-5123; 6701 Sheridan Rd, Visitor Control Center, Fort Sill; ◷周二至周六 9:00~17:00）**免费** 锡尔堡国家历史地标内有几栋原先的石制建筑，探寻这座城堡的历史。另一亮点是1872年的**警卫哨所**（Post Guardhouse），即印第安准州（Indian Territory）执法机关的中心。走进去看看阿帕奇（Apache）首领杰罗尼莫（Geronimo）被扣押的三个地方。1894年，杰罗尼莫及其他阿帕奇战士被当作战俘带到这里。杰罗尼莫的墓地就在距离警卫哨所几英里的城堡院子里面，以石头金字塔为标志，顶上还有老鹰的形象。

如今，锡尔堡是美国陆军野战炮兵学院（US Army Field Artillery School）的所在地。注意，你必须在锡尔堡游客控制中心（Fort Sill Visitor Control Center）填写表格并接受背景调查才能走进大门去观看历史遗址。

66号公路的旅行者大多会沿40号州际公路（I-40）穿过俄克拉何马州西部[从32号出口下去前往夏延（Cheyenne）和沃希托战场（Washita Battlefield）]。沿44号州际公路（I-44）离开俄克拉何马城，转而向下前往锡尔堡和威奇托山。该地区没有公共交通。

塔尔萨（Tulsa）

自我标榜为"世界石油之都"，塔尔萨从未被该州其他地方流出的黑金弄得太脏。更确切地说，它是很多以钻井、销售和供应石油为业的能源公司的所在地。这份稳定的财富帮助塔尔萨建造了精致华丽的装饰艺术风格的市中心。

如今的塔尔萨深受郊区扩张的困扰，不过市中心的布雷迪艺术区（Brady Arts District）是个亮点。

◉ 景点

塔尔萨市中心有如此众多的装饰艺术

> **值得一游**
>
> ## 弗兰克·劳埃德·赖特在巴特尔斯维尔（BARTLESVILLE）
>
> 这座城镇依然能显示出1905年第一次石油繁荣期间从地下流出的财富印记。菲利普石油帝国留下了博物馆和一栋巨大的大楼。傲然高耸的是1956年221英尺高的普莱斯大楼（Price Tower；918-336-4949；www.pricetower.org；510 Dewey Ave；美术馆 成人/儿童 $6/免费，团队游 成人/儿童 $15/10；美术馆开放时间不定，团队游 周二至周六 11:00和14:00），它也是唯一由弗兰克·劳埃德·赖特（Frank Lloyd Wright）设计修建的摩天大楼。
>
> 塔楼内外都像是《建筑文摘》（Architectural Digest）遭遇了《杰森一家》（The Jetsons）。赖特花费了大约30年筹备设计，才找到客户愿意在此建造。20世纪90年代，大楼几乎荒废，如今里面是位于一层的美术馆和位于建筑顶层的Inn at Price Tower（918-336-1000；www.pricetower.org/stay；510 Dewey Ave；房间 $140起；P）。旅馆的21个房间利用高水平的室内陈设和非常规的角度向赖特的独特风格表达敬意。你可以乘坐晃晃悠悠的电梯前往15层的酒吧。
>
> 从塔尔萨沿US 75北上45英里就是巴特尔斯维尔。Jefferson Lines（www.jeffersonlines.com）每天都有一班车往来这条线路（$20，1小时）。

大平原

塔尔萨

风格建筑，曾经被称为"赤陶城市"（Terra-Cotta City）。拥有恢宏T形大厅的**菲尔卡德大楼**（Philcade Building；www.tulsaartdecomuseum.com；511 S Boston Ave；博物馆 周一至周五 8:00~18:00）和在市中心尽头拔地而起的**波士顿大道联合卫理公会教堂**（Boston Avenue United Methodist Church；www.bostonavenue.org；1301 S Boston St；周一至周五 8:30~17:00，周日 8:00~17:00，周日正午导览游）是两个非凡的典范。在网站www.visittulsa.com搜索"downtown tulsa self-guided walking tour"（塔尔萨市中心自助步行游），下载步行指南。

正在开发的**布雷迪艺术区**以市中心以北的Brady和Main Sts为中心。这里有美术馆、演出场所和优质的餐馆。

★ **基尔克里斯博物馆** 博物馆

（Gilcrease Museum；918-596-2700；www.gilcrease.org；1400 Gilcrease Museum Rd；成人/儿童 $8/免费；周二至周日 10:00~17:00）位于市中心西北，紧邻64号高速公路（Hwy 64），这座非凡的博物馆坐落在一位美洲原住民修剪齐整的庄园内，他在自己的小块园地里发现了石油。展览探究了美国原住民艺术、纺织品、陶器等，四周的花园是理想的散步场所。

★ **伍迪·格思里中心** 博物馆

（Woody Guthrie Center；918-574-2710；www.woodyguthriecenter.org；102 E MB Brady St；成人/儿童 $8/6；周二至周日 10:00~18:00）伍迪·格思里凭借20世纪30年代讲述沙尘暴及大萧条的民谣成名。这座令人印象深刻的新博物馆追溯了他的生平和音乐，你可以在此聆听他的音乐，通过迪伦（Dylan；鲍勃·迪伦）等人的作品探寻他的遗赠。在特定的晚上过来，在这里的剧院欣赏一场夜间音乐会（关于日期和时间，可以查看网站）。

★ **俄克拉何马州爵士乐名人堂** 博物馆

（Oklahoma Jazz Hall of Fame；918928-5299；www.oklahomajazz.org；111 E 1st St；周日 爵士音乐会 成人/儿童 $15/5；周一至周五 9:00~17:00，现场音乐 周二 18:00~22:00和周日16:00~19:30）**免费** 塔尔萨美丽的联合车站再次回荡着声音，不过现在是优美的旋律，而不是刺耳的噪音。20世纪上半叶，塔尔萨实际上是美国音乐的核心地区，表演者既有本土的，也有外来的。通过翔实的展览了解大师们，比如查利·克里斯蒂安（Charlie Christian）、老厄尼·菲尔兹（Ernie Fields Senior）和华莱士·威利斯（Wallace Willis）。周日的爵士音乐会在曾经实行种族隔离的大广场上举行。周二夜晚，这里有免费的即兴演奏。

菲尔布鲁克艺术博物馆 博物馆

（Philbrook Museum of Art；918-749-7941；www.philbrook.org；2727 S Rockford Rd；

成人/儿童 $9/免费；⊙周二、周三和周五至周日 10:00~17:00，周四 至20:00，导览游 14:00）位于城镇以南，这座经石油大亨改建的意大利式别墅树木环绕，内有精美的美洲原住民作品及其他古典艺术品。博物馆在布雷迪艺术区还有一个新地址，**菲尔布鲁克市中心**（Philbrook Downtown; 110 E MB Brady St; 成人/儿童 $7/免费；⊙周三至周六 11:00~18:00，周日 正午至17:00）。那里展示着当代艺术品。

约翰·霍普·富兰克林和解公园 纪念碑

（John Hope Franklin Reconciliation Park; www.jhfcenter.org; 415 N Detroit Ave; ⊙8:00~20:00）这座公园讲述了1921年5月30日的阵亡将士纪念日（Memorial Day）那天发生的种族骚乱，当时一名非裔美国男性和一名白人女性单独待在塔尔萨市中心的一部电梯内，女人发出了尖叫。没有人知道事情是如何又是为何发生的，但这一事件引发了3天的种族暴乱，流氓帮派破坏了塔尔萨主要非裔美国人社区的35个街区。数千人无家可归，数百人受伤，数十人丧命。

住宿

244号高速公路（Hwy 244）和44号州际公路（I-44）沿线有很多连锁汽车旅馆，尤其是在后者的229和232号出口处。你也可以在E 11th St的几家老式汽车旅馆里重温些许66号公路（Route 66）的冒险体验，不过这些地方的品质相差很大。

Desert Hills Motel 汽车旅馆 $

（☎918-834-3311; 5220 E 11th St; 房间 $45 起; P✱@☎）门口闪烁的仙人掌霓虹灯招呼你下榻这家亲切的汽车旅馆。此住宿处历史可追溯至20世纪50年代，经过整修，50个房间（带冰箱和微波炉）按照对角线的形式分布在停车场四周。旅馆位于市中心以东5英里处，旁边就是历史悠久的66号公路。

★ Hotel Campbell 酒店 $$

（☎918-744-5500; www.thecampbellhotel.com; 2636 E 11th St; 房间 $140~210; P✱@☎）这里被恢复到了1927年66号公路辉煌时期的样子，这家历史悠久的酒店位于市中心以东，有26个豪华的房间，内有硬木地板和具有时代特色的奢华家具。打听一下导览服务。

Hotel Ambassador 酒店 $$$

（☎918-587-8200; www.ambassadortulsa.com; 1324 S Main St; 房间 $200~300; P✱@☎）在门厅看看这家1929年的9层酒店在豪华装修前的照片。公共空间豪华得体；55个房间刚刚经过装修，散发出现代气息，让多少有些封闭的房间显得稍微宽敞了一些。

就餐

在布鲁克赛德（Brookside）街区、31st St和51st St之间的Peoria Ave、Peoria Ave以东的Historic Cherry St（如今的15th St）或者布雷迪艺术区找找就餐选择。

★ Elmer's 烧烤 $

（www.elmersbbqtulsa.com; 4130 S Peoria Ave; 主菜 $7~17; ⊙周二至周四 11:00~20:00; 周五和周六至21:00）一家具有传奇色彩的烧烤店，菜单上的明星或许是撒手锏"Badwich"，包括上等熏香肠、火腿、牛肉、猪肉、等等的面包套餐。这里还有熏鲑鱼和一种让人连连喝彩的配菜：多汁排骨青豆。餐厅明亮，有钢琴，可以演奏蓝调音乐。

Ike's Chili House 美式小餐馆 $

（☎918-838-9410; www.ikeschilius.com; 1503 E 11th St; 主菜 $5~9; ⊙周一至周五 10:00~19:00，周六 至15:00）100多年来，Ike's一直提供辣椒，其传统版本备受喜爱。你可以直接吃，或者放在Fritos、热狗、薯条或意大利细面条上。为了体验纯正的乐趣，顶上搭配红辣椒、洋葱、墨西哥胡椒、撒盐饼干和切达干酪。

Tavern 美国菜 $$

（☎918-949-9801; www.taverntulsa.com; 201 N Main St; 主菜 $15~38; ⊙周日至周四 11:00~23:00，周五和周六 至次日1:00）这家漂亮的酒馆是布雷迪艺术区的首选，提供一流的食物。汉堡包大名鼎鼎，或者你可以选择牛排、沙拉或季节性特色菜。这里的侍者是真正的调酒师，这里还有不错的葡萄酒酒单。

饮品和夜生活

布雷迪艺术区有热闹的夜生活，包括

鸡尾酒吧和现场音乐场所。可以前往城郊的American Solera畅饮优质的自酿啤酒。

American Solera
自酿酒吧

(☎918-949-4318; www.americansolera.com; 1801 S 49th W Ave; ⏱周三 17:00~21:00, 周四 17:00~20:00, 周五 16:00~21:00, 周六正午至21:00) 位于城郊的炼油厂中间, 这家新开的品酒室早就备受期待, 是American Solera获奖啤酒的展示场所。到达的时候就像是在老朋友的车库里面参加即兴的派对。尝尝Norton Fellowship, 用本地诺顿(Norton)葡萄制作的酸麦芽酒。

☆ 娱乐

《塔尔萨城市周刊》(*Tulsa Voice*; www.thetulsavoice.com) 有关于当前活动的特讯。

★ Cain's Ballroom
现场音乐

(☎918-584-2306; www.cainsballroom.com; 423 N Main St) 摇滚新秀为这里的宣传板增光添彩——20世纪30年代, 鲍勃·威尔斯(Bob Wills)在这里演奏西部摇摆乐; 1978年, 性手枪(Sex Pistols)在这里引发骚乱[看看席德·维瑟斯(Sid Vicious)在墙上砸出的坑]。

Admiral Twin Drive-In
露天电影院

(☎918-878-8099; www.admiraltwindrivein.com; 7355 E Easton St; 成人/儿童 $7/3; ⏱3月至9月 周五至周日 夜间) 典型的66号公路汽车电影院, 有两块屏幕, 放映最新的好莱坞大片。放映前提前抵达, 找个好位置。

ⓘ 到达和当地交通

灰狗巴士 (317 S Detroit Ave) 目的地包括俄克拉何马城($17, 2小时, 每天5班) 和马斯科基(Muskogee; $14, 1小时, 每天1班)。Jefferson Lines (www.jeffersonlines.com) 长途汽车则往返于巴特尔斯维尔(Bartlesville; $20, 1小时, 每天1班)。

长途汽车从**塔尔萨交通枢纽** (Tulsa Transit Hub; www.tulsatransit.org; 319 S Denver Ave; 2小时/1日通票 $1.75/3.75) 发车, 辗转开往机场及大塔尔萨的其他地点。

格斯里(Guthrie)

格斯里喜欢自称"俄克拉何马州的另类"(Offbeat Oklahoma), 一个实至名归的绰号。热爱艺术的社群为城镇的剧院和蓝草音乐场所感到自豪, 历史悠久的市中心林立着的维多利亚式砖石建筑里开满了画廊和古董店。格斯里位于俄克拉何马城以北约30英里处, 是该州的第一个首府。

⊙ 景点

边疆药店博物馆
博物馆

(Frontier Drugstore Museum; ☎405-282-1895; www.drugmuseum.org; 214 W Oklahoma Ave; 建议捐款 $3; ⏱周二至周六 10:00~17:00) 一家古怪的小型博物馆, 向你展示19世纪末20世纪初边疆药店出售的有趣药品(比如一罐罐蚂蚁)。

🛏 住宿

Pollard Inn
历史酒店 $$

(☎405-517-9266; www.guthrieinns.com; 124 W Harrison Ave; 房间 $150起; ❋) 抬头看看这家银行兼旅馆锡制天花板上的弹孔, 这里是拓荒时代多次抢劫案件的现场。12个房间非常宽敞, 让人回想起格斯里的全盛时期。向新老板露西(Lucy)打听一下城镇的历史, 还有她要把地下室改成演出场所的计划。

🍴 餐饮

格斯里的咖啡文化盛行不衰, 拥有一些著名的咖啡馆, 包括出色的**Hoboken Coffee Roasters** (☎405-760-3034; www.hoboken.coffee; 224½ S Division St; ⏱周一至周五 7:00~15:00, 周六 8:00~19:00; ❋)。夜生活同样不会让你失望, 有几家不拘一格的迷人小镇酒吧。

Stables Cafe
美国菜 $

(☎405-282-0893; www.stablescafe.net; 223 N Division St; 主菜 $6~13; ⏱11:00~21:00) 这家不错(不过稍显油腻)的汉堡和烧烤店位于1889年的马车行; 你可以置身于旧路标和经典的广告之间, 回顾俄克拉何马的往昔岁月。走到餐馆背面, 找到Tap Room 223, 一家

自酿啤酒、葡萄酒和苹果酒酒吧,提供20多种桶装酒。

Boarding House　　休闲酒吧

(☎405-466-8146; www.theboardinghousellc.com; 124 W Oklahoma Ave; 无限次游戏 $5; ⏰周一至周四 15:30~22:30, 周五和周六至午夜; 🐾) 吸引所有棋盘游戏爱好者:格斯里独特的"桌游休闲室",当地人会聚在那里,租赁传统或现代棋牌用具,一决高下。可以在柜台购买咖啡和小吃,找一张沙发,准备大战一场。

❶ 到达和离开

格斯里位于俄克拉何马城以北30英里处,经由35号州际公路(I-35)前往。两座城市之间没有公共交通。

阿纳达科(Anadarko)

这个地区有8处部落土地,来自众多不同部落的学生在阿纳达科上学。这座城镇经常举办帕瓦仪式(powwow)和活动,是体验美洲原住民文化的好地方。

美国印第安人全国名人堂　　纪念碑

(National Hall of Fame for Famous American Indians; ☎405-247-5555; 901 E Central Blvd, Hwy 62; ⏰景点24小时开放, 游客中心 周一至周六 9:00~17:00, 周日 13:00起) 免费 在户外步行不远,就能经过美洲原住民名人的青铜半身像,包括宝嘉康蒂(Pocahontas)、杰罗尼莫和坐牛(Sitting Bull)。附近的游客中心有许多关于俄克拉何马美洲原住民的优质图书。

南部平原印第安博物馆　　博物馆

(Southern Plains Indian Museum; ☎405-247-6221; www.doi.gov/iacb/southern-plains-indian-museum; 715 E Central Blvd; ⏰周一至周五 9:00~16:30; 🐾) 免费 这里收藏着大平原的印第安人的服装、武器和乐器,数量虽然不多,但种类繁多。这里还有少量美洲原住民艺术品。

从俄克拉何马城向西南方向行驶一个多小时即可到达阿纳达科。该地区没有公共交通。

克莱尔莫尔(Claremore)

1931年的戏剧《绽放的紫丁花》(Green Grow the Lilacs)就是以这里为背景的,该剧后来成为广受欢迎的音乐剧《俄克拉荷马》(Oklahoma)!该剧表现了发生在1906年的虚构事件。

拥有切罗基(Cherokee)血统的威尔·罗杰斯(Will Rogers)于1879年出生在城镇以北的木屋,他是牛仔,是朴实幽默的哲学家,是电台和电影明星。山顶的**威尔·罗杰斯纪念博物馆**(Will Rogers Memorial Museum; www.willrogers.com; 1720 W Will Rogers Blvd; 成人/儿童 $7/3; ⏰10:00~17:00)是对他的有趣致敬,而且他完全符合以下引语:"我们不应该选举总统。我们应该选举魔术师",还有"自以为伟大的人从来不伟大"。

下午茶时间在克莱尔莫尔意义重大,城里最有情调的几家餐馆都会把下午茶当成艺术来创作。可以试试**Belvidere Tea Room**(☎918-342-1127; www.belvideremansion.com; 121 N Chickasaw Ave; 主菜 $6~13; ⏰周二至周六 10:00~15:00),那里有旧世界的优雅风情。克莱尔莫尔还有一些不错的烧烤和墨西哥餐馆。

克莱尔莫尔位于塔尔萨东北仅30分钟车程处。两座城市之间没有公共交通。

马斯科基(Muskogee)

与默尔·哈格德(Merle Haggard)1969年的成功单曲《马斯科基的流动雇农》(Okie from Muskogee)同名,这座位于塔尔萨东南49英里的城镇从前曾经是,且从某种程度上来说,如今依旧是克里克人和切罗基族的土地。它是了解美洲原住民文化的理想地区,尤其是19世纪初以前的文化。

◉ 景点

吉布森堡　　古迹

(Fort Gibson; 907 N Garrison Rd, Fort Sill; 成人/儿童 $7/4; ⏰周二至周六 10:00~17:00) 1824年作为边境城堡修建的吉布森堡在"血泪之路"上发挥了不可或缺和臭名昭著的作用。19世纪30年代，它是迁徙委员会的所在地，被迫历经长途跋涉过后仍然幸存的印第安克里克人（Creek）和塞米诺人（Seminole）就是被带到这里。他们从这里被发配到印第安准州各地。你可以在经过修复的院子和建筑中了解180年以前的军事化生活。

文明化五部族博物馆　　　　　　博物馆

（Five Civilized Tribes Museum；☏918-683-1701；www.fivetribes.org；1101 Honor Heights Dr, Agency Hill；成人/学生 $3/1.50；⊙周一至周五 10:00~17:00，周六 至14:00）这座博物馆位于1875年印第安联盟机构（Union Indian Agency）的房屋内，让人联想起从美国东南部经过"血泪之路"被迫迁徙至此的美洲原住民的文化。

🛏 食宿

Graham-Carroll House　　　　　民宿 $$

（☏918-683-0100；www.grahamcarrollhouse.com；501 N 16th St；房间 $140~160；❄🛜）这家豪华民宿有5个房间，位于奠基者之地历史区（Founder's Place Historic District）一栋草黄色的英国都铎庄园宅邸内。有的房间带按摩浴缸，房费包括美味的三道菜早餐。不要错过屋顶阳台。

Harmony House　　　　　　　　面包房 $

（☏918-687-8653；www.harmonyhouse4lunch.com；208 S 7th St；主菜 $8~10；⊙咖啡馆周一至周六 11:00~14:30，面包房 周一至周五 9:00~17:00）现烤的曲奇饼干正在桌上恭候着你，还有一罐冰镇杏茶和许多小玩意，你会觉得自己好像到了很久没见面的俄克拉何马祖母的房子。这里有汤、沙拉和三明治，但来到这家面包房的主要原因还是甜点。

ℹ 到达和离开

马斯科基位于塔尔萨东南49英里处。灰狗巴士的长途汽车连接两座城市，每天1班（$14，1小时）。

塔列瓜（Tahlequah）

塔列瓜（tal-ah-quaw）从1839年起就是切罗基族的首府。出色的**切罗基遗产中心**（Cherokee Heritage Center；☏918-456-6007；www.cherokeeheritage.org；21192 S Keeler Dr；成人/儿童 $8.50/5；⊙6月至8月 周一至周六 9:00~17:00，9月至次年5月 周二至周六 9:00~17:00）位于曾经被称为"印第安准州的雅典"的帕克山（Park Hill）。与此同时，得益于州立东北大学（Northeastern State University），紧凑的市中心地区散发出青春活力，还有热闹的购物和就餐场所可以选择。

🛏 食宿

最佳用餐选择在Choctaw St和Spring St之间的Muskogee Ave。Muskogee Ave的咖啡馆和酒吧因为大学生的存在从早忙碌到晚。

Blue Fern B&B　　　　　　　　民宿 $$

（☏918-316-6973；www.bluefernbedandbreakfast.net；224 W Chickasaw St；房间 $120~140；❄🛜）这栋1904年的维多利亚式建筑建于俄克拉何马设州以前，经过精心翻新，已经成为一家色彩缤纷的民宿。3个房间都有燃气壁炉，其中两个房间有小厨房。

Sam & Ella's Chicken Palace　　比萨 $

（☏918-456-1411；419 N Muskogee Ave；主菜 $7~11；⊙10:00~22:00）虽然店名如此（鸡肉主题无处不在），但这家时髦的餐馆提供的全是手抛比萨和长卷三明治。它之所以出名是因为乡村音乐巨星凯莉·安德伍德（Carrie Underwood）在州立东北大学上学的时候曾经在这里当服务生。

ℹ 到达和离开

塔列瓜位于塔尔萨东南65英里处。两座城市之间没有公共交通。

得克萨斯州

包括 ➡

奥斯汀 775
圣安东尼奥和
得克萨斯州丘陵地区......787
休斯敦 795
克利尔湖 803
帕德雷岛国家
海岸风景区 808
南帕诸岛 808
达拉斯 810
沃思堡 818
大弯国家公园 821
埃尔帕索 828

最佳就餐

➡ Franklin Barbecue
（见782页）
➡ Javier's（见816页）
➡ Pieous（见794页）
➡ Killen's Barbecue
（见803页）
➡ L&J Cafe（见829页）

最佳住宿

➡ Hotel Emma（见790页）
➡ Indian Lodge（见825页）
➡ Hotel Van Zandt
（见782页）
➡ Hotel ZaZa Houston
（见798页）
➡ El Cosmico（见826页）

为何去

得克萨斯州（Texas）地域广袤，给点主题音乐，这里就犹如史诗一般。如果它是一个国家，那么它的面积将排在全球第40位。同时，它不仅面积大，在人们的想象中也同样辽阔。

畜牧场、皮卡车、牛仔靴和浓重的得克萨斯州口音——这些毫无疑问都是得克萨斯州文化的一部分，但得克萨斯州可不是一个老旧的西部主题公园。它地域辽阔，各地均有不同的特色。

这里有海滩、庞大的国家公园、历史城镇、都市购物、夜生活，以及热力四射的音乐现场。持续全年的温暖天气使其成为徒步、骑自行车、攀岩和划皮划艇等户外活动的理想地点。所以，请你收拾行囊，来这里找寻最适合你的不凡旅程吧："孤星之州"准备好了！

何时去

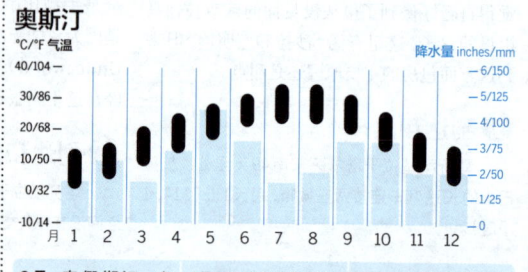

奥斯汀

3月 春假期间，这里天气温暖，吸引了很多大学生和带孩子的家庭。

4月至5月 路边点缀着野花，节日欢庆活动正热闹，暑热尚未袭来。

10月 人群减少，酷热渐消，但穿短裤还不会觉得冷。

历史

历史上得克萨斯并非一直都是现在的样子。美国、西班牙、法国……共有六面旗帜曾经飘扬在这个曾经八易其主的史诗般的州域上（甚至还没算上小小的里奥格兰德共和国）。人类最早出现在如今得克萨斯地区的证据存在于得克萨斯和新墨西哥的埃斯塔卡多平原（llano estacado；"被赌的平原"）。虽然我们对各原住民族一无所知，但在16世纪第一批欧洲人抵达以前，几批不同的美洲原住民群体就定居在这个地区了。其中一个部落，喀多人（Caddo），作为得克萨斯东部的名称来源和文化势力，依然有着巨大的影响。喀多丘州立历史遗址（Caddo Mounds State Historic Site）是对他们独特历史的纪念。

得克萨斯州中部 (CENTRAL TEXAS)

想要获得最大的乐趣并领略这里的风情，应该前往得克萨斯州中部。奥斯汀和圣安东尼奥相距仅80英里，得克萨斯州丘陵地区从两座城市向西绵延。每座城市都有繁忙的国际机场和各种各样的住宿选择。山川湖泊让得克萨斯州中部有别于这个州的其他地方。你可以在这个地区享受大城市的夜生活、国家建构的历史、风景优美的葡萄园、美味的得克萨斯州墨西哥菜和许许多多的户外活动，从徒步到轮胎漂流再到野花观赏，不胜枚举。

❶ 到达和离开

奥斯汀是奥斯汀-伯格斯特国际机场（Austin-Bergstrom International Airport；见707页）的所在地，每年载客量超过1100万。圣安东尼奥国际机场（San Antonio International Airport；见714页）每年的载客量超过860万。两座机场都有汽车出租中心，有多家租车公司可以选择。

在两座城市，公共交通覆盖面广，**奥斯汀**（www.austin.bcycle.com）和**圣安东尼奥**（☎210-281-0101；www.sanantonio.bcycle.com；日/月通票$10/18）也都有广泛的B-Cycle自行车共享系统。如果你打算离开两座城市的市中心，前往远处探险，你去租一辆车比较方便且更有效率。如果计划前往得克萨斯州丘陵地区探险，肯定需要租一辆车。

奥斯汀（Austin）

在整座城市，你都能看到保险杠贴纸，以及人们的T恤上写着"Keep Austin Weird"（让奥斯汀保持怪异）。尽管老居民抱怨说奥斯汀已经失去了质朴的魅力，但这座城市依然保留着令人难以置信的悠闲氛围。这座曾经的大学城拥有嬉皮士的灵魂。虽然高科技和电影明星涌入，但艺术家仍照常工作，他们努力专注于自己的音乐或小说，或是用疯狂的庭院艺术惹恼邻居。

在高速公路沿线和郊区，超级商场和连锁餐厅的数量以惊人的速度增加，但是在城市街区，还能体验到原汁原味的奥斯汀。这里有各种各样有趣的、本地人经营的小生意，包括很多卖食物的拖车——这最能体现奥斯汀特点的低调的企业家精神。

无论有没有去过奥斯汀，每个人似乎都知道这是个音乐之城，即使他们并没有使用"世界现场音乐之都"这样的字眼（尽管这一点毫无争议）。奥斯汀承办两个大型音乐节，即"西南偏南音乐节"（South by Southwest）和"奥斯汀城市极限音乐节"（Austin City Limits），但你不必为了亲临现场而忍受拥挤的人群和昂贵的酒店，因为奥斯汀全城每晚到处都有现场音乐演奏。

◎ 景点

★ **得克萨斯州议会大厦** 历史建筑

（Texas State Capitol；☎512-463-5495，团队游 512-463-0063；11th St和Congress Ave交叉路口；◎周一至周五 7:00~22:00，周六和周日 9:00~20:00；🅿）**免费** 得克萨斯州议会大厦于1888年用日落红花岗岩建成，是美国最大的议会大厦，这进一步印证了得克萨斯什么都"更大"的普遍说法。如果你觉得没什么可看，至少可以瞥一眼那可爱的圆形大厅——一定要抬头看看圆屋顶，走过由穹顶造成的回音长廊。

★ **议会大道桥下方的蝙蝠群** 桥梁

（Bat Colony Under Congress Avenue Bridge；

得克萨斯州亮点

❶ **格林舞厅**（见787页）在得克萨斯州最古老的舞厅，快步划过陈旧的木地板。

❷ **河滨步行街**（见788页）漫步于圣安东尼奥的这条步行街，在沿途的咖啡馆和河畔餐馆歇脚。

❸ **奥斯汀**（见775页）尽情享受现场音乐、后院酒吧和极具创意的食品车。

❹ **六楼博物馆**（见813页）在达拉斯这座绝无仅有的博物馆思考刺杀肯尼迪总统的阴谋。

❺ **沃思堡**（见818页）在这座牛仔城市，看看从灰尘遍地的街道上被驱赶过去的长角牛。

❻ **大弯国家公园**（见821页）探寻得克萨斯州迥然不同的嶙峋美景。

❼ **麦克唐纳天文台**（见824页）在戴维斯堡山（Fort Davis Mountains）观看夜晚的星空。

❽ **梅尼尔收藏馆**（见796页）在休斯敦欣赏出人意料的超现实主义艺术收藏。

❾ **南帕诸岛**（见808页）在美丽岛屿微微发亮的沙滩上戏浪。

Dodge City
Newton
Yoder
Wichita
Rolla
Lebanon
Pittsburg
Carthage 迦太基
Springfield
Ozark Mountains 欧扎克山脉
KANSAS 堪萨斯州
Sedan
MISSOURI 密苏里州
Liberal
Bartlesville
Branson
N Canadian River 北加拿大河
Enid 伊尼德
Tulsa塔尔萨
Fayetteville 费耶特维尔
Muskogee
ARKANSAS 阿肯色州
Oklahoma City 俄克拉何马城
mpa
McLean
Texola
OKLAHOMA 俄克拉何马州
Eufaula Lake 尤福拉湖
Conway
Little Rock 小石城
S Canadian River 南加拿大河
Lawton 劳顿
Hot Springs National Park 温泉国家公园
Childress
rkey
Red River 雷德河
Lake Texoma 特克索马湖
Pine Bluff 派恩布拉夫
Vernon
Wichita Falls 威奇托福尔斯
Sherman 谢尔曼
Paris 帕里斯
Gainesville
Texarkana
Denton 丹顿
Mineral Wells 矿泉井城
Stamford 斯坦福
Sulphur Springs 萨尔弗斯普林斯
Mount Pleasant 芒特普莱森特
Dallas 达拉斯
Longview
Shreveport 什里夫波特
Sweetwater
Abilene 阿比林
Stephenville 斯蒂芬维尔
Fort Worth 沃思堡
Waxahachie 沃克西哈奇
Tyler
Carthage
Colorado River 科罗拉多河
Hillsboro
Jacksonville
LOUISIANA 路易斯安那州
Coleman
West
Mexia
Palestine
Brownwood
Crawford 克劳福德
Waco 韦科
Lufkin
Alexandria
San Angelo 圣安吉洛
Brady
Killeen 基林
Temple 坦普尔
College Station 大学城
Davy Crockett National Forest 大卫·克洛科特国家森林
Jasper
Enchanted Rock State Natural Area 魔岩州立自然风景区
Lake Travis 特拉维斯湖
Huntsville
Big Thicket National Preserve 大灌木丛国家保护区
Sonora
Opelousas 奥珀卢萨斯
Sam Houston National Forest 山姆·休斯敦国家森林
Fredericksburg 弗雷德里克堡
Austin奥斯汀
Beaumont博蒙特
Orange
Luckenbach 卢肯巴赫
Colorado River
Kerrville克尔维尔
Liberty
Lockhart 洛克哈特
Houston 休斯敦
Port Arthur 阿瑟港
Lost Maples State Park 失枫树州立公园
New Braunfels 新布朗费尔斯
La Porte 拉波特
Bandera
Clear Lake克利尔湖
Del Rio德尔里奥
Gonzales 冈萨雷斯
Gruene 格林
Wharton
Galveston 加尔维斯顿
dad Acuña
San Antonio 圣安东尼奥
Uvalde 尤瓦尔迪
Edna
Matagorda Peninsula 马塔戈达半岛
Eagle Pass
Victoria 维多利亚
Carrizo Springs 卡里索斯普林斯
Port Lavaca
Beeville
Rio Grande 格兰德河
Aransas National Wildlife Refuge 阿兰瑟斯国家野生动物保护区
Rockport
Alice
Port Aransas阿兰瑟斯港
Corpus Christi 科珀斯克里斯蒂
Mustang Island 马斯序唐岛
Nuevo Laredo 新拉雷多
Gulf of Mexico 墨西哥湾
Padre Island National Seashore 帕德雷岛国家海岸风景区
Rio Grande City 里奥格兰德城
Harlingen 哈灵根
Weslaco
South Padre Island 南帕诸岛
Reynosa
Port Isabel伊莎贝尔港
Monterrey 蒙特雷
Nuevo Progreso
Brownsville 布朗斯维尔
ltillo 尔蒂约
0 200 km
0 100 miles

Austin 奥斯汀

500 m
0.25 miles

去Uchiko (2.7mi)

W 14th St
W 13th St
W 12th St
W 11th St
W 10th St
W 9th St

去Bob Bullock Texas State History Museum 鲍勃·布洛克得克萨斯州历史博物馆 (0.1mi)

Megabus

E 15th St

Texas State Capitol 2
得克萨斯州议会大厦

Capitol Visitors Center 议会大厦游客中心

Duncan Park

去Mean Eyed Cat (0.5mi)

E 11th St
E 10th St
E 9th St
E 8th St
E 7th St

去Franklin Barbecue (0.2mi)

Amtrak Station 美国国铁站

Capital Metro Transit Store 首府公共交通商店

Capital Metro

去Deep Eddy Pool (1.2mi)

W 7th St
W 6th St
W 5th St

Republic Square 共和国广场

W 4th St
W 3rd St

W Cesar Chavez St (W 1st St)
W 2nd St

Brush Park

Downtown 市中心

Austin Visitor Information Center 奥斯汀游客信息中心

去White Horse (0.5mi)

去Dai Due (2.2mi); Thinkery想象博物馆 (3.7mi)

Palm Park

去Broken Spoke (2.4mi)

Lady Bird Lake 伯德夫人湖

Auditorium Shores 会堂海岸公园

Bat Colony Under Congress Avenue Bridge 1
议会大道桥下方的蝙蝠群

去Barton Springs Pool 巴顿泉池 (1mi)

Barton Springs Rd

S 1st St

Miller St

Rainey St

River St

San Marcos St

East Bouldin Creek

E Riverside Dr

去Laundrette (1mi)

Ann & Roy Butler Hike-and-Bike Trail & Boardwalk 安妮和罗伊巴特勒远足小径和自行车道

S 5th St
Bouldin Ave
S 2nd St
S 1st St
3rd St
S 1st St

S Congress Ave

Newton St

Academy Dr

Lady Bird Lake 伯德夫人湖

Newning Ave

Travis Park

SOCO 南国会区

W Elizabeth St
W Monroe St

Nickerson St
Park La
Eva St
Brackenridge Ave
Drake Ave
E Monroe St

Alta Vista Ave
Travis Heights Blvd

Interregional Hwy

W Annie St
W Mary St
W Johanna St

得克萨斯州 奥斯汀

Austin 奥斯汀

◎ 重要景点
- **1** 议会大道桥下方的蝙蝠群...................C4
- **2** 得克萨斯州议会大厦................................C1

◎ 景点
- **3** 奥斯汀当代艺术馆 C2
- **4** 墨西哥艺术博物馆 C3
- **5** 奇异博物馆 D3

✚ 活动、课程和团队游
- **6** Historic Walking Tours............................C1

🛏 住宿
- **7** Driskill Hotel..C3
- **8** Extended StayAmerica B2
- **9** Firehouse Hostel C3
- **10** Hotel San José.....................................B6
- **11** Hotel Van Zandt................................... D4

✖ 就餐
- **12** Bouldin Creek Coffee House.................A7
- **13** Güero's Taco Bar B6
- **14** Hopdoddy Burger Bar...........................B6
- **15** Moonshine Patio Bar & Grill.................. D4
- **16** Texas Chili Parlor C1

🍷 饮品和夜生活
- **17** Easy Tiger D3

★ 娱乐
- **18** Continental Club...................................B6
- **19** Esther's Follies D3
- **20** Stubb's Bar-B-Q D3

Congress Ave; ⏰4月至11月 日落)每年有多达150万只墨西哥无尾蝙蝠在议会大道桥下方的平台上栖息,成为北美洲规模最大的城市蝙蝠群。坐在伯德夫人湖(Lady Bird Lake)草木丛生的岸边,观看蝙蝠每晚成群出动,捕食估计30,000磅(13,500公斤)昆虫,已经成为奥斯汀的一项传统。它们酷似一条快速流动的黑色洪流,啾啾而鸣。不要错过这场夜间演出;8月是最佳观赏月份。

墨西哥艺术博物馆　博物馆

(Mexic-Arte Museum; ☎512-480-9373; www.mexic-artemuseum.org; 419 Congress Ave; 成人/12岁以下儿童/学生 $5/1/4; ⏰周一至周四10:00~18:00,周五和周六 至17:00,周日 正午至17:00)这座市中心博物馆精彩绝伦,五花八门,特色是每隔两个月轮换一次的展览,展示来自墨西哥和墨西哥裔美国艺术家的作品。博物馆的藏品包括木雕面具、现代拉美绘画、具有历史意义的照片和当代艺术作品。不要错过后面的展厅,那里展出艺术新秀具有实验意义的作品。周日免门票。

鲍勃·布洛克得克萨斯州历史博物馆　博物馆

(Bob Bullock Texas State History Museum; ☎512-936-8746; www.thestoryoftexas.com; 1800 Congress Ave; 成人/儿童 $13/9; ⏰周一至周六9:00~17:00,周日 正午至17:00)这不是一家满布灰尘的历史博物馆。这里空间宽敞,亮丽夺目,利用高科技互动性展览和富有趣味的演出,展示了孤星之州从墨西哥统治时期至今的历史。一层新设的长期展览展示法国船只美人号(La Belle)的历史及其经过复原的船体;17世纪80年代,这艘船在美国墨西哥湾沿岸地区(Gulf Coast)沉没,改变了得克萨斯地区的历史进程。留出几小时的参观时间。

想象博物馆　博物馆

(Thinkery; ☎512-469-6200; www.thinkeryaustin.org; 1830 Simond Ave; 成人/2岁以下儿童 $10/免费; ⏰周二、周四和周五 10:00~17:00,周三 至20:00,周六和周日 至18:00; ♿)对于思想年轻的人来说,市中心以北这处40,000平方英尺的巨型空间是个振奋人心的地方,有科学、技术和艺术领域的亲身实践活动。孩子们可以弄湿自己以了解流体动力学,创建LED灯结构,在Kitchen Lab里探索化学反应,还可以参加其他很多活动。这里还有户外游乐场,内有网子和攀爬玩具。周一闭馆,宝贝灯笼裤(Baby Bloomers)及其他特别活动期间除外。

奥斯汀当代艺术馆　博物馆

(Contemporary Austin; ☎512-453-5312; www.thecontemporaryaustin.org; 700 Congress Ave; 成人/18岁以下儿童 $5/免费; ⏰周二至周六 11:00~19:00,周日 正午至17:00)这座两地博物馆有了一个新名字,还有了新装修的在市

> ### 在得克萨斯州的两周
>
> 什么都想做,可就是时间不够?先在**达拉斯**待3天。在市中心看看肯尼迪被刺杀的现场,在时髦的住宅区用餐,次日出门前往历史悠久的沃思堡畜牧场(Fort Worth Stockyards)。第三天,出城南下,顺便拜访小巧可爱的沃克西哈奇(Waxahachie),吃吃东西,然后在**奥斯汀**住上两晚,听听现场音乐,看看蝙蝠飞舞。
>
> 在老西部时代的城镇**格林**住一晚,在该州最古老的舞厅跳舞,随后继续前往**圣安东尼奥**。在那儿待上两天,你可以探索阿拉莫和河滨步行街。从那儿驱车3小时南下,可以到达**科珀斯克里斯蒂**(Corpus Christi);它是好好休息两晚并在**帕德雷岛国家海岸风景区**(Padre Island National Seashore)或**阿兰瑟斯港**(Port Aransas)的海滩上玩玩的理想大本营。
>
> 至此,是时候北上,前往**休斯敦**住上3晚了。美国国家航空航天局的休斯敦宇航中心是不容错过的景点,还有博物馆区。至于第三天的游玩,爱好历史和阳光的人应该去**加尔维斯顿**(Galveston)看看。

中心的场馆。位于市中心的琼斯中心(Jones Center)以代表新秀艺术家的轮换展览为特色。从新的露天活动场地穆迪屋顶(Moody Rooftop)欣赏城市风光,不容错过。你还可以在博物馆原址——拉古纳格洛里亚(Laguna Gloria; 3809 W 35th St)找到临时展览。

奇异博物馆 博物馆

(Museum of the Weird; ☎512-476-5493; www.museumoftheweird.com; 412 E 6th St; 成人/儿童 $12/8; ⓗ10:00至午夜)支付门票,走过礼品店,然后踏入奥斯汀版的珍奇阁。或者我们应该说珍奇廊,两边是萎缩的头颅、畸形的哺乳动物和各种不同寻常的物品。最吸引眼球的呢?具有传奇色彩的明尼苏达冰人(Minnesota Ice Man)——是一名全身被冻住的史前人类吗?亲自进去看一看,然后找个座位,欣赏令人惊叹的惊险杂技现场演出。

🏃 活动

巴顿泉池 游泳

(Barton Springs Pool; ☎512-867-3080; 2201 Barton Springs Rd; 成人/儿童 $8/3; ⓗ5:00~22:00)热吗?不会热много久了。即使气温高达100℉(37.8℃),你也会在跳进这冰冷的天然泉水的一瞬间冷得发抖。泉池掩映在有着百年历史的山核桃树下,本身就是一幅美丽的画面。在炎炎夏日,这里往往人满为患。

Deep Eddy Pool 游泳

(☎512-974-1189; www.deepeddy.org; 401 Deep Eddy Ave; 成人/11岁以下儿童/12~17岁儿童 $8/3/4; ⓗ周一至周五 9:00~19:30,周六和周日 9:00~19:00)这里的老式浴室20世纪30年代修建时属于公共事业振兴署(Works Progress Administration)。得克萨斯州最古老的游泳池水源是冷泉,杨树环绕。这里有适合戏水和游泳的不同区域。

伯德夫人湖 划独木舟

(Lady Bird Lake; ☎512-459-0999; www.rowingdock.com; 2418 Stratford Dr; ⓗ9:00~18:00)得名于前第一夫人"伯德夫人"约翰逊,伯德夫人湖看上去像是一条河。这没什么奇怪的:它实际上是水闸从将奥斯汀分为南、北两部分的科罗拉多河中隔开的河段。划船码头出租皮划艇、独木舟和立式冲浪板,周一至周四每小时$10~20,周末和重大活动期间价格会更高。

👥 团队游

Texpert Tours 团队游

(☎512-383-8989; www.texperttours.com; 每小时 $100起)想找些有趣的团队游,代替那种老套的枯燥大巴小巴游,可以尝试Texpert Tours,由和蔼可亲的公共电台主持人霍维·里奇(Howie Richey; 被称为"得克萨斯小路专家")带领。历史典故、自然历史和环保建议,体验极具教育意义。3小时的奥斯汀中心团队游将带领游客前往州议会大厦、州长官邸和邦内尔山（Mt Bonnell）山顶。

Historic Walking Tours　　　　　　步行

（☎512-474-5171；www.tspb.state.tx.us/plan/tours/tours.html；◎周二和周四至周六9:00，周日11:00和13:00）**免费**最合算的团队游是奥斯汀市中心免费的Historic Walking Tours，从议会大厦南部台阶出发。团队游持续60～90分钟。至少提前48小时预约，通过网络或电话联系游客中心。

✵ 节日和活动

西南偏南音乐节　　　　　　音乐节、电影节

（South by Southwest，简称SXSW；www.sxsw.com；单个节日 $825～1325，组合通票$1150～1650；◎3月中旬）美国音乐界最重大的集会之一。现在内容已扩展到了电影和交互式媒体。在这两周的时间，奥斯汀完全被游客包围，这座城市的很多新居民最初就是为了现场音乐而来到此地的。

奥斯汀城市极限音乐节　　　　　　音乐节

（Austin City Limits Festival；www.aclfestival.com；1/3日票 $100/250；◎10月）热爱音乐的人秋季该做些什么？他们会去奥斯汀城市极限音乐节，虽不如西南偏南规模大，但受欢迎的程度一直在迅速提高。持续3天的节日在齐尔科尔公园（Zilker Park）的8个舞台上举行。你可预订100多场相当吸引人的演出，门票在数月前就卖光了。

🛏 住宿

Firehouse Hostel　　　　　　青年旅舍 $

（☎512-201-2522；www.firehousehostel.com；605 Brazos St；铺 $32～40，房 $110～170，套 $130～170；❄✳🐾）2013年开业，奥斯汀市中心的这家青年旅舍相当出色。前身是消防站，它的感觉依然明净，位于市中心，就在历史悠久的Driskill Hotel对面，是你能找到的最完美的一家旅舍。

Emma Long Metropolitan Park　　露营地 $

（☎512-346-1831；www.austintexas.gov；1706 City Park Rd；帐篷露营位 带水电 $10～20，房车露营位 带水电 $20～25，外加门票 每辆车一至周四/周五至周日 $5/10；◎开门时间 7:00～22:00；🅿✳）奥斯汀唯一有过夜露营地的城市公园，占地1000英亩的Emma Long Metropolitan Park[又称"City Park（城市公园）"]位于市中心西北16英里的奥斯汀湖（Lake Austin）岸边，适合游泳、晒太阳、钓鱼和划船。早点儿过来，因为很快就会满员，不需要预订。

带孩子游得克萨斯州

圣安东尼奥和得克萨斯州丘陵地区（San Antonio & Hill Country）

带活动手册的历史遗址，外加主题公园，让圣安东尼奥尤其适合家庭出游。得克萨斯州丘陵地区的克尔维尔（Kerrville）和新布朗费尔斯（New Braunfels）可以当作河上轮胎漂流的下水地点。

美国墨西哥湾沿岸地区和得克萨斯州南部（Gulf Coast & South Texas）

美国墨西哥湾沿岸地区海滩遍布：有的以娱乐活动为主，有的以自然风光为主。加尔维斯顿岛（Galveston Island）有井然有序的海滩、游乐码头、水上公园和游乐园，乐趣无穷。科珀斯克里斯蒂是列克星敦号航空母舰博物馆（见807页）、巨大的得克萨斯州立水族馆（见806页）和漂亮的海湾大道的所在地。

休斯敦

休斯敦自然科学博物馆（见796页）有关于化学、能源及其他自然科学的亲身体验展览，备受欢迎。

达拉斯和狭长地带平原（Dallas & the Panhandle Plains）

在附近的阿灵顿（Arlington），主题公园和水上公园互不干扰。

★ Hotel San José 精品酒店 $$

(☎512-852-2350; www.sanjosehotel.com; 1316 S Congress Ave; 房 不带浴室 $150, 房 $215~360, 套 $335~500; P🐾❄🐶@📶)当地的旅馆老板利兹·兰伯特(Liz Lambert),将一家20世纪30年代的老式汽车旅馆,改造成南议会区(SoCo)一处时髦的住宿地点,用灰泥粉刷的小屋里有极简主义的房间,漂亮的池子边种有竹子,庭院里还有极具奥斯汀风格的旅馆酒吧,以名人可能到访而著称。南议会区已经成为城中一景,这家酒店的位置让你正好处于其中。

Extended StayAmerica 商务酒店 $$

(☎512-457-9994, 800-398-7829; www.extendedstayamerica.com; 600 Guadalupe St; 套 $160~200; P🐾❄🐶📶)这家市中心的长驻型酒店位置优越,步行可以到达无数酒吧和餐馆。套房稍显乏味,需要一些细致的照料,但有配备厨具的小厨房。房费包括停车费用。它完全可以成为你在奥斯汀多待一阵子的充足理由。

Lone Star Court 酒店 $$

(☎512-814-2625; www.lonestarcourt.com; 10901 Domain Dr; 房 $189~209, 套 $399; P🐾❄🐶🏊📶)位于Domain购物中心隔壁,这家新酒店洋溢着牛仔的酷炫。宽敞的房间以时髦的谷仓门和存放本地啤酒的复古冰箱为特色。庭院里面的火塘正等待你的牛仔豆羹和小道咖啡……哦,等等,我们的意思是你的夹心饼干。店内餐厅经常有现场音乐和美味的热早餐。

★ Hotel Van Zandt 酒店 $$$

(☎512-542-5300; www.hotelvanzandt.com; 605 Davis St; 房/套 $299/499起; 📶🏊🐶)以得克萨斯创作歌手汤姆·范·赞特(Townes Van Zandt)的名字命名,金普顿(Kimpton)旗下的这家酒店细节周到,令人印象深刻。比如大厅上方的圆导吊灯和镶嵌低调金属扣的皮椅等,都是对奥斯汀的牛仔和音乐情怀的时尚致敬。带大窗户的房间布局不一,但无论怎样,都有面向伯德夫人湖的视角。

★ Driskill Hotel 历史酒店 $$$

(☎512-439-1234; www.driskillhotel.com; 604 Brazos St; 房/套 $299/419起; P🐾❄@📶🏊)每座城市都应该有一家漂亮的历史酒店,用原石建造,最好由富有的养牛大亨建于19世纪末。虽然它如今隶属凯悦(Hyatt)集团,但你在这里找不到一般的酒店装饰;这个地方是纯粹的得克萨斯风格,尤其是酒吧,里面有壁挂长角、皮沙发和彩色玻璃穹顶。优雅的房间没有动物标本。

🍴 就餐

烧烤和美式墨西哥菜是主流,但奥斯汀还有许多高档餐厅和多元的各国风味。关于新餐厅的最新信息,可以找一份周四发行的免费前卫周刊《奥斯汀纪事》(*Austin Chronicle*)。市中心的餐馆是真正的大杂烩,接待游客、商务人士、政客、艺术家和夜店常客。奥斯汀南部、海德公园和奥斯汀东部有许多有趣的选择。得克萨斯大学(UT)校园附近餐厅的价格不高——但品质通常也不高。

★ Franklin Barbecue 烧烤 $

(☎512-653-1187; www.franklinbarbecue.com; 900 E 11th St; 三明治 $6~10, 排骨/牛腩 每磅 $17/20; ⏰周二至周日 11:00~14:00)这家有名的烧烤店只提供午餐,只营业至卖完——通常都在14:00之前。实际上,为了防止错过,你应该10:00前就来排队(周末是9:00)——肯定要排队。把它当成一次车尾聚餐派对:带上啤酒或含羞草酒来分享和结交朋友。没错,你肯定还想吃富含脂肪的牛腩。

★ Hopdoddy Burger Bar 汉堡 $

(☎512-243-7505; www.hopdoddy.com; 1400 S Congress Ave; 汉堡 $7~13; ⏰周日至周四 11:00~22:00 周五和周六 至23:00)人们排着长队买汉堡、薯条和奶昔——并非因为奥斯汀的汉堡、薯条和奶昔难找,而是因为这个地方在每样食物中都倾注了大量的爱心,从精心呵护的牛肉到本地搜罗的食材,再到新鲜现烤的面包等。而且时髦、现代的建筑也相当温馨。

Texas Chili Parlor 美式墨西哥菜 $

(☎512-472-2828; 1409 Lavaca St; 辣椒 $4~9, 主菜 $5~15; ⏰11:00至次日2:00)准备好

享用X级的一餐吗?下单辣椒的时候,记住在奥斯汀的这家店,"X"是微辣,"XX"是中辣,"XXX"是辣得脸都要融化。菜单上不仅有辣椒,还有玉米片派,就是玉米片上有辣椒。还没有感觉?这里还有汉堡、肉馅玉米卷饼,当然,以及更多辣椒。

★ Güero's Taco Bar 美式墨西哥菜 $$

(512-447-7688; www.gueros.com; 1412 S Congress Ave; 早餐$5~7, 午餐和晚餐$10~34; ⊙周一至周三 11:00~22:00, 周四和周五 至23:00, 周六 8:00~23:00, 周日 至22:00)前身是19世纪末的饲料和种子商店, Güero's是奥斯汀的经典就餐场所,始终吸引着成群结队的食客。或许这里的美式墨西哥菜算不上全城最好的,但提供免费的薯条和萨尔萨辣酱,还有令人精神一振的玛格丽特酒和欢乐的氛围,一段美好的时光基本上毫无问题。至于食物?可以尝尝家常玉米饼和鸡肉玉米饼汤。

Laundrette 新派美国菜 $$

(512-382-1599; 2115 Holly St; 主菜$18~24; ⊙每天 11:00~14:30, 周日至周四 17:00~22:00, 周五和周六 至23:00)Laundrette成功地将从前的自助洗衣店改变了用途,时髦的流线型设计映衬着美味的地中海风味饮食。经典菜式有蟹肉土司、炭烤章鱼、芽甘蓝搭配苹果培根果酱、卖相完美的鸡块和整条烤鲈鱼。

Moonshine Patio Bar & Grill 美国菜 $$

(512-236-9599; www.moonshinegrill.com; 303 Red River St; 晚餐 主菜$12~25; ⊙周一至周四 11:00~22:00, 周五和周六 至23:00, 周日 9:00~14:00和17:00~22:00)可以追溯到19世纪50年代中期,这座具有历史特色的建筑保存得相当完好,表达了对早期奥斯汀的敬意。裸露的石灰岩墙壁内,你可以享用高级的爽心食物、"欢乐时光"的半价开胃菜或丰盛的周日自助早午餐($20)。或者在天井的山核桃树荫下凉快凉快。

★ Uchiko 日本菜 $$$

(512-916-4808; www.uchikoaustin.com; 4200 N Lamar Blvd; 小盘菜$4~28, 寿司卷$10~16; ⊙周日至周四 17:00~22:00, 周五和周六 至23:00)不满足于Uchi带来的荣誉,厨师泰森·科来(Tyson Cole)在北拉马尔(North Lamar)开了这家餐馆,并将其描述为"日式农家菜"。但我们在此告诉你,在任何日本农家你都无法想象能够吃到这样出色、特别的精致菜肴并享受这种热闹的氛围。强烈建议预订。

★ Dai Due 美国菜 $$$

(512-719-3332; www.daidue.com; 2406 Manor Rd; 早餐和午餐$13~22, 晚餐$22~84; ⊙周二至周日 10:00~15:00和17:00~22:00)在这家备受好评的餐馆,即使鸡蛋和香肠的普通早餐都令人难忘,所有的食材都来自得克萨斯的农场、河流和猎场,以及墨西哥湾。Supper Club的主餐菜品有限,比如野味和采摘果蔬。想要自己买块肉?可以在相邻的肉铺看看有没有剩下几磅肉。

🍷 饮品和夜生活

奥斯汀有数不清的酒吧。传奇式的6th St酒吧景象蔓延到了附近的街道,特别是Red River St。6th St的很多小酒吧面向热衷派对的大学生和游客,而Red River St上的酒吧则保留了更厚重的本地特色。往南几个街区, Rainey St的气氛也很活跃,旧平房如今都开了酒吧。

不要错过

BROKEN SPOKE

如果你准备学一学得克萨斯的二步舞,那么你向往的地方应该只有一个: Broken Spoke (www.brokenspokeaustintx.net; 3201 S Lamar Blvd; ⊙周二 11:00~23:30, 周三和周四 至午夜, 周五和周六 至次日1:30)。这里是西部乡村的天堂——原汁原味的得克萨斯舞厅,从1964年开始营业。你将在这里看到蹬靴子的城里人和牧马人在人头攒动的舞池里面跳二步舞,还有时尚潮人、大学生和懒虫们;很多人认为它是体验奥斯汀必不可少的一环。见到古老的马车车轮靠着一棵巨大的老橡树,你就知道自己已经到了。

★ Ginny's Little Longhorn Saloon
酒吧

(☎512-524-1291; www.thelittlelonghornsaloon.com; 5434 Burnet Rd; ⊙周二和周三 17:00 至午夜, 周四至周六 至次日1:00, 周日 14:00~22:00) 这座用煤渣砌成的时髦小建筑, 是奥斯汀人最爱的休闲酒吧——它在因为周日晚上的"鸡屎宾果"游戏 (Chicken-Shit Bingo) 而闻名全国之前就已深受本地人喜爱。宾果游戏期间, 这个地方人山人海, 你几乎都看不到那只可恶的鸡了——但是, 嘿, 还是挺有意思的。后面挤满了没地方待的人。

Easy Tiger
啤酒花园

(www.easytigeraustin.com; 709 E 6th St; ⊙11:00至次日2:00) Dirty 6th那家所有本地人都喜欢的酒吧? Easy Tiger是室内外啤酒花园, 可以俯瞰沃勒河 (Waller Creek)。这个地方有一种乐观的社区氛围, 欢迎所有来客。黑板上列出了自酿啤酒。还有手工三明治? 它们正在楼上面包房 (7:00至次日2:00) 的美味面包上烘烤呢。肉类都是店内自制。

White Horse
廉价酒馆

(☎512-553-6756; www.thewhitehorseaustin.com; 500 Comal St; ⊙15:00至次日2:00) 在奥斯汀东部的这家廉价酒吧, 女士们可能会被邀请跳舞, 跳二步舞的人和时尚达人在这儿交际, 就像某个多元家庭快乐的兄弟姐妹一样。打台球, 上舞蹈课, 或者出去在露台上啜饮自酿啤酒。晚上有现场音乐和桶装威士忌。我们喜欢这个地方。

Mean Eyed Cat
酒吧

(☎512-920-6645; www.themeaneyedcat.com; 1621 W 5th St; ⊙11:00至次日2:00) 我们不确定这家酒吧是合法的地下酒吧还是特意为之的地下酒吧 (2004年开业)。无论怎样, 专门推崇约翰尼·卡什 (Johnny Cash) 的酒吧最让我们尊敬。前身是电锯修理店的室内墙上装饰着黑衣人 (约翰尼·卡什的绰号) 的专辑封面、演出海报及其他小摆设。300年历史的美洲栎树扎根于热闹的天井。

☆ 娱乐

奥斯汀自称"世界现场音乐之都", 我们对此不做任何争辩。音乐是这座城市夜晚的主要活动, 也是主要产业。来自世界各地的数千支乐队和演艺人员在城里的夜店和酒吧工作。大多数酒吧营业至次日2:00, 有些夜店会闹腾到次日4:00。

★ Continental Club
现场音乐

(☎512-441-2444; www.continentalclub.com; 1315 S Congress Ave; ⊙周一至周五 16:00至次日2:00, 周六和周日 15:00起) 这家20世纪50年代始创的休闲酒廊的舞池中, 常常上演城中最棒的本地表演, 你不会只是被动地站在一旁用脚打拍子。大多数的周一夜晚, 你都可以看到本地传奇人物戴尔·沃森 (Dale Watson) 及其孤星 (Lone Stars) 演出 (22:15)。

Stubb's Bar-B-Q
现场音乐

(☎512-480-8341; www.stubbsaustin.com; 801 Red River St; ⊙周一至周四 11:00~22:00, 周

LGBTQ的得克萨斯

得克萨斯州通常比较保守。大城市有男女同性恋、双性恋和跨性别者群体, 但除了骄傲日和奥斯汀以外, 你一般不会见到招摇的性取向认同活动。在乡村地区, 亲昵的表现可能会招致当地人的不满。

Gay & Lesbian Yellow Pages (www.glyp.com) 奥斯汀、达拉斯、加尔维斯顿、休斯敦和圣安东尼奥的电话簿。

National Gay & Lesbian Task Force (www.thetaskforce.org) 倡导团体, 提供重要的国内报道。

This Week in Texas (www.thisweekintexas.com) 全州出版物, 包括企业名录和酒吧指南。

五和周六 至23:00，周日 10:30~21:00）Stubb's几乎每晚都有现场音乐，还有囊括各种音乐类型的本地最佳及巡回演出。天气暖和的时候，很多演出在后面的沃勒河畔举行。这里有两个舞台，室内的舞台较小，后院的场地更大。

Esther's Follies　　　　　　　　喜剧

（☎512-320-0553；www.esthersfollies.com；525 E 6th St；预订座位/普通门票 $30/25；◎周四至周六 演出 20:00，周五和周六 加场 22:00）这个长期上演的讽刺节目借鉴当前事件和流行文化，由于音乐比较多，偏向歌舞杂耍，对了，甚至还有一名魔术师。很好，无伤大雅的玩笑。

❶ 实用信息

咖啡馆和食品杂货店外边的公告牌是关于本地事件、特别活动和分类广告的理想消息来源。

奥斯汀游客信息中心（Austin Visitor Information Center；☎512-478-0098；www.austintexas.org；602 E 4th St；◎周一至周六 9:00~17:00，周日10:00起）市中心的地图、手册和礼品商店。

议会大厦游客中心（Capitol Visitors Center，简称CVC；☎512-305-8400；www.tspb.texas.gov/prop/tcvc/cvc/cvc.html；112 E 11th St；◎周一至周六 9:00~17:00，周日 正午至17:00）来这儿获取议会大厦自助游地图和关于奥斯汀及该州的旅游信息。

❶ 到达和离开

奥斯汀-伯格斯特国际机场（Austin-Bergstrom International Airport，简称AUS；www.austintexas.gov/airport）位于市中心东南约10英里处。航空公司有加拿大航空、阿拉斯加航空、忠实航空、美国航空、英国航空、达美航空、边疆航空、捷蓝航空、西南航空、联合航空和维珍美国航空。

灰狗巴士站（Greyhound bus station；☎512-458-4463；916 E Koenig Lane）位于市中心以北5英里处。首府公共交通（Capital Metro）长途汽车10-South First/Red River（www.capmetro.org）可以带你从车站前往市中心。开往得克萨斯其他各大城市的长途汽车频繁从这里发车。

州议会大厦院子的东北角，有Megabus（☎800-256-2757；www.megabus.com；1500 San Jacinto Blvd）的上下车站点。

市区的**美国国家铁路公司站**（Amtrak station；☎512-476-5684；www.amtrak.com；250 N Lamar Blvd）由得克萨斯之鹰号（Texas Eagle）提供服务，运行从芝加哥到洛杉矶的线路。这里可以免费停车，有封闭候车区，但没有工作人员。票价相差很大。

❶ 当地交通

奥斯汀方便的公共交通体系由**首府公共交通**（Capital Metro, CapMetro；☎512-474-1200，交通商店 512-389-7454；www.capmetro.org；交通商店209 W 9th St；◎交通商店 周一至周五 7:30~17:30）运营。打电话问路或到市中心的**首府公共交通商店**（Capital Metro Transit Store；www.capmetro.org；209 W 9th St；◎周一至周五 7:30~17:30）咨询即可。普通城市公共汽车——不包括比较贵的快速线——票价$1.25。6岁以下儿童免费。几乎所有CapMetro前面都有自行车停放架（你可以免费停车），包括十几条UT班车线路。

奥斯汀不能使用Uber和Lyft。想找合乘，可以试试Fare（www.ridefare.com）、Fasten（www.fasten.com）或非营利的Ride Austin（www.rideaustin.com）。

奥斯汀周边（Around Austin）

奥斯汀西北的科罗拉多河沿线有一连串水坝，为该地区造就出**高地湖**——6个湖泊，湖畔绿地和公园织成一张漂亮的大网，让你陶醉其间。虽然近年来正经受严重的干旱，但在有水的时候，作为娱乐地点，其中最受欢迎的是19,000平方英亩的**特拉维斯湖**（Lake Travis）。

你可以在附属的码头租船和喷气式水艇，在县营**嬉皮谷公园**（Hippie Hollow Park；https://parks.traviscountytx.gov；7000 Comanche Trail, Austin；一日通票 小汽车/自行车 $15/8；◎9:00至黄昏）的裸体海滩释放一切——毫不夸张地说，或者在**Lakeway Resort & Spa**（☎512-261-6600；www.lakewayresortandspa.com；101 Lakeway Dr, Austin；房 $249起；🅿️❄@🛜♨️）过夜。喜欢挥霍？可以前往**Lake Austin Spa Resort**（☎512-372-7300；www.lakeaustin.com；1705 S Quinlan Park Rd，紧邻FM

2222, Austin；2晚套餐$1425起；[P][*][@][≋][🐾]），这是该州最好的纵情享受场所之一。

巴斯特罗普（Bastrop）

奥斯汀东南仅30英里处坐落着典型的小镇：巴斯特罗普。130多座建筑登上国家史迹名录（National Register of Historic Places），巴斯特罗普赢得了"得克萨斯最具历史特色的小镇"头衔，这个可爱的历史中心（www.bastropdowntown.com）正是因为重建开发才成为值得待上一两日的有趣地方。这座当红小镇每个月的第一个周五17:30~20:30还有艺术步行游。

巴斯特罗普附近还有几座适合家庭的公园，景点包括恐龙公园（Dinosaur Park；512-321-6262；www.thedinopark.com；893 Union Chapel Rd, Cedar Creek；$8，2岁以下儿童免费；冬季 周六和周日 10:00~16:00，夏季 周二至周日；）的恐龙复制品、麦金尼拉夫自然公园（McKinney Roughs Nature Park；512-303-5073；www.lcra.org；1884 Texas 71, Cedar Creek；游客中心8:00~17:00，小径 8:00至黄昏）的徒步小径和高空滑索，等等。巴斯特罗普州立公园（Bastrop State Park；512-321-2101；www.tpwd.texas.gov；Hwy 21, Bastrop；成人／13岁以下儿童 $5/免费）有一些平民保育团（Civilian Conservation Corps，简称CCC）20世纪30年代修建的小屋，中间贯穿一条12英里的观光车道。

最有意思的住宿类型是民宿和小屋。比如Pecan Street Inn（512-321-3315；www.pecanstreetinn.com；1010 Pecan St, Bastrop；双$109~119，套$129~139）的山核桃，这家旅馆坐落在，你猜猜，对啦，山核桃树下面（老板可能还会把山核桃加入你的早餐煎饼）。连锁酒店和几家独立汽车旅馆位于科罗拉多河（Colorado River）以西的21号公路（Hwy 21）沿线。

在市中心的Main St散步，找找各种面包房、咖啡馆，还有墨西哥美食、牛排和酒吧食品。Maxine's（512-303-0919；www.maxinescafe.com；905 Main St, Bastrop；主菜早餐$4~20，午餐和晚餐$7~19；周日至周二 7:00~15:00，周三和周四 至20:00，周五和周六 至21:00）午餐配有油炸绿番茄的培根生菜番茄三明治，餐食散发出迷人的南方特色。

更多信息，联系巴斯特罗普博物馆和游客中心（Bastrop Museum & Visitor Center；512-303-0904；www.bastropcountyhistoricalsociety.com；904 Main St, Bastrop；成人/12岁以下儿童 $5/免费；周一至周六 10:00~17:00，周日13:00~16:00）。

洛克哈特（Lockhart）

1999年，得克萨斯州立法机构（Texas Legislature）通过决议，将洛克哈特命名为"得克萨斯州烤肉之都"。当然，那意味着它也是真正意义上的世界烤肉之都。在《得克萨斯月刊》（*Texas Monthly*）杂志评选出的全州十大最佳烤肉店的任何一家花上大概$15，你就可以好好吃一顿。

✖ 就餐

Smitty's Market 烧烤 $

（512-398-9344；www.smittysmarket.com；208 S Commerce St；牛腩 每磅$14.90；周一至周五 7:00~18:00，周六 至18:30，周日 9:00~18:30）被熏黑的烧烤间和家庭一样温馨的餐厅都是原来的样子（刀子曾经就被拴在桌子上）。如果你特别在意，可以要求将牛腩上的肥肉剔掉。

距离法院一个街区的Smitty's不断飘散出熏肉的香气，弥漫整个城镇广场，所以如果你还没吃午餐的时候闻到烧烤的味道，还是要感谢他们一番。

Black's Barbecue 烧烤 $

（512-398-2712；www.blacksbbq.com；215 N Main St；三明治$10~13，牛腩 每磅$16.50；周日至周四 10:00~20:00，周五和周六 至20:30）洛克哈特最受欢迎的这家老牌餐馆从1932年开始由一个家族经营至今。香肠非常棒，以至林登·约翰逊（Lyndon Johnson）都让Black's为其在首都筹办派对。这里有不错的沙拉、素食和甜点可以选择。里面没什么特别，但我们发现Black's是洛克哈特最热情的烧烤店。

Chisholm Trail Bar-B-Q 烧烤 $

（512-398-6027；www.lockhartchisolmtrailbbq.com；1323 S Colorado St；午餐盘菜$8~13，牛腩 每磅$13.50；周日至周三 8:00~

20:00，周四至周六 6:00~21:00）Chisholm Trail 的氛围乏善可陈，但它是许多本地人最喜欢的地方。部分原因是不贵的价格，部分原因是不克扣配菜，部分原因是没有太多外地人。

Kreuz Market
烧烤 $

（☎512-398-2361；www.kreuzmarket.com；619 N Colorado St；牛腩 每磅 $16.49；◎周一至周六 10:30~20:00，周日 至18:00）从1900年开始就在洛克哈特经营，谷仓一般的Kreuz Market使用干烤方法，意味着你不应冒昧地打听烤肉酱汁：Kreuz不提供，这里的肉也不需要。另外别要叉子。可以用很多餐巾纸。

❶ 到达和离开

洛克哈特在奥斯汀以南30英里处，从奥斯汀到达这里最快的路是35号州际公路南段（I-35❷）和 TX 130 S（后者要收通行费，根据你进来的入口，价格在48¢和$1.77之间）。

圣安东尼奥和得克萨斯州丘陵地区（San Antonio & The Hill Country）

旅游业给圣安东尼奥带来了好处，这座不断扩张的城市又奉上各式各样的景点取悦所有人。除了咖啡馆和酒吧林立的欧式多彩河滨步行街以外，博物馆、主题公园、户外活动和历史古迹，面面俱到地回报游客。阿拉莫（Alamo）博物馆是最受游客欢迎的地方，也是得克萨斯从墨西哥争取独立的那场最著名战斗打响的地方。你还可以在这座城市找到4座保存完好的西班牙教堂。

圣安东尼奥还可以让你近距离接触得克萨斯州丘陵地区，以野花盛开的公路、迷人的小镇、华丽的酒庄，没错，还有丘陵著称的自然美景地。弗雷德里克堡（Fredericksburg）是游客最多的丘陵地区城镇，但在这一地区，蜿蜒的公路和沿途的逗留远胜于任何特定的目的地。

圣安东尼奥（San Antonio）

圣安东尼奥如今的卖点？游客可能会说，他们是奔着阿拉莫博物馆和河滨步行街来的。但当地人会推崇这座城市宽松的多元化，各个种族和文化确实在这里和谐相处，彼此帮助。居民们还对不断发展的珍珠区（Pearl District）兴奋不已——阳光明媚的周六下午，似乎城里一半人都会来到这儿。我

探索得克萨斯州丘陵地区

距离圣安东尼奥如此近的地方就有那么多一日游的地点，真是难以取舍，但如果你能抽出一段时间，以下线路可以让你涉足广泛。整条环线驾车需要4.5小时，但徘徊多久则取决于你自己。

从圣安东尼奥沿10号州际公路向西北方向前行，在伯尼（Boerne）和康福特（Comfort）驻足片刻，逛逛古董店。继续前往克尔维尔（Kerrville），欣赏牛仔艺术或在瓜达卢佩河（Guadalupe River）游泳。从克尔维尔出发，取道16号高速公路（Hwy 16），前往弗雷德里克堡（见792页），得克萨斯州丘陵地区的非正式首府，在小小的卢肯巴赫（Luckenbach；见793页）的树荫下聆听现场音乐。

继续往东前往约翰逊牧场（LBJ Ranch；❷国家公园游客中心 830-868-7128，州立公园游客中心 830-644-2252；www.nps.gov/lyjo；Hwy 290, Stonewall；团队游 成人/18岁以下儿童 $3/免费；◎牧场场地 9:00~17:30，房屋游 10:00~16:30），然后在约翰逊城（Johnson City）看看林登·约翰逊的童年故居。在德里平斯普林斯（Dripping Springs）吃吃小吃，喝喝啤酒，接着继续南下，从温伯利（Wimberley）及其巨大的靴子中间穿过。接下来，顺路经过圣马科斯（San Marcos），那家名品折扣商场的所在地。不要错过得克萨斯最古老的舞厅（☎830-606-1281；www.gruenehall.com；1280 Gruene Rd；◎周一至周五 11:00至午夜，周六 10:00至次日1:00，周日 10:00~21:00），位于格林，稍微绕点路。再往南，新布朗费尔斯召唤你漂流瓜达卢佩河，然后只需行驶32英里，返回圣安东尼奥。

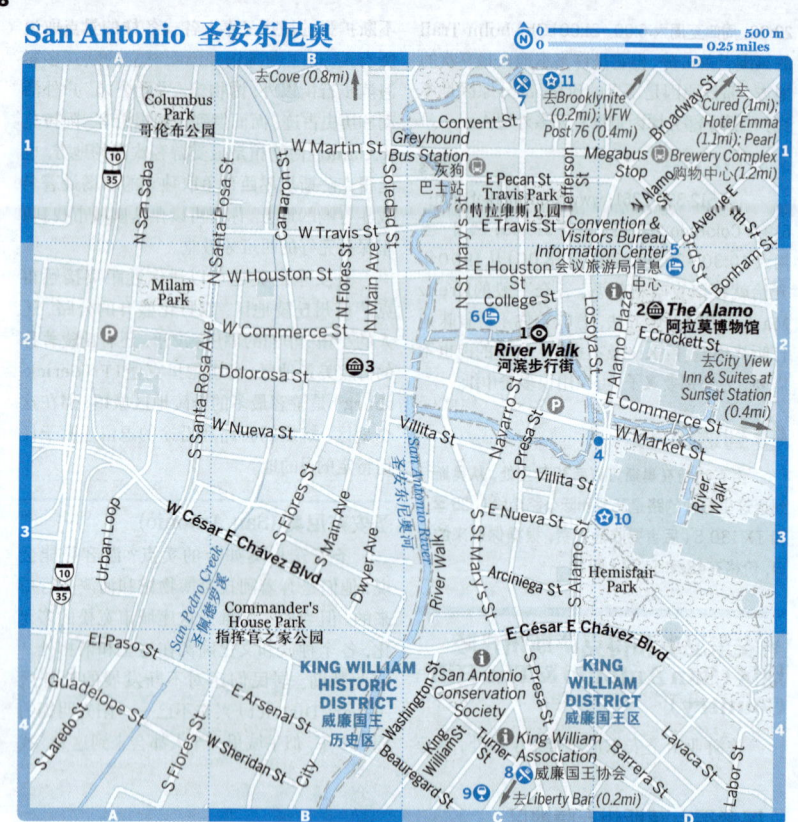

San Antonio 圣安东尼奥

得克萨斯州 圣安东尼奥和得克萨斯州丘陵地区

们从没见过一个地方拥有如此众多的共享自行车站点，因此探索博物馆区域（Museum Reach）和教堂区域（Mission Reach；著名的河滨步行街的最新路段）非常方便。

对于游客而言的最大惊喜？事实上，得克萨斯州两大最热门的景点——前面提到的阿拉莫和河滨步行街正好在市区正中心处，周围是颇具历史感的酒店、旅游景点和纪念品商店。城市的其他地区在它们的外围扩张，绝不会影响到旅游业。

◉ 景点和活动

★ 河滨步行街
水滨

（River Walk；www.thesanantonioriverwalk.com）这里是圣安东尼奥市中心核心地带中富有欧洲风情的一隅，来圣安东尼奥一定要来15英里的河滨步行街。它不是普通的河滨，而是迷人的运河和步行街，是圣安东尼奥旅游业的核心主动脉。想要游览一番，可以跳上游船，并巡游河上。

★ 阿拉莫博物馆
历史建筑

（The Alamo；☎210-225-1391；www.thealamo.org；300 Alamo Plaza；⏱9月至次年2月 9:00～17:30，3月至8月 至21:00）免费 来看看为什么阿拉莫能够唤醒一个得克萨斯人的自豪感。对于很多人，与其说这里是旅游景点，不如说是朝圣地点——你可能会注意到，有些游客一看到数百名革命军抗击数千墨西哥军队、为守卫堡垒而死的描述，眼睛立刻就湿润了。

麦克内艺术博物馆
博物馆

（McNay Art Museum；☎210-824-5368；www.mcnayart.org；6000 N New Braunfels Ave；成人/儿童 $10/免费，特别展览 额外收费；⏱周二、周三和周五 10:00～16:00，周四 至21:00，周六 至

San Antonio 圣安东尼奥

◎ 重要景点
1 河滨步行街..................................C2
2 阿拉莫博物馆..............................D2

◎ 景点
3 圣费尔南多大教堂......................B2

◉ 活动、课程和团队游
4 圣安东尼奥河游船...................... D3

◉ 住宿
5 Emily Morgan Hotel.....................D2
6 Omni La Mansion del Rio............C2

◉ 就餐
Las Canarias ....（见 6）
7 Ocho at Hotel Havana.................C1
8 Rosario's Mexican Cafe...............C4

◉ 饮品和夜生活
9 Friendly Spot Ice House...............C4

◉ 娱乐
10 Magik Children's Theatre......................D3
圣安东尼奥交响乐团......................（见 11）
11 Tobin Center for the
   Performing Arts....................................C1

17:00, 周日 正午至17:00, 院子 3月至10月 7:00~19:00, 11月至次年2月 至18:00)可以看到一些家喻户晓的画家作品, 如凡·高、毕加索、马蒂斯、雷诺阿、奥基弗和塞尚的作品。另一半乐趣是在壮观的西班牙殖民复兴风格的豪宅中闲逛, 这里曾是马里恩·库格勒·麦克内(Marion Koogler McNay)的私人住所。1950年, 麦克内去世的时候, 将她令人印象深刻的欧洲和美国现代艺术藏品都留给了这座城市。

圣费尔南多大教堂　　　历史建筑

（San Fernando Cathedral; ☏210-227-1297; www.sfcathedral.org; 115 W Main Plaza; ⊙礼品店 周一至周五 9:00~17:00, 周六 至18:30, 周日 8:30~15:30)不仅仅是一座美丽的教堂而已, 圣费尔南多大教堂在阿拉莫战役（Battle of the Alamo）中发挥的作用使其成为本地一处重要的地标。在那段快意时光, 阿拉莫英雄詹姆士·鲍依（James Bowie）在这里结婚。但鲍依在河对岸守卫阿拉莫的时候, 墨西哥将军桑塔·安纳（Santa Anna）占领了这座教堂并将其作为观察哨, 还升起一面"格杀勿论"的旗子, 打响一次你死我活的围攻。

布拉肯里奇公园　　　公园

（Brackenridge Park; www.brackenridgepark.org; 3700 N St Marys St; ⊙5:00~23:00; ⊞)这个占地343英亩的公园位于市中心以北、三一大学附近, 是和家人共度时光的好地方。除了**圣安东尼奥动物园**（San Antonio Zoo; ☏210-734-7184; www.sazoo-aq.org; 3903 N St Marys St; 成人/儿童 $14.25/11.25; ⊙周一至周五 9:00~17:00, 周六和周日 至18:00; ⊞)外, 还有**儿童游乐园**（Kiddie Amusement Park; ☏210-824-4351; www.kiddiepark.com; 3015 Broadway; 1张票 $2.50, 6张票 $11.25, 日票 $13; ⊙3月至8月 周三至周日 10:00~19:00, 9月至次年2月 周五至周日 10:00~19:00; ⊞)、布拉肯里奇之鹰（Brackenridge Eagle）小火车（$3.50）、老式旋转木马（$2.50）和日本茶园（Japanese Tea Gardens）。

威特博物馆　　　博物馆

（Witte Museum; ☏210-357-1900; www.wittemuseum.org; 3801 Broadway St; 成人/4~11岁儿童 $10/7; ⊙周一和周三至周六 10:00~17:00, 周二至20:00, 周日正午至17:00; ⊞)大孩子最喜欢位于布拉肯里奇公园东边的这座博物馆。威特（发音"witty"）寓教于乐, 可以亲自探索自然历史、科学和得克萨斯历史。于2017年3月开设了**新威特**（New Witte）, 占地170,000平方英尺。找找恐龙馆、史前人类站和沉浸式野生动物立体景陈列馆。风神翼龙的仿制品悬挂在正门上方。

日本茶园　　　花园

（Japanese Tea Garden; ☏210-212-4814; www.sanantonio.gov/ParksAndRec; 3853 N St Marys St; ⊙黎明至黄昏) **免费** 真是让人难以置信, 这个可爱、宁静的地方只是巧妙隐藏在院子里的一处洼地。将近100年前眼中钉一般的采石场摇身一变, 成为日式漫步园林, 有石桥、花草和60英尺的瀑布。花园全年都可欣赏, 但春天鲜花绽放, 尤其美丽。

圣安东尼奥河游船　　　游轮

（Rio San Antonio Cruises; ☏210-244-5700;

www.riosanantonio.com; 706 River Walk; 团队游 $10, 河上出租车 单程 $10, 24小时通票 $12起; ⊙9:00~21:00) 40分钟的带讲解巡游，能让你看到不错的河上景致，还能上一节轻松的历史课。你可以在网上买票，或者到河滨的任何一站购票。不必预订，团队游每隔15~20分钟出发。

🛏 住宿

★ City View Inn & Suites at Sunset Station   汽车旅馆 $$

(☏210-222-2220; www.cityviewinnsa.com; 1306 E Commerce St; 房 $99~109; P❄️✳️☎️🛜) 刚过37号州际公路（I-37），距离阿拉莫博物馆不到1英里的地方，一栋单薄的三层小楼有崭新、干净的房间。设施很少，但如果你只是找个地方放行李，这个友好的地方就很好。距离美国国铁站仅有两个街区——乘火车抵达比较方便。

Emily Morgan Hotel   精品酒店 $$

(☏210-225-5100; www.emilymorganhotel.com; 705 E Houston St; 房 $219~239，套 $249~750; P❄️☎️🛜✳️🏊) 名字听起来好像是到处都有印花和蕾丝，但这家位于阿拉莫博物馆后面的历史酒店实际上相当时尚，如今是希尔顿（Hilton）旗下的产业。精品房间干净、宽敞，可以享受所有豪华设施。

★ Hotel Emma   精品酒店 $$$

(☏210-448-8300; www.thehotelemma.com; 136 E Grayson St; 房/套 $395/895起; P✳️☎️🛜🏊) 蒸汽朋克的魅力算是优势吗？经过珍珠区的这家新酒店的时候，我们认为是的。这座建筑在19世纪是酿酒厂，公共区域维多利亚年代的装修和那个时期的大型工业装置相结合，引人注目。房间散发出时尚而低调的得克萨斯牧场魅力。最好的设施是什么？仅限客人使用的图书馆，里面有3700本书。

Omni La Mansion del Rio   历史酒店 $$$

(☏210-518-1000; www.lamansion.com; 112 College St; 房/套 $269/799起; P❄️✳️🍽☎️🛜🏊) 这家市中心的出色酒店脱胎于19世纪西班牙-墨西哥大庄园风格的宗教学校建筑。它位于河滨步行街的安静路段，其素雅的绿洲对明星及其他名人极具吸引力。在房间享受水疗服务，在户外恒温游泳池游泳，或者在酒店非凡的餐馆 Las Canarias (☏210-518-1063; www.omnihotels.com; 主菜 早餐 $11~19, 午餐 $12~21, 晚餐 $27~49; ⊙周一至周六 6:30~14:00, 周日 6:30~10:00和11:00~14:30, 每天 17:30~22:00) 放松身心。

🍴 就餐

Green Vegetarian Cuisine   素食 $

(☏210-320-5865; www.eatatgreen.com; 200 E Grayson St; 主菜 早餐 $4~8, 午餐和晚餐 $8~12; ⊙周一至周四 8:00~21:00, 周五 至20:00, 周日 9:00~21:00, 周六歇业; ♿🌱素食者的喜事：圣安东尼奥第一家素食餐厅，位于Pearl Brewery购物中心，地段有吸引力。这里有褐菇汉堡、"无鱼肉"的鱼和薯条、什锦菜玉米卷等菜肴，即使对于肉食者来说，也是可以享受的好地方。不仅仅是100%素食，还是100%犹太洁食，而且所有餐食都可以制作成严格素食。

Cove   美国菜 $

(☏210-227-2683; www.thecove.us; 606 W Cypress St; 玉米饼 $4~5, 汉堡 $8~12; ⊙周二至周四 11:00~22:00, 周五和周六 至23:00, 周日 至20:00; ♿) 这是个集餐馆、酒吧、自助洗衣店和洗车房于一体的神奇地方。这里的食物与它的餐馆一样随意，但品质出类拔萃，采用有机可持续的肉类和农产品。没错，只有玉米卷、汉堡、沙拉和开胃菜，不过全是用心制作的。

Rosario's Mexican Cafe   美式墨西哥菜 $$

(☏210-223-1806; www.rosariossa.com; 910 S Alamo St; 主菜 午餐 $8~11, 晚餐 $10~23; ⊙周一至周四 11:00~22:00, 周五和周六 至23:00, 周日 至21:00) 这家热闹的餐馆总是忙忙碌碌，窗户很大，光线充足，不时还有饥肠辘辘的路人投来幽怨的目光。美式墨西哥菜非常丰盛，桌上免费赠送的一篮子薯条和萨尔萨辣酱比大多数同类食品都好。

Ocho at Hotel Havana   古巴菜 $$

(☏210-222-2008; www.havanasanantonio.com; 1015 Navarro St; 主菜 早餐 $14~16, 午餐和

晚餐 \$10~25；周日至周四 7:00~22:00，周五和周六 至午夜；）在河滨步行街溜达或威廉王区（King William District）闲逛的时候，你不可能偶然发现Ocho，但位于Hotel Havana旁边的这家隐藏的休闲餐馆值得找找。古巴菜单种类虽然不多，但非常出色，提供从早餐至深夜鸡尾酒的各类饮食。

Liberty Bar 美国菜 \$\$

(210-227-1187；www.liberty-bar.com；1111 S Alamo St；主菜 \$8~26；周一至周五 11:00至午夜，周六和周日 9:00起）建筑本身就很壮观：1883年的住宅，1939年成为本笃会女修道院，如今被粉刷成花生糖一样的橙色。内部高高的天花板和大窗户有利于通风，菜单包括沙拉、三明治和完整主菜的优质选择。

★ Cured 美国菜 \$\$\$

(210-314-3929；www.curedatpearl.com；306 Pearl Pkwy；午餐 \$12~28，晚餐 \$13~35；周一至周五 11:00~15:00和17:00~23:00，周六 17:00~23:00，周日 10:00~15:00）餐饮界新秀Cured的餐厅正中间悬挂肉块，熟食拼盘（\$18~36）摆满肉、酱料、泡菜和饼干。午餐时找找每日美食"穷小子"三明治（po' boys）、几种沙拉和三明治。晚餐是食肉动物的乐趣，有猪头肉、烤骨髓、五香鹌鹑，等等。

饮品和夜生活

★ Friendly Spot Ice House 酒吧

(210-224-2337；www.thefriendlyspot.com；943 S Alamo St；周一至周五 15:00至午夜，周六和周日 11:00起；）这个地方感觉像是在开一场大型街区派对，每个人都和谐相处。山核桃树成荫的大院子里摆满彩色金属草坪椅，还能有什么比这更迷人？朋友们（带着他们的狗）聚在一起畅饮大瓶啤酒，孩子们在游乐区域玩耍。这里有250多种瓶装啤酒和76种桶装啤酒。

Brooklynite 鸡尾酒吧

(212-444-0707；www.thebrooklynitesa.com；516 Brooklyn Ave；17:00至次日2:00）在圣安东尼奥，啤酒和葡萄酒随手可得，但来这里可以要一杯手调的创意鸡尾酒。老式壁纸和靠背椅为这个地方增加了昏暗的维多利亚气氛。一杯以杜松子酒为基酒的"照相亭之吻"（Photo Booth Kisses），加入少许树莓和玫瑰花瓣，喝掉烦恼，或者来一杯传统老派的饮品，高贵的环境正好适宜。

VFW Post 76 酒吧

(210-223-4581；10 10th St；周一至周四 16:00~22:30，周五和周六 至次日2:00，周日 正

格林和新布朗费尔斯：河上轮胎漂流

轮胎漂流瓜达卢佩河是得克萨斯的夏季传统。这条河流大部分河段水流平缓，只有几处急流，正好可以让漂流变得刺激。

十几家本地商家出租轮胎、筏子、皮划艇和独木舟，然后用大巴将你送至上游，接着你可以漂流3~4小时，回到出发地点。身旁底部加固的轮胎可以放一个塑料冷藏箱，装满零食和饮料（不要玻璃瓶），玩上一整天。别忘了带防晒霜、帽子和饮用水，还要确定穿上不怕弄湿的鞋子或拖鞋。购买物资前再三核实饮水规定，确定允许携带哪种容器和冷藏箱。

底部加固的轮胎比普通旧胎贵\$2，但这笔钱值得多花，可以避免你的背部被河床岩石刮擦——而且该地区没有降雨的时间越长，岩石越多，在夏季，这种状态可能会持续几个月。大多数商家会在其网站提供优惠券，可以用来支付部分费用，所以你可以给自己来一次豪华游。我们列出的商家都会在网站上注明当前的河流状况，所以你可以做到心中有数。

你可以在 Gruene River Company （ 830-625-2800；www.grueneriverompany.com；1404 Gruene Rd；轮胎出租\$20；9月至次年5月 10:00~14:00，6月至8月 9:00~16:00）和 Rockin' 'R' River Rides （ 830-629-9999；www.rockinr.com；1405 Gruene Rd；轮胎出租\$20）租漂流轮胎。它们的出租价格包括班车，如果另外交一笔费用，他们可以为你的饮料准备冷藏箱和驮着它的轮胎。

午至22:30)位于珍珠开发区附近的这家隐蔽酒吧作为一家廉价酒吧,杰出的服务值得我们授予一枚奖牌。但是不要误解我们——它是你见过的最传统的廉价酒吧之一,时尚达人和老派人士肩并肩地坐在两层的维多利亚建筑里面仰脖畅饮,那里还是得克萨斯州海外战争退伍军人协会(Veterans of Foreign Wars)的分会场地。

☆ 娱乐

Magik Children's Theatre 剧院

(☎210-227-2751; www.magiktheatre.org; 420 S Alamo St; 成人/2~17岁儿童 $15/12; 售票处 周一至周五 9:00~17:00, 周六 10:00~19:00, 周日 10:00~15:00; ▣)这家令人欢乐的剧院上演最受欢迎的童书改编剧目、欢快的原创音乐剧,以及得克萨斯传说和传统童话的现代演绎,比如诙谐的(和双语的!)《灰姑娘》(La Cinderella)。剧院的常规演出季从9月开始,持续整个8月。演出还包括适合成年人的当代戏剧。

Tobin Center for the Performing Arts 剧院

(☎210-223-8624; www.tobincenter.org; 100 Auditorium Circle; ⊙售票处 周一至周五 10:00~18:00, 周六 至14:00, 外加演出时间前1小时)河滨步行街上,圣安东尼奥的演出大厅经过7年的整修,现在可以为**圣安东尼奥芭蕾舞团**(Ballet San Antonio; www.balletsanantonio.org)和**圣安东尼奥交响乐团**(San Antonio Symphony; ☎210-223-8624; www.sasymphony.org; 票 $15起)提供演出场地。前卫的演出公司**Attic Rep**(www.atticrep.org)入驻于此,创作前卫、引人注目、流行的节目。到达这里的有趣方式?乘坐河上出租车(见789页)。

❶ 实用信息

会议旅游局信息中心(Convention & Visitors Bureau Information Center; ☎800-447-3372; www.visitsanantonio.com; 317 Alamo Plaza; ⊙9:00~17:00)储备充足的地图和小册子;网站有大量适合提前做攻略的信息。工作人员可以回答你的问题,还出售团队游和VIA公共汽车/电车通票。对面是阿拉莫博物馆。

威廉王协会(King William Association; ☎210-227-8786; www.ourkwa.org; 122 Madison St; ⊙周一至周五 9:00~15:00)前去领取一份威廉王区(King William District)步行游地图。如果办公室关着门,外边的箱子里面应该有几份地图。

圣安东尼奥保护协会(San Antonio Conservation Society; ☎210-224-6163; www.saconservation.org; 107 King William St; ⊙周一至周五 8:30~16:30)有用于威廉王区自助步行游的小册子(还可以从网站下载)。

❶ 到达和离开

圣安东尼奥国际机场(San Antonio International Airport, 简称SAT; ☎210-207-3433; www.sanantonio.gov/sat; 9800 Airport Blvd)位于市中心以北约8英里处,就在Loop 410和US 281交叉路口以北。搭乘出租车、公共交通、班车和骑车都可以到这里,包括Uber和Lyft。

机场有飞往得克萨斯及美国其他地点的航班,班次频繁,还有直达或转飞至墨西哥的航班。西南航空是得克萨斯周边短途航班最理想的选择。

灰狗巴士(☎210-270-5868; www.greyhound.com; 500 N St Marys St)终点站位于市中心。

Megabus(☎877-462-6342; www.usmegabus.com; 4th St和Broadway St交叉路口)在市中心停车,可以前往休斯顿和奥斯汀。

弗雷德里克斯堡(Fredericksburg)

尽管我们强烈推荐迂回漫游,穿过得克萨斯州丘陵地区,但如果你只能前往一座城镇,那就来这里吧。这座19世纪的德国定居点空间相对不大,魅力十足。这里有一些让人叹为观止的热情旅馆和民宿,还有一条历史建筑林立的主街,里面是德国餐馆、啤酒花园、古董店和商店。市中心博物馆同样引人入胜。

虽然很多商店提供的是传统旅游城镇的商品(想想T恤衫、软糖和仿古式手绘标牌),但还是有独特得让人饶有兴味闲逛的商店。另外,这座城镇是前往附近桃园、葡萄园和隐居地点的理想基地,比如着魔岩(Enchanted Rock)和约翰逊城(Johnson City),还有仅10英里开外的小小的卢肯巴赫(Luckenbach)。

◎ 景点和活动

太平洋战争国家博物馆
博物馆

(National Museum of the Pacific War; ☎830-997-8600; www.pacificwarmuseum.org; 340 E Main St; 成人/儿童 $14/7; ☉9:00~17:00) 这座博物馆建筑群包括3间以战争为主题的展馆：**尼米兹上将博物馆**（Admiral Nimitz Museum），记录了这位弗雷德里克堡最著名人物的生平事迹；**乔治·H.W.布什太平洋战争陈列馆**（George HW Bush Gallery of the Pacific War），这座令人印象深刻的大型建筑保存了关于"二战"太平洋战争的物品和详细记录，还有经过翻新的"**太平洋战区**"（Pacific Combat Zone），占地2英亩的室内外展览，着重展示鱼雷艇和军用车辆。

拓荒者博物馆
古迹

(Pioneer Museum; ☎830-990-8441; www.pioneermuseum.net; 325 W Main St; 成人/6~17岁儿童 $5/3; ☉周一至周六 10:00~17:00) 漫步拓荒者博物馆的10栋历史建筑，了解这座城镇早期居民的生活。踏进每栋建筑时，简短的语音解说就会开始播放。即使没有其他作用，仿照19世纪末样式复原的这些住宅和商铺也有助于让你对所住客栈的现代化便利设施心生感激。

老隧道野生动物管理区
野生动物观赏

(Old Tunnel Wildlife Management Area; ☎866-978-2287; http://tpwd.texas.gov/state-parks/old-tunnel; 10619 Old San Antonio Rd; ☉黎明至17:00，5月至10月 周四至周日 17:00以后 观赏蝙蝠) 5月至10月的黄昏前后，你可以观赏一群蝙蝠飞出废弃的铁路隧道，开始夜间觅食。超过300万只墨西哥无尾蝙蝠就栖息在那里。

🛏 食宿

Cotton Gin Village
小屋 $$

(☎830-990-8381; www.cottonginlodging.com; 2805 S Hwy 16; 小屋 $229; P🐾) 外表土气，内部时髦。没错，我们喜欢这里。就在城镇以南，这些木石结构的小屋为客人提供了远离人群和其他客人的私密居住环境。小屋配备烧木头的石制壁炉。浪漫的隐居之地？开始收拾行李吧。

Fredericksburg Inn & Suites
汽车旅馆 $$

(☎830-997-0202; www.fredericksburg-inn.com; 201 S Washington St; 房 $199~219, 套 $249; P🐾🍴🏊) 作为中档汽车旅馆里的佼佼者，这个地方模仿位于它前面的历史房屋而建，并获得了成功。旅馆特色包括非常迷人的游泳池，里面有水滑梯，还有宽敞的热水浴缸，以及干净、现代的房间。步行可以到达 Main St。

值 得 一 游

卢肯巴赫（LUCKENBACH）

来到小小的卢肯巴赫，准备好放松一番，认识一些人，感受小镇气氛。实际上，用"小镇"这个词来描述它并不十分准确：卢肯巴赫不像是城镇，更像是几栋房子，服务周末游客的便携设施都已经超过永久性建筑的数量了。活动的中心，是1849年建起的古老交易站——如今是**Luckenbach General Store**（☎830-997-3224; www.luckenbachtexas.com; 412 Luckenbach Town Loop; ☉周日至周四 9:00~23:00, 周五 至午夜, 周六 至次日1:00），它还充当了当地的邮局、酒馆和社交中心。

尽管缺乏设施，但音乐活动密集，具体安排可以在商店的网站查阅。吉他声有时13:00响起，有时是17:00；**老式舞厅**（☎830-997-3224; www.luckenbachtexas.com; Luckenbach Town Loop）周末经常有现场音乐活动——得克萨斯州的传统。7月4日和劳动节的周末，来参加音乐会的游客会很多。

如果没提到卢肯巴赫的出名是因为韦伦·詹宁斯（Waylon Jennings）的一首乡村歌曲，那是我们的疏忽——但我们以为你早已经知道。

想要从附近的弗雷德里克堡来这里，可以经由US 290向东，然后取道FM 1376向南行进约3英里。

得克萨斯州 圣安东尼奥和得克萨斯州丘陵地区

★ Vaudeville

咖啡馆 $$

(☎830-992-3234; www.vaudeville-living.com; 230 E Main St; 午餐主菜 $15~17, 晚餐主菜 $16~36; ⓗ周一、周三、周四和周日 10:00~16:00, 周五和周六 至21:00) 这家整洁漂亮的地下酒馆看上去很像是豪华的冷饮柜台。在这儿吃午餐的人跟店内装修一样时髦, 不过别担心, 你在这些新潮的地方一样能找到丘陵地区的热情好客。美味沙拉和三明治最出众——你还会想吃五花肉玉米卷饼。另外提供甜点、咖啡、茶和自酿啤酒。

❶ 实用信息

弗雷德里克斯堡游客信息中心 (Fredericksburg Visitor Information Center; ☎830-997-6523, 888-997-3600; www.visitfredericksburgtx.com; 302 E Austin St; ⓗ周一至周六 9:00~17:00, 周日 11:00~15:00; 📶) 有友好的工作人员和迷人的建筑, 距离Main St一个街区, 附近是太平洋战争国家博物馆。如果在Main St找不到地方停车, 这里有不少停车位。

❶ 到达和当地交通

从奥斯汀西行, US 290进入弗雷德里克斯堡, 成为Main St。弗雷德里克斯堡和克尔维尔 (Kerrville) 之间的16号公路 (Hwy 16) 到了城里便是S Adams St。不开车的话, 前往弗雷德里克斯堡不太容易; 最近的长途汽车站在克尔维尔, 不过**灰狗巴士** (☎800-231-2222; www.greyhound.com) 在市中心西南2.5英里处的**Stripes Shell Station**

当地知识
德里平斯普林斯的美味比萨

我的天呀, 真是美味的馅饼。几年前刚刚开业的**Pieous** (☎512-394-7041; www.facebook.com/pieous; 12005 W Hwy 290; 比萨 $10~15; ⓗ周二至周五 11:00~14:00和16:00~21:00, 周六 11:00~21:00, 周日 至20:00) 已经在各个方面深孚众望。这里的座右铭是 "食物是我们的信仰", 正好呼应这个地方的名字及对使用新鲜自制食材的重视。备受喜爱的五香熏牛肉是在后面的BBQ熏制间制作的。

(2204 Hwy 16 S, Stripes Shell Station) 上下乘客。

圣安东尼奥机场的 **Stagecoach Taxi and Shuttle** (☎830-385-7722; www.stagecoachtaxiandshuttle.com) 提供班车服务; 单程费用为$95, 最多4人。然而, 旅途一半的乐趣都在驾车玩转得克萨斯州丘陵地区, 所以你最好自己开车。

在城里的时候, 你可以在**Hill Country Bicycle Works** (☎830-990-2609; www.hillcountrybicycle.com; 702 E Main St; 租车 每天 $30~45; ⓗ周一、周二、周四和周五 10:00~18:00, 周六 至16:00) 租自行车。

班德拉 (Bandera)

在得克萨斯州找到活着的真牛仔并不容易, 但在班德拉轻而易举, 它自封为 "得克萨斯州的牛仔之都"。各地当然有许多度假牧场, 很容易找到牛仔表演和骑马活动。前来班德拉的另一个重要原因呢? 从众多狭小的牛仔酒吧和廉价夜店里面找一家, 喝啤酒, 跳舞, 你会在那儿找到友好的当地人、出色的现场音乐和浓郁的氛围。驾!

◉ 景点和活动

拓荒时代博物馆

博物馆

(Frontier Times Museum; ☎830-796-3864; www.frontiertimesmuseum.org; 510 13th St; 成人/6~17岁儿童/老年人 $6/2/4; ⓗ周一至周六 10:00~16:30) 如果想找某种历史视角, 可以造访这座博物馆, 看看西部艺术展品, 还有枪支、烙铁等牛仔物品及牛仔装备, 以及博物馆的创建者J.马文·亨特 (J Marvin Hunter) 收藏的 "奇珍异宝"——包括那头著名的双头羊。

Silver Spur Guest Ranch

骑马

(☎830-796-3037; www.silverspur-ranch.com; 9266 Bandera Creek Rd; 骑马 非住客 1小时/2小时 $45/80) 白天的访客可以骑马一两个小时, 另付一小笔费用可以赠送午餐或晚餐。过夜客人在尘土飞扬的小径上跋涉了漫长的一天以后, 在Silver Spur's的初级奥林匹克型游泳池凉快一下是个不错的选择。另外提供乘坐干草大车游、化石挖掘和夜间篝火活动。过夜费用 ($150) 包括两次骑马和一日三餐, 外加使用牧场设施。不想骑马的话, 费用更低 (每晚 $120)。

度假牧场

十几座度假牧场散布在城镇及周边，你可以在那儿骑马，每小时大约$35~50。注意，根据得克萨斯州的法律，骑马的人体重不得超过240磅。有的地方提供套餐，价格包括餐食，还有很多地方会借助占地超过5000英亩的**得克萨斯州丘陵地区州立自然保护区**（Hill Country State Natural Area）的公园优势。大多数牧场距离班德拉不到10英里。

如果想多待一段时间，这些度假牧场提供各式各样的体验，包括骑马和食宿。一些牧场拥有与众不同的特色，但你见到的通常都是巨大的牧场房屋，坐落在数百英亩的土地上。其他设施可能包括干草大车、篝火和烧烤。

食宿

River Front Motel 小屋 $

（☎800-870-5671, 830-460-3690；www.theriverfrontmotel.com; 1103 Maple St；小屋$99，套$159~179；🅿️❄🐾📶）这家友好的家庭汽车旅馆位于城镇南侧，提供11栋河畔小屋，每栋都有冰箱、咖啡机和有线电视。这里是最实惠的选择。宠物费用每晚$15。

Sid's Main Street BBQ 烧烤 $

（☎830-796-4227；www.sidsmainstreetbbq.com; 702 Main St；三明治$7~10，主菜$9~15；⏱周一至周六 11:00~20:00, 周日 至15:00）前往Sid's吃烧烤。这里从前是加油站，现在提供多汁的熏肉菜肴。

❶ 实用信息

班德拉县会议和旅游局（Bandera County Convention & Visitors Bureau, 简称CVB；☎830-796-3045；www.banderacowboycapital.com; 126 Hwy 16；⏱周一至周五 9:00~17:00, 周六 10:00~15:00）提供有用的信息和友好的建议。距离Main St半个街区。

❶ 到达和离开

从克尔维尔（Kerrville）出发，最直接的路线是173号公路（Hwy 173; Bandera Hwy）。景色更优美和令人心情更愉悦的路线——翻山涉谷，经过梅迪纳（Medina）——是取道Hwy 16南下。从圣安东尼奥至班德拉，沿10号州际公路（I-10）往西然后经16号公路（Hwy 16）向北，路程50英里。

Main St大致贯通市中心的南北方向。市中心东边的Cypress St沿河流东西延伸，在城镇东端成为16号公路。

得克萨斯州东部（EAST TEXAS）

比达拉斯更乡土，比奥斯汀更内敛，休斯敦有钱有文化，却把自己打扮得像是刚进城的白人乡下小子。那是什么意思？去获奖的厨师餐馆很少需要盛装打扮。参观完世界一流的博物馆展览，就在露台酒吧喝便宜啤酒。得克萨斯州最大的和最开阔的城市，这座城市到处都是景点。

如果厌倦了州际公路的水泥迷宫，想逃离也不难。一日游的距离可以参观美国国家航空航天局（NASA）及得克萨斯州赢得独立的地方。华盛顿县（Washington County）吸引来古董搜寻者、历史爱好者和单纯喜欢乡村美景的人。继续前往远处，得克萨斯州东北部是皮内森林（Piney Woods），那里有高耸的树林、蜿蜒的道路、自然景观和美丽的南部历史城镇，比如杰斐逊（Jefferson）和纳科多奇斯（Nacogdoches）。

漫步乡间小路时，准备好循着烧烤和让人垂涎欲滴的炸鸡排的香气追踪而去。

休斯敦（Houston）

试想一下，悠闲的小货车和跳排舞的小城镇碰撞出活力非凡、文化丰富和优雅时尚的大都市。白天，穿着人字拖放松一番，参观博物馆和购物，然后在树荫底下的木平台上度过欢乐时光。晚上，陶醉于美食或文化——餐馆和娱乐场所在整个地区深孚众望。在这里，除了最昂贵的餐厅，硬邦邦的牛仔裤符合一切礼仪的需要。

多元化的住宅区和餐馆、商店聚集区分布广泛。其他城市的居民谈论天气，休斯敦人谈论停车。石油和能源公司的财富支撑起奢华的购物场所,但你还是能够享受美国南部的简单乐趣,不过可别低估夏季的桑拿天。不要忘记城里的主要景点——美国国家航空航天局,位于克利尔湖的休斯敦宇航中心(Space Center Houston)——在市区外边,沿45号州际公路(I-45)开车需要30分钟。

◉ 景点和活动

休斯敦自然科学博物馆　　　　　博物馆

(Houston Museum of Natural Science; 713-639-4629; www.hmns.org; 5555 Hermann Park Dr; 成人/儿童 $25/15, 免费 周四 14:00~17:00; ⏰9:00~17:00; 🅿; ☐Hermann Park/Rice U)世界一流的巡回展览,涉及从史前洞穴绘画到玛雅文明的一切,一直是这家得克萨斯最受欢迎的杰出博物馆重要的魅力所在。长期展品同样令人印象深刻,包括大型恐龙骨架(馆长为《侏罗纪公园》提出过拍摄建议)、古埃及木乃伊、稀有宝石(比如一颗2000克拉的蓝黄玉)和关于地球生物圈的互动展览。

★ 梅尼尔收藏馆　　　　　博物馆

(Menil Collection; 713-525-9400; www.menil.org; 1533 Sul Ross St; ⏰周三至周日 11:00~19:00) 免费 梅尼尔收藏馆存有17,000多件艺术品和物品,包括当地已故慈善家约翰·梅尼尔(John de Menil)和多米尼克·梅尼尔(Dominique de Menil)毕生收集的10,000多件艺术品、雕塑、考古工艺品等。由伦佐·皮亚诺(Renzo Piano)设计的这座现代主义建筑会将他们的非凡藏品集锦然后轮换展出——从拥有5000年历史的古玩到卡拉·沃克(Kara Walker)、雷内·马格利特(René Magritte)及当今艺术明星的作品,应有尽有——外加巡回展览。别忘了,也可以参观博物馆的附属建筑,赛·托姆布雷陈列馆(Cy Twombly Gallery; 713-525-9450; www.menil.org; 1501 Branard St; ⏰周三至周日 11:00~19:00) 免费 和宁静得非常适合沉思的罗斯科小教堂(Rothko Chapel)。

★ 罗斯科小教堂　　　　　博物馆

(Rothko Chapel; 713-524-9839; www.rothkochapel.org; 3900 Yupon St at Sul Ross St; ⏰10:00~18:00) 免费 沉思的圣殿、教堂,还是野兽派建筑?罗斯科小教堂及其静谧的院子正是你心目中的样子。这里有美国抽象表现主义画家马克·罗斯科(Mark Rothko)的14幅巨型绘画,是短暂休息和冥想的理想场所。

★ 布法罗河口公园　　　　　公园

(Buffalo Bayou Park; 713-752-0314; http://buffalobayou.org; Shepherd Dr至Sabine St, Allen Pkwy和Memorial Dr之间; ⏰大部分地区 黎明至黄昏)这座刚开发的公园占地160英亩,从市中心沿布法罗河口向西曲折延伸。这里有许多停车场,而且你可以从很多地方走过来。园内有锻炼和沉思的地方,还有艺术展览等。往后看向市中心,风景极佳。活动有Bayou City Adventures (713-538-7433; http://bayoucityadventures.org; 3324 Allen Pkwy; 划皮划艇游$50起; ⏰周二至周日 10:00~17:00)的划皮划艇和Bike Barn Bayou Rental (713-955-4455; http://bikebarn.com; 105 Sabine St, Buffalo Bayou Park, Water Works; 出租 每小时 $9起; ⏰夏季 每天 10:00至黄昏, 其他季节仅限周末)出租的自行车。

艺术车博物馆　　　　　博物馆

(Art Car Museum; 713-861-5526; www.artcarmuseum.com; 140 Heights Blvd; ⏰周三至周日 11:00~18:00) 免费 这里展出的少数艺术车就是告诉你为何要参加休斯敦花车大游行(见797页)的非凡范例。可以看看古怪而新潮的巡回展览,展品覆盖道路垃圾和骨艺术等主题,但也有当代知名艺术家的严肃展览。

山姆·休斯敦公园遗产协会　　　　　博物馆

(Heritage Society at Sam Houston Park; 713-655-1912; www.heritagesociety.org; 1100 Bagby St; 博物馆免费, 团队游 成人/儿童 $15/6; ⏰博物馆 周二至周日 10:00~16:00, 团队游 10:00、11:30、13:00和14:30; ☐Main Sq St) 免费 用手机参加免费游,逛逛已经搬迁到这座公园的10栋历史住宅和建筑。其中的耶茨故居(Yates House; 1870年)曾经住过一位本地的杰出牧师,他曾经是被解放的奴隶;还有老地方(Old Place; 1823年),据说是城里

孤星飞行博物馆 博物馆

(Lone Star Flight Museum; ☎346-708-2517; http://lsfm.org; Ellington Airport, 11551 Aerospace Ave)2008年，这座博物馆的藏品在加尔维斯顿(Galveston)遭到飓风艾克(Hurricane Ike)的破坏，随后迁至休斯敦南部的前埃灵顿空军基地(Ellington Air Force Base)。2017年9月，博物馆价值$4000万左右的飞机库开张了。这里的特色是展出了超过25架军用飞机，包括"二战"期间具有象征意义的B-17和B-25。

赫曼公园小火车 户外活动

(Hermann Park Miniature Train; ☎713-526-2183; www.hermannpark.org; 6104 Hermann Park Dr, Kinder Station, Lake Plaza; 单次乘坐$3.50; ◎10:00~18:00; ▣; ◉Hermann Park/Rice U)跳上这辆小火车，环绕赫曼公园18分钟，如同孩子一样欢呼雀跃。你可以在多个站点上下车。

👉 团队游

Texana Tours 团队游

(☎281-772-9526; www.texanatours.com; 费用不定)想要用短短3小时了解休斯敦，可以参加这个引人入胜的团队游，跟着土生土长的休斯敦人参观最值得注意的街区；这是一座城市趣闻的宝库。其他团队游会带你探索更远的地方，前往几座乡村州立公园和美国国家航空航天局。费用不定，取决于团队人数。

Houston Culinary Tours 美食游

(☎713-853-8100; www.visithoustontexas.com; 团队游$180起)每月一次的美食探险，由本地厨师和美食达人带领。尽早预订。

✨ 节日和活动

★休斯敦花车大游行 节日游行

(Houston Art Car Parade; www.thehoustonartcarparade.com; 沿Smith St, downtown; ◎4月第2个周六)在这个城里最热闹的活动中，古怪的改装车辆(想想Mad Max、巨型沙鼠，等等)会上街集体游行。游行与持续一个周末的节日相伴，包括音乐会和一场具有传奇色彩的舞会(提前买好票)。

六月节解放庆典 文化节

(Juneteenth Emancipation Celebration; http://juneteenthfest.com; Emancipation Park, 3018 Dowling St; ◎6月中旬)6月19日前后，这场非裔美国人文化庆典在解放公园(Emancipation Park)举行，欢唱福音、爵士乐和布鲁斯。1865年的这一天，解放奴隶的消息传到了得克萨斯州。

🛏 住宿

Houston International Hostel 青年旅舍 $

(☎713-523-1009; www.houstonhostel.com; 5302 Crawford St; 铺/房$17/57起; ▣❋@☎; ◉Museum District)这家青年旅舍对半永久居民和背包客具有吸引力。友好古怪的员工、20世纪70年代的旧家具，以及对干净整洁和手续办理的放松态度，赋予了这个地方一种复古路边旅馆的感觉。旅舍位于树木林立的街区，从这里可以轻松步行到达休斯敦的各大博物馆及有轨电车站。

★La Maison in Midtown 旅馆 $$

(☎713-529-3600; http://lamaisonmidtown.com; 2800 Brazos St; 房$170~230; ▣❋☎; ◉McGowen Station)在全景门廊欣赏城市的天际线并放松身心，或者享受早餐盛宴，你可以在这家专门建造的城市旅馆感受南方的好客氛围。7个房间经过个性化装修，所有房间都可以乘坐电梯到达。房费包括早餐。

Aloft Houston Downtown 酒店 $$

(☎713-225-0200; www.alofthoustondowntown.com; 820 Fannin St; 房$150起; ▣❋☎; ◉Central Station)又一家由市中心历史悠久的商业大厦改造而成的酒店，Aloft(万豪品牌)的10层楼有装修时尚的房间。不要指望这里经过多年的改建还能保留历史的魅力；相反，可以找找时尚的设计细节，举个例子，比如令人惬意的屋顶游泳池还有设计时尚的图案。

Sam Houston Hotel 精品酒店 $$

(☎832-200-8800; www.thesamhouston

Central Houston 休斯敦市中心

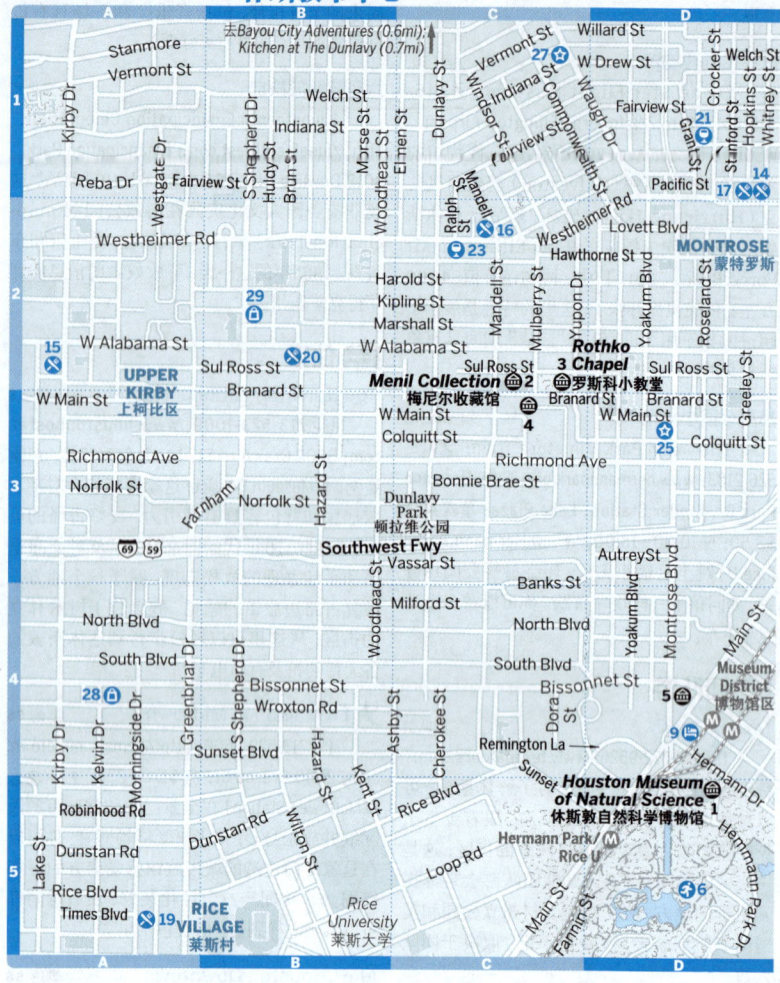

得克萨斯州 休斯敦

hotel.com; 1117 Prairie St; 房 $110~200; P❋@🛜; 🚇Preston) 这栋建于1924年的10层建筑具有历史特色; 房间略小, 时髦却低调, 全灰色系的装修非常现代。房间配备高档蓬松的毛巾、专业咖啡机等豪华用品, 与最开始接待旅行推销员的经济型酒店相去甚远。它属于希尔顿集团。

★ Hotel ZaZa Houston 精品酒店 $$$

(☎713-526-1991; www.hotelzaza.com; 5701 Main St; 房 $250起; P❋@🛜; 🚇Museum District) 时髦、耀眼、令人难以置信。从妓院风格的配色到斑马主题的椅子, Hotel ZaZa的一切都很有趣——而且出奇地朴实。我们最喜欢的房间是概念套房, 比如不拘一格的Geisha House或太空时代的"休斯敦, 我们遇到麻烦了"(Houston, we have a problem)。位置无可取代, 邻近有轨电车, 可以俯瞰博物馆区的赫曼公园(Hermann Park)。

Hotel Icon 精品酒店 $$$

(☎713-224-4266; www.hotelicon.com; 220 Main St; 房 $290起; P❋@🛜; 🚇Preston) 在这

Central Houston
休斯敦市中心

◎ 重要景点
- 1 休斯敦自然科学博物馆......................D5
- 2 梅尼尔收藏馆......................................C2
- 3 罗斯科小教堂......................................C2

◎ 景点
- 4 赛·托姆布雷陈列馆..........................C3
- 5 休斯敦美术博物馆..............................D4

◎ 活动、课程和团队游
- 6 赫曼公园小火车..................................D5

◎ 住宿
- 7 Aloft Houston Downtown..................E5
- 8 Hotel Icon...F4
- 9 Hotel ZaZa Houston D4
- 10 Houston International Hostel E4
- 11 La Maison in Midtown E1
- 12 Sam Houston Hotel.............................F5

◎ 就餐
- 13 Brennan's of Houston E2
- 14 Dolce Vita..D1
- 15 House of Pies.......................................A2
- 16 Hugo's..C2
- 17 Indika...D1
- 18 Lankford Grocery E1
- 19 Oh My Gogi!..A5
- 20 Tacos Tierra Caliente.........................B2

◎ 饮品和夜生活
- 21 JR's Bar & Grill....................................D1
- 22 La Carafe...F4
- 23 Poison Girl..C2

◎ 娱乐
- 24 AvantGarden...E2
- 25 Cézanne...D3
- 26 Match...E2
- 27 Rudyard's Pub.......................................C1

◎ 购物
- 28 Brazos Bookstore................................A4
- 29 Buffalo Exchange................................B2

得克萨斯州

休斯敦

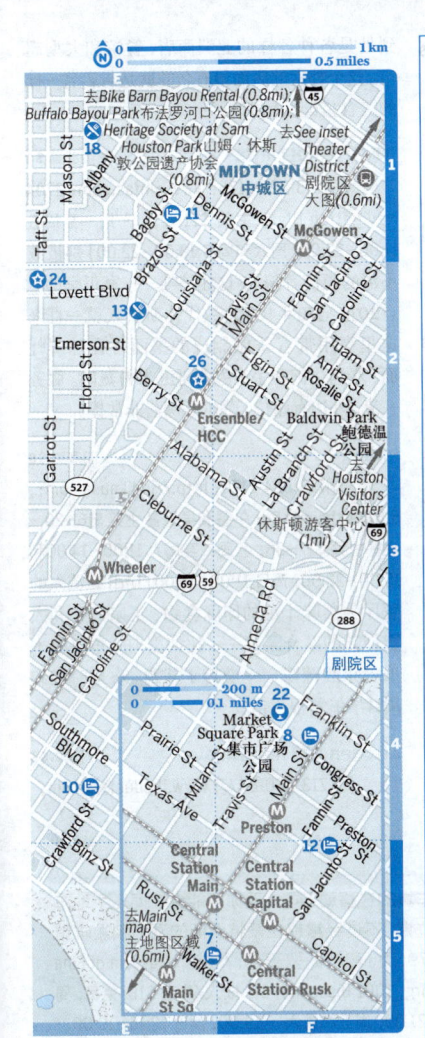

家酒店红金色调的华丽大堂，你可以感受到历史的气息。最初是地标式的银行大楼，有1911年的银行金库接待处、高高的大理石柱子和方格天花板。可以乘坐老式电梯，进入时尚现代的房间。它属于万豪集团。

✕ 就餐

休斯敦的餐馆是这座城市最有活力的特征。本地人喜欢在外边吃饭，从舒适的美式墨西哥菜到熏烤肉再到著名厨师经营的创意小馆，应有尽有。市区大部分地方都有不错的就餐选择。想要了解最新资讯，可以看看《得克萨斯月刊》(*Texas Monthly*)及网站www.thrillist.com/houston、www.houston.eater.com和http://houstonfoodblog.com的特辑和名单。

★ Lankford Grocery 汉堡 $

(☎713-522-9555; 88 Dennis St; 主菜 $5~14; ⊗周一至周六 7:00~15:00) 这家古老的食品店如今专门提供休斯敦最好的汉堡，别指望还能买到一罐果珍什么的。厚实、多汁，撒满你选择的调料，你还想要什么？店内乱做一团，不过你不太可能注意到。忙碌的服务员列举当日特色的时候，老顾客们会欢快地相互戏谑。

House of Pies 美国菜 $

(☎713-528-3816; www.houseofpies.com; 3112 Kirby Dr; 主菜 $7~12; ⊗24小时) 全天候提供餐饮的传统餐馆。这里的馅饼真的很棒：香蕉奶油派、柠檬冰盒派、酪浆派、德国巧克力派、野生蓝莓派……等到酒吧关门，想要吃饭的人群来到街上的时候，这个地方还提供夜宵。

Crawfish & Noodles 越南菜 $

(☎281-988-8098; 11360 Bellaire Blvd; 主菜 $6~15; ⊗周一至周五 15:00~22:00，周六和周日正午至22:00) 越南移民成为墨西哥湾沿岸渔业经济的重要组成部分之后，卡真风味的越南海鲜和面条便不可避免开始遍布整个城市了。离开市中心往西，这里有十几条商业街，到处是各种各样的亚洲商店、餐馆和大型超市。这个朴素的店面最有名的就是与店名一样的美食搭配。太好吃了！

★ Original Ninfas 墨西哥菜 $$

(☎713-228-1175; www.ninfas.com; 2704 Navigation Blvd; 主菜 $11~25; ⊗周一至周五 11:00~22:00，周六和周日 10:00~22:00) 别被数不清的模仿者骗了，这才是唯一一家正宗的。自20世纪70年代起，数代休斯敦人就一直来这里享用带着骄傲制成的墨西哥香辣鲜虾面、炭烤牛肉和手工墨西哥玉米粉蒸肉。服务一流，外边有座位，萨尔萨辣酱非常棒。

Indika 印度菜 $$

(☎713-524-2170; http://indikausa.com; 516 Westheimer Rd; 午餐和早午餐 主菜 $16~20，晚餐主菜 $17~36; ⊗周二至周六 11:00~14:00 和18:00~22:00，周日 11:00~15:00) Indika诱人的餐厅为美味十足的印度食物、正宗口味和大胆创新的融合菜式——比如蟹肉三角饼配木瓜姜味酸辣酱——奠定了基调。欢乐时光和周日早午餐很不错。

Kitchen at The Dunlavy 美国菜 $$

(☎713-360-6477; www.thedunlavy.com;

四处奔忙：美食车

与其他一些城市不同，休斯敦的美食车真的在移动。同一天你可能会在两三个地方见到同一辆车。可以上网查看它们的最新位置，不过经常都在蒙特罗斯的酒吧和咖啡馆附近。梅尼尔收藏馆（Menil Collection; 见796页）和**休斯敦美术博物馆**（Museum of Fine Arts, Houston; ☎713-639-7300; www.mfah.org; 1001 Bissonnet St; 成人/儿童 $18/免费，周四 免费; ⊗周二和周三 10:00~17:00，周四 至21:00，周五和周六 至19:00，周日 12:15~19:00; 🚇Museum District）的停车场也是它们经常停留的地方。注意：由于停车规定，你在市中心很少会见到它们。

Oh My Gogi!（☎281-694-4644; www.ohmygogi.com; 5555 Morningside Dr; 主菜 $3~8; ⊗周三至周六 21:00至次日3:00; 🚇Dryden/TMC）两种本地文化的融合：尝尝韩国烧烤玉米卷或泡菜油炸玉米粉饼。这辆美食车距离莱斯大学（Rice University）酒吧的位置最理想。

Tacos Tierra Caliente（☎713-584-9359; 2003 W Alabama St; 主菜 $2~5; ⊗周一至周六 8:30~23:00，周日 至22:00）休斯敦最好的玉米卷，玉米卷在沾着面糊的食品车上堆得老高（尝尝辣烤猪肉）。虽然没有地方坐，但马路对面就是West Alabama Ice House——一边喝上几杯冰啤酒，一边大吃玉米卷的好地方。其他时间可以吃到墨西哥早餐。

Waffle Bus（www.thewafflebus.com; 主菜 $3~7）华夫饼和华夫三明治，浇头从甜到咸（干酪、熏鲑鱼，等等），一应俱全。通常午餐时间营业，经常停在休斯敦大学附近。

3422 Allen Pkwy; 主菜 $8~20; ⓒ7:00~14:00)这是一个位于布法罗河口公园的美景之间的创意餐厅,非常适合在此享用一份美味的早餐、早午餐或午餐。在柜台点餐,然后在天花板很高的餐厅找张桌子,头顶是枝形吊灯。菜单是高档餐馆菜肴的创新版本。可以在吧台享用可口的咖啡或饮品。

Dolce Vita　　　　　　　　　意大利菜 $$

（☎713-520-8222; www.dolcevitahouston.com; 500 Westheimer Rd; 主菜 $12~20; ⓒ周二至周五 17:00~22:00, 周六和周日 11:30~22:00）价格实惠的意大利美味让Dolce Vita（甜蜜生活）的名字变得名副其实! 在这幢老房子的一层或二层找一个浪漫的角落, 或者在露台摇曳的灯光下面选一张桌子。正宗的单人份薄皮比萨搭配意大利风味, 比如蛤肉、新鲜罗勒、帕马森干酪等。

★Brennan's of Houston　　　卡真菜 $$$

（☎713-522-9711; www.brennanshouston.com; 3300 Smith St; ⓒ周一至周六 11:00~14:00, 周日 10:00起, 每天 17:30~22:00）这家中城区的精致餐厅顶着新奥尔良烹饪界最著名的名字。它不仅是分店, 还是独立的美食圣殿。风味融合新奥尔良与得克萨斯, 食材超级新鲜, 菜单每个季节都会更换。服务一流, 餐厅高雅。提前在漂亮的庭院订一张桌子。

★Hugo's　　　　　　　　　墨西哥菜 $$$

（☎713-524-7744; http://hugosrestaurant.net; 1600 Westheimer Rd; 午餐主菜 $15~22, 晚餐主菜 $23~30; ⓒ周一至周四 11:00~22:00, 周五和周六 至23:00, 周日 10:00~21:00）在蒙特罗斯这家著名的酒庄里, 主厨雨果·奥尔特加（Hugo Ortega）将该地区的墨西哥菜式和街头食品提升至高档艺术的境界。你可以品尝瓦哈卡式菜肴和一些味道浓郁的肉类菜肴。虽然很多菜品看似常见, 但这里的菜单更接近墨西哥而非美式墨西哥风味。早午餐很出色; 露台吸引人。需要预订。

🍷 饮品和夜生活

★La Carafe　　　　　　　　　　酒吧

（☎713-229-9399; 813 Congress Ave; ⓒ13:00至次日2:00）坐落在休斯敦最古老的建筑（1848年）中, La Carafe是城里独具氛围的老酒吧。酒吧灯光温馨, 有裸露的砖块, 墙上有泛黄的照片, 蜡烛光线摇曳。这里还有很棒的自动点唱机和形形色色很友好的人们。楼上的酒吧间周末开放, 2楼的阳台可以俯瞰市场广场。

★Moon Tower Inn　　　　　　啤酒花园

（☎832-969-1934; www.damngoodfoodcoldassbeer.com; 3004 Canal St; ⓒ周一至周六 正午至次日2:00, 周日 至午夜）Moon Tower Inn只是间简单的棚屋, 附带内有灯光和野餐桌的巨大院子。这里吸引了一群群活泼的老老少少, 他们专心享用多泡沫的特制自酿啤酒, 还有汉堡、维也纳香肠等。这里有一种前卫的仓储氛围。

Poison Girl　　　　　　　　　　酒吧

（☎713-527-9929; 1641 Westheimer Rd; ⓒ16:00至次日2:00）后面气氛活跃的天井里有一尊婴儿潮一代喜欢的"酷爱"（Kool Aid）雕像, 室内具有艺术气息, 有老式弹球游戏, 这意味着你找到了一家非常酷的廉价酒吧, 里面有形形色色的人。在外边闲坐或者在里面找个昏暗、私密的角落。

JR's Bar & Grill　　　　　　男同性恋酒吧

（☎713-521-2519; www.jrsbarandgrill.com; 808 Pacific St; ⓒ正午至次日2:00）JR's Bar & Grill拥有时髦而低调的氛围和便宜的饮品, 一贯是休斯敦最好的酒吧之一, 尤其是还有超强影响力的变装皇后科菲（Kofi）担任主持人。

Pearl Houston　　　　　　　　　夜店

（☎832-740-4933; www.pearlhouston.com; 4216 Washington Ave; ⓒ周二至周日 17:00至次日2:00）在这家热情的老牌女士酒吧, 先在后院放松一番, 午夜过后, DJ现身时, 再冲进舞池炫耀你的舞姿。

☆ 娱乐

★Match　　　　　　　　　　现场表演

（Midtown Arts and Theater Center Houston; ☎713-521-4533; https://matchouston.org; 3400 Main St; 🚍Ensemble/HCC）休斯敦500多个不在市中心昂贵剧院区（Theater District）的文

化团体和组织在此演出。2017年开业,这座引人注目的场馆有4处空间,可以容纳70~350人欣赏戏剧、舞蹈、音乐等。这里还有画廊和交际空间。令人鼓舞的节目表值得一看。

★ Rudyard's Pub　　　现场表演

(☎713-521-0521; www.rudyardspub.com; 2010 Waugh Dr; ⓧ11:30至次日2:00)许多夜晚提供现场表演,包括喜剧、诗歌朗诵和卡拉OK,还有各种前卫和独立乐队演出。这个不错的地方有各种精选自酿啤酒和不错的酒馆小吃(尤其是汉堡),即使没有什么演出的时候也很适合逗留。露台也不错。

AvantGarden　　　现场表演

(☎832-287-5577; www.avantgardenhouston.com; 411 Westheimer Rd; ⓧ周日 正午至18:00)休斯敦一切高调演出的中心。这座古老的房子有大花园露台,举办五花八门的演出,从奇特的戏剧到诗歌朗诵再到现场音乐等。有时候,你还可以亲自塑造人物。这里有一家不错的酒吧,提供富有创意的饮品。

Cézanne　　　爵士乐

(☎832-592-7464; www.cezannejazz.com; 4100 Montrose Blvd; ⓧ周五和周六 21:00至夜)无疑是休斯敦聆听爵士乐的最佳场地(只要确保在其营业时间前往)。位于Black Labrador上边,这个典雅、私密的场地汇聚了得克萨斯本地最好的以及来自世界各国的爵士乐,还有一家非常酷的钢琴酒吧。

🛍 购物

★ Brazos Bookstore　　　书籍

(☎713-523-0701; www.brazosbookstore.com; 2421 Bissonnet St; ⓧ周一至周六 11:00~20:00, 周日 正午至18:00)休斯敦1974年至今最好的独立书店。可以在每个月举办的多个活动中浏览本地书籍或者结识作家。有很棒的员工推荐,并严选了一批得克萨斯作家的和关于得克萨斯的书籍,值得一读。

Buffalo Exchange　　　服装

(☎713-523-8701; www.buffaloexchange.com; 2901 S Shepherd Dr; ⓧ周一至周六 10:00~21:00, 周日 11:00~20:00)全国精品服装连锁店的休斯敦分店,位于蒙特罗斯(Montrose)

的时尚公寓里。是的,他们很挑剔,那是件好事。

ℹ 实用信息

正式的**休斯敦游客中心**(Houston Visitors Center; ☎713-437-5557; www.visithoustontexas.com; 1300 Avenida de las Americas, Hilton Americas; ⓧ7:00~22:00)既是大型纪念品店,也是信息中心;对面是会展中心(Convention Center)。

ℹ 到达和离开

休斯敦机场系统(Houston Airport System)有两个机场。

乔治·布什洲际机场(George Bush Intercontinental Airport, 简称IAH; ☎281-230-3100; www.fly2houston.com/iah; 2800 N Terminal Rd, 紧邻I-59、Beltway 8或I-45; 🅿)位于市中心以北22英里处。这里是美国联合航空的枢纽,还有其他各大航空公司飞往世界各地的线路。大门和航站楼设计糟糕,令人晕头转向,就连资深旅行者都会面临考验。

威廉·P.霍比机场(William P Hobby Airport, 简称HOU; ☎713-640-3000; www.fly2houston.com/hobby; 7800 Airport Blvd, 紧邻Broadway St或Monroe St; 🅿)位于城镇东南12英里处,霍比机场比乔治·布什洲际机场的规模小,比较方便。它是西南航空公司(Southwest Airlines)的主要枢纽,有飞往国内大多数地点的航班。

长途汽车从**灰狗巴士终点站**(Greyhound Bus Terminal; ☎713-759-6565; www.greyhound.com; 2121 Main St; 🅼Downtown)发车。

往来新奥尔良和洛杉矶之间的日落号列车(Sunset Limited)每周三次中途停靠在**美国国铁站**(Amtrak Station; ☎800-872-7245; www.amtrak.com; 902 Washington Ave);得克萨斯州的站点还有圣安东尼奥和埃尔帕索(El Paso)。

ℹ 当地交通

市中心的计时路边停车位有许多出售非定点记时卡的自动售卖机。车位很多,只是不便宜(每天$25以上)。

市中心外边的停车场通常是免费的,但供不应求。实际上,对于许多休斯敦人来说,停车是否方便是选择餐厅时最重要的考量因素。不要对餐馆和商场的代客停车服务望而生畏；即使收费，也不会很贵，而且比自己找车位方便多了。

克利尔湖（Clear Lake）

休斯敦以南不到30英里就是大克利尔湖地区，那里有备受欢迎的休斯敦宇航中心和各种各样的水上娱乐项目，包括一座好玩的游乐园和几处重要的历史遗址。

北边，布法罗河口流经入海口，最终汇入海湾，你能找到工业城镇拉波特（La Porte）及其极为重要的景点。留意克利尔湖口的锡布鲁克（Seabrook）和凯马赫（Kemah）社区；后者是一座有趣的水畔村庄，有娱乐设施和小餐馆。一日游或者前往加尔维斯顿的途中绝对可以游遍整个地区，但考虑到中途要做的事情——和往返休斯敦的交通情况——住一晚也很值得。

无论选择哪条线路，都不要错过Killen's——休斯敦地区最好的烧烤店。

★ 休斯敦宇航中心　　　博物馆

(Space Center Houston; ☎281-244-2100; http://spacecenter.org; 1601 NASA Pkwy 1; 成人/儿童 $30/25; ⓢ10:00~17:00, 周末和夏季有时更晚) 梦想登陆月球？在美国国家航空航天局（NASA）的约翰逊航天中心（Johnson Space Center）旁边的官方游客中心和主题公园式博物馆，你将无比接近登月梦想。90分钟的中心电车游包括那次具有历史意义的地面指挥调度——你知道的，阿波罗13号发回的那句著名的台词"Houston, we have a problem"（休斯敦，我们遇到麻烦了）。

火箭公园　　　古迹

(Rocket Park; ☎281-244-2100; 1601 Nasa Rd 1, Johnson Space Center; ⓢ9:00~18:00) **免费** 既令人伤感又令人印象深刻：一枚从未使用过的土星5号运载火箭（Saturn V）存世样本——这种火箭曾经将宇航员送上月球，是美国使用过的动力最强的火箭——躺在约翰逊航天中心门口附近一座刚好能放下它的建筑内。狭小的环境让人很难感受它363英尺的高度，但你还是能体会到它不可思议、无可匹敌的力量和技术。

★ Killen's Barbecue　　　烧烤 $$

(☎281-485-2272; www.killensbarbecue.com; 3613 E Broadway St, Pearland; 主菜 $9~24; ⓢ周二至周四和周日 11:00~20:00, 周五和周六 至21:00) 这家整齐的木餐厅有草地和户外露台，是烧烤迷的朝圣地。龙尼·基伦（Ronnie Killen）用他的牛腩、排骨、香肠、手撕猪肉等美食打造了一座肉食天堂。这里的一切都好极了：除了肉以外，就连普通的配菜，比如凉拌卷心菜和奶油玉米（始终使用新鲜玉米），都经常让人眼前一亮。

休斯敦湾区会议与游客管理局（Bay Area Houston Convention & Visitors Bureau; www.visitbayareahouston.com) 有关于休斯敦南部广阔区域的信息。

美国墨西哥湾沿岸地区和得克萨斯州南部(GULF COAST & SOUTH TEXAS)

美国的"第三海岸"，正如它自称的那样，存在许许多多的反差。举个例子，阿兰瑟斯港（Port Aransas）海滩城镇的景色是一片平静的大海，与南帕诸岛（South Padre Island）追求享乐的狂热形成巨大的反差。许多地方还不时让人想起这个州戏剧性的历史，从美墨战争在帕罗阿托战场国家历史遗址（Palo Alto Battlefield National Historic Site）的第一声枪响，到加尔维斯顿港市坎坷、悠久的历史。

格兰德河（Rio Grande）两岸是影响生活方方面面的政治边境。在许多方面，该地区成为既不同于墨西哥也不同于得克萨斯的文化边缘地带，一个独特的多元文化和双语地区，甚至曾经在短期内建立过一个独立的国家。虽然里奥格兰德共和国（Republic of the Rio Grande）并未作为政治实体延续，但它的独特历史在布朗斯维尔（Brownsville）至拉雷多（Laredo）及更远地区的城镇和偏远地带依然清晰可见。

加尔维斯顿（Galveston）

既是优雅的南方淑女，又是被阳光晒

黑的海滨女郎:加尔维斯顿岛(Galveston Island)是休斯敦最受欢迎的玩伴。2008年,这位老姑娘被飓风艾克狠狠地打击了一番,但随后便恢复了正常。加尔维斯顿坐落在得克萨斯600英里长的海岸线北端附近的堰洲岛,或许不是该州最受欢迎的海滩,但再没有哪个地方能将阳光和历史魅力如此完美地结合在一起。

历史

历史和大自然对加尔维斯顿岛始终不太友善。

1528年,欧洲人第一次到达,海上失事的一队西班牙探险家先是与本地的卡兰卡瓦(Karankawa)部落生活了几个月,然后逃走,试图找到如今墨西哥境内的西班牙殖民地。1817年,臭名昭著的海盗让·拉菲特(Jean Lafitte)在这里建立了第一处欧洲殖民地(不过是一个无法无天、寻欢作乐的地方)。拉菲特被赶走以后,派对结束,这座人口将近1000的城镇被付之一炬。不用说,埋藏宝藏的故事仍然数不胜数……

19世纪30年代中叶,开发者抵达了这里,经过1839年的合并,加尔维斯顿迅速成为全国第三繁忙的港口,人们前往西部的出发点。20世纪以前,它是得克萨斯州最大的城市,自诩拥有一长串该州第一:第一座歌剧院(1870年)、第一盏电灯(1883年),等等。

但是,随着一连串不幸的到来并最终颠覆了这座城市在得克萨斯海岸的重要地位,一切都改变了。1885年,斯特兰德区(Strand District)遭遇大火,烧毁了42个城市街区,破坏了500多栋房屋。1900年9月8日,一场名为"大风暴"(The Great Storm)的飓风摧毁了这座岛屿。这座城镇再也没能恢复自己的地位,将港口吞吐量和人口拱手送给了附近的休斯敦。1914年,随着休斯敦航道(Houston Ship Channel)的修建,海船可以绕过加尔维斯顿港(Port of Galveston),继续前往内地,这座岛屿失去了更多发展潜力。直到20世纪70年代,海滩的开发潜力吸引了大规模的投资,但在21世纪以前,本地经济一直不温不火。2008年9月,飓风艾克袭来。再一次的重建是个缓慢的过程——不过如今这座岛屿的产业再次迈起了大步。

⊙ 景点和活动

★ 主教宫　　　　　　　　　　历史建筑

(Bishop's Palace; ☎409-762-2475; www.galvestonhistory.org; 1402 Broadway Ave; 成人/儿童 \$12/9; ⊙周日至周五 10:00~17:00, 周六 至18:00)建于1886年至1893年之间,这座华丽的石制建筑有隐蔽的后楼梯、人工照明的彩色玻璃及其他有趣的特色。建筑由富商格雷欣(Gresham)家族建造,不过这个比较通俗的名字可以追溯至1923年天主教会买下这栋建筑的时候,那时它是圣心教堂(Sacred Heart Church)主教的住所。一层和二层的自助语音导览游讲解了这里的历史,随处可以买到优惠券和门票。

布赖恩博物馆　　　　　　　　　博物馆

(Bryan Museum; ☎409-632-7685; www.thebryanmuseum.org; 1315 21st St; 成人/儿童 \$12/4; ⊙周四至周一 11:00~16:00)坐落于1895年修建的加尔维斯顿孤儿院(Galveston Orphans' Home),这座出色的博物馆展示了布赖恩家族的一部分藏品,包括历史文献,以及得克萨斯和加尔维斯顿各个阶段的历史文物。参观结束后,可以在礼品店买杯饮料(\$2~6),懒洋洋地坐在院子里散放的座位上。

斯特兰德历史区　　　　　　　　景区

(Strand Historical District; www.galveston.com/downtowntour; 25th St和20th St, Strand St和Church St之间)漫步于具有历史特色的斯特兰德区,体验这座城市19世纪末的辉煌岁月。用于商业用途的马车喀喀嗒嗒地走过历史悠久的电车道,经过维多利亚时代建筑精美的砖墙立面,后面如今是商店和餐馆。该区各处的建筑都有信息量丰富的历史标牌。找找依然在使用的1894大歌剧院(Grand 1894 Opera House;见805页)。

加尔维斯顿铁路博物馆　　　　　博物馆

(Galveston Railroad Museum; ☎409-765-5700; www.galvestonrrmuseum.com; 2602 Santa Fe Pl, 25th St和Strand St交叉路口; 成人/儿童 \$7/5, 乘火车 \$5; ⊙10:00~17:00; ⏺)位于漂亮的前圣菲火车站(Santa Fe Railroad Station),这座小博物馆有关于火车历史和

老式轨道车及铁路模型的展览。周六11:00~14:00,你可以乘坐后面的铁轨上的火车,体验时长15分钟的游览。

★ Artist Boat Kayak Adventures 划皮划艇

(☏409-770-0722; www.artistboat.org; 2627 Ave O; 每人 2/4小时团队游 $25/50; ⊙周一至周五 9:00~17:00)非营利生态艺术组织Artist Boat在加尔维斯顿组织许多教育项目,将自然和文化结合起来,最著名的皮划艇游穿过岛屿湿地。导游们在这些环绕加尔维斯顿岛自然景观的皮划艇游中融合了科学和艺术元素,既新颖又有趣;需要预约。可以问问为紧邻西湾的沿海遗产保护区(Coastal Heritage Preserve area)提供资助的优惠团队游。

🛏 住宿

Beachcomber Inn 汽车旅馆 $

(☏409-744-7133; www.galvestoninn.com; 2825 61st St; 房 $75~216; P🐾📶❄)这家朴素的两层汽车旅馆位于距离海滩一个街区的位置,平时提供干净整洁的经济型住宿,但周末的附加费用通常不合算。每个房间都有小冰箱和微波炉。

Hotel Galvez 历史酒店 $$$

(☏409-765-7721; www.galveston.com/galvez; 2024 Seawall Blvd; 房 $160~315; 🐾📶❄)这家1911年的历史酒店如今由温德姆(Wyndham)集团管理,沐浴在棕榈环绕的西班牙殖民地豪华风情之中。全方位的水疗服务——比如用牛奶泡澡或用海藻包裹全身——名声在外,游泳池边的海湾风光令人心旷神怡。可以问问优惠水疗套餐。

🍴 就餐

★ Maceo Spice & Import 卡真菜 $

(☏409-763-3331; www.maceospice.com; 2706 Market St; 主菜 $7~13; ⊙11:00~15:00)这家一流的进口香料市场正好还有城里最好的意大利面包三明治和卡真饮食,桌子就挤在货架之间。商店营业至17:00,但午餐15:00就结束了。

Star Drug Store 美式小馆 $

(☏409-766-7719; http://galvestonstardrug.com; 510 23rd St; 主菜 $6~9; ⊙8:30~15:00)不是复古餐馆,只是一直坚守其传统菜肴。这家1923年的药房有冷饮柜台和传统小餐馆里最受欢迎的食物(丰盛的早餐!)。径直走到柜台,点一份香蕉船。

Gaido's 海鲜 $$$

(☏409-761-5500; www.gaidos.com; 3802 Seawall Blvd; 主菜 $20~40; ⊙周日至周四 11:00~21:00,周五周六 至22:00)从1911年至今一直由同一个家族经营,Gaido's是当地人最喜爱的餐馆。在安静的气氛中,期待白色的桌布摆上一盘盘巨大的不缩水的海鲜(噢,看那牡蛎……)。它还有一家更休闲的姊妹餐馆,就是隔壁的Nick's Kitchen & Beach Bar(☏409-762-9625; http://nicksgalveston.com; 3828 Seawall Blvd; 主菜 $11~26; ⊙周一至周五 11:00~22:00,周六和周日 至22:30)。

🍷 饮品和娱乐

Spot 酒吧

(☏409-621-5237; http://thespot.islandfamous.com; 3204 Seawall Blvd; ⊙周日至周四 11:00~22:00,周五和周六 至23:00)这座可以俯瞰海湾的喧闹酒吧建筑群从众多竞争者当中脱颖而出。有许多房间,包括一家种满竹子的提基酒吧。上楼前往Sideyard,坐在人造草坪的座椅上,吹吹海风。优质的汉堡和玉米卷可以让人畅饮别致的鸡尾酒。周末有现场音乐。

Galveston Island Brewing 自酿酒吧

(☏409-740-7000; www.galvestonislandbrewing.com; 8423 Stewart Rd; ⊙周一至周四 15:00~22:00,周五 至午夜,周六 正午至午夜,周日 至21:00)这家当地的代表性酒吧酿造几种美酒,包括提神的半小麦半大麦啤酒(Tiki Wheat),共有11种桶装啤酒。你可以在这里绿草茵茵的院子里放松休憩(孩子们在游戏场上爬来爬去),欣赏日落,加入友好的加尔维斯顿人群。

1894 大歌剧院 剧院

(Grand 1894 Opera House; ☏409-

765-1894; www.thegrand.com; 2020 Postoffice St; ⊙售票处 周一至周六 9:00~17:00)经过精心修复的1894大歌剧院充分展示了加尔维斯顿19世纪末20世纪初的文化和财富。流行音乐会、百老汇演出和诙谐的戏剧作品依然在这里上演。没有演出或活动的时候,可以自助游。关于演出活动安排,可以查询网站。

❶ 实用信息

加尔维斯顿游客中心(Galveston Island Visitors Center; ☏409-797-5144; www.galveston.com; 2328 Broadway, Ashton Villa; ⊙9:00~17:00)提供在加尔维斯顿应该做什么(及就餐地点)的完整建议,还有旅行者计划前往的主要旅游景点优惠通票的详细信息。

小港口南侧的Wharf Rd有一排**渔船信息服务台**(Fishing Boat Information Booths; Wharf Rd; ⊙6:00~19:00),组织钓鱼游和游轮派对,而**Galveston Yacht Basin**(☏409-765-3000; http://galvestonyachtbasin.com; 715 N Holiday Dr; ⊙9:00~17:00)的总部可以提供其他活动的联系方式。

❶ 到达和当地交通

从休斯敦出发,沿45号州际公路(I-45)向东南方向行驶51英里。岛上的公路成为Broadway Ave, 通向历史区。转入61st St, 进入Seawall Blvd。

Galveston–Port Bolivar Ferry(☏409-795-2230; http://traffic.houstontranstar.org/ferrytimes; 1 Ferry Rd; ⊙24小时)从包括博蒙特(Beaumont)和阿瑟港(Port Arthur)在内的东部出发,经由TX 87, 昼夜不停地往来于悠长、偏僻的玻利瓦尔半岛(Bolivar Peninsula)与岛上各处。相信我们,驾驭着300英尺的海浪巡游半岛的体验要比休斯敦交通更令人享受。

飓风艾克曾将岛屿交通局(Island Transit; ☏409-797-3900; www.galvestontx.gov; 成人/儿童 $1/50¢)运营的加尔维斯顿有轨电车(Galveston Island Trolley)从铁轨上掀翻。直到斯特兰德和Seawall之间的这条出色线路修复之前——目前预测是2018年的某时间点——到处转转确实需要一辆车。岛上的公共汽车服务主要满足当地通勤者和学生的需求,而非游客。

科珀斯克里斯蒂 (Corpus Christi)

绰号是"滨海璀璨之城",但很多人只知道科珀斯的简称,这座城市位于同名的平静海湾旁边,是一个正在发展、生机勃勃的地方。这里的景点值得一游,永远阳光灿烂的地方令人陶醉。

1519年,西班牙人用罗马天主教的基督圣体节(Corpus Christi)命名由阿隆索·阿尔瓦雷斯·德·皮内达(Alonzo Álvarez de Piñeda)发现的这片平静海湾。19世纪初期以后,建立在这里的城镇也取了同样的名字。可是由于19世纪的黄热病和1919年的飓风,这里发展缓慢。1933年至1941年,Shoreline Blvd和深水港口的建设,再加上"二战"移民带来的繁荣,促成了这一地区的飞速发展。虽然远离海边的市中心还不活跃,但这座城市巨大的美国银行中心(American Bank Center)的确具备了举办大型会议的良好商业基础。

◉ 景点和活动

★ 得克萨斯州立水族馆　　　　水族馆

(Texas State Aquarium; ☏361-881-1230; www.texasstateaquarium.org; 2710 N Shoreline Blvd, North Beach; 成人/儿童 $26/19; ⊙9:00~17:00, 周日 10:00起; ❐❐)你可以在这个刚刚经过翻新的地方了解墨西哥湾沿岸的海洋生物。这里有三座大型水池,可以让人近距离接触鲨鱼、水母、黄貂鱼等生物,还有关于海洋生物的深度展览。每天30分钟的演示包括黄貂鱼喂食、猛禽飞行,以及水獭和潜水表演,包罗万象,各季节不同(所以到达时应该询问一下时间安排)。

★ 得克萨斯州南部艺术博物馆　　博物馆

(Art Museum of South Texas; ☏361-825-3500; www.artmuseumofsouthtexas.org; 1902 N Shoreline Blvd; 成人/儿童 $8/免费; ⊙周二至周五 11:00~15:00, 周六 10:00起)当代艺术巡回展览是这座引人注目的博物馆的主要特色,与科学和历史博物馆(Museum of Science & History)隔着一个充满艺术氛围的广场,展品是关于美国艺术的永久藏品。每

个月的第一个周五免费。

列克星敦号航空母舰博物馆　　博物馆

(USS Lexington Museum；☎316-888-4873；www.usslexington.com；2914 N Shoreline Blvd，North Beach；成人/儿童 $15/10；◎9:00~17:00，6月至8月 至18:00)这艘900英尺长的航空母舰就停放在航道以北，占据科珀斯克里斯蒂海湾。第二次世界大战期间，这艘航空母舰在太平洋服役，最后于1991年退役。5种自助游都有高科技展览，为游客提供体验战争的机会，船只晚上会亮起奇异的蓝光，让人想起它在"二战"期间的绰号："蓝色幽灵"。门票包括船上大型剧院(Mega Theater)放映的一场3D电影。

科学和历史博物馆　　博物馆

(Museum of Science & History；☎361-826-4667；www.ccmuseum.com；1900 N Chaparral St；成人/儿童 $11/9；◎周二至周六 10:00~17:00，周日 正午至17:00；👪)可以在这座有趣的博物馆探索西班牙沉船、得克萨斯州的自然历史等。看看原始的得克萨斯州如何成为法国探险家拉萨尔(La Salle)的厄运之地，看看专门展示历史和现代枪械的独特展厅。这里还有一个两层的大型科学中心，可以让孩子们了解科学。

北海滩　　海滩

(North Beach)距离市中心最近的这片海滩穿过航道向北。旺季时非常热闹，但密实的沙子和几个餐饮场所让人刚刚出城就能进行一次有趣的短途旅行。

🛏 住宿

Super 8 Motel – Bayfront　　汽车旅馆 $

(☎361-884-4815；www.wyndhamhotels.com/super-8；411 N Shoreline Blvd；房 $80~120；❄🛜🏊)这家连锁旅馆没什么惊喜，但能让你在市中心的绝佳地段找到不错的经济型房间，正好位于T-heads和夜生活聚集地Water St的中间。游泳池可能比街道对面的平静水面更吸引人。不要跟城里另一家Super 8弄混，那一家在工业区，紧邻37号州际公路(I-37)。

★ V Boutique Hotel　　精品酒店 $$

(☎361-883-9200；www.vhotelcc.com；701 N Water St, 2nd fl；房 $160~210，套 $320；🅿❄🛜)受到客人敬仰的这家小酒店位于市中心的核心，提供高水准的服务，你可以在楼下品质卓越的餐馆预订送餐到房间的服务。主打柔和的现代设计，这里有8个设施齐全的舒适房间，全都铺着地毯。房间大小不一，从单间公寓到单卧室阁楼套房，不一而足。打电话预订可享受10%的折扣。

Emerald Beach Hotel　　酒店 $$

(☎361-883-5731；www.hotelemeraldbeach.com；1102 S Shoreline Blvd；房 $180~250；🅿❄@🛜🏊)就在市中心南端的水畔，Emerald为你提供沙滩、酒店的两家酒吧和室内游泳池等难以取舍的选择。大多数房间有阳台，但附属建筑一楼的房间直接面朝海滩上方的共用人行道。

🍴 餐饮

San Luis　　墨西哥菜 $

(☎361-885-0117；2110 Laredo St；餐 $5~9；◎周一至周六 6:00~14:00，周日 7:00~15:00)简单到极致的墨西哥餐馆San Luis有必不可少的女明星塞莱娜(Selena)的海报，提供妙不可言的食物。早餐$1.35起，但就算11:00以前没能赶过来，这个地方的一切也都物超所值。

Blackbeard's on the Beach　　美式墨西哥菜 $

(☎361-884-1030；http://blackbeards.restaurant；3117 E Surfside Blvd, North Beach；主菜 $7~20；◎周日至周四 11:00~21:00，周五和周六 至22:00；🛜)位于北海滩，这个嘈杂的地方提供美味的墨西哥和美国菜式，主打海鲜。一边喝便宜的玛格丽特酒，一边坐着欣赏现场音乐，但要注意一下据说徘徊在这里的幽灵。哦，如果正赶上你过生日呢？给你免单。

★ Brewster Street Icehouse　　酒吧 $$

(☎361-884-2739；www.brewsterstreet.net；1724 N Tancahua St；◎11:00至次日2:00；🛜👪)完美地呈现了得克萨斯冰库。带着孩子来吃汉堡，带着朋友来喝啤酒，或者在沃特伯格球场(Whataburger Field)看完比赛过来欣赏现场音乐。周四夜晚是得克萨斯乡村音乐(Texas Country)，周五至周日演奏各种类

得克萨斯州　科珀斯克里斯蒂

型的音乐。食物也相当不错，即使是仅售$8的特价午餐。物有所值，千真万确。

House of Rock 酒吧

(☎361-882-7625; www.texashouseofrock.com; 511 Starr St; ⊙周一至周五11:00至次日2:00, 周六和周日正午起; ⊛) 好像是你起居室的延伸……只要你比较酷，音乐欣赏水平比较高。酒吧（21岁以上）和餐馆（各年龄段）每天营业，没有门票，但比较大的活动场地仅在演奏会期间营业——演奏会数量不少。关于即将上演的演出，可以查看网站。

❶ 实用信息

科珀斯克里斯蒂游客信息中心（Corpus Christi Visitor Information Center; ☎361-561-2000; www.visitcorpuschristitx.org; 1400 N Shoreline Blvd; ⊙周一至周四9:00~17:00, 周五至周日至18:00）位于Shoreline Blvd北段；工作人员态度友好，可以提供关于就餐、景点、住宿等建议。

❶ 到达和离开

科珀斯克里斯蒂国际机场（Corpus Christi International Airport, 简称CRP; ☎361-289-0171; www.corpuschristiairport.com; 1000 International Dr) 位于市中心以西6英里的International Dr和TX 44。美鹰航空（American Eagle）提供飞往达拉斯-沃思堡国际机场（Dallas-Fort Worth International Airport）的航班；美国大陆捷运（Continental Express）提供飞往休斯敦的乔治·布什洲际机场的航班；西南航空提供飞往休斯敦的威廉·P.霍比机场的航班。

灰狗巴士（☎361-226-4393; www.greyhound.com; 602 N Staples St; ⊙8:00至次日1:30）有固定班次的长途汽车开往休斯敦（$25, 4.5小时）、布朗斯维尔（$14, 3.5小时）、圣安东尼奥（$20, 2.5小时）及更远的地点。

帕德雷岛国家海岸风景区（Padre Island National Seashore）

全世界最长的原始堰洲岛，**帕德雷岛**（Padre Island; ☎361-949-8068; www.nps.gov/pais; Park Rd 22; ⊙公园24小时）南部由国家公园管理局管理。主要特色是65英里的白沙滩和贝壳海滩，背靠长满草的沙丘和咸水湖马德雷湖（Laguna Madre）。

岛屿是沿岸所有已知海岸野生动物的栖息地，而且还远不止如此。观鸟环境一流，当然，还有许多郊狼、白尾鹿、海龟等。想要体验自然美景的人可以在野外度过惬意的一天，想要逃离文明社会的人可以来此进行一次大探险。

入口有优质的免费公园地图。除了对岛屿的详细介绍以外，地图上还有关于动植物和各种活动的重要信息，比如钓鱼和海滨溜达。

公园门票每辆车$10, 7日内有效。

马拉奎特海滩游客中心（Malaquite Beach Visitor Center; ☎361-949-8068; www.nps.gov/pais; North Padre Island; ⊙9:00~17:00）位于柏油马路尽头前面的海滩。这里有淋浴间、厕所和野餐设施，提供重要的信息。这里还有一家出售便利食品和纪念品的小商店。查看张贴的活动安排表，参加有人讲解的步行游（海滩一带，时间通常是11:00）。

过了游客中心，四下空空荡荡，眼前只有美丽的海滩和沙丘，耳畔只有风声和水声，不时夹杂鸟儿的啁啾。

科珀斯克里斯蒂的TX 358进入帕德雷岛以后成为PR 22/South Padre Island Dr（当地人称作SPID），并继续向南延伸13英里，直到国家海岸风景区的入口，再往前3.5英里就是马拉奎特海滩游客中心。从那儿以后的60英里只有海滩和沙丘。

注意，帕德雷岛国家海岸风景区与南帕诸岛之间隔着曼斯菲尔德海峡（Mansfield Channel），中间没有交通工具。只能从该州的南端前往度假小镇南帕诸岛。

南帕诸岛（South Padre Island）

包括南帕诸岛南边的5英里，南帕诸岛（SPI）城镇正奋力利用自己阳光灿烂的气候吸引人们到此。海水在一年中的大部分时间都很温暖，海滩干净，当地人悠闲地准备迎接从大陆穿越2.5英里的伊莎贝拉女王堤道（Queen Isabella Causeway）而来的所有游客（任何时候的常住人口都会因为游客的到来增加10,000甚至更多，旺季期间的人数更多）。

1月和2月，天气温暖舒适，或者稍有凉意，是游览南帕诸岛最清静的月份（不过还是备受过冬的得克萨斯人的喜爱）。最繁忙和价格最贵的时段是春假（除第一周以外的整个3月）和盛夏，那时温和的海风让海岸比酷热难耐的内陆更为宜人，一连几星期，清冷的氛围会变成快乐的派对中心。

◉ 景点和活动

★ 海龟中心　　　　　　　　　野生动物保护区

(Sea Turtle, Inc; ☎956-761-4511; www.seaturtleinc.org; 6617 Padre Blvd; 建议捐款 成人/儿童 $4/2; ⊙9月至次年5月 周二至周日 10:00~16:00, 6月至8月 至17:00)不，你对付不了海龟。但你可以看看被解救的海龟并了解濒危的肯普氏丽龟数量缓慢回升的第一手资料。这座中心是受伤动物的医院，组织面向公众的教育项目，并将能够独自生存的幼龟放归大自然。想要了解放生幼龟的时间——通常是夏季日出的时候，请致电 **Hatchling Hotline**（☎956-433-5735）。

南帕诸岛观鸟和自然中心　　　　　自然保护区

(South Padre Island Birding & Nature Center; ☎956-761-6801; www.southpadreislandbirding.com; 6801 Padre Blvd; 成人/儿童 $6/3; ⊙9:00~17:00)属于**世界观鸟中心**，这座50英亩的自然保护区有穿越沙丘、观鸟窗、观测塔等景观的木板路。可以在光鲜的展厅了解坨甸、盐沼和潮滩的区别。找找蝴蝶、白鹭、短吻鳄、龟、蟹等。前面的黑板上列出保护区最近的观赏活动。虽然游客中心仅在办公时间开放，但持票人从黎明到黄昏都可以漫步在木板路上。

北端　　　　　　　　　　　　　　海滩

(North End; Park Rd 100, North End; ⊙24小时) 免费 Padre Blvd的尽头在白岛（Isla Blanca）以北12英里处。此处往北，一路都是漫延20英里空旷的沙滩和沙丘，直至曼斯菲尔德水道港口（Port Mansfield Pass）。赤身裸体晒太阳的人、钓鱼的人、观鸟的人，还有其他户外活动者，都可以找一片属于自己的沙滩；海滩上可以行车，但要注意柔软的沙子。

Sandy Feet　　　　　　　　　　沙堡

(☎956-459-2928; www.sandcastleworkshops.com; 117 E Saturn Lane; 团体课程 $40起; ⊙需预约)这里有你想知道的关于修建沙堡的一切知识，从30分钟的速成课（$50）到几个小时的大师班（$150+），应有尽有。这里还出租两套公寓，住客可以免费参加沙堡建造课程。

🛏 住宿

★ Palms Resort　　　　　　　汽车旅馆 $$

(☎956-761-1316; www.palmsresortcafe.com; 3616 Gulf Blvd; 房 $150~230; ❄🐕🏊)这家友好的两层汽车旅馆位于海湾边长草的沙丘旁，尽管房间看不到海景，但一流的户外海滩餐馆/酒吧可以欣赏海景。单元房宽敞、整洁，铺着地砖，有冰箱和微波炉。

Tiki Condominium Hotel　　　度假村 $$

(☎956-761-2694; https://thetikispi.com; 6608 Padre Blvd; 房 $130~340; ❄🐕🏊)波利尼西亚主题的老店翻出了老一套的提基风格，位于已经开发的南帕诸岛北端。住处有设备齐全的厨房，从单卧到三卧，户型各异，但即使在最远的地方，用不了10分钟也能到海滩，走到游泳池甚至用不了两分钟。最少住两晚。可以带宠物，需要收费（$75）。

🍴 餐饮

Sea Ranch　　　　　　　　　　海鲜 $$

(☎956-761-1314; http://searanchrestau

南帕诸岛的春假

3月份的后三周，超过100,000名学生将突袭这座岛屿，白天吃喝、游泳、晒太阳、嬉戏，晚上畅饮、裸泳、嬉戏。啤酒和能量饮料公司等主要赞助商将在海滩上举办音乐会和比赛。通常还会现场直播MTV。

春假期间，城里的发达地区很难逃过成群结队游逛的学生。花一周时间跟数千名刚刚可以真正狂饮的年轻人参加海滩派对，如果这个主意对你有吸引力的话，你将度过一段美好的时光。否则，这个月你就应该避开这座岛屿。

rant.com; 1 Padre Blvd; 主菜 $20~32; ⏰周日至周四 17:00~21:00, 周五和周六 至22:00)比南帕诸岛海滩小店的标准高级一点儿, Sea Ranch 有令人印象深刻的菜单, 包括野生海鲜和安格斯牛排。它俯瞰港口, 氛围高雅。不接受预订, 但值得排队等候。

Pier 19 海鲜 $$

(☎956-761-7437; www.pier19.us; 1 Padre Blvd; 主菜 $9~27; ⏰7:00~23:00; 📶)位于海岸延伸至海里的码头上, 这家杂乱的餐馆菜肴种类繁多, 包括炒海鲜、汉堡、酸橘汁腌鱼、鱼肉玉米卷饼、"穷小子"三明治等。如果你只想夕阳小酌, 可以一路走到尽头的酒吧, 欣赏如画的美景。

★ Padre Island Brewing Company 自酿酒吧

(☎956-761-9585; www.pibrewingcompany.com; 3400 Padre Blvd; ⏰11:30~22:00, 周五和周六 至23:00)虽然这家自酿酒吧不在海滩上, 但不断变换的本地啤酒值得一去。桶装啤酒品鉴杯($7)6盎司, 共5种, 或者可以选择最喜欢的一扎, 价格$12.75。汉堡、比萨及其他酒吧食品很受欢迎, 而且这里还有齐全的海鲜菜单可供选择。主菜价格$10~26。

Wanna-Wanna Beach Bar & Grill 酒吧

(☎956-761-7677; www.wannawanna.com; 5100 Gulf Blvd, Beach Access 19; ⏰11:00~22:30)常规的海滩休闲酒吧和餐馆, 风景如画。光脚坐在阴凉甲板的塑料椅上, 看看冲浪和海滨风光。汉堡及其他普通食品($6~14)吃起来很方便, 但什么都比不上大杯冷饮。酒吧位于Wanna Wanna Inn (☎956-761-7677; 房间 $100~225; ❄)后面。

❶ 实用信息

南帕诸岛会议旅游局(South Padre Island Convention & Visitors Bureau; ☎956-761-4412; www.spichamber.com; 610 Padre Blvd; ⏰9:00~17:00)有详细介绍岛上旅游服务的小册子, 还有详细讲解该地区历史的小型博物馆。

❶ 到达和离开

没有通往该岛的远程公共交通。最近的选择是布朗斯维尔的**灰狗巴士**(☎956-546-7171; www.greyhound.com; 755 International Blvd, Suite H; ⏰4:00至午夜)车站。

如果前往南帕诸岛, 不一定需要有车。这个地区经过开发, 格局非常紧凑, 步行或骑车都很方便, 还有班车连接岛上各地, 穿过堤道前往伊莎贝尔港(Port Isabel)并继续开往布朗斯维尔机场。

达拉斯-沃思堡都市带 (DALLAS–FORT WORTH)

达拉斯(Dallas)与沃思堡(Fort Worth)是隔壁邻居, 但它们不是双胞胎, 甚至不是可以和谐相处的亲戚。长期以来, 这两座城市的差异就像是开着凯迪拉克的精英人士与蒙尘皮卡车里面的农场工人, 它们的外表截然不同。但抛开外表, 它们同样热爱高雅(和通俗)文化及得克萨斯的老派乐趣。附近地区有许多棒棒的小镇, 值得来一趟公路旅行, 包括沃克西哈奇(Waxahachie)和麦金尼(McKinney)。

离开大都市, 你会发现狭长地带(Panhandle)和中部平原(Central Plains)或许才是得克萨斯州对外最具代表性的地方。这片土地上牧场横卧, 人们依然生活在马背上。一马平川, 无边无际, 间或出现电线杆和风车, 直到一条巨大的峡谷横亘眼前, 仿佛可以通向另一个世界。

达拉斯(Dallas)

达拉斯是得克萨斯州最具神话色彩的城市, 不管是过去还是现在都不乏美国传奇的素材。这座"大D城"(Big D)以对流行文化的贡献而闻名——著名的达拉斯牛仔(Dallas Cowboys)和他们的啦啦队以及一度风靡全世界的美剧《达拉斯》。高档的气质造就了充满自负感的餐饮和购物产业, 这里的风气滋养了炫耀性消费习惯。

博物馆不仅出色, 而且独特——历史爱好者不应错过约翰·F.肯尼迪(John F Kennedy)总统被刺杀的纪念地点。近年来, 达拉斯最令人瞩目的新增文化景观是68英亩的庞大艺术区(Arts District)。

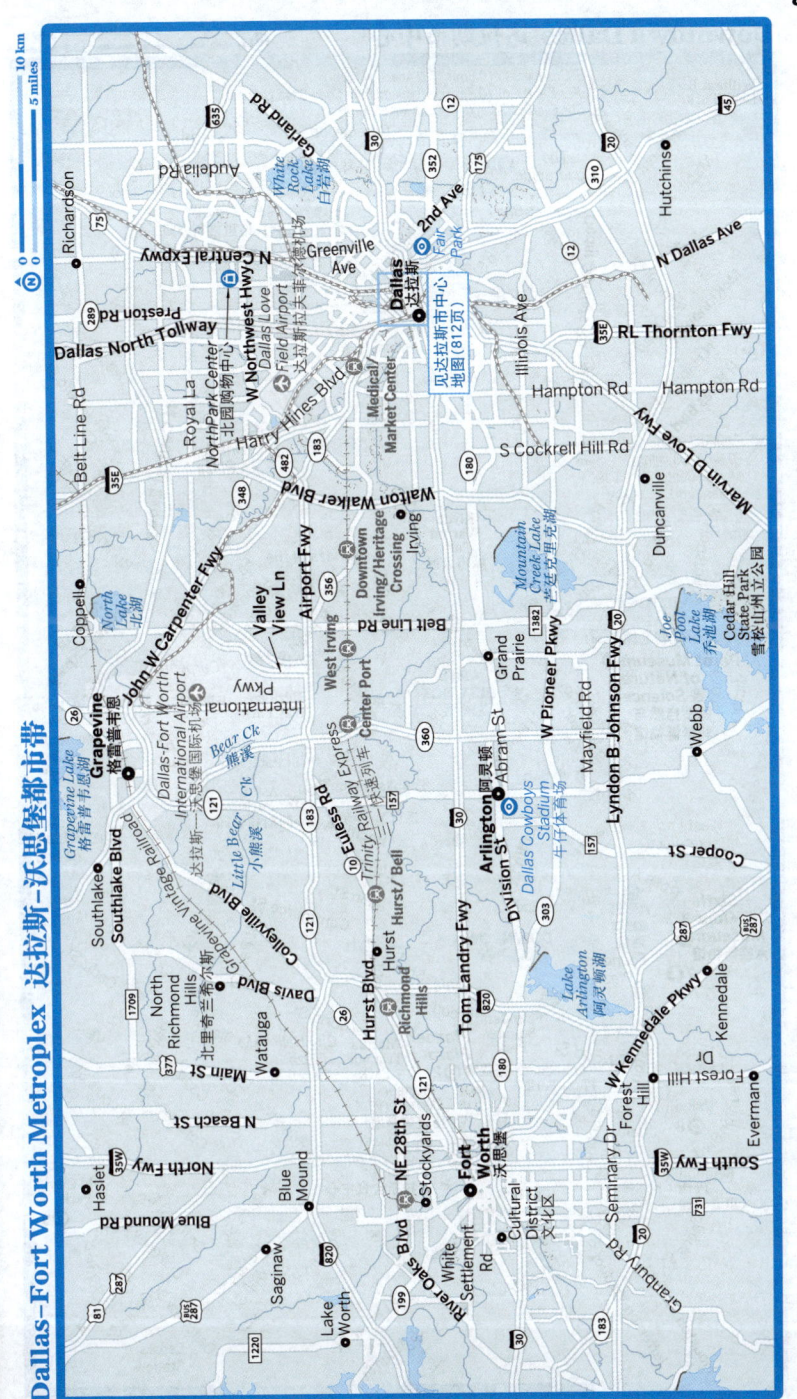

Dallas–Fort Worth Metroplex 达拉斯-沃思堡都市带

得克萨斯王 达拉斯

Downtown Dallas 达拉斯市中心

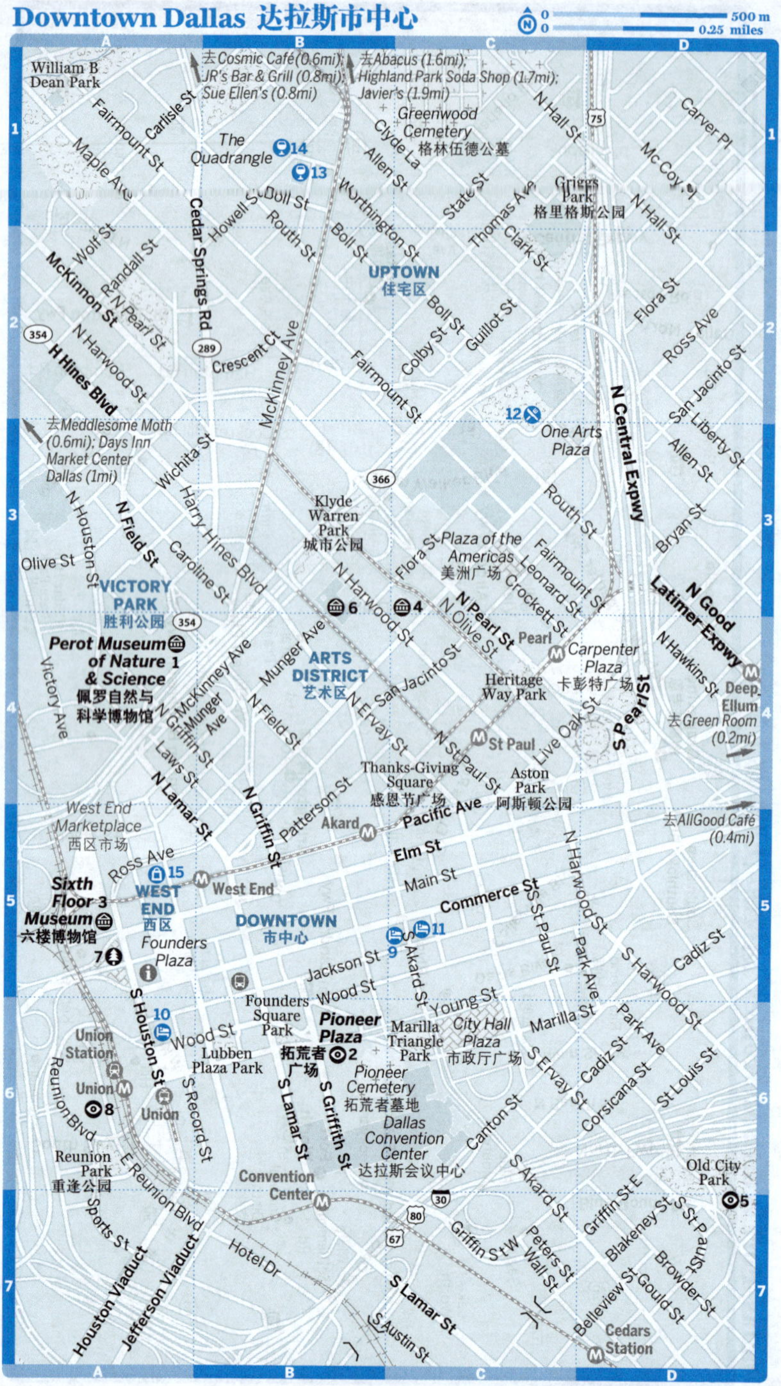

Downtown Dallas
达拉斯市中心

◎ **重要景点**
1 佩罗自然与科学博物馆..................A4
2 拓荒者广场..................................B6
3 六楼博物馆..................................A5

◎ **景点**
4 克罗亚洲艺术收藏馆....................C3
5 达拉斯民俗村...............................D7
6 达拉斯艺术博物馆.......................B3
7 迪利广场和碧草丘.......................A5
  纳什尔雕塑中心........................（见4）
8 重逢塔..A6

🛏 **住宿**
9 Adolphus......................................C5
10 La Quinta Inns & Suites..............A6
11 Magnolia Hotel............................C5

🍴 **就餐**
  Five Sixty by Wolfgang Puck......（见8）
12 Tei-An..C2

🍷 **饮品和夜生活**
13 Ginger Man.................................B1
14 Two Corks and a Bottle.............B1

🛍 **购物**
15 Wild Bill's Western Store............A5

选择一个街区，比如迪普埃伦（Deep Ellum）、下格林维尔（Lower Greenville）或主教艺术区（Bishop Arts District），坐在露台上，一边喝冰镇啤酒一边观察四周，才是达拉斯旅行体验的精华所在。

◎ 景点和活动

★ 六楼博物馆　　　　　　　　　博物馆
(Sixth Floor Museum; ☎214-747-6660; www.jfk.org; Book Depository, 411 Elm St; 成人/儿童 $16/13; ◎周二至周日 10:00~18:00, 周一正午至18:00; light rail West End)没有任何一个城市希望自己的标签是遇刺地——特别是如果受害者恰好就是约翰·F.肯尼迪（John F Kennedy）总统。但达拉斯并没有将1963年曾震惊这座城市的事件低调处理，而是给了游客们一个特殊的机会：在曾经的得克萨斯州教科书仓库（Texas School Book Depository）里探寻一次刺杀对世界的改变。引人入胜的多媒体展览（外加包括在其中的语音导览）出色地提供了肯尼迪时代的历史背景，还涉及他的生平和对后世的影响。

★ 拓荒者广场　　　　　　　　　广场
(Pioneer Plaza; S Griffin St和Young St交叉路口)想找一个得克萨斯式的拍照地或者只是看看世界上最大的青铜纪念景观，可以前往拓荒者广场。那里展示了40头真牛大小的青铜长角牛，聚在一起好似正被驱赶。这种场面有一种明明白白、势不可当的气势。

★ 佩罗自然与科学博物馆　　　博物馆
(Perot Museum of Nature & Science; ☎214-428-5555; www.perotmuseum.org; 2201 N Field St; 成人/儿童 $20/13起; ◎周一至周六 10:00~17:00, 周日 正午至17:00; 🅿; light rail St Paul)这座醒目的博物馆是艺术区的大明星，2012年开幕，备受赞誉。它的外观[得益于获奖建筑师汤姆·梅恩（Thom Mayne）]和内部（有令人惊奇的6层楼）都赢得了好评。大部分展览是互动式的：游客可以自己设计小鸟，横穿太阳系旅行，给机器人下达命令，与恐龙谈心等。

★ 达拉斯植物园　　　　　　　　花园
(Dallas Arboretum & Botanical Gardens; ☎214-515-6615; www.dallasarboretum.org; 8525 Garland Rd; 成人/儿童 $15/10; ◎9:00~17:00)这座绚丽的植物园占地66英亩，位于白岩湖（White Rock Lake）岸边，在主题园中展示花花草草，比如低地花园（Sunken Garden）和女性花园（Woman's Garden）。估计会在花丛中见到许多婚庆摄影。春季野花盛开的季节，这里会人满为患，附近的街道都会被封闭。

纳什尔雕塑中心　　　　　　　　博物馆
(Nasher Sculpture Center; ☎214-242-5100; www.nashersculpturecenter.org; 2001 Flora St; 成人/儿童 $10/免费; ◎周二至周日 11:00~17:00; light rail St Paul)美妙绝伦的纳什尔雕塑中心为玻璃和钢结构，馆内的现代艺术展品光芒闪耀。纳什尔雕塑中心可能是全世界私人持有雕塑藏品数量最多的地方之一，这里汇集了考尔德（Calder）、德库宁（de Kooning）、罗丹（Rodin）、塞拉（Serra）和米罗（Miró）的作品，非凡出众的雕塑园是美国最棒的雕塑园之一。

克罗亚洲艺术收藏馆　　　　　　博物馆

（Crow Collection of Asian Art; ☎214-979-6430; www.crowcollection.com; 2010 Flora St; ⊙周二至周四 10:00~21:00，周五和周六 至18:00，周日 正午至18:00; light rail St Paul）**免费** 这座平静的博物馆宛若佛塔，好似绿洲，氛围与藏品一样卓越，收藏的艺术品丰富多彩，来自中国、日本、印度和东南亚，可以追溯至公元前3500年至20世纪初期；踏入其中，就像走进另一个世界。不要错过来自印度北部的华丽砂岩立面。周六13:00有免费导览游。

迪利广场和碧草丘　　　　　　　公园

（Dealey Plaza & the Grassy Knoll; light rail West End）这个矩形公园现已成为一座国家历史性地标，就在前教科书仓库南面。迪利广场1935年以乔治·班纳曼·迪利（George Bannerman Dealey）命名，他是在达拉斯生活很久的新闻工作者、历史学家和慈善家。1963年11月，在距此几步之遥的地方，约翰·F.肯尼迪被刺杀。

达拉斯民俗村　　　　　　　　　古迹

（Dallas Heritage Village; ☎214-421-5141; www.dallasheritagevillage.org; 1515 S Harwood St; 成人/儿童 $9/5; ⊙周二至周六 10:00~16:00，周日 正午至16:00）占地13英亩的历史和建筑博物馆坐落于市中心以南的园林中，展品让人仿佛置身于约1840年至1910年间的得克萨斯北部。在现代天际线作为醒目背景的衬托下，历史展览栩栩如生，整个民俗村由38座历史建筑组成，包括一顶圆锥形帐篷和一座内战时期的农场。

达拉斯艺术博物馆　　　　　　　博物馆

（Dallas Museum of Art; www.dallasmuseumofart.org; 1717 N Harwood St; ⊙周二至周日 11:00~17:00，周四 11:00~21:00; [🅿]; light rail St Paul）**免费** 参观这家博物馆就像进行一次环游世界的旅行。在这里，你可以看尽装饰艺术和纯艺术。诸多珍品包括爱德华·霍普（Edward Hopper）谜一样的《灯塔山》（*Lighthouse Hill*）、弗雷德里克·丘奇（Frederic Church）的华丽杰作《冰山》（*The Icebergs*）和罗丹（Rodin）的《雕塑家和他的缪斯》（*Sculptor and his Muse*）。其他亮点有前哥伦比亚时期的精美陶器、来自大洋洲的雕刻和挂毯，以及模仿可可·香奈儿（Coco Chanel）的地中海宅邸修建的别墅[你将在这里见到政治家温斯顿·丘吉尔（Winston Churchill）的画作]。

重逢塔　　　　　　　　　　　　地标

（Reunion Tower; ☎214-712-7040; www.reuniontower.com; 300 Reunion Blvd E; 成人/儿童 $17/8起; ⊙各季节开放时间不同）哪里的高度堪比50层楼，还有带260盏闪光灯的三层球面穹顶？答案是重逢塔——达拉斯的非官方标志。乘坐68秒电梯，上去看看欲与天公试比高的昂贵全景。或者在名厨休闲餐厅**Five Sixty by Wolfgang Puck**（☎214-571-5784; www.wolfgangpuck.com; 主菜 $25起; ⊙餐馆 周一至周四 17:00~22:00，周五至周日 至23:00）享受美景。地下人行道连接重逢塔与联合车站（Union Station）和达拉斯凯悦酒店（Hyatt Regency Dallas）。

★Katy Trail　　　　　　　　　　步行

（☎214-303-1180; www.katytraildallas.org; ⊙5:00至午夜）想要看一看或者自己亲自上阵跑步和骑车，可以前往从市中心美国航空中心一路延伸3.5英里至南方卫理公会大学（SMU）的Katy Trail，沿途会经过有趣的街区。这条古老的铁路线路树木林立，有时感觉像是乡村。正在规划的延伸线路将把它与其他步行线路连接起来。

🎉 节日和活动

★得克萨斯州博览会　　　　　　博览会

（State Fair of Texas; www.bigtex.com; Fair Park, 1300 Cullum Blvd; 成人/儿童 $18/14; ⊙9月下旬至10月中旬）对于很多得克萨斯人来说，这个大型集会是秋季的亮点。来乘坐北美最高的摩天轮之一，吃一些玉米热狗（据说，这里是它的发源地），然后参观一下获奖的良种牛、羊和棉被。

马丁·路德·金游行　　　　　　节日游行

（Martin Luther King Jr Parade; ⊙1月）过去30年间，达拉斯举行了全国规模最大的马丁·路德·金纪念活动。1月中旬，由花车和乐队组成的游行队伍从MLK Blvd和Lamar出发，向费尔公园（Fair Park）行进。

🛏 住宿

Days Inn Market Center Dallas　汽车旅馆 $

（📞214-748-2243; www.daysinn.com; 2026 Market Center Blvd; 房 $68起; P❉@🛜）就是一家一般的连锁酒店，但在这么近的地方再也找不到比它更合算的了——位于市中心东北约2.5英里处。房间干净，陈设简单，街角附近就是设计区。

★ Hotel Belmont　精品酒店 $$

（📞866-870-8010; www.belmontdallas.com; 901 Fort Worth Ave; 房 $95~180; P❉@🛜）这家优雅的时尚别墅式酒店建于20世纪40年代，位于市中心以西2英里处。相比达拉斯的浮华酒店，这里简直低调得令人惊讶。酒店有一种世纪中期现代主义的设计感和远远超出其本身的精神力量。带有泡澡浴缸、摩洛哥蓝瓷砖、基里姆地毯的花园客房，以及能看到城市景观的房间是上上之选。

Magnolia Hotel　精品酒店 $$

（📞214-915-6500; www.magnoliahotels.com; 1401 Commerce St; 房 $200起; ❀❉@🛜）位于1922年修建的29层马格诺利亚石油公司大楼（Magnolia Petroleum Company Building），这家雅致的酒店提供奢华的住宿体验。房间的细节散发着历史气息，包括木制百叶窗和复古家具。宽敞的房间有冰箱，套房还带小厨房。

La Quinta Inns & Suites　酒店 $$

（📞214-761-9090; www.laquintadallasdowntown.com; 302 S Houston St; 房 $160起; ❉@🛜）市中心比较划算的住宿地点之一，这家连锁酒店位于一栋建于1925年的大楼内，独特的设计可以消除人们常见的忧郁。房费包括一小份早餐。

★ Adolphus　历史酒店 $$$

（📞214-742-8200; www.hoteladolphus.com; 1321 Commerce St; 双 $270~370; ❀❉@🛜❉; light rail Akard）感觉有一种老派的皇家气象（是的，伊丽莎白女王曾经在此下榻）。拥有422个房间的Adolphus将我们带回绅士们还系着领带的那个年代，那时的酒店还不是佛系的极简主义大本营，真是宏伟极了。光是在22层楼里面探索一番就像是在1912年的迷宫里面探险。注意，房间面积差别很大。酒店属于万豪集团。

★ Hotel Lumen　酒店 $$$

（📞214-219-2400; www.hotellumen.com; 6101 Hillcrest Ave; 房 $240~380; P❀@🛜❉）这家极为现代的混凝土酒店位于SMU对面，但与其大张旗鼓的宣传不完全相符。可我们喜欢走过大厅的一排排贵宾犬和狮子狗，以及视频图书馆和早晨的浓咖啡。这里还有一家微风轻拂的屋顶休闲酒吧。

🍴 就餐

随着这座城市的不断扩张，达拉斯的餐饮选择不断增加。几个地区值得关注：市中心以东的迪普埃伦（Deep Ellum）有形形色色的就餐选择。这个地方的名字意思是Elm St的深处（"deep"），因为"Elm"在南方口音里发音拉长。

前往住宅区寻找各种就餐选择，尤其是下格林菲尔德（Lower Greenfield）街区及其步行区。西边的艺术区（Arts District）、大学公园（University Park）及街区中间的住宅区值得为了美食一探究竟。

西南的主教艺术区（Bishop Arts District）散落着有趣的餐饮场所。那里时髦别致——在特色精品店随意逛逛，把你的食物消耗掉。

★ Sonny Bryan's Smokehouse　烧烤 $

（📞214-357-7120; www.sonnybryans.com; 2202 Inwood Rd; 主菜 $6~19; ⏰24小时）你无法拒绝这家达拉斯老店的原址。这里有的烧烤店每天只营业几小时，但这家店能全天候满足你的烧烤愿望。

★ AllGood Café　美式墨西哥菜 $

（📞214-742-5362; www.allgoodcafe.com; 2934 Main St; 主菜 $5~9; 📶）迪普埃伦后现代的咖啡馆，AllGood以美式墨西哥菜作为迷人的基调，还有文身的女服务员，环境极为舒适。家庭、摇滚乐迷……全都大快朵颐，品尝

国王牧场（King Ranch）砂锅鸡及其他令人舒心的食品。原材料供应商均来自当地并被列出名字。

Keller's Drive-In　　　　　快餐 $

（☎214-368-1209；6537 E Northwest Hwy；主菜 $4~8；◎10:30~22:00）在这家真正的老牌免下车餐厅，你也算为餐厅提供了设备——你的汽车。女服务员（没错，都是女的）一看到你停车就会立马冲过来点单。汉堡相当多汁，提供无数种选择。洋葱圈更胜一筹。

Highland Park Soda Shop　　美国菜 $

（☎214-521-2126；www.highlandparksodafountain.com；3229 Knox St；主菜 $4~8；◎周一至周五 7:00~18:00，周六 8:00起，周日 10:00~17:00；👪）从1912年以来，这家传统的冷饮店始终向一代代食客提供香子兰麦芽酒和爽心食物，比如烤奶酪三明治。如有疑问，就来点沙士冰激凌（root-beer float）。位于市中心以北约4英里处的高地公园（Highland Park）内。

Cosmic Café　　　　　　　素食 $

（☎214-521-6157；www.cosmiccafedallas.com；2912 Oak Lawn Ave；主菜 $5~15；◎11:00~22:30；🍸）Cosmic Café在绚丽多彩的环境中提供美味的各国素食。置身于异想天开的民间艺术之间，注意服务质量可能会不太稳定。

★ Meddlesome Moth　　　新派美国菜 $$

（☎214-628-7900；www.mothinthe.net；1621 Oak Lawn Ave；午餐 主菜 $10~15，晚餐 主菜 $10~20；◎周一至周六 11:00至午夜，周日 10:00~22:00）位于设计区，这家嘈杂的美食酒馆吸引了三五成群的顾客，他们在这里慢慢享用比利时风格的贻贝、虾和农庄粗玉米粉、美味汉堡和精美的拼盘。这里有口感很好的鸡尾酒和轮换可选的优质自酿（包括40种桶装酒）。菜单各季节不同。餐馆位于市中心西北约2英里处。

Kalachandji's　　　　　　素食 $$

（☎214-821-1048；www.kalachandjis.com；5430 Gurley Ave；自助午餐/晚餐 $12/15；◎周二至周日 11:30~14:00和17:00~21:00；🍸）在装饰华丽的印度教克利须那派寺庙内，你可以找到一家规模不大却种类丰富的自助餐，提供印度香米饭、咖喱、芥菜、印度薄饼和酸辣酱、帕可拉（pakora；印度的炸蔬菜小吃）、罗望子茶，以及其他每天更换的当日特色菜。此处与得克萨斯州的很多肉食诱惑形成有趣的对比。你可以在种满植物的宁静庭院里用餐。餐馆位于市中心以东约4英里处。

Tei-An　　　　　　　　　日本菜 $$

（☎214-220-2828；www.tei-an.com；One Arts Plaza, 1722 Routh St；主菜 $12~20；◎周日和周五 11:30~14:00，周二至周日 18:00~22:30）时髦的Tei-An专营辛勤手工制作的日本荞麦面。这里还有让很多人颇为称赞的炸猪排（tonkatsu）。餐厅线条简洁，装饰入时。

Daddy Jack's　　　　　　海鲜 $$

（☎214-826-4910；www.daddyjacks.org；1916 Greenville Ave；主菜 $14~30；◎17:00~22:00）街区环境悠闲，海鲜一流。这家餐馆不只擅长烹饪海鲜，还提供值得称道的服务。氛围轻松和服务周到是永不过时的品质。龙虾菜看很多；如果不点龙虾汤，就别麻烦自己来一趟了。

★ Javier's　　　　　　　　墨西哥菜 $$$

（☎214-521-4211；www.javiers.net；4912 Cole Ave；主菜 $20~35；◎周日至周四 17:30~22:00，周五和周六 至23:00）这家气质儒雅的餐馆将墨西哥古城的改良菜式提升至新的高度，所以抛开你那些关于美式墨西哥菜的刻板印象吧。环境昏暗、安静，摆放皮革家具，食物丰盛、开胃。牛排搭配各种墨西哥风味，呈现出牛肉的精华。在星空下找一张桌子。

餐馆位于市中心以北约4英里的高地公园。

Abacus　　　　　　　　　美国菜 $$$

（☎214-559-3111；http://abacus-restaurant.com；4511 McKinney Ave；主菜 $35~60，品尝单 $65起；◎周一至周六 18:00~22:00；🍸）达拉斯的许多牛排店都是连锁店。Abacus致力于货真价实的当代牛肉改良风味。先是寿司或广受欢迎的龙虾酒，然后尝遍菜单上的时令小盘菜。接着尽情享用非凡的牛排。酒吧非常出色。

🍷 饮品和夜生活

★ Two Corks and a Bottle　　休闲酒吧
(☎214-871-9463; www.twocorksanda bottle.com; 2800 Routh St; ⊙周日和周二 正午至19:00, 周三至周四 至22:00, 周五和周六 至23:00) 有创意的老板在这家住宅区软木塞大小的小葡萄酒吧里面做足了葡萄酒区分和搭配的工作。除了精选的葡萄酒以外,这里还经常有布鲁斯或爵士乐的娱乐活动。浪漫就是它的优势。系列品酒能让你广泛品尝酒水单上的葡萄酒。

★ Ginger Man　　小酒馆
(☎214-754-8771; www.thegingerman.com/uptown; 2718 Boll St; ⊙13:00至次日2:00) 这座涂成好看的香料色的房子是一家永远爆满的酒吧。这家酒吧前后都有多层露台和门廊,另外还有城里最好的啤酒酒水单之一。调酒师很优秀。

★ Green Room　　酒吧
(☎214-748-7666; www.dallasgreenroom. com; 2715 Elm St; ⊙周二至周日 16:00至次日2:00) 在酒吧林立的迪普埃伦, Green Room 是个重要地点, 有屋顶鸡尾酒、有趣的人群和出色的食物, 从小吃到正餐 (玉米卷、汉堡、干酪薯条)。这里有三个酒吧区可以选择。

JR's Bar & Grill　　男同性恋酒吧
(☎214-528-1004; www.jrsdallas.com; 3923 Cedar Springs Rd; ⊙周一至周六 11:00至次日2:00, 周日 正午起) 得克萨斯州最繁忙的酒吧之一, JR's每天供应午餐, 晚上提供多种多样的趣味娱乐活动。可以在露台上为达拉斯低调巡游的游轮打气。周一经常有变装表演。酒吧位于市中心以北3英里的Oak Lawn。

Sue Ellen's　　女同性恋酒吧
(☎214-559-0707; www.sueellensdallas. com; 3014 Throckmorton St; ⊙16:00至次日2:00) 在达拉斯最受欢迎的女同性恋酒吧的"口红厅"或舞池里放松一下。后院不错。

☆ 娱乐
高雅文化、通俗文化、乡村文化……达拉斯肯定都有。

★ Kessler Theater　　现场音乐
(☎214-272-8346; http://thekessler.org; 1230 W Davis St; ⊙18:00至午夜) 店外水绿色的霓虹灯吸引你的眼球, 诱惑你走进橡树崖 (Oak Cliff) 的这家地标性场所。曾经的社区电影院已经被改造成相当温馨的现场音乐场馆。饮品价格合适, 乐队和演出质量不错 (有变装表演!), 美国南部的气氛引人入胜。

★ Sons of Hermann Hall　　现场音乐
(☎214-747-4422; www.sonsofhermann. com; 3414 Elm St; ⊙周三和周四 19:00至午夜, 周五和周六 至次日2:00) 将近100年来, 这家得克萨斯传统舞厅的身份始终变化莫测: 猎艳吧、现场音乐场所、廉价酒吧和摇摆舞夜店。它是迪普埃伦的中坚力量。营业时间不定; 打电话确认节目安排。来到这里, 深入大D城真正的中心吧。

★ Granada Theater　　现场音乐
(☎214-824-9933; www.granadatheater. com; 3524 Greenville Ave) 这个由电影院改造的地方经常被奉为市区演奏现场音乐的最佳场所, 会邀请热门的摇滚和乡村乐队。这里是下格林伍德 (Lower Greenwood) 的中流砥柱。关于节目安排, 可以查看网站。

Balcony Club　　现场音乐
(☎214-826-8104; www.balconyclub.com; 1825 Abrams Rd; ⊙酒吧 17:00至次日2:00) 这家神秘的楼上夜店感觉好似秘密组织, 尽管其实并不是。翡翠色的墙壁、小舞台和舒适的露台角落位于地标剧院 (Landmark Theater) 上方, 这个地方在夜晚吸引了各年龄段的人前来欣赏现场音乐——主要是爵士乐, 还有时髦的饮品, 比如月光马提尼和三味热带鸡尾酒。

🛍 购物

★ Wild Bill's Western Store　　服装
(☎214-954-1050; www.wildbillswestern. com; 311 N Market St; ⊙周一和周二 10:00~19:00, 周三至周六 至21:00, 周日 正午至18:00; light rail West End) Wild Bill's是西区 (West End) 的西部服装宝库。你能找到牛仔帽、蛇皮靴、油布夹克、特大的皮带扣、镶满水钻的

得克萨斯州 达拉斯

T恤、有点俗但很有趣的纪念品、玩具枪及其他玩儿、乡村音乐CD等。购物的同时可以享用冰镇啤酒。

★ Highland Park Village 商场

(☎214-443-9898；www.hpvillage.com；Preston Rd和Mockingbird Lane；☉各商店营业时间不同)想要体验目不暇接、气喘吁吁和刷爆信用卡的感觉，可以前往西班牙教堂式的Highland Park Village。该商场位于具有上流社会气质的高地公园，自称是全世界最古老的郊区购物中心。如果周仰杰（Jimmy Choo）和卡罗琳娜·埃莱拉（Carolina Herrera）是你极为熟悉的品牌，那么你在这里会觉得如鱼得水。

ⓘ 实用信息

达拉斯游客中心（Dallas Visitors Center；☎214-571-1316；www.visitdallas.com；Old Red Courthouse, 100 S Houston St；☉9:00～17:00；⑨)位于中心地段。这个有用的办公室可以回答你的问题并分发许多本地指南。

ⓘ 到达和离开

达拉斯-沃思堡国际机场（Dallas-Fort Worth International Airport, 简称DFW；☎972-973-3112；www.dfwairport.com；2400 Aviation Dr)，位于城市西北方向16英里处，沿35号州际公路东段（I-35 E）就可以到达，是美国航空的枢纽。各大航空公司提供前往许多国内外目的地的航班。

达拉斯爱田机场（Dallas Love Field Airport, 简称DAL；☎214-670-6080；www.dallas-lovefield.com；8008 Herb Kelleher Way)位于市中心西北方向，是西南航空的枢纽，有飞往许多国内地点的航班。

灰狗巴士（www.greyhound.com）从**达拉斯汽车站**（Dallas Bus Station；☎214-849-6831；205 S Lamar St)开往该地区的各大城市。

美国国际铁路公司（www.amtrak.com）圣安东尼奥-芝加哥的得克萨斯之鹰号列车在市中心的**联合车站**（Union Station；☎800-872-7245；www.unionstationdallas.com；400 S Houston St；light rail Union Station)停靠，那里也是本地交通枢纽。

ⓘ 当地交通

DART（Dallas Area Rapid Transit；☎214-979-1111；www.dart.org；2小时车票$2.50，日票$5)运营连接市中心和偏远地区的公共汽车和覆盖广泛的轻轨系统。可以上车买票或从轨道车站的自动售票机购票。该机构还运营达拉斯有轨电车，从市中心开往西南，连接开往主教艺术区的723路公共汽车。

从住宅区到市中心可乘坐历史悠久的免费**M-Line Trolley电车**（☎214-855-0006；www.mata.org；☉周一至周四 7:00～22:00，周五 至23:00，周六 10:00至午夜，周日 10:00～22:00)，发车地点在St Paul DART车站，经过艺术区，途经McKinney Ave到City Place/Uptown Station。

三一快速列车（Trinity Railway Express, 简称TRE；☎214-979-1111；www.trinityrailwayexpress.org；单次乘坐 1/2区域 $2.50/5，日票 1/2区域 $5/10；☉周一至周六 5:00至次日1:00 半小时1班)列车在达拉斯联合车站和沃思堡之间运行（1小时)，在CenterPort/DFW Airport停车，那里有开往机场的班车。

沃思堡（Fort Worth）

常被称为"西部开始的地方"的沃思堡当然还留存着牛仔的感觉。

沃思堡首次成名是由于19世纪末的开放式牧牛，当时超过1000万头牛沿着奇泽姆牛车道（Chisholm Trail）穿过城市。如今，早上能看到小规模赶牛，周六晚上可以看牛仔竞技。

别忘了前往全世界最大的廉价酒吧Billy Bob's。在文化区（Cultural District）参观女牛仔博物馆（Cowgirl Museum）和三座令人叹为观止的艺术品收藏馆。领略了极简主义之后，圣丹斯广场（Sundance Sq）的餐厅和酒吧，可会将你召唤至狂欢的市中心。

无论如何，不要错把沃思堡当成衬托达拉斯的花瓶。这个城市有其特有的精神，比起达拉斯更加人性化（且不说更环保、更洁净)。至少，这里可做的事很多，而且实实在在，没有太多炫耀。

◉ 景点

★ 畜牧场 古迹

（Stockyards；☎817-624-4741；www.fortworthstockyards.org；130 E Exchange Ave)西

部服装店、小饰品商店、发廊和牛排馆占据了畜牧场里的旧西部时代（Old West-era）建筑。别错过每天两次的沃思堡牧群赶牛（Fort Worth Herd），届时牛仔会驱赶一小群长角牛经过E Exchange Ave。参观前在**沃思堡畜牧场游客中心**（Fort Worth Stockyards Visitor Center; ⊙9:00~17:00）了解信息。虽然有时游客不少，但这里确实名副其实。

★ 沃思堡牧群　　　　　　　　　　古迹

（Fort Worth Herd; ☎817-336-4373; www.fortworth.com/the-herd; 131 E Exchange Ave; ⊙赶牛 11:30和16:00）在牲畜交易大楼（Livestock Exchange Building）后面见识真正的牛群：沃思堡牧群是E Exchange Ave日日再现的赶牛场景，主角是一群长角牛。你可以从观赏区看到畜栏里的它们，包括每头牛的画像——看看你能不能把这些牲畜的名字跟它们对应起来。

★ 金贝尔艺术博物馆　　　　　　博物馆

（Kimbell Art Museum; ☎817-332-8451; www.kimbellart.org; 3333 Camp Bowie Blvd; ⊙周二至周四和周六 10:00~17:00, 周五 正午至20:00, 周日 正午至17:00）**免费** 欢迎来到美国最好的小型博物馆之一，此处拥有欧洲大师卡拉瓦乔（Caravaggio）、埃尔·格雷考（El Greco）和塞尚（Cézanne）的杰作，还有米开朗基罗（Michelangelo）最早的绘画《圣安东尼的苦难》（*The Torment of St Anthony*）。建筑也令人赞叹。陈列馆分布在路易·卡恩（Louis Kahn）的原建筑和年代更近的建筑之间，后者由著名建筑师伦佐·皮亚诺（Renzo Piano）设计。门票包括特别展览。

印刷局　　　　　　　　　　　　博物馆

（Bureau of Engraving and Printing; ☎817-231-4000; www.moneyfactory.gov; 9000 Blue Mound Rd; ⊙周二至周五 8:30~17:30）**免费** 沃思堡是印刷局在全国印制纸钞的两个地方之一。由美国财政部的这座设施生产的上面印着战争的绿色玩意儿可以用来购买结婚戒指、用来吸毒和赌博，可以付服务员小费，还可以雇佣保姆。印刷局建议留出30分钟的安检时间。自行游览，看看压辊！这里位于畜牧场以北8英里处。

国家女牛仔博物馆　　　　　　博物馆

（National Cowgirl Museum; ☎817-336-4475; www.cowgirl.net; 1720 Gendy St; 成人/儿童 $10/8; ⊙周二至周六 10:00~17:00, 周日 正午至17:00）这家通风又令人印象深刻的博物馆，揭示了美国文化中女牛仔的传说和现实。从镶嵌水钻的服饰到罕见的影片镜头，参观将是一次寓教于乐的旅程。当你走出博物馆时，一定会对那些吃苦耐劳的工人有一个全新的认识。

🛏 住宿

Hotel Texas　　　　　　　　　　旅馆 $

（☎817-624-2224; www.magnusonhotels.com/hotel/hotel-texas-fort-worth; 2415 Ellis Ave; 房 $75~100; ❄🅿️🛜）这家1939年的"牧民之家"非常实惠，就位于畜牧场的活动中心。虽然服务粗鲁，房间非常普通，但这些简单干净的房间装饰着配框的西部艺术品，价格无可指摘。仅收现金。

★ Stockyards Hotel　　　　　历史酒店 $$

（☎817-625-6427; www.stockyardshotel.com; 109 E Exchange Ave; 房 $150~300; ❄🛜）1907年首次开张，这个地方有52个房间，植根于牛仔历史，有西部主题的艺术品、牛仔风格的房间和宏伟的老西部大厅，大厅内有很多皮革制品。1933年，邦妮和克莱德这对雌雄大盗逃亡时实际上就藏身于Bonnie and Clyde房间（伪造的弹孔和邦妮的点38左轮手枪确实增加了神秘感）。

Hilton Fort Worth　　　　　　历史酒店 $$

（☎817-870-2100; www.hilton.com; 815 Main St; 房 $180起; ❄@🛜）这家地标式的酒店1921年建造时是Hotel Texas，拥有294个房间，分布于15个楼层。酒店靠近市中心，地理位置优越，多年来经过大规模的整修。重要的历史备忘录：约翰·F.肯尼迪（John F Kennedy）于1963年11月22日前往达拉斯的前一晚就住在这里。

🍴 就餐

★ Curly's Frozen Custard　　　冰激凌 $

（☎817-763-8700; www.curlysfrozencustard.com; 4017 Camp Bowie Blvd; 食品 $3起;

⊙11:00~22:00)你可以定制各种风味的软质奶油冰激凌,制成一份"冰泥"。只要温度保持0℃以上,哪天吃都合适。露台上有一座可爱的喷泉。

★ Heim Barbecue　　　　　烧烤 $

(☎817-882-6970; http://heimbbq.com; 1109 W Magnolia Ave; 主菜 $8~18; ⊙周三至周一 11:00~22:00)新时代的烧烤,经营这家餐馆的家族为他们的事业倾注了知识和热情。香肠、牛腩(必须的!)、火鸡、手撕猪肉等均为熏制的美味。注意,肉会卖光,所以切莫耽搁。尽量留点肚子吃香蕉布丁吧,尽管这种情况可能不太会出现。

★ Kincaid's　　　　　　汉堡 $

(☎817-732-2881; www.kincaidshamburgers.com; 4901 Camp Bowie Blvd; 主菜 $5~8; ⊙周一至周六 11:00~20:00,周日 至15:00)在这家当地售卖汉堡的店里,坐在废弃的杂货店架子之间的野餐桌边(别介意绿得发腻的墙壁),大口吃下该地区最好的汉堡。汉堡厚实多汁,裹满调料。

Waters　　　　　　　　海鲜 $$$

(☎817-984-1100; http://waterstexas.com; 301 Main St; 主菜 $15~50; ⊙11:00~23:00)这家高档海鲜餐馆位于市中心拥有百年历史的翻新后的店铺。服务利落。鱼类菜肴是所有人的最爱。在价位较低的种类中,食客们喜欢新奥尔良烤虾和龙虾奶酪通心粉。

🍷 饮品和夜生活

★ Chimera　　　　　　自酿酒吧

(☎817-923-8000; www.chimerabrew.com; 1001 W Magnolia Ave; ⊙周一至周五 11:30至午夜,周六 10:00起,周日 10:00~22:00; 🛜)沃思堡最好的自酿酒吧,轮换提供8种桶装酒。酒的种类定期更换。尤其留意培根特酿和湿酒花酸啤(wet hop sour)。觉得饿了?意大利薄皮比萨有十几种。可以在砖墙裸露的就餐区或者外边的庭院中享用。

★ Lola's Saloon　　　　　　酒吧

(☎817-877-0666; www.lolassaloon.com; 2736 W 6th St; ⊙周一至周五 14:00至次日2:00,周六和周日 正午至次日2:00)躲进这家廉价酒吧,感受相当宁静宜人的音乐体验吧。很多个夜晚,乐队(摇滚乐、酒吧钢琴乐、蓝草音乐)在这里为形形色色的有趣人群演奏。在外边小天井里歇口气。没有演出的夜晚,自动点唱机令人沉迷。经常被《沃思堡周刊》(*Fort Worth Weekly*)的读者评为最受欢迎的酒吧。

★ Usual Bar　　　　　　鸡尾酒吧

(☎817-810-0114; www.facebook.com/theusualbar/; 1408 W Magnolia Ave; ⊙周一至周五 16:00至次日2:00,周六和周日 18:00起)对手工鸡尾酒的渴望,让时髦人士夜晚聚集在这家酒吧,提供时尚饮品,比如"Maximillian-aire"和"the Parlor"。当然,你也可以对此表示不屑,只喝倒好的Sidecar。露台很棒。

Bird Café　　　　　　　休闲酒吧

(☎817-332-2473; www.birdinthe.net; 155 E 4th St; ⊙周一至周四 11:00至午夜,周五和周六 至次日1:00,周日 10:00~22:00)这家高档的美食酒吧在主厅提供取材于本地的食品,但它的真正魅力在屋顶,你可以斜靠在那儿的沙发上,喝一杯非常棒的饮品,感受火塘的温暖,俯瞰圣丹斯广场的活动。

☆ 娱乐

★ Pearls Dance Hall　　　　现场音乐

(☎817-624-2800; www.pearlsdancehall.com; 302 W Exchange Ave; ⊙周三 18:00至次日2:00,周五和周六 19:00起)畜牧区边上,这家喧闹的前妓院曾为"水牛比尔"·科迪(Buffalo Bill Cody)所有,是个有情调的地方,可以听听传统的乡村音乐。得克萨斯州明星还曾在这里滑音吉他和小提琴的伴奏下演奏摇滚乐。晚上经常跳二步舞。

Billy Bob's Texas　　　　现场音乐

(☎817-624-7117; www.billybobstexas.com; 2520 Rodeo Plaza; 入场费 周日至周四 $2~5,周五和周六 不定; ⊙周一至周三 11:00~22:00,周四至周六 至次日2:00,周日 正午至22:00)这栋面积达到100,000平方英尺的建筑是如今世界上最大的廉价酒吧,曾经是沃思堡牲畜展(Fort Worth Stock Show)期间安置获奖牲畜的谷仓。一段时间曾经是百货商场,现在Billy Bob's可容纳6000多人,有40家酒吧为

贪杯的人群服务。不要错过周五和周六21:00和22:00的骑机械牛比赛。

Texas Motor Speedway 表演赛

(☎817-215-8500; www.texasmotorspeedway.com; Hwy 114和I-35交叉路口,72号出口;团队游 成人/儿童 $10/8; ⓗ周一至周五 9:00~17:00, 周六 10:00~17:00, 周日 正午至17:00)你可以不折不扣地亲身感受全国运动汽车竞赛协会(NASCAR)的比赛。每年一度的改装赛车比赛11月份举行,但全年都有比赛。你可以跟随赛车手乘车($125起)。这条赛车跑道位于市中心以北20英里的35号州际公路西段(I-35 W)旁边。

❶ 到达和离开

达拉斯-沃思堡国际机场(Dallas-Fort Worth International Airport,见818页)位于沃思堡以东17英里处。

沃思堡的长途汽车和火车都在**联运中心** (Intermodal Transportation Center; 1001 Jones St),方便换乘。

美国国家铁路公司(☎800-872-7245; www.amtrak.com; 1001 Jones St)得克萨斯之鹰号在沃思堡停靠,沿途前往圣安东尼奥和芝加哥。Heartland Flyer有开往俄克拉何马城的线路。

三一快速列车(Trinity Railway Express;见818页)往来沃思堡和达拉斯联合车站之间(1小时),在CenterPort/DFW Airport停车,那里有开往机场的班车。

灰狗巴士(www.greyhound.com; 1001 Jones St)每天有巴士从沃思堡市中心发往达拉斯($8~10, 45分钟至1小时)。这里还有开往得克萨斯州其他主要城市的线路。

得克萨斯州西部 (WEST TEXAS)

欢迎来到辽阔无垠之地。10号州际公路(I-10)沿线没太多可看的——只有灌木丛和辽远的天空——但开到州际公路下方,你会发现一望无际的迷人景色。有时候,地势高低不平,好像老式西部电影里的背景;其他时候,景色如同异世,巨大的岩石构造突兀地露出沙漠。

那么,还有什么可做呢?很多。探寻面积和罗得岛州(Rhode Island)差不多的国家公园。在小镇停留,极简主义艺术、观星派对或迷人的鬼镇遗址会让你惊奇。在重焕生机的埃尔帕索看看新开的小啤酒厂。有兴致的话,和友好的当地人聊聊。让得克萨斯州西部令人愉悦的缓慢节奏完全浸入你的血液。

大弯国家公园 (Big Bend National Park)

每个人都知道得克萨斯州很大。但在你游览这座和罗得岛州差不多大的**国家公园** (www.nps.gov/bibe; 7日通票 每辆车 $25)之前,你不会真正体会到它有多么大。横穿1252平方英里的大弯时,你可以体会"大"的真正意思。它土地情况多样,辽阔得足以花费一生来探索,而且有位置良好的道路和小道,足以让短期游客在两三天内饱览美景。

大弯国家公园有一处区域——奇瑟斯盆地(Chisos Basin)——承受了难以应付的交通危机。**奇瑟斯山**(Chisos Mountains)风景优美,没有进入山区远足的旅程都是不完整的。不过所有来到大弯国家公园的游客都应该留出时间前往**奇瓦万沙漠**(Chihuahuan Desert),这里有奇特的生物和适应性强的植物,以及美国和墨西哥的水上边境**格兰德河**。

公园总部和**主要游客中心**(☎432-477-1158; ⓗ9:00~17:00)位于潘瑟章克申(Panther Junction),后者位于珀西蒙加普(Persimmon Gap)入口以南29英里和马弗里克(Maverick)入口[斯图迪比尤特(Study Butte)附近]以东22英里处的主路旁。这里的**加油站**(☎432-477-2294; Panther Junction; ⓗ便利店 5月至9月 7:00~18:30, 6月至8月 8:00~17:30, 加油泵 24小时)提供汽油、维修服务及少量零食和饮料。

从潘瑟章克申驾车(相对不远)10英里可以到达奇瑟斯盆地。Chisos Basin Rd的急转弯和陡坡不适合长度超过24英尺的休闲车和长度超过20英尺的拖车。

另外一条主要公路通向里奥格兰德村(Rio Grande Village)东南20英里处,你可以在那儿找到公园内仅有的另一处**加油泵**

(☎432-477-2293; Rio Grande Village; ⓗ10月至次年5月 8:00~19:00, 6月至9月 至17:00)。长路漫漫，不可不知。

另一条主要道路，30英里长的Ross Maxwell Scenic Dr，从潘瑟章克申以西的公园主路岔出。

🚶 活动

大弯原始的背包旅行线路从人流量较大的沙漠干河床到真正具有挑战性的安吉拉台地（Mesa de Anguila）和死马山（Dead Horse Mountain）的石灰岩隆起，应有尽有。公园管理员说，由于不断变迁的小径和春季环境，真正到达公园前就计划一次长期背包旅行几乎是不可能的。你能做的只有确定好自己有多少时间及想要走多长的距离——根据以上信息，公园工作人员可以帮你规划行程。很多小径必须使用地形图和指南针。

野外露营要求许可证（$12）。奇瑟斯山多条小径沿线有42个指定露营地。山区以外的开放区域可以露营。选定区域，然后找到理想的地点；只是住处距离公路至少半英里，距离小径、历史和考古遗址、干河床、泉水和悬崖边缘至少100码。

这里有超过150英里的小径可以探索，无怪乎徒步是大弯国家公园的重头戏。小径数不胜数，热门的徒步路线不少；具体情况可以从各个游客中心获取。

★ 失落宝藏小径　　　　　　　徒步

（Lost Mine Trail; www.nps.gov/bibe; Chisos Basin Rd）徒步奇瑟斯山的这条小径，全是为了风景——爬上海拔1000英尺以上，风景越来越美。你可以见到卡萨格兰德（Casa Grande）、迷矿峰（Lost Mine Peak），以及从最高点可以看到的卡门山脉（Sierra del Carmen）。每当你觉得已经到了最后的巅峰，继续向前——小径的终点是巨大的陡坡。

往返4.8英里，不过在距离小径起点约1英里的山脊上就能欣赏到不虚此行的风景。

圣埃伦娜峡谷小径　　　　　　徒步

（Santa Elena Canyon Trail; www.nps.gov/bibe）如果没时间在格兰德河上乘船，那么在这条河畔小径上徒步是很值得的。从Ross Maxwell Scenic Dr尽头往返1.7英里，徒步者往上游走，可以进入陡峭、狭窄得出奇的圣埃伦娜峡谷。小径穿越起点附近的特灵瓜河（Terlingua Creek），所以带上几双旧鞋，以备蹚水。

🛏 住宿

不需要电气接口的帐篷露营者和驾驶小型旅行房车的人可以使用3座主要露营地；有的可以预订，有的先到先得。春假、感恩节和圣诞节期间的露营位经常爆满。偏远地区有原始的路边露营位。

Chisos Mountain Lodge综合度假屋只有3个可带宠物的房间，村舍有房间，提前两年就订满了。

Chisos Basin Campground　　　露营地 $

（☎877-444-6777; www.nps.gov/bibe; 帐篷和房车露营位 $14）最靠近中央位置的主要露营地，这个有60个露营位的地方有石棚和野餐桌，附近有卫生间设施。它正好位于Chisos Lodge Restaurant（Lodge Dining Room; www.chisosmountainlodge.com; Chisos Mountain Lodge; 午餐 $7~12, 晚餐 $10~22; ⓗ7:00~10:00、11:00~16:00和17:00~20:00）和Basin Store（☎432-477-2291; ⓗ7:00~21:00）附近，还有几条受欢迎的小径。

11月15日至次年5月，可以在www.recreation.gov 预订26个露营位；其他位置先到先得。

Chisos Mountain Lodge　　　汽车旅馆 $$

（☎432-477-2291, 877-386-4383; www.chisosmountainslodge.com; 度假屋和汽车旅馆 房 $147~151, 村舍 $166; P❄🐾）由特许经营商Forever Resorts管理，奇瑟斯盆地的4个住宿选择（统称Chisos Mountain Lodge）可以得到一个不错（即便不高）的分数。如果住在国家公园外边，条件更好，但这里的景色好得多，而且徒步之后不必开车45分钟才能休息也算不错。

ℹ 实用信息

除了潘瑟章克申的公园总部和游客中心以外，奇瑟斯盆地（☎432-477-2264; www.nps.gov/bibe; ⓗ8:30至正午和13:00~16:00）和珀西蒙加普（☎432-477-2393; www.nps.gov/

bibe；⏰9:00~11:30和12:30~16:00）也有游客中心。11月至次年4月，**卡斯特伦**（Castolon；📞432-477-2222；www.nps.gov/bibe；⏰11月至次年4月 10:00至正午和13:00~16:00）和**里奥格兰德村**（📞432-477-2271；www.nps.gov/bibe；⏰11月至次年4月 8:30~16:00）还有季节性的游客中心。

向公园管理员了解如何充分享受旅程，看看布告栏上列出的最新讲解活动。你还能找到许多小众化主题的免费传单，包括生物多样性、徒步和背包旅行、地质、考古和恐龙。

ⓘ 危险和麻烦

大弯国家公园坐落于蛮荒之地，是北美洲最偏僻的地方之一，有各种潜在的危机。虽然这里本身不是危险的地方，但你还是应该提前预防。

➡ 不要低估炎热；毕竟这里是沙漠。多喝水，徒步的时候多带水。

➡ 避免晒伤，戴帽子，涂抹防晒霜，穿长裤和长袖衣服。

➡ 一定要清晨或傍晚徒步，不要在中午，那时酷热的阳光会把大弯变成大烤炉。

➡ 这里的毒蛇和狼蛛不会袭击人，除非受到刺激。简单的原则？切勿招惹它们。大部分的蛇白天很低调，你不太可能见到它们。夜间徒步的人应该走在小径上，带上手电筒。

➡ 大弯的蝎子不致命，但如果被蜇到，你还是应该及时处理。穿鞋或靴子以前要抖一抖。

ⓘ 到达和当地交通

没有公共交通往返公园，园内也没有。最近的长途汽车和火车经过潘瑟章克申西北108英里的阿尔派（Alpine）。最近的大型机场在东北230英里的米德兰（Midland）和西北325英里的埃尔帕索（见828页）。

你可以在潘瑟章克申和里奥格兰德村的服务站加油。

请注意，边境巡逻队会设卡检查从大弯方向开来的车辆。如果你不是美国公民，出示护照有助于避免耽搁（也证明你不是从墨西哥来的）。

大弯牧场州立公园（Big Bend Ranch State Park）

486平方英里的**大弯牧场州立公园**（Big Bend Ranch State Park；📞432-358-4444；http://tpwd.exas.gov；紧邻 Rte 170；11月至次年4月/5月至10月 成人 $5/3，13岁以下儿童 免费）横跨拉希塔斯（Lajitas）和普雷西迪奥（Presidio）之间的沙漠地带，从格兰德河向北延伸进入北美洲最荒凉的乡村。辽阔如斯，这片曾经的牧场是大弯地区最不为人知的秘密之一。这里有着鲜明的特色，最著名的地质构造**索利塔里奥**（Solitario）形成于3600万年前的一次火山喷发。产生的火山口东西长8英里，南北距离9英里。

景色优美的河路（River Road）被称为FM 170，如缎带般穿过格兰德河旁边的公园。FM 170和河流之间的短程徒步小径适合想要走一走并稍微探索一下旖旎美景的一日游旅行者。崎岖的徒步小径和山地自行车小径在偏远地区纵横交错。由于公园的设施和游客不多，你必须有备而来。如果想要前往偏僻的地方，带上好用的地图、备胎、满满一箱汽油、每人每天一加仑量的水、防晒霜、帽子、驱蚊液和准备充分的急救箱。

偏远地区可以简单露营（$5），没有指定的露营地。FM 170沿途有4个车辆可以到达的营地（$8），里面有野餐桌、火塘和蹲坑厕所。公园里面也有车辆可以到达的营地。露营全都要求预约（📞512-389-8919）和许可证。

想要最充分地探索这个地区，你需要一辆车。公园东端的**巴顿沃诺克游客中心**（Barton Warnock Visitor Center；📞432-424-3327；http://tpwd.texas.gov；FM 170；成人 11月至次年4月/5月至10月 $5/3，13岁以下儿童 免费；⏰8:00~16:30)位于阿尔派以南95英里处。利顿堡州立历史公园（Fort Leaton State Historic Park）处的西门位于玛法（Marfa）以南63英里。

景色优美的**自驾环线**包括阿尔派、特灵瓜、穿过公园的河路/FM 170，以及玛法，强烈推荐。河路/FM 170在巴顿沃诺克（Barton Warnock）和利顿堡（Fort Leaton）的路段长27英里。

得克萨斯州中西部（Central West Texas）

得克萨斯州西部小镇已经不只是大弯国家公园的门户了。戴维斯堡、玛法、阿尔派和马拉松拥有一种懒散无序的魅力，为公路旅行者提供了很多娱乐方式。艺术爱好者可以欣赏玛法的美术馆和博物馆，户外运动爱好者可以在戴维斯山脉（Davis Mountains）徒步和露营，强烈推荐前往麦克唐纳天文台（McDonald Observatory）观星。如果你喜欢奇特的景点、酒吧和度假屋，那么这个地区能让你得偿所愿。从神秘之光到日野牛酒吧，再到圆锥形帐篷，全都有些不同寻常。

戴维斯堡 (Fort Davis)

位于海拔5000英尺以上，戴维斯堡与得克萨斯州的其他地方相比拥有高度优势，按照更高的地方更凉快的规律，它成为受欢迎的夏季绿洲，届时得克萨斯人会来山间躲避沙漠的酷热。这个地区属于奇瓦万沙漠和戴维斯山脉，环境独特，空间开阔，岩石突兀地拔地而起。

至于城镇，它兴起于那座与其同名的真实城堡的附近；城堡修建于1854年，目的是保护西行的拓荒者和淘金者不被科曼奇族和阿帕奇族战士袭击。城镇保留的老西部风格正适合它的历史。

◉ 景点和活动

★ 麦克唐纳天文台   天文台

（McDonald Observatory；☎432-426-3640；www.mcdonaldobservatory.org；3640 Dark Sky Dr；1日票 成人/6～12岁儿童/6岁以下儿童 $8/7/免费；⊙游客中心 10:00～17:30；🅿️）远离大城市的光污染，得克萨斯州西部中间有北美最清澈、最漆黑的天空，使它成为最适合设置天文台的地点。这里有世界上最大的望远镜，位于洛克山（Mt Locke；海拔6791英尺）顶峰，体型庞大，从几英里之外就能看见。热门的星空飨宴可以让你以全新的方式观看夜空。

戴维斯山脉州立公园   州立公园、观景点

（Davis Mountains State Park；☎432-426-3337；www.tpwd.state.tx.us；Hwy 118；成人/13岁以下儿童 $6/免费）在这座偏远的公园，日出和日落比我们见过的任何一次都要壮观——我们可是见过不少了。这个奇妙的地方位于戴维斯堡西北仅几英里处，经由118号公路（Hwy 118）可以到达，坐落在得克萨斯最壮阔的山脉中间。徒步、骑山地车、骑马（自带马匹）和观星是这里的主要活动，还有观鸟。你可以在公园总部领取鸟类名单。

戴维斯堡国家历史遗址   古迹

（Fort Davis National Historic Site；☎432-426-3224；www.nps.gov/foda；Hwy 17；成人/16岁以下儿童 $7/免费；⊙8:00～17:00；🅿️）保存完好的边境军事哨所位于睡狮山（Sleeping Lion Mountain）脚下，背景令人印象深刻，戴维斯堡修建于1854年，废弃于1891年。保存下来有20多座建筑——其中5座经过修复，配备了具有历史特色的陈设，还有大约100处遗址。

巴尔默雷州立公园   游泳

（Balmorhea State Park；☎432-375-2370；www.tpwd.texas.gov；Hwy 17；成人/13岁以下儿童 $7/免费；⊙8:00～19:30或日落）这座占地46英亩的公园是得克萨斯州西部沙漠的真正绿洲，吸引人的项目有游泳、水肺潜水和浮潜。25英尺深的游泳池占地1.75英亩——美国最大的泉水游泳设施——温度全年保持在75°F（24℃）左右。公园19:30或日落关闭，不管怎样都早些前来。

🍴 食宿

本地酒类法规规定晚餐时不能点酒精饮料，但城里几乎所有地方都欢迎自带酒水，除了 Black Bear Restaurant（☎432-477-2291；www.tpwd.texas.gov；16453 Park Rd 3, Indian Lodge；早餐和午餐 $7～12；⊙周三至周日 7:00～14:00）明令禁止以外。Blue Mountain Bistro（☎432-326-3244；www.blue-mountain-bistro.com；101 Memorial Sq；主菜 $12～32；⊙周日至周二 17:00～20:00，周五和周六 至21:00，周六和周日 7:30～10:00）拥有这里唯一的酒吧。

Stone Village Tourist Camp   汽车旅馆 $

（☎432-426-3941；www.stonevillagetouristcamp.com；509 N State St；露营 房 $39，汽车旅馆 房 $78～108，套 $108；🅿️🛜❄️）这家翻新的汽车旅馆是个有趣的小地方，价格实惠。14个普通房间舒适且令人愉快。6个露营房间非常适合经济型旅行者；前身是车库，里面有水泥地、石墙、屋顶、电源、水槽，甚至Wi-Fi。唯一的问题？房间一头是屏风和遮帘，而不是墙壁。

★Indian Lodge　　　　　　　　　旅馆 $$

（☎住宿 432-426-3254，预订 512-389-8982；www.tpwd.texas.gov；Hwy 118；房 $95~125，套 $135~150；[P][❄][⚟][≋]）在戴维斯山脉州立公园里，这家具有历史特色的旅馆有39个房间，实际上本身就是独立的州立公园。20世纪30年代由平民保育团建造，它有18英寸厚的土坯墙、手工雕刻的雪松木家具，以及松木椽和檩条（装饰木条）——也就是说，使其看起来像是西南部的印第安人村庄——还有游泳池和礼品店。尽早预订。

Stone Village Market　　　市场、三明治 $

（☎432-426-2226；www.stonevillagetouristcamp.com；509 N State St；三明治 $5~6；⏱7:00~19:00；[📶]）正在为夕阳野餐寻找完美的三明治？可以来这个热情的市场，走向熟食柜台，购买大受追捧的蔓越梅杏仁鸡肉沙拉。周边市场还有许多零食和饮料，可以满足你的一餐所需。

❶ 到达和离开

没有固定的公共交通车次来往戴维斯堡或戴维斯山。你可以从埃尔帕索和圣安东尼奥乘火车或长途汽车前往附近的阿尔派（距离24英里），然后租一辆车。

最近的机场是**米德兰国际机场**（Midland International Airport；距离大约160英里）和194英里以外的**埃尔帕索国际机场**（El Paso International Airport，简称ELP；☎915-212-0330；www.elpasointernationalairport.com；6701 Convair Rd；[📶]）。

玛法（Marfa）

在尘土飞扬的小小玛法，纽约艺术圈与得克萨斯西部牛仔文化和边境巡逻队的醉酒检查相碰撞，它们在这里各行其是，似乎相安无事，并行不悖。也许正是神秘的玛法神秘之光，让这里的氛围虽然古怪离奇却并非格格不入。

建立于19世纪80年代，玛法的两大文化印记可以追溯至20世纪后半叶。它的首次亮相是罗克·赫德森（Rock Hudson）、伊丽莎白·泰勒（Elizabeth Taylor）和詹姆斯·迪恩（James Dean）1956年来到这里拍摄电影《巨人传》（*Giant*）；后来它又成为电影《血色将至》（*There Will Be Blood*）和《老无所依》（*No Country for Old Men*）的拍摄地点。

至于那些纽约客：受益于世界上最大的极简主义装置艺术品之一，玛法是艺术爱好者的朝圣地，吸引了艺术画廊、古怪的住宿选择和有趣的餐馆。美国边防巡逻队（US Border Patrol）在此设立了总部，而且近年来的扩张引人注目。

◉ 景点

★基安蒂基金会博物馆　　　　　博物馆

[Chinati Foundation Museum；☎432-729-4362；www.chinati.org；1 Calvary Row；成人/学生 完整藏品游（Full Collection Tour）$25/10，精选游（Selections Tour）$20/10；⏱导览团队游周三至周日 10:00和14:00]当你走进这间历史悠久的炮兵棚，巨大的窗户、一览无余的沙漠景色和阳光斑驳的铝箱映入眼帘，玛法的喧闹突然之间有了意义。艺术家唐纳德·贾德（Donald Judd）在曾经的军事哨所创建了这座博物馆，在这处场地和废弃的建筑中摆放

那是……? 玛法的普拉达和塔吉特

当你驾车沿双车道的公路在尘埃遍地的得克萨斯州西部行驶时，四周一片蛮荒，远处忽然出现海市蜃楼般的小型建筑。飞驰经过的时候，瞥上一眼，看到……普拉达（Prada）商店？此处被称为玛法普拉达（Prada Marfa；虽然它距离瓦伦丁更近），这件艺术装置由玛法舞厅的人创作，不卖$1700的手包，而是作为对消费主义的玩笑性质的注解吸引你的注意力。

东边，阿尔派和马拉松之间的90号公路（Hwy 90）沿线有崭新的**马拉松塔吉特**（Target Marathon；Hwy 90），2016年出现的一件游击装置艺术，似乎在跟玛法普拉达较劲。下一个呢？如果你发现了什么，请告诉我们。

了一件世界上最大的极简主义永久艺术品，凭一己之力将玛法送上了艺术世界的地图。整个地方将艺术、建筑和风景以令人叹叹和令人沉迷的方式融为一体。

玛法神秘之光观测区　　　　　观景点

(Marfa Mystery Lights Viewing Area; Hwy 90)幽灵光，神秘光……随你怎么叫。基安蒂基金会下方闪烁的玛法之光，在10多年激发了许多旅行者的想象。在很多夜晚，这神秘的光依稀就像你只是看到了远方的车头灯闪烁。去玛法以东约9英里处的90号/67号公路(Hwy 90/67)旁边的这个观测区碰碰运气吧。

玛法舞厅　　　　　　　　　　　画廊

(Ballroom Marfa; ☎432-729-3600; www.ballroommarfa.org; 108 E San Antonio St; 建议捐款 $5; ⓒ周三至周六 10:00~18:00, 周日 至15:00) 免费 玛法舞厅是非营利性质的艺术空间，位于曾经的舞厅，一定要看看这里正在进行的活动。重点是别样、有趣的项目，包括电影装置和每个月出色的音乐会。

🛏️ 住宿

★ El Cosmico　　　　　　　　露营地 $

(☎432-729-1950; www.elcosmico.com; 802 S Highland Ave; 帐篷露营位 每人 $30, 游猎帐篷 $95, 圆锥形帐篷和蒙古包 $165, 拖车房屋 $165~210; P🐾🛜) 得克萨斯州最时髦的选择之一，你可以在经过时尚改造的拖车房屋、圆锥形帐篷、游猎帐篷甚至蒙古包里就寝。并不是所有人都适合这里: 地面干燥，遍布灰尘。你可能要在室外冲淋浴。没有空调(幸好晚上很凉爽)。但你什么时候还能在舒适的圆锥形帐篷里睡觉呢？

★ Hotel St George　　　　　精品酒店 $$$

(☎432-729-3700; www.marfasaintgeorge.com; 105 S Highland Ave; 房 $260起; ❄@🛜) 在流行极简主义立方体建筑的城镇，这家酒店是我们最喜欢的。这个具有设计感的住处于2016年开业，是本地居民和基安蒂基金会成员蒂姆·克劳利(Tim Crowley)的思想结晶。细节和装修折射出一流的工艺、地区历史和源于玛法的创意，从吸引眼球的

艺术品到搬迁至此，简朴却迷人的 **Marfa Book Company** (☎432-729-3700; www.marfabookco.com; 105 S Highland Ave; ⓒ9:00~20:00)。

🍴 餐饮

Food Shark　　　　　　　　食品车 $

(www.foodsharkmarfa.com; 909 W San Antonio St; 主菜 $6~9; ⓒ周五至周日 正午至15:00) 看见贯穿城镇的主路附近那辆古老破旧的食品车了吗？如果看见了，说明Food Shark在营业。若你能赶上，就能找到相当新鲜的希腊沙拉及其特色菜Marfalafel。每日特色菜很棒，很早就会卖光。

Cochineal　　　　　　　　　美国菜 $$$

(☎432-729-3300; www.cochinealmarfa.com; 107 W San Antonio St; 小盘 $9~12, 主菜 $22~42; ⓒ17:30~22:00) 美食家挤进这家时髦却简约的小餐馆(有户外庭院)，因为这里的菜单不断变化，并使用优质的有机食材。分量很大，所以可以放心地分享几个小盘——可能是用牛腩玉米卷、牡蛎蘑菇调味饭或店里自制的鸭胸拉面——代替全套晚餐。建议你预订。

Planet Marfa　　　　　　　　酒吧

(☎432-386-5099; 200 S Abbott St; ⓒ周五和周日 14:00至午夜, 3月中旬至11月周日 至次日1:00) 这家非常时髦的露天酒吧在春假至感恩节期间的周末正式营业，浓缩了玛法风格的夜生活。夜晚通常有现场音乐，四周散落着遮雨棚以避免受到天气侵扰。如果幸运，有人会给你在圆锥形帐篷里留个位置。

ℹ️ 实用信息

玛法游客中心 (Marfa Visitors Center; ☎432-729-4772; www.visitmarfa.com; 302 S Highland Ave; ⓒ周一至周五 8:00~17:00, 周六和周日 10:00~16:00, 周末活动除外) 提供关于画廊、餐馆和本地景点的许多重要信息。餐馆宣传材料上有城内所有餐馆的具体营业时间，非常有用，尤其是准备在淡季、周一或周二前往的时候。

ℹ️ 到达和离开

玛法有机场，但除非包租飞机，否则没办法

搭乘航班。最近的商业机场在156英里以外的米德兰和190英里以外的埃尔帕索。

不过你可以搭乘灰狗巴士。**长途汽车站**（☎432-729-1992；1412 Berlin St）位于市中心以西的Berlin St。至于火车，美国国家铁路公司在附近的阿尔派（距离26英里）有线路。

阿尔派（Alpine）

密密匝匝的酒店和餐馆，还有相当友好的居民，阿尔派是探索该地区的理想大本营。坐落于戴维斯堡、玛法和马拉松的中间，阿尔派距离三座城市的车程大约都是半小时。而且它不只是地理中心，还是布鲁斯特县（Brewster County）的首府和四城中规模最大的一座，提供其他城镇没有的服务和设施。

作为该地区唯一人口超过5000的城市，这里还有本地唯一的四年制大学及唯一的现代化医院。另外，它还是交通中心，市中心的中央有美国国家铁路公司火车站和灰狗巴士站。

穿过市中心的90号公路分成两条单行道。Avenue E向西延伸，而Holland Ave则是东向车道。

◉ 景点

大弯博物馆 博物馆

（Museum of the Big Bend；☎432-837-8143；www.museumofthebigbend.com；400 N Harrison St；接受捐赠；◉周二至周六9:00~17:00，周日13:00~17:00）**免费** 在苏尔罗斯州立大学（Sul Ross State University）校园内，这座小博物馆是个探究历史的好地方，有关于海底化石（1亿3500万年前，大弯地区被温暖的浅海覆盖）、美洲原住民象形文字、西班牙传教士、墨西哥拓荒者、奋牛战士（buffalo soldiers；内战中非裔美国士兵的绰号）——当然——以及牛仔和一辆全尺寸篷车的展览。

汉考克山 观景点

（Hancock Hill；E Ave B）苏尔罗斯州立大学后面，一条小道向上通往汉考克山遍布灰尘的山坡。这里可以看到美景和一些古怪的器物——包括1981年大学生拉来的几张破旧书桌。想到达这里，上山抵达第一处石堆，沿着小道往右走；步行大约20分钟。想要了解更多信息和方向，可以登录www.sulross.edu/page/1077/desk。

🛏 食宿

Antelope Lodge 小屋 $

（☎432-837-2451；www.antelopelodge.com；2310 W Hwy 90；标单$53~75，双$58~80，套$105~130；P✶@🐾）从名字看，你会觉得它是狩猎小屋，但这里和狩猎小屋完全不一样。质朴的灰泥村舍有西班牙瓷砖的屋顶——每座都有两间客房——散落在一片有树荫的草坪周围。氛围悠闲宜人，房间有小厨房。

向懂得地质学的老板打听一下她的**岩石寻觅导览游**（☎432-837-2451；www.terismithrockhunts.com）。

★ **Holland Hotel** 历史酒店 $$

（☎432-837-2800；www.thehollandhoteltexas.com；209 W Holland Ave；房$150~225，套$170~250；☺✶@🐾）建于1928年，这栋西班牙殖民风格的建筑被改造得很漂亮；布置高雅的房间里有木雕家具、西式艺术品和时髦的现代卫生间。大厅内有填充皮椅和木梁天花板；这个地方很有品位，适合放松。这里还有一家附属的高档好餐馆Century Bar & Grill。独自旅行者预算有限？可以试试小小的"Nina's Room"（$95）。

Alicia's Burrito Place 墨西哥菜 $

（☎432-837-2802；708 E Gallego Ave；主菜$5~12；◉周一9:00~15:00，周二至周日8:00~15:00）Alicia's凭借上菜很快及热气腾腾的早餐墨西哥卷闻名：鸡蛋、培根等卷饼，可以拿在手里的便携一餐——据说在他们那个时代是治疗宿醉的。墨西哥奶酪汉堡同样最受欢迎。提供免下车服务。只收现金。

Reata 牛排 $$

（☎432-837-9232；www.reata.net；203 N 5th St；午餐$10~15，晚餐$13~40；◉周一至周六11:30~14:00和17:00~22:00）以电影《巨人传》里的农场名称命名，Reata营造出一种高端的农场式魅力——至少是在前面的餐厅，那里是认真的食客会去的地方。回到热闹的酒吧区或者进入绿树成荫的天井,气氛截然不同,你可以在那里随意品尝菜单里的菜式,享用玛格丽特酒。

🍷 饮品和娱乐

Big Bend Brewing Co 自酿酒吧

(☎432-837-3700; www.bigbendbrewing.com; 3401 W Hwy 90; ⏰酒吧 周三至周六16:00~18:00,周六13:00~18:00)位于城镇郊区的这家自酿酒吧非常简单,但室内外都有野餐桌,酒客们四下闲聊,西部风景一马平川,你很难意识到装饰的不足。旗舰产品Tejas拉格啤酒容易入口,可以为你史诗般的下午来一个华丽的结尾。

Railroad Blues 现场音乐

(☎432-837-3103; www.railroadblues.com; 504 W Holland Ave; ⏰周一至周六16:00至次日2:00)这里是阿尔派欣赏现场音乐的地方,也是大弯乡村啤酒种类最多的地方。这家夜店的音乐人名单令人印象深刻,有时还会请来奥斯汀的乐队西行巡演。如果你只想友好地谈谈话,可以在欢乐时光(16:00~19:00)的时候前来。

ℹ️ 实用信息

阿尔派商会(Alpine Chamber of Commerce; ☎432-837-2326; www.alpinetexas.com; 106 N 3rd St; ⏰周一至周五9:00~17:00,周六至14:00)提供《历史步行游》(*Historic Walking Tour*)小册子,主推市中心地区的44个地点。

ℹ️ 到达和离开

该地区没有固定班次的航班,但阿尔派位于城镇北部118号公路沿线的机场可以提供包机航班。

灰狗巴士(☎432-837-5497; www.greyhound.com; KCS Quick Stop, 2305 E Hwy 90; ⏰6:00~22:00)提供往返埃尔帕索和圣安东尼奥的长途汽车线路,在斯托克堡(Fort Stockton)换乘。可以在网上或长途汽车靠站的便利店购票。

可以在**Alpine Auto Rental**(☎432-837-3463; www.alpineautorental.com; 2501 E Hwy 90; ⏰周一至周六8:00~18:00)租车。

美国国家铁路公司的得克萨斯之鹰号和日落号在**火车站**(☎800-872-7245; www.amtrak.com; 102 W Holland Ave)停车。车辆经常晚点,所以出发前致电美国国家铁路公司非常重要。可以查看网站了解价格和时刻表。

埃尔帕索(El Paso)

埃尔帕索找到了自己耍酷的方式。长期被视作沉寂的西部城镇(得克萨斯州最西的地方),埃尔帕索被危险的华雷斯(Ciudad Juarez; 就在格兰德河上方)夺走头条并被新墨西哥州抢走游客的时候一直忍气吞声。但是这都过去了。

市中心开了一家豪华的新酒店,吸引当地人返回市中心交际和用餐。连接市中心和得克萨斯大学埃尔帕索分校(UTEP)的有轨电车线路正在修建。西边新的娱乐和居住区蒙特西洛(Montecillo)正在变得繁荣起来。这座城市甚至有了新的棒球队,埃尔帕索奇瓦瓦队(El Paso Chihuahuas)。还有关于酷的终极大招吗?这座城市的第一家自酿酒吧于2015年开业。

户外爱好者来到这里:美国最大的城市公园有骑车和徒步小径,附近的威克水槽州立历史公园(Hueco Tanks State Historical Park; 见830页)非常适合冬季攀岩。更喜欢室内运动?这座城市的一流博物馆是免费的。最好的还是本地人的好客,那让这座人口将近700,000的城市感觉并没有那么大。

👁 景点和活动

埃尔帕索面积达到240平方英里,但大部分空间被布利斯堡(Fort Bliss)和庞大的富兰克林山州立公园(Franklin Mountains State Park)占据。富兰克林山将这座城市分为东西两侧,市中心则位于山南,10号州际公路(I-10)是直达干线。市中心以南是格兰德河,而河对面就是墨西哥的华雷斯。

★ **埃尔帕索艺术博物馆** 博物馆

(El Paso Museum of Art; ☎915-212-0300; www.elpasoartmuseum.org; 1 Arts Festival Plaza; ⏰周二至周六9:00~17:00,周四至21:00,周日正午至17:00)**免费** 这座令人十分愉快的博物馆曾是灰狗车站。虽然他们本想夸耀自己的

意大利美术作品《圣母和圣婴》(Madonna and Child),但西南部的艺术品很棒,引人入胜的现代艺术品恰到好处地为展览圆满收场。能看到所有这些,而且都免费!干得漂亮,埃尔帕索,非常好。

埃尔帕索大屠杀博物馆　　博物馆

(El Paso Holocaust Museum; ☎915-351-0048; www.elpasoholocaustmuseum.org; 715 N Oregon St; ⊙周二至周五 9:00~17:00,周六和周日 13:00~17:00) **免费** 在以西班牙风格为主的城镇内,它似乎有点不协调,但大屠杀博物馆内外同样令人惊奇,展览发人深省,令人感动,利用富有想象力的布展,追求最大化的观展体验。

富兰克林山州立公园　　公园

[Franklin Mountains State Park; ☎915-566-6441; www.tpwd.texas.gov; 1331 McKelligon Canyon Rd; 成人/13岁以下儿童 $5/免费; ⊙游客中心 周一至周五 8:00~16:00,汤姆梅区域(Tom Mays Unit)5月至9月中旬 8:00~17:00,4月至9月中旬 周一至周五 8:00~17:00,周六和周日 6:30~20:00]占地超过24,000英亩,它是美国最大的城市公园。可以迅速离开城市,前往浣熊、土狼以及无数其他小动物和爬行动物的栖息地。这里还有出色的山地自行车线路和徒步地点。**北富兰克林山峰**(North Franklin Peak; 海拔7192英尺)在头上若隐若现。

依斯雷达教堂　　历史建筑

(Mission Ysleta; ☎915-859-9848; www.ysletamission.org; 131 S Zaragoza Rd; ⊙周一至周六 7:00~16:00) **免费** 这里的教区是该州最古老且始终活跃的地方教会,可以追溯至1680年。它是为西班牙难民和普韦布洛印第安起义以后逃离新墨西哥州的蒂瓜印第安人修建。此处的原教堂由蒂瓜部落建于1682年;你现在看到的风干砖坯教堂则建于19世纪中叶。银圆形钟楼是几十年后加建的。

Wyler Aerial Tramway　　缆车、观景点

(☎915-566-6622; www.tpwd.texas.gov; 1700 McKinley Ave; 成人/13岁以下儿童 $8/4; ⊙周五和周六 正午至19:00,周日 10:00~17:00) 是的,如果你徒步到富兰克林山的山顶,就会生出一种成就感。我们不建议你(真的吗?)采取轻省的做法,不过乘坐这种缆车登顶仅需4分钟左右。滑行2600英尺,海拔升高940英尺,你就能到达兰杰峰(Ranger Peak; 海拔5632英尺)顶端的观景台。在那里,你可以欣赏得克萨斯州、新墨西哥州和墨西哥的壮观景色。

边界巡逻警察博物馆　　博物馆

(National Border Patrol Museum; ☎915-759-6060; www.borderpatrolmuseum.com; 4315 Transmountain Rd; ⊙周二至周六 9:00~17:00) **免费** 这座小型博物馆信息量丰富,主题是美国边界巡逻警察的历史和活动;这支警察队伍创建于1924年,即国会通过《国家起源法案》(National Origins Act)之后的第三天,该法律将根据来源国配额严格限制移民。藏品包括穿越边境和躲避抓捕的装备和车辆,从梯子到船只,再到机动滑翔翼,妙趣横生。

🛏 食宿

Gardner Hotel　　酒店、青年旅舍 $

(☎915-532-3661; www.gardnerhotel.com; 311 E Franklin Ave; 房 $63~70; 🏠) 埃尔帕索持续经营的最古老的酒店,2016年经过《旅馆面面观》(Hotel Impossible)节目的改造以后,重新焕发出时尚的气息。但历史爱好者不用担心,自从20世纪30年代约翰·迪林杰(John Dillinger)在这里住过之后,此地可能就没怎么变过(提示:221号房间就是那名亡命之徒住过的)。

Hotel Indigo　　精品酒店 $$

(☎915-532-5200; www.ihg.com; 325 N Kansas St; 房 $196起; 🅿✳@🛜🏊🐾) 埃尔帕索市中心开了个好头的部分原因就是这家2016年开业的酒店。从年轻的商务旅行者到在光鲜酒吧啜饮鸡尾酒的本地人,Indigo本身已经成为旅行的目的地。现代、迷人的房间位于5层以上,5层有大厅、酒吧和游泳池,视野开阔。

★L&J Cafe　　墨西哥菜 $

(☎915-566-8418; www.landjcafe.com; 3622 E Missouri Ave; 主菜 $8~11; ⊙周日至周三 9:00~21:00,周四至周六 至22:00)埃尔帕索最受喜爱的墨西哥小餐馆之一,L&J提供美味

的玉米卷、法士达(fajitas;肉丝蔬菜玉米卷饼)和著名的尖椒鸡肉玉米卷饼,周末还有具有传奇色彩的墨西哥香辣汤(炖牛肚)。位于具有历史特色的康科迪亚公墓(Concordia Cemetery)旁边,乍一看有点廉价。不要被吓退:它从1927年就开始营业,内部更加吸引人。

★ Crave Kitchen & Bar 美国菜 $$

(☎915-351-3677; www.cravekitchenandbar. com; 300 Cincinnati Ave; 早餐主菜 $8~18, 午餐和晚餐 $9~28; ◎周一至周六 7:00~23:00, 周日 至18:00)风格可获得额外加分——从酷酷的标志到天花板上垂下的餐具——这家时髦的小餐馆提供富有创意的爽心食品:尖椒奶酪通心粉、多汁的汉堡搭配红薯华夫格子饼,以及奢华的早餐。菜单上还有许多自酿啤酒选择。城里各处还有几家店,包括东区的一家店(☎915-594-7971; 11990 Rojas Dr; 早餐主菜 $8~18, 午餐和晚餐 $9~28; ◎周一至周六 7:00~23:00, 周日 至18:00)。

Green Ingredient 素食 $$

(☎915-298-1010; www.greeningredienteatery.com; 201 E Main St; 早餐和午餐主菜 $7~19,

> **另辟蹊径**
>
> **威克水槽州立公园和历史遗址**
>
> 埃尔帕索以东约32英里处是占地860英亩的**威克水槽州立公园和历史遗址**(Hueco Tanks State Park & Historical Site; ☎公园 915-857-1135, 预约 512-389-8911; www.tpwd.texas.gov; 6900 Hueco Tanks Rd No 1/FM 2775; 成人/13岁以下儿童 $7/免费; ◎5月至9月 周一至周四 8:00~18:00, 周五至周日 7:00~19:00, 10月至次年4月 8:00~18:00),园区有三座遍布凹坑的花岗岩小山("hueco"即西班牙语的"坑洞"),坑内积满雨水,成为荒凉沙漠中的一片绿洲。该地区在长达10,000年的时间里一直吸引着人类,遗址内发现的碎裂石矛头就是证明。公园员工估计这里有2000多个岩画,有的可以追溯至5000年前。

晚餐 $9~19; ◎周一至周四 8:00~16:00, 周五至20:00)没错,你竟然能在牛仔和牛肉的土地上找到出色的严格素食和素食。只需走进市中心银行大厦的深处就能找到。踏入这个通风的小地方,早餐可以吃薄煎饼和煎蛋饼,午餐可以吃沙拉和三明治,全天都有冰沙。

★ Cattleman's Steakhouse 牛排 $$$

(☎915-544-3200; www.cattlemansranch. com; Indian Cliffs Ranch; 主菜 $30~50; ◎周一至周五 17:00~22:00, 周六 12:30~22:00, 周日 12:30~21:00; ♠)这个地方在城市以东20英里处,不过当地人很可能驾车200英里来此就餐——食物不错,风景更好。分量很大,只需要加$6就可以分享一份主菜并获得全套家庭式配菜。

🍷 饮品和娱乐

★ Hillside Coffee & Donut 咖啡

(☎915-474-3453; www.facebook.com/HillsideCoffee; 4935 N Mesa St; ◎周日至周三 6:00~22:00, 周四至周六 至午夜)我们不知道推荐这个地方的理由是冰咖啡、美味的甜甜圈还是热情的服务。如果三个都是呢?如果你来到埃尔帕索西部,而且需要来点儿提神的——咖啡因、糖或者欢快喧闹的地方——可以在此驻足。咖啡师乐于助人的友好差点儿让我们动容落泪,就好像我们遇见了下凡的独角兽之类的神灵。

Ode Brewing Co 自酿啤酒

(☎915-351-4377; www.odebrewingco.com; 3233 N Mesa St; ◎周日至周三 11:00~23:00, 周四至周六 至午夜)自酿啤酒在埃尔帕索一直不温不火,但随着本市前三家自酿酒吧的开业——全部从2015年开始——我们敢说,这一行火了。或者说是恰到好处地焖烧?Ode是第一家,一直以其容易入口的麦芽酒和拉格啤酒吸引酒客。露台也是超级棒。

Briar Patch/Hyde Patio Bar 男同性恋酒吧

(☎915-577-9555; www.facebook.com/BriaratHyde; 508 N Stanton St; ◎14:00至次日2:00)你可以在这个地方填满日程:冷知识周一(Trivia Mondays)、卡拉OK周二

（Karaoke Tuesdays）、拉丁文周四（Latin Thursdays）等。不要错过后院：那里是个不错的轻松之所。

McKelligon Canyon Amphitheater
现场表演

（McKelligon Canyon Rd）6月至8月，周五和周六夜间，还有一些周日，这里有Viva El Paso!（☎915-231-1165；www.viva-ep.org）音乐演出。

Abraham Chávez Theatre
剧院

（☎915-534-0609；www.elpasolive.com；1 Civic Center Plaza）宽边帽形状的Abraham Chávez Theatre为埃尔帕索大部分主要演出组织提供场地——包括埃尔帕索交响乐团（El Paso Symphony Orchestra，☎915-532-3776；www.epso.org）、Showtime! El Paso（☎915-544-2022；www.showtimeelpaso.com）和El Paso Opera Company（☎915-581-5534；www.epopera.org）——还有许多音乐会和戏剧巡演。

❶ 实用信息

埃尔帕索游客中心（El Paso Visitors Center；☎915-534-0661；www.visitelpaso.com；400 W San Antonio St；◯周一至周五 9:00~16:00，周六 至14:00）

富兰克林山州立公园游客中心（Franklin Mountains State Park Visitor Center；☎915-566-6441；www.tpwd.texas.gov；1331 McKelligon Canyon Rd；◯8:00~16:00）

米申谷游客信息中心（Mission Valley Visitors Information Center；http://visitelpasomissiontrail.com；9065 Alameda Ave；◯周一至周五 9:00~16:00，周六和周日 至15:00；☎）该网站提供米申小径（Mission Trail）的历史和圣埃利萨里奥（San Elizario）自助步行游。

❶ 危险和麻烦

埃尔帕索是美国同等规模城市中最安全的，部分原因是致力于取缔非法移民的"守住边界线行动"（Operation Hold the Line）。格兰德河的埃尔帕索一侧，绿白相间的边境巡逻车辆清晰可见，警察的存在顺带发挥了控制犯罪的作用。

翻越边境进入墨西哥则是另一回事。缉毒战的结果是，埃尔帕索成为最安全的城市之一，而华雷斯则因为可怕的暴力现象——有些是随机的——成为最危险的城市之一。

❶ 到达和离开

埃尔帕索国际机场（El Paso International Airport，简称ELP；☎915-212-0330；www.elpasointernationalairport.com；6701 Convair Rd；☎）位于埃尔帕索市中心东北8英里处。可以乘坐公共汽车、出租车和班车到达。

西南航空是埃尔帕索国际机场最大的航空公司。其他航空公司还有美国航空、达美航空、联合航空和忠实航空。

灰狗巴士（☎915-532-5095；www.greyhound.com；200 W San Antonio Ave）的终点站距离市中心4个街区。

你可以在联合车站（Union Depot；☎800-872-7245；www.amtrak.com；700 W San Francisco Ave）乘坐美国国家铁路公司的得克萨斯之鹰号——从洛杉矶开往芝加哥，经停圣安东尼奥、奥斯汀和达拉斯，还有日落号——从洛杉矶开往新奥尔良，经停圣安东尼奥和休斯敦。票价和时刻表，可以查看网站。

瓜达卢佩山国家公园（Guadalupe Mountains National Park）

虽然我们不至于将其称为得克萨斯州最不为人知的秘密，但就连很多得克萨斯人都不知道瓜达卢佩山国家公园（☎915-828-3251；www.nps.gov/gumo；US Hwy 62/180；7日通票 成人/16岁以下儿童 $5/免费；◯游客中心 8:00~16:30）。位于得克萨斯州—新墨西哥州界线一侧，实际上从该州各个地方驾车前往那里都很远。

尽管名气不高，但它是得克萨斯州的一处高地，无论是从实际意义还是象征意义的角度来说。高达8749英尺的瓜达卢佩山是孤星之州的最高点。麦基特里克峡谷（McKittrick Canyon）的高山植物是得克萨斯州西部最好的，公园的一大半区域已被联邦政府设定为自然保护区。

国家公园管理局慎重地控制开发项目以保护公园的原生态。这里没有餐馆和室内住宿，只有零星的服务和项目（所以提前计划，加满油箱，装满便携式冰箱）。公园内没有铺好的道路，所以不管你想看什么，都得步行前往。但徒步线路和高海拔地区的壮丽景色绝对一流。

夏季夜晚，Pine Springs露营地的圆形露天剧场将举办讲解活动，春季每周有几次。主题取决于公园管理员的兴趣，基本上包括观星、地质等各种内容。

❶ 实用信息

派恩斯普林斯游客中心（Pine Springs Visitor Center; ☎915-828-3251; www.nps.gov/gumo; ⏱8:00~16:30）提供信息、卫生间和饮用水。你还可以在麦基特里克峡谷找到水、卫生间和户外展览；多格峡谷护林站（Dog Canyon Ranger Station）提供信息、卫生间和水。

游览以前，你还可以登录公园网站下载公园地图。

❶ 到达和离开

瓜达卢佩山国家公园位于埃尔帕索以东110英里和新墨西哥州卡尔斯巴德西南55英里处的Hwy 62/180沿线。最近的加油站在62/180号公路（Hwy 62/180）方向的35英里处，最近的服务设施在新墨西哥州的怀特城（Whites City），从公园入口经62/180号公路向东北方向行驶45分钟即可到达。

落基山脉

包括 ➡

科罗拉多州	837
丹佛	837
博尔德	847
怀俄明州	875
夏延	876
黄石国家公园	884
大蒂顿国家公园	889
冰川国家公园	900
爱达荷州	903

最佳就餐

- Root Down（见843页）
- Loula's（见900页）
- Sweet Melissa's（见877页）
- Acorn（见842页）
- Frasca（见850页）

最佳住宿

- Curtis（见842页）
- Nagle Warren Mansion Bed & Breakfast（见876页）
- Old Faithful Inn（见888页）
- Crawford Hotel（见842页）
- Chautauqua Lodge & Cottages（见849页）

为何去

冒险始终是美国的特色。原先在落基山脉狩猎的原住民部落几乎不复存在。大多数白人移民将这座山脉视作拦路石，而不是目的地。只有少数粗犷坚毅的人才会投身荒野，探索隐蔽的山谷和高耸的山峰——有的人再也没有回来。

的确，文明社会分布于今日的落基山脉。而且确实，现代的探险家在自酿啤酒和有机汉堡的陪伴下悠然出游。但这片土地远未被人类所驯服，壮阔的山脉依然野性十足，这主要归功于美国英明的公共土地制度。

你可能对下列大名鼎鼎的景点比较熟悉：黄石国家公园、落基山国家公园、大蒂顿国家公园和冰川国家公园，不过科罗拉多州、怀俄明州、蒙大拿州和爱达荷州有一半以上的面积都是国家森林、保护区和休闲区域，面向所有人开放。欢迎来到美国的游乐场，这里依然有许多蛮荒原野等着你去"撒野"。

何时去

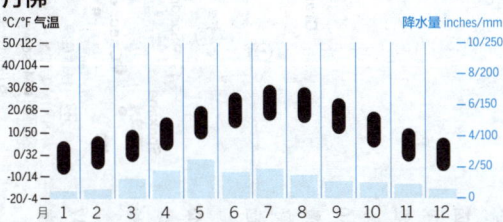

丹佛

6月至8月 长时间的日照适合骑车、徒步、逛农贸市场和参加夏季节庆。

9月和10月 住宿价格理想，游客更少，正好可以欣赏秋天的落叶。

1月至3月 享受白雪皑皑的山峰、粉雪覆盖的山坡以及豪华的滑雪后派对。

落基山脉亮点

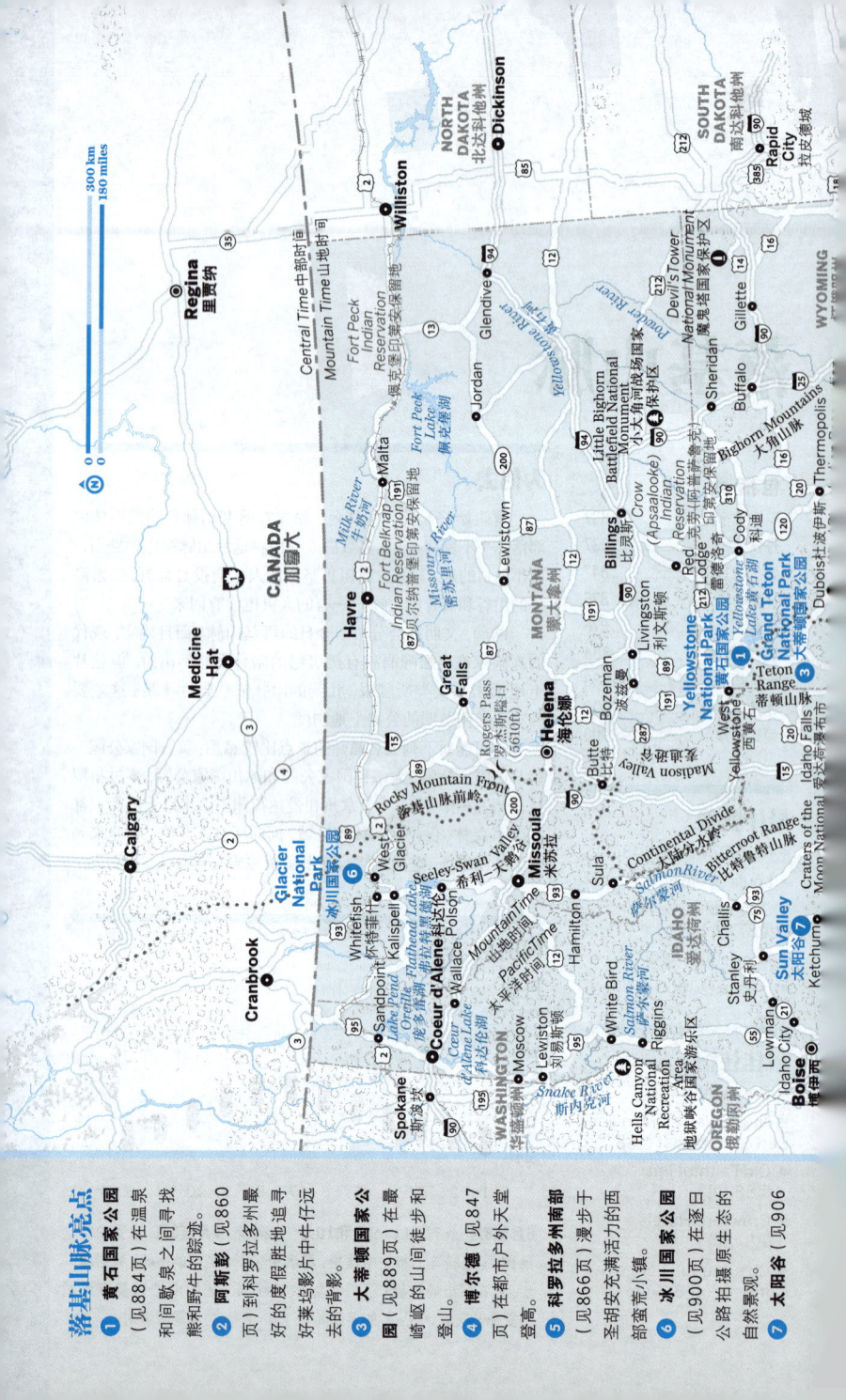

1. **黄石国家公园**（见884页）在温泉和间歇泉之间寻找熊和野牛的踪迹。

2. **阿斯彭**（见860页）到科罗拉多州最好的度假胜地追寻好莱坞影片中牛仔远去的背影。

3. **大蒂顿国家公园**（见889页）在崎岖的山间徒步和登山。

4. **博尔德**（见847页）在首都市外欢乐登顶。

5. **科罗拉多州南部**（见866页）漫步于圣胡安充满活力的西部蛮荒小镇。

6. **冰川国家公园**（见900页）在逐日公路上拍摄原生态的自然奇观。

7. **太阳谷**（见906页）

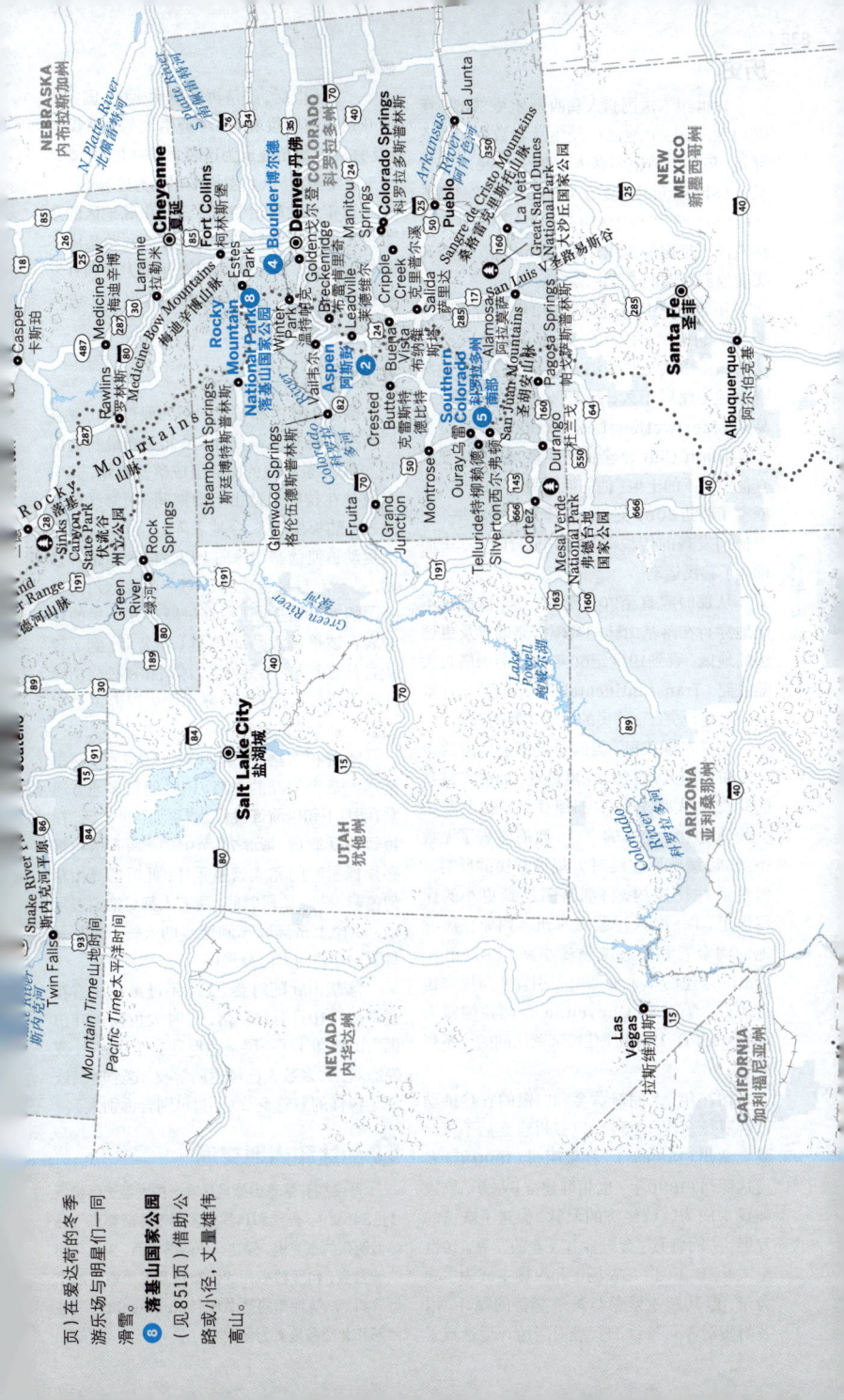

页)在要达荷州的冬季游乐场与明星们一同滑雪。

⑧ 落基山国家公园
(见851页)借助公路或小径，大量雄伟高山。

历史

18世纪末法国猎人和西班牙人"发现"落基山脉时,这个地区已经生活着数个印第安部落,包括内兹佩尔塞人(Nez Percé)、肖肖尼人(Shoshone)、克劳人(Crow)、拉科塔人(Lakota)和犹他人(Ute)。这一事实并未延缓欧洲人征服的步伐,列强开始占领、争夺和买卖他们所谓的"无主"之地。

年轻的美国政府于1803年通过《路易斯安那购地案》(*Louisiana Purchase*),从法国手中买下北美洲大陆分水岭以东的所有土地。此后不久,政府派遣梅里韦瑟·刘易斯(Meriwether Lewis)和威廉·克拉克(William Clark)全面考察该地区,详细调查他们买下的土地。他们耗时两年半的时间,勘察了将近8000英里,不啻为一次壮举。关于他们发现的传说激励了其他冒险家,进而催生了移民运动。

从那时起直至20世纪初,马车队绵延不绝地穿行在落基山脉的崎岖山路间以及更遥远的地区,直到19世纪60年代末美国横贯大陆铁路(Transcontinental Railroad)南怀俄明段的建设完工,移民的进程才暂时放缓。

为了安顿移民,美国对西部边境的西班牙人和英国人进行大规模逼迁,而受害最甚的是此地大部分的美洲原住民,这无疑是美国历史上不光彩的一页。政府签署了无数条约,以缓解原住民对大规模移民的反对,但最后往往违约,将部落驱赶到更小的保留地上。而后,入侵蒙大拿州境内原住民领地的淘金者和沿着波兹曼小路(Bozeman Trail)修建的军事要塞终于引发了当局与拉科塔人、夏延人(Cheyenne)、阿拉帕霍人(Arapaho)及其他原住民部落之间的一系列战争。

1876年,人们对黄金和白银的狂热推动了科罗拉多建州。科罗拉多州建立后不久,蒙大拿州(1889年)、怀俄明州(1890年)和爱达荷州(1890年)也相继建立。采矿、放牧和伐木成为区域经济的命脉,促进了城镇的发展,进而刺激了金融业和工业的发展。19世纪末叶,矿工、白人农场主和牧场主成为主导力量,但其产业繁荣与萧条交替的循环,以及对资源不可持续的管理对当地环境造成了破坏。

"二战"后,经济再度焕发生机,国家公园开始吸引度假者们,声势浩大的自然保护运动兴起。旅游业成为这四个州的主导产业,军工业紧随其后(科罗拉多州尤为显著)。

近年来的政治变化让落基山脉地区的众多保护区处于危险的境地。特殊利益集团不断游说议员,要求加大资源开采力度和开发联邦土地,那可能会导致公众再也无法进入那些地方。

土地和气候

落基山脉由加拿大的不列颠哥伦比亚省向新墨西哥州北部延伸,是北美洲最长的山脉。100多条独立的山脉组成落基山脉,其中多数是在拉勒米造山运动期间,因海洋地壳插入大陆板块下方,令地表隆起抬升而成。这次运动迫使落基山脉向上以及向侧面抬升移动,甚至对自身造成冲击——就像冰川国家公园的刘易斯逆断层,那里厚达几英里的较老岩石被推行大约50英里(80公里)到了较新岩石的上方。久而久之,冰川和侵蚀将山峰冲刷成为如今的模样,露出的岩层诉说着它们漫长而混沌的过往。

随着积雪融化、落叶树开始发芽,春季基本上是个泥泞的季节。山区的很多地方通常在6月下旬以前都没什么"夏天"的气息。在短暂的夏季(一般是7月至9月),所有植物都必须抓紧时间完成繁殖重任,此时的高山草甸色彩纷呈。这段时间,所有人都尽情消遣玩乐,小径上挤满骑车和徒步的人——尤其是科罗拉多州的大部分地区。

落基山脉随时会下雪,不过第一片雪花通常会在10月上旬飘落,那时大齿杨树叶仿佛为山坡盖上了一层金色厚毯。白天温暖,夜晚凉爽,大多数人已经返回学校。这个时候或许是最佳的游览季节(不过可别告诉别人)。

❶ 到达和当地交通

丹佛拥有落基山脉地区唯一的大型国际机场(见846页)。丹佛和科罗拉多斯普林斯都有飞往怀俄明州的杰克逊、爱达荷州的博伊西、蒙大拿州的波兹曼、科罗拉多州的阿斯彭及其他地方的小型飞机。从犹他州的盐湖城(Salt Lake City)飞往西部和北部各地更为便利。

美国国铁（Amtrak; www.amtrak.com）有两条列车线路经过该地区。加州和风号（California Zephyr）每天往返于加利福尼亚州的爱莫利维尔和伊利诺伊州的芝加哥之间，在科罗拉多州停靠丹佛、弗雷泽冬季公园、格伦伍德斯普林斯和大章克申等6处。帝国建设者号（Empire Builder）每天从华盛顿州的西雅图和俄勒冈州的波特兰往返于伊利诺伊州的芝加哥之间，在蒙大拿州有12个停靠点（包括怀特菲什以及冰川国家公园东部和西部），此外在爱达荷州桑德波因特有1个停靠点。

灰狗巴士（☎214-849-8100; www.greyhound.com）经过落基山脉的部分地区，但如果真要外出探索，你需要一辆车。

科罗拉多州（COLORADO）

壮观的景色、望不见尽头的粉雪滑道，以及仿佛重现了西部时代的山城——科罗拉多州一直在召唤人们前去探险。

ⓘ 实用信息

科罗拉多州土地管理局（Bureau of Land Management Colorado, 简称BLM; ☎800-877-8339, 303-239-3600; www.co.blm.gov; 2850 Youngfield St, Lakewood; ◉周一至周五 8:30~16:00; ☒28）提供关于历史遗址、小径等的信息。

Camping USA（www.camping-usa.com）资料丰富，数据库中有12,000多处露营地信息。

科罗拉多公园和野生动物委员会（Colorado Parks & Wildlife, 简称CPW; ☎800-678-2267, 303-470-1144; www.cpw.state.co.us; 1313 Sherman St, Denver; ◉周一至周五 8:00~17:00）管理42座州立公园和超过300处野生动物保护区；接受露营预订。

科罗拉多公路和交通路况（Colorado Road & Traffic Conditions; ☎511; www.codot.gov; ◉24小时）提供关于科罗拉多州公路和交通路况的最新信息，包括自行车骑行地图。

科罗拉多州旅游观光（Colorado Travel & Tourism Authority; ☎800-265-6723; www.colorado.com）提供关于全州景点、活动及其他方面的详细信息。

丹佛（Denver）

作为城市中心，丹佛走过了漫漫长路。当然，沿着第16街购物中心（16th St Mall）漫步，你还是能看见一两个戴牛仔帽的人，但如今这座西部山区的国际化首府在美食和艺术领域越发受人喜爱，还有许许多多自酿酒吧、绝佳的公园和自行车道，同时邻近落基山脉精彩纷呈的徒步、滑雪和露营活动。

得益于市中心区域的再城市化，丹佛现在拥有名副其实、风格独特的街区——河北岸（River North, 简称RiNo）汇聚了时尚酒吧和醒目的街头艺术，下高地（Lower Highlands, 简称LoHi）和南百老汇（South Broadway）拥有出色餐馆和现场音乐，樱桃溪（Cherry Creek）名流聚集，下城区（Lower Downtown, 简称LoDo）高档餐馆和鸡尾酒吧云集，金三角（Golden Triangle）和圣菲（Santa Fe）则艺术场所、剧院和博物馆林立。总的来说，任何人都能在这儿找到适合自

科罗拉多州概况

别称 百年之州

人口 5,500,000

面积 104,185 平方英里

首府 丹佛（人口 693,100）

其他城市 博尔德（人口 97,385），科罗拉多斯普林斯（人口 445,830）

消费税 2.9%的州税，加上各地城市税

诞生于此的名人 犹他（Ute）部落首领乌雷（Ouray; 1833~1880年）、南公园（South Park）创建者特雷·帕克（Trey Parker; 1969年生）、演员艾米·亚当斯（Amy Adams; 1974年生）、登山家汤米·考德威尔（Tommy Caldwell; 1978年生）

海拔超过14,000英尺的山峰 53、54或58（取决于由谁测算）

政治 摇摆状态

著名之处 晴天（每年300天）、海拔最高的葡萄园、美国本土最长的滑雪道

热门纪念品 鹿蹄开瓶器

驾驶距离 丹佛至韦尔100英里，博尔德到落基山国家公园38英里

落基山脉

丹佛

己的街区和氛围。

👁 景点和活动

★ 丹佛艺术博物馆 博物馆

（Denver Art Museum，简称DAM；见840页地图；☏票务 720-865-5000；www.denverartmuseum.org；100 W 14th Ave；成人/儿童 $13/免费，每月的第1个周六免费；◎周二至周四、周六和周日 10:00~17:00，周五 至20:00；🅿🚻；🚌0、52）丹佛艺术博物馆是美国最大的美洲原住民艺术品收藏馆之一，并提供特别的多媒体展览，内容从英国艺术瑰宝到《星球大战》(Star Wars)的戏服等，不一而足。其永久藏品中的美国西部艺术系列十分有名。这不是一个陈旧乏味的地方，最棒的部分是其中的互动式展览，你可以完全沉浸其中。这也是孩子们最喜爱的部分。

★ 汇流公园 公园

（Confluence Park；见840页地图；2200 15th St；🚻；🚌10、28、32、44）公园位于樱桃溪和南佩雷特河（South Platte River）的交界处，是丹佛"热爱阳光文化"的汇集地。这是午后野餐的好去处，公园里面还有一个供皮划艇和轮胎漂流者进行短程激浪漂流的去处。一家大小还可以好好地在小沙滩和浅水区玩耍。

★ 克莱福特·斯蒂尔博物馆 博物馆

（Clyfford Still Museum；见840页地图；☏720-354-4880；www.clyffordstillmuseum.org；1250 Bannock St；成人/儿童 $10/免费；◎周二至周四、周六和周日 10:00~17:00，周五 10:00~20:00；🚌0、52）这座迷人的博物馆只专注于收藏20世纪美国抽象表现主义画家克莱福特·斯蒂尔（Clyfford Still）的作品和遗物，馆藏包括这位充满力量和自恋的大师逾2400幅大胆的画作，占其全部作品的95%。斯蒂尔在遗嘱中坚持其作品主体只在单一空间展出，因此丹佛为他建立了一座博物馆。整个星期都提供免费团队游；登录网站可查看日期和时间。

科罗拉多历史中心 博物馆

（History Colorado Center；见840页地图；☏303-447-8679；www.historycoloradocenter.org；1200 Broadway；成人/儿童 $12/8；◎10:00~17:00；🅿🚻；🚌0、10）这座犀利、智能而迷人的博物馆能让人体验到科罗拉多的开拓性本质和现代高科技成果。这里也有许多互动展，包括儒勒·凡尔纳（Jules Verne）的"时间机器"，让你走入巨大的科罗拉多地图，探索科罗拉多州百年历史中的开创性时刻。博物馆定期组织儿童听故事活动和低感知晨间活动，均安排在开馆前进行。

★ 布莱尔-考德威尔
非裔美国人博物馆 博物馆

（Blair-Caldwell African American Museum；见840页地图；☏720-865-2401；https://history.denverlibrary.org/blair；2401 Welton St, 3rd fl；◎周一和周三 正午至20:00，周二、周四和周五 10:00~18:00，周六 9:00~17:00；🅿🚻；🚌43、D）**免费** 这座多媒体博物馆坐落于一家公共图书馆的三层，提供关于落基山脉非裔美国人历史的精彩概述，包括他们的迁徙和定居，以及所受到的歧视和取得的成就。关于丹佛首位非裔美国市长惠林顿·韦布（Wellington Webb）及丹佛历史悠久的黑人街区"五点区"（Five Points）的展览尤其引人入胜。

丹佛自然科学博物馆 博物馆

（Denver Museum of Nature & Science，简称DMNS；☏303-370-6000；www.dmns.org；2001 Colorado Blvd；成人/儿童 博物馆 $17/12，IMAX $10/8，天文馆 $5/4；◎9:00~17:00；🅿🚻；🚌20、32、40）丹佛自然科学博物馆是一座经典的自然科学博物馆，拥有很好的短期展览，主题包括昆虫的生物力学、庞贝古城和神话中的生物等。长期展览同样引人入胜，包括大人孩子都很喜欢的全景图，其中的**IMAX影院**和**盖茨天文馆**（Gates Planetarium）更是趣味十足。博物馆坐落于城市公园东区边缘。

🎉 节日和活动

第一周五 文化节

（First Friday；www.rivernorthart.com）**免费** 每个月的第一个周五，丹佛人都会出门前往圣菲区（Santa Fe District）和河北岸艺术区（RiNo Arts District）逛画廊，品尝免费的葡萄酒，享受有趣的谈话。活动一般从

18:00持续到22:00。

五点区爵士音乐节　　　　　　　音乐节

（Five Points Jazz Festival; www.artsandvenuesdenver.com; Welton St; ◎5月; ⓘ; ◘12、28、43、ⓡD）**免费** 这场持续一天的爵士乐盛会是为了历史悠久的非裔美国人街区五点（Five Points）区而举行，那里曾经有几家爵士乐俱乐部。50多支乐队在Welton St登台演出。还有几项适合儿童的活动——制作乐器、集体鼓乐、面部彩绘。这是一场老少皆宜的有趣活动。5月的第三个周六举行。

美国丹佛啤酒节　　　　　　　　啤酒节

（Great American Beer Festival; ☎303-447-0816; www.greatamericanbeerfestival.com; 700 14th St; $85; ◎9月或10月; ◘1、8、19、48、ⓡD、F、H）科罗拉多州的人均自酿啤酒厂比美国其他任何州都多，这个节日人气爆棚，门票早早就售罄。参加节日活动的自酿啤酒厂超过500家，既有名声赫赫的酒厂，又有热情十足的家庭自酿爱好者。

🛏 住宿

★ Hostel Fish　　　　　　　青年旅舍 $

（见840页地图; ☎303-954-0962; www.hostelfish.com; 1217 20th St; 铺/房间 $53/185起; ✱❄; ◘38）这家漂亮时髦的青年旅舍是经济型旅行者的绿洲。时尚、现代、千千

在落基山脉

2周

　　就从**丹佛**展开落基山脉冒险之旅吧。到充满波希米亚气息的户外圣地**博尔德**骑行，来一趟轮胎漂流，买些复古服饰，然后找一家路边咖啡馆享受慷慨的阳光，听听耳边的闲聊。尽情欣赏过**落基山国家公园**的壮丽风光，再踏上70号州际公路（I-70），西行前往**布雷肯里奇**（Breckenridge）周边的群山游玩，那里有科罗拉多最好的初级滑雪坡道。走访滑雪和山地骑行的圣地**斯廷博特斯普林斯**（Steamboat Springs），然后穿越州界进入怀俄明州。

　　领略牧区城市**拉勒米**（Laramie）的草原风光之后，再前往攀岩圣地**兰德**（Lander）。之后，继续往北，经过别致的**杰克逊**和雄伟的**大蒂顿国家公园**，最后抵达标志性的**黄石国家公园**。至少留出3天时间游览这个间歇泉奇境。

　　越过州界进入"天空广袤的国度"，慢慢转向西北，穿越蒙大拿州。在游览**弗拉特黑德湖**（Flathead Lake）前，在时髦的**波兹曼**（Bozeman）和活泼的**米苏拉**（Missoula）稍稍驻足。最后在爱达荷州结束整个行程，在崭露头角的**博伊西**（Boise）探索巴斯克文化。

1个月

　　倘若你有1个月的时间，就能真正深入该地区，找到不为人知的宝藏。仍然可以采纳两周的行程，但在到怀俄明州之前，先转到科罗拉多州西南部快速发展的葡萄酒产区，沉醉在馥郁酒香之中吧。开着四轮驱动车逛逛**乌雷**（Ouray）。**弗德台地国家公园**（Mesa Verde National Park）和它那古老的崖居一定不能错过。

　　到了**蒙大拿州**，你会想赶在冰川完全消失前看看**冰川国家公园**。在爱达荷州，多花些时间在**太阳谷**（Sun Velley）玩，也少不了到**凯恰姆**（Ketchum）这个精彩小镇上的商店、酒吧和美味有机餐厅一探究竟。既然有一整月的时间，那就不妨绕道爱达荷州几条偏远却景色宜人的奇妙小路。确保你是从太阳谷沿75号公路向北驶向**史丹利**（Stanley）。这个美丽的山中小村坐落在**萨尔蒙河**（Salemon River）广阔的河岸上，四周环绕着国家林地和荒野。得天独厚的史丹利拥有世界上最棒的鳟鱼垂钓点，野外漂流兼顾初级与高级。

　　离开史丹利，顺着**21号公路**[Hwy 21; 黄松风景道（Ponderosa Pine Scenic Byway）]前往博伊西。这条风景优美的道路将带你穿越数英里茂密的黄松森林，经过几处偏僻的绝佳河边露营点，其中一些还拥有自己的天然温泉池。

Denver 丹佛

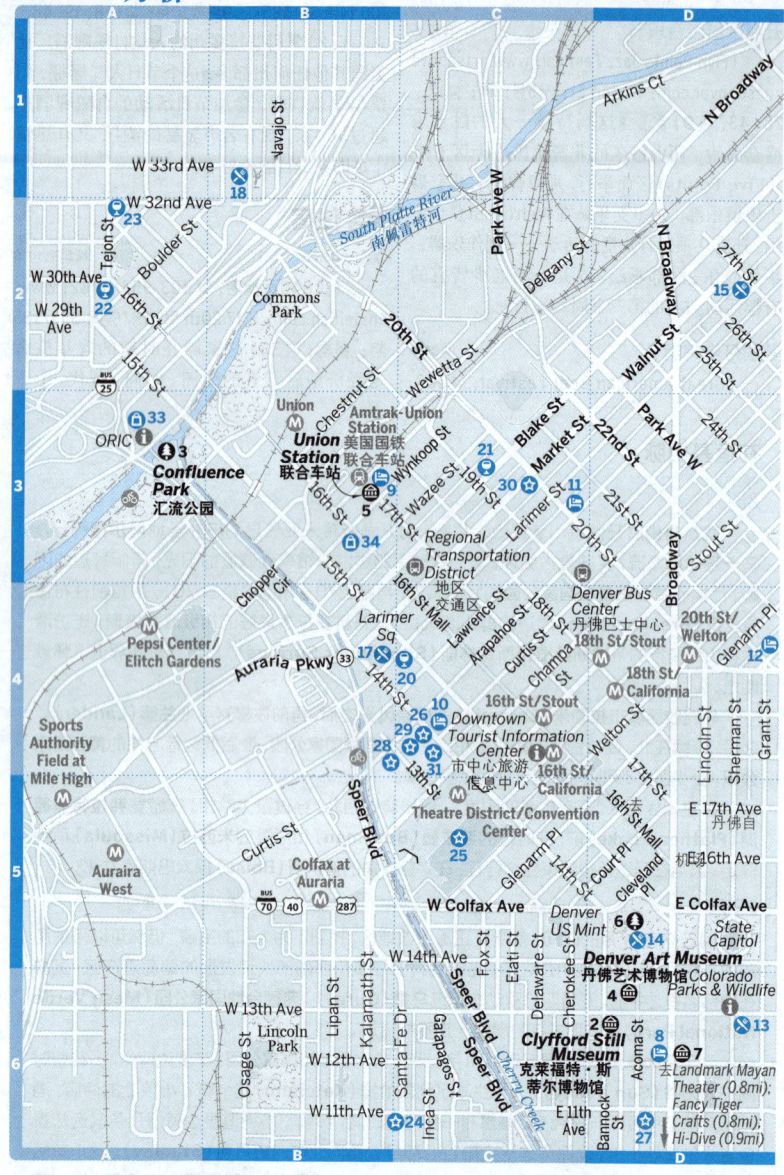

净净, 宿舍各有主题——阿斯彭 (Aspen)、涂鸦 (Graffiti)、古董自行车手 (Vintage Biker)——上下铺可以睡下5至10人。床垫厚实, 羽绒被舒服, 每位客人都有储物柜和单独的插座。公共厨房和串酒吧便于结交新朋友。

Mile High Guest House 青年旅舍 $

(☎720-531-2898; www.milehighguesthouse.com; 1445 High St; 铺 $38, 房间 带共用浴室 $82; ☏; ▣15) 豪华的丹佛老宅被打造成炫酷的青年旅舍, 为丹佛的经济型住宿选择锦

Denver 丹佛

◎ 重要景点
1. 布莱尔－考德威尔非裔美国人博物馆 E3
2. 克莱福特·斯蒂尔博物馆 D6
3. 汇流公园 A3
4. 丹佛艺术博物馆 D6
5. 联合车站 B3

◎ 景点
6. 市政中心公园 D5
7. 科罗拉多历史中心 D6

住宿
8. Art – a Hotel D6
9. Crawford Hotel B3
10. Curtis C4
11. Hostel Fish C3
12. Queen Anne Bed & Breakfast Inn D4

就餐
13. City O' City D6
14. Civic Center Eats D5
15. Denver Central Market D2
16. Hop Alley F1
17. Rioja B4
18. Root Down B1

饮品和夜生活
19. Crema Coffee House E2
20. Crú C4
21. Falling Rock Tap House C3
22. Linger A2
23. Williams & Graham A2

娱乐
24. 科罗拉多芭蕾舞团 C6
25. 科罗拉多会议中心 C5
26. 科罗拉多交响乐团 C4
27. Curious Theatre D6
28. 丹佛表演艺术中心 B4
29. 丹佛表演艺术城 C4
30. El Chapultepec C3
31. 埃利·考尔金斯歌剧院 C4
32. Ogden Theatre F5
    科罗拉多歌剧院 .... （见31）

购物
33. REI A3
34. Tattered Cover Bookstore B3

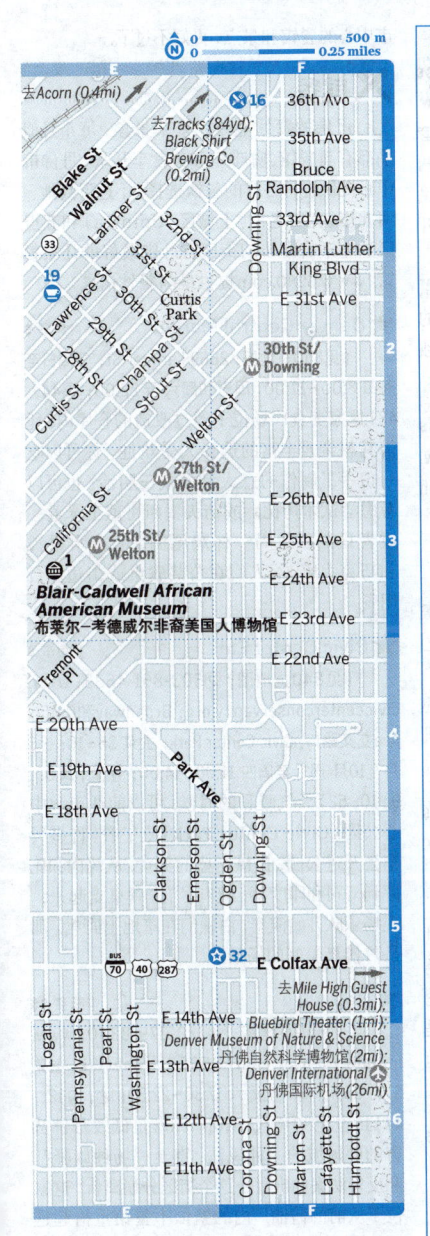

上添花。宽敞的客厅变身为宿舍，配备双层床（说也奇怪，没有储物柜）。也有带共用浴室的独立房间。友好的员工可以帮忙组织集体出游，比如串酒吧、艺术散步和后院烧烤。位置便于乘坐公共汽车。

★ Queen Anne Bed & Breakfast Inn 民宿 $$

（见840页地图；☏303-296-6666；www.queenannebnb.com; 2147 Tremont Pl; 房间/套 $160/230起；P❈☀@; ⛳28、32）这是由两栋19世纪晚期的维多利亚式建筑组成的民宿。公共区域里飘荡着轻柔的室内乐，与盛开的鲜花、修剪整齐的花园和夜间的品酒会一起，为这家注重环保的民宿营造出浪漫的氛围。客房中陈设着年代久远的古董、私人的热水浴缸和精致的手绘壁画，各个房间都独具特色。

★ Crawford Hotel 酒店 $$$

（见840页地图；☏855-362-5098；www.thecrawfordhotel.com; 1701 Wynkoop St, Union Station; 房间 $349~469，套 $589~709; ❈☀@; ⛳55L、72L、120L、FF2, ⛳A、B、C、E、W）坐落于历史悠久的联合车站（见847页），Craw-ford Hotel是丹佛惊人改变的例证。房间奢华，充满艺术气息，天花板很高，装饰艺术风格的床头板和爪式浴缸极具复古情调。服务无可挑剔，车站酒吧Terminal是个有趣的聚会场所。几步之遥就是通往丹佛国际机场（见846页）的轻轨线路。

Curtis 酒店 $$$

（见840页地图；☏303-571-0300；www.thecurtis.com; 1405 Curtis St; 房间 $269~449; ☺❈@☀; ⛳9、10、15、20、28、32、38、43、44）踏进Curtis如同进入了沃霍尔的奇妙世界一般：13个主题楼层，每层表现不同种类的美国流行文化。房间宽敞，非常现代。不论服务还是房间装潢都非常注重细节，这就是Curtis的秘诀。这是位于丹佛市中心心脏地带的一家独一无二的酒店。

★ Art-a Hotel 精品酒店 $$$

（见840页地图；☏303-572-8000；www.thearthotel.com; 1201 Broadway; 房间 $305~348，套 $382~518; P❈@☀; ⛳0、6、10、52）顾名思义，这家酒店的客房和公共区域陈设有迷人的艺术品，与它丹佛艺术博物馆（见838页）转角的地理位置极其相衬。房间很大很现代，宽敞的露台设有火盆，兼具美景，适合欢乐时光在此享用一杯鸡尾酒。位置靠近市中心的餐馆和景点，再好不过了。

🍴 就餐

丹佛的餐饮业一片繁荣景象，每个月似乎都有新餐馆、咖啡馆和美食车开张。丹佛市中心提供各种各样的餐饮选择，不过下高地、河北岸、南百老汇、上城区（Uptown）和五点区这些适合漫步的街区有丹佛最好的几家餐馆。www.5280.com提供最新餐饮信息。

★ Denver Central Market 美食广场 $

（见840页地图；2669 Larimer St; ⏰周日至周四 8:00~21:00，周五和周六 至22:00; ⛳44、48）这家美食广场位于经过改造的仓库内，凭借其格调及丰富的选择大受欢迎。你可以吃一份手工制作的意大利面或三明治；也可以考虑尝试木烤比萨或街头墨西哥煎玉米卷。或者只在酒吧喝一杯鸡尾酒，逛逛水果摊和巧克力店。客人们在公共餐桌或街边露台用餐。

★ Civic Center Eats 美食车 $

（见840页地图；☏303-861-4633；www.civiccenterconservancy.org; Broadway和Colfax Ave交叉路口, Civic Center Park; 主菜 $5~10; ⏰5月至10月 周二至周四 11:00~14:00; 🐕❈; ⛳0、9、10、52）天气暖和的时候，可以前往市政中心公园（Civic Center Park）吃午餐。许多餐车会开进公园，提供丰盛的美食，从烤肉和比萨到寿司和印度菜，应有尽有。餐桌支起来，现场乐队开始演奏，白领们在草地上野餐。那是丹佛最美好的场景。

★ Hop Alley 中国菜 $$

（见840页地图；☏720-379-8340；www.hopalleydenver.com; 3500 Larimer St; 主菜 $10~25; ⏰周一至周六 17:30~22:30; ❈; ⛳12、44）19世纪80年代，Hop Alley是诋毁丹佛贫穷的中国城的一种说法，直至一场种族骚乱和反华法案的出台令这个街区分崩离析。这家位于从前的酱油厂内的繁忙小餐馆重拾起这个绰号（还有其他原因吗？）。来尝尝正宗而富有创意的中国菜吧，同样具有创意的还有以中国十二生肖命名的鸡尾酒。

★ Acorn 美国菜 $$$

（☏720-542-3721；www.denveracorn.com;

3350 Brighton Blvd, The Source；菜肴 $14~30；⊙周一至周五 11:30~22:00，周日 17:30~22:00；[P][🚲][♿]；[🚇]12、20、48）烧橡木的火炉和烤架是这家超棒餐馆的闪亮明星，提供富有创意且适合分享的小盘菜。菜单根据季节更换，但类似脆炸泡菜、橡木烤西兰苔和烟熏猪肉玉米粥等菜肴都很受欢迎。如果晚餐过于昂贵，可以考虑午餐（14:30~17:30）——菜单种类有限但价格更实惠。

★ Rioja　　　　　　　　　新派美国菜 $$$

（见840页地图；[📞]303-820-2282；www.riojadenver.com；1431 Larimer St；主菜 $19~39；⊙周三至周五 11:30~14:30，周六和周日 10:00~14:30，每天 17:00~22:00；[🚲]；[🚇]10、28、32、38、44）这是丹佛最具创意的餐馆之一。漂亮、繁忙、高档，又不乏休闲随意的感觉，就像科罗拉多这座城市。Rioja的特色是吸收了意大利和西班牙传统的新派美食，融入了现代的风味。

★ Root Down　　　　　　 新派美国菜 $$$

（见840页地图；[📞]303-993-4200；www.rootdowndenver.com；1600 W 33rd Ave；小盘菜 $8~19，主菜 $14~35；⊙周日至周四 17:00~22:00，周五和周六 17:00~23:00，周五11:00~14:00，周六和周日 10:00~14:30；[🚲]；[🚇]19、52）🍴在这个由煤气站改装而成的餐馆里，主厨Justin Cucci实践了城中最具雄心的烹饪理念之一，即将"从田地到餐桌"的可持续性做法与高水准的创意菜及环保的高效能源相结合。菜单每季更换，幸运的话能吃到红薯沙拉或羊肉汉堡。素食、严格素食、生食和无麸餐食非常受欢迎。

🍷 饮品和夜生活

丹佛最棒的夜生活分布在如下地区：上城区是男同性恋酒吧和年轻职业人群聚集的地方；下城区则满是喧闹的运动吧，适合狂饮；河北岸属于嬉皮士；下高地汇集了形形色色的人；而南百老汇和Colfax则是老派人士的最爱。

★ Black Shirt Brewing Co　　自酿酒吧

（[📞]303-993-2799；www.blackshirtbrewingco.com；3719 Walnut St；⊙周日至周四 11:00~22:00，周五和周六 至午夜；[♿]；[🚇]12、44、A）手工酿酒师在备受欢迎的BSB打造出一份全都是红色艾尔啤酒的酒水单；艾尔啤酒的酿造需要花费2个月到3年。所以酿酒师们对待这些手工酿制的啤酒极为用心，为了凸显酒香，还发明了不对称的玻璃杯。现场音乐是此处文化的一部分，美食亦然。厨房提供砖炉比萨和可口沙拉。

★ Williams & Graham　　　　鸡尾酒吧

（见840页地图；[📞]303-997-8886；www.williamsandgraham.com；3160 Tejon St；⊙17:00至次日1:00；[🚇]32、44）丹佛最好的地下酒吧看上去像是一家古老的西部书店，不过要求找个座位以后，收银员就会推开书墙，带你深入那个时代。泛着光泽的木头、闪亮的黄铜配件、老式灯具、锡制天花板和戴着围裙的调酒师正在恭候。鸡尾酒别出心裁，调制得极为精心——漂亮得几乎让人不舍得喝掉。

★ Crema Coffee House　　　　咖啡馆

（见840页地图；[📞]720-284-9648；www.cremacoffeehouse.net；2862 Larimer St；⊙7:00~17:00；[📶]；[🚇]44）诺亚·普赖斯（Noah Price）从服装设计师改行成为咖啡馆经理，非常认真地对待这份工作，挑选、冲泡并倒出丹佛最棒的咖啡。意式浓缩咖啡和法压咖啡堪称完美，但让这个地方超越巅峰的是燕麦拿铁、精心制作的冰茶和不拘一格的菜单——从摩洛哥肉丸到花生酱，以及果冻三明治配山羊奶酪。

Linger　　　　　　　　　　　休闲酒吧

（见840页地图；[📞]303-993-3120；www.lingerdenver.com；2030 W 30th Ave；⊙周二至周四 11:30~14:30和16:00~22:00，周五 至23:00，周六 10:00~14:30和16:00~23:00，周日 10:00~14:30；[🚇]28、32、44）这个不规则的下高地大厦坐落在原Olinger殡仪馆的位置上。到了晚上，酒吧把招牌灯上的"O"字母熄掉，就变成了Linger。这里供应有趣的菜肴，但多数人是来这里享受美妙的气氛以及照亮夜空的顶楼酒吧。顶楼酒吧可以欣赏丹佛市中心的美景，这里甚至拥有一个因比尔·默里（Bill Murray）的著名电影《杂牌军东征》（*Stripes*）而名声大噪的房车的复制品。

Falling Rock Tap House　　　　酒吧

（见840页地图；☏303-293-8338；www.fallingrocktaphouse.com；1919 Blake St；⊙11:00至次日2:00；🚌0、15、20）落基山队赢球以后，这里就会响起击掌庆贺声和欢呼声，酒客们鱼贯而入，全然忘记在棒球场喝了一下午的库尔斯啤酒（Coors）。这里有——好好数一数——80多种桶装啤酒和将近150种瓶装酒。所有的啤酒都受到当地人的喜爱，这里是城中喝啤酒的最佳选择。

Crú　　　　葡萄酒吧

（见840页地图；☏303-893-9463；www.cruawinebar.com；1442 Larimer St；一杯葡萄酒$10~27；⊙周一至周四 14:00至午夜，周五和周六正午至次日2:00，周日 10:30~15:00；🚌10、28、32、38、44）拉里默广场（Larimer Sq）的这家高级葡萄酒吧以葡萄酒标签和玻璃器皿为装饰，灯光昏暗，音乐轻柔。这家酒吧看上去就是独一无二的，得知它竟然是连锁店（达拉斯、奥斯汀都有分店）让人倍感意外。来这儿的欢乐时光（周一至周五 16:00~18:30），系列葡萄酒可以便宜$3，小食包括贻贝和羊奶酪油炸饼。

☆ 娱乐

丹佛的娱乐选择层出不穷。从幽静的爵士俱乐部到令人叫绝的多厅剧院丹佛表演艺术中心（Denver Center for the Performing Arts），几乎处处都有现场音乐和戏剧演出。丹佛是四大运动齐备的城市（国内少有），还有专业的足球队和曲棍球队。除此之外，还有喜剧、电影、舞蹈和每年的各种节庆，每个人都能在这里找到心仪的娱乐项目。

★ 丹佛表演艺术城　　　　表演艺术

（Denver Performing Arts Complex；见840页地图；☏720-865-4220；www.artscomplex.com；14th St与Champa St交叉路口；🚌9、15、28、32、38、43、44）这家大型艺术中心论规模是业内数一数二的，占据了4个街区，容纳10所主要场馆，包括历史悠久的埃利·考尔金斯歌剧院（Ellie Caulkins Opera House）和伯特歇尔音乐厅（Boettcher Concert Hall）。这里也是科罗拉多芭蕾舞团（Colorado Ballet；☏303-837-8888；www.coloradoballet.org；1075 Santa Fe Dr；⊙售票处 周一至周五 9:00~17:00；🅿；🚌1、9）、丹佛表演艺术中心（Denver Center for the Performing Arts；☏303-893-4100；www.denvercenter.org；1101 13th St；⊙售票处 周一至周六 10:00~18:00及演出前1小时；🅿；🚌9、15、28、32、38、43、44）、科罗拉多歌剧院（Opera Colorado；☏303-468-2030；www.operacolorado.org；⊙售票处 周一至周五 10:00~17:00；🅿；🚌9、15、28、32、38、43、44）和科罗拉多交响乐团（Colorado Symphony Orchestra）的主要演出场所。不知道今晚要做点什么？那就来这儿吧。

★ Curious Theatre　　　　剧院

（见840页地图；☏303-623-0524；www.curioustheatre.org；1080 Acoma St；票价$18起；⊙售票处 周二至周六 14:00~19:00；🚌0、6、52）这家获奖剧团位于经过改造的教堂内，它的口号是"没有胆量，没有故事"。其反映社会公正问题的故事发人深省，产生了相当大的影响力。试想一下，种族、移民、性取向。可以留下参与每次演出结束后的讨论环节，演员会与观众交流情节、布景等各种问题。

★ El Chapultepec　　　　现场音乐

（见840页地图；☏303-295-9126；www.thepeclodo.com；1962 Market St；⊙7:00至次日1:00，音乐 21:00至次日2:00；🚌38）这个烟雾缭绕的老式爵士乐演出场所吸引了形形色色的顾客。自1951年开业以来，Frank Sinatra、Tony Bennett、Ella Fitzgerald，以及Jagger和Richards都曾在这里表演过。舞台不大，每晚都有当地爵士乐队演出，但演出阵容往往出人意料。

Hi-Dive　　　　现场音乐

（☏303-733-0230；www.hi-dive.com；7 S Broadway；🚌0）当地摇滚英雄和独立巡回乐队的演出点亮了Hi-Dive的舞台。这是丹佛本地乐坛的心脏所在。在大型演出期间，乐曲的音量震耳欲聋，时尚人群摩肩接踵，场地里闷热潮湿却又格外迷人。换个词语来形容：完美。

Ogden Theatre　　　　现场音乐

（见840页地图；☏303-832-1874；www.

ogdentheatre.com; 935 E Colfax Ave; ⊙售票处周六 10:00~14:00, 演出日开门前1小时; 🚍15）作为丹佛最棒的现场音乐场馆之一, Ogden Theatre拥有不凡的历史。剧院于1917年落成, 曾被荒废多年, 而且在20世纪90年代初一度面临被铲平的危机, 不过如今已名列美国国家史迹名录。Edward Sharpe & the Magnetic Zeros等乐队和Lady Gaga等都曾在这里登台献艺。

科罗拉多交响乐团　　　　　　古典音乐

（Colorado Symphony Orchestra, 简称CSO; 见840页地图; ☎303-623-7876; www.coloradosymphony.org; 1000 14th St, Boettcher Concert Hall; ⊙售票处 周一至周五 10:00~18:00, 周六 正午至18:00; ♿; 🚍9、15、28、32、38、43、44）丹佛表演艺术城的伯特歇尔音乐厅是这支著名交响乐团的主场。交响乐团每年都会展开为期21周的大师作品演出季, 并且举办面向更广泛观众的音乐会——例如在电影放映时现场演奏电影配乐。

Bluebird Theater　　　　　　现场音乐

（☎303-377-1666; www.bluebirdtheater.net; 3317 E Colfax Ave; ♿; 🚍15）这座中等规模的剧院普通席位是站席, 音效出色, 楼座视野清晰。想抓住最后的机会欣赏冉冉升起的新乐队演出, 就来这里吧——丹佛人最喜欢的Lumineers 和Devotchka都是在这里成为新闻焦点。

Landmark Mayan Theater　　　电影院

（☎303-744-6799; www.landmarktheatres.com; 110 Broadway; ♿; 🚍0）即使没有昂贵的音响系统和巨大的屏幕, 这里依然是丹佛看电影的最佳场所。这座20世纪30年代的电影院是一块浪漫且散发着历史气息的瑰宝, 意外之喜是, 这里还提供啤酒。

🛍 购物

★ Tattered Cover Bookstore　　　书籍

（见840页地图; ☎303-436-1070; www.tatteredcover.com; 1628 16th St; ⊙周一至周五 6:30~21:00, 周六 9:00~21:00, 周日 10:00~18:00; 📶♿; 🚍10、19、28、32、44, MallRide）Tattered Cover Bookstore正是丹佛最受欢迎的独立书店, 店内有许多地方能让你静静地读会儿书。店内摆满了新书和二手书, 地区旅行指南和关于西部各州及西部民俗的非小说类书籍数量很多。城市公园（City Park）附近的Colfax 开设了一家规模较小的分店。

★ REI　　　　　　　　　　　体育和户外用品

（Recreational Equipment Incorporated; 见840页地图; ☎303-756-3100; www.rei.com; 1416 Platte St; ⊙周一至周六 9:00~21:00, 周日 至19:00; ♿; 🚍10、28、32、44）无论你是计划前往山区, 还是只打算在汇流公园游览, 这家超级户外装备供应商的旗舰店都不容错过。除了出售顶级的露营、骑行、登山和滑雪等户外装备外, 这里还有一个租赁部, 并提供地图, 还有一座高达47英尺、模拟红砂岩的室内攀岩墙, 以供练习攀岩和绳降。

★ Fancy Tiger Crafts　　　　　工艺品

（☎303-733-3855; www.fancytigercrafts.com; 59 Broadway; ⊙周一和周三至周六 10:00~19:00, 周二 至21:00, 周日 11:00~18:00; ♿; 🚍0）你喜欢钩针编织和拼布吗？你织的毛衣相当不错, 还有许多花样？那么欢迎来到Fancy Tiger Crafts, 这里重现了祖母纺织坊的样貌, 是丹佛热爱工艺制作的人迈出第一步的地方。后室开设有许多课程[包括"拼布女行家"杰茜卡（Jessica）的课程], 还有不少面料、毛线和书籍可以选择。

另辟蹊径

在红岩听现场音乐!

红岩公园和剧场（Red Rocks Park & Amphitheatre; ☎303-697-4939; www.redrocksonline.com; 18300 W Alameda Pkwy; ⊙5:00~23:00; ♿）坐落于400英尺高的红色砂岩之间, 位于丹佛西南15英里处。绝佳的音响效果吸引了许多歌手前来录制现场专辑。这个有9000个座位的剧场有着令人惊叹的景观, 整个夏季都有大牌乐队光临。看到你最喜爱的歌手站上这个舞台, 就是见证了一场在世界一流的音乐场馆进行的演出。对于很多人来说, 这个理由足以让他们专程来一趟科罗拉多州。

❶ 实用信息

旅游信息中心（Tourist Information Center）网站（www.denver.org）有各种活动的大量信息。

丹佛国际机场信息台（DIA Information Booth；☎303-317-0629；www.visitdenver.com；Denver International Airport；⏰办公时间不定；📶📷；♿）丹佛国际机场中央大厅东侧的这个信息台提供旅游和机场相关信息。

户外休闲信息中心（Outdoor Recreation Information Center，简称ORIC；见840页地图；☎REI总机303-756-3100；www.oriconline.org；1416 Platte St；⏰办公时间不定；📶；🚌10、28、32、44）想在城市周边进行户外探险的旅行者一定要到位于REI店内的ORIC柜台咨询。这里提供地图和关于行程计划及安全的专业信息。咨询台的服务人员都是志愿者，因此工作时间不定，但在周末下午前往是明智之举。

市中心旅游信息中心（Downtown Tourist Information Center；见840页地图；☎303-892-1505；www.denver.org；1575 California St；⏰5月至10月 周一至周五 9:00~18:00，周六 9:00~17:00，周日10:00~14:00，11月至次年4月 周一至周五 9:00~17:00，周六 9:00~14:00，周日 10:00~14:00；🚌9、15、20、MallRide，🚈D、F、H）抵达市区以后，你可以前往面积最大、最靠近市中心的信息中心，紧邻第16街购物中心。你可以领取小册子，浏览旅游网页，向见识广博的工作人员打听可靠的信息。

❶ 到达和离开

丹佛国际机场（Denver International Airport，简称DIA；☎303-342-2000；www.flydenver.com；8500 Peña Blvd；⏰24小时；📶📷；♿）是主要航空枢纽和全国最繁忙的设施之一。机场总共占地53平方英里，是全国面积最大的机场。全自动地铁连接航站楼和三座机场大厅（C广场距离航站楼将

值 得 一 游

从丹佛出发的最佳一日徒步游和驾车游

距丹佛车程1小时以内的一日徒步路线真的有几百条之多。

杰佛逊县休闲公园（Jefferson County Open Space Parks；www.jeffco.us/openspace）杰佛逊县休闲公园沿丹佛西部边缘的大部分延伸，园内有附近最棒的露天区域。

金门峡谷州立公园（Golden Gate Canyon State Park；☎303-582-3707；www.cpw.state.co.us；92 Crawford Gulch Rd；门票$7，露营$20~26；⏰5:00~22:00；🅿️🚻）这座广袤的公园占地12,000英亩，位于金门和尼德兰（Nederland）之间，有许多徒步小径和攀岩场地。

斯汤顿州立公园（Staunton State Park；☎303-816-0912；www.parks.state.co.us/parks；12102 S Elk Creek Rd；⏰7:00~21:00；🅿️🚻）这是科罗拉多最年轻的州立公园，位于丹佛以西40英里外一座古老牧场的所在地。海拔高度从8100英尺至10,000英尺，地形多样，从如茵的草地到令人震撼的花岗岩悬崖，不一而足。

沃特顿峡谷（Waterton Canyon；☎303-634-3745；www.denverwater.org/recreation/waterton canyon；11300 Waterton Rd；⏰黎明前30分钟至黄昏后30分钟；🅿️）这个美丽的峡谷位于丹佛以南，查特菲尔德水库（Chatfield Reservoir）正西面。只需轻松走过一条6.5英里的小路就能抵达锶泉大坝（Strontia Springs Dam）。

派克国家森林（Pike National Forest；☎303-275-5610，仅限露营位预订 877-444-6777；www.fs.usda.gov；19316 Goddard Ranch Ct；⏰周一至周五 8:00~16:30；🅿️）在距离蒙里森约5英里的南佩雷特护林站（South Platte Ranger Station）获取信息，然后开始探索这片广阔的国家森林。

布法罗溪山地骑行区（Buffalo Creek Mountain Bike Area；www.frmbp.org；18268 S Buffalo Creek Rd, Pine；⏰7:00~19:00；🅿️）如果你喜欢单线山地骑行，那么这个地区有大约40英里的自行车小径，包括科罗拉多小径（Colorado Trail）允许骑行的路段。

近1英里）。多留些时间寻找出路。

灰狗巴士的长途汽车沿前岭（Front Range）和横贯大陆的线路运行，班次频繁。所有长途汽车车站都在**丹佛巴士中心**（Denver Bus Center；见840页地图；☏303-293-6555；1055 19th St；⊙6:00至午夜；☎；🚌8、48）。

Colorado Mountain Express（CME；☏800-525-6363；www.coloradomountainexpress.com；8500 Peña Blvd, Denver International Airport；☎🚐；🚌A）提供从丹佛国际机场、丹佛市中心或莫里森（Morrison）至萨米特县（Summit County）的接驳服务，目的地包括布雷肯里奇（Breckenridge）、奇士顿（Keystone；成人/儿童 $66/35，2.5小时）和韦尔（Vail；成人/儿童 $84/44，3小时）。

美国国铁（☏800-872-7245；www.amtrak.com；1701 Wynkoop St, Union Station；🚌55L、72L、120L、FF2，🅿A、B、C、E、W）运营的加州和风号列车（California Zephyr）每天往返于芝加哥（$121~325，19 小时）和旧金山（$144~446，33小时），途经丹佛经过整修的豪华**联合车站**（Union Station；见840页地图；☏303-592-6712；www.unionstationindenver.com；1701 Wynkoop St；🅿；🚌55L、72L、120L、FF2，🅿A、B、C、E、W）。

ⓘ 当地交通

抵离机场
RTD轻轨（☏303-299-6000；www.rtd-denver.com；单程 $2.60~4.50，日票 $5.20~9；🚐）将乘客从丹佛国际机场运送至丹佛市中心（A线；$9；45分钟），沿途在丹佛郊区停车。

自行车
你可以在丹佛的Bike Denver（www.bikedenver.org）和City of Denver（www.denvergov.org）获得关于骑自行车所需的所有信息，两个网站都有城市自行车地图供下载。

B-Cycle（☏303-825-3325；www.denverbcycle.com；1日会员 $9；⊙5:00至午夜；🚲）这家自行车共享公司在全城有超过80个车站。一日费用包括30分钟以内的无限次骑乘。

汽车和摩托车
在路边找停车位是件很痛苦的事，但在市中心和下城区有许多收费停车库。几乎所有的大型汽车租赁公司都在机场设有柜台，只有少数公司在丹佛市中心设有办事处。

Enterprise Rent-A-Car（☏303-293-8644；www.enterprise.com；2255 Broadway；⊙周一至周五 7:00~19:00，周六和周日 8:00~16:00；🚌44、48）是一家国际性汽车租赁机构，在丹佛城区设有几处办事处。

公共交通
地区交通区（Regional Transportation District，简称RTD；见840页地图；☏303-299-6000；www.rtd-denver.com；1600 Blake St；🚌10、19、28、32、44、MallRide）在整个丹佛市及博尔德地区提供公共交通服务（本地/地区票价 $2.60/4.50）。网站有时刻表、线路、票价和出行规划。

出租车
丹佛两大出租车公司提供门到门服务：
Metro Taxi（☏303-333-3333；www.metrotaxidenver.com；⊙24小时）
Yellow Cab（☏303-777-7777；www.denveryellowcab.com；⊙24小时）

博尔德（Boulder）

被世俗包围的25平方英里——这个关于博尔德的玩笑永不过时。这里气候完美，周遭——熨斗山（Flatirons）、潺潺的小溪、黄松小径和草坪修剪齐整的大学校园——一派田园风光。这里健康善良的人，热衷最好的公平交易的咖啡和一流的自制佳酿——打破了外界对这里的刻板印象。

博尔德对户外运动的疯狂热爱在1967年得到了法律的认证：那一年，它成为美国第一个为了保护自然而向市民征收特别税的城市。多亏了这一远见，人（和狗）才得以享受许多城市公园和露天区域，大量的骑行者才能骑着自行车穿梭于博尔德溪走廊（Boulder Creek corridor）。

对那些既想在户外度假，又要能享受城市绿洲般的文化场所——美食餐厅、热闹的酒吧、音乐会和剧院——的旅行者来说，博尔德正好合适。

⊙ 景点和活动

将自然和文化融合得如此恰到好处的城镇为数不多。无论是攀登熨斗山（见本页），骑车去**弗拉格斯塔夫**（Flagstaff；

☑303-441-3440；www.bouldercolorado.gov；Flagstaff Summit Rd；ⓟ🚻）,漫步珍珠街购物中心（Pearl St Mall；见850页）或者在科罗拉多大学博尔德分校（CU）的校园闲逛,众多景点和活动都会让你和家人笑逐颜开。大多数景点都位于市中心的西珍珠街（W Pearl St）或希尔区（Hill），人学也在那儿。

★沙托克瓦公园　　　　　　　公园

（Chautauqua Park；☑303-442-3282；www.chautauqua.com；900 Baseline Rd；🚌HOP 2）标志性的熨斗山毗邻博尔德,拥有最壮观的自然景观。而这座历史性地标公园是通向熨斗山的门户,公园里广阔葱郁的草坪也吸引了许多来此郊游野餐的家庭、日光浴爱好者、玩飞盘的人们和附近科罗拉多大学博尔德分校的学生们。这里也是远足者、登山者和越野跑步爱好者的乐园。公园很受欢迎,所以停车是件麻烦事。2017年夏季起,为了缓解拥堵,博尔德市试运行前往市内多个场所的免费班车。可登录网站查询最新信息。

★乳品厂艺术中心　　　　　艺术中心

（Dairy Arts Center；☑303-440-7826；www.thedairy.org；2590 Walnut St；价格不定；ⓟ🚻；🚌HOP）一家历史悠久的牛奶加工厂变身艺术中心,乳品厂艺术中心是博尔德最好的文化中心之一。最近经过翻新,设施一流,有3个舞台、4个展示空间和一间可容纳60人的电影院。从讲座和戏剧到现代舞和艺术展,活动不断。中心内还有家小小的咖啡馆和酒吧。

★博尔德溪　　　　　　　　水上运动

（Boulder Creek；🚻）博尔德历来最受欢迎的夏季传统活动是沿博尔德溪轮胎漂流。大多数人会从**埃本公园**（Eben G Fine Park；Boulder Canyon Dr；ⓟ🚻🐕；🚌205、N）下水,漂流至30th St至55th St。一定要查询水流量,尤其是夏初时节；超过200立方英尺/秒,漂流就将成为真正的竞技表演。**White Water Tube**（☑720-239-2179；www.whitewatertubing.com；2709 Spruce St；一日租金 轮胎 $16~21,皮划艇 $45~50,冲浪板 $35；⊙5月至9月 10:00~18:00；🚻；🚌205、BOLT、HOP）或 **Lolita's Market**（☑303-443-8329；www.facebook.com/lolitasmarket；800 Pearl St；轮胎出租 $10；⊙市场24小时；🚻；🚌HOP）出租漂流轮胎。

埃尔多拉多峡谷州立公园　　　户外活动

（Eldorado Canyon State Park；☑303-494-3943；www.cpw.state.co.us；9 Kneale Rd，Eldorado Springs；$8；⊙黎明至黄昏,游客中心9:00~17:00）这是美国最好的攀岩区之一,提供5.5~5.12级攀岩。长12英里的徒步小径适合所有旅行者,并通往沙托克瓦公园。公共泳池（只夏季开放）让你畅游在峡谷著名的泉水中,带来清凉的游泳体验。公园位于城镇西南5英里处。

★当地餐桌之旅　　　　　　　美食

（Local Table Tours；☑303-909-5747；www.localtabletours.com；团队游 $35~70；⊙时间不定）有趣的市中心步行游带你深入幕后,向你展示若干本地美食并提供关于食物、葡萄酒或咖啡和巧克力的相关知识。团队游还重点介绍使用本地或可持续食材的本地商家。鸡尾酒串吧很受欢迎。

✦ 节日和活动

大胆的博尔德　　　　　　　　体育节

（Bolder Boulder；☑303-444-7223；www.bolderboulder.com；成人/儿童 $70/55起；⊙阵亡将士纪念日；🚻；🚌209、STAMPEDE）50,000多名跑步者、专业选手、奇装异服的参赛者、现场乐队和旁观的狂欢者聚首于这项赛事。它也许可以算是美国最有趣的10公里赛跑,终点在科罗拉多大学橄榄球场福尔瑟姆球场（Folsom Field）。

博尔德溪节　　　　　音乐节、美食节

（Boulder Creek Festival；☑303-449-3137；www.bceproductions.com；Canyon Blvd，中央公园；⊙5月；🚻；🚌203、204、225、AB、B、DASH、DD、DM、GS、SKIP）**免费** 它对外宣传为狂欢夏日的序幕,与享有盛名的"大胆的博尔德"齐名。这个夏季大型节庆有10余个活动区、30多组现场演出者和500家摊贩以及一处完整的嘉年华区域参与其中。美食、饮料、娱乐、阳光,有什么理由不爱它呢?

🛏 住宿

★ Chautauqua Lodge & Cottages　　历史酒店 $

(☎303-952-1611; www.chautauqua.com; 900 Baseline Rd; 房间$103起, 别墅$196~303; 🅿🐕❄🛜🐾; HOP 2)这家酒店位于沙托克瓦公园(见848页)中一片绿荫环绕的区域, 与通向熨斗山(900 Baseline Rd, Chautauqua Park; HOP 2)风景秀丽的徒步路径毗邻, 是我们在博尔德的首选。这里有现代化的客房, 还有带1~3间卧室的别墅, 别墅有门廊, 使用拼布床单。对家庭旅行者和带宠物的旅行者来说, 这里是完美的住处。所有小屋都配有设施齐全的厨房, 尽管如此, 人们还是喜欢在Chautauqua餐厅外的环形门廊上吃早餐。

★ Boulder Adventure Lodge　　酒店 $$

(A-Lodge; ☎303-444-0882; www.a-lodge.com; 91 Fourmile Canyon Dr; 房间$159起; 🅿🐕❄🛜; N)既然你是为了体验户外活动才来到博尔德, 那么为何不住在活动场所的附近呢?A-Lodge距离市区很近, 由此出发去徒步、骑车、登山和钓鱼很方便。房间朴素, 设施齐全, 从宿舍到套房, 应有尽有。这里还有游泳池、火坑等设施, 在客人和员工等人中间营造出一种温馨的团队精神。

★ St Julien Hotel & Spa　　酒店 $$$

(☎720-406-9696, 预订877-303-0900; www.stjulien.com; 900 Walnut St; 房间/套$400/650起; 🅿🐕@🛜❄; 205、HOP、SKIP)位于商业区的核心地带, 是博尔德最好的四星级酒店, 风格现代, 装潢精致, 当地风景照片和软木墙为客房营造出了温馨的氛围。在这里, 你能欣赏到绝美的熨斗山景观, 后院里还会举办现场世界音乐会、爵士音乐会以及热门的拉丁舞派对。客房宽敞豪华。店内的水疗中心被认为是周边最好的。

🍴 就餐

★ Rayback Collective　　美食车 $

(☎303-214-2127; www.therayback.com; 2775 Valmont Rd; 主菜$6~12; ⊙周一至周五11:00~22:00, 周六 至23:00, 周日 至21:00; 🚗🐕👶; 205、BOLT)Rayback由一座水管维护设施仓库摇身一变成为城市绿洲, 是博尔德的缩影。这个地方有一种社区感。开阔的户外空间带水塘, 可以进行草地运动。休息室有舒适的椅子, 可以欣赏现场音乐。酒吧提供科罗拉多啤酒。美食车公园美食众多。老老少少, 甚至毛茸茸的小动物, 都能在这里受到款待。

★ Rincón Argentino　　阿根廷菜 $

(☎303-442-4133; www.rinconargentinoboulder.com; 2525 Arapahoe Ave; 主菜$4~13; ⊙周一至周四 11:00~20:00, 周五和周六 至21:00; 👶; JUMP)不要因为购物广场的环境就望而却步: Rincón的正宗阿根廷菜影响力巨大。它烘制新鲜的肉馅卷饼——可口的小酥饼, 馅料是肉或马苏里拉奶酪和罗勒——非常适合配上一杯马贝克葡萄酒。这里还提供面包屑炸牛肉排三明治和马黛茶(一种高纯度的咖啡替代饮品)。

★ Oak at Fourteenth　　新派美国菜 $$

(☎303-444-3622; www.oakatfourteenth.com; 1400 Pearl St; 主菜$13~30; ⊙周一至周六 11:30~22:00, 周日 17:30~22:00; 205、206)当地人经营的Oak热情洋溢, 创意十足, 为新潮的食客制作一流的鸡尾酒和美味的小盘菜。出众的菜肴有烤培根裹猪里脊和黄瓜刺身撒百香果。这家"从农场到餐桌"的餐厅的菜肴分量很小——这样你才会注意到它的美味。服务员的建议不错。唯一的缺点: 经常有些嘈杂, 不适合互诉衷肠。

★ Brasserie Ten Ten　　法式小馆 $$

(☎303-998-1010; www.brasserietenten.com; 1011 Walnut St; 主菜$15~27; ⊙周一至周四 11:00~22:00, 周五 11:00~23:00, 周六 9:00~23:00, 周日 9:00~21:00; 203、204、225、AB、B)这家阳光灿烂的法式小馆是师生们常去的地方, 有精致的菜单和优雅的氛围——可以想想鲜花、大理石高顶、锃亮的黄铜制品。当然, 它虽然很棒, 但还没有大到取消精彩的欢乐时光, 可丽饼、迷你汉堡、贻贝和啤酒届时都有优惠。不要错过松露薯条。

Salt　　新派美国菜 $$

(☎303-444-7258; www.saltthebistro.com; 1047 Pearl St; 主菜$15~30; ⊙周一至

四11:00~21:00，周五和周六11:00~23:00，周日10:00~21:00；[图标]；[图]208、HOP、SKIP）"从农场到餐桌"的饮食概念在博尔德十分常见，而这家餐厅的水准更是超越了预期。甜豌豆、菊苣和香草奶油配手工意大利宽面条令人爱得发狂。餐厅烹调起肉类来也是行家里手：选用当地草饲食材，涂上酱料，红烧或慢烤至丝丝入味。有任何疑问均可询问服务员，他们对自家餐厅的菜肴都很了解。

★ Frasca 意大利菜 $$$

（[电话]303-442-6966；www.frascafoodandwine.com；1738 Pearl St；主菜$35，品尝菜单$50~115；[时钟]周一至周四17:30~21:30，周五至22:30，周六17:00~22:30；[图标]；[图]HOP、204）Frasca被很多人认为是博尔德最好的餐厅（葡萄酒赢得了James Beard奖项），有无可挑剔的厨房和最新鲜的农场到餐桌食材。轮换的菜肴包括朴实的红烧肉、家常团子和韭菜豆苗烤鹌鹑。提前数天，甚至数周预订。周一提供"实惠的"试吃菜单，价格为$50，包括推荐搭配的葡萄酒。

🍷 饮品和娱乐

★ Mountain Sun 自酿酒吧

（[电话]303-546-0886；www.mountainsunpub.com；1535 Pearl St；[时钟]11:00至次日1:00；[图标]；[图]HOP、205、206）这是博尔德最受欢迎的自酿酒吧，气氛欢快，提供各式各样的可口啤酒。这里的客人也形形色色，从雅皮士到嬉皮士，不一而足。最美妙的要数这里的社区一样的氛围，而且酒吧小食（特别是辣椒和汉堡）十分美味。这里的桌游和儿童餐食也很适宜家庭。周日、周一和周三晚上通常会有蓝草和雷鬼音乐现场音乐表演。仅收现金。

Avery Brewing Company 自酿酒吧

（[电话]303-440-4324；www.averybrewing.com；4910 Nautilus Ct；[时钟]周一15:00~23:00，周二至周日11:00~23:00；[图]205）提到自酿啤酒厂，多大规模的算是太大呢？Avery突破极限，拥有醒目的两层大楼，还有出售帽子和T恤的礼品店。一层露台和酒吧热闹有趣，楼上则是比较安静的餐馆氛围。有一点可以肯定：啤酒出类拔萃，从酸艾尔啤酒（Apricot Sour）到可怕的烈性黑啤酒（Mephistopheles Stout），等等。提供导览游。

酒吧位于市中心东北约6英里处。

Boulder Dushanbe Teahouse 茶室

（[电话]303-442-4993；www.boulderteahouse.com；1770 13th St；主菜$8~24；[时钟]8:00~21:00；[图标]；[图]203、204、205、206、208、225、DASH、JUMP、SKIP）这家令人惊叹的塔吉克茶室是一份来自博尔德的姐妹城市[杜尚别（Dushanbe），塔吉克斯坦首都]的礼物，气氛之美妙无与伦比。历经8年时间，精致雕刻和绘画作品重新汇集于这家中央公园边缘的茶室。令人遗憾的是，这里的创意菜乏善可陈，但在这里喝茶很不错。

eTown Hall 现场音乐

（[电话]303-443-8696；www.etown.org；1535 Spruce St；$25起；[时钟]时间不定；[图]HOP）这座经过改造的教堂漂亮、崭新，使用太阳能，是广播节目eTown（收听全国公共广播电台）的所在地。节目汇聚新秀和知名艺术家，你可以在可容纳200人的剧院参与现场录制。录制从19:00开始，持续两小时，通常在工作日夜晚进行。

🛍 购物

★ 珍珠街购物中心 景区

（Pearl Street Mall；Pearl St，9th St和15th St之间；[图标]；[图]205、206、208、HOP、SKIP）博尔德商业区的亮点就是这里。这是一片热闹的步行区域，有孩子们的攀岩区、飞溅的喷泉、酒吧、画廊和餐厅。街头艺人经常在周末大批出动。

★ Boulder Book Store 书籍

（[电话]303-447-2074；www.boulderbookstore.net；1107 Pearl St；[时钟]周一至周六10:00~22:00，周日至21:00；[图标]；[图]208、HOP、SKIP）这是博尔德最受欢迎的独立书店，楼下有个庞大的旅游图书区，有所有最热门的小说和非虚构类读物。入口处及其网站上有作家来访的相关安排。

★ Common Threads 服装

（[电话]303-449-5431；www.shopcommonthreads.com；2707 Spruce St；[时钟]周一、周二和周四至周六10:00~18:00，周三至19:00；[图]205、

BOLT、HOP)你可以在这家高端女装店里淘些古着，这里是购买二手Jimmy Choo和Prada手提包的有趣地方。这里的价格比普通二手店的高，但服装、鞋子和包的保存状态都上佳，品牌服装也都货真价实。提供服装修改和裁剪的有趣课程。

❶ 实用信息

博尔德游客中心(Boulder Visitor Center; ☎303-442-2911; www.bouldercoloradousa.com; 2440 Pearl St; ◎周一至周五 8:30~17:00; ⓗHOP)位于博尔德商会(Boulder Chamber of Commerce)内，提供基本的实用信息、地图和附近徒步路径及其他活动的建议。前往法院大楼前面的珍珠街商场的旅游信息亭(☎303-417-1365; Pearl St和13th St交叉路口; ◎10:00~20:00; ⓠ208、HOP、SKIP)更为便利。

博尔德护林区(Boulder Ranger District; ☎303-541-2500; 2140 Yarmouth Ave; ◎周一至周五 8:30~16:30; ⓠ204)美国林业局(US Forest Service)的这一边远站点提供落基山国家公园周边国家森林的相关信息，包括露营地和两者之间的小径。

❶ 到达和当地交通

丹佛国际机场(见846页)距离博尔德仅45英里，是乘坐飞机到达的游客的主要入口。

Green Ride(☎303-997-0238; http://greenrideboulder.com; 4800 Baseline Rd, D110; 单程$28~38)是丹佛国际机场的接驳车，开往博尔德及其郊区，既便宜又方便($28~38)，每小时一班(3:25至23:25)。这是从机场出发的最便宜的选择。团体旅行者可以打折。

SuperShuttle(☎303-444-0808; www.supershuttle.com; 单程$84起)提供开往机场的私家面包车($84起)。基本票价最多可乘坐3人；每增加一人需额外支付$25。除非你携带大量行李，4人或以上出行最好乘坐出租车。

RTD(见847页)运营的长途汽车开往丹佛、丹佛国际机场、尼德兰及博尔德境内。**博尔德换乘中心**(Boulder Transit Center; ☎303-299-6000; www.rtd-denver.com; 1800 14th St; ⓠ204、205、208、N、DASH、HOP、JUMP、SKIP)是领取该地区公交线路地图的好地方，周末还提供免费的公共停车位。

博尔德县农贸市场 (BOULDER COUNTY FARMERS MARKET)

这座**市场**(☎303-910-2236; www.boulderfarmers.org; 13th St, Canyon Blvd和Arapahoe Ave之间; ◎4月至11月 周六 8:00~14:00, 5月至10月 周三 16:00~20:00; 🍴🚻♿; ⓠ203、204、205、206、208、225、DASH、JUMP、SKIP)在春夏两季举办，规模庞大，以有机本地食品为主，商品可谓琳琅满目。可以找到鲜花和香草，还有脑袋那么大的蘑菇、娇嫩的南瓜花、脆皮咸脆饼干、纯素蘸酱、草饲牛肉、生格兰诺拉麦片和酸奶。熟食摊位提供各种各样的国际风味美食。现场音乐表演和举家来博尔德溪边的公园野餐一样都已成为惯例。

大多数街道都有专门的自行车道，**博尔德溪自行车道**(Boulder Creek Bike Path; 🚲)是上下班必经的通勤道。有很多地方可以租到自行车。**Boulder B-Cycle**(☎303-532-4412; www.boulder.bcycle.com; 24小时租金$8; ◎办公室 周一至周五 9:00~17:00, 周六 10:00~15:00)是一个热门的全市项目，在市内到处都设有租车点，按照小时或天数出租自行车，但是用户必须先在网上注册才可租用。市中心地区也非常适合步行。

北部山脉 (Northern Mountains)

横跨大陆分水岭的两侧，四面皆是巨怪般狰狞的花岗岩。科罗拉多的北部山脉带给我们的既有无与伦比的高山探险，也有悠闲的滑雪、艰难的徒步和骑行，众多的河流更是漂流、垂钓、荡舟的好地方。

落基山国家公园 (Rocky Mountain National Park)

这座**公园**(www.nps.gov/romo; 车辆1/7日 $20/30, 摩托车、步行和自行车1/7日 $10/15, 年票 $60)拥有各种规模的自然奇观：从庞大笨重的花岗岩层到一簇簇娇嫩的黄色冰川百合，前者很多高达12,000英尺以上，还有一些已有1.3亿年之久,后者则是每年春天会在逐渐消融的雪原边缘绽放的十几种高山野花之一,花期短暂,婀娜多姿。

尽管不在美国最大的国家公园之列(占地面积只有26.5万英亩),但它绝对是最受欢迎的国家公园之一,每年接待400万游客。

这里是许多旅行者的首选,人多得令人抓狂,但公园有数英里人迹罕至的小路,其偏远之处也未经发掘,是自然爱好者的乐土。绝佳的徒步小径在高山地带纵横交错,环着偏僻的高海拔湖泊延伸,将旅行者带到落基山充满野性的荒野腹地。

◎ 景点和活动

公园拥有总长超过300英里的步道,穿越多种多样的地形,难度不一,足以满足各级别的远足需求。带孩子出游的家庭可以考虑选择轻松的步行路线前往荒野盆地(Wild Basin)的卡吕普索瀑布(Calypso Falls)或隆匹山脊地区(Lumpy Ridge)的珍宝湖(Gem Lake)。至于那些满怀雄心壮志,恰巧又脚力强健,还准备好了充足食物补给的人,一定抗拒不了冲顶朗斯峰(Longs Peak)的诱惑。无论如何,最好是能在海拔7000~8000英尺处停留至少一夜,让你的身体有时间适应这样的高海拔。在7月之前,许多徒步径就已经被皑皑白雪封住了,而径流水位的升高也让路途变得更为艰难。冬天常有雪崩的危险。

★ 冰碛田博物馆　　　　　　博物馆

(Moraine Park Museum; ☎970-586-1206; Bear Lake Rd; ◎6月至10月 9:00~16:30; ♿)**免费** 这座大楼由民间资源保护组织(Civilian Conservation Corps)建于1923年,曾经是公园引以为傲的住宿点。为了举办地质学、冰川和野生生物等相关展览,已于近年重新装修过。孩子们会喜欢这儿的互动式展览及门外半英里长的自然小径。

🛏 住宿

Glacier Basin Campground　　　露营地 $

(☎877-444-6777; www.recreation.gov; 紧邻Bear Lake Rd; 夏季 房车和帐篷露营位 $26)这个先进的露营地位于常青树的环抱之中,阳光充足。这里的大型场地可以团体露营,并且可以容纳房车。夏季,乘坐从熊湖路(Bear Lake Rd)行驶的班车即可到达。可以通过网站预订。

Aspenglen Campground　　　露营地 $

(☎877-444-6777; www.recreation.gov; State Hwy 34; 夏季 帐篷和房车露营位 $26)这是园内最小的可预订营地,只有54处露营位。多为仅有帐篷的营地,其中部分先到先得,房车营地有限。这里是公园中最为安静的露营地,而且位置非常便利(从埃斯蒂斯帕克沿US 34向西5英里处)。通过网站预订。

Moraine Park Campground　　　露营地 $

(☎877-444-6777; www.recreation.gov; 紧邻熊湖路; 夏季 帐篷和房车露营位 $26,冬季 $18)位于紧邻熊湖路(Bear Lake Rd)的黄松林中,在比弗草场游客中心(Beaver Meadows Visitor Center)以南约2.5公里处,是公园里最大的露营地,露营位共245处。如果你喜欢安静,推荐住在D Loop不必预约的仅有帐篷的营地。可通过网站预订。

Olive Ridge Campground　　　露营地 $

(☎303-541-2500; www.recreation.gov; State Hwy 7; 帐篷露营位 $26; ◎5月中旬至11月)这个维护良好的美国林业局(USFS)营地可通往以下4个徒步径入口:圣弗兰山(St Vrain Mountain)、荒野盆地、朗斯峰和双生姐妹峰(Twin Sisters)。夏天人满为患;露营位先到先得。

ⓘ 实用信息

私人车辆的入园费1天$20,7天$30。年票$60。个人以步行、自行车、摩托车或搭乘公交车辆等方式入园,每人1天$10,7天$15。

在园内的260个指定野外营地过夜,需申请野营许可证(一团不超过7人,以7天为限,费用$26)。5月至10月间,在野外营地过夜必须将食物放进防熊储物箱中(开发好的露营区里都已配备)。

高山游客中心(Alpine Visitor Center; www.nps. gov/romo; Fall River Pass; ◎5月下旬至6月中旬 10:30~16:30,6月下旬至9月上旬 9:00~17:00,9月上旬至10月中旬 10:30~16:30; ♿)

比弗草场游客中心(Beaver Meadows Visitor

Center; ☎970-586-1206; www.nps.gov/romo; US Hwy 36; ⏰6月下旬至8月下旬 8:00~21:00, 其余时间 8:00~16:30或17:00; ♿)

卡文尼彻游客中心（Kawuneeche Visitor Center; ☎970-627-3471; 16018 US Hwy 34; ⏰5月最后一周至劳动节 8:00~18:00, 劳动节至9月 至17:00, 10月至次年5月 至16:30; ♿)

🛈 到达和离开

山岭路（Trail Ridge Rd; US 34）是唯一一条东西向横穿公园的马路；从25号州际公路（I-25）和拉夫兰（Loveland）通行至此的US 34东段沿大汤普森河谷（Big Thompson River Canyon）延伸。从博尔德到该公园最直接的路线即沿US 36穿过里昂（Lyons）至东部入口。另一条从南边过来、一路多山的7号公路（Hwy 7）经过Enos Mills Cabin（☎970-586-4706; www.enosmills.com; 6760 Hwy 7; $20; ⏰夏季 周二和周三 11:00~16:00, 仅限预约; ♿)，可以前往岔路东侧的露营地和小径起点。US 34穿过公园的路段冬季封闭，只能在格兰比（Granby）取道US 40前往公园西侧。

公园东侧有两个入口：**法尔河**（Fall River; 经US 34）和**比弗草场**（Beaver Meadows; 经US 36）。**格兰德莱克入口站**（Grand Lake Entrance Station; US 34）是西侧的唯一入口。穿过**卡文尼彻谷**（Kawuneeche Valley），沿科罗拉多河上行至Timber Creek Campground（Trail Ridge Rd, US Hwy 34; 帐篷和房车露营位 $26），这条路线全年可通行。公园东侧主要的游客活动中心是位于山岭路和熊湖路的高山游客中心（见852页），从这里可以前往露营地、步道起点以及冰碛田博物馆（Moraine Park Museum; 见852页）。

埃斯蒂斯帕克北部的Devils Gulch Rd连接几条徒步小径。沿着Devils Gulch Rd走下去，穿过格伦海文（Glen Haven）村庄，便来到了一条步道的起点，步道沿大汤普森河（Big Thompson River）的北支流（North Fork）行进，通往公园。

🛈 当地交通

大部分游客都会自己开车，经由曲折悠长的山岭路（US 34），穿越大陆分水岭（Continental Divide）进入公园。但不开车的人也有一些选择。夏季每天有数趟免费班车从**埃斯蒂斯帕克游客中心**（Estes Park Visitor Center; ☎970-577-9900; www.visitestespark.com; 500 Big Thompson Ave; ⏰6月至8月 每天 9:00~20:00, 9月至次年5月 周一至周五 8:00~17:00, 周六 9:00~17:00和周日 10:00~16:00）发车，将徒步游客载到换乘点以换乘其他班车。从冰川盆地（Glacier Basin）停车场有班车开往地势较低处的熊湖（Bear Lake），全年无休。

夏季高峰期，从冰碛田营地到冰川盆地停车场之间亦有班车开行。8月中旬至9月，这趟班车仅在周末运营。

埃斯蒂斯帕克 (Estes Park)

埃斯蒂斯帕克距离美国最热门的国家公园仅有一步之遥。小镇本身就像是一组诙谐的动画，包括T恤店和冰激凌店、挤满游客的人行道和堵满房车的街道。不过，当埃斯蒂斯湖（Lake Estes）在阳光的映射下显现粼粼波光时，或者在河边喝着咖啡度过慵懒的下午时，你就会感到一丝禅意。

✈ 活动

★ 科罗拉多山学校 攀岩

（Colorado Mountain School; ☎800-836-4008; https://coloradomountainschool.com; 341 Moraine Ave; 半天指导攀岩 每人 $125起）简而言之，在科罗拉多，没有比这里更好的攀岩资源了。这家机构是该地区最大的攀岩运营商，有最专业的向导，而且是唯一能够在落基山国家公园里经营的机构。提供几种课程，由世界级攀岩教练任教。

🛏 住宿

注意：7月和8月的旺季期间，住宿场所会很快满员，价格也会飙升。

Estes Park KOA 露营地 $

（☎970-586-2888, 800-562-1887; www.estesparkkoa.com; 2051 Big Thompson Ave; 帐篷露营位 $27~33, 房车露营位 $38~48, 小屋 $75起; ♿）落基山国家公园的路边有那么多一流的露营地点，人们很难看到这个路边房车露营地的魅力。但对于那些需要在大冒险以前好好准备一天的人来说，这里靠近城镇的位置很有吸引力。

★ YMCA of the Rockies – Estes Park Center 度假村 $$

(☎888-613-9622; www.ymcarockies.org; 2515 Tunnel Rd; 房间和双 $109起, 小屋 $129起; P🐾❄🐶🌐) 这不是典型的YMCA旅舍, 而是一处热门家庭度假点。它位于高山地带, 占地数百英亩, 提供顶级汽车旅馆式的小屋与客房。可以选择最多住10人的宽敞小屋, 也可以选择汽车旅馆式的单人或双人间。这两种房都简朴实用。

Stanley Hotel 酒店 $$

(☎970-577-4000; www.stanleyhotel.com; 333 Wonderview Ave; 房间 $200起; P🐶❄🌐) 白色的乔治亚殖民地风格的修复酒店与落基山国家公园高耸入天际的山峰形成鲜明对比。这家等级最好的酒店是当地最热门的休闲度假之地, 还曾经激起斯蒂芬·金 (Stephen King) 创作著名恐怖小说《闪灵》(*The Shining*) 的灵感。客房装饰保留老西部的特点, 同时提供舒适的享受。

Black Canyon 度假屋 $$$

(☎800-897-3730; www.blackcanyoninn.com; 800 MacGregor Ave; 1/2/3床房间 $150/199/399起; P🐾❄🌐) 挥霍一番的好地方, 这片美丽、僻静的14英亩庄园提供豪华套房和"质朴"木屋 (配备按摩浴缸)。房间设有石砌壁炉, 采用深色木质装修和深色编织挂毯。

✖ 就餐

自己备餐的人可以顺路去当地的 Safeway 超市 (☎970-586-4447; 451 E Wonderview Ave; ☉周一至周五 9:00~19:00, 周六 至18:00, 周日 10:00~16:00; P❄) 采购备货, 然后进城前往**邦德公园** (Bond Park; E Elkhorn Ave) 野餐或沿途的某个国家公园路边野餐。

Ed's Cantina & Grill 墨西哥菜 $$

(☎970-586-2919; www.edscantina.com; 390 E Elkhorn Ave; 主菜 $9~12; ☉周一至周五 11:00至深夜, 周六和周日 8:00~22:00; 🌐) 户外露台就搭建在河面上, 点一杯玛格丽特, Ed's 就是享受宁静时光的最好地方。这家酒吧供应墨西哥菜和美国菜, 复古的空间里摆放着皮革椅, 四周是大胆的原色色调。

Smokin' Dave's BBQ & Tap House 烧烤 $$

(☎866-674-2793; www.smokindavesbbqandtaphouse.com; 820 Moraine Ave; 主菜 $8~20; ☉周日至周四 11:00~21:00, 周五和周六 至22:00; 🌐) 科罗拉多山城里得过且过的烧烤店全都过于普通, 但位于闲置餐厅内的 Dave's 完全不负众望。水牛肋排和手撕猪肉搭配稍甜的烟熏浓汁, 甘薯片炸得酥脆。还有什么好东西? 长长的、精挑细选的啤酒单。

ℹ 到达和离开

Estes Park Shuttle (☎970-586-5151; www.estesparkshuttle.com; 单程/往返 $45/85) 这条班车线路连接丹佛机场和埃斯蒂斯帕克, 每天4班左右, 用时2小时。

斯廷博特斯普林斯 (Steamboat Springs)

坐落于西坡 (Western Slope) 边缘的斯廷博特斯普林斯是一座悠闲的滑雪小镇, 朴实、坦率、闲适, 是最能感受到科罗拉多式友善的地方。

这里的滑雪场是西部最好的一处, 可以为全家人提供绝佳的滑雪环境。夏季几乎和冬季一样受欢迎, 那时可以来体验徒步、背包旅行、激流漂流、山地骑车, 以及许多其他户外活动。

⚡ 活动

斯廷博特滑雪场 雪上运动

(Steamboat Mountain Resort; ☎售票处 970-871-5252; www.steamboat.com; 缆车票 成人/儿童 $120/75; ☉售票处 8:00~17:00) 关于斯廷博特滑雪区的统计数字充分说明了这里为何自诩为"美国滑雪小镇"——165条小径、3668英尺的垂直落差、近3000英亩的占地面积。凭借出色的雪况和适合各层次滑雪者的滑雪道, 这里成为冬季旅行者的主要度假胜地, 提供美国最好的滑雪体验。夏季, 可以逛逛**斯廷博特骑行公园** (Steamboat Bike Park; www.steamboat.com; Steamboat Mountain

Resort; $25; ⊙乘贡多拉 6月10日至8月28日 8:30~16:30)。

★ 草莓公园温泉　　　　　　　　温泉

(Strawberry Park Hot Springs; ☎970-879-0342; www.strawberryhotsprings.com; 44200 County Rd; 每日 成人/儿童 $15/8; ⊙周日至周四 10:00~22:30, 周五和周六 10:00至午夜; ♿)♠斯廷博特最受欢迎的温泉其实都在市区范围之外, 能让你获得返璞归真的放松体验。天然水池位于河边, 位置很宜人。天黑以后, 仅限成年人进入, 不强制着装(不过现在大多数人会穿泳装); 如果这个时候前来, 你需要一盏头灯。周末停车估计需要等待15~45分钟。

Orange Peel Bikes　　　　　　骑车

(☎970-879-2957; www.orangepeelbikes.com; 1136 Yampa St; 自行车租赁 每日 $20~65; ⊙周一至周五 10:00~18:00, 周六 10:00~17:00; ♿)在杨帕(Yampa)尽头的一座独特的老建筑中。想要租辆车沿着Howelsen Hill纵横交错的小径骑行的话, 这里的位置非常便利。工作人员是经验丰富的骑手和技师, 提供有关当地小径的全面信息, 包括地图。这里无疑是镇里最酷的自行车店。

Bucking Rainbow Outfitters　　漂流、钓鱼

(☎970-879-8747; www.buckingrainbow.com; 730 Lincoln Ave; 轮胎漂流 $18, 漂流 $50~100, 钓鱼 $150~500)这个优秀的旅行用品商店提供飞蝇式钓鱼、漂流、户外服装, 也是该地区最好的飞蝇式钓鱼用具商店, 不过最出名的还是这里提供的杨帕和其他区域的漂流行程。漂流时长从半日到一日不等。2小时的镇内飞蝇式钓鱼行程每人$155起。这里有个轮胎搭的小屋, 提供从Yampa St的Sunpies Bistro出发的接驳车。

老镇温泉　　　　　　　　　　　温泉

(Old Town Hot Springs; ☎970-879-1828; www.oldtownhotsprings.org; 136 Lincoln Ave; 成人/儿童 $18/11, 滑水道 $7; ⊙周一至周五 5:30~22:00, 周六 7:00~21:00, 周日 8:00~21:00; ♿)温泉位于市中心, 这里的矿物质泉水比当地大多数其他温泉都要温暖。这里的泉水被犹他人称为"药泉", 据说有特殊的治疗能力。这里还有一条长230英尺的滑水道、一面攀岩墙和许多浅水区, 是城内最适合家庭出游的温泉。

🛏 食宿

★ Vista Verde Guest Ranch　　牧场 $$$

(☎800-526-7433; www.vistaverde.com; 31100 Seedhouse Rd; 每周 每人 $2700起; ❄🐾)简而言之, 这里是科罗拉多最奢华的高档度假牧场。在这里, 白天你可以与经验丰富的员工一同骑马, 傍晚可以在环境优美的度假屋围炉而坐, 夜晚盖着布料密实的被单入睡。如果你财力允许的话, 就来这里吧。

Rex's American Bar & Grill　　美国菜 $

(☎970-870-0438; www.rexsgrill.com; 3190 S Lincoln Ave; 主菜 $11~15; ⊙7:00~23:00; 🅿)草饲牛排、麋鹿香肠、野牛肉汉堡及肉食者喜爱的其他菜肴是这个地方的标签。它们如此美味, 所以你不得不容忍餐馆的位置——紧邻Holiday Inn。这里供餐至23:00, 是城里能吃到晚餐的最晚地点。

Laundry　　　　　　　　　　　美国菜 $$

(☎970-870-0681; www.thelaundryrestaurant.com; 127 11th St; 小盘菜 $10~16, 大盘菜 $35~38; ⊙16:30至次日2:00)这家斯廷博特斯普林斯的新生代餐馆供应城里最好的食物。你会喜欢极具创意的爽心食品、熟食、大份牛排、烧烤、创意摆盘和各种腌菜。总是花超预算的人会喜欢可分享的小盘菜——对控制预算很有帮助。

ⓘ 实用信息

斯廷博特斯普林斯游客中心(Steamboat Springs Visitor Center; ☎970-879-0880; www.steamboat-chamber.com; 125 Anglers Dr; ⊙周一至周五 8:00~17:00, 周六 10:00~15:00)位于Sundance Plaza对面, 提供丰富的当地信息, 网站的资源也对制订出行规划十分有用。

美国林业局哈恩峰护林员办公室(USFS Hahns Peak Ranger Office; ☎970-879-1870; www.fs.usda.gov; 925 Weiss Dr; ⊙周一至周五 8:00~17:00)办公室的护林工作人员提供周边国家森林的进入许

可证和相关信息，包括济克尔山荒野（Mount Zirkel Wilderness），还有关于在该地区徒步、骑山地自行车、钓鱼及其他活动的信息。

❶ 到达和离开

灰狗巴士站（Greyhound Terminal；☎800-231-2222；www.greyhound.com；1505 Lincoln Ave）灰狗巴士经US 40往返于丹佛和盐湖城之间的长途汽车在此停靠，距城市西部约半英里。

Storm Mountain Express（☎877-844-8787；www.stormmountainexpress.com）这趟班车开往扬帕谷地区机场（Yampa Valley Regional Airport；单程$38）及更远的地方，不过前往丹佛国际机场和韦尔的票价非常贵。

科罗拉多州中部（Central Colorado）

科罗拉多州的中部山区因世界级滑雪场、高原徒步路径和融雪汇成的河流闻名于世。东南边是科罗拉多斯普林斯（Colorado Springs）和派克斯峰（Pikes Peak），也是前岭（Front Range）南部的起点。

温特帕克（Winter Park）

距离丹佛不到两小时的车程外就是朴实无华的温特帕克滑雪场（Winter Park Resort），这是前岭居民最喜欢的地方，他们每个周末都会开车赶来滑雪。初学者可以在粉状雪地里愉快地前行，而滑雪好手则可在Mary Jane的世界级颠簸滑雪道测试自己的功夫。

这座令人惬意的城镇全年都是玩耍的绝佳地点。多数服务项目要么位于温特帕克以南的滑雪村，要么在设有游客中心的US 40（主道路）沿线。沿40号公路（Hwy 40）前往，你能到达弗雷泽（Fraser）——基本相同的城镇——然后是塔博纳什（Tabernash），最后抵达落基山国家公园后面。

除了高山滑雪和越野滑雪之外，温特帕克还有大约600英里的山地自行车小径，适合各水平车手。长5.5英里、铺好路面的**弗雷泽河小径**（Fraser River Trail）从滑雪场起，穿过山谷，延伸到弗雷泽，连接各条小径。**游客中心**（☎970-726-4118；www.winterpark.info.com；78841 Hwy 40；◎9:00~17:00）可以领取小径地图。甚至冬天亦可骑车——被称为胖胎自行车骑行。

🛏 食宿

前往温特帕克途中的40号公路沿线有两个美国林业局的露营地，先到先得：**Robber's Roost**（Hwy 40；帐篷和房车露营位 $20；◎6月中旬至8月；🐾）没有水，距离城镇5英里；**Idlewild**（Hwy 40；帐篷和房车露营位 $20；◎5月下旬至9月；🐾）距离城镇1英里。周边的国家森林中分散有许多免费的露营地。

★ Devil's Thumb Ranch　　度假屋 $$$

（☎800-933-4339；www.devilsthumbranch.com；3530 County Rd 83；工舍 $119~149，度假屋 房间 $270起，小屋 $450起；❄️🍴🏊🐾）温特帕克地区最高级的住宿场所，这座高海拔牧场是全年活动的绝佳大本营（☎970-726-8231；步道通票 成人/儿童 $22/10，骑马 $95~175；🐾）。住宿条件豪华，但不至于让人难以企及。自助牧场工舍房费最便宜，如果想要度过一个浪漫的周末，别致的牛仔度假屋不容错过。团体出行者或需要更多隐私的客人适合选择小屋。

★ Pepe Osaka's Fish Taco　　日本菜 $

（☎970-726-7159；www.pepeosakas.com；78707 US Hwy 40；2个墨西哥煎玉米卷 $13~15；◎每天 16:00~21:00，外加周六和周日 正午至15:00）你喜欢寿司，也喜欢墨西哥鱼肉玉米卷。其实，你喜欢的是寿司玉米卷，因为……为什么不呢？在这家不彻底的日式餐馆（如果你还没明白，那就是日本-秘鲁融合菜式）大吃香辣的金枪鱼玉米卷、酸橘汁金枪鱼沙拉玉米卷和熏鲭鳅鱼碎玉米卷。全都搭配可口的炸大蕉和玛格丽特鸡尾酒。

布雷肯里奇及周边（Breckenridge & Around）

布雷肯里奇坐落在雄伟的十英里山脉（Tenmile Range）脚下，是一座生活富足的矿业小镇。这里有生机勃勃的历史区。与科罗拉多华丽的度假村相比，这里务实的氛围令人耳目一新，适合阖家玩乐的滑雪道和金矿

历史使其成为萨米特县（Summit County）最具氛围的旅行目的地。

⊙ 景点和活动

连绵无尽的山峰和探险的机会使布雷肯里奇轻而易举地成为萨米特县的亮点。在精心修整的雪道和高山盆地滑雪，穿雪鞋越野，攀登14,000英尺的高峰，飞速驶过长达几英里的山地自行车道，去蓝河（Blue River）激浪漂流或者垂钓。

★ 巴尼福特博物馆　　　　　　博物馆

（Barney Ford Museum; www.breckheritage.com; 111 E Washington Ave; 建议捐款 $5; ◎周二至周日 11:00~15:00, 各季开放时间不定）**免费**
巴尼福特曾经是逃跑的奴隶，后来成为杰出的企业家和科罗拉多民权运动先驱。在他极其富有、悲惨和成功的一生中，曾两次在布雷肯里奇（他在这儿经营一家24小时摊位，提供牡蛎等美味）停留。他在丹佛拥有一家餐馆兼酒店。博物馆位于他的故居，他在1882年至1890年间在此生活。

★ 布雷肯里奇滑雪场　　　　　雪上运动

（Breckenridge Ski Area; ☎800-789-7669; www.breckenridge.com; 缆车票 成人/儿童 $171/111; ◎11月至次年4月中旬 8:30~16:00; ▣）这片滑雪场横跨5座大山，占地面积2900英亩，拥有科罗拉多州内最适合初级和中级滑雪者的滑雪道，也有专为专业滑雪者设计的陡峭斜坡和斜槽，此外还有4个地形公园和一条大型U形滑道。

✦ 节日和活动

乌勒尔节　　　　　　　　　　文化节

（Ullr Fest; www.gobreck.com; ◎1月）人们在乌勒尔节上用狂热的游行和为期4天的庆祝活动来赞颂挪威的冬日之神。特色是胖胎骑行比赛、遍及全城的才艺表演和篝火晚会。

国际雪雕锦标赛　　　　　　　艺术节

（International Snow Sculpture Championship; www.gobreck.com; ◎1月至2月）该锦标赛于1月中旬开始，持续3周。第一周"技艺周"（Technical Week）里制作大块雪砖；之后的"雕刻周"（Sculpting Week）里，雕塑家们开始创作并由公众评判；最后的"欣赏周"（Viewing Week）里，雕塑陈列于河滨步道（River Walk）。

🛏 住宿

★ Bivvi Hostel　　　　　　　青年旅舍 $

（☎970-423-6553; www.thebivvi.com; 9511 Hwy 9; 铺 冬季/夏季 $85/29起; ▣ ▣）Bivvi是一家散发着木屋气息的现代青年旅舍，时尚的风格、友善的态度和实惠的价格都为其加分不少。4至6人宿舍间配备单独的储物柜，还有配套的浴室和免费早餐；可以在时髦的公共休息室或者外边华丽的木平台上放松一番，配备燃气烧烤炉和热水池。另外还有私人客房。

★ Abbett Placer Inn　　　　民宿 $$

（☎970-453-6489; www.abbettplacer.com; 205 S French St; 房间 冬季/夏季 $179/129起; ▣ ❄ @ ▣）这幢紫罗兰色的房子里有5间宽敞的客房，房间里配有木头家具、iPod基座和柔软的浴袍。酒店的风格相当低调。热情好客的主人会准备好大份早餐，而客人则可以在户外享受按摩浴池。厨房是公用的。从顶楼房间的私人阳台可欣赏到山峰的辽阔景观。入住时间为16:00~19:00。

🍴 餐饮

★ Breckenridge Distillery　　美国菜 $$

（☎970-547-9759; www.breckenridgedistillery.com; 1925 Airport Rd; 小盘菜 $10~18; ◎周二至周六 16:00~21:00）位于富有炫酷都市感的用餐空间，这家自酿酒吧（◎周二至周六 11:00~21:00, 周日和周一 至18:00）的菜单五花八门，按照曾经在华盛顿做过主厨的丹尼尔·奥布莱恩（Daniel O'Brien）的奇思妙想，从绝妙的奶酪胡椒意大利面（罗马意面和奶酪）到鸡肝泡芙，再到海枣和马斯卡彭奶酪，水准始终如一。这里大多提供小盘菜，非常适合分享，并搭配一流的鸡尾酒享用。

★ Crown　　　　　　　　　　咖啡馆

（☎970-453-6022; www.thecrownbreckenridge.com; 215 S Main St; ◎7:30~20:00; ▣）布雷肯里奇的客厅或许就是Crown这样的，一家热闹的咖啡馆兼社交中心。点一杯Silver

落基山脉　科罗拉多州中部

Canyon咖啡，一份三明治或沙拉，还能听听最新的八卦。

Broken Compass Brewing   自酿酒吧

(☎970-368-2772; www.brokencompassbrewing.com; 68 Continental Ct; ⏰11:30~23:00) Broken Compass位于Airport Road北端的工业综合建筑群内，被普遍认为是布雷肯里奇最好的自酿酒吧。与三五好友一同坐在老式的缆车座位上，来一品脱的椰子黑啤（Coconut Porter）或红辣椒浅色啤酒（Chili Pepper Pale）。酒吧的班车往返于酒吧和市区之间，两小时一班。

❶ 实用信息

游客中心（Visitor Center; ☎877-864-0868; www.gobreck.com; 203 S Main St; ⏰9:00~18:00; 🛜）提供大量地图和宣传册，有一个令人愉悦的河畔博物馆，展示着布雷肯里奇金矿业的历史。

❶ 到达和离开

布雷肯里奇位于丹佛以西80英里处，从70号州际公路（I-70）203号出口下，然后取道9号公路（Hwy 9）南行。萨米特县免费公交服务**Summit Stage**（☎970-668-0999; www.summitstage.com）冬季连接布雷肯里奇与基斯通（Keystone）和阿拉珀霍盆地（A-Basin）（Swan Mountain Flyer），全年开往弗里斯科（Frisco）。

韦尔（Vail）

韦尔拥有得天独厚的群峰、湛蓝的天空和清新的粉雪，还有河流蜿蜒穿行而过，有雪坡和自行车道装点其间，是科罗拉多的顶级游乐场。真正吸引人的始终是韦尔山（Vail Mountain），高大雄伟，白雪皑皑，令人欣喜，地形之多样超过美国其他任何地方：北侧1500英亩的斜坡和3500英亩的后山盆地如同天赐。

加上韦尔的美食、打扮入时的客人和精神充沛的年轻工作人员，你就像来到了一个令人激动的雅痞乌托邦。

◉ 景点和活动

韦尔的魅力不是什么秘密。冬季和夏季都有无数的户外活动，令这个度假胜地无比迷人。要记住，泥泞季节（4月中旬至5月，外加11月）对游客的吸引力不大——你不能滑雪，实际上也不能进山徒步。

★ 韦尔山   雪上运动

(Vail Mountain; ☎970-754-8245; www.vail.com; 缆车票 成人/儿童 $189/130; ⏰11月至次年4月中旬 9:00~16:00; 🅿)韦尔山是我们在科罗拉多州最喜欢的山峰，有5289英亩滑雪场地、195条徒步路径、3个地形公园和北美最昂贵的缆车。如果你是第一次在科罗拉多州滑雪，来到这里是值得的，特别是在蓝鸲啁啾、粉雪松软的日子里。其他3个雪场（比弗溪、布雷肯里奇和基斯通）接受此地的多日票。

韦尔至布雷肯里奇自行车道   骑车

(Vail to Breckenridge Bike Path; www.summitbiking.org)这条自行车专用车道从东韦尔（East Vail）起，经过8.7英里至韦尔山口（Vail Pass; 海拔1831英尺）峰顶，再下行14英里到达弗里斯科（到布雷肯里奇要再多走9英里）。如果你只对下山路段感兴趣，那就跳上**Bike Valet**（☎970-476-7770; www.bikevalet.net; 616 W Lionshead Cir; 自行车租借 每日 $50起; ⏰9:00~18:00; 🅿)的接驳车，然后享受骑车回到韦尔的乐趣。

🛏 住宿

Gore Creek Campground   露营地 $

(☎877-444-6777; www.recreation.gov; Bighorn Rd; 帐篷露营位 $22; ⏰5月中旬至9月; 🅿)营地位于Bighorn Rd的尽头、韦尔村以东6英里处。有19个扎营点，位于戈尔溪（Gore Creek）旁的树林里有野餐桌和炉排。营地附近有很棒的垂钓场所——可以沿Slate Creek或Deluge Lake两条小径走走，后者通往一座有很多鱼的湖泊。从70号州际公路（I-70）180号出口（东韦尔）可达该营地。

Austria Haus   酒店 $$$

(☎866-921-4050; www.austriahaushotel.com; 242 E Meadow Dr; 房间 冬季/夏季 $500/280起; 🅿❄🛜)韦尔最老牌的酒店之一，Austria Haus提供酒店房间和公寓（更多信息见www.austriahausclub.com），所以一定

要弄清楚自己预订的是什么。酒店的迷人细节有木框门廊、柏柏尔地毯和大理石浴室,可以惬意居住。持续一上午的丰盛早餐可以补充体力。

★ Sebastian Hotel 酒店 $$$

(☎800-354-6908; www.thesebastianvail.com; 16 Vail Rd; 房间 冬季/夏季 $800/300起; P❄☺⌂☎) 这家拥有高品位当代艺术作品的精致酒店兼具豪华感与现代感,提供一系列令人赞叹的服务与设施,例如山区滑雪随侍服务、豪华水疗和探险活动陪同。夏季房费下降,这时最适宜享受供应小吃的酒吧和壮观的泳池区,后者的热水浴池里满溢着香槟般的泡沫。

✘ 餐饮

★ Westside Cafe 美式小馆 $

(☎970-476-7890; www.westsidecafe.net; 2211 N Frontage Rd; 主菜 $9~16; ⊙周一至周三 7:00~15:00, 周四至周日 至22:00; ☎♿)本地餐馆Westside位于西韦尔(West Vail)的商业街,在当地名气很大。这里全天都供应美味的煎锅早餐,比如"盛大的希腊煎锅(My Big Fat Greek Skillet)"内包括炒鸡蛋、皮塔三明治、红皮洋葱、番茄和羊奶干酪,搭配热乎乎的皮塔饼,还有各种常见的高热量食品,在出发去雪坡或刚从雪坡回来时都很有必要来此补充能量。店内还设有外卖柜台。

bōl 美国菜 $$

(☎970-476-5300; www.bolvail.com; 141 E Meadow Dr; 主菜 $18~27; ⊙14:00至次日1:00; ☎♿)一半是时髦的餐厅,一半是航天时代风格的保龄球场,这里是韦尔不同凡响的聚会场所。你可以到后边打保龄球(每小时 $105~300!),但它真正吸引人的是包罗万象的菜单:从棒棒羊排和蓝玉米糊酿辣椒到慢煮鸭肉团子,不一而足。

★ Game Creek Restaurant 美国菜 $$$

(☎970-754-4275; www.gamecreekvail.com; Game Creek Bowl; 3/4道菜套餐 $99/109; ⊙12月至次年4月 周二至周六 17:30~21:00, 6月下旬至8月 周四至周六 17:30~20:30和周日

登上你的第一座14,000英尺高峰

窘惑峰(Quandary Peak; www.14ers.com; County Rd 851)被称为科罗拉多州"最容易攀登"的14er(海拔高于14,000英尺的高峰,约合4267米)。这座高山海拔14,265英尺,是该州第十三高的山峰。虽然你会在途中看到许多小孩和狗,但这其实未必是最容易攀登的高峰,从登山口到峰顶是艰巨的3英里(约4.8千米)路程。

往返全程为6英里,一般需要7至8小时。可从布雷肯里奇取道9号公路向南前往胡困热尔山口(Hoosier Pass),右转进入County Rd 850,再右转到County Rd 851。继续前行1.1英里即可到达没有标识的登山口。车辆可平行停放在防火道上。6月至9月前往。

11:00~14:00; ☎♿)这一美食目的地坐落在壮观的加姆河盆地(Game Creek Bowl)高处。乘坐Eagle Bahn Gondola缆车前往Eagle's Nest,工作人员会把你带到他们度假屋风格的餐厅(冬天乘坐雪地履带车),那里提供美式-法式菜单,明星菜品有野猪肉、麋鹿里脊和鲜美多汁的羊腿。需要预订。

★ Sweet Basil 美国菜 $$$

(☎970-476-0125; www.sweetbasilvail.com; 193 Gore Creek Dr; 主菜 午餐 $18~22, 晚餐 $27~48; ⊙11:30~14:30和18:00至深夜)✎ Sweet Basil自1977年开始营业,如今依然是韦尔最好的餐馆之一。菜单随季节更换,五花八门的美国菜肴通常包括人们最喜爱的科罗拉多羊肉和煎落基山鳟鱼等,始终充满创意,非常出色。气氛也美妙至极。需要预订。

ⓘ 实用信息

韦尔游客中心(Vail Visitor Center; ☎970-477-3522; www.vailgov.com; 241 S Frontage Rd; ⊙冬季 8:30~17:30, 夏季 至20:00; ☎)提供地图、最后时刻优惠住宿及活动和城镇信息。它位于交通中心(Transportation Center)旁边。规模更大的莱昂谢德欢迎中心(Lionshead welcome center)位于停车场入口处。

❶ 到达和当地交通

伊格尔县机场（Eagle County Airport；📞970-328-2680；www.flyvail.com；217 Eldon Wilson Dr, Gypsum）这座机场位于韦尔以西35英里处，有前往全国各地的航班（其中许多都飞经丹佛）和提供租车服务的柜台。

Colorado Mountain Express提供往返丹佛国际机场（$92，3小时）和伊格尔县机场（$51，40分钟）的班车。所有长途汽车都到达韦尔交通中心（Vail Transportation Center）并从此发车。

伊格尔县地区交通局（Eagle County Regional Transportation Authority；www.eaglecounty.us；每趟$4，至莱德维尔$7）交通局的长途汽车前往比弗溪（Beaver Creek）、明特恩（Minturn），甚至莱德维尔（Leadville），价格实惠。长途汽车运营时间大概是5:00至23:00；登录网站查询具体时刻表。长途汽车从**韦尔交通中心**（📞970-476-5137；241 S Frontage Rd）发车。

Vail Transit（📞970-477-3456；www.vailgov.com；⊙6:30至次日1:30）是经过韦尔滑雪场区域的环线，包括西韦尔（West Vail；北边和南边）、韦尔村（Vail Village）、莱昂施德（Lionshead）和东韦尔（East Vail），还有福特公园（Ford Park）和桑兹通（Sandstone）。汽车大多有自行车架和雪橇架，全部免费。

阿斯彭（Aspen）

这里是一座奇特的城镇，与美国西部的所有地方都不一样。它就像一杯鸡尾酒，以牛仔的坚毅、欧洲的潇洒、好莱坞的魅惑、常春藤联盟的才智、新鲜的粉雪、现场音乐和大把的金钱调制而成。它就是那种无论哪个季节都能用无数种方式让你兴奋起来的地方。

❂ 景点和活动

★ 阿斯彭环境研究中心　　　户外活动

（Aspen Center for Environmental Studies，简称ACES；📞970-925-5756；www.aspennature.org；100 Puppy Smith St, Hallam Lake；⊙周一至周五 9:00~17:00；📶）**免费** 阿斯彭环境研究中心是一片占地25英亩的野生动物保护区，围绕在咆哮叉河（Roaring Fork River）和亨特溪谷（Hunter Creek Valley）数英里长的徒步小径周边。该中心秉承环保理念，有自然学家免费带领徒步和雪地步行游，主持猛禽讲解（有老鹰和猫头鹰等居民）和专为青少年安排的活动。

★ Aspen Snowmass Ski Resort　　雪上运动

（📞800-525-6200；www.aspensnowmass.com；4座山缆车 成人/儿童 $164/105；⊙12月至次年4月中旬 9:00 - 16:00，📶）OK，这里最好的冬季活动根本不用选：追逐粉雪，大量的粉雪。阿斯彭滑雪公司（Aspen Skiing Company）经营该地区的4家度假村——**Snowmass**（📞970-923-0560；⊙11月下旬至次年4月中旬；📶）是最好最全面的选择，地形最为多样，垂直落差最大；**Aspen**（📞970-925-1220；601 E Dean St；⊙11月下旬至次年4月中旬）适合中级和专业的滑雪者；**Highlands**（📞970-920-7009；Prospector Rd；⊙12月至次年4月上旬）适合专业水准；以及**Buttermilk**（📞970-925-1220；Hwy 82；⊙12月至次年3月；📶）适合初学者，有地形公园——这些雪场分布于山谷之中，可搭乘免费班车前往。

★ 马龙双子峰　　　徒步、滑雪

（Maroon Bells）如果你只有1天的时间可以享受原始的荒野，应该前往科罗拉多最具标志性的山峰：金字塔形状的马龙北峰（North Maroon Peak；海拔14,014英尺）和马龙南峰（South Maroon Peak；海拔14,156英尺）。双峰位于阿斯彭西南11英里处，起点均在马龙湖（Maroon Lake）岸边；此处背倚高耸的条纹状山峰，绝对令人惊艳。

阿斯彭艺术博物馆　　　博物馆

（Aspen Art Museum；📞970-925-8050；www.aspenartmuseum.org；637 E Hyman Ave；⊙周二至周日 10:00~18:00）**免费** 这座艺术博物馆于2014年开幕，醒目的建筑以温暖的格栅外观为特色——设计者是普利兹克奖（Pritzker Prize）的获得者坂茂（Shigeru Ban），内部有3层展览空间。这里没有长期馆藏，只展出前卫、创新的现代艺术作品。展品特色是玛玛·安德森（Mamma Andersson）、马克·曼德斯（Mark Manders）和苏珊·菲利普斯（Susan Philipsz）等艺术家创作的绘画、混合媒体、雕塑、音像和摄影作品。艺术爱好者绝不会失望。上到屋顶欣赏风景，在时尚的咖啡馆吃点儿东西。

🛏 住宿

★ Difficult Campground 露营地 $

(☎877-444-6777; www.recreation.gov; Hwy 82; 帐篷和房车露营位 $24~26; ◎5月中旬至9月; ❄) 阿斯彭地区最大的露营地, Difficult是独立山口 (Independence Pass) 脚下的4处营地之一, 也是唯一可以预订的营地。它坐落在城镇以西5英里处, 是4个露营地中海拔最低 (8000英尺) 的。再往上是另外3座规模较小的露营地: **Weller**、**Lincoln Gulch** 和 **Lost Man**。提供水, 但房车营地不通电。

安娜贝尔酒店 酒店 $$

(Annabelle Inn; ☎877-266-2466; www.annabelleinn.com; 232 W Main St; 房间 冬季/夏季 $249/200起; P❄@☎) 平易近人、低调内敛, 位于市中心的安娜贝尔酒店有点像老派的欧洲风格滑雪度假屋, 可爱而奇特。房间很温馨, 装饰恰到好处, 配有平板电视和温暖的羽绒被。我们喜欢躺在高层露台的热水浴池 (有两个, 任选其一) 里看晚间的滑雪影片; 房费包括一顿不错的早餐。

★ Limelight Hotel 酒店 $$$

(☎855-925-3025; www.limelighthotel.com; 355 S Monarch St; 房间 冬季/夏季 $500/250起; P❄☎❄) 整洁、时尚, Limelight的石砖玻璃现代主义建筑透着阿斯彭的别致氛围。客房宽敞, 设施时尚: 花岗岩洗手池、皮革床屏, 还可以从阳台和屋顶露台观看山景。额外福利包括开往所有雪坡的班车和绝好的早餐。

🍴 餐饮

Justice Snow's 美国菜 $$

(☎970-429-8192; www.justicesnows.com; 328 E Hyman Ave; 主菜 午餐 $12~18, 晚餐 $17~26; ◎周一至周五 11:00至次日2:00, 周六和周日 9:00至次日2:00; ☎❄) Justice Snow's位于历史建筑惠勒歌剧院 (Wheeler Opera House; ☎970-920-5770; www.aspenshowtix.com; 320 E Hyman Ave; ◎售票处 周一至周五 正午至17:00) 中, 是一家恰到好处的复古老酒馆, 配上了带有现代气息的古董木家具。虽然名义上是酒吧 (鸡尾酒是这里的灵魂), 但实惠的价格和当地食材烹制的美食 ($12的美味汉堡——在阿斯彭) 才是留住本地食客的原因。

★ Pyramid Bistro 咖啡馆 $$

(☎970-925-5338; www.pyramidbistro.com; 221 E Main St; 主菜 午餐 $12~18, 晚餐 $19~29; ◎11:30~21:30; ❄) 这家美食素食咖啡馆位于**Explore Booksellers** (☎970-925-5336; www.explorebooksellers.com; 221 E Main St; ◎10:00~21:00; ☎) 顶层, 提供讨喜的创意饮食, 包括羊奶酪甘薯团子、红扁豆汉堡以及搭配牛油果、枸杞和芝麻油醋汁的藜麦沙拉。无疑是阿斯彭最好的健康饮食选择。

★ Matsuhisa 日本菜 $$$

(☎970-544-6628; www.matsuhisarestaurants.com; 303 E Main St; 主菜 $29~42, 2块寿司 $8~12; ◎17:30至关门) 松久信幸 (Matsuhisa Nobu) 标志性的连锁店如今已开遍全球, 科罗拉多最早的分店便位于这栋改建的房子内, 比起韦尔的姊妹店, 这里更有私密性, 菜肴还是维持一贯的精彩, 比如味噌黑鳕鱼、智利海鲈鱼配松露, 以及可口的海胆酒。

Aspen Brewing Co 自酿酒吧

(☎970-920-2739; www.aspenbrewingcompany.com; 304 E Hopkins Ave; ◎正午至深夜; ☎) 拥有5种招牌口味和一个面对群山、阳光普照的阳台, 这里肯定能让你在好好玩了一天之后彻底放松下来。酒类选择很多, 从可口的This Year's Blonde, 到令人眩晕的Independence Pass Ale (IPA), 还有香醇的Conundrum Red Ale和巧克力味的Pyramid Peak Porter。

Woody Creek Tavern 酒吧

(☎970-923-4585; www.woodycreektavern.com; 2 Woody Creek Plaza, 2858 Upper River Rd; ◎11:00~22:00) 这个时髦的小酒馆曾是已故的伟大刚左 (Gonzo, 一种不排斥主观性的新闻报道流派) 记者亨特·S.汤普森 (Hunter S Thompson) 最喜欢的酒馆, 哪怕要从阿斯彭驱车8英里前来也是值得的, 或者可骑车走格兰德河小径 (Rio Grande Trail; www.riograndetrail.com; Puppy Smith St) 前往, 可以在这里享用100%的纯龙舌兰酒和新鲜柠檬汁调制的玛格丽特鸡尾酒。这家质朴而独特的酒馆从

1980年至今一直吸引着当地人，墙壁上装饰着剪报、顾客照片和个人用品。

❶ 实用信息

阿斯彭-索普利斯护林区（Aspen-Sopris Ranger District；☎970-925-3445；www.fs.usda.gov/whiteriver；806 W Hallam St；◉周一至周五 8:00~16:30）美国林业局阿斯彭-索普利斯护林区管理大约20处露营地，覆盖咆哮叉谷（Roaring Fork Valley）和从独立山口到格伦伍德斯普林斯（Glenwood Springs）的地区，包括马龙双子峰荒野（Maroon Bells Wilderness）。可以来此获取地图和徒步相关建议。

阿斯彭游客中心（Aspen Visitor Center；☎970-925-1940；www.aspenchamber.org；425 Rio Grande Pl；◉周一至周五 8:30~17:00）位于格兰德河公园（Rio Grande Park）对面。

库珀街信息亭（Cooper Street Kiosk；E Cooper Ave 和S Galena St交叉路口；◉10:00~18:00）有地图、小册子和杂志。

❶ 到达和当地交通

阿斯彭-皮特金县机场（Aspen-Pitkin County Airport；☎970-920-5380；www.aspenairport.com；233 E Airport Rd；☏）位于阿斯彭西北4英里的82号公路（Hwy 82）沿线，这座生机勃勃的机场全年都有来自丹佛的直飞航班，还有直达包括洛杉矶和芝加哥在内的8座美国城市的季节性航班。这里有几家租车公司。免费公共汽车往返机场，每隔10至15分钟发车。

Colorado Mountain Express（☎800-525-6363；www.coloradomountainexpress.com；成人/儿童至丹佛国际机场 $120/61.50；☏）提供频繁往返丹佛国际机场的接驳车（4小时）。

咆哮叉交通局（Roaring Fork Transportation Authority，简称RFTA；☎970-925-8484；www.rfta.com；430 E Durant Ave, Aspen；◉6:15至次日2:15；☏）咆哮叉交通局的免费班车开往阿斯彭的Highlands、Snowmass和Buttermilk。**VelociRFTA**运营的巴士开往山谷下的城镇巴萨尔特（Basalt；$4，25分钟）、卡本代尔（Carbondale；$6，45分钟）和格伦伍德斯普林斯（$7，1小时）。

萨里达（Salida）

萨里达是科罗拉多州最大的历史区，因此本身就是个值得探访的迷人所在，而且它还拥有无与伦比的地理位置：一边是阿肯色河（Arkansas River），另一边则是两大山脉的交会处。这里的旅游攻略简而言之：日间徒步、骑自行车或漂流，晚上回到镇上烤水牛排、享用冰凉的IPA啤酒。

🏃 活动

骑行者和徒步者应该留意到一些大名鼎鼎的小径——**大陆分水岭**（Continental Divide；www.continentaldividetrail.org）、**科罗拉多小径**（Colorado Trail；www.coloradotrail.org）和**彩虹小径**（Rainbow Trail）——都距离城镇咫尺之遥。如果你不想流汗，**缆车**（☎719-539-4091；www.monarchcrest.net；成人/儿童 $10/5；◉5月中旬至9月中旬 8:30~17:30）可以将你从海拔近1000英尺的莫纳克山口（Monarch Pass）载到山顶。

★ Absolute Bikes　　　　　　骑车

（☎719-539-9295；www.absolutebikes.com；330 W Sackett Ave；自行车租赁 每日 $15~100，团队游 $90起；◉9:00~18:00；☏）自行车爱好者的好去处，此外还提供地图、装备、建议和租借服务（沙滩车和山地自行车），最重要的是，还提供前往小径起点的班车。不妨了解一下不错的导览骑行，包括St Elmo鬼城和莫纳克峰（Monarch Crest）等各种路线。

★ 莫纳克峰小径　　　　　　山地自行车

莫纳克峰小径（Monarch Crest Trail）是科罗拉多最著名的骑行线路之一，是一段20至35英里的极限探险之旅。小径起点紧邻莫纳克山口（海拔11,312英尺），沿裸露的山脊延伸12英里至马歇尔山口（Marshall Pass），然后可以顺着一条旧铁轨抄近路前往旁岔斯普林斯（Poncha Springs），也可以继续前行走彩虹小径——经典的骑车线路，沿途高山景色美轮美奂。

阿肯色河漂流　　　　　　　　漂流

（Arkansas River Tours；☎800-321-4352；www.arkansasrivertours.com；19487 Hwy 50；半天/全天 成人 $59/109，儿童 $49/99；◉5月至8月；☏）这家机构组织从布朗峡谷（Brown's

Canyon)顺流而下的漂流,尤其是皇家峡谷(Royal Gorge)的行程。在萨里达以东23英里的Cotopaxi设有办事处。

🛏 住宿

萨里达城区有一家不错的青年旅舍和酒店,郊区还有少量普通的汽车旅馆。**阿肯色河源游乐区**(Arkansas Headwaters Recreation Area; ☎719-539-7289; http://cpw.state.co.us; 307 W Sackett Ave; ⏰8:00~17:00,周六和周日正午至13:00关闭)沿河经营6个露营地(需自备用水),包括**Hecla Junction**(☎719-539-7289; coloradostateparks.reserveamerica.com; Hwy 285, 135英里处;帐篷和房车露营位$18,外加日票$7; ❄)。另一处顶级露营地是上方山口旁的**Monarch Park**(☎877-444-6777; www.recreation.gov; 紧邻Hwy 50; 帐篷和房车露营位$18; ⏰6月至9月; ❄),附近有沿莫纳克峰小径和彩虹小径的徒步和骑行线路。

★ Simple Lodge & Hostel 青年旅舍 $

(☎719-650-7381; www.simplelodge.com; 224 E 1st St; 铺/双/四 $24/60/84; 🅿@🛜❄)如果科罗拉多有更多这样的住宿,那该多好。这家简单却时尚的旅舍由极为友善的梅尔(Mel)和贾斯廷(Justin)经营,有储备丰富的厨房和舒适的公共区域,让人感觉就像回到家里一样。这里是沿着Rte 50海岸线行进的骑行旅游者喜欢停驻的地方——你也许会遇到几个有趣的家伙。

🍴 餐饮

Fritz 西班牙小吃 $

(☎719-539-0364; 113 East Sackett St; 西班牙小吃 $5~10, 主菜 $10~15.50; ⏰11:00~21:00; ❄)这个有趣时髦的河边小馆提供精致的美式小吃:试想一下,巨无霸配3倍芝士培根、炸薯条配松露蛋黄酱、嫩煎黄鳍金枪鱼馄饨、枣蓉布里干酪夏巴塔,还有草饲牛肉汉堡及其他沙拉和三明治。多种桶装当地啤酒不错。

★ Amícas 比萨 $$

(☎719-539-5219; www.amicassalida.com; 127 F St; 比萨和帕尼尼 $6.90~13; ⏰周一至周三 11:00~21:00, 周四至周日 7:00~21:00; 🍴❄)想要品尝木烤薄底比萨、帕尼尼、自制千层面和5种不同的桶装自酿啤酒?来Amícas就对了,这是补充白天燃烧掉的热量的最佳地方。餐厅氛围悠闲、天花板很高。来一个米开朗基罗(Michelangelo;香蒜酱、香肠和山羊奶酪)或维苏威火山(Vesuvio;朝鲜蓟心、晒干的西红柿和烤青椒),再配上一杯沁凉的Headwaters IPA。

ℹ 实用信息

萨里达商会(Salida Chamber of Commerce; ☎719-539-2068; www.nowthisiscolorado.com; 406 W Rainbow Blvd; ⏰周一至周五 9:00~17:00)提供全面的旅游信息。

美国林业局护林员办公室(USFS Ranger Office; ☎719-539-3591; www.fs.usda.gov; 5575 Cleora Rd; ⏰周一至周五 8:00~16:30)位于小镇东边,紧邻50号公路(Hwy 50),提供萨沃奇岭(Sawatch)和桑格雷克里斯托(Sangre de Cristo)山脉北部等区域的徒步和露营信息。

ℹ 到达和离开

萨里达位于阿肯色河谷(Arkansas River Valley)的"出口"处,占据285号公路和50号公路交叉路口的绝佳地位。事实上,这里曾经还是铁路枢纽,探索这个地区时你可能会见到一两条废弃的铁路。如果你有车,那么甘尼森(Gunnison)、科罗拉多斯普林斯(Colorado Springs)、大沙丘(Great Sand Dunes)和萨米特县(Summit County)都在一两个小时车程的范围内。

科罗拉多斯普林斯 (Colorado Springs)

科罗拉多斯普林斯是全国第一批度假胜地之一,如今是该州的第二大城市。其自然美景和宜人气候吸引着全世界的游客,他们前来攀登宏伟的派克斯峰(Pikes Peak),欣赏众神花园(Garden of the Gods)精美的砂岩尖顶。

最近,斯普林斯已经成为全年探险和休闲旅游的目的地,许多面向家庭的新景点为前岭(Front Range)以及此地已有的经典景点平添一份吸引力,包括出色的美术博物馆、历史悠久的空军学校,还有崭露头角的美食界。

👁 景点和活动

★ 派克斯峰　　　　　　　　　　山

（Pikes Peak；☎719-385-7325；www.springsgov.com；公路 成人/儿童 $12/5；⊙6月至8月 7:30~20:00，9月 至17:00，10月至次年5月 9:00~15:00；Ⓟ）派克斯峰（海拔14,110英尺）并非科罗拉多54座14er（海拔超过14,000英尺的山峰）中最高的，但它肯定是最有名的。这座雄伟的山峰原本被犹他人称为太阳山（Mountain of the Sun），对于一座在前岭南段鹤立鸡群的山峰来说，这样的称号可谓恰如其分。派克斯峰从周围的平原中拔地而起，落差达7400英尺，每年吸引超过50万游客前来攀登。

★ 众神花园　　　　　　　　　　公园

（Garden of the Gods；www.gardenofgods.com；1805 N 30th St；⊙5月至10月 5:00~23:00，11月至次年4月 至21:00；Ⓟ）免费 华丽的红砂岩脉（约290万年前形成）在科罗拉多州前岭的其他地方也有，但这里精致小巧的教堂尖顶加上众神花园的高山背景尤为独特和震撼。探索纵横交错、路况各异的小路，享受野餐，观看登山者如何在刀锋般的岩壁上测试自己的胆量。

★ 科罗拉多斯普林斯美术中心　　　博物馆

（Colorado Springs Fine Arts Center，简称FAC；☎719-634-5583；www.csfineartscenter.org；30 W Dale St；成人/学生 $12/5；⊙周二至周日 10:00~17:00；Ⓟ）这座占地面积广阔的博物馆和有400个座位的剧院建于1936年，在2007年经过全面整修。博物馆的藏品之丰富令人惊讶，有了不起的拉丁美洲艺术和摄影作品，以及轮换展出的23,000件永久展品。

科罗拉多斯普林斯拓荒者博物馆　　博物馆

（Colorado Springs Pioneers Museum；☎719-385-5990；www.cspm.org；215 S Tejon St；⊙周二至周六 10:00~17:00；Ⓟ）免费 科罗拉多斯普林斯的市立博物馆位于1903年建造的旧埃尔帕索县法院（El Paso County Courthouse）。大约60,000件藏品和展品概括展示了该地区的历史。关于美国原住民的收藏尤其出色，有来自犹他人、夏延人、阿拉帕霍人的数百件物品。

美国空军学校　　　　　　　　学校

（US Air Force Academy；☎719-333-2025；www.usafa.af.mil；I-25的156B号出口；⊙游客中心 9:00~17:00；Ⓟ）免费 美国国内知名度最高的军事院校之一，虽然校园中可供游览的范围有限，但能让人一窥军校精英的群体生活，仍然非常吸引人。游客中心里有学院的背景介绍。从游客中心可步行到戏剧性的小教堂（建于1963年），也可在广阔的学校地界内展开自驾之旅。

🛏 住宿

Mining Exchange　　　　　　酒店 $$

（☎719-323-2000；www.wyndham.com；8 S Nevada Ave；房间 $149起；Ⓟ✱🛜）酒店于2012年开业，在20世纪初是银行，当时克里普尔溪（Cripple Creek）淘金客曾在这里以黄金换取现金（留意大堂里的金库门）。Mining Exchange还曾获得科罗拉多斯普林斯最时尚酒店奖。酒店本身12英尺高的天花板、裸露的砖墙和皮革家具让它充满了温馨、现代的感觉。

★ Broadmoor　　　　　　度假村 $$$

（☎855-634-7711；www.broadmoor.com；1 Lake Ave；房间 $295起；Ⓟ✱🛜🐾）这是美国顶级的五星级度假村之一，744间客房倚靠着夏延山（Cheyenne Mountain）如画般完美的蓝绿色山坡。这里的一切都是精美的：数英亩郁郁葱葱的草地和湖泊、波光粼粼的游泳池、世界级的高尔夫球场、无数的酒吧和餐馆，一个不可思议的水疗中心和无比舒适的客房（不过，室内装潢可说是"奶奶风格"的老派设计）。

★ Garden of the Gods Resort　　度假村 $$$

（☎719-632-5541；www.gardenofthegodsclub.com；3320 Mesa Rd；双/套 $309/459起；Ⓟ✱🛜🐾）在新管理层的领导下，位于众神花园俱乐部（Garden of the Gods Club）一侧的下属度假村继续扩建，所有酒店豪华房间和套房刚刚完成翻新，大型日间水疗设施也才落成，这个度假村正在以其知名的优雅历史感增加它在老派贵族中的竞争力。

✖ 餐饮

Shuga's
咖啡馆 $

(☎719-328-1412; www.shugas.com; 702 S Cascade Ave; 菜肴 $8~9; ⊙11:00至午夜; 🛜)如果你以为科罗拉多斯普林斯无法时髦起来,那就漫步到南方风格的咖啡厅Shuga,来一杯足以把人击昏的意式浓缩咖啡和热辣的鸡尾酒。这个白色的小房子非常小巧可爱,屋里满是纸鹤和红色仿木桌椅;也有露台座位。供应的食物包括布里干酪迷迭香吐司三明治、巴西椰子虾汤等,令人愉悦。千万不要错过周六上映的老电影。

★ Pizzeria Rustica
比萨 $$

(☎719-632-8121; www.pizzeriarustica.com; 2527 W Colorado Ave; 比萨 $12~24; ⊙周二至周日 正午至21:00; 🅿🚲)这里有木烤比萨,采用当地食材,地处历史氛围浓郁的科罗拉多老城区,如果渴望来个馅饼,那这家热闹的比萨餐馆就是你的不二之选。这里人气很高,也就是说,如果可以的话,晚餐最好预订。

★ Uchenna
埃塞俄比亚菜 $$

(☎719-634-5070; www.uchennaalive.com; 2501 W Colorado Ave, Suite 105; 主菜 $12~22; ⊙周二至周日 正午至14:00和17:00~20:00; 🅿🚲)主厨马娅(Maya)的配方是搬到美国以前从母亲那里学来的,你会喜欢这家正宗埃塞俄比亚餐馆的家常口味和宾至如归的氛围。点一份调味鲜美的肉菜或素食,就着松软的英吉拉(injera,一种埃塞俄比亚松饼)全部吃光。

★ Marigold
法国菜 $$

(☎719-599-4776; www.marigoldcafeandbakery.com; 4605 Centennial Blvd; 主菜 午餐 $8~13, 晚餐 $11~24; ⊙法式小馆 11:00~14:30和17:00~21:00, 面包房 周一至周六 8:00~21:00)位于众神花园出口处,这间法式餐厅和面包店气氛活泼,既满足了味蕾又能省下不少钱。尽情享用美味佳肴吧,有马赛鲷鱼、大蒜迷迭香烤鸡、美味的沙拉和比萨,等等,别吃太饱,还有双倍(和三倍)巧克力慕斯蛋糕或柠檬挞呢。

★ Blue Star
新派美国菜 $$$

(☎719-632-1086; www.thebluestar.net; 1645 S Tejon St; 主菜 $21~38; ⊙15:00至午夜; 🅿)科罗拉多斯普林斯最受欢迎的美食餐馆之一,位于市区以南高档的艾维尔德(Ivywild)街区。在这个地标式餐厅的菜单经常更换,不过总会有鲜鱼、顶级手切牛排和鸡肉创意菜,使用地中海和太平洋沿岸的配料和香料调味。

Bristol Brewing Co
自酿酒吧

(☎719-633-2555; www.bristolbrewing.com; 1604 S Cascade Ave; ⊙11:00~22:00; 🛜)这家自酿酒吧在2013年率先入驻已关闭的Ivywild小学校舍内,这座校舍后来成为社区市场的中心。虽然离南科罗拉多斯普林斯有点距离,但为了它的Laughing Lab啤酒和美味餐馆Blue Star供应的酒吧美食,来一趟是值得的。

ⓘ 实用信息

科罗拉多斯普林斯会议旅游局(Colorado Springs Convention and Visitors Bureau; ☎719-635-7506; www.visitcos.com; 515 S Cascade Ave; ⊙8:30~17:00; 🛜)提供关于科罗拉多州南部方方面面的信息。

ⓘ 到达和当地交通

科罗拉多斯普林斯机场(Colorado Springs Airport, 简称COS; ☎719-550-1900; www.flycos.com; 7770 Milton E Proby Pkwy; 🅿)是替代丹佛的明智选择,主要有联合航空和达美航空飞往全国11座主要城市的航班。但没有公共交通前往城内,所以你必须租车或乘坐出租车; **Yellow Cab** (☎719-777-7777; www.yccos.com)的车费约为$35。

每天往来科罗拉多斯普林斯和丹佛的**灰狗巴士**(☎800-231-2222; www.greyhound.com)多达6班($10起,90分钟),从**科罗拉多斯普林斯市区交通枢纽**(Colorado Springs Downtown Transit Terminal; ☎719-385-7433; 127 E Kiowa St; ⊙周一至周五 8:00~17:00)发车。

可靠的**Mountain Metropolitan Transit** (☎719-385-7433; www.coloradosprings.gov/department/91; 每趟 $1.75, 日票 $4)运营的长途汽车服务于整个派克斯峰地区。

科罗拉多州南部
（Southern Colorado）

科罗拉多州的南部地区是引人注目的圣胡安（San Juan）和桑格雷克里斯托山脉，这里和北部地区一样漂亮。

克雷斯特德比特 (Crested Butte)

与科罗拉多大多数滑雪胜地相比，粉雪覆盖的克雷斯特德比特的乡村特色保留得更好。这个前矿山村庄地处偏远，周围环绕着3个荒野区，算得上是科罗拉多最好的滑雪胜地之一（有人说就是最好的）。老城区中心保存完好的维多利亚时代的建筑被改装成了时尚的商店和办公楼。骑自行车更符合其悠闲、快乐的态度。

冬季，克雷斯特德比特山（Mt Crested Butte）成为焦点所在，这座适合滑雪的圆锥形山峰从谷底拔地而起。夏季前来，起伏的山脉就会变成全州的野花之都（据科罗拉多州参议院所说），很多山地骑行者最喜爱这里香气袭人的高山骑行小径。

⊙ 景点和活动

★ 克雷斯特德比特艺术中心 　　　艺术中心

（Crested Butte Center for the Arts；☏970-349-7487；www.crestedbuttearts.org；606 6th St；价格不定；◐10:00~18:00；Ⓟⓘ）艺术中心最近经过大规模扩建，举办本地艺术家的临时展览，以及一流的现场音乐和其他演出。这里什么时候都有生动有趣的活动。

★ 克雷斯特德比特山滑雪场 　　　滑雪

（Crested Butte Mountain Resort；☏970-349-2222；www.skicb.com；12 Snowmass Rd；缆车票 成人/儿童 \$111/100；ⓘ）克雷斯特德比特是科罗拉多最好的滑雪场地之一，因开阔的树林滑雪、厚厚的粉雪和人流较少而闻名。滑雪场主要适合中高级水平的滑雪者，位于城镇以北2英里的克雷斯特德比特山脚下。四周环绕着森林、嶙峋的山峰和West Elk、Raggeds、Maroon Bells-Snowmass 三大荒野，景色美得令人窒息。

Alpineer 　　　山地自行车

（☏970-349-5210；www.alpineer.com；419 6th St；自行车租赁 每天 \$25~75）提供这一山地骑行圣地的地图、信息和租车服务。这里有不错的男女骑行服装可供选择，还出租滑雪、徒步和露营设备。

⛨ 住宿

Crested Butte International Hostel 　　　青年旅舍 \$

（☏970-349-0588，免费电话888-389-0588；www.crestedbuttehostel.com；615 Teocalli Ave；铺 \$37，房间 \$104~115；ⓘ）既需要酒店的私密性，又喜欢青年旅舍的热闹氛围，那就来这里找个房间吧，这是科罗拉多最好的旅舍之一。最好的客房带独立卫生间。宿舍床铺配有阅读灯，还有可上锁的抽屉。公共区域则有石头壁炉和舒适的沙发。价格随季节变化，冬天是旺季。

Inn at Crested Butte 　　　精品酒店 \$\$

（☏970-349-2111，免费电话 877-343-211；www.innatcrestedbutte.com；510 Whiterock Ave；双 \$199~249；Ⓟ❄ⓘ）这家经过翻新的精品酒店提供温馨的住所，环境既时尚又豪华。这里是克雷斯特德比特最美妙的度假住所之一，只有少量房间，有的房间通向可以俯瞰克雷斯特德比特山的阳台，所有房间都配备古玩、平板电视、咖啡机和迷你吧。

★ Ruby of Crested Butte 　　　民宿 \$\$\$

（☏800-390-1338；www.therubyofcrestedbutte.com；624 Gothic Ave；双 \$149~299，套 \$199~499；Ⓟ❄❄ⓘ）布置细心周到，就连时髦的公共休息室都准备了一碗碗软糖和坚果。房间出色，配备地暖、带DVD播放器和影片的平板电视，以及iPod基座和高级的亚麻床上用品。这里还有极可意涡流式浴缸、图书室、滑雪装备烘干室，以及复古的城市自行车可供使用。主人可以帮忙预订晚餐并提供其他服务。

🍴 餐饮

★ Secret Stash 　　　比萨 \$\$

（☏970-349-6245；www.thesecretstash.com；303 Elk Ave；主菜 \$12~18；◐8:00至深夜；ⓘ）拥有非凡美食的时尚休闲餐厅，深受当

地人喜爱。备受喜爱的还有此地的原味鸡尾酒。庞大的空间原先是百货店，现在则摆放着茶馆座椅，挂着挂毯。这家餐厅的特色菜是比萨：其Notorious Fig（内有火腿、新鲜的无花果和松露油）曾赢得世界比萨锦标赛冠军。先来点儿椒盐薯条。

Soupçon 法国菜 $$$

（☎970-349-5448; www.soupcon-cb.com; 127 Elk Ave; 主菜 $39~47; ⊙18:00~22:30）🍃这家小巧的法式小馆诱惑力十足，占据着一栋独具特色的老式采矿小屋，只有几张桌子。主厨詹森（Jason）曾与纽约的名厨共事，经常更换以本地肉类和有机蔬果为食材的菜单，以便保持新鲜感。

★ Montanya 酒吧

（www.montanyarum.com; 212 Elk Ave; 小吃 $3~12; ⊙11:00~21:00）Montanya酿酒厂以其优质的酒水受到广泛好评。用加入罗勒的朗姆酒、新鲜葡萄柚和酸橙制成的罗勒提尼能让你飘飘欲仙。这里还有团队游、免费品酒活动和合算的无酒精鸡尾酒。

❶ 实用信息

游客中心（Visitor Center; ☎970-349-6438; www.crestedbuttechamber.com; 601 Elk Ave; ⊙9:00~17:00）位于刚进入城市的主路上，备有大量小册子和地图。

❶ 到达和离开

克雷斯特德比特距离丹佛约4小时车程，距离科罗拉多斯普林斯约3.5小时车程。取道US 50前往甘尼森（Gunnison），从那儿沿135号公路（Hwy 135）往北前行约30分钟，可以到达克雷斯特德比特。

乌雷（Ouray）

华丽的冰瀑布垂直落下箱型峡谷，融入谷底星罗棋布的温泉区内。即便按科罗拉多的标准，乌雷（发音you-ray）也都算得上是一处奇境。对攀冰运动员来说，这里是顶级目的地，而徒步者与四驱车手也能体会到它的粗犷，以及时而散发出的令人惊叹的魅力。这个镇夹在气势磅礴的山峰之间，是个保存良好的小矿村。

值得一游

阿肯色河漂流

阿肯色河（Arkansas River）发源于莱德维尔，沿布纳维斯塔（Buena Vista）东侧而下，流经布朗峡谷国家保护区（Browns Canyon National Monument），再以V级速度奔流穿越壮观的皇家峡谷（Royal Gorge），是科罗拉多州最多变、最长，且毋庸置疑是最具野性的河流。咆哮的大浪迎面而来时，做好准备被浇个透心凉，或者惊声尖叫，向河流缴械投降，浑身湿透、手足无措地绕着巨大的砾石打转。是不是很有趣？当然！团队游信息见862页。

🚶 活动

★ 百万美元公路
（Million Dollar Highway） 观光车道

整条美国550号公路（US Hwy 550）都被称作百万美元公路，不过更确切地说，这一路段从乌雷向南延伸，穿越安肯帕格里峡谷（Uncompahgre Gorge），向上攀升至11,018英尺的红山山口（Red Mountain Pass）。沿途高山风光确实令人惊艳；向南通往西尔弗顿（Silverton）方向的道路狭窄曲折，在公路外侧行驶的司机们都会感到如自由落体般的心惊肉跳。

★ 乌雷温泉 温泉

（Ouray Hot Springs; ☎970-325-7073; www.ourayhotsprings.com; 1200 Main St; 成人/儿童 $18/12; ⊙6月至8月 10:00~22:00,9月至次年5月 周一至周五 正午至21:00,周六和周日 11:00~21:00; ♿）泡在历史悠久而且最近经过整修的乌雷温泉里，来一场疗愈和童趣之旅。天然泉水清澈透明，而且并没有一般温泉常有的硫黄味。这里有小型健身游泳池、水滑梯、悬在戏水池上方的攀岩墙和最好的浸泡区[水温100° F（38℃）至106° F（41℃）]。此外还提供健身和按摩服务。

乌雷冰雪公园 攀登

（Ouray Ice Park; ☎970-325-4061; www.ourayicepark.com; County Rd 361; ⊙12月中旬至次年3月 7:00~17:00; ♿）**免费** 来自世界各地

的攀冰爱好者云集于此,试图征服安肯帕格里峡谷,这个2英里长的峡谷是世界首个公共冰雪公园,提供适合各种技能层次的极致(也许是极寒)攀冰体验。可从当地导游处获取指导。

节日和活动

乌雷冰雪节 攀冰

(Ouray Ice Festival; ☎970-325-4288; www.ourayicefestival.com; 晚间活动需捐款; ⓒ1月; ♿) 乌雷冰雪节为期4天,其间会举办登山比赛、晚餐、幻灯片放映和雪上运动讲座等活动,甚至还有一个专为孩子设立的攀岩墙。你可以免费观看比赛,但观看花样繁多的晚间活动需要向冰雪公园捐款。进场即可免费喝到广受欢迎的科罗拉多自酿啤酒厂New Belgium的啤酒。

食宿

Amphitheater Forest Service Campground 露营地 $

(☎877-444-6777; www.recreation.gov; US Hwy 550; 帐篷露营位 $20; ⓒ6月至8月) 位于树下的绝佳帐篷区是这个高海拔营地最吸引人的地方。假期的周末3晚起订。从小镇沿550号公路(Hwy 550)向南行驶,看到路标时左转即可抵达。

★ Wiesbaden 酒店 $$

(☎970-325-4347; www.wiesbadenhotsprings.com; 625 5th St; 房间 $132~347; ❋@⛲) 奇特、古怪又新潮,酒店甚至拥有室内天然蒸汽洞穴。很久以前,这处洞穴曾引来乌雷酋长频繁光顾。客房配棉质床罩,既舒适又浪漫,不过洒满阳光、带一面天然石墙的套房才真正是无与伦比。上午,住客们可以穿着厚厚的浴袍闲逛,享用免费的有机咖啡和茶,接受浴后护理,或是等待接受按摩服务。

Box Canyon Lodge & Hot Springs 度假屋 $$

(☎800-327-5080, 970-325-4981; www.boxcanyonouray.com; 45 3rd Ave; 房间 $189; ⛲) 并非所有的酒店都有地热,更不用说这里既宽敞又清新的松木房间。一组由温泉注满的户外热水浴池,让你可以一边泡澡一边浪漫观星。度假屋服务热情,提供免费的苹果和瓶装水等,人气很高,所以要尽早预订。

Bon Ton Restaurant 法国菜、意大利菜 $$

(☎970-325-4419; www.bontonrestaurant.com; 426 Main St; 主菜 $16~40; ⓒ周四至周一 17:30~23:00,周六和周日 早午餐 9:30~12:30; ♿) Bon Ton位于历史悠久的St Elmo Hotel下方的一个漂亮房间内,一个世纪以来一直在此提供晚餐。融合了法式菜和意式菜的菜单,包括樱桃胡椒酱汁烤鸭和培根洋葱意式馄饨等特色菜。葡萄酒单很长,推荐香槟早午餐。

ℹ 实用信息

乌雷游客中心 (Ouray Visitors Center; ☎970-325-4746, 800-228-1876; www.ourraycolorado.com; 1230 Main St; ⓒ周一至周六 9:00~18:00,周日 10:00~16:00; 🛜)

ℹ 到达和离开

乌雷位于550号公路沿线,在杜兰戈(Durango)以北70英里、西尔弗顿以北24英里、蒙特罗斯(Montrose)以南37英里。该地区没有公共交通,必须自驾。

特柳赖德 (Telluride)

三面环绕的庞大山峰让特柳赖德拥有一种与世隔绝的气质,简直是遗世独立。这里曾是粗糙的采矿小镇,如今却成了天之骄子的乐园——除了少数能负担得起这里房产的居民,就只有来滑雪的过客了。镇中心仍然保留着过去的痕迹,但本地人经常对最近开发的芒廷村(Mountain Village)恶语相向,那里现成的景点有一种拉斯维加斯的感觉。但理想主义依然是特柳赖德的准则。天堂的片羽吉光随着城镇的免费交换箱而得以留存——你可以在那儿交换不想要的东西(邮局对面)——体现着精彩雪季的自由气息和著名节日的欢乐氛围。

⊙ 景点和活动

想要欣赏特柳赖德倒不必非得滑雪,但你必须得热爱户外运动才行。城镇四周环绕着史诗级的高山风景。阿贾克斯山(Ajax Peak)的冰川陡壁在村后拔地而起,形成了

U形山谷的尽头。阿贾克斯山右侧（或者南侧）是科罗拉多最高的瀑布新娘面纱瀑布（Bridal Veil Falls），倾泻而下365英尺；之字形小径通向瀑布顶端经过重建的维多利亚式发电所。南边的威尔逊山（Mt Wilson）海拔14,246英尺，与四周的嶙峋群峰共同组成了蜥蜴头荒野区（Lizard Head Wilderness Area）。

Telluride Ski Resort 雪上运动

（☎970-728-7533, 888-288-7360; www.tellurideskiresort.com; 565 Mountain Village Blvd; 成人/儿童 全天缆车票 $124/73）特柳赖德以地形陡峭、幽深而闻名——情况最佳时有骤降的滑道和厚实的粉雪，是一座真正的滑雪者之山，但业余爱好者们喜欢绚丽的圣胡安山（San Juan Mountain）山景和城镇热闹的社交气氛。这座滑雪场覆盖3个不同地区，共有16部缆车提供服务。大部分地形比较适合中级和专业滑雪运动员，但初学者也有不少选择。

★ Ashley Boling 历史

（☎970-728-6639, 手机 970-798-4065; 每人 $20; ⓘ需预约）20多年以来，当地的Ashley Boling一直在提供引人入胜的特柳赖德历史步行游。团队游持续1个多小时，全年都有。费用适用于最少4人的团队，不过2人及以上参加的话他也会给出合理报价。需要预约。

节日和活动

特柳赖德蓝草音乐节 音乐节

（Telluride Bluegrass Festival; ☎800-624-2422; www.planetbluegrass.com; 4日通票 $235; ⓘ6月下旬）这个音乐节在周末举行，持续4天，是顶级的户外蓝草音乐盛会，吸引着数以千计的音乐爱好者参加。摊档供应各种可口的食物和本地自酿啤酒，令你开心不已。演出活动一直持续到深夜。露营在节庆期间非常普遍。查询活动网站以了解更多信息。

★ 高山电影节 电影节

（Mountainfilm; www.mountainfilm.org; ⓘ5月）户外探险和环境主题的电影放映，为期4天，不同凡响，还有画廊展览和演讲，在阵亡将士纪念日的周末举行。活动（有的免费）在特柳赖德和芒廷村各处举办。

🛏 住宿

除了露营以外，特柳赖德没有便宜的住宿场所。如果是在夏冬两个旺季或城内举办节庆期间住宿，价格十分昂贵。淡季房费略微降低，有时会下降30%。如果节庆期间前来，可以直接联系节庆主办方咨询露营事宜。

★ Telluride Town Park Campground 露营地 $

（☎970-728-2173; 500 E Colorado Ave; 露营位 有/无停车位 $28/17; ⓘ5月中旬至10月中旬; ⓘⓘ）这个便利的河畔营地位于市中心，有43个露营位，还有淋浴室、游泳池和网球场。营地根据先到先得的原则，除非是节日期间（提前咨询节庆活动主办方）。露营的时候也想来点儿夜生活吗？为什么不呢？

New Sheridan Hotel 酒店 $$

（☎800-200-1891, 970-728-4351; www.newsheridan.com; 231 W Colorado Ave; 双 $223起; ⓘⓘ）这家历史悠久的砖砌酒店（1895年修建）优雅低调，为探索特柳赖德的人提供了令人愉快的大本营。房间挑高很高，提供挺好的床单和温暖的法兰绒床罩。热水浴缸平台可以欣赏山景。酒店位于市区正中央，地段理想，但有的房间就其价格而言有些小。

Inn at Lost Creek 精品酒店 $$$

（☎970-728-5678; www.innatlostcreek.com; 119 Lost Creek Lane, Mountain Village; 房间 $275~500; ⓘⓘ）芒廷村这家豪华的精品酒店知道如何营造出舒适的环境。酒店位于特柳赖德主缆车的底部，非常方便。服务个性化，完美无瑕的房间拥有高山硬木装修、美国西南风格的设计和锡制器皿。这里还有两个屋顶水疗设施。登录网站查看价格。

🍴 餐饮

在特柳赖德用餐甚至去食品杂货店买点食物都价格不菲，所以可以去有公共餐桌的Colorado Ave逛逛美食车和卖墨西哥玉米卷饼的卡车，快速解决吃饭问题。特柳赖德的美好时光比科罗拉多南部的其他地方加起来都要多。带上钱包；饮料不免费甚至不便宜。

Tacos del Gnar
墨西哥菜 $

(☎970-728-7938; www.gnarlytacos.com; 123 S Oak St; 主菜 $7~14; ◎周二至周六 正午至21:00)这是一家态度认真、重视口味多过装饰的墨西哥玉米卷饼店的分店。融合式的玉米卷饼借鉴了韩国烤肉和亚洲风味，能让你的味蕾唱起歌来。唱出来吧!

Oak
烧烤 $$

(The New Fat Alley; ☎970-728-3985; www.oakstelluride.com; 250 San Juan Ave, base of chair 8; 主菜 $11~23; ◎11:00~22:00; ♥)这里便宜、凌乱，但令人愉快，你可以从黑板上的菜单中挑选或者简单来点儿其他人正埋头大吃的菜肴。可以吃手撕猪肉三明治，上面还撒有凉拌卷心菜。正确的吃法是搭配一碗酥脆的炸甘薯条。特色啤酒超级棒。

★ Chop House
新派美国菜 $$$

(☎970-728-4531; www.newsheridan.com; 231 W Colorado Ave, New Sheridan Hotel; 主菜 $26~62; ◎17:00至次日2:00)这儿服务一流，装饰有时髦的绣花天鹅绒长椅，是想要享用一顿亲密晚餐的首选。先来一份奶酪拼盘，接下来的菜肴变得极具西部风味，有细嫩的麋鹿腰脊肉和意式小方饺配番茄酱料，以及本地的羊奶乳清干酪。最后来一份不含淀粉的新鲜焦糖黑巧克力蛋糕。

New Sheridan Bar
酒吧

(☎970-728-3911; www.newsheridan.com; 231 W Colorado Ave, New Sheridan Hotel; ◎17:00至次日2:00)这里是名流的聚集之地，但淡季前来你能发掘出真正的本地风味。夏季，直奔屋顶享受习习微风。在矿产财富逐渐减少的年代，毗邻的酒店都已经兼抛售吊灯来支付账单了，这类最古老的小酒吧却仍顽强生存至今。墙上的旧弹孔便见证了这家酒吧的历史。

☆ 娱乐

Fly Me to the Moon Saloon
现场音乐

(☎970-728-6666; 132 E Colorado Ave; ◎15:00至次日2:00)当这里的现场乐队奏响旋律时，请彻底放松，让足尖轻点。这是在特柳赖德尽享派对乐趣的最佳地点。

Sheridan Opera House
剧院

(☎970-728-4539; www.sheridanoperahouse.com; 110 N Oak St; ♥)这个历史悠久的场地是特柳赖德的文化生活中心，有种谐趣的魅力。这里上演特柳赖德保留剧目轮演剧团的剧目，也常有面向儿童的演出。

ⓘ 实用信息

特柳赖德游客中心(Telluride Visitor Center; ☎888-353-5473, 970-728-3041; www.telluride.com; 230 W Colorado Ave; ◎冬季 10:00~17:00, 夏季 至19:00)

ⓘ 到达和离开

在滑雪季节，位于市区以北65英里处的**蒙特罗斯地区机场**(Montrose Regional Airport; ☎970-249-3203; www.montroseairport.com; 2100 Airport Rd)有直航航班往返丹佛(联合航空)、休斯敦、菲尼克斯和东岸少数几个城市。

从市中心往东5英里处就是**特柳赖德机场**(Telluride Airport; ☎970-778-5051; www.tellurideairport.com; 1500 Last Dollar Rd)。机场在一个平顶山上，天气允许的情况下有通勤班机出入。其他时间，飞机会飞到蒙特罗斯。

Galloping Goose(☎970-728-5700; www.telluride-co.gov; ◎7:00~21:00)有穿行于市中心以及开往附近街区的线路。**Telluride Express**(☎970-728-6000; www.tellurideexpress.com; 至蒙特罗斯 成人/儿童 $53/31)提供从市区至特柳赖德机场、芒廷村或蒙特罗斯机场的班车；可以打电话安排接机。

西尔弗顿 (Silverton)

四面环绕着白雪皑皑的山峰，城中弥散着带烽烟气的烂俗矿镇故事，与本土48州比起来，西尔弗顿似乎更适合出现在阿拉斯加，但它就在这里。无论是想玩雪地摩托、骑行、飞钓，还是单纯想沉醉在高海拔的阳光中，西尔弗顿都能满足。

这是一个双街镇，但只有一条街铺了柏油路面。大多数商业活动都集中在Greene St（想想自制肉干、软糖和羽毛艺术品）。而恶名卓著的Blair St——与Greene平行，如今已更名为Empire，至今仍保留着泥路本色，在银矿潮时期，这里的服务业和酒馆业相当繁荣。

🚶 活动

★ 西尔弗顿火车站 火车游

（Silverton Railroad Depot；☎970-387-5416，免费电话877-872-4607；www.durangotrain.com；12th St；豪华/成人/儿童 往返 $189/89/55起；⏰发车时间 13:45、14:30和15:00；🅿）你可以购买单程或往返车票，在西尔弗顿终点站搭乘绝妙的杜兰戈和西尔弗顿窄轨铁路（Durango & Silverton Narrow Gauge Railroad；见873页）。西尔弗顿货场博物馆（Silverton Freight Yard Museum）位于西尔弗顿火车站内。你可以凭火车票在乘车前两天或后两天进入博物馆。

★ Silverton Mountain Ski Area 滑雪

（☎970-387-5706；www.silvertonmountain.com；State Hwy 110；一日缆车票 $59，全天指导和缆车票 $159）这里是美国最富有创新性的滑雪场，不适合初学者。单轨缆车将高水准和专业级别的越野滑雪者送上山顶未经修整的雪道。名额有限，且雪场会安排无指导日和专门的有指导日。

San Juan Backcountry 自驾

（☎970-387-5565，免费电话 800-494-8687；www.sanjuanbackcountry.com；1119 Greene St；2小时团队游 成人/儿童 $60/40；⏰5月至10月；🅿）🚗提供四驱车团队游并出租四驱车，San Juan Backcountry的员工会带你出入西尔弗顿附近迷人的圣胡安山荒野地区。团队游将用雪佛兰Suburbans改装的敞篷车载着游客四处转转。

🛏 食宿

Inn of the Rockies at the Historic Alma House 民宿 $$

（☎970-387-5336，免费电话800-267-5336；www.innoftherockies.com；220 E 10th St；房间 $129~173；🅿😊📶）1898年由一位叫Alma的当地人开办，有9个独特房间，以维多利亚时期的古董装饰。服务一流，值得特别关注的还有新奥尔良风味的早餐，在吊灯装饰的就餐区中供应。较便宜的房价不含早餐。花园里还有一个热水浴池，可供你缓解一天的疲倦。

Wyman Hotel 民宿 $$

（☎877-504-5272；www.thewyman.com；1371 Greene St；双 $175起；⏰11月歇业；😊📶）这家1902年建成的漂亮砂岩建筑已被列入国家史迹名录，刚刚经过翻新，提供时髦的房间，色彩柔和，经细节处的调整呈现出极简主义风格。不同于常见的复古住地，这里更显时尚。可以去看看屋后的砾石露台及其旁边的古老守车。

Grand Restaurant & Saloon 美国菜 $$

（☎970-387-5527；1219 Greene St；主菜 $8~26；⏰5月至10月 11:00~15:00，偶尔提供晚餐 17:00~21:00；🅿）来这家氛围独特的餐馆尝一尝汉堡和俱乐部三明治。自动演奏钢琴和古香古色的装修颇具吸引力。酒吧聚满了当地人和游客。

🍷 饮品和夜生活

★ Rum Bar 酒吧

（☎970-769-8551；www.silvertonrumbar.com；1309 Greene St；主菜 $6~14；⏰11:00至次日2:00）这家宽敞的极简主义酒吧店址在Greene St，极具人气，是畅饮朗姆酒的乐土。夏季时，争取坐在屋顶露台。酒保可能会说服你尝试各种饮品，比如配有自制糖浆、精心调制的异国情调的鸡尾酒和屡获奖项的朗姆酒。要注意的是，淡季的营业时间会有变化。

ℹ 到达和离开

西尔弗顿位于550号公路沿线，蒙特罗斯和杜兰戈中间，前者在西尔弗顿以北约60英里处，后者在其南边约48英里处。

除了自驾车以外，往返西尔弗顿的唯一方式是乘坐杜兰戈和西尔弗顿窄轨铁路火车或乘坐往返的私营长途汽车。

弗德台地国家公园
(Mesa Verde National Park)

弗德台地（Mesa Verde；☎970 529 4465；www.nps.gov/meve；汽车/摩托车 7日通行票 6月至8月 $20/10，9月至次年5月 $15/7；🅿😊📶）🚗

在其居民消失700多年以后依然散发着神秘的气息。没人确切知道古普韦布洛人为何会在14世纪离开他们精心建造的悬崖住所。人类学家喜欢这里：弗德台地致力于维护印第安文明的文化遗产更甚于天然宝藏，这在美国的国家公园中独树一帜。对于能力各异的探险爱好者来说，这里都是一片乐土，你可以从梯子爬上悬崖上开凿出来的住所，欣赏岩石艺术，探索古代美洲的奥秘。

弗德台地国家公园占地81平方英里，位于弗德台地的最北端。古普韦布洛人的遗址遍布公园各处的峡谷和台地，位于科尔特斯（Cortez）和曼科斯（Mancos）以南的高原上。

国家公园管理局（National Parks Service，简称NPS）严格执行《文物法》（Antiquities Act），禁止移动或破坏任何文物，4000处已知古普韦布洛人遗址中的许多遗址都禁止公众进入。

◉ 景点和活动

如果你只有走马观花的时间，就去查宾台地博物馆（Chapin Mesa Museum）吧，还可以尝试步行穿过云杉树屋（Spruce Tree House），在那里爬下木梯进入阴凉的基瓦会堂（kiva）。

弗德台地绝对值得花上一天或更长的时间慢慢探索。护林员会带你游览悬崖宫殿（Cliff Palace）和阳台房子（Balcony House），探索韦德利尔台地（Wetherill Mesa；峡谷比较宁静的一边），逛逛博物馆或参加一场由Morefield Campground组织的篝火晚会。

查宾台地博物馆　　　　　　　　博物馆

（Chapin Mesa Museum；970-529-4475；www.nps.gov/meve；Chapin Mesa Rd；门票 含停车费；4月至10月中旬 8:00~18:30，10月中旬至次年4月 至17:00；）查宾台地博物馆有与公园有关的展品，游览弗德台地之前不妨到这里来看看。周末公园管理处关闭时，博物馆的工作人员将为游客提供公园信息。

查宾台地（Chapin Mesa）　　　　考古遗址

查宾台地里有最大的早期印第安村庄遗址，你会看到密密麻麻的瞭望点（Far View Site）和大型云杉树屋（Spruce Tree House），这里铺设了半英里的往返道路，是最容易前往的遗址景点。

韦德利尔台地（Wetherill Mesa）　考古遗址

这是第二大的遗址群。游客可以进入加固过的表面场地和两处崖居，其中包括长屋（Long House），从5月下旬开放至8月。

阿拉马克弗德台地旅游公司　　徒步，团队游

（Aramark Mesa Verde；970-529-4421；www.visitmesaverde.com；Mile 15, Far View Lodge；成人 $42~48）这个公司获得了特许经营权，5月至10月中旬每天在公园内提供各种带导游的私人游或团体游。在网上或者其位于Far View Lodge的办事处预订。

🛏 食宿

附近的科尔特斯和曼科斯有许多住宿选择，从杜兰戈前往弗德台地一日游很方便。

Morefield Campground　　　　露营地 $

（970-529-4465；www.visitmesaverde.com；Mile 4；帐篷/房车露营位 $30/40；5月至10月上旬；）公园里的这处露营地距离入口4英里，还有445个普通的草地帐篷位，靠近莫菲尔德村（Morefield Village），交通便利。村里有百货商店、加油站、餐馆、淋浴和洗衣房。露营地由阿拉马克公司（Aramark）经营。无电气接口的房车营地与帐篷营地费用相同。

Far View Lodge　　　　　　　　度假屋 $$

（970-529-4421，免费电话 800-449-2288；www.visitmesaverde.com；Mile 15；房间 $124~177；4月中旬至10月；）位于台地公园入口内15英里处，这个雅致的印第安风格旅馆有150间西南部风格客房，部分带基瓦壁炉。一定要在房间阳台上观赏日落。标准间没有空调，也没有电视，夏季白天可能很热。

Metate Room　　　　　　新派美国菜 $$$

（800-449-2288；www.visitmesaverde.com；Mile 15, Far View Lodge；主菜 $20~36；4月至10月中旬 7:00~10:00和17:30~21:30，10月中旬至次年3月 17:00~19:30；）这家位

于Far View Lodge的高档餐厅曾获得美食奖项，提供根据美洲原住民风味创新的菜肴。有趣的菜式包括填馅布拉诺辣椒、仙人掌五花肉和冷熏鳟鱼。

实用信息

弗德台地国家公园入口紧邻US 160，位于科尔特斯和曼科斯的中间。

巨大的**弗德台地游客和研究中心**（Mesa Verde Visitor & Research Center；970-529-5034, 800-305-6053；www.nps.gov/meve；6月至9月上旬 8:00~19:00, 9月上旬至10月中旬 至17:00, 10月中旬至次年5月 关闭）提供水、Wi-Fi和卫生间，信息台出售悬崖宫殿、阳台房子或长屋团队游门票。另外此处也有博物馆级别的工艺品展出。

杜兰戈 (Durango)

杜兰戈是个典型的老科罗拉多矿镇，是这个地区的宠儿，一切美好的东西都不缺。优美的酒店、维多利亚时代的酒馆和林荫道上沉睡的平房，都在召唤你骑上自行车，去沉醉在此地美好的氛围之中。户外活动很多。杜兰戈正身处忙散漫滑稽的过去和冷静尖端的未来之间，townie自行车、咖啡馆和农贸市场主宰着这里。

活动

★ 杜兰戈和西尔弗顿窄轨铁路　　　火车游

(Durango & Silverton Narrow Gauge Railroad；970-247-2733；www.durangotrain.com；479 Main Ave；往返 成人/4~11岁儿童 $89/55起；5月至10月；)搭乘杜兰戈和西尔弗顿窄轨铁路火车是杜兰戈之旅必不可少的行程。复古的蒸汽机车向北穿越45英里的美景前往西尔弗顿（单程3.5小时），这段道路已有125年的历史。在这令人目眩神迷的旅程中，有2小时的时间可游览西尔弗顿。行程只在5月至10月开放，关于冬季各种项目可查询网站。

Mild to Wild Rafting　　　漂流

(970-247-4789, 免费电话 800-567-6745；www.mild2wildrafting.com；50 Animas View Dr；行程 $59起；9:00~17:00；)春季和夏季，激浪漂流是杜兰戈最受欢迎的运动之一。Mild to Wild Rafting是城内提供阿尼马斯河（Animas River）漂流的众多公司之一。初学者可以去试试1小时的漂流入门，更爱冒险（且经验更丰富）的人可以前往阿尼马斯河上游，那里有3级至4级的急流。

Purgatory　　　雪上运动

(970-247-9000；www.purgatoryresort.com；1 Skier Pl；缆车票 成人/儿童 $89/55起；11月中旬至次年3月；)杜兰戈的冬季亮点位于US 550以北25英里处。这座滑雪场占地1200英亩，提供不同难度的滑雪道，每年降雪量多达260英寸。在两个地形公园里，单板滑雪者有大把机会尝试大跳（catch big air）。直接到售票窗口购票前，可以到当地杂货店和报纸上找找促销和买一送一的缆车票以及其他特价促销活动。

住宿

General Palmer Hotel　　　酒店 $$

(970-247-4747, 免费电话 800-523-3358；www.generalpalmer.com；567 Main Ave；双 $165~275；)这家维多利亚式酒店建于1898年，既有19世纪末20世纪初的优雅气质，又不乏少女的青涩味道，配备白镴四柱床，每张床都有印花图案和泰迪熊玩偶。房间虽小但很雅致，如果厌倦了电视，前台还有各种棋类游戏。可以逛逛舒适的图书室和令人放松的日光浴室。

★ Rochester House　　　酒店 $$

(970-385-1920, 免费电话 800-664-1920；www.rochesterhotel.com；721 E 2nd Ave；双 $169~229；)受到老西部的影响（电影海报和装饰走廊的灯光），位于新西部地区的Rochester House有点旧好莱坞的情调。房间宽敞，挑高很高。这家酒店对宠物十分友善，其他额外的诱人之处还包括两个供应饼干的正式起居室和一间位于旧火车厢的早餐室。

★ Antlers on the Creek　　　民宿 $$$

(970-259-1565；www.antlersonthecreek.com；999 Lightner Creek Rd；房间 $249起；)躲进这个被开阔草坪和三角杨木围绕的溪畔宁静之地，你可能就再也不想离开了。宽敞的

主屋和车房之间有7间很有品位的客房，配备黑色大理石浴缸、豪华的床上用品和燃气壁炉。这里还有奢靡的3道菜早餐和户外露台上的热水浴缸。全年营业。

✖ 餐饮

★ James Ranch 市场 $

(☎970-385-9143; www.jamesranch.net; 33800 US Hwy 550; 主菜 $5~18; ⊗周一至周六 11:00~19:00) 家庭经营的James Ranch距离杜兰戈10英里，是圣胡安高架公路（San Juan Skyway）沿途旅行者的必到之地。这里有一家市场和一个出众的农场烧烤点，出售农场自产的有机草饲牛肉和新鲜的农产品。牛排三明治和鲜奶酪配焦糖洋葱非常棒。孩子们喜欢这儿的山羊。

★ El Moro 美食酒吧 $$

(☎970-259-5555; www.elmorotavern.com; 945 Main Ave; 主菜 $10~30; ⊗周一至周五 11:00至午夜，周六和周日 9:00至午夜) 人们来这儿有两个原因：在吧台喝超级好喝的定制鸡尾酒，或者品尝富有创意的小盘菜，比如韩式炒菜花、奶酪、自制香肠和新鲜沙拉。这里是杜兰戈时尚潮人的聚集地，不过力求让所有人满意。

Ore House 牛排 $$$

(☎970-247-5707; www.orehouserestaurant.com; 147 E College Dr; 主菜 $25~75; ⊗17:00~22:00; 🅿) 城里最好的牛排馆，用餐环境闲适、质朴。点一份手切熟牛排，或者尝尝名为Ore House Grubsteak的牛排、蟹腿及龙虾组合餐，足以供两个人分享。肉类天然不含抗生素，有机蔬菜是标配。这里还有一间很大的葡萄酒窖。

★ Bookcase & the Barber 鸡尾酒吧

(☎970-764-4123; www.bookcaseandbarber.com; 601 E 2nd Ave, suite B; ⊗14:00至午夜) 这家摩登的地下酒吧可能是杜兰戈最性感的酒吧，适合睡前喝上一杯。酒吧藏身于一个沉重的书架后面，精美的鸡尾酒都得上$12的价格，灯光昏暗，散发着诱人魅力。从理发店进去，但需要密码（在他们的Facebook页面上能找到）。试试辛辣的"嫉妒鸽"（paloma celosa），这是一款将龙舌兰、西柚和安裘辣椒完美融合的鸡尾酒。

★ Ska Brewing Company 自酿酒吧

(☎970-247-5792; www.skabrewing.com; 225 Girard St; 主菜 $9~15; ⊗周一至周五 9:00~21.00，周六 11.00~21:00，周日 至19:00) 这里拥有杜兰戈最好的啤酒，各种口味和品种都很丰富。这家品尝间酒吧面积不大，氛围友好，曾经是一处生产场所，多少年来一直在人气排行榜上稳定攀升。现在这里经常挤满下班后结伴来喝啤酒的朋友们。

❶ 实用信息

杜兰戈欢迎中心（Durango Welcome Center; ☎970-247-3500，免费电话 800-525-8855; www.durango.org; 802 Main Ave; ⊗周日至周四 9:00~19:00，周五和周六 至21:00; 🛜) 位于市中心的一个非常棒的信息中心。城南美国550号公路（US Hwy 550）的Santa Rita出口处还有一个游客中心。

❶ 到达和当地交通

杜兰戈-拉普拉塔县机场（Durango-La Plata County Airport, 简称DRO; ☎970-247-8143; www.flydurango.com; 1000 Airport Rd）这座地区机场位于杜兰戈西南18英里处，可经美国160号公路和172号公路前往。联合航空和美国航空有飞往丹佛的直达航班；美国航空另有航班飞往达拉斯—沃思堡和菲尼克斯。

灰狗巴士站（☎970 259 2755; www.greyhound.com; 250 E 8th Ave）服务于该地区及其周边区域。

Durango Transit（☎970-259-5438; www.getarounddurango.com; 250 W 8th St; 票价 $1~2）运营城内及前往附近目的地的本地公交线路。

大沙丘国家公园
(Great Sand Dunes National Park)

超现实的大沙丘国家公园是一片名副其实的沙之海，被嶙峋的山峰和灌木丛生的平原包围。在科罗拉多州所有引人注目的自然景观当中，它是一片震撼人心的幻境之地，大自然的魔力在这里得到了充分展示。

🚶 活动

外出探险以前，先去拜访大沙丘国家

公园游客中心(Great Sand Dunes National Park Visitor Center; ☎719-378-6399; www.nps.gov/grsa; 11999 Hwy 150; ◎6月至8月 8:30~17:00, 9月至次年5月 9:00~16:30; ♿),了解沙丘的地质和历史,或者与护林员聊聊徒步或野外露营的各种选择。如果打算前去探险,那就需要办理免费的野外许可证,这样护林员就能知道你要去哪里。

徒步是公园内的主要消遣方式,但也可以进行山地骑行、沙丘滑沙,5月下旬至6月上旬甚至还可以体验轮胎漂流,梅达诺溪(Medano Creek)融化的雪水从桑格雷克里斯托山脉(Sangre de Cristos)顺流而下,沿着沙丘东部边缘流淌。

徒步

没有穿越这片广阔沙地的步道,但那正是最吸引徒步者的地方。两条非正式的徒步线路可以让人一览沙丘的美景。第一条线路通向高丘(High Dune;奇怪的是,这并非公园里最高的沙丘),从刚过游客中心的停车场出发,往返路程约为2.5英里,不过要注意:这段路程并不轻松。如果你有足够能力,还可以试着挑战第二个让你不虚此行的目标:高丘以西的星丘(Star Dune;海拔750英尺),这是公园里最高的沙丘。

一条不长的小径从游客中心通往毗邻梅达诺溪的莫斯卡野餐区域(Mosca Picnic Area),溪水深至脚踝,你必须涉水而过(有溪水流淌时)才能抵达沙丘。从游客中心穿过公路,莫斯卡山口小径(Mosca Pass Trail)向上延伸进入桑格雷克里斯托荒野(Sangre de Cristo Wilderness)。整个夏季,国家公园管理局的护林员都会组织从游客中心出发、带讲解的自然徒步游,晚上还会在圆形露天剧场举办夜间活动。

🛏 食宿

Great Sand Dunes Oasis (☎719-378-2222; www.greatdunes.com; 5400 Hwy 150; 帐篷/房车露营位 $25/38, 小屋 $55, 房间 $100; ◎4月至10月; P@)的物资有限,最好在阿拉莫萨(Alamosa)或圣路易斯谷(San Luis Valley)外的大城镇购买食品补给。

⭐ Zapata Falls Campground   露营地 $

(☎719-852-7074; www.fs.usda.gov; BLM Rd 5415; 帐篷和房车露营位 $11; ⛺)位于国家公园以南7公里处,盘踞在海拔9000英尺的桑格雷克里斯托山脉高处,可以将圣路易斯谷尽收眼底。有23个露营位,先到先得。但要注意,这里没有水源,而且通往这里的3.6英里的泥路非常陡峭难走,车行缓慢。

Zapata Ranch   牧场 $$$

(☎719-378-2356; www.zranch.org; 5303 Hwy 150; 双 含全食宿 $300)这座独此一家的保留地牧场非常适合骑马爱好者,坐落在三叶杨树林中,蓄养着役牛和野牛。牧场为大自然保护协会(Nature Conservancy)所有并经营,主要的旅馆部分是经翻新的19世纪木建筑,可远眺沙丘景色。

❶ 到达和离开

大沙丘国家公园位于阿拉莫萨东北33英里处。

怀俄明州(WYOMING)

你或许会以为怀俄明州是一片空旷之地,平原上狂风肆虐,长满灌木丛的山丘笼罩于炙热的蓝天之下。那么,你说对了。怀俄明州确实如此,可又不止如此。

作为美国人口最少的州,怀俄明也拥有最壮丽的山脉、最多样的野生动物以及最特别的地质。从拉勒米附近未经开发的雪岭山脉(Snowy Range)到兰德后面温德河山脉(Wind River Range)的花岗岩荒野,行经怀俄明州前往真正宏伟的蒂顿山脉(Teton Range)的过程中,你会发现映入眼帘的山峰变得越来越醒目,越来越难以忘怀。

❶ 实用信息

怀俄明州路况(Wyoming Road Conditions; ☎888-996-7623; www.wyoroad.info)提供路况和道路是否封闭的最新信息。

怀俄明州立公园和历史遗迹(Wyoming State Parks & Historic Sites; ☎307-777-6323; http://wyoparks.state.wy.us; 日票 $6, 历史遗迹 $4, 露营位 $10)怀俄明州有13座州立公园和26处历史遗

址，提供划船、骑车、徒步、钓鱼、登山和露营的各种选择。可通过网站或电话预订露营地。

夏延（Cheyenne）

多风的夏延或许不能凭借外观让你一见钟情，但它就像你在这里遇见的那些皮肤粗糙的牛仔一样，一旦抛去外表，温厚的魅力便能显露出来。

◉ 景点

拓荒老西部博物馆 博物馆

（Frontier Days Old West Museum；☏307-778-7290；www.oldwestmuseum.org；4610 Carey Ave；成人/儿童 $10/免费；⊙9:00~17:00；🅿）想要深入感受夏延开拓者的过去和牛仔竞技表演的现状，就来参观这座全年开放的博物馆，位于拓荒时代的牛仔表演场地之上。这里陈列着值得回味的牛仔竞技赛物品，从马鞍到奖杯都有，展示牛仔艺术和摄影作品，收藏优质的马车，讲解历史趣闻——比如"汽船"（Steamboat）的故事，它可能不是怀俄明州车辆牌照上那匹难以驯服的烈马（尽管很多人会告诉就是它）。

✪ 节日和活动

夏延拓荒节 牛仔竞技

（Cheyenne Frontier Days；☏307-778-7222；www.cfdrodeo.com；4610 Carey Ave；牛仔竞技表演 每天 $17~29，音乐会 $20~70；⊙7月的最后一周；🅿）7月的最后一周，全世界最大的户外牛仔竞技和庆祝怀俄明州各种事物的活动将一直持续10天，套索、驯马、骑马、唱歌和跳舞，四周还有飞行表演、游行、情节剧、狂欢和和辣椒烹饪竞赛。此外还有热闹的边陲小镇（Frontier Town）、印第安村庄和早上免费的"轻量级"牛仔竞技表演等活动。

🛏 食宿

★ Nagle Warren Mansion Bed & Breakfast 民宿 $$

（☏307-637-3333；www.naglewarrenmansion.com；222 E 17th St；房间 $163起；🅿🅰🅿）这幢完全现代化的古宅难得一见。建于1888年的房子依然保留着原来的皮雕天花板，宽敞而优雅的12间客房内都装饰着19世纪后期的本地区古董，配备独立卫浴。民宿内还有一个热水浴池和一间藏在角楼里的阅读室，甚至有经典的1954年Schwinn自行车供住客骑行游览。

Tasty Bones Barbecue & Bakery 烧烤 $

（☏307-514-9494；www.tastybonesbarbecue.com；1719 Central Ave；主菜 $8~16；⊙周一至周六 10:00~21:00，周日 11:00~16:00）想象一辆菲律宾美食车邂逅一台烧烤熏炉并坠入爱河。对家常菜的理念截然不同的一对夫妻搭档，结果造就了一份结合两种不同风味菜式的混搭菜单。两种都很好，慢烤牛腩搭配味噌拉面出奇得完美。

🍷 饮品和夜生活

Accomplice Brewing Company 微酿啤酒

（☏307-632-2337；www.accompliceebeer.com；115 W 15th, Depot；主菜 $10~15；⊙周一至周四 14:00~22:00，周五至周日 11:00~22:00；🅿🅰）这家人头攒动的自助酒吧位于夏延最新的啤酒厂内，酒厂所在是一栋古老的车站大楼。面对各种啤酒，你可以尽情畅饮。啤酒十分可口，这儿的食物也不会让人失望。

ⓘ 实用信息

夏延游客中心（Cheyenne Visitor Center；☏307-778-3133；www.cheyenne.org；1 Depot Sq；⊙周一至周五 9:00~17:00，周六 至15:00，周日 11:00~15:00；🅰）

ⓘ 到达和当地交通

作为一座首府城市，抵离夏延的交通并不便利。Black Hills Stage Lines/Express Arrow停在市区最北端的**汽车总站**（☏307-635-1327；www.greyhound.com；5401 Walker Rd, Rodeway Inn），那里有直达丹佛的班车（$18~33，2小时），以及去往灰狗巴士其他所有目的地的班次。冷清的**夏延机场**（Cheyenne Airport，简称CYS；☏307-634-7071；www.cheyenneairport.com；200 E 8th Ave）每周四都有航班飞往丹佛。

进城后，**Cheyenne Transit Program**（☏307-637-6253；322 W Lincolnway；标准票价 $1.50；⊙周一至周五 6:00~18:00，周六 10:00~17:00）

的固定班次可以带你四处转转。**Cheyenne Street Railway Trolley**（☎307-778-3133; www.cheyennetrolley.com; 121 W 15th St, Depot; 成人/儿童 $12/6; ◎5月至9月 10:00、11:30、13:00、14:30和16:00）将带你巡游市中心最有趣的景点。

拉勒米（Laramie）

确切地说，拉勒米并不在山区，但这座地处大草原的城市绝对给人一种强烈的山区感觉，这主要归功于怀俄明州唯一一所4年制大学（怀俄明大学）；时髦、活泼的学生们源源不断地来到这里，为这座原本死气沉沉的城市重新注入了活力。

这座小小的历史城镇内，砖楼建筑群挨着铁轨而建，你可以在此花一个小时悠然闲逛，也可以去草木葱郁的大学校园参观几座博物馆，动动腿，长长见识。但真正吸引人来此游览的原因是怀俄明地区监狱（Wyoming Territorial Prison）：它保存完好，诉说着边境的历史。

◉ 景点

★ 怀俄明地区监狱 博物馆

（Wyoming Territorial Prison; ☎307-745-3733; www.wyomingterritorialprison.com; 975 Snowy Range Rd; 成人/儿童 $5/2.50; ◎5月至9月 8:00~19:00，4月和10月 8:00~17:00; ▣）见识一下唯一一所关押过布奇·卡西迪（Butch Cassidy）的监狱——卡西迪因重大盗窃罪于1894至1896年在此服刑，但这位人脉颇广的罪犯出狱后却很快成为历史上最著名的劫匪。内室讲述了他的故事，非常详尽，令人兴奋。而当你探索主要的监狱区时，其他"穷凶极恶的罪犯"会一直盯着你看。也可以到外面的广场参观，这些犯人曾经每天要制造700多把扫帚——监狱一度靠这种方式营收，但持续时间不长。

地质博物馆 博物馆

（Geological Museum; ☎307-766-2646; www.uwyo.edu/geomuseum; SH Knight Geology Building, University of Wyoming; ◎周一至周六 10:00~16:00）**免费** 莫里森岩层（Morrison Formation）——侏罗纪时代的沉积岩——从新墨西哥州延伸至蒙大拿州，并以怀俄明州为中心。这片岩层出土过不少恐龙化石，这家小型的大学博物馆中就展示有其中一部分令人印象深刻的化石，包括75英尺长的秀丽迷惑龙（以前被称为雷龙）和巨型不飞鸟（7英尺高的食肉鸟，发现于怀俄明）。在新设的"预备实验室"（Prep Lab）逛逛，观看研究人员如何从坚硬的岩石中取出脆弱的化石。科学！

🛏 住宿

拉勒米以东的Grand Ave和以西的80号州际公路（I-80）沿途都可以找到不少常见的不太靠得住的汽车旅馆。遗憾的是，古香古色的市中心附近虽有独立住宿场所，但多半不值得推荐。

Gas Lite Motel 汽车旅馆 $

（☎307-742-6616; 960 N 3rd St; 标单/双 $49/59; ❄ 🛜 🐕）Gas Lite Motel格外显眼——更多是因为屋顶的塑料马和公鸡，以及倚着栏杆、衣着破烂的胶合板牛仔像，而不是其现代化的设施。房间虽说过时，却很干净，老板还算和蔼，价格虽不定，但比较合理。

Mad Carpenter Inn 民宿 $$

（☎307-742-0870; www.madcarpenterinn.net; 353 N 8th St; 房间 $95~125; 🛜）有花园景观、热腾腾的早餐和舒适温暖的带木镶边的房间，这里十分温馨和雅致。此外还有一个摆放着台球桌和乒乓球桌的游戏室。单独的"娃娃屋"（Doll House）带小厨房和极可意涡流式浴缸，绝对适合寻找安静空间的情侣们。

🍴 餐饮

拉勒米有所大学，这就意味着城里有不少不错的餐饮场所。拉勒米历史悠久的市中心随处可见自酿酒吧、运动酒吧和聚会地，其中很多都有本地的现场音乐演出。

★ Sweet Melissa's 素食 $

（☎307-742-9607; www.facebook.com/sweetmelissacafe; 213 S 1st St; 主菜 $9~14; ◎周一至周四 11:00~21:00，周五至周六 至

22:00; ⓦ◉）这家餐馆擅长烹制美味的素食和无麸菜肴，毫无疑问，这儿供应数英里内最健康的食物，比如香辣蘑菇玉米卷饼（portabello fajitas）或戈尔贡佐拉韭葱奶酪通心粉。菜花鸡翅极其美味，服务也相当不错。

Coal Creek Coffee Co 咖啡馆

（☎307-745-7737; www.coalcreekcoffee.com; 110 E Grand Ave; 主菜 $5~11; ⓗ 6:00~23:00; ⓦ）该咖啡馆有最高级的咖啡，能满足你对咖啡馆的一切想象：非常现代时尚，甚至前卫，而且令人愉快。公平贸易的咖啡豆和熟练制作的拿铁咖啡让人有一种上午10:00的感觉，你还可以转身前往西翼的Coal Creek Tap，那里有十几种自酿啤酒。

❶ 到达和离开

每天有**航班**（☎307-742-4164; www.laramieairport.com; 555 General Brees Rd; ⓗ周一至周五5:00~19:30, 周六至周日 至17:00）往返于拉勒米和丹佛（$87, 40分钟），而**灰狗巴士**（☎307-745-7394; www.greyhound.com; 1952 N Banner Rd）停靠在被称作"Diamond Shamrock"的加油站，是前往该地区各目的地的不错选择。

兰德（Lander）

兰德坐落于温德河山脉的山麓之上，始终是一座边陲小镇。它最初是修于俄勒冈小道（Oregon Trail）支路上的一座要塞，后来成为铁路的终点，是逃犯和马贼经常出没的地方。这里还是前往温德河印第安保留地（Wind River Indian Reservation）的门户，那里的原住民东肖尼族（Eastern Shoshone）与流离失所的北阿拉帕霍人（Northern Arapaho）在该州最高峰的山脚共享220万英亩土地。

1965年，保罗·佩佐尔特（Paul Petzoldt）在这里开设著名的国家户外领导学校（National Outdoor Leadership School）时，这片荒野上的游乐场就引起了敏锐的户外爱好者的注意。伏流谷（Sinks Canyon）史诗级的攀岩和附近的Wild Iris吸引了大量攀岩爱好者，同时，不断扩展的山地自行车道使得前来探险的人更多元化。

不过城镇地处偏远，基本不会有人长住，因此兰德相对而言比较安静，老西部和新西部的特色在此融为一体。

◉ 景点和活动

伏流谷州立公园 公园

（Sinks Canyon State Park; ☎307-332-3077; www.sinkscanyonstatepark.org; 3079 Sinks Canyon Rd; 帐篷和房车 非居民 $11; ⓗ游客中心6月至9月 9:00~18:00）这座美丽的公园位于兰德西南6英里处的131号公路（Hwy 131）沿线，这儿有一处罕见的景象，波波阿奇河中间支流（Middle Fork of the Popo Agie River）的湍急河水突然流入一个小洞穴内，消失于可溶性石灰岩（Madison limestone）中。尽管河水在下游0.25英里处重新汩汩冒出，但科学家们发现它在地下流动需耗时近两小时，重新冒出的河水变得更加温暖，流量更大。

弗里蒙特县拓荒者博物馆 博物馆

（Fremont County Pioneer Museum; ☎307-332-3339; www.fremontcountymuseums.

怀俄明州概况

别称 平等之州

人口 586,107

面积 97,914平方英里

首府 夏延（人口59,466）

其他城市 拉勒米（人口30,816）、科迪（人口9689）、杰克逊（人口9838）

消费税 4%

诞生于此的名人 抽象派画家杰克逊·波洛克（Jackson Pollock; 1912~1956年）

发源地/所在地 女性选举权、煤炭开采、间歇泉、狼

政治 完全保守派（蒂顿县除外）

著名之处 牛仔竞技比赛、牧场、前副总统迪克·切尼（Dick Cheney）

最高山 甘尼特峰（Gannett Peak; 海拔13,809英尺, 4209米）

驾驶距离 夏延至杰克逊432英里

com/the-lander-museum; 1445 W Main St; ◉周一至周六 9:00~16:00,夏季 至17:00) **免费** 怀俄明州第一座历史博物馆一直在不断修葺完善,同时展现兰德、弗里蒙特县和该州的鲜活历史。可以先看看弗雷德里克·雷明顿(Frederic Remington)为《哈珀周刊》(*Harper's Weekly*)创作的边疆生活版画展览,然后去探索后面的小屋和古宅。

Gannett Peak Sports　　　　山地自行车

(351b Main Street; ◉周一至周五 10:00~18:00,周六 9:00~17:00,周日 10:00~14:00)如果你想找城外的单行自行车道,可到这里查询并租用装备。

🛏 住宿

面对如此美丽的风景,你一定会想露营,幸运的是,伏流谷有不少选择(露营位 $11~15; ◉5月至9月)。

★ Outlaw Cabins　　　　民宿 $$

(☎307-332-9655; www.outlawcabins.com; 2411 Squaw Creek Rd; 小屋 $125)两栋真正的漂亮小屋位于尚在经营的牧场。Lawman由一名县治安官建于120多年以前,但经过维护整修已经具备了现代的气质。而我们最喜欢Outlaw,因为它更有狂野西部的风情。两座小屋都设有安静的门廊,可以供住客在那里小坐。

🍴 餐饮

如果你不是在篝火旁用故事交换一箱啤酒,那就可能在Lander Bar。镇上其他地方关门都比较早。

The Middle Fork　　　　早餐 $

(☎307-335-5035; www.themiddleforklander.com; 351 Main St; 主菜 $6~10; ◉周一至周六 7:00~14:00,周三至周六 17:00~21:00,周日 9:00~14:00; 🐕✎)宽敞的大厅,简朴的环境,让你可以专注于食物本身——味道真的很棒。自制的烘焙美食配上班尼迪克蛋和腌牛肉肉末,搭配含羞草鸡尾酒。

★ Cowfish　　　　烧烤 $$

(☎307-332-8227; www.cowfishlander.com; 148 Main St; 早午餐 $10~16,晚餐 $17~35;

◉8:00~14:00和17:00~22:00; 🐕)兰德这家高档餐馆适合夜间约会,烛光摇曳,品尝芽甘蓝ையे面或用咖啡涂抹过的肋眼牛排。相邻的自酿酒吧提供同样的美味,但坐在麦芽浆桶(金属酿酒容器)之间,气氛更加闲适。酒吧的手工精酿啤酒酒单经常更换,其中很多非常棒(点单以前先尝几种)。

Lander Bar　　　　酒吧

(☎307-332-8228; www.landerbar.com; 126 Main St; ◉周一至周六 11:00至次日2:00,周日 正午至22:00; 🐕)这家木结构酒吧好像一座大谷仓,聚满了当地人和来访的探险家。他们彼此分享白天令他们头疼的岩石或小径,直到深夜。这里经常有现场音乐表演。

旁边的Gannett Grill(☎307-332-8227; 128 Main St; 主菜 $8~11; ◉11:00~21:00)提供食物。

ℹ 实用信息

兰德游客中心(Lander Visitor Center; ☎307-332-3892; www.landerchamber.org; 160 N 1st St; ◉周一至周五 9:00~17:00)

ℹ 到达和离开

温德河交通管理局(Wind River Transportation Authority; ☎307-856-7118; www.wrtabuslines.com; Shopko; 票价 单程 $1)周一至周五提供往返于里弗顿(Riverton)和兰德之间的定时班车,还可以预订班车前往卡斯珀(Casper)或杰克逊(票价取决于乘客人数)。但前往小径起点或攀岩峭壁,你会需要一辆车。

杰克逊(Jackson)

欢迎来到怀俄明州的另一边。杰克逊藏身于青翠山谷之中,被美国最荒凉崎岖的几座山脉所围绕,看似与该州的其他城镇并无多大不同——带散热器护栅的屋檐线、带顶棚的木廊道、各个街区都有高级酒廊——但实际上并不完全相同。

在这里,铁杆的登山、骑行和滑雪爱好者(从晒成棕色的皮肤就能认出来)数量远远超过牛仔,见到名人的概率就跟在城市道路上见到驼鹿溜达的概率差不多。

杰克逊时尚漂亮，很受欢迎，这对旅行者来说虽然也有不利之处（中等房价达到120万美元），但这也意味着这里有热闹的城市氛围，令人耳目一新的各种美食，无论是在市区，还是在周边地区，你都不愁没有事做。

◎ 景点和活动

★ 国家野生动物艺术博物馆　博物馆

（National Museum of Wildlife Art；☎307-733-5771；www.wildlifeart.org；2820 Rungius Rd；成人/儿童 $14/6；◎5月至10月 9:00~17:00，11月至次年4月 周日11:00起 且周一闭馆；♿）主要展品包括比斯塔特（Bierstadt）、朗杰斯（Rungius）、雷明顿（Remington）和拉塞尔（Russell）等艺术家的作品，他们的作品栩栩如生，让人难忘——几乎比野外见到的动物都要生动。即使博物馆闭馆，户外的雕塑和建筑本身（受一座苏格兰城堡的遗迹启发而建，奇怪了）也都值得一看。

国家麋鹿保护区　野生动物保护区

（National Elk Refuge；☎307-733-9212；www.fws.gov/refuge/national_elk_refuge；Hwy 89；雪橇 成人/儿童 $21/15；◎12月至次年4月 10:00~16:00）**免费** 在每年11月到次年5月之间，这座保护区里保护着数以千计从他处迁徙至杰克逊的麋鹿，为它们提供着冬季栖息地。在夏季，可以向杰克逊游客中心查询观看麋鹿的最佳地点。1小时的马拉雪橇是冬季活动的一大亮点；在游客中心购票。

★ 杰克逊霍尔山地滑雪场　雪上运动

（Jackson Hole Mountain Resort；☎307-733-2292；www.jacksonhole.com；成人/儿童 滑雪通票 $140/88，夏季电车 $34/21；◎11月至次年4月和6月至9月）这座山非同一般。无论是以滑雪、单板滑雪、徒步还是骑山地车的方式探索杰克逊霍尔，你都会倍感震撼。杰克逊霍尔垂直高度逾4000英尺，拥有全世界最有名的雪坡，占地2500英亩，雪层平均厚度达400英尺，故而稳居每一个认真对待滑雪的人的心愿清单头一条。

夏季气氛活跃，有自行车公园、飞盘高尔夫球场、攀岩墙和新开放的高山铁索攀岩课程（$109起，2小时），最后一项你可以借助缆绳和爬梯登山。最热门的活动是观光有轨电车（$34，12分钟），可以将高山徒步爱好者和观光客送至朗德乌山（Rendezvous mountain；海拔10,927英尺）的山顶小径。小窍门：顺着海拔4139英尺高的小径走7英里到山顶，再乘坐有轨电车免费下山。

杰克逊霍尔滑翔　滑翔

（Jackson Hole Paragliding；☎Jackson Hole 307-739-2626，Snow King 605-381-9358；www.jhparagliding.com；双人滑翔 $345；◎5月至10月）唯一比置身蒂顿峰更棒的事情就是在蒂顿峰上方滑翔。和经验丰富的飞行员一起双人滑翔，可以上午从杰克逊霍尔山地滑雪场起飞，或者下午在Snow King（402 E Snow King Ave）进行。

不需要有滑翔经验，但有年龄和体重限制。

斯内克河漂流　漂流

（Snake River Rafting；半天 成人/儿童 $70/50起）在杰克逊，要想在斯内克河体验划桨的畅快，必须找到一家愿意带你去斯内克河的漂流公司。大多数公司提供较为温和的13英里漂流，从威尔逊镇到霍巴克章克申（Hoback Junction），途经遍布野生动物的湿地，或者更刺激的斯内克河谷漂流，途中有湍急的三级急流。

只有少数公司提供完全位于大蒂顿国家公园境内的旅程——如果你很看重这点的话——包括Barker-Ewing和Teton Whitewater。

漂流之旅一般包括交通和午餐。

花岗岩溪温泉　温泉

（Granite Creek Hot Springs；☎307-690-6323；www.fs.usda.gov/recarea/btnf/recarea/?recid=71639；Granite Creek Road，Hwy 191；成人/儿童 $8/5；◎夏季 10:00~18:00，冬季 10:00~17:00）从杰克逊出发，沿191号公路（Hwy 191）向东南方向前行25英里，在铺着碎石的花岗岩溪路（Granite Creek Road）往东转，继续行驶10英里，经过高山草甸和森林覆盖的山区，到达这处天然温泉，可以欣赏附近群山的美景。

✨ 节日和活动

大蒂顿音乐节 音乐节

（Grand Teton Music Festival，简称GTMF；☎307-733-1128；www.gtmf.org；Walk Festival Hall, Teton Village；⊙7月至8月）在美妙的夏季会场中举行一场几乎不间断的古典音乐庆典。节庆管弦乐团每周五20:00和周六18:00演出，汇集了世界各地的音乐家和指挥。大多数周三的GTMF Presents节目会聚焦知名音乐人。免费的家庭音乐会能让你以一种更轻松的方式体验交响乐。

🛏 住宿

无论是在城中还是杰克逊霍尔山地滑雪场（见880页），杰克逊都有很多住宿选择。但夏季和冬季这两个旺季必须预订。节假日或周末价格会翻番，春秋淡季则会大幅下降。附近的森林分布着几处出色的露营地，但大多需要开车很长时间才能抵达，而且路况经常很差。

The Hostel 青年旅舍 $

（☎307-733-3415；www.thehostel.us；3315 Village Dr, Teton Village；铺$34~45，房间$79~139；@🅟🛜）这个地方最受滑雪者的喜欢，经营时间长得都已经不需要名字了——每个人都知道The Hostel（青年旅舍）。经济型独立间和拥挤的4人上下铺房间都位于中间（也就是说，你只有睡觉的时候才会待在房里）。宽敞休息室带壁炉和台球桌，还有桌上足球和滑雪打蜡区，氛围轻松，适合交际。

Antler Inn 酒店 $$

（☎307-733-2535；www.townsquareinns.com/antler-inn；43 W Pearl Ave；房间$100~260，套$220~325；🅟🛜）颇具规模的酒店就位于杰克逊中心，提供干净、舒适的房间，有的房间配有壁炉和浴缸。走进比较便宜的"雪松木（cedar log）"房间让人有回家的感觉，好似进入了舒适的怀俄明小屋中，而且你确实已经置身这种环境之中：这些小屋是被拖到这里，附在酒店的后面。

★ Wort Hotel 历史酒店 $$$

（☎307-733-2190；www.worthotel.com；50 N Glenwood St；房间$450起；🅟@🛜）独特的怀俄明气息弥漫在这家随着时间流逝越来越有味道的豪华历史酒店之中。屋内设有多节的松木家具、手工缝制的床罩，还有大号浴缸和极可意涡流式浴缸；杰克逊最好的礼宾服务可以帮你安排户外探险活动，充实你的行程。即使下榻此处超出你的预算范围，也可以去楼下古香古色的 Silver Dollar Bar。

🍴 就餐

杰克逊拥有怀俄明州最精致和最多元化的美食。许多酒吧兼餐馆在欢乐时光都提供优惠。

Persephone 面包房 $

（☎307-200-6708；www.persephonebakery.com；145 E Broadway；主菜$8~15；⊙周一至周六 7:00~18:00，周日 至17:00；🛜）提供朴素的面包、超大的点心和可口的早餐，这家白色的法式小面包房值得排队等待（而且你会会排队的）。夏季，宽敞的露台为逗留在此喝咖啡的人提供了更大的空间（虽然续杯只需$0.75，但你可能不想闲坐那么长时间——可以要一壶血腥玛丽）。

Lotus 创意菜 $$

（☎307-734-0882；www.theorganiclotus.com；140 N Cache St；主菜$15~26；⊙8:00~22:00；🛜🅟）🍀 在牛排和土豆大行其道的地区，Lotus反其道而行之，提供香蕉蛋糕、素汉堡和大份的谷物搭配蔬菜。肉类菜肴也有不少——这里毕竟是怀俄明州——但所有食材都是有机的。

Gun Barrel 牛排 $$

（☎307-733-3287；http://jackson.gunbarrel.com；852 W Broadway；主菜$19~36；⊙17:30至深夜）这家杰克逊最佳牛排馆的队伍排到门外，顶级水牛肋排、麋鹿排骨与嫩煎带骨肋眼都是"肉块之王"头衔的有力竞争者。玩一个有趣的游戏，可以试着在动物的注视下吃掉它们的同类：这个地方曾经是野生动物和动物标本博物馆，保留了许多原先的展品。

Mangy Moose Saloon 酒馆小食 $$

（☎307-733-4913；www.mangymoose.com；3295 Village Drive, Teton Village；午餐 主菜$9~13，晚餐 主菜$15~32；⊙食物 7:00~22:00，

酒吧 11:00至次日2:00；☎)半个多世纪以来，Mangy Moose一直是杰克逊霍尔山地滑雪场（见880页）的热闹中心，人们在滑雪后前来聚会，知名乐队到此演出，这儿提供雪坡用餐，还有常见的山区恶作剧活动。大而空旷的酒馆利用本地农场的食材制作一碗碗辣椒、水牛汉堡和牛排，还有不错的沙拉吧，而 Rocky Mountain Oyster咖啡馆则可以满足你对早餐的一切需求。

Thai Me Up
泰国菜 $$

(☏307-733-0005；www.thaijh.com；75 E Pearl Ave；主菜$15~20；⊙17:00起；☎)首先是啤酒。Meet Melvin是所有人都在谈论的印度淡色艾尔啤酒（IPA）。它还有19个小伙伴。它们全都不错。泰国饮食也不错，还有汉堡。功夫电影与嘻哈文化配合默契，令人着迷。倒曲线酒吧有些拥挤，但那正是关键。或许吧。我们提过门口的嘟嘟车吗？来这儿看看吧。

🍷 饮品和夜生活

从酿酒厂到酒吧，从音乐会到剧院，杰克逊的夜晚什么都不缺，尤其是夏季和冬季的旺季期间。可以从Jackson Hole News & Guide（www.jhnewsandguide.com/calendar）了解最新活动信息，或者直接前往市中心，跟着欢歌笑语走。

★ Snake River Brewing Co
微酿啤酒

(☏307-739-2337；www.snakeriverbrewing.com；265 S Millward St；每品脱$4~5，主菜$10~22；⊙食物11:00~23:00，酒水至深夜；☎)酒吧提供大量微酿啤酒（其中一些还曾获过奖）。不难明白为什么这里是年轻的户外运动爱好者的最爱。食物包括木火烤比萨、野牛肉汉堡包和意大利面。内部像是现代工业风的仓库，共有两层，还有许多（但也不是太多）播放比赛的电视。

The Rose
鸡尾酒吧

(☏307-733-1500；www.therosejh.com；50 W Broadway；鸡尾酒$9~14；⊙周三至周六17:30至次日2:00，周日至周二20:00至次日2:00)这家华丽的小型休闲酒吧位于Pink Garter剧院的楼上。坐进红色皮革隔间，享用杰克逊最好的手工鸡尾酒。受到酒水大获成功的激励，他们现在还提供多道菜的探索性美食，时间是周四至周六的18:00~22:00。

ⓘ 实用信息

杰克逊霍尔游客服务中心（Jackson Hole Guest Services；☏307-739-2753，888-333-7766；Clock Tower Bldg）提供关于活动和团队游的信息，位于蒂顿村（Teton Village）的电车售票处附近。

杰克逊护林区（Jackson Ranger Distric；☏307-739-5450；www.fs.fed.us/btnf；25 Rosencranz Ln；⊙周一至周五8:00~16:30)挨着美国林业局布里杰-蒂顿国家森林管理处（USFS Bridger-Teton National Forest Headquarters）。

ⓘ 到达和当地交通

Alltrans（Mountain States Express；☏307-733-3135；www.jacksonholealltrans.com）冬季运行开往盐湖城（Salt Lake；$75，5.25小时)和大塔夷（Grand Targhee）滑雪区（成人/儿童$114/85 含滑雪缆车通票）的班车。**Jackson Hole Shuttle**（☏307-200-1400；www.jhshuttle.com；⊙24小时)提供从繁忙的机场至你在杰克逊市区或蒂顿村下榻酒店的固定班车。

免费的**START Bus**（Southern Teton Area Rapid Transit；☏307-733-4521；www.startbus.com）可以带你前往当地的任何地方，以及爱达荷州的德里格斯（Driggs；$3)。杰克逊和大蒂顿国家公园的珍妮湖（Jenny Lake）之间有一条自行车道。

科迪（Cody）

进入黄石国家公园有几种选择，从散发着生活气息的科迪一侧前往应该是首选。原因不止是因为沿着肖肖尼河北支流驱车沿途景色令人心醉神迷——西奥多·罗斯福曾经称其为"美国最美的50英里"，还因为科迪这座小镇本身。

科迪陶醉于其边疆形象之中，这段传奇始于它的创建者威廉·"水牛比尔"·科迪（William 'Buffalo Bill' Cody)：他是南北战争期间陆军侦查队队长、臭名昭著的水牛猎人，同时也是马戏表演者，带着他那"蛮荒西部"表演团在全世界巡演。城镇在夜间有牛仔竞技表演、喧闹的酒吧和世界一流的博物

馆，后者一开始是水牛比尔的房产，本身就值得一来。

◉ 景点

★ 西部水牛比尔历史中心 博物馆

（Buffalo Bill Center of the West; ☏307-587-4771; www.centerofthewest.org; 720 Sheridan Ave; 成人/儿童 $19/12; ⊙3月至11月 每天开放，12月至次年2月 周四至周日，时间不定; ♿）不要错过怀俄明最令人印象深刻的（已建成）景点。5个博物馆组成了这座庞大的综合中心，展示了关于西部的一切：从水牛比尔那世界闻名的狂野西部盛大演出，到展示极具震撼力、以边境为主题的艺术作品的画廊，再到视觉效果夺人眼球的平原印第安博物馆（Plains Indian Museum），最后到7000件引人入胜的火器藏品。与此同时，德雷珀自然历史博物馆（Draper Museum of Natural History）以事无巨细和引人入胜的方式带你了解黄石地区的生态系统。找找罗斯福的马鞍、忙碌的海狸球玩具和世界上所剩无几的水牛皮帐篷。

⬛ 住宿

科迪的14号公路有数量多得出奇的独立酒店。即使价格差不多，它们的干净和便利程度也大不相同。注意外表引人瞩目的并不一定代表房间舒适。科迪和黄石之间的14号公路、16号公路和20号公路沿线露营地很多。

Irma Hotel 历史酒店 $$

（☏307-587-4221; www.irmahotel.com; 1192 Sheridan Ave; 房间 $147~169，套 $197; ❄🛜）水牛比尔于1902年建造了这家酒店，作为他所规划的城市的奠基石。这座破旧的酒店有一种老式的魅力，还有少许现代气息。一直保留到现在的带高天花板的历史套房，名字来自曾下榻于此的客人[安妮·奥克利（Annie Oakley）、野姑娘杰恩（Calamity Jane）等]，而稍微现代的侧楼房间与其非常相似（仍然有老式的拉绳马桶厕所），但便宜$20。

Big Bear Motel 汽车旅馆 $$

（☏307-587-3117; www.codywyomingbigbear.com; 139 W Yellowstone Ave; 房间 $159~209; ❄🛜🅿🐕）这个友好的地方位于城镇边缘，靠近（但不是太近）科迪夜间竞技（Cody Nite Rodeo），提供干净的房间、洗衣房、游泳池和具有怀俄明特色的"骑小马"活动。旺季时价格会飙升，但平季价格合理。

🍴 就餐

牛排、牛排，更多牛排（还有令人难忘的墨西哥餐馆的旋转门）定下了这里的饮食基调。有几家创意餐馆试图反其道而行，虽然我们很乐意看到百花齐放的场面，但在这座蛮荒西部小镇，吃沙拉近乎是一种亵渎神明的行为。

★ The Local 新派美国菜 $$

（☏307-586-4262; www.thelocalcody.com; 1134 13th St; 午餐 $10~13，晚餐 $13~38; ⊙浓咖啡 8:30起，午餐 正午至14:00，周二至周六 晚餐 17:00~21:00; ♿🌿）如果科迪的牛仔饮食开始让你难堪重负，可以来这里调剂一下，品尝新鲜、用本地食材烹饪的有机菜肴。午餐可以选择豆豉和鳄梨卷，晚餐则可以试试烤扇贝和藏红花烩饭。

Cassie's Western Saloon 牛排 $$

（☏307-527-5500; www.cassies.com; 214 Yellowstone Ave; 牛排 $20~45; ⊙食物 11:00~22:00，酒水 至次日2:00）这家传统的路边餐厅过去是家妓院，播放让人欲罢不能的乡村和西部音乐，时不时还有酒吧乱斗事件。可以在相邻的晚餐俱乐部用餐，肉质细腻的牛排规格不同，从8盎司到5.25磅都有，或者可以选择triple threat套餐：2.25磅的汉堡搭配5种奶酪和培根（煎蛋再加$1）。

☆ 娱乐

科迪夜间竞技 表演赛

（Cody Nite Rodeo; www.codystampederodeo.com; 519 West Yellowstone Ave; 成人/儿童 $20/10; ⊙6月至8月 20:00）这项科迪夏夜传统已有80年历史，可以让人体验小镇最经典的牛仔竞技表演。但是动物保护组织经常谴责牛仔竞技对动物造成伤害。敏感的观众可能会觉得有些活动令人不安。

ℹ️ 到达和离开

科迪的小型机场（COD; ☏307-587-5096;

www.flyyra.com; 2101 Roger Sedam Drive)将这座与世隔绝的小镇与盐湖城和丹佛连接起来,你应该感谢水牛比尔,以他名字命名的美景小路连接科迪与黄石——这是前往那座公园的又一条美妙路径。

黄石国家公园 (Yellowstone National Park)

这是美国第一座国家公园(☎307-344-7381; www.nps.gov/yell; Grand Loop Rd, Mammoth, Yellowstone National Park; $30; ◷北门全年,南门5月至10月),遍布有驼鹿、麋鹿、野牛、灰熊和狼,拥有美国最具野性的土地,只待你前来探索。

黄石坐拥全世界60%以上的间歇泉,还有无数色彩缤纷的温泉和汩汩冒泡的泥浆池。虽然这些无与伦比的奇观每年都吸引400多万游客,但真正令人叹为观止的还是周围的峡谷、山脉和森林。

⊙ 景点

黄石公园被分成5个不同的区域,每个区域都有其独特的魅力。进入国家公园时,你会得到一张基本的地图和公园报刊,里面详细介绍了由护林员带领的非常棒的讲座与步行活动(值得参加)。

⊙ 间歇泉区 (Geyser Country)

地热特征遍布于黄石国家公园之内(毕竟,你所在的地方是一座巨大火山的山顶),但只有少数地方才有形成间歇泉的条件。诺里斯(Norris)至老忠实泉(Old Faithful)之间的一片区域是公园里最热的地方,也是你的最佳选择。

最精彩的间歇泉有**老忠实泉**(Old Faithful; Upper Geyser Basin; ◷间隔约90分钟) **免费** 和**上间歇泉盆地**(Upper Geyser Basin)、**大棱镜温泉**(Grand Prismatic Spring)和**诺里斯间歇泉盆地**(Norris Geyser Basin),特别是**蒸汽船间歇泉**(Steamboat Geyser)喷发的时候。"**艺术家油漆罐**"(Artists Paintpots;位于诺里斯西南)附近长1英里的徒步线路游客不多,十分宜人。

除了观赏间歇泉以外,火洞河(Firehole River)和麦迪逊河(Madison River)也是飞钓和观赏野生动物的绝佳地点。

老忠实泉游客教育中心 游客中心

(Old Faithful Visitor Education Center; ☎307-545-2751; Old Faithful; ◷6月至9月8:00~20:00,春季和秋季 开放时间不定,12月至次年3月 9:00~17:00; ♿)这个新建的游客中心经过改进,十分注重环保,主题与黄石的地热特色有关,探究间歇泉、温泉、喷气孔和泥温泉的差异,解释马默斯为何没有间歇泉。孩子们会喜欢可以亲自动手参与的"小科学家"(Young Scientist)展区,在那里可以观看会喷水的实验性间歇泉。此处可以获取公园标准地图和线路建议,以及公园最有名的几处喷发口的预计喷水时间等信息。

大棱镜温泉 泉水

(Grand Prismatic Spring; Midway Geyser Basin)大棱镜温泉宽370英尺,深121英尺,是公园最大和最深的温泉。很多人认为它还是公园里最美丽的地热景观。木板栈道带你领略这一壮观泉水散发出的多彩雾气,及其色彩斑斓的水藻带。从高处向下看,温泉仿佛一只巨大的蓝色眼睛,流出令人动容的多彩泪珠。0.5英里的木板路连接各个地貌特征点;找到停车的地方以后,在这里待上30分钟。

⊙ 马默斯区 (Mammoth Country)

这是公园最早开发的地区,旨在打击搞破坏和偷猎活动的美军士兵在此驻扎!他们

值 得 一 游

风景自驾游:落基山脉屋脊

比尔图斯公路(Beartooth Highway; Hwy 212; www.beartoothhighway.com; ◷5月下旬至10月中旬)是进入黄石公园最优美路线的有力竞争者之一,这段不可思议的68英里路程将雷德洛奇(Red Lodge)与黄石公园东北入口连接起来,沿途可欣赏11,000英尺的山峰和野花遍地的高山苔原。这里同时被誉为美国风景最优美的车行道和最好的摩托车线路。公路沿线有十几个美国林业局的露营地,仅仅雷德洛奇的12英里路段内就有4个。

成功了！搭建在马默斯温泉（Mammoth Hot Springs）壮观的石灰岩平台上的洗衣站早就被移除了，一群群麋鹿如今在山谷休闲散步。

加勒廷山脉（Gallatin Range）群峰崛起，向西绵延开去，俯瞰着脚下这片区域中的湖泊、溪流和数不清的徒步路径，包括美丽的邦森峰（Bunsen Peak；见本页）。

◎ 高塔-罗斯福区 (Tower-Roosevelt Country)

公园里面栖息着很多野生动物，最佳的观赏地之一就在拉马尔谷（Lamar Valley）。那里有数百头水牛漫步，还有几个狼群的活动范围在此交叠。高塔瀑布（Tower Fall）及阿布萨罗卡山脉（Absaroka Mountains）陡峭的山峰都是这个地区的地理亮点。这是公园内最偏远、最美丽且开发程度最低的地区。

◎ 峡谷区 (Canyon Country)

由各徒步路径串连起来的一系列瞭望台将黄石大峡谷（Grand Canyon）的悬崖峭壁和瀑布呈现在游客眼前。在这里，河流在古老的金色间歇泉盆地冲刷出一道裂缝，其中最摄人心魄的要数下瀑布群（Lower Falls）。南缘小径（South Rim Drive）通往峡谷里最壮观的观景点——艺术家之角（Artist Point），北缘小径（North Rim Drive）则通向两处瀑布所在的险峻悬崖。

黄石大峡谷　　　　　　　　　　峡谷

（Grand Canyon of the Yellowstone; Canyon Village附近）这里是公园最令人叹为观止的景点之一。黄石河从黄石湖（Yellowstone Lake）向北蜿蜒，水流平缓，而在此地却飞流直下，形成上瀑布群（Upper Falls）与低处水势更磅礴的下瀑布群（Lower Falls），之后在深达300米（1000英尺）的峡谷中奔流。峡谷边缘景色优美的瞭望台和错综复杂的小径以十数个角度凸显它的美丽——南缘小径通向艺术家之角最雄伟壮观的瞭望台。

◎ 湖泊区 (Lake Country)

黄石湖（Yellowstone Lake）是湖泊区的核心景区，也是世界上最大的高山湖之一。这片水之荒野中有许多火山岩滩，最适合划船或乘海上皮艇探索。人迹罕至、白雪皑皑的阿布萨罗卡山脉（Absaroka Range）位于黄石湖的东边和东南方向，将本土48个州中最荒芜的土地隐藏起来，是徒步旅行或骑马的好地方。

西拇指间歇泉盆地（West Thumb Geyser Basin；黄石湖以西）适合稍微散散步，可以去臭名昭著的钓鱼锥（Fishing Cone），而殖民地风格的黄石湖酒店（Lake Yellowstone Hotel; Lake Village）历史悠久，可以进去休息一下。

🚶 活动

徒步

徒步者可以从超过92个小道起点出发，通往总长1000多英里的徒步路径和300个简易露营地，深入探索黄石公园的偏远地区。野外过夜需要许可证（每人每晚$3，最高$15），出发前48小时以内可以在游客中心和护林站办理。一些偏远营地可以通过邮件预订并由摇号系统分配。

白天在所有小径徒步都免费且无须许可证，但需要准备妥当。不管在哪里徒步，一定要带水，还有防雨外套和防熊喷雾剂。

★ 邦森峰和鱼鹰瀑布　　　　徒步、山地自行车

（Bunsen Peak & Osprey Falls；马默斯西南）邦森峰（海拔8564英尺）是热门的半日徒步目的地，你还可以继续顺着山上比较平缓的东坡而下前往邦森峰路（Bunsen Peak Rd），并一路下行（800英尺）至游客罕至的鱼鹰瀑布脚下，完成一次比较费力的一日徒步游。但更好的方式是带上山地自行车，从瀑布向下至马默斯（Mammoth）的双车道可以骑行（6.3英里）。

孤星间歇泉小径 (Lone Star Geyser Trail)　　徒步、骑车

这条松林间的徒步小径路面平整，曾经是一条辅路，通往公园偏远地区最大的间歇泉之一，走起来非常轻松。小径与老忠实泉周边的混乱场面迥然而异。这条路线颇受喜爱。地处偏僻的孤星间歇泉每3小时喷发一次，持续时间2~30分钟，高度可达30~45英尺，很值得去看看。

Yellowstone National Park
黄石国家公园

沃什伯恩山

（Mt Washburn; Tower-Roosevelt）这是从邓雷文山口（Dunraven Pass）入口处到山顶防火塔的一条相当难走的上坡路，登顶徒步、骑车后可以360度欣赏公园全景和附近的大角羊（往返6.4英里，中等难度）。或者从北边出发，骑自行车经由泥泞的Chittenden Road上山。

Yellowstone National Park 黄石国家公园

◎ 重要景点
- **1** 艺术家之角 B3
- **2** 诺里斯间歇泉盆地 A3

◎ 景点
- **3** 奥尔布赖特游客中心 A1
- **4** "艺术家油漆罐" A3
- **5** 黄石大峡谷 C3
- **6** 大棱镜温泉 A5
- **7** 黄石湖酒店 C4
- **8** 拉马尔谷 D2
- **9** 马默斯温泉 A2
- **10** 老忠实泉 A5
- 老忠实泉游客教育中心 ....(见10)
- **11** 高塔瀑布 C2
- **12** 上间歇泉盆地 A5
- **13** 西拇指间歇泉盆地 B5
- **14** 黄石国家公园 C4

◎ 活动、课程和团队游
- **15** 邦森峰和鱼鹰瀑布 A2
- **16** 仙女瀑布小径和双子峰 A5
- **17** 孤星间歇泉小径 A5
- **18** 沃什伯恩山 C3

🛏 住宿
- **19** 钓鱼桥房车公园 C4
- **20** Grant Village B6
- **21** 印第安溪露营地 A2
- **22** 黄石湖酒店 C4
- **23** 刘易斯湖露营地 B6
- **24** 麦迪逊露营地 A4
- **25** 马默斯露营地 B1
- **26** 诺里斯露营地 A3
- Old Faithful Inn ....(见10)
- **27** 小石溪露营地 D2
- **28** 沼泽溪露营地 C2
- **29** 高塔瀑布露营地 C2

⊗ 就餐
- Lake House ....(见20)
- 黄石湖酒店餐厅 ....(见22)

仙女瀑布小径和双子峰
徒步

（Fairy Falls Trail & Twin Buttes）仙女瀑布（海拔197英尺）隐藏在中间歇泉盆地（Midway Geyser Basin）的西北角，前往这处瀑布的徒步很受欢迎。小径越过仙女瀑布继续通往双子峰脚下一处隐藏的地热区。几处间歇泉未做开发，你很可能得以独享美景，这与下方大棱镜温泉（见884页）周边的拥挤人群形成鲜明对比。

骑车

你可以在黄石的公共道路和一些指定便道上骑车，但不要闯到野外路径上去。每个露营地[沼泽溪（Slough Creek）除外]都有极少满员的徒步者/骑行者营地。

从3月中旬到4月中旬，由于农耕需要，马默斯至西黄石（Mammoth-West Yellowstone）的道路不允许机动车通行，但对自行车开放，这为游客提供了漫长而无忧无虑的骑行道路。

🛏 住宿

公园里的住宿包括国家公园管理局（NPS）和私人经营的营地、小屋、度假屋和酒店。夏季投宿须预订，只要住地接受预订。

科迪、加德纳和西黄石也有许多住宿选择。

性价比最高的住处是由国家公园管理局运营的7处露营地，分别位于**马默斯区**（帐篷和房车露营位 $20; ⊙全年）、**高塔瀑布**（Tower Fall; Tower-Roosevelt, 靠近Tower Fall; 帐篷和小型房车露营位 $15; ⊙5月中旬至9月下旬）、**印第安溪**（Indian Creek; 帐篷和房车露营位 $15; ⊙6月上旬至9月中旬）、**小石溪**（Pebble Creek; 紧邻Northeast Entrance Rd; 帐篷和房车露营位 $15; ⊙6月中旬至9月下旬）、**沼泽溪**（Slough Creek; Tower-Roosevelt; 帐篷和小型房车露营位 $15; ⊙6月中旬至10月上旬）、诺里斯露营地（Norris Campground）和**刘易斯湖**（Lewis Lake; 南入口; 帐篷露营位 $15; ⊙6月中旬至10月），先到先得。

Xanterra（☏307-344-7311, 866-439-7375; www.yellowstonenationalparklodges.com）还运营着另外5处可以预订的露营地，所有露营地都配有冷水浴室、抽水马桶和饮用水。钓鱼桥（Fishing Bridge）的露营地有通电的房车营地。

★ 诺里斯露营地
露营地 $

（Norris; 帐篷和房车露营位 $20; ⊙5月中旬至9月）这里是公园最漂亮的露营地之一，

位于阳光灿烂的山上,景色优美,地势开阔,黑松环绕,俯瞰吉本河(Gibbon River)和草甸。露营位先到先得,少数环形河畔位置很快就会被抢占。篝火会谈19:30开始,19:00至20:30出售柴火。发电机在8:00至20:00运转。

麦迪逊露营地　　　　　　　　　　露营地 $

(Madison Campground; ☎307-344-7311; www.yellowstonenationalparklodges.com; Madison, W Entrance Rd; 帐篷和房车露营位 $24.25; ◎5月至10月)这是离老忠实间歇泉和西入口最近的露营地,位于麦迪逊河上方开阔草甸上一片阳光灿烂的开阔森林区。野牛和公园中规模最大的麋鹿群经常出现在营地西边的草甸,因此这里非常适合观赏野生动物,而且是麦迪逊河飞钓的理想大本营。你可以(而且应该)预订营地。

钓鱼桥房车公园　　　　　　　　　露营地 $

(Fishing Bridge RV Park; www.yellowstonenationalparklodges.com; Fishing Bridge; 房车露营位 $47.75; ◎5月下旬至9月下旬)这里是唯一提供房车全套接口(水、电和污水)的露营地,由于该地区熊活动频繁,因此只允许硬壳拖车或房车露营。340个露营位挨得很近,没什么私密性。公共设施包括付费洗衣房和淋浴。必须预订。

★ Old Faithful Inn　　　　　　　　酒店 $$

(☎307-344-7311; www.yellowstonenationalparklodges.com; Old Faithful; 老屋 双 带共用浴室/私人浴室 $119/191起,房间 $236~277; ◎5月上旬至10月上旬)这座历史悠久的木屋是设计和工程学的杰作,可以与黄石的自然美景相媲美。单单大厅就值得参观,坐在大得惊人的流纹岩壁炉前面,聆听楼上的钢琴师演奏的音乐。最便宜的"老屋"(Old House)房间最有氛围,有木墙和最早的洗脸盆,但卫生间在楼下大厅。

Grant Village　　　　　　　　　　酒店 $$

(☎307-344-7311; www.yellowstonenationalparklodges.com; Grant Village; 房间 $242; ◎5月下旬至9月)Grant Village有300间方方正正的公寓房,配备酒店标准内饰,曾经被作家奥尔斯顿·蔡斯(Alston Chase)嫌弃地称之为"原生态美国腹地的贫民项目,荒野中的贫民区"。它们恰巧是距离蒂顿最近的住宿地点,适合那些需要早早出发的人,而且房间在2016年经过彻底翻新,舒适性(和价格)得到了提升。

黄石湖酒店　　　　　　　　　　　酒店 $$$

(Lake Yellowstone Hotel; ☎866-439-7375; www.yellowstonenationalparklodges.com; 小屋 $157, Sandpiper 房间 $244, 酒店 房间 $397~452; ◎5月中旬至10月上旬; @�)这座茛黄色的殖民风格巨型建筑位于湖北岸,居高临下,让人回想起往昔的岁月——虽然1895年只需要$4的房间房价已有所提升。宽敞的主楼房间2014年经过改造,铺着新地毯,配备公园里面唯一的有线网络(每小时

---

❶ 避开人群

黄石国家公园这一奇妙仙境在每年7、8月间人流量可达每日3万人次,全年参观人次高达400万。为了避开拥挤的人群,不妨参考以下建议:

5月或10月前往 服务或许有限,但人少得多。

选择小径 大部分(95%)游客绝不会踏上荒野路径;只有1%的人会到偏远的露营地点(需申请许可证)扎营。

骑车游览公园 大多数露营地的徒步/骑车场地都没有得到充分利用,而且自行车能让你避开所有拥堵。

仿效野生动物 利用凌晨后黄昏前的黄金时光。

打包午餐 到公园众多风景优美却备受冷落的野餐区用餐。

穿暖和 冬季,独自享受老忠实间歇泉喷发的壮美景色。

南缘小径(SOUTH RIM TRAIL)

黄石峡谷南缘(South Rim)的东南侧有小径纵横交错,它们蜿蜒穿过草甸和森林,沿途经过几座小湖。这个环线连接起其中部分小径,若是厌倦了从汽车风挡玻璃窗里看峡谷景色,不妨来这里换个角度欣赏。这条小径沿途风景多变,令人惊叹,包括黄石大峡谷无与伦比的美景,几片湖泊,甚至一片荒野地热区域。

$4.75)。湖畔房间更贵,还会最先客满,而且不保证能看到湖景。

✕ 就餐

Lake House 自助餐厅 $$

(Grant Village; 主菜 $10~24; ⊙5月至9月 6:30~10:30和17:00~21:30) 这个安静的湖畔餐厅提供闲适的用餐环境,还可以欣赏公园最美的湖景。晚餐包括黑越橘鸡和野味烘肉卷等创意菜品。

从主停车场或码头步行可至湖畔。午餐时间不营业。

★ **黄石湖酒店餐厅** 美国菜 $$$

(Lake Yellowstone Hotel Dining Room; ☏307-344-7311; www.yellowstonenationalparklodges.com; Lake Village; 主菜 $14~40; ⊙5月至9月 6:30~10:00、11:30~14:30和17:00~22:00; ☒)留一件没有皱褶的衣服(及一张平整的百元大钞),以便有风度地在黄石湖酒店餐厅大快朵颐。午餐样式包括鳟鱼、水煮梨沙拉和三明治。晚餐更贵,开胃菜是意式龙虾方饺,主菜有野牛里脊、鹌鹑、蒙大拿羊颈脊肉。晚餐需要预订。

❶ 实用信息

公园全年开放,但大部分道路在冬季不能通行。入园许可证(步行者/机动车 $15/30)的有效期为7天。进入黄石国家公园和大蒂顿国家公园的通票为$50。

园内手机信号不太好,唯一提供无线网络的地方是马默斯的**奥尔布赖特游客中心**(Albright Visitor Center; ☏307-344-2263; Mammoth; ⊙6月至9月 8:00~19:00,10月至次年5月 9:00~17:00)。

❶ 到达和离开

前往黄石的游客大多会坐飞机到怀俄明州的杰克逊或蒙大拿州的波兹曼,但飞往蒙大拿州的比灵斯往往更便宜。你需要一辆车;没有公共交通可到黄石国家公园,公园内也没有公交。

大蒂顿国家公园 (Grand Teton National Park)

12座冰川覆盖的雄伟山峰衬托出非凡的大蒂顿(海拔13,775英尺),1929年,这里被划为**国家公园**(☏307-739-3300; www.nps.gov/grte; Teton Park Rd, Grand Teton National Park; 门票 每辆车 $30)。斯内克河谷(Snake River Valley)的大部分地区后来被约翰·D.洛克菲勒(John D Rockefeller)捐赠给公园,他是通过秘密交易得到这个河谷的。

越往山区深处走,景色越是壮观——留出时间来体验徒步,穿越散发着芬芳香气的森林,经过波光粼粼的高山湖,前往野花遍地的壮丽峡谷。

◉ 景点和活动

大蒂顿的**徒步路径**总长将近250英里,来这儿绝对错不了。在公园内过夜需要野营许可证。

蒂顿山同样知名的是出色的短途**攀岩**和较长的经典登山路线,如大蒂顿(Grant Teton)、莫兰峰(Mt Moran)和欧文峰(Mt Owen)登山线。最好在经验丰富的向导的带领下尝试攀登。

钓鱼是另一大亮点。白鲑鱼、大马哈鱼、湖鳟鱼和褐鳟鱼在当地湖泊、河流里繁衍不息。你可以在**穆斯村**(Moose Village)的商店、Signal Mountain Lodge露营地(见892页)或**科尔特湾码头**(Colter Bay Marina; ☏307-543-2811; www.gtlc.com/activities/marina; Colter Bay; ⊙8:00~17:00)申请一张钓鱼许可证。

越野滑雪和**雪地行走**是在公园里享受冬天的最好方式。克雷格·托马斯探索和游客中心(Craig Thomas Discovery & Visitor Center)提供列有详细线路信息的小册子。

Grand Teton National Park
大蒂顿国家公园

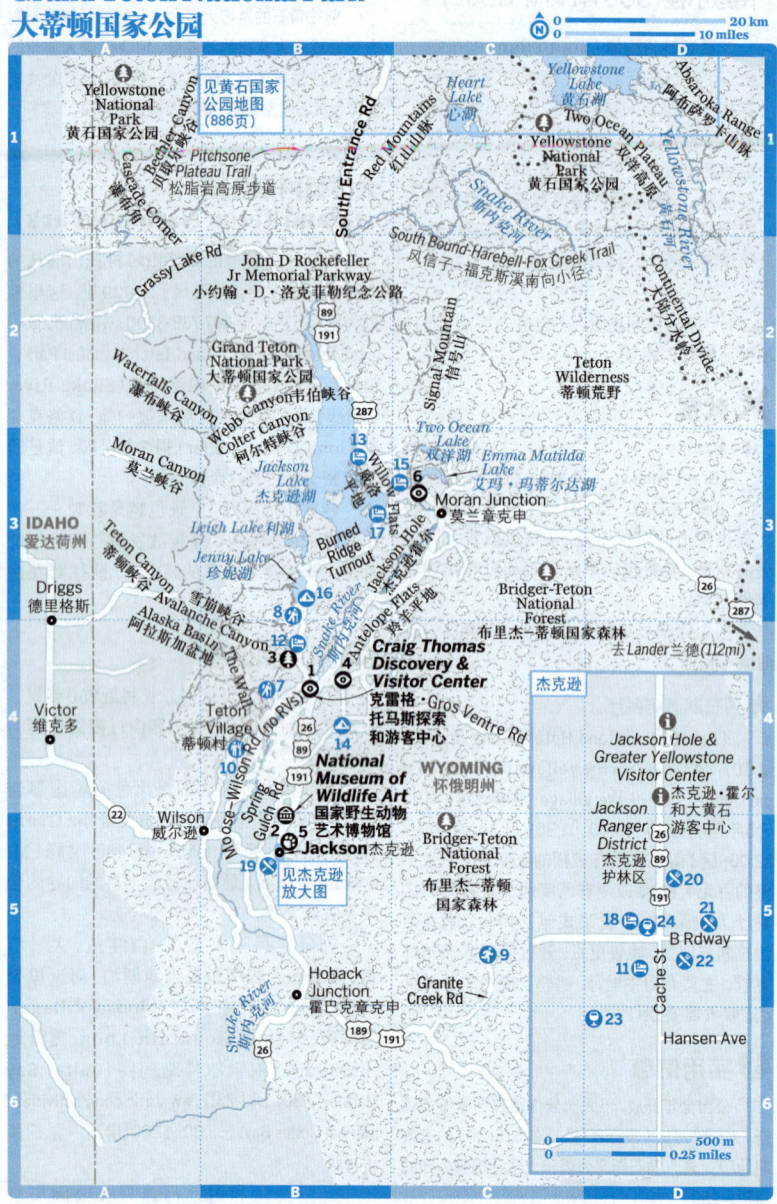

★ **克雷格·托马斯探索和游客中心** 游客中心
(Craig Thomas Discovery & Visitor Center;
☎ 307-739-3399, 野营许可证 307-739-3309;
Teton Park Rd, Moose; ⏰ 6月至8月 8:00~19:00,
春季和秋季开放时间不定, 11月至次年2月关闭
🅿 **免费** 你的第一站应该就是这个服务十分完善的游客中心, 即便只是为了去看一下那里的瞄准线, 它们准确地标出了哪些山峰正透

Grand Teton National Park 大蒂顿国家公园

◉ 重要景点
- **1** 克雷格・托马斯探索和游客中心..............B4
- **2** 国家野生动物艺术博物馆.......................B5

◉ 景点
- **3** 大蒂顿国家公园...B4
- **4** 摩门谷地...B4
- **5** 国家麋鹿保护区...B5
- **6** 牛轭弯...C3

✈ 活动、课程和团队游
- 科尔特湾码头..（见13）
- **7** 死亡峡谷步道...B4
- **8** 加内特峡谷...B3
- **9** 花岗岩溪温泉...C5
- **10** 杰克逊霍尔山地滑雪场.............................B4
- 杰克逊霍尔滑翔.......................................（见10）

🛏 住宿
- **11** Antler Inn..D5
- **12** Climbers' Ranch..B4
- Colter Bay Campground &
  RV..（见13）
- **13** 科尔特湾村...B3
- **14** Gros Ventre Campground.........................B4
- **15** Jackson Lake Lodge.................................C3
- **16** Jenny Lake Campground.........................B3
- **17** Signal Mountain Lodge............................B3
- The Hostel..（见10）
- **18** Wort Hotel..D5

🍴 就餐
- Blue Heron Lounge....................（见15）
- Dornan's Chuckwagon...................（见1）
- Dornan's Pizza & Pasta
  Company..................................（见1）
- **19** Gun Barrel..B5
- **20** Lotus..D5
- Mangy Moose Saloon..............（见10）
- **21** Persephone..D5
- **22** Thai Me Up..D5
- Trapper Grill..............................（见17）

🍷 饮品和夜生活
- **23** Snake River Brewing Co..........................D6
- **24** The Rose..D5

过落地窗回望着你。必不可少的浮雕地图可以帮你搞清楚应该前往哪里，方便儿童使用的互动展览提供详尽的信息，帮助你理解即将看到的内容。一群护林员随时可以帮你规划行程，你还可以在这里办理野外许可证。护林员项目包括地图讲解和穆斯（Moose）附近的各种导览徒步游。

摩门谷地　　　　　　　　　　　　　鬼镇

（Mormon Row; Antelope Flats Rd; Ⓟ）欢迎来到这个可能是公园里面出镜率最高的地方——而且理由充足。古老的木谷仓和栅栏构成了一幅典型的田园景象，在雄伟的蒂顿峰的衬托下堪称完美。19世纪90年代，摩门教徒修建了这些谷仓和房屋，他们亲手挖出几英里沟渠，引水灌溉肥沃的冲积土，并在上面进行耕种。

牛轭弯　　　　　　　　　　　　　　河流

（Oxbow Bend; N Park Rd）牛轭弯是大蒂顿国家公园最著名的野生动物观赏地点，莫兰峰倒映在河中，成为绝佳背景。黎明和黄昏是发现驼鹿、麋鹿、沙丘鹤、鱼鹰、秃鹰、喇叭天鹅、加拿大雁、青鹭和白鹈鹕的最佳时间。由于河水湍急，侵蚀外侧河岸，而河内侧水流速度较慢，造成沉积，从而形成了牛轭弯。

★死亡峡谷步道
(Death Canyon Trail)　　　　　　　徒步

死亡峡谷一直是我们最喜欢的徒步线路之一——既有挑战性又有动人的美景。步道先向上延伸1英里至费尔普斯湖（Phelps Lake）观景点，然后降至峡谷底部，并沿着死亡峡谷延伸。若想继续挑战，欣赏不可思议的美景，可以在历史悠久的护林员小屋右转，进入阿拉斯加盆地小径（Alaska Basin Trail），再向上攀登3000英尺至静止峰分水岭（Static Peak Divide; 海拔10,792英尺）——大蒂顿国家公园海拔最高的小径。

加内特峡谷(Garnet Canyon)　　徒步、攀登

从加内特峡谷出发，可以去攀登最受欢迎的蒂顿中部和南部，也可以向更有难度的大蒂顿发起挑战。但你必须对自己的行动有清晰的认知，并且要与熟悉线路的人同行。即使你不打算登高，通向蒂顿山脚的4英里徒步线路也足以令人难忘。

大蒂顿多用途自行车道　　　　　　骑车

（Grand Teton Multi-Use Bike Path; www.

nps.gov/grte/planyourvisit/bike.htm；杰克逊到珍妮湖）从出色的**杰克逊游客中心**（Jackson Vistor Center；[☎]307-733-3316；www.jacksonholechamber.com；532 N Cache Dr；⊙6月至9月 8:00~19:00，10月至次年5月 9:00~17:00；⊜)出发，骑行20英里可以到**珍妮湖护林站**（Jenny Lake Ranger Station；[☎]307-739-3343；⊙6月至8月 8:00~18:00），这条新修的多用途小道是以一种更悠闲、更宜人的节奏游览公园的完美方式。如果觉得太耗时，可以在穆斯的**Dornan's**（[☎]307-733-2415；www.dornans.com；Moose Village；⊙9:00~18:00）租自行车，骑行8英里至湖边。

🛏 住宿

阵亡将士纪念日到劳动节期间是旺季，大蒂顿的住宿和露营需求量很大；提前订好住处。露营位大多在11:00以前就被一抢而空：**珍妮湖**（Teton Park Rd；帐篷露营位 $28；⊙5月至9月）更早，**Gros Ventre**（Gros Ventre Rd；帐篷/房车露营位 $24/52；⊙4月下旬至10月中旬）通常会有位置。**科尔特湾**（Colter Bay；[☎]307-543-3100；www.gtlc.com；Hwy 89/191/287；帐篷/房车露营位 $30/71；⊙5月中旬至9月中旬）和珍妮湖为徒步者和骑行者预留了帐篷用地。

★ Climbers' Ranch 小屋 $

（[☎]307-733-7271；www.americanalpineclub.org/grand-teton-climbers-ranch；End Highlands Rd；铺 $25；⊙6月至9月）由美国高山俱乐部（American Alpine Club）经营的这些质朴的小木屋，原本只是提供给正经登山者的避难所，现已开放给徒步者使用，可以享受其优越的园内位置。有一间带淋浴的浴室和一个有顶的厨房，并附有可上锁的冷藏柜。带上自己的睡袋和垫子（铺位都是光秃秃的，但已经很好了）。

科尔特湾村 小屋 $$

（Colter Bay Village；[☎]307-543-2811；www.gtlc.com；帐篷小屋 $66，小屋 带浴室 $155~290，不带浴室 $85；⊙6月至9月）帐篷小屋（6月至9月上旬）是很简陋的原木和帆布结构，散发出一种西伯利亚古拉格集中营的感觉。做好心理准备，上下铺光秃秃没有床具，有一个烧柴的炉子、一张野餐桌和户外烧烤架。浴室是单独的，提供睡袋租赁。小木屋有点原始，但更舒适，性价比更高，5月下旬至9月可以入住。

★ Jackson Lake Lodge 度假屋 $$$

（[☎]307-543-2811；www.gtlc.com；Jackson Lake Lodge Rd；房间和小屋 $320起；⊙5月中旬至9月；⊜❀❄）主度假屋提供柔软的床单，还有长长的蜿蜒小径可以散步，巨大观景窗可以眺望群山，是个谈情说爱的理想之地。但你会发现这348间煤渣砖砌成的小屋没什么风景可看，布局类似营房，价格相对过高。Moose Pond View小屋（$430）更为僻静，从门廊可以欣赏到无与伦比的全景。

Signal Mountain Lodge 度假屋 $$$

（[☎]307-543-2831；www.signalmtnlodge.com；Hwy 89/191/287；房间 $253~363，小屋 $210~270，套 $363~394；⊙5月至10月中旬；⊜❀❄）这一组景色壮观的建筑群位于杰克逊湖的边缘，提供舒适、设备齐全的小屋和相当豪华的客房。Lakefront Retreats可观赏到迷人的山景，露台让人流连忘返。

🍴 就餐

在科尔特湾村、Jackson Lake Lodge、Signal Mountain营地和穆斯章克申（Moose Junction）有几家收费合理的咖啡厅，供应早餐和快餐。如果你在营地做饭，要记住这里有熊出没；妥善地存储及处置食物。

★ Dornan's Pizza & Pasta Company 比萨 $

（[☎]分机204 307-733-2415；www.dornans.com；Moose；主菜 $10~13，比萨 $9~17；⊙11:30~21:00；⊜）Dornan's的屋顶露台既可以吃比萨、喝啤酒，又能眺望斯内克河对岸和高耸的蒂顿峰上的梅诺尔渡口（Menor's Ferry），我们还没发现比这儿更理想的地方。这里的食物几乎与风景一样美好，而且它是公园少数独立经营的餐馆之一。

Blue Heron Lounge 烧烤 $

（[☎]307-543-2811；www.gtlc.com/dining；Jackson Lake Lodge；主菜 $11~23；⊙5月中旬至9月 11:00至午夜）休闲的户外烧烤店，紧邻一家迷人的街角休闲鸡尾酒吧；酒吧的超大观景

窗从膝盖处直至天花板。11:00至午夜供应酒和小吃。偶尔还能赶上欣赏现场音乐。

Dornan's Chuckwagon　　　　　烧烤 $$

（☎分机203 307-733-2415；www.dornans.com；Moose；早餐和午餐 $7~15，晚餐 $21~32；◉6月至8月 7:30~15:00和17:00~21:00）这个地方最受家庭欢迎，早餐是酵面煎饼和煎鸡蛋，午餐提供简餐和三明治。晚餐的时候过来，荷兰式烤炉上热气腾腾。有牛肉、排骨或鳟鱼，还有取之不尽的沙拉吧。野餐桌旁边可以欣赏无与伦比的大蒂顿风光。

Trapper Grill　　　　　　　　咖啡馆 $$

（☎307-543-2831；www.signalmountainlodge.com；Signal Mountain Lodge；主菜 $10~19；◉7:00~14:30和16:30~22:00）三明治、汉堡和猪背肋排等诸多选择一定可以让每个挑剔的家庭成员满意。这是Signal Mountain Lodge的两家餐馆中比较便宜的一家，但俯瞰湖面，风景更好。早餐以火腿、培根或水牛香肠作配菜，容易吃撑。

❶ 实用信息

入园许可（徒步者/自行车/机动车 $24/24/30）的有效期为7天。如果继续前往黄石，费用为 $50。

蒙大拿州（MONTANA）

蒙大拿州不仅仅是天空辽阔，每样东西看起来都更大一号。山峰似乎更高大，山谷感觉更宽广，就连湖泊都比其他山地诸州的更长。

❶ 实用信息

Visit Montana（☎800-847-4868；www.visitmt.com）旅游局网站信息量丰富，非常出色，提供地图、指南和旅行建议。

波兹曼（Bozeman）

科罗拉多的山城一度都颇为时髦，现在却过犹不及，但波兹曼还保留着那些山城过去的风貌。与新西部拓荒者相比，悠闲、老派的牧场主依然带着他们的山地自行车、滑雪板和攀登架在这儿占据主流。但情况正在迅速发生变化。如今它是美国发展最快的城镇之一，生活成本上涨，但还没有面目全非。

⦿ 景点和活动

★ 落基山脉博物馆　　　　　　博物馆

（Museum of the Rockies；☎406-994-2251；www.museumoftherockies.org；600 W Kagy Blvd；成人/儿童 $14.50/9.50；◉6月至8月 8:00~18:00，9月至次年5月 9:00~17:00；🅿）这无疑是蒙大拿州最有趣的博物馆，不容错过。这里提供一流的恐龙展，包括埃德蒙顿龙的颌骨及其不可思议的一组牙齿、全世界最大的霸王龙头骨，以及新陈列出的完整霸王龙骨架（头骨只比前者稍小）。激光天文秀以及户外的亲历历史展区（冬季关闭）都非常有趣。

★ Bridger Bowl Ski Area　　　雪上运动

（☎406-587-2111；www.bridgerbowl.com；5795 Bridger Canyon Rd；缆车票 成人/儿童 $60/22；◉12月中旬至次年4月）作为国内首屈一指的非营利性滑雪胜地，Bridger Bowl 只有"寒烟粉雪"，无关金钱。也就是说，在这座位于波兹曼以北16英里处的社区所有的小山（2000英亩），你将面对的是热情的滑雪者、合理的价格，以及极为出色的滑雪体验。

Explore Rentals　　　　　　户外运动

（Phasmid；☎406-922-0179；www.explore-rentals.com；32 Dollar Dr；◉周一至周六 9:00~17:00，周日 10:00~16:00）想象一下，走下飞机，就有一辆车恭候你的到来，车上装满了行李箱、露营拖车、厨具、睡袋、背包、帐篷、防熊喷雾剂和全套飞钓装备——一切准备就绪，等待随你进行终极户外探险。如果忘记带炉子，你可以在Explore租到，这儿出租（几乎）所有东西。

⛺ 住宿

多数仓储式连锁汽车旅馆位于波兹曼市中心北部靠近90号州际公路（I-90）的7th Ave，市中心东部有一些经济型住宿选择。在去往大天空市（Big Sky）途中的加勒廷谷（Gallatin Valley）有许多露营地。

Howlers Inn　　　　　　　　　民宿 $$

（☎406-587-2050；www.howlersinn.com；

3185 Jackson Creek Rd；房间$165~170，2人小屋$225；🐾）观狼者一定会爱上这个离波兹曼15分钟车程的美丽圣地。圈养出生的狼落地后便生活在这个4英亩的限定空间内，由民宿的收入支撑开销。主度假屋里有3间宽敞的西部风格客房，而小屋则有一间双床卧室。

The Lark 汽车旅馆 $$$

（☎406-624-3070；www.larkbozeman.com；122 W Main St；房间$249~279；❋🐾）这家时髦的旅馆采用活泼的黄色调和现代平面设计，与从前破旧的汽车旅馆形象相比大有长进。房间漂亮，位置优越，步行就可以到达市中心的酒吧和餐馆，还可以在装饰一新的门廊下面围着炉火吃隔壁买来的墨西哥煎玉米卷。

🍴 餐饮

据上一次统计，波兹曼有7家自酿酒吧（第8家即将开张），还有热闹的现场音乐表演场所，如果你觉得玩得不尽兴，那你肯定是没找对地方。登录Bozone（www.bozone.com）查询音乐演出时间。

★ Nova Cafe 咖啡馆 $

（☎406-587-3973；www.thenovacafe.com；312 E Main St；主菜$8~13；⏰7:00~14:00；🐾）🍴这家兼具复古与当代风格的咖啡馆是本地人的最爱，门口有张实用的地图，会告诉你将吃到的食物产自哪里。就我们的口味来说，荷兰酱略有些甜，不过还是相当美味，其他的食物也都很美味。

Community Co-Op 超市 $

（☎406-922-2667；www.bozo.coop；44 E Main St；主菜$7~12；⏰周一至周五 8:00~22:00，周六 8:30起，周日 9:00~19:00；🐾📶）🍴当地热门市场和熟食店在市中心的这家分店供应热食、汤、沙拉和外卖食品。可以根据顾客点单现做三明治和奶昔。可以堂食，也可外带。

Bozeman Taproom & Fill Station 啤酒花园

（☎406-577-2337；www.bozemantaproom.com；101 N Rouse Ave；主菜$9~13；⏰周日至周二 11:00至午夜，周五和周六 至次日1:00）波兹曼最酷的新酒吧，有露天屋顶啤酒园。供应44种精酿啤酒，你可以在"自助搭配品酒会"（build your own flight）的环节随心所欲地搭配组合。

Bridger Brewing 微酿啤酒

（☎406-587-2124；www.bridgerbrewing.com；1609 11th Ave；比萨$11~21；⏰11:30~21:00，啤酒 至20:00；🐾）这家经营良好的自酿酒馆气氛友好，中间有马蹄形状的吧台，吸引一批忠实的拥趸前来光顾，包括啤酒爱好者和本地蒙大拿州立大学（MSU）的学生。李梅特卡夫淡色艾尔（Lee Metcalfe Pale Ale）始终最受欢迎，这里还提供许多特色食品，包括美味的比萨。如果能找到座位，那么楼上不算太隐蔽的平台是个消磨时间的好地方。

欢乐时光是14:00~16:00。

ℹ️ 实用信息

卡斯特加勒廷国家森林波兹曼护林区（Custer Gallatin National Forest Bozeman Ranger District；☎406-522-2520；www.fs.usda.gov/gallatin；3710 Fallon, Suite C；⏰周一至周五 8:30~16:30）位于城镇以西，不太好找，提供关于露营地和小屋的信息，还出售美国地质调查局（USGS）出版的地形图。

波兹曼地区办公室（Bozeman District Office；☎406-522-2520）

ℹ️ 到达和离开

波兹曼的**机场**（BZN；☎406-388-8321；www.bozemanairport.com；850 Gallatin Field Rd）不断扩建，以期满足客流量的增长，这也意味着有更多直飞航班飞往包括洛杉矶、西雅图、达拉斯和纽约在内的更多目的地。**灰狗巴士**（Jefferson Lines；☎612-499-3468；www.jeffersonlines.com；1500 North 7th Ave，Walmart南侧；⏰正午至17:00）每天有长途汽车从沃尔玛超市南侧靠近花园中心的一个不显眼的汽车站发车。

加勒廷谷和天堂谷（Gallatin & Paradise Valleys）

户外运动爱好者可以花几天的时间，探索加勒廷谷和天堂谷周围的辽阔美景。它们如今正与蒂顿山脉和熊牙隘口（Beartooth Pass）等地争夺"最震撼人心线路"的头衔，从加勒廷山脉（Gallatin Range）和阿布萨罗

卡山脉（Abasaroka Range）之间田园诗般的河湾滩穿过定然能够激发起你对冒险和探索的热情。这里被称为"天堂"绝非浪得虚名。

🏃 活动

Big Sky Resort　　　　　　　　　雪上运动

（☎800-548-4486；www.bigskyresort.com；50 Big Sky Resort Rd；滑雪缆车$129，自行车缆车$42）北美第四大滑雪胜地，占地5800英亩适合滑雪的场地（60%适合高级/专业级滑雪者），每年降粉雪量超过400英寸。简而言之，Big Sky是一座极受欢迎的滑雪场。积雪融化以后，会有40多英里配备缆车的山地自行车道和徒步小径，因而夏季也是值得一来的旅行目的地。

奇科温泉　　　　　　　　　　　　温泉

（Chico Hot Springs；☎406-333-4933；www.chicohotsprings.com；163 Chico Road, Pray；小屋$120~135，主度假屋 房间$71~140；⏰7:00~23:00；🍴）朴实低调、历史悠久的奇科温泉在本地人、好莱坞名人和回头游客中已经颇具人气。嘎吱作响的主度假屋和光鲜亮丽的小木屋跟这口矿物温泉一样诱人，温泉也相当于一个加热的游泳池（非房客门票$7.50）。

比灵斯（Billings）

很难相信悠闲小巧的比灵斯就是蒙大拿州最大的城市。这个友好的石油和牧场中心不是旅行必到之地，但却可作为一个不错的修整住宿选择或者出发前往黄石国家公园的起点，途经摄人心魂的熊牙公路（Beartooth Highway）。

🛏 住宿

连锁汽车旅馆主要集中在比灵斯外90号州际公路（I-90）的446号出口处，不过市中心也有几个出色的独立住宿选择——还有几个不太靠谱的旅馆。

Dude Rancher Lodge　　　　　汽车旅馆 $

（☎406-545-6331；www.duderancherlodge.com；415 N 29th St；双$96起；🅿@🛜🐾）这家历史悠久的汽车旅馆看起来似乎与市中心有些格格不入，但维护良好，大约一半房间经过翻新，效果不错。舌桦墙壁和印有牛图案的地毯都带有西部风情，为酒店增添了一种舒适质朴的氛围。

Northern Hotel　　　　　　　　酒店 $$

（☎406-867-6767；www.northernhotel.com；19 N Broadway；房间/套$161/206；🅿🛜）历史悠久的Northern最近经过整修，将昔日的优雅风格与最新的现代设施相结合，在普通商务酒店的基础上又提升了一个档次。早餐或午餐在相邻的20世纪50年代小餐馆提供，Ten Restaurant提供城里最好的晚餐。

🍴 餐饮

McCormick Cafe　　　　　　　　早餐 $

（☎406-255-9555；www.mccormickcafe.com；2419 Montana Ave；餐$8~10；⏰周一至周五7:00~15:00，周六8:00~15:00，周日8:00~14:00；🛜）想来点浓缩咖啡、格兰诺拉麦片早餐、可丽饼、美味三明治，并感受活泼的氛围，那就来这家市中心最受欢迎的餐馆吧。此处最初是家网咖（甚至现在还有几台装着Windows-XP系统的电脑——要用的话，出了什么事自己负责）。

★ Walkers Grill　　　　　　　新派美国菜 $$

（☎406-245-9291；www.walkersgrill.com；2700 1st Ave N；西班牙小吃$6~12，主菜$15~30；⏰17:00~22:00）这家高档的餐厅在吧台提供好吃的烧烤和精美小吃（16:00开始），搭配专业调酒师调制的鸡尾酒。这是个雅致的场所，有巨大的窗户，开在曼哈顿的话倒是恰到好处，不过或许得去掉那些铁丝灯具——或许留着也行。你一定得尝尝韩式猪肉叉烧条。

Überbrew　　　　　　　　　　　微酿啤酒

（☎406-534-6960；www.facebook.com/uberbrew；2305 Montana Ave；主菜$9~11；⏰11:00~21:00，啤酒至20:00）比灵斯市中心六七家自酿酒吧中最精致的一家，而且还酿造出了明显超越其他酒吧的获奖啤酒。食物也不差：啤酒腌泡的香肠可以配一杯白噪音小麦啤酒（White Noise Hefeweizen），后者的销量是其他生啤酒的3倍。

蒙大拿州概况

别称 宝藏之州、大天空国度

人口 1,042,5200

面积 147,040平方英里

首府 海伦娜（人口30,581）

其他城市 比灵斯（人口110,263）、米苏拉（人口72,364）、波兹曼（人口45,250）

消费税 无州消费税

诞生于此的名人 影星加里·库珀（Gary Cooper; 1901~1961年）、摩托飞人埃维尔·克尼维尔（Evel Knievel; 1938~2007年）、女演员米歇尔·威廉姆斯（Michelle Williams; 生于1980年）

发源地/所在地 克劳人、黑脚印第安人（Blackfeet）、齐珀瓦人（Chippewa）、格罗文特人（Gros Ventre）和萨利希（Salish）印第安人

政治 支持共和党的牧场主和石油大亨略强于支持民主党的学生和波兹曼、米苏拉的进步人士

著名之处 飞钓、牛仔和灰熊

其他资料 州内有的高速公路直到20世纪90年代都没有限速

驾驶距离 波兹曼至丹佛695英里，米苏拉至怀特菲什133英里

ⓘ 到达和离开

比灵斯市中心紧邻90号州际公路（I-90），位于黄石河的一处开阔谷地。**机场**（BIL; ☎406-247-8609; www.flybillings.com; N 27th Street）有航班飞往各大枢纽（盐湖城、明尼阿波利斯、丹佛、西雅图、波特兰、菲尼克斯、洛杉矶、拉斯维加斯及蒙大拿州其他各地）。**Jefferson Lines**（Jefferson Lines; ☎406-245-5116; www.jeffersonlines.com; 2502 1st Ave N; ◷9:00~20:00和23:00至次日6:00; ☎）有开往波兹曼（$39, 3小时）和米苏拉（$70, 7小时）的班车，每天2班，可以连接覆盖范围更广的灰狗巴士网络。

海伦娜（Helena）

行驶在州际公路上，你很容易忽略小巧的海伦娜，但如果真的错过，你会遗憾终生。穿过单调、功利、不断扩张的商业区，抵达Last Chance Gulch和海伦娜，那里有醒目的砖石建筑——到处都是拱顶和屋角——展示出对永恒的坚定信仰。

🚶 活动

★ The Trail Rider
徒步、山地自行车

（☎406-449-2107; www.bikehelena.com/trail-rider; Broadway和Last Chance Gulch交叉路口; ◷5月下旬至9月 周三至周日）**免费** 夏季，有专门的城市巴士拉着自行车拖车，将山地骑行者和徒步者送到3个小径起点之一。随后，他们可以进行一次漫长而艰难的单行道返城之旅。目的地包括海伦娜山脊小径（Mt Helena Ridge Trail）、阿森松山（Mt Ascension）小径及麦克唐纳德山口（MacDonald pass）的大陆分水岭步道（Continental Divide Trail）。

🛏 食宿

The Sanders
民宿 $$

（☎406-442-3309; www.sandersbb.com; 328 N Ewing St; 房间 $145~165; ☎）这家历史悠久的民宿位于老宅区，曾经属于边境律师、蒙大拿州首位参议员威尔伯·桑德斯（Wilbur Sanders）。如今民宿有7间典雅的客房、一个很棒的旧客厅和一个微风轻拂的前廊。每间卧室都设计独特，经过精心装饰。它的经营者与林林兄弟马戏团家族（Ringling Brothers Circus）有关，店内陈列着相关纪念品。

Murry's
咖啡馆 $

（☎406-431-2886; www.murryscafe.com; 438 N Last Chance Gulch; 主菜 $6~11; ◷周一至周五 8:00~15:00, 周六和周日 9:00~14:00; ☎☎）从希腊菠菜派到蛋奶酥，小镇最南端的这家小咖啡馆提供与常见早餐食品稍有不同的饮食。周六和周日的早午餐才真是特立独行，主角是华夫饼——普通的、加馅的、面上撒料的或淋了酱汁的。

★ General Mercantile 咖啡

(☎406-442-6078; www.generalmerc.com; 413 N Last Chance Gulch; ◎周一至周五 8:00~17:30, 周六 9:00~17:00, 周日 11:00~16:00; ☒)你必须绕过蒙大拿州各种五花八门的商品——蜂鸟供料器、明信片和自制果酱——才能喝到被公认为宇宙中最好的咖啡。端着你的浓缩咖啡找个僻静的角落，想想自己配上美人鱼的鱼鳍和章鱼的胡子会是什么样——两样都有售。

❶ 实用信息

海伦娜游客中心（Helena Visitor Center; ☎406-442-4120; www.helenachamber.com; 225 Cruse Ave; ◎周一至周五 8:00~17:00）

❶ 到达和离开

机场（HNL; ☎406-442-2821; www.helenaairport.com; 2850 Mercer Loop）位于市中心以北2英里处，运营前往盐湖城、西雅图、丹佛和明尼阿波利斯等地区枢纽的航班。**Salt Lake Express**（www.saltlakeexpress.com; 1415 N Montana Ave; ◎3:00~20:00）运营的长途汽车向南行驶，在比特（Butte）与灰狗巴士网络连接。

米苏拉（Missoula）

米苏拉人喜欢待在户外，夏季意味着几乎层出不穷的农贸市场、公园音乐会、露天电影和大同小异的社区生活庆典。露台座位是标配，算不上特别，下午出门远足多半是在数英里的城市或山丘步道上参与体力活动。蜿蜒的克拉福克河（Clark Fork River）穿城而过，深受立式冲浪者的欢迎，下游则是飞钓爱好者的聚集地。在边岸站上5分钟，你就会明白经典小说《大河恋》（*A River Runs Through It*）为何会将背景设置于此。

蒙大拿大学确保这座城市始终有年轻的血液流入，活力四射，音乐劲爆。但是，米苏拉也在飞速发展，意味着郊区不断开发扩张，高峰期的交通越发繁忙。还是待在市中心吧。

◉ 景点

★ 加内特鬼镇 鬼镇

（Garnet Ghost Town; ☎406-329-3914; www.garnetghosttown.org; Bear Gulch Rd; 成人/儿童 $3/免费; ◎6月至9月 9:30~16:30; ☒)十几座经维护保持着"防止坍塌"状态的建筑将人们带回淘金热的年代，那时，城市会在一夜之间崛起，也会在一夜之间消失。道路畅通的时候随时可以参观，但有些建筑只在参观时段开放。

森林消防游客中心 博物馆

（Smokejumper Visitor Center; ☎406-329-4934; www.fs.fed.us/fire/people/smokejumpers/missoula; 5765 West Broadway; ◎6月至8月 8:30~17:00) 免费 游客中心位于森林消防员活动基地。英勇的男女消防员空降至此，对抗肆虐的森林大火。游客中心有发人深省的展览，介绍这种越发危险的工作。真正的乐趣是逛逛消防人员生活、训练和缝制降落伞的地方。

🏃 活动

A Carousel for Missoula 游乐场

（☎406-549-8382; www.carouselformissoula.com; 101 Carousel Drive, Caras Park; 成人/儿童 $2.25/0.75; ◎9月至次年5月 11:00~17:30, 6月至8月 至19:00; ☒)卡拉斯公园（Caras Park）有经典的旋转木马，每匹驰骋骏马都由本地艺术家手工雕刻和绘制，每一匹马都有一个故事。但更重要的故事是一个社区如何围绕一个人的梦想，为市区重新带去奇思妙想。

圣第诺山 徒步

（Mount Sentinel; Campus Dr）一条陡峭的曲折小路自蒙大拿大学橄榄球场背面开始，攀升至5158英尺高的圣第诺山白色水泥"M"字标记处（方圆数英里内都可以看见）。温暖的夏天傍晚，可在山峰上欣赏这个备受宠爱的城市及其周边的壮观景致。

小路起点在校园东部边缘的菲莉丝·华盛顿公园（Phyllis Washington Park）。

🛏 食宿

★ Shady Spruce Hostel 青年旅舍 $

（☎406-285-1197; www.shadysprucehostel.com; 204 E Spruce St; 铺 $35~40, 标单/套 $55/85; ☒☒)见到青年旅舍在美国再次焕发生

值得一游

卡斯特的最后战役

克劳（阿普萨鲁克）印第安保留地[Crow（Apsalooke）Indian Reservation]是**小大角河战场国家保护区**（Little Bighorn Battlefield National Monument; ☎406-638-3224; www.nps.gov/libi; 756 Battlefield Tour Road, Hwy 212 紧邻I-90; 每车 $20; ◎8:00~20:00）的所在地。那是美国最知名的原住民本土战场之一，打响了乔治·卡斯特将军（General George Custer）著名的"最后战役"。卡斯特部与美洲原住民（包括苏族拉科塔的部落首领Crazy Horse）多次对战，在最后一场战役中（经常被描述为一场大屠杀），卡斯特与272名官兵均战败身亡。

你可以在游客中心听到这个故事。夏季，护林员每隔2小时左右就会举办引人入胜的讲座**免费**。保护区入口位于212号公路上90号州际公路（I-90）以东1英里处，距离比灵斯62英里。

机，我们真的非常激动，这家干净、明亮并且宽敞的青年旅舍家族新成员一切都恰到好处。市中心距离这栋经过改造的房子只有一个街区，如果不喜欢步行，旅舍还有自行车。

Goldsmith's Bed & Breakfast 民宿 $$

（☎406-728-1585; www.missoulabedandbreakfast.com; 809 E Front St; 房间 $144~204; ❋❄❅）在被分拆成两大部分搬迁至此以前，这家迷人的河边民宿是大学男生联谊会的活动场所，再之前是大学校长的住处。维多利亚式的现代房间全都非常舒适，但我们尤其喜欢带写字台和独立河景平台的Greenough Suite。

The Catalyst 咖啡馆 $

（☎406-542-1337; www.thecatalystcafe.com; 111 N Higgins Ave; 主菜 $8~13; ◎8:00~15:00）本地人最喜欢的早餐馆，提供大份墨西哥炸玉米片，你可以蘸着店内自制的熏辣椒-咖啡辣酱吃。不要错过荞麦华夫饼。通常需要排队才能进入这间小小的馆子，但服务高效，每个人都会满意地离开。

Market on Front 熟食

（☎406-541-0246; www.marketonfront.co; 201 E Front St; ◎8:00~20:00, 周日 至19:00）点一份新鲜制作的三明治或装得满满的早餐碗，或者从冰箱里选择美味的外卖食品。货架上都是健康的小吃、当地茶叶、有机巧克力和半打装本地啤酒，可以让你的野餐计划更上一层楼。也可以选择堂食——反正这里有那么多窗户，感觉跟坐在外边一样。

🍷 饮品和夜生活

米苏拉虽然是个规模较小的城镇，却有着相当引人瞩目的音乐演出，出人意料。

Top Hat Lounge 休闲酒吧

（www.tophatlounge.com; 134 W Front St; ◎周一至周三 11:30~22:00, 周四至周六 至次日2:00）米苏拉随音乐节奏而动的地方。这个昏暗的场地大多数周末会有现场音乐，空间大得足够跳摇摆舞，可又小得感觉乐队只为你一人演奏。

如果表演者很大咖，这里容纳不下，可以去历史悠久的Wilma剧院，这是Logjam的另一家音乐场所（www.logjampresents.com）。

The Old Post 酒吧

（☎406-721-7399; www.facebook.com/oldpostpub; 103 W Spruce St; 主菜 $8~12; ◎周一至周四 11:00至次日1:00, 周五 至次日2:00, 周六和周日 9:00起）出色的桶装啤酒、友好的侍者、美味的酒吧食物，还有一头戴着宽边帽的麋鹿——还有什么理由不喜爱这家面向所有人营业的美国退伍军人协会遗忘战士驿站（American Legion Forgotten Warriors Post）呢？它是一家舒适、低调的西部酒吧，用久了的隔间和舒适的小露台让你有种住在里面的感觉。

ℹ️ 实用信息

游客中心（☎406-532-3250; destinationmissoula.org; 101 E Main St; ◎周一至周五 8:00~17:00）米苏拉的网站非常实用，在市中心有接待处。

ℹ️ 到达和离开

米苏拉的**机场**（MSO; ☎406-728-4381;

www.flymissoula.com；5225 Hwy 10 W）虽小，但提供飞往多数主要枢纽的固定航班，包括盐湖城、丹佛、菲尼克斯、洛杉矶、西雅图和明尼阿波利斯，通常价格实惠。**灰狗巴士**（☎406-549-2339；www.greyhound.com；1660 W Broadway；◐7:15至正午和18:00~23:00）则有定点班车带你前往该地区的大部分目的地。

弗拉特黑德湖（Flathead Lake）

这是密西西比河以西最大的天然淡水湖泊，是蒙大拿州西部的迷人自然美景，开车从冰川国家公园出发不到1小时即达。风景如画的小型社区比格福克（Bigfork）位于湖泊北端，自有一种艺术气息，而坐落于湖南端的波尔森（Polson）则是那种美国随处可见的城镇。

你可以沿着湖的任意一侧行驶，每一边都有露营地和度假屋、海滩和徒步小径。如何取舍则主要取决于是喜欢看日出，还是愿意面对静谧的湖水而坐。

如果你更愿意远离喧嚣人群，那么东边的斯旺湖（Swan Lake）略微质朴自然一些，而北边的珠宝盆地（Jewel Basin）徒步区则吸引了来自全国各地的背包客。

美国奇迹博物馆　　　　　博物馆

（Miracle of America Museum；☎406-883-6804；www.miracleofamericamuseum.org；36094 Memory Lane, Polson；成人/儿童 $6/3；◐周一至周六 8:00~20:00，9月至次年5月 开放时间缩短）当希尔·曼格尔斯（Gil Mangels）还在异国他乡当兵时，他强烈地意识到美国的自由体制是如何激发出如此多的新生事物和丰富的创造力的——此后他一直致力于收集关于这方面的点点滴滴。该博物馆占地5英亩，满是美国历史的痕迹，这里有些杂乱无章，但又令人着迷：旧摩托车、自行车、造雪机、蒸汽拖拉机、老式寝具、硬币、铁锅和其他不计其数的怪异展品，全都杂乱地陈列着。

Kwataqnuk Resort　　　　　酒店 $$

（☎406-883-3636；www.kwataqnuk.com；49708 Hwy 93, Polson；房间 $170起；✴🅟🅦🅢）位于湖畔，由撒利希（Salish）和库特内（Kootenai）部落经营，酒店有游船码头、摆有休闲椅的湖畔露台、室内泳池和美妙的赌场休闲室。宽敞的房间在2016年经过翻新，但遗憾的是，依然无法驱除从楼下赌场飘来的烟味。

★ Echo Lake Cafe　　　　　咖啡馆 $

（☎406-837-4252；www.echolakecafe.com；1195 Hwy 83, Bigfork；主菜 $9~12；◐6:30~14:30；🛜）想办法前往这家山谷中最受欢迎的咖啡馆。菜单种类繁多，价格实惠，包括早餐和午餐菜肴。尝尝Echo Lake可乐饼，搭配丰盛的班尼迪克蛋。

斯旺护林队（Swan Rangers；www.swanrange.org）周六早上出发清理小径之前会在这里会合。可以加入他们的队伍，深入了解关于在该地区徒步的内部信息。

❶ 实用信息

斯旺湖护林区（Swan Lake Ranger District；☎406-837-7500；www.fs.usda.gov/flathead；200 Ranger Station Rd, Bigfork；◐周一至周五 8:00~16:30）管理弗拉特黑德湖以及东边斯旺湖周围的森林，包括风景如画的珠宝盆地徒步地区。

怀特菲什（Whitefish）

小小的怀特菲什给人的感觉是即将从一座轻松的户外山地小镇变成裹着皮草的名流游乐场。幸运的是，它还没有彻底转变，但这座如咖啡因般令人上瘾的充满魅力的新西部小镇似乎是有哪儿变得更加精致了。这里有很多低调却引人入胜的餐馆、一座历史悠久的火车站和一座被低估的滑雪场，以及快速发展、纵横交错的小径及其一流的自行车和徒步线路。怀特菲什值得一游——袭你还负担得起，赶紧来吧。

🚶 活动

Whitefish Legacy
Partners　　　　　徒步、骑山地自行车

（www.whitefishlegacy.org）怀特菲什周边的小径网络正在不断扩展，这些小径非常适合徒步和骑山地自行车。Whitefish Legacy Partners是推动小径开发的幕后推手，通过组织主打野花、毒草和观熊的导览徒步游来筹措所需资金。

Whitefish Mountain Resort　　　滑雪

(☎406-862-2900; www.skiwhitefish.com; Big Mountain Rd; 滑雪/自行车缆车 $76/38) 位于比格山（Big Mountain）的Whitefish Mountain Resort是一处悠闲、老派的滑雪山区，占地3000英亩，滑雪地形多样，年降雪量300英寸。风景无与伦比（天气晴朗的时候）。

🛏 住宿

★ Whitefish Bike Retreat　　　青年旅舍 $

(☎406-260-0274; www.whitefishbikeretreat.com; 855 Beaver Lake Rd; 铺/房间 $45/95; ❄🛜) 这个草木葱郁的院子是两轮爱好者不容错过的住宿地点，这儿的一切都与自行车相关。宽敞的抛光木制建筑内设有上下铺、独立房间和一个公共客厅。如果你不在旅舍的小径骑行，或没有去探索附近的怀特菲什小径（Whitefish Trail），那么这个公共客厅是个闲待的好地方。

The Lodge at Whitefish Lake　　　度假村 $$$

(☎406-863-4000; www.lodgeatwhitefishlake.com; 1380 Wisconsin Ave; 房间 $300起; ❄🛜♨) 这个度假村一直是蒙大拿州的顶级豪华酒店之一，散发着极致优雅的气息。度假村规模庞大，从标准间到设备齐全的公寓，有各种房型以供选择。湖畔餐馆和泳池边的夏威夷风情酒吧是欣赏夕阳的好地方。

🍴 餐饮

怀特菲什的夜生活十分热闹，有少数酒吧和自酿酒吧，不过由于蒙大拿错综复杂的酒精饮料销售许可法，后者通常关门很早。

★ Loula's　　　咖啡馆 $

(☎406-862-5614; www.whitefishrestaurant.com; 300 Second St E, downstairs; 主菜 $9~11; ⏰周一至周日 7:00~14:00和周四至周日 17:00~21:30; 🛜) 位于具有百年历史的共济会教堂建筑楼下，这家热闹的咖啡馆墙上挂着本地艺术品，厨房里则有美食艺术家准备珍馐美味。备受推荐的柠檬奶油馅法式吐司蘸树莓酱，作为早餐好吃得不像话，搭配松露班尼迪克蛋尤其美味。

Buffalo Café　　　咖啡馆 $$

(☎406-862-2833; www.buffalocafewhitefish.com; 514 3rd St E; 主菜 $12~20; ⏰周一至周六 7:00~14:00和17:00~21:00, 周日 8:00起) Buffalo常有当地食客来来往往，如同标准连锁餐馆聘请了一位真正懂得烹饪的厨师。早餐可以尝尝原创的Buffalo派：大堆的荷包蛋和各种配料（奶酪、蔬菜、培根）堆在炸薯饼上。你绝对不会饿着肚子离开的。

★ Spotted Bear Spirits　　　酿酒厂

(☎406-730-2436; www.spottedbearspirits.com; 503 Railway St, Suite A; ⏰正午至20:00; 🛜) 备受赞誉的烈酒（伏特加、杜松子酒和龙舌兰）搭配含香草和香料的秘密配方，创造出屡获殊荣的鸡尾酒，独一无二，你绝对不会在其他地方品尝到。端一杯酒，走到楼上的沙发，在一天的劳累后放松一下。

Montana Coffee Traders　　　咖啡

(☎406-862-7667; www.coffeetraders.com; 110 Central Ave; ⏰周一至周六 7:00~18:00, 周日 8:00~16:00; 🛜) 怀特菲什本地的小型咖啡烘焙商在市中心古老的Skyles大楼内经营这家始终忙碌的咖啡馆兼礼品店。公平贸易的有机咖啡豆在93号公路（Hwy 93）上的一座旧农舍内烘焙而成，你可以前去参观（周五10:00，须预约）。

ℹ 实用信息

怀特菲什游客中心（Whitefish Visitor Center; www.whitefishvisit.com; 307 Spokane Ave; ⏰周一至周五 9:00~17:00）

ℹ 到达和离开

冰川公园国际机场（Glacier Park International Airport; 见903页）与小镇相距11英里，每天都有飞往丹佛、盐湖城和西雅图的航班，但迄今为止，来这里的最佳方式是搭乘**美国国铁**（☎406-862-2268; 500 Depot St; ⏰6:00~13:30和16:30至午夜）的帝国建设者号（Empire Builder）列车，该线路还经由西冰川（West Glacier; $7.50, 30分钟）和东冰川（East Glacier; $16, 2小时）通往冰川国家公园。

冰川国家公园
(Glacier National Park)

世间鲜有地方可以如冰川国家公园

（www.nps.gov/glac）这般壮美和质朴。冰川国家公园于美国资源保护主义运动首次盛行的1910年开始受到保护，与黄石国家公园、约塞米蒂（Yosemite）国家公园和大峡谷并列为美国最令人震撼的自然奇观。

古老逆冲断层的残余经过冰川雕琢，留下一幅状美的景象：白雪皑皑的群峰耸立，其中点缀有倾泻而下的瀑布和碧绿如镜的湖泊。山脉被茂密的森林所覆盖，那里前哥伦布时代的生态系统几乎保存完好。园内仍有成群的灰熊游荡，高效的园区管理在让人们能够轻松到达公园各处的同时，也保持了此处自然原始的风貌。

古朴的客舍与自然环境融为一体，壮观的逐日公路（Going-to-the-Sun Rd）和长740英里的徒步小径贯穿整个园区，冰川因此声名遐迩。这些设施也令游客们可以轻松前往北美大陆顶端这片占地约1489平方英里的天然惊人美景。

⊙ 景点和活动

冰川国家公园的游客中心和护林站出售野外指南，分发徒步地图。5月至10月，阿普加（Apgar）与圣玛丽（St Mary）的游客中心和护林站每日开放，洛根山口游客中心（Logan Pass Visitor Center）随逐日公路一同开放。冰川群（Many Glacier）、双麦迪逊（Two Medicine）和波尔布里奇（Polebridge）护林站于9月底关闭。

公园门票（徒步/车辆 $15/30）7日内有效。

白天在公园徒步无须野营许可证，在园内过夜的背包客则需要（仅限5月至10月期间）。半数的许可证本着先到先得的原则在 **阿普加野外办公室**（Apgar Backcountry Office；☏406-888-7800；www.nps.gov/glac/planyourvisit/backcountry-reservations.htm；Apgar Village；⊙5月至10月下旬 7:00~17:00）、**圣玛丽游客中心**（St Mary Visitor Center；Going-to-the-Sun Rd东端；⊙6月中旬至8月中旬 8:00~18:00,6月上旬和9月 8:00~17:00）和公园的护林站办理。另一半可以通过网络提前预约。

洛根山口游客中心   游客中心

（Logan Pass Visitor Center；☏406-888-7800；Going-to-the-Sun Rd；⊙6月至8月 9:00~19:00,9月 9:30~16:00）这无疑是公园所有游客中心里面环境最漂亮的，这座建筑提供公园信息，有互动式展览和一家不错的礼品店。**隐湖瞭望台**（Hidden Lakes Overlook）和高线（Highline）步道的起点就在这里。

留意护林员讲解和该地区的导览徒步游时间。

鸟女瀑布   瀑布

（Bird Woman Falls；Going-to-the-Sun Rd）站在人造的哭墙（Weeping Wall）上眺望山谷对面遥远的天然水景；壮观的鸟女瀑布从冰川国家公园众多悬谷的其中一座飞流直下，落差达500英尺。

太阳裂缝峡谷   峡谷

（Sunrift Gorge；Going-to-the-Sun Rd）这条狭窄的峡谷紧邻逐日公路，距离班车站不远，是由冰川融水汇成的白灵溪（Baring Creek）冲刷千年而形成。留意风景如画的 **白灵桥**（Baring Bridge），那是逐日公路沿途质朴建筑的典范。沿着树荫遮蔽的短道路向下，即可到达薄雾笼罩的 **白灵瀑布**（Baring Falls）。

杰克逊冰川瞭望台   观景点

（Jackson Glacier Overlook）靠边停车的热门地点，距离甘塞特山口（Gunsight Pass）的小径起点走路不远，可以用望远镜欣赏公园第五大冰川的远景，紧邻与之同名的海拔10,052英尺高峰——公园最高的山峰之一。

逐日公路   观光车道

（Going-to-the-Sun Road；www.nps.gov/glac/planyourvisit/goingtothesunroad.htm；⊙6月中旬至9月下旬）逐日公路是美国景色最壮丽的道路之一，全长50英里，是为了让游客不用徒步旅行就能探索公园内部风景而专门修建的。这项工程奇迹是国家的历史地标，翻越洛根山口（海拔6,646英尺），两侧有徒步路径、瀑布和无限风光。

★ 高线步道   徒步

（Highline Trail; Logan Pass）冰川国家公园的经典线路，高线步道穿越著名的花园墙（Garden Wall），到达 **Granite Park Chalet**（☏406-387-5555；www.graniteparkchalet.com；1

人US$107，多加1人US$85；7月至9月中旬），这是经由这条步道可以到达的两个古老小屋之一。夏季，漫山遍野都是高山植物和野花，风景简直美得惊人。步道长7.6英里，上升高度只有800英尺，所以出汗相对较少。

从花岗岩公园（Granite Park）出发有4种选择：原路返回洛根山口；继续沿大陆分水岭行至山羊岭（Goat Haunt；22英里）；前往斯威夫特卡伦特山口（Swiftcurrent Pass）和冰河群山谷（Many Glacier Valley；7英里）；或者向下前往环线（Loop；4英里），在这儿搭乘班车前往逐日公路的任意地点。

雪崩湖小径 徒步

（Avalanche Lake Trail；Lake McDonald以北）在冰川国家公园这条入门级小径徒步不太费力，但一路能收获诸多美景：天然质朴的高山湖泊、瀑布和小瀑布。2.3英里的徒步小径相对平缓，乘坐班车很容易到达，因此，旺季总是挤满了人，既有踩着人字拖、拖家带口的游客，也有拿着登山杖勇于攀爬林木线的有经验人士。

Glacier Park Boat Co 划船

（406-257-2426；www.glacierparkboats.com）6条古色古香的船只——有的可以追溯至20世纪20年代——航行于冰川国家公园内的5个迷人山地湖中，有的湖泊还会将游船与短途导览徒步游相结合，导游大多非常幽默，会给游客讲解周边景物。喜欢冒险的人

> ### ⓘ 免费公园接驳车
>
> 放弃自驾，乘坐公园提供的随上随下的**免费接驳车**（www.nps.gov/glac/planyourvisit/shuttles.htm；7月至8月 9:00~19:00）**免费**可以游览更多地方，同时压力更小。接驳车停靠逐日公路从阿普加游客中心到圣玛丽游客中心之间的所有主要景点。根据交通情况，接驳车每隔15至30分钟发车，从洛根山口出发的末班车时间是19:00。
>
> 乘坐班车不仅可以减少尾气排放，还意味着你可以专心欣赏风景，而不必担心其他车辆，或者可以去徒步，而不是在小径起点费力寻找停车位。

还会在玛丽湖（Lake Mary）、冰河群和双麦迪逊租船、皮划艇和桨叶式冲浪板（每小时$18.30）。

🛏 住宿

冰川国家公园内有13处**NPS露营地**（518-885-3639；www.recreation.gov；帐篷和房车露营位$10~23）和7家历史悠久的度假屋，在5月中旬至9月底营业。度假屋一律需要预订。

只有Fish Creek、圣玛丽，以及冰川群露营地的一小部分营位可以提前预订（最多可提前5个月）。先到先得的营地在上午就已人满为患，7月、8月时尤其如此。

65个野外露营地中，每个有2~7个营地，其中大约一半可以预订，剩下的将在你开始徒步的前一天遵循先到先得的原则分配。

★ Izaak Walton Inn 历史酒店 $$

（406-888-5700；www.izaakwaltoninn.com；290 Izaak Walton Inn Rd, Essex；房间$109~179，小屋和车厢$199~249；）这家历史悠久的酒店坐落于离冰川国家公园南部边界很近的一座小山上，建于1939年，是一栋仿都铎式建筑，当时是为了给当地铁路员工提供住宿。如今，美国国铁帝国建设者号依然每天在此小站停靠（按需停靠）——这也不失为前来此地的一种浪漫方式。车厢小屋带小厨房，另有由古老的GN441火车头改造而成的豪华四人间（$329）。

Many Glacier Hotel 历史酒店 $$

（303-265-7010；www.glaciernationalparklodges.com；1 Many Glacier Rd；房间$207~322，套$476；6月中旬至9月中旬；）这座从瑞士木屋汲取灵感的大型度假屋位于斯威夫特卡伦特湖（Swiftcurrent Lake）东北岸，坐拥公园内最美妙的环境。酒店于1915年由大北方铁路公司（Great Northern Railway）修建。质朴但却舒适的房间在过去15年间经过翻新升级，但很多房间难免存在墙壁单薄和管道老旧的问题。

🍴 就餐

夏天，冰川国家公园的阿普加、Lake McDonald Lodge、Rising Sun和Swiftcurrent Moter Inn的杂货店供应有限的露营资源。大多数度假屋配有餐厅。西冰川和圣玛丽的用餐区主要提供适合徒步旅行者的丰盛食物。

如果在露营地或野餐区域自己做饭，一定要妥善做好防熊安全措施，不要让食物处于无人照管的状态。

★ Serrano's Mexican Restaurant 墨西哥菜 $

(☎406-226-9392; www.serranosmexican.com; 29 Dawson Ave, East Glacier Park; 主菜 $13~18; ◎5月至9月 17:00~21:00; 🚻) 东冰川公园最受关注的餐馆，供应美味的酿辣椒。Serrano's最有名的是出色的冰镇玛格丽特，还有价格实惠的墨西哥卷饼、肉馅玉米卷饼（enchilada）和油炸玉米粉饼（quesadilla）。所在的道森（Dawson）木屋古色古香，始建于1909年。做好等位的准备。

★ Belton Chalet Grill & Taproom 各国风味 $$$

(☎406-888-5000; www.beltonchalet.com; 12575 US 2, West Yellowstone; 主菜 $24~35; ◎17:00~21:00, 酒吧15:00起) 🍴 这家位于西冰川的古老度假小木屋内的餐厅懂得享受美酒珍馐，是晴朗夜晚的不错选择。餐馆铺有桌布，摆有葡萄酒杯，菜单选择不多，但供应诸如胡桃木烟熏培根卷蒙大拿野牛肉这样的菜肴。

❶ 实用信息

冰川国家公园管理处（Glacier National Park Headquarters; ☎406-888-7800; www.nps.gov/glac; West Glacier; ◎周一至周五 8:00~16:30）

❶ 到达和当地交通

卡利斯佩尔（Kalispell）的**冰川公园国际机场**（Glacier Park International Airport, 简称 FCA; ☎406-257-5994; www.iflyglacier.com; 4170 Highway 2 East, Kalispell）全年都有飞往盐湖、明尼阿波利斯、丹佛、西雅图和拉斯维加斯的航班，还有飞往亚特兰大、奥克兰、洛杉矶、芝加哥和波特兰的季节性航班。

Glacier Park Express（☎406-253-9192; www.bigmtncommercial.org; Whitefish Library; 成人/儿童 往返 $10/5; ◎7月至9月上旬）有班车连接怀特菲什和西冰川。

美国国铁的帝国建设者号列车（Empire Builder; 全年）每天经停**西冰川**（www.amtrak.com），并在**东冰川公园**（www.amtrak.com; ◎仅限夏季）停靠（4月至10月）。Xanterra提供班车（$15, 10~20分钟）从西冰川开往西端的度假屋；冰川公园公司（Glacier Park, Inc.）的班车（$15起, 1小时）连接东冰川公园与圣玛丽。

夏季，冰川国家公园运营往返阿普加村和圣玛丽的**免费接驳车**（见902页），途经逐日公路，经停所有主要的小径起点，随上随下。获得特许的Xanterra组织经典的导览游**Red Bus Tours**（☎303-265-7010; www.glaciernationalparklodges.com/red-bus-tours; 成人 $34~100, 儿童 $17~50）。

如果自驾，做好准备面对狭窄曲折的道路和堵塞的交通，此外，逐日公路沿线多数停靠点的停车位置有限。

爱达荷州（IDAHO）

藏身于蒙大拿州和俄勒冈州之间的这一大片土地上有着本土48州中最辽阔、最崎岖的山脉。它的名字叫爱达荷州（不，不是艾奥瓦州），联邦政府在领土北部划定州界的时候，对这片没人想要的地方犯了难：那些讨厌的山脉根本没法耕地——准确地说，有114座山脉。

这个年轻的州虽然在农业发展方面受到了挫折，但在现代娱乐经济方面得到了黄金机遇。该州60%以上的土地是公有土地，包括390万英亩荒野，是美国第三大充满野性的州——开始吸引了登山爱好者们注意。户外产业如今给爱达荷州带来了大量的财富，是其著名的土豆的6倍。

博伊西（Boise）

人们通常不会将"清新摩登"、"城市化"和"时尚"这些词语与爱达荷州的城镇联系起来，但该州的首府（也是最大城市）其实并不符合人们的刻板印象。博伊西市中心一派热闹景象，还有步行街、巴黎风情的小馆和精致的葡萄酒吧，倒是与东海岸的感觉很相称。纵横交错的步道网络从城市延伸至森林

覆盖的山丘，数量迅速增加，可与科罗拉多州最好的一些徒步目的地相媲美。沿博伊西河绿地漂流与在得克萨斯州奥斯汀最受喜爱的轮胎漂流环线上漂流一样美妙。在巴斯克街区（Basque Block）品尝一锅热气腾腾的西班牙海鲜饭，好似置身于西班牙的毕尔巴鄂（Bilbao）。体验了这么多，就算你还是不知道该怎么看待博伊西，它也无疑将给你留下不可磨灭的印象。

⊙ 景点和活动

★ 巴斯克街区   景区

（Basque Block; www.thebasqueblock.com; Grove St at 6th & Capital）博伊西拥有西班牙以外最大的巴斯克人群体之一，多达15,000名巴斯克人居住在此，取决于你问的是谁。最早的流亡者于20世纪初来到爱达荷州成为牧人，那时羊与人的数量比是7:1。现在几乎没人还在从事那份工作，不过许多大家族延续下来，他们独特而丰富的文化元素依然具有活力，你可以沿着6th St和Capitol Blvd之间的Grove St一窥究竟。

博伊西河绿地   公园、博物馆

（Boise River Greenbelt; http://parks.cityofboise.org）宝藏谷（Treasure Valley）好评如潮的绿地始于20世纪60年代一项宏大的绿化项目，目的是防止开发博伊西河的泛滥平原，并为快速发展的城市提供空地。如今，河道两岸树木林立，30多英里的多用途小路连起不断增加的公园和博物馆。此外，这儿还是极为热门的夏季漂流地点。正在开发的激流公园耗资1200万美元，包括液压控制的波浪，将成为同类公园中最大的一座。

世界猛禽中心   鸟类保护区

（World Center for Birds of Prey; Peregrine Fund; ☎208-362-8687; www.peregrinefund.org/visit; 5668 W Flying Hawk Lane; 成人/儿童 $7/5; ⊙3月至10月 周二至周日 10:00~17:00, 11月至次年2月 至16:00）游隼基金会（Peregrine Fund）的全球猛禽保护项目已经挽救了多个濒危物种——包括标志性的加州秃鹫（California Condor），就在这里成功实现了人工繁殖并在加利福尼亚和大峡谷放归自然。中心栖息着一对秃鹫，还有其他十几种令人印象深刻的鸟类，包括北方黄腹隼，这种鸟结成伴侣后会一起捕猎草原麻雀。露天的Fall Flights不容错过（10月 周五至周日 15:00）。

博伊西艺术博物馆   博物馆

（Boise Art Museum; ☎208-345-8330; www.boiseartmuseum.org; 670 Julia Davis Dr; 成人/儿童 $6/3; ⊙周二至周六 10:00~17:00, 周日正午至17:00）这座色彩明丽的小型博物馆位于占地90英亩的朱莉娅·戴维斯公园（Julia Davis Park），主要展示以各种媒介呈现的当代艺术，包括偶尔展出的沃霍尔作品及一些艺术大师作品的巡回展览。每月的第一个周四乐捐入内，而且博物馆开放至20:00。

爱达荷州立历史博物馆   博物馆

（Idaho State Historical Museum; ☎208-334-2120; https://history.idaho.gov/idaho-state-historical-museum; 610 N Julia Davis Dr, 临时: 214 Broadway; ⊙翻修期间 周一至周五 11:00~16:00）尽管主建筑正在装修，但位于214 Broadway的临时博物馆仍然有少数展览，包括备受喜爱的双头小牛犊标本。翻修后的新馆于2018年春季重新开放。

Ridge to Rivers Trail System   徒步

（☎208-493-2531; www.ridgetorivers.org; Boise东北; 👣）大约190英里长的徒步和山地自行车小径蜿蜒穿过城镇上方的山麓小丘，穿过草地、灌木丛生的坡地和树木林立的溪流，一路通往博伊西国家森林（Boise National Forest）。选择简直无穷无尽。最方便的途径是经过议会大厦以东的Cottonwood Creek步道起点或者北边的骆驼背公园（Camel's Back Park）。

博伊西河漂流   公园

（Boise River Float; www.boiseriverraftandtube.com; 4049 S Eckert Rd, Barber Park; 漂流用轮胎租赁 $12, 充气鸭 $35, 橡皮艇 $45; 👣）在博伊西阳光灿烂的夏日，没什么能比沿河漂流更美妙的了。在巴伯公园（Barber Park; 停车 周一至周四 $5, 周五至周日 $6）租用船具——从轮胎到六人橡皮艇——你可以自行漂流6英里，花上1.5至3小时，顺流而下到达安·莫里森公园（Ann Morrison Park）。根据河流状况，6月至8月开放。

🛏 住宿

Inn at 500　　　　　　　　　　酒店 $$

(☎208-227-0500; www.innat500.com; 500 S Capitol; 房间 $205~265, 套 $295~315; ❉☎❉)终于有一家大厅不是敷衍了事的豪华精品酒店了。精美的艺术品、奇特的实景模型和吹制玻璃制品——全都出自当地艺术家之手——装饰于门厅和房间, 营造出温馨而迷人的空间, 比那种一间屋子加张床的标准住宿场所更胜一筹。步行可以到达博伊西热闹的市中心。

★ Boise Guest House　　　　客栈 $$

(☎208-761-6798; www.boiseguesthouse.com; 614 North 5th St; 套 $99~189; ☎❉)这座迷人的老宅是旅途中真正的家, 提供几间带小厨房和客厅的套房, 布置舒适, 装饰雅致。所有房间都能通向令人放松的后院大烤架、红白相间的沙滩自行车和洗衣房。

🍴 餐饮

博伊西热闹的市中心有各种用餐选择, 从休闲到正式, 不一而足。找找巴斯克特色菜。时尚的海德公园(Hyde Park)地区位于13th街, 气氛更加轻松自在, 是徒步以后吃些小吃的理想场所。

★ Goldy's Breakfast Bistro　　早餐 $

(☎208-345-4100; www.goldysbreakfastbistro.com; 108 S Capitol Blvd; 主菜 $6~20; ⊕周一至周六 6:30~14:00, 周六和周日 7:30~14:00)即便一颗鸡蛋只是一颗鸡蛋(不管它是单面煎、水煮还是炒蛋), Goldy's也能提供866,320种"自由组合早餐套餐"。验证一下我们的数学水平——我们在餐巾纸上计算的时候已经被荷兰辣酱油灌醉了。或者可以选择意式菜肉馅煎蛋饼、班尼迪克蛋或大份早餐墨西哥玉米卷饼。

Fork　　　　　　　　　新派美国菜 $$

(☎207-287-1700; www.boisefork.com; 199 N 8th St; 主菜 $15~28; ⊕周一至周五 11:30~22:00, 周六 9:30~23:00, 周日 9:30~21:00; ❉)🍴这家占据市中心老银行建筑的街角餐厅非常宽敞, 任何时候都很棒, 不过周末早午餐期间尤其出色, 诸如炒珍宝蟹与本地最爱的炸芦笋般配得令人难以置信。尝尝福克柠檬水(Fork Lemonade), 在夏季阳光灿烂的日子会让你神清气爽。

🍷 饮品和夜生活

博伊西市区中心不缺生机勃勃和富有创意的酒吧, 甚至周日晚上也充满活力。距离市中心越远, 选择就越一般。

★ Bodovino　　　　　　　　葡萄酒吧

(☎208-336-8466; www.bodovino.com; 404 S 8th St; ⊕11:00~23:00, 周五至周六 至次日 1:00, 周日 至21:00; ☎)不管你喜欢细品慢饮还是酣然畅饮, 这里各种桶装年份酒无异于危险物品——尤其是考虑到你要独自面对整墙整墙的自动售酒机, 里面出售144种不同的香醇葡萄酒。

Bardenay　　　　　　　　　自酿酒吧

(☎208-426-0538; www.bardenay.com; 610

爱达荷州概况

别称 宝石之州

人口 1,596,000

面积 83,570平方英里

首府 博伊西(人口223,154)

其他城市 爱达荷瀑布市(Idaho Falls; 人口60,211)

消费税 6%

诞生于此的名人 刘易斯和克拉克的导游萨卡加维亚(Sacagawea; 1788~1812年)、政治家萨拉·佩林(Sarah Palin; 生于1964年)、诗人埃兹拉·庞德(Ezra Pound; 1885~1972年)

发源地/所在地 星光石榴石、太阳谷雪场

政治 可靠的共和党阵地与少数民主党阵地, 如太阳谷

著名之处 马铃薯、荒野、世界第一部缆车

北美最深的河谷 爱达荷州的地狱峡谷(Hells Canyon; 7900英尺深)

驾驶距离 博伊西到爱达荷瀑布280英里, 路易斯顿(Lewiston)到科达伦116英里

Grove St；鸡尾酒 $7起；⊙周一至周五 11:00至深夜，周六和周日 10:00起）Bardenay是美国的第一个"酒厂兼酒馆"，至今仍是独一无二的。它位于巴斯克街区（见904页），这里有自制朗姆酒，也有陈年威士忌，可以立马品尝。这儿还有使用爱达荷州三个地区生产的烈酒调制的各种鸡尾酒，品种之多令人眼花缭乱，包括劲道十足的Sunday Morning Paper——柠檬-伏特加版的血腥玛丽。

❶ 实用信息

游客中心（☎208-344-7777；www.boise.org；250 S. 5th St, Ste 300；⊙6月至8月 周一至周五 10:00~17:00，周六 10:00~14:00，9月至次年5月 周一至周五 9:00~16:00）可从博伊西旅游信息网站查询重大活动安排，非常实用。

❶ 到达和当地交通

博伊西市机场（Boise Municipal Airport，简称BOI；☎208-383-3110；www.iflyboise.com；3201 Airport Way, I-84的53号出口）虽然不大，但始终很繁忙，有直飞航班飞往包括丹佛、拉斯维加斯、菲尼克斯、波特兰、盐湖城、西雅图和芝加哥在内的多个目的地。灰狗巴士从**巴士站**（www.greyhound.com；1212 W Bannock St；⊙6:00~11:00，16:00~23:59，6:00~11:00，16:00至午夜）这里发车，运行前往斯波坎、彭德尔顿、波特兰，以及双子瀑布和盐湖城的路线。

Green Bike（☎208-345-7433；www.boise.greenbike.com；每小时 $5）系统，到目前为止是逛市中心的最酷方式。

凯恰姆和太阳谷
（**Ketchum & Sun Valley**）

太阳谷占据着爱达荷州令人惊叹的自然景观地之一，拥有一段有关滑雪的生动历史，它是美国第一个有目的地建造的滑雪度假村，是联合太平洋铁路（Union Pacific Railroad）为增加客流量而进行的商业冒险，于1936年开放，凭借陈设豪华的展示小屋和世界上第一部空中缆车而引起轰动。

早期，滑雪区和凯恰姆小镇得到包括海明威（Ernest Hemingway）、克拉克·盖博（Clark Gable）和加里·库珀（Gary Cooper）等名流的宣传[政客、铁路公司继承人和太阳谷的创建者艾夫里尔·哈里曼（Averell Harriman）为他们提供了免费旅行，以作为营销策略]。从那以后，这里一直受到好莱坞时尚人士的青睐。

直到现在，这个地方依然风景优美，交通便利，从加利纳山口（Galena Pass）到黑利（Hailey）山脚，有大量的温泉、徒步、钓鱼、狩猎和山地骑行的机会。

🏃 活动

★ Galena Lodge   户外

（☎208-726-4010；www.galenalodge.com；15187 Hwy 75；越野滑雪通票 成人/儿童 $17/5；⊙度假屋 9:00~16:00，厨房 11:30~15:30）数英里的山地骑行道和平整的越野滑雪道从这家时尚的度假屋延伸出去，如蜘蛛网一般纵横交错。这里提供装备租赁，也供应午餐，为你补充一天的能量。如果你觉得把四条腿的朋友留在家里心中有愧，别担心，他们也有狗狗出租（大多都是四条腿）。位于凯恰姆以北23公里处。

太阳谷度假村   雪上运动

（Sun Valley Resort；☎888-490-5950；www.sunvalley.com；Ketchum；冬季滑雪票 $89~139）自从1936年发明缆车以来，太阳谷一直是豪华滑雪的代名词。虽然现在其他地方也可以坐着去滑雪了，但人们还是会冲着蓬松的粉雪和遇见名人的机会蜂拥而来。两座山——城镇以东是平缓的**达乐山**（Dollar Mountain），拥有广阔的地形公园，城镇以西的**秃山**（Bald Mountain）青一块黑一块——提供各种各样的滑雪选择。

Wood River Trail System   徒步、骑车

（www.bcrd.org/wood-river-trail-summer.php）整个社区团结一致支持户外活动的时候，好事就来了。这个柏油路面的城市小径体系延伸超过32英里，沿着古老的联合太平洋铁路，将太阳谷的各大枢纽与凯恰姆、黑利和贝尔维尤（Bellevue；以南20英里处）各城镇相连接。

🛏 住宿

凯恰姆新开的青年旅舍意味着土地管理

局（BLM）和林业局在城镇附近提供的免费露营不再是仅有的廉价住宿选择。房价随季节变动，冬季最贵。

Hot Water Inn
青年旅舍 $

（☏626-484-3021; www.facebook.com/thehoth2oinn; 100 Picabo St; 铺 $39, 房间 $109, 套 $126; ☎）给滑雪爱好者记上一分。一群热情的本地人把一所旧寄宿学校打扮一新，成为凯恰姆最实惠的——而且是最酷的消磨周末之地。大房间内的酒吧和舞台晚上常常会举办即兴演奏会，太阳谷的Warm Springs滑雪缆车离这里只有几步之遥。

Tamarack Lodge
酒店 $$

（☏208-726-3344; www.tamaracksunvalley.com; 291 Walnut Ave; 房间 $169~179起, 套 $209~249; ✳☎≋）这个古老却干净的市中心旅舍散发出20世纪70年代滑雪公寓的氛围，房间雅致。有的房间稍微昏暗，不过很多都有壁炉，而且所有房间都带阳台，可以使用极可意涡流式浴缸和室内游泳池。

Sun Valley Lodge
酒店 $$$

（☏208-622-2001; www.sunvalley.com; 1 Sun Valley Rd; 旅馆 $349起, 度假屋 $439起; ✳@☎≋）这座初建于20世纪30年代的度假屋于2015年经过整修，装扮一新，但在那之前就一直名流不断，这是太阳谷第一家也是最好的一家度假屋。标准间的设施与高档房间完全一致——包括带浴缸的宽敞浴室——只是床边的空间稍小。

✖ 餐饮

滑完雪后，你会想先去**Apple's**（☏208-726-7067; www.facebook.com/applesbarandgrill; 205 Picabo St; ⏱夏季和冬季11:00~18:00）小憩，然后再去看看太阳谷常规的现场音乐表演。更豪华的酒吧不介意把在店内喧哗吵闹的人赶出门去。如果你意外地发现自己也属于那类人，那么**Casino Club**（☏208-726-9901; 220 N Main St; ⏱11:00至次日2:00）有适合你的座位。

The Kneadery
早餐 $

（☏208-726-9462; www.kneadery.com; 260 N Leadville Ave; 主菜 $8~13; ⏱8:00~14:00）Kneadery是享用早餐或午餐的可靠选择，它紧邻主街，位于一栋老式劈木小屋，配备大壁炉、西部艺术品，天花板上还挂着一条桦木舟。这里的气氛几乎和他们的薄煎饼一样美好。

Powerhouse
酒馆小食 $

（☏208-788-9184; www.powerhouseidaho.com; 411 N Main, Hailey; 主菜 $9~15; ⏱11:30~22:00）我们为应该将这里归类为"自行车店"、"酒吧"还是"餐馆"产生了争执。我们没有一个叫作"棒极了"的类别。这里有17种桶装啤酒，在太阳谷小径体验过艰苦骑行之后，这里是个放松的好地方。你也可以只是待一会儿，见见当地的骑行爱好者。墨西哥玉米卷饼和汉堡包也都非常美味。

★ Pioneer Saloon
牛排 $$$

（☏208-726-3139; www.pioneersaloon.com; 320 N Main St; 主菜 $15~35; ⏱17:00~22:00, 吧台16:00至深夜）想尝尝凯恰姆最好的牛排（还有人认为是爱达荷州最好的），就来这家昔日的非法赌博厅，如今装饰着鹿头、古董枪（有一把是海明威的）、子弹板，是当之无愧的西部巢穴。如果不喜欢红肉，餐厅还有各种鱼类选择，以及美味的芒果酱和烤蔬菜鸡肉串。

❶ 实用信息

太阳谷／凯恰姆游客中心（Sun Valley/Ketchum Visitors Center; ☏208-726-3423; www.visitsunvalley.com; 491 Sun Valley Rd; ⏱6:00~19:00; ☎）工作人员的上班时间为9:00~18:00，但其他时间你仍然可以进来拿地图和小册子。

❶ 到达和当地交通

弗里德曼纪念机场（Friedman Memorial Airport, 简称SUN; ☏208-788-4956; www.iflysun.com; 1616 Airport Circle, Hailey, ID）位于凯恰姆以南12英里处的黑利（Hailey），每天都有飞往西部各州枢纽的航班（洛杉矶、旧金山、西雅图、盐湖城和丹佛，每周还有两个航班飞往波特兰），不过有时飞往博伊西，在那儿乘坐3小时**Sun Valley Express**（Caldwell Transportation; ☏208-576-7381; www.sunvalleyexpress.com; 成人／儿童 $85/75）到太阳谷更加经济实惠。

Mountain Rides（☎208-788-7433；www.mountainrides.org）提供凯恰姆地区的免费交通。

史丹利（Stanley）

史丹利位于高低参差的锯齿山脉（Sawtooths）脚下，规模比一组质朴的小木屋大不了多少，或许是美国风景最美丽的小镇。这里人口数量为60余人，但到了夏季，很多激浪漂流爱好者、垂钓者和钟情森林的人就会蜂拥而至，他们渴望迷失在锯齿山脉令人敬畏的山峰和隐藏的山谷中。

活动

★ 锯齿山脉国家游乐区 　　　　户外活动

（Sawtooth National Recreation Area；www.fs.usda.gov/recarea/sawtooth/recarea/?recid=5842）在引人注目的锯齿山脉国家游乐区，你可以划船、登山、狩猎、在300多个湖泊中钓鱼，并且这里还有700多英里的小径可以徒步或山地骑行。这个游乐区保护了史丹利和凯恰姆之间绵延1170平方英里的公共土地，提供了无与伦比的探险和游乐机会。

萨尔蒙河中央支流 　　　　　　漂流

（Middle Fork of the Salmon；☎877-444-6777；www.recreation.gov）史丹利是传奇的萨尔蒙河中央支流的漂流起点。这条河号称"最后的野生河"，长100英里、海拔高度3000英尺的河水流经名字不甚吉利的不归路河荒野（River of No Return Wilderness），途中会遇到100多个激流。这里是高山漂流的最佳场所，可以通过一些提供向导的公司前往体验。

柯克姆溪温泉 　　　　　　　　温泉

（Kirkham Creek Hot Springs；Hwy 21，Lowan；⊙黎明至黄昏）免费 柯克姆营地的这些天然温泉位于洛曼（Lowman）以东约5英里、史丹利西南53英里处的21号公路沿线。虽然周末游客比较多（停车$5），但在寒冷的佩埃特河（Payette River）旁欣赏小瀑布群和热气腾腾的水潭，依然不失为一种令人放松的体验。

食宿

在史丹利大约有12家酒店和度假屋，周边的国家森林有不少露营地。用餐选择有限，即使在短暂的夏季，也仅有稍多餐厅开门营业。

National Forest Campgrounds 　露营地 $

（☎877-444-6777；www.fs.usda.gov/activity/sawtooth/recreation/camping-cabins；Stanley District Office；帐篷和房车露营位 $12~18）十数个已建成的露营地为游客提供了在锯齿山脉国家游乐区的星空下入眠的绝佳机会；很多露营地距离史丹利只要不到1小时车程。有些露营位可以在线预订（www.recreation.gov），其他则先到先得。

Sawtooth Hotel 　　　　　　　酒店 $

（☎208-721-2459；www.sawtoothhotel.com；755 Ace of Diamonds St；双 带/不带浴室 $100/70；⊙5月中旬至10月中旬；🛜）Sawtooth是一个建于1931年的怀旧木制汽车旅馆，如今改善了昔日的简陋，但保持了热情洋溢的史丹利式好客。6间客房都是古老的乡村风格，其中2间带私人浴室。不要指望有电视或高速Wi-Fi，不过包括素食和无麸选择的一流餐食（主菜 $14~26）以及少数好喝的葡萄酒可以期待。

★ Stanley Baking Company 面包房、早餐 $

（www.stanleybakingco.com；250 Wall St；主菜 $8~13；⊙5月到10月 7:00~14:00）这家地处偏远的面包房和早午餐点可以算是一个传奇，绝对不容错过。一年只开片5个月，这个小木屋是镇上唯一能看到排队景象的地方。究其原因：美味至无法形容的自制烘焙食品和燕麦薄煎饼。

爱达荷州狭长地带（Idaho Panhandle）

从很多方面来看，爱达荷州北部感觉都不像是落基山脉，倒更像是太平洋西北岸。或许是气势恢宏的湖泊及点缀其上的帆船营造出了一种海上氛围；或许是因为这里低调的群山、茂密的森林和重兴的木材工业；又或许仅仅是因为它们同处一个时区[狭长地带使用太平洋标准时间（Pacific Standard Time）]，从而让湖上的慵懒日子感觉更加漫长，令你流连忘返。

桑德波因特（Sandpoint）地区是狭长地带最有趣的目的地，原因不仅是宽阔的庞多雷湖（Lake Pend Oreille；爱达荷州最大的湖泊），还因为它整洁、适宜步行的市中心和当地的滑雪胜地。

该地区最大的城镇科达伦（Coeur d'Alene；人口46,402）是斯波坎（Spokane）城区的延伸，但保留了乡村的感觉。科达伦湖（Lake Coeur d'Alene）北岸的地标度假村前有条很短的木栈道和一座精心打理的花园。

✈ 活动

Schweitzer Mountain Resort　　雪上运动

（☎208-263-9555；www.schweitzer.com；10000 Schweitzer Mountain Rd, Sandpoint；滑雪缆车$77, 山地自行车缆车$35）小镇西北11英里外是获得高度评价的史怀哲山滑雪场，树林雪道备受好评。2900英亩的地区降雪量可达300英寸。夏季的山地自行车道是比较传统的线路，其沿途自然风光在如今人工设计的大落差自行车公园中难以得见。

科达伦小径　　骑车

（Trail of the Coeur d'Alenes；☎208-682-3814；www.parksandrecreation.idaho.gov/parks/trail-coeur-d-alenes）出色的铁路改造而成的小径，从普拉默（Plummer）至马兰（Mullan），穿越爱达荷州狭长地带。这条小径沿科达伦湖岸前行，然后穿山越岭，与90号州际公路（I-90）通道相连接。小径长72英里，沿途风光无限，坡度全都铺设一致，适合各种非机动出行形式，包括徒步、骑车和轮滑。

🛏 食宿

Flamingo Motel　　汽车旅馆 $$

（☎208-664-2159；www.flamingomoteli daho.com；718 E Sherman Ave, Coeur d'Alene；标单/双/套$110/120/180；P❄🛜）这家复古的汽车旅馆将20世纪50年代的汽车热潮、汽车旅馆住宿和公路旅行文化展现得淋漓尽致，设有以各种主题装饰的客房——从夸张的"火烈鸟"（Flamingo）到"爱尔兰人"（Irish），不一而足——不过升级后配备了平板电视和迷你冰箱。

★ Lodge at Sandpoint　　精品酒店 $$$

（☎208-263-2211；www.lodgeatsandpoint.com；41 Lakeshore Dr, Sandpoint；双/套$219/419；P❄🛜）这家现代化的度假酒店占据了庞多雷湖最好的湖畔位置，将淳朴时尚提升到了新的档次。他们在配套设施方面毫不吝啬，设有健身房、两个户外热水浴缸和沙滩小路等。

★ The Garnet Cafe　　早餐 $

（☎208-667-2729；www.garnetcafe.com；315 E Walnut Ave, Coeur d'Alene；主菜$10~14；🛜）🍴保证食材有机和可持续的最简单方式就是拥有一家种植它们的农场。麦克莱恩（McLane）一家就是自己饲养鸡鸭猪，为排在Garnet Cafe门外心满意足的食客提供美味佳肴。

ℹ 到达和离开

最近的主要机场位于斯波坎（Spokane），有几家公司运营前往科达伦（$60, 45分钟）或桑德波因特（$120, 6.5小时）的班车。选择**美国国铁**（SPT；www.amtrak.com；450 Railroad Ave, Sandpoint）的帝国建设者号线路，从蒙大拿州怀特菲什（$30, 4小时）或斯波坎（$13, 2小时）前往桑德波因特也不错，只是这个选项并未得到充分利用。

西南部

包括 ➡

内华达州	914
拉斯维加斯	915
亚利桑那州	933
菲尼克斯	934
大峡谷国家公园	951
犹他州	971
盐湖城	971
新墨西哥州	993
阿尔伯克基	994
圣菲	999

最佳就餐

➡ Kai Restaurant（见941页）
➡ Love Apple（见1011页）
➡ Hell's Backbone Grill（见989页）
➡ Cafe Pasqual's（见1003页）
➡ Red Iguana（见974页）

最佳住宿

➡ Washington School House（见980页）
➡ Earthship Rentals（见1010页）
➡ La Fonda（见1001页）
➡ El Tovar Dining Room & Lounge（见956页）
➡ Arizona Biltmore Resort & Spa（见937页）

为何去

西南部地区是美国未经驯服的"游乐场"，凭借惊心动魄的红岩地貌、牛仔枪战的传奇和青椒炖菜的辛辣美食，吸引着热爱探险的旅行者。从谜一样的象形文字、被遗弃的悬崖民居到失修的西班牙传道院和荒废的矿镇，无不令人想起这里原住民的文化传承和蛮荒的狂野西部传统。而今，这里仍在创造历史，天文学家和火箭制造商凝视着满布星光的苍穹，而艺术家和企业家则聚集在城市中心和山区城镇。对旅行者来说，最棒的莫过于在一个接着一个的风景区开车欣赏最美丽、最独特的景致。但记住，西南部旅程之所以令人难忘，绝不仅限于这些壮观的、标志性的景观。近距离研究树形仙人掌，向霍皮族（Hopi）艺术家请教关于其作品的问题，品尝一些青椒炖菜。这些奇妙的时刻可能成为你最珍贵的记忆。

何时去

拉斯维加斯

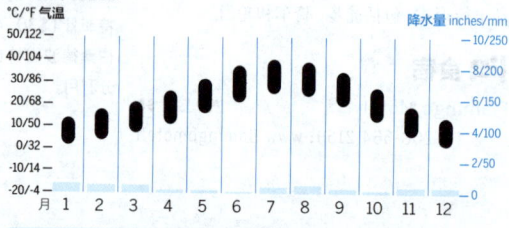

°C/°F 气温　　　　　　　　　　　　　　降水量 inches/mm

1月 在陶斯（Taos）和弗拉格斯塔夫（Flagstaff）附近滑雪。在帕克市，与急坡速降滑雪和圣丹斯电影节相会。

6月至8月 探索新墨西哥州、犹他州和亚利桑那州北部国家公园的旺季。

9月至11月 去大峡谷底部徒步，或在新墨西哥州北部凝望绚丽的秋叶。

历史

公元100年左右,3种主要文明在美国西南部出现:来自沙漠的霍霍坎文化(Hohokam)、中心山脉和山谷的莫戈隆文化(Mogollon)及古普韦布洛文化(Ancestral Puebloans)。考古学家最初将古普韦布洛文化称作阿纳萨齐(Anasazi),来源于意为"古老敌人"的纳瓦霍词语,不过后者已经不受欢迎了。

1540年,弗朗西斯科·巴斯克斯·德·科罗纳多(Francisco Vásquez de Coronado)带领第一支大型探险队进入北美洲。队伍包括300名士兵、数百名美洲原住民向导和成群的牲畜。它还引发了西班牙探险者与原住民之间的第一次大规模冲突。

除了武装冲突以外,欧洲人还带来了美洲原住民毫无抵抗力的天花、麻疹和斑疹伤寒。在这些疾病、令人震惊的文化和贸易路线的摧毁下,普韦布洛人的人口数量大幅度下降,证明这种破坏性的力量远远超过冲突。

19世纪,西南部地区迅速发展,主要得力于铁路和地质勘探。由于美国西进,残忍野蛮的印第安战争中,美国军队常常以武力逼迫当地原住民部落搬迁。金矿和银矿吸引了想发财的人,狂野西部(Wild West)的各个不受法律管辖的采矿小镇几乎一夜之间拔地而起。不久,圣菲铁路(Santa Fe Railroad)就开始吸引大批旅游者来到西部。

现代定居点和水的利用密切相连。根据1902年颁布的《开垦法案》(Reclamation Act of 1902),由联邦出资建立了许多大型水坝,以控制河流、灌溉沙漠。关于水权的分歧旷日持久,特别是居民住宅开发热潮和近年来的大面积干旱出现后。近年来,这里还面临着其他重大问题,包括来自墨西哥的非法移民,特别是在亚利桑那州南部。

当地文化

粗犷的性格是西南部民众的文化特征。但实际上呢?那就有些复杂了。该地区的身份特征以三大种族为中心——盎格鲁、西班牙和美洲原住民——与塑造他们的土地一样广袤和多变。无论他们个人的宗教涉及的是外

在西南部

1周

博物馆和新兴的艺术场景为**菲尼克斯**奠定了鼓舞人心的基调。上午,沿Camelback Rd到**斯科茨代尔**(Scottsdale),在老城区购买高档物品,流连于画廊之间。向北开车到**塞多纳**(Sedona)休整一下,然后一睹**大峡谷**的广袤无垠。不过在这里要做出选择,是去金光闪闪的地方还是平顶孤峰。如果选择前者就回到**66号公路**上,穿过**胡佛水坝**(Hoover Dam)旁的新桥,然后沉浸于**拉斯维加斯**的幻梦之中;如果想去平顶孤峰,从大峡谷向东开到纳瓦霍村,在**纪念碑谷纳瓦霍部落公园**(Monument Valley Navajo Tribal Park)的巨石层下放慢速度欣赏风景,然后继续前往令人惊叹的**谢伊峡谷国家保护区**(Canyon de Chelly National Monument)一游。

2周

从奢华的**拉斯维加斯**出发,到时髦的**弗拉格斯塔夫**(Flagstaff)平复一下心情,欣赏广袤无垠的**大峡谷国家公园**。接着去**图森**(Tucson)感受大学校园生活,或在满是仙人掌丛的**仙人掌国家公园**嬉戏。在**墓碑镇**观看过枪手的英姿之后,再拜访标新立异并充满维多利亚风情的**比斯比**(Bisbee)。

去新墨西哥州附近的**白沙国家保护区**(White Sands National Monument)时记得戴好墨镜,以免被灼亮的沙丘灼伤了眼睛。陶醉在充满艺术气息的**圣菲**——这里对艺术爱好者有着强大的吸引力。接着到**陶斯**探索普韦布洛文化,在**纪念碑谷纳瓦霍部落公园**欣赏美丽的日出景致。最后前往犹他州游览红岩国家公园,比如**峡谷地国家公园**(Canyonlands National Park)和**拱岩国家公园**(Arches National Park),还要去**布莱斯峡谷**(Bryce Canyon)观赏岩石景观,再向光辉灿烂的**锡安国家公园**(Zion National Park)致意。

西南部亮点

❶ **大峡谷国家公园**（见951页）找到正确的形容词并非易事：庄严、非凡、恢宏。

❷ **圣菲**（见999页）欣然享受这座魅力十足的西南城市的文化和娱乐。

❸ **天使降临步道**（见992页）在锡安国家公园徒步穿越犹他州峡谷地这段风景着实令人惊叹的地带。

❹ **拉斯维加斯**（见915页）你会发现这里甚至比你所想的更加自以为是和肆意莽撞，人造感觉更加强烈！

❺ **塞多纳**（见945页）让人感到高兴的是，即便是已经商业化的嬉皮文化，也不会有损这座奇特的红岩城市。

❻ **66号公路**（见965页）沿"母亲之路"蜿蜒穿过令人惊叹的风景和凝固在时光中的乡镇。

❼ **摩崖**（见983页）提前庆祝圣诞吧！如果你是山地自行车骑行者，或者徒步者，或者露营者，或者……

❽ **纪念碑谷**（见961页）这些砖红色的大小山丘和台地非常上相，它们是无数西部片中的明星。

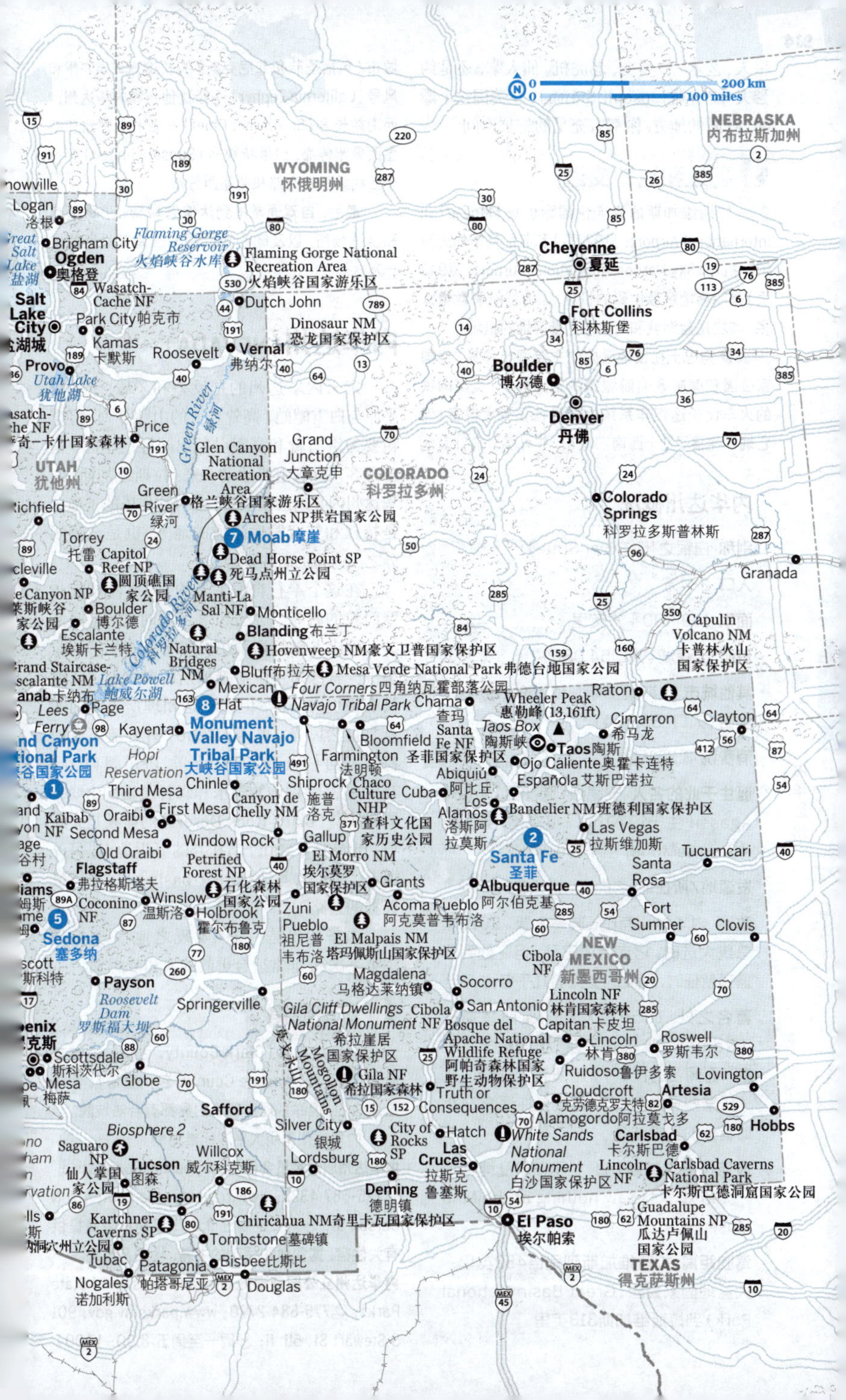

0 200 km
0 100 miles
NEBRASKA
内布拉斯加州
WYOMING
怀俄明州
Logan
洛根
Brigham City
Ogden
奥格登
Flaming Gorge Reservoir
火焰峡谷水库
Flaming Gorge National Recreation Area
火焰峡谷国家游乐区
Cheyenne
夏延
Wasatch-Cache NF
Salt Lake City
盐湖城
Dutch John
Park City帕克市
Kamas
卡默斯
Dinosaur NM
恐龙国家保护区
Fort Collins
科林斯堡
Provo
Utah Lake
犹他湖
Roosevelt
Vernal
弗纳尔
Boulder
博尔德
Denver
丹佛
Price
Green River
绿河
Glen Canyon National Recreation Area
格兰峡谷国家游乐区
Grand Junction
大章克申
UTAH
犹他州
COLORADO
科罗拉多州
Colorado Springs
科罗拉多斯普林斯
Richfield
Green River
绿河
Arches NP拱岩国家公园
Moab摩崖
Torrey
托雷
Capitol Reef NP
圆顶礁国家公园
Dead Horse Point SP
死马点州立公园
Granada
Boulder
博尔德
Escalante
埃斯卡兰特
Manti-La Sal NF
Monticello
Colorado River
科罗拉多河
Blanding布兰丁
Capulin Volcano NM
卡普林火山国家保护区
Hovenweep NM霍文卫普国家保护区
Natural Bridges NM
Grand Staircase-Escalante NM
Lake Powell
鲍威尔湖
Bluff布拉夫
Mesa Verde National Park弗德台地国家公园
Kanab卡纳布
Mexican Hat
Four Corners四角纳瓦霍部落公园
Navajo Tribal Park
Raton
Lees Ferry
Page
Wheeler Peak
惠勒峰(13,161ft)
Chama
查玛
Cimarron
希马龙
Clayton
Monument Valley Navajo Tribal Park
大峡谷国家公园
Kayenta
Taos Box
陶斯峡
Taos陶斯
Bloomfield
Santa Fe NF
圣菲国家保护区
Grand Canyon National Park
大峡谷国家公园
Hopi Reservation
Farmington
法明顿
Ojo Caliente奥霍卡连特
Abiquiú
阿比丘
Española艾斯巴诺拉
Chinle
Shiprock
施普洛克
Chaco Culture NHP
查科文化国家历史公园
Cuba
Third Mesa
Canyon de Chelly NM
Los Alamos
洛斯阿拉莫斯
Bandelier NM班德利尔国家保护区
Kaibab NF
Oraibi
First Mesa
Second Mesa
Gallup
Las Vegas
拉斯维加斯
Window Rock
Old Oraibi
El Morro NM
埃尔莫罗国家保护区
Santa Fe
圣菲
Tucumcari
Petrified Forest NP
石化森林国家公园
Flagstaff
弗拉格斯塔夫
Grants
Albuquerque
阿尔伯克基
Santa Rosa
Coconino NF
Winslow
温斯洛
Holbrook
霍尔布鲁克
Zuni Pueblo
祖尼普韦布洛
Acoma Pueblo
阿克莫普韦布洛
Fort Sumner
Clovis
Sedona
塞多纳
El Malpais NM
塔玛佩斯山国家保护区
Cibola NF
NEW MEXICO
新墨西哥州
Magdalena
马格达莱纳镇
Socorro
Payson
Roosevelt Dam
罗斯福大坝
Springerville
Gila Cliff Dwellings National Monument
希拉崖居国家保护区
Cibola NF
San Antonio
Lincoln NF
林肯国家森林
Capitan卡皮坦
Bosque del Apache National Wildlife Refuge
阿帕奇森林国家野生动物保护区
Lincoln
林肯
Roswell
罗斯韦尔
Scottsdale
斯科茨代尔
Mesa
梅萨
Globe
Gila NF
希拉国家森林
Mogollon Mountains
莫戈永山
Ruidoso鲁伊多索
Lovington
Truth or Consequences
Cloudcroft
克劳德克罗夫特
Artesia
Safford
Alamogordo阿拉莫戈多
Biosphere 2
Silver City
银城
City of Rocks SP
Hatch
White Sands National Monument
白沙国家保护区
Carlsbad
卡尔斯巴德
Hobbs
Saguaro NP
仙人掌国家公园
Willcox
威尔科克斯
Tucson
图森
Lordsburg
Las Cruces
拉斯克鲁塞斯
Lincoln NF
Carlsbad Caverns National Park
卡尔斯巴德洞窟国家公园
Benson
Deming
德明镇
Kartchner Caverns SP
Chiricahua NM奇里卡瓦国家保护区
El Paso
埃尔帕索
Guadalupe Mountains NP
瓜达卢佩山国家公园
Tombstone墓碑镇
Tubac
Patagonia
帕塔哥尼亚
Bisbee比斯比
Douglas
Nogales
诺加利斯
TEXAS
得克萨斯州

星人、艺术、核裂变、老虎机、仙人掌，还是约瑟夫·史密斯（Joseph Smith），在美国这个漂亮、狂野的地方，你都有充足的施展空间。

❶ 到达和当地交通

拉斯维加斯的麦卡伦国际机场（McCarran International Airport；见927页）和菲尼克斯的天港国际机场（Sky Harbor International Airport；见943页）是西南地区最忙碌的机场，国内外航班数量众多。其次是盐湖城和阿尔伯克基等地的机场。

灰狗巴士在该地区内的主要城市停靠，但国家公园和摩崖等偏僻城镇的站点极少。美国国铁的火车比长途汽车系统的局限性还要大得多，但它确实连接了几个西南部城市，并可接驳前往其他城市（包括圣菲和菲尼克斯）的长途汽车。加州和风号（California Zephyr）途经犹他州和内华达州，西南酋长号（Southwest Chief）在亚利桑那州和新墨西哥州停靠，日落特快号（Sunset Limited）穿行于亚利桑那州南部和新墨西哥州。

最后，自驾通常是到达偏僻城镇、小路起点和游泳场所，以及随心所欲探索西南部地区的唯一方式。

内华达州（NEVADA）

定义内华达州的是反差和矛盾，干旱的平原与白雪皑皑、高耸入云的山脉并列，行李箱塞为滑雪靴和高跟鞋留出同样的空间。很多游客只奔着主要活动而来：拉斯维加斯，内华达州闪亮的沙漠明珠，是寻欢作乐的圣地，是特权和贫穷发生碰撞的地方，也是全州四分之三人口的居住地点。

在这个奉行自由主义的州，乡村妓院与摩门教的教堂、赌场和牛仔同时并存。偏僻的鬼镇让人想起拓荒历史和对美好生活的希望——就像如今拉斯维加斯的财富对下注者具有吸引力一样。但内华达州理所当然的卖点是自然风光：里诺（Reno）有奔流不息的特拉基河（Truckee River）、塔霍湖（Lake Tahoe）晶莹剔透的湖水和森林茂盛的山峰，黑岩沙漠（Black Rock Desert）的盐湖是火人节（Burning Man）乌托邦的诞生地点，另外还有广袤的大盆地（Great Basin）和"美国最孤独的公路"。

内华达州是一个"发现之地"，充满了"第一次"，非常适合勇敢的人和梦想家。

内华达州概况

别称 白银之州（Silver State）

人口 284万

面积 109,800平方英里

首府 卡森城（人口54,080）

其他城市 拉斯维加斯（人口594,294）、里诺（人口233,294）

消费税 8.25%起

诞生于此的名人 安德烈·阿加西（Andre Agassi；生于1970年）、格雷格·莱蒙德（Greg LeMond；生于1961年）

发源地/所在地 老虎机、火人节

政治 内华达州有6张选举人票，2012年总统大选时，它支持奥巴马，但在他到华盛顿就任时，两党的支持者几乎各占一半

著名之处 1859年发现的康斯塔克矿（Comstock Lode；以"美国最丰富矿藏"而闻名的银矿），赌博和卖淫合法化（在某些县为非法），以及允许酒吧24小时营业的宽松法令

最佳拉斯维加斯T恤 "我在暴乱博物馆一无所见。"（I saw nothing at the Mob Museum）

驾驶距离 拉斯维加斯到里诺452英里，大盆地国家公园（Great Basin National Park）到拉斯维加斯313英里

❶ 实用信息

在克拉克县（Clark County，包括拉斯维加斯）和沃肖县（Washoe County，包括里诺），卖淫是违法的，但许多规模较小的县都有合法妓院。

内华达州采用太平洋标准时间。

内华达州旅游委员会（Nevada Tourism Commission；☎775-687-4322；www.travelnevada.com；401 N Carson St；⏰周一至周五 9:00~17:00）免费提供有关住宿、露营地和活动的书籍、地图及信息。

内华达州立公园管理处（Nevada Division of State Parks；☎775-684-2770；www.parks.nv.gov；901 S Stewart St, 5th fl；⏰周一至周五 8:00~17:00）

在州立公园露营(每晚$10~15)遵循先到先得的原则。

拉斯维加斯(Las Vegas)

拉斯维加斯仍是逃离尘世烦恼的最佳场所。还有哪里可以让你在古罗马吃喝玩乐、在午夜举行婚礼、早晨在埃及睁开双眼而且可以在埃菲尔铁塔下享用早午餐呢?和赌徒们一起双倍下注、高级定制时装或庸俗的纪念品、坐在冰砌吧台啜饮高达3英尺的霓虹酒杯中的玛格丽特酒或冻伏特加马提尼,一切都等待着你去发掘。

注意到了吗?赌场里是没有钟表的。拉斯维加斯存在于时间之外,这里有永不撤柜的自助餐和长流不休的饮品,还有让人兴奋不已的无数赌桌。在这处习惯了起伏兴衰的沙漠梦境,过去盛极一时的招牌早已躺在霓虹灯墓地里落上尘埃了,而除旧筑新的锵锵声在拉斯维加斯大道上久久回响。2008年令人担忧的经济衰退之后,这座城市又重回正轨,每年吸引着超过4000万名游客,而且计划在未来吸引更多人到来。

拉斯维加斯规模最大的几家赌场沿着传奇般的拉斯维加斯大道一字排开,每一家都是光怪陆离的主题公园、赌场、购物、餐饮、酒店、剧院的综合体。当你探索过赌场之后,可以前往紧凑的市中心,邂逅维加斯的城市起源,逛逛当地文化气息十足的独立商店和鸡尾酒吧。之后到城外转转,游览有趣的博物馆,了解拉斯维加斯帮派横行、与核试验紧密相连的过往。

◎ 景点

拉斯维加斯的景点主要集中在Las Vegas Blvd的4.2英里路段,南端(位于Russell Rd)是曼德勒海湾酒店(Mandalay Bay),北端(位于Sahara Ave)则是云霄塔(Stratosphere;见918页地图;☏702-380-7777; www.stratospherehotel.com; 2000 S Las Vegas Blvd;高塔门票 成人/儿童 $20/10, 全天通票 含无限次云霄飞车 $40; ⊙赌场 24小时,云霄塔和云霄飞车 天气情况允许的时候 周日至周四 10:00至次日1:00,周五和周六 至次日2:00; P🐾),市中心区域围绕Las Vegas Blvd (N Las Vegas Blvd at this point)和Fremont St的交叉路口。注意,虽然这条街道的名称相同,但市中心和拉斯维加斯大道北端之间还有2英里,中间没有太多有趣的地方。如果决定在两地之间走一走,可要看仔细了。如果这么做了,你可能会发现自己正在沙漠的酷热中大发牢骚。共享车辆,Monorail和Deuce的巴士是迄今为止逛逛这座恍惚(在很多方面)城市最便捷的方式。

◎ 拉斯维加斯大道 (The Strip)

★ 城市中心   地标

(CityCenter;见918页地图; www.citycenter.com; 3780 S Las Vegas Blvd; P)我们见识过这种共生关系(即在大型酒店中注入商场"概念"),但这座未来感十足的建筑群的布局还是初次见见:光彩夺目的Shops at Crystals(www.crystalsatcitycenter.com; 3720 S Las Vegas Blvd; ⊙周日至周四 10:00~23:00,周五和周六 至午夜)在当中,周围则是几家无比现代、华丽非常的精品酒店。高端酒店中包括色彩柔和而时尚的Vdara(☏702-590-2111; www.vdara.com; 2600 W Harmon Ave; 工作日/周末 套 $129/189起; P🐾🕿@🛜🏊🐕)、低调奢华的文华东方(Mandarin Oriental; 见922页)以及建筑本身堪称奇观的阿丽雅(Aria, ☏702-590-7111; www.aria.com; 3730 S Las Vegas Blvd; ⊙24小时; P),后者的成熟赌场与众多美轮美奂的附属餐厅交相辉映。城市中心的酒店有超过6700个房间!

★ 大都会   赌场

(Cosmopolitan;见918页地图; ☏702-698-7000; www.cosmopolitanlasvegas.com; 3708 S Las Vegas Blvd; ⊙24小时; P)认为拉斯维加斯不够时尚的潮人们终于有了可去之地,再不需要对拉斯维加斯大道的审美冷嘲热讽。大都会就像好莱坞的时尚女性,无论何时都那么光彩夺目。这里的大厅(拥有我们所见过的最酷的设计元素)总有天真少女以及她们的伙伴穿梭往来,同样络绎不绝的还有购物和设计的爱好者。

★ 百丽宫   赌场

(Bellagio;见918页地图; ☏888-987-6667; www.bellagio.com; 3600 S Las Vegas Blvd; ⊙24小时; P🐾)对百丽宫的体验远远超过它那

带孩子游拉斯维加斯

拉斯维加斯没兴致把自己包装成为家庭旅行目的地。由于赌博的合法年龄是21岁,所以很多赌场酒店宁可你把孩子留在家里。没有一座大型度假村真的适合孩子;就连住在最好的地方,你都不可能避免让孩子们看到发疯的醉鬼。

如果你已带着孩子来到罪恶之城,别感到绝望。**马戏团**(Circus Circus;见918页地图;☏702-734-0410;www.circuscircus.com;2880 S Las Vegas Blvd;平日/周末 房间$79/95起;🅿✳@🛜🏊)酒店的综合设施是孩子们的乐园,其中**冒险之穹**(Adventuredome;见918页地图;☏702-794-3939;www.adventuredome.com;Circus Circus;身高高于/低于48英寸的儿童 日票 $32/18;⊙每天10:00~18:00,周末和5月至9月延长营业;♿)是一个占地5英亩的室内主题公园,游乐项目包括攀岩、碰碰车,以及凌驾于一切之上的过山车。**Carnival Midway**(Circus Circus;11:00~23:00或更晚)的特色是电玩游戏、中央舞台上的动物、杂技演员和魔术师表演。

层颓废的赌场,后者包括高额投注的赌桌和2300多台老虎机;当地人说这里的赢率差强人意。作为世界扑克巡回赛(World Poker Tour)的一站,百丽宫足以举办锦标赛的扑克室全天候提供从厨房到赌桌的一条龙服务。但大多数人来这里是冲着令人惊叹的建筑、内部装饰及设施,包括**温室植物园**(Conservatory & Botanical Gardens;⊙24小时;🅿♿)`免费`、**高雅艺术画廊**(Gallery of Fine Art;☏702-693-7871;成人/12岁以下儿童 $18/免费;⊙10:00~20:00,最后入场19:30;🅿♿)、不容错过的**百丽宫喷泉**(Fountains of Bellagio;⊙表演 周一至周五 15:00~20:00,周六 正午至20:00,周日 11:00~19:00,每30分钟一次,周一至周六 20:00至午夜,周日 19:00起,每15分钟一次;🅿♿)`免费`和由2000多朵人工吹制的玻璃花装点的**酒店**大堂。

★ **曼德勒海湾酒店** 赌场

(Mandalay Bay;见918页地图;☏702-632-7700;www.mandalaybay.com;3950 S Las Vegas Blvd;⊙24小时;🅿♿)从1999年代替20世纪50年代的Hacienda开业以来,曼德勒海湾酒店已经在拉斯维加斯大道南部站稳了脚跟。它的主题是热带风情,但肯定不俗气,135,000平方英尺的赌场同样不俗。衣着考究的体育爱好者可以在高风险的扑克室附近找到高端赛事和体育活动。不拘一格的海湾酒店有众多出众的景点,包括多层的鲨鱼礁水族馆(Shark Reef Aquarium;见920页)、奢靡的日间水疗、无数招牌餐饮,以及无与伦比的**曼德勒海湾海滩**(Mandalay Bay Beach;见918页地图;☏877-632-7800;www.mandalaybay.com/en/amenities/beach.html;⊙游泳池8:00~17:00,Moorea Beach Club 11:00~18:00;♿)。

★ **林尼克赌场** 赌场

(LINQ Casino;见918页地图;☏800-634-6441;www.caesars.com/linq;3535 S Las Vegas Blvd;⊙24小时;🅿)氛围清新、年轻和时尚,拉斯维加斯最新的赌场之一,得益于它同时还是最小的赌场之一,只有60多张赌桌和大约750台老虎机。这个地方感觉通风、宽敞,赌桌配备红宝石颜色的树脂高背椅,如果想要躲清静,轻松有趣的**林尼克大道**(LINQ Promenade)就在门外。

★ **巴黎酒店** 赌场

(Paris Las Vegas;见918页地图;☏877-603-4386;www.parislasvegas.com;3655 S Las Vegas Blvd;⊙24小时;🅿)这座迷你版的法国首都或许缺少"光之城"的魅力,但凭着全力仿建34层的巴黎市政厅、巴黎歌剧院和罗浮宫等巴黎地标,这里仍得到家庭游客以及尚未去过真实巴黎的所有人的青睐。赌场的拱形天花板在各式各样的赌桌和老虎机上空模拟阳光灿烂的天空,正宗的法国轮盘,转出0和00,为你稍稍提高了胜算。

★ **恺撒皇宫** 赌场

(Caesars Palace;见918页地图;☏866-227-5938;www.caesarspalace.com;3570 S Las Vegas Blvd;⊙24小时;🅿)恺撒皇宫声称自己整修漂亮的赌场楼层拥有世界上最多的百万赏金老虎机,但它出名的原因可远远不止这个。

娱乐行业的重量级人物席琳·迪翁（Celine Dion）和艾尔顿·约翰（Elton John）"拥有"定制的罗马圆形竞技场（Colosseum；www.thecolosseum.com；票价 $55~500）剧院，时尚达人可以逛Shops at Forum（www.simon.com/mall/the-forum-shops-at-caesars-palace/stores；周日至周四 10:00~23:00，周五和周六至午夜），恺撒集团的酒店客人可以在Garden of the Gods Pool Oasis畅饮鸡尾酒。到了晚上，大型夜店Omnia（www.omnianightclub.com；门票 女性/男性 $20/40；周二和周四至周日 22:00至次日4:00）是唯一能让你体验西班牙伊维萨岛（Ibiza）气氛的地方。

★ **永利和安可赌场**　　　　　　　　赌场

（Wynn & Encore Casinos；见918页地图；702-770-7000；www.wynnlasvegas.com；3131 S Las Vegas Blvd；24小时；P）带有明显的史提芬·永利（Steve Wynn）特征的赌场酒店（建筑顶部就刻着他的名字）永利（Wynn；平日/周末 房间 $199/259起；P）及其更年轻的姊妹店安可（Encore；702-770-7100；房间/套 $199/259起；P）是一对曲线优美

的双子塔，外观呈黄铜色。入口被高大的栅栏和绿化景观遮住。每家酒店都很独特，规模庞大的地下赌场已经成为拉斯维加斯大道第二大甚至可谓最高雅的赌场，里面热门的扑克室昼夜不断地吸引客人，迷宫般的老虎机每把下注范围从一分钱到$5000不等！

★ **纽约-纽约**　　　　　　　　　　赌场

（New York-New York；见918页地图；800-689-1797；www.newyorknewyork.com；3790 S Las Vegas Blvd；24小时；P）1997年开张，是一个微缩的大都市，常年深受春假学生的喜爱。赌场"Party Pit"的赌桌以摇摆舞女和有时的现场演艺为背景，前面按扭曲视角复制的纽约自由女神像（Statue of Liberty）、布鲁克林大桥（Brooklyn Bridge）、克莱斯勒大厦（Chrysler）和帝国大厦（Empire State）等建筑让国外游客欣喜不已。全面了解一下，纽约拱廊（Big Apple Arcade；8:00至午夜；P）和过山车（Roller Coaster；702-740-6616；单次乘坐/日票 $15/26；周日至周四 11:00~23:00，周五和周六 10:30至午夜；P）永远都深受孩子和年轻人的欢迎。

惊险刺激的拉斯维加斯

云霄塔（Stratosphere；见918页地图；702-383-5210；www.stratospherehotel.com/attractions/thrill-rides；Stratosphere；电梯 成人 $20，含乘坐3次 $35，全天通票 $40；周日至周四 10:00至次日1:00，周五和周六 至次日2:00；Sahara）世界上最高的惊险游乐设施正在恭候，在拉斯维加斯大道上方高高崛起110层。

Sky Combat Ace（888-494-5850；www.skycombatace.com；1420 Jet Stream Dr #100；体验 $249~1995）一名真正的战斗机飞行员会带你体验空中格斗的节奏和飞行杂技的极致动作！

VooDoo ZipLine（见918页地图；702-388-0477；http://voodoozipline.com；Rio；$27；11:00至午夜）如果你想在两栋摩天大楼之间滑飞索，这里就是你的机会。

Gravady（702-843-0395；www.gravady.com；7350 Prairie Falcon Rd #120；1小时飞行 成人/儿童 $13/10；周一至周三 9:00~21:00，周四 15:30起，周五和周六 9:00至正午，周日 11:00~19:00；）在萨默林（Summerlin）这个耗费体力的蹦床公园跟孩子们一起跳起来吧。

Speedvegas（702-874-8888；www.speedvegas.com；14200 S Las Vegas Blvd；圈 $39~99，体验 $395~995；10:00~16:30）让跑车的橡胶轮胎在拉斯维加斯唯一的定制跑道上擦出火花吧。

Richard Petty Driving Experience（800-237-3889；www.drivepetty.com；7000 N Las Vegas Blvd, Las Vegas Motor Speedway；随行 $109起，驾驶 $499起；营业时间不定）你有机会体验纳斯卡赛车级别的冲刺。

Las Vegas 拉斯维加斯

Downtown 市中心

- Mob Museum 暴乱博物馆
- Fremont Street Experience 弗里蒙特街体验
- Neon Museum – Neon Boneyard 霓虹灯博物馆–霓虹灯墓地 (0.3mi)
- Fremont St E
- Container Park 集装箱公园
- Stratosphere 云霄塔
- 去Las Vegas Premium Outlets North (1.3mi)
- 去Retro Vegas (0.4mi); Arts Factory 艺术工厂 (0.5mi); Downtown Las Vegas 拉斯维加斯市中心 (1mi; 见放大图)
- SLS
- Wynn Golf and Country Club
- Westgate
- Circus Circus 马戏团
- Las Vegas Convention Center 拉斯维加斯会议中心
- Las Vegas Convention & Visitors Authority 拉斯维加斯会议和旅游局
- Wynn & Encore Casinos 永利和安可赌场
- Treasure Island
- Palazzo
- THE STRIP
- Venetian 威尼斯人酒店
- LINQ Casino 林尼克赌场
- LINQ Promenade 林尼克大道
- Caesars Palace 恺撒皇宫
- Harrah's / Ida Ave
- High Roller
- Flamingo / Caesars Palace
- Bellagio Conservatory & Botanical Gardens 百丽宫温室植物园
- Bellagio 百丽宫
- Fountains of Bellagio 百丽宫喷泉
- Paris Las Vegas 巴黎酒店
- Bally's / Paris Las Vegas
- Planet Hollywood 星球好莱坞酒店
- Cosmopolitan 大都会
- CityCenter 城市中心
- Monte Carlo
- MGM Grand 米高梅大酒店
- Big Apple Roller Coaster 大苹果过山车
- New York–New York 纽约–纽约
- Excalibur
- National Atomic Testing Museum 国家核试验博物馆
- University of Nevada, Las Vegas (UNLV) 内华达大学拉斯维加斯分校
- Thomas & Mack Stadium
- 去Gun Store (1.9mi)
- Mandalay Bay 曼德勒海湾酒店
- McCarran International Airport 麦卡伦国际机场

西南部 拉斯维加斯

Las Vegas 拉斯维加斯

◎ **重要景点**
- 1 百丽宫 B5
- 2 百丽宫温室植物园 B5
- 3 大苹果过山车 B6
- 4 恺撒皇宫 B5
- 5 城市中心 B6
- 6 集装箱公园 B2
- 7 大都会 B5
- 8 百丽宫喷泉 B5
- 9 弗里蒙特街体验 A1
- 10 林尼克赌场 B4
- 11 林尼克大道 B4
- 12 曼德勒海湾酒店 B7
- 13 米高梅大酒店 B6
- 14 暴乱博物馆 B1
- 15 国家核试验博物馆 D5
- 16 纽约纽约 B6
- 17 巴黎酒店 B5
- 18 云霄塔 C1
- 19 威尼斯人酒店 B4
- 20 永利和安可赌场 C3

◎ **景点**
- 21 阿利雅 B6
- 百丽宫高雅艺术画廊 .... (见1)
- 22 纽约拱廊 B6
- 23 埃尔科特斯 B2
- 24 Emergency Arts B2
- 25 Luxor B7
- 26 杜莎夫人蜡像馆 B4
- 27 曼德勒海湾海滩 B7
- 28 梦幻金殿 B4
- 29 梦幻金殿火山秀 B4
- 30 鲨鱼礁水族馆 B7

✈ **活动、课程和团队游**
- 31 冒险之穹 B2
- Qua Baths & Spa .... (见4)
- 32 云霄飞车 C1
- 33 VooDoo ZipLine A5

🛏 **住宿**
- 百丽宫 .... (见1)
- 恺撒皇宫 .... (见4)
- 34 马戏团 C2
- 大都会 .... (见7)
- 35 Cromwell Las Vegas B5
- 36 Delano B7
- 37 埃尔科特斯 B1
- 38 安可 C3
- Four Seasons Hotel .... (见13)
- 39 Golden Nugget A1
- 40 Hard Rock D5
- 曼德勒海湾酒店 .... (见13)
- 文华东方 .... (见5)
- 41 NOBU Hotel B5
- 42 SLS C2
- 43 Vdara A5
- 44 永利 B3

🍴 **就餐**
- 45 Andiamo Steakhouse A2
- 46 Burger Bar B7
- 47 Carson Kitchen B2
- Container Park .... (见6)
- 48 eat. B2
- Giada .... (见36)
- Grand Wok .... (见14)
- 49 Jaburrito B4
- Jean Philippe Patisserie .... (见1)
- Joël Robuchon .... (见14)
- 50 La Comida B2
- Morimoto .... (见14)
- Peppermill .... (见57)
- 51 Tacos El Gordo C3
- 52 Virgil's Real BBQ B4

🍷 **饮品和夜生活**
- 53 Beauty Bar B2
- 54 Chandelier Lounge B5
- 55 Chateau Nightclub & Gardens B5
- Drai'sBeachclub &
 Nightclub .... (见36)
- 56 Fireside Lounge C3
- Foundation Room .... (见13)
- 57 Gold Spike B1
- 58 Omnia B4
- Surrender .... (见39)
- XS .... (见39)

🎭 **娱乐**
- 59 Aces of Comedy B4
- 60 Blue Man Group B7
- 61 罗马圆形竞技场 B4
- House of Blues .... (见13)
- 62 Le Rêve the Dream B3
- 63 Legends in Concert B5
- O .... (见2)
- 64 Tix 4 Tonight B3

🛍 **购物**
- 65 Fashion Show B3
- 66 Grand Canal Shoppes at the
 Venetian B4
- 67 Shops at Crystals B5
- 68 Shops at Forum B4

梦幻金殿火山秀 地标

（Mirage Volcano；见918页地图；☎800-374-9000；www.mirage.com；Mirage；⊙表演 每天20:00和21:00，另外周五和周六 22:00）免费 当梦幻金殿（Mirage）的标志性人造火山在面积达3英亩的潟湖中咆哮时，拉斯维加斯大道上的司机们总是会惊得纷纷急踩刹车。注意，如果看到顶端冒出几缕轻烟，那么这座波利尼西亚式火山就要伴着Grateful Dead鼓手和印度塔布拉鼓的鼓点开始表演了。

鲨鱼礁水族馆 水族馆

（Shark Reef Aquarium；见918页地图；☎702-632-4555；www.sharkreef.com；3950 S Las Vegas Blvd，Mandalay Bay；成人/儿童 $25/19；⊙周日至周四 10:00~20:00，周五和周六 至22:00；P 🚻）曼德勒海湾酒店（见921页）这座可步行穿越的水族馆非比寻常，容纳的水下生物达2000只，如水母、海鳗、黄貂鱼等，还有15种鲨鱼。你在游览时可以与水肺潜水员和自然学家们攀谈。更令人激动的是，你还可以带上水肺潜水（$650起）。

杜莎夫人蜡像馆 博物馆

（Madame Tussauds；见918页地图；☎866-841-3739；www.madametussauds.com/lasvegas；3377 S Las Vegas Blvd #2001；成人/儿童 $30/20起；⊙周日至周四 10:00~20:00，周五和周六 至21:00；🚻）在威尼斯人酒店（Venetian；见918页地图；www.venetian.com；3355 S Las Vegas Blvd）外，仿制的里亚托桥（Rialto Bridge）旁就是这座褒贬不一的互动式蜡像馆。跟猫王一起摆个造型、装作与乔治·克鲁尼（George Clooney）举行婚礼、"4D"体验漫威的超级英雄，也可以戴上花花公子兔女郎的耳朵，坐在休·海夫纳（Hugh Hefner，一定要摸摸看，这尊雕像是硅胶做的，材质真是恰如其分哪！）的大腿上。

市中心和拉斯维加斯大道以外 (Downtown & Off the Strip)

对于游客来说，包括5个街区的弗里蒙特街体验（Fremont Street Experience；见918页地图；☎702-678-5600；www.vegasexperience.com；Fremont St Mall；⊙表演 每小时1次 黄昏至午夜或次日1:00；🚌Deuce、SDX）免费 及其大量古香古色的赌场是市区的焦点，这里是今日拉斯维加斯的发源之地——不用担心，它们依旧运营良好。继续往南，18b艺术区（18b Arts District；www.18b.org）以艺术工厂（Arts Factory；☎702-383-9907；www.theartsfactory.com；107 E Charleston Blvd；⊙9:00~18:00；🚌Deuce、SDX）为中心，而沿Fremont St向东，你可以找到一小片大杂烩地区，那里有你能想象到的最温馨的时尚酒吧和热闹餐馆。

★暴乱博物馆 博物馆

（Mob Museum；见918页地图；☎702-229-2734；www.themobmuseum.org；300 Stewart Ave；成人/儿童 $24/14；⊙9:00~21:00；P；🚌Deuce）很难说到底是什么令人印象更为深刻：博物馆的位置（1950~1951年举行黑手党听证会的联邦法庭旧址），以前联邦调查局探员牵头的博物馆理事会，还是精心策划的展示美国有组织犯罪的发展历程的展览？除了可亲手操作的联邦调查局装备和与黑手党关联的文物之外，馆内还拥有一系列采访现实中的黑帮头目的多媒体展品，包括对东尼·索波诺（Tony Sopranos）的采访。

★霓虹灯博物馆-霓虹灯墓地 博物馆

（Neon Museum–Neon Boneyard；☎702-387-6366；www.neonmuseum.org；770 N Las Vegas Blvd；1小时团队游 成人/儿童 $19/15，夜间游览 $26/22；⊙团队游 每天1次，时间不定；🚌113）这座非盈利的博物馆可谓绝无仅有：它致力于保存拉斯维加斯的历史。提前预订精彩的导览游，以步行方式游览"霓虹灯墓地"，这里陈列着不可替换的废弃复古霓虹灯标志，是拉斯维加斯独创的艺术形式，它们在这里度过了退休生涯。游览从位于废弃的La Concha Motel大堂内的游客中心开始，这家酒店由黑人建筑师保罗·里维尔·威廉姆斯（Paul Revere Williams）设计，在20世纪中期曾是城市地标。通常全天都可安排团队游，但夜晚最壮观。

★集装箱公园 文化中心

（Container Park；见918页地图；☎702-359-9982；http://downtowncontainerpark.com；707 Fremont St E；⊙周一至周四 11:00~21:00，周五和周六 10:00~22:00，周日 至20:00）服装设计新

秀和本地手工业者的孵化器，前卫的集装箱公园一个摞一个地堆着快闪店。沿着人行道和天桥漫步，在十几家特色精品店、小餐馆和艺术装置之间寻找手工制作的珠宝首饰、当代艺术术品和服装。太阳落山的时候，集装箱酒吧热闹起来，定期举办主题活动和电影之夜。21:00以后仅限成人（21岁以上）进入。

★ 国家核试验博物馆　　　　　　　　博物馆
（National Atomic Testing Museum；见918页地图；☎702-794-5151；www.nationalatomictestingmuseum.org；755 Flamingo Rd E, Desert Research Institute；成人/儿童 $22/16；◉周一至周六 10:00~17:00, 周日 正午至17:00；🚇202）精彩的多媒体展品展示着"原子时代"的科技与社会历史，时间跨度自"二战"开始，到1961年进行的惊人的地下核试验，又到1992年全球禁止核试验为止。观看记录核试验的历史影片，从印第安人的生活方式和核试验对环境的影响等视角审视内华达州南部与核能有关的过去、现在和未来。售票亭是仿照内华达测试场警卫站而建，不容错过（你怎么可能错过？）。

🏃 活动

★ Dream Racing　　　　　　　　探险运动
（☎702-605-3000；www.dreamracing.com；7000 N Las Vegas Blvd, Las Vegas Motor Speedway；5圈体验 $199~599；◉需预约；🅿）你是否想过有朝一日驾驶保时捷911（Porsche 911）、兰博基尼（Lamborghini）、莲花（Lotus）、奔驰AMG（AMG Mercedes）或迈凯伦（McLaren）并且真的飞驰起来呢？当然，你肯定想过。那好，现在你不用购买，就可以从那么多已经上了保险的世界级超级跑车中挑选啦。

★ Qua Baths & Spa　　　　　　　　水疗
（见918页地图；☎866-782-0655；Caesars Palace；健身中心 一日通票 $25, 含水疗设施 $50；◉6:00~20:00）这里会勾起你对于古罗马奢华浴室的想象。可以尝试这里的招牌"沐浴液"，即可倒入浴缸的一种定制草药精油。女宾部有茶室、草药蒸汽房和北极冰室，内有人造雪花飘落。男宾部有理发室和播放体育比赛的大屏幕电视。

Desert Adventures　　　　　　　　皮划艇
（☎702-293-5026；www.kayaklasvegas.com；1647a Nevada Hwy；科罗拉多河全天皮划艇 $179；◉4月至10月 9:00~18:00, 11月至次年3月 10:00~16:00）想参加河上探索，应该来这里找找米德湖（Lake Mead）和科罗拉多河的皮划艇和立桨冲浪（SUP）导览游的信息。有经验的划友可以租用独木舟和皮划艇自己制订行程。

🛏 住宿

拉斯维加斯的酒店价格每天起伏很大，工作日期间入住几乎总比周末便宜。拉斯维加斯大道上的几乎所有酒店如今都征收$10至$30的"度假设施费"（resort fee）。

🛏 拉斯维加斯大道

SLS　　　　　　　　　　　　　　酒店 $
（见918页地图；☎702-761-7000；www.slslasvegas.com；2535 S Las Vegas Blvd；双 $79起；🅿❄@🛜♨）你可以在拉斯维加斯大道北部的SLS（喜达屋酒店集团的精品品牌）抢订一个房间。与其他城市的同一品牌相比，它的价位可是有点疯狂。酒店的古怪风格具有感染力，几分钟不到，你就能体会到这家首字母缩写酒店的乐趣。

★ 曼德勒海湾酒店　　　　　　赌场酒店 $$
（Mandalay Bay；见918页地图；☎702-632-7700；www.mandalaybay.com；3950 S Las Vegas Blvd；工作日/周末 房间 $119/229起；🅿❄@🛜）位于拉斯维加斯大道南部，高端的曼德勒海湾（见916页）同名酒店有大量值得注意的高档房间，更不用说其范围内豪华的 Four Seasons Hotel（☎702-632-5000；www.fourseasons.com/lasvegas；工作日/周末 房间 $229/289起；🅿❄@🛜♨）和精品酒店 Delano（☎877-632-7800；www.delanolasvegas.com；房间/套 $69/129起；🅿❄@🛜♨）及各种各样值得关注的景点和设施，尤其是曼德勒海湾海滩（Mandalay Bay Beach；见916页）。

★ NOBU Hotel　　　　　　　　　酒店 $$
（见918页地图；☎800-727-4923；www.nobucaesarspalace.com；3570 S Las Vegas Blvd, Caesars Palace；双 $159起）这家高档精品酒店

在恺撒皇宫（见916页）里面，适合从传统到现代的日本设计爱好者。房间紧俏，套房经常有名人入住。

★ Cromwell Las Vegas　　　精品酒店 $$

（见918页地图；702-777-3777；www.caesars.com/cromwell；3595 S Las Vegas Blvd；房间/套 $199/399起；P✳@🛜❄🐾）如果你二三十岁，可以与酷酷的年轻人相处和谐，或者无论多大年龄你都能轻松驾驭时尚，那么有几个充足的理由可以选择Cromwell，最好的理由是位置以及时髦的基本房间价格经常非常优惠。其他理由？你可以在Drai's（702-777-3800；www.draislv.com；夜店门票 $20～50；⌚夜店 周四至周日 22:00至次日5:00，海滩夜店 周五至周日 11:00～18:00）参加派对，或者在楼下的Giada（855-442-3271；www.caesars.com；主菜 $25～58；⌚8:00～23:00）用餐。

恺撒皇宫　　　赌场酒店 $$

（Caesars Palace；见918页地图；866-227-5938；www.caesarspalace.com；3570 S Las Vegas Blvd；工作日/周末 房间 $109/149起；P✳@🛜❄🐾）2016年，Caesars庆祝五十大寿，方法就是（不然呢？）砸了一大笔钱拆除俗丽的装饰，让自己看起来更棒。罗马楼（Roman Tower）里面的将近600个房间全部经过奢华改造，就连这栋楼都改了新名字：尤利乌斯（Julius），当然！奥古斯都（Augustus）的客房也有了格调：试想一下，灰色、白金色，还有皇家蓝。

★ 大都会　　　赌场酒店 $$$

（Cosmopolitan；见918页地图；702-698-7575, 702-698-7000；www.cosmopolitanlasvegas.com；3708 S Las Vegas Blvd；房间/套 $250/300起；P✳@🛜❄🐾；🚌Deuce）至少有8种迥然不同却同样时尚的房间类型可以选择，Cosmo的住宿场所是拉斯维加斯大道上最时髦的。从超大到奢华，2900个房间中约有2200个带阳台（除了基本房型以外），很多还有日式下沉浴缸，全都以豪华家具和一旦发现就让人心情愉悦的设计细节为特色。

★ 文华东方　　　酒店 $$$

（Mandarin Oriental；见918页地图；702-590-8888；www.mandarinoriental.com；3752 S Las Vegas Blvd, CityCenter；房间/套 $239/469起；P✳@🛜❄🐾）城市中心（见915页）建筑的一部分，性感的东方风情与最新的科技感在文华东方的392个漂亮、先进又轻松优雅的客房和套房中相遇，无疑是拉斯维加斯大道最好的一些房间，到处都金光闪闪。员工对每位客人都彬彬有礼、细致周到，你一定会满意。

🛏 市中心和拉斯维加斯大道以外 (Downtown & Off the Strip)

★ 埃尔科特斯　　　赌场酒店 $

（El Cortez；见918页地图；702-385-5200；www.elcortezhotelcasino.com；651 E Ogden Ave；工作日/周末 房间 $40/80起；P✳@🛜）这家有趣的复古酒店靠近Fremont St的所有活动场所，有类型多样和氛围不同的各种房间。房间所在的20世纪80年代楼房是建于1941年并被列入文化遗产名录的埃尔科特斯（600 Fremont St E；⌚24小时；🚌Deuce）赌场的扩建部分，街道对面更豪华、现代的El Cortez Suites也有房间。房费通常物有所值，不过别指望便宜多少。

★ Hard Rock　　　赌场酒店 $

（见918页地图；702-693-5000；；www.hardrockhotel.com；4455 Paradise Rd；工作日/周末 房间 $45/89起；P✳@🛜❄🐾）宽敞的房间和HRH套房格外迷人，经过2016年和2017年的一系列翻新，这座音乐爱好者的派对宫殿是除了拉斯维加斯大道以外的不错住宿选择——甚至有免费往返拉斯维加斯大道的班车。

★ Golden Nugget　　　赌场酒店 $

（见918页地图；702-385-7111；www.goldennugget.com；129 Fremont St E；工作日/周末 房间 $45/85起；P✳@🛜❄）酒店位于Fremont St的显要位置，置身于此能够令人想到20世纪50年代拉斯维加斯的鼎盛时期。Rush Tower的客房是大楼里面最好的。

🍴 就餐

拉斯维加斯大道多年以来名厨荟萃。自助餐和要价$10的牛排依然存在，但现在的有钱游客需要更讲究的就餐体验，需享受著名美食家设计的饮食，即使并非他们本人亲自准备。

拉斯维加斯大道

★ Jaburrito
寿司 $

（见918页地图；☏702-901-7375；www.jaburritos.com；LINQ Promenade；单品 $7~14；⊙周日至周四 11:00~23:00，周五和周六 至午夜）很简单：海藻寿司卷与玉米煎饼杂交。有什么问题吗？真的没有……它们非常好吃！

★ Tacos El Gordo
墨西哥菜 $

（见918页地图；☏702-251-8226；www.tacoselgordobc.com；3049 S Las Vegas Blvd；小盘菜 $3~12；⊙周日至周四 10:00至次日2:00，周五和周六 至次日4:00；🅿🚭♿；🚌Deuce、SDX）这家来自南加州的提华纳（Tijuana）式餐馆供应热腾腾的手工玉米卷饼配carne asada（牛肉）或adobada（辣酱腌猪肉），当你玩到夜深，身上的钱所剩无几却又饥肠辘辘时，来这里再合适不过了。敢于冒险的食客会尝试口味地道的sesos（牛脑）、cabeza（烤牛头）或各种口味的牛肚。

Jean Philippe Patisserie
面包房 $

（见918页地图；www.jpchocolates.com；Bellagio；小吃和饮品 $4~11；⊙周一至周四 6:00~23:00，周五至周日 至午夜；♿）优秀的糕点铺，橱窗里有吉尼斯世界纪录认证的全球最大的巧克力喷泉，这里的冰沙、意式冰激凌、糕点、巧克力甜品都非常美妙，远近闻名。咖啡和意式浓缩咖啡在拉斯维加斯大道水平普遍不高的同类咖啡中鹤立鸡群。

★ Grand Wok
中国菜 $$

（见918页地图；☏702-891-7879；www.mgmgrand.com/en/restaurants.html；MGM Grand；主菜 $12~28；⊙周日至周四 11:00~22:00，周五和周六 至23:00）前往Grand Wok，这家店经营超过25年，提供你在远东的地区以外能找到的最好的泛亚洲菜肴。尝尝蒜蓉干贝虾炒饭。味道绝佳。

★ Burger Bar
美国菜 $$

（见918页地图；☏702-632-9364；www.burger-bar.com；Shoppes at Mandalay Place；主菜 $10~60；⊙周日至周四 11:00~23:00，周五和周六 至次日1:00；🅿❄♿）从什么时候开始，一个汉堡就能值$60？从它用神户牛肉、煎鹅肝酱和松露汁制作开始：它是罗西尼（Rossini）汉堡，也是厨师休伯特·凯勒（Hubert Keller）的招牌三明治。菜单上的大多数建议更实际一些——食客们可以尝试自己美味的汉堡搭配，搭配细细的薯条和含酒精奶昔或雪顶啤酒。

★ Virgil's Real BBQ
烧烤 $$

（见918页地图；☏702-389-7400；www.virgilsbbq.com/locations/las-vegas；LINQ Promenade；主菜 $10~24；⊙10:00至次日2:00）如果从未尝过地道的美国南部饮食，也不羞于尝试令人垂涎欲滴的大块熏肉、排骨、奶酪玉米粉和焦糖配菜，那你必须径直奔向Virgil's，然后你就会被它征服。哈利路亚！

★ Joël Robuchon
法国菜 $$$

（见918页地图；☏702-891-7925；www.joel-robuchon.com/en；MGM Grand；品尝套餐 $120~425；⊙17:00~22:00）广受赞誉的"世纪名厨"在拉斯维加斯一众法国餐馆中出类拔萃。餐馆毗邻一掷千金的赌场**米高梅大酒店**（MGM Grand's；见918页地图；☏877-880-0880；www.mgmgrand.com；3799 S Las Vegas Blvd；⊙24小时；🅿♿），豪华的就餐区有皮革和天鹅绒装饰，给人的感觉就像是20世纪30年代巴黎豪宅中的宴会厅。各式应季品鉴套餐通常令人毕生难忘。

★ Morimoto
创意菜 $$$

（见918页地图；☏702-891-1111；www.mgmgrand.com；MGM Grand；主菜 $24~75；⊙17:00~22:00）"铁人料理"大厨森本正治（Masaharu Morimoto）在维加斯的最新化身就在与他同名的展示餐厅。这家餐厅是他对自己的日本血统及这座城市的致敬，正是这座城市将他推上了世界级的传奇地位。在这里用餐是一种存在各种可能的体验，我们觉得，物有所值。

市中心和拉斯维加斯大道以外

★ eat.
早餐 $

（见918页地图；☏702-534-1515；http://eatdtlv.com；707 Carson Ave；主菜 $7~14；⊙周一至周五 8:00~15:00，周六和周日 至14:00；♿）🌱社区精神和创意烹饪为你提供了离开

Fremont St寻找这家咖啡馆的充足理由。水泥地面，装饰简朴，人们大嚼块菌蛋三明治、肉桂饼干配糖煮草莓、"穷小子"虾三明治和新墨西哥青椒炖鸡肉的时候，店内非常喧闹。

Container Park　　　　　　　　快餐 $

（见918页地图；☎702-359-9982；www.downtowncontainerpark.com；707 Fremont St；单品 $3~12；◎周一至周四 11:00~23:00,周五和周六 至次日1:00，周日 10:00~23:00；🅿；🚌Deuce）美食车风格的菜肴、户外露台的就餐区域、直至深夜的营业时间，前卫的集装箱公园中的摊贩可以满足所有人的需求。这里的摊贩不固定，我们上次顺道过来的时候看到有不断改变的墨西哥风味**Pinches Tacos**、南方美食**Big Ern's BBQ**、供应生鲜和健康素食的**Simply Pure**，还有提供沙拉和帕尼尼三明治的葡萄酒吧**Bin 702**。

★ Carson Kitchen　　　　　　美国菜 $$

（见918页地图；☎702-473-9523；www.carsonkitchen.com；124 S 6th St；西班牙小吃和主菜 $8~22；◎周四至周六 11:30~23:00,周日至周三 至22:00；🚌Deuce）这家工业主题的小餐馆有裸露的房梁、裸露的灯泡和厚实的大桌，非常适合在市中心躲避Fremont St的喧嚣和拉斯维加斯大道的高价。出色的分享盘包括彩虹菜花、西瓜和羊乳酪沙拉及不错的奶酪通心粉，还有一份富有创意的"奠酒"菜单。

★ Andiamo Steakhouse　　　牛排 $$$

（见918页地图；☎702-388-2220；www.thed.com；301 Fremont St E, The D；主菜 $24~79；◎17:00~23:00；🚌Deuce、SDX）市区繁华地段所有的老牌牛排店中，现在的领跑者是乔·维卡里（Joe Vicari）的Andiamo Steakhouse。位于赌场楼上，布置华丽的半月形房间和彬彬有礼的服务员确立了传统意大利牛排店盛宴的基调，包括海陆拼盘和自制意大利面，然后是移动甜点车。加利福尼亚和欧洲葡萄酒种类丰富。建议预订。

La Comida　　　　　　　　墨西哥菜 $$

（见918页地图；☎702-463-9900；www.lacomidalv.com；100 6th St；主菜 $13~22；◎周二至周四 正午至22:30,周五和周六 至午夜，周日 至23:00）店名的意思是"家庭餐"，La Comida侧重于简单、地道的菜肴（汤、沙拉、玉米卷饼、辣酱玉米卷），环境温馨、欢快，适合家人分享。五花八门的菜肴（餐馆可以提供的种类比它的座位还多）以外，为何不来点儿龙舌兰？加冰或者不加冰，或者加入甜咸玛格丽特，夜生活就从这里开始。

🍷 饮品和夜生活

🍸 拉斯维加斯大道

★ Fireside Lounge　　　　　　休闲酒吧

（见918页地图；☎702-735-7635；www.peppermilllasvegas.com；2985 S Las Vegas Blvd, Peppermill；◎24小时；🚌Deuce）别被外面色彩艳丽、稀奇古怪的霓虹灯闪花了眼。拉斯维加斯大道最让人着迷的复古酒吧就藏在小巧的**Peppermill**（主菜 $8~32；◎24小时）赌场中等待你的到来。火池、人造热带植物，以及身穿黑色夜礼服的侍者们手中装在64盎司高脚杯中的Scorpion鸡尾酒都会让情侣们喜爱不已。

★ Chandelier Lounge　　　　鸡尾酒吧

（见918页地图；☎702-698-7979；www.cosmopolitanlasvegas.com/lounges-bars/chandelier；Cosmopolitan；◎24小时；🚌Deuce）位于大都会（见821页）中心的高处，风格飘逸的鸡尾酒吧装饰简洁但极富创意，3个楼层挂满玻璃珠帘，楼层间由造型优美的弧形楼梯连接。第二层是分子调酒的核心区域（可以点一杯液氮马提尼），而第三层则主打鲜花和果汁鸡尾酒。

★ Chateau Nightclub & Gardens　　酒吧

（见918页地图；☎702-776-7770；www.chateaunights.com；Paris Las Vegas；◎周三、周五和周六 22:00至次日4:00）这家经过美化仿佛巴黎花园的屋顶酒吧流行嘻哈，俯瞰拉斯维加斯大道的景色极美。从分层户外露台往里看去，舞者正在小舞池上摇摆；即使周末，舞池也有一半是空的。夏季，户外露天的休闲空间有时还兼作啤酒花园。

🍸 市中心和拉斯维加斯大道以外

想和当地人一起放松一下？E Fremont St沿街新开张了许多家有趣的酒吧和咖啡馆，是拉斯维加斯大道以外的首选。

★ Beauty Bar 酒吧

(见918页地图；☎702-598-3757；www.thebeautybar.com；517 Fremont St E；入场费 免费至$10；⏰21:00至次日4:00；🚌Deuce)在经过回收利用的20世纪50年代新泽西州美容院畅饮鸡尾酒或者只是与酷小孩们一同放松一番。DJ和现场乐队每晚轮班，音乐风格从夏威夷风情、迪斯科和20世纪80年代热曲到朋克、金属、华丽摇滚和独立摇滚，无所不包。"空手道卡拉OK"（Karate Karaoke）等特别活动，可以查看网站。经常无须门票。

★ Gold Spike 酒吧

(见918页地图；☎702-476-1082；www.goldspike.com；217 N Las Vegas Blvd；⏰24小时) Gold Spike有游戏室、客厅和后院，身兼数职：酒吧、夜店、演出场所、工作室；有时举办轮滑比赛、迪斯科、现场乐队演出或舞会；或者只是与一群轻松的人晒晒太阳，逃离拉斯维加斯的主流。

☆ 娱乐

拉斯维加斯有许多娱乐活动，基本上任何活动的入场券都可以在Ticketmaster (www.ticketmaster.com)买到。**Tix 4 Tonight** (见918页地图；☎877-849-4868；www.tix4tonight.com；3200 S Las Vegas Blvd, Fashion Show Mall；⏰10:00~20:00)提供限场次的同日演出半价票，"总是售罄"的演出也会有小折扣。

夜店和现场音乐

夜店是拉斯维加斯的重要产业。夜店入场费的差异很大，取决于看门人的心情、男女比例、当晚演出活动和当晚店内的拥挤程度。若提前向夜店的贵宾接待员预约，可避免排队等候。多数大型夜店在下午较迟和傍晚较早时分有人负责把门。你下榻的酒店通常也会有免费的入场券，或至少可代为预约。也可考虑要求瓶服务（bottle service），通常这可免去入场费和排队候之苦，但费用之高令人咋舌。

Legends in Concert 现场音乐

(见918页地图；☎702-777-2782；www.legendsinconcert.com；Flamingo；成人/儿童 $58/36元；⏰表演16:00、19:30和21:30)拉斯维加斯最好的

一路自助餐

在任你吃到饱的奢华自助餐厅大吃一顿，乃罪恶之城的传统。以下是最好的3家餐厅：

Bacchanal Buffet（3570 Las Vegas Blvd S, Caesars Palace；每名成人 $40~58，8:00~22:00）

Wicked Spoon Buffet（3708 Las Vegas Blvd S, Cosmopolitan；每名成人 $28~52，8:00~21:00）

百丽宫的自助餐（Buffet at Bellagio；3600 Las Vegas Blvd S; Bellagio；每名成人 $39~54, 7:00~22:00）

明星模仿秀，特色是歌舞达人模仿著名巨星，比如披头士、猫王、麦当娜、詹姆斯·布朗、布兰妮·斯皮尔斯、仙妮亚·唐恩等。

★ Foundation Room 夜店

(见918页地图；☎702-632-7601；www.houseofblues.com；Mandalay Bay；入场费 通常$30；⏰17:00至次日2:00）**House of Blues'** (☎702-632-7600；⏰售票处 9:00~21:00)精致的夜店，举办夜间DJ派对和特别活动，环境时尚，既像是哥特式庄园又像是印度教神庙。拉斯维加斯大道的景色一览无余，与这里的装饰一样令人印象深刻。在赌场各处找夜店促销员，他们会分发买一送一和免费入场的优惠券。需要遵守着装要求。

★ XS 夜店

(见918页地图；☎702-770-0097；www.xslasvegas.com；Encore；入场费 $20~50；⏰周五和周六 22:00至次日4:00，周日 21:30起，周一 22:30起)这里是拉斯维加斯最火的夜店——至少现在还是。这里有奢华的镏金装饰，设计风格非常夸张，人们排队等着点鸡尾酒的吧台有曲线完美、巨大的金色女子雕像。大牌电音DJ们让舞池里的人们热血沸腾，而豪客们则在泳池旁的小屋里享受VIP服务。

★ Surrender 夜店

(见918页地图；☎702-770-7300；www.

surrendernightclub.com; Encore; 入场费 $20～40; ⊙周三、周五和周六22:30至次日4:00)就算是不喜欢夜店的人也得承认,这个华丽肆意的地方适合小聚,拥有橘黄色的丝绸墙壁、深黄色的沙发、新奇的明黄色皮革入口,还有吧台后面装饰的壁画上鳞光闪闪的蛇。玩玩21点或者只是夏夜在游泳池旁边消磨时间。电子舞曲和嘻哈DJ及音乐人吸引来如潮的人群。

表演

拉斯维加斯有上百种演出可看。观看太阳马戏团(Cirque du Soleil)的任何一场演出都会是一次难忘的经历。

★ Le Rêve the Dream   戏剧

(见918页地图; ☎702-770-9966; http://boxoffice.wynnlasvegas.com; Wynn; 票价 $105～205; ⊙表演 周五至周二 19:00和21:30)持潜水执照的表演者在场地中心的"环绕型水剧场",即一个100万加仑的水池中进行水下特技表演。批评者们说这个表演不如太阳马戏团的表演O那样精彩,而拥趸们则认为浪漫的水下探戈、紧张刺激的高台跳水和场面壮观的冒险活动无与伦比。注意,前排最便宜的座位会被舞台的水溅到。

★ O   剧院

(见918页地图; ☎888-488-7111; www.cirquedusoleil.com; Bellagio; 票价 $99～185; ⊙周三至周日 19:00和21:30)名字的发音和法语的"水"(eau)相同。太阳马戏团的O凭借一支能够在水上轻盈表演的演员团队,讲述了这座剧院历经沧桑的故事。那是一场想象力和工程学的壮观盛举,你得花费不菲才能见识——拉斯维加斯大道少有的很少出售打折票的演出之一。

★ Blue Man Group   现场表演

(见918页地图; ☎702-262-4400; www.blueman.com; Luxor; 票价 $80～190; ⊙表演 19:00和21:30; ♿) Luxor (☎702-262-4000; www.luxor.com; 3900 S Las Vegas Blvd; ⊙24小时; Ⓟ))的演出结合艺术、音乐和科技,有些喜剧色彩,在拉斯维加斯最受欢迎,而且适合家庭观看。

★ Aces of Comedy   喜剧

(见918页地图; ☎702-792-7777; www.mirage.com; Mirage; 票价 $40～100; ⊙节目表不定,售票处 周四至周一 10:00～22:00,周二和周三至20:00)你很难再找到比梦幻金殿(Mirage; ☎702-791-7111; 3400 S Las Vegas Blvd; ⊙24小时; Ⓟ)全年系列演出更强大的喜剧名流阵容,它可以将杰·雷诺(Jay Leno)、凯西·格里芬(Kathy Griffin)、刘易斯·布莱克(Lewis Black)等人请到拉斯维加斯大道。提前在网上或打电话购票,或者亲自前往梦幻金殿的太阳马戏团(☎877-924-7783; www.cirquedusoleil.com/las-vegas; 打折票 $49起,全价 $69起)售票处。

🛍 购物

★ Las Vegas Premium Outlets North   商场

(☎702-474-7500; www.premiumoutlets.com/vegasnorth; 875 S Grand Central Pkwy; ⊙周一至周六 9:00～21:00,周日 至20:00; ♿; SDX)拉斯维加斯最昂贵的名品奥特莱斯商场,有将近120个中高端品牌,比如Armani、Brooks Brothers、Diane Von Furstenberg、Elle Tahari、Kate Spade、Michael Kors、Theory和Tory Burch, 以及Banana Republic和Diesel等休闲品牌。

Retro Vegas   二手店

(☎702-384-2700; www.retro-vegas.com; 1131 S Main St; ⊙周一至周六 11:00～18:00,周日正午至17:00; 🚌108、Deuce)位于市中心的18b艺术区附近,这家火烈鸟粉色的古玩店是挑选20世纪六七十年代近现代时髦珍品的首选地方,从艺术品到家具装饰品,包罗万象。

Fashion Show   商场

(见918页地图; ☎702-369-8382; www.thefashionshow.com; 3200 S Las Vegas Blvd; ⊙周一至周六 10:00～21:00,周日 11:00～19:00)内华达州最大的商场,有超过250家连锁店和百货店,建筑本身也引人注目:顶端是状如弗拉明戈帽的银色多媒体天棚 "the Cloud"。鳞次栉比的主流店铺之外,还有英国品牌Topshop(以及男士品牌Topman)等欧洲人气品牌。

周五、周六和周日正午至17:00每小时都有现场模特表演。

Grand Canal Shoppes at the Venetian 商场

(见918页地图；☎702-414-4525；www.grandcanalshoppes.com；3377 S Las Vegas Blvd, Venetian；⊘周日至周四 10:00~23:00, 周五和周六 至午夜）Piazza San Marco里面由涂着油彩的吟游诗人、杂耍艺人和令人忍俊不禁的人扮雕塑，而坐在运河中的贡多拉小船上则可以聆听女中音歌手们为购物者们演唱小夜曲。这座意大利式商场通风良好，装饰着壁画，鹅卵石通道两旁有Burberry、Godiva、Sephora以及85家其他更昂贵的奢侈品店。

❶ 实用信息

紧急情况和医疗服务

警察局 ☎911（紧急情况）或☎702-828-3111
日出医院和医疗中心（Sunrise Hospital & Medical Center；☎702-731-8000；http://sunrisehospital.com；3186 S Maryland Pkwy；⊘24小时）24小时急诊室提供专科儿童创伤治疗。
大学医疗中心（University Medical Center, 简称UMC；☎702-383-2000；www.umcsn.com；1800 W Charleston Blvd；⊘24小时）内华达州南部最先进的急救中心，设有24小时急诊。

上网和媒体

大多数赌场酒店都会收取每24小时高达$15的费用（有时只有有线网络）。免费Wi-Fi热点在拉斯维加斯大道附近比较常见。便宜的网吧隐藏在拉斯维加斯大道的纪念品店及内华达大学拉斯维加斯分校（UNLV）校园对面的Maryland Pkwy一带。
报纸和杂志 Las Vegas Review Journal（www.reviewjournal.com）、Las Vegas Weekly（www.lasvegasweekly.com）、Las Vegas Life（www.lvlife.com）。
电台 全国公共广播电台（National Public Radio, 简称NPR）、FM低段调频。
电视台 PBS（公共播放）；有线电视：CNN（新闻）、ESPN（体育）、HBO（电影）、Weather Channel。
DVDs 区码仅限1区（美国和加拿大编码）。

邮局

邮局（☎702-382-5779；www.usps.com；201 S Las Vegas Blvd；⊘周一至周五 9:00~17:00）

旅游信息

网站www.lasvegas.com和www.vegas.com等提供旅游信息和预订服务。
拉斯维加斯会议和旅游局（Las Vegas Convention & Visitors Authority, 简称LVCVA；见918页地图；☎702-892-7575；www.lasvegas.com；3150 Paradise Rd；⊘周一至周五 8:00~17:30；Las Vegas Convention Center）

❶ 到达和当地交通

拉斯维加斯拥有拉斯维加斯大道南端附近的**麦卡伦国际机场**（McCarran International Airport, 简称LAS；见918页地图；☎702-261-5211；www.mccarran.com；5757 Wayne Newton Blvd；✈）。可上下轮椅的免费电车连接外围出入口，免费班车连接1号和3号航站楼，以及**麦卡伦租车中心**（McCarran Rent-a-Car Center；☎702-261-6001；www.mccarran.com/go/rentalcars.aspx；7135 Gillespie St；⊘24小时）。

开往拉斯维加斯大道酒店的班车单程$7起，开往市区和拉斯维加斯大道以外的酒店，$9起。乘坐开往拉斯维加斯大道的出租车至少需要支付$20小费——告诉司机走地上街道，不要走15号州际公路（I-15）Fwy机场连接隧道（又长又难走）。

灰狗巴士运营拉斯维加斯与里诺（$81, 9.5小时）和盐湖城（$48起, 8小时）之间的长途汽车，还有往返洛杉矶（$11起, 5~8小时）的固定优惠车次。你可以在紧邻弗里蒙特街体验的市中心车站下车。乘坐南行的**SDX**汽车（2小时通票 $6）可以到达拉斯维加斯大道。

24小时运营的**Deuce**和更快的（不过并非24小时运营，也不前往所有赌场）**SDX**公共汽车日票是四处转转的理想方式。

拉斯维加斯周边（Around Las Vegas）

米德湖（Lake Mead）和**胡佛水坝**（Hoover Dam）是**米德湖国家游乐区**（Lake Mead National Recreation Area；☎公园咨询台702-293-8906, 游客中心702-293-8990；www.nps.gov/lake；Lakeshore Scenic Dr；7天门票 每车

$10；24小时；）园内游客最多的地方。包括110英里长的米德湖、67英里长的莫哈维湖（Lake Mohave），以及湖边绵延数英里的沙漠。极好的 游客中心（Alan Bible Visitor Center; 702-293-8990; www.nps.gov/lake; Lakeshore Scenic Dr, 紧邻US Hwy 93; 9:00~16:30）就在博尔德城（Boulder City）和胡佛水坝中间的93号公路（Hwy 93）上，提供关于娱乐和沙漠生活的信息。North Shore Rd在这里开始沿湖岸蜿蜒，是一条极好的观景车道。

长达726英尺的 胡佛水坝（Hoover Dam; 702-494-2517, 866-730-9097; www.usbr.gov/lc/hooverdam; 紧邻Hwy 93; 门票 游客中心 含停车 $10; 4月至10月 9:00~18:00, 11月至次年3月至17:00;）形成一条带有装饰艺术风格的优美曲线，横跨亚利桑那州和内华达州的州界，与光秃秃的景观形成了鲜明对比。不要忘记在 迈克·奥卡拉汉-帕特·蒂尔曼纪念大桥 （Mike O' Callaghan-Pat Tillman Memorial Bridge; Hwy 93）上漫步，桥上有一条人行道，可以看到胡佛水坝上游的完美景致。

想要饱顿午餐或晚餐休息一下的话，附近的博尔德城市中心是个好去处。城里的 Milo's（702-293-9540; www.milosbouldercity.com; 534 Nevada Hwy; 主菜 $9~14; 周日至周四 11:00~22:00, 周五和周六 至23:00）提供新鲜的三明治、沙拉和美味芝士盘，可在葡萄酒吧旁的餐桌用餐。

内华达州西部 （Western Nevada）

该州的西隅被松柏覆盖的内华达山脉（Sierra Nevad）分割，地势在基诺亚（Geona）附近下降。没有树木的广阔灌木草原如同一条绿灰色的长毛绒地毯穿过起伏的大盆地平原。从塔霍湖（Lake Tahoe）的沙岸到弗吉尼亚市（Virginia City）历史悠久的村庄，再到永远文雅的卡森城（Carson City）、小里诺、火人节（Burning Man）、黑岩（Black Rock）及更远的地方，内华达州西部有很多引人入胜的地方。

里诺（Reno）

在里诺市中心，你可以趁上午到二十几家赌场之中的某一家试试手气，然后沿着大街漫步，或在特拉基河激浪公园（Truckee River Whitewater Park）直击急流。这些鲜明的对比恰好说明这个"世界上最大的小城市"是如此的有趣——它既牢牢地抓着根深蒂固的赌博业不放，同时也在户外探险活动方面赢得了殊荣，成为一流的户外运动大本营。这里距离内华达山脉（Sierra Nevada Mountains）和塔霍湖（Lake Tahoe）都不到1小时的车程，还有很多湖泊、徒步小径和滑雪度假村。市中心的N Virginia St夹在80号州际公路（I-80）和特拉基河（Truckee River）之间，是赌场的核心区域，这条街延伸至河流南岸的部分就是S Virginia St。

◉ 景点

★ 国家汽车博物馆 博物馆

（National Automobile Museum; 775-333-9300; www.automuseum.org; 10 S Lake St; 成人/6~18岁儿童 $10/4; 周一至周六 9:30~17:30, 周日 10:00~16:00）在这个令人印象深刻的汽车博物馆里，风格鲜明的街景阐述了汽车业的百年历史。这里的馆藏非常丰富，有很多独一无二的汽车款式，包括《无因的反叛》（Rebel Without a Cause）中詹姆斯·迪恩（James Dean）驾驶的1949年款水星、1938年款幻影轿车（Phantom Corsair），以及24K镀金车身的德劳瑞恩（DeLorean）。轮替展品中还有各种加了马力并独具特色的古董车。

★ 亚特兰蒂斯 赌场

（Atlantis; 775-825-4700; www.atlantiscasino.com; 3800 S Virginia St; 24小时）外表看起来像是从一部20世纪70年代的B级片里走出来的，亚特兰蒂斯的内部非常有趣，模仿传奇的水下城市，有镜面天花板和热带风情，比如室内瀑布和棕榈树。它是里诺最热门的地点之一，尽管不在市中心。

★ 探索博物馆 博物馆

（Discovery; Terry Lee Wells Nevada Discovery Museum; 775-786-1000; www.nvdm.org; 490 S Center St; 门票 $10, 周三16:00以后 $5;

⊙周二、周四至周六10:00~17:00,周三至20:00,周日正午至17:00;[P][👶]自从2011年作为儿童博物馆开馆以来,探索博物馆变得越来越受欢迎,于是将其侧重点转向世界级的"科学、技术、工程、艺术和数学"(STEAM)亲身实践学习中心,有11个长期参与展览,旨在激发和提高儿童和年轻人对这些学科的兴趣。

内华达艺术博物馆 博物馆

(Nevada Museum of Art; ☎775-329-3333; www.nevadaart.org; 160 W Liberty St; 成人/6~12岁儿童 $10/1; ⊙周三和周五至周日 10:00~17:00,周四 至20:00)这座引人注目的建筑物受到了该市以北黑岩沙漠(Black Rock Desert)的地质构造的启发,沿着浮动楼梯到达展览馆,可以看到临时展览和与美国西部、劳作、当代地貌有关的五花八门的摄影展览。2016年,博物馆开放了造价620万美元的天空大厅(Sky Room)功能区。在没有被其他用途占用的时候,游客可以在这个空间免费探索体验——这里是出色的屋顶阁楼和露台,景色极美。

Silver Legacy 赌场

(☎775-329-4777; www.silverlegacyreno.com; 407 N Virginia St; ⊙24小时)以维多利亚风格为主题,白色的圆屋顶很容易辨认,这里还有一台巨大的仿制采矿机,定时有相当乏味的声光秀表演。赌场的酒店塔楼夜间通常被照射成碧绿色,看上去像是从《绿野仙踪》(*The Wizard of Oz*)里面走出来的。

加利纳溪游乐区 自然保护区

(Galena Creek Recreation Area; ☎775-849-4948; www.galenacreekvisitorcenter.org/trail-map.html; 18250 Mt Rose Hwy)距离里诺市中心仅19英里,从洪堡-托伊雅贝国家森林(Humboldt-Toiyabe National Forest)这一游乐区出发的观光徒步小径纵横交错,可以带你进入荒野中心。抵达时前往加利纳溪游客中心(Galena Creek Visitor Center)了解最新情况并获取友好的建议。

🚶 活动

里诺距离塔霍滑雪度假村只有30~60分钟车程,很多酒店和赌场都会提供住宿和滑

火焰谷州立公园(VALLEY OF FIRE STATE PARK)

火焰谷州立公园(Valley of Fire State Park; ☎702-397-2088; www.parks.nv.gov/parks/valley-of-fire; 29450 Valley of Fire Hwy, Overton; 每车 $10; ⊙游客中心 8:30~16:30,公园 7:00~19:00)的游客中心距离弗里蒙特街体验(见920页)约50英里。这里是通往最好的西南部沙漠景观之旅的第一站。占地40,000英亩的沙漠包括红色的阿兹特克砂岩、石化树和美洲原住民的古老岩画[位于梭镖岩(Atlatl Rock)]。1935年设立的这座公园是内华达州第一座定点州立公园。风和水历经千年,雕刻出这里令人迷幻的风景。

雪的优惠套餐。

特拉基河激浪公园(Truckee River Whitewater Park; www.reno.gov)离赌场只有数步之遥,公园的二级和三级激流对乘坐轮胎的孩童来说还算和缓,同时对专业的自由式皮划艇桨手又具有一定的挑战性。温菲尔德公园(Wingfield Park)被两条航道环绕。夏季,这个小小的河心岛上常会举办免费的音乐会。Tahoe Whitewater Tours(☎775-787-5000; www.gowhitewater.com; 400 Island Ave; 2小时 皮划艇租赁/团队游 $48/68起)和Sierra Adventures(☎866-323-8928, 775-323-8928; www.wildsierra.com; Truckee River Lane; 皮划艇租赁 $22起)提供皮划艇行程和课程。

🛏 住宿

每天房价波动很大。通常来说,周日至周四的房价最理想;周五会比较贵,周六更可能比平日贵两倍。

到了夏季,很多人会登上高海拔的玫瑰山(Mt Rose; ☎877-444-6777; www.recreation.gov; Mt Rose Hwy/Hwy 431; 房车和帐篷露营位 $20~50; ⊙6月中旬至9月; [P][⛺])露营。

Sands Regency 酒店 $

(☎775-348-2200; www.sandsregency.com; 345 N Arlington Ave; 房间 周日至周四 $49起,周五和周六 $89起; [P][❄][📶][🐾])Sands Regency

有城里最大的标准客房。房间鲜艳亮丽的蓝、红和绿色调中洋溢着热带的欢愉气氛，比起汽车旅馆的普通装饰更为赏心悦目。Empress Tower的客房最好。位于第17层的健身房和按摩浴缸位置完美，可将极致山景一览无余。夏季开放户外泳池。

Peppermill 赌场酒店 $

（☎775-826-2121；www.peppermillreno.com；2707 S Virginia St；房间 周日至周四 $69起，周五和周六 $149起；🅿✳@📶🏊）广受欢迎的赌场酒店带着少许拉斯维加斯式的富丽堂皇，最新的高大建筑中有600个房间，其中不乏以托斯卡纳为主题的套房，其他建筑中还有整修过的豪华房间。两个引人注目的泳池（一个是室内泳池）十分梦幻，附近还有一个水疗设施。酒店利用地热供应热水和热能。夜间度假酒店费用$20。

★ Whitney Peak 设计酒店 $$

（☎775-398-5400；www.whitneypeakhotel.com；255 N Virginia St；双 $129起；🅿✳📶）谁能不爱这家独立、新颖、时髦、友好、禁烟、不赌博的市中心酒店呢？宽敞的客房富有朝气和趣味，映衬优美的自然风光，另外不要错过精心设计的物质享受。拥有高级的礼宾休闲室，可以免费使用攀岩墙，店内餐厅值得一提，员工友好、专业，Whitney Peak简直无与伦比。

🍴 就餐

★ Gold 'n Silver Inn 美式小馆 $

（☎775-323-2696；www.goldnsilverreno.com；790 W 4th St；主菜 $6~20；⏰24小时）里诺拥有50多年历史的餐馆，这家稍微廉价却极为友好的24小时餐馆有菜品繁多的菜单，包括美国最受欢迎的家常美食，比如烘肉卷、盘装晚餐、全天早餐和汉堡，更不要说不可思议的焦糖奶昔。

★ Old Granite Street Eatery 美国菜 $$

（☎775-622-3222；www.oldgranitestreeteatery.com；243 S Sierra St；晚餐 主菜 $12~29；⏰周一至周四 11:00~22:00，周五 至23:00，周六 10:00~23:00，周日 至15:00；🍴）这里灯光明亮，装饰美观，是品尝有机食品、当地扎实料理、老式配方鸡尾酒和精酿啤酒的好去处。

富丽堂皇的木制酒吧，以旧酒瓶盛装的饮用水，还有长长的季节性菜单，到处散发着古色古香的氛围，难怪此处成了城里的美食热点，令食客着迷。忘了预约？那么只好到餐厅标志性的公鸡和猪的壁画前查询，然后在由谷仓门板制成的转门处的"公共桌子"等位子了。

Louis' Basque Corner 巴斯克菜 $$

（☎775-323-7203；www.louisbasquecorner.com；301 E 4th St；晚餐 套餐 $12~29；⏰周二至周六 11:00~21:30，周日和周一 16:00~21:30）准备在坐满人的大桌旁边大嚼羊肉、兔肉、牛羊杂，还有更多你没有见过的羊肉吧。不同的套餐菜单每天都会贴在窗户上。

★ Wild River Grille 烧烤 $$

（☎775-847-455；www.wildrivergrille.com；17 S Virginia St；主菜 午餐 $11~16，晚餐 $21~37；⏰11:00~21:00；🍴）你会在Wild River Grille喜欢上这家时尚一休闲的餐厅，还有各种创意菜式菜单，从格鲁耶尔干酪炸丸子到龙虾小方饺，但最美妙的是可以俯瞰特拉基河美景的露台：温暖舒适的夏夜，这里还是城里喝一杯酒的最佳场所，还是个约会的好地方。

🍷 饮品和夜生活

★ Pignic 酒吧

（☎775-376-1948；www.renoriver.org/pignic-pub-patio；235 Flint St；⏰15:00~23:00）这家很棒的小地方得到了创新的精髓：前身是私人住宅，这里的理念是简单。你可以自带食物，在此烧烤，在酒吧买饮品。这里适合分享，氛围友好，显示了朋友、家庭和社区的重要性。乐趣无穷。

☆ 娱乐

免费周报*Reno News & Review*（www.newsreview.com）是你最佳的信息来源。

Knitting Factory 现场音乐

（☎775-323-5648；http://re.knittingfactory.com；211 N Virginia St）这家中型的音乐场地有主流音乐和独立音乐演出。

ℹ 实用信息

Reno-Sparks Convention & Visitors

Authority Visitor Center（📞775-682-3800；www.visitrenotahoe.com；135 N Sierra St；⊙9:00~18:00)

🛈 到达和当地交通

里诺-塔霍国际机场（Reno-Tahoe International Airport，简称RNO；www.renoairport.com；📶）位于市中心东南约5英里处，大多数主要航空公司在此开行航班，有遍布全美的航线及国际航线。

North Lake Tahoe Express（📞866-216-5222；www.northlaketahoeexpress.com；单程\$49）有车（每天6~8趟，时间从3:30至午夜）往返于机场和塔霍湖北岸的多个地点。**South Tahoe Airporter**（📞866-898-2463；www.southtahoeairporter.com；成人/儿童 单程\$29.75/16.75，往返\$53/30.25）每天运营几班从机场至州界（Stateline）赌场的班车。赌场酒店通常提供免费班车服务，可至机场接送住客。

灰狗巴士（Greyhound；📞800-231-2222；www.greyhound.com）每日提供多达5趟直达班车，从旧金山（\$8起，车程5小时起）至里诺；最低的价格需要预订。

美国国铁（Amtrak；📞800-872-7245；www.amtrak.com）加州和风号（California Zephyr）列车每天有一班从埃默里维尔（Emeryville）/旧金山（\$52，车程6.75小时）至里诺。

当地的**RTC Washoe**（📞775-348-0400；www.rtcwashoe.com）RTC Ride巴士覆盖全城，多数路线都在市中心的RTC 4th St站交会（Lake St和Evans Ave之间）。

卡森城（Carson City）

从里诺或塔霍湖出发，很快就可以到达这个被忽略的城市。这里是人们停下来享用午餐并在宁静的老式市中心漫步的理想地点。

卡森城的**Kit Carson Blue Line Trail**穿过美丽的历史建筑和令人愉快的林荫道。可到位于市中心以南1英里处的游客中心（见932页）索取一份徒步路线地图。

市中心的主要景点为**1870内华达州议会厅**（1870 Nevada State Capitol；📞775-684-5670；101 North Carson St；⊙周一至周五 8:00~17:00）免费，你或许还可以看到州长在跟他的选民闲聊。火车爱好者千万别错过**内**

> ## 🛈 里诺地区徒步路线信息
>
> 想获取有关里诺地区徒步和山地自行车骑行路线的信息，请下载Truckee Meadows Trails Guide（www.washoecounty.us/parks/trails/trail_challenge.php），其中包括Mt Rose summit trail和Tahoe-Pyramid Bikeway。

华达州铁路博物馆（Nevada State Railroad Museum；📞775-687-6953；http://nvdtca.org/nevadastaterailroadmuseumcarsoncity；2180 S Carson St；成人/18岁以下儿童 \$6/免费；⊙周四至周日 9:00~17:00），馆内展示了19世纪至20世纪初的车厢和火车头。

想吃午餐的话，可以去迷人的**Comma Coffee**（📞775-883-2662；www.commacoffee.com；312 S Carson St；餐\$7~12；⊙周一至周六 7:00~20:00；📶✍️），说不定还能偷听到政客们的谈话。或者到英式酒馆**Firkin & Fox**（📞775-883-1369；www.foxbrewpub.com；310 S Carson St；⊙周日至周四 11:00至午夜，周五和周六 至次日2:00）度过夜晚。

395号公路（Hwy 395）和Carson St是城里的主干道。想获知该地区的徒步和露营信息，请到内华达州立公园管理处（Nevada Division of State Parks；见914页）查询。

弗吉尼亚市（Virginia City）

自1859年传奇的康斯塔克银矿被发现后，里诺以南25英里处的山区也掀起了开采银矿的热潮。19世纪60年代淘金热期间，弗吉尼亚市是西部荒野一座生机勃勃、喧嚣热闹的新兴城市。在这座城市的全盛时期，报纸撰稿人塞姆·克列门斯（Samuel Clemens）——马克·吐温（Mark Twain）的真名——在这里待过一阵子。数年后，他出版了一本名为《苦行记》（Roughing It）的书，描述了采矿生活。

这个高海拔的城市一直是国家历史地标（National Historic Landmark），城中的主要大街上满是维多利亚式建筑、木板人行道和一些虚假但十分有趣的博物馆。想看看那些矿业精英过的是怎样的生活，可以到 Mackay Mansion（☎775-847-0373；www.uniquitiesmackaymansion.com；291 S D St；成人/儿童 $5/免费；⊙10:00~18:00）和 Castle（B St）参观。

当地人认为弗吉尼亚市最好吃的食物应该是在 Cate del Rio（www.cafedelriovc.com；394 S C St；主菜 $11~17；⊙周三至周六 11:00~20:00，周日 10:00~19:00），它很好地结合了新墨西哥菜和咖啡馆食品，包括早餐。到经营多年的家庭式餐厅 Bucket of Blood Saloon（www.bucketofbloodsaloonvc.com；1 S C St；⊙10:00~19:00）喝一杯，这里的古老木制吧台除了供应啤酒外，还立下"酒吧规则"：如果酒保没有笑，说明你很无趣。

游客中心（☎775-847-7500，800-718-7587；www.visitvirginiacitynv.com；86 S C St；⊙周一至周六 9:00~17:00，周日 10:00~16:00）位于主干道 C St。

大盆地（The Great Basin）

穿越内华达大盆地的旅行将是一次宁静、难以忘怀的经历。而对于那些旨在寻找"伟大的美国公路之旅"的人来说，这些历史小镇和孤寂的沙漠公路沿线的美食绝对是种诱惑和享受。

80号州际公路沿线（Along I-80）

沿80号州际公路向里诺东北方向行驶约300英里可达埃尔科（Elko），美国西部文化大部分是从这里发展来的。胸怀大志的男女牛仔们应当去参观西部居民生活中心（Western Folklife Center；☎775-738-7508；www.westernfolklife.org；501 Railroad St；成人/6~18岁儿童 $5/1；⊙周一至周五 10:00~17:30，周六 10:00~17:00），这里有艺术和历史展览、音乐会和舞蹈表演，并在每年1月份举行牛仔诗会（Cowboy Poetry Gathering）。埃尔科每年7月4日还会举办国家巴斯克节（National Basque Festival），有游戏、传统舞蹈和"公牛赛跑"活动。如果你没尝过巴斯克食品，Star Hotel（☎775-753-8696；www.eatdrinkandbebasque.com；246 Silver St；午餐 $8~14，晚餐 $16~38；⊙周一至周五 11:00~14:00和 17:00~21:00，周六 16:30~21:30）是完成你初体验的最佳地点。这个家庭式风格的晚餐俱乐部就坐落在建于1910年前后的寄宿公寓内，公寓最初修建的目的是收留巴斯克牧羊人。

50号公路沿线（Along Highway 50）

横贯大陆的50号公路穿过内华达州的核心地带，连接西边的卡森城和东边的大盆地国家公园。这条公路的别称"美国最孤独的公路"更为人熟知，它曾经是林肯公路（Lincoln Hwy）的一部分，美国驿站马车（Overland Stagecoach）、小马快递（Pony Express）和首条横贯大陆的电报线路均沿此路前行。周围城镇稀少，发动机的轰鸣声和风的呼啸声是仅有的声响。

位于法伦（Fallon）东约25英里处的沙山游乐区（Sand Mountain Recreation Area；☎775-885-6000；www.blm.gov/nv；7天许可证 $40；周二和周三 门票免费；⊙24小时；P）值得驻足一游，你可以探索600英尺高的沙丘和快马递送站遗址。往东走，到古老的驿站 Middlegate Station（☎775-423-7134；www.facebook.com/middlegate.station；42500 Austin Hwy，Hwy 50和Hwy 361交叉路口；主菜 $6~17；⊙6:00至次日2:00）享用多汁的汉堡，然后把你的运动鞋丢到50号公路北侧的新鞋子树（Shoe Tree；老树已被砍伐）上。

沿着漫长的50号公路孤寂而行，最合适不过的回报就是大盆地国家公园（Great Basin National Park；☎775-234-7331；www.nps.gov/grba；⊙24小时）免费了，这里景色宜人，而且游客不多。它位于内华达州和犹他州交界线附近，从广袤的沙漠中拔地而起至 13,063英尺的惠勒峰（Wheeler Peak）就在这里。沿着顶峰的徒步小径漫步，美丽绝伦的乡村风光将被尽收眼底：结冰的湖水、古老的狐尾松，甚至还有常年不融的冰冻区。门票免费；夏季，位于贝克镇（Baker）以北的利曼岩洞游客中心（Lehman Caves Visitor Center；☎775-234-7331，预订团队游 775-234-7517；www.nps.gov/grba；5500 NV-488，Baker；成人 $8~10，儿童 $4~5；⊙8:00~17:00，团队游 8:30~16:00）是了解公园的最佳地点。

375号和93号公路沿线
(Along Highways 375 & 93)

375号公路也被称为"宇宙高速公路",因为有大量报道称曾在这里看到不明飞行物体(UFO),而且这条公路和93号公路(Hwy 93)的交会点恰好在顶级机密的**51号区域**(Area 51)附近。这个区域属于内利斯空军基地(Nellis Air Force Base),据说是停放被捕获的UFO的地方。一些人可能觉得375号公路比"美国最孤独的公路"还要令人焦躁不安。这是一条荒凉的公路,往来的车子非常少。375号公路旁的小镇拉彻尔(Rachel)中有一家小旅店 **Little A' Le' Inn**(☎775-729-2515; www.littlealeinn.com; 9631 Old Mill St, Rachel; 带接口的房车露营位 $15, 房间 $50~165; ⓘ餐厅 8:00~22:00; ❋🍴📶),为地球人和外星人等提供住宿,并售卖外星球纪念品。不负责侦察外星人的动态。

亚利桑那州(ARIZONA)

亚利桑那州正适合公路旅行。没错,该州的精彩不断——纪念碑谷(Monument Valley)、大峡谷(Grand Canyon)、教堂岩(Cathedral Rock)——但你记住的多半是无尽天空下那段浪漫、漫长的路途,其间不时出现一些标志性景观。一次次发动引擎,该州的灵魂渐渐显露:沿着66号公路进入弗拉格斯塔夫(Flagstaff),感受夫妻店的友善;驱车曲折穿过崎岖的杰罗姆(Jerome),了解亚利桑那州矿业巨头的强大意志;驾车经过台地顶端具有千年历史的霍皮族(Hopi)村庄,美洲印第安人的历史不再遥远。

历史

当弗朗西斯科·巴斯克斯·德·科罗纳多(Francisco Vásquez de Coronado)于1540年于墨西哥城率军远征到达亚利桑那州并成为第一个见到大峡谷和科罗拉多河(Colorado River)的欧洲人时,美洲印第安人部落及其祖先已在此地居住了上千年。科罗纳多之后,移民和传教士接踵而至。到了19世纪中期,美国从墨西哥那里通过购买和征服得到亚利桑那州。美国军队为保护移民并宣布政府对土地的主权,与印第安人进行了印第安战争(Indian Wars),在1886年阿帕奇族武士杰罗尼莫(Geronimo)投降后,这场战争才正式结束。

之后铁路的建设和采矿业扩张开始带来数量更多的移民。1903年,总统西奥多·罗斯福(Theodore Roosevelt)造访亚利桑那州,支持兴建保障全年灌溉和饮水的大坝,也铺平了该州加入美国的道路:亚利桑那州于1912年成为美国本土48州中最后一个加入联邦的州。

该州与墨西哥之间有250英里的边界。虽然按照习惯来说,它是非法移民的门户,但2005年以来越发严格的管控已经让经过该州进入美国的非法移民人数直线下降。然而,2010年边界附近一位人缘颇好的牧场主被神秘谋害以后,立法机关通过了一项备受争议的法律,要求警察对任何他们怀疑可能非法滞留在本国的人查验身份证件。虽然提供入境文件的要求得到了宪法的支持,但这项法律的关键条款,也就是所谓的SB 1070,已经被美国最高法院(US Supreme Court)驳回。

ⓘ 实用信息

亚利桑那州采用山区标准时间,却是西部地区唯一一个在春天到早秋期间不采用夏令时的州。纳瓦霍原住民保留地(Navajo Reservation)是个特例,这里实施夏令时。

总体来看,亚利桑那州南部,包括菲尼克斯、图森和尤马(Yuma)的住宿费用在被看作"旺季"的冬季和春季会上浮很多。在夏天时,炎热地区将会减价。

亚利桑那州旅游办公室(Arizona Office of Tourism; ☎602-364-3700; www.arizonaguide.com)免费提供该州信息。

亚利桑那州立公园(Arizona State Parks; ☎877-697-2757, 602-542-4174; www.azstateparks.com)该州的16座州立公园都有露营地并接受在线预订。

公共土地分析联合会(Public Lands Interpretative Association; www.publiclands.org)提供关于美国林业局(USFS)、国家公园管理局(NPS)、土地管理局(Bureau of Land Management, 简称BLM)及州土地、公园信息。

值得一游

火人节

为期一周的**火人节**（Burning Man；www.burningman.com；门票 $425；◎8月）每年8月在炙热的黑岩沙漠举行，来自世界各地的"火人"齐聚这里，修建临时的黑岩市，只为了再次将它拆毁并烧掉一幅肖像。其间，坚持节日宗旨的参加者会待在安全地带，沐浴和平友爱，享受音乐和艺术，还有裸体、毒品、性和玩乐。

菲尼克斯（Phoenix）

菲尼克斯是亚利桑那州无可争议的文化和经济重镇，一座繁荣的沙漠都市，拥有你能找到的最好的西南部和墨西哥美食。每年的日照时间超过300天，探索"太阳谷"（Valley of the Sun）是个令人愉快的建议（酷热的6月至8月除外）。

文化方面，这里有歌剧、交响乐、多家剧院和该州最好的三座博物馆——赫尔德博物馆（Heard Museum）、菲尼克斯艺术博物馆（Phoenix Art Museum）、乐器博物馆（Musical Instrument Museum）——而且沙漠植物园（Desert Botanical Garden）是对该地区动植物的最佳入门介绍。对于体育迷来说，这里不乏专业的棒球队、橄榄球队、篮球队和冰球队，还有200多个高尔夫球场。

◉ 景点

大菲尼克斯包括几座特点各不相同的城市。菲尼克斯规模最大，商业派头与顶级的博物馆、蓬勃的文化事业和出色的体育设施相得益彰。东南部是学生气十足而活跃的坦佩（Tempe），市区环绕着2英里长的坦佩湖（Tempe Town Lake）。再往东是郊区的梅萨（Mesa），有几座有趣的博物馆。菲尼克斯东北方向有两块时尚的飞地，分别是以做作的老城区、美术馆、豪华度假村闻名的斯科茨代尔（Scottsdale），以及大部分是住宅区的天堂谷（Paradise Valley）。

◉ 菲尼克斯（Phoenix）

★ 赫尔德博物馆 博物馆

（Heard Museum；见938页地图；☏602-252-8848；www.heard.org；2301 N Central Ave；成人$18，6~17岁儿童和学生$7.50，老人$13.50；◎周一至周六9:30~17:00，周日11:00~17:00；Ⓟ 🅷）这家非凡的博物馆关注西南部美洲印第安部落的历史、生活、艺术和文化。可以参观美术馆、民族展区、适合儿童的创意展区和无与伦比的克奇那神[kachina，精致的精灵木偶，许多展品来自曾经的总统候选人巴里·戈德华特（Barry Goldwater）的捐赠]展品。赫尔德博物馆的藏品重质不重量，是美国同类博物馆中最优秀的之一。

★ 乐器博物馆 博物馆

（Musical Instrument Museum；☏480-478-6000；www.themim.org；4725 E Mayo Blvd；成人/青年/4~12岁儿童$20/15/10；◎9:00~17:00；Ⓟ）从乌干达的拇指琴到夏威夷的尤克里里，再到印尼的舟形琴，这家新开的博物馆汇集了全球各种各样的乐器，让你一饱眼福和耳福。馆内分为五个展区，分别展示来自200多个国家和地区的展品，当你走进"听觉范围（earshot）"内的时候，无线录音就会让许多乐器"苏醒"（提供耳机）。你还可以在体验展区（Experiences Gallery）敲鼓，在艺术家展区（Artist Gallery）听泰勒·斯威夫特（Taylor Swift）或猫王的摇滚乐。

沙漠植物园 花园

（Desert Botanical Garden；见938页地图；☏480-941-1225；www.dbg.org；1201 N Galvin Pkwy；成人/老年人/13~18岁学生/3~12岁儿童$22/20/12/10；◎10月至次年4月 8:00~20:00，5月至9月 7:00~20:00）这座精心打理的迷人植物园是让人与大自然重新建立联系同时了解沙漠植物的地方。在3月至5月间园内沙漠野花环线（Desert Wildflower Loop Trail）两旁开满如色彩鲜艳的蓝铃和墨西哥金罂粟在内的各种花朵。可沿着环形小径走过按主题排列的丰富多彩的沙漠植被[包括索拉沙漠（Sonoran Desert）自然环线和一座展示可食用沙漠植物的园地]。全年都令人眼花缭乱，但百花盛开的春季是最热闹、最多彩的季节。

菲尼克斯艺术博物馆　　　　博物馆
（Phoenix Art Museum；见938页地图；☏602-257-1880；www.phxart.org；1625 N Central Ave；成人/老年人/学生/6~17岁儿童 $18/15/13/9；⊙周二和周四至周六 10:00~17:00，周三 10:00~21:00，周日 正午至17:00；P🚼）亚利桑那州首屈一指的高雅艺术宝库。馆内藏有克劳德·莫奈（Claude Monet）、迭戈·里维拉（Diego Rivera）和乔治亚·奥基弗（Georgia O'Keeffe）的作品。直奔西部展厅（Western Gallery），看看亚利桑那州的惊人美景如何对早期拓荒者至现代主义者的所有人产生影响。和孩子一起旅行的话，去游客服务处拿个儿童礼包，再去研究制作巧妙的微缩复古Thorne Rooms或参观菲尼克斯儿童艺术展区（PhxArtKids Gallery）。

亚利桑那州概况

别称 大峡谷之州

人口 690万

面积 113,637平方英里

首府 菲尼克斯（人口1,563,025）

其他城市 图森（人口531,641）、弗拉格斯塔夫（人口70,320）、塞多纳（人口10,388）

消费税 5.6%

诞生于此的名人 塞萨尔·查韦斯（Cesar Chavez；1927~1993年）、歌手琳达·朗斯黛（Linda Ronstadt；生于1946年）

发源地/所在地 OK牧场枪战（The OK Corral）、矿业城镇变身艺术区

政治 大多数人投票支持共和党

著名之处 大峡谷、树形仙人掌

最佳纪念品 路边小摊卖的粉色仙人掌形状的霓虹灯

驾驶距离 菲尼克斯到大峡谷村（Grand Canyon Village）235英里，图森到塞多纳230英里

◉ 斯科茨代尔（Scottsdale）
需要长期及临时公共艺术展览名单，登录www.scottsdalepublicart.org查看。

斯科茨代尔老城区　　　　景区
（Old Town Scottsdale；见938页地图；http://downtownscottsdale.com）老城区位于斯科茨代尔的商场和小馆中间，是一块充满狂野西部风情的飞地，遍布可爱的建筑、人行廊道和叫卖批量生产的"印第安"工艺品的商店。这里还有博物馆、公共建筑、沙龙、存有地道美洲印第安艺术品的几家画廊。

西塔里耶森　　　　建筑
（Taliesin West；☏480-860-2700；www.franklloydwright.org；12621 N Frank Lloyd Wright Blvd；团队游 $26起；⊙10月至次年5月 8:30~18:00，6月至9月 开放时间较短，6月至8月周二、周三不开放）西塔里耶森是弗兰克·劳埃德·赖特（Frank Lloyd Wright）在沙漠中的居所和工作室，也是美国20世纪最伟大的建筑之一。它是有机建筑的最佳范例，融合了周围自然环境中的元素和结构。建于1938年至1940年，它如今是一座建筑学校，还是国际历史纪念地（National Historical Monument），面向公众开放并提供信息丰富的导览游。

◉ 坦佩（Tempe）
亚利桑那州立大学（Arizona State University，简称ASU；见938页地图；☏480-965-2100；www.asu.edu）建于1885年，在校学生约5万人。这是坦佩的核心和灵魂。**甘米居音乐厅**（Gammage Auditorium；见938页地图；☏售票处 480-965-3434，团队游 480-965-6912；www.asugammage.com；1200 S Forest Ave；Mill Ave和Apache Blvd交叉路口；门票免费，演出票价 $20起；⊙售票处 夏季 周一至周四 10:00~17:00，其他季节 周一至周五 10:00~18:00）是弗兰克·劳埃德·赖特（Frank Lloyd Wright）设计的最后一栋重要建筑。

从菲尼克斯市中心乘轻轨可以很方便地到达坦佩的主干道**Mill Avenue**，这里挤满了餐厅、主题酒吧和其他大学生喜爱的地方。你还可以看看**坦佩湖**（Tempe Town Lake；见938页地图；www.tempe.gov/lake），这个人工湖上有游

船，湖边有适合徒步的道路。

⊙ 梅萨（Mesa）

★ 亚利桑那州自然历史博物馆　　博物馆

（Arizona Museum of Natural History；📞480-644-2230；www.azmnh.org；53 N MacDonald St，成人/3-12岁儿童/学生/老人 $12/7/8/10；⊙周二至周五 10:00~17:00，周六 11:00~17:00，周日 13:00~17:00；🅿）即便你不在梅萨住宿，这个博物馆也值得一去，尤其是在你的孩子喜欢恐龙的情况下（难道不是所有的孩子都喜欢恐龙吗？）。除多层的恐龙山（Dinosaur Mountain）之外，还有众多实物大小的巨型野兽铸型以及一块可触摸的雷龙股骨。其他展览，包括从史前霍霍坎村庄到古代美索美洲文化大厅，凸显了美国西南部被征服以前及美国更全面的历史。

✈ 活动

驼峰山　　徒步

（Camelback Mountain；见938页地图；📞602-261-8318；www.phoenix.gov；⊙日出至日落）这座双峰山海拔2704英尺，位于菲尼克斯闹市区的正中心。沿Cholla Trail（6131 E Cholla Lane）和Echo Canyon Trail（4925 E McDonald Dr）两条小径攀升1200英尺到达顶峰。最近整修的Echo Canyon Trail春季

大教堂峡谷（CATHEDRAL GORGE）

卡立恩（Caliente）以北15英里，刚过开往帕纳卡（Panaca）的岔路处，大教堂峡谷州立公园（Cathedral Gorge State Park；📞775-728-4460；http://parks.nv.gov/parks/cathedral-gorge；Hwy 93, Pioche；$7；⊙游客中心 9:00~16:30，公园 24小时；🅿🛏）是神奇的独辟蹊径之处，你绝不会后悔一路奔波前来。漫步在风和水侵蚀形成的地形之间，你会觉得好像确实踏入了一座宏伟、有很多塔尖的大教堂，透过其中一个圆屋顶还能看到头顶的蓝天。前往米勒角观景台（Miller Point Overlook）欣赏一览无余的景色，还可以轻松徒步进入峡谷的狭窄一侧。

和冬季的人气极高——停车场早早就挤满了人，即便有135个车位。

Salt River Recreation　　水上运动

（📞480-984-3305；www.saltrivertubing.com；9200 N Bush Hwy；轮胎和班车 $17；⊙5月至9月下旬 8:30~18:00，劳动节以后 营业时间不定；🅿）联系Salt River Recreation，你可以在流经荒凉的通托国家森林（Tonto National Forest）的下盐河（Lower Salt River）进行轮胎漂流。下水地点在梅萨（Mesa）东北部，位于60号公路（Hwy 60）以北约15英里的Power Rd旁边。漂流分为2小时、3小时和5小时，包括返程班车。仅收现金。

Cactus Adventures　　自行车

（📞480-688-4743；www.cactusadventures.com；8000 S Arizona Grand Pkwy；半天租金 $60；⊙电话 8:00~20:00）总部设在Arizona Grand Resort的Cactus Adventures在多处公园出租自行车以供探索南山（South Mountain），还有徒步、骑行的导游讲解服务。他们可以帮你把租用自行车运至步道起点；导览游每人$155起（最少两人）。

Ponderosa Stables　　骑马

（📞602-268-1261；www.arizona-horses.com；10215 S Central Ave；1/2/3小时骑马活动 $40/60/80，3小时骑马最少两人；⊙周一至周六 9:00~20:00；🅿）这家户外用品店提供南山公园的早餐、午餐、晚餐和夕阳骑马活动。大多数行程需提前预约。马厩在菲尼克斯市中心以南约7英里处，沿Central Ave一直走即可到达。

🎉 节日和活动

第一个周五艺术节　　艺术节

（First Fridays；www.artlinkphoenix.com；⊙每个月的第一个周五 18:00~22:00）每个月的第一个周五，多达20,000人走上菲尼克斯市中心的街道，参加这项自助的"艺术漫步"，穿过70多家画廊和演出场地。免费班车从菲尼克斯艺术博物馆出发，将艺术家们从一个地点送往另一个地点。

亚利桑那州农产品博览会　　博览会

（Arizona State Fair；📞602-252-6771；www.azstatefair.com；1826 W McDowell Rd；成人/

5~13岁儿童 $10/5；☉10月）这个博览会每年10月在亚利桑那州立展览馆（Arizona State Fairgrounds）举行，以牛仔表演、骑马和娱乐活动、牲畜展示、吃馅饼大赛和许多现场表演吸引超过一百万人的到来。

住宿

菲尼克斯

HI Phoenix Hostel 青年旅舍 $

（见938页地图；☎602-254-9803；www.phxhostel.org；1026 N 9th St；铺/房间 $24/37起；⛨@⛉）风趣的业主们非常了解菲尼克斯，并且乐于与你分享，住在这家小小的青年旅舍会让你再次爱上背包旅行。拥有22个床位的旅舍坐落在一个崭头角的工薪阶层街区内，有个休闲花园角落。每天的"餐桌交谈"——8:00~10:00和17:00~22:00，禁止使用笔记本电脑及其他电子设备——是一种非常适合交际的创新。

Maricopa Manor 精品酒店 $$

（见938页地图；☎602-264-9200, 800-292-6403；www.maricopamanor.com；15 W Pasadena Ave；套 $149起；P⛨⛉）这个西班牙牧场式的小地方就在繁忙的Central Ave附近，有6个陈设各有特色的套房，其中不少都有通向露台的法式房门，可以俯瞰游泳池、花园和喷泉区域。虽然Maricopa Manor位于市中心，却有不少树木成荫的花园角落，非常私密。

★ Arizona Biltmore Resort & Spa 度假村 $$$

（见938页地图；☎800-950-0086, 602-955-6600；www.arizonabiltmore.com；2400 E Missouri Ave；双 $480起；P⛨@⛉⛨）拥有弗兰克·劳埃德·赖特风格的建筑，曾经的住客包括欧文·柏林（Irving Berlin）、玛丽莲·梦露（Marilyn Monroe）和从胡佛到小布什在内的总统，Biltmore非常适合人们感受昔日魅力。作为地标，周围地区不少地方以它的名字命名。这里有700多间布置漂亮的套房、两座高尔夫球场、几个游泳池，还有数不清的豪华设施。

Royal Palms Resort & Spa 度假村 $$$

（见938页地图；☎602-840-3610；www.royalpalmshotel.com；5200 E Camelback Rd；房间/套 $499/519起；P⛨⛉⛨）这家豪华而隐秘的度假村建于1929年，当时是纽约实业家迪洛斯·库克（Delos Cook）的冬季休养之所，住在此地可以观赏风景如画的驼峰山。这里安静优雅，点缀着西班牙殖民风格的别墅、花团锦簇的人行道和从埃及进口的棕榈树。该度假村也为你的宠物提供软床、个性化饼干和遛宠物服务。

Palomar Phoenix 酒店 $$$

（见938页地图；☎602-253-6633，预订877-488-1908；www.hotelpalomar-phoenix.com；2 E Jefferson St；房间/套 $449/509起；P⛨⛉⛨）蓬松舒适的枕头、鹿角形灯饰和蓝牛画像。没错，Palomar的242个房间全部异想天开，我们很喜欢。房间比一般房间大，具有清新、现代的风格，还有瑜伽垫子、印着动物图案的浴袍和意大利法蕾蒂（Frette）床品。每晚都有葡萄酒会，而且菲尼克斯主要的棒球场和篮球场就在附近。

斯科茨代尔

★ Bespoke Inn, Cafe & Bicycles 民宿 $$$

（见938页地图；☎480-664-0730；www.bespokeinn.com；3701 N Marshall Way；双 含早午餐 $349起；P⛨⛉⛨）斯科茨代尔市中心的"欧式"热情掠影，这家轻松活泼的民宿提供可以让客人在别致的咖啡馆享用的巧克力司康饼，以及可以闲卧的无边游泳池，还有可以骑出去逛逛街区的帕什利（Pashley）自行车。房间装潢华丽，有手工家具和镍材质的浴室装置。还可在店内餐厅Virtu享用美味早餐。要提早预订。

Boulders 度假村 $$$

（☎480-488-9009；www.theboulders.com；34631 N Tom Darlington Dr, Scottsdale；小屋/别墅 $239/391起；P⛨@⛉⛨）刚刚抵达这片与天然岩层融为一体的沙漠绿洲，人们的紧张情绪就烟消云散了，然后你还可以享受店内水疗项目或者4个游泳池。从根本上来说，这里的一切都是为了让生活更美好。

★ Hotel Valley Ho 精品酒店 $$$

（见938页地图；☎480-376-2600；www.

Phoenix 菲尼克斯

hotelvalleyho.com；6850 E Main St；房间/套 $409/532；P❋@♠❋❋）这里的一切都是一流享受，装饰风格是20世纪中期和21世纪风格兼而有之。平·克劳斯贝（Bing Crosby）、娜塔莉·伍德（Natalie Wood）和珍妮特·利（Janet Leigh）曾在此下榻。如今，这里是菲尼克斯拍摄外景的影星们首选的住宿场所。比波普爵士乐、欢快的工作人员和"冰壁炉"等吸引眼球之物重新带你回到"鼠帮"时代，带阳台的客房也是同一主题。

坦佩

Sheraton Wild Horse Pass Resort & Spa 度假村 $$$

（☏602-225-0100；www.wildhorsepassresort.com；5594 W Wild Horse Pass Blvd, Chandler；房间/套 $339/534起；P❋♠❋）日落时，在这个引人注目的地方放眼环视，在远处荒凉的地平线寻找南山映衬下与酒店同名的野马的身影。这个度假村归希拉河（Gila River）部落所有，坐落在坦佩河以南该部落广阔的自留地上，有500个房间，融合了现代

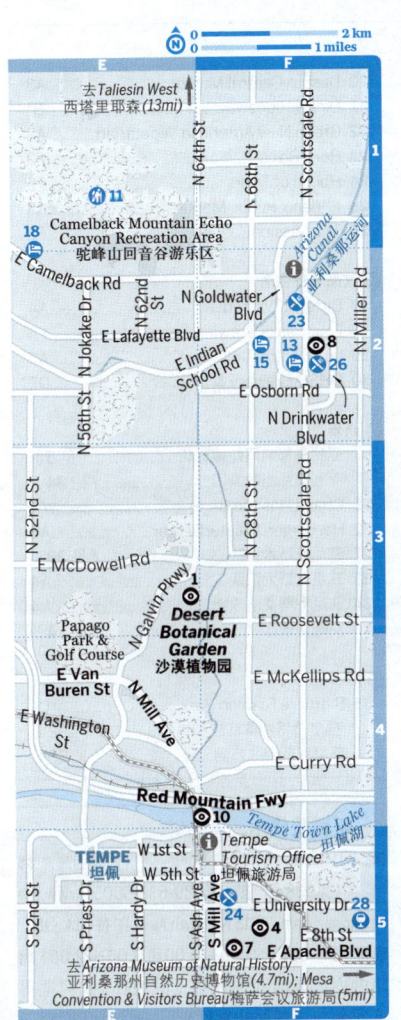

的DeSoto经销商店经过精心修复,得到了最大程度的利用;这座室内"市场"真是把各个创意厨房的物品集中于一个屋檐底下。特别值得一提的是Larder和Delta的新派南方菜,它们的虾仁玉米粉糊(配辣熏肠和辣酱)和辣椒蒜味小排骨能让你看得眼馋。

★ Phoenix Public Market   咖啡馆 $

(见938页地图;☎602-253-2700;www.phxpublicmarket.com;14 E Pierce St;主菜$9~10;⊙7:00~22:00;⑤♪)这座嘈杂的谷仓——亚利桑那最大的农贸市场内部咖啡馆——吸引的忠实老客户包括亚利桑那州立大学(ASU)的学生、专门来吃午餐的本地人、素食者和形形色色的美食爱好者。自制百吉饼和烤鸡肉非常棒,别出心裁的每日特色菜、社区晚餐和欢乐时光都让识货的食客源源不断地到来。

Green New American Vegetarian   严格素食、素食 $

(见938页地图;☎602-258-1870;www.greenvegetarian.com;2022 N 7th St;主菜$8~10;⊙周一至周六 11:00~21:00;♪)在这家时尚的咖啡馆里,主厨戴蒙·布拉施(Damon Brasch)烹饪的素食和严格素食菜都很美味,你在这里品尝过之后,素食口味肯定会变刁。比起别处的肉类菜肴,这里的素肉汉堡、"穷小子"三明治和亚洲风味不遑多让。先在柜台点菜,再到车库式的就餐区找个座位。

Barrio Café   墨西哥菜 $$

(见938页地图;☎602-636-0240;www.barriocafe.com;2814 N 16th St;主菜$12~29;⊙周二至周六 11:00~22:00,周日至21:00;♪)Barrio的员工身着饰有"comida chingona"的T恤衫,翻译过来的意思是"实在太好吃了",他们没说谎。这里的墨西哥美食最具创意:你见过多少菜单主打鳄梨酱拌石榴籽,奶油玉米配辣椒、陈年奶酪、香菜和青柠,或者羊奶焦糖油条?每天14:00~17:00,饮料半价。

★ Dick's Hideaway   新墨西哥菜 $$$

(见938页地图;☎602-265-5886;http://richardsonsnm.com;6008 N 16th St;早餐$15~16,主菜$25~27;⊙周日至周三 8:00~23:00,周

Phoenix 菲尼克斯

◎ 重要景点
1 沙漠植物园 E3
2 赫尔德博物馆 A3

◎ 景点
3 亚利桑那科学中心 A4
4 亚利桑那州立大学 F5
5 切斯球场 A4
6 菲尼克斯儿童博物馆 A4
7 甘木居音乐厅 F5
8 斯科茨代尔老城区 F2
9 菲尼克斯艺术博物馆 A3
10 坦佩湖 F4

❂ 活动、课程和团队游
11 驼峰山 E1

🛏 住宿
12 Arizona Biltmore Resort & Spa C1
13 Bespoke Inn, Cafe & Bicycles F2
14 HI Phoenix Hostel B3
15 Hotel Valley Ho F2
16 Maricopa Manor A1
17 Palomar Phoenix A4
18 Royal Palms Resort & Spa E1

🍴 就餐
19 Barrio Café B3
20 Desoto Central Market A3
21 Dick's Hideaway B1
22 Green New American Vegetarian A3
23 Herb Box F2
24 House of Tricks F5
25 Phoenix Public Market A3
26 The Mission F2

🍷 饮品和夜生活
27 Bitter & Twisted A4
28 Four Peaks Brewing Company F5
29 Lux Central Coffeebar A2
30 OHSO Brewery & Distillery D2

✪ 娱乐
亚利桑那响尾蛇棒球队 ....（见5）
亚利桑那州歌剧团 ....（见34）
31 Char's Has the Blues A1
32 Herberger TheaterCenter A4
菲尼克斯水星队 ....（见33）
33 菲尼克斯太阳队 A4
34 菲尼克斯交响乐团 A4
交响音乐厅 ....（见34）

🛍 购物
35 Biltmore Fashion Park C1
赫尔德博物馆商店和书店 ....（见2）
菲尼克斯公共市场 ....（见25）

四至周六 至午夜）这家袖珍小馆无疑是一首新墨西哥菜的赞美诗，可以在酒吧旁边找张桌子独自用餐，或者去旁边房间的公共餐桌和大家一起享受丰盛美味的辣酱玉米卷饼、玉米粉蒸肉及奶酪辣椒等新墨西哥菜肴。我们喜欢Hideaway的早餐，届时有无数血腥玛丽和啤酒提供。

House of Tricks　　　　　　　美国菜 $$$

（见938页地图；☎480-968-1114；www.houseoftricks.com；114 E 7th St, Tempe；午餐$12~13，晚餐$27~30；⊙周一至周六 11:00~22:00）不，他们不变戏法（店主名字Trick与"戏法"同义），但罗宾（Robin）和罗伯特・特里克（Robert Trick）依然能用他们兼容并蓄的当代美式菜单让你发出惊叹，其菜单风格借鉴美国西南部、地中海和亚洲风味。搭起棚架的花园露台经常响起新老客人的低声谈笑，老式村舍风的室内餐桌同样迷人。

🍴 斯科茨代尔

★ The Mission　　　　　　　墨西哥菜 $$

（见938页地图；☎480-636-5005；www.themissionaz.com；3815 N Brown Ave；午餐$14~18，晚餐$14~30；⊙11:00~15:00和17:00~22:00）幽暗的内部装潢和烛光摇曳的烛杯，我们觉得这家新拉丁餐厅非常性感——尽管我们对于美食的感叹可能会破坏这种迷人的气氛。用墨西哥啤酒腌制的牛肉佐以鳄梨和青柠，味道十分美妙，用来做简单午餐的主菜令人心满意足。饱受赞扬的鳄梨沙拉就在餐桌边做成，而玛格丽特酒和莫吉托鸡尾酒让你的美食体验更为圆满。

Herb Box　　　　　　　　　　美国菜 $$

（见938页地图；☎480-289-6160；www.theherbbox.com；7134 E Stetson Dr；早午餐$13~15，午餐$14~17，晚餐$17~22；⊙周一至周四 11:00~21:00，周五 11:00~22:00，周六 9:00~

22:00，周日9:00~16:00；🛜📶）这家时髦的小酒馆位于斯科茨代尔老城区的Southbridge的中心，不仅有火花和飞吻，更有新鲜的当地食材、精美的摆盘和周到的服务。想要享用一顿简单、健康的午餐的话，坐在露台上用黑莓莫吉托为好运干杯。

🍴 坦佩

⭐ Kai Restaurant 印第安菜 $$$

（☎602-225-0100；www.wildhorsepassresort.com；5594 W Wild Horse Pass Blvd, Chandler；主菜 $48~54，品尝套餐 $145~245；⏰周二至周六 17:30~21:00）Kai（"种子"）以希拉河（Gila River）畔种植的传统作物为基础，制作的印第安菜达到了新高度。可以期待的创意菜有烤水牛里脊配烟熏玉米泥和仙人掌芽，或者野生扇贝配豆薯鱼子酱和猪油炸豆子。谦逊的服务完美无瑕，葡萄酒单搭配专业，房间装饰美国印第安艺术品。

Kai位于希拉河印第安保留地（Gila River Indian Reservation）内的Sheraton Wild Horse Pass Resort & Spa（见938页）。提前预订，着装得体。

🍷 饮品和夜生活

⭐ Bitter & Twisted 鸡尾酒吧

（见938页地图；☎602-340-1924；https://bitterandtwistedaz.com；1 W Jefferson St；⏰周二至周六 16:00至次日2:00）前身是亚利桑那州禁酒总部（Arizona Prohibition Headquarters），这家只出售鸡尾酒的时髦酒吧可以摇出出色的鸡尾酒，还有些可口的食物供酒客解酒。特别令人垂涎欲滴的是龙饺汉堡——猪肉和牛肉配四川泡菜和饺子蘸汁。

Lux Central Coffeebar 咖啡馆

（见938页地图；☎602-327-1396；www.luxcoffee.com；4402 N Central Ave；⏰周日至周四 6:00至午夜，周五和周六 至次日2:00；🛜）MacBook、文身和时尚的外表，是这家咖啡馆兼酒吧的客人标配。员工技术娴熟，态度热情，咖啡是手工烘焙，氛围生动——上午咖啡、晚餐或鸡尾酒，消磨一小时所需要的一切都齐备。

Four Peaks Brewing Company 自酿酒吧

（见938页地图；☎480-303-9967；www.fourpeaks.com；1340 E 8th St；⏰周一至周三 11:00至午夜，周四和周五 11:00至次日1:00，周六和周日 9:00至午夜；🛜）时尚潮人、家庭、自酿啤酒爱好者和只想喝几杯的人欢快地齐聚在这栋19世纪80年代的砖砌酒厂，从酒桶里接满泛着泡沫的Kilt Lifter或Pitchfork Pale，或者只是端着一两杯闲聊。这里还有可口的酒馆小吃和礼品商店，提供品酒活动（每人$10），在更远的坦佩、斯科茨代尔和菲尼克斯天港也有分店。

⭐ 娱乐

娱乐场所名单可查看《菲尼克斯新时报》（*Phoenix New Times*；www.phoenixnewtimes.com）和Arizona Republic Calendar（www.azcentral.com/thingstodo/events）。

菲尼克斯交响乐团（Phoenix Symphony；见938页地图；☎行政部门 602-495-1117，售票处 602-495-1999；www.phoenixsymphony.org；75 N 2nd St）在**交响音乐厅**（Symphony Hall；见938页地图；☎602-262-6225；www.phoenixconventioncenter.com；75 N 2nd St）以及其他场地演出。**亚利桑那州歌剧团**（Arizona Opera；见938页地图；☎602-266-7464；www.azopera.com；75 N 2nd St）搬进了菲尼克斯艺术博物馆（见935页）对面的歌剧厅。

亚利桑那响尾蛇棒球队（Arizona Diamondbacks；见938页地图；☎602-462-6500；http://arizona.diamondbacks.mlb.com；401 E Jefferson St）的主场是带空调的**切斯球场**（Chase Field；☎团队游 602-462-6799；www.mlb.com/ari/ballpark；成人/老年人/儿童 $7/5/3；⏰团队游 周一至周六 9:30、11:00、12:30，比赛日另有团队游）。男子篮球队**菲尼克斯太阳队**（Phoenix Suns；见938页地图；☎602-379-7900；www.nba.com/suns；201 E Jefferson St）和女子篮球队**菲尼克斯水星队**（Phoenix Mercury；☎602-252-9622；www.wnba.com/mercury；201 E Jefferson St）的主场是**托金斯迪克度假酒店球馆**（Talking Stick Resort Arena），也在市中心。橄榄球队**亚利桑那红雀队**（Arizona Cardinals；☎602-379-0101；www.azcardinals.com；1 Cardinals Dr）的主场是位于格兰戴尔的菲尼克斯大学体育馆。

Herberger Theater Center 剧院

(见938页地图;602-252-8497;www.herbergertheater.org;222 E Monroe St;售票处周一至周五10:00~17:00,周六和周日正午和演出前1小时)Herberger有几家剧团和3座舞台,还接待来访剧团及演出。虽然主要出售戏剧和音乐剧门票,不过在这里也能看到舞蹈、歌剧和本地艺术展览。

Char's Has the Blues 蓝调

(见938页地图;602-230-0205;www.charshastheblues.com;4631 N 7th Ave;周四至周日 门票$3;20:00至次日1:00)昏暗、私密——但非常热情——这个门面破旧的蓝调和节奏布鲁斯空间夜间大多排满连续不断的演出,但不知怎么地还是能让人感到像是一个保守得很好的秘密。

🛍 购物

菲尼克斯公共市场 市场

(见938页地图;602-625-6736;https://phxpublicmarket.com;721 N Central Ave;10月至次年4月 周六8:00~13:00,5月至9月 周六8:00至正午)亚利桑那州最大的农贸市场,出售该州最好的农产品,既有新鲜的,也有预制的,好似露天美味大聚会。除了新鲜欲滴的果蔬,你还能找到本地食物、美味的面包、香料、酱料和调味汁,有机肉类、烧烤车,以及许多现场就可以吃的食物。珠宝首饰、布料和护肤品也会亮相。

赫尔德博物馆商店和书店 艺术品、工艺品

(Heard Museum Shop & Bookstore;见938页地图;602-252-8344;www.heardmuseumshop.com;2301 N Central Ave;周一至周六 9:30~17:00,周日11:00~17:00;)这座博物馆的商店里有顶级的美洲印第安原创艺术品和手工艺藏品。单是奇奇那神玩偶的种类和质量就令人难以置信,还有珠宝、陶器、印第安书籍和种类繁多的美术品。书店出售一系列西南部美洲印第安文化主题的书籍。

Biltmore Fashion Park 商场

(见938页地图;602-955-8400;www.shopbiltmore.com;2502 E Camelback Rd;周一至周六10:00~20:00,周日 正午至18:00)这座精心装扮的高档商场位于Arizona Biltmore Resort以南的Camelback,全都是高档时装店。停车不到两小时免费,确认有效。

ℹ 实用信息

紧急情况和医疗服务

警察局(紧急情况911,非紧急情况602-262-6151;http://phoenix.gov/police;620 W Washington St, Phoenix)

班纳-菲尼克斯大学医疗中心(Banner - University Medical Center Phoenix;602-839-2000;www.bannerhealth.com;1111 E McDowell Rd)和**圣约瑟夫医院和医疗中心**(St Joseph's Hospital & Medical Center;602-406-3000;www.stjosephs-phx.org;350 W Thomas Rd)都有24小时急诊室。

网络资源和媒体

KJZZ 91.5 FM(http://kjzz.org)全国公共广播电台(National Public Radio,简称NPR)。

菲尼克斯的Wi-Fi无处不在,或者你可以在**伯顿巴尔中央图书馆**(Burton Barr Central Library;602-262-4636;www.phoenixpubliclibrary.org;1221 N Central Ave;周一、周五和周六9:00~17:00,周二至周四9:00~21:00,周日13:00~17:00;)免费上网;其他地点,见其网站。

邮局

市中心邮局(见938页地图;602-253-9648;www.usps.com;522 N Central Ave;周一至周五9:00~17:00)位于20世纪30年代漂亮的联邦大楼内。

旅游信息

菲尼克斯市中心游客信息中心(Downtown Phoenix Visitor Information Center;见938页地图;877-225-5749;www.visitphoenix.com;125 N 2nd St, Suite 120;周一至周五8:00~17:00)是太阳谷中旅游信息最全的地方。就在Hyatt Regency的对面。

Experience Scottsdale(见938页地图;480-421-1004, 800-782-1117;www.experiencescottsdale.com;7014 E Camelback Rd;周一至周六9:00~18:00,周日10:00~17:00)位于斯科茨代尔时尚广场(Scottsdale Fashion Square)的美食广场(Food Court)。

梅萨会议旅游局(Mesa Convention & Visitors

Bureau; ☎480-827-4700, 800-283-6372; www.visitmesa.com; 120 N Center St; ⊙周一至周五8:00~17:00)

坦佩旅游局（Tempe Tourism Office; 见938页地图; ☎800-283-6734, 480-894-8158; www.tempetourism.com; 222 S Mill Ave, Suite 120; ⊙周一至周五8:30~17:00)

❶ 到达和当地交通

天港国际机场（Sky Harbor International Airport; 见938页地图; ☎602-273-3300; http://skyharbor.com; 3400 E Sky Harbor Blvd; 🚇) 位于菲尼克斯市中心东南3英里处，航空公司包括联合航空、美国航空、达美航空和英国航空。它的3个航站楼（分别为2、3、4号航站楼；1号航站楼在1990年被拆除）和停车场之间有免费班车和 **Phoenix Sky Train** (www.skyharbor.com/phxskytrain)。

灰狗巴士（见938页地图; ☎602-389-4200; www.greyhound.com; 2115 E Buckeye Rd) 有巴士开往图森（$18, 2小时, 每天6趟）、弗拉格斯塔夫（$25, 3小时, 每天5趟）、阿尔伯克基（Albuquerque; $70~87, 9.5小时, 每天3趟）和洛杉矶（$46, 7.5小时, 每天7趟）。Valley Metro的13号班车连接机场和灰狗巴士站；告诉司机你要去的车站。

想要在机场拼车，**Super Shuttle**（☎602-244-9000, 800-258-3826; www.supershuttle.com) 提供全城范围的门对门班车服务，至菲尼克斯市中心的费用约为$13，至坦佩的费用为$15，至斯科茨代尔老城区的费用是$17，至梅萨费用为$21。

Valley Metro（☎602-253-5000; www.valleymetro.org) 的巴士线路覆盖整个太阳谷，同时有一条长20英里的轻轨线路连接菲尼克斯北部、菲尼克斯市中心、坦佩/亚利桑那州立大学和梅萨市中心。轻轨和巴士票价单程$2（不含转车），日票$4。公共汽车每天间隔发车。

亚利桑那州中部 (Central Arizona)

科罗拉多高原位于菲尼克斯北部，这一地区多树多山，气候更为凉爽，而且遍布风景名胜，景点很多。你可以在地球能量中心与内心的神性对话，在黄松香气扑鼻的峡谷中徒步，瞻仰美洲原住民的古代居所，深入探究西部早期的历史。

地区的枢纽弗拉格斯塔夫是个活泼欢快的大学城，也是通往大峡谷南缘（Grand Canyon South Rim）的门户。这一地区最适宜在夏、春、秋这三个季节游览。

从菲尼克斯出发，沿17号州际公路（I-17）行驶145英里，仅需2个多小时你就到了弗拉格斯塔夫。取道89号公路则更为从容，沿途你可以看到美妙的景色，有些岔路通往有趣的景点。

普雷斯科特（Prescott）

普雷斯科特有维多利亚风格的市中心和

亚利桑那州最佳景观自驾游

橡树溪峡谷（Oak Creek Canyon) 在弗拉格斯塔夫和塞多纳之间的89A号公路（Hwy 89A) 上来一段惊心动魄的旅行，经过游泳水潭、落石和深红色的峡谷岩壁。

89/89A号公路威肯勃格（Wickenburg）**至塞多纳段** 这条慵懒的车道经过度假牧场、矿业小镇、艺术馆和时髦的酒厂，将老西部（Old West）和新西部（New West）连接起来。

帕塔哥尼亚-索诺伊塔景观大道（Patagonia-Sonoita Scenic Road) 这条位于亚利桑那州南部葡萄酒之乡82号公路（Hwy 82) 和83号公路（Hwy 83) 的景观大道是鸟类和观鸟者的天堂。

凯恩塔-纪念碑谷（Kayenta-Monument Valley) 沿标志性环路经过电影布景般的红岩，你就是自己的西部大片的主角。红岩就在纳瓦霍乡村。

红崖景观大道（Vermilion Cliffs Scenic Road) 89A号公路（Hwy 89A) 上一段孤独的路程，穿过亚利桑那狭地（Arizona Strip)，连接起秃鹰聚居地、北缘（North Rim）和摩门教社区。

带孩子游菲尼克斯

Wet 'n' Wild Phoenix (☎623-201-2000; www.wetnwildphoenix.com; 4243 W Pinnacle Peak Rd, Glendale; 身高高于/低于42英寸 $43/33, 老人 $33; ◎6月和7月 周日至周四 10:00~20:00, 周五和周六 至22:00, 3月至5月和8月至10月 营业时间和星期缩短; ▣) 水上公园有泳池、管状滑梯、波浪池、瀑布和漂流河道。位于格兰戴尔(Glendale), 17号州际公路 (I-17) 217号出口以西2英里处。

菲尼克斯儿童博物馆 (Children's Museum of Phoenix; 见938页地图; ☎602-253-0501; http://childrensmuseumofphoenix.org; 215 N 7th St; 门票 $11; ◎周二至周日 9:00~16:00; ▣) 可以触摸、攀爬和绘画的互动(寓教于乐的)展览乐园。

亚利桑那科学中心 (Arizona Science Center; 见938页地图; ☎602-716-2000; www.azscience.org; 600 E Washington St; 成人/儿童 $18/13; ◎10:00~17:00; ▣) 是一个关于探索发现的高科技殿堂,有300多件展品和一个天文馆。

丰富多彩的蛮荒西部历史,感觉像是中西部与牛仔乡村的碰撞。城内有500多座建筑被收录进《国家史迹名录》(*National Register of Historic Places*),还是全世界最古老的牛仔竞技之乡。所谓的威士忌大道(Whiskey Row)是一条臭名昭著的老式酒吧街,至今仍向老主顾们供应酒水。

在城市南部,复古迷人的 **Motor Lodge** (☎928-717-0157; www.themotorlodge.com; 503 S Montezuma St; 房间/套/公寓 $109/129/139起; ❄🐾) 把住客安顿在围绕中心车道的12间华丽的平房里——那是这里最好的独立客房。想吃早餐的话,可以漫步到气氛友好的 **Local** (☎928-237-4724; 520 W Sheldon St; 主菜 $11~12; ◎7:00~14.30; 🐾),那里的自制甜点和西北部传统早餐值得期待。令人愉悦的 **Iron Springs Cafe** (☎928-443-8848; www.ironspringscafe.com; 1501 Iron Springs Rd; 早午餐和午餐 $11~13, 晚餐 $16~20; ◎周三至周六 11:00~20:00, 周日 9:00~14:00) 以卡真菜(Cajun)和西南特色菜挑动食客的味蕾,位于市中心西北3英里的旧火车站内。

在Whiskey Row上,**Palace** (☎928-541-1996; www.historicpalace.com; 120 S Montezuma St; ◎周日至周四 11:00~22:00, 周五和周六 至23:00) 是个十分有情调的去处,适合喝上两杯。从弹簧门进到一个有Brunswick酒吧的大房间内即是。

游客中心 (☎800-266-7534, 928-445-2000; https://prescott.org; 117 W Goodwin St; ◎周一至周五 9:00~17:00, 周六和周日 10:00~14:00) 提供旅游信息。**Arizona Shuttle** (☎928-226-8060, 800-888-2749; www.arizonashuttle.com) 的长途汽车抵离菲尼克斯机场。

杰罗姆 (Jerome)

这座复活的鬼城在19世纪末采矿鼎盛时期曾被称为"西部最邪恶的城市"(Wickedest Town in the West),如今这里的历史建筑已得到修复,并被改造成了画廊、餐厅、民宿以及品酒室。

觉得自己勇敢无畏?何不试着去 **奥德利·海德弗雷姆公园** (Audrey Headframe Park; www.jeromehistoricalsociety.com; 55 Douglas Rd; ◎8:00~17:00) 免费, 站在1910英尺深的矿井顶端的玻璃平台上,它可比帝国大厦还高出650英尺! 往前走就是美丽的 **杰罗姆州立历史公园** (Jerome State Historic Park; ☎928-634-5381; www.azstateparks.com; 100 Douglas Rd; 成人/7~13岁儿童 $7/4; ◎8:30~17:00),这里保存了绰号"生牛皮"(Rawhide)的矿业大亨吉米·道格拉斯(Jimmy Douglas)建于1916年的大宅。

Jerome Grand Hotel (☎928-634-8200; www.jeromegrandhotel.com; 200 Hill St; 房间/套 $225/325; ❄🐾) 在采矿的年代曾是这座城市的一个矿区社区医院。现在它利用自己的历史做文章,在走廊中展示从前医院的物品,还组织孩子们喜欢的、有趣的幽灵之旅。在相邻的 **Asylum Restaurant** (☎928-639-3197; www.asylumrestaurant.com; 200 Hill St; 午餐 $12~14, 晚餐 $26~28) 尽享美景, 在这里品尝精致美食或小酌一杯, 皆令人陶醉。

市中心颇受欢迎的 **Spirit Room Bar**（☎928-634-8809; www.spiritroom.com; 166 Main St; ⊙11:00至次日1:00）是一家非常热闹的酒吧。若要享用美味早餐或午餐，是Y字形路口的 **Flatiron Café**（☎928-634-2733; www.theflatironjerome.com; 416 Main St; 早餐 $8~10、午餐 $11~13; ⊙周三至周一 8:30~15:30）。特制咖啡也很棒。

当地实用信息可以去 **商会**（chamber of commerce; ☎928-634-2900; www.jeromechamber.com; 310 Hull Ave; ⊙周四至周一 11:00~15:00）查询。

塞多纳（Sedona）

塞多纳坐落在16英里长的橡树溪峡谷（Oak Creek Canyon）南端醒目的红色砂岩中，吸引了朝圣者、艺术家、疗养者，以及逃离菲尼克斯的闷热来这里一日游的游客。许多新时代的人都相信，这个地区是地球力量辐射的能量中心（这里的用法不是说"旋涡"），你可以见到各种各样的替代医药和疗法展示。更实际的是，周围的峡谷是徒步、骑行、游泳和露营的极佳地点。

⦿ 景点和活动

新纪元运动的信奉者认为，塞多纳的岩石、悬崖与河流会散发出地球母亲的神奇魔力。这里有世界上最著名的四大能量中心，分别是179号公路（Hwy 179）以东的橡树溪村（Village of Oak Creek）附近的 **贝尔岩**（Bell Rock）、红岩隧道（Red Rock Crossing）附近的 **教堂岩**（Cathedral Rock）、Airport Rd边的 **梅萨机场**（Airport Mesa; Airport Rd）和 **博因顿峡谷**（Boynton Canyon）。Airport Rd也是观赏多彩日落的好地方。

★ 红岩州立公园　　　　　　　　　　　公园

（Red Rock State Park; ☎928-282-6907; https://azstateparks.com/red-rock; 4050 Red Rock Loop Rd; 成人 $7、7~13岁儿童 $4、6岁及以下儿童 免费; ⊙8:00~17:00，游客中心 9:00~16:30; ♿）别把这里与滑石州立公园（Slide Rock State Park）弄混了，这座面积286英亩的公园有环境教育中心、野餐区和总长5英里标识清晰、相互连接的小径，后者位于红岩乡村景色美妙的河岸环境。小径种类从溪畔平坦的闲逛到稳步登上景色优美的山脊，各有不同。护林员带领的活动包括自然徒步和观鸟徒步。严禁在溪流中游泳。位于塞多纳市中心以西9英里处，紧邻89A公路（Hwy 89A），在15英里的石灰窑小径（Lime Kiln Trail）东缘。

★ 滑石州立公园　　　　　　　　　　　游泳

（Slide Rock State Park; ☎928-282-3034, 问询线路 602-542-0202; www.azstateparks.com/parks/slro; 6871 N Hwy 89A, Oak Creek Canyon; 每年 6月至9月 $20、10月至次年5月 $10; ⊙6月至8月 8:00~19:00，其他月份开放时间缩短; ♿）塞多纳最热门和最拥挤的地方之一，这座州立公园位于城镇以北7英里处，以能让游泳的人飞快滑下橡树溪的80英尺砂岩滑道为特色。小径不长，兜兜转转地经过古老的小屋、农场设备和苹果园，但公园最吸引人的还是那条奇妙的天然岩石滑道。

★ Pink Jeep Tours　　　　　　　　　自驾

（☎800-873-3662, 928-282-5000; www.pinkjeeptours.com; 204 N Hwy 89A; ⊙6:00~22:00; ♿）这家塞多纳旅游业老牌机构的吉普车似乎到处都是，马达轰鸣，好像粉色的苍蝇到处乱撞。不过一旦你加入团队游，你便会发现其实非常欢乐，颠来颠去，你就会明白它们为何如此受欢迎了。Pink在塞多纳附近经营15种惊险刺激、令人头晕目眩的越野和探险游，大多数时长约2小时（成人/儿童 $59/54起）至4小时（$154/139起）。

🛏 住宿

塞多纳和附近的橡树溪峡谷有很多漂亮的民宿、溪畔小屋、汽车旅馆和全方位服务的度假村。红岩峡谷不允许分散露营。林业局负责运营橡树溪峡谷内Alt 89号公路（Hwy Alt 89）沿线的露营地（没有房车接口），所有露营位都分布在紧邻公路的树林里。露营需要花费$18，但无须购买红岩门票。除Pine Flat East之外的所有露营地均接受预订。城北6英里处的Manzanita有19处露营位，提供淋浴设施，全年开放；北部11.5英里处的Cave Springs有82处露营位和淋浴设施；北部12.5英里处的Pine Flat East和Pine Flat West共有58处露营位，其中18处可预订。

Cozy Cactus 民宿 $$

(☎800-788-2082, 928-284-0082; www.cozycactus.com; 80 Canyon Circle Dr, Village of Oak Creek; 双 $210起; ❄🐾) Carrie和Mark经营的这家民宿拥有5间客房,尤其适合喜欢冒险的游客。西南部风格的房屋就在龙舌兰小径(Agave Trail)旁,就在适合骑行者的Bell Rock Pathway的转弯处。探险活动之后,舒舒服服地坐在屋后露台的篝火旁,最适合观赏野生动物和夜空,次日一早,享用正在等你的三道菜早餐。

★ El Portal 民宿 $$$

(☎928-203-9405, 800-313-0017; www.elportalsedona.com; 95 Portal Lane; 双 $300起; 🐾) 这家不起眼的小旅馆完美融合了美国西南部和匠心工艺,藏身于特拉克帕克(Tlaquepaque)画廊和餐厅对面的角落,是个既放松又豪华的小巧所在,不可思议地置身于塞多纳游客众多的市中心喧嚣以外。外表质朴却不失精致,包括再生木材、纳瓦霍地毯、河中的岩石和厚实的土坯墙。

🍴 就餐

塞多纳的餐馆集中在上城区(Uptown)及Highway 89A和Highway 179沿线。可以在 Whole Foods (☎928-282-6311; 1420 W Hwy 89A; ⏰周一至周六 8:00~21:00,周日 至20:00; 🅿)或 Bashas' (☎928-282-5351; 160 Coffee Pot Dr; ⏰6:00~23:00)挑选食品和野餐食物。

Sedona Memories 熟食 $

(☎928-282-0032; 321 Jordan Rd; 三明治

$8.50; ⏰周一至周五 10:00~14:00)这家小小的本地商店用自制面包片制作巨型三明治,有多种野餐选择,包装紧致,拿在手里不会一团糟,你也可以在安静的走廊上吃完。如果打电话叫外卖的话,店里还赠送一块免费的曲奇。只接受现金。

★ Elote Cafe 墨西哥菜 $$$

(☎928-203-0105; www.elotecafe.com; Arabella Hotel, 771 Hwy 179; 主菜 $22~28; ⏰周二至周六 17:00~22:00)来这里是因为Elote Cafe提供该地区味道最好、最正宗的墨西哥菜,还有其他地方找不到的不寻常的传统菜肴,例如与餐馆同名的elote[烤玉米配辣蛋黄酱、青柠和科蒂哈(cotija)奶酪],或红辣椒熏鸡肉。不接受预订,排队令人着恼:早点来,带本书,点一杯玛格丽特。

Dahl & DiLuca Ristorante 意大利菜 $$$

(☎928-282-5219; www.dahlandiluca.com; 2321 Hwy 89A; 主菜 $27~38; ⏰17:00~22:00)尽管这家可爱的意大利餐馆融入了塞多纳的节奏和色彩,不过与此同时,它还是会让你觉得似乎置身于意大利的海滨小镇。这个地方嘈杂、热情,提供一流的地道意大利美食。尝尝烤架上拿下来的猪排配芦笋或者松露奶油四奶酪小方饺。

ℹ️ 实用信息

红岩乡村游客中心(Red Rock Country Visitor Center; ☎928-203-2900; www.redrockcountry.org; 8375 Hwy 179; ⏰9:00~16:30)可以在此办理红岩通票(Red Rock Pass),还提供徒步指南、地图和当地国有森林的信息。

塞多纳商会游客中心(Sedona Chamber of Commerce Visitor Center; ☎928-282-7722, 800-288-7336; www.visitsedona.com; 331 Forest Rd; ⏰8:30~17:00)位于塞多纳住宅区的步行中心,提供免费地图,可以在这里购买红岩门票。

ℹ️ 到达和当地交通

Ace Xpress(☎800-336-2239, 928-649-2720; www.acexshuttle.com; 单程/往返 成人 $68/109, 儿童 $35/55; ⏰办公时间 周一至周五 7:00~20:00, 周六周日 8:00~20:00)和**Arizona Shuttle**(☎800-888-2749, 928-282-2066; www.

红岩通票

想在塞多纳和橡树溪峡谷周围的国家森林区域停车的话,你需要在护林站、游客中心和大多数步道起点和野餐区的自动售货机购买红岩通票(Red Rock Pass)。通票价格每天$5或每周$15,必须放置在汽车风挡玻璃下方。如果只是短暂停车拍照或者观景,又或者持有联邦跨机构通票(Federal Interagency Passes),则无须通票。

弗德谷葡萄酒小径（VERDE VALLEY WINE TRAIL）

弗德河（Verde River）水量充沛的山谷出现了越来越多的葡萄园、酒庄和品酒室。Caduceus Cellars和Merkin Vineyards的老板是工具乐队（Tool）的主唱梅纳德·詹姆斯·基南（Maynard James Keenan），他为这里带来了明星效应。基南2010年拍摄的纪录片《以血入酒》（Blood into Vine）毫无保留地展现了葡萄酒行业的样貌。

在卡顿（Cottonwood），开车或乘船前往弗德河河畔的Alcantara Vineyards（928-649-8463；www.alcantaravineyard.com；3445 S Grapevine Way, Cottonwood；品葡萄酒 $10~15；11:00~17:00），然后在老城区漫步，Arizona Stronghold（928-639-2789；www.azstronghold.com；1023 N Main St；品葡萄酒 $9；周日至周四 正午至19:00，周五和周六 至21:00）、Merkin Vineyards Osteria（928-639-1001；http://merkinvineyardsosteria.com；1001 N Main St；11:00~21:00；）和Pillsbury Wine Company（928-639-0646；www.pillsburywine.com；1012 N Main St；品葡萄酒 $10~12；周日至周四 11:00~18:00，周五和周六 至21:00）是适合爱酒人的Main St上最好的三家品酒室。

在杰罗姆，首先前往游客中心附近的Cellar 433（928-634-7033；www.cellar433.com；240 Hull Ave；周四至周日 11:00~18:00，周一至周三 至17:00），从那里漫步到基南位于Connor Hotel附近的Caduceus Cellars（928-639-9463；www.caduceus.org；158 Main St；周日至周四 11:00~18:00，周六 至20:00）。

3个带品酒室的酒庄分布在康维尔以东Page Springs Rd灌木丛生的路段：内有小酒馆的Page Springs Cellars（928-639-3004；http://pagespringscellars.com；1500 Page Springs Rd, Cornville；团队游 $10；周日至周三 11:00~19:00，周四至周六 至21:00）、热情的Oak Creek Vineyards（928-649-0290；www.oakcreekvineyards.net；1555 N Page Springs Rd, Cornville；品葡萄酒 $10；10:00~18:00）和演奏着轻摇滚的Javelina Leap Vineyard（928-649-2681；www.javelinaleapwinery.com；1565 Page Springs Rd, Cornville；品酒 每种$2~3；周日至周四 11:00~17:00，周五和周六 至18:00）。

欲了解葡萄酒小径地图及关于酒庄的更多详细信息，可以登录www.vvwinetrail.com。

---

arizonashuttle.com）运营塞多纳和菲尼克斯天港国际机场之间的班车。

美国国铁（800-872-7245；www.amtrak.com）和灰狗巴士（800-231-2222；www.greyhound.com）都在附近的弗拉格斯塔夫停车。

Barlow Jeep Rentals（928-282-8700，800-928-5337；www.barlows.us；3009 W Hwy 89A；半天/1天/3天 吉普车租赁 $250/350/576；8:00~18:00）适合在崎岖不平的路面上开车探索。提供免费地图和小径信息。**Bob's Taxi**（982-282-1234；www.bobstaxisedona.com）是一家不错的当地出租公司。**Enterprise**（928-282-2052；www.enterprise.com；2090 W Hwy 89A；每天 $50起；周一至周五 8:00~18:00，周六和周日 9:00~14:00）出租汽车。

弗拉格斯塔夫（Flagstaff）

弗拉格斯塔夫散发着悠然自得的巨大魅力，市中心满是不拘一格的乡土建筑和老式霓虹灯，历史悠久，适合步行，还可以在全国最大的黄松林徒步和滑雪。当地人非常快乐，热爱运动，热爱生活，不暴力：街头艺人在街角演奏蓝草音乐，骑行文化蓬勃发展。北亚利桑那大学（Northern Arizona University，简称NAU）给弗拉格斯塔夫增添了大学城的氛围，而铁路历史仍然是城市不可磨灭的一部分。适度品尝精酿啤酒、新鲜烘焙的咖啡豆和无所不包的好时光，在这里能找到完美的北亚利桑那世外桃源。

◉ 景点

★ 洛厄尔天文台 　　　　　　　　　天文台

（Lowell Observatory；总机 928-774-3358，答录信息 928-233-3211；www.lowell.edu；1400 W Mars Hill Rd；成人/老年人/5~17岁儿童 $15/14/8；周一至周六 10:00~22:00，周日 至

17:00；🅿）该天文台坐落在市中心以西的一座小山上，是国家历史地标建筑——因1930年第一次观测到冥王星而闻名——由珀西瓦尔·洛厄尔（Percival Lowell）建于1894年。在天气很好的情况下可以使用望远镜观星，其中包括著名的克拉克望远镜（Clark Telescope），这架1896年的望远镜是如今被广泛接受的宇宙膨胀理论的观测基础。孩子们会喜欢柏油路面的冥王星小路（Pluto Walk），一座蜿蜒绕行太阳系的微缩模型。

★ 北亚利桑那博物馆　　　　博物馆

（Museum of Northern Arizona；📞928-774-5213；www.musnaz.org；3101 N Fort Valley Rd；成人/老人/10~17岁儿童 $12/10/8；⏱周一至周六 10:00~17:00，周日 正午至17:00；🅿）位于迷人的工匠风格石楼内，四周环绕松林，这座出色的小型博物馆主要突出美国印第安考古、历史和文化，还有当地的地质、生物和艺术。永久展品引人入胜，还有约翰·詹姆斯·奥杜邦（John James Audubon）的北美洲哺乳动物绘画等主题展。在前往大峡谷的途中，这里是关于该地区人类和自然历史的精彩入门介绍。

里尔登大厦州立历史公园　　　　古迹

（Riordan Mansion State Historic Park；📞928-779-4395；https://azstateparks.com/riordan-mansion；409 W Riordan Rd；团队游 成人/7~13岁儿童 $10/5；⏱5月至10月 9:30~17:00，11月至次年4月 周四至周一 10:30~17:00）经营亚利桑那木材公司（Arizona Lumber Company）发了一大笔财的迈克尔·莱尔顿（Michael Riordan）和蒂莫西·莱尔顿（Timothy Riordan）兄弟1904年修建了这幢庞大的双层房屋。该建筑的工匠设计风格是大峡谷村（Grand Canyon Village）El Tovar的建筑设计师查尔斯·惠特尔西（Charles Whittlesey）的智慧结晶。内部以手劈木瓦、原木壁板和毛石为特色，摆满了Edison、Stickley、Tiffany和Steinway的家具，是艺术品和工艺品的圣殿。

🚶 活动

Absolute Bikes　　　　骑车

（📞928-779-5969；www.absolutebikes.net；202 E Rte 66；自行车租赁 每天 $39起；⏱4月至感恩节 周一至周五 9:00~19:00，周六 9:00~18:00，周日 10:00~16:00，12月至次年3月营业时间缩短）到这家超级友好的自行车出租店看一看，了解当地山地自行车界的情况，租一辆自行车探索附近的小径。

Arizona Snowbowl　　　　滑雪

（📞928-779-1951；www.arizonasnowbowl.com；9300 N Snowbowl Rd；缆车票 成人 $75，13~17岁青少年 $64，8~12岁儿童 $42；⏱11月中旬至4月中旬 9:00~16:00；🅿）位于弗拉格斯塔夫市中心以北约14英里处，规模不大但海拔很高，雪场共有8部缆车，40条在9200英尺和11,500英尺间的雪道。滑雪季一般从11月持续至次年4月。

🛏 住宿

与亚利桑那州南部不同的是，在这里，夏天才是旺季。

★ Motel Dubeau　　　　青年旅舍 $

（📞928-774-6731；www.modubeau.com；19 W Phoenix Ave；铺/房间 $27/53起；🅿❄@📶）1929年修建，当时是弗拉格斯塔夫第一家汽车旅馆，这家独立青年旅舍提供与姐妹旅舍Grand Canyon International Hostel相同的服务热情、整洁且完善的住宿。私人房间与普通却漂亮的标间差不多，配有冰箱、有线电视和私人浴室。店内的Nomads提供啤酒、葡萄酒和小吃。这里还有厨房和洗衣设施。

Flagstaff KOA　　　　露营地 $

（📞928-526-9926，预订 800-562-3524；www.flagstaffkoa.com；5803 N Hwy 89；帐篷/房车露营位 $33/38，小屋和印第安圆锥帐篷 $65起；🅿📶）这个黄松遮蔽的大型露营地位于40号州际公路（I-40）201号出口以北1英里和弗拉格斯塔夫市中心东北5英里处。一条小路从露营地通向埃尔登山（Mt Elden）的小径。这里适合家庭，出租长把自行车（Banana Bike），周末放映电影，有一座水上乐园，夏季还可以乘坐桶式小火车。4栋一居室小屋可住4人，但不提供寝具。

★ Hotel Monte Vista　　　　历史酒店 $$

（📞928-779-6971；www.hotelmontevista.

com; 100 N San Francisco St; 房间/套 $115/145起; ❄🅿🛜)这家建于1926年的地标酒店建筑上方有巨大的老式霓虹招牌，里面有羽毛灯罩、复古家具、大胆的色彩和五花八门的装饰。房间以下榻的影星命名，包括亨弗莱·鲍嘉(Humphrey Bogart)，这个房间有引人注目的黑色墙壁、黄色天花板和金色绸缎床具。据说有些鬼怪经常出没。

★ Inn at 410   民宿 $$

(📞928-774-0088; www.inn410.com; 410 N Leroux St; 房间 $185起; 🅿❄🛜)这座1894年民居经过整修，提供10间装饰漂亮的宽敞主题卧室，都有浴室，配冰箱，很多房间有四柱床和宜人的风景。从市中心步行很短距离即可到达这里，有绿树成荫的果园和舒适的餐厅，供应美味丰盛的早餐和午后小吃。

🍴 就餐

弗拉格斯塔夫的大学师生及大众对生活质量的追求意味着它是该州最好的美食目的地之一。自己做饭的话，可以试试一家不错的本地连锁超市**Bashas'**(📞928-774-3882; www.bashas.com; 2700 S Woodlands Village Blvd; ⏰6:00~23:00)，有数量可观的有机食品。想找健康食品，这里还有**Whole Foods Market**(📞928-774-5747; www.wholefoodsmarket.com; 320 S Cambridge Lane; ⏰7:00~21:00; 🅿)。

★ Macy's   咖啡馆 $

(📞928-774-2243; www.macyscoffee.net; 14 S Beaver St; 早餐/午餐 $6/7; ⏰6:00~18:00; 🛜)这家弗拉格斯塔夫闻名已久的咖啡馆供应可口的咖啡——用角落那台原汁原味、漂亮、新颖的大红色烘焙机自己烘焙——从20世纪80年代以来一直是本地学生和咖啡爱好者活跃的地方。素食菜单中有许多严格素食选择，还有糕点、蒸蛋、华夫饼、酸奶和格兰诺拉麦片、沙拉和素食三明治等传统咖啡馆食物。

Diablo Burger   汉堡 $

(📞928-774-3274; www.diabloburger.com; 120 N Leroux St; 主菜 $11~14; ⏰周日至周三 11:00~21:00, 周四至周六 11:00~22:00; 🛜)这家专注于本地的美味汉堡店甩出的大汉堡使用英式松饼做面包，还有美味普罗旺斯风味薯条。这里供应的Blake汉堡加了切达芝士、哈奇辣椒蛋黄酱和烤青椒，十分美味，连新墨西哥人也对它大加称道。由于地方狭小，最好早点到，或者坐在外面观看人来人往。这里还供应啤酒和葡萄酒。

★ Criollo Latin Kitchen   创意菜 $$

(📞928-774-0541; www.criollolatinkitchen.com; 16 N San Francisco St; 主菜 $17~20; ⏰周一至周五 11:00~21:00, 周六和周日 9:00~21:00)🍴Restaurant & Wine Bar和**Proper Meats + Provisions**(📞928-774-9001; www.propermeats.com; 110 S San Francisco St; 三明治 $12~13; ⏰10:00~19:00)🍴的姊妹店，这家新潮的拉丁风味餐厅同样支持本地农产商，尽可能从亚利桑那州采购原料。找一天前来享用海地风味早午餐，包括慢烤猪肉配双面半熟煎蛋、墨西哥豆和提马利奇(Ti-Malice)辣酱，或者欢乐时光(周一至周五 15:00~18:00)的时候再来吃鱼肉玉米卷饼，喝$4的玛格丽特酒。

★ Brix Restaurant & Wine Bar   各国风味 $$$

(📞928-213-1021; www.brixflagstaff.com; 413 N San Francisco St; 主菜 $30~32; ⏰周日和周二至周四 17:00~21:00, 周五和周六 至22:00; 🍴)Brix提供的时令菜肴取材于本地，通常出类拔萃；漂亮的房间有裸露的砖墙和宁静的铜吧台。姊妹店Proper Meats + Provisions提供熟食、散养猪肉及其他令人啧啧称赞的常见菜肴。葡萄酒单经过精心设计，建议预订。

★ Coppa Cafe   咖啡馆 $$$

(📞928-637-6813; www.coppacafe.net; 1300 S Milton Rd; 午餐和早午餐 $11~15, 主菜 $28~31; ⏰周三至周五 15:00~21:00, 周六 11:00~15:00和17:00~21:00, 周日 10:00~15:00; 🛜)这家摆放艺术品的友好小馆有蛋黄色的墙壁，老板夫妻布赖恩·法尔(Brian Konefal)和葆拉·菲奥拉万蒂(Paola Fioravanti)相识于意大利的烹饪学校。估计菜肴的食材采于附近的森林(及亚利桑那州更远的野外)，比如慢烤牛上腰配野花黄油，或者黏土烤鸭蛋配索诺兰小麦和野草"调味饭"。

🍷 饮品和娱乐

了解关于节日和音乐活动的详细信息，可以致电游客中心或查看www.flagstaff365.com。夏季周五和周六夜晚，人们会在遗产广场（Heritage Sq）铺上毯子，免费欣赏音乐和家庭电影。有趣的活动从17:00开始。

周四可以领取免费的《弗拉格斯塔夫现场!》（*Flagstaff Live!*；www.flaglive.com），了解城内各个地方当前的演出和活动。

★ Hops on Birch　　　　　　　　　小酒馆

（📞928-774-4011；www.hopsonbirch.com；22 E Birch Ave；⊙周一至周四 13:30至次日00:30，周五 至次日2:00，周六 正午至次日2:00，周日 正午至次日0:30）简单、漂亮，Hops on Birch有34种轮换出售的桶装啤酒、每周5晚的现场音乐和本地人聚集的友好氛围。按照传统弗拉格斯塔夫的作风，狗和人一样受欢迎。

Monte Vista Cocktail Lounge　　　　酒吧

（📞928-779-6971；www.hotelmontevista.com；100 N San Francisco St, Hotel Monte Vista；⊙周一至周六 16:00至次日2:00）有弗拉格斯塔夫市中心最好的角落位置，还有适合观看人来人往的大窗户，它的前身是历史悠久的Hotel Monte Vista的酒吧，有压锡天花板、台球桌、每周3晚的现场音乐，外加周日知识竞赛、卡拉OK及周一全天"欢乐时光"。

ℹ️ 实用信息

美国林业局弗拉格斯塔夫护林站（USFS Flagstaff Ranger Station；📞928-526-0866；www.fs.usda.gov；5075 N Hwy 89；⊙周一至周五 8:00~16:00）提供关于弗拉格斯塔夫以北的埃尔登山（Mt Elden）、汉弗莱斯峰（Humphreys Peak）和奥利里峰（O' Leary Peak）地区的信息。

游客中心（📞800-842-7293, 928-213-2951；www.flagstaffarizona.org；1 E Rte 66；⊙周一至周六 8:00~17:00，周日 9:00~16:00）位于美国国铁火车站内，提供精美的Flagstaff Discovery地图和大量活动信息。

ℹ️ 到达和当地交通

灰狗巴士（📞928-774-4573, 800-231-2222；www.greyhound.com；880 E Butler Ave；⊙10:00至次日6:30）抵离阿尔伯克基、拉斯维加斯、洛杉矶和菲尼克斯的班车中途停靠弗拉格斯塔夫。**Arizona Shuttle**（见944页）和**Flagstaff Shuttle & Charter**（📞888-215-3105；www.flagshuttle.com）有班车往返弗拉格斯塔夫、大峡谷国家公园、威廉姆斯、塞多纳和菲尼克斯的天港国际机场。

美国国铁（Amtrak；📞800-872-7245, 928-774-8679；www.amtrak.com；1 E Rte 66；⊙3:30~22:30）旗下的"西南酋长号"（Southwest Chief）列车每日往返芝加哥和洛杉矶，中途停靠弗拉格斯塔夫。

Mountain Line Transit（📞928-779-6624；www.mountainline.az.gov；单程 成人/儿童 $1.25/0.60）每天有几条长途汽车固定线路；在游客中心领取一份好用的地图。长途汽车为乘坐轮椅的乘客配备了斜坡。

如果需要出租车，拨打**Action Cab**（📞928-774-4427）或**Sun Taxi**（📞928-774-7400；www.suntaxiandtours.com）。机场和市中心有几家主要的租车公司。

威廉姆斯（Williams）

亲切和善的威廉姆斯位于大峡谷村以南60英里、弗拉格斯塔夫以西35英里处，是一个独具个性的门户城市。66号公路沿线有很多经典的汽车旅馆和餐厅，老式房子和火车

不要错过

沃尔纳特峡谷（WALNUT CANYON）

沃尔纳特峡谷（Walnut Canyon；📞928-526-3367；www.nps.gov/waca；I-40的204号出口；成人/16岁以下儿童 $8/免费；⊙6月至10月 8:00~17:00，11月至次年5月 9:00~17:00，小径提前1小时关闭；🅿）的Sinagua崖居位于几近垂直的石灰岩岩壁旁，周围环绕着丛林密布的峡谷，令人惊叹。1英里长的岛屿徒步小径（Island Trail）一路向下延伸，下降高度185英尺（200多级台阶），经过25个建在自然形成于曲线优美的孤峰突出岩壁之下的崖居房间。无障碍的小径（Rim Trail）更短，可以观赏峡谷对面的崖居点。

站让人回想起从前更简单的时光。

多数游客来这里是为了乘火车走一趟20世纪初的大峡谷铁路（Grand Canyon Railway；☏预订800-843-8724；www.thetrain.com；233 N Grand Canyon Blvd, Railway Depot；往返 成人/儿童 $79/47起），去往大峡谷南缘（South Rim）；列车9:30从威廉姆斯出发，17:45折返。即使你不是火车迷，坐火车仍是一种无压力欣赏大峡谷的方式，沿途风景秀丽，身着古装服饰的人介绍着历史和地域知识，班卓琴民间音乐定下了基调。

Red Garter Inn（☏928-635-1484；www.redgarter.com；137 W Railroad Ave；双 $170起；❄☎）是一家由建于1897年的妓院改造而成的民宿，当年这里也曾有满楼红袖招徕客人的场面。4间客房非常有年代感，楼下的面包房里有好喝的咖啡。时髦狭小的Grand Canyon Hotel（☏928-635-1419；www.thegrandcanyonhotel.com；145 W Route 66；铺/房间 $33/87起；⊙3月至11月；❄@☎）有小间的主题客房和一间6个床位的宿舍，没有电视。你还可以睡在1929年的圣菲守车车厢或是普尔曼卧铺车厢内。Canyon Motel & RV Park（☏928-635-9371, 800-482-3955；www.thecanyonmotel.com；1900 E Rodeo Rd；帐篷/房车露营位 $31/44起，乡村小屋/车厢 $90/180起；❄☎❄☎）提供这一切，它就位于市中心东侧。

大峡谷国家公园（Grand Canyon National Park）

无论看过多少描绘壮观的大峡谷（☏928-638-7888；www.nps.gov/grca；20 South Entrance Rd；⊙7日门票 每车/个人 $30/15）的文章或摄影作品，也比不上你亲眼得见。大峡谷先以其广袤无垠吸引你，接着抛出壮观的岩层引你趋前探视，然后再用不时出现的充满艺术感的细节——崎岖的高原、易碎的尖顶、褐红色的山脊——令你如痴如醉。

在大峡谷地面蜿蜒的是长达277英里的科罗拉多河（Colorado River），它在过去600万年间雕刻着峡谷并暴露出有20亿年历史的岩石，这可是地球年龄的一半。

大峡谷的两端给人的感受各不相同。它们之间相距200多英里，被公路分开，而且鲜有人能在一趟旅程中同时游遍。多数游客会选择南缘，因为那里交通方便，服务和景致丰富，不会让人失望。安静的北缘也有其独特的魅力，在海拔8200英尺（高出南缘1000英尺）的地方，气温更低，有开满野花的草地和又高又密的白杨与云杉林。

6月是最干燥的月份，7月和8月则最湿润。1月的夜间最低平均气温为13°F（-11°C）至20°F（-7°C），白天最高气温在40°F（4°C）左右。峡谷内夏季温度会飙升至100°F（38°C）以上。南缘全年开放，但多数游客会在5月下旬至9月上旬前来。北缘开放时间为5月中旬至10月中旬。

❶ 实用信息

大峡谷国家公园（Grand Canyon National Park）内最发达的地区是南缘入口车站（South Rim Entrance Station）以北6英里处的大峡谷村（Grand Canyon Village）。北缘有一个入口，在67号公路（Hwy 67）上雅各布湖（Jacob Lake）以南30英里处，入门后继续往南走14英里即可抵达大峡谷真正的边缘。开车从北缘至南缘大约为215英里，步行穿越峡谷则只有21英里，而秃鹫飞翔的直线距离只有10英里。

公园门票7日内有效，南缘、北缘通用。在公园内夜间徒步和野外露营需要野营许可证。野外信息中心（Backcountry Information Center；☏928-638-7875；www.nps.gov/grca；Grand Canyon Village；⊙8:00至正午和13:00~17:00，周一至周五 8:00~17:00可拨打服务电话；🚌Village）接受4个月内的野营许可证（$10，每人每晚另加$8）申请。如果尽早申请并提供备选徒步路线，成功的机会更大。可当面或通过邮件、传真预约，不接受电话或电子邮件方式的预约。更多信息参见www.nps.gov/grca/planyourvisit/backcountry-permit.htm。

如果到达南缘前没有预先申请到许可证，可去Maswik Lodge（☏888-297-2757，分机 6784，前台和48小时以内预订 928-638-2631；www.grandcanyonlodges.com；Grand Canyon Village；房间 南/北 $107/205；🅿❄@☎；🚌Village）旁边的野外信息中心办公室等待批复。

为了环保，公园内不再售卖瓶装水。因此你得去设在边缘或Canyon Village Market（见951页）的加水站装满水壶。

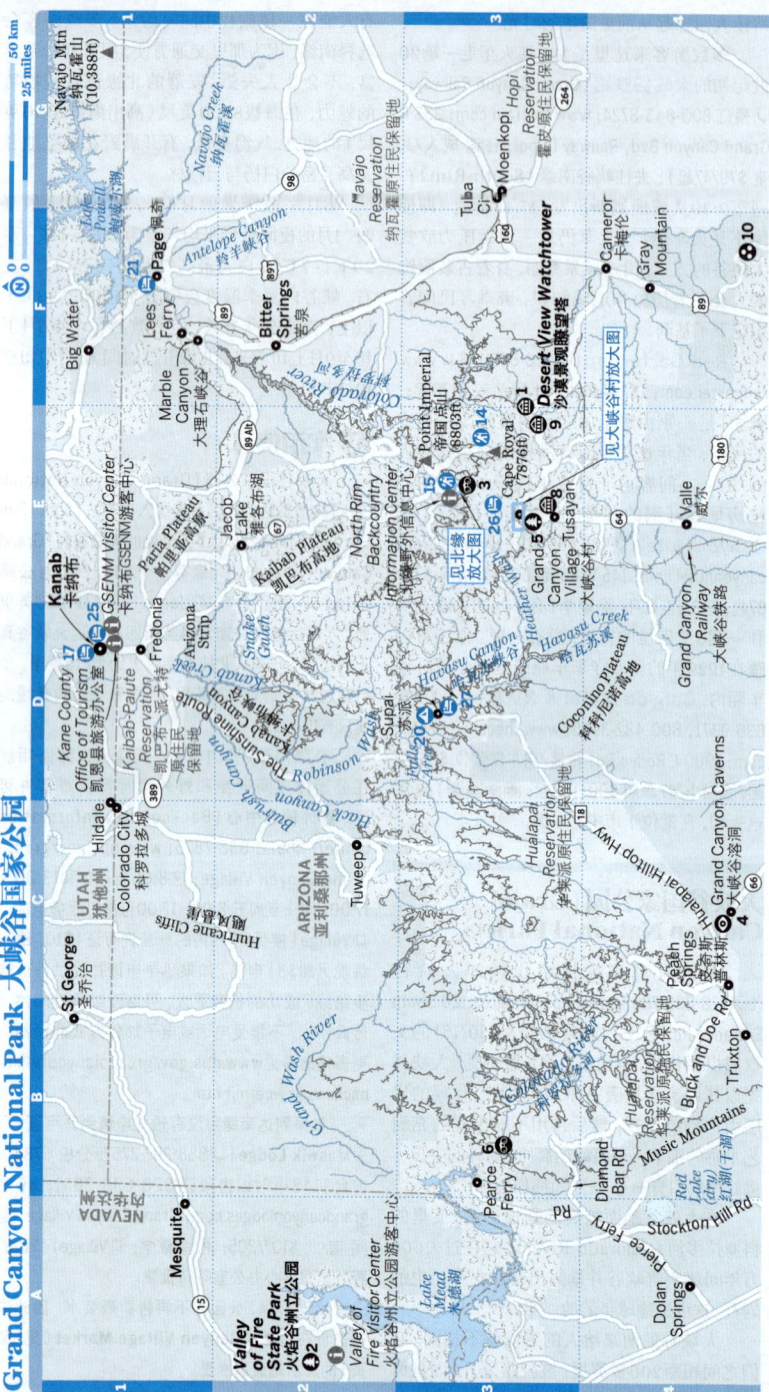

Grand Canyon National Park 大峡谷国家公园

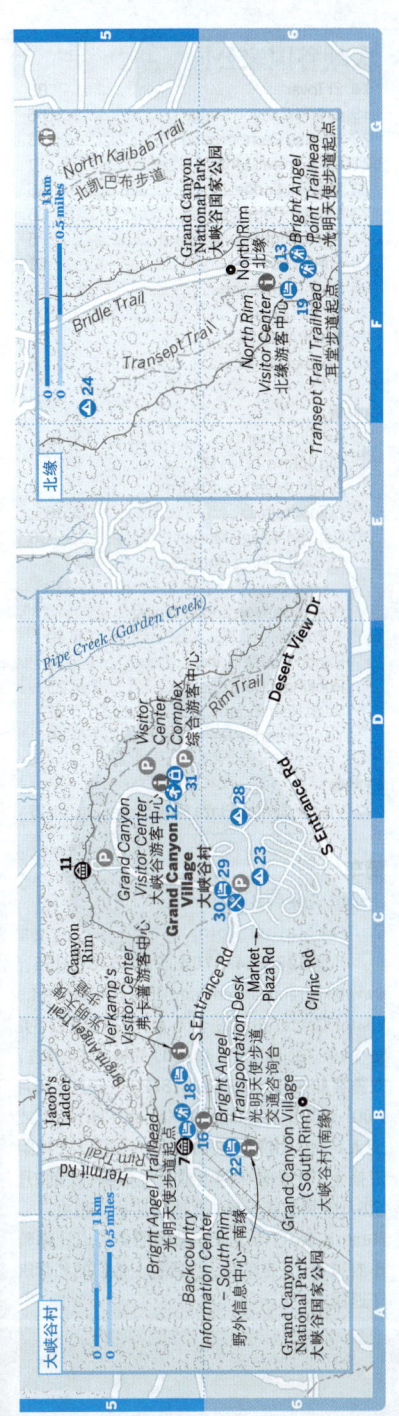

南缘 (South Rim)

如果你不介意与其他游客摩肩接踵,那么去南缘游览就不会有问题,你会发现整个村庄都是住宿、餐馆、书店、图书馆,还有一家超市和一家熟食店。博物馆和历史悠久的石头建筑展示着公园中的人类活动历史,护林员每天带领游客进行各种活动,包括观赏地貌和数量已经恢复的秃鹰。

夏季会有大批一日游旅客汇聚此地,在边缘之下进行一日徒步或只是从观景点走开一小段距离就可以轻而易举地避开拥挤的人群。

活动
驾车和徒步

一条景观道路从Hermit Rd边的大峡谷村西侧沿着峡谷边缘延伸。3月至11月期间不向私家车开放,这条7英里长的路上有公园免费穿梭巴士。由于交通压力相对小,骑自行车游览是很不错的体验。各站点均有壮丽的景色,还有标示牌介绍峡谷的特点。

沙漠景观大道(Desert View Drive)从大峡谷村东边开始,沿峡谷边缘延伸26英里,到达公园的东部入口——沙漠景观(Desert View)。这里有壮观的景色。

沿南缘延伸的徒步小径很多,不论是经验丰富的徒步者还是新手,在这里都能找到适合自己的项目。边缘步道(Rim Trail)是公园内最受欢迎也最容易走的一段路。它穿行于凯巴布国家森林(Kaibab National Forest)的矮小松树丛中,连接了超过13英里长的一系列风景点和历史景点。部分地方已铺设路面,每个观景点都可经由3条巴士路线中的某条到达。时间步道展览(Trail of Time)靠近边缘步道,在亚瓦派地质博物馆(Yavapai Geology Museum)西侧,这条步道的1米就代表了地质史的100万年。

向下徒步至峡谷深处远非等闲之事;多数旅行者能进行短途日间徒步就已心满意足。要记住,返程时向上攀爬要吃力得多,不要尝试一天内徒步走完全程至科罗拉多河并折返。最受欢迎的路线是美丽的光明天使步道(Bright Angel Trail)。长达8英里的步道风景秀丽,陡降至科罗拉多河谷,步道中途有

Grand Canyon National Park 大峡谷国家公园

◎ 重要景点
1. 沙漠景观瞭望塔 F3
2. 火焰谷州立公园 A2

◎ 景点
3. 光明天使点 E3
4. 大峡谷溶洞和旅馆 C4
5. 大峡谷国家公园 E3
6. 西大峡谷（西缘） B3
7. 科尔布工作室 B5
8. 国家地理游客中心和IMAX剧场 E3
9. 图萨扬博物馆和遗址 E3
10. 伍帕特基国家保护区 F4
11. 亚瓦派地质博物馆 C5

✪ 活动、课程和团队游
12. Bright Angel Bicycles & Cafe at Mather Point D5
13. Canyon Trail Rides F6
    Canyon Vistas Mule Rides .... （见7）
14. 菲纳角小径 E3
15. 北凯巴布步道 E3
    Roger Ekis' Antelope Canyon Tours .... （见21）

⊡ 住宿
16. Bright Angel Lodge B5
17. Canyons Lodge D1
    Desert View Campground .... （见1）
18. El Tovar B5
19. Grand Canyon Lodge F6
20. Havasu Campground D3
21. Lake Powell Motel F1
22. Maswik Lodge B6
23. Mather Campground C6
24. North Rim Campground F5
25. Parry Lodge D1
26. Phantom Ranch E3
27. Supai Lodge D3
28. Trailer Village D6
29. Yavapai Lodge C6

⊗ 就餐
Arizona Room .... （见16）
Big John's Texas BBQ .... （见21）
Bright Angel Ice-Cream Fountain .... （见16）
30. Canyon Village Market C6
    El Tovar Dining Room & Lounge .... （见18）
    Grand Canyon Lodge Dining Room .... （见19）
    Ranch House Grille .... （见21）
    Rocking V Cafe .... （见25）
    Sego Restaurant .... （见17）
    Yavapai Lodge Restaurant .... （见29）

⊙ 购物
31. Visitor Center Plaza Park Store D5

4个中转点。暑热会使人体力降低，因此白天徒步的人应该在两个休息站之一掉头（往返3~6英里）。如果想安全走完更长的路到**印第安花园**（Indian Garden；往返9.2英里）和**高原点**（Plateau Point；往返12.2英里），就在黎明上路。

南凯巴布步道（South Kaibab Trail）大概是公园里最漂亮的步道之一，这条路线更为陡峭也更少遮盖，它将每级台阶与令人惊叹的美景及360度全景相结合。想在**Phantom Ranch**过夜的徒步者一般沿这条步道下至峡谷，第二天再从光明天使步道返回。夏季攀登可能很危险。在这个季节，护林员会建议日间徒步者在**雪松岭**（Cedar Ridge；往返大约3英里）掉头。

骑车

Bright Angel Bicycles & Cafe at Mather Point

骑车

（☎928-814-8704, 928-638-3055；www.bikegrandcanyon.com；10 S Entrance Rd, Visitor Center Plaza；全天 成人/16岁及以下儿童 $40/30, 5小时 $30/20, 轮椅 $10, 单座/双座婴儿车 最长8小时 $18/27；⊙3月至10月 7:00~17:00；🚌Village；🚌Kaibab/Rim）半天或全天自行车出租，包括头盔，还可以选择附带拖车，可提前在网上或打电话预订。除7月至8月中旬的旺季外，直接到店租车也可以。Hermit Rd自行车班车套餐服务可以让你骑车看风景，只走单程，然后跳上他们的私营班车返回。

团队游

★Canyon Vistas Mule Rides 团队游

(☏888-297-2757, 预订当日/次日928-638-3283; www.grandcanyonlodges.com; Bright Angel Lodge; 骑骡 3小时 $135, 1晚/2晚骑骡旅行 含餐及住宿 $552/788; ⊙全年可安排骑骡, 具体时间不定) 这家机构可以组织20头骡子的队伍,沿东缘小径 (East Rim Trail) 行进4英里。如果你想向下进入峡谷,唯一的选择是在Phantom Ranch过夜。沿光明天使步道前行10.5英里 (5.5小时), 在Phantom Ranch住一两个晚上, 沿南凯巴布小径 (South Kaibab Trail) 返回, 路程7.8英里 (5小时)。

住宿

南缘的6家度假屋由Xanterra (☏888-297-2757, 303-297-2757, 928-638-3283; www.grandcanyonlodges.com) 经营, 须提前联系预约 (夏季必须预约), 不过最好直接致电科罗拉多河畔的Phantom Ranch。当天订房或联系当前住客, 请致电南缘总机 (☏928-638-2631)。如果在国家公园找不到住宿, 试着到图萨扬 (Tusayan; 位于南缘入口车站)、威尔 (Valle; 往南31英里处)、卡梅伦 (Cameron; 往东53英里处)、威廉姆斯 (往南约60英里处) 或弗拉格斯塔夫 (东南80英里处) 找找看。除Desert View Campground外, 所有露营地和度假屋全年开放。

Phantom Ranch 小屋 $

(☏888-297-2757, 预订当日/次日928-638-3283; www.grandcanyonlodges.com; 铺 $49, 小屋 双 $142; ❄) 这是峡谷底部夏令营似的综合设施, 舒适的私人小屋最多可睡4人, 男女分开的宿舍可睡10人, 两种房间里都是双层床。房费含床具、浴液和毛巾, 但餐费另算, 而且必须与床位一同预订。只有骑骡子、步行或在科罗拉多河上乘筏子可以到达Phantom。

Desert View Campground 露营地 $

(www.nps.gov/grca; Desert View; 露营位 $12; ⊙4月中旬至10月中旬) 这个先到先得的国家公园管理局露营地位于东边入口 (East Entrance) 附近的树林中, 50个露营位比较分散, 一定程度上保证了私密性, 比Village露营地安静。上午人们拔营的时候过来能保证有位置, 到下午通常就住满了。有厕所和饮水设施, 但没有淋浴和房车接口。

Trailer Village 房车公园 $

(☏877-404-4611; 当日预订 928-638-1006; www.visitgrandcanyon.com; Trailer Village Rd; 房车接口 $45; ⊙全年; Village) 一座拖车公园, 房车一辆接一辆地排在荒地中的铺装道上。这里有野餐桌、烧烤架、完善的房车接口, 但四分之一英里之外的Mather Campground (☏877-444-6777, 迟抵 928-638-7851;

> **值得一游**
>
> ### 日落火山口国家保护区 (SUNSET CRATER VOLCANO NATIONAL MONUMENT)
>
> 公元1064年前后, 这里的一座火山爆发, 喷出覆盖800平方英里的火山灰, 形成卡纳阿 (Kana-A) 熔岩流, 迫使农民离开这片土地长达400年。如今, 8029英尺的日落火山口国家保护区 (Sunset Crater Volcano National Monument; ☏928-526-0502; www.nps.gov/sucr; Park Loop Rd 545; 小汽车/摩托车/自行车或行人 $20/15/10; ⊙11月至次年5月 9:00~17:00, 6月至10月 8:00起) 安静地伫立在这里, 几英里长的小径蜿蜒穿过博尼托 (Bonito) 熔岩流 (约1180年形成), 向上延伸至莱诺克斯火山口 (Lenox Crater; 海拔7024英尺)。雄心勃勃的徒步者和骑行者可以爬上奥利里峰 (O'Leary Peak; 海拔8965英尺; 往返8英里), 而且这里还有一段平缓的0.3英里环线, 可以俯瞰石化了的熔岩流, 轮椅可以通行。
>
> 日落火山口位于弗拉格斯塔夫东北19英里处。入园费包括进入附近伍帕特基国家保护区 (Wupatki National Monument; ☏928-679-2365; www.nps.gov/wupa; Park Loop Rd 545; 小汽车/摩托车/自行车或行人 $20/15/10; ⊙游客中心 9:00~17:00, 小径 日出至日落; P❄) 的门票, 7日内有效。

www.recreation.gov; 1 Mather Campground Rd; 露营位 $18; ⊙全年; 📞; 🖥Village) 才有投币式淋浴和洗衣设施。

★ Bright Angel Lodge 度假屋 $$

(📞888-297-2757, 分机 6285, 前台和48小时内预订 928-638-2631; www.grandcanyonlodges.com; Village Loop Dr; 房间 带/不带浴室 $110/89, 小屋/套 $197/426; P 📞; 🖥Village) 这座位于峡谷边缘的度假屋建于1935年, 原木和石头砌成的建筑颇具质朴的历史魅力。小型公共区域充满活力, 大厅的**交通服务台**(📞928-638-3283; Bright Angel Lodge; ⊙夏季 5:00~20:00; 🖥Village) 是徒步、骑骡和导览游的主要联络点。虽然度假屋是一流的经济型住宿选择, 但具有历史特色的小屋更明亮, 通风也更好, 西式装饰很有水准。

Yavapai Lodge 汽车旅馆 $$

(📞877-404-4611, 48小时内预订 928-638-6421; www.visitgrandcanyon.com; 11 Yavapai Lodge Rd; 房间 $153起; ⊙全年; P ❄ @ 📞; 🖥Village) 简朴的一两层汽车旅馆式住宿场所位于清幽的矮松和刺柏林中, 距离峡谷边缘约1英里。Yavapai East的空调房间可以住4至6人, 提供两张大床或一张特大床, 还有上下铺。Yavapai West的客房最多可住4人, 没有空调。

★ El Tovar 度假屋 $$$

(📞888-297-2757, 分机 6380, 前台和48小时内预订 928-638-2631; www.grandcanyonlodges.com; Village Loop Dr; 房间/套 $187/381起; ⊙全年; P ❄ 📞; 🖥Village) 毛绒兽头挂件、厚厚的松木墙壁、敦实的壁炉, 这里到底是南缘最时尚的酒店, 还是边远地区的猎户小屋? 尽管经过了整修, 这栋建于1905年摇摇晃晃的度假区仍然保持着古朴, 这也正是它的魅力所在。

✕ 餐饮

大峡谷村能提供你所需要的就餐选择, 无论是在 **Canyon Village Market** (📞928-638-2262; Market Plaza; ⊙5月19日至9月13日 6:30~21:00, 其他月份营业时间缩短; 🖥Village) 购买野餐三明治, 还是徒步后在

Bright Angel Ice-Cream Fountain (📞928-638-2631; www.grandcanyonlodges.com; Bright Angel Lodge; 主菜 $4~6; ⊙5月至9月 11:00~18:00, 其他月份营业时间缩短; 📞; 🖥Village) 吃个冰激凌甜筒, 或者在El Tovar Dining Room坐下来享用一顿庆祝晚餐。

Yavapai Lodge Restaurant 美国菜 $

(📞928-638-6421; www.visitgrandcanyon.com; 11 Yavapai Lodge, Rd, Yavapai Lodge; 早餐 $7~9, 午餐和晚餐 $13~16; ⊙5月至9月 6:00~22:00, 其他月份营业时间缩短; 📞; 🖥Village) Yavapai Lodge的餐馆提供烧烤和三明治, 还有啤酒和葡萄酒。点菜, 挑选饮料, 你的食物备好以后会叫号。

★ El Tovar Dining Room & Lounge 美国菜 $$$

(📞928-638-2631; www.grandcanyonlodges.com; National Historic Landmark District; 主菜 $20~30; ⊙餐馆 6:00~10:30、11:00~14:00 和16:30~22:00, 休闲酒吧 11:00~23:00; 📞; 🖥Village) 深色的木头餐桌铺着白色亚麻桌布、摆着瓷器, 描绘美洲印第安部落的壁画引人注目, 通过巨大的窗子可以看到边缘小径和峡谷远处的美景。早餐选择有El Tovar的薄煎饼三件套 (酪乳、蓝玉米粉和荞麦煎饼配松仁黄油和刺梨果浆) 和配两个鸡蛋的熏鳟鱼。

Arizona Room 美国菜 $$$

(📞928-638-2631; www.grandcanyonlodges.com; 9 Village Loop Dr, Bright Angel Lodge; 午餐 $13~16, 晚餐 $22~28; ⊙1月至10月 11:30~15:00和16:30~22:00; 📞; 🖥Village) 鹿角吊灯从天花板上垂下, 透过落地窗可俯瞰边缘小径和峡谷远处。要确保16:30开始营业时, 自己的名字在等候就餐名单上, 因为到16:40才去的话就要等1个小时, 而且这里不接受预订。龙舌兰和柑橘鸡肉、烤南瓜和辣椒烤排骨, 散发出西部风情。

❶ 实用信息

南缘的游客中心

大峡谷游客中心 (Grand Canyon Visitor Center; 📞928-638-7888; www.nps.gov/grca; Visitor

Center Plaza, Grand Canyon Village; ⏱9:00~17:00; ⓥVillage, ⓥKaibab/Rim)位于Mather Point后方300码处的一个大广场，中心里开设了**Visitor Center Plaza Park Store**(☎800-858-2808; www.grandcanyon.org; Visitor Center Plaza; ⏱6月至8月8:00~20:00, 其他月份营业时间缩短; ⓥVillage、Kaibab/Rim)。户外的公告牌显示有关步道、团队游、护林员项目和天气的信息。

国家地理游客中心(National Geographic Visitor Center; ☎928-638-2203; www.explorethecanyon.com; 450 Hwy 64; 成人/儿童 $14/11; ⏱游客中心3月至10月 8:00~22:00, 11月至次年2月 10:00~20:00, 剧院 3月至10月 8:30~20:30, 11月至次年2月 9:30~18:30; ⓥTusayan)位于大峡谷村以南7英里处的图萨扬(Tusayan); 支付$30的机动车入园费后就可以避免公园入口处漫长的等待。IMAX剧场放映很棒的影片《大峡谷——隐藏的秘密》(*Grand Canyon-The Hidden Secrets*)。除了已经说过的游客中心以外，园内获取信息的地方还有：

沙漠景观瞭望塔(Desert View Watchtower; www.nps.gov/grca; Desert View, East Enrance; ⏱5月中旬至8月 8:00至日落, 9月至10月中旬 9:00~18:00, 10月中旬至次年2月 9:00~17:00, 3月至5月中旬 8:00~18:00)

科尔布工作室(Kolb Studio; ☎928-638-2771; www.nps.gov/grca; National Historic Landmark District; ⏱3月至5月和9月至11月 8:00~19:00, 12月至次年2月 至18:00, 6月至8月 至20:00; ⓥVillage)

图萨扬博物馆和遗址(Tusayan Museum & Ruins; www.nps.gov/grca; Desert View Dr; ⏱9:00~17:00)

弗卡普游客中心(Verkamp's Visitor Center; ☎928-638-7888; www.nps.gov/grca; Rim Trail; ⏱6月至8月 8:00~20:00, 其他月份办公时间缩短; ⓥVillage)

亚瓦派地质博物馆(Yavapai Geology Museum; ☎928-638-7890; www.nps.gov/grca; Grand Canyon Village; ⏱3月至5月和9月至11月 8:00~19:00, 12月至次年2月 至18:00, 6月至8月 至20:00; ♿; ⓥKaibab/Rim)

❶ 到达和当地交通

多数人乘私家车或跟随旅游团到达峡谷。在大峡谷里停车是件苦差事。公园内有三条免费班车线，线路分别是：环绕大峡谷村的环线、沿隐士休憩线(Hermits Rest Route)开行的西线和沿凯巴布步道线(Kaibab Trail Route)开行的东线。日落前1小时到日落后1小时期间，通常每15分钟1班。夏季，从Bright Angel Lodge开出的免费班车Hiker's Express清晨在野外信息中心(Backcountry Information Center)和大峡谷游客中心(Grand Canyon Visitor Center)搭载游客，然后驶向南凯巴布步道起点。

北缘 (North Rim)

独处时光是这里的主流。这里没有班车、巴士游、博物馆、购物中心、学校或车库，实际上，这里只有一个位于峡谷边缘的经典国家公园度假屋、一座露营地、一家汽车旅馆、一家杂货店和数英里在野花丛生的草甸、密集的细长白杨和黄松林中穿行的徒步路径。

通往北缘的入口在67号公路(Hwy 67)旁的**雅各布湖**(Jacob Lake)以南24英里处，再向南20英里到Grand Canyon Lodge。这里海拔高度达8000英尺，比南缘的气温低10°F(6℃)左右——即便在夏季的夜晚，你也需要穿上毛衣。10月中旬至次年5月中旬，北缘的各种设施关闭，但你可以开车进入公园，在第一场雪封住离开雅各布湖的路之前，都可以待在露营地。

🚶 活动

游览大峡谷一定要走一下通向**光明天使点**(Bright Angel Point; www.nps.gov/North Rim)的步道(0.5英里)，这条路短且走起来容易，而且已铺好路面。步道始于Grand Canyon Lodge后廊，通向狭窄的观景点，在那里可以欣赏到令人难以置信的美景。

北凯巴布步道(North Kaibab Trail)是北缘唯一一条维护良好的从峡谷边缘到河流的步道，与Phantom Ranch(见955页)地区通向南缘的步道相连。最初的4.7英里最陡峭，直下3050英尺到达**咆哮泉**(Roaring Springs)，这是个颇受欢迎的全日徒步点。如果你更喜欢在峡谷边缘以下进行更短的单日徒步，前行0.75英里到**科科尼诺观景点**(Coconino Overlook)，或步行2英里到**苏派隧道**(Supai Tunnel)，尝试一下在陡峭的峡谷内徒步旅行的味道。到科罗拉多河往返28英里，需多日完成。

想找适合全家一同游玩的峡谷边缘短程徒步路线，不妨试一下往返4英里的**菲纳角小径**（Cape Final Trail），它在Grand Canyon Lodge以东的**瓦尔哈拉高原**（Walhalla Plateau），会带你穿过黄松林，眺望大峡谷东部地区的壮丽美景。

Canyon Trail Rides　　　　　团队游

（☎435-679-8665；www.canyonrides.com；North Rim；骑骡1小时/半天 $45/90；⏰5月中旬至10月中旬行程不定）随时可以做来年的预订，但与南缘的骑骡旅行不同，你往往可以在抵达公园时预订旅行；只要前往Grand Canyon Lodge的骡子咨询台（Mule Desk）即可。骑骡子到不了科罗拉多河，但半日旅程可以让你体验边缘下方的风情。

🛏 住宿

North Rim Campground　　　　露营地 $

（☎877-444-6777, 928-638-7814；www.recreation.gov；帐篷露营位 $18，房车露营位 $18~25；⏰5月15日至10月15日需预订，10月16日至31日先到先得；🅿）由国家公园管理局管理，该露营地位于Grand Canyon Lodge以北1.5英里处，营地有树木遮蔽，平坦地面上铺满松针。11、14、15、16和18号露营位可以俯瞰Transept（峡谷的分支），费用$25。这里有水、一家商店、一个小吃店和投币式淋浴与洗衣设施，但没有房车接口。网上预订。

★ Grand Canyon Lodge　　　历史酒店 $$

（☎提前订房 877-386-4383，境外订房 480-337-1320，当天订房 928-638-2611；www.grandcanyonlodgenorth.com；房间/小屋 $130/143起；⏰5月15日至10月15日）穿过前门至此，透过观景窗可将美不胜收的大峡谷景色尽收眼底。利用木材、凯巴布石灰岩和玻璃建造于1937年，这个住宿地点的特色是宽敞的缘边餐厅和摆放阿尔岗金族印第安椅子的阳光门廊。客房不在度假屋建筑中——居住地点多是附近的舒适木屋。

🍴 就餐

★ Grand Canyon Lodge Dining Room　　　美国菜 $$

（⏰5月至10月 928-638-2611，11月至次年4月 928-645-6865；www.grandcanyonforever.com；早餐 $8~11，午餐 $10~13，晚餐 $18~28；⏰5月15日至10月15日 6:30~10:30、11:30~14:30和16:30~21:30；🅿🅻）靠窗户的座位非常美妙，不过就餐区域的窗户很大，无论坐在哪里其实都能看到优美的风景。菜品不错，包括水牛牛排、西部鳟鱼和几种素食选择，但别指望餐宴会给你留下美好深刻的印象，景色才最重要。抵达之前提前预订可以保证晚餐时有位置。

ℹ 实用信息

北缘野外信息中心（North Rim Backcountry Information Center；☎928-638-7875；www.nps.gov/grca；Administrative Bldg；⏰5月15日至10月15日 8:00至正午和13:00~17:00）野外许可证可以在边缘下方过夜露营，可以在Tuweep Campground露营，或者11月1日至次年5月14日期间随时可以露营。

北缘游客中心（North Rim Visitor Center；☎928-638-7888；www.nps.gov/grca；⏰5月15日至10月15日 8:00~18:00）位于Grand Canyon Lodge旁边，提供公园相关的信息。这里也是护林员带领的自然徒步之旅的起点。

ℹ 到达和离开

前往大峡谷北缘的唯一道路是67号公路，每年第一次降雪后封闭，春季融雪以后重新开通（具体日期不定）。

虽然距离南缘直线距离只有11英里，这里与大峡谷村之间的215英里道路难行费力，需要在崎岖的沙漠公路上开车4至5小时。你可以自己驾车或者乘坐**Trans-Canyon Shuttle**（☎928-638-2820, 877-638-2820；www.trans-canyonshuttle.com；南北缘之间 单程$90，南缘至Marble Canyon 单程$80），至少提前两周预订。

大峡谷周边（Around the Grand Canyon）

哈瓦苏派峡谷（Havasupai Canyon）

在科罗拉多河畔一处隐蔽的分支山谷间，有着壮丽的泉水瀑布和蔚蓝的、可供游泳的深水潭。这处美丽的地点虽然较难到达，不过上下山谷的徒步让这趟旅程变得更特别，同时也是一次美妙的探险。

哈瓦苏峡谷位于南缘径直向西仅35英里处的哈瓦苏派印第安保留地（Havasupai Indian Reservation），不过在公路上行驶的距离约195英里。4座瀑布位于峡谷边缘以下10英里处，可以经由挑战性适中的徒步步道到达，该步道以华莱派山顶（Hualapai Hilltop）为起点，通往华莱派山顶的路位于66号公路旁的皮奇斯普林斯（Peach Springs）以东7英里处，沿这条路开62英里即是。

所有行程都需要过夜，住宿在出发前预订下来。所有游客均需支付$50的门票费用。

沿步道前行8英里可达苏派（Supai）村，这里有 **Supai Lodge**（☎928-448-2201, 928-448-2111; www.havasuwaterfalls.net; Supai; 房间最多可住4人 $145; ❄）的简单汽车旅馆房间，除了位置以外，没什么可取之处。17:00之前入住，17:00之后大堂关闭。一家乡村小餐馆提供餐点，接受信用卡。

继续走2英里可达溪畔的原始露营地 **Havasu Campground**（☎928-448-2180, 928-448-2141, 928-448-2121, 928-443-2137; www.havasuwaterfalls.net; Havasu Canyon; 露营位 每人每晚 $25），每个露营者须交纳$10的环境保护费。继续沿哈瓦苏峡谷前行可到达瀑布和蓝绿色的深水潭。

如果你不想徒步至苏派，可以拨打度假屋或露营地的电话，让他们安排一匹骡子或马（单程/往返住处 $121/242）将你驮过去。

华莱派原住民保留地 （Hualapai Reservation）

由华莱派族人治理，位于从南缘向西行驶约215英里或金曼（Kingman）东北70英里处，这个偏僻的地区被称作"西大峡谷"，但并非大峡谷国家公园的一部分。这里的道路有部分路段没有铺路，不适合房车进入（不过约书亚树林及其他美景值得劳累一番）。

西大峡谷（西缘） 观景点

[Grand Canyon West（West Rim）; ☎888-868-9378, 928-769-2636; www.grandcanyonwest.com; Hualapai Reservation; 每人 $44~81; ◎4月至9月 7:00~19:00, 10月至次年3月 8:00~17:00] 西大峡谷是由华莱派原住民保留地掌管的大峡谷部分，参观的唯一方式是参加团队游。可随时上下的班车沿环路运行，在峡谷边缘沿线的各景点停车。团队游包括午餐、在仿造的西部小镇参加牛仔活动、观看非正式的美洲印第安表演。

亚利桑那州北部和东部 （Northern & Eastern Arizona）

在亚利桑那州最上镜的风景中，有一部分就位于该州东北部。鲍威尔湖（Lake Powell）和石化森林国家公园（Petrified Forest National Park）位于纪念碑谷沉寂的孤峰之间，前者幽幽的蓝色湖水与后者的原木化石正是这片古老土地的历史见证。美洲原住民已在此生活了数百年，大部分地区都是纳瓦霍原住民保留地（Navajo Nation），延伸到周围各州。霍皮原住民保留地也在这里，四面全是纳瓦霍领地。

鲍威尔湖（Lake Powell）

从亚利桑那州向北延伸至犹他州的鲍威尔湖是美国第二大人工水库，坐落于醒目的红色岩层、陡峭锋利的峡谷和神奇的沙漠景观之中，同时也是 **格兰峡谷国家游乐区**（Glen Canyon National Recreation Area; ☎928-608-6200; www.nps.gov/glca; 7日票 每车 $25, 徒步或骑车 每人 $12）的一部分，是水上运动的天堂。

这座湖泊诞生于格兰峡谷水坝（Glen Canyon Dam）的兴建。这座大坝位于这一地区目前的中心城市佩奇（Page）以北2.5英里处。卡尔·海登游客中心（Carl Hayden Vistor Center）就在水坝旁边。

超凡脱俗的 **羚羊峡谷**（Antelope Canyon）是一处令人称奇的狭缝型砂岩峡谷，只能参加纳瓦霍人带领的团队游。几家旅行社有去更容易走的 **上羚羊峡谷**（Upper Antelope Canyon）的线路，途中估计会有点颠簸，还可能碰到一些牛群。不妨向 **Roger Ekis' Antelope Canyon Tours**（☎928-645-9102; www.antelopecanyon.com; 22 S Lake

Powell Blvd；成人/5~12岁儿童 $45/35起）查询。难度较高的下羚羊峡谷（Lower Antelope Canyon）的游客则少得多。

往返1.5英里长的马蹄湾（Horseshoe Bend）是一条极受欢迎的徒步路线，那里有科罗拉多河绕着露出地表的石块，形成完美的U字形，气势雄浑，令人惊叹。步道起点在佩奇以南紧邻89号公路（Hwy 89）处，就在541英里的路标对面。

佩奇的主干道89号公路旁排列着很多连锁酒店，8th Ave旁则有很多独立酒店。翻修后的Lake Powell Motel（☎480-452-9895；www.lakepowellmotel.net；750 S Navajo Dr；套$99起，房间 带厨房$139起；☉4月至10月；❄🅿）原是修建格兰峡谷水坝的工人住所。这里有4个单元配有厨房，很快就会被订满。第五间客房较小，通常留给没有预约的客人。

在佩奇吃早餐，可以去Ranch House Grille（☎928-645-1420；www.ranchhousegrille.com；819 N Navajo Dr；主菜 $9~14；☉6:00~15:00），那里供应的饭菜品质量足，服务也很快。如果想要晚上来顿大餐，Big John's Texas BBQ（☎928-645-3300；www.bigjohnstexasbbq.com；153 S Lake Powell Blvd；主菜$13~18；☉11:00~22:00；🅿）是肉食和烟熏食物的盛会。

纳瓦霍原住民保留地（Navajo Nation）

纳瓦霍原住民保留地幅员辽阔：27,000平方英里的面积比美国的一些州都要大，分布在亚利桑那州、新墨西哥州、科罗拉多州和犹他州的交界处。这里还有令人震惊的壮丽自然美景，当然，还有鲜活的文化、语言、商家、农场，以及美国纳瓦霍人（Diné）最大的印第安保留地。

与亚利桑那州其他地区不同，纳瓦霍原住民保留地采用山区夏令时。因此，夏季保留地时间比亚利桑那州早1小时。

欲知徒步行、露营及所需许可证的详情，请登录www.navajonationparks.org网站。

卡梅伦（CAMERON）

富有历史气息的定居点卡梅伦是通往大峡谷南缘的东大门，也是弗拉格斯塔夫和佩奇之间的89号公路上为数不多的几处有参观价值的地方之一。卡梅伦商栈（Cameron Trading Post）就在64号公路转向大峡谷路口的北面，供应饮食、住宿，还有一个礼品店和一个邮局。

纳瓦霍国家保护区（NAVAJO NATIONAL MONUMENT）

贝塔塔肯（Betatakin）和基特西尔（Keet Seel）保存非常完好的古普韦布洛崖居受到纳瓦霍国家保护区（Navajo National Monument；☎928-672-2700；www.nps.gov/nava；Hwy 564；☉游客中心 6月至9月上旬 8:00~17:30，9月上旬至次年5月 9:00~17:00）免费的保护，只能步行到达。虽然在公园里面走这段路可不像是平常在公园里走路那般轻松，不过在相对荒僻的矮松和杜松之间前往这些古代石村的确有些神奇。国家公园管理局会对前往遗址的访客数量进行管控并管理游客中心，那里信息量丰富，还有优秀的工作人员。

夏季期间，公园会使用夏令时。

谢伊峡谷国家保护区（CANYON DE CHELLY NATIONAL MONUMENT）

在这个有众多分支的谢伊峡谷（Canyon De Chelly；发音duh-shay）内，有多个美丽的古普韦布洛遗址，其中包括古悬崖民居。几百年来，纳瓦霍人一直都在这片土地上耕作，他们在峡谷边缘地区过冬，春夏则迁移到峡谷底部平坦处的泥盖木屋（传统圆屋）。如今，这个峡谷属于纳瓦霍人，由国家公园管理局（NPS）管理。跟着导游才能进入泥盖木屋，不要在未经允许的情况下给当地人拍照。

园区内唯一的住宿地点是Thunderbird Lodge（☎928-674-5842，800-679-2473；http://thunderbirdlodge.com；Rural Rte 7；双/套$100/110；❄🅿🐕），就在峡谷之外。该度假屋拥有舒适的客房和一家供应美味纳瓦霍和美式菜肴的廉价餐厅。附近由纳瓦霍人运营的露营地有约90个先到先得的露营位（$10），有水但没有淋浴设施。

谢伊峡谷游客中心（☎928-674-5500；www.nps.gov/cach；☉8:00~17:00）位于小村庄Chinle外，距Rte 191有3英里，位于峡谷入口附近。沿着峡谷边缘行驶可以到达两处观景道，但你只能通过导览游游览峡谷。可以去游客中心或公园网站查看旅游公司的列表。公园内唯一的自助徒步小径是一条虽短但景色壮观的往返路线，可沿此小径下到令人赞叹的白屋遗址（White House Ruin）。

纪念碑谷纳瓦霍部落公园 (MONUMENT VALLEY NAVAJO TRIBAL PARK)

当纪念碑谷在你的视线中从沙漠拔地而起的时候，你就会意识到自己早已认识它。砖红色纺锤形山体、陡峭的台地和宏伟的孤峰，以及无数电影、电视广告和杂志广告的星空，已经成为现代意识的一部分。纪念碑谷史诗般的美丽在四周的一片荒凉萧索中越发珍贵：前一分钟，你还置身于沙漠、岩石和无边无际的天空之间，后一分钟你就突然来到了由探入天际1200英尺的深红色砂岩塔组成的幻想世界。

想近距离观察这些高耸的地层的话，就去参观纪念碑谷纳瓦霍部落公园（☎435-727-5870；www.navajonationparks.org；每人车辆$20；☉驾车4月至9月6:00~19:00，10月至次年3月8:00~16:30，游客中心4月至9月6:00~20:00，10月至次年3月8:00~17:00；P），在那粗糙、未铺砌的观景驾驶环线上能看到长达17英里的壮阔山谷景色。可自行驾车或在停车场服务亭报团游览（1.5小时$75，2小时小径骑行$98），团队游可以深入私家车无法到达的区域。

部落公园内有一家砂岩色的View Hotel（☎435-727-5555；www.monumentvalleyview.com；Indian Rte 42；房间/套$247/349起；❄@🌐），与周围环境自然地融为一体。96间客房中多数有正对纪念碑的私人阳台。附近餐厅（主菜$11~15，无酒精饮料）的纳瓦霍风味菜味道一般，但景色足以弥补一切。

地段无与伦比的View Campground（☎435-727-5802；http://monumentvalleyview.com/campground；Indian Rte 42；帐篷/房车露营位$20/40）是比较便宜的住宿选择。而历史悠久的Goulding's Lodge（☎435-727-3231；www.gouldings.com；Monument Valley, Utah；双/套$184/199起；P❄🌐🍴）就在道路另一侧的犹他州，历史悠久，有简单的房间、露营地和小木屋。夏季要提前预约。在20英里以南的凯恩塔（Kayenta）有几家可以接受的汽车旅馆和勉强可以接受的餐馆。如果纪念碑谷一带的酒店全被预订一空的话，不妨到Wetherill Inn（☎928-697-3231；www.wetherill-inn.com；1000 Main St/Hwy 163；房间$149；❄🌐🍴）碰碰运气。

石化森林国家公园 (Petrified Forest National Park)

这里不但有历史比恐龙还久远的罕见原

在科罗拉多河漂流

在科罗拉多河乘筏漂流是一次紧张刺激、令肾上腺素飙升的历险，可以让你体验几晚远离文明的乐趣。最惊险之处是在熔岩瀑布（Lava Falls），300码河段内水面陡降37英尺。不过，这趟旅程的真正亮点是让你体验从河上仰望大峡谷，而不是从大峡谷的边缘向下俯视。这些遗址、残骸和岩画也让游客能够以更生动的方式认识人类历史。商业公司组织的行程历时3天至3周，视其使用的船只而定。

Arizona Raft Adventures（☎800-786-7238，928-526-8200；www.azraft.com；6天上峡谷混合/划桨行程$2097/2197，10天峡谷全程摩托艇行程$3160）由一个家族的几代人共同经营，提供摩托艇、脚踏船、划船和混合式漂流（脚踏船和漂流）等行程。音乐迷可以选择多种民族和蓝草音乐之旅中的一种，有专业的吉他和班卓琴乐手演奏背景音乐。

Arizona River Runners（☎602-867-4866，800-477-7238；www.raftarizona.com；6天上峡谷划桨行程$1984，8天峡谷全程摩托艇行程$2772）自1970年营业至今，这家公司一直提供划船和摩托艇行程。Arizona River Runners擅长组织家庭旅行及"徒步者特供"（Hiker's Special）旅程，时长6至12天，时间在比较凉快的4月份。该公司还接待有特殊要求的旅行者，为残障人士提供服务。

木化石，还有五颜六色的彩色沙漠。这个国家公园（☎928-524-6228；www.nps.gov/pefo；汽车 $20，步行/自行车/摩托车 $10；◉3月至9月 7:00~19:00, 10月至次年2月开放时间缩短）非常壮观，不容错过。

公园位于霍尔布鲁克（Holbrook）以东 25英里，40号州际公路（I-40）311号出口处。公园的游客中心（☎928-524-6228；www.nps.gov; 1 Park Rd, Petrified Forest National Park; ◉8:00~17:00）就在40号州际公路以北0.5英里处，提供地图以及导览游的信息。一条长28英里的铺面公园道路由此出发，带来一段风景绚烂的景观驾乘之旅。这里没有露营地，但有许多短途步道，长度介于不足1英里到2英里，途经石化森林和古印第安民居。打算在崎岖而偏僻的野外露营的游客需要在游客中心领取一张免费的野营许可证。

亚利桑那州西部（Western Arizona）

在哈瓦苏湖城（Lake Havasu City），科罗拉多河畔满是热爱阳光的人们。66号公路在金曼附近有保存完好的经典路段。而再向南，越过通往墨西哥的10号州际公路，是西部最贫瘠的地区之一的狂野、空旷的景观。如果你已经来到这里，有些地方值得看看，但也没必要为此特别规划行程，除非你是66号公路或划船的狂热爱好者。

金曼及周边（Kingman & Around）

在66号公路爱好者中间，金曼被称为这条从托波克（Topock）延伸至塞利格曼（Seligman）的历史公路最长路段的主要枢纽。20世纪初叶的众多建筑中间是曾经的卫理公会教堂，教堂所在的5th St和Spring St是克拉克·盖博（Clark Gable）和卡洛尔·隆巴德（Carole Lombard）1939年私奔的地方。家乡英雄安迪·迪瓦恩（Andy Devine）在约翰·福特（John Ford）1939年获得奥斯卡奖的电影《关山飞渡》（Stagecoach；原义为《驿站马车》）中扮演一名始终醉醺醺的车夫，实现了自己好莱坞生涯的突破。

在历史悠久的金曼游客中心（Kingman Visitor Center; ☎866-427-7866, 928-753-6106; www.gokingman.com; 120 W Andy Devine Ave; ◉8:00~17:00）可领取地图和旅游手册；游客中心所在的旧发电厂还有令人印象深刻的66号公路博物馆（Route 66 museum）及电动汽车展览。

一个很酷的霓虹灯标志将赶路者吸引至66号公路上的Hilltop Motel（☎928-753-2198; www.hilltopmotelaz.com; 1901 E Andy Devine Ave; 房间 $44起；❄@🅿️📶🏊）。房间朴素却舒适（受益于遗产经费），风景、复古的风格及价格难以匹敌。携带宠物（只能带狗）需交纳$5。Floyd & Co Real Pit BBQ（☎928-757-8227; www.rednesksouthernpitbbq.com; 420 E Beale St; 主菜 $9~13；◉周二至周六 11:00~20:00；🅿️）烹调的深坑熏肉非常美味。Beale Street Brews（☎928-753-1404; www.bealestreetbrews.net; 510 E Beale St; ◉6:00~18:00; 📶）的咖啡可圈可点。

亚利桑那州南部（Southern Arizona）

这是一片到处是斯泰森毡帽和马刺的土地，是牛仔民谣回荡在黑丝绒天空和点点繁星下的篝火旁边的土地，是厚实的牛排在烤架上吱吱作响的土地。由热闹的大学城图森坐镇，这片区域广阔无边，尘土飞扬的漫长公路经过绵延起伏的风景和陡峭尖削的山脉。极目远眺，该地区的标志，壮观的树形仙人掌，一直延伸至天边。

图森（Tucson）

历史悠久的大学城，美国西南部的图森（发音too-sawn）既迷人又适合玩乐，也是文化最活跃的地方。坐落于平坦的山谷，四周是参差的群山和大片的仙人掌，这座亚利桑那州第二大城市完美融合了美洲印第安、西班牙、墨西哥和盎格鲁传统。独特的街区和19世纪的建筑散发出强烈的社区感和历史感，在更为现代和庞大的菲尼克斯反倒难得一见。出售古着服装的各种商店、很多时髦的餐厅和廉价酒吧让你不会忘记图森归根结底是一座大学城，是拥有40,000多人的亚利桑那大学（University of Arizona）的所在地。

👁 景点和活动

图森市中心和历史区位于10号州际公路258号出口东侧。市中心东北1英里处是亚利桑那大学校园，4th Ave是这里的主要街道，遍布小餐馆、酒吧和有趣的商店。图森许多最好的瑰宝都位于外围地区，甚至在城外。

要塞历史区 景区

(Presidio Historic District; www.nps.gov/nr/travel/amsw/sw7.htm)被W 6th St、W Alameda St、N Stone Ave和Granada Ave包围的这个低调街区拥有图森艺术博物馆(见964页)，还是原西班牙要塞和高档的"Snob Hollow"的所在地。这里是北美洲最古老的持续居住区之一。西班牙要塞图森圣奥古斯丁(Spanish Presidio de San Augustín del Tucson)其历史可以追溯到1775年，但要塞本身修建于公元700年至900年的霍霍坎遗址上。

巴里奥历史区 景区

(Barrio Histórico District, Barrio Viejo)这个紧凑的街区是19世纪末叶的重要商业区。如今这里有时尚商店和画廊等色彩艳丽的土坯房屋。该区以10号州际公路、Stone Ave、Cushing St和17th St为界。

★ 亚利桑那索拉沙漠博物馆 博物馆

(Arizona-Sonora Desert Museum; ☎520-883-2702; www.desertmuseum.org; 2021 N Kinney Rd; 成人/老年人/3~12岁青少年 $20.50/18.50/8; ⊙10月至次年2月 8:30~17:00, 3月至9月 7:30~17:00, 包括6月至8月 周六至22:00)拥有仙人掌、郊狼和手掌大的蜂鸟，这座占地98英亩的博物馆侧重表现索拉沙漠美好的一面。它分为动物园、植物园和博物馆三个部分，很容易就能让年轻人和老年人开心地游玩大半天。沙漠中的各种生物，无论是早熟的长鼻浣熊，还是爱嬉戏的草原犬鼠，都在这个散放的自然环境中安了家。地面上长着厚厚的一层沙漠植物，身边还有讲解员进行讲解。提供婴儿车和轮椅，这里还有礼品商店、艺术画廊、餐馆和咖啡馆。

亚利桑那州立博物馆 博物馆

(Arizona State Museum; ☎520-621-6302; www.statemuseum.arizona.edu; 1013 E University Blvd; 成人/17岁及以下儿童 $5/免费; ⊙周一至周六 10:00~17:00)参观亚利桑那州立博物馆——美国西南部最古老和最大的人类学博物馆，可以了解该地区美洲印第安部落的历史和文化。涵盖部落文化史的展览涉及广泛但易于浏览，应该能够吸引外行人和历史爱好者等。展厅还有备受羡慕的矿产和纳瓦霍织物藏品。

里德公园动物园 动物园

(Reid Park Zoo; ☎520-791-3204; https://reidparkzoo.org; 3400 E Zoo Ct; 成人/老年人/2~14岁儿童 $11/8.50/6.50; ⊙10月至次年5月 9:00~16:00, 6月至9月 8:00~15:00; 🅿)在紧凑的里德公园动物园，世界各地的动物，包括灰熊、美洲虎、巨型食蚁兽和侏儒河马，让老老少少皆大欢喜。游览结束时可以在周围的公园野

霍皮印第安保留地（HOPI INDIAN RESERVATION）

霍皮族(Hopi)是古普韦布洛人(the Ancestral Puebloans)的直系后裔，与任何其他美洲原住民部落相比，他们在过去的500年中的改变更少。老奥莱比村(Old Oraibi)可能是北美最古老的一直有人居住的定居点。霍皮族的土地被纳瓦霍原住民保留地四面环绕着。264号公路(Hwy 264)途经的3座台地(第一、第二和第三台地)构成了霍皮族保留地的核心。

第一台地(First Mesa)往西8英里是第二台地(Second Mesa)，上面的**Hopi Cultural Center Restaurant & Inn** (☎928-734-2401; www.hopiculturalcenter.com; Hwy 264, Mile 379; 房间 $115; ⊙餐馆 夏季 7:00~21:00, 冬季 至20:00)是霍皮族保留地内最适合接待游客的地方，提供食物和住处。小型霍皮博物馆(Hopi Museum; ☎928-734-6650; Hwy 264, Mile 379; 成人/12岁及以下儿童 $3/1; ⊙周一至周五 8:00~17:00, 周六 9:00~15:00; 🅿)内满是历史照片和文化展览。

保留地内所有地方不允许拍照、写生和录音。

餐,那里还有游乐场和有明轮船出租的池塘。

老图森影城　　　　　　　　　　电影外景地
(Old Tucson Studios; ☎520-883-0100; www.oldtucson.com; 201 S Kinney Rd; 成人/4~11岁儿童 $19/11; ◎2月至4月 每天 10:00~17:00, 5月 周五至周日 10:00~17:00, 6月至9月上旬 周六和周日 10:00~17:00; ⓟ☒)老图森影城昵称是"沙漠中的好莱坞",于1939年为电影《亚利桑那》的拍摄而建,场景表现的是19世纪60年代。在这里取景的电影成百上千,克林特·伊斯特伍德(Clint Eastwood)、莱昂纳多·迪卡普里奥(Leonardo DiCaprio)等影星都曾驾临此地。如今,这里已经成了狂野西部的主题公园,展现枪战和驿路之旅,还有特技表演和跳舞的酒吧女郎。9月中旬至次年1月下旬关闭,10月的夜晚有"夜幕降临"(Nightfall)幽灵之旅。

图森艺术博物馆　　　　　　　　博物馆
(Tucson Museum of Art; ☎520-624-2333; www.tucsonmuseumofart.org; 140 N Main Ave; 成人 $12,老年人和学生 $10, 13~17岁儿童 $7; ◎周二至周六 10:00~17:00,周日 正午至17:00)作为小城市,图森拥有一座令人印象深刻的艺术博物馆。这里有令人满意的藏品,包括美国、拉美和现代艺术品,还有前哥伦布时期器物的长期展览,一定会唤醒你心中的印第安纳·琼斯(Indiana Jones)。特别展览种类多样,引人入胜。这里还有一家超棒的礼品店,建筑四周的街区还有不少著名的老宅。每月的第一个周四,博物馆营业至20:00,从17:00开始免门票。

图森儿童博物馆　　　　　　　　博物馆
(Tucson Children's Museum; ☎520-792-9985; www.childrensmuseumtucson.org; 200 S 6th Ave; $8; ◎周二至周五 9:00~17:00,周六和周日 10:00~17:00; ☒)家长们会对图森儿童博物馆赞不绝口,那里有许多可以亲自实践的迷人展览——从恐龙世界(Dinosaur World)到微世界(Wee World)和水族馆,等等。

✹ 节日和活动

图森珠宝和矿物展　　　　　　　文化节
(Tucson Gem & Mineral Show; ☎520-332-5773; www.tgms.org; ◎2月)这座城市日程表上最著名的活动,在2月的第二个周末举办,是全世界规模最大的珠宝和矿物展览。届时将有250家交易矿产品、工艺品和化石的零售商占据图森会展中心(Tucson Convention Center)。

牛仔嘉年华　　　　　　　　　　牛仔竞技
(Fiesta de los Vaqueros; Rodeo Week; ☎520-741-2233; www.tucsonrodeo.com; 4823 S 6th Ave, Tucson Rodeo Grounds; 票价 $15~70; ◎每年2月的最后一周)将近一个世纪以来一直在2月的最后一周举办,全球著名的牛仔届时将出现在当地,庆祝活动的特色是以西部为主题的花车、史上著名的轻便马车、民族舞者和军乐队的盛大游行。

🛏 住宿

住宿价格变化相当大,夏、秋两季房价较低。要想睡在星空下和仙人掌旁,可以去仙人掌国家公园西区附近的 Gilbert Ray Campground (☎520-724-5000; www.pima.gov; 8451 W McCain Loop Rd; 帐篷/房车露营位 $10/20; ☒)试试。

★ Hotel Congress　　　　　　　历史酒店 $$
(☎800-722-8848, 520-622-8848; www.hotelcongress.com; 311 E Congress St; 双 $109起; ⓟ☒☎☒)或许是图森最有名的酒店,这里是臭名昭著的银行劫匪约翰·迪林杰(John Dillinger)及其团伙1934年入住并被捕的地方,当时还发生了一次火灾。酒店建于1919年,经过精心修复,这个魅力十足的地方感觉非常现代,不过也有旧家具,比如手摇电话和木质收音机(但没有电视)。店内有一家热门的咖啡馆、酒吧和夜店。

★ Desert Trails B&B　　　　　　民宿 $$
(☎520-885-7295; www.deserttrails.com; 12851 E Speedway Blvd; 房间/客栈 $140/175起; ☒☎☒)想要在仙人掌国家公园(Saguaro National Park; 林孔山区)附近找一家内外兼修的民宿,户外爱好者可以在图森东边的 Desert Trails 找到他们的答案。房间舒适,配备各种最新的设施。热心的背包客约翰·希金斯(John Higgins)曾在仙人掌国家公园做

66号公路沿途景点

66号公路爱好者会找到横跨亚利桑那州的400英里美国公路,其中包括塞利格曼(Seligman)和托波克(Topock)之间的一条美国现存最长的无间断老路。被誉为"**母亲之路**"(Mother Road; www.azrt66.com)的66号公路连接了各处的零星景点,从枪声隆隆的奥塔曼(Oatman)到金曼(Kingman)的矿工定居点,从威廉姆斯20世纪40年代的复古市中心到温斯洛(Winslow)多风的街道。下面列出了从西到东沿途的很多庸俗做作的景点。

奥塔曼野驴(Wild Burros of Oatman)采矿年代的野驴后代在路中央乞食。

大峡谷溶洞和旅馆(Grand Canyon Caverns & Inn; ☎928-422-3223, 855-498-6969; www.grandcanyoncaverns.com; Mile 115, Rte 66; 团队游 成人/儿童 $16/11起; ⏰5月至9月 8:00~18:00, 致电了解淡季营业时间)在地下21层深处由导游陪同游览,经过木乃伊山猫、国防设施和$800一间的汽车旅馆。

缅甸剃须标志(Burma Shave signs)位于大峡谷溶洞和塞利格曼之间,过去某个年代的红白相间的广告。

Snow Cap Drive-In(☎928-422-3291; 301 Rte 66; 主菜 $5~6.50; ⏰3月至11月 10:00~18:00)塞利格曼的恶作剧汉堡和冰激凌店,开业于1953年。

陨石坑(Meteor Crater; ☎800-289-5898, 928-289-5898; www.meteorcrater.com; Meteor Crater Rd; 成人/老年人/6~17岁儿童 $18/16/9; ⏰6月至9月中旬 7:00~19:00, 9月中旬至次年5月 8:00~17:00; P)弗拉格斯塔夫以东38英里处一个550英尺深的凹坑,近1英里宽。

维格瓦姆汽车旅馆(Wigwam Motel; ☎928-524-3048; www.galerie-kokopelli.com/wigwam; 811 W Hopi Dr; 房间 $56~62; ❄)配有胡桃木家具的混凝土小屋,位于霍尔布鲁克(Holbrook)。

了6年消防员,他乐于与其他人分享自己对公园小径的了解。

Aloft Tucson 酒店 $$

(☎520-908-6800; www.starwoodhotels.com; 1900 E Speedway Blvd; 双 $145起; ❄@🛜)令人惊奇的是,在图森,时尚的酒店不多。这家新开张的Aloft位于大学附近,并非独立酒店,但这里漂亮时髦,吸引着向往科技和时尚的旅行者。客房与公共区域都很明亮,装饰不多却颇为诱人。酒店内有一家酒吧,大堂旁边有个24小时营业的外卖快餐馆。

★ Hacienda del Sol 牧场 $$$

(☎520-299-1501; www.haciendadelsol.com; 5501 N Hacienda del Sol Rd; 双/套 $209/339起; ❄@🛜)20世纪20年代建于山顶的精英女子学校,这个令人放松的隐居地点有艺术家设计的西南风格房间,到处都有独特的妙处,比如经过雕刻的天花板梁,还可以纳入庭院微风的百叶板外门。Hacienda del Sol接待过斯宾塞·屈塞(Spencer Tracy)、凯瑟琳·赫本(Katharine Hepburn)、约翰·韦恩(John Wayne)及其他传奇人物,所以你其实是与历史同眠。这里的餐馆Grill也很出色。

🍴 就餐

Diablo Burger 汉堡 $

(☎520-882-2007; www.diabloburger.com; 312 E Congress St; 汉堡 $10~12; ⏰周日至周三 11:00~21:00, 周四至周六 至22:00)弗拉格斯塔夫热门汉堡店的分店,普通汉堡肉取材于本地开放牧场的牛肉。可以尝尝Big Daddy Kane,配味道浓郁的切达干酪、泡菜和特制酱汁。"比利时风味"香草薯条有些咸,但很好吃。

★ Lovin' Spoonfuls 严格素食 $

(☎520-325-7766; www.lovinspoonfuls.

com; 2990 N Campbell Ave; 早餐 $6~9, 午餐 $5.25~8, 晚餐 $7.25~11.25; ⊗周一至周六 9:30~21:00, 周日 10:00~15:00; ♪)汉堡、乡村炸鸡、俱乐部三明治……看上去似乎就是典型的小餐馆菜单，但最大的区别是，这家严格素食餐厅里没有动物产品。特别有创意的菜式包括古普卡布洛豆卷饼和罗汉斋——糙米盖饭，上面是辛辣的炒卷心菜、香菇及其他美味。

★ Cafe Poca Cosa　　　　　　墨西哥菜　$$

(☎520-622-6400; www.cafepocacosatucson.com; 110 E Pennington St; 午餐 $13~15, 晚餐 $20~24; ⊗周二至周四 11:00~21:00, 周五和周六 至22:00) 苏珊娜·达维拉 (Suzana Davila) 厨师的这家屡获殊荣的新墨西哥 (Nuevo-Mexican) 风格小餐馆是墨西哥风味爱好者在图森不能错过的地方。一份西班牙语加英语写就的黑板菜单在餐桌间传递，因为菜单每天都要更换两次。这里的菜品都是新鲜烹制的，富有创意且摆盘精美。如果拿不定主意，就点"Plato Poca Cosa"，然后由苏珊娜决定上什么最好，肯定不会出错。玛格丽特酒也很好喝。

El Charro Café　　　　　　墨西哥菜　$$

(☎520-622-1922; www.elcharrocafe.com; 311 N Court Ave; 午餐 $10~12, 晚餐 $16~20;

不要错过

袖珍博物馆 (MUSEUM OF MINIATURES) 的迷你时光机

分为魔法王国 (Enchanted Realm)、探索世界 (Exploring the World) 和历史画廊 (History Gallery)，这座讨人喜欢的微缩模型博物馆 (☎520-881-0606; www.theminitimemachine.org; 4455 E Camp Lowell Dr; 成人/老年人/4~17岁儿童 $9/8/6; ⊗周二至周六 9:00~16:00, 周日 正午至16:00; ♿) 展示奇异、简单有趣又具有历史特色的微缩景观。你还可以走过白雪覆盖的圣诞村，看看建于18世纪和19世纪的迷你房子，还能在魔法树里寻找小小的居民。博物馆由20世纪30年代的个人藏品发展而来。父母们会发现自己享受的乐趣比孩子们还要多呢。

⊗10:00~21:00) 1922年以来，这家杂乱、喧闹的大庄园一直在制作墨西哥美食。牛肉干 (carne seca) 特别有名，经过加水复原、撕碎、加入青椒和洋葱烤制。醇香的玛格丽特酒能醉倒一头驴子，还能帮你在等桌的时候消磨时间。

🍷 饮品和娱乐

市中心的Congress St和亚利桑那大学附近的4th Ave都是热闹的聚会大街。

★ Che's Lounge　　　　　　　酒吧

(☎520-623-2088; http://cheslounge.com; 350 N 4th Ave; ⊗正午至次日2:00) 这个有点破旧但却广受欢迎的酒吧是大学生们聚集的场所，有便宜的蓝带啤酒 (Pabst Blue Ribbon)，特色是巨大的环形吧台及当地艺术家 (兼酒保) 多诺万 (Donovan) 的精美壁画。在多数周六夜晚，以及夏季周日下午 (16:00~19:00), Che's的露台上有劲爆的现场音乐。

IBT's　　　　　　　　　　　男同性恋酒吧

(☎520-882-3053; www.ibttucson.com; 616 N 4th Ave; ⊗正午至次日2:00) 图森最火爆的同性恋游乐宫，每晚都更换主题——从变装表演到卡拉OK——外加每个月一次的周日"同乐日" (Fun Day), 届时全天都有卡拉OK、DJ和饮品特价。可以在露台放松，看看人来人往，或者在舞池挥汗如雨。

Thunder Canyon Brewery　　小型酿酒厂

(☎520-396-3480; www.thundercanyonbrewery.com; 220 E Broadway Blvd; ⊗周日至周四 11:00~23:00, 周五和周六 至午夜) 这家大洞穴似的酿酒厂就在Hotel Congress的步行范围之内，有40种桶装啤酒随时供应，除了有自酿啤酒，也供应美国其他地区酿酒厂的啤酒。如今在1234 N Williams St开设了第二家店。

Club Congress　　　　　　　现场音乐

(☎520-622-8848; www.hotelcongress.com; 311 E Congress St; ⊗现场音乐 19:00起, 夜店之夜 22:00起) 穿紧身牛仔裤的青年、头发蓬乱的潮人、上了年纪的乡村歌手、衣着入时的俊男靓女——宏伟的历史酒店Hotel

Congress里有图森最热闹的夜店,这里的顾客群体真可谓五花八门。播放的音乐也同样形式各异,常有当地或该地区最出色的乐手献艺,晚上有时有DJ。想找一个悠闲饮酒的地方,这里还有适合喝鸡尾酒的Lobby Bar或1919年开张的Tap Room。

❶ 实用信息

图森游客中心(Tucson Visitor Center; ☏800-638-8350, 520-624-1817; www.visittucson.org; 811 N Euclid Ave; ◐周一至周五 9:00~17:00, 周六和周日 至16:00)提供关于图森的基本信息。市中心的**科罗纳多国家森林监督员办公室**(Coronado National Forest Supervisor's Office; ☏520-388-8300; www.fs.usda.gov/coronado; 300 W Congress St, Federal Bldg; ◐周一至周五 8:00~16:30)提供关于前往科罗纳多国家森林(Coronado National Forest)及在森林中露营的具体信息。

❶ 到达和当地交通

图森国际机场(Tucson International Airport; ☏520-573-8100; www.flytucson.com; 7250 S Tucson Blvd; ✈)位于市中心以南15英里处,有6家航空公司,直达目的地包括亚特兰大、丹佛、拉斯维加斯、洛杉矶和旧金山。

灰狗巴士(☏520-792-3475; www.greyhound.com; 471 W Congress St)有7趟班车开往菲尼克斯($10起,2小时)及其他目的地。

美国国铁站(☏800-872-7245, 520-623-4442; www.amtrak.com; 400 N Toole Ave)的日落特快号(Sunset Limited)列车向西开往洛杉矶(10小时,每周3趟),向东开往新奥尔良(36小时,每周3趟)。

Ronstadt Transit Center(215 E Congress St, 位于6th Ave)是主要的公共汽车枢纽,有服务图森城区的**Sun Tran**(☏520-792-9222; www.suntran.com)。使用SunGo智能卡,单次/日票$1.50/4。新开设的有轨电车线路**SunLink**票价相同。

图森周边(Around Tucson)

下列所有地点距离图森都不到1.5小时车程,是理想的一日游去处。

仙人掌国家公园 (Saguaro National Park)

仙人掌(发音sah-wah-ros)是美国西南部的标志,这个**沙漠操场**(☏林孔 520-733-5153, 图森 520-733-5158, 公园信息 520-733-5100; www.nps.gov/sagu; 7日票 每车/自行车 $10/5; ◐日出至日落)保护由这种笔挺、多棱的哨兵组成的仙人掌大军。或者更准确地说,游乐场:公园分成东西两个部分,彼此相距30英里,中间是图森。两个部分——东边的林孔山区(Rincon Mountain District)和西边的图森山区(Tucson Mountain District)——遍布步行小径和沙漠植物;如果你只能游览一个地方,那就去更壮观的西区。

较大的**林孔山区**(Rincon Mountain District)位于市中心以东15英里处。**雷德丘陵游客中心**(Red Hills Visitor Center; ☏520-733-5158; www.nps.gov/sagu; 2700 N Kinney Rd; ◐9:00~17:00)提供当日徒步、骑马游览和野外露营信息。露营需持有许可证(每个露营位每天$8),最迟需在徒步当日中午取得。蜿蜒8英里的**仙人掌林景观环路**(Cactus Forest Scenic Loop Drive)是一条向汽车和自行车开放的铺装路,通往野餐区、步道起点和观景点。

时间紧张的徒步者可以沿通往一大片仙人掌的**Freeman Homestead Trail**进行1英里的往返徒步。想要进行一次全面的沙漠探险,可以走一走岩石遍布的陡峭的坦基韦尔德山脊小径(Tanque Verde Ridge Trail),爬上米卡山(Mica Mountain; 海拔8666英尺)山顶,然后走20英里返回(过夜需要野外露营许可证)。如果你更愿意借助别人(或外物)的力量完成这项艰难的任务,家庭经营的**Houston's Horseback Riding**(☏520-298-7450; www.tucsonhorsebackriding.com; 12801 E Speedway Bvd; 每人 2小时游览 $60)提供公园东部的小径骑马游。

城西的**图森山区**(Tucson Mountain District)有自己的雷德丘陵游客中心分支机构。**冲积平原景观环路**(Scenic Bajada Loop Drive)是一条长6英里、有坡度的土路,始于游客中心以北1.5英里处,途中可观赏仙人掌林景观。两条容易走且较短的徒步路线也

绝对热狗

索拉（Sonoran）热狗是本地特色，这份令人怦然心动的掌中美食包括一根培根包裹的热狗，中间分层加入番茄莎莎酱、斑豆、碎芝士、蛋黄酱、番茄酱、芥末、碎番茄和洋葱。它们或许不适合所有人，不过感到好奇的人可以前往做得最好的地方——El Guero Canelo（☎520-295-9005；www.elguerocanelo.com；5201 S 12th Ave；热狗$3~4，主菜$7~9；◎周日至周四10:00~22:00，周五和周六8:30至午夜）去尝尝。

有不错的景色，分别是0.8英里长的 Valley View Overlook（日落时景色壮观）和半英里长、通往数十个古代岩刻的 Signal Hill Trail。想要体验比较艰辛的徒步活动，我们推荐7英里的国王峡谷小径（King Canyon Trail），从亚利桑那索拉沙漠博物馆附近的游客中心以南2英里处出发。0.5英里的沙漠探索小径（Desert Discovery Trail）信息量丰富，位于游客中心西北1英里处，轮椅可以通行。四条徒步线路全都是可以原路返回的。

至于与公园同名的仙人掌，可不要说仙人掌的四肢是树枝。因为公园讲解员很快会告诉你，这种巨型仙人掌长出的是胳膊，而不是低级的树枝——如果你认为它们有跟人相似的特征，这一点就有意义了。

仙人掌生长缓慢，需要大约15年才能长到1英尺那么高，50年才能长到7英尺，开始长成很多胳膊的典型外形几乎需要一个世纪。最佳游览时间是4月，那时的仙人掌会开出漂亮的白花——亚利桑那州的州花。6月和7月，花谢了，长出成熟的红色果子，当地的美洲印第安人会拿它们做食物。它们的士兵是细长支棱的墨西哥刺木、毛茸茸的泰迪熊仙人掌、类似青豆的笔形仙人掌和数百种其他物种。损坏或移动仙人掌是违法行为。

注意，公园景观环路狭窄，长度超过35英尺的拖车和宽度超过8英尺的车辆禁止通行。

图森西部（West of Tuscon）

想在茫茫荒野中感受与世隔绝的孤寂感？从图森沿着86号公路（Hwy 86）向西行驶，到索拉沙漠中一些最空旷的地方——除了无处不在的绿白相间边境巡逻卡车外什么都没有。

壮观的基特峰国家天文台（Kitt Peak National Observatory；☎520-318-8726；www.noao.edu/kpno；Hwy 86；团队游 成人/儿童 $9.75/3.25；◎9:00~16:00；**免费**）距离图森约75分钟车程，是全世界光学望远镜数量最多的地方。导览游（成人/儿童 $10/3.25，时间为10:00、11:30、13:30）时长约为1小时。值得体验的夜间观测项目（成人$50；7月中旬至8月没有观测活动）应提前2~4周预订。

晴朗、干爽的天空会让人在望向宇宙时顿生敬畏。穿暖和些，在图森加油（最近的加油站距天文台30英里）。注意：8岁以下的儿童不允许参加该夜间项目。夜晚，野餐区聚集了很多业余天文爱好者。

如果你想远离一切尘嚣，那么紧邻墨西哥边境的广阔而富有异域情调的烛台掌国家保护区（Organ Pipe Cactus National Monument；☎520-387-6849；www.nps.gov/orpi；Hwy 85；每车$12；◎游客中心 8:30~17:00）就是最好的选择。这是一片美丽而令人生畏的土地，动植物种类数不胜数，包括28种仙人掌，首先就是与保护区同名的烛台掌。烛台掌身形巨大，呈柱状，其枝干从根部呈辐射状散开，不同于常见的仙人掌。

长达21英里的 Ajo Mountain Drive 将带你穿过由带有淡淡血红色的陡峭、锯齿状的峭壁和岩石构成的壮丽景观。游客中心旁的 Twin Peaks Campground（☎520-387-6849，分机7302；www.nps.gov/orpi；10 Organ Pipe Dr；帐篷和房车露营位$16）有208个位置，先到先得。

图森南部（South of Tuscon）

图森南部，19号州际公路（I-19）是通向诺加利斯（Nogales）和墨西哥的主要道路。沿途有几处有趣的地方。

引人注目的巴克圣哈比尔教堂（Mission San Xavier del Bac；☎520-294-2624；www.patronatosanxavier.org；1950 W San Xavier Rd；欢迎捐赠；◎博物馆 8:30~16:30，教堂 7:00~17:00）位于图森市中心以南9英里处的圣哈比尔原

住民保留地，是亚利桑那州仍在使用中的最古老的西班牙时期建筑。这座建筑竣工于1797年，内部装饰出奇得华丽，将摩尔人（Moorish）、拜占庭和墨西哥文艺复兴后期的建筑风格优雅地融合在了一起。

教区以南16英里69号出口处的**泰坦导弹博物馆**（Titan Missile Museum；☎520-625-7736；www.titanmissilemuseum.org；1580 Duval Mine Rd, Sahuarita；成人/老年人/7~12岁儿童 $9.50/8.50/6；◉周日至周五 9:45~17:00，周六 8:45~17:00，团队游最后发团时间 15:45）是"冷战"时期洲际弹道导弹的地下发射场，内容丰富，令人受益匪浅，应该提前预订。

如果你对历史或购买手工艺品感兴趣，可以去图森以南48英里处的小村庄Tubac（www.tubacaz.com），西班牙殖民时期的要塞周围聚集着一百多家艺术馆、画室和商店。

帕塔哥尼亚和帝国山 (Patagonia & the Mountain Empire)

这个迷人的河岸景区夹在墨西哥边界、桑塔丽塔（Santa Rita）和帕塔哥尼亚山脉（Patagonia Mountains）之间，是亚利桑那州这个珠宝盒中最闪耀的一颗宝石，也是个静静地观鸟和品尝葡萄酒的好地方。

观鸟者和自然爱好者可到**帕塔哥尼亚-索诺伊塔河保护区**（Patagonia-Sonoita Creek Preserve；☎520-394-2400；www.nature.org/arizona；150 Blue Heaven Rd；$6；◉4月至9月 周三至周日 6:30~16:00，10月至次年3月 周三至周日 7:30~16:00）平缓的步道上漫步。该保护区是大自然保护协会（Nature Conservancy）管理的一片迷人的河畔杨柳林和三叶杨林。候鸟迁徙的高峰季是4月至5月、8月下旬至9月。想度过一个悠闲品酒的下午，就去帕塔哥尼亚北部村庄及周边酒庄**索诺伊塔**（Sonoita）和**埃尔金**（Elgin）。

如果你正在找巴塔哥尼亚美食，试一下令人满意的**Velvet Elvis**（☎520-394-2102；www.velvetelvispizza.com；292 Naugle Ave, Patagonia；主菜 $8~24；◉11:30~20:00；🐾）的美味比萨。然后向散发着简单、自然魅力的老式西部建筑**Stage Stop Inn**（☎520-394-2211；www.stagestophotelpatagonia.com；303 McKeown Ave, Patagonia；双/套 $99/149起；🐾🅿🅶）致敬，这里的客房环绕着中央庭院和泳池。当年驿站马车确实曾在这里的Butterfield Trail停靠。还有个小型**游客中心**（☎520-394-7750, 888-794-0060；www.patagoniaaz.com；299 McKeown Ave, Patagonia；◉10月至次年5月 每天，6月至9月 周五至周日，10:00~16:00）提供实用信息。

亚利桑那州东南部 (Southeastern Arizona)

在亚利桑那州南部，到处都是狂野西部传说中声名赫赫的地方，有保存得很好的矿业小镇比斯比（Bisbee）、墓碑镇（Tombstone）的OK畜栏（OK Corral），还有奇石林立的奇里卡瓦国家保护区（Chiricahua National Monument）。

卡奇纳洞穴州立公园 (Kartchner Caverns State Park)

由尖顶、地盾、岩筒、岩柱、石吸管及其他超凡的岩石形态构成的奇境历经五百万年的形成时间，直到1974年才奇迹般地被发现。实际上，为了筹备**卡奇纳洞穴州立公园**（☎咨询 520-586-4100，预订 877-697-2757；http://azstateparks.com/kartchner；2980 Hwy 90；停放汽车/自行车 每辆 $7/3，团队游 成人/儿童 $23/13；◉公园 7:00~18:00，游客中心12月下旬至次年5月 8:00~18:00，其他月份开放时间缩短；🅿🅶）的开放，被发现之后的25年间，它的准确位置始终处于保密状态。提供两条旅游线路，时长均为90分钟左右，同样令人印象深刻。

4月中旬前后，大房间游对公众关闭，那时会有一群雌性洞穴鼠耳蝙蝠从墨西哥迁徙至此栖息并在6月下旬产崽。蝙蝠母子在此停留至9月中旬，才会飞往它们的过冬地点。蝙蝠育儿期间，洞穴不对公众开放。

这里有露营地（有小屋），入口位于10号州际公路以南9英里处，紧邻90号公路（Hwy 90）的302号出口。

墓碑镇 (Tombstone)

19世纪，处于全盛时期的墓碑镇是一个急速发展的矿业小镇。在这个小镇里，威士忌酒在流淌，六发式左轮手枪曾经解决了诸多争端，最出名的地点就是OK畜栏了。现在的墓碑镇是国家历史地标，吸引着大量的游客来参观老式西部建筑、驿站马车，还能亲身模仿当年的枪战。

是的，你必须要看看OK畜栏（☎520-457-3456; www.ok-corral.com; Allen St、3rd St和4th St之间；门票$10,不开枪$6; ◉9:00~17:00)，这个地方是1881年10月26日的那场传奇枪战的地点，由厄普兄弟（Earps）和"医生"赫利德（Doc Holliday）对决麦克劳瑞兄弟（McLaurys）和比利·克兰顿（Billy Clanton）。麦克劳瑞兄弟、克兰顿及那个暴力年代的许多其他死者如今都葬在墓碑镇以北80号公路（Hwy 80）沿线的靴山墓园（Boothill Graveyard; ☎520-457-3300; www.boothillgiftshop.com; 408 Hwy 80; 成人/15岁及以下儿童$3/免费; ◉8:00~18:00）免费。

还要挤出时间去看看鸟笼剧院（Bird Cage Theater; ☎520-457-3421; www.tombstonebirdcage.com; 517 E Allen St; 成人/老年人/8~18岁青少年$10/9/8; ◉9:00~18:00)，曾经是舞厅、酒馆和妓院，现在则塞满了具有历史意义的零散物件。还有一个人鱼。

游客中心（Visitor Center; ☎520-457-3929, 888-457-3929; www.tombstonechamber.com; 395 E Allen St, 位于4th St; ◉周一至周四9:00~16:00,周五至周日 至17:00）提供徒步地图。

比斯比 (Bisbee)

比斯比是一座散发着凌乱而自然的旧世界魅力的小镇。它过去以铜矿闻名，现在的特色则是集旧波希米亚风格、优雅的建筑、华丽的餐厅和富有情调的旅馆于一体。大多数商家都集中在Subway St和Main St两旁的历史区（Historic District）内，即比斯比老城（Old Bisbee）。

要参加由退休矿工做导游的地下游，可以选择Queen Mine Tour（☎520-432-2071; www.queenminetour.com; 478 Dart Rd, 紧邻Hwy 80; 成人/4~12岁儿童$13/5.50; ♿）。Queen Mine Building就在镇中心以南，有当地的游客中心（☎866-224-7233, 520-432-3554; www.discoverbisbee.com; 478 Dart Rd; ◉周一至周五 8:00~17:00,周六和周日 10:00~16:00)，可以从这里开始探索。在城外时可以看看薰衣草矿（Lavender Pit），这是一座难看但令人印象深刻的露天矿。

在Shady Dell RV Park（☎520-432-3567; www.theshadydell.com; 1 Douglas Rd, Lowell; 房车$85起; ◉暑期和冬季关闭; ♿）稍事休息，这是个宜人的复古拖车停车场，经过精心修复的Airstream房车被整齐地隔开，都配备着有趣的家具。蒸发式冷气机带来了凉爽。在古怪又有趣的Bisbee Grand Hotel（☎520-432-5900; www.bisbeegrandhotel.com; 61 Main St; 双/套$99/135起; ♿），你可以睡在有顶的四轮马车上，感觉好似古老的西部年代又回来了。旅馆以维多利亚时代的装饰为主，还有一个提神的酒馆。

如果要吃些可口菜肴，可以去Main St逛逛，随便选一家餐馆都不会让你失望。想吃些正宗的美国菜，可以去时尚的Cafe Roka（☎520-432-5153; www.caferoka.com; 35 Main St; 晚餐$20~30; ◉周四至周六 17:00~21:00,周日 15:00~20:00)。这里供应的晚餐有四道菜，包括沙拉、汤、果子露和不断轮换的主菜，都非常受人欢迎。继续沿着Main St往上走，就能去摇滚风格的Screaming Banshee（☎520-432-1300; www.screamingbansheepizza.net; 200 Tombstone Canyon Rd; 比萨$14~16; ◉周二和周三 16:00~21:00,周四至周六 11:00~22:00,周日 11:00~21:00）品尝炭烤比萨。酒吧大多集中在Main St最南端实至名归的Brewery Gulch。

奇里卡瓦国家保护区 (Chiricahua National Monument)

偏远但令人着迷的奇里卡瓦国家保护区（☎520-824-3560; www.nps.gov/chir; 12856 E Rhyolite Creek Rd; ◉游客中心 8:30~16:30; ♿）免费坐落于奇里卡瓦山，保护区内有的高耸尖岩高达几百英尺，看起来总像马上要倒下来一样。波尼塔峡谷风景大道（Bonita Canyon Scenic Drive）可以将你带到8英里外的马赛点（Massai Point, 海拔6870英尺），从那里能看到斜坡上突起的成千上万的岩石尖顶，就像石化的军队一样。这里有无数条徒步路线，但是如果你的时间不够充裕，不妨选择回声峡谷小道（Echo Canyon Trail），离洞穴（Grottoes）有至少半英里远，到达由巨石构成的"大教堂"以后，你可以静静地躺下来，享受这份轻风拂面的宁静。公园位于紧邻186/181号公路（Hwy 186/181）的威尔科克斯（Willcox）东南36英里处。

犹他州（UTAH）

欢迎来到大自然最完美的游乐场。从红岩台地到狭窄的狭缝峡谷、积雪的山坡和宜人的岩石小径，犹他州多种多样的地形让你惊叹不已。骑车、徒步和滑雪的环境世界一流。州内超过65%的土地属于公共土地，包括13个国家公园和保护区，前往那些地方简直棒极了。

定义犹他州南部的是红岩悬崖、果冻颜色的狭长地带以及仿佛没有边际的砂岩沙漠。松林密布、积雪覆盖的瓦萨奇山群峰俯视犹他州北部。中间不时出现昔日拓荒者的遗迹、古老的岩石艺术及遗址，还有恐龙留下的痕迹。

受摩门教影响的乡间城镇虽然比较安静保守，但其粗犷的美景却吸引着众多户外活动爱好者和进步人士前来。盐湖城（SLC）和帕克市有精彩丰富的夜生活和餐饮场所，令人流连忘返。所以，穿上靴子，备好饮用水：犹他州狂野而优美的腹地正在恭候大驾。

历史

古普韦布洛人（Ancestral Puebloan）和弗里蒙特人（Fremont）是这片土地最早的人类居民，如今我们能在他们留下的岩画和废墟中找到其遗迹。不过，直到大批欧洲拓荒者到来之前，这里一直是现代犹他人（Ute）、派尤特人（Paiute）和纳瓦霍（Navajo）部落生活的地方。为了躲避自19世纪40年代末爆发的宗教迫害，摩门教徒在第二任教长杨百翰（Brigham Young）的带领下逃到犹他州。尽管遭到不友好的对待，甚至曾与美洲原住民发生冲突，导致不止一个城镇遭遗弃，摩门教徒仍竭尽所能地在这片新土地上定居下来。

美国从墨西哥手中得到犹他州后近50年里，建州的吁求多次遭到国会拒绝，原因是摩门教的一夫多妻制（polygamy）。摩门教与美国联邦政府之间的关系因此而持续紧张，直到1890年，当时的摩门教主Wilford Woodruff宣称得到上帝的启示并正式终止一夫多妻制。1896年，犹他州成为美国第45个州。而今，现代化的摩门教会，即新摩门教（耶稣基督后期圣徒教会，Church of Jesus Christ of Latter-Day Saints，简称LDS），仍然在犹他州拥有强大的影响力。

❶ 实用信息

犹他州旅游办公室（Utah Office of Tourism；☎800-200-1160；www.utah.com）出版免费的《犹他州旅行指南》（*Utah Travel Guide*），负责运营州内多个游客中心。网站有6种语言的链接。

犹他州立公园和游乐区管理部（Utah State Parks & Recreation Department；☎801-538-7220；www.stateparks.utah.gov）提供州内40多个州立公园的出色指南，可上网或到游客中心查询。

❶ 到达和当地交通

国际航班降落盐湖城。比较大的城市和旅游枢纽有租车办事处。

犹他州并非大州，但大部分是乡村——所以除非住在盐湖城或帕克市，你都需要一辆车。如果你前往犹他州南部的公园，最便宜的方式可能是飞往拉斯维加斯，然后租车前往。

盐湖城（Salt Lake City）

熠熠生辉的盐湖城有飞过蓝知更鸟的天空和积雪覆盖的山脉，是犹他州的首府。作为犹他州唯一有国际机场的城市，它依然散发出小镇般的气息。市中心交通便利，夜晚相当安静，而城区竟然生活着120万人，这简直让人难以置信。尽管它相当于摩门教的梵蒂冈，而且摩门教拥有大量土地，但人口的一半以上都不是教会成员。大学和一流的户外活动场所吸引来各种居民。咖啡馆和瑜伽课上总能见到精致的文身，到处弥漫着自由的精神。美食家可以在众多国际风味和有机食品的用餐选择中寻到自己喜爱的。如果小径向你招手，从瓦萨奇山脉（Wasatch Mountains）美妙的徒步和滑雪场地出发，只需要45分钟就能到达。友好的民众、美味的食物和户外探险——还能有比这更好的吗？

👁 景点

与摩门教堂相关的重要景点大多集中在盐湖城市中心点附近：Main St和South Temple St的交叉路口（街道特别宽——132英尺——因为当初是为了让4头牛拉的车能转身调头）。随着城溪（City Creek）的开发，市中心正在复兴。大多数博物馆和适合儿童的景点都在东边的大学山麓区（University-Foothills District）。

👁 寺庙广场地区 (Temple Square Area)

寺庙广场　　　　　　　　　　　广场

（Temple Square; www.visittemplesquare.com; S Temple St和N State St交叉路口; ⏰场地24小时, 游客中心 9:00~21:00）免费 该市最著名的景点，占地10英亩的广场，有15英尺高的围墙环绕。有新摩门教徒义务担任讲解员，为游客提供30分钟的免费导览，团队游从两个入口（分别位于South Temple St和North Temple St）的游客中心出发。每隔20英尺左右的距离就有新摩门教的男女信徒和长老们解答问题（别担心，他们不会拉着你入教——除非你明确表现出这方面的兴趣）。除了值得观看的景点之外，这里还有几座行政建筑和两个剧院。

教堂历史和艺术博物馆　　　　博物馆

（Museum of Church History & Art; www.churchhistorymuseum.org; 45 N West Temple St; ⏰周一至周五 9:00~21:00, 周六和周日 10:00~19:00）免费 毗邻寺庙广场，这座博物馆有令人印象深刻的拓荒者历史和艺术展览。

盐湖寺　　　　　　　　　宗教场所

（Salt Lake Temple; Temple Sq）屹立在寺庙广场之上，高210英尺的盐湖寺格外引人注目。建筑顶部是天使Moroni的雕像，他曾在新摩门教创始人约瑟·史密斯（Joseph Smith）前显灵。据说，这里在进行整修时，清洁工们发现了雕像镀金表面上的旧弹痕。寺庙仪式是不公开的，只有信誉良好的摩门教徒才可以入内。

礼拜堂　　　　　　　　　基督教场所

（Tabernacle; www.mormontabernaclechoir.org; Temple Sq; ⏰9:00~21:00）免费 建于1867年的圆顶大礼堂，内有一个由11,000根管子组成的管风琴，音响效果极佳。在前排掉一根针，后排约200英尺远的地方都能听到。周一至周六中午和周日14:00有免费的管风琴演奏会。

蜂巢屋　　　　　　　　　　　古迹

（Beehive House; ☎801-240-2671; www.visittemplesquare.com; 67 E South Temple St; ⏰周一至周六 9:30~20:30）免费 蜂巢屋是杨百翰在犹他州担任州长和教长时，与一位妻子和家人的主要居所。可应需提供团队游；有的提供历史性住宅的细节介绍，宗教教育的比重取决于摩门教讲解员。

👁 大市中心 (Greater Downtown)

犹他州议会大厦　　　　　　历史建筑

（Utah State Capitol; www.utahstatecapitol.utah.gov; 350 N State St; ⏰周一至周五 7:00~20:00, 周六和周日 8:00~18:00, 游客中心 周一至周五 8:30~17:00）免费 位于寺庙广场以北一座小山上由500棵樱桃树环绕的这座宏伟的大厦建于1916年，内有由公共事业管理署（Works Progress Administration, 简称WPA）修复的色彩斑斓的壁画装点着部分圆屋顶，壁画上绘有拓荒者、捕兽者和传教士。游客中心提供免费导览游（周一至周五 9:00~17:00 每小时发一次团），从一楼开始，也可选择从游客中心出发的自助导览游。

克拉克天文馆　　　　　　　博物馆

（Clark Planetarium; ☎385-468-7827; www.clarkplanetarium.org; 110 S 400 W; 成人/儿童 $9/7; ⏰周日至周四 10:00~22:00, 周五和周六至23:00）你可以在克拉克天文馆看到星星，那里有最新、最好的3D天空秀和犹他州唯一的IMAX影院。那里还有免费的科学展览。天文馆位于旧铁路车厂旁边的室内外购物中心Gateway（www.shopthegateway.com; 200 S to 50 N, 400 W至500 W; ⏰周一至周六 10:00~21:00, 周日 正午至18:00）边缘。

👁 大学山麓区及以外 (University-Foothill District & Beyond)

★ 犹他自然历史博物馆　　　　博物馆

（Natural History Museum of Utah; http://

nhmu.utah.edu; 301 Wakara Way; 成人/3~12岁儿童 $15/10; ⏰周四至周二 10:00~17:00, 周三至21:00）力拓中心（Rio Tinto Center）令人惊叹的建筑设计，形成了多层的室内"峡谷"，大大增强了展品的效果。拾级而上，不同楼层的展品进一步展示了这里的原住民文化和自然历史。Past Worlds的古生物展品最令人称道。可从下仰望、从旁观察或是向下俯视，利用各种角度窥探代表整个史前历史的恐龙化石藏品。

就是这里遗址公园　　　　　　　　古迹

（This is the Place Heritage Park; www.thisistheplace.org; 2601 E Sunnyside Ave; 成人/儿童 $13/9; ⏰周一至周六 9:00~17:00, 周日 10:00~17:00; ）这座遗产公园为纪念1847年摩门教派来到盐湖城而建，占地450英亩。园内有个古村，至今仍有人居住。6月至8月间，身穿古代服饰的讲解员会为游客阐述19世纪中期的生活。门票包括火车之旅及各项活动。其他月份里，有些区域禁止进入，门票价格也有不同程度的变化，不过你至少可以在41座建筑的外部漫步游览。有些建筑是现代的复制品，也有些是当时的建筑，如杨百翰的农庄。

红丘公园　　　　　　　　　　　　花园

（Red Butte Garden; www.redbuttegarden.org; 300 Wakara Way; 成人/儿童 $12/7; ⏰5月至8月 9:00~21:00）红丘公园坐落在瓦萨奇山麓（Wasatch foothills），占地面积150英亩，内有迷人的园林和天然花园，沿着步道就能轻易到达。这里也是举办夏季户外音乐会的热门地点，不妨上网看看有哪些歌手前来表演。淡季白天开放。

🛏 住宿

市中心的连锁酒店集中在500 South和600 South附近的S 200周边；谷中城（Mid-Valley; 紧邻I-215）和靠近机场的地方住宿场所更多。周末的高档酒店价格最低。市中心住宿经常不包括停车。可以在瓦萨奇山脉找露营和另类的住宿选择。

Wildflowers B&B　　　　　　　　民宿 $

（☎385-419-2301; http://wildflowersbb.com; 936 E 1700 S; 房间 $90~125）这家老式民

犹他州概况

别称 蜜蜂之州

人口 290万

面积 82,169平方英里

首府 盐湖城（人口 186,440）、大都会区（人口 1,153,340）

其他城市 圣乔治（人口 82,318）

消费税 4.7%起

诞生于此的名人 艺人Donny Osmond（生于1957年）和Marie Osmond（生于1959年）、受人喜爱的强盗Butch Cassidy（1866~1908年）

发源地/所在地 2002年冬奥会

政治 多数人是保守派

著名之处 摩门教徒、红岩峡谷、一夫多妻制

最佳纪念品 瓦萨奇小酒馆和自酿酒吧的T恤上印着："一夫多妻牌啤酒——为何只要一个？（Polygamy Porter – Why Have Just One?）"

宿沉迷于彩色玻璃和具有历史特色的家具，十足的古典雅致。比城里的大多数民宿便宜，可能单单早餐就值得房费了。它位于盐湖有很多商店和餐馆的特色街区。

⭐ Engen Hus　　　　　　　　　民宿 $$

（☎801-450-6703; http://engenhusutah.com; 2275 6200 S; 房间 $125~140; ）位置非常适合上山远足，这栋可爱的住宅主要有4个房间，木床上铺着手工被褥，配备平板电视。主人对本地徒步的情况很熟悉。舒适指数很高，有棋类游戏、热水浴缸露台和DIY洗衣设备，可以吃焦糖法式吐司等自助早餐，还有一间可以进出轮椅的房间。

⭐ Inn on the Hill　　　　　　　旅馆 $$

（☎801-328-1466; www.inn-on-the-hill.com; 225 N State St; 房间 $155~240; ）这个建于1906年文艺复兴时代的豪宅如今已摇身一变成了旅馆，有精致的木工和由Maxfield Parrish及Tiffany设计制作的彩

色玻璃装饰。客房非常整洁舒适，不会让人感到闷热，有按摩浴缸，有些房间还有壁炉和阳台。公共区域还有露台、桌球室、图书馆和餐厅，餐厅有厨师供应早餐。

Hotel Monaco 精品酒店 $$

（☎801-595-0000；www.monaco-saltlakecity.com；15 W 200 S；房间 $229~279；P✳@🌐📺）丰富的色彩和豪华的版画缓解了消沉的感觉，为这家精品连锁酒店营造出一种异想天开的氛围。备受宠爱的宠物可以在这里受到特别接待，如果你需要陪伴，前台还会借给你一条金鱼。夜间的葡萄酒会免费，沙滩脚踏车免费；停车另外付费。

Hotel RL 酒店 $$

（☎801-521-7373；www.redlion.com/saltlake；161 W 600 S；房间 $239起；P✳@🌐📺）经过改造的Red Lion酒店漂亮、舒适，有将近400个房间，特色是黑白墙绘和平板电视。这里还有一家传统餐厅、一间现代的森林设计休闲室、24小时健身房和户外游泳池及按摩浴缸。这家酒店提供的服务与大型酒店一样。

🍴 就餐

★ Red Iguana 墨西哥菜 $

（www.rediguana.com；736 W North Temple St；主菜 $10~18；⊘周一至周四 11:00~22:00，周五 至23:00，周六 10:00~23:00，周日 10:00~21:00）最正宗、最香气扑鼻、最可口的墨西哥菜——也难怪这个家庭餐馆的门外总会有食客排起的长队。如果你无法从7种以辣椒和巧克力做成的mole酱中做出选择的话，不如向店主要求一小盘样品试一试。墨西哥手撕烤猪肉（cochinita pibil）鲜嫩程度令人难以置信，而味道则像烤了几天的那么足。

★ Tosh's Ramen 日式拉面 $

（☎801-466-7000；1465 State St；主菜 $9~11；⊘周二至周六 11:30~15:00和17:00~21:00）热腾腾的超大碗令人无比欣喜，Tosh's的拉面包括浓郁的肉汤和香脆的豆芽，上面还有一只荷包蛋，如果你喜欢这种做法的话。简直不能再地道了。试着让肠胃腾腾点儿地方出来，再吃一份辣鸡翅。所有人都会被吸引到普通商业街的这个欢乐地方，所以要早点儿去。

Caputo's Deli 熟食 $

（☎801-486-6615；1516 S 1500 E；主菜 $5~15；⊘周一至周六 7:00~20:00）在这家熟食柜台和美食店采购诱人的奶酪、腌辣椒、新鲜的三明治和点心。

Del Mar al Lago 秘鲁菜 $$

（☎801-467-2890；310 Bugatti Ave S；主菜 $16~24；⊘周一至周四 11:00~16:00和18:00~21:00，周五和周六 11:00~22:00）准备好饱餐一顿。秘鲁老顾客会告诉你这里很正宗。厨师威尔默（Wilmer）来自特鲁希略，能做出最好的秘鲁菜肴，包括青柠汁腌鱼、丝兰薯条和土豆泥派配墨西哥辣椒蛋黄酱。

Takashi 日本菜 $$

（☎801-519-9595；18 W Market St；寿司卷 $10~18，主菜 $10~19；⊘周一至周六 11:30~14:00和17:30~22:00）有谁不会被"米上的性爱"所吸引？地处内陆的盐湖城有许多好得出奇的寿司餐馆，这里是最好的一家，经常人满为患。即使洛杉矶餐厅那些势利眼都会对这家极为时尚的餐馆的创意寿司赞不绝口。

★ Avenues Bistro on Third 法式小馆 $$$

（☎801-831-5409；http://avenuesbistroonthird.com；564 E 3rd Ave；主菜 $16~37；⊘周三至周五 11:00~22:00，周六和周日 9:00~15:00和17:00至关门）🍴一次美食优先的亲密体验。走进Avenues的小房子，走向敞开式烤炉四周的几张餐桌。老板会安排客人就座并与邻居们聊天。食物的品类有：新鲜绿色蔬菜配犹他鳟鱼、蜂蜜薰衣草喇叭菇和入口即化的自制无花果酥。

🍷 饮品和夜生活

提供食物的酒馆和酒吧是盐湖城夜生活的主流，而且没人在意你主要是为了喝酒还是吃东西。《城市周报》（*City Weekly*；www.cityweekly.net）上有本地酒吧音乐的完整节目单。

★ Beer Bar 小酒馆

（www.beerbarslc.com；161 E 200 S；⊘周一

至周六11:00至次日2:00，周日10:00至次日2:00）多人分享的木头餐桌、140多种啤酒、13种香肠，Beer Bar给盐湖城增添了一丝巴伐利亚风情。食客群体多元，比隔壁的Bar X（与Beer Bar相连的酒吧）更为随心所欲。这是个朋友聚会或者结识新朋友的好地方，但可能会很吵闹。

Bar X　　　　　　　　　　　鸡尾酒吧

（155 E 200 S；⊙周一至周五16:00至次日2:00，周六18:00至次日2:00，周日19:00至次日2:00）灯光昏暗，氛围时尚，很难相信你正身处与寺庙广场（见972页）同处一街的地方。为了迎合这家人头攒动的酒吧，来杯莫斯科骡子（Moscow Mule），听听摩城唱片（Motown）或放克音乐（或者听着邻桌那家伙对他的约会对象说，"你的声音真好听"）。

★ Jack Mormon Coffee Co　　咖啡馆

（www.jackmormoncoffee.com；82 E St；⊙周一至周六10:00~18:00）犹他州最好的咖啡馆，还提供普通的意式浓缩咖啡饮品。天气渐热的时候，本地人会畅饮Jack Frost。

Gracie's　　　　　　　　　　酒吧

（www.graciesslc.com；326 S West Temple St；⊙周一至周六11:00至次日2:00，周日10:00至次日2:00）即使建了两层楼、四个酒吧，这家时尚的酒吧兼餐馆仍是相当拥挤。两个大露台是放松心情的最佳地点。多数夜晚会有现场音乐或DJ音乐演奏。

☆ 娱乐

我们不能说这里的夜生活有多火爆；主要的舞蹈俱乐部经常更换，很少有每周开业超过两三个晚上的。营业场所名单见《城市周报》（www.cityweekly.net）。传统娱乐选择很多，尤其是寺庙广场（见972页）周边。

音乐

★ 摩门教礼堂唱诗班　　　　现场音乐

（Mormon Tabernacle Choir；☎801-570-0080, 801-240-4150；www.mormontabernaclechoir.org）聆听举世闻名的摩门教礼堂唱诗班美妙的歌声，是造访盐湖城必做的事情。每周日的9:30，唱诗班会进行现场广播。9月至

不要错过

古生物博物馆（MUSEUM OF ANCIENT LIFE）

适合家庭的博物馆（☎801-768-2300；www.thanksgivingpoint.org；3003 N Thanksgiving Way, Lehi；全景点通票 成人/儿童 $25/20，博物馆 成人/儿童 $15/12；⊙周一至周六10:00~20:00；🅿），位于感恩角（Thanksgiving Point）。关于恐龙和水生动物的展览、许多适合孩子的互动展览及3D剧院呈现出史前生活的面貌。

11月及1月至5月间，可亲自到礼拜堂（Tabernacle；见972页）观看。每周四20:00~21:00，这里举行的公开排练可免费观看。

剧院

盐湖城艺术协会（Salt Lake City Arts Council）在网站（www.slcgov.com/city-life/ec）上提供完整的文化活动日程表。当地演出场所包括加利文中心（Gallivan Center；www.thegallivancenter.com；200 S, State St和Main St之间）、Depot（☎801-355-5522；www.smithstix.com；400 W South Temple St）和罗斯·瓦格纳表演艺术中心（Rose Wagner Performing Arts Center；https://artsaltlake.org；138 W 300 S）。可通过ArtTix（☎801-355-2787, 888-451-2787；https://artsaltlake.org）预订。

Eccles Theatre　　　　　　　剧院

（☎385-468-1010；www.eccles.theatersaltlakecity.com；131 Main St）2016年开业，这座豪华的建筑有两家剧院（一家可容纳2500人），演出百老汇剧目、音乐会及其他娱乐节目。

运动

犹他爵士队　　　　　　　　　篮球

（Utah Jazz；☎801-325-2500；www.nba.com/jazz；301 W South Temple St）男子职业篮球队犹他爵士队的主场在Vivint Smart Home Arena（www.vivintarena.com；301 W South Temple St），此外，这里还举办音乐会。

皇家盐湖城队　　　　　　　　足球

（Real Salt Lake；☎844-732-5849；www.rsl.

《摩门经》音乐剧

载歌载舞的摩门教传教士？那还用说……怎么也得是在百老汇。2011年春季，音乐剧《摩门经》(The Book of Mormon)在纽约的尤金·奥尼尔剧院(Eugene O'Neill Theatre)上演以后备受好评。这部讽刺新摩门传教士(LDS)的轻松音乐剧讲述了摩门教的青年男女被派去乌干达传教的故事，由音乐剧《Q大道》(Avenue Q)和电视动画系列《南方公园》(South Park)的创作者构思，无怪乎这部叫座的音乐剧横扫了九项托尼奖(Tony Awards)。

新摩门教如何反应？其实还蛮克制的。教会避免做出直接的批评，不过也清楚地指出，音乐剧《摩门经》是想要娱乐观众，但真正的《摩门经》可以改变你的一生。

com; 9256 State St, Rio Tinto Stadium; ⏱3月至10月)盐湖城的美国职业足球大联盟(Major League Soccer)冠军球队(发音ree-al)，在本地拥有忠实的球迷，比赛在**力拓球场**(Rio Tinto Stadium)进行，非常有趣。

购物

100 East和300 East之间的Broadway Ave (300 South)有一排有趣的精品店、古董店和咖啡馆。想要寻找犹他州的拓荒者和传承，盐湖城各处零星有一些手工艺品商店和画廊；有的在300街区的W Pierpont Ave。8月份，很多商家会参加为期一天的盐湖城工艺(Craft Salt Lake)展览会。

Utah Artist Hands 工艺品
(www.utahands.com; 163 E Broadway; ⏱周一至周五 正午至18:00, 周六 至17:00)本地艺术家的作品，全都在州内制作，经营范围从美术品和摄影作品到围巾和陶器，等等。

实用信息

紧急情况和医疗服务
地方警察局(☎801-799-3000; 315 E 200 S)
盐湖地区医疗中心(Salt Lake Regional Medical Center; ☎801-350-4111; www.saltlakeregional.com; 1050 E South Temple St; ⏱24小时急诊)
大学医院(University Hospital; ☎801-581-2121; 50 N Medical Dr)

旅游信息
公共土地信息中心(Public Lands Information Center; ☎801-466-6411; www.publiclands.org; 3285 E 3300 S, REI Store; ⏱周一至周五 10:30~17:30, 周六 9:00~13:00)提供包括瓦萨奇-卡什国家森林(Wasatch-Cache National Forest)在内的公共用地(州立公园、土地管理局、森林管理局)的游乐信息。
Visit Salt Lake(☎801-534-4900; www.visitsaltlake.com; 90 S West Temple St, Salt Palace Convention Center; ⏱周一至周五 9:00~18:00, 周六和周日 至17:00)出版免费旅游手册，当地的游客中心有一家规模很大的礼品店。

到达和当地交通

位于市中心西北5英里处的**盐湖城国际机场**(Salt Lake City International Airport, 简称SLC; ☎801-575-2400; www.slcairport.com; 776 N Terminal Dr; ✈)多数为国内航班，但也有一些直达航班飞往加拿大和墨西哥。Express Shuttle(☎801-596-1600; www.xpressshuttleutah.com; 至市中心 $17)运营开往机场的合乘小客车。
灰狗巴士(☎800-231-2222; www.greyhound.com; 300 S 600 W; ✈)有开往全国各地的长途汽车。**联合太平洋铁路火车站**(Union Pacific Rail Depot; 340 S 600 W)每天都有开往丹佛和加利福尼亚州的**美国国铁**(☎800-872-7245; www.amtrak.com)列车。
犹他州交通局(Utah Transit Authority, 简称UTA; www.rideuta.com; 单程 $2.50; ✈)运营前往机场和市中心的轻轨。550号巴士从1号和2号航站楼之间的停车楼发车，前往市中心。

帕克市和瓦萨奇山脉(Park City & Wasatch Mountains)

犹他州有北美首屈一指的滑雪区。这里的雪质格外蓬松干燥，年降雪量在300英寸到500英寸，另外还有多达数千英亩的高纬度地形。瓦萨奇山脉俯视着盐湖城，是很多滑雪度假村的所在地，提供丰富的徒步、露营和山地自行车骑行的资源——更不用说那个拥有高档设施和著名电影节的时髦的帕克市。

盐湖城滑雪场
(Salt Lake City Resorts)

由于受大盐湖（Great Salt Lake）影响的雪季，这些滑雪场的降雪量几乎是帕克市的两倍。盐湖城以东的四座滑雪场距离两条峡谷尽头的市中心地带30至45英里。夏季，从两条峡谷出发，可以前往许多徒步和自行车小径。

✈ 活动

★ Alta
雪上运动

（☎801-359-1078，888-782-9258；www.alta.com；Little Cottonwood Canyon；一日缆车票 成人/儿童 $96/50）位于山谷的高处，是滑雪痴迷者的乐园。这里不能进行单板滑雪，雪坡因此才免遭破坏。这里出名的是开阔的雪地、沟壑、窄道和林间空地，如East Greeley、Devil's Castle和High Rustler等。忠告：体验过Alta之后，你可能再也不想去别处滑雪了。

★ Snowbird
雪上运动

（☎800-232-9542；www.snowbird.com；Hwy 210, Little Cottonwood Canyon；一日缆车票 成人/儿童 $116/55）盐湖城最大也最繁忙的滑雪场，提供全方位的雪上项目——试想一下那些陡峭幽深的地势。这里有很多缆车可达的夏季徒步小径，架空索道全年运行。

Solitude
雪上运动

（☎801-534-1400；www.skisolitude.com；12000 Big Cottonwood Canyon Rd；一日缆车票 成人/儿童 $83/53）高级的欧式村落，周遭地形非常适合各种雪上运动。北欧中心（Nordic Center；http://skisolitude.com/winter-activities/nordic-skiing-nordic-center；日票 成人/儿童 $18/免费；⊙12月至次年3月和6月至8月 8:30~16:40）在冬季提供越野滑雪项目，夏季则有自然徒步小径。

Brighton
雪上运动

（☎801-532-4731，800-873-5512；www.brightonresort.com；Big Cottonwood Canyon Rd；一日缆车票 成人/儿童 $79/免费；⛷）懒虫、逃学的学生和技艺高超的单板滑雪者是这里常

带孩子游盐湖城

盐湖城是适合孩子们的城市。探索之门（Discovery Gateway；www.discoverygateway.org；444 W 100 S；$8.50；⊙周一至周四 10:00~18:00，周五和周六 至19:00，周日 正午至18:00；⛷）有精彩的亲身实践展览，可以激发想象力和感知。

孩子们可以在1886年的惠勒历史农场（Wheeler Historic Farm；☎385-468-1755；www.wheelerfarm.com；6351 S 900 E, South Cottonwood Regional Park；乘坐干草车 $3，游览房屋 成人/儿童 $4/2；⊙白天；⛷）**免费** 帮助农场工人挤牛奶，搅黄油和喂动物。夏季还可以打铁，缝被子，乘坐干草车。

800多只动物栖息在霍格尔动物园（Hogle Zoo；www.hoglezoo.org；2600 E Sunnyside Ave；成人/儿童 $15/11；⊙9:00~18:00；⛷）占地42英亩的区域内，比如亚洲高原（Asian Highlands）。每天的"遇见动物"活动帮助孩子们深入了解他们所喜爱的动物。

特雷西百鸟园（Tracy Aviary；www.tracyaviary.org；589 E 1300 S；成人/儿童 $8/5；⊙9:00~16:00；⛷）的互动活动和表演之一是让小孩子给鹈鹕喂鱼。来自世界各地的400多种飞禽栖息在这座鸟类公园。

55英亩的花园、全面运转的宠物农场、高尔夫球场、大型电影院、博物馆、餐厅、购物中心和冰激凌店，位于李海（Lehi）的感恩角什么没有？这里的古生物博物馆（见975页）是该州科技含量最高和最具参与感的一座恐龙博物馆。孩子们可以自己发掘恐龙骨架，打扮恐龙或者在志留纪礁石中玩耍。李海位于盐湖城市中心以南28英里处；可以从15号州际公路（I-15）287号出口出高速。

可否在犹他州饮酒？

当然可以。近年来，虽然一些关于酒的法律条文依然存在，但有关约束已有所放宽，私人俱乐部会员资格之说不复存在。但有些规矩还是要记清楚：

➡ 很少有餐馆持有正式酒牌，而且很多也只售卖葡萄酒和啤酒。你得点些吃的方可饮酒。

➡ 未成年人不得进入酒吧。

➡ 混合鸡尾酒和葡萄酒只在午后供应；酒精度3.2%的啤酒上午10:00以后才可供应。

➡ 混合鸡尾酒中的酒基不得超过1.5盎司，加上第二种酒后酒精总量不得超过2.5盎司。长岛冰茶或者双份酒基都没戏。

➡ 包装酒类只在州营的酒铺售卖；杂货店和便利店可售卖酒精度3.2%的啤酒和麦芽饮料，只能在周一至周六购买。

见的人群，不过也别被吓着了：这个低调的滑雪场是许多盐湖城人初学滑雪的地方，现在也是很适合新手的场所，特别是在你想尝试单板滑雪时。维护良好的平坦步道和宽阔的大道两旁都有茂密的松林，从高处俯瞰时，景色真是美不胜收。

帕克市 (Park City)

薄雪覆盖，主街上已有百年历史的建筑把雪雪球中的梦幻场景带到现实中来。一时的繁荣与萧条交替的银色城镇，如今美丽的帕克市有排列在山谷中的公寓和豪宅。犹他州最好的滑雪村庄拥有出色的餐馆和文化活动。最近它吞并了邻近的Canyons Resort，成为美国北部最大的滑雪场。

打响帕克市蜚声国际第一枪的是2002年承办冬奥会之速降滑雪、障碍滑雪及雪橇等项目。如今，这里是美国滑雪国家代表队（US Ski Team）的长期基地。降雪通常持续至4月中旬。

在夏天到来时，比游客还多的居民会装备齐全地前往附近的山峰徒步或骑山地自行车。6月至8月的平均温度在21℃左右；夜间寒冷。春秋气候湿润，比较乏味；滑雪场服务夏季比冬季受限，季节转换的时候完全关闭。

👁 景点

★ 犹他州奥林匹克公园　　　探险运动

(Utah Olympic Park; ☎435-658-4200; www.utaholympiclegacy.com; 3419 Olympic Pkwy; 博物馆 免费，活动 日票 成人/儿童 $70/45; ⏰10:00~18:00, 团队游 11:00~16:00) 这里曾在2002年承办了冬奥会的跳台滑雪、雪橇车、北欧两项和单人雪橇项目，如今也是国家级比赛的举办场地。这里有10米、20米、40米、64米、90米和120米北欧式跳台滑雪场地，还有雪橇车跑道。美国滑雪国家代表队全年在此训练——夏季时自由式跳台滑雪运动员从高处向放满了塑料泡的喷射水池俯冲，而北欧式跳台滑雪运动员则在铺着塑料的山坡上练习。可以致电咨询训练安排；可以免费观看训练。

★ 帕克市博物馆　　　博物馆

(Park City Museum; www.parkcityhistory.org; 528 Main St; 成人/儿童 $10/4; ⏰周一至周六 10:00~19:00, 周日 正午至18:00) 精心设计的互动式博物馆，内容涉及该城镇作为采矿业新兴城镇、嬉皮士聚集地和最好的滑雪场的历史亮点。这里有关于全世界第一条地下滑雪缆车的有趣展览、地下室的真实地牢和山下矿井巷道的3D地图。

🚶 活动

虽说滑雪是该地区的大热门，但这里的活动足以让你在夏季和冬季忙碌充实。大多数活动在三座滑雪场组织：Canyons、Park City Mountain和Deer Valley。

Deer Valley　　　雪上运动、探险运动

(☎435-649-1000, 雪地摩托 435-645-7669; www.deervalley.com; Deer Valley Dr; 一日缆车票 成人/儿童 $128/80, 缆车往返 $17; ⏰雪地摩托 9:00~17:00) 想要被宠爱吗？Deer Valley, 最好的滑雪场，已经考虑到了方方面面——从雪道底部的纸巾盒到滑雪服务员。2002年奥运会的障碍滑雪、自由式滑雪、自由式空中技巧比赛在此举行，不过滑雪场同样

有名的还有绝佳的饮食、周到的服务和宽敞的滑雪道,后者被精心修整得如同凡尔赛的花园。

Canyons Village at Park City
雪上运动、探险运动

(☎435-649-5400;www.thecanyons.com;4000 Canyons Resort Dr;缆车票 成人/儿童 $134/86)斥资数千万美元改建,如今已经与Park City Resorts联合,Canyons凭借北美洲第一条"气泡"缆车(一种受天气控制的封闭式缆车)提升新鲜感,范围更广的服务,包括新增300英亩高阶小径,并提高了人工造雪的能力。度假村目前占据9座山杨覆盖的山峰,位于城外4英里处的高速公路附近。

Park City Mountain Resort
雪上运动、探险运动

(☎435-649-8111;www.parkcitymountainresort.com;1310 Lowell Ave;缆车票 成人/儿童 $134/86;⛷)从爱冒险的老手到带着孩子的父母,所有人都会在举办过奥运会单板滑雪和大回转项目的Park City Mountain Resort滑雪。优越的地形最适合家庭——或者最容易前往,实际上正好俯瞰市中心。

✦ 节日和活动

圣丹斯电影节
电影节

(Sundance Film Festival;☎888-285-7790;www.sundance.org/festival)时间是1月下旬,为期10天,届时会邀请独立影片、影片制作人、演员及影迷。通行证、观影套票及少量单独的电影票总是提前卖个精光,记得早做安排。

🛏 住宿

12月中旬至次年4月中旬是冬季旺季,有最短住宿要求;圣诞节、新年和圣丹斯电影节期间房费上涨。淡季价格下降50%甚至更

熊耳国家保护区(BEARS EARS NATIONAL MONUMENT)

受到保护的135万英亩土地到处是古老的崖居、北美黄松林、已有5000年历史的岩画、台地、峡谷和红岩,熊耳国家保护区(www.fs.fed.us/visit/bears-ears-national-monument)是美国公园大家庭的最新成员。

园内著名的地标有熊耳丘陵(Bears Ears Buttes)、雪松台地(Cedar Mesa)、白色峡谷(White Canyon)、圣胡安河(San Juan River)、印第安河(Indian Creek)、梳脊山(Comb Ridge)和众神谷(Valley of the Gods)。根据大卫·罗伯茨(David Roberts)在《寻找老东西》(In Search of the Old Ones)中的描述,这些瑰宝简直精美绝伦。

近年来,故意毁坏文物的行为已经对可追溯至8500年前的考古遗址造成威胁。纳瓦霍人、霍皮族、祖尼人、尤特山(Ute Mountain)和尤特印第安(Ute Indian)部落是熊耳发展计划的主要领导力量,在保护区的管理中拥有举足轻重的分量。这种地位使得该地区的保护方式在犹他州独一无二。

保护区的建立受到争议的困扰。对这片广阔区域的保护有悖于本州影响力巨大的能源出让及发展利益。州长加里·赫伯特(Gary Herbert)对解除保护区以推动化石燃料的开发表示声援,却在盐湖城一年一度的户外用品展上遭遇退展抗议。

巴塔哥尼亚(Patagonia)的创始人伊冯·乔伊纳德(Yvon Chouinard)发表社论公开信,率先表示抵制,信中称户外休闲为犹他州带来了120亿美元的消费支出,提供了122,000个就业岗位——是化石燃料产业能够为犹他州提供的三倍。

随着特朗普政府支持在化石燃料领域增加就业并解除公共土地的环境保护措施,熊耳的身份依然堪忧。只有这层身份能够保护毗邻峡谷地的洛克哈特盆地(Lockhart Basin)——由于叉角羚和美洲狮,被认为是犹他州的塞伦盖蒂平原——免受未来能源出让的影响。

目前尚未修建公园设施,不过保护区部分地区已经有小径、信息中心和露营地。关于该地的最新消息、亮点及身份,可以查看www.bearsearscoalition.org。

多。想找更好的夜生活，应该住在老城区。

Chateau Apres Lodge　　　　　青年旅舍 $

（☎435-649-9372；www.chateauapres.com；1299 Norfolk Ave；铺 $50，房间 $140~165；🛜）这家建于1963年的小屋是市内唯一的廉价住处，只提供非常基本的设施，靠近市内的滑雪缆车，一楼是宿舍。这里深受团体和老年游客的喜爱，因此需提前预订。

★ Old Town Guest House　　　　民宿 $$

（☎435-649-2642；www.oldtownguesthouse.com；1011 Empire Ave；房间 $169~229；❄@🛜）在这家位于市区的舒适民宿里，你可以穿上法兰绒浴袍，从书架上挑一本平装书，舒适地蜷卧在棉被里阅读，或者在宽大的露台上放松身心。民宿主人会很乐于提供详细的导览滑雪行程、山地自行车及其他户外旅行信息。

Park City Peaks　　　　　　　　酒店 $$

（☎435-649-5000；www.parkcitypeaks.com；2121 Park Ave；双/套 $219/319；❄@🛜🅿）客房舒适现代，可以使用户外恒温泳池、热水浴缸，还有餐馆和酒吧。淡季时价格有大幅优惠。12月至次年4月期间，房费含早餐。

★ Washington School House　　精品酒店 $$$

（☎435-649-3800；www.washingtonschoolhouse.com；543 Park Ave；房间 $405；❄🛜🅿）由建筑师特里普·贝内特（Trip Bennett）监管的修复工程将一栋山上的石灰岩校舍改造成为有12间套房的豪华精品酒店。如果孩子们能从9英尺高的窗户眺望青山，他们还能集中注意力学习吗？

🍴 就餐

帕克市因出众的高档餐饮而闻名——价格优惠的饮食比较难找。旺季期间，滑雪场有许多就餐选择。冬季，所有高档餐厅都必须预订。4月至11月，餐厅会不同程度地缩短营业时间，并可能延长休假时间，尤其是5月份。

★ Vessel Kitchen　　　　　　　　咖啡馆 $

（☎435-200-8864；www.vesselkitchen.com；1784 Uinta Way；主菜 $7~13；⏰8:00~21:00；🍴♿）懂行的本地人都会前往购物中心内的这家美食咖啡屋吃超值快餐。提供散装康普茶、鳄梨面包片和好看的冬季沙拉和炖菜，这里可以满足所有人，甚至孩子们。早餐的亮点是莎苏卡（shakshuka，番茄汁荷包蛋）和红薯泥。

Good Karma　　　　　　印度菜、创意菜 $$

（www.goodkarmarestaurants.com；1782 Prospector Ave；早餐 $8~13，主菜 $12~25；⏰7:00~22:00）🌱餐厅会尽可能选用当地的和有机食材，供应亚洲风味的印度—波斯菜。从卷遮普鸡蛋开始一天，还可以大吃咖喱和烤肉。餐厅外挂着藏式的祷告经幡，很容易辨认。

★ Riverhorse on Main　　　　　　美国菜 $$$

（☎435-649-3536；www.riverhorseparkcity.com；540 Main St；晚餐 主菜 $38~60；⏰周一至周四 17:00~22:00，周五和周六 至23:00，周日 11:00~14:30和17:00~22:00）乡土滋味和异域风情的完美组合，供应黄瓜藜麦沙拉（cucumber quinoa salad）、意大利玉米条（polenta fries）和澳洲坚果比目鱼。另有素食菜单。有落地大窗和现代装饰，整体感觉非常时尚。提前预订：这是一家屡获殊荣的餐厅。

★ J&G Grill　　　　　　　　　　美国菜 $$$

（☎435-940-5760；www.jggrilldeercrest.com；2300 Deer Valley Drive E，Deer Valley Resort；午餐 主菜 $17~31，晚餐 主菜 $33~65；

值得一游

羚羊岛州立公园（ANTELOPE ISLAND STATE PARK）

白沙滩、水牛和鸟吸引人们来到绵延15英里的美丽的**羚羊岛州立公园**（Antelope Island State Park；☎801-773-2941；http://stateparks.utah.gov；Antelope Dr；日间门票 每车 $10，帐篷和无接口房车露营位 $15；⏰7月至9月 7:00~22:00，10月至次年6月 至19:00）。没错，这座大盐湖上面积最大的岛屿栖息着600多群美洲野牛（水牛）。11月份，牛群被围拢，接受兽医检查，是一次激动人心的野生动物奇观。春秋的迁徙季节，飞往遥远地方的成千上万只候鸟中途会在大盐湖岸边停留，捕食小虾。

7:00~21:00)当地人最喜欢来这里品尝油炸洋葱圈和烤扇贝配甜辣酱。餐馆与名厨Jean-Georges Vongerichten推出口味新奇的肉类和鱼类菜肴。位于半山腰的St Regis（☎435-940-5700；www.stregisdeervalley.com；2300 Deer Valley Dr E；房间$446起；🅿@🛜♨）酒店，周围景色壮观。

Wahso 亚洲菜 $$$

（☎435-615-0300；www.wahso.com；577 Main St；主菜$30~56；◔周三至周日 17:30~22:00，4月中旬至6月中旬不营业）当地的美食家们云集这家出类拔萃的亚洲餐馆，这里供应辛辣咖喱羊羔肉或马来西亚鲷鱼等精致菜肴。马提尼清酒劲头不小。在这里吃饭可以看到人来人往，当然你也会成为别人眼中的风景。

🍷 饮品和夜生活

Main St是市内最热闹的地方。到了冬季，这里每晚都有活动；淡季时，周末最热闹。登录www.thisweekinparkcity.com查阅活动列表。几家餐馆，比如 **Bistro 412**（☎435-649-8211；www.bistro412.com；412 Main St；主菜$13~34；◔11:00~14:30和17:00至次日1:00）🍴、**Squatters**（☎435-649-9868；www.squatters.com；1900 Park Ave；汉堡$10~15，主菜$10~23；◔周日至周四 8:00~22:00，周五和周六 至23:00；🍴）和**Wasatch Brew Pub**（☎435-649-0900；www.wasatchbeers.com；250 Main St；午餐和三明治$10~15，晚餐$10~30；◔周一至周五 11:00~22:00，周六和周日 10:00~22:00）也有不错的酒吧。

★ High West Distillery 酒吧

（☎435-649-8300；www.highwest.com；703 Park Ave；◔周日至周四 11:00~21:00，周五和周六 至22:00，团队游 15:00和16:00）这家从前的马车行与福特A型车年代的车库如今已摇身一变成了帕克市最热闹的夜生活场所。这家滑雪酒馆由一名生物化学家开设，他自制的黑麦威士忌加入一种辛辣的柠檬水，肯定能治愈最严重的感冒。

Spur 酒吧

（☎435-615-1618；www.thespurbarandgrill.com；350 Main St；◔10:00至次日1:00）西部高档酒吧应有的样子：质朴的墙壁、皮沙发、熊熊燃烧的火。还有好吃的小吃。夏季周末或滑雪季每天都有现场音乐。

ℹ️ 实用信息

游客信息中心（Visitor Information Center；☎435-658-9616；www.visitparkcity.com；1794 Olympic Pkwy；◔9:00~18:00；🛜）游客中心的面积很大，有咖啡厅和露台，还可欣赏到**犹他州奥林匹克公园**（Olympic Park；见978页）中的山脉的壮丽景观。提供在线旅游指南。

ℹ️ 到达和当地交通

帕克市市中心位于80号州际公路（I-80）145号出口以南5英里及盐湖城以东32英里处，距离盐湖城国际机场（见976页）40英里。190号公路（Hwy 190；10月至次年3月封闭）穿越大卡顿伍德峡谷（Big Cottonwood Canyon）和帕克市之间的卫兵山口（Guardsman Pass）。除了公共汽车以外，还有许多开往机场及其他山区目的地的小客车线路：

All Resort Express（☎435-649-3999；www.allresort.com；单程$39）

Canyon Transportation（☎800-255-1841；www.canyontransport.com；合乘小客车$39）

Park City Transportation（☎435-649-8567；www.parkcitytransportation.com；合乘小客车$39）

Powder for the People（☎435-649-6648）

Utah Transit Authority（www.rideuta.com；单程$4.50）

出色的**公共交通系统**（www.parkcity.org；558 Swede Alley；◔冬季 8:00~23:00）覆盖帕克市大部分地区，包括三座滑雪场，所以没有车也可以四处转转。

犹他州东北部
（Northeastern Utah）

犹他州东北部是高地荒野，其中大部分位于海拔一英里以上。大多数旅行者来这里是为了看恐龙国家保护区，但你也能找到其他恐龙挖掘现场和博物馆。该地区还有弗里蒙特印第安岩画和遗址。与怀俄明州交界附

近的犹因塔山（Uinta Mountains）和火焰峡谷（Flaming Gorge）吸引来钓鳟鱼的人和野生动物爱好者等。

弗纳尔（Vernal）

既然是最靠近恐龙国家保护区的城镇，那么弗纳尔以巨大的粉红色异特龙来迎客就不足为奇了。犹他州立公园自然历史博物馆（Utah Field House of Natural History State Park Museum; ☏435-789-3799; http://stateparks.utah.gov; 496 E Main St; ⊗4月至8月9:00~19:00, 淡季 至17:00; ♿）**免费** 有信息丰富的影片、互动性的展品、视频和巨型化石，全面介绍犹他州的恐龙遗迹。

Don Hatch River Expeditions（☏435-789-4316, 800-342-8243; www.donhatchrivertrips.com; 221 N 400 E; 一日游 成人/儿童 $105/85）提供在附近的绿河（Green River）和扬珀河（Yampa River）的急流及缓流漂流行程。

沿Main St有很多连锁汽车旅馆，但大都被当地工人预订一空，所以别期待会有折扣。Holiday Inn Express & Suites（☏800-315-2621, 435-789-4654; www.holidayinn.com/vernal; 1515 W Hwy 40; 房间 $119~176; ❄🛜🏊）和Landmark Inn & Suites（☏435-781-1800, 888-738-1800; www.landmark-inn.com; 301 E 100 S; 房间 $90起; 🛜）提供一些高档体验。至于晚餐，可以在Vernal Brewing Company（☏435-781-2337; www.vernalbrewingco.com; 55 S 500 E; 主菜 $11~20; ⊗周一至周六 11:30~21:00）尝尝一流的酒吧食物，或者前往Don Pedro's（☏435-789-3402; http://klcyads.com/don-pedros; 3340 N Vernal Ave; 菜肴 $8~15; ⊗11:00~14:00和17:00~22:00）品尝美国南部风味。

恐龙国家保护区（Dinosaur National Monument）

恐龙国家保护区（www.nps.gov/dino; 紧邻Hwy 40, Vernal; 7日通票 每车 $20; ⊗24小时）横跨犹他州和科罗拉多州，1909年这里发现了一片巨大的恐龙化石床。虽然犹他州和科罗拉多州的保护区景观都很美丽，但在犹他州可看到恐龙骨骸。别错过化石场展（Quarry Exhibit; www.nps.gov/dino; 每车 $20; ⊗阵亡将士纪念日至劳动节 8:00~19:00, 其他月份 至16:30），这是个封闭的化石场，有从岩墙中部分发掘出来的1600多个骨骸。

夏季有班车从化石场游客中心（Quarry Visitor Center; ⊗5月中旬至9月下旬 8:00~18:00, 9月下旬至5月中旬 9:00~17:00）前往弗纳尔东北15英里处及149号公路（Hwy 149）旁的化石场；淡季时就得在护林员带领下驱车前往。从化石场停车场（往返2.2英里）的底下出发，沿Fossil Discovery Trail可以看到一些巨型股骨及遗留在岩石上的残骸。建议参加由护林员讲解的徒步行。

在科罗拉多州，峡谷区（Canyon Area）——科罗拉多州的恐龙国家保护区部分继续向东30英里，有保护区的主要游客中心（☏970-374-3000; 4545 E Hwy 40; ⊗5月至9月 8:00~17:00, 9月至次年5月 9:00~17:00）——地势较高，可俯视周遭景观，但因降雪，冬季会一直关闭至春末。

这两个地区有众多的徒步小径、带讲解的乘车游、绿河及扬珀河通道、露营地（帐篷位或房车位每个$18）。

火焰峡谷国家游乐区（Flaming Gorge National Recreation Area）

游乐区因火红的砂岩而得名，这个绚烂无比的公园拥有375英里长的水库岸线，是绿河系统的一部分。可到Red Canyon Lodge（☏435-889-3759; www.redcanyonlodge.com; 790 Red Canyon Rd, Dutch John; 2/4人

> **观景自驾游：米勒湖公路**
>
> 这条高山公路也称为150号公路（Hwy 150），起点在卡默斯（Kamas），也就是帕克市以东约12英里的地方。它绵延65英里，一直爬升10,000多英尺，进入怀俄明州（Wyoming）。沿途有无数湖泊、露营地和山路岔口，向人们展示着犹因塔-瓦萨奇国家森林（Uinta-Wasatch-Cache National Forest; www.fs.usda.gov/uwcnf）中那令人屏息的山地风景。注意，春季部分路段可能因大雪而关闭，记得先上网查询一番。

小屋 $155/165起；☀☸）进行飞钓、划船、漂流、骑马等活动。小屋充满乡间气息，但没电视，不过餐厅不错，有 Wi Fi。**Nine Mile Bunk & Breakfast**（☏435-637-2572；http://9mileranch.com；房间 $70~85，小屋 $50~80，露营位 $15）提供主题房间、一间木屋和露营地，还可以组织峡谷游。

公共露营地信息可查询**美国林业局火焰峡谷管理处**（USFS Flaming Gorge Headquarters；☏435-784-3445；www.fs.usda.gov/ashley；25 W Hwy 43, Manila；公园日票 $5；☉周一至周五 8:00~17:00）。游乐区海拔6040英尺，即使夏日出游也令人备感清凉。

摩崖和犹他州东南部（Moab & Southeastern Utah）

在科罗拉多高原（Colorado Plateau）这个怪石嶙峋的沙漠角落体验地球上最质朴的美景。过了几座松林覆盖的山峰，没有什么植被可以掩盖住时光、风和水凿出的痕迹：拱岩国家公园数以千计的红岩拱洞、从峡谷地（Canyonlands）到鲍威尔湖（Lake Powell）的陡峭河谷，还有纪念碑谷令人叫绝的孤峰和台地。摩崖镇是探险的最佳基地，四驱车、惊险刺激的漂流和装备导览的乐趣足以满足你。或者你可以摆脱人群，在延伸几英里的偏僻、原始之地寻找古普韦布洛岩石艺术和居所。

绿河（Green River）

被誉为"世界西瓜之都"的绿河城镇可作为在绿河及科罗拉多河进行水上游览的根据地。1869年和1871年，南北战争时期极富传奇色彩的一位独臂老兵、地理学家兼种族学者约翰·威斯利·鲍威尔（John Wesley Powell）是首位到科罗拉多河和绿河探险的人。在**约翰·威斯利·鲍威尔河流历史博物馆**（John Wesley Powell River History Museum；☏435-564-3427；www.jwprhm.com；885 E Main St；成人/儿童 $6/2；☉4月至10月 周一至周六 9:00~19:00，周日 正午至17:00，11月至次年3月 9:00~17:00）去了解他惊人的探险历程吧，博物馆也是当地的游客中心。

Holiday River Expeditions（☏800-624-6323, 435-564-3273；www.holidayexpeditions.com；10 Holiday River St；日间行程 $190）在Westwater Canyon组织一日的激浪漂流活动，并提供多日徒步行程。家庭经营的**Robbers Roost Motel**（☏435-564-3452；www.rrmotel.com；325 W Main St；房间 $58起；❋☀☸）整洁明朗，是个物超所值的廉价汽车旅馆。另外还有**Green River State Park Campground**（☏800-322-3770；http://utahstateparks.reserveamerica.com；帐篷/房车露营位 $21/30，小屋 $60），W Main St（Business 70）连接70号州际公路（I-70）的地方也有很多连锁汽车旅馆。

本地居民和漂流爱好者总是聚在本地啤酒店**Ray's Tavern**（☏435-564-3511；25 S Broadway；菜肴 $8~27；☉11:00~21:30）大嚼汉堡和法式鲜切薯条。

绿河位于盐湖城东南182英里、摩崖西北52英里处。由**美国国铁**（Amtrak；☏800-872-7245；www.amtrak.com；250 S Broadway）运营的"加州和风号"（California Zephyr）每天发往丹佛（$59，10小时45分钟），绿河是其中一个停靠站。

摩崖（Moab）

为在尘土飞扬的小径上走了一天的人提供热水浴缸和酒馆食物，摩崖是犹他州南部的探险基地。成群结队的人来到犹他州的这个娱乐之都玩耍。从徒步者到驾车人，都会沉醉于这个娱乐之都的魅力当中。

3月至10月，城镇人满为患。徒步者、自行车和四驱车对脆弱的沙漠产生的影响已经引起高度关注。当地人热爱这片土地，即使他们未必对如何保护它意见一致。如果这里的交通让你备受困扰，只要记住——你可以随时消失在广阔无边的沙漠中。

🚶 活动

★ Canyonlands Field Institute 团队游

（☏435-259-7750；www.cfimoab.org；1320 S Hwy 191；☉5月至10月）这家非营利性机构会将导览费的收益用于创建青年户外教育项目并培训本地导游。夏季有时举办研讨会和讲习班。最好的团队游包括岩石艺术之旅（Rock Art Tour；周五至周日 8:00）、侧重

不要错过

罗伯特·雷德福的圣丹斯度假村

罗伯特·雷德福（Robert Redford）的滑雪度假村（☎预订 801-223-4849；8841 Alpine Loop Scenic Byway；一日缆车票成人/儿童 $70/43）最闲适恬静不过。这里有4条缆车和一处初学者区域。大多数地形都是中高级难度，沿廷帕诺戈斯山（Mt Timpanogos）东北坡向上延伸2150英尺。这里举办独立的圣丹斯电影节（见979页），还有非营利机构圣丹斯协会（Sundance Institute）。

地质学的拱岩日落游（Arches Sunset Tour；周五至周日 16:00）和定制河上旅行。

★ Rim Cyclery 骑山地自行车

（☎435-259-5333；www.rimcyclery.com；94 W 100 N；◯8:00~18:00）摩崖营业历史最长的家庭自行车店，不仅出租和维修自行车，还有一所山地自行车技术博物馆，冬季出租越野滑雪装备。

Moab Desert Adventures 户外活动

（☎804-814-3872；www.moabdesertadventures.com；415 N Main St；◯7:00~19:00）组织一流的攀岩活动，带你攀登周遭地区的岩塔和岩壁，高140英尺的拱岩绳降令人尤为激动。也提供峡谷探险。

Sheri Griffith Expeditions 漂流

（☎800-332-2439；www.griffithexp.com；2231 S Hwy 191；◯8:00~18:00）自1971年开始专门组织科罗拉多河、绿河以及圣胡安河等漂流活动，有适合家庭游客的缓流漂流，也有瀑布峡谷（Cataract Canyon）的急流漂流，行程从几小时到两三周。

🛏 住宿

除了3月至10月以外，价格下降幅度高达50%；11月至次年3月，有些小地方会歇业。大多数住宿地点有热水浴缸和小冰箱，汽车旅馆有洗衣设备。骑自行车的人应该询问是否提供安全的存车处，而不仅仅是一间没锁的橱柜。

尽管汽车旅馆不少，但它们经常客满。尽可能预订。了解住宿场所的完整名单，见 www.discovermoab.com。

个别的土地管理局露营地（BLM camp sites；☎435-259-2100；www.blm.gov；Hwy 128；帐篷露营位 $15；◯全年开放）遵循先到先得原则。旺季可到摩崖信息中心（Moab Information Center；见985页）查看哪些营地已满。

Kokopelli Lodge 汽车旅馆 $

（☎435-259-7615；www.kokopellilodge.com；72 S 100 E；房间 $79~149；❄☎✉）复古的时尚与沙漠的别致在这家物有所值的经济型汽车旅馆相遇。设施包括热水浴缸、烧烤架和自行车安全存放点。

★ Cali Cochitta 民宿 $$

（☎435-259-4961，888-429-8112；www.moabdreaminn.com；110 S 200 E；乡村小屋 $155~190；❄☎）这些彼此相连的砖砌平房位于市中心，充满魅力，提供装饰时尚的舒适客房。露台的长木桌为前来享用公共早餐的人营造了欢愉的氛围。你还可以在禅园享用门廊椅、吊床，或者后院的热水浴缸。

Pack Creek Ranch 度假屋 $$

（☎888-879-6622；www.packcreekranch.com；紧邻La Sal Mountain Loop；小屋 $175~235；☎✉）这些隐蔽的香柏里拉木屋坐落于摩崖上方2000英尺拉萨尔山脉的高大杨柳树下。大多有壁炉；全都有厨房和燃气烧烤炉（自带食品）。没有电视和电话。爱德华·艾比（Edward Abbey）等艺术家和作家曾经来这儿寻找灵感。设施包括室内热水浴缸和桑拿浴，提供骑马服务。

★ Sunflower Hill Inn 旅馆 $$$

（☎435-259-2974；www.sunflowerhill.com；185 N 300 E；房间 $208~293；❄☎✉）哇喔！这里是城里最好的住宿场所。高档民宿，12间客房沐浴在古雅的乡村环境中。可以预订建于20世纪初的建筑中的舒适房间，两旁种有雪松，房间比附属建筑的房间舒适。所有房间都配备厚实卧具的床和古董装饰——有的甚至有按摩浴缸。

Sorrel River Ranch 度假屋 $$$

（☎877-317-8244；www.sorrelriver.com；

Mile 17, Hwy 128；房间 $529起；❄@🐾）犹他州东南部唯一一处提供全方位服务的豪华度假屋，设有美味餐馆。度假屋建于1803年，原本是民宅，与若干原木小屋一并位于科罗拉多河岸边，占据240英亩绿地，有骑马场地和苜蓿田。装饰细节朴实中见完美，有卧室壁炉、手工制造的木床、铜桌面的餐桌和热水浴缸。

🍴 就餐

摩崖不缺饱餐一顿、补充体力的地方，从背包客咖啡馆到美食店，应有尽有。可在住宿处索取一份《摩崖餐饮指南》(*Moab Menu Guide*；www.moabmenuguide.com)。12月至次年3月，有些餐馆会关门或营业时间不定。

★ Milt's 汉堡 $

(📞435-259-7424；356 Mill Creek Dr；主菜 $4~9；⏰周一至周六 11:00~20:00）来见识下油腻却美味的食物。一对铁人三项赛选手夫妻买下了这家1954年开张的经典汉堡摊档，而且非常明智地保持着这里的特色。用料实在、塞满脆黄瓜和新鲜生菜的汉堡使用草饲的神户牛肉制作，再配上鲜切薯条和丝滑的咸奶油糖奶昔，真是无比美味。要耐心等待，食客们可能会排起长队。餐馆就在 Slickrock Trail（Sand Flats Recreation Area；www.discovermoab.com/sandflats.htm；汽车/自行车 $5/2）附近。

Sabuku Sushi 寿司 $$

(📞435-259-4455；www.sabakusushi.com；90 E Center St；寿司卷 $6~11，主菜 $13~19；⏰周二至周日 17:00至午夜）海洋远在万里之外，但食材连夜从夏威夷运来，你仍然可以在这家小寿司餐馆吃到如此新鲜且有创意的寿司、当日的捕获以及几样犹他州原创的菜品。欢乐时光（周三和周四17:00~18:00）前往，寿司卷有折扣。

Twisted Sistas 咖啡馆 $$

(📞435-355-0088；11 E 100 N；午餐 $11~13，主菜 $16~30；⏰周五至周二 正午至15:00和17:00~21:00，周四 17:00~21:00；📶）可以替代酒吧的宁静小馆，在温馨的氛围中，这家光线昏暗的咖啡馆提供周到的服务和美味的各国风味食物。想吃简单一些，可以尝尝西班牙小吃，比如酿辣椒和棒棒鸡。这里还有酒吧。可以上屋顶露台看看。

★ Desert Bistro 美国南部菜 $$$

(📞435-259-0756；www.desertbistro.com；36 S 100 W；主菜 $20~60；⏰周三至周日 17:30~23:00）用新潮的方法处理野味和空运而来的新鲜海鲜是这家位于历史建筑中、铺着白色桌布的餐厅的特色。菜式包括熏麋鹿肉配越橘莓酱汁、胡椒烤扇贝、脆梨豆薯沙拉等，从烤面包到美味点心，所有食物都是新鲜制作。酒单也很不错。

ℹ️ 实用信息

摩崖信息中心（Moab Information Center；www.discovermoab.com；25 E Center St；⏰8:00~19:00；📶）提供本地区公园、步道、活动、露营和天气等的丰富信息，有一个题材广泛的书店，工作人员知识丰富。不接受预约。

ℹ️ 到达和当地交通

摩崖位于盐湖城东南235英里、圆顶礁国家公园东北150英里和科罗拉多州大章克申（Grand Junction）西南115英里处。

峡谷地机场（Canyonlands Airport，简称CNY；www.moabairport.com；紧邻Hwy 191）位于市区以北16英里处，有来自盐湖城的航班。**Enterprise**（📞435-259-8505；N Hwy 191, Mile 148；⏰周一至周五 8:00~17:00，周六 至14:00）等主要租车公司都在机场有代表处。

Boutique Air（📞855-268-8478；www.boutiqueair.com）有飞往盐湖城和丹佛的航班。

这里还有数量有限的长途汽车和班车，包括**Elevated Transit**（📞888-353-8283；www.elevatedtransit.com；摩崖至盐湖城机场 $70）和**Moab Luxury Coach**（📞435-940-4212；www.moabluxurycoach.com；3320 E Fairway Loop），可以载你前往盐湖城、科罗拉多州的大章克申及其他地区目的地。

前往摩崖周边和公园几乎必须要有一辆车。旺季车辆拥挤。城镇内外有许多自行车小径；摩崖信息中心（Moab Information Center）可以提供地图指南。

Coyote Shuttle (☎435-259-8656; www.coyoteshuttle.com)和Roadrunner Shuttle (☎435-259-9402; www.roadrunnershuttle.com)则根据客户要求提供峡谷地机场、徒步-骑行和河上的接驳服务。

拱门国家公园（Arches National Park）

荒凉、寸草不生、壮观得令人难以忘怀的拱门国家公园（www.nps.gov/arch；7日通票每辆汽车/摩托车/自行车 $25/15/10；⊙9:00~16:00）集中了世界上最好的砂岩拱门——据最新统计，这里有2000多个介于3英尺至300英尺宽的拱门。拱门国家公园位于摩崖以北5英里处，每年有近100万名游客到这里朝圣。公园位于摩崖以北5英里处，面积不大，可以在一天内看完公园的多数景点。通过铺砌好的道路和相对较短的步道即可轻易到达许多宏伟的拱门。为了避开人潮，可以考虑踏着月色前去，此时天气较凉，岩石看上去就像幽灵一般阴森。

公园主要观景车道沿途的亮点包括位于主干道路旁、令人提心吊胆的平衡岩（Balanced Rock）；对于中等程度和坚韧类型的徒步者来说，沿往返3英里的小径攀上光滑的岩石可以看到犹他州非官方象征的精致拱门（Delicate Arch；下午较晚的时候拍照最佳）。

沿公路继续向前，可以看到壮观的狭窄峡谷和迷宫般的火焰炉（Fiery Furnace），游览时必须参加护林员带领的3小时徒步行程，

❶ 本地通票

犹他州东南部的国家公园出售犹他州东南部公园通票（Southeast Utah Parks Pass；每辆车 $50），可以在一年内进入拱岩国家公园和峡谷地国家公园，外加豪文卫普国家保护区和天然桥国家保护区。国家公园管理局通票（National Park Service Passes； www.nps.gov/findapark/passes.htm；每辆车 成人/老年人 $80/10)可以在网上或公园内购买，一年内可以进入犹他州及更远地区的所有联邦娱乐土地——是对美国西南部令人惊艳的公园表示支持的理想方式。

通常需提前预约。这并非易事：要做好攀爬及翻越岩石、从岩石之间局促的缝隙跳下来和在狭窄的岩壁突出部分行走的准备。

观景车道从游客中心出发，延伸19英里至Devils Garden。步道起点处开始有往返2至7.7英里不等的徒步路径，可游览至少8处拱门，但多数徒步者只会走完相对容易的1.3英里到风景拱门（Landscape Arch），这座巨大的拱门长290英尺，可以说是一处违反重力定律的存在。3月至10月间的住宿，必须提前向Devils Garden Campground（☎877-444-6777； www.recreation.gov；帐篷和房车露营位 $25）预订。这处营地没有淋浴设施和房车接口。

由于天气炎热又缺水，即使有免费的许可证（可以在游客中心领取），也还是没什么人会来这里背包旅行。

峡谷地国家公园 (Canyonlands National Park)

红岩拱门、桥梁、针峰、尖顶、火山口、平顶山、孤丘——峡谷地国家公园（www.nps.gov/cany；每车 7日 $25，帐篷和无接口房车露营位 $15~20；⊙24小时）以碎裂、衰变之态呈现出古老地球的视觉之美。道路和河流侵入这片面积达527平方英里的沙漠荒野，在这里，绝大部分地区仍未被驯服，但仍可以徒步、漂流或开着四驱车探险，只是须确保备足汽油、食品和水。

科罗拉多河与绿河将公园分成几个完全不同的区域。名字恰如其分的天空之岛（Island in the Sky）区域位于摩崖西北30英里处，有一座6000英尺高的平顶山，在山顶可以观赏绝妙美景。以游客中心（☎435-259-4712； www.nps.gov/cany； Hwy 313；⊙3月至10月 8:00~18:00，11月至次年2月 9:00~16:30）为起点的观景车道经不计其数的观景点和步道起点，延伸12英里抵达Grand View Point，这里有一条蜿蜒的小径，在平顶山边缘延伸1英里。小径沿途，我们最喜欢的短程步道是往返半英里、常常上镜的梅萨拱门（Mesa Arch），在细长的悬崖边还能拍摄壮观的浣衣女拱门（Washer Woman Arch）。先到先得的Willow Flat Campground（www.nps.gov/cany/planyourvisit/islandinthesky.htm； Island in the Sky；帐篷和房车露营位 $15；⊙全年）距游客中心7英里远，这里有12个露营位，独立厕所，但没有水源和房车接口。

针峰（Needles）区得名于沙漠上高高耸立、橘色和白色相间的砂岩尖峰，此地颇为偏僻荒凉，是背包旅行和越野驾驶的理想地点。从摩崖出发沿191号公路（Hwy 191）向南行驶40英里，转入211号公路（Hwy 211）后向西，即可到达游客中心（☏435-259-4711；Hwy 211；⊙3月至10月 8:00~18:00，11月至次年2月 9:00~16:30）。这一区域有许多不大好走的长途步道，路边的观景点较少。令人赞叹的 Chesler Park/Joint Trail Loop 路线长11英里，途经沙漠中的草地和红白相间的高耸尖岩，穿越深邃的窄峡谷（有些路段只有2英尺宽）。海拔高度变化不大，不过距离较长，仍是高水平徒步者才能完成的日间徒步。有27个露营位的 Squaw Flat Campground（www.nps.gov/cany；Needles；帐篷和房车露营位 $15；⊙全年）位于游客中心以西3英里处，先到先得，春季至秋季每天都会住满。这里有抽水马桶和自来水，但没有淋浴或房车接口。

除门票外，野外露营、开四驱车探险及坐船游河等活动都需提前在国家公园管理局野外许可证办公室（NPS Backcountry Permits Office；☏预约 435-259-4351；https://canypermits.nps.gov/index.cfm；2282 SW Resource Blvd, Moab，许可证 $10~30；⊙周一至周五 8:30至正午）申请许可证。河流以西的偏僻区域包括马蹄峡谷（Horseshoe Canyon）和迷宫（Maze），只有从绿河镇向西南方向才能到达。坚韧的徒步者可以在马蹄峡谷领略非凡的古代岩画艺术。

死马点州立公园 (Dead Horse Point State Park)

死马点州立公园（www.stateparks.utah.gov；Hwy 313；日间停车 每车 $15，帐篷和房车露营位 $35；⊙停车 6:00~22:00，游客中心 3月至10月 8:00~18:00，11月至次年2月 9:00~16:00）虽小，但景色非常好，是许多电影的拍摄地点，其中包括《末路狂花》（Thelma & Louise）的高潮部分。死马点州立公园不是徒步场所，但景致壮观而迷人，绝对值得你从通往峡谷地国家公园的天空之岛的313号公路（Hwy 313）绕道前来，眺望白色峭壁环绕的红岩峡谷、科罗拉多河、峡谷地，以及远处的拉萨尔山脉（La Sal Mountains）。出色的游客中心（http://stateparks.utah.gov/parks/dead-horse；⊙3月中旬至10月中旬 8:00~18:00，10月中旬至次年3月中旬 9:00~17:00）设有展览、点播录像、书籍和地图，夏季还有护林员带领的讲解游。南边有含21个露营位的露营地（☏800-322-3770；www.stateparks.utah.gov；露营位 $30，圆顶帐篷 $90），但水源有限（如果可以的话建议自备饮用水），无淋浴设施，也没有房车接口。需提前预订。

布拉夫 (Bluff)

位于摩崖以南100英里处的这个小小市镇（人口320）是旅行者前往美丽而荒凉的犹他州东南角之前的休整根据地，舒适而休闲。布拉夫坐落在圣胡安河岸，是1880年摩门教先驱们建立的定居点，位于191号公路（Hwy 191）和162号公路（Hwy 162）交叉路口附近，被红色的岩石和公共土地所包围。除了一个商栈和几个就餐及住宿点外，小镇本身其实没有什么看头。

想去野外探索岩画和遗址，可参加 Far Out Expeditions（☏435-672-2294；www.faroutexpeditions.com；一日游 $295起）组织的前往偏远地区徒步的单日或多日游行程。此外，还可参加 Wild Rivers Expeditions（☏800-422-7654；www.riversandruins.com；半日游 成人/儿童 $89/69）的圣胡安河激浪漂流活动，这家历史悠久并熟悉本地区地质情况的户外旅行商也组织参观古遗址的团队游。

热情友好的 Recapture Lodge（☏435-672-2281；www.recapturelodge.com；Hwy 191；双 $98；❄@🌐🏊）是充满乡村氛围的舒适旅馆。业主不但出售地图，而且对周遭地区十分熟悉。你还可以前往远离尘嚣的 Valley of the Gods B&B（☏970-749-1164；http://valleyofthegodsbandb.com；紧邻Hwy 261；标单/双 $145/175，小屋 $195），该地区最早的牧场之一。

充满艺术气息的 Comb Ridge Bistro（☏435-485-5555；http://combridgebistro.com；早餐 主菜 $5~7，晚餐 主菜 $10~17；⊙周二至周

日 8:00~15:00和17:00~21:00; 🛜📶）在砖木咖啡馆内供应品质卓越的单品咖啡、蓝玉米煎饼以及塞满鸡蛋和胡椒的早餐三明治。西部主题的Cottonwood Steakhouse（📞435-672-2282; www.cottonwoodsteakhouse.com; Hwy 191, Main St和4th East St交叉路口; 主菜 $18~27; ⏰3月至11月 17:30 -21:30）供应分量十足的烧烤牛排和豆类。

豪文卫普国家保护区 (Hovenweep National Monument)

美丽却游人罕至的豪文卫普（www.nps.gov/hove; Hwy 262; 帐篷和房车露营位 $10; ⏰停车 黄昏至次日黎明，游客中心 6月至9月 8:00~18:00, 10月至次年5月 9:00~17:00）**免费** 在犹特语中的意思是"荒芜的峡谷"。保护区内有几处彼此相邻的古普韦布洛遗址，可以看到沙漠峡谷中矗立着令人惊叹的高塔和谷仓。方塔群（Square Tower Group）距离护林站（📞970-562-4282; www.nps.gov/hove; McElmo Rte; ⏰4月至9月 8:00~18:00, 10月至次年3月 至17:00; 📶）不远，其他遗址则需徒步很长时间才能够到达。露营地（帐篷和房车露营位 $10）有31处基本露营位（无淋浴设施和房车接口），先到先得。保护区的主要入口位于191号公路东边的262号公路上的Hatch Trading Post, 在布拉夫东北方40多英里外。

天然桥国家保护区 (Natural Bridges National Monument)

在布拉夫西北55英里处，这个极为偏僻的天然桥国家保护区（www.nps.gov/nabr; Hwy 275; 7日通票 每车 $10, 帐篷和房车露营位 $10; ⏰24小时, 游客中心 5月至9月 8:00~18:00, 10月至次年4月 9:00~17:00）保护着一个白色的砂岩峡谷（不是红色！）。这里有三座壮观的天然桥，很容易到达。其中最古老的是欧瓦乔默桥（Owachomo Bridge），跨度为180英尺，厚度仅为9英尺。9英里长的观景环线非常适合远望周围的景色。露营地有13处基本的露营位，先到先得；无淋浴设施，无房车接口。这里还有一些原始的营地，极为简陋。注意啦，在到达往东40英里的布兰丁（Blanding）之前，沿途没有服务设施。

锡安和犹他州西南部（Zion & Southwestern Utah）

锡安国家公园深红色的峡谷令人惊奇；在布莱斯峡谷（Bryce Canyon）精致的粉橙相间的尖塔之间徒步；驱车经过圆顶礁（Capitol Reef）灰白紫相间的旋涡状土堆。犹他州西南部的风景如此壮观，绝大多数地区都被设为国家公园、国家森林、州立公园或土地管理局（BLM）荒野。整个地区有丰富多彩的户外探险活动，可以挤过狭窄的狭缝峡谷，攀登粉色的沙丘，还可以寻找波浪形状的砂岩构造。

圆顶礁国家公园 (Capitol Reef National Park)

圆顶礁（📞分机 4111 435-425-3791; www.nps.gov/care; Hwy 24和Scenic Dr交叉路口; 门票免费, 7日观景道 每车 $10, 帐篷和房车露营位 $20; ⏰24小时, 游客中心和观景道 4月至10月 8:00~18:00, 11月至次年3月 至16:30）虽没有其他国家公园那么多的游人，但同样不乏优美的景色。水袋褶曲（Waterpocket Fold）那100英里总面积的大部分在公园境内。水袋褶曲是在6500万年前当地球表面拱起又折叠时形成的，展示了地质史的一个横截面，那美妙的色彩像画出来的一般。

24号公路（Hwy 24）豪迈地从公园穿过，不过一定要沿着圆顶礁观光车道（Capitol Reef Scenic Drive; 7日通票 每车/人 $5/3）南下, 这是一段长9英里、尽头封闭的观景车道，会穿过很多果园——当年摩门教聚居地的遗赠。当果实成熟时，你可自由地采摘樱桃、桃子和苹果，并在历史悠久的吉弗德农舍（Gifford Farmhouse; ⏰3月到10月 8:00~17:00）停留，参观古老的农庄，购买水果迷你馅饼。沿途有不错的徒步路线，如Grand Wash Trail和Capitol Gorge Trail, 这两条小径在一条狭长峡谷的不同分支的底部穿行；如果你想去挑战性大一些的路线，不妨去Golden Throne Trail爬坡。这里还有绿草茵茵的露营地（www.nps.gov/care; Scenic Dr; 露营位 $20）, 无淋浴设施和房车接口, 营地先到先得, 初春至秋季期间总是爆满。

托雷 (Torrey)

托雷位于圆顶礁以西15英里处，可作为造访各大国家公园的大本营。除了一些古老的西部时代的建筑物外，还有十几家餐厅和汽车旅馆。

采用牛仔风格，Capitol Reef Resort (☎435-425-3761; www.capitolreefresort.com; 2600 E Hwy 24; 房间 \$139~179, 小屋和圆顶帐篷 \$249起；P※令※)是距离同名国家公园最近的住所之一。建于1914年的Torrey Schoolhouse B&B (☎435-633-4643; www.torreyschoolhouse.com; 150 N Center St; 房间 \$120~160; ◎4月至10月; ※令)有着乡村的优雅气质，每间通风凉爽的客房背后都有一个不同的故事（比如，声名狼藉的劫匪Butch Cassidy或许曾在这里跳过交谊舞）。吃过丰盛的早餐后，不妨在花园或一楼大酒廊里慵懒地待上一会儿。

因其风格独特、出类拔萃的西南部烹饪技艺，Cafe Diablo (☎435-425-3070; www.cafediablo.net; 599 W Main St; 午餐 \$10~14, 晚餐主菜 \$22~40; ◎4月中旬至10月 11:30~22:00; ☞)在犹他州南部最高档的餐馆中名列前茅。

博尔德 (Boulder)

博尔德 (www.boulderutah.com)很小，人口仅222，虽然只在托雷以南32英里处的12号公路（Hwy 12）沿线上，却得穿过博尔德山脉才可到达。美丽的Burr Trail Rd以这儿为起点，向东延伸，横穿大楼梯地区-埃斯卡兰特国家保护区东北角，一直蜿蜒到圆顶礁或鲍威尔湖（Lake Powell）湖畔的牛蛙码头（Bullfrog Marina）。

规模较小的阿纳萨齐州立公园博物馆 (Anasazi State Park Museum; www.stateparks.utah.gov; Main St/Hwy 12; \$5; ◎3月至10月 8:00~18:00, 11月至次年2月 9:00~17:00)展出史前古物以及一个自1130年至1175年就有人居住的美洲原住民聚居地。

Boulder Mountain Lodge (☎435-335-7460; www.boulder-utah.com; 20 N Hwy 12; 房间 \$140~175, 套 \$325, 公寓 \$230; ※@令※)客房虽奢华，但占地15英亩的野生保护区的景观才是不可比拟的。泡在坐拥山景的户外浴池里观鸟更是令人身心舒畅。度假屋的餐厅Hell's Backbone Grill (☎435-335-7464; www.hellsbackbonegrill.com; ◎3月至11月 7:30~11:30和17:00~21:30; 早餐 \$10~12, 午餐 \$9~17, 晚餐 \$17~36)供应美食，食材取自当地农产品，充满了浓浓的乡土情怀。需提前预订。附近的Burr Trail Grill & Outpost (☎435-335-7511; Hwy 12和Burr Trail Rd交叉路口; 菜肴 \$8~18; ◎Grill 11:30~21:30, Outpost 3月至10月 8:30~18:00; 令)供应有机蔬菜挞、各式汉堡和令人垂涎三尺的自制甜点。

大楼梯地区-埃斯卡兰特国家保护区 (Grand Staircase-Escalante National Monument)

大楼梯地区—埃斯卡兰特国家保护区（简称GSENM; ☎435-826-5499; www.blm.gov; ◎24小时）免费 占地2656平方英里，这个没有水源的地区极为荒凉，所以它是最后才被纳入美国大陆版图之中的。保护区的面积比特拉华州（Delaware）和罗得岛州（Rhode Island）加起来还要大。最近的服务设施和GSENM游客中心在北部12号公路沿线的博

ⓘ 海拔高度至关重要

犹他州南部通常比犹他州北部要热。但在你做出任何天气预测之前，最好先查查目的地的海拔。因为即使两地之间的距离还不到1小时车程，但它们的海拔高度却可能相差了数千英尺，温差也可能达20°F（约10℃）。

➤ 圣乔治（海拔3000英尺/约914米）

➤ 锡安国家公园——春谷镇入口处（海拔3900英尺/约1188米）

➤ 锡达布雷克斯国家保护区（海拔10,000英尺/3048米）

➤ 布莱斯国家公园度假屋（海拔8100英尺/约2468米）

➤ 摩崖（海拔4026英尺/约1227米）

➤ 盐湖城（海拔4226英尺/约1288米）

➤ 帕克市（海拔7100英尺/约2164米）

尔德、埃斯卡兰特（Escalante）和南部US 89沿线的卡纳布（Kanab）。除此以外的旅游基础设施很少，反倒使得这个广阔偏远、无人居住的峡谷区成了那些时间充裕、装备齐全而且见识广博的旅行者乐于探险的地方。

博尔德和埃斯卡兰特之间的 Lower Calf Creek（Hwy 12, Mile 75；白天进入 $5；白天黎明至黄昏）上有一座非常漂亮的多彩瀑布，从保护区往返瀑布只需6英里，这条路是最方便也是公园里被最多人使用的步道。紧邻12号公路的 Calf Creek Campground（www.blm.gov/ut; Hwy 12；帐篷和房车露营位 $15）有14个很受欢迎的溪畔露营位，无淋浴设施和房车接口，很快就会被占满，而且不接受预订。

埃斯卡兰特（Escalante）

这个通往国家保护区的门户城镇拥有800位居民，是孤独的沙漠中方圆数十英里内最接近大都会的地方。从博尔德出发沿蜿蜒的道路行驶30英里就到了这个探索邻近的大楼梯地区——埃斯卡兰特国家保护区的根据地（距托雷65英里）。**埃斯卡兰特综合游客中心**（Escalante Interagency Visitor Center; 435-826-5499; www.ut.blm.gov/monument; 775 W Main St; 4月至9月 每天 8:00~16:30，10月至次年3月 周一至周五）是一个极好的资源中心，提供区域内一切有关保护区和林业局土地的信息。

Escalante Outfitters（435-826-4266; www.escalanteoutfitters.com; 310 W Main St; 自然历史团队游 $45; 7:00~21:00）是旅行者的绿洲：书店出售地图、指南、露营装备，还有酒！而舒适的咖啡馆是享用店里自制早餐、比萨和沙拉的好去处。也出租乡间小木屋（$50起）和山地自行车（每天$35起）。经营多年的 **Excursions of Escalante**（800-839-7567; www.excursionsofescalante.com; 125 E Main St; 全天峡谷探险 $175; 8:00~18:00）提供峡谷探险、攀岩和摄影徒步行。

镇上有很多不错的住宿地点，包括 **Canyons B&B**（435-826-4747, 866-526-9667; www.canyonsbnb.com; 120 E Main St; 双 $160; 3月至10月），高档的小屋客房被绿树成荫的院子围绕。你也可以在 **Escalante Grand Staircase B&B**（435-826-4890;

不要错过

报纸岩州立历史保护区（NEWSPAPER ROCK STATE HISTORIC MONUMENT）

这个小游乐区展示着一块巨大的岩石雕刻板，上面刻了300多幅岩画（petroglyph），据说是内犹特族和古普韦布洛人在2000年的时期内留下的。很多红岩的外形被蚀刻出黑色的"荒漠漆皮"，非常适合拍照。此地位于摩崖以南50英里处，峡谷地国家公园（见986页）以东的211号公路（Hwy 211）旁边。

www.escalantebnb.com; 280 W Main St; 双 $142; ）找到宽敞的房间和许多本地信息。

布莱斯峡谷国家公园（Bryce Canyon National Park）

大楼梯地区，也就是一系列像台阶一样的岩石层，从大峡谷开始向北逐渐抬升，在这个颇受游客喜爱的**国家公园**（435-834-5322; www.nps.gov/brca; Hwy 63; 7日通票 每车 $30; 24小时，游客中心 5月至9月 8:00~20:00，10月至次年4月 至16:30）的粉红悬崖（Pink Cliffs）奏出最绚烂的乐章。这里所谓的"峡谷"其实就是由这些风蚀绝壁构成的一个圆形大剧场。园内满布色彩缤纷透亮的奇妙石林、尖塔和尖顶，还有模样怪异的"怪岩柱"（hoodoo）。公园就在埃斯卡兰特西南50英里处，从12号公路出发，在63号公路南转。

Rim Road Scenic Drive（海拔8000英尺）沿峡谷边缘绵延18英里，沿途经过**游客中心**（435-834-5322; www.nps.gov/brca; Hwy 63; 5月至9月 8:00~20:00，10月和4月 8:00~18:00，11月至次年3月 8:00~16:30; ）、旅馆、壮丽的景点——不要错过**灵感台**（Inspiration Point）——和很多山径岔口，最后到达公路的尽头**彩虹点**（Rainbow Point; 海拔9115英尺）。5月上旬至10月上旬期间有免费班车（8:00~17:30）穿梭于公园北部集合点和最南端的**布莱斯竞技场**（Bryce Amphitheater）之间。

公园有两个露营地，都可经公园网站预订。**Sunset Campground**（877-444-6777;

www.recreation.gov; Bryce Canyon Rd; 帐篷/房车露营位 $20/30; ◎4月至9月) 小树林多，但不是全年开放。North Campground (☎877-444-6777; www.recreation.gov; Bryce Canyon Rd; 帐篷/房车露营位 $20/30) 附近的杂货铺有投币式淋浴与洗衣设施。夏季时，未预订的露营位按先到先得的原则分配，通常在中午前就会满员。

建于20世纪20年代的Bryce Canyon Lodge (☎877-386-4383, 435-834-8700; www.brycecanyonforever.com; Hwy 63; 房间和小屋 $208~270; ◎4月至10月; @) 透着淳朴的山地魅力。房间是现代化宾馆式套房，装饰时髦，薄壁的双层小屋还带有壁炉和前廊。没有电视。旅馆的餐厅 (☎435-834-5361; Bryce Canyon Rd; 早餐和午餐 $10~20, 晚餐 $10~35; ◎4月至10月 7:00~22:00) 很好，不过也很贵。Bryce Canyon Pines Restaurant (☎435-834-5441; Hwy 12; 早餐和午餐 $5~14, 晚餐 主菜 $12~24; ◎4月至10月 6:30~21:30) 是传统的美式小馆。

在公园边界的北边，Ruby's Inn (www.rubysinn.com; 1000 S Hwy 63) 是一个度假村。这里有几个汽车旅馆可供选择，另外还有一个露营地。你也可以在几家餐馆就餐、欣赏西部艺术、洗衣服、购买杂货、到加油站加油，或是乘上直升机兜风。

公园东边11英里是12号公路沿线的小镇特罗皮克 (Tropic; www.brycecanyoncountry.com)，镇上有额外的就餐和住宿地点。

卡纳布 (Kanab)

在大楼梯地区——埃斯卡兰特国家保护区的南端，偏远的卡纳布 (人口4500) 被无边无际的粗粝沙漠所围绕。西部电影的创作者们于20世纪20年代到70年代在这里拍摄了几十部影片，小镇至今仍保留着老西部片场景的氛围。

约翰·韦恩 (John Wayne) 和格利高里·派克 (Gregory Peck) 等好莱坞著名明星都曾下榻于历史悠久的Parry Lodge (☎888-289-1722, 435-644-2601; www.parrylodge.com; 89 E Center St; 房间 $119~149; ❄)。

整修后的汽车旅馆Canyons Lodge (☎435-644-3069, 800-644-5094; www.canyonslodge.com; 236 N 300 W; 房间 $169~179; ❄@) 有种富于艺术气息的西部味道，房间的装饰以原创艺术品为特色。可以在此住宿，然后去市中心的Rocking V Cafe (☎435-644-8001; www.rockingvcafe.com; 97 W Center St; 午餐 $8~18, 晚餐 $18~48; ◎11:30~22:00;) 或高雅的Sego (☎435-644-5680; 190 N 300 W, Canyons Boutique Hotel; 主菜 $14~23; ◎周二至周六 17:00~21:00) 享用美食，那里的诱人美食值得期待，比如山羊奶酪野蘑菇和红蟹咖喱面。

卡纳布GSENM游客中心 (Kanab GSENM Visitor Center; ☎435-644-1300; www.ut.blm.gov/monument; 745 E Hwy 89; ◎8:00~16:30) 提供保护区的信息，凯恩县旅游办公室 (Kane County Office of Tourism; ☎435-644-5033, 800-733-5263; www.visitsouthernutah.com; 78 S 100 E; ◎周一至周五 8:30~18:00, 周六 至16:00) 着重于提供有关该镇及电影场景的信息。

锡安国家公园 (Zion National Park)

准备好迎接令人赞叹的美景吧。锡安国家公园 (www.nps.gov/zion; Hwy 9; 7日通票 每车 $30; ◎24小时, 游客中心 6月至8月 8:00~19:30, 9月至次年5月提前关闭) 提供许多令人惊叹的体验：观赏锡安峡谷红白相间的悬崖峭壁，在维琴河 (Virgin River) 上空翱翔，爬到1400英尺高的Angels Landing Trail极目远眺，或者向河流下游徒步穿越声名狼藉的Narrows。但公园也有着更为精致的美景：滴水的岩石、小巧的石窟、悬空花园和平顶山上开满野花的草地。与东部土地贫瘠的公园相比，葱茏的植被和低海拔使这里的岩层更显青翠。

多数游客从锡安峡谷底部进入公园，5月至9月间，即便是最具挑战的徒步路线也会人满为患 (需班车交通)。如果时间有限，只能选择一项游览活动，那么一定得是穿越锡安峡谷核心地带的6英里观景车道 (Scenic Drive) 了。3月中旬至11月上旬期间，需在游客中心 (☎435-586-0895; www.nps.gov/zion; Kolob Canyons Rd; ◎5月下旬至9月 8:00~19:30, 其他月份 至17:00) 乘坐免费的接驳车，可在沿途任一景点或步道起点上下车。

在最简单至中等难度的路线中，公路尽头长1英里、路面铺设良好的Riverside

Walk是个不错的徒步起点。天使降临步道（Angels Landing Trail）有5.4英里长，颇为艰难，可能会令人头晕目眩（海拔1400英尺，有很多陡峭的悬崖），不过沿着锡安峡谷的景观十分震撼。往返需4小时。

最著名的越野路线是令人难忘的Narrows，这条16英里长的路线沿维琴河北部支流（6月至10月）通往狭长的峡谷。做好把自己弄湿的准备：12小时的徒步至少有一半时间都是在河水里。可以把徒步分成两天完成，提前预订一处过夜的露营点。也可以赶时间走完，以便搭乘最后一班公园班车。对于这种单向的徒步，乘坐步道起点的班车是必需的。

9号公路（Hwy 9）从锡安峡谷向东攀出，路上有连续6个"之"字形转弯，之后到达1.1英里长的锡安—骆驼山隧道（Zion-Mt Carmel Tunnel），这是20世纪20年代的工程奇观。公路继续通往地貌截然不同的地区——一片饱经风霜洗礼的多彩平滑岩石，其中，棋盘台地（Checkerboard Mesa）的山地景观最为壮观。

尽早预订，并在Watchman Campground（☎预订 877-444-6777; www.recreation.gov; Hwy 9, Zion National Park; 帐篷露营位 $20, 有电源和水源接口的房车露营位 $30; ◎全年; ✶）要一个河边的露营位；毗邻的South Campground（☎435-772-3256; Hwy 9; 帐篷和房车露营位 $20; ◎全年; ✶）先到先得。

具有乡村氛围的Zion Lodge（☎435-772-7700, 888-297-2757; www.zionlodge.com; Zion Canyon Scenic Dr; 小屋/房间 $227/217; ✶@⚡）在观景道的中段，提供基本的汽车旅馆房间和配有壁炉的小屋。房间均有木门廊，可观赏到壮观的红岩峭壁景观，没有电视。旅馆餐厅Red Rock Grill（☎435-772-7760; Zion Canyon Scenic Dr, Zion Lodge; 早餐和三明治 $6~15, 晚餐 $16~30; ◎3月至10月 6:30~10:00、11:30~14:30和17:00~21:00, 11月至次年2月 时间不定）提供全套服务，景观同样很棒。公园外的春谷镇（Springdale）提供更多服务。

请注意，即使你只是途经此地，也需购买公园门票后才可在公园的9号公路上行驶。

春谷镇（Springdale）

春谷镇地处锡安国家公园的南入口外，是个美丽的公园小镇。在这里，壮观的红色峭壁构成了各种不同风格咖啡馆的布景，餐厅均非常重视有机食材，画廊分散在个体汽车旅馆和民宿之间。

除了国家公园的徒步小径外，你还可在附近土地管理局（BLM）辖下的土地上参加由户外机构带队的攀岩、峡谷探险、山地自行车骑行和四驱车探险活动等（每人$140起，每趟半天）。Zion Adventure Company（☎435-772-1001; www.zionadventures.com; 36 Lion Blvd; 峡谷探险 全天 $177起; 3月至10月 8:00~20:00, 11月至次年2月 9:00至正午和16:00~19:00）提供优质游览行程、前往

新墨西哥州概况

别称 魅力之地

人口 210万

面积 121,599平方英里

首府 圣菲（人口69,976）

其他城市 阿尔伯克基（人口556,500）、拉斯克鲁塞斯（人口101,643）

消费税 5%~9%

诞生于此的名人 约翰·丹佛（John Denver; 1943~1997年）、斯摩基熊（Smokey Bear; 1950~1976年）

发源地／所在地 国际UFO博物馆和研究中心（International UFO Museum & Research Center; 罗斯韦尔）、朱莉娅·罗伯茨（Julia Roberts）

政治 中立州，北部更自由，南部保守

著名之处 古老的普韦布洛、第一颗原子弹爆炸（1945年）地、兔巴哥应该在这里左转

最常问到的问题 "红的还是青的（辣酱）？"

最高点／最低点 惠勒峰（海拔13,161英尺）／红布拉夫水库（Red Bluff Reservior; 海拔2842英尺）

驾驶距离 阿尔伯克基到圣菲50英里，圣菲到陶斯71英里

Narrows的装备、徒步—骑行接送服务，以及轮胎漂流活动。**Zion Cycles**（☏435-772-0400；www.zioncycles.com；868 Zion Park Blvd；半/全天租赁 $30/40起，车架$15起；◷2月至11月 9:00~19:00）是城镇里最有帮助的自行车店。

Desert Pearl Inn（☏888-828-0898，435-772-8888；www.desertpearl.com；707 Zion Park Blvd；房间$239起；❉@☏☂）提供城里最时髦的住处，而**Red Rock Inn**（☏435-772-3139；www.redrockinn.com；998 Zion Park Blvd；乡村小屋$199~259；❉☏）有5栋浪漫的乡村—现代木舍。

Zion Canyon B&B（☏435-772-9466；www.zioncanyonbnb.com；101 Kokopelli Circle；房间$159~199；❉☏）是当地最为传统的民宿，提供全套美味早餐和小型水疗服务。

Under the Eaves Inn（☏435-772-3457；www.undertheeaves.com；980 Zion Park Blvd；房间$109~189；❉☏）的业主在艺术和手工艺品方面的创意收藏，为这座建于20世纪30年代的大宅增添了活力。早餐是提供一家当地餐馆的优惠券。

想要品尝香醇的咖啡和美味的可丽饼，那就把**Meme's Cafe**（☏435-772-0114；www.memescafezion.com；975 Zion Park Blvd；主菜$10~14；◷7:00~21:00）列为当天行程的首站吧。这里也供应帕尼尼三明治和华夫饼，晚餐有牛腩和手撕猪肉。傍晚时分，当地人爱去铺了墨西哥式地砖并有闪亮灯饰的**Oscar's Cafe**（www.cafeoscars.com；948 Zion Park Blvd；主菜$12~18，早餐$6~12；◷8:00~21:00）和充满乡村氛围的**Bit & Spur Restaurant & Saloon**（www.bitandspur.com；1212 Zion Park Blvd；主菜$13~28；◷3月至10月 每天 17:00~23:00，11月至次年2月 周四至周六 17:00~22:00；☏），这是他们聚会和吃吃喝喝的地方。预订出色的酒店—餐馆**King's Landing**（☏435-772-7422；www.klbzion.com；1515 Zion Park Blvd, Driftwood Lodge；主菜$16~38；◷17:00~21:00）🍴。

新墨西哥州（NEW MEXICO）

这里被称为"魅力之地"是有原因的。无论是长满刺柏的群山上明暗交错的壮观景象，传统山村的牧场和砖房，位于北部高原、雄伟的桑格雷克里斯托山脉（Sangre de Cristos）脚下拥有数百年历史的城镇，还是辽阔天空之下的火山、峡谷和宽广的平地沙漠，新墨西哥州的美丽施展着神奇的魔力。载满宗教艺术精品的泥砖教堂、原生态的普韦布洛印第安村庄、真正的牛仔、传奇式的亡命之徒、撒满红辣椒的墨西哥菜肴，这些无处不在的另类气息让人感觉这个州就像另一个国家。

对于新墨西哥州难以名状的魅力，最好的表达也许是乔治亚·奥基弗（Georgia O'Keeffe）的代表画作。这位艺术家第一次造访该州时也宣称："噢！噢！噢！……这里太美妙了！没有人告诉过我这里是这样的。"

可是，说真的，又有谁能够把这里的魅力用言语表达出来呢？

历史

公元8世纪，古普韦布洛文明开始兴盛，不久之后，查科峡谷（Chaco Canyon）出现了令人印象深刻的建筑。直到16世纪，在弗朗西斯科·巴斯克斯·德·科罗纳多（Francisco Vasquez de Coronado）率领远征军到来之前，很多普韦布洛人已经迁居至格兰德河谷（Rio Grande Valley），并且成为这里的主要居民。圣菲在1610年前后成为西班牙殖民地的首府，待西班牙移民在新墨西哥北部分散定居以后，传教士开始在普韦布洛人中传播天主教信仰，而且经常使用暴力手段。1680年的普韦布洛起义之后，美洲原住民占领了圣菲，直到1692年堂·迭戈·德·巴尔加斯（Don Diego de Vargas）再度夺回这座城市。

1846年，美国在美墨战争期间控制了新墨西哥。1850年，新墨西哥成为美国领土。与纳瓦霍人、阿帕切族、科曼奇族等美洲原住民的战争、牛仔和矿工定居点，以及圣菲之路沿线的贸易改变了这个区域，19世纪70年代铁路的出现使得这里的经济蓬勃发展。

20世纪初期，画家和作家在圣菲和陶斯创建了艺术区。1912年，新墨西哥成为第47个州。1943年，一个属于最高机密的科学团队在洛斯阿拉莫斯（Los Alamos）制造出了原子弹。4年之后，有人声称在罗斯韦尔

(Roswell)城外看到了外星飞船坠毁。

❶ 实用信息

登录www.rt66nm.org可以了解新墨西哥州境内的66号公路的信息。

新墨西哥州立公园(New Mexico State Parks; www.emnrd.state.nm.us)提供州立公园相关信息及露营地预订链接。

新墨西哥州旅游局(New Mexico Tourism; www.newmexico.org)提供关于目的地规划、活动等的信息。

Recreation.gov(www.recreation.gov)预订国家公园和森林露营位及团队游。

阿尔伯克基(Albuquerque)

阿尔伯克基:桑迪亚山(Sandia Mountains)夕阳西下时的粉红余晖、格兰德河(Rio Grande)的白杨林、66号公路的小餐馆,以及《绝命毒师》(Breaking Bad)中的"老白"和"小粉"的家乡。它是热闹的沙漠要冲,是该州最大的城市,但太阳下山以后你还是能听到郊狼的嗥叫。

经常被前往圣菲的旅行者忽略,阿尔伯克基粗糙的城市外表下面有许多低调的魅力。城外就有不错的徒步和骑车小径,城市的现代博物馆则可以探索普韦布洛文化,还有新墨西哥风格的艺术和空间。在沙漠岩画中走一走,或者来一盘红辣椒卷饼和一瓶本地啤酒,让发动机冷却片刻。

◉ 景点

◉ 老城区

从1706年落成到1880年铁路贯通,这片广场一直是阿尔伯克基的中心,如今的老城区是城中最热门的旅游区。广场的中心是建于1793年的圣菲利普德里教堂(San Felipe de Neri Church; www.sanfelipedeneri.org; Old Town Plaza; ◎每天 7:00~17:30,博物馆 周一至周六 9:30~17:00)。

★ 美国国际响尾蛇博物馆   博物馆

(American International Rattlesnake Museum; ☎505-242-6569; www.rattlesnakes.com; 202 San Felipe St NW; 成人/儿童 $5/3; ◎6月至8月 周一至周六 10:00~18:00,周日 13:00~17:00,9月至次年5月 周一至周五 11:30~17:30,周六 10:00~18:00,周日 13:00~17:00)深受爱蛇人士的喜爱;但对于怕蛇的人来说,这座有全世界种类最为齐全的响尾蛇的博物馆不啻于一场噩梦。你在这里还会看到蛇主题的啤酒瓶和美国所有以Rattlesnake为名的城镇的邮戳。

★ 阿尔伯克基艺术和历史博物馆   博物馆

(Albuquerque Museum of Art & History; ☎505-242-4600; www.cabq.gov/museum; 2000

带孩子游阿尔伯克基

阿尔伯克基有许多适合儿童的地方,从可以亲身参与的博物馆到很酷的徒步活动,等等。

iExplora!(☎505-224-8300; www.explora.us; 1701 Mountain Rd NW; 成人/儿童 $8/4; ◎周一至周六 10:00~18:00,周日 正午至18:00; 🚼)从高高的钢丝骑行到令人称奇的"光、影、色"(Light, Shadow, Color)展区,这座活泼热情的博物馆到处都有能让每个孩子亲身参与体验的东西(别错过升降机)。没有带孩子来? 查看网站,看看有没有"成人之夜"(Adult Night)。该活动由一位本地声誉卓著的科学家举办,是城里最热门的活动之一。

新墨西哥州自然历史和科学博物馆(New Mexico Museum of Natural History & Science; ☎505-841-2800; www.nmnaturalhistory.org; 1801 Mountain Rd NW; 成人/儿童 $8/5; ◎周三至周一 9:00~17:00; 🚼)喜欢恐龙的孩子们肯定会爱上这座位于老城区东北边缘的巨型现代博物馆。从中庭的霸王龙开始,这里摆满了关于凶猛的远古动物的展品。全部展品关注新墨西哥州,有关于地质起源和气候影响的动人展览;这里还有天文馆和大幅面3D电影院(全都另外收费)。

Mountain Rd NW;成人/儿童 $4/1;◎周二至周日 9:00~17:00)杰出的阿尔伯基历史展厅具有想象力和互动性,易于理解,还有新墨西哥永久展览,包括来自陶斯的大师作品,这座博物馆不容错过。周六下午及周日上午门票免费,11:00(3月至12月中旬)有免费老城区步行游览。

◎ 市中心周边

★ 普韦布洛文化中心　　　　博物馆

(Indian Pueblo Cultural Center, 简称IPCC; ☎505-843-7270; www.indianpueblo.org; 2401 12th St NW;成人/儿童 $8.40/5.40;◎9:00~17:00)这座文化中心由新墨西哥州的19个普韦布洛共同经营管理,无论你在阿尔伯克基的行程多么精简,这里都是必去之地。楼下的博物馆有引人入胜的展品,展示着普韦布洛总体的发展史与每座村庄的艺术传承,楼上的美术馆有常常更换的临时展览。展品围绕一座广场呈弧形陈列,广场通常用于舞蹈和手工艺品展示。**Pueblo Harvest Cafe** (☎505-724-3510;午餐 $12~16,晚餐 $13~28;◎周一至周六 7:00~21:00,周日 7:00~16:00; 🛜🍴)值得推荐,还有一个规模很大的礼品店和零售店。

岩画国家保护区　　　　考古遗址

(Petroglyph National Monument; ☎505-899-0205; www.nps.gov/petr; 6001 Unser Blvd NW;◎游客中心 8:00~17:00) **免费** 位于格兰德河以西的这座沙漠公园的熔岩荒野上有23,000多处古代岩画(公元前1000年至公元1700年)。几条小径散落分布在旷野中:**Boca Negra Canyon**的游客最多,最容易到达(停车 平日/周末 $1/2);**Piedras Marcadas**有300处岩画,**林科纳达峡谷**(Rinconada Canyon)是一条漂亮的沙漠小路(往返2.2英里),但能见到的岩画较少。

桑迪亚峰索道　　　　缆车

(Sandia Peak Tramway; ☎505-856-7325; www.sandiapeak.com; 30 Tramway Rd NE;成人/13~20岁青少年/儿童 $25/20/15,停车 $2;◎6月至8月 9:00~21:00,9月至次年5月 周三至周一 9:00~20:00,周二 17:00起)美国最长的空中电车,2.7英里长的桑迪亚峰索道从城市东北角的沙漠地带开始,一直到10,378英尺高的桑迪亚峰顶(Sandia Crest)。无论何时,峰顶景观都十分壮丽,尤其是在日落时分。峰顶的建筑群有多家礼品店和一家自助餐厅(☎505-243-0605; www.sandiacresthouse.com; Hwy 536;主菜 $5.50~14;◎10:00~17:00,冬季仅限周末),徒步小径从林中穿过,另有一处不大的滑雪场(☎505-242-9052; www.sandiapeak.com;缆车票 成人/儿童 $55/40;◎12月中旬至次年3月 周五至周日 9:00~16:00)。如果打算徒步下山(或上山),单程票价$15。

🚶 活动

无处不在的桑迪亚山(Sandia Mountains)和游人不多的曼扎诺山(Manzano Mountains)提供了户外活动场所,可进行徒步、滑雪(速降和越野)、山地自行车骑行、攀岩和露营等。

骑车是自行探索阿尔伯克基的理想方式。除了遍布城内的自行车小道以外,骑山地自行车的人还可以前往城东的丘陵小径和景色优美的森林小径(Paseo del Bosque;◎黎明至黄昏),就沿着格兰德河。关于出色的骑车小径网络(2018年已贯通50英里)的详细信息,见www.bikeabq.org。

Elena Gallegos
Open Space　　　　徒步、骑山地自行车

(www.cabq.gov; Simms Park Rd;工作日/周末 停车 $1/2;◎4月至10月 7:00~21:00,11月至次年3月 19:00关闭)桑迪亚西部山麓是阿尔伯克基的户外游乐场,这里的高原沙漠风景卓绝。

风景自驾游:12号公路

12号公路观光小路 (Hwy 12 Scenic Byway; www.scenicbyway12.com)或许是犹他州最丰富多彩、最雄伟壮丽的路线,它穿过崎岖的峡谷,从布莱斯峡谷向西,直到圆顶礁附近,全程124英里。埃斯卡兰特和托雷之间的路段横穿如月球表面般的蚀刻平滑岩,翻越狭窄的山脊,还要攀上海拔11,000英尺的博尔德山。托雷和潘圭奇(Panguitch)之间的一切景点几乎都位于12号公路沿线及附近。

这个地区有几处野餐区域，还有若干步道、跑道和山地自行车骑行的起点；有些路线设有无障碍设施。要么早起，赶在气温上升之前来，要么就晚一点，在郊狼孤寂的嗥叫声中欣赏壮丽的落日景色。

✦ 节日和活动

周五的《阿尔伯克基日报》（Albuquerque Journal；www.abqjournal.com）有关于节日和活动的详细清单。

印第安人大集会帕瓦节　　　　文化节

（Gathering of Nations Powwow；www.gatheringofnations.com；⏱4月）舞蹈比赛，美洲原住民手工艺品的展示，还有"世界印第安小姐"（Miss Indian World）大赛。4月下旬举办。

★ 国际热气球节　　　　气球

（International Balloon Fiesta；www.balloonfiesta.com；⏱10月上旬）全球最大规模的热气球节日。三层楼高的老虎托尼（Tony the Tiger）降落在你下榻酒店的庭院，肯定会令你大开眼界，类似这样的事情的确就在节日期间发生。这个节日为期九天，包括10月的第一个和第二个周末，亮点是每天黎明时众多热气球会同时升空。

🛏 住宿

Route 66 Hostel　　　　青年旅舍 $

（☎505-247-1813；http://route66hostel.com；1012 Central Ave SW；铺 $25，房间 $30起；🅿@🛜）这家青年旅舍位于市中心以西几个街区的一栋浅黄色建筑中，前身是一所住宅。这里有男、女宿舍，也提供简单的私人客房，有些需共用浴室。床铺有些年头，不过有种能让旅行者备感舒适的气氛。公用设施包括一个图书馆和提供自助早餐的厨房。家务自愿。13:30～16:30不能办理入住。

★ Andaluz　　　　精品酒店 $$

（☎505-242-9090；www.hotelandaluz.com；125 2nd St NW；房间 $174起；🅿❄@🛜）这家阿尔伯克基最好的历史酒店建于1939年，位置在市中心的核心区域，酒店各方面都很现代，不过也保持着一些时代特征，如迷人的中庭，弧形角落里摆放了桌子和长沙发椅。房间的特色是低过敏床具和地毯，酒店内有家出名的餐馆Más Tapas Y Vino（☎505-923-9080；www.hotelandaluz.com；125 2nd St NW；西班牙小吃 $6～16，主菜 $26～36；⏱7:00～14:00和17:00～21:30），还有屋顶酒吧。提前30天预订可以享受到最优惠的折扣。

Böttger Mansion　　　　民宿 $$

（☎505-243-3639；www.bottger.com；110 San Felipe St NW；房间 $115～159；🅿❄@🛜）亲切友善的业主，让这家设施齐全的民宿在激烈的竞争中脱颖而出。大宅建于1912年，距广场很近，走路1分钟即可到达。7间古董装饰的主题客房有3间带锡制吊顶，1间有按摩浴缸，种满金银花的院子是许多观鸟者的最爱，丰盛的早餐也在这里供应。曾在此下榻的名人包括猫王、贾尼斯·乔普林（Janis Joplin）和机枪凯利（Machine Gun Kelly）。

★ Los Poblanos　　　　民宿 $$$

（☎505-344-9297；www.lospoblanos.com；4803 Rio Grande Blvd NW；房间 $230～450；🅿❄@🛜）这家美妙的民宿有20间客房，所在的20世纪30年代乡间牧场是国家级历史保护建筑，从老城区出发开车5分钟即到。民宿距格兰德河不远，周围有25英亩的花园、薰衣草田（6月中旬至7月开花）和一座有机农场。漂亮的房间里有印第安式壁炉，早餐使用农场出产的食材制作。

🍴 就餐

★ Pop Fizz　　　　墨西哥菜 $

（☎505-508-1082；www.pop-fizz.net；1701 4th St SW, National Hispanic Cultural Center；主菜 $5～7.50；⏱11:00～20:00；🛜♿）这些纯天然的硬糖冰棒冰凉无比，口味有黄瓜辣椒青柠、芒果或菠萝哈瓦那辣椒——或者也许你更喜欢挥霍一次，吃一个肉桂吉士果搭配冰激凌玉米卷饼？不要被甜点冲昏头脑，厨房还制作各种品类繁多的美食，包括烤肉薯条、索诺兰热狗和油炸玉米馅饼。

Golden Crown Panaderia　　　　面包房 $

（☎505-243-2424；www.goldencrown.biz；1103 Mountain Rd NW；主菜 $7～20；⏱周二至周六

7:00~20:00, 周日 10:00~20:00)有谁不喜欢社区里有家友好的咖啡馆-面包房？尤其是位于舒适的土坯老建筑里，有和蔼可亲的店员、新鲜出炉的面包和比萨（青椒和蓝玉米饼）、水果馅饼、醇厚的意式浓缩咖啡以及免费供应的饼干的这家？青椒面包很快就售罄，所以最好提前致电预订，买到的话在露台趁热吃掉它吧。

Slate Street Cafe & Wine Loft 新派美国菜 $$

(☎505-243-2210; www.slatestreetcafe.com; 515 Slate St; 早餐 $7.50~15, 午餐 $10~15, 晚餐 $11~27; ◎周一至周五 7:30~15:00, 周六和周日 9:00~14:00, 周二至周四 17:00~21:00, 周五和周六 17:00~22:00; ⓟ)市中心热门约会地点，这家楼下咖啡通常都会挤满享受创意爽心食品的人，从青椒奶酪通心粉到香草猪排，楼上的葡萄酒阁楼提供25种葡萄酒，按杯供应，还定期举办品酒会。它紧邻6th St NW, 就在Lomas Blvd以北。

★ Artichoke Cafe 新派美国菜 $$$

(☎505-243-0200; www.artichokecafe.com; 424 Central Ave SE; 午餐 主菜 $12~19, 晚餐 主菜 $16~39; ◎周一至周五 11:00~14:30和17:00~21:00, 周六 17:00~22:00)这家餐馆优雅而含蓄，从容地供应着许多创意菜式，一直以来都是美食家评选的阿尔伯克基最好的餐厅。位于市中心东端，在长途汽车站和40号州际公路（I-40）之间。

🍷 饮品和娱乐

帕皮嘉伊厅（Popejoy Hall; ☎505-925-5858; www.popejoypresents.com; 203 Cornell Dr）和历史悠久的**奇摩剧院**（KiMo Theatre; ☎505-768-3544; www.cabq.gov/kimo; 423 Central Ave NW）是著名国家级表演、本地歌剧、交响乐和戏剧演出的主要场所。**Launch Pad**（☎505-764-8887; www.launchpadrocks.com; 618 Central Ave SW）最适合欣赏本地演出。

Java Joe's 咖啡馆

(☎505-765-1514; www.downtownjavajoes.com; 906 Park Ave SW; ◎6:30~15:30; ⓟ🐾)如今最出名的是在《绝命毒师》里面爆发式地出镜，这家舒适的咖啡馆依然是城里喝杯咖啡或来碗最辣的辣酱的好地方。

★ Anodyne 酒吧

(☎505-244-1820; 409 Central Ave NW; ◎周一至周六 16:00至次日1:30, 周日 19:00~23:30) Anodyne是打桌球的理想场所，空间很大，墙壁上的书架摆满了书，还有木制天花板、许多垫得又软又厚的椅子以及100多种瓶装啤酒。在这里一边喝酒一边看人来人往特别惬意。

★ Marble Brewery 自酿酒吧

(☎505-243-2739; www.marblebrewery.com; 111 Marble Ave NW; ◎周一至周六 正午至午夜, 周日 至22:30)受欢迎的市中心酒吧，属于与其同名的酿酒厂。冬季的夜晚，室内舒适，夏季的傍晚，本地乐队会在啤酒花园举行演奏会。一定要尝尝红啤（Red Ale）。

ℹ️ 实用信息

紧急情况和医疗服务
警察局（☎505-242-2677; www.apdonline.com; 400 Roma Ave NW）

长老会医院（Presbyterian Hospital; ☎505841-1234; www.phs.org; 1100 Central Ave SE; ◎急诊 24小时）

新墨西哥大学医院（UNM Hospital; ☎505-272-2411; 2211 Lomas Blvd NE; ◎急诊 24小时）

邮局
邮局（☎800-275-8777; 201 5th St SW; ◎周一至周五 9:00~16:30）

旅游信息
老城区信息中心（Old Town Information Center; ☎505-243-3215; www.visitalbuquerque.org; 303 Romero Ave NW; ◎10月至次年5月 10:00~17:00, 6月至9月 至18:00）

新墨西哥大学欢迎中心（UNM Welcome Center; ☎505-277-1989; 2401 Redondo Dr; ◎周一至周五 8:00~17:00）

参考网站
Albuquerque Journal（www.abqjournal.com）本地信息、活动和运动项目。

City of Albuquerque（www.cabq.gov）提供公共交通和地区景点信息。

Gil's Thrilling（And Filling）Blog（www.nmgastronome.com）吃遍阿尔伯克基、圣菲和该州的其他地区的本地美食资讯。

🛈 到达和当地交通

飞机
新墨西哥州最大的机场**阿尔伯克基国际机场**（Albuquerque International Sunport，简称ABQ；☎505-244-7700；www.abqsunport.com；🛜）位于市中心东南5英里处，有多家航空公司。免费班车连接航站楼与3400 University Blvd SE的机场汽车租赁中心（Sunport Car Rental Center），机场所有的租车机构都在那里。

Sunport Shuttle（☎505-883-4966；www.sunportshuttle.com）往来于机场与本地酒店及其他地点之间。

长途汽车
阿尔伯克基交通中心（Alvarado Transportation Cente；100 1st St SW，Central Ave交叉路口）是**灰狗巴士**（Greyhound；☎800-231-2222，505-243-4435；www.greyhound.com；320 1st St SW）的所在地，有通往新墨西哥州各处和州外的班车，不过不包括圣菲和陶斯。

ABQ Ride（☎505-243-7433；www.cabq.gov/transit；100 1st St SW；成人/儿童 $1/0.35，日票 $2）是平日覆盖阿尔伯克基大部分地区的公共交通系统，每天都有前往各大旅游地点的车次。

火车
美国国铁的"西南酋长号"（Southwest Chief）停靠在阿尔伯克基的**美国国铁火车站**（Amtrak Station；☎800-872-7245；www.amtrak.com；320 1st SW），该火车站属于阿尔伯克基交通中心（Alvarado Transportation Center）。火车往东开往芝加哥（$117起，26小时），往西到达洛杉矶（$66起，16.5小时），双方向每天一班。

另一条轻轨通勤线**New Mexico Rail Runner Express**（www.nmrailrunner.com）与美国国铁共用同一个车站，在阿尔伯克基大都会地区有几站，不过对于游客来说更重要的是其一路向北前往圣菲（单程 $10，1小时45分钟），工作日每天有8趟列车，周末4趟。

40号州际公路沿线（Along I-40）

虽然用不了5个小时就可以从阿尔伯克基到达弗拉格斯塔夫，但沿线的国家保护区和普韦布洛还是很值得参观的。从格兰茨（Grants）西南出发，沿着53号公路（Hwy 53）行驶，你就能到达除了阿克莫（Acoma）以外的下述景点。而602号公路（Hwy 602）会带你往北到达加勒普（Gallup）。

阿克莫普韦布洛（Acoma Pueblo）
这座伟大的"天空之城"坐落在海拔7000英尺的山顶上，比周围平原高出367英尺。精通制陶的美原住民普韦布洛人从11世纪开始就一直在此定居，这也是北美最古老的持续有人居住的印第安人居留地之一。导览游从台地脚下的**文化中心**（☎800-747-0181；www.acomaskycity.org；Rte 38；团队游 成人/儿童 $25/17；⏰每小时一次的团队游 3月至10月 8:30~15:30，11月至次年2月 周六和周日 9:30~14:30）出发，时长约2小时，若仅游览历史老教堂，则只需1小时。沿40号州际公路（I-40）行进至102号出口驶出，也就是距离阿尔伯克基西边约60英里处，再向南行驶12英里即可到达。最好先确认村庄没有因仪式或其他原因而关闭。

埃尔莫罗国家保护区（El Morro National Monument）
埃尔莫罗国家保护区（☎505-783-4226；www.nps.gov/elmo；Hwy 53；⏰6月至8月 9:00~18:00，9月至次年5月 至17:00）**免费** 内矗立着200英尺高的砂岩石，也就是所谓的"碑文石"（Inscription Rock），一直是旅行者心目中的千年绿洲。从顶部的普韦布洛岩画（约1275年）到西班牙征服者和盎格鲁先驱的详尽碑文记载——无数的镌刻提供了追史溯源的一条独特途径。位于格兰茨西南38英里处，经53号公路（Hwy 53）即到。

祖尼普韦布洛（Zuni Pueblo）
精致的镶嵌银制品是祖尼人闻名世界的珍宝，在53号公路沿线很多商店均有销售。可到**祖尼旅游局**（Zuni Tourism Office；

📞505-782-7238; www.zunitourism.com; 1239 Hwy 53; 团队游 $15; ⏰周一至周五 8:30~17:30, 周六 10:30~16:00, 周日 正午至16:00) 了解更多信息, 获取摄影许可证并参加普韦布洛的团队游。走过石头房子和蜂窝形状的土制烤炉, 就会来到装饰着克奇那精美壁画的巨大的**瓜达卢佩圣母教堂**(Our Lady of Guadalupe Mission)。**祖尼博物馆和文化遗产中心**(A:shiwi A:wan Museum & Heritage Center; 📞505-782-4403; www.ashiwi-museum.org; Ojo Caliente Rd; 门票认捐; ⏰周一至周五 9:00~17:00) 陈列着早期的照片和其他的部落古器物。

亲切友好的**Inn at Halona** (📞505-782-4547; www.halona.com; 23b Pia Mesa Rd; 房间 $75起; 🅿️📶) 拥有8间客房, 用当地祖尼人的艺术品和手工艺品做装饰, 这是村庄中唯一能住宿的地方。这里的早餐可与州内最好的相媲美。

圣菲 (Santa Fe)

欢迎来到"与众不同的城市", 这里既特立独行又从不曾遗忘自己波澜壮阔的历史。在市中心游人如织的广场周边走走, 或者在土砖街区中徜徉, 你就会发现圣菲完全是一座不受时间影响的朴实城市。确实如此, 主要吸引力是它对艺术的青睐——这里的博物馆和美术馆质量比你在任何一次类似旅行中见到的都要优良。

海拔7000英尺的圣菲也是全美海拔最高的首府。它位于桑格雷克里斯托山脉之下, 是开展徒步、山地自行车骑行、背包旅行和滑雪等活动的绝佳中转站。离开小径以后, 你可以陶醉于满是辣椒的本地美食, 直接在广场的美洲原住民珠宝店购买绿松石和银器, 参观引人注目的教堂, 或者只是沿着具有几百年历史的杨木林荫小路漫步一番, 做做有朝一日搬家至此的白日梦。

👁 景点

★ 乔治亚·奥基弗博物馆   博物馆

(Georgia O'Keeffe Museum; 见1004页地图; 📞505-946-1000; www.okeeffemuseum.org; 217 Johnson St; 成人/儿童 $12/免费; ⏰周六至周四 10:00~17:00, 周五 至19:00) 建于20世纪的土砖结构建筑, 外观一副摇摇欲坠的模样, 内有10个灯光漂亮的陈列室, 这是全世界收藏奥基弗作品最多的博物馆。画家最出名的便是用如花妙笔描绘新墨西哥州的自然景观, 不过经常更换的展品也涵盖了她整个创作生涯, 从她的早年到在鬼魂农场(Ghost Ranch)时期。奥基弗最著名的作品被世界各大博物馆收藏, 因此你在这里可能看不到熟悉的作品, 但这里陈列的画作的厚重笔触与超凡着色, 仍会令你为之倾倒。

★ 喵喵狼   博物馆

(Meow Wolf; 📞505-395-6369; https://meowwolf.com; 1352 Rufina Circle; 成人/儿童 $18/12; ⏰周日、周一、周三、周四 10:00~20:00, 周五和周六 至22:00) 如果你想前往其他次元旅行却不得其门, 那么喵喵狼的永恒轮回屋(House of Eternal Return)正好适合你。此处设计相当巧妙: 游客前去探索一栋重建的维多利亚式房屋, 寻找一个加利福尼亚家庭失踪的线索, 根据情节深入了解多元宇宙的片段(经常通过秘密通道), 一切都是独特的互动式艺术装置。

美洲印第安人车匠博物馆   博物馆

(Wheelwright Museum of the American Indian; 📞505-982-4636; www.wheelwright.org; 704 Camino Lejo; 成人/儿童 $8/免费, 每月第一个周日免费; ⏰10:00~17:00) 博物馆由玛丽·卡波特(Mary Cabot)在1937年建立, 展示了纳瓦霍人的仪式艺术, 主要展示纳瓦霍人和祖尼人的珠宝首饰, 尤其是银器。第一个展厅举办临时展览, 展示来自北美洲各地的美洲原住民艺术品。被称作Case Trading Post的礼品店出售与展品同品质的地毯、珠宝、克奇那神雕像和手工艺品。

🏃 活动

佩科斯荒野(Pecos Wilderness)和**圣菲国家森林**(Santa Fe National Forest)在城市东部, 拥有超过1000英里的徒步和骑行路线, 其中部分可达12,000英尺高的山顶。可以联系公共土地信息中心(Public Lands Information Center)获得地图和详细介绍。夏季暴风雨频繁, 所以在徒步前记得查看天

峡谷路（CANYON ROAD）画廊

最初是一条普韦布洛印第安小道，后来是穿过西班牙农村公社的主街，20世纪20年代，由于租金便宜而搬来的艺术家们在五画家（Los Cinco Pintores；爱上新墨西哥州风景的5名画家）的带领下，将圣菲最著名的艺术大道打造成为如今这般模样。

如今的峡谷路（Canyon Rd）是一处主要景点，圣菲的300多家画廊有100多家在这里。这里是这座城市繁荣的艺术中心，提供从美洲原住民古物至圣菲派（Santa Fe School）的杰作和不顺应主流的现代作品。如果一家接一家地逛画廊有些令人吃不消，不用担心，只需闲庭信步，随意看看即可。

周五晚上尤其有意思：画廊从17:00左右开始闪闪发光地开门营业。你不仅可以参加出色的社交活动，还可以一边咬着奶酪、呷着霞多丽或起泡酒，一边与艺术家闲谈。

以下只是峡谷路（及周边）最受欢迎的几家画廊。想要了解更多信息，可以领取免费、方便的《收藏家指南》（Collector's Guide）地图或查看网站www.santafegalleryassociation.org。铁路车场附近侧重于当代作品的画廊同样值得一逛。

Adobe Gallery（见1004页地图；☎505-955-0550；www.adobegallery.com；221 Canyon Rd；⊙周一至周六 10:00~17:00）

Economos/Hampton Galleries（见1004页地图；☎505-982-6347；500 Canyon Rd；⊙9:30~16:00，周三和周日 闭馆）

Gerald Peters Gallery（见1004页地图；☎505-954-5700；www.gpgallery.com；1005 Paseo de Peralta；⊙周一至周六 10:00~17:00）

GF Contemporary（☎505-983-3707；www.gfcontemporary.com；707 Canyon Rd；⊙周一至周六 10:00~17:00，周日 正午至17:00）

Marc Navarro Gallery（见1004页地图；☎505-986-8191；520 Canyon Rd；⊙11:00~16:00）

Morning Star Gallery（见1004页地图；☎505-982-8187；www.morningstargallery.com；513 Canyon Rd；⊙周一至周六 9:00~17:00）

Nedra Matteucci Galleries（见1004页地图；☎505-982-4631；www.matteucci.com；1075 Paseo de Peralta；⊙周一至周六 9:00~17:00）

气预报。

Mellow Velo（见1004页地图；☎505-995-8356；www.mellowvelo.com；132 E Marcy St；山地自行车 每天$40起；⊙周一至周六 10:00~18:00）出租山地自行车，并且提供这一地区的路线信息。包括New Wave Rafting Co（☎800-984-1444；www.newwaverafting.com；成人/儿童 $57/51起；⊙4月中旬至8月）在内的旅行社提供格兰德峡谷（Rio Grande Gorge）、荒凉的陶斯峡（Taos Box）和里欧卡玛荒野（Rio Chama Wilderness）的激浪漂流。

Dale Ball Trails   骑山地自行车、徒步

（www.santafenm.gov/trails_1）既可徒步又可骑车的路线长度在20英里以上，可以看到美妙的沙漠和群山景色。9.7英里的外部极限（Outer Limits）小径是这里的经典骑行线路，包括北部的单轨快行线路和比较专业的中部路段。徒步者应该取道4英里往返小径前往皮卡乔峰（Picacho Peak），海拔上升1250英尺，陡峭但不难走。

圣菲滑雪区   滑雪

（Ski Santa Fe；☎505-982-4429，雪情报告 505-983-9155；www.skisantafe.com；缆车票 成人/青少年/儿童 $75/60/52；⊙12月至次年3月 9:00~16:00）陶斯城外的滑雪区更为有名，因此这里常被旅行者忽视。与陶斯的滑雪区相比，较小的圣菲滑雪区的雪质相同（不过雪量要少一点），但滑雪基地的海拔更高

（海拔10,350英尺）。这里适合家庭游客和专业级滑雪者，他们是为了林中雪道、陡峭的雪坡或长赛道而来。滑雪区距离城镇仅16英里。

Santa Fe School of Cooking　　　烹饪

（见1004页地图；☎505-983-4511；www.santafeschoolofcooking.com；125 N Guadalupe St；2/3小时课程 $78/98；◉周一至周五9:30~17:30，周六9:30~17:00，周日10:30~15:30）报名参加红绿辣椒研讨会，掌握西南部菜式的基础，或者用填馅辣椒、玉米粉蒸肉或更精致的风味，比如芥末芒果辣椒汁，露上一手。这里还提供几家热门餐厅的步行游览。

✳ 节日和活动

★ 国际民俗艺术集市　　　文化节

（International Folk Art Market；☎505-992-7600；www.folkartalliance.org；◉7月中旬）全世界规模最大的民间艺术集市；50个国家的大约150名艺术家被吸引至民俗艺术博物馆，参加7月的周末节日，包括工艺品采购和文化活动。

★ 圣菲印第安集市　　　文化节

（Santa Fe Indian Market；☎505-983-5220；www.swaia.org；◉8月）来自100个部落和村庄的上千位艺术家在这个世界著名的评审展上展示自己的作品，一般在8月的第三个周四后的那个周末举办。大约100,000名游客聚集在广场、开放的工作室、美术馆展区和Native Cinema Showcase。在周五或周六来这里，看看最高奖项的角逐，等到周日再尝试购买参评的作品，可以讨价还价。

★ 圣菲节日和苦难燃烧节　　　文化节

（Santa Fe Fiesta & Burning of Zozobra；☎505-913-1517；www.santafefiesta.org；◉9月初）为期10天的节庆，庆祝1680年普韦布洛起义之后西班牙人在1692年收复圣菲，举办音乐会、烛光游行和广受喜爱的宠物游行（Pet Parade）。周五夜里的燃烧人偶（Zozobra；https://burnzozobra.com）——高50米的Old Man Gloom——不容错过，庆祝的序幕由此开启，之后大约40,000人会在玛西堡公园（Fort Marcy Park）狂欢。

🛏 住宿

Silver Saddle Motel　　　汽车旅馆 $

（☎505-471-7663；www.santafesilversaddlemotel.com；2810 Cerrillos Rd；房间 $62起；🅿❄@🛜）有点花里胡哨的老式汽车旅馆，位于66号公路，提供城里性价比最高的住宿。有些房间附带迷人的瓷砖小厨房，所有房间都拥有荫凉的木头游廊和牛仔风格装修。可以入住肯尼·罗杰斯（Kenny Rogers）或怀亚特·厄普（Wyatt Earp）房间。位于广场西南方向3英里处繁忙的Cerrillos Rd。

Black Canyon Campground　　　露营地 $

（☎877-444-6777；www.recreation.gov；Hwy 475；帐篷和房车露营位 $10；◉5月至10月中旬）这个僻静的宜人地点距离广场仅8英里，有36个露营位，附近还有徒步和自行车小径。这里有水，但没有电。如果满员，海德纪念州立公园（Hyde Memorial State Park）就在路边，而Big Tesuque和Aspen Basin露营地（免费，但没有饮用水）距离滑雪区域更近。

★ El Paradero　　　民宿 $$

（见1004页地图；☎505-988-1177；www.elparadero.com；220 W Manhattan Ave；房间 $155起；🅿❄@🛜）有200年历史的土砖结构民宿，位于河流以南，每个房间都有独特的风格。两个房间的浴室在大堂对面，其他的是套内浴室，我们最喜欢6号和12号房间。丰盛的早餐令人满意，房费还包括下午茶。另一座独立度假小屋里有两个带厨房的房间，可以组合成一间套房。

★ Santa Fe Motel & Inn　　　酒店 $$

（见1004页地图；☎505-982-1039；www.santafemotel.com；510 Cerrillos Rd；房间 $149起，度假小屋 $169起；🅿❄@🛜）这家酒店位于市中心，铁路车场（Railyard）附近，在淡季时性价比极高。即便汽车旅馆式的房间也具有西南部民宿的特征，有色彩鲜艳的瓷砖、黏土做成的旭日图案和锡镜子。庭院的度假小屋价格稍高，有印第安式壁炉和小露台。费用包括热腾腾的丰盛早餐，夏季可以在户外享用。

★ La Fonda　　　历史酒店 $$$

（见1004页地图；☎800-523-5002；www.

不要错过

新墨西哥州博物馆

新墨西哥州博物馆负责管理圣菲4座优秀的博物馆。其中两座位于广场,另外两座位于广场西南2英里的博物馆山(Museum Hill)。

总督府和新墨西哥州历史博物馆(Palace of the Governors & New Mexico History Museum;见1004页地图,☏505-476-5100;www.palaceofthegovernors.org;105 W Palace Ave;成人/儿童 \$12/免费;⊙10:00~17:00,10月至次年5月 周一闭馆)美国最古老的公共建筑,这座低矮的土砖建筑群从1610年开始曾作为新墨西哥的第一任西班牙人总督的居所,1680年普韦布洛起义之后被印第安人占领;1846年后成为美国最早的一批州政府的所在地。这里如今有关于圣菲精彩历史的绝妙展品,还有一些上好的西班牙宗教艺术品——如果可以,参加免费的团队游。

新墨西哥州艺术博物馆(New Mexico Museum of Art;见1004页地图,☏505-476-5072;www.nmartmuseum.org;107 W Palace Ave;成人/儿童 \$12/免费;⊙周二至周日 10:00~17:00)建于1917年,是圣菲的普韦布洛复兴建筑的早期典范,该博物馆在过去的一个世纪中一直收集并展示当地艺术家的作品。这里是一座名家宝库,藏有提升新墨西哥州文化地位的作品,从陶斯艺术家协会(Taos Society of Artists)到乔治亚·奥基弗(Georgia O'Keeffe),等等;在博物馆建筑内部随便转转也是享受,这里有漂亮的花园庭院。时常更换的临时展品保证博物馆具有持续的现实意义。

国际民俗艺术博物馆(Museum of International Folk Art;☏505-827-6344;www.internationalfolkart.org;706 Camino Lejo;成人/儿童 \$12/免费;⊙10:00~17:00,11月至次年4月 周一闭馆)圣菲最不同凡响也最令人兴奋的博物馆,拥有全球最多的传统民俗艺术收藏品。馆内巨大的主展区陈列着来自100多个国家的异想天开、令人称奇的展品。与现实十分贴近的村庄和城市中,各行各业的小人偶栩栩如生,墙壁上挂满白色木偶、面具、玩具和服装。其他附属展区中有关于世界各地的乡土艺术文化的展品,时常更换。

印第安艺术和文化博物馆(Museum of Indian Arts & Culture;☏505-476-1250;www.indianartsandculture.org;710 Camino Lejo;成人/儿童 \$12/免费;⊙10:00~17:00,9月至次年5月 周一闭馆)这座顶级的博物馆对整个西南部地区各原住民部落的起源和历史追根溯源,展示着原住民们异彩纷呈的文化传统。普韦布洛、纳瓦霍、阿帕奇等部落的受访者讲述着各自族群面临的现实问题,而一流的现代和古代陶瓷制品展览则与趣味盎然的临时展品交相辉映。

---

lafondasantafe.com;100 E San Francisco St;房间 \$259起;P❋@⛄☎❀)久负盛名的"位于圣菲小道(Santa Fe Trail)终点的酒店",圣菲最美丽的历史酒店就在紧邻广场的一栋不规则的土砖结构建筑中,仍保留着民间艺术风格的漂亮窗户和壁画,这里既优雅又舒适,有美妙的顶层豪华套房,在楼顶的**Bell Tower Bar**(见1004页地图;100 E San Francisco St;⊙5月至10月 周一至周四 15:00至日落,周五至周日 14:00至日落)可以观赏绝佳的日落景色。

✕ 就餐

★ **La Choza** 新墨西哥菜 \$

(☏505-982-0909;www.lachozasf.com;905 Alarid St;午餐 \$9~13,晚餐 \$10.50~18;⊙周一至周六 11:30~14:00和17:00~21:00;P❀)蓝玉米墨西哥卷饼、喜庆的室内和种类繁多的玛格丽特酒单让La Choza长期成为圣菲有眼光的食客最喜欢的(且丰富多彩的)地方。在圣菲的众多新墨西哥餐馆中,这家似乎总是可靠卓越。正如它的姊妹餐厅Shed一样,需要早点前去或者预订。

Tia Sophia's 新墨西哥菜 \$

(见1004页地图;☏505-983-9880;www.tiasophias.com;210 W San Francisco St;主菜 \$7~12;⊙周一至周六 7:00~14:00,周日 8:00~13:00;P❀)这家老字号是圣菲当地人的最爱,总是挤满了人,当地艺术家和外地来访的

名流比游客还多。精选早餐有美妙的墨西哥卷饼和其他西南部菜肴，午餐也非常可口。可以尝试制作完美的填馅辣椒(chile rellenos)，或者轮换的每日特例。书架上放着的儿童书籍可以让小朋友打发时间。

★ Jambo Cafe　　　　　　　非洲菜 $$

(☎505-473-1269; www.jambocafe.net; 2010 Cerrillos Rd; 主菜 $9~17; ⊙周一至周六 11:00~21:00)藏身于购物中心内，这家非洲风味的咖啡馆还是很难从公路上看到；而一旦进入店里，就会发现这是个漂亮的就餐场所，总是有许多当地人享用独特的山羊肉、鸡肉和扁豆咖喱，以及素食三明治和烤面饼，还有雷鬼风格的背景音乐。

Dr Field Goods　　　　　新墨西哥菜 $$

(☎505-471-0043; http://drfieldgoods.com; 2860 Cerrillos Rd, Suite A1; 主菜 $13.50~18; ⊙11:00~21:00)这家土食熟食店拥有一拨热情的拥趸，理由很充分——它是在Cerrillos Rd随意吃一顿的最佳选择。食客们可以在放养水牛卷饼、蜂蜜辣椒汁羊奶酪蛋糕、烤鱼圆饼、青椒手撕猪肉三明治以及其他美食中间挑选。几门之隔就是肉铺和面包房。

★ Cafe Pasqual's　　　　新墨西哥菜 $$$

(见1004页地图; ☎505-983-9340; www.pasquals.com; 121 Don Gaspar Ave; 早餐和午餐 $14~18.75, 晚餐 $15~39; ⊙8:00~15:00和17:30~22:00; ✍🖫)🌶无论你何时造访这个色彩活泼、毫不矫揉造作的餐厅，这里的食物总是对得起此地的不菲价格，多数食物是明显的边境以南风味。早餐菜式中有出名的双蛋饼(huevos motuleños)，由煎香蕉、羊奶酪等配料制成；晚些时候，肉类和鱼类主菜也是无上的美味。只有晚餐接受预订。

★ La Plazuela　　　　　新墨西哥菜 $$$

(见1004页地图; ☎505-982-5511; www.lafondasantafe.com; 100 E San Francisco St, La Fonda de Santa Fe; 午餐 $11~22, 晚餐 $15~39; ⊙周一至周五 7:00~14:00和17:00~22:00, 周六和周日 7:00~15:00和17:00~22:00)圣菲的乐趣之一就是在Fonda的中庭吃顿饭，这里不可抗拒，名流云集。这家餐厅非常热闹，装饰色彩鲜艳，供应高档的墨西哥美食，菜单上列有当代的菜肴，也有墨西哥铁板烧(fajitas)和玉米粉蒸肉等标准墨西哥餐馆菜式。

Joseph's Culinary Pub　　　　法国菜 $$$

(见1004页地图; ☎505-982-1272; www.josephsofsantafe.com; 428 Agua Fria St; 主菜 $24~42; ⊙17:30~22:00, 11月至次年3月周一歇业)这里只在晚餐时段营业。这座散发着浪漫气息的土砖结构老建筑更多地被看作高档餐厅而非小酒馆。你愿意的话，也可以按菜式更少、价格更便宜的酒吧菜单点菜，不过还是值得在暖色调装饰的就餐区享用丰盛、多元的法国现代改良菜肴：想想柴火豆焖肉配自制香肠或甜辣油封鸭。

🍷 饮品和娱乐

★ Kakawa Chocolate House　　咖啡馆

(见1004页地图; ☎505-982-0388; https://kakawachocolates.com; 1050 Paseo de Peralta; ⊙周一至周六 10:00~18:00, 周日 正午至18:00)巧克力迷真的不能错过这首对神圣巧克力豆的爱之颂歌。不是妈妈做的那种棉花糖——虽然也富含热巧克力——这些浓郁的万能药来自历史悠久的配方，分为两类：欧式(比如17世纪的法国)和中美式(玛雅和阿兹特克)。额外优势：它还出售最棒的巧克力(刺梨龙舌兰)和辣椒焦糖。

★ Santa Fe Spirits　　　　　酿酒厂

(见1004页地图; ☎505-780-5906; https://santafespirits.com; 308 Read St; ⊙周一至周四 15:00~20:30, 周五和周六 至22:00)这家本地自酿酒吧的$10品尝套酒包括多种烈酒，有Colkegan单一麦芽威士忌、Wheeler杜松子酒和Expedition伏特加。皮椅和外露的椽子让这家城里品酒室宁静怡人，适合喝杯开胃酒；粉丝们可以预订每小时的酿酒游。

★ 圣菲歌剧院　　　　　　　　歌剧院

(Santa Fe Opera; ☎505-986-5900; www.santafeopera.org; Hwy 84/285, Tesuque; 后台游览 成人/儿童 $10/免费; ⊙6月至8月, 后台游览 6月至8月 周一至周五 9:00)许多游客因为歌剧的缘故来到圣菲，剧院本身就是建筑界的奇迹，有360度全方位的风蚀砂岩景观，带着日落月升的美景，中央舞台上常有世界名角儿演

Santa Fe 圣菲

出场面盛大的传奇巨作。不过这里毕竟还是狂野西部，你甚至可以穿牛仔裤。有班车往返于圣菲（$24）和阿尔伯克基（$39）之间。通过网络预订。

Lensic Performing Arts Center　表演艺术

（见1004页地图；☏505-988-7050；www.lensic.com；211 W San Francisco St）这座电影院始建于1930年，整修后非常美观。剧院有巡回演出和经典影片，另外也充当阿斯彭圣菲芭蕾舞团（Aspen Santa Fe Ballet）和圣菲交响乐团与合唱团（Santa Fe Symphony Orchestra & Chorus）等7个团体的演出场地。

Jean Cocteau Cinema　电影院

（见1004页地图；☏505-466-5528；www.jeancocteaucinema.com；418 Montezuma Ave）2013年经过乔治·RR.马丁（George RR Martin）的修复，这里成为城里播放独立电影的最佳电影院；还有签售活动，有时还会举办现场音乐会，院内有酒吧。

🛍 购物

★ 圣菲农贸市场　市场

（Santa Fe Farmers Market；见1004页地图；☏505-983-4098；www.santafefarmersmarket.com；Paseo de Peralta & Guadalupe St；⊙全年 周六 7:00~13:30，5月至11月 周二 7:00~13:00和周三 16:00~20:00；🅿）这座室内外市场很宽敞，销售当地农产品，其中许多是传统和有机方式生产出来的，另有自制物品、便宜食物、自然身体护理产品，以及手工艺品。

★ Blue Rain　艺术品

（见1004页地图；☏505-954-9902；www.blueraingallery.com；544 S Guadalupe St；⊙周一

Santa Fe 圣菲

◎ 重要景点
1 乔治亚·奥基弗博物馆..................................C1
2 总督府和新墨西哥州历史博物馆........D2

◎ 景点
3 新墨西哥州艺术博物馆........................D2

➕ 活动、课程和团队游
4 Mellow Velo E2
5 Santa Fe School of Cooking................C1

🛏 住宿
6 El Paradero..B4
7 La Fonda...D2
8 Santa Fe Motel & Inn B4

🍴 就餐
9 Cafe Pasqual's..D2
10 Joseph's Culinary Pub.........................B2
11 La Plazuela..D2
12 Tia Sophia's C2

🍷 饮品和夜生活
13 Bell Tower Bar D2
14 Kakawa Chocolate House E4
15 Santa Fe Spirits B4

🎭 娱乐
16 Jean Cocteau Cinema.........................B3
17 Lensic Performing Arts Center.........C2

🛍 购物
18 Adobe Gallery E3
19 Blue Rain A4
20 Economos/Hampton Galleries F4
21 Gerald Peters Gallery E4
22 Kowboyz...B4
23 Marc Navarro Gallery F4
24 Morning Star Gallery F4
25 Nedra Matteucci Galleries E4
26 圣菲农贸市场...A4

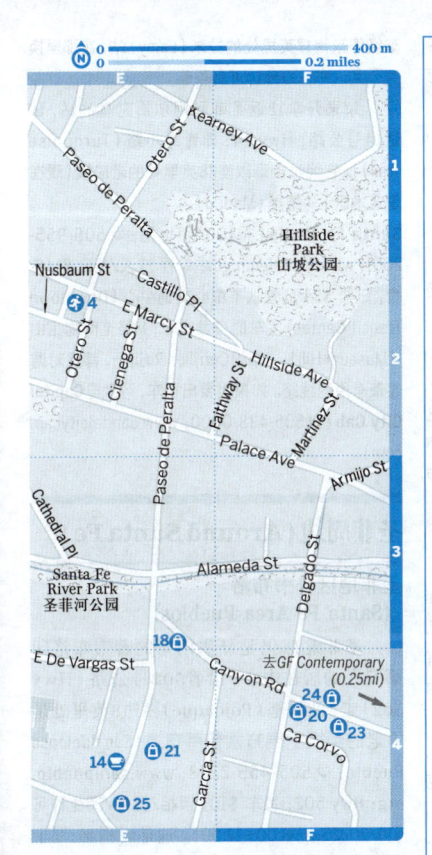

至周六10:00~18:00)位于铁路车场的这处大型空间是展示当代美洲原住民和地方艺术家的最好画廊。一般来说，同时会有几场展览，从现代陶艺和雕塑到具有感染力的风景画和肖像画，包罗万象。

Kowboyz
服装

（见1004页地图；📞505-984-1256；www.kowboyz.com；345 W Manhattan Ave；⏰10:00~17:30）想装扮成牛仔？这家二手店应有尽有。衬衫非常便宜；皮靴的选择很多，不过价格偏高。不少电影服装师常来这里寻找正宗的西部牛仔服饰。

ℹ 实用信息

紧急情况和医疗服务
警察局（📞505-428-3710；2515 Camino Entrada）
克里斯蒂圣文森特医院（Christus St Vincent Hospital；📞505-983-3361；www.stvin.org；455 St Michaels Dr；⏰24小时急诊）

邮局
邮局（见1004页地图；120 S Federal Pl；⏰周一至周五8:00~17:30，周六9:00~16:00）

旅游信息
圣菲游客中心（Santa Fe Visitor Center；见1004页地图；📞800-777-2489；www.santafe.org；66 E San

Francisco St, Suite 3, Plaza Galeria; ⓧ10:00~18:00)前往加莱里亚广场(Plaza Galeria)中心领取地图和小册子。

新墨西哥州游客信息中心(New Mexico Visitor Information Center; 见1004页地图; ☏505-827-7336; www.newmexico.org; 491 Old Santa Fe Trail; ⓧ周一至周五 8:00~17:00, 周六和周日 8:00~16:00)位于1878年的拉米大厦(Lamy Building),这个友好的信息中心提供实用建议,有免费咖啡。

公共土地信息中心(Public Lands Information Center; ☏505-954-2002; www.publiclands.org; 301 Dinosaur Trail; ⓧ周一至周五 8:30~16:00)这个办事处的用处极大,工作人员提供新墨西哥州全境的公共土地的地图和信息,以及所有的徒步路线建议。

❶ 到达和当地交通

规模不大的**圣菲市机场**(Santa Fe Municipal Airport, 简称SAF; ☏505-955-2900; www.santafenm.gov/airport; 121 Aviation Dr)每天都有往来丹佛、达拉斯和菲尼克斯的航班,位于市中心西南10英里处。

Sandia Shuttle Express(☏888-775-5696; www.sandiashuttle.com; $30)往返于圣菲和阿尔伯克基机场之间。

North Central Regional Transit(☏505-629-4725; www.ncrtd.org)提供工作日从圣菲市中心到艾斯巴诺拉(Española)的免费班车,在那里可以转车去陶斯、洛斯阿拉莫斯、奥霍卡连特(Ojo Caliente)和其他北部城镇。站点在Sheridan St的Santa Fe Trails车站旁边,距离广场西北方向一个街区。

周末,**Taos Express**(☏866-206-0754; www.taosexpress.com; 单程 $5; ⓧ周六和周日)运营北上开往陶斯的线路,从铁路车场(Railyard)旁边的Guadalupe St和Montezuma St的交叉路口发车。

Rail Runner(www.nmrailrunner.com; 成人/儿童 $10/5)每天都有8班火车从铁路车场的终点站和西南1英里以外的议会南站(South Capitol Station)开往阿尔伯克基(周末4班),车程约1小时45分钟。到站乘客可以乘坐Santa Fe Trails的免费公共汽车。

美国国铁(☏800-872-7245; www.amtrak.com)列车经停东南17英里处的拉米(Lamy)站,在那里换乘公共汽车,30分钟可到圣菲。

如果开车往返圣菲和阿尔伯克基的话,试试14号公路[Hwy 14; 即青绿小路(Turquoise Trail)]。它经过圣菲以南28英里处的老矿镇(现在是艺术区)马德里(Madrid)。

Santa Fe Trails(见1004页地图; ☏505-955-2001; www.santafenm.gov; 单程 成人/儿童 $1/免费, 日票 $2)运营从市中心交通中心(Downtown Transit Center)发车的公共汽车; M路至博物馆山(Museum Hill), 2路沿Cerrillos Rd运行, 都是对游客最有用的线路。如果需要出租车,可致电**Capital City Cab**(☏505-438-0000; www.capitalcitycab.com)。

圣菲周边(Around Santa Fe)

圣菲地区普韦布洛(Santa Fe Area Pueblos)

圣菲北部仍是新墨西哥的普韦布洛印第安人的居住中心。沿着502号公路(Hwy 502)走,波瓦基(Pojoaque)西边8英里处是古老的**圣埃尔德方索普韦布洛**(San Ildefonso Pueblo; ☏505-455-2273; www.sanipueblo.org; Hwy 502; 每车 $10, 照相/摄像/写生许可 $10/20/25; ⓧ8:00~17:00)。这是玛利亚·马丁内斯(Maria Martinez)的家乡, 她在1919年重振独特的黑色陶器风格。一些杰出的陶器制造者(包括玛利亚的直系后代)在村庄里工作并开店出售陶制品,可以去看看。

就在圣埃尔德方索(San Ildefonso)的北部, 30号公路(Hwy 30)上的**圣克拉拉普韦布洛**(Santa Clara Pueblo; ☏505-753-7330)是**普亚崖居**(Puyé Cliff Dwellings)的所在地, 你可以参观古老的悬崖和台地顶部遗址。

拉斯维加斯(Las Vegas)

别把它和内华达州那个著名的赌城混为一谈, 这个拉斯维加斯是新墨西哥州一个迷人的小镇,也是桑格雷克里斯托山区(Sangre de Cristo Mountains)东部最大、最古老的城镇。市中心可以步行参观,有一个很可爱的老城区广场和约900座西南部和维多利亚风格的建筑物,这些建筑都名列《国家史迹名录》

（*National Register of Historic Places*）。

优雅的 Plaza Hotel（☎505-425-3591；http://plazahotellvnm.com；230 Old Town Plaza；房间 $89~149；✉@☎❄）建于1882年，历经一个世纪之后，又经过了慎重改造。这是拉斯维加斯最著名的住宿地，曾经在电影《老无所依》（*No Country For Old Men*）中出现过。你可以选择入住维多利亚式、有古董装饰的老楼房间，也可以选择侧楼里新建的明亮、现代化的房间。

可到广场上的 World Treasures Traveler's Cafe（☎505-426-8638；1814 Plaza St；沙拉和三明治 $6~8.50；☉周一至周六 7:00~19:00；☎）满足你的咖啡瘾。到附近的 El Fidel（☎505-425-6659；510 Douglas Ave；三明治 $8~13，意大利面 $11~14，晚餐 主菜 $16~24；☉周一至周五 11:00~15:00和17:00~21:00，周六 17:00~21:00，周日 11:00~14:00）享用现代美式美味。

洛斯阿拉莫斯（Los Alamos）

绝密的曼哈顿计划（Manhattan Project）于1943年在洛斯阿拉莫斯开始实施，把这个沉睡在台地顶端的村庄变成了一个聚集着隐居天才们的忙碌实验室。在这个"不存在的小镇"上，第一颗原子弹在绝密中被制造出来。如今来到这里，你仍能感觉到诱人的气氛，还可以在有关普韦布洛的历史和野外徒步的书籍旁找到印有原子弹爆炸图案的T恤和"La Bomba"（炸弹）牌红酒。

洛斯阿拉莫斯国家实验室（Los Alamos National Laboratory）并不开放参观，因为这里仍在进行机密的尖端实验，但互动性的布拉德伯里科学博物馆（Bradbury Science Museum；☎505-667-4444；www.lanl.gov/museum；1350 Central Ave；☉周二至周六 10:00~17:00，周日和周一 13:00~17:00）免费 里详细展出了原子能的历史。洛斯阿拉莫斯历史博物馆（Los Alamos Historical Museum；☎505-662-6272；www.losalamoshistory.org；1050 Bathtub Row；☉周一至周五 9:30~16:30，周六和周日 11:00~16:00）免费 很小但是很有趣，位于原洛斯阿拉莫斯牧场学校（Los Alamos Ranch School）附近。这是一家户外学校，只招收男生，在科学家们来到这里时关闭了。在 Blue Window Bistro（☎505-662-6305；www.labluewindowbistro.com；813 Central Ave；午餐 $10~12.50，晚餐 $11.25~28.50；☉周一至周五 11:00~14:30，周一至周六 17:00~20:30）就餐时可能会看到研究人员。

班德利国家保护区（Bandelier National Monument）

古普韦布洛人居住在美丽的菜豆峡谷（Frijoles Canyon）的悬崖边，遗址就在班德利（Bandelier；☎505-672-3861；www.nps.gov/band；Hwy 4；每车 $20；☉黎明至黄昏；♿）内受到保护。爱好冒险的游客可以沿着梯子爬上去，直至16世纪中期仍在使用的古老洞穴和地穴里看看。野外露营（由于存在洪水危险，7月至9月中旬仅限台地顶部）需要免费许可证，或者在大约拥有100个露营位的 Juniper Campground 露营，它位于保护区入口处的松树林里。

请注意，5月14日至10月15日9:00~13:00，得乘坐班车方可前往班德利，班车从白石游客中心（White Rock Visitor Center；Hwy 4）出发，沿4号公路（Hwy 4）向北行进8.5英里。

阿比丘（Abiquiu）

从圣菲出发，驾车沿84号公路（Hwy 84）往西北方向行驶大约45分钟就能到达西班牙族裔村庄阿比丘[听起来像是"barbecue"（烧烤）]。从1949年到1986年去世，著名艺术家乔治亚·奥基弗（Georgia O'Keeffe）一直在此居住和创作，小镇也因此而闻名。农田间蜿蜒流淌的查玛河（Chama River）、壮丽的岩石景观和缥缈若仙境的环境至今仍然吸引着艺术家们。奥基弗的土砖房屋对游客有限开放，并在3月至11月的每周二、周四和周五，6月至10月的每周二至周六提供长达1小时的团队游（☎505-685-4539；www.okeeffemuseum.org；团队游 $35~65；☉3月中旬至11月中旬 周二至周六），通常需要提前几个月预约。

西北方向15公里处、占地21,000英亩的疗养中心鬼魂农场（Ghost Ranch；☎505-685-1000；www.ghostranch.org；US Hwy 84；日票 成人/儿童 $5/3；♿）是个疗养中心，乔治亚·奥基弗曾多次下榻于此。除了极好的徒步路线，这里还有一座恐龙博物馆（dinosaur museum），并提供基本住处（帐篷和房车露营位 $25，铺 $69，房间 带/不带浴室 $119/109起；❄@）和骑马活动（$50起）。

可爱的 Abiquiú Inn（☎505-685-4378；www.abiquiuinn.com；US Hwy 84；房间 $110起，度假小屋 $120起；🅿🛜）是一个不规则的仿土砖建筑群，地处阴凉之下。宽敞的度假小屋附带小厨房。餐厅 Cafe Abiquiú（☎505-685-4378；www.abiquiuinn.com；Abiquiú Inn；午餐 $10~14，晚餐 $21~26；⏰7:00~20:00；🛜）供应的菜肴中包括各种常见的新墨西哥特色菜。

奥霍卡连特 (Ojo Caliente)

有140年历史的奥霍卡连特矿泉度假和水疗中心（Ojo Caliente Mineral Springs Resort & Spa；☎505-583-2233；www.ojospa.com；50 Los Baños Rd；房间 $189，乡村小屋 $229，套 $299~399，帐篷和房车 $40；❄🛜）是全美最古老的疗养胜地之一，要知道，普韦布洛印第安人几百年前就开始在这里洗浴了！从圣菲出发，沿着285号公路（Hwy 285）向北50英里就能到达。这个新近翻修过的度假中心拥有10个浸泡池，混合了多种矿物质。更妙的是，除了舒适（即便无甚出奇）的历史客房外，这里还有几个色彩大胆的豪华房间，配有地穴壁炉和私人浴缸，此外，还有几座新墨西哥风格的小屋。这里的 Artesian Restaurant（www.ojospa.com；Hwy 285；午餐 $11~16，晚餐 $16~32；⏰7:30~11:00、11:30~14:30和17:00~21:00；🛜🍽）🌱使用当地有机食材烹制菜肴。

陶斯 (Taos)

即便以这片令人着迷的土地为标准来判断，陶斯也是个充满魅力的城镇，周围是得天独厚的壮阔山川景色：城外有海拔12,300英尺的山峰拔地而起，被皑皑白雪覆盖；满布鼠尾草的高原一直向西延伸，然后径直下降800英尺，冲入格兰德峡谷（Rio Grande Gorge）。天空或者是明亮的宝石蓝，或者是压在山头的滚滚阴云。另外，这里还有夕阳奇观……

土坯建筑的奇观陶斯普韦布洛（Taos Pueblo）是美国境内持续有人居住的最古老的社区之一，见证了从西班牙征服者到山民再到艺术家的漫长历史。这座城镇本身是个奇怪却又让人放松的地方，这里有传统的土砖建筑、出色的博物馆、风格奇特的咖啡馆和超棒的餐厅。这里的5700位居民包括狂放的艺术家和嬉皮士、替代能源拥护者以及旧式的西班牙裔家庭。这里既乡村又世俗，还有一些世外桃源的感觉。

◎ 景点

★ 蜜丽·罗杰斯博物馆　　　　博物馆

（Millicent Rogers Museum；☎575-758-2462；www.millicentrogers.org；1504 Millicent Rogers Rd；成人/儿童 $10/2；⏰4月至10月 10:10~17:00，11月至次年3月 周一闭馆）以1947年移居陶斯的模特兼石油大亨继承人蜜丽·罗杰斯的私人收藏为基础，这座一流的博物馆位于广场西北方向4英里处，馆内满是西班牙族裔民间艺术品、纳瓦霍族纺织品，甚至还有罗杰斯本人设计的现代风格珠宝。不过主要的展品还是美洲原住民的陶器，20世纪圣埃尔德方索普韦布洛的玛利亚·马丁内斯制作的黑色陶器尤其漂亮。

马丁内斯庄园　　　　博物馆

（Martínez Hacienda；☎575-758-1000；www.taoshistoricmuseums.org；708 Hacienda Way，紧邻 Lower Ranchitos Rd；成人/儿童 $8/4，布卢门沙因宅邸和博物馆联票 $12；⏰4月至10月 周一至周六 10:00~17:00，周日 正午至17:00，其他月份 周三和周四闭馆）位于广场西南2英里处的田地里，这座坚实的土坯庄园建于1804年，曾用作贸易站，最初供从墨西哥城出发沿 Camino Real 北上再沿圣菲小径（Santa Fe Trail）西进的商人使用。21个房间围绕中间的复式庭院，以当年殷实家庭负担得起的器皿为装饰。这里经常举行文化活动。

哈伍德美术馆　　　　博物馆

（Harwood Foundation Museum；☎575-758-9826；www.harwoodmuseum.org；238 Ledoux St；成人/儿童 $10/免费；⏰4月至10月 周一至周六 10:00~17:00，周日 正午至17:00，11月至次年3月 周一和周二闭馆）位于一组19世纪中期的漂亮、宽敞的古老土砖建筑群中，主要展出新墨西哥州北部古代和当代艺术家的画作、素描、印刷物、雕塑和摄影作品。哈伍德建立于1923年，是新墨西哥州历史第二久远的博物馆，展品既重视当地西班牙族裔的传统，也重视20世纪的陶艺学派。

陶斯艺术博物馆和费欣研究所　　博物馆

（Taos Art Museum & Fechin Institute；575-758-2690；www.taosartmuseum.org；227 Paseo del Pueblo Norte；成人/儿童 $10/免费；5月至10月 周二至周日 10:00~17:00，11月至次年4月 至16:00）1926年，46岁的俄国艺术家尼古拉·费欣（Nicolai Fechin）移居陶斯，这座土砖建筑就是他的住所，他用自己在1928年至1933年期间创作的独特俄式木雕装饰建筑内部。如今的博物馆展示费欣的油画和素描，以及他的私人收藏和陶斯艺术家协会（Taos Society of Artists）成员的精选作品，夏季时偶尔有室内音乐会。

圣弗朗西斯科阿西斯教堂　　教堂

（San Francisco de Asís Church；575-751-0518；St Francis Plaza, Ranchos de Taos；周一至周五 9:00~16:00）位于陶斯广场以南4英里的陶斯牧场（Ranchos de Taos），紧邻68号公路（Hwy 68），教堂竣工于1815年。土砖墙壁坚实，曲线平滑，角度锐利，乔治亚·奥基弗的多幅画作及安塞尔·亚当斯（Ansel Adams）的摄影作品使它为世人所熟知。弥撒在每月第一个周六的18:00和通常每周日7:00、9:00和11:30举行。

布卢门沙因宅邸和博物馆　　博物馆

（Blumenschein Home & Museum；575-758-0505；www.taoshistoricmuseums.org；222 Ledoux St；成人/儿童 $8/4，马丁内斯庄园联票$12；4月至10月 周一至周六 10:00~17:00，周日 正午至17:00，其他月份 周三和周四闭馆）保存完好的土砖住宅，历史可追溯至1797年，生动地展示了陶斯艺术家群体在20世纪20年代的生活风貌。欧内斯特·L.布卢门沙因（Ernest L Blumenschein）是陶斯艺术家协会的创始人之一，与妻子玛丽（Mary）和女儿海伦·格林·布卢门沙因（Helen Greene Blumenschein）住在这里，这两位女性也都是艺术家，每个房间里都摆放着这一家人的作品和个人物品。

地球之舟　　建筑

（Earthships；575-613-4409；www.earthship.com；US Hwy 64；自助导览游 $7；6月至8月 9:00~17:00，9月至次年5月 10:00~16:00）陶斯的这个开创性社区出自建筑师迈克尔·雷诺德（Michael Reynolds）的创意，目前已有70个的地球之舟，还有额外空间再容纳60个。这种房屋采用汽车轮胎和铝罐等可回收材料建造，有三面埋在土里，可以自动调节冷热，而且能发电、取水，居民们自己种植食物。如有可能，不妨住一晚（见1010页）。所谓的导览游有些令人失望。游客中心位于格兰德峡谷桥以西1.5英里处，64号公路（Hwy 64）的路旁。

🏃 活动

夏季，激浪漂流是陶斯峡（Taos Box）的一大热门活动。格兰德河岸到处都是陡峭的悬崖。这里还有许多出色的徒步和山地自行车骑行路线。这里的山峰海拔11,819英尺，落差3274英尺。**陶斯滑雪谷**（Taos Ski Valley；866-968-7386；www.skitaos.org；缆车票 成人/青少年/儿童 $98/81/61；9:00~

奇马约（CHIMAYÓ）

被称为"美洲卢尔德"的**奇马约保护区教堂**（El Santuario de Chimayó；505-351-9961；www.elsantuariodechimayo.us；5月至9月 9:00~18:00，10月至次年4月 至17:00）免费 是一座不同凡响的美丽双塔土砖结构建筑，位于"High Road"，即84号公路以东、圣菲以北28英里处。1826年，在这片据说有治愈功能的神奇土地上，这座尖顶的黏土教堂拔地而起。直到现在都有信徒来此，从教堂里的深坑取出圣土（tierra bendita），抹在疼痛的地方。在圣周期间，大约3万名朝圣者从圣菲、阿尔伯克基还有其他地方步行到奇马约，观看美国最大规模的天主教朝圣活动。这里的艺术品本身就很值得一看。参观以后，可以去**Rancho de Chimayó**（505-984-2100；www.ranchodechimayo.com；County Rd 98；主菜 $7~10.75，晚餐 $10.25~25；11:30~21:00，11月至次年4月 周一关闭）吃午餐或晚餐。

不要错过

陶斯普韦布洛（TAOS PUEBLO）

以两座五层土砖建筑为中心，分布于陶斯普韦布洛河（Río Pueblo de Taos）两侧，在桑格雷克里斯托山令人赞叹的背景映衬下，陶斯普韦布洛（Taos Pueblo；575-758-1028；www.taospueblo.com；Taos Pueblo Rd；成人/儿童 $16/免费；周一至周六 8:00~16:30，周日 8:30~16:00，2月中旬至4月中旬关闭）是古普韦布洛建筑的典范。据信它们建于公元1450年前后。如今的旅行者所见的建筑奇观与新墨西哥州最早的西班牙探险家们所见的别无二致，只是如今附近还矗立着一座精美小巧的天主教传教会。

参加由居民带领的普韦布洛步行游览（需要捐款），可以了解部分历史，还有机会买到精致的珠宝、陶器以及其他手工艺品，品尝在传统蜂窝状土坯炉上烤制的大饼。注意，陶斯普韦布洛约在2月至4月期间关闭10周，其他仪式和活动期间也不开放。可提前致电或上网查看具体日期。

16:00）拥有美国挑战性最高的滑雪场和滑雪板坡道。不过它比较低调，气氛悠闲。

Los Rios River Runners　　漂流

（575-776-8854；www.losriosriverrunners.com；1033 Paseo del Pueblo Sur；成人/儿童 半日 $54/44起；4月下旬至8月）安排Racecourse——可选单人或双人皮划艇——的半天行程、Box的全天行程（12岁以下不能参加），还有沿风景优美的查玛（Chama）的多天住宿行程。Native Cultures Feast and Float有原住民向导，吃当地普韦布洛家庭制作的午餐。周末价格有小幅上涨。

住宿

Sun God Lodge　　汽车旅馆 $

（575-758-3162；www.sungodlodge.com；919 Paseo del Pueblo Sur；房间 $55起）这家两层的汽车旅馆经营良好，里面的人热情友好，可以为你讲述本地历史，还可以根据你当时的心情指点你去适合的餐馆。房间干净，只是稍显昏暗，采用低调的西南部装饰风格。亮点是枝繁叶茂的庭院及其闪烁的灯光，景色优美，适合野餐或欣赏夕阳。旅馆位于广场以南1.5英里处。

★Doña Luz Inn　　民宿 $$

（575-758-9000；www.stayintaos.com；114 Kit Carson Rd；房间 $119~209）这家时尚又有趣的民宿位于镇中心，由业主Paul Castillo用心经营。房间有西班牙殖民地或美洲原住民等风格的彩色主题装饰、许多艺术品、壁画和古董，还有土砖壁炉、小厨房和热水浴缸。舒适的La Luz房间在城里性价比最高，另有大些的豪华套房。

★Earthship Rentals　　精品酒店 $$

（575-751-0462；www.earthship.com；US Hwy 64；地球之舟 $185~410）想体验远离尘世的生活，不妨来这个精致时髦的太阳能居所。它的设计介于高迪的有机建筑和太空时代的幻想之间。这些未来主义的建筑是利用回收轮胎和铝罐建造而成，但从表面上其实看不出来。酒店位于河流西北14英里处，提供与住在陶斯截然不同的独特住宿体验。不预约也可入住。

★Historic Taos Inn　　历史酒店 $$

（575-758-2233；www.taosinn.com；125 Paseo del Pueblo Norte；房间 $119起）这个历史酒店旅馆十分迷人，总是那么热闹。45个特色鲜明的房间以西南部主题装饰，如厚重的木头家具和土砖壁炉等（有些能用，有些只能看看）。位于舒适中庭的著名Adobe Bar每晚有现场音乐演奏。想要安静些的话，可以在独立的侧楼中选个房间。这里还有一家不错的餐馆（575-758-1977；早餐和午餐 $7~15，晚餐 $15~28；周一至周五 11:00~15:00和17:00~21:00，周六和周日 7:30~14:30和17:00~21:00）。

★Mabel Dodge Luhan House　　旅馆 $$

（505-751-9686；www.mabeldodgeluhan.com；240 Morada Lane；房间 $116起）这座庞大建筑物的每一寸都曾经是被称为陶斯保护人的梅布尔·道奇·卢汉（Mabel Dodge Luhan）的故居，散发出优雅与朴实相结合的魅力。下榻于乔治娅·奥·吉弗（Georgia

O'Keeffe)、薇拉·凯瑟（Willa Cather）或丹尼斯·霍珀（Dennis Hopper）睡过的地方，甚至可以用一用由DH.劳伦斯（DH Lawrence）装修的浴室。这里还举办艺术、手工、灵性和创意座谈会。房费包括自助早餐。只有公共区域有Wi-Fi。

🍴 就餐

Michael's Kitchen 新墨西哥菜 $

（☏575-758-4178；www.michaelskitchen.com；304c Paseo del Pueblo Norte；主菜 $8~13.50；⏱周一至周四 7:00~14:30，周五至周日 至20:00；👶）当地人和游客汇聚在这个一直备受喜爱的餐馆里，因为这里菜式和种类繁多，食物美味安全，很适合孩子们，店里的面包房供应的食物香气扑鼻。另外还供应城里最好的早餐。你也许会在众多食客中看到一两位好莱坞的名流也在品尝辣酱卷饼早餐。

★ Love Apple 新墨西哥菜 $$$

（☏575-751-0050；www.theloveapple.net；803 Paseo del Pueblo Norte；主菜 $17~29；⏱周二至周日 17:00~21:00）位于一座改建的19世纪土砖小教堂内，食材取自当地，大部分为有机，菜肴可口，方方面面都体现出这是家"只在新墨西哥州才有的"餐馆。当地牛肉汉堡配红辣椒和蓝奶酪、玉米粉蒸肉配巧克力酱、嫩野猪肉等所有菜肴都洋溢着地区风味，简朴的乡间神圣气氛使就餐体验更加令人愉悦。需要预订；仅收现金。

★ Lambert's 新派美国菜 $$$

（☏505-758-1009；www.lambertsoftaos.com；123 Bent St；午餐 $11~14，晚餐 $23~38；⏱周一至周六 午餐 11:30~14:30，晚餐 无休 17:30 至营业结束；🅿👶）一直被冠以"陶斯最美味餐厅"的名号，这座迷人的建筑仍然保持着本色——舒适、浪漫的当地人消遣去处，客人们在此悠闲地享用丰盛的新派菜肴，主菜从午餐的烧烤猪肉条到晚餐的鸡肉芒果卷饼或科罗拉多羊羔肉等不一而足。

🍷 饮品和娱乐

Adobe Bar 酒吧

（☏575-758-2233；Historic Taos Inn, 125 Paseo del Pueblo Norte；⏱11:00~23:00，音乐18:30~22:00）Adobe Bar独具特色。每天晚上，好似所有陶斯人都会在某一时段来到这里，在舒适的室内中庭放松、欣赏免入场费的现场乡村音乐或爵士乐、品尝著名的"Cowboy Buddha"玛格丽特鸡尾酒。如果你想要多待一会儿，可以随时点定价适中的酒吧食物。

Caffe Tazza 咖啡馆

（☏575-758-8706；122 Kit Carson Rd；⏱7:00~18:00）想感受陶斯昔日的风貌，回到嬉皮士流行的年代——或者只是享用美味的咖啡——来Tazza吧，现在这里的主要顾客是非主流的文青潮人。虽然它未必适合所有人，但还是有充裕的放松空间，夜里大多可以欣赏户外表演或现场音乐。

KTAOS Solar Center 现场音乐

（☏575-758-5826；www.ktao.com；9 Ski Valley Rd；⏱酒吧 周一至周四 16:00~21:00，周五和周六 至23:00）陶斯最好的现场音乐场地，位于Ski Valley Rd起点处，与广受喜爱的KTAOS 101.9FM广播电台在同一栋建筑中。除了当地乐手之外，也有外来的巡回演出；没有现场音乐的时候，可以趁"欢乐时光"来看看DJ在"全球最有能量的太阳能广播站"的精彩演出。

🔒 购物

陶斯从古至今一直是艺术家向往的地方，镇子里里外外、大大小小的画廊和工作室就是见证。在连接Bent St和陶斯广场（Taos Plaza）的John Dunn Shops（www.johndunnshops.com）步行道上有很多独立的商店和画廊。

你还可到广场东边的El Rincón Trading Post（☏575-758-9188；114 Kit Carson Rd；⏱10:00~17:00）寻找经典的西部纪念品。

ℹ 实用信息

陶斯游客中心（Taos Visitor Center；☏575-758-3873；http://taos.org；1139 Paseo del Pueblo Sur；⏱9:00~17:00；📶）这个出色的游客中心提供新墨西哥州北部所有活动的丰富信息，供应免费咖啡。这里所有的信息，包括全面的*Taos Vacation Guide*，都可以在网上找到。

ⓘ 到达和离开

从圣菲出发,可以走76号公路(Hwy 76)和518号公路(Hwy 518)沿线的景观道路,沿途有很多值得一游的画廊、村庄和景点,或是顺着笔直延伸的68号公路(Hwy 68)欣赏格兰德河风景。

灰狗巴士不开往陶斯,但工作日期间,**North Central Regional Transit**(☎866-206-0754; www.ncrtd.org)提供到艾斯巴诺拉(Española)的免费班车,可在那里转车去圣菲或其他北边的目的地;上下车站点在广场以南1英里紧邻Paseo del Pueblo Sur的陶斯县办公室。

Taos Express有周六和周日开往圣菲的班车(单程成人/儿童 $5/免费),那里有来往阿尔伯克基的RailRunner列车。

新墨西哥州西北部 (Northwestern New Mexico)

新墨西哥州荒凉的西北部拥有开阔、空旷的地带。之所以仍然把这片区域称为"印第安乡村"是有道理的:这一大片土地都处于纳瓦霍、祖尼、阿科马、阿帕奇和拉古纳(Laguna)族的控制之下。新墨西哥州的这一区域既有经典的古印第安遗址,也有遗世独立的现代印第安人聚居地。如果看够了文化景观,你还可以乘坐历史悠久的窄轨铁路火车穿越山区,在令人感到迷幻的荒地徒步,或者钓超巨大的鳟鱼。

法明顿及周边 (Farmington & Around)

法明顿是新墨西哥州西北地区最大的城市。要去参观四角区(Four Corners area),法明顿是最好的根据地。旅游局(Visitors bureau; ☎505-326-7602; www.farmingtonnm.org; 3041 E Main St; ☉周一至周六 8:00~17:00)可提供更多信息。施普洛克(Shiprock)是西部凭空而起的一座1700英尺高的火山,曾经是盎格鲁拓荒者的地标,如今成了纳瓦霍人的圣地。

法明顿东北14英里处是占地27英亩的阿兹特克遗址国家保护区(Aztec Ruins National Monument; ☎505-334-6174; www.nps.gov/azru; 84 Ruins Rd; 成人/儿童 $5/免费; ☉9月至次年5月 8:00~17:00,6月至8月 至18:00),这里有美国最大的重建的地穴(kiva),内部直径接近50英尺。当你弯腰从West Ruin的矮门和黑乎乎的房间进入后,可以坐在巨大的地穴里面,任思绪自由驰骋。

未经开垦的**比斯蒂荒原和德纳金荒野**(Bisti Badlands & De-Na-Zin Wilderness)位于371号公路(Hwy 371)沿线,法明顿以南大约35英里处。这里有奇怪、多彩的岩石构造,让人感觉走进了奇幻的世外仙境,日落前几小时的景色尤为壮观,沙漠爱好者不要错过这个地方。法明顿土地管理局办公室(BLM office; ☎505-564-7600; www.blm.gov/nm; 6251 College Blvd; ☉周一至周五 7:45~16:30)可提供相关信息。

Silver River Adobe Inn B&B(☎505-325-8219; www.silveradobe.com; 3151 W Main St; 房间 $115~205; ❋🛜)这家可爱的、只有3间房间的小旅馆位于圣胡安河(San Juan River)沿岸的树林中,会带给你一种平静的舒适感。

Three Rivers Eatery & Brewhouse(☎505-324-2187; www.threeriversbrewery.com; 101 E Main St; 主菜 $9~27, 比萨 $7.50~13.50; ☉11:00~21:00; 🛜🅿)时髦又友好。这个带点忧郁的地方有美味的牛排、酒吧食品,以及自己酿制的精品啤酒,是城里远远超过同业的最好餐馆。

查科文化国家历史公园 (Chaco Culture National Historical Park)

位于茫茫沙漠中的迷人的查科(Chaco; ☎505-786-7014; www.nps.gov/chcu; 每车 $20; ☉7:00至日落)有面积广阔的古普韦布洛人建筑群,也有人类5000多年文明历史的遗迹。

在全盛时期,查科峡谷(Chaco Canyon)社区曾是该地区主要的交易和庆典中心,普韦布洛人在此地建造的城市无论在布局上还是设计上都是伟大的奇迹。普韦布洛波尼托(Pueblo Bonito)有四层楼高,包含600~800间房间和地穴。除了自驾环游,还可以去各种荒僻小径徒步。夏季的夜晚,观星爱好者可以观看天文演示。

查科文化国家历史公园位于法明顿以南约80英里处的一个偏远区域,没有任何公共交通工具到达。**Gallo Campground**(☎877-

444-6777; www.recreation.gov; 帐篷和房车露营位 $15）在游客中心以东1英里。无房车接口。

新墨西哥州东北部（Northeastern New Mexico）

圣菲东部的郁郁葱葱的桑格雷克里斯托山脉也不得不在广阔连绵的高海拔大平原面前止步。土灰色的草地向远处无限延伸——至少到达得克萨斯州。牛群和恐龙的足迹隐现在点缀着火山锥的广袤风景里。经营牧场是一项主要的经济来源，在公路的沿线上，你所能看到的牲畜比汽车多得多——而且很有可能遇见野牛群。

圣菲小道（Santa Fe Trail），也就是早期商人赶着马车队挺进西部的路线，一直从密苏里州延伸到新墨西哥州。至今在圣菲和拉顿（Raton）之间的25号州际公路（I-25）沿线某些地方仍能看到马车的辙印。不想大肆消费又想感受旧西部风情，这个地方正合适。

希马龙（Cimarron）

希马龙是西部最荒凉的小镇之一，它的名字在西班牙语里更是"荒野"之意。根据当地传说，19世纪70年代时这里几乎每天都有谋杀案发生，以致和平与宁静都具有了新闻价值，一家报纸甚至还这么报道："希马龙一切都很平静，这三天没人被杀害。"

如今的小镇实在十分安静，吸引了热爱大自然的旅行者前来享受各种户外活动。从陶斯开车往返这里，途中会经过壮丽的**希马龙峡谷州立公园**（Cimarron Canyon State Park）。这个峡谷的一面陡峭异常，有很多观光小路，也是一流的钓鳟鱼和露营的场所。

你可到建于1872年的 **St James**（☎575-376-2664; www.exstjames.com; 617 Collison St; 房间 $85~135; ❈ ⑨）住宿或用餐，这也是全美最著名的曾经闹鬼的酒店之一，其中一间房间的阴气之重使得它从未被租出去过。西部的许多传奇人物都曾停留于此，包括水牛比尔（Buffalo Bill）、安妮·欧克丽（Annie Oakley）、怀亚特·厄普（Wyatt Earp）和杰西·詹姆斯（Jesse James），前台有一张长长的列表，列出在酒店酒吧里当年谁枪杀了谁。

卡普林火山国家保护区（Capulin Volcano National Monument）

卡普林（Capulin; ☎575-278-2201; www.nps.gov/cavo; 每车 $7; ⊙6月至8月 8:00~17:00, 9月至次年5月 至16:30）在平原中拔地而起，高1300英尺，是该地区几座火山中最容易到达的。一条2英里的公路依山盘旋上升，一直延伸到边缘（海拔8182英尺）的停车处。周围有小路曲折蜿蜒直到入口。入口处位于卡普林村以北3英里处。卡普林位于87号公路（Hwy 87）沿线的拉顿以东30英里处。

新墨西哥州西南部（Southwestern New Mexico）

格兰德河谷（Rio Grande Valley）从阿尔伯克基延伸到特鲁斯-康西昆西斯（Truth or Consequences）冒着泡的温泉并继续流向墨西哥和得克萨斯，途中滋养了新墨西哥州的农业财宝：哈奇（Hatch），即所谓的"世界辣椒之都"。河流以东的沙漠如此干旱，从西班牙时代以后一直被称为"死亡之旅"（Jornada del Muerto），按照字面翻译就是"亡者终日的旅程"。与此相称的是这个地区被选为第一颗原子弹的爆炸地点，也就是如今的三位一体（Trinity Site）。

在远离该州第二大城市拉斯克鲁塞斯（Las Cruces）的地方，居民极少，而且相距遥远。在西边，崎岖的希拉国家森林（Gila National Forest）很适合背包探险。明布雷斯谷（Mimbres Valley）遍布考古宝藏。

特鲁斯-康西昆西斯及周边（Truth or Consequences & Around）

这个时髦的小城于19世纪80年代建于天然温泉的集中地，到处充满着不寻常的生活乐趣。1950年，它从恰如其分的"温泉之城"更名为特鲁斯-康西昆西斯（简称"T or C"，意思是"真心话大冒险"），因为当时有一档特别受欢迎的广播节目就叫这个名字。此地如今的名声来自维珍银河公司（Virgin Galactic）的总裁理查德·布兰森（Richard Branson）和其他梦想太空旅行的人，他们共同推动了附近**美国航天港**（Spaceport America）的发展，计划在这里把富有的游客送入太空。

在小城以北60英里处，沙丘鹤和北极鹅在 阿帕奇森林国家野生动物保护区（Bosque del Apache National Wildlife Refuge; www.fws.gov/refuge/bosque_del_apache; Hwy 1; 每车 $5; ⊙黎明至黄昏）这片90平方英里的田野和沼泽地过冬。

🛏 食宿

★ Riverbend Hot Springs　　精品酒店 $$

（☏575-894-7625; www.riverbendhotsprings.com; 100 Austin St; 房间 $97~218, 房车露营位 $60; ✱❄🐕）这个宜人的住宿地点位于格兰德河畔，是特鲁斯—康西昆西斯唯一一家拥有河畔户外热水浴缸（贴瓷砖、位于露台，魅力不可抗拒）的酒店。由当地艺术家的作品装饰的五颜六色的客房中既有汽车旅馆式房间，也有带3个卧室的套房。住客可免费使用公共泳池，私人浴缸$10。不接待12岁以下儿童。

Blackstone Hotsprings　　精品酒店 $$

（☏575-894-0894; www.blackstonehotsprings.com; 410 Austin St; 房间 $85~175; P✱❄🐕）Blackstone充分体现了小镇的气质，10个房间都是以经典的电视节目为主题，从《杰森一家》（The Jetsons）到《黄金女郎》（The Golden Girls），再到《我爱露西》（I Love Lucy）。优点是每一个房间都有自己的超大温泉浴缸或者淋浴设备，水来自温泉。不接待12岁以下儿童。

Passion Pie Cafe　　咖啡馆 $

（☏575-894-0008; www.deepwaterfarm.com; 406 Main St; 早餐和午餐主菜 $4.25~9.50; ⊙7:00~15:00; 🐕）当地人从这家咖啡馆的窗口购买意式浓缩咖啡，以便在上午达到最佳状态，你可以安坐下来品尝华夫饼早餐；Elvis（带花生酱）或Fat Elvis（再加培根）都会令人满意。晚些时候，这里供应多种健康沙拉和三明治。

拉斯克鲁塞斯及周边
（Las Cruces & Around）

拉斯克鲁塞斯及其年代更古老、面积更小的姊妹城市梅西亚（Mesilla）位于沟壑丛生的管风琴山脉（Organ Mountains）脚下的大盆地边缘，是两条主要公路10号州际公路（I-10）和25号州际公路（I-25）交叉的地方。古老和年轻相结合，拉斯克鲁塞斯是新墨西哥州立大学（New Mexico State University, 简称NMSU）的所在地，18,000名学生为它注入了大量青春活力，与此同时，每年350天的阳光和许多高尔夫球场使它成为受欢迎的退休生活地点。

⊙ 景点

对很多游客来说，附近的梅西亚（Mesilla, 也称老梅西亚）就是在拉斯克鲁塞斯的最大亮点了。在老梅西亚的广场附近散散步，感受一下这座19世纪中期西班牙殖民遗迹的西南小镇的精髓所在。

★ 新墨西哥农场牧场遗产博物馆　　博物馆

（New Mexico Farm & Ranch Heritage Museum; ☏575-522-4100; www.nmfarmandranchmuseum.org; 4100 Dripping Springs Rd; 成人/儿童 $5/3; ⊙周一至周六 9:00~17:00, 周日 正午至17:00; 🅿）这座绝妙的博物馆可不只有一些农业历史的展览——还有家畜呢！附近农场的围栏里养着各种牛，还有马、驴、绵羊和山羊等。照料家畜的牛仔们不苟言笑，几乎不会透露其他信息，但他们的存在无疑是锦上添花。如果你有$450不知道怎么花，可以买匹小马。每天有现场挤牛奶演示，每周其他的展览包括打铁、纺织和传统烹饪。

白沙导弹测试中心博物馆　　博物馆

（White Sands Missile Test Center Museum; ☏575-678-3358; www.wsmr-history.org; ⊙周一至周五 8:00~16:00, 周六 10:00~15:00）免费 博物馆位于拉斯克鲁塞斯东部，沿着70号公路（Hwy 70）走25英里即到，来此参观可以了解新墨西哥州的军事技术发展史。这里是1945年投入使用的白沙导弹靶场（White Sands Missile Range）的核心区域。导弹园中有一枚真正的V-2导弹和一座陈列许多国防用品的博物馆。游客必须把车停在测试中心入口之外，在管理处登记后方可入内。

🛏 住宿

★ Best Western Mission Inn　　汽车旅馆 $

（☏575-524-8591; www.bwmissioninn.com;

1765 S Main St；房间 $71 起；P❋🛜🐕）真正不同凡响的住宿选择：没错，这里是路边的连锁汽车旅馆，不过房间里的装饰非常迷人，有漂亮的瓷砖、石雕和五颜六色的镂空设计，而且宽敞、舒适，价格也非常合理。

★ **Lundeen Inn of the Arts** 民宿 $$

（☎505-526-3326；www.innofthearts.com；618 S Alameda Blvd, Las Cruces；房间/套 $125/155；P❋🛜🐕）这家有着百年历史的墨西哥地方风格旅馆非常迷人，而且很宽敞，20间客房分别按照一位新墨西哥州艺术家的艺术风格进行装饰，非常独特。看看房间里高高的天花板（压锡的）吧。民宿主人琳达（Linda）和杰瑞（Jerry）文雅又好客，这一点如今已经不多见了。

🍴 就餐

★ **Chala's Wood-Fired Grill** 新墨西哥菜 $

（☎575-652-4143；2790 Ave de Mesilla, Mesilla；主菜 $5~10；⏰周一至周六 8:00~21:00，周日 至20:00）店内熏制的猪肉丝和火鸡，自制培根和辣椒猪肉酱，还有玉米瓜汤（瓜和玉米）、藜麦沙拉和有机绿色蔬菜，这个地方远超新墨西哥餐馆的标准，位于梅西亚南端，氛围放松闲适，价格合理。

Double Eagle Restaurant 牛排 $$$

（☎575-523-6700；www.double-eagle-mesilla.com；308 Calle de Guadalupe, Mesilla；主菜 $24~45；⏰周一至周六 11:00~22:00，周日 11:00~21:00）这家位于广场的餐厅名列《国家史迹名录》（*National Register of Historic Places*），装饰风格混杂而宜人，有狂野西部的豪华、深色木制装饰和天鹅绒窗帘，还有一个美妙的酒吧。主就餐区供应美味的欧陆和西南部风味菜肴，尤其是牛排，而枝繁叶茂的庭院中是更为随意的 Peppers（主菜 $7~15）。

ℹ️ 实用信息

拉斯克鲁塞斯旅游局（Las Cruces Visitors Bureau；☎575-541-2444；www.lascrucescvb.org；211 N Water St；⏰周一至周五 8:00~17:00）

梅西亚游客中心（Mesilla Visitor Center；☎575-524-3262；www.oldmesilla.org；2231 Ave de Mesilla；⏰周一至周六 9:30~16:30，周日 11:00~15:00）

ℹ️ 到达和离开

灰狗巴士（☎575-523-1824；www.greyhound.com；800 E Thorpe Rd, Chucky's Convenience Store）长途汽车开往该地区的各个主要地点，包括埃尔帕索、阿尔伯克基和图森。车站位于城镇以北约7英里处。

Las Cruces Shuttle Service（☎575-525-1784；www.lascrucesshuttle.com）每天运营8至10班小客车开往埃尔帕索国际机场（单程 $49，每加1人支付 $33），还开往德明镇（Deming）、银城及乘客要求的其他地点。

银城及周边（Silver City & Around）

银城位于拉斯克鲁塞斯西北113英里处，狂野西部的精神仍然飘荡在这里的空气中，仿佛从前在这里长大的比利小子如今还在街头漫步一样。但是时代在变化，山民和牛仔的氛围也向美术馆、咖啡馆和冰激凌屈服了。

银城是通往 **希拉国家森林**（Gila National Forest）户外活动的门户。那里原始粗犷的乡村适合越野滑雪、背包徒步、露营和垂钓。顺着银城以北一条42英里长的蜿蜒公路一直往北走2小时，就可到达 **希拉崖居国家保护区**（Gila Cliff Dwellings National Monument；☎575-536-9461；www.nps.gov/gicl；Hwy 15；成人/儿童 $5/免费；⏰小径 9:00~16:00，游客中心 至16:30）。13世纪时，这里曾经被莫戈隆人（Mogollon）占领。沿着1英里的环形小道，很容易就能到达这些位于相对隔绝的悬崖上的神秘居所，它们看起来和一千年之前没有多少差别。要象象形文字的话，可以停在 Lower Scorpion Campground，然后沿着标记好的线路走一段。

奇形怪状的圆形独石使 **岩石之城州立公园**（City of Rocks State Park）像一个巨大的游乐场，中间是绝佳的 露营地（☎575-536-2800；www.nmparks.com；Hwy 61；帐篷/房车露营位 $10/18），还有桌子和生火的火坑。要找岩石环绕的珍宝之地，可以去看看第43号露营地——Lynx。从银城沿180号公路（Hwy 180）和61号公路（Hwy 61）向东南走33英里就到了。

要略微了解一点银城的建筑史，可以去有22个房间的 Palace Hotel（☎575-388-1811；www.silvercitypalacehotel.com；106 W Broadway；房间 含早餐 $58~94；❋☎）。这个酒店流露出一种低调的、19世纪的氛围（没有空调、家具老旧），对那些厌倦了连锁旅馆的人来说是个不错的选择。

市中心有多家餐馆，包括令人舒适、来去方便的咖啡店 Javalina（☎575-388-1350；201 N Bullard St；◷周日至周四 6:00~18:00，周五和周六 至21:00；☎）和美食先驱者 1zero6（☎575-313-4418；http://1zero6-jake.blogspot.com；106 N Texas St；主菜 $19~24；◷周五至周日 17:00~22:00）。品尝本地菜，可向北行驶7英里到Pinos Altos，去氛围独特的 **Buckhorn Saloon**（☎575-538-9911；www.buckhornsaloonandoperahouse.com；32 Main St, Pinos Altos；主菜 $11~49；◷周一至周六 16:00~22:00）试试招牌牛排，那里大多数晚上都有现场音乐，需电话预约。

❶ 实用信息

游客中心（☎575-538-5555；www.silvercitytourism.org；201 N Hudson St；◷周一至周六 9:00~17:00，周日 10:00~14:00）这个有用的办公室可以提供你需要了解的关于银城的所有信息。

希拉国家森林保护站（Gila National Forest Ranger Station；☎575-388-8201；www.fs.fed.us/r3/gila；3005 E Camino del Bosque；◷周一至周五 8:00~16:00）

新墨西哥州东南部（Southeastern New Mexico）

新墨西哥州非凡的两个自然奇观：迷人的白沙国家保护区（White Sands National Monument）和神奇的卡尔斯巴德洞窟国家公园（Carlsbad Caverns National Park）都在新墨西哥州东南部。这片区域流传着这个州流传最古老的一些传奇故事：罗斯韦尔的外星人、林肯的比利小子和卡皮里（Capitan）的斯摩基熊。这里的大部分低地都属于炙热粗糙的奇瓦瓦沙漠——曾是一片汪洋——但是你总可以逃到凉快一些的地方去，比

值得一游

凝望未知的宇宙

沿着60号公路，过了马格达莱纳镇（Magdalena）以后，在阿尔伯克基西南130英里处就是惊人的**甚大天线阵**（Very Large Array，简称VLA；☎505-835-7000；www.nrao.edu；紧邻Hwy 52；成人/儿童 $6/免费；◷8:30至日落），它是个射电天文望远镜设施，由27面巨大的抛物面天线组成，像矗立在高原上的巨大蘑菇。在游客中心可以看到有关天线阵的短片，然后步行并隔窗参观控制中心大楼。

如热门的森林度假胜地克劳德克罗夫特（Cloudcroft）或鲁伊多索（Ruidoso）。

白沙国家保护区（White Sands National Monument）

高耸的闪亮沙丘随风翻卷滑动，令人目眩。在阿拉莫戈多（Alamogordo，位于82号公路/70号公路西南15英里处）西南16英里处，石膏晶体覆盖着这片脆弱、荒凉的**保护区**（☎575-479-6124；www.nps.gov/whsa；成人/16岁以下儿童 $5/免费；◷6月至8月 7:00~21:00，9月至次年5月 至日落），方圆275平方英里内尽是一片耀眼的白色风景。这些被风吹动的沙丘魅力无穷，是来新墨西哥州旅行的必到景点，在影片《天降财神》（The Man Who Fell To Earth）中，大卫·鲍威（David Bowie）扮演的外星人的家乡就是在这里取景。别忘了戴墨镜，这里的沙子像白雪那样明亮。

你可以在游客中心的礼品店花上$15买一个塑料盘子，然后就可以找个背阴的沙坡开始滑沙了。很好玩，而且玩了一天以后你还可以把盘子以$5的价格卖回给礼品店。查看公园的夕阳漫步和有时的自行车月光之旅活动安排（成人/儿童 $5/2.50）。偏远地区的露营地是没有饮用水和厕所的，营地距离景观车道有1英里远。需要在日落之前至少1小时到游客中心领取许可证（$3，数量有限，先到先得）。

阿拉莫戈多及周边（Alamogordo & Around）

阿拉莫戈多位于沙漠之中，因作为太

空和原子能研究项目基地而闻名。4层楼高的**新墨西哥州太空历史博物馆**(New Mexico Museum of Space History; ☎575-437-2840; www.nmspacemuseum.org; 3198 Hwy 2001; 成人/儿童 $7/5; ◐周三至周六和周一 10:00~17:00, 周日 正午至17:00; ⓟ)有一流的太空研究和飞行器展览。与其毗邻的**新地平线圆顶影院**(New Horizons Dome Theater; 成人/儿童 $7/5)在巨大的全景屏幕上放映科学主题的精彩电影。

White Sands Blvd两边有众多汽车旅馆,其中包括一家不错的**Super 8**(☎575-434-4205; www.wyndhamhotels.com; 3204 N White Sands Blvd; 房间 含早餐 $60起; ✱@⑲)分店。如果你更愿意露营,那就去**奥利弗·李州立公园**(Oliver Lee State Park; ☎575-437-8284; www.nmparks.com; 409 Dog Canyon Rd; 帐篷/房车露营位 $8/14)吧,就在阿拉莫戈多南部12英里处。在生意兴隆的**Rizo's**(☎575-434-2607; 1480 White Sands Blvd; $8.75~15; ◐周二至周六 9:00~21:00, 周日至18:00; ⓟ)吃点不错的墨西哥食物。

克劳德克罗夫特(Cloudcroft)

克劳德克罗夫特位于高山上,没有东部低地那样的炙热气候。这里有19世纪初期风格的建筑,还有众多户外娱乐活动,适合探险,并且气氛低调。**High Altitude**(☎575-682-1229; 310 Burro Ave; 租金 每天 $30起; ◐周一至周四 10:00~17:30, 周五和周六 至18:00, 周日至17:00)出租山地自行车,并且提供当地的路线地图。

Lodge Resort & Spa(☎800-395-6343; www.thelodgeresort.com; 601 Corona Pl; 房间 $125~235; @ⓟ✱)是西南部最好的历史酒店之一,这座巴伐利亚风格的酒店为客房配备了维多利亚式家具,而物超所值的**Cloudcroft Mountain Park Hostel**(☎575-682-0555; www.cloudcrofthostel.com; 1049 Hwy 82; 铺$19, 房间 带共用浴室 $35~60; ⓟ✱)位于城西的28英亩林地。**Rebecca's**(☎575-682-3131; Lodge Resort, 601 Corona Pl; 午餐 $9~15, 晚餐 $22~38; ◐7:00~10:00、11:30~14:00和17:30~21:00)供应的食物是全镇最好的。

鲁伊多索(Ruidoso)

鲁伊多索坐落于布兰卡峰(Sierra Blanca Peak; 海拔11,981英尺)东坡,全年都是度假小镇,夏季非常热闹,冬季吸引滑雪者,拥有繁荣的艺术圈,还是著名赛马场的所在地。毗邻得克萨斯州,阿拉莫戈多和罗斯韦尔本地的避暑民众在这里欢快地露营(或者更确切地说,欢快地住着小屋)。风景秀丽的鲁伊多索河(Rio Ruidoso)流经城镇,是一条适合钓鱼的小溪。

◉ 景点和活动

要伸展手脚的话,可以试试轻松的丛林小道,就在斯摩基熊保护站(Smokey Bear Ranger Station)西侧的Cedar Creek Rd上。也可以选择美国林业局的Fitness Trail,或者雪松溪野餐区(Cedar Creek Picnic Area)的蜿蜒步道。长距离的徒步行或者背包行路线是绕怀特山荒野(White Mountain Wilderness)一周,就在城镇的北部。记住首先去查看一下火灾限制——早期森林会关闭。

哈伯德美国西部博物馆 博物馆

(Hubbard Museum of the American West; ☎575-378-4142; www.hubbardmuseum.org; 26301 Hwy 70; 成人/儿童 $7/2; ◐周四至周一 9:00~17:00; ⓟ)这座博物馆由城镇管理,重点展出与当地历史有关的展品,有许多精彩的老照片,也有美洲原住民的克奇那神、羽毛战帽、武器和陶器。从各式各样的与马有关的展品不难看出这里的前身是马匹博物馆(Museum of the Horse)。一定要去卫生间里看看马桶的奇妙历史,虽然这与博物馆主题毫不相干。

阿帕奇滑雪场 滑雪

(Ski Apache; ☎575-464-3600; www.skiapache.com; 1286 Ski Run Rd; 缆车票 成人/儿童 $68/48)这座滑雪场就在鲁伊多索西北部18英里处,建在布兰卡峰的雪坡上。说出来你可能不信,但所有者真的是阿帕奇族印第安人。这里可能是阿尔伯克基以南最好的滑雪场,既便宜又好玩。这里的降雪量分布不均,记得提前了解一下情况。

🛏 食宿

在鲁伊多索租间小屋没什么大不了。大多数带厨房和烧烤架，经常还会有壁炉和露台。城里的小屋有些比较狭小，比较新的小屋集中在上峡谷(Upper Canyon)。通向滑雪区的森林道路还有简陋的免费营地；想要了解露营地的具体信息，可以在护林站(☎575-257-4095; www.fs.usda.gov/lincoln; 901 Mechem Dr; ⊗周一至周五 8:00~16:00, 外加夏季周六)询问。

Sitzmark Chalet   酒店 $

(☎575-257-4140; www.sitzmark-chalet.com; 627 Sudderth Dr; 房间 $87起; ❋🛜) 这个以滑雪为主题的酒店有17个简洁但漂亮的房间，还有野餐桌、烧烤架和一个可容纳8人的热水浴缸。

Upper Canyon Inn   度假屋 $$

(☎575-257-3005; www.uppercanyoninn.com; 215 Main Rd; 房间和小屋 $149起; ❋🛜) 这里的房间和小屋从简单实用到奢华乡村时尚都有。大些的房间不一定更贵，所以要多看一看。价格更高的小屋有些美观的木头装饰和热水浴缸。

★ Cornerstone Bakery   早餐 $

(☎575-257-1842; www.cornerstonebakerycafe.com; 1712 Sudderth Dr; 主菜 $5.50~11; ⊗周一至周五 7:00~15:00, 周六和周日 至16:00; 🌱) 这家当地的面包房兼咖啡馆人气极高，散发着不可阻挡的魅力，菜单上的每一样菜，从面包、糕点和意式浓缩咖啡到煎蛋卷和牛角面包三明治，都很值得一试。如果你在这里待得够久的话，这个餐馆可能会变成你的用餐标准。

☆ 娱乐

Ruidoso Downs Racetrack   运动场

(☎575-378-4431; www.raceruidoso.com; 26225 Hwy 70; 大看台座位免费; ⊗5月下旬至9月上旬 周五至周一) 劳动节当天，这里举办世界奖金最丰厚的(240万美元)四分之一英里赛马All American Futurity, 会吸引举国上下的关注。马场还有赛马名人堂(Racehorse Hall of Fame) 和不大的比利小子赌场(Billy the Kid Casino)。

Flying J Ranch   现场音乐

(☎575-336-4330; www.flyingjranch.com; 1028 Hwy 48; 成人/儿童 $27/15; ⊗5月下旬至9月上旬 周一至周六 17:30起, 9月上旬至10月中旬 仅限周六; 👶) 带孩子的旅行者会喜欢这座在阿尔托(Alto)北部1.5英里处的"西部村庄", 这里整晚都有娱乐节目，包括枪战表演，骑小马和西部音乐，还可以在四轮篷车享用晚餐。

❶ 实用信息

游客中心(Visitor Center; ☎575-257-7395; www.ruidosonow.com; 720 Sudderth Dr; ⊗周一至周五 8:00~17:00, 周六 9:00~15:00)

林肯和卡皮坦 (Lincoln & Capitan)

西部历史的爱好者肯定不会错过小小的林肯。林肯位于卡皮坦以东12英里处，就在比利小子国家观光小路(Billy the Kid National Scenic Byway; www.billybyway.com) 沿线。林肯是那场将比利小子捧为传奇的林肯郡枪战(Lincoln County War) 的发生地。整个小镇保存完好，主街现在是林肯历史遗址(Lincoln Historic Site; ☎575-653-4082; www.nmmonuments.org/lincoln; 成人/儿童 $7/免费; ⊗4月至10月)。

在安德森·弗里曼游客中心(Anderson-Freeman Visitors Center) 购票参观历史小镇建筑，你还能在这里找到关于水牛战士、阿帕奇人和林肯郡枪战的展览。让迷人的法院博物馆(Courthouse Museum) 成为你的最后一站吧，这可是比利小子最惊险(而且暴力)的逃亡之处。对要在此过夜的人来说, Wortley Hotel (☎575-653-4300; www.wortleyhotel.com; Hwy 380; 房间 $110) 从1874年就开业了。

就像林肯一样，舒适的卡皮坦被林肯国家森林(Lincoln National Forest) 的美丽群山环抱着。来这里的主要原因是为了让孩子们看看斯摩基熊历史公园(Smokey Bear Historical Park; ☎575-354-2748; 118 W Smokey Bear Blvd; 成人/儿童 $2/1; ⊗9:00~16:30), 那只斯摩基熊的原型就被埋葬在这里。

罗斯韦尔 (Roswell)

如果你相信"真相就在那里"的话，那么

罗斯韦尔事件早就存在于你的记忆里了。1947年，一个神秘物体在附近牧场坠毁。原本没有人会为了它而废寝忘食，可是军方密切关注事态发展，对很多人来说，这就证实了事件的真实性：确实有外星人出现！国际关注和当地的独特性把这个城市变成了一个离奇的天外来客区，市中心的路灯上长出了球茎状的白色脑袋，而一车又一车的游客进城来买新奇的纪念品。

相信这件事和想探明事实真相的人都应该去看看国际UFO博物馆和研究中心(International UFO Museum & Research Center; ☎575-625-9495; www.roswellufomuseum.com; 114 N Main St; 成人/儿童 $5/2; ⊙9:00~17:00)，而一年一度的罗斯韦尔UFO节(Roswell UFO Festival; www.roswellufofestival.com)在7月上旬举行。

沉闷无趣的连锁旅馆排列在N Main St沿线。在罗斯韦尔南部36英里处，阿蒂西亚(Artesia)的Heritage Inn (☎575-748-2552; www.artesiaheritageinn.com; 209 W Main St, Artesia; 房间 含早餐$99起; ※@⑦)是该区域最好的旅馆。

要吃简单可靠的新墨西哥菜的话，试试Martin's Capitol Cafe (☎575-624-2111; 110 W 4th St; 主菜 $6~12; ⊙周一至周六 6:00~20:30)。想找美国菜，Big D's Downtown Dive (☎575-627-0776; 505 N Main St; 主菜 $7~13; ⊙11:00~21:00)供应镇上最棒的沙拉、三明治和汉堡。

查看当地信息，可至旅游局(visitors bureau; ☎575-624-6700; www.seeroswell.com; 912 N Main St; ⊙周一至周五 8:30~17:30, 周六和周日 10:00~15:00; ⑦)。灰狗巴士(Greyhound; ☎575-622-2510; www.greyhound.com; 1100 N Virginia Ave)有班车开往拉斯克鲁塞斯。

卡尔斯巴德 (Carlsbad)

卡尔斯巴德是距离卡尔斯巴德洞窟国家公园和瓜达卢佩山(Guadalupe Mountains)最近的城镇。西北边紧邻Hwy 285的是活沙漠州立公园(Living Desert State Park; ☎575-887-5516; www.nmparks.com; 1504 Miehls Dr N, 紧邻Hwy 285; 成人/儿童 $5/3; ⊙6月至8月 8:00~17:00, 9月至次年5月 9:00~17:00, 动物园最后入园时间15:30)，这是个了解沙漠植物和动物的好去处。那里有一条长1.3英里的很好的小道，展示了奇瓦瓦沙漠的别样生态环境以及鲜活的羚羊、狼、走鹃和其他动物。

然而，最近石油工业迅速发展，即便是卡尔斯巴德最普通的汽车旅馆每晚费用也高达$200以上，所以更为明智的做法是从罗斯韦尔或阿拉莫戈多等地安排一日游到这里游览。令人诧异的是，迷人的Trinity Hotel (☎575-234-9891; www.thetrinityhotel.com; 201 S Canal St; 房间 $149~209; ※⑦)的价格可能最为划算，原本是第一国家银行(First National Bank)，一间套房的客厅在老金库里！这里的餐馆是镇上最有品位的。

气氛活泼的Blue House Bakery & Cafe (☎575-628-0555; 609 N Canyon St; ⊙周一至周六 6:00至正午)供应这个地区最棒的咖啡，而Red Chimney Pit Barbecue (☎575-885-8744; www.redchimneybbq.com; 817 N Canal St; 主菜 $6.50~16; ⊙周二至周五 11:00~14:00和16:30~20:30, 周六 11:00~20:30)则供应令人垂涎的上好南方肉类。

灰狗巴士 (☎575-628-0768; www.greyhound.com; 3102 National Parks Hwy)的长途汽车从市中心以南2英里的Food Jet South出发。目的地包括得克萨斯州的埃尔帕索和拉斯克鲁塞斯。

加利福尼亚州

包括 ➡

洛杉矶............................1021
迪士尼乐园和
阿纳海姆....................1052
棕榈泉............................1069
圣巴巴拉........................1077
圣弗朗西斯科
（旧金山）.................1091
萨克拉门托....................1134
内华达山脉....................1141
约塞米蒂国家公园........1141

最佳就餐

➡ Benu（见1109页）
➡ Rich Table（见1109页）
➡ Otium（见1044页）
➡ Chez Panisse
（见1121页）
➡ SingleThread（见1127页）

最佳住宿

➡ Post Ranch Inn
（见1085页）
➡ Inn of the Spanish Garden
（见1079页）
➡ Chateau Marmont
（见1043页）
➡ Jabberwock（见1088页）
➡ Hotel del Coronado
（见1065页）

为何去

这里飘荡着放荡不羁的精神、充满高科技的氛围，更不用说满是昂扬的追求优质生活的热情了。无论是"砰"地开启一瓶陈年仙粉黛葡萄酒，登上14,000英尺的高峰，还是在太平洋上冲浪，加利福尼亚州比任何好莱坞大片中所描绘的都要精彩。

最重要的是，加利福尼亚州是无数人心中的标杆。19世纪中叶，热火朝天的淘金热正是在这里拉开了序幕；自然主义诗人约翰·缪尔以"光之岭"赞颂内华达山脉；杰克·凯鲁亚克和"垮掉的一代"定义了什么才是真正的"在路上"。

自从这片富饶的"应许之地"被西班牙和墨西哥树碑立界起，加利福尼亚州就成了多元文化的大熔炉。直到今天，一拨又一拨的人仍旧源源不断地从世界各地来到这片种满棕榈的太平洋海岸地区，追寻属于自己的美国梦。

快来这儿感受黄金之州是如何孕育未来的吧。

何时去

洛杉矶

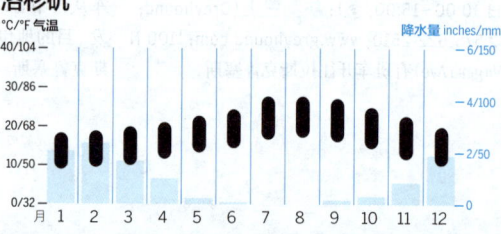

| 6月至8月 多晴天，沿海地区间或有雾，到处都是放暑假的旅行者。 | 4月至5月和9月至10月 夜间凉爽，白天万里无云；旅行优惠很多。 | 11月至次年3月 滑雪场和南加州干燥温暖的沙漠将迎来高峰季。 |

历史

五百个美洲原住民族在这里居住了大约1800年；16世纪，欧洲人到来这里，并给它起了新的名字：加利福尼亚。西班牙入侵者和传教士为了黄金或上帝来到这里，但很快就因跳蚤肆虐的布道所和装备不良的御敌堡垒而离开，前往墨西哥。1848年，美国因为《瓜达卢佩伊达尔戈条约》得到了这块野性难驯的土地，而仅数月之后，此地就被发现埋藏黄金。一代代加利福尼亚寻梦人不断跋涉至太平洋海岸，寻找黄金、荣誉和自主权，筑就了美国最具有传奇色彩的边疆家园和历史。

今日加利福尼亚

加利福尼亚是从150多年的现实中延续下来的疯狂梦想。这个黄金州的经济体量已经超过法国，成为全球第六大经济体。但正如发育过快的孩子一样，加利福尼亚依然未能解决发展过快导致的问题，包括住房紧张、交通拥堵和生活成本增加。好在有好莱坞大片和合法出售大麻的药店，逃避现实始终不失为这里的一项选择。但渐渐地，加利福尼亚也正在谋取自身的国际地位，在环境标准、网络隐私、婚姻平权和移民权利等全球议题上发挥主导作用。

洛杉矶 (LOS ANGELES)

洛杉矶县（LA County）以各种极端的方式诠释着这个国家的精神。这里聚集着美国最富有的和最贫穷的人、扎根最久的和几乎刚刚到来的人、最有教养的和最粗暴的人、精致美丽的和相貌平平的人、博学多识的和头脑空空的人……这里的地貌简直是美国的缩影——如电影般梦幻的海滩、白雪皑皑的高大山脉、鳞次栉比的摩天大厦、大片的郊区甚至还有游荡着美洲狮的荒僻原野。

如果你认为你已非常了解洛杉矶，了解这里的时尚宠儿、雾霾、交通、比基尼美女和寻梦之人，或许你该再想想。那些简单而积极向上的生活细节才能真正定义洛杉矶：午

加利福尼亚州概况

别称 黄金州

座右铭 Eureka（我发现了）

人口 39,500,000

面积 155,780平方英里

首府 萨克拉门托（人口495,234）

其他城市 洛杉矶（人口3,976,322）、圣迭戈（人口1,394,928）、旧金山（人口870,887）

消费税 7.5%

诞生于此的名人 作家约翰·斯坦贝克（John Steinbeck; 1902~1968年）、摄影家安塞尔·亚当斯（Ansel Adams; 1902~1984年）、美国总统理查德·尼克松（Richard Nixon; 1913~1994年）、流行文化偶像玛丽莲·梦露（Marilyn Monroe; 1926~1962年）

发源地/所在地 美国大陆最高点[惠特尼山（Mt Whitney）]和最低点（死亡谷），世界上最古老、最高和最大的活树（分别为古狐尾松、海岸红杉和巨杉）

政治 民主党（多种族）占优，共和党（多数是白人）为少数派，1/5加州选民支持无党派

著名之处 迪士尼乐园、地震、好莱坞、嬉皮士、硅谷（Silicon Valley）、冲浪

最热销纪念品 "神秘点"（Mystery Spot）汽车贴纸

驾驶距离 从洛杉矶到旧金山的车程为380英里，从旧金山到约塞米蒂国家公园的车程为190英里

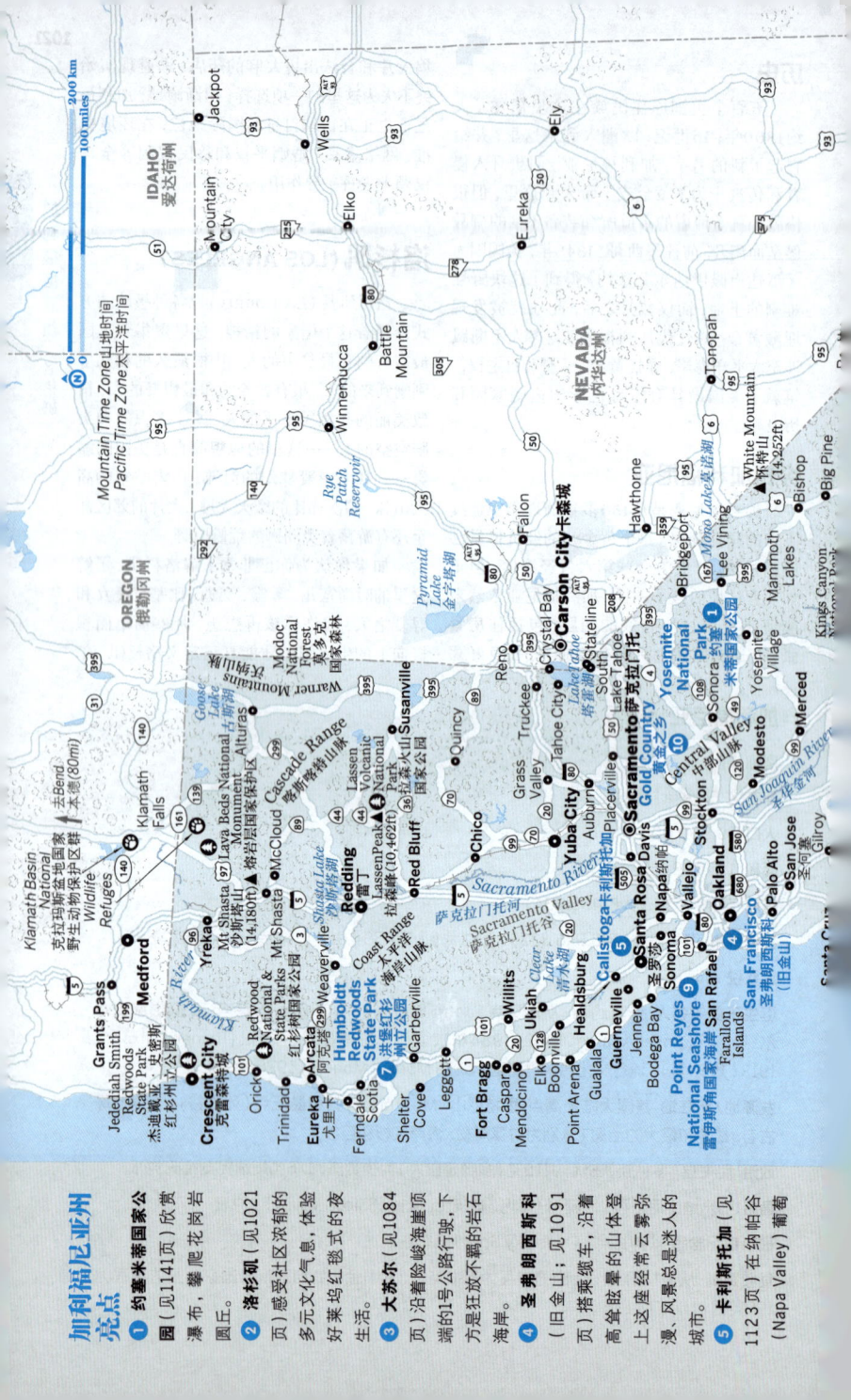

加利福尼亚州
亮点

① **约塞米蒂国家公园**（见1141页）欣赏瀑布，攀爬花岗岩圆丘。

② **洛杉矶**（见1021页）感受社区浓郁的多元文化气息，体验好莱坞红毯式的夜生活。

③ **大苏尔**（见1084页）沿着峻峭海崖顶端的1号公路行驶，下方是狂放不羁的岩石海岸。

④ **圣弗朗西斯科**（旧金山；见1091页）搭乘缆车，沿着高耸旋晕的山体登上这座经常云雾弥漫、风景总是迷人的城市。

⑤ **卡利斯托加**（见1123页）在纳帕谷（Napa Valley）葡萄

园边享受一场泥浆浴。

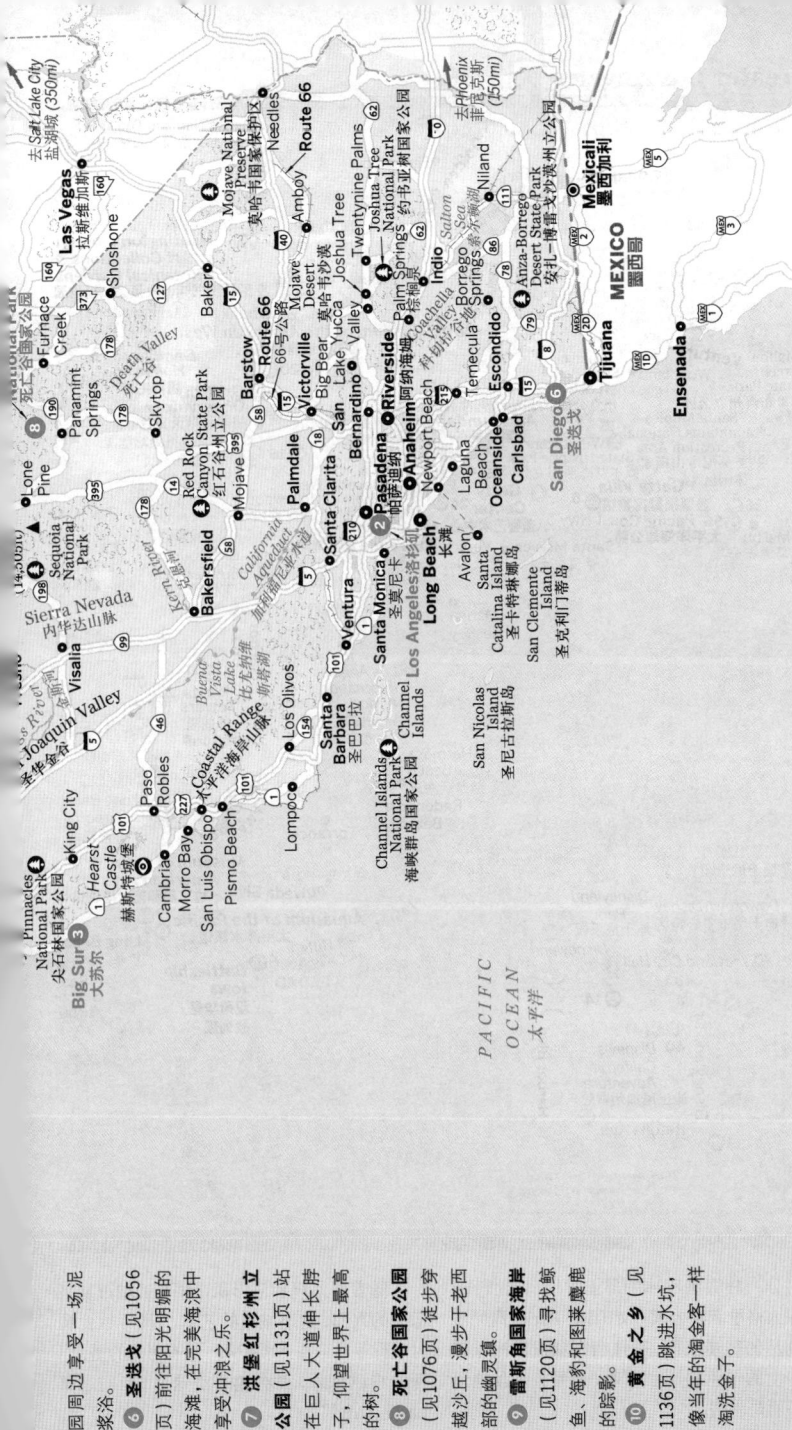

❻ 圣迭戈（见1056页）前往阳光明媚的海滩，在完美海浪中享受冲浪之乐。

❼ 洪堡红杉州立公园（见1131页）站在巨人大道伸长脖子，仰望世界上最高的树。

❽ 死亡谷国家公园（见1076页）徒步于老西部越沙丘，漫步于老西部的幽灵小镇。

❾ 雷斯角国家海岸（见1120页）寻找鲸鱼、海豹和图莱麋鹿的踪影。

❿ 黄金之乡（见1136页）跳进水坑，像当年的淘金客一样海洗金子。

Big Sur 大苏尔
Pinnacles National Park 尖石林国家公园
Hearst Castle 赫斯特城堡
Cambria
Morro Bay
San Luis Obispo
Pismo Beach
Paso Robles
King City
Lompoc
Los Olivos
Santa Barbara 圣巴巴拉
Channel Islands 海峡群岛
Channel Islands National Park 海峡群岛国家公园
San Nicolas Island 圣尼古拉斯岛
Santa Catalina Island 圣卡特琳娜岛
San Clemente Island 圣克利门蒂岛
Avalon
Laguna Beach
Oceanside
Carlsbad
San Diego 圣迭戈
Tijuana
Ensenada
Santa Clarita
Santa Monica 圣莫尼卡
Los Angeles 洛杉矶
Long Beach 长滩
Newport Beach
Anaheim 阿纳海姆
Pasadena 帕萨迪纳
Riverside
San Bernardino
Palmdale
Ventura
Bakersfield
Visalia
Sequoia National Park
Lone Pine
Red Rock Canyon State Park 红石谷州立公园
Mojave
Victorville
Big Bear
San Bernardino
Palm Springs
Temecula
Escondido
Indio
Coachella Valley 科切拉谷地
Borrego Springs
Anza-Borrego Desert State Park 安扎-博雷戈沙漠州立公园
Salton Sea 索尔顿湖
Niland
Mexicali 墨西加利
MEXICO 墨西哥
Barstow
Route 66 66号公路
San Lake Yucca
Joshua Tree
Mojave Desert 莫哈韦沙漠
Joshua Tree National Park 约书亚树国家公园
Twentynine Palms
Amboy
Needles
Route 66
Mojave National Preserve 莫哈韦国家保护区
Las Vegas 拉斯维加斯
Shoshone
Furnace Creek
Panamint Springs
Skytop
Baker
Death Valley 死亡谷
Sierra Nevada 内华达山脉
Kern River 克恩河
California Aqueduct 加利福尼亚水渠
Buena Vista Lake 比尤纳斯塔湖
Coastal Range 太平洋海岸山脉
San Joaquin Valley 圣华金谷
去Salt Lake City 盐湖城 (350mi)
去Phoenix 菲尼克斯 (350mi)
PACIFIC OCEAN 太平洋

Greater Los Angeles 大洛杉矶

夜时分一杯缀满碎冰的爵士时代鸡尾酒、一场深入格里菲斯公园（Griffith Park）高处灌木蒿丛的徒步旅行，一抹洒在威尼斯海滩鼓手身上的粉色斜阳，或仅仅是寻找一盘地道的墨西哥卷饼。

随着好莱坞和洛杉矶市中心的城市复兴运动的兴起，这座城市的艺术、音乐、饮食和时尚行业也正在蓬勃发展。最有可能的是，你探索得越深入，就会越喜欢这个"梦幻之都La-La Land"。

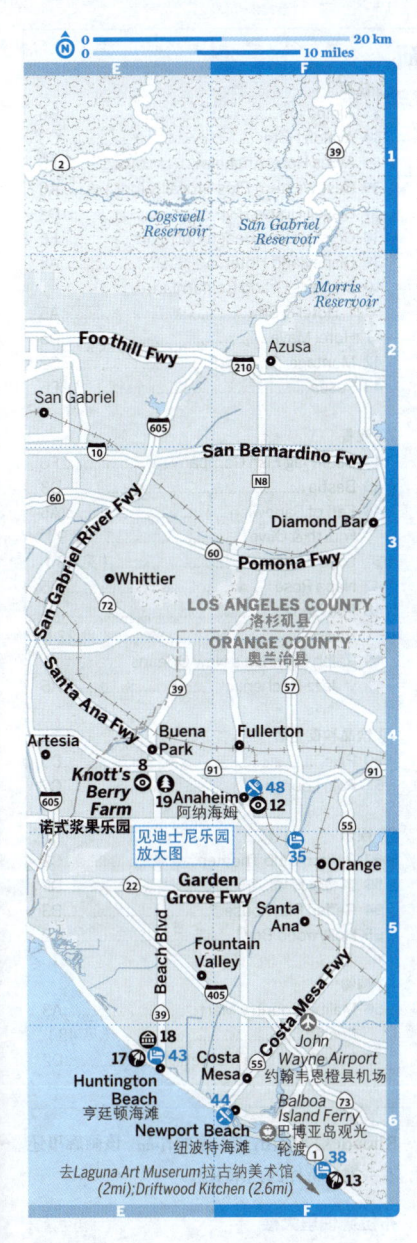

人的第一个海外定居地,被称作"天使女王圣母玛利亚之城"(El Pueblode Nuestra Señora la Reina de Los Ángeles del Río de Porciúncula)。在1781年建立定居点后的数十年里,这里一直是与世隔绝的农耕村落,直至1850年才正式合并为一个城市。

淘金潮退热后,加州又先后迎来了横贯大陆的铁路、柑橘业崛起、石油的发现、洛杉矶港建立、电影工业诞生及加州北水南调工程的竣工,洛杉矶人口一增再增。第二次世界大战后,城市人口从1950年的近200万倍增至现在的约400万。

◉ 景点

从太平洋往内陆走12英里就到了洛杉矶市中心,这是个集历史、高雅艺术与流行文化于一体的城市。一再引领潮流的好莱坞位于市中心西北面,而城市设计师的时髦品位和同性恋文化则主导着西好莱坞(West Hollywood, WeHo)。西好莱坞以南的博物馆街(Museum Row)是城市中部的重头大戏,而再往西就是豪华的贝弗利山(Beverly Hills),还有拥有加州大学洛杉矶分校(University of California, Los Angeles;简称UCLA)的西木区(Westwood)以及西洛杉矶(West LA)。海滩小镇众多,有孩子们热爱的圣莫尼卡(Santa Monica)、不羁的威尼斯(Venice)、星光熠熠的马里布(Malibu)和繁华拥挤的长滩(Long Beach)。绿树成荫的帕萨迪纳(Pasadena)小城位于洛杉矶市区的东北方。

◉ 市中心

市中心分为许多区域。邦克山(Bunker Hill)是各大现代艺术博物馆和**华特·迪士尼音乐厅**的所在地。东边是**市政厅**(City Hall),继续往东是**小东京**(Little Tokyo)。小东京东南方向是时尚的**艺术区**(Arts District)。百老汇(Broadway)两边是华丽的古建筑。这座城市最古老的殖民建筑分列于市政厅以北的Olvera St和101高速公路两旁。继续往北是**唐人街**。

★ **豪泽和沃思画廊** 画廊
(Hauser & Wirth;见1028页地图; ♪213-

Greater Los Angeles 大洛杉矶

◎ 重要景点
- **1** 西部遗迹博物馆 C2
- **2** 爱荷华号战列舰 C5
- **3** 弗雷德里克·R. 韦斯曼艺术基金会 C2
- **4** 盖蒂艺术中心 B2
- **5** 盖蒂别墅博物馆 D3
- **6** 格里菲斯天文台 C2
- **7** 亨廷顿图书馆、收藏馆和植物园 D2
- **8** 诺式浆果乐园 E4
- **9** 拉丁美洲艺术博物馆 D5
- **10** 宽容博物馆 C3
- **11** 华兹塔 D3

◎ 景点
- **12** 阿纳海姆帕克区 F4
- 加州科学中心 .... （见 21）
- 中央大街 .... （见 12）
- **13** 水晶湾州立公园 F6
- **14** 迪士尼乐园度假区 B5
- **15** 格里菲斯公园 C2
- 汉默博物馆 .... （见 24）
- **16** 好莱坞永恒公墓 C2
- **17** 亨廷顿城市海滩 E6
- **18** 国际冲浪博物馆 E6
- **19** 诺式漫水城水上公园 E4
- **20** 洛杉矶动物园和植物园 C2
- **21** 洛杉矶自然历史博物馆 C3
- **22** 诺顿·西蒙博物馆 D2
- 玫瑰园 .... （见 21）
- **23** 好莱坞环球影城 D2
- **24** 西木村纪念公园公墓 B3

✪ 活动、课程和团队游
- **25** 布朗森 C2
- **26** 马里布峡谷 A3
- **27** 马里布溪州立公园 A2
- **28** 派拉蒙 C2
- **29** 鲁尼恩 C2
- **30** 索尼 C3
- **31** 托潘加峡谷州立公园 B2
- **32** 华纳兄弟 C2

⌂ 住宿
- **33** Alpine Inn B6
- **34** Avalon Hotel C3
- **35** Ayres Hotel Anaheim F5
- **36** Best Western Plus Stovall's Inn A6
- **37** Bissell House D&D D2
- **38** Crystal Cove Beach Cottages F6
- **39** Disneyland Hotel A5
- **40** Disney's Grand Californian
       Hotel & Spa A5
- **41** Hotel Maya D5
- **42** Montage C2
- **43** Paséa E6

✪ 就餐
- **44** Bear Flag Fish Company F6
- **45** Bestia D3
- **46** Earl of Sandwich A5
- Fourth & Olive .... （见 9）
- Lot 579 .... （见 43）
- **47** Napa Rose A5
- **48** Pour Vida F4
- Ración .... （见 22）
- **49** Ralph Brennan's New Orleans
       Jazz Kitchen A5

✪ 饮品和夜生活
- **50** Pike D5
- **51** Polo Lounge C2

✪ 娱乐
- **52** Cavern Club Theater C2
- **53** 道奇体育场 D2
- **54** Geffen Playhouse B3
- **55** Hollywood Bowl C2

⌂ 购物
- **56** Malibu Country Mart A3
- Pacific City .... （见 43）
- **57** Rose Bowl Flea Market D2

943-1620; www.hauserwirthlosangeles.com; 901 E 3rd St; ◎周三和周五至周日 11:00~18:00, 周四至20:00) **免费** 洛杉矶前卫画廊豪泽&沃思蜚声国际, 展有一系列博物馆标准的现当代艺术品, 引得无数艺术爱好者蜂拥而来。巨大的展示空间占地116,000平方英尺, 由面粉厂改造而成, 位于艺术区。之前的展览有路易丝·布尔乔亚 (Louise Bourgeois)、伊娃·海丝 (Eva Hesse) 和贾森·罗兹 (Jason Rhoades) 等杰出艺术家的作品。该画廊里还有一家非常棒的艺术书店。

布拉德伯里大楼   历史建筑
(Bradbury Building; 见1028页地图; www.laconservancy.org; 304 S Broadway; ◎大厅通常9:00~17:00; MRed/Purple Lines至Pershing Sq) 1893年开张的布拉德伯里大楼无可争议地成为全市建筑瑰宝之一。结实的罗马式立面背

后是奇特古怪的廊道中庭，看起来好像正处于新奥尔良。漆黑的金属格架、晃晃悠悠的铁笼电梯，以及黄色的砖墙都在透过屋顶玻璃的午后阳光中闪闪发光。如此惊艳的美丽自然不会被好莱坞错过——这栋建筑是科幻电影《银翼杀手》(Blade Runner)的取景地。

⊙ 洛杉矶古城
(El Pueblo de Los Angeles) 及周边

紧凑、多彩，而且没有汽车通行。这个历史悠久的地区还保留着大量西班牙和墨西哥印记。该街区的主干道是洋溢着节日氛围的**奥尔韦拉街**(Olvera St；见1028页地图；www.calleolvera.com；🅟)，在这儿，你可以尽情选购手工制作的民俗小玩意儿，大嚼塔可玉米饼和撒了糖的西班牙油条。

沿着百老汇(Broadway)和Hill St向北走，大约半英里外便是"新"**唐人街**(见1028页地图；www.chinatownla.com)了。那里到处是点心店、中药店、古玩店以及位于Chung King Rd上的先锋艺术画廊。

洛杉矶文化艺术广场 博物馆
(LA Plaza, La Plaza de Cultura y Artes；见1028页地图；📞213-542-6200；www.lapca.org；501 N Main St；⊙周一、周三和周四 正午至17:00，周五至周日 至18:00；🅟) **免费** 这座博物馆简单介绍了墨西哥裔美国人在洛杉矶的生活历程，从18世纪末叶的西班牙殖民和（重新划定了原印第安人村庄边界的）美墨战争，到祖特武装暴乱(Zoot Suit Riots)、活动家恺撒·查韦斯(César Chávez)和奇卡诺运动(Chicana)，无一遗漏。展览再现了20世纪20年代的 Main St，轮换展览展示洛杉矶拉丁裔艺术家的现当代作品。

阿维拉泥砖屋 博物馆
(Avila Adobe；见1028页地图；📞213-628-1274；www.elpueblo.lacity.org；10 Olvera St；⊙9:00~16:00) **免费** 这座建于1818年的牧场小屋是洛杉矶现存最古老的建筑，由富有且担任过洛杉矶市长的大农场主弗朗西斯科·何塞·阿维拉(Francisco José Avila)建造，后来被改造成公寓和餐厅，如今泥砖屋经过修复，可以让人一窥1840年洛杉矶的家庭生活。房间里面摆满具有历史特色的家具陈设，包括属于阿维拉家族的一些物品，其中还有缝纫机。这栋房屋向自助游旅行者开放。

在加利福尼亚州

1周
走马观花：从靠海的**洛杉矶**启程，绕道前往**迪士尼乐园**(Disneyland)。前往凉风习习的中海岸地区，在**圣巴巴拉**和**大苏尔**停驻后，前往**旧金山**感受大都市的文化。继续前往内陆的大自然殿堂**约塞米蒂国家公园**，之后再回到洛杉矶。

2周
可直接参照1周的行程，但游览时可以更加从容。此外，还可以前往北加州的**葡萄酒乡**(Wine Country)、高悬于内华达山脉之上的**太浩湖**(Lake Tahoe)、**奥兰治县**非同寻常的海滩以及悠闲的**圣迭戈**。又或者，可以前往**约书亚树国家公园**(Joshua Tree National Park)，它就在**棕榈泉**(Palm Springs)那独具一格的沙漠旅游胜地附近。

1个月
你不仅可以将上面提到的地方一个不落地游览一番，还能走得更远。以马林县(Marin County)的**雷斯角国家海岸**为起点，从旧金山前往北海岸(North Coast)。在维多利亚时代的**门多西诺**(Mendocino)和**尤里卡**(Eureka)信步闲游，在**迷踪海岸**(Lost Coast)寻找自己的方向，穿越布满蕨类植物的**红杉国家及州立公园**。在内陆，你可以在**沙斯塔山**(Mt Shasta)拍出如同明信片照片一般完美的风光摄影大作，绕到**拉森火山国家公园**，探索加州古老的**黄金之乡**。循着**内华达山脉东部**(Eastern Sierra)的山脊蜿蜒而下，进入**死亡谷国家公园**。

Downtown Los Angeles 洛杉矶市中心

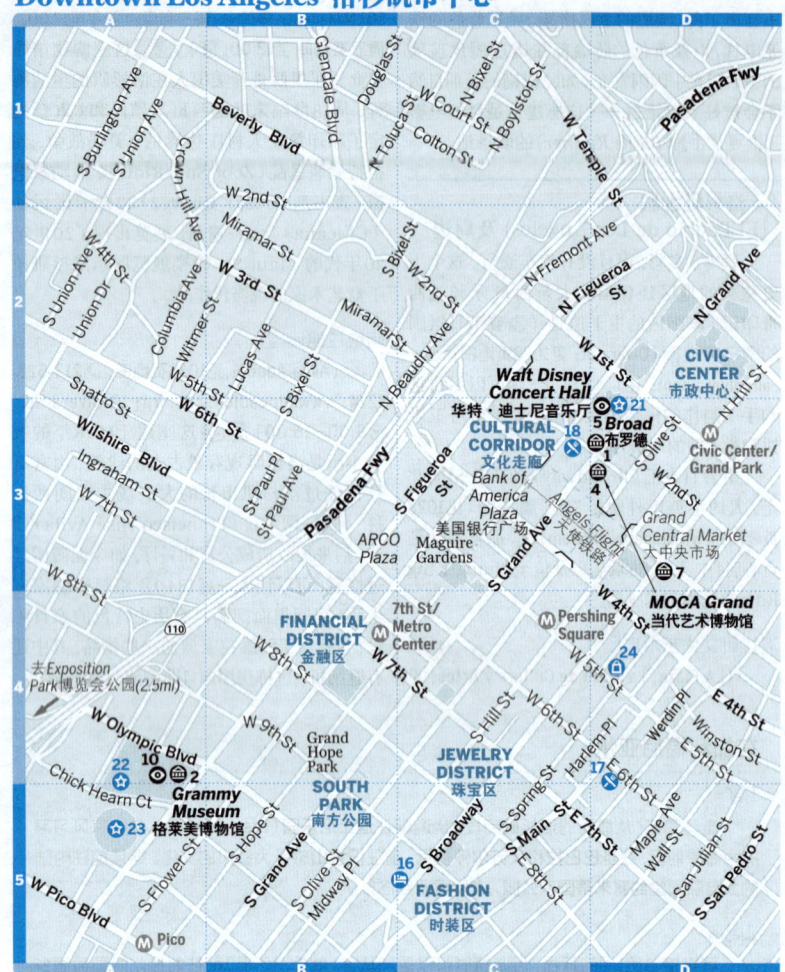

加利福尼亚州

洛杉矶

联合车站

(Union Station; 见1028页地图; www.amtrak.com; 800 N Alameda St; P)开放于1939年的联合车站屹立在洛杉矶的唐人街旧址上,是美国最后一座大型火车站。它是教会复兴风格和装饰艺术及美洲印第安风格的迷人结合。铺着大理石地板的大厅、大教堂天花板、原装的真皮座椅和重达3000磅的枝形吊灯,无不令人叹为观止。车站的Traxx Bar曾经是电话间,还有接听客人电话的话务员。周六10:00, LA Conservancy提供2.5小时的车站步行游(网上预订)。

知名建筑

👁 市政中心和文化走廊 (Civic Center & Cultural Corridor)

★ 布罗德   博物馆

(Broad; 见1028页地图; ☎213-232-6200; www.thebroad.org; 221 S Grand Ave; ⊙周二和周三11:00~17:00, 周四和周五至20:00, 周六10:00~20:00, 周日至18:00; P♿; MRed/Purple Lines至Civic Center/Grand Park) 免费

自从2015年9月开幕以来, 布罗德(Broad, 与

Downtown Los Angeles
洛杉矶市中心

◎ 重要景点
1 布罗德...D3
2 格莱美博物馆.....................................A4
3 豪泽和沃思画廊.................................F4
4 当代艺术博物馆.................................D3
5 华特·迪士尼音乐厅.........................D3

◎ 景点
6 阿维拉泥砖屋.....................................E2
7 布拉德伯里大楼.................................D3
8 唐人街...E1
9 日本裔美国人国家博物馆.................E4
10 活力洛城运动娱乐中心...................A4
11 小广场教堂.......................................E2
12 洛杉矶文化艺术广场.......................E2
13 当代艺术博物馆分馆.......................E3
14 奥尔韦拉街.......................................E2
15 联合车站...F3

🛌 住宿
16 Ace Hotel..C5

🍴 就餐
17 Cole's...D4
18 Otium...C3
19 Sushi Gen..E4

🍷 饮品和夜生活
20 Angel City Brewery.........................E4

☆ 娱乐
　LA Clippers...................................（见23）
　LA Lakers.....................................（见23）
21 Los Angeles Philharmonic.............D3
22 微软剧院...A4
23 Staples Center..................................A5

🛍 购物
24 Last Bookstore in Los Angeles..........D4
25 Raggedy Threads.............................E4

★ **华特·迪士尼音乐厅** 知名建筑

（Walt Disney Concert Hall；见1028页地图；☏323-850-2000；www.laphil.org；111 S Grand Ave；⊙导览游 多在周四至周六 正午和13:15，周日10:00和11:00；🅿；Ⓜ Red/Purple Lines至Civic Center/Grand Park）免费 这座标志性的音乐厅是钢铁、音乐和奇幻建筑的结合体，也是洛杉矶爱乐乐团（Los Angeles Philharmonic）

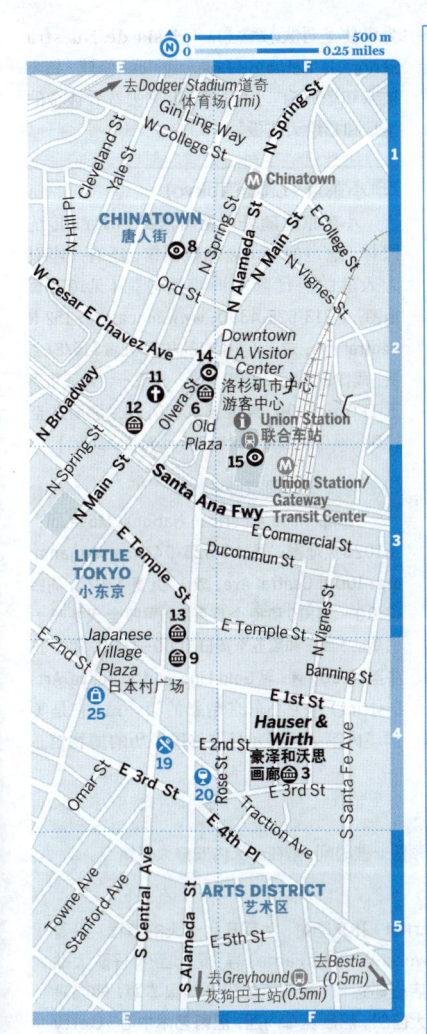

"road" 押韵）就立马成为当代艺术爱好者不容错过的参观地点。这里有本地慈善家和房地产亿万富豪埃利·布罗德（Eli Broad）及其妻子埃迪思（Edythe）收藏的世界级作品，包括数十名艺术名人的2000多件战后作品，比如辛蒂·雪曼（Cindy Sherman）、杰夫·昆斯（Jeff Koons）、安迪·沃霍尔（Andy Warhol）、罗伊·利希滕斯坦（Roy Lichtenstein）、罗伯特·劳森伯格（Robert Rauschenberg）、凯斯·哈林（Keith Haring）和卡拉·沃克（Kara Walker）等。

的常驻音乐厅,但也会举办凤凰乐队等当代乐队和古典爵士音乐家Sonny Rollins等人的演出。建筑师法兰克·盖瑞(Frank Gehry)无疑使出了浑身解数:音乐厅的不锈钢墙体如波浪般翻卷起伏,颇有无视地心引力的架势。

★ 当代艺术博物馆 博物馆

(MOCA Grand, Museum of Contemporary Art;见1028页地图;☎213-626-6222;www.moca.org; 250 S Grand Ave;成人/儿童 $15/免费,周四17:00~20:00免费;⊙周一、周三和周五 11:00~18:00,周四 至20:00,周六和周日 至17:00)MOCA最好的艺术藏品主要集中在从20世纪40年代至今的艺术品,其中不乏马克·罗斯科(Mark Rothko)、丹·弗莱文(Dan Flavin)、威廉·德·库宁(Willem de Kooning)、约瑟夫·康奈尔(Joseph Cornell)和大卫·霍克尼(David Hockney)等艺术巨擘的作品。他们的作品存放于这座由屡获大奖的日本建筑师矶崎新(Arata Isozaki)设计的后现代建筑中。画廊位于地下层,却如天空般光彩夺目。

小广场教堂 教堂

(La Placita;见1028页地图;www.laplacita.org; 535 N Main St;⊙6:00~20:30)1781年作为天使圣母大教堂(la Iglesia de Nuestra Señora la Reina de Los Ángeles)修建,如今被亲切地成为"小广场"。走进去看看镀金的圣坛和彩绘天花板。

◎ 小东京 (Little Tokyo)

小东京里随处可见购物街、佛寺、传统园林、地道的寿司店和拉面馆,还有一座引人入胜的**当代艺术博物馆分馆**(见1028页地图;☎213-625-4390;www.moca.org; 152 N Central Ave;成人/学生/12岁以下儿童$15/8/免费,周四17:00~20:00免费;⊙周一、周三和周五 11:00~18:00,周四 至20:00,周六和周日 至17:00;ⓂGold Line至Little Tokyo/Arts District)。

日本裔美国人国家博物馆 博物馆

(Japanese American National Museum;见1028页地图;☎213-625-0414;www.janm.org; 100 N Central Ave;成人/儿童 $10/6,周四17:00~20:00和每个月第3个周四全天免费;⊙周二、周三和周五至周日 11:00~17:00,周四 正午至20:00;🅿;ⓂGold Line至Little Tokyo/Arts District)作为小东京精彩的第一站,它是美国境内第一间展示日本移民经历的博物馆。

在洛杉矶

洛杉矶各景点之间相距很远,因此要多预留一些时间,别在一天内安排太多景点。

1天

在**老农贸市场**(Original Farmers Market)补充能量,然后开启一天的旅程。沿着Hollywood Blvd的**好莱坞星光大道**(Hollywood Walk of Fame)寻"星",到狗仔队大批出没的**Robertston Boulevard**时尚精品店碰碰运气,看能不能见到明星本尊;抑或是在**格里菲斯公园**(Griffith Park)尽情享受大自然。然后驱车向西,**盖蒂艺术中心**(Getty Center)的品位相当不凡,也可以直接去**威尼斯海滨大道**(Venice Boardwalk)看一场海滩表演。最后,记得赶到**圣莫尼卡**(Santa Monica)观赏太平洋落日美景。

2天

探索高速发展的洛杉矶市中心。在**洛杉矶古城**(El Pueblo de Los Angeles)追根溯源之后,再到激动人心的**华特·迪士尼音乐厅**(Walt Disney Concert Hall)一窥未来。这座活力四射的音乐厅位于洛杉矶**文化走廊**(Cultural Corridor)的北端。买上一份外带午餐,漫步于市中心的历史建筑、**艺术区**(Arts District)画廊和**小东京**(Little Tokyo)之间。置身南方公园(South Park)五光十色的**活力洛城运动娱乐中心**(LA Live),在**格莱美博物馆**(Grammy Museum)亲身体验多媒体之趣,到旁边的**斯台普斯中心**(Staples Center)和明星一起为洛杉矶湖人队(LA Lakers)加油助威。夜幕降临之后,到**好莱坞**的夜店舞池一展身手。

第2层有长设展览"共同基础"（Common Ground），探究日美文化从19世纪末叶至今的发展过程，让人了解"二战"美国拘禁营那段痛苦的历史，令人动容。参观之后，在宁静的花园里小憩，逛逛琳琅满目的礼品店。

◉ 南方公园（South Park）

南方公园并不是公园，而是活力洛城运动娱乐中心（LA Live；见1028页地图；☎866-548-3452, 213-763-5483；www.lalive.com；800 W Olympic Blvd；🅿🍴）周边的一个新兴的洛杉矶市中心街区。这是一个餐饮娱乐中心，在这里，你能找到斯台普斯中心（Staples Center；见1049页）和微软剧院（Microsoft Theater；见1028页地图；☎213-763-6020；www.microsofttheater.com；777 Chick Hearn Ct）。

★ 格莱美博物馆　　博物馆

（Grammy Museum；见1028页地图；☎213-765-6800；www.grammymuseum.org；800 W Olympic Blvd；成人/儿童 \$13/11；⊙周一至周五 10:30~18:30，周六和周日 10:00起；🅿🍴）它是活力洛城运动娱乐中心（见本页）的亮点，内容丰富的互动性展览定义、区分并串联起不同的音乐风格，令音乐爱好者乐而忘返。这座博物馆共有3层，轮换着展览包括迈克尔·杰克逊（Michael Jackson）、惠特尼·休斯顿（Whitney Houston）和碧昂丝（Beyonce）等巨星穿过的衣服，还有贝西伯爵（Count Basie）和泰勒·斯威夫特（Taylor Swift）涂写的字迹，以及摇滚大神们曾经用过的乐器。灵感来了吗？去互动声室试试亲自唱首歌吧，也可以混录或者重新合成一首歌。

◉ 博览会公园（Exposition Park）及周边

博览会公园位于南加州大学（University of Southern California，简称USC）校园南面，这里的一些博物馆能让孩子参观上一整天。户外地标性建筑包括玫瑰园（Rose Garden；见1024页地图；☎213-763-0114；www.laparks.org/expo/garden；701 State Dr, Exposition Park；⊙3月16日至12月31日 8:30至日落；🅿；Ⓜ Expo Line至Exposition Park/USC）及洛杉矶纪念体育场（Los Angeles Memorial Coliseum）。该体育场是1932年和1984年夏季奥林匹克运动会的举办地。

停车费\$10左右。从市中心来这里，可以乘坐博览会线（Metro Expo Line）或DASH的F线小型公共汽车。

加州科学中心　　博物馆

（California Science Center；见1024页地图；☎电影排片 213-744-2019，咨询 323-724-3623；www.californiasciencecenter.org；700 Exposition Park Dr, Exposition Park；IMAX电影 成人/儿童 \$8.50/5.25；⊙10:00~17:00；🅿；**免费**）科学中心的头牌是奋进号航天飞机（Space Shuttle Endeavour），是全国仅有的四艘航天飞机之一。不过这座大型多媒体多层博物馆还有其他不少可看的，有无数按钮、灯光开关和旋钮。馆内的模拟地震、小鸡孵化过程和一个名叫苔丝（Tess）的巨型高科技娃娃能让每个人都找回童真。免门票，但特别展览、体验及IMAX电影另外收费。

★ 华兹塔　　地标

（Watts Towers；见1024页地图；☎213-847-4646；www.wattstowers.us；1761-1765 E 107th St, Watts；成人/13~17岁青少年和老年人/13岁以下儿童 \$7/3/免费；⊙团队游 周四和周五 11:00~15:00，周六 10:30~15:00，周日正午至15:00；🅿；Ⓜ Blue Line至103rd St）壮丽雄伟的华兹塔有三座哥特式尖顶，堪称民间艺术最伟大的纪念碑之一。1921年，意大利移民西蒙·罗迪阿（Simon Rodia）开始着手"玩点儿大的"，然后花了33年收集七喜绿色汽水瓶、贝壳、瓷砖、岩石和陶瓷等几乎是随意便可找到的东西，再加上混凝土和钢筋，最终建成了这座自由形态的奇异雕塑。

洛杉矶自然历史博物馆　　博物馆

（Natural History Museum of Los Angeles；见1024页地图；☎213-763-3466；www.nhm.org；900 Exposition Blvd, Exposition Park；成人/学生和老年人/儿童 \$12/9/5；⊙9:30-17:00；🅿🍴；Ⓜ Expo Line至Expo/Vermont）从恐龙到钻石，从熊到甲壳虫，从窸窸窣窣的蟑螂到非洲象，这座科学博物馆将带你游历世界并穿越到数百万年前一窥当时的世界。坐落在一座建于1913

年的西班牙文艺复兴风格的美丽建筑中,这座建筑曾在托比·麦奎尔(Toby McGuire)主演的电影《蜘蛛侠1》中化身为哥伦比亚大学——没错,彼得·帕克(Peter Parker)正是在这儿被放射性蜘蛛咬伤的。这里的内容足够看上几个小时。

好莱坞 (Hollywood)

就如年华渐老的电影明星偶尔需要整容,好莱坞也不例外。虽然它现在还没恢复20世纪中叶"黄金时代"的辉煌,但眼下的颓势正在逐渐消退。好莱坞星光大道(Hollywood Walk of Fame;见1033页地图;www.walkoffame.com; Hollywood Blvd; Red Line至Hollywood/Highland)的人行道上已嵌下了2400多颗名人之星。

地铁红线(Metro Red Line)的车站就在Hollywood & Highland(见1033页地图;www.hollywoodandhighland.com; 6801 Hollywood Blvd; 周一至周六10:00~22:00,周日至19:00; ; Red Line至Hollywood/Highland)的下面。从这座结构巧妙的多层购物中心里能清楚地看到山坡上的好莱坞标志。标志建于1923年,最初是房地产公司Hollywoodland的广告。购物中心提供验证停车服务,2小时内收费$2(单日上限$15)。

★ 好莱坞博物馆   博物馆

(Hollywood Museum;见1033页地图;323-464-7776; www.thehollywoodmuseum.com; 1660 N Highland Ave; 成人/儿童$15/5; 周三至周日10:00~17:00; Red Line至Hollywood/Highland)想要体验旧好莱坞的风采,不要错过这座散发出霉味的明星圣殿,4层楼里塞满了电影和电视剧服装和道具。博物馆所在的蜜丝佛陀大厦(Max Factor Building)建于1914年,1935年重装开业,成为一家富丽堂皇的美容院,由波兰犹太商人、好莱坞化妆品界泰斗马克斯·法克托(Max Factor)掌管。他正是在这里,为好莱坞最著名的银屏女王们施展化妆魔法。

★ 格劳曼中国剧院   地标

(Grauman's Chinese Theatre, TCL Chinese Theatres;见1033页地图;323-461-3331; www.tclchinesetheatres.com; 6925 Hollywood Blvd; 导览游 成人/老年人/儿童$16/13.50/8; ; Red Line至Hollywood/Highland)可曾幻想过成为乔治·克鲁尼(George Clooney)是种怎样的体验?那就到这座享誉全球的电影宫殿的前庭找找他的脚印吧。极具异域风情的宝塔剧院装饰着从中国运来的禅钟和天狗石像,juy从1927年塞西尔·B.德米尔(Cecil B DeMille)的电影《万王之王》(The King of Kings)首映日起便开始播放电影。

好莱坞永恒公墓   墓地

(Hollywood Forever Cemetery;见1024页地图;323-469-1181; www.hollywoodforever.com; 6000 Santa Monica Blvd; 通常8:30-17:00,花店 周一至周五 9:00~17:00,周六和周日至16:00;)天堂般的美化景观、铭刻丰功伟绩的墓碑和史诗般的陵墓为好莱坞最杰出的逝者提供适得其所的长眠之地。长眠于此的名人包括塞西尔·B.德米尔(Cecil B DeMille)、米基·鲁尼(Mickey Rooney)、简·曼斯菲尔德(Jayne Mansfield)、朋克摇滚歌手约翰尼·雷蒙(Johnny Ramone)和迪迪雷蒙(Dee Dee Ramone)。瓦伦蒂诺(Valentino)被安葬于大教堂陵墓(Cathedral Mausoleum;10:00~14:00开放),朱迪·加兰(Judy Garland)则长眠于圣咏修道院(Abbey of the Psalms)。

杜比剧院   剧院

(Dolby Theatre;见1033页地图;323-308-6300; www.dolbytheatre.com; 6801 Hollywood Blvd; 团队游 成人/儿童、老年人及学生 $23/18; 10:30~16:00; ; Red Line至Hollywood/Highland)每年的奥斯卡金像奖颁奖典礼都会在杜比剧院举行,此外,这儿还举办美国偶像决赛、年度卓越体育表现奖[Excellence in Sports Performance Yearly(ESPY)Awards]和日间艾美奖(Daytime Emmy Awards)。该场地每年3月还举办佩利电视节(PaleyFest),即全国最佳电视节。剧院导览游可以带你逛逛礼堂,瞻仰贵宾室,并凑近看看奥斯卡小金人。

格里菲斯公园 (Griffith Park)

这是美国最大的城市公园(见1024页地图;323-644-2050; www.laparks.org; 4730

Hollywood 好莱坞

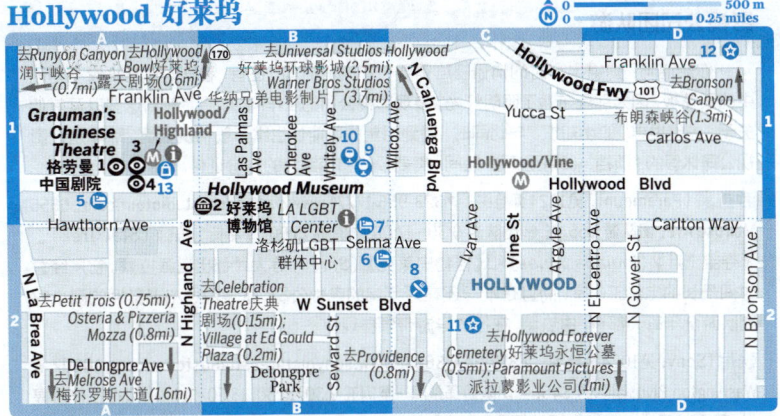

加利福尼亚州 洛杉矶

Crystal Springs Dr; ⏰5:00~22:00, 步道 日出至日落; 🅿️♿ 免费, 比纽约中央公园大5倍, 设有户外剧院、动物园、天文台、博物馆、旋转木马、迷你古董火车、儿童游乐园、高尔夫球场、网球场以及50多英里长的徒步路径, 其中有条路通往最早版本的电视连续剧《蝙蝠侠》(*Batman*)中的洞穴。

★ 格里菲斯天文台　　博物馆

(Griffith Observatory; 见1024页地图; ☎213-473-0890; www.griffithobservatory.org; 2800 E Observatory Rd; 免门票, 天文馆表演 成人/儿童 $7/3; ⏰周二至周五 正午至22:00, 周六和周日 10:00起; 🅿️♿ 🚌DASH Observatory) 免费 这座建于1935年的重要天文台屹立于好莱坞山南坡, 是洛杉矶的地标建筑, 为参观者打开了一扇观察宇宙的窗户。天文馆内拥有全世界最先进的星空投影仪, 天文学触摸显示系统向人们展示了好几个如梦似幻的主题, 从望远镜的演进过程和曾用于绘制太阳系图谱的紫外线技术到宇宙本身。当然天气晴朗的时候这里还可以将洛杉矶盆地(LA Basin)的美景尽收眼底, 包括四周群山及太平洋的风景。

★ 西部遗迹博物馆　　博物馆

(Autry Museum of the American West; 见1024页地图; ☎323-667-2000; www.autrynationalcenter.org; 4700 Western Heritage Way, Griffith Park; 成人/老年人及学生/儿童 $14/10/6, 每月第二个周二免费; ⏰周二至周五 10:00~16:00, 周六和周日 至17:00; 🅿️♿) 这座庞大却鲜为人知

Hollywood 好莱坞

◎ **重要景点**
1 格劳曼中国剧院.................................A1
2 好莱坞博物馆....................................B1

◎ **景点**
3 杜比剧院..A1
4 好莱坞星光大道................................A1

🛏 **住宿**
5 Hollywood Roosevelt Hotel...............A1
6 Mama Shelter....................................B2
7 USA Hostels Hollywood B2

🍴 **就餐**
8 Life Food Organic.............................C2

🍷 **饮品和夜生活**
9 Dirty Laundry....................................B1
10 No Vacancy B1

🎭 **娱乐**
11 ArcLight Cinemas...........................C2
12 Upright Citizens Brigade
    Theatre...D1

🛍 **购物**
13 Hollywood & Highland....................A1

的博物馆由"歌唱牛仔"吉恩·奥特里(Gene Autry)创立, 以当代视角向人们介绍美国西部历史和西部人民, 探索其与该地区当代文化的联系。长设展览展示从美洲原住民传统到19世纪牛仔赶牛和日常边疆生活的方方面

影视公司团队游

你知道吗?拍摄半小时的情景喜剧需要一星期的时间。还有,看剧时你几乎看不到剧中的天花板,因为那里布满了照明灯光。参观影视公司的工作间,你将了解到这些以及其他关于"虚拟世界"的小知识。与此同时,遇到明星的可能性也比一般情况要高,除非是在影视公司休假的"断档"(5月至8月)期间。需要预约和带照片的身份证件。

派拉蒙(Paramount;见1024页地图;323-956-1777;www.paramountstudiotour.com;5555 Melrose Ave;团队游\$55起;团队游 9:30~17:00,末班游 15:00)《星际迷航》(Star Trek)、《夺宝奇兵》(Indiana Jones)和《怪物史莱克》(Shrek)等大片都出自派拉蒙。它是经营时间最长的电影工作室,而且是唯一还在好莱坞的电影公司。露天片场和摄影棚的两小时团队游全年每天都有,由热情、在行的导游带领参观。

索尼(Sony;见1024页地图;310-244-8687;www.sonypicturesstudiostours.com;10202 W Washington Blvd;团队游 \$45;团队游通常周一至周五 9:30,10:30,13:30和14:30)只在工作日提供,两小时团队游包括参观拍摄《黑衣人》(Men in Black)、《蜘蛛侠》(Spider-Man)和《霹雳娇娃》(Charlie's Angels)的摄影棚。梦境人会在《绿野仙踪》(The Wizard of Oz)的黄砖路上蹦蹦跳跳;拍摄这部电影的时候,这里还是备受尊敬的米高梅公司(MGM studio)。

华纳兄弟(Warner Bros;见1024页地图;877-492-8687,818-972-8687;www.wbstudiotour.com;3400 W Riverside Dr, Burbank;团队游 成人/8~12岁儿童\$62/52起;8:30~15:30,6月至8月 开放时间延长;155, 222, 501距离团队游中心约400码停车)团队游能让人一窥大电影公司的幕后,非常有趣,也最真实。游览包括两小时的导游团和48号工作室(Studio 48)自助游,以播放华纳兄弟最著名的两部热门电影作为开始——《无因的反叛》(Rebel Without a Cause)和《爱乐之城》(La La Land)——然后乘电车飞快前往摄影棚、场地景和技术部,包括道具、服装和油漆车间。团队游每天都有,通常每隔半小时一次。

面;找找带精美雕刻的老式沙龙酒吧。你还能见到好莱坞著名西部片的服装和道具,比如《飞燕金枪》(Annie Get Your Gun),另外还有轮换的艺术展览。

洛杉矶动物园和植物园　　动物园

(Los Angeles Zoo & Botanical Gardens;见1024页地图;323-644-4200;www.lazoo.org;5333 Zoo Dr, Griffith Park;成人/老年人/儿童\$20/17/15;10:00~17:00,圣诞节闭园;P)洛杉矶动物园内有1100多只或带鳍的或长羽毛的、或毛茸茸的动物朋友,共计250多个品种,它们总能迷倒小朋友。但去过更大动物园的成年人可能会觉得这个地方有些普通。为了节省时间,可以在网上买票。自带饮食可以省钱,动物园内的饮食价格偏高。

西好莱坞和中城
(West Hollywood & Mid-City)

在西好莱坞,彩虹旗骄傲地飘扬在Santa Monica Blvd大道上方;名流们出没于传说中的日落大道(Sunset Strip),他们在俱乐部里的不当行为让八卦小报的记者们喜不自禁。Robertson Blvd大道和Melrose Ave大道上的时尚精品店为好莱坞名流们提供最新的潮流风尚。西好莱坞同时还是先锋室内设计、时装和艺术的策源地,特别是在**西好莱坞设计区**(West Hollywood Design District;http://westhollywooddesigndistrict.com)一带。再往南,在Fairfax Ave东边、被称为博物馆街(Museum Row)的Wilshire Blvd上,集中了一些洛杉矶最好的博物馆。

★洛杉矶县立艺术博物馆　　博物馆

(Los Angeles County Museum of Art,简称LACMA;见1036页地图;323-857-6000;www.lacma.org;5905 Wilshire Blvd, Mid-City;成人/儿童\$15/免费,每月的第2个周二 免费;周一、二和周四 11:00~17:00,周五 至20:00,周六和周日 10:00~19:00;P;Metro lines 20, 217, 720,

780至Wilshire & Fairfax）美国西部最大的这座博物馆其藏品的质量和数量都令人赞叹。藏品伦勃朗（Rembrandt）、塞尚（Cézanne）、马格里特（Magritte）、玛丽·卡萨特（Mary Cassatt）和安塞尔·亚当斯（Ansel Adams）等大师的作品，还有来自中国、日本、前哥伦比亚、古希腊、古罗马和古埃及的具有上千年历史的珍贵雕塑。最近收录的藏品有大型户外装置艺术品，比如克里斯·波顿（Chris Burden）的《城市之光》（Urban Light；由几百盏洛杉矶老式街灯组成的超现实自拍背景）和迈克尔·黑泽尔（Michael Heizer）的《悬浮巨物》（Levitated Mass），340吨的巨石坐落于一条通道的上方，以惊奇的方式赋予人们灵感。

拉布里亚沥青坑博物馆　　博物馆

（La Brea Tar Pits & Museum；见1036页地图；www.tarpits.org；5801 Wilshire Blvd, Mid-City；成人/学生和老年人/儿童\$12/9/5, 9月至次年6月 每月第一个周二 免费；◎9:30~17:00；P🚻）史前时代，猛犸象、剑齿虎和恐狼曾在洛杉矶的大草原上游荡。我们能知道这一点，要得益于拉布里亚沥青坑下方满是头骨和骨骼的考古宝库，这儿是世界上最丰富、最著名的化石遗址之一。这里修建了一座博物馆，一代代年轻的"恐龙猎人"前来寻找化石，馆内研究室里的讲解员用演示的方式给他们介绍古生物学。

◎ 贝弗利山及西区
(Beverly Hills & the Westside)

这里主要的文化景点是**盖蒂艺术中心**（Getty Center），位于布伦特伍德（Brentwood）丘陵。西木村有加州大学洛杉矶分校（UCLA），校园环境非常优美；有**汉默博物馆**，主要展有现代艺术作品(Hammer Museum；见1024页地图；☎310-443-7000；www.hammer.ucla.edu；10899 Wilshire Blvd, Westwood；◎周二至周五 11:00~20:00, 周六和周日至17:00；P) **免费**；还有名人荟萃的**西木村纪念公园公墓**(Westwood Village Memorial Park Cemetery；见1024页地图；☎310-474-1579；1218 Glendon Ave, Westwood；◎8:00~18:00；P)。三处之间的距离步行均可到达。处于贝弗利山的罗迪欧大道（Rodeo Dr）是观看人来人往的最佳地点。

名人故居导览游从好莱坞出发。

★ 盖蒂艺术中心　　博物馆

（Getty Center；见1024页地图；☎310-440-7300；www.getty.edu；1200 Getty Center Dr, 紧邻I-405 Fwy；◎周二至周五、周日 10:00~17:30, 周六 至21:00；P🚻；🚌734, 234）**免费** 斥资数十亿美元打造的盖蒂艺术中心高耸入云，位于远离城市污浊的山顶，馆内有三大看点：明星级藏品囊括了从中世纪的三折画到巴洛克雕塑和印象派的绘画等众多作品；理查德·迈耶（Richard Meier）前卫的建筑设计；随着季节轮转而变化的绝美花园。入场免费，不过停车费高达\$15（15:00后\$10）。

★ 宽容博物馆　　博物馆

[Museum of Tolerance；见1024页地图；☎预约 310-772-2505；www.museumoftolerance.com；9786 W Pico Blvd；成人/老年人/学生 \$15.50/12.50/11.50，安妮·弗兰克展览（Anne Frank Exhibit）成人/老年人/学生\$15.50/13.50/12.50；◎11月至次年3月周日至周三和周五10:00~17:00, 周四 至21:30, 周五 至15:30；P]由非营利性组织西蒙－维森塔尔中心（Simon Wiesenthal Center）管理的这座博物馆利用互动技术让参观者对种族主义和偏执思想进行探讨和思考，参观者无不动容。博物馆重点介绍的是大屠杀，所以地下室的主要展览审视了导致大屠杀的社会、政治和经济条件，以及数百万被迫害者的经历。位于博物馆第2层的另一个重要展览近距离地介绍了安妮·弗兰克（Anne Frank）的生平和影响力。

★ 弗雷德里克·R.韦斯曼
艺术基金会　　博物馆

（Frederick R Weisman Art Foundation；见1024页地图；☎310-277-5321；www.weismanfoundation.org；265 N Carolwood Dr；◎周一至周五 90分钟导览游 10:30和14:00, 仅限预约）**免费** 已故企业家、慈善家弗雷德里克·R.韦斯曼（Frederick R Weisman）对艺术的热情永无止境，逛逛他在霍尔姆比希尔斯（Holmby Hills）的故居就知道了。从地板到天花板，这栋房子，及其修剪齐整的院子里，到处都是毕加索、康定斯基、米罗、马格里特、罗斯科、沃霍尔、劳申贝格和拉斯查等艺术家的非凡作

West Hollywood & Mid-City 西好莱坞和中城

品。这里甚至还有一辆凯斯·哈林绘制的摩托车。游览应该至少提前几天预约。

◎ 马里布(Malibu)

海滩为王,这是当然。无论是否能在斗牛士海滩的砂岩石塔和祖胸晒太阳的人中间找到一片沙滩,或者在祖玛海滩和西部海滩宽广的浅色沙地惬意放松,你都能度过一个难忘的下午。这里是名人聚集的中心。很多一线明星都在这里安家,在颇具乡村风味的购物区Malibu Country Mart(见1024页地图;☎310-456-7300; www.malibucountrymart.com; 3835 Cross Creek Rd, Malibu; ⏰周一至周六10:00至午夜,周日至22:00; ♿; 🚌MTA line 534)里,说不定还能看到他们的身影呢。

峡谷纵横的马里布溪州立公园(Malibu Creek State Park; 见1024页地图; ☎818-880-0367; www.malibucreekstatepark.org; 1925 Las Virgenes Rd, Cornell; 停车$12; ⏰黎明至黄昏)是马里布两大自然瑰宝之一,拥有众多登山步道(停车费$12),也是热门的影视剧取景地。此外,马里布还有不少著名海滩,

West Hollywood & Mid-City 西好莱坞和中城

◎ **重要景点**
1 洛杉矶县立艺术博物馆..................C5

◎ **景点**
2 格罗夫..C4
3 拉布里亚沥青坑博物馆..................D5
4 埃德古尔德广场村........................E2

🛏 **住宿**
5 Chateau Marmont........................B1
6 Palihotel.....................................C3

🍴 **就餐**
7 Canter's......................................C3
8 Catch LA.....................................A3
9 EP & LP......................................B3
10 Original Farmers Market............C4
11 Osteria & Pizzeria Mozza............E3
12 Petit Trois..................................E3
13 Providence.................................F3

🍷 **饮品和夜生活**
14 Abbey..A3
15 Bar Marmont..............................C1

⭐ **娱乐**
16 Celebration Theatre...................F2
17 Largo at the Coronet.................B3

🛍 **购物**
18 Fred Segal.................................C3
19 Melrose Avenue........................D3

坐落于可观海景的山坡上，地理位置令人惊艳，这座精致的博物馆仿照公元1世纪罗马别墅而建，占地64公顷的陈列空间展示了石油大亨保罗·盖蒂（J Paul Getty）收集的希腊、罗马和伊特鲁里亚文物；它们的年代可以追溯至7000年前。展馆、柱廊、庭院和枝繁叶茂的花园到处可见各种雕带、半身像和马赛克，具有千年历史的雕花玻璃、吹制玻璃和彩色玻璃，在彩色大理石厅（Hall of Colored Marbles）还有令人头晕目眩的几何构型。其他亮点包括庞培喷泉（Poempeii fountain）和赫拉克勒斯神庙（Temple of Herakles）。

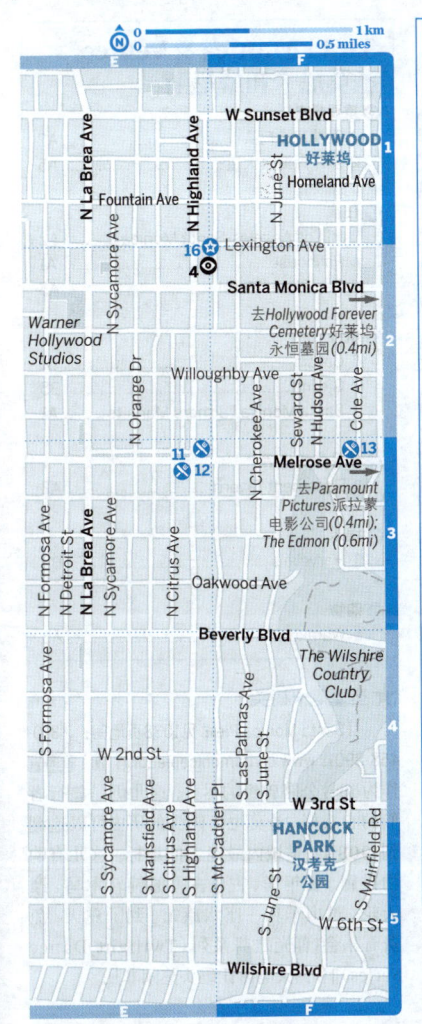

包括马里布码头附近名副其实的冲浪者海滩（Surfrider）、罕为人知的斗牛士海滩（El Matador）、适合全家共游的祖玛海滩（Zuma Beach）和野韵十足的杜马角州立海滩（Point Dume），海滩停车收费$3至$12.50不等。

★ **盖蒂别墅博物馆** 博物馆
（Getty Villa；见1024页地图；📞310-430-7300；www.getty.edu；17985 Pacific Coast Hwy, Pacific Palisades；⏰周三至周一10:00~17:00；🅿♿；🚌line 534至Coastline Dr）免费

◎ **圣莫尼卡**
圣莫尼卡是南加州海滩中的佼佼者。这

Santa Monica & Venice
圣莫尼卡和威尼斯

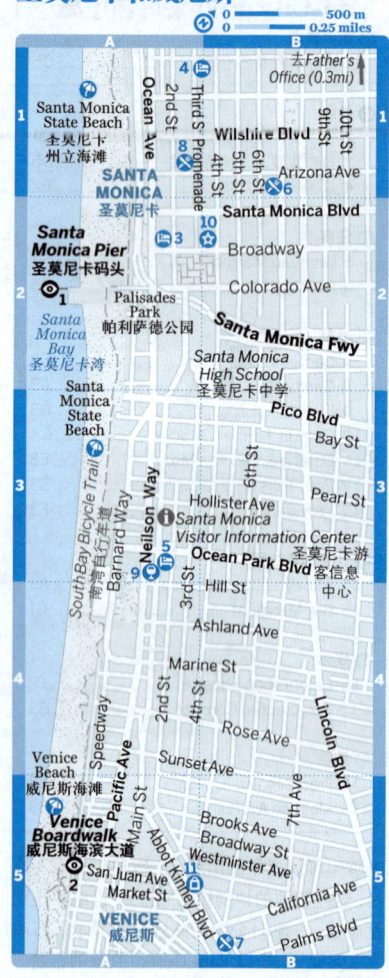

重要景点
1. 圣莫尼卡码头..................A2
2. 威尼斯海滨大道..................A5

住宿
3. HI Los Angeles-Santa Monica..................A2
4. Palihouse..................A1
5. Sea Shore Motel..................A3

就餐
6. Cassia..................B1
7. Gjelina..................B5
8. Santa Monica Farmers Markets..................A1

饮品和夜生活
9. Basement Tavern..................A3

娱乐
10. Harvelle's..................B2

购物
11. Waraku..................A5

★ 圣莫尼卡码头   地标

（Santa Monica Pier；见1038页地图；☏310-458-8901；www.santamonicapier.org；ⓟ）免费

作为66号公路曾经的尽头，这儿仍是旅行者们的心头好。圣莫尼卡码头的历史可以追溯到1908年，是城内最迷人的地标。这儿有购物拱廊、嘉年华、古色古香的旋转木马、摩天轮、过山车和一座水族馆。到了夏天，免费音乐会[暮光之舞系列（Twilight Dance Series）]和露天电影让码头热闹非凡。

◉ 威尼斯（Venice）

不管是海滩、运河还是湿地，你在这些海滨地带永远不会离水太远。准备好来威尼斯的海滨大道（Boardwalk）享受一场独一无二的感官盛宴吧。小麦色肌肤的健身达人与街头艺人、卖太阳镜的小贩、比基尼女郎、穿墨西哥斗篷的人、磕大麻的人摩肩接踵，与此同时，骑行者和轮滑者嗖地一声从自行车小径上飞驰而过，滑板玩家和涂鸦艺术家各有自己的地盘。几个街区之外，威尼斯运河（Venice Canals）两旁或时髦或现代的房屋能让你感受到优雅的宁静，而这片街区也因

里既有都市的"酷"劲儿，又有悠闲自在的氛围。旅行者、青少年和街头艺人们蜂拥来到商店林立的Third Street Promenade步行街。如果要找更具当地特色的地方，颇受名人青睐而时尚的Montana Avenue或包罗万象的Main Street都是不错的选择，后者更曾被戏称为"狗镇"（Dogtown）——它不但是这一地区的核心，还是滑板文化的发祥地。

市区大多数公共停车库都提供90分钟的免费停车服务。

运河而得名。想找更宁静的海滩，可以前往马里纳德尔雷（Marina Del Rey）半岛（美国最大的一座游船码头就在其内陆），或者前往巴略纳湿地（Ballona Wetlands）附近的普拉亚-德尔雷伊（Playa del Rey），那儿有开阔的海滩。

◉ 长滩（Long Beach）

长滩沿着洛杉矶南翼蜿蜒展开，拥有世界第三大集装箱码头，仅次于新加坡和中国香港。如今已很难在改头换面的海岸和市中心地区看到工业的痕迹——市中心的Pine Ave如今是餐厅和酒吧的聚集地。

地铁蓝线（Metro Blue Line）连通长滩与洛杉矶市中心，车程不到1小时。你可以乘坐免费的Passport（www.lbtransit.org）迷你公交车穿梭于主要景点之间。

★ 爱荷华号战列舰　　　　博物馆、纪念馆

（Battleship Iowa；见1024页地图；☎877-446-9261；www.pacificbattleship.com；Berth 87, 250 S Harbor Blvd, San Pedro；成人/老年人/儿童$20/17/12；◉10:00～17:00，最后入馆时间16:00；ⓅⓌ；ⓂMetro Silver Line）这艘"二战"至"冷战"时期服役的战列舰如今永远地停泊在圣佩德罗湾（San Pedro Bay），作为博物馆面向游客开放。它巨大无比——887英尺长（比泰坦尼克号还长5英尺），高度大概相当于一座18层大楼。踏上舷梯，下载App，借助自助语音导览了解一切，从富兰克林·德拉诺·罗斯福住过的特等舱到导弹塔和军人厨房，"二战"时期，那里面每天可以做出8000份热菜。

★ 太平洋水族馆　　　　　　　　　水族馆

（Aquarium of the Pacific；见1024页地图；☎票务 562-590-3100；www.aquariumofpacific.org；100 Aquarium Way, Long Beach；成人/老年人/儿童$30/27/19；◉9:00～18:00；ⓅⓌ）太平洋水族馆能提供长滩最令人着迷的体验，在这座巨大的高科技室内海洋馆内，鲨鱼游来游去，水母翩翩起舞，海狮们嬉戏玩闹。四大再造栖息地下加利福尼亚（Baja California）海湾和珊瑚礁区、北太平洋极寒地区、热带珊瑚礁区、当地海藻森林区内共生活着11,000多只生物。

★ 拉丁美洲艺术博物馆　　　　　博物馆

（Museum of Latin American Art；见1024页地图；☎562-437-1689；www.molaa.org；628 Alamitos Ave, Long Beach；成人/老年人和学生/儿童$10/7/免费，周日免费；◉周三、周四、周六和周日11:00～17:00，周五至21:00；Ⓟ）这座瑰宝般的博物馆是美国唯一一所展示拉丁美洲和美国拉丁社区1945年以后艺术成就的博物馆，有重要的临时和巡回展览。加勒比海艺术展和洛杉矶本地艺术家弗兰克·罗梅罗（Frank Romero）的作品展都是最近的重量级展览。

◉ 帕萨迪纳（Pasadena）

帕萨迪纳坐落于巍峨高耸的圣盖博山（San Gabriel Mountains）下。这座城市处处透着富有与优雅，是一个与洛杉矶市区截然不同的世界。帕萨迪纳因20世纪早期的精致工艺美术建筑及新年的玫瑰花车大游行（Tournament of Roses Parade）而闻名。

帕萨迪纳老城（Old Town Pasadena）位于Pasadena Ave以东的Colorado Blvd一线，你可以在这里漫步于林立的商店、咖啡馆、酒吧和餐馆之间。地铁金线（Metro Gold Line）连接帕萨迪纳和洛杉矶市中心（20分钟）。

★ 亨廷顿图书馆、收藏馆和
植物园　　　　　　　　　　博物馆、花园

（Huntington Library, Art Collections & Botanical Gardens；见1024页地图；☎626-405-2100；www.huntington.org；1151 Oxford Rd, San Marino；成人工作日/周末和法定假日$23/25，儿童$10，每月首个周四免费；◉周三至周一10:00～17:00；Ⓟ）洛杉矶最宜人和最具灵气的景点，亨廷顿拥有各种世界级的艺术品、悠久的图书馆历史及超过120英亩的多主题花园（随便哪一座本身都值得一游），全都坐落在富丽堂皇的院子之间，所以亨廷顿有充分的理由成为所有加州之行的亮点。这里可以看的东西太多了，的确令人不知该从何逛起；即使简单游览也要留出3至4小时时间。

★ 盖博宅邸　　　　　　　　　　　建筑

（Gamble House；见1024页地图；☎咨询626-793-3334，票务844-325-0712；www.gamblehouse.org；4 Westmoreland Pl, Pasadena；团队游 成人/儿童$15/免费；◉团队游9月至次年5

月 周四和周五11:30-15:00，周六和周日 正午至15:00，6月至8月 周四至周六 11:00~15:00，周日正午至15:00，书店 周二 11:00~14:00，周四至周日 10:00~17:00；ℙ）这幢宅邸位于帕萨迪纳中心西北部，被称为美国十大建筑意义重大的住宅之一，它建于1908年，是加州工艺美术建筑的代表作，由查尔斯·格林（Charles Greene）和亨利·格林兄弟（Henry Greene）为宝洁公司的所有人大卫·根堡（David Gamble）设计。运用17种木材、艺术玻璃和柔和光线，整座房子就是一件艺术品，由于统一的设计理念和源自南加州及其周边地区以及日本和中国的风格主题，它的地基、家具装潢和固定设施得以和谐地融为一体。

诺顿·西蒙博物馆　　　　　　　　　　博物馆

（Norton Simon Museum；见1024页地图；www.nortonsimon.org；411 W Colorado Blvd, Pasadena；成人/儿童 $12/免费；⊙周一、周三和周四 正午至17:00，周五和周六 11:00~20:00，周日11:00~17:00；ℙ）在这座精美的博物馆里，众多藏品组成了一曲完整的交响乐，罗丹（Rodin）的《加莱义民》（*The Burghers of Calais*）矗立在入口，却仅仅算得上是其含义微妙的序曲。诺顿·西蒙（Norton Simon，1907~1993年）既是点石成金的企业家，也是狂热的艺术爱好者，他曾斥资数百万收藏这些令人赞叹不绝的西方画作和亚洲雕塑。内容翔实的介绍将每件展品的故事娓娓道来。

🏃 活动

虽然洛杉矶人要花很长时间堵在路上，但不妨碍他们喜欢运动。洛杉矶拥有沿途风景壮丽的登山徒步线路、全美最大的城市自然保护区，还有冲浪者最爱的海滩，可谓是专为惊险刺激的快节奏体验而生。考虑到每年将近300天都是灿烂阳光的日子，你就能明白当地人看起来为什么这么愉快了。

徒步

如果你不感觉徒步不像是洛杉矶本地的活动，且慢，再想想。无数峡谷和两处山脉勾勒出洛杉矶的形状，并将其环绕。圣盖博山（San Gabriel Mountains）的小径从威尔逊山（Mt Wilson）蜿蜒伸入花岗岩山巅处的荒野，那里曾经是加布列莱诺人（Gabrielino）的地盘，也是加利福尼亚州最后一处还能见到灰熊的地方。丘马什人（Chumash）曾游荡的圣莫尼卡山（Santa Monica Mountains；www.nps.gov/samo/index.htm）面积较小，但依然丛林茂密，群峰苍莽，高耸的山崖距太平洋有万丈之距离，风景蔚为壮观。巴克本小径（Backbone Trail）横贯圣莫尼卡山脉，但大家最喜欢的徒步线路还是攀登桑兹通峰（Sandstone Peak）。在托潘加峡谷州立公园（Topanga Canyon State Park；见1024页地图；📞310-455-2465；www.parks.ca.gov；20828 Entrada Rd, Topanga；每辆车 $10；⊙8:00至黄昏）、马里布峡谷（Malibu Canyon；见1024页地图；Malibu Canyon Rd, Malibu）、波因特穆古（Point Mugu）和里奥·卡利罗（Leo Carrillo；📞310-457-8143；www.parks.ca.gov；35000 W Pacific Coast Hwy, Malibu；每辆车 $12；⊙8:00~22:00；ℙ🚻）州立公园一日徒步同样值得一试。如果你只有一两个小时时间，可以逛逛好莱坞的鲁尼恩（Runyon；见1024页地图；www.runyoncanyonhike.com；2000 N Fuller Ave；⊙黎明至黄昏）或布朗森（Bronson；见1024页地图；📞818-243-1145；www.laparks.org；3200 Canyon Dr；⊙5:00~22:30）峡谷。想要了解关于加利福尼亚南部及周边小径的更多建议，可以查看www.trails.com或购买《洛杉矶县徒步指南大全》（*Afoot and Afield: Los Angeles County: A Comprehensive Hiking Guide*；Wilderness Press；2009）、《洛杉矶隐秘小径指南》（*Secret Walks: A Walking Guide to the Hidden Trails of Los Angeles*；Santa Monica Press；2015）或《60条60英里以内徒步线路》（*60 Hikes Within 60 Miles*；Menasha Ridge Press；2009）。

骑车和直排轮滑

脚踩直排轮滑鞋或是自行车踏板，置身风景如画的南湾自行车道（South Bay Bicycle Trail）之中吧，这条车道与圣莫尼卡到太平洋帕萨德斯（Pacific Palisades）之间长达22英里的海滩平行。热闹的海滩小镇上有许多出租装备的店。警告：周末十分拥挤。

冲浪和游泳

马里布的里奥·卡利罗州立公园（Leo Carrillo State Park）、圣莫尼卡州立海滩（Santa Monica State Beach）和南湾的赫摩萨海滩（Hermosa Beach）都是顶级的沙滩浴场，最适合游泳。马里布的冲浪者海滩（Surfrider Beach）更是传奇冲浪胜地。停车费随季节变化。

很遗憾，"无尽的夏日"只是一个神话——在一年中的大部分时间，在太平洋里游泳都需要穿保暖水衣。6月的水温还可以，8月的水温最高，但也不会超过70°F（21℃）。水质不一，想要了解具体信息请访问http://brc.healthebay.org查阅"海滩报告卡"（Beach Report Card）。

👉 团队游

★ 埃索图尔克 巴士游

（Esotouric；📞213-915-8687；www.esotouric.com；团队游 $58）乘坐巴士探索洛杉矶耸人听闻却又极其迷人的阴暗之面，给你带来另类独特的体验，兼具娱乐性和深度思考。有众多游览主题可供选择，包括探索著名犯罪现场，如"黑色大丽花"（Black Dahlia），寻找文学巨匠[如著名推理小说家钱德勒（Chandler）和小说家布考斯基（Bukowski）]以及围绕更多其他主题展开。

★ Los Angeles Conservancy 步行

（📞213-623-2489；www.laconservancy.org；成人/儿童$15/10）洛杉矶市中心引人入胜的历史遗迹和建筑瑰宝——无论是装饰艺术风格的顶层豪华公寓，还是学院派风格的艺术舞厅，抑或是耀眼炫目的默剧剧院——均在这家非营利组织的2.5小时步行游中一一展现。如果想看看洛杉矶历史悠久、宏伟壮观的电影院内部，这家机构还提供"最后余下的席位"（Last Remaining Seats）电影系列活动，在镀金的剧院里面播放经典影片。

★ 逝者之旅 巴士游

（Dearly Departed；📞855-600-3323；www.dearlydepartedtours.com；团队游 $50~85）这条游览线路已经运营多年，偶尔令人寒毛直立，多数时候令人捧腹，游览后你会得知名流们"翘辫子"、乔治·迈克尔（George Micheal）掉裤子、休·格兰特（Hugh Grant）接受某种服务和查尔斯·曼森（Charles Manson）一伙谋杀莎朗·泰特（Sharon Tate）的地点。儿童不宜。

✪ 节日和活动

周五狂欢节 街头狂欢节

（First Friday；www.abbotkinneyfirstfridays.com；⊙每个月的第一个周五 17:00~23:00）每逢这个月月举办的街头集市，Abbot Kinney Blvd的商铺都会营业至深夜，街上到处是美食车。

奥斯卡颁奖典礼 电影节

（Academy Awards；www.oscars.org）在杜比剧院紧邻红毯的看台上朝自己最喜欢的电影明星暗送秋波吧。每年11月或12月就可申请成为700个左右的幸运观众之一。颁奖典礼通常在2月底或3月初举行。

玫瑰花车大游行 节日游行、体育

（Rose Parade；www.tournamentofroses.com；⊙1月）元旦当天，饰满鲜花的花车巡游队伍会蜿蜒穿过帕萨迪纳。玫瑰花车展期间，在胜利公园可以近距离观赏。要避开交通高峰，可以搭乘轻轨金线前往Memorial Park站。

西好莱坞万圣节嘉年华 嘉年华

（West Hollywood Halloween Carnaval；www.visitwesthollywood.com/halloween-carnaval）这场喧闹的街头盛会将吸引500,000名狂欢者，他们大多穿着浮夸或限制级风格的服饰，一心想在万圣节里整日跳舞、蹭吃和调情。10月下旬举办。

🛏 住宿

如果想体验海边生活，推荐住在圣莫尼卡、威尼斯或长滩；时尚猎奇者和派对爱好者会爱上好莱坞或西好莱坞；文化迷应该前往市中心。下列价格不含住宿税（12%~14%）。

🛏 市中心

Ace Hotel 酒店 $$$

（见1028页地图；📞213-623-3233；www.acehotel.com/losangeles；929 S Broadway；阁楼

$400起；P✳@🌐🏊）Ace有182间房间，始终时尚又充满活力，注重奇特的细节：大厅和餐厅里面的哈斯兄弟（Haas Brothers）壁画、屋顶酒吧提供新潮古怪的鸡尾酒、风格复古的房间内有拳击手式浴衣、空白的乐谱等，很多房间还有点唱机或吉他。小房间比较紧凑，所以可以考虑选择中等面积的房间。代客停车每晚$36。

好莱坞

USA Hostels Hollywood 青年旅舍 $

（见1033页地图；☎800-524-6783, 323-462-3777; www.usahostels.com; 1624 Schrader Blvd; 铺$38~49，房间带浴室$120起；✳@🌐；MRed Line至Hollywood/Vine）这家极具亲和力的青年旅舍离好莱坞的聚会场所仅几步之遥。私人客房略显局促，不过在旅舍组织的烧烤晚会、喜剧之夜和各种步行游中，你很容易结交到新朋友。可以免费使用Wi-Fi并享用自制薄饼早餐。旅舍前廊有舒适的躺椅，还提供免费的海滩接驳服务。

★Mama Shelter 精品酒店 $$

（见1033页地图；☎323-785-6666; www.mamashelter.com; 6500 Selma Ave; 房间$179起；✳@🌐；MRed Line至Hollywood/Vine）Mama Shelter酒店风格时尚，价格实惠。大厅摆放的糖果机，桌上足球游戏还有实时直播的客人自拍和视频，让一切都变得有趣起来。标准间面积不大但很酷，床和床品舒适优质，卫生间贴着耐磨瓷砖，还有大小适中的淋浴间。房内别出心裁地放有电影剧本、面具和苹果电视，可以免费收看Netflix。屋顶酒吧是洛杉矶最好的酒吧之一。

★Hollywood Roosevelt Hotel 历史酒店 $$$

（见1033页地图；☎323-856-1970; www.thehollywoodroosevelt.com; 7000 Hollywood Blvd; 双$282起；P✳@🌐🏊；MRed Line至Hollywood/Highland）Roosevelt酒店处处都有好莱坞的传说：秀兰·邓波儿（Shirley Temple）在大厅旁的楼梯上学跳踢踏舞；玛丽莲·梦露（Marilyn Monroe）在游泳池（泳池后经大卫·霍克尼绘制）旁边拍摄自己的第一份平面广告；有人依然能听到演员蒙哥马利·克利夫特（Montgomery Clift）的鬼魂在吹军号。游泳池旁边的房间采用现代主义风格，颇有棕榈泉的气氛，主楼的房间则将20世纪20年代的风情与当代风格相融合。

西好莱坞和中城

★Palihotel 精品酒店 $$

（见1036页地图；☎323-272-4588; www.pali-hotel.com; 7950 Melrose Ave, Mid-City; 房间$195起；P@🌐）我们喜欢它木制镶板的质朴

当地知识

内线动态

在百老汇放映的经典 哪里还能比百老汇古老的电影院更适合观赏经典不衰的电影呢？Cinespia（http://cinespia.org）全年都在历史悠久的市中心剧院放映专题电影，但通常不面向公众开放。很多电影会使用35毫米胶片放映。关于电影的最新信息，可以查看Cinespia网站。

市政厅农贸市场（City Hall Farmers Market）市政厅的南草坪（South Lawn）周四上午将变成美味云集的农贸市场，令人垂涎欲滴。从有机水果和蔬菜到新鲜海鲜、肉类，你能找到各种美食，还有制作特色食品的人和熟食摊位。最棒的一点是，农贸市场销售收入的10%将捐给社区的非营利组织洛杉矶河艺术家和商业协会（LARABA, Los Angeles River Artists and Business Association）。

跑步、瑜伽和啤酒 如果你想要赢来自己的啤酒，可以参加Angel City Brewery（见1047页）每周日上午的"锻炼与啤酒"活动（$15）。活动以30分钟穿越市中心的热身跑步开始，然后进行流瑜伽（Vinyasa Flow）课程（自带垫子）。大汗淋漓之余，收获内心的平静之际，就到了当之无愧的啤酒时间啦。登录www.brew-yoga.com报名。

外墙、大堂抛光的水泥地面、原生态泰式按摩水疗馆和32间现代化客房，客房刷有双色油漆，配备壁挂平板电视，还有摆放沙发的充裕空间，有些客房带有阳台。性价比极佳。

★ Chateau Marmont 酒店 $$$

（见1036页地图；☏323-656-1010；www.chateaumarmont.com；8221 W Sunset Blvd, Hollywood；房间 $450，套 $820起；🅿✳🈷@📶）法式奢华似乎看着有些过时，但这座仿建城堡长期以来一直凭借绝佳的山顶位置、五星级酒店的神秘感和具有传奇色彩的私密氛围吸引到一线明星。霍华德·休斯（Howard Hughes）曾经在套房阳台上观赏比基尼美女，U2乐队的博诺（Bono）同样最喜爱这间套房。即使没别的想法，前往这里的 Bar Marmont（见1036页地图；☏323-650-0575；8171 Sunset Blvd, Hollywood；⏱18:00至次日2:00）喝杯鸡尾酒也是值得的。

🏨 贝弗利山

Avalon Hotel 酒店 $$$

（见1024页地图；☏844-328-2566, 310-277-5221；www.avalon-hotel.com/beverly-hills；9400 W Olympic Blvd, Beverly Hills；房间 $289起；🅿✳@📶🈷）玛丽莲·梦露风头正劲的时候把这里当作公寓。酒店由世纪中期现代主义（MCM）的风格翻新为21世纪的格调，是时尚人士扎堆的地方。时髦复古的房间独具特色，大多数都有拱形墙、大理石桌和床头柜，还有有趣的艺术品和雕塑。酒店的特色之处是拥有一个形状性感的沙漏形游泳池。且称这家酒店为"负担得起的奢华"吧。

★ Montage 酒店 $$$

（见1024页地图；☏888-860-0788；www.montagebeverlyhills.com；225 N Canon Dr, Beverly Hills；房间/套$695/1175起；🅿@📶🈷）恰到好处的浮华和真正的财大气粗，拥有201个房间的Montage酒店在提供温馨亲切的服务中尽显优雅。模特和大人物在华丽的屋顶游泳池旁边享用午餐，酒店庞大的五星级水疗是摩洛哥风格的奇观，带有男女分离和混合的小型游泳池。房间采用古典风格，配有席伊丽（Sealy）定制床垫、大理石双洗浴盆、宽敞的淋浴间和深浴缸。

🏨 圣莫尼卡

HI Los Angeles–Santa Monica 青年旅舍 $

（见1038页地图；☏310-393-9913；www.hilosangeles.org；1436 2nd St；铺 淡季 $27~45, 5月至10月 $40~55，房间 带共用浴室 $109~140，带独立浴室 $160~230；🈷✳@📶；🚇Expo Line至Downtown Santa Monica）毗邻海滩和滨海长廊，地理位置引人艳羡，设施最近经过现代化改造，可以媲美价格高出好多倍的住处。男女宿舍大约共有275个床位，整洁又安全。独立房间装饰时髦别致。公共空间（庭院、图书室、电视间、餐厅、共用厨房）可供休闲和上网。

Sea Shore Motel 汽车旅馆 $$

（见1038页地图；☏310-392-2787；www.seashoremotel.com；2637 Main St；房间 $125~175，套 $200~300；🅿✳📶）这个家庭经营的住所氛围友善，是拥有25间公寓的舒适汽车旅馆，紧邻热闹的Main St（四窗格窗户有助于降低噪音）。铺满瓷砖并饰以藤条的房间设施简单，但第2层房间天花板很高，几门之隔带厨房和阳台的套房（基本上是整套公寓）适合全家人入住。

★ Palihouse 精品酒店 $$$

（见1038页地图；☏310-394-1279；www.palihousesantamonica.com；1001 3rd St；房间/单间公寓$315/350起；🅿✳@📶）这个洛杉矶最吸引人的酒店品牌（不叫Ace）共有38个房间、单间公寓和一室公寓，位于建于1927年的西班牙殖民复兴风格豪宅（Spanish Colonial Embassy Hotel）内，风格是古风与时尚的结合。每个房间都很舒适，略有不同，有些带野餐桌风格的书桌和印有精致动物素描的壁纸。大多数房间都有全套厨房（我们喜欢这里的咖啡杯，上面画的鱼栩栩如生）。

🏨 长滩

★ Hotel Maya 精品酒店 $$

（见1024页地图；☏562-435-7676；www.hotelmayalongbeach.com；700 Queensway Dr, Long Beach；房间 $179起；🅿✳@📶🈷✳）前往玛丽皇后号（Queen Mary）以西，一走进这家精品酒店的大厅，铁锈色的钢板、玻璃和洋红色的镶板，时尚的气息扑面而来。延续这种

帕萨迪纳

★ Bissell House B&B　　　民宿 $$

（见1024页地图；☎626-441-3535；www.bissellhouse.com；201 S Orange Grove Ave, South Pasadena；房间 $159起；[P][🛜][🏊]）这家位于"百万富翁豪宅区"（Millionaire's Row）僻静一隅的维多利亚风格的民宿（1887年）有古色古香的硬木地板和壁炉，如同一座温馨浪漫的堡垒。围有树篱的花园像一座庇护所，还有一座炎夏时可以消暑的泳池。Prince Albert客房内有华丽的壁纸和一个四爪古典浴缸。7间客房都配有私人浴室。

🍴 就餐

带着好胃口来吧。洛杉矶的跨文化杂烩就淋漓尽致地体现在餐桌上，简直就是一场气势恢宏的全球盛宴。从广式小笼包到利古里亚鹰嘴豆烤饼，洛杉矶不缺少地道正宗的菜肴，但对传统的创新才真的令人兴奋。可曾试过韩式墨西哥玉米卷饼？或者素奶油奶酪甜甜圈配果酱、罗勒和浓缩黑醋？在洛杉矶可能会发生很多事情，但对吃感到厌倦是不存在的。

🍴 市中心

Cole's　　　三明治 $

（见1028页地图；☎213-622-4090；http://213hospitality.com/project/coles；118 E 6th St；三明治 $10~13.50；⏰周日至周三 11:00至午夜，周四至周六 至次日2:00；🐕）氛围独特的旧地下室酒馆有老式漆皮沙发座椅、最早的玻璃灯具和老照片，Cole's因其"法式蘸汁三明治发源地"的身份而闻名，这个故事可以追溯至1908年，当时三明治只要5美分。你知道该怎么做——把配有切片牛肉、羊肉、火鸡、猪肉或熏肉的法式面包在原汁里蘸一两下再吃。

★ Sushi Gen　　　日本料理 $$$

（见1028页地图；☎213-617-0552；www.sushigen.org；422 E 2nd St；寿司 $11~23；⏰周二至周五 11:15~14:00和17:30~21:45，周六 17:00~21:45；[P]；[M]Gold Line至Little Tokyo/Arts District）早点来占位，谈笑风生的日本厨师切下入口即化的三文鱼厚片、肥美的金枪鱼腩、日本鲷鱼等。午餐时，可以坐在寿司吧台点菜，或者排队等待餐厅的桌子，可以享受到相当便宜的午餐特价生鱼片（$17）。

★ Otium　　　新派美国菜 $$$

（见1028页地图；☎213-935-8500；http://otiumla.com；222 S Hope St, Downtown；菜肴 $15~45；⏰周二至周四 11:30~14:30和17:30~22:00，周五 11:30~14:30和17:30~23:00，周六 11:00~14:30和17:30~23:00，周日 11:00~14:30和17:30~22:00；🐕）这家趣味缤纷的高人气餐馆位于布罗德博物馆旁边，是一间现代主义风格的餐厅，由厨师蒂莫西·霍林斯沃思（Timothy Hollingsworth）坐镇，成为时下最热门的餐馆。优质的食材以令人意想不到的方式结合：吃起来颇有嚼劲的菰米，苋菜配鳄

带孩子游洛杉矶

在洛杉矶，要让孩子们玩得开心并非难事。适合全家出游的格里菲斯公园（见1032页）内有面积超大的洛杉矶动物园（见1034页），选这里一定不会错。恐龙爱好者可以到拉布里亚沥青坑博物馆（见1035页）和洛杉矶自然历史博物馆（见1031页）寻幽探秘，而小小科学家们则会在格里菲斯天文台（见1033页）和加州科学中心（见1031页）里流连忘返。若喜爱海底生物，就前往长滩的太平洋水族馆（见1039页）吧，圣莫尼卡码头（见1038页）的游乐园可以让任何年龄的孩子各得其乐。**好莱坞环球影城**（Universal Studios Hollywood；见1024页地图；☎800-864-8377；www.universalstudioshollywood.com；100 Universal City Plaza, Universal City；门票 $99起，3岁以下儿童免费；⏰每天，营业时间不定；[P][♿]；[M]Red Line至Universal City）更适合青少年，年龄较小的孩子在这里找不到太多可玩的设施。奥兰治县附近的迪士尼乐园（见1052页）和诺氏浆果乐园（见1053页）一个是主题公园的鼻祖，另一个是主题公园的创新。

梨、甜菜和石榴的花哨沙拉，嚼劲十足的改良全麦通心粉珍宝蟹配上清酒和一片青柠。

★ Bestia　　　　　　　　　　意大利菜 $$$

（见1024页地图；☎213-514-5724；www.bestiala.com；2121 7th Pl；比萨 $16~19，意大利面 $19~29，主菜 $28~120；⊙周日至周四 17:00~23:00，周五和周六 至午夜；P）这么多年以来，这间热闹的工业风格餐厅依然是市内最抢手的预订餐厅之一（至少要提前一周预订）。Bestia餐厅的卖点依然是注重食材、制作精良的意大利风味菜肴，自制的卡拉布里亚香辣酱（nduja）烤比萨，诱人的大荨麻饺子配鸡蛋、蘑菇、榛子伴上意大利乳清干酪。葡萄酒单主打小众的精品葡萄酒。

好莱坞和格里菲斯公园

Life Food Organic　　　　　　素食 $

（见1033页地图；☎323-466-0927；www.lifefoodorganic.com；1507 N Cahuenga Ave；菜肴 $7~14；⊙7:30~21:00；🛜）🌱如果你已经对玉米卷饼和鸡尾酒感到腻烦，可以在这家健康小店清清肠胃。吸着杏仁乳巧克力奶昔，吃着姜黄和藜麦沙拉、辣味素汉堡和巧克力酱馅饼填饱肚子。菜单上有些食物可能听起来有些恶搞，但一切食物都是生素食，营养丰富。

★ Petit Trois　　　　　　　　法国菜 $$

（见1036页地图；☎323-468-8916；http://petittrois.com；主菜 $14~36；⊙周日至周四正午至22:00，周五和周六 至23:00；P）好东西不在个大……比如说无法预订的小小Petit Trois！老板是备受称赞的电视厨师卢多维克·勒费布尔（Ludovic Lefebvre）。美食爱好者挤在两张长桌边上（这儿放不下餐桌）享受口感绝妙、食材新鲜的法式美食，从清淡得不可思议的波尔斯因奶酪煎蛋卷，到被食客称赞不已的双层奶酪汉堡配优质鹅肝酱红酒汁，不一而足。

★ Providence　　　　　　新派美国菜 $$$

（见1036页地图；☎323-460-4170；www.providencela.com；5955 Melrose Ave；午餐主菜 $40~45，品鉴菜单 $120~250；⊙周一至周五 正午至14:00和18:00~22:00，周六 17:30~22:00，周日17:30~21:00；P）作为洛杉矶著名美食评论家乔纳森·戈尔德（Jonathan Gold）连续四年评出的最佳餐厅，这家米其林两星餐厅选用上等海鲜制成精致、诱人的菜肴。有鲍鱼配茄子、芜菁和海苔，还有大螯虾配夏威夷果和带着泥土芳香的黑松露，极为奢侈。

★ Osteria & Pizzeria Mozza　意大利菜 $$$

（见1036页地图；☎酒馆323-2970100，比萨店323-297-0101；http://la.osteriamozza.com；6602 Melrose Ave；比萨 $11~25，酒馆主菜 $29~38；⊙Pizzeria 正午至午夜，Osteria 周一至周五 17:30~23:00，周六 17:00~23:00，周日 17:00~22:00；P）Osteria Mozza用市场新鲜采购的应季食材精心烹制菜品，不过因为有明星厨师马利欧·巴塔利（Mario Batali）的加盟，你可以体验舌尖上的冒险——试想一下，配有珍宝蟹、海胆和墨西哥辣椒的墨鱼面（chitarra freddi）——和他们的精益求精。建议提前预订。隔壁的Pizzeria Mozza更舒适自在，也更便宜，薄皮馅饼撒有南瓜花、番茄和细腻的布拉塔奶酪，让人垂涎欲滴。

西好莱坞和中城

老农贸市场　　　　　　　　　　市场 $

（Original Farmers Market；见1036页地图；☎323-933-9211；www.farmersmarketla.com；6333 W 3rd St；主菜 $6~12；⊙周一至周五 9:00~21:00，周六 至20:00，周日 10:00~19:00；P🛜）这个农贸市场是休闲就餐的绝佳之选，无论什么时候来都可以，尤其是带着淘气小鬼的时候。这儿选择面很广，从秋葵浓汤之类的小餐馆美食到新加坡风味面条和玉米饼，任君选择，可以坐下吃，也可以带走。此前此后都可以光顾隔壁的格罗夫（Grove；见1036页地图；www.thegrovela.com；189 The Grove Dr, Los Angeles；P🛜；🚌MTA lines 16, 17, 780至Wilshire & Fairfax）。

Canter's　　　　　　　　　　　熟食 $$

（见1036页地图；☎323-651-2030；www.cantersdeli.com；419 N Fairfax Ave, Mid-City；⊙24小时；P）作为老牌熟食店，从1931年起就入驻传统的费尔法克斯犹太区，Canter's很难被超越。熟食和烘焙柜台摆放在开阔的店面前面；见多识广的女服务员为客人提供必点

EP & LP
东南亚菜 $$

（见1036页地图；☎310-855-9955；http://eplosangeles.com；603 N La Cienega Blvd, West Hollywood；小盘菜 $10~18，大盘菜 $20~34；◎周一至周五 17:00至次日2:00，周六和周日正午起）澳大利亚2014年度最佳厨师路易·提卡兰（Louis Tikaram）给Melrose和La Cienega的交叉路口处这个洛杉矶最值得羡慕的地方带来了创意大胆的混有斐济—中国风味的美食：斐济酸橘汁腌鱼（kakoda）、清迈沙拉（用调味三文鱼代替肉），还有香酥鸡配黑醋、辣椒和柠檬。

★ Catch LA
创意菜 $$$

（见1036页地图；☎323-347-6060；http://catchrestaurants.com/catchla；8715 Melrose Ave, West Hollywood；分享菜肴 $11~31，晚餐主菜 $28~41；◎周六和周日11:00~15:00，每天 17:00至次日2:00；ℙ）洛杉矶非凡的美食景象可在这里看到。你会发现人行道上有追踪明星食客的狗仔队，餐厅门口有核实你预订情况的服务员，但等到进入3层屋顶餐厅/酒吧，俯瞰西好莱坞，你根本就不记得那些啦。太平洋沿岸风味菜单以创意鸡尾酒及松露生鱼片和黑鳕鱼生菜卷等融合菜肴为特色。

圣莫尼卡和威尼斯
★ Santa Monica Farmers Markets
市场 $

（见1038页地图；www.smgov.net/portals/farmersmarket；Arizona Ave, 2nd St和3rd St之间；◎Arizona Ave 周三 8:30~13:30，周六8:00~13:00，Main St 周日8:30~13:30；♿）如果没有来体验每周一次的户外农贸市场，就不算真的来过圣莫尼卡。有机水果、蔬菜、鲜花、烘焙食品和刚刚剥壳的牡蛎，应有尽有。这个"万人迷"周三市场的位置在3rd和Arizona的交叉路口——规模最大，而且可以说食材最为新鲜，经常有本地厨师来扫货。

★ Gjelina
美国菜 $$$

（见1038页地图；☎310-450-1429；www.gjelina.com；1429 Abbot Kinney Blvd, Venice；蔬菜、沙拉和比萨 $10~18，大盘菜 $15~45；◎8:00至午夜；♿；🚌Big Blue Bus line 18）如果用一家餐馆来定义新威尼斯，那就是这家。在共享大桌的嬉皮士和雅皮士之间找个座位，或者在高雅的石台上找个单独的位置，享用创意十足的小盘菜（辣椒薄荷生鲱鱼浸泡于橄榄油和红橙汁）和绝佳的薄皮木烤比萨。

★ Cassia
东南亚菜 $$$

（见1038页地图；☎310-393-6699；1314 7th St；开胃菜 $12~24，主菜 $18~77；◎周日至周四 17:00~22:00，周五和周六至23:00；ℙ）2015年开业以来，格局通透的Cassia登上了所有本地及全国"最佳洛杉矶餐馆"的名单。主厨布赖恩特·伍（Bryant Ng）将自己的中国—新加坡血统优势发挥在菜肴上，比如咖椰烤面包（配椰子酱、黄油和煮蛋）、"日光浴"虾，还有无所不包的越南沙锅炖菜，里面有排骨、蔬菜、骨髓及各种美味配菜。

长滩
★ Fourth & Olive
阿尔萨斯菜 $$

（见1024页地图；☎562-269-0731；www.4thandolive.com；743 E 4th St, East Village, Long Beach；主菜 $15~29；◎周一和周二16:30~22:00，周三、周四和周日 11:00~22:00，周五和周六 11:00~23:00）这家新开的加州法式小馆有太多可爱之处：来自农贸市场的食材、小农场牛肉和猪肉、自制香肠、牛排薯条和阿尔萨斯酸菜等传统菜肴，还有低调的服务，一切都在房椽高高的屋顶下，还有可以观看时光流逝的大窗户。许多服务员是残疾退伍军人，所以吃得好的同时，你还是在做好事。

帕萨迪纳
Ración
西班牙菜 $$$

（见1024页地图；☎626-396-3090；www.racionrestaurant.com；119 W Green St, Pasadena；小盘菜 $4~14，主菜 $20~58；◎周一至周四 18:00~22:00，周五 11:30~15:00及18:00~22:30，周六 11:30~15:00和17:30~22:30，周日 17:30~22:00；Ⓜ Gold Line至Memorial Park or Del Mar）美食家的最爱，这家极简主义的巴斯克风味餐厅供应罐装酱、炸鸡肉丸子和墨西哥青酱烤大虾等开胃菜。餐厅自行加工凤尾鱼醋酱黄鳍金枪鱼，提供大拼盘（raciónes），包括配以祖传秘制豆酱的生猛鱼类、枣蓉鸭胸和慢炖羊肚。

饮品和夜生活

无论你是喜欢Kurimi有机意式浓咖啡，还是花生酱金巴利精调鸡尾酒，抑或是精选唐人街乌龙茶酿制的saison啤酒，洛杉矶都能适时地为你倒出一杯来。从后工业的咖啡烘焙和自酿工坊到20世纪中叶的娱乐室、传统的好莱坞马提尼酒吧和提供鸡尾酒的保龄球场，洛杉矶的饮品丰富多彩，总能赢得青睐。所以尽情享受吧，为美国最好的城市干杯。

Angel City Brewery　　　　　自酿酒吧

（见1028页地图；213-622-1261；www.angelcitybrewery.com；216 S Alameda St；周一至周四 16:00至次日1:00，周五 至2:00，周六 正午至次日2:00，周日 正午至次日1:00）曾经是制造悬索的地方，现在则酿造和供应精酿啤酒。酒吧位于艺术区外围，是个畅饮IPA和茶味帝国世涛啤酒的热门地方，还可以听听音乐，吃吃餐车的玉米卷饼。

★ No Vacancy　　　　　　　　　酒吧

（见1033页地图；323-465-1902；www.novacancyla.com；1727 N Hudson Ave；20:00~2:00；Red Line至Hollywood/Vine）想在喝鸡尾酒时有许多令人惊奇的元素？可以在网上预约，装扮一番（不要穿运动服、短裤或带商标的服装），前往这栋老式木瓦维多利亚风房屋。深色木镶板和优雅的长凳营造出复古的韵味，几乎每个角落都有吧台，每个都由熟练的酒保负责，滑稽歌舞杂剧的舞者和走钢丝的人让派对上的人群欢乐不已。

★ Dirty Laundry　　　　　　　　酒吧

（见1033页地图；323-462-6531；http://dirtylaundrybarla.com；1725 N Hudson Ave；周二至周六 22:00至次日2:00；Red Line至Hollywood/Vine）位于一栋粉色棉花糖般的公寓大楼下方，这个时尚酒吧有些霉味，天花板低矮，管道裸露，时光迷人。这里有高品质的威士忌，唱机转盘播放时髦有趣的音乐，还能无拘无束地大饱眼福。不过啊，酒吧门口也兴天鹅绒围挡那一套，所以得提前预订一张桌子，才能保证自己进得去。

★ Abbey　　　　　　　　　同性恋酒吧

（见1036页地图；310-289-8410；www.theabbeyweho.com；692 N Robertson Blvd, West Hollywood；周一至周四 11:00至次日2:00，周五 10:00起，周六和周日 9:00起）这儿被誉为全世界最好的同性恋酒吧，对此我们可不质疑。Abbey曾经是一家简陋的咖啡馆，已经扩张为西好莱坞值得记录的酒吧/夜店/餐馆。这里的马提尼和莫吉托的口味如此之多，甚至让人觉得马提尼和莫吉托就是这里发明的，此外这里提供高档酒吧的全套食物（主菜$14至$21）。

★ Polo Lounge　　　　　　　　鸡尾酒吧

（见1024页地图；310-887-2777；www.dorchestercollection.com/en/los-angeles/the-beverly-hills-hotel；Beverly Hills Hotel, 9641 Sunset Blvd, Beverly Hills；7:00至次日1:30）想要获得最正宗的洛杉矶体验，盛装打扮一番，去Beverly Hills Hotel赫赫有名的酒吧畅饮马提尼酒吧。查理·卓别林（Charlie Chaplin）曾长期预订在1号包间享用午餐。1972年，HR.霍尔德曼（HR Haldeman）和约翰·埃利希曼（John Ehrlichman）就是在这儿听说水门事件的爆出。周日有热门的爵士乐早午餐（成人/儿童 $75/35）。

★ Basement Tavern　　　　　　酒吧

（见1038页地图；www.basementtavern.com；2640 Main St；17:00至次日2:00）位于维多利亚式地下室的一家创意地下酒吧，是整个圣莫尼卡里我们最喜欢的酒吧。我们喜欢这里的手工鸡尾酒、舒适的隔间、岛形吧台和夜晚的现场音乐，节目安排以布鲁斯、爵士、蓝草和摇滚乐队为特色。周末非常忙碌，正投我们的喜好，但工作日夜晚会很有特色。

★ Pike　　　　　　　　　　　　酒吧

（见1024页地图；562-437-4453；www.pikelongbeach.com；1836 E 4th St, Long Beach；周一至周五 11:00至次日2:00，周六和周日 9:00起；line 22）毗邻Retro Row，这家航海主题的平价酒吧归社会失真（Social Distortion）乐队的克里斯·里斯（Chris Reece）所有，每个晚上都会邀请酷小子表演现场音乐——需要额外付钱，谢谢——提供一扎扎或一瓶瓶啤酒，还有鸡尾酒，比如麦斯卡尔特（Mezcarita）和格林切拉达（Greenchelada），一种配黄瓜、辣椒和青柠的墨西哥鸡尾酒。

☆ 娱乐

要购买优惠票或半价票，可登录Goldstar（www.goldstar.com）或LA StageTix（www.lastagetix.com），后者仅针对剧院演出。

★ **好莱坞露天剧场** 演出场所

（Hollywood Bowl；见1024页地图；☏323-850-2000；www.hollywoodbowl.com；2301 N Highland Ave；彩排 免费，演出 花费不定；◉6月至9月）要是好莱坞山（Hollywood Hills）没有露天剧场（一个天然的巨型圆形剧场）星空下的户外音乐场地，洛杉矶的夏天就会少了些什么。每年的演出季（通常从6月至9月）包括交响乐、爵士乐队和偶像演出，例如金发女郎（Blondie）、布莱恩·费瑞（Bryan Ferry）和安热莉克·琪蒂欧（Angélique Kidjo）等人的表演。带一件毛衣或毯子，因为晚上会很凉。

★ **正直公民旅剧场** 喜剧

（Upright Citizens Brigade Theatre；见

LGBTIQ的洛杉矶

洛杉矶是全国最gay的城市之一，而且为同性恋文化做出了极大的贡献。你的同性恋雷达可能在全县都会嘀嘀作响，但彩虹旗飘扬得最自豪的是在西好莱坞Santa Monica Blvd一带的"男孩城"（Boystown），大道两边共有数十家激情四射的酒吧、咖啡馆、餐馆、健身院和俱乐部。大多数都面向男同性恋，不过也有不少接待女同性恋和其他各种顾客的场所。周四至周日夜晚是黄金时段。

"男孩城"古铜色皮肤的健美潮人个个帅气美丽。在其他地方，就很难看到这样开放热辣的场景。银湖吸引着各年龄段的人群，有时尚的嬉皮士，还有皮衣牛仔裤型男，而市中心热闹繁荣的场所同样吸引来形形色色的人：嬉皮士、东洛杉矶的拉美裔、反主流文化人士，以及商务人士。威尼斯和长滩则是最惬闲友好的同性恋社区。

如果你不喜欢夜生活，这里还有很多其他结识陌生人和交友的方式。户外选择有Frontrunners（www.lafrontrunners.com）跑步俱乐部和Great Outdoors（www.greatoutdoorsla.org）徒步俱乐部。后者组织日间和夜间徒步，还有街区散步。想要了解洛杉矶精彩有趣的同性恋历史，可以在Out & About Tours（www.thelavendereffect.org/tours；团队游$30起）预订一次步行游。

尽管城里各处都有同性恋剧院，不过Celebration Theatre（见1036页地图；☏323-957-1884；www.celebrationtheatre.com；6760 Lexington Ave, Hollywood）是全国领先的LGBT戏剧演出场地。Cavern Club Theater（见1024页地图；www.cavernclubtheater.com；1920 Hyperion Ave, Silver Lake）喜欢挑战传统的界限，特别是这里令人捧腹大笑的变装演员；剧院位于Casita del Campo餐厅楼下。如果你在这座城市的时候幸运地赶上了洛杉矶男同合唱团（Gay Men's Chorus of Los Angeles；www.gmcla.org）的演出，不要错过：这个神奇的团体从1979年开始一直在演出。

洛杉矶LGBT群体中心（LA LGBT Center；见1033页地图；☏323-993-7400；www.lalgbtcenter.org；1625 Schrader Blvd；◉周一至周五 9:00~21:00, 周六 至13:00）是提供一站式服务的卫生机构，其附属的埃德古尔德广场村（Village at Ed Gould Plaza；见1036页地图；☏323-993-7400；https://lalgbtcenter.org；1125 N McCadden Pl, Hollywood；◉周一至周五 18:00~22:00, 周六 9:00~17:00；ℙ）全年都有艺术展览、戏剧和电影放映活动。

5月中下旬，节日季以长滩骄傲庆典（Long Beach Pride Celebration；☏562-987-9191；www.longbeachpride.com；450 E Shoreline Dr, Long Beach；游行免费，节日门票成人/儿童和老年人$25/免费；◉5月中旬）为开端，然后是6月中旬为期3天的洛杉矶同性恋大游行（LA Pride；www.lapride.org），游行线路是Santa Monica Blvd。万圣节前夕（10月31日），这条街上将有50万名身着奇装异服、信仰各异的人庆祝狂欢。

1033页地图；☎323-908-8702；http://franklin. ucbtheatre.com；5919 Franklin Ave；票价 $5~12）由纽约市《周六夜现场》（*Saturday Night Live*）的演员艾米・波勒（Amy Poehler）、Ian Roberts与马特・贝瑟（Matt Besser）、马特・沃尔什（Matt Walsh）一同始创。每晚演出从脱口秀到即兴表演和幽默短剧，包罗万象，这儿称得上是洛杉矶最好的喜剧中心。代客停车费用$7。

★ Geffen Playhouse 剧院

（见1024页地图；☎310-208-5454；www. geffenplayhouse.com；10886 Le Conte Ave, Westwood）美国巨头和制片人大卫・格芬（David Geffen）狂砸1700万美元，让自己这座地中海风格的剧院恢复原状。该剧院的演出季既有美国经典作品，也有刚刚制作完成的作品，舞台上出现著名的电影和电视演员也不是什么稀奇事。

Largoat the Coronet 现场音乐、表演艺术

（见1036页地图；☎310-855-0530；www. largo-la.com；366 N La Cienega Blvd, Mid-City）从它在费尔法克斯大街（Fairfax Ave）建成的初期开始，Largo就一直是高尚流行文化的摇篮[奠定了扎克・加利费安纳基斯（Zach Galifianakis）的明星地位]。如今作为皇冠剧院（Coronet Theatre）建筑群的一部分，Largo专注于前卫的喜剧，比如莎拉・西尔弗曼（Sarah Silverman）和尼克・奥弗曼（Nick Offerman）的作品，以及富有情怀的夜间音乐会，比如典藏厅爵士乐团（Preservation Hall Jazz Band）。

聚光灯影院 电影院

（ArcLight Cinemas；见1033页地图；☎323- 464-1478；www.arclightcinemas.com；6360 W Sunset Blvd；ⓂRed Line至Hollywood/Vine）指定座位、偶遇明星的可能性和从主流电影到艺术电影的各种影片使得这家拥有14个影厅的电影院成为周边最好的电影院。如果你的品位契合这儿的电影排期，那么建于1963年的、极棒的辛纳拉马巨蛋电影院（Cinerama Dome）便不容错过。

★ 洛杉矶交响乐团 古典音乐

（Los Angeles Philharmonic；见1028页地图；☎323-850-2000；www.laphil.org；111 S Grand Ave）世界级的洛杉矶交响乐团（LA Phil）在委内瑞拉杰出指挥家古斯塔夫・杜达梅尔（Gustavo Dudamel）的指挥棒下，在华特・迪士尼音乐厅奏响经典和前卫的作品。

★ Harvelle's 蓝调

（见1038页地图；☎310-395-1676；www. harvelles.com；1432 4th St；门票 $5~15）这个昏暗的洞窟形状的布鲁斯酒吧自从1931年开业以来始终人气很旺，但不知怎地依然保持一种完好的神秘感。这里的演出虽非大牌，但质量通常很高。周日的托莱多表演（Toledo Show）汇聚灵魂和爵士音乐，还有卡巴莱歌舞，周三夜晚的"全明星情调"（House of Vibe All-Stars）始终紧跟时尚。

道奇体育场 棒球

（Dodger Stadium；见1024页地图；☎866- 363-4377；www.dodgers.com；1000 Vin Scully Ave）说到历史、球队成绩和球迷忠诚度，没有几个球队可以和道奇队争锋。球队最新一任老板花了大约20亿美元买下球队，刷新了美国球队的售价纪录。

斯台普斯中心 体育馆

（Staples Center；见1028页地图；☎213-742- 7100；www.staplescenter.com；1111 S Figueroa St）1999年，随着这座碟形体育和娱乐场馆的揭幕，南方公园第一次躁动起来。它是**洛杉矶湖人队**（Los Angeles Lakers；见1028页地图；☎888-929-7849；www.nba.com/lakers；门票 $30起）、**快船队**（Clippers；见1028页地图；☎213-204-2900；www.nba.com/clippers；门票 $20起）和火花队（Sparks）的篮球主场，也是洛杉矶国王队（LA Kings）的冰球主场。停车费$10至$30不等，取决于活动。

🛍 购物

觉得你自己是个克制的购物者？那旅行结束后来找我们。洛杉矶是从你的钱包勾出卡来的专家。毕竟，你怎么可能不带走那件超级漂亮的复古面料裙装？或者那个搞怪的手提包？还有那个世纪中期现代主义风格的灯具如何？拿来照亮你收藏的限量签名版好莱坞电影剧本，效果完美。独特的创造力和奇思

妙想推动这座城市的发展，从这里的货架可见一斑。

★ Raggedy Threads　　　　　　二手店

（见1028页地图；☎213-620-1188；www.raggedythreads.com; 330 E 2nd St; ◎周一至周六正午至20:00，周日 至18:00；Ⓜ Gold Line至Little Tokyo/Arts District）紧邻小东京主要街区，这是一家面积巨大的美式二手店，有很多漂亮的做旧牛仔裤，还有20世纪50年代以前美国、日本和法国的工作服。你还能找到许多老维多利亚风格服饰、质地柔软的T恤衫和价格实惠的精美绿松石。

★ Last Bookstore in Los Angeles　　书籍

（见1028页地图；☎213-488-0599；www.lastbookstorela.com; 453 S Spring St; ◎周一至周四10:00~22:00，周五和周六 至23:00，周日至21:00）曾经是在Main St沿街铺面一家一人经营的小店，现如今成为加州最大的新书和二手书商店，占据旧银行大楼整整两层。看几眼珍本图书的陈列柜，然后上楼，那里是恐怖和犯罪小说的天下。还有一条书籍隧道和几个艺术展厅。这家商店还藏有超棒的黑胶唱片。

梅尔罗斯大道　　　　　　　　时装和饰品

（Melrose Avenue；见1036页地图）人气很旺的购物区不仅是个消费天堂，也是观察人群的不二之选。你可以看到形形色色的发型（和人群）还有各种各样的东西——从哥特式珠宝首饰到定制款球鞋，从医用大麻到箭猪毛绒玩具，一切待价而沽。

★ Fred Segal　　　　　　　　时装和饰品

（见1036页地图；☎323-651-4129；www.fredsegal.com; 8100 Melrose Ave, Mid-City; ◎周一至周六10:00~19:00，周日 正午至18:00）这里的高端精品店极为密集，既时尚又略显势利，明星和俊男靓女都齐聚这里，抢购Babakul、Aviator Nation和Robbi & Nikki等品牌的最新款。唯一可能看到（某种程度上的）便宜货的时段是9月为期两周的大促销期间。

Waraku　　　　　　　　　　　鞋

（见1038页地图；☎310-452-5300；www.warakuusa.com; 1225 Abbot Kinney Blvd, Venice; ◎10:00~19:00; 🚌 Big Blue Bus line 18）Waraku是某位日本老板为鞋子爱好者开设的一家紧凑小巧的鞋店。这里兼卖一些远东特色的服饰，当然还有如彪马（Puma）和匡威（Converse）等主流街头品牌。大约60%的鞋子是从日本进口的；其他都是国内限量版。

★ 玫瑰碗跳蚤市场　　　　　　市场

（Rose Bowl Flea Market；见1024页地图；www.rgcshows.com; 1001 Rose Bowl Dr, Pasadena；入门费$9起；◎每个月第二个周日9:00~16:30，最后入场时间15:00，提前进场5:00起）从20世纪60年代开始，玫瑰碗足球场每个月都会举办"美国不可思议物品市场"（America's Marketplace of Unusual Items），涌动着淘宝贝的人群。超过2500位摊主和大约20,000名买家聚集在这里，真让人尽兴。

ⓘ 实用信息

危险和麻烦

虽然似乎总与各种危险牵涉不清——枪支、暴力犯罪、地震——但洛杉矶其实是一个相当安全的游览地点。最大的危险是交通事故（要系好安全带——这可是法律规定的），最大的麻烦是城市交通。

媒体

➜ **KCRW 89.9FM**（www.kcrw.com）洛杉矶的文化脉搏，全城最好的广播电台。

➜ **KPFK 90.7 FM**（www.kpfk.org）属于太平洋电台网络；播报新闻和一些开明的谈话节目。

➜ **《洛杉矶周刊》**（LA Weekly; www.laweekly.com）每周提供免费的另类新闻、现场音乐和娱乐排期。

逛逛时尚区（FASHION DISTRICT）

喜欢淘便宜货的人会喜欢市中心西南这个足有100个街区的时装店聚集地，即时尚区（Fashion District）。优惠程度令人吃惊，不过第一次来的人经常会被时尚区的规模和成千上万的选择弄得眼花缭乱。至于方位情况，可以查看www.fashiondistrict.org。

➡ 《洛杉矶时报》(Los Angeles Times；www.latimes.com) 中左翼的主要日报。

医疗服务

Cedars-Sinai Medical Center (☎310-423-3277；http://cedars-sinai.edu；8700 Beverly Blvd) 位于西好莱坞边缘，有24小时急诊室。

南加州大学凯克医学中心 (Keck Medicine of USC；☎323-226-2622；www.keckmedicine.org；1500 San Pablo St) 24小时急诊科，就在市中心以东。

加州大学洛杉矶分校罗纳德·里根医疗中心 (Ronald Reagan UCLA Medical Center；☎310-825-9111；www.uclahealth.org；757 Westwood Plaza, Westwood) 加州大学洛杉矶分校校园的24小时急诊室。

实用信息

洛杉矶市中心游客中心 (Downtown LA Visitor Information Center；见1028页地图；www.discoverlosangeles.com；Union Station, 800 N Alameda St；⊙9:00~17:00；Ⓜ Red/Purple/Gold Lines至Union Station)

好莱坞游客信息中心 (Hollywood Visitor Information Center；见1033页地图；☎323-467-6412；www.discoverlosangeles.com；Hollywood & Highland, 6801 Hollywood Blvd；⊙周一至周六8:00~22:00，周日9:00~19:00；Ⓜ Red Line至Hollywood/Highland)

圣莫尼卡旅游信息中心 (Santa Monica Visitor Information Center；见1038页地图；☎800-544-5319；www.santamonica.com；2427 Main St)

❶ 到达和离开

飞机

洛杉矶国际机场 (Los Angeles International Airport, LAX；见1024页地图；www.lawa.org/welcomeLAX.aspx；1 World Way) 是洛杉矶的主要门户。免费的LAX Shuttle A接驳车往来于9个航站楼之间，停靠在每栋航站楼的到达大厅 (底) 层。出租车、酒店班车和汽车租赁处也在同一楼层。拨打☎310-646-6402，可以预约残障乘客免费小巴。

一些国内航班还会抵达**伯班克好莱坞机场** (Burbank Hollywood Airport, BUR, Bob Hope Airport；见1024页地图；www.burbankairport.com；2627 N hollywood Way, Burbank)，而南边规模较小的**长滩机场** (Long Beach Airport；见1024页地图；www.lgb.org；4100 Donald Douglas Dr) 前往迪士尼乐园非常方便。

长途汽车

灰狗巴士 (见1024页地图；☎213629-8401；www.greyhound.com；1716 E 7th St) 的终点站位于市中心一处工业区域，所以尽量不要在天黑之后到达。

小汽车

在洛杉矶国际机场及洛杉矶各处都可找到常见的国际汽车租赁公司。

火车

美国国铁 (www.amtrak.com) 的列车停靠在市中心历史悠久的**联合车站** (Union Station；☎800-872-7245；www.amtrak.com；800 N Alameda St)。经停洛杉矶的州际列车有每天开往西雅图的海岸星光号 (Coast Starlight)、每天开往芝加哥的西南酋长号 (Southwest Chief) 和每周三班开往新奥尔良的日落特急列车 (Sunset Limited)。太平洋冲浪者号 (Pacific Surfliner) 每天在洛杉矶与圣迭戈、圣巴巴拉和圣路易斯奥比斯波之间往返多趟。

❶ 当地交通

抵离机场

LAX Flyaway (☎866-435-9529；www.lawa.org/FlyAway) 开往联合车站 (市中心)、好莱坞、范努伊斯 (Van Nuys)、加州大学洛杉矶分校附近的西木村 (Westwood Village) 和长滩。单程票价$9.75。想乘坐班次固定的汽车，可以在机场搭乘免费班车前往停车场C。免费班车在LAX城市公交中心 (LAX City Bus Centre) 旁边停靠，那是通往洛杉矶县各个地区的公共汽车枢纽站。

航站楼外边很容易招到出租车。去往洛杉矶市中心费用一律$47。但前往圣莫尼卡预计费用约为$30至$35，前往西好莱坞的费用是$40，前往好莱坞车费$50。以上费用不包括LAX机场附加费$4。

小汽车和摩托车

在洛杉矶开车并不算难事，但在工作日高峰时段 (约为7:00~10:00和15:00~19:00)，郊区的交通状况可能非常糟糕，要做好心理准备。

汽车旅馆通常提供免费的自助停车位，大部分酒店收取$10~45不等的停车费。餐厅、酒店、夜总会通常都提供代客泊车服务，平均收费$5~10。

公共交通

大部分公共交通都由**大都会交通**（Metro；☏323-466-3876；www.metro.net）负责，在其官网还能获取地图、时刻表和线路规划服务。

乘坐Metro的列车和公共汽车，可以购买可以多次使用的TAP卡。可以在Metro车站的自动售票机购买TAP，附加费$1，该卡可以预先设置金额或选择几日卡。普通基本票价是上车$1.75，或日票$7，无限次乘坐。Metro公共汽车可以使用单程票或预设日卡的TAP（确定你有零钱）。使用TAP卡的时候，在车站入口或车辆门口的刷卡器刷卡即可。

DASH和市政公交线路也可以使用TAP卡，还可以在自动售票机或TAP网站（www.taptogo.net）充值。

出租车

考虑到洛杉矶的城市规模和繁忙的交通，搭乘出租车费用不菲。按里程计费的出租车起步价为$2.85，每英里加收$2.70。除了可在机场、火车站及主要的大酒店门口排队等候出租车外，最好还是打电话叫车。

南加利福尼亚州海岸
（SOUTHERN CALIFORNIAN COAST）

迪士尼乐园和阿纳海姆（Disneyland & Anaheim）

迪士尼乐园是西海岸首个主题公园，享有"地球上最快乐的地方"的美誉。**迪士尼乐园**（见1024页地图；☏714-781-4636；www.disneyland.com; 1313 Harbor Blvd；成人／3～9岁儿童1日通票$97/91起，2日公园通票$244/232；◎每天开放，各季节时间不定）是一个纯净、充满魅力又古灵精怪的平行世界。这儿还是个"以想象为动力"的超现实世界，员工们被称为"剧组成员"，园内充满了欢乐气氛，每天都有游行。每年都有超过1600万人次的孩子、老人、蜜月情侣和来自世界各地的旅行者到访。

迪士尼乐园于1955年盛大开幕，阿纳海姆（Anaheim）这个平凡的城市也随之发展了起来。如今，迪士尼乐园度假区（Disneyland Resort）包括了原本的迪士尼主题乐园和新设立的加州冒险乐园（California Adventure Park）。除了迪士尼以外，阿纳海姆这个城市本身也开发了几处非常有意思的地方。

◎ 景点和活动

纯真无邪、乐趣缤纷的**迪士尼乐园**依然是按照沃尔特（Walt）的最初规划设计的。在这儿，你可以找到和迪士尼联系最紧密的游乐设施和景点——美国大街（Main Street, U.S.A.）、睡美人城堡（Sleeping Beauty Castle）和明日世界（Tomorrowland）。

迪士尼乐园度假区（Disneyland Resort）的**迪士尼加州冒险乐园**（Disney California Adventure），面积更大，人比较少，展现了黄金之州（Golden State，加州的别称）辉煌的自然风光和人文景观。这里的游乐设施相对原乐园较少，也显得不那么梦幻。园内最棒的游乐设施是飞跃世界（Soarin' Around the World）虚拟悬挂式滑翔机，还有"银河护卫队——使命突围！"（Guardians of the Galaxy - Mission: BREAKOUT!），让你体验沿着升降机轨道从183英尺的高处自由落体的感觉。

两个主题乐园都玩遍至少需要两天，因为热门的游乐设施可能需要你等上一个小时甚至更久。为了减少等待的时间，你可以选择在周中来（特别是在夏季），并在开门前就到达，提前上网买好可自行打印的门票，使用乐园的FASTPASS系统预先安排好部分游乐设施和景点的游览时间。可登录官网查询季节性的开放时间以及游行、演出和燃放烟花的时间表。

尽管迪士尼乐园度假区在阿纳海姆的旅游业自然占据主导地位，但游客中心周围重新规划的社区——**阿纳海姆帕克区**（Anaheim Packing District；见1024页地图；www.anaheimpackingdistrict.com; S Anaheim Bl）和**中央大街**（Center Street；见1024页地图；www.centerstreetanaheim.com; W Center St）——也值得一游。中央大街旁边是弗兰克·盖里（Frank Gehry）设计的冰球场，是阿纳海姆小鸭队（Anaheim Ducks）的训练场地，对外开放。

值得一游

诺氏浆果乐园

什么？迪士尼乐园还不能满足你吗？那就到**诺氏浆果乐园**（Knott's Berry Farm；见1024页地图；📞714-220-5200；www.knotts.com；8039 Beach Blvd, Buena Park；成人/3~11岁儿童 $75/42；⏰每天 10:00起，17:00~23:00间关门，具体时间不定；🅿🚻）寻找更多刺激的项目吧！这里还有棉花糖呢。这个以西部老镇为主题的游乐园里满是考验胆量的刺激项目。回旋"尖叫机"（Boomerang scream machine）、木制幽灵骑士（GhostRider）及以20世纪50年代为主题的Xcelerator这些游乐设施让人胆战心惊。年龄更小的儿童可在史努比乐园（Camp Snoopy）找到不那么刺激的游乐设施。在9月下旬至10月下旬，乐园晚上将变身为以万圣节为主题的"诺氏恐怖农场"（Knott's Scary Farm）。

当夏天的热潮来袭，你可以直奔毗邻的**诺氏漫水城水上公园**（Knott's Soak City；见1024页地图；📞714-220-5200；www.soakcityoc.com；8039 Beach Blvd, Buena Park；成人/3~11岁儿童 $43/38；⏰5月中旬至9月中旬 10:00~17:00、18:00或19:00；🅿🚻）。提前上网购买并打印两个主题公园的联票，既省时间又省钱。全天停车费$18。

🛏 住宿

虽然迪士尼乐园度假区自有酒店，但园区外边或几英里开外有许多其他值得一住的酒店，只要你想得到的连锁酒店，几乎全都有。一般来说，阿纳海姆的酒店与奥兰治县（OC）海滩小镇的酒店相比，性价比很高。

Alpine Inn　　　　　汽车旅馆 $

（见1024页地图；📞714-535-2186, 800-772-4422；www.alpineinnanaheim.com；715 W Katella Ave；房间 $99~149；🅿❄@📶🐕）媚俗的玩家会喜欢这个拥有42个房间、覆盖着冰雪的小屋，外表的A形橡木屋顶覆盖着冰柱——当然，周围环绕着棕榈树。旅馆紧邻迪士尼加州冒险乐园，可以看到摩天轮。大约建于1958年，配有空调的客房维护良好。可在大堂享用便于打包的简单早餐。

Best Western Plus Stovall's Inn　　　汽车旅馆 $$

（见1024页地图；📞714-778-1880, ext 3 800-854-8175；www.bestwestern.com；1110 W Katella Ave；房间 $99~175；🅿🏊❄@📶🐕）这家汽车旅馆有289个房间，距离迪士尼步行约15分钟路程，接待一代又一代客人。旁边有两个游泳池、两个按摩浴缸、健身中心、儿童游泳池和园艺花园（真的）。经过改造的房间时髦现代，光鲜亮丽，全都带空调、小微波炉和小冰箱。房费包括热早餐，这里还有客用洗衣设施。

Ayres Hotel Anaheim　　　酒店 $$

（见1024页地图；📞714-634-2106；www.ayreshotels.com/anaheim；2550 E Katella Ave；房间 含早餐 $139~219；🅿❄@📶🐕）这家经营良好的小型连锁商务酒店绝对超值。133个房间经过装修后带有微波炉、小冰箱、保险柜、小吧台、双垫层床垫，房间的设计风格受到加州工艺美术运动影响。4层的房间天花板特别高。房费包括一顿丰盛的早餐及周一至周四的夜间社交时段，提供啤酒、葡萄酒和小吃。

★ Disney's Grand LCalifornian Hotel & Spa　　度假村 $$$

（见1024页地图；📞咨询 714-635-2300，订房714-956-6425；https://disneyland.disney.go.com/grand-californian-hotel；1600 S Disneyland Dr；双$360起；🅿❄@📶🐕）Grand Californian共有6层，高耸的木梁伸出于教堂般的大厅上方，是迪士尼对工艺美术建筑运动的致敬。房间有三床单床铺、羽绒枕、浴衣和全定制家具，令人感到轻松惬意。外边有通向游泳池的仿红杉水滑道。晚上，孩子们可以在大厅的巨型石壁炉旁边安静地听睡前故事。

🍴 餐饮

边走边吃的米奇形状椒盐脆饼干（$4）、大个儿火鸡腿（$10），豪华的美食宴会（不设上限），这里不缺少饮食选择，不过大多数相当昂贵，口味比较大众。最长可以提前60天

加利福尼亚州 迪士尼乐园和阿纳海姆

打电话预订Disney Dining（☎714-781-3463；http://disneyland.disney.go.com/dining）。

如果你不想吃米老鼠食物，可驱车前往阿纳海姆帕克区（东北方向3英里）、奥兰治老城（Old Towne Orange；东南方向7英里）、小阿拉伯（Little Arabia；向西3英里）或小西贡（Little Saigon；西南方向8英里）。

★ Pour Vida 墨西哥菜 $

（见1024页地图；☎657-208-3889；www.pourvidalatinflavor.com；185 W Center St Promenade；玉米卷饼 $2~8；⏱周一10:00~19:00，周二至周四至21:00，周五至22:00，周六9:00~22:00，周日9:00~19:00）厨师吉米（Jimmy）虽然在洛杉矶的顶级餐厅工作，但还是选择回归他的墨西哥根脉，去做最美味的玉米卷饼：菠萝裙牛排、天麸罗牡蛎、菜花……天哪！就连墨西哥甜饼都很特别，是用乌贼墨和菠菜按照神秘配方制成。这里特意营造出随意的气氛，全部使用砖和混凝土，墙上挂着黑板。

Earl of Sandwich 三明治 $

（见1024页地图；☎714-817-7476；www.earlofsandwichusa.com；Downtown Disney；主菜 $4.50~7.50；⏱周日至周四 8:00~23:00，周五和周六至午夜；👶）这家离迪士尼酒店（Disneyland Hotel；见1024页地图；☎714-778-6600；www.disneyland.com；1150 Magic Way, Anaheim；房间 $210~395；Ⓟ@🛜🏊）不远的柜台点餐式连锁店提供适合孩子和成人的烤三明治。

"original 1762"是配有切达干酪和辣根调味汁的烤牛肉，也可以尝试一下牛油果配墨西哥风味鸡肉，或者节日火鸡。此外，还有比萨、沙拉和早餐可供选择。

Ralph Brennan's New Orleans Jazz Kitchen 路易斯安那菜 $$

（见1024页地图；☎714-776-5200；http://rbjazzkitchen.com；Downtown Disney；主菜午餐 $14~19，晚餐 $24.50~38.50；⏱周日至周四 8:00~22:00，周五和周六 至23:00；👶）在这家餐吧，周末聆听现场爵士乐队演出，工作日夜晚听听钢琴演奏，就着新奥尔良独具特色的卡真（Cajun）和克里奥尔（Creole）菜肴：秋葵浓汤、穷汉三明治、什锦饭，外加（不那么新奇

的）儿童菜单和特色鸡尾酒。如果你没时间耽搁，这里提供早餐和午餐快送服务。

★ Napa Rose 加利福尼亚菜 $$$

（见1024页地图；☎714-300-7170；https://disneyland.disney.go.com/dining；Disney's Grand Californian Hotel & Spa；主菜 $38-48，4道菜晚餐套餐 $100起；⏱17:30~22:00；👶）工艺美术风格的高背椅、铅框玻璃窗、挑高的天花板和迪士尼乐园的这家顶级餐馆很相称。季节性供应的"加州红酒之乡"（参见：NorCal）菜肴摆盘如睡美人城堡般精美。有儿童套餐可选。须预订。从迪士尼加州冒险乐园或迪士尼小镇可以进入酒店。

ℹ️ 实用信息

迪士尼乐园游客中心（Disneyland's City Hall；见1024页地图；☎714-781-4565；Main Street, U.S.A.）提供货币兑换服务。如果要在迪士尼加州冒险乐园兑换货币，可以前往客服大厅。主题公园和迪士尼市中心有多种自动柜员机。

在公园内想要了解信息或获取帮助的时候，可以向任意一名演艺人员询问，或者前往迪士尼游客中心，或迪士尼加州冒险乐园的客服大厅。

ℹ️ 到达和当地交通

前往迪士尼乐园和阿纳海姆，可以开车（紧邻I-5 Fwy）或者在**阿纳海姆地区联合运输中心**（Anaheim Regional Transportation Intermodal Center, ARTIC; 2150 E Katella Ave, Anaheim）乘坐美国国铁或Metrolink列车。在那儿可以搭乘短程出租车、拼车或乘坐**Anaheim Resort Transportation**（ART；☎888-364-2787；www.rideart.org；成人/儿童 单程票 $3/1 一日通票 $5.50/2，提供多日通票）班车前往迪士尼乐园。最近的机场是奥兰治县（Orange County）的**约翰·韦恩机场**（John Wayne Airport, SNA；见1024页地图；www.ocair.com；18601 Airport Way, Santa Ana）。

生物柴油驱动的微型迪士尼列车（Disneyland Railroad）沿顺时针方向围绕迪士尼乐园咔嚓咔嚓地缓慢行驶，在美国大街（Main Street USA）、新奥尔良广场（New Orleans Square）、米奇卡通城（Mickey's Toontown）和明日世界（Tomorrowland）停靠，环行全程用时约20分钟。

奥兰治县海岸
（Orange County Beaches）

如果你看过《橘子郡男孩》(The OC)或是《家庭主妇》(The Real Housewives)，也许你会认为你已经知道这片坐拥42英里漂亮海岸线，连接洛杉矶和圣迭戈的郊区有些什么。事实上，驾驶着悍马的猛男、注射了肉毒杆菌的美女以及无拘无束的冲浪者和奇装异服的艺术家们汇聚在一起，为奥兰治县的每个海滩小镇带来了与众不同的风格。

横跨洛杉矶和奥兰治县交界处的**海豹滩**(Seal Beach)古朴而又自然，绝少商业气息，雅致的市中心很适合步行游览。沿着太平洋海岸公路(Pacific Coast Hwy, Hwy 1)南行不到10英里便可到达**亨廷顿海滩**(Huntington Beach)，这里又名"冲浪城"(Surf City, USA)，是南加利福尼亚冲浪生活的代表。亨廷顿市内Main St一带的酒吧和咖啡馆随处可见鱼肉塔可饼和欢乐时光特价活动，不远处就是小型的**冲浪博物馆**（surfing museum；见1024页地图；☎714-960-3483；www.surfingmuseum.org；411 Olive Ave；成人/儿童$2/1；◎周二至周日正午至17:00）。

接下来要介绍的是奥兰治县最豪华时髦的海滩：满目游艇的**纽波特海滩**(Newport Beach)。家庭旅行者和年轻人则会直奔巴尔博亚半岛(Balboa Peninsula)，因为那里有迷人的海滩、古老的木制码头和有趣的娱乐中心。在建于1906年的巴尔博亚馆(Balboa Pavilion)附近，**巴尔博亚岛游轮**(Balboa Island Ferry；见1024页地图；www.balboaislandferry.com；410 S Bay Front；成人/儿童$1/50¢，小汽车及司机$2；◎周日至周四6:30至午夜，周五和周六及次日2:00)穿过海湾开往巴尔博亚岛(Balboa Island)。旅行者可在岛上漫步于独具历史风情的海滩别墅之间，或是逛逛Marine Ave两旁的精品店。

继续往南行，1号公路(Hwy 1)经**水晶湾州立公园**(Crystal Cove State Park；见1024页地图；☎949494-3539；www.parks.ca.gov；8471 N Coast Hwy；每车$15；◎6:00至日落；P）。随后依山势蜿蜒而下来到**拉古纳海滩**(Laguna Beach)，这是奥兰治县最具文化气息、最迷人的海滨社区。隐秘的海滩、像玻璃般闪耀的海浪和长满桉树的山坡使得这个海滩具有一种地中海里维埃拉(Riviera)的感觉。"村子"里狭窄的小巷和海岸公路旁到处都是艺术画廊，悬崖顶上的**拉古纳美术馆**(Laguna Art Museum；☎949-494-8971；www.lagunaartmuseum.org；307 Cliff Dr；成人/学生和老年人/13岁以下儿童$7/5/免费；每月第一个周四17:00~21:00免费；◎周五至周二11:00~17:00，周四至21:00)展出了加利福尼亚州的现代和当代美术品。到Main Beach去，尽情沉浸在小镇中心的自然美景当中吧。

再往南行10英里，可往内陆绕道前往**圣胡安卡比斯崔诺布道所**(Mission San Juan Capistrano；☎949-234-1300；www.missionsjc.com；26801 Ortega Hwy；成人/儿童$9/6；◎9:00~17:00）。这是加州修复得最美丽的西班牙殖民布道所之一，有花团锦簇的花园、庭院喷泉及建于1778年的迷人的塞拉礼拜堂(Serra Chapel)。

> **不要错过**
>
> ## 拉古纳艺术节
>
> **艺术节**(Festival of Arts; www.foapom.com; 650 Laguna Canyon Rd; 门票$7~10; ◎7月和8月 通常为10:00~23:30；)是为期两个月的庆典，几乎囊括所有形式的原创艺术作品。大约140个参展单位，展示的作品从绘画、手工家具到贝雕或骨雕；每天还有适合孩子的艺术工坊，以及现场音乐及娱乐活动。

食宿

★ **Crystal Cove Beach Cottages** 小屋 $$

（见1024页地图；☎预订800-444-7275；www.crystalcovealliance.org；35 Crystal Cove, Crystal Cove State Park Historic District；房间 带共用浴室$35~140，小屋$171~249；◎登记16:00~21:00; P）正位于海滩，这20多栋受到保护的小屋（建于20世纪30年代至50年代）如今向游客开放，提供独一无二的住宿体验。小屋各有不同，有各种单独的和宿舍式的房间，可住2至8人。想要抢上一间，必须要提前7个月预订，并且要在当月的第一天就订，否则

就只好祈祷有人取消了。

★ Paséa
度假村 $$$

（见1024页地图；📞888-674-3634；http://meritagecollection.com/paseahotel；21080 Pacific Coast Hwy；房间 $359起；🅿❄❋@🛜🏊）这家酒店漂亮、安静，阳光充沛，格局通透。从牛仔蓝到天空蓝，地板以不同蓝色调为主题。250个极简主义的房间在阳光照耀下熠熠生辉，天花板很高，各个都有海景阳台。如果游泳池、健身房和巴厘岛式水疗还不够酷炫，这里还与 Pacific City（www.gopacificcity.com；21010 Pacific Coast Hwy；⏲营业时间不定）相连呢。

★ Lot 579
美食广场 $

（见1024页地图；www.gopacificcity.com/lot-579；Pacific City, 21010 Pacific Coast Hwy；⏲营业时间不定；🅿🛜♿）HB令人惊叹的新海景商场的美食广场有一些独特有趣的餐馆，提供意式三明治（Burnt Crumbs——意大利面条烤奶酪非常适合拍照上传）、澳洲肉饼（Pie Not）、咖啡（Portola）和冰激凌（Han's）。想要观赏最美的风景，那就带着外卖上露台吧，要不就在American Dream（自酿酒馆）或Bear Flag Fish Company用餐。

★ Bear Flag Fish Company
海鲜 $

（见1024页地图；📞949-673-3474；www.bearflagfishco.com；3421 Via Lido；主菜 $10~16；⏲周二至周六 11:00~21:00，周一和周日 至20:00；♿）这儿是享用分量实在、撒满面包屑的烤鱼肉塔可、金枪鱼卷饼、新鲜的橘汁腌鱼和牡蛎的"不二之选"。从冷柜里挑出你要的食材，然后找一张野餐桌坐下。要吃到比这儿更新鲜的海鲜，只有一个办法——亲自乘船出海捕捞！

★ Driftwood Kitchen
美国菜 $$$

（📞949-715-7700；www.driftwoodkitchen.com；619 Sleepy Hollow Lane；主菜 午餐 $15~36，晚餐 $24-39；⏲周一至周五 9:00~10:30和11:00~14:30，周六和周日 9:00~14:30，周日至周四 17:00~21:30，周五和周六 至22:30）单是海景和美极了的落日就足够诱人了，不过美味的Driftwood凭借以新鲜的环保海鲜为主的时令菜单让饮食水准更上一层楼，另外就算不吃海鲜的人也有选择。店内刷成白色，使用浅色木材，散发出海滨的悠闲气息。鸡尾酒漂亮又不失创意。

圣迭戈（San Diego）

圣迭戈自称为"美国最好的城市"，这座城市所带有的轻松活泼的自信心和阳光开朗的气质洋溢在你在街上所见到的每一个人的脸上。虽然感觉圣迭戈像是一个由各有特色的村庄构成的大集合，但它的确是全国第八大城市，我们实在想不出还有哪个地方比这里更加悠闲惬意。

👁 景点

圣迭戈的市中心是该地区的主要商业、金融和会议中心。虽然市中心不像时髦大都市那样活力四射，但历史悠久的煤气灯街区（Gaslamp Quarter）有熙熙攘攘的购物场所、餐馆和夜生活，再加上还有东村（East Village）和北方公园（North Park）的时尚天堂，足以弥补不足。水畔的内河码头（Embarcadero）非常适合散步；市中心西北角的小意大利（Little Italy）充满活力，到处是美食；老城区（Old Town）是当地的历史中心。

科罗纳多市，其地标建筑是于1888年修建的Hotel del Coronado（见1065页），拥有一流的海滩，与市中心隔着圣迭戈湾。洛马岬（Point Loma）位于通向海湾的入口，可以在卡布里洛国家纪念碑（见1063页）尽览大海对面及城市风景。位于市中心西北的米申湾（Mission Bay）有潟湖、公园，可以进行滑水橇、露营等各种活动。附近的海岸——海洋海滩、米申海滩和太平洋海滩——是南加州海滩的代表。

👁 市中心和内河码头（Downtown & Embarcadero）

市中心曾因充斥着小酒吧、赌场和妓院而臭名昭著，被称为"黄貂鱼"（Stingaree）。如今，"黄貂鱼"已经改头换面，连名字也都改成了煤气灯街区（Gaslamp Quarter），摇身变为遍布餐厅、酒吧、俱乐部、精品店和画廊的令人心动的乐园。

城北的小意大利（Little Italy）是城里最时髦的街区之一，人们喜欢在这里居住、吃饭和购物。

中途岛号博物馆 博物馆

（USS Midway Museum；见1060页地图；☎619-544-9600；www.midway.org；910 N Harbor Dr；成人/儿童 $20/10；⏰10:00~17:00，最迟入场时间 16:00；🅿️🍴）巨型航空母舰中途岛号是美国海军在1945年至1991年间服役的旗舰之一，第一次海湾战争是它的最后一役。在这艘巨舰的飞行甲板上可以看到大约29架经过修复的飞机，包括F-14雄猫（Tomcat）战斗机和F-4幻影（Phantom）战斗机。门票包含自助语音导览游，游览过程中可以沿着上层甲板的狭窄区域穿过一道桥，来到海军上将作战室、禁闭室和"主飞行塔"（pri-fly；主飞行控制塔；航母的航空控制塔）。停车费$10。

★ 海事博物馆 博物馆

（Maritime Museum；见1060页地图；☎619-234-9153；www.sdmaritime.org；1492 N Harbor Dr；成人/儿童 $16/8；⏰5月下旬至9月上旬 9:00~21:00，9月上旬至次年5月下旬 至20:00；🍴）这间博物馆很好找：先找到拥有铁壳船身的横帆船"印度之星"号（Star of India）那高达100英尺的桅杆。这艘帆船建于马恩岛（Isle of Man），在1863年启航，定期往返于英格兰和印度贸易航线，负责将移民运往新西兰，后来成为以夏威夷为基地的商船，最后在阿拉斯加区域运送货物。它的确是一艘雄伟的船，但上船之后就会发现没什么吸引人的东西。

当代艺术博物馆 博物馆

（Museum of Contemporary Art, MCASD Downtown；见1060页地图；☎858-454-3541；www.mcasd.org；1001 Kettner Blvd；成人/25岁以下人士/长者 $10/免费/5，每月第三个周四 17:00~20:00 免费；⏰周四至周二 11:00~17:00，每月第三个周四 至20:00）自20世纪60年代以来，这个金融区博物馆就一直在为圣迭戈引入各类与时俱进的先锋艺术品；可登录网站查询展览资讯。门票7天有效。

◉ 科罗纳多（Coronado）

严格来说，科罗纳多岛是半岛，长达2.2英里的大桥将科罗纳多岛和大陆连接了起来。半岛上最著名的景点是Hotel del Coronado（见1065页），以其海边维多利亚风格的建筑和显赫的访客簿而闻名——托马斯·爱迪生（Thomas Edison）、贝比·鲁斯（Babe Ruth）和玛丽莲·梦露（Marilyn Monroe）都赫然在列，而经典电影《热情似火》（Some Like it Hot）中的迈阿密酒店就是换用了它的外景。

科罗纳多渡轮（Coronado Ferry；☎800-442-7847；www.flagshipsd.com；990 N Harbor Dr；单程 $4.75；⏰9:00~22:00）每小时从内河码头的**百老汇码头**（Broadway Pier；1050 N Harbor Dr）和市中心的会展中心（convention center）出发。到港的渡轮都停靠在科罗纳多1st St街尾，这里有间**Bikes & Beyond**（见1058页地图；☎619-435-7180；www.bikes-and-beyond.com；1201 1st St, Coronado；小时/日租金 $8/30起；⏰9:00至日落）出租游艇和双人自行车，最适合用来游览科罗纳多南面沿着银色海滨（Silver Strand）蜿蜒分布的众多白沙海滩。

◉ 巴尔博亚公园（Balboa Park）

巴尔博亚公园就是一个都市绿洲，汇集了10多座博物馆、风格各异的花园和建筑、演艺场所和一个动物园。广场周围及东西向的ElPrado步行街两旁林立着众多学院派风格建筑（建于20世纪初）及西班牙殖民时期建筑（世界博览会遗留下来的）。

可以搭乘免费的**巴尔博亚公园电车**（Balboa Park Tram）围绕公园环行；但其实步行最有趣，沿途可以经过**史普瑞克管风琴馆**（Spreckels Organ Pavilion；见1062页地图；☎619-702-8138；http://spreckelsorgan.org；Balboa Park）**免费**，还有**西班牙村艺术中心**（Spanish Village Art Center；见1062页地图；☎619-233-9050；http://spanishvillageart.com；1770 Village Place, Balboa Park；⏰11:00~16:00）**免费**的商店和画廊，以及**联合国大厦**（United Nations Building）的国际主题展示屋。

★ 圣迭戈动物园 动物园

（San Diego Zoo；见1062页地图；☎619-231-1515；http://zoo.sandiego.org；2920 Zoo Dr；

Greater San Diego 大圣迭戈

Greater San Diego 大圣迭戈

◎ 重要景点
- **1** 儿童游泳池 A2
- **2** 老城区圣迭戈州立历史公园 B5

◎ 景点
- **3** 贝尔蒙公园 A4
- **4** 斯克里普斯伯奇水族馆 A2
- **5** 卡布里洛国家纪念碑 A7
- **6** 科罗纳多酒店 C7
- **7** 朱尼帕罗·塞拉博物馆 B5
- **8** 米申海滩和太平洋海滩 A4
- **9** 圣迭戈阿尔卡拉大教堂 D4

◎ 活动、课程和团队游
- **10** Bikes & Beyond C6
- **11** Flowrider A4
- **12** Hike,Bike,Kayak San Diego A2
- **13** Pacific Beach Surf Shop A4
- **14** San Diego-La Jolla Underwater Park A2
- **15** Torrey Pines Gliderport A1

◎ 住宿
- **16** Crystal Pier Hotel & Cottages A4
- Hotel del Coronado .... (见 6)
- **17** Inn at Sunset Cliffs A5
- **18** Pearl B5

◎ 就餐
- **19** Dirty Birds A4
- **20** Hash House a Go Go C5
- **21** Hodad's A5
- **22** Liberty Public Market B5
- **23** Old Town Mexican Café B5
- **24** Point Loma Seafoods B6
- **25** The Patio on Lamont B4
- **26** Urban Solace D5

◎ 饮品和夜生活
- **27** Gossip Grill C5

加利福尼亚州 圣迭戈

一日套票 成人/儿童 $52/42起,动物园或野生动物园 两日套票 成人/儿童 $83.25/73.25; ◎6月中旬至9月上旬 9:00~21:00,9月上旬至次年6月中旬 至17:00或18:00; P ♠) ♂ 这座著名的动物园是南加州规模最大的景点之一,风景如画的园内栖息着650多种、共计3000多只动物,模仿动物自然栖息地条件而建的馆舍尤其出色。其姐妹动物园是位于圣迭戈县北部的**圣迭戈野生动物园**(San Diego Zoo Safari Park; ☎760-747-8702; www.sdzsafaripark.org; 15500 San Pasqual Valley Rd, Escondido; 一日套票 成人/儿童$52/42,两日套票 公园和/或野生动物园 成人/儿童$83.25/73.25; ◎8:00~18:00,6月下旬至8月中旬至19:00; P ♠)。

★ 国际民艺博物馆　　　　　博物馆

(Mingei International Museum; 见1062页地图; ☎619-239-0003; www.mingei.org; 1439 El Prado; 成人/青年/儿童$10/7/免费; ◎周二至周日 10:00~17:00; ♠) 博物馆展出了来自世界各地的各种民间艺术品、服饰、玩具、珠宝、器具和其他与传统文化相关的手工艺品,此外还有定期更换的展览,涵盖了从珠子到冲浪板等不同主题。登录网站查询展览信息。

鲁本菲利特科学中心　　　　博物馆

(Reuben H Fleet Science Center; 见1062页地图; ☎619-238-1233; www.rhfleet.org; 1875 El Prado; 成人/3-12岁儿童 含IMAX电影 $20/17; ◎周一至周四 10:00~17:00,周五至周日 至18:00; ♠)巴尔博亚公园内最热门的场馆之一,这座实践科学博物馆以交互式展示和一个幼儿室为主要特色。记得找机会用Keva木板积木搭建复杂的装置,并参观**错觉与感知画廊**(Gallery of Illusions and Perceptions)。馆内最叫座的是**巨型穹顶剧院**(Giant Dome Theater),这儿每天都会播放数部不同影片。环幕和配有152个扬声器的顶级音响系统打造的视听效果很酷,令人心醉神迷。

圣迭戈自然历史博物馆　　　博物馆

(San Diego Natural History Museum; 见1062页地图; ☎877-946-7797; www.sdnhm.org; 1788 El Prado; 成人/3~17岁青年/2岁以下儿童 $19/12/免费; ◎10:00~17:00; ♠) 这儿藏有750万件标本,包括岩石、化石和动物标本,还有一副令人惊叹的恐龙骸骨和一个关于加州断层线的展览,这一切都布置得很漂亮。孩子们很喜欢巨幕电影院里播放的自然主题的电影;片源经常更换。儿童项目通常在周末举办。特展(其中一些会加收费用)主题广泛,涵盖了海盗和图坦卡蒙(King Tut)法老。博物馆还会到巴尔博亚公园和更远的区域去组织实地考

Downtown San Diego 圣迭戈市中心

圣迭戈人类博物馆　　博物馆

（San Diego Museum of Man；见1062页地图；☎619-239-2001；www.museumofman.org；Plaza de California, 1350 El Prado；成人/儿童/青年 $13/6/8；◉10:00~17:00；🅿）这是奥兰治县内唯一的人类学博物馆，展览涵盖古埃及人、玛雅人、当地土著库米亚人（Kumeyaay），以及人类进化和人类生命周期等主题。近期的临时展览涉及的范围从食人现象到啤酒，无所不包。篮子和陶器藏品尤其精美。博物馆商店出售来自中美洲和其他地方的各种手工艺品。

蒂姆肯艺术博物馆　　博物馆

（Timken Museum of Art；见1062页地图；☎619-239-5548；www.timkenmuseum.org；1500 El Prado；◉周二至周六 10:00~16:30，周日 正午起）**免费** 别错过蒂姆肯，这儿珍藏着数量不多却精彩绝伦的普特南（Putnam）系列艺术品，其中包括伦勃朗（Rembrandt）、鲁宾斯（Rubens）、格列柯（El Greco）、塞尚（Cézanne）和毕沙罗（Pissarro）等人的作品，还有一系列绝美的俄罗斯圣像藏品。博物馆建于1965年，建筑因为不模仿西班牙风格而引人注目。

圣迭戈艺术博物馆　　博物馆

（San Diego Museum of Art，简称SDMA；见1062页地图；☎619-232-7931；www.sdmart.org；1450 El Prado；成人/儿童 $15/免费；◉周一、周二和周四至周六 10:00~17:00，周日 正午起）这是圣迭戈市内最大的艺术博物馆。馆内的永久性藏品有从文艺复兴时期到现代主义时期的欧洲大师的一些作品（虽说这些作品都

Downtown San Diego
圣迭戈市中心

◎ **重要景点**
1 海事博物馆 A1

◎ **景点**
2 当代艺术博物馆 B2
3 中途岛号博物馆 A2

◎ **活动、课程和团队游**
4 Flagship Cruises A2

◎ **住宿**
5 Hotel Solamar D3
6 USA Hostels San Diego D3

◎ **就餐**
7 Basic E3
　Neighborhood .... （见10）
8 Puesto at the Headquarters B3

◎ **饮品和夜生活**
9 Bang Bang D3
10 Noble Experiment E3

◎ **娱乐**
　Arts Tix .... （见11）
11 Balboa Theatre D2
12 House of Blues D2
13 Prohibition Lounge D3

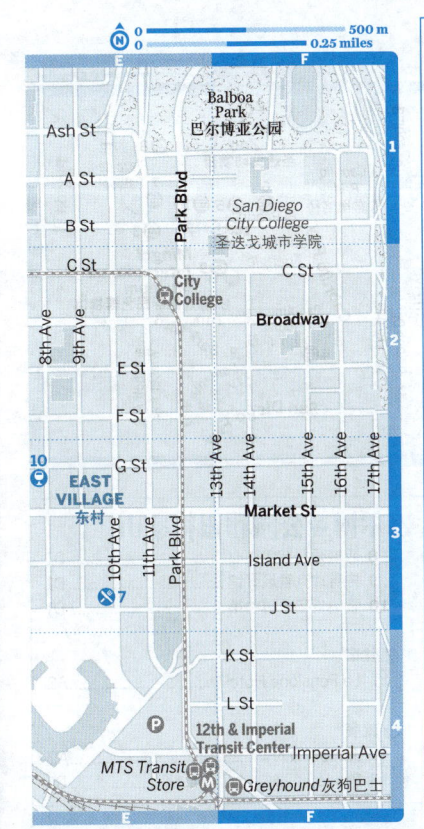

加利福尼亚州 圣迭戈

不算出名）、美洲风景画，还有亚洲画廊内的数件精彩的藏品。博物馆还经常举办重要的巡回展览。雕塑园内有亚历山大·考尔德（Alexander Calder）和亨利·摩尔（Henry Moore）的作品。

圣迭戈航空航天博物馆　　博物馆

（San Diego Air & Space Museum；见1062页地图；☏619-234-8291；www.sandiegoairandspace.org；2001 Pan American Plaza；成人/青年/2岁以下儿童 $19.75/$10.75/免费；⊙10:00~16:30；⛐）这座位于广场最南端的圆形建筑内藏着一间令人惊叹的博物馆，馆内有丰富的藏品，展示了历史上各种飞行器——有原件、复制品和模型，还有查尔斯·林德伯格（Charles Lindbergh）等传奇飞行员及宇航员约翰·格伦（John Glenn）的纪念品。记得在3D/4D影院里看场电影。

◎ 老城区和米申谷
（Old Town & Mission Valley）

米申海滩和太平洋海滩　　海滩

（Mission & Pacific Beaches；见1058页地图）

免费 圣迭戈中部最棒的海滩景色集中在大海至米申湾之间的狭长地带。连接两处海滩的木板道——海岸步道——是观看人来人往的绝佳地点。从南米申码头（South Mission Jetty）到太平洋海滩角（Pacific Beach Point）一年到头随处可见慢跑、轮滑和骑车的人。温暖的夏季周末，人们涂满油的身体就像沙丁鱼一样挤挤挨挨，从海滩的一头排到另一头，享受阳光。

★ **老城区圣迭戈州立历史公园**　　古迹

（Old Town San Diego State Historic Park；见1058页地图；☏619-220-5422；www.parks.ca.gov；4002 Wallace St；⊙游客中心和博物馆 每

Balboa Park & Bankers Hill 巴尔博亚公园和银行家山

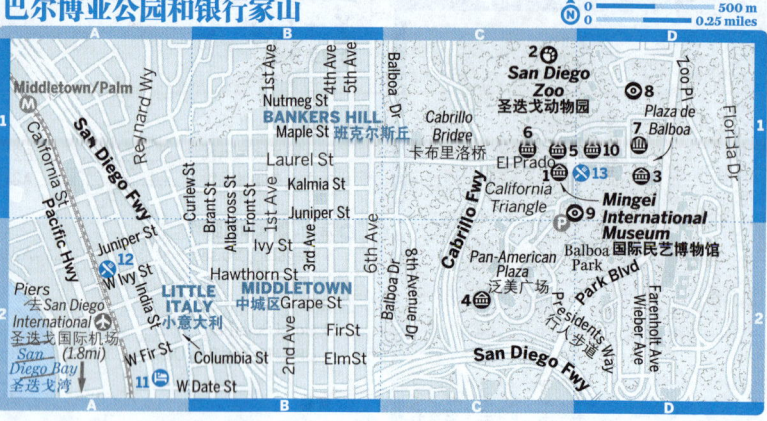

Balboa Park & Bankers Hill 巴尔博亚公园和银行家山

◎ 重要景点
- 1 国际民艺博物馆....................C1
- 2 圣迭戈动物园........................C1

◎ 景点
- 3 鲁本菲利特科学中心..............D1
- 4 圣迭戈航空航天博物馆..........C2
- 5 圣迭戈艺术博物馆..................C1
- 6 圣迭戈人类博物馆..................C1
- 7 圣迭戈自然历史博物馆..........D1
- 8 西班牙村艺术中心..................D1
- 9 史普瑞克管风琴馆..................D1
- 10 蒂姆艺术博物馆....................D1

◎ 住宿
- 11 La Pensione Hotel..................A2

◎ 就餐
- 12 Juniper & Ivy..........................A2
- 13 Prado......................................D1

天10:00~17:00；P🅿️ 免费）公园广场最南端的**罗宾逊玫瑰屋**（Robinson-Rose House）里有一座很棒的历史博物馆。在公园的**游客中心**你还能看到重现印第安村落原貌的立体模型，在这儿你可以购买一本《老城区圣迭戈州立历史公园旅行指南和简史》（*Old Town San Diego State Historic Park Tour Guide & Brief History*；$3），也可以参加每天11:00和14:00举行的介绍游 免费 。

圣迭戈阿尔卡拉大教堂　　　　教堂

（Mission Basilica San Diego de Alcalá；见1058页地图；☎619-281-8449；www.missionsandiego.com；10818 San Diego Mission Rd；成人/儿童/5岁以下 $5/2/免费；◎9:00~16:30；P🅿️）虽然加州第一座布道所（1769年）曾建于要塞山上（如今的老城区），不过随年牧师朱尼帕罗·塞拉在1774年将其迁至上游7英里左右的地方，水源更充沛，可耕地更多，这里便是如今的圣迭戈阿尔卡拉大教堂。1784年，修士们曾修建了一座土木结构的坚固教堂，但它在1803年的一场地震中遭到破坏。由于重建及时，至少还有部分建筑屹立在可以鸟瞰米申谷的那面山坡上。

朱尼帕罗·塞拉博物馆　　　　博物馆

（Junípero Serra Museum；见1058页地图；☎619-232-6203；www.sandiegohistory.org/serra_museum；2727 Presidio Dr；随喜捐款；◎6月上旬至9月上旬 周五至周日 10:00~16:00，9月上旬至次年6月上旬 周六和周日 10:00~17:00；P🅿️）位于城内最重要的地点之一，朱尼帕罗·塞拉博物馆矗立于普雷西迪奥山（Presidio Hill）山顶，那里是加利福尼亚州起源的地方。1769年，时名为圣迭戈阿尔卡拉布道所（Mission San Diego de Alcalá）的第一座布道所始建于此地，后又往上游搬了7英里……目前的普雷西迪奥建筑采用西班牙殖民复兴风格，保存着规模不大但引人入胜的藏品，这些文物和图像资料始自圣迭戈教会时期和牧场时期。

洛马岬 (Point Loma)

在地图上看，洛马岬像是一个大象鼻子，守卫着圣迭戈湾（San Diego Ba）。值得一去的地方有象鼻顶端的**卡布里洛国家纪念碑**（Cabrillo National Monument；见1058页地图；619-557-5450；www.nps.gov/cabr；1800 Cabrillo Memorial Dr；每车$10；9:00~17:00；P），还有象鼻根部的 **Liberty Public Market**，可以购物用餐（见1058页地图；619-487-9346；http://libertypublicmarket.com；2820 Historic Decatur Rd；7:00~22:00），**谢尔特岛**（Shelter Island）各处的海鲜美食也不容错过。

米申湾和海滩 (Mission Bay & Beaches)

圣迭戈的三大海滩小镇均带有些许享乐主义的意味，大批体魄健壮、晒得黝黑的人在沙滩上嬉闹。

米申湾的形状颇像一只阿米巴虫，在它的西侧，适合冲浪的**米申海滩**（Mission Beach）及其北边的**太平洋海滩**（Pacific Beach，又叫PB）由**海岸步道**（Ocean Front Walk）连接，由于禁止机动车辆通行，全年都能在大道上看到大批溜冰、慢跑和骑自行车的人。米申湾南边的**海洋海滩**（Ocean Beach；简称OB）洋溢着浓浓的波希米亚风情，那里有钓鱼码头、沙滩排球场和不错的冲浪条件。主街 **Newport Avenue** 上挤满了邋遢的酒吧、简易的小吃店，还有出售冲浪装备、提供文身服务、卖二手服饰和古董的商店。

贝尔蒙公园　　　　　　　　　　游乐园

（Belmont Park；见1058页地图；858-228-9283；www.belmontpark.com；3146 Mission Blvd；单项$3~6，全天套餐 成人/儿童$30/20；每天11:00起，闭园时间不定；P）米申海滩南端这座老式家庭游乐园从1925年开始营业。这里有被称为**Plunge**的大型室内游泳池，名叫 **Giant Dipper** 的传统木制过山车，还有探险高尔夫、新设的密室逃脱游戏、旋转木马及其他传统项目。比较现代的项目包括用于模拟冲浪的**Flowrider**（见1058页地图；858-228-9283；www.belmontpark.com/flow/；WaveHouse Beach Club, 3125 Ocean Front Walk；冲浪每小时$30）**免费**。即使坐落于陆地，贝尔蒙公园对于圣迭戈来说，仍然如圣莫尼卡码头游乐园之于洛杉矶。

拉霍亚 (La Jolla)

面对着南加州最美丽的海岸线之一，富庶的拉霍亚（在西班牙语里是"珠宝"的意思，发音"la-hoy-ah"）拥有令人着迷的海滩，高消费的市中心则聚集着精品店和咖啡馆。海滨娱乐项目包括**儿童游泳池**（Children's Pool；拉霍亚海豹；见1058页地图；850 Coast Blvd）——这里不再是游泳的地方了，已经变成了嗷嗷叫的海狮的家——还可以在**拉霍亚湾**（La Jolla Cove）划皮艇，探索海洞，以及在**圣迭戈拉霍亚水下公园**（San Diego-La Jolla Underwater Park；见1058页地图）浮潜。

托雷派恩斯州立自然保护区　　　州立公园

（Torrey Pines State Natural Reserve；858755-2063；www.torreypine.org；12600 N Torrey Rd；7:15至日落，游客中心10月至次年4月10:00~16:00，5月至9月 9:00~18:00；P）**免费**保护区位于N Torrey Pines Rd和太平洋之间，涵盖从**托雷松滑翔机场**（Torrey Pined Gliderport；见1058页地图；858-452-9858；www.flytorrey.com；2800 Torrey Pines Scenic Dr；20分钟翼滑伞$175，双人三角翼滑翔伞飞行 每人$225）到德尔玛的区域，区内保护着大陆最后一批托雷针叶松，这个品种可以适应缺水的环境和砂石土壤。幽深的砂岩沟壑蚀刻出微妙的地表纹理，而海面和北面的风景（包括观鲸）也是无与伦比的。周末和节假日会有志愿者领队进行自然徒步。数条小径沿着保护区蜿蜒而下，通往海滩。

斯克里普斯伯奇水族馆　　　　　水族馆

（Birch Aquarium at Scripps；见1058页地图；858-534-3474；www.aquarium.ucsd.edu；2300 Exhibition Way；成人/儿童$18.50/14；9:00~17:00；P）早在1910年，海洋科学

加利福尼亚州

圣迭戈

家就开始在斯克里普斯海洋研究所（Scripps Institution of Oceanography，简称SIO）内的伯奇水族馆进行研究。得益于斯克里普斯家族的慷慨资助，该研究所成为世界上最大的海洋研究所之一。现在它是加州大学（UC）圣迭戈分校的一部分。水族馆紧邻N Torrey Pines Rd，其展览令人赞叹。**鱼类大厅**（Hall of Fishes）内设有60多个水族箱，它们模拟了从太平洋西北地区到热带海洋的不同海洋栖息地。

★ 活动

圣迭戈有许多徒步线路，但大多数户外活动都与大海有关。这里的水域是冲浪、划皮划艇和划船的梦想之地。拨打☎619-221-8824了解关于冲浪的更多信息。

Pacific Beach Surf Shop　　　　　冲浪

[见1058页地图；☎858-373-1138；www.pbsurfshop.com；4150 Mission Blvd；集体冲浪课$75起；⏰商店9:00~18:00（冬季），9:00~19:00（夏季）]这家装备店旗下的Pacific Beach Surf School提供指导课程。装备店服务态度友善，提供潜水服和软（发泡材质）/硬（玻璃纤维材质）冲浪板。参加课程需提前致电，冬季15:00以前和夏季17:00以前，每小时都提供课程。

Hike, Bike, Kayak San Diego　　探险活动

（见1058页地图；☎858-551-9510；www.hikebikekayak.com；2222 Avenida de la Playa；皮划艇出租$28起，团队游$50起）参加皮划艇游前往拉霍亚海湾和洞穴，或者选择海岸自行车游。同样提供装备出租。

Flagship Cruises　　　　　　　　划船

（见1060页地图；☎619-234-4111；www.flagshipsd.com；990 N Harbor Dr；游览 成人/儿童$24/12起，👪）从内河码头出发的海港游和季节性的观鲸航游，游览时间一至数小时不等。

🛏 住宿

我们列出的是旺季（夏季）单人间或双人间的价格。9月至次年6月，价格大幅度下降，但无论一年中的什么时候，都可以询问一下特价、套间和套餐优惠。圣迭戈旅游局（San Diego Tourism）开通了**房间预订专线**（☎800-350-6205；www.sandiego.org）。

🛏 市中心和周边

★ USA Hostels San Diego　　青年旅舍 $

（见1060页地图；☎800-438-8622，619-232-3100；www.usahostels.com；726 5th Ave；铺/房间 带共用浴室 $32/80起；❄@📶）这座充满活力、魅力和色彩的青年旅舍，其前身是一座维多利亚时期的酒店。旅舍提供舒适的客房、设施完备的厨房和公用休息区。房费包含床品更换服务、储物柜服务和一顿早餐（百吉饼）。附近有酒馆，它位于煤气灯夜生活圈的中心，所以如果你睡眠浅，需要戴上耳塞。

★ La Pensione Hotel　　　　精品酒店 $$

（见1062页地图；☎619-236-8000，800-

在圣迭戈冲浪

很多人搬到圣迭戈只是为了冲浪，很棒吧？即使冲浪新手也能感受到在圣迭戈冲浪的妙处。

秋季的海浪很大，还有离岸的圣塔安纳风。夏季的海浪从南部和西南部涌来，冬季则来自西部和西北部。春季有向岸风，但冲浪环境依然不错。想了解关于海滩、天气和冲浪的最新信息，可以致电**圣迭戈县救生员服务**（San Diego County Lifeguard Services；☎619-221-8824）。

初学者应该前往拥有沙滩浪（细沙底）的米申海滩或太平洋海滩（见1061页）。克里斯特尔码头（Crystal Pier）以北的**托玛琳冲浪公园**（Tourmaline Surfing Park）虽然人多拥挤，却是一个逐步完善的好地方，有舒适的冲浪礁石。

装备租金不同，取决于质量，不过要算上每小时/全天约$15/45起的练习板；潜水服费用$7/28。提供套餐。

232-4683; www.lapensionehotel.com; 606 W Date St; 房间 $145~200起; P※令)和名字不同, 位于小意大利的La Pensione并非私人小旅馆, 而是一个温馨友好、刚刚修饰一新、拥有67间客房的酒店, 每间客房都有大号双人床和私人浴室。酒店藏身于一座带壁画的庭院内, 距离遍布餐厅、咖啡馆和画廊的街区仅数步之遥, 步行可达市中心的大多数景点。楼下就有一间诱人的咖啡馆, 还新开了一家水疗店。停车费$20。

★ **Hotel Solamar** 精品酒店 $$

(见1060页地图; ☎619-819-9500; www.hotelsolamar.com; 435 6th Ave; 房间 $169~299; P※@令※)✦这是煤气灯街区内的极佳选择: 不算太贵, 又很时髦。2017年新开设了一家泳池酒吧, 配备更衣室, 可以进行各种户外活动(比如丢沙包), 欣赏摩天大楼的景色。房间的流畅线条、海军蓝色调和新洛可可风格平添了几分趣味。酒店内有健身中心、客房瑜伽装备、可供免费借用的自行车和夜间的免费葡萄酒时光。停车费$47。

🛏 海滩

Pearl 汽车旅馆 $$

(见1058页地图; ☎877-732-7573, 619-226-6100; www.thepearlsd.com; 1410 Rosecrans St; 房间 $125~199; P※令※)旅馆颇具世纪中期现代主义风格, 更有棕榈泉而非圣迭戈的气质。这座建于1959年的建筑有23间客房, 全部采用舒缓的蓝色系和迷幻的冲浪主题, 鱼缸里养着斗鱼。这儿还有充满活力的泳池景观(包括每周三的"dive-in"电影之夜), 你也可以在铺着长绒地毯的时髦大堂玩叠叠高(Jenga)或印度飞行棋(Parcheesi)。浅眠人士请选择远离喧嚣街道的客房。

Innat Sunset Cliffs 旅馆 $$

(见1058页地图; ☎619-222-7901, 866-786-2453; www.innatsunsetcliffs.com; 1370 Sunset Cliffs Blvd; 房间/套 $175/289起; P⇌※@令※)酒店位于海洋海滩最南端, 让你在海浪拍击海岸的声音中醒来。这座建筑建于20世纪50年代, 低调而富有魅力, 四周全是繁花似锦的庭院, 院内还有个恒温泳池。24间明快的客房虽然面积不大, 但大部分都配有很棒的石材瓷砖浴室, 有的套房还配有设施完善的厨房。

★ **Hotel del Coronado** 豪华酒店 $$$

(见1058页地图; ☎800-468-3533, 619-435-6611; www.hoteldel.com; 1500 Orange Ave; 房间 $297起; P⇌※@令※※)圣迭戈的这座标志性酒店会给你带来最科罗纳多的体验: 上百年的历史、泳池、提供全套服务的水疗馆、商店、餐厅、精心修剪的草坪、白色沙滩, 还有圣诞节期间开放的溜冰场, 连相间都配有奢华的大理石浴室。注意: 半数客房都不在维多利亚时期的酒店主楼内(368间客房), 而是在一座七层副楼里面。要体验原汁原味的风貌, 请预订主楼客房。自行停车, 费用$39。

Crystal Pier Hotel & Cottages 小屋 $$$

(见1058页地图; ☎800-748-5894; www.crystalpier.com; 4500 Ocean Blvd, Pacific Beach; 双 $185~525; P⇌※令)迷人而精彩的Crystal Pier和圣迭戈的其他地方不同, 29间码头小屋全都临水而建, 每一间几乎都能看到无死角的海景, 还配有厨房; 大多数客房的始建时间可以追溯到20世纪30年代。较新较大的小屋最多可以住6人。夏季入住请提前8至11个月预订。最短停留时间规定因季节而异。没有空调。房费含停车费。

🍴 就餐

圣迭戈有繁荣的餐饮文化, 以墨西哥和加州风味的美食以及海鲜为主。

🏛 市中心和周边

★ **Puesto at the Headquarters** 墨西哥菜 $$

(见1060页地图; ☎610-233-8880; www.eatpuesto.com; 789 W Harbor Dr, The Headquarters; 主菜 $11~19; ⏰11:00~22:00)这家餐馆供应令人食指大动的墨西哥街头小吃: 将传统的塔克卷饼玩出新花样, 比如配以木槿、墨西哥辣椒、菠萝和牛油果的鸡肉饼, 还有一些不寻常的馅料, 比如西葫芦和仙人掌。其他亮点包括: 牛油果酱螃蟹、酸橘汁腌虾, 以及烤巴哈条纹鲈。

★ **Old Town Mexican Café** 墨西哥菜 $$

(见1058页地图; ☎619-297-4330; www.

oldtownmexcafe.com; 2489 San Diego Ave; 主菜 $5~17; ⊙平日 19:00~23:00, 周末 至午夜; 🖃)
其他餐厅开了又关, 但这个在泥砖屋里的餐厅从20世纪70年代至今一直都很热闹, 餐厅内放置硬木座椅。等位的时候可以看看厨师制作墨西哥圆饼。在这里可以享用到鸡蛋洋葱胡椒牛肉碎(machaca)、墨西哥风味的猪肉丝和排骨。至于早餐, 当然是萨尔萨摩尔酱奶酪烤玉米饼(chilaquiles)。

Basic   比萨 $$

(见1060页地图; ☏619-531-8869; www.barbasic.com; 410 10th Ave; 小份/大份比萨 $14/32起; ⊙11:00至次日2:00) 东村的嬉皮士们在Basic挑高的天花板(这里曾是一个仓库)下大快朵颐, 享用香气四溢、皮薄松脆的砖炉比萨。小份比萨相对不那么环保, 但碳足迹也相当轻微。比萨馅料有常规的, 也有新奇的, 比如碎馅饼配意大利干酪、土豆泥和熏肉。不妨搭配啤酒(当然是精酿了)或鸡尾酒, 后者有好几种选择。

★ Juniper & Ivy   加利福尼亚菜 $$$

(见1062页地图; ☏619-269-9036; www.juniperandivy.com; 2228 Kettner Blvd; 小盘菜 $10~23, 主菜 $19~45; ⊙周日至周四 17:00~22:00, 周五和周六 至23:00) 主厨Richard Blais 2014年在圣迭戈开的这家餐厅受到了高度评价, 菜单每天更换。分子美食包括的类似龙虾粥的菜肴、夏威夷鲷鱼配巴伦西亚骄傲芒果、黄鳍金枪鱼配奶油黑喇叭菇, 以及猪脚馄饨。餐厅位于一座充满摇滚气息的翻建仓库内。

🍴 巴尔博亚公园和周边

★ Hash House a Go Go   美国菜 $$

(见1058页地图; ☏619-298-4646; www.hashhouseagogo.com; 3628 5th Ave, Hillcrest; 早餐 $10~22, 晚餐主菜 $15~29; ⊙周一7:30~14:30, 周二至周四 7:30~14:00和17:30~21:00, 周五至周日 午餐和晚餐分别至14:30和21:30; 🖃) 这家热闹的餐馆位于一栋平房内, 供应印第安纳州无人能及的美味小面包配肉汁、层层叠叠的班尼迪克早餐、足有脑袋大小的煎饼, 更夸张的是配有7种不同佐料。吃完整份早餐, 这一天你就不用吃别的了。此外, 同样分量十足的汉堡、鼠尾草炸鸡、屡获殊荣的肉饼三明治都值得你再来一趟。难怪它有"变态的农场美食"之称。

★ Urban Solace   加利福尼亚菜 $$

(见1058页地图; ☏619-295-6464; www.urbansolace.net; 3823 30th St, North Park; 午餐主菜 $12~22, 晚餐 $14~27; ⊙周一至周二 11:00~21:00, 周三至周四至21:30, 周五 至22:30, 周六 10:30~22:30, 周日 9:30~14:30及16:00~21:00) 北方公园(North Park)年轻时髦的美食家们都沉迷于这些极富创意的爽心美食当中: 藜麦素汉堡、"不是你妈妈做的"肉饼(用羊肉糜、无花果、松子和羊奶干酪制成)、"duckaroni"(油封鸭配奶酪马克罗尼意面), 还有手撕鸡肉和汤面。相对于如此美味的菜品, 餐厅的氛围休闲得令人有点意外, 也许是因为这儿的创意鸡尾酒在"作祟"。

★ Prado   加利福尼亚菜 $$$

(见1062页地图; ☏619-557-9441; www.pradobalboa.com; 1549 El Prado; 午餐 $8~19, 晚餐 $8~37; ⊙周一 11:30~15:00, 周二至周四 11:00~22:00, 周六 11:30~21:30, 周日 11:00~21:00; 🖃) 来圣迭戈比较漂亮的餐厅之一, 享用圣迭戈最负盛名的厨师炮制的加利福尼亚风味融合菜肴吧: 烤三明治、龙虾通心粉和百里香烤半土鸡。可以在阳台上吃一顿文雅的午餐, 也可以在吧台享用傍晚鸡尾酒和餐前小吃。

🍴 海滩

★ Dirty Birds   美国菜 $

(见1058页地图; www.dirtybirdsbarandgrill.com; 4656 Mission Blvd; 鸡翅5只/20只 $7.50/26; ⊙周日至周三 11:00~24:00, 周四至周六 11:00至次日2:00) 来到这家体育酒吧兼冲浪聚会地点, 尝尝这儿备受好评的鸡翅吧。菜单上有37种口味, 包括经典水牛肉味, 更有不可思议的奇妙组合, 比如盐和醋、苹果波旁威士忌辣椒酱和鸡肉辣汁卷饼。可以搭配这儿10种轮换出现的生啤。

★ Point Loma Seafoods   海鲜 $

(见1058页地图; ☏619-223-1109; www.pointlomaseafoods.com; 2805 Emerson St; 主菜 $7~16; ⊙周一至周六 9:00~19:00, 周日 10:00~

19:00；P）想吃到渔船新鲜打捞上来的海鲜做的三明治、沙拉、生鱼片、炒菜，喝喝冰镇啤酒，可以到这家海鲜市场式的餐厅，来柜台点餐，然后上楼，选一张看得到海湾美景的长餐桌坐下。这儿还供应美味的寿司和外带食物，比如酸橘汁腌鱼和蛤蜊浓汤。

★ Hodad's 汉堡 $

（见1058页地图；619-224-4623；www.hodadies.com；5010 Newport Ave；菜肴$4~15；11:00~22:00）自1969年"权力归花儿"（flower power）反越战运动开始那会儿，这家位于海洋海滩传奇般的汉堡店就开始供应美味的奶昔、整篮的洋葱圈和鲜美多汁的纸袋汉堡包。店内墙上挂满了车牌、邋遢摇滚/冲浪摇滚唱片（很招摇！），留着胡子、带着文身的服务员会悄然走进你的小隔间里为你点餐。不穿衬衣不穿鞋？没问题，哥们儿。

★ The Patio on Lamont 美国菜 $$

（见1058页地图；858-412-4648；www.thepatioonlamont.com；4445 Lamont St；菜肴$7~26；9:00至午夜）本地人常去的热门餐馆，提供精心准备的新派美国小盘菜和鸡尾酒。在挂着彩色小灯的舒适露天区域（冬季有室外暖气），尝尝螃蟹和金枪鱼塔或爽脆洋蓟配羊奶酪。每天的欢乐时光从15:00至18:00和22:00至午夜，提供精选啤酒和鸡尾酒（$5/6）。

🍷 饮品和夜生活

圣迭戈的酒吧界千姿百态，从现场音乐酒馆和传统美式泳池酒吧，到提供夏威夷鸡尾酒的海滩酒吧、表演变装秀的同性恋酒吧，甚至还有几家隐蔽的地下酒吧。想在城里找本地精酿啤酒并非难事，或者你可以从100家酿酒工坊里面挑一家或前往蒂梅丘拉（Temecula）地区的葡萄园探险一番。

★ Bang Bang 酒吧

（见1058页地图；619-677-2264；www.bangbangsd.com；526 Market St；鸡尾酒$14~26；周三至周四 17:00~22:30，周五周六 至次日2:00）煤气灯街区这家最热门的新去处灯笼高挂，邀请当地和国际知名的DJ驻场，还供应寿司、饺子之类的亚洲小吃以及松脆如面包糠的大虾，最适合搭配创意鸡尾酒（有的装在巨大的高脚杯里，以便你和同伴分享）。此外，酒吧洗手间装修得如同瑞恩·高斯林（Ryan Gosling）和Hello Kitty的"圣殿"。总之，太棒了！

Noble Experiment 酒吧

（见1060页地图；619-888-4713；http://nobleexperimentsd.com；777 G St；周二至周日 19:00至次日2:00）这个地方相当不好找。敲开一扇隐秘的大门，你才能走进这家风靡一时的地下酒吧。墙壁上装饰着金色小骷髅头，天花板上绘着古典油画，酒单上有创意鸡尾酒（$12起）任你选择。提前一周发短信订位，他们会告诉你预订成功与否以及如何找到酒吧。还可以前往楼上的酒吧Neighborhood（619-446-0002；www.neighborhoodsd.com；正午至午夜），在等候名单上签名。

Gossip Grill 女同性恋酒吧

（见1058页地图；619-260-8023；www.thegossipgrill.com；1220 University Ave；周一至周五 正午至2:00，周六和周日 10:00至次日2:00）在圣迭戈最好的女同性恋酒吧，他们倒出的饮品后劲很足。这里有大露台、餐厅和舞池，装饰着绿植、枝形吊灯，还有两个火塘。菜单包括鸡翅、迷你汉堡、面饼、汤和三明治（主菜$9起）。这里经常有主题活动和DJ演出，每周还有一次饮品特价活动。

☆ 娱乐

翻阅圣迭戈的《城市节拍》（*City Beat*）或《犹他圣迭戈》（*UT San Diego*），了解城里最新电影、戏剧、画廊展览和音乐演出信息。**Arts Tix**（见1060页地图；858-437-9850；www.sdartstix.com；28 Horton Plaza，Balboa Theatre旁边；周二至周四 10:00~16:00，周五和周六 至18:00，周日 至14:00）位于韦斯特菲尔德·霍顿广场（Westfield Horton Plaza）附近的信息亭，提供当天晚上或次日日场演出的半价票；还提供其他活动的折扣票。**Ticketmaster**（800-653-8000；www.ticketmaster.com）和**House of Blues**（见1060页地图；619-299-2583；www.houseofblues.com/sandiego；1055 5th Ave；16:00~23:00）出售城内其他演出门票。

Prohibition Lounge   现场音乐

（见1060页地图；http://prohibitionsd.com；548 5th Avenue；◎周三至周六 20:00至次日1:30）在5th Ave上找到到"Eddie O'Hare's Law Office"的不起眼门口，然后按下电灯开光，通知看门人，他会引你进入灯光昏暗的地下室，里面提供手调鸡尾酒。这里有许多欣赏现场爵士乐（音乐21:30起）的顾客。早点来，因为这里很快就会忙碌起来；周末估计要把名字留在等位名单上。

Balboa Theatre   剧院

（见1060页地图；☏619-570-1100；http://sandiegotheatres.org；868 4th Ave；$35起）建于1924年，这栋建筑的历史丰富多彩：20世纪30年代，这里为圣迭戈不断增加的拉丁裔观众放映来自墨西哥城的电影。"二战"期间，被改造成美国海军的单身宿舍，后来关闭。近来耗资2600万美元进行了翻新。从2008年开始，这个具有传奇色彩的舞台举办了各种各样的活动，从喜剧到电影和歌剧，等等。

❶ 实用信息

媒体

→ 免费的演出指南杂志《城市节拍》(Citybeat；http://sdcitybeat.com）和《圣迭戈读者》(San Diego Reader；www.sdreader.co）提供覆盖音乐、艺术和戏剧圈的热门信息。可以在商店和咖啡屋找到。

→ KPBS 89.5 FM（www.kpbs.org）国家公共广播电台。

→ **San Diego Magazine**（www.sandiegomagazine.com）精美月刊。

→ **UT San Diego**（www.utsandiego.com）圣迭戈的主流日报。

医疗服务

Scripps Mercy Hospital（☏619-294-8111；www.scripps.org；4077 5th Ave；◎24小时）有24小时急诊室。城内各处都有24小时药店，包括太平洋海滩、煤气灯街区和Adams Ave的CVS零售药店。

实用信息

科罗纳多游客中心（Coronado Visitor Center；见1058页地图；☏866-599-7242, 619-437-8788；www.coronadovisitor.com；1100 Orange Ave；◎周一至周五 9:00~17:00, 周六和周日 10:00~17:00）

国际游客信息中心（International Visitor Information Center；见1060页地图；☏619-236-1242；www.sandiego.org；1140 N Harbor Dr；◎6月至9月 9:00~17:00, 10月至次年5月 至16:00）位于B St游轮码头（B St Cruise Ship Terminal）对面，热心的工作人员会提供非常详尽的街区地图。这里还出售景点的折扣票券，提供酒店预订热线服务。

网络资源

煤气灯街区协会（Gaslamp Quarter Association；http://gaslamp.org）提供与繁华的煤气灯街区有关的一切必要信息，包括停车小窍门。

San Diego Tourism（www.sandiego.org）提供酒店、景点、餐饮、租车及其他信息，可代为预订。

❶ 到达和离开

圣迭戈国际机场（San Diego International Airport, SAN；见1058页地图；☏619-400-2404；www.san.org；3325 N Harbor Dr；✈）主要是国内航班。

灰狗巴士（Greyhound；见1060页地图；☏8619-510-1100, 800-231-2222；www.greyhound.com；1313 National Ave；◎售票处5:00~23:59）从北美洲各城市开往圣迭戈市中心。

美国国铁（Amtrak；☏800-872-7245；www.amtrak.com；1050 Kettner Blvd）的"太平洋冲浪者"号（Pacific Surfliner）从历史悠久的**联合车站**（Union Station；Santa Fe Depot；☏800-872-7245；1050 Kettner Blvd；◎3:00~23:59）出发，开往阿纳海姆（2小时）、洛杉矶（2.75小时）和圣巴巴拉（6.5小时），每天班。

所有知名汽车租赁公司在机场都设有办事处；规模较小的公司，如**West Coast Rent a Car**（☏619-544-0606；http://westcoastrentacar.net；834 W Grape St；◎周一至周六 9:00~18:00, 周日 至17:00），位于小意大利，可能比较便宜。

❶ 当地交通

大都会交通系统（Metropolitan Transit System, MTS）的992路公共汽车"The Flyer"（$2.25）每日沿着Broadway路经停，往返机场和市中心，每10~15分钟1班。乘坐包括**Super Shuttle**（☏800-258-3826；www.supershuttle.com）在内的机场巴士到市中心的车费约为$10

起，需预约。乘坐出租车从市中心到机场需要$12~18，小费另计。

城市公共汽车（$2.25~2.50）和电车（$2.50），包括行至墨西哥边境的线路都由**大都会交通系统**(MTS)运行，其交通商店(Transit Store；见1060页地图；☎619-234-1060；www.sdmts.com；1255 Imperial Ave；⏱周一至周五 8:00~17:00)出售地区通票（或者上车购买单日票）。出租车费用不定，但3英里的路程预计约为$12。

棕榈泉和周边沙漠（PALM SPRINGS & THE DESERTS）

从繁华的棕榈泉到荒凉的死亡谷，南加州的沙漠地区几乎占据了全州25%的面积。当你用心体会后，便会发现最初浮现在眼前的无垠荒地慢慢变成了美丽的世外桃源：风化的火山峰、嗡嗡作响的沙丘、紫色的山峦、仙人掌园、春季从坚硬地表下顽强钻出的小野花、在巨石边窜来窜去的蜥蜴，还有夜晚天空中数不清的繁星。加利福尼亚州的沙漠有着出人意料的优雅气质，能给人们的心灵带来宁静。无论你是放荡不羁的艺术家、电影明星、攀岩爱好者，抑或是驾着四驱车的冒险家，最终都无法抗拒它的魅力。

棕榈泉（Palm Springs）

伙计们，鼠帮乐队（Rat Pack）又回来了，或者说，他们的家乡又恢复了从前的繁荣景象。棕榈泉位于洛杉矶以东约100英里处。20世纪五六十年代，这里曾是时髦的休闲胜地，吸引了辛纳特拉（Sinatra）、猫王（Elvis）等好莱坞巨星。自从鼠帮乐队离开这里以后，棕榈泉也就成了来打高尔夫的退休人士的"领地"。不过20世纪90年代中叶，新一代人发现了这座城市的复古时尚氛围，以及这里由建筑名家修建的世纪中叶现代主义风格的建筑。如今，退休的人、候鸟老人与从洛杉矶及世界各地前来休假的年轻嬉皮士、徒步者以及庞大的同性恋社群在这里和谐共处。

◎ 景点和活动

棕榈泉是科切拉谷地（Coachella Valley）的主要城市，从沉闷的大教堂城（Cathedral City）到迷人的棕榈沙漠（Palm Desert）再到科切拉（Coachella），这些沙漠小镇由Hwy 111沿线连接起来。科切拉谷地更有明星云集的音乐节。

★ 棕榈泉高空缆车 缆车

（Palm Springs Aerial Tramway；☎760-325-1391, 888515-8726；www.pstramway.com；1 Tram Way, Palm Springs；成人/儿童 $26/17，停车 $5；⏱首班上行缆车 周一至周五 10:00起，周六和周日 8:00，末班下山缆车 每天21:45，各季节不同；🅿♿)缆车从索诺拉沙漠（Sonoran）到松香袭人的圣哈辛托山州立公园（Mt San Jacinto State Park），垂直攀升距离高达6000英尺，跨越5个不同植被区，全程10分钟，路程2.5英里。从山区站（8561英尺）开始，气温比沙漠地面直降22℃（30~40°F），你可以欣赏壮丽的风景，有两家餐馆可以用餐（打听一下缆车和用餐通票），探索50英里小径，或者参观自然历史博物馆。

★ 棕榈泉艺术博物馆 博物馆

（Palm Springs Art Museum；☎760-3224800；www.psmuseum.org；101 Museum Dr, Palm Springs；成人/学生 $12.50/免费，周四 16:00~20:00全部免费；⏱周日至周二和周六 10:00~17:00, 周四和周五 正午至21:00；🅿)艺术爱好者不应错过这座博物馆，展览经常更换，展品均来自博物馆珍藏的国际名作，包括现当代绘画、雕塑、摄影和玻璃艺术品。长期展品有亨利·摩尔、埃德·拉斯查（Ed Ruscha）、马克·迪·苏维洛（Mark di Suvero）、弗雷德里克·雷明顿（Frederic Remington）等艺术大师的作品。其他值得一看的还有戴尔·奇胡利（Dale Chihuly）和威廉·莫里斯（William Morris）创作的玻璃艺术品，此外还有前哥伦布时期的雕像藏品。

★ 阳光之乡中心和花园 花园

（Sunnylands Center & Gardens；☎760-202-2222；www.sunnylands.org；37977 Bob Hope Dr, Rancho Mirage；团队游 $20~45，中心和花园免费；⏱周四至周日 9:00~16:00，6月上旬至9月中旬不开放；🅿)世纪中期现代主义风格的阳光之乡是美国"第一家庭"之一的沃尔特·安纳伯格夫妇（Walter and Leonore Annenberg）

的冬季庄园。正是在这里，他们招待过7位美国总统、皇室成员、好莱坞明星和各国元首。唯一的进入方式是参加90分钟的导览游（$45），必须提前很久在网上预订。在新的游客中心看电影和展览无须预订，四周是宏伟的沙漠花园。

★ 活沙漠动物园和花园　　　动物园

（Living Desert Zoo & Gardens；760346-5694；www.livingdesert.org；47900 Portola Ave, Palm Desert；成人/儿童 $20/10；10月至次年5月 9:00~17:00，6月至9月 8:00~13:30；P）这间迷人的动物园展示沙漠动植物，此外还有关于区域地质学和北美土著文化的展览。徒步探索野生动物医院和非洲主题村落都堪称亮点，后者有一个公平贸易市集和一个充满故事的果园。可以骑骆驼，喂长颈鹿，乘坐濒危动物形象的旋转木马，搭乘自由上下车的观光班车需要另行付费。这儿寓教于乐，值得你开上15英里的车深入峡谷。

★ 印第安峡谷　　　徒步

（Indian Canyons；760-323-6018；www.indian-canyons.com；38520 S Palm Canyon Dr, Palm Springs；成人/儿童 $9/5，90分钟导览徒步游 $3/2；10月至次年6月 8:00~17:00，7月至9月仅周五至周日开放）溪水沿着圣哈辛托山蜿蜒而下，滋养了棕榈泉周边丰富的绿洲植物。数百年来，这儿是北美土著居民的家园。峡谷是徒步者的乐土。沿着棕榈峡谷（Palm Canyon）小径可以前往世界上最大的蒲葵绿洲，默里峡谷（Murray Canyon）小径通往一条季节性瀑布，安德烈亚斯峡谷（Andreas Canyon）小径旁是一条全年流淌的小溪，不断冲刷着岩石。

Smoke Tree Stables　　　骑马

（760-327-1372；www.smoketreestables.com；2500 S Toledo Ave, Palm Springs；1/2小时骑马导览游 $50/120；1小时骑马8:00~15:00每小时，2小时骑马 9:00、11:00和13:00；P）这家店位于印第安峡谷附近，提供沿山脚的1小时集体导览骑马游和进入棕榈林立的默里峡谷的2小时团队游。两种都面向初学者骑手。无须预约，但要打电话确认出发时间。可根据安排组织私人团队游。

住宿

棕榈泉和科切拉谷地（Coachella Valley）有无数种类型的住宿场所，有优质的复古精品酒、应有尽有的豪华度假村，还有连锁汽车旅馆。有的地方不允许带孩子。要露营应该前往约书亚树国家公园或者去圣哈辛托山（San Jacinto Mountains；经由Hwy 74）。

Caliente Tropics　　　汽车旅馆 $$

（800-658-6034，760-327-1391；www.calientetropics.com；411 E Palm Canyon Dr, Palm Springs；房间 $99~225；P）这座得到精心打理的汽车旅馆建于1964年，猫王和鼠帮乐队曾在这里的泳池边嬉戏。性价比颇高。客房相当宽敞，色调温馨，床铺舒适，祝君好眠。

★ Arrive Hotel　　　精品酒店 $$

（760-507-1650；www.arrivehotels.com；1551 N Palm Canyon Dr, Palm Springs；单间公寓 $179起；P）这个新开的酒店主要设计元素是环保锈蚀钢、木头和混凝土，前台兼作吧台，酒店仅接待成人。32个房间（有些带露台）拥有所有时尚必不可少的配置，比如花洒淋浴、苹果电视和精选的沐浴用品。池畔餐厅、咖啡馆、冰激凌店和自酿酒吧在当地颇有口碑。

★ L' Horizon　　　精品酒店 $$

（760-323-1858；http://lhorizonpalm

世界最大的恐龙群

从棕榈泉以西的I-10上瞥见"Dinny the Dinosaur"和"Mr Rex"的时候，你可能会忍不住多看几眼。20世纪80年代，诺氏浆果乐园的雕塑家Claude K Bell花了10余年时间在**世界最大恐龙群**（951-922-8700；www.cabazondinosaurs.com；50770 Seminole Dr, Cabazon；成人/儿童 $10/9；周一至周五 10:00~16:30，周六和周日 9:00~18:30；P）创作出这些混凝土巨兽。如今你可以搜寻恐龙化石，爬进Rex的嘴里，观察几十尊令人啧啧惊叹的恐龙模型，抑或在礼品店购买恐龙纪念品。

springs.com; 1050 E Palm Canyon Dr, Palm Springs; 房间 $169~249; P❄@🐾❅) 玛丽莲·梦露和贝蒂·格拉布尔（Betty Grable）曾在威廉·F.科迪（William F Cody）设计的这处宁静怡人的休养场的游泳池旁边闲卧休憩。重新开业以后现已成为一家漂亮、别致的沙漠度假村，25间平房散落在宽阔的院落中，能够最大限度地保护客人隐私。只接待成人。来这享受户外淋浴、不含化学品的游泳池和私人露台，好好犒劳自己吧。

★ El Morocco Inn & Spa   精品酒店 $$

(📞888-288-9905, 760-288-2527); http://elmoroccoinn.com; 66810 4th St, Desert Hot Springs; 房间 $199~219; P❄❅@🐾❅) 聆听北非风情的召唤，在这片奢华至极的世外桃源享受浪漫氛围。12间极具异域情调的客房环绕着一个泳池露台，欢乐时光期间，你可以免费享受酒店热情奉上的摩洛哥马提尼酒。店内水疗提供吸引人的按摩服务，用精油净化身体的毒素，比如"摩洛哥之雨"（Moroccan Rain）。

Hacienda at Warm Sands   精品酒店 $$$

(📞760-327-8111; www.thehacienda.com; 586 Warm Sands Dr, Palm Springs; 房间$309~439; P❄@🐾❅) 这家摆放印花柚木家具的男同性恋度假村有10个套房，可以选择枕头、欣赏完美的景观、享受两个游泳池和配备壁炉的按摩浴缸，豪华的标准又上新的高度。亲切的老板乐于为客人设计个性化的住宿体验，从室内按摩到安排购物助理等，应有尽有。

🍴 就餐

一连串紧跟时代潮流的餐馆实实在在地把棕榈泉的餐饮业推向了新的高度。最令人激动的新餐馆，有好几家的设计别出心裁，都位于住宅设计区的N Palm Canyon Dr两边。

★ Cheeky's   加利福尼亚菜 $

(📞760-327-7595; www.cheekysps.com; 622 N Palm Canyon Dr, Palm Springs; 主菜 $9~14; ⏰周四至周一 8:00~14:00，最后入座时间 13:30; ❅) 在这家吃早午餐的地方，等餐时间可能很长，服务也一般，但是餐厅应时推出的"农场

值得一游

先锋城

这里看上去像是19世纪70年代的边疆城镇，先锋城（www.pioneertown.com; P❅) 免费 其实是1946年修建的好莱坞西部片外景地。第一批投资人有吉恩·奥特里（Gene Autry）和罗伊·罗杰斯（Roy Rogers）等。20世纪四五十年代，50余部电影和数部电视节目在此拍摄。如今，你可以在老建筑四周散散步，不知不觉地走进廉价酒吧吃些点心，很是有趣。4月至10月每月第二和第四个周六的14:30都能在"Mane St"看到模拟枪战。

就在不远处的Pioneertown Motel (📞760-365-7001; www.pioneertown-motel.com; 5040 Curtis Rd, Pioneertown; 房间$155起; P❅🐾❅) 颇有氛围，当年拍摄电影时，这里可是接待过昔日银幕明星的。如今房间里摆满了稀奇古怪的西部主题纪念品; 有的房间设有小厨房。

到餐桌"菜单创意十足。厨房每周都会修改菜单，但常年最受欢迎的奶油英式炒蛋和草饲牛肉汉堡配香蒜酱薯条总会出现在菜单上。

Trio   加利福尼亚菜 $$

(📞760-864-8746; www.triopalmsprings.com; 707 N Palm Canyon Dr, Palm Springs; 主菜 午餐 $13~16, 晚餐 $15~30; ⏰周日至周四 11:00~22:00，周五和周六 至23:00; 🐾) 在抢眼的艺术作品和观景落地窗之间享用改良过的美式爽心美食（洋基炖肉非常美味！）是这家20世纪60年代现代主义餐厅的制胜法宝。3道菜的晚餐套餐仅售$19（只供应至18:00），相当划算，全天的欢乐时光凭借酒吧小吃和便宜的饮品每天都能吸引一大批下班后来这儿放松的人。

★ Workshop Kitchen + Bar   美国菜 $$$

(📞760-459-3451; www.workshoppalmsprings.com; 800 N Palm Canyon Dr, Palm Springs; 主菜 $26~45; ⏰周一至周日 17:00~22:00, 周日 10:00~14:00; ❅) 藏身于20世纪20年代华丽的埃尔帕萨奥（El Paseo）大楼后，种植橄榄树的大露台通向这个美得毫不

掩饰的空间。中间是高高的混凝土通道，两边还有亮着氛围灯的隔间。厨房受到市场的驱动，将传统美式菜肴以21世纪的方式重新演绎。这家酒吧位于城里最热闹的地方。

🍷 饮品和娱乐

Indian Canyon Dr东边的Arenas Rd是男女同性恋者的夜生活中心。

★ Bootlegger Tiki　　　　　　鸡尾酒吧

(☎760-318-4154; www.bootleggertiki.com; 1101 N Palm Canyon Dr, Palm Springs; ⊙16:00~2:00)这家小小的地下酒吧挂着河豚形状的红色灯具，还有藤条墙壁，就连时尚潮人的白皙肤色都能被深红色的灯光照出健康的红晕，更别说超棒的手调鸡尾酒了，也都是红彤彤的。要从Ernest咖啡馆进去。

Birba　　　　　　　　　　　　酒吧

(☎760-327 5678; www.birbaps.com; 622 N Palm Canyon Dr, Palm Springs; ⊙周日和周三至周四 17:00~23:00, 周五和周六 至午夜; 🛜)在气候宜人的夜晚，Birba树篱环绕的天井灯光闪烁，下沉式火塘非常适合端着一杯葡萄酒或其他香醇的美酒放松一番，比如以龙舌兰为基酒的热蛇（Heated Snake）。来一盘意大利酒吧小吃（cicchetti），免得喝醉，或者在全菜单上点新派比萨或意大利面。

🛍 购物

想逛艺术画廊、现代设计商店和时尚精品店，包括著名的Trina Turk (☎760-416-2856; www.trinaturk.com; 891 N Palm Canyon Dr, Palm Springs; ⊙周一至周六 10:00~18:00, 周日 11:00~17:00)，可以直奔"上城"的North Palm Canyon Dr。如果着迷于复古风潮，那就去市中心和111号公路沿线的二手商店、旧货店和寄售商店。如果你在寻找当地的"罗迪欧大道"（Rodeo Dr），驱车到棕榈沙漠的El Paseo看看吧。

ℹ️ 实用信息

棕榈泉历史协会 (Palm Springs Historical Society; ☎760-323-8297; www.pshistoricalsociety.org; 221 S Palm Canyon Dr, Palm Springs; ⊙周一和周三至周六 10:00~16:00, 周日 正午至15:00)工作人员都是来自非营利性组织的志愿者。管理两座博物馆，提供以当地历史、建筑和名人为主的导览游。

棕榈泉游客中心 (Palm Springs Visitor Center; ☎800-347-7746, 760-778-8418; www.visitpalmsprings.com; 2901 N Palm Canyon Dr, Palm Springs; ⊙9:00~17:00)游客中心资料齐全，服务周到，在一座由阿尔伯特·弗雷（Albert Frey）于1965年设计的加油站内，位于市中心以北约3英里的棕榈泉缆车（Palm Springs Aerial Tram）岔道口处。

ℹ️ 到达和当地交通

棕榈泉国际机场 (Palm Springs International Airport, PSP; ☎760-318-3800; www.palmspringsairport.com; 3400 E Tahquitz Canyon Way, Palm Springs)全年连接北美洲各个地点。询问所住的酒店是否提供免费接机服务。如果不提供，可以乘坐出租车至棕榈泉市中心，费用约为$12至$15，包括$2.50机场附加费。

美国国铁 (www.amtrak.com)日落特急列车（Sunset Limited）往返新奥尔良和洛杉矶，每周三班，经过这里。

Sun Line (☎800-347-8628; www.sunline.org; 车票 $1, 日票 $3)可替代能源动力的公共汽车，穿梭于峡谷中，虽然速度很慢。

约书亚树国家公园 (Joshua Tree National Park)

翻开苏斯博士（Dr Seuss）的一页书，奇特的约书亚树（实际上是一种像树一样高大的丝兰）迎接着所有旅行者来到这个占地794,000英亩的公园。公园位于两片沙漠交界区：低矮、干燥的科罗拉多沙漠（Colorado）和地势较高、更湿润且稍微凉快的莫哈韦沙漠（Mojave）。

攀岩者认为约书亚树国家公园是加州最好的攀岩地点之一；徒步者在找寻被天然泉水和小溪滋润着的隐蔽沙漠绿洲，里面长着蒲葵，树木成荫；山地自行车骑行者则陶醉于沙漠的壮丽景观。

👁 景点和活动

公园 (☎760-367-5500; www.nps.gov/jotr;

每车 $25，7天有效；⏱24小时；🅿🚻）🍃北侧史诗般壮丽的**仙境岩**（Wonderland of Rocks）和**隐者山谷**（Hidden Valley）呼唤着登山爱好者前来挑战。**克斯观景台**（Keys View）是观赏日落的好地方，极目远眺，能看到圣安德烈亚斯断层（San Andreas Fault），天气晴朗时甚至可以看到远处的墨西哥。要了解西部拓荒的历史就应该前往**克斯牧场**（Keys Ranch；☎760-367-5500；www.nps.gov/jotr；团队游 成人/儿童 $10/5；⏱游览时间不固定；🅿🚻）。徒步爱好者可以步行探索沙漠中的绿洲，如**49棕榈绿洲**（49 Palms Oasis；往返3英里）或**罗斯特棕榈绿洲**（Lost Palms Oasis；往返7.2英里）。还有一些适合孩子的天然步道，如**贝克大坝**（Barker Dam；环线1.1英里），途中会经过印第安人的岩雕。此外，还有**头骨石**（SkullRock；环线1.7英里）和**仙人掌花园**（Cholla Cactus Garden；环线0.25英里）。园内风景优美的 **Geology Tour Road**是一条长18英里的四驱车路线，路面崎岖不平，也适合山地车骑行。

🛏 住宿

在公园的8个露营地中，只有**Cottonwood**（☎760-367-5500；www.nps.gov/jotr；Pinto Basin Rd；每个露营位 $20）和**Black Rock**（☎760-367-5500，预订877-444-6777；www.nps.gov/jotr；Joshua Lane；每个露营位$20；🅿）有饮用水、抽水马桶和污水排放区。10月至次年5月，**Indian Cove**（☎760-367-5500，预订 877-444-6777；www.nps.gov/jotr；Indian Cove Rd；每个露营位 $20）和Black Rock接受预约，其他营地则遵循先到先得的原则，有旱厕、野餐桌和炉篝。全都没有淋浴室。但约书亚树国家公园的**Coyote Corner**（☎760-366-9683；www.jtcoyotecorner.com；6535 Park Blvd；⏱9:00~18:00）有几间淋浴室。详细信息可登录www.nps.gov/jotr或拨打☎760-367-5500。

Hwy 62沿线有经济型和中档汽车旅馆。二十九棕榈（Twentynine Palms）和丝兰谷（Yucca Valley）大多是全国连锁汽车旅馆，而约书亚树国家公园的房间极具魅力和个性。

Harmony Motel 汽车旅馆 $

（☎760-367-3351, 760-401-1309；www.harmonymotel.com；71161 29 Palms Hwy/Hwy 62, Twentynine Palms；房间 $65~85；🅿❄✳🛜🐾）U2乐队曾在这家建于20世纪50年代的汽车旅馆完成他们的专辑*The Joshua Tree*；这里由富有魅力的阿什（Ash）经营，维护良好。这儿有个小泳池，7间客房非常宽敞（有的配小厨房），色彩明快，中间是小型沙漠花园，景色宁静动人。共用的客用厨房提供简单的早餐。

★ **Kate's Lazy Desert** 旅馆 $$

（☎845-688-7200；www.lazymeadow.com；58380 Botkin Rd, Landers；周一至周四 清风房车 $175，周五和周六 $200；🅿❄✳🛜🐾）老板是B-52s乐队的凯特·皮尔森（Kate Pierson），这个沙漠营地有小小的游泳池（5月至10月）和六七辆里面可以住人的清风房车。每辆都有相匹配的奇幻流行设计，装备齐全，还有双人床和小厨房。

★ **Sacred Sands** 民宿 $$$

（☎760-424-6407；www.sacredsands.com；63155 Quail Springs Rd, Joshua Tree；北部/西部房间 $329/359，最少2晚；🅿❄✳🛜🍃）位于与世隔绝、寂静无声的地方，这两间沙漠风情的套间是浪漫至极的住所，每间都有独立户外淋浴、热水浴缸、阳光浴平台和可以睡在星空下的露台。可以看到沙漠丘陵对面直到国家公园的绝世美景。老板斯科特（Scott）和史蒂夫（Steve）和蔼可亲，是最棒的早餐厨师。

🍴 餐饮

公园里面不提供饮食。附近的**Crossroads Cafe**（☎760-366-5414；www.crossroadscafejtree.com；61715 29 Palms Hwy/Hwy 62, Joshua Tree；主菜 $6~12；⏱周一至周六 7:00~21:00, 周日 至20:00；🅿🛜）是约书亚树地区的店面。这家咖啡馆可以享用到富含碳水化合物的早餐、菜园沙拉和新鲜三明治，能令普通食客和素食者都满意。

★ **La Copine** 美国菜 $

（www.lacopinekitchen.com；848 Old Woman Rd, Flamingo Heights；主菜 $10~16；⏱周四至周

日9:00~15:00；P❄）从费城到这儿的沙漠可谓是千里迢迢，但是尼基（Nikki）和克莱尔（Claire）还是决定把他们的早午餐流动小摊搬到这里来实体经营，选取本地食材。他们的路边小馆提供新潮的美味，比如熏三文鱼和水煮蛋的招牌式沙拉、自制松饼和金色的牛奶姜黄茶。周末估计要等位。

❶ 实用信息

在以下国家公园管理处游客中心（NPS visitor center）可获取公园信息：**约书亚树**（Joshua Tree；www.nps.gov/jotr；6554 Park Blvd；◉8:00~17:00；🛜💧）、**Oasis**（www.nps.gov/jotr；74485 National Park Dr, Twentynine Palms；◉8:30~17:00；💧）、**Cottonwood**（www.nps.gov/jotr；Cottonwood Springs；◉8:30~16:00；💧）。公园内只有卫生间，没有其他设施，因此请自带必需的饮用水和食物。公园北部边缘的二十九棕榈高速公路（Twentynine Palms Hwy，即62号公路）连接了3个沙漠小区，可以在此加油、补给。丝兰谷（Yucca Valley）服务设施最多（银行、超市等）；具有反传统精神的约书亚树（Joshua Tree）汇集了众多户外用品商店及其他商店，互联网服务也多。

安扎-博雷戈沙漠州立公园（Anza-Borrego Desert State Park）

在古老的海洋和构造应力的共同作用下，安扎-博雷戈沙漠州立公园成为除阿拉斯加以外美国境内最大的州立公园。600,000多英亩的高山、峡谷和荒原围绕着公园里唯一的商业活动中心——小小的博雷戈斯普林斯（Borrego Springs，人口3429）。这里的植物和野生动物种类繁多，并保留有当地原住民部落、西班牙探险家和淘金者留下的众多有趣的历史文物。野花盛开的早春是旅游旺季，夏季的高温使日间的游览充满危险。

◉ 景点和活动

位于博雷戈斯普林斯（Borrego Springs）以西2英里处的公园**游客中心**（📞760-767-4205；www.parks.ca.gov；200 Palm Canyon Dr；◉10月中旬至次年5月中旬每天 9:00~17:00，5月中旬至10月中旬 仅周六、周日和节假日开放）内设自然历史展，并可提供信息手册和路况最新信息。开车穿越公园是免费的，但要在园内露营、徒步或野餐则需支付一日停车费（每车$5）。你需要一辆四驱车来应付500英里的乡野泥泞道路，而如果计划徒步旅行，记得多带点清水。

公园的亮点包括：**Fonts Point**沙漠瞭望台、**克拉克干湖**（Clark Dry Lake）观鸟地、**斯皮里特山**（Split Mountain）风穴附近的**Elephant Tree Discovery Trail**以及仍然保留着印第安人象形文字和拓荒者印记的**布莱尔谷**（Blair Valley）。再往南，**阿瓜卡连特县立公园**（Agua Caliente County Park；📞760-765-1188；www.sdparks.org；39555 Great Southern Overland Stage Route of 1849/County Rte S2；每车 $3；◉周一至周五 9:30~17:00，9月至次年5月 周末 至日落）的水泥温泉池可以让你彻底放松身心。

🛏 食宿

一些季节性营业的汽车旅馆和酒店集中在博雷戈斯普林斯及附近。露营也不失为一个不错的选择（可以免费在任何野外地点露营）。

博雷戈棕榈谷露营地　　　　　　　　露营地 $

（Borrego Palm Canyon Campground；📞800-444-7275；www.reserveamerica.com；200 Palm Canyon Dr, Borrego Springs；帐篷/房车位 $25/35；P❄）位于安扎-博雷戈沙漠州立公园游客中心附近的这个露营地有洗手间、密集的露营位和由护林员维护的露天剧院，备受称道。

Palm Canyon Hotel & RV Resort　　酒店 $$

（📞760-767-5341；www.palmcanyonrvresort.com；221 Palm Canyon Dr, Borrego Springs；含税 双 $128~177；水电全通的房车 $48~56, 拖车 $70~150；◉10月至次年5月；P🛜❄）位于公园游客中心以西约一英里，这家现代酒店有宽敞的房间，部分配备按摩浴缸；若想有一次难忘的体验，可以入住复古的清风拖车。楼上房间可观美丽的山景，还有两个游泳池和一间餐厅。9月至次年6月的周末开放，最少住两晚。

★ La Casa del Zorro　　　　　　　度假村 $$$

（📞760-767-0100；www.lacasadelzorro.

> **另辟蹊径**
>
> ### 索尔顿湖和救赎山
>
> 安扎-博雷戈以东、约书亚树以南有着一处最为出人意料的景观——**索尔顿湖**(Salton Sea; ☎760-393-3052; www.parks.ca.gov; 100-225 State Park Rd, North Shore; 车辆 $7; ⊙游客中心 10月至次年5月 10:00~16:00, 6月至9月 仅周五至周日开放; P),它是加利福尼亚州最大的湖泊,位于加利福尼亚州最大的沙漠中央。1905年科罗拉多河(Colorado River)泛滥成灾,1500名工人用了足足50万吨岩石才让它恢复原貌。但由于没有天然的河流出口,人工湖的湖面在海拔以下220英尺,湖水盐度比太平洋还高50%,是有待处理的"环境噩梦"。
>
> 更奇怪的景观是位于湖东岸的**救赎山**(Salvation Mountain; www.salvationmountain.us),这是一座由手工搅拌黏土和随手偶得的物品堆积而成的小山,高100英尺,山体坚固,黏土用亚克力涂料粉刷得绚丽缤纷,并刻有基督教文字。这是民间艺术家Leonard Knight(1931~2014年)的作品。救赎山位于111号公路以东3英里处的尼兰德(Niland),经Main St和Beal Rd即可到达。

com; 3845 Yaqui Pass Rd; 房间 $224~350; P❀❀❀❀)经过从上到下的整修,这家于1937年建造的、一度庄严神圣的度假村再次成为该地区最大气的酒店。67个池畔房间高雅质朴,适合家庭的小屋拥有拱形天花板和大理石浴缸,全都散发出沙漠的浪漫气质。28个游泳池和按摩浴缸散落于42英亩的美化景观之间,数量着实惊人。这里还有水疗服务、5个网球场、有趣的酒吧和美食餐厅。

❶ 实用信息

博雷戈斯普林斯的Palm Canyon Dr沿线有带自动柜员机的银行、加油站、超市、邮局和公共图书馆,图书馆提供免费Wi-Fi和电脑。拨打野花热线(Wildflower Hotline; ☎760-767-4684)了解花季的信息。

莫哈韦国家保护区 (Mojave National Preserve)

如果你一心追求与世隔绝之所,就到**莫哈韦国家保护区**(Mojave National Preserve; ☎760-252-6100; www.nps.gov/moja; I-15和I-40之间) **免费**来吧。这个占地160万英亩的保护区里有沙丘、约书亚树森林、火山锥,也是濒危沙漠龟的栖息地。警告:保护区内没有加油站。

Kelbaker Rd在贝克(Baker)和I-15州际公路东南方,I-15州际公路会穿过一片幽灵般的火山锥地带直达**凯尔索车站**(Kelso Depot)。车站建于20世纪20年代,采用了西班牙教会复兴风格,现在成了公园的主要**游客中心**(☎760-252-6108; www.nps.gov/moja; Kelbaker Rd, Kelso; ⊙10:00~17:00)。这里有精彩的自然和文化历史展,还有老式的午餐柜台。再往西南方向行驶11英里,就到了"会唱歌"的**凯尔索沙丘**(Kelso Dunes)。风况合适的时候,沙丘就会发出低沉的嗡嗡声,这是流沙从高处滑下时发出的声音。

Kelso-Cima Rd从凯尔索车站向东北方向延伸19英里后,转向I-15州际公路的方向,到达**奇马圆顶**(Cima Dome)。这块高1500英尺的花岗岩上布满坚硬的熔岩露头,岩坡上生长着世界上最大的**约书亚树森林**。登上**图伊特尼亚峰**(Teutonia Peak; 往返3英里)可以近距离观看圆顶的景观,登山道的起点就在奇马(Cima)西北6英里处。

⛺ 食宿

露营是在保护区过夜的唯一方式。位于西北边缘I-15沿线的贝克(Baker)有许多便宜汽车旅馆但是条件平平。从北边过来的话,内华达州界普里姆(Primm)的赌场酒店提供稍微好些的住宿选择。如果你走的是I-40,尼德尔斯(Needles)是过夜的最近城镇。

公园里面唯一可以吃点东西的地方是凯尔索游客中心(Kelso Visitor Center),在老式的午餐柜台上吃饭。最近的拥有餐馆和商店的城镇是贝克。

死亡谷国家公园（Death Valley National Park）

死亡谷国家公园这个名字会唤起一切关于残忍、炎热和炼狱的联想——比如《旧约》（Old Testament）中描述的严苛、贫瘠的不毛之地。然而，仔细看看：唱歌儿的沙丘、流水刻画出的峡谷、移过沙漠地面的巨石、熄灭的火山口、棕榈成荫的绿洲、拔地而起11,000英尺的光秃山脉，以及许许多多的本地野生生物，眼前的死亡谷正在上演着一出真正壮观的自然之舞。

这里还拥有多项美国之最：最高的气温（134°F/57℃）、地势最低点[巴德沃特（Badwater），低于海平面282英尺]、阿拉斯加以外最大的国家公园（面积超过5000平方英里）。

⊙ 景点和活动

夏天请尽量选择平坦的道路，清晨和夜间尽量避免进行户外运动，出行时尽可能选择公园内海拔较高的区域。

从**公园**（☎760-786-3200；www.nps.gov/deva；每车 $25，7天有效；⊙24小时；P）的中心枢纽**火炉溪**（Furnace Creek）出发，

值得一游

流纹岩鬼镇

从内华达州的比提往西4英里，公园东部边界死亡谷外，留意寻找通往**流纹岩鬼镇**（紧邻Hwy 374；P 免费）的出口，这里早已废弃。这个小镇完全就是昙花一现后旋即遭到废弃的西部淘金小镇的典型。不要错过建于1906年的"酒瓶屋"以及一栋3层高的银行废墟。隔壁是奇异的**金矿露天博物馆**（Goldwell Open Air Museum，☎702-870-9946；www.goldwellmuseum.org；紧邻Hwy 374；⊙公园24小时，游客中心 周一至周六 10:00~16:00，夏季至14:00；P 免费），那里有各种颇具迷幻色彩的装置艺术品，最早的一批艺术品是由比利时艺术家Albert Szukalski于1984年创作的。

驱车向东南方行至**扎布里斯基角**（Zabriskie Point）观赏壮观的日落，届时金色的阳光将洒满沟壑纵横丘陵起伏的荒原和山谷。再往东南大约开20英里，即可到达**丹特观景点**（Dante's View），在这里可以同时看到美国大陆的海拔最高点（惠特尼山，14,505英尺）与最低点（巴德沃特）。

从火炉溪出发，开车往南行驶17英里就到了**巴德沃特**，这是一片恒久不变的盐碱滩。沿途会经过**黄金峡谷**（Golden Canyon）和**天然桥**（Natural Bridge），这两处景点都很适合轻松的短途徒步游。沿着**Artists Drive**绕一小段路（9英里）去看看附近一处狭窄的峡谷，傍晚时分景色最美，那时风蚀的山坡会变幻出烟花般缤纷的色彩。

在火炉溪的西北方，邻近烟囱井村（Stovepipe Wells Village）的地方，你可以徒步穿越像撒哈拉沙漠一般的**牧豆沙丘**（Mesquite Flat sand dunes），在月圆之夜，这里美得如梦如幻。你还可以在**马赛克峡谷**（Mosaic Canyon）尝试攀爬光滑的大理石壁。

古怪的**斯科蒂城堡**（Scotty's Castle；☎760-786-3200；www.nps.gov/deva；⊙关闭）位于火炉溪西北55英里处，穿着戏服扮成历史人物的导游们会声情并茂地再现老西部关于骗子"死亡谷的斯科蒂"（Death Valley Scotty）的离奇故事（建议预订）。从格雷普韦恩（Grapevine）交叉路口向西行5英里，可绕道去看看**优比喜比火山口**（Ubehebe Crater）和比它更年轻些的火山群。

🛏 食宿

露营地点很多，但如果你想找个有屋顶的地方，园内的选择有限，价格昂贵，春季经常客满。可以替代的落脚地点有门户城镇比蒂（Beatty；距离火炉溪40英里）、隆派恩（Lone Pine；40英里）、死亡谷转折口（Death Valley Junction；30英里）和特科帕（Tecopa；70英里）。更远一点的选择有里奇克莱斯特（Ridgecrest；120英里）和拉斯维加斯（140英里）。

Mesquite Springs Campground 露营地 $
（☎760-786-3200；www.nps.gov/deva；Hwy 190；每个露营位 $14）位于公园北部，这座露营

地只有40个露营位置，先到先得，是前往优比喜比火山口和Racetrack Rd的便利大本营。海拔高度1800英尺，这里比沙漠地面凉爽许多。营地有火塘和桌子，还有水和冲水厕所。

Ranch at Furnace Creek   度假村 $$

(☎760-786-2345; www.furnacecreekresort.com; Hwy 190, Furnace Creek; 小屋/房间 $140/180起; P❄❋✉≋) 这个悠闲的度假居所为家庭量身打造，由几座汽车旅馆式的建筑组成，如今已经翻修一新，漂亮的房间漆成了沙漠的颜色，配有高级的浴室和法式木门，木门外是设有舒适的户外家具的门廊。旅馆周围有游乐场所、泉水泳池、网球场、高尔夫球场、餐厅、商店和硼砂博物馆(Borax Museum; ◷10月至次年5月 9:00~21:00，夏季时间不定; P♿) 免费。

Inn at Furnace Creek   酒店 $$$

(☎760-786-2345; www.furnacecreekresort.com; Hwy 190; 双 $450起; ◷10月中旬至次年5月中旬; P❄❋@✉≋) 在这家建于1927年的西班牙教堂式酒店中，起床后拉开窗帘就能饱览沙漠美景。结束一整天大汗淋漓的旅程之后，在泉水泳池边放松，端着鸡尾酒欣赏慵懒的谷地美景。这里是死亡谷里面最有品位的地方，但房间经过翻新会更好。

Amargosa Opera House Cafe   咖啡馆 $$

(☎760-852-4432; www.amargosacafe.org; Death Valley Junction; 主菜 $9~19, 馅饼 每片 $5; ◷周一、周五、周六和周日 8:00~15:00，周六 18:30~21:00; P❄)🍴 这家充满魅力的咖啡馆坐落于偏远地区的腹地，却能用丰盛的早餐或健康三明治让你为死亡谷的一天做好准备，但真正值得炫耀的是周六晚餐时段的农场到餐桌菜肴。当然少不了一流的咖啡。另外可以前往已故的玛尔塔·贝克特(Marta Becket)古怪的歌剧院游览（或观看演出）。

❶ 实用信息

公园通道的自动售票站和**火炉溪游客中心**(Furnace Creek Visitor Center; ☎760-786-3200; www.nps.gov/deva; ◷8:00~17:00; ♿⌨) 出售入园通行证（每车$25），有效期为7天。现代化的游客中心提供关于公园生态系统和原住民部落的迷人展览，还有礼品店、干净的厕所、Wi-Fi（但网速慢）和友好的公园管理员，可以回答你的问题并帮你规划一天的行程。

中海岸地区
(CENTRAL COAST)

位于旧金山和洛杉矶之间，中海岸地区通常只会乘飞机经过而被遗忘被忽视。但这片童话般的加州海岸到处是荒凉的海滩，薄雾笼罩的红杉林，其中藏着温泉，还有葡萄园和农田遍布的金色丘陵，连绵起伏，煞是好看。

圣巴巴拉(Santa Barbara)

完美的天气、漂亮的建筑、一流的酒吧和餐馆，还有适合所有人喜好和预算的活动，让圣巴巴拉成为居住的理想之地（正如当地人骄傲地跟你说的那样），前往加州南部的游客不容错过。先逛逛西班牙教堂，然后随意地逛上一天。

◉ 景点

★沃尔夫探索与创新博物馆   博物馆

(MOXI, Wolf Museum of Exploration + Innovation; ☎805-770-5000; www.moxi.org; 125 State St; 成人/儿童 $14/10; ◷10:00~17:00; ♿) 一度被忽视的State St地带在被重新修建后，沃尔夫探索与创新博物馆就位于此，三层楼摆满了可以亲身参与的互动展品，主题涉及科学、艺术和技术，即便外边并不下雨，也吸引着众多带孩子的家庭前来。如果互动展品都玩够了，可以前往屋顶露台欣赏圣巴巴拉的风景，还可以走走让人神经紧绷的玻璃天花板。

★圣巴巴拉法院大楼   历史建筑

(Santa Barbara County Courthouse; ☎805-962-6464; http://sbcourthouse.org; 1100 Anacapa St; ◷周一至周五 8:00~17:00，周六和周日 10:00~17:00) 免费 建于1929年的法院是一座西班牙摩尔复古风格大楼，其中手工绘制的天花板、铁艺吊灯和产自突尼斯、西班牙的瓷砖尤其引人注目。二楼有一个安静的房

间,满墙壁画描绘了西班牙殖民史。爬上高达85英尺的钟楼El Mirador,你可以透过拱窗将山、海和城市的全景尽收眼底。

★ 圣巴巴拉教堂 教堂

(Mission Santa Barbara; ☎805-682-4713; www.santabarbaramission.org; 2201 Laguna St; 成人$9、5~17岁儿童$4; ◎9:00~17:00,最晚入场时间16:15; P)教堂位于距离市中心以北1英里以外的山顶,俯瞰看整座城市,被称为加州"教堂中的皇后"。它雄伟的爱奥尼亚式外观是向古罗马教堂建筑的致敬之作,教堂顶端是一座不同寻常的双塔楼。在建于19世纪20年代的石质教堂内,可以看到丘马什人(Chumash)震撼人心的艺术品。墓地里面,加州早期移民的精美陵墓非常显眼,而数千座丘马什人的陵墓大部分已被遗忘。

圣巴巴拉海事博物馆 博物馆

(Santa Barbara Maritime Museum; ☎805962-8404; www.sbmm.org; 113 Harbor Way; 成人$8、6~17岁儿童$5; ◎周四至周二10:00~17:00; P)这座拥有两层展厅的博物馆位于港口,用历史文物、纪录短片和可以动手操作的拟真展览展现了圣巴巴拉的海上历史。展品陈列密集,其中包括一张专门用于捕捞大型鱼类的钓鱼椅,你可以坐在那儿"钓到"战利品马林鱼。体验一下穿越圣巴巴拉海峡的虚拟之旅,玩玩冲浪板或在剧院观看深海潜水纪录片。公共停车场可以免费停车90分钟,也可以在斯特恩码头(Stearns Wharf)搭乘Lil' Toot水上出租车(☎805-465-6676; www.celebrationsantabarbara.com; 单程票 成人/儿童$5/1; ◎通常4月至10月 正午至18:00,11月至次年3月 运营时间不定;)前来。

✦ 活动

建于1872年的斯特恩码头(Stearns Wharf; www.stearnswharf.org; ◎每天开放,开放时间不定; P) **免费** 俯瞰着繁忙的市区海滩。这是西部至今仍在使用的最古老的木码头,随处可见旅游商店和餐厅。紧邻Hwy 101,在城外,有许多掩映在巨大的棕榈树影下的州立海滩,有的位于12英里外的卡平特里亚(Carpinteria),还有的位于20多英里以西处的酋长岩(El Capitan)和雷富西奥(Refugio)。

Wheel Fun Rentals 骑车

(☎805-966-2282; http://wheelfunrentalssb.com; 23 E Cabrillo Blvd; ◎8:00~20:00;

另辟蹊径

海峡群岛国家公园

偏远粗犷的海峡群岛国家公园(Channel Islands National Park; ☎805-658-5730; www.nps.gov/chis; **免费** 因其独特的野生生态系统而赢得了"加利福尼亚的加拉帕戈斯群岛"(California's Galápagos)的美名。这些岛屿也是体验浮潜、水肺潜水和海上划皮艇活动的绝佳地点。春天野花绽放,是游览的最佳季节;夏天和秋天气候很干燥,但秋天略有风浪;冬天则有暴风雨。

从大陆坐船1小时即可到达阿纳卡帕(Anacapa),这是群岛中最适合开展一日游的岛屿,徒步旅行轻松惬意,风景亦令人难忘。最大的岛屿圣克鲁斯则适合露营远足、划皮划艇和徒步旅行。其他岛屿较远,需要几天时间才能玩遍。圣米格尔(San Miguel)经常被迷雾笼罩。小圣巴巴拉岛(Tiny Santa Barbara)和圣罗莎(Santa Rosa)都是海鸟和海豹的栖息地,后者同时还是托里松的保护区。

船只会从圣巴巴拉以南32英里的101号公路旁边的文图拉港口(Ventura Harbor)出发,公园的游客中心(☎805-658-5730; www.nps.gov/chis; 1901 Spinnaker Dr, Ventura; ◎8:30~17:00)也在这里,可提供信息和地图。主要的游船公司是Island Packers(☎805-642-1393; www.islandpackers.com; 1691 Spinnaker Dr, Ventura; 3小时游轮 成人/3~12岁儿童$36/26起);提早预订。如果想在岛上的原始营地露营,需要预订,可通过Recreation.gov预订,记得带上食物和水。

）提供按小时出租的沙滩自行车（$9.95）、山地自行车（$10.95）和双人/四人游览马车（$28.95/38.95），半天和全天租赁可享受折扣。位于633 E Cabrillo Blvd的Fess Parker Double Tree Hotel开设了第二家店面，根据季节开张。

Santa Barbara Sailing Center 游轮、帆船

（805-962-2826；www.sbsail.com；Marina 4，紧邻Harbor Way；9:00~18:00，冬季至17:00；）登上50英尺的双体帆船双海豚号（Double Dolphin），体验2小时的海岸或落日巡游（$35）。季节性的观鲸之旅（$40）和半小时的港口海洋生物观赏游（$18）更适合孩子。这里还出租皮划艇和立式冲浪板，提供团队游。

Condor Express 乘船游览

（805-882-0088；www.condorcruises.com；301 W Cabrillo Blvd；2.5/4.5小时 游轮成人$50/99起，5~12岁儿童 $30/50起；）搭乘Condor Express号高速双体船参加短途观鲸之旅吧。出航肯定能看到鲸，所以如果第一次错过了观赏机会，你可以得到另一次免费出航的机会。

🛏 住宿

嗨，高价来袭：在夏季，就连最基础的汽车旅馆客房要价也会超过$200。不那么昂贵的汽车旅馆集中在市中心以北的State St上段以及101号公路沿线。

★ Santa Barbara Auto Camp 露营地 $$

（888-405-7553；http://autocamp.com/sb；2717 De La Vina St；双 $175~215；）复古时尚开始流行，在市中心北边的State St上段停靠着五辆闪闪发亮的清风牌古董房车，你可以选择其中一辆入住。这些由建筑师设计的房车内配套设施各不相同，可能有四爪古典浴缸、为孩子加设的单人床、全套厨房，免费出借沙滩自行车。

Agave Inn 汽车旅馆 $$

（805-687-6009；www.agaveinnsb.com；3222 State St；房间 $119起；）"墨西哥流行艺术搭配现代元素"主题概念使这家不太昂贵的旅馆也有了精品酒店的气质，出自弗里达·卡洛（Frida Kahlo）画作的配色方案令它更显生机。而平板电视、微波炉、小冰箱和空调则注定使它能够成为很棒的下榻之选。家庭房附带小厨房和两用沙发床。

Harbor House Inn 汽车旅馆 $$

（805-962-9745；www.harborhouseinn.com；104 Bath St；房间 $180起；）这家经过改建的汽车旅馆位于港口边，热情友好。公寓内光线充足，铺有硬木地板，采用海滩风格色调。大部分客房配有全套厨房，其中一间配有壁炉，有些则不带空调。房费包含一个迎宾早餐美食篮（两晚起住）、沙滩浴巾、沙滩椅、遮阳伞和可供借用的三级变速自行车。

★ Inn of the Spanish Garden 精品酒店 $$$

（805-564-4700；www.spanishgardeninn.com；915 Garden St；房间 $309起；）这座西班牙殖民风格的酒店随性而优雅，拥有一流的服务和浪漫的中庭，会让你自觉像个在自家别墅漫步的大学教授。房间带阳台或露台，床上有奢华床具，浴室配有超大浴缸。礼宾服务堪称一流。可以在不大的露天泳池凉快一下，或者在自己房间里享受客房按摩。

🍴 就餐

★ La Super-Rica Taqueria 墨西哥菜 $

（805-963-4940；622 N Milpas St；周四至周一 11:00~21:00）店面很小，经常排队，装修朴素，但等你尝过圣巴巴拉最地道的墨西哥菜肴，那一切都被忘在脑后了。鱼肉塔克卷饼、墨西哥粽子及其他墨西哥主食几十年来一直吸引着本地人和游客的到来，电视厨师和作家茱莉亚·蔡尔德（Julia Child）也喜爱这儿的食物。

★ Mesa Verde 严格素食 $$

（805-963-4474；http://mesaverderestaurant.com；1919 Cliff Dr；主菜 $15~21；11:00~21:00；）翻阅菜单对素食者来说通常很快就能完成——但在Mesa Verde可不一样。这里提供许许多多美味而有创意的全素菜肴（菠萝蜜玉米塔可饼可谓一绝），能让不吃肉的选择障碍者备受折磨。如果不知道

★ Lark

加利福尼亚菜 $$$

(☏805-284-0370; www.thelarksb.com; 131 Anacapa St; 共享菜肴 $7~17, 主菜 $19~48; ☉周二至周日 17:00~22:00, 酒吧 至午夜) 🍴 在圣巴巴拉县内，这家位于南加州海岸线的餐厅就是品尝丰富的农产品和优质渔获的不二之选。餐厅藏身于放克区，沿用了一列普尔门式卧铺列车的名字，由主厨管理运营，菜单随季节变化，独具匠心地将不同风味融合在一起，比如脆球芽甘蓝配枣或辣酱蜂蜜鸡肉。需要预订。

🍷 饮品和夜生活

圣巴巴拉的夜生活场所聚集在State St的下街区和放克区周边。可以沿着城中的 Urban Wine Trail (www.urbanwinetrailsb.com) 穿梭于12间品酒室之间。可登录免费双周刊Santa Barbara Independent (www.independent.com) 查阅娱乐活动安排。

★ Figueroa Mountain Brewing Co
酒吧

(☏805-694-2252; www.figmtnbrew.com; 137 Anacapa St; ☉周日至周四 11:00~23:00, 周五和周六 至午夜) 这对父子酿酒商将来自圣巴巴拉葡萄酒乡的啤酒花精酿啤酒(hoppy IPA)、丹麦琥珀发酵啤酒(Danish red lager)和高度精酿啤酒(double IPA)这三种获金奖的啤酒种类带到了放克区。对啤酒了如指掌的店员会帮你选酒，然后你就可以在酒吧的户外露台上一边畅饮，一边欣赏音乐。入口在Yanonali St。

ℹ️ 实用信息

圣巴巴拉游客中心 (Santa Barbara Visitors Center; ☏805-568-1811, 805-965-3021; www.santabarbaraca.com; 1 Garden St; ☉周一至周六 9:00~17:00, 周日 10:00~17:00, 11月至次年1月提前1小时关闭) 在这领取地图和自助游手册，可向热情的工作人员咨询，不过通常他们很忙。

ℹ️ 到达和当地交通

美国国铁 (☏800-872-7245; www.amtrak.com; 209 State St) 列车向南驶往洛杉矶 ($31, 2.5 小时)，经由卡平特里亚 (Carpinteria)、文图拉 (Ventura) 和伯班克的机场，向北开往圣路易斯奥比斯波 (San Luis Obispo; $22, 2.75小时) 和奥克兰 (Oakland; $43, 8.75小时)，经停帕索罗布尔斯 (Paso Robles)、萨利纳斯 (Salinas) 和圣何塞 (San Jose)。

灰狗巴士 (☏805-965-7551; www.greyhound.com; 224 Chapala St) 每天运营几班直达车，分别开往洛杉矶 ($15, 3小时)、圣克鲁斯 ($42, 6小时) 和旧金山 ($40, 9小时)。

Metropolitan Transit District (简称MTD; ☏805-963-3366; www.sbmtd.gov) 运营本地公共汽车，单次乘坐票价$1.75 (不找零, 仅收现金)。公共汽车配备前置自行车架，往来城内各处并开往邻近社区。

圣巴巴拉至圣路易斯奥比斯波 (Santa Barbarato San Luis Obispo)

沿着101号公路加快速度，不用2个小时就能到达圣路易斯奥比斯波。当然，你也可以花上一整天的时间，在途中绕道去参观一下酿酒厂、古老的教堂和偏远的海滩。

你可以沿着位于圣巴巴拉北侧的154号公路行驶，体验一趟风景秀美的乡村之旅。你可以到圣伊内斯 (Santa Ynez) 和圣玛利亚谷 (Santa Maria Valleys) 的葡萄酒乡 (wine country; www.sbcountywines.com) 寻觅美酒，或是参加Sustainable Vine (☏805-698-3911; www.sustainablevinewinetours.com; 团队$150起) 🍴，亦可沿着田园牧歌般的Foxen Canyon WineTrail (www.foxencanyonwinetrail.com) 一路向北，寻访酒庄葡萄园。罗斯奥利弗斯 (Los Olivos) 小镇上有20多间品酒室正等待着你的光临。Los Olivos Wine Merchant & Café (☏805-688-7265; www.winemerchantcafe.com; 2879 Grand Ave; 主菜 早餐 $9~12, 午、晚餐 $13~29; ☉每天 11:30~20:30, 周六和周日外加8:00~10:30) 🍴是一个结合了加州和地中海风格的迷人小酒馆，内有葡萄酒吧。

继续往南，就到了丹麦的移民村索尔万 (Solvang; www.solvangusa.com)。精心装饰的风车和童话般的面包店使村子充满活力。到Succulent Café (☏805-691-9444; www.

succulentcafe.com；1555 Mission Dr；主菜 早、午餐 $5~15，晚餐 $16-36；☉周一和周三至周日 10:00~15:00和17:00~19:00，周六和周日8:30起；🄿🄰）吃点儿早餐饼、乳酪烧鸡三明治和农场直送的沙拉补充能量。想要购买野餐食品或烧烤外卖食品，可以去 El Rancho Market（☎805-688-4300；http://elranchomarket.com；2886 Mission Dr；☉6:00~23:00；🄰），它就在索尔万的19世纪西班牙教堂（☎805-688-4815；www.missionsantaines.org；1760 Mission Dr；成人 $5，12岁以下儿童 免费；☉9:00~16:30；🄿🄰）的东边。

在101号公路以西，沿着246号公路大约开15英里，就到了圣灵感孕教堂州立历史公园（La Purísima Mission State Historic Park；☎805-733-3713；www.lapurisimamission.org；2295 Purísima Rd，Lompoc；每车 $6；☉9:00~17:00；团队游 9月至次年6月 周三至周日和节假日 13:00，7月和8月 每天；🄿🄰）。这是西班牙殖民时期修建的众多教堂中的一座，令人回味无穷，内有繁花似锦的花园、畜牧围栏和土坯建筑。在隆波克（Lompoc）南边紧邻1号公路的地方，Jalama Rd曲折前行14英里，直达海风拂面的扎拉玛海滩县立公园（Jalama Beach County Park；☎语音信息 805-736-3616；www.countyofsb.org/parks/jalama；Jalama Beach Rd，Lompoc；每车 $10）。这里的露营地（☎805-568-2460；www.countyofsb.org/parks/jalama.sbc；9999 Jalama Rd，Lompoc；帐篷/房车位 $25/40起，小屋 $120~220；🄿🄰）十分受欢迎，一定要提前预订，营地内的简易小木屋附带小厨房。

皮斯莫海滩位于1号公路和101号公路的交会处，拥有一片狭长的慵懒的沙滩和一个蝴蝶林（butterfly grove；☎805-773-5301；www.monarchbutterfly.org；Hwy 1；☉日出至日落）🄵免费，每年的10月末到次年2月间，帝王蝶都会迁徙到这里，栖息在桉树上。附近的北部海滩露营地（North Beach Campground；预订 800-444-7275；www.reserveamerica.com；399 S Dolliver St；帐篷及房车位 $40；🄰）毗邻海滩，并有热水淋浴。虽然海边和101号公路沿线有数十家汽车旅馆和酒店，但是房间总是很快就被预订一空，特别是在周末。Pismo Lighthouse Suites（☎805-773-2411；www.pismolighthousesuites.com；2411 Price St；套 $239起；🄿🄰@🛜🄰🄰）的设施一应俱全，包括户外的超大棋盘，几乎能满足来此度假的家庭游客的一切需求。记得询问淡季优惠价。靠近皮斯莫的海边码头，Old West Cinnamon Rolls（☎805-773-1428；www.oldwestcinnamonrolls.com；861 Dolliver St；小吃 $3~6；☉6:30~17:30；🄰）的甜品很棒。上山到 Cracked Crab（☎805-773-2722；www.crackedcrab.com；751 Price St；主菜 $16~59；☉周日至周四 11:00~21:00，周五和周六 至22:00；🄰）去吃海鲜吧，大堆的新鲜海鲜直接堆在铺着纸的餐桌上，一定要记得穿上塑料围裙。

附近的阿维拉海滩（Avila Beach）小镇有一条阳光充沛的海滨步道，一座嘎吱作响的老旧垂钓木头码头和一座古老的灯塔（lighthouse；☎徒步导览游预订 805-528-8758，观光车团队游预订 805-540-5771；www.pointsanluislighthouse.org；灯塔 $5，含观光车团队游 成人/3~12岁儿童 $20/15；☉徒步导览游 周三和周六 8:45~13:00，观光车团队游 周三和周六 正午和13:00）。掉头转向101号公路，到阿维拉谷农场（Avila Valley Barn；☎805-595-2816；www.avilavalleybarn.com；560 Avila Beach Dr；☉3月中旬至12月底 9:00~18:00，1月至3月中旬 周四至周一 至17:00；🄰）食品店采摘水果，喂喂山羊，随后顺道去 Sycamore Mineral Springs（☎805-595-7302；www.sycamoresprings.com；1215 Avila Beach Dr；1小时每人 $15~20；☉8:00至午夜），泡在私人红木桶里放空思绪、仰望星空。

圣路易斯奥比斯波（San Luis Obispo）

圣路易斯奥比斯波位于洛杉矶和旧金山的中间，通常是一个相当低调的地方。加州理工大学为这里带来了生气。学生们涌上大街，涌入酒吧、咖啡店，特别是在每周一次的农贸市场（farmers market；☎805-541-0286；www.downtownslo.com；Higuera St；☉周四 18:00~21:00；🄰🄰）期间，现场音乐和街边烧烤把城内的Higuera St变成了一个彻头彻尾的派对现场。

和很多加州城镇一样，圣路易斯奥比斯

波也是依托西班牙天主教**教堂**（☎805-543-6850；www.missionsanluisobispo.org；751 Palm St；建议捐款 $5；◎3月下旬至10月 9:00~17:00，11月至次年3月中旬 至16:00；🅿）发展起来的，教堂是神父朱尼帕罗·塞拉于1772年修建的。近来，圣路易斯奥比斯波的**艾德娜山谷酒庄**（Edna Valley wineries；www.slowine.com）势头很旺，其最著名的是清爽的霞多丽和顺滑的黑品诺葡萄酒。

🛏 住宿

圣路易斯奥比斯波的汽车旅馆集中在 Hwy 101附近，尤其是市中心东北的Monterey St附近及Santa Rosa St（Hwy 1）周边。

HI Hostel Obispo　　　　　　青年旅舍 $

（☎805-544-4678；www.hostelobispo.com；1617 Santa Rosa St；铺 $32~39，房间 $65起，均带共用浴室；◎入住 16:30~22:00；@🛜🅿）这座牛油果色的太阳能生态旅馆位于一栋经过改造的维多利亚建筑内，感觉更像一间客栈，位于圣路易斯奥比斯波火车站附近一条绿树成荫的街道上。旅馆内有一个公用厨房；提供自行车租赁服务（每天$10起）；供应免费早餐，包括美式煎饼和咖啡。需自备毛巾。

Madonna Inn　　　　　　酒店 $$

（☎805-543-3000；www.madonnainn.com；100 Madonna Rd；房间 $209~329；❄@🛜♨）从101号公路上便可看到这家绚丽精致的酒店，有种梦幻的做作气质。这里有110间不同主题的房间，包括岩洞穴居房和亮粉色的梦幻花房（网站上的照片就足以让人目瞪口呆了），备受日本旅行者、从中西部地区来这里度假的旅客和热衷时尚的潮人青睐。男士洗手间里的小便池如同一道奇幻的瀑布。而入住这里的最大理由，却是童话般的面包房出产的传统饼干。

🍴 餐饮

圣路易斯奥比斯波市中心到处是挤满大学生的酒吧，而且有很多值得精酿啤酒爱好者期待的地方。

Luna Red　　　　　　无国界料理 $$

（☎805-540-5243；www.lunaredslo.com；1023 Chorro St；共享菜肴 $6~20，主菜 $20~39；◎周一至周四 11:30~21:30，周五 至午夜，周六 9:00~23:30，周日 至21:00；🅿）🍴在餐厅主厨混合了加利福尼亚、亚洲和地中海的试吃菜单中，满是当地来自陆地和大海的馈赠，包括手工奶酪和农夫市场的产品。鸡尾酒和鲜艳的灯笼更为室内增添了高雅时髦的气息，教堂精致的花园露台则是享受悠闲早午餐的好地方。

Guiseppe's Cucina Rustica　　意大利菜 $$

（☎805-541-9922；www.giuseppesrestaurant.com；849 Monterey St；比萨和三明治 $13~16，主菜 $21~36；◎11:30~23:00）🍴造访Guiseppe's是为了闲适地享用市中心的午餐，这里有美味的沙拉、比萨和开胃小吃，在前面的熟食柜台还可以外带肉丸或卡布里莎三明治。从店铺后门出去，可以看到历史悠久的辛斯海姆兄弟（Sinsheimer Brothers）大楼的立面俯临树木成荫的庭院，院中适合慢慢享用晚餐，比如慢烤鸡肉配圣路易斯奥比斯波县葡萄酒。

Luis Wine Bar　　　　　　葡萄酒吧

（☎805-762-4747；www.luiswinebar.com；1021 Higuera St；◎周日至周四 15:00~23:00，周五至周六至午夜）散发出高雅、时尚的气质，这家市中心的葡萄酒吧有开放式座椅、超过70种精酿啤酒的酒单，还有奶酪和熟肉拼盘等小盘菜。欢迎来到这个温文尔雅却朴实无华的地方，避开圣路易斯奥比斯波那些学生聚集的嘈杂酒吧和酒馆吧。

ℹ 实用信息

圣路易斯奥比斯波游客中心（☎805-781-2777；www.visitslo.com；895 Monterey St；◎周日至周三 10:00~17:00，周四至周六 至19:00）免费提供地图和旅行手册。

ℹ 到达和离开

美国国铁（☎800-872-7245；www.amtrak.com；1011 Railroad Ave）西雅图—洛杉矶的海岸星光号（Coast Starlight）每天一班，圣路易斯奥比斯波—圣迭戈的太平洋冲浪者号列车每天两班。两条线路均南下至圣巴巴拉（$35，2.75小时）和洛杉矶（$57，5.5小时）。海岸星光号北上经帕索罗布尔斯至萨利纳斯（$28，3小时）和奥克兰（$41，6小时）。每天有好几班Thruway长途汽车，可连接

多处的地区列车。

圣路易斯奥比斯波地区交通局（San Luis Obispo Regional Transit Authority, RTA; ☎805-541-2228; www.slorta.org; 单程 $1.50~3, 1日通票 $5）在县内范围运营着每日发车的公共汽车。所有车辆均配备自行车架。线路主要聚集在市中心的**转运中心**（transitcenter; Palm St和Osos St的交叉路口）。

圣路易斯奥比斯波交通局（SLO Transit; ☎805-541-2877; www.slocity.org）运营本地城市公交车（$1.25），外加每隔20分钟环绕市中心的电车（50¢），电车运行时间是全年周四的17:00至21:00, 6月至9月上旬的周五，以及4月至10月的周六。

莫洛湾至赫斯特城堡（Morro Bay to Hearst Castle）

从圣路易斯奥比斯波向西北方向沿1号公路走12英里便可到达莫洛湾，这是一个渔业小镇，**莫洛岩**（Morro Rock）就在这里。莫洛岩是从大洋底凸出来的火山峰，是即将上演的海岸大戏的第一幕（别介意那些遮挡住景观的发电厂烟囱）。你可以登上游轮，或是租一艘皮划艇沿**内河码头**游览。内河码头上到处都是旅游商店。**Giovanni's**（☎877-521-4467; www.giovannisfishmarket.com; 1001 Front St; 主菜 $5~15; ◎市场 9:00~18:00, 餐馆 11:00起; ♿）是一家经典的海鲜小馆，烹制极好吃的蒜香薯条和炸鱼排。紧邻码头和Main St的小山上及1号公路沿线聚集着很多中档汽车旅馆。

附近有很棒的州立公园，可以进行海岸徒步和**露营**（预订 800-444-7275; www.reserveamerica.com; 帐篷和房车位 $25~50; ♿）。在内河码头以南，**莫洛湾州立公园**（Morro Bay State Park; ☎805-772-2694; www.parks.ca.gov; 60 State Park Rd; 入门免费, 博物馆成人/17岁以下儿童 $3/免费; ◎博物馆 10:00~17:00; P♿）有一座非常适合孩子的自然历史博物馆。再往南，来到1号公路西边的洛斯奥索斯（Los Osos），这里的**金山州立公园**（Montaña de Oro State Park; ☎805-528-0513; www.parks.ca.gov; 3350 Pecho Valley Rd, Los Osos; ◎6:00~22:00; P♿）**免费**更加狂野，有海岸悬崖、潮汐池、沙丘，还有山顶徒步和骑马小道。公园的西班牙名称（"黄金山"）源于当地的加利福尼亚罂粟花，每到春天花盛开时便犹如给山坡披上了一层黄金地毯。

从莫洛湾市中心出发，沿着1号公路向北行，这里有冲浪爱好者最喜欢的加州墨西哥菜小馆**Taco Temple**（☎805-772-4965; www.tacotemple.com; 2680 Main St; 主菜 $10~16; ◎11:00~21:00; ♿），店里只收现金。此外，还有紧靠卡尤科斯（Cayucos）小镇海滩的**Ruddell's Smokehouse**（☎805-995-5028; www.smokerkjim.com; 101 D St; 菜肴 $4~13; ◎11:00~18:00; ♿），店内供应熏鱼塔可饼。复古的汽车旅馆排列在卡尤科斯的Ocean Ave一线，其中包括可爱的家庭经营旅馆**Seaside Motel**（☎805-995-3809; www.seasidemotel.com; 42 S Ocean Ave; 双 $80~170; ❄）。在坐拥海景的**Shoreline Inn on the Beach**（☎805-995-3681; www.cayucosshorelineinn.com; 1 N Ocean Ave; 房间 $159~249; ♿），你可以伴着海浪声入睡。

哈莫尼（Harmony; 人口仅18人）的北边，46号公路以东进入**帕索罗布尔斯葡萄酒乡**（Paso Robles wine country; www.pasowine.com）的葡萄园。厌倦了葡萄酒? 在帕索罗布尔斯，紧邻101公路的**Firestone Walker Brewing Company**（☎805-225-5913; www.firestonebeer.com; 1400 Ramada Dr; ◎品酒室和餐厅 10:00~21:00, 团队 10:30~15:30）会组织酿酒厂团队游（$3, 建议预约），也可以只在酒吧稍事停留，品尝样酒。

沿着1号公路再往北行，古雅的**坎布里亚**（Cambria）的月长石海滩（Moonstone Beach）神秘而美丽，这儿的**Blue Dolphin Inn**（☎805-927-3300; www.cambriainns.com; 6470 Moonstone Beach Dr; 房间 $188起; ♿❄）拥有现代客房，房内有浪漫的壁炉。在内陆，**Bridge Street Inn**（☎805-215-0724; www.bsicambria.com; 4314 Bridge St; 房间 $50~90, 厢式货车 $30; ☎）住起来像青年旅舍，感觉上却更像是民宿，而复古的**Cambria Pines Motel**（☎805-927-4485; www.cambriapalmsmotel.com; 2662 Main St; 房间 $109起; ◎入住 15:00~21:00; ☎❄）的房间干净利落，还有免费的沙滩自行车出借。手工

奶酪和葡萄酒商店Indigo Moon(☎805-927-2911; www.indigomooncafe.com; 1980 Main St; 午餐$9~14,晚餐$14~35; ◎10:00~21:00; ✍)🍴有户外酒吧桌,午餐供应新鲜沙拉和三明治。而Linn's Easy as Pie Cafe(☎805-927-0371; www.linnsfruitbin.com; 4251 Bridge St; 菜肴$6~12; ◎周一至周四10:00~19:00,周五至周六至20:00;✍)拥有洒满阳光的露台和外卖柜台,以奥拉里莓派(olallieberry Pie)而闻名。

从坎布里亚再往北行约10英里,就到了位于山顶的赫斯特城堡(Hearst Castle; ☎咨询805-927-2020,预订800-444-4445; www.hearstcastle.org; 750 Hearst Castle Rd; 团队游成人/5~12岁儿童$25/12起; ◎9:00起; P✍)。城堡象征着加利福尼亚州的财富与野心,是州内最有名的历史遗迹之一。报业巨头威廉·伦道夫·赫斯特(William Randolph Hearst)曾在这里款待过好莱坞明星和皇室成员。城堡内摆满了欧洲的古董,外面的游泳池波光粼粼,繁花似锦的庭院环绕四周。提前预约旅行行程,或在当天提前到场。

在1号公路的另一侧,俯瞰着古老捕鲸船码头的Sebastian's(☎805-927-3307; www.facebook.com/SebastiansSanSimeon; 442 SLO-San Simeon Rd; 主菜$9~14; ◎周二至周日11:00~16:00)出售Hearst Ranch牛肉汉堡和巨大的三明治,为临时决定去海滩野餐的人们提供食品。沿着1号公路掉头往南行5英里,途经圣西缅(San Simeon),这里有一排不起眼的廉价旅馆和中档汽车旅馆,赫斯特圣西缅州立公园(Hearst San Simeon State Park; ☎预订800-444-7275; www.reserveamerica.com; Hwy 1; 帐篷和房车位$25)提供溪畔露营地,部分已开发,而有的还很原始。

再向北行,来到白石角(Point Piedras Blancas),这里聚集着大群的海象。它们在这繁殖、换毛、睡觉、嬉戏,时不时还在海滩上打一架。和这些在沙滩上跑得比你快的野生动物保持一定距离吧。赫斯特城堡以北4.5英里处的瞭望台有路标和解说牌。海豹一年到头都会从水里出来到岸边休息或交配,但是疯狂的出生和交配季节从1月持续到3月。附近的白石灯塔(Piedras Blancas Light Station; ☎805-927-7361; www.piedrasblancas. gov; 紧邻Hwy 1; 团队游 成人/6~17岁儿童$10/5; ◎团队游6月中旬至8月周一至周二和周四至周六9:45,9月至次年6月中旬周二、周四和周六9:45)风景特别漂亮。可事先打电话查询团队游时间(不必预订)和集合地点。

大苏尔(Big Sur)

在蒙特利半岛(Monterey Peninsula)南部,崎岖的海岸线绵延100英里,人们不惜笔墨,称颂这大自然的美丽与力量。大苏尔更像是一种心境,而不单单是地图上的某一点。这里没有交通灯、银行,也没有商业街。待到太阳沉下海面,月亮和星星是唯一的光亮——前提是夏季的雾气没有遮住它们的光辉。

住宿、食物和汽油在大苏尔都比较稀缺,价格昂贵。全年住房都很紧张,周末尤甚,所以一定要提前预订。免费报纸《大苏尔指南》(Big Sur Guide; www.bigsurcalifornia.org)提供许多信息,可以在路边小店找到。只要在大苏尔州立公园缴纳日间停车费(每车$10),即可在当日自由出入Limekiln之外的各处景点。

距离赫斯特城堡25英里的戈尔达(Gorda)很容易被错过。这里的Treebones Resort(☎877-424-4787; www.treebonesresort.com; 71895 Hwy 1; 露营位$95,双 带共用浴室$320起; ✍✍✍)有回归自然的崖顶毡房。在简陋的美国林业局(USFS)露营地当中,紧邻1号公路的有阴凉的普拉斯凯特溪露营地(Plaskett Creek; ☎预订877-477-6777; www.recreation.gov; Hwy 1; 帐篷和房车位$35)和靠海的柯克溪露营地(Kirk Creek; ☎预订877-444-6777; www.recreation.gov; Hwy 1; 帐篷和房车位$35)。

新成立的Esalen Institute(☎831-667-3000; www.esalen.org; 55000 Hwy 1)位于卢西亚岛(Lucia)以北10英里处,以其玄妙莫测的研讨会及观海式温泉洗浴而出名。每天凌晨1点到3点在温泉举办的天体游乐活动($30,仅限信用卡)给人一种超现实的感觉,仅接受预订(每天9:00至中午拨打☎831-667-3047)。

再往北3英里,朱莉娅·菲佛·伯恩斯州立公园(Julia Pfeiffer Burns State Park; ☎831-

667-2315；www.parks.ca.gov；Hwy 1；每车 $10；⊙日出前30分钟至日落后30分钟；ℙ🅷）里藏着加利福尼亚州仅存的几座海岸瀑布中的一座——80英尺高的麦克维瀑布（McWay Falls）。

继续北行大约7英里，特立独行的亨利·米勒纪念图书馆（Henry Miller Memorial Library；☎831-667-2574；www.henrymiller.org；48603 Hwy 1；⊙10:00~17:00，特别活动期间开放时间更长；🅷）集中体现了大苏尔不羁的个性，也是大苏尔的灵魂所在。馆内有布置得满满当当的书店，还经常举办现场音乐会，有即兴表演之夜及室外电影放映等活动。而在对面崖顶的 Nepenthe（☎831-667-2345；www.nepenthebigsur.com；48510 Hwy 1；主菜 $18~50；⊙11:30~16:30和17:00~22:00；🅵🅷），食物不得不让位给无死角的壮丽海景。Nepenthe的意思是"没有悲伤的岛屿"。

继续向北，大苏尔站（Big Sur Station；☎831-667-2315；www.bigsurcalifornia.org/contact.html；47555 Hwy 1；⊙9:00~16:00）的护林员可提供徒步线路和野营相关建议，通往赛克斯温泉（Sykes Hot Springs）的小径也在此处，小径长10英里，深受徒步者欢迎。在1号公路的另一侧南边一些，转上Sycamore Canyon Rd，向下走2英里狭窄曲折的路，就到了月牙形状的菲佛海滩（Pfeiffer Beach；☎831-667-2315；www.fs.usda.gov/lpnf；Sycamore Canyon Rd尽头；每车 $10；⊙9:00~20:00；ℙ🅷🅿）。近海处有一个高耸的海蚀拱岩，水流较急，游泳很危险。在沙滩上挖下去，你会发现沙子竟然是紫色的!

接下来，多条穿过红杉森林的小径上光影斑驳，交会于菲佛大苏尔州立公园（Pfeiffer Big Sur State Park；☎831-667-2315；www.parks.ca.gov；47225 Hwy 1；每车 $10；⊙日出前30分钟至日落后30分钟；ℙ🅷）。提前预订露营地（☎预订 800-444-7275；www.reserveamerica.com；47225 Hwy 1；帐篷和房车位 $35~50；ℙ🅿），或奢侈一下，在 Post Ranch Inn（☎831-667-2200；www.postranchinn.com；47900 Hwy 1；双 $925起；ℙ🅷🅿🅵🅶🅿）的独享露台观看下方的海浪，倍是令人愉悦。

大苏尔大部分商业活动都集中在1号公路沿线北边，包括设有乡村木屋的私人露营

值得一游

群峰国家公园

群峰国家公园（Pinnacles National Park；☎831-389-4486；www.nps.gov/pinn；每车 $15；ℙ🅷）可到此研究戏剧性的地质现象。嶙峋的巨大独石、崖壁陡峭的深峡和曲曲折折的洞穴是数百万年侵蚀的结果。除了徒步旅行和攀岩外，公园最吸引人的是濒临灭绝的加州秃鹫和蝙蝠栖息的岩堆洞穴。春、秋季最适宜游览，夏天则极端炎热。

地、汽车旅馆、餐厅、加油站和商店。Glen Oaks Motel（☎831-667-2105；www.glenoaksbigsur.com；47080 Hwy 1；双 $300~475；ℙ🅷🅿）是一家经过重新设计的20世纪50年代红杉土砖式汽车旅馆，提供藏于树林中的浪漫房间和木头小屋。离此不远的Big Sur River Inn有一间杂货店（☎831-667-2700；www.bigsurriverinn.com；46840 Hwy 1；早餐和午餐 $15~20，晚餐 $15~40；⊙8:00~21:00；🅷🅿），后面藏着一个供应墨西哥卷和水果冰沙的吧台，而 Maiden Publick House（☎831-667-2355；Village Center Shops, Hwy 1；⊙周一至周四 15:00至次日2:00，周五13:00起 和周六至周日 11:00起）提供的啤酒单像百科全书一样，还有现场音乐。回到南面，在邮局附近的 Big Sur Deli（☎831-667-2225；www.bigsurdeli.com；47520 Hwy 1；小吃 $2~12；⊙7:00~20:00）采购野餐食材，而隔壁悠闲的 Big Sur Taphouse（☎831-667-2225；www.bigsurtaphouse.com；47520 Hwy 1；⊙周一至周五 正午至22:00，周六 10:00至午夜，周日 至22:00；🅷）的自酿啤酒吧提供酒吧小吃和桌游。

再次向北出发，不要错过安德鲁·莫雷拉州立公园（Andrew Molera State Park，☎831-667-2315；www.parks.ca.gov；Hwy 1；每车 $10；⊙日出前30分钟至日落后30分钟；ℙ🅷）🅿，这里有草地、瀑布、海岸绝壁和起伏的沙滩，步行小径穿梭其间，绚烂无比。你可以在公园的探索中心（Discovery Center；☎831-624-1202；www.ventanaws.org/discovery_center；Andrew Molera State Park；⊙5月下旬至9月上旬 周六和周日 10:00~16:00；ℙ🅷）🅵 免费。

ⓘ 行驶在1号公路上

在大苏尔狭窄的双车道公路及更远路段开车很难提起速度，蒙特利半岛（Monterey Peninsula）和圣路易斯奥比斯波之间全程大约需要3小时，如果你想探索海岸，则需要更长时间。日落后开车会比较危险，而且也没有意义，因为你会错过沿途的海景。小心骑自行车的人，利用有明确标识的路边停靠站让车速更快的车辆超车。

了解濒临灭绝的加州秃鹫的情况。从泥地停车场沿着小径走约0.3英里，就能看到一个原始的**露营地**（www.parks.ca.gov; 帐篷位 $25）。

在距离著名地标比克斯比河大桥（Bixby Creek Bridge）还有6英里的地方，你可以在**苏尔角历史公园**（Point Sur Historic Park; ☎831-625-4419; www.pointsur.org; 紧邻Hwy 1; 成人/6~17岁儿童 $12/5起; ☻团队游 通常10月至次年3月 周三 13:00, 周六和周日 10:00, 4月至9月 周三和周六 10:00和14:00, 周日 10:00, 7月和8月增加周四 10:00) 免费 参加团队游，游览建于1889年的灯塔（包括季节性的月光步行游）。上网或拨打电话查询团队游时间与会合地点。早点到，名额有限（不接受预约）。

卡梅尔（Carmel）

古雅的卡梅尔小镇有点精心打理的乡村俱乐部的感觉。你可以悠闲地观察头戴帽子手提名牌包去吃午餐的女士，还有沿着小镇主慢行道Ocean Ave开着敞篷车的绅士们。另外，这座小镇对狗狗"居民"的热爱也可谓是近乎疯狂。

◉ 景点和活动

避开卡梅尔市中心被扫荡的购物街，在树木林立的街区散散步，寻找住宅区的迷人和独特之处。5th Avenue和6th Avenue之间的Torres St有格林童话中韩塞尔与葛雷特住的那种房屋，与你想象的一模一样。6th Ave附近的Guadalupe St还有一座引人注目的船形房屋，由本地河岩和回收的船舶部件建造。

★ 卡梅尔教堂　　　　　　　教堂

（Mission San Carlos Borromeo de Carmelo; ☎831-624-1271; www.carmelmission.org; 3080 Rio Rd; 成人/7~17岁儿童 $6.50/2; ☻9:30~19:00; ♿) 教堂最初位于蒙特利，由圣方济各神父朱尼帕罗·塞拉建于1770年，但受限于贫瘠的土地和西班牙士兵腐败的作风，教堂于两年后迁往卡梅尔。如今它是加州最美的教堂之一，是一片隐藏在花团锦簇的花园中的庄严绿洲。教堂迷人的小礼拜堂后来被一座拱形大殿取代，大殿使用的石材采自圣塔露西亚（Santa Lucia）山脉。博物馆的展品遍布建筑群的各个角落，参观时总能让人陷入沉思。

★ 海狼角州立自然保育区　　州立公园

（Point Lobos State Natural Reserve; ☎831-624-4909; www.pointlobos.org; Hwy 1; 每车 $10; ☻8:00~19:00, 11月上旬至次年3月中旬 至17:00; ᴘ♿) 🌿 海狮是海狼角（Punta de los Lobos Marinos）的明星，它们在这里吠叫、洗澡，很有趣。卡梅尔以南4英里处，有一条陡峭的岩石海岸线，可以看到壮观的潮汐池。若要步行游览整个区域，则需走完6英里的路，你也可在充满原始风情的地方进行稍短的徒步旅行，比如**鸟岛**（Bird Island）、阴凉的柏树林、古老的**捕鲸者小屋**（Whalers Cabin），满潮时还可以看到气势惊人的漩涡——**魔鬼海釜**（Devil's Cauldron）。

🛏 住宿

滨海卡梅尔（Carmel-by-the-Sea）精品酒店、旅馆和民宿价格高得离谱，但还是会迅速满客，尤其是在夏季。向**商会**（☎831-624-2522; www.carmelcalifornia.org; San Carlos St, 5th Ave和6th Ave之间; ☻10:00~17:00) 询问是否有最后时刻优惠。寻找性价比更高的住宿场所，可以往北前去蒙特利（Monterey）。

🍴 餐饮

卡梅尔中心地区不大但精致，遍布葡萄酒品酒室。在这儿最好的深夜饮酒选择是又酷又有激情的**Barmel**（☎831-626-2095; www.facebook.com/BarmelByTheSea; San Carlos St, Ocean Ave和7th Ave之间; ☻周一至周五 14:00至次

日2:00，周六至周日13:00至次日2:00）。

Cultura Comida y Bebida　　墨西哥菜 $$

（☎831-250-7005；www.culturacarmel.com；Dolores St, 5th Ave和6th Ave之间；主菜$19~32；⏰周四至周日 11:30-午夜，周一至周二 17:00~午夜）位于艺术画廊附近的一座衬砖庭院，Cultura Comida y Bebida是一家令人放松的酒吧兼餐馆，食物是墨西哥瓦哈卡州风味。在优雅的吧台旁边拉开椅子就座，品尝梅斯卡尔酒，也可一边吃着蒙特利鱿鱼圆饼和橡木蒜烤鳟鱼配香菜和酸橙，一边品着加州和法国葡萄酒。

Mundaka　　西班牙小吃 $$

（☎831-624-7400；www.mundakacarmel.com；San Carlos St, Ocean Ave和7th Ave之间；小盘菜$8~15；⏰周日至周四 17:00~21:00，周五至周六 至22:00）这家隐蔽的石头庭院餐厅是远离卡梅尔那汹涌的"新婚与迟暮"人潮的好地方。可以在这儿吃着西班牙餐前小吃，喝着餐厅自制的桑格利亚酒，不问世事。试试看一杯冰镇的本地葡萄酒搭配蒜味虾或烤章鱼。

蒙特利（Monterey）

在以工薪阶层为主的蒙特利，一切都和大海有关。世界级的水族馆如今吸引着众多旅行者，俯瞰整片蒙特利湾国家海洋保护区（Monterey Bay National Marine Sanctuary），保护区里有茂密的海草林和各种海洋生物，包括海豹和海狮、海豚和鲸鱼。城市本身存有加利福尼亚州从西班牙和墨西哥时期保存最完好的历史遗址，有许多经过修复的土坯建筑。下午漫步走过市中心的历史街区，肯定比将时间花在渔人码头（Fisherman's Wharf）和罐头厂街（Cannery Row）的旅游区域更有教育意义。

◉ 景点

★ 蒙特利湾水族馆　　水族馆

（Monterey Bay Aquarium；☎咨询 831-648-4800，订票 866-963-9645；www.montereybayaquarium.org；886 Cannery Row；成人/3~12岁儿童/13~17岁青少年 $50/30/40；⏰10:00~18:00；🅿）🚶这座巨大的水族馆建在蒙特利最大的沙丁鱼罐头厂原址上，是当地最有魅力的去处。种类繁多的水生动物各具特色，包括孩子们最爱的海星、黏滑的海参、活泼的海獭，还有重达800磅却出奇敏捷的金枪鱼。这座水族馆不仅是令人惊叹的水展览，更是凸显海湾文化和历史内涵的完美名片。

★ 蒙特利州立历史公园　　历史遗迹

（Monterey State Historic Park；☎咨询 831-649-7118；www.parks.ca.gov）**免费** 如今被设为蒙特利州立历史公园的老蒙特利（Old Monterey）拥有保存完好的19世纪土砖建筑群，沿着长达2英里的"历史小径"（这名字略显矫情）徒步就能看到它们。沿途可以看到数十座建筑，其中大部分带有迷人的花园。受到州立公园预算缩减的不幸影响，这些建筑的开放时间经常变化。

罐头厂街　　古迹

（Cannery Row；🅿）约翰·斯坦贝克（John Steinbeck）的小说《罐头厂街》（*Cannery Row*）让蒙特利20世纪上半叶的经济命脉沙丁鱼罐头产业从此成为不朽。这位普利策奖得主的青铜半身像坐落于Prescott Ave尽头，距离这条大张旗鼓地商业化了的罐头厂街仅有几步之遥。历史悠久的罐头工人棚屋（Cannery Workers Shacks）位于绚丽的布鲁斯·阿里斯之路（Bruce Ariss Way）底部，能让人想起菲律宾人、日本人、西班牙人及其他移民劳工在这里度过的艰难生活，发人深思。

🚶 活动

蒙特利湾（Monterey Bay）海岸附近全年都能见到鲸鱼。4月至12月上旬是观赏蓝鲸和座头鲸的季节，而灰鲸12月中旬至次年3月从此经过。游船从渔人码头和莫斯码头（Moss Landing；☎咨询831-917-1042，购票888-394-7810；www.sanctuarycruises.com；7881 Sandholdt Rd；团队游$45~55；🅿）🚶出发。至少提前一天预订；乘船颠簸、寒冷，做好准备。

Monterey Bay Whale Watch　　划船

（☎831-375-4658；www.montereybay

whalewatch.com; 84 Fisherman's Wharf; 3小时团队游 成人/4~12岁儿童 \$44/29起; ▣) 上午和下午出发; 欢迎小孩子和听话的宠物狗上船。

Adventures by the Sea 骑车、皮划艇

(☎831-372-1807; www.adventuresbythesea.com; 299 Cannery Row; 租金每天 皮划艇或自行车 \$35, 立式单桨冲浪装备 \$50; 皮划艇游 \$60起; ⌚9:00~17:00, 夏季 至20:00; ▣) 在罐头厂街和市中心(☎831-372-1807; www.adventuresbythesea.com; 210 Alvarado St; ⌚9:00~17:00, 夏季 至20:00; ▣) 的好几家分店都可以租到沙滩自行车、电动自行车和水上运动用品。

Monterey Bay Dive Charters 潜水

(☎831-383-9276; www.mbdcscuba.com; 水肺潜水装备 租金 \$75, 岸潜/船潜 \$65/85起) 这家店口碑良好, 可以安排岸潜和船潜, 出租全套水肺潜水装备及潜水服。

🛏 住宿

特殊活动、周末和夏季需要预订。想要避开罐头厂街拥挤的游客和黑心的要价, 可以前往Pacific Grove。比较便宜的汽车旅馆位于市中心以南的Munras Ave沿线和1号公路以东的N Fremont St附近。

HI Monterey Hostel 青年旅舍 \$

(☎831-649-0375; www.montereyhostel.org; 778 Hawthorne St; 铺 带共用浴室\$30~40; ⌚入住 16:00~22:00; @📶) 这家简单整洁的旅舍离罐头厂街和水族馆有4个街区, 提供男、女及男女混住的宿舍, 也有最多可住5人的私人客房。自制薄饼早餐能让预算有限的背包客吃得饱饱的。强烈建议预订。在市中心的Transit Plaza乘坐MST的1路公共汽车即可到达。

Monterey Hotel 历史酒店 \$\$

(☎831-375-3184; www.montereyhotel.com; 406 Alvarado St; 房间 \$131~275; 📶) 这栋建于1904年的古雅建筑就在市中心, 步行可达渔人码头, 酒店的客房和套间虽然面积不大, 但都刚翻新过, 配备了维多利亚风格的家具和实木百叶窗。没有电梯。最近增设的精品水疗店提供按摩和美容服务。

★ Jabberwock 民宿 \$\$\$

(☎831-372-4777; www.jabberwockinn.com; 598 Laine St; 房间 \$249~339; @📶) 这栋1911年的工艺美术风格建筑被植物遮掩得几乎看不见, 有7个带着爱丽斯梦游仙境情调的房间, 干净整洁, 无可挑剔, 其中有的带壁炉和按摩浴缸。一边享用下午茶和饼干或者傍晚酒和餐前小吃, 一边让亲切的主人讲讲这栋房子许多回收建筑元素的故事。周末比较贵, 最少住两晚。

🍴 就餐

从蒙特利的罐头厂街向上延伸, Lighthouse Ave以气氛悠闲的低预算餐馆为特色, 包括夏威夷烧烤、泰国风味, 还有寿司和中东肉串。Alvarado St附近的市中心也以咖啡馆和酒吧餐厅为主。

Zab Zab 泰国北部菜 \$

(☎831-747-2225; www.zabzabmonterey.com; 401 Lighthouse Ave; 主菜 \$11~15; ⌚周二至周五 11:00~14:30和17:00~21:00, 周六至周日 正午至21:00; 🅿) 我们从Lighthouse Ave的民族特色中选择了Zab Zab, 而它带来了泰国东北部的浓郁风味。小巧玲珑的小屋内饰非常适合天冷时进来欣赏, 不过到了夏季, 最佳地点则是花园中央的平台, 四周绿意盎然, 令人惬意。喜欢正宗泰国热菜的话, 可以前去尝尝泰式烤鸡。午餐盒饭(\$11至\$13)物有所值。

LouLou's Griddle in the Middle 美国菜 \$\$

(☎831-372-0568; www.lulousgriddle.com; Municipal Wharf 2; 主菜 \$8~17; ⌚周日、周一、周三和周四 7:30~16:00, 周五至周六 至18:00, 周二歇业; ▣🐾) 从市政码头漫步就能到达这家另类的餐厅, 早餐的最佳选择是超大的薄饼和配有墨西哥西红柿沙拉的鸡蛋饼, 午餐则有新鲜的海鲜。在户外凉爽的就餐区可以带狗用餐, 或者在柜台找个座位, 与友好的厨师闲聊。

Montrio Bistro 加利福尼亚菜 \$\$\$

(☎831-648-8880; www.montrio.com; 414 Calle Principal; 分享盘 \$12~30, 主菜 \$25~44; ⌚周日至周四 16:30~22:00, 周五和周六 至23:00) 🍀 位于1910年修建的消防站内, Montrio既有皮

革墙壁也有铁格架，桌子上还有给孩子们准备的厚纸和蜡笔。五花八门的时令美味将本地的有机食品与加州、亚洲和欧洲风味相结合，包括西班牙小吃式的分享盘和迷你甜点。价格合理的酒吧小吃和每天16:30开始的欢乐时光是结束一天的不错选择。

❶ 实用信息

蒙特利游客中心 (Monterey Visitor Center; ☎831-657-6400; www.seemonterey.com; 401 Camino el Estero; ⊙周一至周六 9:00~18:00, 周日 至17:00, 11月至次年3月提前1小时关门) 可索取《蒙特利县文学与电影地图》(*Monterey County Literary & Film Map*)。另外提供便利的住宿预订服务。

❶ 到达和离开

Monterey-Salinas Transit (简称MST; ☎888-678-2871; www.mst.org; Jules Simmoneau Plaza; 单程$1.50~3.50, 1日票$10) 运营本地及区域的公共汽车；线路交会处是市中心的Transit Plaza (Pearl St和Alvarado St交叉路口)，有开往帕西菲克格罗夫、卡梅尔和大苏尔的公共汽车。5月下旬至9月上旬，MST的免费电车环行市中心、渔人码头和罐头厂街，每天运行时间为10:00至19:00或20:00。

圣克鲁斯 (Santa Cruz)

圣克鲁斯是一座狂妄有趣的城市，市中心生机勃勃却混乱无序。水畔是著名的海滩布道，山上的红杉林环绕着加州大学圣克鲁斯分校 (University of California Santa Cruz; UCSC) 的校园。至少计划在这里待上半日，但若想欣赏哗哗作响的裙子、水晶吊坠和牙买加脏辫，那就得住久一些，一头扎进由冲浪者、学生、朋克族和稀奇古怪的人组成的大浪潮。

◉ 景点和活动

在圣克鲁斯最适合做的事情就是在市中心的Pacific Ave散步、购物、看看杂耍表演。步行15分钟可以到达海滩和市政码头 (Municipal Wharf)，那里有海鲜餐馆、礼品商店，还有为吸引注意而争相哮吼的海狮。可赏海景的West Cliff Dr沿码头西南海岸延伸，与一条柏油休闲小路平行。

★ 圣克鲁斯沙滩游乐园　　游乐园

(Santa Cruz Beach Boardwalk; ☎831-423-5590; www.beachboardwalk.com; 400 Beach St; 游乐项目$4~7, 全天票$37~82; ⊙4月至9月上旬每天开放, 其他时段因季节而异; ⓟ🎠) 在西海岸这座最古老的海滨游乐园，建于1907年的步道充满了老派的美国风情。微咸的空气中混合着棉花糖的甜味，不时传来倒吊在游乐设施上的孩子们的尖叫声。园内最著名的亮点是1924年的大北斗七星 (Giant Dipper) 过山车和1911年的陆夫 (Looff) 旋转木马，两者都是国家级历史地标。夏季可免费欣赏周三的电影和周五晚上的音乐会——有些你以为已经去世了的摇滚老将会在此登台亮相。

★ 西摩海洋探索中心　　博物馆

(Seymour Marine Discovery Center; ☎831-459-3800; http://seymourcenter.ucsc.edu; 100 Shaffer Rd; 成人/3~16岁儿童$8/6; ⊙周二至周日 10:00~17:00; ⓟ🎠) 🌿这个为孩子们而设的教育中心紧邻天然桥州立海滩，是加州大学圣克鲁斯分校隆恩海洋实验室 (UCSC's Long Marine Laboratory) 的一部分。互动式自然科学展有触摸式潮汐池和水族箱。外面那副世界上最大的蓝鲸骨架定会让你瞠目结舌。每天13:00、14:00和15:00都会有为期一小时的导览游，带着小孩子的家庭可以选择11:00的30分钟导览游；请提前一小时当场报名 (不接受预订)。

圣克鲁斯冲浪博物馆　　博物馆

(Santa Cruz Surfing Museum; ☎831-420-6289; www.santacruzsurfingmuseum.org; 701 W Cliff Dr; 捐款; ⊙7月4日至9月上旬 周三至周一 10:00~17:00, 9月上旬至次年7月3日 周四至周一 正午至16:00; 🎠) 位于码头西南1英里处的这座古老的灯塔里有一座小小的博物馆，馆内塞满了各种纪念品，包括古董红木冲浪板。灯塔不偏不倚地俯瞰着两个最受欢迎的冲浪区。

天然桥州立海滩　　海滩

(Natural Bridges State Beach; ☎831-423-4609; www.parks.ca.gov; 2531 W Cliff Dr; 每车$10; ⊙8:00至日落; ⓟ🎠) 这个备受家庭欢迎的地方最适合在日落时分前往，有空阔的沙

O'Neill Surf Shop
冲浪

(📞831-475-4151; www.oneill.com; 1115 41st Ave; 潜水服/冲浪板租金 $15/25起; ⏰周一至周五 9:00~20:00, 周六和周日 8:00起) 朝东往快乐岬 (Pleasure Point) 走就可以来到这家国际知名冲浪板制造商的旗舰店。市中心和海滩步道有分店。

★ Santa Cruz Food Tour
美食

(📞866-736-6343; www.santacruzfoodtour.com; 每人 $59; ⏰周五和周六14:30-18:00) 美食步行游结合了阿富汗风味、农场到餐馆的小馆、素纸杯蛋糕和手工冰激凌等美味，备受推崇，同时还讲解丰富多彩的本地知识，让人饶有兴趣地深入了解圣克鲁斯的历史、文化和建筑。第一次来到这座城市应该报名团队游，可以带你找到最美味的地方。

Richard Schmidt Surf School
冲浪

(📞831-423-0928; www.richardschmidt.com; 849 Almar Ave; 2小时团队/1小时私人课程 $90/120; 🅿) 这家屡获殊荣、经受住了时间考验的冲浪学校可以让你更上层楼。提供全套装备。夏季冲浪营深深吸引着成年人和孩子们。

🛏 住宿

圣克鲁斯可谓是一床难求：在旺季，条件平平的酒店都能漫天要价。海滩步道附近的住宿场所，条件有令人满意的但也有令人恐怖的。想住还可以的汽车旅馆，可以去Ocean St往内陆方向或Mission St (Hwy 1) 找找。计划于2017年下半年开业的几家新酒店将增加这座城市的住宿选择。可以联系游客中心咨询详细信息。

California State Park Campgrounds
露营地 $

(📞预订 800-444-7275; www.reserveamerica.com; 帐篷和房车位 $35~65) 提前在圣克鲁斯以南紧邻Hwy 1的州立海滩或Hwy 9附近雾气笼罩的圣克鲁斯山 (Santa Cruz Mountains) 山上预订露营。适合家庭的露营地有费尔顿 (Felton) 的亨利·考埃尔红杉州立公园 (Henry Cowell Redwoods State Park) 和卡皮托拉 (Capitola) 的新布赖顿州立海滩 (New Brighton State Beach)。

HI Santa Cruz Hostel
青年旅舍 $

(📞831-423-8304; www.hi-santacruz.org; 321 Main St; 铺 $28~31, 房间 $85~140, 均带共用浴室; ⏰入住 17:00~22:00; @📶) 这家可爱的旅舍位于拥有上百年历史的Carmelita Cottages, 离海滩两个街区，是个经济型住宿的好选择。缺点：午夜到点关灯，白天锁门 (11:00~17:00), 最多住三晚。须预订。路边停车费$2。

★ Adobeon Green B&B
民宿 $$

(📞831-469-9866; www.adobeongreen.com; 103 Green St; 房间 $179; 🅿🐾📶) 这里的氛围平和而安静，步行可达Pacific Ave。几乎看不到房东，但是他们贴心的关照无处不在——宽敞的太阳能客房配备了精品酒店级别的设施，还有来自有机花园的绿色早餐。

🍴 就餐

圣克鲁斯市中心有许多休闲咖啡馆。如果你想找海鲜，可以前往码头的外卖柜台小店。去加州大学圣克鲁斯分校 (UCSC) 附近的Mission St和41st Ave逛逛，那里有更便宜的食品。

Akira
日本菜 $

(📞831-600-7093; www.akirasantacruz.com; 1222 Soquel Ave; 寿司和生鱼片 $10~15; ⏰11:00~23:00; 🐾) 前往圣克鲁斯市中心东北Soquel Ave的餐饮街，寻找Akira的现代新式寿司、生鱼片及其他日式风味。Akira有清酒、精酿啤酒和冲浪小镇的氛围，菜单上有各种各样的寿司可供选择，食材是还保留着海水咸味的新鲜金枪鱼、三文鱼、鳗鱼和贝类。午餐便当 ($10至$14) 物有所值，这里还有种类繁多的素食选择。

★ Assembly
加利福尼亚菜 $$

(📞831-824-6100; www.assembly.restaurant; 1108 Pacific Ave; 早午餐和午餐 $12~16, 晚餐主菜 $22~28; ⏰周一和周三至周四 11:30~21:00, 周五 至22:00, 周六至周日 10:00~22:00; 🐾) 农场到餐桌的新鲜食材，自豪的地方

风味是圣克鲁斯市中心这家一流小馆的特色。Assembly里浓郁的加州氛围掩饰了厨房里面真正的烹饪精神,时令菜单包括脆皮鸡胸或松露芦笋调味饭等菜肴。不要错过品尝苏格兰橄榄和肉丸,搭配一系列本地精酿啤酒。

Soif　　　　　　　　　　　法式小馆 $$

(☎831-423-2020; www.soifwine.com; 105 Walnut Ave; 小盘菜 $5~17, 主菜 $19~25; ⓢ周日至周四 17:00~21:00, 周五和周六 至22:00; ♪) 🍴 经过最近的翻新,这家圣克鲁斯比较老牌的餐馆之一如今更胜以往,别致的大都会风格装饰呈上一份令人赞叹的葡萄酒单——包括圣克鲁斯本地葡萄酒品尝套酒($20.50)——还有精心设计的菜单,主推慢烤猪肉和扇贝培根卷等菜肴。所有菜肴都建议佐以葡萄酒。

🍷 饮品和夜生活

圣克鲁斯市中心到处是酒吧、休闲场所和咖啡馆。沿Mission St(Hwy 1)向西,自酿酒吧和品酒室布满弥漫着不羁工业风的Smith St和Ingalls St庭院。

Verve Coffee Roasters　　　　咖啡馆

(☎831-600-7784; www.vervecoffee.com; 1540 Pacific Ave; ⓢ6:30~21:00; 🛜) 要喝到上好的烘焙精品浓缩咖啡或浓郁的手冲咖啡,可以跟着冲浪者和潮人们来这家颇具工业—禅意风格的咖啡馆。单品咖啡和独家拼配咖啡是最棒的。这家咖啡馆在主场大获成功,所以又在洛杉矶和东京开了分店。

Lupulo Craft Beer House　　　精酿啤酒

(☎831-454-8306; www.lupulosc.com; 233 Cathcart St; ⓢ周日至周四 11:30~22:00, 周五至周六 至23:30) 名字在西班牙语是"啤酒花"的意思,Lupulo Craft Beer House是旅行中的啤酒爱好者不可不去的市中心地点。酒吧采用现代的装饰风格,啤酒选择千变万幻——经常有来自加州本地酿酒厂的季节限定啤酒——还有不错的酒吧小吃,比如阿根廷肉盒、玉米卷饼和熟食拼盘。将近400种瓶装酒和听装酒让犹豫不决的酒客陷入了美味的苦恼之中。

🛈 实用信息

圣克鲁斯游客中心(Santa Cruz Visitor Center; ☎831-425-1234; www.santacruzca.org; 303 Water St; ⓢ周一至周五 9:00至正午及13:00~16:00, 周六和周日 11:00~15:00; @) 免费提供上网终端、地图和旅游手册。

🛈 到达和当地交通

圣克鲁斯位于旧金山以南75英里处,经由海岸沿线Hwy 1或者狭窄而难行的山路Hwy 17可以到达。沿Hwy 1继续往南约1小时车程即可到达蒙特利。

圣克鲁斯机场班车(Santa Cruz Airport Shuttles; ☎831-421-9883; www.santacruzshuttles.com) 在圣何塞($50)、旧金山($80)和奥克兰($80)运营往返机场的合乘班车,现金折扣$5;第二名乘客需要支付$10。

灰狗巴士(☎800-231-2222; www.greyhound.com; Metro Center, 920 Pacific Ave) 每天会有几班长途汽车开往旧金山($16, 3小时)、萨利纳斯($15, 1小时)、圣巴巴拉($53, 6小时)和洛杉矶($59, 9小时)。

Santa Cruz Metro(☎831-425-8600; www.scmtd.com; 920 Pacific Ave; 单程/一日票 $2/6) 运营本地和全县范围的公共汽车,汇集在市中心的**Metro Center**(920 Pacific Ave)。Hwy 17快车连接圣克鲁斯和圣何塞的美国国铁/加州火车(CalTrain)车站($5, 50分钟, 每小时一两班)。

5月下旬至9月上旬,**圣克鲁斯电车**(Santa Cruz Trolley; www.santacruztrolley.com; 单次乘坐25¢) 每天11:00至21:00往来市中心与海滩。

圣弗朗西斯科(旧金山)和湾区(SAN FRANCISCO & THE BAY AREA)

圣弗朗西斯科 (San Francisco, 旧金山)

拿上外套、盛装打扮,融入这片充满迷雾和奇迹的土地。再见,压抑;我来了,旧金山。

历史

加州原住民早在1849年以前就在加州发

现了黄金——但那似乎不值得注意,只要在这儿有牡蛎佐午餐,有鹿肉当晚餐就够了。及至消息传出,旧金山几乎一夜之间就从商业一潭死水的田园乡下变成了淘金大都市。历经160多年的繁荣、破产、创造历史的狂欢作乐和肮脏的内幕交易,旧金山依然是西部最狂野的城市。

◉ 景点

大多数重要的博物馆都位于市中心,不过金门公园有德扬博物馆(de Young Museum)和加利福尼亚州科学院(California Academy of Sciences)。这座城市历史最悠久的区域是米申区、唐人街、北部海滩和海特区。美术馆集中在市中心和北部海滩、米申区、波特雷罗弗拉特(Potrero Flats)和多帕奇(Dogpatch)。你可以在全城各地找到山顶公园,但俄罗斯山、诺布山和电报山(Telegraph Hill)在高度上位居前三,风景最美。

◉ 内河码头

★ **渡轮大厦** 地标

(Ferry Building;见1096页地图;☎415-983-8030;www.ferrybuildingmarketplace.com;Market St和the Embarcadero交叉路口;◎周一至周五10:00~19:00,周六8:00~18:00,周日11:00~17:00;🅿;🚌2、6、9、14、21、31;Ⓜ Embarcadero;🅱 Embarcadero)在这个从运输枢纽变身为美食商业中心的地方,享乐主义蓬勃滋长。食客们会很乐意在品尝索诺马牡蛎和香槟、旧金山精酿啤酒和马林牛肉汉堡,或者本地烘焙的咖啡和刚烤好的纸杯蛋糕之中错过渡轮。明星大厨常年出没于这座大厦周边的农贸市场。

★ **探索博物馆** 博物馆

(Exploratorium;见1096页地图;☎415-528-4444;www.exploratorium.edu;Pier 15;成人/儿童 $30/20,周四 18:00~22:00 $15;◎周二至周日 10:00~17:00,18岁以上成人 仅周四18:00~22:00;🅿;🅿;Ⓜ E, F)滑板运动也有细分科学?澳大利亚的马桶真的是逆时针冲水的吗?在洛杉矶这座实践科学博物馆,你可以学到在学校里学不到的知识。探索博物馆将科学和艺术融合在一起,探索科学和人类感知力,并启发你如何看待周围的世界。这儿的建筑设计令人惊叹不已——占地9英亩的全玻璃码头延伸至旧金山湾,开阔的露天附属建筑全天免费开放。

在旧金山

1天

从淘金热时期起,旧金山的冒险精神已在唐人街生根发芽,哪怕是到了现在,还有可能在幸运饼干里找到隐藏的好运哦。吃完点心之后,可以前往 **City Lights书店**,沉醉于"垮掉的一代"的诗歌。漫步走过 **北部海滩**(North Beach)沿街的意大利咖啡馆,登上 **科伊特塔**(Coit Tower)一览360°的城市和海湾美景。然后去 **亚洲艺术博物馆**(Asian Art Museum),花上一个小时在众多艺术品中跨越数个世纪去体验大洋彼岸的魅力。到 **渡轮大厦**(Ferry Building)提前吃晚餐,然后参加 **阿尔卡特拉斯岛**(Alcatraz;恶魔岛)令人毛骨悚然的夜间团队游,之后及时离开这座小岛监狱,最后再到 **市场南区**(SoMa)的夜店舞池释放激情。

2天

从位于 **米申区**(Mission)的 **巴米巷**(Balmy Alley)那满是涂鸦的车库门之间开始一天的行程,然后走进充满肃穆氛围的 **都勒教堂**(Mission Dolores)。休息一下,吃个墨西哥卷,然后步行来到 **海特区** 的古董精品店回溯历史,再去看看"爱之夏"的举办地 **金门公园**(Golden Gate Park)。站在 **德扬博物馆**(de Young Museum)顶层俯瞰海湾美景,然后到 **加利福尼亚州科学院**(California Academy of Sciences)的"实证现场"走一走,并在 **金门大桥**(Golden Gate Bridge)上勇敢面对咆哮的大风。

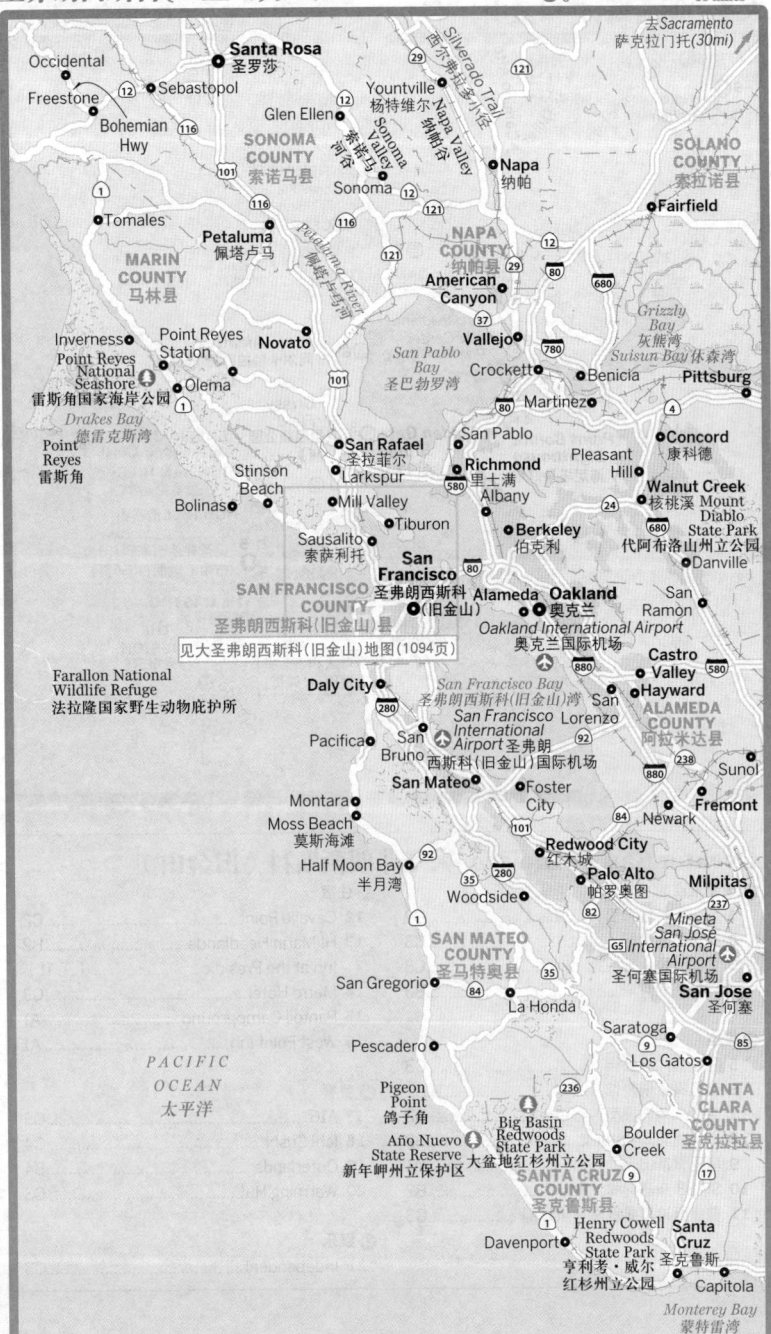

San Francisco & the Bay Area
圣弗朗西斯科(旧金山)和湾区

Greater San Francisco 大圣弗朗西斯科（旧金山）

加利福尼亚州 圣弗朗西斯科

Greater San Francisco 大圣弗朗西斯科（旧金山）

◎ 重要景点
1 阿尔卡特拉斯岛（恶魔岛） C2
2 克里西场公园 C3
3 金门大桥 C3
4 博尼塔角灯塔 B3

◎ 景点
5 阿拉莫广场公园 C3
6 湾区探索博物馆 C2
7 海湾三角洲模型游客中心 B2
8 海洋哺乳动物中心 B2
9 塔玛佩斯山州立公园 A1
10 SF-88 奈基导弹发射场 B2
11 普雷西迪奥要塞军官俱乐部 C3

⌂ 住宿
12 Cavallo Point C2
13 HI Marin Headlands B2
　 Inn at the Presidio .... （见11）
14 Metro Hotel C3
15 Pantoll Campground A1
16 West Point Inn A1

⊗ 就餐
17 A16 .... C3
18 Ichi Sushi C4
19 Outerlands B4
20 Warming Hut C3

⊗ 娱乐
21 Independent C3

联合广场和市政中心
(Union Square & Civic Center)

联合广场（见1096页地图；Geary St、Powell St、Post St和Stockton St之间；Powell-Mason, Powell-Hyde, M Powell, B Powell）因150年前在这里举行的美国内战联盟军集会而得名，四周都是高端百货商场。到 **Emporio Rulli**（见1096页地图；415-433-1122；www.rulli.com；Union Sq；点心$4~8；8:00~19:00；M Powell；B Powell）买杯浓咖啡，看看人潮吧。

★亚洲艺术博物馆 博物馆

（Asian Art Museum；见1096页地图；415-581-3500；www.asianart.org；200 Larkin St；成人/学生/儿童$15/10/免费，每月第一个周日免费；周二、周三和周五至周日10:00~17:00，周四至21:00；M Civic Center；B Civic Center）从古代波斯细密画到最前沿的日本极简主义，这间3层高的博物馆将带你放飞想象，纵览亚洲艺术长达6000年的发展历程。馆内收藏有18,000多件作品，是亚洲之外规模最大的亚洲馆。除此之外，还有适合各个年龄段人群的精彩活动，从皮影戏和名师品茶到跨文化的DJ混搭表演，应有尽有。

鲍威尔街缆车调头点 地标

（Powell St Cable Car Turnaround；见1096页地图；www.sfmta.com；Powell St和Market St交叉路口；Powell-Mason, Mason-Hyde；M Powell；B Powell）可以在Powell和Market St交叉路口透过排队的行人看着一群缆车操作人员将每辆缆车底盘缓缓送到回形式的木站台上。缆车无法倒车，所以他们只能采用手动方式让缆车在Powell St线的终点站掉头。从上午到傍晚时分，乘客会排起长龙，只为抢到一个好位子看看沿线两侧喧闹的街头艺人表演和末日讲道者。

唐人街 (Chinatown)

从1848年起，这个社区就经历过暴乱、非法走私帮派活动和地震。

★唐人街小巷 景区

（Chinatown Alleyways；见1096页地图；Grant Ave、Stockton St、California St和Broadway之间；1、30、45；Powell-Hyde, Powell-Mason,

California）41条历史悠久的小巷集中在唐人街的22个街区内，从1849年以后历经一切风雨：淘金和革命、焚香和鸦片、冰和火。狭窄后街小巷两旁的炼砖建筑，面包店、洗衣房和理发店上方伸出的寺庙阳台——1870年以后，限制华人移民、就业和住房的法律出台，唐人街无处可扩，只能向上。受社区支持的**唐人街小巷游**（Chinatown Alleyway Tours；见1096页地图；415-984-1478；www.chinatownalleywaytours.org；Portsmouth Sq；成人/学生$26/16；团队游 周六11:00；1、8、10、12、30、41、45，California, Powell-Mason, Powell-Hyde）和**唐人街遗产步行游**（Chinatown Heritage Walking Tours；见1096页地图；415-986-1822；www.cccsf.us；Chinese Culture Center, Hilton Hotel, 3rd fl, 750 Kearny St；集体游 成人$25~30，学生$15~20，私人游（1~4人）$60；团队游 周二至周六10:00，正午和14:00；1、8、10、12、30、41、45，California, Powell-Mason, Powell-Hyde）带你穿越时光回顾那些塑造美国历史的时刻。

美国华人历史学会 博物馆

（Chinese Historical Society of America，简称CHSA；见1096页地图；415-391-1188；www.chsa.org；965 Clay St；成人/学生/儿童$15/10/免费；周三至周日11:00~16:00；1、8、30、45，California, Powell-Mason, Powell-Hyde）**免费** 这座地标性建筑由茱莉亚·摩根（Julia Morgan，赫斯特城堡的总建筑师）在1932年设计建造，当时是唐人街的基督教女青年会（YWCA）的所在地。来到这里，亲眼看看在淘金热时期、在横贯大陆铁路建设时期，乃至"垮掉的一代"时期华裔美国人的生活与遭遇。美国华人历史学会的历史学家发掘出令人惊叹的文物，有从20世纪20年代的丝绸旗袍到设计师弗兰克·王（Frank Wong）重现的唐人街微缩模型。这儿的展览展示了曾经盛极一时的唐人街风情，包括曾轰动一时的鸦片馆展览，后者呈现了旧金山1915年巴拿马太平洋世博会邀请参展商到唐人街"逛贫民窟"的情形。

北部海滩 (North Beach)

★城市之光书店 文化中心

（City Lights Books；见1096页地图；415-

Downtown San Francisco 圣弗朗西斯科(旧金山)市中心

加利福尼亚州 圣弗朗西斯科

- Ferries to Larkspur 开往拉克斯珀的渡轮
- Ferries to Sausalito 开往索萨利托的渡轮
- Ferries to Tiburon & Vallejo 开往蒂伯龙和瓦列霍的渡轮

7 Ferry Building 渡轮大厦

San Francisco Bay 圣弗朗西斯科湾

6 Exploratorium 探索博物馆

5 Coit Tower 科伊特塔
NORTH BEACH 北部海滩

4 City Lights Books 城市之光书店

2 Cable Car Museum 缆车博物馆
CHINATOWN 唐人街
Chinatown Alleyways 唐人街小巷

NOB HILL 诺布山

12 Sea Lions at Pier 39 39号码头海狮
10 Musée Mécanique 机械博物馆
8 Fisherman's Wharf 渔人码头

Powell-Mason Cable Car Turnaround 鲍威尔-梅森缆车掉头点

9 Lombard Street 伦巴底街
RUSSIAN HILL 俄罗斯山

Maritime National Historical Park 海事国家历史公园

Aquatic Park 水上公园
Powell-Hyde Cable Car Turnaround 鲍威尔-海德 (佛里德尔·克鲁斯曼) 缆车掉头点
Victoria Park 维多利亚公园

Fort Mason

去Crissy Field 克里斯场公园 (1.2mi); Inn at the Presidio (1.7mi)
去Coventry Motor Inn (0.1mi)

Lombard St

加利福尼亚州 圣弗朗西斯科

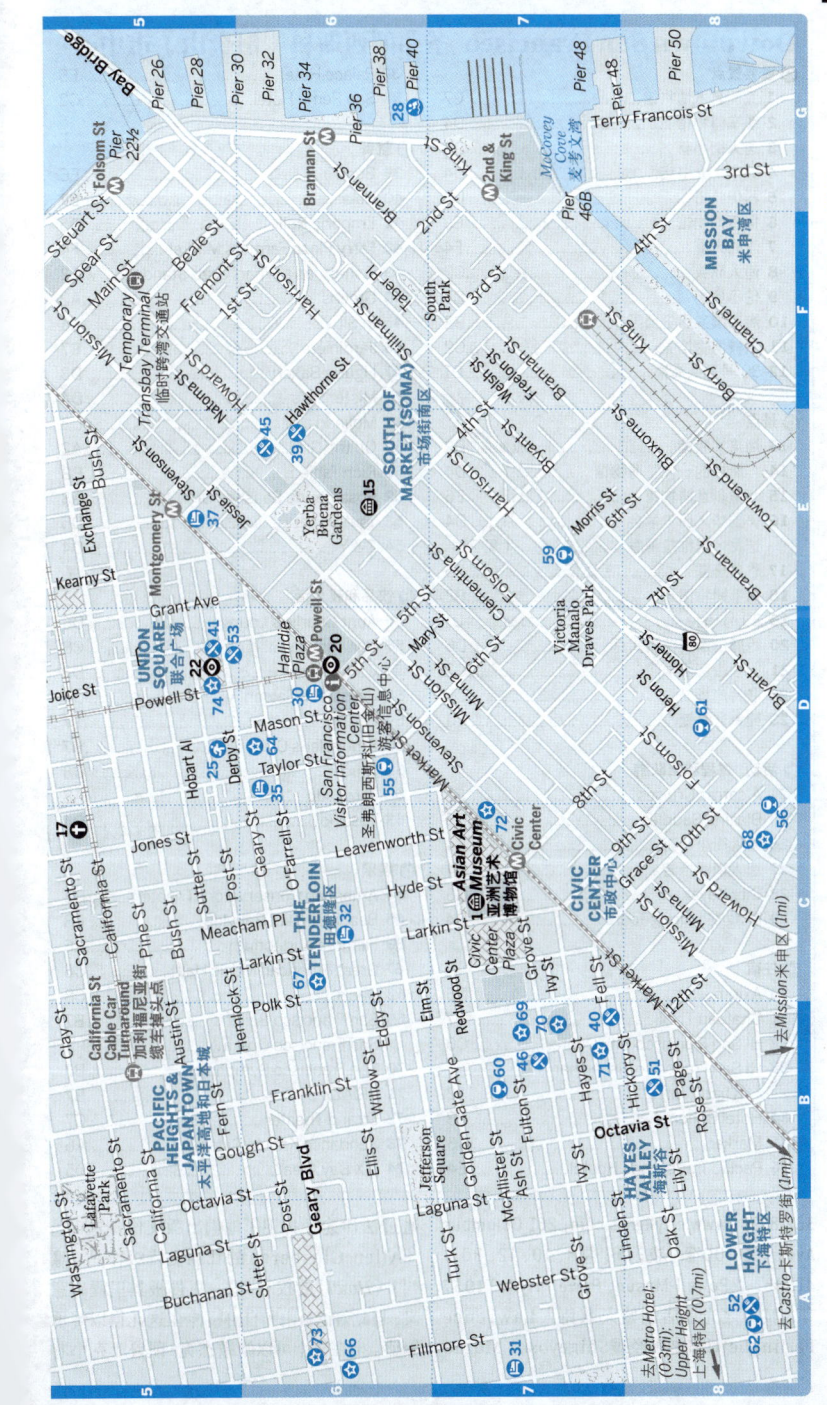

Downtown San Francisco 圣弗朗西斯科（旧金山）市中心

◎ 重要景点
1. 亚洲艺术博物馆 C7
2. 缆车博物馆 D4
3. 唐人街小巷 D4
4. 城市之光书店 D4
5. 科伊特塔 D3
6. 探索博物馆 E3
7. 渡轮大厦 F4
8. 渔人码头 C2
9. 伦巴底街 C3
10. 海事国家历史公园 B2
11. 机械博物馆 C2
12. 39号码头海狮 D1

◎ 景点
13. 海湾水族馆 D2
14. "垮掉的一代"博物馆 D4
15. 儿童创意博物馆 E6
16. 美国华人历史学会 D4
    迭戈·里维拉画廊 ....（见21）
17. 恩典座堂 C5
18. 海事博物馆 B2
19. 39号码头 D1
20. 鲍威尔街缆车调头点 D6
21. 旧金山艺术学院 C3
22. 联合广场 D5
23. 鲣鱼号潜艇 C1

✪ 活动、课程和团队游
24. Alcatraz Cruises E2
25. Blazing Saddles D5
26. 唐人街小巷游 E4
27. 唐人街遗产游 E4
28. City Kayak G6
29. Drag Me Along Tours D4

🛏 住宿
30. Axiom D6
31. Chateau Tivoli A7
32. HI San Francisco City Center C6
33. HI San Francisco Fisherman's Wharf A2
34. Hotel Bohème D3
35. Marker D6
36. Pacific Tradewinds Hostel E4
37. Palace Hotel E5
38. San Remo Hotel C2

⊗ 就餐
39. Benu E6
40. Cala B7
41. Emporio Rulli D5
42. Ferry Plaza Farmers Market F4
43. Fisherman's Wharf Crab Stands C2
44. Greens A2
45. In Situ E6
46. Jardinière B7
47. Liguria Bakery D3
48. Mister Jiu's D4
49. Molinari D3
50. Off the Grid A2
51. Rich Table B8
52. Rosamunde Sausage Grill A8
53. Tout Sweet D5
54. Z & Y D4

⊙ 饮品和夜生活
55. Aunt Charlie's Lounge D6
56. Bar Agricole C8
57. Caffe Trieste D3
58. Comstock Saloon D4
59. EndUp E7
60. Smuggler's Cove B7
61. Stud D8
62. Toronado A8
63. Vesuvio D4

✪ 娱乐
64. American Conservatory Theater D6
65. Beach Blanket Babylon D3
66. Fillmore Auditorium A6
67. Great American Music Hall C6
68. Oasis C8
69. San Francisco Ballet B7
    San Francisco Opera ....（见69）
70. San Francisco Symphony B7
71. SFJAZZ Center B7
72. Strand Theater C7
73. Sundance Kabuki Cinema A6
74. TIX Bay Area D5

362-8193；www.citylights.com；261 Columbus Ave；⊙10:00至午夜；📶；🚌8、10、12、30、41、45，🚋Powell-Mason, Powell-Hyde）1957年，城市之光书店创始人兼诗人Lawrence Ferlinghetti和书店经理Shigeyoshi Murao通过法律途径捍卫了他们出版艾伦·金斯堡（Allen Ginsberg）的壮丽史诗级作品《嚎叫》（Howl）的权利，这一事件极具里程碑意义，自此言论自由和自由精神在这儿得以传承繁盛。坐在楼上可以俯瞰杰克·凯鲁亚克小巷

（Jack Kerouac Alley)的"诗人的椅子"享受阅读的自由，在夹层大量翻阅杂志，然后到楼下新设的"反抗教育学"(Pedagogies of Resistance)区域感受激进的思想。

"垮掉的一代"博物馆　　博物馆

(Beat Museum; 见1096页地图; ☏800-537-6822; www.kerouac.com; 540 Broadway; 成人/学生 $8/5, 步行团队游 $25; ◉博物馆10:00~19:00, 步行团队游周六14:00~16:00; ◉8、10、12、30、41、45; ◉Powell-Mason)这儿是可以完整体验"垮掉的一代"而不会犯法的最佳选择。旧金山文坛昙花一现的"垮掉的一代"的1000多部文学作品都被收藏在了这里，其中既有庄重的藏品（艾伦·金斯堡的《嚎叫》禁印版，带作者本人的注释），也有些怪诞玩意儿（杰克·凯鲁亚克的摇头公仔确实只能令人无奈地摇头）。楼下剧院里摇摇晃晃的座椅上似乎萦绕着那些文学巨匠、宠物和大麻的气息，可以在这儿观看"垮掉"时期的电影。楼上则是向各位"垮掉派作家"致敬的纪念空间。

俄罗斯山和诺布山 (Russian Hill & Nob Hill)

★ 伦巴底街　　街道

(Lombard Street; 见1096页地图; ◉Powell-Hyde)你可能曾在无数照片中看过伦巴底街900街区的八个急转弯。旅游局称之为"全球最蜿蜒的街道"，但事实并非如此。位于波特罗山（Potrero Hill)的佛蒙特街（Vermont St)才符合这个称号，但伦巴底街有红砖人行道和精心布置的花圃，风景宜人得多。它也不是一开始就这么蜿蜒的，在汽车出现之前，它也曾笔直地通往山下。

★ 缆车博物馆　　历史遗迹

(Cable Car Museum; 见1096页地图; ☏415-474-1887; www.cablecarmuseum.org; 1201 Mason St; 欢迎捐款; ◉4月至9月10:00~18:00, 10月至次年3月至17:00; ◉; ◉Powell-Mason, Powell-Hyde) 免费 听到缆车轨道下方传来的呼呼声了吗？那是钢缆拉动车厢的声音，这些钢缆将城内长期运营的所有缆车库连接起来。手柄、引擎、制动装置……如果这一切能温暖你的"机械心"，那么缆车博物馆一定会让你沉醉。

迭戈·里维拉画廊　　画廊

(Diego Rivera Gallery; 见1096页地图; ☏415-771-7020; www.sfai.edu; 800 Chestnut St; ◉9:00~19:00; ◉30, ◉Powell-Mason) 免费 迭戈·里维拉（Diego Rivera)1931年创作的《城市建筑壁画绘制》（*The Making of a Fresco Showing the Building of a City*)是一幅错视效果的画中画，描绘艺术家本人驻足欣赏自己作品的场景，还展现了旧金山未完工的项目。这幅壁画覆盖了旧金山艺术学院（San Francisco Art Institute)迭戈·里维拉画廊的整面墙壁。

◉ 渔人码头 (Fisherman's Wharf)

★ 海事国立历史公园　　历史遗迹

(Maritime National Historical Park; 见1096页地图; ☏415-447-5000; www.nps.gov/safr; 499 Jefferson St, Hyde St Pier; 7天套票 成人/儿童 $10/免费; ◉10月至次年5月9:30~17:00, 6月至9月至17:30; ◉; ◉19、30、47; ◉Powell-Hyde; ◉F)作为渔人码头最名副其实的景点，海事国家公园内的这座水上博物馆由4艘历史悠久的船只组成。它们停靠在Hyde St码头一带，分别是夏季接待导览航行游的1891年的三桅纵帆船Alma号、1890年的汽船Eureka号、明轮驳船Eppleton Hall号和铁壳的Balclutha号。

海事博物馆　　博物馆

(Maritime Museum, Aquatic Park Bathhouse; 见1096页地图; www.maritime.org; 900 Beach St; ◉10:00~16:00; ◉; ◉19、30、47, ◉Powell-Hyde) 免费 这里会让人想起从前邂逅的水手们。翻修之后，这座建于1939年的流线型现代主义船形地标建筑全副盛装，饰满公共事业振兴署（Works Progress Administration, 简称WPA）认证的艺术珍品，比如贝尼亚米诺·卜芳诺（Beniamino Bufano)的顽皮的海豹和青蛙雕塑、西莱尔·希勒（Hilaire Hiler)梦幻而超现实的水下壁画，还有新近发掘的理查德·艾耶尔（Richard Ayer)的木制浮雕。走廊的绿色板岩镶嵌画和阳台上令人迷醉的水生动植物镶嵌画则出自备受赞誉的非裔美国艺术家萨金特·约翰逊（Sargent Johnson)之手。

加利福尼亚州

圣弗朗西斯科

◉ 船坞和普雷西迪奥要塞 (The Marina & Presidio)

★ 克里西场公园　　　　　　　公园

（Crissy Field；见1094页地图；☎415-561-4700；www.crissyfield.org；1199 East Beach；🅿♿；🚌30，PresidiGo Shuttle）这条昔日的军用飞机跑道如今只是鸟儿的战场，化身为滨海自然保护区后，这里坐拥金门大桥的绝美风景。当年掠过这里的是军用飞机，而今这片重获新生的潮汐沼泽则聚集着默默追踪鸟儿的观鸟爱好者。慢跑者沿着滨海步道行进，唯一的"警报"声是由嗅到冲浪者气息的多melody小狗发出的。雾气迷蒙的日子里，不妨到经过绿色认证的 Warming Hut（☎415-561-3042；www.parksconservancy.org/visit/eat/warming-hut.html；983 Marine Dr；单品 \$4-9；⏱9:00~17:00；🅿♿；🚌PresidiGo Shuttle）🌱一览介绍区域性自然知识的读物，喝一杯公平贸易咖啡暖暖身子。

普雷西迪奥要塞军官俱乐部　　历史建筑

（Presidio Officers' Club；见1094页地图；☎415-561-4165；www.presidio.gov/officers-club-internal；50 Moraga Ave；⏱周二、周三、周六和周日 10:00~18:00，周四和周五 至20:00；🚌PresidiGo shuttle）**免费** 普雷西迪奥这座最古老的建筑可以追溯到18世纪末，2015年得到全面修缮，再度恢复当年西班牙摩尔式砖坯建筑的迷人风采。免费的遗产画廊呈现了要塞从原住民时期至今的历史。原先的军官俱乐部会所现在的莫拉加厅（Moraga Hall）是个很不错的地方，可以坐在火炉边，还有免费无线网络。周四至周日晚上，俱乐部会组织一系列阵容常变常新的活动和讲座；登录网站进行查询。

★ 机械博物馆　　　　　　　游乐园

（Musée Mécanique；见1096页地图；☎415-346-2000；www.museemechanique.org；Pier 45, Shed A；⏱10:00~20:00；♿；🚌47，🚋Powell-Mason，Powell-Hyde，Ⓜ️E，F）镜头回回游乐场，机械博物馆的收藏是令人印象深刻的老式机械娱乐设施。阴险邪恶、满脸雀斑的大笑小丑（Laughing Sal）已经吓唬小孩子一个多世纪了，但可别让他阻止你进入科尼艾兰（Coney Island）以西这个最好的游乐园呀。一枚二十五分硬币就能让你在狂野西部酒馆吵吵闹闹地玩上一阵，从老式电影放映机窥探肚皮舞舞女，甚至了解关于吸食鸦片的警世故事。

★ 39号码头海狮　　　　　　　海狮

（Sea Lions at Pier 39；见1096页地图；www.pier39.com；Pier 39, Beach St和the Embarcadero交叉路口；⏱24小时；♿；🚌15, 37, 49，Ⓜ️E, F）1990年，这群海滩游荡者占领了旧金山位置最佳的海滨，从此它们便明目张胆地在那儿亮相。久而久之这些邂逅的非法侵占者就成为了旧金山最受欢迎的吉祥物，而从此加州法律要求船只要为海洋哺乳动物让路，于是游艇船主不得不舍弃这片宝地，好让这1300多头海狮在此栖息。每年1月至7月，或者什么时候这些巨型哺乳动物想晒太阳了，它们会"出动"至码头。

★ 贝克海滩　　　　　　　　海滩

（Baker Beach；见1104页地图；☎10:00~17:00 415-561-4323；www.nps.gov/prsf；⏱日出至日落；🅿；🚌29，PresidiGo Shuttle）在风蚀成形的松树林里、跃出嶙峋岩石的鱼儿间，或是与在一英里长的贝克海滩上嬉戏的天体爱好者一起，开始野餐吧。这儿的金门大桥美景无与伦比。周末人满为患，尤其是无雾的时候。想进行天体日光浴（大多是异性恋女孩和同性恋男孩）可以前往海滩北部。离停车场较近的南部则聚集着非天体的出游家庭。注意避开洋流和冰冷的海水。

◉ 米申区和卡斯特罗区 (The Mission & the Castro)

★ 巴米巷　　　　　　　　大众艺术

（Balmy Alley；见1102页地图；☎415-285-2287；www.precitaeyes.org；24th St和25th St之间；🚌10, 12, 14, 27, 48，🅱24th St Mission）受到墨西哥画家迭戈·里维拉（Diego Rivera）创作于20世纪30年代的旧金山壁画的启发，加上被美国的中美洲外交政策激怒，20世纪70年代，米申区的壁画家们（muralistas）在米娅·冈萨雷斯（Mia Gonzalez）的带领下开始努力，试图以每次在一扇车库门上作画的方式改变这里的政治风貌。如今，巴米巷的壁画已经延续了30年，从早期纪念萨尔瓦多（El Salvador）活动家兼总主教若梅若（Archbishop Óscar Romero）的作品，到向如弗里达·卡罗（Frida Kahlo）、欧姬芙（Georgia O'Keeffe）等开创性现代女性艺术家的致敬之作都有。

多洛瑞斯教堂　　　　　　　　教堂

（Mission Dolores; Misión San Francisco de Asís; 见1102页地图; ☎415-621-8203; www.missiondolores.org; 3321 16th St; 成人/儿童$5/3; ⓢ11月至次年4月 9:00~16:00, 5月至10月至16:30; 🚌22、33, Ⓑ16th St Mission, Ⓜ J）多洛瑞斯教堂是市内最古老的建筑。这座白砖土坯建筑（又名Misión San Francisco de Asís）建造于1776年，并从1782年开始征召奥隆尼族（Ohlone）和米沃克族（Miwok）劳工重建教堂。墓地里有一座纪念小屋，用来悼念在19世纪初的麻疹疫病中丧生于教堂内的5000名奥隆尼族和米沃克族劳工。如今，和隔壁那座1913年建成的华丽大教堂（因绘有加州21座教堂的彩色玻璃窗而闻名）相比，这座简朴的砖坯建筑不免显得黯然失色。

★多洛瑞斯公园　　　　　　　　公园

（Dolores Park; 见1102页地图; http://sfrecpark.org/destination/mission-dolores-park/; Dolores St, 18th St和20th St之间; ⓢ6:00~22:00; 🚽🚌14、33、49, Ⓑ16th St Mission, Ⓜ J）半专业的日光浴和玉米卷饼野餐——欢迎见识旧金山阳光的一面。无论是街头篮球、网球，还是玛雅金字塔游乐场（孩子们，抱歉，这儿不允许血祭），每个人都可在多洛瑞斯公园找到自己喜欢的活动。政治抗议和其他当地运动一样全年无休，夏天还有免费的电影之夜和默剧团的演出。登上西南角的高处可将棕榈树与市中心的最美景色尽揽眼底。

★女性大楼　　　　　　　　知名建筑

（Women's Building; 见1102页地图; ☎415-431-1180; www.womensbuilding.org; 3543 18th St; 🚽 🚌14、22、33、49, Ⓑ16th St Mission, Ⓜ J）从1979年开始，全国首个由女性拥有并管理的社区中心与170家女性组织默默地做了很多有益的工作，不过1994年的《女性和平》（Maestrapeace）壁画才让大家知道了女性大楼的确是一处开创性的建筑。技艺精湛的女性壁画家在整栋建筑里绘满不同文化里的女神和女性开拓者，包括诺贝尔奖得主里戈韦塔·门丘（Rigoberta Menchú）、诗人奥德雷·洛德（Audre Lorde）、艺术家乔治娅·奥·吉弗（Georgia O'Keeffe）和前任美国公共卫生局局长乔伊斯林·埃尔德斯博士（Dr Joycelyn Elders）。

⊙ 海特区（The Haight）及周边

★海特街　　　　　　　　　　街道

（Haight Street; 见1104页地图; Haight St, Fillmore St和Stanyan St之间; 🚌7、22、33、43, ⓜ N）那是发生在1966年的秋天，抑或1967年的冬天？不过正如海特街的俗话所说，即使你还能记得"爱之夏"（嬉皮士运动），小伙子，你也可能并不在那儿。大麻、檀香和燃烧的征兵卡，烟雾弥漫，人们整天盯着感恩而死乐队（Grateful Dead）的荧光海报发呆，海特街和阿什伯里街（Ashbury St）交叉路口（见1104页地图; 🚌6、7、33、37、43）已经成为整整一代人的人生转折点。

阿拉莫广场公园　　　　　　　公园

（Alamo Square Park; 见1094页地图; www.sfparksalliance.org/our-parks/parks/alamo-square; Hayes St和Steiner St交叉路口; ⓢ日出至日落; 🚽🚌5、21、22、24）嬉皮公社和维多利亚妓院，爵士名人和歌剧明星，地震和撒旦教会仪式：从1857年至今，这些"彩妆女郎"（维多利亚式楼房）经历过以上一切，仍然能够优雅地保持着自身的完好无损。与山顶公园西北端色彩缤纷的楼群相比，阿拉莫广场东侧Postcard Row沿线色彩柔和的楼群略显苍白。北面最具特色的则是巴巴里海岸风格的巴洛克豪宅，它们铺着鱼鳞般的鹅卵石，浮夸的镶边从尖塔式的屋顶延伸下来，极尽浮华之能事。

⊙ 金门（Golden Gate）及周边

早在1865年，旧金山就走在了时代的前面。当时的政府通过投票，将超过1000英亩的沙丘变为世界上最大的城市绿化带——金门公园。位于公园西端的是海洋海滩（Ocean Beach; 见1104页地图; ☎415-561-4323; www.

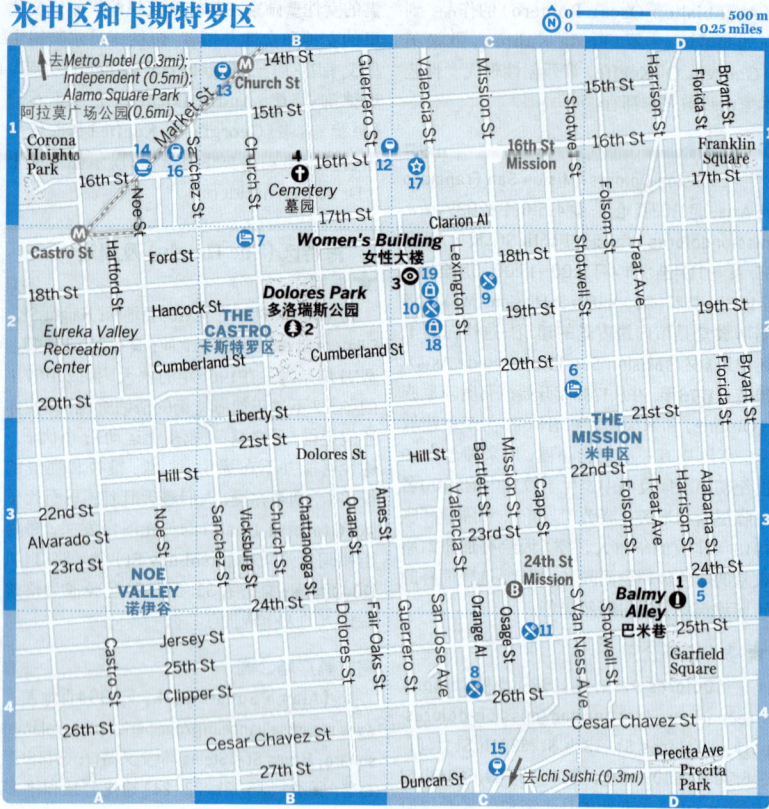

The Mission & The Castro 米申区和卡斯特罗区

◎ 重要景点
1. 巴米巷 D3
2. 多洛瑞斯公园 B2
3. 女性大楼 C2

◉ 景点
4. 都勒教堂 B1

✈ 活动、课程和团队游
5. Precita Eyes 米申区壁画步行游 D3

🛏 住宿
6. Inn San Francisco C2
7. Parker Guest House B2

🍴 就餐
8. Al's Place C4
9. Commonwealth C2
10. Craftsman & Wolves C2
11. La Taqueria C4

🍷 饮品和夜生活
12. %ABV B1
13. Blackbird B1
14. Cafe Flore A1
15. El Rio C4
16. HiTops A1

🎭 娱乐
17. Roxie Cinema C1

🛍 购物
18. Aggregate Supply C2
19. Betabrand C2

parksconservancy.org; Great Hwy; ⊙日出至日落; Ⓟ🅷🆃; 🚌5、18、31, Ⓜ N), 餐厅**悬崖小屋**（Cliff House; 见1104页地图; ☎415-386-3330; www.cliffhouse.com; 1090 Point Lobos Ave; ⊙周日至周四 9:00~23:00,周五和周六 至午夜; 🚌5、18、31、38）免费 在此俯瞰着辉煌犹在的**苏特罗海滨浴场**遗址（Sutro Baths; 见1104页地图; www.nps.gov/goga/historyculture/sutro-baths.htm; 680 Point Lobos Ave; ⊙日出至日落; 游客中心 9:00~17:00; Ⓟ; 🚌5、31、38) 免费。

沿着**兰兹角公园**（Lands End）周边铺设的徒步小径散步，就会看到沉船和金门大桥（见1094页地图; ☎通行费信息 877-229-8655; www.goldengatebridge.org/visitors; Hwy 101; 北向免费，南向 $6.50~7.50; 🚌28,所有Golden Gate Transit的巴士）的身影。每逢周日，JKF Drive禁止机动车通行，不妨到**Golden Gate Park Bike & Skate**（见1094页地图; ☎415-668-1117; www.goldengateparkbikeandskate.com; 3038 Fulton St; 滑板 每小时 $5~6,每天 $20~24, 自行车 每小时 $3~5, 每天 $15~25, 双人自行车 每小时/每天 $15/75, 飞盘 $6/25; ⊙周一至周五 10:00~18:00, 周六和周日 至19:00; 🅷; 🚌5、21、31、44）租借自行车或滑板前往。

★ 金门公园　　　　　　　　　　公园

（Golden Gate Park; 见1104页地图; www.golden-gate-park.com; Stanyan St 和 Great Hwy 之间; Ⓟ🅷🆃; 🚌5、7、18、21、28、29、33、44, Ⓜ N）🄿 免费 旧金山人提到"the park"的时候，指的就是金门公园。旧金山人珍重的一切这里都有：自由的精神、免费音乐、红杉、飞盘、抗议、艺术、盆景和水牛。得益于旧金山自成一体的神秘微气候和奇特的自然条件，这座公园到处生长着世界各地的植物，拥有非同寻常的景点，包括**德扬博物馆**（☎415-750-3600; http://deyoung.famsf.org/; 50 Hagiwara Tea Garden Dr; 成人/儿童 $15/免费，每个月的第一个周二免费; ⊙4月至11月 周二至周日 9:30~17:15,周五 至20:45; 🅷; 🚌5、7、44, Ⓜ N)、加利福尼亚州科学院（见1107页）、**旧金山植物园**（San Francisco Botanical Garden; Strybing Arboretum; ☎415-661-1316; www.strybing.org; 1199 9th Ave; 成人/儿童 $8/2, 每天9:00前或每月的第二个周二免费; ⊙3月至9月 7:30~19:00, 10月至11月中旬和2月 至18:00, 11月中旬至次年1月 至17:00, 最后入馆 闭馆前1小时, 书店10:00~16:00; 🅷; 🚌6、7、44, Ⓜ N）🄿 **日本茶园**（Japanese Tea Garden; ☎415-752-1171; www.japaneseteagardensf.com; 75 Hagiwara Tea Garden Dr; 成人/儿童 $8/2, 周一、周三和周五 10:00前免费; ⊙3月至10月 9:00~18:00, 11月至次年2月 至16:45; Ⓟ🅷; 🚌5、7、44, Ⓜ N）、**温室花房**（Conservatory of Flowers; ☎咨询 415-831-2090; www.conservatoryofflowers.org; 100 John F Kennedy Dr; 成人/学生/儿童 $8/6/2, 每个月的第一个周二免费; ⊙周二至周日 10:00~16:00; 🅷; 🚌5、7、21、33, Ⓜ N）和**斯托湖**（Stow Lake; www.sfrecpark.org; ⊙日出至日落; 🅷; 🚌7、44, Ⓜ N）。

🚶 活动

Blazing Saddles　　　　　　　骑车

（见1096页地图; ☎415-202-8888; www.blazingsaddles.com; 433 Mason St; 出租自行车 每小时 $8~15, 每天 $32~88; 电动自行车 每天 $48~88; ⊙8:00~20:00; 🚋Powell-Hyde, Powell-Mason, ZPowell, Ⓜ Powell）在联合广场附近租自行车，一天就可以骑遍市中心——只是要注意交通安全。网上预订可以节省20%。

City Kayak　　　　　　　　　皮划艇

（见1096页地图; ☎415-294-1050, 888-966-0953; www.citykayak.com; Pier 40, South Beach Harbor; 皮划艇租金 每小时 $35~125, 3小时课程及租金 $49, 团队游 $59~75; ⊙周四至周一 出租正午至15:00, 退租 最迟17:00; 🚌30、45, Ⓜ N、T）没有从水面上看旧金山，就不能算看到过它。皮划艇新手可以参加课程，在海湾大桥（Bay Bridge）附近的平静水域划桨; 经验丰富者则可以租皮划艇，挑战金门大桥附近的水域（条件许可的情况下; 请事先咨询）。热爱运动的浪漫主义者：经过海湾大桥的暮光之旅很适合求婚。登录网站了解细节。

👉 团队游

★ Precita Eyes米申区壁画步行游　　步行

（Precita Eyes Mission Mural Tours; 见1102页地图; ☎415285-2287; www.precitaeyes.org; 2981 24th St; 成人 $15~20, 儿童 $3; 🅷; 🚌12、14、48、49, Ⓑ 24th St Mission）每个周末，壁画家们

The Richmond, The Haight & Golden Gate Park 里士满、海特区和金门公园

The Richmond, The Haight & Golden Gate Park
里士满、海特区和金门公园

◎ **重要景点**
1. 贝克海滩 D1
2. 加利福尼亚州科学院 E3
3. 德扬博物馆 E3
4. 金门公园 D4
5. 海特街 G3

◎ **景点**
6. 悬崖小屋 A2
7. 温室花房 F3
8. 海特和阿什伯里 G3
9. 日本茶园 E3
10. 海洋海滩 A4
11. 旧金山植物园 E4
12. 斯托湖 D4
13. 苏特罗海滨浴场 A2

◎ **活动、课程和团队游**
14. Golden Gate Park Bike & Skate F3
15. 海特和阿什伯里"权力归花儿"
    徒步游 G4

◎ **就餐**
16. Burma Superstar F2

◎ **购物**
17. Amoeba Music G4
18. Green Apple Books F2

会组织2小时的步行团队游，以6~10个街区的距离为半径游览巴米巷（Balmy Alley；见1100页），这样大概能看到60~70幅米申区壁画。游览时间90分钟至2小时15分钟[更深入的经典壁画步行游（Classic Mural Walk）]。Precita Eyes是一个非营利性组织，该活动所有收入均用以保护该项社区艺术。

Drag Me Along Tours　　步行

（见1096页地图；📞415-857-0865；www.dragmealongtours.com；Portsmouth Sq；团队游$20；⊙团队游 通常 周日 11:00~13:00；🚋1、8、10、12、30、41、45，🚃California, Powell-Mason, Powell-Hyde）跟着实至名归的传奇人物——由旧金山历史学家Rick Shelton反串模仿的淘金时期明星Lola Montez女伯爵——去探索旧金山充满情色气息的"巴巴里海岸"吧。"女伯爵"将带你穿过唐人街的小巷——维多利亚时代的女性曾在此获得美名和骂名——经过北部海滩的酒吧，水手们曾经在此被骗上船，沾染上巴巴里海岸的气质——危险地赌博、求爱、玩乐。

仅限成人；需预订；只收现金。

海特和阿什伯里"权力归花儿"徒步游　步行

（Haight-Ashbury Flower Power Walking Tour；见1104页地图；📞415-863-1621；www.haightashburytour.com；成人/10岁以下儿童 $20/免费；⊙周二和周六 10:30，周五 14:00；🚋6、7，🚃N）跟着Jimi、Jerry和Janis的脚步，一起走过这12个和嬉皮士历史有关的街区，体验漫长奇特的穿越之旅吧。如果你非要问三位导游姓什么，哎伙计，那你一定得参加这次游览。在Stanyan St和Waller St的交叉路口集合出发，全程两小时；需预约。

✪ 节日和活动

越湾长跑　　体育节

（Bay to Breakers；www.baytobreakers.com；报名费 $65起；⊙5月的第3个周日）穿着奇装异服和几乎没穿衣服的人们会从内河码头奔向海洋海滩；慢跑者则会打扮成鲑鱼的模样逆流而上。

旧金山同性恋庆典　　LGBT节日

（SF Pride Celebration；⊙6月）仅仅一天还不够让旧金山赢得赞誉：6月以**旧金山同性恋电影节**（San Francisco LGBTQ Film Festival；www.frameline.org；票价 $10~35；⊙6月）揭开序幕，而在6月最后一个周末，以周六卡斯特罗区粉色聚会（Castro's Pink Party）为终点的**女同性恋游行**（Dyke March；www.thedykemarch.org）和周日参与人数多达百万的**同志骄傲大游行**（www.sfpride.org；⊙6月的最后一个周日）收尾。

蓝草音乐节　　音乐节

（Hardly Strictly Bluegrass；www.hardlystrictlybluegrass.com；⊙10月）在金门公园免费的蓝草音乐节上，西部传统得以发扬光大，音乐会持续3天，有100多个乐队和7个名人舞台。

不要错过

阿尔卡特拉斯岛（恶魔岛）

150多年来，阿尔卡特拉斯岛（Alcatraz；见1094页地图；阿尔卡特拉斯岛游轮415-981-7625；www.nps.gov/alcatraz；团队游 成人/5~11岁儿童$37.25/23，夜间$44.25/26.50；⊙服务中心8:00~19:00，渡轮从Pier 33出发8:45~15:50 半小时1班，夜间团队游17:55和18:30；🚹）的名头能让无辜的人心生寒意，令罪犯冷汗直流。几十年以来，它一直是美国的第一军事监狱，安保最严密，令人望而生畏。对领土的归属问题，美洲原住民和联邦调查局之间的争端不断。无怪乎你刚踏上"这座礁石"，似乎就有不祥的音乐响起：咚、咚、咚咚！

如今，Alcatraz Cruises（见1096页地图；☎415-981-7625；www.alcatrazcruises.com；团队游 白天 成人/儿童/家庭$37.25/23/112.75，夜晚 成人/儿童$44.25/26.50；🚹E, F）提供的获奖语音导览游，以第一人称讲述阿尔卡特拉斯岛监狱日常生活。不过可以摘下耳机片刻，留心倾听水流对面传来的自由自在的城市生活声音——这真是一种折磨啊，以至越狱冒险游过激流也是值得的。虽然人们认为阿尔卡特拉斯岛是无法逃脱的，但1962年，安格林（Anglin）兄弟和弗兰克·莫里斯（Frank Morris）乘坐救生筏漂走就再也没有回来。由于安保和维护费用过于昂贵，1963年，这座岛上监狱被关闭了，从此将这座小岛留给了小鸟。

🛏 住宿

虽然青年旅舍和经济型酒店最便宜，但旧金山的房间实在算不上便宜：青年旅舍的单独房间估计需要支付$100，经济型汽车旅馆的价格是$200，中档酒店就要$300以上。注意，除此以外，还要加收高昂的15%房间税。

🏨 内河码头、市场南区、联合广场及市政中心

HI San Francisco City Center　　　青年旅舍 $

（见1096页地图；☎415-474-5721；www.sfhostels.org；685 Ellis St；铺$33~52，房间$90~155；@🛜；🚌19, 38, 47, 49）建于20世纪20年代的Atherton Hotel共有7层，最近已经被翻新为优于平均水平的青年旅舍，所有房间都有独立浴室。花上$1，薄煎饼或鸡蛋管饱。店内有一家酒吧，不过附近的廉价酒吧和便宜饮食才是这个地方的主要卖点。

★ Axiom　　　精品酒店 $$

（见1096页地图；☎415-392-9466；www.axiomhotel.com；28 Cyril Magnin St；双$189~342；@🛜；🚌Powell-Mason, Powell-Hyde, BPowell, MPowell）在旧金山市中心所有以高科技为吸引力的酒店中，这家酒店最成功。大厅由耀眼的LED灯光、大理石和铆结钢等元素构成，但娱乐室看上去像是一间刚成立的指挥部，有大型电玩和桌上足球。客房有大号地台床、供Apple/Google/Samsung设备高速无线上网的专用路由器，以及许多可以用蓝牙操控的智能设备。

★ Marker　　　精品酒店 $$

（见1096页地图；☎844-736-2753，415-292-0100；http://themarkersanfrancisco.com；501 Geary St；房间$209起；❄@🛜🏊；🚌38, 🚋Powell-Hyde, Powell-Mason）🅿这家时髦的酒店在细节上无可挑剔，拥有色彩大胆的客房——口红般的朱漆、海军蓝的丝绒和亮紫色的丝绸，还有各种考虑周到的配套设施，比如高织被单、符合人体工学的工作区、数字图书馆使用权、多口插座，更不用说宽敞的抽屉、柜子和浴室梳妆台。此外，酒店还提供带有按摩浴缸的水疗馆、小型健身房和晚间红酒迎宾仪式，而且时尚的市中心住址也同样值得夸耀。

★ Palace Hotel　　　酒店 $$$

（见1096页地图；☎415-512-1111；www.sfpalace.com；2 New Montgomery St；房间$300起；❄@🛜🏊🐕；MMontgomery, BMontgomery）这座1906年的地标建筑Palace依然见证着20世纪初的辉煌：拥有百年历史的奥地利水晶枝形吊灯和马克斯菲尔德·帕里什（Maxfield Parrish）的画作。舒适而沉稳大气的酒店环境适合可以报销的旅行者，不过周末价格会下降。即使不住在这里，你也可以造访豪华的

Garden Court，在玻璃顶下品茶。这里还有水疗，以及孩子们喜欢的大游泳池。

🛏 北部海滩

Pacific Tradewinds Hostel　　　青年旅舍 $

（见1096页地图；☎415-433-7970；www.san-francisco-hostel.com；680 Sacramento St；铺 \$35~45；⊙前台 8:00至午夜；☞@☎；🚇1，🚋California，🚇Montgomery）旧金山这家最为精巧的青年旅舍采用的是蓝白相间的海洋主题风格，配有设备齐全的厨房（全天免费供应花生酱和果冻三明治！）、干净的玻璃砖洗浴间和洗衣设备（洗袜子免费！）。提供行李寄存服务，不设关门时间。高低床固定在墙壁上，就算室友上下，床也不会摇晃。没有电梯，如果你住在三楼，只能自己把行李提上去，不过这也值了。服务很棒，工作人员很有趣。

San Remo Hotel　　　酒店 $

（见1096页地图；☎800-352-7366，415-776-8688；www.sanremohotel.com；2237 Mason St；房间 不带浴室 \$119~159；@☎；🚋30，47，🚋Powell-Mason）1906年旧金山大地震发生后同年建起了这座算得上城里性价比较高的一家酒店。一个多世纪过去了，北部海滩这家可敬的旅馆依然提供意大利祖母式的房间，不成套的家具极具20世纪初风格，使用公共浴室。平价客房的窗户对着通道而非室外。家庭套房最多入住5人。没有电梯。

★ Hotel Bohème　　　精品酒店 $$

（见1096页地图；☎415-433-9111；www.hotelboheme.com；444 Columbus Ave；房间 \$235~295；☞@☎；🚋10、12、30、41、45）兼容并蓄、历史悠久、散发诗意，这家典型的北部海滩精品酒店拥有爵士时代的色调、印有宝塔的家居装修和墙壁上"垮掉"时期的旧照片。老式房间较小，有些面对着吵闹的Columbus Ave（比较安静的房间在酒店后部），浴室也很小。不过在这儿写小说再适合不过——尤其是逛完酒吧之后。

🛏 渔人码头、船坞及普雷西迪奥要塞

★ HI San Francisco Fisherman's Wharf　　　青年旅舍 $

（见1096页地图；☎415-771-7277；www.sfhostels.com；Fort Mason，Bldg 240；铺 \$30~53，房间 \$116~134；🅿@☎；🚋28、30、47、49）这家旅舍舍弃了市中心的便利位置，换来公园般的优美环境，还能看到千金难买的海滨美景。旅

加利福尼亚州　圣弗朗西斯科

带孩子游旧金山

尽管与美国其他城市相比，这里的人均儿童人数最少——甚至狗的数量都更多一些——但旧金山仍有很多供儿童玩乐的地方，比如金门大桥公园内的加利福尼亚州科学院（见1104页地图；☎415-379-8000；www.calacademy.org；55 Music Concourse Dr；成人/学生/儿童 \$35/30/25；⊙周一至周六 9:30~17:00，周日 11:00起；🅿♿；🚋5，6，7，21，31，33，44，🚇N）🌿、临水的探索博物馆（见1092页）、克里西场公园（见1100页）、机械博物馆（见1100页）和39号码头（Pier 39；见1100页地图；☎415-705-5500；www.pier39.com；Beach St和the Embarcadero交叉路口；🅿♿；🚋47，🚋Powell-Mason，🚇E，F），这儿有爱叫唤的海狮和手工造的意大利旋转木马。

位于市场南区（SoMa）的儿童创意博物馆（Children's Creativity Museum；见1096页地图；☎415-820-3320；http://creativity.org；221 4th St；\$12；⊙周三至周日 10:00~16:00；♿；🚋14，🚇Powell，🚋Powell）所展示的科技——机器人、真人实景电子游戏和三维动画工作坊——对于学生来说实在是太酷了。

在位于39号码头的海湾水族馆（Aquarium of the Bay；见1096页地图；☎415-623-5300；www.aquariumofthebay.com；Pier 39；成人/儿童/家庭 \$24.95/14.95/70；⊙5月底至9月初 9:00~20:00，淡季开放时间较短；♿；🚋49，🚋Powell-Mason，🚇E，F）的水下玻璃廊道里沿着传送带徐徐而行，鲨鱼就在你的头顶上盘旋，幼小的孩子们还可以抚摸到潮汐池里的动物。

舍由军队医院改造而成，提供平价的单人间和4~22个床位（不要选择一号和二号床位，它们紧挨着走廊）的宿舍（有些男女混住）。有一个大厨房。旅舍晚上没有门禁，但白天不供暖，记得多带点衣服。免费停车位有限。

★ Inn at the Presidio 酒店 $$

（见1094页地图；☎415-800-7356；www.innatthepresidio.com；42 Moraga Ave；房间 $295~380；🅿️❄@🛜；🚌43, PresidiGo Shuttle）这幢位于普雷西迪奥要塞的3层红砖建筑建于1903年，曾是军官的单身宿舍，2012年被改建成一所漂亮的国家公园度假屋，采用皮革、亚麻和木材装潢。超大的客房非常豪华，配有搭配埃及棉床单的羽绒被，多套客房还配备了煤气壁炉。置身于大自然之中，徒步小径的起点就在门外，不过搭乘计程车前往市中心需花费$25。免费停车。

🛏️ 米申区及卡斯特罗区

Inn San Francisco 民宿 $$

（见1102页地图；☎415-641-0188, 800-359-0913；www.innsf.com；943 S Van Ness Ave；房间 $195~255，不带浴室 $165~225，小屋 $365~475；🅿️❄@🛜；🚌14, 49）1872年典雅的意大利-维多利亚式大厦已经成为富丽堂皇的米申区酒店，维护得无可挑剔，摆满了古董。所有客房都配有鲜花和蓬松的羽绒床褥，有的房间附带按摩浴缸。户外有一个英式花园和一个全天开放的红木热水浴桶，这在旧金山非常罕见。停车位有限；需要预订。没有电梯。

★ Parker Guest House 民宿 $$

（见1102页地图；☎888-520-7275, 415-621-3222；www.parkerguesthouse.com；520 Church St；房间 $219~279，不带浴室 $179~199；@🛜；🚌33, Ⓜ️J）卡斯特罗区最富丽堂皇的同性恋酒店是由两栋并排的爱德华时代的房屋构成的。细节井然、优雅，从不过多装饰。房间更像是属于奢华酒店，而非民宿，有超级舒适的床褥和羽绒被。花园非常适合情侣幽会——蒸汽浴室也一样。没有电梯。

🛏️ 海特区

Metro Hotel 酒店 $

（见1094页地图；☎415-861-5364；www.metrohotelsf.com；319 Divisadero St；房间 $107；@🛜；🚌6, 24, 71）Metro Hotel位置优越——有的房间可以俯瞰楼下Ragazza Pizzeria著名比萨店的花园露台。房间便宜、干净，虽说有些乏味，但如果可能，入住有旧金山壁画的那一间。有些客房设有双床。从酒店前往海特区很方便，有24小时前台；没有电梯。

★ Chateau Tivoli 民宿 $$

（见1096页地图；☎800-228-1647, 415-776-5462；www.chateautivoli.com；1057 Steiner St；房间 $195~300，不带浴室 $150~200；🛜；🚌5, 22）从1892年开始就是街谈巷议的话题，这座带塔楼的镀金房屋曾招待过艾莎道拉·邓肯（Isadora Duncan）、马克·吐温（Mark Twain），据传闻还有某位维多利亚时期歌剧女演员的鬼魂哩。如今你也可以成为Chateau Tivoli的客人。9个摆满古玩的房间和套间营造出浪漫的氛围；大多数房间都有爪足浴缸，不过两个房间共用浴室。没有电梯；没有电视。

🍴 就餐

🍴 内河码头及市场南区

★ Ferry Plaza Farmers Market 市场 $

（见1096页地图；☎415-291-3276；www.cuesa.org；Market St和the Embarcadero交叉路口；街头食品 $3~12；⏰周二及周四 10:00~14:00，周六 8:00起；🥗♿；🚌2, 6, 9, 14, 21, 31, Ⓜ️Embarcadero, 🅱️Embarcadero）作为旧金山老饕骄傲和快乐的来源，渡轮码头市场展示了50至100家顶级美食供应商的产品，包括加州本土种植的有机农产品、放养的肉类和美味的预加工食品，价格实惠。周六可以早早加入顶级厨师的队伍，好好逛逛，精挑细选一番，并在这儿享受湾区兼收并蓄的野餐美味：Namu Korean卷饼、RoliRoti烤猪肉、Dirty Girl番茄、Nicasio奶酪样品，以及Frog Hollow水果卷。

★ In Situ 加利福尼亚菜、各国风味 $$

（见1096页地图；☎415-941-6050；http://insitu.sfmoma.org；SFMOMA, 151 3rd St；主菜 $14~34；⏰周一和周二 11:00~15:30，周四至周日 11:00~15:30和17:00~21:00；🚌5, 6, 7, 14, 19,

21、31、38，BMontgomery，MMontgomery）属于旧金山现代艺术博物馆（SFMOMA）的这家地标式现代烹饪"画廊"有的是前卫的杰作——只是这些"作品"你能吃个精光。主厨Corey Lee与来自世界各地的明星厨师合作，选用加州当地食材精心烹饪，重新诠释他们的招牌菜肴。因此在这儿你可以享用到哈拉尔德·沃尔法特（Harald Wohlfahrt）美味而无可挑剔的茴芹三文鱼、佐佐木浩（Hiroshi Sasaki）的高热量鸡腿和阿尔贝·阿德里亚（Albert Adrià）的反重力可可气泡蛋糕，这里的美食体验定会让你难忘。

★ Benu 加利福尼亚菜、创意菜 $$$

（见1096页地图；☎415-685-4860；www.benusf.com；22 Hawthorne St；试菜套餐 $285；⊙周二至周六 堂食18:00～21:00；🚇10、12、14、30、45）在过去的150年里，旧金山一直倡导亚洲创意菜，而餐厅老板兼泛太平洋创意主厨Corey Lee给菜单添了项令人惊艳的新美味：鹅肝酱灌汤包——什么？！珍宝蟹和黑松露奶油冻的鲜香会让这美好享受一直持续到喝完Lee的招牌人造鱼翅汤之后，你会发誓在里面真的找到了《大白鲨》的影子。Benu的晚餐值得花时间细细品尝，不过别因此错过明星侍酒师Yoon Ha绝妙的餐酒搭配（$185）。

✖ 联合广场、市政中心及海耶斯谷

★ Tout Sweet 面包房 $

（见1096页地图；☎415-385-1679；www.toutsweetsf.com；Macy's，3rd fl，Geary St和Stockton St交叉路口；烘焙食品 $2～8；⊙周日至周三 11:00～18:00，周四至周六 至20:00；📶♿；🚇2、38，BPowell-Mason，Powell-Hyde，BPowell）杧果配泰国辣椒或花生酱和果冻？要在Tout Sweet面包房里挑选出你最喜欢的加州法式马卡龙可不容易。店主是《甜品大师》（Top Chef Just Desserts）冠军得主伊吉特·普拉（Yigit Pura），他一直在超越自己的作品。甜品店位于Macy's的3层，可俯瞰联合广场的绝佳美景，提供一流的茶和免费Wi-Fi。

★ Rich Table 加利福尼亚菜 $$

（见1096页地图；☎415-355-9085；http://richtablesf.com；199 Gough St；主菜 $17～36；

⊙周日至周四 17:30～22:00，周五和周六 至22:30；🚇5、6、7、21、47、49，MVan Ness）🌿来这里就会对食物产生不可思议的渴望——这是牛肝菌甜甜圈、味噌西葫芦意大利面和鱼子酱炸鸡蛋糕的发明地。Sarah Rich和Evan Rich夫妇既是主厨也是老板，他们随心所欲地使用应季的加州食材，即兴烹制出菜单上没有的奇特菜肴，比如甜菜棉花糖或Dirty Hippie，一种柔滑的山羊酸奶制作的意式奶冻，上面盖上坚果大麻——这道菜和嬉皮山（Hippie Hill）的集体鼓乐一样另类而迷人。

★ Cala 墨西哥菜，加利福尼亚菜 $$$

（见1096页地图；☎415-660-7701；www.calarestaurant.com；149 Fell St；⊙周一至周三 17:00～22:00，周四至周六 至23:00，周日 11:00～15:00，卷饼店周一至周五 11:00～14:00；🚇6、7、21、47、49，MVan Ness）就好像发现了失散已久的双胞胎，Cala的墨西哥北部菜式让我大开眼界。旧金山的墨西哥农场主"血脉根基"在这儿备受推崇：柔滑的骨髓阿尔萨辣酱和香喷喷的传统玉米粉圆饼为烤甘薯锦上添花。准备好龙舌兰玛格丽特酒来配加州终极海陆大餐：海胆牛舌。这里菜色可谓是别出心裁，令人难以忘怀，更别说还有玛雅巧克力意式冰淇淋配苋米脆饼呢。

✖ 唐人街和北部海滩

★ Liguria Bakery 面包房 $

（见1096页地图；☎415-421-3786；1700 Stockton St；佛卡夏 $4～6；⊙周二至周五 8:00～13:00，周六 7:00起；📶♿；🚇8、30、39、41、45，🚇Powell-Mason）睡眼惺忪的艺术学生和意大利老祖母从8:00前就开始排队了，只为购买百年老烤炉里新鲜出炉的肉桂葡萄干佛卡夏（focaccia，意大利香草橄榄油面包饼）。如果赖床到9:00才来，就只能买到番茄或经典的迷迭香和大蒜口味面包了，要是拖到11:00再来，就什么都没了。如果想野餐，请自备包装纸或餐盒，不过恐怕野餐还没开始你就把它们吃光了。只收现金。

★ Molinari 熟食 $

（见1096页地图；☎415-421-2337；www.molinarisalame.com；373 Columbus Ave；三明治

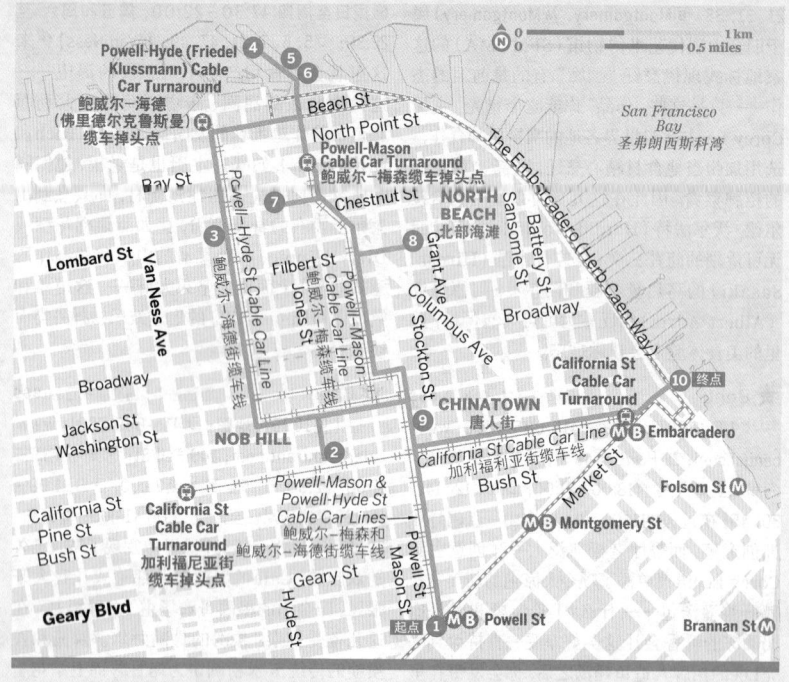

步行游览
乘坐缆车，步行畅游旧金山

起点: 鲍威尔街缆车掉头点
终点: 渡轮大厦
距离: 2英里
需时: 2小时，包括中间休息

在 ❶ **鲍威尔街缆车掉头点**（见1095页）可以见到操作员将缆车停在旋转的木平台上，还有一间老式的隔间，你可以买到全天市政公交公司（Muni）通票，价格是$21，可以不必每次乘坐都支付$7。乘坐红色标志的Powell-Hyde缆车，开启一次升高338英尺的诺布山之行。

缆车摇摇晃晃驶上山顶时，你可以想象马匹是如何挣扎登上湿滑峭壁的。19世纪的城市规划者对安德鲁·海利迪（Andrew Hallidie）发明的这种"钢缆铁路"持怀疑态度——但海利迪的缆车结实耐用，甚至挺过了1906年摧毁"势利山"楼房的地震和大火，并且将信徒们送回重建的 ❷ **恩典座堂**。

背靠Powell-Hyde缆车车厢，飞速经过弯弯曲曲、鲜花盛开的伦巴底街（见1099页），欣赏海湾景色，前往 ❸ **渔人码头**。这座海滨终点站以 ❹ **弗里德尔·克卢斯曼**的名字命名，以纪念她曾在1947年的市长现代化计划中设法将缆车留住所做的突出贡献。当时她算了一笔账：缆车带来的旅游业收入高于维护费用。

❺ **从鲣鱼号潜艇**（USS Pampanito）像从前的海员一般一窥旧金山的风貌。在 ❻ **机械博物馆**（见1100页）的大型电玩游戏中见识西部酒吧的斗殴场面，然后搭乘Powell-Mason缆车前往北部海滩。

下车前往 ❼ **旧金山艺术学院**看看迭戈·里维拉1934年的都市风光；饥肠辘辘之时，就直奔 ❽ **Liguria Bakery**（见1109页）。信步穿过北部海滩和唐人街小巷，或者乘坐Powell-Mason线路进行一次时光之旅，走过 ❾ **美国华人历史学会**（见1095页）。在附近乘坐全城最古老的线路：California St缆车。终点站在 ❿ **渡轮大厦**（见1092页）附近，那里有香槟酒和牡蛎的"欢乐时光"正在恭候你的大驾。

$10~13.50; ⊙周一至周五 9:00~18:00, 周六 至 17:30; ☐8、10、12、30、39、41、45, ☐Powell-Mason）来这儿得遵守北部海սа准宗教一般的午间仪式：走进Molinari，取号，拿上一块硬皮面包。等到叫到你的号的时候，爱说俏皮话的店员会在你的面包上堆满美味的配菜：乳白色的水牛干酪、味道浓郁的番茄干、半透明的帕尔玛火腿薄片、传说中餐厅自制的意大利香肠，洒上橄榄油和香醋。在人行道的桌位上趁热享用新鲜出炉的美食吧。

★ Mister Jiu's　　　　　中国菜 $$

（见1096页地图; ☎415-857-9688; http://misterjius.com; 28 Waverly Pl; 主菜 $14~45; ⊙周二至周六 17:30~22:30; ☐30, ☐California）淘金热以后，旧金山一直热衷于中餐、浓烈的鸡尾酒和本土化特色菜肴——Mister Jiu's全都满足。自己开一席融合加州特色的中国传统菜肴：鸡油菌炒面、珍宝蟹米粉、鹌鹑和无花果糯米饭。鸡尾酒的搭配同样灵感迸发——尝尝茉莉杜松子酒Happiness（$13）配茶叶熏油封鸭。

★ Z&Y　　　　　中国菜 $$

（见1096页地图; ☎415-981-8988; www.zandyrestaurant.com; 655 Jackson St; 主菜 $9~20; ⊙周日至周四 11:00~21:30, 周五和周六 至23:00; ☐8、10、12、30、45, ☐Powell-Mason, Powell-Hyde）平淡无奇的甜酸风味和平庸的木须肉都应该让位于这儿辣得让人惊呼的川菜。先用辣猪肉饺子和干煸四季豆热身，接着试试搭配花生辣椒酱的自制担担面，然后挑战深埋在大堆辣椒下的水煮鱼，保证辣得你咝咝吐气。早点到，等位虽不可避免但也是值得的。

🍴 渔人码头、船坞及普雷西迪奥要塞

★ Off the Grid　　　　　快餐车 $

（见1096页地图; www.offthegridsf.com; Fort Mason Center, 2 Marina Blvd; 单品 $6~14; ⊙4月至10月 周五 17:00~22:00; ♿; ☐22、28）从春天到秋天，周五晚上，你可以在梅森堡（Fort Mason）附近找到大约30辆提供移动美食的快餐车，这儿有全旧金山最大的移动美食集市; 周日11:00至16:00, 旧金山要塞公园Main Post草坪上会举办"Picnic at the Presidio"

的野餐餐车活动。最好提前到，占个好位子，就不用等太久。只接受现金。

Fisherman's Wharf Crab Stands　　海鲜 $

（见1096页地图; Taylor St; 主菜 $5~15; ⓂF）在渔人码头的美食中心Taylor St尽头，有几家紧挨着的螃蟹外卖摊位，肌肉发达的男人们搅动着煮珍宝蟹的热气腾腾的大锅。捕蟹旺季通常在每年冬春时节，不过这儿全年都有虾和其他海鲜。

★ Greens　　　　　素食、加利福尼亚菜 $$

（见1096页地图; ☎415-771-6222; www.greensrestaurant.com; Fort Mason Center, 2 Marina Blvd, Bldg A; 主菜 午餐 $16~19, 晚餐 $20~28; ⊙11:45~14:30和17:30~21:00; ♿♿; ☐22、28、30、43、47、49）即使是肉食爱好者也不会意识到，这儿开胃的豆豉辣椒酱和其他味道浓郁的素菜（选用产自马林县禅心农场的食材）里其实没有肉。啊，还有！餐厅成排的窗户外面就是高耸的金门大桥，这是何等的美景！餐厅内的咖啡馆供应外带午餐，但想要堂食——包括周日的早午餐，请务必预订。

★ A16　　　　　意大利菜 $$$

（见1094页地图; ☎415-771-2216; www.a16pizza.com; 2355 Chestnut St; 比萨 $18~21, 主菜 $22~36; ⊙午餐 周三至周日 11:30~14:30, 晚餐 周一至周四 17:30~22:00, 周五和周六 17:00~23:00, 周日17:00~22:00; ☐28、30、43）早在A16餐厅赢得比尔德美食大奖（James Beard Award）之前，这儿就很难预订，但你要坚持不懈：自制马苏里拉布拉塔奶酪、柴炉暄皮比萨和长达12页的意大利葡萄酒单，值得你花费时间预订。跳过品质参差不齐的甜点，可以多多尝试创新性的开胃菜，包括店内自熏的腌肉拼盘和美味的卤金枪鱼。

🍴 米申区及卡斯特罗区

★ La Taqueria　　　　　墨西哥菜 $

（见1102页地图; ☎415-285-7117; 2889 Mission St; 单品 $3~11; ⊙周一至周六 11:00~21:00, 周日 至20:00; ♿; ☐12、14、48、49, Ⓑ24th St Mission）旧金山的特色墨西哥卷饼里没有藏红花饭、菠菜饼或杞果沙司，只有包在薄饼里烤得很好的肉类、焖豆和番茄酱或牧

豆沙司。在获得过詹姆斯·比尔德奖（James Beard Award）的La Taqueria能尝到口味最纯正的卷饼。不含豆子的薄饼会贵一点，因为他们会用肉馅代替——但令卷饼更美味的还是辣泡菜和酸奶油（crema）。这儿永远都值得等待。

★ Craftsman & Wolves
面包房、加利福尼亚菜 $

（见1102页地图；☎415-913-7713；http://craftsman-wolves.com；746 Valencia St；糕点$3~8；◎周一至周五7:00~18:00，周六和周日8:00起；🚌14、22、33、49，🚇16th St Mission，Ⓜ）名声在外的Rebel Within咸玛芬打破了吃早餐的传统顺序：满满香肠的Asiago奶酪玛芬中间嵌着一枚口感嫩滑的英式水煮蛋。店里的Highwire玛朵朵和抹茶饼干则无疑是全旧金山最好的补充体力的美食；而泰式椰子咖喱烤饼、冰镇豌豆汤和粉红色葡萄酒组成的午餐非常完美。就算不过生日，不在度假，也可以来这儿选一块精致的榛子方块蛋糕或香草紫罗兰奶酪蛋糕。

★ Ichi Sushi
寿司 $$

（见1094页地图；☎415-525-4750；www.ichisushi.com；3369 Mission St；寿司$4~8；◎周一至周四11:30~14:00和17:30~22:00，周五和周六至23:00，周日17:30~21:30；🚌14、24、49，🚇24th St Mission，Ⓜ）🍴在盘中无比诱人，舌尖上无比性感，Ichi Sushi明显比其他海鲜店更胜一筹。厨师蒂姆·阿丘利塔（Tim Archuleta）以珠宝匠人般的精湛刀工将柔嫩的鱼肉（均是可持续发展的海鲜）切片，小心翼翼地放上捏好的米团，再缀上些许味道浓郁的柚子酱以及极细小的大葱和辣椒萝卜，配上酱油，美味得不可思议。

★ Al's Place
加利福尼亚菜 $$

（见1102页地图；☎415-416-6136；www.alsplacesf.com；1499 Valencia St；分享盘$15~19；◎周三至周日17:30~22:00；🅿；🚌12、14、49，Ⓜ，🚇24th St Mission）🍴黄金州的光芒就闪烁在Al's餐厅的盘子中。这里的特色是自家种植的传统食材、新鲜的太平洋海鲜和草饲肉类。精心的准备为料理带来阳光充足的风味和细腻的质感：脆皮鳕鱼配起泡酸橙蘸汁、融化于可口鹅肝酱的烤桃子。菜肴分量是其他餐厅的一半，但美味程度翻了三番——点上两三道菜，你就可以做一场加州之梦了。

Commonwealth
加利福尼亚菜 $$$

（见1102页地图；☎415-355-1500；www.commonwealthsf.com；2224 Mission St，小盘菜$15~22；◎周日至周四17:30~22:00，周五和周六至23:00；🅿；🚌14、22、33、49，🚇16th St Mission）这家极具创造性、奉行"从农场到餐桌"原则的加州餐厅位于米申区一座经过改造的煤渣砖建筑里，也许你不会对它抱太高期望。但厨师Jason Fox会为你呈上大胆的创新，比如海胆髓膏旱金莲和甜菜海藻羊肉。尝尝六道菜的品尝菜单（$80），其中部分收入会捐助给本地慈善机构。

🍴 海特区及菲尔莫尔

Rosamunde Sausage Grill
快餐 $

（见1096页地图；☎415-437-6851；http://rosamundesausagegrill.com；545 Haight St；香肠$8-8.50；◎周日至周三11:30~22:00，周四至周六至23:00；🚌6、7、22，Ⓜ N）花费不多就能带来一场难忘的晚餐约会：大量Coleman Farms的猪肉腊肠（Brats）或放养鸭肉配附赠的烤辣椒、烤洋葱、颗粒芥末籽酱和杞果酱，可以搭配隔壁Toronado（见1115页）季节限定的生啤，选择多达45种。想要获得难忘的午餐体验并品尝$6的巨无霸汉堡，请在周二11:30之前致电预约或排队。

★ Jardinière
加利福尼亚菜 $$

（见1096页地图；☎415-861-5555；www.jardiniere.com；300 Grove St；主菜$20~36；◎周日至周四17:00~21:00，周五和周六至22:30；🚌5、21、47、49，Ⓜ Van Ness）🍴《铁人料理》（Iron Chef）获胜者、《顶级大厨大师赛》（Top Chef Masters）决赛选手和比尔德美食大奖获奖者——特蕾西·得斯·雅尔丁斯（Traci Des Jardins）提倡的是新鲜诱人、选用可持续发展食材的加州菜式。她独到地采用加州有机果蔬、可持续发展的肉类和海鲜，将黄油一样的鸡油菌厚厚涂抹于鲟鱼，用大量松露和产自餐厅屋顶蜂巢的蜂蜜包裹根茎。周一的三道菜晚餐价格$55，含佐餐葡萄酒。

🍴 金门公园及周边

★ Outerlands
加利福尼亚菜 $$

(见1094页地图；☏415-661-6140；www.outerlandssf.com；4001 Judah St；三明治和小盘菜 $8~14，主菜 $15~27；⊙9:00~15:00和17:00~22:00；🅿🍴；📭18，🅜🅝) 🍴如果海洋海滩的狂风让你觉得像是遭遇了海难，就"漂"进这家海滨小酒馆吃吃加州风味的心灵美食吧。早午餐供应用铁锅煎的荷兰煎饼配自制意大利乳清干酪；午餐则有餐厅自制天然酵母面包，上面铺着用铸铁架烤的手工乳酪，再搭配一种柑橘味的海滩鸡尾酒（致敬Steely Dan乐队）；晚餐以创意海岸风味菜为主，比如榛子裹加州三文鱼配黑眼豆。需要预订。

Burma Superstar
缅甸菜 $$

(见1104页地图；☏415-387-2147；www.burmasuperstar.com；309 Clement St；主菜 $11~28；⊙周日至周四 11:30~15:30和17:00~21:30，周五和周六 至22:00；🅿；📭1、2、33、38、44）没错，这儿要等位，不过你看到有人半途走开吗？要怪就怪这儿香气四溢的鲶鱼咖喱、味道浓郁的素汤和缅甸传统的柠檬蒜绿茶沙拉吧。不接受预约——等待店家叫号的时候不妨在 Green Apple Books（见1104页地图；☏415-742-5833；www.greenapplebooks.com；506 Clement St；⊙10:00~22:30；📭2、38、44）书店看看缅甸食谱。

🍷 饮品和夜生活

想要串酒吧，不妨从北部沙滩的酒吧或位于米申区、靠近Valencia和16th St的那些酒吧开始。卡斯特罗区有颇具历史的同性恋酒吧，市场南区还有舞厅。在市中心和联合广场附近，可以深入探索地下酒吧。海特区的酒吧吸引的则是各色另类人群。

★ Bar Agricole
酒吧

(见1096页地图；☏415-355-9400；www.baragricole.com；355 11th St；⊙周一至周四 17:00~23:00，周五和周六 17:00~24:00，周日 10:00~14:00和18:00~21:00；📭9、12、27、47）🍴喝着精心调配的鸡尾酒，喝出历史新高度：含有比特酒、威士忌、味美思和苦艾酒的Whiz Bang评分很高，但含有白朗姆酒、农家库拉索酒和加州石榴汁的El Presidente获得了最高荣誉。这家酒吧凭借醇烈的酒水和具有生态意识的设计赢得了比尔德美食大奖评审的认可，另外广受欢迎的是欢乐时光期间（周一至周日 17:00至18:00）$1的牡蛎和$5的开胃酒。

★ Caffe Trieste
咖啡馆

(见1096页地图；☏415-392-6739；www.caffetrieste.com；601 Vallejo St；⊙周日至周四 6:30~22:00，周五和周六 至23:00；🛜；📭8、10、12、30、41、45）卫生间墙壁上写着诗歌，自动点唱机播放着歌剧，还有手风琴演奏现场，甚至还能撞见垮掉派桂冠诗人劳伦斯·费林盖蒂（Lawrence Ferlinghetti）；这里是20世纪50年代以来北部海滩最美好的一面。一边喝着意式浓咖啡，一边在撒丁岛捕鱼壁画下写着剧本，就像年轻时的弗朗西斯·福特·科波拉（Francis Ford Coppola）那样，也许你还听说过那部他导演的电影：《教父》(*The Godfather*)。只收现金。

★ Comstock Saloon
酒吧

(见1096页地图；☏415-617-0071；www.comstocksaloon.com；155 Columbus Ave；⊙周日至周一 16:00至午夜，周二至周四和周六至2:00，周五 正午至次日2:00；📭8、10、12、30、45，🅟Powell-Mason）如今坐在吧台边畅饮不再可取了——酒吧上方放了一尊诺顿一世的铜像，正俯视着你呢。不过撇开这个不说，这间建于1907年的维多利亚式酒吧恢复了巴巴里海岸昔日的荣耀，试试这儿地道的皮斯科白兰地宾治或以马提尼为基酒的Martinez（加入了金酒、苦艾酒、比特酒和黑樱桃利口酒）。预约小隔间或内厅雅座，夜晚可以聆听拉格泰姆爵士（ragtime-jazz）乐队的演出。

★ El Rio
夜店

(见1102页地图；☏415-282-3325；www.elriosf.com；3158 Mission St；门票 免费至$8；⊙13:00至次日2:00；📭12、14、27、49，🅱24th St Mission）和最时髦的人们一起来这儿的舞池彻底放松吧，城内光怪陆离的各色人等都聚在这儿。每月亮点包括：周日萨尔萨舞蹈（Salsa Sunday）、周五17:30开始供应的免费牡蛎、明星DJ、后院乐队和乒乓球。强劲的玛

LGBTIQ的旧金山

不管你来自哪里,爱什么人,谁是你的老爸:如果你很古怪,来这儿,这儿就是你的家。卡斯特罗区是同性恋的中心地区,但是市场南区也有皮革酒吧和很棒的夜总会。米申区则更受女性和变性人群体的欢迎。

Bay Area Reporter(简称BAR;www.ebar.com)提供社区新闻和活动列表;*San Francisco Bay Times*(www.sfbaytimes.com)关注LGBTIQ(男女同性恋、双性恋、间性人和酷儿)群体的观点和活动;免费杂志*Gloss Magazine*(www.glossmagazine.net)则锁定夜生活信息。

每年6月底,150多万人会前来参加洛杉矶同性恋大游行(见1048页)和聚会。有关流动舞会的信息可查询Honey Soundsystem(http://hnysndsystm.tumblr.com)。

Blackbird(见1102页地图;415-503-0630;www.blackbirdbar.com;2124 Market St;周一至周五15:00至次日2:00,周六和周日14:00起;MChurch St)卡斯特罗区的首选休闲酒吧,提供绝佳的鸡尾酒、台球和所有人最爱的大头贴照相亭。

HiTops(见1102页地图;http://hitopssf.com;2247 Market St;周一至周三11:30至午夜,周四和周五至次日2:00,周六和周日10:00至次日2:00;MCastro St)卡斯特罗区开放于黄金时段的运动酒吧,有友善的人群、大屏幕电视、沙狐球和酒吧美食。

Cafe Flore(见1102页地图;415-621-8579;www.cafeflore.com;2298 Market St;周一至周五10:00~22:00,周六和周日9:00~22:00;;MCastro St)没有到这里阳光明媚的阳台上放松一下就不算到过卡斯特罗区。

Stud(见1096页地图;www.studsf.com;399 9th St;$5~8;周二正午至次日2:00,周四至周六17:00至次日3:00,周日17:00至午夜;12、19、27、47)自1966年就开始令市场南区的男同性恋们疯狂。这儿无所不有,尤其是在以"Club Some Thing"为主题的周五。

Oasis(见1096页地图;415-795-3180;www.sfoasis.com;298 11th St;门票$15~35;9、12、14、47,MVan Ness)市场南区的表演实在太猛也太搞笑了,你一定会笑到肚子疼。记得到舞池里热舞一番。

End Up(见1096页地图;415-646-0999;www.facebook.com/theendup;401 6th St;$10~25;周五23:00至周六8:00,周六22:00至周一4:00;12、19、27、47)阳光没晒到101号高速公路匝道之前,这儿的同性恋和异性恋人群是不会停止马拉松舞会的。

Aunt Charlie's Lounge(见1096页地图;415-441-2922;www.auntcharlieslounge.com;133 Turk St;免费至$5;周一至周五中午至次日2:00,周六10:00起,周日10:00至午夜;27、31;MPowell,BPowell)田德隆区的廉价酒吧,沧桑感和复古的"低俗小说"氛围颇具魅力。

格丽特酒会让你失去理智,并于1978年建成的露台上大胆调情。只收现金。

★ %ABV

鸡尾酒吧

(见1102页地图;415-400-4748;www.abvsf.com;3174 16th St;14:00至次日2:00;14、22,B16th St Mission,MJ)可以从名字"%ABV"(酒精含量百分比的简称)推断出这家酒吧定能让爱喝酒的你感到趣味相投。这家酒吧倚仗的正是其深谙里滕豪斯(Rittenhouse)黑麦威士忌来自日本麦芽威士忌的鸡尾酒调酒师。酒吧酒品一流,有优质的卡利(Cali)葡萄酒和桶装啤酒,以及灵感来自历史的原创鸡尾酒,服务周到且及时。

★ Vesuvio

酒吧

(见1096页地图;415-362-3370;www.vesuvio.com;255 Columbus Ave;8:00至次日2:00;8、10、12、30、41、45,Powell-Mason)一个家伙走进一家酒吧,大声叫好,然后离

开。酒保也不会打乱节拍，会对下一名顾客说，"欢迎光临Vesuvio，亲爱的——请问点什么？"杰克·凯鲁亚克（Jack Kerouac）曾放了亨利·米勒（Henry Miller）的鸽子，转而留在这家酒吧饮酒作乐，等你亲自来到这个饰有彩色玻璃的底层楼厅，与这个街区的人一起畅饮白酿啤酒或Kerouacs（朗姆酒、龙舌兰酒和橙汁）的时候，你就会知道他为什么这么做了。

★ Smuggler's Cove　　　　　　酒吧

（见1096页地图；☎415-869-1900；www.smugglerscovesf.com; 650 Gough St; ⏰17:00至次日1:15; 🚌5、21、47、49, MCivic Center, BCivic Center）哟嗬，来一瓶朗姆酒……如果没人愿意与你分享燃烧的蝎子碗（Scorpion Bowl），还是来瓶Dead Reckoning吧（尼加拉瓜朗姆酒、波特酒、菠萝和苦啤酒）。在这间隐藏于彩色玻璃门背后的巴巴里海岸Tiki酒吧里，有着足以令海盗们迷失的选择——来自世界各地的550多种朗姆酒和70多种鸡尾酒，每天17:00至18:00减价$2。

★ Toronado　　　　　　　　　　小酒馆

（见1096页地图；☎415-863-2276；www.toronado.com; 547 Haight St; ⏰11:30至次日2:00; 🚌6、7、22, MN）哈利路亚！啤酒爱好者，你们的祈祷应验了。这儿有超过40种桶装鲜啤和数百种瓶装啤酒，其中包括当季精酿。带现金来吧，全天都是欢乐时光。到Rosamunde Sausage Grill（见1112页）点些好吃的香肠来搭配特拉普派修道士酿出的麦芽佳酿吧。这儿有时可能吵得让你听不清约会对象的话，却能听到天使之音般的歌声。

☆ 娱乐

联合广场的 **TIX Bay Area**（见1096页地图；http://tixbayarea.org; 350 Powell St; 🚋Powell-Mason, Powell-Hyde, BPowell, MPowell）在演出开始前的最后一刻有半价出售的剧场门票。

★ San Francisco Symphony　　古典音乐

（见1096页地图；☎售票处 415-864-6000；当日票热线 415-503-5577; www.sfsymphony.org; Grove St, Franklin St和Van Ness Ave之间；票价$20~150; 🚌21、45、47, MVan Ness, BCivic Center）从指挥家迈克尔·蒂尔森·托马斯（Michael Tilson Thomas）踮起脚尖，举起指挥棒的那一刻，观众便在座位上翘首以盼，等待获得过格莱美奖的旧金山交响乐团接下来如雷贯耳的表演。不要错过招牌的贝多芬和马勒演奏会，融合了《星际迷航》等电影的现场交响乐演出，以及与埃尔维斯·科斯特洛（Elvis Costello）、金属乐队（Metallica）等艺术家及团体的创新合作演出。

★ SFJAZZ Center　　　　　　爵士乐

（见1096页地图；☎866-920-5299；www.sfjazz.org; 201 Franklin St; 门票$25~120; ♿; 🚌5、6、7、21、47、49, MVan Ness）🖊你可以在这里听到来自从阿根廷到也门地区的传奇人物和杰出天才献上的爵士乐。这是北美最新、最大的爵士乐中心。可以在楼下的Joe Henderson Lab欣赏经典爵士乐和诗人爵士组合的全新演绎；见证以下主流音乐家在主舞台上的精彩合作演出——从非裔古巴全明星（Afro-Cuban All Stars）到深入人心的传奇人物爱美萝·哈里斯（Emmylou Harris）、罗珊·凯许（Rosanne Cash）和露辛达·威廉姆斯（Lucinda Williams）等。

★ 旧金山歌剧院　　　　　　　歌剧院

（San Francisco Opera; 见1096页地图；☎415-864-3330; www.sfopera.com; War Memorial Opera House, 301 Van Ness Ave; 票价$10~350; 🚌21、45、47、49, BCivic Center, MVan Ness）歌剧曾是旧金山淘金热的背景乐——如今旧金山歌剧院全球首映的原创作品足以媲美纽约大都会，主题从史蒂芬·金（Stephen King）的《热泪伤痕》（*Dolores Claiborne*）到电影制作人彼得·塞拉斯（Peter Sellars）与作曲家约翰·亚当斯（John Adams）合作的《西部女孩》（*Girls of the Golden West*）。高级定制时装和画家大卫·霍克尼（David Hockney）的前卫布景值得期待。10:00可以买到$10的当天站席票；可以查看官网了解关于Opera Lab的最新消息。

★ Independent　　　　　　　现场音乐

（见1094页地图；☎415-771-1421; www.theindependentsf.com; 628 Divisadero St; 门票

加利福尼亚州

圣弗朗西斯科

$12~45；售票处 周一至周五 11:00~18:00，演出夜 至21:30；5、6、7、21、24）Independen虽然不大但颇具影响力，奉上的突破性演出总能赢得满堂彩，其中最具人气的包括独立音乐界的梦骑士（Magnetic Fields乐队和Death Cab for Cutie乐队）、传奇人物（Steel Pulse、Guided by Voices）、另类流行乐团（Killers和Imagine Dragons）和国际乐队（Tokyo Chaotic、澳大利亚的Airbourne）。场地最多可容纳800名观众，通风设施不佳，但音响一流，饮品价格合理，卫生间干净得令人难以置信。

★ 美国戏剧学院 剧院

（American Conservatory Theater，简称ACT；见1096页地图；415-749-2228；www.act-sf.org；405 Geary St；售票处 周一 10:00~18:00，周二至周日 至演出结束；8、30、38、45，Powell-Mason、Powell-Hyde，BPowell，MPowell）这座具有世纪转折意义的地标里有各种大胆创新的演出，托尼·库什纳的《天使在美国》（*Angels in America*）、罗伯特·威尔逊的《黑骑士》（*Black Rider*，威廉·柏洛兹撰写剧本、汤姆·威茨作曲）等ACT剧作都曾在此上演。汤姆·斯托帕德、达斯汀·兰斯·布莱克（Dustin Lance Black）、伊芙·恩斯勒（Eve Ensler）和大卫·马麦特等主流剧作家的作品都会在这儿首映，而ACT新建的**斯特兰剧院**（Strand Theater；见1096页地图；415-749-2228；www.act-sf.org/home/box_office/strand.html；1127 Market St；F，BCivic Center，MCivic Center）则试映新的剧作品。

旧金山芭蕾舞团 舞蹈演出

（San Francisco Ballet；见1096页地图；票务 415-865-2000；www.sfballet.org；War Memorial Opera House, 301 Van Ness Ave；票价 $22~141；售票 周一至周五 10:00~16:00；5、21、47、49，MVan Ness，BCivic Center）这家美国历史最悠久的芭蕾舞演出公司看起来棒极了，每年上演超过100场演出，其中包括《胡桃夹子》（*The Nutcracker*，美国首映式曾在这儿举行）和原创的现代芭蕾舞。每年1月至5月的演出主要集中在战争纪念歌剧院（War Memorial Opera House），偶尔会在欧巴巴耶那艺术中心（Yerba Buena Center for the Arts）举行。可以在售票处（周二至周五正午起，周末10:00）购买$15~20的全天站席票。

★ Beach Blanket Babylon 卡巴莱歌舞

（BBB；见1096页地图；415-421-4222；www.beachblanketbabylon.com；678 Green St；票价 $25 130，表演 周二、周四和周五 20.00，周六 18:00和21:00，周日 14:00和17:00；8、30、39、41、45，Powell-Mason）白雪公主在旧金山寻找白马王子，怎么会出错？迪士尼变装音乐喜剧歌舞表演从1974年开始在这里演出至今，但是紧跟时代的笑料让表演仍能保持吸引力，假发套大得夸张，花车游行令人啧啧称奇。观众必须年满21岁，否则无法理解这种登不上大雅之堂的幽默感，周日午后的"洁版"演出除外。需预订，提前一小时到场可以占到好位子。

菲尔莫尔大剧院 现场音乐

（见1096页地图；415-346-6000；http://thefillmore.com；1805 Geary Blvd；票价 $20起；售票处 周日 10:00~15:00，演出夜 开演前30分钟至22:00；22、38）吉米·亨德里克斯（Jimi Hendrix）、詹尼斯·乔普林（Janis Joplin）和大门乐队（the Doors）都曾在菲尔莫尔登台。现在你可能会在这个历史悠久、可以容纳1250人的站席剧院（如果你太有"教养"，有可能被人挤到舞台边上）里看到Indigo Girls、威利·纳尔逊（Willie Nelson）或特蕾西·查普曼（Tracy Chapman）。不要错过楼上画廊里的迷幻海报，它们都是无价之宝。

★ Great American Music Hall 现场音乐

（见1096页地图；415-885-0750；www.gamh.com；859 O'Farrell St；演出 $20~45；售票处 周一至周五及演出夜 10:30~18:00；19、38、47、49）人人都盛装打扮，前往这座建于1907年的华丽前妓院登台演出——独立摇滚乐队佩里乐队（Band Perry）驾临，国际传奇人物萨利夫·凯塔（Salif Keita）登台，约翰·沃特斯（John Waters）圣诞节的盛大演出。晚餐额外支付$25即可坐在一等包厢舒适地欣赏演出，也可以选择楼下的拥挤站席区域摇滚起来。

★ Roxie Cinema 电影院

（见1102页地图；415-863-1087；www.

roxie.com; 3117 16th St; 常规/日场 $11/8; 🚇14、22、33、49, Ⓑ16th St Mission）在这家建于1909年的老式非营利街区电影院里，你能看到的是在别处被禁的、有争议性的纪录片和影片，电影院因而蜚声国际。如果电影节首映礼、罕见老电影的重映和万人空巷的奥斯卡颁奖典礼电视转播现场的门票——网上售票——已经脱销，那不妨去隔壁小小的Little Roxy电影院看看迷人的纪录片。电影没有广告，且全部影片都有独家介绍。

Sundance Kabuki Cinema   电影院

（见1096页地图; 📞415-346-3243; www.sundancecinemas.com; 1881 Post St; 成人 $11~16.50; 🚇2、3、22、38）🍴这里是看电影的不二之选。订一张靠近吧台的阶梯座位票，点上一瓶红酒和好吃得出人意料的美食，在电影放映的时候尽情享用。这是罗伯特·雷德福（Robert Redford）的圣丹斯协会（Sundance Institute）创办的多厅电影院，通常放映大牌电影，并承办一些电影节。影院十分环保，座椅使用再生纤维，内饰采用再生木材，供应本地产的巧克力和酒精饮品（因此大多数演出要求观众年龄21岁以上）。提供停车票。

🛍 购物

★ Aggregate Supply   服装、家庭用品

（见1102页地图; 📞415-474-3190; www.aggregatesupplysf.com; 806 Valencia St; ⏰周一至周六 11:00~19:00, 周日 正午至18:00; 🚇14、33、49, Ⓑ16th St Mission）现代版的狂野西部，这便足以形容这间酷炫的加州风格时装和家饰商店。本土设计师和独立生产商以此为傲，商品包括复古的Heath粗陶马克杯、Turk+Taylor格子衬衫式外套，以及旧金山艺术家托巴·奥尔巴赫（Tauba Auerbach）的24小时钟表。店家自制的欧普艺术（op-art）风格加州图形T恤和北加州森林香氛有机香皂无疑是当地最地道的纪念品。

★ Amoeba Music   音乐

（见1104页地图; 📞415-831-1200; www.amoeba.com; 1855 Haight St; ⏰11:00~20:00; 🚇6, 7, 33, 43, ⓂN）🍴西海岸的这家新旧音乐影音无所不包的收藏地点几乎不需要宣传，就会有大批人来。Amoeba还提供试听台、免费的电子杂志，上面有非常到位的员工评论，还有一系列免费音乐会，最近主推的是暴力妖姬（Violent Femmes）、柯兰尼（Kehlani）、比利·布拉格（Billy Bragg）和迈克·道蒂（Mike Doughty）——另外Amoeba Music 还有一个拯救了百万英亩热带雨林的基金会。

Betabrand   服装

（见1102页地图; 📞415-400-9491; www.betabrand.com; 780 Valencia St; ⏰周一至周五 11:00~19:00, 周六 至20:00, 周日 正午至18:00; 🚇14、22、33、49, Ⓑ16th St Mission）Betabrand采纳大众主流的时尚判断，将其试验性的设计放到网上让大家评选，获胜的设计可限量投产。最近通过的设计包括：适合办公场合的瑜伽裤、迪斯科舞会风衣和印有微笑便便的

旧金山最佳购物区

那些古朴别致的店铺、琳琅满目的橱柜和时尚别致的服装店并不都在同一个地方，在旧金山，你得满城逛一遍才能买齐所有东西。下面就来告诉你，在哪里可以买到什么东西：

渡轮大厦   当地美食、葡萄酒和厨房用品。

海耶斯谷（Hayes Valley）   独立服装设计师的小店、家居用品和礼品。

Valencia Street   书店、本地设计师产品专营店、画廊和各类古董商品。

Haight Street   迷幻品店、音像店、古董店以及滑雪、冲浪装备器材店。

Union Square   百货公司、知名品牌、折扣零售店和苹果专卖店。

Russian Hill and the Marina   约会服饰、都市风配饰、家居用品和礼品。

Grant Avenue   从唐人街的旅游纪念品店到不同寻常的北部海滩精品店。

emoji表情的背心裙。有些风格真的很老派，比如和服式样的蓬松夹克（chillmono），不过它们的价格很低，稍稍冒险一下也无妨。

ℹ️ 实用信息

危险和麻烦
在田德隆区、市场南区和米申区记得保持清醒，随机应变，尤其是夜晚。

紧急情况和医疗服务
旧金山综合医院（San Francisco General Hospital; Zuckerberg San Franciso General Hospital and Trauma Center; ☎急诊室 415-206-8111, 医院主线 415-206-8000; www.sfdph.org; 1001 Potrero Ave; ⏰24小时; 🚌9、10、33、48）严重创伤患者的最佳急诊选择。

旅游信息
圣弗朗西斯科（旧金山）游客信息中心（SF Visitor Information Center; 见1096页地图; ☎415-391-2000; www.sftravel.com/visitor-information-center; lower level, Hallidie Plaza, Market St和Powell St交叉路口; ⏰周一至周五 9:00~17:00, 周六和周日 至15:00, 11月至次年4月 周日关门; 🚋Powell-Mason, Powell-Hyde, Ⓜ️Powell, BPowell）市政公交公司（Muni）通票、活动优惠、文化和活动安排。

网络资源
SFGate.com（www.sfgate.com）
SFist（www.sfist.com）
7x7（www.7x7.com）

ℹ️ 到达和离开

飞机
旧金山国际机场（San Francisco International Airport, SFO; www.flysfo.com; S McDonnell Rd）位于市中心以南14英里处，紧邻Hwy 101。搭乘旧金山湾区快运（Bay Area Rapid Transit, 简称BART）可达。搭乘BART过海湾40分钟可达**奥克兰国际机场**（Oakland International Airport, OAK; www.oaklandairport.com; 1 Airport Dr; 📶; BOakland International Airport），机场主要运营国内航线。沿Hwy 101向南45英里为**圣何塞国际机场**（Mineta San José International Airport, SJC; ☎408-392-3600; www.flysanjose.com; 1701 Airport Blvd, San Jose）。

长途汽车
在新的终点站建成之前，旧金山的市内枢纽是**Temporary Transbay Terminal**（见1096页地图; Howard St和Main St交叉路口; 🚌5、38、41、71）。你可以在这里搭乘以下长途汽车：
AC Transit（☎510-891-4777; www.actransit.org）开往东湾（East Bay）的长途汽车。
灰狗巴士（Greyhound; ☎800-231-2222; www.greyhound.com）每天有班车发往洛杉矶（$39至$90, 8至12小时）、太浩湖附近的特拉基（Truckee; $35至$46, 5.5小时）和其他主要地点。
Megabus（☎877-462-6342; http://us.megabus.com）从洛杉矶、萨克拉门托和里诺开往旧金山的廉价长途汽车线路。
SamTrans（☎800-660-4287; www.samtrans.com）南向开往帕洛阿尔托（Palo Alto）和太平洋沿岸的长途汽车。

火车
美国国铁（Amtrak; ☎800-872-7245; www.amtrakcalifornia.com）开往旧金山, 经由奥克兰和埃默里维尔（Emeryville; 奥克兰附近）车站, 有免费班车到达旧金山渡轮大厦、加州铁路（Caltrain）站点以及奥克兰的杰克·伦敦广场（Jack London Sq）。
加州铁路（Caltrain; www.caltrain.com; 4th St和King St交叉路口）将旧金山、硅谷中心（Silicon Valley）和圣何塞（San Jose）连接起来。

ℹ️ 当地交通

抵离旧金山国际机场
旧金山湾区快运（Bay Area Rapid Transit, 简称BART; www.bart.gov）从旧金山机场国际航站楼出发的BART到旧金山市中心仅需30分钟。从SFO搭乘计程车前往旧金山费用为$40至$50, 小费另计。机场班车（单程$17至$20外加小费）从上层的票务区（不是下层的行李领取处）出发; 预计45分钟可以到达旧金山大多数地点。**SuperShuttle**（☎800-258-3826; www.supershuttle.com）提供公共面包车服务, 车费$17/人。

船
San Francisco Bay Ferry（☎415-705-8291; http://sanfranciscobayferry.com）运营从41号码头（Pier 41）和渡轮大厦（Ferry Building）至奥克兰/阿拉梅

达(Alameda)的渡轮。票价$6.60。

小汽车和摩托车

如果可以,不要在旧金山开车;交通拥堵不用说,要想在路边找到停车位可能比找到真爱还难(真的如此啊),停车收费表也跳得很无情。

公共交通

旧金山人如果不是赶时间,大多会步行、骑车或乘坐Muni(市政公交公司)的公共汽车,而不是开车或乘坐出租车。

关于旧金山湾区的交通选择、出发和到达信息,可致电511或查询www.511.org。网上有免费、详细的《市政公交公司街道和交通图》(*Muni Street & Transit Map*)。

缆车 班次多,速度慢,景色优美,每天6:00至次日00:30运行。单次乘坐$7;需要多次乘坐可以购买市政公交公司通票(每天$21)。

市政公交有轨电车和公共汽车 速度还算快,但各线路时刻表差异很大;21:00以后的班次很少。票价$2.5。

旧金山湾区快运(BART)连接东湾(East Bay)、Mission St、旧金山机场和密尔布瑞(Millbrae),并在那里和加州铁路相接。

出租车

车费大约为每英里$2.75,起价$3.50。在路边临时打车并不容易。下载手机软件Flywheel(http://flywheel.com)可获快捷服务。

马林县(Marin County)

富足、悠闲的马林县(www.visitmarin.org)就在金门大桥对面,这里壮观的红杉林依偎着黄褐色的海岸陆岬。最南端的城市索萨利托(Sausalito; www.sausalito.org)是一个小巧可爱的海滨旅游观光地,可以骑着自行车穿越大桥来到这里(再乘渡轮回到旧金山)。码头上停靠着独特别致的波希米亚风游艇,不远处的海湾三角洲模型游客中心(Bay Model Visitors Center; 见1094页地图; ☎415-332-3871; www.spn.usace.army.mil/missions/recreation/baymodelvisitorcenter; 2100 Bridgeway Blvd; ⊙周二至周六 9:00~16:00,夏季办公时间延长 周六和周日 10:00~17:00; P ♿) 免费 内藏有整个海湾和三角洲的液压式模型,非常酷。

马林岬(Marin Headlands)

海风徐徐的崎岖海岬上点缀着远足小径,在这里能欣赏海湾和城市的壮丽全景。向北穿越金门大桥,从Alexander Ave口左转入高速,跟随路标的指示就能找到游客中心(见1094页地图; ☎415-331-1540; www.nps.gov/goga/marin-headlands.htm; Bunker Rd, Fort Barry; ⊙9:30~16:30)。

Hwy 101西边的景点包括博尼塔角灯塔(Point Bonita Lighthouse; 见1094页地图; ☎415-331-1540; www.nps.gov/goga/pobo.htm; ⊙周六至周一 12:30~15:30; P) 免费 建于"冷战"时期的SF-88奈基导弹发射场(Nike Missile Site SF-88; 见1094页地图; ☎415-331-1540; www.nps.gov/goga/nike-missile-site.htm; Field Rd; ⊙周六 12:30~15:30; P) 免费 和位于罗迪欧海滩(Rodeo Beach; 见1094页地图; www.parksconservancy.org/visit/park-sites/rodeo-beach.html; 紧邻Bunker Rd; P ♿)山上寓教于乐的海洋哺乳动物中心(Marine Mammal Center; 见1094页地图; ☎415-289-7325; www.marinemammalcenter.org; 2000 Bunker Rd; 捐款,语音导览 成人/儿童 $9/5; ⊙10:00~16:00; P ♿)。在Hwy 101东边的贝克堡(Fort Baker),互动式的湾区探索博物馆(Bay Area Discovery Museum; 见1094页地图; ☎415-339-3900; www.baykidsmuseum.org; 557 McReynolds Rd; $14; 每月的第一个周三免费; ⊙周二至周五 9:00~16:00,周六和周日 至17:00,外加有些周一 9:00~16:00; P ♿)对孩子们来说非常有趣。

游客中心附近, HI Marin Headlands Hostel (见1094页地图; ☎415-331-2777; www.norcalhostels.org/marin; Fort Barry, Bldg 941; 房间 带公共浴室 $105~135,铺 $31~40; ⊙前台 7:30~23:30; P ♿ ❄ @ ♋) 位于森林茂密的山上,由两座1907年的军事建筑组成。想在历史氛围中享受舒适住宿,可在贝克堡经LEED认证的Cavallo Point (见1094页地图; ☎415-339-4700; www.cavallopoint.com; 601 Murray Circle; 房间 $399起; P ♿ ❄ @ ♋) 预订一间带壁炉的海湾景观小屋。

塔玛佩斯山州立公园 (Mt Tamalpais State Park)

雄伟壮观的塔玛佩斯山(Mt Tam;

2572英尺)是山地自行车骑士和徒步者的森林游乐场。**塔玛佩斯山州立公园**(Mt Tamalpais State Park;见1094页地图;☏415-388-2070; www.parks.ca.gov;每辆车$8;⊙7:00至日落; Ⓟ🚻)占地6300英亩,园内的小径总长超过200英里。一定要开车上东峰顶(East Peak Summit)去一览众山小。全景公路(Panoramic Hwy)穿过公园,将穆尔树林和**斯廷森海滩**(Stinson Beach)连接起来,后者是一个位于Hwy 1拥有新月形沙滩的古老海边小镇。

公园总部设在 **Pantoll Station**(见1094页地图;☏415-388-2070; www.parks.ca.gov; 801 Panoramic Hwy;⊙开放时间不定;🅿),这里汇集着许多小径和一个先到先得的**露营地**(见1094页地图;咨询415-388-2070; www.parks.ca.gov; Panoramic Hwy;帐篷位$25; Ⓟ🚻)。要提早很多时间才可能预订到乡村木屋(无电、无自来水),要么就直接去斯廷森海滩南面紧邻Hwy 1的 **Steep Ravine**(☏预订800-444-7275; www.reserveamerica.com;帐篷位$25, 木屋$100;⊙11月至次年9月; Ⓟ)的营地。你也可以带上食物、睡袋和毛巾徒步去往与世隔绝的 **West Point Inn**(见1094页地图;☏咨询 415-388-9955,预订 415-646-0702; www.westpointinn.com; 100 Old Railroad Grade, San Anselmo;房间 带公共浴室 成人/儿童 每人$50/25, 出租床单$10;😊)🍴,需预订。

雷斯角国家海岸(Point Reyes National Seashore)

海风吹拂的**雷斯角国家海岸**(Point Reyes National Seashore;☏415-654-5100; www.nps.gov/pore; Ⓟ🚻)🍴**免费**延伸出海面10英里,在一块完全不同的地壳构造板块上,守卫着占地100平方英里的海滩、环礁湖和森林覆盖的山丘。奥莱马(Olema)西边1英里处的**熊谷游客中心**(Bear Valley Visitor Center;☏415-464-5100; www.nps.gov/pore; 1 Bear Valley Rd, Point Reyes Station;⊙周一至周五 10:00~17:00,周六和周日 9:00~17:00;🚻)提供地图、信息和自然历史展。跨越圣安德烈斯断层带(San Andreas Fault zone)的 **Earthquake Trail** 的起点就在附近,小道全长0.6英里。

雷斯角灯塔(Point Reyes Lighthouse; ☏415-669-1534; www.nps.gov/pore; Sir Francis Drake Blvd尽头;⊙周五至周一 10:00~16:30,观景室 周五至周一 14:30~16:00)位于半岛的最西端,是冬天观鲸的理想地点。往返共10英里的 **Tomales Point Trail** 紧邻Pierce Point Rd一直延伸到半岛北端,在强风呼啸的路途中能看到人群麋鹿。妥什塔坞朋湾(Tomales Bay)涉水游玩,可以选择 **Blue Waters Kayaking**(☏415-669-2600; www.bluewaterskayaking.com; 12944 Sir Francis Drake Blvd;租金/团队游$60/68起;⊙通常 9:00~17:00,最后出租时间14:00;🚻),从因弗内斯(Inverness)和马歇尔(Marshall)出发。

园内只有一个住宿点 **HI Point Reyes Hostel**,自然爱好者可以选择入住(☏415-663-8811; www.norcalhostels.org/reyes; 1390 Limantour Spit Rd;房间 带公共浴室 $105~130,铺 $29~38;⊙前台7:30~10:30和16:30~22:00; Ⓟ🚻@)🍴,其位于从游客中心往内陆方向的8英里处。位于海滨小镇因弗内斯的 **Cottages at Point Reyes Seashore**(☏415-669-7250; www.cottagespointreyes.com; 13275 Sir Francis Drake Blvd;房间 $129~269; Ⓟ🚻🛜❄🐾)隐藏在林间,适合全家出行的游人。**西马林商会**(West Marin Chamber of Commerce;☏415-663-9232; www.pointreyes.org)提供更多舒适的旅馆、小木屋和民宿房源。

奥莱马以北2英里处,**雷斯角车站**(Point Reyes Station)小镇有面包房、咖啡馆和餐馆。到 **Cowgirl Creamery at Tomales Bay Foods**(☏415-663-9335; www.cowgirlcreamery.com; 80 4th St;熟食 $3~10;⊙周三至周日 10:00~18:00;🚻)🍴可去塔玛丽食品公司的牛仔女郎奶酪店(Cowgirl Creamery at Tomales Bay Foods)购买野餐午餐或前往小镇以北10英里处的 **Hog Island Oyster Company**(☏415-663-9218; https://hogislandoysters.com; 20215 Hwy 1, Marshall; 12只牡蛎 $13~16,野餐 每人 $5;⊙商店 每天9:00~17:00,野餐区 10:00起,咖啡馆周五至周一 11:00~17:00)享用牡蛎大餐。

伯克利(Berkeley)

作为言论自由和残疾人权利运动的发源

地、加州大学伯克利分校(又称"Cal")神圣殿堂的所在地,伯克利从来都不是一个腼腆的"局外人"。这儿是国内知识分子(主要是中左翼)演讲的热门地点,拥有人数最多的直言不讳的活动家。这座大名鼎鼎的大学城既有头发花白的进步人士,又有理想主义的大学生,形形色色,相映成趣。

◎ 景点和活动

Telegraph Avenue直通校园的南门,它像一个生机勃勃的街头嘉年华,挤满了廉价咖啡馆、音像店、路边摊和街头艺人。

加州大学伯克利分校 大学

(University of California, Berkeley; ☎510-642-6000; www.berkeley.edu; P; ⓑDowntown Berkeley)加州大学伯克利分校是美国的顶尖大学之一,也是加州最古老的学校(1866年)。学校有超过40,000名来自不同族裔的学生,政治思想十分多元化。加利福尼亚纪念体育场(California Memorial Stadium; www.californiamemorialstadium.com)旁边的科雷特游客中心(Koret Visitor Center; ☎510-642-5215; http://visit.berkeley.edu; 2227 Piedmont Ave; ◎周一至周五 8:30~16:30,周六和周日 9:00~13:00; ⓠAC Transit 36)提供相关信息和地图,还有免费的校园步行游(需预约)。建于1914年的钟楼(Campanile, Sather Tower; ☎510-642-6000; http://campanile.berkeley.edu; 成人/儿童 $3/2; ◎周一至周五 10:00~15:45,周六 10:00~16:45,周日 10:00~13:30和15:00~16:45; ⓘ; ⓑDowntown Berkeley)是学校的地标,搭乘电梯($3)可登上楼顶并倾听钟琴音乐会。班克罗夫特图书馆(Bancroft Library; ☎510-642-3781; www.lib.berkeley.edu/libraries/bancroft-library; University Dr; ◎档案馆 周一至周五 10:00~16:00或17:00; ⓑDowntown Berkeley)免费 内陈列着当年引发了1848年加利福尼亚淘金热的那块小金块。

⌂ 住宿

毕业季(5月中旬)和主场球赛等大学特别活动期间,住宿价格飙升。住宿需求旺盛的时候,University Ave沿线许多比较老旧而且没那么昂贵的汽车旅馆非常便利,是不错的选择,还有I-80附近埃默里维尔(Emeryville)或瓦列霍(Vallejo)的连锁汽车旅馆和酒店。

Hotel Shattuck Plaza 酒店 $$

(☎510-845-7300; www.hotelshattuckplaza.com; 2086 Allston Way; 房间 $200; P ❀ ❄ @ 🛜; ⓑDowntown Berkeley)市中心这座拥有100年历史的建筑瑰宝经过了耗资$15,000,000的翻修和绿化改造。门厅配有意大利红色玻璃灯具和维多利亚风格的植绒壁纸,没错,地板上还嵌着带有和平标志的瓷砖。门厅通往配有羽绒被的舒适客房,以及高柱耸立的宽敞餐厅。

★Claremont Resort & Spa 度假村 $$$

(☎510-843-3000; www.fairmont.com/claremont-berkeley; 41 Tunnel Rd; 房间 $240起; P ❀ ❄ @ 🛜 ❀ ❄)东湾的佼佼者,费尔蒙特(Fairmont)集团旗下的这家历史悠久的酒店是一栋迷人的白色大楼,建于1915年,有几间优雅的餐厅、一个健身中心、多个游泳池和网球场,还有一个全方位水疗中心。海湾风景的房间非常棒。度假村位于伯克利山(Berkeley Hills)脚下,紧邻Hwy 1(Tunnel Rd),靠近与奥克兰交界之处。停车费$30。

🍴 餐饮

Ippuku 日本菜 $$

(☎510-665-1969; www.ippukuberkeley.com; 2130 Center St; 共享菜肴 $5~20; ◎周二至周四 17:00~22:00, 周五和周六 至23:00; ⓑDowntown Berkeley)日本移民涌入Ippuku,因为这里让他们想起东京的居酒屋。在餐厅传统的榻榻米式就餐区(请脱鞋)或舒适的雅座,可以选择串烧(烤肉串和蔬菜串)和自制荞麦面。可以点烧酒,一种通常用大米或大麦蒸馏而成的酒。需要预订。

★Chez Panisse 加利福尼亚菜 $$$

(☎咖啡厅 510-548-5049, 餐厅 510-548-5525; www.chezpanisse.com; 1517 Shattuck Ave; 咖啡厅 晚餐主菜 $22~35, 餐厅 晚餐套餐 $75~125; ◎咖啡厅 周一至周四 11:30~14:45和17:00~22:30, 周五和周六 11:30~15:00和17:00~23:30, 餐厅 周一至周六 17:30和20:00; ⓘ; ⓠAC Transit 7)老饕们都会来Alice Waters的圣殿朝

拜——这里是加利福尼亚菜系的发源地。餐厅位于伯克利的"美食区"（Gourmet Ghetto）一个工艺美术风格的建筑内，可以选择在楼下享用套餐菜品，也可以选择在楼上价格较为便宜的咖啡厅享用不那么正式的晚餐。提前一个月接受预约。

Jupiter 小酒馆

（☎510-843-8277；www.jupiterbeer.com；2181 Shattuck Ave；◯周一至周四 11:30至次日00:30，周五 至次日1:30，周六 正午至次日1:30，周日 正午至23:30；ⓑDowntown Berkeley）市中心这家小酒馆供应各种当地产的精酿啤酒，还有啤酒花园和不错的比萨，多数晚上有乐队现场演出。在楼上就座，可以鸟瞰热闹的Shattuck Ave的街景。

☆ 娱乐

Berkeley Repertory Theatre 剧院

（☎510-647-2949；www.berkeleyrep.org；2025 Addison St；票价 $40~100；◯售票处 周二至周日 正午至19:00；ⓑDowntown Berkeley）这家声望很高的公司自1968年起就开始大胆创作经典新编和现代戏剧。30岁以下的顾客可以享受大多数演出的半价优惠。

Freight & Salvage Coffeehouse 现场音乐

（☎510-644-2020；www.thefreight.org；2020 Addison St；票价 $5~45；◯演出 每天；♿；ⓑDowntown Berkeley）这家传奇俱乐部拥有近50年的历史，位于市中心艺术区经过改造的建筑内。传统民谣、乡村音乐、蓝草音乐和世界音乐的超棒演出是这儿的亮点，适合各个年龄层，21岁以下的顾客可半价入场。

❶ 到达和当地交通

想要前往伯克利，可以搭乘开往里士满的火车，前往三座**BART**（Bay Area Rapid Transit；www.bart.gov）车站之一：Ashby、Downtown Berkeley或North Berkeley。往返伯克利和旧金山的票价是$4.10至$4.40，伯克利和奥克兰市中心之间的票价是$1.95。

北加利福尼亚
(NORTHERN CALIFORNIA)

黄金州到了北加利福尼亚愈显野性：海岸红杉在迷雾中若隐若现，葡萄酒乡果园遍野，还有隐秘的温泉。与这个陆地和水域的戏剧组合相应的，恰是一群不可思议的本地居民，有木材大亨与环保嬉皮士、蓄着脏辫儿的拉斯塔法里（Rastafari）教徒与注重生物动力学的农场主人、大麻农夫与各种政治激进分子。来吧！为美丽的风景而来，为顶级美酒和"农场到餐桌"的餐厅而停留，在世界上最高大的树林间漫步穿行。在这里，只要一句"嘿，老兄"，就能滔滔不绝一连聊上好几个小时呢。

葡萄酒乡（Wine Country）

在美国首屈一指的这个葡萄酒产区，在全球最佳产区名录上也是赫赫有名的。虽然都在大肆宣传葡萄酒乡的独特风格，但实际上所有葡萄酒乡的传说都发源于这片土地：起伏的青山缀满百年橡树，在夏日阳光下闪现出狮子皮毛般的光泽，目之所及，一片片葡萄园如地毯般绵延整个山脉。尽头则是沿着蜿蜒河道延伸到海面的红杉林。

❶ 到达和当地交通

从旧金山以北驱车前往纳帕或索诺马，取道Hwy 101或I-80都需要90分钟。

搭乘公共交通[主要是公共汽车，可能还要结合旧金山湾区快运（BART）或渡轮]抵达山谷和周边地区耗时长、不够便捷，但好歹可行——登录http://511.org可查询时刻、安排行程。

Wine Country Cyclery（☎707-966-6800；www.winecountrycyclery.com；262 W Napa St；自行车租金 每天 $30~75；◯10:00~18:00）、**Napa Valley Bike Tours**（☎707-944-2953；www.napavalleybiketours.com；6500 Washington St, Yountville；自行车租金 每天 $45~75，团队游 $109-124；◯8:30~17:00）、**Calistoga Bike Shop**（☎707-942-9687；http://calistogabikeshop.com；1318 Lincoln Ave；自行车租金 $28 起，导览游 $149起；◯10:00~18:00）或**Spoke Folk Cyclery**（☎707-433-7171；www.spokefolk.com；201 Center St；混合自行车租金 每小时/每天 $14/38起；◯周一至周五 10:00~18:00，周六和周日 至17:00）都提供自行车租借服务。

纳帕谷 (Napa Valley)

纳帕谷有超过200家酒庄，集中在30英里长的3条主要路线上。Hwy 29两侧散布着许多鼎鼎有名的酒庄，所以周末总是堵车。和Hwy 29平行的 Silverado Trail 交通压力则小得多，沿路经过精品酒庄、风格独特的建筑和令人为之疯狂的赤霞珠（Cabernet Sauvignon）葡萄园。向西往索诺马方向，曲曲折折的 Carneros Hwy（又名Hwy 121）旁有许多葡萄园，它们专门酿制起泡葡萄酒和黑皮诺（Pinot Noir）。

位于山谷南端的 纳帕 是山谷的日常中心区，这里少了些乡村气息，但市中心有些时尚餐厅和品酒屋。在 纳帕谷接待中心（Napa Valley Welcome Center; ☎855-847-6272, 707-251-5895; www.visitnapavalley.com; 600 Main St; ◉9:00~17:00; 🛈）领取品酒券和酒庄地图。

沿Hwy 29往北，小小的 杨特维尔（Yountville）原先是一个马车驿站，这里的人均米其林星级餐厅数比旧金山还多。再往北10英里，道路在迷人的 圣海伦娜（St Helena）终止，这儿十分适合缓缓地散步和购物——如果你能找得到停车位的话。在山谷的北端，充满乡土风味的 卡利斯托加（Calistoga）有温泉水疗和泥浆浴中心，它们使用的火山灰来自邻近的圣海伦娜山。

◉ 景点和活动

纳帕的大多数酒庄需要提前预约。别在一天内计划去太多品酒屋。

★ 赫斯精选酒庄   葡萄酒厂、画廊

（Hess Collection; ☎707-255-1144; www.hesscollection.com; 4411 Redwood Rd, Napa; 博物馆免费，品酒 $25和$35，团队游 免费; ◉10:00~17:30, 最迟品酒时间 17:00) 🎨 艺术爱好者们：不要错过赫斯精选酒庄。这儿的画廊展示了混合材料艺术品和大型油画，包括弗朗西斯·培根（Francis Bacon）和罗伯特·马瑟韦尔（Robert Motherwell）等大师的作品。在高雅的石墙品酒室内，你可以看到大名鼎鼎的赤霞珠和霞多丽（Chardonnay），但别忘了试试维欧尼（Viognier）。暖和的月份可在花园里享受美酒，令人愉快，因为赫斯俯瞰整座山谷。需要预约并做好在盘山路驾车的准备。瓶装酒售价为$30至$100。公众团队游10:30。

★ Frog's Leap   葡萄酒厂

（☎707-963-4704; www.frogsleap.com; 8815 Conn Creek Rd, Rutherford; 品酒 $20~25, 含团队游 $25; ◉10:00~16:00 仅接受预约; 🅿🛈) 🍇 小径曲折蜿蜒的迷人花园和硕果累累的果园将这座建于1884年的仓房以及养着猫和鸡的农场包围。这儿的氛围随意而质朴，尤其注重有趣。白苏维翁（Sauvignon Blanc）是酒庄最著名的葡萄酒，但梅洛（Merlot）同样值得关注。酒庄还有口味更经典更纯粹的赤霞珠干红，在纳帕产区并不常见。

★ Tres Sabores   葡萄酒厂

（☎707-967-8027; www.tressabores.com; 1620 South Whitehall Lane, St Helena; 团队游和品酒 $40; ◉10:30~15:00, 根据预约; 🛈) 🍇 位于山谷最西边，那里有斜坡上的葡萄园与树木繁茂的山坡，Tres Sabores是前往古纳帕的门户——没有阔气的品酒室，没有绅士架子，只有壮观的自然环境和美酒。Tres Sabores一反传统酿造赤霞珠（Cabernet）的工艺，而是精心地酿制出了勃艮第风味的仙粉黛（Zinfandel）和口感辛辣的长相思（Sauvignon Blanc），后者还被《纽约时报》（*New York Times*）评为加州同类葡萄酒前十。预约必不可少。

Castello di Amorosa   葡萄酒厂、城堡

（☎707-967-6272; www.castellodiamorosa.com; 4045 Hwy 29, Calistoga; 门票和品酒 $25~35, 含团队游 $40~85; ◉3月至10月 9:30~18:00, 11月至次年2月 至17:00; 🅿🛈) 经过长达14年的修缮，13世纪的意大利城堡在这里得到完美重现，拥有完好的护城河、手工切割的石墙、意大利工匠绘制的天花板壁画、罗马风格交叉拱顶的地下砖墓，还有一间配有当年设备的酷刑室。品酒不必预约，不过此地值得好好游览。哦，你说葡萄酒？这儿有些备受推崇的意大利品种，其中包括一种丝绒般口感的托斯卡纳酿，以及很适合搭配比萨的梅洛混酿。瓶装酒售价为$20~98。

🛏 住宿

奢华昂贵的酒店遍布纳帕谷各地。最豪华的酒店集中在在圣海伦娜和杨特维尔高处及周边。卡利斯托加的住所稍微悠闲和实惠一些,不过最经济的选择无疑是博特-纳帕谷州立公园(Bothe-Napa Valley State Park)的蒙古包(或露营地)。

★ El Bonita 汽车旅馆 $$

(📞707-963-3216, 800-541-3284; www.elbonita.com; 195 Main St; 房间 $140~325; 🅿❄@🛜🏊) 这家汽车旅馆很抢手,请提前预订。有现代客房(最安静的客房在旅馆后部)、迷人的绿地、恒温游泳池、热水浴池和桑拿。

Napa Valley Railway Inn 旅馆 $$

(📞707-944-2000; www.napavalleyrailwayinn.com; 6523 Washington St; 房间 $215~295; 🅿❄@🛜) 入住经过改造的火车车厢,两列不长的列车车厢停在中央站台上。虽然没什么私密性可言,但与其他住所相比,价格适中。戴上耳塞。

Las Alcobas 精品酒店 $$$

(📞707-963-7000; www.lasalcobasnapavalley.com; 1915 Main St; 房间 $600~2500起; ❄🛜🏊) 虽然这家精品酒店才刚开业不久(在墨西哥城有姊妹店),但已经在纳帕谷最奢华酒店中占有一席之地。豪华摩登的房间里可以欣赏葡萄园,酒店靠近该地区最好的餐饮、购物和品酒场所。前提是你舍得离开这里美味的酒店餐厅Acacia、恒温游泳池和放松的水疗。

🍴 就餐

在杨特维尔首屈一指的餐厅——大厨托马斯·凯勒(Thomas Keller)的餐厅French Laundry——可以品尝到$400每人12道菜的饕餮盛宴,而在圣海伦娜的Meadowwood高级酒店也能有此享受。不想那么放纵的话,纳帕谷里还有一系列美味的中档选择,以及提供野餐用品和美味三明治的乡村商店。酒庄的熟食拼盘和食品搭配非常受欢迎;准备好肚子来吧。

★ Oxbow Public Market 市场 $

(📞707-226-6529; www.oxbowpublicmarket.com; 610 & 644 1st St; 单品 $3起; ⏰9:00~21:00; 🛜🅿) 🍴深入这个美食市场——北加州的美食现场。场内亮点: 霍格岛(Hog Island)牡蛎公司;名厨Todd Humphries的Kitchen Door出品的心灵美食;C Casa & Taco Lounge融合了加州和墨西哥风味的美味玉米卷饼;Fieldwork Brewing Company的IPA和酸酿啤酒;Ritual Coffee的浓缩咖啡,以及Three Twins获得有机认证的冰激凌。

Bouchon Bakery 面包店 $

(📞707-944-2253; www.bouchonbakery.com; 6528 Washington St; 单品 $3起; ⏰7:00~19:00; 🅿) Bouchon供应可以媲美巴黎面包店的法式点心和浓咖啡。门口总是排着长龙,几乎没有空位,不妨打包。

Gott's Roadside 美国菜 $$

(📞707-963-3486; http://gotts.com; 933 Main St; 主菜 $8~16; ⏰5月至9月 10:00~22:00, 10月至次年4月 至21:00; 🅿) 🍴一边在草坪上活动双脚,一边享用这间经典的免下车餐馆出品的美味汉堡——采用纯天然牛肉、火鸡、金枪鱼和蔬菜——还有科布沙拉(Cobb salads)和鱼肉玉米卷饼。这家餐厅就在路边。要避免周末等位,可以提前致电或在线订餐。Oxbow Public Market内还有一家分店。

★ French Laundry 加利福尼亚菜 $$$

(📞707-944-2380; www.thomaskeller.com/tfl; 6640 Washington St; 晚餐套餐 $310; ⏰堂食周五至周日 11:00~12:30, 每日 17:00~21:00) 作为加州餐饮的巅峰之作,Thomas Keller这家餐厅提供的美食体验令人惊艳而难忘,足以媲美全世界最好的餐厅。提前一个月通过App Tock预约,上面会分批放送票券。在这儿用餐足以让你显摆一辈子。

索诺马河谷 (Sonoma Valley)

我们喜欢索诺马的质朴友好。与阔气的纳帕不同,这里没人在意你是否开着一辆破车、是否投票给了绿党。当地人称它为"Slow-noma"(慢诺马)。坐落于17英里长的

田园峡谷，索诺马城镇是探索葡萄酒乡的理想出发点——距离旧金山1小时路程，而且拥有非凡的地方感受，19世纪的传奇历史景观簇拥着该州最大的城市广场。

◉ 景点和活动

索诺马市中心曾是一个短暂的国家"熊旗共和国"（Bear Flag Republic，也称"加利福尼亚共和国"）的首都，如今的索诺马广场（Sonoma Plaza）是州内最大的城镇广场，四周围绕着历史悠久的酒店、热闹的餐厅、时尚精品店，还有一个游客中心（☏866-966-1090；www.sonomavalley.com；453 1st St E；◉周一至周六 9:00~17:00，周日10:00起）。

★ Gundlach-Bundschu Winery　　葡萄酒厂
（☏707-938-5277；www.gunbun.com；2000 Denmark St, Sonoma；品酒 $20~30，含团队游 $30~60；◉5月至10月 11:00~17:30，11月至次年4月 至16:30；Ⓟ）🍷 这座加州历史最悠久的家族经营葡萄酒厂看上去像一座城堡，但有种质朴的气质。酒厂于1858年由一位巴伐利亚移民创立，最出名的品种是琼瑶浆白葡萄酒（Gewürztraminer）和黑品诺，不过它也是美国第一家酿制出100%梅洛的酒厂。它位于蜿蜒的小道尽头，很适合骑车前往，周围还有野餐区、徒步区和一个湖泊，经常举办音乐会，包括6月为期两天的民间音乐节。可以游览藏有1800个酒桶的地窖，但仅接受预约。瓶装酒售价$20至$50。

巴塞洛缪公园　　公园
（Bartholomew Park；☏707-938-2244；www.bartholomewpark.org；1000 Vineyard Lane；◉10:00~16:30；Ⓟ）**免费** 城镇附近最好的户外地点是占地375英亩的巴塞洛缪公园，紧邻Castle Rd，你可以在巨大的橡树下野餐，徒步2英里小径，在山顶眺望旧金山。公园入口的 Palladian Villa 重现了哈拉斯蒂伯爵（Count Haraszthy）原先的庞培式住宅，周六和周日正午至15:00开放。这里还有一间独立经营的优质酿酒厂。最后入园时间是16:30。

杰克·伦敦州立历史公园　　公园
（Jack London State Historic Park；☏707938-5216；www.jacklondonpark.com；2400 London Ranch Rd, Glen Ellen；每车 $10，小屋成人/儿童 $4/2；◉9:30-17:00；Ⓟ）🍷 纳帕有著名作家罗伯特·路易斯·史蒂文森（Robert Louis Stevenson），而索诺马有杰克·伦敦。这个占地1400英亩的公园定格了这位作家人生中的最后时光。别错过建在公园内的绝佳 博物馆。长达数英里的 徒步小径（有的路段可以骑山地自行车）蜿蜒穿过点缀着橡树的林地（海拔600英尺至2300英尺）；一条长达2英里的环线延伸至 伦敦湖（London Lake），徒步难度不大，很适合野餐。夏季的一些夜晚，公园会变身"星空下的百老汇"（Broadway Under the Stars）剧院。当心毒橡树！

Benziger　　葡萄酒厂
（☏888-490-2739, 707-935-3000；www.benziger.com；1883 London Ranch Rd, Glen Ellen；品酒 $20~40，团队游 $25~50；◉10:00~17:00；Ⓟ）🍷 如果你对葡萄酒所知不多，那么不妨把Benziger作为第一站，这儿是了解学习索诺马山谷酿酒工艺的最佳速成班。更划算的是，这儿的游览（11:00~15:30；建议预约）包含一趟露天电车之旅（如果天气允许），可以穿越整个采用生物动力学的葡萄园，还有含五种酒的品酒体验。周围有很棒的野餐区，是全家出行的不二之选。大规模生产的葡萄酒品质还行（选择陈年珍藏）；游览才是最重要的。瓶装酒售价$20~80。

Kunde　　葡萄酒厂
（☏707-833-5501；www.kunde.com；9825 Hwy 12, Kenwood；品酒 $15~50，洞穴团队游 免费；◉10:30~17:00；Ⓟ）🍷 这个家族酒厂位于历史悠久的农场，拥有历史超过一个世纪的葡萄园。这里提供山顶品酒活动，可以欣赏令人心醉的山谷风景。来这里还可以参加季节性的导赏徒步（建议预约），不过也可以只为品酒或游览而来。百分之百的自酿优质葡萄酒有爽口的霞多丽和朴素的红葡萄混酿，制作过程全都采用可持续工艺。每瓶$17至 $100。

Cline Cellars　　葡萄酒厂
（☏707-940-4030；www.clinecellars.com；24737 Arnold Dr, Hwy 121；品酒 免费至$20；◉品酒室 10:00~18:00，博物馆 至16:00）🍷 风和日丽的时候，这儿适合进行池塘边的野餐，

雨天则适合在建于19世纪50年代的农舍里烤着火，品尝老藤仙粉黛和慕合怀特（Mourvèdre）。出来后可以漫步到**加州教会博物馆**（California Mission Museum），馆内藏有加州最初21座西班牙殖民风格教堂的微缩复制品。

🛏 住宿

探索索诺马谷最明智的大本营是索诺马历史悠久的市中心和枝繁叶茂又浪漫多姿的格伦埃伦（Glen Ellen）。此外，肯伍德（Kenwood）也有一家豪华酒店。

★ Windhaven Cottage　　　小屋 $$

（☏707-938-2175，707-483-1856；www.windhavencottage.com；21700 Pearson Ave；小屋$165~175；❉❊）物超所值的Windhaven小屋有两个住宿单元：一个带壁炉的拱形木天花板隐蔽小屋，还有一间800平方英尺的漂亮单间公寓。我们更喜欢浪漫的小屋。两个地方都有热水浴缸。自行车和烧烤平添吸引力。

Beltane Ranch　　　民宿 $$

（☏707-833-4233；www.beltaneranch.com；11775 Hwy 12, Glen Ellen；双$185~375；Ⓟ❊❊）❋Beltane周围环绕着牧马场和葡萄园，会带你穿越到19世纪的索诺马。建于19世纪90年代的农庄令人心情舒爽，双层门廊上摆放着秋千和白色藤椅。严格来说，它是一间民宿，但每间美式乡村风格的客房和小屋都设有私家入口——不必顾忌任何人。没有电话、电视，这意味着你可以全心欣赏田园美景。

🍴 餐饮

★ Fremont Diner　　　美国菜、南方菜 $$

（☏707-938-7370；thefremontdiner.com；2698 Fremont Dr；主菜$9~22；⏰周一至周三8:00~15:00，周四至周日至21:00；❊）❋每逢高峰期，这家"农场到餐桌"的路边餐厅门口总会排起长龙。我们更喜欢室内位，但也乐意接受野餐位。尽管享用搭配自制肉桂香草糖浆的酪浆松饼、鸡肉和华夫饼、牡蛎po' boys三明治、吮指烧烤和锅烤玉米面包吧。

Fig Cafe & Winebar　　　法国菜、加利福尼亚菜 $$

（☏707-938-2130；www.thefigcafe.com；13690 Arnold Dr, Glen Ellen；主菜$12~24；三道菜晚餐$36；⏰周六和周日10:00~14:30，周日至周四17:00~21:00，周五和周六17:00~21:30）Fig出品的加州-普罗旺斯风味的爽心美食颇为朴实，试试香辣柠檬蒜泥蛋黄酱配香煎鱿鱼、无花果芝麻菜沙拉和牛排薯条。酒类的公道价格和周末早午餐都是吸引回头客的法宝。不接受预订；免开瓶费。

Hopmonk Tavern　　　酒吧美食 $$

（☏707-935-9100；www.hopmonk.com；691 Broadway；主菜$11~23；⏰周日至周四11:30~21:00，周五和周六至22:00）这个热门的美食酒吧兼啤酒园对啤酒的要求很高，供应超过12种桶装的自制啤酒和别的牌子的客啤，并配以不同的玻璃酒具。周五至周日有现场音乐，周三20:00开始表演。

★ Cafe La Haye　　　加利福尼亚菜 $$$

（☏707-935-5994；www.cafelahaye.com；140 E Napa St；主菜$19~25；⏰周二至周六17:30~21:00）❋这是索诺马最好的餐厅之一，供应地道新式美国菜肴。食材来自方圆60英里以内。餐厅内很拥挤，服务也近乎敷衍，但干净简洁的空间和风味十足的菜品使之成为众多美食家的首选。需预约。

俄罗斯河谷（Russian River Valley）

红杉树林高高在上，俯瞰着俄罗斯河谷的众多小酿酒厂。河谷位于旧金山西北约75英里处（经Hwy 101和Hwy 116）的索诺马县西部。

塞瓦斯托波尔（Sebastopol）因苹果园和农场观光小径而著名，这里有着新世纪的氛围，市中心遍布书店、画廊和精品店，再往南还有许多古董店。在Barlow室内市场（☏707-824-5600；www.thebarlow.net；Sebastopol St和Morris St交叉路口；⏰营业时间不定；Ⓟ❊）❋闲逛，这里挤满了食品生产商、葡萄酒生产商、烘焙咖啡商、烈酒酿制商和独立主厨们。也可以溯源逐本，驾车或骑车前往当地的农场小径（www.farmtrails.org）。

根威尔（Guerneville）是主要的河岸小镇，哈雷摩托和同性恋友好酒吧使它喧闹不已。到**阿姆斯特朗红杉州立自然保护区**（Armstrong Redwoods State Reserve；☏咨询707-

869-2015，游客中心 707-869-2958；www.parks.ca.gov；17000 Armstrong Woods Rd；每车 $8；◎8:00至日落后1小时；P ）探索古老的红杉林。旁边是不接受预订的露营地 Bullfrog Pond Campground （707-869-2015；www.stewardscr.org；营地预订/非预订 $35/25；）。

跟着 Burke's Canoe Trips （707-887-1222；www.burkescanoetrips.com；8600 River Rd, Forestville；独木舟/皮划艇租金含班车 $68/$45，只接受现金）顺流而下转向东南，奔赴 Iron Horse Vineyards （707-887-1507；www.ironhorsevineyards.com；9786 Ross Station Rd，紧邻 Hwy 116, Sebastopol；品酒 $25，含团队游 $50；◎10:00~16:30，最后品酒时间 16:00；P）的户外山顶品酒吧喝点儿起泡酒；团队游需预约。其他优秀的葡萄酒庄——其中大多因屡获殊荣的黑品诺而闻名——都散布在充满乡野风情的 Westside Rd 沿线，道路顺着河流一直通向希尔兹堡（Healdsburg）。根威尔的游客中心 （707-869-9000；www.russianriver.com；16209 1st St；◎周一至周六 10:00~17:00，外加5月至10月 周日 至15:00）提供酒庄地图和住宿信息。加利福尼亚新潮小馆 Boon Eat + Drink（707-869-0780；http://eatatboon.com；16248 Main St；主雅午餐 $15~18，晚餐 $15~26；◎周四至周二 11:00~15:00，周日至周四 17:00~21:00，周五和周六 至22:00；）即便需要等位也值得，老板同时经营精品酒店 Boon Hotel + Spa（707-869-2721；www.boonhotels.com；14711 Armstrong Woods Rd；帐篷 $175~225，房间 $225~425；P），酒店就像一片带有盐水泳池的简约主义绿洲。

10英里长的波希米亚公路（Bohemian Hwy）名副其实，在小河南面延伸10英里，通向小小的奥克西单塔尔（Occidental）。这儿的 Howard Station Cafe （707-874-2838；www.howardstationcafe.com；3611 Bohemian Hwy；主菜 $8~14；◎周一至周五 7:00~14:30，周六和周日 至15:00；）提供丰盛的蓝莓玉米煎饼等早餐（只接受现金），而 Barley & Hops Tavern （707-874-9037；www.barleynhops.com；3688 Bohemian Hwy；◎周一至周四 16:00~21:00，周五至周日 13:00~21:30）则供应精酿啤酒。再往南几英里，就到了弗里斯通（Freestone），这里有非凡的面包房 Wild Flour Bread （707-874-2938；www.wildflourbread.com；140 Bohemian Hwy, Freestone；单品 $3起；◎周五至周一 8:30~18:30；）；再到 Osmosis （707-823-8231；www.osmosis.com；209 Bohemian Hwy, Freestone；套餐 $219起；◎9:00~20:00 根据预订时间而定）水疗中心泡个雪松浴。

希尔兹堡和周边 (Healdsburg & Around)

希尔兹堡半径20英里的范围内分布着100多家酿酒厂。树木繁茂的广场周围有高档餐厅、品酒屋及时尚酒店。在游客中心（800-648-9922，707-433-6935；www.healdsburg.org；217 Healdsburg Ave；◎周一至周五 10:00~16:00，周六和周日 至15:00）可以领取品酒券和地图。在 Shed （707-431-7433；www.healdsburgshed.com；25 North St；晚餐主菜 $15~30；◎周三至周一 8:00~21:00，周二 至18:00；）或 SingleThread （707-723-4646；www.singlethreadfarms.com；131 North St；品尝菜单 每人 $293；◎周二至周日 17:30~23:00）与爱好本地食材的"土食主义"加州人一起用餐，或到葡萄园附近乡村风格的 Dry Creek General Store （707-433-4171；www.drycreekgeneralstore1881.com；3495 Dry Creek Rd；三明治 $10~13；◎周一至周五 7:00~17:00，周六和周日 至17:30）吃午餐。之后到老式的 L&M Motel （707-433-6528；www.landmmotel.com；70 Healdsburg Ave；房间 $175~195；P）或浪漫的 Healdsburg Modern Cottages （707-395-4684；www.healdsburgcottages.com；425 Foss St；双 $340~575；）住宿。

希尔兹堡和Hwy 101以西的干溪谷（Dry Creek Valley）一带风景如画的农庄酿酒厂正等着你去发现。骑士上自行车到采用生物动力技术的 Preston Vineyards （707-433-3372；www.prestonvineyards.com；9282 W Dry Creek Rd；品酒/团队游 $10/25；◎11:00~16:30；P）和 Quivira Vineyards （707-431-8333，800-292-8339；www.quivirawine.com；4900 W Dry Creek Rd；品酒 $15~30，含团队游 $40，团队游和庄园品酒 仅限预约；◎11:00~16:00，4月至10月 10:00~16:30；

P ❋ 😊）🍴品尝散发着柑橘清香的白索维农和带有胡椒味的仙粉黛。驾车前往俄罗斯河和 **Porter Creek Vineyards**（☎707-433-6321; www.portercreekvineyards.com; 8735 Westside Rd; 品酒 $15; ⓢ10:30~16:30; **P**）🍴，这家酒庄供应黑品诺和维欧尼，吧台是由一条保龄球道改造而成的。

在希尔兹堡西北驶离Hwy 101，沿Hwy 128穿过**安德森谷**（Anderson Valley），这里的果园和家族经营的葡萄酒厂都很有名，比如**Navarro**（☎707-895-3686; www.navarrowine.com; 5601 Hwy 128, Philo; ⓢ周一至周五 8:00~18:00, 周六和周日 至17:00; **P**）**免费** 和 **Husch**（☎707-462-5370; www.huschvineyards.com; 4400 Hwy 128, Philo; ⓢ10:00~18:00, 11月至次年3月 至17:00; **P**）**免费**。来到布恩维尔（Boonville）外，路边咖啡馆、面包房、熟食店和冰激凌店比比皆是，到采用太阳能发电的**Anderson Valley Brewing Company**（☎707-895-2337; www.avbc.com; 17700 Hwy 253, Boonville; 品酒 $2起，团队游和飞碟高尔夫课程 免费; ⓢ周六至周四 11:00~18:00, 周五 至19:00; **P** ❋）🍴稍事休息，玩玩飞碟高尔夫，喝喝啤酒。

北部海岸（North Coast）

这里不是海滩男孩（Beach Boys）歌儿里唱的那种传奇加州——没有多少冲浪板，没有棕榈相伴的海滩。陆地的崎岖边缘荒无人烟，景色优美，甚至有些诡异：到处氤氲着雾气，还有世界上最高的树、最强悍的杂草，一定是界外的幽灵才能滋养出如此生灵。这里还有一连串只有两个信号灯的城镇，颇为奇特。

1号公路到门多西诺
（Coastal Highway 1 to Mendocino）

1号公路在海崖之上迂回曲折，显得惊心动魄，沿途连起农场、渔镇和隐蔽的海滩。在路边停车点停靠，眺望迷蒙太平洋天际间迁徙的鲸鱼，或在阵阵海浪无情拍击的岩石海岸线上漫步。从波德加湾（Bodega Bay）开车到布拉格堡（Fort Bragg）有110英里，白天一刻不停地驾驶也需要至少3个小时；如果在有雾的晚上就更要加倍谨慎，耗费的时间也会长很多。

在一连串沉静的渔村小镇中，**波德加湾**是最闪耀的珍珠。希区柯克的心理恐怖电影《鸟》（The Birds）就是在这里于1963年拍摄的。现实生活中天空中没有嗜杀的海鸥，但在你兴致勃勃探索**索诺马海岸州立公园**（Sonoma Coast State Park; www.parks.ca.gov; 每车$8）的拱形岩花、隐秘小湾和开满野花的峭壁时，最好还是留心照看好你的野餐篮。这里的海滩绵延至以北10英里处的詹纳（Jenner）。**Bodega Bay Sportfishing Center**（☎707-875-3495; www.bodegacharters.com; 1410b Bay Flat Rd; 钓鱼游 $135, 观鲸 成人/儿童 $50/35; ❋）组织冬天观鲸活动。旱鸭子们可以到波德加角（Bodega Head）徒步，或在 **Chanslor Ranch**（☎707-875-3333, 707-875-2721; www.chanslorranch.com; 2660 N Hwy 1; 骑马 $125起; ⓢ10:00~17:00; ❋）骑马。

宽阔而迂缓的俄罗斯河与太平洋交汇处就是**詹纳**，一个聚集着大堆商店和餐馆的小镇，有许多海岸丘陵。见多识广的志愿者们会在3月至8月的海豹繁殖季守护在河口，保护它们的栖息地。位于Hwy 101的**Water Treks Ecotours**（☎707-865-2249; www.watertreks.com; 皮划艇租金 $30起; ⓢ营业时间不定）提供皮划艇租借服务；建议预约。

连空气中都带着咸味的**罗斯堡州立历史公园**（Fort Ross State Historic Park; ☎707-847-3437; www.fortross.org; 19005 Hwy 1; 每车 $8; ⓢ10:00~16:30）位于詹纳以北12英里处。这里保留着一处建于1812年的商栈和一座俄罗斯东正教教堂。这个安静的地方却有着吸引人的历史：这里曾是沙俄北美贸易探险所到达的最南端。小博物馆里树香弥漫，陈列着各种历史展品，如果你在峭壁上吹够了风，可以来这里休息片刻。

再往北7英里，**盐角州立公园**（Salt Point State Park; ☎707-847-3321; www.parks.ca.gov; 25050 Hwy 1; 每车 $8; ⓢ公园 日出至日落, 游客中心 4月至10月 周六和周日 10:00~15:00; **P**）内有徒步道、潮汐池和两处**露营地**（☎800-444-7275; www.reserveamerica.com; 帐篷/房车位 $25/35; **P**）。在邻近的**克鲁斯杜鹃州立保护区**（Kruse Rhododendron State Reserve）

里，每逢4月到7月，粉红色的花朵就盛放在郁郁葱葱的林间。牛儿在面北向着海洋牧场（Sea Ranch; www.tsra.org）的峭壁岩石间吃草。牧场有许多公共徒步小道，可以从路边停车场（每车$7）下山通往星罗棋布的小小海滩。

从竞技场岬（Point Arena）小镇往北2英里，可绕道到强风吹袭的竞技场岬灯塔（Point Arena Lighthouse; ☎707-882-2809; www.pointarenalighthouse.com; 45500 Lighthouse Rd; 成人/儿童 $7.50/1; ⊙9月中旬至次年5月中旬 10:00~15:30，5月中旬至9月中旬 至16:30; ℗），灯塔建于1908年。爬上145级台阶，看看闪亮的菲涅耳透镜，观赏令人叹为观止的海岸风景。越过Hwy 128，利特尔里弗（Little River）以北8英里处便是范·戴姆州立公园（Van Damme State Park; ☎707-937-5804; www.parks.ca.gov; 8001 N Hwy 1, Little River; 每车 $8; ⊙8:00~21:00; ℗），园内颇受欢迎的5英里往返徒步小径Fern Canyon Trail穿过长满年轻红杉的葱翠河谷，再前行1英里有一座矮树丛森林。公园露营地（☎800-444-7275; www.reserveamerica.com; 8001 N Hwy 1, Little River; 帐篷/房车位 $25/35; ℗🐾）有投币式热水淋浴。

门多西诺（Mendocino）是一个历史村落，栖息在一处美景色绚丽的海岬上。婴儿潮时期出生的人们出没于新英格兰不对称双坡式和水塔式民宿、别致的商店和画廊周围。荒野小径穿过各种浆果树丛、野花和柏树林。柏树林守卫着门多西诺岬州立公园（Mendocino Headlands State Park; www.parks.ca.gov）的岩石峭壁和滔天怒浪。福特屋博物馆和游客中心（Ford House Museum & Visitor Center; ☎707-537-5397; www.mendoparks.org; 45035 Main St; ⊙11:00~16:00）就在旁边。在小镇的南面，去Catcha Canoe & Bicycles, Too（☎707-937-0273; www.catchacanoe.com; 44850 Comptche-Ukiah Rd, Stanford Inn by the Sea; 3小时皮划艇、独木舟或自行车租用 成人/儿童 $28/14; ⊙9:00~17:00; 🅰）租条船在Big River的潮汐河口逆流而上。小镇的北面是建于1909年的卡布里罗海角灯塔（Point Cabrillo Light Station; ☎707-937-6123; www.pointcabrillo.org; 45300 Lighthouse Rd; ⊙公园 日出至日落，灯塔 11:00~16:00）**免费**，这儿是冬季观鲸的绝佳制高点。

🛏 住宿

时髦浪漫的门多西诺住宿规格很高，但价格也同样高；周末经常要求最少住两天。10英里以北的布拉格堡有很多较平价的住宿场所。所有民宿的房费都包括早餐；只有少数住宿场所有电视。关于各家小屋和民宿的详情，可以联系Mendocino Coast Reservations（☎707-937-5033; www.mendocinovacations.com; 45084 Little Lake St; ⊙9:00~17:00）。

Gualala Point Regional Park　　　　露营地 $

（☎707-567-2267; parks.sonomacounty.ca.gov; 42401 Highway 1, Gualala; 帐篷和房车位 $35; ℗）掩藏在红杉树和芬芳的加州湾月桂树树荫之下的小径将这个溪边露营地与海风徐徐的海滩连接了起来。营地品质不错，附近有几个徒步可达的隐秘地点，是这片海岸最佳的自驾露营地。

Andiorn Seaside Inn & Cabins　　　小屋 $$

（☎707-937-1543; theandiorn.com; 6051 N Hwy 1, Little River; 双 $109~299; ℗😊📶🐾）看多了以玫瑰和蕾丝装饰为美的门多西诺，这一堆20世纪50年代的路边小屋采用时尚复古装潢，显得格外清爽有趣。每座小木屋设有两间客房，冠以各种营造复古气息的元素："阅读"房内配有旧书、舒适的复古座椅和复古风的眼镜，而隔壁的"写作"房则以巨大的黑板和一台带打印机为卖点。

★ Alegria　　　　　　　　　　民宿 $$$

（☎707-937-5150; www.oceanfrontmagic.com; 44781 Main St; 房间 $239~299; 😊📶）一片完美浪漫的世外桃源，躺在床上就能享受海岸美景，露台也能欣赏到海景，所有客房都设有柴火壁炉；外面正是一条迷人的小径，可以通往拥有琥珀灰色调的开阔海滩。素来热情无比的主人会在海景就餐区现做美味早餐。马路对面明快简洁的Raku House（☎800-780-7905; www.rakuhouse.com; 998 Main St; 房间 $109~139; ℗😊📶）提供价位略低的客房。

★ Mar Vista Cottages　　　　　小屋 $$$

（☎707-884-3522; www.marvistamendocino.com; 35101 Hwy 1, Anchor Bay; 小屋 $190~310; ℗😊📶🐾）🐾这些位于锚湾（Anchor

加利福尼亚州　北部海岸

Bay)的20世纪30年代渔夫小屋经过典雅的翻修,变成了简洁时尚的海边避风港,并成为可持续理念的先锋典范。细节上的精益求精使得环境和谐无比:床单在薰衣草上晾晒,客人可以去有机蔬菜园采摘自己的晚餐食材,而母鸡咯咯叫着产下的鸡蛋就是第二天的早餐。通常要求两晚起住。

✖ 餐饮

哪怕是小小的海边小镇通常也会有面包房、熟食店、天然食品市场,还有几家路边咖啡馆和餐厅。

Franny's Cup & Saucer 面包房 $

(☎707-882-2500; www.frannyscupandsaucer.com; 213 Main St; 蛋糕 $2起; ⊙周三至周六 8:00~16:00)这家海岸附近最可爱的糕点店由Franny和她的母亲Barbara(伯克利Chez Panisse餐厅的元老级人物)经营。新鲜的浆果挞和独具匠心的自制巧克力美得让人不忍下嘴,但吃了第一口之后你就想马上再点一份。每个月她们都会尽心尽力,组织一次农家晚餐($28)。

Spud Point Crab Company 海鲜 $

(☎707-875-9472; www.spudpointcrab.com; 1860 Westshore Rd; 主菜 $6.75~12; ⊙9:00~17:00; P♿)经典的传统码头海鲜小馆,供应甜咸味的蟹肉三明治和真正的蛤蜊浓汤(总能赢得本地的烹饪奖项)。如果愿意,还可以买只螃蟹带回去。坐在野餐桌旁就餐,可俯瞰整个码头。取道Bay Flat Rd可达。

Mendocino Cafe 加利福尼亚菜、创意菜 $$

(☎707-937-6141; www.mendocinocafe.com; 10451 Lansing St; 午餐主菜 $12~16, 晚餐主菜 $21~33; ⊙11:30~20:00; 🅿✎)门多西诺少有的一家除提供户外晚餐以外还在海景甲板上提供户外午餐的餐厅,四周植有玫瑰,环境优雅。尝尝这儿的泰国玉米卷饼、钵装荞麦面、味噌、香菇和各种肉或海鲜。晚餐有烤牛排和海鲜。

★ Café Beaujolais 加利福尼亚菜 $$$

(☎707-937-5614; www.cafebeaujolais.com; 961 Ukiah St; 午餐 主菜$10~18, 晚餐主菜 $23~38; ⊙周三至周日 11:30~14:30, 晚餐 每天 17:30起; P🍴)这是门多西诺的标志性餐厅,融合了加州和法式风味,颇受好评。农舍建于1893年,重新设计后成了一家充满都市时尚感的餐厅,单色系装潢,烛光非常适合情侣。精致而新意十足的菜品吸引着来自旧金山的用餐者——他们将这儿视为旅程中的亮点。采用当地食材的菜单随季节变化,不过佩塔卢马(Petaluma)油封鸭想来是美食家们的最爱。

955 Ukiah Street 加利福尼亚菜 $$$

(☎707-937-1955; www.955restaurant.com; 955 Ukiah St; 主菜$18~37; ⊙周四至周日 18:00 起)这是一家较为隐秘的餐厅,菜单随本地当季食材更换。去那儿就意味着可以享受烤菜花、羊乳酪和焦糖洋葱开胃菜等美味得惊人的菜肴。餐厅内灯光昏暗,采用波希米亚风格,可俯瞰蔓生绽放的花园。每周四提供价格$25的超值3道菜餐食配葡萄酒,可以查看网站了解相关信息和活动。

Dick's Place 酒吧

(☎707-937-6010; 45080 Main St; ⊙11:30至次日2:00)酒吧在市中心的奢华商店中间有些格格不入,但却是见识门多西诺的另一面的理想场所,可以和闹哄哄的本地人一起喝一杯。往店里的自动点唱机里面投50¢,听听最中意的旋律,可别错过了这种复古体验呀。

❶ 到达和当地交通

Mendocino Transit Authority(MTA; ☎800-696-4682, 707-462-1422; www.mendocinotransit.org; 241 Plant Rd, Ukiah; 大部分线路单程 $1.50~6)65路巴士每天往返于威利茨(Willits)、尤凯亚(Ukiah)和圣罗莎(Santa Rosa)之间,下午返程($26.25, 3小时, 每天4班)。95路车每天运行于竞技场岬(Point Arena; Hwy 1)和圣罗莎之间,途经詹纳和波德加湾,下午返程($8.25, 3.25小时, 每天1班)。周一至周五,北部海岸的60路北向行驶,从Navarro River Junction公交站台出发至阿尔比恩(Albion)、利特尔里弗、门多西诺和布拉格堡($2.25, 1.25小时, 每天2班)。75路连接瓜拉拉(Gualala)与Navarro River Junction公交站台,并继续前往尤凯亚($6.75, 2.75小时, 每天)。

沿101公路到巨人大道 (Along Highway 101 to Avenue of the Giants)

要抵达北部海岸"红杉帘"后面最原始

偏僻的区域，可以避开蜿蜒的Hwy 1，取道内陆的Hwy 101。沿途可能需要等等小镇上的红绿灯。很多地方值得你为之改道，比如莱吉特（Leggett）北部大片的红杉林和迷踪海岸（Lost Coast）的荒原。

尽管在大多数情况下，尤凯亚（Ukiah）只是一个供过路旅行者加油或吃饭的地方，但附近的Orr Hot Springs（707-462-6277；www.orrhotsprings.org；13201 Orr Springs Rd；1日通行证 成人/儿童 $30/25，按照预约10:00~22:00）的温泉（可穿泳装或天体浴）值得你向西开上30分钟的盘山路。

在小小的莱吉特（Leggett）北面的Hwy 101旁，斯坦迪什－希基州立游乐区（Standish-Hickey State Recreation Area，707-925-6482；www.parks.ca.gov；69350 Hwy 101；每车 $8；）的鳗鱼河（Eel River）是个戏水垂钓的好地方，区内的徒步小径穿行于原生和次生红杉林中。加尔波尔维尔（Garberville）以南，Hwy 101边的理查森丛林州立公园（Richardson Grove State Park；707-247-3318；www.parks.ca.gov；1600 Hwy 101, Garberville；每车 $8）保护着河边的原始红杉森林。这两个公园都有较完备的露营地（预订800-444-7275；www.reserveamerica.com；1600 Hwy 101；帐篷和房车位 $35；）。

迷踪海岸是每个徒步迷的首选，这里有加州最崎岖艰难的海岸徒步线路。当公路绕过国王山脉（King Range）的群峰，"迷踪"就此展开。国王山脉海拔4000英尺，绵延跨越数英里的洋面。从加尔波尔维尔出发，沿着23英里长的崎岖山路抵达谢尔特科夫（Shelter Cove），这片小小的海边土地上有杂货店、咖啡馆和汽车旅馆，是迷踪海岸探险者们的主要补给点。

沿着Hwy 101，占地82平方英里的洪堡红杉州立公园（Humboldt Redwoods State Park；707-946-2409；www.parks.ca.gov；Hwy 101；）免费保护着一些地球上最古老的红杉，而世界上最高的100棵树中有大半都集中在这里。这里的树木可以媲美北部更远处的红杉树国家公园（Redwood National Park）。即使你没有时间去远足，也要开车走走让人惊叹的巨人大道（Avenue of the Giants）。大道与Hwy 101平行，长31英里，双车道。入住露营地（咨询707-946-2263，预订800-444-7275；www.reserveamerica.com；帐篷和房车位 $20~35；）需预订。

食宿

主要的连锁汽车旅馆都位于Hwy 101沿线，特别是尤凯亚和克利尔莱克（Clear Lake）及周边，而安德森谷及周边有中档食宿选择及一些令人难忘的民宿。

★ **Old West Inn** 汽车旅馆 $

（707-459-4201；www.theoldwestinn.com；1221 S Main St；房间 $79；）旅馆正面像是复制了老西部的主街，而每个房间都有主题，从"马厩"（Stable）到"理发店"（Barber Shop）。装修简单、舒适，只要略加一点想象力就会变得非常有趣。此外，这里还是城里最干净、最友好、最值得推荐的地方。

★ **Lakeport English Inn** 民宿 $$

（707-263-4317；www.lakeportenglishinn.com；675 N Main St, Lakeport；房间 $185~210，小屋 $210；）克利尔莱克最好的民宿位于一栋建于1875年的木匠哥特式房屋。10个布置得无可挑剔的房间采用英式乡村风格，每个都有诸如"威尔士亲王"（Prince of Wales）或（等着瞧吧）"草堆打滚"（Roll in the Hay）等古怪的名字。周末有茶点（欢迎非住客预订），搭配司康饼和正宗的德文郡奶油。

★ **Boonville Hotel** 精品酒店 $$$

（707-895-2210；www.boonvillehotel.com；14050 Hwy 128, Boonville；双 $295~365；）这家历史悠久的酒店采用当代美式乡村装饰风格，有海草地板垫、素淡的色彩和朴素的床上用品。对于不想因为来到乡下就放弃格调的都市人来说，房间和套间都很稳妥。房间各有不同，有些还有其他宜人的设施，例如吊床和壁炉。

Jyun Kang Vegetarian Restaurant 素食 $

（707-462-0939；www.cttbusa.org；4951 Bodhi Way；主菜 $8~12；周三至周一 11:30－15:00；）素食者（包括纯素食者）会为这里美味的亚洲融合菜肴而痴迷的。餐厅仅供应午餐，位于**万佛圣城**（City of Ten Thousand Buddhas；☎707-462-0939；www.cttbusa.org；4951 Bodhi Way；◎8:00~18:00；🅿）。

★ Saucy Ukiah　　　　　　　　比萨 $$

（☎707-462-7007；www.saucyukiah.com；108 W Standley St；比萨 $14~19，主菜 $13~19；◎周一至周四 11:30~21:00，周五 至22:00，周六 正午至22:00）没错，这儿既有一些比萨，搭配着诸如有机茴香花粉和杏仁意大利青酱之类的作料，也有美味的浓汤、沙拉、意粉和开胃菜——Nana肉丸美味至极，"kicking"意大利蔬菜汤也实至名归。店内充满了略显时尚而又有趣、随意的小镇氛围。

❶ 到达和当地交通

门多西诺交通局（Mendocino Transit Authority；☎707-462-1422；www.mendocinotransit.org；241 Plant Rd）运营65路汽车，每天往来于威利茨、尤凯亚和圣罗莎之间，下午有1班返程（$26.25，3小时，每天4班）。75路汽车工作日每天沿Hwy 128从瓜拉拉北上至Navarro River Junction公交站台，然后穿过安德森谷往内陆方向至尤凯亚，下午返程（$6.75，2.5小时，每天1班）。

沿101号高速公路从尤里卡到克雷森特城（Highway 101 from Eureka to Crescent City）

经过尤里卡（Eureka）外缘蜿蜒排列的一些商店后，便来到了它的心脏地带——老城区。这里有优雅的维多利亚式建筑、古董店和餐馆。登上1910年的蓝白两色**Madaket**（Madaket Cruises；☎707-445-1910；www.humboldtbaymaritimemuseum.com；1st St；带解说的乘船游 成人/儿童 $22/18；◎周三至周六 13:00, 14:30和16:00，5月中旬至10月中旬周日至周二 13:00和14:30；♿）——75分钟的巡游费用为成人$22，从C St街尾的码头出发，这儿还有加州最小的执照酒吧，提供黄昏鸡尾酒游船活动（$10）。**游客中心**（www.fws.gov/refuge/humboldt_bay/visit/visitorcenter.html；1020 Ranch Rd, Loleta；◎8:00~17:00）位于市中心南面的Hwy 101边。

洪堡湾（Humboldt Bay）北面的**阿克塔**（Arcata）是激进政治人士的嬉皮阵地，弥漫着广藿香的气味。每到周六生物柴油卡车会来参加中央广场上的**农贸集市**（farmer s market；www.humfarm.org；4月至11月9:00~14:00，12月至次年3月 10:00起）。广场四周都是画廊、商店、咖啡馆和酒吧。提前预订，到 **Finnish Country Sauna & Tubs**（☎707-822-2228；cafemokkaarcata.com；495 J St；每30分钟 成人/儿童 $9.75/2；◎周日至周四 正午至23:00，周五和周六 至次日1:00；♿）泡个澡。颇具环保意识和社会责任感的**洪堡州立大学**（Humboldt State University, HSU；☎707-826-3011；www.humboldt.edu；1 Harpst Dr；🅿）🚩校园位于市中心东北部。

特立尼达（Trinidad）在阿克塔以北16英里处，是一个渔业小镇，坐落在悬崖之上，俯瞰着绝美的渔港。在美丽的沙滩上漫步或是到特立尼达海岬（Trinidad Head）短途徒步之前，先和**洪堡州立大学海洋生物实验室**（HSU Telonicher Marine Laboratory；☎707-826-3671；www.humboldt.edu/marinelab；570 Ewing St；$1；◎全年 周一至周五 9:00~16:30，外加9月中旬至次年5月中旬 周六和周日 10:00~17:00；🅿♿）🚩潮汐池的小生物们来场约会吧。从小镇往北，Patrick's Point Dr沿途散落着森林露营地、木屋和小屋。**帕特里克角州立公园**（Patrick's Point State Park；☎707-677-3570；www.parks.ca.gov；4150 Patrick's Point Dr；每车 $8；◎日出至日落；🅿♿）🚩拥有迷人的岩石海岬，可在这儿来一场海滩寻宝，欣赏完美复刻的尤罗克（Yurok，生活在北加州克拉玛斯河沿岸的一支美洲原住民）村庄。公园的**营地**（☎咨询 707-677-3570，预订 800-444-7275；www.reserveamerica.com；4150 Patrick's Point Dr；帐篷/房车位 $35/45；🅿♿）提供投币式热水淋浴。

继续北行，Hwy 101途经红杉树国家公园的**汤姆斯·库切尔游客中心**（Thomas H Kuchel Visitor Center；☎707-465-7765；www.nps.gov/redw；Hwy 101, Orick；◎4月至10月9:00~17:00，11月至次年3月 至16:00；♿）。红杉树国家公园和塬溪红杉州立公园（Prairie Creek）、戴尔诺特海岸红杉州立公园（Del Norte）、杰迪戴亚·史密斯红杉州立公园（Jedediah Smith）这3个州立公园一起入选为世界遗产，它们拥有的古红杉林几乎占全

球现存总数的40%。国家公园免费对外开放，而部分州立公园收取每日$8的停车费，园内也有完备的露营地。

这一片州政府和联邦管辖的土地绵延至俄勒冈州北部边境，覆盖许多小镇。再往南，你会先看到红杉树国家公园，在这里，1英里长的天然小径从伯德·约翰逊夫人林（Lady Bird Johnson Grove）中穿过。

奥里克（Orick）以北6英里处，10英里长的Newton B Drury Scenic Parkway与Hwy 101平行，穿过塬溪红杉州立公园（Prairie Creek Redwoods State Park）。游客中心（☎707-488-2039; www.parks.ca.gov; Newton B Drury Scenic Pkwy; ⊙5月至9月 9:00~17:00, 10月至次年4月 周三至周日至16:00; P）外的草甸上，罗斯福马鹿在悠闲地吃草，好几条阳光斑驳的徒步小径都从这里开始。回头往南3里，Davison Rd泥路向西北方向延伸至黄金悬崖海滩（Gold Bluffs Beach），最终在无比葱郁的蕨类峡谷（Fern Canyon）终止。

在小小的克拉玛斯（Klamath）以北，Hwy 101途经神秘之树（Trees of Mystery; ☎707-482-2251; www.treesofmystery.net; 15500 Hwy 101; 博物馆免费，缆车 成人/儿童 $16/8; ⊙6月至8月 8:30~18:30, 9月和10月 9:00~18:00, 11月至次年5月 9:30~16:30; P），一个俗气的路边景点。继续前行，戴尔诺特海岸红杉州立公园（Del Norte Coast Redwoods State Park）保护着原始的红杉林和未受污染的海岸线。往返4.5英里的小径Damnation Creek Trail往下蜿蜒1000英尺，途经红杉树和隐秘的岩石沙滩，沙滩最好在退潮时造访。小径起点位于Hwy 101上近16英里路标处的停车场岔道口。

背靠渔港和海湾的克雷森特城（Crescent City）是个单调乏味的小镇。1964年的海啸摧毁了大半个小镇，后来重建的建筑就颇显功利。退潮时可以从ASt南端一直走到巴特利岬灯塔（Battery Point Lighthouse; ☎707-467-3089; www.delnortehistory.org; South A St; 成人/儿童 $3/1; ⊙4月至9月 周三至周日 10:00~16:00）。

过了克雷森特城，杰迪戴亚·史密斯红杉州立公园（Jedediah Smith Redwoods State Park）是几座公园中最靠北的一个。公园内的红杉树长得如此茂密，几乎没有徒步小径，但有几条较易行走的小道，从河边天然泳池附近开始，沿Hwy 199和崎岖不平的Howland Hill Road延伸，后者是一条10英里的路，风光宜人。红杉国家和州立公园（Redwood National & State Parks）的克里森特城信息中心（Crescent City Information Center; ☎707-465-7335; www.nps.gov/redw; 1111 2nd St; ⊙4月至10月 9:00~17:00, 11月至次年3月至16:00）提供地图和资讯。

🏠 住宿

许多经济型和中档的汽车旅馆散布在Hwy 101沿线的各个城镇，包括尤里卡、阿克塔和克雷森特城。

Curly Redwood Lodge　　汽车旅馆 $

（☎707-464-2137; www.curlyredwoodlodge.com; 701 Hwy 101 S; 房间 $79~107; P❄☀☎）这家汽车旅馆堪称奇迹，它由一整棵红杉的木材修建装潢而成，这棵红杉的直径超过18英尺。经过逐步改建和打磨，它现在已经成为20世纪中期世俗风格的杰作，是复古爱好者的最爱，走进这家旅馆就像是走进时光胶囊。客房干净、宽敞、舒适（选择远离路边的客房）。

★ Historic Requa Inn　　历史酒店 $$

（☎707-482-1425; www.requainn.com; 451 Requa Rd; 房间 $119~199; P❄☎）🍴这间隐藏在树林中的乡村小屋盘踞在断崖上，可以尽览克拉玛斯河口。它建于1914年，地势险要、色调明快，堪称北部海岸最受欢迎的酒店——更棒的是，这儿还安装了碳中和设施。多数迷人的老派美式客房带有魅力非凡的朦胧河景。餐厅也一样，供应自当地的有机食材制成的新派美国菜。

Carter House Inns　　民宿 $$$

（☎707-444-8062; www.carterhouse.com; 301 L St; 房间 $184~384; P❄☎）这间酒店重新翻修过，尽显复古的维多利亚风格。客房配备各种现代化设施和顶级的床上用品；套房配有按摩浴缸和大理石壁炉。酒店老板还同时经营另外4套装修豪华的寓所：一座独户住宅、两座蜜月主题的隐秘小屋和一座仿19世纪80年代旧金山大宅的公馆，后者是业主亲自动手修建的。

餐饮

阿克塔的就餐选择最多，从有机果汁店和素食咖啡馆到融合加州及世界各地风味的餐馆，不一而足。

Wildberries Marketplace 市场、熟食 $

（☎707-822-0095；www.wildberries.com；747 13th St, Arcata；三明治 $4~10；⏰7:00至午夜；P）这是阿克塔最好的超市，有天然食品，还有一家不错的熟食店、面包房和果汁吧。

★ Cafe Nooner 地中海菜 $

（☎707-443-4663；www.cafenooner.com；409 Opera Alley；主菜 $10~14；⏰周日至周三 11:00~16:00, 周四至周六 至20:00；）红白相间的旗格桌布带有舒适温馨的小馆风格，这家广受欢迎的餐馆提供天然、有机的地中海菜式，可以选择希腊风味开胃菜拼盘，还有肉串、沙拉和汤。这里还有健康的儿童菜单。

★ Brick & Fire 加利福尼亚菜 $$

（☎707-268-8959；www.brickandfirebistro.com；1630 F St, Eureka；晚餐主菜 $14~23；⏰周一、周三至周五 11:30~21:00, 周六和周日 17:00~21:00；）尤里卡最好的餐厅，装潢采用有着些许波希米亚风格的亲和温馨色调，向来很热闹。试试松脆的薄底比萨、美味的沙拉（比如梨子配蓝纹奶酪）和随时更换的精选开胃菜，还有以当地食材和野生菌类为亮点的主菜。餐厅还有重量级的酒单和精通餐酒搭配的侍酒师。

★ Six Rivers Brewery 自酿酒吧

（☎707-839-7580；www.sixriversbrewery.com；1300 Central Ave, McKinleyville；⏰周日和周二至周四 11:30~23:30, 周五和周六 至次日0:30, 周一 16:00起）加州最早由女性开设的自酿酒吧之一，这家"观景自酿"酒吧从各个方面来看都大获全胜：优质的啤酒、美味的香辣鸡翅、轻松愉悦的社区氛围，时不时还会有现场音乐演出。辣椒麦芽艾尔啤酒也是一绝。乍一看菜单似乎是沉闷的酒馆食品，但分量大且出品新鲜。这里还制作绝佳的比萨。

ℹ 到达和离开

在阿克塔的灰狗巴士（☎800-231-2222；www.greyhound.com；）总站每天有长途班车开往旧金山（$57, 7小时），途经尤卡里、加尔波尔维尔、尤凯亚和圣罗莎。Redwood Transit System（☎707-443-0826；www.redwoodtransit.org）一天有数趟从特立尼达至斯科舍（Trinidad-Scotia；$3, 2.5小时）的班车，取道Hwy 101，途中停靠尤卡里和阿克塔。

萨克拉门托（Sacramento）

萨克拉门托是一座反差巨大的城市。这里曾经是一个牛仔小镇，在高峰时段，州议员的SUV与农民泥泞的半吨皮卡车一辆接一辆。这里有无序扩张的郊区，而20世纪中叶陈旧的店面中间也挤着崭新的公寓和高档精品店。

萨克拉门托人聪明伶俐，创造了虽小却精彩的餐饮、艺术和夜生活的繁荣景象。他们有理由为"每个月第二个周六（Second Saturday）"的中城区串画廊活动而自豪，那是这座城市文化觉醒的标志。无处不在的农贸市场、"从农场至餐桌"的食品和自酿啤酒也是他们的骄傲。

⊙ 景点

★ 金一号中心 体育馆

（Golden 1 Center；☎916-701-5400；www.golden1center.com；500 David J Stern Walk；）欢迎来到未来竞技场。萨克拉门托国王队（Sacramento Kings）这座灯光熠熠的主场体育馆是全美最先进的体育设施之一，按照最高的可持续标准建造，使用本地材料，采用太阳能发电，可以旋转打开的五层机库门能够纳入三角洲的凉风，为体育馆降温。

★ 加利福尼亚博物馆 博物馆

（California Museum；☎916-653-0650；www.californiamuseum.org；1020 O St；成人/儿童 $9/6.50；⏰周二至周六 10:00~17:00, 周日 正午起；）这间现代化的博物馆是加州名人纪念堂（California Hall Of Fame）的所在地，因此是唯一一个可以同时见到恺撒·查维斯（César Chávez）、马克·扎克伯格（Mark

Zuckerburg)和艾米莉亚·埃尔哈特（Amelia Earhart）的地方。《加利福尼亚印第安人》（California Indians）展通过实物和口述方式展现了当地10个部落的历史，是一大亮点。

克罗克艺术博物馆　　　　　　　博物馆

（Crocker Art Museum; ☎916-808-7000; crockerartmuseum.org; 216 O St; 成人/儿童 $10/5; ◎周二、周三、周五至周日 10:00~17:00, 周四 至21:00）位于一位铁路大亨装饰精美的维多利亚式宅邸，这座博物馆的收藏出类拔萃。加州画家和欧洲大师的作品与精心排列的当代艺术藏品挂在一起。

★ 加州州议会大厦　　　　　　　历史建筑

（California State Capitol; ☎916-324-0333; capitolmuseum.ca.gov; 1315 10th St; ◎周一至周五 8:00~17:00, 周六、周日 9:00起; ✍ **免费**）议会大厦闪闪发光的穹顶是萨克拉门托识别度最高的建筑物。议会大厦西翼内有施瓦辛格（Arnold Schwarzenegger）的正装肖像，以及其他州长的画像。也许你会觉得周围占地40英亩的议会公园（Capitol Park）及建筑周围的纪念碑比议会大厦本身更有趣。16:00之前，团队游每小时一次。

🛏 住宿

酒店多是为了迎合公务住客，因此周末的房价相当优惠。市区周边的高速公路和郊区充斥着经济型和中档连锁酒店。

HI Sacramento Hostel　　　　　　青年旅舍 $

（☎916-443-1691; http://norcalhostels.org/sac; 925 H St; 铺 $30~33, 房间 $86起, 不带卫浴 $58起; ◎前台 14:00~22:30; ▣❄☀@🛜）旅舍位于一座壮观的维多利亚风格大厦，配有各种迷人的装饰品，价格极低。步行可达议会大厦、萨克老城区和火车站，休闲区内有钢琴，还配有宽敞的用餐空间。它吸引着搭伴前往旧金山和太浩湖（Lake Tahoe）的各国游客。

★ Citizen Hotel　　　　　　　　精品酒店 $$

（☎877-829-2429, 916-442-2700; www.thecitizenhotel.com; 926 J St; 房间 $180起; ▣❄☀@🛜）经过典雅、时尚的改造，这栋长期空置的学院派风格塔楼摇身一变，成为市中心最酷的住宿场所。细节恰到好处：豪华的床上用品、宽条纹壁纸，以及可以欣赏城市美景的屋顶露台。酒店附设的高档餐厅（☎916-492-4450; www.grangesacramento.com; 926 J St; 主菜 $19~39; ◎周一至周四 6:30~10:30、11:30~14:00和 17:30~22:00, 周五至23:00, 周六 8:00~14:00和17:30~23:00, 周日至22:00; 🛜）位于一楼，供应"从农场至餐桌"的菜肴。

Greens Hotel　　　　　　　　　精品酒店 $$

（www.thegreenshotel.com; 1700 Del Paso Blvd; 房间 $127起; ▣❄☀@🛜♨）这家经过时尚改造的汽车旅馆是萨克拉门托最时髦的酒店。尽管该街区外围稍显混乱，但Greens的停车库、游泳池和宽敞的院子让人安心，使其成为往来太浩湖的家庭的理想中途落脚点。别致的房间也很有品位，足以让人度过一小段浪漫的假期。

🍴 餐饮

避开萨克拉门托老城区（Old Sacramento）或议会大楼附近价格虚高的饮食，前往中城区（Midtown）或塔区（Tower District）去就餐。

La Bonne Soupe Cafe　　　　　　熟食 $

（☎916-492-9506; 920 8th St; 单品 $5~8; ◎周一至周六 11:00~15:00）主厨精心烹制的汤和三明治简直是奢侈享受，难怪把市中心用午餐的人们都吸引到门口排队了。如果你赶时间，就只能放弃了——比起供餐速度，这个不起眼的午餐柜台更注重品质。

★ Empress Tavern　　　　　　　新派美国菜 $$$

（☎916-662-7694; www.empresstavern.com; 1013 K St; 主菜 $13~40; ◎周一至周四 11:30~21:00, 周五至22:00, 周六 17:00~22:00）位于历史悠久的克雷斯特剧院（Crest Theater）的地下通道内，这家考究华丽的餐厅主要提供肉类创意美食。餐厅格局本身就令人印象深刻；砖砌的拱顶和闪亮的吧台感觉像穿越到了往昔岁月参加地下晚餐夜总会。

★ Fieldwork Brewing Company　　自酿酒吧

（☎916-329-8367; www.fieldworkbrewing.com; 1805 Capitol Ave; ◎周日至周四 11:00~

21:00，周五和周六至23:00）这家非常时髦的自酿酒吧活动很多，熙熙攘攘的，有十几种轮换提供的优质桶装鲜酿啤酒。有许多酒花浓郁的IPA的有趣衍生种类（比如桃味的Hammer Pants IPA），但这里还有比较清淡的季节限定啤酒，比如Salted Watermelon Gose。这里还有棋类游戏——酷热难当之时，是个可以随意逗留的地方。

❶ 到达和当地交通

萨克拉门托国际机场（Sacramento International Airport）是前往约塞米蒂国家公园（Yosemite National Park）最近的选择之一。

区域内运行的**Yolobus**（☎530-666-2877；www.yolobus.com）的42B线路价格为$2，往来机场和市中心，每小时1班；还前往西萨克拉门托（West Sacramento）、伍德兰（Woodland）和戴维斯（Davis）。本地的**Sacramento Regional Transit**（RT，☎916-321-2877；www.sacrt.com；票价$2.75）的公共汽车全城运行；RT还运营萨克拉门托老城区和市中心之间的电车，以及萨克拉门托的轻轨线路。

萨克拉门托还是非常适合骑自行车转悠的城市；可以在**City Bicycle Works**（www.citybicycleworks.com；2419 K St；每小时/天 $5/20起；◉周一至周五 10:00~19:00，周六 至18:00，周日 11:00~17:00）租车。

黄金之乡（Gold Country）

虽然淘金的矿工已经没有了，但驾车沿Hwy 49穿过沉寂的山镇，经过包着护墙板的酒吧与小路两旁的橡树，似乎可以回溯那段狂野的历程，那也是现代加利福尼亚的起源：无数历史遗迹诉说着充满暴力和抢劫的故事。

Hwy 50将北部和南部矿区一分为二。蜿蜒的Hwy 49将一切连起来，沿途有很多可以停车的地方，群山环绕，山色优美。**黄金之乡游客协会**（The Gold Country Visitors Association；www.calgold.org）提供更多的旅行灵感。

❶ 到达和当地交通

你可以乘坐连接萨克拉门托和特拉基/里诺的这辆横贯大陆的铁路列车抵达该地区，在奥本（Auburn）下车。奥本是该地区的主要入口，从萨克拉门托沿I-80行驶不久便能到达。从奥本上Hwy 49，是穿越黄金之乡的传统线路。

北部矿山（Northern Mines）

内华达市（Nevada City）享有"北部矿山女王"的美誉，狭窄的街道上点缀着精心修复的建筑、小剧院、画廊、咖啡馆和商店。**游客中心**（visitor center；☎530-265-2692；www.nevadacitychamber.com；132 Main St；◉周一至周五 9:00~17:00，周六 11:00~16:00，周日 11:00~15:00）发放相关信息和自助步行游览地图。**太浩国家森林总部**（Tahoe National Forest Headquarters；☎530-265-4531；www.fs.usda.gov/tahoe；631 Coyote St；◉周一至周五 8:00~16:30）坐落在Hwy 49沿线，提供有关露营和徒步的信息，并签发野营许可证。

Hwy 49和注重享乐的**草谷**（Grass Valley）市以东1英里处就是**金矿帝国州立历史公园**（Empire Mine State Historic Park；☎530-273-8522；www.empiremine.org；10791 Empire St；成人/儿童 $7/3；◉10:00~17:00；🅿️🚻），这里是加州最富的矿区之一。1850~1956年，这里出产过600多万盎司的黄金，按照今天的市价计算的话，价值超过60亿美元。

如果天气很热，该地区最好的游泳水潭在**奥本州立休闲区**（Auburn State Recreation Area；☎530-885-4527；www.parks.ca.gov；每车$10；◉7:00至日落）。该区就在奥本（Auburn）以东、草谷以南约25英里处的I-80州际公路上的一个休息站附近。

科洛马（Coloma）是加利福尼亚州淘金热的发源地。坐落在河畔的**马歇尔黄金发现州立历史公园**（Marshall Gold Discovery State Historic Park；☎530-622-3470；www.parks.ca.gov；Hwy 49, Coloma；每车 $8；◉5月下旬到9月上旬 8:00~20:00，9月上旬至次年5月下旬 至17:00；🅿️🚻🐕）是为了纪念詹姆斯·马歇尔发现黄金的历史功勋，园内建筑翻修过，在这儿还能碰碰运气淘金呢。

🛏️ 食宿

内华达市随处可见餐馆和经营成熟的民宿。汽车旅馆散布在草谷市的Hwy 49及奥本的I-80公路沿线。

★ Outside Inn
旅馆、小屋 $$

(📞530-265-2233; http://outsideinn.com; 575 E Broad St; 双 $79~210; P❋❀🐾🏊) 作为探索爱好者的最佳选择，这间热情而有趣的旅馆拥有12间客房和3座小屋，这儿的工作人员都热爱户外运动。有的客房设有可以鸟瞰小小海岬的露台；所有客房都配有舒适的被子，还有免费使用的烧烤设备。步行到市中心只需10分钟。

★ Broad Street Inn
旅馆 $$

(📞530-265-2239; www.broadstreetinn.com; 517 E Broad St, 房间 $119~134; ❋❀🐾) 这间拥有6间客房的旅馆位于市中心，非常简洁（没有古怪的老旧玩偶，也没有泛黄的蕾丝餐巾），深受住客喜爱。客房很摩登，性价比很高，配备了色调明快、令人心情舒缓的雅致家具。不提供早餐。

★ Argonaut Farm to Fork Cafe
美国菜 $

(📞530-626-7345; www.argonautcafe.com; 331 Hwy 49, Coloma; 单品 $3~10; ⏰8:00~16:00; ❀🍴🐾) 马歇尔黄金发现处州立历史公园里的这栋小木屋里的汤、三明治、烘焙食物和咖啡实在美味，采用的都是当地的新鲜食材。正在等待冰激凌的学生们成群结队，仿佛一切都慢了下来。

★ New Moon Cafe
加利福尼亚菜 $$

(📞530-265-6399; www.thenewmooncafe.com; 203 York St; 晚餐主菜 $23~38; ⏰周二至周五 11:30~14:00, 周二至周日 17:00~20:30) 🍴 Peter Selaya的菜品非常精致，采用当地的有机食材，随季节变化。如果在春、夏两季到访，记得试试新鲜钓获的鱼和月亮形的自制意式饺子。葡萄酒单上有品质一流的酒。

南部矿山（Southern Mines）

普莱瑟维尔（Placerville）至索诺拉（Sonora）的南部矿区城镇车辆稀少，尘土飞扬的街道颇有一种西部蛮荒的气息，这一点只消看看如今居民仍是以哈雷摩托车手和淘金者（至今还有）为主就可见一斑了。有些地方，像普利茅斯（Plymouth，原名Ole Pokerville）、火山城（Volcano）和莫凯勒米希尔（Mokelumne Hill），实际上已经是无人居住的空城，渐渐地淡出了人们的视野。而萨特克里克（Sutter Creek）、墨菲斯（Murphys）和天使营（Angels Camp）等地则被打造成维多利亚时代美洲风格的典范。独辟蹊径，到家庭式经营的葡萄园和地下洞穴看看，后者的地质奇观将为那些习惯逛地面礼品店的旅行者带来意外的收获。

沿着Hwy 49绕一小段路来到哥伦比亚州立历史公园（Columbia State Historic Park; 📞209-588-9128; www.parks.ca.gov; Main St; ⏰大多数经营场所 10:00~17:00; P🐾）**免费**，这里保留了几栋正宗的19世纪50年代建筑，身着当时特色服饰的店主和街头音乐家点缀其中。另外，在索诺拉附近，铁路镇1897州立历史公园（Railtown 1897 State Historic Park; 📞209-984-3953; www.railtown1897.org; 10501 Reservoir Rd, Jamestown; 成人/儿童 $5/3, 含火车游 $15/10; ⏰4月至10月 9:30~16:30; 11月至次年3月 10:00~15:00, 火车游 4月至10月 周六和周日 10:30~15:00; P🐾）提供穿越周边群山的游览列车，这里曾是《正午》（High Noon）等好莱坞西部电影的取景地。

🛏 食宿

这里几乎每个城镇都有蕾丝花边装饰的民宿、咖啡馆和冰激凌商店。索诺拉距约塞米蒂国家公园只有一个小时车程，而普莱瑟维尔的汽车旅馆最多。

★ Imperial Hotel
民宿 $$

(📞209-267-9172; www.imperialamador.com; 14202 Hwy 49, Amador City; 房间 $110~155, 套房 $125~195; ❋❀) 它建于1879年，经过极具创意地翻修后从一个普通的摆满古董的酒店摇身变为该区域最时髦的装饰艺术风情酒店，饰有温馨的红砖，拥有一个文雅的酒吧、一间奉行"不时不食"原则的出色餐厅（晚餐主菜 $14~30）。周末和节假日到访，通常两晚起住。

Union Inn
历史酒店 $$

(📞209-296-7711; www.volcanounion.com; 21375 Consolation St, 房间 $130~150; P❋❀🐾) 在火山城的两家历史酒店中，这家更舒适：这里有4间精心装修、铺有曲木地板

的客房，其中两间有面街阳台。平板电视和现代风格与这座历史悠久的建筑有点不协调，但仍不失为一个舒适的住所。楼下的 Union Pub（209-296-7711；www.volcanounion.com；21375 Consolation St；主菜 $10~30；周一和周四 17:00~20:00，周五至21:00，周六 正午至21:00，周日 正午至20:00）有城里最美味的食物，还有漂亮的露台花园。

City Hotel   历史酒店 $$

（咨询 209-532-1479，预订 800-444-7275；www.reserveamerica.com；22768 Main St；房间 $85~115；P❋❄📶）在该地区几家经过修复的维多利亚风格酒店中，City Hotel是最典雅的，从客房可以俯览主街延伸路段绿树成荫的街景。酒店餐厅Christopher's at the City Hotel（主菜$10至$30）旁边极具黄金之乡气息的What Cheer Saloon是当地聚会场所，里面装饰着丰腴女郎的画像和条纹壁纸。

Farm Table Restaurant   地中海菜 $$

（530-295-8140；https://ourfarmtable.com；311 Main St；三明治 $8起，主菜 $14起；周一 11:00~17:00，周三 11:00~20:00，周四至周六 11:00~21:00，周日 9:00~17:00；🍴）这是一家熟食店式的漂亮餐厅，挑选新鲜食材精心烹制，颇有地中海风味，还有兔肉馅饼等朴素食物。这家店的特色是熟食冷肉盘和腌制食品，菜单上还有许多无麸质食品和素食选择。

加利福尼亚州北部山区（California's Northern Mountains）

偏远、空旷，透着诡异的美，北部山区大概是加利福尼亚州旅行者最少的荒野之地，这里有数不尽的地质奇观、清澈湖泊、湍流和高原沙漠。拉森（Lassen）、沙斯塔（Shasta）和崔尼蒂阿尔卑斯山（Trinity Alps）是这里主要的山峰，虽然它们的地质特征不相同，但都提供了可以在璀璨星空下野外露营的地方。

雷丁至沙塔斯山（Redding to Mt Shasta）

雷丁（Redding）往北的驾驶线路大多环绕着沙斯塔山（Mt Shasta），这座白雪皑皑的高山海拔14,180英尺，巨人般耸立在火山岩质的卡斯卡德山脉（Cascades Range）的南端。山路急剧爬升，足以点燃登山者急欲登上山坡的欲望。

千万不要相信旅游手册上说的；这个地区最大的城市雷丁实在枯燥乏味。从I-5州际公路下来绕个道，日晷桥（Sundial Bridge）才是逗留的最好理由，这是一座极其壮观的玻璃步行大桥，由西班牙建筑师圣地亚哥·卡拉特拉瓦（Santiago Calatrava）设计。大桥跨越萨克拉门托河（Sacramento River），通向海龟湾探索公园（Turtle Bay Exploration Park；800-887-8532；www.turtlebay.org；844 Sundial Bridge Dr；成人/儿童 $16/12 15:30以后 $11/7；周一至周六 9:00~17:00，周日 10:00起，11月至次年3月提早1小时关闭；🅿），这是一个适合孩子们游玩的科学中心，里面还有植物园。

沿着Hwy 299往雷丁以西行驶约6英里就到了沙斯塔州立历史公园（Shasta State Historical Park；520-243-8194；www.parks.ca.gov；15312 CA 299；博物馆 成人/儿童 $3/2；周四至周日 10:00~17:00）。继续往西2英里到威士忌镇国家游乐区（Whiskeytown National Recreation Area；530-246-1225；www.nps.gov/whis；Hwy 299，近JFK Memorial Dr，Whiskeytown；10:00~16:00） **免费**，这里是威士忌镇湖（Whiskeytown Lake）的所在地，有沙滩，可以进行瀑布徒步、水上运动和露营等活动。往西再行驶35英里即可抵达寂静的威弗维尔（Weaverville）内的寺庙州立历史公园（Joss House State Historic Park；530-623-5284；www.parks.ca.gov；630 Main St；团队游 成人/儿童 $4/2；团队游 周四至周日 10:00~16:00每小时一次；🅿），这里还保留着一间中国移民于1874年所建的华丽寺庙。

在雷丁的北部，I-5州际公路横跨湛蓝的沙斯塔湖（Shasta Lake）。它是加利福尼亚州最大的水库，其上有一座高大的沙斯塔坝（Shasta Dam；530-275-4463；www.usbr.gov/mp/ncao/shasta-dam.html；16349 Shasta Dam Blvd；游客中心 8:00~17:00，团队游 9:00、11:00、13:00和15:00；P❋） **免费**，湖岸四周环绕着船屋码头和房车露营地。湖的北端是史前洞穴沙斯塔湖洞穴(Lake Shasta Cavern; ☏530-238-2341, 800-795-2283; www.lakeshastacaverns.com; 20359 Shasta Caverns Rd; 2小时游览 成人/3~15岁儿童 $26/15; ☺团队游5月下旬至9月上旬9:00~16:00,每半小时一次,4月至5月下旬和9月 9:00~15:00,每小时一次,10月至次年3月 10:00、正午和14:00; ℗🚻),团队游包含双体船乘坐体验。

沿I-5州际公路往北再行驶35英里就到了邓斯缪尔(Duns-muir),这是一个历史悠久的铁路小镇,古色古香的小镇中心有充满活力的艺术画廊。向南6英里,紧邻I-5州际公路的城堡崖州立公园(Castle Crags State Park; ☏530-235-2684; www.parks.a.gov; 每车 $8; ☺日出至日落)有着丛林密布的露营区(☏预订800-444-7275; www.reserveamerica.com; 帐篷和房车位 $15~30)。从那里沿着一条往返5.6英里长的峭壁小径(Crags Trail)可达沙斯塔山的顶峰,顶峰上壮丽的景观让人不由自主地心生敬畏。

位于邓斯缪尔以北9英里处的沙斯塔山市(Mt Shastacity),对于登山者、新世纪嬉皮士及渴望回归自然的旅行者们来说,是个充满诱惑的小镇。来过的人无不对这座若隐若现的宏伟高山充满崇敬之情。从6月到10月,Bunny Flat小径没有皑皑冰雪,多数会开放,大可以沿着Everitt Memorial Hwy一路往山上攀升至8000ft处,这是观赏日落最好的地方;要想找到这条路,只需沿小镇的Lake St一路往东。有经验的登山爱好者如想攀登高度超过1万英尺的山峰,需要到沙斯塔山护林站(Mt Shasta Ranger Station; ☏530-926-4511; www.fs.usda.gov/stnf; 204 W Alma St; ☺周一至周五 8:00~16:30)获取登顶通行证(Summit Pass; $25),还可以咨询天气预报、购买地形图,顺道还可以到市中心的Fifth Season (☏530-926-3606; http://thefifthseason.com; 300 N Mt Shasta Blvd; ☺周一至周五 9:00~18:00, 周六 8:00起, 周日 10:00~17:00)看看,这是一家提供设备出租的户外用品店。而Shasta Mountain Guides (☏530-926-3117; http://shastaguides.com; 2日攀登 每人 $625起)提供多日的登山旅行行程 ($550起)。

🛏 住宿

路边汽车旅馆各处都有,包括沙斯塔山市。雷丁有很多连锁酒店,大多聚集在主干道附近。露营地的选择同样很多,公共土地尤其如此。

★ Shasta Mount Inn 民宿 $$

(☏530-926-1810; www.shastamountinn.com; 203 Birch St; 房间 $150~175; ℗☺🛜)这座色调明快的建于1904年的维多利亚式农舍外观古香古色,内部则尽显极简风格,使用大胆的配色和雅致的装潢,令人放松。每间大气的客房都有舒适的床和明朗优美的山景。尽情享受这儿开阔的花园、环绕式露台、露天热水浴池和桑拿吧。还不够放松?那就试试占据门廊最佳位置的那些秋千。

★ Mc Cloud River Mercantile Hotel 旅馆 $$

(☏530-964-2330; www.mccloudmercantile.com; 241 Main St; 房间 $129~250; ℗☺🛜)步入旅馆二楼中央的Mercantile Hotel之后,尽量别被它迷倒;这儿有高挑的天花板、裸露的墙砖,是古建筑保护主义和现代气质的完美结合。陈设古董的房间采用开放式设计,客人们一进门就能受到鲜花的迎接。在爪足浴缸里泡个澡之后,躺在羽毛褥垫上进入梦乡。

Railroad Park Resort 旅馆、露营地 $$

(☏530-235-4440; www.rrpark.com; 100 Railroad Park Rd; 帐篷/房车位 $29/37, 双 $135~165; ❄☺🛁🛜)旅馆就在小镇的南部2英里处,紧邻I-5州际公路,住客可以住在古色古香的木制火车车厢和守车车厢内。户外空间对孩子们来说非常好玩,他们可以在火车引擎间嬉闹、跳进庭院中央的泳池。豪华的货车车厢内配有古董家具和四爪浴缸。

🍴 餐饮

★ Dunsmuir Brewery Works 酒吧美食 $

(☏530-235-1900; www.dunsmuirbreweryworks.com; 5701 Dunsmuir Ave; 主菜 $9~13; ☺5月至9月 11:00~22:00, 10月至次年4月 周二至周日至21:00; 🛜)如果不使用夸张的修辞手法,恐怕很难描述清楚这家小小的自酿酒吧。从啤

酒说起吧：口感清爽的麦啤和黑啤酒形成完美的平衡，IPA啤酒显然也不错，因为所有顾客都会喝得一滴不剩。记得搭配超棒的酒吧美食：温热的土豆沙拉、德国香肠、厚厚的安格斯汉堡或完美的坚果素汉堡。

Berryvale Grocery 市场、咖啡馆 $

（☎530-926-1576；www.berryvale.com；305 S Mt Shasta Blvd；咖啡馆单品 $5起；⏰商店8:00~20:00，咖啡馆 至19:00；🅿🚻）🍴这间市场专为坚持健康饮食的顾客提供食品杂货和有机农产品。咖啡馆很棒，供应上好的咖啡、鲜榨果汁和一系列美味（大多是素食）的沙拉、三明治和卷类食品。

★ Café Maddalena 欧洲菜、北非菜 $$

（☎530-235-2725；www.cafemaddalena.com；5801 Sacramento Ave；主菜 $15~26；⏰2月至12月 周四至周日 17:00~21:00）这家简洁而优雅的咖啡馆令小小的邓斯缪尔得以登上美食地图。主厨Brett LaMott（因Trinity Cafe而得享盛名）设计的菜单每季更换，以南欧和北非风味为主。亮点包括罗勒酱配香煎王鲑、野生菌汤和胡萝卜羊肚菌汁煎兔肉。

Seven Suns Coffee & Cafe 咖啡馆

（1011 S Mt Shasta Blvd；⏰5:30~19:00；📶）这个舒适的小地方提供本地烘焙的有机咖啡、简餐（大约$10），始终忙碌。晚上有时有现场原声音乐演出。

ℹ 到达和当地交通

灰狗巴士（www.greyhound.com）沿I-5州际公路南来北往，经停沙斯塔山以北8公里I-5州际公路旁边的威德（Weed）车站（628 S Weed Blvd）。线路包括雷丁（$15，1小时20分钟）、萨克拉门托（$40，5.5小时，每天3班）和旧金山（$50，10.5小时，每天2至3班）。

STAGE（☎530-842-8295；www.co.siskiyou.ca.us；914 Pine St；车费 $2.50~8）

汽车本地运营的I-5走廊线路（票价 $2.50至$8，取决于距离）可到达沙斯塔山城（Mt Shasta City），每个工作日还有几班车开往麦克劳德（McCloud）、邓斯缪尔（Dunsmuir）、威德和怀里卡（Yreka）。可以在怀里卡换乘其他车辆。

东北角 (Northeast Corner)

这儿是加利福尼亚州最后一个美国原住民冲突的主要遗址，经历了50万年来无数次火山爆发的摧残，熔岩层国家保护区（Lava Beds National Monument；☎530-667-8113；www.nps.gov/labe；1 Indian Well HQ, Tulelake；每车$15，7天有效；🅿🚻）🍴是一个和平遗迹，纪念着几个世纪以来的动荡。保护区内无所不有：熔岩流、火山口、火山渣锥、寄生熔岩锥以及神奇的熔岩管。这里还是摩多克战争（Modoc War）的遗址，一些洞穴的墙壁上至今仍可以看到美国原住民所雕刻的岩画。记得到游客中心（visitor center；☎530-667-8113；www.nps.gov/labe；Tulelake；⏰5月下旬至9月上旬 8:00~18:00，其他时间 至17:00）获取相关信息和地图，这儿还出售洞穴探险的基本装备（可免费借用手电筒）。公园里唯一的露营地（www.nps.gov/labe/planyourvisit/campgrounds.htm；帐篷和房车露营区 $10；🚻）离游客中心不远，备有饮用水。公园东北20多英里外，紧邻Hwy 139的图利湖镇（Tulelake）尘土飞扬，镇内有设施简陋的汽车旅馆、路边餐馆和加油站。

克拉玛斯盆地国家野生动物保护区群

（Klamath Basin National Wildlife Refuge Complex）由位于加州和俄勒冈州的6个独立的保护区组成。这里是太平洋候鸟迁徙路线中主要的停留地，也是白头海雕越冬的重要场所。每到春、秋天的迁徙高峰期，数量超过100万只的候鸟遮天蔽日。游客中心（visitor center；☎530-667-2231；www.klamathbasinrefuges.fws.gov；4009 Hill Rd, Tulelake；⏰周一至周五 8:00~16:30，周六和周日9:00~16:00）就在俄勒冈州边界以南约4英里的地方，紧邻Hwy 161。在下克拉玛斯（Lower Klamath）和图利湖保护区，有长达10英里的自驾游线路，提供极佳的赏鸟机会。从Rocky Point Resort（☎541-356-2287；28121 Rocky Point Rd, Klamath Falls, OR；独木舟和皮划艇租金 每小时/半天/全天 $20/45/60；⏰4月至10月；🚻🅿）出发，沿着长达9.5英里的独木舟航道可直抵上克拉玛斯（Upper Klamath）。若需加油、食物和住宿，可以开车到俄勒冈州的克拉玛斯瀑布（Klamath Falls）或Hwy 97

附近。

从Bumpass Hell人行道上隐约地可以瞥见沉静的拉森火山国家公园（Lassen Volcanic National Park；530-595-4480；www.nps.gov/lavo；38050 Hwy 36 E, Mineral；7天有效每车 4月中旬至11月 $20, 12月至次年4月中旬 $10；P♿）🅿️，其间的硫黄温泉池、沸腾的泥浆池和热气池令人一见难忘。拉森峰（Lassen Peak；海拔10,457英尺）是世界上最大的穹顶火山，位于一条长达5英里的环线徒步小径尽头，路途艰难但没什么技术含量。公园有两个入口：一个靠近热门的Manzanita Lake Campground（预订 877-444-6777；www.recreation.gov；帐篷和房车位 $15~24；♿），位于雷丁以东1个小时车程处，紧邻Hwy 44；另一个紧邻Hwy 89，位于阿曼诺湖（Lake Almanor）西北的Kom Yah-mah-nee Visitor Facility旁（530-595-4480；www.nps.gov/lavo；9:00~17:00，11月至次年3月周一和周二关闭）。穿过公园的Hwy 89仅6月至10月无雪时开放车辆通行。

内华达山脉
（SIERRA NEVADA）

广阔的内华达山脉是加利福尼亚州的脊柱，被诗人兼自然学家约翰·缪尔（John Muir）誉为"光之山脉"。由冰川侵蚀作用而形成的陡峭山脉绵延400英里，欢迎户外运动爱好者前来挑战。坐拥3个国家公园（约塞米蒂国家公园、红杉国家公园和国王峡谷国家公园）的内华达山脉虽然地处荒野，却有令人心醉神迷的仙境之姿，美国本土最高峰（惠特尼山，Mt.Whitney）、北美落差最大的瀑布（约塞米蒂瀑布，Yosemite Falls）以及世界上最老、最大的树也都在这里。

约塞米蒂国家公园
（Yosemite National Park）

约塞米蒂国家公园如此家喻户晓不是没有原因的：花岗岩峰高得令人眩晕，雷鸣般的瀑布及水雾浸透人心，五光十色的野花草原令人惊叹不已，气势雄伟的酋长岩（El Capitan）和半圆丘（Half Dome）直冲澄澈蓝天，动人心魄。那是梦幻般的景象，四周却环绕着我们这些如此渺小的人类。

暑假人多是个问题；尽量淡季前往，早点出发，步行避开人群。

👁 景点

公园（每辆车 $25~30，取决于季节）有4个主要入口：南入口（South Entrance；Hwy 41）、拱岩（Arch Rock；Hwy 140）、大橡树平地（Big Oak Flat；Hwy 120 W）和迪欧戈山口（Hwy 120 E）。Hwy 120穿过公园的那段路是Tioga Rd，连接约塞米蒂河谷（Yosemite Valley）和东部山脉（Eastern Sierra）。

👁 约塞米蒂河谷

从地面沿着河谷一路向上，这座激动人心的河谷被蜿蜒的默塞德河（Merced River）一分为二，沿途随处可以看到谷内碧波荡漾的绿色草原、雄伟壮观的松树，清凉的湖水映现出若隐若现的花岗岩巨石，冰冷刺骨的白色激流如带状喷泻而下，如此振奋人心的自然美景，让人不禁想要放声歌唱。约塞米蒂村（Yosemite Village）有公园主要的游客中心（209-372-0200；9035 Village Dr；9:00~17:00；♿）、博物馆（www.nps.gov/yose；9037 Village Dr；夏天 9:00~17:00，其他季节 10:00~16:00，通常 正午至13:00闭馆）🅿️ **免费** 、摄影画廊、杂货店和其他更多服务设施。克里村（Curry Village）是河谷的另一个中心，提供公共淋浴和包括露营在内的户外设备出租与销售。

春季融雪让山谷内著名的瀑布轰然如雷；而在夏末时，大多数的瀑布又会变成涓涓细流。约塞米蒂瀑布（Yosemite Falls）是北美最高的瀑布，高达2425英尺，呈三叠式倾泻而下。有一条可供轮椅通行的无障碍步道通向瀑布底，你也可以沿着曲折难行的小径一路徒步至顶端（往返6.8英里），享受幽静和不同的视野。山谷周围的其他瀑布同样令人印象深刻。弗纳尔瀑布（Vernal Fall）旁险峻的花岗岩台阶虽然让你气喘吁吁，一旦登上，却可以直抵瀑布的边缘观赏飞流直下的景色，并在弥漫的薄雾中寻找道道彩虹。

不要错过山谷里气势雄伟的酋长岩（海拔7569英尺），它是攀岩爱好者的理想乐园。

锯齿状的半圆丘（海拔8842英尺）于山谷中拔地而起，高耸入云，成为约塞米蒂的精神核心。当你开车进入河谷时，Hwy 41上的观景台（Tunnel View）隧道是经典的全景拍摄地点。

冰川点

从谷底爬升到3000英尺高的地方，变化多端的冰川点（Glacier Point; 7214英尺）能使你的视线与半圆丘齐平。从约塞米蒂河谷出发，在紧邻Hwy 41的地方，沿着Glacier Point Rd（通常5月下旬至11月开放）一路向上，车行至少1小时；如果选择徒步，就沿着险峻的Four Mile Trail（实际上是单程4.6英里）或人烟稀少、瀑布遍布的Panorama Trail（单程8.5英里）走，只想单程徒步的旅行者记得在冰川点徒步大巴（Glacier Point Hikers' Bus; ☎888-413-8869；单程/往返$25/49；◉5月中旬至10月）预约一个座位。

瓦沃纳

从约塞米蒂河谷往南行驶约1个小时就到了瓦沃纳（Wawona）。可以顺路到约塞米蒂开拓者历史中心（Pioneer Yosemite History Center, 马车 成人/儿童 $5/4；◉24小时, 马车 6月至9月 周三至周日；Ｐ❀）看看，那里有廊桥、历史建筑和公共马车游。继续往南，高耸的蝴蝶森林（Mariposa Grove）是灰熊巨人（Grizzly Giant；一棵巨型红杉）和其他巨型红杉的所在地。春季至秋季，从瓦沃纳到蝴蝶森林有免费的区间巴士。

图奥勒米草地

从约塞米蒂河谷开车90分钟就到了高海拔的图奥勒米草地（发音twol-uh-mee），这个位于公园的北部荒野地区吸引了不少徒步旅行者、背包客和登山者。它是内华达山脉最大的亚高山草原（海拔8600英尺），有遍地的野花、湛蓝的湖泊、陡峭嶙峋的花岗岩峰、光滑的圆顶和相对凉爽的天气。这一切与河谷形成了强烈的对比。徒步旅行者和登山者在这里有很多美妙的选择；湖泊游泳和野餐也很受欢迎。可从风景优美的Tioga Rd（Hwy 120）进来，不过这条路仅季节性开放。图奥勒米草地和泰纳亚湖（Tenaya Lake）以西

有欧姆斯特德观景点（Olmsted Point），记得在那里停下来观赏半圆丘史诗级的宏伟景色。

赫奇赫奇

从约塞米蒂河谷往西北行驶40英里即可抵达赫奇赫奇。这大概是美国历史上最具争议的大坝的所在地了。尽管不是大自然的产物，赫奇赫奇谷（Hetch Hetchy Valley）依然美丽，且人烟稀少。那里有一条往返5.4英里的小径，途经大坝并穿越一条隧道，最后到达瓦帕玛瀑布（Wapama Falls）脚下。在那里，你可以近距离感受滚滚水流奔向波光粼粼的水库时的那种惊心动魄。

🏃 活动

公园拥有总长超过800英里的各式徒步小径，任你随意选择。轻松便捷的谷底通道可能会人满为患——远离拥挤人群，往上爬吧。其他娱乐活动有攀岩、骑车、小径骑行、游泳、漂流和越野滑雪。

背包旅行者如果需要在园内过夜，全年都需申请野营许可证（wilderness permits; $10起）。配额系统会限制每个起点每天的出发人数。最早可提前26周预约，要么就到约塞米蒂河谷荒野中心（Yosemite Valley Wilderness Center; ☎209-372-0745; Yosemite Village; ◉5月至10月 8:00~17:00）或其他发证中心碰碰运气，最晚可能在徒步当天拿到，许可证签发从11:00开始。

Yosemite Mountaineering School 登山

（☎209-372-8344; www.travelyosemite.com; Half Dome Village; ◉4月至10月）这里提供从新手到资深攀岩者的一流教学，还有登山指导行程、设备出租和攀岩指导。从20世纪60年代开始营业。

🛏 住宿

即使是在热闹的约塞米蒂村（Yosemite Village）附近的露营地进行汽车露营，同样不乏一种置身于大自然的感觉。山区野外露营适合做好准备的爱冒险的人。公园内所有非露营住宿预订由Aramark/Yosemite Hospitality（☎888-413-8869; www.travel

在约塞米蒂露营

3月中旬至10月中旬或11月,许多公园露营地都要求预订,提前5个月可预订。在线预订名额通常几分钟内就会被预订一空。所有的露营地都设有防熊储物柜和生火处,大部分备有饮用水。

夏季,大部分露营地都早早被订满,非常热闹,特别是位于约塞米蒂河谷内的 **North Pines**(帐篷及房车位 $26;⊙4月至10月;🐻)、**Lower Pines**(www.nps.gov/yose;帐篷及房车位 $26;⊙4月至10月;🐻)和 **Upper Pines**(www.nps.gov/yose;帐篷及房车位 $26;⊙全年;🐻);图奥勒米草地(Tuolumne Meadows;www.nps.gov/yose;Tioga Rd;帐篷及房车位 $26;⊙7月至9月;🐻)紧邻Tioga Rd;此外还有河畔边的瓦沃纳(Wawona;www.nps.gov/yose;帐篷及房车位 $26;⊙全年;🐻)。

全年任何时段,以下营地都是先到先得:**Camp 4**(www.nps.gov/yose;共用帐篷 每人 $6起;⊙全年)是谷内攀岩爱好者聚集的地方;**Bridalveil Creek**(www.nps.gov/yose;帐篷及房车位 $18;⊙7月至9月上旬;🐻)紧邻Glacier Point Rd;而 **White Wolf**(www.nps.gov/yose;帐篷及房车位 $18;⊙7月至9月上旬;🐻)紧邻Tioga Rd。这些营地通常在正午之前就已经满了,周末更是如此。

想寻找一段更幽静、更原始的经历吗?那就试试提供原始露营地(无饮用水)、紧邻Tioga Rd的 **Tamarack Flat**(Old Big Oak Flat Rd;帐篷区 $12;⊙7月下旬至9月;🐻)、**Yosemite Creek**(www.nps.gov/yose;帐篷营地 $12;⊙7月至9月初;🐻)和 **Porcupine Flat**(www.nps.gov/yose;帐篷及房车位 $12;⊙7月至10月中旬;🐻),都是先到先得。

加利福尼亚州 约塞米蒂国家公园

yosemite.com)负责,可以提前366天预订;5月至9月上旬这段时间,欲入住预订就非常关键。10月至次年4月,房费及需求量都有所下降。

★ Majestic Yosemite Hotel 历史酒店 $$$

(📞预订888-413-8869;www.travelyosemite.com;1 Ahwahnee Dr, Yosemite Valley;房间/套 $480/590起;🅿❄@🛜🐕)这座美轮美奂的历史建筑(曾用名Ahwahnee)是约塞米蒂百里挑一的酒店,有高挑的天花板,走廊上铺着土耳其基利姆织毯,配有巨石壁炉的休息室极具情调,这些亮点无不令人目眩神迷。传统房间可以欣赏冰川点和(部分)半圆丘振奋人心的景色。旺季和节假日,需要提前一年预订。

Yosemite Valley Lodge 汽车旅馆 $$$

(📞预订888-413-8869;www.travelyosemite.com;9006 Yosemite Lodge Dr, Yosemite Valley;房间 $260起;🅿❄@🛜🐕)🍴这个大型建筑群距离约塞米蒂瀑布群数步之遥,内设餐馆、一个充满活力的酒吧、一个大泳池和许多便利设施。房间在15栋建筑中,颇具度假屋情调,配备木制家具,饰有自然摄影作品。所有客房都配备有线电视、电话、冰箱和咖啡机,还有可饱览周边全景的露台或阳台。

May Lake High Sierra Camp 小屋 $$$

(📞888-413-8869;www.travelyosemite.com;成人/儿童 $175/90)May Lake 是High Sierra露营地里面最容易到达的营地,所以最适合儿童——至少适合那些不在意多走一英里到达露营地的人。霍夫曼山(Mt Hoffman)的风景相当令人震撼。费用包括早餐和晚餐。

🏠 约塞米蒂外

约塞米蒂国家公园入口附近的城镇上聚集着汽车旅馆、酒店、度假屋和民宿,包括菲什坎普(Fish Camp)、奥克赫斯特(Oakhurst)、埃尔波特尔(El Portal)、米德派恩斯(Midpines)、马里波萨(Mariposa)、格罗夫兰(Groveland)和东部山脉(Eastern Sierra)的利韦宁(Lee Vining)。

★ Yosemite Bug Rustic Mountain Resort 青年旅舍、小屋 $

(📞209-966-6666;www.yosemitebug.com;

> ### ⓘ 迪欧戈山口
>
> Hwy 120往上攀爬穿过迪欧戈山口（Tioga Pass；9945英尺），是连接约塞米蒂国家公园与内华达山脉东部的唯一通道。大多的地图这样标记这条道路："在冬季是关闭的。"虽然从字面上来看并没错，但同时也是一种误导。迪欧戈山口通常从10月或11月的第一场大雪开始关闭，直到次年的5月或6月才重新开放。拨打☎209-372-0200或登录www.nps.gov/yose/planyourvisit/conditions.htm查询最新路况。

6979 Hwy 140, Midpines，铺 $30，帐篷小屋$65起，房间 带/不带卫生间$165/95起；P🐕❄@🛜）❤这片质朴的绿洲屹立在森林中葱郁的山坡上，位于约塞米蒂以西约25英里处。狭窄的山脊上排列着各种不同的房屋，有的步行至公园区域和卫生间比较远。强烈推荐**June Bug Cafe**（☎206-966-6666；www.yosemitebug.com/cafe.html；主菜 $8~22；⏰7:00~10:00，11:00~14:00和18:00~21:00；🍴♿）。这里还有瑜伽课、按摩和带热水浴缸的水疗服务。

★ Evergreen Lodge Resort　　小屋 $$$

（☎209-379-2606；www.evergreenlodge.com；33160 Evergreen Rd, Groveland；帐篷 $90~125，小屋$180~415；⏰1月至2月中旬 通常歇业；P🐕❄@🛜）❤这个拥有将近百年历史的经典度假村就在赫奇赫奇的约塞米蒂国家公园入口附近，精心装潢的舒适小屋（每间都有棋类游戏区）散布在林间。提供从质朴到奢华的不同入住体验，每间小屋都带有私家门廊，没有电话或电视的干扰。喜欢原始体验的住客可以选择无家具的舒适帐篷。

ⓘ 实用信息

约塞米蒂的门票是每辆车 $30，骑自行车或步行，每人$15，连续7日有效。各个入口及奥克赫斯特、格罗夫兰、马里波萨和利韦宁的游客中心都出售通票（接受现金、支票、旅行支票或信用卡/借记卡）。

约塞米蒂河谷游客中心（Yosemite Valley Visitor Center）公园最忙碌的信息咨询处。同处一室的还有由约塞米蒂保护协会（Yosemite Conservancy）经营的书店和约塞米蒂村中心的博物馆建筑群的一部分。

ⓘ 到达和当地交通

灰狗巴士和**美国国铁**列车开往公园以西的默塞德，那里可以换乘由**YARTS**（Yosemite Area Regional Transportation System；☎877-989-2787；www.yarts.com）运营的汽车；你还可以购买包括YARTS入园路程的美国国铁车票。从默塞德至约塞米蒂村的单程票是 $13（儿童和老年人$9，3小时）；从马默斯湖出发，票价$18。票价包括公园门票，非常合算，司机接受信用卡付款。

约塞米蒂河谷免费空调班车（Yosemite Valley Shuttle Bus；www.nps.gov/yose）是逛公园的一种舒适、高效的交通方式。班车全年运行，车次多，在停车场、露营地、小径起点和度假屋等21个编号地点停车。

约塞米蒂河谷也非常适合骑自行车。你可以在**Yosemite Valley Lodge**或**Half Dome Village**（每小时/天 $12.50/30.50；⏰3月至10月 9:00~18:00）租一辆宽把沙滩自行车（每小时/天$11.50/32）或带儿童拖车的自行车（每小时/天 $19/59）。这里也出租婴儿车和轮椅。

虽然一直建议前往河谷的游客将车停好，乘坐约塞米蒂河谷班车，但河谷的交通状况还是堪比高峰时段的洛杉矶。Glacier Point Rd和Tioga Rd冬季封闭。

红杉国家公园和国王峡谷国家公园（Sequoia & Kings Canyon National Parks）

在这些比邻而居的公园中，巨型红杉树长得更大，可达27层楼高，而且数量比起内华达山脉其他任何地方来说也更多。坚韧而又易燃的红杉树每株都可以轻易"吞下"两条公路车道。这里的山峰也同样巨大，其中包括美国本土48个州里最高的惠特尼山（海拔14,505英尺）。最后，还有一个深深的国王峡谷，由古老的冰川和奔涌的河流共同作用而成。如果想要静静地单独近距离观赏黑熊等野生动物，就立即向小径进发，让自己沉浸在这片摄人心魄的旷野中吧。

⦿ 景点

这两座公园（☎559-565-3341；www.nps.gov/seki；每车$30,7天有效；🅿🚻）虽然截然不同，却是作为一个整体在运营，因此也只收取一次门票。想要了解路况等24小时记录的信息，可以拨打指定电话号码或登录公园内容齐全的官网。在各个入口（Big Stump或Ash Mountain）都能领取NPS地图和公园的《指南》（Guide）报纸，内容涵盖在附近的国家森林及巨杉国家保护区（Giant Sequoia National Monument；www.fs.usda.gov）各季节举办的活动、露营和特别活动等信息。一天内探索两座公园轻而易举。

⦿ 红杉国家公园

我们打赌你一定不能环抱巨木森林中的大树，这个占地3平方英里的树林保护着公园里最庞大的生物群和世界上最大的树——谢尔曼将军树（General Sherman Tree）。等到手臂和汗津津的手指因伸长而酸痛后，就远离人群，踏上像网一般的森林小径开始探险吧（记得带上地图）。

矿金河谷（Mineral King Valley）值得你绕道前往，这是一个19世纪后期的采矿和伐木营地，四周环绕着陡峭的山峰和高山湖泊。可以在25英里长的单行车道来个景观自驾游，探索近700个惊心动魄的急转弯，车道通常从5月下旬开放至10月下旬。

巨木森林博物馆　　　　　　　　　　博物馆

（Giant Forest Museum；☎559-565-4480；www.nps.gov/seki；Generals Hwy和Crescent Meadow Rd交叉路口；⏰9:00~16:30；🅿🚻）🆓免费 这间小型博物馆里展出有关巨型红杉生态和野生动物保护的内容，老少咸宜。互动式展览形象地展现了这些寿命长达3000多年的巨木的生命阶段，以及它们如何利用火循环传播树种并使之在贫瘠土地上生长的相关知识。博物馆位于一栋20世纪20年代的历史建筑内，由Gilbert Stanley Underwood设计，他曾因设计约塞米蒂的Majestic Hotel（过去的Ahwahnee）而蜚声业界。

水晶洞　　　　　　　　　　　　　　洞穴

（Crystal Cave；www.explorecrystalcave.com；Crystal Cave Rd；团队游成人/儿童/青年$15/5/8起；⏰5月至9月；🅿🚻）🎫洞穴于1918年被两名来钓鱼的公园员工发现，这座独特的洞穴由地下河冲刷形成，藏身其中的大理石岩层据估算已有上万年历史。50分钟的导览游名额只在网上预售，或者10月和11月，在巨木森林博物馆和山麓游客中心（Foothills Visitor Center）出售，洞内不可现场报名。记得带上外套。

⦿ 国王峡谷国家公园和观光小路

就在格兰特村（Grant Grove Village）的北边，格兰特将军树林（General Grant Grove）里长满了雄伟的巨大树木。更远处，Hwy 180开始长达30英里的下坡，直通国王峡谷，沿途道路迂回曲折，经过轮廓分明的岩墙及点缀其中的瀑布。在公路与国王河（Kings River）的交会处，咆哮的河水从超过8000英尺高的花岗岩悬崖上飞泻而下，成就了这个北美较深的峡谷之一。

进入崎岖壮丽的内华达山脉的荒野地区之前，峡谷底部的雪松林村（Cedar Grove）是最后的文明之地。一条热门的全日徒步小径绵延4.6英里，从Roads End一路通向咆哮的迷雾瀑布（Mist Falls）。Roads End西边的萨姆沃特草地（Zumwalt Meadow）周围环绕着一条1.5英里长的天然小径，深受观鸟者喜爱。留心笨重的黑熊和跳来跳去的黑尾鹿。

观光小路途经休姆湖（Hume Lake）通向雪松林村（Cedar Grove Village），通常在11月中旬至次年4月下旬关闭。

博伊登洞（Boyden Cavern）　　　　洞穴

（☎209-736-2708，866-762-2837；www.caverntours.com/BoydenRt.htm；Hwy 180；团队游成人/儿童 $17.50/9.50起；⏰4月下旬至9月；🚻）逛逛这儿奇特美丽的岩层，不需要提前预约，直接参加长达45分钟的常规游览，夏季高峰期每天10:00~17:00每小时一趟。前往入口需沿着陡峭的铺面台阶走一小段。由于人行桥被火灾损坏，2016年和2017年，洞穴关闭了很长时间；前去游览以前要确认其是否开放。

✴ 活动

拥有总长超过850英里的多条标记小

径，这座公园是徒步者的梦想之地。雪松林和矿金河谷拥有最好的荒野徒步小径。小径通常从5月中下旬以后才开放。

如需在野外过夜，必须申请野营许可证（Wilderness Permit；每支团队 $15），许可证在夏季有名额限制；没有名额限制的季节，许可证免费，而且可以自行登记领取。75%左右的空位可以预订，其他需要本人前往，先到先得。3月1日起，到达前两周都可以预订。关于详细信息；见www.nps.gov/seki/planyourvisit/wilderness_permits.htm。罗奇波尔游客中心（Lodgepole Visitor Center）还有专门的荒野事务咨询台。

所有护林站和游客中心都有地形图和徒步向导。注意，你需要将食物存放在经过公园认可的防熊桶中，可以在市场和游客中心租用（每次$5起）防熊桶。

食宿

露营是体验公园最好和最实惠的方式，不过当然了，露营位在旺季很快就会满员。在红杉国家森林（Sequoia National Forest）及其毗邻公园的荒野地区还有其他住宿选择。红杉国家公园内只有一个正式的住宿场所：**Wuksachi Lodge**（☎咨询866-807-3598，预订317-324-0753；www.visitsequoia.com；64740 Wuksachi Way；房间 $215~290；Ⓟ）。公园入口外边的门户城镇三河（Three Rivers）提供的住宿场所最多。国王峡谷（Kings Canyon）的住宿地点在格兰林（Grant Grove）和雪松林村庄。

公园住宿地点——Wuksachi、**John Muir**（☎866-807-3598；www.visitsequoia.com；Grant Grove Village；房间 $225起；Ⓟ）和Cedar Grove——几乎都没有餐厅，毗邻的红杉国家森林几处地点也是如此。不过红杉国家公园以南的三河是吃喝的好地方。

NPS & USFS Campgrounds 住宿服务 $

（☎877-444-6777, 518-885-3639；www.recreation.gov）提供公园众多露营地的预订服务。

DNC Parks & Resorts 住宿服务 $$

（☎866-807-3598, 801-559-4930；www.visitsequoia.com）Delaware North是红杉国家公园和国王峡谷国家公园度假地区住宿和其他服务的特许供应商。

★ Sequoia High Sierra Camp 小屋 $$

（☎866-654-2877；www.sequoiahighsierracamp.com；帐篷小屋 不带卫生间 含全餐 成人/儿童 $250/150；6月中旬至9月中旬）徒步一英里，深入红杉国家公园，对于那些不觉得豪华和露营有什么矛盾的人来说，这个与世隔绝、应有尽有的度假村简直是天堂。帆布平房里面整齐地摆放着双层床垫、羽毛枕和舒适的羊毛小地毯。共用卫生间和淋浴室。需要预订，通常最少住两晚。

Cedar Grove Lodge 度假屋 $$

（☎559-565-3096；www.isitsequoia.com；86724 Hwy 180, Cedar Grove Village；房间 $130起；5月中旬至10月中旬；Ⓟ）作为峡谷内唯一的户内住处，这家河畔度假屋拥有21间汽车旅馆风格的平淡客房。新近完成的改造换掉了一些老土的装潢。一楼的3间客房配有小厨房和带家具的阴凉露台，可以看到漂亮的河景。

❶ 实用信息

罗奇波尔村和格兰林村是公园的主要商业中心。两者皆设有游客中心、邮局、市场、ATM机、一家投币式洗衣店和公共淋浴（仅限夏季）。

森林公园外的休姆湖（Hume Lake；全年）和斯托尼溪（Stony Creek；冬季关闭）提供加油服务，但价格昂贵。

以下游客中心全年开放：

国王峡谷游客中心（Kings Canyon Visitor Center；☎559-565-4307；Hwy 180, Grant Grove Village；9:00~17:00）位于国王峡谷格兰林村。

罗奇波尔游客中心（☎559-565-4436；Lodgepole Village；4月下旬至10月上旬 7:00~17:00，旺季至19:00）位于红杉国家公园中心。

❶ 到达和当地交通

若要前往国王峡谷的格兰林，你可以前往弗雷斯诺（Fresno）乘坐**Big Trees Transit**（☎800-325-7433；www.bigtreestransit.com；往返票含公园门票 $15；5月下旬至9月上旬）或**Sequoia Shuttle**（☎877-287-4453；www.sequoiashuttle.com；5月下旬至9月下旬，仅限夏季）来往于维

萨莉亚（Visalia）和红杉国家公园巨木森林（Giant Forest）区域之间。

如欲开车前往红杉国家公园和国王峡谷，则只能从西边的弗雷斯诺或维萨莉亚取道Hwy 99。

红杉国家公园内有5条免费班车线路；国王峡谷没有班车。

内华达山脉东部
（Eastern Sierra）

广阔、空旷、雄伟的内华达山脉东部，群峰高低错落，矗立在沙漠中，壮观景致有如一杯烈性的鸡尾酒。Hwy 395贯穿整个内华达山脉，多条岔路延伸开去，通往松树林、野花遍布的草地、宁静的湖泊、沸腾的温泉和冰川侵蚀的峡谷。徒步者、背包客、山地自行车骑手以及垂钓和滑雪爱好者群集于此。

在波迪鬼镇州立历史公园（Bodie State Historic Park；☎760-647-6445；www.parks.ca.gov/bodie；Hwy 270；成人/儿童$8/4；☉3月中旬至10月 9:00~18:00，11月至次年3月中旬 至16:00；🅿️ ♿），淘金小镇风化了的建筑矗立在尘土飞扬、大风侵袭的平原上，犹如被冻结在时间的长河中一般。鬼镇位于布里奇波特（Bridgeport）以南大约7英里处，沿着Hwy 270向东行驶13英里（最后3英里未铺设路面）就到了。冬季和初春时节，这条路经常因为积雪而关闭。

再往南来到莫诺湖（Mono Lake；www.monolake.org），神秘的凝灰岩塔从碱性湖水中突起，犹如一座座沙堡。紧邻Hwy 395的莫诺盆地景区游客中心（Mono Basin Scenic Area Visitor Center；☎760-647-3044；www.fs.usda.gov/inyo；1 Visitor Center Dr；☉通常4月至11月 8:00~17:00；♿）拥有绝美的景色，并提供富有教育性的展览，但位于南岸的南凝灰岩区（South Tufa Area；成人/儿童$3/免费）才是最佳的拍摄地点。从邻近小镇利韦宁（Lee Vining）出发，沿Hwy 120往西，经过季节性开放的迪欧戈山口即可进入约塞米蒂国家公园。取道Hwy 395继续往南，你可以绕道到景色秀丽的16英里六月湖环线（June Lake Loop）或继续前行至马默斯湖（Mammoth Lakes），这里是著名的四季度假胜地，海拔11,053英尺的马默斯山（Mammoth Mountain；☎800-626-6684，760-934-2571，24小时雪情报告888-766-9778；www.mammothmountain.com；成人/13~18岁/7~12岁$125/98/35；♿）静静守卫着它。马默斯山拥有一流的滑雪场地。夏季，这里摇身一变，成了山地自行车公园。马默斯湖盆地（Mammoth Lakes Basin）和雷兹草甸（Reds Meadow）一带也可露营或参加一日徒步游等活动。这里不远处就是魔鬼柱国家保护区（Devils Postpile National Monument；☎760-934-2289；www.nps.gov/depo；班车一日票 成人/儿童$7/4；☉5月下旬至10月），由于火山活动，这里形成了高60英尺的玄武岩石林。温泉迷们可以在紧邻Benton Crossing Rd的天然温泉浴池中尽享温泉之乐，或者在热溪地质区（Hot Creek Geological Site）观赏间歇泉。这两个自然景区都紧邻Hwy 395，位于小镇的东南边。镇上的马默斯湖服务中心和护林站（Mammoth Lakes Welcome Center & Ranger Station；☎760-924-5500，888-466-2666；www.visitmammoth.com；2510 Hwy 203；☉9:00~17:00）提供实用的地图和信息。

再往南，沿着Hwy 395一路往下进入欧文斯山谷（Owens Valley）。这儿的主要景点包括充满边境风情的毕晓普（Bishop）、山野之光画廊（Mountain Light Gallery；☎760-873-7700；www.mountainlight.com；106 S Main St；☉周一至周六 10:00~17:00，周日 11:00~16:00）免费 和历史悠久的罗斯铁路博物馆（Laws Railroad Museum；☎760-873-5950；www.lawsmuseum.org；Silver Canyon Rd；捐献$5；☉10:00~16:00；♿）。作为驮马游的主要通道，毕晓普也是内华达东部山脉内钓鱼和攀岩的最佳地点。

记得预留半天的时间，开车到古狐尾松林（Ancient Bristlecone Pine Forest）体验一场惊险之旅。海拔超过1万英尺的怀特山（White Mountains）山坡上耸立着如同来自另一个世界的粗壮大树，它们也是世界上最古老的树。有一条铺好的道路（冬、春两季会因积雪关闭）通往舒尔曼树林游客中心（Schulman Grove Visitor Center；☎760-873-2500；www.fs.usda.gov/inyo；White Mountain Rd；每人/车$3/6；☉5月中旬至11月上旬 周五至周一 10:00~16:00），那里有各种不同

加利福尼亚州 内华达山脉东部

的徒步线路正等着你去探险。从巨松镇（Big Pine）沿Hwy 395, 转Hwy 168后往东12英里，沿着White Mountains Rd继续行驶10英里就是游客中心。

沿Hwy 395继续往南即可到达**曼扎纳尔国家历史遗址**（Manzanar National Historic Site; ☎760-878 2194; www.nps.gov/manz; 5001 Hwy 395; ◎4月至10月中旬9:00~17:30, 10月中旬至次年3月10:00~16:30; P⛽) *免费*。"二战"时期，约1万名日籍美国人被不公正地监禁在这里的战争拘禁营。继续往南到隆派恩，终于能一睹惠特尼山（Mt Whitney; 14,505英尺）的风采。它是美国本土48个州的最高峰。开车沿着**Whitney Portal Road**（冬季和早春关闭）一路往上，这是一条12英里长的景观公路，沿途景色壮观，美得让人窒息。登山是这里的热门活动，但是需要申请许可证（permit; 每人$15), 许可证由年度抽奖形式签发。小镇南边的**内华达山脉东部跨部门游客中心**（Eastern Sierra Interagency Visitor Center; ☎760-876-6222; www.fs.fed.us/r5/inyo; Hwy 395和Hwy 136路口; ◎8:00~17:00)可签发野营许可证、提供户外游憩资讯、出售书籍和地图。

位于隆派恩西边的是怪石嶙峋的阿拉巴马山（Alabama Hills), 让不少好莱坞西部电影制片人为之着迷。在**西部电影历史博物馆**（Museum of Western Film History; ☎760-876-9909; www.museumofwesternfilmhistory.org; 701 S Main St; 成人/12岁以下儿童 $5/免费; ◎4月至10月 周一至周三10:00~18:00, 周四至周六至19:00, 周日至16:00, 11月至次年3月周一至周六10:00~17:00, 周日至16:00; P⛽) 陈列着老纪念品和电影海报。

🛏️ 住宿

内华达山脉东部的露营地遍布各地。在偏远地区露营需要野营许可证，许可证可在护林站领取。毕晓普、隆派恩和布里奇波特汽车旅馆很多，马默斯湖有几间汽车旅馆和旅馆，还有几十间民宿、公寓及假期出租屋。在夏季，提前预约很有必要。

★ Whitney Portal Hostel & Hotel   青年旅舍、汽车旅馆 $

(☎760-876-0030; www.whitneyportalstore.com; 238 S Main St; 铺/双 $25/85; ❄️📶🐾)这是最受惠特尼山登山者青睐的线路出发前站，此外，他们也会在旅程结束后来这儿梳洗休整一番（提供公共淋浴间）。Whitney的汽车旅馆房价全镇最低，所以7月和8月的宿舍要提前数月预订。没有公用空间，只有男女分离的上下床宿舍，提供包括毛巾、电视、小厨房和咖啡机在内的设施。

★ Inn at Benton Hot Springs   旅馆 $$

(☎866-466-2824, 760-933-2287; www.historicbentonhotsprings.com; Hwy 120, Benton; 帐篷和房车露营位 可住2人 $40~50, 双 带/不带卫生间 $129/109; ❄️📶🐾)Benton Hot Springs是一家历史悠久的度假村，位于怀特山拥有150年历史的前银矿小镇。在这里，你可以泡在自己的温泉浴缸中，在月光下打个盹。有9个间隔合理、带私用浴缸的露营地可供选择，或是入住摆满古董、带半私用浴缸的主题民宿房间。白天可以泡澡（每人每小时$10)。需要预订。

Dow Hotel & Dow Villa Motel   酒店、汽车旅馆 $$

(☎760-876-5521; www.dowvillamotel.com; 310 S Main St, Lone Pine; 房间 带/不带浴室 $89/70起, 汽车旅馆客房 $117~158; P❄️📶@🐾)约翰·韦恩（John Wayne）和埃罗尔·弗林（Errol Flynn）等众多影星都曾下榻于这家历史感厚重的酒店：建于1922年，经过重新整修，但仍不失质朴和魅力。新建的汽车旅馆客房内设有空调，更为舒适，不过也更显平庸。

Tamarack Lodge   度假屋、小屋 $$

(☎800-626-6684, 760-934-2442; www.tamaracklodge.com; 163 Twin Lakes Rd; 房间 带/不带浴室 $199/149起, 小屋 $169起; P🐾📶) *这家全年开放的迷人湖畔度假村创立于1924年，位于下双子湖（Lower Twin Lake), 为客人提供舒适的壁炉度假屋、一间酒吧和很棒的餐厅，拥有11间乡村风格的客房和35间小屋。从简单到奢华，各类小屋应有尽有，配有全套厨房、私人浴室、门廊和柴火炉。有些木屋最多可入住10人。度假费每天$20。

🍴 餐饮

Alabama Hills Cafe 餐馆 $

（☎760-876-4675；111 W Post St；主菜 $8~14；⏱7:00~14:00；📶🅿🍴）人见人爱的早餐店，新鲜出炉的面包分量实在。足料的浓汤、三明治和水果馅饼让在此享用午餐也不失为一个不错的选择。菜单上的地图可以为你规划开车穿过阿拉巴马山（Alabama Hills）指点迷津。

Mammoth Tavern 美食酒吧 $$

（☎760-934-3902；www.mammothtavern.com；587 Old Mammoth Rd；主菜 $13~28；⏱周二至周日 16:00~23:00）Mammoth Tavern 供应令人心满意足的暖心美食，比如牧羊人馅饼、牡蛎、奶酪火锅和蒜香火鸡肉丸，当然，少不了新鲜美味的沙拉。暖调的灯光、延伸至圆形天花板的镶木墙面、积雪覆盖的舍尔文山脉（Sherwin Range）绝美的风景，一切让餐厅里的大屏幕电视显得有些多余。饮品有可口的自制鸡尾酒、本地产的生啤、诱人的威士忌和两打以上可单杯饮用的葡萄酒。

★ Skadi 挪威菜 $$$

（☎760-914-0962；www.skadirestaurant.com；94 Berner St；主菜 $30~38；⏱周三至周一 17:00~23:00）Skadi 位于一片工业地带，考虑到这一点，这家餐厅足以让人感到惊喜。瑞士阿尔卑斯风格的装修和具有创新精神的菜单是厨师伊恩·伦宁（Ian Algerøen）的作品。他的灵感来源于自己的挪威血统和在欧洲正式餐厅学到的技能。你可以在菜单上找到店内熏制的山葵奶油鳟鱼、北极越橘加拿大鸭胸和锅烧扇贝。需要预订。

★ June Lake Brewing 精酿酒吧

（www.junelakebrewing.com；131 S Crawford Ave；⏱周三至周一 11:00~20:00，周五和周六至21:00；🅿）作为最热门的去处，June Lake Brewing 对外开放的品酒室供应10种生啤，其中包括"SmoKin"黑啤、Deer Beer棕啤酒和其他上好的IPA。酿酒商宣称六月湖的湖水令这一切与众不同。

Mammoth Brewing Company 自酿酒吧

（☎760-934-7141；www.mammothbrewing co.com；18 Lake Mary Rd；⏱周日至周四 10:00~21:30，周五和周六 至22:30）来品品在高海拔酿造的啤酒是否最好。号称是西部海岸最高的自酿酒吧，海拔8000英尺的Mammoth Brewing Company提供十几种桶装啤酒（套酒$5至$7）——甚至还有其他地方难得一见的季节限定啤酒。另外这里不乏美味的酒吧食物，你还可以将IPA 395或Double Nut Brown带回家享用。

太浩湖（Lake Tahoe）

太浩湖是美国第二深的湖泊，波光粼粼的湖面呈蓝绿色调，海拔6255英尺，还是全国最高的湖泊之一。驾车沿着绵延72英里的湖岸线行走，除了可以欣赏引人入胜的湖光山色外，也着实是一种锻炼。一般来说，北岸宁静奢华，西岸崎岖老旧，东岸尚未开发，南岸则因破旧的汽车旅馆和俗丽的赌场而显得熙攘又俗气。附近的里诺被称为该地区"最大的小城市"。

ℹ 实用信息

太浩湖旅游局（Lake Tahoe Visitors Authority；☎800-288-2463；www.tahoesouth.com；169 Hwy 50, Stateline, NV；⏱周一至周五 9:00~17:00）提供全面的旅游信息。

北太浩湖游客办事处（North Lake Tahoe Visitors Bureaus；☎800-468-2463；www.gotahoenorth.com）可以在住宿和户外活动预订方面提供帮助。

ℹ 到达和当地交通

灰狗巴士从里诺、萨克拉门托和旧金山开往特拉基，你也可以乘坐每天发车的西风号列车（Zephyr）从上述地点抵达特拉基。从特拉基乘坐**Truckee Transit**（☎530-587-7451；www.laketahoetransit.com；单程票/一日票 $2.50/5）至唐纳湖（Donner Lake）或**Tahoe Area Rapid Transit**（TART；☎530550-1212；www.laketahoetransit.com；10183 Truckee Airport Rd；单程票/一日票 $2/4）的车辆前往湖泊的北岸、西岸和东岸。

冬季的湾区滑雪大巴（Bay Area Ski Bus；☎925-680-4386；www.bayareaskibus.com）可将从旧金山和萨克拉门托至太浩湖的滑雪坡道连接起来。

TART运营的长途汽车沿北岸最远可至茵克

莱村（Incline Village），沿西岸至埃德兹伯格舒格派恩波因特州立公园（Ed Z' berg Sugar Pine Point State Park），向北可经Hwy 89至斯阔谷（Squaw Valley）和特拉基。主要线路每天通常6:00至18:00发车，一般每隔一小时一班。

南太浩湖和西岸 (South Lake Tahoe & West Shore)

热闹的Hwy 50两侧林立着老式汽车旅馆和餐馆，使南太浩湖显得异常拥挤。斯德特莱恩（Stateline）的赌场酒店就在跨越内华达州界的地方，吸引了成千上万的旅行者来此试手气。同样具有吸引力的还有世界级的滑雪胜地Heavenly（☎775-586-7000；www.skiheavenly.com；4080 Lake Tahoe Blvd；成人/5～12岁儿童/13～18岁青年 $135/79/113；◉周一至周五 9:00～16:00，周六、周日和节假日 8:30起；🅿）。夏季，乘坐Heavenly的缆车（成人/儿童 $42/20）一路向上，能够欣赏到南太浩湖和孤寂荒原（Desolation Wilderness）的绝妙景色。后者有着原始的花岗岩峰林、冰川蚀刻的峡谷和高山湖泊，深受徒步旅行者的喜爱。记得去UFSF泰勒溪游客中心（UFSF Taylor Creek Visitor Center；☎530-543-2674；www.fs.usda.gov/ltbmu；Visitor Center Rd，紧邻Hwy 89；◉5月下旬至9月 8:00～17:00，10月至16:00）获取地图、相关信息和野营许可证（wilderness permits；成人 $5～10）。游客中心就在Hwy 50和Hwy 89的Y形交叉口以北3英里处的塔拉克遗址（Tallac Historic Site；www.tahoeheritage.org；Tallac Rd；可选团队游 成人/儿童 $10/5；◉6月中旬至9月 10:00～16:00，5月下旬至6月中旬仅周五和周六开放；🅿）免费，遗址还保留着20世纪早期建设的漂亮度假庄园。

从多沙且适宜游泳的西风湾（Zephyr Cove；☎775-589-4901；www.zephyrcove.com；760 Hwy 50；每车 $10；🅿）穿过内华达州边界或镇内的滑道码头（Ski Run Marina），太浩湖游轮之旅（Lake Tahoe Cruises；☎800-238-2463；www.zephyrcove.com；900 Ski Run Blvd；成人/儿童 $55/20起；🅿）全年在深蓝色的太浩湖上开行。也可以自己动手划桨，到Kayak Tahoe（☎530-544-2011；www.kayaktahoe.com；3411 Lake Tahoe Blvd；皮划艇 单人/双人 每小时 $25/35，一日 $65/85，课程和游览 $40起；◉6月至9月 9:00～17:00）看看。回到岸上，这里有精品时尚的汽车旅馆，如Alder Inn（☎530-544-4485；www.alderinn.com；1072 Ski Run Blvd；房间 $89～149；🅿）和时髦的Basecamp Hotel（☎530-208-0180；www.basecamphotels.com；4143 Cedar Ave，双 $109～229，8人舱房 $209～299，宠物费 $40；🅿），后者有一个顶楼热水浴池。还可以到位于湖畔的Fallen Leaf Campground（☎咨询 530-544-0426，预订 877-444-6777；www.recreation.gov；2165 Fallen Leaf Lake Rd；帐篷和房车位 $33～35，圆顶帐篷 $84；◉5月中旬至10月中旬；🅿）搭个帐篷。你可以到提倡素食主义的Sprouts（www.sproutscafetahoe.com；3123 Harrison Ave，主菜 $7～10；◉8:00～21:00；🅿）用餐，这是一家采用天然食材的咖啡馆，或到Burger Lounge（☎530-542-2010；717 Emerald Bay Rd；菜肴 $4～10；◉6月至9月 10:00～20:00，10月至次年5月 周四至周一 11:00～19:00；🅿）享用淋了香浓花生酱的汉堡和香蒜薯条。

Hwy 89沿着树木繁茂的西岸向西北方向延伸，通向翡翠湾州立公园（Emerald Bay State Park；☎530-541-6498；www.parks.ca.gov）。公园内的花岗岩峭壁和松树形成了一个峡湾式的天然入口。这里有一段长约1英里的陡峭小径，向下通往维京堡（Vikingsholm Castle；http://vikingsholm.org；团队游 成人/7～17岁儿童 $10/8；◉5月下旬至9月 10:30～15:30或16:00；🅿）。从这座建于20世纪20年代的北欧风格城堡出发，沿着湖岸徒步穿行在4.5英里长的Rubicon Trail，往北经过数个小湾来到杜安比利斯州立公园（DL Bliss State Park；☎530-525-7277；www.parks.ca.gov；每车 $10；◉5月下旬至9月；🅿），公园内有沙滩。继续往北，Tahoma Meadows B & B Cottages（☎530-525-1553；www.tahomameadows.com；6821 W Lake Blvd；小别墅 $119～239，宠物费 $20；🅿）有乡村小屋。

北岸和东岸 (North & East Shores)

作为北岸的商业中心，太浩城（Tahoe City）是个购买生活用品和租借户外装备的好地方。距离太浩城不远的斯阔谷（Squaw Valley USA；☎530-452-4331；www.squaw.com；

1960 Squaw Valley Rd，紧邻Hwy 89，Olympic Valley；成人/5～12岁儿童/13～22岁青少年 $124/75/109；◎周一至周五 9:00～16:00，周六、周日和节假日 8:30起；🅿️）是个大型滑雪胜地。滑完雪后，人们聚集到城中的 Bridgetender Tavern & Grill（www.tahoebridgetender.com；65 W Lake Blvd；◎11:00～23:00，周五周六 至深夜）。早上，到乡土气息浓郁的 Fire Sign Cafe（www.firesigncafe.com；1785 W Lake Blvd；主菜 $7～13；◎7:00～15:00；🅿️📶）享用班尼迪克蛋配熏鲑鱼（eggs Benedith with house-smoked salmon），从市区再往南2英里即可抵达。

夏季可以到**太浩维斯塔**（Tahoe Vista）或**国王海滩**（Kings Beach）游泳或划皮划艇。晚上投宿 Cedar Glen Lodge（☎530-546-4281；www.tahoecedarglen.com；6589 N Lake Blvd；房间、套和小屋 $139～350，宠物费 $30；@📶🐾🅿️），那里有乡村主题的小屋和带小厨房的客房。或选择精心维护的精致住处 Hostel Tahoe（☎530-546-3266；www.hosteltahoe.com；8931 N Lake Blvd；铺/双/四 $33/60/80；@📶）🅿️。国王海滩的东边就是通向内华达州的Hwy 28，公路两旁氛围闲适的湖畔餐馆提供简单的餐食。可以到边界附近的赌场听一场现场音乐，如果想要寻找更热闹的酒吧和小酒馆，就得开车去远一点的茵克莱村（Incline Village）了。

太浩湖内华达州立公园（Lake Tahoe-Nevada State Park）凭着其质朴原始的海滩、湖泊和绵延数英里的多用途小径，成为东岸最大的看点。夏季，人们大量拥入**沙港**（Sand Harbor），在绿松石色的水中嬉戏。公园内有一条长达13英里的 Flume Trail，它是山地自行车爱好者的圣地，小径继续往南到达**斯普纳湖**（Spooner Lake）。回到茵克莱村，Flume Trail Bikes（http://flumetrailtahoe.com）提供自行车出租和班车服务。

特拉基及周边 (Truckee & Around)

太浩湖北边，紧邻I-80公路的特拉基实际上并不是一个卡车停靠站，而是一个欣欣向荣的山区小镇。小镇中心的历史文化区聚集着咖啡馆、时尚精品店和餐厅。对于滑雪爱好者来说，这里有好几个旅游胜地任你挑选，包括迷人的**加州北极星滑雪场**（Northstar California；☎530-562-1010；www.northstarcalifornia.com；5001 Northstar Dr，紧邻Hwy 267；成人/5～12岁儿童/13～18岁青少年 $130/77/107；◎8:00～16:00；🅿️）、儿童主题公园**糖罐子**（Sugar Bowl；☎530-426-9000；www.sugarbowl.com；629 Sugar Bowl Rd，紧邻Donner Pass Rd，Norden；成人/6～12岁儿童/13～22岁青少年 $85/35/76；◎9:00～16:00；🅿️）和越野滑雪者的天堂**皇家峡谷**（Royal Gorge；☎530-426-3871；www.royalgorge.com；9411 Pahatsi Rd，紧邻I-80 Soda Springs/Norden出口，Soda Springs；成人/13～22岁青少年 $32/25；◎滑雪季节 9:00～17:00；🅿️🐾）。

唐纳峰（Donner Summit）就在Hwy 89的西边。1846～1847年严冬时，声名狼藉的"唐纳大队"（Donner Party，移民队伍）正是被困于此，当时最终只有不到一半的人活了下来，一些人甚至靠吃死去朋友的尸体充饥。**唐纳探险队州立纪念公园**（Donner Memorial State Park；www.parks.ca.gov；Donner Pass Rd；每车 $8；◎10:00～17:00；🅿️🐾）内的博物馆记录下了这个可怕的事件；园内有露营地（☎530-582-7894，预订 800-444-7275；www.reserveamerica.com；帐篷和房车露营位 $35；◎5月下旬至9月下旬）。公园内的**唐纳湖**（Donner Lake）深受游泳者和风帆冲浪者的喜爱。

在特拉基郊外，持有绿色认证的 Cedar House Sport Hotel（☎530-582-5655；www.cedarhousesporthotel.com；10918 Brockway Rd；房间 $170～295；🅿️🐾@📶）🐾有时尚精品客房和一家出色的餐厅。在 Fifty Fifty Brewing Co（www.fiftyfiftybrewing.com；11197 Brockway Rd；◎周日至周四 11:30～21:00，周五和周六 至21:30）🐾可畅饮"Donner Party Porter"。

太平洋沿岸西北部

包括 ➡

华盛顿州	1157
西雅图	1157
圣胡安群岛	1178
北喀斯喀特山脉	1180
南喀斯喀特山脉	1184
俄勒冈州	1187
波特兰	1187
威拉梅特谷	1199
哥伦比亚河峡谷	1201
喀斯喀特山脉俄勒冈段	1203
俄勒冈州海岸	1207

最佳就餐

- Ned Ludd（见1196页）
- Chow（见1206页）
- Ox（见1196页）
- Sitka & Spruce（见1167页）

最佳住宿

- Timberline Lodge（见1203页）
- Crater Lake Lodge（见1207页）
- Hotel Monaco（见1165页）
- Olympic Lights B&B（见1179页）
- Historic Davenport Hotel（见1183页）

为何去

人们通常把州视为一个地理区域，然而美国西北部却是一片亚文化和新趋势之地。在那里，常青树勾勒出白雪皑皑的火山，涂鸦在餐巾纸背面的灵感成为明日初创企业的开端。对于这片土地，或许你无法一层层揭开它历史的面纱，却可以在日新月异的城市变化中满怀希冀地眺望美好未来，就好比西雅图和波特兰，这里有遍地的美食餐车、有轨电车、精酿啤酒厂、城市绿化带、咖啡鉴赏家和各种古怪的城市雕塑。

自从有了俄勒冈小道（Oregon Trail），美国的西北部对于冒险家和梦想家来说就有着催眠般的魔力，像磁石一样吸引他们前来。这里的空气如此纯净，简直可以装瓶出售；树木参天，有的比很多罗马文艺复兴时期的宫殿还古老；大陆尽头，海岸线直面全球最大洋——太平洋的力量。牛仔们注意了，要论"狂野"与"西部"，便是这里了。

何时去

西雅图

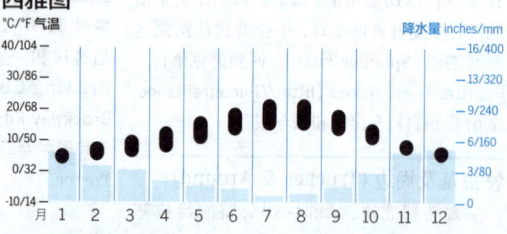

1月至3月 喀斯喀特山脉及周边地区降雪丰沛，最适合滑雪。

5月 节日季：波特兰玫瑰节和国际电影节等。

7月至9月 最佳徒步季：春雪融尽后，秋风初起前。

历史

当18世纪欧洲人抵达太平洋沿岸西北部的时候，包括切努克族（Chinook）和撒利希语族（Salish）在内的美洲原住民，早已建立了历史悠久的沿海部落。而在内陆，位于喀斯喀特山脉（Cascades）和落基山（Rocky Mountain）之间的干旱高原上，斯波坎人（Spokane）、内兹佩尔塞人（Nez Percé）和其他部落随着季节变换，在河谷和温带高地之间来回迁徙，繁衍生息。

哥伦布（Columbus）踏上新大陆（New World）的300年之后，西班牙人和英国人开始探索北太平洋海岸，寻找传说中的西北航道（Northwest Passage）。1792年，海军上校乔治·温哥华（Captain George Vancouver）成为第一个经水路到达普吉特海湾（Puget Sound）的探索者，并且宣称英国对这整个地区拥有主权。与此同时，美国的罗伯特·格雷船长（Captain Robert Gray）发现了哥伦比亚河（Columbia River）的入海口。1805年，探险家刘易斯（Lewis）和克拉克（Clark）穿越落基山脉经哥伦比亚到达太平洋，扩大了美国领土的范围。

1824年，英国哈德逊湾公司在华盛顿修建了温哥华堡（Fort Vancouver）作为公司在哥伦比亚区域的总部。这虽然打开了移民潮的大门，却对本土文化带来了毁灭性的冲击，其中，最致命的攻击来自欧洲的疾病和酒精。

1843年，在位于波特兰以南的威拉梅特河（Willamette River）河岸小城尚波伊（Champoeg），移民者建立了一个独立于哈德逊湾公司控制之外的临时政府，从此将他们的命运与美国紧系在一起了。此时，美国已经通过1846年的条约，正式从英国手里赢得了这片领土。在接下来的10年中，大约有53,000名移民经由2000英里长的俄勒冈小道来到了美国西北部。

铁路的兴建奠定了该地区的发展。直到1914年，农业和木材工业开始成为支柱产业，第一次世界大战的爆发及巴拿马运河（Panama Canal）的开通，为太平洋港口带来了大量的贸易。普吉特海湾一带出现了许多船厂，波音飞机公司也在西雅图附近开设了业务。

20世纪30年代和40年代的大型水坝工程，提供了廉价的水电能源和灌溉能力。第二次世界大战进一步推动了飞机和轮船制造业的发展，农业也得到了更加蓬勃的发展。在战后时期，华盛顿的人口增长到了俄勒冈的两倍，尤其集中在普吉特海湾附近。

20世纪80年代和90年代，高新技术产业崛起，经济重心随之转移，最显著的代表便是西雅图的微软公司（Microsoft）和波特兰的

在太平洋沿岸西北部

4天

花两天时间逛逛**西雅图**，参观主要景点，包括**派克市场**（Pike Place Market）和**西雅图中心**（Seattle Center）。一两天后，动身前往**波特兰**，像当地人一样，骑上自行车到酒吧、咖啡馆、美食小推车和商店走走吧。

1周

除了四日游的行程，可额外参观几个著名景点，如**雷尼尔山**（Mt Rainier）、**奥林匹克国家公园**、**哥伦比亚河峡谷**或**胡德山**（Mt Hood）。也可以探索迷人的俄勒冈州海岸（推荐**加农海滩**一带），或奥林匹克半岛历史悠久的海港——**汤森德港**。

2周

火山口湖国家公园令人流连忘返，还可以加上**阿什兰**（Ashland）和那里的莎士比亚戏剧节（Shakespeare Festival）。不要错过与加拿大仅一水之隔的缥缈的**圣胡安群岛**，还有该地区最大的户外圣地**本德**。如果你喜欢品酒，华盛顿的**沃拉沃拉**就是你的圣地，而**威拉梅特谷**则是俄勒冈的黑品诺葡萄酒天堂。

太平洋沿岸西北部亮点

❶ **圣胡安群岛**（见1177页）骑自行车和划皮艇游览的寂静角落。

❷ **俄勒冈州海岸**（见1207页）从风景优美的阿斯托里亚（Astoria）到宜人的奥福德港（Port Orford），探索这个美丽的地区。

❸ **奥林匹克国家公园**（见1173页）欣赏比欧洲文艺复兴时期的城堡更加古老的树木。

❹ **派克市场**（见1157页）欣赏太平洋西北地区最棒的户外演出。

❺ **波特兰**（见1187页）漫步在青葱静谧的街道，用啤酒、咖啡和美食车提神补劲儿。

❻ **火山口湖国家公园**（见1207页）见识不可思议的湛蓝湖水和如画的全景。

❼ **本德**（见1204页）到这处户外圣地骑山地自行车、攀岩、滑雪。

❽ **沃拉沃拉**（见1186页）品尝周边葡萄酒产区丰盛奢华的红、白葡萄酒。

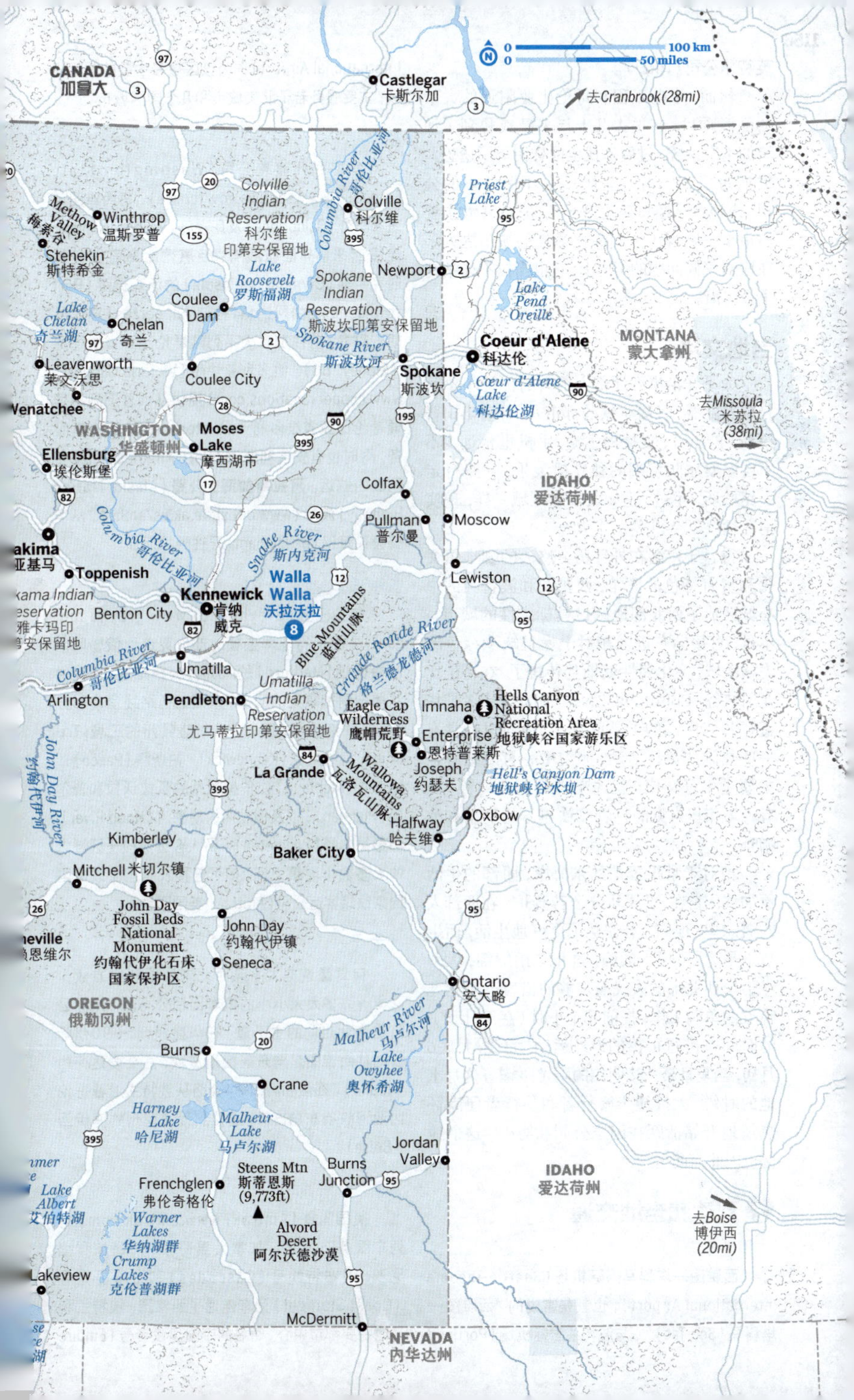
0 100 km
0 50 miles
CANADA
加拿大
Castlegar
卡斯尔加
去Cranbrook (28mi)
Colville Indian Reservation
科尔维印第安保留地
Columbia River
哥伦比亚河
Colville
科尔维
Priest Lake
Methow Valley
梅索谷
Winthrop
温斯罗普
Stehekin
斯特希金
Lake Roosevelt
罗斯福湖
Spokane Indian Reservation
斯波坎印第安保留地
Newport
Lake Pend Oreille
Coulee Dam
Lake Chelan
奇兰湖
Chelan
奇兰
Spokane River
斯波坎河
Coeur d'Alene
科达伦
MONTANA
蒙大拿州
Leavenworth
莱文沃思
Coulee City
Spokane
斯波坎
Cœur d'Alene Lake
科达伦湖
去Missoula
米苏拉
(38mi)
Wenatchee
WASHINGTON
华盛顿州
Moses Lake
摩西湖市
Ellensburg
埃伦斯堡
Colfax
IDAHO
爱达荷州
Columbia River
哥伦比亚河
Pullman
普尔曼
Moscow
Snake River
斯内克河
Yakima
亚基马
Toppenish
Walla Walla
沃拉沃拉
Lewiston
Yakama Indian Reservation
雅卡玛印第安保留地
Kennewick
肯纳威克
Benton City
Blue Mountains
蓝山山脉
Grande Ronde River
格兰德龙德河
Columbia River
哥伦比亚河
Umatilla
Arlington
Pendleton
Umatilla Indian Reservation
尤马蒂拉印第安保留地
Eagle Cap Wilderness
鹰帽荒野
Imnaha
Hells Canyon National Recreation Area
地狱峡谷国家游乐区
Enterprise
恩特普莱斯
Joseph
约瑟夫
La Grande
Wallowa Mountains
瓦洛瓦山脉
Hell's Canyon Dam
地狱峡谷水坝
John Day River
约翰代伊河
Oxbow
Halfway
哈夫维
Kimberley
Baker City
Mitchell米切尔镇
John Day Fossil Beds National Monument
约翰代伊化石床国家保护区
John Day
约翰代伊镇
Prineville
普恩维尔
Seneca
Ontario
安大略
OREGON
俄勒冈州
Malheur River
马卢尔河
Burns
Lake Owyhee
奥怀希湖
Crane
Harney Lake
哈尼湖
Malheur Lake
马卢尔湖
Jordan Valley
Steens Mtn
斯蒂恩斯
(9,773ft)
Burns Junction
IDAHO
爱达荷州
Frenchglen
弗伦奇格伦
Lake Albert
艾伯特湖
Warner Lakes
华纳湖群
Alvord Desert
阿尔沃德沙漠
去Boise
博伊西
(20mi)
Crump Lakes
克伦普湖群
Lakeview
McDermitt
NEVADA
内华达州

英特尔公司（Intel）。

然而，水电工程和哥伦比亚附近的大量的灌溉项目，在过去几十年来已威胁到了河流的生态系统，过度砍伐也同样留下了遗患。但通过引入国内一些最具有环保意识的公司，该地区已经重获生态平衡，它的几大主要城市全都跻身于全国绿化最佳的城市之列。在应对气候问题的努力上，它也当仁不让站在了最前沿。

当地文化

太平洋沿岸西北部人给人的传统印象就是穿着随意、轻啜拿铁的都市人，开着丰田普锐斯（Prius），支持民主党，手机里永远少不了自涅槃乐队发端的独立摇滚乐，一路行走一路聆听。不过，正如大多数区域一样，现实情况远要复杂得多。

得益于声名在外且历史悠久的咖啡馆文化和富有特色的酒馆，西雅图和波特兰的中心城区已成了西北部地区最具标志性的城市。不过，直接向东进入相对干燥且缺少绿色的内陆区域，文化属性就渐趋传统了。在哥伦比亚河峡谷（Columbia River Valley）或者是华盛顿州东南部的干旱草原上，小镇里经常有一些热闹的竞技活动，旅游中心打的招牌也主要是牛仔文化。就连咖啡都直白纯粹，没有大城市里常见的打着拿铁旗号的奶茶和冰咖啡。

相对于紧张繁忙的东海岸，西部的生活更加悠闲自在，少了几分辛苦奔忙。在西部人的概念里，他们工作是为了更好地生活，而生活不是为了工作。的确，这里冬雨绵绵，太平洋沿岸西北部的人民有足够的借口逃避朝九晚五的单调工作，提前几个小时（甚至几天）的时间来进行很棒的户外运动。每到5月底6月初，当夏日第一缕明媚的阳光照耀着这片土地的时候，大批徒步旅行者和骑行者便满怀热情地开始活跃在国家公园和野外。这个地区也因此而闻名。

❶ 到达和当地交通

飞机

西雅图—塔科马国际机场（Seattle-Tacoma International Airport），也就是常说的"西雅图—塔科马（Sea-Tac）"，与波特兰国际机场（Portland International Airport）同为该区域最主要的国际机场，主要服务若干北美城市和几个国际城市。

船

华盛顿州渡轮公司（Washington State Ferries；www.wsdot.wa.gov/ferries），将西雅图与研布里奇（Rainbridge）及瓦逊岛（Vashon Islands）连接起来。其他航线有：经惠德比岛前往奥林匹克半岛（Olympic Peninsula）的汤森德港（Port Townsend），由阿纳科特斯（Anacortes）穿过圣胡安群岛，前往加拿大不列颠哥伦比亚省的悉尼（Sidney, BC）。维多利亚快船（Victoria Clipper；www.clippervacations.com）提供从西雅图到不列颠哥伦比亚省维多利亚（Victoria, BC）的快艇服务，同时也有安吉利斯港（Port Angeles）到维多利亚的航运。**阿拉斯加海上公路**（Alaska Marine Highway）渡船（www.dot.state.ak.us/amhs），从华盛顿州贝灵汉（Bellingham）开往阿拉斯加。

长途汽车

灰狗巴士（Greyhound；www.greyhound.com）主要运行于华盛顿北部贝灵汉到俄勒冈南部梅德福（Medford）的I-5州际公路路段，也提供从美国到加拿大的服务。东西运行路线呈扇形分布，开往斯波坎、亚基马，华盛顿州的三城[Tri-Cities；肯纳威克（Kennewick）、帕斯科（Pasco）、里奇兰（Richland)]、华盛顿州的沃拉沃拉和普尔曼（Pullman），以及俄勒冈的胡德河（Hood River）和彭德尔顿（Pendleton）。私人客运穿梭于区域内的大多数小城镇之间，多可连接灰狗巴士或美国国家铁路客运公司（Amtrak；美国国铁）。

汽车

自驾是游览太平洋西北部最便利的方式，这里有许多大大小小的汽车出租公司，I-5州际公路是南北走向的主干道。在华盛顿州，I-90州际公路从西雅图起向东连接斯波坎，直至爱达荷州（Idaho）。在俄勒冈，I-84公路从波特兰沿着哥伦比亚河峡谷东向出口，连接到爱达荷州的博伊西（Boise）。

火车

美国国铁（Amtrak；www.amtrak.com）的列车服务范围北至加拿大温哥华、南到加利福尼亚，瀑布特快号（Cascades）和海岸星光号（Coast Starlight）列车连通了西雅图、波特兰和其他主要都市中心。著名的帝国建设者号（Empire

Builder），则从西雅图和波特兰往东开向芝加哥（沿斯波坎分路行驶）。

华盛顿州（WASHINGTON）

华盛顿州是太平洋沿岸西北部的中心地带。因此这里拥有你想要的一切，从苍翠繁茂的奥林匹克半岛（Olympic Peninsula）到喀斯喀特山脉（Cascade Mountains）的白色山峰，以及鲸鱼环绕的清爽的圣胡安群岛（San Juan Islands），应有尽有。往东走，景观将不复精致，你能看到该州更有野性的另一面，那里的世界就像它的苹果园和天空一样绵延不断。最大的城市是西雅图，但斯波坎、贝灵汉和奥林匹亚等其他城市同样日新月异，越来越先进。

西雅图（Seattle）

把俄勒冈波特兰的智慧和加拿大温哥华的美丽结合起来，大概就是西雅图的样子了。很难想象，直到20世纪80年代，西雅图这个太平洋沿岸西北部最大的都市，还只被认为是美国的一个二线城市。直到它将大胆的创新和张扬的个性结合起来之后，才使自己转变为互联网时代最大的引领者之一。而这个潮流的引领者，却是一些轻啜着咖啡的计算机怪才和自我陶醉的音乐家组成的联盟，这听起来是如此的不可思议。

西雅图有些地方出奇得优雅，也有些地方十分前卫时髦。西雅图因其繁华的街区、顶级的大学、严重的交通拥堵以及环保意识超群的市长而闻名。尽管这些年西雅图一直孕育着属于自己的流行文化，却还是没有创造出可比拟巴黎或纽约的城市传奇，但它的确拥有一座"高山"。雷尼尔山（Rainier）或许更加有名，这座高14,411英尺、遍布岩石和冰川的大山始终提醒着这个城市的民众，原始的荒野和潜在的火山灾难从未远离。

◉ 景点

◉ 市中心（Downtown）
★ 派克市场 市场

（Pike Place Market；见1158页地图；www.pikeplacemarket.org；85 Pike St；◎周一至周六9:00~18:00，周日至17:00；ⓇWestlake）一个充满嘈杂异味、个性谐趣的城市剧院综合

华盛顿州概况	
别称	常青州
人口	730万
面积	71,362平方英里
首府	奥林匹亚（人口49,218）
其他城市	西雅图（人口668,342）、斯波坎（人口212,052）、贝灵汉（人口83,365）
消费税	6.5%
诞生于此的名人	歌手兼演员宾·克罗斯比（Bing Crosby；1903~1977年）、吉他手吉米·亨德里克斯（Jimi Hendrix；1942~1970年）、电脑奇才比尔·盖茨（Bill Gates；1955年出生）、政治评论家格伦·贝克（Glen Beck；1964年出生）、乐坛偶像柯特·科本（Kurt Cobain；1967~1994年）
发源地/所在地	圣海伦火山（Mt St Helens）、微软、星巴克、亚马逊、常青州立学院
政治	1985年以来，民主党人一直担任州长
著名之处	垃圾摇滚、咖啡、《实习医生格蕾》、《暮光之城》、火山、苹果、葡萄酒、降水量
著名蔬菜	沃拉沃拉甜洋葱
驾驶距离	西雅图到波特兰174英里，斯波坎到安吉利斯港365英里

Seattle 西雅图

太平洋沿岸西北部 西雅图

Map labels

- 13th Ave E
- 12th Ave E
- 11th Ave
- 10th Ave
- E Mercer St
- E Republican St
- E Harrison St
- E Thomas St
- E John St
- E Denny Way
- E Howell St
- E Olive St
- Capitol Hill 国会山
- Cal Anderson Park Reflecting 卡尔安德森公园反思池
- Nagle Pl
- Broadway E
- Harvard Ave E
- Harvard Ave
- Boylston Ave E
- Boylston Ave
- Belmont Ave E
- Belmont Ave
- Summit Ave E
- Summit Ave
- Bellevue Ave E
- Bellevue Ave
- Melrose Ave E
- Melrose Ave
- E Howell St
- E Pine St
- E Pike St
- E Union St
- E Madison St
- Boren Ave
- Terry Ave
- Broadway & Pine
- E Olive Way
- Eastlake Ave E
- Yale Ave N
- Pontius Ave N
- Minor Ave N
- Fairview Ave N
- Mercer St
- Harrison St
- Thomas St
- Republican St
- EASTLAKE
- Lake Union Park
- Terry & Mercer
- Terry & Thomas
- Denny Way
- Minor Ave
- Yale Ave
- Boren Ave
- Terry Ave
- 9th Ave
- Howell St
- Olive Way
- 8th Ave
- Stewart St
- Virginia St
- Westlake Ave
- Lenora St
- Westlake & 9th
- Westlake & 7th
- Westlake Hub
- Westlake Center
- Visit Seattle
- Quick Shuttle
- Terry Ave N
- Westlake Ave N
- Westlake & Thomas
- South Lake Union Street Car
- 9th Ave N
- 8th Ave N
- John St
- Denny Park 丹尼公园
- Dexter Ave N
- 7th Ave
- 6th Ave
- 5th Ave
- Denny Way
- DENNY TRIANGLE
- Aurora Ave N
- 6th Ave N
- Taylor Ave N
- Bell St
- 3rd
- Battery St
- Blanchard St
- 4th Ave
- Vine St
- Wall St
- 2nd Ave
- 1st Ave
- Cedar St
- Clay St
- Broad St
- Western Ave
- Elliott Ave
- Alaskan Way
- Eagle St
- BELLTOWN 贝尔镇
- Olympic Sculpture Park 奥林匹克雕塑公园
- Pier 69
- Victoria Clipper 维多利亚快船
- Pier 67
- McCaw Hall
- Memorial Stadium
- Monorail
- Museum of Pop Culture 流行文化博物馆
- SEATTLE CENTER 西雅图中心
- Space Needle 太空针塔
- Chihuly Garden & Glass 奇胡利玻璃艺术馆
- Key Arena
- Roy St
- Mercer St
- 5th Ave N
- 2nd Ave N
- Warren Ave N

Off-map references

- 去Fremont弗里蒙特(2mi); Green Lake格林湖(3mi); Ballard巴拉德(5mi)
- 去Northwest Outdoor Center(1mi)
- 去Lake Union联合湖(0.3mi); U District华盛顿校区(3.5mi); University of Washington 华盛顿大学(3.5mi)
- 去Toulouse Petit (0.1mi); SIFF Cinema Uptown (0.2mi); On the Boards (0.2mi)
- 去La Cascina Spinasse (0.1mi)

500 m / 0.25 miles

太平洋沿岸西北部 西雅图

Seattle 西雅图

◎ 重要景点
1 奇胡利玻璃艺术馆 A2
2 克朗代克淘金潮国家历史公园 E8
3 流行文化博物馆 B2
4 奥林匹克雕塑公园 A3
5 派克市场 C6
6 西雅图艺术博物馆 D6
7 太空针塔 A2

◎ 景点
8 哥伦比亚中心 E6
9 "手拿榔头的工人" C6
10 西方公园 D7
11 太平洋科学中心 A3
12 绿廊 D7
13 西雅图水族馆 C6
14 西雅图中心 A1
15 史密斯塔 E7
16 陆荣昌亚太裔美国人博物馆 F8

❂ 活动、课程和团队游
17 Seattle Cycling Tours D4
18 西雅图免费徒步游 C5

◎ 住宿
19 Ace Hotel B4
20 Belltown Inn B4
21 City Hostel Seattle B4
22 Hotel Five C3
23 Hotel Monaco D6
24 Maxwell Hotel A1
25 Moore Hotel C4
26 Thompson Seattle C5

❂ 就餐
27 Crumpet Shop C5
28 Le Pichet C5
29 Piroshky Piroshky C5
30 Salumi Artisan Cured Meats E8
31 Sitka & Spruce E4
32 Tavolàta B4
Upper Bar Ferdinand .... (见45)

❂ 饮品和夜生活
33 Cloudburst Brewing B4
34 Elysian Brewing Company G4
35 Panama Hotel Tea & Coffee House F8
36 Zeitgeist Coffee E8
37 Zig Zag Café C5

❂ 娱乐
38 A Contemporary Theatre D5
39 Big Picture A4
40 Crocodile B4
41 Intiman Theatre Festival A1
42 Neumo's G4
43 Seattle Children's Theater A2
44 西雅图国际电影节电影中心 A1

❂ 购物
45 Chophouse Row G4
46 Elliott Bay Book Company G4

体,自由分散在空间不足的海滨地带——派克市场就是西雅图的缩影。1907年开始营业,如今依然像第一天开业那样精神,这个奇妙地道的城市浓缩精华同西雅图一样包罗万象、不拘一格、独一无二。市场崭新的扩建设施扩大了店铺空间和防雨的公共空间,增加了停车位,还为低收入的老人提供了住所。

★ 西雅图艺术博物馆   博物馆

(Seattle Art Museum; SAM; 见1158页地图; ☎206-654-3210; www.seattleartmuseum.org; 1300 1st Ave; 成人/学生 $24.95/14.95; ⦿周三、周五至周日10:00~17:00, 周四至21:00; ⓂUniversity St)虽然不能与纽约和芝加哥的巨头博物馆相提并论,但西雅图艺术博物馆也不错。购买新藏品,引进临时展览,不断地重新规划自己的艺术收藏,博物馆以丰富的美洲原住民手工艺品及本地西北部学校的学生作品出名,特别是马克·托比(Mark Tobey; 1890~1976年)的作品。现代美洲艺术也在这里得到了很好的呈现,而且博物馆还有一些引人入胜的巡回展览(包括草间弥生的无限镜屋)。

★ 奥林匹克雕塑公园   公园、雕塑

(Olympic Sculpture Park; 见1158页地图; 2901 Western Ave; ⦿日出至日落; ☐13) 免费 西雅图艺术博物馆的这座城市美化项目和前哨于2007年建成,获得了当地人的广泛认可。这座阶梯式公园利用铁轨美化景观,可以俯瞰普吉特湾(Puget Sound)及远处的地平线上隐隐约约的奥林匹克山脉(Olympic Mountains)。慢跑和遛狗的人每天都在蜿蜒的小路上转悠,欣赏20多尊现代雕塑。

⊙ 国际区 (International District)

陆荣昌亚太裔美国人博物馆　　博物馆

(Wing Luke Museum of the Asian Pacific American Experience；见1158页地图；206-623-5124；www.wingluke.org；719 S King St；成人/儿童 $17/10；周二至周日 10:00~17:00；7th & Jackson/Chinatown)这座独特漂亮的博物馆主要研究亚太和美国文化，重点关注一些比较棘手的问题，如19世纪80年代中国移民的生存问题和"二战"时期的日本俘虏营。最近的临时展览有"李小龙一生中的一天"(A Day in the Life of Bruce Lee)。此外也有艺术展以及一个受到保护的移民公寓。博物馆提供导游，每月的第一个星期四免费(开放时间延长至20:00)。

⊙ 西雅图中心 (Seattle Center)

西雅图中心　　地标

(Seattle Center；见1158页地图；206-684-8582；www.seattlecenter.com；400 Broad St；Seattle Center)1962年的未来主义世界博览会暨21世纪展览会在西雅图举办，当时的展品历经50多年依然可以在西雅图中心见到。当时，展览会取得了巨大的成功，吸引了1000万名参观客，不仅实现了盈利(在当时非常罕见)，而且还催生了一部电影——《猎艳情歌》(It Happened at the World's Fair, 1963年)。这是一部让人浑身起鸡皮疙瘩的通俗爱情剧，由猫王埃尔维斯(Elvis)主演。得益于定期的升级改造，这座建筑光彩不减当年，还是西雅图一线景观最密集的地方。

★ 太空针塔　　地标

(Space Needle；见1158页地图；206-905-2100；www.spaceneedle.com；400 Broad St；成人/儿童 $29/18；周一至周四 9:30-23:00，周五和周六 至23:30，周日 9:00~23:00；Seattle Center)高塔为1962年的世界博览会而建，线条流畅，远远超前于那个时代，50多年来一直是这座城市的标志。太空针塔高耸在如今被称为西雅图中心的综合设施上，塔上飞碟状的观景台和昂贵的旋转餐厅，每年吸引超过100万名观光者。含奇胡利玻璃艺术馆(Chihuly Garden & Glass)的套票$49。

★ 流行文化博物馆　　博物馆

(Museum of Pop Culture；见1158页地图；206-770-2700；www.mopop.org；325 5th Ave N；成人/儿童 $25/16；6月至8月 10:00~19:00，9月至次年5月 至17:00；Seattle Center)流行文化博物馆(以前是EMP，"音乐体验项目")是超前卫建筑风格和具有传奇色彩的摇滚历史的卓越结合，想象力(和资金)来源于微软的共同创办人保罗·艾伦(Paul Allen)。在由加拿大建筑师弗兰克·盖里(Frank Gehry)设计的先锋派框架内部，你可以聆听西雅图的著名声音[明显偏好吉米·亨德里克斯(Jimi Hendrix)或垃圾摇滚]，或者在互动声音室(Interactive Sound Lab)试着模仿大师。

★ 奇胡利玻璃艺术馆　　博物馆

(Chihuly Garden & Glass；见1158页地图；206-753-4940；www.chihulygardenandglass.com；305 Harrison St；成人/儿童 $24/14；周日至周四 10:00~20:00，周五和周六 至21:00；Seattle Center)该博物馆于2012年对外开放，强化了西雅图作为"北美威尼斯"的地位。这座精致建筑展示着本地雕塑家戴尔·奇胡利(Dale Chihuly)的生平和作品，可能是你见过的策划最出色的玻璃艺术品收藏。前往通风玻璃中庭和太空针塔身影下景色宜人的花园以前，一整套相连的明暗房间展示奇胡利的创意作品。玻璃吹制示范是亮点。

⊙ 国会山 (Capitol Hill)

国会山上既有百万富翁也有哥特摇滚音乐家。这一地区非常富有，民风也很开放，拥有著名的实验剧场、非主流音乐秀、独立咖啡馆以及不容忽视的同性恋文化。在这里，你可以带着你的狗享受一次草本浴，到百老汇(Broadway)选购民族工艺品，或者在不拘一格的派克街—松树街(Pike-Pine)一带加入(或者不)年轻的朋克族或老嬉皮士之中。从Broadway与E John St的交叉路口开始，可以尽览这个街区各式各样的餐厅、自酿酒吧、精品店和昏暗(但绝不肮脏)的潜水酒吧。

⊙ 弗里蒙特 (Fremont)

年轻潮人和老嬉皮士在弗里蒙特结合成

西雅图城市通票 (SEATTLE CITYPASS)

如果你准备在西雅图待一阵子并打算参观这里最好的景点，可以考虑购买一张西雅图城市通票（www.citypass.com/seattle；每名成人/4至12岁儿童 $144/97）。通票9日有效，可以让你进入5处景点：太空针塔、西雅图水族馆、阿戈西游轮海港游（Argosy Cruises Seattle Harbor Tour）、流行文化博物馆或林地公园动物园（Woodland Park Zoo）、太平洋科学中心或奇胡利玻璃艺术馆。你最终可以节省大约45%的门票费用，而且无须排队。各个景点或网上均有销售。

太平洋沿岸西北部

西雅图

一个不可思议的城市联盟，与议会山一同成了西雅图最不协调的街区。这里充斥着旧货店和城市雕塑，满是它所独有的滑稽感。

弗里蒙特巨魔　　　　　　　　　雕塑

（Fremont Troll；N 36th St与Troll Ave的交叉路口；🚌62）弗里蒙特巨魔是一尊古怪的雕塑，隐藏在位于N 36th St的极光大桥（the Aurora Bridge）北端的下方。创作这个巨魔的艺术家——史蒂夫·巴蒂尼斯（Steve Badanes）、威尔·马丁（Will Martin）、唐娜·沃尔特（Donna Walter）和罗斯·怀特黑德（Ross Whitehead）——赢得了1990年弗里蒙特艺术委员会（the Fremont Arts Council）资助的比赛。这座雕塑足有18英尺高，左手抓着一辆大众甲壳虫汽车，是颇受喜爱的深夜喝啤酒之处。

等待城际列车　　　　　　　　　纪念碑

（Waiting for the Interurban；N 34th St 与 Fremont Ave N的交叉路口；🚌62）"等待城际列车"是西雅图最受欢迎的公共艺术品，它是由再生铝浇铸而成，塑像中的6个人在等待永远都不会到来的列车。有时当地人会装扮雕像人物，原因可能是某个节日、天气、某人生日、水手号探测器的发射成功，诸如此类。再仔细看看这个狗身人脸的雕像，你会发现正是阿尔曼·史蒂芬尼（Armen Stepanian），他曾是弗里蒙特市荣誉市长，当初曾错误地反对铸造这个雕像。

华盛顿大学校区 (The U District)

U-dub（华盛顿大学别名，美国西北部俚语）是年轻、好学的外地人的街区，美丽葱郁的华盛顿大学（www.washington.edu；🚇University of Washington）校区与破旧的"大道"（Ave）比邻，这里有许多廉价商店、潜水酒吧和民族风味餐馆。

伯克博物馆　　　　　　　　　博物馆

（Burke Museum；📞206-543-5590；www.burkemuseum.org；17th Ave NE和NE 45th St的交叉路口；成人/儿童 $10/7.50，每个月的第一个周四免费；🕙10:00~17:00，每个月的第一个周四至 20:00；🚌70）一座有趣的混合博物馆，内容涉及自然历史和太平洋沿岸地区的本土文化。入门楼层可谓华盛顿州最好的自然历史收藏，侧重于该州的地质和演变。这里藏有令人印象深刻的化石标本，包括一头两万年前的剑齿虎。楼下是"太平洋之声"（Pacific Voices）展览，有从太平洋沿岸各地搜集来的文化展品。重头戏是优秀的太平洋西北地区展品，包括一些来自不列颠哥伦比亚省引人注目的夸夸嘉夸族（Kwakwaka'wakw）面具。

巴拉德 (Ballard)

巴拉德曾是一个航海社区，具有浓厚的斯堪的纳维亚传统，但给人的感觉仍像是被大城市吞没的小镇。这个传统上坚毅、严肃且不商业化的小镇正逐渐被"公寓化"，却仍然不失为一个喝自酿啤酒或观赏现场乐队演奏的好地方。

★ 海勒姆·M.奇滕登水闸　　　　运河

（Hiram M Chittenden Locks; 3015 NW 54th St; 🕙7:00~21:00; 🚌40）免费 阳光灿烂的时候，在海勒姆·M.奇滕登水闸看粼粼水光映衬下的西雅图，宛如一幅印象派风景画。在这里，华盛顿湖（Lake Washington）和联合湖（Lake Union）的淡水下行22英尺，汇入普吉特湾（Puget Sound）。你可以近在咫尺地观看船的上升或下降（取决于航向）。运河和水闸的修建始于1911年，现在每年有10万余船只通过这里。你可以在水下玻璃池参观鱼梯，在植物园漫步，并参观一座小型博物馆。

🚶 活动

骑车

尽管地处多雨的丘陵地带,但骑车依然是西雅图地区主要的交通和休闲方式。

城里,很多街道的通勤自行车道都被刷成绿色,城市小径受到良好维护,而且热情、友好的骑车人群乐于分享道路。备受欢迎的伯克—吉尔曼路线(Burke-Gilman Trail)从巴拉德一直延伸到西雅图东部肯莫尔山(Kenmore)的罗格·布姆公园(Log Boom Park),全程20英里,最终与11英里长的瑟马米什河路线(Sammamish River Trail)会合,后者蜿蜒途经伍丁维尔(Woodinville)的圣·米歇尔酒庄(Chateau Ste Michelle),最终到达雷德蒙德(Redmond)的玛丽摩尔公园(Marymoor Park)。

其他适合骑车的地点有格林湖(Green Lake;拥堵)附近、阿尔基海滩(Alki Beach;迷人),以及穿过景色优美的默特尔爱德华公园(Myrtle Edwards Park)的市中心附近。

所有想在西雅图骑车的人都应该准备一份《西雅图骑行指南地图》(*Seattle Bicycling Guide Map*),可以从网上下载,或在自行车店购买。

租借自行车或参加团队游可前往Recycled Cycles(206-547-4491;www.recycledcycles.com;1007 NE Boat St;租金每天$40起; 周一至周五 10:00~19:00,周四至20:00,周六和周日 10:00~18:00; 70)或Seattle Cycling Tours(见1158页地图;206-356-5803;www.seattle-cycling-tours.com;714 Pike St;团队游$55起; 10)。

水上运动

西雅图不仅拥有供自行车骑行的线路网络,还有比例堪比威尼斯的市区水域,所以也有许多适合皮艇运动的水域线路。湖泊水闸水上路线(Lakes to Locks Water Trail)贯穿瑟马米什湖、华盛顿湖和联合湖,并通过海勒姆·M.奇滕登水闸将普吉特湾也连接了起来。如需获得活动场所信息和地图,请登录华盛顿水上线路协会(Washington Water Trails Association;www.wwta.org)的网站。

Northwest Outdoor Center 独木舟

(206-281-9694;www.nwoc.com;2100 Westlake Ave N;租金 每小时皮划艇/立式冲浪$16/18; 4月至9月 周一至周五 10:00~20:00,周六和周日 9:00~18:00,10月至次年3月 周一和周二歇业; 62)位于联合湖西侧,这个地方提供皮划艇和立式冲浪板出租,团队游和海上、激浪皮艇培训。

👥 团队游

★ 西雅图免费徒步游 步行游览

(Seattle Free Walking Tours;见1158页地图;www.seattlefreewalkingtours.org)**免费** 两名环球旅行者和西雅图居民在2012年创立的非营利组织;他们对许多欧洲城市提供的免费步行游让人印象深刻。两小时宁静怡人的步行游包括派克市场、海边和先锋广场(Pioneer Square)。每次团队游都有不同的出发时间和集合地点;上网查看。

徒步西雅图 步行游览

(Seattle by Foot;206-508-7017;www.seattlebyfoot.com;每人$30起)经营几种团队游,包括几乎必不可少的(因为这里是西雅图)Coffee Crawl,该团队游会一边让你喝咖啡,一边讲解咖啡拉花的精妙之处,闲话星巴克发家(和发展)的内幕故事。团队游费用$30,包括品尝;周四至周五9:50开始在西雅图艺术博物馆外边的"**手拿榔头的工人**"(Hammering Man;见1158页地图;University St)处报名。

🎉 节日和活动

西雅图国际电影节 电影节

(Seattle International Film Festival;SIFF;www.siff.net; 5月至6月)这个久负盛名的电影节从5月中旬持续到6月上旬,持续3周,一般会动用6家电影院,放映电影超过400部。主要场地包括议会山的埃及电影院(Egyptian Cinema)、下安妮皇后区(Lower Queen Anne)的SIFF Cinema Uptown(206-285-1022;511 Queen Anne Ave N; 13)及西雅图中心专用的西雅图国际电影节电影中心(SIFF Film Center;见1158页地图;206-324-9996;Northwest Rooms; Seattle Center)。

海洋节
博览会

（Seafair; www.seafair.com; ◐6月至8月）这场水上盛事于6月下旬至8月中旬举行，总是人潮涌动。主要项目有海盗登陆、火炬游行、空中表演、音乐马拉松，还有一场牛奶盒划船赛（Milk Carton Derby）。

雨伞音乐节
表演艺术

（Bumbershoot; www.bumbershoot.com; 3日通票 $249起; ◐9月）相当一部分人——西雅图人或者游客——会说这是西雅图最好的节日，有重要的艺术和文化活动，于9月劳动节的周末在西雅图中心举行。届时有现场音乐、喜剧、戏剧、视觉艺术和舞蹈演出等，但同时也会人头攒动，酒店爆满。一定要提前预订！

🛌 住宿

夏季住宿往往很快售罄或是价格会突然飙升，所以尽早预订。

City Hostel Seattle
青年旅舍 $

（见1158页地图; ☏206-706-3255; www.hostelseattle.com; 2327 2nd Ave; 铺/双 $33/99起; ⊖@令; ®Westlake）这间精品"艺术旅舍"位置绝佳，每间房间的墙壁上都有本地艺术家绘制的壁画，令人印象深刻。配有公共休息室、热水浴缸、室内电影院，还有让你吃到饱的早餐。宿舍有4或6张床，有的仅限女性。这里还有几间单独的房间，有的带共用浴室。

Ace Hotel
酒店 $$

（见1158页地图; ☏206-448-4721; www.acehotel.com; 2423 1st Ave; 房间 带共用/独立卫生间 $129/239起; P⊖❄@令; ®13）高度程式化的Ace连锁酒店的起源地，这个地方拥有新工业风的装饰风格，巨大的浴室滑门，彭德尔顿羊毛地毯。忠实于其最初的理念，这家酒店既经济又时尚，尤其是你不介意共用浴室的话。一些房间甚至有黑胶唱片机，对潮人极具吸引力。

Hotel Five
精品酒店 $$

（见1158页地图; ☏206-448-0924; www.hotelfiveseattle.com; 2200 5th Ave; 房间 $212起; P⊖❄@令; ®13）在这间时尚的酒店内，复古的20世纪70年代家具与鲜艳的色彩交融，营造出了一种耀眼的现代感。超级舒适的床铺是治疗失眠症的良方，宽大的接待处在下午时分提供免费蛋糕和咖啡，让人流连。

Belltown Inn
酒店 $$

（见1158页地图; ☏206-529-3700; www.belltown-inn.com; 2301 3rd Ave; 房间 $206起; ⊖❄@令; ®Westlake）可靠的Belltown Inn是受欢迎的中档住宿场所——在满足基本需求方面表现不错，只是装饰稍有不足。即便如此，这里有屋顶露台，提供免费自行车，有的房间带小厨房。可以轻松步行前往市中心和西雅图中心。

带孩子游西雅图

最好的选择就是搭乘单轨列车直奔西雅图中心，美食摊、街头表演者、喷泉和绿地，这一切会让时光飞逝。一个必游之地是**太平洋科学中心**（Pacific Science Center; 见1158页地图; ☏206-443-2001; www.pacificsciencecenter.org; 200 2nd Ave N; 仅展览成人/儿童 $19.75/14.75; ◐周一至周五 10:00~17:00, 周六和周日 至18:00; Ⓢ Seattle Center），包括虚拟现实展、激光表演、全息摄影、Imax电影院和天文馆，寓教于乐，就是父母也不会觉得无聊。

位于中心区的Pier 59的**西雅图水族馆**（Seattle Aquarium; 见1158页地图; ☏206-386-4300; www.seattleaquarium.org; 1483 Alaskan Way; 成人/儿童 $24.95/16.95; ◐9:30~17:00; ♿; ®University St）可以让游客通过一种有趣的方式了解太平洋西北海岸自然界。更有趣的是位于格林湖街区的**林地公园动物园**（Woodland Park Zoo; ☏206-548-2500; www.zoo.org; 5500 Phinney Ave N; 成人/儿童 5月至9月 $20.95/12.95, 10月至次年4月 $14.95/9.95; ◐5月至9月 9:30~18:00, 10月至次年4月 至16:00; ♿; ®5），这是西雅图最棒的旅游景点之一，始终跻身在美国十大动物园之列。

Moore Hotel　　　　　　　　　酒店 $$

（见1158页地图；☎206-448-4851；www.moorehotel.com；1926 2nd Ave；双 带共用/单独浴室 $99/117起；🛜；🚇Westlake）Moore是一家古色古香的酒店，据说还闹过鬼，时尚却有几分古怪，无疑是西雅图市中心最可靠的实惠住处，提供许多简单却时尚的房间并保持年度固定价格。额外优势——除了绝佳的位置以外——还有可爱的底层咖啡馆，以及斑马皮和豹皮图案的地毯。

★ Hotel Monaco　　　　　　精品酒店 $$$

（见1158页地图；☎206-621-1770；www.monaco-seattle.com；1101 4th Ave；双/套 $339/399；🅿@🛜❄；🚇University St）异想天开，充满个性，还有几分欧洲的优雅，市中心的Monaco是一家传统的金普顿（Kimpton）酒店。房间没有辜负金碧辉煌的大厅。可以在大胆的生动的装饰之间入睡，还能获得额外优势（免费使用自行车、健身中心、免费品酒会、室内瑜伽垫）。

★ Maxwell Hotel　　　　　　精品酒店 $$$

（见1158页地图；☎206-286-0629；www.themaxwellhotel.com；300 Roy St；房间 $319起；🅿❄@🛜❄；🚇Rapid Ride D-Line）Maxwell坐落于Lower Queen Anne街区，拥有设计别致的宽敞大厅，铺着马赛克地面，陈设时尚。楼上139间华丽的现代客房延续这种光鲜，铺着硬木地板，配备北欧风格的床上用品。这里有小游泳池、健身房、赠送的纸杯蛋糕，还可以免费借用自行车。

Thompson Seattle　　　　　　酒店 $$$

（见1158页地图；☎206-623-4600；www.thompsonhotels.com/hotels/thompson-seattle；110 Stewart St；双 $309；bus, light rail University Street Station）Thompson Hotel从2016年初夏开业以来一直是游客和本地人的热门住宿地点。由本地著名的建筑师事务所奥森·昆图（Olson Kundig）设计，这家精品酒店时尚、现代，可以一览普吉特湾的美景。

🍴 就餐

派克市场（见1157页）有最划算的用餐之

当地知识

比太空针塔还高

大家一窝蜂冲向标志性的太空针塔，但那并不是西雅图最高的观景点。这个荣誉要授予光亮时髦的**哥伦比亚中心**（Columbia Center；见1158页地图；☎206-386-5564；www.skyviewobservatory.com；701 5th Ave；成人/儿童 $14.75/9；⏰10:00~20:00；🚇Pioneer Sq），该建筑高达932英尺，共有76层。大厅电梯会带你前往可以免费进入的40层，那里有一家星巴克。必须在这里乘坐另一部电梯，才能前往位于73层的豪华天空观景台（Sky View Observatory），在那儿鸟瞰渡轮、汽车、群岛、屋顶——哈哈——还有太空针塔！

选。可挑选你中意的新鲜农产品、烘焙食品、各种熟食以及外卖风味食品。

★ Salumi Artisan Cured Meats　　三明治 $

（见1158页地图；☎206-621-8772；www.salumicuredmeats.com；309 3rd Ave S；三明治 $10~14；⏰周一 11:00~13:30仅限外卖，周二至周五 至15:30；🚇International District/Chinatown）店面像一辆小型汽车那么宽，粉丝规模堪比西雅图水手队（Seattle Mariners），Salumi是出名的排队旋涡中心。但柜台上等候你的传奇式意大利品质香肠和熏肉三明治（烤羊肉、猪肩肉、肉丸）值得等待。买一份就走吧！周二经常提供新鲜的自制丸子。

★ Piroshky Piroshky　　　　　面包房 $

（见1158页地图；www.piroshkybakery.com；1908 Pike Pl；点心 $3~6；⏰8:00~18:00；🚇Westlake）Piroshky店面和步入式衣橱一样大，因其美味且香甜可口的俄罗斯馅饼和糕点而出名。来一个可口的熏鲑鱼馅饼或白菜洋葱配酸菜，再来一份巧克力奶油榛子卷，或是新鲜大黄叶皮罗什基。

★ Fonda la Catrina　　　　　墨西哥菜 $

（☎206-767-2787；www.fondalacatrina.com；5905 Airport Way S；主菜 $9~14；⏰周一至周四 11:00~22:00，周五 至23:00，周六 10:00~

不要错过

先锋广场

先锋广场(Pioneer Square)是西雅图最古老的街区,如果你来自罗马或是伦敦,这里的"古老"听听就好。该处的大部分建筑都是1889年大火(这是一场毁灭性的地狱之火,烧毁了包括整个商业中心区在内的25个城市街区)之后建造的,均采用当时非常流行的一种红砖复古风格——理查森·罗马式(Richardson Romanesque)。最初的那些年里,这一街区大起大落的命运将它的主干道Yesler Way变成了地道的"滑动路",原本是说木材从山上滚下来,经过街道被送到码头边亨利·斯乐(Henry Yesler)的工厂里。当木材工业陷入困境后,这条路成了流浪汉的安身之所,它的名字也逐渐传遍全国,成了贫困的城市飞地的代名词。

幸亏当时社会各界相互协作,共同努力,这一带才没有被20世纪60年代的拆迁队破坏,现在作为先锋广场—滑动路历史街区(Pioneer Sq-Skid Rd Historic District)而受到保护。

现在的先锋广场既有古老的历史古迹,也有艺术画廊、咖啡馆和夜生活。最具标志性的建筑是42层的史密斯塔(Smith Tower; 见1158页地图; 206-622-4004; www.smithtower.com; 506 2nd Ave; 观景台门票 $12起; 10:00~22:00; Pioneer Sq),该塔竣工于1914年,在1931年以前一直是密西西比河以西的最高建筑。其他亮点包括1909年建成的绿廊(Pergola; 见1158页地图; Yesler Way与James St的交叉路口; Pioneer Sq),这是个装饰性铁建筑,让人联想起巴黎地铁站。西方公园(Occidental Park; 见1158页地图; S Washington St与S Main St之间; Occidental Mall)有切努克艺术家杜安·帕斯科(Duane Pasco)雕刻的图腾柱。

克朗代克淘金潮国家历史公园(Klondike Gold Rush National Historical Park; 见1158页地图; 206-553-3000; www.nps.gov/klse; 319 2nd Ave S; 10:00~17:00; Occidental Mall) **免费** 是了解这座城市的信息前哨。公园里满是有关1897年克朗代克淘金潮的各种展品、图片和剪报。对当时奔着加拿大育空地区(Yukon)而去的淘金者来说,快速发展的西雅图就是他们的加油站。

23:00, 周日 10:00~22:00; 124)到了乔治敦(Georgetown)忙碌的Fonda la Catrina,对西雅图不错的墨西哥餐馆的寻找可以完美收官了。亡灵节(Day of the Dead)图腾与迭戈·里维拉风格的壁画相映成趣,更重要的,还有美食。这个地方提供超过一般水平的玉米卷饼—玉米煎饼—玉米馅饼三部曲,全心全意地致力于拉美烹饪。

亮点?格兰德河(Rio Grande)这一侧最好的莫莱辣椒(moles poblanos)之一。

Crumpet Shop 面包房 $

(见1158页地图; 206-682-1598; www.thecrumpetshop.com; 1503 1st Ave; 松脆饼 $3~6; 周一、周三和周四 7:00~15:00, 周五至周日 至16:00; Westlake)这间派克市场里的寻常小餐馆由一个家庭所有,已经开了40年,供应着珍宝般的英国松脆饼,只是它们已经被赋予了鲜明的美国特色,奢华的配料包括香蒜酱、野生鲑鱼和柠檬酱。有机食材使其非常有太平洋西北部地区的风格,但马麦酱(Marmite)足以一解英国人的思乡之情。

★ **Tavolàta** 意大利菜 $$

(见1158页地图; 206-838-8008; 2323 2nd Ave; 意大利面 $17~21, 主菜 $24~28; 17:00~23:00; 13) 老板是西雅图顶尖厨师伊桑·斯托韦尔(Ethan Stowell)。Tavolàta是只经营晚餐的意大利餐厅,侧重于家常自制意大利面食。鹿肉小方饺和蛤蜊黑面(linguine nero)把事情变得很简单,菜品与在意大利的一样好——没有比这更好的赞美了!

★ **Toulouse Petit** 卡真菜、克里奥尔菜 $$

(206-432-9069; www.toulousepetit.

com; 601 Queen Anne Ave N; 晚餐主菜 $17~45; ⏱周一至周五 9:00至次日2:00, 周六和周日 8:00起; 🅿13) 这里以慷慨的欢乐时光、实惠的早午餐和欢快的环境而大受欢迎。这家Queen Anne区的小餐馆平易近人, 菜式多且品种丰富, 包括熏黑肋眼牛排、淡水湾对虾和家庭自制的朝鲜蓟馅汤团等。

Le Pichet 法国菜 $$

(见1158页地图; ☎206-256-1499; www.lepichetseattle.com; 1933 1st Ave; 晚餐主菜 $21~24; ⏱8:00至午夜; 🚇Westlake) 跟Le Pichet 说"bonjour"(法语: 你好)吧。它就位于派克市场, 是一家可爱地道的法国小酒馆, 供应肉酱馅饼(pâtés)、奶酪、葡萄酒、巧克力和优雅的巴黎氛围。晚餐的美味佳肴主要包括野猪肉或鸭蛋鹅肝酱。特色菜是烤鸡($45)——不过要知道, 点完以后需要等待1小时。

Revel 韩国菜、美国菜 $$

(☎206-547-2040; www.revelseattle.com; 403 N 36th St; 小盘菜 $11~18; ⏱周一至周五 11:00~14:00及17:00~22:00, 周六和周日 10:00~14:00及17:00~22:00; 🅿40) 这家现代的韩国美式融合餐厅(包括些许法式)在西雅图餐饮界声名鹊起, 部分原因是这里可供分享的简单盘装菜。比较有名的是五花肉薄煎饼、排骨饺子及各种时令火锅, 所有菜肴都适合搭配一两种鸡尾酒。

★ Sitka & Spruce 现代美国菜 $$$

(见1158页地图; ☎206-324-0662; www.sitkaandspruce.com; 1531 Melrose Ave; 盘装菜 $15~35; ⏱周一至周五 11:30~14:00及17:00~22:00, 周六 10:00~14:00及17:00~23:00, 周日 10:00~14:00及17:00~21:00; ✍; 🅿10) 土食餐馆的佼佼者, Sitka & Spruce是著名西雅图厨师马特·狄龙(Matt Dillon)的试点项目。它已经成为开创和引领潮流的餐厅, 小型乡村厨房的装饰风格和不断更换的菜单与狄龙自有的瓦雄岛(Vashon Island)农场食材相得益彰。特色菜包括家庭自制的熟食(charcuterie)、羊肚菌和芦笋烤肝冻糕。

Cascina Spinasse 意大利菜 $$$

(☎206-251-7673; www.spinasse.com; 1531 14th Ave; 主菜 $26~45; ⏱周日至周四 17:00~22:00, 周五和周六 至23:00; 🅿11) 成功再现意大利饮食店的感觉, Spinasse以意大利北部皮埃蒙特地区菜肴为特色。这意味着它的菜肴有牛肉汤饺(agnolotti)、金枪鱼汁牛肉和一流的意大利调味饭(来自以阿皮罗米出名的地区)。精致的葡萄酒单上有顶级的皮埃蒙特红葡萄酒: 巴罗洛(Barolo)和巴巴瑞斯(Barbaresco)。

Upper Bar Ferdinand 美国菜 $$$

(见1158页地图; ☎206-693-2434; www.barferdinandseattle.com; 1424 11th Ave; 主菜 $45; ⏱周二至周五 16:00~23:00, 周六 13:00~23:00) 集自在、质朴、舒适、迷人和经典于一身, Ferdinand提供取材于本地的明火烹饪亚洲风情美食, 搭配精心挑选的葡萄酒。距离原先的Bar Ferdinand酒行几个街区, Upper Bar Ferdinand坐落在Chophouse Row(见1170页), 是一家特别的葡萄酒吧, 还有独特的创新食物。

🍷 饮品和夜生活

雨天最好的慰藉——咖啡和啤酒——如此丰富多彩, 让人很难再对西雅图糟糕的天气怨气冲天。无论你喜好哪一种, 毫无疑问, 西雅图都是享受饮品的迷人地方。自酿酒吧和苹果酒屋如今痴迷于为已经非常精致的酒水增添新鲜的风味。

★ Fremont Brewing Company 自酿酒吧

(☎206-420-2407; www.fremontbrewing.com; 3409 Woodland Park Ave N; ⏱11:00~21:00; 👶🐕; 🅿62) 🍺 相对较新的自酿酒吧, 紧跟当前潮流, 通过附设的品酒室而不是综合性酒馆出售产品。不仅有极好的啤酒(还可以尝尝季节性的波旁威士忌木桶陈酿Abominable), 而且工业风格的品酒室和"城市啤酒花园"是极具包容性的空间, 里面几乎每个人都会拼桌消磨时光。

★ Zeitgeist Coffee 咖啡馆

(见1158页地图; ☎206-583-0497; www.zeitgeistcoffee.com; 171 S Jackson St; ⏱周一至周五 6:00~19:00, 周六 7:00~19:00, 周日 8:00~18:00; 📶; 🚇Occidental Mall) Zeitgeist可能是

西雅图最好（也是最忙碌）的独立咖啡馆，有口感润滑的双份玛奇朵（doppio macchiato）和甜美的法式杏仁面包，以及其他美味烘焙食品。咖啡馆呈现时尚的工业化风格，有砖墙和正适合看人来人往的大窗户。另外提供汤、沙拉和三明治。

★ Blue Moon　　　　　　　　酒吧

（📞206-675-9116; www.bluemoonseattle.wordpress.com; 712 NE 45th St; ⏰周一至周五14:00至次日2:00, 周六和周日 正午至次日2:00; 🚌74）这间酒吧于1934年开业，是为了庆祝禁酒令的废除而开设的第一间酒吧，也是非主流文化的传奇之地。许多文人都曾经是Blue Moon的老顾客——包括狄兰·托马斯（Dylan Thomas）和艾伦·金斯堡（Allen Ginsberg）。这个地方既粗犷又难以捉摸，令人惬意，有刻进座椅的涂鸦和随时可能站起来侃侃而谈的朋克诗人。经常有现场音乐演出。

Noble Fir　　　　　　　　　酒吧

（📞206-420-7425; www.thenoblefir.com; 5316 Ballard Ave NW; ⏰周二至周四 16:00至午夜, 周五和周六 至次日1:00, 周日 13:00~21:00; 🚌40）Noble Fir虽是酒吧，却几乎可以充当一家旅游书店，策划出色，丰富多彩的啤酒能让你壮起酒胆，计划前往令人毛骨悚然的亚马逊旅行，或者只是环绕巴拉德（Ballard）徒步。这家明亮、悠闲的酒吧有一处摆放旅游书籍和地图的角落，还有可以暂放饮品的货箱。

Elysian Brewing Company　　自酿酒吧

（见1158页地图；📞206-860-1920; www.elysianbrewing.com; 1221 E Pike St; ⏰周一至周五 11:30至次日2:00, 周六和周日 正午至次日2:00; 🚌Broadway & Pine）Elysian Brewing的Immortal IPA是强劲的苦味"重啤酒花"啤酒的化身，后者已经成为太平洋沿岸西北部自酿啤酒民俗的一部分，酒精浓度6.3%，用不着喝太多就能让你酒话连篇。虽然已于2015年1月被安海斯－布希公司（Anheuser-Busch）收购，但Elysian依然拥有西雅图备受欢迎的几家酒吧，包括国会山的这一家（始创于1996年）。

Zig Zag Café　　　　　　　鸡尾酒吧

（见1158页地图；📞206-625-1146; www.zigzagseattle.com; 1501 Western Ave; 鸡尾酒$10起; ⏰17:00至次日2:00; 🚌University St）如果你

垃圾和朋克摇滚的西海岸天堂

伴随着"X一代"有关个人卫生问题的焦虑，一般被分类为"垃圾摇滚"的音乐如同常常阴郁潮湿的午后的一声霹雳，在20世纪90年代初的西雅图音乐舞台上炸响。这一腔怒火已酝酿了数年——不仅仅在西雅图，还包括其四周的卫星城镇及郊区。有人说它的灵感来自天气，还有人认为是因为美国西北部隔绝的地理位置。那都无关紧要。各个迥然不同的乐队乱弹和弦，唱着时而讽刺的阴郁歌词，轻蔑地走到麦克风前面，宣扬来自一座城市的新启示。这座城市一直被所有知名摇滚巡回演出忽略。"尖叫的树"（Screaming Trees）来自拥有浓厚学术气息的埃伦斯堡，"讨厌鬼"（Melvins）来自多雨的蒙特萨诺（Montesano），"涅槃"（Nirvana）来自木材小镇阿伯丁（Aberdeen），"珍珠果酱"（Pearl Jam）的成员则来自全国各地。

垃圾摇滚的高潮应该是1992年10月，当时涅槃乐队（Nirvana）的第二张专辑《没关系》（Nevermind）取得了巨大的成就，从迈克尔·杰克逊的手中抢走音乐榜单之首。但最终毁了这支乐队的还是荣誉。抨击主流几年以后，涅槃乐队和垃圾摇滚开始融入主流。在媒体的介入之下，垃圾摇滚在《名利场》杂志上登堂入室，不成熟的西雅图歌手只需要咳嗽几声就可以签订唱片合约。很多人畏缩了，最著名的涅槃乐队歌手和词曲作者科特·柯本（Kurt Cobain）由于不堪药物滥用的痛苦，于1994年在自己麦迪逊公园的新家自杀。虽然其他乐队还在继续，但火花不再——它曾经燃烧得如此耀眼。20世纪90年代中期，垃圾摇滚正式消亡。

正在撰写关于西雅图菜系历史的研究项目，那么你得为Zig Zag Café留出一章的篇幅。想喝好的鸡尾酒，这个地方具有传奇色彩——正是这家酒吧带动以杜松子酒为基酒的爵士时代（Jazz Age）鸡尾酒"The Last Word"在21世纪初叶重新流行。这种饮品快速流行，而Zig Zag穿戴帅气的调酒师理应被誉为这座城市最优秀的"炼金术士"。

Cloudburst Brewing　　　自酿酒吧

（见1158页地图；206-602-6061；www.cloudburstbrew.com；2116 Western Ave；周三至周五14:00~22:00，周六正午至22:00，周日至20:00）Elysian Brewing前试验酿酒师史蒂夫·卢克（Steve Luke）的智慧结晶——Cloudburst Brewing已经成为西雅图最受欢迎的地方。Cloudburst复制了卢克曾经的创意自酿，以名字时尚的啤酒为特色。这家极为简单的品酒室总是挤满想要支持西雅图自酿文化的啤酒爱好者。

Panama Hotel Tea & Coffee House　　咖啡馆

（见1158页地图；206-515-4000；www.panamahotel.net；607 S Main St；茶 $5起；8:00~21:00；5th & Jackson/Japantown）这家气氛热情的茶馆位于历史悠久的Panama Hotel，到处散发出一种时光倒流的感觉，以至你都不愿意取出笔记本电脑（尽管这里有Wi-Fi）。位于被认定为国宝的一栋建于1910年的历史建筑内，拥有美国唯一留存至今的日本浴室，同时也是对于"二战"期间被迫进入拘禁营的纪念地。

☆ 娱乐

具体节目表请查询《异乡人》（*The Stranger*）、《西雅图周报》（*Seattle Weekly*）或其他日报。大型活动可至Ticket Master（www.ticketmaster.com）购票。

★ Crocodile　　　现场音乐

（见1158页地图；206-441-4618；www.thecrocodile.com；2200 2nd Ave；13）Crocodile历史悠久得几乎可以称得上是西雅图的初创机构了。这是一个可容纳560人的喧闹音乐场所，1991年开幕时垃圾摇滚热潮尚未退却。在西雅图另类音乐乐坛中稍有名气的人物都曾在这里表演，1992年Nirvana乐队在这里现身表示支持Mudhoney乐队。

★ A Contemporary Theatre　　剧院

（ACT；见1158页地图；206-292-7676；www.acttheatre.org；700 Union St；University St）作为城里三大巨头剧院之一，位于克莱尔施艾默广场（Kreielsheimer Pl）的ACT耗资3000万美元。西雅图最好的演员在此表演，偶尔也能看到大牌演员的身影。阶梯形座位围绕着一个中央舞台，内部装潢光彩夺目。

Big Picture　　　电影院

（见1158页地图；206-256-0566；www.thebigpicture.net；2505 1st Ave；14:00至午夜）探索西雅图的贝尔敦（Belltown）街区时，很容易错过**Big Picture**。对于了解内情的人来说，它能提供"非主流"的影院体验，首映票价实惠，环境清幽。可以在酒吧点鸡尾酒，影片放映前再买一杯，让人在放映途中送进来。你还可以在电影开场前后在舒适的酒吧区域流连片刻。

Neumo's　　　现场音乐

（见1158页地图；206-709-9442；www.neumos.com；925 E Pike St；Broadway & Pine）这个朋克、嘻哈和另类音乐地点，连同贝尔顿的Crocodile，是西雅图较受欢迎的小型音乐场地之一。在这儿表演过的人数不胜数，难以尽述，但如果这些很棒的人经过西雅图，他们还可能在这儿演出。观众席会很热、让你大汗淋漓，甚至有异味，但这就是摇滚。

Tractor Tavern　　　现场音乐

（206-789-3599；www.tractortavern.com；5213 Ballard Ave NW；票价 $8~20；20:00至次日2:00；40）想听民间音乐和不插电音乐，这里就是一个首选。Tractor包揽了本地词曲作家、区域乐队和高品质的巡回演出。音乐风格多样，有乡村摇滚乐、民谣、蓝草和老派音乐等。这个舒适的地方有一块小舞台和一流的音响，偶尔还有方块舞锦上添花。

On the Boards　　舞蹈，剧院

（206-217-9888；www.ontheboards.org；100 W Roy St；13）非营利性的On the Boards在Behnke Center for Contemporary

不要错过

探索公园

在阳光灿烂的春天，**探索公园**(Discovery Park; www.seattle.gov/parks/environment/discovery.htm; ⏰4:00~23:30; P🅿🚻; 🚌33)的景色无与伦比，步行小径纵横其间，还可以一瞥对岸的奥林匹克山脉。这里原本是个军事设施，后来改建为野外海滨公园，直至1973年才落成，而美国军队在2012年才撤离该地区。公园是全城最大的绿地，拥有534英亩的森林、草地、沙丘和海滩，为本地人提供了避开喧嚣的休闲空间，也为野生动物提供了重要的生态走廊。

Performance呈现先锋表演艺术，在这里，你可以看到创新间或流于怪诞的舞蹈和音乐。

Intiman Theatre Festival　　剧院

（见1158页地图；☎206-441-7178；www.intiman.org；201 Mercer St；票价$20~50；🚇；ⓈSeattle Center）备受喜爱的剧社，总部在西雅图中心的Cornish Playhouse。艺术总监安德鲁·罗素（Andrew Russell）将精彩的莎士比亚剧、易卜生剧以及其他艺术新秀的作品搬上舞台。演出季节从7月至10月。

Seattle Children's Theater　　剧院

（见1158页地图；☎206-441-3322；www.sct.org；201 Thomas St；票价$22起；⏰9月至次年5月 周四至周日；🚇；ⓈSeattle Center）这家备受尊敬的剧团在西雅图中心园内有两个礼堂。9月至次年5月，周五和周六有午后场和夜间演出。夏季还有戏剧学校（Drama School）。

🛍 购物

这座城市的拿手好戏是书店和唱片店，它们无疑是全国最好的。主要的知名商业区位于市中心3rd Ave和6th Ave之间，以及University St与Stewart St之间。派克市场就是一座工艺品摊位、画廊和小商店组成的迷宫。先锋广场和议会山则聚集了土特产店和二手商店。

★ Elliott Bay Book Company　　书籍

（见1158页地图；☎206-624-6600；www.elliottbaybook.com；1521 10th Ave；⏰周一至周四 10:00~22:00，周五和周六 至23:00，周日 至21:00；🚇Broadway & Pine）西雅图最受喜爱的书店，宽敞通风，装有木制横梁，15万本书足够你在舒适的角落里随意浏览上几个小时。定期读书会和签售活动能让爱书之人得到更深入的满足。

Chophouse Row　　饮食

（见1158页地图；1424 11th Ave；6:00~23:30；🚇Captiol Hill, light rail Capitol Hill）藏在国会山的历史和现代建筑中间，Chophouse Row感觉像是只有本地人才知道的秘密。2016年新开的这条美食街以迷人的花园商店Niche Outside等独立商店为特色，还有出售农场冰激凌的Kurt Farm Shop和鸡尾酒与葡萄酒吧Upper Bar Ferdinand。

ℹ 实用信息

紧急情况和医疗服务

西雅图警察局（Seattle Police；☎206-625-5011；www.seattle.gov/police）

港景医疗中心（Harborview Medical Center；☎206-744-3000，www.uwmedicine.org/harborview；325 9th Ave；🚇Broadway & Terrace）全科医疗服务，设有急诊室。

媒体

KEXP 90.3 FM（stream at http://kexp.org）传奇独立音乐和社区电视台。

《西雅图时报》（Seattle Times；www.seattletimes.com）华盛顿州规模最大的日报。

《异乡人》（The Stranger；www.thestranger.com）以前由著名的"Savage Love"专栏主笔丹·赛维吉（Dan Savage）主编，每周一刊，风格桀骜且充满智慧。

邮局

邮局（见1158页地图；☎206-748-5417；www.usps.com；301 Union St；⏰周一至周五 8:30~17:30；🚇Westlake）

旅游信息

Visit Seattle（见1158页地图；☎206-461-5800；www.visitseattle.org；Washington State Convention Center, Pike St和7th Ave的交叉路口；⏰6月至9月 每天 9:00~17:00，10月至次年5月 周一至周五；

(Westlake)华盛顿州会议中心(Washington State Convention Center)里面的咨询台。即使咨询台关闭,你也可以领取传单。

ℹ️ 到达和离开

飞机
西雅图—塔科马国际机场(Sea-Tac International Airport, SEA; ☎206-787-5388; www.portseattle.org/sea-tac; 17801 International Blvd; 📶)位于西雅图向南约13英里处,西雅图—塔科马国际机场有飞往美国各地及一些国际目的地的航班。设施包括餐馆、货币兑换、行李寄存、租车公司、手机候机区(适合等待接机的司机)和免费Wi-Fi。

船
维多利亚快船(Victoria Clipper; 见1158页地图; ☎206-448-5000; www.clippervacations.com; 2701 Alaskan Way, Pier 69)来自加拿大不列颠哥伦比亚省维多利亚的渡船,在贝尔敦奥林匹克雕塑公园以南的69号码头(Pier 69)停泊。
华盛顿州渡轮公司(Washington State Ferries; 见1158页)从布雷默顿(Bremerton)和班布里奇岛(Bainbridge Island)出发的渡轮使用52号码头(Pier 52)。

长途汽车
多趟城际长途汽车均经停西雅图不止一处的长途汽车停靠站点——取决于乘坐哪家公司的车辆。
Bellair Airporter Shuttle(见1158页地图; ☎866-235-5247; www.airporter.com)运营开往亚基马(Yakima)、贝灵汉(Bellingham)和阿纳科特斯(Anacortes)的长途汽车,在国王街站(King Street Station; 开往亚基马)和华盛顿州会议中心(开往贝灵汉和阿纳科特斯)停车。
Cantrail(www.cantrail.com)美国国铁的汽车枢纽运营开往温哥华(Vancouver; 单程$42)的车辆,每天4班,在国王街站上下车。
灰狗巴士(Greyhound; ☎206-628-5526; www.greyhound.com; 503 S Royal Brougham Way; (Stadium)连接西雅图和全国各大城市,包括芝加哥(Chicago; 单程$195起,两天,每天2班)、斯波坎(Spokane; $39, 8小时, 每天3班)、旧金山(San Francisco; $100, 20小时, 每天3班),乃至温哥华(Vancouver; 加拿大; $23, 4小时, 每天5班)。这家公司在SoDo国王街站以南自有终点站,乘坐Central Link轻轨可以到达(体育馆站; stadium station)。
Quick Shuttle(见1158页地图; ☎800-665-2122; www.quickcoach.com; 📶)快速便捷,每天有5至6班车开往温哥华($43)。在西雅图中心附近Taylor Ave N的Best Western Executive Inn上车。可以搭乘单轨列车或步行至市中心。

火车
国王街车站(King Street Station; ☎206-296-0100; www.amtrak.com; 303 S Jackson St)美国国铁经营着西雅图的国王街车站。三大主要火车线路包括: 美国国铁瀑布山脉号(Amtrak Cascades; 连接温哥华、西雅图以及俄勒冈州的波特兰和尤金)、可沿路欣赏风景的海岸星光号(Coast Starlight; 连接西雅图以及加州的奥克兰和洛杉矶)、帝国建设者号(Empire Builder; 穿越内陆抵达伊利诺伊州的芝加哥)。

ℹ️ 当地交通

抵离机场
西雅图机场距市中心有13英里,有多种可供挑选的交通方式。最高效的莫过于**Sound Transit**(www.soundtransit.org)提供的轻轨列车服务。5:00至午夜间开行,10~15分钟一班,西雅图—塔科马国际机场和市中心[西湖中心(Westlake Center)]之间的线路全程36分钟。先锋广场和国际区(International District)均有站点; 2016年, 线路延长至国会山和华盛顿大学校区。
Shuttle Express(☎425-981-7000; www.shuttleexpress.com)在机场车库三楼有一个站点供上下车,费用约为$18。如果你有很多行李,在这里上下车就很方便。

三楼车库也有出租车,到市区的车费$39起。

小汽车和摩托车
作为如此规模的城市,西雅图的交通过分地拥堵和混乱,停车位极少,而且价格昂贵。加之这座城市有歪斜的网格路、丘陵地带和占据主要地位的单行道,如同临时拼凑的奇形怪状大杂烩,你就不难明白为何要尽量避免在市中心开车了。

公共交通
金郡城市交通巴士(King County Metro Transit; ☎206-553-3000; http://kingcounty.gov/depts/

transportation/metro.aspx）隶属金郡交通部门（King County Department of Transportation），运营着辖区内的公共汽车。网站可以打印时刻表和地图，还有线路规划功能。

为了简化流程，西雅图市内所有公共汽车都限制在高峰时段（工作日6:00至9:00和15:00至10:00）均价$2.75，非高峰期票价$2.50。6岁至18岁的青少年票价$1.50，6岁以下儿童免费，老年人和残障游客票价$1。大部分时候你要上车就说明换乘并购票。换乘票自购买时起3小时有效。大多数公共汽车可以携带2至3辆自行车。

Monorail（☎206-905-2620；www.seattlemonorail.com；◎周一至周五 7:30~23:00，周六和周日 8:30~23:00）这趟非常酷的未来风格列车是为1962年的世界博览会修建的，直接往返西雅图中心（Seattle Center）和西湖中心（Westlake Center）。票价为每名成人/儿童$2.25/1。

西雅图有轨电车（Seattle Streetcar；www.seattlestreetcar.org）有两条线路。一条从西雅图市中心（西湖）驶向联合湖南站（South Lake Union），另一条从先锋广场经由国际区、中心区（Central District）和第一山（First Hill）至国会山，站点可换乘多条公交线路。电车全天大约每隔15分钟运行一班。票价$2.25。

出租车

金郡规定，西雅图所有的出租车都要按同样的收费标准运营：起步价是$2.60，之后每1英里加收$2.70。

Seattle Orange Cab（☎206-522-8800；www.orangecab.net）

Seattle Yellow Cab（☎206-622-6500；www.seattleyellowcab.com）

STITA Taxi（☎206-246-9999；www.stitataxi.com）

奥林匹亚（Olympia）

华盛顿州首府奥林匹亚面积虽小，却很有影响力。这里秩序井然，是音乐、政治和户外运动胜地，影响力远胜49,000多的人口规模。从4th Ave的街头艺人、穿过美丽的州议会草地打扮考究的政客，以及穿着冲锋衣在奥林匹亚群山崎岖的山岩间昼夜攀爬的户外运动者，就能一目了然。实际上，虽然名字听上去很有古希腊风情，但富有创意而开放的奥林匹亚决不普通。进步的常青学院（Evergreen College）为这里带来了艺术气息，《辛普森一家》（Simpsons）的创作者马特·格勒宁（Matt Groening）曾在这里学习。与此同时，市区的潜水酒吧和二手吉他商店，为女性主义音乐和垃圾摇滚音乐的诞生提供了温床。

◎ 景点和活动

华盛顿州议会大厦 地标

（Washington State Capitol；☎360902-8880；416 Sid Snyder Ave SW；◎周一至周五 7:00~17:30，周六和周日 11:00~16:00）免费 奥林匹亚的州议会大厦坐落在占地30英亩的公园里，可俯瞰闪闪发光的国会湖（Capitol Lake）。最引人注目的当属气势恢宏的**立法大楼**（Legislative Building），大楼建于1927年，高耸的柱子和抛光的大理石令人眼花缭乱，顶端是一座287英尺的穹顶，只比首都华盛顿的国会大厦圆顶小一点。有导览游。

奥林匹亚农贸市场 市场

（Olympia Farmers Market；☎360352-9096；www.olympiafarmersmarket.com；700 N Capitol Way；◎10:00~15:00，4月至10月 周四至周日，11月和12月 周六和周日，1月至3月 周六）🍃 奥林匹亚农贸市场是第二大市场，规模和特色仅次于派克市场，是选购有机香草、蔬菜、花卉、烘焙食物和著名特产——牡蛎的好地方。

🛏 食宿

Fertile Ground Guesthouse 客栈 $$

（☎360-352-2428；www.fertileground.org；311 9th Ave SE；单/双 $110/120；📶）这间家一般的舒适客栈被葱郁茂盛的有机花园环绕，有三间可爱的客房、一间套房和两间共享卫浴的房间。早餐大多选用有机和本地的食材。这里有桑拿浴室。其他分店客房更多一些（包括一间宿舍）。登录网站获取更多信息。

Traditions Cafe & World Folk Art 健康食品 $

（☎360-705-2819；www.traditionsfairtrade.com；300 5th Ave SW；主菜 $6~12；◎周一至周

五9:00~18:00，周六10:00~18:00，周日11:00~17:00；🅿🍴）🌐这块舒适的嬉皮地盘位于遗址公园（Heritage Park）边缘，提供新鲜的沙拉、美味健康的三明治（柠檬—芝麻酱、熏三文鱼等）、咖啡、精选花草茶、本地冰激凌、啤酒和葡萄酒。海报宣传社区活动，街角是"和平和社会正义借阅图书馆"（Peace and Social Justice Lending Library），属于一家不拘一格的民族艺术品商店。

ℹ 实用信息

华盛顿州府游客中心（State Capitol Visitor Center; ☎360-902-8881; http://olympiawa.gov/community/visiting-the-capitol.aspx; 103 Sid Snyder Ave SW; ⊙周一至周五10:00~15:00，周六和周日11:00~15:00)提供关于议会园区、奥林匹亚地区以及华盛顿州的信息。注意开放时间有限。

奥林匹克半岛
（Olympic Peninsula）

地处偏远的奥林匹克半岛三面环海，正如美国的标签"野性"和"西部"所描绘的那样，展示着许多成熟岛屿的特色。虽然没有著名的美国西部牛仔，但是它却拥有濒危的野生动物和茂密的原始森林。半岛荒无人迹的内陆地区，大多属于著名的奥林匹克国家公园，而边缘地带是伐木工人的保护区和美洲原住民保留地，此外还有一些有趣的小村落，最有名的就是汤森德港（Port Townsend）。而同样野性十足的还有西部海岸线，这是美国遗世独立的致远之地，狂暴的大海和雾气弥漫的古老太平洋雨林因水而交融，和睦共存。

奥林匹克国家公园
（Olympia National Park）

占地1406平方英里的**奥林匹克国家公园**（Olympic National Park; www.nps.gov/olym; 7日门票 每辆车$25，行人/骑行者$10，1年不限次门票$50)拥有一片独一无二的雨林和无数冰雪覆盖的山峰，1909年成为国家纪念地，1938年成为国家公园，并在1953年合并了57英里长的太平洋海岸荒原。作为北美洲宏伟的荒野地区之一，相对而言，大部分地区仍然未受人类居住影响。在这片广阔的野外地区，你可以独立完成多种探险活动，如徒步、垂钓、皮划艇和滑雪等。

东部入口 (EASTERN ENTRANCES)

碎石铺成的Dosewallips River Rd以US 101为起点，沿多斯瓦勒普斯河（Dosewallips River）延伸15英里，在多斯瓦勒普斯州立公园（Dosewallips State Park）以北1000米处转弯，最后到达**多斯瓦勒普斯公园管理处**（Dosewallips Ranger Station），徒步小道的起点就在这里。拨打360-565-3130可查询路况。哪怕只是走两条长途小道中的任意一小段，都很值得，其中还包括了14.9英里长的多斯瓦勒普斯河道（Dosewallips River Trail），可饱览冰川覆盖的**安德森山**（Mt Anderson）的美景。对徒步旅行爱好者来说，东部的另一个入口是**斯坦尔克斯公园管理处**（Staircase Ranger Station; ☎360-877-5569; ⊙5月至10月)，就在国家公园边界内，离位于US 101沿线的Hoodsport有15英里远。另外还有两个位于奥林匹克国家公园东缘地带并深受喜爱的露营地：**多斯瓦勒普斯州立公园**（Dosewallips State Park; ☎888-226-7688; http://parks.state.wa.us/499/dosewallips; 306996 Hwy 101; 帐篷位$12~35，房车位$30~45)和**斯科克米希公园库什曼湖**（Skokomish Park Lake Cushman; ☎360-877-5760; www.skokomishpark.com; 帐篷露营位$28起，房车露营地$34起; ⊙5月下旬至9月上旬）。两处营地都有自来水、抽水马桶，以及一些房车接口。接受预订。

北部入口 (NORTHERN ENTRANCES)

奥林匹克国家公园最好走且因此而最受欢迎的入口，是位于安吉利斯港（Port Angeles）以南18英里的**飓风岭**（Hurricane Ridge）处的入口。在道路尽头的解说中心可以眺望奥林匹斯山（Mt Olympus; 7965英尺）和其他山峰的壮丽景色。5200英尺的海拔意味着你很可能遭遇飓风岭的恶劣天气和狂暴的飓风（正如它的名字所暗示的那样）。除了适合夏季徒步旅行外，这里还有适合家庭旅行者的**Hurricane Ridge Ski & Snowboard Area**（www.hurricaneridge.com;

全缆车日票 $34；⊙12月中旬至次年3月 周六和周日 10:00~16:00；🅿）。

新月湖（Lake Crescent）因适合划船和垂钓而深受人们喜爱，这里有公园内最古老、收费最合理的木屋（☎888-896-3818；www.olympicnationalparks.com；416 Lake Crescent Rd；小屋房间 $123起，整栋木屋 $292起；⊙5月至12月，冬季使用受限；🅿❄🛜🐾）。旅馆里的环保餐厅供应多种西北风味食物。从新月湖南岸的风暴国王护林站（Storm King Ranger Station；☎360-928-3380；343 Barnes Point Rd；⊙5月至9月）出发，徒步穿过1英里的古老森林，即可到达玛丽米尔瀑布（Marymere Falls）。

索尔达河（Sol Duc River）沿岸的 Sol Duc Hot Springs Resort（☎360-327-3583；www.olympicnationalparks.com；12076 Sol Duc Hot Springs Rd, Port Angeles；公园门票 $25，帐篷/房车露营位 $20/40，小屋 $179起；⊙3月至10月；❄🛜）🍴提供住宿、餐饮、信息服务，当然，还有温泉池，此外更有非常棒的日间徒步游览项目。

西部入口（WESTERN ENTRANCES）

靠近太平洋一侧的奥林匹斯群山不但偏远、与世隔绝，还有着全国雨水最多的微气候，保持着最原始的荒野风貌。要前往著名的温带雨林和荒凉海岸线，US 101是唯一的道路。霍河雨林（Hoh River Rainforest）位于长达19英里的Hoh River Rd尽头，是一座托尔金式迷宫，里面满是湿润蕨类植物和覆满苔藓的大树。霍河雨林游客中心（Hoh Rain Forest Visitor Center；☎360-374-6925；⊙9月至次年6月 9:00~16:30，7月和8月 至18:00）能提供关于导览游和偏僻地区长途徒步旅行的信息。下设露营地（☎360-374-6925；www.nps.gov/olym/planyourvisit/camping.htm；露营地 $20）没有水电和淋浴设施，先到先得。

偏南部一点的是奎诺尔特湖（Lake Quinault），这是一个被森林群峰围绕的美丽冰湖，也是热门的垂钓、划船和游泳胜地，四周生长着一些全美国最古老的树木。Lake Quinault Lodge（☎360-288-2900；www.olympicnationalparks.com；345 S Shore Rd；房间 $219~450；❄🛜🍴）是20世纪20年代"公园式建筑"的经典奢华之作，有大壁炉、修剪齐整的板球场品质草坪，以及提供高档美式菜肴的高贵湖景餐厅。如果你想在附近找一家便宜的住宿地，那就去阿曼达公园（Amanda Park）里热情洋溢的 Quinault River Inn（☎360-288-2237；www.quinaultriverinn.com；8 River Dr；房间 $159；☕❄🛜🐾）看看吧，它是垂钓爱好者们的最爱。

Lake Quinault Lodge门外就有一些短途徒步路线，或者也可以尝试一下路途长一些的魔法谷步道（Enchanted Valley Trail）。这是一段难度适中的13英里坡道，从South Shore Rd尽头的格瑞伍思溪公园管理处（Graves Creek Rangerstation）出发，一路向前，最后来到一片长满野花和赤杨树的大草地。

ℹ️ 实用信息

公园门票每人/每车$10/25，一周有效，可在公园入口处支付。很多公园游客中心同时也是美国林业局（USFS）的管理处。在这样的公园里，你可以申请野营许可证（$8）。

奥林匹克国家公园游客中心（Olympic National Park Visitor Center；☎360-565-3100；www.nps.gov/olym；3002 Mt Angeles Rd；⊙7月和8月 8:00~18:00，9月至次年6月 至16:00）

美国林业局总部（USFS Headquarters；☎360-956-2402；www.fs.fed.us/r6/olympic；1835 Black Lake Blvd SW；⊙周一至周五 8:00~16:30）

福克斯商会（Forks Chamber of Commerce；☎360-374-2531；www.forkswa.com；1411 S Forks Ave；⊙周一至周六 10:00~17:00，周日 11:00~16:00；🛜）

汤森德港（Port Townsend）

创意餐馆、19世纪末风格的优雅酒店和全年各种不同寻常的节日，让汤森德港成为奥林匹克半岛的珍宝：你可以在这里度过一个无须徒步靴的周末假期。US 101满眼田园风光的8英里与该地区的其他地方隔绝，如果想要探索国家公园，这里可不适合作为大本营，除非你不介意长时间驾车。或者，安顿下来，欣赏这座全州最美丽的城镇。

◉ 景点

沃登要塞州立公园　　　　　　　　　　公园
（Fort Worden State Park；☎360-344-4412；

http://parks.state.wa.us/511/fort-worden; 200 Battery Way; ◎4月至10月 6:30至黄昏,11月至次年3月 8:00至黄昏) **免费** 这个引人注目的公园仍在汤森德港市区内,是一个建于19世纪90年代的大型防御工事系统的遗址,初衷在于为普吉特湾(Puget Sound)要地提供战略保护,使其免受外界攻击。据推测,主要用于在1898年战争期间抵御西班牙人。眼尖的电影发烧友们可能会认出,这里是电影《军官与绅士》(*An Officer and a Gentleman*)的拍摄地。

游客可以安排前往 **指挥官宅邸**(Commanding Officer's Quarters; ☎360-385-1003; Fort Worden State Park, 200 Battery Way; 成人/儿童 $2/免费; ◎团队根据预约),宅邸有12间卧室。你还可以逛逛 **普吉特湾炮兵博物馆**(Puget Sound Coast Artillery Museum; 成人/儿童 $4/2; ◎11:00~16:00, 6月至8月周末开放时间较长),讲述着早期太平洋海岸防御工事体系的故事。

沿海岬徒步可到达 **威尔逊岬灯塔站**(Point Wilson Lighthouse Station)和一些海风吹拂的美丽沙滩。公园的垂钓码头处是 **汤森德港海洋科技中心**(Port Townsend Marine Science Center; www.ptmsc.org; 532 Battery Way; 成人/儿童 $5/3; ◎4月至10月 周五至周日正午至17:00),特色是四个触摸池和每日的解说活动。也有几处露营住宿地。

🛏️ 食宿

Waterstreet Hotel 酒店 $

(☎360-385-5467; www.watersthotel.com; 635 Water St; 房间 带共用浴室 $50~70, 带独立浴室 $75~175; ❄🛜) 舒适友好的Waterstreet提供很多经济客房,位于一栋自然老化的维多利亚式廉价旅馆里。家庭或小团体出游可预订5号或15号套间,它们是有阁楼的公寓,提供全套的厨房用品,大型后门廊正好位于普吉特湾。前台设在酒店隔壁的美洲原住民礼品商店里。

⭐ Palace Hotel 历史酒店 $$

(☎360-385-0773; www.palacehotelpt.com; 1004 Water St; 房间 $109~159, 节日期间的周末价格更高; 🛜❄) 这座美丽的维多利亚风格建筑始建于1889年,曾经是当地臭名昭著的玛丽女士(Madame Marie)经营的妓院。如今,这里已改头换面,变成了一家拥有古董家具(外加所有现代化设施)的迷人且个性十足的历史酒店。公共区域很舒适,有小厨房,最便宜的房间共用卫生间。

Waterfront Pizza 比萨餐厅 $$

(☎360-379-9110; 951 Water St; 比萨片 $4, 大号比萨 $16~28; ◎周日至周四 11:00~20:00, 周五和周六 至21:00) 如果想在楼下来一份快餐小食,享用一片美味、酥脆的薄皮比萨,你得准备好在步入式衣橱大小的餐厅内排长队。在楼上可以更放松地坐下来吃,试试不同的馅料,比如凯真香肠(Cajun sausage)、羊奶酪、朝鲜蓟心和香蒜酱。

⭐ Sweet Laurette Cafe & Bistro 法国菜 $$

(www.sweetlaurette.com; 1029 Lawrence St; 主菜 $10~20, 早午餐 $9~15; ◎8:00~21:00, 周二歇业; 🅿) 这家法式咖啡馆老旧却时尚,提供早餐、午餐和晚餐,以及三餐之间的美味咖啡和点心。食物的原材料均为可持续,大多来自本地——可以尝尝早餐的库客太太三明治(croque madame),即法式面包配蜜汁火腿和格吕耶尔干酪,或者晚餐的白葡萄酒奶油什惠德比岛(Whidbey Island)贻贝或克利尔角(Cape Cleare)鲑鱼王。

ℹ️ 实用信息

游客中心(Visitor Center; ☎360-385-2722; www.ptchamber.org; 2409 Jefferson St; ◎周一至周五 9:00~17:00) 在此领取有用的步行游览地图和市中心历史区指南。

ℹ️ 到达和离开

华盛顿州渡轮(Washington State Ferries; ☎206-464-6400; www.wsdot.wa.gov/ferries)每天运营多达15趟(取决于季节)渡轮,从市中心站点至惠德比岛(Whidbey Island)的库珀维尔(Coupeville)(汽车和司机/乘客 $14.05/3.30; 35分钟)。

安吉利斯港 (Port Angeles)

除了名字听起来像西班牙或者英语中的"天使"以外,这个以林木业为支撑、背靠险

峻的奥林匹克群山的安吉利斯港，与西班牙或天堂没有任何关系。很多人来到这里并不是为了游览小镇本身，而是要转乘渡轮去加拿大的维多利亚市，或准备到附近的奥林匹克国家公园远足。

🚶 活动

安吉利斯港与小镇塞奎姆（Sequim）之间的**奥林匹克探索小径**（Olympic Discovery Trail; www.soundbikeskayaks.com）是一段长达30英里的偏僻道路，专为徒步旅行者和骑行者开辟，起自环绕海湾的**埃德斯胡克沙滩**（Ediz Hook）的末端。**Sound Bikes & Kayaks**（www.soundbikekayaks.com; 120 E Front St; 自行车租金 每小时/1天 $10/45, 租皮划艇 每天 $50; ⓒ周一至周六 10:00~18:00, 周日 11:00~16:00）提供自行车租借。

🛏 食宿

Downtown Hotel　　　　　　　　　酒店 $
（☎360-565-1125; www.portangelesdowntownhotel.com; 101 E Front St; 双 带共用/独立浴室 $45/65起; 😊🛜）外观没什么特别，但里面出奇得宽敞、整洁，这个家庭经营的场所一切从简，位于渡轮码头旁边，是安吉利斯港隐秘的经济住宿地点。明亮的房间用柳条和木材装饰，有些房间可以欣赏水景。最便宜的房间共用走廊的卫生间。隔音效果不佳，但位置优越。

Olympic Lodge　　　　　　　　　酒店 $$
（☎360-452-2993; www.olympiclodge.com; 140 Del Guzzi Dr; 房间 $139起; ❄@🛜🏊）这是安吉利斯港内最舒适的住处，提供极好的房间、小酒馆和附带热水浴缸的游泳池，下午有免费的曲奇和汤。根据入住日期和月份，房间价格波动很大。

Bella Italia　　　　　　　　　意大利菜 $$
（☎360-457-5442; www.bellaitaliapa.com; 118 E 1st St; 晚餐主菜 $10~34; ⓒ16:00~21:00）Bella Italia历史悠久，它的出现要比《暮光之城》的女主人公贝拉（Bella）早很多，但正是书中提到的贝拉和爱德华（Edward）第一次约会的地点，导致这个本来就很受欢迎的餐厅现在更是成了炙手可热的标志性地点。试试蛤蜊扁意粉或者熏鸭脯，或者跟贝拉点一样的：蘑菇馄饨。

从酒单中的500多种葡萄酒选出美酒佐餐。

ℹ 实用信息

安吉利斯港游客中心（Port Angeles Visitor Center; ☎360-452-2363; www.portangeles.org; 121 E Railroad Ave; ⓒ5月至9月 周一至周五 9:30~17:30, 周六 10:00~17:30, 周日 正午至15:00, 10月至次年4月 周一至周六 10:00~17:00, 周日 正午至15:00）与渡轮码头毗邻。如果有志愿者，夏季营业时间会延长。

ℹ 到达和离开

克拉兰客运（Clallam Transit; ☎360-452-4511; www.clallamtransit.com）的巴士开往福克斯小镇（Forks）和塞奎姆（Sequim），与当地巴士线路一起构成了便利的公交系统，覆盖奥林匹克半岛。

Olympic Bus Lines（www.olympicbuslines.com; Gateway Transit Center, 123 E Front St）每日两趟前往西雅图。

银鲑运载渡轮（Coho Vehicle Ferry; ☎888993-3779; www.cohoferry.com）往返加拿大维多利亚（1.5小时; 往返 $128）。

半岛西北部地区
(Northwest Peninsula)

好几处美国原住民保留区，都在北美大陆最西北的角落欢迎访客到来。Hwy 112沿线饱经沧桑的**尼亚湾**（Neah Bay）居民区是玛卡印第安人保留区（Makah Indian Reservation），其中，**玛卡博物馆**（Makah Museum; ☎360-645-2711; www.makahmuseum.com; 1880 Bayview Ave; 成人/儿童 $6/5; ⓒ10:00~17:00）里陈列着出自北美的重大考古发现所在地之一——奥泽特（Ozette）村落的手工艺品，这个玛卡村落至今已有500年的历史了。距游博物馆1英里处，一条短短的木板路通向壮观的**夫拉特黎角**（Cape Flattery）。这个高达300英尺的海岬标志着美国本土48州的最西北端。

从**福克斯**前往霍河雨林和奥林匹克海岸线非常方便。这个闭塞简陋的木材小镇，因《暮光之城》而闻名于世。住在这里很方便探索奥林匹克国家公园，**Miller Tree Inn**（☎360-374-6806; www.millertreeinn.com; 654 E Division St; 房间 $175起; 🛜🐾）是个不错的住宿选择。

华盛顿州西北部（Northwest Washington）

华盛顿州西北部地处西雅图、喀斯喀特山脉（the Cascades）和加拿大之间，同时受到来自三方的影响。这里的城市中心是大学云集的贝灵汉（Bellingham），而户外亮点则是一派田园风光的圣胡安群岛（San Juan Islands），广阔的群岛犹如一张闪着棕褐光泽的老照片。阿纳科特斯（Anacortes）则是交通枢纽，有渡轮开往圣胡安群岛和加拿大维多利亚市。

惠德比岛（Whidbey Island）

尽管惠德比岛不像圣胡安群岛那么偏远孤僻，或者说超凡脱俗（惠德比岛最北边有一座桥连接到附近的菲达尔戈岛），但生活节奏也几乎一样缓慢、恬静，富有田园乐趣。6个州立公园完全就是额外的红利，众多民宿、2个历史渔村[兰里（Langley）和库珀维尔]、出名美味的蛤蜊和繁荣的艺术家社区，全都是这里的魅力所在。

欺骗海峡州立公园（Deception Pass State Park; ☎360-675-2417; 41229 N State Hwy 20）跨越横亘在惠德比岛和菲达尔戈岛之间的同名深水海峡，园内有湖泊、岛屿、露营地和总长38英里的多条徒步路径。

埃比登陆点国家历史保护区（Ebey's Landing National Historical Reserve; ☎360-678-6084; www.nps.gov/ebla; 162 Cemetery Rd）占地17,400英亩，包含了农场、隐蔽的海滩、两个国家公园和**库珀维尔**小镇。后者是华盛顿最古老的小镇之一，有迷人的滨海区、古董商店和许多古老的酒店，包括**Captain Whidbey Inn**（☎360-678-4097; www.captainwhidbey.com; 2072 W Captain Whidbey Inn Rd; 房间/小屋 $103/210起; 🛜），这是一家在森林覆盖的地方用原木修建的旅馆，可以追溯至1907年。要品尝著名的本地新鲜蛤蜊，可到**Christopher's**（☎360-678-5480; www.christophersonwhidbey.com; 103 NW Coveland St; 午餐主菜 $12~16, 晚餐主菜 $16~26; ⏱11:30~14:00和17:00至打烊，周二歇业）。

ℹ️ 到达和当地交通

固定班次的**华盛顿州立渡轮**（Washington State Ferries; WSF; ☎888-808-7977; www.wsdot.wa.gov/ferries）连接克林顿（Clinton）和马科尔蒂奥（Mukilteo）并往返于库珀维尔至汤森德港之间。免费的**Island Transit**（☎360-678-7771; www.islandtransit.org）巴士每小时一班，由克林顿轮渡码头发车，穿行惠德比岛，周日停运。

贝灵汉（Bellingham）

欢迎来到这个绿色、开放、以宜居而著称的城市。贝灵汉承继了俄勒冈"玫瑰之城"的放荡不羁与淡然自若，同时又有一点华盛顿的味道。本市市长曾称之为"压抑兴奋之都"，在这里，人们的性情和天气一样温和，无论是喝着浓咖啡的学生、德高望重的退休人士、铁人三项运动员，还是挥着海报的和平主义者都是如此。丰富的野外活动一直受到如 *Outside Magazine* 等杂志的赞扬。

👁 景点和活动

贝灵汉有大量的景点和户外活动供尝试。**沃特科姆瀑布公园**（Whatcom Falls Park）是一个自然荒野，将贝灵汉东部的郊区割成两半，4座瀑布标志着地势的上升，夏天很多游客到其中的**漩涡瀑布**（Whirlpool Falls）水潭里游泳。

Fairhaven Bike & Mountain Sports 自行车（☎360-733-4433; www.fairhavenbike.com; 1103 11th St; 租金 每4小时 $25~40; ⏱周一至周六 9:30~18:00, 周日 11:00~17:00）贝灵汉是西北地区最适合骑行的城市之一，有维护良好的市内车道，最南到**拉腊比州立公园**（Larrabee State Park; www.parks.wa.gov; Chuckanut Dr; ⏱黎明至黄昏; 🐾）。这里可以租车，并提供当地路线地图。

圣胡安渡轮 游轮

（San Juan Cruises; ☎360-738-8099; www.whales.com; 355 Harris Ave; 游轮 $39~109; ⏱8:00~18:00）运营环贝灵汉湾（Bellingham

Bay）的游轮，提供啤酒和葡萄酒试饮、圣胡安岛附近的观鲸活动，以及更多其他活动。

食宿

Larrabee State Park 露营地 $

（☎360-676-2093；http://parks.state.wa.us/536/larrabee；Chuckanut Dr；帐篷/房车露营位 $12/30起）位于贝灵汉以南7英里处，旁边是景色优美的Chuckanut Dr，这些露营位坐落在通向朱卡努特湾（Chuckanut Bay）和12英里徒步与骑车小径的花旗松林和雪松林之间。

★ Hotel Bellwether 精品酒店 $$

（☎360-392-3100；www.hotelbellwether.com；1 Bellwether Way；房间 $198起；❄@🌐🏊）这是贝灵汉最精致、最富魅力的酒店，位于滨海区，可以看到卢米岛（Lummi Island）。标间配有意大利家具和匈牙利羽绒被，但最出彩的是900平方英尺的灯塔套房（$525起），由一座3层楼高的灯塔改建而成，有一个私人瞭望台，视野绝佳，令人赞叹。酒店提供Spa和餐厅。

Old Town Cafe 咖啡馆 $

（☎360-671-4431；www.theoldtowncafe.com；316 W Holly St；主菜 $6~10；⏰周一至周六 6:30~15:00，周日 8:00~14:00）这里因其休闲和艺术氛围而备受欢迎，波希米亚式早餐美味可口，包括风味煎蛋卷、鸡蛋玉米饼和全麦法式吐司。此外，这里还有自制的燕麦、无麸热蛋糕、炒有机豆腐、花园沙拉和10种三明治。

Mount Bakery 早餐 $

（www.mountbakery.com；308 W Champion St；早午餐 $6~16；⏰8:00~15:30；🌐）在这个地方，周日上午，可以一边翻阅松木板大小的《纽约时报》，一边享用比利时华夫饼、法式薄饼和随你心意料理的有机鸡蛋。这里还有许多无麸餐饮选择，以及一家分店在费尔黑文（Fairhaven）。

❶ 实用信息

市中心信息中心（Downtown Info Center；☎360671-3990；www.bellingham.org；1306 Commercial St；⏰周二至周六 11:00~15:00）

❶ 到达和离开

贝灵汉是**阿拉斯加海上公路**（Alaska Marine Highway, AMHS；☎800-642-0066；www.dot.state.ak.us/amhs；355 Harris Ave）客轮的终点站，客轮每周经内湾航道（Inside Passage）开往朱诺（Juneau）、斯卡圭（Skagway）和其他阿拉斯加东南边港口。

Bellair Airporter Shuttle（www.airporter.com；1200 Iowa St）全天候开往西雅图－塔科马国际机场（Sea-Tac Airport；往返 $74）和阿纳科特斯（Anacortes；往返$35）。

圣胡安群岛（San Juan Islands）

辽阔的群岛上有172个登陆点，但除非你非常富有，拥有自己的游艇或水上飞机，否则就只有机会看到最大的4个：圣胡安岛、奥卡斯岛（Orcas Island）、肖岛（Shaw Island）和洛佩斯岛（Lopez Island）。华盛顿州渡轮（Washington State Ferries）每天往返其间。这些小岛都因其宁静的氛围、观鲸活动、海上皮划艇和引人注目的独一无二之处而知名。

探索圣胡安群岛的最佳方式是划皮艇或骑自行车。如果选择骑车，洛佩斯岛地势较平坦，充满田园风光；环圣胡安岛也轻松自如；奥卡斯岛则峰峦起伏，较有挑战性，还可尝试通往宪法山（Mt Constitution）山顶的5英里陡坡道。

❶ 到达和当地交通

两家航空公司有大陆至圣胡安的固定航班。**肯摩尔航空**（Kenmore Air；☎866-435-9524；www.kenmoreair.com）每天有3至10人的水上飞机从联合湖（Lake Union）和华盛顿湖（Lake Washington）至洛佩斯岛、奥卡斯岛和圣胡安岛。单程票价$155起。**圣胡安航空**（San Juan Airlines；☎800-874-4434；www.sanjuanairlines.com）有航班从阿纳科特斯和贝灵汉飞往三大岛（单程$89）。

华盛顿州渡轮（Washington State Ferries）从阿纳科特斯开往圣胡安群岛，其中一些渡轮继续开往靠近维多利亚的悉尼（Sidney, BC）。至洛佩斯岛（45分钟）、奥卡斯岛登陆点（Orcas Landing；

60分钟)和圣胡安岛的星期五港(Friday Harbor;75分钟)均有船只开行。船费因季节而异,全程往返船费在西向的旅程中收取(从悉尼回程除外)。

5月至10月有班车往返于奥卡斯岛和圣胡安群岛之间。

圣胡安岛 (San Juan Island)

圣胡安岛是这个群岛的无冕之都,森林密布的山丘和小小的乡野农场,共同谱写出了不同凡响的19世纪历史。唯一真正的居民点在星期五港,那里有游客中心和当地商会(Chamber of Commerce; ☎360-378-5240; www.sanjuanisland.org; 165 1st St S, Friday Harbor; ⊙10:00~17:00)。

◉ 景点

圣胡安岛国家历史公园　　古迹

(San Juan Island National Historical Park; ☎360-378-2240; www.nps.gov/sajh; ⊙游客中心 6月至8月 8:30~17:00, 9月至次年5月 8:00~16:30) 免费 圣胡安岛的景色比其历史更出名,这里曾发生过19世纪奇怪的政治对抗之一,即美国和英国之间的所谓"猪战"(Pig War)。这场古怪对峙的历史,在岛两边的两个历史公园里分别得以展现,两处当初曾分别是美国(☎360-378-2240; www.nps.gov/sajh; ⊙场地 8:30~23:00) 免费 和英国军队各自的营地。

石灰窑点州立公园　　公园

(Lime Kiln Point State Park; ☎360-902-8844; http://parks.state.wa.us/540/lime-kiln-point; 1567 Westside Rd; ⊙8:00至黄昏) 这个漂亮的公园紧靠圣胡安岛多岩石的西岸,凌驾于深深的哈罗海峡(Haro Strait)之上。据说还是全球最佳的海岸线观鲸点之一。这里的美景无法用语言形容,因此观景区总是挤满了满怀希望的野餐者。公园里有一个小解说中心(☎360-378-2044; ⊙6月至9月中旬 11:00~16:00),还有许多徒步路线、一个修复的石灰窑和建于1919年的地标性建筑石灰窑灯塔。

🛏 食宿

酒店、民宿和度假屋散布岛上各地,但以星期五港(Friday Harbor)附近最为密集。

Wayfarer's Rest　　青年旅舍 $

(☎360-378-6428; www.hostelsanjuan.com; 35 Malcolm St, Friday Harbor; 铺 $40, 房间 $70起, 小屋 $85起;) 从渡轮码头步行即可到达这家令人心情愉快的青年旅舍。旅舍坐落在舒适的房子里,有舒适床铺、实惠的私人房间,以及一间6人套房($245),从主厨房可以看到后花园的草坪。夏季需提前两个月预订。

★ Olympic Lights B&B　　民宿 $$

(☎360-378-3186; www.olympiclights.com; 146 Starlight Way; 房间 $165~185;) 曾经是面积达320英亩的庄园的中心,这座建于1895年的农舍经过豪华翻新,如今成为杰出的民宿,所在的开阔悬崖面向白雪覆盖的奥林匹克山脉。4个房间的名字分别是Garden、Ra、Heart和Olympic,很有想象力;向日葵装点花园,丰盛的早餐包括自制酪乳饼干。最少住两晚。

Market Chef　　熟食 $

(☎360-378-4546; 225 A St, Friday Harbor; 三明治 $9起; ⊙周一至周五 10:00~16:00) 美味的三明治让这里超级受欢迎,包括其招牌特色的咖喱鸡蛋沙拉配烤花生和酸辣酱,或烤牛肉和芝麻菜。这里也供应沙拉,使用本地食材。如果夏季周六在这里,可以去圣胡安岛农贸市场(10:00~13:00)内的Market Chef看看。

Backdoor Kitchen　　创意菜 $$$

(☎360-378-9540; www.backdoorkitchen.com; 400 A St, Friday Harbor; 主菜 $30~37; ⊙周一 11:30~14:30, 周三至周日 17:00~21:00) Backdoor Kitchen是圣胡安岛优质的餐厅之一,使用新鲜的本地食材,供应创意多元料理,比如西班牙式的焖猪肉配野生虾,以及东印度式的五香扁豆和菜饼。夏季在美丽的花园内供餐。记得预约。

奥卡斯岛 (Orcas Island)

比洛佩斯岛更为崎岖,没有圣胡安岛那么拥挤,奥卡斯岛在亲切和高冷、发展和保护、旅游收入和珍贵隐秘之间保持着微妙的平衡——至少目前是这样。渡船码头在奥卡斯的登陆点(Orcas Landing)位于主要村庄东松德(Eastsound)以南8英里处。

小岛的东部是<u>莫兰州立公园</u>（Moran State Park；📞360-376-6173；3572 Olga Rd；部分停车场需探索通票$10；⏰4月至9月 6:30至黄昏，10月至次年3月 8:00至黄昏），宪法山（Mt Constitution；2409英尺）俯视着整个公园，园内小道总长合计40英里，山顶全景妙不可言。<u>露营</u>（📞360-376-2326；http://moranstatepark.com；露营地$25起）是这里的不错选择。

🛏️ 住宿

★ Golden Tree Hostel
青年旅舍 $

（📞360-317-8693；www.goldentreehostel.com；1159 North Beach Rd, Eastsound；铺/双 带公共卫生间 $45/115；@📶🐾）这座时髦的旅舍位于一栋建于19世纪90年代的传统建筑中，提供舒适的房间和令人愉悦的公共区域，花园草坪上还有热水浴缸和桑拿室。另外一栋独立建筑中有游泳池、足球、推圆盘游戏和飞镖。自行车出租$20。周五是比萨之夜。夏季需提前预订。

Doe Bay Village Resort & Retreat
青年旅舍 $

（📞360-376-2291；www.doebay.com；107 Doe Bay Rd, Olga；露营地$60，小木屋$100起，帐篷$80起；📶🐾）Doe Bay是圣胡安岛上最便宜的度假村之一。这里有艺术家群体和嬉皮士隐居地的气氛。住宿选择包括海景营地、一些小木屋和帐篷屋，其中部分带有水景景观。

Outlook Inn
酒店 $$

（📞360-376-2200；www.outlookinn.com；171 Main St, Eastsound；房间 带公共/私人卫生间 $89/159起；@📶🐾）Outlook Inn（1888年）是伊斯特桑（Eastsound）最古老且吸引人眼球的建筑，也是一处岛上的公共机构。经济型房间舒适整洁（试试30号房间），奢华套房配有壁炉、按摩浴池，且阳台上能欣赏到绝佳的水景。附带一间极好的咖啡馆。

🍴 餐饮

★ Brown Bear Baking
面包房 $

（Main St和North Beach Rd的交叉路口, Eastsound；点心$7；⏰8:00～17:00，周二歇业）没人想要花$7吃点心，但问题是一旦你开始吃这里的烘焙食品，就控制不住啦。可以选择杏仁可颂、使用新鲜奥卡斯岛鸡蛋和烤蔬菜制作的乳蛋饼、焦糖面包和水果派。搭配丰盛的汤或三明治平衡膳食营养。

★ Inn at Ship Bay
海鲜 $$$

（📞877-276-7296；www.innatshipbay.com；326 Olga Rd, 土菜 $21–30；⏰周二至周六 17:30～22:00）🐾本地人异口同声地将这个地方评为岛上最好的高档餐厅。厨师们会使用最新鲜的岛上食材，全力以赴地准备一切。海鲜是特色，位于迷人的19世纪60年代的果园小屋，位置在伊斯特桑以南几英里处。这里还有一家酒店，共有11个房间（双人间$195起）。

Island Hoppin' Brewery
自酿酒吧

（www.islandhoppinbrewery.com；33 Hope Lane, Eastsound；⏰周二至周日 正午至21:00）这间小自酿酒吧紧邻靠近机场的Mt Baker Rd，很难找到，但是本地人都知道。在这里可以品尝当地自酿啤酒。只供应小吃，所以别饿着肚子来。周日至周四19:00～21:00是快乐时间，一张乒乓球桌为这里增添不少生气。

洛佩斯岛（Lopez Island）

如果要去洛佩斯岛，或者用本地人的说法"慢佩斯（Slow-pez）"，那就骑车吧。缓缓起伏的地势、友善的居民（他们最著名的打招呼方式是举起三根手指的"洛佩斯式挥手"），这里是最理想的骑行岛屿。你可以花上整个白天悠闲地享受田园风光，晚上则到海滨旁的 **Lopez Islander Resort**（📞360-468-2233；www.lopezfun.com；2864 Fisherman Bay Rd；房间$129起；📶🐾）。若想找更高级的住宿地点，可以试试 **Edenwild Inn**（📞360-468-3238；www.edenwildinn.com；Lopez Rd, Lopez Village；房间$115～225；📶），一栋维多利亚式房屋，位于规整可爱的花园里面。

如果你没有自行车，可联系 **Village Cycles**（📞360-468-4013；www.villagecycles.net；214 Lopez Rd；每小时$7～16），他们会为你把自行车送到渡船码头。

北喀斯喀特山脉（North Cascades）

主体是贝克山（Mt Baker）——从较小的

范围来说——和比较偏远的冰川峰（Glacier Peak），北喀斯喀特山脉由大片受保护的森林、公园和荒野地区构成，甚至能让南边广阔的雷尼尔山公园和圣海伦公园相形见绌。精华所在是北喀斯喀特山脉国家公园，包括原始的雨林、嘎吱作响的冰川和半点都未被破坏的生态系统。除了每年深入其多雨腹地的大约2500人以外，其他人都错过了它的蛮荒之美。

贝克山 (Mt Baker)

一个幽灵似的哨兵，从普吉特海湾波光粼粼的水面上升起。几个世纪以来，神秘的贝克山一直是西北地区有魅力的地方之一。这座休眠火山最近一次活动是19世纪50年代的喷烟，而海拔10,781英尺的山峰周边的12座冰川令人难以忘怀，1999年时曾创下了一季95英尺降雪量的纪录。

铺设完好的Hwy 542又叫贝克山景观道（Mt Baker Scenic Byway），蜿蜒向上5100英尺，通往距离贝灵汉56英里的艺术家之角（Artist Point）。在这附近有石南草地游客中心 (Heather Meadows Visitor Center; Mt Baker Hwy, Mile 56; ⊗7月中旬至9月下旬 8:00~16:30) 和若干各具特色的小道，包括7.5英里长的 Chain Lakes Loop, 沿途可游玩越橘草甸（huckleberry meadows）内的好几个湖泊。

每年的降雪量比北美任何滑雪区都大的 Mt Baker Ski Area (☎360-734-6771; www.mtbaker.us; 缆车票 成人/儿童 $60/40) 有38条滑雪道、8台滑雪缆车和直升1500英尺的地势。这是滑雪板好手狂热追捧的圣地，自1985年开始，每年1月，Legendary Baker Banked Slalom大赛都会在这里举行。

上山途中在冰川小镇 (Glacier) 的小酒馆和餐馆 Graham's (☎360-599-9883; 9989 Mt Baker Hwy; 主菜 $6~18; ⊗周一至周五 正午至21:00, 周六和周日 8:00~11:00及正午至21:00) 停下来吃点东西，并在 Wake & Bakery (☎360-599-1658; www.getsconed.com; 6903 Bourne St, Glacier; 小吃 $4起; ⊗7:30~17:00) 买些点心带上，做好上山准备。

莱文沃思 (Leavenworth)

用力眨眨眼，再揉一揉，你并未身处德国，这是莱文沃思。这里以前是个伐木小镇，20世纪60年代时，由于横贯铁路的路线更改而几乎销声匿迹，后来借助巴伐利亚式的改革才获得重生。旅行者代替了木头，今天的莱文沃思已成功将自己转型成一个传统的"浪漫之路"村庄，看看这里的啤酒、香肠和喜爱皮短裤的本地人（约25%是德国血统）就知道了，而经典电影《音乐之声》(Sound of Music) 的山林背景，还有莱文沃思作为附近阿尔卑斯湖原野 (Alpine Lakes Wilderness) 的旅游集散中心的地位，无不营造着这样的氛围。

莱文沃思商会 (Leavenworth Chamber of Commerce; www.leavenworth.org; 940 Hwy 2; ⊗周一至周四 8:00~17:00, 周五和周六 8:00~18:00, 周日 10:00~16:00) 提供本地户外活动信息，亮点包括州内最棒的攀岩处城堡岩 (Castle Rock), 位于小镇西北约3英里处的塔姆沃特峡谷 (Tumwater Canyon), 紧邻 US 2。

Devil's Gulch 是一条热门的山地自行车越野小道 (25英里, 4~6小时)。本地的运动用品店 Der Sportsmann (☎509-548-5623; www.dersportsmann.com; 837 Front St; 全天越野滑雪/雪鞋出租 $15/12; ⊗9:00~18:00) 出租山地自行车。

🛏 食宿

Hotel Pension Anna 酒店 $$

(☎509-548-6273; www.pensionanna.com; 926 Commercial St; 房间 $179起, 套 $300起; 🌐) 镇上最原汁原味的巴伐利亚酒店就要数这里了，干净整洁，非常友好。每个房间的装潢陈设都是从奥地利进口的，欧洲风味早餐（包含在房费内）让人想起欢快的约德尔小调。推荐一个双人间，装饰着手绘家具，但毗连圣约瑟教堂 (St Joseph's chapel) 的宽敞套间最适合家庭入住。

Enzian Inn 酒店 $$

(☎509-548-5269; www.enzianinn.com; 590 Hwy 2; 双 $140起; 🌐❄) 在莱文沃思的这家经典酒店, 你会在每天早晨前伴着阿尔卑斯长笛的乐声开始一天。如果这还不能让你兴起田园之心, 那还可以考虑免费高尔夫球场

（上面徘徊着居民散养的山羊）、室内室外泳池、巴伐利亚式大厅内钢琴师的夜间演奏。

München Haus
德国菜 $

（☎509-548-1158; www.munchenhaus.com; 709 Front St; 德国香肠 $5~7; ⏰11:00~21:00）Haus是纯户外的，这意味着冬天必定有暖胃的热德国香肠和椒盐卷饼，而夏天则少不了清凉的巴伐利亚啤酒。啤酒花园氛围休闲，有活泼轻快的手风琴演奏、悠闲的员工、一壶壶苹果酒和经典的芥末酱。夏季户外营业时间不定。

奇兰湖（Lake Chelan）

狭长纤细的奇兰湖是华盛顿中部的水上乐园。奇兰小镇在湖的东南端，是主要的住宿地和服务点，有一个美国林业局护林站（USFS Ranger Station; ☎509-682-4900; 428 W Woodin Ave）。

奇兰湖州立公园（Lake Chelan State Park; ☎509-687-3710; https://washington.goingtocamp.com/lakechelanstatepark; 7544 S Lakeshore Rd; 简单/标准露营位 $20/25起）有144个营地，有些湖边的营地只有水路可到达。如果你比较喜欢睡在真正的床上，小镇里有价廉物美的Midtowner Motel（☎800-572-0943; www.midtowner.com; 721 E Woodin Ave; 房间 $45~130; ❋@🛜🏊）或令人愉快的Riverwalk Inn（☎509-682-2627; www.riverwalkinnchelan.com; 205 E Wapato St; 双 $79~119, 家 $89~189; 🛜🏊）。

多个葡萄酒庄在此开业，还有很多不错的餐馆。试试Tsillan Cellars（☎509-682-9463; www.tsillancellars.com; 3875 Hwy 97A; ⏰正午至18:00）或时髦的Italian Sorrento's Ristorante（☎509-682-5409; 主菜 $22~36; ⏰周三至周五 17:00至深夜，周六 正午至深夜，周日 10:00至深夜）吧。

Link Transit（☎509-662-1155; www.linktransit.com）巴士连接奇兰、韦纳奇（Wenatchee）及莱文沃思（单程$2.50）。

美丽的斯特希金（Stehekin）位于奇兰湖的北端，只有船只（www.ladyofthelake.com; 1418 W Woodin Ave, Chelan; 往返 $61）或从离湖28英里的喀斯喀特山口长途徒步才能到达。登录www.stehekin.com可查阅到关于徒步旅行、营地和租用小木屋的丰富信息。大部分设施在6月中旬至9月中旬开放。

梅索谷（Methow Valley）

皑皑冬雪加上充足的夏日阳光，让梅索谷成了华盛顿主要的休闲区之一。夏天可以来这里骑车、徒步、钓鱼，冬天则有美国第二大雪地路网可供越野滑雪。

总长200公里的多条小道由非营利组织Methow Valley Sport Trails Association（MVSTA; ☎509-996-3287; www.methowtrails.org; 309 Riverside Ave, Winthrop; ⏰周一至周五 9:00~15:30）🌱管理，在冬天提供北美最完善的木屋到木屋（和酒店到酒店）的滑雪网络。谢天谢地，知道这里的人似乎还不多。想要住在较经典的地方，同时又想靠近雪场、徒步道和骑行道，可试试温斯罗普镇（Winthrop）以西10英里外优雅精致的Sun Mountain Lodge（☎509-996-2211; www.sunmountainlodge.com; 604 Patterson Lake Rd, Winthrop; 房间 $205起, 木屋 $405起; ❋🛜🏊）。温斯罗普还是该地区最好的用餐地点；可以试试正式餐厅Arrowleaf Bistro（☎509-996-3920; www.arrowleafbistro.com; 253 Riverside Ave; 主菜 $22~28; ⏰周三至周日 17:00~22:00）。

北喀斯喀特山脉国家公园（North Cascades National Park）

就连北喀斯喀特山脉国家公园（North Cascades National Park; www.nps.gov/noca）里那些最容易行走和最激动人心的山峰，也都有着狂野桀骜的名字：孤独峰（Desolation Peak）、锯齿山脊（Jagged Ridge）、绝望山（Mt Despair）和恐惧峰（Mt Terror）。毫无意外，这里有着除阿拉斯加州以外最刺激的荒野探险活动。

北喀斯喀特山脉游客中心（North Cascades Visitor Center; ☎206-386-4495, 分机11; 502 Newhalem St, Newhalem; ⏰6月至9月每天 9:00~17:00，5月和10月 周六和周日）🌱位于Hwy 20边的纽哈莱姆（Newhalem）小村是最好的入山地点，专业的公园管理员可以为旅行者提供游览建议。

一排漂浮小木屋是20世纪30年代在山谷内工作的伐木工人而建的[山谷后来因修建罗斯大坝（Ross Dam）而被淹没]，后来小木屋就成了与罗斯湖齐名的度假屋 Ross Lake Resort（☎206-386-4437；www.rosslakeresort.com；503 Diablo St, Rockport；小屋$195~370；◯6月中至10月下旬；◉），这是州内最独特的住宿地之一。车辆无法到达，你只能选择从20号公路开始徒步行走2英里，或搭乘度假屋靠近魔鬼水坝（Diablo Dam）停车区的短程拖船的士。

华盛顿州东北部（Northeastern Washington）

斯波坎（Spokane）

拥有华盛顿第二多人口的斯波坎是州内潜藏的惊喜之一，在经过东部单调乏味、光秃秃的火山地带后，这里令人心旷神怡。斯波坎位于太平洋西北部所谓的"内陆帝国"，位置靠近英国毛皮商在1810年创立的一个短暂运转的商栈。这座位于斯波坎河（Spokane River）岸边的城市虽然低调，却信心十足。国家旅游广告很少提到它，但斯波坎却年年主办全球最大、参与人数最多的跑步活动（每年5月的Bloomsday竞跑）。

◉ 景点

河滨公园　　　　　　　　　　　　　　公园

（Riverfront Park；www.spokaneriverfrontpark.com；）公园在1974年世博会举办地上，拥有许多亮点，包括一条连接17个景点的**雕塑步行道**（Sculpture Walk; Riverfront Park）和风景优美的**斯波坎瀑布群**（Spokane Falls）。短程的**斯波坎瀑布群缆车**（Spokane Falls SkyRide; Riverfront Park）可以将你直接带到瀑布顶上，通过同样壮观的**门罗街大桥**（Monroe Street Bridge; Monroe St）也可抵达那里。该桥建于1911年，至今依然是美国最大的混凝土拱桥之一。持续进行的整修工程意味着公园部分地区无法进入，大多数景点关闭至2017年秋季。

西北文化艺术博物馆　　　　　　　博物馆

（Northwest Museum of Arts & Culture, MAC；☎509-456-3931；www.northwestmuseum.org；2316 W 1st Ave；成人/儿童$15/10；◯周二至周日10:00~17:00，周三至20:00；）这个外形突出、造型新颖的博物馆位于历史悠久的Browne's Addition街区，收藏着或许是西北部最精致的原住民工艺品。一个可俯瞰斯波坎河的豪华玻璃门厅通向四个展室，展示着斯波坎的历史，还有一些每三四个月更新一次的流动展。

🛏 食宿

Hotel Ruby　　　　　　　　　　　汽车旅馆 $

（☎509-747-1041；www.hotelrubyspokane.com；901 W 1st Ave；房间$78起；Ｐ✲🅦）前身是简陋的汽车旅馆，重新经过艺术设计，Ruby拥有一种20世纪70年代的感觉，墙上有前卫、新颖的艺术品，还有时尚的灯具，大厅与一间漂亮的鸡尾酒座相连。房间有小冰箱和微波炉，你可以在附近的姊妹酒店Ruby 2使用健身房。从这里步行前往酒吧和餐厅很轻松。

★ Historic Davenport Hotel　　历史酒店 $$

（☎800-899-1482；www.thedavenporthotel.com；10 S Post St；房间$188起；✲🅦）这个历史地标（1914年开业）被认为是全国最好的酒店之一。就算你不住在这里，至少也要到精美的大堂流连一番，或是在Peacock Lounge喝上一杯。隔壁现代的Davenport Tower有着狩猎主题的大堂和酒吧。

Mizuna　　　　　　　　　　　　创意菜 $$

（☎509-747-2004；www.mizuna.com；214 N Howard St；晚餐 主菜$20~36；◯周一至周六11:00~22:00，周日16:00~22:00；）位于一栋古董砖楼内，陈设简单的Mizuna因藜麦烘肉卷和有机焖鸡等特色菜及种类繁多的素食菜单而闻名。配上香醇的葡萄酒，你将获得一次难忘的美食体验。

🍸 饮品和娱乐

从歌剧酒吧和鸡尾酒吧到台球酒吧和自酿酒吧，斯波坎拥有喀斯喀特山脉以东最好的夜间娱乐和畅饮地。

NoLi Brewhouse　　　　　　　　自酿酒吧

（☎509-242-2739；www.nolibrewhouse.

com; 1003 E Trent Ave; 主菜 $12~16; ◐周日至周三 11:00~22:00, 周四至周六 至23:00) 这里是冈扎加大学(Gonzaga University)附近学生聚会的场所，也是斯波坎最好的自酿酒吧，供应一些奇特但绝妙的口味，包括酸樱桃麦芽酒、咖啡、巧克力和红糖口味的帝国烈性啤酒等。至于食物，可尝尝鳕鱼和薯条，搭配酒吧自制的淡麦芽酒。

Mootsy's　　　　　　　　　　　酒吧

(☎509-838-1570; 406 W Sprague Ave; ◐14:00至次日2:00) 这间热门的潜水酒吧在Stevens St和Washington St之间的街区，是夜生活和另类音乐的中心。欢乐时间，便宜的蓝带啤酒(Pabst Blue Ribbon)留住了不少本地老顾客。

Bing Crosby Theater　　　　　剧院

(☎509-227-7638; www.bingcrosbytheater. com; 901 W Sprague Ave)是的，宾·克罗斯比(Bing Crosby)出生于斯波坎，现在他的同名场地"Bing"在相对私密的空间里举办音乐会、戏剧表演和节日活动。

❶ 实用信息

斯波坎地区游客信息中心(Spokane Area Visitor Information Center; ☎888-776-5263; www. visitspokane.com; 808 W Main Ave; ◐周一至周六 8:00~17:00, 周日 11:00~18:00) 有很多小册子和地图。

❶ 到达和离开

斯波坎国际机场(Spokane International Airport; www.spokaneairports.net) 有航班飞往西雅图、俄勒冈州波特兰和爱达荷州博伊西。

斯波坎联运中心(Spokane Intermodal Center; 221 W 1st Ave) 巴士和火车从该站发车。

南喀斯喀特山脉
(South Cascades)

南喀斯喀特山脉与北边的兄弟山脉相比，形态更圆润，没那么嶙峋崎岖，但是更高。各方面都堪称最高峰的雷尼尔山(Mt Rainier)高14,411英尺，是美国本土48州的第五高山，无疑也是世界上最引人注目的单体山脉之一。继续往南，火热的圣海伦火山无须介绍，而东边的亚当斯山(Adams)无人问津，好像不受重视的孩子在生闷气一样，离得很远也要怒目而视。

雷尼尔山国家公园
(Mt Rainier National Park)

美国除阿拉斯加州以外的第五高峰雷尼尔山气势恢宏，是最令人沉醉的一座山峰。高山坐落在368平方英里的国家公园内。冰雪覆盖的山峰和森林小丘，以无数徒步小道和大片开满野花的原野而自傲，迷人的锥形山峰向攀登者发出极限挑战。

雷尼尔山国家公园(www.nps.gov/mora; 车辆 $25, 行人和骑行者 $10, 17岁以下免费, 一年通票 $50) 有4个入口。可拨打800-695-7623查询路况。在国家公园管理局(National Park Service; 简称NPS)网站可下载公园地图以及几十条公园小道的详细描述。最知名的是93英里长的奇境步道(Wonderland Trail)，小道整整绕雷尼尔山一周，走完全程要花上10~12天。

公园里营地都有自来水和公厕，但没有淋浴或房车接口。若是夏季出行，强烈建议你提前通过电话或网站预订公园**营地**(☎800-365-2267; www.nps.gov/mora; 营地 $20)，最早可提前两个月。涉及留宿的多日行程，需申请野营许可证——登录NPS网站获取更多信息。

尼斯阔利入口 (NISQUALLY ENTRANCE)

雷尼尔山国家公园最繁忙也最方便的入口是尼斯阔利，靠近公园西南角，位于经过阿什福德(Ashford)的Hwy 706上，常年开放。由此进入公园后，7英里外的朗迈尔(Longmire)有一个**博物馆和信息中心**(☎360-569-6575; Hwy 706; ◐5月至7月 9:00~16:30)、一些重要的小道起点，以及一家拥有不错餐厅的淳朴旅馆**National Park Inn**(☎360-569-2275; Hwy 706; 房间 带公共/私人卫生间 $126/177起; ❋)。更多步行小道和解说步行游可在向东12英里地势较高的**天堂区**(Paradise)找到。这里的**亨利·杰克逊游客中心**(Henry M Jackson Visitor Center; ☎360-569-6571; Paradise; ◐5月至10月每日10:00~17:00, 11月至次年4月 周六和周日）资讯丰富, 而古老的Paradise Inn（☎360-569-2275; 房间 带公共/私人卫生间 $123/182起; ⊙5月至10月; ➤☎）建于1916年，是一个历史悠久的"公园式建筑"旅馆。Rainier Mountaineering Inc（☎888-892-5462; www.rmiguides.com; 30027 Hwy 706 E, Ashford; 4日攀岩$1087）领队上山，从旅馆出发攀登雷尼尔山并冲顶，全程4天。

其他入口（OTHER ENTRANCES）

雷尼尔山国家公园其他3个入口分别是：经Hwy 123和Packwood小镇（可以找到住宿）抵达的Ohanapecosh; Hwy 410旁的White River, 由此可沿公路（6400英尺）直达Sunrise Lodge Cafeteria（小吃$6~9; ⊙7月和8月 10:00~19:00）美丽的观景点; 以及偏远西北角的Carbon River, 这是通往公园内陆雨林的入口。

圣海伦火山国家纪念区（Mt St Helens National Volcanic Monument）

圣海伦火山虽然不高, 却火爆得很, 1980年5月18日的喷发堪比1500个原子弹的威力, 57人因此丧命。大灾难始于一场里氏5.1级的地震, 地震引发了有记载的历史上最严重的山崩, 230平方英里的森林被几百万吨火山岩和火山灰掩埋。如今这里到处可见正在恢复元气的森林、新的河谷和覆盖着火山灰的山坡。每人支付$8即可进入国家纪念区。

东北入口（NORTHEASTERN ENTRANCE）

位于Hwy 504的东北口是主要入口, 由此进入的第一站应该是银湖游客中心（Silver Lake Visitor Center; www.mtsthelensinfo.com/visitor_centers/silver_lake; 3029 Spirit Lake Hwy; 成人/儿童$5/2.50; ⊙5月至9月 9:00~17:00, 10月至次年4月 至16:00; ➤☎), 这里有关于山区的影片、展览和免费信息（包括小道地图）。想要进一步了解大自然的破坏力, 可到Hwy 504末端的约翰斯顿山脊观测所（Johnston Ridge Observatory; ☎360-274-2140; 24000 Spirit Lake Hwy; 一日票$8; ⊙5月中旬至10月 10:00~18:00), 在那里可以直接看到火山口内部。

在这样一个住宿选择不多的地方, 位于银湖游客中心对面的Eco Park Resort（☎360-274-7007; www.ecoparkresort.com; 14000 Spirit Lake Hwy, Toutle; 营地$25, 小屋$140~150; ☎）提供露营地和房车水电, 以及基本的2人或4人小屋。

东南和东入口（SOUTHEASTERN & EASTSIDE ENTRANCES）

东南入口可经由Hwy 503上的库格尔（Cougar）镇到达，这里有一些很险峻的火山岩地貌，包括2英里长的艾坡岩洞（Ape Cave）熔岩隧道，全年都可以进入。做好忍受寒冷的准备，因为这里的温度常年保持在5℃。成人最好每人携带两套照明装备，也可向Apes' Headquarters（☎360-449-7800; ⊙6月中旬至9月上旬 10:00~17:00）租提灯（每盏$5）。

东入口最偏远，但更难到达的风岭（Windy Ridge）观景点就位于这一侧，从这里你能更直观地感受到火山爆发时的破坏力有多可怕。这里通常关闭，至6月才开放。沿着道路行走几英里即可下行600英尺，经1英里长的Harmony Trail（224号徒步道）前往灵湖（Spirit Lake）。

华盛顿州中部和东南部（Central & Southeastern Washington）

华盛顿州中部和东南部像加利福尼亚一样阳光充沛、气候干燥, 这里有一个不太秘密的秘密武器——葡萄酒。在犹如尼罗河一般的亚基马和哥伦比亚河峡谷周边, 肥沃的土地上到处是新兴的酿酒厂, 这里所种植的优质葡萄也已经获得认可, 可与纳帕谷（Napa Valley）和索诺马河谷（Sonoma Valley）一争高下。亚基马和更具吸引力的埃伦斯堡（Ellensburg）曾出尽风头, 但现在的明星却是沃拉沃拉（Walla Walla）。

亚基马和埃伦斯堡（Yakima & Ellensburg）

在亚基马停留，主要是为了参观这里和

> ### 值得一游
>
> ## 大深谷水坝
>
> 著名的胡佛水坝（Hoover Dam；位于拉斯维加斯和大峡谷之间的交通便利位置）每年大约有160万名游客，但比它大4倍且据说更重要的**大深谷水坝** 免费 （地处偏僻，较不方便）却几乎没什么游客。如果你来到该地区，不要错过——它是全国最壮观的工程项目，而且你可以在没有拥挤人群的环境中尽情欣赏。
>
> **大深谷水坝游客到访中心**（The Grand Coulee Dam Visitor Center；☎509-633-9265；www.usbr.gov/pn/grandcoulee/visit；◎6月和7月 8:30~23:00，8月 至22:30，9月 至21:30，10月至次年5月 9:00~17:00）以影片、图片和互动展，讲述了水坝和周边地区的历史。5月至9月每天10:00至17:00和其余月份的11:00和14:00都有免费导览，每小时一次，包括乘坐465英尺高的玻璃幕墙观光电梯进入第三发电厂（Third Power Plant），在瞭望台上看看发电机。

斑顿市（Benton City）之间的众多酿酒厂。到**游客中心**（☎800-221-0751；www.visityakima.com；101 N 8th St；◎6月至8月 周一至周六 9:00~17:00，周日 10:00~16:00，9月至次年5月 时间缩减）拿张地图参考吧。

更好的中转站是埃伦斯堡，一个在西北36英里处的小村落，这里不但有州内规模最大的牛仔竞技表演（每年劳动节），还声称其市中心的人均咖啡馆数量是全球之最。在本地烘焙店**D&M Coffee**（☎509-962-9333；www.dmcoffee.com；323 N Pearl St；主菜 $5~7；◎周一至周六 7:00~22:00，周日 至20:00）喝一杯拿铁，在另类的**Yellow Church Cafe**（☎509-933-2233；www.theyellowchurchcafe.com；111 S Pearl St；晚餐 主菜$17~27；◎周一至周四 11:00~21:00，周五至周日 8:00~21:00）享用晚餐。

两市都有灰狗巴士（Greyhound）班车运营，开往西雅图、斯波坎及途中各站点。

沃拉沃拉（Walla Walla）

沃拉沃拉摇身一变成为除加利福尼亚以外最热门的葡萄种植区。可敬的马库斯惠特曼学院（Marcus Whitman College）是镇上最明显的文化符号，此外也可以找到古怪的咖啡馆、很酷的品酒室、精致的安妮女王（Queen Anne）式建筑和州内最新鲜最有活力的农贸市场。

◉ 景点和活动

不必拼命灌酒，也可以欣赏沃拉沃拉的历史和文化遗产。Main St曾获得无数个历史奖项，为了让这里更加适宜生活，当地**商会**（☎509-525-0850；www.wallawalla.org；29 E Sumach St；◎5月至9月 周一至周五 8:30~17:00）策划了一些有趣的步行游项目。Main St 和郊区同样遍布品酒室。预计品酒价格为$5至$10。

沃拉沃拉要塞博物馆　　博物馆

（Fort Walla Walla Museum；☎509525-7703；www.fwwm.org；755 Myra Rd；成人/儿童 $8/3；◎3月至10月 10:00~17:00，11月至次年2月 至16:00；👶）17栋历史悠久的建筑组成了这个先锋村庄。藏品包括农场设备、牧场工具和可能是世界上最大的塑胶骡队模型。

Waterbrook Wine　　葡萄酒

（☎509-522-1262；www.waterbrook.com；10518 W US 12；品酒 $5~10；◎10月至次年4月 周日至周四 11:00~17:00，周五和周六 至18:00，5月至9月 11:00~19:00）挑个阳光灿烂的日子，到这个位于小镇西面10英里处的大型酿酒厂来，坐在池塘边的院子里品尝一系列的精选葡萄酒，这真是一大享受。周四至周日供应食物。

Amavi Cellars　　葡萄酒

（☎509-525-3541；www.amavicellars.com；3796 Peppers Bridge Rd；◎10:00~16:00）在沃拉沃拉南部这一大片风景秀丽的葡萄园和苹果园中，你可以品尝到山谷里最具口碑的葡萄酒（试试西拉和赤霞珠）。露天庭院高雅舒适，还可坐享蓝山（Blue Mountains）美景。

🛏 食宿

Walla Walla Garden Motel　　汽车旅馆 $

（☎509-529-1220；www.wallawallagarden

motel.com; 2279 Isaacs Ave; 房间 $72起; ❄❂)

这个简单友善的家庭式汽车旅馆位于前往机场的半路上，Garden Motel（以前的Colonial）欢迎自行车骑行者，并提供一个存放自行车的安全车库和不少本地地图。

Marcus Whitman Hotel　　酒店 $$

(☎509-525-2200; www.marcuswhitmanhotel.com; 6 W Rose St; 房间 $149起; P❄❂❃)

这栋建于1928年的红砖大楼与整个村庄完美契合，是沃拉沃拉最知名的地标建筑，也是这座小镇最高的建筑，所以你不可能错过这个有独特炮塔式屋顶的酒店。房屋的修整翻新和装修做得很有格调，房间宽敞，以深红和褐色为主色调，搭配意大利工艺的家具和巨大的床，屋内可以欣赏到附近蓝山的美景。它的餐厅Marc（主菜 $15~40; ⏰17:30起）是城里最贵的用餐地点之一。

Graze　　咖啡馆 $

(☎509-522-9991; 5 S Colville St; 三明治 $8~12; ⏰周一至周六 10:00~19:30, 周日至15:30; ✍)好吃的三明治可以打包带去野餐，也可以（如果你找到了一张桌子）就在这家简单的咖啡馆里享用。试试火鸡和梨帕尼尼，搭配了意大利熏干酪和蓝纹奶酪，或是牛腩饼三明治，加上腌渍过的墨西哥青椒、牛油果、番茄、芫荽和墨西哥辣酱。这里还有很多素食选择。

Saffron Mediterranean Kitchen　　地中海菜 $$$

(☎509-525-2112; www.saffronmediterraneankitchen.com; 125 W Alder St; 主菜 $26~42; ⏰5月至10月 周二至周六 14:00~22:00, 周日至21:00, 11月至次年4月 周二至周日 14:00~21:00)这间餐厅展现的不是厨艺，而是魔法：Saffron将本地时令食材点"食"成金。地中海风味的菜单上列出了如野牛肋眼肉和荨麻宽面条配鸭肉酱等。有合适的红酒和啤酒可选。需要预约。

❶ 到达和离开

阿拉斯加航空每天有两班从市区东北紧邻US 12的**沃拉沃拉地区机场**（Walla Walla Regional Airport; www.wallawallaairport.com）飞往西雅图—塔科马国际机场的航班。

灰狗巴士每天有一班车开往西雅图（$47, 7小时），经过帕斯科、亚基马和埃伦斯堡；可以在帕斯科换乘前往斯波坎。

俄勒冈州（OREGON）

很难为俄勒冈州的地理和居民找出一个统一的标签。从粗犷的海岸线、浓密的常青森林到到处都是化石的荒芜沙漠、火山和冰川，这里的风景有着天壤之别。除此以外，这里的居民也是形形色色的，有倾向于砍伐的保守派，也有坚持环保的自由主义者。但他们有一个共同之处，就是拥有一个独立的灵魂、一份对户外的喜爱和对居住环境的热爱。

游客通常用不了多长时间就会不约而同地爱上这里。波光粼粼的火山口湖（Crater Lake）奇景、在约翰代伊（John Day）的彩绘山区（Painted Hills）令人惊叹的色彩，以及穿越森林深处和翻越惊险山口的徒步小径，谁又能不爱上它们呢？于是，这里有了城镇：你可以在波特兰吃得像王室成员一样，在阿什兰（Ashland）见识一流的戏剧作品，或者在本德（Bend）体验数量惊人的自酿酒馆。

波特兰（Portland）

俄勒冈州最大的城市，曾经像是一个妥善封存的秘密：它拥有大城市所有的文化优势，气氛和消费水平却如同小镇。但从很多方面来说，这座古老的小树墩城（Stumptown）正在长大。

波特兰出现的变化大多是向好的方向。当然，停车可能有点儿困难，肮脏的地下酒吧如今少得可怜，但是，几乎每个街区都有一家咖啡烘焙工坊和自酿酒吧，还有美食车——比以往任何时候都要多，都要好。

波特兰拥有得天独厚的丰富自然美景——完美的公园、繁茂的树木，美丽的步行街两旁是欣欣向荣的花丛，威拉梅特河（Willamette River）蜿蜒穿过城镇，胡德山（Mt Hood）矗立在地平线上。这个地方的风气既开明、不拘一格又迷人——即"Keep Portland Weird"（让波特兰保持古怪吧）——而且肯定不会改变。现在，值得让

俄勒冈州概况

别名 海狸州

人口 4,028,977

面积 98,466平方英里

首府 塞勒姆（人口160,614）

其他城市 波特兰（人口632,309）、尤金（人口160,561）、本德（人口87,014）

消费税 俄勒冈州不征收营业税

诞生于此的名人 美国前总统赫伯特·胡佛（Herbert Hoover；1874~1964年）、演员兼舞蹈家金吉·罗杰斯（Ginger Rogers；1911~1995年）、作家肯·克西（Ken Kesey；1935~2001年）、电影制作人格斯·范·桑特（Gus Van Sant；1952年出生）及《辛普森一家》的作者马特·格勒宁（Matt Groening；1954年出生）

发源地/所在地 俄勒冈莎士比亚戏剧节、耐克、火山口湖国家公园

政治 自1987年以来均为民主党阵地

著名之处 森林、雨水、微酿啤酒、咖啡、安乐死法案

代表饮品 牛奶（乳品业发达）

驾驶距离 在俄勒冈，车主不能自助加油；波特兰到尤金110英里，波特兰到阿斯托里亚96英里

人喜爱的地方太多了。

◉ 景点

⦿ 市中心 (Downtown)

★ 汤姆·麦考尔滨水公园　　　　公园

（Tom McCall Waterfront Park；见1190页地图；Naito Parkway）这间受欢迎的沿河公园位于威拉梅特河（Willamette River）西岸，修建历时4年，于1978年完工。公园修砌了长1.5英里的人行道和草地空间，替代了以前旧的快速路，吸引了很多慢跑的人、轮滑玩家、散步者和骑行者。夏季，这里非常适合举办大型户外活动，比如俄勒冈州啤酒节（Oregon Brewers Festival；见1193页）。穿过钢铁桥和霍桑桥抵达**东岸滨海道**（Eastbank Esplanade），一圈有2.6英里。

★ 先锋法庭广场　　　　地标

（Pioneer Courthouse Square；见1190页地图；www.thesquarepdx.org；🚇Red, Blue, Green）这里是波特兰市中心的核心地带，这个砖铺广场被亲切地称为"波特兰的客厅"，也是这座城市被访问次数最多的公共场所。广场时常挤满了玩沙包球（Hacky Sack）的人、晒日光浴的人或是享用午餐的上班族，还会举办音乐会、节日庆典、集会、农贸市场，甚至夏季周五电影之夜（又被称为"Flicks on the Bricks"）。

波特兰大厦　　　　地标

（Portland Building；见1190页地图；SW 5th Ave和SW Main St的交叉路口）这栋饱受争议的15层建筑（建于1982年）由迈克尔·格雷夫斯（Michael Graves）设计，他也从后现代建筑师一跃成为名人。但色彩柔和的四方大厦一直不受在里面工作的人喜欢。近年来，它的结构出了一些问题，也就是说大厦需要大规模改造才能保持矗立。至少它增加了一些对环境有利的设施：2006年安装了一个生态友好型的屋顶。

俄勒冈历史学会　　　　博物馆

（Oregon Historical Society；见1190页地图；☎503222-1741；www.ohs.org；1200 SW Park Ave；成人/少儿 $11/5；⏱周一至周六 10:00~17:00，周日 正午至17:00；🚇Red, Blue）在树荫遮蔽的南公园街区（South Park Blocks）里坐落着俄勒冈州主要的历史博物馆。它用了大部分空间来讲述俄勒冈及其开拓者的故事，还有一些有趣的部分关注各种移民群体、美洲原住民部落以及开拓俄勒冈小道时的艰苦劳作。楼下用于举办临时展览。

波特兰美术馆　　　　博物馆

（Portland Art Museum；见1190页地图；☎503-226-2811；www.portlandartmuseum.org；1219 SW Park Ave；成人/儿童 $19.99/免费；⏱周二至周日 10:00~17:00，周四和周五 至20:00；🚌6, 38, 45, 55, 58, 68, 92, 96，🚋NS Line, A-Loop）美术馆就坐落在南公园街区旁边，

精美的展品包括：美洲原住民的雕刻、来自亚洲和美洲的艺术品、摄影作品以及英国的银器。博物馆里有怀特塞尔大礼堂（Whitsell Auditorium），这是一个一流的影剧院，经常上映珍贵的国际影片，是西北电影中心（Northwest Film Center）及学校的一部分。

旧城区和唐人街
(Old Town & Chinatown)

作为19世纪90年代波特兰的骚乱中心，当年臭名昭著的旧城区以可憎人物的暗藏之所著称。如今，这里有一些漂亮的历史建筑，还有滨水公园（Waterfront Park）、周六市场（Saturday Market）和几个不错的夜生活集中地。

旧城区通常被归于这座城市历史悠久的唐人街——不再是中国社区的中心（已经搬到了更靠外的东南部），但依然有华丽的唐人街大门（Chinatown Gates；见1190页地图；W Burnside St和NW 4th Ave的交叉路口；📍20）、宁静的兰苏园（Lan Su Chinese Garden；见1190页地图；📞503-228-8131；www.lansugarden.org；239 NW Everett St；成人/儿童 $10/7；⏰4月中旬至10月中旬 10:00~19:00，10月中旬至次年4月中旬 至17:00；📍4, 8, 16, 35, 44, 77, 🚇Blue, Red）和所谓的上海隧道（Shanghai Tunnels；见1190页地图；📞503-622-4798；www.shanghaitunnels.info；120 NW 3rd Ave；成人/儿童 $13/8；📍12, 19, 20, 🚇Blue, Red），有的地方可以参观。

周六市场
市场

（Saturday Market；见1190页地图；📞503-222-6072；www.portlandsaturdaymarket.com；2 SW Naito Parkway；⏰3月至12月 周六10:00~17:00，周日 11:00~16:30；📍；📍12, 16, 19, 20, 🚇Red, Blue）沿波特兰滨水地区步行的最佳时间是周末，届时你可以观赏这座著名市场展示的艺术品和手工艺品、街头艺人演出，还有美食摊。

珍珠区和西北区
(The Pearl District & Northwest)

波特兰人说到"西北区"的时候，他们通常是指W Burnside St 以北由NW 21st Ave和23rd Ave环绕的迷人街区。这个地区是波特兰19世纪末叶的居民中心，后来成为这座城市上流阶层的商业街，不过近年来由于餐饮和购物的热闹氛围向东扩展，这里受到了一些挑战。但它依然是令人惬意和风景优美的散步街区，拥有古色古香的公寓楼和城里最好的艺术电影院。停车困难但并非不可能；你也可以从市中心乘坐有轨电车（或步行）过来。

西北区以东的珍珠区是一个古老的工业区，现在已经被改建成了波特兰最豪华的街区。由仓库改造而成的昂贵复式楼，房价在俄勒冈州最贵。这里是散散步，造访高档精品店、时髦餐馆和画廊的好地方。

西部山区 (West Hills)
★森林公园
公园

（Forest Park；📞503-223-5449；www.forestparkconservancy.org）和南面（多条小径通往那里）紧邻的整整齐齐的华盛顿公园（Washington Park）相比，5100英亩的森林公园更为野性。这里拥有一片温和的雨林，里面藏着稠密植物和各种动物，还有一个热衷于徒步旅行的兄弟会联盟。波特兰奥杜邦协会（Portland Audubon Society；📞503-292-6855；www.audubonportland.org；5151 NW Cornell Rd；⏰9:00~17:00，自然商店 周一至周六 10:00~18:00，周日 至17:00；📍20）免费经营着一家书店、一个野生动物康复治疗中心，还在森林公园保护区里开辟了一条4.5英里长的徒步道。

华盛顿公园
公园

（Washington Park；www.washingtonparkpdx.org；📍；🚇Blue, Red）华盛顿公园维护精心却单调乏味，在这400英亩的绿地里有几处引人入胜的重要景点。国际玫瑰试验园（International Rose Test Gardens；www.rosegardenstore.org；400 SW Kingston Ave；⏰7:30~21:00；📍63）免费是波特兰著名的玫瑰花园，园内有400个品种的玫瑰，还有不错的城市景观。更远一些的山上坐落着日本花园（Japanese Garden；📞503-223-1321；www.japanesegarden.com；611 SW Kingston Ave；成人/少儿 $14.95/10.45；⏰3月中旬至9月 周一正午至19:00，周二至周日 10:00~19:00，10月

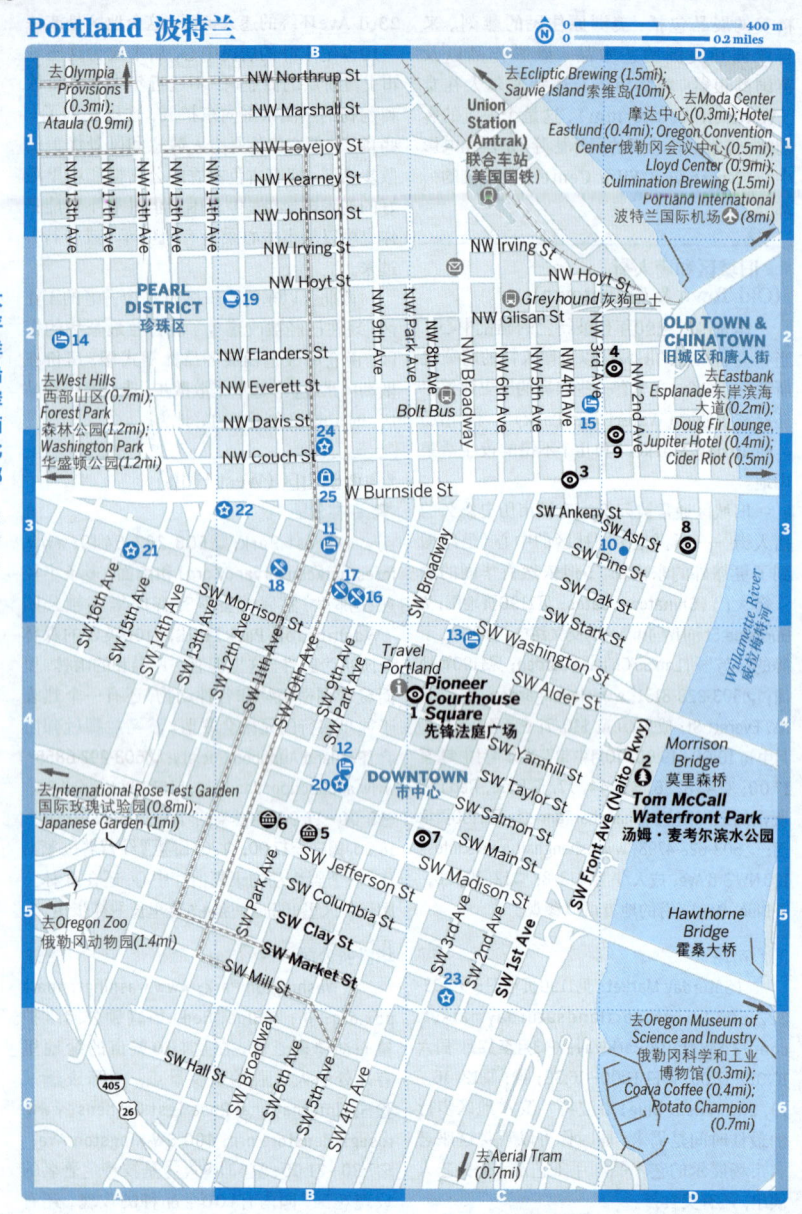

Portland 波特兰

太平洋沿岸西北部 波特兰

去Olympia Provisions (0.3mi); Ataula (0.9mi)

去West Hills 西部山区 (0.7mi); Forest Park 森林公园 (1.2mi); Washington Park 华盛顿公园 (1.2mi)

去International Rose Test Garden 国际玫瑰试验园 (0.8mi); Japanese Garden (1mi)

去Oregon Zoo 俄勒冈动物园 (1.4mi)

NW Northrup St
NW Marshall St
NW Lovejoy St
NW Kearney St
NW Johnson St
NW Irving St
NW Hoyt St
NW Glisan St
NW Flanders St
NW Everett St
NW Davis St
NW Couch St
W Burnside St
SW Ankeny St
SW Ash St
SW Pine St
SW Oak St
SW Stark St
SW Washington St
SW Alder St
SW Yamhill St
SW Taylor St
SW Salmon St
SW Main St
SW Madison St
SW Jefferson St
SW Columbia St
SW Clay St
SW Market St
SW Mill St
SW Hall St

NW 13th Ave, NW 12th Ave, NW 11th Ave, NW 10th Ave, NW 9th Ave, NW 8th Ave, NW Park Ave, NW Broadway, NW 6th Ave, NW 5th Ave, NW 4th Ave, NW 3rd Ave, NW 2nd Ave

SW 16th Ave, SW 15th Ave, SW 14th Ave, SW 13th Ave, SW 12th Ave, SW 11th Ave, SW 10th Ave, SW 9th Ave, SW Park Ave, SW Broadway, SW 6th Ave, SW 5th Ave, SW 4th Ave, SW 3rd Ave, SW 2nd Ave, SW 1st Ave, SW Front Ave (Naito Pkwy)

SW Morrison St

PEARL DISTRICT 珍珠区

OLD TOWN & CHINATOWN 旧城区和唐人街

Union Station (Amtrak) 联合车站 (美国国铁)

Bolt Bus

Greyhound 灰狗巴士

DOWNTOWN 市中心

Travel Portland

Pioneer Courthouse Square 先锋法庭广场

Tom McCall Waterfront Park 汤姆·麦考尔滨水公园

Morrison Bridge 莫里森桥

Hawthorne Bridge 霍桑桥

Willamette River 威拉梅特河

去Ecliptic Brewing (1.5mi); Sauvie Island 索维岛 (10mi)

去Moda Center 摩达中心 (0.3mi); Hotel Eastlund 和 Oregon Convention Center 俄勒冈州会议中心 (0.5mi); Lloyd Center (0.9mi); Culmination Brewing (1.5mi); Portland International 波特兰国际机场 (8mi)

去Eastbank Esplanade 东岸滨海 (0.2mi); Doug Fir Lounge, Jupiter Hotel (0.4mi); Cider Riot (0.5mi)

去Oregon Museum of Science and Industry 俄勒冈科学和工业博物馆 (0.3mi); Coava Coffee (0.4mi); Potato Champion (0.7mi)

去Aerial Tram (0.7mi)

至次年3月中旬 周一 正午至16:00, 周二至周日 10:00～16:00; ⏹63）。这是又一片宁静的绿洲。如果你有孩子，就该在日程里加上**俄勒冈动物园**（Oregon Zoo; ☎503-226-1561; www.oregonzoo.org; 4001 SW Canyon Rd; 成人/儿童 $14.95/9.95; ⏰6月至8月 9:30-18:00, 9月至次年5月 开放时间缩短; P; ⏹63, ⓇBlue, Red)

和**波特兰儿童博物馆**（Portland Children's Museum; ☎503-233-6500; www.portlandcm.org; 4015 SW Canyon Rd; $10.75; 每个月第一个周

Portland 波特兰

◎ **重要景点**
1. 先锋法庭广场 C4
2. 汤姆·麦考尔滨水公园 D4

◎ **景点**
3. 唐人街大门 C3
4. 兰苏园 D2
5. 俄勒冈历史学会 B5
6. 波特兰美术馆 B5
7. 波特兰大厦 C5
8. 周六市场 D3
9. 上海隧道 D3

◎ **活动、课程和团队游**
10. Pedal Bike Tours D3

◎ **住宿**
11. Ace Hotel B3
12. Heathman Hotel B4
13. Hotel Monaco C4
14. Northwest Portland Hostel A2
15. Society Hotel C2

◎ **就餐**
16. Bing Mi! B3
    Clyde Common .... （见 11）
17. Nong's Khao Man Gai B3
18. Tasty n Alder B3

◎ **饮品和夜生活**
19. Barista B2

◎ **娱乐**
20. Arlene Schnitzer Concert
    Hall B4
21. Artists Repertory Theatre A3
22. Crystal Ballroom B3
23. Keller Auditorium C5
24. Portland Center Stage B3

◎ **购物**
25. Powell's City of Books B3

太平洋沿岸西北部

波特兰

五 16:00~19:00免费；⊙9:00~17:00；🅿；🚌63，🚊Red, Blue）。

◎ 东北和东南区（Northeast & Southeast）

从市中心出发，跨过威拉梅特河就是Lloyd Center（☎503-282-2511；www.lloydcenter.com；2201 Lloyd Center；⊙周一至周六 10:00~21:00，周日 11:00~18:00；🚊Red, Blue, Green），这是俄勒冈最大的购物商场，也是声名受损的花样滑冰运动员坦雅·哈丁（Tonya Harding）开始学习滑冰的地方。西南方向几个街区外是引人注目的玻璃塔式建筑俄勒冈会议中心（Oregon Convention Center；www.oregoncc.org；777 NE Martin Luther King Jr Blvd；🚊Red, Blue, Green, Yellow），旁边就是摩达中心（Moda Center；☎503-235-8771；www.rosequarter.com/venue/moda-center；1 N Center Court St；🚊Yellow），是职业篮球队开拓者（Trailblazers）的主场场地。

沿着威拉梅特河再往前走，就到了N Mississippi Ave。这里曾经到处是破败的建筑物，现在却是时髦商店和餐馆的热门聚集区。东北部是艺术气息浓厚的NE Alberta St，长长的街上有各种画廊、时装精品店和咖啡店[不要错过每月最后一个周四在这里举行的街头艺术活动"Last Thursday"（www.lastthursdayonalberta.com）]。SE Hawthorne Blvd（SE 39th Ave附近）是一个富裕的嬉皮士地区，这里有礼品店、小餐厅、咖啡馆和鲍威尔书店（Powell's Books）的两家分店。沿林荫道再往东走1英里就到了SE Division St，这条街近年来发展成了美食爱好者的聚集点，布满了时尚饭店和各种酒吧。位于NE 28th Ave的E Burnside也是如此，但这里的店铺较集中也更高档。

🚶 活动

徒步

波特兰市内拥有5000英亩森林公园，能让渴望徒步的人忙上一阵子。霍伊特植物园（Hoyt Arboretum；☎503-865-8733；www.hoytarboretum.org；4000 Fairview Blvd；⊙小径 5:00~21:30，游客中心 周一至周五 9:00~16:00，周六和周日 11:00~15:00；🚊Washington Park）免费网布着徒步小径，乘坐轻轨前往很方便。特赖恩溪州立自然风景区（Tryon Creek State Natural Area；☎503-636-9886；www.oregonstateparks.org；11321 SW Terwilliger Blvd）有更多值得探索的地方。

带孩子游波特兰

华盛顿公园为带孩子的家庭提供的游玩选择最多。这里有世界级的俄勒冈动物园（Oregon Zoo），坐落于优美的自然环境中，家长也会喜欢。旁边就是波特兰儿童博物馆（Portland Children's Museum）和世界森林中心（World Forestry Center；☏503-228-1367；www.worldforestry.org；4033 SW Canyon Rd；成人/儿童 $7/5；◉10:00~17:00，劳动节至阵亡将士纪念日的周二和周三关闭；🅿；🚌63，🚇Blue, Red），这两个地方都提供有趣的教育活动和展览。

威拉梅特河的另一边是俄勒冈科学和工业博物馆（Oregon Museum of Science and Industry，简称OMSI；☏503-797-4000；www.omsi.edu；1945 SE Water Ave；成人/儿童 $14/9.75；◉6月至8月 9:30~17:30，9月至次年5月 周一闭馆；🅿；🚌9, 17，🚋A Loop, B Loop，🚇Orange），这个顶级的景点有剧院、天文台，甚至潜艇可供探索。最后，更南面的奥克斯游乐园（Oaks Amusement Park；☏503-233-5777；www.oakspark.com；7805 SE Oaks Park Way；套票 $15~31，单项 $3.75，滑冰 $6.60~7.50；◉时间多变；🅿；🚌35, 99）里有小型过山车、迷你高尔夫和各种嘉年华游乐设施。

如果那还不够，不到一小时车程就是徒步仙境胡德山（见1203页）和哥伦比亚河峡谷（见1201页）。

骑车

波特兰经常在美国最适合骑车的城市名单上名列前茅。

沿着市中心的威拉梅特河寻找令人惬意的小路，或者试试21英里长的泉水走廊（Springwater Corridor），后者一直延伸到伯灵（Boring）外郊。

骑山地自行车的人可以前往雷夫·埃里克森大道（Leif Erikson Dr）或者沿着单向的专门的路径骑行，胡德河和胡德山（均在大约1小时车程以外）都有不错的选择。

如果你想一览优美的农场田园风光，那么就去索维岛（Sauvie Island；www.sauvieisland.org；Hwy 30；每日停车证 $10）看看吧。它位于波特兰市区西北10英里处。

从游客中心或自行车店可获取免费的《骑行波特兰》（*Portland by Bicycle*）或$6的《骑行去那儿！》（*Bike There!*）地图。

Everybody's Bike Rentals & Tours　　骑车

（☏503-358-0152；www.pdxbikerentals.com；305 NE Wygant St；团队游每人 $69起，出租每小时 $8~15；◉10:00~15:00；🚌6）骑车欣赏波特兰最理想，这是真的。这家公司提供低调、有趣的城市及周边团队游——无论你喜欢的是美食、农场，还是啤酒和公园。另外出租自行车。

皮划艇

波特兰紧靠哥伦比亚河与威拉梅特河的交汇点，因而拥有数英里适于航行的水路。

Portland Kayak Company　　皮划艇

（☏503-459-4050；www.portlandkayak.com；6600 SW Macadam Ave；租金 每小时 $14起；◉10:00~17:00；🚌43）提供皮划艇租赁（2小时起）、指导和团队游——特别是威拉梅特河上历时3小时的威拉梅特河罗斯岛（Ross Island）环岛游（$49），时间是每天10:00和14:00及5月至9月的日落时分（18:00开始）。

👉 团队游

Pedal Bike Tours　　骑车

（见1190页地图；☏503-243-2453；www.pedalbiketours.com；133 SW 2nd Ave；团队游 $59~199；◉10:00~18:00；🚌12, 19, 20，🚇Blue, Red）提供各种主题的自行车游，包括历史、食品车、啤酒等，甚至可以参加Pot Tour through Portland（$69），花费3小时，透过陶器零售行业的全新视角游览城市。了解俄勒冈州的大麻历史，参观防治所和迷幻商店，获知关于合法购买和吸食方面的真相。提供素食点心！

Portland Walking Tours　　　步行

(☎503-774-4522; www.portlandwalkingtours.com; 团队游 每人$20~79) 每天都有以美食、巧克力、地下通道甚至捉鬼为主题的徒步游。全新的团队游"制造者及其场地"（makers and their spaces）得以让人一窥波特兰独立创新一面的背后故事，从手艺和木工活儿到皮革制品和自酿酒吧。每种团队游都在不同地方集合；建议预约。

✦ 节日和活动

波特兰玫瑰节　　　文化节

(Portland Rose Festival; www.rosefestival.org; ◎5月下旬至6月中旬) 玫瑰覆盖的花车，以及龙船比赛、河滨狂欢节、烟火、成群闲逛的水手，还有玫瑰女王的加冕仪式，这是波特兰最大的节日庆典。夜晚的星光游行（Starlight Parade）和花卉大游行（Grand Floral Parade; 6月中旬）是亮点。

俄勒冈州啤酒节　　　啤酒节

(Oregon Brewers Festival; www.oregonbrewfest.com; Tom McCall Waterfront Park; 免门票，品酒杯 $7, 每次品酒 $1; ◎7月下旬) 啤酒节在7月举行，持续一整周，你可以在河滨公园（Waterfront Park）附近和远处畅饮现酿现卖的微酿啤酒，园内还有小吃摊及其他以啤酒为主的摊位。在这里，每个人都很快乐，即使是不喝酒的人也能享受乐趣。

品尝俄勒冈　　　美食节

(Bite of Oregon; www.biteoforegon.com; 门票 $6; ◎9月上旬) 品尝俄勒冈的特色是：你能想到的所有美食（和啤酒），大都可以在本地餐厅以及波特兰著名的美食小推车中找到，当然，你还能找到好喝的自酿啤酒。美食节的收入将捐献给俄勒冈特奥组织（Special Olympics Oregon）。日期和地点每年不定；上网查询。

🛏 住宿

征税表列出的是夏季价格，所以提前预订比较明智。高档酒店的价格变动幅度很大，取决于入住率和那天是周几。

Hawthorne Portland Hostel　　　青年旅舍 $

(☎503-236-3380; www.portlandhostel.org; 3031 SE Hawthorne Blvd; 铺 $34~37, 双 带公共浴室 $74; ❄@☎; 🚌14) 🌿 这个环保型的青年旅舍占据了霍桑区（Hawthorne）很好的地理位置。两间私人客房整洁得体，宿舍也很宽敞。夏夜在后院草地上有开放式联欢会，提供自行车出租（以及一间修理站）。旅舍采用了混合肥料和再循环系统，收集雨水冲厕所，还有一个漂亮的环保屋顶。参加自行车团队游的住客可获得优惠。

Northwest Portland Hostel　　　青年旅舍 $

(见1190页地图; ☎503-241-2783; www.nwportlandhostel.com; 425 NW 18th Ave; 铺 $34~40, 双 带共用浴室 $89起; ❄@☎; 🚌77) 这家友善、干净的旅舍坐落在珍珠区、NW 21st Ave与23rd Ave中间的极佳位置，有4栋旧楼，以充足的公共区（包括一个小天台）和优惠出租自行车为特色。宿舍很宽敞，独立私人房间几乎和酒店一样舒适，唯一不同的是只有公用卫生间。非HI会员需额外支付$3。

★ Kennedy School　　　酒店 $$

(☎503-249-3983; www.mcmenamins.com/kennedyschool; 5736 NE 33rd Ave; 双 $155起; ☎; 🚌70) 这家酒店的前身是一所小学，现在被改造成了酒店（卧室是由教室改造的），有一个带大花园庭院的餐厅、几处酒吧、一家微酿啤酒厂和一家电影院。酒店客人可免费使用恒温泳池，整个学校呈独特的麦克莫纳明斯（McMenamins）艺术风格，装饰着马赛克、奇幻图画和历史照片。

★ Ace Hotel　　　精品酒店 $$

(见1190页地图; ☎503-228-2277; www.acehotel.com; 1022 SW Stark St; 双 带公共/私人卫生间 $175/245起; 🅿❄@☎; 🚌20) 老品牌Ace融合了工业、简约和复古风格，效果显著。从酒店大堂的电话亭到房间里装饰的再循环布料和废弃木料制作的家具可以看出，这家酒店拥有非常时髦和非常波特兰的感觉。酒店内有Stumptown咖啡厅和地下酒吧。大厅旁边是小馆**Clyde Common**(见1190页地图; ☎503-228-3333; www.clydecommon.com; 1014 SW Stark St; 主菜 $9~29; ◎周一至周五 11:30至午夜,周六 15:00至午夜,周日 15:00~23:00)。地段无与伦比。

★ Society Hotel 酒店 $$

（见1190页地图；☎503-445-0444；www.thesocietyhotel.com；203 NW 3rd Ave；铺位 $55，双 $129起；🛜；🚌4, 8, 16, 35, 44, 77, 🚆Red, Blue, Green）老城—唐人街唯一的住宿场所，这家新开的漂亮酒店位于历史悠久的建于1881年的海员大厦（Mariners Building）——原先是海员的宿舍，时尚的气氛无可挑剔。可以选择宿舍和单独的房间。这里还有热闹的酒吧和屋顶天台。有的角落房间有设计采光非常充分的大窗户。

Jupiter Hotel 汽车旅馆 $$

（☎503-230-9200；www.jupiterhotel.com；800 E Burnside；双 $143起；❄🐾🛜；🚌20）从这家华丽的汽车旅馆步行可达市中心，就在一流的现场音乐场地Doug Fir（见1197页）旁边。标房很小，可以选择Metro房，如果不打算熬夜，最好选择离户外酒吧远一点的房间。旅馆提供自行车出租。如有空房，午夜后登记入住可享优惠。

Caravan 精品酒店 $$

（☎503-288-5225；www.tinyhousehotel.com；5009 NE 11th Ave；房间 $165~175；🛜；🚌72）目前，具有讽刺意味的是，微型住宅风头正盛。入住这家酒店可爱小巧的住所（84至170平方英尺——比绝大多数酒店房间都小，配备厨房和浴室），体验一下这种感觉。位于艺术氛围浓厚的阿尔伯塔（Alberta）社区。晚上有免费的果塔饼干（s'mores），有时还有现场音乐演奏。夏季入住需提前很久预订。

Heathman Hotel 酒店 $$$

（见1190页地图；☎503-241-4100；www.heathmanhotel.com；1001 SW Broadway；双 $265起；🅿❄@🐾🛜；🚌15, 17, 35, 51）这家波特兰酒店服务一流，还有重新开张的海鲜餐厅，由备受爱戴的厨师维塔利·帕莱（Vitaly Paley）打理。房间优雅、时尚、奢华，地理位置也正在中心区域。酒店提供下午茶，周三至周六晚上有爵士演出，甚至有一间图书馆，收藏了2700本曾经入住过的作家亲笔签名的书籍。

Hotel Eastlund 酒店 $$$

（☎503-235-2100；www.hoteleastlund.com；1021 NE Grand Ave；房间 $249起；🅿❄🛜；🚌6）这家位于劳埃德区（Lloyd District）的闪亮新酒店取代了Red Lion。从大厅往上，有超级现代的家具、大型艺术品、明亮的色彩和开阔的空间。房间有一张特大号或两张大号床；套间不大，但带小厨房和落地窗。楼上的餐厅Altabira（☎503-963-3600；www.altabira.com；1021 NE Grand Ave；主菜 $17~28；⏰11:30~23:00）有长长的啤酒单和优美的露台。

🍴 就餐

波特兰的餐饮业已经闻名全国，涌现出数十位顶级的年轻厨师，最大限度地利用了本地的可持续食材，将民族和地方菜系推向极致。

Nong's Khao Man Gai 美食车 $

（见1190页地图；☎971-255-3480；www.khaomangai.com；SW 10th Av与SW Alder St的交叉路口；主菜 $9起；⏰周一至周六 10:00~16:00；🚌NS Line, A Loop, 🚆Red, Blue）这辆广受爱戴的美食车烹制嫩滑的鸡肉饭，酱汁神奇。就是这样——这样就足够了。实体店面地址是411 SW College St和609 SE Ankeny St，两家店的菜单都很丰富。

Bing Mi! 美食车 $

（见1190页地图；www.bingmiportland.com；SW 9th Ave与SW Alder St的交叉路口；薄饼 $6；⏰周一至周五 7:30~15:00，周六 11:00~16:00；🚆Red, Blue）市中心这辆美食车最受评论家青睐，提供可口的煎饼（中国北方的烤煎饼，卷着炒鸡蛋、咸菜、油炸薄脆、黑豆瓣酱和辣酱）。这就是一切，有这些便足够了。

★ Stammtisch 德国菜 $$

（☎503-206-7983；www.stammtischpdx.com；401 NE 28th Ave；小盘菜 $4~9，主菜 $12~23；⏰周一至周五 15:00至次日1:30，周六和周日 11:00至次日1:30；🐾；🚌19）在这家昏暗、舒适的街区酒馆探究真正的德国美食——再配上啤酒。不要错过德式馄饨（Maultaschen；韭葱奶酪馅料，汤汁加入鲜亮的柠檬味葡萄酒）、荨麻汤贻贝和辣椒烤鸡。

Ken's Artisan Pizza 比萨 $$

（☎503-517-9951；www.kensartisan.com；

波特兰的美食车

波特兰令人惊奇的食物有的来自不起眼的小美食车。美食车聚集在全城各处的停车场或空地,为饥饿的行人提供品尝不寻常低价美食的机会。如果你不喜欢边走边吃,它们经常还提供室内座位。可以品尝几家:

Holy Mole(https://www.facebook.com/holymolepdx)

Nong's Khao Man Gai

Potato Champion(☎503-683-3797; www.potatochampion.tumblr.com; 1207 SE Hawthorne Blvd; 主菜$3~11; ⓗ周二至周四和周日11:00至次日1:00,周五和周六至次日3:00; ⓟ)

Bing Mi!

Viking Soul Food(☎971-506-5579; www.vikingsoulfood.com; 4255 SE Belmont St; 主菜$3~10; ⓗ周日至周四正午至20:00,周五和周六至21:00; ⓠ15)

---

304 SE 28th Ave; 比萨$13~18; ⓗ周一至周四17:00~21:30, 周五17:00~22:00, 周六16:00~22:00, 周日16:00~21:00; ⓠ20)餐厅提供极好的炭烤薄皮比萨,浇头包括意大利熏火腿、茴香香肠和绿蒜。这里的氛围十分酷,温暖的夜里可以打开面街的巨大滑窗。不接受预订,请做好排长队的准备。

Olympia Provisions 法国菜 $$

(☎503-894-8136; www.olympiaprovisions.com; 1632 NW Thurman St; 熟食店$14~18, 三明治$11~15, 主菜$22~35; ⓗ周一至周五11:00~22:00, 周六和周日9:00~22:00; ⓠ16)这个法国风格的烤肉小酒馆提供了猪肉制品、奶酪拼盘、美味的三明治、沙拉和熟食,主菜包括烤鸡和清蒸蛤蜊。早午餐还有美味的本尼迪特蛋(Benedict)。另一家分店位于107 SE Washington St。

Paadee 泰国菜 $$

(☎503-360-1453; www.paadeepdx.com; 6 SE 28th Ave; 主菜$12~19; ⓗ11:30~15:00及17:00~22:00; ⓠ20)这间漂亮的餐厅坐落于28th Ave被称为"餐厅路"(Restaurant Row)的带状地带上。老板从自己在泰国的童年汲取灵感,使用鸟笼作为灯罩。食物味道明快清新,比如牛排沙拉,或香脆五花肉配罗勒和辣椒(gra prao muu grob)。还供应美味的鸡尾酒。

People's Pig 烧烤 $$

(☎503-282-2800; www.peoplespig.com; 3217 N Williams Ave; 三明治$10~12, 主菜$14~25; ⓗ周日至周四11:00~21:00, 周五和周六至22:00; ⓠ4, 24, 44)People's Pig的熏炸鸡三明治搭配墨西哥辣椒酱和辣味蛋黄酱,在许多波特兰人最喜欢的三明治榜单上占据首位。搭配一种配菜:羽衣甘蓝。你还可以要一盘,再加配菜——或者选择猪肩胛、排骨、羊肉或牛腩,全都很棒。

Tasty n Sons 美国菜 $$

(☎503-621-1400; www.tastynsons.com; 3808 N Williams Ave; 小盘菜$2~13, 主菜$12~30; ⓗ周日至周四9:00~14:30及17:00~22:00, 周五和周六至23:00; ⓠ44)这间餐厅位于波特兰自行车通勤公路突然变宽的地方,装修带有工业感,天花板很高,供应美味的小份食物。有些美食可供多人分享,如培根卷枣、粗麦粉烤鹌鹑和羊肉希腊烤肉(souvlaki)——不要错过缅甸炖菜,如果有的话。早午餐等位是必然的。可以与其姊妹店**Tasty n Alder**(见1190页地图; ☎503-621-9251; www.tastynalder.com; 580 SW 12th Ave; 主菜$16~27; ⓗ周日至周四9:00~14:00及17:30~22:00, 周五和周六至22:00; ⓠ15, 51)比较一下。

★Ava Gene's 意大利菜 $$$

(☎971-229-0571; www.avagenes.com; 3377 SE Division St; 主菜$20~36; ⓗ周一至周四17:00~22:00, 周五17:00~23:00, 周六16:30~23:00, 周日16:30~22:00; ⓠ4)这家著名的意大利小餐馆的主人是Duane Sorenson, 他还创立了Stumptown Coffee。这里提供质朴

的意大利美食，尤以完美的意大利面和蔬菜料理为胜。食材精挑细选，有绝佳的红酒、鸡尾酒和出色的服务，是值得寻找并为之着迷的用餐体验。需要预订。

★ Ned Ludd   美国菜 $$$

（☎503-288-6900；www.nedluddpdx.com；3925 NE Martin Luther King Jr Blvd；小盘 $4~15，主菜 $25~32；⏱17:00~22:00；🚌6）✏这间另类的高档餐厅展现了非常典型的波特兰风格，从质朴、浓郁的乡下装饰到著名的砖木烤炉（所有料理都在这里烹饪）都散发着手工艺的氛围。漂亮的小盘菜菜单每天轮换。这里不仅能填饱你的肚子，还能提供别具一格的"美国工艺"美食。

★ Ox   牛排馆 $$$

（☎503-284-3366；www.oxpdx.com；2225 NE Martin Luther King Jr Blvd；主菜 $13~52；⏱周日至周四 17:00~22:00，周五和周六 至23:00；🚌6）作为波特兰最热门的餐馆之一，这是一家阿根廷风味的高级牛排餐厅。前菜可以选择熏骨髓蛤蜊浓汤，然后试试"Gusto"（草饲的肋眼牛排）吧。如果两人一起用餐，不妨选择asado（烤肉；$80），可以一次尝试多个不同部位的牛肉。需要预订。

Ataula   西班牙菜 $$$

（☎503-894-8904；www.ataulapdx.com；1818 NW 23rd Pl；餐前小吃 $8~17，海鲜饭 $34~40；⏱周二至周六 16:30~22:00；🚌15, 77）这个广受好评的西班牙小吃餐厅供应出色的美食。如果菜单上有，试试nuestras bravas（切片炸土豆蘸牛奶蛋黄酱）、croquetas（咸鳕鱼条）、xupa-xup（西班牙腊肠）或者ataula montadito（三文鱼配马斯卡彭奶酪酸奶和黑松露蜜）。还有绝佳的鸡尾酒。一定要预订。

🍷 饮品和夜生活

喝其实是波特兰的一项活动，无论是喝咖啡，还是喝自酿啤酒、苹果酒或者茶。冬季，它是避雨的理由；夏季，它是坐在天井或露台晒晒期待已久的阳光的借口。无论你喜欢喝什么饮品，这里必然少不了手工精制的版本。

★ Barista   咖啡馆

（见1190页地图；☎503-274-1211；www.baristapdx.com；539 NW 13th Ave；⏱周一至周五 6:00~18:00，周六和周日 7:00~18:00；🚌4, 6, 10, 14, 15, 30, 51）波特兰最好的咖啡馆之一，这家时髦小店的老板是获奖的咖啡大师Billy Wilson。咖啡豆都由专门的烘焙店供给。城内还有三家分店。

Coava Coffee   咖啡

（☎503-894-8134；www.coavacoffee.com；1300 SE Grand Ave；⏱周一至周五 6:00~18:00，周六和周日 7:00~18:00；📶；🚌6, 15, B Loop）Coava的装修将"新产业化"推到了极致，确实很有效。主打的爪哇咖啡口感极好，意式浓缩咖啡也非比寻常。另外一家分店位于2631 SE Hawthorne Blvd。

Stumptown Coffee Roasters   咖啡

（☎503-230-7702；www.stumptowncoffee.com；4525 SE Division St；⏱周一至周五 6:00~19:00，周六和周日 7:00~19:00；📶；🚌4）Stumptown是波特兰咖啡界第一家微烘焙咖啡馆，一切都是从这个狭小的地方开始。

Breakside Brewery   自酿酒吧

（☎503-719-6475；www.breakside.com；820 NE Dekum St；⏱周日至周四 11:30~22:00，周五和周六 至23:00；🚌8）这里有超过20种点缀着水果、蔬菜和香料的试验性啤酒，都很好喝（尝尝有啤酒花苦味的BreaksideIPA）。店内的独创口味包括柠檬科隆啤酒（Meyer lemon kölsch）、芒果印度淡色啤酒（mango IPA）和甜菜啤酒配姜汁（beet beer with ginger）。至于甜点，祈祷酒吧准备了咸焦糖黑啤酒吧。食物好吃，户外座位的气氛也不错。

Culmination Brewing   自酿酒吧

（www.culminationbrewing.com；2117 NE Oregon St；盘菜 $5~13；⏱周日至周四 正午至21:00，周五和周六 至22:00；🚌12）这家舒适的品酒室位于经过翻新的老仓库，你可以在这儿找到全城最好的啤酒（包括一流的Phaedrus IPA，还有各式各样限量季节精酿）和简短却非常丰富的菜单。如果有桃子味道的，可以尝尝，即使你不太喜欢"水果"啤酒。

Ecliptic Brewing 自酿酒吧

(☎503-265-8002; www.eclipticbrewing.com; 825 N Cook St; ⊕周日至周四11:00~22:00, 周五和周六至23:00; 🚌4)空间采用冷峻的工业风格,但啤酒不言而喻——Ecliptic在创立以前,老板John Harris曾为McMenamins、Deschutes和Full Sail酿制啤酒。这家酒吧使用天文学名词命名创意饮品(如获奖精酿角宿一-Pilsner),天马行空,非常成功。食物包括烤羊肉三明治、蛏子、炒甘蓝。

Cider Riot 自酿酒吧

(www.ciderriot.com; 807 NE Couch St; ⊕周一和周三至周五16:00~23:00, 周六和周日正午至23:00; 🚌12, 19, 20)波特兰最好的苹果酒厂家如今有了自己的酒吧和品酒室,所以你可以在这个美酒的源头品尝Everybody Pogo、Never Give an Inch或Plastic Paddy。这里的苹果酒口味干爽、复杂,使用地方苹果,以超越地方的态度酿造。

Hopworks Urban Brewery 自酿酒吧

(HUB; ☎503-232-4677; www.hopworksbeer.com; 2944 SE Powell Blvd; ⊕周日至周四11:00~23:00, 周五和周六至午夜; 🚻; 🚌9)全有机啤酒使用本地原料酿造,位于一栋环保建筑内,酒吧上方是自行车架。可以尝尝由Stumptown咖啡酿造的IPA或Survival Stout。这里有不错的食物可以选择,氛围适合阖家共享,后面的平台在暖和的日子非常抢手。另一家分店在3947 N Williams Ave。

☆ 娱乐

想要了解城内各处的当前指南,可以翻阅本地的两份周刊或登录其网站:*Willamette Week*(www.wweek.com)杂志每周三出版。*Portland Mercury*(www.portlandmercury.com)周四发行。

现场音乐

Doug Fir Lounge 现场音乐

(☎503-231-9663; www.dougfirlounge.com; 830 E Burnside St; 🚌20)这个地方将前卫元素和朴实的原木木屋风格结合在一起,帮助破烂的LoBu街区(lower Burnside)成功完成华丽转型。Doug Fir的乐队和音响效果通

不要错过

POWELL'S

美国最大的独立书店之一,Powell's City of Books(见1190页地图; ☎800-878-7323; www.powells.com; 1005 W Burnside St; ⊕9:00~23:00; 🚌20)占据整整一个街区,拥有新书、旧书和一系列广受欢迎的读物。另一家分店在3723 SE Hawthorne Blvd(隔壁是Home and Garden书店),还有一家在机场。

常都是一流的。听众从身上有刺青的少年到城郊的雅皮士都有。楼上餐馆紧邻适合派对后休息的Jupiter Hotel(见1194页),营业时间超长,水准不错。

Crystal Ballroom 现场音乐

(见1190页地图; ☎503-225-0047; www.mcmenamins.com; 1332 W Burnside St; 🚌20)这个历史悠久的大型舞厅里曾上演过许多重要演出,包括20世纪60年代初的詹姆斯·布朗(James Brown)和马文·盖伊(Marvin Gaye)的表演。活力四射的"悬浮"舞池让跳舞几乎毫不费力。

Mississippi Studios 现场音乐

(☎503-288-3895; www.mississippistudios.com; 3939 N Mississippi Ave; 🚌4)这家私密的酒吧非常适合聆听崭露头角的音乐人和其他较知名音乐人的音乐表演。音响系统一流,隔壁还有一家带院子(还有美味汉堡包)的餐厅酒吧。正位于繁忙的N Mississippi Ave。

艺术演出

Portland Center Stage 剧院

(见1190页地图; ☎503-445-3700; www.pcs.org; 128 NW 11th Ave; 票价$25起; 🚌4, 8, 44, 77)这个城市的主要剧团,演出场地在波特兰兵工厂(Portland Armory),这是珍珠区的新地标,经过整修,颇具俄勒冈特色。

Arlene Schnitzer Concert Hall 古典音乐

(见1190页地图; ☎503-248-4335; www.portland5.com; 1037 SW Broadway; 🚌10, 14, 15, 35, 36, 44, 54, 56)这座漂亮的市中心音乐厅音响效果很好,建于1928年,举办各种演出、

演讲、音乐会及其他活动。

Artists Repertory Theatre　　剧院

（见1190页地图；503-241-1278；www.artistsrep.org；1515 SW Morrison St；票价 预演/普通$25/50；15, 51）在两间私密性很好的剧场里上演一些波特兰最好的剧目，地区首映也多在这里。

Keller Auditorium　　艺术演出

（见1190页地图；503-248-4335；www.portland5.com；222 SW Clay St；38, 45, 55, 92, 96）建于1917年，曾是市政礼堂（Civic Auditorium），Keller举办各种各样的演出，演出者从著名音乐家[斯德吉尔·辛普森（Sturgill Simpson）]到波特兰歌剧院（Portland Opera）和俄勒冈芭蕾舞剧院（the Oregon Ballet Theatre）等机构，也有一些百老汇剧在这里上演。

购物

以先锋法庭广场（Pioneer Courthouse Sq）为起点，两个街区范围内都是波特兰市中心的购物区，其中云集了各种常见商品。珍珠区有一些高档画廊、精品店和家居装饰店。周末可以去斯基德摩尔喷泉（Skidmore Fountain）旁经典的周六市场。舒适的高档购物街在NW 23rd Ave。

东边有很多时尚的购物街，自然也少不了餐厅和咖啡厅。SE Hawthorne Blvd最大，N Mississippi Ave最新，NE Alberta St最具艺术和时尚气息。南面的Sellwood则以古董店而闻名。

实用信息

紧急情况和医疗服务

波特兰警察局（Portland Police Bureau；503823-0000；www.portlandoregon.gov/police；1111 SW 2nd Ave）提供警务和应急服务。

Legacy Good Samaritan 医疗中心（Legacy Good Samaritan Medical Cente；503-413-7711；www.legacyhealth.org；1015 NW 22nd Ave）到市中心很便利。

媒体

KBOO 90.7 FM（www.kboo.fm）先进的本地广播电台，由志愿者运营，提供另类新闻及视点。

Portland Mercury（www.portlandmercury.com）西雅图的《异乡人》(The Stranger)周刊的本地姐妹刊，免费。

Willamette Week（www.wweek.com）免费周刊，提供当地新闻和文化信息。

邮局

邮局（见1190页地图；503-525-5398；www.usps.com；715 NW Hoyt St；周一至周五 8:00~18:30，周六 8:30~17:00）

旅游信息

Travel Portland（见1190页地图；503-275-8355；www.travelportland.com；701 SW 6th Ave；11月至次年4月 周一至周五 8:30~17:30，周六 10:00~16:00，以及5月至10月周日 10:00~14:00；Red, Blue, Green, Yellow）有非常友善的志愿者工作人员，位于先锋法庭广场。内有一家小型影院，播放有关这座城市的12分钟电影。此外，里面还有Tri-Met巴士及轻轨办公室。

到达和离开

飞机

波特兰国际机场（Portland International Airport, PDX；503-460-4234；www.flypdx.com；7000 NE Airport Way；；red）获奖的波特兰机场每天有航班飞往美国各地和多个国际目的地。机场坐落在I-5州际公路的东边，位于哥伦比亚河（Columbia River）岸上（从市中心出发20分钟车程）。

长途汽车

灰狗巴士（Greyhound；见1190页地图；503-243-2361；www.greyhound.com；550 NW 6th Ave；green, orange, yellow）将波特兰与I-5、I-84州际公路沿线各城市连接起来。俄勒冈州以外的目的地包括芝加哥、丹佛、旧金山、西雅图和加拿大温哥华。

Bolt Bus（见1190页地图；877-265-8287；www.boltbus.com）运行波特兰至西雅图（$25起）、贝灵汉（Bellingham；$40）、尤金（Eugene；$15）、不列颠哥伦比亚省温哥华（$50）和其他城市的线路。从NW 8th Ave和NW Everett St的交叉路口发车。

火车

美国国铁（Amtrak；800-872-7245；www.

amtrak.com; 800 NW 6th Ave; ⓠ17, ⓠgreen, yellow) 列车开往芝加哥、奥克兰 (Oakland)、西雅图和温哥华。从联合车站发车。

ⓘ 当地交通

抵离机场

Tri-Met的轻轨MAX红线从市中心到机场（成人/儿童 $2.50/1.25) 约需40分钟。如果更喜欢乘坐公共汽车，**Blue Star**（☏503-249-1837; www.bluestarbus.com) 行驶于波特兰国际机场和多个市区车站之间。

从机场乘搭出租车到市中心需 $35~40（不包括小费）。

自行车

Clever Cycles（☏503-334-1560; www.clevercycles.com; 900 SE Hawthorne Blvd; 租金 每天 $30, 载货自行车 $60; ⓢ周一至周五 11:00~18:00, 周六和周日 至17:00; ⓠ10, 14) 出租折叠、家庭和载货自行车。

公共交通

波特兰有很好的公共交通系统，本地公共汽车、电车和MAX轻轨互相连通，四通八达。所有车辆均由**Tri Met**运营，并在先锋法庭广场设有**信息中心**（☏503-238-7433, 503-725-9005; www.trimet.org; 701 SW 6th Ave; ⓢ周一至周五 8:30~17:30; ⓠblue, red, green, yellow)。

公共交通的车票在购票后2.5小时内可自由换乘。本地公共汽车的车票可在上车时从售票机购买；电车的车票可在电车站或电车上购买；MAX轻轨的车票则必须在MAX车站（上车前）购买，车上没有售票员（但有查票者）。

如果你是夜猫子，注意，晚上公交服务较少，大部分凌晨1点后停运。登录网站可查询具体线路的详细运营时间。

汽车

多数的主要汽车租赁机构在市区和波特兰机场均设有经营点。许多机构都能提供混合动力汽车。**Car 2 Go**（www.car2go.com/en/portland; 会费 $5, 租车 每小时 $15起) 和**Zipcar**（www.zipcar.com; 每月会费 $7起, 租车 每小时 $8~10) 是两个受欢迎的汽车共享机构。

包车服务

如需订制包车或小型货车及旅游团服务，可咨询**EcoShuttle**（☏503-548-4480; www.ecoshuttle.net)。这家的车辆100%使用生物柴油。

出租车

提供24小时叫车服务。在市区，你有时可以在路边扬招，有时酒吧服务员可以应你的要求为你叫车。

Broadway Cab（☏503-333-3333; www.broadwaycab.com)

Radio Cab（☏503-227-1212; www.radiocab.net)

威拉梅特谷 (Willamette Valley)

威拉梅特谷拥有60英里宽的肥沃农业盆地，是170多年前俄勒冈小道拓荒者西进的圣地。如今，这里已成为俄勒冈州的产粮区，出产逾100种农作物，包括著名的黑品诺葡萄。从俄勒冈州的首府塞勒姆到河谷北端的波特兰大约1小时车程，而这片区域内的大部分景点都很适合一日短途旅行。向南是活力十足的大学城尤金 (Eugene)，值得花上一两天时间去探索。

塞勒姆 (Salem)

塞勒姆是俄勒冈州的立法中心，以其樱桃树、装饰艺术风格的议会大厦和威拉梅特大学 (Willamette University) 而闻名于世。

大学的**哈莉·福特艺术博物馆**（Hallie Ford Museum of Art; ☏503-370-6855; www.willamette.edu/arts/hfma; 700 State St; 票价 成人/儿童 $6/免费, 周二免费; ⓢ周二至周六 10:00~17:00, 周日 13:00~17:00) 拥有太平洋沿岸西北部最好的艺术收藏，其中包括令人印象深刻的美洲原住民画廊。

俄勒冈州议会大厦（Oregon State Capitol; ☏503-986-1388; www.oregonlegislature.gov; 900 Court St NE; ⓢ周一至周五 8:00~17:00) 免费 建于1938年，看上去很像塞西尔·德米尔 (Cecil B DeMille) 的大制作电影中出现的背景。提供免费导览。建于19世纪的**布什大楼**（Bush House; ☏503-363-4714; www.salemart.org; 600 Mission St SE; 成人/儿童 $6/3; ⓢ公园 周二至周五 10:00~17:00, 周六和周日 正午至17:00, 团队游 3月至12月 周三至周日 13:00~16:00) 是自由不拘的

值得一游

温泉

葡萄酒并非威拉梅特谷唯一的液体享受——它还以许多天然温泉而闻名。从塞勒姆和尤金很容易前往其中三处。

Bagby Hot Springs（www.bagbyhotsprings.org；$5；⊗24小时）这个乡村风味的温泉在半开放式的浴室里摆放着许多木浴盆。由塞勒姆开车向东约两小时，一条1.5英里长的可爱徒步小径通往这里。

尽情享受**Breitenbush Hot Springs**（☎503-854-3320；www.breitenbush.com；53000 Breitenbush Rd, Detroit；日票 每人 $18~32；⊗办公室周一至周六 9:00~16:00）宜人的环境吧。这里提供梦幻般的按摩水疗、瑜伽等一类的服务。日间可用设施及服务包括温泉和桑拿浴室、瑜伽和冥想、按摩、徒步小径，还有图书室；你还可以夜间留宿。需要提前预订，包括白天的活动。

在尤金以东约40英里处，**Terwilliger Hot Springs**（Cougar Hot Springs；$6）是岩石围绕的一排户外水池。温泉很朴素，但维护得非常好，温度最高的温泉在最上面。从停车场到温泉需步行0.25英里。从Hwy 126往南开进Aufderheide Scenic Byway后继续行驶7.5英里即可到达。这里对于衣着没有什么要求，不允许饮酒，仅白天开放。

意大利风格，现在作为历史悠久的重点博物馆受到保护，楼内还保留着最初的壁纸和大理石火炉。

可向**游客信息中心**（Visitors Information Center；☎503-581-4325；www.travelsalem.com；181 High St NE；⊗周一至周五 9:00~17:00, 周六 10:00~16:00）咨询旅游信息。

塞勒姆交通发达，每天都有**灰狗巴士**（Greyhound；☎503-362-2428；www.greyhound.com；500 13th St SE）和**美国国铁**（Amtrak；☎503-588-1551；www.amtrak.com；500 13th St SE）列车经过。

尤金（Eugene）

这座"田径城"有很棒的艺术氛围、特别精致的餐馆、喧闹的嘉年华、数英里长的河边小道和许多美丽的公园。它位于威拉梅特河和马更些河（McKenzie River）的交汇处，喀斯喀特山脉以西，这也就意味着这里有很多户外娱乐项目——特别是马更些河流域、三姐妹荒野（Three Sisters Wilderness）和威拉梅特山口（Willamette Pass）。

◎ 景点

埃尔顿·贝克公园 公园

（Alton Baker Park；100 Day Island Rd）这个很受欢迎的400英亩的河畔公园是骑行者和慢跑者的天堂，公园通向**Ruth Bascom Riverbank Trail System**，一条围绕威拉梅特河两侧的12英里长的自行车道。经过DeFazio自行车桥可抵达市中心。

俄勒冈大学 大学

（University of Oregon；☎541-346-1000；www.uoregon.edu；1585 E 13th Ave）建立于1872年的俄勒冈大学是州内最重要的高等学府，专注于艺术、自然科学和法律的研究。校园内有很多爬满了常春藤的历史建筑，包括一个**开拓者墓园**（Pioneer Cemetery），墓碑向人们揭示着早期居民的生与死。夏季有校园游览活动。

🛏 住宿

大型橄榄球赛事（9月至11月）和毕业季期间（6月中旬）住宿价格会大涨。

Eugene Whiteaker International Hostel 青年旅舍 $

（☎541-343-3335；www.eugenehostel.org；970 W 3rd Ave；铺 $35起，房间 $50起；😊@🛜）这间悠闲的青年旅舍位于一栋老旧的建筑中，散发着艺术气息，附赠漂亮的前庭后院与简单的早餐。价格包括毛巾和寝具。

C'est La Vie Inn 民宿 $$

（☎541-302-3014；www.cestlavieinn.com；

1006 Taylor St；房间 $160起；😊✤@📶）这是一栋光彩夺目的维多利亚式建筑，由一位友善的法国女士及其美国丈夫经营，常常引得路人驻足观望。大厅和餐厅里摆满了漂亮的古董家具，4个装潢雅致、品位高雅的房间（各自以法国艺术家命名）舒适豪华。主人提供丰盛的早餐，还有下午的波特酒，以及其他不错的食物。

🍴 餐饮

Kiva
健康食品 $

（☏541-342-8666；www.kivagrocery.com；125 W 11th Ave；三明治 $4~9；⊙周一至周五 8:00~20:00，周六和周日 9:00~20:00）与众不同的天然食品商店，Kiva备有各种有机食品，大多数产自本地。这里还有三明治和汤。

Papa's Soul Food Kitchen
美国南部菜 $

（☏541-342-7500；www.papassoulfoodkitchen.com；400 Blair Blvd；主菜 $9~14；⊙周二至周五 正午至14:00和17:00~22:00，周六 14:00~22:00）这间受欢迎的南方美食餐厅供应超棒的烤鸡、手撕猪肉三明治、小龙虾什锦饭和炒秋葵。最棒的要数布鲁斯音乐的现场演出，周五和周六表演到深夜。后院也很漂亮。

★ Beppe & Gianni's Trattoria
意大利菜 $$

（☏541-683-6661；www.beppeandgiannis.net；1646 E 19th Ave；主菜 $15~26；⊙周日至下周四 17:00~21:00，周五和周六 至22:00）Beppe & Gianni's是尤金最热门的餐厅，提供自制的意大利面和出色的甜品。常常排队，特别是周末。

Board
美国菜 $$

（☏541-343-3023；www.boardrestaurant.com；394 Blair Blvd；主菜 $10~19；⊙周二、周四和周日 16:00~23:00，周三 至22:00，周五和周六 至次日1:00）菜单听起来很花哨，但这家天花板低矮的街区餐馆——前身是尤金最古老、最廉价的酒吧Tiny's Tavern的所在地——气氛舒适，令人安心，十分低调。粗糙的木头和红铜的色调为一切增添了一种温暖的光辉；鸡尾酒也不错。食物一流。尝尝（堪称完美的）汉堡，还有羊肉或虾和玉米制成的菜品。

Ninkasi Brewing Company
自酿酒吧

（☏541-344-2739；www.ninkasibrewing.com；272 Van Buren St；⊙周日至周三 正午至21:00，周四至周六 至22:00）来这家最早的品酒室尝尝俄勒冈州最有特色和创意的微酿啤酒。惬意的庭院提供零食，还有轮换出现的美食车。酿酒导览游每天16:00开始，周四至周一的14:00、周六和周日的12:30有加场。

❶ 实用信息

游客中心（Visitor Center；☏541-484-5307；www.eugenecascadecoast.org；754 Olive St；⊙周一至周五 8:00~17:00）该中心只在工作日办公。周末可前往位于Springfield的游客中心，地址是3312 Gateway St。

❶ 到达和离开

尤金机场（Eugene Airport；☏541-682-5544；www.flyeug.com；28801 Douglas Dr）位于市中心西北约7英里处。**灰狗巴士**（☏541-344-6265；www.greyhound.com；987 Pearl St）提供前往塞勒姆、科瓦利斯（Corvallis）、波特兰、梅德福（Medford）、格兰茨帕斯（Grants Pass）、胡德河、纽波特（Newport）和本德的长途汽车服务。

火车从**美国国铁火车站**（Amtrak station；☏541-687-1383；www.amtrak.com；433 Willamette St）发车，开往波特兰、华盛顿州西雅图和不列颠哥伦比亚省温哥华以及其他地点。

Lane Transit District（☏541-687-5555；www.ltd.org）提供本地公共汽车服务。前往**Paul's Bicycle Way of Life**（☏541-344-4105；www.bicycleway.com；556 Charnelton St；租金 每天 $24~48；⊙周一至周五 9:00~19:00，周六和周日 10:00~17:00）租用自行车。

哥伦比亚河峡谷（Columbia River Gorge）

水量位居美国第四的哥伦比亚河，从加拿大的阿尔伯塔（Alberta）一路奔流，最终汇入阿斯托里亚（Astoria）以西的太平洋，全长1243英里。最后的309英里河道上的水坝，标识了华盛顿和俄勒冈的边界，河水劈开了喀斯喀特山脉。这里有着丰富的动植物生态系统、无数的瀑布和壮丽的景色，沿岸的土地已被列为国家风景区（National Scenic Area）并受到保护，同时也是风帆爱好者、骑行者、钓鱼爱好者和徒步旅行者最喜欢的地方。

距离波特兰不远的**马特诺玛瀑布**（Multnomah Falls）总是能吸引大批旅行者，从 Vista House 可窥见河谷惊人的美景。如果想舒展手脚，最理想的地方是 Eagle Creek Trail——小心，别头晕！

胡德河及周边
(Hood River & Around)

I-84州际公路以东63英里的胡德河小镇，以其周边的果园和葡萄酒厂出名，也是风帆和风筝冲浪爱好者的朝圣地。该地区还有最好的酒庄，提供品尝美酒的机会。

◉ 景点和活动

胡德山铁路 —— 火车游

（Mt Hood Railroad；☎800-872-4661；www.mthoodrr.com；110 Railroad Ave；游览成人/儿童 $35/30起）铁路建于1906年，原本是为了将水果和木材从胡德河谷（Hood River Valley）上游运送到胡德河铁路终点而建的。现在这些古董火车将旅行者送往胡德山的雪山峰顶，沿途有芬芳的果园。线路长约21英里，终点在美丽的帕克代尔（Parkdale）。登录网站查看时间表和票价。需提前预订。

Cathedral Ridge Winery —— 葡萄酒

（☎800-516-8710；www.cathedralridgewinery.com；4200 Post Canyon Dr；品酒 $10起；◷11:00~18:00）这个迷人的酿酒厂位于小镇边瑰丽优美的农场乡村，有多款混酿酒，获奖无数。天气晴好的时候，可以坐在室外，欣赏胡德山美景。这里提供不同级别的导览游和品酒活动。

Hood River Waterplay —— 水上运动

（☎541-386-9463；www.hoodriverwaterplay.com；I-84 exit 64；3小时风帆冲浪课程 $119，立式冲浪课程 每小时$48起；◷5月至10月）对风帆冲浪、划皮划艇、立式冲浪（SUP）和双体帆船感兴趣？可以联系位于河边的这家公司。

Discover Bicycles —— 自行车

（☎541-386-4820；www.discoverbicycles.com；210 State St；租金 每天 $30~80；◷周一至周六 10:00~18:00，周日 至17:00）这家商店提供公路自行车、混合动力单车、山地自行车出租，以及有关区域骑行路线的建议。

🛏 食宿

Hood River Hotel —— 历史酒店 $$

（☎541-386-1900；www.hoodriverhotel.com；102 Oak St；双 $91起，套 $169起；❋❄🐾）这家建于1913年的精致酒店恰好位于市中心，提供舒适但装潢过时的客房，配备四柱床或雪橇床，部分房间有小浴室。套房的设施和景观最好，也提供小厨房。酒店内有餐厅和桑拿。

Columbia Gorge Hotel —— 酒店 $$$

（☎800-345-1921；www.columbiagorgehotel.com；4000 Westcliff Dr；房间 $149~329；❋❄@≋🐾）胡德河最著名的住宿场所就是这家历史悠久的西班牙式酒店，位于哥伦比亚峡谷上方的悬崖之上。气氛高雅，院子优美，店内还有一家出色的餐馆。房间内有古色古香的床和家具。河景房间价格更高，但物有所值。

pFriem Tasting Room —— 美食酒吧 $

（☎541-321-0490；www.pfriembeer.com；707 Portway Ave；主菜 $10~18；◷11:30~21:00）这家酒吧的啤酒受到了高度评价，搭配的菜单以肉类为主，绝非平常：想想贻贝和薯条、牛舌、陶罐猪肉，以及用焖羊肉和油封鸭制作的炖菜。它位于时尚工业风格的新开发区延长线水滨附近。

ℹ 实用信息

商会（Chamber of Commerce；☎541-386-2000；www.hoodriver.org；720 E Port Marina Dr；◷4月至10月 周一至周五 9:00~17:00，周六和周日 10:00~16:00，11月至次年3月 周一至周五 9:00~17:00）胡德河及周边地区的游客中心。

ℹ 到达和离开

灰狗巴士（Greyhound；☎541-386-1212；www.greyhound.com；110 Railroad Ave）灰狗巴士（每天3班，1小时，$15起）每日往返胡德河和波特兰。

喀斯喀特山脉俄勒冈段（Oregon Cascades）

喀斯喀特山脉的俄勒冈段有很多高耸的火山，延绵数英里。胡德山是州内最高山峰，俯视着哥伦比亚河峡谷，常年可滑雪，上山顶的路比较平直，容易攀登。向南行走依次经过杰斐逊山（Mt Jefferson）和三姐妹峰（Three Sisters），然后到达火山口湖（Crater Lake），这是大约7000年前玛扎玛火山（Mt Mazama）爆发后向内坍塌留下的火山口。

胡德山（Mt Hood）

天气晴朗时，从俄勒冈北部可以很容易看见州内最高的山峰——11,240英尺高的胡德山，它似乎对滑雪者、登山者和游客有一种魔力，牢牢地吸引着他们。夏天山坡上野花绽放，隐秘的池塘闪耀着蓝色的光，让徒步者毕生难忘；而到了冬天，滑降和越野滑雪让人们心之所向，身之所往。

从波特兰（56英里）取道Hwy 26或从胡德河（44英里）出发沿Hwy 35，全年皆可到达胡德山。它们与Columbia River Hwy一起形成了胡德山环线（Mt Hood Loop），风景十分优美。政府露营地（Government Camp）是山上的商业中心，位于胡德山关口。

活动

滑雪

胡德山的滑雪业实至名归。山上有6个滑雪场，Timberline是美国唯一的全年雪场，吸引了许多滑雪爱好者。而较靠近波特兰的**Mt Hood SkiBowl**（☎503-272-3206；www.skibowl.com；Hwy 26；缆车票 $51，夜间滑雪 $37）也毫不逊色，这是全美最大的夜间滑雪场，很多人专门在傍晚从市区赶到这里来滑雪。山上最大的滑雪场是**Mt Hood Meadows**（☎503-337-2222；www.skihood.com；缆车票 成人/儿童 $89/44），设施最完备。

徒步

胡德山国家森林（Mt Hood National Forest）守护着令人惊叹的长达1200英里的小道。大多数小道起点处都会要求徒步者购买一张西北森林许可证（Northwest Forest Pass；每天 $5）。

一条热门小道从Zigzag村附近蜿蜒7英里通往迷人的**雷蒙娜瀑布**（Ramona Falls），瀑布水流顺着长满苔藓的柱状玄武岩倾泻而下。另一条小道从US 26延伸1.5英里到**镜湖**（Mirror Lake），绕湖0.5英里，再向前2英里直到一个山脊外。

41英里长的**Timberline Trail**绕胡德山一整圈，途中经过风景迷人的荒野。值得留意的路段如下：徒步至麦克尼尔点（McNeil Point）、短程攀爬登上巴尔德山（Bald Mountain）。从Timberline Lodge出发，Zigzag Canyon Overlook是一段长4.5英里的环路。

攀登胡德山不可掉以轻心，虽说可以带狗狗上山，但是攀登的过程很艰辛。白日较长时，登山可当天完成。有向导的登山活动可联系**Timberline Mountain Guides**（☎541-312-9242；www.timberlinemtguides.com；2日登顶每人 $645）。

食宿

大部分地区的**营地**（☎877-444-6777；www.recreation.gov；露营位 $16~39）有饮用水和厕所。忙碌的周末建议提前预订，不过通常会留出一些不需预订的露营位。想要了解更多信息，可以联系附近的护林站。

Huckleberry Inn 旅馆 $$

（☎503-272-3325；www.huckleberry-inn.com；88611 E Government Camp Loop；房间 $90~150，10床宿舍 $160；❄🐾）这里提供简单、舒适、乡间风格的房间，还有至多可住10人的上下铺宿舍。旅馆位于Government Camp正中心，地段优越。气氛轻松的餐馆（是旅馆前台的两倍大）提供优质的早餐。节假日高峰时段价格较高。

★ **Timberline Lodge** 度假屋 $$$

（☎800-547-1406；www.timberlinelodge.com；27500 Timberline Rd；上下铺的房间 $145~195，双 $255起；❄🐾🛏）这家酒店像是社区的珍宝，这栋漂亮的**历史建筑**（☎800-547-1406；www.timberlinelodge.com；27500 Timberline Rd）提供多种房型，从可住10人的宿舍到豪华的壁炉房都有。这里有温水泳池，滑雪

缆车（☎503-272-3158; www.timberlinelodge.com; Government Camp; 缆车票 成人/儿童 $68/46）也在附近。尽情享受胡德山壮丽的景观、附近的小道徒步、两个酒吧和一个不错的餐厅吧。价格波动大。

Mt Hood Brewing Co 酒吧食物 $$

（☎503-272-3172; www.mthoodbrewing.com; 87304 E Government Camp Loop, Government Camp; 主菜 $12~20; ⏱11:00~22:00）这是政府露营地内唯一的自酿酒吧兼餐馆，提供十分友善的家庭氛围和酒馆菜肴，包括手抛比萨、三明治和排骨。

Rendezvous Grill & Tap Room 美国菜 $$

（☎503-622-6837; http://thevousgrill.com; 67149 E Hwy 26, Welches; 主菜 $12~29; ⏱周二至周日 11:30~20:00,周五和周六 至21:00）这家出色的餐馆自成一格，招牌菜包括野生鲑鱼配焦糖葱头、朝鲜蓟泥、炭烤猪排配大黄酸辣酱。午餐则是在院子里享用美味的三明治、汉堡和沙拉。额外优势：一流的鸡尾酒。

❶ 实用信息

需要地图和许可证或了解信息，可以联系地区护林站。如果你从胡德河过来，可以先到**胡德河公园管理处**（Hood River Ranger Station; ☎541-352-6002; 6780 OR 35, Parkdale; ⏱周一至周五 8:00~16:30）。对从波特兰来的旅行者来说，**Zigzag公园管理处**（Zigzag Ranger Station; ☎503-622-3191; 70220 E Hwy 26; ⏱周一至周六 7:45~16:30）较为便利。**胡德山信息中心**（Mt Hood Information Center; ☎503-272-3301; 88900 E Hwy 26; ⏱9:00~17:00）位于政府露营地内。这里的天气瞬息万变。冬天须备防滑链。

❶ 到达和离开

从波特兰沿Hwy 26开车到胡德山需要1个小时（56英里）。也可以取道风景较美但较远的Hwy 84，先到胡德河，然后转道Hwy 35向南（1.75小时，95英里）。**Central Oregon Breeze**（☎800-847-0157; www.cobreeze.com）的班车往返于本德和波特兰之间，停靠距离Timberline Lodge 6英里的政府露营地。冬天，从波特兰到各滑雪区均有**Sea to Summit**（☎503-286-9333; www.seatosummit.net; 往返 $59起）运营的定点班车往返。

姐妹城 (Sisters)

它曾是一个马车驿站兼贸易小镇，伐木人和牧场主在这里进行交易，而今日的姐妹城却已成为繁忙的旅游胜地，主街旁矗立着许多西部特色的大楼，楼里全是精品店、画廊和餐馆。旅行者为了高山美景、徒步旅行、文化活动和宜人的气候而来——这里阳光充足，雨水不多。

姐妹城南端的市立公园里设有**营地**（Creekside Campground; ☎541-323-5220; S Locust St; 帐篷/房车露营位 $20/40; ⏱5月至10月），但没有淋浴。最好的享受出自豪华的**Five Pine Lodge**（☎866-974-5900; www.fivepinelodge.com; 1021 Desperado Trail; 双 $159起, 小屋 $179起; ❊❋@🅟❋）。或者，这里有**Blue Spruce**（☎888-328-9644; www.bluesprucebnb.com; 444 S Spruce St; 双 $149~189; ❋❋🅟），一家出色的民宿，每个房间都有壁炉和按摩浴缸。想吃精致的法餐，不要期待这里，可以前往**Cottonwood Cafe**（☎541-549-2699; www.intimatecottagecuisine.com; 403 E Hood Ave; 早餐 $9~13, 午餐 主菜 $9~13）。同时，**Three Creeks Brewing**（☎541-549-1963; www.threecreeksbrewing.com; 721 Desperado Ct; 主菜 $11~21, 比萨 $11~26; ⏱周日至周四 11:30~21:00,周五和周六 至22:00）供应自酿啤酒和酒吧小吃。

❶ 实用信息

商会（Chamber of Commerce; ☎541-549-0251; www.sisterscountry.com; 291 E Main Ave; ⏱周一至周六 10:00~16:00）

❶ 到达和离开

Valley Retriever（☎541-265-2253; www.kokkolabus.com/VRBSchedule）巴士连接姐妹城和本德（Bend）、纽波特（Newport）、科瓦利斯（Corvallis）、塞勒姆（Salem）、麦克明维尔（McMinnville）及波特兰（Portland）；长途汽车在Cascade St和Spruce St的交叉路口停车。

本德 (Bend)

所有户外爱好者都应该在本德住上一住，这里简直是人间天堂。早晨，你可以在上好的粉雪上滑雪，下午就去划皮划艇，到了晚上，再打一场高尔夫。或者，你更喜欢山地骑行、徒步、爬山、玩站立式桨板冲浪、飞钓（fly-fishing）或是攀岩？这些活动全都可以就近展开，而且都很精彩。此外，在享受这些活动时，天气应该都会很好，因为这里一年几乎有300天都阳光灿烂。

◎ 景点

★ 高原沙漠博物馆　　　　　　　博物馆

（High Desert Museum；☎541-382-4754；www.highdesertmuseum.org；59800 Hwy 97；成人/儿童 $12/7；◎5月至10月 9:00~17:00，11月至次年4月 10:00~16:00；🅿）这座极棒的博物馆位于本德以南约3英里处。这里重现了一个美洲原住民营地、一个硬岩石矿和一个古老的西部小镇，借以活灵活现地将西部开发和居民的历史展现在眼前。此外，博物馆也涉及该区域的自然历史。孩子们最喜欢蛇、龟、鳟鱼展馆，参观掠食猛禽和水獭也总是非常有趣。导览步行及其他项目值得参加——不要错过猛禽表演。

史密斯岩石州立公园　　　　　州立公园

（Smith Rock State Park；☎800-551-6949；www.oregonstateparks.org；9241 NE Crooked River Dr；一日票 $5）绚丽的攀岩环境最为出名，史密斯岩石州立公园拥有800英尺高的铁锈色悬崖，居高临下地矗立在美丽的克鲁克德河（Crooked River）岸边。不攀岩的人可以走走几英里长的优质徒步小径，途中也有地方需要手脚并用。附近的泰勒博恩（Terrebonne）有攀岩商店，以及一些餐馆和食品杂货店。公园旁边或者以东8英里的 Skull Hollow（没有水；露营位 $5）可以露营。最近的汽车旅馆在以南几英里的雷德蒙德（Redmond）。

🏃 活动

Smith Rock Climbing Guides Inc　攀登

（☎541-788-6225；www.smithrockclimbing guides.com；Terrebonne；半日 每人 $65起）这家公司提供各类攀岩指导（基础、先锋、传统、多段攀爬、急救和自救），以及史密斯岩石州立公园著名路线的导览攀岩活动。收费包括装备。价格取决于人数。根据预约开团。

学士丘滑雪度假村　　　　　　滑雪

（Mt Bachelor Ski Resort；☎800829-2442；www.mtbachelor.com；缆车票 成人/儿童 $92/52，越野日票 $19/12；◎11月至次年5月，取决于降雪量；🅿）本德拥有俄勒冈最好的几家滑雪场，那就是位于镇西南22英里外的学士丘滑雪度假村。这个滑雪胜地最著名的是它的"干"粉雪、超长雪季和足够大的面积（太平洋西北部最大的滑雪场地）。滑雪场有长途双人越野滑降雪道，还有35英里长的人工道。

骑山地自行车

本德是山地骑行的天堂，拥有长达数百英里的小径可以探索。本德游客办事处（Visit Bend tourist office）和其他地方可以购买优质的《本德地区小径地图》（Bend Area Trail Map; $12; www.adventuremaps.net/shop/product/product/bend-area-trail-map）。

本德的山地自行车道首推 Phil's Trail 网络，离开市区仅几分钟就有多条快速单道森林道。如果想要呼吸新鲜空气，就别错过 **Whoops Trail**。

Cog Wild　　　　　　　　　　骑车

（☎541-385-7002；www.cogwild.com；255 SW Century Dr, Suite 201；半日 团队游 $60起，出租 $30~80；◎9:00~18:00）这家以探险为主营业务的公司提供前往最佳小径起点的团队游和班车。你还可以安排租自行车，直接从Cog租赁或者通过其他本地商店租用。

🛏 住宿

3rd St（US 97）有无数便宜的汽车旅馆、酒店和服务设施。由于节日和活动，本德周末的住宿价格大多会上涨，建议预订。

Mill Inn　　　　　　　　　　旅馆 $

（☎541-389-9198；www.millinn.com；642 NW Colorado Ave；双 $100~170；🅿🛜）这是一个拥有10间客房的精品酒店，小巧精致的房间里配有天鹅绒窗帘和棉被，外设4个公共卫生间。房价包括全套早餐和热水浴缸。此外还有几个漂亮的小院子可以逛逛。

★ McMenamins Old St Francis School　　　　　　　　酒店 $$

（☎541-382-5174；www.mcmenamins.com；

700 NW Bond St；房间 $155起；⊕⊛⊚）这个旧校舍是McMenamin最好的住所之一，如今已被改造成了一流的酒店，共有19个房间，其中2个房间配有并排的贵妃浴缸。最近的扩建新增了41个房间。单是海盐土耳其浴就已经值回票价，不过非住客也可支付$5浸泡享受一番。1个餐厅酒吧、另外3间酒吧、1个电影院和艺术品使酒店更显完美。

★ Oxford Hotel　　　　　　精品酒店 $$$

（☎541-382-8436；www.oxfordhotelbend.com；10 NW Minnesota Ave；房间 $249起；⊕⊛⊚⊛）⚑这是本德首屈一指的精品酒店，很受欢迎。哪怕是最小的房间也非常宽敞（470平方英尺），装修环保，采用的是大豆泡沫床垫和软木地板。高科技迷会喜欢iPod基座和智能面板办公桌。套房带厨房和蒸汽淋浴。餐馆巧妙地设在地下，很不错。

✖ 就餐

★ Chow　　　　　　　　　　美国菜 $$

（☎541-728-0256；www.chowbend.com；1110 NW Newport Ave；主菜 $8~15；⊙7:00~14:00）⚑招牌的水煮蛋佳肴色香味俱全，配着蟹饼、自制火腿和裹上玉米面的番茄（不要错过特制辣酱）等小菜一起吃。午餐供应美味的三明治和沙拉，有些是亚洲风味。大多食材都是餐厅在自己菜园栽种的。鸡尾酒也不错。

10 Barrel Brewing Co　　　　美国菜 $

（☎541-678-5228；www.10barrel.com；1135 NW Galveston Ave；主菜 $11~15，比萨 $15~20；⊙周日至周四 11:00~23:00，周五至周六 至午夜）这间热门的自酿酒吧餐厅位于一栋迷人的建筑里，温暖的夜晚可以在美好的庭院里度过。酒吧菜肴味道不错，开胃菜有炒甘蓝、牛排和古冈左拉干酪玉米片等，主菜也应有尽有，包括麋鹿肉汉堡包、青柠椰果贻贝等。运动爱好者该去餐厅后面的酒吧坐坐。

Sparrow Bakery　　　　　　面包房 $

（☎541-330-6321；www.thesparrowbakery.net；50 SE Scott St；早餐 $5~9；⊙周一至周六 7:00~14:00，周日 8:00~14:00）这家面包房以一种美味的小豆蔻甜点Ocean Rolls而闻名，早餐三明治也很棒，包括味道很棒的奶油奶酪和熏鲑鱼百吉饼。

Victorian Café　　　　　　　早餐 $$

（1404 NW Galveston Ave；主菜 $13~25；⊙7:00~14:00）本德最好的早餐地点之一，Victorian Café的本尼迪克蛋（9种）尤其了不起。这里的三明治、汉堡和沙拉也不错。夏季的户外座椅实在美妙。做好等位的准备，特别是在周末。

Zydeco　　　　　　　　　　美国菜 $$$

（☎541-312-2899；www.zydecokitchen.com；919 NW Bond St；晚餐主菜 $12~32；⊙周一至周五 11:30~14:30和17:00~21:00，周六和周日 17:00~21:00）Zydeco能成为本德有名的餐厅之一是有道理的。前菜是鸭油薯条（鸭油制作的法式薯条）或三色甜菜沙拉配山羊奶酪，随后是你的主菜：烧虹鳟、小龙虾什锦饭或蘑菇烤鸭。需要预订。

❶ 实用信息

到访本德（Visit Bend；☎541-382-8048；www.visitbend.com；750 NW Lava Rd；⊙周一至周五 9:00~17:00，周六和周日 10:00~16:00）提供绝佳的信息，出售地图、书籍和娱乐通票。

❶ 到达和当地交通

Central Oregon Breeze（☎541-389-7469；www.cobreeze.com）每日至少两趟班车发往波特兰（单程$52，提前订票）。

High Desert Point（☎541-382-4193；http://oregon-point.com/highdesert-point）巴士连接本德和最近的火车站切马尔特（Chemult；以南65英里），另有班车开往尤金（Eugene）、安大略（Ontario）和伯恩斯（Burns）。

Cascades East Transit（☎541-385-8680；www.cascadeseasttransit.com）是本德的地区巴士公司，服务于拉派恩（La Pine）、学士丘（Mt Bachelor）、姐妹城、普赖恩维尔（Prineville）和马德拉斯（Madras），也经营本德市内的公共汽车。

纽伯利国家火山保护区 (Newberry National Volcanic Monument)

纽伯利国家火山保护区（☎541-593-2421；Hwy 97；一日票$5；⊙5月至9月）展示了400,000年的地震活动。可从本德以南13

英里的岩浆地游客中心（Lava Lands Visitor Center；✆541-593-2421；58201 S Hwy 97；⏰5月下旬至9月 9:00~17:00，11月至次年5月 关闭）开始游览。附近的景点包括高500英尺的完美火山锥熔岩峰（Lava Butte），以及俄勒冈最长的熔岩管道熔岩河洞（Lava River Cave）。向西4英里的本汉姆瀑布（Benham Falls）是德舒特河上一个很好的野餐地点。

纽伯利火山口（Newberry Crater）曾是北美最活跃的火山之一，但在一次剧烈的喷发后形成了如今的火山喷口。附近有宝琳娜湖（Paulina Lake）和东湖（East Lake），深幽的湖水中满是鳟鱼，从7985英尺高的宝琳娜峰（Paulina Peak）居高临下，隐约可见。

火山口湖国家公园 (Crater Lake National Park)

毫不夸张，火山口湖（✆541-594-3000；www.nps.gov/crla；7日汽车通行证 $15）的水蓝得让人窒息。如果当天风平浪静，你可以看到深深的湖水像镜子般映照着周围的山崖，这样的景象太令人惊叹了。这是俄勒冈州唯一的国家公园。

经典线路是开车沿着火山口环行33英里（从6月开放至10月中旬），但也有特别的徒步和越野滑雪机会。要注意的是，由于这里是北美降雪量最高的地区，环线和北入口有时一直关闭到7月上旬。

5月下旬到10月中旬间可以入住Cabins at Mazama Village（✆888-774-2728；www.craterlakelodges.com；双 $160；⏰5月下旬至10月中旬；），或1915年开张的宏伟的Crater Lake Lodge（✆888-774-2728；www.craterlakelodges.com；房间 $220起；⏰5月下旬至10月中旬；🍴🛜）。露营者可到Mazama Campground（✆888-774-2728；www.craterlakelodges.com；帐篷/房车位 $22/31起；⏰6月至10月中旬；🛜🅿️）扎营。

更多信息可咨询斯蒂尔游客中心（Steel Visitor Center；✆541-594-3000；⏰5月至10月 9:00~17:00，11月至次年4月 10:00~16:00）。

俄勒冈州海岸（Oregon Coast）

US 101与景色壮丽的沿海地区平行，这条景观大道蜿蜒穿过城镇、度假村、州立公园（超过70个）以及自然保护区。无论是露营者还是美食家，任何人都能找到享受这个特殊地区的方式，夏季人特别多（需提早预订住宿）。

阿斯托里亚 (Astoria)

以美国第一位百万富翁约翰·雅各·阿斯托（John Jacob Astor）命名的阿斯托里亚坐落在5英里宽的哥伦比亚河河口，是密西西比以西的第一个美国定居地。这座城市拥有悠久的航海历史，老旧的港口曾为穷苦的画家和作家提供了栖身之所，近年来却吸引到众多酒店和餐馆纷纷前来落户。内陆区域里有许多历史房屋，其中包括一些精心修复的维多利亚式房屋，有的被改建成了浪漫的民宿。

◎ 景点

这个城市最重要的一大景观就是4.1英里长的阿斯托里亚—梅格勒大桥（Astoria-Megler），它是北美最长的连续桁架桥，跨越哥伦比亚河，连接华盛顿州。与电车车道并行的Astoria Riverwalk上可观赏大桥风景。Pier 39是一个有趣的封顶码头，这里有小型罐头工厂博物馆和几处用餐地点。

哥伦比亚河海事博物馆　　　　　　博物馆
（Columbia River Maritime Museum；✆503-325-2323；www.crmm.org；1792 Marine Dr；成人/儿童 $14/5；⏰9:30~17:00；♿）阿斯托里亚的航海传统在这个波浪形的博物馆里得到了很好的阐释。从外侧的巨大窗户看出去，很难错过定格在救援状态的退役海岸警卫船。其他展品主要展现了本地的鲑鱼包装业及组成该行业主要劳动力的中国移民，以及河边的商业历史和拦江沙引航员这个关键职位。你可以深入了解此地区的危险环境，即这里有充分的理由被称为"太平洋的墓地"。

弗拉维建筑　　　　　　　　　　　历史建筑
（Flavel House；✆503-325-2203；www.cumtux.org；441 8th St；成人/儿童 $6/2；⏰10月至次年4月 11:00~16:00，5月至9月 10:00~17:00）这幢奢华的弗拉维建筑由乔治·弗拉维船长（Captain George Flavel）修建。他是19世纪

80年代阿斯托里亚的一位领导人物。建筑为安妮女王风格，如今重新涂绘了原本的颜色，院子恢复成了维多利亚时代的样子。从这里还可以欣赏到哥伦比亚河的美景。

史蒂文斯堡州立公园　　　　　　　公园

(Fort Stevens State Park; 分机 21 503 861-3170; www.oregonstateparks.org; 100 Peter Iredale Rd, Hammond; 一日票 $5) 公园位于阿斯托里亚西边大约10英里处，仍保留着一度守卫哥伦比亚河河口的古老军事设施。军事博物馆 (Military Museum; 503-861-2000; http://visitftstevens.com; Fort Stevens State Park; 一日门票 $5; 5月至9月 10:00~18:00, 10月至次年4月 至16:00) 免费 附近是埋入沙丘里的炮台，堡垒中大部分军事建筑已被拆除，这是有趣的残存部分（提供卡车和徒步游览）。这里有个很受欢迎的沙滩，是1906年Peter Iredale号小船失事的地方，从停车场C区可以欣赏到不错的海景。有露营地和12英里的自行车道。

食宿

Fort Stevens State Park　　　　露营地 $

(503-861-1671; www.oregonstateparks.org; 100 Peter Iredale Rd, Hammond; 帐篷/房车露营位 $22/32，圆顶帐篷/小屋 $46/90) 阿斯托里亚以西10英里的这处热门露营地提供大约560个露营位（大多是房车露营位）。非常适合家庭；夏季需要预订。入口紧邻Pacific Dr。

Commodore Hotel　　　　　　精品酒店 $$

(503-325-4747; www.commodoreastoria.com; 258 14th St; 双带公共/独立卫生间 $79/154 起;) 时髦的旅客大都对这个时尚的酒店青睐有加。客房小巧迷人、风格简约。可选择带卫生间的房间或欧洲式风格（房内有洗手间，但浴室在走廊尽头；"豪华"房风景更好）的房间。休闲式大堂附带咖啡馆，17:00至19:00可以免费品尝本地自酿，电影收藏令人印象深刻，还可以借用电唱机。

Bowpicker　　　　　　　　　　　海鲜 $

(503-791-2942; www.bowpicker.com; 17th和Duane St的交叉路口; 菜肴 $8~10; 周三至周日 11:00~18:00) 这个可爱的地方由1932年的刺网捕鱼船改造而来，几乎出现在所有优秀的海鲜酒家名单中，提供啤酒挂糊青花鱼块和牛排薯条，就是这样。

Fort George Brewery　　　　　酒吧食品 $

(503-325-7468; www.fortgeorgebrewery.com; 1483 Duane St; 主菜 $7~16, 比萨 $13~25; 11:00~23:00, 周日 正午至23:00) Fort George的自我定位是该州最好和最值得信赖的自酿酒吧。很有气氛的自酿酒吧兼餐馆设在一栋曾是阿斯托里亚部落原址的历史大楼里。除了优质的啤酒以外，在这里可以吃到美味的汉堡、自制香肠、沙拉和楼上的木烤比萨。

Astoria Coffeehouse & Bistro　　美国菜 $$

(503-325-1787; www.astoriacoffeehouse.com; 243 11th St; 晚餐主菜 $12~25; 周日 7:00~21:00，周一至周四 至22:00，周五和周六 至23:00) 受欢迎的小咖啡馆中的小馆提供五花八门的菜单——比如秘鲁炖根菜、芥末虾

刘易斯和克拉克：旅程的终点

1805年11月，探索军团（Corps of Discovery）的威廉·克拉克（William Clark）和同伴梅里韦瑟·刘易斯（Meriwether Lewis），连同其他30余人，进入哥伦比亚河距离今阿斯托里亚—梅格勒大桥（Astoria-Megler Bridge）所在地以西2英里处的一个隐蔽的小海湾，完成了美国历史上最伟大的陆地远征。

在美国第一次真正民主的投票后（一名女性和一名黑人奴隶双双参与投票），探索军团选择在阿斯托里亚南面5英里处的科拉特索普城堡（Fort Clatsop）扎营，在这里度过了1805年至1806年悲惨的冬天。如今，这里是刘易斯—克拉克国家历史公园（Lewisand Clark National Historical Parks; 503-861-2471; www.nps.gov/lewi; 92343 Fort Clatsop Rd; 成人/儿童 $5/免费; 6月中旬至8月 9:00~18:00, 9月至次年6月中旬 至17:00）。你可以在此找到重建的科拉特索普城堡和游客中心，夏天还有再现历史的活动。

馄饨、辣椒馅汉堡、墨西哥鱼卷、泰式炒河粉和奶酪通心粉。全部是店内自制，即使是番茄酱。人行道上有座椅，还提供出色的鸡尾酒。晚餐和周日早午餐估计要等位。

到达和离开

Northwest Point（503-484-4100；http://oregon-point.com/northwest-point）班车每天开往锡赛德（Seaside）、加农海滩（Cannon Beach）和波特兰（Portland）。可登录网站查询时刻表。

Pacific Transit（360-642-9418；www.pacifictransit.org）开往华盛顿州的长途汽车。

加农海滩（Cannon Beach）

迷人的加农海滩是俄勒冈海岸最受欢迎的海滩小镇。这里最好的几家酒店主要接待比较阔气的客人，城镇的许多精品店和艺术画廊同样如此。夏季街道上鲜花绽放。这里住宿昂贵，街道上熙熙攘攘，若是在阳光和煦的周六下午，光是找停车位就要花去不少时间。

景点和活动

最上镜的**草堆岩**（Haystack Rock）是一根高达295英尺的海蚀柱。它是俄勒冈海岸最壮观的地标，退潮时可从沙滩走近。鸟儿在其碎石悬崖和潮汐池上建巢。

北边的海岸护卫着**艾科拉州立公园**（Ecola State Park；503-436-2844；www.oregonstateparks.org；一日票 $5）。你也许曾经在梦中游览过这样的俄勒冈：有海蚀柱、海浪、神秘的海滩和令人神往的原始森林。公园距离小镇1.5英里，多条道路交会于此，包括**俄勒冈海岸小径**（Oregon Coast Trail）部分路段，沿着它穿过提拉穆克海角（Tillamook Head）就到了锡赛德小镇。

加农海滩是冲浪的理想之地，尽管最好的冲浪点并不是海滩本身。位于加农海滩北边3英里处艾科拉州立公园内的**印第安海滩**（Indian Beach）以及南面10英里处的**奥斯瓦尔德西州立公园**（Oswald West State Park）都是最佳之选。**Cleanline Surf Shop**（503-738-2061；www.cleanlinesurf.com；171 Sunset Blvd；出租冲浪板/潜水衣 $20/15起；周日至周五 10:00~18:00，周六 9:00~18:00）是一家友善的本地商店，出租冲浪板和潜水服。

住宿

加农海滩物价很高；若想寻找经济型住宿选择，可以前往锡赛德以北7英里处。关于度假出租屋的信息，可以查看www.visitcb.com。

★ Ocean Lodge　　　　　　　　酒店 $$$

（888-777-4047, 503-436-2241；www.theoceanlodge.com；2864 S Pacific St；双 $219~369；❄❉❂❆）这个华丽的酒店有加农海滩最奢华的房间，大多都可观海景，全都有壁炉和小厨房。赠送欧陆早餐，客人可以使用收藏800多张DVD的图书馆和令人惬意的休息区域。酒店位于城镇南端的海滩。

餐饮

从咖啡馆到咖啡馆兼高档餐厅，这里应有尽有。如果你只想一边欣赏美景一边喝一盅热乎乎的奶油蛤蜊浓汤，可以前往Mo's（www.moschowder.com）。

★ Irish Table　　　　　　爱尔兰菜 $$$

（503-436-0708；1235 S Hemlock St；主菜 $20~30；周五至周二 17:30~21:00）隐藏在Sleepy Monk咖啡馆后面的出色餐厅，提供用本地时令食材制作的爱尔兰和太平洋沿岸西北部的创意菜式。菜单不长，很简单，但可选的菜品非常美味；可以尝尝素牧羊人派、羊里脊排或皮埃蒙特烤牛肩膀牛排。如果菜单上有咖喱贻贝，千万别犹豫。

Sleepy Monk Coffee　　　　　　咖啡

（503-436-2796；www.sleepymonkcoffee.com；1235 S Hemlock St；饮品和小吃 $2~7；周一、周二和周四 8:00~15:00，周五至周日 至16:00）主街上的这家小咖啡馆提供有机及公平贸易认证的咖啡，物有所值。坐在店前小院内的阿第伦达克椅上，享受品种丰富的啤酒和所有美味烤物，此外还有不错的自制糕点。

实用信息

商会（Chamber of Commerce；503-436-2623；www.cannonbeach.org；207 N Spruce St；

⊙10:00~17:00)有不错的本地信息,包括潮汐时刻表。

❶ 到达和当地交通

Northwest Point(☎541-484-4100; www.oregonpoint.com/northwest-point)波特兰和海岸之间每天有两个班次。上网购票,或者在波特兰的联合车站和阿斯托里亚交通中心(Astoria Transit Center)购票。波特兰至阿斯托里亚的单程票价格为$18。

Cannon Beach Shuttle(☎503-861-7433; www.ridethebus.org)加农海滩和阿斯托里亚之间的长途汽车,还有其他海岸站点。这趟加农海滩长途汽车从Hemlock St开往Tolovana Beach的尽头,时间表因日期和季节而异。

Tillamook County Transportation(The Wave; ☎503-815-8283; www.tillamookbus.com)阿斯托里亚和纽波特之间的长途汽车,站点都在海岸沿线。

纽波特(Newport)

纽波特是俄勒冈州最大的商业捕鱼船之乡,也是一个生机勃勃的旅游城市,拥有几处美丽的海滩与世界一流的水族馆,2011年还成了美国海洋暨大气总署(National Oceanic and Atmospheric Administration, NOAA)的总部所在地。除了景点、礼品店和晒太阳的海狮之外,古老的海滨地区还有许多不错的餐馆,而充满波希米亚情调的奈伊海滩(Nye Beach),则以画廊和友好的村落自成特色。19世纪60年代,渔船船员首次在亚奎那湾(Yaquina Bay)北端找到了牡蛎苗床,由此开启了对这一地区的开发。

❽ 景点

世界一流的**俄勒冈海岸水族馆**(Oregon Coast Aquarium; ☎541-867-3474; www.aquarium.org; 2820 SE Ferry Slip Rd; 成人/3~12岁儿童/13~17岁青少年 $22.95/14.95/19.95; ⊙6月至8月 10:00~18:00,9月至次年5月 至17:00; ❹)不容错过,以海獭池、梦幻的水母箱和穿过鲨鱼池的玻璃通道为特色。附近的**哈特菲尔德海洋科学中心**(Hatfield Marine Science Center; ☎541-867-0100; www.hmsc.oregonstate.edu; 2030 SE Marine Science Dr; ⊙6月至8月 10:00~17:00,9月至次年5月 周四至周一 至16:00; ❹)免费规模小得多,但仍值得一去。想观赏海潮和绝妙的风景,就不要错过**亚奎那海角自然地区**(Yaquina Head Outstanding Natural Area; ☎541-574-3100; 750 NW Lighthouse Dr; 车费$7; ⊙8:00至日落,解说中心 10:00~18:00)免费,这里有海岸最高的灯塔和有趣的解说中心。

⛺ 食宿

露营者可以去规模很大很受欢迎的**南海滩州立公园**(South Beach State Park; ☎541867-4715; www.oregonstateparks.org; 帐篷/房车位$21/29,圆顶帐篷$44; ❀)。它位于US 101南面2英里处。爱书之人则可投宿**Sylvia Beach Hotel**(☎541-265-5428; www.sylviabeachhotel.com; 267 NW Cliff St; 双 $135~235; ❀),喜欢航海和浪漫的人可以下榻船形的**Newport Belle**(☎541-867-6290; http://newportbelle.com; 2126 SE Marine Science Dr, South Beach Marina, H Dock; 双 $165~175; ⊙2月至10月; ❀❀)。

要吃蟹肉三明治、煎牡蛎及其他美味的海鲜,就得到**Local Ocean Seafoods**(☎541-574-7959; www.localocean.net; 213 SE Bay Blvd; 主菜 $16~28; ⊙11:00~21:00,冬季至20:00),特别是暖和的日子,玻璃墙壁面向海港地区,风景太美妙了。

❶ 实用信息

游客中心(☎541-265-8801; www.newportchamber.org; 555 SW Coast Hwy; ⊙周一至周五 8:30~17:00)

亚查茨及周边(Yachats & Around)

俄勒冈海岸最为人知的秘密之一,就是整洁友善的亚查茨小镇(别称ya-hots)。亚查茨坐落于宏伟的佩尔佩图阿角(Cape Perpetua)底部,拥有历经风雨的崎岖地貌,景色令人难忘。人们到这里暂时抛开一切,在这相对未开发的海岸延伸地带,要做到这一点并不难。

804海岸小径(804 Coast Trail)从城镇旁边经过,可以让人惬意地散步并前往潮汐池,欣赏美丽的海景。与之相连的阿曼达(Amanda)小径通向南部,直至佩尔佩图阿角风景区(Cape Perpetua Scenic Area)。

★ 佩尔佩图阿角风景区　　　　　公园

（Cape Perpetua Scenic Area; Hwy 101；一日票$5）位于亚查茨以南3英里处，这座火山遗址于1778年首先被英国的詹姆斯·库克船长（Captain James Cook）发现并命名。该地区以扣人心弦的岩石和汹涌澎湃的海浪而闻名，还有许多条小径，可以探索古老的贝冢、潮汐池和原始森林。从海角望去，从福尔韦瑟角（Cape Foulweather）至阿勒戈角（Cape Arago）等海岬尽收眼底，景色不可思议。

想要欣赏宏伟的海景，可以沿Overlook Rd前往佩尔佩图阿角地区一日游。

游客中心以北约半英里处，古老火山的深深裂缝导致海浪侵蚀狭窄的海峡，流入海岬，形成魔鬼水湾（Devil's Churn）等景观。海浪沿裂口涌入，冲上30英尺的水湾，在通道变窄的地段，狠狠撞向两侧，如同爆破现场。铺设完好的库克船长小径（Captain Cook Trail; 往返1.2英里）是一条轻松的徒步路线，一直通往库克峡谷（Cook's Chasm）附近的潮汐池，涨潮时海水如间歇泉般从一个海蚀洞里喷射而出。Hwy 101沿途的库克卡瑟姆（Cooks Chasm）还有停车场。

巨杉小径（Giant Spruce Trail; 往返2英里）沿克里克角（Cape Creek）通向一棵拥有500年树龄和15英尺直径的北美云杉。

库克岭—格温溪环形小径（Cook's Ridge-Gwynn Creek Loop Trail; 往返6.5英里）沿格温溪通向幽深的原始森林；俄勒冈海岸小径（Oregon Coast Trail）向南连接格温溪小径（Gwynn Creek Trail），经库克岭折返。

游客中心（☎541-547-3289; www.fs.usda.gov/siuslaw; 2400 Hwy 101; 车费$5; ◎6月至8月9:30~16:30, 9月至次年5月10:00~16:00）详细介绍了人和自然的历史，还有关于阿尔西（Alsi）部落的展览。

赫西塔角灯塔　　　　　灯塔

（Heceta Head Lighthouse; ☎541-547-3416; Heceta.h.lighthouse@oregon.gov; 一日票$5; ◎11:00~15:00, 冬季至14:00）建于1894年，位于汹涌海面上的陡峭高处，居高临下，这座灯塔在亚查茨以南13英里处的Hwy 101沿线，相当适合拍照，而且依然在发挥灯塔的作用。提供团队游；时间不定，特别是在冬季，所以需要提前致电询问。可以将车停在赫西塔角州立公园（Heceta Head State Park），欣赏风景。

海狮洞穴　　　　　洞穴

（Sea Lion Caves; ☎541-547-3111; www.sealioncaves.com; 91560 Hwy 101, Florence; 成人/儿童$14/8; ◎9:00~17:00）亚查茨以南15英里就是这座巨大的海中洞穴，里面有数百只北海狮。电梯可以下降208英尺至昏暗的讲解区，你可以透过观察窗观赏海狮争夺岩石上最好的位置。这里还有户外观察区，因为9月下旬至11月海狮通常不在洞穴里面。还可以在这儿找找许多可爱的海岸鸟类。

Ya' Tel Motel　　　　　汽车旅馆 $

（☎541-547-3225; www.yatelmotel.com; Hwy 101 S和6th St的交叉路口; 双$74~119; ❉@🛜🐾）这家汽车旅馆有8个房间，极具个性，干净的大房间有些带小厨房，还有一间可住6人的大房间（$119）。找找前面（经常更换）的指示牌，上面可能写着"保持干净，友好相处"这一类的意思。

Green Salmon Coffee House　　　　　咖啡馆 $

（☎541-547-3077; www.thegreensalmon.com; 220 Hwy 101; 咖啡饮品$2~5; ◎7:30~14:30; 🍴）🌿这家不拘一格的咖啡馆秉承有机和公平贸易的原则。当地人会凑在这里享用美味的早餐（点心、熏鲑鱼百吉饼、自制燕麦粥）。创意热饮包括普通的滴滤咖啡、有机巧克力拉茶、薰衣草迷迭香可可等。这里提供素食菜单，还有二手书交换。

俄勒冈国家沙丘娱乐区（Oregon Dunes National Recreation Area）

俄勒冈沙丘（Oregon Dunes）在佛罗伦萨（Florence）和库斯湾（Coos Bay）之间绵延50英里，形成了美国最广阔的一片海岸沙丘。沙丘高可达500英尺，如波浪般向内陆推进了3英里，与沿岸森林相接，奇特的生态系统使这里成为大量野生动植物的栖息地，特别是鸟类。该地区为弗兰克·赫伯特（Frank Herbert）创作的史诗般系列科幻小说《沙丘》（Dune）提供了灵感。徒步小道、骑马专用道及划船游泳区样样不缺，但记得避开里兹波特（Reedsport）南部，那里有很多聒噪的沙丘马车来来往往。更多旅游信息可咨询位于里兹波特的**俄勒冈国家沙丘娱乐区游客中心**（☎541-271-6000; www.fs.usda.gov/siuslaw; 855 Hwy 101; ◎6月至8月 周一至周六，9月至次年5月 周一至周五 8:00~16:30）。

州立公园的露营地有：位于佛罗伦萨南边3英里处，广受欢迎的**杰西·M.荷里曼**（Jessie M Honeyman; ☎800-452-5687, 541-997-3641; www.oregonstateparks.org; 84505 Hwy 101 S; 帐篷/房车露营位 $21/29，圆顶篷 $44; ❀）; 位于里兹波特南边4英里处，宜人的置身树林的**安普夸灯塔**（Umpqua Lighthouse; ☎541-271-4118; www.oregonstateparks.org; 460 Lighthouse Rd; 帐篷/房车露营位 $19/26，圆顶帐篷/豪华圆顶帐篷 $41/80; ❀）。该地区还有很多其他营地。

奥福德港（Port Orford）

景色优美的奥福德港小村庄坐拥一个人口稀少的天然海港，守护着许多壮丽的风景。奥福德港所在的海岬正嵌在两个极美的州立公园之间。**布兰科角州立公园**（Cape Blanco State Park; ☎541-332-2973; www.oregonstateparks.org; Cape Blanco Rd）**免费** 位于奥福德港以北9英里处，是美国本土48州内第二靠近西面的公园，时速100英里的大风常常肆虐这块海角。除了远足，旅行者还可以去**布兰科角灯塔**（Cape Blanco Lighthouse; ☎541-332-2207; www.oregonstateparks.org; 91814 Cape Blanco Rd; 团队游 成人/儿童 $2/免费; ◎4月至10月 周三至周一 10:00~15:15）一游。灯塔建于1870年，是俄勒冈最古老也最高的仍可使用的灯塔。

亨巴格山州立公园（Humbug Mountain State Park; ☎541-332-6774）位于波特兰以南6英里处。在这里，海水不断冲击着山峰，形成汹涌的海浪。你可以沿着3英里长的小道穿过原始雪松林，爬上1750英尺高的山峰。

Castaway-by-the Sea Motel（☎541-332-4502; www.castawaybythesea.com; 545 W 5th St; 双 $75~135，套 $115~165; ❀@❀❀）较为经济实惠。想找更豪华的小屋，前往**Wildspring Guest Habitat**（☎866-333-9453; www.wildspring.com; 92978 Cemetery Loop; 双 $298~328; ❀@❀）。若想吃得好，就要到**Redfish**（☎541-366-2200; www.redfishportorford.com; Hawthorne Gallery, 517 Jefferson St; 主菜 $18~34; ◎周一至周五 11:00~21:00，周六和周日 10:00~21:00）✿品尝最新鲜的海产了。

俄勒冈州南部（Southern Oregon）

有个加利福尼亚那样气候温暖干燥、阳光明媚的邻居，被称为"香蕉带"（Banana Belt）的俄勒冈州南部是州内的温暖地带，非常迷人，值得一游。粗犷和偏远的风景纵横交错许多所谓"环境荒凉和景色优美"的河流，以其具有挑战性的激浪漂流、世界级的飞钓和出色的徒步活动而闻名。

阿什兰（Ashland）

得益于国际知名的俄勒冈莎士比亚戏剧节（Oregon Shakespeare Festival, OSF），这座美丽的城市是俄勒冈州南部的文化中心。戏剧节每年持续9个月，吸引来全世界成千上万的戏剧爱好者。如此受欢迎的节日已经成为阿什兰的主要景点，夏季人满为患，为这座城镇的众多豪华酒店、高档民宿和美食餐厅带来持续不断的收入。

但是，即便没有莎士比亚戏剧节，阿什兰依然是个令人惬意的地方。衣着考究的购物者和不羁的年轻人让时尚的市中心街道热闹无比。深秋和初冬——少数不举办节日的时候——人们会来附近的阿什兰山（Mt Ashland）滑雪。葡萄酒爱好者请注意：该地区有几家值得一探的酒庄。

◎ 景点和活动

利西亚公园 公园

（Lithia Park; 59 Winburn Way）与阿什兰3座宏伟的剧院毗邻，这里大概是俄勒冈最漂亮的市内公园之一。公园位于市中心北面，占地93英亩，依曲折流淌的阿什兰溪（Ashland Creek）而建。不一般的是，公园被列入了美国国家历史名胜名录（National Register of Historic Places）。园内点缀着喷泉、花丛、凉亭和滑冰场（冬天可用），外加游乐场和林间小径。

施耐德艺术博物馆　　　　　　　　　博物馆

(Schneider Museum of Art; ☏541-552-6245; http://sma.sou.edu; 1250 Siskiyou Blvd; 建议捐款$5; ⓧ周一至周六10:00~16:00)如果你对现代艺术感兴趣,可以到这座南俄勒冈大学(Southern Oregon University)博物馆看看,大概每个月都会举办新展览。该大学还上演戏剧、歌剧和古典音乐会。

Siskiyou Cyclery　　　　　　　　　自行车

(☏541-482-1997; www.siskiyoucyclery.com; 1729 Siskiyou Blvd; 半天/全天租金$30/45; ⓧ周一至周六10:00~18:00)可在这里租自行车,踏上阿什兰和森特勒尔波因特镇(Central Point)之间已部分完工的21英里自行车道Bear Creek Greenway探索周边郊野。

🛏 住宿

5月至10月,尽量在抵达以前预订。阿什兰以北12英里的梅德福(Medford)有比较便宜的房间。

Ashland Hostel　　　　　　　　　青年旅舍 $

(☏541-482-9217; www.theashlandhostel.com; 150 N Main St; 铺$29, 标单/双$45/55起; ☺✳@◎⊛)旅舍(室内需脱鞋)位于市中心国家注册局(National Registry)的一栋平房,多少有几分"高级"意味。多数房间共用卫生间,有的与宿舍相连。公共设施包括舒适的地下起居室和阴凉的前院。不许带宠物,禁止饮酒或抽烟。由于前台服务时间有限,建议提前联系。

Palm　　　　　　　　　　　　　精品酒店 $$

(☏541-482-2636; www.palmcottages.com; 1065 Siskiyou Blvd; 双$75~249; ☺✳☎⊛☒)这个小巧精致的旅馆被整修成了16个漂亮的花园村舍式客房和套房(有的附带厨房)。这里是繁忙街道旁的一片绿洲,酒店内有草坪和盐水泳池。旁边一栋房子里有3间大套房($249起)。没有早餐,但隔壁就是备受欢迎的Morning Glory咖啡馆。

🍴 餐饮

Morning Glory　　　　　　　　　　咖啡馆 $

(☏541-488-8636; 1149 Siskiyou Blvd; 主菜$9.50~15; ⓧ8:00~13:30)这家色彩缤纷的休闲咖啡馆提供阿什兰最好的早餐。创意菜肴包括阿拉斯加蟹蛋饼、素食蔬菜丁面包烤辣椒、虾饼配水煮蛋。午餐有美味的沙拉和三明治。要么早去,要么就晚一点,以免等位太漫长。

Agave　　　　　　　　　　　　　墨西哥菜 $

(☏541-488-1770; www.agavetaco.net; 5 Granite St; 塔可$3.75~5; ⓧ周日至周四11:00~20:00, 周五和周六 至21:00, 夏季更晚)这间备受追捧的餐厅供应美味且有创意的塔可(tacos,墨西哥玉米饼配菜)。也有常规料理,比如墨西哥玉米卷饼(carnitas)和烤鸡,如果想要更富异域风情的食物,可以选择鸭丝或煎龙虾肉(sautéed lobster; $9.95)。这里供应酸橘汁腌鱼、沙拉和玉米粉肉粽(tamale)。

> **不要错过**
>
> ### 俄勒冈莎士比亚戏剧节
>
> 作为一座年轻的城市,阿什兰已经被纳入卫理公会的文化教育项目。20世纪30年代,城市中的演出场地已经荒废成为破旧不堪的木具。本地大学的戏剧教授安格斯·鲍默(Angus Bowmer)注意到这栋没有屋顶的建筑与莎士比亚环球剧场(Globe Theatre)的图纸很相像。他说服市政府赞助莎士比亚的两部戏剧演出及一场拳击比赛(莎翁一定会深表赞同),作为1935年独立日的庆典环节。演出获得了巨大的成功,俄勒冈莎士比亚戏剧节(Oregon Shakespeare Festival, OSF; ☏541-482-4331; www.osfashland.org; Main St和Pioneer St的交叉路口; 票价$30~136; ⓧ2月至10月 周二至周日)横空出世。演出门票很快就会售罄,但售票处在演出开始1小时以前有时会有余票。
>
> 其他活动可咨询戏剧节问讯处(OSF Welcome Center; 76 N Main St; ⓧ周二至周日11:00~17:00),包括学术演讲、剧本演读、音乐会和演出前的宣讲会。

Caldera Brewing 自酿酒吧 $$

(☏541-482-4677; www.calderabrewing.com; 590 Clover Lane; 主菜 $13~23; ⊙11:00~22:00; ❀)这家明亮开阔的自酿酒吧兼餐厅就在I-5州际公路路边,有宜人的室外座位,可以享受乡间美景。这里适合儿童,营业至22:00,提供比萨、花式意大利面、汉堡包和不错的沙拉。有40种自酿啤酒可选。另一家分店位于河边的31 Water St,整体氛围更像是舒适的酒馆。

Greenleaf 美式小馆 $$

(☏541-482-2808; www.greenleafrestaurant.com; 49 N Main St; 主菜 $10~21; ⊙8:00~20:00; ❀)❀这家休闲小馆有隔间和吧台座位,侧重于对可持续食材进行创意组合烹饪。菜单上有许多素食选择,特别推荐值得一看,虽然常规菜单已经如此丰富,你可能无须再冒险尝试。这里还有无麸菜单。

Amuse 法国菜 $$$

(☏541-488-9000; www.amuserestaurant.com; 15 N 1st St; 主菜 $26~38; ⊙周三至周日17:30~21:00)Amuse是一家不错的法式餐馆,提供巴黎团子(Parisian gnocchi)、煎扇贝和松露烤鸡等菜肴。甜点有甜中带苦的巧克力松露蛋糕和热腾腾的法式甜甜圈配卡士达酱。需要预订。

❶ 实用信息

阿什兰商会(Ashland Chamber of Commerce; ☏541-482-3486; www.ashlandchamber.com; 110 E Main St; ⊙周一至周五 9:00~17:00)

杰克逊维尔(Jacksonville)

小而可爱的杰克逊维尔曾是个淘金小镇,它是俄勒冈南部最古老的村庄,也是美国国家历史地标。主街上一排排保护完好的大楼建于19世纪80年代,现在都变成了精品店和画廊。音乐爱好者不要错过9月的布里特音乐节(Britt Festival; ☏541-773-6077; www.brittfest.org; 1st St和Fir St的交叉路口; ⊙6月至9月),一流的表演者带来一流的音乐体验。更多信息可咨询**商会**(☏541-899-8118; www.jacksonvilleoregon.org; 185 N Oregon St; ⊙5月至10月 每天 10:00~15:00,11月至次年4月 周一至周六 至14:00)。

杰克逊维尔有很多出彩的民宿,经济型汽车旅馆多集中在向东6英里外的梅德福。**Jacksonville Inn**(☏541-899-1900; 175 E California St; 房间 $159~325; ❀❀❀❀)是最舒适的选择,酒店被硬塞进市中心一栋建于1863年的大楼里,房里装饰着豪华的古董家具。酒店内设一间很好的餐馆。

北乌姆普夸河(North Umpqua River)

这条"狂野壮丽"的河流以其一流的飞钓、出色的徒步和宁静的露营而闻名。79英里长的北乌姆普夸小道(North Umpqua Trail)的起点在格莱德(Glide)东边3英里靠近伊德雷德帕克(Idleyld Park)处,小道穿过汽船地区(Steamboat),连接到太平洋山脊步道。途中可顺道去乌姆普夸温泉(Umpqua Hot Springs),这里风景好,很受欢迎,温泉位于汽船地区以东的托凯提湖(Toketee Lake)附近。不远处,壮观的两叠瀑布托凯提瀑布(Toketee Falls; 113英尺)冲刷过柱状玄武岩,而华森瀑布(Watson Falls; 272英尺)则是俄勒冈州落差居前几位的瀑布之一。更多资讯可咨询格莱德的克莱丁河信息中心(Colliding Rivers Information Center; ☏541-496-3532; 18782 N Umpqua Hwy, Glide; ⊙5月至9月 9:00~17:00)以及与之相邻的北乌姆普夸护林处(North Umpqua Ranger District; ☏541-496-3532; 18782 N Umpqua Hwy, Glide; ⊙周一至周五 8:00~16:30)。

伊德雷德帕克和钻石湖(Diamond Lake)之间有许多河滨营地,包括漂亮的**Susan Creek**和原始的**Boulder Flat**(无供水)。夏天住宿很紧张。试试**Dogwood Motel**(☏541-496-3403; www.dogwoodmotel.com; 28866 N Umpqua Hwy, Idleyld Park; 标单/双 $60/70起; ❀❀❀❀)小木屋模样的房间吧。

俄勒冈洞穴国家保护区(Oregon Caves National Monument & Preserve)

这个热门的洞穴(单洞穴)位于Hwy 46公路边,在凯夫章克申(Cave Junction)以东19英里处。洞穴通道长3英里,导览游全程需时90分钟,其中包括参观520级的岩石梯级和沿冥河斯堤克斯(River Styx)分布的排水

室。穿一双暖和、防滑的鞋子，沿途随时会有水滴滴落。

格兰茨帕斯以南28英里，位于US 199（Redwood Hwy）上的凯夫章克申提供本区域相关服务，但该地区最好的住宿是向南12英里卡蒂尔玛（Katilma）非常有趣的树屋，Out 'n' About Treesort（☎541-592-2208; www.treehouses.com; 300 Page Creek Rd, Takilma; 树屋$150~330; ❀）。洞穴附近，令人印象深刻的Oregon Caves Chateau（☎541-592-3400; www.oregoncaveschateau.com; 20000 Caves Hwy; 房间$117~212; ☉5月至10月; ❀）也不错——在老式的冷饮处买杯奶昔吧。

俄勒冈州东部
（Eastern Oregon）

无论在地势上或文化上，俄勒冈东部的喀斯喀特山脉地区与更为潮湿的西部都不一样。这里人烟稀少，最大的城市彭德尔顿（Pendleton）也只有17,000人左右。然而在这片区域里却有高原、彩丘、碱水湖床和全美最深的河谷。

约翰代伊化石床国家保护区（John Day Fossil Beds National Monument）

在约翰代伊地区软岩石和疏松的土壤下，藏着世界上最壮观的化石群，它们大都是5000万年到600万年前形成的。保护区占地22平方英里，包括3个部分：羊岩区（Sheep Rock Unit）、彩绘山区（Painted Hills Unit）和克拉洛区（Clarno Unit）。每个部分都有徒步路径和解说展。由于化石床被100英里的曲折小道隔开。

汤姆斯柯登古生物学中心（Thomas Condon Paleontology Center; ☎541-987-2333; www.nps.gov/joda; 32651 Hwy 19, Kimberly; ☉10:00~17:00) **免费** 不要错过，它位于**羊岩区**，在US 26以北两英里处。展品包括三趾马化石和一些石化的羌螂粪堆，此外还有很多其他化石和地质历史展品。如果想走一走，可到Blue Basin Trail来一场短途徒步。

彩绘山区靠近米切尔镇（Mitchell），区域内有形成于约3000万年前的七彩矮丘。而**克拉洛区**（Clarno Unit）约在1000万年前形成，泥石流冲过始新世的森林，将所过之处侵蚀成了独特的雪白山崖，山崖顶上锐石嶙峋。

约翰代伊河（John Day River）是州内最长的无闸坝河流，木筏漂流是这里很受欢迎的活动。**Oregon River Experiences**（☎800-827-1358; www.oregonriver.com; 4/5/9日旅行 每人$635/735/1195; ☉5月至6月）提供长达5天的行程。这里还是个不错的钓鱼点，有望收获小口黑鲈和彩虹鳟鱼。详情可咨询俄勒冈州鱼类和野生动物管理局（Oregon Department of Fish & Wildlife; www.dfw.state.or.us）。

多数小镇都至少有一家酒店，如米切尔镇气势宜人的**Historic Oregon Hotel**（☎541-462-3027; www.theoregonhotel.net; 104 E Main St, Mitchell; 铺$20, 双$50~110; ❀）。约翰代伊镇提供该地区的大部分服务，还有一些公共营地（营地$5），包括均在Hwy 402沿途的Lone Pine和Big Bend。

瓦洛瓦山脉地区
（Wallowa Mountains Area）

冰川凿出的山峰和水晶般闪耀的湖泊，使瓦洛瓦山脉成了俄勒冈最美的自然景区。唯一的缺点就是夏天里蜂拥而至的大批游人了，客流量最大的就是漂亮的瓦洛瓦湖区（Wallowa Lake）。但只要踏上任意一条通往附近**鹰帽荒野**（Eagle Cap Wilderness）的长途徒步道，就可以逃开人潮了。通往**阿内洛伊德湖**（Aneroid Lake）的6英里短途单向道，或8英里长的**Ice Lake Trail**徒步道都是不错的选择。

山脉北部，瓦洛瓦山谷（Wallowa Valley）里的**恩特普莱斯**（Enterprise）是个不起眼的偏僻小镇，镇上有许多汽车旅馆，可以试试**Ponderosa**（☎541-426-3186; 102 E Greenwood St; 标单/双$69/75; ❀❀❀）。如果喜欢啤酒和美食，不要错过镇上的自酿啤酒厂**Terminal Gravity Brewing**（☎541-426-3000; www.terminalgravitybrewing.com; 803 SE School St; 主菜$9~14; ☉周日、周一和周三11:00~21:00, 周四至周六 至22:00）。向南仅6英里外，是更为成熟的**约瑟夫**（Joseph），镇里主街两旁排列着昂贵的青铜画廊和艺术

气息浓厚的精品店，此外还有一些不错的小吃店。

地狱峡谷 (Hell Canyon)

壮丽的斯内克河 (Snake River) 用1300万年时间切割出如今深达8000英尺的河谷通道，形成全美最深的峡谷，贯穿俄勒冈东部高原。

驾车从约瑟夫镇往东北走30英里后到达伊姆纳哈 (Imnaha)，再沿着一条弯弯曲曲的碎石路开上24英里，便来到了哈特角 (Hat Point) 的瞭望台，从这里可以瞭望周围全景——瓦洛瓦山脉、爱达荷州的七魔鬼山 (Seven Devils)、伊姆纳哈河 (Imnaha River) 和峡谷本身的荒野。这条路从5月下旬一直开放到雪季到来。每段路程各需耗时2小时左右。

想要体验激流漂流或观赏壮丽的景色，可到Oxbow小社区北面25英里的地狱峡谷水坝 (Hells Canyon Dam)。过水坝几英里后，道路尽头便是地狱峡谷游客中心 (Hells Canyon Visitors Center; Hells Canyon Rd, Hells Canyon Dam; ⊙5月至10月 8:00~16:00)，中心工作人员可以就本地区的营地和徒步路线提供不错的建议。过了这里，斯内克河奔流直下，迅速下降1300英尺，只有借助喷射快艇或漂流木筏方可接近。Hells Canyon Adventures (☎800-422-3568; www.hellscanyonadventures.com; 喷射快艇游 成人/儿童 $75/38; ⊙5月至9月) 是木筏漂流和喷射艇游览活动的主要组织者 (需预订)。

该地区有很多营地及很固定的住所。位于伊姆纳哈外漂亮的Imnaha River Inn (☎541-577-6002; www.imnahariverinn.com; 73946 Rimrock Rd; 单/双 $70/130起)，是一个海明威式的民宿，装饰着动物标本。更多服务，可到恩特普莱斯 (Enterprise)、约瑟夫 (Joseph) 和哈夫维 (Halfway)。

斯蒂恩斯山脉和阿尔沃德沙漠 (Steens Mountain & Alvord Desert)

俄勒冈东南最高峰斯蒂恩斯山脉 (Steens Mountain; 9773英尺) 是30英里长的巨大断层山脉的一部分，断层山脉约形成于1500万年前。从法国峡 (Frenchglen) 开始，59英里的碎石路斯蒂恩斯山脉环路 (Steens Mountain Loop Rd) 是俄勒冈海拔最高的道路，沿路可见斯蒂恩斯山最壮丽的景观，道路连接一些营地和徒步道。一路上，你将看到山艾、大丛的刺柏和山杨树林，山顶则是脆弱的岩石冻原。从法国峡往上25英里，基格峡谷观景点 (Kiger Gorge Viewpoint) 的景色特别迷人。如果只是走马观花，环绕一圈大概要3个小时，如果想要好好探寻周围的景观，就要多花些时间了。取道Hwy 205和Hwy 78之间穿越阿尔沃德沙漠的Fields-Denio Rd，可以看到斯蒂恩斯山的东面。记得加满汽油，带上足够的饮用水，并准备好应对瞬息万变的天气。

法国峡只有12位居民，尽管如此，还是可以维持经营历史悠久的Frenchglen Hotel (☎541-493-2825; www.frenchglenhotel.com; 39184 Hwy 205; 房间 带共用浴室 $75~82, Drovers' Inn 标单/双 $115/135; ⊙3月中至10月; ⊛⊗⊜)，酒店有8个小房间、丰盛餐食 (供晚餐) 和一间小店，店里提供季节性的加油服务，仅此而已。斯蒂恩斯山脉环路上有营地，如土地管理局经营的Page Springs (每辆车 $8, 全年开放)，环境优美。继续深入还有几处其他营地，环境也很不错，但只在夏天开放。所有营地都供水。斯蒂恩斯山上也可野外露营。

阿拉斯加州

包括 ➡

安克雷奇 1219
兰格尔 1224
锡特卡 1225
朱诺 1227
海恩斯 1230
斯卡圭 1231
冰川湾国家公园和
保护区 1233
凯奇坎 1234
费尔班克斯 1235

最佳就餐

➡ Snow City Café(见1221页)
➡ Pel'Meni(见1229页)
➡ Rustic Goat(见1221页)
➡ Bar Harbor Restaurant (见1235页)
➡ Ludvig's Bistro(见1227页)

最佳住宿

➡ Gustavus Inn(见1233页)
➡ Copper Whale Inn (见1221页)
➡ Ultima Thule Lodge (见1225页)
➡ Inn at Creek Street – New York Hotel(见1235页)
➡ Mendenhall Lake Campground(见1229页)

为何去

阿拉斯加州（Alaska）纯净、原始、无情且幅员辽阔，是一个可以唤起本能的地方，是一片可以点燃杰克·伦敦（Jack London）称之为"野性的呼唤"的土地。然而比起杰克·伦敦和其疯狂沉醉于淘金热的同伴们，如今要穿越这里广袤、原始的荒原可是容易多了。事实上，这个美国的第49个州最大的迷人之处就是它的可亲近性。在北美，再没有一个地方能够真正让你爬上一座无人攀登过的山峰，走过一条无人踏足过的道路，或者是到访一个年游客量比国际空间站还少的国家公园。

由于手机覆盖率极低以及对潮人友好的咖啡吧非常少，你很难找到合适的地方插上你的苹果平板电脑。阿拉斯加是一个让你真正去"做"而不是仅仅观察的地方。无论你是带着防熊喷雾和背包独自上路，还是跟随经验丰富的阿拉斯加"土著"（sourdough），到此一游的回报都是不可限量的。

何时去

安克雷奇

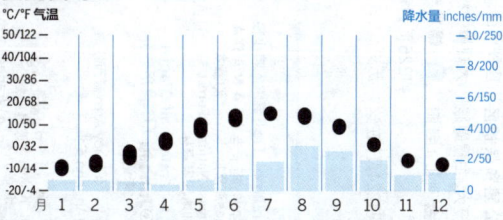

6月 6月夏至附近的阿拉斯加州有长达20小时的白昼，可以"熬夜"在户外游玩。

7月 数百万鲑鱼逆流而上产卵，数量达到全年的最高峰。

9月下旬 最神秘的北极光开始高悬夜空。

阿拉斯加州亮点

❶ 丹奈利国家公园和保护区（见1236页）目睹庞大、白雪皑皑的丹奈利山（麦金利山）目睹口呆。

❷ 科迪亚克岛（见1224页）在这座翠色欲滴的岛上观看世界上最大规模的棕熊捕捉鲑鱼场景。

❸ 锡特卡国家历史公园（见1226页）揭开阿拉斯加的俄罗斯历史。

❹ 门登霍尔冰川（见1228页）沿阿拉斯加最受欢迎的冰河徒步。

❺ 奇尔库特小径（见1231页）前往斯卡圭附近，追随1898年克朗代克淘金热潮的足迹。

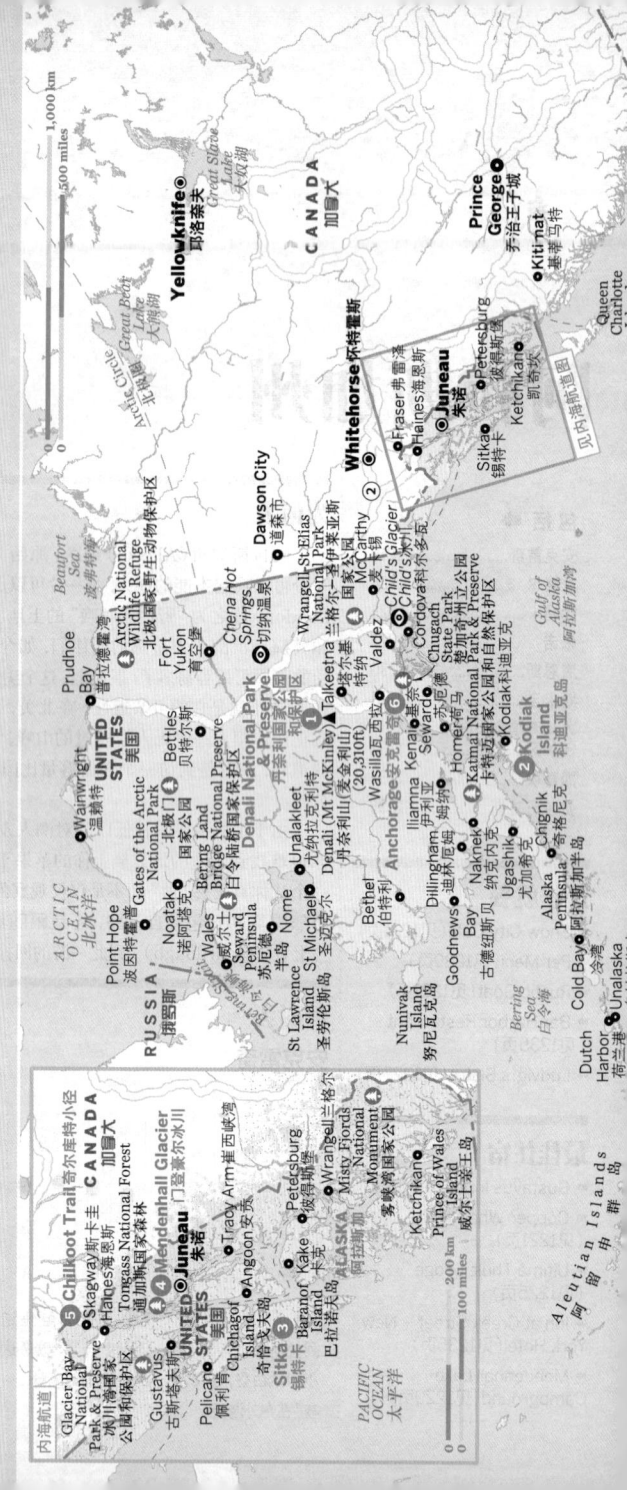

❻ 安克雷奇博物馆（见1220页）在安克雷奇探索阿拉斯加的历史和文化。

历史

阿拉斯加的原住民包括亚达巴斯卡人（Athabascans）、阿留申人（Aleuts）、因纽特人（Inuit）以及沿海部落的特林吉特人（Tlingits）和海达族人（Haidas），他们在2万年前通过白令海峡（Bering Strait）的大陆桥来到了这片土地。18世纪，这里迎来了欧洲移民潮：先是英国和法国的探险者，随后是俄国的捕鲸者和皮毛商，他们给阿拉斯加各地命名，捕猎水獭以获取皮毛。阿拉斯加土著居民们的生活就此被扰乱，不复平静。

1867年，由于拿破仑战争，俄国的经济严重衰退，美国国务卿威廉姆·H.苏厄德（William H Seward）趁着俄罗斯财政窘迫之机，以720万美元（每英亩不到2美分）的价格向俄国买下了这块土地。尽管"苏厄德的愚蠢行为"（Seward's Folly）曾引起一时哗然，但很快这片土地的价值就显现了出来：先是鲸鱼，接着是鲑鱼、黄金以及石油。在"二战"中，日本军队轰炸并占领了阿留申群岛（Aleutian Islands），因此同盟国军队建造了著名的阿加（阿拉斯加—加拿大）公路（Alcan Hwy），将阿拉斯加和美国本土连接了起来。这条长1520英里的阿加公路，对1959年阿拉斯加并入美国版图起到了很大的促进作用。

1964年的阿拉斯加大地震（Good Friday earthquake）使阿拉斯加满目疮痍，但普拉德霍湾（Prudhoe Bay）海底石油的发现使这块土地得到飞速重建。不久，一条通到瓦尔迪兹（Valdez），全长789英里的输油管道便搭建起来了。对于大多数阿拉斯加人来说，丰富的石油储量让他们除了眼前金光闪闪的石油美元以外，很难再看长远。

1989年，987英尺的巨型大油轮埃森·瓦尔迪兹号（Exxon Valdez）离开瓦尔迪兹码头几小时便撞上布莱礁（Bligh Reef），导致将近1100万加仑原油泄漏至威廉王子湾（Prince William Sound）。这次泄漏最终污染了1567英里海岸线，造成估计100,000至250,000只鸟儿和2800头海獭的死亡，并导致鱼类种群大幅度下降。如今，动物种群及渔业刚刚从泄漏事件中恢复，但你还是能在很多海滩的沙子下面发现石油。

2006年，时年42岁的瓦西拉市（Wasilla）前市长莎拉·佩林（Sarah Palin）震惊了整个政治界，因为她打败了当时的州长，成为阿拉斯加历史上第一任女性州长，同时也是最年轻的州长。两年后，共和党总统候选人约翰·麦凯恩（John McCain）更是选择了莎拉作为自己的竞选伙伴。另一个引起了国际关注的新闻是共和党参议员泰德·史蒂文斯（Ted Stevens），在阿拉斯加州服务了整整41年后，于2009年卸任。

土地与气候

有一点需要告诉你，丹奈利（Denali）是北美洲最高的山；还有一点需要告诉你，它在丹奈利国家公园（Denali National Park）当空而立。这座山如此高大，如此巍峨，如此气势磅礴，惊得游客走下公园大巴时不免跌跌撞撞。而阿拉斯加也是如此，如此广阔，如此荒凉、如此杳无人烟，大多数人在到来以前根本难以体会。

❶ 到达和离开

无论你来自美国还是美国以外的地方，前往阿拉斯加旅行都像是前往一个陌生的国度。从美国本土48州乘坐阿拉斯加海上公路（Alaska Marine Highway）的渡船抵达威廉王子湾惠蒂尔（Whittier），需要将近一个星期。如果走陆路，从中西部出发径直驾车穿越，需要10天才能抵达费尔班克斯（Fairbanks）。

如果你从美国本土过来，抵达阿拉斯加最快捷和最便宜的方式是从许多城市搭乘直达航班。如果你来自亚洲或欧洲，直飞阿拉斯加不太可能，因为飞往安克雷奇（Anchorage）的国际航班几乎没有，除了**法兰克福神鹰航空**（Condor Airlines; ☑800-524-6975; www.condor.com）的季节性航班。大多数国外旅行者都是经过西雅图、波特兰、明尼阿波利斯或丹佛等门户城市前来。

可以在lonelyplanet.com/bookings预订航班、汽车和团队游。

安克雷奇（ANCHORAGE）

当地人喜欢说，安克雷奇距离阿拉斯加只有30分钟路程：夹在5000英尺的群峰与满是鲑鱼和鲸鱼的水湾之间，这座北部纽约与其他所有城市都大不相同。

这里的交通、商场和郊区扩张初见之下令人感觉不甚愉快。然而，商场里面是提供新鲜海鲜和本地果蔬的一流餐厅，进出城市的两条公路曲折拐入全世界最雄伟的荒野地带。在这座城市，人们能看到熊在自行车小径上溜达，驼鹿在街区花园吃草，本地人从酒店和写字楼的街区流水里就能捞出鲑鱼。

走进这座城市的公园、博物馆和餐厅，你就能明白为何全州将近半数人口都居住在这里。

◉ 景点

★ 安克雷奇博物馆　　博物馆

（Anchorage Museum; www.anchoragemuseum.org; 625 C St; 成人/儿童 $15/7; ⊙夏季 9:00~18:00; ☷）这座世界一流的博物馆是安克雷奇的文化瑰宝。博物馆的西翼是一个4层镜面外观的闪闪发亮的建筑，它的存在使这座本已是阿拉斯加最大的博物馆又增加了8万平方英尺的空间，值得一提的是，2018年新的展馆Rasmuson Wing已经正式迎客。博物馆的旗舰展区是**史密森尼北极研究中心**（Smithsonian Arctic Studies Center），展出原本保存在华盛顿特区的超过600件阿拉斯加本土物品，比如艺术品、工具、面具和家用器具。

★ 阿拉斯加本土文化遗产中心　　文化中心

（Alaska Native Heritage Center; ☏907-330-8000; www.alaskanative.net; 8800 Heritage Center Dr; 成人/儿童 $25/17; ⊙9:00~17:00）如果不能前往布什（Bush）地区体验第一手的阿拉斯加本土文化，还可以参观这个占地约26英亩的文化遗产中心。在这里，你可以看到人类是如何在中央供暖系统发明之前生存下来并且在这片土地上生生不息的。这里不仅仅是一个博物馆：它再现了一个囊括了语言、艺术和文化的知识库，无论阿拉斯加的上空回荡过多少情景喜剧，也不会被湮灭。

阿拉斯加动物园　　动物园

（Alaska Zoo; www.alaskazoo.org; 4731 O' Malley Rd; 成人/儿童 $15/7; ⊙9:00~21:00; ☷）这座动物园展示了奇特的北极野生动物，是北美洲唯一专门展示北方动物的动物园，包括雪豹、东北虎和西藏牦牛。阿拉斯加本土物种丰富，从狼獾和驼鹿到北美驯鹿和白大角羊等。但孩子们喜欢看熊。虽然动物园有各种阿拉斯加物种，但显然北极熊才是明星。

阿拉斯加原住民医疗中心　　画廊

（Alaska Native Medical Center; www.anmc.org; 4315 Diplomacy Dr; ⊙24小时）**免费** 这家医院收藏了奇特的阿拉斯加原住民艺术和工艺品：乘坐电梯来到顶层，顺着楼梯下来，经过来自阿拉斯加各地的玩偶、篮子和工具。它虽然不是正式的展览，但值得参观。

希普溪观景台　　观景点

（Ship Creek Viewing Platform）**免费** 从仲夏至夏末，鲑鱼王、银色还有粉色的鲑鱼在希普溪（Ship Creek）产卵。那里是塔内那印第安捕鱼营地（Tanaina Indian fish camps）的古迹。在观景台上，你可以为那些渴望被爱并冲向命运的鱼打气，涨潮的时候还能看到河岸两边试图捉住它们的钓鱼者，那些地方是美国最好的城市钓鱼地点。沿着C St往北走，走过希普溪桥（Ship Creek Bridge），右转进入Whitney Rd，即可到达。

阿拉斯加航空遗产博物馆　　博物馆

（Alaska Aviation Heritage Museum; www.alaskaairmuseum.org; 4721 Aircraft Dr; 成人/儿童 $15/8; ⊙9:00~17:00）位于胡德湖（Lake Hood; 全世界最繁忙的水上飞机活动场所）的南岸，这座博物馆是为纪念阿拉斯加传奇的荒野飞行员和他们忠诚的飞机而建的，馆内展出了25架飞机、一些历史照片以及飞行员的成就。记录了从飞往费尔班克斯的第一架飞机（1913年）开始，到阿拉斯加航空公司的早期历史。

◉ 团队游

★ Alaska Railroad　　火车游

（☏907-265-2494; www.akrr.com; 411 W 1st Ave）安克雷奇有许多乘坐火车出发的一日游项目。9小时的Spencer Glacier Float Tour（每人$242）前往斯潘塞湖（Spencer Lake），还包括冰山之间温和的木筏之旅。Glacier Quest Cruise（$223）前往惠蒂尔，包

括4小时的威廉王子湾乘船游；你可以一边享用帝王蟹肉饼一边观赏冰川崩解。

Ghost Tours of Anchorage 历史

(☏907-274-4678; www.ghosttoursofanchorage.com; 每人 $15; ⓘ周二至周日 19:30)夏季每晚（风雨无阻）都有出色、奇异的90分钟市中心步行游。想要参加的话，只需要前往4th Ave和L St的Snow City Café门口——或许是安克雷奇历史上最臭名昭著的谋杀案现场。

住宿

Bent Prop Inn Midtown 青年旅舍 $

(☏907-222-5220; www.bentpropinn.com; 3104 Eide St; 铺 $30~35; ⓦ)这里的微型宿舍是城里性价比最高的：位于经过改造的一居室公寓，宿舍内有4张床，单独的厨房和起居室——就像是宿舍与套房的结合体。普通宿舍男女混住，有6张床。这里有两间厨房、投币式洗衣机和大屏幕电视。唯一的独立公寓价格是$149。

★ Copper Whale Inn 旅馆 $$

(☏907-258-7999; www.copperwhale.com; W 5th Ave和L St的交叉路口; 房 $199~240, 套 $279; @ⓦ)位于市中心的理想位置、明亮优雅的室内装潢，使这家旅馆跻身安克雷奇最好的中档住所之一。套房配有设施完善的厨房。装饰有瀑布的两个庭院令人无比放松，很适合读小说消磨时间。许多客房和早餐休息室可以观赏库克湾（Cook Inlet）的景色。

Anchorage Grand Hotel 豪华酒店 $$

(☏907-929-8888; www.anchoragegrand.com; 505 W 2nd Ave; 房 $199; @ⓦ)这栋经过改造的公寓楼位于一条安静的街道上，有31个宽敞的套房，带设备齐全的厨房以及分离的起居和卧室区域。很多房间可以俯瞰希普溪和库克水湾，位于市中心，去哪里都很方便。

Hotel Captain Cook 酒店 $$$

(☏907-276-6000; www.captaincook.com; 939 W 5th Ave; 标单/双 $295/315; @ⓦ≋)安克雷奇住宿行业的贵妇，依然散发出一种阿拉斯加贵族的气质，就连衣着华丽的礼宾员也不例外。这里有不少豪华服务和高档商店：热水浴缸、健身俱乐部、美容院、珠宝商店，

以及4家餐厅，包括顶层著名的酒吧Crow's Nest。

🍴 就餐

★ Snow City Café 咖啡馆 $

(☏907-272-2489; www.snowcitycafe.com; 1034 W 4th Ave; 早餐 $8~15, 午餐 $10~15; ⓘ周一至周五 6:30~15:00, 周六和周日 至16:00; ⓦ)这家繁忙的咖啡馆常年被《安克雷奇新闻》（*Anchorage Press*）的读者们评为最佳早餐用餐地，供应健康的食物，食客既有满身文身的混混，又有前途无量的精英。如果来这里享用早餐的话，建议不要选择鸡蛋和吐司这种普通的搭配了，可以尝尝"蟹肉"煎蛋卷或红鲑熏三文鱼班尼迪克蛋。

Red Chair Cafe 早餐 $

(www.theredchaircafe.com; 337 E 4th Ave; 早餐 $12~16; ⓘ周二至周日 7:00~15:00)在这家蒸汽朋克装修风格的咖啡馆选择早午餐的菜肴是最好做也是最不好做的事情。荷兰酱汁和松饼都是每天现做的。或者你应该尝尝酿辣椒、柠檬罂粟籽煎饼，或者羽衣甘蓝？

Fromagio's Artisan Cheese 三明治 $

(www.fromagioscheese.com; 3555 Arctic Blvd; 三明治 $11; ⓘ周二至周六 11:00~18:00, 周日 正午至17:00)提供美味三明治的干酪店。午餐时来这里，尝尝奇特的奶酪，再买些用于徒步野餐。

★ Rustic Goat 法式小馆 $$

(☏907-334-8100; www.rusticgoatak.com; 2800 Turnagain St; 比萨 $14~16, 主菜 $18~32; ⓘ周一至周四 6:00~22:00, 周五 至23:00, 周六 7:00~23:00, 周日 至22:00)这家温馨的小馆位于郊外的特纳盖恩（Turnagain）街区，但感觉像是城里的阁楼。从老木头支撑的双层窗户可以眺望楚加奇山（Chugach Mountains）。多元化的菜单包括木烤比萨、牛排和沙拉。上午，这里是悠闲的咖啡馆。

🍷 饮品和夜生活

Williwaw 酒吧

(www.williwawsocial.com; 609 F St; ⓘ11:00至深夜)晴朗的夜晚，在这家屋顶酒吧，四周

是安克雷奇市中心的大楼,感觉都有点像是置身大城市了。这家隐蔽的地下酒吧提供高档的饮品(进门需要口令——注意大厅的公共电话),一层每周末都有现场音乐演出。白天,这里是提供意式浓咖啡的咖啡馆。

Bernie's Bungalow Lounge　　休闲酒吧

(www.bernieslounge.com; 626 D St; ⊙周一至周五 11:00至次日1:00,周六和周日 14:00至次日2:30)衣着光鲜的人们和可口的饮料使这里成了进行社交活动的好地方,在这里就是为了长见识以及被欣赏的。这里有安克雷奇最好的户外露台,装饰有喷水的蛇形雕塑。在夏季的周末,贵宾室里DJ们带来的现场音乐演出能持续到深夜。

☆ 娱乐

★ Cyrano's Theatre Company　　剧院

(☎907-274-2599; www.cyranos.org; 413 D St)这家远离市中心的小剧场是城里最好的现场演出剧院,上演的剧目从《哈姆雷特》到《阿奇与梅海塔布尔》(Archy and Mehitabel;喜剧角色,一只蟑螂和一只猫),还有梅尔·布鲁克斯(Mel Brooks)根据唐·马奎斯(Don Marquis)的诗歌改编而成的爵士音乐剧,以及阵容不断变化的一系列原创剧目。通常这些剧目会在周四至周日演出。

阿拉斯加表演艺术中心　　表演艺术

(Alaska Center for the Performing Arts; ☎票务907-263-2787; www.myalaskacenter.com; 621 W 6th Ave)40分钟的电影《奥罗拉:阿拉斯加著名的北极光》(Aurora: Alaska's Great Northern Light;成人/儿童$13/7)令游客印象深刻,夏季从9:00至21:00,在悉尼·劳伦斯剧院(Sydney Laurence Theatre)整点放映。这里还是**安克雷奇歌剧院**(Anchorage Opera; ☎907-279-2557; www.anchorageopera.org)、**安克雷奇交响乐团**(Anchorage Symphony Orchestra; ☎907-274-8668; www.anchoragesymphony.or)、**安克雷奇音乐会协会**(Anchorage Concert Association; ☎907-272-1471; www.anchorageconcerts.org)和**阿拉斯加舞蹈剧院**(Alaska Dance Theatre; ☎907-277-9591; www.alaskadancetheatre.org)的所在地。

Chilkoot Charlie's　　现场音乐

(www.koots.com; 2435 Spenard Rd; ⊙周一至周四 11:45至次日2:30,周五和周六 10:30至次日3:00,周日 至次日2:30)当地人称呼这个地方为"Koots",这里不仅仅是最受欢迎的鲜肉市场,也是一个地标性的地方。这座不规则的木制建筑共有10间小酒吧和4个舞池,铺着散落木屑的地板。很多现场表演活动都选择在此,每晚至少有一项有趣的活动。

❶ 实用信息

阿拉斯加公共土地信息中心(Alaska Public Lands Information Center; ☎907-644-3661; www.alaskacenters.gov; 605 W 4th Ave, Suite 105; ⊙9:00~17:00)位于联邦政府大楼(您需要出示有照片的身份证件或护照),向徒步者、山地骑行者、划皮划艇的人、化石爱好者和其他各色人士提供州内各种野生区域的信息。还有非常出色的野

LGBT的阿拉斯加州

　　与美国各大城市相比,阿拉斯加州的同性恋群体规模小得多,也没有那么开放,而且阿拉斯加人对多样性的容忍程度普遍不高。1998年,阿拉斯加通过了禁止同性婚姻的宪法修正案。然而,人们的态度正在慢慢转变。2014年的民意测验显示,47%的阿拉斯加投票者支持同性婚姻。

　　阿拉斯加唯一颇具规模的城市安克雷奇有为同性恋提供帮助热线的**Identity Inc**(☎907-929-4528; www.identityinc.org)、几家公开的同性恋夜店和酒吧,还有6月中旬长达一周的骄傲游行(Pride Fest; http://alaskapride.org)。阿拉斯加州东南部同性恋联盟(Southeast Alaska Gay & Lesbian Alliance; www.seagla.org)位于朱诺,提供适合同性恋游客的网站链接和旅行机构名单。不过名单很短,因为大多数城镇没有公开、活跃的同性恋群体。同行伴侣在阿拉斯加乡村地区应该谨慎行事。

生动植物展览、免费电影、有趣的立体模型和护林员带领的步行活动（11:00和15:15）。

安克雷奇会议与游客管理局（Anchorage Convention & Visitors Bureau；☎907-276-4118；www.anchorage.net）有非常有用的网站。行前致电，要求安排向导。

木屋和市中心信息中心（Log Cabin & Downtown Information Center；☎907-257-2363；www.anchorage.net；524 W 4th Ave；⊙8:00~19:00）可以提供多种语言的游客指南、地图、公交时刻表和城市游览图，屋顶还有草坪。

游客中心（Visitors Center；☎907-266-2437；Anchorage International Airport；⊙9:00~16:00）机场航站楼领取行李的区域设有两个游客中心咨询台。

❶ 到达和离开

飞机
泰德·史蒂文斯安克雷奇国际机场（Ted Stevens Anchorage International Airport, ANC；www.dot.state.ak.us/anc；❐；✈）大多数国际航班都在这座阿拉斯加最大的机场降落。

长途汽车
安克雷奇是每天来往各城市的小型客运和货运线路枢纽。行前一定要打电话；阿拉斯加不靠谱的长途汽车就像阿拉斯加半岛的火山一样没准儿。

Alaska Park Connection（☎800-266-8625；www.alaskacoach.com）每天都有从安克雷奇往北前往塔尔基特纳（Talkeetna；$65, 2.5小时）和丹奈利国家公园（$90, 6小时）及往南前往苏厄德（Seward；$65, 3小时）的车辆。

Alaska/Yukon Trails（☎907-479-2277, 907-888-5659；www.alaskashuttle.com）运营经乔治公园公路（George Parks Hwy）至丹奈利（$75, 6小时）和费尔班克斯（Fairbanks；$99, 9小时）的长途汽车。

Homer Stage Lines（☎907-868-3914；http://stagelineinhomer.com）可以带你前往荷马（Homer；$90, 4.5小时）及中途地点。

Interior Alaska Bus Line（☎800-770-6652；www.interioralaskabusline.com）有来往于安克雷奇与格伦纳伦（Glennallen；$70, 3小时）、托克（Tok；$115, 8小时）和费尔班克斯（$160, 17小时）之间及中途各地点的固定班次车辆。

Seward Bus Line（☎907-563-0800；www.sewardbuslines.net）运营来往于安克雷奇与苏厄德之间的长途汽车（$40, 3小时），夏季每天两班。另付$5，可以安排机场接送服务。

小汽车
尽量不要在安克雷奇的机场租车，因为那样需要额外支付11.11%的机场租车税。安克雷奇的租车公司只收取18%的税，租车费用通常还更便宜。虽然他们不能去机场接你，但如果你在营业时间内还车，有的租车公司可以送你前往机场。

另外要记住，如果5月或9月租车，通常可以额外节省30%，6月、7月和8月期间正好相反。

火车
阿拉斯加铁路（Alaska Railroad；☎800-544-0552；www.akrr.com）阿拉斯加铁路的丹奈利之星号（Denali Star）每天从市中心的车站出发，北上前往塔尔基特纳（成人/儿童$101/51）、丹奈利国家公园（$167/84）和费尔班克斯（$239/120）。海岸经典号（Coastal Classic）经过格德伍德（Girdwood；$80/40）和苏厄德（$89/45），冰川探险号（Glacial Discovery）到达惠蒂尔（$105/53）。5月或9月旅行，可以节省20%至30%。

阿拉斯加州东南部
(SOUTHEAST ALASKA)

阿拉斯加州东南部如此不像阿拉斯加。虽然该州大部分地区都是没有树木的永冻土层，但这条狭长地带却是一片细长优美的雨林地带，从亚库塔特（Yakutat）附近的艾西湾（Icy Bay）向南延伸540英里至波特兰运河（Portland Canal），到处是冰蓝色的冰川、冰雪覆盖的崎岖群山、高耸入云的北美云杉，还有被称为亚历山大群岛（Alexander Archipelago）的数千座岛屿。

"二战"以前，阿拉斯加州东南部是阿拉斯加的心脏和灵魂，朱诺不只是首府，还是该州最大的城市。如今，该地区的特征是巨大的树木和小巧的城镇。这里的每个社区都有其独特的历史和个性：受挪威影响的彼得斯堡（Petersburg）、俄罗斯风情的锡特卡

值得一游

科迪亚克岛的荒野

科迪亚克是一座富饶的岛屿。岛上著名的棕熊，是世界上第二大熊类动物（仅次于北极熊）。多亏了这里未受污染的生态系统和在科迪亚克的湖泊和河流中产卵的大量鲑鱼作为食物，成年的雄性棕熊的体重可以达到1400磅。

科迪亚克岛作为广阔的科迪亚克群岛的一部分，以及仅次于夏威夷大岛的美国第二大岛屿，扮演着位于森林茂密的阿拉斯加狭长地带和寸草不生的阿留申群岛之间的生态中间站的角色。它柔软翠绿的群山以及常年不结冰的海湾是阿拉斯加最早的俄罗斯定居者的居住地，现在仍然是美国最重要的一支渔业船队的基地。

除了熊以外，岛上最吸引人的是宁静而真实的阿拉斯加风景。科迪亚克岛只有东北一小块地方有人居住，其余地区都是没有道路的荒野，受到科迪亚克国家野生动物保护区（Kodiak National Wildlife Refuge）的保护。

抵达科迪亚克岛的多数旅行者都是乘坐飞机或船经科迪亚克镇而来。

（Sitka）等。你可以在斯卡圭（Skagway）感受淘金热，在朱诺附近见识十几条冰川。每座城镇都独一无二，彼此之间没有公路连接。跳上该州的渡船或预订游轮，探索它们特有的气质吧。

兰格尔（Wrangell）

兰格尔是阿拉斯加州东南部粗犷的海岸前哨，一个经历过繁荣和萧条的渔业社区，几个世纪以来都是本地的特林吉特人居住区，后来经历过俄国人和英国人的入侵。它谈不上优雅。缺少彼得斯堡渔业的富足，也没有凯奇坎（Ketchikan）的游艇经济，这座城镇衍生出了一丝内陆的坚韧，不像是阴雨蒙蒙的狭长地带，倒更像阿拉斯加严寒的北部。20世纪90年代，由于伐木业的衰落，这座城镇受到重创，直到最近才恢复元气。

如果人们造访兰格尔，一般都要前往安安溪观熊瞭望台（Anan bear-watching observatory）及附近不可思议的史堤金河（Stikine River）三角洲。但是，城镇四周的乡村包括多沼泽的"厚苔沼"和树木覆盖的山脉，也是不错的徒步地点。要知道，曾经有过四次阿拉斯加之行的苏格兰裔美国自然主义者约翰·缪尔（John Muir）1879年第一次来阿拉斯加的时候就来到了这里。

◉ 景点和活动

★ 兰格尔博物馆　　　　　　博物馆

（Wrangell Museum；☏907-874-3770；296 Campbell Dr；成人/儿童/家庭 $5/2/12；◉4月下旬至9月中旬 周一至周六 10:00~17:00，9月中旬至次年4月下旬 周二至周六 13:00~17:00）兰格尔色彩斑斓的历史和城市性格造就了这家令人印象深刻的博物馆。当你漫步走过博物馆的每一个房间，语音导览会自动播放，为你讲述兰格尔各个阶段的历史，从林里吉特文化、淘金潮年代到1972年好莱坞时期电影 *Timber Tramps* 的拍摄。你会沉醉在阿拉斯加艺术藏品中，其中包括西德尼·劳伦斯（Sidney Laurence）的画作，或者惊叹于这座崎岖不平的小城在历史上竟然有两位总统到访过。

岩画海滩　　　　　　　　考古遗址

（Petroglyph Beach；Evergreen Ave；🅿）
免费 你认为阿拉斯加的历史是从克朗代克淘金热开始的？不。历史学家和人类学家应该关注兰格尔北side这座州立历史公园。你能在这儿见到据认为至少有1000年历史的原始岩画，还有带讲解显示器的观景台和复制品。右转，在海滩上往北走大约50码，即可到达。到达那艘失事渔轮以前，先找找巨大岩石上的模糊雕刻，其中很多像是漩涡和面孔。

★ 安安溪野生动物观测台　　野生动物观赏

（Anan Creek Wildlife Observatory；☏1-800-877-444-6777；www.fs.usda.gov/recarea/tongass/recreation/natureviewing；许可证 $10）安安溪位于兰格尔东南30英里的大陆这边，是阿拉斯加州东南部最大的粉鲑鱼游弋地点之一。你可以在此观赏鹰、麻斑海豹、黑熊和棕熊大

吃那些前来产卵的鱼。这里是阿拉斯加少有的黑熊和棕熊并存的地点——或者至少是同一时间彼此容忍的地方。7月上旬至8月，需要许可证才能进入。

食宿

Wrangell Hostel 青年旅舍 $

(☎907-874-3534; 220 Church St; 铺$20; ◎6月至9月)第一基督教长老会(First Presbyterian Church)兼作青年旅舍，拥有男女分开的宿舍，配有充气床垫、浴室、大厨房和餐厅。没有宵禁，下雨天会很慷慨地允许你在这里晃荡一整天。没有招牌，只需要敲门或直接推开教堂大门。

★Ultima Thule Lodge 豪华酒店 $$$

(☎907-854-4500; www.ultimathulelodge.com; 4天4夜套餐 每人 $7950) 🛩 坐落于兰格尔－圣伊莱亚斯国家公园(Wrangell-St Elias National Park)奇特诺河(Chitina River)附近的荒解地区，距离最近的公路100多英里，这家极为奢华的度假酒店是在这种荒凉的环境中你最意想不到的住宿地。然而Ultima Thule绝不仅仅是昂贵的度假村而已，周围环境有多么美轮美奂，它就有多么优雅得体、低调含蓄。

★Stikine Inn Restaurant 美国菜 $$

(107 Stikine Ave; 主菜 午餐 $14～18，晚餐 $16～30; ◎11:00～20:00)成为兰格尔最好的餐厅并不困难，不过Stikine已经超越了这份使命的召唤，菜肴有岩鱼卷饼，以及品质奢靡但价格并不奢侈的龙虾穷汉堡。风景(水面和渔船)和服务(阿拉斯加小镇的温馨)让一切更加完美。

❶ 实用信息

美国林业局办公室(USFS Office; ☎907-874-2323; 525 Bennet St; ◎周一至周五8:00～16:30)位于城镇以北0.75英里处，有关于该地区林业局小屋、小径和露营地的信息。

兰格尔游客中心(Wrangell Visitor Center; ☎907-874-3901; www.wrangell.com; 293 Campbell Dr; ◎周一至周六10:00～17:00)位于诺兰中心(Nolan Center)，提供免费的《兰格尔指南》，小剧场放映关于这片地区的10分钟短片。

❶ 到达和离开

阿拉斯加航空(见1238页)每天都有南来北往的航班，以所谓"循环取货"的模式飞往西雅图、凯奇坎、彼得斯堡、朱诺和安克雷奇。很多人声称向北前往彼得斯堡的航班是全世界最短的航班——天气晴朗的时候，航行时间大约9分钟，另外景色优美。

机场(☎907-874-3107)距离市中心仅1英里; 行李不重的话，可以轻松步行前往。

锡特卡(Sitka)

寻找阿拉斯加与俄罗斯帝国长达135年情感纠葛的线索并非易事——直到你走进锡

带孩子游阿拉斯加州

阿拉斯加州最好的一面无法在乏味的博物馆或充斥刺激娱乐设施的游乐场找到，它们全都蕴含在户外探险、野生动物和宏大的风景、吸引全家人——无论你是孩子还是父母——的景点和活动之中。

拓荒者公园(Pioneer Park; ☎907-459-1087; Airport Way; ◎商店和博物馆5月下旬至9月上旬 正午至20:00, 公园 5:00至午夜; 🅿 ♿)乘坐火车、三文鱼烧烤和真实的拓荒者历史吸引着来费尔班克斯的孩子们。

门登豪尔冰川(见1228页)引人入胜、交通方便的自然景观，能让各个年龄段的人都惊掉下巴。

锡特卡湾(Sitka Sound; ☎907-752-0660; www.kayaksitka.com)避风水域、许多树木繁茂的岛屿和不错的本地导游公司，让这里成为阿拉斯加最适合家庭出行的海上皮划艇地点。

岩画海滩(见1224页)在兰格尔的落潮时间寻找古老的岩雕和海洋生物。

特卡。位于巴拉诺夫岛（Baranof Island）西岸的这颗太平洋城市明珠是该州最古老的非原住民居住地之一，以及俄罗斯阿拉斯加时期的首府（那时名为新阿尔汉格尔）。

对于游客来说，意外之喜是锡特卡既有保存完好的历史，又有非同寻常的自然美景。锡特卡湾（Sitka Sound）对面的地平线上若隐若现的埃奇克姆山（Mt Edgecumbe）令人印象深刻，是一座山形优美，堪比日本富士山的死火山。走近一些，无数森林覆盖的小岛在夕阳下现出曲折、漂亮的轮廓，同锡特卡东侧冰雪覆盖的山脉和陡峭的巨峰一样引人注目。城内，锡特卡俄罗斯时代的古雅遗迹坐落在各个角落。它与斯卡圭很相像，不过游客较少。

⊙ 景点和活动

★ 锡特卡国家历史公园　　历史遗迹

（Sitka National Historical Park; www.nps.gov/sitk/index.htm; Lincoln St; ⊙6:00~22:00）免费 这片高大树木和图腾的神秘组合是阿拉斯加州最小的国家公园。1804年，正是在这里，特林吉特人最终被俄罗斯人打败。

一英里长的**图腾小径**会蜿蜒经过18根图腾，它们最初被展览在圣路易斯（St Louis）1904年的路易斯安那博览会（Louisiana Exposition）上，随后被移到了这个公园。这些迷人的图腾置身于海边茂密的雨林中，偶尔还被迷雾包裹着，如今已经成了这个国家公园——当然还有这座城市——本身的代名词。

★ 俄国主教府　　历史建筑

（Russian Bishop's House; ☎907-747-0135; Lincoln St; ⊙9:00~17:00）在市中心东部，沿着林肯街就可以找到。这里是锡特卡历史最悠久的保存完整的俄罗斯建筑。由芬兰木匠建于1843年，用锡特卡云杉建造，两层的木制房屋是北美遗留下来的为数不多的俄罗斯殖民风格建筑。国家公园管理局（The National Park Service; NPS）按照1853年时的样子修复了这座建筑，那时这里是学校和俄国主教伊诺桑（Innocent; Ivan Veniaminov）的住处。

锡特卡湾科学中心　　水族馆

（Sitka Sound Science Center; www.sitkascience.org; 801 Lincoln St; $5; ⊙9:00~16:00; ♿）锡特卡最好的儿童景点就是这座孵化和科学中心。从外表看，建筑已经恢复至原先的样子。科学中心内部则是五座水族馆，包括令人印象深刻的800加仑"水墙"（Wall of Water）和三个触摸池，孩子们可以在那些地方弄湿小手，摸一摸海葵、海参和海星。

鲸鱼公园　　公园

（Whale Park; Sawmill Creek Rd）如果你负担不起野生动物游艇游，可以试试市中心以南4英里处的鲸鱼公园，那里有木板路和可以俯瞰大海的免费望远镜。最好的是，可以用水中听音器听一听鲸鱼的歌唱。观赏鲸鱼的最佳时段是秋季；9月中旬至年底，多达80头鲸鱼——大多是座头鲸——会聚集在此。

阿拉斯加州猛禽中心　　野生动物保护区

（Alaska Raptor Center; ☎907-747-8662; www.alaskaraptor.org; 101 Sawmill Creek Rd; 成人/儿童 $12/6; ⊙8:00~16:00; ♿）这里不是为了瞠目口呆的孩子们准备的动物园或鸟类表演。你可以把它想象成猛禽医院和康复中心——而且是个好主意。这个17英亩的中心每年可以治疗200只受伤的禽类，2万平方英尺的飞行训练中心是这里最让人印象深刻的设施，帮助了很多受伤的老鹰、猫头鹰、猎鹰以及其他各种鹰类，让它们重获飞行的能力。

🛏 住宿

Sitka International Hostel　　青年旅舍 $

（☎907-747-8661; www.sitkahostel.org; 109 Jeff Davis St; 铺/双 $24/65; ♿）这家锡特卡典型的波希米亚式青年旅舍位于市区历史悠久的蒂莉保罗庄园（Tillie Paul Manor），曾经是这座城市的医院。现在这栋迷人的建筑塞满各种资料和纪念品，设有一个带厨房的男生宿舍和若干女生宿舍，还有一个家庭房，另有一个小厨房以及一个有山景的温馨阳台。

Cascade Creek Inn　　旅馆 $$

（☎907-747-6804; www.cascadecreekinndcharters.com; 2035 Halibut Point Rd; 房 $130~160; ♿）正好坐落在海岸上方，这栋漂亮的木制旅馆有10个房间，全都面朝大海，带

俯瞰海景的独立阳台。这里有4个带小厨房的顶层房间。当然，你要前往城镇以北2.5英里处，但旅馆的海岸平台值得你从市中心乘坐公共汽车前来。

Aspen Suites Hotel　　　酒店 $$$

（www.aspenhotelsak.com/sitka；210 Lake St；套 $259~269；🅿@🛜）最近几年，这家新连锁酒店已经入驻阿拉斯加的几座城市，比如朱诺和海恩斯等。2017年夏季，锡特卡这家全新开业，拥有阿斯彭特色的商务套间，带小厨房、沙发和大浴室。店内还有健身房，里里外外崭新到一尘不染。

✕ 餐饮

★ Grandma Tillie's Bakery　　面包房 $

（www.grandmatilliesbakery.com；Sawmill Creek Rd；烘焙食品 $3~8；⊙周三至周六 6:30~14:00）粉色的汽车面包房位于市中心以东1英里处，老实说，步行前往很值得，更不必说开车了，提供新鲜可口的海绵蛋糕卷和丰富多样的耐嚼饼干。我们会挺直脖子宣布，它们可能是阿拉斯加州东南部最好的烘焙食品。

★ Ludvig's Bistro　　地中海菜 $$$

（📞907-966-3663；www.ludvigsbistro.com；256 Katlian St；主菜 $28~40；⊙周一至周六 16:30~21:30）荒野中的精致！锡特卡最前卫大胆的餐厅，黄铜和蓝色瓷砖装点的酒吧里只有7张桌子和几把小凳子。这里被称作"乡村地中海范儿"，几乎每道菜都是当地风味，包括海盐。如果菜单上有西班牙海鲜饭的话，一定要点。这道西班牙传统菜肴以米饭搭配各种当地渔船当天捕获的新鲜海鲜。

★ Baranof Island Brewing Co　　啤酒厂

（www.baranofislandbrewing.com；1209 Sawmill Creek Rd；⊙14:00~20:00；🅟）从2017年7月开始入驻的一家漂亮的酒吧，Baranof是本地的传奇，为城里各家酒馆和酒吧提供精酿啤酒。然而，想要找到最正宗的，还得来这家酒吧。依次品尝4~6杯样酒，一定要有Halibut Point Hefeweisen和Redoubt Red Ale。

ℹ 实用信息

锡特卡信息中心（📞907-747-5940；www.sitka. org；104 Lake St；⊙周一至周五 9:00~16:30）非常有用的营业点，位于市中心的Westmark酒店对面。如果城里有游轮，**Harigan Centennial Hall**（📞907-747-3225；330 Harbor Dr；⊙9:00~17:00）也会安排工作人员。

美国林业局锡特卡护林区办公室（USFS Sitka Ranger District Office；📞907-747-6671，资讯录音 907-747-6685；2108 Halibut Point Rd；⊙周一至周五 8:00~16:30）提供有关于本地小径、露营和林业局小屋的信息。位于城镇以北2英里处。比较靠近市中心的游客中心位于锡特卡国家历史公园（Sitka National Historical Park；见1226页）。

ℹ 到达和离开

阿拉斯加航空（Alaska Airlines；见1238页）往返朱诺（45分钟）和凯奇坎（1小时）的航班。

Harris Aircraft Services（📞907-966-3050；www.harrisair.com；Airport Rd）开往小社区和林业局小屋的水上飞机，还开往东南方向比较大的城镇，比如朱诺。

锡特卡机场（Sitka Airport, SIT；📞907-966-2960）在Japonski岛上，从市中心往西1.5英里或步行20分钟。Ride Sitka绿线公交开往岛屿，但没有机场车站。

朱诺（Juneau）

朱诺是一座充满对比和冲突的首府。它的旁边是一条永不结冰的航道，头顶则是一片永不融化的冰原。它是阿拉斯加州东南部第一个对游艇乘客按人头收税的社区，但每年依然能吸引超过一百万人前来。从20世纪80年代至今，阿拉斯加人一直想要换掉这个首府。虽然它没有四通八达的道路，但半数居民和市长都对修建道路的城市规划表示反对。

欢迎来到美国最奇特的首府。冬季，这里是立法人员四处活动的地方，他们的忠实助手和说客埋头于政治斗争。夏季，这里是丰富多彩的户外探险的出发地点。绝佳的徒步线路距离市中心仅10分钟路程，一条巨大的冰川崩裂落入沿公路延伸12英里的湖泊，船只和水上飞机从水岸出发，前往附近的观熊、高空滑索和观鲸地点。

👁 景点和活动

★ 门登豪尔冰川
冰川

(Mendenhall Glacier) 前往朱诺却不看门登豪尔冰川，就像是游览罗马却错过了竞技场一样。门登豪尔冰川是最受欢迎的景点，浮冰从源头——朱诺冰原 (Juneau Ice Field) 漂流了13英里，一直到门登豪尔湖 (Mendenhall Lake)，表面有整整半英里宽。

阿拉斯加州立博物馆
博物馆

(Alaska State Museum; ☏907-465-2901; www.museums.state.ak.us; 395 Whittier St; 成人/儿童 $12/免费; ⊙9:00~17:00; ♿) 2016年被拆除并重建于耗资1亿4000万美元的华丽新综合楼内，成果令人印象深刻。有时被称为SLAM（州立图书馆、档案馆和博物馆），这座博物馆与州立档案馆同处一地，还有礼品店、Raven Cafe、礼堂、研究室和历史博物馆。布置美观的展览囊括了该州完整的历史和地理信息，从本地的独木舟到石油工业等。

罗伯茨山缆车
缆车

(Mt Roberts Tramway; www.mountrobertstramway.com; 490 S Franklin St; 成人/儿童 $33/16; ⊙周一11:00~21:00，周二至周日 8:00~21:00; ♿) 以距离来衡量的话，这仅以5分钟的车程价格相当昂贵。不过从市场角度来看，它的地理位置真的是好到不能再好了。从游轮码头开始带着你一路飞驰到1750英尺高的罗伯茨山 (Mt Roberts) 的森林中，在那里你会找到一间餐厅、一个礼品店、小型猛禽中心和一家剧院，里面播放着关于特林吉特文化的影片。

★ Alaska Zipline Adventures
探险运动

(☏907-321-0947; www.alaskazip.com; 成人/儿童 $149/99) 或许是阿拉斯加最惊险刺激的高空滑索，九条滑索和两座天桥就位于道格拉斯岛 (Douglas Island) 美丽的鹰冠滑雪区 (Eaglecrest Ski Area)，从那里曲折穿越菲什河谷 (Fish Creek Valley)。费用包括从游轮码头前往的交通（通常乘船）。

🎉 节日和活动

★ 庆祝会
文化节

(Celebration; ⊙6月) 偶数年份的6月，阿拉斯加州东南部的三大部落——特林吉特人、海达族人和钦西安人，会聚在一起举办名副其实的"庆祝会"，成为阿拉斯加规模最大的原住民文化活动。节日气氛就像它的名字一样简单：以原住民舞蹈、音乐和艺术的形式，庆祝和复兴古代传统。20世纪初期以前，那些传统已经濒临失传。

阿德默勒尔蒂岛和帕克溪的熊

阿德默勒尔蒂岛国家保护区 (Admiralty Island National Monument) 位于朱诺以南15英里处，是占地1493平方英亩的保护区，其中90%是经过认定的荒野。保护区有各种各样的野生动物——从锡特卡黑尾鹿和巢居白头雕到麻斑海豹、海狮和座头鲸——但阿德默勒尔蒂岛尤以熊出名。96英里长的岛屿是阿拉斯加州熊的数量最多的地区，估计有1500头棕熊，超过本土48州的总和。这也是为何特林吉特人将这里称之为"熊的堡垒"(Admiralty Kootznoowoo)。

保护区的主要旅游景点是帕克溪 (Pack Creek; 许可证 成人 $25~50，儿童 $10~25)，从4000英尺的山脉流出，汇入岛屿东侧的西摩运河 (Seymour Canal)。7月和8月，溪口开阔的潮坪吸引来许多捕捉鲑鱼的熊。而且这里邻近朱诺，是最适合观赏和拍摄动物的地点。

阿德默勒尔蒂航空服务 (Admiralty Air Service; ☏907-796-2000; www.admiraltyairservice.com) 提供飞往帕克溪及其他地方的包机，每小时$450（最多4人）。

阿拉斯加水上飞机 (Alaska Seaplanes; ☏907-789-3331; www.flyalaskaseaplanes.com) 每天有3趟航班从朱诺飞至安贡 (Angoon; $144, 35分钟)。

🛏 住宿

★ Mendenhall Lake Campground
露营地 $

(📞518-885-3639, 预订877-444-6777; www.recreation.gov; Montana Creek Rd; 帐篷露营位 $10, 房车露营位 $28) 阿拉斯加最美丽的林业局露营地之一。该区域有69个露营位（其中17个通电），位于Montana Creek Rd，紧邻Mendenhall Loop Rd，有单独的无须预订的区域，包括7个露营位。露营位旁边就是门登霍尔湖，很多位置可以欣赏壮观的冰山风景，甚至涌出的冰川。

所有露营位合理地分布在树林中，其中20个可以预订。

Alaskan Hotel
酒店 $

(📞907-586-1000; www.thealaskanhotel.com; 167 S Franklin St; 房 带/不带 独立浴室 $90/80; 📶) 欢迎来到一家典型的黄金浪潮时代的酒店，有大面积带图案壁纸与图案繁多的地毯，大量木镶板和墙壁不太协调，这或许迎合了过去一些色情、古怪的流行（它是阿拉斯加目前还在经营的最古老的酒店，可以追溯至1913年）。

★ Silverbow Inn
精品酒店 $$$

(📞907-586-4146; www.silverbowinn.com; 120 2nd St; 房 $199~244; @📶) 一家时尚（对阿拉斯加州来说）的精品酒店，有11个房间。这栋有100年历史的建筑散发出复古时尚的氛围，布满古董，房间都配有私人卫浴、特大号床、大号床和平板电视。二楼的露台有一个热水浴缸，还可以欣赏到道格拉斯岛上的群山。供应早餐，下午有可可和饼干的"欢乐时光"。

🍴 就餐

★ Pel' Meni
饺子 $

(Merchant's Wharf, Marine Way; 饺子 $7; ⏰周日至周四 11:30至次日1:30, 周五和周六 至次日3:30) 虽然朱诺再也不属于俄罗斯在阿拉斯加的帝国了，但那无法阻止这座城市屈服于悄悄入侵的俄罗斯饺子（pelmeni），饺子馅不是土豆就是牛肉，还加入了辣酱、咖喱和香菜，另外可以选择加入少许酸奶油和黑麦面包。

★ Saffron
印度菜 $$

(📞907-586-1036; www.saffronalaska.com; 112 N Franklin St; 主菜 $8~19; ⏰周一至周五 11:30~21:00, 周六和周日 17:00~21:00; 🍽) Saffron有朱诺的新印度食物，效果可圈可点。这里有很多清淡可口的面包，可以搭配香喷喷的咖喱，侧重于素食（包括不错的菠菜奶酪）。至于午餐，这里提供塔哩（thalis，一种很小的盘子）。所有饮食都是现做的，奇异的香气能把你从街上诱入店内。

Tracy's King Crab Shack
海鲜 $$

(www.kingcrabshack.com; 406 S Franklin St; 螃蟹 $13~45; ⏰10:00~20:00) 游轮泊位旁边最好的餐饮小屋就是Tracy's。位于木板路上，四周是啤酒屋和礼品店，这里提供出色的螃蟹浓汤、小蟹肉饼和3磅一桶的帝王蟹（$110）。找几个朋友分享吧。

🍷 饮品和夜生活

Alaskan Brewing Company
自酿酒吧

(www.alaskanbeer.com; 5429 Shaune Dr; ⏰11:00~18:00) 1986年创立（在精酿年份上算是古老的历史了），阿拉斯加最大的酿酒厂已经成为先驱。琥珀艾尔（amber ale）啤酒（还有许多其他混合酒类）在该州无处不在，而且理所应当。注意：这里不是酒馆，而是可以团队游的品酒室。它也不位于市中心，而是在西北5英里处的Lemon Creek。

ℹ️ 实用信息

阿拉斯加公园处（Alaska Division of Parks; 📞907-465-4563; www.dnr.state.ak.us/parks; 400 Willoughby Ave; ⏰周一至周五 8:00~16:30）前往自然资源大厦（Natural Resources Building）5层了解州立公园的信息，包括小屋出租等。

朱诺游客中心（Juneau Vistor Center; 📞907-586-2201; www.traveljuneau.com; 470 S Franklin St; ⏰8:00~17:00）游客中心位于游轮码头，就在罗伯茨山缆车的旁边，提供所有探索朱诺所需的信息，协助寻找小径或预订房间。游客中心在机场、游轮码头和市中心（Marine Way; ⏰时间不定）图书馆附近都有服务点。

美国林业局朱诺护林区办公室（USFS Juneau Ranger District Office; 📞907-586-8800; 8510

Mendenhall Loop Rd；⊙周一至周五 8:00~16:30）这间办公室令人印象深刻，位于门登豪尔谷（Mendenhall Valley），是询问小屋、小径、划皮划艇及帕克溪（Pack Creek）观熊许可证事宜的地方。这里还是阿德默勒尔蒂岛国家保护区（Admiralty Island National Monument）的林业局办公室。

❶ 到达和离开

朱诺国际机场（Juneau International Airport）位于市中心西北9英里处。这里有一条汽车线路。

阿拉斯加航空（见1238页）夏季每天提供飞往西雅图（2小时）、阿拉斯加东南部所有大城市、冰川湾（30分钟）、安克雷奇（2小时）和科尔多瓦（Cordova，2.5小时）的固定航班。

阿拉斯加水上飞机（Alaska Seaplanes；☎907-789-3331；www.flyalaskaseaplanes.com）每天都有从朱诺飞往安贡（Angoon；$144）、古斯塔夫斯（Gustavus；$115）、佩利肯（Pelican；$180）和特纳基斯普林斯（Tenakee Springs；$144）的水上飞机。

海恩斯（Haines）

初见海恩斯，你的第一印象是，它可不是斯卡圭，那个海恩斯以北33海里处的旅游胜地。相反，这是一座宁静、独立、其貌不扬的城镇。本地艺术家、户外探险爱好者和纯正的阿拉斯加人沉浸于这里的平静生活。人们来这儿看野外的白头鹰，剖析奇尔卡特人和特林吉特人的千年文化，在古老军营的遗迹沉思，感受美国同等规模的城镇中最好的酒吧圈。

20世纪70年代伐木业衰落以后，海恩斯的经济向旅游业转型；虽然没那么多游艇（海恩斯每个季节只接待40,000艘游艇），但独立旅行者更多。夏季，海恩斯尤其受房车车主的欢迎，冬季则受到直升机滑雪者的青睐。因此，这里的商业具有独特的海恩斯特色，柜台后面的人很可能就是商店的老板。

◉ 景点和活动

★ 吉尔卡特夸恩文化遗产和白头鹰保护区游客中心 文化中心

（Jilkaat Kwaan Cultural Heritage & Bald Eagle Preserve Visitor Center；☎907-767-5485；www.jilkaatkwaanheritagecenter.org；Mile 22, Haines Hwy；$15；⊙周一至周五 10:00~16:00，周六 正午至15:00，10月至次年4月 关闭）作为特林吉特艺术和文化在阿拉斯加复兴的一部分，备受欢迎，这座新遗产中心位于海恩斯以北22英里的原住民村庄克卢宛（Klukwan）。该中心保存着阿拉斯加原住民文化中最受重视的祖传宝贝，即200多年前由特林吉特的艺术大师雕刻的四根精美房柱和一面遮雨屏风（具有传奇色彩的"鲸鱼房屋藏品"），直到最近这里才允许公众观看。

苏厄德堡 遗迹

（Fort Seward）往山上走到Front St和Haines Hwy的交叉路口就能到达阿拉斯加最早的长期军事据点。建于1903年，"二战"后退役，这座堡垒如今是国家历史遗址，原建筑内有几家餐厅、度假旅馆和画廊。游客中心提供城堡的步行游览地图，或者你可以随意走走，看看里面立着的历史讲解牌。

Fjord Express 划船

（☎800-320-0146；www.alaskafjordlines.com；Small-Boat Harbor；成人/儿童 $169/139）没有时间赶去朱诺？Fjord Express的双体船可以带你沿海恩水道（Lynn Canal）蜿蜒而下（会停下来观赏鲸鱼、海狮及其他海洋生物），然后载你乘坐游览车环游朱诺的主要景点，最后送你返回海恩斯。费用包括清淡的早餐和晚餐。8:30从海恩斯出发，19:30返回。

🛏 住宿

Bear Creek Cabins & Hostel 青年旅舍 $

（☎907-766-2259；www.bearcreekcabinsalaska.com；Small Tract Rd；铺/小屋 $20/68；🛜）在阿拉斯加东南部的青年旅舍中不太常见，从城里出发步行20分钟（沿着Mud Bay Rd前行，在路向右偏转时继续直行1.5英里到Small Tract Rd）就能到达这个地方。

有8栋小屋（大多可住4人）环绕着一片公共草坪。

Aspen Suites Hotel 酒店 $$

（☎907-766-2211；www.aspenhotelsak.com/haines；409 Main St；房 $179；🅿❄@🛜）阿拉斯加6家阿斯彭酒店之一，这栋漂亮的新建筑

提供的房间更像是单间公寓，全都配备小厨房和舒适的沙发。前台有随时可喝的咖啡，还有小健身房，到处都干干净净，被擦得光亮无比。

✕ 餐饮

Big Al's　　　　　　　　　　海鲜 $

（Mile 0, Haines Hwy；主菜 $10~13；⊙11:00~19:00）由本地渔民经营，这辆气氛欢快的美食车提供本地捕捞的海鲜，可能都是当天捕捞的。这里有三种炸鱼薯条：大比目鱼、岩鱼和三文鱼。可以选择套餐，全都品尝一番。

★ Fireweed Restaurant　　　小酒馆 $$

（37 Blacksmith St；比萨 $14~30，沙拉 $10~19；⊙周二至周六 16:30~21:00；P）这间干净、明亮、气氛轻松的小酒馆位于古老的苏厄德堡里，这里的丰富沙拉是适合嗜好油腻的东南部人的万灵药。快速翻阅菜单，上面充斥着"有机""素食"和"烤制"这样的词汇，与"油炸"和"厨师特供"完全相反。另外，一定要试试这里让人食指大动的比萨。

★ Haines Brewing Company　啤酒厂

（☎907-766-3823；www.hainesbrewing.com；Main St, 4th Ave交叉路口；⊙周一至周六 正午至19:00）确实是美国最好的自酿小酒吧之一，这个海恩斯的馆子于1999年开业，最近又在海恩斯市中心开设了一家新品酒间。这栋漂亮的木材和玻璃建筑提供各种最热门的本地精酿，包括Spruce Tip Ale、Elder Rock Red以及浓烈的Black Fang烈性啤酒（酒精度8.2%）。

ⓘ 实用信息

阿拉斯加公园处（Alaska Division of Parks；☎907-766-2292; 219 Main St, Suite 25；⊙周一至周五 8:00~17:00）了解关于州立公园和徒步游的信息；位于Howser's IGA上方（没有招牌）。

海恩斯会议旅游局（☎907-766-2234；www.haines.ak.us；122 2nd Ave；⊙周一至周五 8:00~17:00，周六和周日 9:00~16:00）为游客提供休息室、免费咖啡以及实用信息。还给那些想要去阿加公路的游人提供很多关于加拿大育空地区的信息。

ⓘ 到达和离开

没有到达海恩斯的航线，但**阿拉斯加水上飞机**（Alaska Seaplanes；☎907-766-3800, 907-789-3331；www.flyalaskaseaplanes.com）可以送你前往朱诺，每天7班（$125）。机场位于城镇西北3英里紧邻Haines Hwy的地方。

斯卡圭（Skagway）

乍一看，斯卡圭完全是游轮一日游游客的游乐园，每年夏季都有上百万人踩上这里阳光灿烂的木板路。然而，既有游荡的克朗代克（Klondike）幽灵，又有鳞次栉比的漂亮建筑，这里并非北方的拉斯维加斯。斯卡圭的历史非常真实。

1898年的淘金热期间，40,000多名淘金者从这个刚刚诞生的居住区经过，他们有的令人讨厌，居住的环境充斥着妓院、枪战和堕落的娱乐活动，比狂野西部还要狂野。如今，这里的主要活动者是季节工人、身着历史服装的服务人员和会讲故事的国家公园护林员。确实，城里大部分建筑都由国家公园管理局管理，还有由于斯卡圭靠近荒野，小径（包括具有传奇色彩的奇尔库特小径）通向四面八方，避免了它过于迪士尼化。好好享受并加入这里的活动吧。

⊙ 景点和活动

★ 克朗代克淘金潮国家历史公园博物馆和游客中心　　　　博物馆

（Klondike Gold Rush National Historical Park Museum & Visitor Center；☎907-983-9200; www.

不要错过

奇尔库特小径

奇尔库特小径（Chilkoot Trail；☎907-983-9234；www.nps.gov；Broadway St, Skagway）1897~1898年，30,000多名淘金者蜂拥而至，走上这段史诗般的徒步线路。这条小径有时被称为"最后的伟大探险"（Last Great Adventure）或"美国最冷酷艰辛的33英里"（Meanest 33 Miles in America）。它的魅力是传奇性，因此，每年夏天有3000多人花费3天至5天走完这条历史悠久的线路。如果你打算徒步这条小径，可以在前一天前往小径中心。

nps.gov/klgo；Broadway St, at 2nd Ave；◉5月至9月 8:30~17:30）**免费** 最近经过改进的国家公园管理局位于原来的1898怀特通道和育空路线火车站内。中心位于两栋相连的建筑内。一栋里面有小型博物馆，讲解克朗代克的背景知识，重点是从斯卡圭出发的两条线路：奇尔库特通道（Chilkoot Pass）和怀特通道（White Pass）。另一栋是游客中心，工作人员是公园护林员。

斯卡圭博物馆　　　　　　　　　　博物馆

（Skagway Museum，☎907-983-2420；7th Ave和Spring St的交叉路口；成人/儿童 $2/1；◉周一至周六 9:00~17:00, 周日 13:00~16:00）斯卡圭博物馆不仅仅是城里最好的博物馆，也是东南部最好的博物馆之一。它占据了庄严且超过一百年历史的麦凯布大楼（McCabe Building）的一楼——这栋大楼曾经是一所大学——在很多层面上见证了当地的历史，展示了包括阿拉斯加本土的篮子、串珠饰品和雕刻等，当然还有克朗代克淘金潮。

★ 怀特通道和育空路线铁路　　　火车游

（White Pass & Yukon Route Railroad，☎800-343-7373；www.wpyr.com；231 2nd Ave；◉5月至9月）这条淘金热时代的史诗般铁路从阿拉斯加州的斯卡圭、不列颠哥伦比亚省的弗雷泽（Fraser）、育空（Yukon）的卡克罗斯（Carcross）和怀特霍斯（Whitehorse）出发。1898年至1900年，线路修过了怀特通道，正好赶上淘金热。"二战"期间，它被用于向加拿大怀特霍斯运送军队。

Skagway Float Tours　　　　　漂流

（☎907-983-3688；www.skagwayfloat.com；209 Broadway St；◉周一至周六 9:00~18:30, 周日 至16:00）喜欢河上的乐趣吗？可以试试3小时的戴依（Dyea）团队游，包括平静的泰亚河（Taiya River）上的45分钟漂流（成人/儿童 $75/55）；每天两趟，9:00和13:30出发。Hike & Float Tour（$95/75）是4小时的旅行，包括奇尔库特小径徒步2英里，然后漂流返回；每天有几趟。

🛏 住宿

Morning Wood Hotel　　　　　　酒店 $

（☎907-983-3200；444 4th Ave；房带共用/单独浴室 $90/150；🅿）氛围欢快的新酒店有漂亮而典型的正面木制装饰外观。内部房间（位于建筑后面）并不阔气，但至少看上去像崭新的一样，配备豪华的卫生间配件及鲜艳的色彩。这里还有一家餐厅和酒吧。

Skagway Inn　　　　　　　　　　客栈 $$

（☎907-983-2289；www.skagwayinn.com；Broadway St, at 7th Ave；房 $149~249；@🅿）位于一栋翻修了的建于1897年的维多利亚建筑里，曾经是城里的一家妓院——斯卡圭哪栋依然矗立的建筑不是妓院呢？这家美丽的市中心旅馆拥有10个房间，其中4间有公共的卫生间。所有的房间都不大，但是摆放着古董梳妆台、铁艺床和柜子，以曾经在此"工作"的女士命名。提供早餐以及轮船码头、机场、火车站接送服务。

🍴 餐饮

Woadie's South East Seafood　　海鲜 $$

（☎907-983-3133；State St & 4th Ave；主菜 $14~19；◉周一至周四 11:30~19:00, 周五和周六 正午至18:00）美食车都有平台和天篷，配备野餐桌，用闪电的速度提供城里最好的鱼。向窗口下单，点新鲜的牡蛎、螃蟹或大比目鱼。新老板很会创新，允许顾客自己带酒。

Skagway Fish Company　　　　　海鲜 $$$

（☎907-983-3474；Congress Way；主菜 $18~52；◉11:00~21:00）这里可以俯瞰港口，天花板上挂着蟹笼，是对鱼类的烹饪致敬。你可以痛快地大吃大比目鱼，里面填有帝王蟹、虾和蔬菜，或者帝王蟹浓汤，但令人惊奇的是，当地人赞不绝口的，竟然是小猪排。这里的酒吧可以欣赏全城最美的景色。

ℹ 实用信息

克朗代克淘金潮国家历史公园博物馆和游客中心 可以了解斯卡圭关于历史遗址、博物馆和免费步行游的一般信息。由国家公园管理局管理。

斯卡圭会议与游客管理局（Skagway Convention & Visitors Bureau，☎907-983-2854；www.skagway.com；Broadway St和2nd Ave的交叉路口；◉周一至周五 8:00~18:00, 周六和周日 至17:00）了解关于住宿、团队游、餐馆菜单和最新活动的信息，可以前往不容错过的北极圈兄弟会堂（Arctic

Brotherhood Hall）——想象一下那些浮木——管理局办公室就在那里。

小径中心（Trail Center；☎907-983-9234；www.nps.gov/klgo；Broadway St, 5th Ave和6th Ave之间；◎6月至9月 8:00~17:00）如果要去奇尔库特小径，你需要前一天来这里领取小径通票，了解最新的小径和天气状况，还必须观看防熊录像。美国和加拿大国家公园管理处的专业护林员都将在此解答你的所有问题。

🛈 到达和离开

育空-阿拉斯加旅游团（Yukon-Alaska Tourist Tours；☎866-626-7383，Whitehorse 867-668-5944；www.yukonalaskatouristtours.com）提供前往怀特霍斯（单程$70）的长途汽车服务，每天14:00从斯卡圭火车站出发。

冰川湾国家公园和保护区（Glacier Bay National Park & Preserve）

冰川湾是游轮行业皇冠上的宝石和所有划皮划艇的人梦想中的目的地。七条入海冰川涌出山间，载着各式各样、大小不一的蓝色冰山汇入大海，让冰川湾国家公园和保护区成为世界闻名的冰原。

除了拥有密集的入海冰川以外，冰川湾还是座头鲸的动态栖息地。冰川湾的其他野生动物还有鼠海豚、海獭、棕熊和黑熊、狼、驼鹿及北美野山羊。

即使按照阿拉斯加的标准来看，前往这座公园都是一次昂贵的顺路之旅。从朱诺出发，预计至少要花费$400。每年500,000名游客当中，超过95%都是乘船前往，而且没有下过船。其余的人包括直接奔赴度假旅馆的跟团游客和被免费露营地吸引的背包客。

◉ 景点

古斯塔夫斯 城镇

（Gustavus；www.gustavusak.com）古斯塔夫斯小镇距离巴特利特湾（Bartlett Cove）约9英里，是一个有趣的社区。小镇的400名居民包括各种专业人士——医生、律师、前政府工作人员和艺术家——他们决定摆脱激烈的竞争，独自定居在森林之中。20世纪80年代初才通电，有些人家还必须在水槽泵水或洗热水澡以前烧火。

Spirit Walker Expeditions 划皮划艇

（☎907-697-2266；www.seakayakalaska.com；1 Grandpa's Farm Rd）皮划艇专业机构Spirit Walker经营前往阿道弗斯角（Point Adolphus）的划船旅行，夏季那里是座头鲸的聚集地点。刚开始要乘船拉着皮划艇穿过艾西海峡（Icy Strait）至阿道弗斯角。全天划船$439（每人4小时或以上$379），3日划船$1099。

🛏 食宿

Bartlett Cove Campground 露营地 $

免费 国家公园管理处的这处设施位于Glacier Bay Lodge以南0.25英里处，四周是茂密的树林，紧邻海岸线，露营免费。无须预订；似乎总有位置。这里是步行进入的露营地，所以没有房车露营位。

Glacier Bay Lodge 度假屋 $$

（☎888-229-8687；www.visitglacierbay.com；199 Bartlett Cove Rd；房$219~249；◎5月至9月）这里本来是国家公园的公园度假旅馆，也是园内唯一的住宿地点。坐落于古斯塔夫斯西北8英里的巴特利特湾，这栋独立度假屋有55个房间，大壁炉里面火焰噼啪，夜晚餐厅通常非常热闹，里面有各种有趣的人，比如公园员工、背包客和来自古斯塔夫斯的本地人。

★ Gustavus Inn 旅馆 $$$

（☎907-697-2254；www.gustavusinn.com；Mile 1, Gustavus Rd；房 每人全包 $250；🅿🛜）🍴古斯塔夫斯最受欢迎的这家旅馆是迷人的家宅旅馆，关于阿拉斯加的所有旅行书籍都曾提到它，理由非常充分。十分现代、舒适，并不刻板，也没有失掉民间风情。这家全包旅馆以美味晚餐而闻名，特色是自家种植的蔬菜和家常风味的本地新鲜海鲜。

Sunnyside Market 咖啡馆 $

（☎907-697-3060；3 State Dock Rd；三明治$7~10；◎9:00~18:00；🅿）🍴这家明亮的集市和咖啡馆是你的一站式购物选择，可以买到有机食品、熟食三明治和早餐墨西哥卷饼。室内有两张桌子，外边阳光灿烂的屋檐下面有不少座位。周六这里有艺术集市。

❶ 实用信息

冰川湾国家公园游客中心（Glacier Bay National Park Visitor Center; ☎907-697-2661; www.nps.gov/glba; ⓗ11:00~20:00)位于Glacier Bay Lodge（见1233页）二层，该中心有展览、书店和信息咨询处。这里每天都有从度假旅馆出发的导览步行，还有关于公园的电影和幻灯片演示。

古斯塔夫斯旅游协会（Gustavus Visitors Association; ☎907-697-2454; www.gustavusak.com）网站上有许多信息。

游客信息站（Visitor Information Station; ☎907-697-2627; ⓗ5月至9月 7:00~20:00）露营、划皮划艇和划船的人可以前往巴特利特湾公共码头脚下的公园游客信息站办理野外和划船许可证，了解后勤信息并观看20分钟的指导录像。

❶ 到达和离开

前往古斯塔夫斯最便宜的方式是通过**Alaska Marine Highway**（☎800-642-0066; www.ferryalaska.com）。MV LeConte每周有几班船往返朱诺和古斯塔夫斯（单程$44, 4.5小时），沿途经常可以见到鲸鱼。大多数渡船到达后都可以乘坐TLC Taxi（☎907-697-2239），每人$15前往巴特利特湾。

阿拉斯加航空（见1238页）提供唯一的飞机服务，每天从朱诺至古斯塔夫斯，用时25分钟。

阿拉斯加水上飞机（☎907-789-3331; www.flyalaskaseaplanes.com）每天有5个航班来往古斯塔夫斯和朱诺，单程$115。

凯奇坎（Ketchikan）

阿拉斯加南端附近的狭长地带伸入不列颠哥伦比亚。多雨的凯奇坎就坐落在那儿，是该州第四大城市，楔入邻接通加斯水道（Tongass Narrows）的雷维亚希赫多岛（Revillagigedo Island）的狭长海岸。凯奇坎以鲑鱼的商业捕捞和原住民海达族人和特林吉特人的文化遗产而闻名——观赏最高大、最绚丽的图腾柱，在美国找不到比这里更好的地方。每年5月至9月，凯奇坎会迎来大约100万名游轮乘客，瞬间便将这座小镇变成闹哄哄的旅游景点。有的游轮乘客住在镇上，来往于纪念品商店和凯奇坎标志性的图腾之间。其他人会跳上船或水上飞机，前往附近哥特式的壮丽荒野——雾峡湾国家公园（Misty Fiords National Monument）。

虽然随季节而疯狂，但凯奇坎依然是著名的历史遗址，在**克里克街**（Creek Street，也称为溪街）水面上方架高的房屋为证，外墙都是杂乱的护墙板。

◉ 景点

★ **萨克斯曼原住民村庄和图腾公园**　　　　遗迹
（Saxman Native Village & Totem Park; ☎907-225-4421; www.capefoxtours.com; $5; ⓗ8:00~17:00）位于凯奇坎以南2.5英里处的South Tongass Hwy，这座合并而成的特林吉特村庄有475名居民。萨克斯曼图腾公园（Saxman Totem Park）最为有名，拥有来自东南部各地废弃村庄的24根图腾柱；它们在20世纪30年代经过修复或重新雕刻。其中有一根林肯柱（Lincoln Pole; 原件在朱诺的阿拉斯加州立博物馆）的复制品，于1883年雕刻，利用一幅亚伯拉罕·林肯的画像，以纪念原住民首次见到白人的历史事件。

阿拉斯加州东南部探索中心　　　　博物馆
（Southeast Alaska Discovery Center; www.alaskacenters.gov; 50 Main St; 成人/儿童 $5/免费; ⓗ8:00~16:00; ♿）国家公园管理处中心的大厅有三根巨大的图腾柱迎接你，天花板上悬挂的一群银色鲑鱼指引你前往一片重新种植的温带雨林。楼上的展厅以阿拉斯加东南部生态系统和阿拉斯加原住民传统等部分为特色。

🛏 住宿

Last Chance Campground　　　　露营地 $
（Ward Lake Rd; 帐篷和房车露营位 $10）位于凯奇坎以北的美丽地区，过了沃德湖（Ward Lake）几英里即可到达，那里有4个景色优美的湖泊、19个可以开车进入的露营位和3条穿过茂密雨林的小径。

Ketchikan Hostel　　　　青年旅舍 $
（☎907-225-3319; www.ketchikanhostel.com; 400 Main St; 铺 $20; ⓗ5月至9月）与阿拉斯加的其他几座城镇一样，凯奇坎的"青年旅

舍"位于教堂(卫理公会教堂)里面,没有街道指示牌。设施包括大厨房、三个小型公共区域和男女分住的宿舍房间。这里很干净,不过只有必要服务,宵禁(23:00)以后锁门。7月建议预订。

★ Inn at Creek Street – New York Hotel 精品酒店 $$

(☎907-225-0246;www.thenewyorkhotel. com;207 Stedman St;房 $89~149,套 $119~289; ⛵)这家历史精品酒店在古老的氛围和现代的舒适之间取得了微妙的平衡。8个房间呈现了20世纪20年代的历史特色,不过柔软的被褥、平板电视、冰箱和独立浴室又使其不显"古旧"。

🍴 就餐

Burger Queen 汉堡 $

(518 Water St;汉堡 $7~10;⌚周二至周六 11:00~19:00,周日和周一至15:00)凯奇坎最受欢迎的汉堡店当然不会是连锁店。10种汉堡里面有带波兰香肠和汉堡肉饼的,这个公路隧道以北的小店还提供30种口味的奶昔。它多多少少也算是本地的传奇了。

Alaska Fish House 炸鱼薯条 $$

(☎907-225-4055;3 Salmon Landing;主菜 $13~23;⌚10:00~21:00)自己选择一种鱼——鳕鱼、三文鱼或大比目鱼——然后选裹料——面糊或面包。薯条是常规做法。这一切做完以后是螃蟹:整只或只有蟹腿。对于不想吃海鲜的人来说,这里有汉堡。

★ Bar Harbor Restaurant 新派美国菜 $$$

(☎907-225-2813;55 Schoenbar Ct, Berth 4;主菜 $22~42;⌚周二至周五 11:00~14:00和17:00~20:00,周六 9:00~14:00和17:00~20:00,周日 9:00~14:00)这家有点贵的餐厅侧重于做鱼,被当地人吹捧为全城最好的餐厅,2017年旅游季开始在Berth 4的新游轮码头开业。估计顾客不是一般的拥挤,他们拥入海洋主题的现代风格室内,对着创意海鲜和海鲜杂烩汤大快朵颐。

ℹ️ 实用信息

凯奇坎游客中心分部(Ketchikan Visitor Center Substation;Berth 3;⌚5月至9月 8:00~17:00)公路隧道附近游客中心分设的小办公室;只在春季/夏季办公。

凯奇坎游客信息和旅游中心(Ketchikan Visitor Information & Tour Center;☎907-225-6166;www.visit-ketchikan.com;131 Front St, City Dock;⌚7:00~18:00)游轮码头上的大型现代建筑,有手册、免费地图、免费电话和厕所。毗邻的大型旅游中心有多达20个展位,各家活动公司夏季会设立咨询台,招揽游轮生意。大多数活动都可以在此预约。

阿拉斯加州东南部探索中心(Southeast Alaska Discovery Center;☎907-228-6220;www.fs.fed.us/r10/tongass/districts/discoverycenter;50 Main St;⌚8:30~16:00)无须支付门票,你就能在阿拉斯加公共土地信息中心了解娱乐信息。这里还出售公园通票。

ℹ️ 到达和离开

凯奇坎的**阿拉斯加海上公路渡轮总站**(Alaska Marine Highway Ferry Terminal;☎907-225-6182;www.dot.state.ak.us/amhs;3501 Tongass Ave)位于市中心以北2英里处。北上的渡轮夏季基本上每天都发船,开往兰格尔($53,6小时)、彼得斯堡($72,9.5小时)、锡特卡($109,25小时)、朱诺($126,24小时)和海恩斯($155,26小时)。南下的渡轮至少每周一班,前往华盛顿州贝灵厄姆($310,40小时)和加拿大的鲁珀特王子港(Prince Rupert;$63,7.5小时)。

岛际渡轮管理局(Inter-Island Ferry Authority;☎907-225-4838;www.interislandferry.com)拥有可以承载车辆的渡轮,每天15:30从凯奇坎的渡轮总站发船,开往威尔士亲王岛(Prince of Wales Island;单程 成人/儿童 $49/22.50,3小时)的霍利斯(Hollis)。渡轮费用不定,根据车辆的长度;超小型车的单程费用为$50。

费尔班克斯(FAIRBANKS)

费尔班克斯是内地唯一一座"城市",也是方圆几百英里最大的居民区,但它依然不乏许多小镇特色。所有人似乎都彼此认识,所有人,包括雪橇犬饲养员、努力奋斗的环保主义者、大学生、枪械迷、军事人员、户外活动爱好者、无人区飞行员,以及阿拉斯加常见

的其他稀奇古怪的人。由于这座城市坐落于一些真正如史诗般的线路中间——向北到北极圈，向东到加拿大和向南到丹奈利——你几乎必然会在此消磨光阴，而且极少会无聊乏味。

这座城镇布局分散，虽说有许多丑陋的商场，但市中心紧凑的居民街道风景如画，而且冬季这里是欣赏北极光的绝佳地点。

⊙ 景点和活动

★ **阿拉斯加大学北方博物馆** 博物馆
(University of Alaska Museum of the North; ☎907-474-7505; www.uaf.edu/museum; 907 Yukon Dr; 成人/儿童 $12/7; ⊙9:00~19:00)

丹奈利国家公园和保护区

在我们的集体意识中，阿拉斯加代表的是原始的荒野。但这种原生态的认知既引人入胜，也让人望而生畏。对于很多旅行者来说，在美国的这片边疆深入探险是一件令人胆怯的任务。

进入丹奈利国家公园和保护区(☎907-683-9532; www.nps.gov/dena; George Parks Hwy; $10; ℗ ℙ)♪：这是既原始又交通便利的一片土地。在这里，你可以在舒适的车里望见灰熊、驼鹿、北美驯鹿，甚至狼。另外，如果你喜欢独自探险，可以徒步进入占地600英亩的苔原、北方树林和冰雪覆盖的山间——面积比马萨诸塞州还大。这一切都位于丹奈利山(Denali; Mt McKinley)的身影之下，对于亚达巴斯卡人来说，那座山就是巨人。丹奈利山是北美最高峰，也被认为是州内奇妙和原始的象征，而在阿拉斯加州，这样的形容词无处不在。

夏季高峰时段的公园露营，应该至少提前6个月预订，公园外边的住宿应该至少提前3个月预订。公园门票每人$10，七日内有效。

只有一条路贯通园区：92英里的未经铺设的公园路(Park Rd)，夏季行驶经过15英里标识后就不再对私人交通工具开放了。5月中旬至9月，15英里的标识后会有班车驶过。有时候，如果4月上旬融雪，在班车运营以前，游客们也可以到达30英里标识处。在游人如织的公园入口区域，延长了不足4英里的路直通公园路。在这里你会看到公园总部、游客中心和主营地，还有 Wilderness Access Center (WAC; ☎907-683-9532; Mile 0.5, Park Rd; ⊙5月下旬至9月中旬 5:00~19:00)，在这里购买公园门票，安排露营位以及预订穿梭巴士带你到公园内部。从WAC穿过停车场是 Backcountry Information Center (BIC; ☎907-683-9532/90; Mile 0.5, Park Rd; ⊙5月下旬至9月中旬 9:00~18:00)，背包客在这里获取去往偏远地区的许可证以及防熊的食物容器。

在公园内可以待的地方不多，除了营地，只有一家餐厅，大多数游客选择在附近的峡谷(Canyon)、麦金利村(McKinley Village)、卡洛溪(Carlo Creek)和希利(Healy)社区安顿下来。

5月15日至6月1日，公园服务刚刚开始，前往野外有所受限。游客数量不多，班车最远只能到达**托克拉特河**(Toklat River; Mile 53, Park Rd; ⊙5月下旬至9月中旬 9:00~19:00) ♪ **免费**。6月1日至8日，游客人数增多，班车最远可至**艾尔森游客中心**(Eielson Visitor Center; ☎907-683-9532; www.nps.gov/dena/planyourvisit/the-eielson-visitor-center.htm; Mile 66, Park Rd; ⊙6月至9月中旬 9:00~19:00) **免费**。6月8日以后，公园全力接待游客，直到8月下旬。

9月美国劳动节以后的第二个周四，班车停运。此后几天，少数幸运的人可以被允许自驾沿Park Rd前行，直到天气状况不允许为止。此后，这条公路完全封闭至次年5月。

虽然大部分度假旅馆歇业，但是 Riley Creek Campground (www.nps.gov/dena; Mile 0.25, Park Rd; 帐篷露营位 $24，房车露营位 $24~30) ♪ 在冬季开放，且露营免费，不过自来水和污水设施不能使用。如果你有装备，可以在未经整修的Park Rd和公园其他地方越野滑雪、穿雪地靴徒步或乘坐狗拉雪橇。

阿拉斯加最好的一座博物馆坐落于一栋建筑风格抽象的圆顶大厦，设计灵感来源于极光，拥有丰富的手工艺品，还有关于地质学、历史、文化和州内地区各种细枝末节的展览。迎接你的是一只8英尺9英寸、重达1250磅的玩具熊，四周的展览品布置严谨，展览从地理和文化角度介绍了这个州。

莫里斯·汤普森文化和游客中心 文化中心

(Morris Thompson Cultural & Visitors Center; ☎907-459-3700; www.morristhompsoncenter.org; 101 Dunkel St; ◉5月下旬至9月上旬8:00~21:00,9月中旬至次年5月中旬至17:00; P)虽然"阿拉斯加最好游客中心"的头衔也有几个竞争者，但这个中心极具独创性，融合了博物馆、信息亭和文化中心三种功能，最有希望获胜。内部是关于阿拉斯加历史和原住民文化的展览，每天还有电影和文化演出。

不要错过外边院子里历史悠久的小屋和鹿角拱门。

团队游

Northern Alaska Tour Co 观光飞行

(☎907-474-8600; www.northernalaska.com)北极圈或许是假想的一条线，但它已经成为费尔班克斯最重要的景点，还有小型包机公司经营搭载旅行者观光北极圈的业务，而且大受欢迎。这家公司提供飞往Dalton Hwy（大约$480起）的飞行、白天飞往巴罗（Barrow; $900）的飞行及穿越北极圈的客车游($220)，以及其他许多选择。

住宿

Sven's Basecamp Hostel 青年旅舍、露营地 $

(☎907-456-7836; www.svenshostel.com; 3505 Davis Rd; 帐篷露营地 $9, 圆锥形帐篷/帐篷/小屋/树屋 $30/35/75/100; P🐾)来自瑞士的斯文(Sven)欢迎各位旅行者和浪子们来到这家多元化的优质青年旅舍。你能在这儿遇见阿拉斯加最勇敢、最辛苦的一些探险家，听到许许多多的旅行故事。住宿地点是小屋、共用帐篷、一栋豪华的树屋或者你自己的帐篷。淋浴是投币式的。这里还有桌上足球、书籍、影音室和厨房。

Springhill Suites 酒店 $$

(☎907-451-6552; www.marriott.com; 575 1st Ave; 房 $254起; P@🐾📶)万豪集团的北方分店，Springhill Suites最近经过翻新，拥有干净、平淡的房间，不过在本地艺术品的装饰下饶有趣味。正好位于切纳河（Chena River）岸边，前往市中心很方便，位置无与伦比。设施包括室内游泳池和健身中心。

🍴 餐饮

Big Daddy's BBQ & Banquet Hall 烧烤 $$

(☎907-452-2501; www.bigdaddysbarb-q.com; 107 Wickersham St; 主菜 $9~19; ◉周一至周六 11:00~22:00, 周日 正午至21:00)正如老板所声称的，这里一定是美国最北端的南方烧烤，如果你喜欢熏排骨、多汁的牛腩、烘豆和奶油奶酪通心粉，那么它不会让你失望。用桶装冰镇啤酒佐餐，吃完以后，你恐怕只能圆滚滚地出门啦。

Pike's Landing 美国菜 $$$

(☎907-479-6500; 4438 Airport Way; 主菜 $18~36; ◉11:00~23:00)想寻找优美的河畔就餐环境，就去这家餐馆。这里有舒适的小屋主餐厅，可以俯瞰水面的大平台和实实在在的美式阿拉斯加主菜：上等排骨三明治、烤三文鱼、椰香虾，等等。预订晚餐是个好主意。

The Big I 酒吧

(☎907-456-6437; 122 Turner St; ◉周日至周四 10:00至次日2:00, 周五 至次日3:30, 周六 9:00至次日2:00; 📶)这家非凡的酒吧有宽敞的户外饮酒区、活泼的调酒师、头发花白的当地客人，以及墙上许多凌乱、庸俗的装饰，看起来像是从白令海峡陆桥年代就没有擦洗过了。晚上有时候会有现场音乐演出助兴。

ℹ️ 实用信息

阿拉斯加公共土地信息中心(☎907-456-0527; www.alaskacenters.gov; 101 Dunkel St; ◉8:00~18:00)位于莫里斯·汤普森文化和游客中心(Morris Thompson Cultural & Visitors Center)内部。如果你打算游览该地区的州立或国家公园和保护区，你要来这里领取关于Steese Hwy、Elliot Hwy、Taylor Hwy 和Denali Hwy的免费手册，内容翔实。

渔猎局办公室（Department of Fish & Game Office; ☏907-459-7206; 1300 College Rd）

费尔班克斯会议与游客管理局（Fairbanks Convention & Visitors Bureau; ☏907-456-5774; www.explorefairbanks.com; 101 Dunkel St; ⊙5月下旬至9月上旬 8:00~21:00, 9月下旬至次年5月中旬 至17:00）

❶ 到达和离开

阿拉斯加航空（☏800-426-0333; www.alaskaair.com）每天都有航班直飞安克雷奇，可以在那儿转乘，前往阿拉斯加其他地区、美国本土48州及国外。这里还有达美航空和阿拉斯加航空飞往西雅图的直飞航班，非常便利。想要前往布什（Bush），可以试试 **Ravn Alaska**（www.flyravn.com）、**Warbelow's Air Ventures**（☏907-474-0518; www.warbelows.com; 3758 University Ave）或 **Wright Air Service**（☏907-474-0502; www.wrightairservice.com; 3842 University Ave）。

阿拉斯加铁路（Alaska Railroad; ☏907-4586025; www.alaskarailroad.com）从5月中旬至9月中旬 每天 8:15从费尔班克斯发车。正午到达丹奈利国家公园和保护区（成人/儿童 $73/37），16:40到达塔尔基特纳（Talkeetna; 成人/儿童 $141/71），18:15到达瓦西拉（Wasila; 成人/儿童 $239/120），20:00到达安克雷奇（成人/儿童 $239/120）。**车站**（☏907-458-6025; www.alaskarailroad.com; 1031 Alaska Railroad Depot Road; ⊙6:30~15:00）位于Danby St南端。**MACS**（Metropolitan Area Commuter Service; ☏907-459-1010; http://fnsb.us/transportation/Pages/MACS.aspx）有红线公共汽车往返车站。

夏威夷州

包括 ➡

瓦胡岛	1241
火奴鲁鲁（檀香山）	1241
怀基基	1244
夏威夷岛（大岛）	1249
凯卢阿—科纳	1249
希洛	1254
毛伊岛	1256
拉海纳	1256
考艾岛	1259

最佳就餐

- Alan Wong's（见1244页）
- Hy's Steakhouse（见1247页）
- KCC Farmers Market（见1247页）
- Umekes（见1250页）
- Frida's Mexican Beach House（见1257页）

最佳住宿

- Halekulani（见1246页）
- Four Seasons Resort Hualalai（见1252页）
- Royal Grove Hotel（见1246页）
- Hanalei Dolphin Cottages（见1261页）
- Pineapple Inn Maui（见1258页）

为何去

这是一串位于蔚蓝色太平洋上的碧绿岛屿，距离任何大陆都超过2000英里，没错，夏威夷之旅总是需要花些工夫。而且这里的海滩是喜爱日光浴的游客和新婚宴尔的蜜月伴侣的神往之地，总是让人想起《夏威夷特警》的主题音乐，还有戴着花环的美女在树影婆娑的棕榈树下跳着草裙舞。

如同旅游局和好莱坞不断宣传的那样，夏威夷是一个"天堂"。的确如此，在夏威夷，早晨可以潜水探访珊瑚礁的世界，日落时分可以聆听滑音吉他的乐音。在发际别一朵芙蓉花，啜食汁液丰美的西番莲。在这些波利西亚岛屿上，大自然呈现了它丰富多样的极致魅力，从炽热的火山到缎带般的雨林飞瀑，再到清澈湛蓝的海湾，不一而足。

尽管当地岛民知道夏威夷并不总是天堂，但是在这里游玩的每一天都宛如天堂。

何时去

火奴鲁鲁(檀香山)

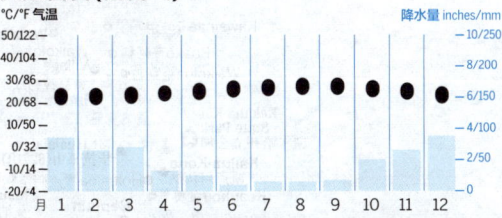

12月至次年4月 天气较为凉爽、湿润，是旅游、冲浪和观赏鲸鱼的旺季。

5月至9月 大部分日子阳光明媚，万里无云，消夏度假的游客挤爆海滩和度假村。

10月至11月 天气变得炎热而且潮湿，游客人数减少，这意味着住宿费用会相对低一些。

夏威夷州亮点

❶ **火奴鲁鲁**（檀香山；见1241页）探访多元文化的火奴鲁鲁（檀香山），参观令人大开眼界的博物馆，品尝民族特色饮食。

❷ **哈诺马湾自然保护区**（见1248页）与热带鱼、海龟一起浮潜。

❸ **夏威夷火山国家公园**（见1255页）见识喷发的活火山。

❹ **莫纳克亚**（见1253页）前往大岛，在夏威夷最高峰仰望星空。

❺ **海勒卡拉国家公园**（见1258页）于"旭日之家"迎接黎明。

❻ **毛伊岛**（见1256页）在曲折的沿海哈纳公路驾车，沿途路过黑色沙滩和丛林瀑布。

❼ **考艾岛**（见1259页）徒步游览壮观的纳帕利海岸（Na Pali Coast）斧劈刀削般的海崖。

❽ **怀卢阿河**（见1259页）划着皮划艇探索这条神圣的河流，一直到达瀑布水潭。

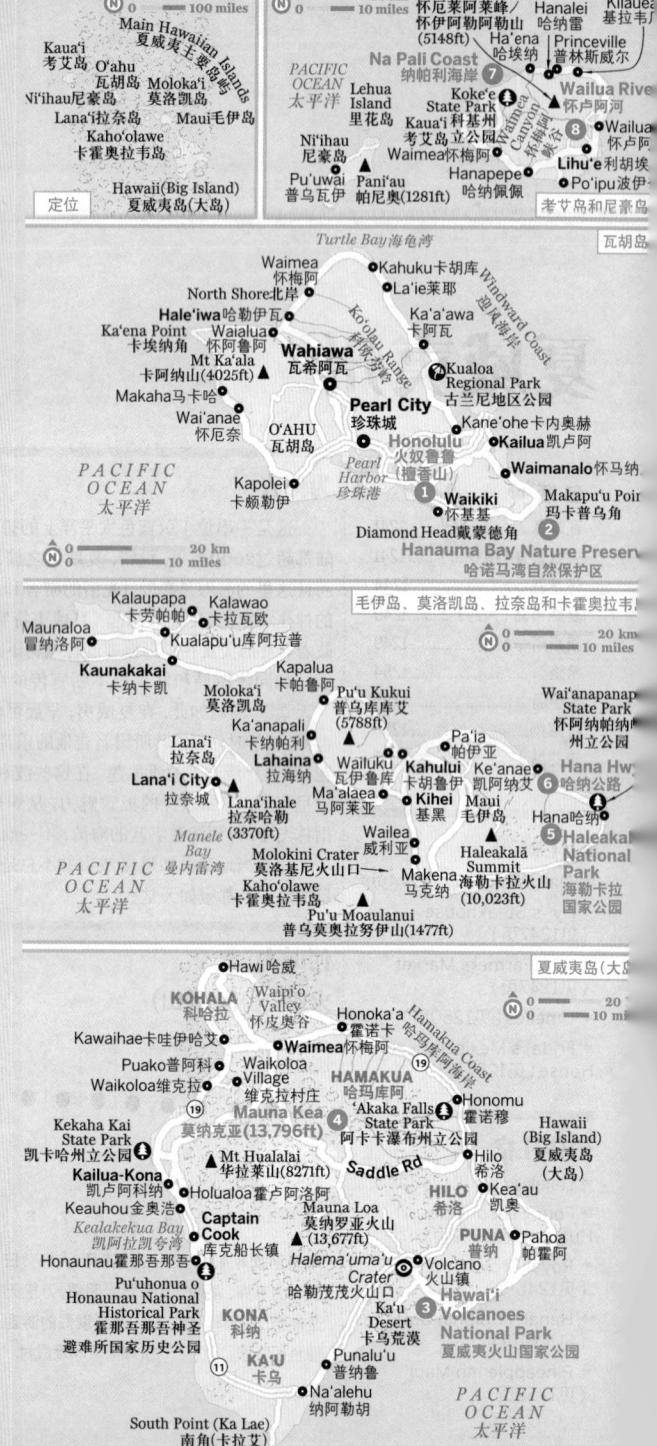

历史

从古代波利尼西亚人找到通向这些小岛的路径开始，夏威夷的发现史和殖民史一直是人类伟大的史诗故事。它们位于太平洋的中心，是全世界最与世隔绝的岛屿。将近一千年过去了，西方探险家、捕鲸者、传教士和创业者纷纷乘船到来。在纷乱的19世纪，来自世界各地的移民逐渐开始拥入夏威夷，在种植园耕作。1893年，由卡美哈梅哈大帝（Kamehameha the Great）创建的这个王国被推翻，为它并入美国铺平了道路。

当地文化

夏威夷虽说是波利尼西亚人的天堂，不过也有购物中心、垃圾填埋场和工业园区，同样这里还有千篇一律的住宅区和庞大的军事基地。它在很多方面都与美国其他地方非常相似。初来此地的游客刚下飞机可能就会吃惊地发现自己身处一个现代味十足的地方，这儿的州际公路和麦当劳看起来跟"美国大本营"没什么区别。

消费文化和旅游业包装的外表之下是一个不同的世界，让夏威夷为之骄傲的内核是其孤悬海外、与世隔绝的地理位置，以及波利尼西亚、亚洲和西方传统文化的独特融合。虽然那些文化在夏威夷并非总能完美融合，但世界上很少有这样的地方了：有如此众多的种族共存，而且其中没有哪个能够占据多数。

或许是因为他们生活在独立于广阔海洋中央的小岛上，夏威夷的居民们总会彼此问候，彬彬有礼，相互尊敬，"不生事端"（即表现得很酷）。正如夏威夷谚语所说，"我们都在同一条独木舟上"。无论种族和背景，居民们都被一条共同的纽带连接：他们知道自己生活在地球上最美丽、迷人的地方之一。

语言

夏威夷有两种官方语言：英语和夏威夷语。虽然夏威夷语有众多元音组成的多音节单词看起来令人泄气，但实际上发音相当简单直白，稍加练习，你就能很快掌握。这里还有一种非官方的方言——皮钦语（pidgin，以前被称为夏威夷克里奥尔英语），发音松弛轻快，词汇量丰富且渗透至日常用语。

标点符号"'"是夏威夷语的喉塞音，用以确定单词的发音和意思。在本指南中，"Hawai'i"（带分隔符）指的是夏威夷岛（大岛）、古代夏威夷和建州前的夏威夷王国。"Hawaii"（没有分隔符）表示建于1959年的美国夏威夷州。

瓦胡岛（O'AHU）

瓦胡岛冲击着你的感官。热带的气息和温度、碧绿的海水、五彩缤纷的鱼、茂密的雨林和妩媚的景色，还有那么多可以参加的活动。

午餐肉、冲浪、草裙舞、尤克里里琴、皮钦语、人字拖——这些都是位于太平洋中心的瓦胡岛日常生活的标配。人们悠闲、低调、放松，到处都有真诚的阿罗哈（你好），乐趣无穷。每个人都明白自己能住在这个热带天堂是多么的幸运，瓦胡岛自豪地保留着不同于美国本土的独特身份。无论你是环球旅行的冲浪爱好者、面带稚气的蜜月夫妇，还是老少齐聚的大家族成员，都感到自己受人欢迎。

火奴鲁鲁（檀香山）（Honolulu）

檀香山远离拥挤的怀基基，在这里，你可以与真正的夏威夷人相识。檀香山是热闹的波利尼西亚之都，为大家呈上海岛风情的各种融合体验。

你可以吃遍唐人街小巷的全亚洲美味，19世纪那里是捕鲸人争吵斗殴和移民商人生意兴隆的地方。在地标阿罗哈塔（Aloha Tower）眺望大海，然后闲庭信步地走过维多利亚时代的砖砌建筑，包括美国唯一的一座皇宫。在世界上最大的阿拉莫阿那（Ala Moana）露天购物中心逛逛，然后走进这座城市令人印象深刻的艺术博物馆，四处探查一番。

海风将海港的棕榈树吹得沙沙作响，凉爽、朦胧的科奥劳岭（Ko'olau Range）有草木繁茂的徒步小径，可以让人欣赏如画的城市风光。夕阳西下，围着马吉克岛（Magic Island）悠然而行，气定神闲，或者在阿拉莫阿那海滩（Ala Moana Beach）戏水。天黑以后，可以移步到唐人街的前卫艺术和夜生活地区。

⊙ 景点和活动

檀香山紧凑的市中心离海港只有咫尺之遥。附近唐人街喧闹的街道到处是食品市场、古董店、画廊和时尚酒吧。市中心和怀基基之间的阿拉莫阿那是夏威夷最大的购物中心和全城最好的海滩。夏威夷大学的校园是通向马诺阿谷（Manoa Valley）的门户。包括主教博物馆在内的几个偏远景点都值得列入你的日程。

★ 主教博物馆 　　　　　　　　　博物馆

（Bishop Museum; ☎808-847-3511; www.bishopmuseum.org; 1525 Bernice St; 成人/儿童 $23/15; ⊙9:00~17:00; P ♿ ⚐）主教博物馆如同夏威夷版的华盛顿（哥伦比亚特区）史密森尼学会（Smithsonian Institute），馆内藏有非同凡响的文化和自然历史展品。它常被认为是世界上最出色的波利尼西亚人类学博物馆。博物馆建于1889年，以纪念柏妮思·帕哇黑·毕夏普公主（Princess Bernice Pauahi Bishop），她是卡美哈梅哈王朝的后裔。最初馆内只收藏了夏威夷和皇室文物。如今博物馆藏品表达了对整个波利尼西亚族的敬意。网上预订门票有优惠。

★ Chinatown Markets 　　　　　　市场

（www.chinatownnow.com; ⊙8:00~18:00）唐人街的商业中心围绕着这里的市场和食品商店。面条作坊、糕点店和果蔬摊位排列在狭窄的人行道上，其间总是挤满推着手推车的老奶奶和出来采购的一家人。从1904年开业以来，瓦胡市场出售中国厨师所需的一切：姜、新鲜的章鱼、鹌鹑蛋、香米、金枪鱼片、豆角和腌海蜇。如果你在摊位中间见到一颗猪头，可以喝杯珍珠奶茶压压惊。

★ 伊奥拉尼皇宫 　　　　　　　　宫殿

（'Iolani Palace; ☎808-522-0832, www.iolanipalace.org; 364 S King St; 院落 免费, 地下展厅 成人/儿童 $7/3, 自助语音导览 $15/6, 导览游 $22/6; ⊙周一至周六 9:00~16:00）没有其他地方能像伊奥拉尼皇宫一样唤起人们对夏威夷历史的深刻反思。皇宫于1882年在国王大卫·卡拉卡瓦（King David Kalakaua）的统治下修建。当时，夏威夷君主遵守着诸多维多利亚时代的外交协议。国王出访列国与他国元首会晤，并在这里接受外国使节的觐见。虽然就其所在时代而言，皇宫曾是先进而又奢华的存在，但它对维护夏威夷主权所起的作用甚微，无法匹敌受美国支配的商业利益群体，最终在1893年被美国推翻了王国统治。

蓝色夏威夷直升机 　　　　　　　观光飞行

（Blue Hawaiian Helicopters; ☎808-831-8800; www.bluehawaiian.com; 99 Kaulele Pl;

在夏威夷州

四天

如果只是在太平洋中转停留，那么肯定会在檀香山着陆转机，所以可以在不多的几天时间里游览瓦胡岛。在怀基基海滩冲浪和晒太阳之余，看看檀香山的博物馆，逛逛唐人街，攀登戴蒙德角（Diamond Head），或在哈诺马湾浮潜。如果是冬天，那么务必要看看北岸地区的滔天海浪。

一周

如果有一个星期的时间，可以再游览另一座岛屿——比如毛伊岛。探访昔日的捕鲸镇拉海纳，在哈勒卡拉国家公园火山顶欣赏日出，乘坐观鲸船，在摩罗奇尼火山口浮潜或潜水，还可以在蜿蜒的哈纳公路上驾车，在激流峡谷（Ohe'o Gulch）的瀑布潭嬉水。

两周

如果有两个星期的时间，还可以游览第三座岛屿。如果选择夏威夷岛（大岛），在北科纳和南科哈拉的金色沙滩上休憩，探访南科纳的咖啡豆种植场，攀登夏威夷最高峰莫纳克亚，还可以在夏威夷火山国家公园向女神佩蕾（Pele）问候一声"aloha"。如果你选择去考艾岛，那就去怀卢阿河划皮划艇前往丛林瀑布嬉水，去壮观的怀梅阿峡谷和科基州立公园徒步，去哈纳雷湾冲浪，还可以徒步或是划船前往纳帕利海岸高耸的海崖。

LGBT的夏威夷

夏威夷州为少数族群提供了强有力的保护措施,将宪法的隐私保护权延伸至拥有自主意愿的成年性行为领域。同性恋伴侣可以结婚。

本地人一般都会注意自己个人生活的隐私,所以无论是同性还是异性,你看不到太多公开牵手或亲昵的表现。LGBTQ群体的日常生活比较低调——多半是野餐和聚餐,而非夜店。即使在怀基基,悠闲的同性恋圈子也不过是六七家酒吧、俱乐部和餐馆。即便如此,夏威夷依然受到LGBT旅行者的追捧,他们可以选择少数同性恋经营或欢迎同性恋入住的民宿、客栈和酒店。关于住宿、海滩、活动等建议的更多信息,可以查看以下资料:

Out Traveler(www.outtraveler.com/hawaii)免费的在线夏威夷旅行文章。

Pride Guide Hawaii(www.gogayhawaii.com)免费的岛上游客指南,内容包括适合同性恋的活动、住宿、餐饮、夜生活、购物、节日、婚礼等。

Hawai'i LGBT Legacy Foundation(http://hawaiilgbtlegacyfoundation.com)LGBTQ的新闻、信息资料和社群活动安排,主要是瓦胡岛。

Gay Hawaii(http://gayhawaii.com)瓦胡岛、毛伊岛、考艾岛和夏威夷岛(大岛)适合LGBTQ的店铺、海滩和社群信息资料的简单列表。

Purple Roofs(www.purpleroofs.com)同性恋经营或欢迎同性恋入住的民宿、假期租赁、客栈和酒店的在线名录。

45分钟飞行 每人 $240)这可能是你在瓦胡岛做的最令人兴奋的事情。45分钟的瓦胡岛蓝天飞行(Blue Skies of O'ahu)经过檀香山、怀基基、戴蒙德角、哈诺马湾和整段迎风海岸(Windward Coast),然后飞越北岸、瓦胡岛中部和珍珠港。网站上有你需要了解的一切,包括视频剪辑。需要预订。

住宿

Hostelling International(HI) Honolulu
青年旅舍 $

(☎808-946-0591;www.hostelsaloha.com;2323a Seaview Ave, University Area;铺/房间 $25/60;⊙前台 8:00至正午和16:00至午夜;🅿@🛜)位于夏威夷大学马诺阿分校(UH Manoa campus)校园附近一条安静的居民小街,这栋低矮、整齐的房屋距离怀基基只有不长的公共汽车车程,有男女分设的宿舍和简单的单独房间,在信风的吹拂下很凉快。有些学生会在找公寓期间在此借宿,所以经常客满。这里有厨房、洗衣间、储物柜和两个免费停车位。

Aston at the Executive Centre Hotel
酒店 $$

(☎855-945-4090;www.astonexecutive centre.com;1088 Bishop St, Downtown;房 $209 起;❄@🛜)檀香山市中心唯一的酒店,适合商务旅行者这样长驻的人。现代的大套房有落地窗和小厨房,一居室公寓有设备齐全的厨房和洗衣机/烘干机。健身中心、小型恒温游泳池和免费赠送的欧式早餐为高档的设施锦上添花。前往市中心和唐人街用餐很方便。

就餐

★Tamura's Poke
海鲜 $

(☎808-735-7100;www.tamurasfinewine.com/pokepage.html;3496 Wai'alae Ave, Kaimuki;⊙周一至周五 11:00~20:45,周六 9:30~20:45,周日 9:30~19:45;🅿)可以说,位于Wai'alae Rd的Tamura's Fine Wines & Liquors外表看起来平平无奇,但这里有全岛最棒的波奇饭(一种夏威夷当地菜肴)。进去右转,走到贩卖处,准备好大饱眼福。"香辣金枪鱼(ahi)"和熏枪鱼能让人不惜一切。购买以前可以品尝样品。

Agu Ramen Bistro
日本菜 $$

(☎808-797-2933;www.aguramen.com;925 Isenberg St, University area;拉面 $13起;

周一至周四11:00~23:00,周五至周日 至午夜)种类齐全的美味拉面搭配鸡肉汤或猪肉汤,再加上可口的小菜,比如脆海蜇(ban ban ji kurage)、炸鱿鱼须(ikageso)和炸猪耳(fried mimiga)。另外提供日本啤酒、清酒、烧酒、冲绳泡盛米酒和来自加州的高田贤三酒庄葡萄酒。门口可以停车。

★ Alan Wong's　　　　　夏威夷本地菜 $$$

(☏808-949-2526; www.alanwongs.com; 1857 S King St, Ala Moana & Around; 主菜$35起; ☉17:00~22:00)🖉作为瓦胡岛有影响力的厨师之一,翁法钧(Alan Wong)烹饪的是自己独创的夏威夷本地菜式(HRC; Hawaii's homegrown cuisine)。菜单受该州多元民族文化的启发。重点是新鲜的海鲜和本地食材。可以点这里久经考验的招牌菜肴,比如姜丝红鲷鱼、蒸扇贝和回锅排骨。需提前几周预订。

🍷 饮品和夜生活

★ La Mariana Sailing Club　　　酒吧

(☏808-848-2800; www.lamarianasailingclub.com; 50 Sand Island Access Rd, Greater Honolulu; ☉11:00~21:00)时光隧道!谁说所有优质的提基酒吧都堕落了?这个充满20世纪50年代风情的酒吧既玩世不恭又附庸风雅,挤满了游艇主人和坚忍的本地人。传统的鸡尾酒(mai tai)跟其他热带饮料一样超棒。找一张临水餐桌坐下,梦想自己航行到了塔希提吧。

★ Tea at 1024　　　　　茶室

(☏808-521-9596; www.teaat1024.net; 1024 Nu'uanu Ave, Chinatown; ☉周二至周五11:00~14:00,周六和周日 至15:00)Tea at 1024带你回到了另一个年代。可爱的三明治、司康饼和蛋糕,配上一杯自主挑选的茶,坐在窗边,一边放松,一边看着唐人街的人头攒动。他们甚至还提供可以戴着增添气氛的旧式帽子。套餐每人$22.95起,建议预订。

ℹ 实用信息

机场到达区域设有工作人员值守的旅游信息咨询台。等待传送带为你送来行李的时候,你可以浏览免费的旅游手册和杂志,里面有活动、团队游和餐馆等折扣券。

想找多语种的行前规划,可以浏览夏威夷会议与游客管理局(Hawaii Visitors & Convention Bureau; www.gohawaii.com)信息量很大的网站。

ℹ 到达和当地交通

前往瓦胡岛的游客大多经由檀香山国际机场抵达。可以在lonelyplanet.com/bookings预订航班、汽车和团队游。

檀香山是夏威夷的门户。北美各大城市及亚洲和澳洲都有飞往那里的航班。它还是岛际交通枢纽,有飞往附近岛屿的航班。

檀香山国际机场(Honolulu International Airport, HNL; ☏808-836-6411; http://hawaii.gov/hnl; 300 Rodgers Blvd; ✈)这个瓦胡岛的主要商业机场位于檀香山市中心西北约6英里和怀基基西北约9英里处。机场由本地政府运营,购物选择有限,餐饮经营不足,但登机口附近有尚未被商业店铺占据的舒适座椅区。49号登机口附近甚至还有一个隐秘、美丽的户外热带花园。等待航班时可以闻着鸡蛋花的香气,而不是吃着快餐。

公共交通系统覆盖范围广,非常便捷。你可以乘坐公共汽车前往瓦胡岛的大部分地区,但深入探索独辟蹊径的景点需要自备交通工具。

怀基基(Waikiki)

曾经是夏威夷王室的度假地点,怀基基发挥着大众度假胜地的作用。在海岸的高楼大厦和度假村之间,这片著名的沙滩与夏威夷的音乐节奏共舞。在现代化的酒店和商场组成的活跃丛林中,你依然可以出乎意料地听到来自夏威夷往昔的低吟,从库希欧海滩(Kuhio Beach)草裙舞团体的轻歌曼舞,到奥林匹克金牌得主杜克·卡哈纳莫库(Duke Kahanamoku)的传承故事,莫不如是。

跟着古铜色皮肤的教练上冲浪课,然后躺在怀基基金色的沙滩上度过慵懒的午后时光。太阳落下地平线以前,乘坐双体船,向戴蒙德角扬帆起航。啜饮一杯夕阳麦台鸡尾酒,在夏威夷滑音吉他轻快和谐的乐声中醉神迷,接着融入形形色色的当地人中间;他们中的很多人已经将这里当作一辈子的游乐园,天黑以后还要来这儿参加派对。

景点

是的，海滩就是主要景点，但怀基基也有历史悠久的酒店、引人共鸣的公共艺术品、令人惊奇的夏威夷历史文物，甚至还有动物园和水族馆。

★ 皇家夏威夷酒店　　　　历史建筑

(Royal Hawaiian Hotel; ☎808-923-7311; www.royal-hawaiian.com; 2259 Kalakaua Ave; ⊙团队游周二和周四13:00) 免费 这座修复得很华丽的建于1927年的装饰艺术地标建筑有摩尔式的塔楼和拱门，也被称为"粉色宫殿"，让人回想起往昔浪漫偶像鲁道夫·瓦伦蒂诺（Rudolph Valentino）乘坐Matson Navigation豪华邮轮前往夏威夷旅行的年代。客人名单就像是一部名流大全，从皇室成员到洛克菲勒家族成员，还有诸如查理·卓别林（Charlie Chaplin）和贝比·鲁斯（Babe Ruth）等名人。如今，参加历史导览游可以探索这座建筑及这座圣母院的传说。

库希欧海滩公园　　　　海滩

(Kuhio Beach Park;) 如果你是那种什么都想要的人，那么这片海滩什么都有：在有防护的环境下游泳，乘坐舷外浮杆独木舟，甚至还有免费的日落草裙舞和夏威夷音乐演出。你还能在警察分局附近的**怀基基海滩中心**(Waikiki Beach Center; 紧邻Kalakaua Ave)找到卫生间、户外淋浴间、小吃吧和海滩装备租赁摊位。**库希欧海滩冲浪板储存区**(Kuhio Beach Surfboard Lockers; 紧邻Kalakaua Ave, Kuhio Beach Park)也在这里，是本地冲浪者标志性的冲浪板存放区域。世界闻名的**Canoes**(Pops)破浪点就在近海处——你可以花上几小时，看看各种类型的冲浪者乘风破浪。

★ 皇后冲浪海滩　　　　海滩

(Queen's Surf Beach; Wall's; off Kalakaua Ave, Kap'iolani Beach Park;) 就在库希欧海滩以南，这片与著名的破浪点同名的海滩是适合家庭出游的好地方，因为海浪到岸时基本不大，但依然足以玩玩趴板冲浪。也就意味着年龄稍大点的孩子们可以嬉戏几个小时。海滩南端，海滩馆阁前面的地方非常受本地同性恋群体的欢迎。

★ 卡帕马胡奇石　　　　雕像

(Wizard Stones of Kapaemahu; 紧邻Kalakaua Ave, Kuhio Beach Park) 在警察分局附近的怀基基海滩中心（见本页），四块看起来很平常的巨石实际上是具有传奇色彩的卡帕马胡奇石。据说它们里面存有400年左右从塔希提岛（Tahiti）来到瓦胡岛的四名巫师的神力。根据古老的传说，巫师们帮助岛上居民解除病痛，因此受到了岛民们的追捧。巫师离开的时候，岛民们在他们住过的地方摆放巨石，作为致敬。

活动

★ O'ahu Diving　　　　潜水

(☎808-721-4210; www.oahudiving.com; 初学者2次潜水 $130) 专门为没有经过认证的潜水初学者提供第一次体验，如果你已经持有证书并拥有一定的潜水经验，还有近海深水船潜和PADI进修课程。从怀基基附近的

带孩子游夏威夷州

带着孩子游夏威夷州，没有太多可担心的，只要给他们擦好防晒霜即可。在这里，海边温度很少会低于65°F（18℃），开车路程也比较短。只要别试图参与过于繁多的活动，尤其是你第一次来夏威夷旅行的话。慢下来，放轻松！

《**带孩子旅行**》（Lonely Planet）全都是有价值的建议和有趣的故事，特别适合第一次为人父母的读者。

Lonelyplanet.com 在Thorn Tree的在线论坛"Kids to Go"和"USA"提问，可以得到其他旅行者的建议。

Go Hawaii（www.gohawaii.com）该州官方旅游局的网站，列出了适合家庭的活动、特别活动等——使用"kids"或"family"作为关键词搜索网站很容易。

★ Snorkel Bob's 浮潜

(📞808-735-7944; www.snorkelbob.com; 700 Kapahulu Ave; 浮潜装备出租 每周 $9起; ⏰8:00~17:00) 获得装备的最好地点。租金不定，取决于浮潜装备和配件包的质量，不过提供力度很大的周价优惠，需要在网上预订。你甚至可以在瓦胡岛租赁装备，然后在其他岛上的Snorkel Bob分店归还。

🛏 住宿

怀基基Kalakaua Ave沿线的主要海滩林立着酒店和规模庞大的度假村。其中有的实在漂亮，散发出历史悠久或高档现代的气息，不过多数都面向大众。距离沙滩稍远的地方，在怀基基小街上找找迷人的小酒店。很多酒店全年价格实惠。当然还有Airbnb（www.airbnb.com）和HomeAway（www.homeaway.com）等网站上数以百计的分契式公寓、共享房屋和公寓。

★ Royal Grove Hotel 酒店 $

(📞808-923-7691; www.royalgrovehotel.com; 161 Uluniu Ave; 房 每晚/每周 $90/550起; ❄@🛜) 这家粉红色的六层酒店有些世俗的艺术感，虽然一切从简，但还是有不少阿罗哈特色，吸引了许多来过冬的回头客。如果不预订，冬天几乎不可能找到房间。复古的汽车旅馆式房间位于主翼楼，非常简单，不过带阳台。所有房间都有小厨房。淡季时可以询问一下周价优惠。超值的住宿选择。

Waikiki Prince Hotel 酒店 $$

(📞808-922-1544; www.waikikiprince.com; 2431 Prince Edward St; 房 $120起; P❄🛜) 这幢建于20世纪70年代的六层公寓位于一条无名的小街道。来到这里，忘掉海景吧，也别在意狭小的登记处。这个出色的经济型住宿地，里面有29个紧凑却令人愉快的房间，带小厨房，经过2017年的装修，感觉清新、现代。全年提供周价优惠。不错的经济型选择。

★ Halekulani 度假村 $$$

(📞808-923-2311; www.halekulani.com; 2199 Kalia Rd; 房 $490起; P❄@🛜♨) 这家家族度假村名副其实，即"天堂般舒适的房子"，呈现出一种现代的高雅精致感。这里有无所不包的住宿体验，包括宽敞的居住环境，让你体会到这不仅仅是个睡觉的地方。踩上大厅炫酷的石质地砖，沉思的宁静感瞬间充盈你的全身。设计侧重蓝色的太平洋主题，怀基基的喧嚣被围墙隔在外边。不收度假费。

Surfjack Hotel & Swim Club 精品酒店 $$$

(📞808-923-8882; www.surfjack.com; 412 Lewers St; 房 $275起; ❄@🛜) 如果说《广告狂人》(Mad Men)播出多年以后，唐·德雷柏(Don Draper)的虚幻故事依然能令你激动振奋，那么你就会爱上这家复古精致的10层酒店。它重现了20世纪60年代电影中的时髦世界，或许那个世界不曾存在过，但如果有的话，还是挺酷的。这栋老式建筑有环绕庭院游泳池的房间。所有房间都有阳台和重新设计的20世纪中叶风格的家具，老气却气派。

🍴 就餐

★ Rainbow Drive-In 夏威夷菜 $

(📞808-737-0177; www.rainbowdrivein.com; 3308 Kanaina Ave; 餐 $4~9; ⏰7:00~21:00; 🅿) 如果你只能去一家传统夏威夷拼盘快餐店，那就来这里。被彩色霓虹灯包围的这家著名即时取餐餐馆让人回想起以前的年代。建筑工人、冲浪者和瘦瘦高高的青年们会坐在车里，在外卖柜台点他们最喜欢的乡村风味，比如汉堡、拼盘午餐、米饭汉堡(loco moco)和葡萄牙甜面包法式吐司。很多人喜欢汉堡牛排。

Tonkatsu Ginza Bairin 日本菜 $$

(📞808-926-8082; www.pj-partners.com/bairin/; 255 Beach Walk; 主菜 $18~24; ⏰周日至周四 11:00~21:30, 周五和周六 至午夜) 如果你能在怀基基这里享用美味的面包屑炸猪肉块，为什么还要为了完美的炸猪排前往东京呢？从1927年至今，经营餐馆的一家人一直在Ginza餐厅提供炸猪排。而这家偏僻的分店完整保留了一切。除了同名猪排以外，这里还有美味的寿司、米饭等。

MAC 24/7 美国菜 $$

(📞808-921-5564; http://mac247waikiki.com; 2500 Kuhio Ave, Hilton Waikiki Beach; 主菜

$9~25；⏱24小时）如果你在凌晨3:00的时候感到饿了，拒绝掉客房服务（如果你有客房服务的话）价格$25的冰冷汉堡吧，出门造访一下怀基基最好的通宵餐厅。餐厅采用风格大胆的多种色彩，白天还可以欣赏迷人的花园景色。食物（和价格）更胜一筹。

★ Hy's Steakhouse　　牛排 $$$

（☎808-922-5555；http://hyswaikiki.com；2440 Kuhio Ave；主菜 $30~80；⏱18:00~22:00）Hy's如此老派，以至你还以为能在餐桌上找到墨水池。这家传统的牛排店拥有未曾受到时间影响的老皮革和木制内饰。但最终，关键不在于你能不能在身后的桌上看到弗兰克和迪安（20世纪五六十年代的鼠帮歌手），而在于Hy's的牛排真的很棒。

🍷 饮品和娱乐

★ Beach Bar　　酒吧

（☎808-922-3111；www.moana-surfrider.com；2365 Kalakaua Ave，Moana Surfrider；⏱10:30~23:30）怀基基最好的海滩酒吧正位于特别漂亮的海滩一带。Moana Surfrider（⏱团队游 周一、周三和周五11:00）酒店及其巨大的榕树为它营造出气氛。白天和夜晚看着来来往往的路人、晒太阳和冲浪的人，令人陶醉。这里的麦台鸡尾酒是瓦胡岛上最好的。虽然这里总是忙忙碌碌，但人员流动很快，用不着等太久就会有桌子。白天大部分时候有现场娱乐活动。

★ Hula's Bar & Lei Stand　　同性恋酒吧

（☎808-923-0669；www.hulas.com；134 Kapahulu Ave，Waikiki Grand Hotel，2层；⏱10:00至次日2:00；🛜）这家气氛友好的露天酒吧是怀基基具有传奇色彩的同性恋场所，是结交新朋友、跳跳舞、喝喝小酒的好地方。可以在台球桌上小试身手，或是沉浸在戴蒙德角壮观的美景里。清风拂面的露台酒吧也能看见皇后冲浪海滩（Queen's Surf Beach）的风景，这片海滩是喜欢晒太阳的LGBTQ团体最喜爱的海滩。

ℹ️ 到达和当地交通

怀基基是檀香山市内一区，所以大部分交通信息适用于两地。

周六农贸集市

KCC 农贸市场（KCC Farmers Market；http://hfbf.org/markets；parking lot C, Kapi'olani Community College, 4303 Diamond Head Rd；⏱周六 7:30~11:00；🅿）瓦胡岛最好的农贸市场，出售本地出产的各种商品，从纳洛（Nalo）的绿色果蔬到卡胡库（Kahuku）的虾和玉米等，而且拥有忠实的追随者。餐馆和摊贩出售各种美味的外卖食品，包括夏威夷现磨咖啡和现场打开的冰镇椰子。早点前往才能赶上最好的。

檀香山国际机场（见1244页）位于怀基基西北约9英里处。

经过粗略装扮的**怀基基观光车**（Waikiki Trolley；☎808-593-2822；www.waikikitrolley.com；1日通票 $25~45，4日票 $59起）为游客运营各色五条线路，往来怀基基各地以及包括戴蒙德角、檀香山和珍珠港的主要购物区和旅游景点。通票适合无限次乘坐，虽然不便宜但可以从各个酒店的活动柜台购买，或者在网上以优惠价购买。

珍珠港（Pearl Harbor）

"二战"时期的战斗口号"勿忘珍珠港！"（Remember Pearl Harbor）曾经动员起整个国家与瓦胡岛共进退。1941年12月7日，日本偷袭珍珠港，将美国卷入太平洋战争。每年都有大约160万名游客参观珍珠港独特的战争纪念地点和博物馆。它们中间有一片宁静的海湾，曾经养殖过牡蛎。

沉没的亚利桑那号战列舰（USS Arizona）是具有代表性的沿海遗址，但并非讲述故事的唯一地点。附近还有两个水面上的历史遗址：又称"珍珠港复仇者"的鲍芬号潜水艇（USS Bowfin）和道格拉斯·麦克阿瑟将军（General Douglas MacArthur）在"二战"即将结束之际接受日本投降时所在的密苏里号战列舰（USS Missouri）。对于美国来说，这些军事地点共同代表了那场战争的开始、过程和结束。想要参观全部三个地方，还有太平洋航空博物馆（Pacific Aviation

Museum），至少需要一天时间。

ℹ️ 到达和离开

太平洋地区第二次世界大战国家纪念碑（Valor in the Pacific Monument）及珍珠港的其他历史遗址的入口紧邻阿罗哈体育场（Aloha Stadium）西南部的Kamehameha Hwy（Hwy 99）。从檀香山或怀基基出发的话，取道H-1向西，从15A出口（Arizona Memorial/Stadium）出去，沿指向纪念馆的路标而不是指向珍珠港的路标（那里通向美国海军基地）前行。免费停车位很多。

从怀基基乘坐42路公共汽车（'Ewa Beach）最直接，6:00至15:00之间每小时两班，单程仅需1个多小时。"Arizona Memorial"车站正好在国家公园大门外边。

戴蒙德角（Diamond Head）

戴蒙德角是怀基基海滩扣人心弦的背景画面，也是夏威夷最知名的地标之一。古代夏威夷人称它为Le'ahi，在顶端修建了一座神庙，供奉战神库（Ku），并曾经用活人献祭。1825年，英国水手发现了阳光下闪闪发光的方解石晶体，误以为自己就要发大财了，所以将这座神圣的山顶称为戴蒙德角（"戴蒙德"为钻石之意）。

从怀基基步行至海岸很轻松，悬崖公路和观景点下方还有几片不错的海滩。

★ 戴蒙德角州立保护区　　　　州立公园

（Diamond Head State Monument; ☎800-464-2924; www.hawaiistateparks.org; 紧邻Makapu'u Ave和18th Ave之间的Diamond Head Rd; 每位行人/每车 $1/5; ⊙6:00~18:00，最晚上山时间16:30; 🅿）戴蒙德角的死火山口如今是州立保护区，有野餐桌和通向761英尺高峰的壮观的徒步小径。小径是1908年为火山口边缘的军事观察站修建的。

★ 戴蒙德角瞭望台　　　　　　　观景点

（Diamond Head Lookout; 3483 Diamond Head Rd）从这个小型停车区域可以俯瞰傀儡崖海滩公园（Kuilei Cliffs Beach Park; 3450 Diamond Head Rd）及卡哈拉（Kahala）海岸的优美风景。可以在停车场东侧找找阿梅莉亚·埃尔哈特纪念标志（Amelia Earhart Marker），提醒人们1935年她就是从这里出发，完成夏威夷至加利福尼亚州的单人飞行的。走一走怀基基的凯马纳海滩（Kaimana Beach; Sans Souci Beach），这条1.4英里长的步行线路非常惬意。

从怀基基至戴蒙德角地区的2英里步行线路风景优美。14路和22路公共汽车沿海滩和海岸的Diamond Head Rd行驶，然后沿Kahala Ave继续前行。

哈诺马湾（Hanauma Bay）

这个宽阔的弧形海湾水面碧绿，在珊瑚礁的护佑和棕榈树的衬托下，实在是一处宝地，尤其是对于浮潜者而言。你会为了美景和海滩来到这里，但你来到这里最重要的目的是浮潜——如果以前从未浮潜过，这里是个完美的起点。

海湾是公园和自然保护区，相当受欢迎；想要避开拥挤的人群，最好在公园一开门就到达。

★ 哈诺马湾自然保护区　　　　　　公园

（Hanauma Bay Nature Preserve; ☎808-396-4229; www.honolulu.gov; 紧邻Kalaniana'ole Hwy; 成人/13岁以下儿童 $7.50/免费; ⊙11月至次年3月 周三至周一 6:00~18:00，4月至10月 周三至周一 至19:00; 🅿）放眼望去，海水晶莹澄澈，已有7000年历史的珊瑚礁轮廓延伸穿越海湾。你还能见到银光闪闪的鱼群、泛着湖蓝色光辉的鹦嘴鱼，或许还会遇到已经习惯潜水员的海龟与你相互对视。为了保护海湾脆弱的生态平衡，严禁喂食。虽然这里作为海洋生物保护区备受呵护，但这个受人喜爱的海湾依然是一个濒危的生态系统，始终处于被溺爱毁灭的危险之中。

★ 海洋教育中心　　　　　　　　博物馆

（Marine Educational Center; ☎808-397-5840; http://hbep.seagrant.soest.hawaii.edu; 100 Hanauma Bay Rd; ⊙周三至周一 8:00~16:00; 🅿）经过公园入口售票窗口就是由夏威夷大学管理的一家出色的教育中心。适合家庭的交互式展览向参观者展示这个海湾独特的地质和生态状况。每个人都应该看看具有教育意义的12分钟视频，讲解浮潜之前应该注意的环境问题。网站上有一个不错的App链接,内容与在海湾浮潜有关。

22路公共汽车在怀基基和哈诺马湾之间运营往来(50分钟,每隔30至60分钟)。公共汽车8:00至16:00从怀基基发车(周末和节假日16:45),10:50至17:20从哈诺马湾返回怀基基(周末和节假日至17:50)。会有人上前极力推荐你乘坐前往海湾的班车或参加他们组织的团队游。

凯卢阿和迎风海岸
(Kailua & Windward Coast)

欢迎来到瓦胡岛最茂盛、最青翠的海岸,科奥劳岭(Koʻolau Range)云雾氤氲的悬崖峭壁,与碧绿的海水和浅沙色的沙滩构成了一幅壮丽的背景。从檀香山飞越山脉(仅需20分钟),你首先就会抵达凯卢阿,一个拥有非凡海滩的惬意之地。

多次前来的游客将这个悠闲的社区作为岛上基地,无论是打算划皮划艇、玩立式冲浪、浮潜、潜水、环岛自驾,还是只想慵懒地躺在沙滩上,这里所能提供的活动一应俱全。南边更漂亮的海滩(和美食)正在怀马纳洛(Waimanalo)恭候大驾。北边海岸的Kamehameha Hwy收窄至曲折的双车道,一边是雄奇的海岸,另一边是乡村小农场、城镇和不时出现的嶙峋悬崖。环岛自驾主要经过这段海岸,另外还环绕经过北岸。

夏威夷岛(大岛)(HAWAIʻI, THE BIG ISLAND)

夏威夷最大的岛屿可以满足你的冒险精神。这里依然是广阔的边疆,到处都是出乎意料的奇观。

夏威夷岛的年龄还不到一百万年,从地质的角度看还是个婴儿。你可以在这儿找到夏威夷群岛最高、最大和唯一的活火山。东侧的基拉韦厄(Kilauea)是世界上最活跃的火山,从1983年开始不断地喷出岩浆。如果你能看到炽热、火红的岩浆,也算是见证了地球的形成,不失为一种惊险刺激、震撼人心的体验。如果从海床测算,33,000英尺高的莫纳克亚(Mauna Kea)是世界上最高的山,

重要性无论怎么强调都不过分——既是夏威夷人的圣地,也是科学家的最佳天文观测地点。

❶ 到达和当地交通

大多数游客都得乘坐飞机来到夏威夷岛,基本上都是从瓦胡岛的檀香山国际机场出发。旅行者必须搭乘岛际航班前往夏威夷岛两座主要机场之一:凯胡霍莱(Keahole)的科纳国际机场(Kona International Airport)或希洛国际机场(Hilo International Airport)。可以在lonelyplanet.com/bookings预订航班、汽车和团队游。租车是探索夏威夷岛各地的唯一方式。这座岛屿分为六个区:科纳(Kona)、科哈拉(Kohala)、怀梅阿(Waimea)、希洛(Hilo)、普纳(Puna)和卡乌(Kaʻu)。Hawaiʻi Belt Rd环绕岛屿,连接主要城镇和景点。四驱车对于独辟蹊径的探险很方便,不过如果只是简单观光就没必要了。虽然可以乘坐公共汽车,但线路有限,你可能会发现采取这种方式太浪费时间。

凯卢阿—科纳(Kailua-Kona)

凯卢阿—科纳又称"凯卢阿"或"科纳镇",有时简称"城镇",是那种让人要么爱要么走的地方。在海岸沿线的Aliʻi Dr主街上,凯卢阿全力在阳光灿烂的热带度假胜地唤醒一种清冷的气质,不过是以一种独特、低廉的方式。

但我们喜欢。在这里待的时间足够久的话,你便能绕开纪念品,将目光转向由两种似乎互不相让的力量碰撞形成的古怪特色:美国大陆的人想要夏威夷的时间停止,雄心勃勃的夏威夷岛居民则希望将它打造成当之无愧且少有的本地城镇。两种力量的结合不知怎么起了效果。凯卢阿—科纳虽然俗气,但非常有个性。

作为一天行程的结束,凯卢阿是便利的落脚点,可以从这里出发,前去享受科纳海岸的海滩、浮潜、水上活动和夏威夷古迹。

🏃 景点和活动

⭐ 神奇沙滩
海滩

(Magic Sands Beach; Laʻaloa Beach Park; Aliʻi Dr; ⊙日出至日落; P 🏊) 这片绚丽的小海

不要错过

科纳咖啡种植场

许多咖啡种植场团队游都是马马虎虎，15分钟就完事。Kona Coffee Living History Farm（☎808-323-3222；www.konahistorical.org；82-6199 Mamalahoa Hwy；1小时团队游成人/5～12岁儿童 $15/5；◎周一至周五 10:00～14:00；℗）团队游由史密森尼学会（Smithsonian Institute）下属的科纳历史协会（Kona Historical Society）组织，与众不同，介绍深入。不只探究咖啡的种植和收获，团队游还关注南科纳乡村日本移民20世纪几十年来的生活状况。会带你回到夏威夷建州以前的岁月，这座占地5.5英亩的咖啡种植场曾经属于内田家族，1994年以前他们一直居住在这里。

滩（又称白沙滩，官方名称是La'aloa Beach）拥有碧绿的海水、壮观的夕阳、一小片阴凉，以及或许是夏威夷岛最好的人体冲浪和趴板冲浪地点。海浪始终不停息，足以送你掠过水面，进入沙地海湾（注意：海湾北侧岩石更多）。海浪汹涌的冬季，海滩简直一夜之间就消失不见了，由此得名"神奇沙滩"。公园位于凯卢阿—科纳中心以南约4英里处。

三环牧场珍稀动物保护区 野生动物保护区

（Three Ring Ranch Exotic Animal Sanctuary；☎808-331-8778；www.threeringranch.org；75-809 Keaolani Sbd, Kailua-Kona；最低捐款 每人$50；◎根据团队游预订）安·古迪博士（Dr Ann Goody）在科纳高地这片美丽的5英里地区管理动物保护区。这里不是动物园，甚至不是传统意义上的保护区；相反，古迪博士非常关心被她照料的动物，还会真诚地与它们交流，比如火烈鸟、斑马、乌龟等。访客们被邀请参加导赏游，在场地里面散散步，不过你始终要知道，这里是致力于教育和动物治疗的地方，可不是为了观赏。必须打电话或发邮件预约。

Jack's Diving Locker 潜水

（☎808-329-7585；www.jacksdivinglocker.com；75-5813 Ali'i Dr, Coconut Grove Marketplace, Bldg H；夜潜/潜水 $105/155起；◎周一至周六 8:00～20:00，周日 8:00～18:00；🅿）提供一流的潜水介绍和课程，还有各种适合儿童的活动。这家具有生态意识的潜水公司拥有占地5000尺的设施，包括商店、教室、罐装室和夏威夷唯一一个12英尺深的室内潜水池。报名参加船潜或岸潜，还有夜间蝠鲼潜水。有很多潜水船游欢迎浮潜者的到来。

🛏 住宿

My Hawaii Hostel 青年旅舍 $

（☎808-374-2131；www.myhawaiihostel.com；76-6241 Ali'i Drive；铺/房间 $40/80；🅿❄）这家简单、干净的青年旅舍在凯卢阿—科纳经济住宿选择余地不多的情况下备受欢迎。虽然$40作为宿舍房间的价格有些高，但你会发现独立房间物有所值。注意，它位于凯卢阿—科纳市中心以南约2英里处。

Kona Tiki Hotel 酒店 $$

（☎808-329-1425；www.konatikihotel.com；75-5968 Ali'i Dr；房$99～199；🅿🛜❄）在这间复古的三层酒店内，你可以享受负担得起的太平洋海景房。酒店位于凯卢阿—科纳中心区以南的一处外观另类但维护良好的建筑内，老板很友好。汽车旅馆风格的房间极其简单，但所有房间都配有冰箱和迷人的阳台（lanai）。要尽早预订。

🍴 餐饮

★ Umekes 夏威夷本地菜 $

（☎808-329-3050；www.umekespoke808.com；75-143 Hualalai Rd；主菜 $5～14；◎周一至周六 10:00～19:00；🅿❄）Umekes将岛屿风格的食物发挥到新高度。黄鳍金枪鱼、香辣蟹沙拉和盐腌怀梅阿牛肉等本地食材都以份饭形式供应，还有出色而创意十足的配菜，比如调味海带和黄瓜泡菜（再加上大勺的米饭）。这里可算是岛上数一数二的最划算的菜馆了。在74-5563 Kaiwi St还有一家分店。

Jackie Rey's Ohana Grill 夏威夷本地菜 $$

（☎808-327-0209；www.jackiereys.com；75-5995 Kuakini Hwy；主菜：午餐 $13～19，晚餐 $16～35；◎周一至周五 11:00～21:00，周六和周日 17:00～21:00；🅿❄）这是一间由家族经营的

烤肉店，气氛轻松，洋溢着讨喜的复古—世俗夏威夷风格。常见的本地特色菜包括刷了番石榴汁的烤肋排、芥末烤黄鳍金枪鱼、米粉糊（mochiko）炸鱼以及莫洛凯紫薯。

Kona Brewing Company　　　美国菜 $$

(☎808-334-2739; http://www.konabrewingco.com; 75-5629 Kuakini Hwy; 主菜 $13~25; ⏰11:00~22:00; ♿) 🍴这家节能环保的自酿酒吧呈不规则延伸，环境极为喧闹，配有提基（tiki）火炬照明的户外座位，员工也是不紧不慢。比萨的馅料算得上美味，但饼皮就逊色些。烤肉三明治和鱼类墨西哥玉米卷还不错。可以从紧邻Kaiwi St的停车场进来。

❶ 到达和当地交通

公共汽车Hele-On Bus以及私营的金奥浩和科纳电车（Keauhou and Kona Trolley）全都在凯卢阿-科纳设有车站。从凯卢阿-科纳至希洛的车程是75英里，取道Saddle Rd至少需要1小时45分钟，经过怀梅阿的线路是95英里（2小时），经卡乌和火山镇的线路是125英里（3小时）。

为了避免与通勤车辆在进出凯卢阿-科纳的Hwy 11堵在一起，可以试走Mamalahoa Hwy Bypass Rd。这条路在金奥浩连接Ali'i Dr，在凯阿拉凯夸（Kealakekua）连接Haleki'i St，位于Hwy 11的111英里标记（Mile 111）和112英里标记（Mile112）之间。

南科纳海岸
（South Kona Coast）

与夏威夷岛其他各区相比，南科纳更为具体地展现了大岛地质—文化的脉络。这里既有科哈拉海岸（Kohala Coast）干旱的熔岩沙漠，也有普纳（Puna）和希洛（Hilo）雾气腾腾的湿润丛林；本地乡下人居住的渔村旁边就是来自美国本土的非主流文化人士开设的嬉皮画廊，旁边还有富有的房地产开发商投资修建的公寓。

此外，从历史上来看，凯卢阿—科纳往南至凯阿拉凯夸湾（Kealakekua Bay）的十几英里是夏威夷岛最丰富有趣的路段。古代夏威夷王室在这里秘密安葬祖先遗体，违反禁忌的人从这里勇敢冲过鲨鱼出没的水域前往避难之地，英国探险家库克船长及其船员宿命般地在这里首次踏上夏威夷的海岸。

❶ 到达和离开

环岛的Belt Rd 在南科纳是Hwy 11。这条路非常曲折，有时还很危险——尽管没有太多急转弯，习惯在平地开车的人需要适应山地行车。

这条道路在有的地方相当狭窄；虽然骑车比较普遍，但一定要穿戴反光服装，配备良好的照明装备。注意，越往南走，英里标记的数字越小；考虑到在北科纳越往北走英里标记的数字越小，这似乎有些奇怪，但严格来说你是在Hwy 11，与通向这里的Hwy 19相反。Hele-On Bus（www.heleonbus.org）不时穿过这地区，主要集中在早上和傍晚，搭载通勤者往来度假村；它也能沿途搭载旅行者。

北科纳海岸
（North Kona Coast）

如果你以为夏威夷岛全是丛林山脉和白沙海滩，那么朴素的北科纳海岸及其灰黄色的沙漠和黑锈色的熔岩会令你大吃一惊。然而，无论如何，你的视线尽头总会捕捉到宝蓝色的太平洋，而点点绿意如同玉片般撒落在沙地景色之间。拐下Queen Ka'ahumanu Hwy，穿过怪异的熔岩原，跟着海龟一起浮潜，在几乎一片荒凉的黑沙海滩晒太阳，欣赏科纳标志性的日落余晖。天气晴朗的时候，眺望内陆方向莫纳克亚火山（Mauna Kea）和莫纳罗亚火山（Mauna Loa）的全景。两座山在冬季经常白雪皑皑，中间最醒目的是华拉莱山（Mt Hualalai）。

严格来说，从科纳海岸上方的凯卢阿—科纳沿Queen Ka'ahumanu Hwy（Hwy 19）一直延伸33英里直至卡哇伊哈艾（Kawaihae）都算北科纳地区。从凯卢阿市中心开车2英里，可以轻松到达霍诺科豪港口（Honokohau Harbor）。

🛏 住宿

这个人口稀少的地方住宿选择不多；往更北边（南科哈拉）找度假村要容易得多，往更南边（凯卢阿—科纳和南科纳）找客栈、出租房屋等也很容易。不管怎样，你距离北科纳最好的景色都不会超过30分钟车程。

不要错过

北科纳海滩

如果你喜欢的是空无一人、风景如画的柔软白沙滩与明亮青绿的海水相接的景色（很诱人吧），可以前往**马卡拉维纳海滩**（Makalawena Beach）。虽然这片闲适恬静的小海湾吸引了一大群人，但你还是会觉得自己发现了天堂。最北端的海湾沙子更多，地形更平缓，最南端的海湾是（不合法的）裸体日光浴地点。游泳条件极佳，但要注意水中汹涌的海浪及岩石。另外可以参加趴板冲浪和浮潜。

库阿湾（Kua Bay; Manini'owali Beach; www.hawaiistateparks.org; ⊙8:00~19:00; P 🅿）这片新月形的白沙滩前面是波光粼粼的碧绿海水，是一流的游泳和趴板冲浪地点，而且水面平静的时候，海湾北侧适合浮潜（巨大的岩礁附近）。有一条柏油公路通到这里，因此海滩又被称为马尼尼欧瓦丽（Manini'owali; 夏威夷语的意思是"基础设施"），吸引了大批的人群，尤其是在周末。如果来得晚，路边半英里都会停满汽车。停车场有卫生间和淋浴间。

漂亮如弯钩形状的**霍诺科豪海滩**（Honokohau Beach; ⊙白天; 🅿）有黑色的熔岩、白色的珊瑚和随海浪涌来的贝壳。海水通常不太透明，不适合浮潜，但只是在岸边驻足片刻，你就能见到绿海龟。你还可以在古老的**艾奥皮奥**（'Ai'opio）渔栅附近看到更多啃食海草的绿海龟，旁边的海滩南端还有一座夏威夷**神庙**。往内陆方向是**海蚀洞塘**——半咸水池塘成为海洋生物和植物的独特栖息地。

Four Seasons Resort Hualalai 度假村 $$$
（☎888-340-5662, 808-325-8000; www.fourseasons.com/hualalai; 72-100 Ka'upulehu Dr; 房/套 $695/1595起; P ❄ @ 🛜 ≋）一流的服务和对细节无微不至的关注为它赢得了赞美，比如每个房间都有新鲜的兰花，另外还有苍翠繁茂的花园和海景无边泳池。泳池旁边的几个房间可以恢复活力的火山石花园户外淋浴。高尔夫球场和水疗都很出色，还可与75种热带鱼在King's Pond浮潜。

❶ 到达和离开

Hele-On Bus（www.heleonbus.org）至少每天一班，经过北科纳，开往哈拉的度假村。或者，从凯卢阿－科纳开车往北很容易就能到达北科纳；只是要注意，高峰时段（7:00至9:00和15:30至18:00）机场附近交通拥堵。你还可以骑自行车过来（带上水）；这里是Belt Rd少有的路肩宽阔的地段。注意，越往北，道路上的里程标记数字越小。

南科哈拉海岸
（South Kohala Coast）

Queen Ka'ahumanu Hwy（Hwy 19）穿过光秃秃的熔岩原，伴随着你前往海边，翠绿起伏的高尔夫球场山坡一路延伸至公寓大楼和青色的游泳池。这里是夏威夷岛的黄金海岸，无论你对度假村是何感觉，你都能在这里发现该地区最好的海滩。

说来也怪，南科哈拉也有许多古代夏威夷景点。这段海岸在那些年代比现在人口更多，所以到处都是村庄遗址、古神庙、养鱼塘、岩画和历史悠久的小道——都是经常为游客保留的地方。

南科哈拉海岸边的海水清澈无比，有大量的海洋生物——而且相比没那么拥挤。这里的礁石坡度比科纳海岸更平缓，所以你可以见到鲨鱼、海豚、海龟和蝠鲼。

这里是度假村的世界，住宿价格昂贵。现代设施和豪华住宿司空见惯。注意，度假村里很多地方是私人公寓，经常会通过一般租房网站的预订系统租给短期游客。在普阿科（Puako）租下整栋房屋是惯例，科哈拉海滩有几个露营选择。想在该地区租房，可以查看www.waikoloahawaiivacations.com、www.2papayas.com和www.hawaiis4me.com。

❶ 到达和离开

南科哈拉的度假村和景点位于凯卢阿—科纳

以北的Hwy 19附近——取决于你要前往哪家度假村，它们距离城镇的距离为25英里至35英里。

周一至周六，帕哈拉（Pahala）—南科哈拉的Hele-On Bus每天三班往来这条线路，周日每天一班。

高峰时段科纳国际机场附近交通拥堵，会浪费你的行程时间。

莫纳克亚（Mauna Kea）

莫纳克亚（白山）被夏威夷文化的崇拜者称为哇凯阿山（Mauna O Wakea）。整个大岛被认为是哇凯阿（Wakea；天空父亲）和帕帕（Papahanaumoku；大地母亲）生下的第一个孩子，莫纳克亚则一直是连接天地的神圣肚脐（piko）。1968年，夏威夷大学的山顶观测工作开始，科学时代到来了。山顶高耸、干燥、灯光少，未曾受到污染，可被用于最大限度观测宇宙的研究工作。

很多夏威夷人反对山顶的"高尔夫球"建筑——如今点缀天际的白色天文台。虽然并非科学无用论者，但他们认为毫无顾忌地发展会威胁这座山的圣地，包括神庙和墓地。垃圾、涂鸦和污染（包括有毒的汞泄漏）一直很成问题。请怀着敬意参观，带走你的垃圾。

★ **莫纳克亚游客信息站** 旅游信息

（Mauna Kea Visitor Information Station，简称MKVIS，☎808961-2180；www.ifa.hawaii.edu/info/vis；⊙9:00~22:00）**免费** 规模适中的莫纳克亚游客信息站发挥了很大的作用，有许多天文学和空间探索的视频和海报，还有关于这座山的历史、生态和地质信息。各个年龄段的新手科学家可以沉迷于礼品商店，知识丰富的工作人员可以帮你消磨时间，以适应9200英尺的高度。关于最新的特别活动，比如关于科学和夏威夷文化的讲座，可以查看网站，一般在周六夜晚举办。

只要天气允许，每晚都会组织一流的免费观星活动，从18:00至22:00。

ℹ 到达和离开

从怀梅阿或科纳出发，取道马鞍公路（Saddle Road, Hwy 200）或新开通的丹尼尔·井上（Daniel K Inouye）改道线路。从希洛驾车沿Kaumana Dr（Hwy 200）或Puainako Extension（Hwy 2000）向岛内行驶，两条道路都接入马鞍公路。出发时加满油箱——这里没有服务站。游客信息中心（MKVI☎）和前面的山顶位于马鞍公路28英里附近的Mauna Kea Access Rd上。MKVIS位于距马鞍公路上坡6英里处；再走8英里才能到达山顶。拨打电话☎808-935-6268咨询当前的道路情况。

哈玛库阿海岸（Hamakua Coast）

从怀皮奥谷（Waipi'o Valley）延伸至希洛，哈玛库阿海岸将崎岖的美景和无尽的富饶融为一体。你可以在此发现岩石海岸和汹涌的海浪、热带雨林和雷鸣般的瀑布。绿色带来生机，尤其是在怀皮奥谷，你可以骑马探索，或者取道一条令人兴奋的陡峭徒步小径。

农民们在莫纳克亚的山坡上种植香草、茶树、蘑菇及其他精品作物，让岛上的农业实现了现代化和多元化。参观这些小农场，近距离了解岛上生活（并且品尝美味的食物）。甘蔗曾经统治哈玛库阿海岸，遍布着许多种植园，还有巨大的火车沿海岸嘎吱嘎吱，驶过横跨大峡谷的高耸大桥。在这里，可以拜访旧式博物馆，沉迷于丰富多彩的历史。停下来想象一下"古老种植园时代"，慢慢前行，探索小路，回溯时光。

沿Hwy 19游览哈玛库阿海岸必须有一辆车。哈玛库阿海岸沿线最大的城镇霍诺卡（Honoka'a）距离凯卢阿—科纳大约50英里，距离希洛40英里。从科纳开车至此估计需要75分钟，从希洛过来需要1小时。

Hele-On Bus（☎808-961-8744；www.heleonbus.org；单次乘车 成人/老年人和学生 $2/1）在科纳和希洛之间的线路在多座位于海岸沿线的城镇设站，包括霍诺卡、帕奥伊洛（Pa'auilo）、劳帕霍埃霍埃（Laupahoehoe）、哈卡劳（Hakalau）、霍诺穆（Honomu）和帕帕伊科（Papaikou）。往来科纳和希洛的长途汽车每天3班。希洛和霍诺卡之间的班次更多。关于时刻表，可以查看网站。

值得一游

科哈拉山路 (KOHALA MOUNTAIN ROAD)

可以说是夏威夷岛风景最优美的行车路,科哈拉山路(Kohala Mountain Rd; Hwy 250)沿途可以看到科哈拉科纳海岸及三座壮观火山——莫纳克亚、莫纳罗亚和华ालานai——的惊人美景。起点在怀梅阿,向上经过一座瞭望台,沿半岛山脊穿过绿色的牧场,最后向下来到哈威(Hawi)的海边。在哈威城镇附近,这条公路的名字更换为Hawi Rd。

希洛 (Hilo)

虽然凯卢阿—科纳接待的游客更多,但希洛才是夏威夷岛跳动的心脏。深藏于每日细雨之下的土地和灵魂上生长出原汁原味的社区和阿罗哈精神。希洛的人口统计资料依然能够反映出这座甘蔗城镇的起源,包括形形色色的夏威夷原住民、日本人、菲律宾人、葡萄牙人、波多黎各人、中国人和高加索人。人们似乎很低调,但性格坚韧。遭受过两次海啸的打击,面临被莫纳罗亚火山岩浆流毁灭的威胁,经常被常年位居美国最高的年降雨量淹没,始终被各种势力争夺旅行收入,在种种挑战面前,希洛明白如何生存并让自己繁荣起来。

希洛在旅游业开发以前也有充实的生活,所以它的旅游氛围并不浓厚,这点令人耳目一新。不过这里还是有不少景点:令人叹服的博物馆、适合步行的市中心、两座热热闹闹的农贸市场和几十家独立餐馆。希洛是探索夏威夷火山国家公园、莫纳克亚、普纳和哈玛库阿海岸的理想大本营。

◉ 景点和活动

★ 利利乌欧卡拉尼公园   公园

(Lili'uokalani Park; 189 Lihiwai St; 📷)尽情享受希洛简单的快乐,在风景优美的日本园林野餐,俯瞰海湾。以夏威夷末代女王(1891~1893年在位)的名字命名,这座占地30英亩的县立公园以高大的树木、开阔的草坪和浅塘上古雅的小桥为特色。日出或日落之际,可以跟着本地人慢跑或绕圈快走,或者只是欣赏莫纳克亚的美景。

★ 太平洋海啸博物馆   博物馆

(Pacific Tsunami Museum; ☎808-935-0926; www.tsunami.org; 130 Kamehameha Ave; 成人/儿童 $8/4; ⊙周二至周六 10:00~16:00)希洛经历过两次大规模海啸(1946年和1960年),如果你对这一历史不甚了解,那你就无法深入理解希洛这座城镇。博物馆看上去低调朴素,馆内却充满了扣人心弦的资讯,其中一部分介绍了日本2011年的海啸,这次海啸也对科洛造成了破坏。预留出足够的时间细细观看多媒体展览,包括通过计算机模拟演示和亲历者口述的令人心痛的历史。

★ 夏威夷艾米洛天文中心   博物馆

('Imiloa Astronomy Center of Hawai'i; ☎808-969-9700; www.imiloahawaii.org; 600 'Imiloa Pl; 成人/6~17岁儿童 $17.50/9.50; ⊙周二至周日 9:00~17:00; 📷)博物馆名字中"'Imiloa"的意思是"探索新知"。这座博物馆兼天文馆建筑群投资高达2800万美元,内部大有乾坤:它将莫纳克亚的现代天文学与古老的波利尼西亚远洋航海相提并论。这家博物馆是非常棒的家庭景点,也是山顶游的一个补充。门票包括一场天文馆表演。周五夜间举办特别活动,包括令人兴奋的齐柏林飞艇(Led Zeppelin)天文馆摇滚演出。

🛏 住宿

★ Arnott's Lodge   青年旅舍、露营地 $

(☎808-339-0921; www.arnottslodge.com; 98 Apapane Rd; 露营 每人 $16,铺 $30起,房带/不带浴室 $90/70,套 $100起; P🐕❄📶)希洛开业时间最久的青年旅舍,依然物有所值,有各种令人眼花缭乱的住宿选择,靠近奥内卡哈卡海滩(Onekahakaha Beach)。所有房间和宿舍都干净、安全,布置舒适。豪华套间($110)尤其令人惬意,有通风的高天花板和专用小厨房。另外提供露营。

★ Dolphin Bay Hotel   酒店 $$

(☎808-935-1466, 877-935-1466; www.dolphinbayhotel.com; 333 Iliahi St; 开间公寓 $110~160,套 $180~200; P🐕📶)这家家庭经营的两层酒店吸引了无数的忠诚回头客——

这丝毫也不稀奇。18个公寓式套间一尘不染，价格合理，全都带设备齐全的厨房。热情的员工会慷慨地提供岛上建议，早餐还有免费咖啡、水果和香蕉面包。酒店位置便利，从希洛市中心步行5分钟即到。

餐饮

★ Suisan Fish Market 海鲜 $

(☎808-935-9349; 93 Lihiwai St; 外卖波奇 $10~12, 点选 每磅 $18; ⓗ周一至周五 8:00~18:00, 周六 至16:00, 周日 10:00~16:00)想要新鲜制作的不同种类波奇饭(poke, 按磅称卖)，Suisan不容错过。可以买一碗新鲜外卖波奇饭(poke)，在店外或街道对面的利利乌欧卡拉尼公园享用。

★ Restaurant Kenichi 日本菜 $

(☎808-969-1776; www.restaurantkenichi.com; 684 Kilauea Ave; 主菜 $13~15; ⓗ周一至周六 10:00~14:00和17:00~21:00; ♿)想找个游客不多的美味餐厅，Kenichi能满足一切要求：日本暖心料理、多种口味、快乐的店员和挤满本地人的简单餐厅。最受欢迎的有汤拉面、多汁的烤鲭鱼、无骨朝鲜鸡和肋眼牛排。

Bayfront Kava Bar 酒吧

(☎808-345-1698; www.bayfrontkava.com; 264 Keawe St; 卡瓦酒 $5; ⓗ周一至周六 16:00~22:00)如果你对卡瓦酒（夏威夷语是'awa）很好奇，可以在这家极简主义酒吧品尝一杯。友好的酒吧店员会用椰子壳盛装本地出产的卡瓦根鲜酿。准备好味蕾酸麻、微醺的体验吧。定期举办现场音乐和艺术展。

❶ 到达和离开

从希洛开车沿Hwy 19至凯卢阿-科纳（经由怀梅阿），路程95英里，大约需要2.5小时。走马鞍公路可以节省大约15分钟。

夏威夷火山国家公园（Hawai'i Volcanoes National Park）

从世界上最雄伟的火山——经常冰雪覆盖的莫纳罗亚山顶，直至熔岩入海的沸腾海岸，夏威夷火山国家公园是一片微型的大陆，包括欣欣向荣的雨林、火山塑造的沙漠、高山草甸、海岸平原，以及其间许许多多的地质奇观。

中间是基拉韦厄——地球上最年轻、最活跃的盾状火山。从1983年至今，基拉韦厄的东部裂谷（East Rift Zone）几乎一刻不停地从普奥（Pu'u 'O'o）火山口喷发，为这座岛屿增加了将近500英亩的新土地。

国家公园的工作人员擅长管理这片景观。他们的教育活动将现代科学和古代信仰及习俗巧妙地融为一体，外延范围似乎无边无际。丰富多彩的讲解标牌、知识非常渊博的小径向导、护林员带领的许多制订周密的徒步活动、生动的历史项目和每周一次的系列讲座，全都为游客提供了与夏威夷岛的这座公园及民众产生联系的切实纽带。

除了夏季以外，公园两个可通车的露营地相对不太拥挤。夜晚清爽、凉快、湿润。露营位先到先得（限7晚）。对于喜欢住在室内的人来说，附近的火山村有各种住宿选择。

★ 基拉韦厄游客中心和博物馆 博物馆

(Kilauea Visitor Center & Museum; ☎808-985-6000; www.nps.gov/havo; Crater Rim Dr; ⓗ9:00~17:00,电影放映 9:00~16:00, 每小时一场; ♿)✦可以作为来此地的第一站。乐于助人（且非常有耐心）的护林员和志愿者可以为你提供关于火山活动、空气质量、道路封闭、徒步小径情况的诸多建议，以及如何最大限度地利用你的时间。交互式博物馆展览规模虽小，却适合家庭，还能给喜欢科学的成年人讲解这座公园脆弱的生态系统及夏威夷文化的传承。轮换播放的电影都很出色。离开以前可以为孩子领取有趣的小小管理员项目活动书籍。

❶ 实用信息

空气质量(Air Quality; www.hawaiiso2network.com) 来自公园各处9个监测站的最新空气质量情况。

夏威夷县民防(Hawai'i County Civil Defense; www.hawaiicounty.gov/civil-defense)关于岩浆流和火山活动的信息。

小径和道路封闭(Trail & Road Closures; www.nps.gov/havo/closed_areas.htm)关于小径和道路封闭情况的最新信息。

美国地质调查局夏威夷火山观测台(USGS Hawaiian Volcano Observatory; http://hvo.wr.usgs.

❶ 到达和当地交通

经由Hwy 11，公园距离希洛30英里（45分钟），距离凯卢阿-科纳95英里（2小时45分钟）。通向火山村的岔道位于公园大门以东1英里处。暴风雨到来的时候，Hwy 11很容易被淹没、冲蚀并封闭。干旱的时候，Mauna Loa Rd和Hilina Pali Rd可能会因为火灾隐患而封闭。

周一至周六（周日不运营），长途公共汽车**Hele-On Bus**（☎808-961-8744；www.heleonbus.org；成人 单程$2）从希洛发车，大约1小时15分钟以后抵达公园游客中心（附加费$5）。有一班车继续开往卡乌。公园内没有公共交通，搭顺风车在所有国家公园都是违法的。

可以在柏油路和几条土路骑自行车，包括Escape Rd，但不是所有的小径都可以骑车。

毛伊岛（MAUI）

那些说"不可能在同一个地方拥有所有美景"的人多半没去过毛伊岛。旅游杂志根据读者调查投票评选世界上最浪漫的岛屿，毛伊岛经常榜上有名。原因何在？毛伊岛上应有尽有：海滩、豪华度假村、美食、美妙的夏威夷式烤野猪宴（luau）、观赏鲸鱼，还是冲浪、浮潜和徒步旅行的目的地。大部分去过毛伊岛的人都觉得更爱它了。

不要错过
大海滩（BIG BEACH）

马克纳州立公园（Makena State Park）的至高荣耀，不曾受过半点破坏的**大海滩**（Big Beach; Oneloa Beach; http://dlnr.hawaii.gov/dsp/parks/maui; Makena Rd; ⓢ6:00~18:00; ℗）可以说是毛伊岛最好的海滩。在夏威夷语中，它被称为Oneloa，字面意思是"长沙滩"。的确，这片金色的沙滩延伸将近一英里，宽度始终未变。海水是美丽的碧绿色。水波不兴的时候，你能见到趴板戏浪的小孩子，不过有时岸边海浪比较危险，只适合经验丰富的冲浪者。

❶ 到达和离开

毛伊岛有许多往来本土的直飞航班，包括洛杉矶、圣迭戈、旧金山、西雅图、达拉斯、芝加哥和加拿大的温哥华。或者从檀香山转机也非常普遍。

卡胡鲁伊国际机场（Kahului International Airport; OGG; ☎808-872-3830; http://hawaii.gov/ogg; 1 Kahului Airport Rd）跨太平洋至毛伊岛的所有航班都能抵达卡胡鲁伊，这座岛屿的主要机场。有人值守的游客信息咨询台位于行李领取处，每天7:45至22:00办公。咨询台旁边有一摞摞本地旅游手册。2019年，航站楼区域可能会成为施工工地，准备新建大型租车设施和单轨铁路。

卡帕鲁阿机场（Kapalua Airport, JHM; ☎808-665-6108; www.hawaii.gov/jhm; 4050 Honoapiilani Hwy）紧挨Hwy 30，位于西毛伊岛的卡帕鲁阿以南，这座当地机场有**莫库勒勒航空**（Mokulele Airlines; ☎866-260-7070; www.mokuleleairlines.com）飞往莫洛凯岛（Moloka'i）和檀香山的航班。

拉海纳（Lahaina）

拥有饱经风雨的海岸、狭窄的街道和喧嚣的港口，外加一些叽叽喳喳的八哥，夏威夷历史最悠久的城镇看起来像是亚哈船长（小说《白鲸》中的人物）常去的地方。这里到底是21世纪还是19世纪50年代的捕鲸村庄？实际上，两者都是。

坐落在西毛伊岛山脉和宁静的海面之间，拉海纳很长时间以来都是热门的人流聚集地点。首先聚集在此的是古代夏威夷王室，而后是传教士、捕鲸者和甘蔗种植园农民。现在这里是创意厨师、激情四射的艺术家和专业冲浪教练的大本营。

港口附近的一排排店铺曾经是酒馆、舞厅和妓院，如今则变身画廊、纪念品商店，以及数量依然不少的酒吧。至于捕鲸者，他们已经被新的人群取代：观鲸者，他们的专注力不逊于捕鲸的亚哈船长。1月至3月，不必费劲就能看见。

◉ 景点和活动

★菩提树广场 公园

（Banyan Tree Square; Front St 和Hotel St的交叉路口）枝繁叶茂的地标（夏威夷最大的

树）矗立在拉海纳中心。它引人注目地伸展枝叶，覆盖整座广场。1873年4月24日种下的时候还是树苗，目的是纪念传教士来到拉海纳50周年，如今这棵树独木成林，有16根主树干和许许多多横向树枝，覆盖方圆一英里的大半区域。广场最近经过大规模整修。

★ **和兴博物馆** 博物馆

（Wo Hing Museum; www.lahainarestoration.org/wo-hing-museum; 858 Front St; 成人/儿童 $7/免费; ⓘ10:00~16:00）这个地方建于1912年，当时是慈善团体发公堂的会议大厅，为中国移民提供保存文化认同、庆祝节日及母语交流的场地。"二战"以后，拉海纳的中国人开始向外扩散，这里开始衰败。如今经过翻新，它已经成为一座文化博物馆，保存礼器、1900年左右的柚木药柜、可以追溯至数千年前的玉器和道教神坛。

★ **Trilogy Excursions** 划船

（☎808-874-5649, 888-225-6284; www.sailtrilogy.com; 207 Kupuohi St; 4小时浮潜游 成人/儿童 $120/60起; ⓘ周一至周五 8:30~16:00, 周日 正午至15:00）40多年来，这家家庭经营的机构一直提供毛伊岛浮潜游，侧重于双体船游。这里有各种项目，包括前往奥洛瓦卢（Olowalu）的礁石和备受喜爱的摩洛基尼岛（Molokini）。适当的季节有观鲸游，还有晚餐和夕阳巡游。

食宿

★ **Ilikah** 精品酒店 $$

（☎808-662-8780; www.theilikahi.com; 441 Ilikahi St; 房 $170~220; ⓟ❄ⓦ）这个热带休养地点结合了夏威夷和巴厘岛的设计灵感，可以用"宁静"一词来形容。4个房间很大，具有私密性，每间都有现代的便利设施和阳台，还有特大号床或四柱大床。Ginger Suite有漂亮的露台。环保，全部使用太阳能。

★ **Frida's Mexican Beach House** 墨西哥菜 $$$

（☎808-661-1287; http://fridasmaui.com; 1287 Front St; 主菜 $20~40; ⓘ11:00~21:30）不是你以为的那种便宜的玉米卷饼店，Frida's（有许多与其同名的弗里达·卡罗的影像资料）占据绝佳的水畔位置，露台上有宽敞的开放餐区，让你刚来几分钟就能平复升高的血压。高档菜单的特色是拉丁风味的牛排和海鲜。鸡尾酒极富创意; 没错，这里有玛格丽特酒!

🍷 饮品和夜生活

★ **Fleetwood's on Front St** 酒吧

（☎808-669-6425; www.fleetwoodsonfrontst.com; 744 Front St; ⓘ14:00~22:00）拥有舒适的枕头、轻松的休闲室和华丽的特色，这个由佛利伍麦克乐合唱团（Fleetwood Mac）鼓手米克·弗利特伍德（Mick Fleetwood）所有的屋顶绿洲让人想起摩洛哥。但太平洋和西毛伊岛山脉的风景又让你确定自己身处夏威夷。夕阳西下之际，海螺号的声音宣布提基灯光的仪式开始，随后响起风笛小夜曲——演奏者是身着短裙的苏格兰人。

★ **Down the Hatch** 酒吧

（☎808-661-4900; www.dthmaui.com; 658 Front St, Wharf Cinema Center; ⓘ11:00至次日2:00）拉海纳最好的深夜酒吧位于商场下面。全部在户外，当地人和游客汇聚一堂，狂欢的喧闹淹没了喷泉的声响。欢乐时光很长（15:00至19:00），你可以享用许多饮品，优惠幅度很大。

ℹ 到达和离开

拉海纳至卡胡鲁伊机场之间的车程约为1小时。

Hawaii Executive Transportatio（☎808-669-2300; www.hawaiiexecutivetransportation.com; 1/2/3/4乘客 $51/59/64/66; ⓘ预订 7:00~23:00）提供机场和拉海纳之间的客车服务，可以到达城内大部分地方。拉海纳和机场之间的出租车费用约为$80。

The Maui Bus（☎808-871-4838; www.mauicounty.gov/bus; 单程 $2, 日票 $4）运营卡胡鲁伊汽车枢纽和拉海纳之间的20路Lahaina Islander（1小时），在马阿莱亚港口（Ma'alaea Harbor）靠站，从那儿可以转乘Kihei Villager线路，前往基黑（多个站点）。另一条Ka'anapali Islander线路连接拉海纳和卡纳帕利（Ka'anapali; 30分钟）。6:30至20:30，两条Islander线路每小时从码头影院中心（Wharf Cinema Center）发车。

Expeditions Ferry（☎808-661-3756；www.go-lanai.com；Lahaina Harbor；成人/儿童单程 $30/20）从拉海纳港口（Lahaina Harbor）的**渡轮码头**（Ferry Dock；紧邻Wharf St）至拉奈岛（Lana'i）。开往莫洛凯岛（Moloka'i）的渡轮已经停运。

基黑（Kihei）

到访基黑的两个原因？海滩和你的预算。的确，这里虽然购物中心泛滥，交通堵塞，但拥有6英里交通便利的海滩、许多经济实惠的住宿和各种用餐选择，提供惬意海滩度假所需的一切。基黑是活力十足的海滨小镇，也是阳光普照的短期度假理想地——一般来说，基黑每年有276天都是阳光灿烂的。它还是岛上最热闹的酒吧聚集地。

想从基黑的一端辗转至另一端，可以走Pi'ilani Hwy（Hwy 31），可以绕过与其平行却拥堵的S Kihei Rd。路标清晰的十字路口连接这两条线路。

◉ 景点

★ 凯阿瓦卡普海滩 海滩
（Keawakapu Beach；☎808-879-4364；www.mauicounty.gov/Facilities；🅿）从破晓至黄昏，这片闪闪发光的沙滩令人印象深刻。从基黑南部延伸至威利亚（Wailea）的莫卡普海滩（Mokapu Beach），凯阿瓦卡普远离主路，比北边基黑主路旁边的海滩更不显眼。这里游人不多，是安安稳稳坐看夕阳的理想地点。

🛏 住宿

★ Pineapple Inn Maui 旅馆 $$
（☎808-298-4403，877-212-6284；www.pineappleinnmaui.com；3170 Akala Dr；房 $179~189，小屋 $255；🅿 ❄ @ 🛜 🏊）这里可能算得上是南毛伊岛最划算的旅馆。这家温馨的精品住宿距离海滩不到1英里，风格注重品质又兼具实用性，还不乏个性色彩。4个房间都配有太平洋景观阳台和独立入口，同那些高级度假村一样魅力十足，但房价只是它们的几分之一。房间都配有厨房设备，而2间卧室的小屋则有设备完善的厨房。

Kohea Kai Resort 精品酒店 $$$
（☎808-879-1261；www.koheakai.com；551 S Kihei Rd；房 $219~253，套 $279~479；🅿 ❄ @ 🛜）换了新老板和新名字，从前的Maui Sunseeker如今是该街区的新成员。估计只接待成人。时尚、先进，不失私密性和包容性，

不要错过

海勒卡拉国家公园（HALEAKALĀ NATIONAL PARK）

海勒卡拉国家公园（Haleakalā National Park；☎808-572-4400；www.nps.gov/hale；Summit District: Haleakalā Hwy, Kipahulu District: Hana Hwy；3日票 汽车 $20，摩托车 $15，行人或骑车 $10；🅿 ♿）有两个不同的部分，如果只有一天时间游览，可以前往山顶。无论是天亮前登山观赏日出，还是早餐后散步，都可以从这里开始你的探险。**游客中心**（www.nps.gov/hale；Haleakalā Hwy；☉日出至15:00；🅿）不只是欣赏火山口风景的理想地点，还是进入火山口旅行的不错起点。

接下来，在神秘的**凯欧奈赫艾赫艾（滑沙）小径**[Keonehe'ehe'e（Sliding Sands）Trail]被阳光晒得暖洋洋的火山渣上精神抖擞地徒步，驱除清晨的寒意。结束月球表面般的火山口徒步以后，可以继续踏上前往毛伊岛最高点**红山瞭望台**[Pu'u'ula'ula（Red Hill）Overlook]的公路旅行。欣赏银剑草园林，跟护林员聊一聊。

到了下山的时候。前往火山口边缘的**卡拉哈库瞭望台**（Kalahaku Overlook）眺望火山口底部令人大开眼界、一览无余的火山渣锥景色。

你已经见过哈莱哈卡拉光秃秃的一面了。现在可以沿**霍斯默丛林小径**（Hosmer Grove Trail）步行半英里，在鸟儿啁啾的树林中见识一下它苍翠繁茂的一面。与公园里的许多动物一样，这里有些鸟儿是其他地方难得一见的。

这条线路共计17英里。

这个轻松活泼的地方占据基黑北部的五栋建筑，街道对面是Mai Poina 'Oela'u海滩（Mai Poina 'Oela'u Beach）。低调的热带风情装修能让同等价位的其他地方相形见绌。

餐饮

★ Café O' Lei   夏威夷菜 $$

（☎808-891-1368；www.cafeoleirestaurants.com；2439 S Kihei Rd, Rainbow Mall；午餐$8~16，晚餐$17~29；⏱10:30~15:30和16:30~21:30）这家购物中心小馆乍看平淡无奇。但走进去才能发现：精致的气氛、新颖的夏威夷地方菜肴、实惠的价格和一流的服务，足以让Café O' Lei跻身高档餐饮大联盟。想吃些味道浓重的菜肴，可以点熏鲯鳅配新鲜的木瓜酱料。还有无与伦比的午餐主菜，含沙拉，价格不到$10，16:30以后有寿司厨师（周二至周六）。

★ 5 Palms   鸡尾酒吧

（☎808-879-2607；www.5palmsrestaurant.com；2960 S Kihei Rd, Mana Kai Maui；⏱8:00~23:00，欢乐时光15:00~19:00和21:00~23:00）想在海滩旁边找个在夕阳下小酌鸡尾酒的地方，就是这里。落日前1小时过来，因为距离迷人的凯阿瓦卡普海滩几步之遥的露台酒吧很快就会坐满。欢乐时光期间，寿司和各种美味开胃菜半价，最少配一杯饮品，麦台鸡尾酒和玛格丽特酒$5.75。这里很受游客和本地人欢迎。

到达和离开

The Maui Bus（☎808-871-4838；www.mauicounty.gov/bus；单次乘坐$2，一日票$4）有两条线路到达基黑。一条线路是Kihei Islander线路，连接基黑、威利亚（Wailea）和卡胡鲁伊（Kahalui）；站点包括Kama'ole Beach Park III、Pi'ilani Village购物中心和South Kihei Rd的Uwapo。另一条线路Kihei Villager主要开往基黑北部，在South Kihei Rd沿线、Pi'ilani Village购物中心和马阿莱亚（Ma'alaea）有六七站。运营时间是6:00至20:00，两条线路每小时发车，价格为$2。

考艾岛（KAUA'I）

青山、高高落下的瀑布、红岩峡谷、令人瞠目的海滩、清澈的海水和汹涌的海浪。考艾岛收到的自然馈赠在夏威夷、美国和全世界都无可匹敌。

虽然旅游信息咨询厅在考艾岛形同虚设，在本地的**考艾岛旅游局**（Kaua'i Visitors Bureau；☎808-245-3971；www.gohawaii.com/kauai；4334 Rice St, Suite 101；⏱周一至周五 8:00~16:30）网站很给力。

到达和当地交通

前来这里很容易，尤其是从美国本土和加拿大，每天都有很多航班。抵达这里的航班经常在檀香山中途停留。这里不通渡轮。航班、汽车和团队游可以在lonelyplanet.com/bookings预订。

强烈建议租车，除非你的预算非常紧张。维护良好的公路通往岛上大部分地方，很多地方都能免费停车。

利胡埃（Lihu'e）

岛上的商业中心是普通的购物街，但经济实惠的小餐馆和商店也有很多，而且拥有度假区域向来缺少的平凡又接地气的氛围。尽管卡拉帕奇海滩（Kalapaki Beach）很有魅力，但利胡埃更像是到达机场后采购物资以便踏上岛上探险旅途的地方。

1849年，利胡埃诞生时就是种植园小镇，当时的主业是糖业，而这里有考艾岛最大的糖厂（依然矗立在城镇以南的Kaumuali'i Hwy旁边）。2000年，糖厂关闭，结束了一个多世纪的运营。它留下的是一座亚洲、欧洲和夏威夷传统的种族熔炉，同时造就了城镇如今的面貌。

活动一般集中在有几座顶级高尔夫球场的卡拉帕奇海滩和附近的几片很棒的海滩。这里是直升机游和前往瀑布的一些有趣游玩项目的起点。

怀卢阿（Wailua）

对于古代夏威夷人来说,怀卢阿河（Wailua River）位于岛上最神圣的地方。河口附近流域是岛上两个王室中心（另一个是怀梅阿）之一，也是高级首领的住处。你可以在这儿找到许多古代重要石庙的遗址；如今它们共同

组成了国家历史地标。

狭长的**太阳神庙**（Hikina'akala Heiau，太阳升起的地方）坐落在怀卢阿河口以南，如今是利德盖特海滩公园（Lydgate Beach Park）的北端。神庙（建于公元1300年左右）在最兴盛的时候，纵贯南北，不过如今只留下几块巨石昭示原先的庞大规模。毗邻的**霍拉普乌霍诺**（Hauola Pu'uhonua；意为"生命露水庇护之地"）有青铜牌匾标志。在古代夏威夷，破坏禁忌的人进入里面可以得到安全的保障。

霍洛霍洛库神殿（Holoholoku Heiau）位于Kuamo'o Rd往前1/4英里处的左侧。它被认为是考艾岛最古老的神庙。往西有牌匾标志的平坦的诞生石，牌子上面写着**王室诞生石**（Pohaku Ho'ohanau），是王室成员出生的地方。只有出生在这里的男性子嗣才能成为考艾岛的国王。

另一座神庙，保存完好的**波利阿胡神殿**（Poli'ahu Heiau），坐落在山上高处，俯瞰着蜿蜒的怀卢阿河，得名于冰雪女神波利阿胡波利亚富（Poli'ahu），火山女神佩蕾（Pele）的姊妹之一。神殿就在**欧帕卡阿瀑布瞭望台**（'Opaeka'a Falls Lookout）前面，位于公路的对面。

尽管夏威夷神庙最初是壮观的石建筑，但如今大多数已经成为灌木丛生的废墟。但它们依然被认为聚集着强大的神力，应该受到尊敬地对待。说到怀卢阿河的耀眼历史对古代夏威夷人的重要性，可以阅读爱德华·乔斯廷（Edward Joesting）的《考艾岛：独立的王国》（*Kauai: the Separate Kingdom*）。

❶ 到达和当地交通

不必寻找城镇中心。大多数景点都分布在海边通往内陆的Kuhio Hwy（Hwy 56）或Kuamo'o Rd（Hwy 580）。开车往北，Kapa'a Bypass从怀卢阿河以北延伸经过卡帕阿（Kapa'a），通常可以绕过瓦普里（Waipouli）和卡帕阿的交通堵塞。

哈纳雷（Hanalei）

没有哪座可爱的城镇能像哈纳雷一样，既拥有壮观的自然美景，也散发出可以赤足而行的氛围。当然，还有海湾。有六七个破浪点极具传奇色彩，部分原因是本地冲浪大神，比如已经过世的安迪·艾恩斯（Andy Irons），都是在这里长大的。即使你并非为了冲浪而来，开阔的米白色沙滩和壮丽的青山美景依然能够吸引你的注意力。

这座小小的城镇就是这样，你可以上一节瑜伽课，品尝寿司，购买别致的海滩装备、

> **不要错过**
>
> ### 怀梅阿峡谷州立公园（WAIMEA CANYON STATE PARK）
>
> 考艾岛所有独特的自然景观当中，怀梅阿峡谷（Waimea Canyon）的宏伟壮观无与伦比。几乎没人能想到，古老的熔岩上会出现一条长10英里、深度超过3500英尺的巨大裂谷。由于它如此壮观，因此被大家戏称为"太平洋大峡谷"。考艾岛最长的怀梅阿河（Waimea River）流经峡谷，其支流来自阿拉凯沼泽（Alaka'i Swamp）山顶的红褐色河水。
>
> 怀梅阿峡谷的形成原因是考艾岛最早的盾状火山怀厄莱阿莱（Wai'ale'ale）沿古老的断层线滑塌。从谷壁的水平条纹可以看出火山的连续喷发。红色表示水流渗透岩石，在内部的铁矿石上生成矿物锈。
>
> 天气晴朗的时候，在此自驾，景致非凡。下雨的时候也不要失望，那时会有瀑布涌出。雨过天晴的时候风景最美不过，只是此时的泥泞湿滑会给徒步带来挑战。
>
> 怀梅阿峡谷州立公园的南部边界位于怀梅阿上坡方向约6英里处。你可以从两条路前往公园：风景更优美的Waimea Canyon Dr（Hwy 550），起点在怀梅阿刚过23英里标记（Mile 23）的地方，或者Koke'e Rd（Hwy 552），起点在紧邻Mana Rd的凯卡哈（Kekaha）。两条路在6英里标记和7英里标记之间会合。

古董珍宝和令人惊叹的艺术品，或者躲进世界一流的廉价酒吧。当然，在哈纳雷，患上彼得·潘综合征的成年人比例更高，你能发现许多年过花甲的老人正在给冲浪板打蜡，数量不比带着巨浪冲浪板的孩子少。这就引出一个问题：如果能够在哈纳雷变老，为什么还要长大呢？

◉ 景点和活动

★ 黑罐海滩公园（哈纳雷码头） 海滩

[Black Pot Beach Park（Hanalei Pier）]哈纳雷河口附近，哈纳雷海湾（Hanalei Bay）的这个小地方通常有汹涌的北岸海浪之间最平静的冲浪地点。由于其明显的地标，又被称为哈纳雷码头，这片沙滩有美洲铁树的树荫，主要受冲浪新手的欢迎。夏季，游泳和浮潜都不错，还可以划皮划艇和玩立式冲浪。

哈纳雷海滩公园 海滩

（Hanalei Beach Park）视野一览无余，这里是野餐、欣赏夕阳或在海滩上慵懒度日的理想地。位置优越，底侧是有些挑战性的停车场。如果不得不停车，可以停在Weke Rd路边，因为公共停车场会很拥挤。设施包括卫生间和户外淋浴间。只有提前办理县级许可证才能露营。

★ Ho'opulapula Haraguchi Rice Mill & Taro Farm Tours 团队游

（☎808-651-3399；www.haraguchiricemill.org；团队游含午餐 成人/5～12岁儿童 $87/52；⌚团队游 通常 周三 9:45，仅限预约）在六代家族经营的非营利农场和碾米厂（夏威夷群岛仅存的一家碾米厂）了解考艾岛种植芋头的情况。农民导览游会带你走进夏威夷芋头水田，你可以一窥难以进入的哈纳雷国家野生动物保护区（Hanalei National Wildlife Refuge）并了解夏威夷的移民历史。

🛏 食宿

★ Hanalei Dolphin Cottages 小屋 $$$

（☎808-826-1675；www.hanaleicottages.com；5-5016 Kuhio Hwy；2卧室小屋 $260；🛜）从后院的哈纳雷河就能乘上独木舟、皮划艇或立式冲浪板。从哈纳雷城镇中心悠然步行可至，四栋小屋风格相似，有竹制家具、设备齐全的厨房、烧烤架、独立户外（和室内）淋浴、前卧室，以及面朝河流、通风良好的准休闲区域。清洁费$130。

Chicken in a Barrel 烤肉 $

（☎808-826-1999；www.chickeninabarrel.com；Ching Young Village, 5-5190 Kuhio Hwy；餐 $10～17；⌚周一至周六 11:00～20:00，周日 至19:00；🅿）使用50加仑定制桶式熏烤架，岛上的这个烧烤地点以鸡肉为主。端起满满一盘烤鸡或特大号三明治配辣椒奶酪薯条，这里还有排骨和手撕猪肉。不管选择什么，你一整天都不用再吃饭了。另一家分店在卡帕阿（Kapa'a；☎808-823-0780；4-1586 Kuhio Hwy；餐 $12～16；⌚周一至周六 11:00～20:30，周日 至19:00）。

★ BarAcuda Tapas &Wine 地中海菜 $$$

（☎808-826-7081；www.restaurantbaracuda.com；Hanalei Center, 5-5161 Kuhio Hwy；主菜 $7～26；⌚17:30～22:00，厨房21:30关闭）这里是哈纳雷最能够让主厨说了算的地方，有最好的厨房。葡萄酒单设计巧妙，西班牙小吃风味以本地牛肉、鱼、猪肉和蔬菜为主，餐食共享。

ℹ 到达和离开

哈纳雷有一条公路进出。暴雨期间（常见于冬季），哈纳雷桥（Hanalei Bridge）有时会因为洪水泛滥而封闭，重新开通以前，桥两边都会被困住。

城里停车让人头痛，心不在焉的行人更让人头痛。哈纳雷城内均可步行前往。或者，像当地人那样骑自行车。

如果你没租车，**北岸班车**（North Shore Shuttle；☎808-826-7019；www.kauai.gov/North Shore Shuttle；单程 $4）连接哈纳雷至凯艾（Ke'e），沿途在怀尼哈（Waniha）和哈埃纳（Haena）有多个站点。

波伊普和南岸地区 （Po'ipu & South Shore）

波伊普是南岸旅游业的枢纽，而且理由充分。这里是岛上阳光最灿烂的地方——雨水明显比北边少（也没那么郁郁葱葱）。

这里有令人惊叹的阳光海滩、许多顶级度假村和度假出租公寓，外加考艾岛最好的餐馆。

虽然这里的度假范围集中在海滩，以冲浪、潜水、浮潜、立式冲浪或者仅仅是海滩散步等水上活动为主，但南岸还有两座世界闻名的植物园，展示美丽的地方物种。尚未开发的马哈乌勒普海岸（Maha'ulepu Coast）有岩化沙丘悬崖和拍岸的浪涛，适合散步，令人难忘。其间有历史悠久的甘蔗种植园遗址，还有友好的画廊、静谧的餐馆，以及舒适的科洛阿（Koloa）和卡拉黑奥（Kalaheo）中心有趣的历史视角。

❶ 到达和当地交通

四处转转很方便，只有两条主路：Po'ipu Rd（沿波伊普以东）和Lawa'i Rd（沿波伊普以西）。在这里，你需要开车、骑摩托车或自行车才能前往除了海滩外的各处。可以沿路步行，不过与冲浪小镇相比，这里的氛围更像是郊区。

Kaua'i Bus（☏808-246-8110；www.kauai.gov/Bus；3220 Ho'olako St, Lihu'e；单程费用 成人/老年人和7~18岁儿童 $2/1）穿过科洛阿进入波伊普，沿途在Po'ipu Rd通往波伊普海滩公园（Po'ipu Beach Park）的岔路口及凯悦（Hyatt）旁边停车。虽然这是从其他城镇过来的交通选择，但对于前往度假村区域不是特别有用。

了解美国

今日美国 1264
不断变幻的城市面貌、更加绿色环保的未来、因备受争议的总统而龃龉日深的国家……还有日益增长的枪支数量。

历史 1267
美洲原住民、殖民者、革命家、重建派、新政实施者和民权斗士,其民众和各种历史事件共同塑造了这个国家。

生活方式 1279
生活方式、移民、宗教、体育运动和政治。

美洲原住民 1284
概述一些伟大的印第安部落,穿插其手工艺品和符号文字的来龙去脉。

艺术与建筑 1286
文学、绘画、戏剧和建筑,全都是了解美国的窗口。

音乐 1296
蓝调、爵士乐、乡村音乐、民谣、摇滚和嘻哈音乐……在美妙而多样的音乐中倾听宏大的美国。

土地和野生动植物 1300
地质、自然灾害、环境保护主义和美国地貌中的代表性生物。

今日美国

2016年大选中,经常语出惊人的商人唐纳德·特朗普赢得总统宝座,这一结果备受争议,美国因而陷入前途未卜之境,在移民和医疗等热点问题上产生分歧,而左翼人士坚决抵制美国突如其来(且明显)的右倾化改变,抗议浪潮此起彼伏。与此同时,大众对娱乐用大麻的接受程度越来越高,许多城市发展繁荣,贫富差距日益扩大。

最佳电影

《**雨中曲**》(*Singin' in the Rain*, 1952年)音乐片时代最好的电影之一,片中的吉恩·凯利(Gene Kelly)充满活力。

《**安妮·霍尔**》(*Annie Hall*, 1977年)伍迪·艾伦的浪漫喜剧,纽约在其中有着重要的分量。

《**西北偏北**》(*North by Northwest*, 1959年)艾尔弗雷德·希区柯克与加里·格兰特合作的惊悚片,曾风靡美国。

《**教父**》(*The Godfather*, 1972~1990年)著名的三部曲系列,以移民和犯罪集团的视角来审视美国社会。

《**少年时代**》(*Boyhood*, 2014年)理查德·林克莱特(Richard Linklater)关于成长的故事,历时12年拍摄完成。

最佳读物

《**在路上**》[*On the Road*, 杰克·凯鲁亚克(Jack Kerouac), 1957年]美国"二战"后的一段公路旅程。

《**了不起的盖茨比**》[*The Great Gatsby*, F.斯科特·菲茨杰拉德(F Scott Fitzgerald), 1925年]关于爵士时代的杰出小说。

《**宠儿**》[*Beloved*, 托妮·莫里森(Toni Morrison), 1987年]震撼心灵的普利策奖获奖小说,背景为美国内战后。

变幻的城市风情

如今的美国,城市在蓬勃发展,经济增长速度比这个国家其他方面都要快。这些城市早已不是几十年前破败不堪的样子,而是更为安全、更具吸引力(在文化、食品、夜生活和宜居性方面)的地方。然而,随着越来越多的人从郊区和远郊搬至城市中心,挑战也来了——尤以住房和交通领域为甚。打造经济适用房是美国城市面临的最大挑战之一。在许多地方,租金和住房价格飞涨。中产阶级家庭备受压力,他们的收入不足以跟上物价上涨的速度。在全国范围内,一半以上租户的房租支出超过了收入的30%,而低收入家庭的这一比例更是高达50%以上。为了满足日益增长的需求,全国各地开始兴建公寓房,但这些房源往往面向高端市场,对于日益加剧的常规需求毫无益处。包括纽约的白思豪(Bill de Blasio)和旧金山的李孟贤(Ed Lee)在内的一些市长宣布了雄心勃勃的计划,打算着手建造更多的保障住房。白思豪表示,除非纽约采取果断行动,否则这个城市可能会沦为一个封闭的社区,而不是充满机遇的社区。

分裂的国家

美国的收入差距在持续扩大。金字塔尖上1%的人口收入占国民总收入的20%以上(1976年为9%)。与此同时,穷人越来越穷:拥有平均收入者拿回家的钱比1999年少2.5%。不幸的是,美国富人就连寿命都比穷人的长:20世纪80年代,富人的平均寿命比穷人长2.7年。如今,最富和最穷的美国人之间平均寿命的差异扩大至15年。而且特权阶级的孩子也以更大的优势领先于他们的同辈(富孩子与穷孩子之间的测试成绩差距比20年前扩大了

30%)。当前的美国面临着贫富差距日益扩大的挑战。提高富人税收是个可行的解决办法,但此举被认为是政治自杀。强化工会作用和普遍的学前教育计划等措施,在当前的政治环境中收效甚微。但这个国家还是有一线希望:未来几年,加利福尼亚、华盛顿和纽约等州计划将最低工资提高至$15(时薪),力图让最底层的民众摆脱贫困。

绿色未来

随着越来越多的人搬到城市,交通也成为城市不得不面对的问题。自20世纪60年代以来,工程师已经认识到,越来越多的道路从未有助于缓解交通拥堵。解决方案应是在公共交通上投入更多的资金。曾经与汽车深度结合的城市(比如休斯敦)已经显著扩大了公共交通选择,包括开辟新的轻轨线路、快速公交专用道和专用巴士车道。全国各地的自行车共享项目激增,有近120个城市提供便捷的自行车出租选择(通常按天和周计算),这大大方便了居民和旅行者。好处非常明显:街道上的车辆变少了,通勤者得到了一定的锻炼机会,空气中的碳排放量更少……只是有人担心安全问题(自行车共享项目不提供头盔)以及这些昂贵计划长时段内的财务可行性问题。

枪支文化

过去30多年间,美国发生了许多枪击事件。遗憾的是,随着最近发生的引人注目的袭击事件,这股势头还在持续。2017年的内华达州拉斯维加斯,一名全副武装的持枪歹徒从其位于拉斯维加斯大道的酒店房间内向乡村音乐节现场开枪射击,造成58人丧生。2016年,一名男子在佛罗里达州奥兰多的一家同性恋夜店开火,造成49人丧生。其他灾难性事件包括:2015年与种族问题有关的杀戮,当时,在南卡罗来纳州查尔斯顿一座非裔美国人浸礼会教堂里,参加圣经研究会议的9名成员被杀害;以及2012年康涅狄格州纽敦镇的大屠杀——20名儿童和6名成年人遇难。平均而言,全美每天有32名美国人被枪杀,另有216人受伤。加上意外的枪击和自杀,每年约有34,000名美国人死于枪口之下。尽管有证据(包括2013年发表在《美国医学杂志》的一项研究结果)显示,更多的枪支等同于更多的谋杀,而且枪支管理严格的国家同类型死亡率相对较低,但美国立法者仍旧不愿制定适度的枪支管制法律。其中一个重要的原因是全国步枪协会(NRA)这样的枪支游说团体拥有不可思议的力量,每年为各州和国家政治活动贡献3500多万美元。而美国人也大都迷恋他们的枪。在最近的一项调查中,52%的美国人认为保护拥有

人口: **3.24亿**

人均国内生产总值: **$57,300**

失业率: **4.8%**

贫困线以下人口: **14.5%**

每100个美国人中

65 个是白人
15 个是西班牙裔
13 个是非裔美国人
4 个是亚裔美国人
3 个为其他人种

信仰体系
(占人口百分比)

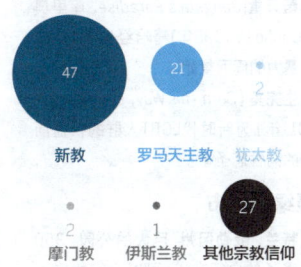

47 新教
21 罗马天主教
2 犹太教
2 摩门教
1 伊斯兰教
27 其他宗教信仰

每平方英里人口数

澳大利亚　美国　加拿大

♂ ≈ 11人

《哈克贝利·费恩历险记》[Adventures of Huckleberry Finn, 马克·吐温（Mark Twain), 1884年]关于旅行和自我发现的感人故事。

《蓝色公路》[Blue Highways, 威廉·李斯特·海特穆恩（William Least Heat-Moon), 1982年]旅行文学的经典之作。

《地下铁道》[The Underground Railroad, 科尔森·怀特黑德（Colson Whitehead), 2016年]普利策奖获奖小说，记录了一名年轻奴隶争取自由的故事。

最佳音乐

美利坚[America, 西蒙和加芬克尔（Simon & Garfunkel), 1968年]年轻的情侣搭车寻找美利坚。

带我走牛仔[Cowboy Take Me Away, 南方小鸡（Dixie Chicks), 1999年]最棒的经典乡村音乐。

少年心气[Smells Like Teen Spirit, 涅槃乐队（Nirvana), 1991年]X世代的垃圾摇滚圣歌。

黑帮天堂(Gangsta's Paradise, 库里奥（Coolio), 1995年]嘻哈经典歌曲，哀叹暴力的周而复始。

天生完美(Born This Way, Lady Gaga, 2011年) 为新时代LGBT人群的权益而作的同性恋圣歌。

最绿的城市

波特兰，俄勒冈州 巨大的公园、350英里长的自行车道、可以步行的市中心以及痴迷环保的民众。

旧金山，加利福尼亚州 丰富的绿色市场、有机餐厅和环保型建筑。自行车、步行和公共交通是主流交通方式。

纽约，纽约州自行车共享项目 水边公园、绿色空间和每年种植的10万棵树。而且，在这里可能永远也用不上汽车。

枪支的权利更重要，与此对应的是，46%的人认为控制枪支拥有权更为重要（如出台更严格的枪支法律）。

"淘绿热"

2006年，只有32%的美国人支持娱乐用大麻的合法化。如今这个数字迅速飙升至60%。过去十年中，人们对大麻的态度发生了巨大的变化，这在很大程度上要归功于科罗拉多州。2012年，该州规定21岁及以上的成人使用娱乐用大麻合法，进而使全国第一个真正的大麻产业诞生，包括大麻商店、大麻观光和方便吸食大麻的住宿场所。

按照联邦法律的规定，大麻仍属违法毒品，但如今，1/5的美国人都生活在没有医生处方也可以吸食大麻的州内。与此同时，大麻产业正处于所谓的"淘绿热"中，其合法销售额预计将在2021年超过200亿美元。大麻合法化运动的支持者称，让贩毒集团交出手中的钱并好好利用这笔税收，非常合算。反对者则认为大麻合法化会导致毒品吸食更加普遍，促使吸食者上瘾，并对青少年和贫困社区产生不利影响。这场争论还在激烈地进行着。同时，每年都有一些州实现大麻合法化，联邦政府则坐视不理。

历 史

从早期的英国殖民地到20世纪跃升为世界第一大国，美利坚的历史堪称精彩。抵抗英国人、西进运动、奴隶制与废奴运动、南北战争与重建、经济大萧条、战后经济繁荣，以及21世纪冲突频起——过去的历史都在这个国家形成复杂自我的过程中起到了重要的作用。

乌龟岛

在口头传说和神话故事中，原住民一直生活在北美大陆上，其中一些人称这片土地为乌龟岛（Turtle Island）。欧洲人第一次踏上这片土地的时候，有200万到1800万美洲原住民居住在今墨西哥北边的"乌龟背"上，各种族使用的语言多达300多种。

北美洲最具代表性的史前文明是美洲原始印第安人（Mound Builders）文明。这些原住民于公元前3500年至公元1400年居住在今俄亥俄州和密西西比河山谷一带。伊利诺伊州的卡霍基亚（Cahokia）曾是一个拥有2万居民的大都市，也是哥伦布到来前北美最大的城市。

在西南部，100年至1300年，古普韦布洛人（Ancestral Puebloans）占据着科罗拉多高原（Colorado Plateau），之后可能由于战争、干旱或资源匮乏等原因而离开。如今，你仍然可以在科罗拉多的弗德台地（Mesa Verde）国家公园以及新墨西哥的查科（Chaco）文化国家历史公园看到他们的悬崖住宅。

在普通美国人的想象中，大平原文化是"印第安文化"的集中体现，原因之一就是，这些部族对西进运动进行了最为长久的抗争。在阿纳达科（Anadarko）和血泪之路（Trail of Tears）沿线等地，俄克拉何马的丰富遗址诠释了欧洲人到来前印第安人的生活。

> 1502年，意大利探险家亚美利哥·维斯浦奇用"新世界"来描述他的发现。回报是什么？1507年的新地图把西半球称为"亚美利加洲"（America，即美洲）。

大事年表	公元前40,000年至公元前20,000年	公元前8000年	公元前7000年至公元100年
	美洲的第一批居民自中亚经西伯利亚和阿拉斯加之间广阔的大陆桥迁移而来（那时海平面比现在低）。	由于人类的集体狩猎和气候变暖，包括长毛猛犸象等在内的冰河时代哺乳动物普遍灭绝。原住民开始捕猎小型猎物并采集当地植物为食。	以狩猎-采集为主的游牧生活方式是这一时代的标志。在其末期，人们已经开始种植玉米、豆类和南瓜（农业"三姐妹"），并建立了永久定居点。

欧洲人来了

1492年，为了寻找东印度群岛（East Indies），意大利探险家克里斯托弗·哥伦布（Christopher Columbus）在西班牙王室的支持下向西航行，最终发现了巴哈马群岛（Bahamas）。带着黄金梦，西班牙探险家接踵而至：科尔斯特（Cortés）占领了今天墨西哥的大部分领土；皮萨罗（Pizarro）占领了秘鲁；庞西·德甲昂（Ponce de León）则盘踞在佛罗里达州，寻找能使人永葆青春的喷泉。不甘落后的法国来到加拿大和中西部地区，而荷兰和英国则在北美的东部沿海巡航。

欧洲探险家带来了印第安人无法抵抗的疾病。流行病使各地的印第安人口减少了50%~90%，比起其他任何因素——战争、奴役或饥荒造成的死亡人数都要多。17世纪，北美印第安人只剩约100万人，大陆上许多曾经兴旺的部落都处在动荡或者迁徙中。

1607年，英国贵族在詹姆斯敦（Jamestown）建立了北美第一个永久性的欧洲人定居点。之前的定居点都没有好下场，詹姆斯敦也几乎重蹈覆辙：英国人选了一片沼泽地，庄稼种晚了，疾病和饥饿夺去了许多人的生命。一些绝望的殖民者跑去投奔当地部落。在印第安人的帮助下，他们活了下来。

对詹姆斯敦和美洲而言，1619年是关键的一年：殖民地建立了众议院（House of Burgesses），由公民代表会议决定当地法律。第一艘运载着20个非洲奴隶的船也于这一年抵达。

第二年同样具有重要意义，一群狂热的清教徒乘船到达，上岸处就是今天马萨诸塞州的普利茅斯。这群清教徒是为了躲避"腐朽"的英国教会的迫害而来的，他们在新大陆看到了创建一个虔诚的、有道德指引的新社会的天赐良机。清教徒们签署了《五月花号公约》（*Mayflower Compact*），谋求通过共识实现自治，这是美国民主制度的启蒙性文件。

资本主义和殖民主义

在接下来的两个世纪里，欧洲列强在新大陆争夺地位和领土，同时把欧洲的政治扩展至美洲。由于英国皇家海军开始称霸大西洋海域，英国从殖民地获得的利益越来越多，并急切地消耗着其劳工的劳动成果——弗吉尼亚的甜美烟草以及加勒比地区的糖和咖啡。

到了17世纪和18世纪，为了支持种植园经济，美洲的奴隶制渐渐地合法化，成为法定的制度。到1800年，每5个人中就有1个是奴隶。

与此同时，英国基本上允许美洲的殖民者自治。市政厅会议和代表大

历史 欧洲人来了

The People: Indians of the American Southwest（1993年），作者史蒂芬·特林布尔，由印第安人自己讲述的原住民历史和当代文化多元化的记录。

1492年	1607年	1620年	1675年
意大利探险家克里斯托弗·哥伦布3次航行穿越加勒比海，发现了美洲。他误以为自己到达的是印度群岛，于是将原住民称为"印第安人"。	英国人在今弗吉尼亚州詹姆斯敦沼泽地定居点建立了第一个英国殖民地。最初几年非常艰苦，许多人死于疾病和饥饿。	搭载了102名英国清教徒的"五月花"号停靠普利茅斯，他们为了逃避宗教迫害来到新大陆。万帕诺亚格部落使他们免于受饥挨饿。	数十年间，清教徒和当地的部落协助共生，但1675年爆发了一场致命的冲突。菲利普国王战争持续了14个月，导致5000多人丧生（大部分是印第安人）。

会逐步变得更为常见,当地公民(指的是有财产的白人)在这两种会议上讨论社区问题并投票决定法律和税收事宜。

但是,到1763年"七年战争"结束时,英国对管理这样一个帝国感到头痛了:它已经跟法国打了100多年的仗,全世界都有它的殖民地,现在到了整顿河山、分摊财务负担的时候了。

然而,殖民地对英国的税收和政策感到痛恨。1776年的《独立宣言》使得公众的愤怒很快达到高潮。有了这份宣言,美洲的殖民者接受了那时在世界各地传播的启蒙思想——个人主义、平等、自由以及约翰·洛克(John Locke)的生命、自由和财产的"天赋人权"——并设计了一种新型的政府来实践这些思想。

1773年,波士顿倾茶事件成为导火索,之后英国采用强硬姿态,施加压力关闭了波士顿港,增派驻军。1774年,来自12个殖民地的代表在费城独立大厅(Philadelphia's Independence Hall)举行了第一届大陆会议,表达彼此的不满,并为不可避免的战争提前做好了准备。

革命与共和

1775年4月,英国军队与殖民地武装在马萨诸塞州发生冲突,独立战争开始。弗吉尼亚富有的农场主乔治·华盛顿被推选出来领导大陆军。问题是,华盛顿缺少弹药和财力(殖民者抵制税收,甚至不愿意为他们自己的军队征税),他的军队不过是由装备很差的农民、猎人和商人组成的杂牌军。因为缺乏军饷,这些人还经常中途离开,返回自己的农场。而另一边,英国的"红衣军"是当时世界上最强大的军队。缺少战争经验的华盛顿将军只能随机应变,有时明智地撤退,有时"很不绅士"地搞个偷袭。1777~1778年,大陆军的士兵差点在福吉谷(Valley Forge)全部饿死。

与此同时,第二届大陆会议试图阐明他们究竟为何而战。1776年1月,托马斯·潘恩(Thomas Paine)出版了家喻户晓的《常识》(*Common Sense*),书中坚决主张脱离英国独立。不久,独立便被视为合理、崇高和必要的事业。1776年7月4日,《独立宣言》完成并得到签署。《独立宣言》主要由托马斯·杰斐逊起草,它将13个殖民地对君主国的不满提升为个人权利和共和政府的共同宣言。

然而,要想获得战争的胜利,华盛顿将军需要的是切实的援助,而不仅仅是爱国热情。1778年,本杰明·富兰克林劝说法国(法国总是渴望给英国制造麻烦)与革命军结盟,法国提供的军队、物资和海上力量帮助他们赢得

殖民地时期风格的名胜

威廉斯堡(弗吉尼亚州)

詹姆斯敦(弗吉尼亚州)

普利茅斯(马萨诸塞州)

北端(波士顿)

费城(宾夕法尼亚州)

安纳波利斯(马里兰州)

查尔斯顿(南卡罗来纳州)

历史 革命与共和

迪·布朗(Dee Brown)的《魂归伤膝谷》(*Bury My Heart at Wounded Knee*,1970年)从美洲原住民的视角讲述了19世纪末的北美印第安战争,既有权威性又发人深省。

1756~1763年	1773年	1775年	1776年
在"七年战争"(又名"法国和印第安人战争")中,法国败给英国,退出了加拿大。这时英国控制了密西西比河以东的大部分领土。	为了抗议英国的茶叶税,波士顿人伪装成莫霍克人冲上东印度公司的货船,把茶叶倒进海里,史称"波士顿倾茶事件"。	保罗·里维尔从波士顿骑马去提醒殖民地的"民兵":英国人要来了。第二天,"震惊世界的枪声"在列克星敦打响,拉开了美国独立战争的序幕。	7月4日,殖民地签署《独立宣言》。参与起草这份文件的著名人物包括约翰·汉考克、塞缪尔·亚当斯、约翰·亚当斯、本杰明·富兰克林和托马斯·杰斐逊。

特库姆塞的诅咒

相传有一个跨越百年的诅咒,笼罩着每一位在以"0"结尾的年份(每20年)当选的总统。这一切始于当时尚未成为总统的威廉·亨利·哈里森(William Henry Harrison),他在1811年领导了一场针对肖尼人的战争,摧毁了特库姆塞(肖尼土著的酋长)建立泛印第安部落联盟的希望。经历痛苦的战败后,特库姆塞下了一个咒,说出了这句:"哈里森会死,在他之后每20年选出来的最高首领也会死。他们的死亡,将会让每个人都记住我的人民的死亡。"

了战争的胜利。1781年,英军在弗吉尼亚州的约克镇(Yorktown)投降,两年后签署的《巴黎和约》(Treaty of Paris)正式承认了"美利坚合众国"。

起初,由摩擦不断的各州组成的松散联邦根本谈不上"合众"。于是,开国元勋再次聚集在费城,并于1787年起草了一部经过完善的新宪法:确定美国政府为强大的联邦中心,三大部门相互制衡。为防止过度中央集权,1791年美国通过了维护公民的《权利法案》(Bill of Rights)。

有了宪法,美国独立战争的成果固化为政治制度的彻底改变以及对经济和社会现状的维护。有钱的地主仍保有他们的财产(包括奴隶在内),印第安人被排除在国民之外,女性不能参政。这些明显的差异和不公正受到了广泛瞩目,然而这是两方势力从实际出发妥协的结果,何况当时人们也普遍认为这些情况基本上是合理的。

向西进发,冲!

当这个年轻的国家迎来19世纪时,乐观主义成为那个时代的主流。随着1793年轧棉机的发明——紧接着是打谷机、收割机、割草机和后来的联合收割机,农业被工业化了,美国的商业开始迅速发展。1803年的路易斯安那购地案(Louisiana Purchase)使得美国的领土增加了一倍,向阿巴拉契亚山脉以西的扩张真正开始了。

美国和英国之间虽然贸易活跃,但关系仍然紧张。1812年,美国再次对英宣战。两年的冲突结束后,双方都没有获得多少利益——尽管英国人放弃了要塞,美国也发誓要避免欧洲的"纠缠不清的盟约"。

19世纪30~40年代,随着高涨的民族主义激情和日益膨胀的大陆扩张梦想,许多美国人开始认为,所有的土地都属于他们是"上天的安排"。1830年颁布的《印第安人迁移法案》(Indian Removal Act)旨在清除其中一个障碍,而将中西部农场和东海岸市场连接起来的铁路建设,则清除

> 根据传说,乔治·华盛顿很诚实,他还是个孩子的时候砍倒了父亲的樱桃树,然后承认了自己的错误:"我不能说谎,是我用自己的小斧头把它砍倒的。"

> 你可以在www.pbs.org/lewisandclark上再次追寻刘易斯和克拉克考察队西征太平洋并返回的非凡旅程,该网站上有历史地图、相册和日志摘录。

1787年	1791年	1803年	1804~1806年
在费城召开的制宪会议上诞生了《美国宪法》。总统、国会和最高法院之间形成权力制衡。	《权利法案》作为宪法修正案,概述了公民权利,包括言论、集会、宗教和出版自由、携带武器的权利,规定禁止"残酷的和异乎寻常的刑罚"。	法国的拿破仑仅以1500万美元的价格将路易斯安那的土地卖给了美国,从而使这个新国家的边界从密西西比河延伸到了落基山脉。	托马斯·杰斐逊总统派梅里韦瑟·刘易斯和威廉·克拉克前往西部。在肖尼族部落的妇女萨卡加维亚的带领下,他们从密苏里的圣路易斯出发,到达太平洋后返回。

了另一个障碍。

1836年,一群得克萨斯人挑起了反抗墨西哥的战争(记住阿拉莫)。10年后,美国吞并了得克萨斯共和国。当墨西哥抵抗时,美国发动了战争,顺便把加利福尼亚也一并夺了过来。1848年,墨西哥大败,只好出让领土。美国的大陆扩张到此完成。

还有一个惊人的巧合。1848年,就在与墨西哥签订条约几天后,加利福尼亚发现了黄金。1849年,运货马车如汹涌洪流,满载着梦想发大财的矿工、拓荒者、企业家、移民、逃犯和性工作者,源源不断地开往西部。那是一个激动人心而且充满传奇色彩的年代,但自始至终都存在一个难题:新加入美国的州是蓄奴州还是自由州?这个国家的未来取决于这个问题的答案。

南北战争

美国宪法没有结束奴隶制,但赋予国会批准新州蓄奴与否的权力。公众不断地就奴隶制的扩张进行激烈的辩论,这个问题将影响到北方工业州和南方农业州之间的权力平衡。

建国以来,南方政客就在政府中占主导地位,他们为奴隶制辩护,说它是"人之常情",这被1856年《纽约时报》的一篇社论称为"精神失常"。南方奴隶制支持者的游说激怒了北方的废奴主义者。但就连许多北方政客都担心结束奴隶制会带来严重的后果。他们认为,通过限制奴隶制加上工业和自由劳动者的竞争,奴隶制就会逐渐衰落,而不需要激起强烈的奴隶起义——这也是人们一直害怕发生的事。实际上,在1859年,激进的废奴主义者约翰·布朗(John Brown)就试图在哈珀斯费里(Harpers Ferry)发动起义,但未能成功。

奴隶制带来的经济利益是不可否认的。1860年,美国有400多万名奴隶,大部分都属于南方的种植园主——他们生产出全世界75%的棉花,占美国出口额的一半以上。南方经济因此支撑着全国的经济。1860年的总统选举成了公民对这个议题的表决,而支持限制奴隶制的青年政治家亚伯拉罕·林肯赢得了选举。

林肯就任总统时,11个州宣布退出联邦,成立南部同盟(Confederate States of America)。面对着国家最危急的时刻,林肯有两个选择:任由南方各州退出并解散联邦,或者发动战争来保持联邦的完整。他选择了后者,战争很快爆发。

战争开始于1861年4月,联邦军队攻打了南卡罗来纳州查尔斯顿

詹姆斯·麦克弗森(James McPherson)是南北战争方面的杰出历史学家,他的普利策奖获奖著作《为自由而战的呐喊》(*Battle Cry of Freedom*, 1988年)是一部令人荡气回肠的巨作。

历史 南北战争

1812年	1823年	1849年	1861~1865年
1812年的战争起自英国和五大湖区印第安人的战斗。即使在1814年《根特条约》之后,战争仍然在墨西哥湾海岸继续。	门罗总统阐述了门罗主义,谋求结束欧洲对美洲的军事干预。罗斯福随后将门罗主义扩展,用以证明美国对拉丁美洲干预的正当性。	1848年,在萨克拉门托附近发现黄金后,史诗般的淘金热席卷全国,6万名淘金者成群结队拥向加利福尼亚的主矿脉。旧金山的人口数量从850迅速增长到2.5万。	南北战争在北方和南方之间爆发(由南北分界线划定)。战争于1865年4月9日结束,林肯总统5天后遇刺。

为改变而战：五位塑造历史的人物

美国历史上充满了富有英雄色彩的人物，他们通过大胆的行为——有时甚至付出了巨大的个人代价，推动社会大变革。尽管总统往往会吸引所有的注意力，但还有无数智慧的个体为改善公民生活做出了巨大的贡献。

雷切尔·卡森（Rachel Carson, 1907~1964年） 卡森是一位具有敏锐科学思维的雄辩作家，帮助催生了环境保护运动。她的先锋著作《寂静的春天》阐述了农药和不受管制的工业会带来的生态灾难。随后，接踵而至的草根运动促进了环境保护署（Environmental Protection Agency）的成立。

恺撒·查维斯（Cesar Chavez, 1927~1993年） 第二代墨西哥裔美国人，成长于农场的劳工宿舍（在那里，整个家庭劳动一天的报酬是$1）。查维斯是一个富有魅力与鼓动性的人物，甘地和马丁·路德·金是他的偶像。通过创建美国农业工人联合会（United Farm Workers），他将希望、尊严和更光明的未来带给了成千上万的贫穷移民。

哈维·米尔克（Harvey Milk, 1930~1978年） 加利福尼亚州第一个公开身份的同性恋公务员，在反对歧视的斗争中成为不知疲倦的斗士。他鼓励男同性恋和女同性恋者"出柜、站起来，让世界知道。只有这样我们才能开始获得我们的权利"。1978年，米尔克与旧金山的市长乔治·莫斯科恩（George Moscone）一起遭到刺杀。

贝蒂·弗里丹（Betty Friedan, 1921~2006年） 弗里丹是全国妇女组织（National Organization for Women, 简称NOW）的创始人，在领导20世纪60年代的女权主义运动中起到了积极的推动作用。弗里丹开创性的著作《女性之秘》（The Feminine Mystique）鼓舞了无数女性超越单纯的"家庭主妇"角色，展望生命。

拉尔夫·纳德（Ralph Nader, 生于1934年） 经常出现在总统候选人（2008年纳德获得73.8万票）名单中，是坚定的消费者权益保护者之一。这位哈佛出身的律师在确保美国人拥有更安全的汽车、更便宜的药物和更清洁的空气与水方面扮演着重要角色。

（Charleston）的萨姆特堡（Fort Sumter）。在接下来的4年里，双方激烈交战。这在当时是有史以来最可怕的战争之一。最后，多达75万名士兵——几乎是整整一代的年轻男性——丧生，南方的种植园和城市（特别是亚特兰大）被洗劫一空，烧成灰烬。

随着战争的继续，林肯认识到，如果不能彻底废除奴隶制，那么胜利就毫无意义。1863年，林肯的《解放宣言》扩展了战争的目的并宣布解放所有奴隶。1865年4月，南部同盟的罗伯特·E. 李（Robert E Lee）将军在

1870年	1880~1920年	1882年	1896年
自由的黑人有了选举权，但南方种族隔离主义者拥护的《吉姆·克劳法》（直至20世纪60年代方被废止）实际上剥夺了黑人在日常生活中许多领域的选举权。	无数欧亚移民拥入，促使美国进入城市时代。纽约、芝加哥和费城的规模逐步扩大，成为全球性的工业和商业中心。	种族主义情绪日益漫延，加利福尼亚州（自1848年以来有5万多华人移民来到这里）矛盾尤甚，导致《排华法案》的出台，这是唯一排斥某一特定种族的美国移民法。	在"普莱西诉弗格森案"中，美国最高法院规定，黑人和白人"隔离但平等"地使用公共设施是合法的，认为宪法规定的只是政治平等，而非社会平等。

弗吉尼亚州的阿波马托克斯（Appomattox）向北方联邦的尤利西斯·S. 格兰特（Ulysses S Grant）将军投降。合众国保住了，但为此付出的代价也是惨重的。

经济大萧条、新政和第二次世界大战

1929年10月，由于担心低迷的全球经济，投资者开始抛售股票。看着别人在抛售股票，每个人都惊慌失措，直到把手中的股票悉数抛出才安心。于是股票市场崩溃了，美国经济坍塌了。

经济大萧条时代就此开始。惊恐万状的银行要收回他们的不良贷款，人们偿还不起，于是银行倒闭。数百万人失去了他们的家园、农场、生意和储蓄，多达25%的美国劳动力变成失业者。干旱尘暴区的旱灾使问题进一步恶化，引发了美国历史上规模最大的一次迁徙，300万人背井离乡，从大平原各州前往加利福尼亚州寻找工作。

1932年，民主党人富兰克林·D. 罗斯福承诺通过"新政"使美国摆脱经济危机，因而当选总统。"新政"取得了巨大的成功。当1939年战争在欧洲爆发时，美国一如既往地保持中立态度。罗斯福总统在1940年史无前例地第三次当选总统，他明白美国不能袖手旁观，不能让法西斯和极权主义政治获胜。罗斯福决定对英国施以援手，并劝说小心翼翼的国会同意他的举措。

1941年12月7日，日本偷袭了美国夏威夷的珍珠港，2000多名美国人丧生，数艘战舰被击沉。美国人的中立态度在一夜之间化为愤怒，罗斯福突然得到了所需要的支持。德国也对美国宣战，美国加入了同盟国，与希特勒和轴心国开战。从那一刻起，美国几乎将它全部的意志和工业实力投入到了战争之中。

起初，美国在太平洋和欧洲战场出师不利。在太平洋战场上，直到1942年6月在中途岛（Midway Island）海战中出其不意地大败日本海军，形势才有所好转。在随后一系列残酷的战役中，美国击退日本，重新夺回了太平洋群岛。

在欧洲战场上，美军于1944年6月6日在法国诺曼底大规模登陆，给了德国致命的一击。德国没有能力两线作战（苏联正在猛烈进攻东线），于1945年5月投降。

然而，日本还在继续抵抗。新当选的总统哈里·杜鲁门（Harry Truman）选择在1945年8月分别向广岛和长崎投掷了两颗实验性的原子

《隐藏人物》(*Hidden Figures*)是一部传记电影，讲述了凯瑟琳·约翰逊（Katherine Johnson）、多罗西·沃恩（Dorothy Vaughn）和玛丽·杰克逊（Mary Jackson）这三位数学家的真实故事。尽管在20世纪60年代黑人女性受到重重限制，但她们仍凭借自己超凡的才能成为美国国家航空航天局（NASA）航天发射中不可或缺的人物。这部影片是福克斯2016年票房第二高的电影，并获得三项奥斯卡提名。

1898 年	1906 年	1908 年	1914 年
美西战争的胜利使美国得以控制菲律宾、波多黎各和关岛，并间接控制了古巴。但菲律宾独立血战阻止了美国殖民主义的进一步扩张。	厄普顿·辛克莱的《屠场》揭示了芝加哥臭名昭著的肉类加工行业：许多工人遭受贫困，在令人窒息的血汗工厂里忍受着危险甚至是致命的工作条件。	第一辆T型车在密歇根州的底特律诞生。流水线的创新者亨利·福特很快实现了每年销售100万辆汽车的规模。	美国通过煽动巴拿马从哥伦比亚独立获得了修建和管理运河的权利，连接太平洋和大西洋的巴拿马运河开通。

非裔美国人的经历:为平等而战

绕开非裔美国人在生活方方面面的伟大斗争和来之不易的胜利,就不可能准确理解美国的历史。

奴隶制

从17世纪初至19世纪,大约60万奴隶被从非洲运往美洲。那些在拥挤的船只和可怕的长途运输中幸存下来(有时死亡率达50%)的人,被带到奴隶市场(1638年非洲男性的价格是每人$27)公开出售。大部分奴隶最后来到南方的种植园,那里的环境通常都很残酷,鞭打和侮辱是家常便饭。

人人(白人)生来平等

许多美国国父都拥有奴隶,如乔治·华盛顿、托马斯·杰斐逊和本杰明·富兰克林,但他们私下里也谴责这种糟糕的现实。然而,直到19世纪30年代,在《独立宣言》那激动人心但基本上流于空洞的"人人生来平等"发布很久以后,废奴运动才开始。

终获自由

虽然一些修正主义历史学家将南北战争描述为关于州权利的战争,但大多数学者认为这场战争的焦点实际上是奴隶制。联邦政府在安提塔姆(Antietam)取得胜利后,林肯起草了《解放宣言》(Emancipation Proclamation),解放了被占领土地上的全部黑人。非裔美国人也加入联邦,到战争结束时,共计超过18万非裔美国人参与了战斗。

《吉姆·克劳法》

在重建期间(1865~1877年),联邦法律为刚获得自由的黑人提供了公民权利的保护。然而,南方的怨恨加上几个世纪以来的偏见,导致了激烈的反弹。19世纪90年代,《吉姆·克劳法》(Jim Crow laws,根据吟游诗中一个被贬损的角色而命名)出台。非洲裔美国人实际上被剥夺了公民权利,美国成为一个种族隔离严重的社会。

民权运动

从20世纪50年代开始,非洲裔美国人在社区中展开了争取平等的运动。罗莎·帕克斯拒绝给白人让座,激起了蒙哥马利巴士抵制运动。黑人在受到排斥的午餐柜台前静坐抗议,马丁·路德·金在华盛顿领导了大规模的示威游行,"自由乘车运动者"的痛苦历程旨在结束公共汽车上的座位隔离。数百万人努力的结果是:1964年,约翰逊总统签署《民权法案》,宣布禁止种族歧视和种族隔离。

弹。由政府绝密的曼哈顿计划制造的原子弹毁灭了两座城市,造成20多万人死亡。几天后,日本投降了。核时代来临了。

1917年	20世纪20年代	1941~1945年	1948~1951年
伍德罗·威尔逊总统带领美国参加了第一次世界大战。美国动员了470万人参军参战,在这场阵亡数字为1100万人的战争中,美国的伤亡人数大约是11.6万。	随着非裔美国人移居到北方城市,哈莱姆文艺复兴激发了文学、艺术和音乐的繁荣兴盛。重要人物包括杜波依斯和兰斯顿·休斯。	在第二次世界大战中,美国派出了1600万人的军队,其中40万人阵亡。总体来说,平民与军人的死亡比例大约为2:1,50多个国家总计有5000万至7000万人丧生。	美国主导的"马歇尔计划"汇集了120亿美元的物资和财政援助,帮助欧洲的战后重建。这项计划也旨在遏制苏联的影响,并重新刺激了美国的经济。

红色恐慌、民权运动与亚洲战争

在第二次世界大战后的几十年里,美国出现了前所未有的繁荣景象,但几乎没有和平的时候。

战时盟友、共产主义的苏联(Soviet Union)和资本主义的美国很快就开始了争霸世界的竞争。两个超级大国忙于代理人战争,最著名的是朝鲜战争(1950~1953年)和越南战争(1954~1975年),仅仅因为核威慑才避免了双方的直接交战。而1945年成立的联合国无法解决这个世界范围内意识形态的分歧,在阻止冷战冲突方面也根本不起作用。

美国本土在第二次世界大战期间毫发未损且工业迅猛发展,进入了日益富裕的时代。20世纪50年代,大批移民离开城市拥入郊区,在那里,独户式住宅突然涌现出来。美国人在崭新的州际公路上开着燃烧便宜汽油的便宜车。他们享受着现代科技带来的舒适,沉迷于电视,忙着帮助推动"婴儿潮"。

至少,中产阶级的白人是这样的。而非裔美国人仍然被隔离,陷入贫穷,在社交聚会中常常不受欢迎。为呼应19世纪的废奴主义者弗里德里克·道格拉斯(Frederick Douglass)的号召,美国黑人牧师马丁·路德·金领导的南方基督教领袖联盟(Southern Christian Leadership Coalition,简称SCLC)致力于结束种族隔离并"拯救美国的灵魂":要求实现不论肤色的公正、种族平等,并获得人人平等的经济机会。

从20世纪50年代起,马丁·路德·金就开始提倡并组织非暴力抵抗运动,多采取巴士抵制运动、游行和静坐抗议的形式,主要在南方开展。白人当局经常用水龙头和警棍来镇压这些抗议活动,示威游行有时演变成骚乱,但是随着1964年《民权法案》的颁布,美国黑人掀起了制定清除种族歧视的法律的浪潮,为建立一个更加公平和平等的社会奠定了基础。

与此同时,19世纪60年代见证了更深层次的社会动荡:摇滚乐引发了青少年的叛逆,1967年,"爱之夏"(Summer of Love)运动在旧金山的海特—阿什伯里(Haight-Ashbury)街区兴起,嬉皮文化进入美国主流社会。

1963年,约翰·F.肯尼迪总统在达拉斯遭到暗杀,1968年他的弟弟、参议员罗伯特·肯尼迪(Robert Kennedy)和马丁·路德·金也被暗杀。电视上越南战争中轰炸和残酷的场面进一步动摇了美国人对领袖和政府的信任,大规模的学生抗议活动应势而起。

承诺要"体面地结束战争"的理查德·尼克松(Richard Nixon)于1968年当选总统,但他却使美国的复杂情况进一步升级,甚至秘密轰炸了

> 在《黑人的灵魂》(*The Souls of Black Folk*, 1903年)中,曾推动全国有色人种协进会成立的杜波依斯详细描述了20世纪初美国所面临的政治和文化方面的种族困境。

1963年	1964年	1965~1975年	1969年
11月22日,约翰·F.肯尼迪总统在乘车经过得克萨斯州达拉斯的迪利广场时遭李·哈维·奥斯瓦尔德刺杀身亡。	国会通过《民权法案》,禁止基于种族、肤色、宗教、性别或国籍的歧视。这个法案最初由肯尼迪提出,是约翰逊总统的最高成就之一。	美国参加越南战争,支持南越对抗信奉共产主义的北越。战争中的死亡人数为:美军5.8万,越南人400万,老挝人和柬埔寨人150万。	美国宇航员登上月球,完成了肯尼迪总统在1961年许下的"不可能实现的"承诺。这一壮举最终在10年内实现,标志着美国和苏联之间的"太空竞赛"达到巅峰。

老挝和柬埔寨。随后,1972年水门事件被顽强的媒体披露:民主党办公室里被放置的窃听器与"狡猾的迪克"有关。受此影响,尼克松于1974年成为美国历史上第一个任期未满就被迫辞职的总统。

动荡的20世纪60~70年代也见证了性解放、妇女解放、同性恋者争取权利的斗争,还有因中东原油供应问题导致的能源危机。1962年雷切尔·卡森(Rachel Carson)出版了《寂静的春天》(Silent Spring)一书,警示美国工业已经造成了污染和病态的环境混乱。

里根、克林顿和布什

1980年,共和党的加利福尼亚州州长、曾当过演员的罗纳德·里根(Ronald Reagan)参加总统竞选,承诺使美国人再次恢复对国家的信心。平易近人的里根轻松获胜,他的当选标志着美国政治明显开始右倾。

里根想击败共产主义、恢复经济、解除对商业的管制并减少税收。针对前两项,他发起了历史上规模最大的和平时期军备竞赛,并迫使苏联跟进。双方都被搞得筋疲力尽,最终,苏联解体了。

军备开支和减少税收带来了数额巨大的联邦赤字,这个问题让里根的继任者乔治·H.W.布什(George HW Bush)受到了拖累。虽然在入侵伊拉克后于1991年解放了科威特,赢得了海湾战争的胜利,但他在次年大选中却被南方的民主党人比尔·克林顿(Bill Clinton)彻底打败。克林顿幸运地赶上了20世纪90年代由硅谷引领的高科技互联网繁荣时代,这似乎预示着建立在白领电信基础上的"新经济"时代的到来。美国经济消除了赤字,还有盈余,克林顿在任期间是美国最繁荣的时期之一。

2000年和2004年,乔治·H.W.布什的长子乔治·W.布什(George W Bush)当选总统,他所获得的票数优势极其微弱,选票分散似乎是国家内部裂痕在扩大的缩影。倒霉的小布什在位时,赶上了2000年高科技泡沫的破灭,但他还是下令减少税收,致使联邦的赤字比从前还大。他还支持自里根时代就开始的右翼保守派"反击"活动。

2001年9月11日,恐怖分子劫持飞机撞进纽约的世贸大厦和华盛顿的五角大楼。这一灾难性的攻击使得总统发表复仇誓言并宣布发动"反恐战争",这获得了美国人民的支持。布什领导下的美国很快袭击了阿富汗,但没有成功捕获基地组织的恐怖分子。接着,他在2003年进攻伊拉克并推翻了反美独裁者萨达姆·侯赛因(Saddam Hussein)。与此同时,伊拉克陷入内战。

历史 里根、克林顿和布什

怀疑政治的真实性?Factcheck.org是一个无党派、自称"拥护消费者"的网站,专门监测美国政客在辩论、演讲、访谈和在竞选广告中所做陈述的准确性。这是一个从夸夸其谈中寻找真相的资源,在选举期间使用起来特别方便。

1973年	20世纪80年代	1989年	20世纪90年代
在《罗伊诉韦德案》中,最高法院宣布堕胎合法化。时至今日,关于这一决定仍有争议和分歧,主张"选择权"与主张"生命权"的人互相对立。	新政时期的金融机构在里根总统时期被解除管制,他们用客户的储蓄和贷款进行赌博式投机,给政府留下了1250亿美元的账单。	建于20世纪60年代的柏林墙被推倒,标志着美国和苏联之间"冷战"的结束。美国成为世界上唯一的超级大国。	互联网于1991年在加利福尼亚州的硅谷首次亮相,进而领导了高科技互联网革命,重建了通信和媒体,而被高估的科技股也带动了大规模的繁荣(和随后的破产)。

随后，丑闻和失败不断，阿布格莱布监狱（AbuGhraib）的酷刑照片、卡特里娜飓风后联邦的滞后反应以及没有能力结束伊拉克战争的表现，使得布什的支持率在他第二个总统任期过半时跌到历史最低点。

奥巴马

2008年，迫切希望改变的美国人选举政治新人巴拉克·奥巴马（Barack Obama）为美国第一位非裔总统。显然，他面临着重重困难。毕竟，在经济上，这是前所未有的时期，美国正身处大萧条以来最大的金融危机中。这次金融危机始于2007年美国房地产泡沫的破灭，银行业很快受到波及，导致主要金融机构的崩溃。金融危机的冲击迅速蔓延至全球。到2008年，许多工业化国家都经历着这种或那种形式的经济衰退。

当美国人试图展望未来时，许多人却发现很难抛下过去。这并不奇怪，自10年前发动阿富汗战争和伊拉克战争后，新闻焦点不断变化，可"9·11"事件始终如影随形，直到2011年，在一次奥巴马总统亲自监督的机密行动中，海豹突击队突袭了奥萨玛·本·拉登在巴基斯坦的藏身之处，击毙了这个基地组织的主谋兼美国最大的公敌。

有关袭击的简要声明发布后，奥巴马的支持率上升了11%。然而经济依然不景气，2009年国会通过了8000亿美元刺激计划，但在许多美国人看来效果甚微。不过在经济学家看来，经济刺激政策确实减轻了经济衰退带来的打击，如果没有这一刺激计划，情况会更糟。

失业、抵押贷款估值过高，并且短期内看不到改善的希望，导致数以百万计的美国人觉得自己无所依靠，便集聚起来表达他们的愤怒，结果催生了一个政党——"茶党"，一群政治上持保守态度的共和党人。该党派认为奥巴马"左倾"得太厉害，而政府的施舍会阻碍经济发展，因此损害美国利益。高额的联邦开支和政府救助（对银行业和汽车行业），以及奥巴马里程碑式的2010年医改（被戏称为Obamacare）激起了他们的愤怒。

奥巴马医疗改革法案对这位总统而言是一次重大的胜利。该法案旨在将医保覆盖至更多的美国人，降低个人医疗成本，封堵以前允许保险公司拒保的漏洞。然而，2013年，当奥巴马重返白宫开始其第二个任期时，他不再像以前那样满怀希望和乐观。时过境迁，美国与世界上多数国家一样，不得不勉力渡过2007年全球经济危机爆发以来的艰难岁月。

到2016年，奥巴马成功地将失业率降到5%以下，但他在刺激萧条的经济方面成败参半。在其总统任期即将结束之际，他将注意力转向了自由主

关于著名总统的书籍

《华盛顿》[Washington, 罗恩·切尔诺（Ron Chernow）]

《托马斯·杰斐逊》[Thomas Jefferson, RB·伯恩斯坦（RB Bernstein）]

《林肯》[Lincoln, 戴维·赫伯特·唐纳德（David Herbert Donald）]

《马背上的早晨》[Mornings on Horseback, 大卫·麦卡洛（David McCullough）]

《桥》[The Bridge, 戴维·雷姆尼克（David Remnick）]

2001年	2003年	2005年	2008~2009年
9月11日，基地组织的恐怖分子劫持了4架商用飞机，其中2架撞向纽约世贸大楼，1架撞向五角大楼（第4架在宾夕法尼亚州坠毁），导致近3000人死亡。	在列举证据证明伊拉克拥有大规模杀伤性武器后，乔治·W.布什总统先发制人，发动战争，付出的代价是4000多美国人的生命和3万亿美元的开支。	8月29日，卡特里娜飓风席卷了密西西比河和路易斯安那海岸，冲击了维护不善的堤坝，洪水淹没了新奥尔良，造成1800多人死亡，经济损失估计超过1100亿美元。	巴拉克·奥巴马成为第一位非裔美国总统。由于美国主要金融机构管理不善，造成股票市场崩溃。危机蔓延到全球。

义和具有全球视野的事业,包括气候变化、环境保护、LGBT权益,以及与伊朗和古巴恢复邦交的谈判,这激起了右翼民粹主义的不满。奥巴马卸任之时,美国已经分裂成为泾渭分明的两派,一派坚信他的进步理想,另一派则觉得美国正被全球经济抛弃。

2016年大选和特朗普就任总统

2015年6月,地产大亨、电视真人秀《飞黄腾达》(*The Apprentice*)的前任主持人唐纳德·J.特朗普宣布将竞选总统。当时,许多人都视此举为一次炒作。可后面发生的一切只能用一场媒体大戏来形容:竞选活动旷日持久,新闻报道没完没了,最终,此前毫无从政经验的特朗普对阵前第一夫人、时任国务卿(2009~2013年)的希拉里·克林顿。特朗普精辟的言论和无所顾忌的傲慢无礼令其从一帮共和党初选候选人中脱颖而出,成为无可争议的头条新闻,而民主党方面的初选则早早地遴选出希拉里和民粹主义候选人伯尼·桑德斯(Bernie Sanders)。

特朗普对战希拉里的阵容一经宣布,一场争议不断的竞选随之开始。特朗普拒绝按照总统候选人的惯例公开自己的纳税记录。10月7日,一段《走进好莱坞》(*Access Hollywood*)节目的录音被曝光,录音中特朗普承认自己冒犯女性。而希拉里的对手们则不断提起班加西事件,以及她与华尔街的关系。大选前一周,FBI局长詹姆斯·科米(James Comey)在给国会的信中宣称,希拉里·克林顿违反安全建议,存放于私人处理器的电子邮件仍在接受调查,激起人们关于希拉里的阴谋论说法。但希拉里在民意测验中依旧领先。大选当晚,全国都在准备欢庆美国第一任女性总统的诞生。希拉里确实赢得了普选,但选举人团的数据却对她不利。11月9日清晨,她发表了极具感染力的败选演讲,其中提到"所有正在观看演讲的年轻女性,永远不要怀疑自己的价值和能力,不要怀疑自己配得上在这个世界上得到的每个追求并实现梦想的机会"。

特朗普则在胜选演说中宣布"我将成为所有美国人的总统",尽管对于很多人来说,特朗普对美国人的定义并不明确。实际上,不确定性似乎成为特朗普总统任期的决定性特质。他上任的头一百天,丑闻和争议就持续不断;其间,美国民主的完整性在公共机构和私营企业之间的利益冲突中受到挑战。公众抗议很快成为社会政治格局的典型特征,首先爆发的是就职仪式第二天的女权大游行,这是美国有史以来规模最大的单日示威游行,据估计有400万人参加,覆盖全国653座城市。

> 如果说历史就是关于党派的事,那么霍华德·津恩(Howard Zinn)在《美国人民史》(*A People's History of the United States*,1980年出版,2005年再版)中清楚地表达了他的政治倾向,书中讲述了经常被忽视的劳动者、少数民族、移民、女性和激进分子的故事。

2012 年	2013 年	2015 年	2016 年
飓风"桑迪"摧毁了东海岸,成为美国历史上损失(650亿美元)位居第二的飓风。100多名美国人(在其他国家还有200人)丧生。	美国国家安全局的前雇员爱德华·斯诺登泄露机密信息,披露美国情报机构所进行的有关监控美国公民和盟友通信的秘密项目,巨大的丑闻爆发。	美国高等法院做出历史性裁定,承认同性婚姻合法,同性伴侣在美国所有50个州都享有结婚的权利。	政治局外人唐纳德·特朗普乘着民粹主义之势,出人意料地战胜对手希拉里·克林顿,入主白宫。希拉里·克林顿在普选中以将近300万的票数领先,却在选举人团投票中惜败于特朗普。

生活方式

身为世界大熔炉,美国的文化和信仰丰富得惊人。这个国家的多样性来自其丰富的移民历史。不过,到了今天,区域差异(东海岸、南部、西海岸和中西部)同样举足轻重。宗教、体育、政治,当然,还有社会经济背景,无不在塑造立体的美国形象中起着重要的作用。

多元文化

建国伊始,美国就被称为"大熔炉",意指外来人口涌来,融入既有的美国社会结构。不过,这个国家并不完全是这样的。一方面,它以多元化著称(五月五日节、马丁·路德·金纪念日和中国的春节各行其道);另一方面,许多美国人更喜欢维持现状。

移民是问题的关键。移民目前大约占美国总人口的13%。每年约有140万国外出生的人合法进入美国,他们主要来自印度、中国和墨西哥。另外,美国境内还生活着1090万左右的非法移民。这个问题让美国人紧张,特别是当它被政治化的时候。

近20年来,"移民改革"已成为华盛顿的口头禅。有人认为国家针对非法移民的现行制度过于仁慈——边境应当竖起更高的围墙,非法移民应当被驱逐出境,雇用非法移民的雇主应当受到处罚。而另一些美国人则认为如今的规定太过严厉——已经在美国工作多年、对社会做出了贡献且遵纪守法的移民应当获得赦免,或者,他们可以缴纳罚款,填写公民申请表,然后继续和家人生活在这里。尽管几经尝试,但国会仍未能通过一个广受认可的全面解决方案来解决非法移民问题,不过倒是有各种各样加强执行力度的措施出台。

在对多元文化的接受程度方面,年龄因素起到了很大作用。根据皮尤研究中心(Pew Research Center)最近的一项调查显示,美国人中只有不足半数的老年人认为移民有助于增强国力,但18~35岁的人群中则有超过75%的人持同样的观点。在一个类似的调查中,65岁以上的老人中有30%的人不能接受白人和非裔美国人结婚,而30岁以下的年轻人中持同样观点的仅占4%。

很多人认为,巴拉克·奥巴马当选总统是美国多元文化成就的证明。这绝不单纯来自奥巴马的个人经历(母亲是白人,父亲是黑人,拥有穆斯林名字,曾在夏威夷、印度尼西亚和芝加哥等多元文化环境中生活),也不因为他是第一位拥有国家最高权力的非裔美国人(就在不久以前的20世纪60年代,黑人在某些地区甚至还没有选举权),而是因为不同种族、不同信仰的美国人以绝对优势的票数选择了这个自嘲为"笨蛋"的人,并拥护他所倡导的多元化和变革。

> 美国的西班牙语人口数量为世界第二,仅次于墨西哥,刚好在西班牙之前。拉丁裔是美国增长速度最快的少数民族。

越来越多的美国人在有组织的信仰之外找到他们的精神寄托。宣称"没有信仰"的人如今约占21%。其中一些人（约7%）完全没有宗教信仰，但大多数人仍然有精神上的信仰，只是不在传统范畴内。

宗教

当清教徒（美国的早期移民，他们为躲避宗教迫害从欧洲的家乡逃出来）来到新大陆，他们坚信他们的新国家将包容各种宗教。他们极其珍视宗教信仰的自由，因此拒绝将自己的新教信仰变为国教，甚至不允许政府鼓吹任何一种宗教或信仰，使其凌驾于其他之上。政教分离成为这个国家的法律。

如今，在这个由他们亲手建立的国家中，新教徒渐渐成为少数派。据皮尤研究中心的调查显示，新教徒的数量已经稳步下降到50%以下。与此同时，其他宗教信仰保持着它们的地位，信徒的数量正在上升。

这个国家正处在特殊的宗教信仰流动时期。皮尤研究中心的调查显示，41%的美国成年人放弃儿时教派，皈依了另一种宗教、另一种信仰或变得根本没有信仰。一个"宗教选购"的独特时代已然来临。就地理分布来看：美国最大的天主教地区正从东北部向西南部转移，南部福音派信徒最多，西部则有更多的无宗教信仰人士。

总之，美国最突出的宗教分歧不在教派之间，更不在教徒与怀疑论者之间，而是存在于正统派基督教徒和各种宗教内的改革派之间。大多数美国人并不关心你是天主教徒、圣公会教徒、佛教徒还是无神论者，他们只关注你对流产、避孕、LGBT权利、干细胞研究、进化论教义、在校祈祷者和宗教圣像的官方展示的看法。美国的宗教右派（基督教福音派的俗称）已经把这些话题置于中心位置，并有效地借助政治力量将传统的道德观念变为法律条文。这种努力引发了大量诉讼，考验着这个国家政教分离的原则。这种分歧仍然是美国最大的文化战争之一，并几乎一直在政治，尤其是选举方面，扮演着重要的角色。

生活方式

美国是全世界生活水平最高的国家之一。中等家庭年收入约为56,500美元，但各地区有差异（中大西洋地区、东北部和西部收入较高，南部较低）。不同种族的工资也有差异，非裔和拉丁裔美国人的收入要少于白人和亚裔的收入（最近的人口普查数据显示，上述种族的年平均收入分别为

了解你的世代

美国文化通常按年龄分组。在这里，我们会帮助你快速了解和区分各个世代。

婴儿潮：生于1946~1964年。"二战"结束后，美国士兵返回家乡后忙于恋爱、结婚、生子，因此出生率猛增（"婴儿潮"一词由此而来）。这个时代出生的人年轻时勇于探索，喜欢表现自我并积极参与社会活动，人到中年后生活富足。

X一代：生于1965年至20世纪80年代初。其特征在于否定"婴儿潮"一代的价值标准，以及怀疑论和疏离感。

千禧一代：出生时间为20世纪80年代初至90年代末。以傲慢、自信著称，他们是第一批伴随着互联网成长起来的美国人。他们与iPod、手机短信、在线聊天和社交网站一起长大，尚未完全定型，也是当前美国最主要的一代人。

Z一代：出生于21世纪00年代。可以称他们为"自拍一代"或"赞一代"。如今的这些孩子从未经历过没有互联网的世界，他们在社交媒体上的互动多过面对面交流。

$37,000、$45,000、$63,000和$77,000)。同样,男性和女性之间的工资差距仍在持续,女性收入约为男性收入的80%。

差不多90%的美国人完成了高中学业,其中34%的人继续升学,从大学毕业并拿到四年制本科学位。

美国家庭多为双亲家庭,而且夫妇俩都有工作。单亲家庭占23%。半数以上的全职员工每周工作40个小时以上。离婚现象十分普遍,大约40%的初婚都以失败告终。但在过去的30年里,离婚率和结婚率都有所下降。尽管离婚率很高,但美国人每年在婚礼上的开支却高达550多亿美元。平均一个美国家庭有两个孩子。

疾病控制中心(Centers for Disease Control,简称CDC)的资料显示,尽管许多美国人有定期去健身房、散步、骑自行车或慢跑的习惯,但仍有超过50%的人闲暇时完全不锻炼。健康研究人员推测,这种缺乏锻炼并且爱吃含糖和多脂肪食物的生活方式会导致肥胖症和糖尿病的患病率不断升高。疾病控制中心宣称,有超过2/3的美国人超重,其中1/3的人患有肥胖症。

约25%的美国人志愿帮助别人或做好事。国家和社区服务公司(Corporation for National and Community Service)的资料显示,中西部的志愿者比例最高,其次分别是西部、南部和东北部。生态意识已成为主流,超过75%的美国人能在家中做到资源回收利用,包括沃尔玛在内的大多数大型连锁杂货店现在都销售有机食品。

美国人喜欢短途旅行。仅有超过1/3的美国人拥有护照,所以大部分人会选择在50个州内度假。美国商务部旅行和旅游业办公室的资料显示,墨西哥和加拿大是美国人出国度假的首选,其次为英国、多米尼加共和国、法国、意大利和德国。美国被称为"不休假的国家",很多工人只有5~10天的带薪年假,这也是很多人不喜欢出门的原因。

体育

真正将美国人团结在一起的是体育运动。无论是保守派还是自由派,已婚或单身,摩门教徒或无信仰者,周一所有人都会在办公室谈论各自喜欢的球队周末的表现。

这里全年都有体育赛事和活动。春、夏两季几乎每天都有棒球比赛,秋、冬两季的周末或周一晚上如果没有橄榄球赛,会让人感觉不对头。在漫长冬季的日夜,篮球赛事能让人们保持兴奋。这是美国的三大体育运动。近年来,赛车和美国职业足球大联盟(Major League Soccer,简称MLS)也吸引了越来越多的爱好者。而以前只在北方受欢迎的冰球在全国各地都流行起来,2000年后加利福尼亚州的球队和其他南方球队赢得了5次斯坦利杯(Stanley Cup)。

棒球

尽管被球员高薪以及大球星服用兴奋剂的新闻所困扰,棒球仍是美国的国民消遣。也许不能要求棒球的收视率(以及由此产生的广告收入)和橄榄球的一样高,但其整个赛季有162场棒球比赛,橄榄球却只有16场。

另外,棒球比赛不适合通过电视收看,一定要去现场:阳光灿烂的某

美国全国公共广播电台(简称NPR)的主持人特里·格罗斯(Terry Gross)采访了各行各业的美国人,从摇滚明星、环保主义者到核科学家,不一而足。可登录www.npr.org/freshair在线收听。

主要体育网站

棒球(www.mlb.com)

橄榄球(www.nfl.com)

篮球(www.nba.com)

赛车(www.nascar.com)

各州各性格

得益于"个性地理"（The Geography of Personality）调查，美国各区域给人的固定印象现在有了可靠的数据支持。调查人员审阅了50多万份来自美国公民的个性评估，然后看一下地图上哪个地方的某种特点最多。结果表明，"友好的明尼苏达州"名副其实，最"令人愉快的"州集中在五大湖区、大平原和南部地区，这些地区在友善和乐于合作方面位居榜首。哪些州最神经质呢？它们集中在东北部。不过纽约并没有如你所想的那样拔得头筹，夺得桂冠的是西弗吉尼亚州。许多最"开放的"州集中在西部。加利福尼亚州、内华达州、俄勒冈州、华盛顿州因容易接受新思想而排名靠前，但还是位居华盛顿和纽约之后。最"本分"和最"自律"的州位于大平原和西南部，以新墨西哥州为首。想想看吧。

一天，在棒球场上，喝着啤酒，吃着热狗，坐在露天看台上，沉浸在第7局的比赛中，整个球场里球迷齐声大合唱《带我去看棒球赛》（*Take Me Out to the Ballgame*）。每年10月的总决赛总是激动人心，冠军常常出人意料。纽约扬基队、波士顿红袜队和芝加哥小熊队即使状态糟透了，也仍然是美国人最喜爱的球队。

棒球的票价相对便宜，多数体育场的看台票价平均约为$15，多数赛事的门票也都不难买到。棒球乙级联赛的票价还要便宜一半，反而更有意思——观众拿着鸡块和热狗满场飞奔，在投手区疯狂扔球。欲了解更多信息，可浏览网站www.milb.com。

橄榄球

橄榄球运动关乎大块头、强体力和滚滚金钱。虽然与其他主要的体育运动相比，橄榄球的赛季最短，场次最少，但每场比赛都是一场壮观的战役，结果至关重要，而一次不幸受伤就可能使球队一败涂地。

橄榄球也是最艰苦的运动，因为其赛季多在秋冬时节，有时比赛会遭遇雨、雪或雨夹雪。几场历史上最著名的赛事都是在零度以下的天气里进行的。天气恶劣时，绿湾包装工队（Green Bay Packers）球迷的装束可谓独树一帜。他们的体育场在威斯康星州，被称为朗博场（Lambeau Field），是声名狼藉的"冰碗"（Ice Bowl）的举办地——1967年，绿湾包装工队与达拉斯牛仔队（Dallas Cowboys）进行冠军争夺赛期间，气温骤降至-13℉（-25℃）。请注意，其风寒指数达到了-48℉（约-44.4℃）。

广受欢迎的超级碗（Super Bowl）是职业橄榄球冠军赛，通常于1月末或2月初举行。包括玫瑰碗（Rose Bowl）和橘子碗（Orange Bowl）在内的各种"碗"都是大学生橄榄球冠军赛，在新年前后举行。

篮球

现在，球迷最多的篮球队有芝加哥公牛队（得益于迈克尔·乔丹持久不衰的影响力）、底特律活塞队（球员性格粗暴，总是发生骚乱）、克利夫兰骑士队、圣安东尼奥马刺队以及在2000~2010年5次夺得总冠军的洛杉矶湖人队。萨克拉门托国王队和波特兰开拓者队虽然没有什么名气，但也有其忠实的球迷，这些城市都是举办球赛的好地方。

高校篮球赛也吸引了无数的球迷，特别是每年"疯狂3月"来临的时

就连高校和高中橄榄球比赛都有盛大壮观的仪式，有啦啦队、仪仗队、吉祥物、歌曲、赛前和赛后严格的仪式，特别是赛后仪式——在比赛场地的停车场上举行的啤酒和烧烤盛宴。

候。一系列的大学总决赛在最后四支球队争夺冠军时达到高潮。灰姑娘般的童话和出乎意料的结果不时上演，其精彩刺激的程度可与职业联赛相媲美。电视台大量转播赛事，人们纷纷打赌——这正是拉斯维加斯赌博经纪人大赚一笔的时候。

政治

没有什么比在交谈时插入老派的政治讨论更无趣的了。许多美国人在党派和意识形态方面有着相当顽固的想法，而共和党和民主党的鸿沟好似大峡谷一样难以逾越。以下是一份美国主要政党和他们在当今主要话题上所持立场的速览清单。

由于雇员闲聊比赛、投注以及在线购买新电视，超级碗大赛（The Super Bowl）给美国带来的工作效率损失达10亿美元。不过，这依然低于很多人关注NCAA篮球联赛的"疯狂3月"，这期间的损失估计为21亿美元。

共和党

共和党被称为GOP[Grand Old Party（老大党）的缩写]，该党派认同联邦政府限权理念，也赞同财政保守主义：减税、私有化和降低政府开支是通向繁荣的道路。历史上，共和党人是环境保护的有力支持者：西奥多·罗斯福是著名的环保人士，曾经帮助建立了国家公园体系；尼克松在1970年成立了环境保护局。然而，最近共和党人对于环境监管已经开始袖手旁观，尤其是在特朗普政府执政时期。气候变化仍然是热门话题：55%以上的共和党人和国会中逾72%的共和党参议员否认其基本理念。资深国会议员詹姆斯·英霍夫（James Inhofe）就是其中一个。他是环境和公共工程委员会的资深成员，也是《最大骗局：全球变暖的阴谋如何威胁你的未来》（*The Greatest Hoax: How the Global Warming Conspiracy Threatens Your Future*）一书的作者。共和党内也有一支原教旨主义者，相信神创论并恪守《圣经》的经文。共和党人也认同社会保守主义，尊崇家庭和教会的价值，通常反对同性婚姻、堕胎和跨性别者的权利。共和党在南部和大平原地区支持率最高。

民主党

民主党信奉自由和进步。大多数民主党人的榜样是富兰克林·罗斯福，他的新政（即为失业者创造政府就业机会且监管华尔街）因局部结束了大萧条而备受称赞。民主党认为，在调节经济以帮助保持低通货膨胀率和低失业率、建立累进的税收结构以减少经济不平等方面，政府应发挥积极的作用。他们也有强大的社会议题，支持政府在减除贫困、维护社会安全网络、创造保障所有公民权利和政治权利及医疗保健制度方面扮演积极的角色。总体而言，民主党支持堕胎权利和同性婚姻，并相信资助替代性能源的开发可以应对气候变化。就后一点而言，大多数民主党员都绝无异议。民主党在大城市和东北部根基牢固。

每周有约350万美国人收听怀旧电台节目《牧场之家好做伴》（*A Prairie Home Companion*，又译为《草原一家亲》《大家来我家》），节目目前由曼陀林弹奏家克里斯·梯勒（Chris Thile）主持。登录www.prairiehome.org可在线收听现场音乐、幽默短剧和广播剧。

美洲原住民

虽然现在的美洲原住民人口仅占哥伦布发现美洲大陆前的一小部分,但仍然有562个部落,共300多万人,使用着约175种语言,居住在美国各个区域。毫无意外,北美的原住民群体极其多样化,有着各自独特的风俗习惯和信仰,其中一部分是受其居住环境的影响——因纽特人居住在阿拉斯加严寒的冻土地带,许多部落则生活在干旱的西南山区。

始终要遵守保留地的规矩。大多数部落禁酒。拍照或绘画前先征求意见;如果获得允许,支付小费是一种礼貌行为,而且他们经常有此期望。采用对待宗教仪式的态度对待庆典;礼貌观看,着装得体。探讨宗教信仰以前先行询问,尊重每个人的立场。沉默倾听表示尊敬。

部落

切罗基族、纳瓦霍族、齐佩瓦族和苏族是美国本土48州(阿拉斯加州和夏威夷州除外)里最大的部落群体之一。其他著名的部落包括乔克托族(原先居住于密西西比河谷的丘堆民族后裔)、阿帕奇族(一个游牧式的狩猎—采集部落,曾激烈反抗强制迁移)和霍皮族(渊源可追溯至2000年前的一支普韦布洛人)。

从文化的角度来说,美国原住民部落今天要解决的问题是:在当代美国保护他们的传统免受侵蚀,维持他们的土地免遭进一步开发,同时谋求繁荣昌盛,以及在维持部落认同感和神圣感的同时,使他们的人民摆脱贫困。

切罗基族

切罗基族(www.cherokee.org)最初居住在占地8000多万英亩的一片区

美洲原住民的艺术和手工艺品

从前哥伦布时期的岩画艺术,到当代多媒体作品,美洲原住民丰富的艺术传统大概需要一本百科全书才能尽述。

美洲原住民的艺术和手工艺品不仅供日常生活使用,还用于仪式中,承载着社会和宗教意义,将如此多样化的传统紧密连接在一起。所有的图案和符号都有其含义,这也为人们理解美洲原住民的内在提供了一个窗口。祖尼人的神明雕刻、纳瓦霍族的地毯图案、西南部普韦布洛人的陶器、苏族人的珠饰、因纽特人的雕塑以及切罗基族和夏威夷人的木雕便是如此,而这些只是其中的寥寥数例而已。

自20世纪中叶,尤其是20世纪60年代的民权运动和70年代的文化复兴之后,当代美洲原住民在保护传统文化之外,还运用雕塑、绘画、纺织品、电影、文学和表演艺术来反映和批判现代性。贝罗(Berlo)和菲利普(Phillips)的《北美原住民的艺术》(*Native North American Art*)介绍了北美各种各样的原住民艺术。

许多部落在美洲原住民保留地的大城镇里经营手工艺品商店和艺术馆。Indian Arts & Crafts Board(www.iacb.doi.gov)在网上列出了各州原住民经营的艺术馆和商店(点击"Source Directory"查阅)。

域内，包括南部的大片地区（如田纳西州、弗吉尼亚州、北卡罗来纳州和肯塔基州）。然而，自1830年被强行迁移到密西西比河以东后，切罗基人现在主要居住在俄克拉何马州（有20多万切罗基人安身于此）。自1839年以来，塔勒阔（Tahlequah）成为切罗基的首府。

切罗基社会起初是母系社会，孩子随母亲的血统。和其他一些原住民部落一样，切罗基人认为有7个基本方向：北、南、东、西以及上、下和中心（或内）。

纳瓦霍族

纳瓦霍族的保留地（www.discovernavajo.com）是迄今为止美国最大、人口最多的保留地，也叫作"Navajo Nation"和"Navajoland"，覆盖了亚利桑那州、新墨西哥州和犹他州的一部分，共占地1750万英亩（27,000多平方英里）。

纳瓦霍族曾是让人生畏的游牧民族和勇士，他们与普韦布洛人做交易，却又突袭他们，也曾与外来者和美国军队战斗。他们大方地向其他民族学习，从西班牙人手里获得绵羊和马匹，向普韦布洛人学习陶艺和编织，向墨西哥人学习制作银器。今天，纳瓦霍族以其地毯、陶器、镶银的首饰以及用于治疗仪式的精美沙画而闻名。

齐佩瓦族

虽然齐佩瓦或奥吉布韦是这一部落常用的名称，但其族人更愿意被称作"艾尼施纳比"。他们居住在明尼苏达州、威斯康星州和密歇根州。传说齐佩瓦族曾经生活在大西洋海岸，用了500年的时间逐渐向西迁徙。传统上，他们靠捕鱼、狩猎以及种植玉米和南瓜为生。而（划着独木舟）收获野生稻至今仍是一项重要的民族传统。

苏族

像易洛魁人一样，苏族不是一个部落，而是三个大部落（及不同的分支）的组合，各部落持不同的方言，但同属一种亚文化。欧洲人到来以前，他们生活在今天北美的东北部，到1800年时已经缓慢地迁移到了大平原地区。苏族人是土地的强硬捍卫者，为保护领土进行过多次战争，然而，对水牛（他们赖以生存的动物）的大屠杀最终成为迫使他们离开自己土地的最重要原因。今天，他们居住在明尼苏达州、内布拉斯加州、北达科他州和南达科他州——在南达科他州有全国第二大的、占地200万英亩的松树岭保留地（Pine Ridge Reservation）。

大事年表

700~1400年
在中美洲以外，北美古代最大的城市卡霍基亚在其全盛时期人口达到1万至2万。1400年，这座城市遭到废弃，原因不明。

1831年
1830年颁布的《印第安人迁移法案》迫使切罗基族和其他部落放弃了密西西比河以西地区的家园。数以千计的人死在1000英里长的"血泪之路"上。

1876年
拉科塔酋长西汀·布尔在小比格霍恩战役中击败了卡斯特，这是美洲原住民在保护土地的努力中最后获得的军事胜利之一。

1968年
"美国印第安运动"组织成立。该组织通过抗议、游行和示威，使得人们开始关注边缘群体。

1975年
尼克松总统通过了《印第安自决法案》，赋予印第安人管理应用于本地事务的联邦经费的权利。

2011年
第一个美国原住民电视台FNX成立，播放印第安人的电影、纪录片、儿童节目等。

2016年
立岩印第安保留地（Standing Rock Indian Reservation）发布禁令，中止修建1172英里长的达科他输油管道（Dakota Access Pipeline）。

美洲原住民 部落

艺术与建筑

百老汇巡回音乐演出或丰富多彩的好莱坞电影使美国人对娱乐活动的热爱有目共睹。从最大牌的艺人到古怪的艺术家、隐居的小说家、后现代的舞蹈家和打破常规的建筑师,美国人对全世界的文艺圈产生了巨大的影响。地理和种族是促使各种地方主义求同存异、实现融合的关键因素。

电影

好莱坞和美国电影几乎不可分割。好莱坞作为美国标志的地位绝对不输白宫,它正日益成为国际化的影院和电影文化的产物。这种演变在一定程度上是纯商业化的:好莱坞电影制片厂是跨国公司的样板,投资给那些能带来最大收益的人才,不论他们来自哪里。

这种演变也是富有创造力的。好莱坞明白,如果制片厂不能将全世界的电影人才收至囊中,他们就会落伍。合作是好莱坞惯用的策略,近来更是用这种策略对抗20世纪90年代由《性、谎言和录像带》(*Sex, Lies, and Videotape*)和《落水狗》(*Reservoir Dogs*)等本土电影引领的独立电影运动,应对富有创新精神的欧洲进口片带来的挑战。事实上,更主要的原因是大部分美国观众仍然坚定不移地漠视外国电影。

顶尖美国摄影师
安塞尔·亚当斯
沃克·伊万斯
曼·雷
阿尔弗雷德·斯蒂格里茨
理查德·埃夫登
罗伯特·弗兰克
多萝西·兰格
辛蒂·舍曼
爱德华·韦斯顿
戴安·阿勃丝
李·弗里德兰德

电视

20世纪,把电视定义为近代的主流媒体可能还具有争议。在其短暂的历史中,电视已经成为美国社会争论最热烈的一大文化战场,因为它催生了包括肥胖症患者的猛烈上升、注意力持续时间缩短和学校考试成绩骤然下降等一大堆社会问题,并因此而备受指责。美国人依然观看大量的电视节目(如果你相信常受吹捧的数据,是每周34小时),但他们所看的内容不尽相同,有人通过网飞(Netflix)和亚马逊金牌服务(Amazon Prime)这类供应商的流媒体平台追他们最喜欢的节目。

数十年来,评论家一直讽刺电视节目档次低,电影明星也不会上电视献丑。但几乎从电视节目出现伊始,就有剧本出色且发人深省的节目。20世纪50年代,原创电视剧《我爱露西》(*I Love Lucy*)的播出颇具开创性:它是第一部在现场观众面前拍摄的电视剧,剪辑后播放,开创了节目联合制作之先河。它构建了情景喜剧的模式,故事围绕着一桩不同种族婚姻中一位活泼的女喜剧演员露西尔·鲍尔(Lucille Ball)展开。

确实,无论是凭借艺术价值还是文化和政治上的重要性,"好"的美国电视节目已经存在很长一段时间了。20世纪70年代的《全家福》(*All in the Family*)通过卡罗尔·奥康纳(Carol O'Connor)饰演的顽固大家长

银幕女性

被男性统治多年的影视行业终于为女性主导的项目腾出了空间。莉娜·杜汉姆(Lena Dunham)、敏迪·卡灵(Mindy Kaling)和蕾切尔·布鲁姆(Rachel Bloom)等既有创意又有才华的女性成为制作并出演一流电视节目的主角。全部由女性(及非裔美国人)主演的《隐藏人物》吸引了无数热情的电影观众。或许这种变化是女性超级英雄出现的最终体现,从电视上的《女超人》(Supergirl)和《杰西卡·琼斯》(Jessica Jones)到第一部由女性执导并在北美周末首映中收获一亿美元以上票房的电影《神奇女侠》(Wonder Woman)等。

Archie Bunker的形象,对偏见进行了深刻的剖析。类似的还有1975年首次推出的系列喜剧《周六夜现场》(Saturday Night Live),该剧以其颠覆性的、带有政治色彩的幽默引发社会热议。

20世纪80年代,录像机将电影带入美国家庭,由于这种媒介淡化了大屏幕电影和小屏幕电视之间的差异,好莱坞接触电视的耻辱感慢慢消失了。这十年也见证了《黄金女郎》(Golden Girls)这类电视剧的崛起。《黄金女郎》是一部幽默喜剧,主角是四名生活在迈阿密的退休妇女,探讨衰老和死亡的主题(以及老年人的性这类更禁忌的话题)。该剧获得了广泛好评和商业成功。

20世纪90年代,电视观众喜欢不落俗套、无拘无束、波折诡谲的电视剧《双峰》(Twin Peaks),它催生了一大批《X档案》(The X-Files)这样具有刺激性的另类电视剧。

现在最流行的电视节目是前卫的长篇叙事系列剧,还有低成本、"无剧本"的真人秀电视节目,开拍于2000年的《幸存者》(Survivor)是这类节目的发端之作,《美国之声》(The Voice)、《与星共舞》(Dancing with the Stars)、《天桥骄子》(Project Runway)和《与卡戴珊姐妹同行》(Keeping Up with the Kardashians)等节目活跃至今,有的越来越好,有的却日薄西山。

随着有线电视成为大胆和创新节目的前线,过去十年间的有线电视节目已经被证明是美国观众(以及世界各地收看美国电视的人们)看到过的最引人入胜且令人难忘的节目。网飞(Netflix)、亚马逊(Amazon)和葫芦网(Hulu)等流媒体平台以及AMC和HBO等有线电视平台出品了无数备受推崇的剧集,包括《广告狂人》(Mad Men,此剧关注的是20世纪60年代纽约广告高管的滑稽行为)、《波特兰迪亚》(Portlandia,关于俄勒冈亚文化的讽刺剧)和《绝命毒师》(Breaking Bad,一名身患绝症的高中老师开始制作冰毒以维护他的家庭财产的故事)。最近大受欢迎的剧包括《透明家庭》(Transparent;关于一个拥有变性父母的家庭故事)、《亚特兰大》[Atlanta;唐纳德·格洛弗(Donald Glover)主演的喜剧]、《怪奇物语》[Stranger Things;发生在20世纪80年代的超自然传说,让人想起《七宝奇谋》(The Goonies)]和《使女的故事》[The Handmaid's Tale;根据玛格丽特·阿特伍德(Margaret Atwood)1985年小说改编的关于不久的未来即将出现的可怕世界的故事)。而且还有很多从前被取消的电视剧如今起死回生,但结果各异,包括《吉尔莫女孩》(Gilmore Girls)、《双峰》(Twin Peaks)、《欢乐满屋》(Full House)和《X档案》(X-Files)。

文学

美国最初通过文学阐述了自己的愿景。独立战争前,这片大陆上的居民大多自认为英国人,独立之后,形成美国人的民族话语已成迫切之需。但直到19世纪20年代,作家们才开始探讨只在美国生活中存在而在欧洲没有的两个方面:蛮荒之地和边疆体验。

詹姆斯·费尼莫尔·库珀(James Fenimore Cooper)的小说《拓荒者》(*The Pioneers*, 1823年)被称为第一部真正的美国文学作品。在库珀的"普通人"的幽默和个人主义中,美国人第一次找到了自己。

拉尔夫·沃尔多·爱默生(Ralph Waldo Emerson)在随笔《论自然》(*Nature*, 1836年)中阐述了相似的观点,但他更偏向于从哲学和精神的角度出发。爱默生认为自然如《圣经》一样,朴素明了地反映了上帝对人的指示,个体通过理性思考和自力更生就能够理解这些指示。爱默生的作品成为超验主义的核心思想,在亨利·大卫·梭罗(Henry David Thoreau)的作品《瓦尔登湖》(*Walden*, 又名 *Life in the Woods*, 1854年)中得到了呼应。

这一时期重要的文学作品还包括赫尔曼·梅尔维尔(Herman Melville)的巨作《白鲸》(*Moby Dick*, 1851年)和纳撒尼尔·霍桑(Nathaniel Hawthorne)的《红字》(*The Scarlet Letter*, 1850年),后者对保守的新英格兰黑暗的一面进行了拷问。传奇诗人艾米莉·迪金森(Emily Dickinson)的作品结构紧密,婉转低回,却直到1890年才首次出版,那时她已去世4年了。

南北战争及以后

对普遍的人性和自然的歌颂,在沃尔特·惠特曼(Walt Whitman)的笔下达至顶峰,他的诗集《草叶集》(*Leaves of Grass*, 1855年)标志着美国文学愿景的实现。惠特曼不拘一格、直接而叛逆的自由诗是对个人主义、民主、朴实精神以及乐观主义的赞歌,体现了新的国家精神和时代脉搏。

废奴主义者哈里特·比彻·斯托夫人(Harriet Beecher Stowe)受争议的小说《汤姆叔叔的小屋》(*Uncle Tom's Cabin*, 1852年)描述了奴隶制度下非裔美国人的生活,带有基督教浪漫主义的色彩,同时充满了现实主义元素,点燃了奴隶制"大辩论"双方的激情,这场争论不久后便引发了南北战争。

南北战争(1861~1865年)后,出现了两种长盛不衰的文学思潮:现实主义和地方主义。地方主义尤其受到19世纪末西部地区迅猛发展的推动。小说家杰克·伦敦(Jack London)将他的冒险经历以连载的方式刊登在《星期六晚间邮报》(*Saturday Evening Post*)等畅销出版物上。

不过,真正界定了美国文学的,是萨缪尔·克莱门斯(Samuel Clemens, 即马克·吐温)。马克·吐温在《哈克贝利·费恩历险记》(1884年)里清晰地界定了个人自我发现之旅这种经典的美国叙事方式。哈克和吉姆的形象至今依然挑战着美国社会:一个是贫穷的白人少年,一个是逃跑的黑奴,游离于社会准则之外,沿着密西西比河一起漂向不确定的未来。马克·吐温行文通俗,偏爱"荒诞不经的故事",善用讽刺、幽默甚或荒诞的手法,而他平易近人的"反知识分子"姿态更令他受到普通读者的拥戴。

一度在美国被禁的书

《上帝在我心中》,朱迪·布卢姆

《蝇王》,威廉·戈尔丁

《1984》,乔治·奥威尔

《麦田里的守望者》,J.D.塞林格

《哈克贝利·费恩历险记》,马克·吐温

《紫色》,爱丽斯·沃克

幻灭和多样性

以第一次世界大战和新兴的工业化社会中的事件作为艺术素材，美国文学在20世纪初形成了自己的特色。

许多美国作家流亡至欧洲，他们被称为"迷惘的一代"，其中最著名的是欧内斯特·海明威（Ernest Hemingway）。海明威的小说诠释了那个时代，其简洁、风格显著的现实主义文风经常被模仿，但从未被超越。巴黎文学沙龙中的其他知名美国作家包括现代主义作家格特鲁德·斯泰因（Gertrude Stein）和埃兹拉·庞德（Ezra Pound），以及激烈挑战传统观念的亨利·米勒（Henry Miller），后者的半自传体小说在巴黎出版，却被美国认定为内容淫秽而遭禁，直到20世纪60年代才在美国面世。

F.斯科特·菲茨杰拉德（F Scott Fitzgerald）在小说中剖析了东海岸社会生活的内幕。约翰·斯坦贝克（John Steinbeck）成为西部乡村贫穷的劳动人民，特别是大萧条时期劳动人民的伟大代言人。威廉·福克纳（William Faulkner）通过充满黑色幽默的散文，审视南部社会的裂痕。

在两次世界大战之间，一些非洲裔美国知识分子和艺术家以他们的文化为骄傲，动摇了种族偏见。其中最为著名的作家当属诗人兰斯顿·休斯（Langston Hughes）和小说家佐拉·尼尔·赫斯顿（Zora Neale Hurston）。

第二次世界大战后，美国作家描述了日益尖锐的地域和种族差异问题，热衷于文体实验，常常尖刻地批判保守的美国中产阶级价值观。20世纪50年代，杰克·凯鲁亚克（Jack Kerouac）、艾伦·金斯堡（Allen Ginsberg）和劳伦斯·费林盖蒂（Lawrence Ferlinghetti）等"垮掉的一代"作家，像莫洛托夫鸡尾酒（即土制燃烧弹）一样袭进了郊区中产阶级的奢侈生活里。同时，小说家J.D.塞林格、肯·凯西（Ken Kesey）、俄罗斯移民弗拉基米尔·纳博科夫（Vladimir Nabokov）和诗人西尔维娅·普拉斯通过与沉闷社会道德规范抗争的人物形象，悲观地记载了坠入疯狂的现实。

总是充满悖论的南方启迪了小说大师弗兰纳瑞·奥康纳（Flannery O'Connor）、尤多拉·韦尔蒂（Eudora Welty）以及多萝西·埃里森（Dorothy Allison）。西部神话般的传奇色彩和现代悲剧奠定了墨西哥裔美国作家鲁道夫·安纳亚（RudolfoAnaya）、拉里·麦克默特里（Larry McMurtry）和科马克·麦卡锡（Cormac McCarthy）成功的基石，在他们的笔下，人们痛苦挣扎于西部艰难的现实生活中。

到了20世纪末，以20世纪80年代出现"自我"为起点，美国文学更加个性化。杰伊·麦金纳尼（Jay McInerney）和布雷特·伊斯顿·埃利斯（Bret Easton Ellis）这样的作家用自恋且往往虚无的叙述体小说使"新星帮"在流行文化中声名大噪。

20世纪90年代以来，日趋多元、多民族化的声音映射出美国万花筒般的社会。无论如何创新，种族身份（尤其是移民身份）、地方主义和自我发现的叙述方式仍然占据着美国文学的前沿阵地。戴夫·埃格斯（Dave Eggers）创立的季刊*McSweeney's*刊登的都是当代文学巨匠的作品，包括乔伊斯·卡罗尔·奥茨（Joyce Carol Oates）和迈克尔·沙邦（Michael Chabon）的作品，还有新生力量创作的新颖、幽默的片段。留心艾玛·克莱恩（Emma Cline）、布里特·本尼特（Brit Bennett）、罗克珊·盖伊

(Roxane Gay)、亚·盖亚西(Yaa Gyasi)和内森·希尔(Nathan Hill)等新生代作家。

如果想全面地、尽可能全景式地审视美国社会,可以读读乔纳森·弗兰岑(Jonathan Franzen)的《纠正》(*The Corrections*, 2001年)。最近热门的文学书籍有菲尔·克雷(Phil Klay)的力作*Redeployment*(2014年),这是关于伊拉克战争和阿富汗战争的短篇小说集。安杰拉·弗劳诺伊(Angela Flournoy)2015年获得国家图书奖的处女作《特纳之家》(*The Turner House*)追溯了底特律一家三代人的历史。保罗·比蒂(Paul Beatty)的关于美国种族问题的讽刺作品《出卖》(*The Sellout*, 2015年)令人震惊,也让他成为第一位赢得英国布克奖(Man Booker Prize)的美国作家。波莱特·吉尔斯(Paulette Jiles)平实的历史小说《世界新闻》(*News of the World*, 2016年)探究了在美国西部旅行的新闻播音员不为人知的角色。

绘画和雕塑

殖民地时期的美国,与欧洲贵族资助人、宗教委任和古老艺术学院远隔重洋,谈不上有培育视觉艺术的肥沃土壤。所幸时代已经改变了:曾几何时,纽约只是荷兰交易站的一块沼泽地,现在却早已成为艺术世界炙手可热的中心,它的一举一动都影响着全美乃至全世界的品位。

塑造国家身份

艺术家在美国19世纪的扩张中扮演着重要的角色,他们描绘了广阔的领土,主张"天定命运",要求美国在北美洲扩张疆域。托马斯·科尔(Thomas Cole)与哈得孙河画派(Hudson River School)的同道们把欧洲的浪漫主义转变为纽约州北部壮丽的荒原景色,而弗雷德里克·雷明顿(Frederic Remington)带来的则是西部边疆理想化却常常流于刻板的作品。

在南北战争和工业化到来后,现实主义风格逐渐成为主流。伊斯曼·约翰逊(Eastman Johnson)着重描绘怀旧的乡村生活景象,温斯洛·霍默(Winslow Homer)也是如此——他后来凭借水彩海景画成名。

美国先锋派

1913年纽约军械库艺术展(New York's Armory Show)向美国介绍了欧洲的现代主义,改变了美国的艺术面貌。画展展示了印象派、野兽派和立体派的作品,也包括后来加入美国国籍的法国艺术家马塞尔·杜尚(Marcel Duchamp)的作品:1912年创作的《下楼的裸女2号》(*Nude Descending a Staircase, No.2*)。在一系列宣扬欧洲现代主义激进美学转变的展览中,这次展览仅仅是个开始,美国艺术家开始抓住他们看到的东西。亚历山大·考尔德(Alexander Calder)、约瑟夫·康奈尔(Joseph Cornell)和野口勇(Isamu Noguchi)创作的雕塑作品受到超现实主义和构成主义的启发;查尔斯·德穆思(Charles Demuth)、乔治亚·欧姬芙(Georgia O'Keeffe)和查尔斯·席勒(Charles Sheeler)的精确主义绘画结合了带有立体几何特征的现实主义特点。

20世纪30年代,作为罗斯福新政的一部分,公共事业振兴署(Works

偏僻之地的艺术

得克萨斯州马尔法

新墨西哥州圣菲

密歇根州特拉弗斯城

堪萨斯州卢卡斯

华盛顿州贝灵汉

纽约州贝肯

马萨诸塞州普罗温斯敦

美国舞蹈

20世纪,美国向舞蹈张开了怀抱。纽约一直是舞蹈创新的中心,也是许多顶尖舞蹈团体的所在地。每个大城市都支持驻地及巡回演出的芭蕾舞团和现代舞团。

出生于俄罗斯的编舞者乔治·巴兰钦(George Balanchine)的芭蕾舞《阿波罗》(Apollo,1928年)和《浪子》(Prodigal Son,1929年)是现代芭蕾舞的开山之作。此外,巴兰钦还创造了"无情节芭蕾舞"。在这种舞蹈中,他着力于编排音乐的内部结构,而非哑剧故事,并因此创造了芭蕾舞运动中的全新词汇表。1934年,巴兰钦创立美国芭蕾舞学校(School of American Ballet)。1948年,他创立了纽约芭蕾舞团(New York City Ballet),并带领它跻身于世界顶级芭蕾舞团的行列。在编排过《西区故事》(1957年)这样的大型百老汇音乐剧且名声大噪后,杰洛姆·罗宾斯(Jerome Robbins)于1983年接管了纽约芭蕾舞团。直到今天,百老汇仍是舞蹈演出的重要场所。而像旧金山Lines Ballet这样的国家级舞蹈团体则坚持不懈地发展当代芭蕾舞。

直到20世纪初,现代舞的先驱伊莎多拉·邓肯(Isadora Duncan)在欧洲的演出才开始获得成功。基于对古希腊神话及美学概念的理解,邓肯对传统芭蕾的结构提出挑战,并力求使舞蹈成为一种表现自我的有力形式。

玛莎·葛兰姆(Martha Graham)在1926年移居纽约后,创办了玛莎·葛兰姆现代舞学校(Martha Graham School for Contemporary Dance),当今美国许多重要的编舞者都是在她的指导下成长起来的。在漫长的舞蹈生涯中,她编排了140多部作品并且开创了一种新的舞蹈技巧,这是一种旨在表达舞者内心情感和戏剧性叙事的舞蹈形式,至今仍在世界范围内传播。她最著名的作品是《阿巴拉契亚之春》(Appalachian Spring,1944年)。

摩斯·康宁汉(Merce Cunningham)、保罗·泰勒(Paul Taylor)和泰拉·萨普(TwylaTharp)继承了葛兰姆的衣钵,成为现代舞领域的巨擘,他们的舞蹈团都活跃在当今的舞台上。20世纪60~70年代,康宁汉与音乐家约翰·凯奇(John Cage)合作,在舞蹈动作中融入抽象表现主义,这一合作非常出名。泰勒尝试在舞蹈中使用日常动作和表情,而萨普则因为将流行音乐、爵士乐和芭蕾舞融为一体而闻名于世。

玛莎·葛兰姆的另一位学生阿尔文·艾利(Alvin Ailey)是促进第二次世界大战后非裔美国人的文化繁荣的一分子。他凭借《启示录》(Revelations,1960年)赢得了声誉。两年后,他在纽约市创立了阿尔文·艾利美国舞蹈剧院,至今仍好评如潮。

其他著名的后现代编舞者有马克·莫里斯(Mark Morris)和比尔·T.琼斯(Bill T Jones)。除纽约之外,旧金山、洛杉矶、芝加哥、明尼阿波利斯和费城都是现代舞发展的重要基地。

Progress Administration,简称WPA)的联邦艺术项目(Federal Art Project)在全国范围内完成了公共建筑物的壁画、绘画和雕塑的创作。公共事业振兴署的艺术家借鉴苏联社会现实主义和墨西哥壁画家的风格,打造出了具有地方特色、以真实社会为背景的具象风格。

抽象表现主义

第二次世界大战之后,美国艺术在弗朗兹·克兰(Franz Kline)、杰克逊·波洛克(Jackson Pollock)和马克·罗斯科(Mark Rothko)等纽约派画家的手中发生了翻天覆地的变化。对超现实主义自发和无意识的推崇,推动这些艺术家通过操控颜料的手法以及颜料使用量来探究抽象表现及其精神力量。"行动派画家"把这个特点发展到极致,波洛克就在大型画布上倾倒和泼溅颜料，从而完成他的滴画。

在经受了时间的考验后，抽象表现主义被广泛认为是第一种真正原创的美国艺术流派。

艺术+商品=波普

抽象表现主义在美国一经确立便占据了至高无上的地位。然而，创作技巧上的反叛早在20世纪50年代就开始了。其中最值得关注的有：贾斯培·琼斯（Jasper Johns），声名鹊起的他以浓重的笔调描绘无处不在的标志，包括靶子和美国国旗；罗伯特·劳森伯格（Robert Rauschenberg），他从漫画、广告甚至杜尚的作品中寻找绘画对象（一个床垫、一条轮胎、一只山羊……）。两位艺术家均打破了绘画和雕塑之间的传统界线，为20世纪60年代的波普艺术开疆了辟土。

美国战后的经济繁荣也影响了波普艺术的发展。艺术家不仅回归了表现派，还从广告牌、产品包装和传媒偶像等与消费有关的对象中寻找灵感。安迪·沃霍尔（Andy Warhol）颠覆了"孤独的艺术家在工作室里辛勤劳动"的神话。罗伊·李奇登斯坦（Roy Lichtenstein）将新闻印刷业简陋的点状图案与漫画的具象派规则结合起来。转瞬间，所谓的"严肃"艺术就可能变成政治性的、怪异的、讽刺的、有趣的或者包罗一切的艺术。

极少主义

极少主义与波普文化都对大规模生产感兴趣，但两者之间的相同点仅限于此。类似于抽象表现主义，唐纳德·贾德（Donald Judd）、艾格尼·马丁（Agnes Martin）和罗伯特·莱曼（Robert Ryman）等艺术家抛弃了传统代表性的创作题材。他们在20世纪60~70年代创作的孤傲冷漠而简约的作品经常采用格子结构和各种工业材料。

80年代及以后

20世纪80年代，人权、女权主义和对抗艾滋病运动成功进入了视觉文化的领域。艺术家不仅通过传统媒介表达他们的不同政见，而且接受了如纺织品、涂鸦、影像、声音、表演等一度被边缘化的传播媒介。这个十年也宣告了所谓"文化战争"的到来，它始于罗伯特·梅普尔索普（Robert Mapplethorpe）和安德烈斯·塞拉诺（Andres Serrano）拍摄的照片引起的风波。具有突破性的艺术家弗图拉2000（Futura 2000）、基思·哈林（Keith Haring）和让·米歇尔·巴斯奎特（Jean-Michel Basquiat）从地铁和街头走进了画廊，很快又进入了时尚界和广告界。

要抓住美国当代艺术的脉搏，就去看看辛蒂·舍曼（Cindy Sherman）、卡拉·沃克（Kara Walker）、查克·克洛斯（Chuck Close）、克里·詹姆斯·马歇尔（Kerry James Marshall）、埃迪·马丁内斯（Eddie Martinez）和乔希·史密斯（Josh Smith）等艺术家的作品吧。

戏剧

美国的戏剧发展就像一出三幕剧：赚人眼泪、回归经典和急切抨击时政。从一开始，百老汇音乐剧（www.livebroadway.com）就志在成为"不容错过"的旅游项目。如今，它们依然是纽约最大的卖点之一。单论票房收入，百老汇的年收入就超过10亿美元，有些顶级节目一周就能

20世纪60年代初，波普艺术的偶像安迪·沃霍尔以玛丽莲·梦露和杰基·奥纳西斯（Jackie Onassis）等名人的肖像创作完全颠覆了传统的艺术观念。他的作品既是对名人和商业文化的批评，也以一种惊人的新眼光来审视这些传奇人物。

轻松吸金200万美元。最成功的百老汇节目,包括嘻哈作品《汉密尔顿》(*Hamilton*,重现了开国元勋亚历山大·汉密尔顿的一生),经常能够从全球市场赚取更多收入(《歌剧魅影》的全球收益如今已是令人震惊的60多亿美元)。与此同时,《狮子王》(*The Lion King*)、《邪恶女巫》(*Wicked*)等长盛不衰的经典剧也常常加演。

20世纪20~30年代,独立剧院风潮登陆美国,而后发展成为今天的"小剧场运动"(Little Theatre Movement)。2000家非营利性地方剧院一直苦苦挣扎、惨淡经营,大部分只是挺着,但它们为新剧目和培养新的剧作家提供了环境。有些剧院也与百老汇合作创作剧目,还有一些主办纪念吟游诗人威廉·莎士比亚的庆祝活动。

尤金·奥尼尔(Eugene O'Neill)是首位重要的美国剧作家,至今仍被公认为最好的剧作家,他让美国的戏剧出了名。第二次世界大战后,美国剧作家加入席卷全国的文艺复兴运动。最有名的剧作家之一是亚瑟·米勒(Arthur Miller)——他与玛丽莲·梦露(Marilyn Monroe)的婚姻很出名。他在《萨勒姆的女巫》(*Salem witch trials*)中写出了从中产阶级男性的幻灭到暴民的阴暗心理等内容。另一位剧作家是多产的南方人田纳西·威廉姆斯(Tennessee Williams)。

同欧洲一样,20世纪60年代的美国戏剧舞台以荒诞派、先锋派为主要特点。没有任何剧作家比爱德华·阿尔比(Edward Albee)更尖刻了,他率先开始挑衅资产阶级的情感。尼尔·西蒙(Neil Simon)也差不多活跃在这一时代,他的喜剧一直很受欢迎,在百老汇上演40年而不衰。

20世纪70年代涌现的其他杰出且活跃的剧作家包括大卫·马梅(David Mamet)、萨姆·谢泼德(Sam Shepard)和具有独创性的"概念音乐剧"作曲家史蒂芬·桑德海姆(Stephen Sondheim)。奥古斯特·威尔逊(August Wilson)创作的十幕剧《匹兹堡轮回》(*Pittsburgh Cycle*)剖析了20世纪非裔美国人的生活。

今天,在这个媒体被日益孤立的时代,美国戏剧仍在努力保持具有实质意义的公共事务体验。《与穆加贝共进早餐》(*Breakfast with Mugabe*)探讨过往留下的创伤,《Q大街》(*Avenue Q*)以说脏话、调情的木偶呈现了《芝麻街》(*Sesame Street*)热闹的生活。带给人们更多身临其境之感的剧目包括《不眠之夜》(*Sleep No More*),它将剧院观众自由地纳入戏中,随着剧情(松散地建立在《麦克白》的剧情之上)变化,狂野装饰的房间逐一幻化为墓地、马厩、精神病房和舞厅等场所。

建筑

在21世纪,计算机技术、原材料和制造业的革新使人们可以建造出过去认为不可能,甚至无法想象的弯曲或不对称的建筑。建筑师受到"环保"的挑战,由此而引发的创造力精彩纷呈。他们不仅改变了天际线的风景,还改变了美国人在环境建设方面的思考方式。公众的建筑品位仍然是保守的,不过别担心,先锋派"明星建筑师"正在用极富冲击力的视觉效果改变着城市的景观,人们总有一天会迎头赶上的。

殖民地时期

对美国建筑具有持久本土影响力的,恐怕只有西南部的土坯建筑了。

17~18世纪，西班牙殖民者融合了被他们称为印第安普韦布洛（村落）的要素。19世纪末、20世纪初，这种风格在西南普韦布洛复兴风格和加利福尼亚南部的教会复兴风格的建筑上再次出现。

直到20世纪，美国其他地方的美洲移民主要采用英国和欧洲大陆的风格，并追随其发展趋势。对美国东部的大多数早期殖民者而言，房屋的性能远远比格调重要，但也有一些准名流模仿英国住宅的宏伟风格，今天弗吉尼亚州的威廉斯堡就完好地保存了那个时期的建筑风格。

美国独立战争之后，国家领袖们想要一种适合这个新共和国的建筑风格，他们选择了新古典主义。由托马斯·杰斐逊设计的弗吉尼亚州议会大厦仿效的就是古罗马的神殿，而他在蒙蒂塞洛的私人住宅里也有一个罗马风格的圆顶大厅。

在专业建筑师查尔斯·布尔芬奇（Charles Bulfinch）的推动下，更具深远意义的联邦式风格逐步形成了，它可以同英国的乔治亚风格相媲美。最杰出的范例是华盛顿的美国国会大厦，它成为全国立法机构的建筑典范。到了19世纪，美国人紧随英国风尚，倾向于希腊和哥特式复兴风格，这种风格如今在许多教堂和大学校园中仍能见到。

建设国家

与此同时，轻捷的骨架结构彻底改变了小规模的建筑风格，这是一种标准打磨的木材与便宜的钉子组合而成的轻便结构。这种结构的仓库和房屋构造简单且造价低廉，有利于西部扩张以及后来城市郊区的超现实快速增长。它使中产阶级的家庭能够快速拥有自己的房子，不朽的"美国梦"得以真正实现。

南北战争之后，具有影响力的美国建筑师前往巴黎国立美术学院（Paris' École des Beaux-Arts）学习，美国建筑的优雅与自信开始不断增长。这种艺术风格的典范包括理查德·莫里斯·亨特（Richard Morris Hunt）设计的位于北卡罗来纳州的比特摩尔庄园（Biltmore Estate）以及纽约公共图书馆（New York's Public Library）。

随着19世纪的发展，维多利亚式建筑出现在旧金山和国内其他城市。富人们在更大更奢华的住宅内增添了越来越多的装饰：阳台、角楼、塔楼、华丽的装饰画以及繁复却"华而不实"的木制品。

1900年以后，与维多利亚式的奢华风格相抗衡的工艺美术运动兴起，热潮一直延续到20世纪30年代。这一运动带来了加利福尼亚州帕萨迪纳的甘博之家（Gamble House）这样朴素的平房，其特色是本地手工制作的木材和玻璃、瓷砖及其他工艺细节。

摩天大楼

直到19世纪50年代，内部为钢铁构造的建筑在曼哈顿出现，尤其是19世纪80年代奥的斯液压电梯发明后，城市的建筑设计有了很大的发挥空间。芝加哥建筑学院（Chicago School of architecture）超越了学院派风格，从而造出了摩天大楼——这被认为是第一座真正的"现代"建筑，也是当时美国对世界建筑做出的最卓越的贡献。

20世纪30年代，继1925年巴黎博览会之后，在美国迅速流行起来的艺术装饰风格使城市高楼越来越高，并成为美国科技成就、宏伟志向、商业以及与现代主义密切相关的恰如其分的象征。

在全国各地的电影院、火车站和写字楼的设计上，乃至底特律市中心和迈阿密南滩等社区也都能见到装饰艺术风格的建筑。著名的装饰艺术风格摩天大楼包括纽约的克莱斯勒大厦（Chrysler Building）和帝国大厦（Empire State Building）。

现代主义与后现代主义

当包豪斯建筑学派逃离了纳粹崛起的德国后，沃尔特·格罗佩斯（Walter Gropius）和路德维希·凡德罗（Ludwig Van der Rohe）等建筑师带着颇富开拓性的现代设计来到了美国。凡德罗走进了芝加哥，在这里，公认的现代摩天大楼发明者路易斯·沙利文（Louis Sullivan）已经在尝试一种"形式永远服从于功能"的简洁建筑风格。后来这种风格逐渐演变为国际风格，即喜欢在钢架上贴玻璃"幕墙"。设计了克里夫兰摇滚名人堂（Cleveland's Rock and Roll Hall of Fame）的贝聿铭（IM Pei）被认为是美国最后一位"极端现代主义"建筑师。

20世纪中叶，现代主义将触角伸向美国郊区，尤其是加利福尼亚南部。当时的现代建筑不仅受到弗兰克·劳埃德·赖特（Frank Lloyd Wright）自然建筑风格的影响，还受到简约的斯堪的纳维亚风格的影响。牢固的柱梁结构配上透明玻璃墙，使内外部的空间融为一体。在加利福尼亚的棕榈泉市，至今仍保留着艾伯特·弗雷（Albert Frey）、理查德·诺伊特拉（Richard Neutra）和其他杰出建筑师设计的20世纪中期现代主义风格的住宅和公共建筑，无一不美轮美奂。

20世纪末，后现代主义摒弃了现代主义的"丑陋盒子"，重新采用装饰、色彩、历史元素和异想天开的风格。迈克尔·格雷夫斯（Michael Graves）和菲利普·约翰逊（Philip Johnson）等建筑师引领了这一潮流。后现代主义的另一大表现体现在拉斯维加斯大道（Las Vegas Strip）花哨的模仿建筑上，获得普利兹克建筑奖（Pritzker Prize）的建筑师罗伯特·文丘里（Robert Venturi）认为这是现代主义成功的对立面。

今天，在数码工具的帮助下，建筑设计力求大胆和独创。真正将此融入对未来世界的展望的是弗兰克·盖里（Frank Gehry），他设计的洛杉矶华特·迪士尼音乐厅（Walt Disney Concert Hall）就是一大典范。其他著名的当代建筑师包括理查德·迈耶[Richard Meier；代表作为洛杉矶的盖蒂中心（Getty Center）]、汤姆·梅恩[Thom Mayne；代表作为旧金山的联邦大厦（Federal Building）]和丹尼尔·里伯斯金德[Daniel Libeskind；代表作为旧金山的当代犹太博物馆（Contemporary Jewish Museum）和丹佛艺术博物馆（Denver Art Museum）的汉密尔顿大楼（Hamilton Building）]。

尽管2008年的经济危机削弱了美国的经济，减缓了新型建筑的出现，但还是有一些非凡的建筑在美国的城市中涌现。著名的例子包括珍妮·甘（Jeanne Gang）设计的芝加哥的水楼（Acqua Building），圣地亚哥·卡拉特拉瓦（Santiago Calatrava）设计的高耸的纽约世贸中心中转站，伦佐·皮亚诺（Renzo Piano）的旧金山加利福尼亚州科学院（California Academy of Sciences），还有大卫·阿贾耶（David Adjaye）位于华盛顿、熠熠生辉的非裔美国人历史和文化国家博物馆（National Museum of African American History and Culture），以及诺曼·福斯特（Norman Foster）在加州丘珀蒂诺（Cupertino）形似宇宙飞船的苹果公园（Apple Park）。

音乐

美国的流行音乐是这个国家的脉搏和坚不可摧的灵魂。它是约翰·李·胡克（John Lee Hooker）低沉的嘶吼和约翰·克特兰（John Coltrane）奔涌的热情；它是汉克·威廉姆斯（Hank Williams）的约德尔调和猫王（Elvis）嘟起的嘴；它是碧昂丝（Beyoncé）和鲍勃·迪伦（Bob Dylan）；它是艾灵顿公爵（Duke Ellington）和帕蒂·史密斯（Patti Smith）。它是一种感觉，也是一种形式——不论人们是为柴迪科舞曲汗流浃背，还是随着嘻哈节拍舞动，或者投入朋克摇滚的怀抱。有音乐，便有恣意纵情的忘我好时光。

布鲁斯

南方是美国音乐的摇篮，其中大部分都源于黑人和白人的种族关系带来的不安及其相互作用。蓝调音乐最初来自"二战"后的劳动号子、黑人奴隶的"呐喊"，以及黑人灵歌和他们"问答式"的歌唱方式，而这些都改编自非洲音乐。

即兴的、具有强烈个人风格的蓝调直接表现人们内心的痛苦、烦扰、希望、向往和自尊，影响延及此后大部分的美国音乐。

世纪之交，吟游蓝调音乐家，特别是女性蓝调歌手，在南方名利双收。早期歌手包括罗伯特·约翰逊（Robert Johnson）、W.C.汉迪（WC Handy）、马·雷尼（Ma Rainey）、哈迪·莱德贝特（Huddie Ledbetter；绰号"铅肚皮"）和贝西·史密斯（Bessie Smith），有人认为贝西·史密斯（Bessie Smith）是世界上最优秀的蓝调歌手。同时，非裔美国人的基督徒合唱音乐演变为福音，最伟大的福音歌手马哈丽亚·杰克逊（Mahalia Jackson）于20世纪20年代成名。

第二次世界大战后，蓝调逐步从孟菲斯（Memphis）和密西西比三角洲（Mississippi Delta）传向北方，尤其是传至芝加哥，在穆迪·沃特斯（Muddy Waters）、巴迪·盖（Buddy Guy）、比比·金（BB King）、约翰·李·胡克（John Lee Hooker）和埃塔·詹姆斯（Etta James）等新一代的音乐家手中得到了进一步发展。

当代著名的蓝调歌手包括Bonamassa、Warren Haynes（亦为奥尔曼兄弟乐队的长期乐手）、Seasick Steve、Tedeschi Trucks乐队、Alabama Shakes以及间或涉足蓝调的黑键乐队（The Black Keys）。

爵士乐

新奥尔良南部的刚果广场（Congo Sq）从18世纪晚期起就一直是奴隶们聚会、唱歌、跳舞的地方，它被认为是爵士乐的诞生地。早先城市里的克里奥尔人讲法语，青睐正统欧洲音乐，演奏中多运用簧乐器、铜管乐器和

摇滚音乐界最不同凡响的成功故事来自20世纪50年代出生于明尼阿波利斯的"王子"普林森·罗杰斯·尼尔森（Prince Rogers Nelson）。他原本的志愿是要参加高中篮球队选拔，却因身高只有5英尺2英寸而遭到淘汰。那么，他的第二爱好是什么呢？吉他。

弦乐器等，奴隶们受此影响，采用这些乐器来演奏他们自己的非洲音乐。这种丰富的交叉传播方式创造出了一种稳定的全新音乐潮流。

爵士乐的第一个流派是拉格泰姆音乐（ragtime），这么叫是因为其中多见非洲音乐中的不规律（ragged）切分音。拉格泰姆音乐始于19世纪90年代，在斯科特·乔普林（Scott Joplin）等音乐家的推动下流行起来，借由乐谱和自动钢琴被广泛接受。

迪克西兰爵士乐随即出现，新奥尔良声名狼藉的托里维尔（Storyville）红灯区是它的发展中心。1917年，托里维尔被关闭，新奥尔良的爵士音乐家各奔东西。1919年，乐队领队金·奥利弗（King Oliver）移居芝加哥，他的明星小号手路易斯·阿姆斯特朗（Louis Armstrong）一同前往。阿姆斯特朗独特的嗓音和天才的即兴表演使得独奏成为20世纪大部分时期爵士乐不可缺少的一部分。

20世纪20~30年代是爵士乐的时代，不过在纽约哈莱姆文艺复兴时期，音乐只是体现非裔美国人文化繁荣的一个方面。具有都市化大型爵士乐队风格的摇摆乐席卷全国，富有革新精神的乐队领队艾灵顿公爵和贝西伯爵（Count Basie）引领着潮流。爵士歌手埃拉·菲茨杰拉德（Ella Fitzgerald）和比莉·哈乐黛（Billie Holiday）将爵士乐与同样发源于南部的蓝调音乐结合起来。

第二次世界大战后，比波普（也叫波普爵士乐）开始兴起，它反对大乐团摇摆乐流畅的旋律和拘束的节奏。包括查理·帕克（Charlie Parker）、迪兹·吉莱斯皮（Dizzy Gillespie）和塞隆尼斯·蒙克（Thelonious Monk）在内的一批新生代音乐家成长起来。评论家起初嘲笑20世纪50~60年代的冷爵士乐、硬波普爵士乐、自由派或前卫派爵士乐和混合爵士乐（爵士和拉丁或摇滚音乐的结合），但是后现代主义的潮流从没有停止过对爵士乐的解构。这个时期的先锋者包括迈尔斯·戴维斯（Miles Davis）、戴夫·布鲁贝克（Dave Brubeck）、查特·贝克（Chet Baker）、查尔斯·明格斯（Charles Mingus）、约翰·柯川（John Coltrane）、梅尔巴·利斯顿（Melba Liston）和奥内特·科尔曼（Ornette Coleman）。

乡村音乐

早期的苏格兰、爱尔兰和英格兰移民把他们自己的乐器和民间音乐带到了美国。时光流转，在偏僻的阿巴拉契亚山脉出现的就是这种以小提琴和班卓琴为主的乡巴佬音乐，或者叫"乡村"音乐。西南部音乐以夏威夷吉他和规模大一点的乐队为主要特点，从而有别于"西部"音乐。20世纪20年代，这种风格与"乡村和西部"音乐融合起来，集中出现在田纳西州的纳什维尔。《乡村大剧院》（The Grand Ole Opry）1925年在广播上的开播更是具有代表性。如今，被称为"经典"乡村音乐家的有汉克·威廉姆斯、约翰尼·卡什（Johnny Cash）、威利·纳尔逊（Willie Nelson）、佩西·克莱恩（Patsy Cline）、洛蕾塔·琳恩（Loretta Lynn）和桃莉·巴顿（Dolly Parton）。

20世纪50年代，乡村音乐影响了摇滚乐，具有摇滚风格的乡村音乐被称为"乡村摇滚乐"。20世纪80年代，加思·布鲁克斯（Garth Brooks）等明星使乡村音乐和西部音乐更受欢迎。今天，乡村音乐在各流派中占据了最重要的位置。成功的乡村音乐家包括仙妮亚·唐恩（Shania Twain）、德怀特·尤肯姆（Dwight Yoakam）、蒂姆·麦格罗（Tim McGraw）、凯

美国原声

America, Simon & Garfunkel (1968年)

Respect, Aretha Franklin (1967年)

Like a Prayer, 麦当娜（1989年）

Fast Car, Tracy Chapman (1988年)

Push it, Salt-N-Pepa (1987年)

Born to Run, 布鲁斯·斯普林斯汀（1975年）

II' ve Been Everywhere, 约翰尼·卡什（1996年）

Carolina in My Mind, James Taylor (1968年)

West Coast, Coconut Records (2007年)

City of New Orleans, Arlo Guthrie (1972年)

Jolene, Dolly Parton (1973年)

'Home,' Edward Sharpe & the Magnetic Zeros (2010年)

'Summertime', 埃拉·菲茨杰拉德（1968年）

'Nikes,' Frank Ocean (2016年)

莉·安德伍德（Carrie Underwood）和泰勒·斯威夫特（Taylor Swift）。折中主义的"另类乡村音乐"的领军人物是露辛达·威廉姆斯（Lucinda Williams）和莱尔·洛维特（Lyle Lovett）。

民谣

美国民谣的传统在伍迪·格思里（Woody Guthrie）的作品中得到体现。在大萧条时期，他在全国各地演唱带有政治色彩的歌曲。20世纪40年代，彼得·西格（Pete Seeger）这位美国民谣文化遗产的保护者崭露头角。民谣在20世纪60年代的反抗运动期间再次盛行起来，但紧接着，民谣歌手鲍勃·迪伦（Bob Dylan）在台上玩电吉他，作为对观众向他狂吼"叛徒"的回应。他几乎是凭着一己之力就终结了这个时代。

21世纪以来，民谣已经显现出了复兴的趋势，特别是在西北太平洋地区。铁和酒（Iron and Wine）的悲哀的音乐引领着流行、蓝调和摇滚，而乔安娜·纽森（Joanna Newsom）与她非凡的声音和不寻常的乐器（她弹竖琴）开创了一种新的多元的民谣。独立民谣歌手及乐队近年来风头正劲（并且拓展了这种音乐的边界），包括Edward Sharpe、the Magnetic Zeros、劳拉·吉布森（Laura Gibson）、Lord Huron、Father John Misty和Angel Olsen。

摇滚乐

大多数人认为，摇滚乐诞生于1954年。那一天，"猫王"埃尔维斯·普雷斯利（Elvis Presley）走进山姆·菲利普斯（Sam Philips）的太阳录音棚（Sun Studios）录制歌曲 *That's All Right*。起初，电台不理解为什么一个来自乡村的白人男孩唱的却是黑人音乐，他们甚至不知道应不应该给他机会。两年后，普雷斯利凭借《伤心旅店》（*Heartbreak Hotel*）获得了他的第一个大突破。

从音乐的角度看，摇滚是一种融合了吉他伴奏的蓝调、黑人节奏蓝调（R&B）与白人西部乡村乐的音乐形式。其中，节奏蓝调在20世纪40年代由摇摆乐和蓝调演变而来，之后成为著名的"黑人音乐"。有了摇滚乐，白人歌手和一些非裔美国音乐家把"黑人音乐"转换成白人青年可以随意接受的形式——他们确实做到了。

摇滚乐立即掀起了社会变革，甚至比音乐本身带来的震撼更大，其中包括性开放，它赞美年轻人和跨越肤色界限的自由舞蹈，这让美国感到恐惧。政府努力控制"青少年犯罪行为"，同时限制甚至压制摇滚乐的发展。如果不是20世纪60年代初的"英伦入侵"，美国的摇滚乐可能早已衰败——英国的甲壳虫乐队（Beatles）和滚石乐队（Rolling Stones）模仿查克·贝瑞（Chuck Berry）、小理查德（Little Richard）等人的音乐风格，震撼乐界，摇滚乐也因而起死回生。

20世纪60年代属于完全成熟的青春叛逆的一代，以感恩而死乐队（Grateful Dead）与杰斐逊飞机乐团（Jefferson Airplane）宛如吸食了大麻般的迷幻之音以及詹妮斯·乔普林、吉米·亨德里克斯电音式的哭喊风格为代表。从那时起，摇滚乐就将音乐和生活方式联系起来，不断徘徊于享乐主义与严肃主义、商业主义与真实性之间。

20世纪70年代末，朋克降临，雷蒙斯乐队（Ramones）和死亡肯尼迪家族乐队（Dead Kennedys）引领着潮流，也出现了由布鲁斯·斯普林斯汀（Bruce Springsteen）和汤姆·佩蒂（Tom Petty）领导的工人阶级摇滚。20世纪80年代，反传统文化成为文化领域的主流，评论家过早断言"摇滚已死"。但不论是叫新浪潮、重金属、垃圾摇滚、独立摇滚、世界节奏、滑板朋克、歌ת派庄严摇滚乐、情绪朋克还是电子音乐，摇滚乐像以往一样，通过不断地分裂和演变而得救了，此时的乐队包括Talking Heads、REM、涅槃（Nirvana）和珍珠果酱（Pearl Jam）等。

21世纪初，吉他组合如杀手乐团（The Killers）、鼓击乐团（The Strokes）、Yeah Yeah Yeahs以及白色条纹乐队（The White Stripes）以其干净利落的声容被誉为摇滚的救星。

今天，美国摇滚乐正静静等待它的下一次大复兴。与此同时，Imagine Dragons、流行摇滚乐队Haim和杰克·怀特（Jack White）的多样风格使大家一时看不清它的前路在何方。

嘻哈音乐

来自纽约布朗克斯区的年轻DJ们跳出20世纪70年代初的放克、灵魂乐、拉丁乐、雷鬼摇摆乐和摇滚乐的海洋，开始尝试打碟混音以使舞池更加疯狂。嘻哈由此诞生。像闪手大师（Grandmaster Flash）和狂暴五人组（Furious Five）这样的组合很快把同伴们从街头带到了曼哈顿的时尚俱乐部，并与金发美女（Blondie）等新浪潮乐队互相融合。

像Run-DMC、公共敌人（Public Enemy）和野兽男孩（Beastie Boys）这样的乐队的唱片销量达数百万张，不断成长的嘻哈文化的声音和风格很快变得多样化起来。Niggaz With Attitude乐队备受争议的"匪帮说唱"的声音从洛杉矶飘了出来。这个乐队既得到了赞扬，也因其在种族、毒品、性和城市贫困方面大胆的声音和对社会的评论而风评欠佳——评论家称其为对暴力的呼唤。

千禧年来临之际，起初由一些邀逅的帮派孩子在地下舞会播放的放克音乐，现在已然成为产值达数十亿美元的产业。拉塞尔·西蒙斯（Russell Simmons）和吹牛老爹（P Diddy）站在媒体帝国的顶端，明星奎恩·拉提法（Queen Latifah）和威尔·史密斯（Will Smith）成了好莱坞的红人，来自底特律的白人饶舌歌手艾米纳姆（Eminem）卖出数百万张唱片。嘻哈音乐取代了乡村音乐，成了美国第二大流行音乐，略逊于流行摇滚乐。

今天，许多人认为嘻哈音乐成了一块过度商业化的荒原——美化消费主义、厌恶女性、憎恶同性恋、宣扬吸毒和许多其他社会弊病。但是，正如舞台摇滚乐的享乐主义时期孕育了叛逆的朋克音乐一样，嘻哈音乐和DJ文化不断发展的结果必将是不断打破规则，创造更具活力的新生事物。当今的重要乐手包括Jay-Z、KanyeWest、NickiMinaj、Drake以及更具实验性和良好质感的嘻哈二人组Macklemore & Ryan Lewis。Danny Brown、Anderson Paak和Kamaiyah等新兴的明星也备受好评。

在一个孵化出世界上最成功的唱片业的国家，同样发达的是被指控正在扼杀它的科技。苹果iTunes的文件共享和最近Spotify等音乐流媒体服务的出现令美国音乐产业饱受压力，这也不足为奇，只是它们未来发展的能力如何，谁也说不清。

土地和野生动植物

美国的生物无论庞大或微小，一应俱全。凶猛的灰熊、勤劳的海狸、大块头的野牛、雪白的猫头鹰、翱翔的雄鹰、咆哮的郊狼和眼神呆萌的海牛，统统都是美国动物大家族的成员。坐拥两大洋的海岸线、诸多山脉、沙漠、雨林、大量的海湾和河流系统，美国丰富多样的地形孕育了一系列非凡的生态系统，使动植物得以蓬勃生长。

地形

毫无疑问，美国很大，其国土面积将近937万平方公里，是世界第四大国家，仅次于俄罗斯、北方友好邻邦加拿大和中国。美国本土由48个相邻的州组成，而面积最大的第49个州阿拉斯加州位于加拿大的西北方，第50个州——夏威夷，在太平洋中，距美国大陆西南边界足有2300英里。

美国给人的感觉大，不仅仅是由于其国土面积大，还在于它极其丰富的地形地貌——都是在距今6000万年到5000万年前就开始形成的。

在美国本土，东部气候温和，有大片落叶林，古阿巴拉契亚山脉地区与大西洋海岸线平行，纬度较低。山脉与海岸之间是美国人口最为密集的城市地区，尤以华盛顿和马萨诸塞州波士顿之间的地带为最。

北部是美加边境上的五大湖区。五大湖的一部分位于加拿大境内，是地球上最大的淡水湖群，拥有全世界近20%的淡水量。

沿东海岸向南，气候越来越湿润、温暖。走到佛罗里达南部的沼泽地时，转向墨西哥湾，这就是美国的南部海岸线。

阿巴拉契亚山脉以西是广袤的内陆平原，平坦的原野一路延伸到落基山脉。东部平原是美国的谷仓，大致可分为北边的"玉米区"和南边的"棉花区"。远古时这里曾是海底，现在由密西西比河冲积而成。密西西比河与密苏里河一起构成了世界第四大水系，仅次于尼罗河、亚马孙河和长江。再往西走，农田渐渐消失，取而代之的是干旱辽阔大平原上的牛仔和牧场。

年轻的落基山脉崎岖不平、怪石嶙峋，由多个高峰组成，它们连接墨西哥和加拿大，都是完美的滑雪胜地。山脉以西是西南部沙漠，它被科罗拉多河水系一分为二，气候走向了两个极端。当你穿越内华达州时，这块风化的峡谷之地直通无情的大盆地。大盆地在古代也是海底，现在被美国军队用作训练场和测试区，当局计划将这里作为核废料填埋地。

接着便到了美国的第三大山系：南侧是花岗岩质的内华达山脉，北侧是喀斯喀特火山，两者都与太平洋海岸线平行。加利福尼亚的中央山谷拥有地球上最肥沃的土地，而圣迭戈至西雅图一带的海岸线是民谣和印第安人传说称颂的对象，这是一片美丽的沙滩，还有包括海岸红杉林在内的古

高高的怀特山(仅是加利福尼亚州华达山脉东部的一小部分)上耸立着地球上现存最古老的物种，那就是著名的狐尾松。这些光秃秃的、严重扭曲的树木的起源可以追溯到4000多年前，它们的长寿一直令科学家感到困惑。

老森林。

还没完呢。位于加拿大西北方向的阿拉斯加直伸入北冰洋，拥有冻土、冰川、内陆雨林以及大片受联邦政府保护的荒野。至于太平洋上的夏威夷，那是一连串世外桃源般的热带岛屿。

陆地哺乳动物

19世纪的美国人不喜欢费心应付食肉动物，因此联邦政府的消除动物计划几乎将美国陆地上所有的狼、大型猫科动物以及许多熊捕杀殆尽。大部分的物种都经历过相同的过程：先是数量丰富，然后急剧减少，到现在部分恢复。

灰熊作为棕熊的一个亚种，是北美最大的陆地哺乳动物。雄性灰熊的直立高度可达7英尺，体重可达850磅，活动范围可达500平方英里。从前西部有多达10万只灰熊，但到了1975年，幸存的已不到1000只。在自然保护工作者的努力下，美国本土48个州的灰熊数量已经增长到如今的1200至1400只，其中大黄石地区形势最好。相比而言，阿拉斯加的灰熊数量仍然很多，有3万多只。而黑熊的数量尽管有所减少，但几乎到处都能看到它们的身影。黑熊比灰熊矮小，这些善于投机取巧的动物虽然拥有强烈的好奇心，却总能随遇而安，只要很小的地盘就能够生存。

郊狼（coyota）是另一种生存能力极强的动物。它们长得很像狼，但大约只有狼的一半大小，体重从15磅到45磅不等。郊狼是西南部的象征，在哪儿都能看到它们，甚至城市里也有它们的身影。美国有一种主要的大型猫科动物，它有好几个名字：山狮、美洲狮和美洲豹。在东部，残存的美洲狮在大沼泽地国家公园内活动。在西部，人们经常能与美洲狮相遇，而且概率越来越高。这些强壮的猫科动物大约有150磅重，全身都是肌肉，黄褐

关于野生环境的电影

《涉足荒野》，让·马克·瓦雷导演

《迁徙的鸟》，雅克·贝汉导演

《灰熊人》，沃纳·赫尔佐格导演

《荒野生存》，西恩·潘导演

《猛虎过山》，西德尼·波拉克导演

《荒野猎人》（The Revenant），亚历桑德罗·冈萨雷斯·伊纳利图（Alejandro González Iñárritu）导演

野狼归来

狼是北美荒野的重要标志。这些聪明的群居猎食者是最大型的犬科生物，平均体重超过100磅，肩高可达近3英尺。据估算，在从阿拉斯加到墨西哥的海岸之间的大陆上，曾有400,000只野狼徘徊游荡。

在来自欧洲的定居者眼中，狼并非温和友善的生物。英国殖民地的第一部野生动物法令就是关于屠狼悬赏的。当美国人在19世纪征服了西部后，不计其数的野牛、麋鹿、鹿和驼鹿遭遇了大屠杀，替代它们的，是驯养的牛羊，对于狼来说，它们全都一样美味。

为了阻止狼群损害牲畜，灭绝野狼很快成为官方政策。1965年之前，狼群不断遭到枪杀、毒杀、诱捕，并被成窝屠杀，每头可以获利$20～50。最后，本土48个州里，只有明尼苏达州北部和密歇根州还存活着数百只灰狼。

1944年，生态学者奥尔多·利奥波德（Aldo Leopold）开始呼吁重新引入野狼。其依据来自生态学，而非怀旧乡愁。他的研究表明，野生生态系统需要顶级猎食者来维持健康的生物多样性。处于一种复杂的相互依存关系中，所有动植物都因野狼的缺失而蒙受了损害。

尽管牧场主和猎人持悲观态度，灰狼还是于1995~1996年被重新引入大黄石地区，而亚利桑那州则在1998年引入了墨西哥狼。

得益于相关保护和激励措施，狼的数量如今已有了显著的恢复，美国大陆的野狼数量已超过5700只，而阿拉斯加的野狼数量则在8000只上下。

美国的重大自然灾害

地震、山火、龙卷风、飓风、暴风雪,美国的自然灾害麻烦不少。下列更为严重的事件则促进了国民良知的发展:

约翰斯敦洪水 1889年,宾夕法尼亚州中部小康内莫河上(Little Conemaugh River)的南佛克水坝(South Fork Dam)不堪暴雨侵袭。堤溃之时,约2000万吨洪水和碎土残渣的混合物冲入约翰斯敦,导致2200余人丧生,1600余座房屋被毁。

加尔维斯顿飓风 1900年,时称"得克萨斯明珠"的加尔维斯顿几乎在一场四级飓风中化为乌有。15英尺高的海浪摧毁了建筑,整个岛屿一度被完全淹没。超过8000人的死亡数字使其成为美国死亡人数最多的自然灾害事件。

1906年旧金山地震 一场强震(据估算,震级为里氏8级上下)将城市夷为平地,随之而来的却是更为致命的大火。俄勒冈和内华达中部都有震感。据估算,3000余人在地震中丧生,超过200,000人(城市总人口为410,000)流离失所。

黑色沙尘暴 在20世纪30年代的持续干旱下,遭到过度开发的大平原的表层土壤化为尘土,与暴风形成所谓"黑尘暴",一路向东奔袭,逼近纽约和华盛顿。数百万英亩的农作物被毁,50余万人失去了家园。大批受灾农民与移民向西部迁徙,这一幕被永久记录在了约翰·斯坦贝克的著作《愤怒的葡萄》中。

卡特里娜飓风 对于新奥尔良来说,2005年8月29日是个令人难以忘却的日子。一场暴虐的五级飓风席卷墨西哥湾,直击路易斯安那州。防波堤溃不成军,洪水淹没了全城80%以上的土地。死亡人数达到1836人,据估算,经济损失超过千亿美元。

桑迪飓风 2012年,这场飓风使大约24个州受到影响,其中,新泽西和纽约受创最深。全国共100多人丧生,据估算,经济损失超过650亿美元。这也是有记录以来最大的大西洋飓风,暴风直径超过1100英里。

厄玛飓风 2017年9月10日,有记录以来规模最大的一次飓风席卷佛罗里达州,引发洪水,造成破坏。厄玛飓风登陆佛罗里达群岛时为4级飓风,宽度堪比得克萨斯。8英尺高的风暴倾袭大沼泽地市(Everglades City),将住宅和商业建筑夷为平地,留下一片泥泞;联邦应急管理局(FEMA)的调查报告显示,佛罗里达群岛25%的建筑被毁,另有65%的建筑受损。

色的毛很短,尾巴很长,行动悄无声息。

美洲野牛的故事非常凄惨。1800年时,这些巨大的食草动物的数量曾达到6500万头,牛群非常密集,以致"整个平原黑压压一片"——探险家刘易斯和克拉克这样描述那时的情景。人们为获取食物、兽皮,或单纯为取乐而杀掉它们,害得依赖它们生存的印第安人一贫如洗。到20世纪时,只有几百只野牛存活。渡过了几乎灭绝的危险后,美洲野牛的数量开始回升,如今,这种美洲最高贵的动物又能在黄石国家公园、大蒂顿国家公园和其他地方自由徜徉了。

海洋哺乳动物和鱼类

也许没有哪一种本土鱼类像鲑鱼那么受人关注,它们顺着太平洋沿岸的河流逆流而上去产卵,景象蔚为壮观。太平洋鲑鱼和大西洋鲑鱼都属于濒危动物。每年,人工孵化场都要投放数百万尾鱼苗,但这种做法对于野生鲜鱼数量的提升究竟是有害还是有益一直存在争论。

至于海洋生物，灰鲸、座头鲸和蓝鲸每年沿太平洋海岸洄游，观鲸也就成为一项很受欢迎的活动。阿拉斯加和夏威夷是鲸和其他海洋哺乳动物的重要繁殖地，而逆戟鲸会在华盛顿州的圣胡安群岛逗留。太平洋海岸是笨拙的象海豹、顽皮的海狮和濒危的海獭的栖息地。

在加利福尼亚，海峡群岛国家公园（Channel Islands National Park）和蒙特雷湾（Monterey Bay）保留着独一无二的、物种丰富的海洋世界。夏威夷和佛罗里达群岛是观赏珊瑚礁和热带鱼的首选之地。佛罗里达海岸也是罕见而文雅的海牛的栖息地，它们常常往返于淡水河与海洋之间。这种动物体长约10英尺，平均重1000磅，敏捷而善于表现，现存约6600只，它们曾经被误认为美人鱼。

墨西哥湾是另一处重要的海洋生物栖息地，其出名的原因或许是其濒危的海龟，它们会爬上海滩产卵。

鸟类

观鸟是美国最受欢迎的野生动物观赏活动。北半球所有的迁徙性鸣禽和水鸟都在这里的某个地方栖息，美国因此声称境内有800多种本土鸟类。

1782年，白头海雕成为美国的象征。这是北美独有的鹰。曾经，北美大陆的上空翱翔着大概50万只白头海雕。至1963年，由于栖息地减少，白头海雕的数量锐减，本土48个州内仅有487对具有繁殖能力。不过，到了2006年，它们的数量恢复得不错，整个美国大陆增加到约9800对（加上阿拉斯加的5万对），所以它们已经不在濒危物种的名单中了。

另一种引人注目的鸟是濒危的加利福尼亚秃鹫。这是一种古老的食腐鸟，体重20磅左右，翼展超过9英尺。20世纪80年代，秃鹫几乎灭绝（仅存22只），但经过成功繁殖，它们被重新引入加利福尼亚和亚利桑那北部地区，人们有时可以看到它们在大峡谷上空翱翔。

环保运动

美国的政治和社会革命广为人知，也是环境保护论的诞生地。美国是第一个下大力气保护野生环境的国家，它的环保主义者往往引领着全球的环保运动。

美国的新教徒移民们笃信，在文明社会中，基督徒的使命就是要根据人类的意志来改造自然。荒野不但条件艰苦、有致命的危险，还是人类邪恶冲动的有力象征。于是，清教徒们开始一边满怀热情地开荒拓野，一边压抑内心的欲望。

然后，在19世纪中叶，由于受欧洲浪漫主义思潮的影响，美国超验主义者们宣称大自然不是堕落的，而是神圣的。在《瓦尔登湖》（*Walden*，又名 *Life in the Woods*，1854年）一书中，反叛、传统的亨利·大卫·梭罗（Henry David Thoreau）描绘了他在森林中两年的生活，虽无物质文明带来的舒适，却悠然自得。他有力地证明了人类社会正与大自然最基本的真理背道而驰。这一观点标志着信仰的深刻转变，从此，人们认可自然、灵魂和上帝是一体的。

优秀野生生物读物

《大鼠》（*Rats*），罗伯特·沙利文（Robert Sullivan）著

《鸽子》（*Pigeons*），安德鲁·布莱克曼（Andrew Blechman）著

《龙虾的秘密生活》（*Secret Life of Lobsters*），特里弗·科森（Trevor Corson）著

《美国野牛》（*American Buffalo*），史蒂文·里内拉（Steven Rinella）著

《园中野兽》（*The Beast in the Garden*），戴维·巴伦（David Baron）著

土地和野生动植物 — 鸟类

美国的濒危物种

目前，美国已有1650多种动植物被列入濒危或受到威胁的物种名单。所有濒危物种对生态系统都至关重要。如果你热切期望见到（并拍摄）一些赫赫有名的动物，以下是有可能遇见它们的地点。

加利福尼亚秃鹫 加利福尼亚州大苏尔、亚利桑那州大峡谷国家公园

沙漠陆龟 加利福尼亚州莫哈维国家保护区

佛罗里达美洲豹 佛罗里达州大沼泽地国家公园

夏威夷黑雁 夏威夷州哈莱阿卡拉国家公园

海牛 佛罗里达州大沼泽地国家公园

墨西哥长吻蝠 得克萨斯州大弯国家公园

美洲鹤 得克萨斯州阿兰萨斯国家野生动物保护区、新墨西哥州阿帕奇国家野生动物保护区

约翰·缪尔与国家公园

19世纪的美国风景画家曾生动地描绘了这块大陆的自然奇观，不过，激进的民族主义者希望能够将它们推到更高的位置。19世纪末，美国总统们开始筹划建立州立公园和国家公园。

苏格兰自然主义者约翰·缪尔（John Muir）很快站出来，呼吁人们以荒野本身的名义为它争取保护。缪尔笃信大自然胜过人类文明。他一生中大部分时间都漫游在内华达山脉，因此他积极地以内华达山脉的名义提出倡议。缪尔是美国环保运动兴起的背后推动力，他的第一个重大胜利，是在1890年建立了约塞米蒂国家公园（Yosemite National Park）。1892年，缪尔成立了塞拉俱乐部（Sierra Club），逐渐引起全国关注。

环境法与气候变化

自19世纪末至随后的数十年里，美国颁布了一系列具有里程碑意义的环境保护和野生动物保护法律，使得境内的水和空气质量都有了显著改善，许多濒危植物物种得到部分恢复。环保运动的关注点逐渐扩大至保护整个生态系统，而不仅仅满足于建设国家公园，因为整个生态系统都面临着污染、过度捕杀、人为破坏和外来物种的威胁。

今天，环境保护已经成为全球运动，人们明白，任何国家本土的问题最终都会加剧气候变暖，从而对全球形成威胁。在美国，全球变暖的危机使得环保观念得以广泛传播。不论普通的美国人是否相信上帝正通过自然向人类发出警示，他们都越来越被接受到的信息所困扰。

关于地球最引人入胜的理论之一是詹姆斯·洛夫洛克（James Lovelock）的盖亚假说。该假说认为地球是一个有自我调节功能的有生命的有机体。想要了解洛夫洛克令人兴奋不已的观点，可以阅读《盖亚的时代》（*The Ages of Gaia*）。

生存指南

出行指南 1306	进入美国 1320
签证 1306	飞机 1320
保险 1308	陆路 1321
货币 1309	海路 1322
电源 1309	团队游 1322
折扣卡 1309	**当地交通 1322**
使领馆 1310	飞机 1322
海关条例 1310	自行车 1323
旅游信息 1310	船 1323
营业时间 1310	长途汽车 1323
节假日 1311	小汽车和摩托车 .. 1324
住宿 1311	当地交通工具 1324
饮食 1313	火车 1325
邮政 1313	**在美国自驾 1327**
电话 1313	汽车协会 1327
上网 1314	自备车辆 1327
时间 1314	车辆托运服务 1327
厕所 1314	驾照 1327
法律事宜 1314	保险 1328
残障旅行者 1315	买车 1328
LGBTIQ旅行者 ... 1316	租车 1328
志愿者服务 1316	路况和危险 1330
女性旅行者 1317	交通规则 1330
工作 1317	**幕后 1331**
旅行安全 1317	**索引 1333**
健康 1318	**地图图例 1343**
交通指南 1320	**我们的作者 1344**
到达和离开 1320	

出行指南

签证

来自加拿大、英国、澳大利亚、新西兰、日本及许多欧盟国家的游客可以免签停留90天。其他国家公民应查看 http://travel.state.gov。

注意，所有签证信息可能随时发生变化。美国的入境要求随国家安全法变化。所有的旅行者在前往美国之前，都需要多次确认当下签证和护照的法律要求。

美国国务院（www.travel.state.gov）有最全面的签证信息，提供可下载表格、美国驻外领事馆名单，甚至还有在各国办理签证的等待日程表。

免签证计划

根据现行的"免签证计划"（简称VWP），下列国家和地区的公民，如在美国停留时间为90天及以内，可免签证直接入境：安道尔、澳大利亚、奥地利、比利时、文莱、智利、捷克、丹麦、爱沙尼亚、芬兰、法国、德国、希腊、匈牙利、冰岛、爱尔兰、意大利、日本、拉脱维亚、列支敦士登、立陶宛、卢森堡、马耳他、摩纳哥、荷兰、新西兰、挪威、葡萄牙、圣马力诺、新加坡、斯洛伐克、斯洛文尼亚、韩国、西班牙、瑞典、瑞士、中国台湾、英国。

上述国家和地区的公民入境美国，需持符合美国的相关标准的护照，且提前获得"旅行授权电子系统"（Electronic System for Travel Authorization，简称ESTA）的批准。获批后应最迟于入境前72小时在美国国土安全部（Department of Homeland Security）在线注册，批准两年内有效。申请费用为$14，在线支付。

来自免签国家和地区的旅行者同样需要在入境口岸出示与办理非移民签证所需材料相同的完整资料。必须证明自己的旅行时长为90天以内，已经购买了返程或下一程机票，且有足够的资金来完成旅行。

另外，"拒签与驱逐出境原因"同样适用于免签国家，但是你没有机会上诉或申请豁免。如果免签证旅行者在美国入境处被拒，就不得不持下一程或回程机票搭乘最近的可用航班离境。

申请签证

除了多数加拿大公民和那些来自"免签证计划"成员国家和地区的公民，所有外国游客都需要向美国领事馆或大使馆申请办理签证。多数申请人都必须亲自前往使领馆完成面试，面试时需随身携带所有相关文件和签证费缴费证明。等待面试的时间长短不一。如果没有问题的话，面试后几天到几周内便可获得签证。

➡ 中国旅行者赴美国旅行应申请B-2签证。一般而言，B-1签证颁发给赴美从事短期商务活动、参加科技/教育/专业/商务领域的会议、处置房产或洽谈合同的申请人。B-2签证颁发给赴美休闲/娱乐的申请人，包括旅游观光、探亲访友、医疗以及其他联谊、社交或服务性质的活动。B-1和B-2签证通常会合二为一，作为一类签证颁发（B-1/B-2）。

➡ 注意，你所持护照的有效期必须超过在美国预计停留时间的6个月以上。申请签证需要一张近期照片（50毫米×50毫米），并支付$160不予退款的签证费。此外需在线填写一份DS-160非移民签证电子申请表（切勿找他人代填）。在线申请美国签证，请登录http://www.ustraveldocs.com。

➡ 除了在线填写DS-160表格之外，还需尽量准备足够的证明，包括能够证明你经济稳定性和在本国有"不容割舍的责任"的证明，包括但不限于：收入证明、工作证明、纳税证明、银行卡流水、房产证等，你可以在申请签证网站的"常见问题FAQ"中找到更详细的说明。

➡ 一份详细的旅游计划也会让你的签证申请过程更为顺利。首次签证需本人面试，续签如最近一份签证过期不足12个月，可申请免面签。详情可查阅http://www.ustraveldocs.com/cn_zh/cn-niv-visarenew.asp，需要特别注意的是，在申请免面签（续签）时，请尽量重新拍摄一张证件照，以免增加不必要的麻烦。

➡ 目前，中国大陆旅行者可申请的美国旅游签证有效期一般为10年（最终拿到的年限由大使馆决定，更换护照后签证依然有效），每次最长可停留180天（最终可停留时间由你入境时的海关工作人员决定）。自2016年11月起，中国大陆旅行者赴美还需通过签证更新电子系统（EVUS）来登记个人基本信息，每两年或更换新护照后更新一次即可。稳妥起见，建议在出行前至少一周完成登记。详情请见www.cbp.gov/EVUS。

在www.usembassy.gov有美国境外所有使领馆的链接。你最好在所在国申请签证，不要拖到上路之后。

被拒签和被驱逐出境的情况

申请者在签证申请表格中，承认曾从事破坏和恐怖活动，或有走私、卖淫、吸毒、曾为纳粹政权服务等前科，都有可能被拒签。如果你患有危害公共健康的传染性疾病、有犯罪记录，或者申请签证时作假，也会遭到拒签或被拒绝入境。不过，如果出现了这三种情况的任意一种，你仍可以要求豁免，不少人最后都获得了签证。

主要传染病包括肺结核、埃博拉病毒、淋病、梅毒、传染性麻风病及总统行政命令认定应当隔离检疫的疾病。美国移民局不会对你进行体检，但入境时官员会询问健康状况，并禁止他们认为患有传染疾病的人入境，原因可能是入境者携带了相关医疗文件、处方或者药品等。静脉注射吸毒者也会被拒签。如果艾滋病病毒携带者未事先声明而被移民局官员查出，则会被驱逐出境。艾滋病病毒呈阳性不再是被驱逐出境的理由，但未能提供准确的签证申请信息还是会被驱逐出境。

美国移民局对犯罪记录的定义很广。如果你曾被逮捕或被控犯罪，即使最后被判无罪或因证据不足撤诉，也算犯罪记录。如果你有任何相关记录，不要试图通过免签证计划进入美国，要假定美国当局了解你的情况。美国公民及移民服务局（USCIS）经常授予本来可能被拒绝入境的人豁免权，但这需要地区出入境管理事务所的介入，而且通常需要些时间（至少两个月）。如果你试图隐瞒一些东西——记住，美国移民局对造假的惩罚最为严厉。通常来说，申请人主动承认自己有犯罪记录或者传染性疾病是有利的，但哪怕只有一点点隐瞒，后果都非常严重。在你入境后，之前作假的文件也可能成为被驱逐出境的理由。申请签证前一定要考虑周全。

进入美国

➡ 所有到达美国的人都需要填写美国海关申报单，美国和加拿大公民，还有免签证计划中符合条件的外国公民，可以在到达以后至自动护照管制（APC, Automated Passport Control）岗亭以电子方式完成该手续。其他所有人都必须填写纸质海关申报单。通常是在飞机上会由空乘人员发放，在入关前完成。关于表格上要求的"美国住址"，填写第一晚的居住地址（酒店地址）即可。

➡ 不管你的签证内容是什么，美国移民局官员都有绝对的权力来拒绝你入境，或者增加附加条件。他们可能会问你的计划，你是否有足够的资金，妥当的做法是列出一个行程，提供继续旅行或返程的机票，并至少有一张主流信用卡。

➡ 美国国土安全部的登记程序，即生物特征身份管理办公室，覆盖美国每一个入境口岸和大多数的外国旅行者。大多数旅行者（现在不包括大多数加拿大公民和墨西哥公民）需完成数码照片和电子（无墨）指纹提取流程，全程用时不到一分钟。

签证延期

如果你在美国逗留的时间比护照上签发的时间长，一定要提前去当地的美国公民及移民服务局办公室（www.uscis.gov）申请延期。如果已经过期，那你最好带上一名能够证明你人品的美国公民同去申请，并出示一切证据表明你并未试图非法打工且有足够的生活费。但是逾期滞留的结果极有可能是被驱逐出境。通过免签证计划进入美国的旅行者不可以申请签证延期。

短期出入境

➡ 越过边境去加拿大或墨西哥旅行非常容易，但在返回美国时，非美国公民都需再次登记填表。

➡ 中国大陆旅行者持有效美国签证可以前往墨西哥，但若要去加拿大，则需要提前申请加拿大签证，否则无法入境加拿大。

➡ 过境的时候一定要带上护照。

➡ 如果你的入境卡仍在时效内且时间充裕，有可能凭卡再次入境，但如果已接近时限，就得申请新卡了，边境管理人员可能要求你出示下一程的机票及充足的资金证明等。

➡ 有传言说，通过一次短途的过境旅行，可以绕开移民局而延长留美时间。对此不要抱有希望。首先，你离开美国时需将入境卡上交移民局，等到再次返回时，仍需持有全部必要的申请文件。而对于只离开短短几天就返回并且重新申请6个月停留期的人，美国移民局通常抱有极大戒心，是一定会提出质疑的。

➡ 大多数西方国家的居民进入加拿大不需要签证，因此在尼亚加拉大瀑布附近进入加拿大，绕道魁北克，再一路返回阿拉斯加是没有问题的。

➡ 乘大巴由加拿大进入美国的旅行者会受到密切关注。一张返程机票有可能帮助移民局放下戒心。

➡ 位于美墨边境沿线的大部分墨西哥区域都是免签证区，包括下加利福尼亚半岛（Baja Peninsula）和边境城镇，如蒂华纳（Tijuana）和华雷斯（Ciudad Juárez）。截至2017年，美国、加拿大、英国、日本和（欧洲）申根国家居民前往墨西哥各地不再需要旅游签证。其他国家公民穿越边境需持有墨西哥签证或旅行护照。

保险

无论你的旅程是长是短，一定要确保购买恰当的旅行保险，建议出发前购买。保险至少应该覆盖紧急情况下的医疗费用，包括住院费用以及紧急情况下回国的机票款项。美国的医疗条件非常好，但昂贵的费用却可能让你的钱包大出血。

还应该考虑的是行李丢失和取消旅程的保险。如果你已经有房屋保险和租房保险，看看它的覆盖范围并考虑是否购买其他辅助险种以覆盖剩余的部分。如果你已经预付了大部分的旅行费用，购买旅行取消险就是值得的。全面的旅行保险有可能占到你全部花销的10%。

另外，如果你打算自驾，就应购买与此相关的保险。租车公司会提供出租车辆的保险，覆盖了当事人和对其他车辆所造成的损伤。

全世界范围内的旅行保

实用信息

报纸和杂志 全国发行的报纸：《纽约时报》（New York Times）、《华尔街日报》（Wall Street Journal）、《今日美国》（USA Today）。主流新闻杂志有《时代周刊》（Time）、《新闻周刊》（Newsweek）。

广播和电视 国家公共广播电台（National Public Radio，简称NPR）可以在调频低端找到。主要的电视频道为ABC、CBS、NBC、FOX和PBS（public broadcasting,公共广播电视台）。主要的有线电视频道有CNN（新闻）、ESPN（体育）、HBO（电影）和天气频道。

DVD DVD编码为1区（仅适用于美国和加拿大）。

度量衡 重量：盎司（oz）、磅（lb）、吨（ton）；液体：液盎司（floz）、品脱（pint）、夸脱（quart）、加仑（gal；1加仑≈3.7854升）；距离：英尺（ft）、码（yd）、英里（mi；1英里≈1.6公里）。

险均可在www.lonelyplanet.com/travelinsurance上查到。你可以随时购买、延保和索赔，哪怕你已经在路上了。

货币
自动柜员机

大多数的银行都有24小时营业的自动柜员机，此外在购物中心、机场、杂货店和便利店也有。大多数机器每笔交易至少收取$2.50的服务费，而且你本国的银行也可能会收取相应的附加费。信用卡取现通常需额外支付不菲的手续费，先咨询一下你的信用卡公司吧。

外国旅行者应向所持卡银行或信用卡发行公司咨询，确认在美国自动柜员机上用卡的相关信息。如果你打算一路上全靠自动柜员机取款（不失为一个好办法），最好能多带几张卡，并分开存放。使用外币卡从自动柜员机购汇的汇率与其他地方基本一样。建议出发前告知银行和信用卡公司，否则，账户很有可能因为你异常的消费行为触发银行防诈骗系统而被暂时冻结。

信用卡

主流的信用卡在美国全境都能通行。实际上，如果没有信用卡，几乎不可能租到车或进行电话预订（在美国购买境内机票时，有些航空公司会让你提供美国本地的信用卡账单邮寄地址，这是个麻烦）。我们建议你最少带一张信用卡，哪怕只是以备不时之需。Visa卡或万事达卡（MasterCard）的接受程度最高。

货币兑换

在银行换汇通常是最好的选择。多数大城市里的银行都可换汇，而乡村地区的银行则未必能换。机场和游客中心的货币兑换柜台的汇率是最糟的，换汇前记得确认手续费和附加费的情况。Travelex（www.travelex.com）是一家主要的货币兑换公司，不过American Express（www.americanexpress.com）旅游办公室可能会提供更好的汇率。

税

五个州（阿拉斯加州、特拉华州、蒙大拿州、新罕布什尔州和俄勒冈州）不征收全州消费税。其他地方，各州和郡县的消费税都不相同，为消费额的5%~10%。各城市的酒店税都不同，为总费用的10%到15%甚至更高（如纽约）。

小费

小费一定要给，除非服务人员态度极差。

机场和宾馆的行李搬运工 每件行李$2，每辆行李车最少$5

酒保 每轮账单总额的10%~20%，每杯酒水最少$1

客房服务员 每晚$2~4，放在酒店提供的卡片下面

餐厅侍者 除非账单上注明已包含小费，否则需支付账单总额的15%~20%

出租车司机 账单总额的10%~15%，取整计算（例如$15.2和$15.8都按$16的总额算小费）

代客泊车员 在归还钥匙的时候付小费，至少$2

电源

美国的标准电压是120伏，使用非美国标准的电子产品需购买适配器。

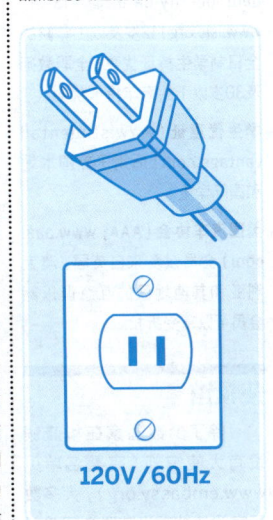

120V/60Hz

120V/60Hz

折扣卡

以下各种通行证可以帮你在游览博物馆、入住酒店以及使用交通工具时省钱：

美国退休者协会证(AARP；www.aarp.org)适用于50岁以上的美国旅行者。

国际学生证(International Student Identity Card, 简称ISIC; www.isic.org)12岁及以上年龄的全日制学生持证优惠；全职教师及30岁以下的青年持卡优惠。

学生优惠证(www.studentadvantage.com)适用于美国本地和国际学生。

美国汽车协会(AAA; www.aaa.com)会员以及来自英国、澳大利亚和其他地区的互惠俱乐部会员可以享受折扣。

使领馆

除了少数国家在华盛顿设有大使馆外（完整名单见www.embassy.org），大多数国家的使馆都设在联合国总部所在地纽约。有些国家在其他大城市还有领事馆。可上网查看、在黄页上找"领事馆"或者拨打当地查询服务电话联系领事馆。

中华人民共和国驻美利坚合众国大使馆(☎202-495-2266; www.china-embassy.org/chn; 3505 International Place, N.W. Washington, D.C.20008)

中华人民共和国驻纽约总领事馆(☎212-2449392, 212-2449456; www.nyconsulate.prchina.org; 520 12th Avenue, New York, NY 10036)

中华人民共和国驻旧金山总领事馆[☎415-852-5924（工作时间）, 415-216-8525（非工作时间）; www.chinaconsulatesf.org; 1450 Laguna Street, San Francisco, CA 94115]

中华人民共和国驻洛杉矶总领事馆[☎213-807-8008（工作时间）, 213-798-3471（非工作时间）; www.losangeles.china-consulate.org; 443 Shatto Place, Los Angeles, CA 90020]

中华人民共和国驻芝加哥总领事馆(☎312-805-9838; www.chinaconsulatechicago.org; 100 west Erie Street, Chicago, IL 60654)

中华人民共和国驻休斯敦总领事馆(☎713-521-9996, 713-521-9215; www.houston.china-consulate.org/chn/; 3417 Montrose Boulevard, Houston, TX 77006)

海关条例

登录美国海关与边境保护局(www.cbp.gov)的网站可查阅美国海关全部条例。

每人可免税携带以下物品：

➡ 1升烈酒（携带者年满21岁）

➡ 100支雪茄或200支香烟（携带者年满18岁）

➡ 价值$200的礼品与商品（返美的美国公民可以携带价值$800的外国免税品）

➡ 携带等值于1万美元以上的任何币种的现金，均须报关

携带违法药物入境的处罚相当重。美国禁止携带的东西包括毒品用具、彩票、仿冒名牌产品和朝鲜、古巴、伊朗、叙利亚、苏丹生产的多数产品。新鲜水果、蔬菜以及其他食物或植物等都必须申报或丢弃在到达区域的垃圾桶里。

旅游信息

登录www.visit-usa.com，可以找到美国各州和大多数主要城市的旅游局官方网站链接，www.visittheusa.com也有很多线路规划建议及其他有用的信息。

任何值得咨询的旅游办公室都有网站，你可以从上面下载免费的旅游指南。他们也接受电话咨询，有些地方办公室提供本地当天酒店客房入住率的最新情况，但可代办预订的不多。所有旅游办公室都有大量供咨询者自取的小册子和打折券，有些还卖地图和图书。

州立"欢迎中心"(Welcome Center)往往设在州际公路沿线，提供免费的州内公路地图、小册子及其他旅行规划资料，而且营业时间更长，周末和节假日也不休息。

有些城市会有会议旅游局(CVB)，有时起到旅行社的作用，但其主要宗旨在于推进当地经济贸易的发展。因此，对独立旅行者来说，会议旅游局提供不了太多的帮助。

记住：在较小的城镇，商会下属的旅游局提供的旅馆、饭店等服务设施可能都是他们商会会员开的企业，所以当地最便宜的选择往往不会出现在其中。

同样，在主要的旅游目的地，一些私营"旅游局"实际上是靠帮游客订酒店和游览项目过活的。他们也许可以提供很好的服务和折扣，但是他们卖什么你就得买什么，没有什么选择余地。

营业时间

标准营业时间如下：

银行 周一至周四 8:30~16:30,

吸烟

自2017年起,美国政府在24个州、华盛顿和许多城市的餐厅、酒吧及工作场所全面禁烟;还有11个州在至少以上一处场所实施全面禁烟。或许在连锁酒店和廉价旅馆还能看到烟雾缭绕的大厅,但大多数其他住宿地也是禁烟的。关于各州更多相关法律信息,可以参考www.cdc.gov和www.no-smoke.org。

周五 8:30~17:30(周六可能是9:00~12:00)

酒吧 周日至周四 17:00至午夜,周五和周六17:00至次日2:00

夜店 周四至周六 22:00至次日4:00

邮局 周一至周五 9:00~17:00

购物中心 9:00~21:00

商铺 周一至周六 9:00~18:00,周日 12:00~17:00

超市 8:00~20:00,部分24小时营业

节假日

如遇下面的全国公共假日,银行、学校和政府机构(包括邮局)会休息,公共交通服务、博物馆和其他服务部门则按周日的工作时间表运行或开放。如假日正赶上周末,那么这个假日就挪到下一个周一。

新年 1月1日

马丁·路德·金纪念日 1月的第3个周一

总统日 2月的第3个周一

阵亡将士纪念日 5月的最后一个周一

独立日 7月4日

劳动节 9月的第1个周一

哥伦布纪念日 10月的第2个周一

退伍军人纪念日 11月11日

感恩节 11月的第4个周四

圣诞节 12月25日

在春假期间,高中生和大学生都能得到一周的假期,他们会蜂拥至海滨小镇和度假胜地。各学校放春假的时间不同,3月和4月都有可能。全体学生的暑假均在6月至8月。

住宿

除极便宜的地方和淡季住宿点以外,我们都建议预订。旺季期间(夏季度假胜地6月至8月,滑雪胜地1月至2月)热门旅游地的房间至少要提前3个月预订——大峡谷、约塞米蒂和黄石等热门的国家公园,甚至要提前一年预订。

很多酒店都在官网上提供特别优惠,但低端连锁旅店通过电话预订会得到更低的折扣。连锁酒店也会为旅客提供里程兑换或其他回馈,预订时可以问询。网络预订、网络竞拍和网络比价是获取酒店房价折扣的好方式,但通常只限于连锁酒店。可以登录Hotels.com、Hotwire(www.hotwire.com)和Booking.com预订,如果你有智能手机,以上网站均有免费的App可供下载,通常很适合在最后的紧要关头找到优惠。此外,"Hotel Tonight"(www.hoteltonight.com)也是一款很好的App,可帮助你在途中迅速订房,房源包括精品酒店和历史遗迹附近的酒店。

包括国家公园和州立公园在内的很多露营位都可以在网上预订(如果旺季前往不失为明智之举)—— 主要的两个网站是www.reserveamerica.com和www.recreation.gov。

民宿

在美国,民宿大多为浪漫私密的高级寓所,通常是一些翻修过的、具有历史意义的宅院,由房东独立经营,提供相当美味的早餐。民宿往往有各

住宿价格区间

本书中,以下价格适用于旺季的双人间,不含税(税率10%至15%)。

$ 少于$100

$$ $100~250

$$$ 高于$250

纽约、旧金山和华盛顿,适用以下价格区间:

$ 少于$150

$$ $150~350

$$$ 高于$350

在线预订住宿

想了解更多Lonely Planet作者对住宿的建议，参考http://lonelyplanet.com/hotels/。你可以找到针对不同地点的评论以及住宿推荐。最棒的是，可以在线预订。

的主题，如维多利亚式、乡村式、科德角式等，住宿条件从"还算舒适"到可以"恣意享受"，不一而足。普通民宿的房价最高约为$120，最高档的可达$200~300。有些民宿有最少住宿天数的要求，大多数谢绝小孩入住。

欧式风格的民宿也能找到。有些是居民中的房间，它们可能由私人住宅改建而成，家具较为朴素，早餐也较简单，提供公共卫浴，房价相对便宜，通常都欢迎全家入住。

非旺季时，有些民宿可能会暂时歇业，所以一定要提前预订，高档寓所尤其如此。为避免不必要的麻烦，一定要事先问清楚民宿里是公共洗手间还是私人洗手间。推荐以下民宿代理：

Bed & Breakfast Inns Online（www.bbonline.com）

BedandBreakfast.com（www.bedandbreakfast.com）

BnB Finder（www.bnbfinder.com）

Select Registry（www.selectregistry.com）

露营和度假公园

大多数联邦管理的公共用地和州立公园都提供露营场所。简单的露营地不提供任何设施，每晚收费通常不到$10，采取先到先得的原则。普通的露营地通常提供厕所（冲水厕所或旱厕）、饮用水、火塘和野餐桌，每晚收费$8~20，接受预订。高级露营地通常位于国家公园或州立公园内，设施更完善，条件更舒适，有淋浴、烧烤架、车车停泊点（给房车充电补水）等，每晚收费$18~50，大多数可以预订。

多数联邦土地——如国家公园、国家森林、土地管理局（BLM）——的露营地都可以通过Recreation.gov（www.recreation.gov）预订。在上述区域，最多能露营14天，最早可提前6个月预订。一些州立公园的露营地可以通过ReserveAmerica（www.reserveamerica.com）预订。两个网站均提供露营地方位以及设施信息，可在线确认房源情况、预订、查看露营地地图及行车路线。

私家露营地通常适合驾驶房车及家庭出行的旅行者（极少有帐篷区，气氛欠佳），设施包括游乐场、便利店、Wi-Fi、游泳池及其他活动场地。部分营地提供露营小屋，有帆布包裹的活动木板房，也有床铺舒适、带暖气和单独淋浴间的原木小别墅。美国露营地网站（www.koa.com）提供全国范围内设施完善的私家露营地信息。可在线浏览其完备的露营地名单并预订。

青年旅舍

美国的青年旅舍主要集中在东北部、太平洋沿岸西北部、加利福尼亚州和西南部等城市。

美国国际青年旅舍（www.hiusa.org）旗下有50多家青年旅舍，大部分提供男女分开的宿舍、几间单人房、公共卫浴和公用厨房。一晚宿舍的铺位费在$25~45（纽约的可能在$75以上），会员可享受少量折扣。青旅接受预订（可网上订房），建议在旺季尽早订房。另外，若旺季入住某些青旅可能只能住3晚。

美国有多家青年旅舍不属于美国国际青年旅舍。可登录Hostels.com、Hostelworld.com或Hostelz.com网站了解信息。

酒店

所有酒店的房间通常都配备电话、有线电视、独立浴室、Wi-Fi，并提供一顿简单的欧式早餐。许多中档酒店还提供小冰箱、微波炉、电吹风、网络接口、空调或暖气、游泳池和写字台。而高档酒店另有礼宾服务、健身中心、商务中心、水疗中心、餐厅、酒吧，房间内采用高档家具。

住宅与公寓租用

从当地人那里租借住宅或公寓时，可以借助Airbnb（www.airbnb.com），该网站有全美各地的数千处房源。预算有限的旅行者如果不介意共享设施，联系当地人租房间是个不错的选择。

尽管酒店广告上说儿童"免费住宿",但儿童床或折叠床还是要另外收费的。一定要问清楚电话的收费情况:所有的酒店都对国际和国内长途通话收取高额的费用,但有的对本地通话或免费电话(toll-free)也收取费用。

汽车旅馆

汽车旅馆和酒店的区别在于,前者的所有客房都面朝停车场。汽车旅馆一般都聚集在州际公路的出口处和连接城镇的干道旁。许多汽车旅馆规模很小、价格低廉,是典型的"夫妻店",通常不提供早餐,便利设施可能会有电话和电视(也许会是有线电视),大多数提供免费Wi-Fi。通常都有少量带小厨房的房间。

虽然汽车旅馆平淡无奇、千篇一律,但考虑到性价比,或是在没有其他更好的住处时,也不失为一个好的选择。

判断汽车旅馆的好坏不能单看外表。破旧褪色的门廊里或许有爱干净的老板和纤尘不染的客房。当然也有截然相反的情况。入住前看看房间。

饮食

在面积如此广阔、地区差异如此大的国家,你可能一辈子都无法吃遍美国,只能"浅尝辄止"。由于范围广泛,美式餐饮往往意味着很多菜式:从在老旧的路边餐馆大嚼手撕猪肉三明治,到在水畔餐厅享用可持续出产的海鲜,不一而足。

邮政

如欲获取邮政机构的信息(包括邮局所在位置和工作时间),请联系美国邮政服务(www.usps.com),服务可靠,价格低廉。

要寄送重要、紧急的国内外信件和包裹,联邦快递(FedEx; www.fedex.com)和联合包裹服务公司(UPS; www.ups.com)提供价格较高的上门取货及送货上门服务。

电话

美国电信系统由各区域的服务供应商组成,包括长途电信运营商、手机公司和投币式公用电话公司。总体而言,这一系统效率很高,但是有时不便宜。不要用酒店房间里的电话或投币式电话打长途,普通电话或手机通常便宜些。大多数酒店都可免费拨打本地电话。

电话号码簿都很实用,除了提供全面的电话号码信息之外,还有社区服务、公共交通、旅游景点、活动等信息。电话号码查询网站为www.411.com和www.yellowpages.com。

手机

绝大部分的智能手机都可以在美国使用,但请确认你已开通国际漫游服务,漫游资费可能很昂贵,请咨询你的运营商获取详细信息,注意,有时即使是在美国国内拨打本地电话也按国际电话收费。

购买预付费的兼容SIM卡经常更划算,可在AT&T购买。把它插进你的手机里,这样你就有了一个本地号码以及语音信箱。Telestial(www.telestial.com)提供此类服务,还有手机租赁服务。

如果你的电话不能在美国使用,可以买一部便宜的非合约(预付款)手机,内置一个当地电话号码和有限的通话时长,可以随意充值。Virgin Mobile、T-Mobile、AT&T和其他供应商都有大约起价$20的手机和$20左右的400分钟通话套餐或每月$30的无限时长。在Radio Shack或Best Buy等电子产品商店就能买到这类手机。

美国广大的农村地区,包括很多国家公园以及度假区,都没有手机信号。检查你的电信运营商的网络是否覆盖了你要去的地方。

拨号

美国的电话号码前3位是区号,后7位是号码。

在有些地区,本地拨号只需要拨打7位;而在有的地方,需要拨全10位号码。如果拨打美国国内长途电话,需在区号及号码前加拨☑1。如果你拿不准是长途还是本地号码(常常有新的区号产生,连当地人也搞不清楚),不妨试试其中

出行指南

饮食

一种方式。如果错了，会听到语音提示。

电话前3位如果是☑800、888、877、866、855和844，则表明这是免费电话，但一定要在前面拨1。这样的号码多数仅限美国国内使用，有些只能在州内使用，有些则只能在从州外往州内打电话时使用，要等到实际拨打时才能知道。前3位为☑900的电话号码收费很高——这些通常是电话性爱、占卜、笑话等声讯台的号码。

➡ 1是从海外拨打美国号码的国际长途区号（加拿大也是1，但加拿大和美国之间收取国际长途费用）。

➡ ☑011从美国拨打国际长途的区号（先拨打☑011，然后依次拨被叫的国家代码、地区号和电话号码）。

➡ 拨打☑00获取国际长途帮助。

➡ 拨打☑411获取美国国内电话帮助。

➡ ☑800-555-1212帮助查询免费电话号码服务。

电话卡

如果不带手机或身处手机服务受限的地方，预付费的电话卡是备选方案。电话卡一般预付费，含有包括座机在内的任何电话可用的固定时长通话服务。打电话之前，通常需要拨800号码，输入个人识别码。

可以在amazon.com等网上零售商及一些便利店购买电话卡。认真阅读细则，因为除了按分钟计算的电话费以外，许多电话卡包含着隐藏费用，比如"激活费用"和单次呼叫"连接费"等。

上网

在科技发达的美国极少发生上不了网的问题。很多酒店、民宿、青年旅舍和汽车旅馆都有Wi-Fi（通常都是免费的，但是高档酒店更有可能收取使用费），在预订的时候询问清楚。

在美国，大多数的咖啡馆提供免费Wi-Fi。一些城市还有覆盖免费Wi-Fi的广场与公园。如果你没有笔记本电脑或者其他上网设备的话，就去公共图书馆看看吧，那里多半都有公用电脑（虽然有时间限制）和Wi-Fi，偶尔会向外国人收取一点费用。

如果使用网络比较频繁，可以在淘宝网上租赁支持4G的移动Wi-Fi热点。热点根据运营商和流量不同而费用各异，速度最好的是Verizon，价格也最贵，其次可考虑AT&T，或者T-Mobile。

如果你从其他地方来美国，记得带一个笔记本电脑的交流电适配器和插头转接器，以适配美国插座。如果没带，在Best Buy等大型电子产品商城可以买到。

时间

美国采用夏令时（DST）。在3月的第2个周日凌晨2:00把表拨快1小时（称为"spring forward"），在11月的第1个周日把表拨慢1小时（称为"fall back"）。但是别忘了，亚利桑那州（除纳瓦霍原住民保留地外）和夏威夷州不使用夏令时。美国的日期书写方法是月/日/年，也就是说，2015年6月8日应写为6/8/15。

厕所

美国的厕所普遍采用坐便，标准一般很高。大多数州的主要公路沿线都有带免费厕所的休息区；或者你可以在加油站、咖啡馆和连锁餐馆找找厕所——严格来说，这些是为消费客人提供的，但通过询问或偷偷进入，你一般也可以免费使用。机场、火车站和公交站、图书馆和博物馆等公共建筑通常有免费公用厕所。有的城镇也提供公用厕所，不过分布并不广泛。

法律事宜

记住，日常生活中如果有警察拦住你，不必当场交罚款。无论是交通罚款还是其他罚款，美国都没有当场缴纳的规定。相反，如果你试图直接将罚款交给警察，好的情况是遭到拒绝，严重的话可能被诉行贿。如果违反了交通规则，警察或公路巡警会告诉你可能有什么样的处罚。缴纳罚款的期限通常为30天，大部分可通过邮件处理。

如果被逮捕，你有权找一名律师，并可以保持沉默。如果你不愿意，你不必跟警察说话，但如未获许可，一定不要擅自离开。任何被捕的人都有权利打一个电话。如果你无力支付律师费，法庭会为你指派一位免费的公共律师。对于外国旅行者，如果没有能帮助你的律师、朋友或家人，应该给本国的使领馆打电话，警方会提供电话号码。

美国法律体系的原则是：除非有证据证明一个人有罪，

否则这个人就是无辜的。各州有各自的民事和刑事法律,有些事情在这个州合法但在那个州就未必合法。

饮酒

酒吧或售酒的商店通常要求你出示带有照片的证件,证明你已达到法定饮酒年龄(21岁以上)。出示身份证件是标准程序,并非只针对个人。各地政府均有条文约束烈酒的售卖,有些郡县在周日、午夜之后或早餐之前禁止售酒。在"无酒"郡县,所有烈酒一概禁止出售。

驾驶

在美国各州,酒驾或毒驾都属于严重的违法行为,驾驶员将面临高额罚款甚至监禁。在任何地方,血液酒精浓度在0.08%以上驾车均属违法行为。

大麻和其他毒品

美国各州对于大麻的使用有着截然不同的法律,在有些州合法的行为在其他州却可能是违法行为。截至2017年中,持有少量用于消遣的大麻(通常为1盎司/28克以下)在阿拉斯加州、加利福尼亚州、科罗拉多州、缅因州、马萨诸塞州、内华达州、俄勒冈州、华盛顿州和哥伦比亚特区并不违法。另外13州则将大麻非刑事化(消遣性地使用大麻类似轻微交通违规),其他诸州仍认定使用非医用大麻是犯罪行为,将持有少量大麻视为品行不端的轻罪,数量达到一定标准以上才算重罪。因此,在使用大麻之前,了解当地的法律是十分必要的,各州的具体规定,见http://norml.org/laws。

除了大麻,联邦和各州法律皆禁止使用软性毒品。非法持有任何毒品,包括可卡因、摇头丸、迷幻药、海洛因和印度大麻,都被视为重罪,将面临长期监禁。外国旅行者一旦被确认触犯相关法律,即有可能就要驱逐出境。

残障旅行者

对于生理有缺陷的旅行者来说,美国确实是一个方便的国家。《美国残障人法案》(Americans with Disabilities Act,简称ADA)要求所有公共建筑、1993年以后新建的私人建筑(包括酒店、饭店、戏院、博物馆)以及公共交通工具内必须设立轮椅通道。但在出发之前最好打电话确认一下。有些地方的旅游中心会出版相关的指南。

电话公司的电话转接员可以通过电传打字机(TTY)帮助听觉有障碍的人。大部分银行的柜员机上都有盲文操作说明,或者通过耳机来帮助听力受损的顾客。所有大型航空公司、灰狗巴士和美国国铁都为残障旅客提供帮助。请至少提前48小时预订,并描述一下自己的需求。服务类动物(如导盲犬)可以随同乘客出行,但要携带相关证明。

一些汽车租赁机构,例如Budget和Hertz,提供纯手控汽车和带轮椅升降装置的面包车,而且不收取额外费用,但必须预约。**Wheelchair Getaways**(www.wheelchairgetaways.com)在全美都可以出租方便残障人士使用的面包车。在很多城镇中,轮椅使用者都可以方便地搭乘公共汽车。如果你上不了台阶,车辆还可以"下跪"来方便人上车,只要让司机知道你需要一个升降梯或者斜坡就好。

大多数城市的出租车公司都至少有一辆残障人士面包车,但是要打电话预订。有地下交通的城市都有水平不一的设施,比如电梯——华盛顿设施最好(每个站台都有电梯),而纽约大约1/4的车站有电梯。

很多国家公园、一些州立公园和休闲区提供轮椅通道和盲道。终生残障者如果是美国公民和永久性居民,可以获得一张免费的"America the Beautiful"通行证。详情可上网(www.nps.gov/findapark/passes.htm)查询。

更多与残障旅行者共同出行的贴士和知识,参见Lonely Planet无障碍旅行经理的推特(twitter.com/martin_heng)。

实用信息:

Disabled Sports USA(www.disabledsportsusa.org)为残障人士提供运动、冒险和娱乐活动,同时还出版《挑战》(Challenge)杂志。

Flying Wheels Travel(www.flyingwheelstravel.com)一家提供全方位服务的旅行社,强烈推荐给患有慢性疾病或行动不便的残障人士。

Mobility International USA(www.miusa.org)为前往美国的残障旅行者提供旅行信息,推动全球残障人士参与国际交换和旅行项目。

LGBTIQ旅行者

对于同性恋人群来说，如今的美国是最好的时候。LGBT（同性恋、双性恋和跨性别）旅行者可以找到很多他们可以放心做自己的地方。海滩和大城市通常是最适合同性恋旅行者的目的地。

热点

曼哈顿有大量极好的同性恋酒吧和俱乐部，尤其是地狱厨房（Hells Kitchen）、切尔西（Chelsea）和西村（West Village）。花上几个小时（乘火车或者轮渡）就可以到达位于长岛的火岛，这里是同性恋的沙滩圣地。包括波士顿、费城、华盛顿（哥伦比亚特区）和位于科德角的马萨诸塞州普罗温斯敦等在内的其他东海岸城市，对同性恋旅行者同样友好，缅因州甚至自夸奥甘奎特（Ogunquit）是同性恋者的终极海滩。

在南部，总是湿乎乎的"火特兰大"（Hotlanta，亚特兰大的别名）、得克萨斯州的奥斯汀、休斯敦以及达拉斯的部分地区对同性恋旅行者也十分友好。在佛罗里达州，迈阿密和西礁岛的"海螺共和国"都有繁荣的同性恋社区，虽然佛罗里达的劳德代尔堡也有许多男孩女孩来晒太阳。新奥尔良的同性恋气氛生动鲜活。

在五大湖区，去芝加哥和明尼阿波利斯看看吧。继续向西走，你将会到达旧金山，那里或许是美国同性恋者的天堂。同性恋在洛杉矶和拉斯维加斯能做些什么呢？其实什么都可以。若觉得这两个地方有点儿吵闹，就去棕榈泉沙漠中的度假村静一静吧。

若想欣赏海岛风光的话，不妨前往夏威夷，那里对同性恋比较友好。

态度

大多数美国主要城市都有明确而开放的LGBT团体，都很友好。2015年，美国最高法院裁定同性婚姻合法化。2016年，皮尤研究中心（Pew Research）调查显示，大多数美国人（55%）支持同性婚姻，主力群体是千禧一代（71%）。

但各地对同性恋的接受程度并不一致。在一些地方，人们根本不能接纳同性恋者；而在另一些地方，只要不到处炫耀自己的性取向，当地人也许可以接受。偏见依然存在。在偏远地区和保守的地方，公开自己的性取向是不明智的，因为有时候会有人对你恶言恶语甚至表达暴力倾向。不确定周边情况的时候，就像当地人一样，"别问也别说"。

资源

《同性之地：同性恋历史遗迹指南》（The Queerest Places: A Guide to Gay and Lesbian Historic Sites）保拉·玛缇奈克（Paula Martinac）著，充满了有趣的历史和细节描述，所涉地区覆盖全美。可以在www.queerestplaces.com浏览她的博客。

Advocate（www.advocate.com）同性恋导向的新闻网站，报道商业、政治、艺术、娱乐和旅行的相关新闻。

Damron（www.damron.com）出版过几本经典的同性恋旅行指南，但是有很多广告成分并且有些过时。

Gay & Lesbian National Help Center（www.glnh.org）咨询、信息和推荐。

Gay Travel（www.gaytravel.com）多个美国旅游目的地的在线指导。

National LGBTQ Task Force（www.thetaskforce.org）全国性的同性恋者团体，网站内容覆盖新闻、政治和当下的话题。

OutTraveler（www.outtraveler.com）同性恋导向的旅游文章。

Purple Roofs（www.purpleroofs.com）提供全美范围内由同性恋者经营或欢迎同性恋旅行者的民宿和宾馆的信息。

志愿者服务

在美国当志愿者的机会很多，而做志愿者工作也可以使漫长的旅途更有意义，甚至能给你带来最难忘的体验：你将以从未有过的方式与美国人、美国社会和美国打交道，这些体验是仅仅在美国旅游所体会不到的。

通常，大城市里志愿者机会有很多，你可以在非营利组织帮忙，与当地人交往。看看每周的报纸日历列表，或在Craigslist（www.craigslist.org）浏览免费在线分类广告。公共网站Serve.gov、私人网站Idealist.org以及VolunteerMatch（www.volunteermatch.org）提供全国短期或长期志愿者工作的信息。

正式的尤其是专为国际旅行者设计的志愿者项目，通常收取$250~1000的费用，这取决于项目时间的长短和食宿水准。一般没有任何项目会提供前往美国的旅费。

推荐的志愿者组织：

Habitat for Humanity（www.habitat.org）主要为有需要的人建造可负担起的房屋。

Sierra Club（www.sierraclub.org）组织"志愿者之旅"，致力于恢复和保护野外及徒步地区，包括国家公园与自然保护区。

Volunteers for Peace（www.vfp.org）为期数周的民间志愿者项目，偏重体力劳动和国际交流。

Wilderness Volunteers（www.wildernessvolunteers.org）为期一周的志愿者旅行，旨在号召保护美国的公园和户外休闲区。

World Wide Opportunities on Organic Farms USA（www.wwoofusa.org）美国50个州具有代表性的2000多个有机农场招聘志愿者，包食宿，长、短期的项目均有。

女性旅行者

无论是否参加旅游团，女性旅行者在美国都不会遇到特别的问题。www.journeywoman.com是一个社区网站，为女性提供交流旅游心得的平台，这一网站还提供其他实用的网络资源链接。*Her Own Way*由加拿大政府出版，包含各种旅行建议，适用于任何女性，可点击travel.gc.ca/travelling/publications/her-own-way下载PDF文件或者进行在线阅读。

一些女性为预防歹徒袭击，喜欢随身携带警哨、防狼喷雾或辣椒喷雾。如果你购买了这样的喷雾，需要跟当地警察局确认是否符合当地法规。

各州对待喷雾的法律不同，联邦法律禁止携带喷雾器上飞机。

如果受到了性侵犯，在给警察局打电话之前最好给性侵犯危机服务热线打个电话，但如果情况危急，则应立刻拨打☎911。但是要知道，并非所有警察都接受过帮助性侵犯受害者的训练，而性侵犯危机中心的员工则会站在你这边，不遗余力地为你争取权益，并主动联系其他社区服务机构，包括医院和警察。黄页上都有当地性侵犯危机中心的电话，也可拨打24小时全国性侵犯援助热线（National Sexual Assault Hotline; ☎800-656-4673），或者直接去医院急诊室。

可能有用的全国性维权组织：

National Organization for Women（www.now.org）争取妇女权利的民间团体。

Planned Parenthood（www.plannedparenthood.org）推荐全国范围内较好的女性诊所。

工作

如果你是一位持有标准非移民旅行签证的外国人，绝对不能从事有收入的工作。如果被发现非法打工，将会被驱逐出境。雇主被要求为雇员建立信用保证，否则就会面临重罚，因此外国人就更不像过去那样容易找到工作了。

想要合法工作的话，外国人需要在离开祖国之前申请工作签证。J-1签证（交换留学生）只向前往美国学习的年轻人（年龄限制或有不同）

签发，拥有此签证可在假期打工、在夏季露营地打工以及在特定的公司接受短期培训。InternationalExchange Programs（IEP）可帮助办理留学生交换、安置及J-1签证签发等事宜，主要在澳大利亚（www.iep.com.au）和新西兰（www.iep.co.nz）运营。

要想得到正式工作，无论时间长短，都需要一位美国雇主出面为你申请H类签证。这并不容易，因为雇主必须证明没有任何美国公民或美国永久居民能胜任这项工作。国家公园、旅游景点——特别是滑雪胜地——可能会提供一些季节性工作。可以提前与公园管理处、当地商会和滑雪场管理处联系。Lonely Planet出版的《你的大旅行》（*Gap Year Book*）一书中有如何将工作与旅游结合的介绍。

Au Pair in America（www.aupairinamerica.com）提供在美国"以工换食宿"的机会。

Camp America（www.campamerica.co.uk）提供在青年夏令营工作的机会。

Council on International Educational Exchange（www.ciee.org）CIEE帮助国际游客通过四个工作交流项目（Work & Travel USA、Internship USA、Professional Career Training USA和Camp Exchange USA）寻找在美国的工作机会。

InterExchange（www.interexchange.org）露营、"以工换食宿"及其他工作交流项目。

旅行安全

尽管美国看似是个十分危险的地方——暴力犯罪、骚乱、地震、龙卷风，但实际上在美国旅游是非常安全的。车祸是旅行者最大的安全隐患（一定要系好安全带——这是法律规定的）。

犯罪

对旅行者来说，最需要当心的不是暴力犯罪，而是小偷小摸。在柜员机上取钱最好在白天或夜晚照明良好、人来人往的地方。驾驶途中不要搭载想坐顺风车的人。到达目的地之前把贵重物品锁在车辆后备厢里。入住酒店后，把贵重物品锁在房间或旅馆的保险柜里。

欺诈

多留点心眼儿。你可能听说在大城市里有人用三张纸牌（每张牌上都暗藏标记）的赌博游戏骗人，还有人在闹市街头以难以置信的低价兜售原本昂贵的电子产品、手表和设计师产品——那些东西不是冒牌货就是赃物。

自然灾害

大部分地区的自然灾害是可以预见的，例如大平原的龙卷风、夏威夷的海啸、南部的飓风和加利福尼亚的地震。这些地区通常设有紧急警报系统，当危险发生时可以迅速发出警报。有关部门会定期在中午时分检修这些警报器。如果你听到警报器响并怀疑有什么情况发生的话，就打开电视或收音机查看紧急情况警报和避难须知。顺便提一下，飓风季节是6月至11月。

美国卫生和公共事业部（US Department of Health & Human Services; www.phe.gov）网站提供灾害预防建议、新闻和资讯。希望你的旅途不会这么倒霉。放松点，也许这些都不会发生。

健康

美国能提供极好的卫生保健服务。问题是，除非你有好的保险，不然的话就医十分昂贵。如果你现有的保险只覆盖居住国，买一份旅行保险就非常重要。

携带你可能需要的药品并把它们放在原装的盒子里，确保标签文字清晰。最好请你的医生写一封带有日期和签名的信，信里包括所有关于你的医疗和用药的情况（包含药品的通用名称）。

保险

美国的医疗保险费用相当高昂。建议所有旅行者购买一份有效的健康保险。如果没有保险，你需要全额支付可能产生的医疗费用。高达几千美元的账单是很常见的事，尤其是急诊。如果你的健康保险不覆盖外国的医疗花销，可以考虑购买附加险。提前制订保险计划，确保你的保险公司可以直接赔付或者事后报销你的海外医疗开支。

医疗清单

推荐放入个人药品箱中的医疗物品：

➤ 乙酰氨基酚（泰诺）或阿司匹林

➤ 割伤或擦伤后使用的抗生素软膏（如百多邦）

➤ 抗组胺剂（用于花粉热和过敏反应）

➤ 镇痛药（如布洛芬）

➤ 绷带、纱布、纱布卷

➤ 防晒霜

➤ 外用驱蚊剂和风油精

网络资源

世界卫生组织定期发布适合旅行者的国际卫生报告，还有书籍《世界旅游与健康》（*International Travel and Health*），可在www.who.int/ith/en免费下载。

启程之前，浏览政府网站或相关旅行医疗健康网站不失为一个好主意：

中国疾病预防控制中心（www.chinacdc.cn/gwxx/）

国际旅行卫生健康咨询网（www.ithc.cn/）

澳大利亚（www.smartraveller.com）

加拿大（www.hc-sc.gc.ca,www.travel.gc.ca）

英国（www.travelhealthpro.org.uk）

就餐价格区间

以下价格范围指的是主菜价格。除非另有说明，否则均不含税（5%~10%）和小费（一般为15%~20%）。

$ 低于$15

$$ $15~25

$$$ 高于$25

接种疫苗

目前对于前往美国的临时游客没有疫苗接种方面的建议和要求。了解大多数最新信息，可参阅疾病控制中心（Centers for Disease Control）网站（www.cdc.gov）。

医疗服务及费用

总的来说，如果突发急病，最好是就近看急诊；如果病情不是很严重，可以给附近的医院打电话，询问其能否为你推荐一名当地医生，这样会比看急诊的花费低一些。独立的、营利性的急救机构可能会很方便，但即使只是患了小病，急救机构也可能要为你做多项价格昂贵的检查。

药店到处都有，但你也许会发现，一些自己国家的非处方药（例如治疗哮喘的万托林）在美国需要有处方才能拿到。而且，如果你的医疗保险不负担开处方的费用，那么你就要为此支付一大笔钱。

自来水

美国所有地方的自来水基本都能饮用。

交通指南

到达和离开

可在lonelyplanet.com/bookings上预订机票、汽车和团队游。

进入美国

如果乘飞机进入美国，无论目的地是哪里，你都将在抵达的第一个美国机场办理入境手续并通过海关。到达时，所有国际旅客必须经过国土安全部办公室的生物特征身份管理相关程序，包括指纹采集和照相。

办完入境手续后，就可以取托运行李并入关了。如果没有任何需要报关的行李，有可能不需要经过行李检查就可以通过海关，但并非总是如此。无论你是乘坐同一班飞机继续飞行还是转机，都必须带好自己的行李并将它们放到正确的地方。通常会有航空公司的地勤人员在海关外为旅客提供帮助。

如果你以单亲家长、祖父母、监护人的身份带领18岁以下的旅客，请携带合法监护证明或家长授权书。这不是必要的文件，但因美国政府关注儿童绑架事件，所以缺少相关文件有可能导致过关延误，甚至被拒绝入境。

护照

每一位访问美国的外国公民都必须有护照。对于大部分国家的游客只要求护照有效期包括计划在美国逗留的时间。但某些国家的公民需要护照必须有超过预计留美时长至少6个月的有效期。关于各国列表，可以参考美国海关和边境保护局（US Customs and Border Protection）最新的"Six-Month Club Update"。如果护照有任何不符合美国当局规定的情况，你都会被遣送回国。希望通过免签证计划进入美国的所有游客必须持有电子护照，电子护照上带有数码照片和一块含有生物特征识别数据的完整的无线射频识别技术芯片。

飞机

机场

美国拥有超过375个国内机场，但只有十几个国际空港。尽管其他机场也被称作"国际"机场，但只能供很少数外国航空公司——主要是墨西哥和加拿大的航空公司的班机起降，甚至去某个国际机场有时都需要在另一个机场转机（例如从伦敦飞往洛杉矶

气候变化和旅行

任何使用碳基燃料的交通工具都会产生二氧化碳，这是人为导致气候变化的主要原因。如今的旅行大部分依赖飞机，空中旅行耗费的每英里人均燃料或许比汽车少，但其行驶的距离却远много多。飞机在高空排放的气体（包括二氧化碳）和颗粒同样会对气候变化造成影响。许多网站提供"碳排量计算器"，以便人们估算个人旅行所产生的碳排量，并鼓励人们参与减缓全球变暖的旅行计划，以抵消个人旅行对环境造成的影响。Lonely Planet会抵消其所有员工和作者旅行所产生的碳排放影响。

可能需要在休斯敦转机）。

美国没有国营航空公司。美国一些比较人的航空公司有美国航空、达美航空、美联航和西南航空。

中国大陆旅行者前往美国，去往美国西部城市的直飞航班有：从北京、上海和深圳前往西雅图，从北京、上海、广州和成都前往旧金山，从北京、上海、广州、成都、长沙、南京和青岛前往洛杉矶。另有从北京前往拉斯维加斯，从北京和上海前往圣何塞的直飞航班。要去往美国东部，直飞的航班包括从北京前往芝加哥，从北京、上海前往底特律，从北京、上海、广州和成都前往纽约，从上海前往波士顿，从北京前往华盛顿。去往美国中南部的航班包括从上海前往亚特兰大，从北京、上海前往达拉斯，从北京前往休斯敦等航班。

当然你也可以找到更有性价比的转机机票前往美国，需要注意的是航空公司随时可能调整航线，以上信息仅供参考。

美国国际空港如下：

亚特兰大哈兹菲尔德－杰克逊国际机场（ATL, Atlanta；☎800-897-1910；www.atl.com）

波士顿洛根国际机场（BOS；☎800-235-6426；www.massport.com/logan）

芝加哥奥黑尔国际机场（ORD；☎800-832-6352；www.flychicago.com）

达拉斯-沃思堡国际机场（DFW；☎972-973-3112；www.dfwairport.com；2400 Aviation Dr）

火奴鲁鲁（檀香山）国际机场（HNL；☎808-836-6411；http://hawaii.gov/hnl；300 Rodgers Blvd；☎）

休斯敦乔治·布什洲际机场（IAH；☎281-230-3100；www.fly2houston.com/iah；2800 N Terminal Rd，紧邻I-59、Beltway 8或I-45；☎）

洛杉矶国际机场（LAX；www.lawa.org/welcomeLAX.aspx；1 World Way）

迈阿密国际机场（MIA；☎305-876-7000；www.miami-airport.com；2100 NW 42nd Ave）

纽约肯尼迪国际机场（New York JFK International Airport, JFK；☎718-244-4444；www.kennedyairport.com；Ⓢ A to Howard Beach or E,J/Z to Sutphin Blvd-Archer Ave then, DJFK Airtrain）

纽瓦克自由国际机场（EWR；☎973-961-6000；www.panynj.gov）

旧金山国际机场（SFO；www.flysfo.com；S McDonnell Rd）

西雅图－塔科马国际机场（SEA；☎206-787-5388；www.portseattle.org/Sea-Tac；17801 International Blvd；☎）

华盛顿杜勒斯国际机场（IAD；☎703-572-2700；www.flydulles.com）

陆路
穿越边境
加拿大
长途汽车

灰狗巴士往往返加拿大和美国北部的主要城市，但在边境可能需要换车。通过美国灰狗巴士（Greyhound USA；www.greyhound.com）或加拿大灰狗巴士（Greyhound Canada；www.greyhound.ca）均可订票。

小汽车和摩托车

如果你从加拿大开车进入美国，需携带车辆登记证明、保险证明以及本国驾照。加拿大驾照和汽车保险在美国是有效的，反之亦然。

如果你的文件齐全有序，那么你的汽车能简单快速地通过美加边境，但有时双方国家的边境检查站可能会彻底检查你的车。在周末和节假日，特别是夏季，主要的边境检查站非常繁忙，等候的队伍也会排很长。

火车

美国国家铁路公司（Amtrak；www.amtrak.com）和加拿大VIA Rail Canada（www.viarail.ca）每日都有往返蒙特利尔和纽约、多伦多和纽约（经尼亚加拉瀑布）、温哥华和西雅图的车次。海关检查在边境进行。

墨西哥
长途汽车

美国灰狗巴士（www.greyhound.com）和墨西哥灰狗巴士（Greyhound México；www.greyhound.com.mx）有班车来往于墨西哥和美国的主要城市之间。

很多墨西哥大巴公司运营开往美国南部小城市的班车。

小汽车和摩托车

从墨西哥开车进入美国，需携带车辆登记证明、保险证明以及本国驾照。虽然墨西哥驾照是有效的，但最好同时带上国际驾照。

极少有汽车租赁公司同意客人把车从美国开到墨西哥。美国汽车保险在墨西哥是无效的,所以即使是短期的墨西哥旅游,也需要购买价值$25/天的墨西哥汽车保险,可在边境或通过美国汽车协会(AAA;www.aaa.com)购买。

如果是在墨西哥(穿越边境25千米以上)进行长途自驾旅行,你需要一张墨西哥的临时交通工具入境许可证(permiso de importación),可以在边境办理,费用为$60,或者在Banjercito(www.banjercito.com.mx/registro Vehiculos)网上办理,价格为$53。

海路

如果有意乘船去美国,可以打电话给优秀的专业旅行社Cruise Web(www.cruiseweb.com)寻求帮助。

你可以乘货船出入美国,但速度比客船慢得多,也更颠簸。不过,货船的环境并不那么可怕(有些还标榜自己拥有游轮级设施呢),而且船票比客船船票便宜多了(有时甚至只有客船船票的一半)。货船的航程介于一周到两个月,中间要停靠几个港口,不过通常也很快。

了解更多信息,游轮和货船旅行协会(Cruise and Freighter Travel Association;www.travltips.com)有货船及其他船只的旅行项目列表。

团队游

团队游是抵达并游览美国各地的轻松愉快的方式。

知名旅游公司如下:

American Holidays(www.americanholidays.com)位于爱尔兰的公司,专营前往北美的团队游项目。

Contiki(www.contiki.com)主要为18~35岁的人士提供全程大巴派对观景游。

North America Travel Service(www.northamericatravelservice.co.uk)英国旅行社,提供豪华美国游。

Trek America(www.trekamerica.com)专门为18~38岁的游客组织充满活力的户外冒险之旅。

当地交通

飞机

如果旅行时间有限,就得乘飞机。由于竞争的航空公司较多,而且每日有数百架飞机起落,因此美国国内航空服务的范围很广,而且可靠。通常乘飞机的费用比乘公共汽车、火车或汽车高,但可以少花时间,直奔目的地。

航班集中的主要机场都是重要的国际门户,并有航班飞往许多大的国内城市。多数城市和乡镇有当地机场,但你一般要通过大型机场转机才能到达这些小型机场。

美国的航空公司

总体来说,美国的民航还是很安全的(比高速公路上开车安全多了)。航空公司具体信息请查看airsafe.com。

主要运营国内航线的航空公司如下:

阿拉斯加航空(Alaska Airlines;www.alaskaair.com)有航线从安克雷奇直飞西雅图、芝加哥、洛杉矶以及丹佛。阿拉斯加州内许多城市间都有这个航空公司运营的航班。全年每天都有南北两向的航班开行,经阿拉斯加东南部,飞往包括凯奇坎和朱诺在内的所有主要城市。

美国航空(American Airlines;www.aa.com)往来全美各地。

达美航空(Delta Air Lines;www.delta.com)往来全美各地。

Frontier Airlines(www.flyfrontier.com)总部位在丹佛,航线覆盖了整个美国大陆。

夏威夷航空(Hawaiian Airlines;www.hawaiianairlines.com)自夏威夷群岛直飞本土各地。

JetBlue Airways(www.jetblue.com)总部位于纽约的航空公司,提供许多东海岸城市外加美国其他地点的航线。

西南航空(Southwest Airlines;www.southwest.com)总部位于达拉斯的廉价航空,航线覆盖美国大陆。

Spirit Airlines(www.spirit.com)佛罗里达州的廉价航空公司,航班飞往美国各大城市。

美联航(United Airlines;www.united.com)往来全美各地。

Virgin America(www.virginamerica.com)总部在加州的航空公司,为20多座城市提供航空服务,从檀香山到波士顿等。

航空套票

计划在美国多次搭乘班的国际旅客应该考虑购买北美航空套票。只有非北美国家的公民才能购买航空套票,而且需要与国际航班的机票一起购买。购买条件和价格随情况而定,很复杂,但一般都包括一定数量的国内航班机票(2~16张,这由航空网络决定),这些票需要在60天内用完。你需要提前规划好路线,而日期(甚至目的地)倒不必提前确定。跟旅行社谈谈,看看购买航空套票是否划算。出售航空套票的航空公司包括Star Alliance (www.staralliance.com)、One World(www.oneworld.com)和Skyteam(www.skyteam.com)。

自行车

骑自行车游览某个地区的做法很流行,这意味着你可以在蜿蜒的乡间小路上骑行(因为高速公路通常不允许自行车通行),并以每天多少英里而不是每小时多少英里来计算路程。自行车骑手必须与机动车辆遵守相同的道路交通规则,但别指望汽车司机会给你让路。Better World Club(www.betterworldclub.com)为骑自行车的人提供道路救援。

要想进行一场轰轰烈烈、横穿美国的自行车旅行,你或许需要联络一家旅行社获得支持。骑自行车横穿美国需要两个月。

Adventure Cycling (www.adventurecycling.org)和League of American Bicyclists(www.bikeleague.org)的网站提供相关建议、线路图、导览游和当地自行车俱乐部、修车店家的名单。如果你自带自行车进入美国,一定要确认大号行李的价格和限制条件。美国国家铁路公司和灰狗巴士可以在美国国内运输自行车,有时收取额外费用。

你还可以到美国的时候买一辆自行车,离开时再卖掉,这并不是很困难。每个城镇都有自行车商店。如果你想买辆便宜的二手自行车,就去旧货市场碰碰运气,还可以留意一下青年旅舍、大学校园里的公告栏或Craigslist (craigslist.org)上的免费分类广告。这些地方也收购二手自行车,你可以将自己的自行车卖给出售二手自行车的商店。

提供自行车长期租赁的店铺也很容易找到。每周租赁费最少$100,而租车时需要几百美元的信用卡授权以支付保证金。

有些城市更适合骑自行车,不过大多数城市都至少有几条自行车道,而且公共交通工具也可以承运自行车。

船

美国没有河流或运河的公共交通系统,但有许多规模较小的州营沿海渡轮服务,提供高效观光游览服务,可到风景秀丽的东西两岸诸岛。大多数大型渡轮可以运输私家车、摩托车和自行车。

景色最美的轮渡路线经过阿拉斯加州的东南海岸和内湾航道。五大湖区有许多只能乘船到达的小岛,如密歇根州的麦基诺岛、威斯康星州的门徒群岛,以及远一点的密歇根州罗亚尔岛国家公园。在太平洋近海,可以搭乘渡轮抵达华盛顿州风景优美的圣胡安群岛和加利福尼亚州的卡塔利娜岛。

长途汽车

想省钱的话,最好乘坐长途汽车出行,特别是在往返于主要城镇之间时。虽然美国中产阶级更喜欢乘飞机或开车,但乘长途汽车可以使你饱览乡村风光,还可以在路上与美国

长途汽车票价

灰狗巴士部分路线的单程成人票价和旅行时间:

路线	票价($)	车程(小时)
波士顿—费城	31~58	7
芝加哥—新奥尔良	89~164	24
洛杉矶—旧金山	24~48	8
纽约—芝加哥	56~102	18
纽约—旧金山	139~318	72
华盛顿—迈阿密	72~145	25

人交朋友。长途汽车的服务质量值得信赖，车厢干净舒适，有空调和可调节的座椅，车上有洗手间，而且禁烟。

灰狗巴士（www.greyhound.com）是美国主要的长途汽车公司，线路覆盖全美和加拿大。为了提高效率、减少成本，灰狗巴士不再开往小村镇，一般都走干道，只停靠人口较多的居民点。如果要去远离大路的小村镇，你可能需要转乘当地或乡村公共汽车。灰狗可以为你提供换车信息。灰狗巴士网站上常有非常好的优惠，这些在线购票才能享受的折扣比在柜台购买大很多。

灰狗的竞争对手是拥有超过75家加盟公司的Trailways（www.trailways.com）。在长途线路方面，Trailways可能无法与灰狗抗衡，但价钱很有竞争力。此外，Megabus（www.megabus.com）和博尔特巴士（BoltBus; www.boltbus.com）也提供票价低廉且带Wi-Fi（Wi-Fi可能有时不好用）的长途客运服务。两者均主要服务于东西海岸，Megabus还提供得克萨斯州和五大湖地区的线路服务。

乘长途车时，多数行李都要托运，因此请在箱子外面系好牌子并书写清楚，以免丢失。包括雪橇、冲浪板和自行车在内的大件物品可以运输，但可能需要另外付费。提前打电话问清楚。

不同线路的汽车发车频率相差很大。尽管取消了不少小城镇车站，但灰狗巴士每50~100英里就会停一下，接载乘客。如果是长途线路，那么用餐时间会停车并更换司机。

很多车站都干净、安全，但难免有荒凉危险的地区，因此如果在夜间到达这些车站，建议搭乘出租车。有些小镇上的车站是招呼站。在招呼站上车最好准备数目正好的票钱给司机。

多数城市和较大的城镇都拥有可靠的本地公交系统，但大多数是为通勤设计的，因此夜晚和周末的车次有限。车费从免费到每次$1~4。

票价

要买到低价的灰狗票，要提前购买（提前14天以上通常最优惠）。灰狗的网站上经常有促销信息（促销详细信息，见www.greyhound.com/promos）。

其他的灰狗折扣有：非高峰期，2~16岁的儿童票打八折；62岁以上的老人享受九五折，拥有价值$23的学生优惠卡（Student Advantage Discount Card; www.studentadvantage.com）的学生享受大部分线路的九折票。

预订

灰狗巴士、Trailways、Megabus及博尔特巴士的车票可在网上购买，你可以在家把票打印出来。对于在Megabus和博尔特巴士网站上购买的车票，你还可以在乘车时出示智能手机邮箱里收到的车票收据，然后乘车。灰狗同样允许客户使用"Will Call"服务到站取票。

先上车的先占座。灰狗公司建议开车前1小时上车，这样才有好座位。

小汽车和摩托车

有关自驾的相关信息，请参见"在美国自驾"章节（见1327页）与"公路旅行和景观公路自驾"章节（见40页）。

当地交通工具

除了美国的大城市，其他地方的公共交通对于游客来说都不是最方便的方式。因为公共交通工具很难覆盖城市周边和郊区。不过，公共交通工具通常便宜、安全且可靠。

2/3以上的州采用☎511作为当地交通信息咨询热线的号码。

地铁

纽约、芝加哥、波士顿、华盛顿、旧金山湾区、费城、洛杉矶和亚特兰大的地铁系统最为庞大。其他城市的地铁规模要小一些，只有一两条地铁线路，且主要在市区。

出租车和共享服务

出租车是打表的，起步价为$3左右，再加上每英里$2~3。如果需要司机等你或者帮忙拿行李，则需要另外付费。此外，最好付给司机车费总额的10%~15%作为小费。大城市的繁华街道上出租车较为常见，而在出租车较少的地区，打电话叫车比较方便。

作为替代出租车的选择，Uber（www.uber.com）和Lyft（www.lyft.com）等共享

汽车公司最近人气飙升。

火车

美国国家铁路公司(www.amtrak.com)的火车线路四通八达，它还有接驳车，可以接送乘客往来于火车站和一些小的购物中心及国家公园之间。与其他旅行方式相比，火车算不上最快、最便宜、最及时或最方便的，但乘坐火车的旅程是最能让人放松的，你可以一边交朋友，一边饱览沿途风光，尤其是西部线路，上下铺的超级列车拥有宽敞的起居车厢及全景车窗。

美国国家铁路公司有几条从东到西横穿美国的线路，从南到北的线路更多，中间停靠美国所有的大城市及很多小一点的城市。多数长途线路每日发车(车身有车牌)，但有的线路每周只运行3~5天。浏览美国国家铁路公司网站查看详细路线图。

美国国家铁路公司的短途通勤线路，特别是从马萨诸塞州的波士顿至华盛顿的东北线，车次多而且快捷。阿西乐特快(Acela Express)最贵，而且不能用通票。其他通勤线路有的通往伊利诺伊州芝加哥旁的密歇根湖岸，有的通往西海岸和佛罗里达州迈阿密地区的主要城市。

车厢等级和价位

火车类型和车厢不同，价格也不同。如果是长途旅行，你可以选乘普通座(预订或者未预订)、商务座或一等座，一等座全是卧铺。卧铺包括：简单的上下铺[又称"小包间"

火车票价

美国国家铁路公司长途火车的成人单程普通座的票价如下：

路线	票价($)	车程(小时)
芝加哥—新奥尔良	133	20
洛杉矶—圣安东尼奥	151	29
纽约—芝加哥	108	19
纽约—洛杉矶	232	63
西雅图—奥克兰	109	23
华盛顿—迈阿密	147	23

(roomette)]、带配套设施的卧室，还有带两个卫生间、可睡四人的包厢。卧铺票价包含餐费，可以坐在餐车里好好享受一顿(如果票价里不包含的话，在餐车就餐会很贵)。通勤车有出售三明治和小吃的快餐柜台。建议自带食物和饮品。

美国国家铁路公司提供各种单程和往返车票。持有有效证件的学生和62岁以上的老年人可享受八五折优惠，2~12岁的孩子在成人的陪同下可享受五折优惠，美国汽车协会的会员可享受九折优惠。只可在网上预订的"SmartFare"车票七折优惠，通常是一些乘客数量很少的路线(目的地每周不同；见www.aaa.com 查询详细信息)。

通常来说，预订得越早，价格越低。即使只想获得普通折扣，也需要提前3天预订。如果你要乘坐阿西乐特快或Metroliner火车，最好避开上下班高峰时段并且在周末出发。

美国国家铁路公司度假(Amtrak Vacations; www.amtrakvacations.com)提供旅行套餐，包括汽车出租、宾馆、团队游以及名胜古迹游。飞机—火车套餐项目可以让你去程乘火车，返程乘飞机。

预订

从提前11个月到出发当天都可以预订。大部分火车座位有限，某些线路可能人还很多，夏季和假日更是如此，因此尽量提早预订。预订得早还有可能享受折扣。

火车通票

美国国家铁路公司为普通座的旅客提供15天($459)、30天($689)或者45天($899)的火车通票，通票持有者分别可享受8个、12个和18个"乘坐区间"(segment)的服务。这里的"乘坐区间"和单程旅行不同，如果到达你的目的地需中途换乘(如从纽约到迈阿密需要在华盛顿(哥伦比亚特区)换乘)，那就算作2个区间。

每次乘车前拿着通票去美国国铁的售票处换票。预订时需要打电话(☎800-872-

统统上车!

谁不喜欢火车头的汽笛声与水蒸气喷出的美丽场景呢？许多窄轨铁路今天仍在运行，但仅作为一种旅游项目，而不是交通工具。大部分火车只在天气暖和的月份运行，它们可是非常受欢迎的，所以，记得提前预订。

这里有一些最好的推荐：

1880 Train（☎605-574-2222; www.1880train.com; 222 Railroad Ave; 成人/儿童往返 $29/14; ⏰5月中旬至12月）经典的蒸汽火车，穿越崎岖的布莱克山区。

Cass Scenic Railroad（www.cassrailroad.com）运行在西弗吉尼亚的阿巴拉契亚山脉中。

Cumbres & Toltec Scenic Railroad Depot（☎888-286-2737; www.cumbrestoltec.com; 5234 Hwy 285; 旅行 成人/儿童 $99/59起）鲜活的移动博物馆，从新墨西哥州查玛深入科罗拉多落基山脉。

Durango & Silverton Narrow Gauge Railroad（☎970-247-2733; www.durangotrain.com; 479 Main Ave; 往返成人/4~11岁儿童 $89/55起; ⏰5月至10月）终点在科罗拉多州落基山脉的历史矿镇西尔弗顿。

Great Smoky Mountains Railroad（☎800-872-4681; www.gsmr.com; 226 Everett St; 南塔哈拉峡谷之旅 成人 $55起，2~12岁儿童 $31起）从布赖森城出发，穿越大雾山。

Mt Hood Railroad（☎800-872-4661; www.mthoodrr.com; 110 Railroad Ave; 旅行 成人/儿童 $35/30起）蜿蜒穿过俄勒冈州波特兰城外的风光秀丽的哥伦比亚河峡谷。

Skunk Train（☎707-964-6371; www.skunktrain.com; 100 W Laurel St; 成人/儿童 $84/42; ⏰9:00~15:00）往返于加州海岸边的布拉格堡与内陆的威利茨小镇，途中经过红树林。

White Pass & Yukon Route Railroad（☎800-343-7373; www.wpyr.com; 231 2nd Ave; ⏰5月至9月）克朗代克淘金潮时代的铁路，自阿拉斯加的斯卡圭（Skagway）、加拿大不列颠哥伦比亚的弗雷泽（Fraser）、卡克罗斯（Carcross）及育空地区的白马市（Whitehorse）延伸出来。

同样值得乘坐的老式蒸汽和柴油机车还有亚利桑那州的**Grand Canyon Railway**（☎预订 800-843-8724; www.thetrain.com; 233 N Grand Canyon Bvd, Railway Depot; 往返成人/儿童 $79/47起）、纽约州的**Delaware & Ulster Railroad**（☎800-225-4132; www.durr.org; 43510 Rte 28, Arkville; 成人/儿童 $18/12; ⏰7月至10月 周六和周日）以及科罗拉多州的**派克斯峰齿轨铁路**（☎719-685-5401; www.cograilway.com; 515 Ruxton Ave; 往返 成人/儿童 $40/22; ⏰5月至10月 8:00~17:20，11月至次年4月 运行时间缩短）。

7245，美国境外拨打☎215-856-7953）。预订期望日期的车票，越早打越好，因为分配给美国铁路通票（USA Rail Pass）的座位有限。在某些地处农村的火车站，除非有人预订，否则火车不停。车票不规定座位号，但列车员可能会给你找个座位。商务座、一等座以及卧铺需要加钱并另外预订。

全部旅程必须在330天内结束。通票不可用于阿西乐特快、Auto Train、快速公共汽车或者美国国家铁路公司与VIA Rail Canada联合运营的加拿大境内的路线。

在美国自驾

如果需要最大限度的灵活性和便利性,还要探索美国乡村及其广阔的空间,汽车不可或缺。虽然油价很高,但你经常可以租到相当便宜的汽车(纽约市除外),租金可低至每天$20。

汽车协会

美国汽车协会(American Automobile Association,简称AAA;www.aaa.com)与多家国际汽车俱乐部有互惠协议(可与美国汽车协会联络并办一张本国汽车俱乐部会员卡)。协会为会员提供旅行保险、旅游指南、汽车修理服务,其在各个地区的办事处分布范围很广。协会还为汽车业的利益进行政治上的游说。

Better World Club(www.betterworldclub.com)是更加环保的选择,它将收入的1%用于环境清理,所提供的每项服务都有一个倡导环保的选择,协会还为环境事业在政治上发声。

这两家汽车协会都为会员提供美国境内的24小时紧急道路救援服务,此外还提供旅游规划、免费地图、旅游服务、汽车保险和一些旅游折扣(如租车、入住酒店等)。

自备车辆

从加拿大或墨西哥自驾穿越边境进入美国是可行的,请参考本书1321页。除非你要把家搬到美国,否则不要考虑托运汽车。

车辆托运服务

"车辆托运"为需要搬家或无法自己把车开走的人提供服务。对喜欢宽松、灵活旅程的旅行者来说,这可是美梦成真的好事:你只需支付油钱,就可以得到一辆车,然后长途跋涉,从A地开到B地。

只要年满23岁并持有有效驾驶证(非美国公民应持国际驾照),你就可以驾驶了。你需要缴纳$350的押金(如果没有发生事故,则全额退还),准备一份"清白的"行驶记录的复印件、一张主流信用卡和护照(或3种身份证明文件)。

车辆托运公司提供保险,你只需支付油钱。按照合同规定,你应在特定时间内将车辆开往特定目的地,而且不能超过限定的里程。换言之,你应该沿两地之间最短的路线行驶,每天不能超过8小时、400英里(意味着没法观光了)。车辆有限供应。

Auto Driveaway(www.autodriveaway.com/drive)是最大的汽车托运公司,在全国有40多家办事处。

驾照

在实际操作中,大多数美国租车公司需要中国游客出示护照和中国驾照。老版本的中国驾照上驾驶员姓名没有英文翻译,所以在前往美国前请将驾照进行英文公证;新版的中国驾照上标有英文,但为了稳妥,我们还是建议准备自驾的旅行者在出行前对驾照进行翻译并且公证。

因美国各州法律不同,加之一些租车行并不一定熟悉外国人租车的情况,所以强烈建议出发前通过邮件与相关租车行联系,确保他们接受中国驾照和公证,这样可减少不必要的麻烦。

若想在美国驾驶摩托车,你需要有效的美国摩托车驾照或特别注明给摩托车使用的国际驾照(IDP)。

保险

在启动汽车之前,一定要上保险,这是法律规定。否则,一旦发生事故,你就将承担很大的经济风险和法律责任。购买汽车保险或承保汽车租赁的旅行保险时,确认保险的承保范围包括你即将驾驶的区域,而且各州规定的最低赔付情况不同。

汽车租赁公司提供的第三方责任险通常需要你另外缴费。租车公司几乎不对车辆碰撞进行赔付,但提供非强制购买的碰撞责任豁免险(Collision Damage Waiver,缩写为CDW),又称损毁责任豁免险(Loss Damage Waiver,缩写为LDW)。租车人可以选择发生事故后个人的免责额度,从$100至$500。若想获得这个额度,需要缴纳额外的保险费,额外保险费意味着每天的租车费用增加$30。

如果租车时间在15天以内且用信用卡支付全款的话,很多信用卡公司提供免费的碰撞责任豁免险。这是一个避免支付给租车公司更多费用的好办法。不过得注意,如果遇到事故,有时候你得先向租车公司支付赔偿金,过后再从信用卡公司得到赔偿。如果你开的是四驱越野车、敞篷车或者某些跑车,可能就没有这个免费险种了。详情请咨询你的信用卡公司。

买车

购买汽车通常不划算,对于在美国逗留时间少于4个月的外国游客更是如此。如果外国游客在美国的朋友或亲戚可以提供固定住址,方便车辆注册、上牌照和买保险的话,买车手续会很简单。

一旦交了钱,就必须在10天之内去州机动车管理处(Department of Motor Vehicles,缩写为DMV)注册汽车所有权。去的时候带上买车单据、提车单("粉色单据")及保险证明,有的州还要求提供汽车"适合在雾中行驶的证明"。销售商有义务为你提供这些单据,所以如果没有这些证明文件,就别买这辆车。销售商会替你把相关文件交给州机动车管理处。

自己上责任险是最令外国人头痛的事,因为如果没有美国签发的驾照几乎不可能成功。汽车销售商或美国汽车协会可能会给你提供一家能帮助你的保险公司。即使你拿到美国驾照,但如果你尚无安全驾驶记录,那么购买保险就要花相当多的钱,而且还不见得能买到。带一份你在国内保单的复印件也许能证明你是个好司机。25岁以下的司机很难买到保险。

卖车是一件非常让人崩溃的事。卖给经销商卖不出好价钱,但免去了很多准备文件的麻烦。卖给游伴或大学生是不错的主意,但之前要确认这种方式能够得到州机动车管理处的许可,否则你就可能要为别人的交通罚单负责了。

租车
汽车

在美国,汽车租赁是个竞争激烈的行业。多数租车公司对租车者的要求是:有一张主流信用卡,年满25岁,持有合法驾照。有些大型全国租车公司可能会把车租给21~24岁的驾驶员,但每天加收$25的费用。通常来说,不满21岁的驾驶员无法租车。

汽车租赁价格的差异很大,因此最好货比三家。平均说来,小型轿车的日租金为$20~75,周租金为$125~500。如果你是某汽车俱乐部的会员或是某航空公司的常旅客,就可能获得一定的折扣(或是积分/额外里程积累)。

还要记住:美国大多数租赁公司对车辆"不限里程",但有些公司可能会对规定之外的里程加收费用。不同的州和租车地收取不同的租车税,应询问含税的租金总价。如果你在异地还车,通常来说会多付一些费用,且只有全国连锁的租车公司才提供这样的服务。注意超期租用或提前还车的情况:超期的话可能会以另外的费率收费,而提前还车可

加油

在美国,很多加油站都设有带信用卡自动支付屏的加油泵。在你刷卡后,有些机器要求你输入邮政编码。外国旅行者或者持美国之外发行的信用卡的人,多半得先到店内付款。只要估算一下你想要加多少钱的油就行了。如果加完油后还有余额,再回到店内,工作人员会把差额返还到你自己的卡内。

驾驶距离和时间

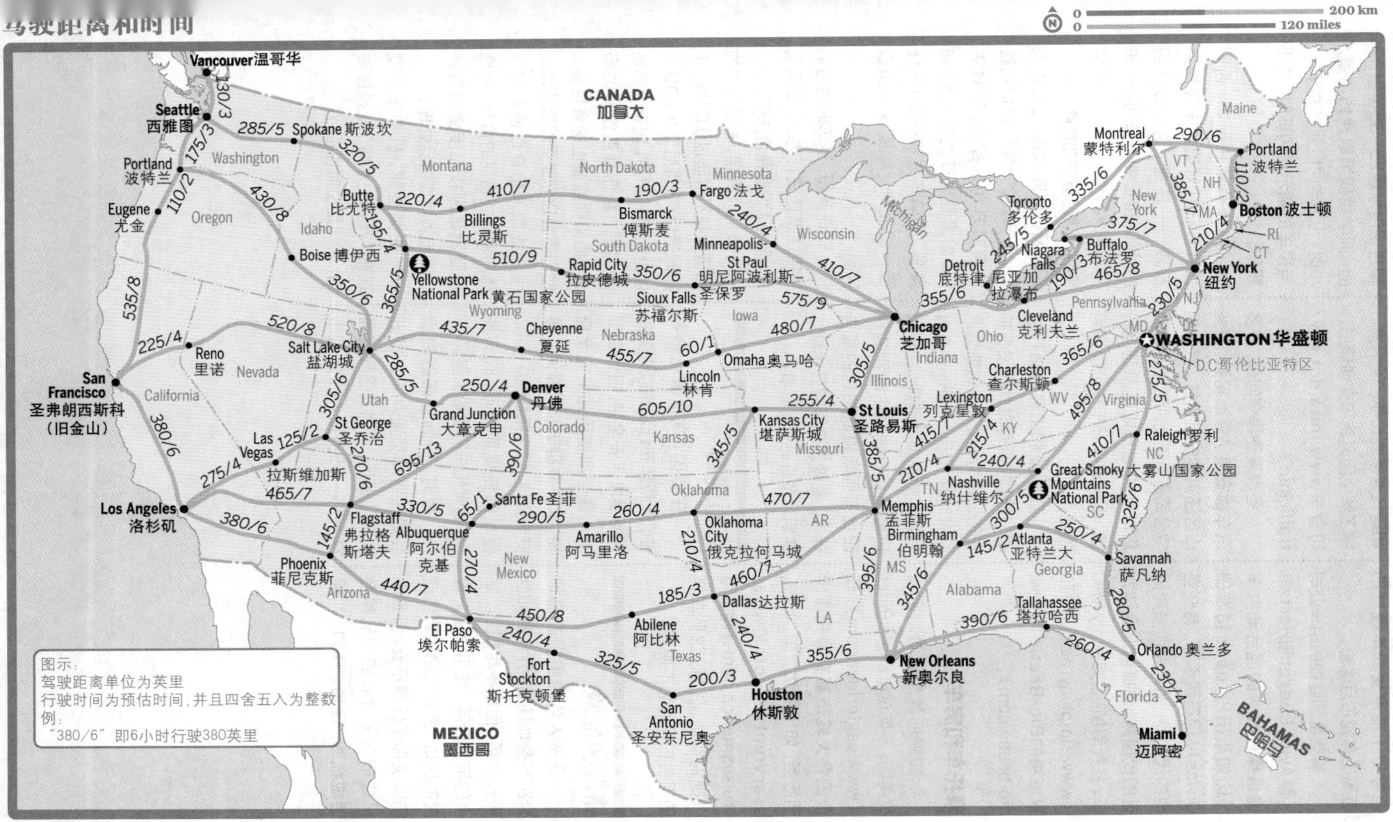

200 km
120 miles
CANADA
加拿大
MEXICO
墨西哥
BAHAMAS
巴哈马
Vancouver温哥华
Seattle
西雅图
Spokane 斯波坎
Portland
波特兰
Eugene
尤金
Boise 博伊西
Butte
比尤特
Billings
比灵斯
Bismarck
俾斯麦
Fargo 法戈
Minneapolis-
St Paul
明尼阿波利斯-
圣保罗
Rapid City
拉皮德城
Sioux Falls
苏福尔斯
Yellowstone
National Park 黄石国家公园
San
Francisco
圣弗朗西斯科
（旧金山）
Reno
里诺
Salt Lake City
盐湖城
Cheyenne
夏延
Omaha 奥马哈
Lincoln
林肯
Denver
丹佛
Grand Junction
大章克申
Las
Vegas
拉斯维加斯
St George
圣乔治
Los Angeles
洛杉矶
Flagstaff
弗拉格
斯塔夫
Phoenix
菲尼克斯
Albuquerque
阿尔伯
克基
Santa Fe 圣菲
Amarillo
阿马里洛
El Paso
埃尔帕索
Fort
Stockton
斯托克顿堡
San
Antonio
圣安东尼奥
Abilene
阿比林
Dallas 达拉斯
Oklahoma
City
俄克拉何马城
Kansas City
堪萨斯城
Houston
休斯敦
Chicago
芝加哥
St Louis
圣路易斯
Memphis
孟菲斯
New Orleans
新奥尔良
Detroit
底特律
Toronto
多伦多
Niagara
Falls
尼亚加
拉瀑布
Buffalo
布法罗
Cleveland
克利夫兰
Montreal
蒙特利尔
Portland
波特兰
Boston 波士顿
New York
纽约
WASHINGTON 华盛顿
D.C 哥伦比亚特区
Charleston
查尔斯顿
Lexington
列克星敦
Nashville
纳什维尔
Birmingham
伯明翰
Great Smoky 大雾山国家公园
Mountains
National Park
Raleigh 罗利
Atlanta
亚特兰大
Savannah
萨凡纳
Tallahassee
塔拉哈西
Orlando 奥兰多
Miami
迈阿密
图示：
驾驶距离单位为英里
行驶时间为预估时间，并且四舍五入为整数
例：
“380/6” 即6小时行驶380英里

能导致不能享受原本说好的每周优惠或每月优惠。

有些全国连锁的租车公司（像Avis、Budget和Hertz）提供绿色环保的混合动力车（比如丰田Priuses和本田Civics），但花费不菲。有些当地的代理商，尤其是西海岸附近的代理商，也提供混合动力车。找找南加州的Simply RAC（www.simplyhyrac.com）和夏威夷的Bio-Beetle（www.bio-beetle.com）。

摩托车和房车

如果你梦想骑着哈雷横跨美国，不妨试试Eagle Rider（www.eaglerider.com），在全国各大城市都有摩托车出租服务。如果喜欢房车，www.usarvrentals.com和www.cruiseamerica.com等网站可以提供帮助。注意，这些车辆的租金和保险都不便宜。

路况和危险

许多人认为美国的高速公路齐整地铺着沥青，犹如丝带般顺畅，但也不尽如此。路上的坑坑洼洼、城市里上下班时的拥堵、乱穿马路的野生动物以及那些狂躁不安、打着手机或被孩子分心的司机都会造成危险。谨慎、预判、礼貌和运气通常能让你化险为夷。欲了解全国道路和交通信息，可登录www.fhwa.dot.gov/trafficinfo。

冬季驾驶是个问题，许多汽车都安装了雪地轮胎，有些山区还需要安装雪链。汽车租赁公司通常不允许驾驶员在公路以外的地方或在泥路上行驶，雨天这样开车很可能遇到危险。

在沙漠和山区村镇行驶的时候，牲畜有时就在没有护栏的公路旁边吃草。这些地区会有写着"Open Range"或者画着牛的形象的路牌。在经常出现鹿和其他野生动物的路段会有画着跳跃的鹿的警告标志。要警惕这样的警示牌，黎明和黄昏时分尤其要小心。

交通规则

在美国，汽车靠右侧行驶。除新罕布什尔州以外的各州都要求系安全带，各州都要求儿童必须使用儿童安全座椅。大多数租车公司提供儿童安全座椅，每天花费$10~14，但是需要提前预订。在有些州，骑摩托车需要戴头盔。

有时，州际公路的限速会提高到75英里/小时。除非有其他提示，不然公路限速通常为55~65英里/小时，城市和村镇内限速25~35英里/小时，而学校周围限速15英里/小时（上下学时段强制执行）。当校车的指示灯闪烁时，禁止超车。

除非有禁止标志，否则允许你在红灯时将车停稳后右转——注意，这样做在纽约是违法的。如果有四向停车（four-way stop）标志，车辆应该顺着到达的顺序前进；如果两辆车同时到达，右边先行。不确定的时候，可以礼貌地向对方司机挥手，让其先行。如果看到有紧急车辆（如警车、消防车或救护车）从任意一边驶来，需要驶向路边让路。

在许多州，开车时使用手持电话是违法行为，但使用免提（蓝牙）设备是合法的。

按法律规定，司机体内的酒精含量不得超过0.08%。美国对酒后/吸毒后驾车（DUI）的处罚极其严厉。警察会当场做测试，看你是否饮酒或吸毒。如果你被测出确有其事，他们还会让你接受呼吸测试、尿液或血液检查以便测定你体内酒精或毒品的含量。拒绝接受测试则按已接受检查并检测出酒精或毒品处理。

在某些州，机动车上发现有"开封的酒瓶"就是违法的，即使是空瓶也不行。

幕后

说出你的想法

我们很重视旅行者的反馈——你的评价将鼓励我们前行,把书做得更好。我们同样热爱旅行的团队会认真阅读你的来信,无论是表扬还是批评都非常欢迎。虽然很难一一回复,但我们保证将你的反馈信息及时交到相关作者手中,使下一版更完美。我们也会在下一版特别鸣谢来信读者。

请把你的想法发送到**china@lonelyplanet.com.au**,谢谢!

请注意:我们可能会将你的意见编辑、复制并整合到Lonely Planet的系列产品中,例如旅行指南、网站和数字产品。如果不希望书中出现自己的意见或不希望提及你的名字,请提前告知。请访问lonelyplanet.com/privacy了解我们的隐私政策。

声明

气候图表数据引用自Peel MC, Finlayson BL & McMahon TA(2007)'Updated World Map of the Köppen-Geiger Climate Classification', *Hydrology and Earth System Sciences*, 11, 1633~44。

84~85页、86~87页插图由哈维尔·马丁内斯·萨拉希纳(Javier Martinez Zarracina)绘制,88~89页插图由迈克尔·威尔顿(Michael Weldon)绘制。

封面图片:黄石国家公园中正在吃草的北美野牛,Maciej Bledowski/Shutterstock ©。

本书部分地图由中国地图出版社提供,其他系原书地图,审图号GS(2019)3531号。

关于本书

这是Lonely Planet《美国》的第10版。本书的作者为本尼迪克特·沃克（Benedict Walker）、凯特·阿姆斯特朗（Kate Armstrong）、布雷特·阿特金森（Brett Atkinson）、卡洛琳·贝恩（Carolyn Bain）、艾米·C.波福尔（Amy C Balfour）、罗伯特·巴尔科维奇（Robert Balkovich）、雷·巴特利特（Ray Bartlett）、洛伦·贝尔（Loren Bell）、格雷格·本奇维奇（Greg Benchwick）、安德鲁·本德（Andrew Bender）、萨拉·本森（Sara Benson）、艾莉森·宾（Alison Bing）、凯瑟琳·博瑞（Catherine Bodry）、克里斯蒂安·博内托（Cristian Bonetto）、杰德·布雷姆纳（Jade Bremner）、内特·卡瓦列里（Nate Cavalieri）、格雷戈尔·克拉克（Gregor Clark）、迈克尔·格罗斯伯格（Michael Grosberg）、阿什利·哈勒尔（Ashley Harrell）、亚历山大·霍华德（Alexander Howard）、马克·约翰逊（Mark Johanson）、亚当·卡林（Adam Karlin）、布莱恩·克吕普费尔（Brian Kluepfel）、斯蒂芬·利奥伊（Stephen Lioy）、卡罗琳·麦卡锡（Carolyn McCarthy）、克雷格·麦克拉克伦（Craig McLachlan）、休·麦克诺丹（Hugh McNaughton）、贝基·奥尔森（Becky Ohlsen）、克里斯托弗·皮茨（Christopher Pitts）、莉莎·普拉多（Liza Prado）、约瑟芬·金特罗（Josephine Quintero）、凯文·拉博（Kevin Raub）、西蒙·里士满（Simon Richmond）、布兰达·桑百利（Brendan Sainsbury）、安德里·舒尔特-皮弗（Andrea Schulte-Peevers）、亚当·斯考尼克（Adam Skolnick）、海伦娜·史密斯（Helena Smith）、雷杰斯·圣·路易斯（Regis St Louis）、赖安·冯·博克摩斯（Ryan Ver Berkmoes）、约翰·A.沃尔海德（John A Vlahides）、玛拉·佛西斯（Mara Vorhees）、克利夫顿·威尔金森（Clifton Wilkinson）、露西·山本（Luci Yamamoto）、卡拉·兹默尔曼（Karla Zimmerman）。

本书为中文第六版，由以下人员制作完成：

项目负责 关媛媛
项目执行 丁立松
翻译统筹 肖斌斌　李昱臻
翻　　译 李高飞　邹云
内容策划 兰莹　林妍
　　　　　　申旸旸　刘维佳
视觉设计 李小棠
协调调度 沈竹颖
责任编辑 孙经纬
执行编辑 戴舒
地图编辑 田越
制　　图 张晓棠
流　　程 孙经纬
终　　审 杨帆
排　　版 北京梧桐影电脑
　　　　　　科技有限公司

感谢罗霄山对本书的帮助。

索 引

A

accommodations 住宿 24, 1311~1313
Acoma Pueblo 阿克莫普韦布洛 998
activities 活动 31~34, 47~54,
Alabama 亚拉巴马州 470~476
Alamogordo 阿拉莫戈多 1016~1017
Alaska 阿拉斯加州 72, 702, 1217~1238
amusement parks 游乐园 27
Anchorage 安克雷奇 1219~1223
Arcata 阿克塔 1132
arts 艺术 1284~1286, 1286~1295
Atlanta 亚特兰大 449~460, **450~451**
Atlantic City 大西洋城 181~182
Austin 奥斯汀 775~785, **778**

B

Baltimore 巴尔的摩 326~332
beaches 海滩 27
Berkeley 伯克利 1120~1122
bicycling 骑自行车 48~49, 1265, 1323
Big Island (Hawai'i) 大岛（夏威夷岛）1249~1256
Big Sur 大苏尔 1084~1086
Billings 比灵斯 895~896
Billy the Kid National Scenic Byway 比利小子国家观光小路 1018
Biltmore Estate 比特摩尔庄园 400
birds 鸟 1303
bird-watching 观鸟 514
Biscayne National Park 比斯坎国家公园 546
Bishop 毕晓普 1147
Blue Ridge Parkway 蓝岭风景大道 43~45, 372, 398
Bluegrass Country 蓝草乡村 443~446
Bluff 布拉夫 987~988
boat travel 乘船 1322, 1323
Bodega Bay 波德加湾 1128
Bodie State Historic Park 波迪鬼镇州立历史公园 1147
Bogue Banks 布格堰洲岛 389
Boise 博伊西 903~906
Boston 波士顿 203, **206~207, 210~211**

C

California 加利福尼亚州 72, 1020~1151, **1022~1023**
Cambria 坎布里亚 1083
Camden 卡姆登 289
Carnegie Hall 卡内基音乐厅 141
Carson City 卡森城 931
castles 城堡 171, 258, 546
Central Park 中央公园 101~105, 84~85, **102~103, 84, 85**
Chaco Culture National Historical Park 查科文化国家历史公园 1012~1013
Channel Islands National Park 海峡群岛国家公园 1078
Chapel Hill 教堂山 394~395
Charleston 查尔斯顿 406~411
Cheyenne 夏延 876~877
Chicago 芝加哥 18, 26, 588~616, **589, 592~593, 18**
children, travel with 带孩子旅行 66~68
Chrysler Building 克莱斯勒大厦 99
Cincinnati 辛辛那提 641~645

D

Dallas 达拉斯 810~818, **811, 812**
Death Valley National Park 死亡谷国家公园 700, 1076~1077, **701**
Delaware 特拉华州 340~345
Denver 丹佛 837~847, **840~841**
Disneyland 迪士尼乐园 1052~1054
Dodge City 道奇城 762
Dolby Theatre 杜比剧院 1032

E

Ellis Island 埃利斯岛 78
Empire Mine State Historic Park 金矿帝国州立历史公园 1136
Empire State Building 帝国大厦 99
environmental issues 环境问题 1265, 1303~1304
Erie Lakeshore 伊利湖岸风景区 635~637

000 地图页码
000 图片页码

Escalante 埃斯卡兰特 990
Essex 埃塞克斯 258~259
Evanston 埃文斯顿 617
Everglades National Park 大沼泽地国家公园 20, 545, 695, **20, 694**

F

Fairbanks 费尔班克斯 1235~1238
Fairmount 费尔芒特 624~625
Fargo 法戈 738~739
Fayetteville 费耶特维尔 379
Ferry Building 渡轮大厦 1092
ferry travel 乘渡轮 1323
festivals 节日 31~34
Fifth Avenue 第五大道 95
Flatiron Building 熨斗大厦 93
Florida 佛罗里达州 70, 517~583, **518~519**
Folly Beach 富丽海滩 412
food 饮食 25, 28, 55~65
Forks 福克斯 1176
Franklin 富兰克林 433
Franklin Delano Roosevelt Memorial 富兰克林·德拉诺·罗斯福纪念堂 304
Frederick 弗雷德里克 338~339
Fredericksburg 弗雷德里克堡 351~352, 792~794

G

George Washington Memorial Parkway 乔治·华盛顿纪念公路 347~348
Georgetown 乔治城 308~309
Georgia 佐治亚州 448~470
Gold Coast 黄金海岸 659~663
Golden Gate Bridge 金门大桥 1103
Golden Gate Park 金门公园 1103
Graceland 雅园 421~422
Grand Canyon National Park

000 地图页码
000 图片页码

大峡谷国家公园 12, 699, 951~958, **952~953**, **12, 690**
Grand Teton National Park 大蒂顿国家公园 889~893, **890**
Great Lakes 五大湖区 70, 584~709, **586~587**
Great Plains 大平原 71, 710~773, **712~713**
Great Smoky Mountains National Park 大雾山国家公园 403~405, 695, **693**
Guggenheim Museum 古根海姆博物馆 106
Gulf Coast (Mississippi) 美国墨西哥湾沿岸地区(密西西比州)483~484
Gulf Coast (Texas) 美国墨西哥湾沿岸地区(得克萨斯州)803~810
Gulf Islands National Seashore 海湾岛国家海岸风景区 582

H

Harvard University 哈佛大学 216
Hatteras Island 哈特拉斯岛 384
Havasupai Canyon 哈瓦苏派峡谷 958~959
Hawaii 夏威夷州 72, 702, 1239~1262, **693**
Hawai'i (the Big Island) 夏威夷岛(大岛)1249~1256
Hawai'i Volcanoes National Park 夏威夷火山国家公园 18, 1255~1256, **18**
Hells Canyon 地狱峡谷 1216
Hemingway House 海明威故居 553
hiking 徒步 28~29, 47~48, 49
horseback riding 骑马 54
Houston 休斯敦 795~803, **798~799**
Hovenweep National Monument 豪文卫普国家保护区 988
Hualapai Reservation 华莱派原住民保留地 959
Hudson Valley 哈得孙河谷 157~162
Humboldt Redwoods State Park 洪堡红杉州立公园 1131
hurricanes 飓风 1302
Hyannis 海恩尼斯 229~230

I

Idaho 爱达荷州 903~908
Idaho Panhandle 爱达荷州狭长地带 908~909
Illinois 伊利诺伊州 585~618
Independence Day 独立日 33
Independence Hall 独立大厅 185
Indiana 印第安纳州 620~631
Indianapolis 印第安纳波利斯 621~624
insurance 保险 1308~1309, 1327
internet access 上网 1314
internet resources 参考网站 23, 1281, 1318
Iowa 艾奥瓦州 732~737
itineraries 旅行线路 35~39, **35, 36, 37, 39**

J

Jackson (Mississippi) 杰克逊(密西西比州)480~482
Jackson (Wyoming) 杰克逊(怀俄明州) 879~882
Jacksonville (Florida) 杰克逊维尔(佛罗里达州)561~563
Jacksonville (Oregon) 杰克逊维尔(俄勒冈州) 1214
Jersey Shore 泽西海岸 178~184
John Day Fossil Beds National Monument 约翰代伊化石床国家保护区 1215
Joshua Tree National Park 约书亚树国家公园 700, 1072~1074, **701**
Juneau 朱诺 1227~1230

K

Kansas 堪萨斯州 759~765
Kansas City 堪萨斯城 725~730
Kartchner Caverns State Park 卡奇纳洞穴州立公园 969
Kennedy Space Center 肯尼迪航天中心 556
Kentucky 肯塔基州 440~448
Key Largo 大礁岛 550~551
Key West 西礁岛 553~555
King, Martin Luther 马丁·路德·金 453, 454
Kings Canyon National Park 国王峡谷国家公园 1144~1147

L

Lakes Region 湖区 275~276
Lander 兰德 875~876
Lansing 兰辛 657
Laramie 拉勒米 877~878
Las Cruces 拉斯克鲁塞斯 1014~1015
Las Vegas (Nevada) 拉斯维加斯（内华达州）19, 915~927, **918**, **19**
Las Vegas (New Mexico) 拉斯维加斯（新墨西哥州）1006~1007
Lassen Volcanic National Park 拉森火山国家公园 1141
legal matters 法律事宜 1314~1315
Los Angeles 洛杉矶 20, 1021~1052, **1022~1023**, **20**
Louisiana 路易斯安那州 492~515
Louisville 路易斯维尔 440~443

M

Mad River Valley 疯河谷 268~269
Madison 麦迪逊 673~677
Maine 缅因州 281~289, **282**
Manassas National Battlefield Park 马纳萨斯国家战场公园 347
Martin Luther King Jr Memorial 马丁·路德·金纪念碑 302
Maryland 马里兰州 325~340
Massachusetts 马萨诸塞州 203~244
Massachusetts State House 马萨诸塞州议会大厦 209
Maui 毛伊岛 1256~1259
Mauna Kea 莫纳克亚 1253
Memphis 孟菲斯 26, 418~427, **419**, **420**
Mesa Verde National Park 弗德台地国家公园 697, 871~873, **16**, **696**
Methow Valley 梅索谷 1182
Miami 迈阿密 520~537, **524**, **526**
Michigan 密歇根州 646~668
Million Dollar Highway 百万美元公路 867
Milwaukee 密尔沃基 669~673
Mt Baldhead 秃头山 660
Mt Rainier National Park 雷尼尔山国家公园 700, 1184~1185, **692~693**
Mt Washington 华盛顿山 279
Mt Washington Valley 华盛顿山谷 279
Murphys 墨菲斯 1137
music 音乐 16, 30, 1168, 1266, 1296~1299

N

Nashville 纳什维尔 427~436, **428~429**
National Archives 国家档案馆 300
National Cherry Blossom Festival 国家樱花节 31
National Mall 国家广场 13, 296, 296~304, **86~87**, **13**, **86**, **87**
national parks 国家公园 681~702, 1304
National September 11 Memorial 国家911纪念地 75
National WWII Memorial 国家"二战"纪念碑 303
New Haven 纽黑文 259~261
New Jersey 新泽西州 69, 176~184, **76~77**
New Mexico 新墨西哥州 993~1019
New Orleans 新奥尔良 14, 493~508, **494~495**
New River Gorge National River 新河峡谷国家河流风景区 378~379
New York 纽约 11, 75~151, **79**, **10~11**
New York State 纽约州 69, 151~176

O

Oʻahu 瓦胡岛 1241~1249
Oak Park 橡树公园 616~617
Obama, Barack 巴拉克·奥巴马 1277~1278
Ocean City 大洋城 336~337
Ohio 俄亥俄州 631~646
Oklahoma 俄克拉何马州 765~773
Oklahoma City 俄克拉何马城 765~768
Old State House (Boston) 旧议会大厦（波士顿）212
Olympia 奥林匹亚 1172~1173
Olympic National Park 奥林匹克国家公园 700, 1173~1174, **691**
Olympic Peninsula 奥林匹克半岛 1173~1177
Omaha 奥马哈 752~755
One World Observatory 世贸观景台 75
Oregon 俄勒冈州 1187~1216
Orlando 奥兰多 573~576, **574**

P

Pacific Coast Highway 太平洋海岸公路 14, 42~43
Pacific Northwest 太平洋沿岸西

北部 72, 1152~1216, **1154~1155**
Palm Beach 棕榈海滩 541~542
Palm Springs 棕榈泉 1069~1072
Paradise Valley 天堂谷 894~895
Pearl Harbor 珍珠港 1247
Pelee Island 皮利岛 637
Pennsylvania 宾夕法尼亚州 69, 184~201
Pentagon 五角大楼 347
Petroglyph Beach 岩画海滩 1224
Petroglyph National Monument 岩画国家保护区 995
Philadelphia 费城 184~195, **186~187, 190**
Phoenix 菲尼克斯 934~943, **938~939**
phonecards 电话卡 1314
Pictured Rocks National Lakeshore 画石国家湖岸风景区 666
Pike Place Market 派克市场 1157~1160
Princeton 普林斯顿 177~178
Providence 普罗维登斯 245~248

Q

Quechee 奎奇 266~268
Queens 皇后区 26, 112~114, 120, 132~133, 140

R

Red Rock State Park 红岩州立公园 945
Red Rocks Park & Amphitheatre 红岩公园和剧场 845
Red Wing 红翼镇 704
Rhode Island 罗得岛州 244~252
rock climbing 攀岩 52~53
Rockefeller Center 洛克菲勒中心 99

Rockland 罗克兰 288~289
Rocky Mountain National Park 落基山国家公园 697, 851~853, **696**
Rocky Mountains 落基山脉 21, 71, 833~909, **21**
Roosevelt, Franklin D 富兰克林·D.罗斯福 160
Route 66 66号公路 19, 40~42, 711, 763, 765, 962, **19**
Rugby 拉格比 740

S

Sacramento 萨克拉门托 1134~1136
Salt Lake City 盐湖城 971~976
San Antonio 圣安东尼奥 21, 787~795, **788, 21**
San Diego 圣迭戈 1056~1069, **1058, 1060~1061, 1062**
San Francisco 旧金山 12, 1091~1119, **1093, 1094, 1096~1097, 1104, 12**
Santa Barbara 圣巴巴拉 1077~1080
Santa Fe 圣菲 15, 999~1006, **1004~1005**
Savannah 萨凡纳 17, 464~468, **466, 17**
Seattle 西雅图 1157~1172, **1158~1159**
South, the 南部 70, 380~516
South by Southwest 西南偏南音乐节 31
South Carolina 南卡罗来纳州 405~417

T

Tampa 坦帕 565~567
Taos 陶斯 15, 1008~1012, **15**
taxis 出租车 1324
Tennessee 田纳西州 417~440
Texas 得克萨斯州 71, 774~832, **776~777**
theater 剧院 1292~1293

time 时间 23, 1314
Times Square 时代广场 95
tipping 小费 25, 64, 1309
toilets 厕所 1314
Tombstone 墓碑镇 969~970
Top of the Rock 洛克菲勒之巅 99
tourist information 旅游信息 1310
tours 团队游 1322
train travel 乘火车 1325~1326
Trump, Donald 唐纳德·特朗普 1278
Tucson 图森 962~967
TV 电视 1286~1287, 1308
Twain, Mark 马克·吐温 253

U

United Nations 联合国总部 100
Unity Temple 联合教堂 617
Universal Orlando Resort 奥兰多环球影城 578~579
US Capitol 国会大厦 304
USS Midway Museum 中途岛号博物馆 1057
Utah 犹他州 971~993

V

vacations 节假日 1311
Valentine 瓦伦丁 757~758
Valley of Fire State Park 火焰谷州立公园 929
Vermont 佛蒙特州 15, 262~273, **262, 15**
Vicksburg 维克斯堡 480
Vietnam Veterans Memorial 越战老兵纪念碑 300
Virginia 弗吉尼亚州 345~374
Virginia Beach 弗吉尼亚海滩 361~362
Virginia City 弗吉尼亚市 931~932
visas 签证 1306~1308
Volcano 火山城 1137

W

Waikiki 怀基基 1244~1247
Waimea Canyon State Park 怀梅阿峡谷州立公园 1260
Walt Disney World® Resort 华特·迪士尼世界度假村 17, 576~578, **17**
Warhol, Andy 安迪·沃霍尔 198, 1292
Wasatch Mountains 瓦萨奇山脉 976~981
Washington (state) 华盛顿州 1157~1187
Washington, DC 华盛顿特区 70, 293, 296~325, **294~295**
Washington, George 乔治·华盛顿 1269
Washington Monument 华盛顿纪念碑 302
weather 天气 22, 31, 32, 33, 34
West Palm Beach 西棕榈海滩 542
West Virginia 西弗吉尼亚州 374~379
White House 白宫 305~306
Wisconsin 威斯康星州 668~681
women travelers 女性旅行者 1317
Wyoming 怀俄明州 875~893

Y

Yale University 耶鲁大学 259
Yankee Stadium 洋基体育场 110
Yellowstone National Park 黄石国家公园 11, 697, 884~889, **886**, **11**, **697**
Yorktown 约克敦 359
Yosemite National Park 约塞米蒂国家公园 13, 700, 1141~1144, **13**, **701**

Z

Zion National Park 锡安国家公园 699, 992, **699**

记事本

记事本

记事本

记事本

地图图例

景点
- 海滩
- 鸟类保护区
- 佛教场所
- 城堡
- 基督教场所
- 孔庙
- 印度教场所
- 伊斯兰教场所
- 耆那教场所
- 犹太教场所
- 温泉
- 神道教场所
- 锡克教场所
- 道教场所
- 纪念碑
- 博物馆/美术馆/历史建筑
- 历史遗址
- 酒庄/葡萄园
- 动物园
- 其他景点

活动、课程和团队游
- 人体冲浪
- 潜水/浮潜
- 潜水
- 皮划艇
- 滑雪
- 冲浪
- 游泳/游泳池
- 徒步
- 帆板
- 其他活动

住宿
- 住宿场所
- 露营地

就餐
- 餐馆

饮品
- 酒吧
- 咖啡馆

娱乐
- 娱乐场所

购物
- 购物场所

实用信息
- 银行
- 使领馆
- 医院/医疗机构
- 网吧
- 警察局
- 邮局
- 电话
- 公厕
- 旅游信息
- 其他信息

地理
- 棚屋/栖身所
- 灯塔
- 瞭望台
- 山峰/火山
- 绿洲
- 公园
- 关隘
- 野餐区
- 瀑布

人口
- 首都/首府
- 一级行政中心
- 城市/大型城镇
- 镇/村

交通
- 机场
- 过境处
- 公共汽车
- 缆车/索道
- 自行车路线
- 轮渡
- 地铁
- 单轨铁路
- 停车场
- 加油站
- 出租车
- 铁路/火车站
- 有轨电车
- 其他交通方式

路线
- 收费公路
- 高速公路
- 一级公路
- 二级公路
- 三级公路
- 小路
- 未封闭道路
- 广场
- 台阶
- 隧道
- 步行天桥
- 步行游览路
- 步行游览支路
- 小路

境界
- 国界
- 一级行政区界
- 未定国界
- 地区界
- 军事分界线
- 海洋公园
- 悬崖
- 墙

水文
- 河流、小溪
- 间歇河
- 沼泽/红树林
- 暗礁
- 运河
- 水域
- 干/盐/间歇湖
- 冰川
- 珊瑚礁

地区特征
- 海滩/沙漠
- 基督教墓地
- 其他墓地
- 公园/森林
- 运动场
- 一般景点(建筑物)
- 重要景点(建筑物)

注：并非所有图例都在此显示。

我们的故事

一辆破旧的老汽车，一点点钱，一份冒险的感觉——1972年，当托尼（Tony Wheeler）和莫琳（Maureen Wheeler）夫妇踏上那趟决定他们人生的旅程时，这就是全部的行头。他们穿越欧亚大陆，历时数月到达澳大利亚。旅途结束时，风尘仆仆的两人灵机一闪，在厨房的餐桌上制作完成了他们的第一本旅行指南——《便宜走亚洲》（Across Asia on the Cheap）。仅仅一周时间，销量就达到了1500本。Lonely Planet 从此诞生。

现在，Lonely Planet在都柏林、富兰克林、伦敦、墨尔本、奥克兰、北京和德里都设有公司，有超过600名员工和作者。在中国，Lonely Planet被称为"孤独星球"。我们恪守托尼的信条："一本好的旅行指南应该做好三件事：有用、有意义和有趣。"

我们的作者

安德里·舒尔特-皮弗（Andrea Schulte-Peevers）

加利福尼亚州 在德国出生并长大，毕业于伦敦和加州大学洛杉矶分校，安德里游览过大约75个国家，路程堪比往返月球的距离。20多年来，她以专业旅行作家的工作谋生，参与过将近100个Lonely Planet项目。

雷杰斯·圣·路易斯（Regis St Louis）

佛罗里达州 雷杰斯在美国中西部的小镇长大——就是那种能够激发出伟大旅行梦想的地方——他从小就对外国方言和世界文化着迷不已。成长时期，他学习了俄语和几种拉丁系语言，使他得以顺利游历世界上的大部分地方。雷杰斯参与过关于六大洲各个地区的五十多本Lonely Planet指南的撰写。可以在www.instagram.com/regisstlouis关注他。

赖安·冯·博克摩斯（Ryan Ver Berkmoes）

夏威夷州、得克萨斯州 赖安为Lonely Planet撰写了110多本指南。他在加州圣克鲁斯长大，17岁离家前往中西部上大学，在那儿第一次见到了雪。这种新奇的快乐很快消逝。从那以后，他一直在游历世界，既是为了找寻乐趣，也是为了工作——二者经常难以分辨。从战争到酒吧，他经历过各种各样的事情，肯定是更喜欢后者了。赖安现居纽约。了解更多关于赖安的情况，请访问ryanverberkmoes.com和@ryanvb。

约翰·A.沃尔海德（John A Vlahides）

加利福尼亚州 约翰曾经做过巴黎妓院的厨师、豪华酒店的门童、电视主持人、色情俱乐部的保安、英语和法语口译员，现在是Lonely Planet经验最丰富的指南作者之一。约翰不是在谈论旅行的事情，就是在和旧金山交响乐团一起唱歌，要不就是在内华达山脉消遣时间。

玛拉·佛西斯（Mara Vorhees）

马萨诸塞州 玛拉在密歇根州的圣克莱尔海岸出生并长大，周游世界后在哈布（Hub）安顿下来。这位舞文弄墨的旅行者写过伯利兹和俄罗斯这样截然不同的地方，还有她的家乡新英格兰。她与丈夫、两个孩子和两只小猫一起住在马萨诸塞州萨默维尔一栋粉红色的房子里。

克利夫顿·威尔金森（Clifton Wilkinson）

加利福尼亚州 克利夫顿1995年初来加州就爱上了这里。在萨克拉门托过圣诞节，骑车穿过金门大桥，在约塞米蒂国家公园徒步，全都让克利夫顿更加坚信，加州是全美国最好的州，圣巴巴拉是该州最漂亮的角落。他已经为Lonely Planet工作超过11年，如今长期在伦敦办公室工作，不过希望能够重返加州的葡萄酒之乡，有机会证明一下梅洛葡萄酒也挺好喝的。

露西·山本（Luci Yamamoto）

夏威夷州 作为第四代夏威夷岛本地人，露西不会因为暴雨、皮钦语和夏威夷语的长单词感到烦恼。她离开法律行业并改行成为作家的时候，听说过一句谚语：写你所知。因此为了写家乡夏威夷群岛而为Lonely Planet工作。让她感到惊奇的是，身世背景只是起点——她在自己的家乡岛屿发现了更多非同一般的新人物和新地方。目前是居住在温哥华的作家、编辑、艾扬格瑜伽教练和博主（www.yogaspy.com），她经常回到夏威夷岛，补充本地的"能量"。她对夏威夷岛阿罗哈精神的热爱甚至超过了木瓜和波奇饭。

卡拉·兹默尔曼（Karla Zimmerman）

伊利诺伊州、印第安纳州、密歇根州、明尼苏达州、弗吉尼亚州、俄亥俄州、华盛顿特区、威斯康星州 卡拉住在芝加哥，在那儿吃甜甜圈，为小熊队加油，不然就为书籍、杂志和网站撰文。她参与过40多本指南书的撰写，目的地涉及欧洲、亚洲、非洲、北美洲和加勒比地区——这一切与她早期给建筑杂志写写石头和前往类似堪萨斯州弗里多尼亚这样的地方徒步相比，简直是翻天覆地的变化。想了解更多关于卡拉的情况，可以关注她的Instagram和Twitter（@karlazimmerman）。

特约作者：劳拉·皮尔逊（Laura Pearson）伊利诺伊州；
特雷莎·平（Trisha Ping），密歇根州

莉莎·普拉多（Liza Prado）

科罗拉多州 2003年，从公司律师改行从事旅行写作，莉莎成为一名旅行作家。她参与过遍及全美旅行目的地的十几个指南和文章撰写项目，与同为作家的丈夫加里·钱德勒（Gary Chandler）和两个孩子幸福地住在科罗拉多州丹佛。

约瑟芬·金特罗（Josephine Quintero）

加利福尼亚州 20世纪70年代初，约瑟芬背着一把吉他，前往欧洲初次体验一次没那么正经八百的旅行，沿途在以色列的基布兹工作时结识了她的丈夫。她为Lonely Planet走遍西班牙和意大利。

凯文·拉博（Kevin Raub）

大雾山国家公园、肯塔基州、北卡罗来纳州、南卡罗来纳州、田纳西州 凯文在亚特兰大长大，职业生涯始于在纽约当音乐杂志记者，为Men's Journal和Rolling Stone供稿。作为漂游在外的佐治亚男孩，他总会为了烧烤和啤酒回到南部的家乡。你可以在Twitter和Instagram上关注他（@RaubOnTheRoad）。想了解更多关于凯文的情况请访问www.lonelyplanet.com/members/kraub。

西蒙·里士满（Simon Richmond）

纽约州 记者和摄影师西蒙从20世纪90年代初期开始成为专业的旅行作家，1999年第一次为Lonely Planet撰写中country指南。他已经很久都不再计算自己参与调研和写作的指南数量啦，其中涉及的国家包括澳大利亚、中国、印度、伊朗、日本、韩国、马来西亚、蒙古、缅甸、俄罗斯、新加坡、南非和土耳其。他还为Lonely Planet网站执笔，撰写各种主题的文章，从全世界最美的游泳池到城市写生的乐趣等。

布兰达·桑百利（Brendan Sainsbury）

阿拉斯加州 从南边的凯奇坎到北边的戴德霍斯，出生于英格兰汉普郡的布兰达已经依靠长途汽车、火车、皮划艇、自行车、渡轮、飞机和自己的双腿走遍了阿拉斯加州的千山万水。难忘的时刻有从费尔班克斯乘坐长途汽车经多尔顿公路（Dalton Highway）至北冰洋，搭乘渡轮穿越遗世独立的阿拉斯加半岛至阿留申群岛，用一天时间追随克朗代克淘金热的足迹走完奇尔库特小径。布兰达参与过50多本Lonely Planet的指南编写工作，包括6版《古巴》。

亚当·斯考尼克（Adam Skolnick）

夏威夷州 20世纪90年代中叶，亚当成为环保主义行动者以后，对旅行的痴迷一发不可收拾。如今，他是获奖记者和旅行作家，为各种出版物撰写旅行、文化、人权、体育和环境等文章，包括《纽约时报》、《花花公子》、《户外》、BBC.com、《连线》、ESPN.com和《时尚健康男士》，还参与过35本以上Lonely Planet指南的写作。他现在居住在加州马里布。

海伦娜·史密斯（Helena Smith）

加利福尼亚州 作为擅长旅行、户外和美食等领域的获奖作家和摄影师，海伦娜来自苏格兰，但童年部分时间生活在马拉维，所以非洲始终都像是她的家乡。她喜欢生活在多元文化的哈克尼，并且创作、拍摄和出版了《在哈克尼》（Inside Hackney）。

亚当·卡林（Adam Karlin）

佛罗里达州、亚拉巴马州、阿肯色州、佐治亚州、路易斯安那州、密西西比州、阿拉斯加州、夏威夷州 亚当参与过数十个Lonely Planet指南项目，字母顺序从安达曼群岛（A）到津巴布韦边境（Z），无一缺漏。作为记者，他撰写过关于旅行、犯罪、政治、考古和斯里兰卡内战的内容。亚当定居在新奥尔良，所以他对湿地、美食和美妙音乐有着浓浓的热爱。了解更多关于亚当的情况，请访问http://walkonfine.com。

布莱恩·克吕普费尔（Brian Kluepfel）

新泽西州、纽约州 从2006年开始，布莱恩为Lonely Planet所做的工作遍及全美。他是拉巴斯《玻利维亚时代》(Bolivian Times)的编辑、美国职业足球大联盟的通讯记者和边疆航空飞机杂志的撰稿人。他在Lonely Planet的探险已经让他去过委内瑞拉、玻利维亚，甚至新泽西州的松林荒地。他撰写的关于斯利皮霍洛公墓和玻利维亚波托西矿井的故事将出现在Lonely Planet的专题《惊人的神秘奇迹》(Amazing Secret Marvels)。

斯蒂芬·利奥伊（Stephen Lioy）

得克萨斯州 斯蒂芬是摄影师、作家、徒步者和旅行博主。完成了"一生一次"的欧洲之旅，并在大学毕业后迁居中国，这样的经历为他此后"半游牧式"的生活方式打下了基础。斯蒂芬如果不在吉尔吉斯斯坦的家中（通常如此），他一般会在工作时段的间隙，带着小孩子组成的大族游团进山，睡帐篷，吃那些难以下咽的东西。了解斯蒂芬的旅行，请访问www.monkboughtlunch.com。

卡罗琳·麦卡锡（Carolyn McCarthy）

科罗拉多州、落基山脉、犹他州 卡罗琳擅长从事和美国旅行、文化和探险有关的工作。她曾经为《国家地理》《户外》《BBC杂志》《波士顿环球》及其他出版物撰写文章，参与过30多本Lonely Planet指南，包括《科罗拉多》《阿根廷》《智利》《巴拿马》《秘鲁》和《巴塔哥尼亚安第斯山脉徒步》等指南。了解更多信息，请访问www.carolynmccarthy.org，还可以在@masmerquen追踪她的Instagram旅行。

克雷格·麦克拉克伦（Craig McLachlan）

夏威夷州 克雷格20多年来为Lonely Planet走遍了全球各地。全年一半时间住在新西兰昆斯敦，他经营着一家户外活动公司和一家酒坊；另外半年出国兼职，带领团队游并为Lonely Planet撰文。自称"万能自由职业"，克雷格拥有夏威夷大学MBA学位，还是日语口译、飞行员、摄影师、徒步向导、旅行团导游、空手道教练和崭露头角的小说家。想了解克雷格更多信息，请查看网站www.craigmclachlan.com。

休·麦克诺丹（Hugh McNaughtan）

亚利桑那州 做过英语讲师的休决定用签证申请代替经费申请，将自己对旅行的热爱变成全职的工作。他曾经在家乡（澳大利亚墨尔本）做过一些餐厅评价，如今已经吃遍欧洲和北美，并且发现：全天骑车穿越美国，欣赏沿途令人惊叹的风光，是为美国新奇出色的美food酝酿食欲的最佳方式。

贝基·奥尔森（Becky Ohlsen）

俄勒冈州、华盛顿州 贝基是自由作家、编辑和评论家，居住在俄勒冈州的波特兰。她为Lonely Planet撰写了关于北欧、波特兰及其他地方的旅行指南和文章。如果贝基不在旅行，那么她一定在写一本关于"摩托车和危险魅力"的书籍。

克里斯托弗·皮茨（Christopher Pitts）

科罗拉多州、新墨西哥州 克里斯托弗生平第一次探险是6岁时试图从宾夕法尼亚州挖一条隧道到中国，最后以失败而告终。后来，他在大学学习中文，在中国居住了几年。他带着妻子和两个孩子在巴黎待了十多年，然后终究难以抵御科罗拉多州阳光明媚的天空和户外探险活动的魅力。

塞莱斯特·布拉什（Celeste Brash）

加利福尼亚州、华盛顿州 塞莱斯特从2005年开始为Lonely Planet撰写指南，从BBC旅行到《国家地理》等出版物上都能见到她的旅行文章。她目前正在创作一本书，内容源于自己在土阿莫土群岛偏远的珍珠养殖场的5年经历。

杰德·布雷姆纳（Jade Bremner）

加利福尼亚州 杰德是从业十几年的新闻工作者，为*Time Out*和*Radio Times*编辑旅游杂志，还是《泰晤士报》、CNN和《独立报》的通讯记者。她觉得，能够分享关于我们住的这个奇妙星球的故事是件非常荣幸的事情，而且她始终在寻找下一次探险的目的地。

内特·卡瓦列里（Nate Cavalieri）

加利福尼亚州 定居加州的作家和音乐家，内特参与过Lonely Planet十几次的撰写工作，包括《全球史诗般骑行》（*Epic Bike Rides of the World*）。他曾经作为Tour d'Afrique的向导骑行穿越中国和南非，还在奥兰多主题公园担任过第三打击乐手。

格雷戈尔·克拉克（Gregor Clark）

康涅狄格州、缅因州、马萨诸塞州、新罕布什尔州、佛蒙特州、罗得岛州 格雷戈尔是定居美国的作家，喜欢外语，对未来总带着浓浓的好奇感，所以他走遍了五大洲的几十个国家。长期酷爱旅行的心让他无数次在北美进行公路旅行，踏遍美国50州及加拿大的大部分省份。从2000年开始，格雷戈尔定期为Lonely Planet的指南贡献力量。

迈克尔·格罗斯伯格（Michael Grosberg）

加利福尼亚州、纽约州 迈克尔参与过45本以上Lonely Planet的指南编写工作。无论是涉及缅甸还是新泽西，每本书写完都能给他丰盛、强大的精神世界带去更多乐趣，他好几年的青春年华（仍然是？）就贡献于此。开始自由创作生涯以前，他还在全世界做过其他工作，包括在西太平洋开发罗塔岛，在南非调研并创作了一本关于政治暴力的书籍以及协助培训新上任的政府代表，在厄瓜多尔基多讲课。他拥有比较文学的硕士学位，在纽约地区的几所院校担任兼职教授，讲解文学和写作。

阿什利·哈勒尔（Ashley Harrell）

佛罗里达州 在佛罗里达南部做过一阵子的SPA日间优惠券上门推销员后，阿什利觉得自己更想成为一名作家。她读了新闻专业的研究生，说服一家报纸雇用她以后便开始关注野生动物、犯罪和旅游等议题，有时同一案例中包含以上全部要素。她对讲故事和未知的热情有增无减，到处旅行，频繁搬家，从纽约市的小公寓到加州的大农场，再到哥斯达黎加的丛林，也正是在那些地方，她开始为Lonely Planet写作。

亚历山大·霍华德（Alexander Howard）

阿拉斯加州 亚历山大是美国Lonely Planet杂志的执行编辑。他刚开始在Lonely Planet工作时担任指南编辑，最后也成了一名作者。参与项目有美国西部和加拿大。这份工作能让他经常探险，比如徒步进入夏威夷岛的熔岩原，在拉斯维加斯驾驶特技飞机，以及（最近）开始为灰熊担心。

马克·约翰逊（Mark Johanson）

密苏里州、艾奥瓦州、北达科他州、南达科他州、内布拉斯加州、堪萨斯州、俄克拉何马州 马克在弗吉尼亚州长大，在过去十多年曾经在五个不同的国家定居。他的旅行写作生涯开始于"青年危机"，他很高兴将过去的八年用于环球旅行，为澳大利亚旅行杂志（比如Get Lost）、英国报纸（比如《卫报》）、美国时尚杂志（比如《男性月刊》》）及国际媒体（比如CNN和BBC）提供报道。如果不在路上，你可以在智利圣地亚哥找到正在家中眺望安第斯山脉的他。了解马克的探险，可以登录www.markjohanson.com。

罗伯特·巴尔科维奇（Robert Balkovich）

纽约州 罗伯特在俄勒冈州出生和长大，不过已经在纽约待了将近十年。在他小的时候，其他家庭还在带着孩子逛主题公园或去祖母家的时候，他就去过墨西哥城，乘坐火车游览东欧。如今他是作家和旅行爱好者，一直在寻求小众的旅行体验。想了解罗伯特更多的情况，见Instagram: @oh_balky。

雷·巴特利特（Ray Bartlett）

宾夕法尼亚州 雷是专门从事日本、韩国、墨西哥和美国旅行写作的作家。他为Lonely Planet撰写过许多不同的主题，从2004年的日本开始，一直持续至今。

洛伦·贝尔（Loren Bell）

夏威夷州、爱达荷州、蒙大拿州、落基山脉、怀俄明州 洛伦的第一次背包游欧洲，他还待在背包里呢。那次难忘的体验在他六个月大时对他产生了极深刻的影响，注定让他无法在安静坐着时得到快乐。不为Lonely Planet解密旅行目的地的时候，洛伦会撰写科学和环保资讯。

格雷格·本奇维奇(Greg Benchwick)

科罗拉多州 长期担任Lonely Planet旅行作者,格雷格曾经在玻利维亚的丛林里跋涉过,徒步走过西班牙的朝圣之路,采访过总统和格莱美奖得主,在阿拉斯加躲避飞来的鲑鱼,攀登大大小小的山峰。

安德鲁·本德(Andrew Bender)

加利福尼亚州 获奖的旅行美食作家安德鲁曾经撰写过30多本Lonely Planet指南(从阿姆斯特丹到洛杉矶,从德国到中国台湾,还有十多本与日本有关),另外还为lonelyplanet.com写过许多文章。

萨拉·本森(Sara Benson)

夏威夷州、加利福尼亚州 超过70本旅行和非小说书籍的作者,萨拉的文字见于国内外报刊,包括Lonely Planet的诸多指南、CNN和《国家地理探险》,以及Jetsetter等热门旅行网站。

艾利森·宾(Alison Bing)

加利福尼亚州 作者艾利森定居旧金山20年,撰写过10多本指南,在阿尔卡特拉斯岛(曾为军事监狱所在地)待的时间比有的囚犯还要长,爱好反串演出,喜欢墨西哥卷,她是那种会故意无视市政公交公司要求避免闲聊安全警示标志的人。

凯瑟琳·博瑞(Catherine Bodry)

阿拉斯加州 凯瑟琳居住于阿拉斯加的安克雷奇,但大部分时间在东南亚。她以作家的身份游遍阿拉斯加、泰国和中国等地。她喜欢山,会尽可能地与山亲近,无论是跑步、徒步、露营、摘浆果、漂流,还是仅仅安静地观赏山峰。

克里斯蒂安·博内托(Cristian Bonetto)

加利福尼亚州 克里斯蒂安参与撰写过30多本Lonely Planet指南,他在全球多种出版物上发表过关于旅行、美食、文化和设计的观点。如果他不在路上旅行,你可以在这位剧作家兼电视编剧心爱的家乡——墨尔本——找到正在喝咖啡的他。

本尼迪克特·沃克(Benedict Walker)

策划,康涅狄格州、罗得岛州、科罗拉多州、内华达州 本成长于澳大利亚纽卡斯尔郊区,那时只要有可能,他就在海滩度过周末和漫长的暑假。虽然在落基山脉、日本及瑞士阿尔卑斯山见到过各种迷人的山峰,但海滩生活已经融入他的血液。到目前为止,他参与了Lonely Planet的《澳大利亚》《加拿大》《德国》《日本》《瑞典》《瑞士》《美国》和《越南》等指南编写工作,还为本书撰写了"计划你的行程""了解美国"和"生存指南"章节。

凯特·阿姆斯特朗（Kate Armstrong）

佛罗里达州　凯特成年以后的大部分时间都在世界各地旅行和居住。作为专职自由旅行记者，她参与过大约40本Lonely Planet指南以及商业性出版物的编写工作，定期在澳大利亚和全球出版物上发表文章。她还创作过几本书，包括儿童教育读物。

布雷特·阿特金森（Brett Atkinson）

加利福尼亚州　布雷特居住在新西兰，不过经常要带着Lonely Planet的任务踏上旅途。作为专职旅行和美食作家，布雷特擅长探险旅行，喜欢不同寻常的地方，侧重于透过独特的视角观察著名的旅行目的地。自酿啤酒和街头美食是激励布雷特探索的最大动力。

卡洛琳·贝恩（Carolyn Bain）

缅因州、马萨诸塞州　卡洛琳是拥有20多年资历的旅行作家和编辑，曾经在全球的各个角落生活、工作和学习，包括丹麦、伦敦、圣彼得堡和楠塔基特。卡洛琳为许多出版物撰写过旅行和美食内容；想了解关于她的更多情况，见carolynbain.com.au。

艾米·C.波福尔（Amy C Balfour）

特拉华州、马里兰州、弗吉尼亚州、西弗吉尼亚州、夏威夷州、得克萨斯州　艾米成长于弗吉尼亚州的里士满，如今居住在蓝岭山脉山麓的仙纳度谷。大西洋和阿巴拉契亚之间她最喜欢的地方有夏普托普山、列克星敦、弗吉尼亚州、柏林、马里兰州和新河峡谷。艾米参与过30多本Lonely Planet书籍的撰写工作，包括《美国》《美国东部》《佛罗里达州和南部最佳旅行》。她为《背包客》《塞拉》《南方生活》《妇女健康》都撰写过文章。

美国

中文第六版

书名原文：*USA*（10th edition, Apr 2018）
© Lonely Planet 2019
本中文版由中国地图出版社出版

© 书中图片由图片提供者持有版权，2019

版权所有。未经出版方许可，不得擅自以任何方式，如电子、机械、录制等手段复制，在检索系统中储存或传播本书中的任何章节，除非出于评论目的的简短摘录，也不得擅自将本书用于商业目的。

图书在版编目（CIP）数据

美国／澳大利亚 Lonely Planet 公司编；李高飞，邹云译．-- 3 版．-- 北京：中国地图出版社，2019.8
 书名原文：USA
 ISBN 978-7-5204-1202-5

Ⅰ.①美… Ⅱ.①澳…②李…③邹… Ⅲ.①旅游指南－美国 Ⅳ.①K971.29

中国版本图书馆 CIP 数据核字（2019）第 153005 号

出版发行	中国地图出版社
社　　址	北京市白纸坊西街 3 号
邮政编码	100054
网　　址	www.sinomaps.com
印　　刷	北京华联印刷有限公司
经　　销	新华书店
成品规格	197mm×128mm
印　　张	42.25
字　　数	2299 千字
版　　次	2019 年 8 月第 3 版
印　　次	2019 年 8 月北京第 10 次印刷
定　　价	198.00 元
书　　号	ISBN 978-7-5204-1202-5
审 图 号	GS（2019）3531 号
图　　字	01-2013-3107

如有印装质量问题，请与我社发行部（010-83543956）联系

虽然本书作者、信息提供者以及出版者在写作和出版过程中全力保证本书质量，但是作者、信息提供者以及出版者不能完全对本书内容之准确性、完整性做任何明示或暗示之声明或保证，并只在法律规定范围内承担责任。

Lonely Planet 与其标志系 Lonely Planet 之商标，已在美国专利商标局和其他国家进行登记。不允许如零售商、餐厅或酒店等商业机构使用 Lonely Planet 之名称或商标。如有发现，急请告知；lonelyplanet.com/ip。